W0090052

Eric Tierling, Tobias Weltner

Microsoft Windows Vista – Das Handbuch

2., überarbeitete und aktualisierte Auflage

Eric Tierling, Tobias Weltner: Microsoft Windows Vista – Das Handbuch,
2., überarbeitete und aktualisierte Auflage
Microsoft Press Deutschland, Konrad-Zuse-Str. 1, D-85716 Unterschleißheim

15 14 13 12 11 10 9 8 7 6 5 4 3 2
10 09 08

ISBN 978-3-86645-122-3

Fachlektorat: Georg Weiherer, Münzenberg
Korrektorat: Jutta Alfes, Judith Klein, Karin Baeyens, Siegen
Layout und Satz: Gerhard Alfes, mediaService, Siegen (www.media-service.tv)
Umschlaggestaltung: Hommer Design GmbH, Haar (www.HommerDesign.com)
Gesamtherstellung: Kösel, Krugzell (www.KoeselBuch.de)

Eric Tierling, Tobias Weltner

Microsoft Windows Vista – Das Handbuch

2., überarbeitete und aktualisierte Auflage

Übersicht

Inhaltsverzeichnis

Teil B Der Windows-Explorer

Teil C Fotos, Musik und Videos

Kapitel 12 Windows Movie Maker ... 219

Kapitel 13 Windows DVD Maker ... 227

Teil D Windows Media Center

Kapitel 14 Windows Media Center entdecken ... 235

Kapitel 15 Bilder und Videos mit Windows Media Center ... 271

Kapitel 16 Musik und Radio mit Windows Media Center ... 85

Teil H Mobilität

Kapitel 36 WLAN: Windows Vista-PC im kabellosen Netzwerk ... 605

Kapitel 37 Mobilitätscenter und Gerätecenter ... 623

Kapitel 38 Tablet PC-Funktionalität von Windows Vista ... 629

Teil I Sicherheit

Kapitel 39 Windows-Sicherheitscenter ... 641

Kapitel 40 Windows-Firewall ... 651

Kapitel 41 Windows Update ... 671

Kapitel 42 Windows-Defender ... 681

Kapitel 43 Datenschutz mit BitLocker und EFS .. 695

Kapitel 44 Datensicherung ... 711

Teil J Geräte, Installation und 64 Bit

Kapitel 45 Drucker verwenden ... 725

Kapitel 46 XPS: Elektronisches Papier ... 739

Kapitel 47 Programme installieren und verwalten ... 743

Teil K Administration

Kapitel 52 System und Wartung ... 825

Kapitel 53 Zuverlässigkeitsüberwachung und Systemmonitor ... 835

Kapitel 54 Ereignisse und Aufgaben ... 853

Kapitel 55 Gruppenrichtlinien ... 865

Kapitel 56 Gruppenrichtlinien in der Praxis ... 883

Vorwort

Etwas Großes beginnt immer mit einem kleinen Schritt … und mehr als anderthalb Jahre ist es her, dass Windows Vista – sowie die Erstauflage dieses Buchs – auf den Markt gekommen ist.

Inzwischen hat sich viel getan: Zahlreiche Hersteller haben ihre Produkte fit gemacht für Windows Vista. Treiber zum Beispiel gibt es nun für eine Vielzahl auch solcher Geräte, die zum Zeitpunkt des Erscheinens von Windows Vista noch nicht oder eingeschränkt mit Windows Vista harmonierten. Parallel dazu haben viele Software-Hersteller nachgezogen. In vielen Fällen sorgen Patches oder Updates dafür, dass vorhandene, eigentlich für Windows XP erstellte Anwendungen auch unter Windows Vista einwandfrei laufen.

Mit der zunehmenden Verbreitung nicht nur der 32-Bit-, sondern auch der 64-Bit-Version von Windows Vista für PCs mit x64-fähigen Prozessoren geraten auch solche Hersteller unter Druck, die der 64-Bit-Welt bislang die kalte Schulter gezeigt haben. Schließlich fällt es negativ auf, wenn ein Anbieter die angepriesene Unterstützung seines Produkts für Windows Vista mit einem Sternchen einschränken muss, um darüber potenziellen Kunden mitzuteilen, dass das Produkt leider nur unter der einen, nicht jedoch mit der anderen Windows Vista-Version läuft. Als Kunde haben Sie es in der Hand, sich stattdessen für ein Angebot eines anderen Anbieters zu entscheiden.

Klar ist: Windows Vista kommt immer mehr in Fahrt. Das zeigen zum Beispiel die Zahlen von Microsoft: Bis zum 30. Juni 2008 wurden bereits 180 Millionen Lizenzen von Windows Vista verkauft. Aus diesem Grund haben wir unser Buch zu Windows Vista aktualisiert. Auf diese Weise können Sie, lieber Leser, von noch mehr Wissen und Praxiserfahrungen beim Einsatz von Windows Vista profitieren. Bedanken möchten wir uns bei allen für die Unterstützung bei diesem Buch. Neben unserem Lektor Thomas Pohlmann und Georg Weiherer sowie Irene Nadler, Vanessa Weihbrecht und Gunter Logemann von Microsoft Deutschland gilt unser ganz besonderer Dank unseren Familien für ihre Unterstützung.

Und somit wünschen wir Ihnen jetzt:
Viel Spaß bei Windows Vista!

Eric Tierling und Tobias Weltner

Im August 2008

Einleitung

Unsere Welt hat sich verändert, und mir ihr die Art, wie wir Computer nutzen: Digitalfotografie, Musikdownloads, HDTV-Video-Entertainment im Heimbereich, elektronisches Papier, Netzwerkprojektoren, drahtlose Verbindungen und weltweite Kommunikation im Geschäftsbereich rücken den Computer in eine viel zentralere Position in unserem Leben als jemals zuvor.

Gleichzeitig speichern wir auf den Computern immer wichtigere Dinge: Erinnerungen in Form von Fotos oder Musik, wertvolle Geschäftsunterlagen, Onlinebanking-Zugänge.

Deshalb wächst vielleicht auch bei Ihnen der Wunsch nach mehr Klarheit. Klarheit in der Bedienung all dieser neuen Funktionen, und auch Klarheit in der Art, wie wir diese Informationsflut vernünftig ordnen und nutzbar machen. Klarheit aber auch in Sicherheitsfragen, klare Konzepte für die Datensicherung und Notfallwiederherstellung.

Abbildung E.1 Informationen mit vielen Sinnen erfassen

Diese Klarheit beginnt mit der Windows Vista-Oberfläche und macht den Computer mit viel mehr Sinnen erlebbar. Die Oberfläche sieht nicht nur schick aus, sie visualisiert Dateien mit Live Icons, zeigt Fenstervorschaugrafiken und blendet wichtige Informationen unaufdringlich aber gut wahrnehmbar in der Sidebar ein. So brauchen Sie nicht länger zu erraten, was gerade passiert, sondern verfolgen das Geschehen in Echtzeit.

Abbildung E.2 Live-Ansichten geöffneter Fenster durchblättern

Maus und Tastatur sind dabei nicht die einzigen Eingabemöglichkeiten. Mit einem Tablet PC steuern Sie den Computer elegant per Stift, Windows Vista reagiert auf Handbewegungen, und als Tastaturmuffel schreiben Sie eben in Handschrift, die Windows Vista meist selbst dann richtig entziffert, wenn Sie nicht in Schönschrift schreiben.

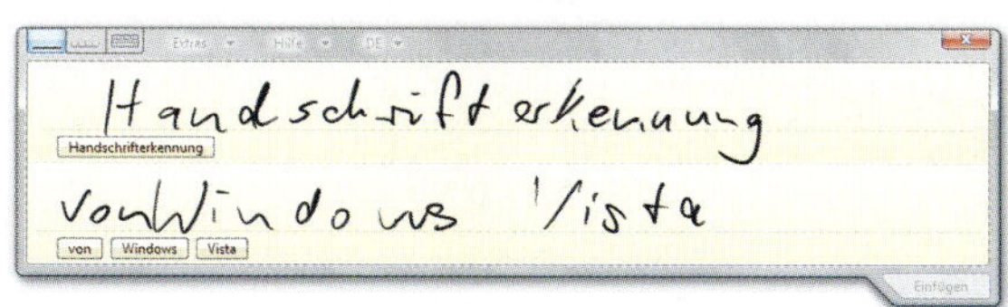

Abbildung E.3 Eine Handschrifterkennung hat Windows Vista bereits eingebaut

Oder noch besser: Legen Sie einfach Tastatur und Stift zur Seite. Schließen Sie ein einfaches Mikrofon an, um mit Windows Vista zu reden, den Computer ohne Maus und Tastatur zu bedienen und sogar Briefe zu diktieren. Das ist praktischer als Sie denken, auch wenn die Kommunikation eher einseitig verlaufen wird.

Abbildung E.4 Die ausgefeilte Spracherkennung erlaubt Ihnen, Briefe zu diktieren und mit Sprache zu steuern

Die schnelle Indexsuche findet mit Stichwörtern in Sekundenbruchteilen genau die E-Mails, Musikstücke, Dokumente oder Programme, die Sie gerade suchen. Sie verwandelt selbst den unaufgeräumtesten Computer in eine wohlorganisierte Informationsquelle – ohne dass Sie dafür irgendwelche Dateien thematisch in Ordner gruppieren müssen. Einfach so.

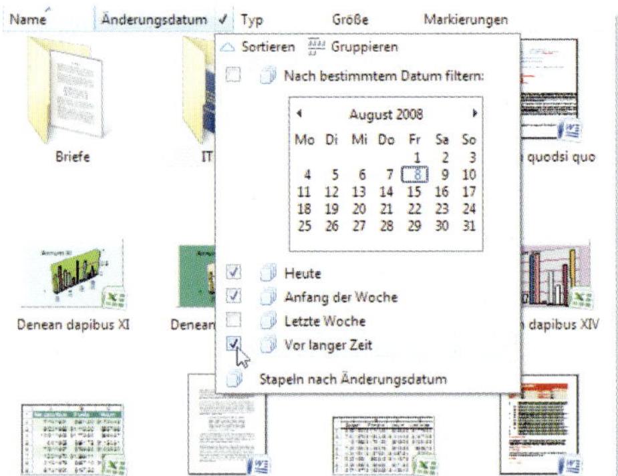

Abbildung E.5 Live Icons, Filter und Stichwortsuche erleichtern den Umgang mit Informationen

Ob Bilder, Musik oder Videos: Windows Vista sorgt für gute Unterhaltung und ergänzt Digitalkamera und portable Medien-Player.

Als interessant erweist sich dabei die neue Medienfreigabe: Mit ihr können Computer und andere Geräte wie zum Beispiel Streaming-Audio-Player oder die Xbox 360 über das lokale Netzwerk Medieninhalte abrufen und wiedergeben, die auf Ihrem Windows Vista-PC gespeichert sind. Und mit der Windows Media Center-Oberfläche bedienen Sie TV-Karte, Festplattenrecorder & Co. auf Wunsch lässig per Fernbedienung.

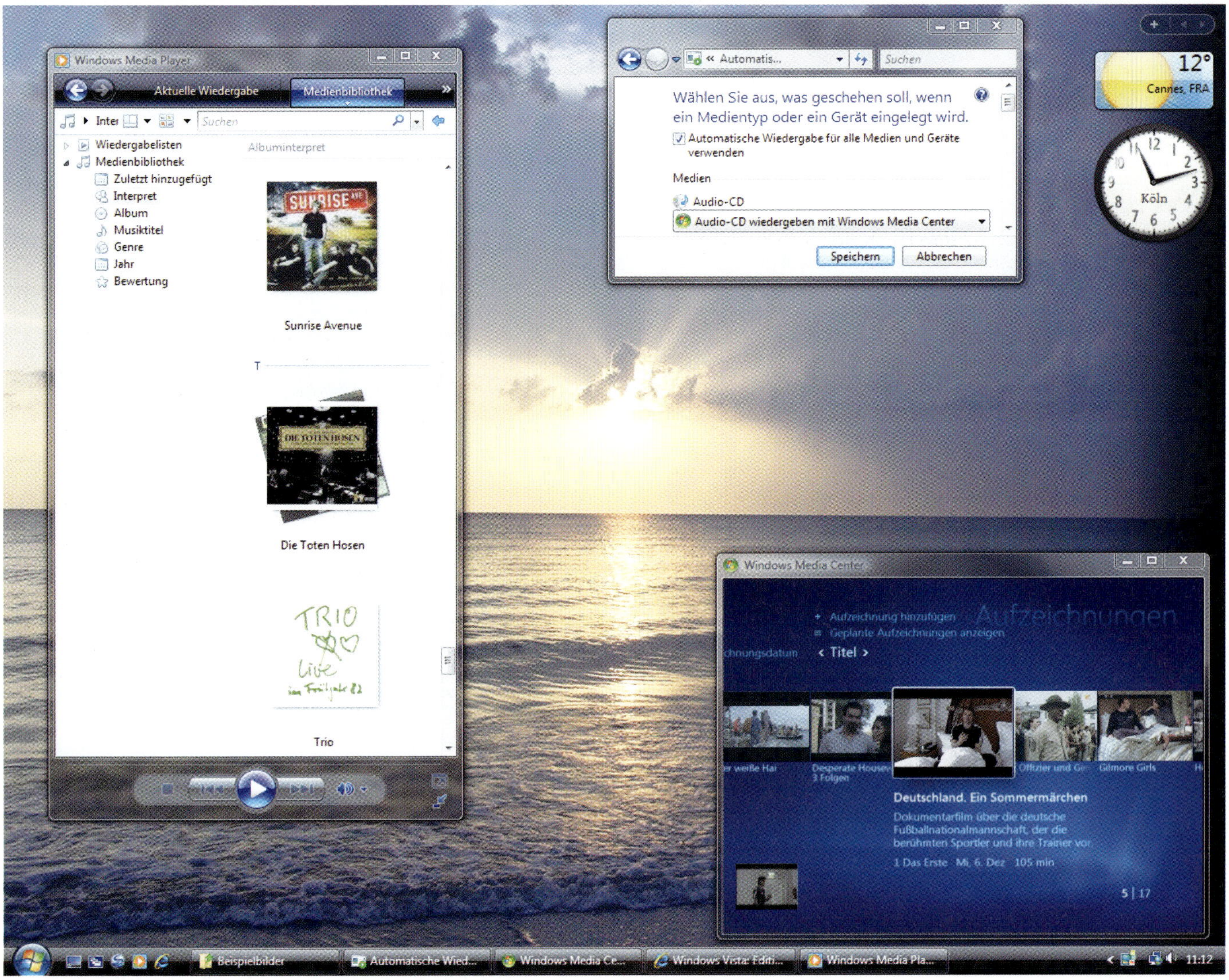

Abbildung E.6 Umfangreiche Unterstützung für digitale Medien inklusive

Einfachere Bedienung – das gilt auch für an sich eher komplexe Themen wie die Netzwerkkonfiguration. Mit dem Netzwerkcenter sehen Sie Ihr Netzwerk nicht nur als grafische Übersicht, sondern steuern auch alle wichtigen Funktionen und Sicherheitseinstellungen aus Ihrem Netzwerk-Cockpit heraus.

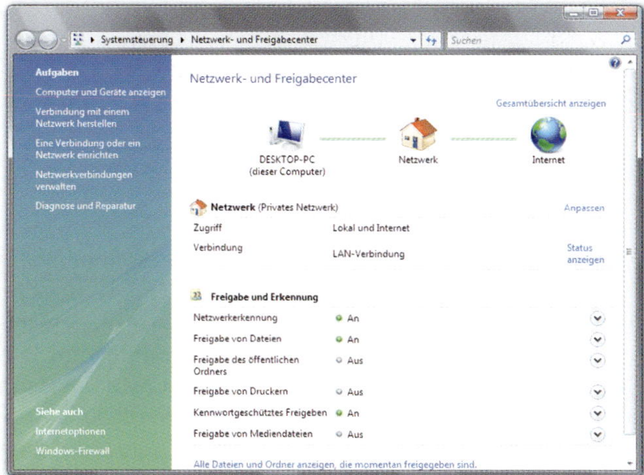

Abbildung E.7 Die Steuerzentrale für das Netzwerk – das Netzwerk- und Freigabecenter von Windows Vista

Wie praktisch Netzwerke sein können, zeigt Windows-Teamarbeit. Damit steht der Zusammenarbeit sogar bei spontanen Treffen nichts im Wege, für die Windows Vista ein sicheres Ad-hoc-Funknetzwerk einrichtet.

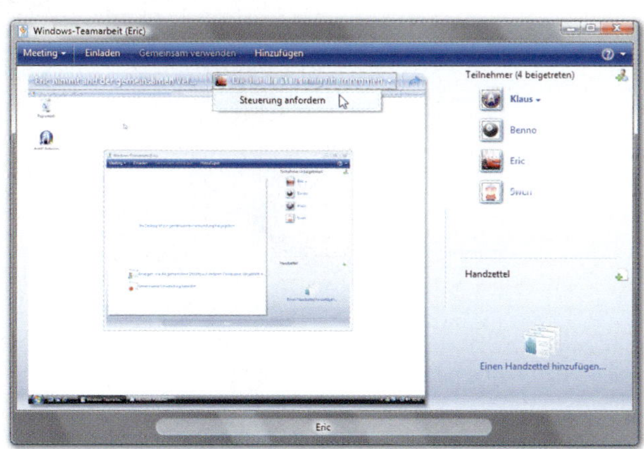

Abbildung E.8 Zusammenarbeit im virtuellen Meeting – die Windows-Teamarbeit macht's möglich

Wenn dabei mal etwas nicht klappt wie gewünscht, helfen aussagekräftige Fehlermeldungen, die nicht nur über Störungen lamentieren, sondern aktive Hilfestellungen und konstruktive Lösungsvorschläge geben.

Selbst eigene Missgeschicke lassen sich schnell beseitigen: Mit den Vorgängerversionen, die Windows automatisch für Sie speichert, können Sie einen Fehler leicht wieder rückgängig machen, selbst wenn der schon ein paar Tage zurückliegt. Lassen Sie sich einfach die vorherige Version Ihres Dokuments geben. Oder die vorvorherige. Oder die vorvorvorherige. Sie wissen, was wir meinen.

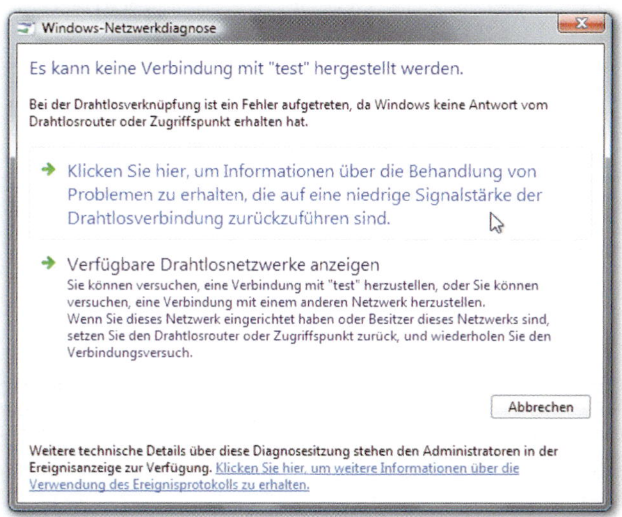

Abbildung E.9 Klare Meldungen helfen, wenn etwas nicht so läuft wie geplant

Eltern werden die neuen Jugendschutzmechanismen begrüßen, eine Freude, die die Kinder möglicherweise nicht aufrichtig teilen. Denn mit Windows Vista kontrollieren auch technisch weniger versierte Eltern klar und verantwortungsbewusst, was die Kinder wann und wie lange mit dem Computer tun dürfen. Das spart so manche Familienkonferenz, und Diskussionen darüber können direkt mit dem Computer ausgetragen werden.

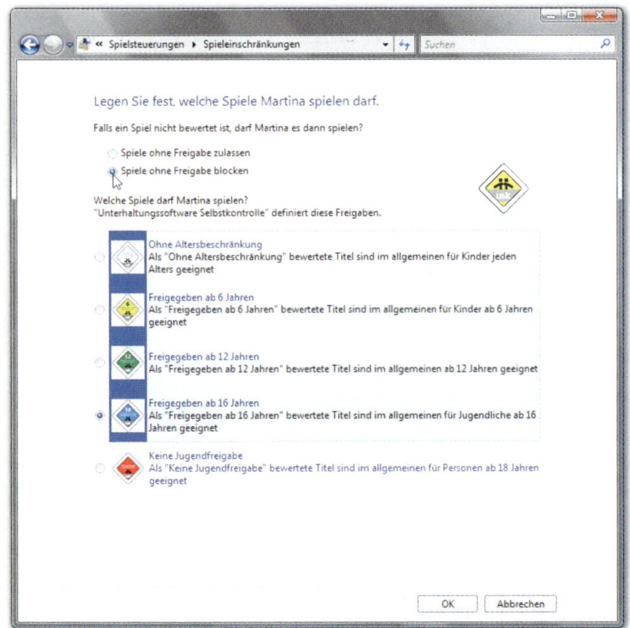

Abbildung E.10 Windows Vista enthält umfangreiche Jugendschutzmechanismen

Computersicherheit ist ebenfalls kein Expertenthema mehr. Der Internet Explorer 7 zeigt mit seinem neuen Phishingfilter verdächtige Webseiten farbig an und verwendet Ampelfarben: rote Adressleiste signalisiert Gefahr, gelb sollte Sie wachsam machen, und grün meldet: alles in Ordnung.

Das neue *Windows-Sicherheitscenter* überwacht außerdem ständig wesentliche Aspekte der Computersicherheit und meldet sich rechtzeitig, bevor es brenzlig wird. Schad- und Schnüffel-Software, die sich unbemerkt auf Ihrem PC einschleichen möchte, wird von Windows-Defender aufgespürt.

Ihre persönlichen Daten werden regelmäßig und vollautomatisch auf Backupmedien gesichert, und wenn alle Stricke reißen, können Sie Ihren gesamten Computer damit via Complete PC-Sicherung neu aufsetzen. Das funktioniert sogar, wenn der ganze Computer gestohlen wird – solange die Backupmedien nicht mitgeklaut wurden.

Auch für Firmenkunden und Administratoren gibt es viel Neues in Windows Vista zu entdecken, denn die bessere und vor allem günstigere Verwaltbarkeit von Windows Vista war ein weiteres vorrangiges Entwicklungsziel.

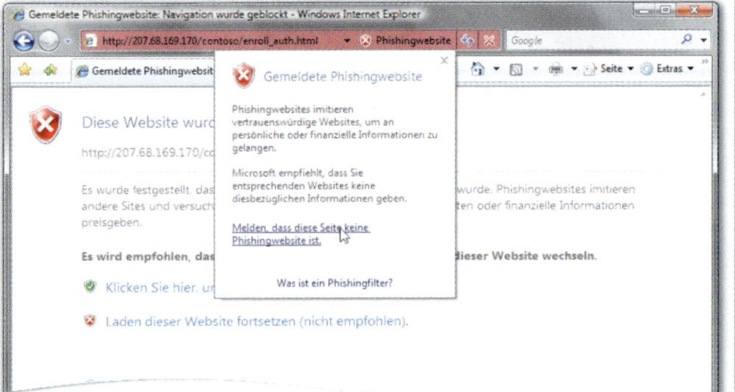

Abbildung E.11 Der Internet Explorer warnt Sie vor einer verdächtigen Webseite

Die Zuverlässigkeitsüberwachung meldet, wie es um die Stabilität der Systeme bestellt ist und wer Probleme verursacht. Eine neue Ereignisanzeige macht die vielfältigen Ereignisinformationen endlich sinnvoll nutzbar und erlaubt zum Beispiel, Aufgaben an kritische Ereignisse zu knüpfen, die dann automatisch ausgeführt werden. Dazu können die Ereignisse einzelner Computer zentral »eingesammelt« und dann analysiert werden, so dass Sie ein gutes Bild bekommen, was in Ihrem Netzwerk los ist.

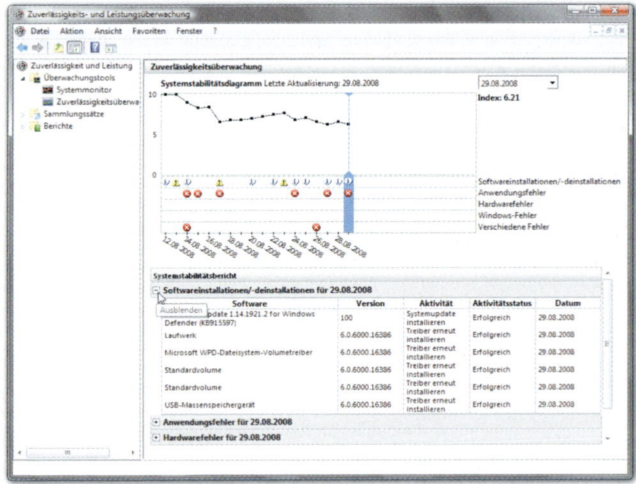

Abbildung E.12 Die Zuverlässigkeitsüberwachung meldet detailliert den Zustand des Systems

Das neue imagebasierte Installationsverfahren wird die Art revolutionieren, wie Windows Vista im größeren Umfeld konfektioniert, verteilt und installiert wird. Und mit zahlreichen Ergänzungen und Erweiterungen bei den Gruppenrichtlinien lässt sich bis ins kleinste Detail bestimmen, welche Geräte erlaubt und welche verboten sind – einschließlich der Möglichkeit, erlaubte Geräte ohne Administratorrechte zu installieren.

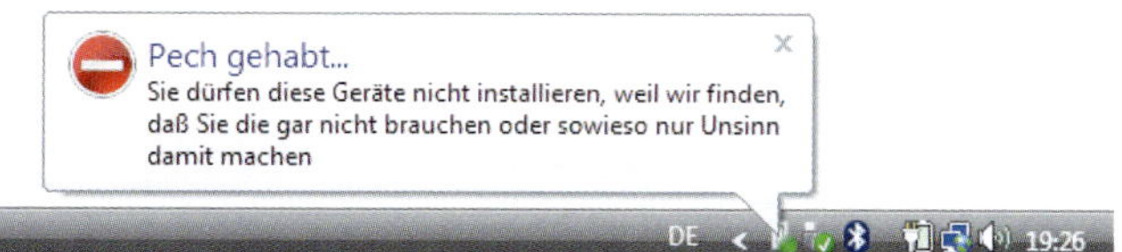

Abbildung E.13 Sie entscheiden als Administrator, welche USB-Geräte künftig erlaubt sind und welche nicht

All diese Themen sind nur die »Spitze des Eisbergs« und machen neugierig auf das, was Windows Vista für Sie zu bieten hat – und was Sie auf den nächsten rund 1.500 Seiten in diesem Buch entdecken werden.

Sie sind nur ein kleiner und unvollständiger Abriss all der Neuerungen, und wenn Sie dieses Buch in einiger Zeit aus den Händen legen, werden Sie bestimmt leichter nachvollziehen, warum die Entwicklung dieses Betriebssystems mit fünfeinhalb Jahren viel länger gedauert hat als ursprünglich geplant.

Viele Feinheiten befinden sich eher »unter der Haube« und erschließen sich erst auf den zweiten Blick wie zum Beispiel die verschiedenen Zeitzonen, mit denen Sie künftig vermeiden, internationale Gesprächspartner zur Unzeit aus dem Bett zu klingeln. Wir hoffen, Ihnen in diesem Werk alle wesentlichen Vista-Funktionen präsentiert zu haben, doch auch wir werden noch hin und wieder überrascht – denn es gibt bei Windows Vista jede Menge zu entdecken.

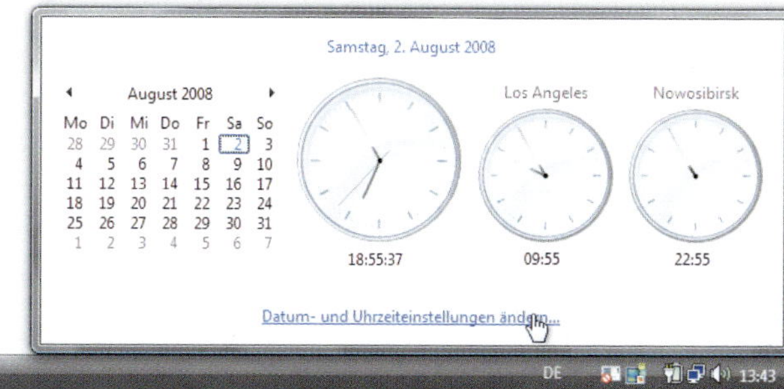

Abbildung E.14 Die Oberfläche enthält viele liebevolle Details, die sich erst auf den zweiten Blick erschließen

Bevor es nun losgeht mit Ihrer Entdeckungsreise durch Windows Vista, lassen Sie uns einen kurzen Blick auf die Windows Vista-Produktfamilie werfen, denn es gibt fünf verschiedene Versionen.

Wenn Sie nicht zufällig die Premiumversion Windows Vista Ultimate einsetzen, die wirklich sämtliche Funktionen und Möglichkeiten der gesamten Vista-Familie enthält und das Flaggschiff darstellt, werden nicht alle der in diesem Buch beschriebenen Funktionen bei Ihnen zur Verfügung stehen. Denn die Windows Vista-Versionen sprechen zwei völlig unterschiedliche Zielgruppen an, den Heimanwender und den Geschäftskunden. Welche Funktionen jeweils in welcher Version enthalten sind, erfahren Sie in Tabelle E.1, zusammen mit Kapitelverweisen auf die wichtigsten Vista-Themen.

	Windows Vista Home Basic	Windows Vista Home Premium	Windows Vista Business	Windows Vista Enterprise	Windows Vista Ultimate	Kapitel
Begrüßungscenter	x	x	x	x	x	1
Windows Display Driver Model	x	x	x	x	x	2
Aero-Oberfläche		x	x	x	x	2
Windows-Sidebar	x	x	x	x	x	2
Schattenkopien und Vorherige Versionen			x	x	x	5
Stichwortbasierte Indexsuche	x	x	x	x	x	6
Schnellstart	x	x	x	x	x	7
Mehrere parallel installierte Sprachen für die Oberfläche				x	x	7
Spracherkennung	x	x	x	x	x	7
Einstellung für Präsentationen		x	x	x	x	7
Windows-Fotogalerie	x	x	x	x	x	9
Diashow-Effekte für Fotogalerie		x			x	9

Tabelle E.1 Kernfunktionen der verschiedenen Windows Vista-Editionen (x: unterstützt/enthalten – o: teilweise unterstützt/enthalten)

	Windows Vista Home Basic	Windows Vista Home Premium	Windows Vista Business	Windows Vista Enterprise	Windows Vista Ultimate	Kapitel
Windows Media Player 11	x	x	x	x	x	10
Windows SideShow		x	x	x	x	10
DVD-Wiedergabe mit integriertem MPEG-2-Codec		x			x	10
Medienfreigabe von Bildern, Musik und Videos	x	x	x	x	x	11
Windows Movie Maker	x	x	x	x	x	12
Windows Movie Maker HD		x			x	12
Windows DVD Maker		x			x	13
Windows Media Center		x			x	14
Fernsehen und TV-Aufzeichnungen		x			x	17
Xbox 360 als Windows Media Center Extender		x			x	18
Windows-Kalender	x	x	x	x	x	20
Jugendschutz	x	x			x	22
Benutzerkontensteuerung	x	x	x	x	x	23
Internet Explorer 7	x	x	x	x	x	24
Phishingfilter	x	x	x	x	x	25
Windows-Mail	x	x	x	x	x	26
Domänenanbindung			x	x	x	
Netzwerkstandorte	x	x	x	x	x	29
Netzwerkdiagnose	x	x	x	x	x	29
IPv6-Unterstützung	x	x	x	x	x	29
Netzwerk- und Freigabecenter	x	x	x	x	x	30
Freigaben im Netzwerk	x	x	x	x	x	31
Offlinedateien			x	x	x	32
Synchronisierungscenter	x	x	x	x	x	32
Drucken im Netz	x	x	x	x	x	33
Windows-Teamarbeit	o	x	x	x	x	34
Personen in meiner Nähe	o	x	x	x	x	34
Remotedesktop	o	o	x	x	x	35
Wireless-LAN	x	x	x	x	x	36
Windows-Mobilitätscenter	o	o	x	x	x	37
Tablet PC-Unterstützung mit Handschrifterkennung		x	x	x	x	38
Windows-Sicherheitscenter	x	x	x	x	x	39
Windows-Firewall	x	x	x	x	x	40
Windows-Firewall mit erweiterter Sicherheit	x	x	x	x	x	40
Windows Update	x	x	x	x	x	41
Windows-Defender	x	x	x	x	x	42

Tabelle E.1 Kernfunktionen der verschiedenen Windows Vista-Editionen (x: unterstützt/enthalten – o: teilweise unterstützt/enthalten) *(Fortsetzung)*

	Windows Vista Home Basic	Windows Vista Home Premium	Windows Vista Business	Windows Vista Enterprise	Windows Vista Ultimate	Kapitel
Verschlüsselndes Dateisystem			x	x	x	43
Bitlocker-Laufwerksverschlüsselung				x	x	43
Automatisches Backup		x	x	x	x	44
Imagebasiertes Backup			x	x	x	44
Windows Rights Management Client			x	x	x	46
XPS-Unterstützung	x	x	x	x	x	46
Gerätetreiberinstallation kontrollieren			x	x	x	48
Windows-EasyTransfer	x	x	x	x	x	50
64-Bit-Unterstützung (x64)	x	x	x	x	x	51
ReadyBoost	x	x	x	x	x	52
Selbsttest und Selbstdiagnose	x	x	x	x	x	53
Automatische Festplattendefragmentierung	x	x	x	x	x	54
Gruppenrichtlinienunterstützung			x	x	x	55
Ordnerumleitung			x	x	x	55
Maximaler RAM-Speicher (32 Bit)	4 GB	4 GB	4 GB	4 GB	4 GB	
Maximaler RAM-Speicher (64 Bit)	8 GB	16 GB	128+ GB	128+ GB	128+ GB	
Windows Anytime Upgrade	x	x	x			

Tabelle E.1 Kernfunktionen der verschiedenen Windows Vista-Editionen (x: unterstützt/enthalten – o: teilweise unterstützt/enthalten) *(Fortsetzung)*

Festgelegt sind Sie ohnehin nicht auf eine bestimmte Version, denn mit Windows Anytime Upgrade wechseln Sie jederzeit auch nachträglich auf eine höhere Windows Vista-Version und brauchen dafür nur einen Upgrade-Schlüssel. Danach führen Sie eine Upgrade-Installation mit Ihrer schon vorhandenen Windows Vista-DVD durch. Die enthält vorsorglich bereits alle fünf Versionen.

Deshalb fügt es sich auch eher günstig, dass in diesem Buch sämtliche wesentlichen Vista-Funktionen beschrieben werden, ohne Ansehen der jeweiligen Windows Vista-Version, in der sie enthalten sind.

In einer Übersicht am Anfang jedes Kapitels können Sie erkennen, für welche Windows Vista-Version die Themen jeweils gelten. So sind Sie vorbereitet, falls Sie eines Tages auf Windows Vista Ultimate aufrüsten und behalten außerdem den Überblick, welche Funktionen es sonst noch in der Windows Vista-Produktfamilie gibt.

Neuerungen beim Service Pack 1 von Windows Vista

Das *Service Pack 1* (kurz *SP1*) für Windows Vista, das Microsoft im Frühjahr 2008 veröffentlicht hat, hilft dem Betriebssystem auf die Sprünge: Windows Vista SP1 enthält die seit der Markteinführung von Windows Vista zum Beispiel über Windows Update bereitgestellten Sicherheits-Patches und Zuverlässigkeitsverbesserungen sowie weitere, nützliche Optimierungen. Diese ermöglichen es sowohl Geschäfts- als auch privaten Anwendern, ihren Windows Vista-PC noch besser zu nutzen. Beispielsweise gehen Microsoft zufolge nun einige Kopieroperationen ebenso wie das Aufwachen aus dem Schlafmodus auf manchen PCs nun zügiger vonstatten. Des Weiteren enthält das Service Pack 1 Fixes, die die Stabilität des Systems verbessern.

Was das Service Pack 1 ist – und was nicht

Anhand dessen ist gut erkennbar, worum es sich bei dem Service Pack 1 in allererster Linie handelt: eine Kollektion von Patches für das Betriebssystem. Service Pack 1 stellt somit ein sinnvolles Update für Windows Vista-PCs mit nützlichen Verbesserungen dar. Diese sind jedoch größtenteils unter der Haube zu finden – und nicht »sichtbar« für den Anwender, sondern vielfach höchstens »spürbar« (etwa, wenn Vorgänge zuverlässiger oder schneller vonstatten gehen).

Grundsätzlich neue Funktionen bringt das Service Pack 1 jedoch nicht mit. Hierzu ist ein Service Pack auch nicht gemacht: Seit vielen Jahren ist es bei Microsoft Tradition, dass ein Service Pack vor allem kleinere Fehler beseitigt, die seit der Erstauslieferung des Produkts respektive dem zuletzt erschienenen Service Pack aufgetreten sind. Dieses Vorgehen betrifft nicht nur Betriebssysteme wie Windows Vista, sondern zum Beispiel auch Anwendungen wie Microsoft Exchange Server oder Microsoft Office.

Hinweis

Keine Regel ohne Ausnahme: Aufgrund der Notwendigkeit, seinerzeit entscheidende Sicherheitsverbesserungen zu erzielen, hat Microsoft mit dem *Service Pack 2* für Windows XP nicht nur kleinere Fehler bereinigt, sondern auch neue Funktionen – wie die *Windows-Firewall* und das *Sicherheitscenter* – hinzugefügt. Dieses war jedoch eine Ausnahme: Schon beim Service Pack 3 für Windows XP ist Microsoft wieder zur langjährig gepflegten Tradition zurückgekehrt, dass ein Service Pack kein Vehikel ist, über das ein Produkt mit grundlegend neuen Funktionen versehen wird.

Aus diesem Grund gibt es nur relativ wenige Stellen, an denen die Neuerungen, die mit dem Service Pack 1 Einzug in Windows Vista halten, erkennbar oder konfigurierbar sind. Hinzu kommt, dass das Service Pack 1 Windows Vista auf den Betriebssystemkernel-Stand von Windows Server 2008 bringt. Somit enthält das Service Pack 1 zum Teil auch solche Neuerungen, die weniger für Windows Vista, sondern vor allem für Windows Server 2008 relevant sind – um die Einheitlichkeit des Betriebssystemkernels zu erhalten. Daraus erklärt sich dann auch die Größe, die das Service Pack 1 als Administrator-Installation aufweist.

SP1-Verbesserungen im Überblick

Die Bereiche, auf die sich die Verbesserungen des Windows Vista Service Pack 1 erstrecken, sind in den folgenden Abschnitten erläutert.

Höhere Zuverlässigkeit, bessere Kompatibilität und mehr Performance

Das Service Pack 1 beseitigt viele Ursachen, die bei Windows Vista für Instabilitäten verantwortlich waren. Zudem hat Microsoft die Kompatibilität zu einigen Anwendungen verbessert, sodass sich diese nun reibungsloser einsetzen lassen. Das Resultat ist ein System, das zuverlässiger arbeitet und bei dem es weniger Abstürze zu verzeichnen gibt.

Die Energieverwaltung für Notebooks wurde von Microsoft ebenfalls optimiert. Dadurch können Anwender im mobilen Betrieb von leicht gestiegenen Laufzeiten profitieren, ehe es dem Netzteil und einer Steckdose bedarf.

Gleichzeitig hat Microsoft an der Geschwindigkeitsschraube gedreht. Kopieroperationen zum Beispiel gehen nun flotter vonstatten, wie am Fortschrittsbalken im Dateikopier-Dialogfeld erkennbar ist. Kopierdurchläufe auf dem lokalen System sollen Microsoft zufolge rund 25 Prozent schneller vonstatten gehen, Kopiervorgänge über das Netzwerk teilweise um rund 50 Prozent.

Allerdings hat Microsoft den Kopier-Speed nicht durch Zaubertricks auf magische Weise vervielfacht. Vielmehr geht es erneut um Optimierung: Anstatt zunächst den Umfang der zu kopierenden Dateimenge zu berechnen und erst dann den eigentlichen Kopiervorgang zu starten, wartet Windows Vista Service Pack 1 mit dem zweiten Schritt nicht mehr, bis der erste abgeschlossen ist, sondern legt gleich los mit dem Kopiervorgang.

Unterstützung für kommende Hardware-Technologien und neue Standards

Die IT-Welt ist schnelllebig. Mitunter dauert es nur wenige Monate, bis die bisherige Hardware-Generation durch einen Nachfolger abgelöst wird oder ein neuer Standard geboren ist, der sich beginnt durchzusetzen. Diesem Umstand trägt Microsoft auch beim Service Pack 1 Rechnung:

Beispielsweise unterstützen Windows Vista SP1-PCs, die mit der 64-Bit x64-Ausführung des Betriebssystems arbeiten, nun auch das Booten unter Verwendung von *EFI* (dem »Extensible Firmware Interface«) – dem designierten BIOS-Nachfolger, der von immer mehr PC- und Mainboard-Herstellern unterstützt wird und der immer stärker im Kommen ist.

Mit *exFAT* (»extended FAT«) kommt Windows Vista Service Pack 1 ebenfalls zurecht. Hierbei handelt es sich um ein neues Dateisystem, dessen Wurzeln bei FAT (File Allocation Table) liegen und das vor allem für Geräte interessant ist, die mit Flash-Speicher arbeiten (etwa Digitalkameras). Im Vergleich zu den verbreiteten Dateisystemen FAT und FAT32 gestattet exFAT deutlich mehr Gesamtkapazität und erlaubt Dateigrößen von bis zu 2^{64} Byte entsprechend 16 EB (bei FAT32 hingegen kann eine Datei maximal 4 GB groß sein).

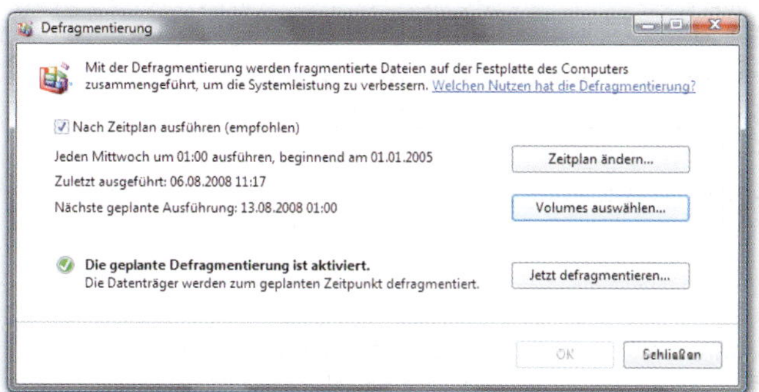

Abbildung E.15 Beim Service Pack 1 lassen sich die Datentrager auswählen, für die eine Defragmentierung erfolgen soll

Verbesserungen bei der Administration

Vereinfachungen gibt es bei der Verwaltung, sodass sich einige Aufgaben nun leichter oder besser erledigen lassen. Beispielsweise lässt sich die *BitLocker-Laufwerksverschlüsselung* beim Service Pack 1 nicht mehr nur für das Systemlaufwerk, sondern für alle auf dem PC vorhandenen Datenlaufwerke aktivieren.

Genauso nimmt sich die Defragmentierung nun nicht mehr zwangsläufig allen lokalen Datenträgern des Windows Vista-PCs an. Vielmehr gestattet es ein mit dem Service Pack 1 ausgestatteter Windows Vista-PC, die zu defragmentierenden Datenträger flexibel auszuwählen (siehe Abbildung E.15).

Ebenfalls möglich ist es, bei der Desktop-Suche nun auf ein anderes Programm als die von Microsoft vorgeschlagene und bei Windows Vista mitgelieferte *Windows-Suche* zurückzugreifen. Auf diese Weise lassen sich Desktop-Suchprogramme wie zum Beispiel »Copernic Desktop Search« (*www.copernic.com*) in Windows Vista integrieren und als Suchdienst nutzen (siehe Abbildung E.16). Welches auf dem Computer installierte Programm standardmäßig zur Windows-Suche gewünscht ist, lässt sich nach Auswahl von *Standardprogramme* aus dem Windows Vista-Startmenü sowie Anklicken von *Standardprogramme festlegen* vorgeben.

Die *Gruppenrichtlinien-Verwaltungskonsole* (auch als *Gruppenrichtlinienverwaltung* bezeichnet), die in der Erstauslieferung von Windows Vista enthalten ist, entfernt das Service Pack 1 aus dem System – was der Einheitlichkeit zu Windows Server 2008 geschuldet ist. Um die in Active Directory-Domänen gespeicherten Gruppenrichtlinien-Objekte auf einem Windows Vista Service Pack 1-PC zu bearbeiten, muss hier eine aktualisierte Version der Gruppenrichtlinien-Verwaltungskonsole, die die Neuerungen von Windows Server 2008 berücksichtigt, aus dem Microsoft Download Center (*download.microsoft.com*) heruntergeladen und auf dem Computer installiert werden.

Hinweis

Für die mit Windows Server 2008 neu eingeführte Gruppenrichtlinienfunktion *Group Policy Preferences* (GPP) sind Extensions erforderlich, die das Windows Vista Service Pack 1 ebenfalls nicht enthält. Um GPP auf einem Windows Vista SP1-PC zu verwenden, müssen diese Erweiterungen (etwa aus dem Microsoft Download Center) separat heruntergeladen und auf dem Computer installiert werden.

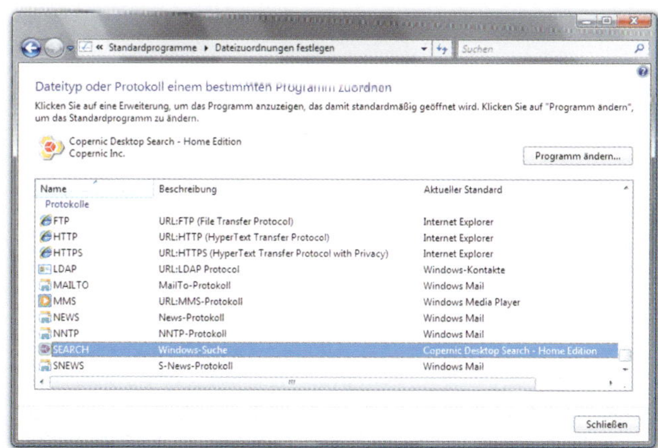

Abbildung E.16 Windows Vista Service Pack 1 gestattet die Verwendung eines anderen Desktop-Suchprogramms zur standardmäßigen Windows-Suche

Weitere Änderungen

Darüber hinaus enthält das Service Pack 1 Modifikationen, die nicht direkt in einen der obigen Bereiche fallen. Beispielsweise sind die SP1-spezifischen Aktualisierungen der Hilfedateien nicht im Service Pack 1 selbst enthalten. Möchten Sie die jeweiligen Inhalte nicht online ganz nach Bedarf aus dem Internet abrufen, sondern ohne Internetverbindung offline betrachten können, müssen Sie die für das SP1 aktualisierten Hilfedateien aus dem Microsoft Download Center herunterladen und auf Ihrem PC installieren. Details hierzu sind ebenso wie der Download-Link im Microsoft-Knowledge-Base-Artikel *support.microsoft.com/kb/937286* beschrieben.

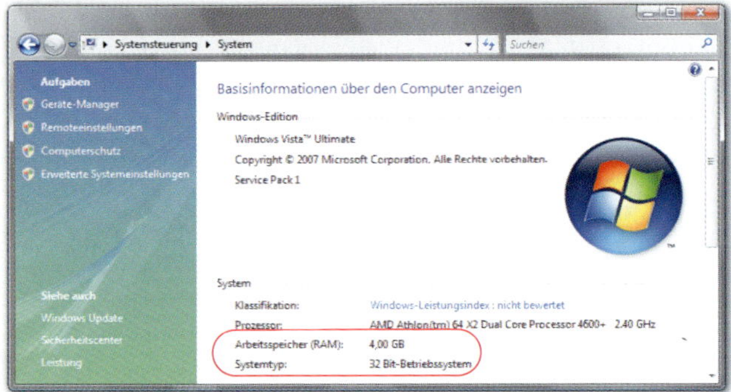

Abbildung E.17 4 GB RAM auf einem 32-Bit x86-PC? Hier ist Kosmetik Trumpf!

Eine andere Veränderung, die das Service Pack 1 hervorruft, betrifft die Anzeige (!) des installierten Arbeitsspeichers bei PCs, die mit 4 GB Arbeitsspeicher ausgestattet sind und auf denen die 32-Bit x86-Ausführung von Windows Vista ihren Dienst versieht. Verfügen Sie über einen Windows Vista-PC, auf den eine solche Systemkonfiguration zutrifft, kann es gut sein, dass Sie sich ob des Service Pack 1 verwundert die Augen reiben. Meldeten die Basisinformationen zum Computer nach Anklicken des Links *Weitere Details anzeigen* im Begrüßungscenter vor dem Aufspielen noch einen Arbeitsspeicher-Umfang von rund 3 GB, sind daraus durch das Aufspielen des Service Pack 1 nun 4 GB RAM geworden.

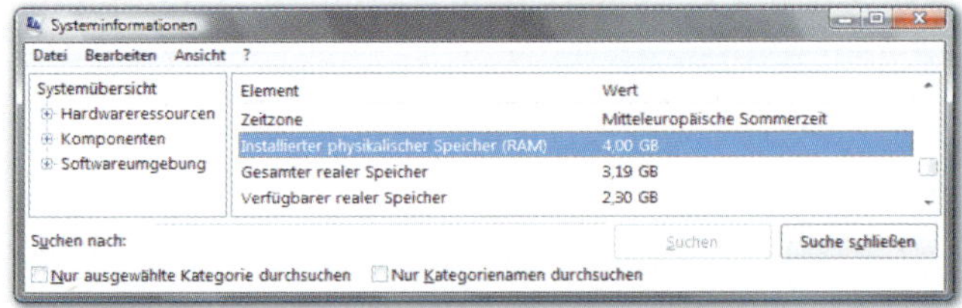

Abbildung E.18 Das zu Windows Vista gehörende Systeminformations-Tool MSINFO32 schafft Klarheit

Kann das Service Pack 1 tatsächlich für mehr Arbeitsspeicher in Ihrem Computer sorgen? Die klare Antwort hierauf lautet: Nein.

Der Grund für die »wundersame Vermehrung« ist vielmehr, dass Microsoft sich entschieden hat, den im Computer installierten Arbeitsspeicher vollständig anzeigen zu lassen (siehe Abbildung E.18). Denn sind im Computer 4 GB RAM installiert, meldet die Erstauslieferung von Windows Vista nicht etwa diesen Wert, sondern etwas im Bereich von rund 3 GB. Viele Anwender haben dies für einen Hardware-Defekt ihrer Speichermodule oder einen Fehler im Betriebssystem gehalten (»Warum erkennt Windows Vista nicht den gesamten im Computer installierten Arbeitsspeicher, sondern nur einen Teil davon?«). Beides trifft so nicht zu. Um derlei Irritationen zu vermeiden, hat sich Microsoft beim Service Pack 1 entschieden, dass das Betriebssystem an einigen prominenten Stellen nun den gesamten im Computer physikalisch installierten Arbeitsspeicher meldet – obwohl die 32-Bit x86-Ausführung von Windows Vista diesen nur zum Teil nutzen kann.

Ein Blick in das zu Windows Vista gehörende Systeminformations-Tool, das Sie durch Eingabe von **msinfo32** ↵ im Schnellsuchfeld des Windows-Startmenüs aufrufen können, schafft Klarheit: Hier wird übersichtlich angezeigt, wie viel Arbeitsspeicher physisch im Computer installiert und real verfügbar ist. Denn: Der gesamte reale Arbeitsspeicher ist derjenige, der Betriebssystem und Anwendungen gemeinsam zur Verfügung steht. Die Besonderheit dabei ist, dass Anwendungen bei der 32-Bit x86-Ausführung von Windows Vista (genauso wie bei Windows XP und anderen 32-Bit x86-Nicht-Microsoft-Betriebssystemen) höchstens rund 2 GB Arbeitsspeicher nutzen können, aber nicht mehr. Soll Anwendungen mehr Arbeitsspeicher zur Verfügung stehen, müssen Sie auch beim Service Pack 1 von Windows Vista zur 64-Bit x64-Ausführung greifen.

Teil A

Die Benutzeroberfläche

1 Erste Schritte

Herzlich willkommen zu Windows Vista!

Um die vielen Neuerungen in Windows Vista kennen zu lernen, laden wir Sie in diesem Kapitel zu einem Rundgang ein. Begleiten Sie uns dabei durch die neue Benutzeroberfläche, und erfahren Sie schon hier, wie Sie die wichtigsten Aufgaben lösen. Natürlich ist dies nur ein erster Startpunkt, und wenn Sie ein Thema näher interessiert, finden Sie in diesem Buch jeweils Verweise auf jene Kapitel, in denen Sie mehr dazu erfahren.

Bei Vista anmelden

Bevor Sie überhaupt mit Vista arbeiten können, ist eine Anmeldung erforderlich, damit Vista weiß, wer Sie sind und Ihnen Ihre persönliche Arbeitsumgebung bereitstellen kann. Die Anmeldung sorgt auch dafür, dass Unbefugte von Ihrem Computer ferngehalten werden.

Zu Hause anmelden

Zu Hause sieht der Anmeldebildschirm ähnlich aus wie in Abbildung 1.1. Klicken Sie auf das Benutzerkonto, mit dem Sie sich anmelden wollen.

Abbildung 1.1 Die Willkommensseite

Wenn das Benutzerkonto mit einem Kennwort geschützt ist, müssen Sie anschließend noch das Kennwort eingeben.

Hinweis 

Jeder Benutzer sollte sich mit einem eigenen Benutzerkonto anmelden. In Kapitel 22 erfahren Sie, wie das gemacht wird. Dort lesen Sie auch, wie Sie Ihr Benutzerkonto mit einem Kennwort schützen.

In der Firma anmelden

In einer Firma sieht der Anmeldebildschirm anders aus. Hier werden Sie aufgefordert, zuerst die Tastenkombination `Strg`+`Alt`+`Entf` zu drücken. Erst danach erscheint der Anmeldebildschirm und ist auf den Benutzer voreingestellt, der sich das letzte Mal angemeldet hat. Wenn Sie das sind, brauchen Sie jetzt nur noch Ihr Kennwort einzugeben, um sich anzumelden. Klicken Sie dann entweder auf den Pfeil rechts neben dem Kennwortfeld, oder drücken Sie die `↵`-Taste.

Sind Sie nicht der Benutzer, der über dem Kennwortfeld angegeben wird, klicken Sie zunächst auf *Benutzer wechseln* und dann auf *Anderer Benutzer*. Nun können Sie sich mit Ihrem Benutzernamen und Kennwort anmelden. Achten Sie darauf, was unter dem Kennwortfeld steht.

Normalerweise steht hier die Netzwerkdomäne, an der sich der Computer zuletzt angemeldet hat. Möchten Sie sich an einer anderen Netzwerkdomäne oder mit einem lokalen Benutzerkonto anmelden, geben Sie ins obere Feld nicht einfach Ihren Benutzernamen ein, sondern legen Sie fest, welches Benutzerkonto Sie eigentlich meinen.

Abbildung 1.2 Legen Sie fest, wo Sie sich genau anmelden wollen

Möchten Sie sich zum Beispiel an der Domäne *scriptinternals.technet* unter dem Namen *TobiasW* anmelden, geben Sie entweder **SCRIPT\TobiasW** oder **TobiasW@scriptinternals.technet** ein.

Verwenden Sie also vor Ihrem Benutzernamen entweder den kurzen Domänennamen, oder hängen Sie ähnlich wie bei einer E-Mail-Adresse den langen Domänennamen an Ihren Benutzernamen an. Falls Sie den Domänennamen nicht wissen, fragen Sie den Netzwerkadministrator Ihrer Firma. Wollen Sie sich an gar keiner Domäne anmelden, sondern an einem lokalen Benutzerkonto des Computers, setzen Sie den Namen des Computers voran, also zum Beispiel *PC042 \TobiasW.*

Haben Sie sich nur vertan und versehentlich das falsche Benutzerkonto angeklickt, klicken Sie auf *Benutzer wechseln*. So kommen Sie zur Auswahl zurück und können sich ein anderes Konto aussuchen.

Die Benutzeroberfläche

Nach der Anmeldung gelangen Sie zu Ihrem elektronischen Schreibtisch, dem Desktop, ähnlich wie in Abbildung 1.3. Was genau Sie darauf sehen, erfahren Sie in einem Moment.

Anfangs öffnet sich außerdem das Fenster des Begrüßungscenters, in dem Sie alles finden, was Sie zum Loslegen brauchen. Über all dem ist der weiße Mauszeiger zu sehen, mit dem Sie auf bestimmte Elemente zeigen.

Abbildung 1.3 Ein erster Blick auf den Vista-Desktop

Transparenzeffekte und Aero-Oberfläche

Windows Vista nutzt alle Fähigkeiten moderner Grafikkarten für seine moderne neue Oberfläche namens *Aero*. Fensterrahmen wie der des *Begrüßungscenters* erscheinen zum Beispiel durchsichtig und lassen den Hintergrund erkennen. Auch einen Schlagschatten malt Windows Vista um alle Fenster.

Bei schwächeren Grafikkarten schaltet Vista die Transparenz- und Schatteneffekte automatisch ab. Verwenden Sie die einfachste Version von Windows Vista namens Windows Vista Home Basic, ist die Aero-Oberfläche ebenfalls nicht vorhanden.

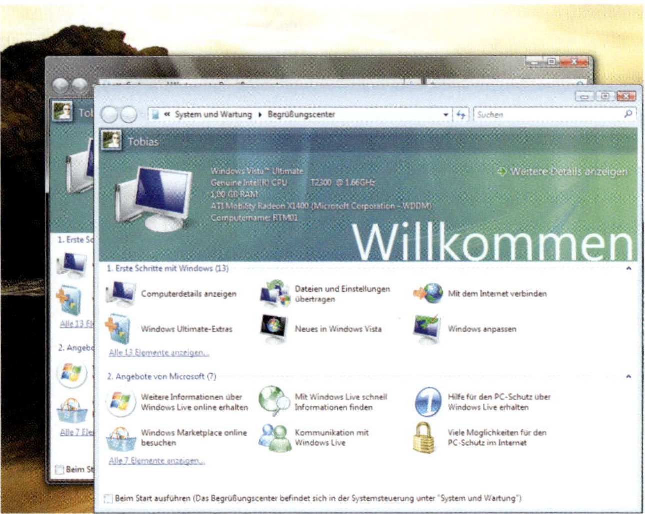

Abbildung 1.4 Ein- und ausgeschaltete Transparenzeffekte der Fensterrahmen

Die Aero-Oberfläche macht Fenster aber nicht nur durchscheinend, sondern unterstützt Sie auch auf andere Weise. Bringen Sie zum Beispiel die Maus über eine Fensterschaltfläche auf der Taskleiste am unteren Rand des Bildschirms, erscheint eine Minivorschau des Fensters. So wissen Sie sofort, welche Schaltfläche zu welchem Fenster gehört, und können damit das Fenster sichtbar und unsichtbar machen.

Und mit der Tastenkombination [⊞]+[↹] wird deutlich, dass die Aero-Oberfläche eigentlich ein 3D-Modell ist, mit dem sich die Fenster sogar in den Raum drehen können, damit Sie besonders bequem zu einem anderen Fenster umschalten können. Das allerdings funktioniert erst, wenn Sie mehr als ein Fenster geöffnet haben.

Drücken Sie einfach so oft die [↹]-Taste, bis das richtige Fenster im Vordergrund liegt. Vergessen Sie aber nicht, dabei die [⊞]-Taste gedrückt zu halten. Diese Taste befindet sich links von der großen Leertaste.

Abbildung 1.5 Mit Flip-3D schalten Sie in die 3D-Darstellung und suchen sich ein anderes Fenster aus

Hinweis 

Falls die Transparenz- und Grafikeffekte bei Ihnen nicht funktionieren, verwendet Windows Vista offenbar die Aero-Oberfläche nicht. Ein Grund kann eine zu alte Grafikhardware sein, die keine 3D-Beschleunigungsfunktionen bietet. Ein anderer Grund liegt in der Windows Vista-Version: Aero wird erst ab Windows Vista Home Premium unterstützt. Und schließlich: Vielleicht wurde die Aero-Oberfläche auch nur abgeschaltet. Wie Sie sie einschalten, lesen Sie in Kapitel 2.

Die Taskleiste hilft beim Navigieren

Am unteren Rand des Bildschirms befindet sich die Taskleiste. Sie hat vier wichtige Aufgaben:

- **Startmenü** Ganz links befindet sich eine runde Schaltfläche, über die Sie das Startmenü öffnen. Hier finden sich alle wichtigen Windows-Funktionen, und von hier aus starten Sie zum Beispiel Programme.
- **Schnellstartleiste** Rechts daneben befindet sich die Schnellstartleiste mit Ihren wichtigsten Lieblingsprogrammen. Diese erreichen Sie hier besonders schnell durch einen einzelnen Mausklick. Die Schnellstartleiste kann anfangs abgeschaltet sein.
- **Fensterschaltflächen** Jedes Fenster erhält eine eigene Schaltfläche. Möchten Sie das Fenster in den Vordergrund holen, klicken Sie auf die entsprechende Schaltfläche in

der Taskleiste. Ein weiterer Klick macht das Fenster unsichtbar. Falls sehr viele Fenster geöffnet sind, gruppiert die Taskleiste die Fensterflächen nach Sorte, und Sie können sich aus einem Menü das passende Fenster aussuchen.

Wenn Sie mit der rechten Maustaste auf eine Fensterschaltfläche klicken, erhalten Sie in einem Kontextmenü noch mehr Fensterbefehle angezeigt, über die Sie das Fenster zum Beispiel schließen können.

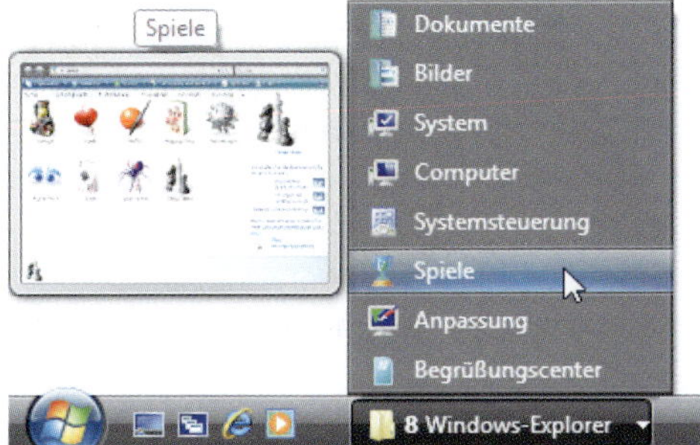

Abbildung 1.6 Bei Platzmangel in der Taskleiste werden gleichartige Fenster zu Gruppen zusammengefasst

- **Infobereich** Ganz rechts in der Taskleiste tickt die Uhrzeit im Infobereich. Zusätzlich sind hier einige weitere Symbole vorhanden, die Ihnen zum Beispiel zeigen, ob Sie mit dem Internet verbunden sind. Hin und wieder können hier auch Sprechblasen auftauchen, um Sie auf besondere Vorkommnisse hinzuweisen, zum Beispiel die Installation eines neuen Geräts, das Sie gerade angeschlossen haben.

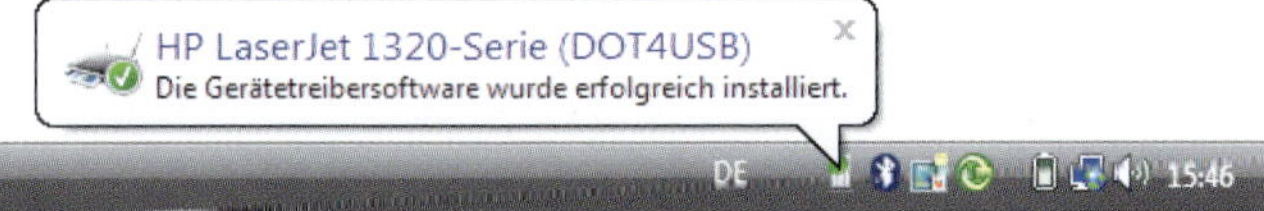

Abbildung 1.7 Sprechblasen weisen Sie auf besondere Vorkommnisse hin

Mit dem Startmenü neue Aufgaben beginnen

Mit dem Startmenü beginnen Sie neue Aufgaben. Um es zu öffnen, klicken Sie auf die runde Schaltfläche auf der linken Seite der Taskleiste.

Das neue Startmenü von Windows Vista ist in drei Bereiche gegliedert. Sieht es bei Ihnen völlig anders aus als in Abbildung 1.8, wurde es möglicherweise in den klassischen Modus versetzt, bei dem es ähnlich aussieht wie in älteren Windows-Versionen. Mehr zu den Einstellmöglichkeiten des Startmenüs erfahren Sie in Kapitel 3.

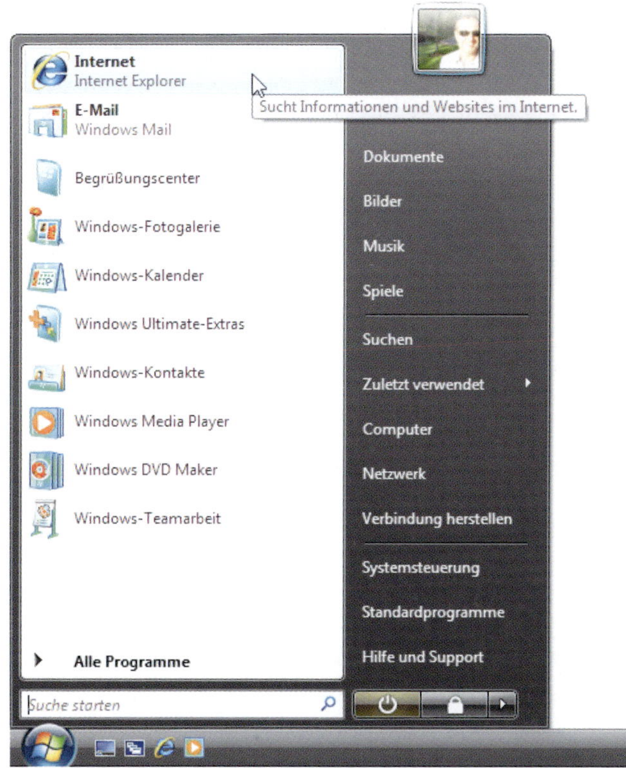

Abbildung 1.8 Das Startmenü enthält alle wichtigen Windows-Funktionen

Mit dem Startmenü können Sie vier Dinge tun:

- **Programme starten** Die linke Spalte listet Ihre Programme auf, und um ein Programm zu starten, klicken Sie einfach darauf. Möchten Sie zum Beispiel eine Webseite im Internet besuchen, dann klicken Sie ganz oben auf *Internet*.

  Weil nicht alle Programme ins Startmenü hineinpassen, finden Sie weniger häufig gebrauchte Programme, wenn Sie unten auf *Alle Programme* klicken.

- **Windows-Funktionen und spezielle Orte aufrufen** Die rechte Spalte listet alle wichtigen Windows-Funktionen auf, und dazu gehören auch einige besondere Ordner, die Sie öffnen können. Möchten Sie zum Beispiel ein Spiel spielen, klicken Sie auf den Eintrag *Spiele*. Im zugehörigen Ordner suchen Sie sich dann das Spiel aus und starten es per Doppelklick.

  Übrigens lesen Sie in Kapitel 22 alles über den neuartigen Jugendschutz, mit dem Sie genau festlegen, wer welche Spiele spielen und Programme aufrufen darf – und auch wann.

Wollen Sie lieber Ihre Laufwerke sehen, klicken Sie auf *Computer*. Und wenn Sie sich für die Feineinstellungen von Windows Vista interessieren, ist *Systemsteuerung* die richtige Wahl. Mit *Hilfe und Support* öffnen Sie das elektronische Handbuch.

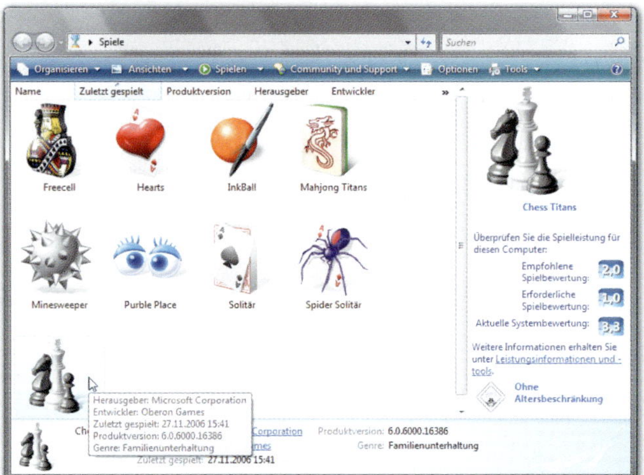

Abbildung 1.9 In der rechten Spalte des Startmenüs öffnen Sie wichtige Ordner wie Dokumente oder Spiele

- **Programme, Dokumente und E-Mails suchen** Brandneu und unscheinbar ist das Textfeld am unteren Rand der linken Spalte mit dem Vorgabetext *Suche starten*. Hier brauchen Sie nur beliebige Suchbegriffe einzugeben, und schon findet Windows Vista alles, was die von Ihnen eingetippten Stichwörter enthält.

  Geben Sie zum Beispiel »pai« an, würde das Malprogramm Paint gefunden. Genauso findet das Startmenü aber auch Briefe, E-Mails oder andere gespeicherte Informationen, die Ihr Stichwort enthalten. Mehr dazu lesen Sie in Kapitel 6.

Abbildung 1.10 Das Schnellsuchfeld findet Programme, Dateien und sogar E-Mails

- **Windows beenden – oder unterbrechen** Rechts neben dem Schnellsuchfeld befinden sich zwei Schaltflächen, mit denen Sie Ihre Arbeit beenden – oder noch cleverer, nur kurz unterbrechen. Klicken Sie auf den Ausschalter, speichert Windows Vista seinen aktuellen Zustand und schaltet den Computer aus. Wenn Sie ihn wieder einschalten, ist alles noch da, genauso wie Sie es verlassen haben. Wie der Ausschalter genau funktioniert, lesen Sie in Kapitel 3. Mit dem Schalter rechts daneben (das Schloss-Symbol) sperren Sie den Computer, damit sich in der Mittagspause niemand anderes an ihm zu schaffen macht.

Das Begrüßungscenter

Das *Begrüßungscenter* aus Abbildung 1.11 hilft Ihnen dabei, den Computer schnellstmöglich einzurichten und viele der neuen Windows Vista-Funktionen zu entdecken.

Es erscheint automatisch nach der Anmeldung, es sei denn, Ihr Computer wird von einer IT-Abteilung verwaltet. Dann kümmert sich diese Abteilung um Ihren Computer, und das Begrüßungscenter ist wahrscheinlich abgeschaltet.

Abbildung 1.11 Das Begrüßungscenter enthält interessante Startpunkte für Sie

Das Begrüßungscenter zeigt Ihnen im oberen Bereich die wichtigsten technischen Daten Ihres Computers an. Darunter finden sich viele weitere Funktionen, die in zwei Bereiche zu jeweils zwei Zeilen gegliedert sind:

- **Erste Schritte mit Windows** Hier finden Sie zwei Reihen mit Symbolen, über die Sie die Möglichkeiten und Funktionen Ihres Computers erforschen können. Wollen Sie alle Symbole sehen, klicken Sie auf den unterstrichenen Link direkt darunter.
- **Angebote von Microsoft** Hier finden Sie zusätzliche Angebote von Microsoft, die eine Internetverbindung erfordern.

Details zu Ihrem Computer anzeigen

Klicken Sie rechts oben im Begrüßungscenter auf *Weitere Details anzeigen*, öffnet sich ein Fenster mit noch mehr Details. Hier erfahren Sie, wie leistungsfähig Ihr Computer ist, wo sich Verbesserungen lohnen würden, und ob Ihre Version von Windows Vista bereits aktiviert wurde.

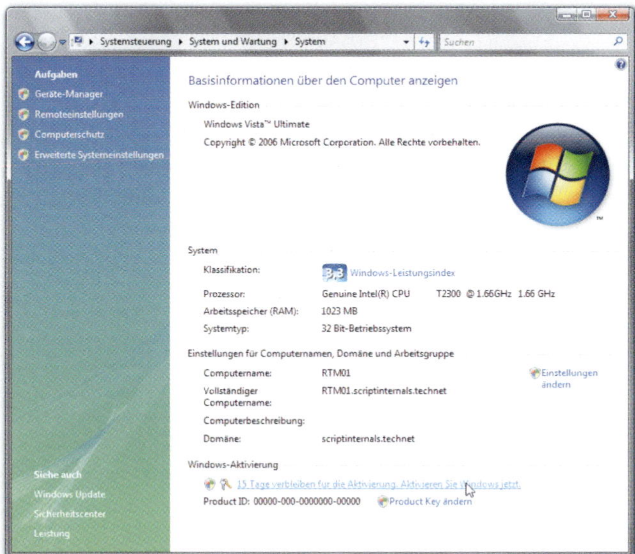

Abbildung 1.12 Detaillierte Informationen über Ihren Computer und seine Leistungsfähigkeit

Im oberen Bereich erfahren Sie, welche Windows Vista-Version Sie verwenden. Darunter wird der Leistungsindex Ihres Computers angezeigt, der aus einer Zahl zwischen 1 und 6 besteht. Je größer die Zahl, desto leistungsfähiger ist Ihr Computer.

Im unteren Bereich lesen Sie, ob Ihr Windows Vista bereits aktiviert wurde. Falls nicht, können Sie dies mit dem Link *Aktivieren Sie Windows jetzt* sofort nachholen oder bis kurz vor Ablauf der angezeigten Frist warten.

Warten Sie aber nicht zu lange: Ist die Frist abgelaufen, dann startet Windows Vista nur noch in einem eingeschränkten Modus, in dem Sie nicht viel mehr tun können, als die Aktivierung durchzuführen oder eine Lizenz online im Internet zu erwerben.

Tipp 

Wenn Sie genauer wissen wollen, wo die Stärken und Schwächen Ihres Computers liegen, klicken Sie auf den Link *Windows-Leistungsindex* rechts neben der Zahl. Der Leistungsindex setzt sich aus verschiedenen Kategorien zusammen. Der jeweils schwächste Einzelindex bildet den Gesamtindex. Selbst bei schnellen modernen Computern kann der Leistungsindex deshalb unerwartet niedrig ausfallen, wenn nur eine Komponente unterdurchschnittliche Leistung liefert. Bei Notebooks kann das zum Beispiel die integrierte Grafikkarte sein. Deshalb ist der Leistungsindex nur ein grober Schätzwert.

Administratorrechte sind klar gekennzeichnet

Bei Windows Vista sind alle Benutzer geschützt, denn Windows Vista verlangt im Alltag keine besonderen Administratorrechte mehr. Stattdessen weist Windows Vista eindeutig mit einem Schutzschild-Symbol wie zum Beispiel in Abbildung 1.13 auf Funktionen hin, die besondere Rechte erfordern – und eventuell heikle Folgen haben, wenn man sie falsch bedient.

Möchten Sie diese Funktionen dennoch ausführen – nötig ist das im normalen Alltag nie – fragt Windows Vista nach, ob Sie jetzt – und nur für diesen Fall – besondere Administratorrechte aktivieren wollen.

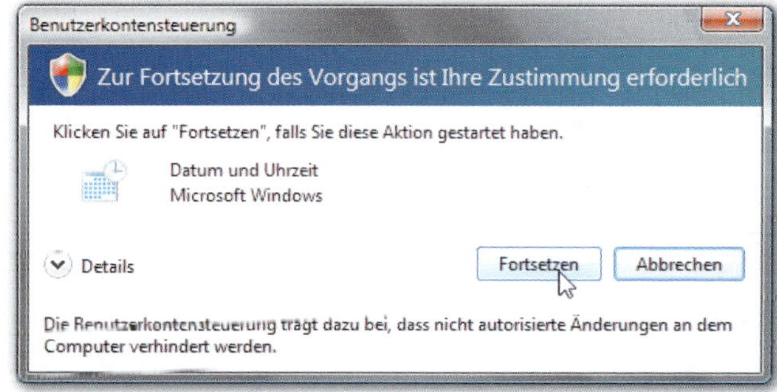

Abbildung 1.13 Administratorrechte sind nur noch selten nötig – und falls doch, wird vorher gefragt

Mehr zu diesem Thema lesen Sie in Kapitel 23.

Weitere Funktionen im Begrüßungscenter

Die übrigen Symbole im unteren Teil des Begrüßungscenters öffnen ebenfalls Fenster mit interessanten Informationen. Die Tabelle 1.1 fasst die Funktionen für Sie zusammen:

Funktion		Beschreibung
	Computerdetails anzeigen	Zeigt alle technischen Details Ihres Computers an
	Dateien und Einstellungen übertragen	Überträgt Dateien und Programmeinstellungen von einem älteren Computer auf diesen Computer, sodass Sie diese mitnehmen können, wenn Sie sich einen neuen Computer zugelegt haben
	Mit dem Internet verbinden	Startet einen Assistenten, der Ihnen dabei hilft, den Computer mit dem Internet zu verbinden
	Windows Ultimate-Extras	Wenn Sie Windows Vista Ultimate verwenden, können Sie hier weitere kostenlose Extras herunterladen
	Neues in Windows Vista	Öffnet die Hilfe und erläutert Ihnen die Neuerungen von Vista
	Windows anpassen	Richtet den Bildschirm, Farben und Bildschirmschoner ein.
	Windows online registrieren	Registriert Ihr Windows Vista bei Microsoft
	Windows Media Center	Startet das Windows Media Center und richtet die Grundeinstellungen ein
	Windows-Grundlagen	Öffnet die Hilfe und informiert Sie über wichtige Windows-Funktionen und -Themen
	Center für erleichterte Bedienung	Öffnet einen Assistenten, mit dem Eingabehilfen aktiviert werden können, wenn Sie körperlich eingeschränkt sind oder eine virtuelle Bildschirmtastatur benötigen
	Sicherheits- und Wiederherstellungscenter	Verwaltet Sicherheitsfunktionen und bietet Ihnen die Möglichkeit, die Daten auf Ihrem Computer zu sichern und im Notfall wiederherzustellen

Tabelle 1.1 Grundeinstellungen im Begrüßungscenter

Funktion		Beschreibung
	Windows Vista-Videos	Zeigt alle Hilfethemen an, zu denen es Videomaterial gibt, das Sie sich dann im Windows Media Player anschauen können
	Systemsteuerung	Öffnet ein Fenster, in dem Sie die vielfältigen Funktionen des Computers verwalten und einstellen können

Tabelle 1.1 Grundeinstellungen im Begrüßungscenter *(Fortsetzung)*

Die Angebote von Microsoft im unteren Teil des Begrüßungscenters drehen sich alle um Windows Live, einen Bereich im Internet, wo Sie direkt vom Hersteller Microsoft teilweise kostenpflichtige Zusatzprodukte erhalten. Computerhersteller können hier auch eigene Service-Leistungen anzeigen.

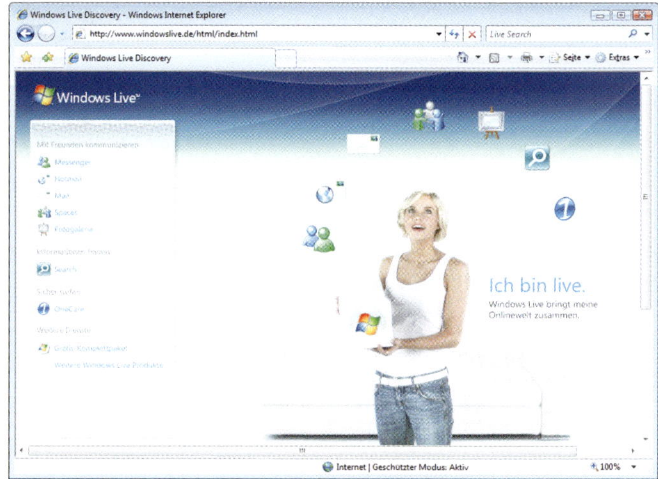

Abbildung 1.14 Windows Live ist ein Sortiment von Zusatzleistungen aus dem Internet

Tipp 

Das Begrüßungscenter wird von Vista nach jedem Start automatisch neu geöffnet, solange das Kontrollkästchen *Beim Start ausführen* am unteren Rand des Fensters aktiviert ist.

Brauchen Sie das Begrüßungscenter nicht mehr, schalten Sie dieses Kontrollkästchen aus und schließen das Fenster mit einem Klick auf die rote Schließen-Schaltfläche in der rechten oberen Ecke des Fensters. Sie können es jederzeit wieder von Hand öffnen, zum Beispiel, indem Sie im Startmenü ins Suchfeld eingeben: »Begrü«. Schon wird es in der linken Spalte angezeigt – klicken Sie darauf.

Die Sidebar und Minianwendungen

Auf großen Bildschirmen und besonders bei den neuen so genannten Widescreen-Monitoren im 16:10-Format können Sie der neuen Sidebar Platz auf dem Desktop einräumen – Pflicht ist das aber nicht.

Die Sidebar reserviert auf dem Desktop Platz für so genannte *Minianwendungen*. Diese Minianwendungen – die auch als Gadgets bezeichnet werden – liefern Informationen, die man ständig im Blick behalten möchte, zum Beispiel die Uhrzeit, Nachrichtenticker aus dem Internet oder die aktuelle CPU-Belastung.

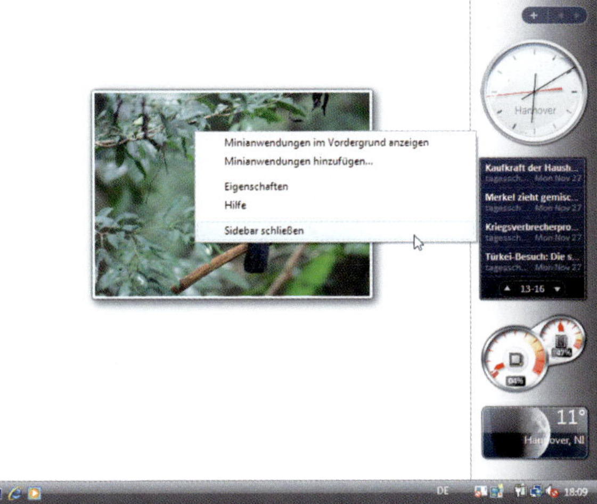

Abbildung 1.15 Minianwendungen auf den Desktop ziehen und die Sidebar bei Bedarf schließen

Sidebar ein- und ausschalten

Die Sidebar kann jederzeit ein- und ausgeblendet werden. Dazu klicken Sie mit der rechten Maustaste auf eine freie Stelle innerhalb der Sidebar und wählen im Kontextmenü den Eintrag *Sidebar schließen*.

Wenn Sie die Sidebar abschalten, bleibt ein Symbol im Infobereich der Taskleiste sichtbar. Ein Doppelklick auf dieses Symbol macht die Sidebar wieder sichtbar.

Fehlt auch dieses Symbol, wurde die Sidebar vermutlich noch gar nicht gestartet. In diesem Fall öffnen Sie das Startmenü und tippen unten links ins Schnellsuchfeld den Begriff »Sidebar« ein. Schon zeigt die linke Spalte des Startmenüs sowohl den Link für die eigentliche Windows-Sidebar, die Sie per Klick starten können, als auch einen Link für die Sidebar-Eigenschaften. Hierüber legen Sie fest, ob die Sidebar automatisch starten soll oder nicht.

Minianwendungen hinzufügen

Im Kontextmenü der Sidebar in Abbildung 1.15 finden Sie auch den Befehl *Minianwendungen hinzufügen*, über den Sie neue Minianwendungen aussuchen und in der Sidebar andocken.

Abbildung 1.16 Windows Vista bringt viele Minianwendungen mit und kann erweitert werden

Minianwendungen verwenden

Welche Informationen die Sidebar genau anzeigt, können Sie selbst bestimmen, denn die einzelnen Elemente in der Sidebar sind eigenständige Minianwendungen.

Sie können also genau die Minianwendungen in Ihre Sidebar »einbauen«, die Sie praktisch oder wichtig finden, und diese mit der Maus anders anordnen oder sogar auf den Desktop ziehen, wo sich die meisten Minianwendungen automatisch vergrößern und noch mehr Informationen anzeigen.

Abbildung 1.17 Steuerschaltflächen der Minianwendung

Zeigen Sie mit der Maus auf eine Minianwendung, werden in deren rechten oberen Ecke Schaltflächen eingeblendet. Nach einem Klick auf den Werkzeugschlüssel könnten Sie nun die Einstellungen der Minianwendung ändern und zum Beispiel ein anderes Uhr-Design wählen.

Abbildung 1.18 Die Einstellungen einer Minianwendung ändern

Geräte anschließen

Neue Geräte wie zum Beispiel Drucker oder Digitalkameras werden von Windows Vista automatisch erkannt, sobald Sie diese an den Computer anschließen.

USB-Geräte verwenden

Eine Sprechblase informiert Sie über den Installationsvorgang, und für den Anschluss der meisten Geräte sind noch nicht einmal besondere Administratorrechte erforderlich.

Abbildung 1.19 Bei der ersten Verwendung werden Gerätetreiber installiert

Einige Sekunden später ist das Gerät einsatzbereit. Nur wenn für das Gerät noch keine Gerätetreiber vorhanden sind, fragt Windows Vista nach. In diesem Fall legen Sie die Installations-CD des Geräteherstellers ein und folgen den Anweisungen. Für die Installation solcher Geräte benötigen Sie dann Administratorrechte.

Spätestens jetzt sollten Sie sich in Kapitel 48 zum Thema Geräteinstallation darüber informieren, was bei der Installation eigentlich genau passiert – und wann spezielle Rechte nötig sind und wann nicht.

Unterstützung für Laufwerke oder Kameras

Enthalten die Geräte, die Sie an Ihren Computer anschließen, Daten, erscheint das Dialogfeld *Automatische Wiedergabe* und bietet Ihnen verschiedene Möglichkeiten an, auf diese Daten zuzugreifen.

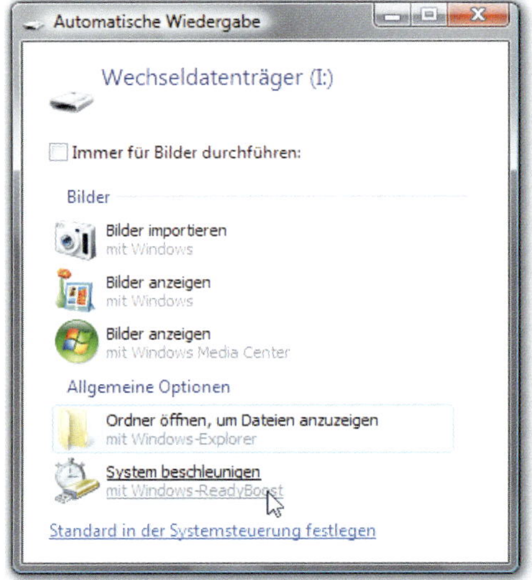

Abbildung 1.20 Die automatische Wiedergabe bietet alle wichtigen Funktionen an, um Daten wiederzugeben

Haben Sie zum Beispiel auf einem USB-Stick Fotos gespeichert, können Sie diese sofort in Ihre Bildersammlung importieren oder in der Fotogalerie anzeigen. Mehr dazu lesen Sie in den Kapiteln 8 und 9.

Natürlich können Sie den Datenträger aber auch im Windows-Explorer öffnen, um die einzelnen Dateien zu sehen. Wenn Sie das interessiert, dann wählen Sie den Link *Ordner öffnen, um Dateien anzuzeigen*, und schauen Sie ins Kapitel 4, um sich näher über den Windows-Explorer zu informieren.

Ganz neu: Wenn Ihr Computer nur wenig Speicher besitzt, können Sie seinen Speicher mit einem USB-Stick und der Option *System beschleunigen* sogar mit wenigen Handgriffen erweitern. Was genau dabei passiert, erfahren Sie in Kapitel 52.

Unterstützung für Monitor und Projektoren

Und schauen Sie mal, was passiert, wenn Windows Vista einen neuen zusätzlichen Monitor oder einen Projektor (Beamer) entdeckt.

Sofort werden Sie gefragt, wie der neue Monitor oder Projektor genutzt werden soll und ob Sie darauf für eine Präsentation den Bildschirminhalt anzeigen oder für die Arbeit den Desktop auf einen zweiten Monitor erweitern möchten.

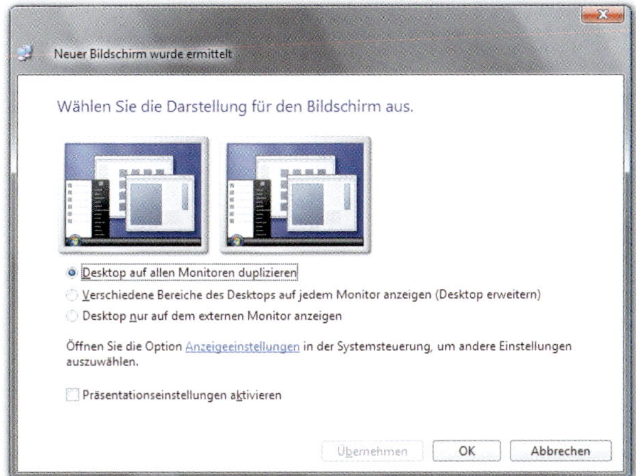

Abbildung 1.21 Neue Monitore und Projektoren werden sofort nach Ihren Wünschen genutzt

Mehr zu Monitoren, Projektoren und den damit verbundenen Einstellmöglichkeiten erfahren Sie in Kapitel 2.

Unterstützung für mehr Kontrolle

Obwohl Windows Vista mehr Geräte als je zuvor erkennt und verwenden kann, muss das nicht zwangsläufig so sein. Als Verantwortlicher einer Firma möchten Sie vielleicht verhindern, dass bestimmte Geräte installiert werden können – zum Beispiel, weil Sie verhindern müssen, dass Daten aus der Firma gestohlen werden.

Auch das ist möglich, und Windows Vista weigert sich, Geräte zu installieren, die Sie verboten haben. Wie das genau funktioniert, erfahren Sie in Kapitel 48.

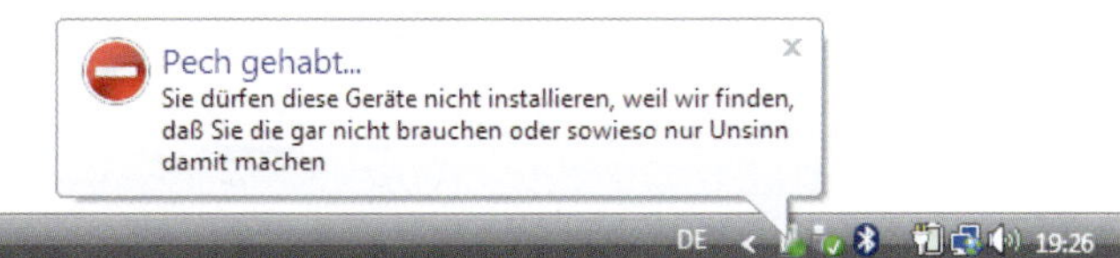

Abbildung 1.22 Gruppenrichtlinien sind in der Lage, bestimmte Geräte zu verbieten

Den PC ausschalten oder sperren

Haben Sie am Ende des Tages genug gearbeitet und wollen den Computer ausschalten, wartet Windows Vista auch hier mit einer kleinen Überraschung auf.

Wenn Sie nämlich das Startmenü öffnen, finden Sie unten rechts einen Ausschalter, der Ihre gesamte Arbeit sicher konserviert. Sie brauchen also nicht mehr alle Programme umständlich zu schließen, sondern klicken einfach auf diese Schaltfläche.

Wenige Sekunden später schaltet sich der Computer aus, und wenn Sie ihn am nächsten Tag wieder einschalten, sind Sie in wenigen Sekunden wieder da, wo Sie Ihre Arbeit am Vortag unterbrochen haben.

Was genau der Ausschalter tatsächlich tut, wenn Sie darauf klicken, kann man bereits seiner Farbe entnehmen. Noch mehr Aufschluss erhält man, wenn Sie den Mauszeiger eine Sekunde über dem Ausschalter parken.

Abbildung 1.23 Windows Vista mit dem Ausschalter beenden

- **Gelbe Schaltfläche** Ihr Computer »friert« den momentanen Zustand ein, sodass Sie später an genau dieser Stelle fortsetzen können.
- **Rote Schaltfläche** Ihr Computer wird ausgeschaltet, ohne den momentanen Zustand zu speichern. Sie müssen also alle Programme zuerst schließen und alle ungesicherten Arbeiten speichern.

Ist die Schaltfläche zum Ausschalten bei Ihnen rot, und können Sie deshalb die schnellen Aus- und Einschaltmechanismen nicht nutzen, lesen Sie in Kapitel 3 nach, um herauszufinden, ob und wie Sie diese Einschränkung beheben können.

Abbildung 1.24 Ein roter Ausschalter fährt den Computer komplett herunter

Neben dem Ausschalter im Startmenü gibt es weitere Wege, Vista zu beenden, die allerdings von Ihrem Computer abhängen. Bei Notebooks genügt es, den Deckel zuzuklappen. Bei vielen PCs braucht man nur die Netztaste kurz zu drücken, und moderne Tastaturen haben häufig einen Energiesparschalter.

Tobias Weltner

2 Desktop und Bildschirm

Der Desktop ist Ihr elektronischer Schreibtisch, also Ihre persönliche Arbeitsfläche. Hier legen Sie zum Beispiel Symbole ab, die Sie häufig benötigen und in Griffweite haben möchten, zum Beispiel Programme, die Sie jeden Tag verwenden, oder Briefe, an denen Sie gerade arbeiten.

Nebenberuflich ist der Desktop auch Fototapete und kann Ihren Arbeitstag durch unterschiedliche Bilder verschönern. Das allerdings ist Geschmackssache, und ob und welche Fotos der Desktop anzeigt, bestimmen Sie gleich selbst.

Ist Ihr Computer eine Weile inaktiv, zum Beispiel, weil Sie Mittagspause machen, kann ein Bildschirmschoner den Desktop überdecken. Und wenn Ihr Desktop zu klein ist, erweitern Sie ihn mit zusätzlichen Monitoren. All dies und die dafür nötigen Grundeinstellungen sind Thema in diesem Kapitel.

Symbole auf den Desktop legen

Symbole auf dem Desktop sind besonders gut erreichbar. Selbst wenn Fenster den Desktop überdecken, räumen Sie diese mit der Tastenkombination [Windows]+[D] vorübergehend aus dem Weg und stellen mit denselben Tasten auch wieder den Ursprungszustand her.

Möglicherweise liegen schon Symbole auf Ihrem Desktop, zum Beispiel der *Papierkorb*. Andere stammen vielleicht von Programmen, die Sie zwischenzeitlich installiert haben. Und natürlich können Sie auch selbst eigene Elemente auf den Desktop legen.

Abbildung 2.1 Auf dem Desktop können bereits verschiedene Symbole liegen

Ob allerdings der Desktop überhaupt Symbole anzeigt, legen Sie zuerst mit einem Klick der rechten Maustaste auf eine freie Stelle des Desktops fest.

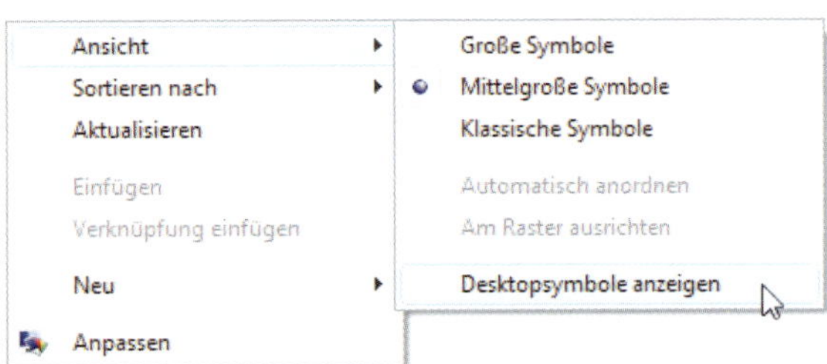

Abbildung 2.2 Festlegen, ob Desktopsymbole sichtbar sind oder nicht

Haben Sie sich für *Desktopsymbole anzeigen* entschieden, stehen für die Darstellung der Symbole drei Größen zur Verfügung. Voreingestellt ist *Mittelgroße Symbole*.

Mit *Sortieren nach* werden die Desktopsymbole nach verschiedenen Kriterien sortiert, zum Beispiel nach *Typ* oder nach *Name*, also alphabetisch.

Tipp 

Möchten Sie Desktopsymbole löschen, ziehen Sie diese einfach auf den Papierkorb. Sie können ein Symbol auch anklicken und die [Entf]-Taste drücken. Oder Sie klicken mit der rechten Maustaste auf das Symbol und wählen im Kontextmenü den Eintrag *Löschen*.

Neue Dateien auf den Desktop legen

Möchten Sie zum Beispiel einen Brief schreiben, fügen Sie ein Textverarbeitungsdokument zu Ihrem Desktop hinzu. So haben Sie es immer griffbereit. Ist der Brief fertig gestellt und ausgedruckt, können Sie diesen in Ihrem *Dokumente*-Ordner archivieren. Und so geht's:

1. Klicken Sie mit der rechten Maustaste auf eine freie Stelle des Desktops, und wählen Sie im Kontextmenü *Neu*.

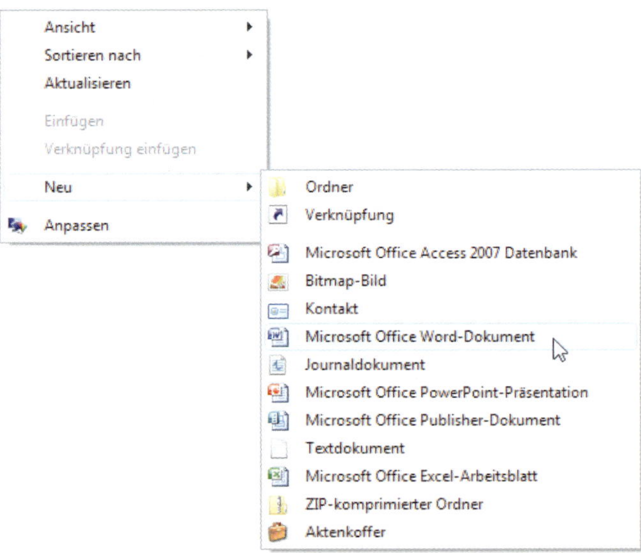

Abbildung 2.3 Neue Dateien auf den Desktop legen

2. Ein Untermenü öffnet sich und zeigt, welche Dateitypen angelegt werden können. Die Auswahl hängt von den Programmen ab, die auf Ihrem Computer installiert sind.
3. Die Beschriftung der neu angelegten Datei ist bereits markiert. Geben Sie der Datei einen prägnanten Namen. Drü-

cken Sie dann die [↵]-Taste und öffnen Sie die Datei mit einem weiteren Druck auf die [↵]-Taste oder durch einen Doppelklick mit der Maus.

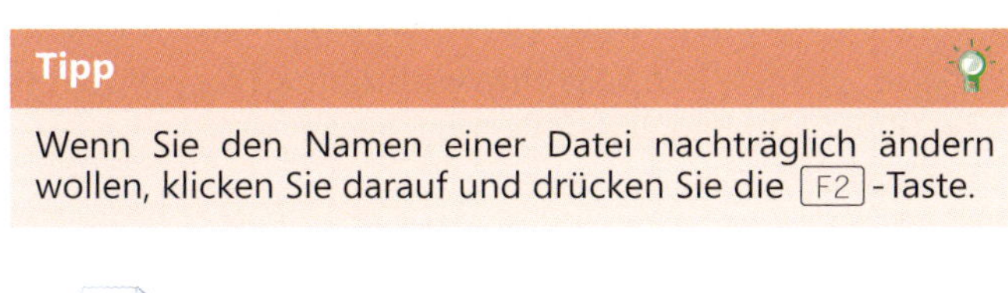

Tipp

Wenn Sie den Namen einer Datei nachträglich ändern wollen, klicken Sie darauf und drücken Sie die [F2]-Taste.

Abbildung 2.4 Neue Dokumente direkt auf dem Desktop anlegen

Um das neu angelegte Dokument zu öffnen, doppelklicken Sie darauf. Sie können das Symbol auch anklicken und die [↵]-Taste drücken.

Lassen Sie Ihr Dokument einfach so lange auf dem Desktop liegen, wie Sie daran arbeiten. Brauchen Sie das Dokument nicht mehr, ziehen Sie es entweder auf den Papierkorb, um es zu löschen, oder bewahren Sie es in Ihrem *Dokumente*-Ordner auf.

Dazu genügt ein Rechtsklick auf die Datei. Im Kontextmenü wählen Sie *Senden an/Dokumente*. Schon wird die Datei in den *Dokumente*-Ordner kopiert, den Sie vom Startmenü aus jederzeit über den Eintrag *Dokumente* öffnen.

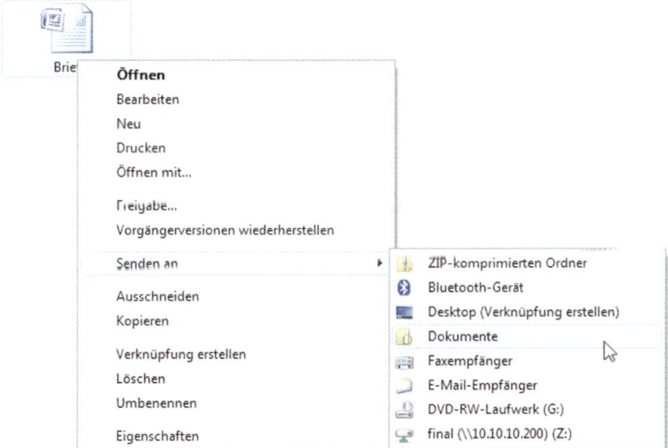

Abbildung 2.5 Mit dem Senden an-Menü transportieren Sie Dateien an andere Orte

PROFITIPP 

Im *Senden an*-Menü finden Sie alle wichtigen Aufbewahrungsorte für Dokumente und könnten ebenso leicht eine Sicherheitskopie Ihrer Datei auf CD oder DVD brennen, auf ein Netzlaufwerk kopieren oder als Anhang per E-Mail in die Welt schicken.

Bevor Sie Letzteres tun, sollten Sie Ihr Dokument zuerst in einen Transportcontainer verpacken. Rufen Sie dazu im Kontextmenü zu dem Dokument den Befehl *Senden an/ZIP-komprimierten Ordner* auf. Auf dem Desktop erscheint Ihre Datei dann in einem gelben Ordner mit Reißverschluss verpackt. Den schicken Sie dann per Klick mit der rechten Maustaste und Auswahl von *Senden an/E-Mail-Empfänger* im Kontextmenü auf die Reise.

Windows-Symbole auf den Desktop legen

Auf dem Desktop liegt anfangs ein Papierkorb-Symbol. Darin werden alle Dinge, die Sie löschen, zunächst zwischengespeichert, sodass Sie versehentlich gelöschte Dateien daraus retten können.

Möchten Sie wie in älteren Windows-Versionen auch das *Arbeitsplatz*-Symbol auf den Desktop legen, das bei Vista nun *Computer* heißt, gehen Sie so vor:

1. Klicken Sie mit der rechten Maustaste auf eine freie Stelle des Desktops, und wählen Sie im Kontextmenü den Eintrag *Anpassen*.
2. Ein großes Fenster mit vielen Einstellmöglichkeiten öffnet sich. Schauen Sie in die linke Spalte. Dort klicken Sie in der *Aufgaben*-Liste auf den Link *Desktopsymbole ändern*.
3. Bestimmen Sie im nun geöffneten Dialogfeld *Desktopsymboleinstellungen*, welche Windows-Symbole auf dem Desktop zu sehen sein sollen. Dabei haben Sie sogar die Möglichkeit, eigene Symbole zu verwenden, falls Ihnen die Standardvorgaben von Vista nicht zusagen sollten.

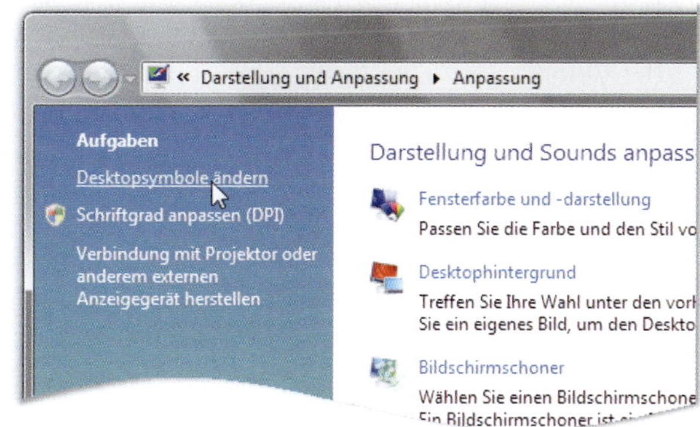

Abbildung 2.6 Die Funktion befindet sich in der Aufgaben-Leiste

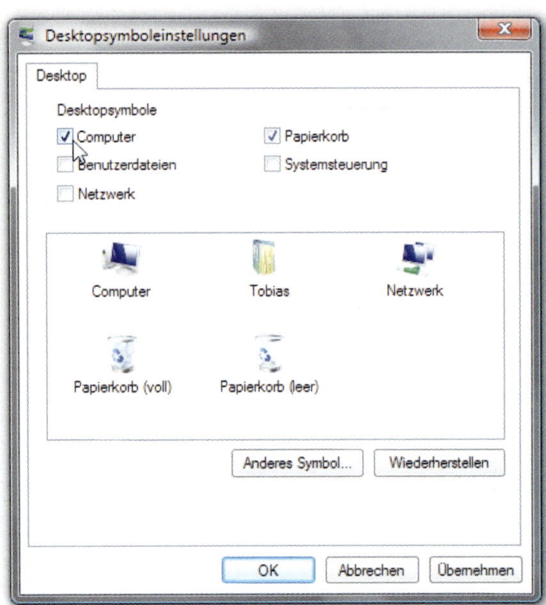

Abbildung 2.7 Holen Sie weitere Systemsymbole auf den Desktop

Symbol	Beschreibung
Computer	Alle Laufwerke des Computers; entspricht dem Eintrag *Computer* im Startmenü
Papierkorb	Alle gelöschten Dateien
[Ihr Name]	Benutzerprofil des angemeldeten Benutzers mit all seinen persönlichen Dateien; entspricht dem im Startmenü eingeblendeten Benutzernamen
Netzwerk	Alle Computer im eigenen Netzwerk
Systemsteuerung	Alle Einstellmöglichkeiten des eigenen Computers

Tabelle 2.1 Systemsymbole, die auf dem Desktop angezeigt werden können

Tipp

Einige der Systemsymbole wie Ihr Benutzerprofil oder *Systemsteuerung* finden Sie auch im Startmenü. Dort genügt ein Rechtsklick auf *Systemsteuerung*, um im Kontextmenü mit dem Befehl *Auf dem Desktop anzeigen* auch von dort das Symbol auf dem Desktop ein- oder auszublenden.

Verknüpfungen auf den Desktop legen

Ihre Programme finden Sie normalerweise im Startmenü, aber dazu müssen Sie das Menü öffnen – und das gewünschte Programm darin erst einmal finden.

Einfacher geht es, wenn Sie Ihre wichtigsten Programme als Verknüpfung direkt auf den Desktop legen:

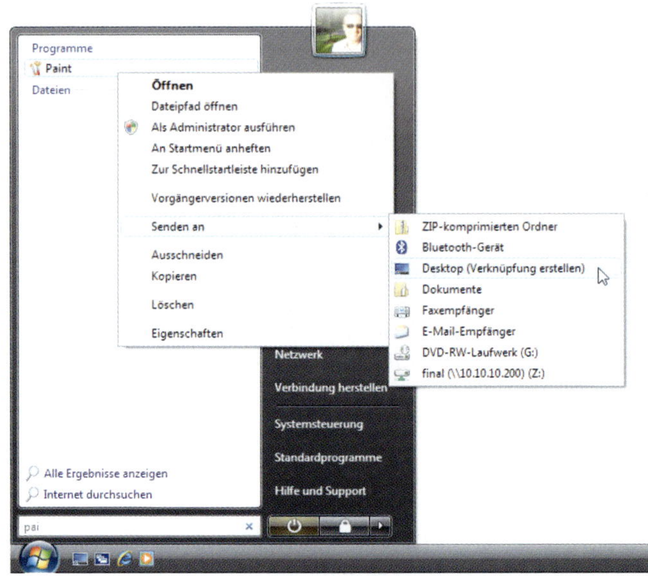

Abbildung 2.8 Eine Programmverknüpfung auf den Desktop legen

1. Öffnen Sie das Startmenü, und suchen Sie das Programm aus, das Sie starten wollen. Tippen Sie beispielsweise ins Schnellsuchfeld die Zeichenfolge »pai« ein. Wenig später zeigt die linke Spalte einen Link auf das Malprogramm *Paint* an.
2. Klicken Sie mit der rechten Maustaste auf den Link, und wählen Sie im Kontextmenü *Senden an/Desktop (Verknüpfung erstellen)*.
3. Auf dem Desktop erscheint wie in Abbildung 2.9 eine neue Programmverknüpfung, mit der Sie ab sofort das Malprogramm *Paint* öffnen, ohne das Startmenü auch nur anrühren zu müssen.

Während Sie in Abbildung 2.3 mit dem *Neu*-Menü ein ganz neues Dokument auf den Desktop gelegt haben, ist jetzt eine Verknüpfung entstanden. Verknüpfungen erkennen Sie am gebogenen Pfeil in der linken unteren Ecke des Symbols. Verknüpfungen sind lediglich Verweise auf die Originale, die ganz woanders lagern. Deshalb lassen sich Verknüpfungen so leicht wie eben angelegen – und genauso leicht und folgenlos wieder löschen.

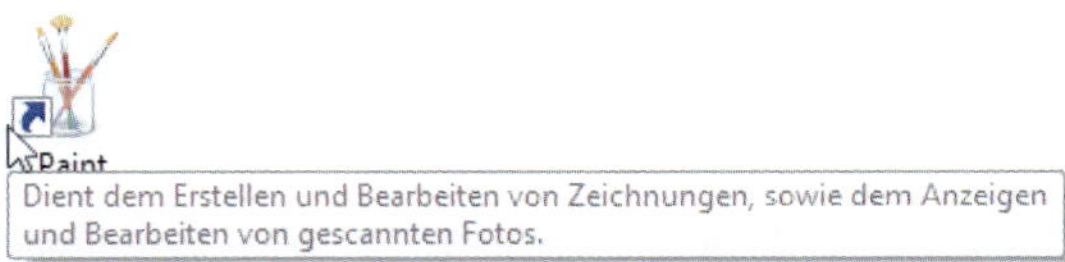

Abbildung 2.9 Eine neue Verknüpfung wurde angelegt

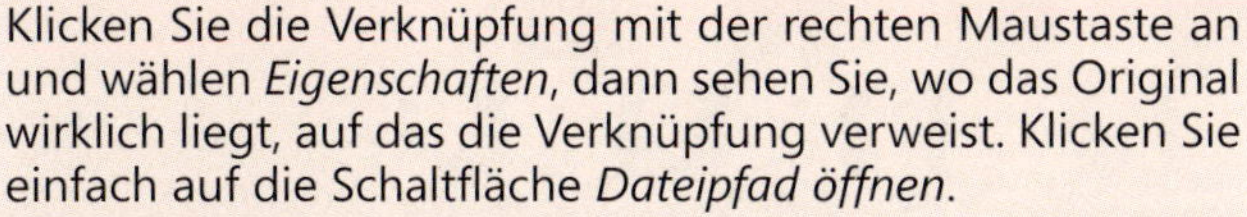

Tipp

Klicken Sie die Verknüpfung mit der rechten Maustaste an und wählen *Eigenschaften*, dann sehen Sie, wo das Original wirklich liegt, auf das die Verknüpfung verweist. Klicken Sie einfach auf die Schaltfläche *Dateipfad öffnen*.

Das Malprogramm *Paint* lagert also gar nicht im Startmenü, sondern unter dem Namen *mspaint.exe* tief im internen *Windows*-Ordner. Die Befehle und Einträge im Startmenü sind ebenfalls nur Verknüpfungen, auch wenn hier ausnahmsweise die gebogenen Pfeile nicht gezeigt werden.

Desktop-Hintergrundbild

Auf Wunsch wird Ihr Desktop zu einem digitalen Bilderrahmen. Entweder schmücken Sie den Desktop mit einem der mitgelieferten Hintergrundbilder, oder Sie verwenden Ihre eigenen Fotos. Verwenden Sie dazu die folgenden Schritte:

1. Klicken Sie mit der rechten Maustaste auf eine freie Stelle des Desktops und wählen Sie im Kontextmenü den Eintrag *Anpassen*.
2. Klicken Sie im nun geöffneten Fenster auf den Eintrag *Desktophintergrund*. Ein weiteres Fenster öffnet sich.
3. Über ein Listenfeld legen Sie den Ordner fest, aus dem Sie Bilder verwenden wollen, zum Beispiel *Windows-Hintergrundbilder*. Eigene Bilderordner erreichen Sie per Klick auf die Schaltfläche *Durchsuchen*.
4. Die Bilder werden in einer Liste thematisch angeordnet. Sie können ganze Themenblöcke ein- und ausblenden, indem Sie auf den Pfeil am rechten Rand der Themenüberschrift klicken.
5. Wählen Sie ein Hintergrundbild per Mausklick aus, wird es testweise sofort auf dem Desktop aktiviert. Gefällt es Ihnen, bestätigen Sie mit *OK*. Erst jetzt wird Ihre Einstellung dauerhaft wirksam.

Tipp

Möchten Sie herausfinden, wo die Hintergrundbilder tatsächlich gespeichert sind, die im Auswahlfenster angezeigt werden, klicken Sie mit der rechten Maustaste in das Bildauswahlfeld und wählen im Kontextmenü den Eintrag *Eigenschaften*.

Dabei werden Sie feststellen, dass die Bildkategorien wie *Breitbild*, *Gemälde* oder *Landschaft* als Beschriftungen in die Bildeigenschaften eingetragen sind. Mehr zu diesen Beschriftungen erfahren Sie in den Kapiteln 6 und 9.

Verwenden Sie Windows Vista Ultimate, enthält das Listenfeld möglicherweise zusätzlich den Eintrag *Windows DreamScene-Inhalt*. Sie sehen jetzt in der Auswahlliste Filme. Wählen Sie einen aus, wird der Film als Desktop-Hintergrund abgespielt. Dies kostet allerdings Rechenleistung und eine Aktivierung ist daher nur auf schnelleren Computern ratsam.

Fehlt der Eintrag *Windows DreamScene-Inhalt*, verwenden Sie entweder nicht Windows Vista Ultimate oder haben diese Erweiterung noch nicht über die Update-Funktion heruntergeladen und installiert.

Am unteren Rand des Fensters bestimmen Sie, wie das ausgewählte Bild dargestellt werden soll: bildschirmfüllend, in Originalgröße oder als Muster aneinandergereiht.

Einfarbiger Hintergrund

Für einen einfarbigen Hintergrund wählen Sie im Listenfeld den Eintrag *Einfarbig* aus. Anstelle von Hintergrundbildern sehen Sie jetzt Farbbeispiele. Klicken Sie auf die Farbe, die Sie als Desktophintergrund verwenden möchten.

Oder klicken Sie auf *Weitere*, um Ihre Lieblingsfarbe selbst anzumischen.

Bildschirmschoner einrichten

Ein Bildschirmschoner ist eine Animation, die automatisch startet, sobald der Computer eine bestimmte Zeit ungenutzt ist. Die Animation füllt den gesamten Bildschirm aus und kann auch wie ein elektronisches Schloss einschnappen, wenn Sie den Computer für eine Weile allein lassen. Der Bildschirmschoner gibt den Weg zum Bildschirm erst dann wieder frei, wenn Sie das Anmeldekennwort eingeben.

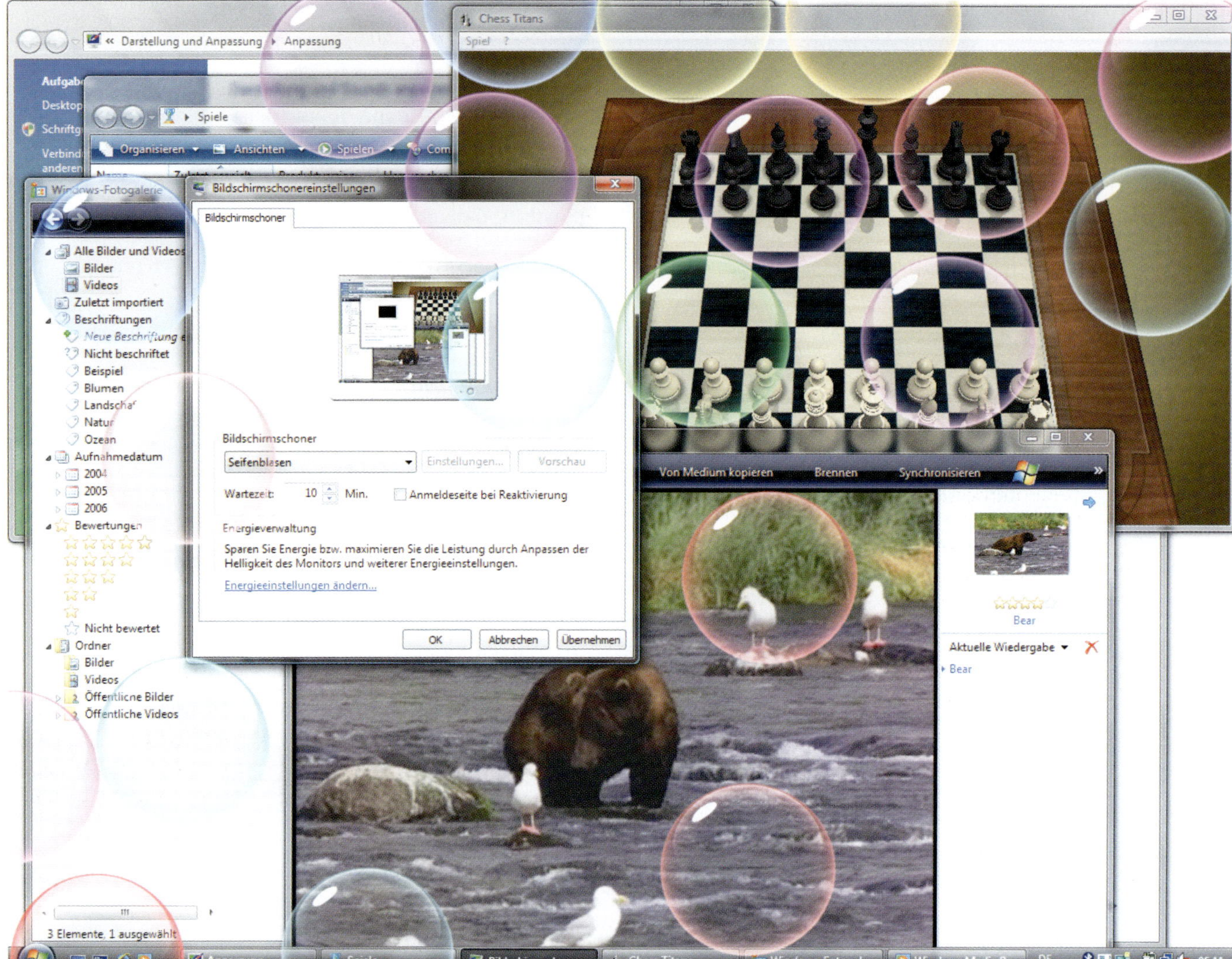

Abbildung 2.10 Bildschirmschoner veranstalten während Ihrer Abwesenheit unterhaltsame Dinge

Bildschirmschoner auswählen

Mit wenigen Klicks suchen Sie sich einen schicken Bildschirmschoner für Ihren Desktop aus:

1. Klicken Sie mit der rechten Maustaste auf eine freie Stelle des Desktops und wählen im Kontextmenü den Eintrag *Anpassen*.
2. Klicken Sie im daraufhin geöffneten Fenster auf *Bildschirmschoner*. Ein Dialogfeld wird geöffnet, in dem in einem Listenfeld die Bildschirmschoner aus Tabelle 2.2 aufgeführt sind.
3. Wählen Sie aus dem Listefeld einen Bildschirmschoner aus, und klicken Sie auf *Vorschau*. Der Bildschirmschoner wird testweise angezeigt. Bewegen Sie die Maus oder klicken Sie, wenn Sie ihn wieder abbrechen wollen.

Bildschirmschoner	Beschreibung	Anpassbar?
3D-Text	Dreidimensional rotierender Text oder Uhrzeit	Ja
Aurora	Aurora-Effekte (Nordlichter)	Nein
Fotos	Diashow	Ja
Mystify	Zeichnet willkürliche Muster	Nein
Schleifen	Farbige Schleifen vor schwarzem Hintergrund	Nein

Tabelle 2.2 Mitgelieferte Bildschirmschoner

Bildschirmschoner	Beschreibung	Anpassbar?
Schwarzer Bildschirm	Bildschirm wird schwarz, keine weiteren Effekte	Nein
Seifenblasen	Seifenblasen »überschwemmen« den Desktop, der Desktopinhalt bleibt dabei sichtbar	Nein
Windows-Energie	Türkisfarbene pulsierende »Energiebahnen«	Nein
Windows-Logo	Vista-Logo auf schwarzem Hintergrund	Nein

Tabelle 2.2 Mitgelieferte Bildschirmschoner *(Fortsetzung)*

Hinweis

Bildschirmschoner sind eigenständige kleine Programme, die man hinzukaufen oder aus dem Internet herunterladen kann. Manche Computerhersteller fügen ebenfalls weitere Bildschirmschoner hinzu.

Möchten Sie im Internet nach Bildschirmschonern suchen, öffnen Sie das Startmenü und tippen ins Suchfeld »screensaver download« ein. Anschließend klicken Sie auf *Im Internet suchen*.

Allerdings sollten Sie dabei vorsichtig sein, denn Bildschirmschoner aus dunklen Quellen im Internet sind häufig mit Viren und anderen bösartigen Programmen durchsetzt. Installieren Sie neue Bildschirmschoner also nur, wenn Sie der Quelle vertrauen und ein aktuelles Antivirusprogramm verwenden.

Bildschirmschoner anpassen

Einige Bildschirmschoner wie zum Beispiel *3D-Text* und *Fotos* können von Ihnen feinjustiert werden. Dazu klicken Sie auf die Schaltfläche *Einstellungen*.

So können Sie bei *3D-Text* beispielsweise die Schrift und Farben ändern sowie festlegen, ob ein bestimmter Text oder die Uhrzeit über den Bildschirm schweben sollen. Beim Bildschirmschoner *Fotos* sind die Einstellungsmöglichkeiten umfangreicher. Hier suchen Sie aus, welche Fotos für die Diashow verwendet werden sollen.

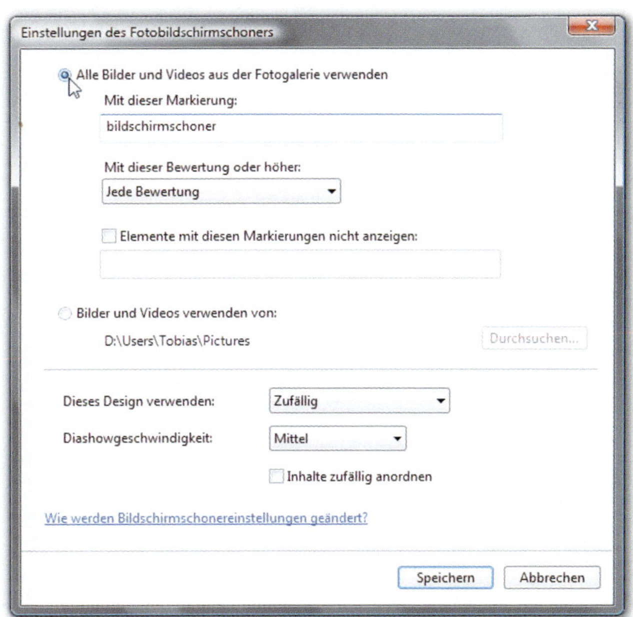

Abbildung 2.11 Manche Bildschirmschoner bieten Einstellmöglichkeiten

Am besten lassen sich die Fotos auswählen, wenn Sie die Option *Alle Bilder und Videos aus der Fotogalerie verwenden* wählen. Sie können dann die Bilder anhand von Stichwörtern, Bewertungen oder Markierungen auswählen, die Sie in der Fotogalerie an Fotos angeheftet haben. Mehr dazu erfahren Sie in Kapitel 9.

Kennwortschutz und Wartezeit

Der Bildschirmschoner kann Ihren Computer automatisch schützen, indem Sie den Kennwortschutz einschalten. Die Aktivierung des Kennwortschutzes ist insbesondere dann sinnvoll, wenn Ihr Computer offen zugänglich ist, zum Beispiel in einem Büro. Müssen Sie den Arbeitsplatz verlassen, tritt der Bildschirmschoner nach der festgelegten Wartezeit in Aktion und gibt den Bildschirm erst wieder frei, wenn Sie sich mit Ihrem Kennwort ausweisen – Unbefugte bleiben ausgesperrt.

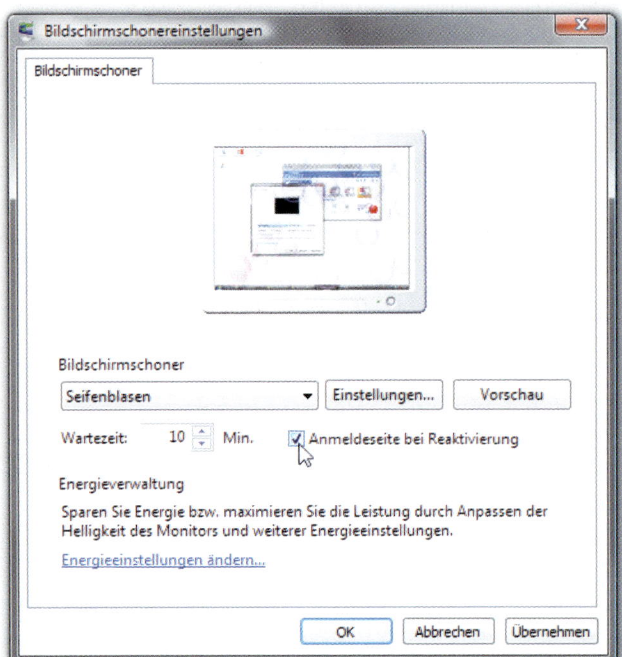

Abbildung 2.12 Legen Sie fest, ob Ihr Bildschirmschoner den Computer auch schützen soll

Aktivieren Sie das Kontrollkästchen *Anmeldeseite bei Reaktivierung*, wenn Sie den Kennwortschutz nutzen möchten.

> **Tipp**
>
> Per Klick auf *Energieeinstellungen ändern* haben Sie auch gleich die Möglichkeit, die Energiesparoptionen einzuschalten. Ein Bildschirmschoner spart nämlich keine Energie, und wenn Sie den Computer längere Zeit verlassen oder vergessen, ihn abends auszuschalten, kann das Windows Vista auf Wunsch auch automatisch tun. Mehr zu den Energiesparoptionen lesen Sie auch in Kapitel 7.

Bildschirmeinstellungen

Die Bildschirmeinstellungen gehören zu den wichtigsten Einstellungen überhaupt, denn erst wenn diese korrekt gewählt sind, liefert Ihr Bildschirm die bestmögliche Qualität. Auf modernen Flachbildschirmen führen falsche Einstellungen häufig zu unscharfen Bildern. Bei klassischen Röhrenmonitoren können Bilder flackern und zu Kopfschmerzen führen. Grund genug, die Einstellungen zu kontrollieren. So erreichen Sie das Dialogfeld für die Anzeigeeinstellungen:

1. Klicken Sie mit der rechten Maustaste auf eine freie Stelle des Desktops und wählen Sie im Kontextmenü den Eintrag *Anpassen*.
2. Klicken Sie dann auf den Eintrag *Anzeige* am Ende der Liste.

Abbildung 2.13 Bildschirmeinstellungen festlegen

Im oberen Teil des Dialogfeldes *Anzeigeeinstellungen* werden die zurzeit angeschlossenen Bildschirme angezeigt. Klicken Sie auf *Identifizieren*, um zu sehen, welche Kennzahl zu welchem Bildschirm gehört. Darunter finden sich die Bedienelemente für die Auflösung und die Farbtiefe.

Die Auflösung einstellen

Mit dem Schieberegler im Bereich *Auflösung* bestimmen Sie, wie detailreich der Bildschirm dargestellt wird. Bei Flachbildschirmen sollten Sie die native Auflösung des Geräts einstellen, also die Auflösung, die der Hersteller in den technischen Daten zu dem Bildschirm angibt. Klassische Röhrenmonitore haben keine bevorzugte Auflösung.

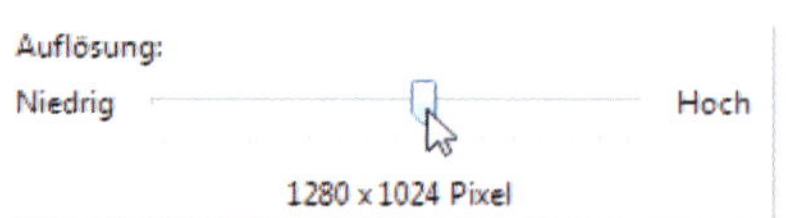

Abbildung 2.14 Die optimale Auflösung einstellen

Am besten lassen Sie Ihr Auge entscheiden und probieren verschiedene Auflösungen aus:

1. Sie sehen im Bereich *Auflösung* einen Schieberegler. Je weiter der Regler nach rechts gezogen wird, desto höher ist die Auflösung. Die Auflösung wird außerdem unterhalb des Schiebereglers angegeben.
2. Ändern Sie die Einstellung für die Bildschirmauflösung, und klicken Sie dann jeweils auf *Übernehmen*, bis Sie die beste Einstellung gefunden haben.
3. Dabei erscheint jedes Mal das Dialogfeld aus Abbildung 2.15 und fragt, ob Sie die Einstellung behalten wollen. Falls also eine Auflösung vom Monitor nicht dargestellt werden kann, brauchen Sie maximal 15 Sekunden zu warten. Wird die Sicherheitsabfrage nicht beantwortet oder auf *Nein* geklickt, schaltet Windows Vista zu den vorherigen Einstellungen zurück.

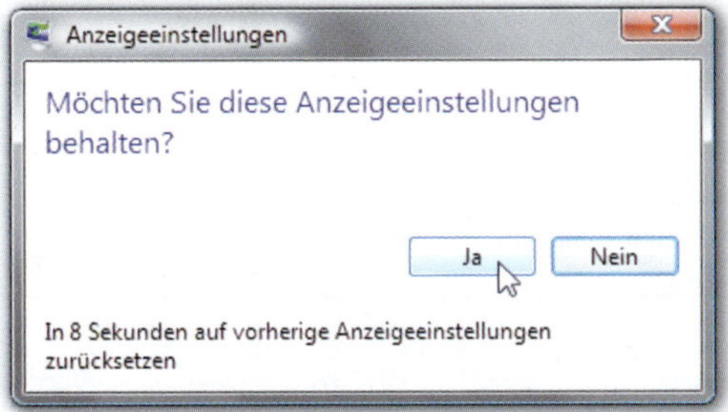

Abbildung 2.15 Eine Sicherheitsabfrage stellt sicher, dass Sie die Auflösung auch sehen können

Die Farbtiefe wählen

Die Farbtiefe legt fest, wie viele unterschiedliche Farben auf dem Bildschirm angezeigt werden können. Hier sollten Sie unbedingt im Listenfeld die höchste Einstellung mit 32 Bit wählen.

Windows Vista ist ein grafisch sehr anspruchsvolles Betriebssystem, und wenn Sie die Farbtiefe verringern, wirken Farbverläufe plötzlich stufig und Farben werden durch Farbmuster interpoliert – die Farbe wird also durch ein Punktemuster unterschiedlicher Farben simuliert.

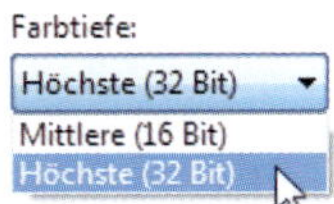

Abbildung 2.16 Die Farbtiefe festlegen

Die Farbtiefe und die Auflösung bestimmen gemeinsam, wie viel Speicher der Bildschirm benötigt. Bei älteren Grafikkarten war der Bildschirmspeicher teuer und deshalb knapp. Wird hier die Auflösung über einen bestimmten Wert gesteigert, dann geht das zu Lasten der Farbtiefe. Bei modernen Grafikkarten spielt die Speicherplatz-Problematik höchstens noch eine Rolle, wenn Sie mehrere Bildschirme in sehr hoher Auflösung anschließen.

Flackerfreie Bilder: Bildschirmaktualisierungsraten

Die Bildschirmaktualisierungsrate ist für klassische Röhrenmonitore wichtig. Sie legt fest, wie oft pro Sekunde neue Bilder generiert werden. Sind es weniger als 75, dann flackert oder flimmert das Bild und führt zu roten Augen und Kopfschmerzen.

Jedenfalls gilt dies bei Röhrenmonitoren. Flachbildschirme sind immer flimmerfrei und verwenden in der Regel eine Bildschirmaktualisierungsrate von 60 Hertz. Bei Röhrenmonitoren sollte sie dagegen 75 Hertz oder mehr betragen.

So kontrollieren Sie die Einstellungen für die Bildschirmaktualisierungsrate:

1. Klicken Sie in Abbildung 2.13 auf die Schaltfläche *Erweiterte Einstellungen*. Ein Dialogfeld öffnet sich.
2. Aktivieren Sie die Registerkarte *Monitor*, und legen Sie im Listenfeld die Bildschirmaktualisierungsrate fest. Klicken Sie anschließend auf *Übernehmen*.

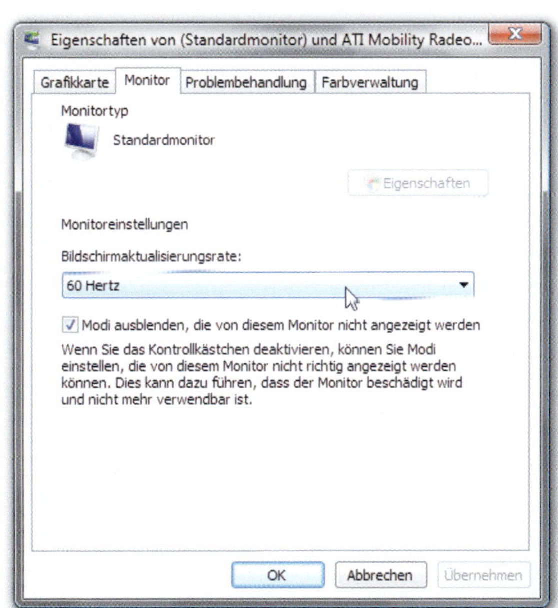

Abbildung 2.17 Bildschirmaktualisierungsrate des Bildschirms einstellen

Achtung 

Zu hohe Bildschirmaktualisierungsraten können klassische Röhrenmonitore beschädigen. Deshalb verhindert die Option *Modi ausblenden*, dass Aktualisierungsraten angezeigt werden, die für Ihren Bildschirm ungeeignet oder sogar gefährlich sind.

Schalten Sie die Option nur ab, wenn Ihr Bildschirm nicht richtig erkannt wurde und Sie genau wissen, dass er auch andere Bildschirmaktualisierungsraten unterstützt.

Bildschirmelemente sind zu klein

Falls Ihnen die Bildschirmelemente bei hoher Auflösung zu klein werden, könnten Sie natürlich die Auflösung verringern. Das allerdings ist nur eine Notlösung, weil Sie so die Leistung Ihrer Grafikkarte und Ihres Bildschirms nicht mehr ausnutzen.

Schriften vergrößern

So gehen Sie vor, um Schriften und Bildschirmelemente wie Fensterrahmen oder Desktopsymbole stufenlos zu vergrößern:

1. Klicken Sie mit der rechten Maustaste auf eine freie Stelle des Desktops, und wählen Sie im Kontextmenü den Eintrag *Anpassen*.
2. Klicken Sie im daraufhin geöffneten Fenster in der linken *Aufgaben*-Spalte auf *Schriftgrad anpassen (DPI)*. Da es sich um eine geschützte Einstellung handelt, müssen Sie möglicherweise eine Sicherheitsabfrage bestätigen. Ein weiteres Dialogfeld öffnet sich.
3. Wählen Sie die Option *Größere Skalierung (120 DPI)*, um die Bildschirmelemente zu vergrößern, und klicken Sie auf *OK*.

Diese Einstellung wird erst wirksam, wenn der Rechner neu gestartet wird.

Möchten Sie die Bildschirmelemente noch stärker vergrößern, dann klicken Sie auf die Schaltfläche *Benutzerdefinierte DPI*. Legen Sie dann den gewünschten Vergrößerungsgrad im Listenfeld fest, oder bewegen Sie die Maus auf das Lineal, halten Sie die linke Maustaste fest, und bewegen Sie die Maus nach links oder rechts.

Startmenü- und Explorer-Symbole vergrößern

Um die Symbole im Startmenü zu vergrößern, klicken Sie mit der rechten Maustaste auf eine freie Stelle des Desktops und wählen Sie im Kontextmenü den Untermenübefehl *Ansicht/Große Symbole*.

In Explorer-Fenstern klicken Sie auf die Pfeil-Schaltfläche am rechten Rand der *Ansichten*-Schaltfläche. Schieben Sie den Schieberegler in den Bereich *Große Symbole* bis *Extra große Symbole*.

Schriftenglättung einsetzen

Deutliche Qualitätsverbesserungen bei der Schrift – vor allem bei Flachbildschirmen – erreichen Sie mit der Kantenglättung. Die Lesbarkeit wird deutlich verbessert, und Schrift wirkt plötzlich gestochen scharf.

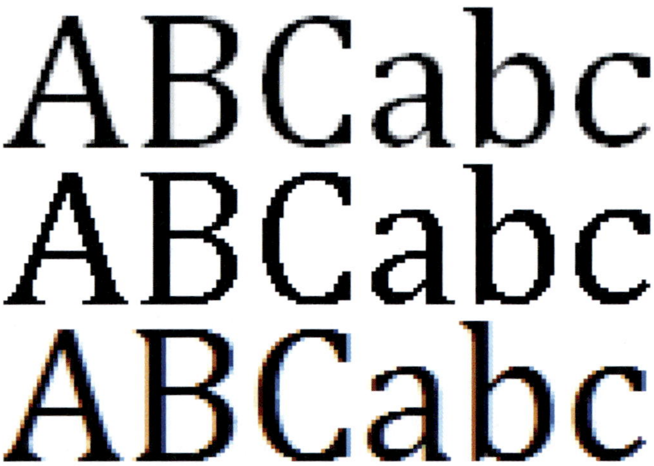

ABCabc
ABCabc
ABCabc

Abbildung 2.18 Optische Tricks lassen kantengeglättete Schrift sehr viel schärfer aussehen

So schalten Sie die Kantenglättung ein:

1. Klicken Sie mit der rechten Maustaste auf eine freie Stelle des Desktops und wählen Sie im Kontextmenü den Eintrag *Anpassen*.
2. In der Liste der Aufgaben klicken Sie auf *Fensterfarbe und -darstellung*.
3. Wenn Sie die *Aero*-Oberfläche verwenden, klicken Sie nun unten auf *Eigenschaften für klassische Darstellung öffnen, um weitere Optionen anzuzeigen*. Dieser Schritt entfällt, wenn Sie *Aero* nicht verwenden.
4. Klicken Sie im Dialogfeld auf die Schaltfläche *Effekte*. Es öffnet sich das Dialogfeld aus Abbildung 2.19. Wählen Sie die Option zur Kantenglättung und dann darunter das gewünschte Kantenglättungsverfahren: □
   - **Standard** Für klassische Röhrenmonitore
   - **ClearType** Ideal für Flachbildschirme; sieht allerdings auch auf manchen Röhrenmonitoren besser aus

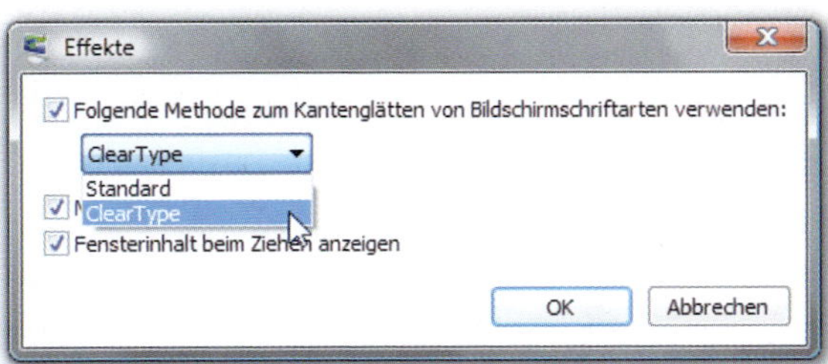

Abbildung 2.19 Schalten Sie die Kantenglättung unbedingt ein, wenn Sie viel am Bildschirm lesen

ClearType-Tuner

Verwenden Sie *ClearType* für die Schriftenglättung, können Sie diese Glättung in wenigen Schritten auf Ihr jeweiliges Display anpassen. Setzen Sie den *Online-ClearType-Tuner* ein:

http://www.microsoft.com/typography/cleartype/tuner/Step1.aspx.

Beim ersten Besuch auf dieser Webseite erscheint unterhalb der Registerleiste eine gelbe Hinweiszeile und fragt Sie um Erlaubnis, ein »Tuning Control« zu installieren. Klicken Sie auf die gelbe Leiste, und wählen Sie im Auswahlmenü den Eintrag *ActiveX-Steuerelement installieren.*

Es folgen weitere Dialogfelder, denen Sie zustimmen müssen, damit das Steuerelement installiert werden kann. Klicken Sie dann auf *Installieren*, um das Steuerelement zu aktivieren.

Folgen Sie anschließend den vier Schritten des Online-Tuners. Er zeigt Ihnen dabei verschiedene Einstellmöglichkeiten und fordert Sie auf, die Einstellung auszusuchen, die auf Ihrem Bildschirm am besten aussieht.

Menüschatten und optische Verbesserungen

In demselben Dialogfeld finden sich zwei weitere Optionen:

- **Menüschatten anzeigen** Menüs werfen einen Schatten und unterstreichen so den dreidimensionalen Effekt der Oberfläche.
- **Fensterinhalt beim Ziehen anzeigen** Der Inhalt der Fenster bleibt sichtbar, wenn das Fenster bewegt wird. Ist diese Option abgeschaltet, wird nur der Fensterrahmen angezeigt, während ein Fenster bewegt wird. Diese Sparvariante war früher bei sehr einfachen Grafikkarten notwendig. Heute sollte diese Option immer eingeschaltet sein.

Mehrere Bildschirme verwenden

Windows Vista unterstützt bis zu neun Grafikkarten, und auch wenn das vielleicht etwas übertrieben klingt, genügt doch eine weitere Grafikkarte, um den Desktop auf zumindest zwei Monitore auszudehnen.

Bei den meisten Notebooks klappt das sogar sofort, denn diese verfügen ohnehin über einen zusätzlichen Monitoranschluss, über den normalerweise ein Projektor (Beamer) für Präsentationen angeschlossen wird. Brauchen Sie den im Moment nicht, können Sie den zweiten Anschluss auch für einen Monitor verwenden, um den Desktop zu vergrößern.

Desktop erweitern oder Präsentation?

Dazu überwacht Windows Vista die Monitoranschlüsse des Computers. Wird daran im laufenden Betrieb ein Bildschirm angeschlossen, und unterstützen der PC und dieser Bildschirm die EDID-Funktion (*Extended Display Identification Data*), passiert alles Weitere automatisch.

Allerdings müssen Sie bei den meisten Notebooks den zweiten Monitoranschluss erst durch eine Tastenkombination aktivieren.

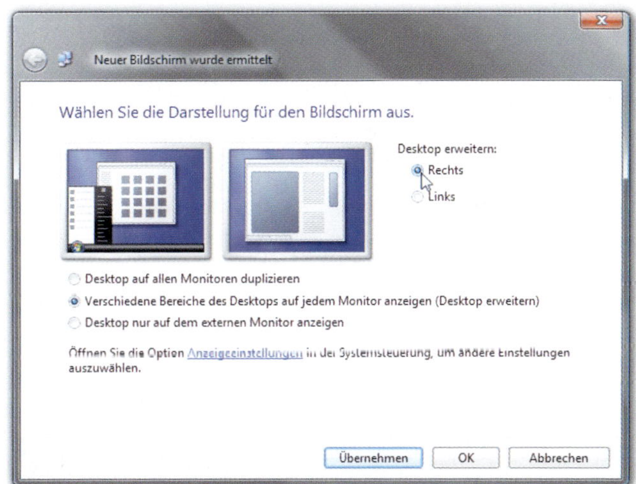

Abbildung 2.20 Wählen Sie aus, wozu der zusätzliche Bildschirm verwendet werden soll

- **Desktop auf allen Monitoren duplizieren**

  Alle Monitore zeigen dasselbe Bild. Die richtige Option, wenn Sie eine Präsentation halten und einen Projektor angeschlossen haben.

- **Verschiedene Bereiche des Desktops auf jedem Monitor anzeigen (Desktop erweitern)**

  Vergrößert die Desktopfläche auf den zusätzlichen Monitor, sodass Sie mit der Maus von einem Bildschirm zum nächsten gelangen und Fenster wie auf einem großen Bildschirm verschieben und anordnen können. Wählen Sie in diesem Fall über die Optionen rechts neben den Monitorsymbolen aus, ob Sie den neuen Bildschirm zur Erweiterung Ihres Desktops an der linken oder rechten Seite wünschen.

- **Desktop nur auf dem externen Monitor anzeigen**

  Die richtige Wahl, wenn Sie Pantoffelkino planen und zum Beispiel einen Film über einen Beamer an die Wand projizieren. Weil Filme häufig von Programmen auf nur einem Bildschirm wiedergegeben werden können, muss dazu der interne oder primäre Bildschirm abgeschaltet werden.

Manuell einrichten

Zusätzliche Bildschirme lassen sich auch von Hand einrichten, und das ist nicht nur sinnvoll, wenn man die automatisch gewählten Einstellungen überprüfen oder Feineinstellungen vornehmen möchte. In bestimmten Situationen steht die automatische Bildschirmerkennung nämlich auch gar nicht zur Verfügung:

- **Mehr als zwei Bildschirme**

  Vista kann nur einen zusätzlichen Bildschirm automatisch erkennen. Sobald Sie also drei und mehr Bildschirme verwenden möchten, müssen die zusätzlichen Bildschirme von Hand eingerichtet werden.

- **Keine EDID-Daten**

  Sendet der Bildschirm keine EDID-Daten und kann Vista deshalb den Bildschirm nicht automatisch richtig einstellen, bleibt es Ihnen überlassen, den Monitor mit den korrekten Einstellungen selbst zu aktivieren. Dasselbe gilt für EDID-fähige Bildschirme, die an einen Computer angeschlossen werden, der EDID nicht unterstützt.

Möchten Sie zusätzliche Bildschirme manuell aktivieren, öffnen Sie das Dialogfeld *Anzeigeeinstellungen*:

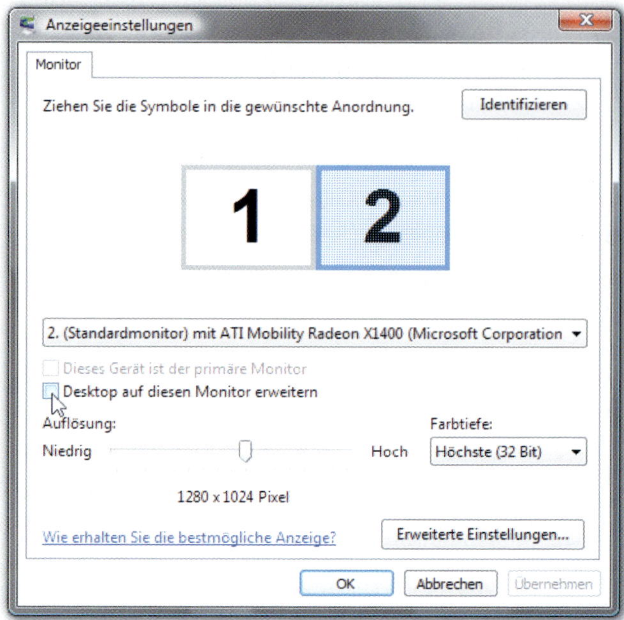

Abbildung 2.21 Erweitern Sie den Desktop manuell auf zusätzliche Bildschirme

1. Klicken Sie mit der rechten Maustaste auf eine freie Stelle des Desktops, und wählen Sie im Kontextmenü den Eintrag *Anpassen*. Klicken Sie im daraufhin angezeigten Fenster auf *Anzeige*.
2. Im nun geöffneten Dialogfeld *Anzeigeeinstellungen* sehen Sie im oberen Bereich symbolisierte Bildschirme. Jeder Bildschirmanschluss wird mit einem eigenen nummerierten Symbol repräsentiert.
3. Bildschirme, die zurzeit noch nicht für den Desktop verwendet werden, zeigen ein schraffiertes Symbol. Möchten Sie den Desktop auf einen solchen Monitor ausdehnen, klicken Sie das schraffierte Symbol an und aktivieren dann das Kontrollkästchen *Desktop auf diesen Monitor erweitern*. Klicken Sie anschließend auf *Übernehmen*.
4. Die Bildschirme können kurzfristig flackern oder schwarz werden. Danach erscheint der Desktophintergrund auch auf dem neu angeschlossenen Bildschirm, und Vista fragt nach, ob Sie die neuen Bildschirmeinstellungen verwenden wollen.

Ganz gleich wie viele Bildschirme Sie verwenden: nur einer kann primärer Monitor sein. Welcher das ist, legen Sie über das Kontrollkästchen *Dieses Gerät ist der primäre Monitor* fest. Sie sollten denjenigen Bildschirm als primären Monitor auswählen, mit dem Sie hauptsächlich arbeiten.

- **Dialogfelder** Viele Dialogfelder und Meldungen werden auf dem primären Monitor angezeigt.
- **Video** Viele Videokarten und Videoprogramme können Videos nur auf dem primären Monitor anzeigen.

Die Anordnung der Bildschirme zueinander bestimmen Sie im oberen Bereich, in dem Sie die Monitorsymbole mit der Maus beliebig anordnen können.

Ziehen Sie die Symbole in die gewünschte Anordnung. Identifizieren

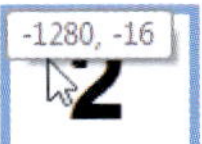

Abbildung 2.22 Legen Sie fest, wie die Bildschirme zueinander angeordnet sein sollen

Windows-Mobilitätscenter

Verwenden Sie ein Notebook, steuern Sie externe Bildschirme noch bequemer, nämlich mit dem Windows-Mobilitätscenter. Dieses öffnen Sie entweder über [⊞]+[X] oder über das Startmenü. Geben Sie ins Schnellsuchfeld einfach »mobili« ein.

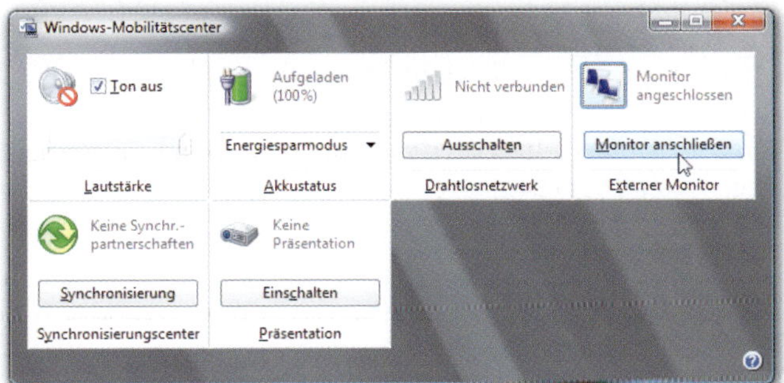

Abbildung 2.23 Das Mobilitätscenter gibt es nur auf portablen Computern

Rechts oben sehen Sie, ob ein Bildschirm angeschlossen ist. Klicken Sie auf *Monitor anschließen*, wenn Sie die Einstellungen für den externen Monitor ändern wollen. Es öffnet sich das in Abbildung 2.20 gezeigt Dialogfeld. Auch hier gilt: Sie müssen den externen Monitoranschluss wahrscheinlich erst über eine Tastenkombination aktivieren, bevor Windows Vista den Monitor erkennen kann.

Klicken Sie dagegen auf das Monitorsymbol darüber, öffnet sich das Dialogfeld zur Festlegung der Anzeigeeigenschaften entsprechend der Abbildung 2.21.

Windows Aero – die Oberfläche

Die Oberfläche von Windows Vista ist in Wahrheit keine einzelne Oberfläche, sondern ein Set von insgesamt vier Oberflächen mit unterschiedlicher Leistungsstärke. Welche Oberfläche dabei zum Einsatz kommt, hängt von der verfügbaren Hardware und Vista-Version ab und kann auch manuell ausgewählt werden.

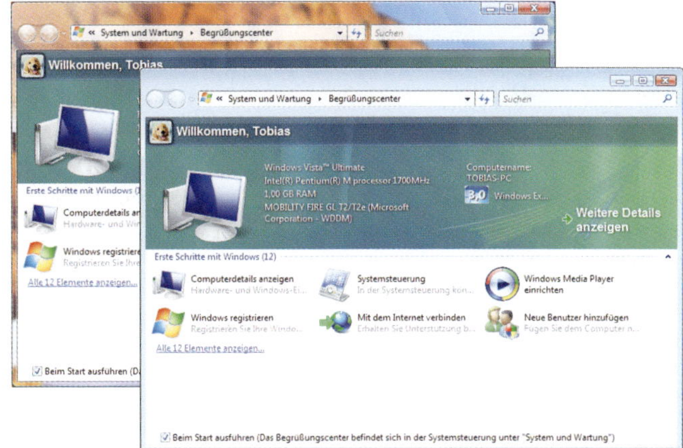

Abbildung 2.24 Ein- und ausgeschaltete Transparenzeffekte der Fensterrahmen

Transparenz und Farben für Aero

Ob bei Ihnen die Premium-Oberfläche Aero aktiv ist, finden Sie so heraus:

1. Klicken Sie mit der rechten Maustaste auf eine freie Stelle des Desktops, rufen Sie im Kontextmenü den Eintrag *Anpassen* auf, und klicken Sie auf *Fensterfarbe und -darstellung*.
2. Wenn Sie die Aero-Oberfläche verwenden, erscheint jetzt das Dialogfeld aus Abbildung 2.25. Darin können Sie Farben auswählen und – falls das Kontrollkästchen *Transparenz aktivieren* gewählt ist – mit einem Schieberegler den Grad der Durchsichtigkeit festlegen.

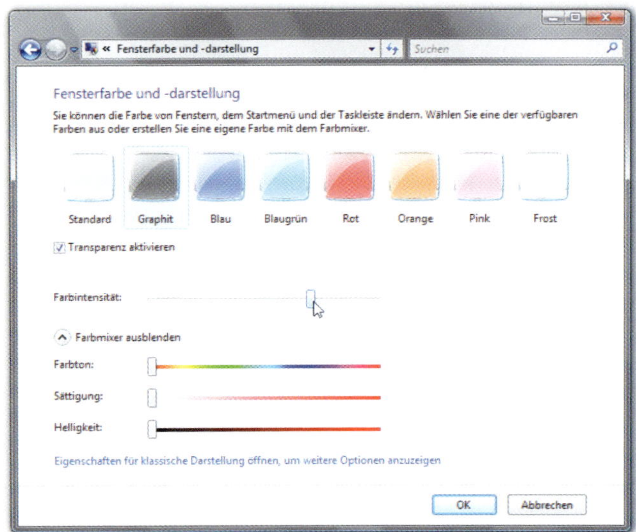

Abbildung 2.25 Transparenz-Effekte und Farben für die Aero-Oberfläche

Andere Oberflächen wählen

Verwenden Sie nicht die Aero-Oberfläche oder haben Sie im Dialogfeld in Abbildung 2.25 auf den Link *Eigenschaften für klassische Darstellung öffnen, um weitere Optionen anzuzeigen* geklickt, sehen Sie das folgende Dialogfeld:

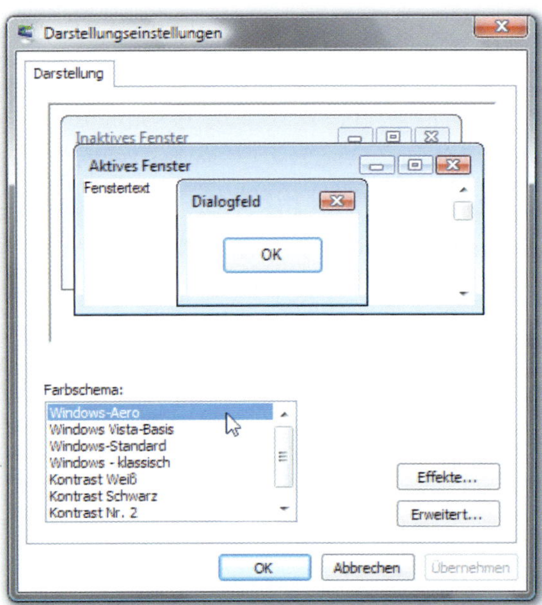

Abbildung 2.26 Wählen Sie die Oberfläche aus

In der Liste am unteren Rand ist die aktuelle Oberfläche markiert, und hier können Sie auch andere Oberflächen aussuchen. Wählen Sie zum Beispiel *Windows-Standard*, sieht die Oberfläche aus wie bei früheren Windows-Versionen.

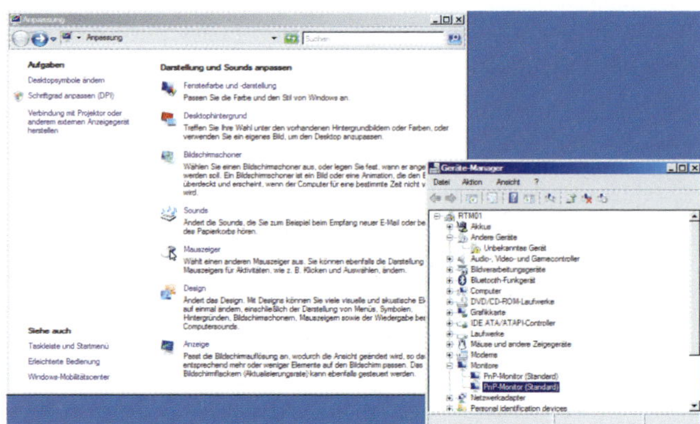

Abbildung 2.27 Fensterrahmen und Desktop können auch wie in früheren Windows-Versionen aussehen

Allerdings beschränkt sich das klassische Aussehen nur auf Fensterrahmen und den Desktop. Damit Windows Vista in einem Firmenumfeld ganz wie früher aussieht, sind weitere Anpassungen in den übrigen Windows-Bestandteilen wie dem Startmenü und dem Windows-Explorer notwendig.

Oberfläche	Voraussetzungen	Besonderheiten
Windows-Aero	Moderne 3D-Grafikkarte mit WDDM-Treiber	Desktop Composition, Transparenz, 3D-Effekte
Windows Vista-Basis	Ältere Grafikkarten und Grafikkarten ohne WDDM-Treiber	Optisch ähnlich wie Aero, jedoch ohne 3D- und Transparenz-Effekte
Windows-Standard	Keine	Ähnlich wie Windows 2000, jedoch mit der Grafiktreiberstabilität von Vista
Windows – klassisch	Keine	Ähnlich wie Windows 2000

Tabelle 2.3 Die vier verschiedenen Benutzeroberflächen von Windows Vista

Windows-Aero funktioniert nicht

Falls Windows-Aero in Ihrer Liste nicht geführt wird, kann dies folgende Gründe haben:

- **Windows-Version**

  Sie verwenden Windows Vista Home, wo Aero nicht unterstützt wird. Sie benötigen mindestens Windows Vista Home Premium.

- **Grafikkarte**

  Weil die *Desktop Composition Engine* für ihre Grafikeffekte einen speziellen Grafikprozessor benötigt, steht sie nur dann zur Verfügung, wenn Ihr Computer über eine leistungsfähige 3D-Grafikkarte mit *WDDM*-Treibern verfügt. Die Grafikkarte muss außerdem gewisse technische Voraussetzungen erfüllen und zum Beispiel PixelShader 2.0 sowie eine Farbtiefe von 32 Bit unterstützen. Abschließend prüft Windows Vista in diesem Fall mit dem integrierten *WinSAT*-Werkzeug die Leistungsfähigkeit der Grafikkarte und Speicherarchitektur und gibt *Vista-Aero* nur frei, wenn die Hardware schnell genug für einen flüssigen Bildschirmaufbau arbeitet. Falls sich Aero bei Ihnen also partout nicht aktivieren lässt, dann erkundigen Sie sich beim Hersteller Ihrer Grafikkarte, ob diese für Aero geeignet ist.

Weil Windows-Aero mit manchen älteren Programmen nicht kompatibel ist, die direkt auf die Grafikhardware zugreifen, kann es außerdem sein, dass Windows-Aero vorübergehend abgeschaltet wurde.

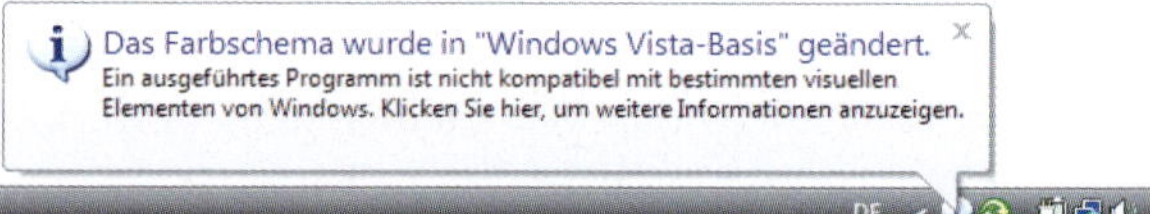

Abbildung 2.28 Starten Sie ein inkompatibles Programm, wird Windows-Aero vorübergehend abgeschaltet

Eine Sprechblase weist Sie dann darauf hin. Sobald Sie das inkompatible Programm wieder beenden, wird automatisch zurück zu Windows-Aero geschaltet.

	Mindestvoraussetzung
3D-Grafikkartenspeicher	< 1.280 x 1.024: 64 MB bis 1.920 x 1.280: 128 MB > 1.920 x 1.280: 256 MB
Treiber	DirectX 9-Unterstützung mit WDDM-Treiber
Leistung	Ausreichender Durchsatz im WinSAT (Windows System Assessment Tool)

Tabelle 2.4 Basisanforderungen für Vista-Aero und Desktop Composition Engine

Designs einsetzen

Ihre Anpassungen der Benutzeroberfläche können Sie unter einem beliebigen Namen als so genanntes »Design« speichern. Dies ist praktisch, wenn Sie häufiger zwischen verschiedenen Einstellungen wechseln möchten.

Designs speichern allerdings nur die wesentlichsten Anpassungen der Benutzeroberfläche:

Anpassung	Beschreibung
Desktopsymbole	Systemsymbole auf dem Desktop und etwaige Änderungen an den Symbolen
Farben	Anpassungen der Fensterfarben
Cursor	Änderungen des Mauscursors
Hintergrundbild	Desktop-Hintergrundbild und Anzeigeoptionen dafür
Dimensionen	Änderungen an den Abmessungen der Fensterelemente
Klänge	Änderungen an den Klängen für Systemereignisse

Tabelle 2.5 Anpassungen der Benutzeroberfläche, die in Designs gespeichert werden können

Neues Design anlegen

So speichern Sie Ihre aktuellen Anpassungen der Benutzeroberfläche unter einem neuen Namen:

1. Klicken Sie mit der rechten Maustaste auf eine freie Stelle des Desktops, und wählen Sie im Kontextmenü den Eintrag *Anpassen*.
2. Klicken Sie auf *Design*, um das Dialogfeld *Designeinstellungen* zu öffnen. Um Ihre aktuellen Einstellungen unter einem neuen Namen zu speichern, klicken Sie auf die Schaltfläche *Speichern*.
3. Ein Dialogfeld öffnet sich, in dem Sie den Namen für Ihr aktuelles Design festlegen. Geben Sie den Namen ins Feld *Dateiname* ein, und klicken Sie dann auf *Speichern*.

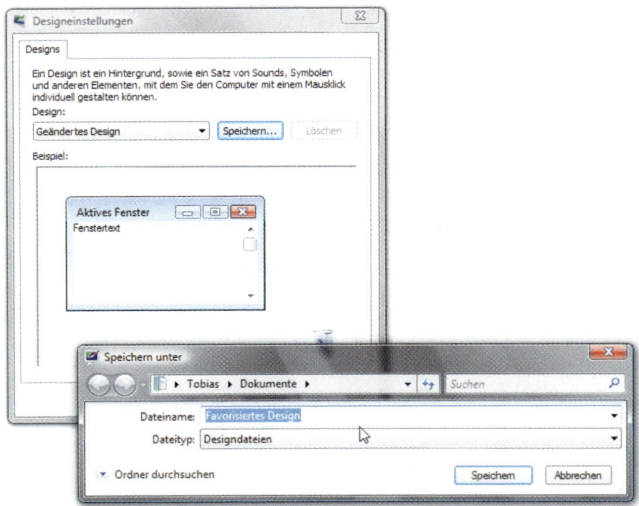

Abbildung 2.29 Ein neues Design speichern

Design aktivieren

Möchten Sie ein anderes Design verwenden, öffnen Sie ebenfalls das Dialogfeld *Designeinstellungen* und wählen dann im Listenfeld das Design aus, das Sie verwenden wollen. Klicken Sie auf *Übernehmen*.

Im Listenfeld finden Sie neben Ihren eigenen Designs, die Sie wie eben beschrieben anlegen, auch einige vordefinierte Designs.

Design	Beschreibung
Aktuelles Design	Ihre aktuellen Einstellungen
Windows Vista	Wählen Sie dieses Design, wenn Sie Ihre Anpassungen an der Benutzeroberfläche rückgängig machen und zum Standarddesign zurückkehren wollen
Windows – klassisch	Klassische Benutzeroberfläche, die ähnlich wie bei Windows 2000 aussieht
Durchsuchen	Öffnet ein Dialogfeld, in dem Sie weitere Designs aussuchen können, die sich nicht im Standardordner für Designs befinden

Tabelle 2.6 Mitgelieferte Designs und Einträge in der Design-Auswahlliste

Designs auf andere Computer übertragen

Ihre gespeicherten Designs werden in Form so genannter *Theme*-Dateien gespeichert. Dabei handelt es sich um reine Textdateien, die die Anpassungen der Benutzeroberfläche beschreiben.

Kopieren Sie dazu Ihre *Theme*-Datei zum Beispiel auf einen USB-Stick. Geben Sie die Datei dann an Kollegen oder Bekannte weiter. Diese wählen dann ihrerseits auf ihrem Computer im Startmenü den Eintrag *Dokumente* und kopieren die *Theme*-Datei dort hinein. Anschließend wird das Design auch in deren Design-Auswahlliste angezeigt.

Möchten Sie das Design dagegen nicht einem bestimmten Benutzer geben, sondern allen Benutzern zur Verfügung stellen, kopieren Sie die *Theme*-Datei stattdessen in den Ordner *%WINDIR%\Resources\Themes*. Hierfür sind Administratorrechte erforderlich.

Wichtig 

Bevor Sie eine *Theme*-Datei auf einen anderen Computer übertragen oder für alle Benutzer bereitstellen, sollten Sie die Datei vorher im Windows-Editor öffnen und kontrollieren, ob auch alle notwendigen Ressourcen wie zum Beispiel alternative Symbole, Klänge oder Cursor auf dem Zielcomputer vorhanden sind. Suchen Sie also in der *Theme*-Datei nach absoluten Pfadnamen, und passen Sie diese gegebenenfalls an.

Zusammenfassung

Der Desktop ist ein guter Ort, um häufig benötigte Dateien und Programme griffbereit abzulegen. Windows selbst legt dort anfangs den Papierkorb ab, über den versehentlich gelöschte Dinge gerettet werden.

Darüber hinaus fungiert er auch als digitaler Fotorahmen und kann Hintergrundbilder darstellen. Sollte der Platz auf dem Desktop nicht ausreichen, kann er auf mehrere Bildschirme ausgedehnt werden.

Um angenehm mit dem Computer arbeiten zu können, sind die Bildschirmeinstellungen wichtig. Sie legen nicht nur fest, ob Sie die neue halbtransparente Aero-Oberfläche nutzen können, sondern bestimmen auch, wie scharf und flackerfrei der Bildschirm arbeitet. Insbesondere die Kantenglättungsfunktion sorgt für gestochen scharfe Schrift.

Sie möchten …	So gehen Sie vor	Sehen Sie sich dazu das Beispiel an auf
eine neue Datei auf den Desktop legen	Klicken Sie mit der rechten Maustaste auf eine freie Stelle des Desktops und wählen Sie *Neu*	Seite 52
alle Fenster vorübergehend minimieren, um den Desktop sehen zu können	Drücken Sie Strg+D	Seite 52
die Größe der Desktopsymbole ändern	Klicken Sie mit der rechten Maustaste auf eine freie Stelle des Desktops und wählen Sie *Ansicht/Große Symbole*	Seite 52
die Symbole auf dem Desktop sortieren	Klicken Sie mit der rechten Maustaste auf eine freie Stelle des Desktops und wählen Sie *Sortieren nach*	Seite 52
ein Desktopsymbol löschen	Ziehen Sie es auf den Papierkorb	Seite 52
Symbole auf dem Desktop ein- oder ausblenden	Klicken Sie mit der rechten Maustaste auf eine freie Stelle des Desktops und wählen Sie *Ansicht/Desktopsymbole anzeigen*	Seite 52
Windows-Symbole wie *Computer* auf den Desktop legen	Öffnen Sie das Startmenü, klicken Sie den Eintrag *Computer* mit der rechten Maustaste an und wählen Sie *Auf dem Desktop anzeigen*	Seite 53
Programmverknüpfungen auf dem Desktop anzeigen	Ziehen Sie das gewünschte Programm aus dem Startmenü auf den Desktop	Seite 54
ein anderes Desktop-Hintergrundbild festlegen	Klicken Sie mit der rechten Maustaste auf eine freie Stelle des Desktops und wählen Sie *Anpassen*. Dann klicken Sie auf *Desktophintergrund*.	Seite 55
einen Bildschirmschoner einrichten	Klicken Sie mit der rechten Maustaste auf eine freie Stelle des Desktops und wählen Sie *Anpassen*. Dann klicken Sie auf *Bildschirmschoner*.	Seite 55
die Bildschirmauflösung und Farbtiefe ändern	Klicken Sie mit der rechten Maustaste auf eine freie Stelle des Desktops und wählen Sie *Anpassen*. Dann klicken Sie auf *Anzeige*. Verwenden Sie den Schieberegler für die Auflösung.	Seite 58
die Bildschirmaktualisierungsrate ändern	Klicken Sie mit der rechten Maustaste auf eine freie Stelle des Desktops und wählen Sie *Anpassen*. Dann klicken Sie auf *Erweiterte Einstellungen*. Aktivieren Sie die Registerkarte *Monitor*.	Seite 59
die Schriftenglättung aktivieren	Klicken Sie mit der rechten Maustaste auf eine freie Stelle des Desktops und wählen Sie *Anpassen*. Dann klicken Sie auf *Fensterfarbe und -darstellung*. Klicken Sie auf *Eigenschaften für klassische Darstellung öffnen, um weitere Optionen anzuzeigen* und dann auf *Effekte*.	Seite 60
mehrere Bildschirme verwenden	Schließen Sie den zusätzlichen Bildschirm an, und folgen Sie den Anweisungen, oder richten Sie den Bildschirm manuell ein	Seite 61
das Windows-Mobilitätscenter öffnen	Drücken Sie [Windows]+X	Seite 63
die Transparenz und Farben von Aero ändern	Klicken Sie mit der rechten Maustaste auf eine freie Stelle des Desktops und wählen Sie *Anpassen*. Dann klicken Sie auf *Fensterfarbe und -darstellung*.	Seite 63

Tobias Weltner

Windows Vista Home Basic	✓	Windows Vista Business	✓
Windows Vista Home Premium	✓	Windows Vista Enterprise	✓
Windows Vista Ultimate	✓		

Funktion wird von dieser Windows Vista-Edition
vollständig unterstützt ✓ — eingeschränkt unterstützt ⊙ — nicht unterstützt ⊗

3 Taskleiste und Startmenü

Mit der Taskleiste und dem Startmenü werden Sie täglich zu tun haben. Sie bilden gemeinsam Ihr Windows-Cockpit, mit dem Sie alle wichtigen Funktionen steuern und im Griff haben. Dabei gibt es viele Details zu entdecken. Allein der Infobereich der Taskleiste liefert unzählige Systeminformationen, und das Startmenü lädt dazu ein, es sich gemütlich einzurichten.

Die Taskleiste

Der überwiegende Teil des Desktops steht zu Ihrer freien Verwendung. Windows Vista reserviert für sich selbst nur einen schmalen Streifen auf dem Desktop, die Taskleiste. Dieser Streifen enthält alle Bedienelemente, um die Fenster auf dem Desktop und auch Windows zu steuern.

Am linken Rand befindet sich die runde Startschaltfläche, über die Sie das Startmenü mit allen wichtigen Windows-Funktionen öffnen. Von hier aus starten Sie neue Programme, suchen nach gespeicherten Dateien und schalten Windows aus, wenn Sie genug gearbeitet haben.

Am rechten Rand sehen Sie den Infobereich, der Ihnen neben der Uhrzeit mit verschiedenen Symbolen aktuelle Informationen liefert.

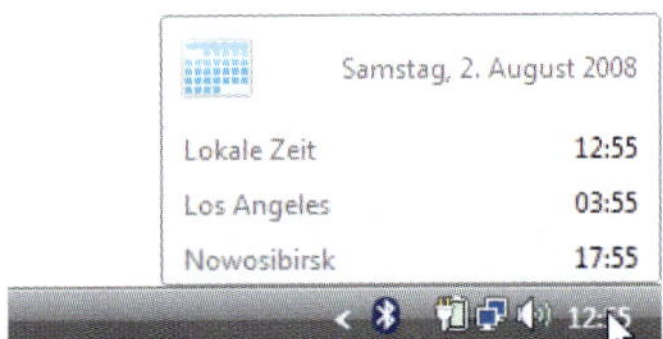

Abbildung 3.1 Kalender- und Zeitinformationen erscheinen, wenn sich der Mauszeiger über der Uhr befindet

Von Zeit zu Zeit können hier Sprechblasen erscheinen, die Sie auf besondere Situationen wie zum Beispiel die Installation eines neuen Gerätes hinweisen.

Der größte Teil der Taskleiste verwaltet die geöffneten Fenster. Jedes Fenster erhält eine eigene Schaltfläche, über die Sie es schnell erreichen und per Klick sichtbar oder unsichtbar machen.

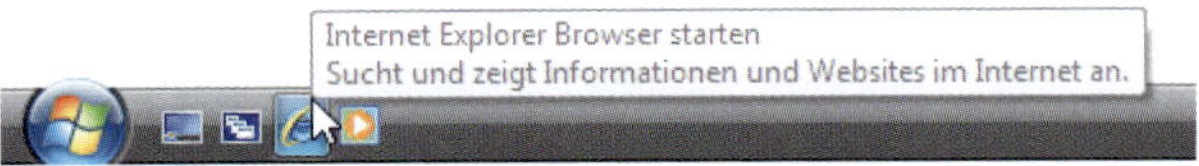

Abbildung 3.2 Die Schnellstartleiste zeigt Ihre wichtigsten Programme an und startet sie per Klick

Außerdem kann die Taskleiste durch eine oder mehrere Symbolleisten ergänzt werden. Ein Beispiel ist die Schnellstartleiste, die Ihre wichtigsten Programme anzeigt, sodass Sie sie über einen Klick bequem erreichen. Welche Programme die Schnellstartleiste anzeigt und ob die Schnellstartleiste überhaupt zu sehen ist, bestimmen Sie gleich selbst.

Fenster steuern

Fenster reservieren Platz für Ihre Programme und können auf dem gesamten Desktop beliebig angeordnet werden. Damit Sie bei vielen geöffneten Fenstern nicht den Überblick verlieren, erhält jedes Fenster in der Taskleiste eine eigene Schaltfläche, über die Sie das Fenster in den Vordergrund schalten. Klicken Sie ein zweites Mal, dann wird das Fenster vorübergehend unsichtbar gemacht oder »minimiert«. Sind sehr viele Fenster geöffnet, gruppiert Windows diese, um Platz zu schaffen.

Schaltflächen in der Taskleiste

Um zu sehen, welches Fenster sich hinter einer bestimmten Schaltfläche verbirgt, bewegen Sie die Maus über die Schaltfläche. Eine Minivorschau stellt nun den Fensterinhalt dar, jedenfalls dann, wenn Sie die Aero-Oberfläche verwenden.

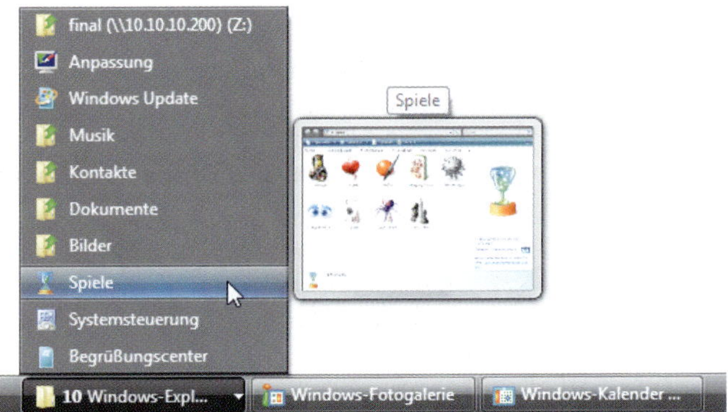

Abbildung 3.3 Gleichartige Fenster werden bei Platzmangel zu Gruppen zusammengefasst

Haben Sie sehr viele Fenster geöffnet, wird der Platz in der Taskleiste knapp. Jetzt gruppiert die Taskleiste gleichartige Fenster als Gruppe.

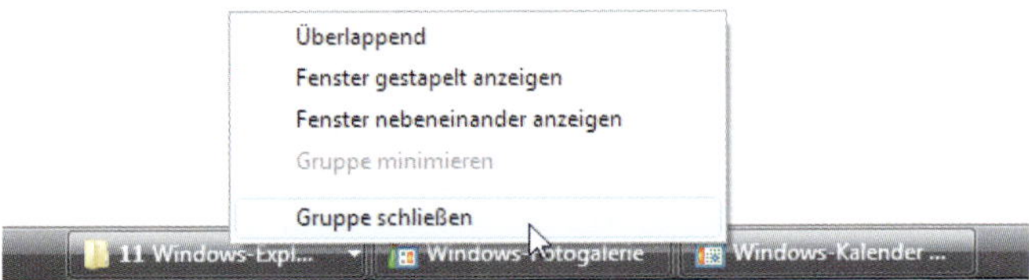

Abbildung 3.4 Auf Wunsch schließt die Taskleiste ganze Gruppen von Fenstern

Wollen Sie alle Fenster einer Gruppe schließen, klicken Sie mit der rechten Maustaste auf die Gruppe und wählen im Kontextmenü den Eintrag *Gruppe schließen*.

Abbildung 3.5 Per Tastenkombination zwischen Fenstern umschalten

Zwischen Fenstern umschalten

Zwar können Sie mit den Schaltflächen in der Taskleiste zwischen Fenstern umschalten, müssen dabei aber stets zur Maus greifen. Praktischer sind häufig Tastenkombinationen, die allerdings nur greifen, wenn auch tatsächlich mehrere Fenster geöffnet sind.

Halten Sie die [Alt]-Taste fest und drücken dann [⭾], erscheint ein Vorschaufenster und zeigt auf einen Blick alle Fenster an. Das Fenster bleibt so lange sichtbar, wie Sie die [Alt]-Taste gedrückt halten.

Drücken Sie so oft auf die [⭾]-Taste, bis das richtige Fenster markiert ist. Mit [⇧]+[⭾] bewegen Sie die Markierung in umgekehrter Richtung. Wenn Sie alle Tasten loslassen, springt das markierte Fenster in den Vordergrund.

PROFITIPP

Sie können auch ins Vorschaufenster klicken und auf diese Weise das gewünschte Fenster aussuchen.

Verwenden Sie nicht die Aero-Oberfläche, sieht das Vorschaufenster etwas einfacher aus als in Abbildung 3.5 und zeigt den Fensterinhalt der einzelnen Fenster nicht an. Ebenfalls nur bei der Aero-Oberfläche möglich ist die 3D-Umschaltung *Flip-3D*. Diese aktivieren Sie entweder, indem Sie die [⊞]-Taste gedrückt halten und [⭾] drücken, oder indem Sie in der Schnellstartleiste auf die Schaltfläche für die Fensterumschaltung klicken.

Abbildung 3.6 Fensterumschaltung in der Schnellstartleiste

Auch hier bewegen Sie die Markierung entweder per Tastatur mit [⭾] oder indem Sie das gewünschte Fenster anklicken.

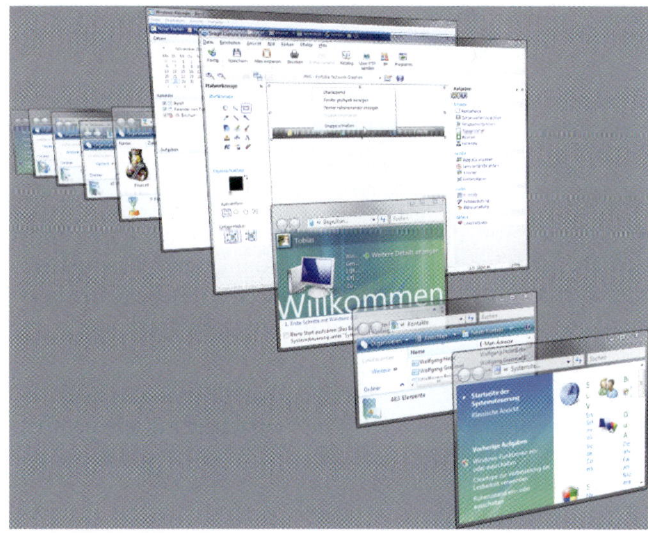

Abbildung 3.7 Die Flip-3D-Umschaltung funktioniert nur, wenn Sie die Aero-Oberfläche einsetzen

Die [⊞]-Taste brauchen Sie übrigens nicht die ganze Zeit festzuhalten, wenn Sie *Flip-3D* über sein Symbol in der Schnellstartleiste gestartet haben. In diesem Fall drücken Sie [Esc], wenn das richtige Fenster im Vordergrund des Stapels liegt.

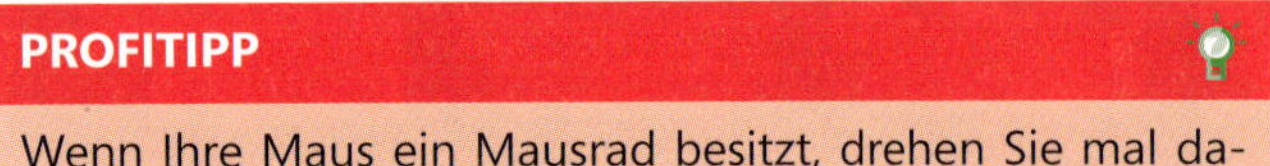

PROFITIPP

Wenn Ihre Maus ein Mausrad besitzt, drehen Sie mal daran, während *Flip-3D* aktiv ist.

Der Infobereich

Im Infobereich der Taskleiste wird nicht nur die Uhrzeit eingeblendet. Viele weitere Symbole halten Sie auf dem Laufenden und informieren Sie zum Beispiel über den Akkustand bei einem Notebook oder momentan durchgeführte Druckaufträge.

Symbole im Infobereich bedienen

Bewegen Sie den Mauszeiger über ein Symbol, erhalten Sie häufig interessante Zusatzinformationen angezeigt.

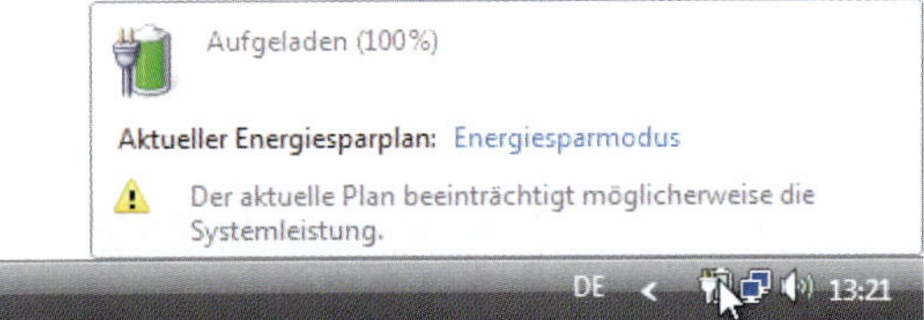

Abbildung 3.8 Bringen Sie die Maus über ein Symbol, um mehr zu erfahren

Möchten Sie sehen, welche Einstellungen Sie ändern können, klicken Sie auf das Symbol.

Klicken

Klicken Sie zum Beispiel auf den Lautsprecher, dann öffnet sich ein Schieberegler, über den Sie die Lautstärke anpassen. Mit der Schaltfläche am unteren Ende des Schiebereglers schalten Sie den Ton auf stumm, zum Beispiel, wenn das Telefon klingelt.

Und mit dem Befehl *Mixer* öffnen Sie die gesamte Lautstärkeregelung und können jetzt die Lautstärke für alle geöffneten Programme einzeln festlegen.

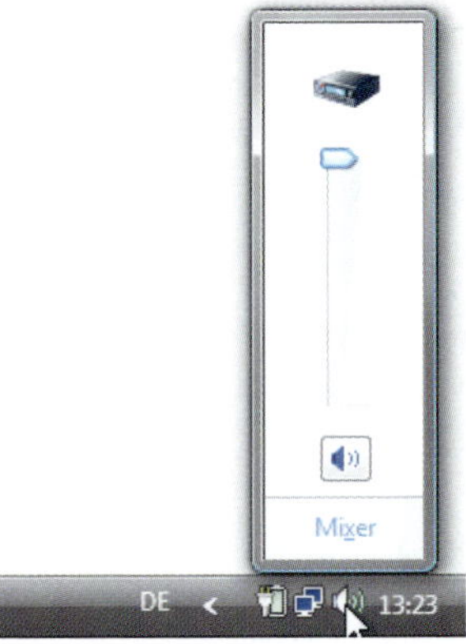

Abbildung 3.9 Per Klick ändern Sie Einstellungen wie beispielsweise die Lautstärke

Rechtsklicken

Klicken Sie ein Symbol mit der rechten Maustaste an, öffnet sich ein Kontextmenü mit allen Befehlen. Möchten Sie zum Beispiel eine Verbindung zu einem Netzwerk oder dem Internet herstellen, klicken Sie mit der rechten Maustaste auf das Netzwerksymbol.

Im Kontextmenü dieses Symbols finden Sie auch den Befehl *Diagnose und Reparatur*, der Ihnen hilft, Verbindungsprobleme zu lösen.

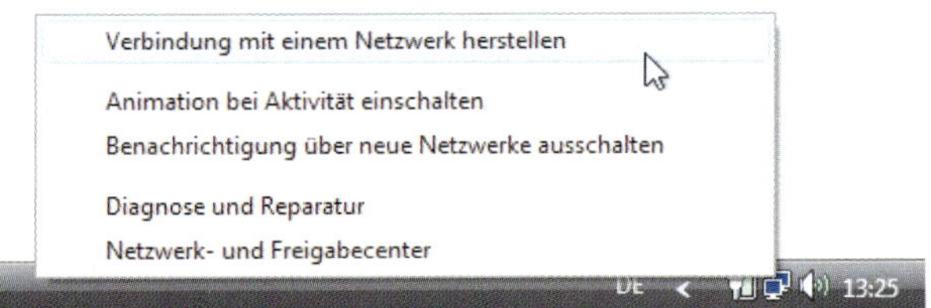

Abbildung 3.10 Verbindung zu einem anderen Netzwerk oder dem Internet aufnehmen

Systemsymbole

Vier Symbole im Infobereich steuern wichtige Windows-Funktionen und sind ständig sichtbar. Darüber hinaus können weitere Symbole von Fall zu Fall eingeblendet werden, zum Beispiel, wenn Sie etwas ausdrucken. Programme und Gerätetreiber haben darüber hinaus ebenfalls die Möglichkeit, eigene Symbole im Infobereich einzublenden.

Welche Symbole tatsächlich sichtbar sind, kontrollieren Sie über die Taskleisten-Eigenschaften. Dazu klicken Sie mit der rechten Maustaste auf eine freie Stelle der Taskleiste und wählen im Kontextmenü den Eintrag *Eigenschaften*. Aktivieren Sie im daraufhin geöffneten Dialogfeld die Registerkarte *Infobereich*.

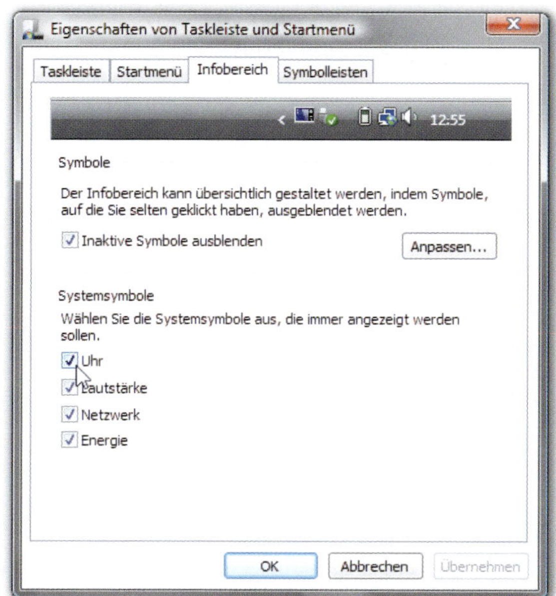

Abbildung 3.11 Legen Sie fest, welche Symbole im Infobereich angezeigt werden

Im oberen Bereich können Sie beliebige Symbole ausblenden, die Sie nicht im Infobereich sehen wollen. Dazu klicken Sie auf *Anpassen* und bestimmen, welche Symbole unerwünscht sind und welche nicht.

Symbole, die im Infobereich ausgeblendet sind, können Sie allerdings trotzdem jederzeit sichtbar machen. Sind Symbole ausgeblendet, blendet Windows am linken Rand eine Pfeil-Schaltfläche ein, und wenn Sie auf diese klicken, werden alle Symbole sichtbar – auch die gerade versteckten.

Im Bereich *Systemsymbole* lassen sich auch die vier Standardsymbole ausblenden. Wollen Sie zum Beispiel die Uhr abschalten, weil Sie die Uhrzeit sowieso in der Sidebar einblenden, schalten Sie das Kontrollkästchen *Uhr* aus.

Die Uhr

Um die Uhr zu stellen oder weitere Zeitzonen hinzuzufügen, genügt ein Klick auf die Uhrzeitanzeige.

Sie sehen nun ein Kalenderblatt und die Zeitzonen, die Sie bereits eingerichtet haben. Klicken Sie auf den Link *Datum- und Uhrzeiteinstellungen ändern*.

Möchten Sie die aktuelle Zeitzone ändern, klicken Sie auf die Schaltfläche *Zeitzone ändern*. Wollen Sie vor einer Umschaltung der Sommer- und Winterzeit benachrichtigt werden, können Sie auch das vermerken.

Abbildung 3.12 Die eingebaute Uhr kann bis zu drei Zeitzonen verwalten

Zusätzliche Zeitzonen richten Sie über die Registerkarte *Zusätzliche Uhren* ein. Und wenn Sie möchten, dass die Uhr automatisch regelmäßig von einem Zeitserver im Internet synchronisiert wird, aktivieren Sie die Registerkarte *Internetzeit*.

Ein vierfarbiges Schild-Symbol markiert Funktionen, die besonders geschützt sind und nur funktionieren, wenn Sie Administrator des Computers sind. Normale Anwender dürfen diese Funktionen nicht verändern.

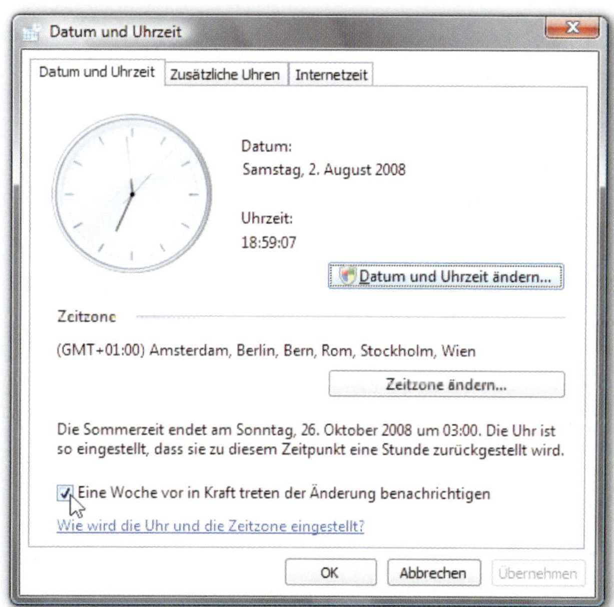

Abbildung 3.13 Richten Sie zusätzliche Zeitzonen ein und lassen Sie die Uhr vom Internet stellen

Der Lautstärkeregler

Die Lautstärkeregelung haben Sie bereits in Abbildung 3.9 gesehen. Neu ist die Möglichkeit, die Lautstärke für einzelne Windows-Anwendungen separat einzustellen. Dazu klicken Sie zunächst auf das Lautsprechersymbol im Infobereich der Taskleiste und dann auf den Link *Mixer*.

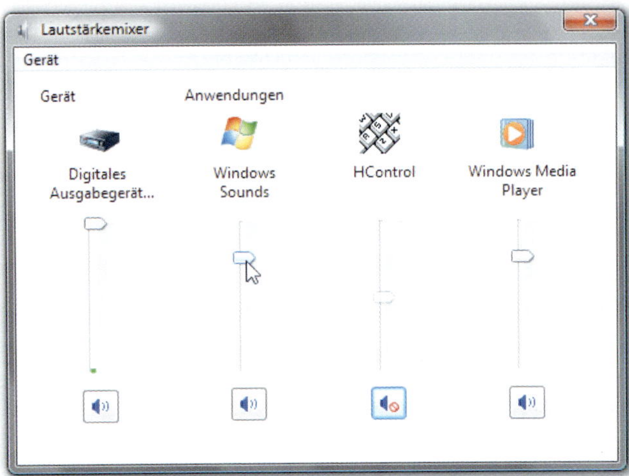

Abbildung 3.14 Die Lautstärke kann für jede Anwendung einzeln eingestellt werden

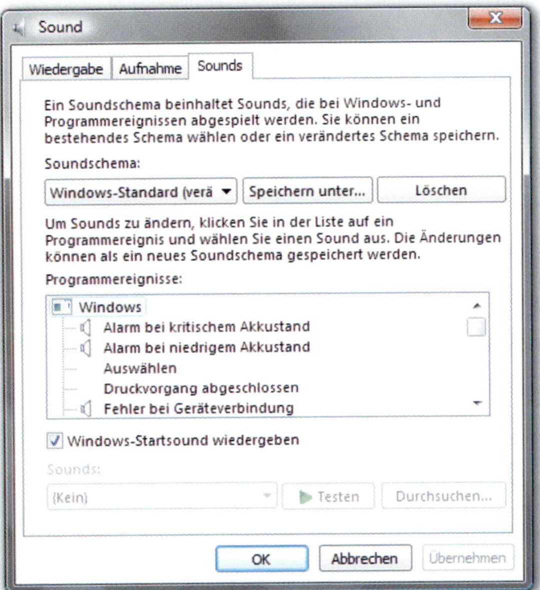

Abbildung 3.15 Untermalen Sie Windows-Aktionen mit eigenen Klängen

Welche Regler Sie nun sehen, hängt davon ab, welche Programme Sie gestartet haben und ob die Programme Klänge ausgeben.

Ein Klick mit der rechten Maustaste auf das Lautsprecher-Symbol fördert ebenfalls wichtige Befehle zu Tage, die – bis auf den Befehl *Lautstärkemixer öffnen* – alle das Dialogfeld *Sound* öffnen. Darin verwalten Sie Ihre Aufnahme- und Wiedergabegeräte und können einzelnen Windows-Aktionen wie zum Beispiel dem Öffnen eines Fensters einen Klang zuweisen.

Das Netzwerk-Symbol

Das Netzwerk-Symbol aus Abbildung 3.10 stellt mit wenigen Klicks Verbindungen zu drahtlosen Netzwerken in der Nähe her, öffnet das Netzwerkcenter und zeigt auf Wunsch auch Netzwerkaktivitäten farblich an.

Sind Sie mit einem drahtlosen Netzwerk verbunden, verrät Ihnen ein Klick auf das Netzwerk-Symbol, wie die Empfangsstärke ist und ob Sie nur lokal oder auch mit dem Internet verbunden sind.

Über weitere Links im Fenster öffnen Sie das Netzwerk- und Freigabecenter oder stellen weitere Verbindungen her.

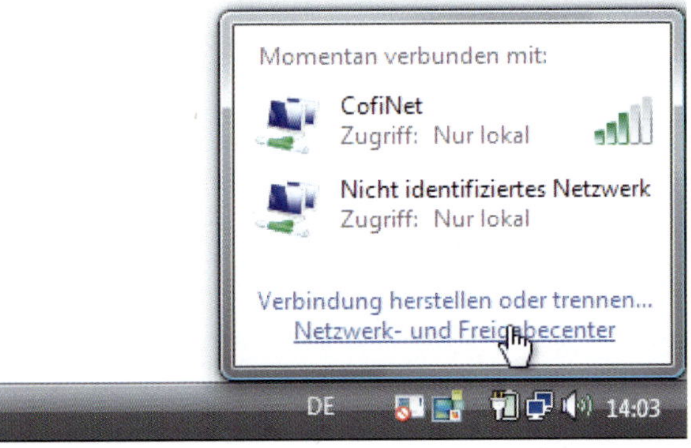

Abbildung 3.16 Sämtliche Netzwerkinformationen auf einen Blick

Die Energieanzeige

Die Energieanzeige ist nur vorhanden, wenn Ihr Computer über einen Akku verfügt. Dann allerdings zeigt sie per Klick nicht nur an, wie der Ladezustand des Akkus aussieht und wie lange Sie damit voraussichtlich noch arbeiten können. Sie haben per Klick auch die Möglichkeit, einen anderen Energiesparplan zu wählen, um mehr Strom zu sparen oder schneller arbeiten zu können.

Mit dem Link *Weitere Energieoptionen* öffnen Sie direkt die Energiepläne und können diese anpassen (mehr dazu in Kapitel 7). Und per Klick auf den Link *Windows-Mobilitätscenter* öffnen Sie ein Fenster mit sämtlichen Notebook-Funktionen.

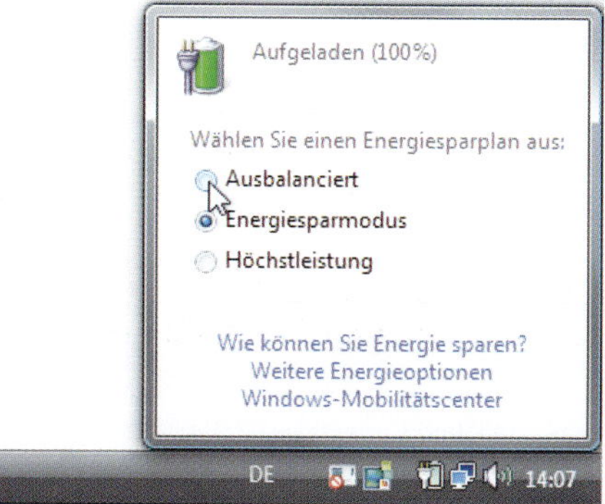

Abbildung 3.17 Unterwegs blitzschnell zwischen mehreren Energieprofilen wechseln

Das allerdings geht schneller über [⊞]+[X] und funktioniert natürlich nur bei mobilen Computern.

Symbolleisten verwenden

Die Schnellstartleiste ist ein Beispiel für eine praktische Symbolleiste, die Sie in der Taskleiste einblenden können. Insgesamt kontrollieren Sie, welche Symbolleisten zu sehen sind, auf diese Weise:

1. Klicken Sie mit der rechten Maustaste auf eine freie Stelle der Taskleiste, und wählen Sie im Kontextmenü den Eintrag *Eigenschaften*.
2. Holen Sie im Dialogfeld die Registerkarte *Symbolleisten* in den Vordergrund, und schalten Sie alle Symbolleisten ein, die Sie sehen wollen.

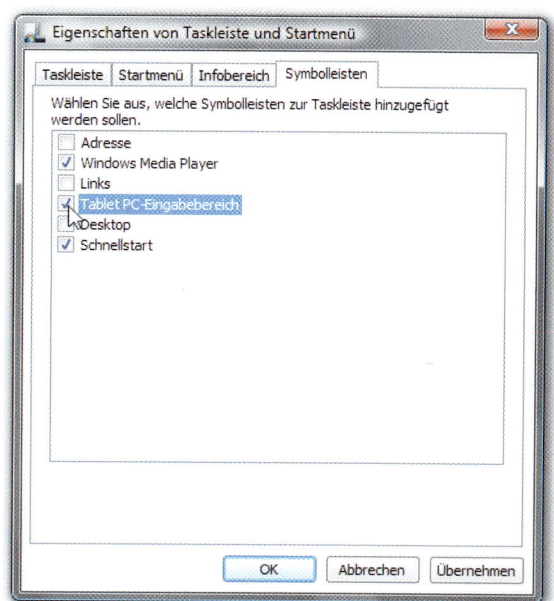

Abbildung 3.18 Suchen Sie sich aus, welche Symbolleisten Sie verwenden wollen

Die Schnellstartleiste

Die Schnellstartleiste ist eine praktische Abkürzung für den Aufruf Ihrer Lieblingsprogramme. Die werden dabei als Symbole direkt in der Taskleiste angezeigt und können per Klick gestartet werden.

Entdecken Sie in der Schnellstartleiste ein Programm, das Sie nur sehr selten benötigen, entfernen Sie es durch einen Klick mit der rechten Maustaste und Auswahl des Kontextmenübefehls *Löschen*.

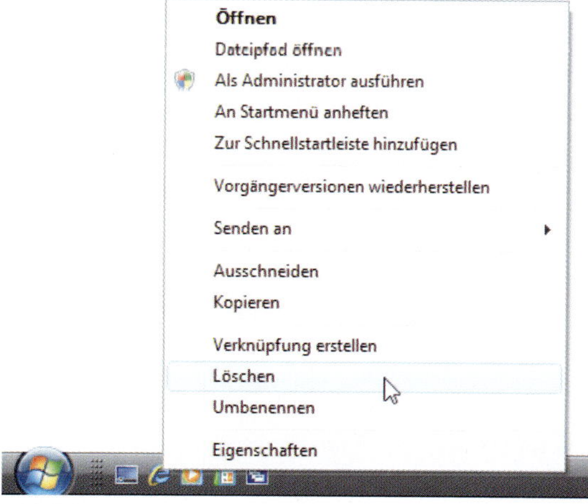

Abbildung 3.19 Ein Programm aus der Schnellstartleiste entfernen

Und so einfach fügen Sie neue Symbole in die Schnellstartleiste ein:

1. Öffnen Sie das Startmenü und suchen Sie das Programm, das Sie in die Schnellstartleiste integrieren wollen.
2. Klicken Sie mit der rechten Maustaste auf das gewünschte Programm, und wählen Sie im Kontextmenü den Eintrag *Zur Schnellstartleiste hinzufügen*.

Die Sprachumschaltung

Eine weitere Symbolleiste in der Taskleiste ist die Sprachumschaltung, die immer dann zu sehen ist, wenn Sie mindestens zwei Eingabesprachen installiert haben. Ein Klick auf das Symbol genügt, und Sie können sich eine andere Tastaturbelegung aussuchen.

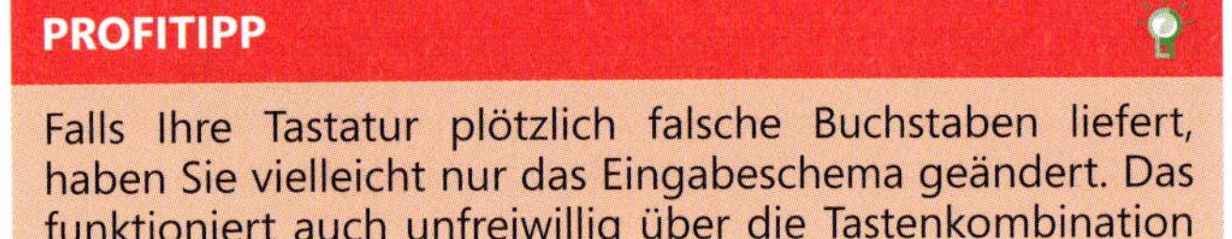

PROFITIPP

Falls Ihre Tastatur plötzlich falsche Buchstaben liefert, haben Sie vielleicht nur das Eingabeschema geändert. Das funktioniert auch unfreiwillig über die Tastenkombination Alt + ⇧.

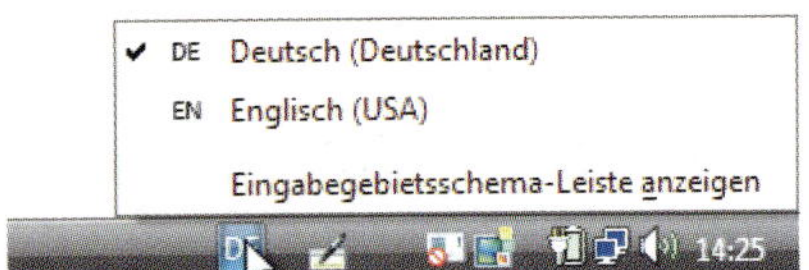

Abbildung 3.20 Ändern Sie die Tastaturbelegung, wenn Sie mehrsprachlich arbeiten

Taskleiste anpassen

Die Taskleiste liegt normalerweise am unteren Bildschirmrand und ist eine Zeile hoch. Dies lässt sich jedoch ändern. Schalten Sie dazu die Fixierung der Taskleiste, die Sie vor versehentlichen Änderungen schützt, vorübergehend aus. Dazu klicken Sie mit der rechten Maustaste auf einen freien Bereich der Taskleiste, und wählen Sie *Taskleiste fixieren*. Ist die Fixierung der Taskleiste abgeschaltet, können Sie die folgenden Anpassungen vornehmen:

Abbildung 3.21 Bei abgeschalteter Fixierung lassen sich die Taskleistenelemente neu anordnen

- **Größe** Bringen Sie den Mauszeiger an den Übergang zwischen Taskleiste und Desktop. Er verwandelt sich hier in einen Doppelpfeil. Halten Sie die linke Maustaste fest und bewegen Sie die Maus, um die Größe der Taskleiste zu ändern.
- **Seitenrand** Bewegen Sie die Maus auf eine freie Stelle der Taskleiste, und halten Sie die linke Maustaste fest. Bewegen Sie die Maus nun zu dem Bildschirmrand, an dem die Taskleiste angedockt werden soll. Liegt die Taskleiste richtig, lassen Sie die Maustaste los.
- **Symbolleisten** Vor jeder Symbolleiste in der Taskleiste wird eine geriffelte Schaltfläche angezeigt, wenn die Fixierung der Taskleiste abgeschaltet ist. Mit der Maus können Sie diese Schaltfläche nach rechts oder links bewegen und so den Raum festlegen, den jede Symbolleiste in der Taskleiste einnehmen darf. Ziehen Sie diese Schaltfläche über eine benachbarte Symbolleiste hinweg, kann auf diese Weise auch die Reihenfolge von Symbolleisten festgelegt werden.

Noch mehr Einstellmöglichkeiten sehen Sie, wenn Sie mit der rechten Maustaste auf eine freie Stelle der Taskleiste klicken und im Kontextmenü den Eintrag *Eigenschaften* wählen. Aktivieren Sie dann die Registerkarte *Taskleiste*.

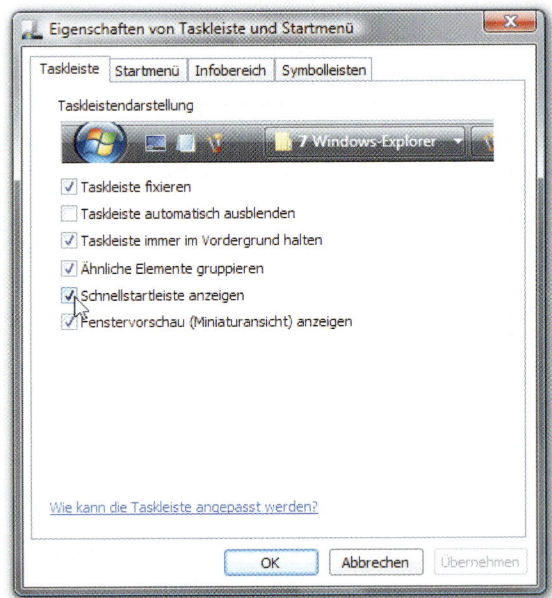

Abbildung 3.22 Die Taskleiste kann auf Wunsch sogar ausgeblendet werden, solange Sie sie nicht brauchen

PROFITIPP 

Über einen Rechtsklick auf eine freie Stelle in der Taskleiste oder die Uhr erreichen Sie auch den *Task-Manager*, mit dem Sie alle laufenden Programme überwachen und nicht mehr reagierende Fenster schließen.

Das Startmenü

Sie öffnen das Startmenü über seine runde Schaltfläche am linken Rand der Taskleiste oder über Strg+Esc. Noch einfacher: drücken Sie ⊞.

Hinweis

Falls das Startmenü bei Ihnen völlig anders aussieht als in Abbildung 3.23, wurde ein anderes Design aktiviert.

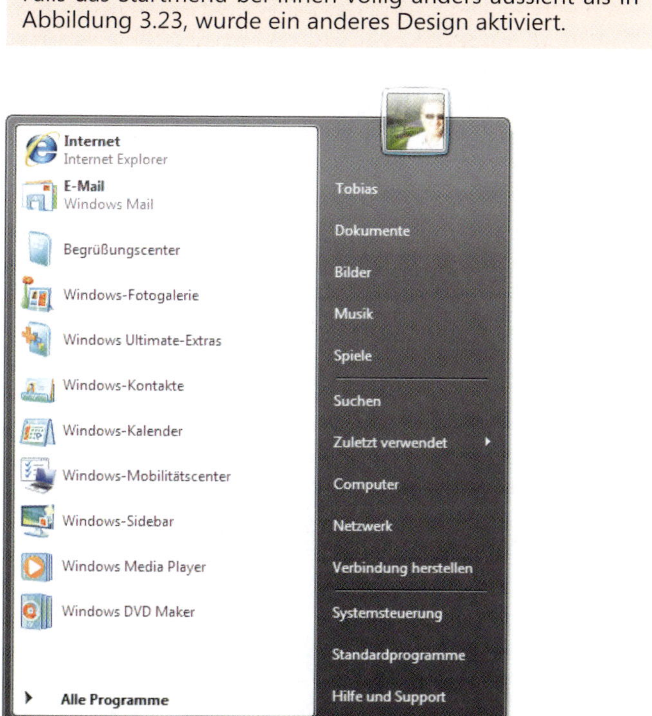

Abbildung 3.23 Das Startmenü kennen lernen

Die linke Spalte

Die linke, weiße Spalte ist zuständig für Programme. Ganz oben sehen Sie die Programme für Internet und E-Mail.

Darunter folgt eine Liste mit den Programmen, die Sie in letzter Zeit häufig verwendet haben. Wollen Sie ein Programm aus der unteren automatisch verwalteten Liste in die obere Liste Ihrer Lieblingsprogramme übernehmen, ziehen Sie es einfach per Maus aus der unteren in die obere Liste.

Wollen Sie ein Symbol aus der oberen Liste entfernen, klicken Sie es mit der rechten Maustaste an und wählen im Kontextmenü den Eintrag *Vom Startmenü lösen* (dann landet das Symbol wieder in der mittleren Liste) oder *Aus Liste entfernen* (dann wird das Symbol aus allen beiden Listen entfernt).

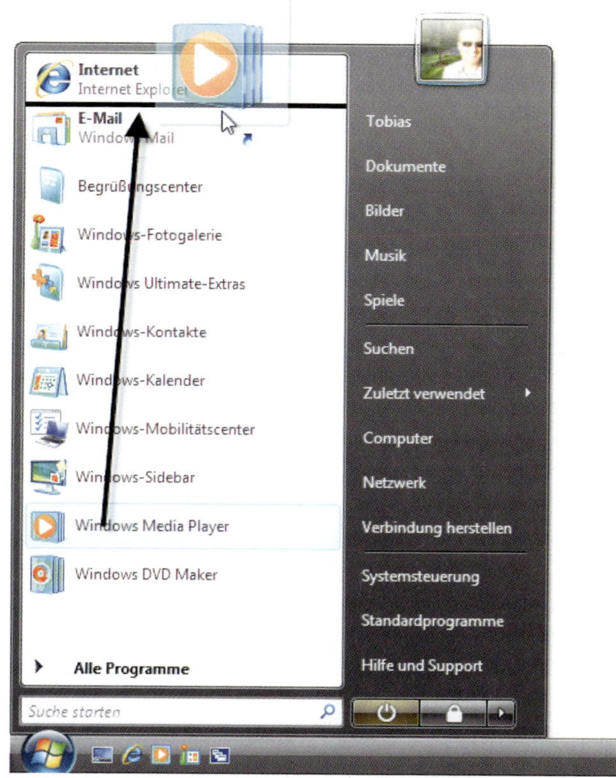

Abbildung 3.24 Lieblingsprogramme in die obere Liste verschieben

Ganz unten im Kontextmenü befindet sich außerdem der Eintrag *Alle Programme*. Wenn Sie darauf klicken, sehen Sie Ihr Softwarearchiv mit sämtlichen installierten Programmen.

Die rechte Spalte

Die dunkle, rechte Spalte enthält alle wichtigen Windows-Funktionen und Abkürzungen zu den wichtigsten Orten im Dateisystem.

Über der Spalte thront das Bild Ihres Benutzerkontos. Es ist dasselbe, das auch auf der Anmeldeseite erscheint.

PROFITIPP

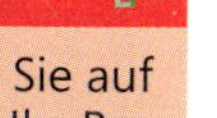

Wollen Sie sich ein besseres Bild aussuchen, klicken Sie auf das Bild. Es öffnet sich ein Dialogfeld, mit dem Sie Ihr Benutzerkonto verwalten. Dort können Sie auch ein anderes Bild festlegen.

Im ersten Bereich der rechten Spalte finden sich alle wichtigen Ordner:

- **<Benutzername>** Dieser Eintrag heißt in Wirklichkeit so wie Ihr Benutzerkonto. Er öffnet Ihr Benutzerprofil, und darin finden Sie alle Ihre wichtigen persönlichen Ordner, zum Beispiel *Dokumente*, *Download*, *Kontakte*, *Musik* oder *Videos*.
- **Dokumente** Öffnet den Ordner, in dem normalerweise alle Dinge aufbewahrt werden, wenn Sie etwas speichern.
- **Bilder** Öffnet den speziellen Ordner für Bilder. Windows speichert hier zum Beispiel Fotos, die Sie von einer Digitalkamera übertragen.
- **Musik** Dieser Befehl öffnet den *Musik*-Ordner, in dem Vista Ihre gesamten Musikdateien aufbewahrt.
- **Spiele** Mit diesem Befehl öffnen Sie den Spiele-Explorer, der Ihnen alle installierten Spiele anbietet und auch dazu verwendet werden kann, um online weitere Spiele einzukaufen.

Im zweiten Abschnitt der rechten Spalte finden Sie Informationen:

- **Suchen** Wissen Sie nicht genau, wo sich bestimmte Dateien oder Informationen verbergen, öffnen Sie einen Suchordner und spüren Sie darin verschollene Informationen auf. Wie dies genau funktioniert, lesen Sie in Kapitel 6.
- **Zuletzt verwendet** Klicken Sie auf diesen Befehl, wenn Sie an Dateien weiterarbeiten möchten, die Sie vor kurzem bearbeitet haben. Es öffnet sich ein Untermenü und zeigt Ihnen die zuletzt bearbeiteten Dateien an.
- **Computer** Mit diesem Befehl öffnen Sie den Windows-Explorer in der Laufwerksansicht. Sie sehen jetzt, wie viel Speicherplatz auf Ihren Laufwerken noch frei ist, können Dateien umorganisieren und das gesamte Dateisystem durchstreifen.
- **Netzwerk** Zeigt alle Computer in Ihrer Nähe an. Von hier aus können Sie auch das Netzwerk- und Freigabecenter erreichen. Mehr erfahren Sie in Kapitel 30.
- **Verbindung herstellen** Öffnet ein Fenster mit allen Netzwerkverbindungen, die Ihnen zur Verfügung stehen, zum Beispiel drahtlose Netzwerke in Ihrer Nähe.

Im dritten Abschnitt finden Sie wichtige Einstellmöglichkeiten:

- **Systemsteuerung** Die Systemsteuerung ist der zentrale Maschinenraum von Windows, wo Sie hunderte von Anpassungen und Einstellungen vornehmen können. Diese werden in Kapitel 7 beschrieben.
- **Standardprogramme** Öffnet ein Fenster, mit dem Sie bestimmte mitgelieferte Microsoft-Programme zugunsten anderer Programme abschalten können.
- **Hilfe und Support** Öffnet das eingebaute elektronische Handbuch, mit dem Sie Fragen stellen und Antworten erhalten.

Hinweis 

Nicht alle Befehle müssen tatsächlich vorhanden sein. Sie werden gleich sehen, wie sich einzelne Befehle streichen lassen. Firmen erledigen das über Gruppenrichtlinien, und Sie können natürlich in Kapitel 55 nachschlagen, wenn Sie das Thema interessant finden.

Das Schnellsuchfeld

Das wohl wichtigste Element im Startmenü liegt ganz unscheinbar am unteren Rand der linken Spalte und ist das Schnellsuchfeld. Mit diesem simplen Texteingabefeld finden Sie in wenigen Augenblicken nicht nur Programme, die Sie starten möchten, sondern Informationen aller Art, also auch Briefe, Musik oder E-Mails.

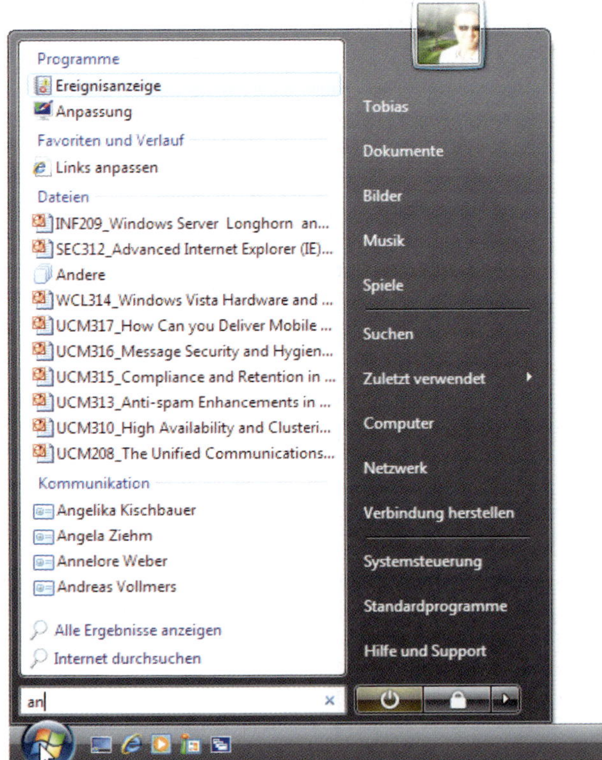

Abbildung 3.25 Schnellsuche nach dem Stichwort »an«

Dazu geben Sie einfach in das Suchfeld einen Suchbegriff wie zum Beispiel den Namen eines Programms ein. Es genügt auch schon ein Teil des Namens. Noch während Sie den Suchbegriff eingeben, zeigt das Startmenü in seiner linken Spalte die Ergebnisse an:

Die Liste unterteilt die Suchergebnisse in Kategorien:

- **Programme** Programme, die auf Ihrem Computer installiert sind.
- **Favoriten und Verlauf** Internetadressen, die Sie kürzlich besucht oder als Favoriten abgespeichert haben und die das Suchwort enthalten.
- **Dateien** Dateien, die das Suchwort im Namen oder im Dokument enthalten.
- **Kommunikation** E-Mails und Kontakte, die den Suchbegriff enthalten.

PROFITIPP 

Je genauer Ihr Stichwort ist, desto treffender sind die Resultate. Sie können auch mehrere Stichwörter kombinieren und sogar eine Abfragesprache verwenden, die *Advanced Query Language* (AQS). Mehr dazu erfahren Sie in Kapitel 6.

Möchten Sie mehr Platz für Ihre Suchergebnisse, klicken Sie auf den Link *Alle Ergebnisse anzeigen* und setzen die Suche im Suchfenster fort.

Das Schnellsuchfeld kann nicht nur Ergebnisse finden, sondern auch Programme direkt für Sie starten. Geben Sie beispielsweise Befehle wie **cmd** oder **regedit** ein und drücken Sie sofort die [↵]-Taste, dann startet Vista diese Programme.

Sogar Internetsurfen ist im Schnellsuchfeld möglich, denn wenn Sie darin »www.« eingeben, zeigt Ihnen das Startmenü alle Internetadressen, die Sie normalerweise verwenden. Jetzt brauchen Sie nur noch das Suchwort durch weitere Zeichen zu verfeinern, bis Sie die richtige Adresse sehen. Ein Klick darauf öffnet den Browser und zeigt die Seite an.

PROFITIPP 

Manche Dinge funktionieren im Schnellsuchfeld allerdings nicht genauso gut wie im *Ausführen*-Feld früherer Windows-Versionen. Drücken Sie die Tastenkombination [⊞]+[R], können Sie Ihre Befehle auch im echten *Ausführen*-Feld eingeben und ausführen.

Den PC ausschalten oder sperren

Haben Sie Ihre Arbeit erledigt, schalten Sie Ihren Computer künftig mit dem Ausschalter rechts unten im Startmenü aus. Abspeichern und Programme schließen brauchen Sie dafür nicht unbedingt, denn auf Wunsch »friert« Windows Vista den augenblicklichen Zustand ein und geht wenige Sekunden später schlafen.

Schalten Sie den Computer am nächsten Tag wieder ein, ist er in wenigen Sekunden wieder in demselben Zustand, wie Sie ihn verlassen haben.

Rote und gelbe Ausschalter

Die Farbe des Ausschalters signalisiert Ihnen, ob die modernen Energiesparfunktionen aktiv sind oder nicht. Ist der Schalter orange, können Sie den aktuellen Zustand konservieren. Ist er rot, dann müssen Sie wie früher alle Programme schließen, bevor Windows Vista komplett herunterfährt.

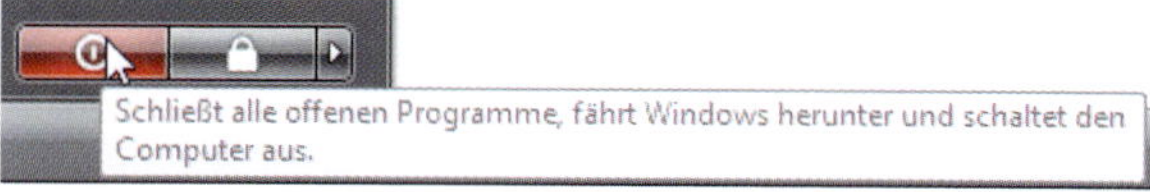

Abbildung 3.26 Ein roter Ausschalter fährt den Computer komplett herunter

Und so legen Sie fest, wie der Ausschalter im Startmenü bei Ihnen funktioniert:

1. Wählen Sie im Startmenü den Eintrag *Systemsteuerung*, und tippen Sie oben rechts ins Suchfeld den Begriff »Energie« ein.
2. Klicken Sie unterhalb von *Energieoptionen* auf *Energiesparmodus ändern*.
3. Sie sehen nun die Energiespareinstellungen. Klicken Sie am unteren Rand auf *Erweiterte Energieeinstellungen ändern*.
4. Ein Dialogfeld öffnet sich, und darin legen Sie fest, was genau passieren soll, wenn jemand im Startmenü auf den Ausschalter klickt – oder den Deckel eines Notebooks schließt, den Netzschalter drückt oder eine sonstige Aktion durchführt, die Windows beenden soll.

PROFITIPP 

Die beste Einstellung ist meist *Energie sparen*. Dabei handelt es sich um eine Verschmelzung von Standby und Ruhezustand. Das System geht sofort in den Standbymodus und legt dabei ein Speicherabbild auf der Festplatte an.

Wird der Computer später gestartet, erwacht er in wenigen Sekunden aus dem Standbymodus. Fällt der Strom aus oder wird der Computer sehr lange nicht benutzt, schaltet er sich komplett aus und startet beim nächsten Mal aus dem Ruhezustand.

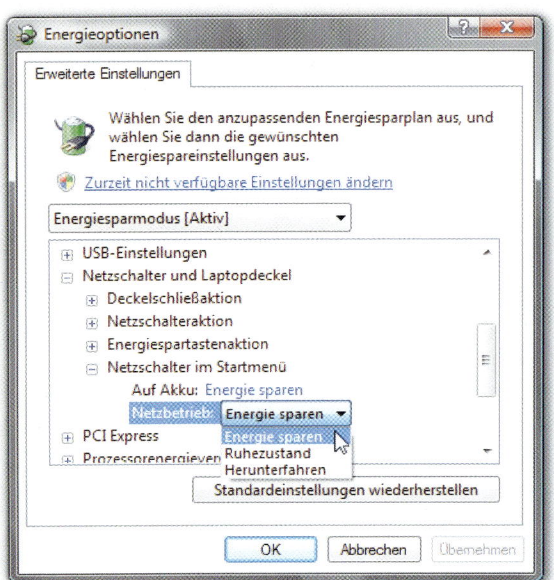

Abbildung 3.27 Energiespar- und Abschaltfunktionen festlegen

Falls Sie den Computer nicht in einen Energiesparmodus versetzen, sondern neu starten oder wirklich herunterfahren, fordert Windows Vista Sie auf, alle noch nicht gespeicherten Arbeiten abzuspeichern.

Gehen Sie darauf nicht ein, erscheint ein weiterer Hinweis im Abschaltbildschirm. Hier werden alle Programme aufgeführt, die noch ungesicherte Daten enthalten.

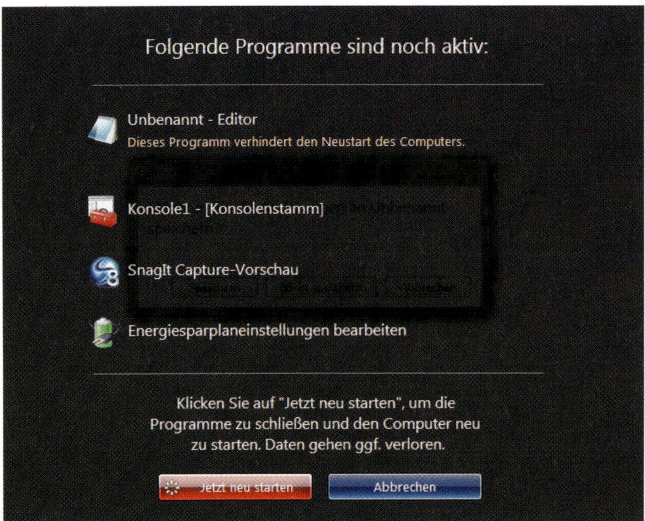

Abbildung 3.28 Diese Programme verhindern die Abschaltung, weil noch ungesicherte Daten vorhanden sind

Mit einem roten Zusatz versehen ist das Programm, das den Neustart oder das Herunterfahren verhindert, zum Beispiel, weil es händeringend noch ungesicherte Daten speichern lassen will. Brechen Sie in diesem Fall entweder den Vorgang ab und beenden Sie die Programme von Hand. Oder klicken Sie auf *Jetzt neu starten*. Dann gehen allerdings sämtliche ungespeicherten Daten verloren.

Computer sperren

Neben dem Ausschalter finden Sie eine weitere Schaltfläche mit einem Schloss. Damit beenden Sie Windows Vista nicht, sondern sperren den Computer nur, zum Beispiel, weil Sie in die Mittagspause gehen wollen. So wird verhindert, dass sich Unbefugte in der Zwischenzeit am Computer zu schaffen machen.

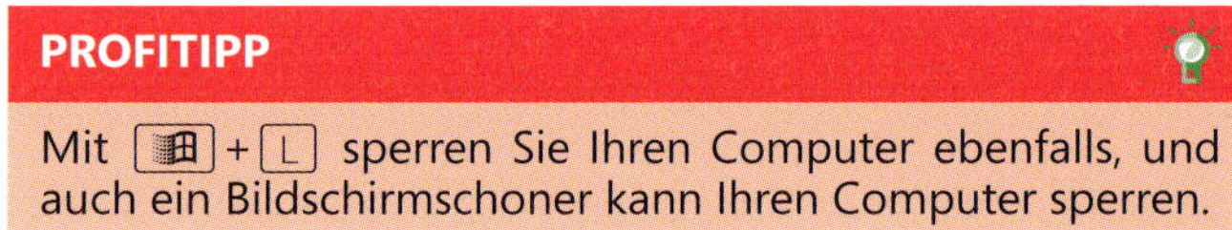

PROFITIPP

Mit [Win]+[L] sperren Sie Ihren Computer ebenfalls, und auch ein Bildschirmschoner kann Ihren Computer sperren.

Abschaltoption selbst bestimmen

Klicken Sie auf den Pfeil am rechten Rand der Sperrschaltfläche, öffnet sich ein Menü, mit dem Sie selbst bestimmen, was Windows Vista tun soll.

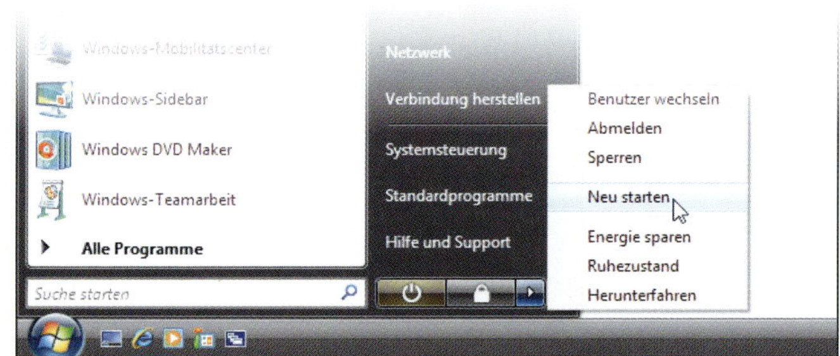

Abbildung 3.29 Auf Wunsch wird Windows Vista genau so beendet, wie Sie es wollen

Andere Wege, um Vista zu beenden

Neben dem Ausschalter im Startmenü gibt es weitere Wege, um Vista zu beenden, die allerdings von den technischen Möglichkeiten Ihres Computers abhängen:

- **Netzschalter** Drücken Sie den Netzschalter des Computers kurz, jedoch nicht länger als vier Sekunden. Wird der Netzschalter länger als vier Sekunden gedrückt, wird der Computer sofort abgeschaltet, und es können Daten verloren gehen.

- **Deckel zuklappen** Klappen Sie bei Notebooks einfach den Deckel zu.
- **Energiesparschalter** Befindet sich am Computer oder auf Ihrer Tastatur ein Energiesparschalter, dann drücken Sie diesen.

Für alle diese Abschaltverfahren können Sie festlegen, wie Vista sich dabei verhalten soll. Mehr zu diesen Einstellungen lesen Sie in Kapitel 7.

Startmenü anpassen

Welche Einträge tatsächlich in der rechten Spalte des Startmenüs aufgeführt werden, können Sie selbst bestimmen. So gehen Sie vor, um überflüssige Befehle zu entfernen:

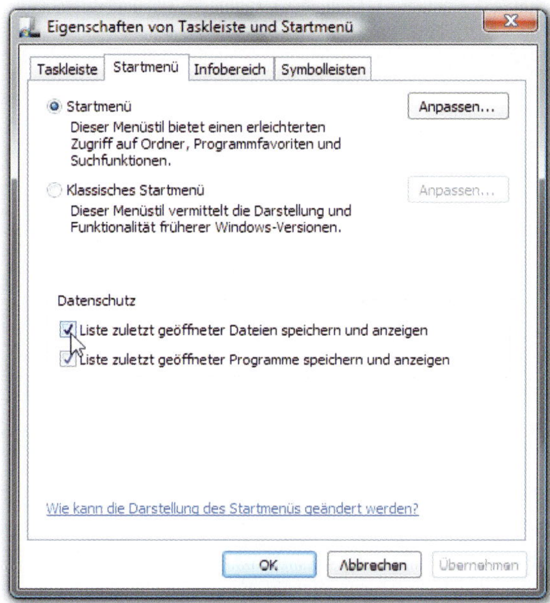

Abbildung 3.30 Datenschutz- und Design-Einstellungen für das Startmenü

1. Klicken Sie die runde Startschaltfläche am linken Rand der Taskleiste mit der rechten Maustaste an, und wählen Sie im Kontextmenü den Eintrag *Eigenschaften*.
2. Wählen Sie auf der nun angezeigten Registerkarte *Startmenü* im Bereich *Datenschutz* aus, welche persönlichen Daten sich das Startmenü merken darf.
3. Klicken Sie hinter der Option *Startmenü* auf die Schaltfläche *Anpassen*. In einer Liste können Sie nun per Häkchen bestimmen, welche Einträge in der rechten Spalte des Startmenüs angezeigt und welche ausgeblendet werden sollen.
4. Im Bereich *Startmenügröße* bestimmen Sie, wie viel Raum in der linken Startmenüspalte für zuletzt verwendete Programme verwendet werden soll.
5. Über die Kontrollkästchen *Internetlink* und *E-Mail-Link* legen Sie fest, ob die beiden obersten Positionen der linken Startmenüspalte sichtbar sein sollen und auf welche Programme sie verweisen.

Element	Beschreibung
Befehl "Ausführen"	Blendet den Befehl *Ausführen* ein, mit dem Programme direkt gestartet und Webadressen direkt angesurft werden können. Auch wenn dieser Befehl ausgeblendet ist, steht er über die Tastenkombination [Windows]+[R] zur Verfügung. Anstelle des klassischen *Ausführen*-Befehls kann man Befehle auch ins Schnellsuchfeld am unteren Rand der linken Startmenüspalte eintippen.
Bilder	Legt fest, ob und auf welche Weise der *Bilder*-Ordner im Startmenü angezeigt wird
Computer	Legt fest, ob und wie der Computer mit all seinen Laufwerken angezeigt wird
Dateien suchen	Bestimmt, wie nach Dateien gesucht wird, wenn der Anwender die Suche verwendet
Dokumente	Legt fest, ob und wie der *Dokumente*-Ordner des angemeldeten Anwenders angezeigt wird
Drucker	Blendet den Befehl *Drucker* ein, über den sich ein Fenster mit allen installierten Druckern öffnet. Hier können auch neue Drucker hinzugefügt werden.
Favoriten und Verlauf durchsuchen	Legt fest, ob die zuletzt verwendeten Internetseiten in die Schnellsuche im Startmenü eingeschlossen werden
Große Symbole verwenden	Legt die Größe der Symbole in der linken Startmenüspalte fest. Schalten Sie dieses Kontrollkästchen ab, werden die Symbole darin zwar kleiner, aber dafür können mehr Einträge angezeigt werden.
Hilfe	Blendet den Befehl *Hilfe und Support* ins Startmenü ein, über den Sie Hilfeinformation zu verschiedensten Fragen erhalten können
Kommunikation durchsuchen	Legt fest, ob E-Mails und Kontakte bei der Schnellsuche im Startmenü eingeschlossen werden

Tabelle 3.1 Optionale Einträge im Startmenü

Element	Beschreibung
Kontextmenüs sowie Ziehen und Ablegen aktivieren	Ist dieses Kontrollkästchen eingeschaltet, sind fortgeschrittene Mausmanöver im Startmenü erlaubt. Sie können dann Einträge mit der Maus per Drag & Drop verschieben, also zum Beispiel die Reihenfolge anpassen. Ein Rechtsklick auf einen Eintrag öffnet sein zugehöriges Kontextmenü.
Menü "Alle Programme" nach Namen sortieren	Bestimmt, ob die Programmliste alphabetisch sortiert werden soll, die erscheint, wenn im Startmenü auf *Alle Programme* geklickt wird
Menü "Favoriten"	Zeigt eine Liste mit Webseitenadressen, die Sie sich im Internet Explorer als besonders nützlich gemerkt haben
Musik	Blendet den Befehl *Musik* ins Startmenü ein, der einen Ordner mit Musikdaten öffnet
Netzwerk	Mit diesem Befehl öffnen Sie ein Fenster, das alle Netzwerkcomputer in Ihrer Nähe anzeigt
Persönlicher Ordner	Öffnet Ihr persönliches Benutzerprofil
Programme suchen	Legt fest, ob Programme von der Schnellsuche im Startmenü gefunden werden sollen
Spiele	Blendet den Befehl *Spiele* ins Startmenü ein, über den sich ein Ordner mit Spielen öffnen lässt
Standardprogramme	Öffnet ein Dialogfeld, mit dem Sie mitgelieferte Microsoft-Programme deaktivieren können. Mehr dazu lesen Sie in Kapitel 47.
Suchen	Blendet den Befehl *Suchen* ins Startmenü ein, mit dem ein Explorerfenster zum Suchen und Finden von Dateien geöffnet wird
Systemsteuerung	Blendet den Befehl *Systemsteuerung* ins Startmenü ein, über den man die Grundeinstellungen von Windows Vista ändern kann
Systemverwaltung	Blendet den Ordner *Verwaltung* ins Startmenü ein, über den man wichtige Verwaltungswerkzeuge erreichen kann
Untermenüs beim Draufzeigen öffnen	Öffnet Untermenüs durch einfaches Zeigen mit der Maus. Ist diese Option nicht gewählt, öffnen sich die Untermenüs nur per Klick.
Verbindung herstellen	Blendet den Befehl *Verbinden mit* ins Startmenü ein. Dadurch können Sie sich schnell mit neuen Netzwerken wie zum Beispiel drahtlosen WLAN-Netzwerken verbinden, wenn Sie beispielsweise mit einem Notebook auf Reisen sind.
Zuletzt installierte Programme hervorheben	Programme, die erst kürzlich neu installiert wurden, werden im Menü *Alle Programme* farblich hinterlegt, damit neue Programme schneller gefunden werden können

Tabelle 3.1 Optionale Einträge im Startmenü *(Fortsetzung)*

Tipp

Möchten Sie die Standardeinstellungen wiederherstellen, genügt dazu ein Klick auf die Schaltfläche *Standardeinstellungen*.

Klassisches Startmenü verwenden

Wer lieber mit dem einspaltigen Startmenü früherer Windows-Versionen arbeitet, kann das zweispaltige Startmenü abschalten:

1. Klicken Sie mit der rechten Maustaste auf die runde Startmenü-Schaltfläche, und wählen Sie im Kontextmenü den Eintrag *Eigenschaften*.
2. Holen Sie im daraufhin geöffneten Dialogfeld die Registerkarte *Startmenü* in den Vordergrund, und wählen Sie die Option *Klassisches Startmenü*.
3. Über die Schaltfläche *Anpassen* kann auch das klassische Windows-Startmenü weiter angepasst werden, indem Einträge zum Startmenü hinzugefügt oder daraus entfernt werden.

Zusammenfassung

Die Taskleiste führt Buch über alle geöffneten Fenster und erlaubt Ihnen, per Klick oder mit verschiedenen Tastenkombinationen zwischen geöffneten Fenstern zu wechseln.

Im Infobereich am rechten Rand liefert die Taskleiste über Symbole wichtige Zustandsinformationen. Klicks auf diese Symbole öffnen Menüs, mit denen Sie die wichtigsten Windows-Funktionen steuern.

Über die runde Start-Schaltfläche öffnet sich das Startmenü. Hier erreichen Sie alle Programme und können Ihre Lieblingsprogramme oben links in eine feste Liste eintragen.

Die rechte Spalte des Startmenüs listet alle wichtigen Windows-Ordner und Windows-Funktionen auf, und über das Schnellsuchfeld finden Sie mit Stichwörtern Programme, gespeicherte Dateien, E-Mails und sonstige Informationen in wenigen Sekunden.

Haben Sie genug gearbeitet, dann schaltet der Ausschalter Windows Vista aus. Dabei konserviert Windows seinen aktuellen Zustand, wenn Sie die Energiesparfunktionen nutzen. So kann der Computer später in wenigen Sekunden wieder genau an der Stelle weiterarbeiten, wo Sie ihn ausgeschaltet haben.

Sie möchten ...	So gehen Sie vor	Sehen Sie sich dazu das Beispiel an auf
zu einem anderen Fenster schalten	Drücken Sie [Windows]+[Tab] oder [Alt]+[Tab]	Seite 71
die Lautstärke ändern	Klicken Sie im Infobereich der Taskleiste auf das Lautsprechersymbol	Seite 74
Symbole aus dem Infobereich entfernen	Klicken Sie mit der rechten Maustaste auf einen freien Bereich in der Taskleiste, und wählen Sie *Eigenschaften.* Aktivieren Sie die Registerkarte *Infobereich.*	Seite 72
mehrere Uhren anzeigen	Klicken Sie im Infobereich der Taskleiste auf das Uhr-Symbol, und wählen Sie *Datum- und Uhrzeiteinstellungen ändern*	Seite 73
die Uhrzeit aus dem Internet beziehen	Öffnen Sie die Eigenschaften der Uhr, und aktivieren Sie die Registerkarte *Internetzeit*	Seite 73
eine Verbindung zu einem drahtlosen Netzwerk herstellen	Klicken Sie auf das Netzwerksymbol im Infobereich der Taskleiste, und klicken Sie auf *Verbindung herstellen oder trennen*	Seite 74
feststellen, wie lange der Akku noch reicht	Klicken Sie im Infobereich der Taskleiste auf das Energiesymbol	Seite 75
ein neues Programm in die Schnellstartleiste einfügen	Öffnen Sie das Startmenü, klicken Sie das Programm mit der rechten Maustaste an, und wählen Sie *Zur Schnellstartleiste hinzufügen*	Seite 75
selbst bestimmen, wie Windows beendet wird	Klicken Sie im Startmenü auf den Pfeil rechts von der Sperr-Schaltfläche	Seite 80
Befehle aus dem Startmenü entfernen oder darin aufnehmen	Klicken Sie mit der rechten Maustaste auf einen freien Bereich in der Taskleiste, und wählen Sie *Eigenschaften.* Aktivieren Sie die Registerkarte *Startmenü*, und klicken Sie hinter der Option *Startmenü* auf *Anpassen.*	Seite 81
Das Startmenü so aussehen lassen wie in früheren Windows-Versionen	Klicken Sie mit der rechten Maustaste auf einen freien Bereich in der Taskleiste, und wählen Sie *Eigenschaften.* Wählen Sie die Option *Klassisches Startmenü.*	Seite 82

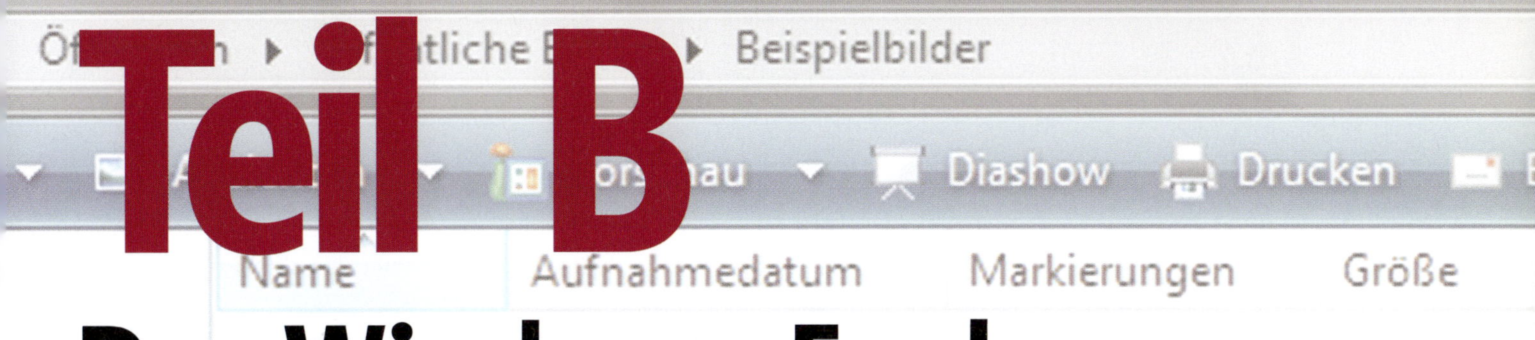

Teil B

Der Windows-Explorer

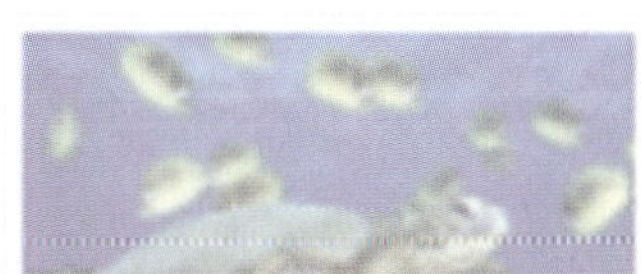

Tobias Weltner

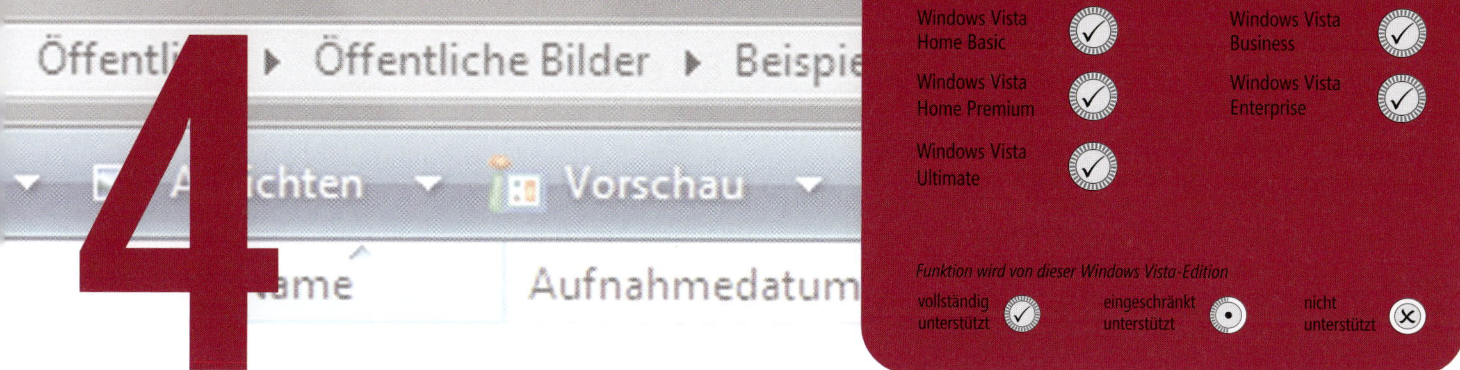

Windows Vista Home Basic	✓	Windows Vista Business	✓
Windows Vista Home Premium	✓	Windows Vista Enterprise	✓
Windows Vista Ultimate	✓		

Funktion wird von dieser Windows Vista-Edition

vollständig unterstützt ✓ eingeschränkt unterstützt ⊙ nicht unterstützt ⊗

4 Windows-Explorer

Bach Buckelwal Frangipaniblüten

Säbelantilope Steg Struktur

Der Windows-Explorer begegnet Ihnen in unterschiedlicher Form beinahe überall. Er kommt überall dort zum Einsatz, wo größere Informationsmengen organisiert werden sollen.

In diesem Kapitel erfahren Sie, wie der Windows-Explorer grundsätzlich aufgebaut ist und bedient wird. In den folgenden Kapiteln erfahren Sie dann, wie Sie ihn einsetzen, um Ihre Aufgaben zu meistern.

Ein erster Überblick

Obwohl der Windows-Explorer je nach Einsatzbereich ganz unterschiedlich aussehen kann, enthält er im Grunde immer dieselben Bedienelemente. Diese Bedienelemente lernen Sie jetzt kennen. Dazu öffnen Sie den Windows-Explorer, indem Sie im Startmenü den Befehl *Computer* wählen oder ganz einfach [⊞]+[E] drücken.

Vor- und Zurückblättern

Verzeichnisleiste

Schnellsuchfeld

Symbolleiste

Spaltenüberschriften

Laufwerke

Navigationsfenster

Detailfenster

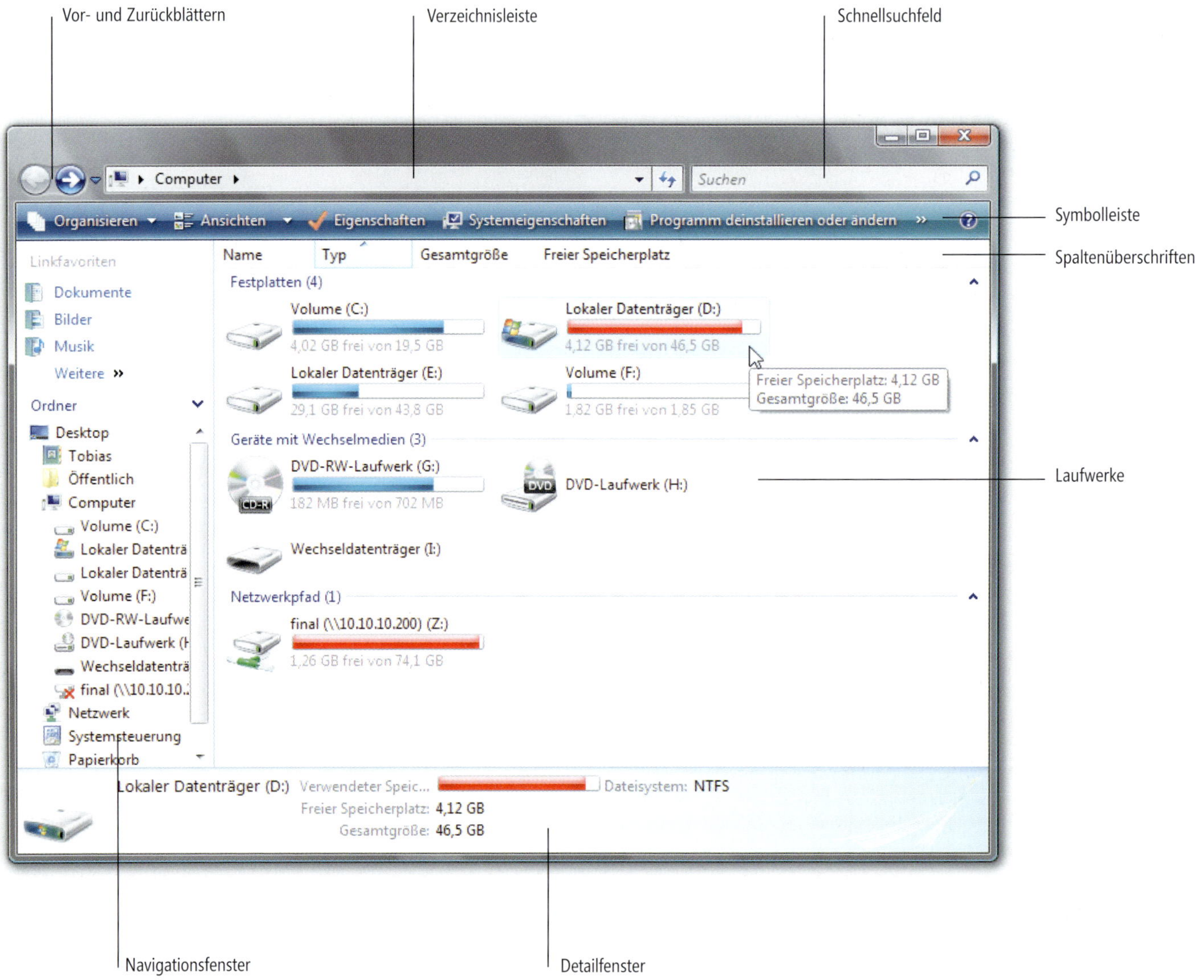

Abbildung 4.1 Aufbau des Windows-Explorer-Fensters

Die Navigationsleiste

Die Navigationsleiste am oberen Fensterrand bestimmt, was der Explorer anzeigen soll. Das funktioniert in allen Windows-Explorer-Fenstern gleich, also zum Beispiel auch in der Systemsteuerung.

Abbildung 4.2 Klicken Sie auf einen Eintrag in der Navigationsleiste, um direkt dorthin zu gelangen

Ganz links befinden sich zwei runde Schaltflächen, mit denen Sie sich vor und zurück bewegen. Die Schaltflächen werden erst wählbar, wenn Sie bereits zu anderen Orten navigiert sind, denn wenn Sie noch keinen Schritt gemacht haben, können Sie natürlich auch noch nicht zurück gehen.

Im mittleren Teil meldet der Explorer in der Adressleiste, wo er sich gerade befindet. Der Ausgangspunkt Ihrer Entdeckungsreise steht dabei immer ganz links, und danach folgen die einzelnen Unterordner, in die Sie zum Beispiel im Dateisystem abgetaucht sind.

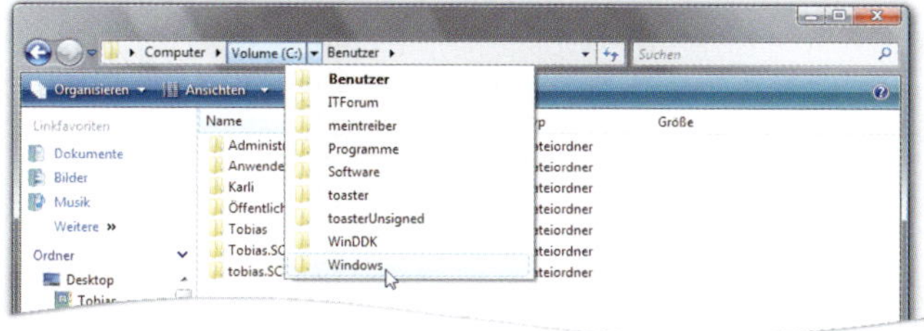

Abbildung 4.3 Die Navigationsleiste zeigt an, wo Sie sich gerade befinden

Probieren Sie es aus:

1. Öffnen Sie ein Laufwerk wie zum Beispiel Laufwerk *C:* per Doppelklick. Die Navigationsleiste fügt das Laufwerk C:\ in der Navigationsleiste an.
2. Öffnen Sie einen gelben Ordner im Laufwerk *C:*, wieder per Doppelklick. Auch dieser Ordner wird in die Navigationsleiste eingefügt. Sie sehen also immer, wo Sie sich gerade befinden.
3. Zwischen den einzelnen Laufwerks- und Ordnernamen in der Navigationsleiste befinden sich Pfeile. Wenn Sie darauf klicken, öffnet sich ein Menü mit allen Orten, die Sie von hier aus erreichen können.
4. Wollen Sie wieder einen Schritt zurück, klicken Sie entweder auf die runde *Zurück*-Schaltfläche am linken Rand der Navigationsleiste, oder Sie klicken auf den Teil des Pfades, den Sie anzeigen möchten, zum Beispiel *Computer*. Schon sind Sie wieder am Ausgangsort der Reise angelangt.

Klassische Pfadangaben

Falls Sie lieber wie in früheren Windows-Versionen einen klassischen Pfadnamen in die Navigationsleiste eingeben wollen, klicken Sie auf einen freien Bereich innerhalb der Navigationsleiste: Der aktuelle Eintrag wird als klassischer Pfad angezeigt. Den können Sie so natürlich auch von Hand eingeben und so blitzschnell zu ganz anderen Orten im Dateisystem gelangen. Oder Sie klicken mit der rechten Maustaste in die Adressleiste. Dann können Sie Adressen aus der Leiste herauskopieren und woanders mit `Strg`+`V` einfügen.

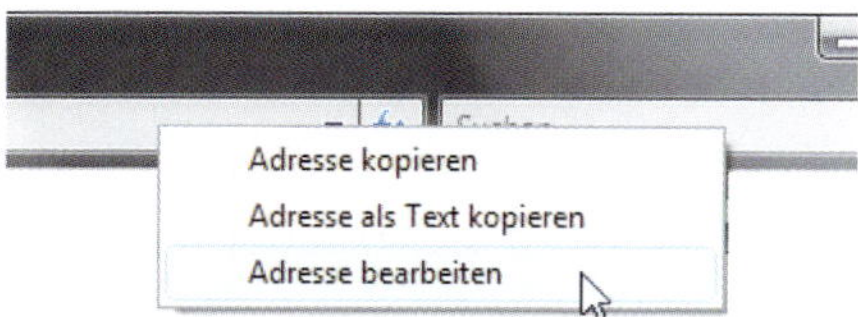

Abbildung 4.4 Per Kontextmenü Adressen kopieren oder ändern

Das Navigationsfenster

Die wirklich interessanten Orte Ihres Dateisystems besuchen Sie mit dem Navigationsfenster am linken Rand.

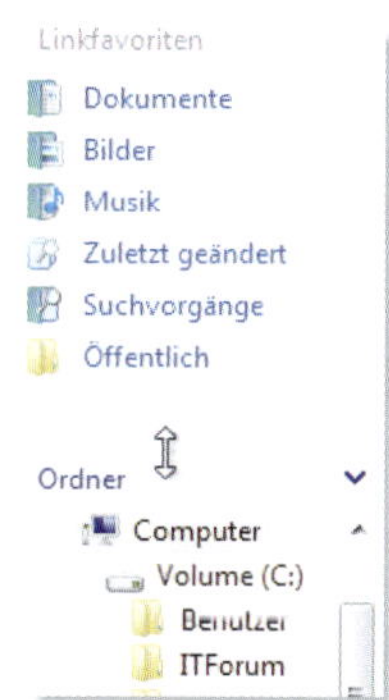

Abbildung 4.5 Das Navigationsfenster bietet einen schnellen Zugriff auf interessante Orte

In der oberen Liste *Linkfavoriten* befinden sich bereits einige nützliche Ordner, die Sie per Klick öffnen.

Die untere Liste *Ordner* ist Ihre Navigationslandkarte und zeigt mit einer Markierung, wo genau Sie sich gerade befinden. Den Platz zwischen beiden Listen teilen Sie mit der Maus auf: Bringen Sie den Mauszeiger zwischen beide Listen, dann verwandelt er sich in einen Doppelpfeil, und Sie können die Aufteilung bei gedrückter linker Maustaste ändern.

Klicken Sie zum Beispiel in *Linkfavoriten* auf *Bilder*, öffnet der Windows-Explorer Ihren *Bilder*-Ordner, in dem alle Bilder aufbewahrt werden, die Sie zum Beispiel von einer Digitalkamera importiert haben.

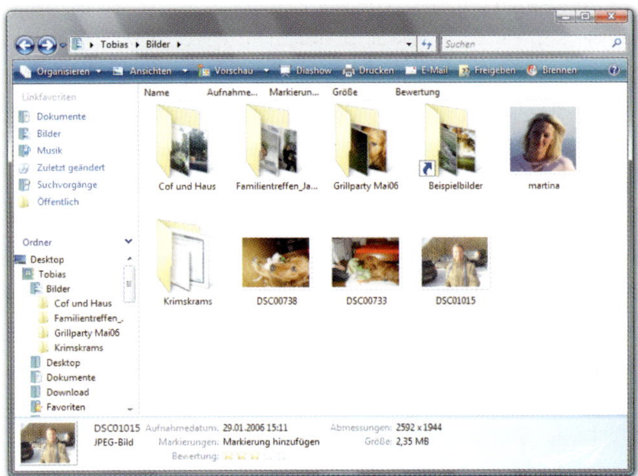

Abbildung 4.6 Über Linkfavoriten den Bilderordner öffnen

Gleichzeitig zeigt die *Ordner*-Liste jetzt an, wo sich der *Bilder*-Ordner tatsächlich befindet, und auf einen Blick sehen Sie, dass da noch weitere interessante Ordner ganz in der Nachbarschaft liegen, zum Beispiel *Dokumente* oder *Download*. Klicken Sie auf *Download*, sehen Sie alle Dateien, die Sie aus dem Internet heruntergeladen haben.

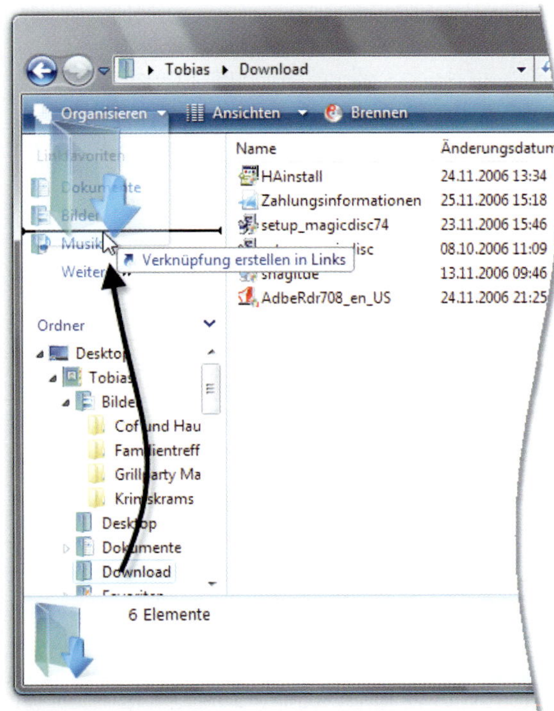

Abbildung 4.7 Neue Reiseziele in die Liste der Linkfavoriten aufnehmen

Falls Sie finden, dass der *Download*-Ordner wichtig ist, weil Sie häufiger etwas aus dem Internet herunterladen, fügen Sie diesen Ordner zusätzlich in die Linkfavoriten ein. Dazu ziehen Sie den *Download*-Ordner einfach aus der *Ordner*-Liste in die *Linkfavoriten*-Liste.

Möchten Sie umgekehrt einen Linkfavoriten aus der Liste entfernen, klicken Sie ihn mit der rechten Maustaste an und wählen im Kontextmenü den Eintrag *Link entfernen*.

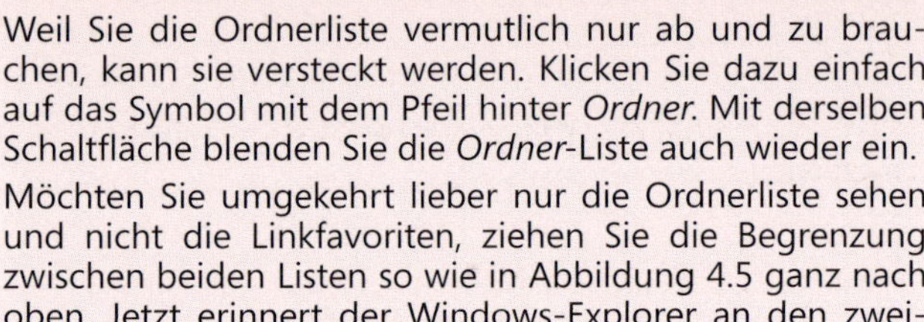

Tipp

Weil Sie die Ordnerliste vermutlich nur ab und zu brauchen, kann sie versteckt werden. Klicken Sie dazu einfach auf das Symbol mit dem Pfeil hinter *Ordner*. Mit derselben Schaltfläche blenden Sie die *Ordner*-Liste auch wieder ein.

Möchten Sie umgekehrt lieber nur die Ordnerliste sehen und nicht die Linkfavoriten, ziehen Sie die Begrenzung zwischen beiden Listen so wie in Abbildung 4.5 ganz nach oben. Jetzt erinnert der Windows-Explorer an den zweispaltigen Explorer früherer Windows-Versionen.

Die Symbolleiste

Bereiche des Explorers, die für Sie nicht nützlich sind, lassen sich ausblenden. Diese Feinanpassung nehmen Sie mit der Symbolleiste vor.

PROFITIPP 

Drücken Sie die Alt-Taste, blendet der Explorer eine klassische Menüleiste ein, über die Sie ebenfalls die gewünschten Funktionen erreichen.

Schaltfläche *Organisieren*

Möchten Sie das Navigationsfenster auf der linken Seite ausschalten, klicken Sie in der Symbolleiste auf *Organisieren* und wählen den Untermenübefehl *Layout/Navigationsfenster*. Auf die gleiche Weise schalten Sie das Navigationsfenster auch wieder ein. Ebenso blenden Sie die *Detailvorschau* am unteren Fensterrand aus oder ein, wenn Sie mögen.

Sie können auch das Vorschaufenster einblenden. Wenn Sie anschließend eine Datei markieren, zeigt das Vorschaufenster deren Inhalt an, jedenfalls dann, wenn die Anwendung die Vorschaufunktion unterstützt.

Je nach Anwendung können Sie in der Vorschau sogar eingeschränkt arbeiten und zum Beispiel Informationen in die Zwischenablage kopieren, um sie danach in eine andere Anwendung einzufügen.

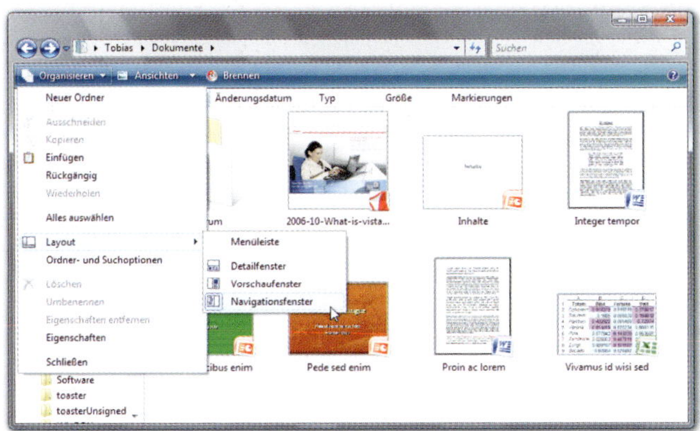

Abbildung 4.8 Mit der Symbolleiste das Navigationsfenster ausblenden

Schaltfläche *Ansichten*

Wie detailreich der Windows-Explorer die Informationen anzeigt, bestimmen Sie über die Schaltfläche *Ansichten*. Jedes Mal, wenn Sie diese Schaltfläche anklicken, wechselt der Windows-Explorer die Ansicht. Sie brauchen also nur so oft zu klicken, bis Ihnen die Ansicht gefällt.

Oder Sie klicken auf den kleinen Pfeil am rechten Rand der Schaltfläche. Jetzt öffnet sich ein Menü, aus dem Sie die Ansicht mit einem Schieberegler auswählen.

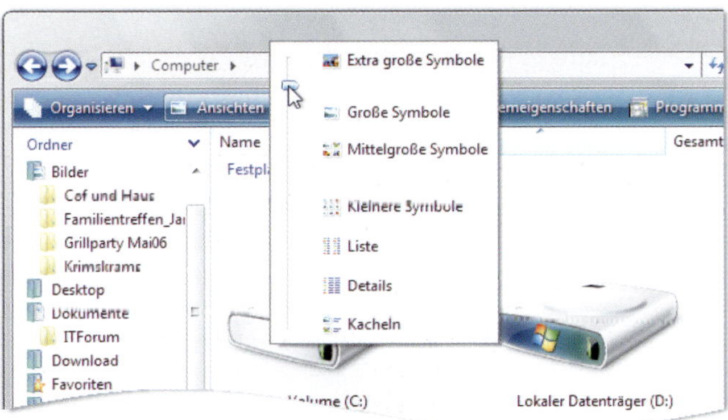

Abbildung 4.9 Ändern Sie die Ansicht stufenlos mit dem Schieberegler

Weitere Schaltflächen

Welche Schaltflächen zusätzlich in der Symbolleiste erscheinen, hängt ganz davon ab, was gerade im Windows-Explorer markiert ist.

In Abbildung 4.8 erscheint zum Beispiel zusätzlich die Schaltfläche *Brennen*, mit der sich der gesamte Ordner auf eine CD oder DVD sichern lässt. In Abbildung 4.6 erscheinen im *Bilder*-Ordner dagegen unzählige weitere Befehle, mit denen Sie Ihre Bilder drucken, im Netzwerk freigeben oder als Diashow anzeigen können.

> **Tipp**
>
> Meist enthält die Symbolleiste sogar mehr Befehle, als hineinpassen. Dann finden Sie am rechten Ende der Symbolleiste einen unscheinbaren Doppelpfeil. Klicken Sie darauf, öffnet sich ein Kontextmenü und bietet Ihnen die fehlenden Befehle an.

Gespeicherte Informationen suchen und finden

Eigentlich brauchen Sie gar nicht zu wissen, wo sich gesuchte Informationen befinden, denn der Windows-Explorer enthält in der rechten oberen Ecke das Schnellsuchfeld. Dieses erreichen Sie besonders schnell über die Tastenkombination Strg+E.

Nach Stichwörtern suchen

Geben Sie hier ein oder mehrere Stichwörter ein, sucht der Windows-Explorer danach und zeigt die Ergebnisse an. Dabei wird der interne Index-Suchdienst verwendet, sodass die Ergebnisse meist schon angezeigt werden, während Sie noch die Stichwörter ins Schnellsuchfeld eintippen.

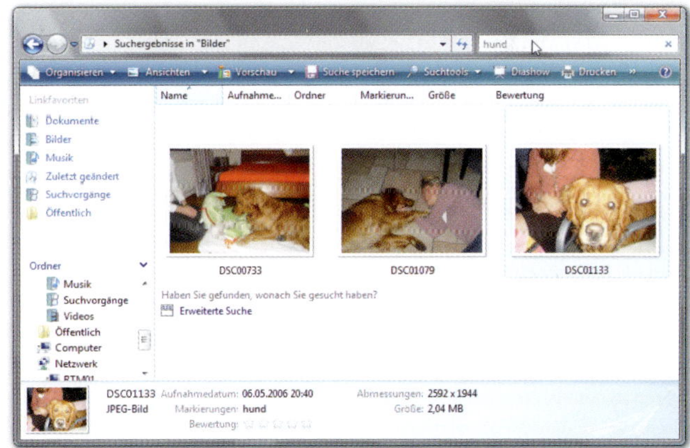

Abbildung 4.10 Alle Hundebilder finden

Die Suche beginnt dabei in dem Ordner, in dem Sie sich gerade befinden, und durchsucht seinen Inhalt einschließlich aller Unterordner. Dabei findet der Windows-Explorer Ihre Stichwörter im Namen der Dateien und auch in ihrem

Inhalt. Sie könnten also nach einem Begriff oder Namen suchen, den Sie innerhalb eines Briefes verwendet haben.

Die Suche funktioniert allerdings nur dann schnell und flüssig, wenn Sie Ordner durchsuchen, die vom Windows-Suchdienst indiziert worden sind. Als Vorgabe trifft das für alle Ihre persönlichen Ordner zu.

Markierungen hinzufügen

Auch die so genannten Metatags eines Dokuments werden in die Suche eingeschlossen, und das ist der Grund, warum der Windows-Explorer in Abbildung 4.10 Hundebilder finden konnte.

Wenn Sie einen Blick in das Detailfenster am unteren Rand werfen, verstehen Sie, wie das funktioniert. Hier werden die Metatags des gerade markierten Dokuments angegeben, und Sie sehen, dass alle gefundenen Hundebilder mit der Markierung *hund* versehen sind.

Die Metatags werden im Detailfenster aber nicht nur angezeigt, sondern können auch geändert werden. Dazu klicken Sie hinter *Markierungen*. Jetzt haben Sie die Möglichkeit, die Markierung zu ändern oder weitere Markierungen hinzuzufügen. Dabei zeigt der Windows-Explorer ähnliche Markierungen, die Sie bereits für andere Dateien verwendet haben, in einem Listenfeld an.

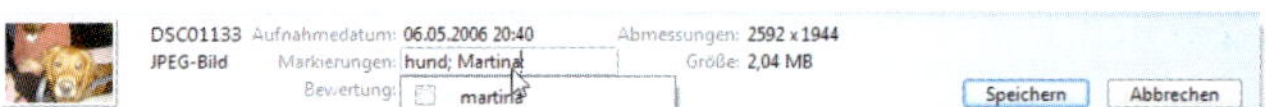

Abbildung 4.11 Einem Bild eine neue Markierung hinzufügen

Um die Markierungen zu speichern, klicken Sie danach auf die Schaltfläche *Speichern*. Einige Sekunden später finden Sie die Datei dann auch unter dem neuen Stichwort.

> **Tipp**
>
> Markierungen sind nicht nur nützlich, um Dateiinhalte wie Bilder zu kategorisieren. Sie könnten zum Beispiel Kundennummern oder Projektnamen mit Dateien verbinden und so mit der Suche alles zu einem bestimmten Kunden oder einem bestimmten Projekt sammeln.
>
> Die Größe des Detailfensters ist übrigens anpassbar. Bringen Sie die Maus auf die Grenze zwischen Detailfenster und übrigem Fenster, verwandelt sich der Mauszeiger in einen Doppelpfeil, und Sie können die Platzverhältnisse neu verteilen.

Langsame und unvollständige Suchaktionen

Normalerweise würde die Suche nach Stichwörtern viel zu lange dauern, weil der Windows-Explorer dazu alle infrage kommenden Dateien zuerst untersuchen müsste. Das nimmt ihm der Suchdienst von Windows Vista ab. Er untersucht immer dann, wenn Ihr Computer nichts anderes zu tun hat, die auf dem Computer gespeicherten Daten und merkt sich die darin vorkommenden Stichwörter und Markierungen in einer Datenbank.

Der Indexdienst beschränkt sich allerdings nur auf wichtige Ordner, in denen Sie normalerweise Dateien speichern. Dies spart Zeit sowie Speicherplatz und vermeidet falsche Ergebnisse. Wenn Sie einen Ordner durchsuchen, der nicht vom Index erfasst ist, dauert die Suche wesentlich länger, weil jetzt wie in früheren Versionen von Windows alle Dateien einzeln durchsucht werden müssen.

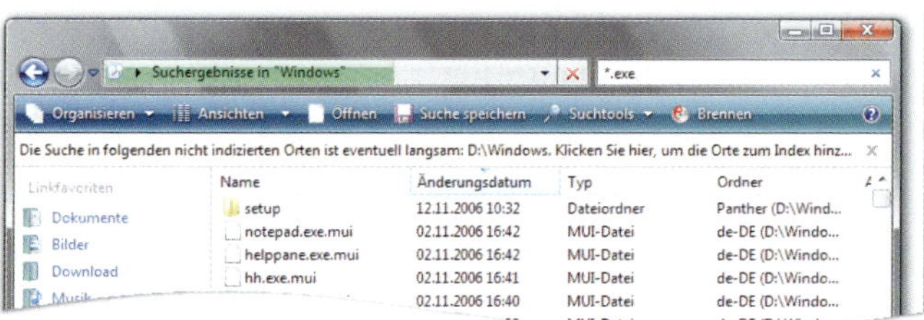

Abbildung 4.12 Bei nicht indizierten Ordnern dauert die Suche wesentlich länger

Sie sehen dann einen grünen Balken im Adressfeld, der den Fortschritt der Suche anzeigt. Außerdem blendet der Explorer eine gelbe Informationsleiste ein und informiert Sie, warum die Suche länger als gewöhnlich dauert.

Handelt es sich bei dem Ordner um einen Ort, den Sie häufiger durchsuchen, können Sie ihn per Mausklick auf die Informationsleiste dem Index hinzufügen. Das allerdings sollten Sie sich genau überlegen, denn wenn Sie zum Beispiel den *Windows*-Ordner in den Index einschließen, werden Sie künftig bei allen Suchvorgängen auch viele technische Dateien als Ergebnis gemeldet bekommen.

Suche in anderen Explorer-Fenstern

Das praktische Schnellsuchfeld finden Sie auch in anderen Explorer-Fenstern wie zum Beispiel der Systemsteuerung. Auch hier genügt ein Stichwort, um die gewünschten Informationen zu finden:

1. Öffnen Sie das Startmenü, und klicken Sie auf *Systemsteuerung*.
2. Drücken Sie Strg+E, um die Einfügemarke rechts oben ins Schnellsuchfeld zu setzen.
3. Geben Sie als Stichwort *Bildschirmschoner* ein. Noch während Sie das Stichwort eingeben, filtert die Systemsteuerung alle Einstellmöglichkeiten und zeigt Ihnen schließlich nur noch diejenige an, die für den Bildschirmschoner zuständig sind.

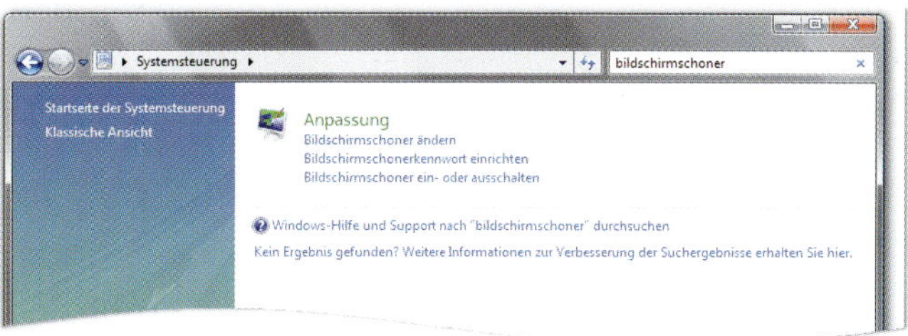

Abbildung 4.13 In der Systemsteuerung nach einer bestimmten Einstellung suchen

Zusammenfassung

Der Windows-Explorer hilft Ihnen, Informationen zu erfassen. Er kann zum Beispiel Ihre Datenlaufwerke und die darauf gespeicherten Informationen visualisieren, aber ebenso gut auch die vielfältigen Windows Vista-Einstellungen in der Systemsteuerungen organisieren.

Die Informationen lassen sich dabei in verschiedenen Ansichten darstellen, von extragroßen Symbolen bis hin zur detailreichen Listendarstellung. Klicken Sie darin ein Element an, zeigt die Symbolleiste, was Sie damit als Nächstes tun können.

Bilder lassen sich so ausdrucken oder als Diashow anzeigen, und Ordner könnten als Sicherheitskopie auf CD oder DVD gebrannt werden.

Sie möchten ...	So gehen Sie vor	Sehen Sie sich dazu das Beispiel an auf
den Windows-Explorer öffnen	Drücken Sie [Windows]+E	Seite 88
zu einem bestimmten Pfad navigieren	Klicken Sie in die Adressleiste des Explorers, geben Sie den Pfad ein, und drücken Sie die ⇧-Taste	Seite 89
zu einem bestimmten Ordner navigieren	Klicken Sie in der Liste *Linkfavoriten* auf den Ordner, oder wählen Sie ihn in der Liste *Ordner* aus	Seite 89
einen neuen Ordner in die Liste der Linkfavoriten aufnehmen	Ziehen Sie den Ordner mit der Maus in die Liste *Linkfavoriten*	Seite 89
ein klassisches Menü im Windows-Explorer einblenden	Drücken Sie die Alt-Taste	Seite 90
Elemente im Windows-Explorer ein- oder ausblenden	Klicken Sie in der Symbolleiste auf *Organisieren,* und wählen Sie *Layout*	Seite 90
eine Vorschau ein- oder ausblenden	Klicken Sie in der Symbolleiste auf *Organisieren,* und wählen Sie *Layout*	Seite 90
die Anzeige des Windows-Explorers vergrößern oder ändern	Klicken Sie in der Symbolleiste auf den kleinen Pfeil rechts neben *Ansichten,* und wählen Sie die gewünschte Ansicht mit dem Schieberegler aus	Seite 91
alle Dateien zu einem bestimmten Stichwort finden	Drücken Sie Strg+E, geben Sie das Stichwort ein, und bestätigen Sie mit der ⇧-Taste	Seite 91
einer Datei ein bestimmtes Stichwort zuordnen	Markieren Sie die Datei, und klicken Sie im Detailfenster hinter *Markierung.* Fügen Sie das Stichwort hinzu, und klicken Sie auf *Speichern.*	Seite 92
neue Ordner dem Index hinzufügen	Klicken Sie auf die gelbe Informationszeile	Seite 92
in der Systemsteuerung nach einer bestimmten Einstellung suchen	Drücken Sie Strg+E, und geben Sie das Stichwort ein	Seite 92

Tobias Weltner

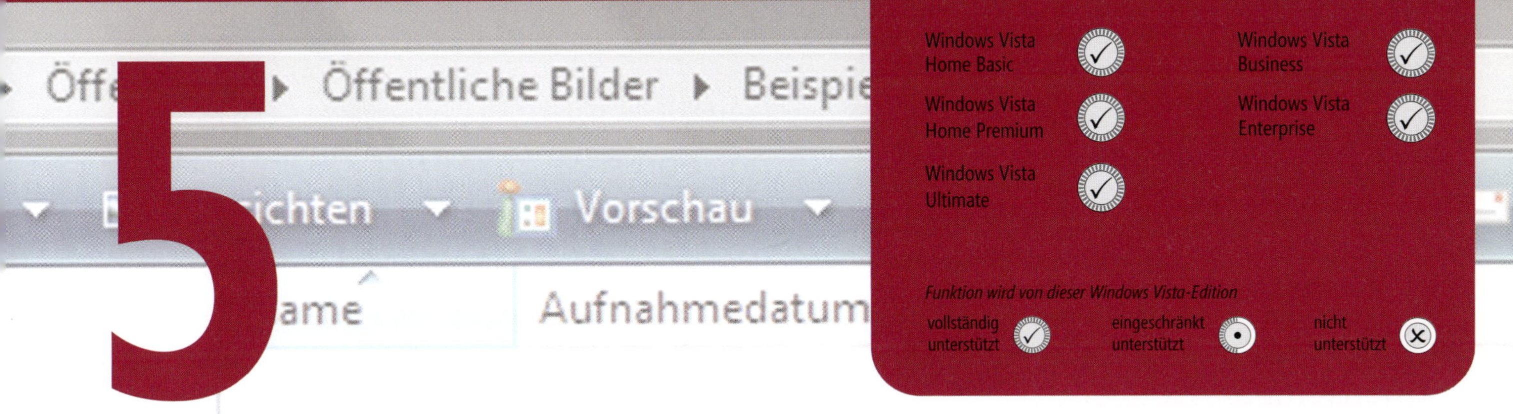

Windows Vista Home Basic	✓	Windows Vista Business	✓
Windows Vista Home Premium	✓	Windows Vista Enterprise	✓
Windows Vista Ultimate	✓		

Funktion wird von dieser Windows Vista-Edition
vollständig unterstützt ✓ eingeschränkt unterstützt ⊙ nicht unterstützt ⊗

5 Dateien, Ordner und Laufwerke

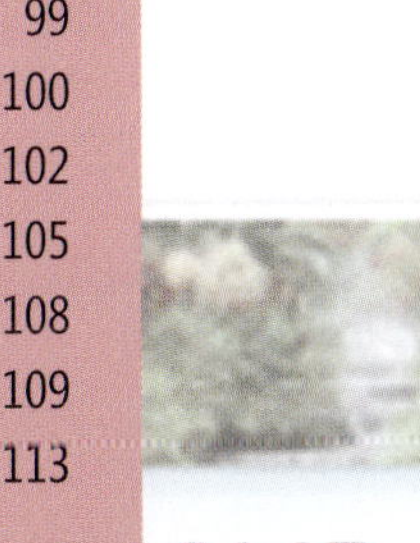

Alles, was Sie aufbewahren – Briefe, Fotos, Musik – wird in Dateien gespeichert. In diesem Kapitel lesen Sie, wie Sie mit Ihren Dateien richtig umgehen, sie in überfüllten Ordnern leicht wiederfinden und auf USB-Sticks oder CDs kopieren können.

Außerdem erfahren Sie, wie Sie CDs oder DVDs richtig formatieren sowie Laufwerke pflegen und diese auf eventuelle Fehler überprüfen.

Arbeitsergebnisse speichern

Möchten Sie Ihre Arbeiten dauerhaft speichern, verwenden Sie in den meisten Programmen den Menübefehl *Datei/Speichern unter* oder drücken kurz die Tastenkombination Strg+S. Windows Vista schlägt dann einen geeigneten Ort vor, und Sie brauchen für Ihr Dokument nur noch einen passenden Namen zu wählen.

Welchen Speicherort Windows vorschlägt, hängt vom verwendeten Programm und dem Datentyp ab. In Abbildung 5.1 stammt das erste Dialogfeld von einem Textprogramm. Es schlägt den Ordner *Dokumente* vor. Das zweite gehört zu einem Malprogramm. Deshalb schlägt es den Ordner *Bilder* vor. Ohne wichtigen Grund sollten Sie von diesen Vorschlägen am besten nicht abweichen.

Haben Sie einem Dokument erst einmal einen Namen gegeben, fragt Windows beim Speichern nicht mehr danach. Möchten Sie das Dokument unter einem anderen Namen speichern, wählen Sie *Datei/Speichern unter.*

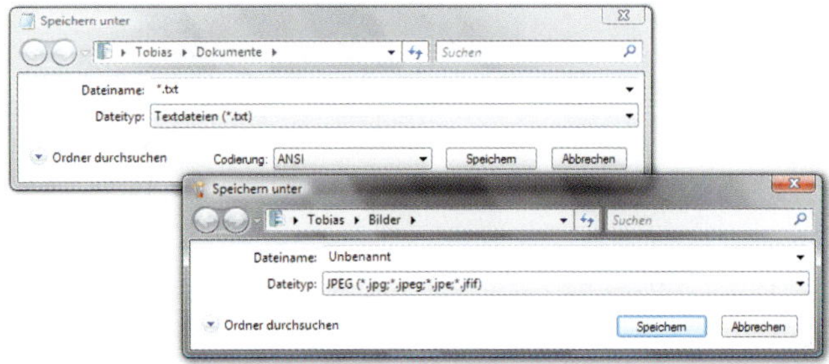

Abbildung 5.1 Das Speichern unter-Dialogfeld

PROFITIPP

Im Listenfeld *Dateityp* ist aufgeführt, welche Dateitypen ein Programm unterstützt, und Sie können bei Bildbearbeitungsprogrammen zum Beispiel unterschiedliche Grafikformate auswählen.

Zusatzinformationen mitspeichern

Programme wie *Microsoft Office* erweitern das *Speichern unter*-Dialogfeld, so dass Sie damit beim Speichern zusätzliche Informationen hinterlegen können. In Abbildung 5.2 sehen Sie die zusätzlichen Felder, mit denen Sie den Autor bestimmen und beliebig viele Markierungen – also Stichwörter – angeben können. Auch eine Miniatur lässt sich speichern.

Die zusätzlichen Angaben sind wichtig für die Stichwortsuche, denn unter diesen Begriffen können Sie das Dokument später über die Stichwortsuche schnell und bequem wiederfinden.

Die Miniatur sorgt dafür, dass das Dokument vom Windows-Explorer später als Live Icon angezeigt wird, also bereits eine Vorschau auf seinen Inhalt darstellt.

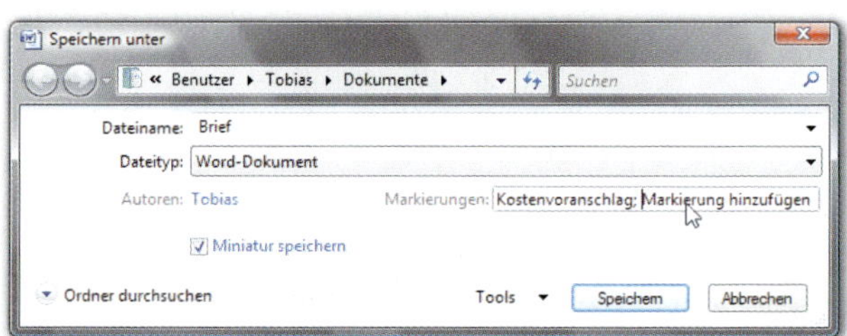

Abbildung 5.2 Manche Programme erlauben Ihnen, zusätzliche Informationen mitzuspeichern

Vorbereitete Ordner

Beide Ordner – *Dokumente* und *Bilder* – sind Teil Ihres persönlichen Benutzerprofils, und deshalb sind Ihre gespeicherten Dinge hier besonders sicher. Nur Sie selbst können auf diese Orte zugreifen, niemand sonst darf hier spionieren. Außerdem sind diese Ordner besonders gut erreichbar, nämlich direkt über das Startmenü.

Und: Alles, was Sie hier speichern, wird vom Windows-Suchdienst erfasst, so dass Sie danach mit der Stichwortsuche suchen können, zum Beispiel über das Schnellsuchfeld unten im Startmenü.

Wählen Sie im Startmenü den Eintrag, der Ihren Benutzernamen trägt, öffnet sich Ihr persönliches Benutzerprofil. Jetzt sehen Sie alle übrigen Ordner, die dort bereits für Sie vorbereitet sind und dabei helfen, Dinge übersichtlich zu speichern.

Symbol		Beschreibung
	Bilder	Alle Bildbearbeitungsprogramme verwenden diesen Ordner als Vorgabe, und auch Fotos, die Sie von Kameras auf den Computer übertragen, werden hier gespeichert. Die *Windows-Fotogalerie* überwacht diesen Ordner ebenfalls auf neue Bilder.
	Desktop	Hier werden alle Dateien gespeichert, die Sie auf den Desktop legen
	Dokumente	Alle normalen Office-Anwendungen wie Textverarbeitung oder Tabellenkalkulation speichern als Vorgabe an diesem Ort
	Download	Dateien, die Sie mit dem Internet Explorer aus dem Internet herunterladen, werden hier gespeichert
	Favoriten	In diesem Ordner merkt sich Windows Vista Ihre Lieblingswebseiten und RSS-Feeds, die Sie im Internet Explorer gespeichert haben
	Gespeicherte Spiele	Spielstände und andere Spieleinformationen werden hier gespeichert
	Kontakte	Adressen und E-Mail-Adressen von Freunden und Bekannten speichert Windows Vista in Form von Kontakten in diesem Ordner. E-Mail-Programme wie Windows Mail suchen hier nach E-Mail-Adressen. Mehr zu Kontakten erfahren Sie in Kapitel 21.
	Links	In diesem Ordner speichert der Windows-Explorer seine Liste der *Linkfavoriten*, die Sie im vorherigen Kapitel kennen gelernt haben
	Musik	Alle Musikdateien werden als Vorgabe hier aufbewahrt. Der *Windows Media Player* und das *Windows Media Center* finden die Musik an diesem Ort.
	Suchvorgänge	Suchvorgänge, die Sie in Kapitel 6 kennen lernen und speichern, bewahrt Windows hier auf. Einige beispielhafte Suchabfragen liegen schon darin zum Ausprobieren bereit.
	Videos	Videobearbeitungsprogramme speichern Videos als Vorgabe hier. Auch die *Windows-Fotogalerie* kontrolliert diesen Ordner auf neue Videos.

Tabelle 5.1 Private Ordner im Benutzerprofil *(Fortsetzung)*

Neue Ordner hinzufügen

Die Ordner aus Tabelle 5.1 bilden nur die grobe Grundstruktur. Mit weiteren Ordnern organisieren Sie Ihre Dateien noch besser.

Dazu öffnen Sie zuerst den Ordner, in dem Sie einen Unterordner anlegen wollen. Klicken Sie zum Beispiel im Startmenü auf *Dokumente*. Danach legen Sie den neuen Ordner an. Dazu klicken Sie mit der rechten Maustaste auf eine freie Stelle des Ordners. Im Kontextmenü wählen Sie *Neu/Ordner*. Ein neuer Ordner erscheint, und sein Name ist bereits markiert, so dass Sie ihm eine sinnvolle Beschriftung geben können.

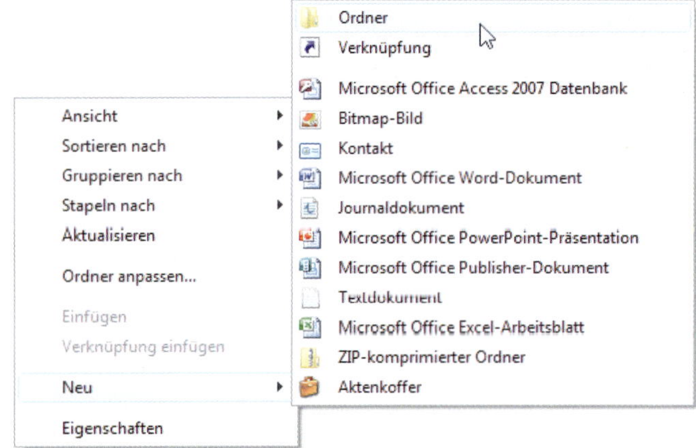

Abbildung 5.3 Einen neuen Ordner – oder andere neue Dateien – anlegen

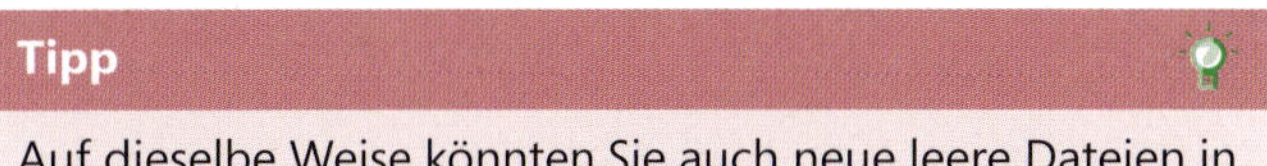

Tipp

Auf dieselbe Weise könnten Sie auch neue leere Dateien in den Ordner legen und per Doppelklick auf diese neuen Dateien direkt mit der Arbeit beginnen.

Für neue Ordner verwendet Windows automatisch ein gelbes Ordnersymbol und zeigt darin eine Vorschau der Dateien, die im Ordner aufbewahrt werden. Dazu müssen sich natürlich erst einmal Dateien im Ordner befinden.

Abbildung 5.4 Ordnersymbole zeigen eine Vorschau auf die darin enthaltenen Dateien an

Möchten Sie das Symbol eines Ordners lieber selbst anpassen, öffnen Sie den Ordner und klicken mit der rechten Maustaste auf eine freie Stelle darin. Wählen Sie im Kontextmenü den Eintrag *Ordner anpassen*.

Im Bereich *Ordnerbilder* klicken Sie auf *Datei auswählen* und können so festlegen, welche Datei als Ordnersymbol verwendet werden soll. Oder Sie klicken auf *Anderes Symbol* und weisen dem Ordner auf diese Weise ein völlig anderes Symbol zu.

An anderen Orten speichern

Wollen Sie eine Datei nicht im vorgeschlagenen Ordner speichern, klicken Sie im *Speichern unter*-Dialogfeld auf *Ordner durchsuchen*. Das Dialogfeld vergrößert sich, und Sie sehen nun ein vollwertiges Windows-Explorer-Fenster, in dem Sie in der linken Spalte andere Ordner auswählen können.

Sie können auch mit der rechten Maustaste direkt in den aktuellen Ordner klicken und über *Neu/Ordner* darin einen neuen Unterordner erstellen.

Informationen veröffentlichen

Vielleicht möchten Sie Dinge ausdrücklich mit anderen Anwendern teilen und deshalb gerade *nicht* in Ihrem besonders geschützten Benutzerprofil speichern. In diesem Fall gehen Sie so vor:

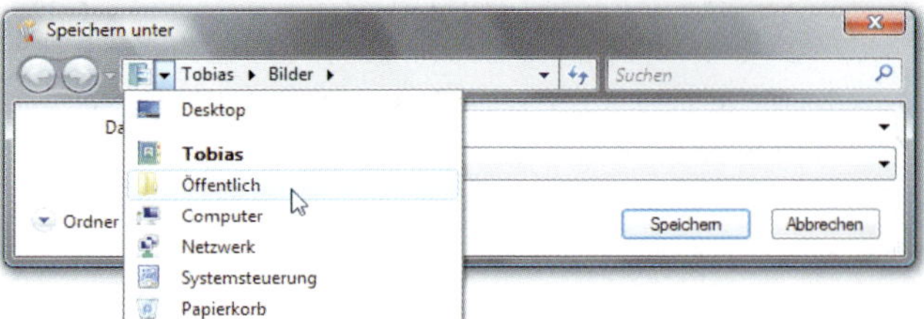

Abbildung 5.5 Dinge an einem öffentlichen Ort aufbewahren

Klicken Sie in der Adressleiste des *Speichern unter*-Fensters auf den Pfeil vor Ihrem Benutzernamen. Nun sehen Sie alle anderen Orte.

Möchten Sie Ihr Dokument mit anderen teilen, klicken Sie in der Liste auf *Öffentlich*. Danach klicken Sie auf den Pfeil hinter *Öffentlich* und suchen sich aus, in welchem öffentlichen Ordner Sie Ihr Dokument einstellen wollen.

Andere Benutzer, die sich den Computer mit Ihnen teilen, können ebenfalls die öffentlichen Ordner auswählen und von dort Ihre Dokumente öffnen und verwenden. Und wenn Sie noch mehr Öffentlichkeit wollen, können die öffentlichen Ordner im Netzwerk freigegeben werden, damit sie auch von anderen Computern aus erreicht werden. Doch dazu mehr in Kapitel 29.

Wollen Sie ein Dokument lieber auf einem USB-Stick speichern oder auf eine CD brennen, gehen Sie genauso vor: Wählen Sie in der Liste in Abbildung 5.5 den Eintrag *Computer* aus, klicken Sie danach auf den Pfeil hinter *Computer* und suchen Sie sich das Laufwerk aus, auf dem Sie speichern möchten.

Verbotene Dinge

Einige Orte sind tabu. Versuchen Sie zum Beispiel, ein Bild direkt im Hauptverzeichnis von Laufwerk C:\ zu speichern, meldet Windows Vista, dass dies nicht erlaubt ist, und bietet an, das Bild stattdessen im *Bilder*-Ordner aufzubewahren.

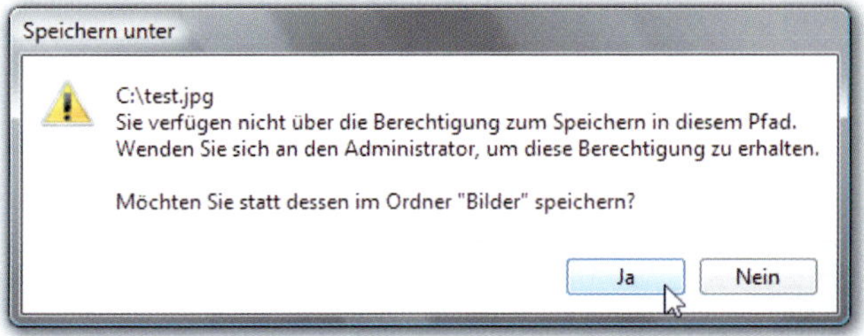

Abbildung 5.6 Speichern Sie eigene Dateien nicht außerhalb Ihres Benutzerprofils

In Systembereichen benötigt man besondere Administratorrechte, weil hier sensible Daten lagern, die den Computer beschädigen könnten, wenn diese versehentlich geändert oder überschrieben werden.

Dateien öffnen

Um Dateien zu öffnen, starten Sie entweder zuerst das Programm, aus dem heraus Sie die Datei gespeichert haben, und laden sie. Oder einfacher: Doppelklicken Sie auf die Datei. Dann entscheidet Windows selbst, mit welchem Programm die Datei geöffnet wird.

Dateien in ein Programm laden

Dateien öffnen Sie in Programmen genau auf umgekehrtem Weg wie beim Speichern, nämlich über den Menübefehl *Datei/Öffnen*. Es erscheint das *Öffnen*-Dialogfeld, und dort ist derselbe Ordner voreingestellt wie beim Speichern. Sie brauchen also nur noch die richtige Datei auszusuchen.

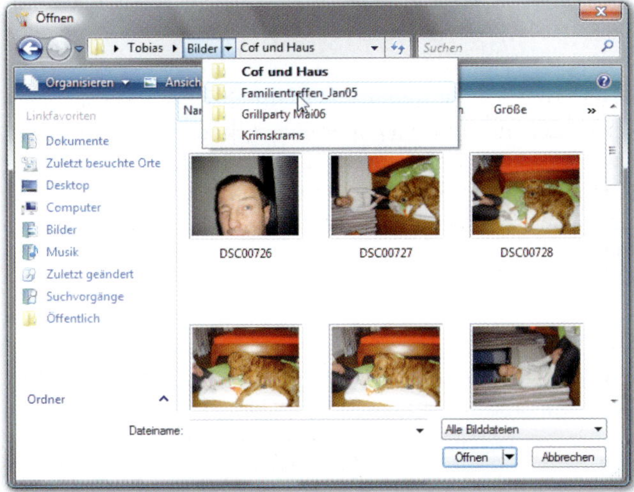

Abbildung 5.7 Ein Bild auswählen und öffnen

Liegt die Datei in einem ganz anderen Ordner oder auf einem anderen Laufwerk, dann verwenden Sie links die Linkfavoriten oder die Ordnerliste, um diesen Ordner zu öffnen.

Tipp 

Klicken Sie in der Symbolleiste auf den Pfeil hinter *Ansichten*, um die Ansicht zu vergrößern. So bekommen Sie einen besseren Eindruck von den Dateien und finden leichter die gewünschte.

Dateien direkt im Ordner öffnen

Oder Sie öffnen einfach direkt im Startmenü den Ordner, in dem sich die Datei befindet. Danach öffnen Sie die Datei per Doppelklick – Windows startet automatisch das passende Programm.

Möchten Sie ein anderes Programm zum Öffnen einer Datei wählen, klicken Sie die Datei mit der rechten Maustaste an und wählen im Kontextmenü den Eintrag *Öffnen mit*.

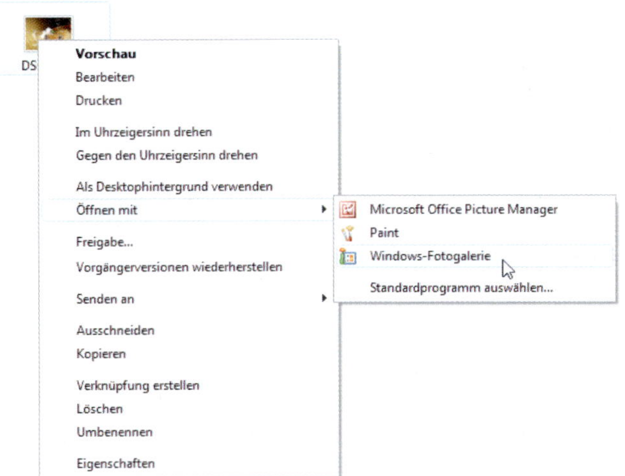

Abbildung 5.8 Selbst bestimmen, mit welchem Programm Sie eine Datei öffnen

Möchten Sie ein Programm verwenden, das nicht in der *Öffnen mit*-Liste geführt wird, oder wollen Sie das Standardprogramm ändern, das die Datei öffnet, wenn Sie sie per Doppelklick öffnen, wählen Sie im Kontextmenü den Eintrag *Standardprogramm auswählen*. Ein Dialogfeld öffnet sich, mit dem Sie ein anderes Programm auswählen können.

Hinweis 

Wurden noch überhaupt keine alternativen Programme ausgewählt, erscheint natürlich keine leere *Öffnen mit*-Liste, sondern der Explorer öffnet automatisch das Dialogfeld zur Auswahl weiterer Programme.

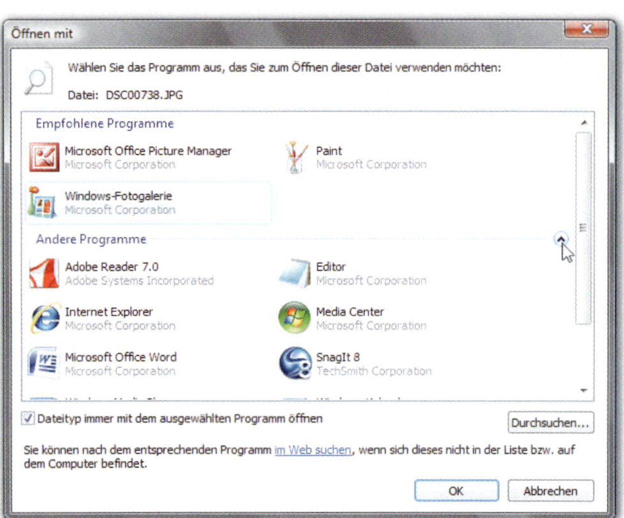

Abbildung 5.9 Suchen Sie sich ein anderes Programm aus

Im *Öffnen mit*-Dialogfeld sind einige Regeln wichtig:

- Die Liste *Andere Programme* kann ausgeblendet sein. Klicken Sie dann auf den Pfeil am rechten Rand der Überschrift.
- Sie allein entscheiden, welche Programme Sie zum Öffnen verwenden wollen. Wenn Sie versuchen, einen Brief in einem Bildbearbeitungsprogramm zu öffnen, passiert zwar nichts Schlimmes, aber die Datei wird dann nicht oder nur als Datensalat angezeigt.
- Aktivieren Sie das Kontrollkästchen *Dateityp immer mit dem ausgewählten Programm öffnen* nur dann, wenn Sie ganz genau wissen, dass Sie den Dateityp mit dem gewählten Programm auch wirklich öffnen und anzeigen können. Sind Sie sich nicht sicher, schalten Sie das Kontrollkästchen aus und probieren das Programm zuerst einmal aus.

Öffnen mit-Menü bereinigen

Leider gibt es keinen einfachen Weg, einmal ausgewählte Programme aus dem *Öffnen mit*-Menü wieder zu entfernen. Und das ist schlecht, denn wenn Sie aus Versehen ein Programm auswählen, das sich später als ungeeignet für den Dateityp erweist, sollten Sie es eigentlich schleunigst wieder aus dem *Öffnen mit*-Menü entfernen.

Der einzige Weg, Fehleinträge zu bereinigen, ist ein manueller Eingriff in die Windows-Registrierdatenbank. Führen Sie den folgenden Eingriff nur aus, wenn Sie Computerexperte sind, denn falls Sie versehentlich von den folgenden Anweisungen abweichen, kann Windows beschädigt werden.

1. Öffnen Sie den Registrierungseditor. Im Startmenü tippen Sie dazu unten links ins Schnellsuchfeld den Begriff **regedit** ein und bestätigen mit der [↵]-Taste.
2. Navigieren Sie in der linken Spalte zu diesem Ort: *HKEY_CURRENT_USER\Software\Microsoft\Windows\CurrentVersion\Explorer\FileExts.*
3. Sie sehen nun eine lange Liste mit Dateierweiterungen. Hier merkt sich der Explorer, welche alternativen Programme für welchen Dateityp hinterlegt worden sind.
4. Löschen Sie entweder den Schlüssel der Dateierweiterung, die Sie in den Ausgangszustand zurückversetzen wollen. Alle von Ihnen hinzugefügten alternativen Programme werden dann aus dem *Öffnen mit*-Menü entfernt. Oder öffnen Sie den Unterschlüssel *OpenWithList* und entfernen Sie daraus gezielt den gewünschten Eintrag.

So bereinigen Sie zwar das *Öffnen mit*-Menü, aber falls ein Dateityp mit dem falschen Programm verknüpft worden ist, dann reparieren Sie anschließend außerdem noch die Dateiverknüpfung. Wie dies geschieht, lesen Sie im Detail in Kapitel 47.

Ordnerinhalte übersichtlicher anzeigen

Die Spaltenüberschriften des Ordners sind ein praktischer Weg, den Inhalt eines Ordners zu sortieren und zu filtern.

Sortieren

Klicken Sie auf eine Spaltenüberschrift wie zum Beispiel *Name*, wird der Ordnerinhalt nach diesem Kriterium sortiert, also in diesem Fall alphabetisch. Ein weiterer Klick sortiert in umgekehrter Reihenfolge, wobei ein kleiner Pfeil die jeweilige Sortierrichtung anzeigt.

Filtern

Noch mehr Übersicht verschaffen Sie sich, wenn Sie auf den Pfeil am rechten Rand einer Spaltenüberschrift klicken. Jetzt öffnet sich ein Fenster, und Sie können über Kontrollkästchen genau auswählen, wonach Sie eigentlich suchen. Alle Dateien, die nicht Ihren Filterkriterien entsprechen, werden jetzt ausgeblendet, und der Ordnerinhalt lichtet sich.

Rechts von der Spaltenüberschrift erscheint jetzt ein Häkchen und erinnert Sie daran, dass Sie hier bestimmte Filterkriterien gesetzt haben.

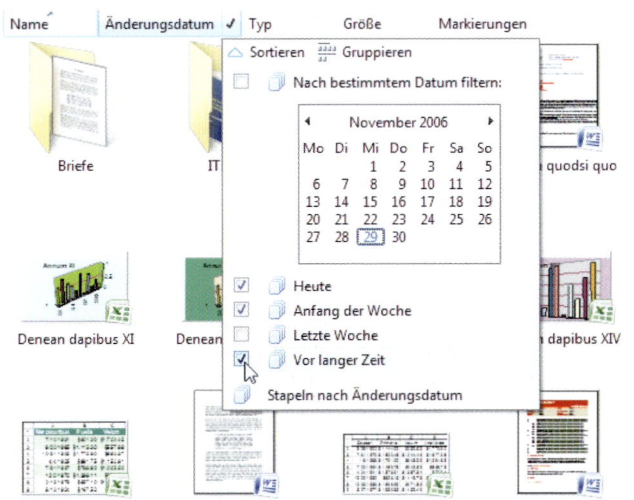

Abbildung 5.10 Filter blenden alle Ordnerinhalte aus, die nicht Ihren Kriterien entsprechen

Gruppieren

Gruppierungen sind eine weitere Möglichkeit für mehr Übersicht. Dazu klicken Sie wieder auf den Pfeil rechts neben der Spaltenüberschrift und klicken dann auf *Gruppieren*. Jetzt werden die einzelnen Dateien zum Beispiel nach dem Typ gruppiert und der jeweilige Typ als Gruppenüberschrift eingefügt.

Möchten Sie eine Gruppe ausblenden, klicken Sie auf den Pfeil rechts neben der Gruppenüberschrift. Sie können auch direkt im Auswahlfenster die Anzeige auf bestimmte Gruppen beschränken und sich so zum Beispiel nur Word-Dokumente anzeigen lassen.

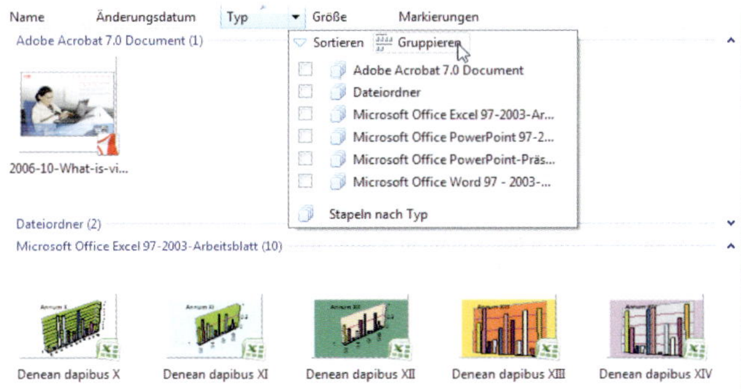

Abbildung 5.11 Nach Dateitypen gruppieren

Stapel bilden

Stapel berücksichtigen nicht nur die Dateien im aktuellen Ordner, sondern schließen auch alle Dateien in sämtlichen Unterordnern mit ein.

Klicken Sie also auf den Pfeil rechts neben einer Spaltenüberschrift und wählen den Eintrag *Stapeln nach*, bildet der Windows-Explorer Stapel. Anschließend öffnen Sie den Stapel, der Sie interessiert, per Doppelklick.

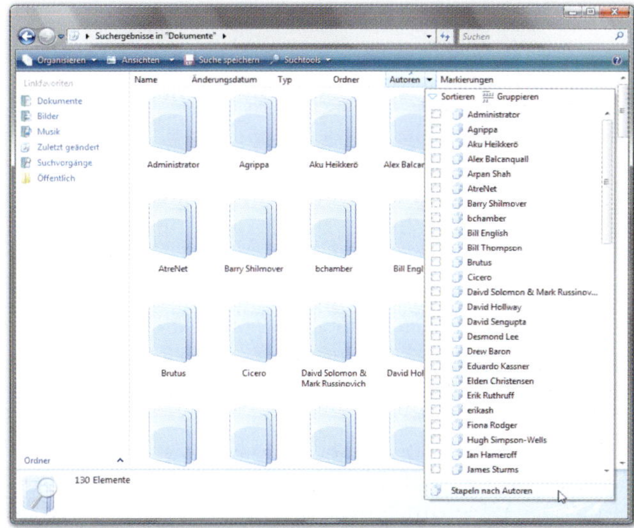

Abbildung 5.12 Dokumente nach Autoren stapeln

Weitere Spaltenüberschriften einfügen

Falls Sie sich in Abbildung 5.12 gewundert haben, warum die Spalte *Autoren* bei Ihnen nicht zu sehen ist, dann deshalb, weil die Spalten anfangs nur eine Auswahl bestimmter Begriffe anzeigen.

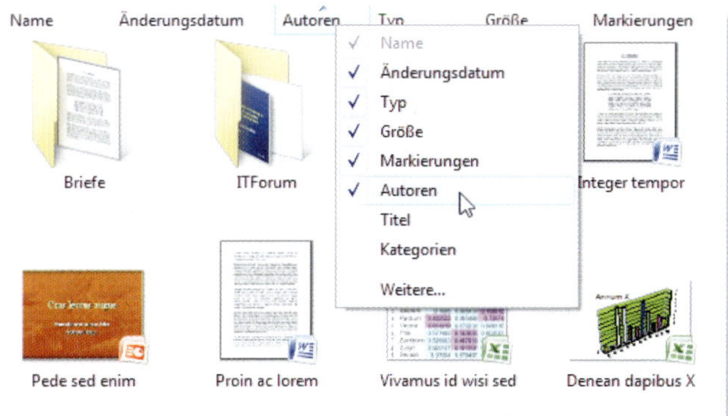

Abbildung 5.13 Zusätzliche Spaltenüberschriften einfügen

Möchten Sie zusätzliche Spalten wie zum Beispiel *Autoren* hinzufügen, klicken Sie mit der rechten Maustaste auf die Überschriftenspalte und wählen weitere Spalten hinzu.

Die Reihenfolge der Spalten ist ebenfalls anpassbar. Möchten Sie eine Spalte weiter nach links schieben, klicken Sie auf die Spaltenüberschrift und halten die linke Maustaste gedrückt. Ziehen Sie die Spalte jetzt weiter nach links.

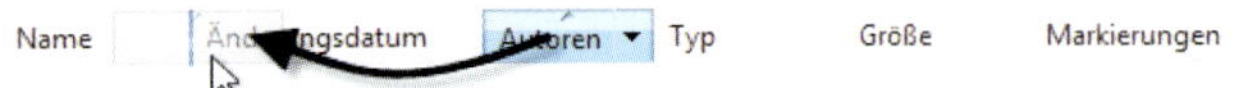

Abbildung 5.14 Spaltenüberschriften sind verschiebbar

Unsichtbares sichtbar machen

Manche Ordnerinhalte werden von Windows Vista versteckt, weil sie nur stören oder nicht beschädigt werden dürfen. Diese besonderen Ordner werden erst sichtbar, wenn man den Explorer explizit dazu auffordert, die Tarnkappe zu lüften:

1. Klicken Sie im Windows-Explorer in der Symbolleiste auf *Organisieren* und dann auf *Ordner- und Suchoptionen*.
2. Aktivieren Sie die Registerkarte *Ansicht*. Zuständig für das Lüften der Tarnkappe sind die folgenden Optionen:
   - *Versteckte Dateien und Ordner*
   - *Geschützte Systemdateien ausblenden*
3. Möchten Sie ausdrücklich die Dateierweiterungen sichtbar machen, schalten Sie außerdem das Kontrollkästchen *Erweiterungen bei bekannten Dateitypen ausblenden* aus.

Tipp

Solange versteckte Dateien generell ausgeblendet werden, können Sie auch selbst eigene Dateien verstecken. Dazu klicken Sie die Datei mit der rechten Maustaste an, wählen im Kontextmenü den Eintrag *Eigenschaften* und aktivieren das Kontrollkästchen *Versteckt*.

Dateien von hier nach dort kopieren

Vielleicht möchten Sie Dateien von einem USB-Stick auf Ihren Computer kopieren oder auf eine CD brennen? Oder Sie wollen den Inhalt eines Ordners neu organisieren? Dann wird es Zeit, sich anzuschauen, wie Sie Dateien an andere Orte kopieren oder verschieben.

Mehrere Dateien markieren

Fast alles, was Sie gleich kennen lernen, funktioniert mit einer Datei ebenso gut wie mit mehreren auf einmal. Möchten Sie mehrere Dateien gleichzeitig transportieren, markieren Sie diese zuerst. Dazu stehen Ihnen verschiedene Möglichkeiten zur Verfügung:

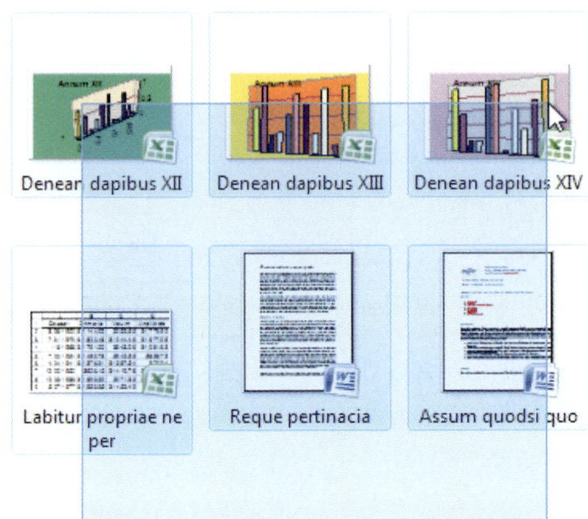

Abbildung 5.15 Mehrere beieinanderliegende Dateien markieren

- Umfahren Sie die Dateien bei festgehaltener linker Maustaste, wenn sie alle nebeneinanderliegen.
- Drücken Sie die Tastenkombination Strg+A, wenn Sie sämtliche Dateien markieren wollen.
- Halten Sie die Strg-Taste gedrückt, und klicken Sie alle Dateien an, die Sie markieren oder von der Markierung ausnehmen wollen.
- Klicken Sie auf die erste Datei in einer Serie, halten Sie die ⇧-Taste gedrückt, und klicken Sie dann auf die letzte Datei.

Müssen Sie häufiger mehrere Dateien markieren und finden Sie die normalen Wege, dies zu tun, eher unpraktisch, dann probieren Sie diesen Trick:

1. Klicken Sie im Windows-Explorer in der Symbolleiste auf *Organisieren* und dann auf *Ordner- und Suchoptionen*.
2. Aktivieren Sie die Registerkarte *Ansicht*. Jetzt sehen Sie zahlreiche Optionen.
3. Schalten Sie die Option *Kontrollkästchen zur Auswahl von Elementen verwenden* ein, und klicken Sie auf *OK*.

Ab sofort blendet der Windows-Explorer zu jeder Datei und zu jedem Ordner ein Kontrollkästchen in der linken oberen Ecke ein. So können Sie ganz in Ruhe alles auswählen. Klicken Sie in das Kontrollkästchen vor *Name* in der Spaltenüberschrift, werden alle Dateien markiert.

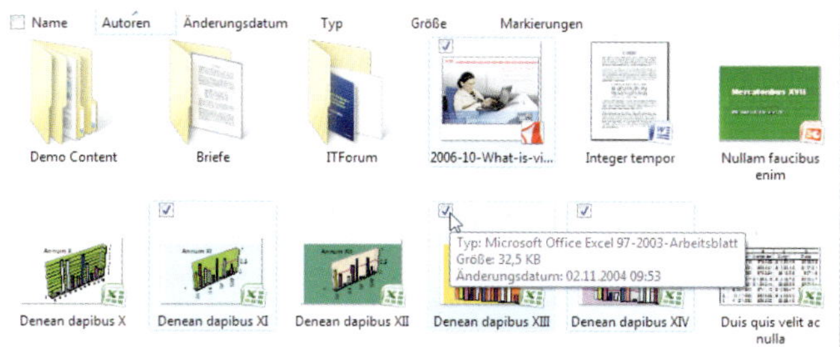

Abbildung 5.16 Erleichterte Auswahl mehrerer Dateien mit Kontrollkästchen

Das *Senden an*-Menü

Der einfachste Weg, Dateien von einem Ort zu einem anderen zu transportieren, ist das *Senden an*-Menü. Damit kopieren Sie Dateien von einem USB-Stick in Ihren *Dokumente*-Ordner, brennen Dateien auf eine CD und schicken Dateien sogar per E-Mail-Anhang durch das Internet.

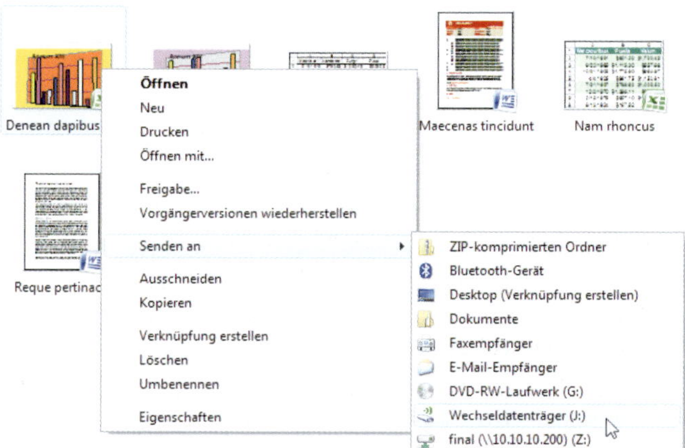

Abbildung 5.17 Das Senden an-Menü bietet alle wichtigen Reiseziele

Klicken Sie mit der rechten Maustaste auf eine Datei und wählen Sie im Kontextmenü den Eintrag *Senden an*. Im zugehörigen Untermenü können Sie auswählen, wohin Sie die Datei schicken wollen:

- **Auf einen USB-Stick kopieren** Wählen Sie den Wechseldatenträger aus, auf den Sie die Datei kopieren möchten.
- **Auf eine CD oder DVD brennen** Wählen Sie das CD- oder DVD-Laufwerk aus, in dem der Rohling liegt, auf den Sie die Datei brennen möchten.
- **Von einem USB-Stick in Ihren Dokumente-Ordner kopieren** Wählen Sie den Eintrag *Dokumente*.
- **Auf dem Desktop bereitstellen** Wählen Sie den Eintrag *Desktop (Verknüpfung erstellen)*. Aufpassen: Hier wird nur eine Verknüpfung auf dem Desktop angelegt, die auf Ihre Datei verweist, damit Sie sie vom Desktop aus öffnen können. Die Datei selbst bleibt, wo sie ist.
- **In einer ZIP-Datei verpacken** Wählen Sie den Eintrag *ZIP-komprimierten Ordner*.
- **Als E-Mail-Anhang versenden** Wählen Sie den Eintrag *E-Mail-Empfänger*. Aus Sicherheitsgründen sollten Sie per E-Mail allerdings nur ZIP-Dateien versenden. Verpacken Sie die Datei(en) also zuerst in einen ZIP-Ordner, und versenden Sie diesen per Rechtsklick und *Senden an* als E-Mail-Anhang.

Die Zwischenablage nutzen

Ein anderer Weg macht sich die interne Zwischenablage zunutze, wo Sie Dateien hinterlegen und später wieder abholen können. Klicken Sie dazu die Datei(en) mit der rechten Maustaste an und wählen Sie im Kontextmenü den Eintrag *Ausschneiden* (wenn Sie verschieben wollen) oder *Kopieren* (wenn Sie kopieren wollen). Sie können auch Strg+X für das Ausschneiden und Strg+C für das Kopieren verwenden.

Danach wechseln Sie zum Zielordner, klicken dort mit der rechten Maustaste auf eine freie Stelle, und rufen den Kontextmenübefehl *Einfügen* auf. Sie können auch Strg+V drücken.

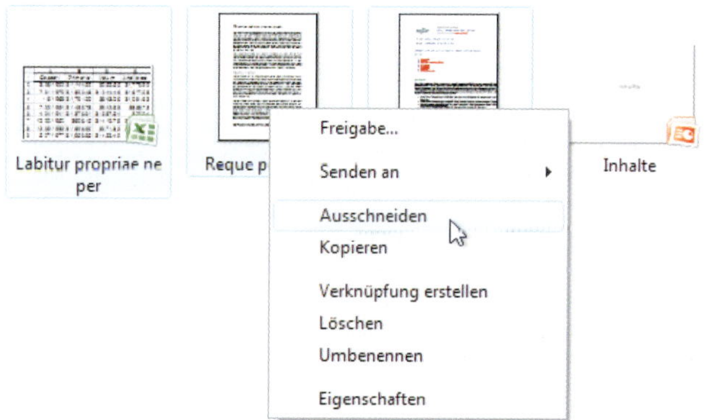

Abbildung 5.18 Dateien per Zwischenablage transportieren

Drag & Drop mit der Maus

Auch die Maus kann Dateien bewegen. Dazu bringen Sie den Mauszeiger über die Datei(en) und halten die linke Maustaste fest. Danach ziehen Sie die Datei(en) an den neuen Ort. Ein kleiner Hinweis am Mauszeiger verrät Ihnen dabei, was passieren wird, wenn Sie die linke Maustaste loslassen.

Tipp

Wollen Sie die Aktion lieber abbrechen, drücken Sie die Esc-Taste, bevor Sie die Maustaste loslassen.

Das Ziel der Transportaktion kann in demselben Fenster liegen. Sie können Dateien aber genauso gut auch in ein zweites Explorer-Fenster ziehen, wenn Sie dafür genügend Platz auf dem Bildschirm haben.

Wird das Zielfenster von anderen Fenstern verdeckt, ziehen Sie die Datei(en) auf die Schaltfläche des Zielfensters unten in der Taskleiste und warten dort einen Moment. Wenig später springt das Fenster in den Vordergrund, und Sie können die Dateien anschließend darin ablegen.

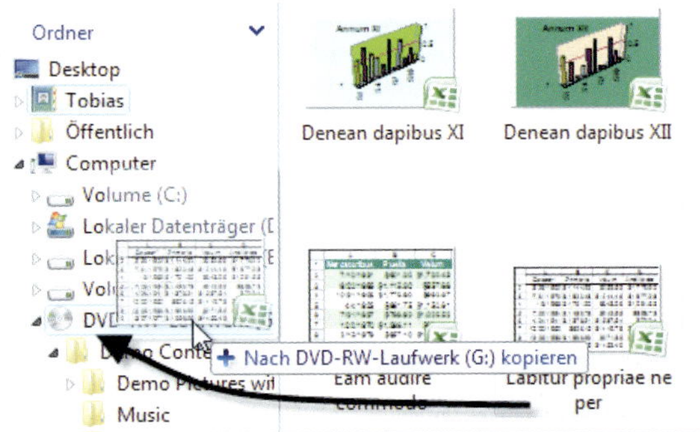

Abbildung 5.19 Dateien per Drag & Drop verschieben oder kopieren

PROFITIPP

Normalerweise entscheidet Windows automatisch, ob Dateien verschoben oder kopiert werden. Liegt das Ziel auf demselben Datenträger, wird verschoben, ansonsten kopiert.

Wenn Sie allerdings die Strg-Taste gedrückt halten, wird kopiert. Halten Sie die ⇧-Taste gedrückt, wird verschoben. Und halten Sie beide Tasten gedrückt, wird eine Verknüpfung angelegt. Sie können stattdessen auch Alt drücken.

In jedem Fall informiert Sie der blaue Hinweistext am Mauszeiger, welche Aktion ausgeführt wird.

Der Transportvorgang

Haben Sie mehrere Dateien oder Ordner mit größeren Inhalten ausgewählt, erscheint während des Transportvorgangs ein Dialogfeld und informiert Sie über den Fortschritt. Es schätzt auch, wie lange der Vorgang voraussichtlich noch dauern wird.

Klicken Sie auf den Link *Mehr Informationen*, sehen Sie zusätzliche Details wie zum Beispiel die aktuelle Übertragungsgeschwindigkeit.

Abbildung 5.20 Das Dialogfeld meldet den Fortschritt und in der Titelleiste die voraussichtlich verbleibende Zeit

Kommt es während des Transportvorgangs zu einem Fehler, färbt sich der Fortschrittsbalken rot, und ein weiteres Dialogfeld informiert Sie über den Grund. Konnte Windows zum Beispiel von einem Datenträger nicht lesen, klicken Sie auf die Schaltfläche *Wiederholen*, um es noch einmal zu versuchen.

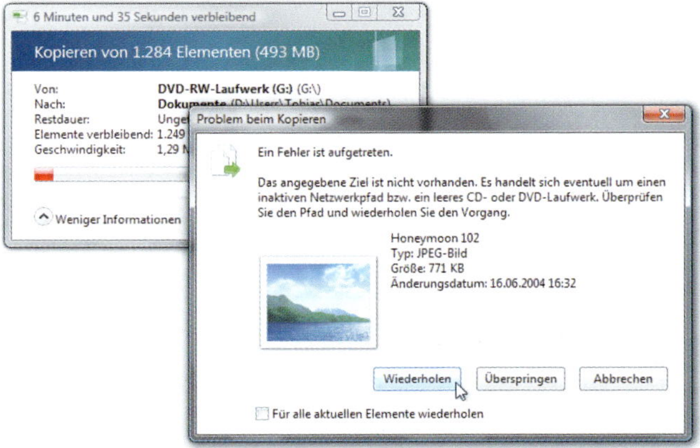

Abbildung 5.21 Bei Übertragungsfehlern färbt sich der Fortschrittsbalken rot

Auf diese Weise werden Sie zum Beispiel auch gewarnt, wenn sich eine Datei gleichen Namens schon am Zielort befindet. Sie müssen dann selbst entscheiden, ob Sie die vorhandene Datei ersetzen wollen oder nicht.

Damit Sie besser beurteilen können, welche Option richtig ist, zeigt Ihnen das Dialogfeld wichtige Eckdaten der Dateien an, die im Konflikt zueinander stehen. So können Sie erkennen, welche neuer oder größer ist.

- **Kopieren und ersetzen** Die Datei ersetzt die vorhandene Datei. Die vorhandene Datei geht verloren.
- **Nicht kopieren** Der Vorgang wird abgebrochen. Die vorhandene Datei bleibt erhalten, und die neue Datei wird nicht kopiert.
- **Kopieren, aber beide Dateien behalten** Die vorhandene Datei bleibt erhalten, und die neue Datei wird unter einem anderen Namen gespeichert.
- **Abbrechen** Bricht den gesamten Vorgang ab.

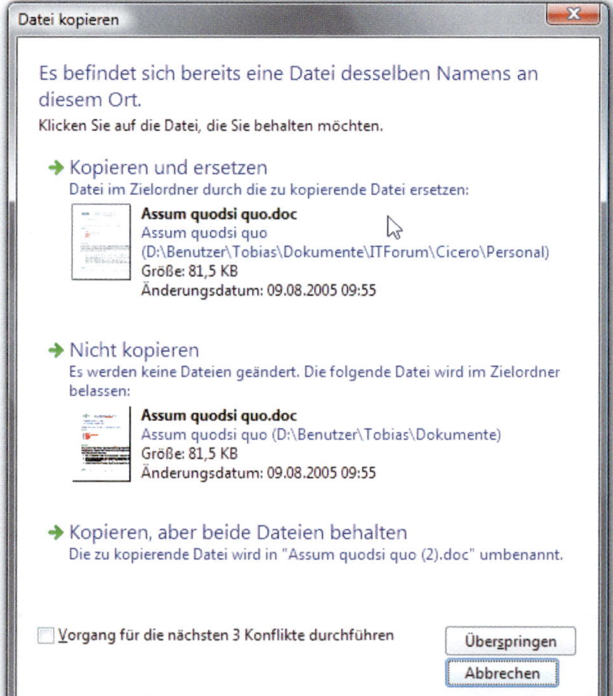

Abbildung 5.22 Bei Konflikten werden Sie gefragt, was geschehen soll

Ganz unten meldet das Dialogfeld weitere anstehende Konflikte, und wenn Sie das Kontrollkästchen aktivieren, verfährt es mit diesen Konflikten genauso, ohne erneut nachzufragen.

Löschen und Wiederherstellen

Ältere und nicht mehr benötigte Dinge sollten Sie beizeiten löschen, damit Ihre Ordner übersichtlich bleiben.

Zum Löschen klicken Sie das entsprechende Element (Datei oder Ordner) mit der rechten Maustaste an und wählen *Löschen*. Sie können eine Datei oder einen Ordner auch per Mausklick markieren und die Entf-Taste drücken. Oder Sie ziehen die Datei einfach auf das Papierkorbsymbol auf dem Desktop.

Tipp 

Halten Sie die ⇧-Taste gedrückt, wird die Datei sofort gelöscht und nicht im Papierkorb zwischengespeichert. Dies ist sinnvoll, wenn Sie sofort größere Speichermengen freigeben oder sensible Daten löschen möchten, denn jetzt können die gelöschten Daten nicht mehr über den Papierkorb zurückgeholt werden.

Aus dem Papierkorb retten

Löschen Sie Elemente, werden diese vorübergehend im Papierkorb aufgehoben. So können Sie Dateien retten, die Sie aus Versehen gelöscht haben:

1. Öffnen Sie den Papierkorb auf dem Desktop per Doppelklick.
2. Suchen Sie sich die Datei heraus, die Sie wiederherstellen wollen. Um die Datei zu finden, stehen Ihnen dieselben Sortier- und Filtermöglichkeiten zur Verfügung, die Sie bereits zu Anfang dieses Kapitels kennen gelernt haben.
3. Markieren Sie per Mausklick die Datei, und klicken Sie in der Symbolleiste auf *Element wiederherstellen*.

Ihre Suche im Papierkorb ist allerdings vergeblich, wenn einer dieser Umstände eintritt:

- Der Inhalt des Papierkorbs wurde bereits gelöscht. Sie löschen den Inhalt des Papierkorbs, indem Sie mit der rechten Maustaste darauf klicken und den Eintrag *Papierkorb leeren* wählen.
- Die Datei wurde permanent gelöscht. Dazu halten Sie die ⇧-Taste gedrückt, während Sie die Datei löschen. Sie wird dann nicht in den Papierkorb gelegt. Sinnvoll ist das, wenn Sie Speicherplatz sofort freigeben oder sicherheitskritisches Material löschen wollen.
- Die Datei wurde von anderen gelöschten Elementen verdrängt. Weil der Papierkorb eine maximale Größe hat, werden die ältesten Elemente automatisch aus ihm geleert, sobald der Platz zur Neige geht.
- Es gibt gar keinen Papierkorb für das Laufwerk, auf dem sich die Datei befunden hat. Der Papierkorb ist normalerweise nur für Festplattenlaufwerke eingerichtet. Löschen Sie beispielsweise etwas auf einem USB-Stick, dann ist es sofort weg.
- Die Datei ist zu groß für den Papierkorb. Passt die Datei nicht in den Papierkorb, wird sie sofort gelöscht.

Damit Ihnen das möglichst nicht passiert, können Sie Ihren Papierkorb anpassen. Dazu klicken Sie mit der rechten Maustaste auf den Papierkorb und wählen im Kontextmenü den Eintrag *Eigenschaften*.

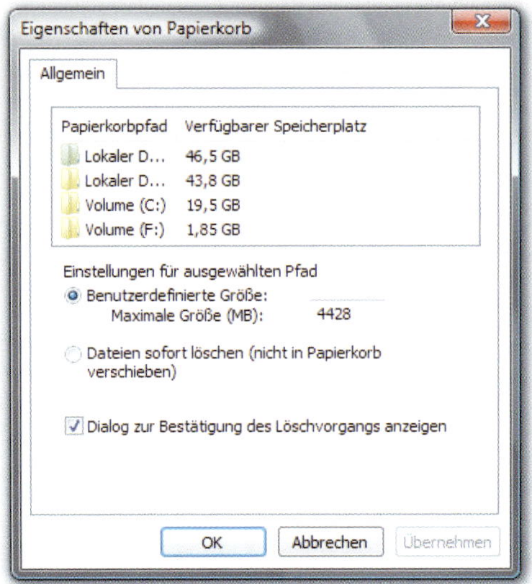

Abbildung 5.23 Die Einstellungen zum Papierkorb korrekt festlegen

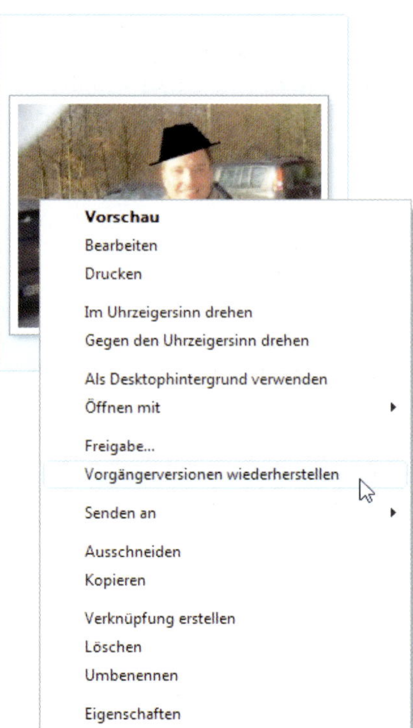

Abbildung 5.24 Nehmen Sie missglückte Änderungen an einer Datei einfach zurück

Nun können Sie für jedes Laufwerk festlegen, ob der Papierkorb eingeschaltet sein soll und wie viel Platz darin maximal belegt werden darf. Sie legen auch fest, ob Windows sicherheitshalber nachfragen soll, wenn Sie Dateien löschen.

Vorherige Versionen

Der Papierkorb ist nicht Ihre einzige Rettung, wenn Sie verloren gegangene Daten retten wollen. Es gibt ein zweites Sicherheitsnetz namens *Vorherige Versionen*, und das kann sogar noch mehr. Diese Funktion steht allerdings nur bei Windows Vista in den Versionen Business, Enterprise und Ultimate zur Verfügung.

Verunglückte Änderungen ungeschehen machen

Über die Funktion *Vorherige Versionen* können Sie Änderungen an Dateien rückgängig machen. Wenn Ihnen also ein Missgeschick mit einer Datei passiert ist, klicken Sie die Datei mit der rechten Maustaste an und wählen im Kontextmenü den Eintrag *Vorgängerversionen wiederherstellen*.

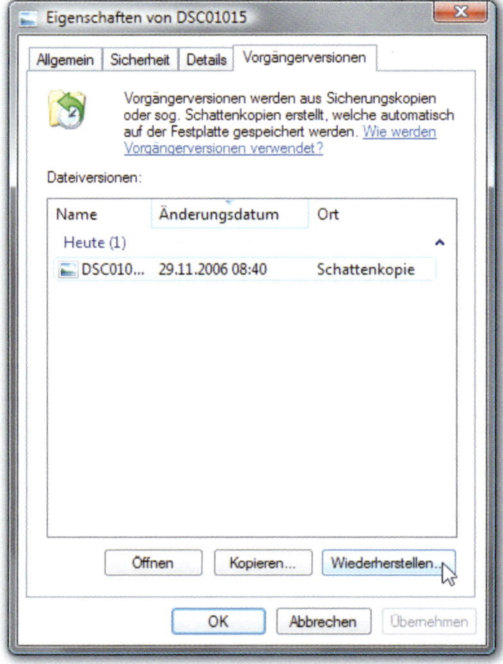

Abbildung 5.25 Stellen Sie eine frühere Version Ihrer Datei wieder her

Windows Vista sucht nun einen Moment in seinen internen Sicherheitskopien und meldet dann, welche vorherigen Versionen dieser Datei vorhanden sind. Suchen Sie sich die Version aus, die Sie wiederherstellen wollen, und klicken Sie auf *Wiederherstellen*. Schon sind alle Änderungen an der Datei, die seither durchgeführt wurden, ungeschehen gemacht.

Gelöschte Dateien zurückbekommen

Wie allerdings bekommen Sie so Dateien zurück, die Sie aus Versehen gelöscht haben? Dazu klicken Sie den Ordner mit der rechten Maustaste an, in dem die Datei gelegen hat, und wählen auch hier den Eintrag *Vorgängerversionen wiederherstellen*.

Diesmal sehen Sie die verschiedenen Versionen des Ordners und wählen nun einen Zeitpunkt aus, zu dem die Datei noch im Ordner lag. Klicken Sie diesmal auf *Öffnen*, um den Ordner direkt zu öffnen, und ziehen Sie die Datei aus diesem Ordner an einen sicheren Ort.

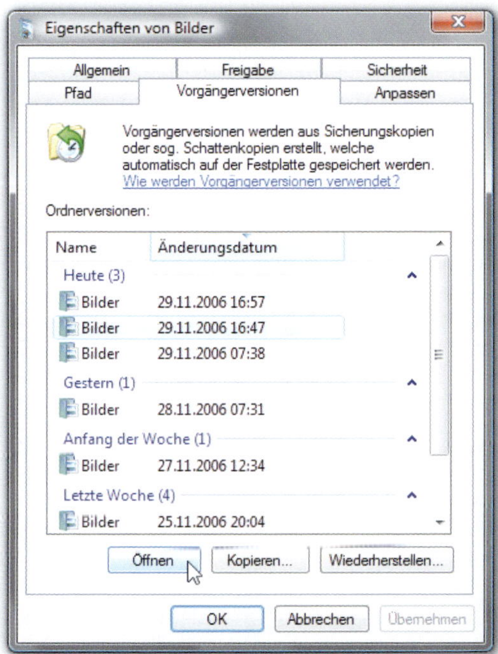

Abbildung 5.26 Eine gelöschte Datei aus einem Ordner wiederherstellen

Wie die Sicherheitskopien gespeichert werden ...

Hinter den Vorgängerversionen steckt eine Einrichtung namens *Schattenkopien*. Diese Funktion legt turnusmäßig Sicherheitskopien an und verwendet dazu einen cleveren Mechanismus, um Speicher zu sparen. Aufbewahrt werden stets nur die Änderungen zwischen Versionen. Wenn Sie also in einem langen Brief nur zwei Wörter ändern, speichern die Schattenkopien nur diese beiden Wörter.

Die Sicherheitskopien sind Teil der Systemwiederherstellungspunkte, die Windows automatisch mindestens einmal jeden Tag anlegt. Das bedeutet allerdings auch, dass Sie nicht jede kleinste Änderung an einer Datei ungeschehen machen können. Es stehen Ihnen immer nur die Dateiversionen zur Verfügung, die in den Systemwiederherstellungspunkten gespeichert sind.

Allerdings können Sie Systemwiederherstellungspunkte jederzeit neu anlegen lassen und damit vor besonders kritischen Arbeitsphasen die aktuellen Dateiversionen darin sichern:

1. Öffnen Sie das Startmenü, und klicken Sie mit der rechten Maustaste auf den Eintrag *Computer*. Rufen Sie im Kontextmenü den Befehl *Eigenschaften* auf.
2. Klicken Sie im nun geöffneten Dialogfeld in der linken Spalte auf *Computerschutz*, und weisen Sie sich als Administrator aus.
3. Nun sehen Sie in einer Liste, wann der letzte Systemwiederherstellungspunkt gesetzt wurde, und können mit *Erstellen* einen neuen anlegen.

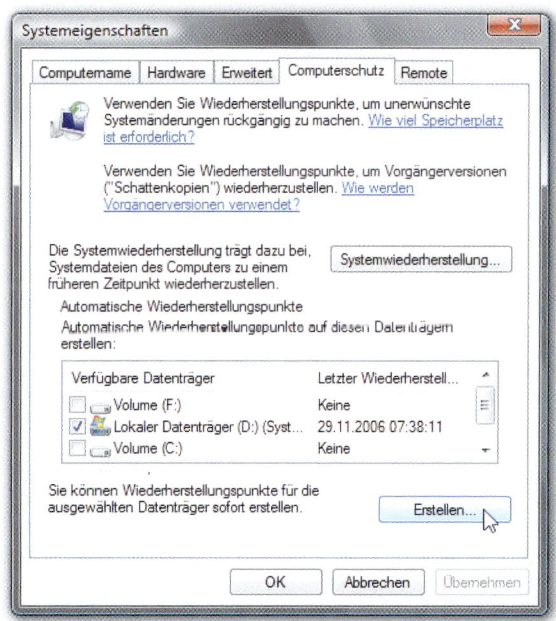

Abbildung 5.27 Systemwiederherstellungspunkte verwalten

Mit CDs und DVDs arbeiten

CD- und DVD-Rohlinge sind günstige Speichermedien, und fast alle modernen Computer sind heute mit Laufwerken ausgestattet, die von diesen Medien nicht nur lesen, sondern auch Daten darauf speichern können.

Legen Sie eine leere beschreibbare CD oder DVD ins Laufwerk, erkennt Windows diese und fragt nach, was Sie damit tun wollen. Entweder speichern Sie darauf Musik oder Videos. In diesem Fall verwendet Windows das hierfür übliche Dateisystem, damit Sie die Musik im CD-Player der HiFi-Anlage oder Videos im DVD-Player am Fernseher genießen können.

Abbildung 5.28 Suchen Sie sich aus, wie Sie die CD oder DVD verwenden wollen

Oder Sie entscheiden sich dafür, Dateien zu speichern. Dann fragt Windows, wie Sie den Datenträger nennen und vor allen Dingen formatieren wollen.

Abbildung 5.29 Entscheiden Sie sich bei CDs bzw. DVDs für das richtige Dateisystem

Zur Verfügung stehen zwei völlig verschiedene Dateisysteme, die Sie sehen, wenn Sie im Dialogfeld auf *Formatierungsoptionen einblenden* klicken:

- **Livedateisystem** Wird auch *Universal Disk Format* (UDF) genannt. Die CD oder DVD benimmt sich wie ein ganz normaler Datenträger, und Sie können darauf beliebig Dateien hinzufügen und löschen. Erst wenn Sie den Datenträger im Windows Explorer mit der rechten Maustaste anklicken und *Sitzung schließen* wählen, wird er abgeschlossen und kann von anderen Computern gelesen werden. Beim Schließen einer Sitzung gehen jedes Mal einige Megabyte Speicherplatz verloren.

  Das neue Livedateisystem kann nur von Computern ab Windows XP gelesen werden. Es ist bei Windows Vista die Voreinstellung.

- **Mastered** Wird auch ISO-Dateisystem genannt nach *International Organization for Standards*. Hier werden die Daten zuerst in einem Ordner zusammengestellt und dann in einem separaten Brennvorgang auf die CD bzw. DVD übertragen.

  Dieses Format kann auch von älteren Computern gelesen werden. Allerdings unterliegt es Größenbeschränkungen und kann die enorme Speicherkapazität von DVDs nicht vollständig ausnutzen.

Tipp

Wenn Sie nicht sicher sind, welches Dateisystem für Ihren Zweck am besten ist, dann klicken Sie im Dialogfeld auf den Link *Welches CD- oder DVD-Format sollte gewählt werden?*

Beim Livedateisystem stehen außerdem verschiedene Versionen zur Verfügung, die Sie auswählen, wenn Sie auf *Version ändern* klicken.

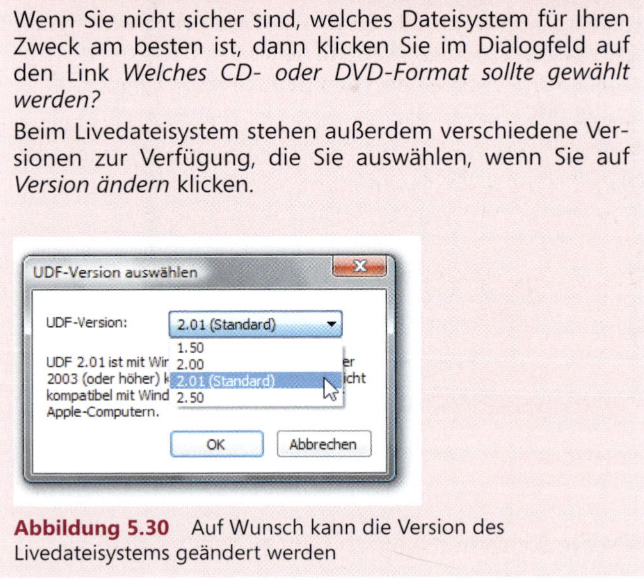

Abbildung 5.30 Auf Wunsch kann die Version des Livedateisystems geändert werden

Laufwerke verwalten

Alles, was Sie speichern, wird auf Datenträgern aufbewahrt. Diese Datenträger zeigt Ihnen der Windows-Explorer. Klicken Sie im Startmenü auf *Computer* oder drücken Sie [Win]+[E].

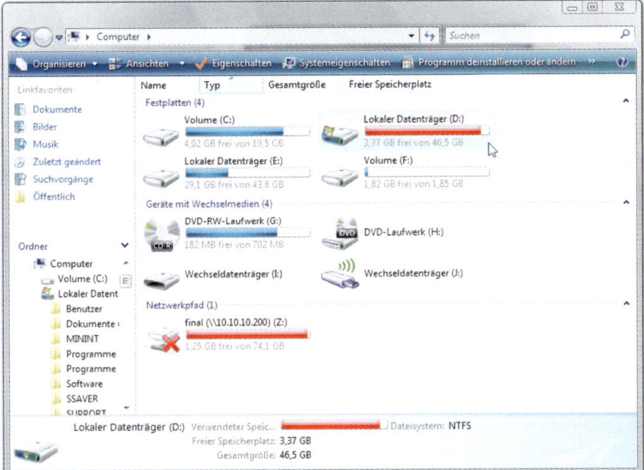

Abbildung 5.31 Alle Laufwerke in der Übersicht

Die einzelnen Laufwerke werden dabei mit typischen Symbolen gekennzeichnet, die Ihnen bereits verraten, um was für ein Laufwerk es sich jeweils handelt. Haben Sie die Ansicht *Kacheln* gewählt, lesen Sie rechts neben dem Symbol den Laufwerksnamen, den für jedes Laufwerk eindeutigen Laufwerksbuchstaben und den freien Speicherplatz.

Der Balken funktioniert ähnlich wie eine Tankanzeige und färbt sich rot, wenn der Speicherplatz knapp wird. Den sehen Sie auch für das markierte Laufwerk zusammen mit weiteren Informationen im Detailbereich am unteren Rand des Fensters.

Symbol	Beschreibung
	Festplattenlaufwerk
	Festplattenlaufwerk, auf dem Windows installiert ist. Das Symbol kann je nach eingestellter Symbolgröße etwas anders aussehen.
	Wechseldatenträger, der nur vorübergehend mit dem Computer verbunden ist
	DVD-Laufwerk, in dem augenblicklich keine DVD eingelegt ist
	Eine eingelegte beschreibbare CD
	Ein USB-Stick, auf dem Informationen zur Konfiguration eines drahtlosen Netzwerks gespeichert wurden
	Ein im Augenblick nicht verbundenes Netzlaufwerk

Tabelle 5.2 Typische Laufwerkssymbole im Windows-Explorer

Um die Einstellungen für Datenträger zu sehen, gehen Sie so vor:

1. Klicken Sie den Datenträger an, damit er markiert wird.
2. Klicken Sie in der Symbolleiste auf *Eigenschaften*, oder klicken Sie den Datenträger mit der rechten Maustaste an, und wählen Sie im Kontextmenü den Befehl *Eigenschaften*.

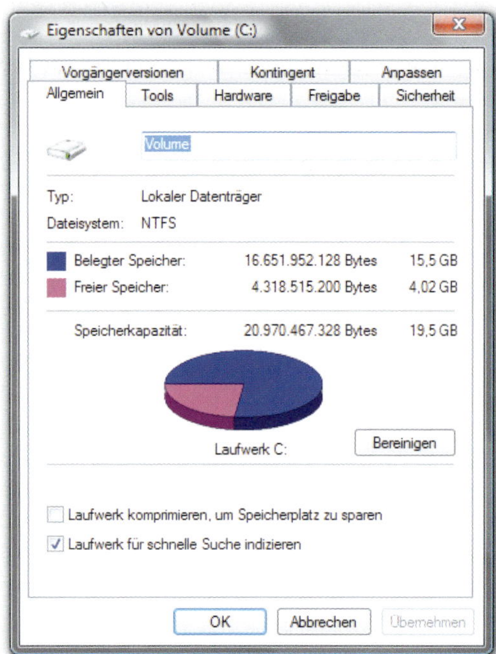

Abbildung 5.32 Die Eigenschaften eines Laufwerks öffnen

Hinweis

Für viele der folgenden Einstellungen benötigen Sie spezielle Administratorrechte. Diese besonderen Funktionen sind in den Dialogfeldern mit einem bunten Schutzschild-Symbol markiert.

Speicherplatz freigeben

Wollen Sie Speicherplatz freigeben, klicken Sie im Eigenschaftenfenster auf die Schaltfläche *Bereinigen* (siehe Abbildung 5.32).

Ein Fenster öffnet sich und möchte wissen, ob Sie nur Ihre eigenen Dateien bereinigen wollen oder alles, was auf dem Datenträger gespeichert ist. Wollen Sie auch Daten anderer Benutzer aufräumen, benötigen Sie erhöhte Rechte und müssen sich als Administrator ausweisen.

Wichtig

Der Assistent sucht nur nach Windows Vista-Dateien, die nicht unbedingt benötigt werden. Der Assistent löscht niemals Ihre eigenen Dateien, die Sie persönlich gespeichert haben.

Die Suche kann jetzt einige Minuten dauern. Anschließend sehen Sie eine Liste der Dinge, die gefahrlos entfernt werden können:

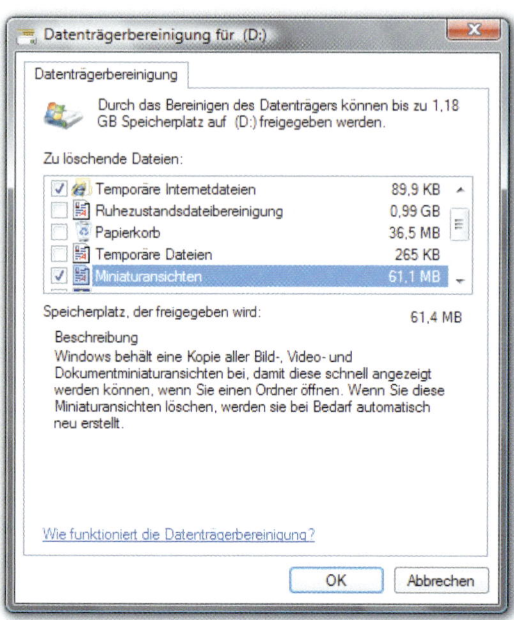

Abbildung 5.33 Diese Daten sind nicht unbedingt erforderlich

In Abbildung 5.33 meldet das Dialogfeld, dass für den Anwender insgesamt 61,4 MB Speicher freigegeben werden könnte. Klicken Sie auf die einzelnen Einträge in der Liste, wenn Sie wissen wollen, welche Daten der Assistent zum Löschen vorschlägt. Sobald Sie auf *OK* klicken, werden die Daten gelöscht, die in der Liste mit einem Häkchen markiert sind.

Datenverlust vorbeugen

Wenn Datenträger ausfallen, ist das Schlimmste daran meist der Datenverlust: Wichtige Dokumente, Musik, Erinnerungsfotos sind von einem Moment auf den nächsten vernichtet.

Damit Ihnen das nicht passiert, sollten Sie Ihre Datenträger turnusmäßig überprüfen und regelmäßig eine Datensicherung durchführen. Dazu markieren Sie im Windows-Explorer das betreffende Laufwerk und klicken in der Symbolleiste auf *Eigenschaften*. Aktivieren Sie anschließend im Dialogfeld die Registerkarte *Tools*.

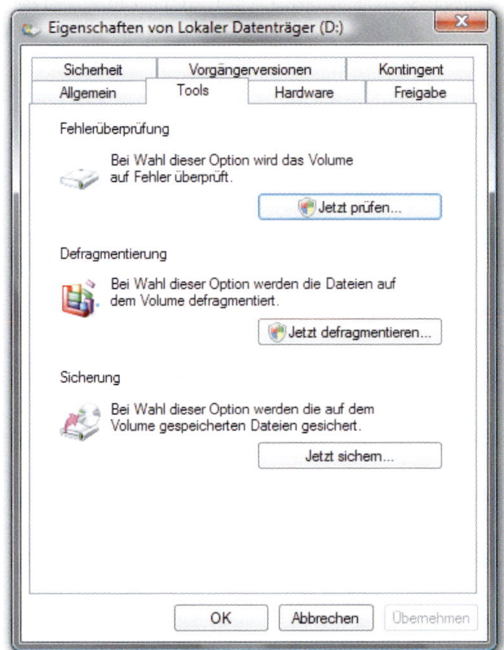

Abbildung 5.34 Ein Laufwerk untersuchen und die Daten sichern

- **Jetzt prüfen**

  Startet ein Prüfprogramm, mit dem Sie Fehler auf dem Datenträger finden und beheben.

- **Jetzt defragmentieren**

  Ordnet die Daten auf dem Datenträger neu an, so dass sie in einem Stück und damit schneller gelesen werden können. Dies macht Windows Vista allerdings ohnehin regelmäßig und automatisch.

- **Jetzt sichern**

  Startet die Datensicherung und speichert den Inhalt des Datenträgers als Sicherheitskopie. Mehr dazu lesen Sie in Kapitel 44.

ReadyBoost-Einstellungen

Verfügt Ihr Computer über sehr wenig eigenen Speicher, lässt sich der Speicher durch schnelle USB-Laufwerke erweitern. Diese Technik wird *ReadyBoost* genannt. Sobald Sie einen USB-Datenträger anschließen, fragt Windows, ob es das System damit beschleunigen soll.

Detailinformationen erhalten Sie in den Laufwerkseigenschaften des USB-Laufwerks, wenn Sie die Registerkarte *ReadyBoost* in den Vordergrund holen. Es erscheint nur bei geeigneten Laufwerkstypen.

Sie erfahren so, ob Windows *ReadyBoost* verwendet oder ob das Laufwerk vielleicht dafür ungeeignet ist. Es könnte zum Beispiel sein, dass auf dem USB-Laufwerk nicht genügend Speicher frei ist. Das Laufwerk könnte auch insgesamt zu langsam sein.

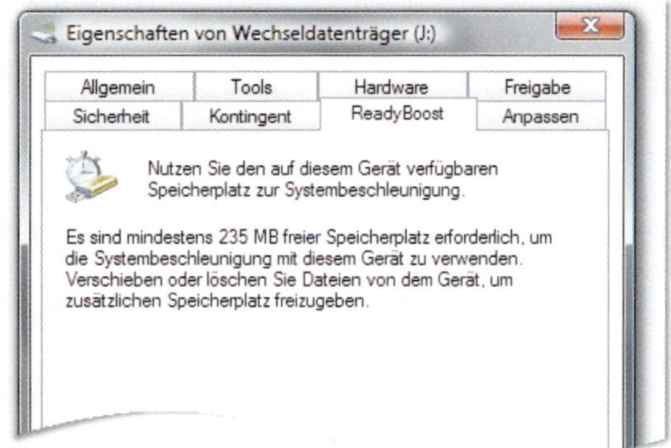

Abbildung 5.35 Herausfinden, ob ReadyBoost bei Ihnen funktioniert

Kontingente einrichten

Teilen sich mehrere Anwender einen Computer und möchten Sie den Platz auf einer Festplatte zwischen den Anwendern aufteilen, können Sie mit Kontingenten für eine »gerechte« Verteilung des Speicherplatzes sorgen. Durch Kontingente lässt sich bestimmen, wie viel Platz ein einzelner Anwender maximal auf einem Datenträger beanspruchen darf, selbst wenn noch viel mehr Speicherplatz darauf frei wäre.

1. Aktivieren Sie im Dialogfeld von Abbildung 5.36 die Registerkarte *Kontingent* und klicken sie auf die Schaltfläche *Kontingenteinstellungen anzeigen*.
2. Nachdem Sie sich mit Administratorrechten ausgewiesen haben, aktivieren Sie die Kontingentverwaltung durch Einschalten des Kontrollkästchens *Kontingentverwaltung aktivieren*.
3. Wollen Sie »harte« Kontingente einrichten, die bei Überschreiten der eingestellten Grenze keinen weiteren Speicher mehr zulassen, aktivieren Sie das Kontrollkästchen *Speicherplatz bei Kontingentüberschreitung verweigern*.

4. Darunter legen Sie die allgemeine Begrenzung fest, die für alle Anwender gilt, denen Sie keine speziellen Begrenzungen zuweisen. Auch eine Warnstufe kann festgelegt werden, die ein Ereignis im Ereignislogbuch auslösen kann. Damit könnte man den Anwender dann ermahnen, langsam seine Ordner zu entrümpeln.
5. Klicken Sie auf die Schaltfläche *Kontingenteinträge*, um einzelnen Benutzern individuelle Grenzwerte zuzuweisen und zu sehen, wie viel Speicherplatz diese Benutzer zurzeit belegen.

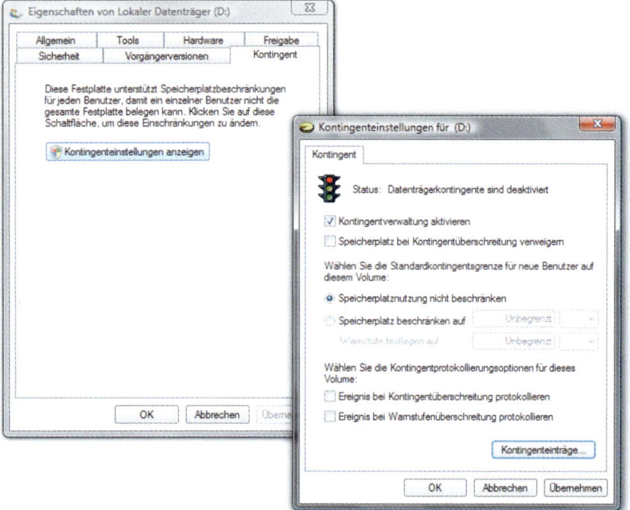

Abbildung 5.36 Kontingente beschränken den Speicherplatz, den ein Anwender nutzen darf

Tipp

Die Kontingentverwaltung verlangsamt das System etwas.

Wählen Sie die Option *Speicherplatznutzung nicht beschränken*, können Sie das Kontingentsystem auch nur zur Protokollierung verwenden. Es meldet Ihnen dann, wie viel Speicherplatz die einzelnen Anwender in Beschlag nehmen, ohne jedoch Grenzen festzulegen.

Die Liste löst dabei nach und nach die Sicherheits-IDs in Namen auf. Nicht aufgelöste Namen in eckigen Klammern stammen zum Beispiel von Konten fremder Domänen, die nicht erreichbar sind, oder von Konten einer anderen Betriebssysteminstallation, wenn Sie mehrere Betriebssysteme auf einem Computer verwenden.

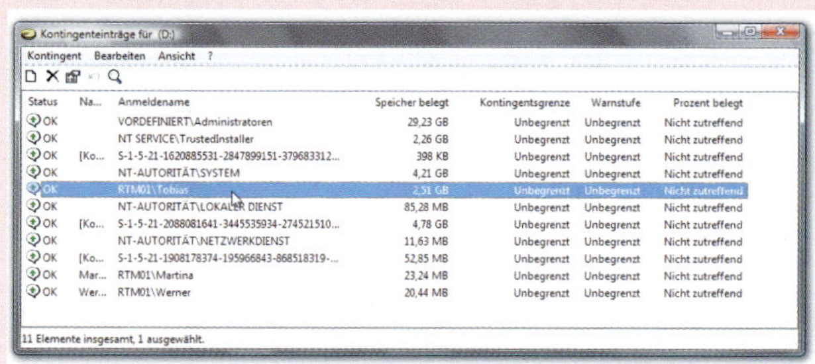

Abbildung 5.37 Kontingente melden, welche Anwender wie viel Speicherplatz belegen

USB-Laufwerke sicher entfernen

Haben Sie portable Festplatten per USB angeschlossen, dürfen Sie diese nicht einfach im laufenden Betrieb vom Computer trennen, weil dadurch Daten auf der Festplatte beschädigt werden könnten. Öffnen Sie stattdessen die Laufwerksansicht, zum Beispiel über [⊞]+[E]. Klicken Sie dann mit der rechten Maustaste auf das Laufwerk, das Sie entfernen wollen, und wählen Sie im Kontextmenü Sicher entfernen. Warten Sie, bis Windows meldet, dass das Laufwerk entfernt werden kann, bevor Sie den USB-Stecker ziehen. Meldet Windows, das Laufwerk sei in Benutzung und könne deshalb nicht entfernt werden, schließen Sie alle Programme, die auf das Laufwerk zugreifen können, und schließen Sie alle Explorer-Fenster, die möglicherweise noch Ordner des Laufwerks anzeigen. Wiederholen Sie dann den Vorgang.

Zusammenfassung

Dateien sind der universelle Transportcontainer für alles, was Sie speichern. Damit Sie gespeicherte Informationen leichter wiederfinden, hat Windows Vista in Ihrem persönlichen Benutzerprofil einige Ordner vorbereitet. Diese bilden die Grundstruktur, die Sie mit eigenen Ordnern erweitern können. Nur wenn Sie Dateien veröffentlichen wollen, damit auch andere Personen sie sehen und öffnen können, speichern Sie sie in einem der öffentlichen Ordner. Öffnen Sie Dateien direkt, lädt Windows automatisch das Standardprogramm für den Datentyp. Mit dem *Öffnen mit*-Dialogfeld haben Sie aber auch die Freiheit, Dateien in anderen Programmen zu öffnen oder die Zuordnung zwischen Dateityp und Programm zu ändern.

Möchten Sie Dateien von einem Ort zu einem anderen transportieren, stellt Windows Vista mehrere Möglichkeiten zur Verfügung. Die einfachste ist das *Senden an*-Menü, über das Sie Dateien mit zwei Klicks an jeden wichtigen Ort kopieren.

Alle Dateien werden auf Datenträgern gespeichert, die ebenfalls vom Windows-Explorer verwaltet werden. Datenträger sind so gut wie wartungsfrei. Nur bei CDs und DVDs müssen Sie sich entscheiden, welches Dateisystem Sie verwenden wollen.

Sie möchten ...	So gehen Sie vor	Sehen Sie sich dazu das Beispiel an auf
eine Datei speichern	Wählen Sie *Datei/Speichern unter*	Seite 96
das eigene Benutzerprofil öffnen	Klicken Sie in der rechten Spalte des Startmenüs auf Ihren Benutzernamen	Seite 96
den Ordner mit eigenen gespeicherten Dokumenten öffnen	Klicken Sie im Startmenü auf *Dokumente*	Seite 96
einen neuen Ordner anlegen	Klicken Sie mit der rechten Maustaste auf eine freie Stelle, und wählen Sie *Neu/Ordner*	Seite 97
eine Datei mit anderen Anwendern gemeinsam nutzen	Speichern Sie die Datei in einem der öffentlichen Ordner	Seite 98
eine Datei mit einem beliebigen Programm öffnen	Klicken Sie die Datei mit der rechten Maustaste an, und wählen Sie *Öffnen mit*	Seite 99
den Inhalt eines Ordners sortieren	Klicken Sie auf die Spaltenüberschrift, nach der Sie sortieren wollen	Seite 100
nur bestimmte Dateien in einem Ordner anzeigen	Klicken Sie auf den Pfeil rechts von der Spaltenüberschrift, nach der Sie filtern wollen	Seite 100
weitere Spaltenüberschriften einblenden	Klicken Sie mit der rechten Maustaste auf die Spaltenüberschriften, und wählen Sie die neue Spalte aus	Seite 101
mehrere Dateien markieren	Halten Sie die `Strg`-Taste gedrückt, und klicken Sie alle Dateien an, die Sie markieren wollen	Seite 102
eine Datei auf einen USB-Stick kopieren	Klicken Sie die Datei mit der rechten Maustaste an, wählen Sie *Senden an* und dann das gewünschte Ziel	Seite 103
eine versehentlich gelöschte Datei retten	Öffnen Sie den Papierkorb auf dem Desktop, klicken Sie auf die Datei, die Sie retten wollen, und klicken Sie in der Symbolleiste auf *Element wiederherstellen*	Seite 105
eine alte Version einer Datei wiederherstellen	Klicken Sie die Datei mit der rechten Maustaste an, und wählen Sie *Vorgängerversionen wiederherstellen*	Seite 106
überflüssigen Speicherplatz auf einem Laufwerk freigeben	Wählen Sie im Startmenü *Computer*, klicken Sie das Laufwerk mit der rechten Maustaste an und wählen Sie *Eigenschaften*. Dann klicken Sie auf *Bereinigen*.	Seite 110
ein Laufwerk auf Fehler überprüfen	Wählen Sie im Startmenü *Computer*, klicken Sie das Laufwerk mit der rechten Maustaste an und wählen Sie *Eigenschaften*. Aktivieren Sie die Registerkarte *Tools* und klicken Sie auf *Jetzt prüfen*.	Seite 110
feststellen, wie viel Speicherplatz ein Anwender belegt	Wählen Sie im Startmenü *Computer*, klicken Sie das Laufwerk mit der rechten Maustaste an und wählen Sie *Eigenschaften*. Holen Sie die Registerkarte *Kontingente* in den Vordergrund und aktivieren Sie die Kontingentverwaltung.	Seite 111

Tobias Weltner

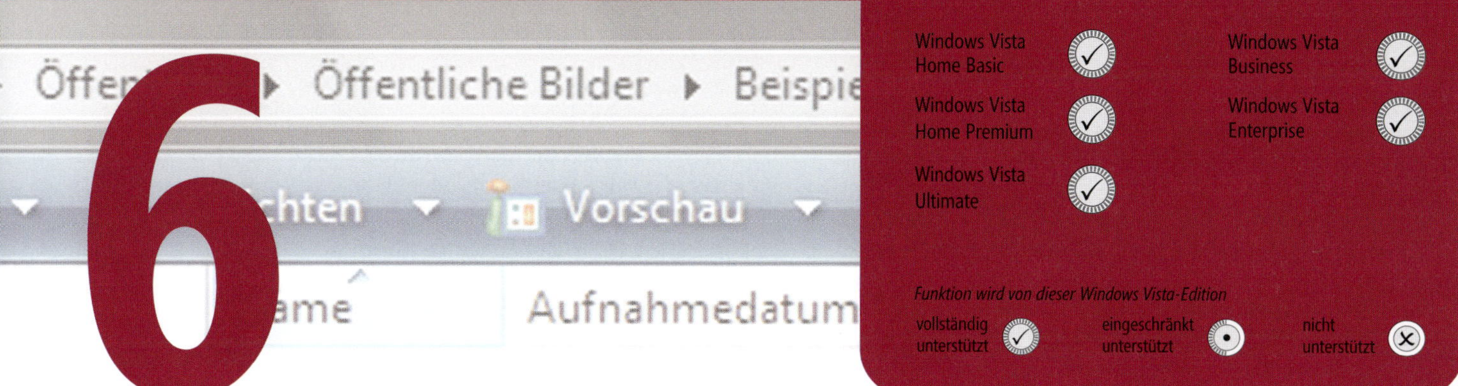

Windows Vista Home Basic ✓ Windows Vista Business ✓
Windows Vista Home Premium ✓ Windows Vista Enterprise ✓
Windows Vista Ultimate ✓

Funktion wird von dieser Windows Vista-Edition
vollständig unterstützt ✓ eingeschränkt unterstützt ⊙ nicht unterstützt ⊗

6 Suchen und Organisieren

Bach Buckelwal Frangipaniblüten

Säbelantilope Steg Struktur

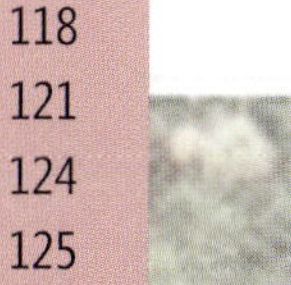

Windows Vista enthält einen neuartigen Suchdienst, der automatisch die Informationen auf Ihrem Computer inventarisiert, sodass Sie die gesuchten Informationen mit einfachen Stichwörtern in wenigen Sekunden finden.

Nach Stichwörtern suchen

Mit dem neuen Schnellsuchfeld unten im Startmenü verfügen Sie über einen direkten Draht zum Indexdienst und können diese befragen, wo bestimmte Informationen abgelegt sind.

Dazu geben Sie einfach einen oder mehrere Suchbegriffe ins Schnellsuchfeld ein. Noch während Sie dies tun, liefert der Indexdienst die Ergebnisse zurück.

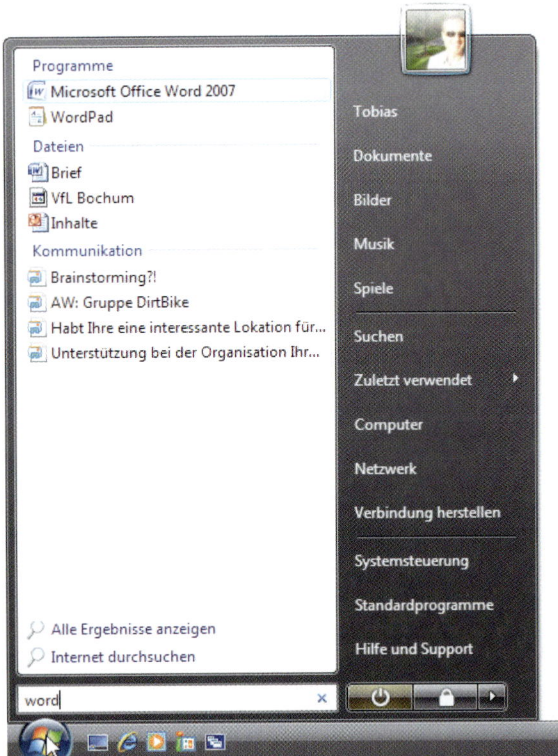

Abbildung 6.1 Beliebige Informationen mit Stichwörtern suchen

Möchten Sie zum Beispiel ein bestimmtes Programm starten, das im Startmenü aber nicht zu sehen ist, suchen Sie danach:

1. Öffnen Sie das Startmenü, und geben Sie den Namen des Programms ein, zum Beispiel *word*, *paint* oder *cmd*.
2. Noch während Sie Ihr Suchwort eingeben, listet die linke Spalte des Startmenüs alle Programme auf, die Ihrem Suchwort entsprechen.
3. Taucht das richtige Programm auf, starten Sie es mit einem Klick.

Gefunden werden nicht nur Programme wie *Microsoft Office Word* (falls installiert) oder *WordPad*, sondern auch alle sonstigen Informationen, die Ihr Suchwort enthalten. Sogar E-Mail-Nachrichten, Internetlinks und Kontaktdaten gehören dazu, und auch hier genügt ein Klick, um die Informationen zu öffnen – ohne dass Sie überhaupt wissen müssen, wo genau sie gespeichert sind.

Sind die richtigen Ergebnisse nicht dabei, verfeinern Sie Ihr Suchwort oder fügen ein weiteres Suchwort hinzu. Oder Sie klicken auf *Alle Ergebnisse anzeigen*. In diesem Fall öffnet sich ein Suchfenster, in dem Sie noch ausführlicher recherchieren können.

Tipp 

Wenn Sie Text in ein Schnellsuchfeld eingeben, erscheint ein Kreuz am rechten Rand. Klicken Sie auf das Kreuz, wenn Sie die Suche lieber wieder abbrechen wollen.

Das Suchfenster verwenden

Möchten Sie genauer nach bestimmten Informationen suchen, öffnen Sie ein Suchfenster. Dazu wählen Sie im Startmenü den Eintrag *Suchen* oder klicken wie gerade beschrieben auf *Alle Ergebnisse anzeigen*.

Um die Suche zu starten, tippen Sie ein oder mehrere Stichwörter oben rechts ins Schnellsuchfeld ein. Noch während Sie das tun, zeigt das Suchfenster die Ergebnisse, sodass Sie mit den Suchbegriffen sogar »spielen« können, um die Ergebnisse weiter einzukreisen.

PROFITIPP 

Wollen Sie alle Dateien sehen, die der Suchindex erfasst hat, geben Sie ins Suchfeld einen Stern ein.

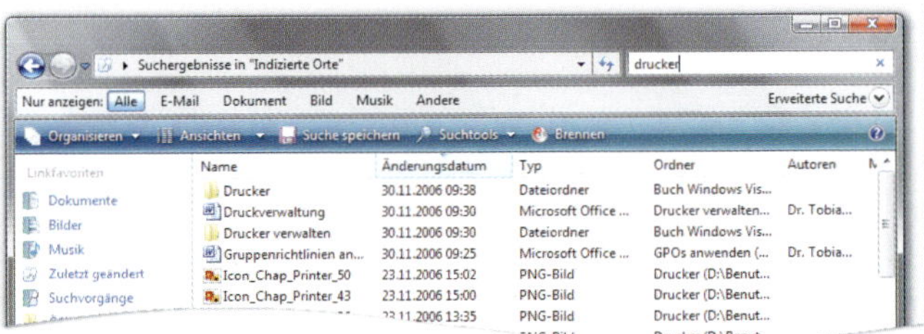

Abbildung 6.2 Im gesamten Index nach einem Stichwort suchen

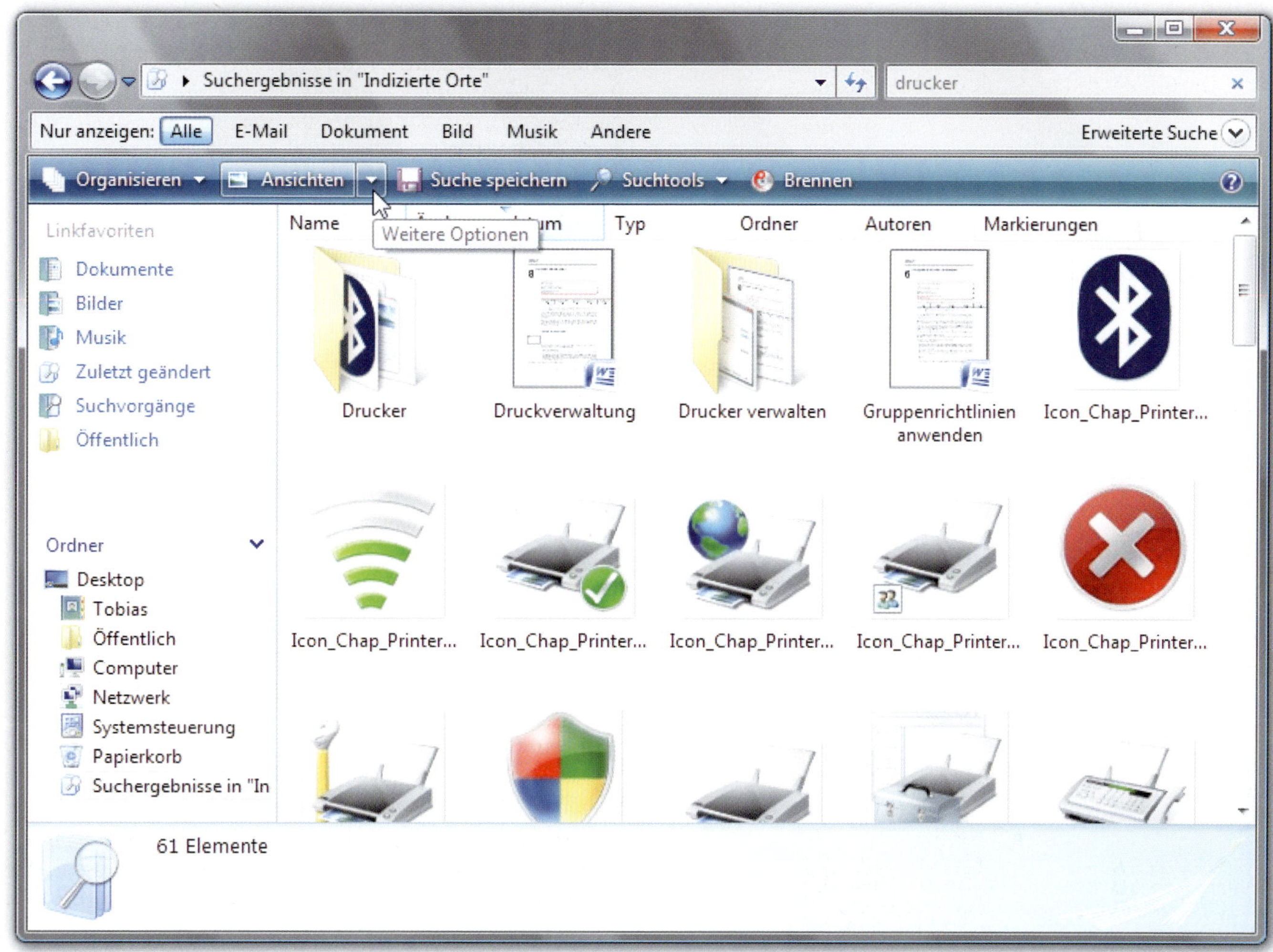

Abbildung 6.3 Vergrößern Sie die Symbole, um den Inhalt besser abschätzen zu können

Ansichten wechseln

Das Suchfenster ist ein ganz normales Windows-Explorer-Fenster, und deshalb beherrscht es auch dieselben Tricks.

Anfangs verwendet die Suche die Ansicht *Details* und liefert Ihnen in mehreren Spalten viele Informationen zu den gefundenen Elementen. In der Spalte *Ordner* lesen Sie zum Beispiel, wo die Information gespeichert ist.

Damit Sie in den Ergebnissen die gesuchte Datei besser entdecken, probieren Sie auch die anderen Ansichten aus. Klicken Sie dazu entweder in der Symbolleiste so oft auf *Ansichten*, bis Ihnen die Ansicht gefällt, oder klicken Sie auf den kleinen Pfeil rechts von der Schaltfläche, um eine bestimmte Ansicht auszuwählen.

Der Windows-Explorer visualisiert jetzt den Inhalt der gefundenen Informationen. Bei Bildern sehen Sie eine Vorschaugrafik. Ordner deuten die Dokumente an, die darin liegen. Und bei modernen Dokumenten sehen Sie *Live Icons*, die den Inhalt des Dokuments andeuten. So wird es schon viel einfacher, die gesuchte Datei zu finden.

PROFITIPP

Live Icons werden nur bei Dokumenten angezeigt, die eine Vorschaugrafik enthalten. Nicht alle Programme tun dies automatisch.

Speichern Sie zum Beispiel einen Brief mit *Microsoft Office Word 2003*, rufen Sie den Menübefehl *Datei/Eigenschaften* auf und aktivieren im Dialogfeld auf der Registerkarte *Zusammenfassung* die Option *Vorschaugrafik speichern*.

Ergebnisse filtern

Klicken Sie auf den Pfeil rechts neben einer Spaltenüberschrift, und suchen Sie sich das passende Filterkriterium heraus. So könnten Sie zum Beispiel die Ergebnisliste auf die Dokumente eines bestimmten Autors beschränken.

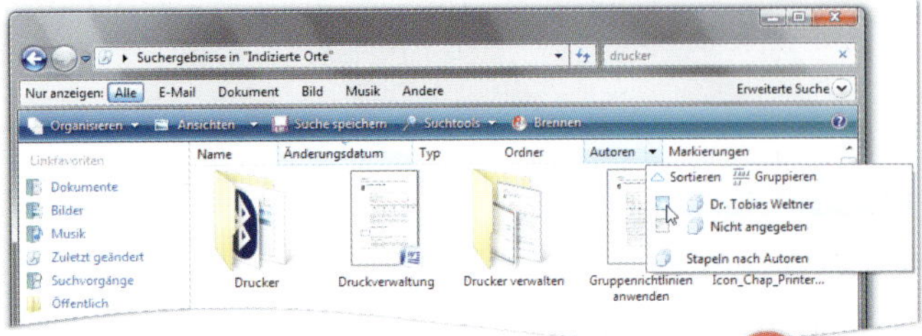

Abbildung 6.4 Ergebnisse mit Filtern weiter einschränken

Mit der Suchleiste filtern

Auch die Suchleiste ist ein Filter. Werden immer noch zu viele Ergebnisse geliefert, klicken Sie in der Suchleiste auf die Art von Informationen, nach denen Sie eigentlich suchen, zum Beispiel *Dokument*. Jetzt werden alle übrigen Informationstypen herausgefiltert.

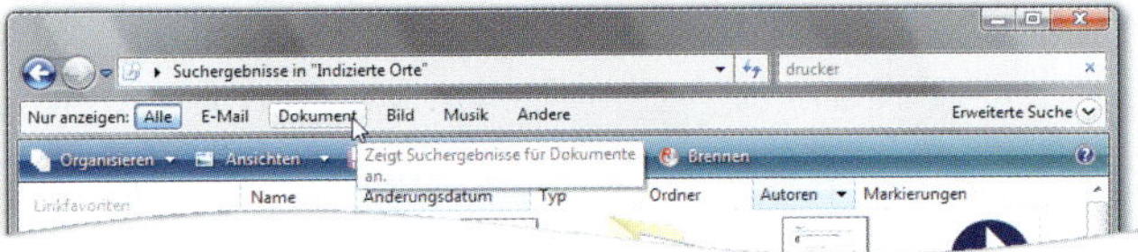

Abbildung 6.5 Mit der Suchleiste beschränken Sie die Ergebnisse auf einen bestimmten Informationstyp

Suche auf bestimmte Ordner beschränken

In der Navigationsleiste bestimmen Sie, wo gesucht werden soll. Anfangs steht hier *Suchergebnisse*, und Sie suchen überall.

Möchten Sie die Suche lieber auf Elemente beschränken, die an einem bestimmten Ort lagern, klicken Sie auf den Pfeil vor *Suchergebnisse*, und legen Sie einen anderen Ort fest, zum Beispiel Ihr persönliches Benutzerprofil. Anschließend könnten Sie daraus auf dem gleichen Weg den *Dokumente*-Ordner auswählen und würden jetzt nur noch Dateien finden, die in Ihrem *Dokumente*-Ordner (oder einem Unterordner darin) aufbewahrt werden.

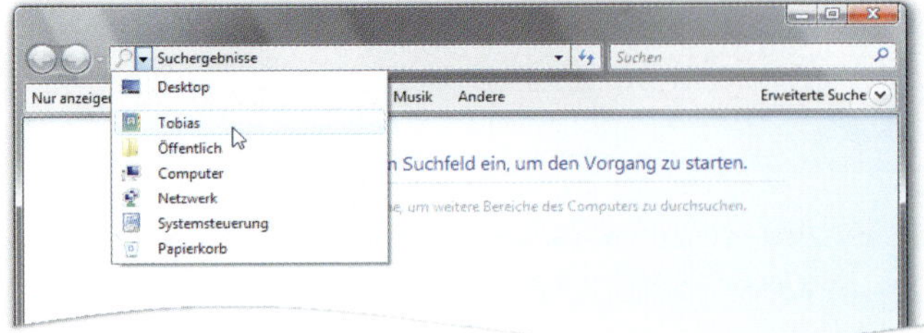

Abbildung 6.6 Beschränken Sie die Suche auf einen bestimmten Ordner und seine Unterordner

Advanced Query Syntax nutzen

Weil der Indexdienst intern wie eine Datenbank funktioniert, können Sie Informationen aus dem Index über die *Advanced Query Syntax (AQS)* wesentlich zielgerichteter abrufen als über gewöhnliche Stichwörter.

Stichwörter sind zwar einfacher zu verwenden, aber unspezifisch. Geben Sie zum Beispiel als Stichwort *Hans* an, werden alle Informationen gefunden, die irgendwo das Stichwort *Hans* enthalten, und das sind oft unerwartet viele:

- Die Datei liegt im Ordner ***Hans**eatische Geschichte*
- Die Datei heißt ***Hans**a Rostock*
- Die Datei enthält den Text *Luft**hans**a*
- Der Autor der Datei war *Karl Ber**hans***
- Die Datei enthält die Markierung *Kunde **Hans**ano*

Mit der *Advanced Query Syntax* bestimmen Sie deshalb sehr viel genauer, wo ein bestimmter Suchbegriff vorkommt.

Erweiterte Suche

Wollen Sie zum Beispiel eine bestimmte E-Mail-Nachricht finden, dann klicken Sie in der Suchleiste zuerst auf *E-Mail* und dann auf *Erweiterte Suche*. Stellen Sie jetzt hinter *Größe (KB)* ein: *ist kleiner als*. Ins Feld dahinter tragen Sie als Größe *10* für 10 Kilobyte ein. Tippen Sie dann noch ein Stichwort aus der Betreffzeile der gesuchten E-Mail ins Feld *Thema* und den Namen des Absenders ins Feld *Sendernamen* ein.

Danach starten Sie die Suche per Klick auf die Schaltfläche *Suchen*.

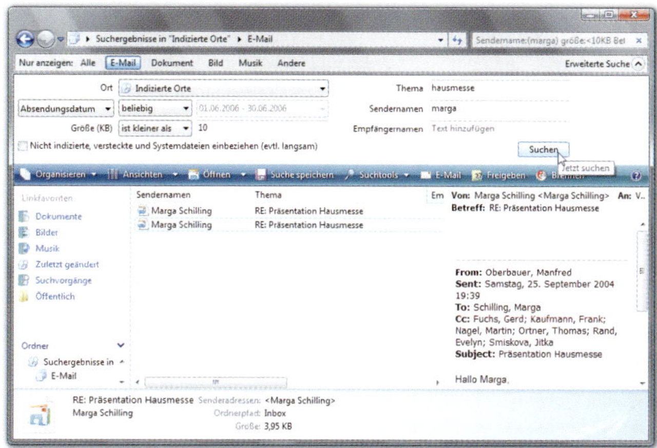

Abbildung 6.7 Eine erweiterte Suche durchführen

Tatsächlich findet die Suche jetzt nur noch E-Mails, die kleiner sind als 10 KB und im Beispiel in Abbildung 6.7 von Marga stammen und im Betreff das Wort *Hausmesse* enthalten. Die Vorschau zeigt die E-Mail auch gleich an.

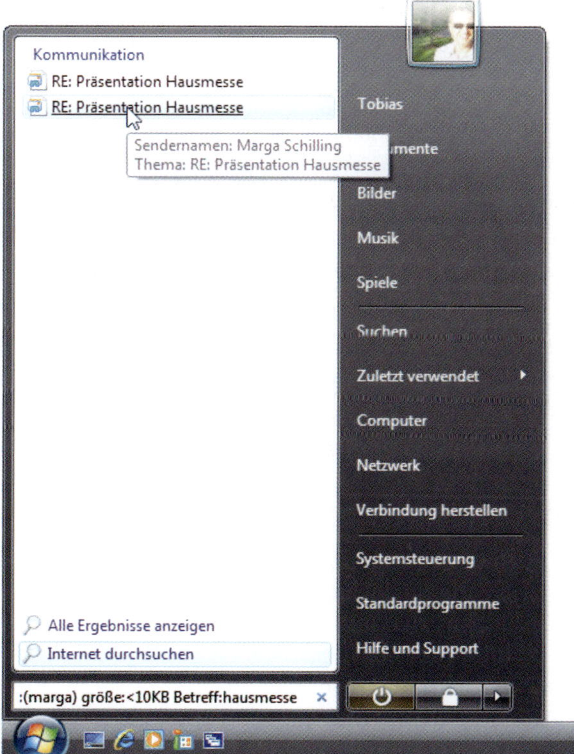

Abbildung 6.8 Die Advanced Query Language funktioniert auch im Startmenü

Warum hat diese Suchabfrage keine E-Mails gefunden, die Marga im Betreff enthalten? Mit den Bedienelementen der *Erweiterten Suche* haben Sie in Wirklichkeit gerade Ihre erste *Advanced Query Syntax*-Abfrage verfasst und sehen diese auch rechts oben im Schnellsuchfeld:

Sendername:(marga) größe:<10KB Betreff:hausmesse

Sie könnten genau diese Abfrage auch im Schnellsuchfeld des Startmenüs eingeben und würden jetzt auch hier die E-Mails finden. Und natürlich können Sie sich die Abfrage genauer anschauen und damit herumspielen. Ändern Sie zum Beispiel den Text hinter *Betreff* oder in den runden Klammern. Noch während Sie das im Schnellsuchfeld tun, ändern sich die Ergebnisse.

Stichwörter genauer zuordnen

Die *Advanced Query Syntax* ist ganz einfach aufgebaut. Sie stellen vor das Stichwort den Spaltennamen, in dem das Stichwort vorkommen soll. Dazwischen steht immer ein Doppelpunkt.

Die Abfrage *Sendername:(marga) größe:<10KB Betreff:hausmesse* sucht also drei Informationen in drei verschiedenen Spalten: *Sendername*, *Größe* und *Betreff*.

Tipp

Sind Sie sich nicht sicher, unter welchem Namen Sie eine bestimmte Information suchen, verwenden Sie genau den Namen der Spalte, in der dieser Begriff in der *Details*-Ansicht im Windows-Explorer angezeigt wird.

Die Spaltenüberschriften, die der Explorer anzeigt, sind nur eine Auswahl. Klicken Sie mit der rechten Maustaste auf die Spaltenüberschrift, um weitere Details einzublenden, nach denen Sie natürlich ebenfalls suchen können.

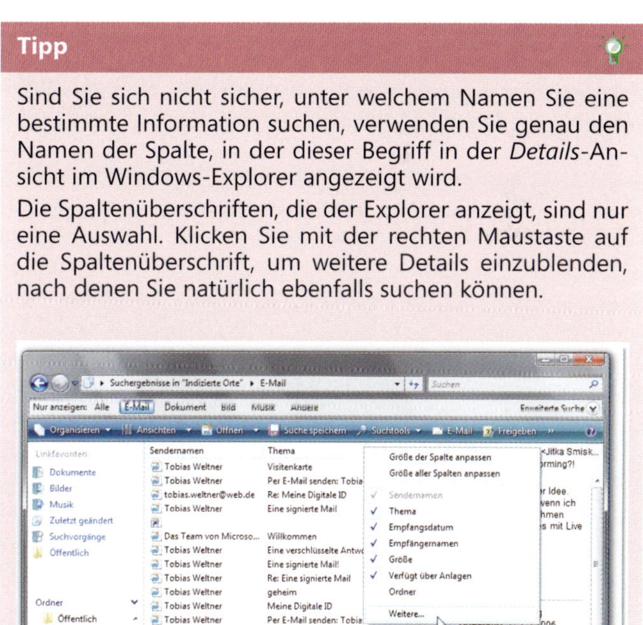

Abbildung 6.9 Blenden Sie weitere Spalten ein, um herauszufinden, wonach Sie sonst noch suchen können

Ein Blick in Abbildung 6.7 zeigt jedoch, dass der Betreff der E-Mail-Nachrichten dort in der Spalte *Thema* steht. Warum verwendet die Suchabfrage dafür also *Betreff*?

Die *Advanced Query Syntax* unterstützt mehrere Begriffe für dieselbe Spalte, und Sie könnten Betreff also auch ersetzen durch *Thema* oder sogar *Subject*. Englische Begriffe sorgen dafür, dass Ihre Suchabfragen international funktionieren.

Damit sind auch ungewöhnlichere Abfragen möglich:

- **Ordner** Die Abfrage *Ordner:Briefe* würde nur noch Elemente finden, die im Ordner *Briefe* liegen – egal, wo der sich wiederum befindet.
- **Verfasser** *Autoren:Tobias* liefert alle Dateien und E-Mail-Nachrichten, die von Tobias verfasst wurden.
- **Größe** *Größe:>10MB* listet alle Dateien auf, die größer sind als 10 Mbyte. So finden Sie schnell die größten Speicherplatzfresser.

Vergleichsoperatoren

Wenn ein Stichwort einen Zahlenwert enthält, folgt hinter dem Doppelpunkt noch einer der folgenden Operatoren: »>«, »<«, »>=«, »<=« oder »=«.

Möchten Sie beispielsweise alle Dokumente finden, die genau eine Bewertung von vier Sternen erhalten haben, dann geben Sie ein: *Bewertung:=75*. Welche Werte den einzelnen Sternen zugewiesen sind, finden Sie im Abschnitt »Bildbewertungen« weiter hinten in diesem Kapitel beschrieben. Sehen Sie sich dazu die Tabelle 6.3 an.

Besondere Stichwörter

Leerzeichen grenzen normalerweise Stichwörter voneinander ab. Würden Sie also nach *Betreff:Roter Ferrari* suchen, würden Sie alle E-Mails finden, in deren *Betreff*-Zeile das Wort »Roter« vorkommt und die an einer beliebigen Stelle das Wort »Ferrari« enthalten. Möchten Sie also nach Stichwörtern suchen, die Leerzeichen enthalten, setzen Sie den gesamten Text in Anführungszeichen: *Betreff:"Roter Ferrari"*. Anführungszeichen werden allerdings nur dann nicht wörtlich genommen, wenn dazwischen auch tatsächlich ein Leerzeichen vorkommt.

Suchen Sie nach *Betreff:"Angelausflug"*, würden nur E-Mails gefunden, in deren Betreff tatsächlich *"Angelausflug"* vorkommt. E-Mails, in deren Betreff nur *Angelausflug* ohne Anführungszeichen steht, werden jetzt nicht mehr gefunden.

Informationsarten auswählen

Möchten Sie ähnlich wie mit den Schaltflächen in der Suchleiste festlegen, was für Informationstypen Sie eigentlich suchen, verwenden Sie das Schlüsselwort *kind*. Es steht als englischer Begriff für »Art« oder »Typ«. Wollen Sie zum Beispiel im Schnellsuchfeld des Startmenüs alle E-Mails finden, die irgendwo das Wort »Bahnhof« enthalten, tippen Sie die Zeichenfolge »kind:email bahnhof« ein.

Kind	Beschreibung
Calendar	Kalendereintrag
Communication	E-Mail oder Adressinformation
Contact	Adressinformation
Document	Dokumentdatei
E-Mail, Email	E-Mail-Nachricht
Folder	Ordner
Link	Verknüpfung
Music	Musikdateien
Picture	Bilder
Program	ausführbares Programm
Recorded TV	aufgezeichnete Sendung
Video	Videodateien

Tabelle 6.1 Gültige Oberbegriffe für Suchergebnisse

PROFITIPP 

Wer bestimmt eigentlich, zu welchem »Kind« ein bestimmter Dateityp gehört? Die Registrierungsdatenbank natürlich.

Im Schlüssel *HKEY_LOCAL_MACHINE\SOFTWARE\Microsoft\Windows\CurrentVersion\explorer\KindMap* finden Sie die genaue Zuordnung der Dateitypen mit der von der Suche verwendeten Sorte.

Mehrere Stichwörter kombinieren

Mehrere Stichwörter lassen sich außerdem kombinieren. Dazu fassen Sie die Stichwörter in runde Klammern. Trennen Sie die Stichwörter mit einem Leerzeichen, wird eine »AND«-Verknüpfung angenommen, bei der also beide Bedingungen gleichzeitig erfüllt sein müssen.

Betreff:(haus prä) würde also nur E-Mails finden, die im Betreff sowohl *Haus* als auch *Prä* wie in *Präsentation Hausmesse* enthalten.

Wollen Sie lieber eine »OR«-Verknüpfung, bei der entweder die erste oder die zweite Bedingung stimmen muss, dann schreiben Sie zwischen die Bedingungen das Wort »OR«. Es muss in Großbuchstaben geschrieben sein. Andernfalls interpretiert es die Suche als weiteres Suchwort.

Betreff:(haus OR prä) findet jetzt alle Betreffzeilen, in denen entweder das eine oder das andere Wort vorkommen – oder beide natürlich.

Mit dem Operator »NOT« lassen sich außerdem Stichwörter ausschließen. So würde *treffen NOT brief* Dokumente finden, in denen das Stichwort *treffen* vorkommt, aber das Stichwort *brief* nicht vorkommt. Anstelle von NOT ist auch ein Minuszeichen erlaubt: *treffen –brief*.

Achtung

Denken Sie daran, dass die Operatoren in Großbuchstaben geschrieben werden müssen. *treffen not brief* würde alle Informationen finden, die eines der drei Wörter enthalten, also auch *not*.

Datumsangaben verwenden

Auch Datumsangaben können Sie in Ihre Suchen einschließen. Möglich sind natürlich statische Datumseinschränkungen. Möchten Sie zum Beispiel alle Dokumente sehen, die sich nach dem 1.2.2008 geändert haben, formulieren Sie »kind:document änderungsdatum:>1.2.2008«. Sie könnten auch »kind:document änderungsdatum:>1. Februar 2008« schreiben.

Wollen Sie nur Dokumente sehen, die sich in einem bestimmten Zeitraum geändert haben, dann machen Sie das so: »kind:document änderungsdatum:5.8.2007..4.2.2008«.

Manchmal würde man allerdings anstelle von statischen Daten lieber relative Zeiträume angeben, beispielsweise alle E-Mails der vergangenen sieben Tage. Geht das? Aber sicher: »kind:email empfangsdatum:letzte Woche«

Relative Zeiten werden über Klartextnamen festgelegt und gelten immer relativ zu dem Datum, an dem die Suche ausgeführt wird.

Begriff	Bedeutung
nächstes jahr oder *coming year*	Datum liegt im nächsten Jahr
nächsten monat oder *next month*	Datum liegt im nächsten Monat
morgen oder *tomorrow*	Datum ist morgen
heute oder *today*	Datum ist heute
gestern oder *yesterday*	Datum ist gestern
diese woche oder *this week*	Datum liegt in dieser Woche
letzte woche oder *last week*	Datum liegt in letzter Woche
diesen monat oder *this month*	Datum liegt in diesem Monat
letzten monat oder *last month*	Datum liegt im letzten Monat
dieses jahr oder *this year*	Datum liegt in diesem Jahr
letztes jahr oder *last year*	Datum liegt im letzten Jahr

Tabelle 6.2 Relative Datumsangaben verwenden *(Fortsetzung)*

Metadaten: Zusatzinfos für Dokumente

Viele Dokumenttypen erlauben Ihnen, eigene zusätzliche Suchbegriffe mit dem Dokument zu verbinden. Sie können den Dokumenten also eine oder mehrere Markierungen zuordnen und diese später für die Suche verwenden.

Das löst gleich mehrere Probleme. Gehört ein Dokument nicht nur zu einem Projekt, sondern zu mehreren Vorgängen, können Sie es auf traditionelle Weise nur in einem Ordner speichern und müssten es also für mehrere Projekte kopieren.

Dank der indexbasierten Suche und der Markierungen fügen Sie dem Dokument jetzt nur die Projektnamen sämtlicher Projekte hinzu, für die es gebraucht wird. Wenn Sie später erneut nach einem Projektnamen suchen, wird das Dokument für jedes Projekt gefunden, braucht aber nicht mehrfach vorhanden zu sein.

Markierungen helfen auch bei Dokumenttypen, die keinen Textinhalt haben und deshalb normalerweise über Stichwörter nicht gefunden werden, zum Beispiel Bilder oder Videos.

Eigene Markierungen festlegen

Um die Metadaten einer Datei sichtbar zu machen, gehen Sie so vor:

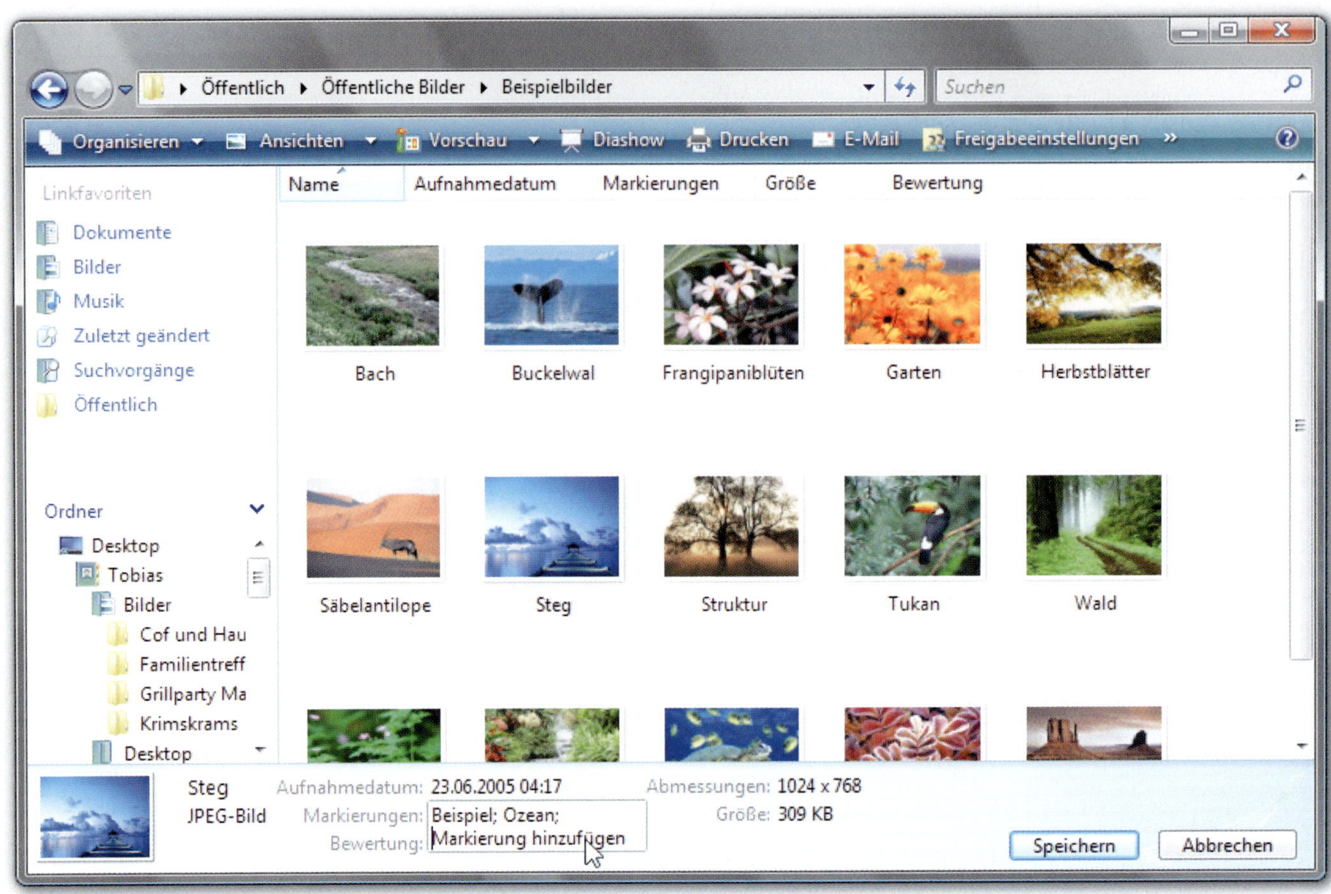

Abbildung 6.10 Einem Bild eine Markierung hinzufügen

1. Wählen Sie im Startmenü den Eintrag *Bilder*, und öffnen Sie den Ordner *Beispielbilder*. Der Windows-Explorer zeigt die mitgelieferten Beispielbilder an. Sie können auch einen anderen Ordner mit Bildern für dieses Beispiel öffnen.
2. Klicken Sie auf ein Bild, um es zu markieren. Im Detailfenster sehen Sie nun die wichtigsten Metadaten. Dazu zählen *Markierungen* (Stichwörter) und eine *Bewertung*.
3. Fügen Sie nun Ihren Bildern beschreibende Stichwörter hinzu, damit Sie sie später leichter wiederfinden. Dazu klicken Sie im Detailfenster in das Feld hinter *Markierungen*. Ein Eingabefeld erscheint. Geben Sie ein oder mehrere Stichwörter ein, die das Bild beschreiben. Stichwörter werden durch Semikola voneinander getrennt.
4. Klicken Sie zum Schluss auf *Speichern* oder drücken Sie die [↵]-Taste, um Ihre Änderungen zu speichern.

Probieren Sie Ihre neu hinzugefügten Stichwörter danach gleich aus: Tippen Sie oben rechts ins Schnellsuchfeld eines der Stichwörter ein, die Sie gerade an die Bilddatei geheftet haben. Schon wird das Bild für Sie gefunden. Falls nicht, warten Sie ein paar Minuten. Der Index braucht einen Moment, um seine interne Datenbank zu aktualisieren.

> **PROFITIPP**
>
> Die meisten Dateitypen enthalten noch viel mehr Metadaten wie zum Beispiel Titel, Autoren, Kommentare. Diese Angaben sehen Sie, wenn Sie den Detailbereich des Fensters vergrößern. Dazu bringen Sie die Maus an die Grenze zwischen Detailbereich und restlichem Fenster, halten die linke Maustaste fest und ziehen den Detailbereich weiter nach oben.
>
> Die Stichwörter, die Sie an Dateien heften, werden innerhalb der Datei gespeichert und bleiben also erhalten, wenn Sie die Datei an andere weitergeben. Aus demselben Grund unterstützen nicht alle Dateitypen Metadaten. Der Dateityp muss intern einen Speicherbereich für diese Zusatzinformationen zur Verfügung stellen. Reine Textdateien beispielsweise bestehen nur aus Text und haben keinen Platz, zusätzliche Informationen zu speichern.

Bildbewertungen

Bilder und Videos lassen sich oft schlecht mit Text bewerten, und deshalb verwendet der Explorer hierfür Sterne, die wie bei Hotelkategorien funktionieren. Klicken Sie einfach auf den Stern, der Ihrer Bewertung entspricht, und vergessen Sie auch hier nicht, anschließend auf *Speichern* zu klicken, damit Ihre Änderung übernommen wird.

> **Tipp**
>
> Bildbewertungen helfen nicht nur Ihnen selbst, wichtige von weniger wichtigen Bildern zu unterscheiden. Auch der Bildschirmschoner *Dia-Show* verwendet die Bewertungen und zeigt auf Wunsch nur Bilder mit einer bestimmten Bewertungsstufe an.

Hinter den Sternen stecken in Wirklichkeit Zahlenwerte. Diese setzen Sie für die Suche ein, wenn Sie nach bestimmten Bewertungen suchen wollen.

Bewertung	Wert
☆	1
☆☆	25
☆☆☆	50
☆☆☆☆	75
☆☆☆☆☆	99

Tabelle 6.3 Bewertung und resultierende Grenzwerte

So gehen Sie vor:

1. Wählen Sie im Startmenü *Suchen*. Das Suchfenster öffnet sich.
2. Tippen Sie ins Schnellsuchfeld in der rechten oberen Ecke den Text »bewertung:>75« ein. Das Fenster zeigt jetzt nur noch Dateien an, die über eine 5-Sterne-Bewertung verfügen.

Alle Metadaten öffnen

Das Detailfenster am unteren Rand des Explorers zeigt nur die wichtigsten Metadaten einer Datei an. Wollen Sie alle Metadaten sehen, dann gehen Sie so vor:

1. Klicken Sie die Datei mit der rechten Maustaste an, und wählen Sie im Kontextmenü den Eintrag *Eigenschaften*.
2. Aktivieren Sie im daraufhin geöffneten Dialogfeld die Registerkarte *Details*. Jetzt sehen Sie sämtliche Metadaten der Datei in einer Liste. Nicht alle Informationen in dieser Liste können geändert werden. Informationen wie zum Beispiel die Datei- oder Bildgröße sind technische Angaben, die nicht veränderbar sind. Klicken Sie hinter einer Eigenschaft in die *Wert*-Spalte, um zu sehen, ob ein Eingabefeld erscheint.
3. Ändern Sie die Metadaten, und bestätigen Sie mit *OK*.

Abbildung 6.11 Sämtliche Metadaten einer Datei pflegen

> **Tipp**
>
> Möchten Sie Metadaten entfernen, zum Beispiel, weil Sie das Dokument an Dritte weitergeben und Ihre persönlichen Metadaten nicht offenbaren wollen, klicken Sie im Dialogfeld auf *Eigenschaften und persönliche Informationen entfernen*.

Gespeicherte Suchen

Suchabfragen im Suchfenster können gespeichert werden. Zusammen mit den Möglichkeiten der *Advanced Query Syntax* und insbesondere den relativen Datumsangaben aus Tabelle 6.2 legen Sie sich so nützliche Suchabfragen an, die Sie immer wieder benötigen.

Einige Beispiele finden sich bereits im Ordner *Suchvorgänge*. Probieren Sie gleich mal aus, wie praktisch gespeicherte Suchen sein können:

1. Öffnen Sie den Windows-Explorer, zum Beispiel im Startmenü über den Eintrag *Computer* oder mit [⊞]+[E].
2. Klicken Sie links in der Liste *Linkfavoriten* auf *Suchvorgänge*. Jetzt sehen Sie die gespeicherten Suchaktionen.
3. Öffnen Sie eine gespeicherte Suche wie zum Beispiel *Freigegeben* wie einen ganz normalen Ordner. Die Suche wird ausgeführt, und Sie sehen alle Ordner, die Sie zurzeit im Netzwerk freigegeben haben.
4. Klicken Sie oben links auf die *Zurück*-Schaltfläche, und probieren Sie eine der anderen Suchabfragen aus.

Name	Beschreibung
Freigegeben	Alle Dateien und Ordner, die für andere Benutzer freigegeben sind
Letzte Dokumente	Alle neuen oder geänderten Dokumente der letzten 30 Tage
Letzte E-Mail	Alle neuen E-Mails der letzten sieben Tage
Letzte Musik	Alle neuen Musikstücke der letzten sieben Tage
Letzte Bilder und Videos	Alle neuen oder geänderten Bilder oder Videos der letzten 30 Tage
Zuletzt geändert	Alle neuen oder geänderten Dateien der letzten 30 Tage

Tabelle 6.4 Vorbereitete Suchordner

Möchten Sie eine eigene Suchabfrage speichern, gestalten Sie die Suche zuerst im Suchfenster und testen sie, bis Sie sicher sind, dass die Abfrage die richtigen Ergebnisse liefert.

Danach klicken Sie in der Symbolleiste auf *Suche speichern*. Jetzt legen Sie nur noch fest, unter welchem Namen und an welchem Ort Sie die Suche abspeichern wollen. Sie muss nicht im *Suchvorgänge*-Ordner liegen. Vielleicht finden Sie es praktischer, die Suche auf den Desktop zu legen oder ins Startmenü zu integrieren.

Klicken Sie in diesem Fall unten links auf *Ordner durchsuchen*, um einen anderen Ort auszuwählen.

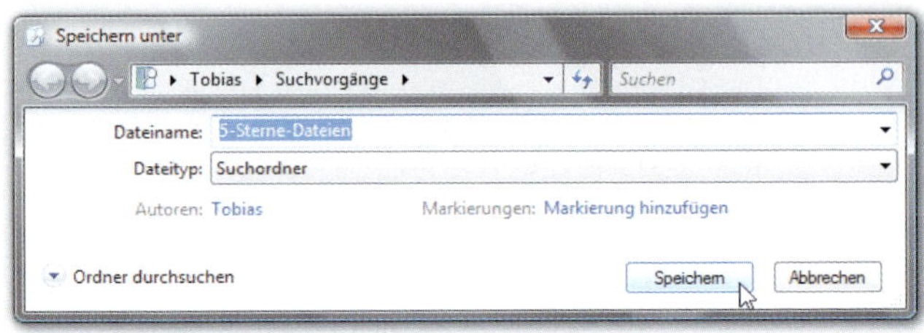

Abbildung 6.12 Eine Suchabfrage speichern

> **PROFITIPP** 
>
> Suchordner sind in Wirklichkeit Dateien mit der Dateierweiterung »search-ms«. Diese Dateien enthalten XML und können mit einem Text-Editor geöffnet werden, um die XML-Struktur zu erforschen. Klicken Sie dazu eine gespeicherte Suche mit der rechten Maustaste an, wählen Sie *Öffnen mit* und dann zum Beispiel *Editor*.

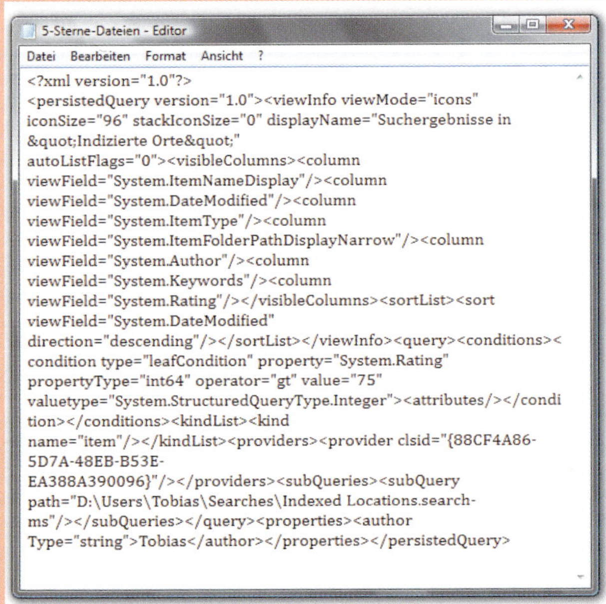

Abbildung 6.13 Suchordner sind in Wirklichkeit XML-Dateien

Der Suchindex

Hinter Ihren Abfragen steckt der Suchindex. Nur wenn er eingeschaltet ist und seine Daten auf dem aktuelles Stand sind, funktioniert die Suche schnell und fehlerfrei. Zwar ist der Suchindex an sich wartungsfrei und arbeitet vollautomatisch im Hintergrund. Dennoch sollten Sie seine Grundeinstellungen kennen.

Vom Index erfasste Orte

Der Index überwacht nicht den gesamten Computer, weil das viel zu aufwändig wäre und auch zu viele falsche Ergebnisse liefert. Überwacht werden aber alle Ihre persönlichen Ordner, und wenn Sie Elemente hier speichern, finden Sie sie über den Index.

Suchen Sie dagegen in einem Ordner, der nicht vom Index erfasst ist, dauert die Suche sehr viel länger, und ein grüner Balken zeigt den Fortschritt der Suche an. Sie können solche Ordner aber in den Index aufnehmen, wenn Sie häufiger darin suchen.

Dazu klicken Sie auf die gelbe Informationsleiste unterhalb der Symbolleiste, die der Explorer in solchen Fällen einblendet.

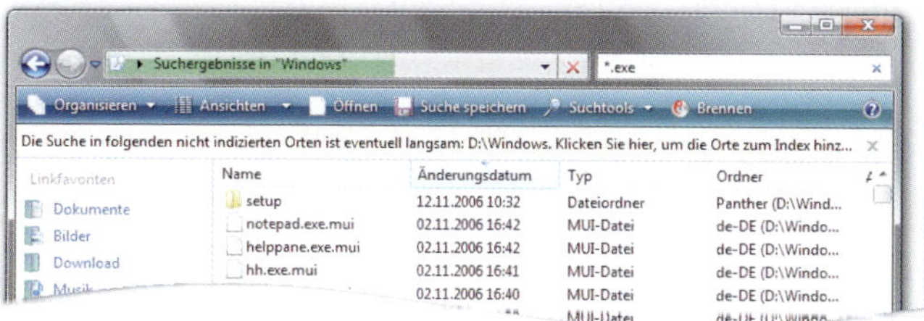

Abbildung 6.14 Nicht indizierte Ordner werden langsamer und ohne AQS durchsucht

Oder Sie besuchen den Suchindex direkt und schauen nach, welche Orte er erfasst:

1. Wählen Sie im Startmenü den Eintrag *Suchen*. Das Suchfenster öffnet sich. Geben Sie rechts oben ins Schnellsuchfeld einen Stern ein, um das Ergebnisfenster zu öffnen.
2. Klicken Sie nun in der Symbolleiste auf *Suchtools*. Ein Kontextmenü öffnet sich. Daraus wählen Sie *Indexpfade ändern*. Es öffnet sich das Dialogfeld *Indizierungsoptionen*.

Das Fenster verrät Ihnen, welche Orte der Index durchsucht, wie viele Elemente bereits im Index erfasst sind und ob der Index überhaupt aktuell ist.

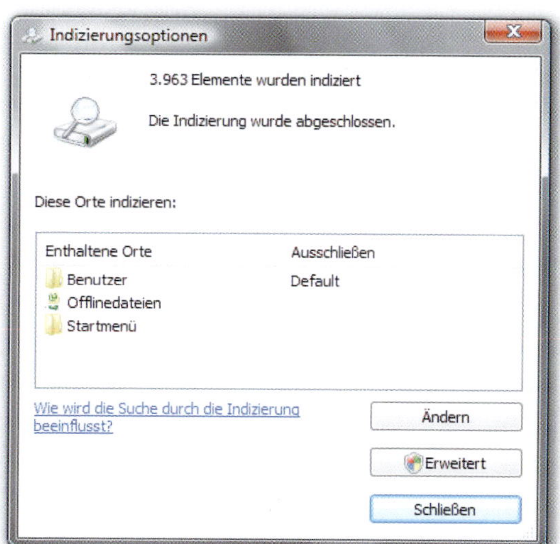

Abbildung 6.15 Indexeinstellungen kontrollieren

Hinweis 

Ist der Index nicht aktuell, zum Beispiel, weil Sie gerade größere Datenmengen gelöscht oder auf den Computer übertragen haben, dann sind Suchergebnisse in dieser Zeit möglicherweise lücken- oder fehlerhaft.

Warten Sie dann ein paar Minuten, bis der Index sich aktualisieren konnte.

Möchten Sie die allgemeinen Indexeinstellungen ändern, klicken Sie auf *Erweitert*. Sie benötigen jetzt Administratorrechte.

Im Dialogfeld von Abbildung 6.16 legen Sie fest, ob verschlüsselte Dateien indiziert werden sollen, was aus Sicherheitsgründen normalerweise nicht geschieht.

Im Bereich *Problembehebung* können Sie den Suchindex mit *Neu erstellen* komplett neu erstellen lassen, was Sie nur tun sollten, wenn Sie ständig falsche Ergebnisse erhalten und daher die Suchdatenbank beschädigt sein könnte. Die Neuerstellung des Suchindex kann viele Stunden dauern.

Über die Registerkarte *Dateitypen* legen Sie fest, welche Dateitypen der Index berücksichtigen und welche Informationen er aus diesen Dateitypen erfassen soll.

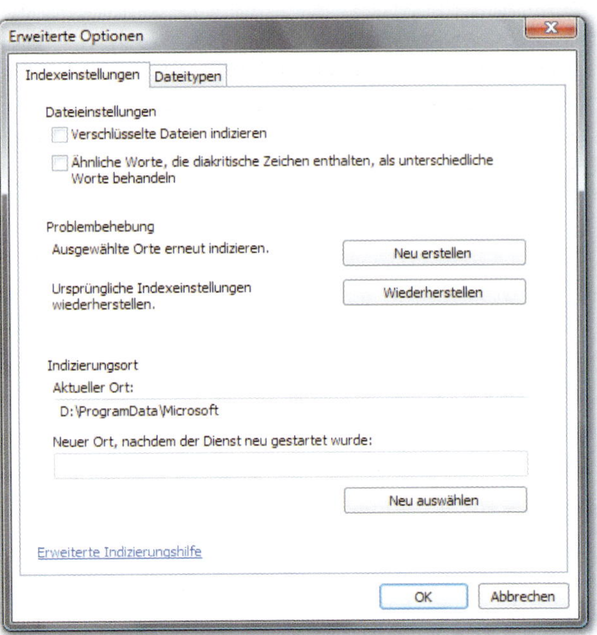

Abbildung 6.16 Erweiterte Einstellungen für den Suchindex

Suchverhalten ändern

Auch das Suchverhalten kann feinjustiert werden. Dazu klicken Sie im Suchfenster erneut in der Symbolleiste auf *Suchtools* und wählen diesmal den Befehl *Suchoptionen*.

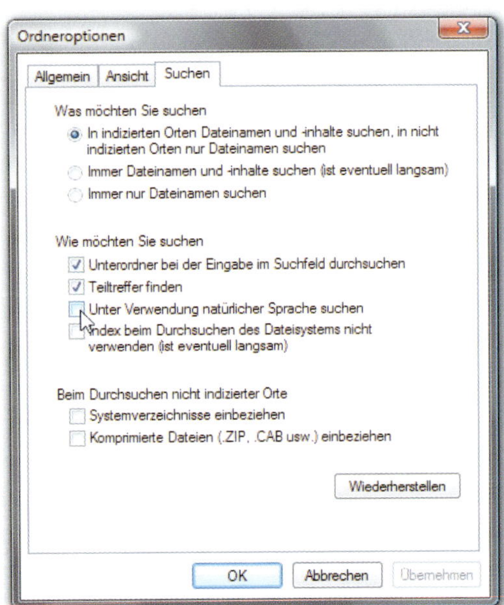

Abbildung 6.17 Suchfunktion feinjustieren

Im Bereich *Was möchten Sie suchen* legen Sie fest, wo Stichwörter gesucht werden:

- **In indizierten Orten Dateinamen und -inhalte suchen, in nicht indizierten Orten nur Dateinamen suchen**

  Diese Option ist die Vorgabe. Stichwörter werden überall im Dokument gesucht, solange sich das Dokument im Index befindet. Durchsuchen Sie dagegen einen nicht indizierten Ordner, wird aus Geschwindigkeitsgründen nur in den Dateinamen gesucht.

- **Immer Dateinamen und -inhalte suchen**

  Auch bei Suchen außerhalb des Index werden Stichwörter überall in Dateien gesucht. Dies verlangsamt die Suche sehr stark, wenn Sie Orte wie Wechseldatenträger oder USB-Sticks durchsuchen, die nicht vom Index erfasst sind, weil Windows jetzt jede einzelne Datei öffnen und einlesen muss.

- **Immer nur Dateinamen suchen**

  Stichwörter werden immer nur in Dateinamen gesucht.

Wenn die Suche den Computer verlangsamt ...

Damit der Suchindex stets aktuell ist, wird der Index immer dann aktualisiert, wenn der Computer sonst nichts zu tun hat. Allerdings kann es dennoch geschehen, dass der Suchindex den Computer spürbar verlangsamt. Häufigstes Indiz ist dann eine längere Festplattenaktivität.

Möchten Sie die Leistung für den Suchindex reduzieren, geschieht dies über die Energieoptionen (Kapitel 7).

Natürliche Sprache in Suchabfragen

Aktivieren Sie das Kontrollkästchen *Unter Verwendung natürlicher Sprache suchen*, akzeptiert das Schnellsuchfeld Eingaben, die der menschlichen Sprache wesentlich ähnlicher sind als normale Suchabfragen.

Mit der AQS-Abfrage *kind:document autor:tobias änderungsdatum:>1.1.2008 Zitronenkuchen* finden Sie alle Dokumente aus der Feder von Tobias, die nach dem 1.1.2008 entstanden sind und das Wort *Zitronenkuchen* enthalten.

Wenn Sie den Abschnitt »Advanced Query Syntax nutzen« weiter vorne in diesem Kapitel gelesen haben, werden Sie diese Art der Abfrage leicht verstehen, aber besonders intuitiv ist sie auf den ersten Blick nicht.

Schalten Sie das Kontrollkästchen für die natürliche Suche ein, könnten Sie dasselbe Resultat auch so bekommen: *Dokumente mit Zitronenkuchen von Tobias nach dem 1.1.2008*. Das klingt schon sehr viel intuitiver. Aber warum ist die Option dann als Vorgabe abgeschaltet?

Weil es schwierig sein kann, natürliche Sprache in richtige Suchabfragen umzusetzen, und weil Sie auf diese Weise durchaus auch einmal vollkommen falsche oder gar keine Ergebnisse erhalten. Die AQS dagegen ist für den Anwender sehr viel leichter zu durchschauen, sodass sich Fehler hier besser finden lassen.

Weitere Fragen

Je länger man sich mit dem Suchindex beschäftigt, desto mehr Fragen tauchen auf: Findet er auch Daten im Netzwerk? Wie leistungsfähig ist er überhaupt? Und wo sind eventuelle Fallen?

Welche Daten werden erfasst?

Das Dialogfeld in Abbildung 6.15 beantwortet die wichtige Frage, welche Daten Sie überhaupt mit dem Suchindex finden können.

Der Suchindex erfasst anfangs nur Informationen, die lokal auf Ihrem Computer gespeichert sind. Er kann also keine Dateien finden, die im Netzwerk auf einer Netzfreigabe liegen.

Allerdings funktioniert das über einen Umweg trotzdem. In der Liste der erfassten Orte befinden sich auch die Offlinedateien, und wenn Sie Netzlaufwerke offline verfügbar machen, speichert Ihr Computer eine lokale Kopie. Jetzt findet der Index also auch Netzwerkdaten.

Ebenfalls möglich, aber möglicherweise langsam: Fügen Sie einen UNC-Pfad (einen Netzwerkpfad also, der mit zwei umgekehrten Schrägstrichen beginnt) auf einen Netzwerkordner zu den zu indizierenden Orten (siehe Abbildung 6.15) hinzu. In künftigen Windows-Server-Versionen wird eine direkte Indexunterstützung vorhanden sein, mit der ein Computer seine Suchabfrage an den Suchindex des Servers übergibt und deshalb nicht selbst den Server durchsuchen muss.

Ein Problem kann entstehen, wenn Sie innerhalb einer Firma eine zentrale Kommunikationslösung wie Microsoft Exchange verwenden und der Suchindex die E-Mail-Nachrichten der Anwender direkt in Exchange indiziert.

Falls dies zu einer erhöhten Serverlast führt, kann die direkte Indizierung auf dem Server per Gruppenrichtlinie unterbunden werden. Verwenden Sie im Zweifelsfall den *Cached Mode* in Microsoft Outlook.

Wie leistungsfähig ist der Indexdienst?

Auf einem durchschnittlichen Computer lagern in der Regel zwischen 3.000 und 50.000 Dokumente, die vom Suchindex erfasst werden. Ausgelegt ist der Suchindex jedoch für weit mehr als drei Millionen Elemente und liefert deshalb genügend Leistungsreserven.

Die Suchengine selbst ist in der Lage, gleichzeitig mehrere Suchabfragen zu bearbeiten, sodass Sie aus verschiedenen Fenstern heraus suchen können, ohne warten zu müssen. Auch fremde Programme können sich in den Suchindex einklinken und dessen Möglichkeiten ausnutzen.

Sind meine Daten sicher?

Der Suchindex erfasst Schlüsselwörter, die in Ihren Dokumenten vorkommen, und wenn Ihre Dokumente vertraulich sind, sollten diese Schlüsselwörter ebenfalls vertraulich bleiben.

Deshalb werden die Schlüsselwörter nicht im Klartext in der Datenbank des Suchindexes gespeichert, sondern mit der Sicherheits-ID des jeweiligen Benutzers verschlüsselt. Noch mehr Datenschutz ist möglich, indem Sie das »Verschlüsselnde Dateisystem« (EFS) einsetzen und den Index damit verschlüsseln.

Zusammenfassung

Der in Windows integrierte Suchindex erfasst alle wichtigen Informationen auf Ihrem Computer und kann blitzschnell Auskunft erteilen, wo sich gesuchte Informationen befinden. Dabei beschränkt sich die Suche nicht auf Dateien und findet auch E-Mails oder andere Informationen. Softwarehersteller können für ihre eigenen Informationsspeicher Erweiterungen hinzufügen, damit auch diese vom Suchindex erfasst werden.

Im einfachsten Fall geben Sie zur Suche Stichwörter in die Schnellsuchfelder ein, die sich im Startmenü und allen Explorer-Fenstern befinden. Wollen Sie genauer suchen, verwenden Sie die Abfragesprache *Advanced Query Syntax* (AQS) oder schalten die natürliche Suche ein.

Noch treffsicherer wird die indexbasierte Suche, wenn Sie eigene Markierungen an Dateien heften. Als gespeicherte Suchen können Sie diese Abfragen dann so oft ausführen wie nötig, ohne die Suche neu formulieren zu müssen.

Nur wenn die gesuchten Informationen nicht an einem Ort lagern, der vom Index erfasst ist, kann die Suche länger dauern, und Sie sollten überlegen, diesen Ort dem Index hinzuzufügen.

Sie möchten ...	So gehen Sie vor	Sehen Sie sich dazu das Beispiel an auf
eine bestimmte Datei finden	Geben Sie im Startmenü ins Schnellsuchfeld ein oder mehrere Stichwörter ein, die im Dokument vorkommen, und klicken Sie auf *Suchen*	Seite 116
ein Programm finden und starten	Geben Sie im Startmenü den Namen des gesuchten Programms ein	Seite 116
eine bestimmte E-Mail-Nachricht finden	Wählen Sie im Startmenü *Suchen*, und klicken Sie auf *E-Mail*. Geben Sie dann Stichwörter ins Schnellsuchfeld ein.	Seite 118
mehrere Stichwörter kombinieren	Fassen Sie die Stichwörter in runde Klammern	Seite 120
nach Datumsbereichen suchen	Verwenden Sie Schlüsselbegriffe wie »heute« oder »letzten Monat«	Seite 121
einer Datei eine Markierung hinzufügen	Klicken Sie die Datei im Windows-Explorer an, und fügen Sie die Markierung im Detailbereich am unteren Fensterrand hinzu	Seite 121
Bilder mit Sternen bewerten	Klicken Sie das Bild im Windows-Explorer an, und klicken Sie dann unten im Detailbereich auf die Sternebewertung. Klicken Sie danach auf *Speichern*.	Seite 123
eine Suche speichern	Klicken Sie in der Symbolleiste des Suchfensters auf *Suche speichern*	Seite 124
festlegen, welche Orte vom Index erfasst werden	Klicken Sie in der Symbolleiste des Suchfensters auf *Suchtools* und dann auf *Indexpfade ändern*	Seite 125
feststellen, ob der Index aktuell ist	Klicken Sie in der Symbolleiste des Suchfensters auf *Suchtools* und dann auf *Indexpfade ändern*	Seite 125
natürliche Sprache in Suchabfragen verwenden	Schalten Sie die Option für natürliche Suchabfragen ein	Seite 126

Tobias Weltner

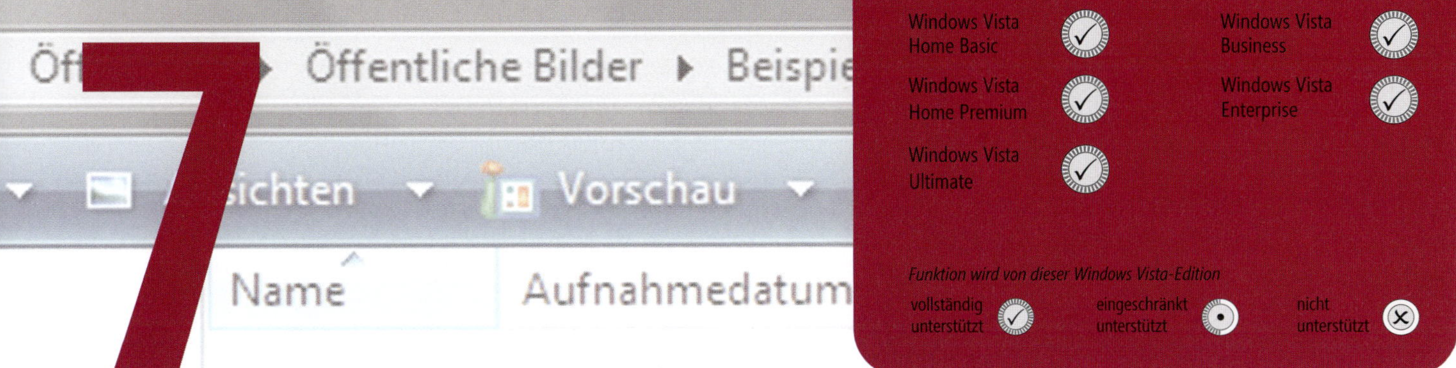

Windows Vista Home Basic	✓	Windows Vista Business	✓
Windows Vista Home Premium	✓	Windows Vista Enterprise	✓
Windows Vista Ultimate	✓		

Funktion wird von dieser Windows Vista-Edition
vollständig unterstützt – eingeschränkt unterstützt – nicht unterstützt

7 Die Systemsteuerung

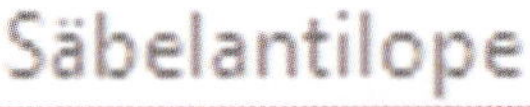

Bestandteil	Verweis
	System und Wartung Begrüßungscenter: Kapitel 1 Sichern und Wiederherstellen: Kapitel 44 System: Kapitel 1 Windows Update: Kapitel 41 Energieoptionen: In diesem Kapitel im Abschnitt »Energieoptionen« Indizierungsoptionen: Kapitel 6 Problemberichte und -lösungen: Kapitel 52 Leistungsinformationen und -tools: Kapitel 53 Geräte-Manager: Kapitel 48 Verwaltung: Kapitel 49 und 54
	Sicherheit Sicherheitscenter: Kapitel 39 Windows-Firewall: Kapitel 40 Windows Update: Kapitel 41 Windows-Defender: Kapitel 42 Internetoptionen: Kapitel 25 BitLocker-Laufwerksverschlüsselung: Kapitel 43
	Netzwerk und Internet Netzwerk- und Freigabecenter: Kapitel 30 Internetoptionen: Kapitel 25 Offlinedateien: Kapitel 32 Windows-Firewall: Kapitel 40 Personen in meiner Umgebung: Kapitel 34 Synchronisierungscenter: Kapitel 32 Bluetooth-Geräte: Kapitel 48
	Hardware und Sound Drucker: Kapitel 45 Automatische Wiedergabe: Kapitel 8 Sound: Kapitel 3 Maus: In diesem Kapitel Energieoptionen: In diesem Kapitel im Abschnitt »Energieoptionen« Anpassung: Kapitel 2 Scanner und Kameras: Kapitel 8 Tastatur: In diesem Kapitel Geräte-Manager: Kapitel 48 Gamecontroller: In diesem Kapitel im Abschnitt »Maus, Tastatur und Gamecontroller« Windows SideShow: Kapitel 10 Stift- und Eingabegeräte: Kapitel 38 Farbverwaltung: Kapitel 2 Bluetooth-Geräte: Kapitel 48 Tablet PC-Einstellungen: Kapitel 38

Tabelle 7.1 Hier erhalten Sie mehr Informationen zu den Bestandteilen der Systemsteuerung

Bestandteil	Verweis
	Programme Programme und Funktionen: Kapitel 47 Windows-Defender: Kapitel 42 Standardprogramme: Kapitel 47 Windows SideShow: Kapitel 10 Windows-Sidebar-Eigenschaften: Kapitel 2 Programme beziehen: Kapitel 47
	Mobil-PC Windows-Mobilitätscenter: Kapitel 36 Energieoptionen: In diesem Kapitel im Abschnitt »Energieoptionen« Anpassung: Kapitel 2 Tablet PC-Einstellungen: Kapitel 38 Stift- und Eingabegeräte: Kapitel 38 Synchronisierungscenter: Kapitel 32
	Benutzerkonten und Jugendschutz Benutzerkonten: Kapitel 22 Jugendschutz: Kapitel 22 Windows CardSpace: Kapitel 24
	Darstellung und Anpassung Anpassung: Kapitel 2 Taskleiste und Startmenü: Kapitel 3 Center für erleichterte Bedienung: In diesem Kapitel im Abschnitt »Center für erleichterte Bedienung« Ordneroptionen: Kapitel 4 Schriftarten: In diesem Kapitel im Abschnitt »Schriftarten« Windows-Sidebar-Eigenschaften: Kapitel 2
	Zeit, Sprache und Region Datum und Uhrzeit: Kapitel 3 Regions- und Sprachoptionen: In diesem Kapitel im Abschnitt «Regions- und Sprachoptionen«
	Erleichterte Bedienung Center für erleichterte Bedienung: In diesem Kapitel im Abschnitt »Center für erleichterte Bedienung« Spracherkennungsoptionen: In diesem Kapitel im Abschnitt »Die Spracheingabe verwenden«
	Weitere Optionen In diesem Bereich werden Erweiterungen von Drittanbietern angezeigt, falls vorhanden

Tabelle 7.1 Hier erhalten Sie mehr Informationen zu den Bestandteilen der Systemsteuerung *(Fortsetzung)*

Die Systemsteuerung organisiert an einem zentralen Ort die verschiedensten Einstellungsmöglichkeiten Ihres Computers.

Sie finden in Tabelle 7.1 eine Aufstellung, wo Sie zu den einzelnen Funktionen der Systemsteuerung mehr in diesem Buch lesen können.

Abbildung 7.1 Die Systemsteuerung gruppiert Funktionen thematisch

Die Systemsteuerung verwenden

Sie öffnen die Systemsteuerung per Klick auf *Systemsteuerung* im Startmenü. Die Systemsteuerung unterteilt die Einstellmöglichkeiten in Gruppen mit grüner Überschrift und zeigt Informationen zu den Gruppen an, wenn Sie die Maus darüber bringen.

Hinweis 

Potenziell gefährliche Einstellungen sind mit einem bunten Schutzschild-Symbol markiert. Sie benötigen für diese Funktionen Administrator-Rechte. Einige Funktionen werden bei Ihnen je nach Windows Vista-Version möglicherweise nicht angezeigt. So wird der Jugendschutz beispielsweise ausgeblendet, wenn Ihr Computer an einer zentralen Firmendomäne angemeldet ist.

Gruppen fassen ähnliche Funktionen zusammen

Sie können nun entweder auf eine grüne Hauptüberschrift klicken, um detaillierter zu erfahren, welche Funktionen darin gruppiert sind. Oder Sie klicken direkt auf die blauen Einstellmöglichkeiten unter der grünen Überschrift. Hier führt die Systemsteuerung die wichtigsten Funktionen der jeweiligen Gruppe auf.

Klicken Sie zum Beispiel auf *Programme*, zeigt die Systemsteuerung nun alles rund um Programme an.

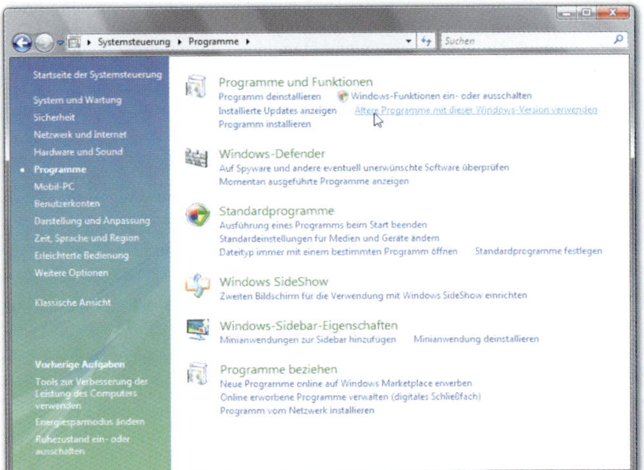

Abbildung 7.2 Klicken Sie auf eine Hauptüberschrift, erscheinen die darin gruppierten Funktionen

Die Navigationsleiste zeigt, wo Sie gerade sind

Die Navigationsleiste am oberen Rand zeigt jeweils an, wo Sie sich gerade befinden. Möchten Sie einen Schritt zurückgehen, klicken Sie auf die blaue Zurück-Schaltfläche. Sie können wie im Windows-Explorer allgemein üblich auch per Klick direkt ins Adressfeld zu einem benachbarten Ort navigieren.

Die Zusatzspalte hilft bei der Orientierung

Links zeigt die Systemsteuerung eine Zusatzspalte an. Ganz oben erreichen Sie mit *Startseite der Systemsteuerung* immer wieder den Ausgangspunkt. Darunter finden Sie die Hauptthemenbereiche. Falls Sie sich in den vielen Einstellungen also verirren, klicken Sie hier auf den Bereich, der Sie interessiert.

Im unteren Teil unter der Überschrift *Vorherige Aufgaben* listet die Systemsteuerung die Funktionen auf, die Sie kürzlich verwendet haben.

Möchten Sie lieber die klassische Ansicht verwenden, klicken Sie in der linken Spalte auf *Klassische Ansicht*. Die Systemsteuerung zeigt Ihnen jetzt alle Funktionen als einzelne Symbole an.

Klassische Ansicht

Die klassische Ansicht zeigt die Systemsteuerung so wie bei älteren Windows-Versionen. Möchten Sie die klassische Ansicht nicht verwenden, klicken Sie in der linken Spalte auf *Startseite der Systemsteuerung*, um die moderne neue Ansicht zu verwenden.

Nach Stichwörtern suchen

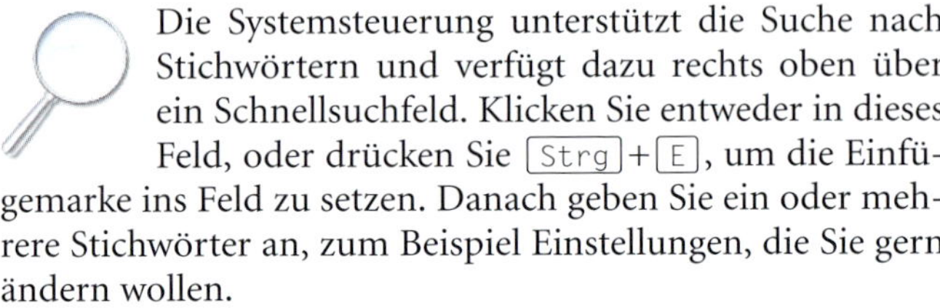

Die Systemsteuerung unterstützt die Suche nach Stichwörtern und verfügt dazu rechts oben über ein Schnellsuchfeld. Klicken Sie entweder in dieses Feld, oder drücken Sie Strg+E, um die Einfügemarke ins Feld zu setzen. Danach geben Sie ein oder mehrere Stichwörter an, zum Beispiel Einstellungen, die Sie gern ändern wollen.

Noch während Sie ein Stichwort wie *Auflösung*, *Netzwerk*, *Firewall* oder *BitLocker* eingeben, filtert die Systemsteuerung die verfügbaren Funktionen und zeigt nur noch solche an, die mit Ihrem Stichwort zu tun haben.

Geben Sie zum Beispiel das Stichwort »Programm« an, sehen Sie nun nicht nur, wie Sie Programme hinzufügen oder entfernen. Sie erfahren auch, wie Sie Programme online einkaufen, die Firewall für ein Programm durchlässig machen oder alle momentan ausgeführten Programme mit dem Windows-Defender anzeigen.

Tipp

Die Schnellsuche filtert die Anzeige ausgehend von dem Ort, an dem Sie sich befinden. Wenn Sie also wirklich alle Einstellmöglichkeiten zu einem bestimmten Stichwort finden wollen, gehen Sie zuerst auf die Startseite der Systemsteuerung und beginnen die Suche von dort.

Übrigens funktioniert die Schnellsuche auch in der klassischen Ansicht.

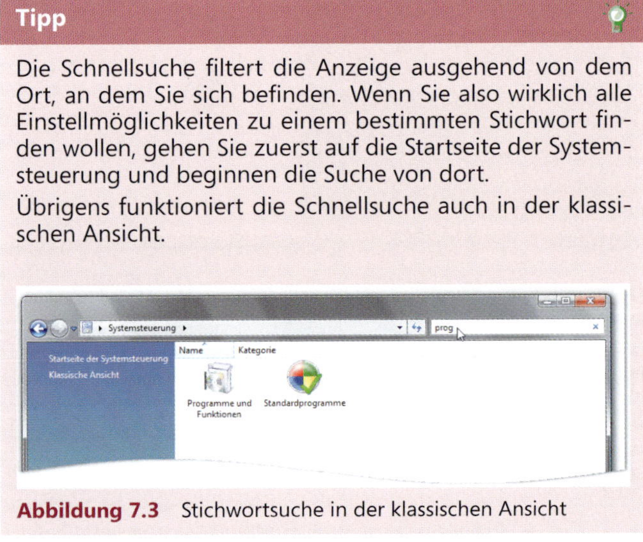

Abbildung 7.3 Stichwortsuche in der klassischen Ansicht

Möchten Sie den Suchfilter wieder abschalten, klicken Sie auf die Schaltfläche mit dem Kreuz hinter dem Suchbegriff.

Regions- und Sprachoptionen

Die *Regions- und Sprachoptionen* legen die landesspezifischen Konventionen für Ihren Computer fest. Das beginnt bei simplen Dingen wie dem Zahlenformat für Datums- oder Währungsangaben, kann aber auch die gesamte Benutzeroberfläche von deutsch auf spanisch oder japanisch umstellen.

Sie erreichen die Regions- und Sprachoptionen in der Systemsteuerung über die Gruppe *Zeit, Sprache und Region*. Klicken Sie auf *Regions- und Sprachoptionen*, um das gleichnamige Dialogfeld zu öffnen.

Datums- und Währungsformate

Auf der Registerkarte *Formate* bestimmen Sie, wie Zahlen, Währungen und Uhrzeiten formatiert werden. Sie können dazu ein Länderformat aus dem Listenfeld auswählen oder ein Format mit der Schaltfläche *Dieses Format anpassen* selbst gestalten.

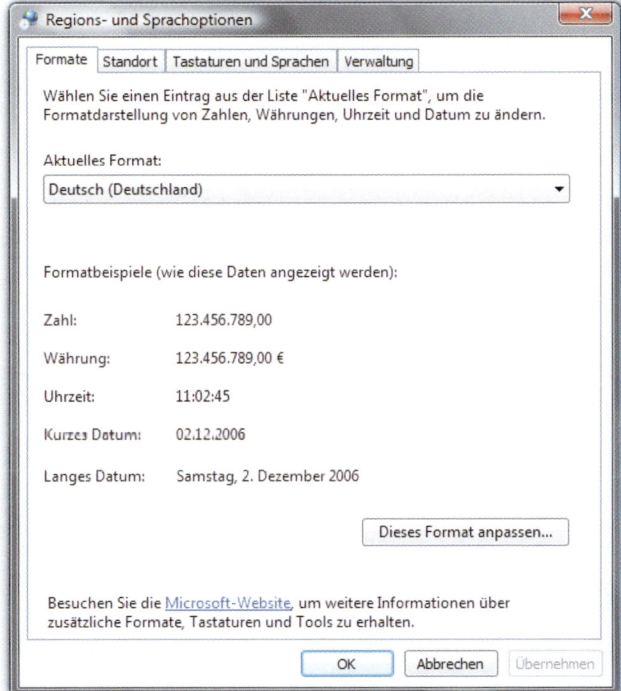

Abbildung 7.4 Legen Sie fest, wie Datumsangaben und Währungsformate aussehen sollen

Im unteren Teil sehen Sie Formatbeispiele, die zeigen, wie die aktuellen Einstellungen aussehen.

PROFITIPP

In manchen Fällen kann es hilfreich sein, das aktuelle Format vorübergehend auf *Englisch* einzustellen, besonders wenn Sie Tabulator- oder Komma-separierte Daten einlesen. Gelingt dies mit dem deutschen Format nicht, probieren Sie es mit dem englischen Format.

Standort

Die Registerkarte *Standort* enthält nur ein einzelnes Listenfeld, über das Sie festlegen, wo Sie sich gerade befinden. Programme können diese Standortinformationen abfragen und dann zum Beispiel Wetter- oder Reiseinformationen direkt für Ihren Standort anzeigen.

Tastaturlayout ändern

Das Dialogfeld *Textdienste & Eingabesprachen* verwaltet die Tastaturbelegung und kann sie auf Knopfdruck ändern. Geben Sie zum Beispiel mehrsprachige Texte ein, könnten Sie die Tastatur auf das jeweilige sprachtypische Layout umschalten. Auf englischsprachigen Tastaturen sind zum Beispiel die Buchstaben »Y« und »Z« vertauscht. Sie öffnen das Dialogfeld, indem Sie auf der Registerkarte *Tastaturen und Sprachen* auf die Schaltfläche *Tastaturen ändern* klicken.

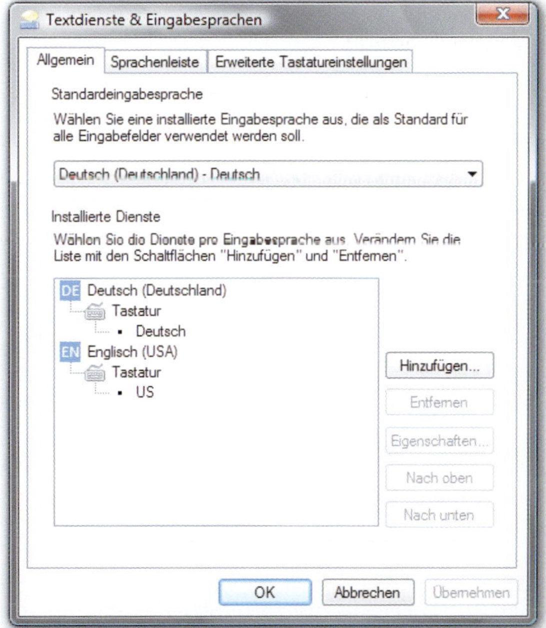

Abbildung 7.5 Andere Tastaturlayouts wählen

Die Standardsprache wird oben im Listenfeld eingestellt. Alle neu gestarteten Programme verwenden diese Sprache als Vorgabe.

Alternative Sprachen werden in der Liste darunter aufgeführt. Mit *Hinzufügen* installieren Sie weitere Sprachen hinzu.

PROFITIPP

Wenn Sie Sprachen hinzufügen, finden Sie für manche Sprachen wie *Deutsch* oder *Englisch* gleich mehrere Einträge. In Klammern steht dann dahinter, um welche Region es sich handelt, zum Beispiel *Deutschland* oder *Schweiz*. Diese Unterschiede können praktisch sein, denn meist gibt es feine Unterschiede in der Tastaturbelegung. In der Schweiz wird zum Beispiel die Kommataste auf dem numerischen Ziffernblock mit einem Dezimalpunkt belegt, in Deutschland mit einem Komma.

Sprachenleiste

Die Sprachenleiste zeigt die aktuell gewählte Sprache an und kann die Sprache umschalten. Mit der Registerkarte *Sprachenleiste* bestimmen Sie, wo die Sprachenleiste sichtbar sein soll, falls überhaupt. Haben Sie die Sprachenleiste in der Taskleiste eingeblendet, zeigt sie darin die aktuelle Sprache mit dem Landeskürzel an. Klicken Sie auf das Symbol, öffnet sich ein Menü mit allen installierten Sprachen, aus der Sie sich per Klick eine aussuchen.

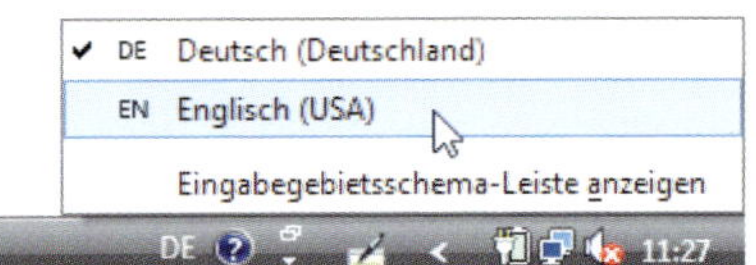

Abbildung 7.6 Umschaltung des Tastenlayouts mit der Sprachenleiste

Tastenkombination

Die Registerkarte *Erweiterte Tastatureinstellungen* verwaltet Tastenkombinationen, mit denen Sie schnell zwischen einzelnen Sprachen umschalten. Anfangs ist nur die Tastenkombination [Alt]+[⇧] festgelegt und wechselt zwischen den Eingabesprachen.

PROFITIPP

Diese Tastenkombination wird manchmal unabsichtlich gedrückt, und schon wundert sich der Anwender, warum seine Tastatur »defekt« ist und Tasten plötzlich die falschen Zeichen liefern. Wollen Sie solche Probleme vermeiden, entfernen Sie die Tastenkombination sowie alle zusätzlichen Sprachen, falls Sie ohnehin nie die Sprache wechseln wollen.

Mit der Schaltfläche *Tastenkombination ändern* ändern Sie die eingestellten Tastenkombinationen und können einzelnen Sprachen eigene Tastenkombinationen zuweisen.

Tastenlayout völlig frei gestalten

Windows Vista enthält keine Möglichkeit, das Tastaturlayout völlig umzukrempeln, obwohl das manchmal wünschenswert wäre. Hierzu können Sie aber zum Beispiel das Tool *Remapkey* aus dem Windows Resource Kit einsetzen, oder Sie suchen im Internet nach *remap keyboard* und werden sicher weitere Tools finden. Mit diesen Tools ist es möglich, unerwünschte Tasten abzuschalten und fehlende Tasten nachzurüsten.

Viele Anwender empfinden zum Beispiel die so genannte Umschaltfeststelltaste als lästig. Um die Taste abzuschalten, kann man sie einfach mit einer anderen Taste belegen. In *Remapkey* zieht man dazu per Drag & Drop aus der oberen Tastatur die gewünschte Taste auf die untere Tastatur und lässt sie über der Taste fallen, die neu belegt werden soll. Als Ersatztaste eignet sich zum Beispiel die [⊞]-Taste, die sich gleichzeitig so nachrüsten lässt, falls sie auf Ihrer Tastatur fehlen sollte.

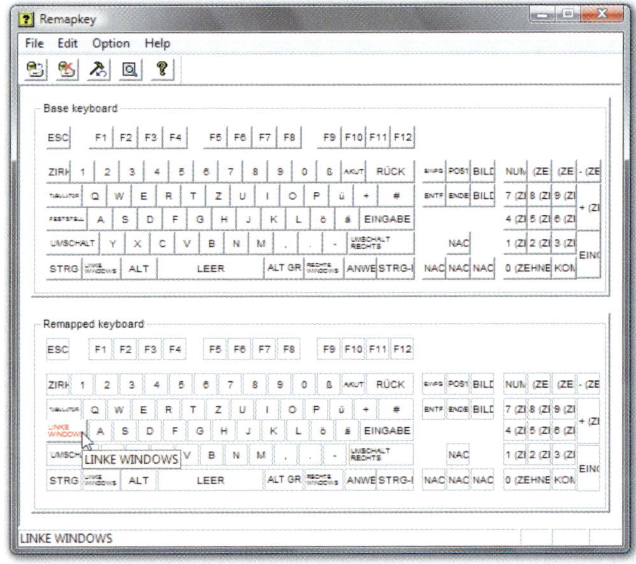

Abbildung 7.7 Tools wie Remapkey können die Tastaturbelegung komplett ändern

Andere Sprachen für die Benutzeroberfläche

Möchten Sie eine andere Sprache für die Windows-Oberfläche verwenden, holen Sie die Registerkarte *Tastaturen und Sprachen* in den Vordergrund. Im unteren Teil können Sie sich nun die gewünschte Sprache aussuchen.

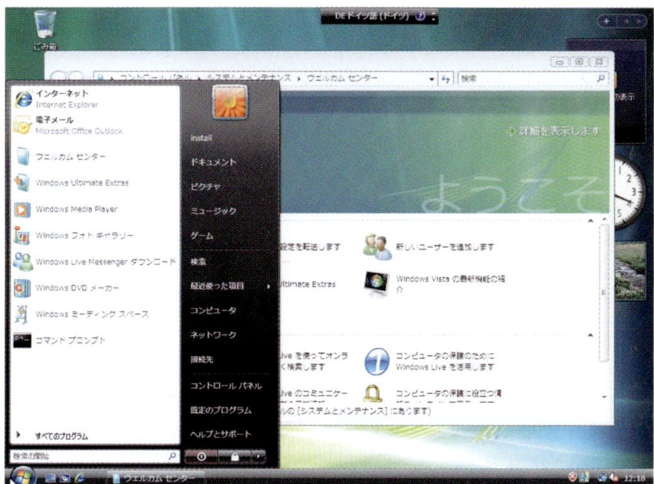

Abbildung 7.8 Sind mehrere Sprachpakete installiert, lässt sich problemlos die Sprache ändern

Ist bisher noch keine weitere Sprache installiert, klicken Sie auf die Schaltfläche *Sprachen installieren/deinstallieren*. Jetzt können Sie Sprachpakete nachrüsten oder wieder entfernen.

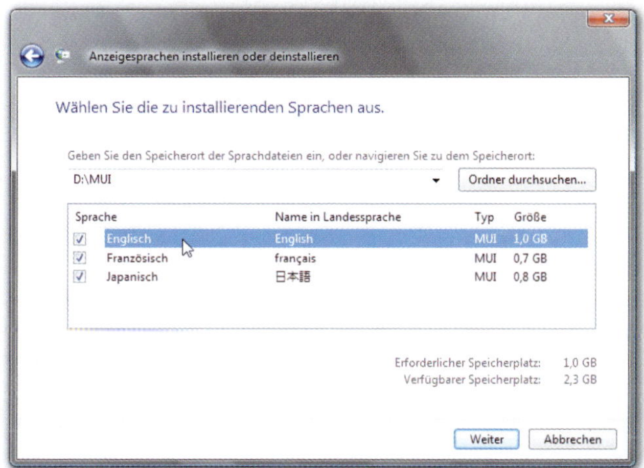

Abbildung 7.9 Eine andere Sprache nachinstallieren

Dabei gibt es zwei verschiedene Sprachpaketformate:

- **Multilingual User Interface (MUI)** Diese Pakete enthalten eine vollständige Übersetzung der gesamten Windows-Oberfläche, sind aber an besondere Lizenzvereinbarungen gebunden und stehen deshalb nur bei *Windows Vista Ultimate* und *Windows Vista Enterprise* zur Verfügung.
- **Language Interface Pack (LIP)** Diese Pakete übersetzen nur die hauptsächlichen Bereiche der Windows-Oberfläche und sind lizenzfrei auf allen Windows Vista-Versionen einsetzbar.

Energieoptionen

Die *Energieoptionen* steuern, wie stark Ihr Computer Energie sparen soll. Wenn Sie zum Beispiel mit einem Notebook unterwegs sind, können Sie so die Laufzeit des Akkus deutlich verlängern – und Ihre Daten schützen, sobald sich die Akkukapazität dem Ende zuneigt. Darüber hinaus bestimmen die Energieoptionen auch, wie viel Leistung Ihres Computers für den Suchindex verwendet werden darf. Energiesparfunktionen gehen meist zu Lasten der Leistungsfähigkeit. Ihr Computer wird also unter Umständen langsamer, und auch die Helligkeit des Displays kann abgesenkt werden, wenn Sie sehr viel Energie einsparen.

Deshalb stehen Ihnen drei verschiedene Energiesparpläne zur Verfügung, zwischen denen Sie jederzeit wechseln können. Mit einem Klick auf *Energiesparplaneinstellungen ändern* unter dem jeweiligen Energiesparplan bestimmen Sie detailliert, wie der Energiesparplan Energie spart.

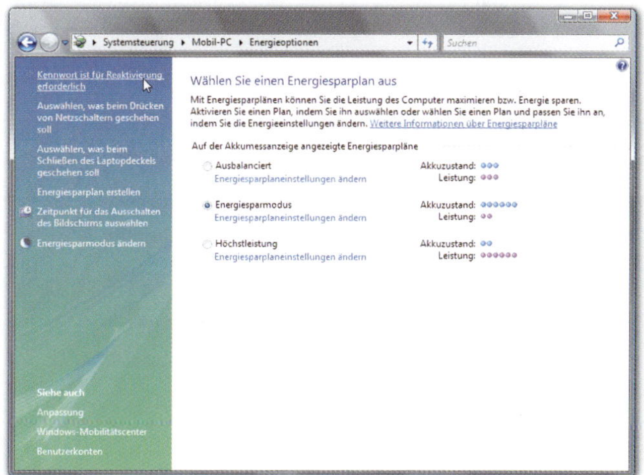

Abbildung 7.10 Wählen Sie aus, wie stark der Computer Energie sparen soll

In der linken Spalte finden Sie weitere Einstellmöglichkeiten, mit denen Sie zum Beispiel festlegen, ob ein Kennwort nötig ist, um den Computer aus dem Standbymodus zu wecken, und was genau passieren soll, wenn Sie den Netzschalter drücken. Hier können Sie auch zusätzliche Energiesparpläne definieren.

Den Energiesparplan wechseln

Sie können den Energiesparplan jederzeit wechseln. Das funktioniert auch aus dem Mobilitätscenter heraus, das Sie über [⊞]+[X] öffnen. Oder Sie klicken auf die Akkuanzeige im Infobereich der Taskleiste.

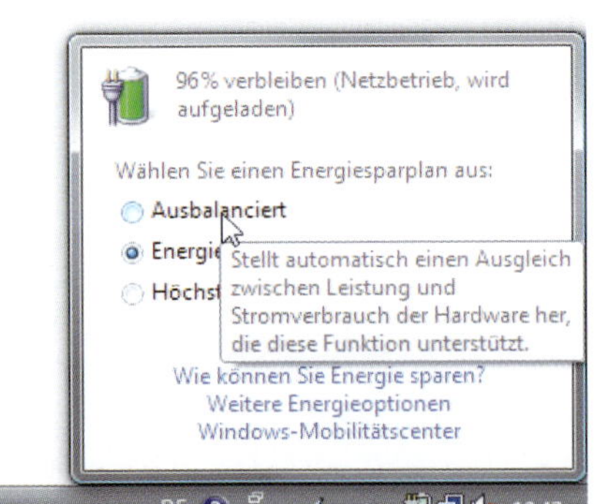

Abbildung 7.11 Der Energiesparplan kann auch über das Akkusymbol in der Taskleiste gewechselt werden

Energiesparplan ändern

Möchten Sie genauer erfahren, wie ein Energiesparplan Energie spart und den Energiesparplan ändern, klicken Sie unterhalb des Energiesparplans in Abbildung 7.4 auf *Energiesparplaneinstellungen ändern*. Sie können nun getrennt für Akku- und Netzbetrieb festlegen, wann der Bildschirm ausgeschaltet und der Energiesparmodus aktiviert wird.

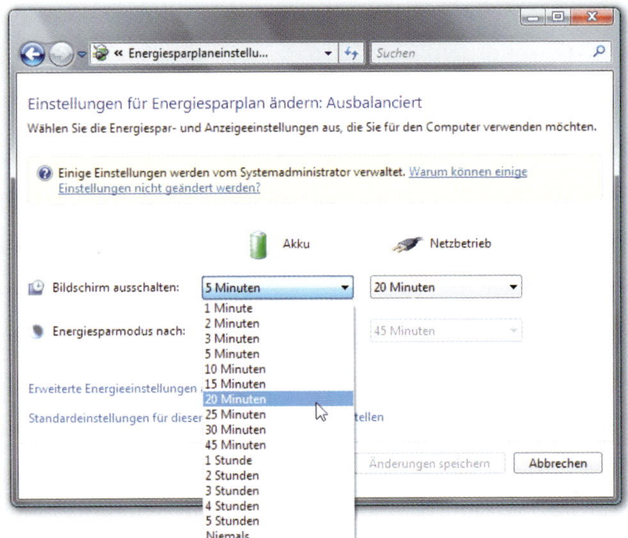

Abbildung 7.12 Die Einstellungen eines Energiesparplans ändern

Falls einige oder alle Einstellungen des Energiesparplans von Gruppenrichtlinien eines Firmenadministrators vorgegeben wurden und nicht geändert werden können, sehen Sie im oberen Bereich einen gelben Hinweiskasten.

Noch mehr Einstellmöglichkeiten öffnen sich, wenn Sie auf *Erweiterte Energieeinstellungen* klicken. In einer Baumdarstellung werden jetzt sämtliche Energiesparmechanismen angezeigt, die Sie einzeln ändern können. Möchten Sie lieber die Standardeinstellungen verwenden, klicken Sie auf *Standardeinstellungen wiederherstellen*.

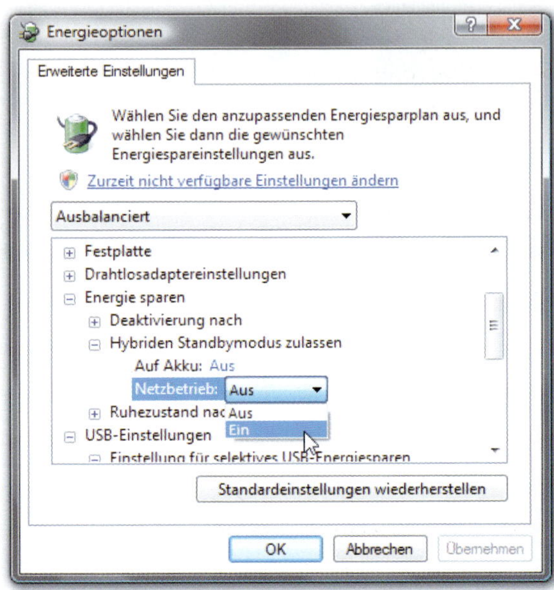

Abbildung 7.13 Detailliert festlegen, wie der Energiesparplan Energie einsparen soll

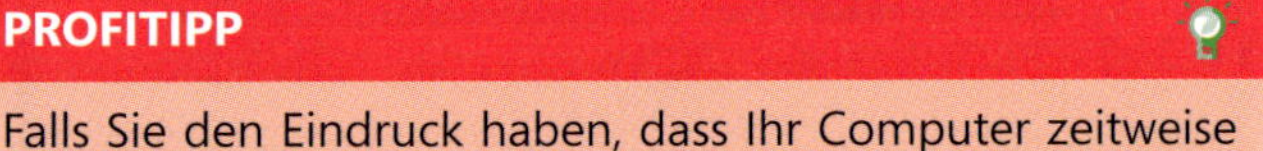

Falls Sie den Eindruck haben, dass Ihr Computer zeitweise sehr langsam und träge reagiert, kann der Suchindex Schuld sein. Klicken Sie in diesem Fall in der Baumdarstellung der Einstellmöglichkeiten auf *Suche und Indizierung*, und wählen Sie hier eine andere Einstellung aus.

Der hybride Energiesparmodus

Der *hybride Energiesparmodus* in Abbildung 7.13 ist eine Neuerung. Er kombiniert die klassischen Energiesparmodi *Standby* und *Ruhezustand*. Ist der hybride Energiesparmodus aktiv und Sie versetzen den Computer in den Energiesparmodus, schaltet er sich sofort in den Standbymodus, in dem nur noch sehr wenig Strom verbraucht wird und aus dem Sie den Computer in wenigen Sekunden wieder wecken können.

Gleichzeitig wird ein Speicherabbild auf der Festplatte gespeichert. Sollte der Strom ausfallen oder der Computer ganz ausgeschaltet werden, wird so der aktuelle Zustand sicher gespeichert, und wenn Sie den Computer später wieder einschalten, lädt er das Speicherabbild von der Festplatte.

Bei Notebooks ist der hybride Energiesparmodus zunächst ausgeschaltet. Weil akkubetriebene Computer kein Opfer von Stromausfällen werden können, wird der Computer hier in der Regel nur in den Standbymodus versetzt und kein Speicherabbild auf der Festplatte gespeichert. Das spart Strom. Sollte das Notebook so lange im Standbymodus bleiben, bis die Akkukapazität sich dem Ende neigt, wacht das Notebook automatisch rechtzeitig auf und legt jetzt ein Speicherabbild an. Danach schaltet sich das Notebook aus.

Netzschalter-Funktion festlegen

Brauchen Sie den Computer eine Weile nicht, können Sie ihn sehr bequem in den Energiesparmodus versetzen. Dazu klicken Sie in Abbildung 7.10 in der linken Spalte auf *Kennwort ist für Reaktivierung erforderlich.*

Jetzt bestimmen Sie über Listenfelder getrennt für Akku- und Netzbetrieb, was geschehen soll, wenn Sie den Netzschalter drücken, die Energiespartaste drücken oder ein Notebook zuklappen.

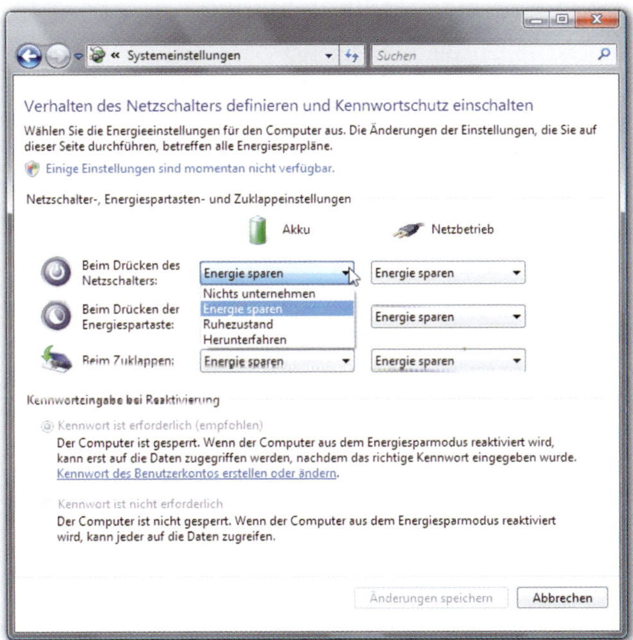

Abbildung 7.14 Legen Sie fest, was geschieht, wenn Sie den Netzschalter drücken oder das Notebook zuklappen

Diese Auswahlmöglichkeiten haben Sie:

- **Nichts unternehmen** Nichts passiert
- **Energie sparen** Der Computer verwendet den Energiesparmodus, den Sie in Abbildung 7.13 festgelegt haben. Bei Notebooks ist das normalerweise der Standbymodus, bei normalen Computern der hybride Energiesparmodus.
- **Ruhezustand** Der Computer legt ein Speicherabbild an und schaltet sich danach aus. Wenn Sie den Computer wieder einschalten, lädt er das Speicherabbild und befindet sich wieder genau dort, wo Sie ihn verlassen haben.
- **Herunterfahren** Der Computer beendet alle Programme und fährt herunter. Danach schaltet er sich aus. Wenn Sie ihn wieder einschalten, wird Windows komplett neu gestartet, was länger dauert.

Im Abschnitt *Kennworteingabe bei Reaktivierung* direkt darunter können Sie bestimmen, ob der Computer nach dem Aufwachen erneut die Anmeldeseite zeigt, sodass Sie sich mit Ihrem Kennwort ausweisen müssen. Diese Einstellungen sind besonders geschützt. Um sie zu ändern, klicken Sie auf *Einige Einstellungen sind momentan nicht verfügbar* und weisen sich mit Administratorrechten aus.

Noch genauer legen Sie diese Einstellungen fest, wenn Sie wie in Abbildung 7.13 die erweiterten Energieoptionen öffnen und dann auf das Pluszeichen vor *Netzschalter und Laptopdeckel* klicken. Jetzt können Sie auch festlegen, wie sich der Ausschalter im Startmenü verhalten soll.

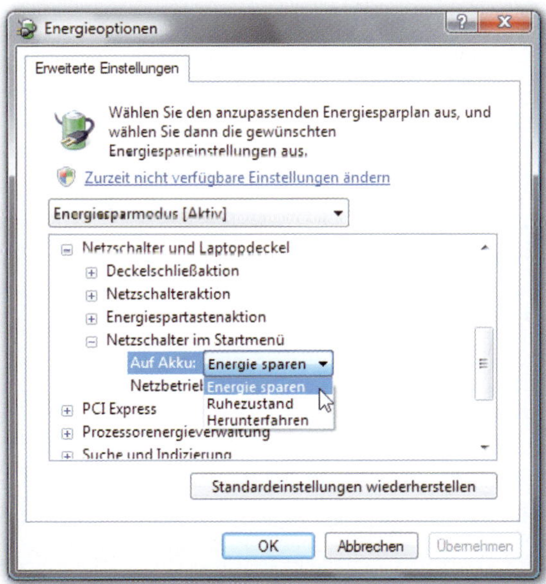

Abbildung 7.15 Abschaltfunktionen detailliert in den Energieoptionen festlegen

PROFITIPP

Der Ausschalter im Startmenü zeigt durch seine Farbe an, welche Funktion er verwendet. Ist er rot, wird der Computer heruntergefahren und dabei werden alle Programme geschlossen. Ist er orange, wird der aktuelle Zustand eingefroren, und Sie brauchen keine Programme zu schließen oder Dokumente zu speichern.

Automatische Energiesparfunktionen

Die *Erweiterten Energieoptionen* aus Abbildung 7.13 legen auch fest, ob und wann sich der Computer von ganz allein abschaltet.

Abschaltung nach langem Leerlauf

Im Zweig *Energie sparen/Deaktivierung nach* legen Sie die Leerlaufzeiten fest. In den Vorgaben schaltet sich der Computer bei Akkubetrieb nach 15 Minuten Leerlauf und bei Netzbetrieb nach 45 Minuten Leerlauf von allein in den Energiesparmodus, also entweder in den Standbymodus oder in den hybriden Energiesparmodus, wenn Sie den wie in Abbildung 7.13 eingeschaltet haben.

Im Zweig *Energie sparen/Ruhezustand nach* wird festgelegt, wann sich der Computer komplett ausschalten soll. In den Vorgaben legt er nach 1.080 Minuten (oder 18 Stunden) automatisch ein Speicherabbild an und schaltet sich danach vollständig aus.

Abschaltung bei leerem Akku

Bei akkubetriebenen Computern gibt es außerdem einen mehrstufigen Notfallplan für niedrige Akkustände. Dabei unterscheidet Windows Vista zwischen einer niedrigen und einer kritischen Akkukapazität.

Niedrige Akkukapazität bedeutet in den Voreinstellungen 10% Restkapazität. Sie können dann eine Meldung ausgeben und eine Aktion einleiten. In den Voreinstellungen warnt Sie Windows Vista bei niedriger Akkukapazität, unternimmt aber (noch) nichts.

Eine kritische Akkukapazität liegt vor, wenn der Akku nur noch 5% Restkapazität aufweist. Auch für diesen Zustand kann eine Aktion festgelegt werden. In der Vorgabe leitet der Computer dann den Ruhezustand ein, speichert also ein Abbild und schaltet sich aus.

Alle Einstellungen dazu – die Definition der Grenzwerte und die Art der Aktionen – können Sie im Zweig *Akku* sehen und ändern.

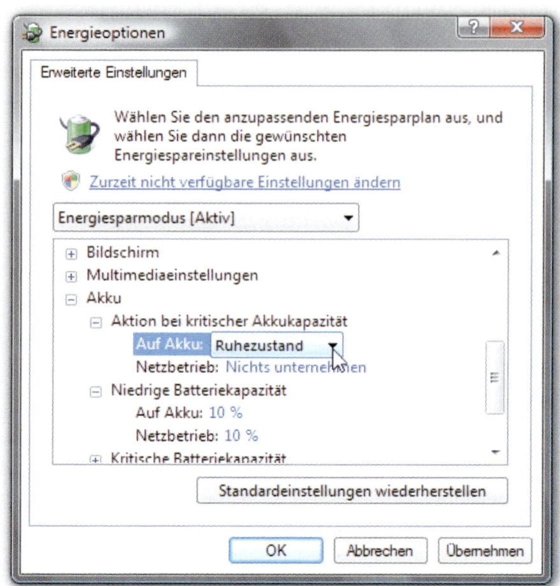

Abbildung 7.16 Im Zweig Akku legen Sie fest, was bei niedriger und kritischer Akkukapazität passiert

Eigene Energiesparpläne anlegen

Genügen Ihnen die drei Energiesparpläne aus Abbildung 7.10 nicht, klicken Sie in der linken Spalte auf *Energiesparplan erstellen*. Geben Sie nun unten ins Textfeld einen Namen für Ihren Energiesparplan ein, und klicken Sie auf *Weiter*.

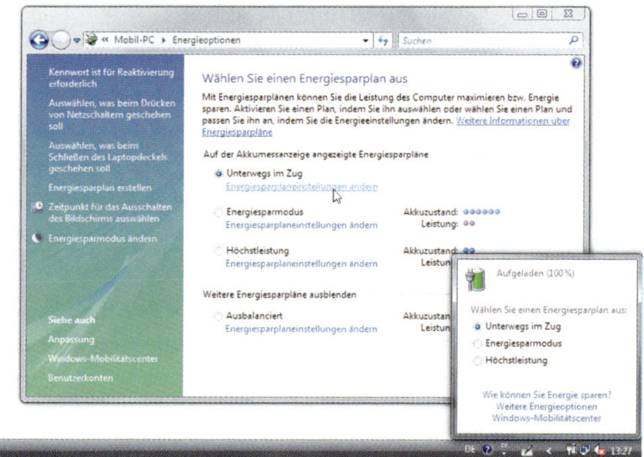

Abbildung 7.17 Nur die drei obersten Pläne werden in der Akkuanzeige angeboten

Legen Sie nun die Grundeinstellungen des neuen Energiesparplans fest. Die drei obersten Energiesparpläne haben dabei eine besondere Bedeutung, denn nur sie werden in der

Liste angezeigt, die ein Klick auf das Akkusymbol in der Taskleiste öffnet.

Energiesparpläne löschen

Der aktive Energiesparplan kann nicht gelöscht werden. Auch die vordefinierten Energiesparpläne lassen sich nicht löschen. Wählen Sie einen selbstdefinierten Energiesparplan aus.

Danach klicken Sie unter dem Plan, den Sie löschen wollen, auf den Link *Energiesparplaneinstellungen ändern*. Sie sehen jetzt die Einstellungen des Energiesparplans. Klicken Sie dann unten auf den Link *Energiesparplan löschen*.

Maus, Tastatur und Gamecontroller

Die Feineinstellungen für die Maus, die Tastatur und den Gamecontroller finden Sie in der Systemsteuerung in der Gruppe *Hardware und Sound*.

Maustasten und Mauszeiger

Klicken Sie darin auf *Maus*, öffnet sich das Dialogfeld *Eigenschaften von Maus*. Darin finden Sie mindestens diese vier Registerkarten:

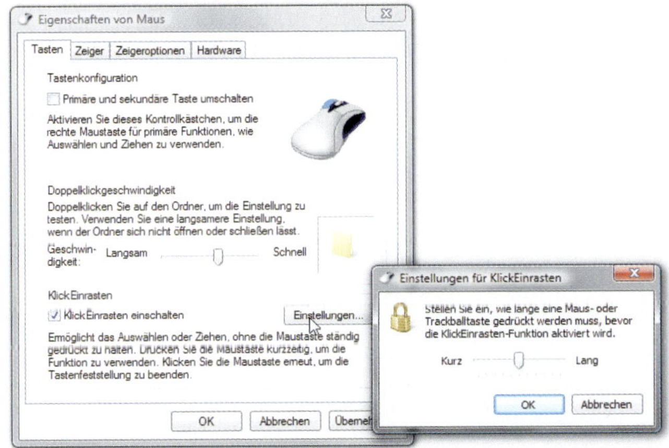

Abbildung 7.18 Justieren Sie die Doppelklickgeschwindigkeit und die KlickEinrasten-Funktion

- **Tasten** Vertauscht die Bedeutung der linken und rechten Maustaste, zum Beispiel für Linkshänder. Legt fest, wie schnell Sie hintereinander klicken müssen, damit Windows dies als Doppelklick versteht. Aktiviert *KlickEinrasten*. Damit können Sie Elemente per Drag & Drop bewegen, ohne dabei ständig die linke Maustaste festhalten zu müssen.
- **Zeiger** Hier können Sie dem Mauszeiger ein anderes Aussehen geben und festlegen, ob der Mauszeiger einen Schatten werfen soll oder nicht. Öffnen Sie einfach das Listenfeld, und suchen Sie sich ein Schema aus. Wenn Sie wollen, können Sie den Mauszeiger genauso aussehen lassen wie bei Windows 98.
- **Zeigeroptionen** Hier finden Sie Einstellungen, um sich die Arbeit mit der Maus einfacher zu machen. So können Sie die Mausgeschwindigkeit justieren und auf großen Bildschirmen ein Ortungssystem aktivieren, mit dem Sie die Maus leicht wiederfinden, wenn Sie die `Strg`-Taste drücken.
- **Hardware** Liefert Informationen über die angeschlossene Maus.

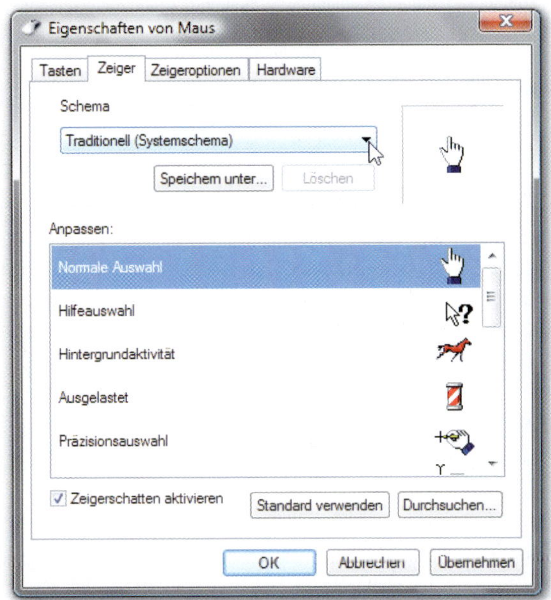

Abbildung 7.19 Windows Vista hat auch noch die Vorgänger-Mauszeiger an Bord

Tastatureinstellungen

Mit einem Klick auf *Tastatur* legen Sie kosmetische Aspekte fest wie die Blinkgeschwindigkeit der Einfügemarke und die Geschwindigkeit der Tastenwiederholung, wenn Sie eine Taste gedrückt halten.

Gamecontroller

Wählen Sie in der Liste einen Gamecontroller aus und klicken Sie auf die Schaltfläche *Eigenschaften*, um seine Einstellungen zu sehen. Über die Schaltfläche *Erweitert* legen Sie Ihren Lieblingsgamecontroller fest, wenn Sie mehrere verwenden. Ältere Spiele haben Schwierigkeiten, mehrere Gamecontroller zu verwenden und greifen dann auf den Controller zu, den Sie hier festgelegt haben.

Schriftarten

Alle installierten Schriftarten sehen Sie, wenn Sie in der Systemsteuerung die Gruppe *Darstellung und Anpassung* öffnen und auf *Schriftarten* klicken.

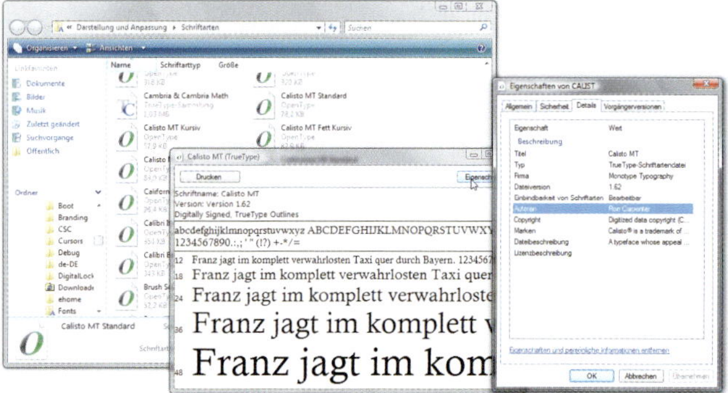

Abbildung 7.20 Details zu einer Schriftart öffnen

Möchten Sie neue Schriften installieren, ziehen Sie diese einfach in das Fenster der Schriftarten hinein. Sie können auch mit der rechten Maustaste auf eine freie Stelle im Fenster klicken und im Kontextmenü den Eintrag *Neue Schriftart installieren* wählen.

Center für erleichterte Bedienung

Das *Center für erleichterte Bedienung* hilft Ihnen, wenn Sie Schwierigkeiten haben, Windows Vista zu bedienen. Sie erreichen die Eingabehilfen über das spezielle blaue Symbol aber auch direkt auf der Anmeldeseite von Windows.

Im oberen Bereich listet das Fenster seine Hauptfunktionen auf, die Sie dort per Klick starten.

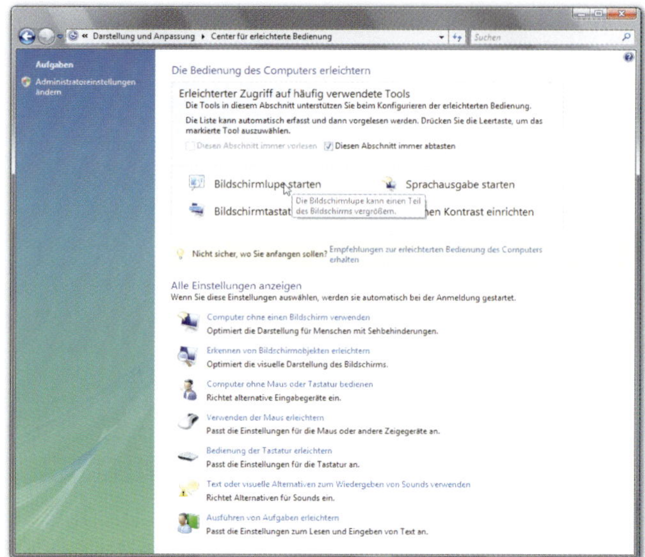

Abbildung 7.21 Das Center für erleichterte Bedienung

- **Bildschirmlupe** Im oberen Bereich des Bildschirms wird der Bereich rund um den Mauszeiger vergrößert angezeigt. Im Dialogfeld *Bildschirmlupe* legen Sie den Vergrößerungsfaktor fest. Die Größe des Vorschaubereichs passen Sie mit der Maus an: Bringen Sie sie auf die Grenze zum normalen Bildschirm, halten Sie die linke Maustaste fest, und ziehen Sie den Vorschaubereich auf eine neue Größe. Schließen Sie das Dialogfeld *Bildschirmlupe*, um die Lupe wieder abzuschalten.
- **Sprachausgabe** Vista liest den Inhalt von Dialogfeldern vor. Wird diese Option gewählt, erscheint das Dialogfeld *Microsoft Sprachausgabe*, in der genauer festgelegt wird, welche Texte Vista vorlesen soll. Über die Schaltfläche *Spracheinstellung* legen Sie Stimme und Sprechgeschwindigkeit fest.

- **Bildschirmtastatur** Das Dialogfeld *Bildschirmtastatur* öffnet sich und erlaubt Ihnen, Text ohne echte Tastatur per Mausklick einzugeben. Die Bildschirmtastatur kann auch nützlich sein, wenn keine Tastatur vorhanden ist, die angeschlossene Tastatur nicht richtig funktioniert oder Sie Sonderzeichen benötigen, die auf Ihrer Tastatur nicht vorhanden sind.
- **Hoher Kontrast** Die fließenden Farben werden gegen harte Kontraste ersetzt, die sich leichter lesen lassen.

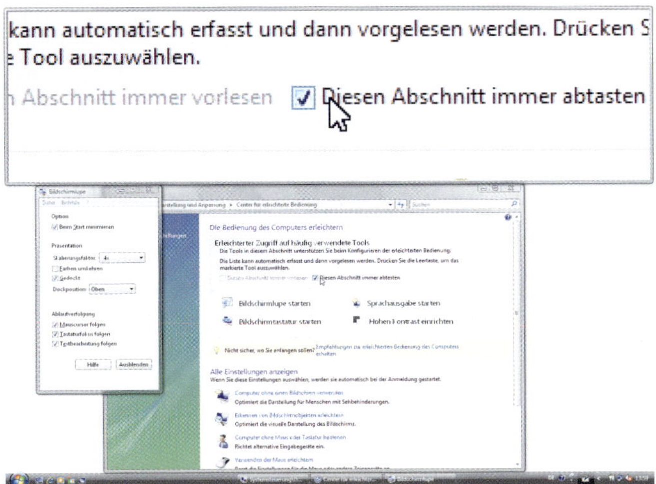

Abbildung 7.22 Die Bildschirmlupe vergrößert den Bereich rund um den Mauszeiger

Darunter findet sich eine Liste mit weiteren Erleichterungen, die Sie sich per Klick näher ansehen können.

Die Spracheingabe verwenden

Über ein Mikrofon und Spracheingaben können Sie Windows steuern und sogar Briefe ohne Tipparbeit diktieren. So erreichen Sie die Spracheingabe und nehmen sie in Betrieb:

1. Öffnen Sie das Startmenü und klicken Sie auf *Systemsteuerung*. Die Systemsteuerung öffnet sich.
2. Klicken Sie auf *Erleichterte Bedienung* und dann auf *Spracherkennungsoptionen*.

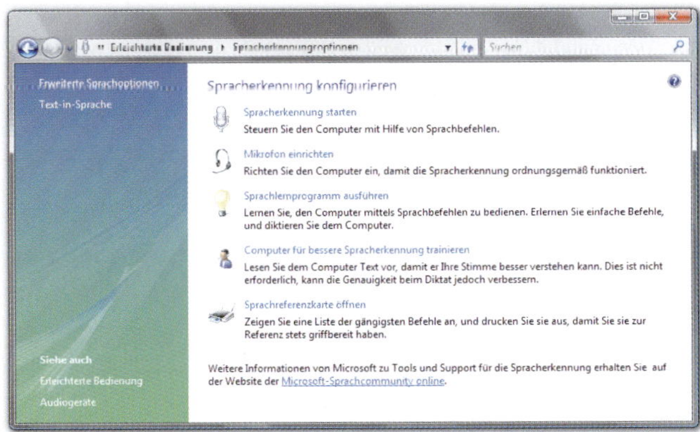

Abbildung 7.23 Hier finden Sie die Funktionen der Spracherkennung

Klicken Sie auf *Spracherkennung starten*. Wenn Sie dies zum ersten Mal tun, testet die Spracherkennung zuerst Ihr Mikrofon und führt dann das Sprachlernprogramm aus. Beide können Sie auch separat mit den Befehlen *Mikrofon einrichten* und *Sprachlernprogramm ausführen* starten.

Tipp 

Empfehlenswert ist die Anschaffung eines Headset-Mikrofons, das Sie im Computerzubehörhandel erhalten. Eingebaute Mikrofone funktionieren für die Spracherkennung selten gut, weil sie zu weit von Ihrem Kopf entfernt sind und deshalb zu viele Störgeräusche aufnehmen.

Sie verbessern die Zuverlässigkeit der Spracherkennung ganz erheblich, wenn Sie sie noch besser trainieren. Dazu klicken Sie auf *Computer für bessere Spracherkennung trainieren*. Jetzt werden Sie aufgefordert, einige Texte vorzulesen.

Das Sprachlernprogramm ausführen

Das Sprachlernprogramm zeigt Ihnen die Möglichkeiten der neuen Spracherkennung an zahlreichen Beispielen. Ganz nebenbei erlernt die Spracherkennung dabei Ihre persönliche Sprachmelodie.

Hinweis 

Sie werden in verschiedenen Lektionen gebeten, bestimmte Kommandos zu sprechen oder Text zu diktieren. Weichen Sie von diesen Vorgaben ab und diktieren zum Beispiel ganz anderen Text, dann erfasst Windows diesen Text nicht.

Vielmehr befindet sich die Spracherkennung im Augenblick im Lernmodus und erwartet die Spracheingaben genau so wie angegeben, um Ihre Sprachmelodie zu erkennen. Weichen Sie also nicht von den Vorgaben ab, damit Sie der Spracherkennung nicht versehentlich falsche Wörter beibringen.

Klicken Sie auf *Weiter*, um das Sprachlernprogramm zu starten. Folgen Sie dann den einfachen Beispielen, und geben Sie jeweils die vorgeschlagenen Kommandos ein, um zu sehen, was die Spracherkennung für Sie leisten kann.

Abbildung 7.24 Folgen Sie den Beispielen des Lernprogramms, um Ihre Sprache zu trainieren

Die Sprachreferenz öffnen

Die Spracherkennung verwendet einige eigene Befehle, die Sie kennen müssen. Um die Spracherkennung beispielsweise zu aktivieren, sagen Sie »Jetzt zuhören«. Wollen Sie die Spracherkennung wieder deaktivieren, dann sagen Sie »Nicht mehr zuhören«.

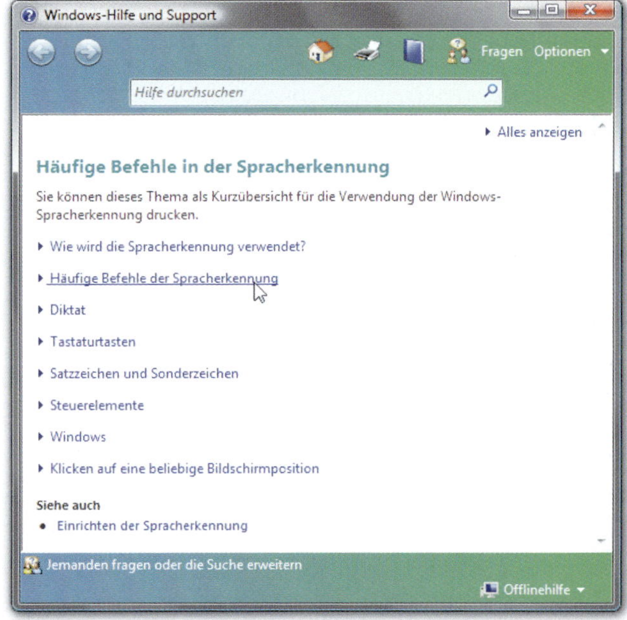

Abbildung 7.25 Die Sprachreferenzkarte zeigt Ihnen alle Sprachbefehle in der Übersicht

Weil man sich diese Kommandos erst mit der Zeit merkt, öffnet der Befehl *Sprachreferenzkarte öffnen* in Abbildung 7.23 eine Hilfe, in der alle wichtigen Befehle aufgeführt sind. Diese Hilfe erreichen Sie auch über die Spracherkennung, wenn Sie sagen: »Was kann ich sagen?«.

Die Spracherkennung bedienen

Ist die Spracherkennung gestartet, dann sehen Sie das Bedienfenster auf dem Bildschirm. Die Spracherkennung ist im Ruhezustand und hört noch nicht zu. Im Fenster steht *Im Ruhezustand*. Ist dieses Bedienfenster nicht zu sehen, dann muss die Spracherkennung zuerst noch gestartet werden: Klicken Sie in Abbildung 7.23 auf *Spracherkennung starten*.

Abbildung 7.26 Das Bedienfenster der Spracherkennung

Damit die Spracherkennung Ihnen zuhört, sagen Sie »Jetzt zuhören«. Sie sehen dabei den Lautstärkepegel, und wenn in der Pegelanzeige keine Bewegung zu sehen ist oder der Pegel übersteuert, dann richten Sie das Mikrofon neu aus. Konnte die Spracherkennung Ihren Befehl verstehen, dann wechselt sie in den Zuhör-Modus. In der Anzeige steht jetzt *Zuhören*.

Abbildung 7.27 Die Spracherkennung ist aktiv und hört Ihnen zu

Kann die Spracherkennung nicht verstehen, was Sie meinen, färbt sich das Symbol orange, und in der Anzeige steht *Wie bitte?* Wiederholen Sie Ihre Eingabe, und achten Sie auf eine klare, aber nicht übertrieben mechanische Sprache.

Gelegentlich wird rechts unten in der Anzeige auch ein Wartesymbol eingeblendet. Sie wissen dann, dass die Spracherkennung Ihre vorherige Eingabe noch bearbeitet und deshalb noch nicht bereit ist für neue Eingaben.

Abbildung 7.28 Die Spracherkennung konnte nicht verstehen, was Sie gesagt haben

Mit dem Befehl »Sprachoptionen anzeigen« öffnen Sie ein Menü, mit dem Sie die Spracherkennung auch per Maus steuern können. Genauso gut können Sie aber auch den gewünschten Befehl im Kontextmenü ins Mikrofon sprechen, um ihn auszuwählen, also zum Beispiel »Sprachlernprogramm starten«.

Mit den Befehlen »Spracherkennung ausblenden« und »Spracherkennung anzeigen« blenden Sie das Bedienfenster der Spracherkennung aus und wieder ein, falls es sie stört.

Windows mit Sprache steuern

Auch Windows selbst kann per Sprache gesteuert werden. Um zum Beispiel das Textverarbeitungsprogramm WordPad zu starten, sagen Sie: »Start«, »Alle Programme«, »Zubehör«, »WordPad«. Die Textverarbeitung startet.

Wissen Sie den Namen des gewünschten Programms aus dem Kopf, dann können Sie auch sagen: »WordPad starten« oder »Rechner starten«.

Menüs bedienen

Wollen Sie darin ein Dokument öffnen, dann steuern Sie das Programm-Menü. Sagen Sie zum Beispiel »Datei«, »Öffnen«, »Dokumente« und dann den Namen des Dokuments, das Sie öffnen wollen. Danach sagen Sie »Öffnen«, um die Öffnen-Schaltfläche auszulösen.

Das funktioniert auch auf Webseiten. Möchten Sie einen Link auswählen, dann sprechen Sie den Linknamen ins Mikrofon.

Mehrdeutige Eingaben

Falls Ihre Eingaben mehrdeutig sind, blendet die Spracherkennung Zahlen ein. Sprechen Sie dann die Ziffer für den Befehl oder die Schaltfläche, die Sie meinen. Sagen Sie dann »OK«.

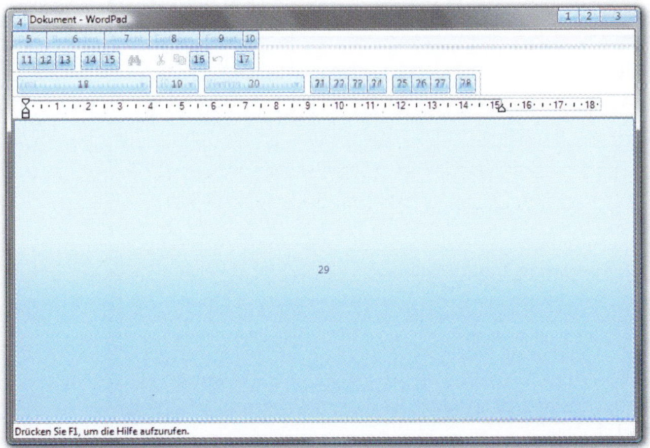

Abbildung 7.29 Auf Wunsch blendet die Spracherkennungen Kennziffern ein

Die Kennziffern blenden Sie auf Wunsch auch über »Nummern anzeigen« ein und können sich so bequem durch Menüstrukturen bewegen.

Klicken und Doppelklicken

Möchten Sie ein Element in einem Fenster doppelklicken, dann sagen Sie »Auf xyz doppelklicken«, wobei Sie »xyz« durch den Namen des Elements ersetzen, auf das Sie doppelklicken wollen. Haben Sie zuvor mit »Nummern anzeigen« die Kennziffern eingeblendet, dann könnten Sie anstelle von xyz auch die Kennziffer sagen.

Möchten Sie ein Element mit der rechten Maustaste anklicken, dann sagen Sie »Auf xyz rechts klicken«. Danach könnten Sie sich mit Sprachbefehlen den gewünschten Befehl aus dem Kontextmenü aussuchen.

Fenster steuern

Wollen Sie Elemente auf dem Desktop sehen, dann sagen Sie »Desktop anzeigen«. Alle Fenster werden minimiert, und der Blick auf den Desktop ist frei. Mit »Das hier minimieren« machen Sie das aktuelle Fenster unsichtbar, und mit »Das hier schließen« wird das aktuelle Fenster geschlossen.

Möchten Sie ein bestimmtes Fenster in der Taskleiste auswählen, dann sagen Sie: »Start«, »Nummern anzeigen« und dann die Kennziffer der Fensterschaltfläche. Danach sagen Sie »OK«.

Sie können auch den Namen des Programmfensters sagen, so wie er in der Titelleiste des Fensters angezeigt wird: »Zu WordPad wechseln«.

Auch Bildläufe sind per Sprache möglich. Passt nicht alles in ein Programmfenster, dann verwenden Sie einen dieser Befehle, um den Bildlauf zu steuern:

- »Bildlauf nach unten«
- »Bildlauf nach oben«
- »Bildlauf 10 nach unten«
- »Bildlauf 30 nach oben«

Möchten Sie in einem Formular ein bestimmtes Eingabefeld auswählen, zum Beispiel in einer neuen E-Mail die Betreff-Angabe, dann sagen Sie »Zu Betreff gehen«.

Im Internet Explorer könnten Sie zum Beispiel sagen »Zu Adresse gehen«. Die Adressleiste mit der Webadresse wird gewählt. Sagen Sie nun »Jetzt buchstabieren«, und geben Sie die Webadresse ein: »w«, »w«, »w«, »Punkt«, »m«, »i«, »c«, »r«, »o«, »s«, »o«, »f«, »t«, »Punkt«, »d«, »e«, »OK«, »Eingabetaste«.

Diktieren

Mit der Spracherkennung können Sie beliebige Texte diktieren. Dazu öffnen Sie ein beliebiges Textverarbeitungsprogramm. Sagen Sie zum Beispiel »Wordpad starten«.

Wörter sprechen

Sprechen Sie nun beliebige Sätze ins Mikrofon, und sprechen Sie auch Satzzeichen wie Punkt oder Komma. Sprechen Sie dabei nicht übertrieben langsam, aber auch nicht zu schnell. Sätze können in Teilen eingegeben werden. Beobachten Sie während der Spracheingabe, ob alles, was Sie gesagt haben, richtig verstanden wurde.

Weitere Möglichkeiten:

- »a drücken«: gibt ein kleines a ein
- »Umschalt a drücken«: gibt ein großes A ein
- »Großes a drücken«: gibt ein großes A ein
- »a 3 Mal drücken«: gibt drei kleine a ein
- »Eingabetaste«: drückt die Eingabetaste und liefert eine neue Zeile
- »Leertaste«: fügt ein Leerzeichen ein
- »Tabstopp«: fügt ein Tabulatorzeichen ein
- »Rücktaste drücken«: löscht das aktuelle Zeichen
- »Steuerung Pos1 drücken«: springt an den Textanfang
- »Ende«: springt an das Satzende
- »Pfeil nach unten drücken«: geht eine Zeile tiefer

Sprachkommando	Bedeutung
»Komma«	Ein Komma einfügen
»Punkt«	Einen Punkt einfügen
»Fragezeichen«	Ein Fragezeichen eingeben
»Ausrufezeichen«	Ein Ausrufezeichen eingeben
»Neue Zeile«	Eine neue Zeile beginnen
»Neuer Absatz«	Einen neuen Absatz beginnen

Tabelle 7.2 Wichtige Diktatbefehle

Eingaben korrigieren

Sollte die Spracherkennung ein Wort dabei falsch verstehen, dann sagen Sie »Wort korrigieren«, wobei Sie »Wort« durch das Wort ersetzen, das falsch geschrieben wurde. Sie können auch gleich mehrere folgende Wörter auf diese Weise korrigieren, indem Sie alle Wörter sagen.

Ein Fenster mit Auswahlmöglichkeiten öffnet sich. Ist das richtige Wort dabei, dann sagen Sie die Kennziffer vor diesem Wort und sagen dann »OK«. Das Wort wird korrigiert.

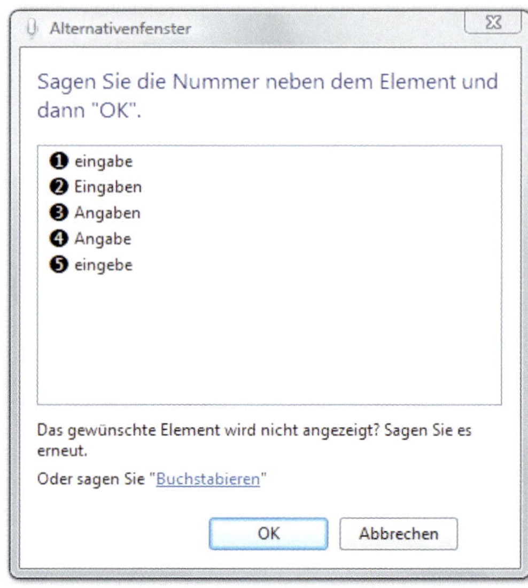

Abbildung 7.30 Wählen Sie den gewünschten Korrekturvorschlag mit seiner Kennziffer aus

Ist das Wort nicht in der Vorschlagsliste enthalten, dann sagen Sie das Wort erneut. Die Liste wird erweitert. Suchen Sie sich daraus das gewünschte Wort wieder aus, indem Sie dessen Kennziffer sagen und dann »OK« sagen.

Sie können Wörter wie Eigennamen auch buchstabieren, indem Sie »Buchstabieren« sagen. Buchstabieren Sie nun das Wort. Sagen Sie zum Beispiel »Großes T, o, b, i, a, s«.

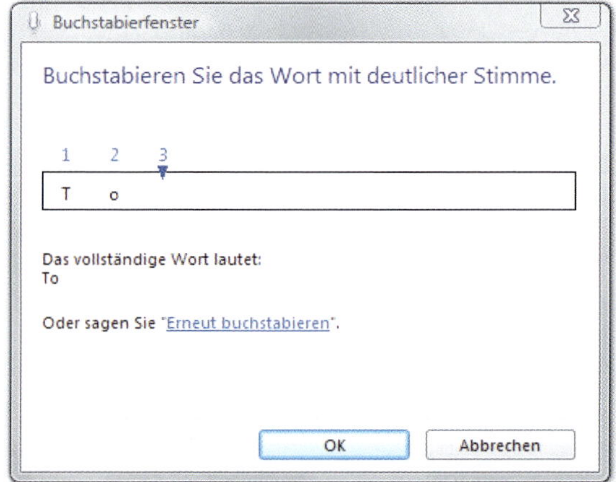

Abbildung 7.31 Ungewöhnliche Wörter und Eigennamen buchstabieren Sie einfach

Eingaben löschen

Falsche Eingaben nehmen Sie mit einem der folgenden Sprachbefehle zurück:

- »Rückgängig machen«
- »Das hier rückgängig machen«
- »Das hier löschen«

Wollen Sie nur ein Wort wie »Test« löschen, dann sagen Sie »Test löschen«. Sie können auf diese Weise auch mehrere Wörter auf einmal löschen.

Text markieren

Text lässt sich auch markieren. Sagen Sie einfach, von welchem bis zu welchem Wort markiert werden soll. Haben Sie den Satz »Die Spracherkennung ist ganz interessant« gesagt, dann sagen Sie nun: »Spracherkennung bis ganz auswählen«. Der Bereich »Spracherkennung ist ganz« wird markiert. Die Markierung könnten Sie jetzt mit »Das hier löschen« löschen.

Auch einzelne Wörter lassen sich auswählen, zum Beispiel mit »Die auswählen«. Das Wort »Die« ist markiert. Ebenfalls möglich: »Vorherigen Satz auswählen« oder »Die nächsten zwei Sätze auswählen«.

Mit »Auswahl aufheben« entfernen Sie die Markierung wieder.

Eingabecursor positionieren

Möchten Sie den Eingabecursor an eine bestimmte Stelle im Text setzen, dann sagen Sie »Zu Die gehen« oder »Hinter Die gehen«. So könnten Sie den Text an dieser Stelle ergänzen. Weitere Befehle zum Positionieren des Cursors lauten:

- » Zum Anfang des Dokuments gehen «
- » Zum Ende des Dokuments gehen «

Zusammenfassung

Die Systemsteuerung organisiert sämtliche Einstellmöglichkeiten in Windows Vista. Dazu werden verwandte Funktionen in gemeinsame Gruppen unterteilt.

Wird die Systemsteuerung im Startmenü geöffnet, zeigt sie zuerst allgemeine Themen an, über die Sie sich in wenigen Klicks zu den Detailfunktionen klicken.

Noch schneller finden Sie Einstellmöglichkeiten über das Schnellsuchfeld in der rechten oberen Ecke. Geben Sie hier ein oder mehrere Stichwörter ein, das die gesuchte Einstellung möglichst gut beschreibt.

Sie möchten …	So gehen Sie vor	Sehen Sie sich dazu das Beispiel an auf
die Systemsteuerung öffnen	Klicken Sie im Startmenü auf *Systemsteuerung*	Seite 130
zu einem benachbarten Thema in der Systemsteuerung gehen	Klicken Sie auf den Pfeil vor dem zuletzt angezeigten Thema in der Navigationsleiste der Systemsteuerung	Seite 132
die klassische Ansicht verwenden	Öffnen Sie die Systemsteuerung, und klicken Sie in der linken Spalte auf *Klassische Ansicht*	Seite 132
eine bestimmte Einstellung in Vista ändern	Öffnen Sie die Systemsteuerung, drücken Sie `Strg`+`E` und geben Sie ein Stichwort ein, das die Einstellung möglichst gut beschreibt	Seite 132
Datums- und Währungsformate ändern	Öffnen Sie die Systemsteuerung, drücken Sie `Strg`+`E` und geben Sie ein: *Datum*	Seite 133
Tastaturbelegung ändern	Öffnen Sie die Systemsteuerung, drücken Sie `Strg`+`E` und geben Sie ein: *Tastatur*	Seite 133
die Sprache der aktuellen Windows-Installation ändern	Öffnen Sie die Systemsteuerung, drücken Sie `Strg`+`E` und geben Sie ein: *Anzeigesprache*	Seite 134
festlegen, wann der Computer Energie spart	Öffnen Sie die Systemsteuerung, drücken Sie `Strg`+`E` und geben Sie ein: *Energie*	Seite 135
einen Energiesparplan auswählen	Klicken Sie auf das Akkusymbol in der Taskleiste	Seite 135
den Mauszeiger ändern	Öffnen Sie die Systemsteuerung, drücken Sie `Strg`+`E` und geben Sie ein: *Mauszeiger*	Seite 139
eine neue Schrift installieren	Öffnen Sie die Systemsteuerung, drücken Sie `Strg`+`E` und geben Sie ein: *Schrift*	Seite 140
die Bildschirmlupe aktivieren	Öffnen Sie die Systemsteuerung, drücken Sie `Strg`+`E` und geben Sie ein: *Bildschirmlupe*	Seite 140
eine Bildschirmtastatur einblenden	Öffnen Sie die Systemsteuerung, drücken Sie `Strg`+`E` und geben Sie ein: *Bildschirmtastatur*	Seite 140
Windows mit Sprache steuern	Starten Sie die Spracherkennung	Seite 143
einen Brief mit dem Mikrofon diktieren	Starten Sie die Spracherkennung	Seite 144

Teil C

Fotos, Musik und Videos

Tobias Weltner

8 Fotos und Videos übertragen

Windows Vista enthält nützliche Werkzeuge, um Fotos und Filme von Ihrer Kamera auf den Computer zu übertragen und dort weiterzuverarbeiten.

In diesem Kapitel lesen Sie, wie Sie Bilder und Videos von der Kamera auf den Computer übertragen. In den folgenden Kapiteln lernen Sie dann die verschiedenen Programme kennen, mit denen Sie Ihre Fotos und Videos organisieren, wiederfinden, ausdrucken oder in einen eigenen Film verwandeln.

Fotos von der Digitalkamera übertragen

Weil die meisten modernen Digitalkameras über einen USB-Anschluss verfügen, kann der Anschluss auch im laufenden Betrieb erfolgen. Verbinden Sie das Anschlusskabel zuerst mit Ihrer Kamera und stecken dann den USB-Stecker in einen der USB-Anschlüsse an Ihrem Computer.

Falls die Kamera mit einer Ladehalterung geliefert wurde, wird häufig diese Ladehalterung mit dem Computer verbunden und die Kamera nur noch in die Halterung eingesetzt.

Gerätetreiber installieren

Sobald Sie die Kamera einschalten, wird eine Verbindung zu Ihrem Computer hergestellt. Geschieht dies zum ersten Mal, installiert Windows Vista den Gerätetreiber der Kamera, und Sie sehen in der Taskleiste währenddessen eine Sprechblase.

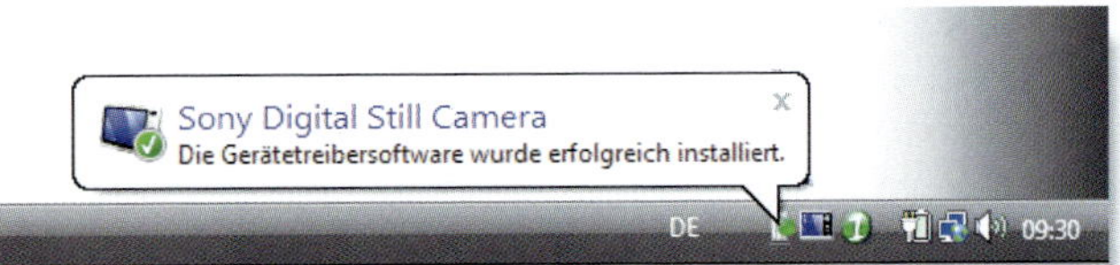

Abbildung 8.1 Windows Vista installiert den Gerätetreiber für Ihre Kamera

Sollte Vista melden, dass Gerätetreiber fehlen, schalten Sie die Kamera wieder aus und legen die mit der Kamera gelieferte Hersteller-CD ins Laufwerk. Folgen Sie dann den Installationsanweisungen des Kameraherstellers. Nachdem der Treiber für Ihre Kamera installiert wurde, schalten Sie die Kamera wieder ein. Spätestens jetzt sollte sie von Windows Vista erkannt werden. Mehr zur Geräteinstallation lesen Sie übrigens in Kapitel 48.

PROFITIPP 

Jeder USB-Anschluss Ihres Computers ist eigenständig. Schließen Sie die Kamera beim nächsten Mal an denselben USB-Anschluss an, können Sie die Kamera sofort verwenden und zum Beispiel Bilder übertragen, denn für diesen Anschluss wurde der Gerätetreiber gerade installiert. Schließen Sie die Kamera dagegen an einen anderen USB-Anschluss an, wird die Treiberinstallation für den neuen Anschluss noch einmal durchgeführt.

Fotos übertragen

Sobald Sie die Kamera mit dem Computer verbinden und einschalten, erscheint das Dialogfeld *Automatische Wiedergabe* und fragt nach, was Sie als Nächstes tun möchten.

Abbildung 8.2 Legen Sie fest, wie Windows Vista künftig mit Ihrer Kamera umgehen soll

Ganz nebenbei erfahren Sie hier auch, in welcher Betriebsart Ihre Kamera mit dem Computer verbunden ist. Wird im Fenster wie in Abbildung 8.2 das Kameramodell genannt, ist die Kamera auf den so genannten PTP-Modus (Picture Transfer Protocol) eingestellt. Vista erkennt Ihre Kamera also tatsächlich als Fotogerät.

Viele Kameras verwenden anstelle des PTP-Modus dagegen den normalen USB-Modus und erscheinen wie ein ganz gewöhnlicher Datenträger. In diesem Fall meldet das Dialogfeld ähnlich wie in Abbildung 8.3 tatsächlich einen Wechseldatenträger und präsentiert Ihnen die dort üblichen Optionen.

Abbildung 8.3 Kamera als Wechseldatenträger verwenden

In beiden Listen finden Sie den Befehl *Bilder importieren*, mit dem Sie Bilder von der Kamera auf Ihren Computer übertragen. Es öffnet sich das Dialogfeld *Bilder und Videos importieren* und liest die Bilder aus Ihrer Kamera aus. Dabei überprüft der Assistent nicht nur, welche Bilder auf der Kamera vorhanden sind, sondern auch, ob Sie die Bilder vielleicht früher schon importiert haben.

Automatisch werden nur die Bilder für den Import ausgesucht, die Sie noch nicht auf Ihren Computer übertragen haben. Falls neue Bilder gefunden wurden, heften Sie der Bildersammlung eine Beschriftung an. Diese Beschriftung spielt später bei der Stichwortsuche eine wichtige Rolle und sollte wohl überlegt sein. Verwenden Sie ein Stichwort, unter dem Sie die Fotos später tatsächlich einmal suchen könnten. Sobald Sie auf *Importieren* klicken, werden die Fotos von der Kamera auf Ihren Computer übertragen.

Bevor Sie die Fotos tatsächlich importieren, sollten Sie mindestens einmal auf den Link *Optionen* links unten im Dialogfeld klicken, denn so legen Sie genauer fest, was während des Bilderimports eigentlich geschehen soll.

PROFITIPP

Dieses Dialogfeld können Sie auch aus der Windows-Fotogalerie heraus jederzeit selbst öffnen. Die Windows-Fotogalerie wird im nächsten Kapitel genauer beschrieben. Klicken Sie darin in der Symbolleiste auf *Datei*, wählen Sie den Menübefehl *Optionen* und holen Sie dann die Registerkarte *Importieren* in den Vordergrund.

Die Einstellungen im oberen Bereich des Dialogfelds regeln, wo und unter welchem Namen die Bilder auf Ihrem Computer gespeichert werden. Meist brauchen Sie daran keine Änderungen vorzunehmen, sollten sich die Einstellungen aber wenigstens einmal ansehen:

- **Gerät wählen** Im obersten Listenfeld legen Sie fest, für welches Gerät die Einstellungen gelten sollen. Zur Auswahl stehen *Kameras*, *CDs und DVDs* sowie *Scanner*. Für Ihre Digitalkamera ist natürlich *Kamera* die richtige Einstellung und auch bereits vorgewählt.
- **Speicherort auf Ihrem Computer** Darunter legen Sie fest, wo die Bilder auf Ihrem Computer gespeichert werden sollen. Vorgewählt ist der spezielle *Bilder*-Ordner, den Sie auch aus dem Startmenü direkt über den Befehl *Bilder* öffnen können. Diesen Ordner sollten Sie nur ändern, wenn es dafür einen ganz besonderen Grund gibt, zum Beispiel, weil Sie bereits eine umfangreiche Bildersammlung in einem anderen Ordner aufgebaut haben.
- **Name des Unterordners für die Bilder** In dem Ordner, der hinter *Importieren nach* angegeben ist, legt Windows Vista bei jedem Importvorgang automatisch einen Unterordner für die importierten Bilder an, damit alles übersichtlich bleibt. Den Namen dieses Unterordners bestimmen Sie hinter *Ordnername*. Normalerweise verwendet Vista dafür das Datum des Imports und die Beschriftung, die Sie für den Import festgelegt haben. Sie können in dem Listenfeld aber auch andere Beschriftungen auswählen, zum Beispiel das Aufnahmedatum oder den Zeitraum der Aufnahmen (von der ältesten bis zur jüngsten Aufnahme).
- **Dateiname der einzelnen Bilder** Darunter hinter *Dateiname* legen Sie fest, wie die einzelnen Bilder heißen werden. Normalerweise verwendet Vista hier für alle Bilder die von Ihnen gewählte Beschriftung und hängt eine laufende Nummer an. Sie können stattdessen aber auch den Originaldateinamen verwenden, den die Fotos von der Kamera erhalten haben. Meist ist das keine gute Idee, weil Kameras die Bilder mit wenig verständlichen Namen speichern.

Wichtiger sind dagegen die Kontrollkästchen im unteren Teil des Dialogfeldes:

- **Beschriftung erfragen** Nur wenn dieses Kontrollkästchen aktiviert ist, werden Sie vor jedem Importvorgang nach der Beschriftung gefragt, die dann für den Unterordner und die Dateinamen verwendet und auch als Stichwörter in den einzelnen Bildern hinterlegt wird. Schalten Sie dieses Kontrollkästchen nur ab, wenn Sie häufiger schnell und ohne störende Rückfragen Bilder importieren wollen.
- **Nach dem Importieren immer von der Kamera löschen** Ist diese Option gewählt, dann löscht Vista die Bilder nach dem Import von der Kamera. Die Bilder existieren dann

nur noch auf Ihrem Computer. Dafür ist auf der Kamera wieder Platz frei für neue Aufnahmen. Sie sollten diese Option nur aktivieren, wenn Sie den Importvorgang einige Male ausprobiert haben und sich damit sicher fühlen.

- **Bilder beim Importieren drehen** Auf Wunsch dreht der Import-Assistent Bilder, sodass alle Bilder waagrecht liegen. Weil das Fotoformat aber nicht quadratisch ist, haben Sie vielleicht mit gutem Grund das eine Bild senkrecht und das andere waagrecht geschossen. Beim Drehen können Bildteile abgeschnitten werden. Sie sollten diese Option deshalb zuerst mit etwas Vorsicht einsetzen und kontrollieren, ob Ihnen das Ergebnis auch gefällt.
- **Windows-Fotogalerie nach dem Importieren öffnen** Die Windows-Fotogalerie ist zuständig dafür, Ihre Fotosammlungen zu verwalten und zu organisieren. Ist diese Option gewählt, öffnet Vista nach dem Import automatisch die Windows-Fotogalerie, damit Sie die neu importierten Fotos überprüfen und mit weiteren Stichwörtern und Bewertungen versehen können. Die Windows-Fotogalerie wird im folgenden Kapitel 9 beschrieben.

Tipp

Ganz gleich, welche Einstellungen Sie gewählt haben: Per Klick auf *Wiederherstellen* erhalten Sie auf jeden Fall die Grundeinstellungen zurück.

Haben Sie alle Einstellungen kontrolliert, klicken Sie auf *OK* und dann auf *Importieren*. Jetzt erst werden die Fotos von Ihrer Kamera wunschgemäß auf den Computer übertragen.

Die Übertragung kann einige Minuten dauern. Dabei zeigt das Dialogfeld den Fortschritt und eine Vorschau auf das gerade übertragene Foto an.

Abbildung 8.4 Während des Imports werden die Fotos als Vorschau angezeigt

Nach dem Importvorgang wird automatisch die Windows-Fotogalerie geöffnet, wenn Sie diese Einstellung vorhin nicht abgeschaltet haben.

Darin können Sie nun die importierten Fotos kontrollieren. Im folgenden Kapitel 9 erfahren Sie mehr über die Windows-Fotogalerie und lesen dann, wie Sie die Bilder bewerten, mit Stichwörtern versehen und daraus Diashows erstellen sowie DVDs brennen können.

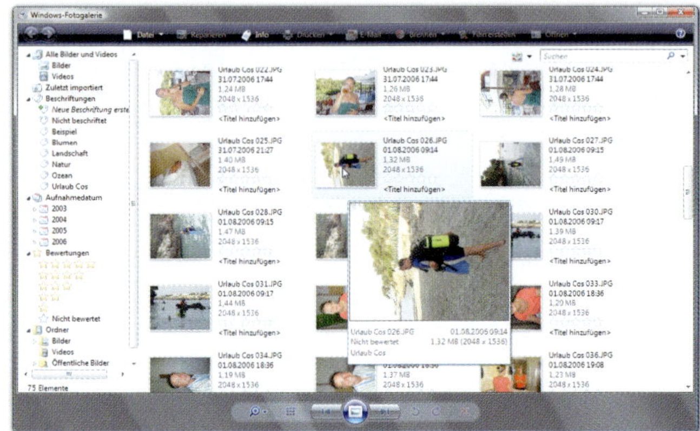

Abbildung 8.5 Die Windows-Fotogalerie organisiert Ihre importierten Bilder

Bilder automatisch importieren

Möchten Sie künftig automatisch Bilder von Ihrer Kamera auf den Computer übertragen, sobald Sie die Kamera anschließen, gehen Sie vor wie eben. Im Auswahlfenster in Abbildung 8.2 wählen Sie zuerst die Option *Folgendes für dieses Gerät immer durchführen* und klicken dann auf *Bilder importieren*. Windows Vista merkt sich dann diese Einstellung.

Allerdings gilt diese Einstellung dann für alle Geräte dieses Typs. Haben Sie Ihre Kamera im PTP-Modus angeschlossen und wird im Dialogfeld der Kameraname genannt, dann ist das in Ordnung.

Verwendet Ihre Kamera allerdings den normalen USB-Modus und wird deshalb im Dialogfeld als Wechseldatenträger bezeichnet, würden künftig automatisch Bilder von allen Wechseldatenträgern importiert, die Bilder enthalten. Das ist keine so gute Idee.

Bevor Sie also das Kontrollkästchen *Folgendes für dieses Gerät immer durchführen* aktivieren, sollten Sie zuerst versuchen, Ihre Kamera auf den PTP-Modus einzustellen. Bei hochwertigen Kameras finden Sie dazu eine entsprechende Option im Kamera-Setup.

Automatische Einstellungen wieder abschalten

Möchten Sie diese Automatik später wieder abschalten, wählen Sie im Startmenü den Befehl *Systemsteuerung* und geben oben rechts ins Suchfeld ein: »Automatische Wiedergabe«. Klicken Sie dann auf die Funktion *Automatische Wiedergabe*.

Jetzt sehen Sie in einem Dialogfeld alle Einstellungen, die Sie früher vorgenommen haben, und können diese Einstellungen jederzeit ändern.

Kameras, die als Wechseldatenträger erkannt werden, finden sich in der Liste im Bereich *Medien* in der Einstellung *Bilder*.

Kameras, die im PTP-Modus als echte Kamera erkannt werden, finden sich im Bereich *Geräte* unter ihrem Namen.

Tipp

Kameras können in der Liste durchaus mehrfach vorkommen. Weil jeder USB-Anschluss eigenständig ist, wird Ihre Kamera in der Liste für jeden USB-Anschluss separat geführt, an dem Sie die Kamera früher einmal angeschlossen haben. Sie könnten deshalb sogar unterschiedliche automatische Wiedergabeoptionen festlegen, je nachdem, an welchem USB-Anschluss Sie die Kamera anschließen.

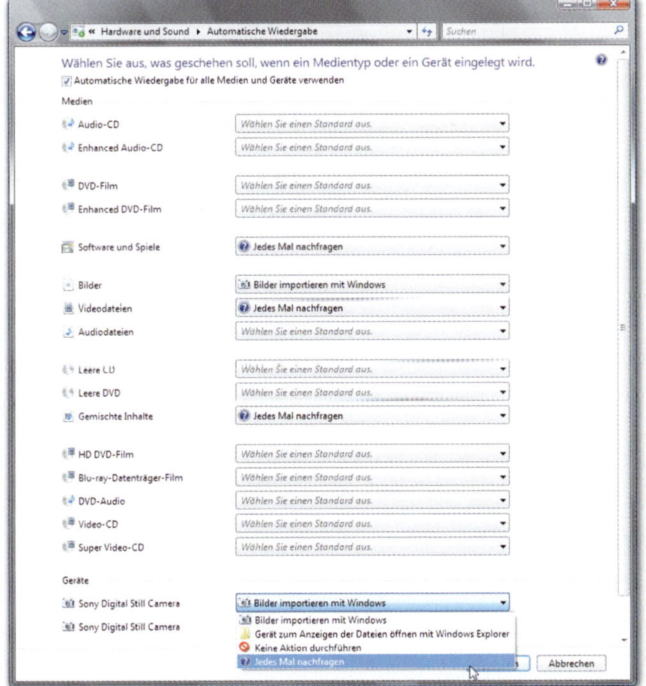

Abbildung 8.6 Automatische Wiedergabeeinstellungen korrigieren

Digitalkamera als Laufwerk verwalten

Ihre angeschlossene und eingeschaltete Digitalkamera wird möglicherweise auch im Windows-Explorer angezeigt. Um dies zu überprüfen, wählen Sie im Startmenü den Eintrag *Computer*.

Der Windows-Explorer öffnet sich und zeigt Ihnen wie gewohnt alle angeschlossenen Laufwerke an. Prüfen Sie, ob sich darunter vielleicht auch Ihre Digitalkamera befindet!

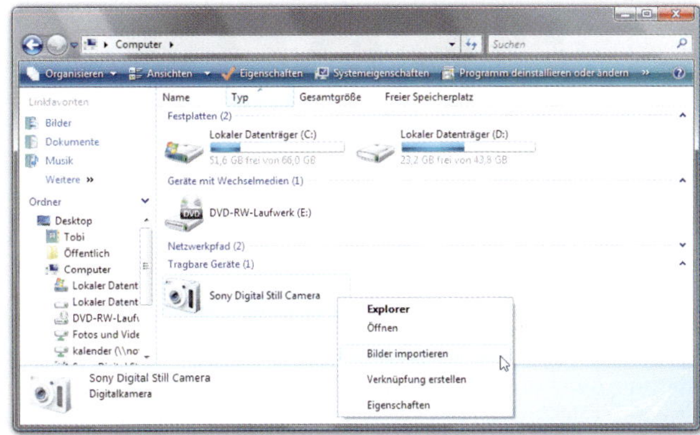

Abbildung 8.7 Digitalkamera wurde als »Tragbares Gerät« erkannt

Ein Klick mit der rechten Maustaste auf das Kamerasymbol öffnet ein Kontextmenü, mit dem Sie auch von hier aus Bilder über den Befehl *Bilder importieren* auf Ihren Computer übertragen könnten.

Falls Ihre Kamera nicht als Kamerasymbol erscheint, sehen Sie im Bereich der Geräte mit Wechselmedien nach. Vermutlich hat Windows Vista die Kamera nicht als Kamera erkannt, sondern allgemein als Datenlaufwerk. Die Kamera heißt dann ganz schlicht »Wechseldatenträger« und hat einen Laufwerksbuchstaben erhalten.

Kamera wie ein Datenlaufwerk öffnen

Alternativ lässt sich die Kamera wie ein normales Laufwerk öffnen, zum Beispiel per Doppelklick. Auch so können Sie die Bilder sichtbar machen, die auf der Kamera gespeichert sind.

Wenn Sie wollen, können Sie die Bilder jetzt auch von Hand mit der Maus an beliebige Orte kopieren. Allerdings ist der Bilderimport mit dem Assistenten sehr viel einfacher.

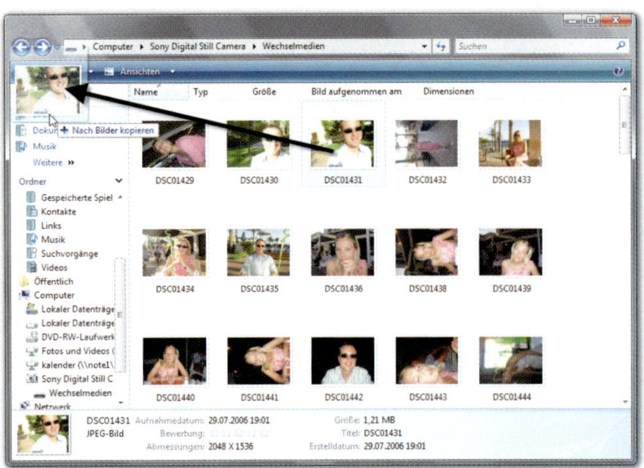

Abbildung 8.8 Bilder direkt auf der Kamera öffnen und in den Bilder-Ordner kopieren

Alle Bilder von der Kamera löschen

Möchten Sie die auf der Kamera gespeicherten Bilder komplett löschen, zum Beispiel, weil Sie sie längst auf Ihren Computer übertragen haben, öffnen Sie die Kamera im Windows-Explorer und navigieren Sie zu den Bildern.

Mit `Strg`+`A` markieren Sie jetzt alle Bilder und löschen die Auswahl dann mit `Entf`. So werden alle Bilder unwiderruflich gelöscht.

Wollen Sie nur bestimmte Bilder löschen, dann halten Sie die `Strg`-Taste gedrückt, während Sie die Bilder per Mausklick auswählen. Mit `Entf` löschen Sie dann die Auswahl.

Tipp 

Wenn Sie mit dem Windows-Explorer noch ungeübt sind, sollten Sie Ihre wertvollen Bilder lieber nicht mit ihm verwalten, sondern stattdessen den viel sichereren Import-Assistent verwenden. Dieser löscht auf Wunsch ebenfalls die Bilder von der Kamera, aber garantiert erst dann, wenn alle Bilder sicher auf Ihren Computer übertragen worden sind.

Zusammenfassung

Windows Vista erkennt die meisten USB-Geräte ganz automatisch. Beim ersten Anschluss werden die Gerätetreiber installiert. Falls die Treiber noch nicht auf dem Computer vorhanden sind, folgen Sie den Installationsanweisungen des Geräteherstellers.

Mit dem Import-Assistenten übertragen Sie sehr bequem alle Bilder und Videos von einer Digitalkamera auf Ihren Computer. Die Bilder und Videos werden dabei automatisch in einem eigenen Unterordner im *Bilder*-Ordner gespeichert und können dort mit der Windows-Fotogalerie übersichtlich organisiert und weiterbearbeitet werden.

Die meisten Digitalkameras können außerdem als Wechseldatenträger direkt angesprochen werden. So lassen sich einzelne Bilder oder Videos von der Kamera auf den Computer übertragen oder löschen.

Sie möchten ...	So gehen Sie vor	Sehen Sie sich dazu das Beispiel an auf
Fotos von einer Digitalkamera übertragen	Schließen Sie die Kamera an den Computer an, schalten Sie sie ein, und wählen Sie *Bilder importieren*	Seite 150
Fotos nach der Übertragung automatisch von der Kamera löschen	Wählen Sie in den Detaileinstellungen die Option *Nach dem Importieren immer von der Kamera löschen*	Seite 151
Fotos nach dem Anschließen der Kamera sofort übertragen	Legen Sie die Einstellung *Bilder importieren* als Standard fest	Seite 152
die Standardeinstellungen für die Kamera nachträglich wieder ändern	Öffnen Sie in der Systemsteuerung die *Automatische Wiedergabe*, und ändern Sie die Vorgabe für das Gerät	Seite 153
den Inhalt der Kamera im Windows-Explorer sehen	Wählen Sie im Startmenü *Computer*, und öffnen Sie die Kamera wie ein Laufwerk	Seite 153
alle Bilder und Videos von der Kamera löschen, um neuen Platz zu schaffen	Öffnen Sie die Kamera mit dem Windows-Explorer, markieren Sie den gesamten Inhalt mit `Strg`+`A`, und löschen Sie die markierten Ordner und Dateien mit `Entf`	Seite 154

Tobias Weltner

9 Windows-Fotogalerie

Mit der Windows-Fotogalerie verwalten Sie Ihre Fotos und Videos und finden über die integrierte Suchfunktion Bilder oder Filme schnell wieder. Bewertungen und Beschriftungen helfen, auch große Fotosammlungen übersichtlich zu halten und mit einem Klick alles zu einem bestimmten Thema oder Ereignis zu finden.

Darüber hinaus kann die Fotogalerie auch Fotos drucken, CDs brennen oder eigene Videos produzieren.

Die Fotogalerie kennen lernen

Öffnen Sie das Startmenü, und geben Sie unten ins Textfeld den Begriff »Fotogalerie« ein. Noch während Sie das Stichwort eingeben, sucht das Startmenü danach und zeigt in der linken Spalte den Eintrag *Windows-Fotogalerie* an. Klicken Sie darauf, um die Fotogalerie zu öffnen.

Oder Sie klicken auf *Alle Programme*, suchen in der Liste nach *Windows-Fotogalerie* und klicken auf den Eintrag.

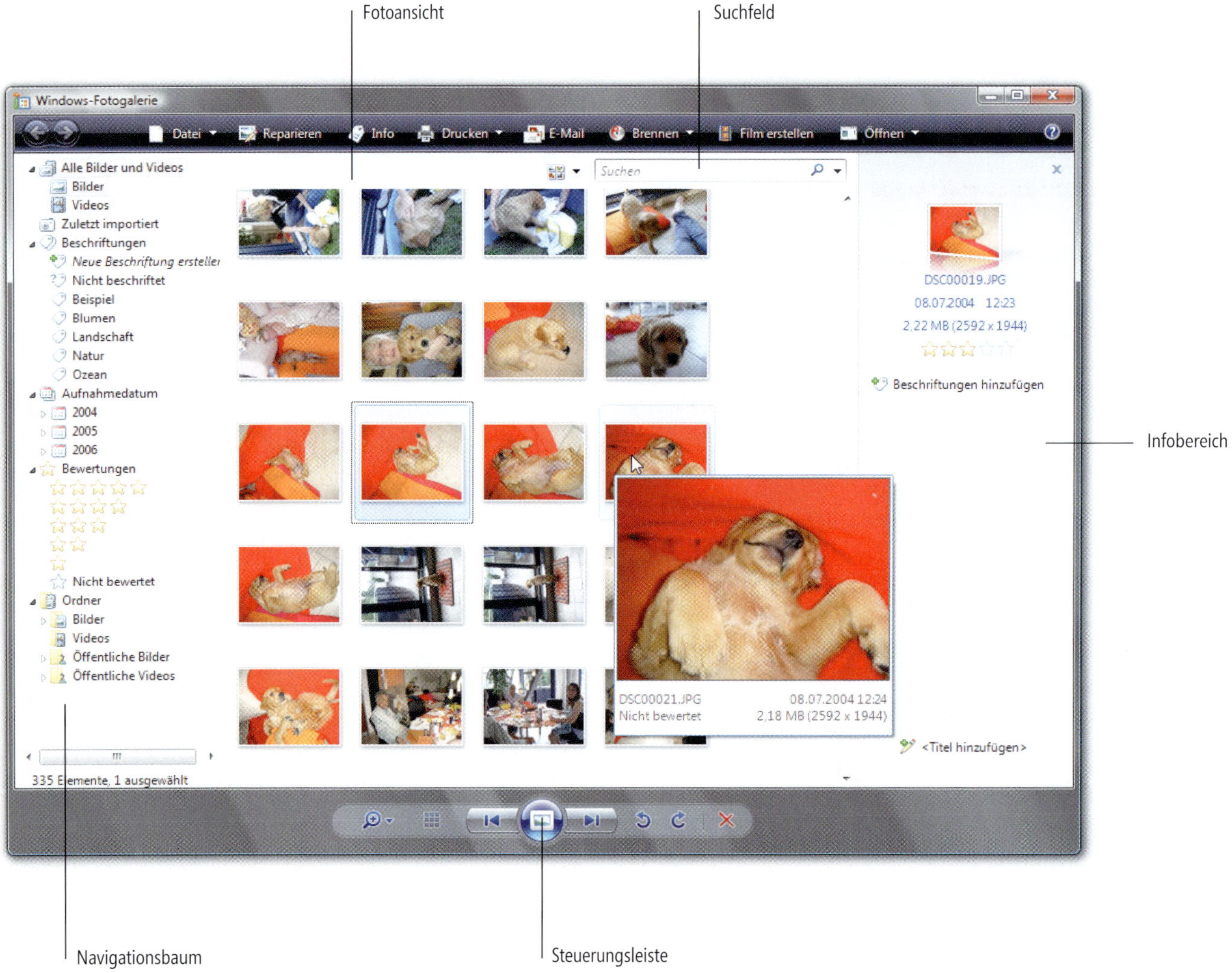

Fotoansicht

Suchfeld

Infobereich

Navigationsbaum

Steuerungsleiste

Abbildung 9.1 Die Windows-Fotogalerie

Tipp

Den Infobereich am rechten Rand blenden Sie über einen Klick auf die Schaltfläche *Info* in der Symbolleiste ein und blenden ihn über die Schaltfläche mit dem Kreuz an seiner rechten oberen Ecke jederzeit wieder aus.

Was die Fotogalerie Ihnen anzeigt ...

Die Fotogalerie verwaltet alle Bilder und Fotos in bestimmten Ordnern. Welche das sind, sehen Sie links unten im Navigationsbaum.

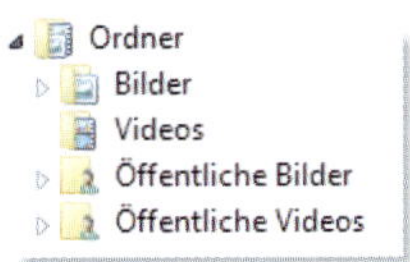

Abbildung 9.2 Diese Ordner werden von der Fotogalerie überwacht

Wollen Sie die Überwachung auf andere Ordner ausdehnen, in denen Sie vielleicht schon größere Mengen Bild- oder Videomaterial aufbewahren, machen Sie das so:

1. Klicken Sie in der Symbolleiste der Fotogalerie auf *Datei*, und wählen Sie den Befehl *Ordner der Galerie hinzufügen*.
2. Wählen Sie dann den Ordner aus, den Sie der Galerie hinzufügen wollen, und bestätigen Sie mit *OK*.

Wichtig 

Binden Sie auf diese Weise möglichst keine Wechseldatenträger wie beispielsweise externe Festplatten ein. Wenn Sie Ihre Bilder und Videos mit Stichwörtern und Bewertungen versehen, können diese Informationen verloren gehen, sobald das Laufwerk vom Computer auch nur vorübergehend getrennt wird.

Die Ansicht bestimmen

Die Fotogalerie enthält eine eingebaute Lupe, die aktiviert wird, wenn Sie mit dem Mauszeiger einen Moment auf ein Bild zeigen.

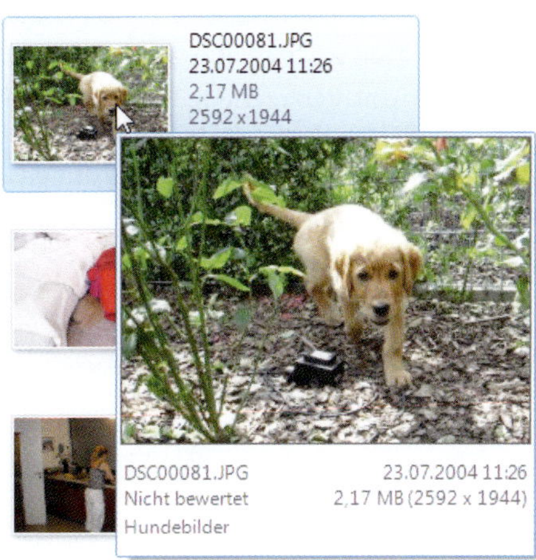

Abbildung 9.3 Vorschaugrafik mit dem Mauszeiger öffnen

Die Vorschaugröße der Bilder kann allerdings auch insgesamt angepasst werden. Dazu klicken Sie am unteren Rand der Fotogalerie auf die Schaltfläche mit dem Lupensymbol.

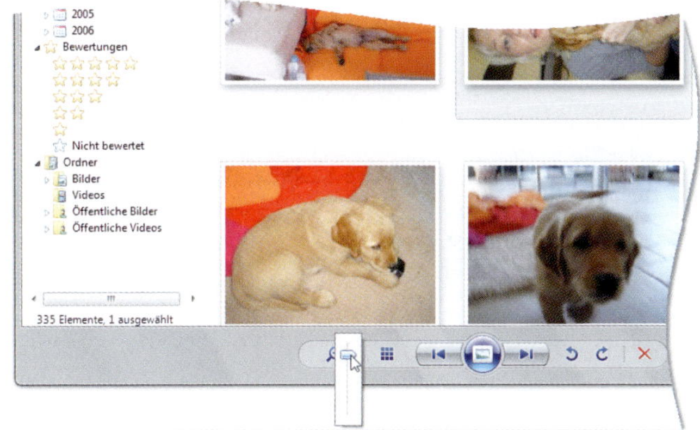

Abbildung 9.4 Die Größe der Bilder stufenlos skalieren

PROFITIPP 

Halten Sie die `Strg`-Taste fest und drehen Sie das Rädchen an Ihrer Maus. Auch so können Sie die Ansicht vergrößern und verkleinern. Allerdings sind nicht alle Mäuse mit einem Mausrad ausgerüstet.

Sobald Sie mit dem Schieberegler die Standardgröße geändert haben, ist die Schaltfläche daneben aktiviert. Ein Klick darauf genügt, um die Normalgröße wiederherzustellen.

Vorschauansicht wählen

Dazu klicken Sie auf den Pfeil am rechten Rand der *Ansicht*-Schaltfläche, oder Sie klicken mit der rechten Maustaste auf einen freien Bereich innerhalb der Fotogalerie. Ein Kontextmenü erscheint, aus dem Sie im Untermenü *Ansicht* die passende Darstellung auswählen.

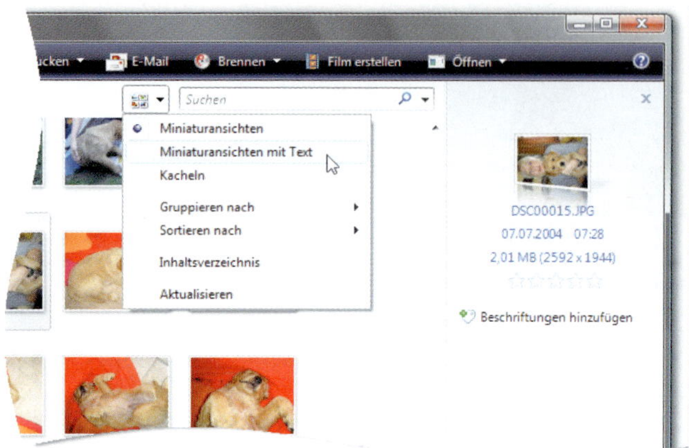

Abbildung 9.5 Eine andere Ansicht auswählen

Tipp

Klicken Sie in der Symbolleiste auf die *Ansicht*-Schaltfläche und nicht auf den Pfeil an ihrem rechten Rand, wechselt die Ansicht automatisch zur nächsten Darstellung. Sie brauchen also nur so oft auf die Schaltfläche zu klicken, bis Ihnen die Präsentation der Bilder gefällt.

Bilder gruppieren und sortieren

Möchten Sie Ihre Bilder nach einem bestimmten Kriterium gruppieren, zum Beispiel nach dem Aufnahmedatum, klicken Sie auf die *Ansicht*-Schaltfläche und wählen im Untermenü *Gruppieren nach* den gewünschten Befehl. Die Bilder werden jetzt nach dem Kriterium, das Sie ausgewählt haben, gruppiert. Wenn Sie auf den Pfeil am rechten Ende einer Gruppenüberschrift klicken, wird die ganze Gruppe aus- oder eingeblendet.

Innerhalb der Gruppen lassen sich die Fotos und Videos außerdem sortieren. Nach welchem Kriterium sortiert wird, legen Sie wiederum mit dem *Ansicht*-Menü fest. Diesmal öffnen Sie darin das Untermenü *Sortieren nach* und bestimmen das Suchkriterium und die Sortierrichtung.

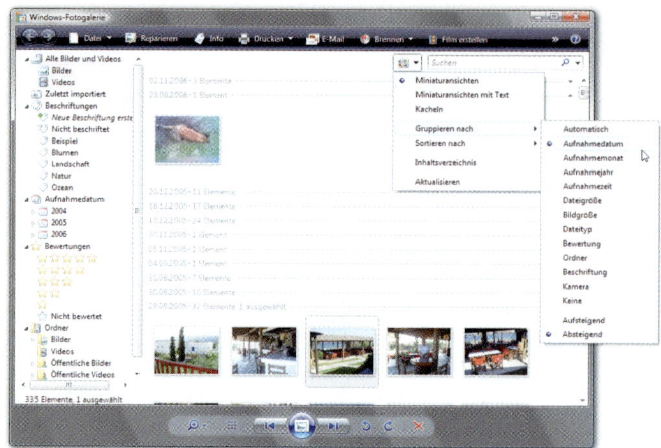

Abbildung 9.6 Gruppen ein- und ausblenden

Ein Inhaltsverzeichnis einblenden

Enthält Ihre Fotosammlung sehr viele Bilder, blenden Sie ein Inhaltsverzeichnis ein. Wählen Sie entweder im Menü zur *Ansicht*-Schaltfläche den Befehl *Inhaltsverzeichnis*, oder klicken Sie mit der rechten Maustaste auf eine freie Stelle, und wählen Sie im Kontextmenü den Eintrag *Inhaltsverzeichnis*.

Nun werden die Bilder und Videos nach genau demselben Kriterium geordnet, das Sie für die Gruppierung eingestellt haben. Ein hellblauer Hintergrund zeigt dabei den Bereich an, der gerade sichtbar ist. Ein blauer Balken meldet, wie viele Bilder in der jeweiligen Kategorie vorhanden sind. Klicken Sie auf einen Eintrag im Inhaltsverzeichnis, sehen Sie sofort die Bilder aus diesem Monat. Mit den Pfeil-Schaltflächen am oberen und unteren Rand des Inhaltsverzeichnisses bewegen Sie sich weiter nach oben oder unten, falls das Inhaltsverzeichnis nicht ganz ins Fenster passt.

Aufnahmedatum und Bildnamen ändern

Wenn Sie als Ansicht *Kachel* gewählt haben, können Sie direkt in der Ansicht der Fotogalerie nicht nur wichtige Detailinfos zu den Bildern und Videos sehen, sondern auch ändern. Möchten Sie zum Beispiel das Aufnahmedatum eines Bildes nachträglich ändern, gehen Sie so vor:

1. Wählen Sie als Ansicht *Kacheln*. Dazu klicken Sie zum Beispiel mit der rechten Maustaste auf einen freien Bereich neben dem Bild und wählen im Kontextmenü den Untermenübefehl *Ansicht/Kacheln*. Sie können auch die *Ansicht*-Schaltfläche aus Abbildung 9.5 verwenden.
2. Neben dem Bild wird jetzt das Aufnahmedatum angezeigt. Klicken Sie auf das Datum oder auf die Uhrzeit. Geben Sie im nun angezeigten Textfeld das neue Datum oder die gewünschte Uhrzeit ein.

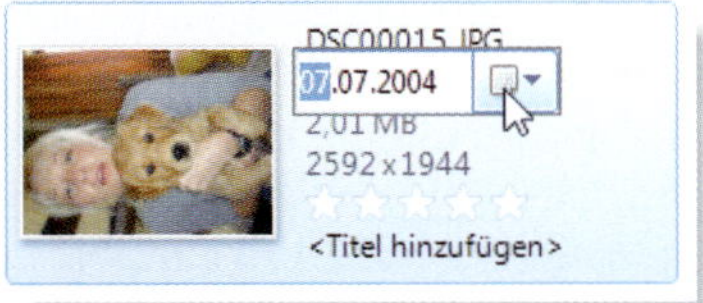

Abbildung 9.7 Das Aufnahmedatum eines Bildes ändern

Wenn Sie das Datum angeklickt haben, dann klicken Sie auf das Kalendersymbol am rechten Rand, um einen Kalender einzublenden. Hier können Sie das gewünschte Datum ganz bequem mit einem Mausklick festlegen.

Auch den Dateinamen des Bildes können Sie so ändern. Klicken Sie dazu einfach auf den Namen. Wieder erscheint ein Textfeld. Geben Sie den neuen Namen an – fertig!

Möchten Sie den Aufnahmezeitpunkt nur um ein paar Stunden ändern, können Sie das Bild oder Video auch mit der rechten Maustaste anklicken und im Kontextmenü den Eintrag *Aufnahmezeit ändern* wählen.

Abbildung 9.8 Den Aufnahmezeitpunkt um einige Stunden verschieben

Bilder öffnen und bearbeiten

Mit einem Doppelklick öffnen Sie ein Bild direkt in der Fotogalerie. Jetzt können Sie das Bild verschönern oder weiterbearbeiten, zum Beispiel ausdrucken oder als Film auf eine DVD brennen.

Dazu dienen die Funktionen in der Symbolleiste über dem Bild, der Infobereich an der rechten Seite und die Bedienelemente am unteren Fensterrand. Die Bearbeitungsfunktionen aus Abbildung 9.9 erhalten Sie zum Beispiel, indem Sie in der Symbolleiste auf *Reparieren* klicken.

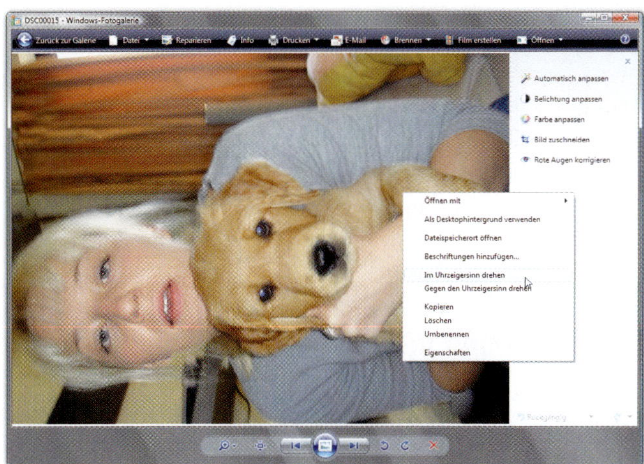

Abbildung 9.9 Ein Bild öffnen und bearbeiten

Möchten Sie das Bild wieder schließen und zurück zur Galerie gelangen, klicken Sie in der Symbolleiste auf die Schaltfläche *Zurück zur Galerie*.

Bilder und Videos schnell wiederfinden

Hauptaufgabe der Fotogalerie ist, fotografisches Material schnell wiederzufinden. Dies erledigen Sie mit der Navigationsleiste am linken Rand. Sie können damit Bilder und Videos finden,

- die sich in einem bestimmten Ordner befinden
- die aus einem bestimmten Jahr stammen
- die eine bestimmte Beschriftung tragen
- die eine bestimmte Bewertung erhalten haben

Klicken Sie dazu in der Navigationsleiste auf das gewünschte Kriterium. Wenn Sie die [Strg]-Taste gedrückt halten, können Sie sogar mehrere Kriterien markieren. Gezeigt wird dann alles, auf das mindestens eines der ausgewählten Kriterien zutrifft.

Aufnahmedatum und Speicherort

Eher klassisch ist die Auswahl nach Aufnahmedatum oder Speicherort. Möchten Sie zum Beispiel nur Fotos aus dem Jahr 2004 sehen, klicken Sie im Navigationsbaum auf »2004«. Dieses Jahr wird selbstverständlich nur angezeigt, wenn es bei Ihnen überhaupt Fotos aus diesem Jahr gibt.

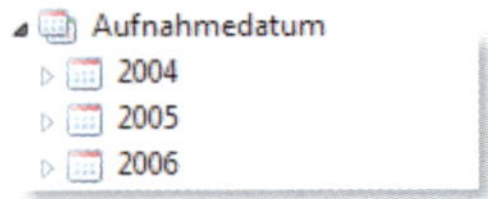

Abbildung 9.10 Alle Bilder aus einem bestimmten Jahr anzeigen

Wollen Sie dagegen nur Bilder sehen, die in einem bestimmten Ordner abgelegt sind, suchen Sie den Ordner im unteren Teil des Navigationsbaums aus und klicken darauf.

Beschriftungen verwenden

Sehr viel cleverer arbeiten die Beschriftungen, die Sie ebenfalls im Navigationsbaum sehen und die wie Stichwörter funktionieren. Möchten Sie zum Beispiel Blumenbilder sehen, klicken Sie auf die Beschriftung *Blumen* und sehen jetzt tatsächlich nur noch Blumen, ganz egal, wo diese Bilder oder Videos tatsächlich auf Ihrem Computer gespeichert sind.

Abbildung 9.11 Mit Beschriftungen alle Blumenbilder finden

Richtig gut funktioniert dieses Suchsystem, wenn Sie Ihre Bilder und Videos mit eigenen Stichwörtern versehen. Und weil jedem Bild mehrere Stichwörter zugeordnet werden können, lassen sich damit auch einzelne Dinge innerhalb eines Bildes beschreiben und so später auf Knopfdruck Motive zu Themen wie »Meer«, »Sonnenuntergang« oder einfach »Urlaub auf Kos« finden. Und so fügen Sie neue Beschriftungen hinzu:

1. Klicken Sie also im Navigationsbaum auf *Nicht beschriftet*, um alle Bilder und Videos zu sehen, die noch nicht beschriftet sind. Blenden Sie außerdem den Infobereich ein, indem Sie in der Symbolleiste auf *Info* klicken.
2. Wählen Sie zunächst per Klick ein Bild aus. Sie können auch mehrere Bilder gleichzeitig auswählen, wenn Sie die `Strg`-Taste gedrückt halten.
3. Geben Sie die neue Beschriftung ins Textfeld im Infobereich ein. Dabei zeigt Ihnen ein Listenfeld ähnliche Stichwörter an, die Sie bereits früher verwendet haben. Sobald Sie die `↵`-Taste drücken, sind die Bilder beschriftet, und die neue Beschriftung erscheint auch links im Navigationsbaum.
4. Sie können Bilder auch direkt mit der Maus auf eine der Beschriftungen links im Navigationsbaum ziehen und dort mit *Neue Beschriftung erstellen* auch direkt neue Beschriftungen anlegen.
5. Und noch einen Weg gibt es: Klicken Sie ein markiertes Bild mit der rechten Maustaste an und wählen Sie im Kontextmenü den Eintrag *Beschriftungen hinzufügen*.

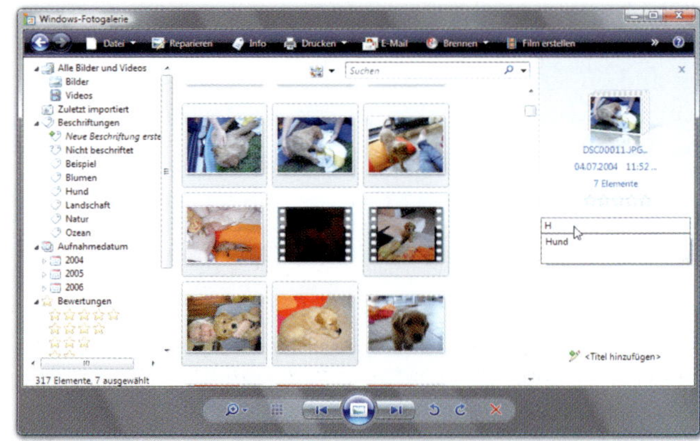

Abbildung 9.12 Ein Bild mit Stichwörtern beschriften

PROFITIPP 

Sie können auch Bilder aus mehreren Beschriftungskategorien gleichzeitig anzeigen. Dazu halten Sie die `Strg`-Taste gedrückt und klicken dann alle Beschriftungen an, die Sie auswählen wollen. Die Fotogalerie zeigt jetzt alle Bilder und Videos an, die in mindestens einer der gewählten Kategorien vorkommen.

Möchten Sie die Bilder anzeigen, die in sämtlichen Kategorien gleichzeitig vorkommen, verwenden Sie die Suche, die im Abschnitt »Nach Bildern und Videos suchen« weiter hinten in diesem Kapitel beschrieben wird.

Beschriftungen wieder entfernen

Möchten Sie Beschriftungen von einem bestimmten Bild entfernen, klicken Sie das Bild an. Klicken Sie dann im Infobereich mit der rechten Maustaste auf die Beschriftung, die Sie entfernen wollen, und wählen Sie im Kontextmenü den Eintrag *Beschriftung entfernen*.

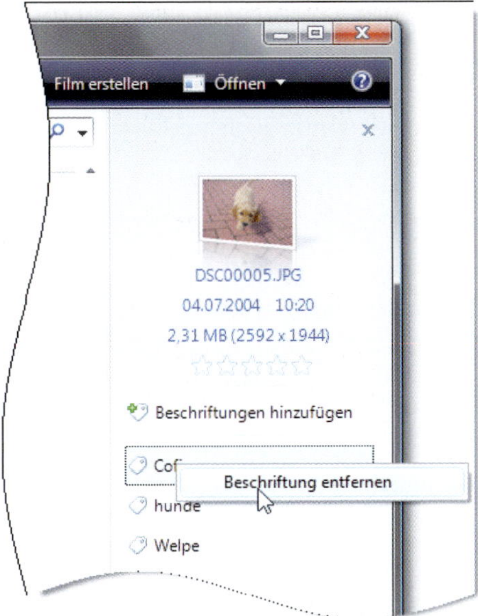

Abbildung 9.13 Eine Beschriftung entfernen

Wollen Sie dagegen eine Beschriftung komplett aus der Fotogalerie entfernen, klicken Sie im Navigationsbaum mit der rechten Maustaste auf die Beschriftung und wählen im Kontextmenü den Eintrag *Löschen*. Die Beschriftung wird jetzt von sämtlichen Fotos und Videos entfernt und aus dem Navigationsbaum gelöscht.

Lieblingsbilder bewerten

Vielleicht sind Ihnen Beschriftungen zu aufwändig, und Sie wollen einfach nur markieren, wie gut Ihnen ein bestimmtes Bild gefällt? Dann nutzen Sie die Bewertungen, die aus einem bis fünf Sternen bestehen und so ähnlich funktionieren wie Hotelkategorien.

Bewertungen
Nicht bewertet

Abbildung 9.14 Per Mausklick nur noch Lieblingsbilder sehen

Und so bewerten Sie Bilder und Videos:

1. Klicken Sie im Navigationsfenster auf die Kategorie *Nicht bewertet*, um alle Bilder und Videos zu sehen, denen noch keine Bewertung zugewiesen sind.
2. Schalten Sie mit der *Ansicht*-Schaltfläche um auf *Kacheln*, damit Sie neben jedem Bild die Bewertungssterne sehen.
3. Um ein Bild zu bewerten, klicken Sie jetzt ganz einfach zunächst auf das Bild, um es zu markieren, und danach direkt in die Sterne-Bewertung. Mit wie vielen Sternen Sie ein Bild bewerten, hängt nur davon ab, welchen Stern Sie anklicken. Die Bewertung wird sofort ausgeführt.

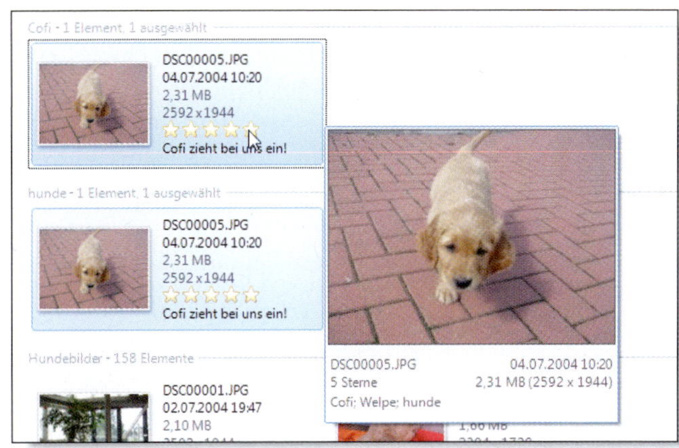

Abbildung 9.15 Ein Foto mit einer Sterne-Bewertung versehen

Tipp

Falls Bilder wie in Abbildung 9.15 in Ihrer Galerie doppelt angezeigt werden, überprüfen Sie, nach welchem Kriterium Sie gruppieren. Wenn Sie nach dem Kriterium *Beschriftung* gruppieren und einem Bild mehrere Stichwörter zugewiesen sind, erscheint es unter jedem Stichwort erneut. Wenn Sie das Foto allerdings bewerten, gilt Ihre Bewertung natürlich automatisch für alle Doppelgänger mit, denn Sie bewerten ja das zugrunde liegende Foto, und das gibt es nur einmal.

Um die Doppelgänger von vornherein zu vermeiden, ändern Sie im *Ansicht*-Menü aus Abbildung 9.5 die Gruppierung und stellen diese zum Beispiel auf *Automatisch* ein.

Wenn Sie mögen – und schon einmal dabei sind – können Sie Ihre Bilder auch gleich mit einem Titel versehen. Dazu klicken Sie unterhalb der Sterne-Bewertung auf *Titel hinzufügen*. Jetzt können Sie hier einen beliebigen Text anfügen, der zum Beispiel beschreibt, was (oder wer) auf diesem Foto zu sehen ist.

Nach Bildern und Videos suchen

Die Fotogalerie ist mit einer praktischen Suchfunktion ausgerüstet, die alle Bilder oder Videos findet, die Ihre Stichwörter enthalten.

Die Suchfunktion sucht Ihre Stichwörter dabei an verschiedenen Orten und schließt Bildbeschriftungen, Dateinamen und hinzugefügte Titel mit in die Suche ein.

Nach einem oder mehreren Stichwörtern suchen

Um alle Bilder zu finden, die ein bestimmtes Stichwort enthalten, klicken Sie rechts oben ins Suchfeld. Sie können auch die Tastenkombination Strg+E drücken, um die Einfügemarke besonders schnell in dieses Feld zu setzen.

Tippen Sie nun Ihr Stichwort ein. Noch während der Eingabe filtert die Fotogalerie die augenblickliche Ansicht und zeigt nur noch die Bilder und Videos an, die Ihr vorgegebenes Stichwort enthalten.

Wichtig 

Damit die Suche auch wirklich alle Bilder findet, die das Stichwort enthalten, ist es wichtig, den Startpunkt der Suche vorher richtig festzulegen. Weil die Suche nur die augenblickliche Ansicht der Fotogalerie filtert, sollten Sie vor der Suche zuerst im Navigationsfenster auf den obersten Eintrag *Alle Bilder und Videos* klicken.

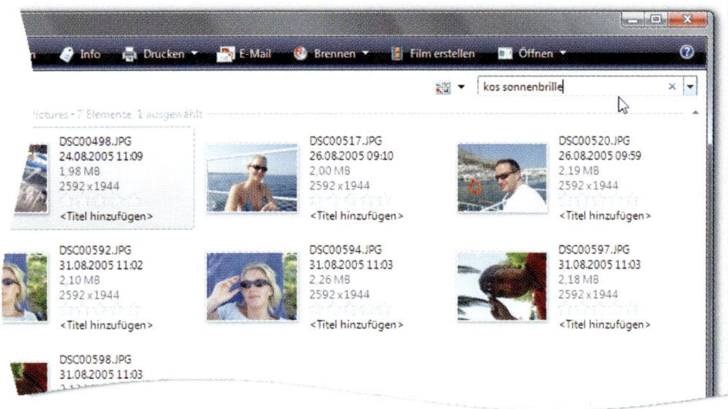

Abbildung 9.16 Nach mehreren Stichwörtern suchen

Auf Wunsch können Sie auf diese Weise auch mehrere Stichwörter kombinieren. Gefunden werden dann alle Bilder, die sämtliche Stichwörter enthalten.

Tipp 

Wenn Sie die Ansicht nach dem Kriterium *Beschriftung* gruppiert haben, kann es sein, dass die Fotogalerie mehrmals dieselben Fotos anzeigt, weil sie in verschiedenen Beschriftungsgruppen vorkommen.

Bei der Suche stellen Sie die Gruppierung deshalb besser auf *Automatisch* ein.

Nach Dateinamen oder Dateiformaten suchen

Weil die Suche Ihre Stichwörter an ganz verschiedenen Stellen sucht und dabei den Dateinamen der Bilder und Videos mit einschließt, können Sie damit auch nach Dateinamen oder bestimmten Dateiformaten suchen.

Möchten Sie zum Beispiel feststellen, ob es in Ihrer Fotogalerie Videos vom Typ »AVI« gibt, tippen Sie in das Suchfeld die Zeichenfolge ».avi« ein.

Wollen Sie anschließend vielleicht noch wissen, wo diese Dateien tatsächlich auf Ihrem Computer gespeichert sind, klicken Sie sie mit der rechten Maustaste an und wählen im Kontextmenü den Eintrag *Dateispeicherort öffnen*.

Daraufhin öffnet sich der Windows-Explorer und zeigt den Ordner an, in dem die angeklickte Datei aufbewahrt wird.

PROFITIPP 

Wenn Sie von Ihrer Digitalkamera Bilder importiert haben, kann es sich dabei sowohl um Fotos als auch um Videoaufnahmen handeln. Möchten Sie die Videos von den Bildern trennen, klicken Sie im Navigationsfenster den Ordner an, in dem der Kamerainhalt gespeichert wurde. Die Galerie zeigt jetzt alle Bilder und Videos an, die Sie von der Kamera übertragen haben.

Wenn Sie nun ins Suchfeld die Zeichenfolge ».avi« eintippen, werden nur noch die AVI-Filme gezeigt. Mit der Tastenkombination Strg+A markieren Sie alle Filme und können dann per Rechtsklick auf die Markierung und Auswahl des Kontextmenübefehls *Beschriftungen hinzufügen* allen gemeinsam eine Beschriftung wie »Video« zuweisen. Tippen Sie danach ins Suchfeld die Zeichenfolge ».jpg« ein, um nur die Bilder zu sehen und denen ebenfalls eine eindeutige Beschriftung zu geben.

Bilder bearbeiten

Vielleicht wollen Sie unschöne rote Augen entfernen oder ein Bild drehen, bevor Sie es weiterverarbeiten und zum Beispiel ausdrucken.

Bilder drehen

Dazu klicken Sie ein Bild mit der rechten Maustaste an und wählen dann im Kontextmenü *Im Uhrzeigersinn drehen* oder *Gegen den Uhrzeigersinn drehen*. Oder aber Sie öffnen das Bild per Doppelklick. Danach verwenden Sie die Drehfeld-Elemente am unteren Bildrand, um das Bild nach rechts oder links zu drehen.

Klicken Sie in der Symbolleiste auf *Zurück zur Galerie*, wenn Sie zur Fotoübersicht zurückkehren wollen.

Bilder digital nachbearbeiten

Dazu öffnen Sie das Bild zuerst per Doppelklick, damit es groß genug ist, um die Effekte begutachten zu können. Danach klicken Sie in der Symbolleiste auf die Schaltfläche *Reparieren*. Rechts wird ein Panel mit einigen Nachbearbeitungsfunktionen eingeblendet.

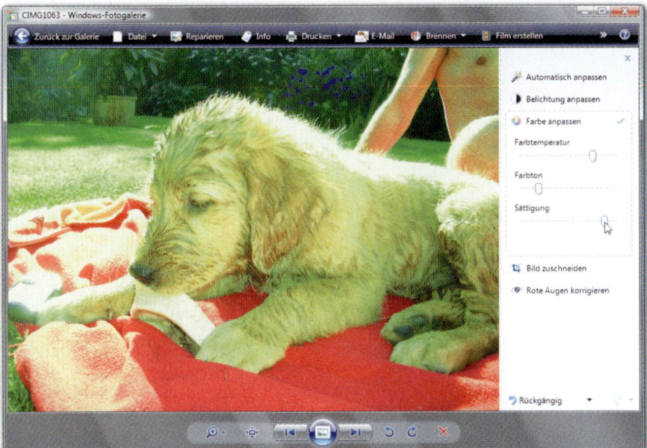

Abbildung 9.17 Die digitalen Nachbearbeitungsfunktionen verwenden

Zur Nachbearbeitung stehen Ihnen die folgenden Funktionen zur Verfügung:

- **Automatisch anpassen** Passt die Belichtung und die Farbe automatisch an
- **Belichtung anpassen** Blendet zwei Schieberegler zur Anpassung der Helligkeit und des Kontrastes ein. Ist das Bild zum Beispiel ein wenig dunkel geraten, bewegen Sie den Schieberegler für die Helligkeit weiter nach rechts.
- **Farbe anpassen** Blendet drei Schieberegler zur Anpassung der Farbtemperatur, des Farbtons und der Sättigung ein. Falls ein Foto zum Beispiel blaustichig ist, schieben Sie den Regler für den Farbton weiter nach rechts.
- **Bild zuschneiden** Blendet eine Markierung ein, die Sie mit der Maus vergrößern und verkleinern können, bis genau der Bereich des Bildes markiert ist, den Sie behalten wollen. Alles außerhalb der Markierung wird abgeschnitten, sobald Sie auf *Übernehmen* klicken. Wenn Sie dabei bestimmte Proportionen erhalten wollen, zum Beispiel das Format 9 x 13, weil Sie das Bild später in diesem Format ausdrucken möchten, stellen Sie das gewünschte Format im Listenfeld unterhalb von *Proportionen* ein. Die Breite und Höhe der Markierung werden anschließend automatisch so geändert, dass das Verhältnis zueinander gewahrt bleibt.
- **Rote Augen korrigieren** Markieren Sie den Bereich des Bildes, in dem die roten Augen zu sehen sind. Die Rotfärbung wird automatisch korrigiert.

Experimentieren Sie mit den verschiedenen Nachbearbeitungsfunktionen, und kontrollieren Sie sorgfältig das Ergebnis. Sehr leicht können Sie mit diesen Funktionen Ihre Fotos nämlich auch »verschlimmbessern«.

Gefällt Ihnen ein Effekt nicht, klicken Sie ganz unten auf die Schaltfläche *Rückgängig*. Klicken Sie auf den Pfeil am rechten Rand dieser Schaltfläche, um ein Menü zu öffnen, in dem Sie noch exakter festlegen können, was genau Sie rückgängig machen wollen.

Andere Werkzeuge zur Bildbearbeitung verwenden

Falls Sie weitere Bildbearbeitungsprogramme besitzen, klicken Sie in der Symbolleiste auf *Öffnen* und wählen dann aus dem zugehörigen Menü das gewünschte Programm aus. Das mitgelieferte Malprogramm *Paint* stellt Ihnen allerdings nur sehr einfache Malwerkzeuge zur Verfügung.

Sehr viel mehr ist mit professionellen Bildbearbeitungsprogrammen möglich. Damit erstellen Sie zum Beispiel täuschend echte Photomontagen oder verwandeln ein Foto in eine Holzkohlezeichnung. Wird Ihr Bildbearbeitungsprogramm noch nicht in der Liste geführt, klicken Sie auf *Programm auswählen* und wählen Ihr Programm in der Liste aus.

Eigene Diashows und Bildschirmschoner

Mit der Fotogalerie erzeugen Sie in wenigen Sekunden stimmungsvolle Diashows. Das gleiche funktioniert auch als Bildschirmschoner, den Ihr Computer dann startet, wenn sonst nichts zu tun ist.

Fotos auswählen

Wenn Sie nicht gerade sämtliche Fotos Ihres Archivs als Diashow präsentieren wollen, sollten Sie sich ein wenig Zeit nehmen, um die richtigen Bilder auszusuchen.

Haben Sie Ihre Fotos bereits mit bestimmten Stichwörtern markiert, dauert die Vorbereitung nur wenige Sekunden. Klicken Sie einfach im Navigationsfenster auf die richtige Beschriftung, um die Fotos auszuwählen.

Möchten Sie die Diashow besonders gut vorbereiten, klicken Sie im Navigationsfenster auf den Eintrag *Neue Beschriftung erstellen* und legen eine neue Beschriftung an, zum Beispiel

»Diavortrag«. Jetzt klicken Sie im Navigationsfenster ganz oben auf *Bilder*. Nun sehen Sie sämtliche Bilder in Ihrem Archiv. Alle Bilder, die Sie in der Diashow vorführen wollen, ziehen Sie jeweils auf den Begriff *Diavortrag* in Ihrem Navigationsfenster.

Sobald Sie fertig sind, klicken Sie im Navigationsfenster auf die Beschriftung *Diavortrag* und sehen jetzt alle Bilder, die Sie mit diesem Begriff gekennzeichnet haben.

Diashow starten

Um die Diashow zu starten, klicken Sie am unteren Rand der Fotogalerie auf den runden Startknopf. Sie können auch die F11-Taste drücken. Der Bildschirm verdunkelt sich, und die Diashow beginnt. Es werden jetzt alle Fotos, die Sie ausgewählt haben, nacheinander angezeigt. Um die Diashow abzubrechen, drücken Sie die Esc-Taste.

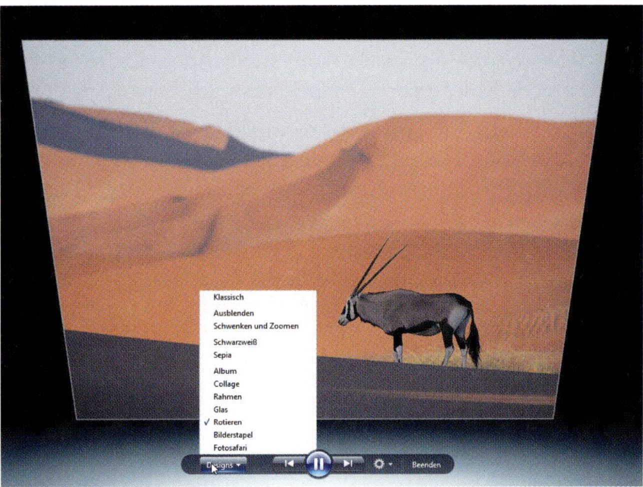

Abbildung 9.18 Nur mit der Aero-Oberfläche zeigt die Diashow, was sie kann

Die Steuerung der Diashow hängt davon ab, ob Sie die Benutzeroberfläche *Aero* einsetzen oder nicht. Ist diese Premium-Oberfläche aktiv, dann brauchen Sie nur die Maus etwas zu bewegen, um die Steuerelemente für die Diashow einzublenden. Ansonsten klicken Sie mit der rechten Maustaste in die Diashow, um ein Kontextmenü mit den Steuerbefehlen zu öffnen. Sie können die Diashow jederzeit anhalten und wieder fortsetzen. Auch die Geschwindigkeit der Show lässt sich in drei Stufen regeln.

Bei der Oberfläche *Aero* stehen Ihnen außerdem Designs zur Verfügung. Klicken Sie im Steuerungsbereich auf *Designs*, öffnet sich ein Kontextmenü mit den Diashow-Designs.

Auswahl	Beschreibung
Klassisch	Die Bilder werden ohne besonderen Übergang gewechselt
Ausblenden	Die Bilder werden sanft ineinander überblendet
Schwenken und Zoomen	Die Ansicht bewegt sich leicht über das Bild und vermittelt so einen lebendigen Eindruck
Schwarzweiß	Die Bilder werden in harten Schwarzweißtönen dargestellt
Sepia	Die Bilder erscheinen wie altes Fotomaterial in bräunlich-cremigen Farbtönen
Album	Es werden immer zwei Bilder wie in einem Fotoalbum überlagert angezeigt
Collage	Die Bilder werden wie in einem Fotostapel allmählich übereinander gelegt
Rahmen	Ein blauer Bilderrahmen umgibt die Bilder
Glas	Die Bilder werden der Reihe nach übereinander gelegt. Dabei blenden die vorhergehenden Bilder sanft ab und werden noch eine Weile transparent im Hintergrund angezeigt.
Rotieren	Die Bilder fliegen rotierend aus dem Raum und zeigen auf ihrer Rückseite das jeweils nächste Bild an
Bilderstapel	Die Bilder werden ähnlich einem Bilderstapel der Reihe nach übereinander gelegt
Fotosafari	Verschiedene Effekte werden auf dem Hintergrund einer Safarikiste kombiniert

Tabelle 9.1 Design-Einstellung für die Diashow

Bildschirmschoner einrichten

Bilder, die Sie in der Fotogalerie mit einem bestimmten Stichwort beschriftet haben, können anschließend als Bildschirmschoner verwendet werden. Markieren Sie dazu zuerst alle Bilder wie oben beschrieben mit einem Stichwort, zum Beispiel »Bildschirmschoner«.

Danach gehen Sie so vor:

1. Klicken Sie in der Symbolleiste der Fotogalerie auf *Datei* und dann auf *Bildschirmschonereinstellungen*.
2. Wählen Sie im Listenfeld den Eintrag *Fotos* als Bildschirmschoner aus. Klicken Sie dann auf die Schaltfläche *Einstellungen*, um das Dialogfeld *Einstellungen des Fotobildschirmschoners* zu öffnen.
3. Wählen Sie die Option *Alle Bilder und Videos aus der Fotogalerie verwenden*. Im Feld unter *Mit dieser Markierung* geben Sie das Stichwort ein, mit dem Sie die Bilder vorher in der Fotogalerie markiert haben, zum Beispiel *Bildschirmschoner*.

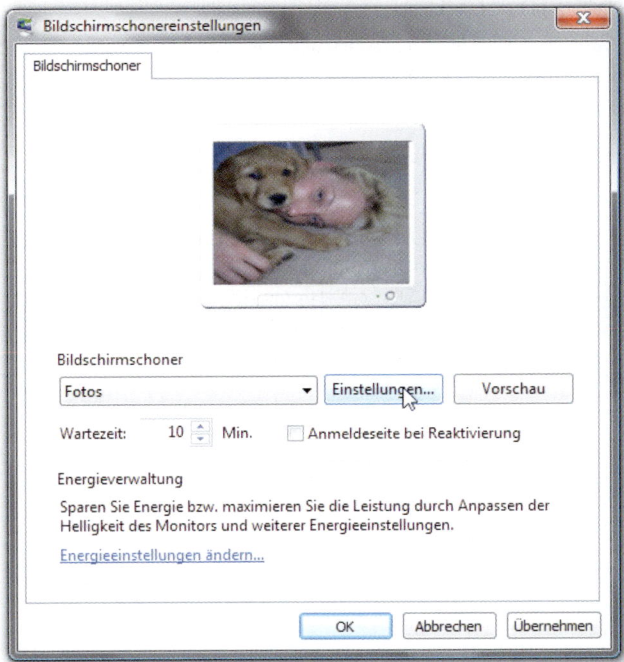

Abbildung 9.19 Fotos aus der Fotogalerie können als Bildschirmschoner verwendet werden

4. Möchten Sie nur Bilder mit einer bestimmten Sterne-Markierung verwenden, wählen Sie die Bewertung im Listenfeld unter *Mit dieser Bewertung oder höher* aus.
5. Falls Sie Bilder explizit ausschließen wollen, aktivieren Sie das Kontrollkästchen *Elemente mit diesen Markierungen nicht anzeigen* und geben im Feld darunter die Markierungen ein, die nicht angezeigt werden sollen.
6. Im Listenfeld neben *Dieses Design verwenden* legen Sie das gewünschte Design fest, zum Beispiel *Schwenken und Zoomen*. Darunter bestimmen Sie die Wiedergabegeschwindigkeit.
7. Aktivieren Sie das Kontrollkästchen *Inhalte zufällig anordnen*, damit Sie nicht immer dieselben Bilder sehen. Dann klicken Sie auf *Speichern*.
8. Klicken Sie auf die Schaltfläche *Vorschau*, um den Bildschirmschoner mit diesen Einstellungen zu testen. Legen Sie dann fest, nach welcher Wartezeit der Bildschirmschoner automatisch aktiv werden soll und ob Sie Ihr Anmeldekennwort eingeben müssen, wenn Sie zum Desktop zurückkehren wollen.

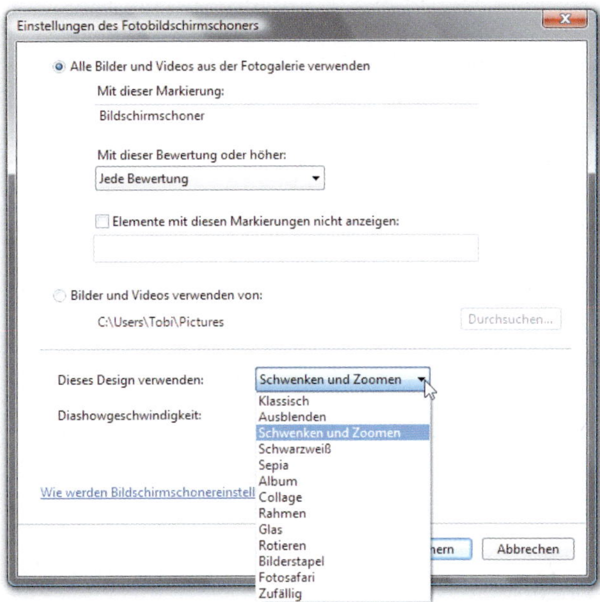

Abbildung 9.20 Legen Sie fest, welche Bilder vom Bildschirmschoner angezeigt werden sollen

Tipp

Aktivieren Sie das Kontrollkästchen *Anmeldeseite bei Reaktivierung*, wenn Ihr Computer an einem öffentlich zugänglichen Ort wie Ihrem Büro steht. Wenn Sie den Computer plötzlich verlassen müssen, ist Ihr Computer gesperrt, sobald der Bildschirmschoner anspringt.

Fotos per E-Mail senden

Fotos lassen sich direkt aus der Fotogalerie heraus weltweit kostenlos versenden, sofern Sie Ihr E-Mail-Programm bereits eingerichtet haben. Dabei werden die Bilder automatisch auf eine akzeptable Größe zusammengestaucht, damit die E-Mail nicht zu groß wird.

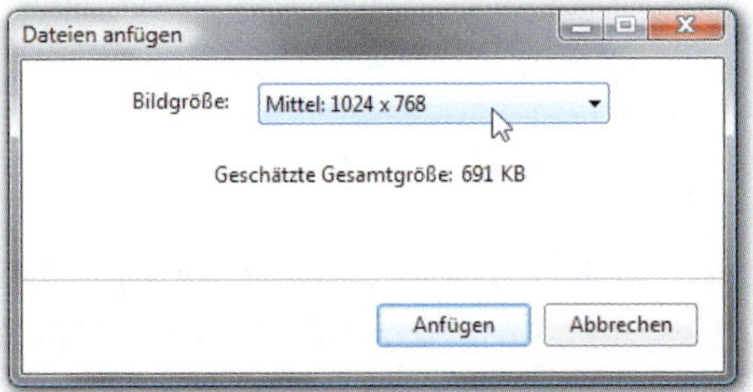

Abbildung 9.21 Vor dem E-Mail-Versand werden die Fotos auf eine vernünftige Größe gebracht

1. Wählen Sie die Fotos in der Fotogalerie aus. Halten Sie die [Strg]-Taste gedrückt, wenn Sie mehr als ein Foto markieren wollen.
2. Klicken Sie in der Symbolleiste der Fotogalerie auf *E-Mail*. Ein Dialogfeld öffnet sich und möchte wissen, auf welche Ansichtsgröße Sie die Fotos optimieren wollen. Wählen Sie die unterschiedlichen Größen der Reihe nach aus, und überprüfen Sie die Bildgröße, die darunter angegeben wird. Aus einer ursprünglich 5,5 MB großen und unhandlichen Fotodatei werden so in mittlerer Bildgröße weniger als 700 KB, also nur noch ein Achtel.
3. Klicken Sie auf die Schaltfläche *Anfügen*, wenn Sie die richtige Größe festgelegt haben. Automatisch wird eine neue E-Mail angelegt und die verkleinerten Bilder werden als Anhang angefügt. Sie brauchen nur noch die Empfängeradresse ins *An*-Feld einzutragen und können die E-Mail mitsamt den Fotos darin per Klick auf *Senden* auf die Reise schicken.

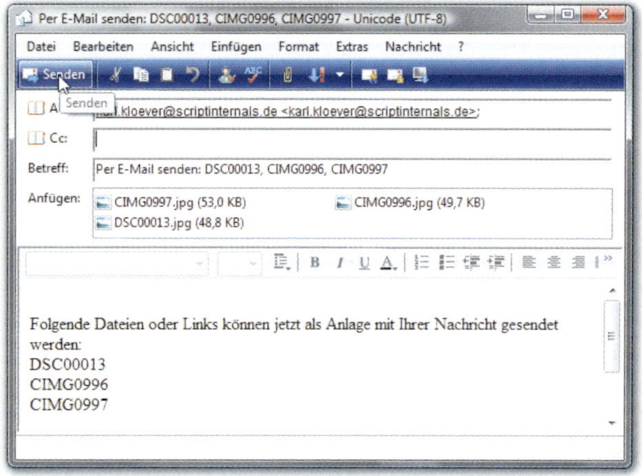

Abbildung 9.22 Verkleinerte Kopien der ausgewählten Fotos per E-Mail versenden

Fotos drucken oder Abzüge bestellen

Möchten Sie Ihre Fotos auf Papier erleben, drucken Sie sie entweder mit einem geeigneten Fotodrucker aus oder bestellen Sie sich einfach Abzüge über das Internet.

Tipp

Selbstgedruckte Fotos kosten Sie nur ein paar Sekunden Zeit, dafür aber sind diese Ausdrucke meist recht teuer. Günstiger (und garantiert lichtecht und wasserfest) sind Abzüge, die Sie über das Internet bei einem Fotolabor bestellen.

Fotos ausdrucken

Suchen Sie in der Fotogalerie zuerst die Fotos aus, die Sie drucken wollen. Dazu markieren Sie das gewünschte Foto mit einem Klick. Wollen Sie mehrere Fotos drucken, halten Sie die [Strg]-Taste gedrückt und markieren alle Fotos per Mausklick.

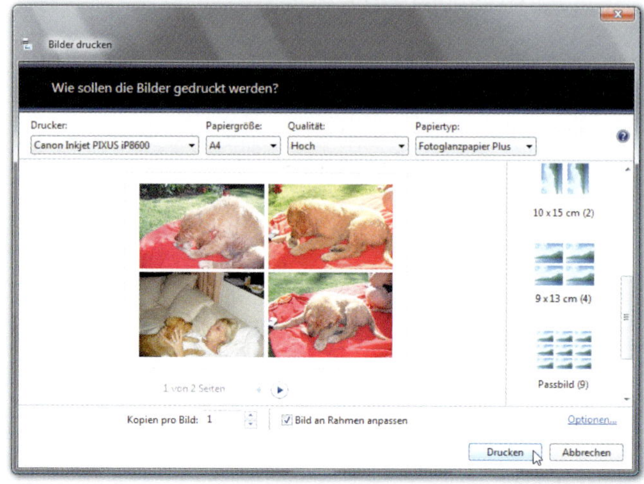

Abbildung 9.23 Fotos auf dem eigenen Drucker ausdrucken

Danach gehen Sie so vor:

1. Klicken Sie in der Symbolleiste auf die Schaltfläche *Drucken*, und wählen Sie im Kontextmenü *Drucken*. Sie können auch die Tastenkombination [Strg]+[P] drücken.
2. Das Dialogfeld *Bilder drucken* öffnet sich. Wählen Sie im Listenfeld den Drucker aus, auf dem die Fotos ausgegeben werden sollen.
3. Legen Sie in den übrigen Listenfeldern die Papiergröße, die Qualität und den Papiertyp fest. Für qualitativ hochwertige Fotodrucke ist meist ein spezielles Fotopapier erforderlich. Damit der Drucker darauf in bestmöglicher Qualität druckt, ist es wichtig, über das Listenfeld *Papiertyp* den verwendeten Papiertyp einzustellen.
4. Legen Sie rechts in der Formatleiste das gewünschte Format fest. Sie können die Fotos ganzseitig ausdrucken oder mehrere Fotos auf einem Blatt kombinieren, zum Beispiel, wenn Sie Passfotos drucken möchten.
5. Bestimmen Sie hinter *Kopien pro Bild*, wie oft Sie die Fotos ausdrucken möchten.
6. Nicht immer entspricht das Seitenverhältnis von Bildern dem Seitenverhältnis des Druckpapiers. Wählen Sie die Option *Bild an Rahmen anpassen*, werden die Bilder in diesem Fall so weit vergrößert, dass sie das Papier voll-

ständig ausfüllen. Dabei können jedoch Teile des Bildes abgeschnitten werden.

7. Klicken Sie auf *Drucken*, um den Ausdruck zu starten.

Weitere Optionen

Möchten Sie den Ausdruck noch stärker kontrollieren, klicken Sie vor dem Ausdruck im Dialogfeld auf den Link *Optionen*.

Es öffnet sich das Dialogfeld *Druckeinstellungen*. Darin können Sie bestimmen, ob die Fotos vor dem Ausdruck mit einem Schärfefilter bearbeitet werden. Außerdem bestimmen Sie, ob das *Drucken*-Dialogfeld automatisch Einstellungen verstecken soll, die Ihr Drucker aus technischen Gründen nicht unterstützt. Beide Kontrollkästchen sind standardmäßig aktiviert.

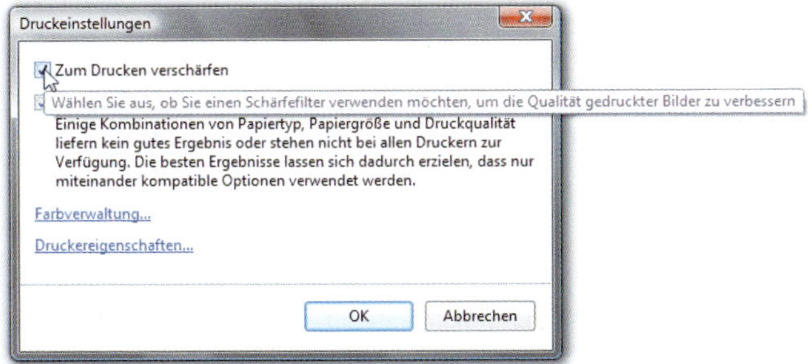

Abbildung 9.24 Legen Sie weitere Optionen für den Ausdruck fest

Darunter finden sich zwei Links, mit denen Sie weitere Dialogfelder öffnen.

Druckereinstellungen festlegen

Klicken Sie im Dialogfeld auf den Link *Druckereigenschaften*, öffnet sich das Dialogfeld für die Druckereinstellungen Ihres Druckers. Wie dieses Dialogfeld genau aussieht und welche Optionen darin enthalten sind, hängt vom jeweils verwendeten Drucker ab.

Viele Drucker bieten hier die Möglichkeit, einen randlosen Druck zu aktivieren, damit das Fotopapier vollständig und ohne störenden Seitenrand bedruckt wird. Falls der Ausdruck streifig erscheint oder nicht sonderlich ansprechend aussieht, finden Sie hier außerdem häufig Optionen, um den Druckkopf zu reinigen, den Füllzustand der Farbpatronen zu überprüfen und Testseiten auszudrucken.

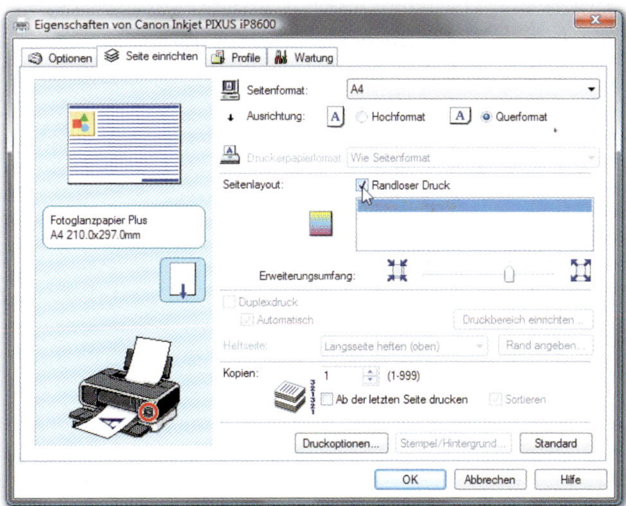

Abbildung 9.25 Legen Sie hier die korrekten Druckereinstellungen fest

Abzüge bestellen

Haben Sie keinen eigenen Fotodrucker oder sind Ihnen eigene Ausdrucke schlicht zu teuer, bestellen Sie einfach Abzüge Ihrer Fotos über das Internet. Die Abzüge werden Ihnen dann nach ein paar Tagen per Post zugeschickt.

Dafür benötigen Sie lediglich eine schnelle Internetverbindung, denn Fotos sind speicherintensiv, und beim Bestellen von Abzügen müssen sehr viele Daten über das Internet an das Fotolabor übermittelt werden.

Tipp 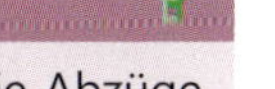

Wenn Sie eine Flatrate verwenden, können Sie die Abzüge natürlich auch abends bestellen und den Computer über Nacht eingeschaltet lassen. Am nächsten Morgen sollten die Bilder dann sicher zum Fotolabor übertragen worden sein.

Steht Ihnen nur eine langsame oder gar keine Internetverbindung zur Verfügung, dann können Sie trotzdem Abzüge bestellen. Schauen Sie sich dazu im Abschnitt »Bilder auf CD oder DVD brennen« weiter hinten in diesem Kapitel an, wie Sie Fotos auf eine CD brennen. Diese können Sie dann in vielen Elektronikmärkten direkt in eine Fotostation einlegen und so Ihre Abzüge bestellen.

Bevor Sie Abzüge über das Internet bestellen, finden Sie hier Antworten auf häufig gestellte Fragen:

- **Woher weiß ich, was die Abzüge kosten werden?**

  Die Preise für die Abzüge können sich von Anbieter zu Anbieter stark unterscheiden, und wie bei allen Preisen gibt es immer wieder Sonderangebote und Preisschwankungen. Wenn Sie eine Bestellung durchführen, gelangen Sie zu Ihrem Warenkorb, wo alle Preise genau genannt werden. Bis zu diesem Punkt ist Ihre Bestellung noch nicht aufgegeben. Sind Ihnen die Preise zu hoch oder wollen Sie die Preise mit einem anderen Anbieter vergleichen, brechen Sie die Bestellung ab und versuchen es bei einem anderen Anbieter.

- **Ab wann wird meine Bestellung verbindlich?**

  Erst wenn Sie Ihren Warenkorb mit den Preisen bestätigt und eine Zahlungsart ausgewählt haben, wird die Bestellung durchgeführt. Bis zu diesem Zeitpunkt können Sie den Bestellvorgang also jederzeit abbrechen.

- **Wie lange dauert es, bis die Bilder zum Fotolabor übertragen sind?**

  Dies lässt sich nicht exakt vorhersagen, weil die Übertragungsdauer von der Größe Ihrer Bilder und der Geschwindigkeit Ihres Internetanschlusses abhängt. Verwenden Sie einen modernen DSL-Anschluss, müssen Sie pro Bild mit einer Übertragungsdauer von ein bis zwei Minuten rechnen.

- **Was passiert, wenn die Übertragung mittendrin unterbrochen wird?**

  Wenn Ihre Bilder nicht zum Fotolabor übertragen werden konnten, können natürlich auch keine Abzüge hergestellt werden. In der Regel wird die Bestellung damit storniert, und Sie müssen die Abzüge erneut bestellen. Genauere Informationen dazu finden Sie in den »Allgemeinen Geschäftsbestimmungen« des Fotolabors, denen Sie vor der Bestellaufgabe zustimmen müssen und die Sie bei dieser Gelegenheit auch einsehen können.

- **Gibt es weitere Tipps?**

  Wenn Sie das erste Mal Fotos bei einem Fotolabor bestellen, wählen Sie für einen Test nur wenige Fotos aus. Stellen Sie fest, wie lange es dauert, bis die Fotos zum Fotolabor übertragen sind. Wenn die Bestellung reibungslos verläuft, die Fotos schnell genug übertragen werden und die Abzüge gut aussehen, bestellen Sie künftig möglichst viele Abzüge auf einmal, um die Fixkosten für den Versand niedrig zu halten.

  Weil die Online-Fotolabore miteinander konkurrieren, sollten Sie von Zeit zu Zeit auch einmal andere Fotolabore auswählen und die Preise sowie die Qualität vergleichen.

  Haben Sie keine Kreditkarte oder wollen Sie online keine Zahlungen über Ihr Konto ausführen, lassen Sie die Abzüge zu einem Händler in Ihrer Nähe liefern und holen Sie sie dort ab. Das spart nicht nur Geld, sondern Sie können in diesem Fall auch bequem vor Ort bezahlen.

So gehen Sie vor, um Abzüge über das Internet zu bestellen:

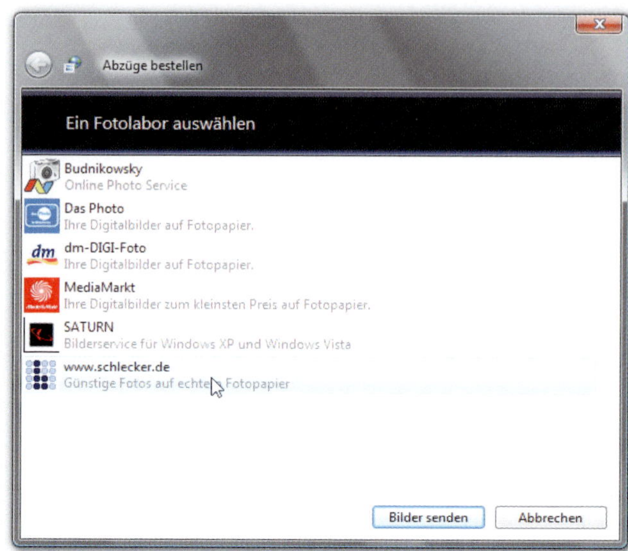

Abbildung 9.26 Abzüge Ihrer Fotos direkt über das Internet bestellen

1. Wählen Sie zuerst die Fotos aus, von denen Sie Abzüge bestellen wollen. Das machen Sie genau wie beim Ausdruck auch: Klicken Sie die gewünschten Fotos in der Fotogalerie an. Wenn Sie mehrere Fotos auswählen wollen, halten Sie dabei die `Strg`-Taste gedrückt.
2. Klicken Sie dann in der Symbolleiste der Fotogalerie auf *Drucken*, und klicken Sie im Kontextmenü auf *Abzüge bestellen*. Falls Sie früher bereits Abzüge online bei einem Fotolabor bestellt haben, bietet das Kontextmenü automatisch das zuletzt verwendete Fotolabor zusätzlich an. Folgen Sie dann den Bestellanweisungen des jeweiligen Labors.

Bilder auf CD oder DVD brennen

Eine Foto-CD speichert die Fotos als einzelne Bilddateien. Sie können die Bilder also auf anderen Computern öffnen und zum Beispiel als Diashow anzeigen lassen oder zum Entwickeln bei einem Fotolabor abgeben. Eine Foto-CD kann allerdings nicht direkt in einen normalen DVD-Player eingelegt werden, um die Fotos am Fernseher zu betrachten. Wenn Sie das möchten, schauen Sie in Kapitel 12 und 13, wie Sie aus Ihren Fotos digitale Diashows und Filme herstellen.

Wählen Sie in der Fotogalerie zuerst die Bilder aus, die Sie auf die CD brennen wollen. Möchten Sie zum Beispiel alle

Bilder in Ihrem Archiv auf CD sichern, klicken Sie im Navigationsfenster der Fotogalerie auf *Bilder*. Die Ansicht zeigt nun sämtliche Bilder an. Mit der Tastenkombination `Strg`+`A` markieren Sie alle Bilder.

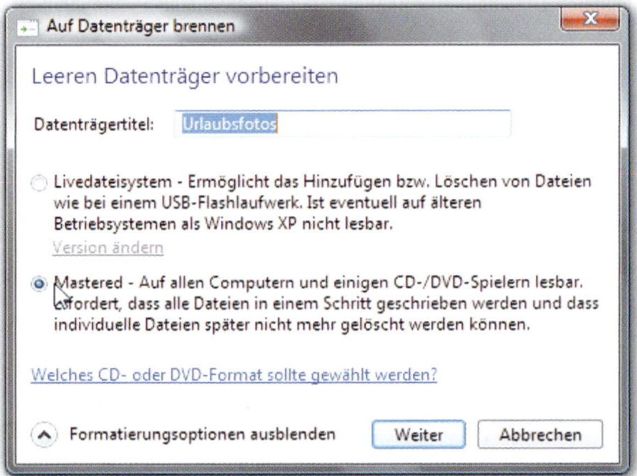

Abbildung 9.27 Neue Foto-CD brennen

So gehen Sie vor, um die ausgewählten Bilder auf eine CD zu brennen:

1. Legen Sie einen beschreibbaren CD-Rohling in das CD-ROM-Laufwerk. Haben Sie früher bereits eine Foto-CD gebrannt, auf der noch Platz ist, können Sie auch diese CD ins Laufwerk legen und weitere Bilder hinzufügen.
2. Klicken Sie dann in der Symbolleiste der Fotogalerie auf *Brennen* und wählen *Daten-CD*.
3. Das Dialogfeld *Auf Datenträger brennen* öffnet sich. Weisen Sie darin der neuen CD zuerst einen Namen zu, zum Beispiel »Urlaubsbilder«, und klicken Sie anschließend auf *Formatierungsoptionen einblenden*.
4. Wählen Sie als CD-Dateisystem *Mastered*. Dieses Format sorgt dafür, dass die CD von fast allen Computern und CD-Laufwerken gelesen werden kann. Falls Sie stattdessen das neue *Livedateisystem* verwenden, können Sie die CD auf älteren Computern und manchen Fotostationen nicht einlesen.
5. Klicken Sie nun auf *Weiter*. Die ausgewählten Fotos werden jetzt im Windows-Explorer angezeigt. Um die Fotos auf CD zu brennen, klicken Sie in der Symbolleiste des Windows-Explorers auf die Schaltfläche *Auf Datenträger brennen*.
6. Das Dialogfeld *Auf Datenträger brennen* wird geöffnet, und Sie können nun die Brenngeschwindigkeit festlegen. Danach starten Sie den Vorgang mit einem Klick auf *Weiter*. Jetzt wird ein Datenträgerabbild erzeugt und danach auf die CD geschrieben. Dieser Vorgang kann einige Minuten dauern.
7. Sobald die CD erstellt ist, wird sie ausgeworfen. Möchten Sie dieselbe CD gleich noch einmal brennen, legen Sie einen weiteren CD-Rohling ein und wählen im Dialogfeld *Ja, diese Dateien auf einen anderen Datenträger brennen*. Anschließend klicken Sie auf *Fertig stellen*.

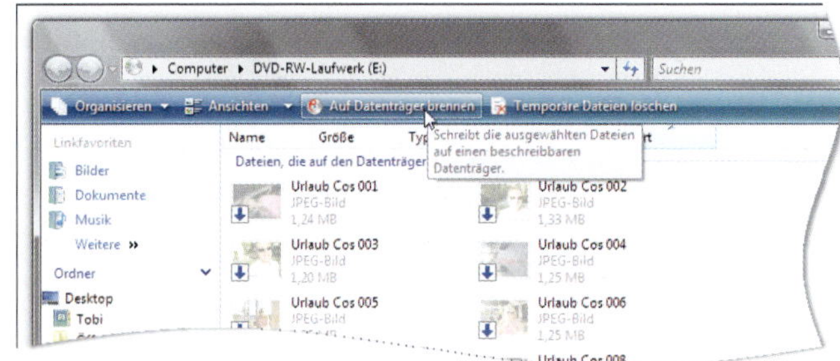

Abbildung 9.28 Der eigentliche Brennvorgang wird im Windows-Explorer gestartet

Zusammenfassung

Mit der Windows-Fotogalerie steht Ihnen eine zentrale Aufbewahrung für all Ihre Bild- und Videomedien zur Verfügung. Hier finden Sie schnell und einfach Bilder und Videos, die Sie auf Ihren Computer übertragen haben.

Über Bewertungen und Beschriftungen teilen Sie Ihre Bilder und Videos dabei in beliebige Kategorien ein und können diese danach blitzschnell wiederfinden und zu Bilderserien kombinieren.

Daraus gestaltet die Galerie auf Wunsch eine Diashow und verwaltet auch alle weiteren wichtigen Medienfunktionen. So können Sie Bilder direkt ausdrucken oder Abzüge aus dem Internet bestellen. Bilder und Videos lassen sich auf CD oder DVD brennen.

Sie möchten ...	So gehen Sie vor	Sehen Sie sich dazu das Beispiel an auf
mehrere Bilder markieren	Halten Sie die [Strg]-Taste fest, und klicken Sie nacheinander auf alle Bilder, die Sie markieren wollen	–
den Infobereich öffnen	Klicken Sie auf die Schaltfläche *Info* in der Symbolleiste der Fotogalerie	Seite 156
einen neuen Bilderordner in der Galerie anzeigen	Klicken Sie in der Symbolleiste der Fotogalerie auf *Datei*, und wählen Sie *Ordner der Galerie hinzufügen*	Seite 157
die Größe der Vorschaubilder ändern	Klicken Sie auf das Lupe-Symbol am unteren Fensterrand, und bewegen Sie den Schieberegler auf oder ab	Seite 157
ein Inhaltsverzeichnis einblenden	Klicken Sie mit der rechten Maustaste auf eine freie Stelle neben einem Bild, und wählen Sie *Inhaltsverzeichnis*	Seite 158
einem Bild eine Beschriftung hinzufügen	Klicken Sie das Bild mit der rechten Maustaste an, und wählen Sie *Beschriftungen hinzufügen*	Seite 160
ein Bild bewerten	Klicken Sie auf einen der Sterne neben einem Bild	Seite 161
ein bestimmtes Bild oder Video wiederfinden	Drücken Sie die Tastenkombination [Strg]+[E], und geben Sie den Namen, einen Teil des Namens oder ein Stichwort ins Suchfeld ein	Seite 162
ein Bild drehen	Klicken Sie das Bild mit der rechten Maustaste an, und wählen Sie *Im Uhrzeigersinn drehen* oder *Gegen den Uhrzeigersinn drehen*	Seite 162
einen Bildausschnitt verwenden	Wählen Sie das Bild, und klicken Sie in der Symbolleiste der Fotogalerie auf *Reparieren*. Klicken Sie dann auf *Bild zuschneiden*.	Seite 163
einen Rote-Augen-Effekt korrigieren	Wählen Sie das Bild, und klicken Sie in der Symbolleiste der Fotogalerie auf *Reparieren*. Klicken Sie dann auf *Rote Augen korrigieren*.	Seite 163
eine Diashow starten	Drücken Sie [F11]	Seite 164
Fotos als Bildschirmschoner verwenden	Stellen Sie den Bildschirmschoner *Fotos* ein, und klicken Sie auf *Einstellungen*	Seite 164
Fotos per E-Mail versenden	Klicken Sie in der Symbolleiste der Fotogalerie auf *E-Mail*, legen Sie die gewünschte Bildgröße fest, und senden Sie die E-Mail ab	Seite 165
ein Foto ausdrucken	Drücken Sie [Strg]+[P]	Seite 166
Abzüge online bestellen	Klicken Sie in der Symbolleiste der Fotogalerie auf *Drucken* und dann auf *Abzüge bestellen*	Seite 167
Bilder oder Videos auf eine CD brennen	Klicken Sie in der Symbolleiste der Fotogalerie auf *Brennen* und dann auf *Daten-CD*	Seite 168

Eric Tierling

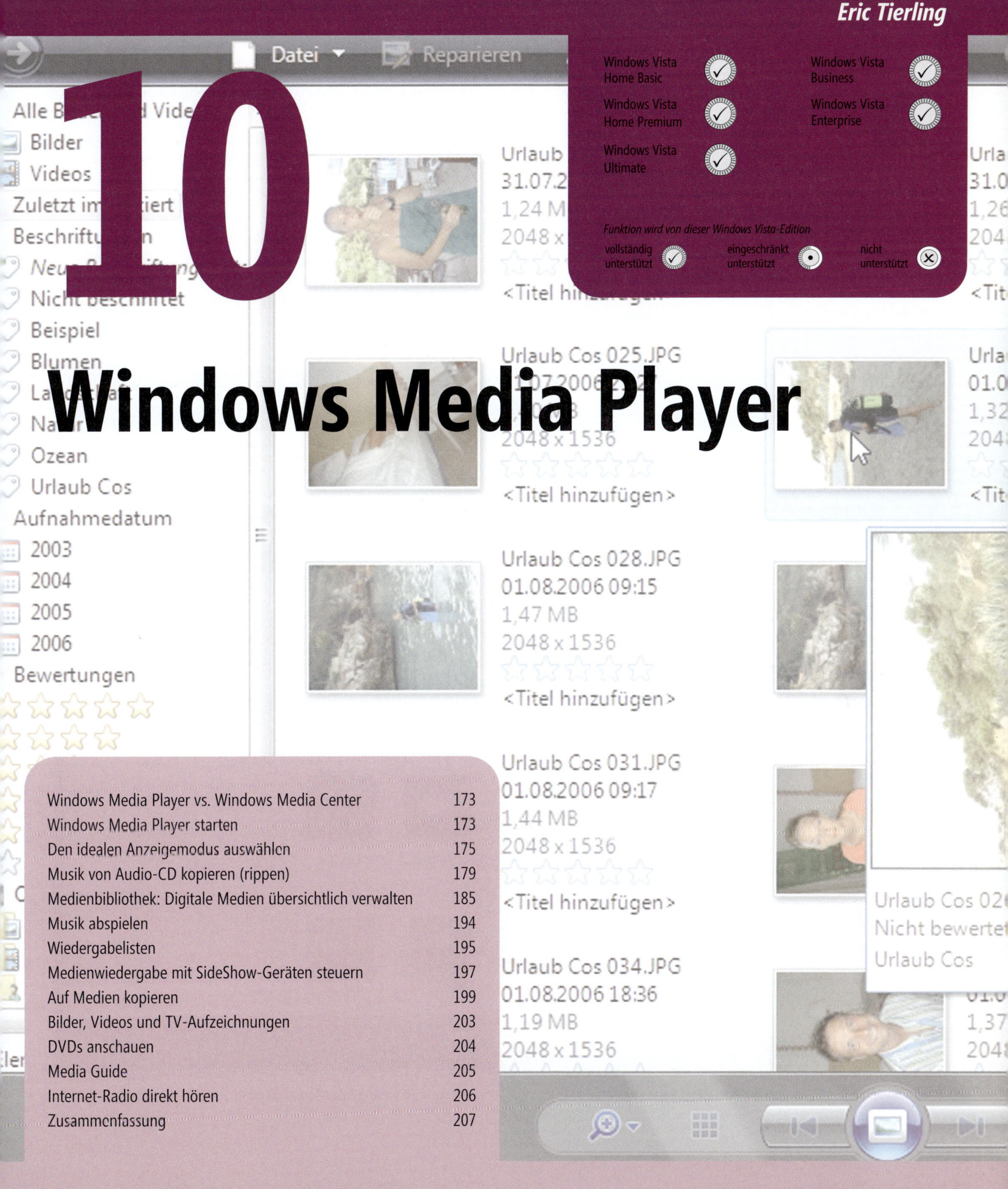

10 Windows Media Player

Windows Vista ist auf diese Tendenzen und die zunehmende Verbreitung digitaler Medien bestens vorbereitet: Mit dem serienmäßig im Produkt enthaltenen *Windows Media Player* können Sie diese Medientypen nicht nur wiedergeben, sondern auch übersichtlich verwalten. Für Musik werden dabei nach Möglichkeit Albumcover angezeigt, damit Sie direkt erkennen können, um welches Album es sich handelt. Bei größeren Musiksammlungen erweist sich zudem das Vorgehen des Windows Media Players, an geeigneter Stelle die Cover von Alben übereinander liegend als gefächerten Stapel darzustellen, als optisch ansprechend. Durch den integrierten Abgleich mit portablen Musik-Playern können Sie Ihre Lieblings-Songs zudem sehr leicht mitnehmen.

Genauso kommt der Windows Media Player mit Bildern und Videos zurecht und kann diese ebenfalls verwalten und wiedergeben – auch wenn Windows Vista hierfür mitunter Alternativen wie die Windows-Fotogalerie anbietet. Last, but not least sind im Windows Media Player auch Funktionen zur Wiedergabe von TV-Aufzeichnungen enthalten, die mit Windows Media Center (siehe Kapitel 17) erstellt worden sind.

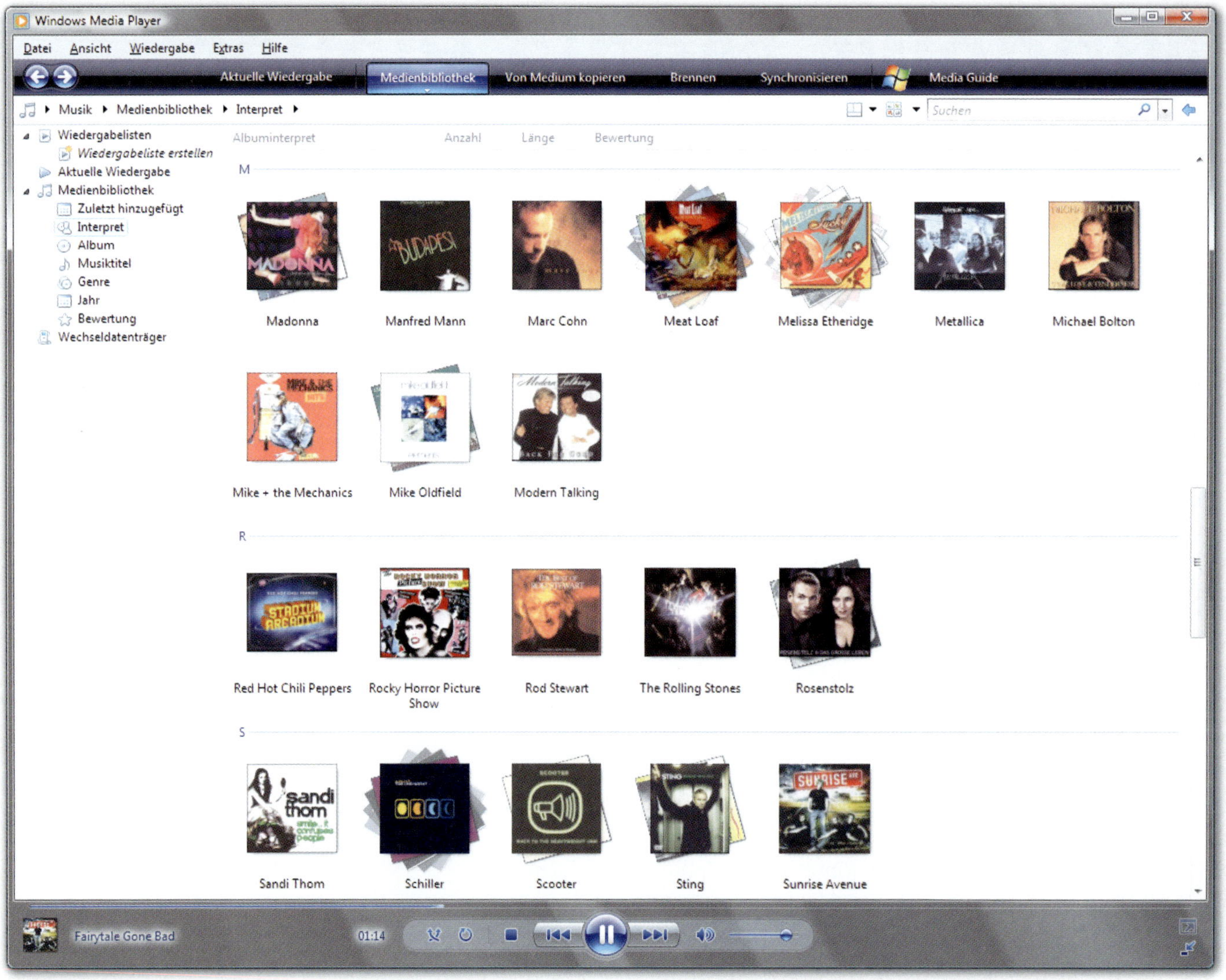

Abbildung 10.1 Der Windows Media Player ist bei Windows Vista eine Schaltzentrale für digitale Mediendateien

Wichtig 

In Windows Vista ist der *Windows Media Player 11* enthalten. Achten Sie zum Beispiel beim Einsatz von Designs darauf, dass diese den Windows Media Player 11 (und nicht nur eine ältere Version des Windows Media Players) unterstützen, um versionsbedingten Konflikten von vorneherein aus dem Weg zu gehen.

Windows Media Player vs. Windows Media Center

Je nachdem, mit welcher Windows Vista-Edition Sie arbeiten, ist Windows Media Player nicht das einzige Programm, das für gute Unterhaltung sorgen kann. Denn Windows Vista Home Premium und Windows Vista Ultimate haben des Weiteren das Programm *Windows Media Center* (siehe Kapitel 14) mit an Bord. Die Frage lautet somit: Welches eignet sich für welchen Zweck, und welches Programm sollten Sie bevorzugen?

- Windows Media Player und Windows Media Center weisen viele funktionale Gemeinsamkeiten auf. Beide kommen mit Musik-, Bild- und Videodateien zurecht und können diese Mediendateien organisieren. Dazu greifen beide auf eine einheitliche Medienbibliothek zurück, sodass die darin enthaltenen Informationen sowohl in Windows Media Player als auch im Windows Media Center zur Verfügung stehen. Ebenso berücksichtigen Windows Media Player und Windows Media Center ein und dieselben Ordner, um festzustellen, welche Mediendateien sich darin befinden. Darüber hinaus beherrschen beide Programm die DVD-Wiedergabe.
- Der entscheidende Unterschied liegt in der Art der Bedienung: Während Windows Media Player die Verwendung von Eingabegeräten wie Tastatur und Maus voraussetzt, kann bei Windows Media Center zusätzlich eine Fernbedienung genutzt werden. Eine geeignete, speziell auf Windows Media Center abgestimmte Fernbedienung liegt entsprechenden PCs gleich bei. Darüber hinaus bietet Microsoft selbst ebenfalls eine Infrarot-Fernbedienung (sowie eine Infrarot-Tastatur mit integrierter Fernbedienung) zur Bedienung von Windows Media Center an.

Hinweis 

Zusätzlich unterstützt Windows Media Center den TV-Empfang. Dabei können Sie den PC – falls eine geeignete TV-Karte vorhanden ist – nicht nur zum Fernsehen, sondern auch als digitalen Videorekorder verwenden.

Ob Sie Windows Media Player oder Windows Media Center den Vorzug geben, hängt dann also davon ab, auf welche Weise Sie die digitale Unterhaltung am liebsten genießen – wie vom PC gewohnt per Tastatur und Maus oder wie bei Stereoanlage & Co. mittels Fernbedienung.

Windows Media Player starten

Windows Media Player lässt sich auf verschiedene Weise starten:

- Standardmäßig erfolgt der Aufruf über das Startmenü durch Auswahl des Eintrags *Windows Media Player*.
- Falls beim erstmaligen Aufruf nicht anders angegeben, wird automatisch eine Verknüpfung zur Schnellstartleiste von Windows Vista hinzugefügt. Das einfache Anklicken dieses Symbols bewirkt einen schnellen Aufruf des Windows Media Players.
- Legen Sie eine Audio-CD in das CD/DVD-Laufwerk Ihres PCs ein, erscheint standardmäßig kurz darauf das Dialogfeld *Automatische Wiedergabe*. Klicken Sie dort auf *Audio-CD wiedergeben mit Windows Media Player*, wird der Windows Media Player gestartet, um die darauf enthaltenen Songs abzuspielen.
- Genauso können Sie im Windows-Explorer eine Mediendatei – etwa ein Musikstück – markieren und die Schaltfläche *Wiedergabe* oben in der Symbolleiste des Windows-Explorers anklicken. Markieren Sie einen Ordner, hat das Anklicken der Schaltfläche *Alle wiedergeben* das Abspielen aller im Ordner vorhandenen Songs zur Folge.
- Wenn Sie mit dem Windows Vista-PC beispielsweise in einer Webseite die Wiedergabe von Streaming-Audio- oder Videodateien starten, erfolgt diese ebenfalls über den Windows Media Player.

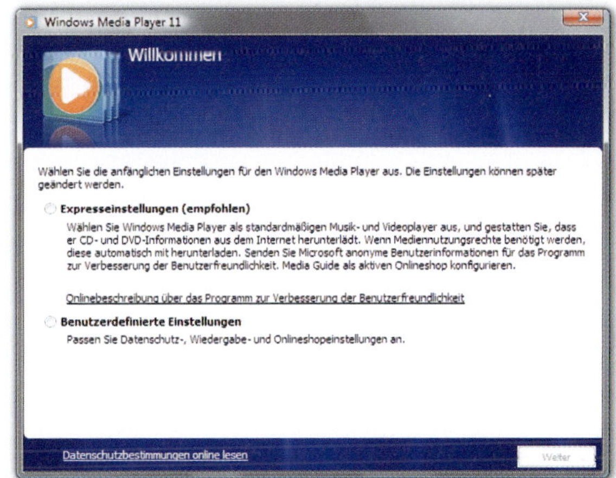

Abbildung 10.2 Beim ersten Aufruf muss die Grundkonfiguration des Windows Media Players durchgeführt werden

PROFITIPP

Auch bei der 64-Bit-Ausführung von Windows Vista wird standardmäßig die 32-Bit-Version des Windows Media Players gestartet, wie der Task-Manager belegt: Starten Sie den Windows Media Player unter der x64-Ausführung von Windows Vista, ist der dementsprechende Eintrag *wmplayer.exe* in der Spalte *Name* auf der Registerkarte *Prozesse* im Windows Task-Manager-Programmfenster mit einem Sternchen versehen, was auf den 32-Bit-Charakter hinweist. Ein wichtiger Grund dafür, warum bei der x64-Ausführung von Windows Vista trotzdem standardmäßig die 32-Bit-Variante des Windows Media Players geladen wird, sind die Codecs. Denn die Prozessorarchitektur, für die die Codecs gedacht sind, muss zu der des Windows Media Players passen, und bislang ist die überwiegende Anzahl von Codecs für den Windows Media Player nur als 32-Bit x86-Ausführung erhältlich.

Gewusst wie, können Sie jedoch der x64-Ausführung von Windows Vista beibringen, standardmäßig immer die 64-Bit-Variante des Windows Media Players zu laden. Dazu gehen Sie wie folgt vor:

1. Öffnen Sie eine Eingabeaufforderung mit Administratorrechten.
2. Tippen Sie **%windir%\System32\unregmp2 /SWAPTO:64** ↵ ein.
3. Starten Sie den Registrierungs-Editor durch Eingabe von **regedit** ↵.
4. Navigieren Sie zum Schlüssel *HKLM\SOFTWARE\Microsoft\Windows\CurrentVersion\App Paths\wmplayer.exe*.
5. Dort ändern Sie den Inhalt des Wertes *(Standard)* von *%ProgramFiles(x86)%\Windows Media Player \wmplayer.exe* auf *%ProgramFiles%\Windows Media Player\wmplayer.exe*. Des Weiteren ist der Wert *Path* mit dem Inhalt *%ProgramFiles%\Windows Media Player* zu versehen.

Wenn Sie nun den Windows Media Player beispielsweise durch Selektion einer Musikdatei im Windows-Explorer starten, kommt dieser in der x64-Ausführung zur Ausführung, wie Sie leicht im Task-Manager auf der Registerkarte *Prozesse* verifizieren können. Sollte dort dennoch der Eintrag *wmplayer.exe* mit einem Sternchen versehen und somit als x86-Ausführung geladen worden sein, haben Sie den Windows Media Player möglicherweise über eine Verknüpfung gestartet, die die Programmdatei *Wmplayer.exe* explizit aus einem Unterordner des Ordners *%ProgramFiles(x86)%* heraus aufruft.

Die Verwendung der x64-Ausführung des Windows Media Players hat zur Folge, dass auch 64-Bit-Codecs zu verwenden sind. Sollten sich dabei Schwierigkeiten ergeben und Sie wieder zurück zur 32-Bit x86-Ausführung des Windows Media Players wechseln möchten, gehen Sie analog zu dem oben Beschriebenen vor. Diesmal allerdings geben Sie in einer mit Administratorrechten geöffneten Eingabeaufforderung **%windir%\System32\unregmp2 /SWAPTO:32** ↵ ein und ändern die Pfade in den beiden Registry-Werten wieder auf *%ProgramFiles(x86)%* ab.

Beim erstmaligen Aufruf des Windows Media Players ist dieser zunächst grundlegend zu konfigurieren (siehe Abbildung 10.2). Dazu sind folgende Möglichkeiten vorgesehen:

- Durch Auswahl der Option *Expresseinstellungen* und Anklicken der Schaltfläche *Fertig stellen* wird für den Windows Media Player eine Verknüpfung in der Schnellstartleiste erstellt. Des Weiteren wird der Windows Media Player allen gängigen Musik- und Videodateien als Standardplayer zugewiesen und der *Media Guide* als Standard-Onlineshop eingestellt.
- Die Option *Benutzerdefinierte Einstellungen* gestattet es, diese Optionen nach einem Klick auf *Weiter* jeweils separat festzulegen.
  - Nach einem erneuten Klick auf *Weiter* können Sie festlegen, ob für den Windows Media Player eine Verknüpfung auf dem Windows-Desktop sowie in der Schnellstartleiste erstellt werden soll. Auf diese Weise können Sie den Windows Media Player jederzeit schnell zum Leben erwecken.
  - Klicken Sie auf *Weiter*, können Sie angeben, ob alle gängigen Musik- und Videodateien automatisch mit dem Windows Media Player als Standardplayer wiederzugeben sind. Ebenso erhalten Sie die Möglichkeit, die Dateitypen zu bestimmen, für die Windows Media Player eine Wiedergabe vornehmen soll.

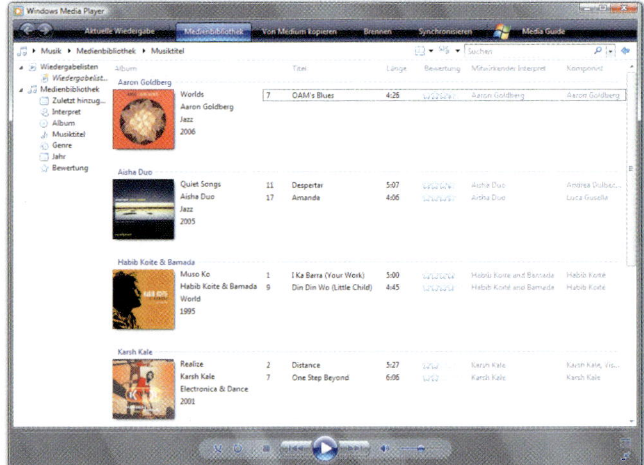

Abbildung 10.3 Die mitgelieferten Beispielmedien fügt Windows Media Player automatisch in seine Medienbibliothek ein

  - Abschließend können Sie einen *Onlineshop* auswählen oder zunächst darauf verzichten. Durch Anklicken der Schaltfläche *Fertig stellen* wird die Grundkonfiguration schließlich übernommen.

Tipp

Diese Einstellungen können Sie im Nachhinein verändern. Hierzu wählen Sie in der rechten Spalte des Startmenüs den Eintrag *Standardprogramme* aus und klicken dort auf den Link *Dateityp oder Protokoll einem Programm zuordnen*. An gleicher Stelle können Sie die Einstellungen für die automatische Wiedergabe ändern und zum Beispiel angeben, mit welchem Programm DVDs abgespielt werden sollen.

Wenige Sekunden später ist der Windows Media Player einsatzbereit. Anschließend erhalten Sie automatisch den Inhalt der Medienbibliothek für die Kategorie *Musik* in der Ansicht *Musiktitel* mit der Anzeigeoption *Kachel (erweitert)* angezeigt (siehe Abbildung 10.3). Die darin aufgeführten Titel entstammen der bei Windows Vista mitgelieferten Beispielmusik, und analog verhält es sich mit Beispiel-Bildern und -Videos.

Hinweis 

Erhalten Sie nun über das *Medienfreigabesymbol* im Infobereich der Taskleiste eine Benachrichtigung, dass ein Netzwerk-Medien-Player gefunden wurde, bedeutet dies, dass der Windows Vista-PC diesem Streaming-Media-Client Medien (Musik, Bilder, Video) zum Abruf bereitstellen kann. Voraussetzung dafür ist, dass auf dem Windows Vista-PC die Medienfreigabe eingeschaltet und dort der betreffende Netzwerk-Medien-Player zugelassen wird. Details hierzu hält das Kapitel 11 für Sie bereit.

Den idealen Anzeigemodus auswählen

Der Windows Media Player kennt verschiedene Anzeigemodi. Dadurch können Sie die Darstellung leicht an Ihre momentanen Anforderungen anpassen.

Tipp 

Darüber hinaus stehen im Internet Minianwendungen für die Windows-Sidebar (siehe Kapitel 1) von Windows Vista zur Verfügung. Diese erlauben eine bequeme Medienwiedergabe aus der Sidebar heraus.

Vollmodus

Beim *Vollmodus* handelt es sich um die bekannte *Standardansicht*, in der sich der Windows Media Player auch nach seinem erstmaligen Aufruf präsentiert (siehe Abbildung 10.3).

Charakteristisch für den Vollmodus ist die im oberen Bereich unterhalb der Titelleiste des Programmfensters zu findende *Taskleiste*. Diese gestattet den schnellen Zugriff auf die einzelnen *Aufgabenbereiche* des Windows Media Players.

Schaltfläche	Aufgabenbereich
Aktuelle Wiedergabe	Digitale Medien wiedergeben
Medienbibliothek	Digitale Medien verwalten
Von Medium kopieren	Audio-CD auf den Computer überspielen
Brennen	Audiodateien auf CD übertragen
Synchronisieren	Audiodateien mit einem portablen Musik-Player abgleichen
Media Guide	Audiodateien in ausgewählten Online-Musikshops erwerben (Schaltfläche je nach ausgewählten Online-Musikshop, zum Beispiel *Media Guide*)

Tabelle 10.1 Übersicht der Aufgabenbereiche in der Taskleiste im Vollmodus des Windows Media Players

Für jede dieser Aufgaben hält der Windows Media Player in seiner Taskleiste eine entsprechende Schaltfläche – im Windows Media Player auch als »Registerkarte« bezeichnet – bereit. Alle diese Schaltflächen sind unten mit einem Pfeil versehen, mit dem sich per Mausklick das zugehörige Menü öffnen lässt.

Hinweis 

Auf Wunsch können Sie anstatt oder abwechselnd zu den Schaltflächen der Taskleiste innerhalb des Windows Media Player-Programmfensters auch auf die klassischen Menüs zurückgreifen. Standardmäßig sind diese jedoch ausgeblendet. Um diese dauerhaft einzublenden, klicken Sie einen freien Bereich in der Taskleiste des Windows Media Players mit der rechten Maustaste an und wählen im daraufhin geöffneten Kontextmenü den Eintrag *Klassische Menüs anzeigen* aus.

Des Weiteren befinden sich links in der Taskleiste des Windows Media Players die Pfeilschaltflächen *Zurück* und *Vor*. Hiermit erhalten Sie bequem die Möglichkeit, zu den vorigen Seiten im Windows Media Player zurückzukehren und von dort wieder vorwärts zu gelangen – bis hin zu der Stelle, an der Sie sich gerade befinden (etwa der Bearbeitung der Medienbibliothek).

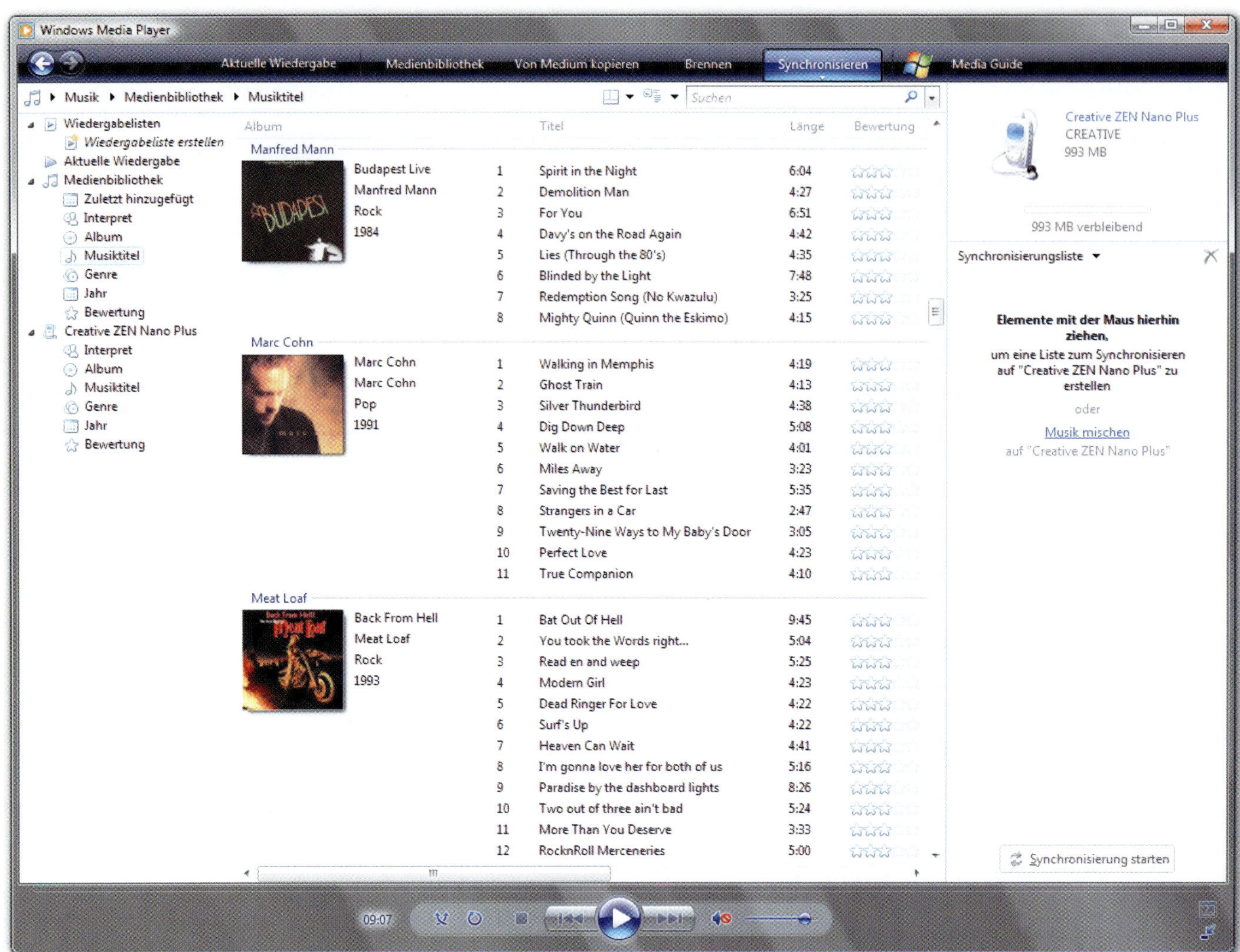

Abbildung 10.4 Der Vollmodus ist die Standardansicht des Windows Media Players

> **Tipp**
>
> Genauso wie beim Internet Explorer können Sie sich auch im Windows Media Player durch Drücken der Tastenkombination `Alt`+`←` sowie `Alt`+`→` zurück bewegen und wieder vorwärts gelangen .

Der Vollmodus besitzt einen bestimmten Aufbau:

- **Adressleiste**

  Falls Sie momentan in der Medienbibliothek arbeiten, erstreckt sich im oberen Bereich des Windows Media Players (direkt unterhalb der Taskleiste) die *Adressleiste*. Über die dort ganz links befindlichen Schaltflächen können Sie hierüber ähnlich wie von Laufwerk zu Ordner zu Unterordner im Windows-Explorer gezielt eine bestimmte Kategorie (Musik, Bilder, Videos, TV-Aufzeichnungen, andere Medien) und darin ein bestimmtes Element auswählen – etwa den Interpreten bei Musikdateien.

  Ganz rechts in der Adressleiste befindet sich das *Suchfeld*. Hierüber lässt sich der Inhalt der Medienbibliothek durchsuchen.

- **Detailbereich**

  In der Mitte (die sich bis zum rechten Rand des Programmfensters erstrecken kann) befindet sich der *Detailbereich*. Der hier enthaltene Inhalt richtet sich nach der in der Taskleiste des Windows Media Players ausgewählten Schaltfläche bzw. Registerkarte.

- **Navigationsbereich**

  Links ist der *Navigationsbereich* zu finden. Darüber lassen sich

  - Wiedergabelisten erstellen und bearbeiten (siehe Abschnitt »Wiedergabelisten«),
  - die Medienbibliothek des Windows Media Players verwalten (siehe den Abschnitt »Medienbibliothek: Digitale Medien übersichtlich verwalten),
  - Zugriffe auf Wechseldatenträgern erledigen, um beispielsweise Audio-CDs abzuspielen oder die auf portablen Musik-Playern vorhandenen Inhalte zu verwalten.

- **Listenbereich**

  Rechts gibt es den so genannten *Listenbereich*. Dieser dient zur Aufnahme von Elementen aus dem Detailbereich, auf die eine bestimmte Aktion – etwa das Sammeln mehrerer Songs für eine manuelle Wiedergabeliste oder die Zusammenstellung von Songs zum Brennen auf CD sowie zur Synchronisation mit portablen Musik-Playern – angewandt werden soll.

Hinweis 

Die Adressleiste der Medienbibliothek hält unter anderem die (links neben dem Suchfeld platzierte) Schaltfläche *Listenoptionen* bereit. Klicken Sie diese an, können Sie aus dem zugehörigen Menü den Navigations- sowie den Listenbereich ganz nach Bedarf ein- oder ausblenden.

Darüber hinaus hält der untere Abschnitt des Windows Media Player-Programmfensters den Bereich *Wiedergabesteuerelemente* bereit. Die dort enthaltenen Schaltflächen bieten Ihnen die Gelegenheit, die Wiedergabe von Mediendateien zu steuern. Links bei den Wiedergabesteuerelementen ist außerdem der *Statusbereich* zu finden. Dort sind Informationen über die gerade wiedergegebene Mediendatei zu finden.

Miniplayermodus

Beenden Sie den Windows Media Player nach dem ersten Aufruf, erscheint ein Dialogfeld. Klicken Sie dort die Schaltfläche *Ja* an, wird die Taskleiste von Windows Vista um die Symbolleiste *Windows Media Player* erweitert. Dadurch können Sie den Windows Media Player künftig über Taskleisten-gerecht verkleinerte Schaltflächen bequem aus der Taskleiste heraus bedienen, wenn Sie das Windows Media Player-Programmfenster durch Anklicken der Schaltfläche *Minimieren* verkleinern.

Tipp 

Haben Sie dieses Dialogfeld mit Auswahl von *Nein* weggeklickt, möchten aber die Wiedergabe von Mediendateien über die Taskleiste doch einmal ausprobieren, klicken Sie mit der rechten Maustaste in einen freien Bereich der Taskleiste. Im nun angezeigten Kontextmenü rufen Sie den Untermenübefehl *Symbolleisten/Windows Media Player* auf. Auf dieselbe Weise können Sie die Anzeige dieser Symbolleiste später bei Bedarf wieder unterbinden.

Abbildung 10.5 Windows Media Player lässt sich im Miniplayermodus bequem aus der Taskleiste heraus starten

Wenn Sie künftig das Programmfenster des laufenden Windows Media Player-Programmfensters verkleinern, aktivieren Sie dadurch den so genannten *Miniplayermodus*. Dadurch erhalten Sie über die Taskleiste den direkten Zugriff auf wichtige Steuerelemente zur Medienwiedergabe und können per Mausklick zum Beispiel die Wiedergabe anhalten und fortsetzen oder zum vorigen bzw. nächsten Titel wechseln.

Um wieder zum vorherigen Ansichtmodus zu gelangen, klicken Sie das Symbol *Wiederherstellen* in der rechten unteren Ecke der Taskleiste *Windows Media Player* an. Genauso können Sie in einen freien Bereich dieser Taskleiste klicken.

Hinweis 

Der Miniplayermodus lässt sich nur bei geladenem Windows Media Player und anschließender Verkleinerung seines Programmfensters nutzen.

Abbildung 10.6 Klein, aber oho – das Video- und Visualisierungsfenster kann den Inhalt eines laufenden Videos in einer Miniaturansicht live anzeigen

Bewegen sie den Mauszeiger über diese Symbolleiste, wird darüber ein kleines Fenster eingeblendet, das über den aktuell wiedergegebenen Titel informiert (siehe Abbildung 10.5). Handelt es sich um ein Musikstück, können Sie darin über den Schieberegler bequem zu einer bestimmten Position wechseln.

Durch Anklicken der Schaltfläche in der rechten oberen Ecke der Symbolleiste erhalten Sie des Weiteren die Gelegenheit, das *Video- und Visualisierungsfenster* über der Windows Media Player-Symbolleiste der Taskleiste einzublenden. Dort bietet der Windows Media Player dann etwas fürs Auge: Bei der Wiedergabe von Musikdateien erscheinen dann in diesem kleinen Fenster entweder Visualisierungen auf Basis abstrakter geometrischer Formen, die sich im Takt des Lieds ändern, oder Live-Miniaturansichten des gerade laufenden Videofilms (siehe Abbildung 10.6).

Minimodus

Zusätzlich zum Miniplayermodus verfügt Windows Media Player über den *Minimodus*. In diesem Anzeigemodus werden weder Navigations-, Detail- und Layoutbereich noch Adress- und Taskleiste angezeigt, sondern lediglich die Wiedergabesteuerelemente (siehe Abbildung 10.7).

Abbildung 10.7 Im Minimodus ist das Programmfenster des Windows Media Players auf die wesentlichen Steuerelemente zur Wiedergabe reduziert

Tipp

Auf Wunsch können Sie das Windows Media Player-Programmfenster immer im Vordergrund anzeigen lassen, sodass dieses nicht von anderen Programmfenstern verdeckt wird, sondern immer sichtbar ist. Hierzu gehen Sie wie folgt vor:

1. In der Taskleiste des Windows Media Player-Programmfensters klicken Sie den Pfeil in der Schaltfläche *Aktuelle Wiedergabe* an.
2. Aus dem zugehörigen Menü wählen Sie *Weitere Optionen* aus.
3. Aktivieren Sie auf der Registerkarte *Player* im Bereich *Player-Einstellungen* das Kontrollkästchen *Player im Vordergrund anzeigen*.
4. Betätigen Sie die Schaltfläche *OK*.

Auf demselben Wege können Sie die Darstellung des Windows Media Player-Programmfensters im Vordergrund wieder deaktivieren.

Um das Programmfenster des Windows Media Players vom Vollmodus zum Minimodus zu »verkleinern«, klicken Sie die zugehörige Schaltfläche in der rechten unteren Ecke an. Durch das erneute Anklicken dieser Schaltfläche stellen Sie dann die Standardansicht wieder her.

Designmodus

Das Erscheinungsbild des Windows Media Players lässt sich über *Designs* – auch als *Skins* bekannt – vollkommen anders gestalten (siehe Abschnitt den »Designs«). Kommt ein Design zur Anwendung, arbeitet der Windows Media Player im *Designmodus*.

Abbildung 10.8 Designs wie das bei Windows Vista mitgelieferte Revert ändern das Erscheinungsbild des Windows Media Players

Da bei der Verwendung eines Designs nicht nur die Darstellung, sondern auch die Bedienung des Windows Media Players komplett anders sein können, stehen manche Funktionen möglicherweise nur im Vollmodus als der Standardansicht des Windows Media Players zur Verfügung. Zum Wechsel zwischen diesen beiden Anzeigemodi gehen Sie wie folgt vor:

- Das Drücken der Tastenkombination Strg+2 hat einen Wechsel zum Designmodus zur Folge, der das aktuell ausgewählte Design verwendet.
- Falls des jeweilige Design keine entsprechende Schaltfläche dafür vorsieht, kehren Sie mit der Tastenkombination Strg+1 zum standardmäßigen Vollmodus des Windows Media Players zurück.

Tipp

Genauso können Sie im Designmodus mit der rechten Maustaste einen Bereich im Windows Media Player anklicken und im zugehörigen Kontextmenü den Eintrag *Zum Vollmodus wechseln* auswählen, um wieder zur Standardansicht zu gelangen.

Vollbildmodus

Neben dem Vollmodus als der standardmäßigen Ansicht kennt der Windows Media Player auch den *Vollbildmodus*. Hierbei nimmt die Wiedergabe von Medien den kompletten

Bildschirm ein – bei Musikstücken mit eingeschalteter Visualisierung, beim Betrachten von Bildern und Videos oder dem Anschauen einer DVD. Dank dieser bildschirmfüllenden Darstellung werden Sie kein Detail mehr verpassen.

Abbildung 10.9 Im Vollbildmodus nimmt Windows Media Player den gesamten Bildschirm ein

Um die Medienwiedergabe im Vollbildmodus zu genießen, klicken Sie die zugehörige Schaltfläche in der rechten unteren Ecke des Windows Media Player-Programmfensters an – oder greifen auf die Tastenkombination Alt+↵ zurück. Wenn Sie nun den Mauszeiger an den unteren Bildschirmrand bewegen, erhalten Sie dort die Wiedergabesteuerelemente angezeigt. Bewegen Sie den Mauszeiger ein Stück nach oben, werden die Wiedergabesteuerelemente nach kurzer Zeit automatisch wieder ausgeblendet, und der Blick ist frei auf die wiedergegebene Mediendatei.

Hinweis

Das erneute Anklicken der entsprechenden Schaltfläche in der rechten unteren Ecke des Bildschirms – alternativ das Drücken der Esc-Taste – beendet schließlich wieder den Vollbildmodus.

Musik von Audio-CDs kopieren (rippen)

Nach dem ersten Aufruf ist der Windows Media Player quasi »noch leer«: Abgesehen von den in Windows Vista standardmäßig enthaltenen Beispielmedien (Musik, Bilder und Videos) gibt es noch keine Medien, die auf dem Computer zur Verfügung stehen.

Aus diesem Grund besteht einer der ersten Schritte bei der Verwendung des Windows Media Players darin, digitale Mediendateien auf den Computer zu übertragen. Am besten legen Sie sich jetzt also ein paar Ihrer Lieblings-Musik-CDs bereit, um diese Audio-CDs nacheinander auf die Festplatte des Windows Vista-PCs zu überspielen und so dem Windows Media Player »digitale Inhalte« bereitzustellen, die er anschließend wiedergeben kann.

Hinweis 

Der Vorgang, Audio-CDs auf die Festplatte (oder ein anderes Speichermedium) des Computers zu kopieren, ist auch als *Rippen* bekannt. Beim Rippen wird jedes auf der Audio-CD vorhandene Lied ausgelesen, mit Hilfe eines *Codecs* (in diesem Falle ein *Audio-Codec*) umgewandelt und als Musikdatei auf der Festplatte des Windows Vista-PCs gespeichert. Ein Codec stellt somit ein Software-Modul dar, das aus Medieninhalten eine Mediendatei erstellt, die ein bestimmtes Format aufweist. Abgesehen von Windows Media Player können Sie Audio-CDs auf Wunsch auch mit einem anderen Programm rippen. Anwender von Windows Vista Home Premium und Windows Vista Ultimate haben zudem die Möglichkeit, das Rippen von Musik-CDs direkt über das Windows Media Center (siehe Kapitel 16) vorzunehmen.

Bevor Sie jedoch mit dem Kopieren von einer Audio-CD auf den Windows Vista-PC beginnen, ist es empfehlenswert, sich vorher kurz damit vertraut zu machen, welche Vorgehensweisen Windows Media Player dabei zugrunde legt.

Kopierverhalten beim Einlegen von Audio-CDs festlegen

Wie und unter welchen Bedingungen Windows Media Player Inhalte von Audio-CDs auf den Computer kopieren soll, können Sie selbst bestimmen:

1. Klicken Sie den Pfeil in der Schaltfläche *Von Medium kopieren* an.
2. Wählen Sie im daraufhin geöffneten Menü den Eintrag *CD nach dem Einlegen automatisch kopieren* aus.
3. Im zugehörigen Untermenü legen Sie fest, wie Windows Media Player verfahren soll, wenn Sie eine Audio-CD in das CD/DVD-Laufwerk Ihres Rechners einlegen:
   - Standardmäßig ist *Nur innerhalb der Registerkarte "Kopieren"* aktiviert. Somit wird die Audio-CD nur dann nach dem Einlegen ins CD/DVD-Laufwerk automatisch kopiert, wenn Sie zuvor im Windows Media Player zur Registerkarte *Von Medium kopieren* gewechselt sind. Die Verwendung dieser Einstellung empfiehlt sich immer dann, wenn Sie alles genau unter Kontrolle haben möchten.

- Soll Windows Media Player dagegen jede Audio-CD, die Sie ins CD/DVD-Laufwerk einlegen, automatisch auf die Festplatte des Computers kopieren, auch wenn Sie eine andere Registerkarte aktiviert haben, wählen Sie die Option *Immer*. Diese Einstellung ist vor allem dann sinnvoll, wenn Sie »einen größeren Schwung« von Audio-CDs auf die Festplatte Ihres Computers kopieren und gleichzeitig die Medienbibliothek verwalten oder währenddessen andere Musikdateien wiedergeben möchten, die sich bereits auf dem Rechner befinden.
- Um dagegen in Audio-CDs erst einmal »reinzuhören«, bevor Sie diese auf die Festplatte des Windows Vista-PCs kopieren, greifen Sie auf die Option *Nie* zurück.

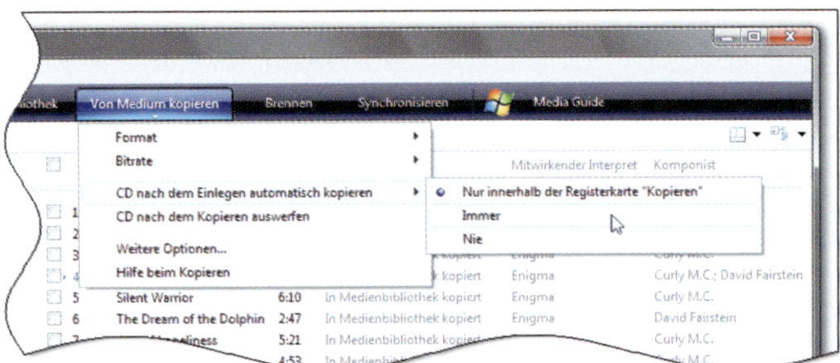

Abbildung 10.10 Hier legen Sie fest, wie der Windows Media Player nach dem Einlegen einer Audio-CD verfahren soll

Eine Frage des Formats

Je nachdem, welche Verwendung Sie Ihrer digitalen Musik zugedenken, spielt die Frage des *Audioformats* eine wichtige Rolle. Denn erst die Verwendung eines bestimmten Audioformats – sowie die dafür bei der Umwandlung von Titeln einer Audio-CD (dem *Encoding*) zugrunde liegenden Einstellungen – ermöglichen es, Musikstücke von einer Audio-CD zu kopieren und in Form von Dateien komprimiert auf dem Computer zu speichern.

Wichtig 

Machen Sie sich Gedanken über die Wahl des geeigneten Audioformats, bevor Sie einen größeren Bestand von Songs auf den Computer kopieren. Denn die anschließende Konvertierung von bereits auf den Computer kopierten Musiktiteln ist mit wiederholten Qualitätseinbußen verbunden (mit jeder Konvertierung wird der Klang tendenziell etwas schlechter).

Potenzielle Qualitätseinbußen

Viele Audioformate machen sich das Phänomen zunutze, dass das menschliche Gehör bestimmte akustische Informationen (etwa sehr tiefe oder sehr hohe Töne) gar nicht oder nur sehr leise wahrnehmen kann – und lassen diese einfach weg. Im Falle des *MP3*-Formats lässt sich beispielsweise dadurch der Platzbedarf eines Musiktitels etwa um den Faktor 10 oder mehr schrumpfen. Anders ausgedrückt, würde dann der Inhalt von 10 und mehr kompletten Audio-CDs auf eine einzige CD (in diesem Falle eine Daten-CD, die Musikdateien enthält) passen.

Allerdings geht die Umwandlung von Musikstücken einer Audio-CD beim Audioformat MP3 nicht ohne Qualitätsverlust vonstatten. Wie stark dieser ausfällt, hängt von dem zur Umwandlung verwendeten Audio-Codec sowie den von diesem beim Encodieren verwendeten Einstellungen ab. Idealerweise sollten die Klangeinbußen kaum hörbar sein.

Generell gilt dabei: Je stärker auf der einen Seite der Qualitätsverlust ausfällt, desto kleiner sind andererseits die dabei entstehenden Audiodateien. Umgekehrt bedeutet dies also, dass bei geringerem Qualitätsverlust die Größe der betreffenden Audiodateien entsprechend ansteigt.

Wichtig 

Eine mit Qualitätseinbußen verbundene Komprimierung wird als *verlustbehaftet* bezeichnet. Diese Einbußen lassen sich nicht mehr rückgängig machen.

Mit anderen Worten: Weist eine Musikdatei eine schlechte akustische Qualität auf, lässt sich dies nicht mit irgendwelchen Tricks wieder ausbügeln – was weg ist, ist eben weg. Der einzige Weg, dann wieder an eine bessere Qualität des Songs zu gelangen, besteht im erneuten Encodieren des betreffenden originalen Musikstücks. Im Falle einer Audio-CD wären entsprechend alle darauf befindlichen Titel neu auf den Computer zu kopieren.

Neben MP3 arbeiten auch andere Audioformate verlustbehaftet. *WMA* (*Windows Media Audio*) geht in der Regel ebenfalls verlustbehaftet zu Werke – es sei denn, Sie verwenden *Windows Media Audio Lossless*. Diese spezielle Variante des WMA-Audioformats führt eine verlustfreie Komprimierung durch.

Somit gehen zwar keinerlei Klanginformationen verloren, doch dafür steigt die Größe der so erzeugten Musikdateien im Vergleich zur verlustbehafteten Komprimierung erheblich an. Gegenüber dem »originalen Titel« – verlustfrei im *WAV*-Format auf der Audio-CD abgelegt und gespeichert – ergibt sich so lediglich eine Platzersparnis von rund 50 Prozent.

Bei der verlustbehafteten Komprimierung arbeitet WMA effizienter und benötigt im direkten Vergleich zu MP3 weniger Speicherplatz. Zudem kann das Audioformat WMA sehr leicht mit einem digitalen Rechtmanagement (DRM) verknüpft werden – was häufig beispielsweise dann zum Tragen kommt, wenn Sie Songs in Online-Musikshops über das Internet kaufen.

WMA Pro (*Windows Media Audio Professional*) ist eine Weiterentwicklung des WMA-Formats, die neben einer höheren Qualität respektive einer effizienteren Komprimierung (und damit der Möglichkeit zur Verwendung einer geringerer Bitrate) auch zusätzliche Merkmale wie die Unterstützung für 5.1/7.1-Mehrkanalton aufweist.

Hinweis 

Mit WMA Pro kodierte Musikdateien lassen sich auf älteren Musik-Playern, die lediglich WMA unterstützen, nicht abspielen.

Somit gilt es, für die eigene Musiksammlung den idealen Kompromiss aus Qualitätseinbuße und Platzbedarf zu finden. Eine »goldene Mitte«, die universell auf alle Situationen (langfristige Ausmusterung der Musik-CDs, akustische Untermalung beim Joggen, Lieblingsmusik auf dem Handy dabei haben etc.) passt, gibt es nicht.

Was es mit der Bitrate auf sich hat

Eine wichtige Maßeinheit für die Qualität digitaler Musik ist die in Kilobit pro Sekunde (kurz KBit/s) bezifferte *Bitrate*. Anhand der Bitrate können Sie die Qualitätsstufe digitaler Musik ablesen – bezogen auf das jeweilige Audioformat: Bei einer konstanten Bitrate von 128 KBit/s erreicht eine MP3-Musikdatei kaum CD-Qualität, eine WMA-Musikdatei hingegen schon eher. Bei Verwendung einer geringeren Bitrate hingegen fallen die durch die verlustbehaftete Komprimierung entstehenden Qualitätseinbußen gravierender aus und können, wenn Sie die Musik über Ihre HiFi-Anlage wiedergeben, durchaus hörbar sein.

Tipp 

Im Vergleich zu MP3-Musikstücken mit einer Bitrate von 160 oder 192 KBit/s enthalten MP3s mit 128 KBit/s Bitrate weniger Bässe und klingen dumpfer. Von »CD-Qualität« kann in diesem Falle kaum die Rede sein. Diese wird mit MP3 erst mit einer Bitrate von mindestens 160 KBit/s, besser noch 192 KBit/s erreicht. Bei dem effizienter arbeitenden Audioformat WMA hingegen lassen sich schon mit 128 KBit/s Bitrate ansprechend klingende Ergebnisse in CD-ähnlicher Qualität erzielen, während WMA Pro auch bei niedrigen Bitraten ansprechende Ergebnisse erzielt.

Noch bessere qualitative Ergebnisse erzielen Sie, wenn Sie Songs anstatt mit einer festen, konstanten Bitrate mit *variabler Bitrate* (im Fachjargon als *VBR* bezeichnet) aufnehmen. Hierbei passt der Audio-Codec die Bitrate dynamisch an die klangliche Beschaffenheit des zu encodierenden Musikstücks an, senkt diese also automatisch variabel ab oder erhöht diese. Die Idee dahinter ist, die Bitrate dynamisch auf leise Stellen oder Passagen anzupassen, die sich aus vielen Klanginformationen zusammensetzen. Das Ergebnis sind Musikdateien, die sich auch auf den meisten Musik-Playern abspielen lassen und einen besseren Kompromiss aus Klangqualität und Dateigröße bieten.

Möchten Sie Musikstücke von Audio-CDs auf diese Weise auf Ihren Vista-PC kopieren, können Sie in Windows Media Player das Audioformat *Windows Media Audio (variable Bitrate)* einstellen, sodass Audio-CDs mit diesem Verfahren auf die Festplatte kopiert werden.

Welche Einstellung sich wofür eignet

Die Kardinalfrage lautet nun: In welchem Audioformat und mit welcher Bitrate sollten Sie nun Ihre Musik-CDs aufnehmen? Wie schon erwähnt, hängt dies davon ab, was Sie später mit der Musik tun möchten:

- Sollen die Musikdateien auf einem MP3-Player abgespielt werden, der WMA nicht kennt, müssen Sie MP3 als Audioformat zum Encodieren der betreffenden Songs verwenden.
- Beherrscht ein CD/DVD-Player, auf dem Sie die digitalen Musikdateien wiedergeben möchten, bestimmte Merkmale nicht und kann daher mit variabler Bitrate oder verlustfrei aufgenommenen Musikdateien nichts anfangen, müssen Sie die Aufnahme unter Verzicht darauf durchführen. Meist zeigt sich bei einem kurzen Test mit ein paar kopierten Musikstücken, was möglich ist und was nicht.
- Begeistert von den Möglichkeiten der digitalen Unterhaltung haben Sie sich zusätzlich zum Windows Vista-PC auch einen portablen Musik-Player gegönnt, um so auf Reisen, beim Sport etc. immer genau die Musik dabei zu haben, die Sie am liebsten hören. In solchen Fällen sollte die Musik eine vernünftige Klangqualität aufweisen. Meist reicht hierzu eine Bitrate von 128 KBit/s bereits aus.
- In der Bedienungsanleitung Ihres Handys stolpern Sie über den Hinweis, dass dieses auch MP3-Musik abspielen kann. Da die Klangqualität und Speicherkapazität im Handy jedoch enge Grenzen aufweist, können bzw. sollten die Musikdateien möglichst klein sein und sehr wenig Speicherplatz beanspruchen. Unter Umständen reicht dann schon eine Bitrate von 64 KBit/s aus, um die Songs von mehr als einer kompletten Musik-CD ins Handy zu packen.
- Genau das umgekehrte Vorgehen empfiehlt sich, wenn Sie Ihren Bestand an Musik-CDs mit möglichst hoher Klangqualität digitalisieren wollen – etwa, um nach und nach

Musik-CDs nur noch dann verwenden zu müssen, falls ein bestimmtes Abspielgabegerät wie der schon betagtere CD-Player im Auto mit digitalen Musikdateien partout nichts anzufangen weiß und sich rein auf Musik-CDs versteht. Hierbei kommt es darauf an, die Songs so aufzunehmen, dass auch bei der Wiedergabe über die HiFi-Anlage das Klangbild unverfälscht bleibt und kein Unterschied auch bei sehr dynamischen Passagen zu hören ist. Hierfür sind Bitraten von mindestens 192 KBit/s, wenn nicht gar 256 KBit/s eine ideale Wahl. Um Qualitätseinbußen von vorneherein zu vermeiden, können Sie auch auf die verlustfreie Komprimierung mittels WMA Lossless setzen.

Format und Bitrate für das Kopieren von Audio-CDs ändern

Das Audioformat sowie die Bitrate lassen sich im Windows Media Player jederzeit verändern. Dadurch erhalten Sie die Möglichkeit, für das nachfolgend von Audio-CDs auf den Computer kopierte Audiomaterial immer die besten Einstellungen zu verwenden – je nachdem, für welchen Wiedergabezweck die anschließend vom Windows Vista-PC aufzunehmende Musik bestimmt ist.

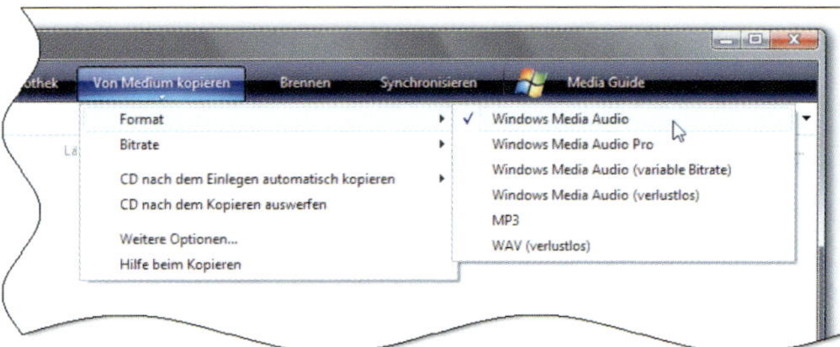

Abbildung 10.11 Windows Media Player beherrscht verschiedene Formate zum Rippen von Audio-CDs

Welches Audioformat mit welcher Bitrate Windows Media Player beim Kopieren von Audio-CDs für das Encoding der Musikdateien heranziehen soll, legen Sie über die Einstellungen des Windows Media Players fest. Hierzu führen Sie die folgenden Schritte aus:

1. In der Taskleiste des Windows Media Players klicken Sie den Pfeil in der Schaltfläche *Von Medium kopieren* an.
2. Öffnen Sie im nun geöffneten Menü das Untermenü *Format*.
3. Nun können Sie das gewünschte Format festlegen. Standardmäßig ist *Windows Media Audio* (*WMA*) voreingestellt.
4. Lässt sich für das ausgewählte Format eine Bitrate vorgeben, legen Sie diese nach Auswahl des Menübefehls *Bitrate* fest. Standardmäßig ist 128 KBit/s (für das WMA-Format) voreingestellt.

Für alle Songs, die Sie anschließend von der Audio-CD auf Ihren Computer kopieren, werden nun Musikdateien unter Anwendung dieser Vorgaben erstellt.

Tipp

Möchten Sie in Erfahrung bringen, wie viel Speicherplatz eine komplette Audio-CD typischerweise in Anspruch nimmt, wenn Sie diese mit dem angegebenen Format unter Berücksichtigung der spezifizierten Bitrate rippen, klicken Sie den Pfeil in der Schaltfläche *Von Medium kopieren* an, und wählen Sie anschließend im Menü den Eintrag *Weitere Optionen* aus. Dadurch gelangen Sie zur Registerkarte *Musik kopieren* des Dialogfeldes *Optionen* (siehe Abbildung 10.12). Im Bereich *Einstellungen zum Kopieren von Medium* ist dort unterhalb des Schiebereglers *Audioqualität* ausgewiesen, wie viel Speicherplatz typischerweise für eine komplette Musik-CD zum Speichern erforderlich ist, wenn alle darauf befindlichen Songs unter Verwendung der festgelegten Parameter auf die Festplatte des Computers kopiert werden.

Auf Wunsch können Sie an dieser Stelle ein anderes zum Rippen zu verwendendes Audioformat über das Listenfeld *Format* angeben und mit dem Schieberegler die Bitrate verringern oder erhöhen. Die Auswirkungen auf den Speicherplatz sind dann sofort erkennbar. Klicken Sie entweder auf die Schaltfläche *OK* oder auf *Übernehmen*, um diese Vorgaben zu speichern.

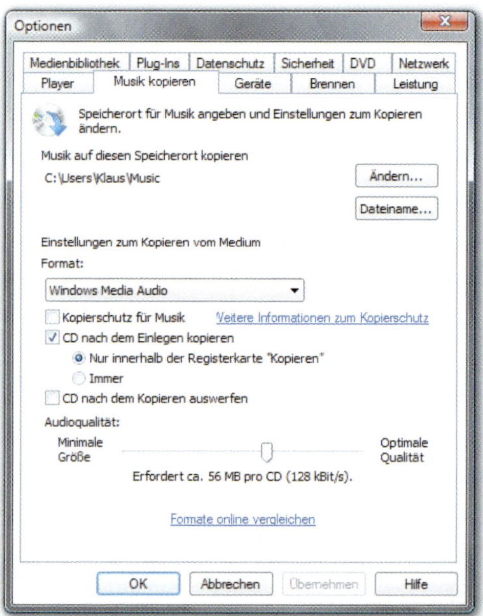

Abbildung 10.12 Hier erfahren Sie, wie viel Speicherplatz zum Rippen einer Audio-CD bei der angegebenen Kombination aus Format und Bitrate belegt wird

Standardmäßige Speicherorte von Mediendateien

Standardmäßig überträgt Windows Media Player von Audio-CDs kopierte Musikdateien in den Ordner *Musik*, der unterhalb Ihres persönlichen Benutzerprofil-Ordners *%userprofile%* (etwa *C:\Users\Klaus*) zu finden ist. Einen solchen Ordner erstellt Windows Vista automatisch für jeden Benutzer bei der Einrichtung seines Benutzerkontos, sodass jeder Benutzer des Vista-PCs über einen persönlichen Ordner verfügt, der Musikdateien beherbergt.

Des Weiteren wartet jeder Vista-PC mit dem Ordner *Öffentliche Musik* (sowie den Ordnern *Öffentliche Bilder* und *Öffentliche Videos*) auf. Werden Mediendateien dort abgelegt, können alle Benutzer des Computers darauf zugreifen.

Wichtig 

Windows Media Player legt für jeden Interpreten und darunter für jedes Album einen eigenen Ordner an, um dort die zugehörigen Musikdateien zu platzieren. Das manuelle Zusammenkopieren von Musikdateien, die von unterschiedlichen Alben stammen, etwa über den Windows-Explorer in einen einzigen Ordner ist zwar möglich, doch kann dies zu Schwierigkeiten mit dem Albumcover (siehe Abschnitt »Albumcover festlegen«) führen. Es ist nicht möglich, mehr als ein Albumcover in einem Ordner zu platzieren.

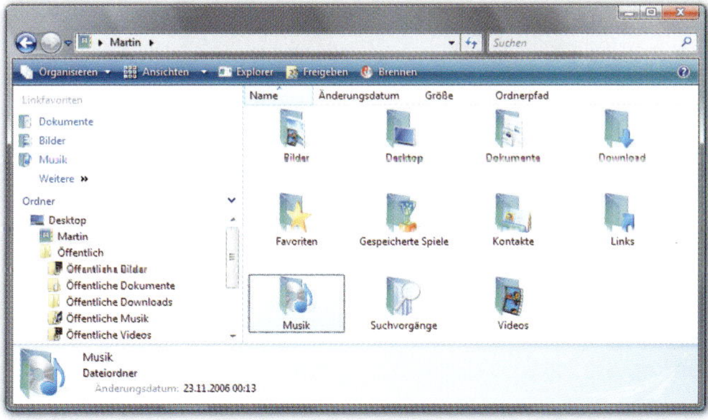

Abbildung 10.13 Windows Vista legt medienspezifische Ordner für Bilder, Musik und Videos sowohl für jeden Benutzer als auch zur öffentlichen Benutzung durch alle Benutzer des PCs an

Auf Wunsch können Sie den Ort verändern, an dem Windows Vista persönliche Mediendateien standardmäßig ablegt. Dazu führen Sie die folgenden Schritte aus:

1. Klicken Sie im Startmenü den Eintrag *Bilder* oder den Eintrag *Musik* mit der rechten Maustaste an – je nachdem, welchen Speicherort Sie ändern möchten. Möchten Sie den Speicherort für persönliche Videodateien modifizieren, wählen Sie im Startmenü Ihren Benutzernamen aus, um über den Windows-Explorer Ihren persönlichen Benutzerprofil-Ordner zu bearbeiten und dort den Ordner *Videos* mit der rechten Maustaste anzuklicken.
2. Aus dem zugehörigen Kontextmenü wählen Sie den Eintrag *Eigenschaften* aus.
3. Im nun angezeigten Dialogfeld *Eigenschaften von <Ordnername>* aktivieren Sie die Registerkarte *Pfad* (siehe Abbildung 10.14).
4. Dort klicken Sie die Schaltfläche *Verschieben* an, sodass Sie anschließend den neuen Speicherort für Ihre persönlichen Bilder-, Musik- oder Videodateien spezifizieren und diesen durch Anklicken der Schaltfläche *Ordner auswählen* übernehmen können.
5. Bestätigen Sie mit *OK*, um diese Vorgabe zu speichern. Nach einem Klick auf *Ja* im nachfolgenden Dialogfeld *Ordner verschieben* überträgt Windows Vista daraufhin den Inhalt des bisherigen Ordners in den spezifizierten Speicherort.

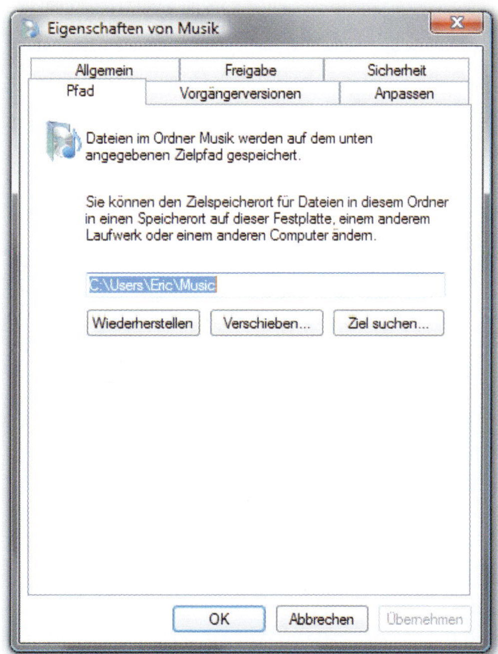

Abbildung 10.14 Die Verlegung des Speicherortes für Mediendateien bietet eine hohe Flexibilität

Hinweis

Das Besondere dabei: Die Einträge *Bilder* und *Musik* im Startmenü sowie die entsprechenden Einträge und der Eintrag *Videos* im Windows-Explorer bleiben unverändert. Somit werden die bewährten Verfahren beibehalten, zu den jeweiligen Ordnern mit Mediendateien zu gelangen – und es ändert sich lediglich der damit verknüpfte Speicherort.

Je nachdem, wie Sie Ihren Computer nutzen, kann es wünschenswert sein, einen anderen Ordner festzulegen, in dem der Windows Media Player die von Audio-CDs kopierten Musikdateien ablegt. Dies ist beispielsweise dann der Fall, wenn der Windows Vista-PC hauptsächlich von Ihnen verwendet wird und Musik, die Sie auf den Computer kopieren, auch von allen Mitbenutzern des Computers gehört werden soll: Anstatt Musik von Windows Media Player immer in den Ordner *Musik* unterhalb Ihres persönlichen Benutzerprofil-Ordners kopieren zu lassen und diese Songs dann per Hand in den Ordner *Öffentliche Musik* zu verschieben, können Sie Windows Media Player anweisen, von Audio-CDs kopierte Musikdateien gleich dort abzulegen.

Wichtig 

Dies ist nur eine Möglichkeit, die auf Ihrem PC abgelegten Mediendateien anderen Benutzern des Computers zugänglich zu machen. Eine andere Möglichkeit ist die Medienfreigabe (siehe Kapitel 11).

Um Windows Media Player anzuweisen, von Audio-CDs kopierte Musikdateien in einem anderen Ordner zu speichern, gehen Sie wie folgt vor:

1. In der Taskleiste des Windows Media Players klicken Sie den Pfeil in der Schaltfläche *Von Medium kopieren* an.
2. Rufen Sie im zugehörigen Menü den Befehl *Weitere Optionen* auf.
3. Sie gelangen so im Dialogfeld *Optionen* zur Registerkarte *Musik kopieren*.
4. Dort ist im Bereich *Musik auf diesen Speicherort kopieren* angegeben, in welchen Ordner der Windows Media Player beim Rippen von Audio-CDs die dadurch entstehenden Musikdateien kopiert. Standardmäßig handelt es sich hierbei um den unterhalb Ihres persönlichen Benutzerprofil-Ordners *%userprofile%* enthaltenen Ordner *Musik* (etwa *C:\Users\Klaus\Music*).
5. Klicken Sie die Schaltfläche *Ändern* an, können Sie einen anderen Ordner bestimmen, in dem Windows Media Player von Audio-CDs kopierte Musikdateien ablegen soll. Klicken Sie auf *OK*, um diesen Ordner auszuwählen.
6. Durch Betätigung der Schaltfläche *OK* oder *Übernehmen* im Dialogfeld *Optionen* wird Ihre Vorgabe übernommen.

Namensschema für kopierte Musikdateien

Des Weiteren können Sie auch die *Dateibenennungskonvention* verändern. Standardmäßig geht Windows Media Player bei der Vergabe des Dateinamens für von Audio-CDs kopierte Musikdateien nach dem Schema (ergänzt um die zum verwendeten Audioformat gehörende Namenserweiterung) vor:

- Fortlaufende Nummer, beginnend bei »01«
- Leerzeichen
- Name des Titels

Somit würde der Windows Media Player zum Beispiel das achte Stück einer kopierten Audio-CD also mit `08 Jeanny.wma` benennen.

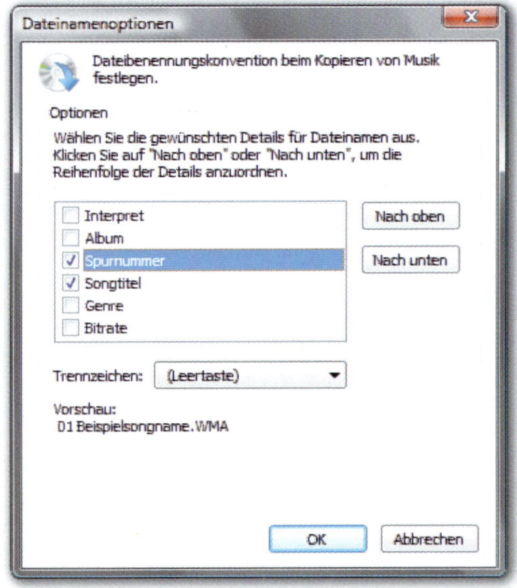

Abbildung 10.15 Anpassung des Namensschemas für Musikdateien, die der Windows Media Player von Audio-CDs kopiert

Möchten Sie ein anderes Namensschema verwenden, legen Sie dieses wie folgt fest:

1. Klicken Sie in der Taskleiste des Windows Media Players auf den Pfeil in der Schaltfläche *Von Medium kopieren*.
2. Wählen Sie im zugehörigen Menü den Eintrag *Weitere Optionen* aus.

3. Im daraufhin geöffneten Dialogfeld *Optionen* klicken Sie auf der Registerkarte *Musik kopieren* die Schaltfläche *Dateiname* an.
4. Das Dialogfeld *Dateinamensoptionen* wird geöffnet (siehe Abbildung 10.15). Dort können Sie die gewünschten Kriterien, die für die automatische Benennung für von Audio-CDs kopierte Musikdateien heranzuziehen sind, durch Markierung des zugehörigen Kontrollkästchens auswählen.

   Die Reihenfolge, in der diese Angaben zu verwenden sind, lässt sich durch Anklicken der Schaltflächen *Nach oben* und *Nach unten* verändern. Das Listenfeld *Trennzeichen* gibt vor, wie die einzelnen Elemente miteinander verbunden werden (standardmäßig sind diese jeweils durch ein Leerzeichen getrennt).
5. Stimmt das unter *Vorschau* ausgewiesene Namensmuster mit Ihren Vorstellungen überein, bestätigen Sie mit *OK*, um wieder zum Dialogfeld *Optionen* zurückzukehren. Dort betätigen Sie die Schaltfläche *OK* oder *Übernehmen*, um Ihre Vorgabe zu speichern.

Tipp 

Windows Media Player kann auf dem Computer bereits vorhandene Mediendateien ebenfalls nach dem neuen Namensschema benennen. Dazu aktivieren Sie zunächst im Dialogfeld *Optionen* auf der Registerkarte *Bibliothek* das Kontrollkästchen *Umbenennen von Musikdateien mithilfe der Kopiereinstellungen* und bestätigen entweder mit *OK* oder *Übernehmen*. Wenn Sie anschließend eine Musikdatei oder ein Album in der Medienbibliothek aktualisieren, passt Windows Media Player die Namen der zugehörigen Mediendateien automatisch gemäß der von Ihnen spezifizierten Dateibenennungskonvention an.

Kopieren von Audio-CDs auf den Vista-PC

Zum Kopieren einer Audio-CD auf den Vista-PC führen Sie die folgenden Schritte aus:

1. Starten Sie den Windows Media Player und wechseln Sie zur Vollansicht.
2. Klicken Sie in der Taskleiste des Windows Media Players auf die Schaltfläche *Von Medium kopieren*.
3. Legen Sie nun die zu kopierende Audio-CD in ein mit dem Windows Vista-PC verbundenes CD/DVD-Laufwerk ein.
4. Standardmäßig beginnt der Windows Media Player automatisch damit, die auf der Audio-CD vorhandenen Musikstücke nacheinander auf die Festplatte zu kopieren (siehe Abbildung 10.16). Ist dies nicht der Fall, klicken Sie die Schaltfläche *Kopieren starten* an.

Abbildung 10.16 Durch das Kopieren von Audio-CDs (rippen) mit dem Windows Media Player »füttern« Sie diesen mit Inhalt

Nun kopiert der Windows Media Player die auf der Audio-CD enthaltenen Titel als Musikdatei auf die Festplatte des PCs. Gleichzeitig werden Informationen darüber, um welche Audio-CD bzw. welche Titel es sich handelt, in die *Medienbibliothek* des Windows Media Players kopiert, um später eine einfache Verwaltung auch bei einer Vielzahl von Musikdateien zu ermöglichen.

Hinweis 

Der automatische Bezug der für die Medienbibliothek relevanten Informationen erfolgt über das Internet. Zudem dürfen Sie bei den erweiterten Wiedergabefunktionen nicht

- die Kontrollkästchen *Medieninformationen aus dem Internet anzeigen*
- und *Musikdateien durch Abrufen von Medieninformationen aus dem Internet aktualisieren*

deaktiviert haben – sofern Sie sich beim erstmaligen Aufruf des Windows Media Players für die Option *Benutzerdefinierte Einstellungen* anstatt für die Option *Expresseinstellungen* entschieden haben. Andernfalls klicken Sie den Pfeil in der Schaltfläche *Von Medium kopieren* an, um aus dem zugehörigen Menü den Eintrag *Weitere Optionen* auszuwählen. Im anschließenden Dialogfeld *Optionen* wechseln Sie dann zur Registerkarte *Medienbibliothek*, um dort die betreffenden Einstellungen im Bereich *Automatische Medieninformationsaktualisierung für Dateien* wieder zu aktivieren.

Medienbibliothek: Digitale Medien übersichtlich verwalten

Um auch bei einer großen Anzahl von Musikdateien den Überblick zu behalten, setzt der Windows Media Player auf *Medieninformationen* (mitunter auch *Metadaten* genannt). Hierbei handelt es sich um Angaben zu Mediendateien, zu denen zum Beispiel *Album*, *Interpret*, *Titel*, *Genre*, *Jahr* und *Bewertung* gehören.

Zur sinnvollen Verwendung dieser nützlichen Informationen hinterlegt Windows Media Player diese Medieninformationen in seiner internen *Medienbibliothek*. Als zentraler Dreh- und Angelpunkt im Windows Media Player erlaubt die Medienbibliothek eine übersichtliche Verwaltung Ihrer Musikdateien und gestattet es, schnell auf Inhalte zuzugreifen und diese wiederzugeben:

- Beispielsweise können Sie alle in Ihrer Medienbibliothek enthaltenen Alben, Interpreten oder Titel bequem durchblättern und so leicht das Album bzw. den Titel auswählen, das bzw. den Sie hören möchten.
- Möchten Sie Musik einer bestimmten Stilrichtung hören, wählen Sie über die Medienbibliothek das gewünschte Genre aus.
- Genauso können Sie über die Medienbibliothek nach allen Alben, die in einem bestimmten Jahr erschienen sind, sowie allen Songs suchen, die von einem Ihrer Lieblingskomponisten oder -interpreten stammen.

Hinweis 

Eine Medienbibliothek gibt es sowohl für Musik- als auch für Bild- und Videodateien (sowie für TV-Aufzeichnungen). Diese werden auch als *Musikbibliothek*, *Bildbibliothek* und *Videobibliothek* bezeichnet.

Des Weiteren ist die Medienbibliothek der Ausgangspunkt, um Wiedergabelisten (siehe den Abschnitt »Wiedergabelisten«) vorzubereiten oder Titel zusammenzustellen, um diese auf CD zu brennen (siehe Abschnitt den »Brennen auf CD und DVD«) oder mit einem portablen Musik-Player zu synchronisieren (siehe Abschnitt den »Kopieren auf portablen Musik-Player«). Zusätzlich findet über die Medienbibliothek der Zugriff auf freigegebene Medieninhalte anderer Benutzer des Windows Vista-PCs sowie von Netzwerk-Playern statt (siehe Kapitel 11).

Hinweis 

Jeder Benutzer des Windows Vista-PCs verfügt über seine eigene Medienbibliothek.

Mit der Medienbibliothek auf Tuchfühlung gehen

Zur optimalen Verwendung der Medienbibliothek machen Sie sich am besten vorab kurz mit deren Umgang vertraut. Wechseln Sie zunächst in die Medienbibliothek, indem Sie die gleichnamige Schaltfläche in der Taskleiste des Windows Media Players anklicken.

Nun ist der gewünschte Medientyp auszuwählen. Hierzu klicken Sie die Schaltfläche ganz links in der Adressleiste unterhalb der Taskleiste des Windows Media Players an, um eine Kategorie – neben *Musik* gibt es *Bilder*, *Video*, *TV-Aufzeichnungen* oder *Andere* – auszuwählen.

Die Kategorien der Medienbibliothek warten mit mehreren *Ansichten* auf. Für die Kategorie *Musik* sind die folgenden Hauptansichten verfügbar:

- *Album*
- *Interpret*
- *Titel*
- *Genre*
- *Jahr*
- *Bewertung* sowie
- *Zuletzt hinzugefügt* (Mediendateien, die in den letzten 30 Tagen neu zur Medienbibliothek hinzugekommen sind)

Diese Ansichten lassen sich bequem über den links im Vollmodus des Windows Media Players zu findenden *Navigationsbereich* auswählen.

Tipp 

Klicken Sie Medienbibliothek in der Navigationsleiste mit der rechten Maustaste an und wählen im zugehörigen Kontextmenü den Eintrag *Weitere Ansichten anzeigen* aus, können Sie zusätzlich die Ansichten *Mitwirkender Interpret*, *Komponist*, *Jugendschutz*, *Onlineshops* sowie *Ordner* (zur Ordner-orientierten Bearbeitung von Mediendateien) verwenden.

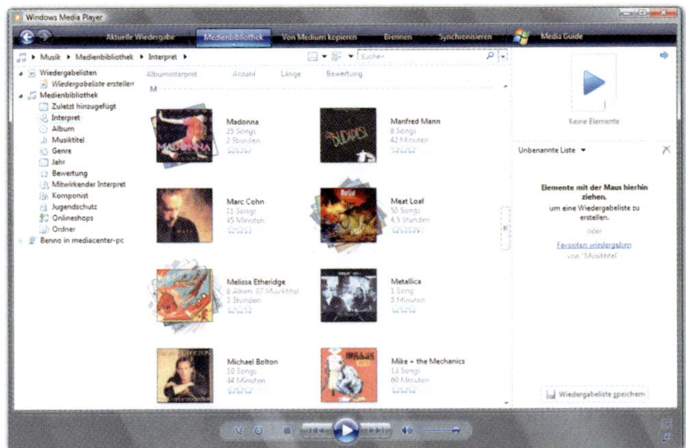

Abbildung 10.17 Gibt es Musikdateien eines Interpreten von mehreren Alben, zeigt Windows Media Player die zugehörigen Albencover als Stapel an

PROFITIPP 

Haben Sie den Eindruck, dass die Medienbibliothek »durcheinander geraten« ist, oder lassen sich Einträge nicht mehr verändern und entfernen, können Sie die Medienbibliothek wie folgt löschen:

1. Beenden Sie den Windows Media Player.
2. Öffnen Sie eine Eingabeaufforderung, indem Sie im Schnellsuchfeld des Startmenüs die Zeichenfolge **cmd** [↵] eintippen.
3. Geben Sie **cd %userprofile\AppData\Local\Microsoft\Media Player** [↵] ein.
4. Durch Eingabe von **del *.*** [↵] und anschließender Bestätigung durch Drücken der Taste [J] löschen Sie alle Dateien in diesem Ordner.
5. Starten Sie den Windows Media Player neu, der dann automatisch von Grund auf eine neue Medienbibliothek erstellt.

Kurze Zeit später steht die komplett neu erstellte Medienbibliothek wieder zur Verfügung.

Klicken Sie eine Ansicht im Navigationsbereich an, wird der Inhalt der Medienbibliothek dementsprechend im Detailbereich angezeigt. Abhängig von der jeweiligen Ansicht sowie der Anzeigeoption (*Symbol*, *Kachel* oder *Details* – festlegbar nach einem Klick auf die Schaltfläche *Optionen anzeigen* in der Adressleiste des Windows Media Players) wird nun auch das *Albumcover* mit angezeigt – sofern diese Medieninformation verfügbar ist.

Besonders praktisch dabei: Wählen Sie die Ansicht *Interpret*, bekommen Sie einen »Stapel« angezeigt, falls Sie über Musikdateien dieses Interpreten verfügen, die von mehreren Alben stammen (siehe Abbildung 10.17). Gleichzeitig erkennen Sie so auf einen Blick, wie lange Sie Musik eines bestimmten Interpreten genießen können.

Tipp 

Möchten Sie Albumcover nicht nur in Briefmarkengröße betrachten, können Sie dieses durch Drücken der Taste [F6] stufenweise vergrößern und mit [⇧]+[F6] wieder verkleinern.

An dieser Stelle bieten sich Ihnen unter anderem folgende Möglichkeiten:

- Klicken Sie einen Eintrag im Detailbereich an, um zum jeweiligen Element zu gelangen. Möchten Sie dieses abspielen, klicken Sie die Schaltfläche *Wiedergabe* im Bereich *Wiedergabesteuerelemente* im unteren Abschnitt des Windows Media Player-Programmfensters an.
- Zudem können Sie Inhalte aus der Medienbibliothek bei gedrückter Maustaste in den rechts angezeigten *Listenbereich* ziehen. Auf diese Weise lassen sich leicht Wiedergabelisten oder die auf CD/DVD zu brennenden bzw. mit einem portablen Medien-Player zu synchronisierenden Musikdateien manuell zusammenstellen.

Von der Medienbibliothek überwachte Ordner

Die Medienbibliothek verwaltet Medieninformationen für Mediendateien, die sich in den vom Windows Media Player überwachten Ordnern befinden. Standardmäßig handelt es sich dabei um

- den medienspezifischen Ordner unterhalb des persönlichen Benutzerprofil-Ordners *%userprofile%* (also zum Beispiel *C:\Users\Eric\Music*) sowie
- die öffentlichen medienspezifischen Ordner (für Musik ist dies *Öffentliche Musik*).

Aus diesem Grund bekommt jeder Benutzer bei der Bearbeitung der Medienbibliothek automatisch den Inhalt der bei Windows Vista mitgelieferten Beispielmusik angezeigt (auch dann, wenn noch keine einzige Mediendatei selbst auf den Computer kopiert worden ist): Die Beispielmedien sind über die öffentlichen medienspezifischen Ordner zugänglich.

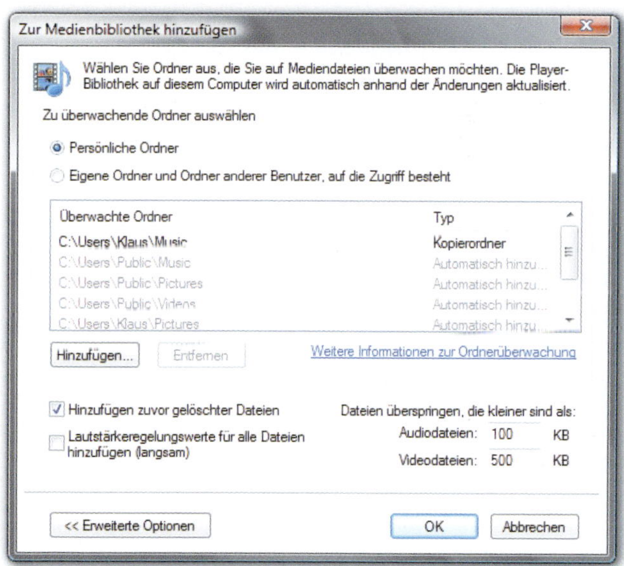

Abbildung 10.18 Von der Medienbibliothek überwachte Ordner festlegen

Weitere zu überwachende Ordner festlegen

Auf Wunsch kann die Medienbibliothek weitere Ordner überwachen, in denen Mediendateien abgelegt sind. Hierzu führen Sie die folgenden Schritte aus:

1. In der Taskleiste des Windows Media Players klicken Sie den Pfeil in der Schaltfläche *Medienbibliothek* an.
2. Wählen Sie im zugehörigen Menü den Eintrag *Weitere Optionen* aus. Im nun geöffneten Dialogfeld *Optionen* klicken Sie auf der Registerkarte *Medienbibliothek* im Bereich *Medienbibliothek durch Überwachen von Ordnern aktualisieren* die Schaltfläche *Ordner überwachen* an. Dadurch erhalten Sie das Dialogfeld *Zur Medienbibliothek hinzufügen* angezeigt (siehe Abbildung 10.18).

   Alternativ können Sie den Pfeil in der Schaltfläche *Medienbibliothek* anklicken und aus dem anschließenden Menü den Eintrag *Zur Medienbibliothek hinzufügen* auswählen, um zum gleichnamigen Dialogfeld zu gelangen.
3. Klicken Sie im Dialogfeld auf die Schaltfläche *Erweiterte Optionen*.
4. Nach einem Klick auf *Hinzufügen* im Bereich *Zu überwachende Ordner auswählen* können Sie jetzt einen weiteren zu überwachenden Ordner spezifizieren.
5. Betätigen Sie zweimal die Schaltfläche *OK*, um Ihre Vorgaben zu übernehmen.

Die Medienbibliothek durchsucht nun auch die angegebenen Ordner nach Mediendateien und zugehörigen Medieninformationen.

Medienspezifische Ordner anderer Benutzer überwachen

Der standardmäßige Mechanismus, Mediendateien in den im persönlichen Benutzerprofil befindlichen Ordnern *Bilder*, *Musik* und *Videos* sowie in den öffentlichen medienspezifischen Ordnern zu überwachen, eignet sich gut für viele Zwecke. Es kann jedoch Situationen geben, in denen ein anderes Vorgehen wünschenswert ist – etwa, wenn der Benutzer »Klaus« über seine Medienbibliothek auch Mediendateien finden möchte, die sich in den medienspezifischen Ordnern eines anderen Benutzers des Windows Vista-PCs befinden.

Hierfür sieht der Windows Media Player ebenfalls eine Möglichkeit vor: Aktivieren Sie im Dialogfeld *Zur Medienbibliothek hinzufügen* die Option *Eigene Ordner und Ordner anderer Benutzer, auf die Zugriff besteht* (was die standardmäßig aktivierte Option *Persönliche Ordner* außer Kraft setzt), können Sie nach einem Klick auf *Hinzufügen* im Bereich *Zu überwachende Ordner auswählen* einen Ordner eines anderen Benutzers des Windows Vista-PCs auswählen, in dem dieser Mediendateien abgelegt hat. Klicken Sie auf *OK*, durchforstet der Windows Media Player den angegebenen Ordner nach Mediendateien und fügt Medieninformationen für alle gefundenen Dateien zu Ihrer Medienbibliothek hinzu.

Wichtig 

Für den betreffenden Ordner muss Ihnen der jeweilige Benutzer (oder ein Administrator) zuvor explizit Zugriffsberechtigungen eingeräumt haben. Andernfalls ist der Inhalt des Ordners für Sie nicht zugänglich.

Medieninformationen bearbeiten und vervollständigen

Den größten Nutzen ziehen Sie aus der Medienbibliothek, wenn für die von ihr überwachten Mediendateien zumindest die grundlegenden Medieninformationen – im Falle von Musik also Interpret und Songtitel, nach Möglichkeit auch der Albumtitel – zur Verfügung stehen. Auch hierbei bietet Windows Media Player seine Hilfe an:

- Automatisch werden die in Mediendateien (wie zum Beispiel Musikdateien) als *Tags* hinterlegten Medieninformationen herangezogen.
- Zusätzlich kann Windows Media Player Angaben für ein Album und die darauf enthaltenen Musiktitel aus dem Internet beziehen, um qualifizierte Medieninformationen online zu erhalten und in die Medienbibliothek aufzunehmen.

  Voraussetzung dafür ist neben einer aktiven Internetverbindung, dass Windows Media Player so konfiguriert ist, dass Medieninformationen aus dem Internet abgerufen werden. Haben Sie sich beim erstmaligen Aufruf des Windows Media Players für die Option *Benutzerdefinierte Einstellungen* entschieden, müssen dort die Kontrollkästchen *Medieninformationen aus dem Internet anzeigen* und *Musikdateien durch Abrufen von Medieninformationen aus dem Internet aktualisieren* eingeschaltet worden sein (bei Verwendung der Option *Expresseinstellungen* ist dies automatisch der Fall).

  Im Nachhinein finden Sie die entsprechenden Einstellungen im Dialogfeld *Optionen* des Windows Media Players auf der Registerkarte *Medienbibliothek* im Bereich *Automatische Medieninformationsaktualisierung für Dateien* (siehe Abbildung 10.19):

  - Ist das Kontrollkästchen *Ergänzende Informationen aus dem Internet abrufen* markiert, hat der Windows Media Player die Genehmigung, Medieninformationen aus dem Internet zu beziehen.
  - Standardmäßig ergänzt der Windows Media Player dabei nur Medieninformationen, für die bislang noch

kein Wert vorliegt. Möchten Sie dagegen, dass Windows Media Player eventuell von Ihnen manuell spezifizierte Medieninformationen überschreibt, ist die Option *Alle Medieninformationen überschreiben* zu aktivieren.

- Liegen Windows Media Player keine Medieninformationen vor, da diese nicht über das Internet bezogen werden konnten und Sie manuell noch nichts spezifiziert haben, wird der betreffende Wert als »unbekannt« angezeigt.

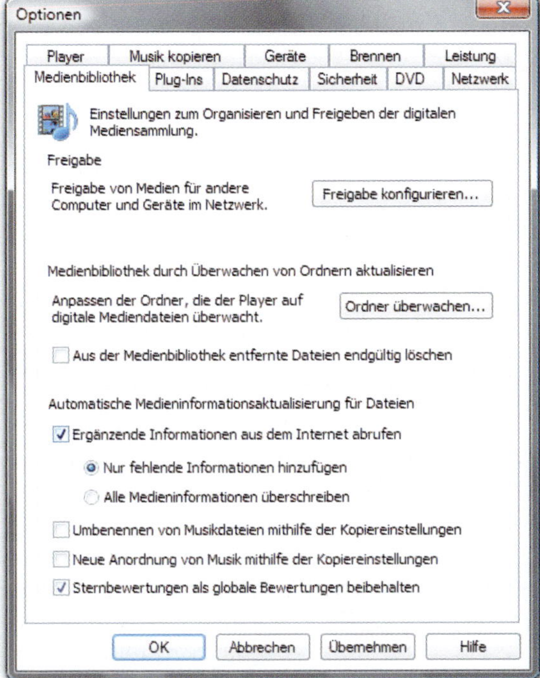

Abbildung 10.19 Über das Dialogfeld *Optionen* des Windows Media Players lassen sich grundlegende Einstellungen unter anderem zur Medienbibliothek vornehmen

Wichtig 

Unbekannte Medieninformationen sollten Sie nach Möglichkeit vervollständigen – idealerweise gleich dann, wenn Sie neue Mediendateien bereitstellen. Denn angenommen, Sie haben vier unbekannte Alben eines unbekannten Interpreten als Mediendateien auf den Windows Vista-PC »bugsiert« (etwa durch Rippen von Audio-CDs, während gerade keine Internetverbindung zur Verfügung stand), können Sie praktisch nur noch durch Ausprobieren – sprich: Hineinhören – herausfinden, worum es sich bei den einzelnen Songs dann tatsächlich handelt.

Um unvollständige Medieninformationen für Mediendateien in der Medienbibliothek zu vervollständigen, führen Sie die folgenden Schritte aus:

1. Klicken Sie in der Taskleiste des Windows Media Players die Schaltfläche *Medienbibliothek* an, um zu dieser zu wechseln (falls nichts bereits geschehen).
2. Wählen Sie in der Adressleiste die Kategorie *Musik* aus und aktivieren im Navigationsbereich die gewünschte Ansicht – etwa *Interpret* oder *Album*, um gezielt Interpreten bzw. Alben zu bearbeiten, die der Windows Media Player in seiner Medienbibliothek als unbekannt einstuft.

Tipp 

Hilfreich kann es sein, den betreffenden Interpreten bzw. das jeweilige Album auszuwählen, um beispielsweise anhand der Namen von Mediendateien oder der darin enthaltenen Medieninformationen den Interpret und das Album zu spezifizieren.

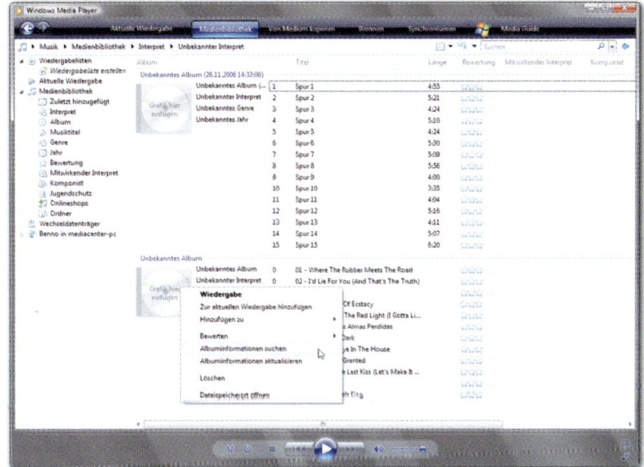

Abbildung 10.20 Unbekannte Medieninformationen sind wenig hilfreich und sollten vervollständigt werden

3. Klicken Sie das Albumcover mit der rechten Maustaste an und wählen Sie im zugehörigen Kontextmenü den Eintrag *Albuminformationen suchen* aus.

Wichtig 

Wenn Sie stattdessen *Albuminformationen aktualisieren* auswählen, werden die in Ihrer Medienbibliothek hinterlegten – also auch die von Ihnen angepassten – Medieninformationen für das betreffende Album mit denen überschreiben, die Windows Media Player aus dem Internet bezieht.

4. Windows Media Player nimmt daraufhin mit dem Internet Kontakt auf und versucht, das betreffende Album zu ermitteln. Im anschließend geöffneten Dialogfeld *Albuminformationen suchen* erhalten Sie auf der Seite *Wählen Sie das übereinstimmende Album* die Ergebnisse dieser Suche angezeigt (siehe Abbildung 10.21). Befindet sich darunter das richtige Album,
   - versehen Sie zunächst das im oberen Bereich befindliche Kontrollkästchen *Verwenden Sie das unten ausgewählte Album, um alle Titel im Assistenten zu aktualisieren* mit einer Markierung (damit alle zu diesem Album gehörenden Titel auf einmal mit diesen Medieninformationen versorgt werden und Sie nicht Titel einzeln bearbeiten müssen)
   - und klicken dann das Albumcover an.

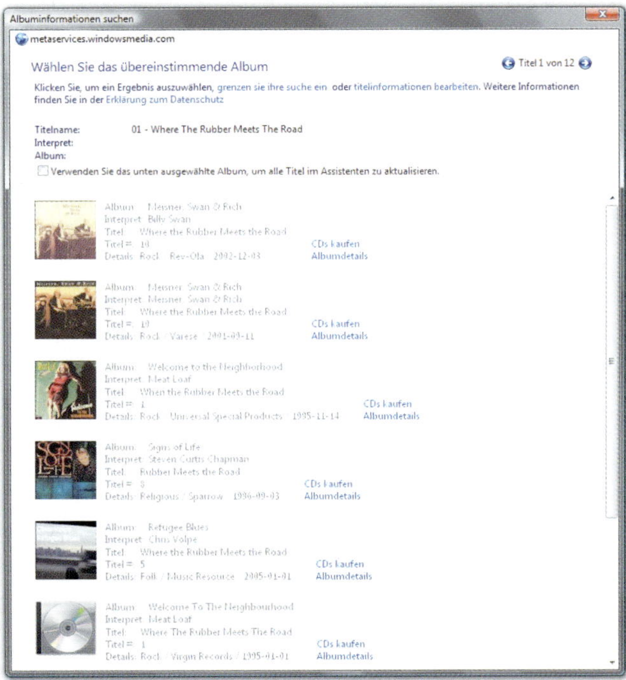

Abbildung 10.21 Suche nach Albuminformationen mit dem Windows Media Player

5. Auf der folgenden Seite *Sind dies die Titel Ihrer CD?* listet Windows Media Player die ausgewählten Änderungen noch einmal auf. Klicken Sie hier die Schaltfläche *Beenden* an, um alle Titel des Albums und die Medienbibliothek dementsprechend aktualisieren zu können. Gleichzeitig wird das Albumcover als Grafikdatei *Folder.jpg* in dem Ordner gespeichert, in dem sich die Mediendateien befinden.

Hinweis 

Schauen Sie sich die von Windows Media Player vorgeschlagenen Änderungen für die Medieninformationen genau an. Je nachdem, um welches Album es sich handelt, sollen unter Umständen auch die Musiktitel geändert werden (was Sie möglicherweise nicht wünschen, um beispielsweise Album- und Remix-Version besser unterscheiden zu können).

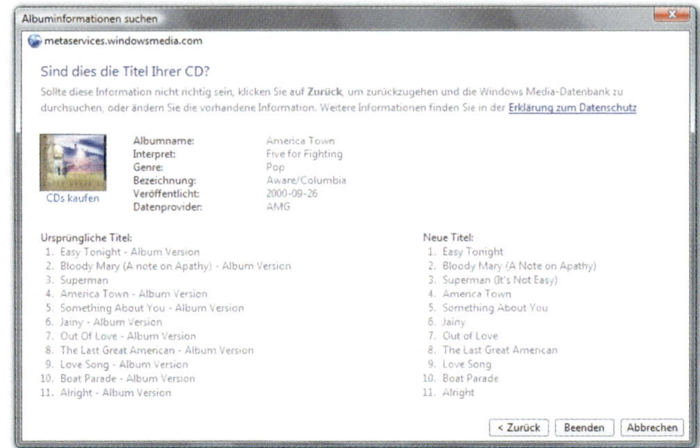

Abbildung 10.22 Auflistung, welche Aktualisierungen für das Album bzw. die zugehörigen Titel in die Medienbibliothek übernommen werden sollen

Wenn Sie nun einen Blick in die Medienbibliothek werfen, lässt sich leicht feststellen, dass dort die entsprechenden Informationen aktualisiert sind. Des Weiteren sollte nun für das betreffende Album ein Cover erscheinen (falls dieses verfügbar war). Andernfalls können Sie dieses manuell angeben (siehe den Abschnitt »Albumcover festlegen«).

Handelt es sich um einen »besonders schweren Fall«, für den Windows Media Player kein passendes Album ermitteln kann, ist ebenfalls noch nicht Hopfen und Malz verloren – zumindest dann nicht, wenn *Sie selbst* noch wissen, um welchen Interpreten und welches Album es sich handelt. Bei der Suche nach Albuminformationen erhalten Sie dann die Gelegenheit, nach dem Namen des Interpreten oder Albums zu suchen (siehe Abbildung 10.23) und sich somit schrittweise zu nähern, bis Sie die richtigen Informationen gefunden haben.

Hilfreich kann ebenfalls sein, eingangs im Dialogfeld *Albuminformationen suchen* auf der Seite *Wählen Sie das übereinstimmende Album* die Links *Grenzen Sie Ihre Suche ein* oder *Titelinformationen bearbeiten* zu verwenden, um die Trefferergebnisse zu verbessern.

Tipp

Gehen Sie wie beschrieben für jedes Album vor, das Windows Media Player unbekannt erscheint. Wenn Sie die Medienbibliothek von Anfang an auf diese Weise pflegen, können Sie den größtmöglichen Nutzen daraus ziehen.

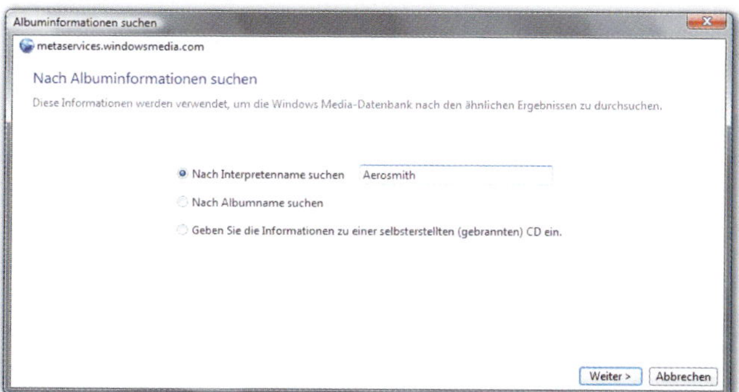

Abbildung 10.23 Findet Windows Media Player keine Übereinstimmung beim Interpreten- oder Albumnamen, können Sie selbst danach gezielt suchen

Auf Wunsch lassen sich unbekannte Informationen auch manuell bearbeiten: Hat Windows Media Player ein Album, den Interpreten, das Genre oder das Jahr eines Albums nicht erkannt und weist dafür »unbekannt« aus, klicken Sie den betreffenden Eintrag im Detailbereich der Medienbibliothek mit der rechten Maustaste an und wählen *Bearbeiten* im zugehörigen Kontextmenü aus. Tippen Sie nun die korrekte Angabe ein und bestätigen Sie dies mit der [↵]-Taste.

Genauso können Sie die Titel eines Albums bearbeiten. Dazu klicken Sie im Detailbereich der Medienbibliothek einfach die geeignete Spalte des gewünschten Eintrags – etwa *Titel* oder *Mitwirkender Interpret* – an, warten einen kurzen Augenblick, und klicken den Eintrag dann erneut an. Nun haben Sie Gelegenheit, auch hier Eingaben vorzunehmen.

Alternativ klicken Sie den betreffenden Eintrag mit der rechten Maustaste an und wählen im Kontextmenü den Eintrag *Bearbeiten* aus. Möchten Sie Medieninformationen mehrerer Titel auf einmal verändern, markieren Sie diese zuvor bei gedrückter Taste [⇧] oder [Strg].

Tipp 

Um die Bewertung eines Titels zu verändern, reicht schon ein einfacher Mausklick aus – genau auf die Anzahl von Sternen, die Sie dem Song zugedenken.

Da standardmäßig in den Optionen des Windows Media Players auf der Registerkarte *Medienbibliothek* das Kontrollkästchen *Sternbewertungen als globale Bewertungen beibehalten* markiert ist, werden Bewertungsinformationen in der zugehörigen Mediendatei hinterlegt – stehen also global für alle Benutzer zur Verfügung. Ist dieses Kontrollkästchen hingegen nicht mit einer Markierung versehen, merkt sich der Windows Media Player die Bewertung für eine Mediendatei in der Medienbibliothek des jeweiligen Benutzers.

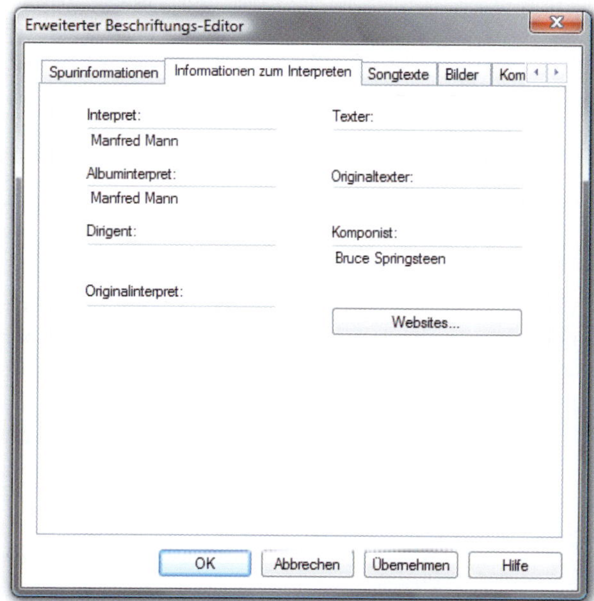

Abbildung 10.24 Der erweiterte Beschriftungs-Editor erlaubt es, Medieninformationen zu Titeln detailliert zu bearbeiten

Eine detaillierte Bearbeitung der Medieninformationen eines Songs bzw. mehrerer markierter Titel ermöglicht der erweiterte Beschriftungs-Editor des Windows Media Players. Zu diesem gelangen Sie, indem Sie die markierten Titel mit der rechten Maustaste anklicken und den gleichnamigen Eintrag aus dem zugehörigen Kontextmenü auswählen. Daraufhin nimmt Sie das Dialogfeld *Erweiterter Beschriftungs-Editor* in Empfang (siehe Abbildung 10.24). Hier können Sie nun die gewünschten Informationen so ändern, dass der Windows Media Player alles Wichtige wie geplant anzeigt.

Tipp

Mitunter zeigt der Windows Media Player selbst dann einen Interpreten als unbekannt an, wenn dieser bei den Medieninformationen korrekt hinterlegt ist. In diesem Fall hilft es oftmals, sowohl im Feld *Interpret* als auch im Feld *Albuminterpret* der Medieninformationen von Musikdateien den Namen des Interpreten einzutragen.

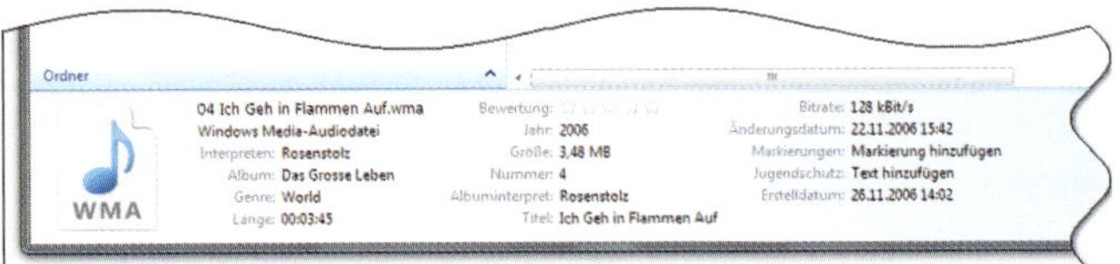

Abbildung 10.25 Der Windows-Explorer zeigt Medieninformationen ebenfalls an – in seinem Detailfenster

Medieninformationen zeigt Windows Vista übrigens nicht nur im Windows Media Player an: Auch im *Detailfenster* des Windows-Explorers werden Medieninformationen einer in der Dateiliste markierten Mediendatei angezeigt (siehe Abbildung 10.25).

Albumcover festlegen

Jedes Album besitzt ein Cover – und dieses kann der Windows Media Player ebenfalls anzeigen. Dadurch erhalten Sie die Gelegenheit, ein bestimmtes Album optisch leicht identifizieren und auswählen zu können.

Ein Albumcover erscheint nicht nur im Windows Media Player, sondern auch an anderen Stellen von Windows Vista. Hierzu gehören unter anderem:

- Während der aktuellen Wiedergabe
- Im Windows-Explorer
- Im Windows Media Center (siehe Kapitel 16)

Auch aus diesem Grund ist es also sinnvoll, für ein Album über ein Cover zu verfügen.

Wenn Sie beispielsweise eine Audio-CD kopieren oder manuell nach Albuminformationen suchen lassen, versucht Windows Media Player automatisch, auch das zugehörige Albumcover zu ermitteln. Mitunter schlägt dieser Mechanismus jedoch fehl (was nicht zuletzt auch daran liegt, dass viele Alben in unterschiedlicher Weise auf den Markt gebracht werden und je nach Land vollkommen anders aussehen können).

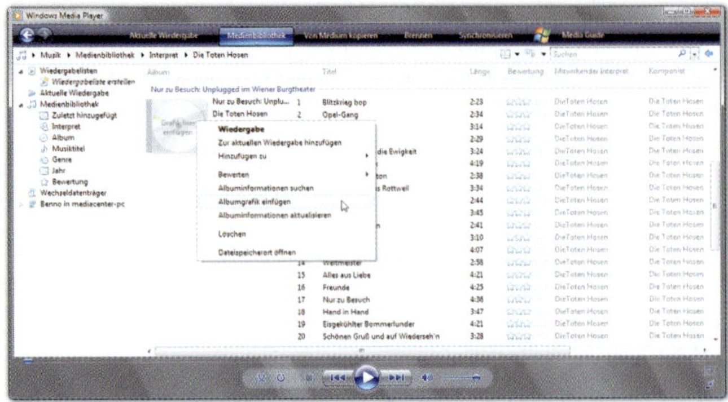

Abbildung 10.26 Haben Sie das Cover für ein Album zuvor beispielsweise über den Internet Explorer in die Windows-Zwischenablage kopiert, ...

In diesem Fall helfen Sie Windows Media Player auf die Sprünge, indem Sie das passende Albumcover festlegen. Dazu gehen Sie wie folgt vor:

1. Versuchen Sie zunächst das Albumcover im Rahmen der Suche nach Albuminformationen (siehe den Abschnitt »Medieninformationen bearbeiten und vervollständigen«) festzulegen.
2. Bekommen Sie dort ein falsches Cover oder lediglich ein allgemeines CD-Hüllen-Cover angezeigt, brauchen Sie keineswegs das Booklet zur Audio-CD (falls dieses überhaupt mit Booklet verkauft wurde) aus der Hülle zu nehmen und dieses einzuscannen. Vielmehr starten Sie mit dem Internet Explorer eine Suche nach dem Albumcover – etwa mit einer Suchmaschine im Internet oder bei Onlineshops, die Musik-CDs verkaufen – und werden dort mit ein wenig Glück bereits fündig.

   In diesem Fall klicken Sie im Internet Explorer das richtige Albumcover mit der rechten Maustaste an und wählen im Kontextmenü den Eintrag *Kopieren* aus. Dadurch wird die ausgewählte Grafik in die Zwischenablage von Windows Vista übertragen.
3. Zurück im Windows Media Player klicken Sie dann das Album, das derzeit mit dem falschen oder nur einem allgemeinen CD-Hüllen-Cover versehen ist, ebenfalls mit der rechten Maustaste an (siehe Abbildung 10.26). Im nun erscheinenden Kontextmenü wählen Sie jetzt den Eintrag *Albumgrafik einfügen*.
4. Daraufhin versieht Windows Media Player das ausgewählte Album mit dem von Ihnen ausgesuchten Cover.

Hinweis

Ein Albumcover entspricht einer Bilddatei, die im Format BMP, GIF, JPEG, EPS oder TIFF vorliegt und die als *Folder.jpg* in genau dem Ordner platziert wird, in dem sich die Musikdateien des zugehörigen Albums befinden. Verfügen Sie für ein bestimmtes Album bereits über ein Cover, das als Bilddatei vorliegt und idealerweise eine Größe von 200 mal 200 Pixel aufweist, können Sie auch diese Bilddatei (etwa über den Windows-Explorer) in die Zwischenablage von Windows Vista kopieren und dann im Windows Media Player als Albumgrafik einfügen.

Abbildung 10.27 ... können Sie dieses im Windows Media Player bequem als Albumcover einfügen

Die Medienbibliothek durchsuchen

Damit Sie sich insbesondere bei umfangreichen Sammlungen von Musikdateien schnell zurechtfinden, bietet Ihnen der Windows Media Player eine integrierte *Suchfunktion*. Tippen Sie einfach nur den gewünschten Ausdruck (oder Teile davon) im Suchfeld ein, das sich ganz rechts in der Adressleiste des Windows Media Players befindet. Im Detailbereich werden daraufhin die gefundenen Übereinstimmungen für Interpret, Album und Titel mitsamt der jeweiligen Trefferanzahl aufgelistet. Klicken Sie einen dieser Links an, können Sie die Ergebnisse im Detail betrachten.

Abbildung 10.28 Mit der Suchfunktion lässt sich die Medienbibliothek umfassend durchsuchen

Neben der einfachen Suche nach Begriffen unterstützt Windows Media Player auch komplexe Suchvorgänge, ähnlich wie bei Verwendung einer Suchmaschine für das Internet:

- Zur Suche nach einem festen Ausdruck, der aus mehreren Wörtern besteht, schließen Sie diesen in Hochkommata ein.
- Mehrere Suchbegriffe lassen sich durch die Operatoren *AND*, *NOT* und *OR* miteinander verknüpfen. Für *AND* können Sie ersatzweise auch ein Leerzeichen und für *NOT* einen Bindestrich (–) angeben. Für *OR* gibt es kein Ersatzzeichen.
- Des Weiteren stehen Ihnen Schlüsselwörter zur Verfügung, mit denen Sie die Suche gezielt für bestimmte Kriterien durchführen können. Eine Übersicht dieser Schlüsselwörter hält die Tabelle 10.2 bereit. Jedem Schlüsselwort muss dabei ein Doppelpunkt sowie (ohne Leerzeichen dazwischen) der gesuchte Begriff folgen.

Schlüsselwort	Bedeutung
Album	Album oder CD-Titel
AlbumArtist	Interpret
Artist	Interpret oder mitwirkender Interpret
ContributingArtist	Mitwirkender Interpret
Title	Titel
Genre	Genre
Length	Länge der Mediendatei (Sekunden)
Rating	Bewertung
Composer	Komponist
Conductor	Dirigent
ContentProvider	Inhaltsanbieter
Protected	DRM-geschützter Inhalt

Tabelle 10.2 Schlüsselwörter ermöglichen ein noch gezielteres Durchsuchen der Medienbibliothek

Musik abspielen

Um Musik über den Windows Media Player abzuspielen, wählen Sie zum Beispiel in der Medienbibliothek ein Album oder einen Titel aus und klicken diesen doppelt an. Genauso können Sie eine Wiedergabeliste im Navigationsbereich selektieren, um die dazugehörenden Titel abzuspielen.

Bei der Wiedergabe von Mediendateien kommt der Bereich *Wiedergabesteuerelemente* ins Spiel, mit dem der untere Abschnitt des Windows Media Player-Programmfensters aufwartet (siehe Abbildung 10.29). Über die dort enthaltenen Schaltflächen können Sie (von links nach rechts gesehen):

- Informationen zum aktuell wiedergegebenen Element (sowie zur Länge, falls verfügbar) im linken Statusbereich erfahren
- Die zufällige und wiederholte Wiedergabe ein- oder ausschalten
- Die Wiedergabe stoppen, sofern dies vom wiedergegebenen Medium unterstützt wird
- Zurückspulen
- Die Wiedergabe beginnen (bzw. pausieren und dann wieder fortsetzen)
- Vorspulen, sofern dies möglich ist
- Den Ton ein- oder ausschalten und die Lautstärke regeln
- Sowie in den Vollbildmodus, falls dieser verfügbar ist, oder zum Minimodus wechseln

Abbildung 10.29 Der Bereich *Wiedergabesteuerelemente* zum Abspielen von Mediendateien

Am oberen Rand des Bereichs *Wiedergabesteuerelemente* befindet sich zudem die so genannte *Suchleiste* (nicht zu verwechseln mit dem »Suchfeld« ganz rechts in der Adressleiste im Vollmodus des Windows Media Players). Darüber haben Sie die Möglichkeit, leicht zu einer bestimmten Position innerhalb einer wiederzugebenden Mediendatei zu springen.

Tipp

Haben Sie an den Windows Vista-PC eine Windows Media Center-Fernbedienung angeschlossen (siehe Kapitel 14), können Sie die Wiedergabe von Mediendateien im Windows Media Player auch darüber steuern.

Abbildung 10.30 Aktuelle Wiedergabe eines Albums im Windows Media Player

Klicken Sie in der Taskleiste des Windows Media Players die Schaltfläche *Aktuelle Wiedergabe* an, um die Wiedergabe zu »visualisieren«. Lassen Sie zum Beispiel ein Album abspielen und haben rechts im Windows Media Player-Programmfenster den *Listenbereich* eingeblendet, erscheinen dort die auf dem Album vorhandenen Titel sowie das Albumcover (siehe Abbildung 10.30).

Tipp

Klicken Sie den Pfeil in der Schaltfläche *Aktuelle Wiedergabe* in der Taskleiste des Windows Media Player-Programmfensters an und wählen im zugehörigen Menü zunächst *Erweiterungen* und dann *Erweiterungen anzeigen* aus, werden im Detailbereich der aktuellen Wiedergabe zusätzliche Funktionen angezeigt. Hierüber kann zum Beispiel ein Equalizer zur Auswahl eines der vordefinierten Klangmuster eingeblendet oder die Wiedergabegeschwindigkeit verändert werden, mit der der Windows Media Player Musik abspielt.

Visualisierungen

Über den Windows Media Player können Sie sich bei der Arbeit musikalisch unterhalten lassen oder in den Abendstunden bei Ihrer Lieblingsmusik entspannen. Außerdem haben Sie die Möglichkeit, sich umfassend auf die nächste Party vorbereiten – zumindest, was die akustische Unterhaltung betrifft. Genügend Musikdateien vorausgesetzt, kann Windows Media Player Ihren Computer in eine Musikbox verwandeln, die die ganze Feier über Musik abspielt, ohne dass Sie irgendwo Audio-CDs einlegen oder für einen Diskjockey sorgen müssen.

Auch optisch hat der Media Center-PC Ihnen und Ihren Gästen dabei etwas Interessantes zu bieten: Bei der aktuellen Wiedergabe kann eine *Visualisierung* eingeblendet werden:

1. In der Taskleiste des Windows Media Player-Programmfensters klicken Sie die Schaltfläche *Aktuelle Wiedergabe* an.
2. Klicken Sie mit der rechten Maustaste auf eine Stelle im Detailbereich, erscheint ein Kontextmenü, über das Sie unter anderem das Albumcover als Visualisierung festlegen können.
3. Ziehen Sie dieser statischen Ansicht eine Visualisierung vor, die sich dynamisch verändert, wählen Sie einen der anderen Einträge (etwa *Alchemie*) sowie das zugehörige Muster aus. Anschließend wird die ausgewählte Visualisierung unter anderem im Detailbereich dargestellt – die Sie auf Wunsch auch im Vollbildmodus betrachten können.

Alternativ können Sie auch den Pfeil in der Schaltfläche *Aktuelle Wiedergabe* anklicken und aus dem zugehörigen Menü den Eintrag *Visualisierungen* auswählen. Auf diesem Wege können Sie durch Auswahl von *Keine Visualisierung* diese auch wieder ausschalten.

Tipp

Wählen Sie im Menü den Eintrag *Visualisierungen herunterladen* aus, öffnet der Internet Explorer eine Webseite, auf der weitere Virtualisierungen für den Windows Media Player zum Download bereitstehen.

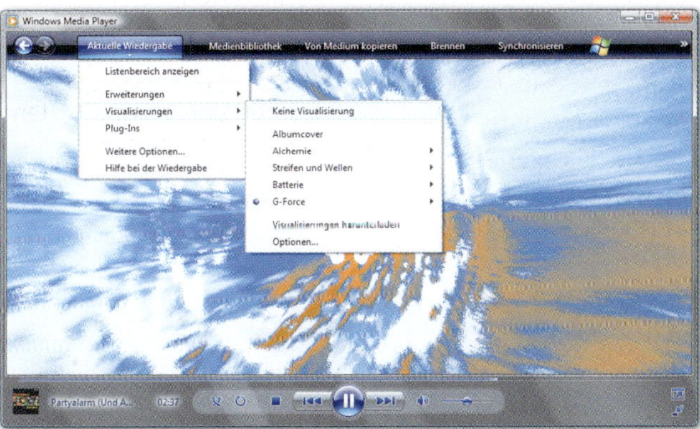

Abbildung 10.31 Visualisierungen verleihen der Wiedergabe von Musikdateien auch optisches »Leben«

Designs

Gefällt Ihnen die Oberfläche, in der sich der Windows Media Player präsentiert, nicht oder nicht mehr zu? Dann greifen Sie einfach auf ein anderes *Design* (auch *Skins* genannt) zurück, um das optische Erscheinungsbild des Windows Media Players zu verändern. Hierzu gehen Sie wie folgt vor:

1. Klicken Sie in der Taskleiste des Windows Media Players mit der rechten Maustaste auf einen freien Bereich.
2. Im zugehörigen Menü wählen Sie den Eintrag *Ansicht* gefolgt von *Designauswahl* aus.
3. Daraufhin können Sie links im Detailbereich den gewünschten Skin markieren und diesen durch Anklicken von *Design übernehmen* aktivieren.

Der Windows Media Player wird jetzt automatisch im Designmodus angezeigt. Um wieder zum standardmäßigen Erscheinungsbild zurückzukehren, greifen Sie auf die Tastenkombination `Strg`+`1` zurück (durch anschließendes Drücken von `Strg`+`2` schalten Sie dann wieder zum Designmodus um).

Tipp

Neben den mitgelieferten Designs stehen zusätzliche online zur Verfügung. Mehr hierzu erfahren Sie, indem Sie während der Auswahl eines Designs die Schaltfläche *Weitere Designs* unterhalb der Taskleiste des Windows Media Players anklicken.

Abbildung 10.32 Der Windows Media Player in völlig anderem Gewand – Designs (Skins) machen es möglich

Wiedergabelisten

Um die Wiedergabe bestimmter Titel zu vereinfachen, lassen sich im Windows Media Player *Wiedergabelisten* anlegen. Hierbei handelt es sich um nichts anderes als zusammengestellte Listen, in denen Titel verzeichnet sind. Auf eine solche Zusammenstellung können Sie bei Bedarf zurückgreifen, um zum Beispiel anstatt aller Titel eines Albums oder Interpreten gezielt Ihre Lieblingssongs zu hören – gleich, zu welchem Album oder Interpreten diese gehören.

Eine Wiedergabeliste könnte etwa Hintergrundmusik für den Besuch von Freunden umfassen, eine andere hingegen Titel, die Sie morgens nach dem Aufstehen so richtig in Schwung bringen. Letztlich sind es gerade die Wiedergabelisten, die es Ihnen ermöglichen, Musik auf völlig neue Art und Weise zu genießen.

Die spannende Frage lautet nun: Wie kommen solche Wiedergabelisten zustande und wie lassen sich diese mit Songs verknüpfen? Hierzu existieren zwei Wege:

- **Reguläre Wiedergabelisten** Zum einen können Sie jederzeit *reguläre Wiedergabelisten* kreieren. Eine solche lässt sich im Windows Media Player mit wenigen Mausklicks erstellen. Auf diese Weise haben Sie die Möglichkeit, für jede Gelegenheit die passende reguläre Wiedergabeliste zu erstellen.
- **Automatische Wiedergabelisten** Zusätzlich zu solchen statischen Wiedergabelisten (ihr Inhalt ändert sich nur, wenn Sie die betreffende Wiedergabeliste manuell bearbeiten) kennt der Windows Media Player zudem *automatische Wiedergabelisten*. Hierbei handelt es sich um Wiedergabelisten, deren Inhalt der Windows Media Player selbstständig bestimmt. Somit sind automatische Wiedergabelisten nichts anderes als eine dynamische Zusammenstellung von Musikdateien, die bestimmte Kriterien erfüllen. Hierfür stützt sich Windows Media Player beispielsweise auf Ihre Bewertungen. Zudem merkt sich der Windows Media Player, welche Titel Sie besonders gerne hören bzw. welchen Songs Sie wann am liebsten lauschen.

Für Ihre Lieblingsmusik brauchen Sie keine regulären Wiedergabelisten per Hand zu erstellen – ebenso wenig wie für Titel, die Sie noch nie gehört haben. Denn: Auch dafür gibt es bereits automatische Wiedergabelisten – sodass Sie dank der Intelligenz von Windows Media Player Ihre Musikdateien auf völlig neue, bislang unbekannte Art erleben und genießen können. Automatische Wiedergabelisten zeichnen sich dadurch aus, dass Windows Media Player diese in einem dynamischen Prozess selbstständig immer wieder neu arrangiert.

Hinweis

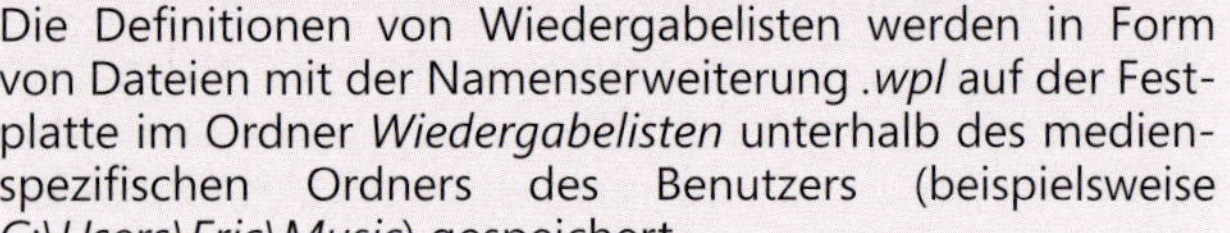

Die Definitionen von Wiedergabelisten werden in Form von Dateien mit der Namenserweiterung *.wpl* auf der Festplatte im Ordner *Wiedergabelisten* unterhalb des medienspezifischen Ordners des Benutzers (beispielsweise *C:\Users\Eric\Music*) gespeichert.

Standardmäßig sind keine Wiedergabelisten vordefiniert. Daher können Sie eigene ganz nach Bedarf erstellen.

Reguläre Wiedergabeliste erstellen

Um eine reguläre Wiedergabeliste zu erstellen, führen Sie die folgenden Schritte aus:

1. Wechseln Sie im Windows Media Player zur Medienbibliothek und wählen Sie die gewünschte Kategorie (zum Beispiel *Musik*) aus.
2. Im Navigationsbereich links im Windows Media Player-Programmfenster klicken Sie mit der rechten Maustaste auf den Eintrag *Wiedergabelisten*, und wählen Sie im zugehörigen Kontextmenü den Eintrag *Wiedergabeliste erstellen* aus.
3. Falls nicht bereits der Fall, wird nun rechts automatisch der Listenbereich angezeigt. Dort weisen Sie der neuen Wiedergabeliste zunächst einen aussagekräftigen Namen zu.
4. Drücken Sie die [↵]-Taste, wird die neue Wiedergabeliste erstellt und als solche im Navigationsbereich unterhalb von *Wiedergabelisten* aufgeführt.
5. Nun können Sie aus der Medienbibliothek einzelne Titel oder ganze Alben anklicken und bei gedrückter Maustaste in den Listenbereich ziehen. Lassen Sie die Maustaste wieder los, wird das betreffende Element der Wiedergabeliste hinzugefügt. Auf diese Weise füllen Sie die reguläre Wiedergabeliste Song für Song mit Inhalt.
6. Möchten Sie die Erstellung der regulären Wiedergabeliste (erst einmal) abschließen, übernehmen Sie diese Zusammenstellung durch Anklicken der Schaltfläche *Wiedergabeliste speichern* im Listenbereich.

Möchten Sie die betreffende Wiedergabeliste später erweitern oder daraus Titel umstellen bzw. entfernen, klicken Sie diese im Navigationsbereich mit der rechten Maustaste an und wählen Sie im zugehörigen Kontextmenü den Eintrag *Im Listenbereich bearbeiten* aus.

Tipp 

Genauso können Sie ein Album oder einen Titel im Detailbereich mit der rechten Maustaste anklicken und aus dem zugehörigen Kontextmenü den Eintrag *Hinzufügen zu* gefolgt von der regulären Wiedergabeliste auswählen, der Sie das ausgewählte Element hinzufügen möchten.

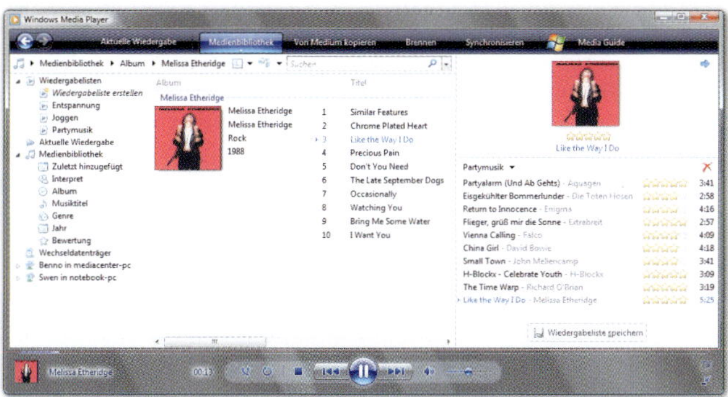

Abbildung 10.33 Erstellung einer regulären Wiedergabeliste

Automatische Wiedergabeliste erstellen

Eine hohe Flexibilität zur Wiedergabe von Songs, auf die bestimmte Kriterien zutreffen, bietet eine automatische Wiedergabeliste. Um eine solche zu kreieren, gehen Sie wie folgt vor:

1. Klicken Sie im Navigationsbereich des Windows Media Player-Programmfensters mit der rechten Maustaste den Eintrag *Wiedergabelisten* an und wählen Sie im zugehörigen Kontextmenü den Eintrag *Automatische Wiedergabeliste erstellen* aus.
2. Daraufhin nimmt Sie das Dialogfeld *Neue automatische Wiedergabeliste* in Empfang (siehe Abbildung 10.34). Hier können Sie der Reihe nach die Kriterien festlegen, anhand derer die automatische Wiedergabeliste dynamisch zusammengestellt werden soll.
3. Als Erstes müssen Sie die automatische Wiedergabe im dafür vorgesehen Eingabefeld benennen.
4. Drücken Sie die [Tab]-Taste, um den auf Ihre Medienbibliothek anzuwendenden Filter für das erste Kriterium vorzugeben. Die Links der dabei verwendeten Bedingungen können Sie ebenfalls anklicken, um diese passend zu spezifizieren.
5. Falls Sie es wünschen, legen Sie weitere Kriterien fest. Ebenfalls möglich ist es, Einschränkungen zu spezifizieren, um die maximale Anzahl der Elemente bzw. der Gesamtdauer oder -größe zu definieren und so die Wiedergabeliste übersichtlich zu halten.
6. Sind alle Kriterien wie gewünscht festgelegt, bestätigen Sie mit der Schaltfläche *OK*.

Die neue automatische Wiedergabeliste wird nun im Navigationsbereich des Windows Media Players unterhalb des Eintrags *Wiedergabelisten* aufgeführt. Um die gewählten Kriterien später zu verändern, klicken Sie diese mit der rechten Maustaste an, um anschließend im Kontextmenü den Befehl *Bearbeiten* auszuwählen.

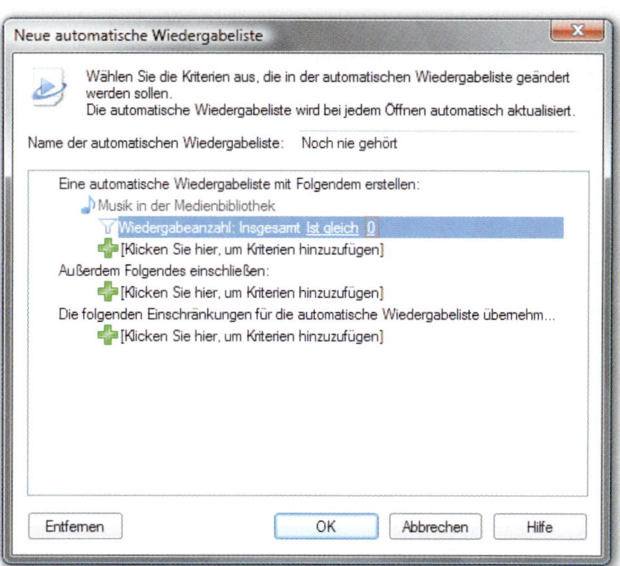

Abbildung 10.34 Bei einer automatischen Wiedergabeliste kümmert sich Windows Media Player dynamisch um die Zusammenstellung der in Frage kommenden Titel

Medienwiedergabe mit SideShow-Geräten steuern

Im Umfeld von Windows Vista hat Microsoft unter anderem auch *SideShow* eingeführt. Hierbei handelt es sich um eine Technik, die es erlaubt, entsprechende *Minianwendungen* (so genannte *SideShow-Gadgets*) auf kleinen, mit eigenem Display versehenen Geräten ablaufen zu lassen, um darüber einzelne Programme und Funktionen des Windows Vista-PCs gezielt zu steuern oder Informationen zu erhalten, ohne dafür Bildschirm, Tastatur und Maus des Computers »bemühen« zu müssen. Die Steuerung kann selbst dann erfolgen, wenn der Computer scheinbar ausgeschaltet ist und sich im Standbymodus befindet.

Bei den Geräten kann es sich zum Beispiel um Zusatzdisplays handeln, die an der Gehäusefront des Wohnzimmer-PCs oder der Rückseite eines Notebook-Displays angebracht sind, um Wichtiges auch bei geschlossenem Zustand des tragbaren Computers erledigen zu können. Genauso kommen auf Windows Mobile basierte PDAs und Smartphones, mit Display versehene Fernbedienungen und Bilderrahmen sowie weitere Devices in Betracht, die mit einer entsprechenden SideShow-Unterstützung aufwarten. SideShow-fähige Geräte können entweder direkt in den Computer integriert bzw. mit diesem per Kabel verbunden sein oder kabellos etwa per Bluetooth angebunden werden.

Abbildung 10.35 Die Wiedergabe von Mediendateien über den Windows Media Player lässt sich auch mit einem SideShow-fähigen Gerät steuern

Die »Hardware« (sprich: das SideShow-fähige Gerät) ist jedoch nur das Eine. Zusätzlich werden passende Minianwendungen benötigt, die auf dem SideShow-fähigen Gerät laufen. Und jetzt wird es interessant: Bei Windows Vista liefert Microsoft ein SideShow-Gadget mit, um darüber den Windows Media Player zur Wiedergabe von Medien zu steuern.

> **Wichtig**
>
> SideShow wird erst ab Windows Vista Home Premium unterstützt.

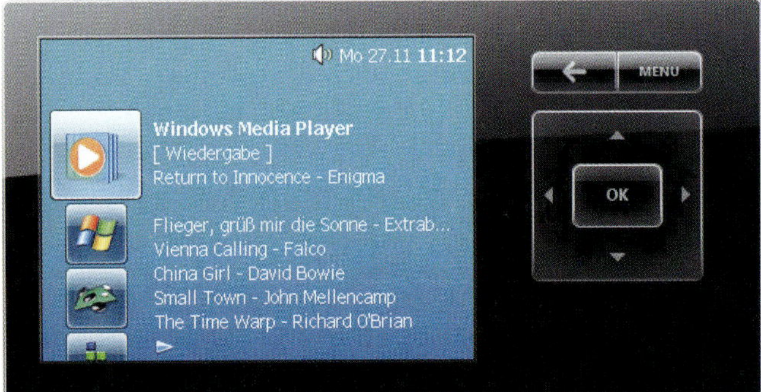

Abbildung 10.36 Wiedergabesteuerung von Mediendateien über das SideShow-Gadget Windows Media Player

Zur Verwendung dieses SideShow-Gadgets führen Sie die folgenden Schritte aus:

1. Verbinden Sie das SideShow-Gerät mit dem Windows Vista-PC. Binden Sie dabei eventuell benötigte Treiber ein.
2. Rufen Sie über das Startmenü oder die Systemsteuerung *Windows SideShow* auf.
3. Nun markieren Sie in der mit der Minianwendung *Windows Media Player* korrelierenden Zeile das zu dem SideShow-Gerät gehörende Kontrollkästchen, auf dem dieses Gadget laufen soll (siehe Abbildung 10.35).
4. Kurze Zeit später ist die Minianwendung *Windows Media Player* auf dem SideShow-Gerät geladen.

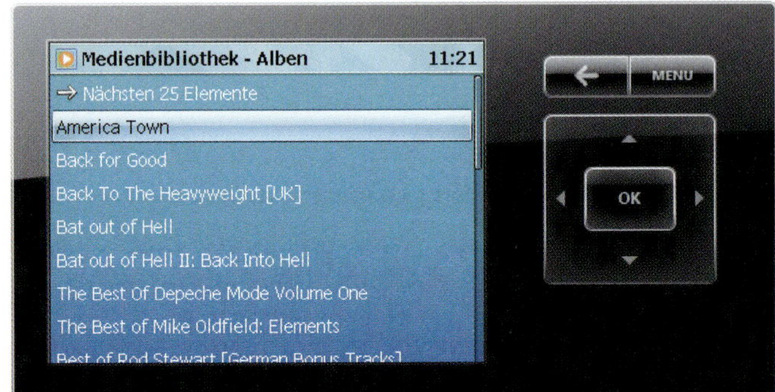

Abbildung 10.37 Die vom Windows Media Player unterhaltene Medienbibliothek steht auf dem SideShow-Gerät ebenfalls zur Verfügung, sodass sich wiederzugebende Titel bequem auswählen lassen

Wenn Sie diese Minianwendung über die Steuertasten des SideShow-Geräts selektieren, wird Ihnen in dessen Display der gerade wiedergegebene Titel angezeigt (siehe Abbildung 10.36). Darunter erscheint eine kleine Auflistung zugehöriger Titel – die beispielsweise vom selben Album oder der jeweiligen Wiedergabeliste stammen.

Abbildung 10.38 Menüs ermöglichen die bequeme Steuerung im Windows Media Player SideShow-Gadget

Markieren Sie auf dem SideShow-Gerät das Gadget *Windows Media Player* und drücken die Taste *OK*, erhalten Sie die Möglichkeit, die Medienbibliothek nach Alben, Interpreten, Wiedergabelisten oder Genres zu durchsuchen und so gezielt andere Titel zur Wiedergabe auszuwählen. Genauso können Sie eine andere im Windows Media Player zuvor definierte Wiedergabeliste abspielen lassen. Je nachdem, wo Sie sich befinden, bewirkt das Drücken der Taste *Menü* auf dem SideShow-Gerät das Einblenden eines kleinen Menüs, über das Sie Aktionen kontextabhängig direkt ausführen können (siehe Abbildung 10.38).

Auf Medien kopieren

Auf Situationen, in denen es darum geht, Mediendateien vom Computer auf ein auswechselbares Speichermedium zu kopieren, ist Windows Media Player ebenfalls vorbereitet. Dadurch ist es beispielsweise ein Leichtes, den portablen Musik-Player vor dem nächsten Urlaub mit Ihrer Lieblingsmusik »zu betanken« oder eine Audio-CD für die nächste längere Autofahrt zu brennen, die dann der CD-Player in Ihrem PKW abspielt.

Kopieren auf portablen Musik-Player

Gehen Sie so vor, um Musikdateien von Ihrem Computer auf einen portablen Musik-Player zu kopieren:

1. Klicken Sie in der Taskleiste des Windows Media Players die Schaltfläche *Synchronisieren* an.
2. Verbinden Sie den portablen Musik-Player mit dem Windows Vista-PC.
3. Falls der portable Musik-Player eine Speicherkapazität von mehr als 4 GByte bietet und die über die Medienbibliothek verwalteten Musikdateien komplett auf den portablen Musik-Player passen, wird eine *automatische Synchronisierung* eingerichtet. Bei der automatischen Synchronisierung gleicht Windows Media Player den Inhalt der Medienbibliothek automatisch mit dem portablen Musik-Player ab. Neu auf den Computer kopierte Musikdateien von Audio-CDs zum Beispiel gelangen so bei der nächsten Verbindung des portablen Musik-Players auch auf diesen.

   Eine automatische Synchronisierung kann auch für portable Musik-Player erfolgen, die *MTP* (Media Transfer Protocol) beherrschen und daher den direkten Abgleich über den Windows Media Player gestatten. Demgegenüber werden portable Musik-Player, die *UMS* (USB Mass Storage) zur Kommunikation mit dem Computer verwenden, als *Wechseldatenträger* betrachtet, die sowohl im Windows Media Player als auch über eine Laufwerkskennung etwa im Windows-Explorer ansprechbar sind.

   Verfügt Ihr portabler Musik-Player über weniger als 4 GByte Speicherkapazität oder passen nicht die gesamten die über die Medienbibliothek verwalteten Musikdateien auf den portablen Musik-Player, nehmen Sie eine manuelle Synchronisierung vor. Bei Ihrer ersten Verbindung des portablen Musik-Players mit dem Windows Vista-PC wird das dementsprechende Dialogfeld *Windows Media Player Geräteinstallation* angezeigt (siehe Abbildung 10.39). Im Eingabefeld *Gerät benennen* weisen Sie diesem eine möglichst aussagekräftige Bezeichnung zu.

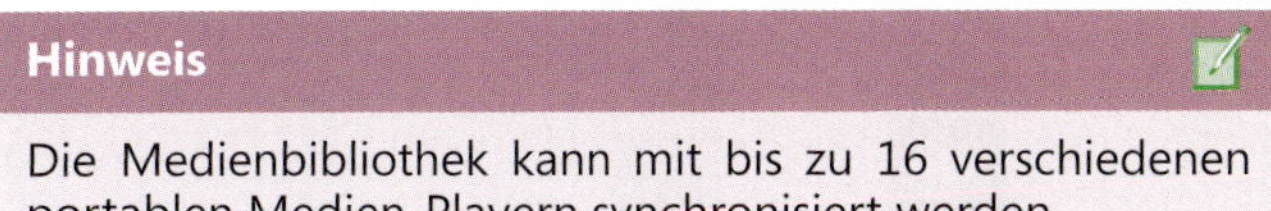

Hinweis

Die Medienbibliothek kann mit bis zu 16 verschiedenen portablen Medien-Playern synchronisiert werden.

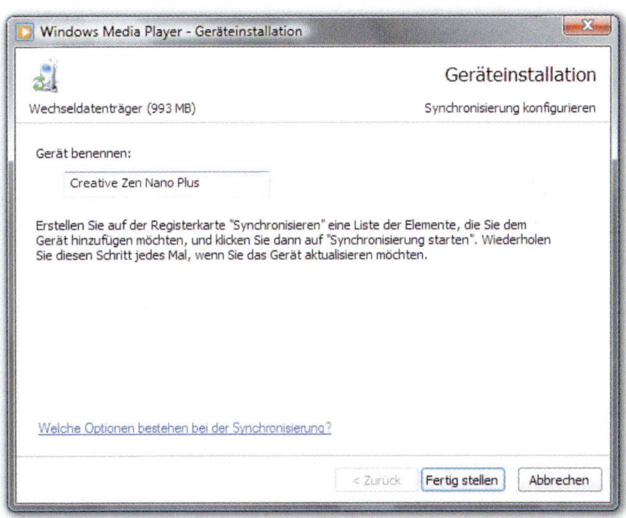

Abbildung 10.39 Für ältere portable Musik-Player ist eine manuelle Synchronisierung erforderlich

4. Wählen Sie über Navigations- und Detailbereich die Alben respektive Titel aus, die Sie auf den portablen Musik-Player übertragen möchten. Ziehen Sie diese bei gedruckter Maustaste in den Listenbereich unterhalb von *Synchronisierungsliste*. Wiederholen Sie diesen Vorgang für jedes auf den portablen Musik-Player zu übertragende Album bzw. jedes gewünschte Lied.

   Der obere Abschnitt im Listenbereich informiert Sie über die noch zur Verfügung stehende freie Speicherkapazität auf dem portablen Musik-Player. So bleiben Sie im Bilde, ob es noch Platz für weitere Songs gibt.
5. Nach dem Anklicken der Schaltfläche *Synchronisierung starten* im Listenbereich werden die angegebenen Titel der Reihe nach auf den portablen Musik-Player kopiert. Der Verlauf der Synchronisierung lässt sich dabei im Detailbereich verfolgen oder im Nachhinein durch Anklicken von *Synchronisierungsergebnisse* unterhalb des portablen Musik-Players im Navigationsbereich in Erfahrung bringen.

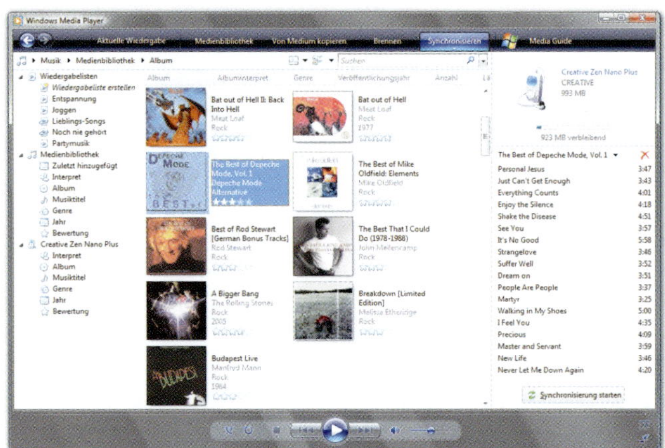

Abbildung 10.40 Bei der manuellen Synchronisierung von Titeln der Medienbibliothek mit einem portablen Musik-Player spielt der Listenbereich eine tragende Rolle

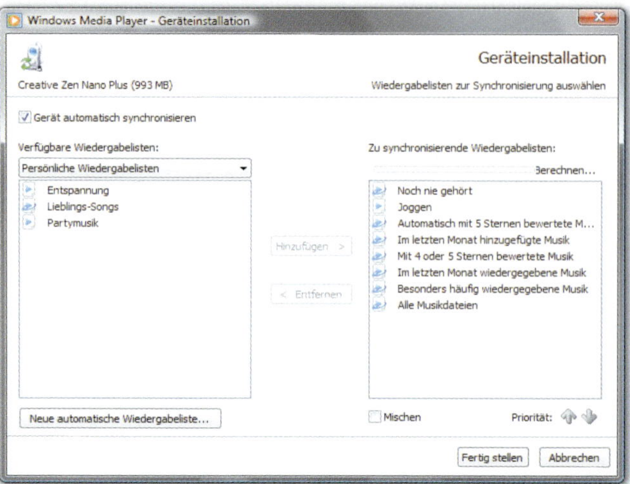

Abbildung 10.41 Festlegung, welche Wiedergabelisten die automatische Synchronisierung berücksichtigt

Möchten Sie später von der automatischen zur manuellen Synchronisierung (oder umgekehrt) wechseln, klicken Sie den Ihren portablen Musik-Player repräsentierenden Eintrag im Navigationsbereich des Windows Media Players mit der rechten Maustaste an und wählen Sie im zugehörigen Kontextmenü den Eintrag *Synchronisierung einrichten* aus. Daraufhin erscheint das Dialogfeld *Windows Media Player Geräteinstallation* (siehe Abbildung 10.41). Ist dort das Kontrollkästchen *Gerät automatisch synchronisieren* mit einer Markierung versehen, findet eine automatische Synchronisierung anhand der Liste *Zu synchronisierende Wiedergabelisten* statt. Durch Anklicken der Schaltfläche *Fertig stellen* wird die automatische Synchronisierung dann wie angegeben eingeschaltet (bzw. die manuelle Synchronisierung aktiviert).

Tipp

Ist das Kontrollkästchen *Mischen* markiert, werden die über die zu synchronisierenden Wiedergabelisten ermittelten Musikdateien gemischt. Dies kann beispielsweise dann sinnvoll sein, wenn die über die Medienbibliothek verwalteten Musikdateien so umfangreich sind, dass sie die Speicherkapazität des portablen Musik-Players übersteigen und nicht mehr komplett darauf passen.

Die Fortschritte und Ergebnisse der automatischen Synchronisierung lassen sich sodann im Synchronisierungscenter von Windows Vista (siehe Kapitel 32) verfolgen. Über den Status können Sie sich auch innerhalb des Windows Media Players informieren, indem Sie unterhalb des portablen Musik-Players im Navigationsbereich *Synchronisierungsergebnisse* anklicken und diese im Detailbereich betrachten.

Hinweis 

Treten bei der Synchronisierung Fehler auf, beseitigen Sie die Ursache dafür und klicken Sie im Listenbereich erneut auf die Schaltfläche *Synchronisierung starten*, um diese diesmal (hoffentlich) fehlerfrei durchzuführen.

Unter welchen Vorzeichen die Synchronisierung abläuft geht, lässt sich beeinflussen. Hierzu gehen Sie wie folgt vor:

1. In der Taskleiste des Windows Media Player-Programmfensters klicken Sie den Pfeil in der Schaltfläche *Synchronisieren* an.
2. Wählen Sie zunächst das betreffende Gerät und dann den Eintrag *Erweiterte Optionen* aus. Dadurch gelangen Sie zum *Eigenschaften*-Dialogfeld des portablen Musik-Players.
3. Dort können Sie auf der Registerkarte *Synchron.* den Gerätenamen verändern oder die Größe des Speicherplatzes bestimmen, der auf dem Gerät für andere Zwecke reserviert bleiben soll (sinnvoll etwa bei einem Smartphone bzw. einem portablen Medien-Player, der auch für andere Aufgaben genutzt wird, die Speicherplatz erfordern).
4. Auf der Registerkarte *Qualität* haben Sie die Möglichkeit, Angaben zur automatischen Konvertierung für die zu synchronisierenden Mediendateien festzulegen (falls der portable Medien-Player MTP unterstützt, teilt das Gerät dem Windows Media Player die für die Konvertierung relevanten Informationen von sich aus mit).
5. Bestätigen Sie mit *OK*, werden Ihre für die Synchronisierung mit diesem portablen Medien-Player vorgegebenen Einstellungen übernommen.

Brennen auf CD und DVD

Beim Übertragen von Musikdateien auf CD oder DVD – auch als *Brennen* bezeichnet – sieht Windows Media Player zwei Verfahren vor:

- **Audio-CD** Musikdateien, die in einem bestimmten Audioformat (typischerweise MP3 oder WMA) vorliegen, kann der Windows Media Player in dem von herkömmlichen CD-Playern verstandenen WAV-Format und somit uncodiert auf Audio-CD brennen.

Wichtig 

Windows Media Player ist nicht dazu in der Lage, die auf Audio-CDs gebrannten Lieder mit *CD-Text*-Informationen zu versehen. Somit heißt es, bei der Wiedergabe der Audio-CD zum Beispiel auf einem CD-Text-fähigen CD-Player im Auto darauf zu verzichten, Informationen über Titel und Interpret im Display des CD-Players angezeigt zu bekommen. Möchten Sie Ihre Musikdateien inklusive CD-Text-Informationen auf Audio-CD brennen, müssen Sie auf die Verwendung von Windows Media Player zum Brennen von Audio-CDs verzichten und dafür stattdessen ein anderes Programm verwenden (manche Hersteller von CD/DVD-Brennern liefern ein entsprechendes Tool gleich mit).

- **Daten-CD oder Daten-DVD** Genauso gestattet es der Windows Media Player, Musikdateien ohne Recoding (also unter Beibehaltung ihres Audioformats) auf CD oder DVD zu übertragen. Dieser Datenträger lässt sich dann beispielsweise in einem DVD-Player abspielen, der die Wiedergabe von MP3/WMA-Musikdateien unterstützt. Das Abspielen eines solchen Datenträgers in einem herkömmlichen CD-Player, der mit MP3/WMA-kodierten Dateien nicht zurechtkommt, ist aber nicht möglich.

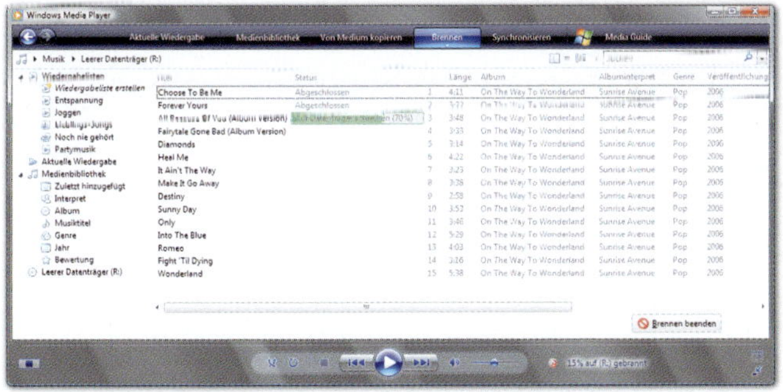

Abbildung 10.42 Brennen einer Audio-CD mit dem Windows Media Player

Hinweis 

Der Windows Media Player erkennt automatisch, um welche Art von Rohling es sich bei dem in das CD/DVD-Laufwerk von Ihnen eingelegten Datenträger handelt. Bei einem CD-Rohling stellt sich der Windows Media Player dementsprechend automatisch auf das Brennen einer Audio-CD ein, während er bei einem DVD-Rohling davon ausgeht, dass Sie eine Daten-CD oder Daten-DVD erstellen möchten. Eine manuelle Umschaltung zwischen diesen beiden Modi für den anschließenden Brennvorgang nehmen Sie durch Auswahl des entsprechenden Eintrags aus dem Menü vor, das nach Anklicken des Pfeils in der Schaltfläche *Brennen* in der Taskleiste des Windows Media Players angezeigt wird.

Möchten Sie Musikdateien auf Audio-CD kopieren, um diese auf herkömmlichen CD-Playern – etwa dem CD-Player im Auto – wiederzugeben, führen Sie die folgenden Schritte aus:

1. Legen Sie einen leeren CD-Rohling in das CD/DVD-Laufwerk Ihres PCs ein.
2. Standardmäßig erscheint nun das Dialogfeld *Automatische Wiedergabe*. Klicken Sie dort im Bereich *Leere CD* auf *Eine Audio-CD brennen*, was Sie automatisch zum Aufgabenbereich *Brennen* des Windows Media Players führt.

   Alternativ klicken Sie in der Taskleiste des Windows Media Players auf die Schaltfläche *Brennen*.
3. Über den Navigations- sowie den Detailbereich wählen Sie jetzt das Album oder die Titel aus, die Sie auf die Audio-CD übertragen möchten. Bei bedrückter linker Maustaste ziehen Sie das gewünschte Element dann in den Listenbereich unterhalb von *Brennliste*.

   Wiederholen Sie diesen Vorgang für jeden Titel, den Sie auf den CD-Rohling zu übertragen wünschen. Möchten Sie dabei eine bestimmte Reihenfolge einhalten oder weitere Lieder am Ende hinzufügen, achten Sie darauf, an welcher Position Sie ein Lied oder ein Album in der Synchronisierungsliste einordnen.

   Über die noch zur Verfügung stehende freie Speicherkapazität auf dem CD-Rohling gibt der obere Abschnitt des Listenbereichs anhand der verbleibenden Rest-Minuten sowie mit einem Balken Auskunft. Auf diese Weise wissen Sie jederzeit, wie viel Platz noch auf dem CD-Rohling frei ist, um diesen mit weiteren Titeln zu füllen.

Tipp

Reicht die auf dem eingelegten CD-Rohling zur Verfügung stehende Speicherkapazität nicht aus, fordert Sie der Windows Media Player während des Brennvorgangs automatisch auf, weitere Rohlinge einzulegen, sobald der bisher gebrannte Rohling voll ist. Ob ein einziger CD-Rohling ausreicht oder nicht, erkennen Sie auch am Hinweis auf die verbleibenden Restminuten: Ist dort *<Minuten>:<Sekunden> verbleibend* ausgewiesen, kommen Sie mit einem einzigen Rohling aus. Werden hingegen mehrere benötigt, finden Sie hier einen Hinweis in der Form *<Minuten>:<Sekunden> verfügbar auf dem letzten Datenträger.*

4. Haben Sie die Zusammenstellung der zu übertragenden Titel abgeschlossen, leitet das Anklicken der Schaltfläche *Brennen starten* den Brennvorgang ein. Nacheinander werden die ausgewählten Titel nun decodiert und im WAV-Format auf den Datenträger kopiert. Im Detailbereich können Sie den Verlauf des Brennvorgangs verfolgen (siehe Abbildung 10.42).
5. Nach der Übertragung des letzten Titels wirft Windows Media Player automatisch den soeben erstellten Datenträger aus.

Hinweis

Nach genau demselben Prinzip verfahren Sie bei der Erstellung einer Daten-CD oder Daten-DVD, um diesen dann zum Beispiel in einem geeigneten DVD-Player abzuspielen. Das Vorgehen ist dabei identisch zur Erstellung einer Audio-CD – einmal abgesehen davon, dass auf eine Daten-CD wesentlich mehr Musikstücke passen (da die Musikdateien ja mit einem Audioformat komprimiert sind) als auf eine Audio-CD mit unkomprimierten Musikstücken. Bei Verwendung einer Daten-DVD verstärkt sich dieser Effekt noch.

Falls Sie das plötzliche Öffnen der Laufwerksschublade (sofern Sie kein Slot-In-Laufwerk besitzen) zu sehr stört, bringen Sie Windows Media Player einfach bei, die fertig erstellte Audio-CD so lange im Laufwerk zu behalten, bis Sie den Auswurf selbst veranlassen. Dazu klicken Sie den Pfeil in der Schaltfläche *Brennen* in der Taskleiste an, um die standardmäßig aktivierte Option *Datenträger nach dem Brennen auswerfen* auszuschalten.

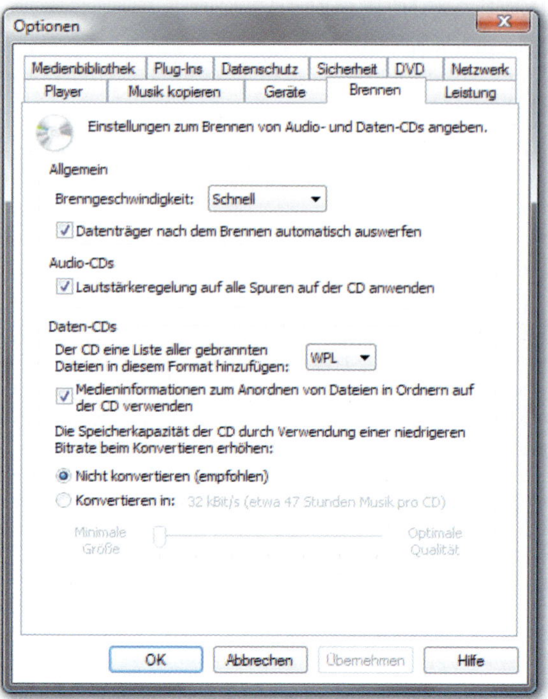

Abbildung 10.43 Einstellungen, die das Brennen von Musikdateien betreffen, halten die Optionen bereit

Durch Auswahl des Eintrags *Weitere Optionen* aus dem Menü, das nach Anklicken des Pfeils in der Schaltfläche *Brennen* erscheint, führt Sie zudem zu einem gleichnamigen Dialogfeld, das zusätzliche Einstellungen ermöglicht (siehe Abbildung 10.43). Unter anderem sind dies:

- Im Bereich *Allgemein* können Sie über das Listenfeld *Brenngeschwindigkeit* die Geschwindigkeit einstellen, mit der Datenträger gebrannt werden.

Tipp 

Sind gebrannte Audio-CDs in anderen CD/DVD-Laufwerken nicht lesbar, kann die Reduzierung der Brenngeschwindigkeit mitunter die Lösung sein (was sich dann allerdings erst nach einem erneuten Brennen zeigt).

- Im Bereich *Daten-CDs* lässt sich auf Wunsch angeben, dass der Windows Media Player die codierten Musikdateien bei der Übertragung mit einer niedrigen Bitrate abermals encodieren soll, um ihren Speicherplatz zu verringern und so mehr Musikdateien auf dem Datenträger unterzubringen. Allerdings kann dadurch die Audioqualität der gebrannten Musikdateien in Mitleidenschaft gezogen werden.

Bilder, Videos und TV-Aufzeichnungen

Auf den vorangegangenen Seiten stand der Medientyp *Musik* im Vordergrund, wenn es um Mediendateien ging. Genauso aber versteht sich Windows Media Player auch auf den Umgang mit Mediendateien der Kategorien *Bilder*, *Videos* und (vom Windows Media Center stammende) *TV-Aufzeichnungen*.

Hinweis

Bilder und Videos lassen sich bei Windows Vista sehr gut auch mit der *Windows-Fotogalerie* (siehe Kapitel 9) übersichtlich organisieren und ansprechend wiedergeben. Ebenfalls zur Wiedergabe von Bildern und Videos sowie von TV-Aufzeichnungen geeignet ist das Windows Media Center (siehe Kapitel 15 und Kapitel 17). Geht es um Mediendateien dieser Kategorien, stellt der Windows Media Player also nur eine von mehreren Alternativen dar.

Auswahl der gewünschten Kategorie

Die Auswahl der gewünschten Kategorie erfolgt über die ganz links in der Adressleiste des Windows Media Players befindliche Schaltfläche. Anschließend können Sie einen bestimmten Bereich auswählen – neben *Wiedergabelisten* und der *Medienbibliothek* einen mit dem Windows Vista-PC verbundenen portablen Medien-Player oder einen Netzwerk-Medien-Player (falls ein solcher im Netzwerk vorhanden bzw. die Medienfreigabe auf einem anderen Windows Vista-PC im Netzwerk aktiviert ist).

Abbildung 10.44 Windows Media Player kann auch Bilder organisieren und wiedergeben

Der Umgang mit Medientypen wie Bildern, Videos und TV-Aufzeichnungen im Windows Media Player entspricht im Großen und Ganzen dem Umgang mit Medientypen der Kategorie Musik. Somit können auch Bilder, Videos und TV-Aufzeichnungen von der Medienbibliothek organisiert und verwaltet werden. Daher nimmt die Medienbibliothek auch Medieninformationen für Bilder, Videos und TV-Aufzeichnungen auf und lässt sich dementsprechend durchsuchen – in ganz ähnlicher Art und Weise, wie dies auch beim Durchsuchen der Medienbibliothek für Musikdateien der Fall ist. Die vom Windows Media Player überwachten Ordner werden ebenfalls nach Mediendateien dieser Kategorien durchsucht.

Ebenfalls stehen für Bilder, Videos und TV-Aufzeichnungen wie bei Musik bei bestimmten Ansichten die Anzeigeoptionen *Kachel* zur Verfügung. Somit zeigt der Windows Media Player zum Beispiel für Bilder einen »Stapel« an, falls ein Ordner mehrere Bilddateien enthält (siehe Abbildung 10.44).

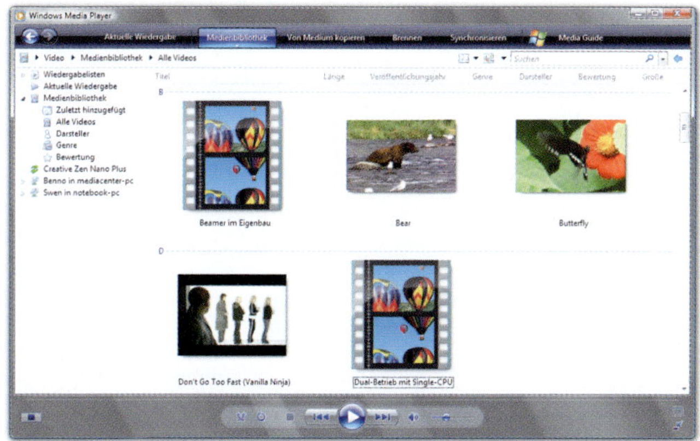

Abbildung 10.45 Den Umgang mit Videodateien beherrscht der Windows Media Player ebenso ...

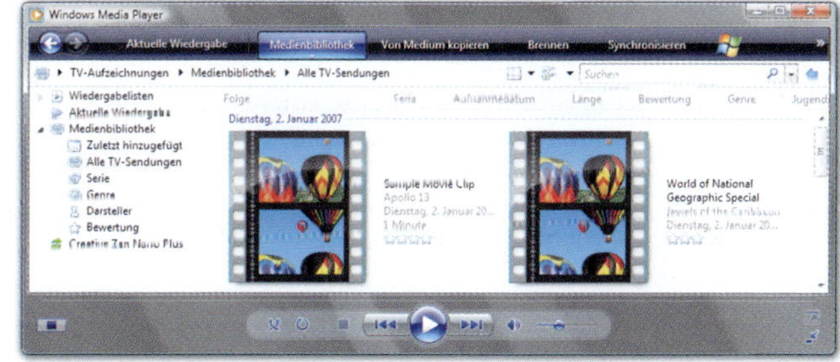

Abbildung 10.46 ... wie mit Windows Media Center aufgenommene TV-Aufzeichnungen

Die Codec-Frage

Allerdings gibt es Besonderheiten zu berücksichtigen – und zwar, wenn es um Videos und TV-Aufzeichnungen geht. Denn diese sind immer mit einem bestimmten Codec encodiert. Zur Wiedergabe muss daher auf dem Windows Vista-PC ebenfalls ein passender Codec installiert sein. Anders ausgedrückt: Ist auf dem Windows Vista-PC kein *Video-*

Codec installiert, den ein Video oder eine TV-Aufzeichnung benötigt, kann diese Mediendatei nicht wiedergegeben werden.

Standardmäßig unterstützt der Windows Media Player die Videoformate *ASF* und *WMV* (mitsamt ASX und Wiedergabelisten im Format WPL), *AVI* sowie *MPG* (entsprechend *MPEG-1*). Videos, die ein anderes Format aufweisen, kann Windows Media Player nur dann abspielen, wenn dafür auf dem Windows Vista-PC ein entsprechender Codec installiert ist. Ein Video-Codec beispielsweise für das recht beliebte *DivX* ist nicht im Lieferumfang enthalten, sodass dieser separat installiert werden muss.

Supportinformationen für Windows Media Player - Windows Internet Explorer

C:\Users\Eric\AppData\Local\Temp\wmpsupport.htm

Typ	Name	Format	Binärdatei	Version
ACM	Microsoft IMA ADPCM CODEC	0011	imaadp32.acm	6.0.6000.16386
ACM	Microsoft CCITT G.711 A-Law- und u-Law-CODEC	0007	msg711.acm	6.0.6000.16386
ACM	Microsoft GSM 6.10 Audio CODEC	0031	msgsm32.acm	6.0.6000.16386
ACM	Microsoft ADPCM CODEC	0002	msadp32.acm	6.0.6000.16386
ACM	Fraunhofer IIS MPEG Layer-3 Codec (decode only)	0055	l3codeca.acm	1.9.0.401
ACM	Microsoft PCM-Konvertierung	0001		
DMO	WMAudio Decoder DMO	0160, 0161, 0162, 0163	WMADMOD.DLL	11.0.6000.6324
DMO	WMAPro over S/PDIF DMO	0162	WMADMOD.DLL	11.0.6000.6324
DMO	WMSpeech Decoder DMO	000A, 000B	WMSPDMOD.DLL	11.0.6000.6324
DMO	MP3 Decoder DMO	0055	mp3dmod.dll	11.0.6000.6324

Videocodecs

Typ	Name	Format	Binärdatei	Version
ICM	Microsoft RLE	MRLE	msrle32.dll	6.0.6000.16386
ICM	Microsoft Video 1	MSVC	msvidc32.dll	6.0.6000.16386
ICM	Microsoft YUV	UYVY	msyuv.dll	6.0.6000.16386
ICM	Intel IYUV Codec	IYUV	iyuv_32.dll	6.0.6000.16386
ICM	Toshiba YUV Codec	Y411	tsbyuv.dll	6.0.6000.16386
ICM	Cinepak Codec von Radius	cvid	iccvid.dll	1.10.0.12
DMO	Mpeg4s Decoder DMO	mp4s, MP4S, m4s2, M4S2	mp4sdecd.dll	11.0.6000.6324
DMO	WMV Screen decoder DMO	MSS1, MSS2	wmvsdecd.dll	11.0.6000.6324
DMO	WMVideo Decoder DMO	WMV1, WMV2, WMV3, WMVP, WVP2, WMVR, WMVA, WVC1	wmvdecod.dll	11.0.6000.6324
DMO	Mpeg43 Decoder DMO	mp43, MP43	mp43decd.dll	11.0.6000.6324
DMO	Mpeg4 Decoder DMO	MPG4, mpg4, mp42, MP42	mpg4decd.dll	11.0.6000.6324

MPEG/DVD-Filter

Typ	Name	Binärdatei	Version
video	nanocosmos MPEG-2 Video Decoder Filter 2	nmpvdec2.ax	2.5.0.1
video	Microsoft MPEG-2 Video Decoder	msmpeg2vdec.dll	11.0.5840.6324
video	CBVA DMO wrapper filter	cbva.dll	6.0.6000.16386
video	nanoPEG video requant	nrequant2.ax	1.1.1.1
audio	DScaler Audio Decoder	audiodec.ax	0.0.4.0
audio	Nano Audio Filter	nanoAudioNull.ax	1.0.0.0
audio	Microsoft MPEG-1/DD Audio Decoder	msmpeg2adec.dll	11.0.5840.6324

Fertig Computer | Geschützter Modus: Inaktiv 100%

Abbildung 10.47 Eine Reihe wichtiger Audio- und Video-Codes liefert Microsoft bei Windows Vista gleich mit

Ein Indiz dafür, dass ein zur Wiedergabe eines bestimmten Videos erforderlicher Codec fehlt, ist die Miniaturansicht im Windows Media Player (siehe Abbildung 10.45): Wird dort für ein Video nur ein allgemeiner Filmstreifen angezeigt, kann dies darauf hindeuten, dass ein geeigneter Video-Codec fehlt. Ist kein passender Video-Codec auf dem Media Center-PC installiert, erscheint im Media Center die Meldung *Video kann nicht wiedergegeben werden*. In diesem Fall können Sie zum Beispiel die Website *www.wmplugins.com* besuchen, um sich dort auf die Suche nach einem möglichen Codec-Plugin zu begeben und dieses von dort zu installieren.

PROFITIPP 

Mit dem unter Windows Vista lauffähigen Freeware-Tool *MediaInfo* (siehe *mediainfo.sourceforge.net/de* im Internet) lassen sich die zur Wiedergabe eines Videos erforderlichen Audio- und Video-Codes leicht ermitteln. Welche Codes momentan auf Ihrem Windows Vista-PC installiert sind, bringen Sie wie folgt in Erfahrung:

1. Klicken Sie mit der rechten Maustaste einen freien Bereich in der Taskleiste des Windows Media Players an.
2. Wählen Sie aus dem Menü *Hilfe* den Eintrag *Info* aus.
3. Im nun erscheinenden, gleichnamigen Dialogfeld klicken Sie auf den Link *Technische Unterstützung*.
4. Daraufhin zeigt der Internet Explorer eine Webseite an, die ausführliche Informationen über die installierten Codes ausweist (siehe Abbildung 10.47).

DVDs anschauen

Windows Media Player eignet sich nicht nur zur Organisation von Musik, Bildern, Videos und TV-Aufzeichnungen: Genauso können Sie mit Windows Media Player auch DVDs anschauen und diese beispielsweise im Vollbildmodus bildschirmfüllend genießen.

Wichtig 

Der zur Wiedergabe von Video-DVDs erforderliche *MPEG-2-Codec* ist nur im Lieferumfang von Windows Vista Home Premium und Windows Vista Ultimate enthalten. Setzen Sie eine andere Windows Vista-Edition ein, müssen Sie einen MPEG-2-Codec zusätzlich erwerben und installieren. Ein solcher ist zum Beispiel in DVD-Player-Software für Windows Vista enthalten. Möglicherweise befindet sich eine solche bereits im Lieferumfang Ihres DVD-Laufwerks, sodass Sie bereits über einen MPEG-2-Decoder verfügen und diesen nur noch installieren müssen. In jedem Fall sollten Sie aber darauf achten, dass die DVD-Player-Software neueren Datums ist und Windows Vista unterstützt.

Abbildung 10.48 Dieses Dialogfeld erscheint, wenn auf dem Windows Vista-PC kein für die DVD-Wiedergabe erforderlicher MPEG-2-Decoder installiert ist

Nachdem Sie eine Video-DVD in das DVD-Laufwerk des Windows Vista-PCs eingelegt haben, erscheint standardmäßig nur wenig später das Dialogfeld *Automatische Wiedergabe*. Wenn Sie dort *DVD-Film wiedergeben mit Windows Media Player* anklicken, spielt der Windows Media Player die Video-DVD ab.

Tipp

Legt das DVD-Laufwerk Ihres Windows Vista-PCs ein hohes Laufgeräusch an den Tag, das sich insbesondere bei leisen Passagen störend bemerkbar macht, können Sie dieses mit einem Programm wie dem kostenlosen Tool *CD-Bremse* (siehe *www.cd-bremse.de*) ruhigstellen. Denn zur Video-Wiedergabe braucht das DVD-Laufwerk nicht mit voller Geschwindigkeit zu laufen, sodass Sie die Drehzahl reduzieren können, um so das Laufgeräusch zu vermindern.

Über den Bereich *Wiedergabesteuerelemente* können Sie das Abspielen der Video-DVD kontrollieren (siehe Abbildung 10.49). Wenn Sie in den *Vollbildmodus* umschalten, wird dieser Bereich automatisch ausgeblendet – und wieder angezeigt, sobald Sie die Maus bewegen. Klicken Sie das Schloss-Symbol rechts unten an, um den Vollbildmodus mit einer vierstelligen Nummer zu sperren, sodass Sie die DVD ungestört genießen können, auch wenn währenddessen jemand beispielsweise versucht, auf der Tastatur herumzutippen.

Über die im Bereich der Wiedergabesteuerelemente befindliche Schaltfläche *DVD* haben Sie die Möglichkeit, auf spezielles Features der Video-DVD zuzugreifen. Hierbei können Sie zum Beispiel zum Haupt- und Titelmenü wechseln, die Audiospur umschalten oder die Einblendung von Untertiteln veranlassen.

Abbildung 10.49 Die Wiedergabe von Video-DVDs beherrscht der Windows Media Player ebenfalls

Media Guide

Zusätzlich zu den Schaltflächen, die zu den einzelnen Aufgabenbereichen des Windows Media Players verzweigen, kann rechts in der Taskleiste eine Schaltfläche zum direkten Verweis auf einen Onlineshop angezeigt werden. Dies eröffnet Ihnen zum Beispiel die Gelegenheit, durch einen einfachen Mausklick bei Ihren bevorzugten Online-Musikshops vorbeizuschauen.

Alternativ ist es möglich, dort eine Schaltfläche zum Zugriff auf den *Media Guide* zu platzieren (ist dies nicht bereits der Fall, wählen Sie den Pfeil in der den Onlineshop repräsentierenden Schaltfläche an und wählen *Media Guide* aus dem zugehörigen Menü aus). Hierbei handelt es sich um eine Webseite, deren Anzeige innerhalb des Windows Media Player-Programmfensters erfolgt und die ähnlich einer Online-Publikation über News und Trends aus der Musik- und Video-Szene Auskunft gibt.

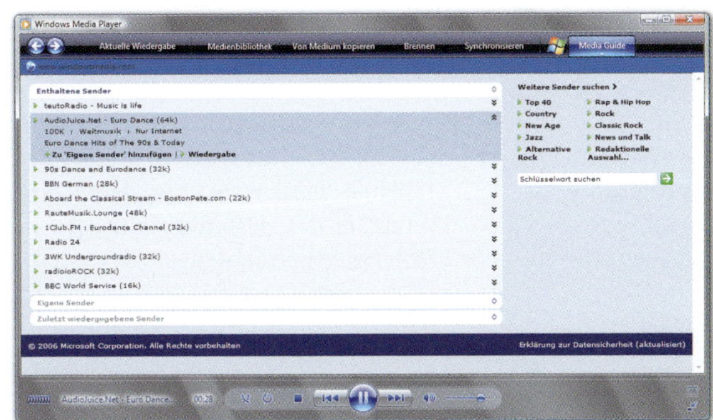

Abbildung 10.50 Über den Media Guide gelangen Sie bequem zu weltweiten Internet-Radiostationen

Des Weiteren gestattet der Media Guide den Zugriff auf Radiostationen, die ihr Programm im weltweiten Netz übertragen. Somit bietet Ihnen der Media Guide die Möglichkeit, Internet-Radio aus den unterschiedlichsten Regionen der Erde zu hören. Dazu gehen Sie wie folgt vor:

1. Wechseln Sie zum Media Guide.
2. Klicken Sie dort den Link *Radio Tuner* an.
3. In der daraufhin angezeigten Webseite klicken Sie auf *Enthaltene Sender* sowie den gewünschten Sender, um diesem Radioprogramm durch Anklicken des Links *Wiedergabe* zu lauschen.

   Alternativ greifen Sie auf die Suche nach weiteren Sendern zurück, um aus Tausenden von weltweiten Internet-Radiostationen einen bestimmten auszuwählen.

Gefällt Ihnen der ausgewählte Sender, klicken Sie auf *Zu 'Eigene Sender' hinzufügen*. Wenn Sie ihn später erneut hören möchten, können Sie diesen dann bequem nach Anklicken von *Eigene Sender* wieder »einschalten«.

Internet-Radio direkt hören

Windows Media Player kennt noch einen weiteren Weg, um Internet-Radio zu genießen – auch ohne den Media Guide. Hierzu führen Sie die folgenden Schritte aus:

1. Drücken Sie die Tastenkombination Strg+U. Ebenso können Sie einen freien Bereich in der Taskleiste des Windows Media Players mit der rechten Maustaste anklicken und aus dem Menü *Datei* den Eintrag *URL öffnen* auswählen.
2. Beides führt Sie zum Dialogfeld *URL öffnen*, in dessen Kombinationsfeld Sie die URL-Webadresse des gewünschten Internet-Radios eingeben müssen. Ebenso können Sie die Pfeilschaltfläche anklicken, um eine zuvor eingegebene URL erneut zu besuchen.
3. Haben Sie eine gültige URL-Webadresse angegeben (also eine, die auf eine Streaming-Quelle verweist, gibt Windows Media Player kurze Zeit später das betreffende Radioprogramm wieder. Mancher Sender möchte dabei eine Webseite anzeigen. Wenn Sie das gestatten, können Sie diese unter *Aktuelle Wiedergabe* betrachten.

Abbildung 10.51 Durch die direkte Eingabe einer URL können Sie Internet-Radio mit dem Windows Media Player auch direkt hören

Tipp 

Gefällt Ihnen die aktuell eingestellte Internet-Radiostation, können Sie diese speichern und so später leicht erneut wieder »einschalten«. Da Windows Media Player hierzu keine direkte Funktion anbietet, greifen Sie auf folgenden Trick zurück:

1. Während der Wiedergabe der Internet-Radiostation im Windows Media Player wechseln Sie in den Aufgabenbereich *Medienbibliothek*.
2. Wählen Sie dort die Kategorie *Musik* aus. Falls nicht bereits der Fall, blenden Sie außerdem den Listenbereich ein.
3. In Navigationsbereich markieren Sie sodann *Aktuelle Wiedergabe*, woraufhin im Detailbereich ein Kürzel für den aktuellen Sender aufgeführt wird.
4. Diese Bezeichnung klicken Sie jetzt an und ziehen sie bei gedrückter Maustaste in den Listenbereich unterhalb von *Unbenannte Liste*.
5. Greifen Sie auf die Schaltfläche *Wiedergabeliste speichern* zurück, um die aktuell wiedergegebene Internet-Radiostation als Wiedergabeliste (siehe den Abschnitt »Reguläre Wiedergabeliste erstellen«) zu speichern.

Auf diese Weise können Sie später zu dieser Wiedergabeliste wechseln und so dem betreffenden Internet-Radiosender erneut lauschen. Beachten Sie dabei, dass Sie bei diesem Verfahren immer nur einen einzigen Internet-Radiosender in einer Wiedergabeliste speichern können. Soll sich Windows Media Player mehrere Internet-Radiostationen merken, müssen Sie somit für jeden Sender eine eigene Wiedergabeliste kreieren.

Zusammenfassung

In diesem Kapitel wurden alle wichtigen Vorgänge zur Wiedergabe von Mediendateien aus den Kategorien Musik, Bilder, Videos und TV-Aufzeichnungen sowie zum Abspielen von Video-DVDs und Internet-Radio erläutert. Die folgende Übersicht fasst noch einmal alles Wissenswerte für Sie zusammen.

Sie möchten ...	Gehen Sie so vor	Sehen Sie sich dazu das Beispiel an auf
den Windows Media Player starten	Wählen Sie *Windows Media Player* im Startmenü aus	Seite 173
den Miniplayermodus verwenden	Klicken Sie mit der rechten Maustaste in einen freien Bereich der Taskleiste und wählen im zugehörigen Kontextmenü *Symbolleisten* sowie *Windows Media Player* aus	Seite 177
das Windows Media Player-Programmfenster immer im Vordergrund anzeigen	Klicken Sie den Pfeil in der Schaltfläche *Aktuelle Wiedergabe* an, wählen *Weitere Optionen* aus und markieren das Kontrollkästchen *Player im Vordergrund anzeigen*	Seite 178
zum Designmodus wechseln	Drücken Sie die Tastenkombination Strg+2	Seite 178
den Vollbildmodus aktivieren	Drücken Sie die Tastenkombination Alt+↵	Seite 179
eine Audio-CD auf die Festplatte des Computers kopieren	Klicken Sie in der Taskleiste des Windows Media Players die Schaltfläche *Von Medium kopieren* an und legen die gewünschte CD ein	Seite 185
festlegen, wie Windows Media Player beim Einlegen von Audio-CDs vorzugehen hat	Klicken Sie den Pfeil in der Schaltfläche *Von Medium kopieren* an, um zunächst *CD nach dem Einlegen automatisch kopieren* auszuwählen und dann das gewünschte Verhalten zu bestimmen	Seite 179
das Format und die Bitrate für das Kopieren von Audio-CDs festlegen	Klicken Sie den Pfeil in der Schaltfläche *Von Medium kopieren* an, und legen Sie über *Format* das gewünschte Audioformat und über *Bitrate* die gewünschte Bitrate fest	Seite 182
den Ordner für persönliche Mediendateien ändern	Klicken Sie im Startmenü zum Beispiel *Musik* mit der rechten Maustaste an, wählen *Eigenschaften* aus, wechseln zur Registerkarte *Pfad* und klicken die Schaltfläche *Verschieben* an	Seite 183
Musik von Audio-CDs mit dem Windows Media Player in einen bestimmten Ordner kopieren	Klicken Sie den Pfeil in der Schaltfläche *Von Medium kopieren* an, wählen *Weitere Optionen* aus und klicken die Schaltfläche *Ändern* an	Seite 184
die Dateibenennungskonvention für von Audio-CDs kopierte Musikdateien ändern	Klicken Sie den Pfeil in der Schaltfläche *Von Medium kopieren* an, wählen *Weitere Optionen* aus und klicken die Schaltfläche *Dateiname* an	Seite 184
die von der Medienbibliothek überwachten Ordner festlegen	Klicken Sie den Pfeil in der Schaltfläche *Medienbibliothek* an, wählen *Weitere Optionen* aus und klicken nacheinander *Ordner überwachen*, *Erweiterte Optionen* und *Hinzufügen* an, um einen weiteren zu überwachenden Ordner festzulegen	Seite 188
die Medieninformationen vervollständigen	Klicken Sie Album, Interpret, Genre, Jahr oder den Titel mit der rechten Maustaste an und wählen aus dem Kontextmenü *Bearbeiten* aus	Seite 189
ein Albumcover festlegen	Vervollständigen Sie die Medieninformationen oder kopieren Sie ein geeignetes Albumcover in die Zwischenablage, um das Album im Detailbereich des Windows Media Players mit der rechten Maustaste anzuklicken und *Albumgrafik einfügen* auszuwählen	Seite 192
eine Visualisierung auswählen	Klicken Sie den Pfeil in der Schaltfläche *Aktuelle Wiedergabe* an, um zunächst den Eintrag *Visualisierungen* und dann die gewünschte Visualisierung festzulegen	Seite 194
das Design ändern, um ein Skin zu verwenden	Klicken Sie einen freien Bereich in der Taskleiste des Windows Media Players mit der rechten Maustaste an und wählen *Ansicht* sowie *Designauswahl* aus, um das Design festzulegen	Seite 195
eine reguläre Wiedergabeliste erstellen	Klicken Sie *Wiedergabelisten* im Navigationsbereich mit der rechten Maustaste an und wählen im zugehörigen Kontextmenü *Wiedergabeliste erstellen* aus	Seite 196

Sie möchten ...	Gehen Sie so vor	Sehen Sie sich dazu das Beispiel an auf
eine automatische Wiedergabeliste erstellen	Klicken Sie im Navigationsbereich *Wiedergabelisten* mit der rechten Maustaste an, um *Automatische Wiedergabeliste erstellen* aus dem anschließenden Kontextmenü auszuwählen	Seite 197
die Medienwiedergabe über den Windows Media Player mit einem SideShow-fähigem Gerät steuern	Schließen Sie das SideShow-fähige Gerät an und wählen *Windows SideShow* im Startmenü aus, um die Minianwendung *Windows Media Player* auf dem SideShow-Gerät zu aktivieren	Seite 198
Mediendateien auf einen portablen Medien-Player kopieren	Schließen Sie das Gerät an den Windows Vista-PC an, um anschließend eine automatische oder manuelle Synchronisierung von Mediendateien durchzuführen	Seite 199
die erweiterten Optionen für die Synchronisierung festlegen	Klicken Sie den Pfeil in der Schaltfläche *Synchronisieren* an, um den portablen Medien-Player gefolgt von der Option *Erweiterte Optionen* auszuwählen	Seite 200
Musikdateien auf eine Audio-CD brennen	Legen Sie einen CD-Rohling ein, klicken auf *Eine Audio-CD erstellen*, stellen die gewünschte Brennliste zusammen und starten den Brennvorgang	Seite 201
Fotos, Videos und TV-Aufzeichnungen wiedergeben und organisieren	Wählen Sie in der Adressleiste des Windows Media Players die gewünschte Kategorie aus	Seite 203
die installierten Audio- und Video-Codes in Erfahrung bringen	Wählen Sie *Info* im (klassischen) Menü *Hilfe* aus und klicken den Link *Technische Unterstützung* an	Seite 204
DVDs anschauen	Legen Sie eine Video-DVD in das DVD-Laufwerk ein und wählen *DVD-Film wiedergeben mit Windows Media Player* im Dialogfeld *Automatische Wiedergabe* aus	Seite 204
Internet-Radio über den Media Guide hören	Wählen Sie die gewünschte Station über den Media Guide aus	Seite 205
die aktuelle Internet-Radiostation speichern	Speichern Sie die aktuell wiedergegebene Internet-Radiostation in einer Wiedergabeliste	Seite 206

Eric Tierling

11 Medienfreigabe

Windows Vista Home Basic	✓	Windows Vista Business	✓
Windows Vista Home Premium	✓	Windows Vista Enterprise	✓
Windows Vista Ultimate	✓		

Funktion wird von dieser Windows Vista-Edition

vollständig unterstützt ✓ · eingeschränkt unterstützt ⊙ · nicht unterstützt ⊗

Unter Freigaben wird im klassischen Sinne die gemeinsame Verwendung von Ordnern und Druckern über das Netzwerk verstanden. Windows Vista hat Microsoft um einen neuen Freigabe-Typ erweitert: Die Rede ist von der über den Windows Media Player (siehe Kapitel 10) konfigurierbaren *Medienfreigabe*:

- Mit Hilfe dieser Funktion ist es möglich, einen Computer mit installiertem Windows Vista in einen *Streaming-Media-Server* zu verwandeln. Dieser ist dazu in der Lage, die über die Medienbibliothek des Windows Media Players verwalteten Mediendateien der Kategorien Musik, Bilder und Videos zum Abruf über das lokale Netzwerk bereitstellen.
- Genauso kann die Medienfreigabe für andere Benutzer des Computers als »Quelle« für Mediendateien dienen. Auf diese Weise kann ein Benutzer seine Mediendateien für andere Benutzer desselben Rechners freigeben und somit anderen Anwendern zugänglich machen, die den Computer ebenfalls verwenden. In diesem Fall stellt die Medienfreigabe eine Alternative zum Duplizieren oder Verschieben persönlicher Mediendateien in einen dafür vorgesehenen öffentlichen Ordner dar.

Hinweis

Die hinter der Medienfreigabe stehende Technik ist eine Fortentwicklung des für Windows XP separat erhältlichen *Windows Media Connect* (WMC).

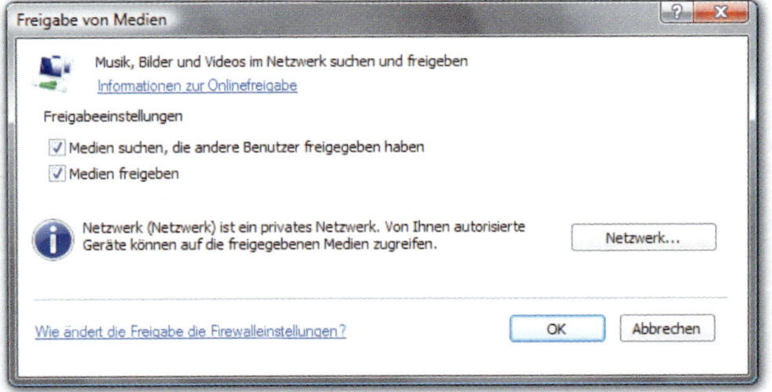

Abbildung 11.1 Unter Windows Vista lassen sich auch Medien freigeben

Da es sich bei der Medienfreigabe um eine Serverfunktion handelt, sind Clients erforderlich. Netzwerk-Medien-Player, die als *Streaming-Media-Clients* agieren, sind dazu in der Lage, diese freigegebenen Mediendateien über das lokale Netzwerk vom Rechner abzurufen und so Musik, Bilder und Videos per Streaming wiederzugeben. Das Besondere dabei: Dank des zugrunde liegenden Standards *UPnP AV* können unterschiedlichste Netzwerk-Medien-Player zum Einsatz kommen, um die über die Medienfreigabe eines Windows Vista-PCs bereitgestellten Mediendateien abzurufen und wiederzugeben.

Hinweis

UPnP AV ist die Abkürzung für »Universal Plug and Play Audio/Video« und bezeichnet eine Spezifikation, die es unterschiedlichsten Geräten ermöglicht, Medieninhalte per Netzwerk anzubieten und abzurufen.

Mögliche Netzwerk-Medien-Player sind zum Beispiel:

- **Windows Vista-PCs** Windows Vista kann nicht nur als UPnP AV-fähiger Streaming-Media-Server (über die Medienfreigabe) auftreten, sondern seinerseits auch als Streaming-Media-Client fungieren. Der Zugriff auf die freigegebenen Medien von Streaming-Media-Servern, die sich im LAN befinden, kann bequem über den Systemordner *Netzwerk* (siehe Kapitel 31) oder den Navigationsbereich des Windows Media Players (siehe Kapitel 10) erfolgen.
- **Xbox 360** Die Microsoft Xbox 360-Spielekonsole, die bei der Verwendung als Streaming-Media-Client Mediendateien von einem UPnP AV-fähigen Streaming-Media-Server wie zum Beispiel einem Windows Vista-PC mit aktivierter Medienfreigabe abrufen und wiedergeben kann.
- **Netzwerk-Musik-Player** UPnP AV-fähige *Streaming-Audio-Clients* wie zum Beispiel aus der »Noxon«-Familie von Terratec (*www.my-noxon.de*) gestatten es, Musik vom Windows Vista-PC abzurufen und beispielsweise in Schlafzimmer, Wohnzimmer, Küche oder Terrasse wiederzugeben.
- **Digitale Bilderrahmen** Ist ein digitaler Bilderrahmen mit einem Netzwerkanschluss versehen und entsprechend konfiguriert, kann er Bilddateien vom Windows Vista-PC abrufen und anzeigen.

Tipp 

Besonders komfortabel lassen sich Streaming-Media-Clients vor allem dann nutzen, wenn sie mit dem Media Center-PC per kabellosem WLAN-Funknetzwerk kommunizieren. Auf diese Weise ist es nicht erforderlich, Kabel quer durch das Haus oder die Wohnung zu verlegen.

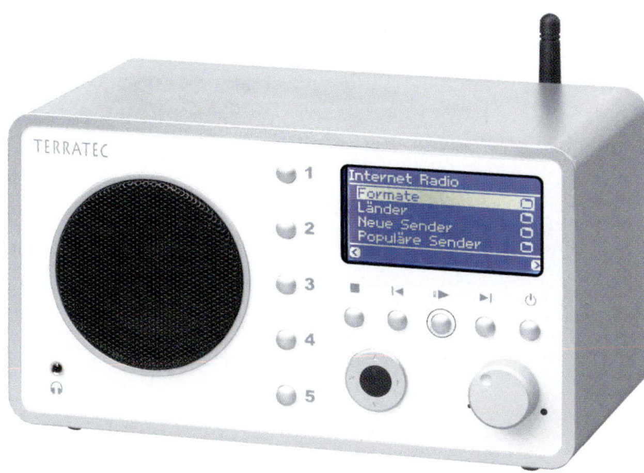

Abbildung 11.2 UPnP AV-fähige Netzwerk-Medien-Player wie das »Noxon iRadio« von Terratec können Mediendateien (in diesem Fall Musik) von einem Windows Vista-PC mit aktivierter Medienfreigabe streamen

Die Medienfreigabe in Betrieb nehmen

Um die Medienfreigabe verwenden zu können, muss diese eingeschaltet und konfiguriert werden.

Einschalten der Medienfreigabe

Die Medienfreigabe lässt sich an mehreren Stellen in Windows Vista einschalten:

- **Netzwerk- und Freigabecenter** Im *Netzwerk- und Freigabecenter* (siehe Kapitel 30) klicken Sie im Bereich *Freigabe von Mediendateien* die Schaltfläche *Ändern* an.

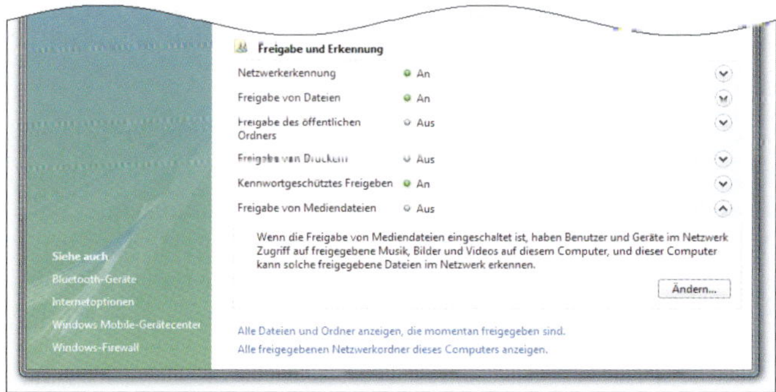

Abbildung 11.3 Die Aktivierung der Medienfreigabe kann nicht nur über das Netzwerk- und Freigabecenter, ...

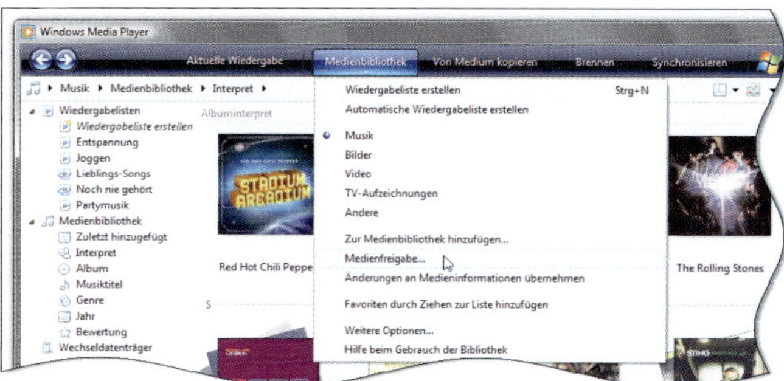

Abbildung 11.4 ... sondern auch aus dem Windows Media Player heraus erfolgen

- **Windows Media Player** Im *Windows Media Player* (siehe Kapitel 10) klicken Sie den Pfeil in der Schaltfläche *Medienbibliothek* an und wählen aus dem zugehörigen Menü den Eintrag *Medienfreigabe* aus.
- **Windows-Fotogalerie** In der *Windows-Fotogalerie* (siehe Kapitel 9) klicken Sie die Schaltfläche *Datei* an und wählen aus dem zugehörigen Menü den Eintrag *An Geräte freigeben* aus.

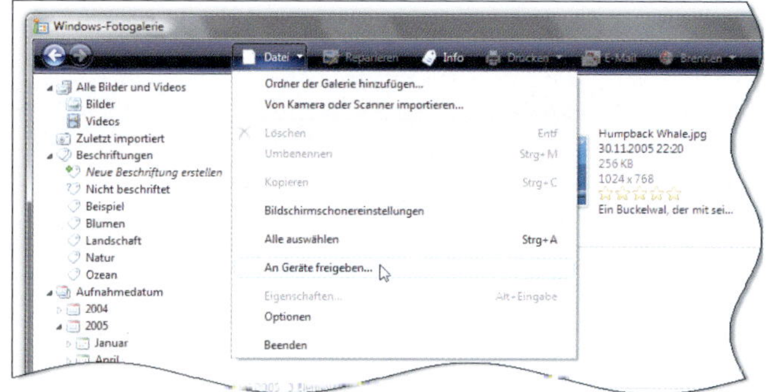

Abbildung 11.5 Über die Windows-Fotogalerie können Sie die Aktivierung der Medienfreigabe ebenfalls vornehmen

In all diesen Fällen nimmt Sie daraufhin das Dialogfeld *Freigabe von Medien* in Empfang (siehe Abbildung 11.6). Dort versehen Sie das Kontrollkästchen *Medien freigeben* mit einer Markierung und betätigen die Schaltfläche *OK*.

Daraufhin ändert sich der Inhalt dieses Dialogfelds: Das Kontrollkästchen *Medien freigeben* im Bereich *Freigabeeinstellungen* weicht dem markierten Kontrollkästchen *Freigabe der Medien an* – was anzeigt, dass die Medienfreigabe eingeschaltet ist.

Wichtig

Die Medienfreigabe lässt sich nur dann einschalten, wenn der Rechner mit einem Netzwerk verbunden ist, das den Standorttyp »Privat« aufweist. In einem öffentlichen Netzwerk hingegen ist es aus Sicherheitsgründen nicht möglich, die Medienfreigabe zu aktivieren. Um den Standorttyp für das Netzwerk, mit dem der Computer aktuell verbunden ist, zu verändern, greifen Sie auf die Schaltfläche *Netzwerk* zurück. Diese führt Sie direkt zum Netzwerk- und Freigabecenter (siehe Kapitel 30).

Abbildung 11.6 Nach dem Einschalten der Medienfreigabe ...

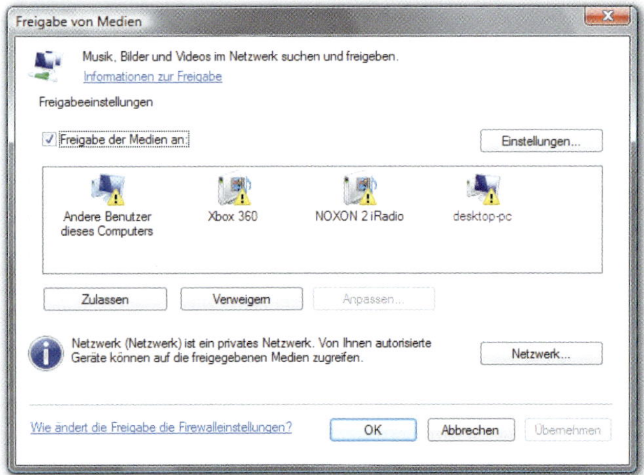

Abbildung 11.7 ... ist festzulegen, welche Benutzer bzw. Netzwerk-Medien-Player die Inhalte abrufen dürfen

Medienfreigabe konfigurieren

Nun können Sie die Medienfreigabe konfigurieren:

- Im Bereich *Freigabeeinstellungen* werden Ihnen die aktuell im Netzwerk ermittelten Netzwerk-Medien-Player angezeigt (siehe Abbildung 11.7). Diese Streaming-Media-Clients (zu denen auch andere im Netzwerk befindliche Windows Vista-PCs zählen, auf denen der Windows Media Player zuvor geladen worden ist) kommen dafür in Betracht, Mediendateien vom Windows Vista-PC abzurufen und wiederzugeben.
- Ebenfalls gibt es ein Element, das *Andere Benutzer dieses Computers* repräsentiert und dazu dient, diesen einen Abruf der eigenen, persönlichen Mediendateien zu ermöglichen.

An dieser Stelle bieten sich Ihnen mehrere Möglichkeiten.

Hinweis 

Führen Sie die Medienfreigabe vom Windows Media Player aus durch, enthält dieses Dialogfeld im Bereich *Freigabeeinstellungen* zusätzlich das Kontrollkästchen *Medien suchen, die andere Benutzer freigegeben haben*. Was es damit auf sich hat, erfahren Sie im Abschnitt »Windows Media Player als Netzwerk-Medien-Player«.

Hinweis 

Das Einschalten der Medienfreigabe bewirkt automatisch eine Anpasung der Windows-Firewall, sodass Medienfreigabe und UPnP AV-fähige Streaming-Media-Clients erfolgreich miteinander kommunizieren können. Konkret werden dabei die TCP-Ports 554, 2869 und 10243, die UDP-Ports 1900, 5004, 5005 und 10280 bis 10284 sowie der TCP- und UDP-Port 2177 für das lokale Subnetz freigeschaltet. Benutzen Sie auf dem Media Center-PC eine andere Firewall-Software, müssen Sie die betreffenden TCP- und UDP-Ports dort manuell freigeben.

Standardeinstellungen einsehen und verändern

Nach einem Klick auf die Schaltfläche *Einstellungen* im Dialogfeld *Freigabe von Medien* erhalten Sie das Dialogfeld *Bibliotheksfreigabe – Standardeinstellungen* angezeigt (siehe Abbildung 11.8). Dort können Sie nicht nur festlegen, unter welchem – auf den jeweiligen Netzwerk-Medien-Playern angezeigten – Benutzernamen die Medienfreigabe erfolgt: Ebenso lässt sich hier spezifizieren,

- welche Medientypen (Musik, Bilder, Video),
- ob nur Mediendateien mit einer bestimmten Bewertung und unbewertete Mediendateien
- sowie Mediendateien, bei denen bestimmte Angaben zum Jugendschutz vorliegen,

standardmäßig freigegeben werden sollen. Diese Einstellungen werden automatisch bei der Zulassung eines neuen Netzwerk-Medien-Players herangezogen.

Außerdem legt das Kontrollkästchen *Neue Geräte und Computer automatisch erlauben (nicht empfohlen)* fest, ob nur autorisierte Streaming-Media-Clients oder aber alle im jeweiligen lokalen Netzwerk UPnP AV-fähigen Geräte auf die freigegebenen Medien zugreifen dürfen.

Hinweis

Solange nichts anderes explizit spezifiziert wurde, verfügt kein Netzwerk-Medien-Player und kein anderer Benutzer des Rechners über die Zulassung zum Zugriff auf die freigegebenen Medien. Aus diesem Grund ist jedes Element mit einem Ausrufezeichen versehen.

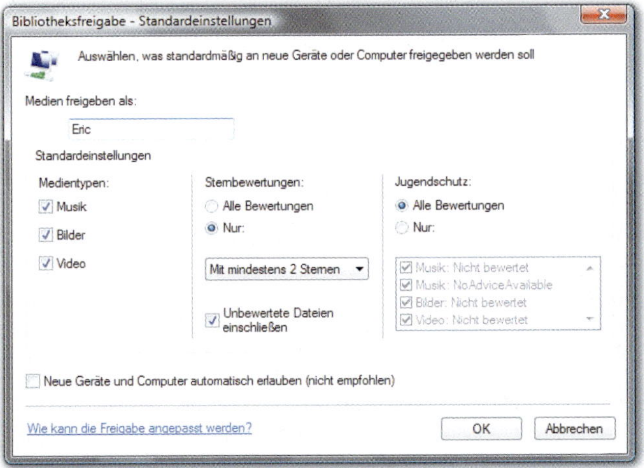

Abbildung 11.8 Sofern bei der Durchführung einer Medienfreigabe nicht anders vermerkt, werden die Standardeinstellungen zugrunde gelegt

Netzwerk-Medien-Player zulassen oder verweigern

Aus Sicherheitsgründen können Netzwerk-Medien-Player oder andere Benutzer erst dann auf die freigegebenen Mediendateien des Windows Vista-PCs zugreifen, wenn bei diesem der betreffende Streaming-Media-Client explizit zugelassen worden ist. Möchten Sie einen bestimmten Netzwerk-Medien-Player zulassen und somit diesem Streaming-Media-Client den Abruf von Mediendateien gestatten, führen Sie die folgenden Schritte aus:

1. Markieren Sie in der im Bereich *Freigabeeinstellungen* enthaltenen Liste den gewünschten Streaming-Media-Client.
2. Klicken Sie die Schaltfläche *Zulassen* an. Dadurch wird das Ausrufezeichen des betreffenden Elements durch ein grün umrandetes Häkchen ersetzt, was anzeigt, dass dies ein zugelassener Netzwerk-Medien-Player ist.
3. Möchten Sie die Medienfreigabe für den ausgewählten Streaming-Media-Client individuell konfigurieren, verwenden Sie die Schaltfläche *Anpassen*. Nach einem Klick darauf können Sie die – von den Standardeinstellungen vorgegebenen – Einstellungen individuell anpassen und so speziell auf die Möglichkeiten des betreffenden Netzwerk-Medien-Players anpassen. Unterstützt dieser zum Beispiel nur die Wiedergabe von Musik, würde es ja gar keinen Sinn machen, ihm auch das Abspielen von Medien der Typen *Bilder* und *Videos* zu gestatten.
4. Betätigen Sie die Schaltfläche *OK* oder *Übernehmen*, um Ihre Vorgabe zu speichern.

Von nun an kann das betreffende Gerät Medien in dem gerade festgelegten Rahmen vom Windows Vista-PC abrufen und wiedergeben. Mehr zu diesem Thema hält der Abschnitt »Freigegebene Medien abrufen« in diesem Kapitel bereit.

Hinweis

Die Zulassung (sowie die Verweigerung) der Freigabe von Medien für andere Benutzer dieses Windows Vista-PCs findet auf dieselbe Weise wie für Streaming-Media-Clients im lokalen Netzwerk statt.

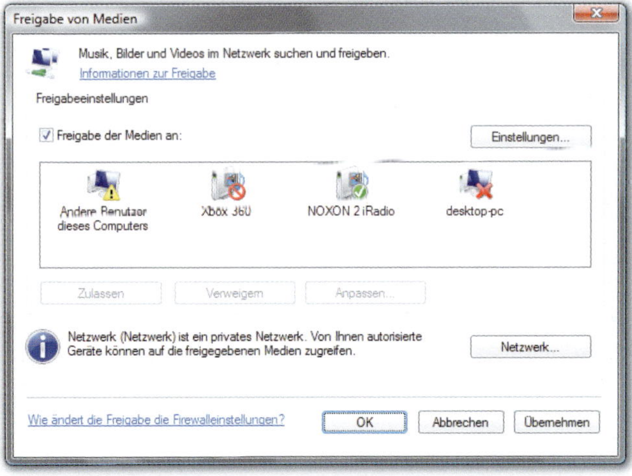

Abbildung 11.9 Anhand der Symbole, mit denen jedes Element in der Liste versehen ist, lässt sich leicht erkennen, ob die Freigabe dafür noch nicht konfiguriert, zugelassen oder verweigert wurde

Genauso können Sie die Medienfreigabe für ein bestimmtes Gerät auch verweigern. Sinnvoll kann dies zum Beispiel dann sein, wenn es einen UPnP AV-fähigen Computer gibt, der zwar sehr gerne von Ihrem Rechner Medien abrufen möchte, Sie dies jedoch nicht möchten.

Um einem bestimmten Netzwerk-Medien-Player den Abruf von Mediendateien vom Windows Vista-PC zu verweigern, führen Sie die folgenden Schritte aus:

1. Markieren Sie zunächst das betreffende Gerät in der Liste.
2. Durch Anklicken der Schaltfläche *Verweigern* entziehen Sie diesem Gerät die Möglichkeit, Mediendateien abzurufen.
3. Im nun angezeigten Dialogfeld *<Netzwerk-Medien-Player> verweigern* können Sie zudem festlegen, ob alle Benutzer dieses Windows Vista-PCs (Schaltfläche *Ja*, sodass das Gerät mit einem roten X gekennzeichnet wird) oder lediglich Sie selbst (Schaltfläche *Nein*, woraufhin das Gerät mit einem roten Verbotskreis verziert wird) dem ausgewählten Gerät den Abruf von Mediendateien verweigern möchten.

Tipp

Klicken Sie ein Element mit der rechten Maustaste an, können Sie nicht nur dessen Zulassung oder Verweigerung aus dem zugehörigen Kontextmenü erledigen: Ebenfalls ist es möglich, den ausgewählten Netzwerk-Medien-Player aus dieser Liste zu entfernen. Zusätzlich können Sie die Eigenschaften des ausgewählten Elements einsehen (siehe Abbildung 11.10) und – falls es sich um einen Streaming-Media-Client handelt – zu dessen Gerätewebsite gelangen. Hier können Sie eine Webkonfiguration dieses Netzwerk-Medien-Players vornehmen.

Haben Sie die Freigabe eines Geräts zugelassen oder verweigert und möchten diese Vorgabe im Nachhinein wieder verändern, gehen Sie genauso vor wie beim oben beschriebenen Einschalten der Medienfreigabe. Dies führt Sie erneut zum Dialogfeld *Freigabe von Medien* (siehe Abbildung 11.7). Wird das Medienfreigabesymbol im Infobereich der Taskleiste angezeigt, können Sie stattdessen auch dieses doppelt anklicken und im anschließenden Dialogfeld durch Selektion der Schaltfläche *Freigabeeinstellungen* wieder zum Dialogfeld *Freigabe von Medien* gelangen.

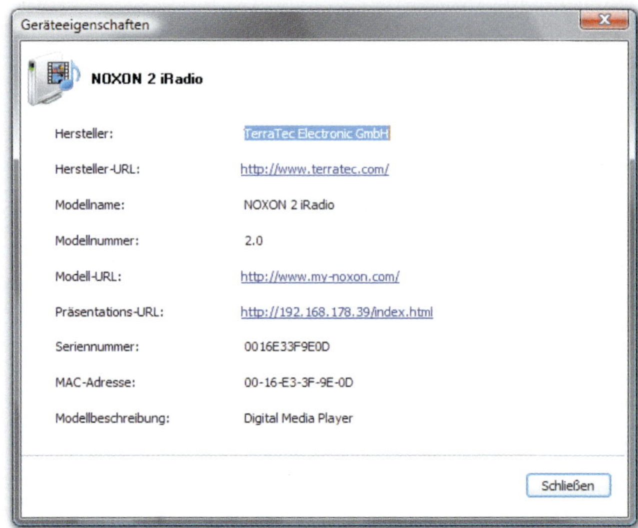

Abbildung 11.10 Über die Geräteeigenschaften eines in der Liste ausgewählten Netzwerk-Medien-Players können Sie sich leicht über dessen Details informieren und zu dessen Webkonfiguration wechseln

Die Medienfreigabe ausschalten

Auf Wunsch können Sie die Medienfreigabe auch wieder ausschalten. Hierzu gehen Sie wie folgt vor:

1. Verwenden Sie das Netzwerk- und Freigabecenter, den Windows Media Player oder die Windows-Fotogalerie, um zum Dialogfeld *Freigabe von Medien* zur Konfiguration der Medienfreigabe zu gelangen.
2. Entfernen Sie die Markierung des Kontrollkästchens *Freigabe der Medien an*.
3. Betätigen Sie die Schaltfläche *OK* oder *Übernehmen*, um diese Änderung Gültigkeit erlangen zu lassen.
4. Daraufhin erhalten Sie das Dialogfeld *Freigabe von Medien deaktivieren* (siehe Abbildung 11.11). Dieses bietet Ihnen die Möglichkeit, die Medienfreigabe nicht nur für sich selbst, sondern auch für andere Benutzer dieses Windows Vista-PCs auszuschalten. Klicken Sie auf *Ja*, wenn Sie dies wünschen.

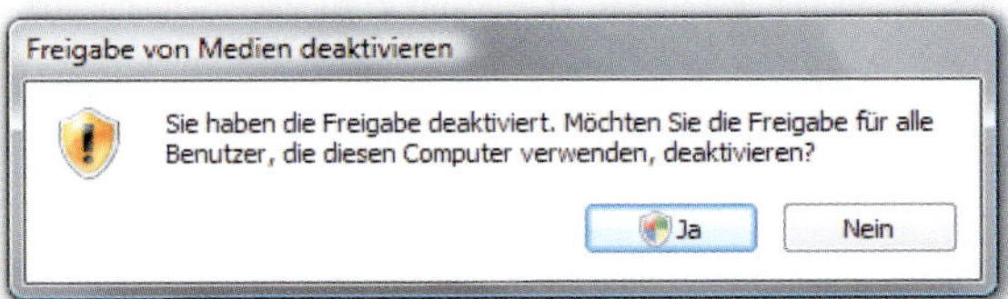

Abbildung 11.11 Beim Ausschalten der Medienfreigabe ist anzugeben, für wen – sich selbst oder alle Benutzer des Windows Vista-PCs – eine Deaktivierung dieser Funktion erfolgen soll

Hinzugekommene Netzwerk-Medien-Player zulassen oder verweigern

Falls Sie auf dem Windows Vista-PC, der als Streaming-Media-Server agiert, den Windows Media Player aufrufen und zwischenzeitlich ein neuer, UPnP AV-fähiger Netzwerk-Medien-Player in Ihrem Netzwerk hinzugekommen ist, erscheint im Infobereich der Taskleiste das *Medienfreigabesymbol* zusammen mit einer Benachrichtigung (siehe Abbildung 11.12). Diese gibt an, dass der Windows Vista-PC dem betreffenden Netzwerk-Medien-Player Medien zum Abruf bereitstellen kann. Eine solche Benachrichtigung erscheint ebenfalls, wenn dieser Streaming-Media-Client bereits vorhanden ist und Sie anschließend auf dem Windows Vista-PC das erste Mal den Windows Media Player aufrufen.

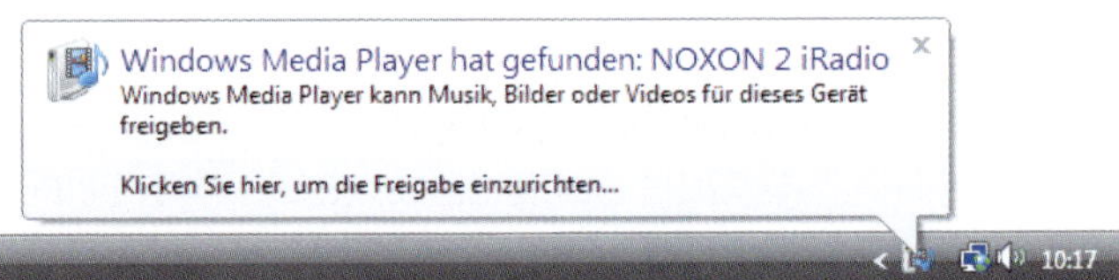

Abbildung 11.12 Erscheint eine solche Benachrichtigung im Infobereich der Taskleiste, kann der Windows Media Player über die Medienfreigabe dem betreffenden Gerät per Streaming Medien zum Abruf zur Verfügung stellen

Ist dies gewünscht, müssen Sie den betreffenden Streaming-Media-Client bei der Medienfreigabe von Windows Vista zulassen. Dazu klicken Sie die Benachrichtigung an, was Sie zum Dialogfeld *Freigabe der Medienbibliothek* in Windows Media Player führt (siehe Abbildung 11.13). Durch Anklicken der Schaltfläche *Zulassen* oder *Verweigern* gewähren oder verbieten Sie diesem den Abruf von Mediendateien vom Windows Vista-PC. Weitergehende Einstellungen können Sie nach einem Klick auf die Schaltfläche *Freigabeeinstellungen* vornehmen (siehe den Abschnitt »Netzwerk-Medien-Player zulassen oder verweigern« in diesem Kapitel).

Abbildung 11.13 Hat der Vista-PC einen neuen Netzwerk-Medien-Player erkannt, kann dieser per Mausklick für die Medienfreigabe zugelassen werden

Freigegebene Medien abrufen

Gibt es in Ihrem Netzwerk mindestens einen Streaming-Media-Server (etwa einen Windows Vista-PC, auf dem die Medienfreigabe eingeschaltet ist), können Sie auf anderen Windows Vista-PCs die freigegebenen Medien abrufen. Voraussetzung dabei ist, dass diese Streaming-Media-Clients beim Streaming-Media-Server zuvor zugelassen worden sind.

Für den Zugriff auf freigegebene Mediendateien sieht Windows Vista mehrere Möglichkeiten vor.

Systemordner *Netzwerk*

Eine Möglichkeit, freigegebene Mediendateien mit Windows Vista abzurufen, bietet der Systemordner *Netzwerk*: Öffnen Sie diesen, werden die im lokalen Netzwerk vorhandenen Geräte und ihre freigegebenen Ressourcen aufgelistet.

Dabei schließt der Systemordner *Netzwerk* nicht nur Computer, sondern auch UPnP AV-fähige Geräte mit ein (siehe Abbildung 11.14). Somit erscheinen im Systemordner *Netzwerk* sowohl Windows Vista-PCs mit aktivierter Medienfreigabe als auch Netzwerk-Medien-Player. Zur besseren Unterscheidung von Computern einerseits und von Streaming-Media-Servern andererseits werden Streaming-Media-Clients dort mit dem nebenstehenden Symbol versehen.

So ist es denn auch zu erklären, warum manche Windows Vista-PCs im Systemordner *Netzwerk* gleich mehrfach auftauchen:

- Zunächst einmal erscheint hier der Computer selbst.
- Handelt es sich um einen Windows Vista-PC mit eingeschalteter Medienfreigabe, ist hierfür ebenfalls ein Symbol im Systemordner *Netzwerk* vorhanden – unter Umständen gleich mehrmals, falls mehrere Benutzer dieses Win-

dows Vista-PCs die Medienfreigabe eingeschaltet haben, sodass jeder seine persönlichen Mediendateien bereitstellt (in diesem Fall wird der Name des Streaming-Media-Servers um einen Doppelpunkt sowie den Namen des freigebenden Benutzers ergänzt).

- Des Weiteren kann der Windows Vista-PC auch als Streaming-Media-Client agieren, was abermals durch ein entsprechendes Symbol im Systemordner *Netzwerk* zum Ausdruck kommt.

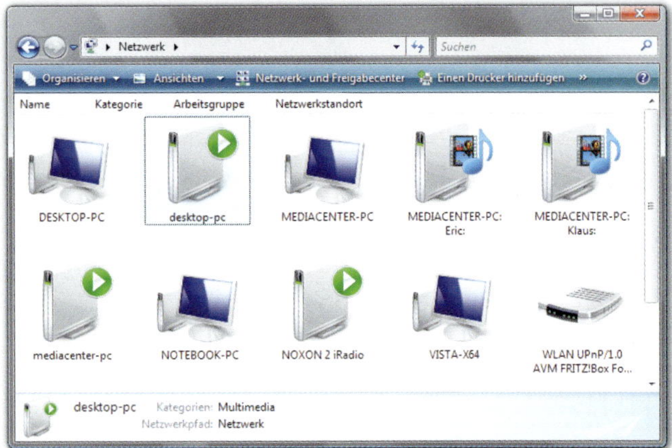

Abbildung 11.14 Windows Vista-PCs mit eingeschalteter Medienfreigabe sowie Netzwerk-Medien-Player erscheinen im Systemordner Netzwerk eines Windows Vista-PCs ebenso wie andere Computer aus dem Netzwerk

Von hier aus kann auch der bequeme Zugriff auf freigegebene Medien erfolgen: Selektieren Sie einen Windows Vista-PC mit eingeschalteter Medienfreigabe, wird automatisch der Windows Media Player gestartet, um mit diesem die freigegebenen Medien von dem ausgewählten Streaming-Media-Server abzurufen.

Hinweis

Dieses Verfahren eignet sich nicht nur zum Zugriff auf die freigegebenen Mediendateien anderer Streaming-Media-Server: Genauso gehen Sie vor, wenn Sie auf die Mediendateien eines anderen Benutzers **desselben** Windows Vista-PCs zugreifen möchten (vorausgesetzt, dieser hat seine Mediendateien zuvor für andere Benutzer dieses Computers wie im Abschnitt »Die Medienfreigabe in Betrieb nehmen« in diesem Kapitel beschrieben freigegeben).

Windows Media Player als Netzwerk-Medien-Player

Der Zugriff auf die freigegebenen Medien entweder eines über das eines Netzwerk erreichbaren Streaming-Media-Servers oder aber auf die freigegebenen Mediendateien eines anderen Benutzers dieses Computers über den Windows Media Player (der dann als Streaming-Media-Client auftritt) erfolgt denkbar einfach: Nach der Selektion des betreffenden Streaming-Media-Servers – etwa eines Windows Vista-PCs mit eingeschalteter Medienfreigabe – wird der Windows Media Player gestartet. In diesem Falle legt der Windows Media Player aber nicht die eigene Medienbibliothek zugrunde, sondern weist in seinem Navigationsbereich für jeden erreichbaren Streaming-Media-Server in jeder der Kategorien Musik, Bilder, und Video (eine) weitere Medienbibliothek(en) aus (siehe Abbildung 11.15). Diese lassen sich wie von der eigenen Medienbibliothek gewohnt bearbeiten, sodass quasi kein Unterschied feststellbar und der Abruf freigegebener Medien nahtlos in den Windows Media Player integriert ist.

Tipp 

Ob im Navigationsbereich Medienbibliotheks-Einträge aufgeführt werden, hinter denen sich Streaming-Media-Server verbergen, hängt von der Konfiguration der Medienfreigabe im Windows Media Player ab: Dazu muss im Dialogfeld *Freigabe von Medien* im Bereich *Freigabeeinstellungen* das Kontrollkästchen *Medien suchen, die andere Benutzer freigegeben haben* mit einer Markierung versehen sein. Dieses Kontrollkästchen erscheint im Dialogfeld *Freigabe von Medien* nur dann, wenn Sie die Medienfreigabe vom Windows Media Player aus konfigurieren (bei der Konfiguration der Medienfreigabe über das Netzwerk- und Freigabecenter und die Windows-Fotogalerie ist dieses Kontrollkästchen nicht vorhanden).

Abbildung 11.15 Neben der eigenen Medienbibliothek kennt der Windows Media Player auch die Medienbibliotheken anderer im Netzwerk vorhandener Windows Vista-PCs mit aktivierter Medienfreigabe

Alternativ kann der Windows Media Player zum Abruf freigegebener Medien ohne den »Umweg« über den Systemordner *Netzwerk* aufgerufen werden, um als Streaming-Media-Client freigegebene Medien abzurufen. Nach der Auswahl des gewünschten Medientyps können Sie dann auf die Medienbibliothek zugreifen, über die die freigegebenen Medien des betreffenden Streaming-Media-Servers erreichbar sind.

Hinweis

Freigegebene Mediendateien lassen sich abrufen, vom Streaming-Media-Client aus aber nicht verändern.

Zugriff auf freigegebene Medien mit Netzwerk-Medien-Player

Haben Sie auf dem Windows Vista-PC die Medienfreigabe eingeschaltet und Netzwerk-Medien-Player zugelassen, können diese die freigegebenen Medien abrufen.

Mit einem Netzwerk-Musik-Player ist es dann beispielsweise möglich, die auf dem Windows Vista-PC vorhandenen Musikdateien abzurufen und wiederzugeben. Entsprechende UPnP AV-fähige *Streaming-Audio-Clients* sind von mehreren Herstellern erhältlich.

In aller Regel findet der jeweilige Streaming-Media-Client den nun dank UPnP AV als Streaming-Media-Server agierenden Windows Vista-PC automatisch, sofern sich beide im selben Subnetz befinden. Sollte auf dem betreffenden Gerät eine geringfügige Konfiguration erforderlich sein, schlagen Sie in dessen Handbuch nach: Welche Konfigurationsschritte im Einzelnen bei dem Gerät durchzuführen sind, variiert von Hersteller zu Hersteller und teils von Modell zu Modell, sodass an dieser Stelle eine allgemein gültige Beschreibung nicht erfolgen kann.

Zusammenfassung

Zur Medienfreigabe von Windows Vista gehören zwei Funktionsbereiche: Neben der Freigabe von Medien, die Netzwerk-Medien-Player (oder andere Benutzer des Computers) dann abrufen können, lässt sich der Windows Vista auch selbst als Netzwerk-Medien-Player nutzen, um Inhalte anderer Medienbibliotheken abzurufen. Die folgende Übersicht fasst die wichtigsten Schritte noch einmal für Sie zusammen.

Sie möchten ...	So gehen Sie vor	Sehen Sie sich dazu das Beispiel an auf
die Medienfreigabe aktivieren	Wählen Sie zum Beispiel im Bereich *Freigabe von Mediendateien* des Netzwerk- und Freigabecenters die Schaltfläche *Ändern* an, markieren das Kontrollkästchen *Medien freigeben* und betätigen mit *OK*	Seite 211
die Medienfreigabe konfigurieren	Wählen Sie einen erlaubten Streaming-Media-Client (oder *Andere Benutzer dieses Computers*) aus und klicken die Schaltfläche *Zulassen* an	Seite 212
einen Netzwerk-Medien-Player zulassen und Mediendateien vom Windows Vista-PC abzurufen	Markieren Sie das betreffende Gerät in der Auflistung und klicken die Schaltfläche *Zulassen* an	Seite 213
einem Netzwerk-Medien-Player den Abruf von Mediendateien verweigern	Markieren Sie das betreffende Gerät in der Auflistung und klicken die Schaltfläche *Verweigern* an	Seite 214
die Medienfreigabe deaktivieren	Entfernen Sie im Dialogfeld *Freigabe von Medien* die Markierung des Kontrollkästchens *Freigabe der Medien*	Seite 214
freigegebene Medien abrufen	Öffnen Sie den Streaming-Media-Server über den Systemordner *Netzwerk* oder wählen dessen Medienbibliothek im Windows Media Player aus	Seite 215

Eric Tierling

12 Windows Movie Maker

Richtig in Szene gesetzt, kommen mit der Digitalkamera erstellte Schnappschüsse und selbst gedrehte Videos noch mal so gut zur Geltung. Trotz dieser Erkenntnis sehen sich viele Anwender dabei einem Problem gegenüber: Zwar gibt es eine Vielzahl von Videoschnittprogrammen, um Bilder und Videofilme mit Beschriftungen, Übergängen etc. zu verzieren, doch ist diese Software nicht selten teuer oder aber kompliziert zu bedienen.

Mit Windows Vista hingegen brauchen Sie sich darum keine Gedanken mehr zu machen, da hier standardmäßig das Programm *Windows Movie Maker* im Lieferumfang enthalten ist. Neben der Übertragung auf den Computer sind das Einfügen von Titel und Nachspann, die Einbindung von Überblendeffekten sowie die nachträgliche Vertonung mit Windows Movie Maker in wenigen Mausklicks erledigt – und zwar, ohne dass Sie dafür professionelles Know-how benötigen. Windows Movie Maker wurde bewusst für Einsteiger konzipiert, sodass sich das Programm sehr leicht bedienen lässt.

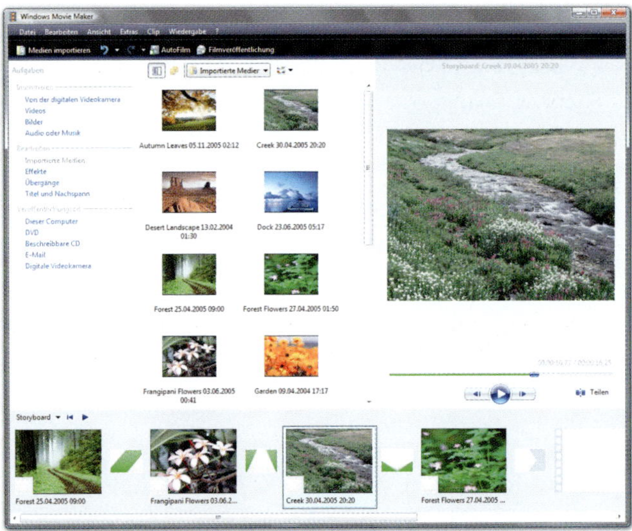

Abbildung 12.1 Mit dem Windows Movie Maker erstellen Sie schnell und einfach ansprechende Videoclips

Möglicherweise haben Sie bereits Bekanntschaft mit einer älteren Version von Windows Movie Maker (etwa dem in Windows XP Service-Pack 2 und Windows XP Service Pack 3 enthaltenen Windows Movie Maker 2.1) gemacht. Wenn Sie die in Windows Vista enthaltene Version von Windows Movie Maker damit vergleichen, werden Sie an vielen Stellen sinnvolle Neuerungen feststellen. Hierzu gehören zum Beispiel:

- Das Vorschaufenster ist nicht auf 320 x 240 Pixel begrenzt. Vielmehr nutzt der Windows Movie Maker den auf der Grafikkarte des Windows Vista-PCs befindlichen Grafikprozessor, um Videoclips in einer größeren Vorschau oder als Vollbild auf dem Bildschirm anzuzeigen.
- Videoclips, die Sie mit dem neuen Windows Movie Maker erstellen, können Sie direkt auf DVD brennen und diese auf herkömmlichen DVD-Playern abspielen. Ein Zusatzprogramm zur Speicherung Ihrer Videoclips auf DVD ist nicht mehr erforderlich.
- Windows Movie Maker ermöglicht die Erstellung hochauflösender Filme im HDV (High Definition Video)-Format und unterstützt dabei sowohl »720p« (1.280 x 720 Pixel) als auch »1080i« (1.920 x 1.080 Pixel). Dadurch können Fotos von Digitalkameras, die eine Auflösung von etlichen Megapixel besitzen, in Filmen angemessener und mit mehr Details zur Geltung kommen – vorausgesetzt, das zum Abspielen verwendete Gerät beherrscht ebenfalls 720p oder 1080i.

Wichtig 

Microsoft spricht in diesem Zusammenhang vom *Windows Movie Maker HD*. Dieser ist nur in den Editionen Windows Vista Home Premium und Windows Vista Ultimate enthalten. Der Windows Movie Maker in den übrigen Windows Vista-Editionen besitzt keine HDV-Unterstützung.

- Darüber hinaus ist der Windows Movie Maker dazu in der Lage, Videodateien im Format *DVR-MS* direkt zu öffnen und zu bearbeiten – also dem Dateiformat, in dem TV-Aufzeichnungen vorliegen, die mit Windows Media Center erstellt worden sind (siehe Kapitel 17). Daher brauchen Sie kein Konvertierungs-Tool mehr einzusetzen, um die im Format DVR-MS vorliegenden TV-Aufzeichnungsdateien zuerst in ein anderes Format (etwa MPEG-2) umzuwandeln, um dieses dann mit einem herkömmlichen Videoschnittprogramme bearbeiten zu können.

Tipp 

Durch die direkte Unterstützung des Windows Movie Makers von Windows Vista für TV-Aufzeichnungsdateien im Format DVR-MS können Sie nicht gewünschte Teile aus Ihren TV-Aufzeichnungen mit wenigen Mausklicks sehr leicht herausschneiden – etwa, um die Aufnahme einer Folge Ihrer Lieblingsserie von Werbung zu befreien. Auf Wunsch kann Windows Movie Maker das Schnittergebnis anschließend auf DVD brennen und so die Archivierung der geschnittenen TV-Aufzeichnung gleich mit erledigen.

Mit Hilfe von Windows Movie Maker haben Sie es also in der Hand: Werden Sie zum Regisseur, um Ihre auf Fotos oder Videos festgehaltenen Erinnerungen zu einem Videoclip mit professionell wirkenden Effekten zusammenzustellen (oder TV-Aufzeichnungen so zu bearbeiten, dass Sie diese ohne Werbeunterbrechungen genießen können).

Windows Movie Maker starten

Windows Movie Maker lässt sich sehr einfach bedienen. Probieren Sie es aus:

1. Rufen Sie das Programm über den zugehörigen Eintrag im Vista-Startmenü auf. Alternativ können Sie die Zeichenfolge »mov« in das Schnellsuchfeld des Startmenüs eintippen und anschließend auf den angezeigten Link *Windows Movie Maker* klicken.
2. Daraufhin erscheint das Programmfenster von Windows Movie Maker (siehe Abbildung 12.1). Dieses ist sehr übersichtlich strukturiert und in mehrere Bereiche unterteilt, was die Nutzung entscheidend erleichtert.

Das Konzept hinter Windows Movie Maker

Links im Windows Movie Maker-Programmfenster befindet sich der *Aufgabenbereich*. Darüber können Sie Medieninhalte (Bild-, Video- und Musikdateien) importieren, bearbeiten und veröffentlichen.

Anstatt des Aufgabenbereichs lässt sich an derselben Stelle der *Sammlungsbereich* einblenden. Hier finden Sie nicht nur Vorlagen in Form von *Effekten* und *Übergängen*, die Ihnen zur Erstellung von Videoclips zur Verfügung stehen: Des Weiteren sind dort auch Ihre eigenen Sammlungen – also Ihre persönlichen Zusammenstellungen von Bild-, Video- und Musikdateien – aufgeführt, sodass Sie jederzeit schnell darauf zugreifen können.

Rechts daneben befindet sich der *Arbeitsbereich*. Dieser nimmt standardmäßig die größte Fläche innerhalb des Programmfensters ein und ist unterteilt in:

- **Inhaltsbereich** Hier zeigt Windows Movie Maker die Inhalte der Sammlung an, die Sie über das Listenfeld ganz oben in diesem Bereich unterhalb der Symbolleiste eingestellt haben. Neben der Sammlung *Importierte Medien* und darunter befindliche *Sammlungsordnern* – also Kollektionen von Mediendateien, die Sie zusammengestellt haben – können Sie über dieses Listenfeld auch Effekte oder Übergänge auswählen und sich so ein Bild davon machen, was es mit den darin enthaltenen Vorlagen auf sich hat.
- **Vorschaubereich** Dieser ganz rechts im Programmfenster platzierte Bereich ermöglicht es Ihnen, sich im *Vorschaufenster* Ihren Videoclip in Echtzeit anzuschauen. Über die unterhalb des Vorschaufensters befindlichen *Wiedergabesteuerelemente* lässt sich die Wiedergabe jederzeit anhalten und fortsetzen. Außerdem können Sie sich im Videoclip bildweise vorwärts und rückwärts bewegen sowie die Wiedergabeposition per Schieberegler bestimmen. Auf diese Weise verschaffen Sie sich jederzeit einen umfassenden Eindruck vom Ergebnis Ihrer Videoschnittarbeit.

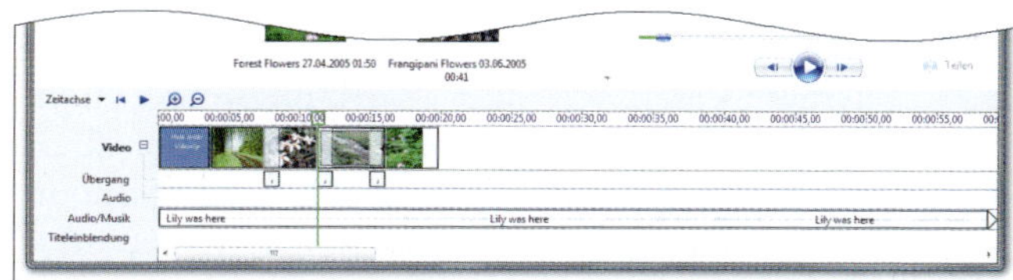

Abbildung 12.2 Ist das Storyboard durch die Zeitachse ersetzt, können Sie Ihren Videoclip detaillierter bearbeiten

Schließlich befindet sich im unteren Bereich des Windows Movie Maker-Programmfensters das *Storyboard*. Hier sind die von Ihnen angegebenen Medieninhalte in Form einzelner *Clips*, die in ihrer Gesamtheit dann Ihren Videoclip bilden, nebeneinander angeordnet.

Da das Storyboard nur Filme und Bilder sowie Übergänge aufnimmt, Sie aber auch Musikdateien zur stimmungsvollen akustischen Untermalung sowie Titel hinzufügen können, die im Film eingeblendet werden, können Sie das Storyboard bei Bedarf gegen die *Zeitachse* tauschen (siehe Abbildung 12.2). Diese gibt detailliert Auskunft darüber, was zu welchem Zeitpunkt wiedergegeben wird. Des Weiteren können Sie über die Zeitachse präzise festlegen, welche Musikdatei wie lange gespielt wird.

Medieninhalte importieren

Der erste Schritt besteht darin, Windows Movie Maker mit den richtigen Inhalten zu versorgen – sprich, Medieninhalte in eine Sammlung zu importieren. Aus dieser Sammlung können Sie sich dann anschließend bedienen, um mit den darin enthaltenen Inhalten Ihren Videoclip zu erstellen.

Zum Import von Mediendateien gibt es mehrere Möglichkeiten:

- Verbinden Sie Ihre DV-Kamera (digitale Videokamera) mit Ihrem Computer, können Sie selbst gedrehte Videofilme von dem dort einliegenden Videoband direkt importieren. Dazu klicken Sie im Aufgabenbereich auf den Link *Von der digitalen Videokamera*, um den zugehörigen Assistenten zu starten.

Hinweis 

Der Import von Videomaterial, das von einer Webcam stammt, ist hiermit nicht möglich.

- Klicken Sie die Schaltfläche *Medien importieren* in der Symbolleiste von Windows Movie Maker an, wird das Dialogfeld *Medienobjekte importieren* geöffnet. Hierlassen sich diejenigen Bild-, Video- und Musikdateien auswählen, die Sie gerne in Ihre Sammlung importieren möchten.

  Ist links der Aufgabenbereich eingeblendet, können Sie dort alternativ einen der Links *Videos*, *Bilder* oder *Audio oder Musik* anklicken, um entsprechende Dateien direkt aus dem jeweiligen medienspezifischen Ordner zu importieren, der sich unterhalb Ihres persönlichen Benutzerprofil-Ordners befindet.

Videoclips kreieren

Haben Sie eine Sammlung mit Medieninhalten gefüllt, können Sie nun die ersten eigenen Videoclips mit Windows Movie Maker erstellen.

Videoclips manuell erstellen

Zur Veranschaulichung wollen wir nachfolgend einen Videoclip von Fotos erstellen, die während der letzten Reisen entstanden sind. Dazu führen Sie die folgenden Schritte aus:

1. Importieren Sie alle in Frage kommenden Bilder in eine Sammlung.

   Falls auf Ihrem Computer noch keine eigenen Bilder gespeichert sind, verwenden Sie für die folgenden Schritte einfach die im Ordner *Beispielbilder* standardmäßig vorhandenen Bilder.

2. Im Inhaltsbereich klicken Sie nun ein Bild an und ziehen dies bei gedrückter Maustaste auf das Storyboard. Windows Movie Maker erstellt dafür dann automatisch einen Clip und zeigt diesen auf dem Storyboard als eigenständiges Element an.

3. Verfahren Sie nach demselben Schema für alle anderen Bilder, die ebenfalls in Ihrem Videoclip enthalten sein sollen. Möchten Sie dabei eine bestimmte Reihenfolge erzielen, ziehen Sie das Bild aus dem Inhaltsbereich direkt an die gewünschte Stelle auf dem Storyboard.

4. Blenden Sie links den Aufgabenbereich ein (falls dieser nicht bereits angezeigt wird). Dazu klicken Sie das entsprechende Symbol in der Symbolleiste an oder rufen den Menübefehl *Ansicht/Aufgaben* auf. Klicken Sie im Aufgabenbereich auf den Link *Übergänge*. Im Inhaltsbereich bekommen Sie nun alle als Vorlage mitgelieferten Übergänge anzeigt.

5. Suchen Sie sich einen Übergang aus, der Ihnen gefällt. Diesen klicken Sie an und ziehen ihn bei gedrückter Maustaste in das Storyboard auf die kleine Fläche zwischen zwei Clips. Wählen Sie noch ein paar weitere Übergänge aus und ziehen diese zwischen andere Clips, können Sie mehrere Übergänge auf einmal kennenlernen.

Hinweis 

Die reguläre Anzeigedauer eines Clips (standardmäßig fünf Sekunden) sowie eines Übergangs (standardmäßig 1,25 Sekunden) können Sie nach Aufruf des Menübefehls *Extras/Optionen* im zugehörigen Dialogfeld auf der Registerkarte *Erweitert* im Bereich *Standardeinstellungen für Anzeigedauer* einstellen.

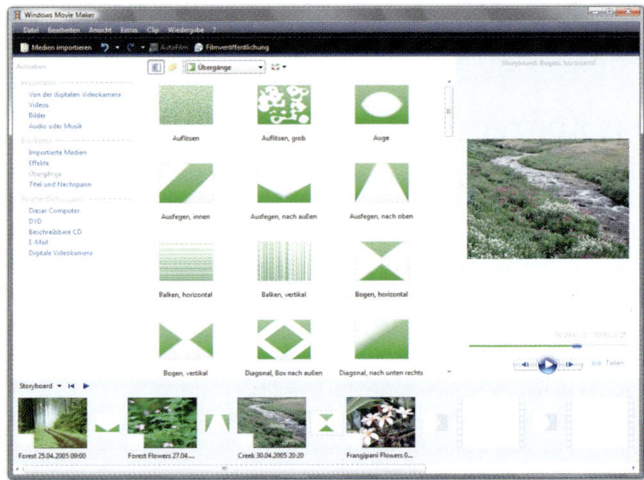

Abbildung 12.3 Übergänge zwischen Bildern sorgen für ansprechende Überblendeffekte

6. Um sich ein Bild davon zu machen, wie Ihr Videoclip bis jetzt aussieht, klicken Sie die *Wiedergabe*-Schaltfläche im Vorschaubereich an. Das Vorschaufenster zeigt daraufhin den Film auf Basis Ihrer ausgewählten Bilder sowie der von Ihnen angegebenen Übergänge an.

7. Ist die Neugier geweckt, können Sie an dieser Stelle Ihrer Experimentierfreudigkeit weiteren Lauf lassen:

   - Klicken Sie im Aufgabenbereich auf *Effekte*, erhalten Sie im Inhaltsfenster die beim Windows Movie Maker mitgelieferten Effekt-Vorlagen angezeigt. Um zum Beispiel eines Ihrer Bilder so aussehen zu lassen, als hätten Sie dieses bereits vor Jahrzehnten aufgenommen, klicken Sie den Effekt *Alterung, stärker* an und ziehen diesen bei gedrückter Maustaste auf das betreffende Bild.

- Möchten Sie Bilder beschriften oder einen Titel im Vor- bzw. Nachspann hinzufügen, klicken Sie im Aufgabenbereich auf den Link *Titel*. Anschließend können Sie durch Anklicken des entsprechenden Links festlegen, ob Sie einen Titel am Anfang, vor bzw. auf dem gewählten Clip oder als Nachspann wünschen. Danach tippen Sie den gewünschten Text ein und formatieren ihn entsprechend Ihren Vorstellungen. Durch Anklicken der Schaltfläche *Titel hinzufügen* übernehmen Sie diesen schließlich in Ihren Clip und kehren anschließend zum Aufgaben- bzw. Inhaltsbereich zurück.
- Damit die Vorführung Ihres Videoclips nicht lautlos vonstatten geht, klicken Sie jetzt noch auf die Schaltfläche *Medien importieren* in der Symbolleiste von Windows Movie Maker, um eine Musikdatei zu Ihrer Sammlung hinzuzufügen. Anschließend klicken Sie diese Musikdatei in Ihrer Sammlung an und ziehen diese auf das Storyboard. Da im Storyboard keine Audioclips angezeigt werden, schaltet Windows Movie Maker automatisch zur Zeitachse um. Hier können Sie nun genau sehen, bei welchem Bild bzw. ab welchem Zeitpunkt die Wiedergabe der ausgewählten Musik einsetzt. Bei Bedarf klicken Sie den Audioclip in der Zeitachse an und verschieben diesen solange, bis Anfang und Ende »passen«.

Klicken Sie jeweils die *Wiedergabe*-Schaltfläche im Vorschaubereich an, haben Sie die Möglichkeit, das Ergebnis sofort zu prüfen. Gefallen Ihnen die letzten Aktionen nicht, nehmen Sie diese einfach durch Anklicken der Schaltfläche *Rückgängig* wieder zurück.

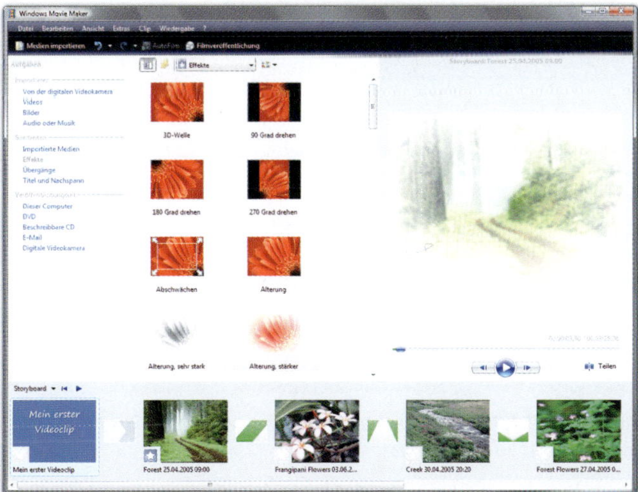

Abbildung 12.4 Jetzt sind noch Effekte und Titel hinzugekommen

Damit haben Sie bereits einen Videoclip erstellt, in dem einige der Möglichkeiten enthalten sind, die der Windows Movie Maker Ihnen bietet. Um den Clip für eine weitere Bearbeitung zu speichern, rufen Sie den Menübefehl *Datei/Projekt speichern* auf und geben im daraufhin geöffneten Dialogfeld einen geeigneten Ordner sowie Dateinamen an.

> **Hinweis**
>
> Windows Movie Maker betrachtet den Inhalt eines Videoclips inklusive der zugehörigen Informationen (Effekte, Übergänge etc.) als *Projekt*. Projekte können Sie speichern und später erneut öffnen, um Ihre Arbeit daran fortzusetzen. Die Projektdateien des Windows Movie Maker tragen die Namenserweiterung *.mswmm*.

Videoclips automatisch erstellen

Noch leichter gelangen Sie zu einem ansprechenden Videoclip, indem Sie auf die Funktion *AutoFilm* von Windows Movie Maker zurückgreifen. Hier brauchen Sie lediglich das gewünschte Ausgangsmaterial festzulegen – den Rest erledigt die AutoFilm-Funktion. Insbesondere, wenn Sie viele Fotos geknipst haben und diese schnell einer anderen Person zeigen möchten, können Sie so im Handumdrehen einen beeindruckenden Videoclip aus Ihren Bildern erstellen.

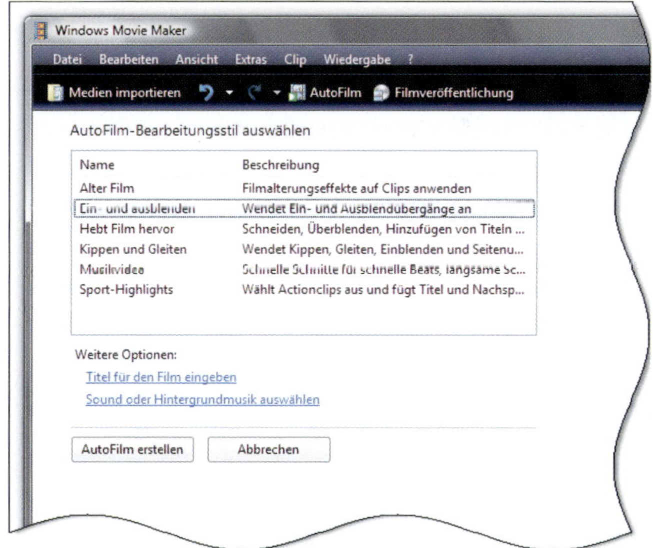

Abbildung 12.5 Mit der AutoFilm-Funktion lassen sich schnell und einfach beeindruckende Videoclips erstellen

Das klingt nicht nur gut, sondern ist es auch. Aber auch hierbei gilt: »Probieren geht über Studieren«. Sinnvollerweise schauen Sie sich somit an, was die AutoFilm-Funktion von

Windows Movie Maker aus Ihren Mediendateien zu »zaubern« imstande ist:

1. Da die AutoFilm-Funktion einen Videoclip aus dem Inhalt einer Sammlung erstellt, wählen Sie über den linken Sammlungsbereich eine geeignete Sammlung aus (oder erstellen einen neuen Sammlungsordner, in den Sie die gewünschten Bilder, Videos und Musikdateien importieren).
2. Jetzt klicken Sie die Schaltfläche *AutoFilm* in der Symbolleiste an.

Hinweis

Um einen AutoFilm erstellen zu können, muss die Sammlung Inhalte für eine Wiedergabedauer von mindestens 30 Sekunden beinhalten (dazu zählt auch die Anzeigedauer von Bildern).

3. Anschließend legen Sie einen AutoFilm-Bearbeitungsstil fest, zum Beispiel *Ein- und Ausblenden* (siehe Abbildung 12.5).
4. Nach einem Klick auf die Schaltfläche *AutoFilm erstellen* generiert Windows Movie Maker nun den Videoclip. Klicken Sie die *Wiedergabe*-Schaltfläche an, können Sie im Vorschaufenster das Ergebnis sofort begutachten.

Tipp

Werfen Sie einen Blick in die Zeitleiste, um sich von der AutoFilm-Funktion den einen oder anderen Kniff »abzuschauen« und diese künftig in Ihre selbst kreierten Videoclips einzubauen.

Videoclips veröffentlichen

Damit Sie Ihre aufwändig erstellten Videoclips auch anderen zeigen können, ermöglicht Ihnen Windows Movie Maker die Veröffentlichung als Film. Dies lässt sich genauso einfach erledigen wie alle übrigen Aufgaben in Windows Movie Maker:

1. Prüfen Sie über das Storyboard, ob der darüber erstellte Videoclip Ihren Vorstellungen entspricht.
2. Klicken Sie anschließend in der Symbolleiste auf die Schaltfläche *Filmveröffentlichung*.

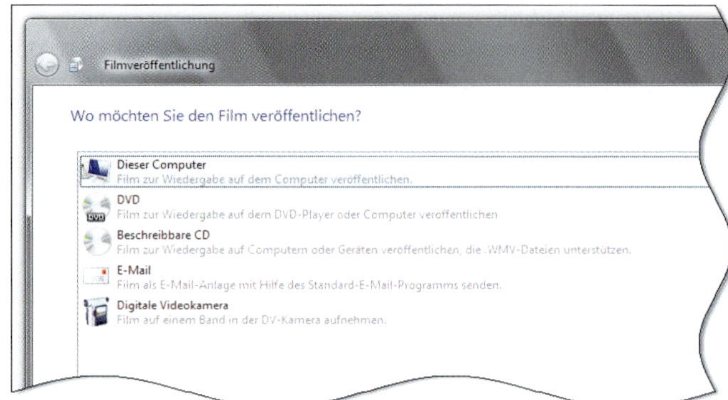

Abbildung 12.6 Ein Assistent unterstützt Sie bei der Veröffentlichung Ihrer Videoclips

3. Ein Assistenten-Dialogfeld wird geöffnet, in dem Sie eines von mehreren in Frage kommenden Zielen auswählen können (siehe Abbildung 12.6). Wenn Sie sich hier für *DVD* entscheiden, erteilen Sie *Windows DVD Maker* (siehe Kapitel 13) den Auftrag, aus Ihrem Videoclip eine Video-DVD zu erstellen, die auf jedem herkömmlichen DVD-Player abspielbar ist.

Hinweis

Um einen sinnvollen Versand per E-Mail zu ermöglichen, können Sie im Dialogfeld *Optionen* (das nach Auswahl des gleichnamigen Eintrags aus dem Menü *Extras* angezeigt wird) über die Registerkarte *Erweitert* die maximale Größe definieren, bis zu der Filmdateien per E-Mail versendet werden dürfen. Standardmäßig geht Windows Movie Maker hierbei von 10 MB aus.

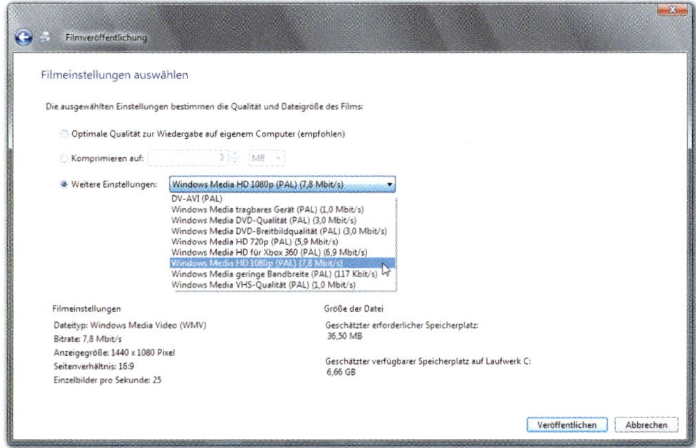

Abbildung 12.7 Zur Filmveröffentlichung stehen diverse Einstellungen zur Verfügung

Eine hohe Flexibilität bietet die Option *Dieser Computer.* Beispielsweise können Sie dabei angeben, welche Auflösung Ihr Film aufweisen soll. Diese Funktion wollen wir uns einmal näher ansehen. Klicken Sie daher probehalber diese Option an und wählen Sie die Schaltfläche *Weiter.*

4. Auf der folgenden Seite ist der Name und der Speicherort der zu erstellenden Filmdatei anzugeben.
5. *Weiter* führt Sie zur Seite *Filmeinstellungen auswählen* (siehe Abbildung 12.7). Neben der Möglichkeit, den Film in einer optimalen Qualität oder einer maximalen Dateigröße zu erstellen, erhalten Sie dort nach Auswahl der Option *Weitere Einstellungen* über das zugehörige Listenfeld die Möglichkeit, die gewünschten Werte für den zu erstellenden Film in verschiedenen Stufen festzulegen. Im unteren Bereich des Dialogfeldes werden Sie über die dabei zugrunde liegenden Filmeinstellungen sowie die zu erwartende Dateigröße informiert.

PROFITIPP

Besteht der Videoclip aus vielen Bildern, die eine hohe Auflösung aufweisen, wählen Sie hier ebenfalls eine Einstellung mit hoher Videoauflösung (abhängig davon, auf welchem Gerät die Wiedergabe Ihres Filmes erfolgt, denn dieses muss die hohe Auflösung ebenfalls unterstützen). Auf diese Weise kommen hochauflösende Fotos auch im Film mit hoher Qualität und großem Detailreichtum zur Geltung.

6. Haben Sie sich für eine Einstellung entscheiden, klicken Sie auf die Schaltfläche *Veröffentlichen.* Daraufhin beginnt Windows Movie Maker mit der Erstellung der Filmdatei und hält Sie über den Verlauf dieses Vorgangs auf dem Laufenden.
7. Abschließend gelangen Sie zur letzten Seite des Assistenten, um diesen durch einen Klick auf *Fertig stellen* zu beenden.

Haben Sie die Markierung des Kontrollkästchens *Bei Klicken auf "Fertig stellen", Film wiedergeben* auf der letzten Seite des Assistenten beibehalten, wird nun die Filmdatei im Windows Media Player automatisch wiedergegeben.

TV-Aufzeichnungen und Videos schneiden

Bislang haben Bilder im Mittelpunkt unserer Betrachtung von Windows Movie Maker gestanden. Genauso ist es möglich, Videofilme mit Windows Movie Maker zu bearbeiten und zu schneiden.

Das Vorgehen ist hierbei ganz ähnlich wie bei Bildern:

- Fügen Sie Ihre Videos (und Musikdateien zur akustischen Untermalung) zunächst in eine Sammlung ein, um sie dann der Reihe nach ins Storyboard zu ziehen.
- Nach Belieben fügen Sie Effekte, Übergänge und einen Titel bzw. Nachspann hinzu.
- Anschließend ist der Videoclip bereit zur Veröffentlichung als Film.

Zusätzlich ermöglicht der Windows Movie Maker das Schneiden von Videoclips. Sie können also Teile einer Videodatei, die Sie nicht in den fertigen Film übernehmen möchten, einfach aus einem Clip herausschneiden.

An einem kleinen Beispiel wird rasch deutlich, wie Sie beim Schneiden von Videos vorgehen. Gleichzeitig können Sie auf diese Weise ein weiteres Highlight des Windows Movie Maker kennen lernen: die Möglichkeit, über das Windows Media Center erstellte TV-Aufzeichnungen (siehe Kapitel 17) zu schneiden. So können Sie eine Aufnahme beispielsweise von unerwünschten Szenen vor oder nach dem Hauptfilm befreien oder störende Werbung herausschneiden.

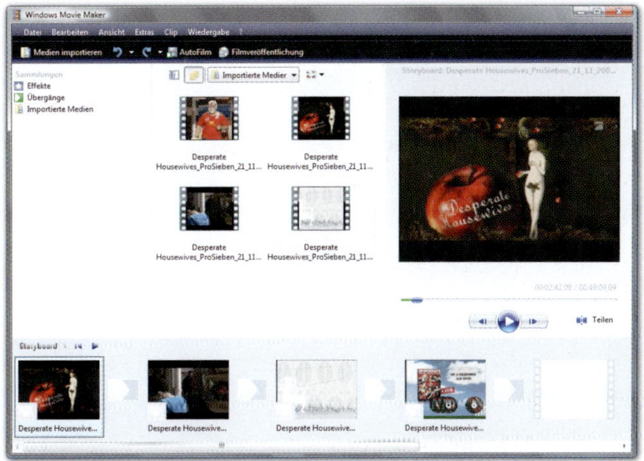

Abbildung 12.8 Ein Highlight von Windows Movie Maker ist das Schneiden von TV-Aufzeichnungen, die über Windows Media Center erstellt wurden

Gehen Sie zum Schneiden eines Films folgendermaßen vor:

1. Erstellen Sie in Windows Movie Maker eine neue Sammlung, um in diese die gewünschte(n) TV-Aufzeichnung(en) bzw. die Videofilme zu importieren.
2. Ziehen Sie den Film auf das Storyboard.
3. Klicken Sie auf die *Wiedergabe*-Schaltfläche im Vorschaubereich, um die Aufzeichnung abzuspielen.

4. Sobald eine Werbung oder eine unerwünschte Szene beginnt, klicken Sie die im Vorschaubereich befindliche Schaltfläche *Teilen* an (hilfreich ist es, den Film zuvor durch erneutes Anklicken der *Wiedergabe*-Schaltfläche anzuhalten). Daraufhin teilt Windows Movie Maker den Clip in zwei Teile – einen, der bis hier läuft, und einen zweiten, der ab diesem Zeitpunkt beginnt.
5. Mit dem Teil, der noch herauszuschneidendes Material enthält, fahren Sie nun fort: Verwenden Sie erneut die *Wiedergabe*-Schaltfläche oder den zugehörigen Schieberegler, um bis zu der Position zu gelangen, an der Sie den nächsten Schnitt durchführen möchten. Klicken Sie jetzt erneut auf die Schaltfläche *Teilen*.
6. Nach diesem Schema verfahren Sie für die gesamte Aufzeichnung. Als Ergebnis daraus befinden sich schließlich in Ihrem Storyboard Clips, von denen einige – nämlich die, die nur den Versatz am Anfang oder Ende bzw. Werbung enthalten – gelöscht werden können. Und genau das machen Sie jetzt auch: Klicken Sie die zu löschenden Clips mit der rechten Maustaste an und wählen Sie im Kontextmenü den Eintrag *Entfernen* aus. Auf diese Weise löschen Sie aus dem Storyboard alle Clips, bis nur noch diejenigen übrig sind, die dem fertigen Film entsprechen sollen.
7. Abschließend speichern Sie den Videoclip als Filmdatei auf der Festplatte Ihres Computers oder brennen ihn auf DVD. Hierzu klicken Sie die bereits bekannte Schaltfläche *Filmveröffentlichung* in der Symbolleiste des Windows Movie Makers an und fahren wie im Abschnitt »Videoclips veröffentlichen« weiter oben in diesem Kapitel beschrieben fort.

Zusammenfassung

Ob digitale Bilder, selbst gedrehte Videos oder TV-Aufzeichnungen: Mit Windows Movie Maker können Sie das Beste aus diesen Mediendateien herausholen. Die folgende Übersicht fasst noch einmal alles Wissenswerte für Sie zusammen.

Sie möchten ...	So gehen Sie vor	Sehen Sie sich dazu das Beispiel an auf
Windows Movie Maker starten	Tippen Sie in das Schnellsuchfeld des Startmenüs die Zeichenfolge »mov« ein und klicken Sie auf den daraufhin angezeigten Link *Windows Movie Maker*	Seite 221
Medieninhalte in eine Sammlung importieren	In der Symbolleiste von Windows Movie Maker klicken Sie auf die Schaltfläche *Medien importieren*	Seite 221
einen aus Fotos bestehenden Videoclip erstellen	Ziehen Sie nacheinander alle gewünschten Bilder aus dem Inhaltsbereich in das Storyboard	Seite 222
Übergänge zu einem Videoclip hinzufügen	Klicken Sie im Aufgaben-Bereich auf den Link *Übergänge*	Seite 222
Effekte zu einem Videoclip hinzufügen	Klicken Sie im Aufgaben-Bereich auf den Link *Effekte*	Seite 222
Titel im Vor- oder Nachspann eines Videoclips angeben	Klicken Sie im Aufgaben-Bereich auf den Link *Titel*	Seite 223
einen Videoclip mit der AutoFilm-Funktion erstellen	Stellen Sie die gewünschten Mediendateien als Sammlung zusammen und klicken Sie in der Symbolleiste auf die Schaltfläche *AutoFilm*	Seite 224
einen Videoclip als Film veröffentlichen	Nachdem das Storyboard alle Elemente enthält, klicken Sie in der Symbolleiste auf die Schaltfläche *Filmveröffentlichung*	Seite 224
eine TV-Aufzeichnung oder ein Video schneiden	Importieren Sie die TV-Aufzeichnung in eine Sammlung, ziehen diese von dort aus in das Storyboard und klicken an den gewünschten Stellen im Clip auf die Schaltfläche *Teilen*	Seite 225

Tobias Weltner

13 Windows DVD Maker

Aus eigenen Fotos und Videos eigene DVDs erstellen – zum Beispiel als ausgefallene Geschenkidee oder zu Präsentationszwecken – ist mit dem Windows DVD Maker in wenigen Minuten möglich. Die erstellte DVD kann anschließend in handelsüblichen DVD-Playern abgespielt und so zum Beispiel auf dem Fernseher angeschaut werden. Ein Computer ist zum Anschauen also nicht mehr nötig.

Sie benötigen dazu ein beschreibbares DVD-Laufwerk und die passenden DVD-Rohlinge. Wichtig: Der Windows DVD Maker ist nur in Windows Vista Home Premium und Windows Vista Ultimate enthalten.

Videomaterial vorbereiten

Beginnen Sie Ihre DVD, indem Sie den Windows DVD Maker starten und die Bilder und Videos auswählen, die Sie auf DVD brennen wollen.

1. Öffnen Sie das Startmenü, und geben Sie ins Textfeld ein: *DVD*. Wenig später zeigt die linke Spalte den Eintrag *Windows DVD Maker*. Klicken Sie darauf, um das Programm zu starten.
2. Ein Begrüßungsfenster öffnet sich, in dem Sie auf *Fotos und Videos auswählen* klicken.
3. Klicken Sie auf *Elemente hinzufügen*, um die Bilder und Videos auszuwählen, die Sie verarbeiten wollen. Sie sehen nun eine Liste mit Ihrem Videomaterial.

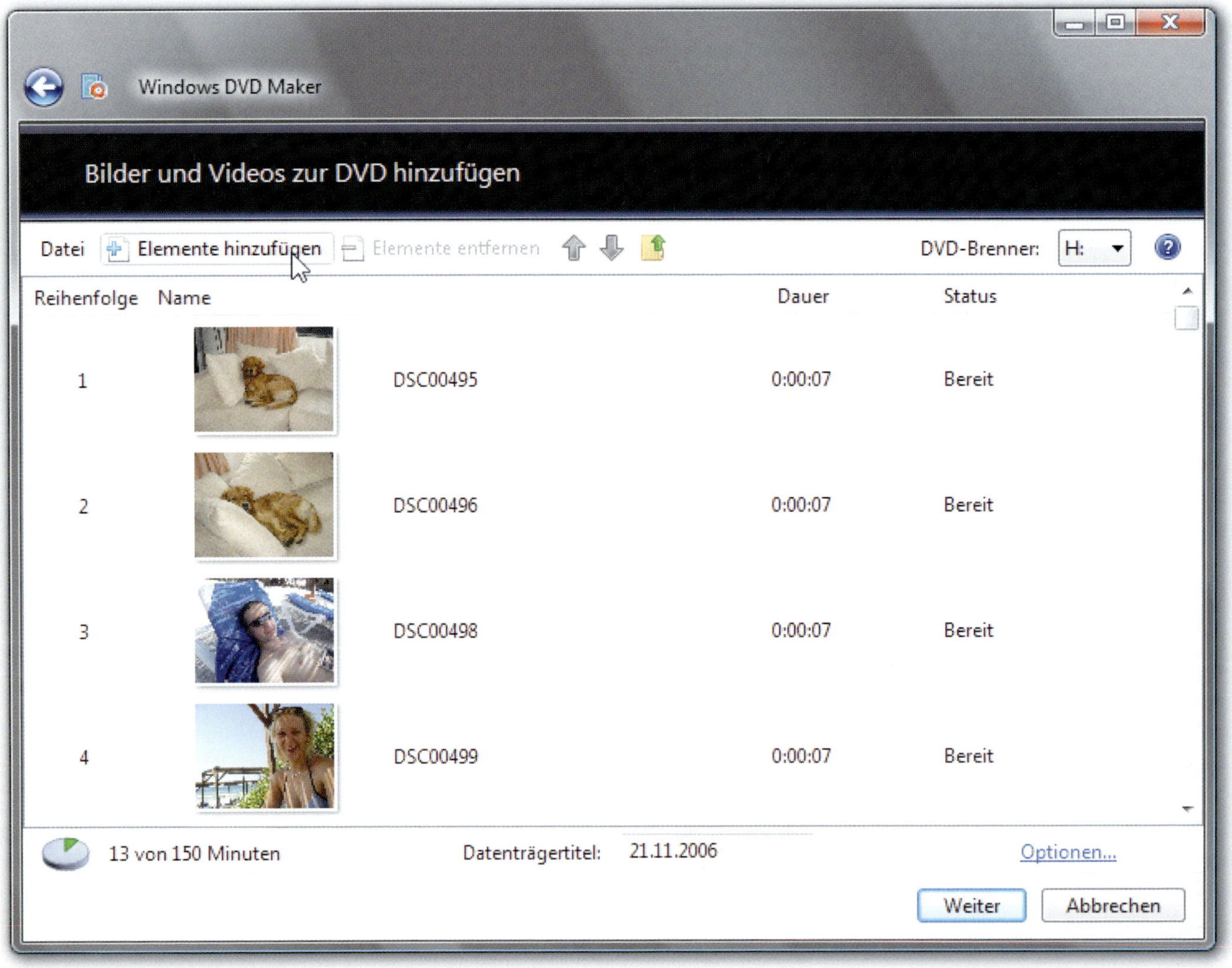

Abbildung 13.1 Fügen Sie Bilder hinzu und überprüfen Sie die Gesamtlänge Ihres Videos

4. Im unteren Bereich sehen Sie eine Tortengrafik, die die maximale Laufzeit der DVD und den bereits belegten Raum anzeigt. Überlegen Sie sich, wie lang Ihre Diashow bzw. Ihr Videofilm laufen soll. Übersteigt die Dauer das Fassungsvermögen der DVD, entfernen Sie Bilder bzw. Videos aus der Liste mit einem Klick auf *Element entfernen*. Ist die Dauer (noch) zu kurz, fügen Sie weitere Bilder bzw. Videos über die Schaltfläche *Elemente hinzufügen* hinzu, bis die angezeigte Laufzeit Ihren Wünschen entspricht.
5. Geben Sie Ihrem Video im Feld *Datenträgertitel* einen aussagekräftigen Namen. Klicken Sie dann auf den Link *Optionen*. Das Dialogfeld *DVD-Optionen* öffnet sich. Hier legen Sie die technischen Details Ihres Videos fest:
   - **Wiedergabeeinstellungen** Hier bestimmen Sie, wie Ihr Video abgespielt wird. Normalerweise beginnen Videos mit dem DVD-Menü. Wenn Sie allerdings ein Video für eine Schaufensterpräsentation planen, ist die Option *Video in einer Endlosschleife wiedergeben* die bessere Wahl.
   - **DVD-Seitenverhältnis** Ältere Fernseher, Bildschirme und Beamer verwenden das Seitenverhältnis *4:3*. Möchten Sie Ihr Video auf modernen Breitbildfernsehern wiedergeben, wählen Sie besser *16:9*.
   - **Videoformat** In Europa ist das Videoformat *PAL* gebräuchlich. Möchten Sie das Video dagegen an Verwandte in den USA senden, stellen Sie das Format auf *NTSC* um. Moderne DVD-Player verarbeiten übrigens beide Formate.
   - **Geschwindigkeit des DVD-Brenners** Hier legen Sie fest, in welcher Geschwindigkeit die DVD erstellt werden soll. Je höher die Geschwindigkeit, desto schneller ist die DVD erstellt. Sollten Ihre DVDs anschließend allerdings nicht richtig funktionieren, wählen Sie beim nächsten Versuch besser eine niedrigere Brenngeschwindigkeit – oder bessere DVD-Rohlinge.
   - **Temporärer Datenspeicherort** Hier wird angegeben, wo die Bestandteile Ihres Videos zwischengespeichert werden, während Sie die DVD produzieren. Normalerweise müssen Sie hier keine Anpassungen vornehmen. Nötig ist dies nur, wenn auf Ihrer Standardfestplatte kaum noch Platz frei ist und Sie lieber auf ein anderes Laufwerk ausweichen möchten.
6. Bestätigen Sie das Dialogfeld mit *OK* und klicken Sie auf *Weiter*. Jetzt gestalten Sie die Details der Diashow. Sobald Sie damit zufrieden sind, können Sie die Video-DVD mit einem Klick auf *Brennen* produzieren. Der Brennvorgang dauert je nach Länge Ihres Videos zwischen einigen Minuten und einigen Stunden.

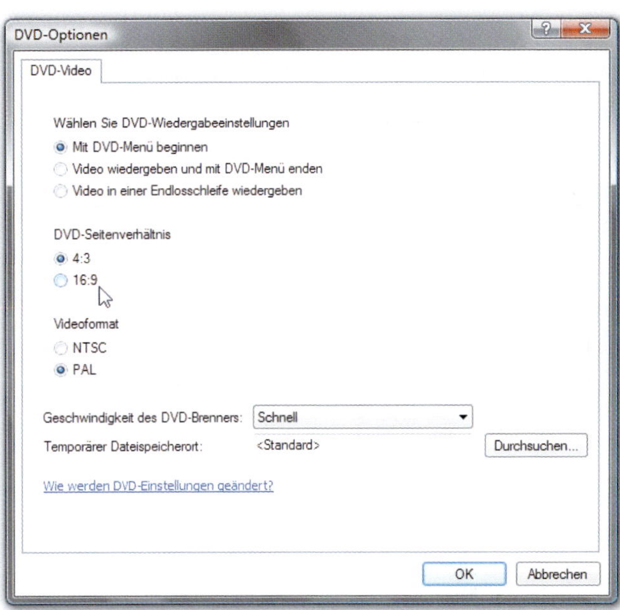

Abbildung 13.2 DVD-Optionen für Ihr Video festlegen

Tipp

Sie können Ihre DVD-Produktion auch anders beginnen: Starten Sie die Fotogalerie, und wählen Sie darin in Ruhe die Bilder und Videos aus, die Sie auf eine DVD brennen wollen. Danach klicken Sie in der Symbolleiste der Fotogalerie auf *Brennen* und wählen *Video-DVD*. Auch so startet der Windows DVD Maker. Jetzt allerdings ist seine Liste bereits mit dem Videomaterial gefüllt, das Sie in der Fotogalerie ausgewählt haben.

Video-DVD gestalten

Nachdem Sie die Videomaterialien festgelegt haben, die Sie in Ihrer Diashow verarbeiten wollen, gelangen Sie zur zweiten und letzten Hauptseite von Windows DVD Maker. Von hier aus können Sie sich Ihre Diashow jederzeit per Klick auf die Schaltfläche *Vorschau* anzeigen lassen. Wenn Sie zufrieden sind, brennen Sie die Diashow mit der Schaltfläche *Brennen* rechts unten auf DVD.

Bevor Sie das tun, können Sie Ihre Diashow aber mit vielfältigen Optionen verschönern.

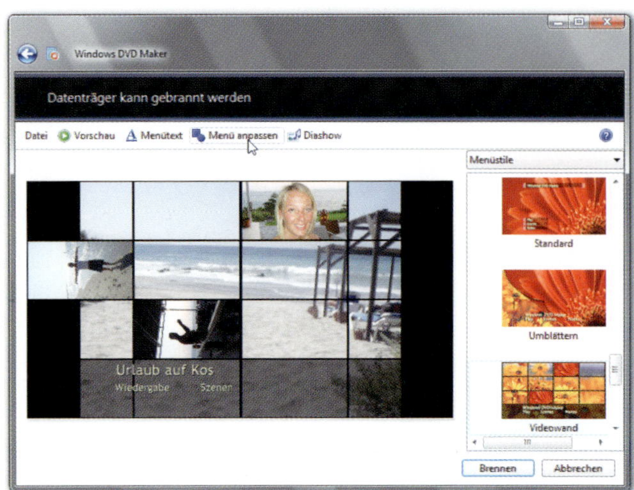

Abbildung 13.3 Ihre Gestaltungsmöglichkeiten für die Diashow

Menü erstellen

Jede DVD beginnt üblicherweise mit einem DVD-Menü. Auch Ihre eigene Video-DVD kann ein solches Menü erhalten. Dazu wählen Sie rechts aus der Liste der Menüstile einfach das Menü aus, das Ihnen am besten gefällt.

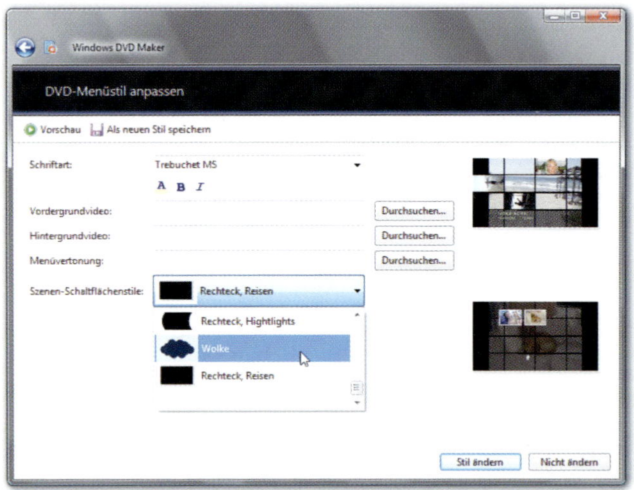

Abbildung 13.4 Videos für die Titelseite festlegen

Danach klicken Sie in der Symbolleiste auf *Menütext*. Jetzt legen Sie die Texte fest, die auf der Menüseite angezeigt werden. Sie können hier auch die Schaltflächen beschriften, mit denen die Diashow später aus dem Menü heraus gestartet wird.

Testen Sie Ihre Einstellungen per Klick auf *Vorschau* links oben. Sind Sie zufrieden, klicken Sie auf *Text ändern*. Danach klicken Sie in der Symbolleiste auf *Menü anpassen*. Jetzt können Sie Videos festlegen, die direkt auf der Titelseite abgespielt werden. Auch die Form der Schaltflächen lässt sich verändern.

Auch hier können Sie das Ergebnis per Klick auf *Vorschau* testen und den gewählten Stil dann mit *Stil ändern* übernehmen. Wollen Sie Ihre Einstellungen auch für spätere DVDs verwenden, speichern Sie die Einstellungen per Klick auf *Als neuen Stil speichern* am oberen Rand des Fensters unter einem neuen Namen.

Die Diashow gestalten

Nachdem das Menü gestaltet ist, legen Sie nur noch fest, wie die Diashow ablaufen soll. Dazu klicken Sie in der Symbolleiste auf *Diashow*. Über die Schaltfläche *Musik hinzufügen* fügen Sie Hintergrundmusik hinzu. Dabei sollten Sie die Zeiten am unteren rechten Rand der Musikliste beachten und möglichst so viel Musik hinzufügen, dass die Musiklänge in etwa der Diashowlänge entspricht.

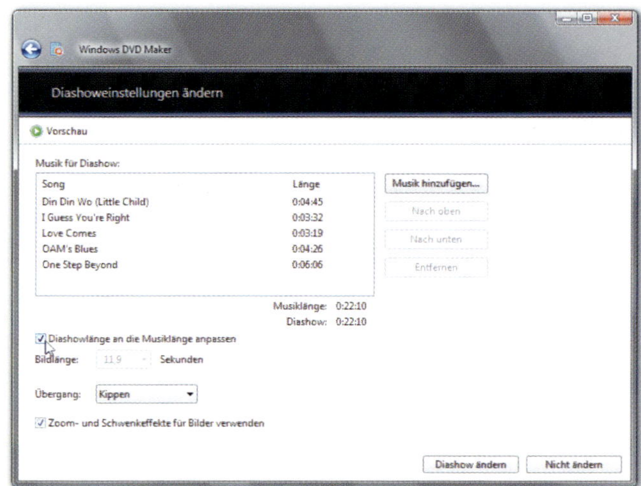

Abbildung 13.5 Legen Sie fest, wie Ihre Diashow aussehen soll

Die Gesamtlänge Ihrer Diashow hängt davon ab, wie lange die einzelnen Bilder zu sehen sein sollen. Voreingestellt sind sieben Sekunden. Wenn Sie diese Zeit ändern, verkürzt oder verlängert sich die gesamte Diashow entsprechend. Möchten Sie die Diashow genau auf die Hintergrundmusiklänge abstimmen, aktivieren Sie das Kontrollkästchen *Diashowlänge an die Musiklänge anpassen*. Jetzt berechnet der Windows DVD Maker automatisch, wie lange jedes einzelne Bild gezeigt wird.

Im Listenfeld stehen verschiedene Videoeffekte für Übergänge zur Verfügung. Wählen Sie zunächst einen aus, und klicken Sie dann oben auf die Schaltfläche *Vorschau*, um den Effekt live zu begutachten.

Sehr interessant ist außerdem die Option *Zoom- und Schwenkeffekte für Bilder verwenden*, die die gesamte Diashow lebendiger macht, indem der Betrachter den Eindruck hat, langsam über die einzelnen Bilder hinwegzuschweben. Haben Sie alle Einstellungen festgelegt, klicken Sie auf *Diashow ändern*.

Diashow als DVD brennen

Haben Sie alle Details Ihrer Diashow festgelegt, starten Sie den Brennvorgang mit einem Klick auf *Brennen* rechts unten im Dialogfeld. Falls noch keine beschreibbare DVD ins Laufwerk eingelegt ist, werden Sie jetzt aufgefordert, dies nachzuholen.

Der Brennvorgang selbst kann relativ lange dauern. Ein Dialogfeld informiert Sie, wie weit der Vorgang abgeschlossen ist.

Sobald die DVD fertig ist, brauchen Sie sie nur noch wie einen DVD-Film in einen DVD-Player einzulegen und können Ihre Diashow genießen.

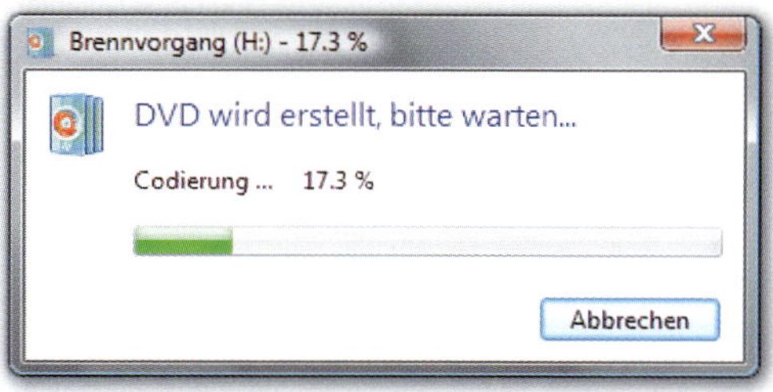

Abbildung 13.6 Der Brennvorgang kann durchaus eine halbe Stunde dauern

Achtung

Die meisten DVD-Laufwerke in Computern unterstützen alle gängigen DVD-Formate. HiFi-DVD-Player sind dagegen wählerischer und unterstützen oft nur bestimmte DVD-Formate. Achten Sie also darauf, den richtigen Rohlingtyp zu verwenden, damit Sie die DVD auch über den heimischen DVD-Player auf dem Fernseher anschauen können.

Zusammenfassung

Der Windows DVD Maker ist ein kleines, aber praktisches Werkzeug, um aus Fotos oder Videos eine eigene DVD zu erstellen. Diese eignet sich zum Beispiel als Geschenk, denn der Empfänger braucht zum Abspielen keinen Computer, sondern nur einen DVD-Player und einen Fernseher.

Sie möchten ...	So gehen Sie vor	Sehen Sie sich dazu das Beispiel an auf
den Titel der Diashow festlegen	Geben Sie den Titel auf der Seite mit den Videomaterialien ins Feld *Datenträgertitel* ein	Seite 228
festlegen, welche Bilder und Videos in Ihrer Diashow enthalten sind	Klicken Sie oben links auf die *Zurück*-Schaltfläche, bis Sie die Liste der Videomaterialien sehen, und klicken Sie auf *Elemente hinzufügen*	Seite 228
festlegen, ob die DVD mit einem Menü beginnen oder sofort starten soll	Klicken Sie auf der Seite mit den Videomaterialien auf *Optionen*	Seite 229
die Diashow im 16:9-Format aufnehmen	Klicken Sie auf der Seite mit den Videomaterialien auf *Optionen*	Seite 229
das Videoformat auf PAL festlegen	Klicken Sie auf der Seite mit den Videomaterialien auf *Optionen*	Seite 229
die Untertitel des Menüs festlegen	Klicken Sie auf der Gestaltungsseite in der Symbolleiste auf *Menütext*	Seite 229
den Stil des Menüs ändern	Klicken Sie auf der Gestaltungsseite rechts in der Liste *Menüstile* auf den gewünschten Stil. Klicken Sie dann in der Symbolleiste auf *Menü anpassen*.	Seite 229
die Diashow mit Musik unterlegen	Klicken Sie auf der Gestaltungsseite auf *Diashow*, und fügen Sie die Musik mit *Musik hinzufügen* hinzu	Seite 230
festlegen, wie lange ein Bild angezeigt wird	Klicken Sie auf der Gestaltungsseite auf *Diashow*, und legen Sie neben *Bildlänge* die Zeit fest	Seite 230
die Überblendungseffekte festlegen	Klicken Sie auf der Gestaltungsseite auf *Diashow*, und legen Sie die Überblendeffekte neben *Übergang* fest	Seite 230
die Diashow testen	Klicken Sie auf der Gestaltungsseite in der Symbolleiste auf *Vorschau*	Seite 229
die Diashow auf DVD brennen	Klicken Sie auf der Gestaltungsseite auf die Schaltfläche *Brennen*	Seite 231

Teil D

Windows Media Center

Eric Tierling

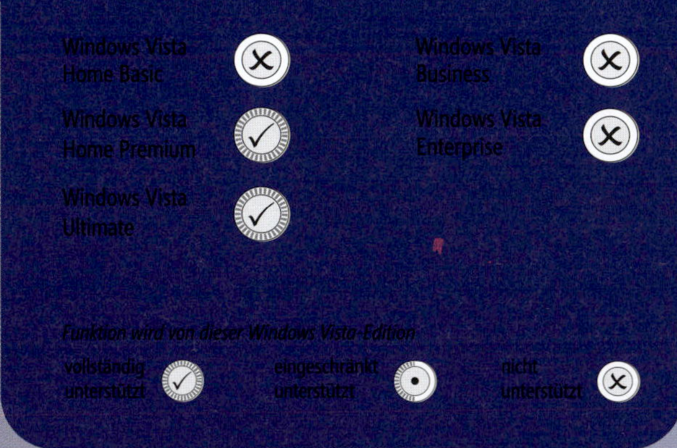

14 Windows Media Center entdecken

Abbildung 14.1 Windows Media Center als digitale Unterhaltungszentrale

Computer und Unterhaltungselektronik wachsen immer stärker zusammen. Denn dank seiner vielfältigen Möglichkeiten ist es gerade der PC, der ideal mit portablen Musik-Playern, Digitalkameras etc. umzugehen versteht. In Kombination mit weiteren Funktionen zum Empfang und zur Aufzeichnung von Fernsehsendungen, die den Computer in einen digitalen Videorekorder verwandeln, agiert der PC zunehmend als Unterhaltungszentrale und unterstützt dabei eine Vielzahl von Medien.

Zur sinnvollen Nutzung des PCs als leistungsfähige Unterhaltungszentrale hat Microsoft das *Windows Media Center* geschaffen. Unter einer einheitlichen Oberfläche vereint dieses Programm alle Funktionen zur digitalen Unterhaltung, die sich komplett per Fernbedienung steuern lassen (alternativ ist auch die Bedienung per Tastatur und Maus möglich). Windows Media Center verleiht somit dem Computer noch mehr Flexibilität und Vielseitigkeit, was Ihnen als Anwender die Möglichkeit eröffnet, Ihren PC bei der Arbeit, im Wohnzimmer oder auf Reisen zusätzlich – oder ausschließlich – zur Unterhaltung zu nutzen.

Die Oberfläche von Windows Media Center ist dabei in einem Guss gehalten und wartet mit einer durchgängigen Bedienung zur komfortablen Nutzung aller Merkmale auf. So kann Windows Media Center unterschiedliche Entertainment-Funktionen bequem über ein einziges Gerät, den Windows Media Center-PC, zugänglich machen.

Hinweis 

Bei einem »Windows Media Center-PC« handelt es sich um einen PC, auf dem das Windows Media Center-Programm und somit Windows Vista Home Premium oder Windows Vista Ultimate (in anderen Editionen von Windows Vista ist Windows Media Center nicht enthalten) seinen Dienst versieht.

Gute Unterhaltung mit Windows Media Center

Windows Media Center ist die fassende Schaltzentrale von Windows Vista zur Unterhaltung über digitale Medien wie Musik, TV, DVD, Foto und Video. Anstatt für jedes Medium auf mehrere Geräte oder verschiedenartige Steuersoftware zurückzugreifen, bekommen Sie bei Windows Media Center alles aus einer Hand – insbesondere bei Verwendung der Windows Media Center-Fernbedienung (die zwar nicht zwingend erforderlich ist, aber die Nutzung des Windows Media Center-Programms noch komfortabler macht).

Über das durchgängige Bedienungskonzept des Windows Media Center-Programms erfolgt die Nutzung aller Medien genauso einfach, wie Sie es von Geräten der Unterhaltungselektronik her kennen – bequem über die Windows Media Center-Fernbedienung. Stellen Sie sich vor, Sie möchten Bilder, Musik, Videos, DVDs und Fernsehen inklusive digitalem Videorekorder genießen, ohne dafür zu Tastatur oder Maus zu greifen: Mit einem herkömmlichen PC ist dies praktisch unmöglich. Mit dem Windows Media Center hingegen haben Sie dies alles bequem mit der Fernbedienung im Griff.

Hinweis 

Im Gegensatz zum Betriebssystem Windows XP Media Center Edition 2005, das Microsoft ausschließlich für den Einsatz zu Hause konzipiert hat und bei dem die Einbindung in eine Domäne in der Regel zum Verlust der Windows Media Center-Funktionalität führt, kann ein mit Windows Vista Ultimate arbeitender PC auch bei Verwendung des Windows Media Centers in eine Domäne eingebunden werden (Windows Vista Home Premium unterstützt keine Einbindung in eine Domäne).

Das Windows Media Center von Windows Vista stellt die Weiterentwicklung des früheren, nur in Windows XP Media Center Edition 2005 enthaltenen Programms »Windows Media Center« dar. Darauf aufbauend, hat Microsoft das Windows Media Center von Windows Vista unter anderem mit einer optimierten Bedienung ausgestattet, was eine noch umfassendere, leichtere Nutzung digitaler Medien gestattet.

Einsatzszenarien zu Hause und unterwegs

Ein mit Windows Media Center versehener Windows Vista-PC ist ein vollwertiger Rechner und eine vielseitige Unterhaltungszentrale in Einem. Wann, wo und wie Sie die verschiedenen Talente eines solchen Computers nutzen, liegt ganz bei Ihnen, denn die Palette der Möglichkeiten ist breit gefächert:

- **Zu Hause oder bei der Arbeit** Im Arbeits- oder Kinderzimmer sowie in der Firma lässt sich der Computer ganz genauso wie ein herkömmlicher Windows Vista-PC nutzen. Das Windows Media Center kommt in diesem Fall nur bei Bedarf zum Einsatz. Abhängig von der jeweiligen Situation respektive der anstehenden Aufgabe verfügen Sie somit über einen leistungsfähigen Computer, mit dem Sie Dokumente erstellen, E-Mails abrufen und versenden, im Internet surfen und sich nebenbei von Windows Media Center mit Ihrer Lieblingsmusik, von TV-Sendungen etc. unterhalten lassen können.
- **Wohnzimmer** Ebenfalls gibt es Computer, die insbesondere für den Wohnzimmereinsatz konzipiert sind – etwa, um alle digitalen Musikdateien zentral an einer Stelle zu wissen (und von hier aus wiederzugeben) oder um den VHS-Videorekorder auszumustern und TV-Sendungen künftig auf der Festplatte des Computers aufzunehmen. In diesem Umfeld können Windows Vista und das Windows Media Center mit ihren Unterhaltungskünsten aufwarten, während die übrigen Funktionen des PCs nur eine untergeordnete Rolle spielen bzw. nur dann ins Spiel kommen, wenn es zum Beispiel um die Aktualisierung des Fernsehprogramms per Internet oder die Anbindung eines portablen Musik-Players geht.
- **Auf Reisen und im Urlaub** Auch auf privaten oder dienstlichen Reisen sowie in den Ferien brauchen Sie nicht auf die gute Unterhaltung durch Windows Media Center zu verzichten: Mit einem Notebook, das mit Windows Vista Home Premium oder Windows Vista Ultimate ausgestattet ist, erhalten Sie die Möglichkeit, sich auch abseits von zu Hause oder der Firma entsprechend Ihrem persönlichen Geschmack unterhalten zu lassen.

> **Tipp**
>
> Ein *Windows Media Center Extender* zum Beispiel in Form der Xbox 360 (siehe Kapitel 18) eröffnet Ihnen die Gelegenheit, die von Windows Media Center verwalteten Mediendateien auch in andere Räume zu transportieren bzw. von anderen Räumen aus diese Inhalte über die vertraute Windows Media Center-Oberfläche abzurufen. Dadurch können Sie zum Beispiel über eine Xbox 360 auch im Wohnzimmer die digitale Musik hören, die auf dem Windows Vista-PC im Arbeitszimmer gespeichert ist.

So unterschiedlich wie die Einsatzgebiete sind auch die Bauformen der entsprechenden Computer, denn für so gut wie jeden Zweck und Geschmack bieten Hardware-Hersteller etwas Passendes an. Welche Art von Rechnergehäuse für Sie am besten geeignet ist, hängt maßgeblich von Ihrem persönlichen Geschmack und Stilempfinden sowie Ihren individuellen Vorstellungen ab. Ein Tower samt Monitor, Tastatur und Maus macht im Wohnzimmer nicht unbedingt die beste Figur, sondern passt besser unter den Schreibtisch. Ein Windows Vista-PC im Aluminium-Gehäuse mit dem Format einer HiFi-Komponente hingegen kann gar zu einem Design-Stück im Wohnzimmer avancieren, während ein Computer mit Gehäuse in »Würfel«-Form überall kaum Platz wegnimmt. Sind Sie häufig unterwegs, dürfte ein Notebook das Richtige sein. Mit diesem können Sie sich nicht nur zu Hause, sondern auch im Zug, während einer Geschäftsreise oder im Urlaub unterhalten lassen – selbst dann, wenn weit und breit keine Steckdose in der Nähe ist (zumindest, solange der Akku reicht).

Windows Media Center vs. Windows Media Player

Windows Media Center ist nicht das einzige Programm von Windows Vista, bei dem es um Entertainment geht. Der Windows Media Player (siehe Kapitel 10) kann ebenfalls Musikdateien und Videos wiedergeben, während zum Beispiel die Windows-Fotogalerie (siehe Kapitel 9) auf Bilder spezialisiert ist. Was also kann Windows Media Center, was andere Komponenten von Windows Vista nicht können?

Bezogen auf Funktionen und Merkmale bestehen manche Überschneidungen. Teilweise ist dies durchaus beabsichtigt: So arbeiten Windows Media Center und Windows Media Player bei der Medienbibliothek Hand in Hand, sodass beide Programme auf gemeinsame Medieninformationen zugreifen. Genauso existieren aber auch Unterschiede: Mit dem Windows Media Center (und einer TV-Karte) ist es zum Beispiel möglich, fernzusehen und den PC als digitalen Videorekorder zu nutzen.

Der größte und entscheidende Unterschied liegt in der Bedienung. Während der Windows Media Player und andere Komponenten von Windows Vista die Bedienung mit Tastatur und Maus voraussetzen, lässt sich das Windows Media Center auch ohne Verwendung von Maus und Tastatur per Fernbedienung steuern. Damit geht nicht nur beim Einsatz im Wohnzimmer, sondern auch am Arbeitsplatz oder auf Reisen ein hoher Komfort einher: Beispielsweise lässt sich der PC nun per Tastendruck auf die Fernbedienung in Betrieb nehmen. Und wer gerade nicht direkt vor seinem Computer, sondern etwa für Aufzeichnungen, beim Telefonieren etc. ein paar Meter entfernt sitzt, hat per Fernbedienung sein persönliches Entertainment ebenfalls bequem im Griff, ohne sich dafür zum Computer zu begeben und dort Tastatur oder Maus zur Hand zu nehmen.

Windows Media Center starten

Der Start von Windows Media Center ist denkbar einfach:

- Sie brauchen nur die ( )-Taste auf der Fernbedienung zu drücken. Diese ist nicht zu verfehlen: Es handelt sich um die große grüne, mit dem Windows-Logo (wie nebenstehend abgebildet) versehene Taste. Über die Tastatur bzw. Maus lässt sich das Windows Media Center-Programm zudem durch Auswahl des gleichnamigen Eintrags aus dem Windows Vista-Startmenü aufrufen.
- Es gibt noch weitere Wege, das Windows Media Center zu starten, wenn dieses nicht bereits aktiv ist: Drücken Sie auf der Fernbedienung eine der Direktwahltasten (Videos), (Bilder), (Musik) oder (TV) (falls diese auf Ihrer Fernbedienung existieren), finden Sie sich kurz darauf nicht nur im Windows Media Center, sondern automatisch dort im Unterbereich *Videobibliothek* bzw. *Bildbibliothek* des Bereichs *Bilder + Videos*, im Unterbereich *Musikbibliothek* des Bereichs *Musik* oder im Unterbereich *Aufzeichnungen* des Bereichs *TV + Filme* wieder. Genauso führen Sie die Funktionstasten (Live-TV), (TV Aufz.) und (EPG) (sofern auf Ihrer Fernbedienung vorhanden) auf direktem Wege zum aktuellen Fernsehgeschehen bzw. den Menüseiten *Aufzeichnungen* respektive *TV-Programm* des Windows Media Center-Bereichs *TV + Filme*. Die Windows Media Center-Startseite holen Sie dann jederzeit durch Drücken der ( )-Taste wieder auf den Bildschirm zurück.

Tipp

Falls keine Windows Media Center-Fernbedienung bei Ihrem Windows Vista-PC dabei war, können Sie diese als Zubehör für kleines Geld erwerben. Trotz allem Komfort, den eine Fernbedienung bietet, können Sie dem Windows Media Center selbstverständlich auch über die Tastatur und Maus Ihre Anweisungen erteilen (siehe den Abschnitt »Steuerung mit Tastatur und Maus« weiter hinten in diesem Kapitel).

Windows Media Center-Setup

Beim ersten Start begrüßt Sie Windows Media Center mit seinem *Willkommens-Fenster* (siehe Abbildung 14.2). Dieses bietet Ihnen folgende Optionen zur Einrichtung an:

- **Setup später ausführen** Möchten Sie sich erst einmal auf Erkundungstour durch das Windows Media Center-Programm begeben, ohne gleich die Einrichtung durchzuführen, können Sie auf diese Option zurückgreifen. Allerdings stehen Ihnen hierbei nicht alle Merkmale (etwa TV) zur Verfügung. Daraufhin werden Sie sofort vom Windows Media Center-Hauptmenü begrüßt – und können sich zum Beispiel mit seinen Bereichen und seiner Bedienung vertraut machen (siehe den Abschnitt »Windows Media Center kennen lernen«). Beim nächsten Start von Windows Media Center erhalten Sie erneut das Willkommens-Fenster angezeigt.

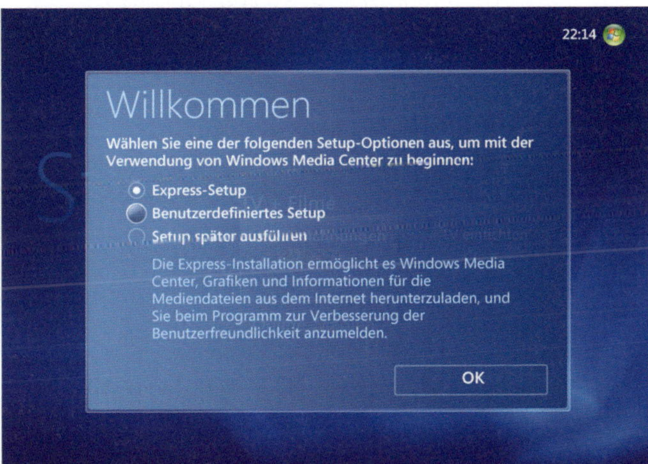

Abbildung 14.2 So präsentiert sich Windows Media Center beim ersten Aufruf

- **Express-Setup** Hierbei wird Windows Media Center lediglich für den Bezug von Medieninformationen, Albumcovern etc. aus dem Internet eingerichtet. Zusätzlich wird die Teilnahme am Programm zur Verbesserung der Benutzerfreundlichkeit eingerichtet. Auch bei dieser Setup-Option finden Sie sich anschließend direkt im Hauptmenü von Windows Media Center wieder, um die meisten, aber nicht alle Merkmale zu nutzen (die Fernsehfunktionen zum Beispiel setzen eine vorherige Einrichtung voraus). Dafür können Sie nach Verwendung dieser Option mit anderen Windows Media Center-Bereichen wie *Musik* (siehe Kapitel 16) Bekanntschaft schließen und erfahren, was die Musikbibliothek für Sie zu bieten hat.
- **Benutzerdefiniertes Setup** Mit dieser Option führen Sie die Einrichtung von Windows Media Center durch (siehe den Abschnitt »Benutzerdefiniertes Setup«). Hier werden Sie von Assistenten Schritt für Schritt durch alle Aufgaben geführt, um Windows Media Center anschließend in vollem Umfang nutzen zu können.

Hinweis 

Möchten Sie die Möglichkeiten von Windows Media Center ausschöpfen und dieses auf die mit dem Windows Vista-PC verbundenen Hardware-Komponenten wie TV-Karte und Monitor abstimmen, empfiehlt es sich, das benutzerdefinierte Setup zu durchlaufen.

Windows Media Center kennen lernen

Windows Media Center vereint alle Funktionen zur komfortablen digitalen Unterhaltung unter einer einheitlichen Oberfläche. Von hier aus sind alle Formen der Unterhaltung mit wenigen Tastendrücken auf der Fernbedienung erreichbar.

Die Bildschirmeinteilung

Windows Media Center besitzt eine bestimmte Aufteilung in bestimmte Regionen. Bereits die *Windows Media Center-Startseite*, die Sie unmittelbar nach dem Laden des Programms begrüßt, besitzt mehrere Elemente: In der Mitte befindet sich das *Windows Media Center-Hauptmenü*. Von hier aus lassen sich die einzelnen Windows Media Center-Bereiche – *Bilder + Videos*, *Musik*, *TV + Filme*, *Aufgaben* etc., die mit jeweils eigenen Unterbereichen bzw. Menüs und Elementen aufwarten – durch Auswahl des jeweiligen Eintrags direkt erreichen. Um zu einem bestimmten Bereich zu gelangen, markieren Sie den zugehörigen Eintrag mit den Richtungstasten ▲ sowie ▼ der Fernbedienung, sodass Sie anschließend den gewünschten Unterbereich mit den Richtungstasten ◀ und ▶ auswählen, um zu diesem durch Drücken der Taste OK zu wechseln.

Im weiteren Verlauf kommt außerdem der Funktionstaste ← eine besondere Bedeutung zu: Diese führt Sie jederzeit zu Ihrer jeweils vorherigen Position zurück. Begeben Sie sich also beispielsweise von *Musik* zu *Aufgaben* und dort zu *Allgemein*, landen Sie nach dreimaligem ← wieder in *Musik*.

Hinweis

Anders, als Sie es sonst vielleicht vom PC gewöhnt sind, bewirkt die Funktionstaste ← also keinen Wechsel zur übergeordneten Menüebene (was etwa beim Hauptmenü auf der Windows Media Center-Startseite ja auch keinen Sinn machen würde).

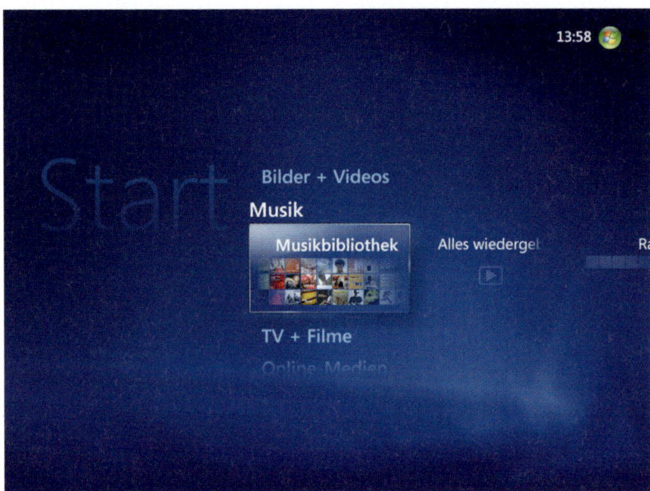

Abbildung 14.3 Der Startseite von Windows Media Center

In der rechten oberen Ecke ist das – mit der aktuellen Uhrzeit versehene – Windows Media Center-Logo zu sehen. Dieses weicht automatisch der Menüleiste im linken oberen Bereich, sobald Sie die Maus bewegen (siehe den Abschnitt »Steuerung mit Tastatur und Maus«).

Drücken Sie auf der Fernbedienung eine der Funktionstasten VOL +/– oder Stumm, wird das Windows Media Center-Logo von einem Hinweis auf den aktuell eingestellten Lautstärke-Pegel überlagert. Nach wenigen Sekunden verschwindet diese Einblendung wieder automatisch.

Windows Media Center-Bereiche

Über die Startseite und das Hauptmenü findet eine Verzweigung in die einzelnen *Bereiche* von Windows Media Center statt:

- **Bilder + Videos** Dient zur Betrachtung von Bildern, die zum Beispiel von einer Digitalkamera stammen, sowie von Videofilmen. Von hier aus gelangen Sie zur *Bildbibliothek* sowie zur *Videobibliothek* (Weiteres dazu finden Sie im Kapitel 15).
- **Musik** Stellt die Anlaufstelle für alles dar, was Songs betrifft. Von hier aus gelangen Sie zur *Musikbibliothek*, um Musikdateien wiederzugeben oder zu durchsuchen. Des Weiteren bringt Sie dieser Bereich zum *Radio*, der zum Hören von UKW-Radio gedacht ist. Mehr zu diesen Themen hält das Kapitel 16 bereit.
- **Aktuelle Wiedergabe** Erscheint im Windows Media Center-Hauptmenü nur dann, wenn gerade eine Wiedergabe etwa von Musikdateien, Live-TV oder DVD stattfindet.
- **TV + Filme** Fasst alle Funktionen zum Anschauen und Aufnehmen von Fernsehprogrammen sowie zur DVD-Wiedergabe zusammen. Diesem Bereich widmet sich eingehend das Kapitel 17.
- **Online-Medien** Führt Sie auf direktem Weg zu Programmen, die als zusätzliche Anwendungen in die Windows Media Center-Oberfläche eingebunden und zur *Programmbibliothek* zusammengefasst sind. Daneben gestattet dieser Bereich die Nutzung Windows Media Center-relevanter Angebote und Dienste, die online über das Internet bereitgestellt werden. Mehr Informationen hierzu finden Sie in Kapitel 19.
- **Aufgaben** Ermöglicht es, Windows Media Center über diverse Einstellungen individuell zu konfigurieren und weitere Vorgänge wie das Brennen auf CD/DVD, die Synchronisation mit portablen Medien-Playern sowie das Herunterfahren von Windows Media Center bzw. dem Windows Vista-PC in die Wege zu leiten (die Themen dieses Bereichs werden jeweils in den themen- bzw. gerätespezifischen Kapiteln behandelt).

Hinweis 

Zusätzliche Anwendungen sowie Windows Media Center-spezifische, auf dem Windows Vista-PC installierte Programme können das Windows Media Center-Hauptmenü um eigene Einträge erweitern.

Live-Ansichten der aktuellen Wiedergabe

Wenn gerade eine Wiedergabe läuft (Sie also zum Beispiel Live-TV oder eine DVD anschauen) und Sie währenddessen in den Windows Media Center-Menüs navigieren, indem Sie zum Beispiel auf der Fernbedienung die grüne -Taste drücken, wird die laufende Wiedergabe abgeblendet, aber im Hintergrund weiter angezeigt. Zwar überlagern Menüs von Windows Media Center dann die laufende Wiedergabe, doch können Sie so das Geschehen zumindest teilweise weiterverfolgen. Das erneute Drücken der -Taste lässt die Menüeinblendungen wieder verschwinden und holt die laufende Wiedergabe erneut in den Vordergrund.

Außerdem wird in diesem Fall das Windows Media Center-Hauptmenü um den Eintrag *Aktuelle Wiedergabe* (mitunter auch *Aktuelle Wiedergabe + Warteschlange*) erweitert. Wenn Sie diesen Eintrag markieren, erhalten Sie als zugehöriges Element eine Live-Miniaturansicht der laufenden Wiedergabe angezeigt. Durch Drücken der Taste auf der Fernbedienung kehren Sie schließlich zur eigentlichen Wiedergabe der aktuellen Mediendatei gerade zurück.

Haben Sie eine Wiedergabe gestartet und wenden sich daraufhin anderen Dingen in Windows Media Center zu (indem Sie beispielsweise die Funktionstaste auf der Fernbedienung drücken), die wie die Musikbibliothek viel Platz auf dem Bildschirm einnehmen, erscheint stattdessen links unten das *Jetzt läuft*-Fenster. Schauen Sie sich gerade eine DVD, eine Videodatei oder TV-Sendung an, zeigt das *Jetzt läuft*-Fenster die momentane Wiedergabe als Live-Miniaturansicht verkleinert an. Hören Sie Musik, schmückt das zugehörige Albumcover das *Jetzt läuft*-Fenster. Andernfalls, beispielsweise beim Radio hören, ist dort ein entsprechendes Symbol zu sehen.

Hinweis

Auch wenn es sich nicht dort befindet, ist das *Jetzt läuft*-Fenster ein ähnliches Element wie ein Eintrag im Windows Media Center-Hauptmenü. Daher lässt sich das *Jetzt läuft*-Fenster mit den Richtungstasten der Fernbedienung markieren. Nun stehen Ihnen mehrere Optionen zur Verfügung:

- Beispielsweise können Sie die aktuelle Wiedergabe etwa über die Steuerungstasten oder anhalten oder beenden.
- Durch Drücken der Taste gelangen Sie direkt zum wiedergegebenen Medium, um beispielsweise DVD oder Live-TV wieder in voller Größe anstatt nur im *Jetzt läuft*-Fenster zu sehen.
- Die Verringerung oder Erhöhung der Lautstärke mit den Funktionstasten VOL funktioniert ebenso wie das komplette Ausschalten des Tons über .

Windows Media Center im Fenster

Als digitale Unterhaltungszentrale mit Windows Media Center und Windows Vista eignet sich der PC nicht nur für Spaß und Unterhaltung: Genauso können Sie mit ihm wie mit einem »normalen« Windows Vista-PC arbeiten – und zwar nicht nur abwechselnd, sondern gleichzeitig. Eine Präsentation erstellen und nebenbei DVD schauen oder fernsehen, ist mit Windows Media Center also durchaus möglich.

Zu diesem Zweck lässt sich das Windows Media Center in seinem Auftreten beeinflussen: Bewegen Sie bei laufendem Windows Media Center die Maus, erscheint das Programmfenster zusammen mit der Menüleiste. Analog zur Titelleiste von Fenstern anderer gestarteter Programme enthält dieses in der rechten oberen Ecke mehrere Schaltflächen:

- Klicken Sie in der Windows Media Center-Menüleiste die Schaltfläche *Minimieren* an, verschwindet das Windows Media Center-Programmfenster von der sichtbaren Bildfläche. Die Schaltfläche *Windows Media Center* in der Taskleiste gibt an, dass das Programm aber weiterhin läuft, und zwar im Hintergrund.
- Um das Windows Media Center wieder sichtbar zu machen, klicken Sie einfach die zugehörige Schaltfläche in der Taskleiste von Windows Vista an. Die Schaltfläche *Schließen* in der Menüleiste erlaubt es hingegen, das Windows Media Center zu beenden.
- Zudem können Sie die Größe bestimmen, die das Programmfenster von Windows Media Center einnehmen soll. Bewegen Sie bei einer Vollbilddarstellung die Maus und klicken die Schaltfläche *Verkleinern* an, wird das Programmfenster wiederhergestellt und Windows Media Center »auf Fenstergröße verkleinert« – sodass Sie zusätzlich auch die Fenster der anderen gerade laufenden Programme bzw. den Windows-Desktop sehen (siehe Abbildung 14.4).
- Das Pendant dazu ist die Schaltfläche *Maximieren* in der Titelleiste: Klicken Sie dieses an, wird das Programmfenster maximiert und Windows Media Center erscheint daraufhin wieder bildschirmfüllend.

Um die Größe, mit der das Programmfenster auf dem Bildschirm angezeigt wird, flexibel zu variieren, bewegen Sie die Maus in die rechte untere Ecke. Bei gedrückter Maustaste lässt sich das Fenster nun auf die gewünschte Größe ziehen. Zum Verschieben des Windows Media Center-Programmfensters hingegen, klicken Sie in die Menüleiste und bestimmen bei gedrückter Maustaste die neue Position.

Abbildung 14.4 Windows Media Center im Fenster neben anderen Fenstern auf dem Desktop

> **Hinweis**
>
> Ob Windows Media Center bei der Darstellung als Fenster von anderen Programmfenstern überdeckt werden darf, legt die Option *Windows Media Center-Fenster immer im Vordergrund anzeigen* fest. Diese erreichen Sie über den Bereich *Allgemein* im Unterbereich *Einstellungen* durch Auswahl von *Allgemein* sowie *Start- und Anzeigeverhalten*.

Bedienungskomfort per Fernbedienung

Computer werden mit Tastatur und Maus bedient, Fernseher und HiFi-Anlage in der Regel per Fernbedienung. Um die Möglichkeiten der »Unterhaltungszentrale Windows Media Center« ebenfalls auf diese Weise zu nutzen, hat Microsoft eine mit unsichtbarem Infrarotlicht operierende *Fernbedienung* für Windows Media Center kreiert. Hierüber lassen sich alle für das Windows Media Center relevanten Funktionen komfortabel und auch dann steuern, wenn Sie einige – Microsoft zufolge bis zu sechs – Meter vom Computer entfernt sind.

> **Tipp**
>
> Alternativ ist es möglich, Windows Media Center komplett ohne Fernbedienung über Tastatur und Maus im Griff zu haben (siehe Abschnitt »Steuerung mit Tastatur und Maus«). Jedoch müssen Sie sich dazu direkt vor dem PC aufhalten bzw. die Tastatur in Griffweite haben. Genauso können Sie die Windows Media Center-Fernbedienung dazu verwenden, den Windows Media Player von Windows Vista (siehe Kapitel 10) bequem fernzusteuern.

Die auf der Windows Media Center-Fernbedienung enthaltenen Tasten lassen sich in verschiedene Kategorien gruppieren:

- Um die Taste ⊕ herum, deren Drücken die Auswahl bzw. Selektion des aktuell markierten Eintrags bewirkt, sind die Richtungstasten ◄, ►, ▲ und ▼ platziert. Hiermit bewegen Sie die Markierung im Windows Media Center-Programm nach links, rechts, oben oder unten.
- Steuerungstasten dienen dazu, die Wiedergabe zu steuern. Zu dieser Kategorie zählen ▶, ◀◀, ▶▶, ⏮, ⏭, ●, ⏸ und ■.
- Funktionstasten lösen unabhängig vom jeweiligen Windows Media Center-Bereich eine bestimmte Funktion aus. Hierzu gehören TV ⏻, PC ⏻, ←, ⓘ, CH|PG +/−, VOL +/−, 🔇, Löschen sowie Eingabe. Zusätzlich gibt es Tasten auf der Fernbedienung, die zwar eine bestimmte Funktion initiieren, aber nur in Verbindung mit einem bestimmten Windows Media Center-Bereich Sinn ergeben. Zu dieser Kategorie gehören TV Aufz., EPG, Live-TV, Videotext und DVD-Menü.

> **Tipp**
>
> Die Funktionstasten +/−, 🔇, Löschen sowie Eingabe können Sie auch außerhalb des Windows Media Center-Programms verwenden. Darüber hinaus ermöglicht es die Funktionstaste PC ⏻, den Windows Vista-PC abzuschalten (Weiteres hierzu lesen Sie im Abschnitt »Den Ruhezustand im Griff behalten«).

- Außerdem besitzt die Fernbedienung eine Zehnertastatur, die die Nummerntasten ⓪ bis ⑨ sowie die Tasten ⊛ und # umfasst. Bis auf die ① weisen die Nummerntasten dabei eine Doppelbelegung auf: Drücken Sie eine Nummerntaste mehrfach kurz hintereinander, »blättern« Sie der Reihe nach die ihr zugeordneten Buchstaben durch (der ⓪ ist lediglich ein Leerzeichen zugeordnet). Zwischen Groß- und Kleinschrift sowie Sonderzeichen schalten Sie dabei durch Drücken der Funktionstasten CH|PG +/− um.

Die genannten Tasten sind auf der Version 2 der von Microsoft entwickelten Windows Media Center-Fernbedienung zu finden. Je nachdem, welche Fernbedienung Sie Ihr Eigen nennen, stehen Ihnen möglicherweise nicht alle diese Tasten zur Verfügung. Bei der ersten Version der Windows Media Center-Fernbedienung gibt es beispielsweise die Tasten TV ⏻, TV Aufz. und Videotext (sowie die farbigen *Videotext-Tasten*) nicht. Dafür wartet die ältere Ausführung mit den (häufig rot, grün, gelb und blau markierten) *Direktwahltasten* Videos, Musik, TV und Bilder auf.

> **Tipp** 
>
> Verfügen Sie über die Version 2 der Windows Media Center-Fernbedienung, können Sie der dort vorhandenen Funktionstaste TV ⏻ beibringen, Ihren Fernseher ein- oder auszuschalten. Genauso lassen sich die Funktionstasten +/− so belegen, dass diese die Lautstärke von Fernseher oder HiFi-Anlage regeln. Mehr hierzu hält der Abschnitt »Programmieren der Windows Media Center-Fernbedienung« bereit.

Steuerung mit Tastatur und Maus

Windows Media Center lässt sich nicht nur per Fernbedienung aus einigen Metern Entfernung, sondern auch per Tastatur bedienen.

Mit der Tastatur steuern

Ohne den Einsatz einer kabellosen PC-Tastatur müssen Sie sich zwangsläufig in unmittelbarer Nähe des Computers aufhalten. Wenn Sie jedoch gerade am Computer arbeiten, ist es mitunter deutlich effizienter, Windows Media Center per Tastatur oder Maus zu steuern, ohne dafür erst zur Fernbedienung greifen zu müssen. Eine Übersicht wichtiger Tasten und Tastenkombinationen zur Steuerung von Windows Media Center finden Sie in der Tabelle 14.1.

Taste bzw. Tastenkombination auf der PC-Tastatur	Bedeutung für Windows Media Center
⊞ + Alt + ↵	Windows Media Center starten bzw. zur Startseite wechseln (entspricht der ⊞-Taste)
Alt + ↵	Zwischen Fensterdarstellung Vollbilddarstellung umschalten
Alt + F4	Windows Media Center beenden

Tabelle 14.1 Auswahl wichtiger Tastenkombinationen zur Steuerung von Windows Media Center per Tastatur

Taste bzw. Tastenkombination auf der PC-Tastatur	Bedeutung für Windows Media Center
[←], [→], [↑], [↑]	Markierung bewegen (entspricht den Richtungstasten ◄, ►, ▲ und ▼ auf der Fernbedienung)
[Pos1]	Zum Anfang eines Menüs
[Ende]	Zum Ende eines Menüs
[↵] und [⇧]	Selektion des markierten Eintrags (entspricht der Taste ◄ bzw. der Funktionstaste [Eingabe])
[Entf]	Löschen (entspricht der Funktionstaste [Löschen])
[Rück]	Zurück zur vorherigen Stelle in Windows Media Center (entspricht der Funktionstaste ◄)
[F8], [F9], [F10]	Ton aus-/einschalten, lauter und leiser (entspricht den Funktionstasten [Stumm], VOL [+][–])
[Strg]+[D]	Weitere Informationen (entspricht der Funktionstaste ⓘ)
[Strg]+[E]	Wechsel zum Unterbereich *Videobibliothek* des Bereichs *Bilder + Videos*
[Strg]+[M]	Wechsel zur *Musikbibliothek* im Bereich *Musik*
[Strg]+[O] und [Strg]+[⇧]+[T]	Wechsel zum Unterbereich *Aufzeichnungen* des Bereichs *TV + Filme*
[Strg]+[I]	Wechsel zum Unterbereich *Bildbilbliothek* im Bereich *Bilder + Videos*
[Strg]+[A]	Wechsel zum Unterbereich *Radio* im Bereich *TV + Filme*
[Strg]+[⇧]+[M]	Zum Hauptmenü der DVD (entspricht der Funktionstaste [DVD-Menü])
[Strg]+[T]	Wechsel zu Live-TV
[Strg]+[G]	Wechsel zu TV-Programm
[Strg]+[R]	Sofortaufnahme der aktuellen TV-Sendung

Tabelle 14.1 Auswahl wichtiger Tastenkombinationen zur Steuerung von Windows Media Center per Tastatur *(Fortsetzung)*

Tipp

Handelt es sich bei der PC-Tastatur um eine Multimedia-Tastatur, die über spezielle Tasten zum Starten, Anhalten und Stoppen einer Wiedergabe, zur Lautstärkeregelung etc. verfügt, können Sie diese auch für das Windows Media Center verwenden.

Mit der Maus steuern

Genauso ist es jedoch möglich, Windows Media Center mit der Maus zu steuern. Sobald Sie die Maus bewegen, während das Windows Media Center-Programmfenster in voller Größe angezeigt wird, erscheint der Mauszeiger auf dem Bildschirm. Bewegen Sie die Maus nach links, rechts, oben oder unten, folgt die Markierung im Windows Media Center dieser Richtung (mit dem Mausrad geht es noch zügiger nach oben und unten). Um den markierten Eintrag auszuwählen, klicken Sie diesen einfach mit der linken Maustaste an. Greifen Sie dagegen auf die rechte Maustaste zurück, erscheint wie bei Windows Vista gewohnt ein entsprechendes Kontextmenü, was im Falle von Windows Media Center dem Drücken der Funktionstaste ⓘ auf der Fernbedienung gleichkommt.

Tipp 

Falls Ihnen der Mauszeiger bei Verwendung der Microsoft Remote-Tastatur zu schnell über den Bildschirm »huscht«, kann eine Anpassung der Mauseinstellungen für Abhilfe sorgen:

1. Klicken Sie im Startmenü den Eintrag *Systemsteuerung* an, um dann in der Kategorie *Hardware und Sound* den Link *Maus* anzuklicken oder (bei Verwendung der klassischen Ansicht) *Maus* zu öffnen.
2. Wechseln Sie im *Eigenschaften*-Dialogfeld zur Registerkarte *Zeigeroptionen*.
3. Stellen Sie im Rahmenfeld *Bewegung* den Regler für die Zeigergeschwindigkeit in die Mitte (oder noch weniger) und deaktivieren Sie das Kontrollkästchen *Zeigerbeschleunigung verbessern*.
4. Betätigen Sie die Schaltfläche *OK*.

Wechseln Sie jetzt zurück zum Windows Media Center, können Sie die Auswirkungen dieser Änderungen sofort überprüfen.

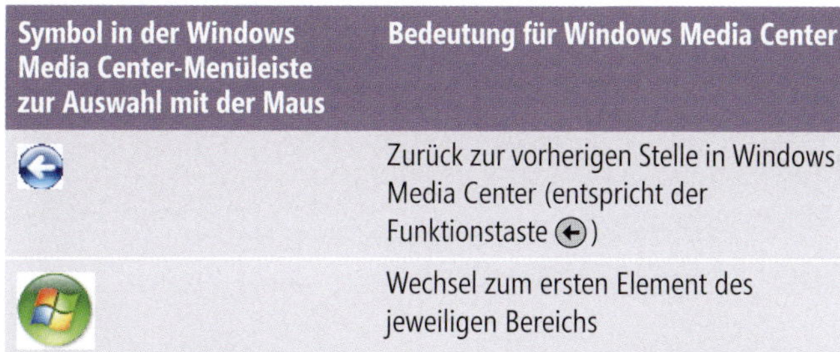

Symbol in der Windows Media Center-Menüleiste zur Auswahl mit der Maus	Bedeutung für Windows Media Center
(Zurück-Symbol)	Zurück zur vorherigen Stelle in Windows Media Center (entspricht der Funktionstaste ←)
(Start-Symbol)	Wechsel zum ersten Element des jeweiligen Bereichs

Tabelle 14.2 Windows Media Center über die Menüleiste mit der Maus steuern

Bei aktivem Windows Media Center wird nach einer Mausbewegung im linken oberen Fensterbereich die Menüleiste anzeigt. Neben den bei Programmfenstern üblichen Schaltflächen zum Minimieren, Maximieren und Schließen sind grundlegende Windows Media Center-Funktionen (siehe Tabelle 14.2) nur einen Mausklick weit entfernt.

Abbildung 14.5 Die im rechten unteren Bereich erscheinenden Wiedergabesteuerelemente ermöglichen die bequeme Steuerung mit der Maus

Am rechten unteren Rand erscheinen bei Mausbewegungen im Windows Media Center-Programmfenster zudem die so genannten *Desktop-Bedienelemente* (siehe Abbildung 14.5). Hierbei handelt es sich um *Wiedergabesteuerelemente*, mit denen Sie – analog zu den Steuerungstasten auf der Fernbedienung – die Wiedergabe im Windows Media Center mit der Maus steuern können.

Hinweis

Bewegen Sie die Maus im Windows Media Center nicht mehr, werden Menüleiste und Desktop-Bedienelemente nach fünf Sekunden automatisch wieder ausgeblendet.

Vertikale und horizontale Navigation

Die im Hauptmenü von Windows Media Center auf der Startseite enthaltenen Einträge, die in die einzelnen Bereiche verzweigen, sind untereinander für eine *vertikale Navigation* angeordnet. Innerhalb eines Bereich findet dann eine *horizontale Navigation* statt, um zu den jeweiligen Unterbereichen oder Elementen zu gelangen.

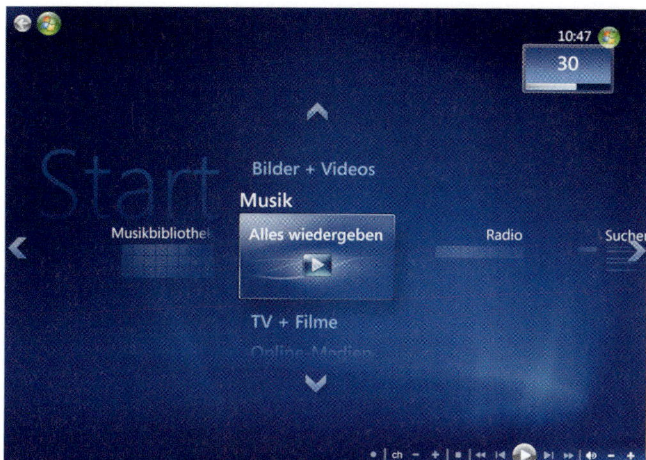

Abbildung 14.6 Navigationsmöglichkeiten in Windows Media Center

- Über die Fernbedienung lassen sich die Einträge im Hauptmenü mit den Richtungstasten ▲ und ▼ durchblättern. Für die horizontale Navigation stehen die Richtungstasten ◀ und ▶ zur Verfügung. Die Auswahl erfolgt jeweils durch Drücken der Taste ←.
- Auf der Tastatur verwenden Sie zur vertikalen Navigation die Tasten [↑] und [↓] sowie zur horizontalen Navigation die Tasten [←] und [→], während die Auswahl durch Drücken von [↵] erfolgt.
- Mit der Maus können Sie die einzelnen Einträge in der vertikalen Navigation im Windows Media Center-Hauptmenü direkt anklicken oder mit dem Mausrad durchblättern. Darüber hinaus werden automatisch entsprechende »Klammer-Symbole« für die zügige Navigation eingeblendet – sowohl nach oben und unten als auch nach links und rechts (siehe Abbildung 14.6). Sobald Sie die Maus auf eines dieser Klammer-Symbole bewegen und dort kurz verweilen, wird in die gewünschte geblättert – entweder vertikal oder horizontal (falls jeweils verfügbar). Die Klammer-Symbole erscheinen aber nicht nur auf Bereichsebene. Auch innerhalb eines Unterbereichs wie zum Beispiel der Bildbibliothek kommen diese zum Einsatz, wenn Sie diese durchblättern – sprich, die Markierung nach links oder rechts bewegen.

PROFITIPP

Normalerweise werden diese Klammer-Symbole nach kurzer Zeit automatisch auch wieder ausgeblendet. Wenn Sie jedoch die Maus sehr oft zur Navigation durch die Menüs und Elemente von Windows Media Center verwenden oder an den Windows Vista-PC einen Touchscreen-Bildschirm angeschlossen haben und darüber navigieren, ist es hilfreich, diese Klammer-Symbole »quasi-permanent« angezeigt zu bekommen (ausgeblendet werden diese nur dann, sobald sie im jeweiligen Kontext nicht erforderlich sind oder zum Beispiel bei der Wiedergabe stören würden). Dazu gehen Sie wie folgt vor:

1. Öffnen Sie den Registry-Editor, beispielsweise durch Eintippen von **regedit** [↵] im Schnellsuchfeld des Startmenüs oder in einer Eingabeaufforderung.
2. Navigieren Sie zum Schlüssel *HKLM\SOFTWARE\Microsoft\Windows\CurrentVersion\Media Center\Settings\MCE.GlobalSettings*.
3. Tragen Sie dort die Zahl **1** als Inhalt für den Wert *bindNavHintsToToolbars* ein.
4. Beenden und starten Sie Windows Media Center neu.

Windows Media Center sollte sich nun ähnlich wie in Abbildung 14.6 zu sehen mitsamt der Klammer-Symbole präsentieren.

Auf ganz ähnliche Weise können Sie auch mit der *Menüleiste* im linken oberen Bereich des Windows Media Center-Fensters sowie den am rechten unteren Rand erscheinenden *Desktop-Bedienelementen* verfahren: Anstatt diese nur im Anschluss an Mausbewegungen zu sehen, da diese kurz darauf automatisch wieder verschwinden, können Sie diese ebenfalls »quasi-permanent« einblenden. Hierzu tragen Sie die Zahl **1** als Inhalt des Wertes *TBP* ein, der sich im Schlüssel *HKEY_CURRENT_USER\Software\Microsoft\Windows\CurrentVersion\Media Center\Capabilities* befindet.

Zur schnellen Navigation innerhalb von Unterbereichen bietet Windows Media Center zudem *Menüleisten* und *Schaltflächen* an entsprechenden Stellen an, die im oberen Bereich des Bildschirms erscheinen (siehe Abbildung 14.7):

- Über die Menüleiste können Sie ein bestimmtes Kriterium gezielt auswählen. Sollte der Inhalt der Menüleiste nicht komplett auf den Bildschirm passen, ist eine horizontale Navigation möglich.
- Analog zur vertikalen Navigation gelangen Sie von der Markierung zur Menüleiste sowie zu den darüber befindlichen Schaltflächen (und wieder zurück).

Abbildung 14.7 Menüleisten erlauben eine gezielte Änderung der Sortierung

Besondere Funktionen

Darüber hinaus gibt es spezielle Funktionen, die für Windows Media Center von Bedeutung sind.

Herunterfahren und mehr

Der Windows Media Center-Bereich *Aufgaben* wartet mit dem Element *Herunterfahren* auf. Dieses enthält ein Menü mit mehreren Symbolen, von denen sich eines mit den Richtungstasten ◀ bzw. ▶ markieren und mit ⊕ auswählen lässt. Um dieses Menü zu verlassen, drücken Sie hingegen ⊕ auf der Fernbedienung. Analog zu den Möglichkeiten zum Herunterfahren, Energie sparen etc. im Startmenü lässt sich über dieses Menü der jeweilige Vorgang (siehe Tabelle 14.3) direkt aus Windows Media Center heraus initiieren.

Wichtig 

Schalten Sie den Windows Vista-PC aus, kann dieser nicht erwachen, um eine geplante TV-Aufzeichnung durchzuführen – denn dafür muss sich der Computer im Energiesparmodus befinden. Durch Drücken der Funktionstaste PC ⓞ auf der Fernbedienung können Sie den Windows Vista-PC in den Ruhezustand versetzen.

Symbol	Handlung	Bedeutung
	Schließen	Windows Media Center beenden
	Abmelden	Als Benutzer von Windows Vista abmelden
	Herunterfahren	Windows Vista herunterfahren und dadurch den PC ausschalten
	Neu starten	Startet den Rechner neu
	Energie sparen	Versetzt den PC in den *Energiesparmodus* oder den Ruhezustand (je nachdem, was in dem von Windows Vista verwendeten Energiesparplan eingestellt ist). Möchten Sie einen im Standbymodus befindlichen Windows Vista-PC gezielt wecken, bewegen Sie einfach die Maus oder drücken die Funktionstaste PC ⓞ auf der Fernbedienung.

Tabelle 14.3 Das Menü Herunterfahren eignet sich für mehr als nur zum Verlassen von Windows Media Center

Den Ruhezustand im Griff behalten

Mancher Computer kommt, je nach Hardware- und Software-Ausstattung, nicht korrekt mit dem Energiesparmodus zurecht. Ein häufig zu beobachtendes Phänomen ist, dass der Computer zwar noch aus dem Tiefschlaf erwacht, doch auf nichts mehr reagiert. Versuchen Sie in diesem Fall, ein paar Sekunden auf eine Bildschirmanzeige zu warten, bis Sie die Fernbedienung, PC-Tastatur oder Maus benutzen.

Auf der Suche nach einer Lösung kann sich auch der Aufruf von Leistungsüberwachung und -tools aus dem Startmenü und Auswahl des Links *Weitere Tools* im linken Aufgabenbereich als hilfreich erweisen: Je nach Situation kann dort im Bereich *Leistungsprobleme* ein Eintrag verzeichnet sein, der auf Probleme von Gerätetreibern mit dem Erwachen aus dem Energiesparmodus hinweist (siehe Abbildung 14.8).

Hinweis

Laufen nach dem Versetzen in den Energiesparmodus die Lüfter des Computer weiter, befindet sich der Windows Vista-PC möglicherweise im Abwesenheitsmodus. Hierbei schaltet Windows Vista nach dem Drücken der Funktionstaste PC ⓞ auf der Windows Media Center-Fernbedienung lediglich Bildschirm, Tastatur und Maus ab und unterbricht die Musikwiedergabe. Tatsächlich läuft der PC jedoch weiter und steht so beim erneuten Einschalten sehr schnell wieder zur Verfügung. Wenn Sie dies nicht möchten und stattdessen den Energieverbrauch des Computers senken möchten, kann es helfen, unter Windows Vista den hybriden Standbymodus einzuschalten. Hierzu geben Sie in den erweiterten Energieeinstellungen des ausgewählten Energiesparplans unter *Energie sparen* im Listenfeld *Hybriden Standbymodus zulassen* den Wert *Ein* vor.

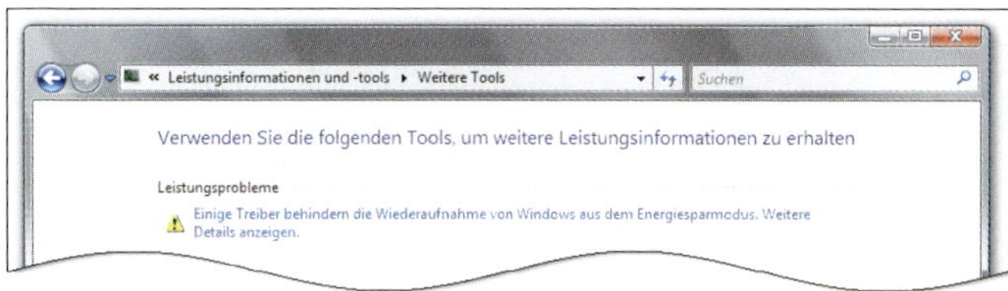

Abbildung 14.8 Dem Grund für Probleme beim Aufwachen aus dem Energiesparmodus können Sie eventuell mit den Leistungsinformationen und -tools auf die Spur kommen

Mitunter hilft es auch, neuere Treiber beispielsweise für den im Windows Vista-PC eingebauten Grafikadapter zu verwenden oder im BIOS des Computers (meist gelangen Sie dorthin, wenn Sie direkt nach dem Einschalten des Computers die `Entf`-Taste auf der PC-Tastatur drücken) die im Menü *Power* bzw. *Power Management* enthaltene Einstellung *Suspend* bzw. *Sleep State* auf *S3* oder *Auto* (die konkreten Bezeichnungen fallen von BIOS zu BIOS unterschiedlich aus) zu setzen.

Helfen auch diese Maßnahmen nicht, sehen Sie von der Verwendung des Energiesparmodus ab und greifen stattdessen auf die *Ruhezustand*-Funktion zurück. Hierbei wird der Windows Vista-PC in einen speziellen Tiefschlaf versetzt. Dadurch braucht der Computer zwar ein wenig länger zum Aufwachen, kann aber wie beim Standbymodus automatisch erwachen, um zum Beispiel eine geplante TV-Aufzeichnung durchzuführen (was nicht funktioniert, wenn Sie den Windows Vista-PC ausschalten).

Nur Medien und sonst gar nichts

Über den Windows Media Center-Bereich *Aufgaben* können Sie zudem eine besondere Vollbilddarstellung einschalten. Die Rede ist von dem Modus *Nur Medien*. Dieser sorgt dafür, dass Windows Media Center als Vollbild auf dem Bildschirm dargestellt wird, die sonst in der Vollbilddarstellung nach Bewegen des Maus üblicherweise rechts oben angezeigten Schaltflächen zur Minimierung, Verkleinerung und zum Schließen des Programmfensters aber nicht mehr erscheinen (passend dazu wird aus dem Menü *Herunterfahren* des Bereichs *Aufgaben* die Schaltfläche *Schließen* entfernt). Somit können Sie sich voll und ganz auf die Nutzung von Windows Media Center konzentrieren.

Die Aktivierung des Modus *Nur Medien* geschieht sehr einfach:

1. Im Bereich *Aufgaben* wählen Sie den Eintrag *Nur Medien* aus.
2. Bestätigen Sie die anschließende Abfrage durch Auswahl von *Ja*.

Nun ist es nicht mehr möglich, das Windows Media Center-Programm über die Fernbedienung zu verlassen oder mit der Maus zu schließen.

Tipp

Über die Tastatur können Sie mit der Tastenkombination [Alt]+[F4] das Windows Media Center bei aktiviertem Modus *Nur Medien* beenden und zum Windows-Desktop zurückkehren.

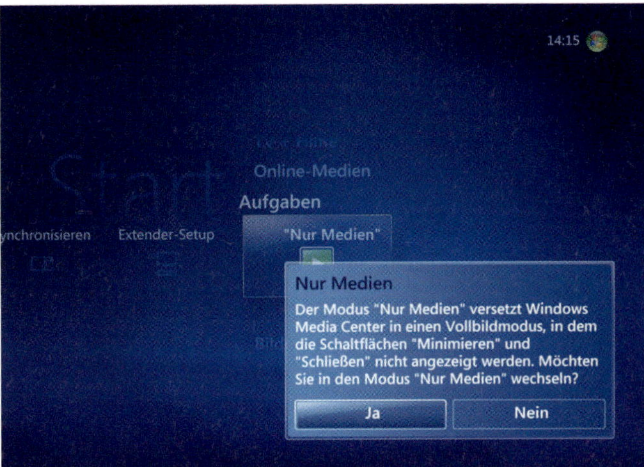

Abbildung 14.9 Der Modus *Nur Medien* entfernt Optionen zum Beenden des Windows Media Center-Programms

Programmieren der Windows Media Center-Fernbedienung

Verfügen Sie über eine Windows Media Center-Fernbedienung der Version 2, haben Sie vielleicht schon einmal die Funktionstaste [TV] gedrückt und sich gewundert, dass daraufhin nichts geschieht. Des Rätsels Lösung lautet: Es handelt sich hierbei um eine Taste, die Sie zunächst programmieren müssen, um eine Reaktion auszulösen. Auf diese Weise können Sie der Windows Media Center-Fernbedienung beibringen, Ihren Fernseher, AV-Receiver oder ein anderes per Infrarot steuerbares Gerät ein- bzw. auszuschalten. Hierzu »lernt« die Windows Media Center-Fernbedienung den Infrarot-Befehl von der Fernbedienung des jeweiligen Geräts. Anders ausgedrückt ist die Version 2 der Windows Media Center-Fernbedienung lernfähig – wenn auch nur in sehr begrenztem Rahmen.

Hinweis 

Einige Fernseher besitzen zwar eine »Power«-Taste auf ihrer Fernbedienung, die aber nur zum Ausschalten dient. Zum Einschalten ist hingegen das Drücken einer anderen Taste auf der Fernseher-Fernbedienung erforderlich. In diesem Fall müssen Sie sich entscheiden, welche dieser Aufgaben (ein- oder ausschalten) Sie der Funktionstaste [TV] der Windows Media Center-Fernbedienung beibringen möchten.

Zur Programmierung der Funktionstaste [TV] bei der Windows Media Center-Fernbedienung gehen Sie wie folgt vor:

1. Legen Sie die Windows Media Center-Fernbedienung sowie die Fernbedienung des gewünschten Geräts (Fernseher o.ä.) im Abstand von wenigen Zentimetern gegenüber, sodass beide Infrarot-Sender direkt zueinander zeigen.
2. Auf der Windows Media Center-Fernbedienung drücken Sie jetzt gleichzeitig die Tasten [DVD-Menü] sowie [←] und halten diese solange gedrückt, bis die beleuchteten Tasten nach rund zwei Sekunden aufhören zu leuchten. Dadurch haben Sie den Lernmodus der Windows Media Center-Fernbedienung aktiviert.
3. Jetzt drücken Sie die Funktionstaste [TV], woraufhin die Windows Media Center-Fernbedienung einmal blinkt.
4. Anschließend drücken Sie auf der Geräte-Fernbedienung die Taste, deren Infrarot-Befehl die Windows Media Center-Fernbedienung lernen soll, und halten diese Taste einen Moment lang gedrückt.
5. Blinken daraufhin die beleuchteten Tasten der Windows Media Center-Fernbedienung zweimal, ist der Lernvorgang erfolgreich abgeschlossen und der Lernmodus automatisch beendet.

Viermaliges Blinken hingegen bedeutet, dass die Windows Media Center-Fernbedienung den Infrarot-Befehl nicht hat lernen können. Wiederholen Sie in diesem Fall die Programmierung, richten dabei aber die beiden Fernbedienungen besser aufeinander aus oder verändern die Lichtverhältnisse der Umgebung.

> **Tipp**
>
> Auf dieselbe Art können Sie auch die Funktionstasten VOL +– der Windows Media Center-Fernbedienung programmieren, um darüber die Lautstärke von Fernseher, AV-Receiver etc. zu regeln. Allerdings ist es dann nicht mehr möglich, mit der Windows Media Center-Fernbedienung den Lautstärkepegel des Windows Vista-PCs zu verändern.

Möchten Sie die Programmierung der Windows Media Center-Fernbedienung wieder löschen und diese wieder auf deren Standardeinstellungen zurücksetzen, drücken Sie gleichzeitig die Funktionstaste (DVD-Menü) sowie die Richtungstaste ◀ und halten diese solange gedrückt, bis die Tasten nicht mehr leuchten. Durch Drücken der Taste ← wird jetzt die normale Belegung für die Funktionstasten (TV) und VOL +– wiederhergestellt, was die beleuchteten Tasten der Windows Media Center-Fernbedienung mit zweimaligem Blinken quittieren.

> **Tipp**
>
> Auf ganz ähnliche Weise können Sie auch die Funktionstasten (TV) sowie VOL +– der Microsoft Remote-Tastatur programmieren. Weitere Hinweise hierzu finden Sie im mitgelieferten Handbuch.

Wenn Ihnen die Lernmöglichkeiten der Version 2 der Windows Media Center-Fernbedienung nicht ausreichen, können Sie alternativ eine lernbare Universal-Fernbedienung verwenden. Hiermit können Sie dann nicht nur den Windows Vista-PC, sondern auch andere Geräte wie zum Beispiel Ihren AV-Receiver steuern – was vor allem dann sinnvoll sein kann, wenn Sie Ihren Windows Vista-PC im Wohnzimmer untergebracht haben. Um eine Universal-Fernbedienung zusammen mit Windows Media Center zu verwenden, gilt es folgendes zu beachten:

- Sie benötigen eine lernfähige Universal-Fernbedienung, die das Windows Media Center von Windows Vista oder zumindest Windows XP Media Center Edition 2005 explizit unterstützt (Hinweise hierzu sollten Sie in den Unterlagen des Herstellers finden). Mit einer lernfähigen Universalfernbedienung wie der »Harmony 1000« von Logitech (*www.logitech.de*) können Sie neben dem Windows Media Center-Programm auch andere Geräte wie zum Beispiel AV-Receiver, Beamer etc. steuern.
- Überträgt die Universal-Fernbedienung Befehle per Infrarot an den Windows Vista-PC, muss der Computer mit einem geeigneten Infrarotempfänger ausgestattet sein. Am besten verwenden Sie dazu den zur Windows Media Center-Fernbedienung ohnehin gehörenden Infrarotempfänger.
- Im Falle einer mit Funk arbeitenden Fernbedienung ist dementsprechend ein passender Funkempfänger an den Windows Vista-PC anzuschließen.

Abbildung 14.10 Mit einer lernfähigen Universalfernbedienung wie der »Harmony 1000« von Logitech können Sie Windows Media Center ebenfalls steuern

Anschluss und Konfiguration

Die folgenden Hardware-Komponenten spielen für einen Windows Vista-PC, auf dem Windows Media Center genutzt wird, eine wichtige Rolle.

Fernbedienung

Die von Microsoft entworfene, mit unsichtbarem Infrarotlicht arbeitende Fernbedienung ermöglicht es, Windows Media Center quer durch den Raum zu nutzen. Dadurch lässt sich Windows Media Center auch aus größerer Entfernung zum Computer bedienen.

Zur Windows Media Center-Fernbedienung gehört der dazu passende Infrarotempfänger – ein meist externes kleines Kästchen, das mit einem USB-Anschluss des Computers zu verbinden ist. Dieser Empfänger nimmt kabellos die Befehle sowohl der Windows Media Center-Fernbedienung als auch von der optional als Zubehör erhältlichen »Microsoft Remote-Tastatur« entgegen. Letztere erweist sich insbesondere beim Einsatz im Wohnzimmer als sinnvolles Zubehör. Als »3-in-1-Tastatur« vereint die Remote-Tastatur eine vollwertige Tastatur, einen als Mausersatz dienenden Trackpoint-Joystick sowie eine Windows Media Center-Fernbedienung in einem Gehäuse.

Hinweis

Ebenfalls möglich ist es, das Windows Media Center-Programm ohne Fernbedienung komplett über die PC-Tastatur oder Maus zu bedienen. Aus diesem Grund ist die Fernbedienung auch keine Pflicht. Selbst wenn sich diese aus Kostengründen einsparen lässt, kommt der volle Windows Media Center-Komfort etwa beim Blättern im digitalen Fotoalbum erst mit der Fernbedienung zur richtigen Geltung.

Abbildung 14.11 Mit einer geeigneten Fernbedienung (hier die Version 2 von Microsoft) lässt sich Windows Media Center bequem per Infrarot steuern

Nicht jede Windows Media Center-Fernbedienung ist aber gleich. Vielmehr hat Microsoft mehrere Versionen der Fernbedienung entwickelt (siehe Abbildung 14.11). Die »Version 2« zum Beispiel fällt nicht nur etwas kleiner und leichter aus als das erste Modell, sondern besitzt auch eine geringfügig veränderte Tastenanordnung und ein paar wenige Tasten, die auf der ursprünglichen Fernbedienung von Microsoft nicht vorhanden sind. Zudem leuchten einige Tasten auf der Version 2 der Fernbedienung für ein paar Sekunden, nachdem Sie diese gedrückt haben.

Abgesehen von der von Microsoft kreierten Fernbedienung statten manche Hersteller ihre für den Windows Media Center-Einsatz konzipierten Windows Vista-PCs mit einer selbst gestalteten Fernbedienung aus, die zwar ein ähnliches Layout wie die von Windows Media Center, aber eben ein leicht anderes Aussehen aufweist.

Tipp

Die Version 2 der Windows Media Center-Fernbedienung von Microsoft ist mit einer Lernfunktion für die Funktionstasten TV sowie VOL ausgestattet (siehe den Abschnitt »Programmieren der Windows Media Center-Fernbedienung«).

Zur Windows Media Center-Fernbedienung gehört ein dazu passender Infrarotempfänger, der die Befehle der Fernbedienung per unsichtbarem Infrarotlicht entgegennimmt. Meist ist dieser Infrarotempfänger in ein kleines Kästchen eingebaut, das über das zugehörige USB-Kabel mit einem USB-Anschluss des Windows Vista-PCs verbunden werden muss und sich auf oder neben den Computer stellen lässt. Bei manchen Windows Vista-PCs ist dieser Windows Media Center-Infrarotempfänger auch bereits in das Computergehäuse eingebaut und intern per USB angeschlossen.

Zum Infrarotempfänger der Windows Media Center-Fernbedienung werden des Weiteren ein oder zwei *Infrarotsteuerungskabel* mitgeliefert (siehe Abbildung 14.12). Diese ermöglichen es dem Windows Media Center-Programm, den an einer *Settopbox* (etwa ein Satelliten-Receiver zum Empfang des digitalen Kabelfernsehens) eingestellten Kanal zu wechseln, sofern der Computer das Fernsehsignal von dort bezieht.

Abbildung 14.12 Die Windows Media Center-Fernbedienung mitsamt USB-Infrarotempfänger und Infrarotsteuerungskabel zum Umschalten an einer Settopbox

Mit Hilfe des Infrarotsteuerungskabels kann Windows Media Center die Settopbox dazu bewegen, den Kanal zu wechseln. Da die Settopbox ihrerseits mit der TV-Karte des Windows Vista-PCs verbunden ist und das Fernsehprogramm des eingestellten Kanals an die TV-Karte weiterleitet, schalten Sie auf diese Weise nun über die Windows Media Center-Fernbedienung die Kanäle bei der Settopbox um.

Bei Verwendung einer Settopbox kommt das Infrarotsteuerungskabel wie folgt zum Einsatz:

1. Das eine Ende dieses Kabels besitzt einen Klinkenstecker. Dieser lässt sich in die dafür vorgesehene Buchse »1« an der Rückseite des Infrarotempfängers stecken. Ist der Infrarotempfänger in das Gehäuse Ihres Windows Vista-PCs eingebaut, verwenden Sie stattdessen die in der Regel auf der Rückseite des Computergehäuses befindliche, mit dem Hinweis »Infrarot« o.ä. versehene Buchse »1«.

   Am anderen Ende des Infrarotsteuerungskabels befindet sich ein kleiner Infrarotsender, den Sie direkt vor dem Infrarotempfangssensor Ihrer Settopbox platzieren müssen (siehe Abbildung 14.13). Mit einem Klebestreifen versehen, können Sie den Infrarotsender des Kabels mit sicherem Halt vor der Settopbox befestigen.

2. Da die Verwendung von bis zu zwei TV-Karten (beide müssen dieselbe Fernsehsignal-Empfangsart verwenden) möglich ist, muss demzufolge auch ein Weg existieren, über das Windows Media Center zwei Settopboxen unabhängig voneinander zu steuern, um sich beispielsweise eine Sendung live anzusehen und eine auf einem anderen Kanal laufende Sendung im Hintergrund aufzuzeichnen. Im Lieferumfang der Windows Media Center-Fernbedienung von Microsoft befinden sich daher gleich zwei Infrarotsteuerungskabel, während das Infrarotempfänger-Kästchen dazu passend zwei Buchsen aufweist.

   Das für die zweite Settopbox gedachte Infrarotsteuerungskabel ist somit in die mit »2« versehene Buchse auf der Rückseite des Infrarotempfängers bzw. des Gehäuses Ihres Windows Vista-PCs einzustecken.

Hinweis

Wenn Sie mit dem Windows Vista-PC nicht fernsehen, brauchen Sie die zum Infrarotempfänger der Windows Media Center-Fernbedienung gehörenden Infrarotsteuerungskabel auch nicht zu verwenden. Gleiches gilt, wenn Sie Fernsehsendungen per TV-Karte analog über Antenne oder Kabelanschluss bzw. digital per DVB-T oder (unter Verwendung der Zusatz-Software *Universal DVB Receiver*) per DVB-S empfangen, denn dann ist ebenfalls die Settopbox involviert – nur dafür sind die Infrarotsteuerungskabel gedacht.

Abbildung 14.13 Das Infrarotsteuerungskabel der Windows Media Center-Fernbedienung ist vor dem Infrarotsensor Ihrer Settopbox zu platzieren

TV-Karte

Ein Windows Vista-PC kann mit einer (oder zwei) TV-Karte(n) zum Fernsehempfang und zur Aufzeichnung von TV-Sendungen über das Windows Media Center ausgestattet sein. Auch dies stellt lediglich ein optionales Ausstattungsmerkmal dar, denn: Nicht jeder möchte über den Computer auch fernsehen, sondern zieht dafür den Fernseher im Wohnzimmer vor – oder schaut erst gar nicht fern. Falls Ihr Windows Vista-PC nicht von Anfang an für den TV-Empfang gerüstet ist, können Sie dies später bei Bedarf nachholen, indem Sie den Computer mit einer (geeigneten) TV-Karte versehen.

Eine weitere denkbare Alternative ist die Erweiterung um eine zweite TV-Karte für den Dual-Tuner-Betrieb. Auf diese Weise können Sie eine Sendung ansehen und eine andere, die zur selben Zeit auf einem anderen Kanal läuft, währenddessen gleichzeitig aufzeichnen.

PROFITIPP

Im Internet kursieren unter dem Schlagwort »N-Tuner« Anleitungen, mit denen Sie einen Computer bzw. das Windows Media Center so konfigurieren, dass Windows Media Center mehr als zwei TV-Karten gleichzeitig zu nutzen imstande ist. Microsoft unterstützt offiziell jedoch nur den Dual-Tuner-Betrieb.

Abbildung 14.14 Mit Windows Media Center können Sie unter anderem bequem fernsehen

Windows Media Center kommt mit einem Empfang des Fernsehsignals auf allen Wegen zurecht – sei es über Antenne, Kabel oder Satellit, sowohl analog als auch digital. Abhängig von der verwendeten Empfangsart für das Fernsehsignal sind dabei viele Kombinationen möglich:

- Für das analoge Antennen-/Kabelfernsehen sowie das digitale Antennenfernsehen DVB-T reicht es aus, eine analoge bzw. DVB-T-fähige TV-Karte mit dem Windows Vista-PC zu verbinden.
- Für den Empfang des analogen Satelliten-Fernsehens sowie des digitalen Kabelfernsehens hingegen ist eine externe Settopbox (z.B. ein Satelliten-Receiver) zu verwenden, die die im Fernsehsignal enthaltenen Audio- und Videodaten an eine analoge TV-Karte des Windows Vista-PCs weiterleitet.
- Genauso können Sie zum Empfang des digitalen Satelliten-Fernsehens DVB-S verwenden. Hierzu stellt Microsoft den Herstellern fertiger Windows Vista-PCs sowie von DVB-S-fähigen TV-Karten die Zusatz-Software *Universal DVB Receiver* zur Verfügung (siehe den Abschnitt »Universal DVB Receiver für DVB-S«). Diese ermöglicht es dem Windows Media Center, das digitale Satelliten-Fernsehen DVB-S direkt (also ohne den »Umweg« über eine Settopbox) zu empfangen und mit dem Windows Media Center-Programm zu genießen. Des Weiteren integriert der Universal DVB Receiver Programminformationen für zahlreiche Fernsehsender, die über DVB-S empfangen werden, in das TV-Programm und somit den elektronischen Programmführer von Windows Media Center.

Der direkte Empfang des digitalen Kabelfernsehens mit Windows Media Center über eine DVB-C-fähige TV-Karte ist von Microsoft nicht vorgesehen (manche Hersteller von DVB-C-fähigen TV-Karten bieten hierfür eigene Software-Lösungen an).

Hinweis 

Um eine TV-Karte zusammen mit dem Windows Media Center von Windows Vista zu verwenden, benötigen Sie einen entsprechenden Treiber – und zwar nicht den reinen Gerätetreiber, sondern einen so genannten *BDA-Treiber* bereitstellt. Erst mit seiner Hilfe ist es möglich, eine TV-Karte in Windows Media Center zu nutzen. Sollte der unter Windows Vista installierte Treiber für die TV-Karte kein BDA-Treiber sein, können Sie die Fernsehfunktionen von Windows Media Center nicht nutzen. Wenden Sie sich in diesem Fall am besten an den Hersteller der TV-Karte und fragen dort gezielt nach einem BDA-Treiber für Windows Vista.

Ist Ihr Windows Vista-PC mit einer TV-Karte ausgestattet bzw. möchten Sie den Computer damit ausstatten, ist diese entsprechend zu verkabeln:

- Zum Empfang des analogen Antennen-/Kabelfernsehens verbinden Sie das Antennenkabel direkt mit dem mit *TV IN*, *ANT IN* o.ä. versehenen Fernseh-Antenneneingang Ihrer TV-Karte.
- Genauso gehen Sie beim digitalen Antennenfernsehen DVB-T vor: Verbinden Sie das von der Zimmer- oder Außenantenne kommende Antennenkabel mit dem Antenneneingang Ihrer TV-Karte.
- Analog dazu verbinden Sie beim digitalen Satelliten-Fernsehen DVB-S den F-Stecker des von der Satelliten-Antenne kommenden Satelliten-Kabels mit dem Satelliten-Eingang der DVB-S-fähigen TV-Karte.

Wichtig

Der Fernseher, Flachbildschirm oder Projektor (also alles, was den »Output« betrifft) ist an die Grafikkarte des Windows Vista-PCs anzuschließen – und nicht an einen Ausgang der TV-Karte, selbst wenn diese einen solchen bietet. Der Grund ist, dass Windows Media Center die TV-Karte ausschließlich dafür nutzt, um »Input« zu bekommen, da Windows Media Center seine Ausgaben über die Grafikkarte des PCs vornimmt.

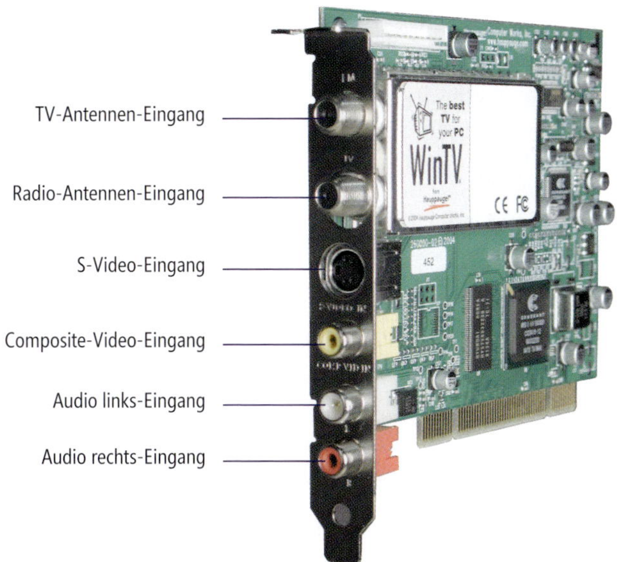

Abbildung 14.15 Typische Anschlüsse einer TV-Karte

Im Falle einer Settopbox hingegen (etwa ein Satelliten-Receiver für den Empfang des digitalen Kabelfernsehens) müssen Sie die dortigen Audio- und Videoausgänge verwenden, um die Informationen von der Settopbox zu den Signaleingängen der TV-Karte des Windows Vista-PCs zu führen:

- Benutzen Sie beispielsweise den *Scart*-Ausgang bei der Settopbox, bietet sich bei der TV-Karte der *S-Video*-Eingang für das Videosignal an (es sei denn, beide Geräte warten mit einem S-Video-Anschluss auf, sodass sich Settopbox und TV-Karte über ein S-Video-Kabel direkt miteinander verbinden lassen).
- Falls nicht anders möglich, können Sie Settopbox und TV-Karte auch über *Composite-Video* (erkennbar an der gelb markierten, mit dem Hinweis »Video« versehenen Cinch-Buchse) miteinander verbinden. Diese Variante bietet allerdings die schlechteste Bildqualität.

Die Stereoton-Audiosignale für links und rechts müssen separat von der S-Video- oder Composite-Video-Verbindung zu den Audioeingängen der TV-Karte gelangen. Adapterkabel – beispielsweise von Scart auf S-Video und Audio links/rechts – sind im Fachhandel erhältlich.

Hinweis 

Scart ist lediglich eine Verbindungsnorm, nicht aber eine Videonorm wie etwa S-Video. Eine »Scart-Verbindung zu besitzen«, sagt also nichts über die Bildqualität aus.

Zum UKW-Radioempfang schließen Sie eine Zimmer- oder Hausantenne an den mit *FM IN* oder *RADIO* bezeichneten Radio-Antenneneingang Ihrer TV-Karte an. Verfügen Sie über einen Kabelanschluss, können Sie stattdessen auch ein Antennenkabel mit dem Radioausgang Ihrer Kabelanschluss-Wanddose mit dem Radio-Antenneneingang Ihrer TV-Karte verbinden.

Hinweis 

Nicht jede TV-Karte besitzt auch einen Radio-Empfänger. Hat Ihre TV-Karte keinen solchen mit an Bord, können Sie über Windows Media Center logischerweise kein UKW-Radio hören.

Universal DVB Receiver für DVB-S

Standardmäßig unterstützt Windows Media Center zwar das analoge, nicht aber das digitale Satelliten-Fernsehen *DVB-S*. Microsoft Deutschland aber hat die Möglichkeit geschaffen, mit Windows Vista das digitale Satelliten-Fernsehen DVB-S dennoch zusammen mit Windows Media Center direkt verwenden zu können. Möglich macht dies die kleine Zusatz-Software *Universal DVB Receiver*, die Microsoft Deutschland den Herstellern von fertigen Windows Vista-PCs sowie von DVB-S-fähigen TV-Karten zur Verfügung stellt.

Der Vorteil dieser Zusatz-Software ist (im Gegensatz zu vielen anderen Lösungen von TV-Karten-Herstellern, dass darüber auch Programminformationen für zahlreiche über DVB-S zu empfangende Fernsehsender im TV-Programm von Windows Vista zur Verfügung stehen. Somit bleibt auch beim Fernsehempfang per digitalem Satellit der gewohnte Windows Media Center-Komfort beim Fernsehen sowie der Aufnahmeplanung erhalten.

Im Einzelnen benötigen Sie:

1. Eine DVB-S-fähige TV-Karte, für die ein passender BDA-Treiber zur Verfügung steht (auf Windows Update oder beim Hersteller).

2. Die Zusatz-Software *Universal DVB Receiver.*

Wichtig

Universal DVB Receiver versteht sich auf die unverschlüsselt ausgestrahlten, frei empfangbaren Sender (Free-to-Air, kurz *FTA*) und bezieht dabei nicht nur Fernseh-, sondern auch Radiosender mit ein. Der Empfang von Pay-TV, das etwa durch eine Smartcard entschlüsselt werden muss, wird nicht unterstützt (manche Hersteller von DVB-S-fähigen TV-Karten bieten hierfür eigene Lösungen an).

Abbildung 14.16 Mit der Zusatz-Software *Universal DVB Receiver* und einer geeigneten, DVB-S-fähigen TV-Karte können Sie in Windows Media Center das digitale Satelliten-Fernsehen DVB-S nutzen

Zur Verwendung des Universal DVB Receivers führen Sie die folgenden Schritte aus:

1. Als Erstes müssen Sie die DVB-S-fähige(n) TV-Karte(n) unter Windows Vista installieren.
2. Anschließend spielen Sie die Universal DVB Receiver Zusatz-Software auf dem Computer ein (falls diese nicht bereits installiert ist). Hierzu starten Sie die *UniversalDVBSetup.exe.*
3. Wählen Sie als Erstes die Sprache (etwa *Deutsch*), um daraufhin zum eigentlichen Installationsprogramm für den Universal DVB Receiver zu gelangen.
4. Klicken Sie auf *Weiter,* werden zunächst die Redistributable-Dateien von Microsoft Visual C++ 2005 (das der Universal DVB Receiver verwendet) auf dem Windows Vista-PC aufgespielt.
5. Nach dem erneuten Anklicken der Schaltfläche *Weiter* erfolgt die Installation der zum Universal DVB Receiver gehörenden Dateien im Ordner *%ProgramFiles%\Universal DVB Receiver.*
6. Des Weiteren installiert der Universal DVB Receiver zwei virtuelle Geräte (»Universal DVB Capture Device« und »Universal DVB Tuner Device«). Sollte Windows Vista eine entsprechende Meldung anzeigen, achten Sie darauf, die Treiber für diese Geräte trotz der Sicherheitswarnung zu installieren.
7. Abschließend klicken Sie dort auf *Fertig stellen* und starten den Windows Vista-PC neu.

Automatisch ruft der Universal DVB Receiver nach Ihrer Anmeldung als Benutzer als Benutzer das Tool *ACCControl* auf, für das auch ein Symbol im Infobereich der Taskleiste erscheint. Diese Software ist für die Einblendung bestimmter Anzeigen (etwa bei der Einrichtung des Fernsehempfangs) im Windows Media Center zuständig. Außerdem werden zwei Anwendungen zur Konfiguration des Signalempfangs sowie zur Videotext-Anzeige in der Programmbibliothek von Windows Media Center platziert, die sich im Windows Media Center-Bereich *Online-Medien* befindet.

Damit ist Windows Vista so vorkonfiguriert, dass Sie das digitale Satelliten-Fernsehen DVB-S inklusive TV-Programm in Windows Media Center genießen können. Nun können Sie das Windows Media Center-Programm für den TV-Empfang per digitalem Satellit einrichten.

Ausgabeoptionen

In der Regel erlaubt die Grafikkarte eines Windows Vista-PCs den gleichzeitigen Anschluss von zwei Bildschirmen (Notebooks bilden meist eine Ausnahme). Somit steht der simultanen Verwendung beispielsweise eines Computer-Monitors und eines Projektors am Windows Vista-PC nichts im Wege. In diesem Fall gibt es einen *primären Bildschirm* und einen *sekundären Bildschirm.* Allerdings gilt es hierbei, Folgendem Rechnung zu tragen:

- Windows Media Center nimmt Ausgaben immer auf dem primären Bildschirm vor. Somit ist es nicht möglich, den Windows-Desktop auf dem primären Bildschirm zu sehen und Windows Media Center-Ausgaben auf dem sekundären Bildschirm zu betrachten. Hilfreich ist in diesem Fall, sich ein wenig mit den Einstellmöglichkeiten der Grafikkarten zu befassen. Die dortige Vorgabe des Klonen-Modus beispielsweise hat zur Folge, dass auf beiden Bildschirmen derselbe Inhalt erscheint.

> **PROFITIPP**
>
> Wenn Sie zwei Bildschirme an den Windows Vista-PC angeschlossen haben und das Windows Media Center-Programmfenster auf die Vollbilddarstellung umschalten, wird der Mauszeiger auf diesem Bildschirm »gefangen« und bleibt dort »eingesperrt« – lässt sich also nicht auf dem anderen Bildschirm verwenden. Der Grund dafür ist, dass Windows Media Center in der Vollbilddarstellung auf DirectX zurückgreift, das nach diesem Schema verfährt. Ein manuelles »Ausbrechen« des Mauszeigers beispielsweise durch Drücken der Tastenkombination [Alt]+[Tab] ist zwar möglich, doch verlässt Windows Media Center dadurch automatisch die Vollbilddarstellung und kehrt zur Fensterdarstellung zurück.
>
> Ein probates Vorgehen, diese Einschränkung zu umgehen, besteht darin, das Windows Media Center-Programmfenster so weit wie möglich zu vergrößern und dieses auf den gewünschten Bildschirm zu verschieben.

- Wichtig für eine sinnvolle Windows Media Center-Konstellation aus zwei Bildschirmen ist zudem das Seitenverhältnis, das beide Geräte aufweisen bzw. das durch ihre Bildschirmauflösung bestimmt wird. Denn beim Computer-Monitor ist häufig ein Seitenverhältnis der Bildbreite zur Bildhöhe von 4:3 (zum Beispiel bei den Bildschirmauflösungen von 1.024x768, 1.280x960 und 1.600x1.200) bzw. 5:4 (bei einer Bildschirmauflösung von 1.280x1.024) anzutreffen. Moderne Fernseher und Projektoren im 16:9-Format sowie Monitore im 16:10-Breitbildformat hingegen besitzen ein anderes Seitenverhältnis, sodass das Bild breiter ist. Hier sind Bildschirmauflösungen wie 1.024x576, 1.680x1.050 oder 1.920x1.200 zu finden.

Unterschiedliche Anzeigeformate der an den Windows Vista-PC angeschlossenen Bildschirme führen dazu, dass Bilder mindestens auf einem der beiden zusammengestaucht oder in die Breite gezogen dargestellt werden. Über die Eigenschaften der Grafikkarte können Sie dies zwar nicht komplett ausgleichen, jedoch flexibel handhaben und an die jeweilige Situation anpassen. Arbeiten Sie gerade mit dem Windows Media Center-Programm, stellen Sie eine für den Computer-Monitor am besten geeignete Bildschirmauflösung ein. Zum unterhaltenden DVD- oder Fernsehgenuss verändern Sie dann über die Eigenschaften der Grafikkarte die Bildschirmauflösung dergestalt, so dass der andere Bildschirm (Breitbildformat-Fernseher, Projektor o.ä.) damit möglichst gut zurechtkommt und alles in ganzer Fülle ohne störende schwarze Balken anzeigen kann.

> **Hinweis** 
>
> Um die Auflösung eines Bildschirms unter Windows Vista zu verändern, klicken Sie mit der rechten Maustaste in einen freien Bereich auf dem Windows-Desktop, wählen *Anpassen* im zugehörigen Kontextmenü aus und klicken daraufhin auf *Anzeige* die Registerkarte *Einstellungen*. Spezielle Optionen für die betreffende Grafikkarte respektive die daran angeschlossenen Bildschirme sind hier nach dem Anklicken der Schaltfläche *Erweiterte Einstellungen* erreichbar. Bei einigen Grafikkarten können Sie die Eigenschaften auch bequem über ein Symbol in der Systemsteuerung von Windows Vista oder ein im Infobereich der Taskleiste enthaltenes Symbol verändern.

Windows Media Center TV Pack

Im Sommer 2008 hat Microsoft das so genannte *Windows Media Center TV Pack* fertiggestellt und an OEMs ausgeliefert. Hierbei handelt es sich um eine Erweiterung speziell für das Windows Media Center von Windows Vista, das dieses um bestimmte Funktionen erweitert. Hierzu gehören zum Beispiel:

- **DVB-S-Unterstützung**

  Mit dem Windows Media Center TV Pack ist Windows Media Center nicht mehr auf proprietäte Zusatzlösungen von Herstellern von TV-Karten oder den Universal DVB Receiver (siehe Abschnitt »Universal DVB Receiver für DVB-S«) für den Fernsehempfang via DVB-S angewiesen. Vielmehr kann der Empfang des digitalen Satelliten-Fernsehens nun direkt ohne solche Zusatz-Tools erfolgen.

- **Mischbetrieb unterschiedlicher Fernsehsignal-Empfangsarten**

  Das Windows Media Center TV Pack gestattet einen Mischbetrieb unterschiedlicher Fernsehsignal-Empfangsarten (beispielsweise analoges Kabelfernsehen und digitales Antennenfernsehen DVB-T). Auf diese Weise lassen sich in Regionen, in denen das Fernsehsignal auf mehr als eine Art empfangen werden kann, TV-Karten für unterschiedliche Empfangswege flexibel im Windows Media Center miteinander kombinieren (bei der Grundkonfiguration einer TV-Karte ist dabei festzulegen, auf welche Weise diese das TV-Signal empfängt und für Windows Media Center bereitstellt).

- **Untertitel von Live-TV und und TV-Aufzeichnungen**

  Das Windows Media Center TV Pack ermöglicht es, Untertitel nicht nur für das laufende Fernsehprogramm anzuzeigen, sondern auch für Sendungen, die aufgezeichnet wurden und später wiedergegeben werden.

- **Automatische Anpassung des Lautstärke-Pegels an Spitzen**

  Über das Windows Media Center TV Pack kann eine automatische Anpassung der Lautstärke erfolgen. Dadurch werden besonders laute Passagen automatisch an die eingestellte Lautstärke angeglichen.

- **Automatische Anpassung von Aufnahmezeiten beim digitalen TV-Empfang**

  Empfangen Sie das Fernsehsignal via DVB-T oder DVB-S, kann das Windows Media Center TV Pack die Start- und Endezeit von Sendungen für die Aufnahmeplanung berücksichtigen. Verschieben sich aufzuzeichnende Sendungen, soll dieses Merkmal dafür sorgen, dass Sie dennoch nichts verpassen und alles in Ihrer Aufnahme enthalten ist.

- **On- und Offline-Informationen für das TV-Programm bei digitalem TV-Empfang**

  Mit dem Windows Media Center TV Pack können Informationen für das TV-Programm von Windows Media Center nicht mehr nur über das Internet bezogen werden (sofern der TV-Empfang digital erfolgt). Vielmehr kann das TV-Programm von Windows Media Center dann auch Informationen berücksichtigen, die aus den Signalen stammen, die vom Anbieter zusätzlich zum eigentlichen Fernsehprogramm unsichtbar mit ausgestrahlt werden. Allerdings stehen in diesem Fall nicht mehr wie beim online per Internet bezogenen TV-Programm Informationen für bis zu 14 Tage im Voraus zur Verfügung, sondern nur für bis zu sieben Tage.

Wichtig 

Das Windows Media Center TV Pack ist nicht einzeln erhältlich. Vielmehr wird dieses an PC-Hersteller geliefert, der dieses dann zusammen mit dem eigentlichen Betriebssystem auf der Festplatte des Computers aufspielen und vorinstallieren kann. Es ist nicht möglich, das Windows Media Center TV Pack auf einem schon vorhandenen PC einzuspielen, der mit Windows Vista Home Premium oder Windows Vista Ultimate (nur diese Editionen enthalten ja das Windows Media Center-Programm) arbeitet. Mit anderen Worten: Eine Nachrüstung von Windows Media Center TV Pack auf Windows Vista-PCs, die Sie bereits Ihr Eigen nennen, ist von Microsoft nicht vorgesehen.

Hinweis 

Da das Windows Media Center TV Pack zum Zeitpunkt der Drucklegung dieses Buchs noch nicht erhältlich war, wird auf dieses nur OEMs zur Verfügung stehende Zusatzpaket in diesem und den zugehörigen Windows Media Center-Kapiteln nicht weiter eingegangen.

Benutzerdefiniertes Setup

Haben Sie sich beim ersten Aufruf des Windows Media Center-Programms (siehe den Abschnitt »Windows Media Center-Setup«) für das benutzerdefinierte Setup entschieden, nimmt Sie der *Windows Media Center-Setup-Assistent* in Empfang. Dieser geleitet Sie durch die einzelnen Einrichtungsschritte, die nur wenige Minuten in Anspruch nehmen.

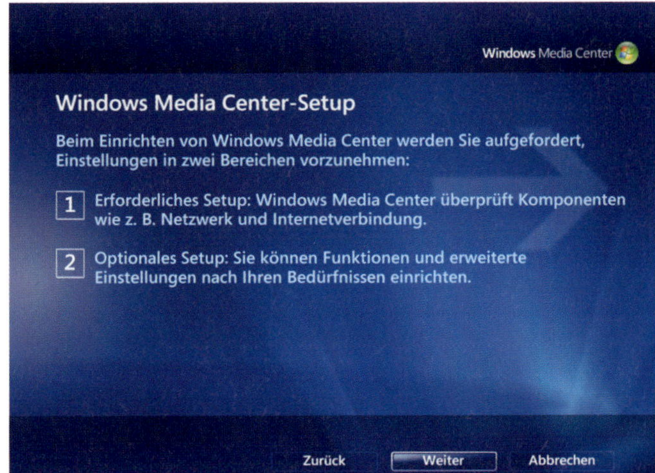

Abbildung 14.17 Das benutzerdefinierte Setup umfasst die Grund- sowie die Konfiguration optionaler Funktionen

Das benutzerdefinierte Windows Media Center-Setup besteht aus zwei Abschnitten: Zusätzlich zur Grundkonfiguration haben Sie die Möglichkeiten, über das optionale Setup die Bildschirmanzeige anzupassen sowie die Lautsprecherkonfiguration im Rahmen der optionalen Einrichtung durchzuführen.

Hinweis 

Bei Bedarf können Sie das Windows Media Center-Setup im Nachhinein jederzeit erneut ausführen, wahlweise komplett oder lediglich in Teilen. Siehe dazu den Tipp am Ende des folgenden Abschnitts.

Von der Grundkonfiguration zum optionalen Setup

Das erforderliche Setup im Rahmen des benutzerdefinierten Setups umfasst:

- Nachdem Sie zweimal *Weiter* ausgewählt haben, erhalten Sie die Gelegenheit, sich die *Windows Media Center-Datenschutzbestimmungen* durchzulesen. Hierzu markieren Sie den entsprechenden Eintrag und drücken ↵. Auf der sodann angezeigten Seite *Windows Media Center-Datenschutz* drücken Sie ▶, um die Datenschutzbestimmungen mit den Tasten ▼ und ▲ sowie CH|PG +− durchblättern zu können. Durch Drücken von ◀ gelangen Sie zum Menüeintrag *Fertig*, dessen Selektion Sie wieder zur Seite *Bestimmungen für Windows Media Center* zurückführt. Über ▼ markieren Sie dort die Schaltfläche *Weiter* und drücken auf ⊕.

- Nun können Sie durch Auswahl der entsprechenden Option entscheiden, ob Sie am Programm zur Verbesserung der Benutzerfreundlichkeit teilnehmen möchten oder nicht. Treffen Sie Ihre Entscheidung und wählen dann *Weiter* aus.

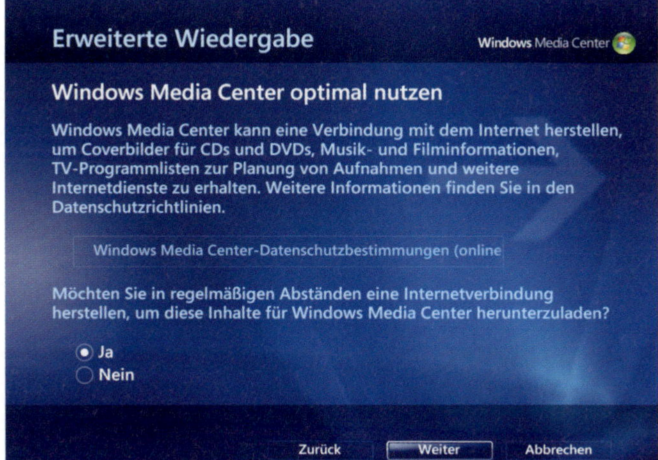

Abbildung 14.18 Der Bezug von Medieninformationen aus dem Internet bildet die Grundlage für die Anzeige z.B. von Ablumcovern bei Musik-CDs und das TV-Programm

- Auf der nächsten Seite *Erweiterte Wiedergabe* ist festzulegen, ob Windows Media Center Medieninformationen automatisch aus dem Internet auf Ihren Computer herunterladen soll (siehe Abbildung 14.18). Diese Medieninformationen umfassen zum Beispiel Infos zu Musik-CDs mitsamt zugehörigem Albumcover, Spielfilmdetails und DVD-Cover für die DVD-Wiedergabe sowie TV-Programmlisten für den elektronischen Programmführer bzw. den Windows Media Center-EPG (falls Ihr Windows Vista-PC mit einer TV-Karte ausgestattet ist). Soll Windows Media Center diese Informationen bei Bedarf automatisch downloaden, wählen Sie die Option *Ja* aus.
- Nach *Weiter* teilt Ihnen der Setup-Assistent mit, dass die Grundkonfiguration bereits abgeschlossen haben. Wählen Sie abermals *Weiter* aus.

Damit sind Sie bereits beim optionalen Setup angelangt (siehe Abbildung 14.19). Hier können Sie die aufgeführten, optionalen Setup-Aufgaben selektiv oder der Reihe nach absolvieren. Welche Aufgaben hier erscheinen, hängt von der Konfiguration Ihres Computers ab. Ist beispielsweise keine TV-Karte verfügbar, gibt es auch keine dementsprechende optionale Setup-Aufgabe.

Haben Sie eine Aufgabe erfolgreich durchlaufen, ersetzt der Setup-Assistent die Optionsschaltfläche durch ein Häkchen. So wissen Sie jederzeit, welche Aufgaben noch offen sind.

Aktivieren Sie die Option *Fertig*, um nach Auswahl von *Weiter* sowie *Fertig stellen* das benutzerdefinierte Setup von Windows Media Center abzuschließen. Damit ist Ihr Windows Media Center jetzt einsatzbereit.

Tipp

Das benutzerdefinierte Setup können Sie bei Bedarf auch im Nachhinein aufrufen. Hierzu wählen Sie im Windows Media Center-Bereich *Aufgaben* zunächst *Einstellungen* und dann *Allgemein* gefolgt von *Windows Media Center-Setup* aus. Neben einem Eintrag zum erneuten Durchlauf des kompletten benutzerdefinierten Setups finden Sie dort auch Menüeinträge, um lediglich eine einzelne optionale Setup-Aufgabe zu absolvieren. Zur Verfügung stehen Ihnen dabei (je nach Konfiguration Ihres Computers) Menüeinträge, um das TV-Signal einzurichten, das TV-Gerät oder den Monitor zu konfigurieren und die Lautsprecher anzupassen.

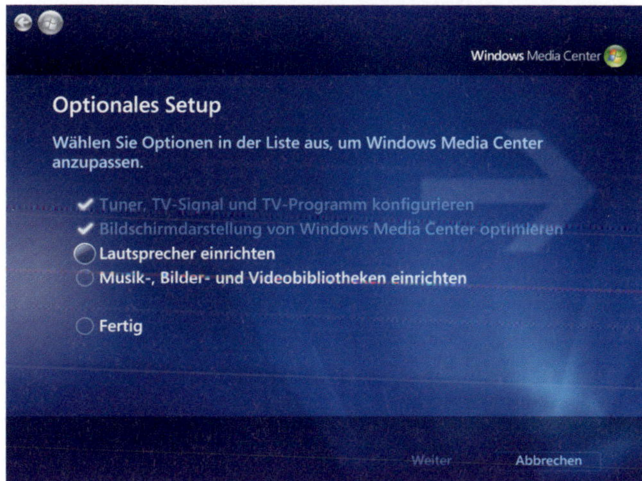

Abbildung 14.19 Das optionale Setup hält mehrere Aufgaben bereit

Einrichtung für den Fernsehempfang

Ist Ihr Computer mit einer oder zwei TV-Karte(n) ausgestattet, müssen Sie Windows Media Center für den Fernsehempfang einrichten, um fernzusehen und Sendungen aufnehmen zu können. Konkret gilt es,

- TV-Signal,
- TV-Programm und
- TV-Programmlisten

zu konfigurieren, um so den Fernsehempfang zu ermöglichen und den elektronischen Programmführer (EPG, Electronic Program Guide) von Windows Media Center verwenden zu können.

Hinweis

Zuvor muss die TV-Karte mit dem PC verbunden und unter Windows Vista erfolgreich installiert worden sein.

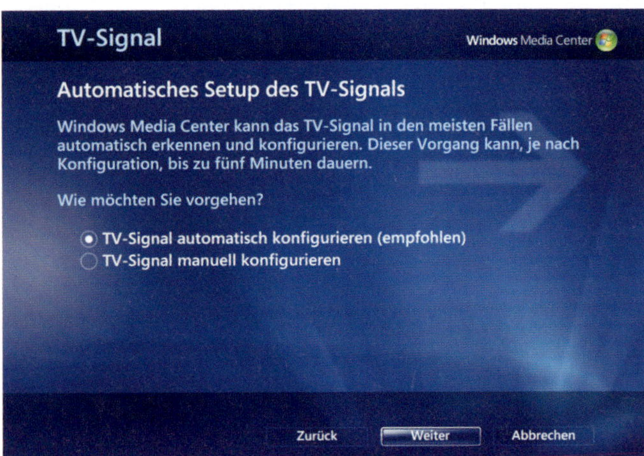

Abbildung 14.20 Das TV-Signal können Sie in Windows Media Center automatisch oder manuell einrichten

Zur Einrichtung von Windows Media Center für den Fernsehempfang im Rahmen des optionalen Windows Media Center-Setups gehen Sie wie folgt vor:

1. Wählen Sie auf der Seite *Optionales Setup* den Eintrag *Tuner, TV-Signal und TV-Programm konfigurieren* aus.
2. Nach *Weiter* geben Sie auf der Seite *Region bestätigen* das Land an, in dem Sie sich befinden (zusammen mit der später anzugebenden Postleitzahl weiß Windows Media Center dann im Idealfall, welche Fernsehsender es in Ihrer Region gibt). Befinden Sie sich in Deutschland, sollte diese Region bereits voreingestellt sein.
3. Wählen Sie *Weiter* aus, lädt Windows Media Center aus dem Internet die zur Einrichtung erforderlichen TV-Setup-Optionen herunter.

Automatische Einrichtung

Welche Seite jetzt als nächste erscheint, hängt davon ab, welche TV-Karten an den Windows Vista-PC angeschlossen sind bzw. ob diese mehrere Fernsehsignal-Empfangsarten beherrschen. Sehen Sie die Seite *Automatisches Setup des TV-Signals*, aktivieren Sie dort die Option *TV-Signal automatisch konfigurieren* (siehe Abbildung 14.20).

Nach zweifachem *Weiter* versucht Windows Media Center dann zu erkennen, auf welche Weise die TV-Karte(n) das Fernsehsignal empfangen – per Kabel, analog per Antenne, digital mit DVB-T oder DVB-S oder aber per Satelliten-Receiver bzw. Settopbox. Im Anschluss an den Erkennungssuchlauf präsentiert Windows Media Center die Seite *Ergebnis der TV-Signalkonfiguration* (siehe Abbildung 14.21).

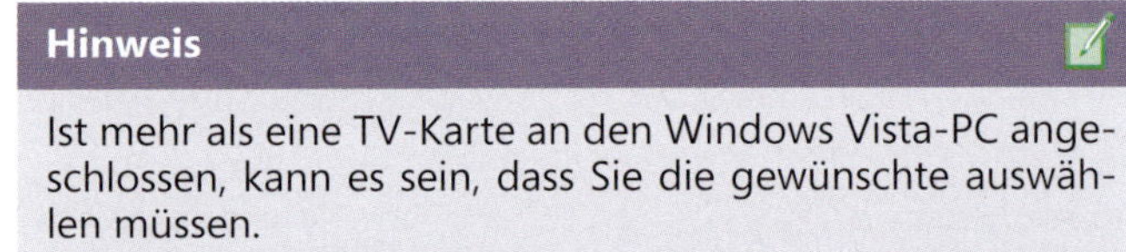

Hinweis

Ist mehr als eine TV-Karte an den Windows Vista-PC angeschlossen, kann es sein, dass Sie die gewünschte auswählen müssen.

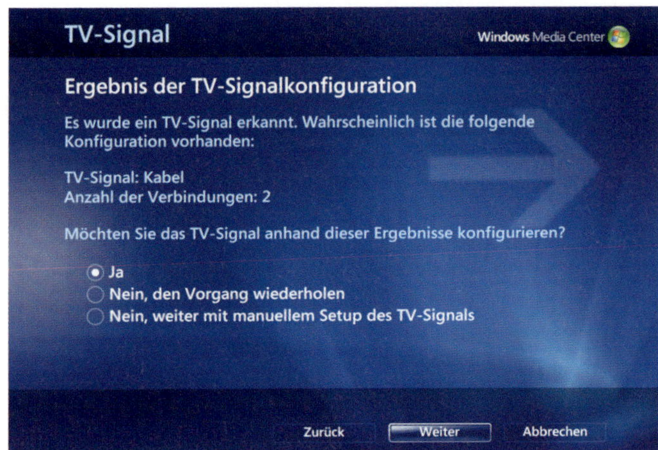

Abbildung 14.21 Häufig ist Windows Media Center dazu in der Lage, automatisch zu erkennen, auf welche Weise der Empfang des Fernsehsignals erfolgt (bei einem Dual-Tuner)

Stimmt die dort angezeigte Konfiguration mit der tatsächlichen überein, brauchen Sie nur noch die Option *Ja* zu aktivieren und *Weiter* auszuwählen. Damit haben Sie die Konfiguration des TV-Signals erfolgreich absolviert und können sich der Einrichtung von TV-Programm und TV-Programmlisten zuwenden (siehe den Abschnitt »Programminformationen und Kanalsuche«).

Ansonsten können Sie versuchen, Ihre Verkabelung zu überprüfen oder die DVB-T-Antenne besser auszurichten, um daraufhin der Windows Media Center-Erkennung eine zweite Chance zu geben. Falls auch dieser erneute Erkennungssuchlauf nicht erfolgreich ist, müssen Sie zwangsläufig das Setup manuell durchführen. Wählen Sie hierzu die Option *Nein, weiter mit manuellem Setup des TV-Signals* aus und klicken auf *Weiter*, was Sie zur Seite *TV-Signal auswählen* führt.

Hinweis

Bekommt die TV-Karte das Fernsehsignal von einer Settopbox, bringen Sie Windows Media Center noch vor der Einrichtung des TV-Programms bei, den an der Settopbox eingestellten Kanal umzuschalten (siehe den Abschnitt »Fernsehsignal-Empfang per Settopbox« weiter hinten in diesem Kapitel).

Manuelle Einrichtung der Fernsehsignal-Empfangsart

Kann Windows Media Center kein automatisches Setup für das Fernsehsignal durchführen, gelangen Sie sofort zur Seite *TV-Signal auswählen* (siehe Abbildung 14.22). Hier müssen Sie die Empfangsart des Fernsehsignals festlegen:

- Für analoges und digitales Kabelfernsehen verwenden Sie die Option *Kabel*.
- Zum Empfang über eine analoge Antenne aktivieren Sie die Option *Analog Antenne (PAL/SECAM)*.

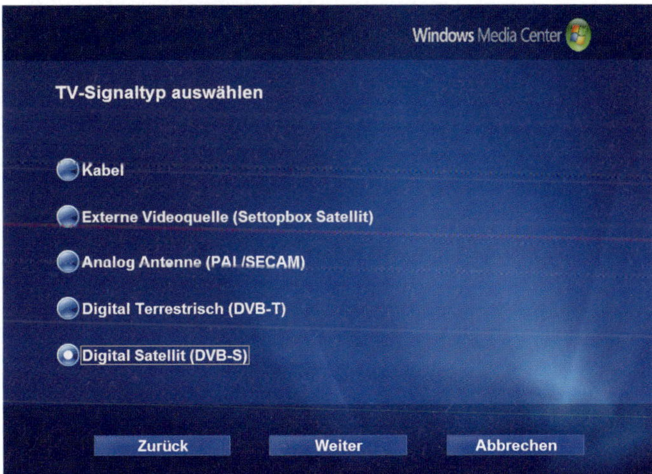

Abbildung 14.22 Nehmen Sie ein manuelles Setup vor, müssen Sie die Empfangsart des Fernsehsignals angeben

- Für das digitale Antennenfernsehen DVB-T benutzen Sie die Option *Digital Terrestrisch (DVB-T)*.
- Zum direkten Empfang des digitalen Satelliten-Fernsehens, ohne dafür einen als Settopbox genutzten digitalen Satelliten-Receiver zu verwenden, steht die Option *Digital Satellit (DVB-S)* zur Verfügung.

Wichtig 

Die Option *Digital Satellit (DVB-S)* erscheint nur dann, wenn auf Ihrem Computer die Zusatz-Software »Universal DVB Receiver« (siehe den Abschnitt »Universal DVB Receiver für DVB-S«) installiert ist.

- Stammt das Fernsehsignal hingegen von einem Satelliten-Receiver und somit von einer Settopbox (etwa zum Empfang des analogen Satelliten-Fernsehens oder für das digitale Kabelfernsehen), greifen Sie auf die Option *Externe Videoquelle (Settopbox Satellit)* zurück.

Die Vorgabe einer dieser Optionen bestimmt, wie nach der Bestätigung mit *Weiter* die Einrichtung fortgesetzt wird. Nachfolgend finden Sie die wichtigsten Konstellationen kurz beschrieben.

Kabelfernsehen

Empfangen Sie Fernsehsendungen über den analogen Kabelanschluss, beantworten Sie die Frage nach der Verwendung einer Settopbox mit *Nein*. Ein solches Zusatzgerät wird nur für das digitale Kabelfernsehen benötigt (in diesem Fall müssen Sie auf der Seite *Besitzen Sie eine Settopbox* natürlich *Ja* angeben und anschließend die im Abschnitt »Fernsehsignal-Empfang per Settopbox« beschriebenen Schritte zur Abstimmung von Windows Media Center auf Ihre Settopbox vornehmen). Nun brauchen Sie nur noch *Weiter* auszuwählen und können das Setup mit der Einrichtung von TV-Programm und TV-Programmlisten fortsetzen (siehe den Abschnitt »Programminformationen und Kanalsuche«).

Analoges Antennenfernsehen

Falls Sie das analoge Antennenfernsehen zum Beispiel per Dach- oder Zimmerantenne empfangen, wählen Sie die Option *Analog Antenne (PAL/SECAM)* aus und klicken auf *Weiter*. Hierdurch haben Sie die Konfiguration des Fernsehsignals bereits erledigt. Fahren Sie mit der Einrichtung von TV-Programm und TV-Programmlisten (siehe den Abschnitt »Programminformationen und Kanalsuche«) fort.

DVB-T: digitales Antennenfernsehen

Wohnen Sie im Empfangsgebiet des digitalen Antennenfernsehens und ist Ihr Computer mit einer entsprechenden TV-Karte bestückt, aktivieren Sie die Option *Digital terrestrisch (DVB-T)* (gegebenenfalls nach vorheriger Auswahl von *Antenne* auf der

Seite *TV-Signal auswählen*). Somit sind Sie bereits fertig und können sich mit Auswahl von *Weiter* der Konfiguration von TV-Programm und TV-Programmlisten zuwenden (siehe den Abschnitt »Programminformationen und Kanalsuche«).

DVB-S: digitales Satelliten-Fernsehen

Ist an Ihren Computer eine DVB-S-fähige TV-Karte zum direkten Empfang des digitalen Satelliten-Fernsehens angeschlossen, brauchen Sie keinen »Umweg« über eine Settopbox einzuschlagen: Falls die Zusatz-Software *Universal DVB Receiver* auf Ihrem Windows Vista-PC installiert ist, können Sie jetzt auf der Seite *TV-Signaltyp auswählen* die Option *Digital Satellit (DVB-S)* aktivieren. Nach Auswahl von *Weiter* wählen Sie auf der Seite *TV-Empfänger* nun die DVB-S-fähige TV-Karte Ihres Windows Vista-PCs aus. Anschließend werden Sie aufgefordert, das TV-Programm und die TV-Programmlisten zu konfigurieren (siehe den Abschnitt »Programminformationen und Kanalsuche«).

Fernsehsignal-Empfang per Settopbox

Beim Empfang des Fernsehsignals über einen Satelliten-Receiver – etwa für das analoge Satellitenfernsehen oder das digitale Kabelfernsehen) – ist eine Settopbox beteiligt.

- **Signalempfang** Haben Sie auf der Seite *TV-Signaltyp auswählen* die Option *Externe Videoquelle (Settopbox)* bzw. *Satellit* ausgewählt, müssen Sie sicherstellen, dass die TV-Karte das Fernsehsignal korrekt von der Settopbox bekommt. Nach *Weiter* bekommen Sie daher die Seite *Funktionierendes TV-Signal auswählen* angezeigt (siehe Abbildung 14.23). Dort sollten Sie in einem kleinen Fenster das laufende Fernsehprogramm des an der Settopbox aktuell eingestellten Kanals sehen. Ist dies nicht der Fall, probieren Sie, ob die TV-Karte das von der Settopbox kommende Fernsehsignal eventuell auf einem anderen Composite-Video- oder S-Video-Eingang erhält, indem Sie die entsprechende Option im Setup-Assistenten aktivieren. Führt dies nicht zum Erfolg, prüfen Sie, ob vielleicht die Verkabelung fehlerhaft ist, und wählen anschließend *Erneut suchen* aus.
- **Kanalwechsel an der Settopbox** Klappt es mit dem Empfang des Fernsehsignals per Satelliten-Receiver, wählen Sie *Weiter* aus, um Windows Media Center auf Ihre Settopbox individuell abzustimmen. Dabei geht es darum, Windows Media Center beizubringen, den an der Settopbox eingestellten Kanal zu wechseln – oder anders ausgedrückt, die Fernbedienung Ihrer Settopbox zu simulieren, sodass Sie diese beiseite legen können. Damit dies funktioniert, muss das Infrarotsteuerungskabel mit dem Infrarotempfänger des Windows Vista-PCs verbunden und auf den Infrarotempfangssensor Ihrer Settopbox ausgerichtet sein (wie im Abschnitt »Anschluss und Konfiguration« beschrieben).

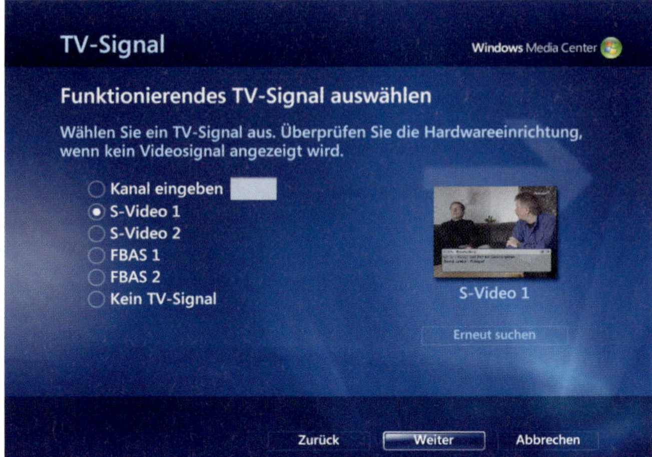

Abbildung 14.23 Beim manuellen Setup zum Fernsehempfang über eine Settopbox muss diese das TV-Signal an die TV-Karte des Windows Vista-PCs liefern

Auf der Seite *Settopbox-Fernbedienung* müssen Sie Windows Media Center mitteilen, ob Sie eine Fernbedienung für die Settopbox besitzen. Ist dies der Fall, wählen Sie *Ja* und *Weiter* aus. Auf Aufforderung hin drücken Sie nun einige Tasten auf der Settopbox-Fernbedienung und richten diese dabei auf den Windows Media Center-Infrarotempfänger. Die Idee dahinter ist, dass Windows Media Center auf diese Weise von sich aus erkennt, mit welchem Fernbedienungscode sich die Kanäle an der Settopbox umschalten lassen. Haben Sie die Settopbox-Fernbedienung nicht mehr zur Hand, müssen Sie stattdessen die Option *Nein* verwenden und im weiteren Verlauf die Marke der Settopbox sowie den Fernbedienungscode angeben, den diese verwendet, sodass Windows Media Center darüber den Kanalwechsel vornehmen kann.

Hinweis

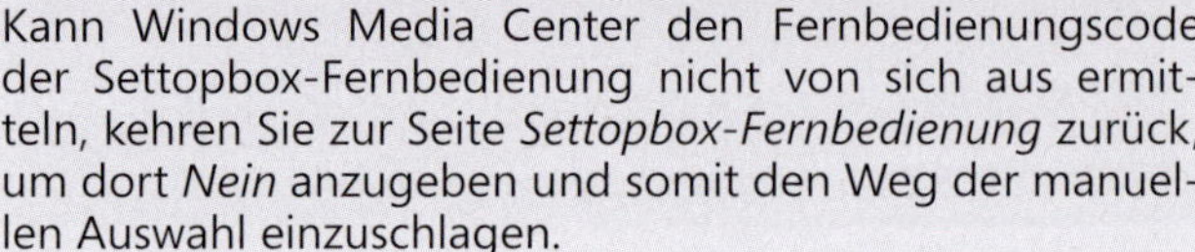
Kann Windows Media Center den Fernbedienungscode der Settopbox-Fernbedienung nicht von sich aus ermitteln, kehren Sie zur Seite *Settopbox-Fernbedienung* zurück, um dort *Nein* anzugeben und somit den Weg der manuellen Auswahl einzuschlagen.

Hat Windows Media Center Ihre Fernbedienung bzw. den von dieser verwendeten Fernbedienungscode korrekt ermitteln können, werden Sie darüber durch Anzeige der Seite *Fernbedienung wurde identifiziert* informiert. Auf den nachfolgenden Seiten ist sodann anzugeben, ob der

Kanalspeicher der Settopbox sich im zwei-, drei- oder vierstelligen Bereich bewegt und ob Sie zum Wechsel des Kanals lediglich dessen Nummer eintippen oder anschließend noch eine Taste wie »Eingabe«, »OK« o.ä. auf der Settopbox-Fernbedienung drücken müssen. Ob Windows Media Center das Verhalten der Settopbox-Fernbedienung erfolgreich simulieren kann, ist anschließend auf der Seite *Kanalwechsel testen* zu ermitteln.

Daraufhin wählen Sie *Weiter* aus, um Windows Media Center bekannt zu geben, mit welcher Geschwindigkeit – schnell, mittel oder langsam – der am Ende des Infrarotsteuerungskabels befindliche Infrarotsender seine Signale an Ihre Settopbox schicken muss, damit der Kanalwechsel dort ordnungsgemäß funktioniert.

Haben Sie auch diesen Schritt erfolgreich absolviert, erscheint zum Abschluss die Seite *Fertig!* (siehe Abbildung 14.24).

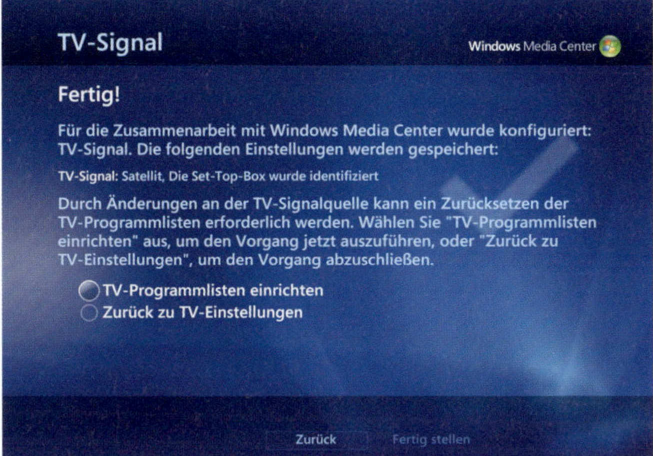

Abbildung 14.24 Die manuelle Einrichtung des TV-Signals ist abgeschlossen

Programminformationen und Kanalsuche

Haben Sie die Einrichtung der Fernsehsignal-Empfangsart erfolgreich absolviert, besteht der zweite Teil der TV-Konfiguration darin,

- Windows Media Center mit den darüber beziehbaren Fernsehsendern bekannt zu machen
- und per Internet mit TV-Programmlisten für den elektronischen Programmführer (den Windows Media Center-EPG) zu versorgen.

Falls erforderlich, wählen Sie hierzu auf der Seite *Fertig!* die Option *TV-Programmlisten einrichten* aus und klicken Sie auf *Weiter*.

Nach Auswahl von *Weiter* auf der Seite *TV-Programm einrichten* erhalten Sie die Gelegenheit, sich die Datenschutzbestimmungen für die Nutzung des elektronischen Programmführers (also den Windows Media Center-EPG) durchzulesen – denn dort ist zu erfahren, dass Windows Media Center Daten wie beispielsweise Korrekturen bei Kanalzuordnungen, Ihr Land und Ihre Postleitzahl an Microsoft sendet, um so den EPG verbessern zu können. Somit heißt es, sich für oder gegen die Nutzung dieser über das Internet abzurufenden Programminformationen zu entscheiden: Wählen Sie *Ja* bei *Möchten Sie das TV-Programm verwenden* aus, um den EPG von Windows Media Center zu verwenden.

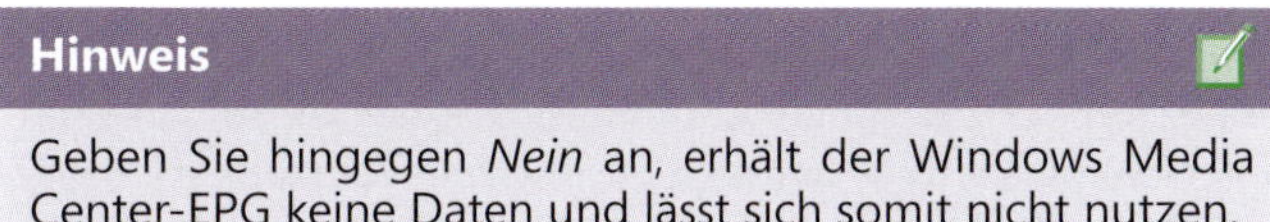

Hinweis

Geben Sie hingegen *Nein* an, erhält der Windows Media Center-EPG keine Daten und lässt sich somit nicht nutzen.

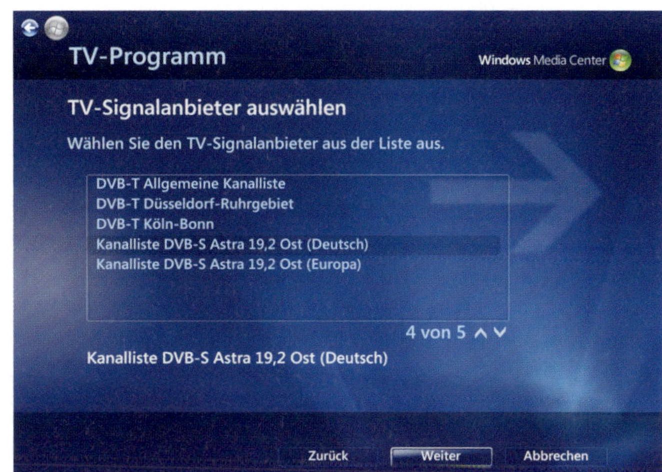

Abbildung 14.25 Die Auswahl des richtigen TV-Signalanbieters hat Auswirkungen auf den Windows Media Center-EPG

Andernfalls wählen Sie hier *Ja* aus, um nach *Weiter* auf der nächsten Seite die Option *Ich stimme zu* auszuwählen und *Weiter* zu selektieren. Sodann tragen Sie über die Nummerntasten der Zehnertastatur Ihre Postleitzahl im dafür vorgesehenen Feld ein. Nach *Weiter* versucht Windows Media Center nun, über das Internet Informationen darüber zu bekommen, welche Fernsehsignal-Anbieter (etwa Kabelfernsehgesellschaften oder Satellitenbetreiber) es in Ihrer Region gibt.

Tipp

Falls Sie das Fernsehsignal via DVB-T empfangen, erscheint hier unter Umständen lediglich *Allgemeine Kanalliste DVB-T Deutschland*, obwohl Sie im Empfangsgebiet des digitalen Antennenfernsehens wohnen und somit hier einen für Ihre Region spezifischen Eintrag vorfinden sollten. In diesem Fall kann es hilfreich sein, die Postleitzahl nicht für Ihren Wohnort, sondern stattdessen die Postleitzahl des Sendeturms anzugeben, von dem Sie DVB-T-Fernsehsignale empfangen.

Ist der Download dieser so genannten *Anbieterinformationen* abgeschlossen, klicken Sie auf *Weiter*, wodurch Sie zur Seite *TV-Signalanbieter auswählen* gelangen (siehe Abbildung 14.25). Was genau dort angezeigt wird, hängt von der verwendeten Fernsehsignal-Empfangsart sowie Ihrem geografischen Standort bzw. der angegebenen Postleitzahl ab. Selektieren Sie den Eintrag, der am besten zutrifft oder Ihnen am Ehesten zusagt, und wählen *Weiter* aus.

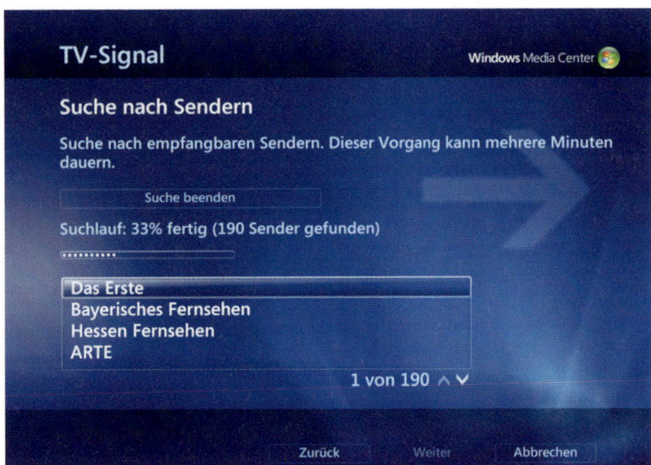

Abbildung 14.26 Falls erforderlich, führt Windows Media Center eine Suche nach empfangbaren Sendern durch

Daraufhin ruft der Setup-Assistent aus dem Internet die in Frage kommenden Programminformationen (die *TV-Programmlisten*) ab, die die Basis für das TV-Programm von Windows Media Center und den elektronischen Programmführer (den EPG) bilden. Den Erhalt dieser Programminformationen bestätigen Sie durch Auswahl von *Weiter*.

Abhängig von Empfangsart des Fernsehsignals und dem zuvor angegebenen Fernsehsignal-Anbieter führt Windows Media Center nun einen Sendersuchlauf durch. So ermittelt Windows Media Center, welche Sender (vom Setup-Assistenten auch als *Dienste* bezeichnet) Sie erfolgreich empfangen. Bei DVB-T und DVB-S sind darin übrigens nicht nur Fernseh-, sondern auch Radiosender mit eingeschlossen (allerdings wird DVB-T-Radio nicht in allen Regionen übertragen, in denen das digitale Antennenfernsehen ausgestrahlt wird).

Hinweis 

Sender, deren Empfang Windows Media Center nicht direkt unterstützt (etwa verschlüsselte Kanäle), werden in der Regel ausgeblendet.

Um den Suchlauf zu starten, wählen Sie die Schaltfläche *Suche starten* auf der Seite *Suche nach Diensten* bzw. *Suche nach Sendern* (siehe Abbildung 14.26). TV-Karte, Empfangsart sowie die Empfangsstärke des Signals bestimmen letztlich, wie lange dieser Suchlauf dauert. Hat Windows Media Center die Kanalsuche erfolgreich durchgeführt, wählen Sie die Schaltfläche *Weiter* aus.

Damit ist es geschafft: Die Einrichtung der Sender – sowie von TV-Programm und TV-Programmlisten, falls Sie den Windows Media Center-EPG benutzen – ist abgeschlossen. Klicken Sie auf *Fertig stellen*, um den Setup-Assistenten zu beenden. Ein kurzer Test zeigt, ob alles wie gewünscht klappt: Drücken Sie die Funktionstaste (Live-TV), sollten Sie das laufende Fernsehprogramm sehen (und hören).

Hinweis 

Sofern die zum Empfang von DVB-S benötigte Zusatz-Software Universal DVB Receiver auf Ihrem Computer installiert ist, finden Sie in der Programmbibliothek von Windows Vista (im Windows Media Center-Bereich *Online-Medien* zu finden) die Anwendung *DVB-S Konfiguration*. Dort können Sie neben den zu verwendenden TV-Karten auch die gewünschte Transponderliste festlegen, die den Satelliten und seine Orbitalposition (bei Astra hauptsächlich 19,2 Grad Ost und 28,2 Grad Ost) charakterisiert und für den Sendersuchlauf zugrunde gelegt wird.

Die Bildschirmanzeige anpassen

Zur Anpassung der Bildschirmanzeige wählen Sie auf der Seite *Optionales Setup* die Option *Bildschirmdarstellung von Windows Media Center optimieren* aus und klicken auf *Weiter*, um zum Bildschirm-Assistenten von Windows Media Center zu gelangen. Auf der Seite *Bildschirm konfigurieren* erhalten Sie nun die Gelegenheit, sich ein Video anzusehen und dadurch zu erfahren, wie die Windows Media Center-Darstellung auf Ihrem Bildschirm momentan erfolgt.

Nach *Weiter* werden Sie gefragt, ob die Anzeige von Windows Media Center gegenwärtig auf dem primären Bildschirm erfolgt – also dem Bildschirm, auf dem Sie Windows Media Center angezeigt bekommen möchten. Erscheint Windows

Media Center gegenwärtig auf Ihrem sekundären Bildschirm, wählen Sie hier *Nein* aus und beenden den Bildschirm-Assistenten (sowie das optionale Windows Media Center-Setup), um Ihre Anzeigekonfiguration in Windows Vista entsprechend umzustellen (siehe den Abschnitt »Ausgabeoptionen«).

Abbildung 14.27 Angabe des verwendeten Bildschirmtyps

Erscheint dagegen Windows Media Center bereits auf dem richtigen Bildschirm, aktivieren Sie die Option *Ja* und selektieren *Weiter*. Dies führt Sie zur Seite *Bildschirmtyp auswählen* (siehe Abbildung 14.27). Dort ist festzulegen, welcher Typ von Bildschirm (Computer-Monitor, integrierter Bildschirm, Flachbildschirm, Fernseher oder Projektor) als primärer Bildschirm am Windows Vista-PC genutzt wird. Für jeden dieser Anzeigetypen stehen Optionen bereit, von denen Sie eine aktivieren müssen.

Durch *Weiter* erhalten Sie die Seite *Verbindungstyp* angezeigt. Hier müssen Sie angeben, auf welche Weise der Bildschirm mit der Grafikkarte Ihres Windows Vista-PCs verbunden ist. Dies kann zum Beispiel über ein S-Video-Kabel, über den analogen VGA-Anschluss oder die digitale DVI- bzw. HDMI-Schnittstelle sowie über RGB bzw. den YUV-Komponentenanschluss (YPbPr) erfolgen – je nachdem, welche Anschlüsse Bildschirm und Grafikkarte aufweisen und welche Adapterkabel Ihnen zur Verfügung stehen.

Hinweis

Die beste Bildqualität erhalten Sie mit YUV oder dem digitalen HDMI/DVI, die schlechteste mit Composite-Video.

Abhängig davon, welchen Bildschirm- und Verbindungstyp Sie ausgewählt haben, ist nun die Bildschirmbreite bzw. das Seitenverhältnis (oder für einen Bildschirm im Breitbildformat) sowie die Bildschirmauflösung festzulegen.

In Abhängigkeit vom gewählten Bildschirmtyp erhalten Sie jetzt die Seite *Bildschirmeinstellungen anpassen* angezeigt. Wählen Sie dort die Option *Vorschau der automatischen Einstellungen* aus, wendet der Bildschirm-Assistent die seiner Ansicht nach optimalen Darstellungseinstellungen nach Auswahl von *Weiter* probehalber an. Wenn Ihnen diese Darstellungsform gefällt, wählen Sie die Option *Ja* aus und selektieren *Weiter*.

Daraufhin erscheint die Seite *Bildschirmeinstellungen anpassen*. Die dortige Option *Bildschirmregler anpassen* soll Sie dabei unterstützen, Ihren Bildschirm optimal einzustellen: Im Rahmen der *Bildschirmkalibrierung* können Sie dann diverse Einstellungen vornehmen und Ihren Bildschirm entsprechend anpassen. Möchten Sie dies nicht, wählen Sie *Diesen Assistenten beenden* aus, um den Bildschirm-Assistenten zu verlassen und zur Seite *Optionales Setup* des Windows Media Center-Setup-Assistenten zurückzukehren.

Haben Sie dort eine optionale Setup-Aufgabe erfolgreich durchlaufen, stellt der Assistent dem zugehörigen Menüeintrag ein Häkchen voran. Dabei müssen Sie nicht alle Einstellungen verändern: Genauso können Sie den Bildschirm-Assistenten auch bereits vorzeitig verlassen und zur Seite *Optionales Setup* zurückkehren.

Lautsprecher-Konfiguration

Um Windows Media Center bekannt zu geben, ob an den Computer lediglich Stereo-Lautsprecher oder ein AV-Receiver angeschlossen ist, der die digitale Mehrkanalton-Wiedergabe beherrscht und dadurch Heimkinoton-Klangerlebnisse zaubern kann, wählen Sie auf der Seite *Optionales Setup* die Option *Lautsprecher einrichten* aus. Nach zweimaligem *Weiter* legen Sie sodann den *Lautsprecherverbindungstyp* sowie auf der darauf folgenden Seite die Anzahl der Lautsprecher fest. Haben Sie die Soundkarte des Windows Vista-PCs mit Stereo-Lautsprechern oder dem AUX-Eingang der Stereo-Anlage verbunden, wählen Sie dabei *2 Lautsprecher* aus. Für die digitale Mehrkanalton-Wiedergabe hängt es hingegen von den Fähigkeiten Ihres AV-Receivers bzw. der Anzahl der daran angeschlossenen Lautsprecher (zum Beispiel sechs) ab, ob zum Beispiel 5.1-Surround-Sound (etwa für Dolby Digital/AC3) möglich ist und Sie daher die zugehörige Option aktivieren müssen.

Nach Auswahl von *Weiter* können Sie prüfen, ob die Audioverbindung wie vorgesehen klappt. Selektieren Sie *Testen*, schickt Windows Media Center ein Signal zu jedem Lautsprecher. Verläuft diese akustische Kontrolle erfolgreich, wählen Sie die Option *Ich habe aus allen Lautsprechern Töne gehört* aus. Die

Selektion von *Weiter* und *Fertig stellen* bringt Sie dann wieder zur Seite *Optionales Setup* des Setup-Assistenten zurück.

Tipp 

Hören Sie nicht aus allen Lautsprechern ein Testsignal, obgleich alles korrekt angeschlossen (und eingeschaltet) ist, prüfen Sie die Einstellungen der Soundkarte Ihres Windows Vista-PCs.

Musik-, Bilder- und Videobibliotheken einrichten

Schließlich bietet der optionale Setup-Assistent auch die Einrichtung der Musik-, Bild- und Videobibliothek an. Dahinter verbirgt sich nichts anderes als die Möglichkeit, zu überwachende Ordner (siehe den Abschnitt »Bibliothek-Setup: von Windows Media Center überwachte Ordner«) zu spezifizieren. Dies können Sie allerdings jederzeit auch zu einem späteren Zeitpunkt durchführen.

Abschluss des optionalen Setup-Assistenten

Haben Sie alle eben beschriebenen Aufgaben durchlaufen, ist das optionale Setup erledigt. Nach letztmaliger Auswahl von *Weiter* sowie von *Fertig stellen* schließen Sie dann den Setup-Assistenten ab.

TV-Karte nachrüsten

Besitzen Sie einen Windows Vista-PC ohne TV-Karte, können Sie eine solche jederzeit nachrüsten und somit nicht nur fernsehen, sondern den Computer auch als digitalen Videorekorder nutzen. Ebenso möglich ist es, Ihren bereits mit einer TV-Karte versehenen Windows Vista-PC mit einer zweiten TV-Karte zu versehen, um sodann eine Sendung zu sehen und gleichzeitig eine andere aufzuzeichnen oder zwei Sendungen, die auf unterschiedlichen Kanälen laufen, simultan aufzunehmen. Diese Betriebsart wird als *Dual-Tuner* bezeichnet.

Als Erstes müssen Sie die TV-Karte unter Windows Vista installieren. Dazu bauen Sie diese in den Computer ein oder (im Falle einer externen TV-Karte) verbinden diese über die dafür vorgesehene Schnittstelle (zum Beispiel USB) mit dem PC. Windows Vista erkennt daraufhin die neuen Hardware-Komponenten und fordert Sie automatisch zur Installation der zugehörigen Treiber auf.

Wichtig 

Bei der gleichzeitigen Nutzung von zwei TV-Karten müssen beide dieselbe Fernsehsignal-Empfangsart (Kabelfernsehen, DVB-T etc.) verwenden. Einen Mischbetrieb – eine TV-Karte empfängt das Fernsehsignal zum Beispiel per analogem Kabelanschluss, die andere digital über DVB-T – sieht Windows Media Center nicht (respektive erst dann vor, wenn der Windows Vista-PC mit dem »Windows Media Center TV Pack« ausgestattet ist) vor. Der Grund dafür ist letztlich, dass beide TV-Karten dieselben Fernsehsender auf demselben TV-Kanal empfangen müssen, und dies ist nur gewährleistet, wenn beide TV-Karten dasselbe Fernsehsignal empfangen.

Erste TV-Karte des Windows Vista-PCs

Stellt die TV-Karte, die Sie beim Windows Media Center neu in Betrieb nehmen möchten, die »Fernseh-Premiere« für den Windows Vista-PC dar, rufen Sie nach der Verbindung der TV-Karte mit dem Computer das Windows Media Center-Programm auf. Nun wählen Sie aus dem Windows Media Center-Bereich Aufgaben zunächst den Menüeintrag *Einstellungen* gefolgt von *TV* und dann *TV-Signal einrichten* aus. Bestätigen Sie die daraufhin erscheinende Meldung mit *Ja*, begrüßt Sie der Windows Media Center-Setup-Assistent zur Einrichtung für den Fernsehempfang (siehe den Abschnitt »Einrichtung für den Fernsehempfang«). Mit seiner Hilfe konfigurieren Sie das TV-Signal, das TV-Programm und die TV-Programmlisten, sodass Sie anschließend mit Ihrem Computer fernsehen und Sendungen komfortabel über das TV-Programm aufzeichnen können.

Abbildung 14.28 Um mit Windows Media Center fernzusehen, müssen Sie vorab die Fernsehfunktionen über den Setup-Assistenten konfigurieren

Hinweis 

Erkennt Windows Vista die neue TV-Karte bereits von sich aus, können Sie die Schaltfläche *Ja* im entsprechenden Fenster auswählen, um direkt zur Einrichtung des TV-Signals zu gelangen.

Eine zusätzliche TV-Karte einrichten

Zur Erweiterung Ihres Computers um eine weitere TV-Karte (die das Fernsehsignal auf dieselbe Weise empfängt) für den Dual-Tuner-Betrieb müssen Sie diese zunächst in den Rechner einbauen und die zugehörigen Treiber installieren. Anschließend nehmen Sie eine erneute Einrichtung des TV-Signals vor – genau so, wie es im Abschnitt »Erste TV-Karte des Windows Vista-PCs« beschrieben ist. Allerdings brauchen Sie diesmal lediglich das TV-Signal zu konfigurieren, nicht aber die TV-Programmlisten (denn diese müssen gemäß der Vorgabe von Windows Media Center identisch zur ersten TV-Karte sein).

Bekommen Sie vom Setup-Assistenten die Seite *Automatisches Setup des TV-Signals* angezeigt, greifen Sie dort auf die Option *TV-Signal automatisch konfigurieren* zurück. Wählen Sie zweimal *Weiter*, findet ein Erkennungssuchlauf statt. Dessen Ergebnis präsentiert Windows Media Center auf der Seite *Ergebnis der TV-Signalkonfiguration*. Im Idealfall wird dort *2* im Feld *Anzahl der Verbindung* ausgewiesen – was bedeutet, dass beide TV-Karten korrekt erkannt worden und einsatzbereit sind. In diesem Fall aktivieren Sie die Option *Ja* und wählen *Weiter* aus, um direkt zur Seite *Fertig!* zu gelangen.

Kann Windows Media Center das automatische Setup für das Fernsehsignal nicht durchführen oder kommt es dabei zu Fehlern, nehmen Sie eine manuelle Einrichtung vor. Im Verlauf der manuellen Einrichtung bekommen Sie jetzt die Seite *Welche TV-Tuner möchten Sie konfigurieren* angezeigt. Standardmäßig sind dort die in Frage kommenden TV-Karten mit einem Häkchen versehen, sodass Windows Media Center diese verwenden kann. Wählen Sie jetzt *Weiter* aus, gelangen Sie schließlich zur Seite *Fertig!*.

Nach der erfolgreichen Einrichtung des TV-Signals haben Sie die Konfiguration für die Verwendung der zweiten TV-Karte bereits abgeschlossen. Auf der Seite *Fertig!* können Sie daher die Option *Zurück zu TV-Einstellungen* aktivieren.

Jetzt können Sie die Möglichkeiten ausschöpfen, die Dual-Tuner bietet. Probieren Sie es aus: Wechseln Sie ins Live-TV, drücken Sie dann auf der Fernbedienung die Taste ◯ – und schalten Sie nun zu einem anderen Kanal um, um gleichzeitig aufzunehmen und sich eine andere Sendung live anzuschauen (was mit nur einer einzigen TV-Karte ja nicht möglich ist).

Die Benutzeranmeldung optimieren

Anwender, die Windows Vista verwenden möchten, müssen sich als Benutzer beim System legitimieren. Für jeden Benutzer führt das Betriebssystem ein Benutzerkonto, über das definiert ist, über welche Berechtigungen dieser Benutzer beispielsweise zur Veränderung von Systemeinstellungen verfügt.

Die unter Windows Vista angelegten Benutzer werden zum Beispiel auf dem Willkommens-Bildschirm angezeigt. Ausgenommen davon sind der Benutzer *Administrator*, der hier nur dann sichtbar ist, wenn Sie den Computer durch Drücken der Taste [F8] gleich nach dem Einschalten im abgesicherten Modus starten, sowie der standardmäßig deaktivierte und daher nicht weiter relevante Benutzer *Gast*.

Im Hinblick auf die Verwendung von Windows Media Center gilt es, hierbei die folgenden Aspekte zu beachten.

Den Willkommens-Bildschirm überspringen

Wenn Sie Ihren Computer am liebsten nur noch über die Fernbedienung steuern möchten, erweist sich der Willkommens-Bildschirm von Windows Vista leicht als störend. Denn nach dem Anschalten oder dem Neustart nimmt Sie dann nicht das Windows Vista-Programm, sondern zunächst erst einmal der Willkommens-Bildschirm von Windows Vista in Empfang, der auf Ihre Auswahl eines Benutzerkontos bzw. Ihre Eingabe des Kennworts wartet (vorausgesetzt, es sind mehrere Benutzerkonten definiert bzw. das Benutzerkonto ist mit einem Kennwort geschützt). Doch was ist, wenn Sie die Tastatur und Maus des Computers tief hinten im Schrank »vergraben« haben, da Sie ja normalerweise alles mit der Windows Media Center-Fernbedienung erledigen?

Um den Willkommens-Bildschirm zu überspringen und Windows Vista anzuweisen, eine *automatische Anmeldung* als ein bestimmter Benutzer vorzunehmen, gehen Sie wie folgt vor:

1. Tippen Sie die Zeichenfolge **control userpasswords2** [↵] in das Schnellsuchfeld des Startmenüs ein.
2. Auf der Registerkarte *Benutzer* des Dialogfeldes *Benutzerkonten* entfernen Sie die Markierung des Kontrollkästchens *Benutzer müssen Benutzernamen und Kennwort eingeben*.
3. Nach Betätigung der Schaltfläche *OK* erscheint das Dialogfeld *Automatische Anmeldung*. Dort ist der Name des Benutzers einzutippen, unter dessen Konto beim Starten von Windows Vista automatisch eine Anmeldung erfolgen soll. Besitzt dieser Benutzer ein Kennwort, geben Sie dieses ebenfalls an.

4. Ein Klick auf die Schaltfläche *OK* speichern Sie Ihre Vorgabe.

Ob alles wie gewünscht klappt, stellt sich sofort heraus, wenn Sie Ihren Computer probehalber neu starten.

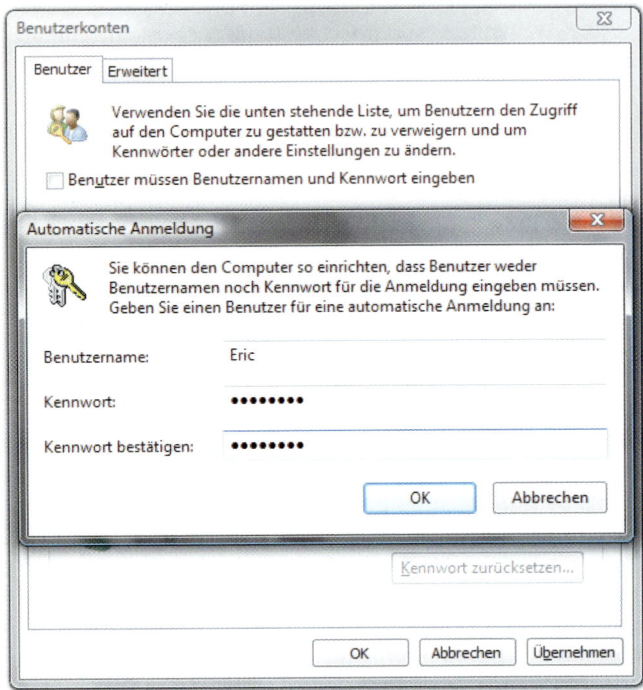

Abbildung 14.29 Mit der automatischen Anmeldung überspringen Sie den Willkommens-Bildschirm, der normalerweise beim Starten des Betriebssystems erscheint

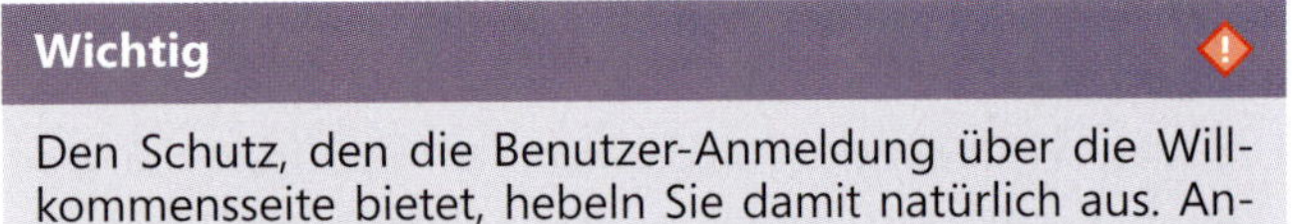

Wichtig

Den Schutz, den die Benutzer-Anmeldung über die Willkommensseite bietet, hebeln Sie damit natürlich aus. Anstatt sich als Benutzer zu legitimieren, braucht nun jeder, der Zugang zu Ihrem Windows Vista-PC erlangt, diesen nur noch einzuschalten.

Kennworteingabe nach Reaktivierung aus dem Energiesparmodus deaktivieren

Nutzen Sie Ihren Computer in erster Linie für Windows Media Center, soll dieser nach dem Aufwachen direkt wieder »frisch ans Werk« gehen – etwa, weil Sie eine TV-Aufzeichnung programmieren möchten. Die Legitimation als Benutzer auf der *Willkommensseite* mit Benutzername und Kennwort ist in diesem Fall nicht wünschenswert.

Ob Sie nach dem Aufwachen des PCs aus dem Energiesparmodus eine Anmeldung als Benutzer über die Willkommensseite von Windows Vista vornehmen müssen, ist in den *Energieoptionen* hinterlegt:

1. Klicken Sie im Startmenü den Eintrag *Systemsteuerung* an. Nun wählen Sie die Kategorie *System und Wartung* aus, um sodann in der Kategorie den Link *Kennwort bei Reaktivierung des Computers anfordern* anzuklicken. Verwenden Sie die klassische Ansicht der Systemsteuerung, öffnen Sie dort das Symbol *Energieoptionen* und klicken im linken Bereich auf *Kennwort ist für Reaktivierung erforderlich.*
2. Daraufhin erhalten Sie die Seite *Verhalten des Netzschalters definieren und Kennwortschutz einschalten* angezeigt (siehe Abbildung 14.30).
3. Klicken Sie auf *Einige Einstellungen sind momentan nicht verfügbar* und bestätigen die Rechteerhöhung für die Benutzerkontensteuerung.
4. Jetzt können Sie im Bereich *Kennworteingabe bei Reaktivierung* die Option *Kennwort ist nicht erforderlich* aktivieren.
5. Betätigen Sie die Schaltfläche *Änderungen speichern*, um diese Vorgabe zu übernehmen.

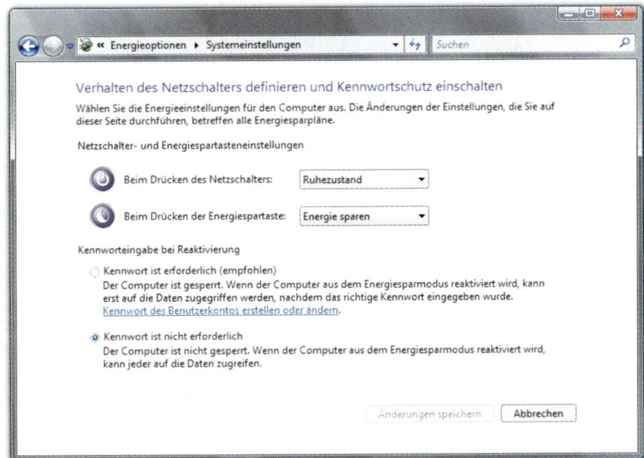

Abbildung 14.30 Das Ausschalten des Kennworteingabe bei Reaktivierung ermöglicht den tastaturlosen Wohnzimmer-Betrieb des Windows Vista-PCs

Wichtig 

Wenn Sie diese Einstellung aufheben, verzichten Sie allerdings auf den Schutz, den die Benutzeranmeldung von Windows Vista über die Willkommensseite sonst bietet. Haben Sie Ihren Computer jedoch in einem HiFi-Rack im Wohnzimmer untergebracht, können Sie somit nach dem Aufwachen direkt mit der Fernbedienung loslegen und brauchen keine Tastatur oder Maus hervorzukramen, um sich bei Windows Vista zu legitimieren, was bei diesem Einsatzszenario eher unpraktisch wäre.

Bibliothek-Setup: von Windows Media Center überwachte Ordner

Rufen Sie im Windows Media Center zum ersten Mal einen der Unterbereiche *Musikbibliothek*, *Bildbibliothek* oder *Videobibliothek* auf, sind dort – abgesehen von den Beispielmedien, die von Windows Vista mitliefert werden – noch keine Mediendateien vorhanden. Vielmehr erscheint das Fenster *Bibliothek-Setup* (siehe Abbildung 14.31). Hier können Sie weitere Orte spezifizieren, die Windows Media Center für die Musik-, Bild- und Videobibliothek berücksichtigen soll. Schließlich können sich im Laufe der Zeit schnell Mediendateien an einer ganzen Reihe von Orten ansammeln:

- Andere Anwender haben ihrerseits Musikdateien auf der Festplatte des PCs gespeichert – und zwar jeweils in ihren persönlichen Ordnern. Dabei ist es problemlos möglich, Mediendateien auch mehrerer Anwender auf einmal einzubeziehen. Oder Sie verwenden auf Ihrem Computer ein separates Programm, um Ihre analogen Kostbarkeiten früherer Tage (Musikkassetten und Schallplatten) zu digitalisieren und so ins digitale Zeitalter zu überführen – doch diese Software speichert die erstellten Musikdateien in einem anderen Ordner als Ihrem persönlichen Musik-Ordner ab.
- Mit bestimmten Programmen haben Sie Mediendateien nicht in den dafür von Windows Vista vorgesehenen medienspezifischen Ordner in Ihrem Benutzerprofil, sondern in anderen Ordnern gespeichert. Wenn Sie die darin befindlichen Mediendateien nicht in Ihre medienspezifischen Ordner innerhalb Ihres persönlichen Benutzerprofil-Ordners verschieben möchten (was Sie beispielsweise mit dem Windows-Explorer erledigen könnten), weil Ihnen dies zu umständlich erscheint, teilen Sie Windows Media Center einfach mit, dass diese Ordner ebenfalls berücksichtigt werden sollen.
- Mit dem Kauf des Windows Vista-PCs haben Sie den bisherigen Computer Ihrer Tochter überlassen. Doch auf der Festplatte dieses PCs befinden sich noch zahlreiche Mediendateien. Sind beide Computer in ein Netzwerk eingebunden, können Sie diese digitalen Medien einfach in Ihre Musik-, Bild- und Videobibliothek integrieren. Dazu müssen Sie sich die betreffenden Mediendateien auf dem anderen Computer in freigegebenen Ordnern befinden, für die Sie über Zugriffsrechte verfügen (außerdem muss der andere Computer natürlich angeschaltet sein).

Tipp 

Um Mediendateien von einer CD/DVD wiederzugeben, brauchen Sie an dieser Stelle keinen Ordner für das CD/DVD-Laufwerk Ihres Windows Vista-PCs hinzuzufügen. Genauso verhält es sich mit Laufwerken, hinter denen sich portable Medien-Player, ein Speicherkarten-Lesegerät oder ein USB-Stick verbirgt. Sobald dort ein neues Medium eingelegt wird, erkennt Windows Media Center automatisch, ob sich darauf Mediendateien befinden, und bietet Ihnen an, diese wiederzugeben.

Abbildung 14.31 Beim ersten Besuch der Musik-, Bild- oder Videobibliothek können Sie angeben, ob weitere Ordner auf Mediendateien überwacht werden sollen

Standardmäßig berücksichtigt Windows Media Center die in Windows Media Player angegebenen zu überwachenden Ordner. Sollen von Windows Media Center weitere Ordner überwacht werden, in denen sich ebenfalls Mediendateien befinden, führen Sie die folgenden Schritte aus:

1. Wählen Sie *Ja* im Fenster *Bibliothek-Setup.*
2. Auf der Seite *Musik-, Bilder- und Videoordner* aktivieren Sie die Option *Zu überwachenden Ordner hinzufügen* und wählen *Weiter.*
3. Nun ist anzugeben, ob es um Ordner Ihres lokalen Rechners oder aber um freigegebene Ordner eines anderen Computers in Ihrem Netzwerk handelt:

- **Ordner auf einer lokalen Festplatte** Dafür aktivieren Sie das Kontrollkästchen bei *Ordner auf diesem Computer hinzufügen*. Nach *Weiter* legen Sie die gewünschten Ordner fest. Um sich zu einem bestimmten Ordner oder Systemelement (Desktop, Laufwerk etc.) zu begeben, benutzen Sie die Richtungstasten ▲ und ▼ der Fernbedienung. Durch Drücken der Taste ⊕ wird der markierte Eintrag mit einem Häkchen versehen und so zum Hinzufügen vorgemerkt.

  Wechseln Sie mit der Richtungstaste ▶ auf der Fernbedienung in die rechte Spalte, können Sie Einträge mit vorangestelltem Pluszeichen aufklappen und so darin enthaltene Unterordner markieren. Dazu wählen Sie zunächst den gewünschten Eintrag über die Richtungstasten ▲ und ▼ aus, um diesen durch Drücken der Taste ⊕ zu öffnen, sodass ein vorangestelltes Minuszeichen erscheint (durch erneutes Drücken von ⊕ schließen Sie die Einträge wieder).

  Verwenden Sie schließlich die Richtungstaste ◀ auf der Fernbedienung, gelangen Sie zur linken Spalte. Wenn Sie dort die Taste ⊕ drücken, wird der markierte Ordner zum Hinzufügen vorgemerkt.

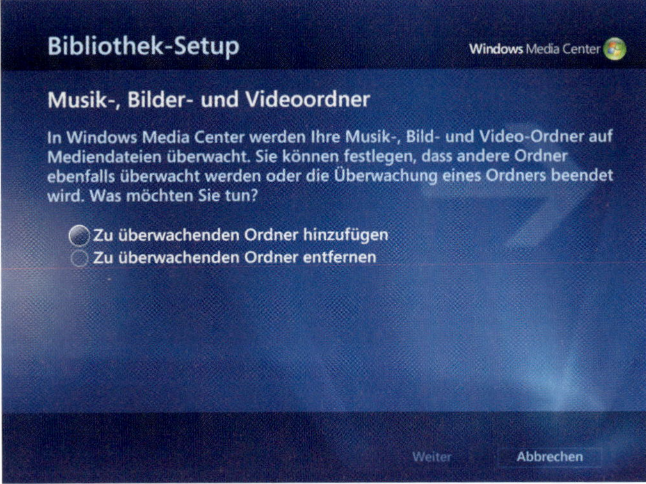

Abbildung 14.32 Definition der Ordner, die auf Medieninhalte überwacht werden sollen

- **Freigegebene Ordner anderer PCs im Netzwerk** Wählen Sie die Option *Freigegebene Ordner von einem anderen Computer hinzufügen* aus, wenn es darum geht, Mediendateien in die Musik-, Bild- und Videobibliothek von Windows Media Center einzubeziehen, die sich auf anderen Computern in Ihrem Netzwerk befinden. Nach *Weiter* erscheint nun eine Auflistung der in Frage kommenden, auf anderen Netzwerk-PCs befindlichen Ordner, die freigegeben sind und auf die Sie zugreifen dürfen. Durch Drücken der Taste ⊕ versehen Sie die gewünschten Ordner mit einer Markierung.
- **Lokale und freigegebene Ordner** Möchten Sie sowohl Ordner Ihrer lokalen Festplatte als auch freigegebene Ordner anderer Computer in Ihrem Netzwerk angeben, greifen Sie auf die Option *Ordner von beiden Speicherorten hinzufügen* zurück. Nach Auswahl von *Weiter* können Sie dann nacheinander lokale Ordner und freigegebene Ordner (jeweils wie oben beschrieben) spezifizieren.

Haben Sie Ihre Auswahl abgeschlossen, wählen Sie *Weiter*. Auf der nächsten Seite werden Ihnen alle vorgemerkten Ordner auf der Seite *Ordner hinzufügen* noch einmal in einer Übersicht angezeigt (siehe Abbildung 14.33). Nach Auswahl von *Fertig stellen* erhalten Sie diese in den angegebenen Ordnern abgelegten Mediendateien von jetzt an in Ihrer Musik-, Bild- und Videobibliothek angezeigt.

Tipp

Bei späteren Besuchen der Unterbereiche *Musikbibliothek*, *Bildbibliothek* oder *Videobibliothek*, erscheint das Fenster *Bibliothek-Setup* nicht mehr. Um auch später noch weitere Ordner festzulegen, drücken Sie einfach auf der Fernbedienung die Funktionstaste ⓘ und wählen den Eintrag *Bibliothek-Setup* aus. Alternativ gelangen Sie zum Bibliothek-Setup, indem Sie über den Bereich *Aufgaben* zum Unterbereich *Einstellungen* wechseln.

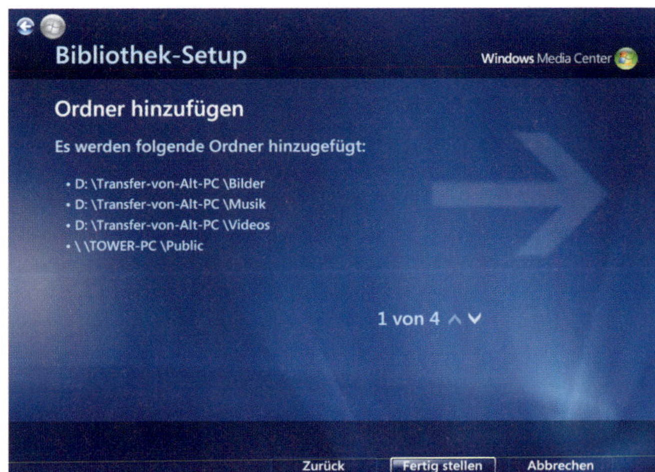

Abbildung 14.33 Das Bibliotheks-Setup kann lokale sowie freigegebene Ordner im Netzwerk berücksichtigen

Genauso können Sie im Nachhinein jeden der zuvor hinzugefügten Ordner wieder entfernen:

1. Hierzu drücken Sie im Unterbereich *Musik-, Bilder- und Videoordner* abermals die Funktionstaste (i) und selektieren anschließend *Bibliothek-Setup*.
2. Nun bekommen Sie die bereits bekannte Seite *Ordner hinzufügen oder entfernen* anzeigt – wo Sie sich diesmal allerdings für den Eintrag *Zu überwachenden Ordner entfernen* entscheiden.
3. Nach Auswahl von *Weiter* erhalten Sie anschließend eine Auflistung aller bislang hinzugefügten und von Windows Media Center überwachten Ordner angezeigt. Hierin enthalten sind zudem alle Ordner, die bereits vom Windows Media Player überwacht werden (siehe Kapitel 10).

   Für alle Ordner, die Windows Media Center künftig nicht mehr in die Überwachung einbeziehen soll, entfernen Sie das Häkchen im zugehörigen Kontrollkästchen über die Taste (←) der Fernbedienung.

Durch Auswahl von *Weiter* und *Fertig stellen* kehren Sie zur vorigen Position in Windows Media Center zurück. In der Musik-, Bild- und Videobibliothek erscheinen nun keine Mediendateien mehr, die sich in den gerade entfernten Ordnern befinden.

Hinweis

Windows Media Center arbeitet eng mit dem Windows Media Player zusammen, was für einen hohen Komfort beim Umgang mit Mediendateien führt. In diesem Zusammenhang kann es allerdings vorkommen, dass Sie im Windows Media Center zwar einen Ordner entfernen, Informationen über die darin befindlichen Mediendateien aber noch in der Medienbibliothek des Windows Media Players enthalten sind. Somit zeigt Windows Media Center nach dem Entfernen von Ordnern möglicherweise kurzzeitig noch Mediendateien an, die nicht mehr existieren. Im Zweifelsfall hilft es dann, die Medienbibliothek direkt über den Windows Media Player zu bearbeiten (siehe Kapitel 10).

Windows Media Center als Standardplayer festlegen

Außerdem können Sie festlegen, ob Windows Media Center als Standardplayer sich der Wiedergabe bestimmter Medien annehmen soll. Auf diese Weise können Sie beispielsweise definieren, dass die Wiedergabe einer Video-DVD standardmäßig über das Windows Media Center erfolgen soll. Wenn Sie daraufhin eine Video-DVD in das DVD-Laufwerk des PCs einlegen, erscheint dann nicht mehr das ansonsten standardmäßig angezeigte Dialogfeld *Automatische Wiedergabe* von Windows Vista, um Sie zur Auswahl eines Programms für die Wiedergabe aufzufordern.

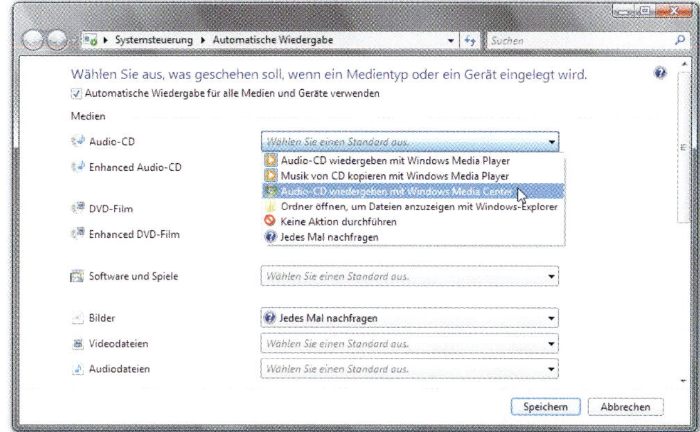

Abbildung 14.34 Bevorzugen Sie zur Wiedergabe bestimmter Medientypen Windows Media Center, können Sie dies bei Windows Vista einstellen

Zur Festlegung von Windows Media Center als Standardplayer für bestimmte Medientypen führen Sie die folgenden Schritte aus:

1. Klicken Sie in der Systemsteuerung zunächst auf *Hardware und Sound* und anschließend auf *Automatische Wiedergabe*.
2. Öffnen Sie im Bereich *Medien* das Listenfeld für jenen Medientyp, dem sich Windows Media Center annehmen soll.
3. Aktivieren Sie den Eintrag, der die Wiedergabe des jeweiligen Medientyps mit Windows Media Center gestattet.
4. Bestätigen Sie mit der Schaltfläche *Speichern*, um diese Vorgaben zu übernehmen.

Ob alles wie gewünscht funktioniert, können Sie leicht überprüfen. Legen Sie einfach ein entsprechendes Medium ein. Wenn alles wie vorgesehen klappt, nimmt Sie kurz darauf das Windows Media Center in Empfang und ist für die Wiedergabe bereit.

Zusammenfassung

In diesem Kapitel wurde beschrieben, wie Sie die ersten Schritte in Windows Media Center unternehmen und das Programm optimal an Ihre Anforderungen anpassen. Die folgende Übersicht fasst noch einmal alles Wissenswerte für Sie zusammen.

Sie möchten ...	So gehen Sie vor	Sehen Sie sich dazu das Beispiel auf
Windows Media Center-Programm starten	Drücken Sie die [⊞]-Taste auf der Fernbedienung oder wählen Sie im Startmenü den Eintrag *Windows Media Center*	Seite 238
Windows Media Center einrichten	Starten Sie das Windows Media Center-Programm und wählen Sie eine Setup-Option aus	Seite 239
Windows Media Center per Fernbedienung steuern	Drücken Sie die gewünschte Taste auf der Windows Media Center-Fernbedienung	Seite 242
Windows Media Center mit der Tastatur steuern	Machen Sie sich mit den entsprechenden Tastenkombinationen vertraut	Seite 243
Windows Media Center mit der Maus steuern	Bewegen Sie die Maus nach oben oder unten (falls Sie nicht das Mausrad verwenden) und wählen Sie den gewünschten Bereich aus	Seite 244
die Mausgeschwindigkeit bei Verwendung der Microsoft Remote-Tastatur anpassen	Klicken Sie in der Kategorie *Hardware und Sound* der Systemsteuerung auf den Link *Maus*, um auf der Registerkarte *Zeigeroptionen* den Regler für die Zeigergeschwindigkeit in die Mitte (oder noch weniger) zu stellen	Seite 244
durch die Menüs von Windows Media Center navigieren	Machen Sie sich mit der vertikalen und horizontalen Navigation durch Windows Media Center vertraut	Seite 245
»Klammer-Symbole« zur Maus-Navigation in Windows Media Center quasi-permanent anzeigen	Passen Sie die Windows-Registrierung entsprechend an	Seite 246
den Modus »Nur Medien« aktivieren	Wählen Sie aus dem Windows Media Center-Bereich *Aufgaben* den Eintrag *Nur Medien* aus und bestätigen dessen Aktivierung mit *Ja*	Seite 248
die »TV«-Taste der Windows Media Center-Fernbedienung programmieren	Drücken Sie auf der Fernbedienung gleichzeitig die Tasten (DVD-Menü) und (←) und halten diese gedrückt, bis die beleuchteten Tasten nach rund zwei Sekunden zu leuchten aufhören. Legen Sie die Fernbedienung des gewünschten Geräts gegenüber und drücken Sie die zu lernende Taste.	Seite 248
einen Universal DVB Receiver für den Fernsehempfang über DVB-S installieren	Installieren Sie die Zusatz-Software, um anschließend die DVB-S-fähige TV-Karte in Windows Media Center einzurichten	Seite 254
Windows Media Center für den Fernsehempfang einrichten	Wählen Sie die Setup-Aufgabe *Tuner, TV-Signal und TV-Programm konfigurieren* aus	Seite 258
die automatische Anmeldung als Benutzer einrichten zum Überspringen des Willkommens-Bildschirms von Windows Vista, um nach dem Anschalten des PCs Windows Media Center direkt verwenden zu können	Nach dem Eintippen von **control userpasswords2** [↵] entfernen Sie die Markierung des Kontrollkästchens *Benutzer müssen Benutzernamen und Kennwort eingeben* und bestätigen mit *OK*, um den Namen und das Kennwort des Benutzers anzugeben, für den eine automatische Anmeldung erfolgen soll	Seite 265
die Kennworteingabe nach Reaktivierung des Windows Vista-PCs aus dem Schlafmodus deaktivieren	Wählen Sie *System und Wartung* in der Systemsteuerung aus, klicken Sie auf den Link *Kennwort bei Reaktivierung des Computers anfordern* und aktivieren Sie die Option *Kennwort ist nicht erforderlich*	Seite 266
von der Medienbibliothek überwachte Ordner festlegen	Drücken Sie im Windows Media Center-Unterbereich *Musik-, Bilder- und Videoordner* die Funktionstaste (i) und selektieren Sie anschließend *Bibliothek-Setup*	Seite 267
Windows Media Center als Standardplayer für bestimmte Medientypen festlegen	Rufen Sie *Automatische Wiedergabe* über das Startmenü auf, um daraufhin Windows Media Center als Standardplayer für die gewünschten Medientypen zu spezifizieren	Seite 269

Eric Tierling

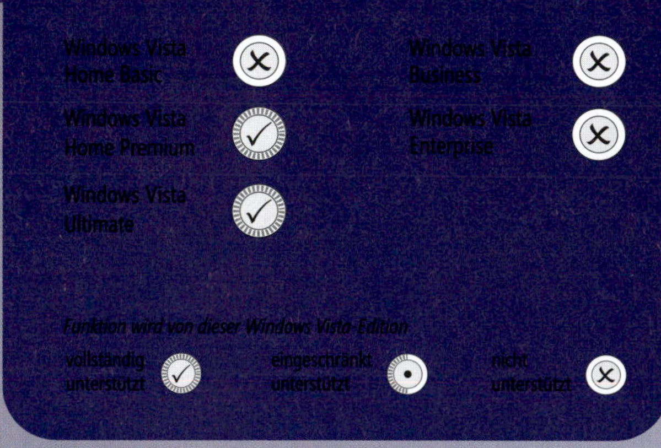

15 Bilder und Videos mit Windows Media Center

Bilder und Videos anzusehen erhält mit Windows Media Center eine ganz neue Bedeutung: Eigens für diese Mediendateien ist im Hauptmenü vom Windows Media Center der Eintrag *Bilder + Videos* vorgesehen. Dieser Bereich eröffnet Ihnen den Zugang zu den Unterbereichen *Bildbibliothek* und *Videobibliothek*, von wo aus sich die in digitaler Form vorliegenden Fotos und Videofilme bequem per Fernbedienung betrachten und verwalten lassen.

Der Windows Media Center-Bereich »Bilder«

Digitalkameras und Handys mit eingebauter Fotofunktion machen es möglich: Auf Knopfdruck lassen sich wichtige Momente schnell und problemlos als Bild festhalten. Gefällt ein Motiv nicht, ist dies in Sekunden wieder gelöscht. In Zeiten der Digitalkameras ist also ein Foto wesentlich schneller geknipst als zu Zeiten der analogen Fotografie, wo sich erst beim Betrachten der schon bezahlten Abzüge herausstellte, ob ein Foto wirklich brauchbar ist oder besser im Papierkorb landen sollte.

Abbildung 15.1 In der Bildbibliothek von Windows Media Center dreht sich alles um Bilddateien

Schnell kommt so eine stattliche Anzahl von Bilddateien zustande. Neben der Organisation und Verwaltung dieser Bilderflut (wofür sich Windows Vista dank der Eigenschaften für Bilddateien und der Sofortsuche besonders gut eignet) gibt es noch eine andere Herausforderung: Wie lassen sich die im Laufe der Zeit gesammelten Bilderschätze ansprechend präsentieren?

Windows Media Center eignet sich in besonderem Maße als digitale Bildzentrale: Hier lassen sich Bilder nicht nur archivieren, sondern auch als Diashow anzeigen – auf Wunsch mit akustischer Untermalung. Außerdem sind nur ein paar Tastendrücke auf der Fernbedienung erforderlich, um Ihre Bilddateien auf eine DVD zu brennen, wahlweise im Stile der DVD-Diashow als Video-DVD zur Wiedergabe in einem DVD-Player oder auf eine Daten-DVD zur Verwendung mit Computern.

Hinweis

Bilddateien sind in bestimmten Formaten gespeichert, über die in der Regel der Dateityp Aufschluss gibt. Windows Media Center kennt die Bildformate BMP, JPG, GIF (allerdings ohne Animation), EPS, TIF und WMF. Bilderdateien, die ein anderes Format aufweisen, werden im Windows Media Center nicht angezeigt.

Nutzung der Bildbibliothek

Die *Bildbibliothek* ist im Windows Media Center der Dreh- und Angelpunkt für alles, was Bilddateien betrifft. Um dorthin zu gelangen, wählen Sie im Hauptmenü den Bereich *Bilder + Videos* gefolgt von *Bildbibliothek* aus. Alternativ drücken Sie auf der Fernbedienung die (meist blau markierte) Direktwahltaste (Bilder).

Die Bildbibliothek ist ein Verzeichnis von Bildern, die zur Wiedergabe zur Verfügung stehen. Anhand verschiedener Kriterien wie zum Beispiel dem Aufnahmedatum kann eine Sortierung bei der Darstellung erfolgen, um die Übersicht zu verbessern. Wie auch bei Musik- und Videodateien steht die Bildbibliothek nicht nur in Windows Media Center zur Verfügung, sondern auch in der Medienbibliothek des Windows Media Players (siehe Kapitel 10). Somit können Sie die Bildbibliothek und die darin enthaltenen Medieninformationen sowohl von Windows Media Center als auch vom Windows Media Player aus bearbeiten, verwalten und wiedergeben.

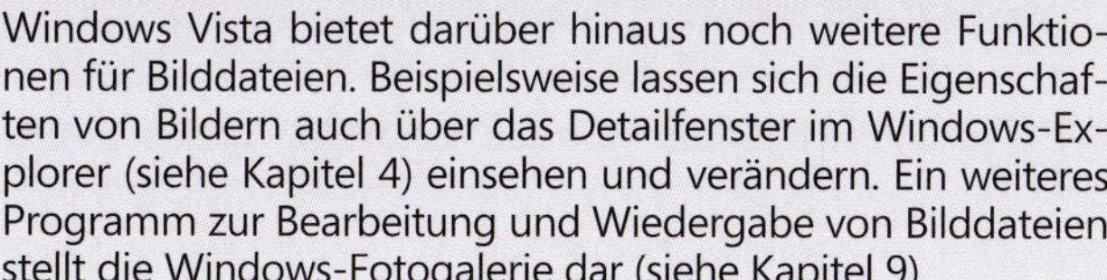

Tipp

Windows Vista bietet darüber hinaus noch weitere Funktionen für Bilddateien. Beispielsweise lassen sich die Eigenschaften von Bildern auch über das Detailfenster im Windows-Explorer (siehe Kapitel 4) einsehen und verändern. Ein weiteres Programm zur Bearbeitung und Wiedergabe von Bilddateien stellt die Windows-Fotogalerie dar (siehe Kapitel 9).

Beim ersten Aufruf der Bildbibliothek werden dort lediglich die in Windows Vista enthaltenen Beispielbilder angezeigt. Dies liegt daran, dass Windows Media Center standardmäßig nur Bilddateien berücksichtigt, die sich

- im Ordner *Bilder* unterhalb Ihres persönlichen Benutzerprofil-Ordners *%userprofile%* (also zum Beispiel *C:\Users\Swen\Bilder*) sowie
- in den medienspezifischen öffentlichen Ordnern, die für alle Benutzer des Windows Vista-PCs zugänglich sind,

befinden. Sollen weitere Ordner für die Bildbibliothek berücksichtigt werden, sind diese über das Bibliotheks-Setup zu definieren.

Hinweis 

Über das Windows Vista-Startmenü können Sie durch Auswahl des Eintrags *Bilder* schnell zu Ihrem persönlichen Bilder-Ordner gelangen, um dessen Inhalt mit dem Windows-Explorer zu bearbeiten und dabei beispielsweise Bilder hineinzukopieren, in andere Ordner zu verschieben oder zu löschen. Das Anklicken von *Bilder* bei den Linkfavoriten im Navigationsfenster des Windows-Explorers führt Sie zudem auf direktem Wege zum Ordner *Öffentliche Bilder*.

Abbildung 15.2 Beim ersten Aufruf ist die Bildbibliothek bis auf die Beispielbilder noch leer

Suchen Sie die Bildbibliothek zum ersten Mal auf, erscheint das Fenster *Bibliothek-Setup* (siehe Abbildung 15.2). Möchten Sie zu diesem Zeitpunkt weitere Ordner spezifizieren, die die Bildbibliothek zusätzlich berücksichtigen soll, wählen Sie dort *Ja* aus. Anschließend können Sie die gewünschten Ordner dann einzeln spezifizieren (das weitere Vorgehen ist im Abschnitt »Bibliothek-Setup: von Windows Media Center überwachte Ordner« im Kapitel 14 beschrieben).

Für CD/DVD-Laufwerke sowie für Laufwerke, die zu Digitalkameras, Speicherkarten-Lesegeräten, USB-Sticks etc. gehören, brauchen Sie keine Überwachung vorzusehen. Denn sobald dort ein Datenträger eingelegt wird bzw. die Geräte mit dem PC verbunden werden, erkennt Windows Vista von sich aus, wenn auf diesen auswechselbaren Speichermedien Bilddateien vorhanden sind.

Tipp

Entscheiden Sie sich an dieser Stelle dafür, zunächst keine zusätzlichen zu überwachenden Ordner zu benennen, indem Sie *Nein* auswählen, ist dies kein Problem: Sie können später jederzeit in der Bildbibliothek von Windows Media Center die Funktionstaste ⓘ auf der Fernbedienung drücken, um im zugehörigen Menü auf den Eintrag *Bibliothek-Setup* zurückzugreifen und dann weitere zu überwachende Ordner festzulegen.

Bilder betrachten

Um Ihre digitalen Bilder auf den PC zu übertragen, schließen Sie beispielsweise eine Digitalkamera an Ihren Windows Vista-PC an, legen eine Speicherkarte in das an den Computer angeschlossene Lesegerät ein oder verbinden einen USB-Stick mit dem Computer. Windows Vista erkennt dies in der Regel automatisch und erstellt ein passendes Laufwerk. Stellt Windows Vista fest, dass sich darauf Bilddateien befinden, erscheint standardmäßig das Dialogfeld *Automatische Wiedergabe*. Klicken Sie dort auf *Bilder anzeigen mit Windows Media Center*, erhalten Sie die Gelegenheit, die Fotos zunächst über die Bildbibliothek von Windows Media Center zu betrachten. Daraufhin erscheint eine Seite, die ein ganz ähnliches Aussehen wie die Bildbibliothek in Windows Media Center hat. Allerdings werden jetzt nur die Ordner angezeigt, die auf dem jeweiligen Speichermedium vorhanden sind. Per Fernbedienung lassen sich diese jetzt bequem zur Anzeige auswählen.

Hinweis 

Bilddateien auf auswechselbaren Speichermedien können Sie auch mit anderen Programmen von Windows Vista wie der Windows-Fotogalerie anschauen oder diese direkt in einen Ordner unterhalb Ihres persönlichen Ordners *Bilder* importieren. Der Weg über Windows Media Center bietet sich an, wenn Sie die Vorschau ausschließlich über die Fernbedienung erledigen und Bilder, die Ihnen gefallen, per Knopfdruck in Ihre Bildbibliothek übernehmen möchten.

Die Bildbibliothek mit Inhalt füllen

Da die Bildbibliothek abgesehen von den Beispielbildern von Microsoft standardmäßig keinen Inhalt aufweist, ist es eine Ihrer ersten Aufgaben, die Bildbibliothek mit Inhalt zu füllen. Je mehr Bilder in Ihrer Bildbibliothek enthalten sind, desto umfassender fällt das Bilderarchiv aus, das Sie auf diese Weise erstellen und mit Familie, Freunden und Bekannten gemeinsam genießen können.

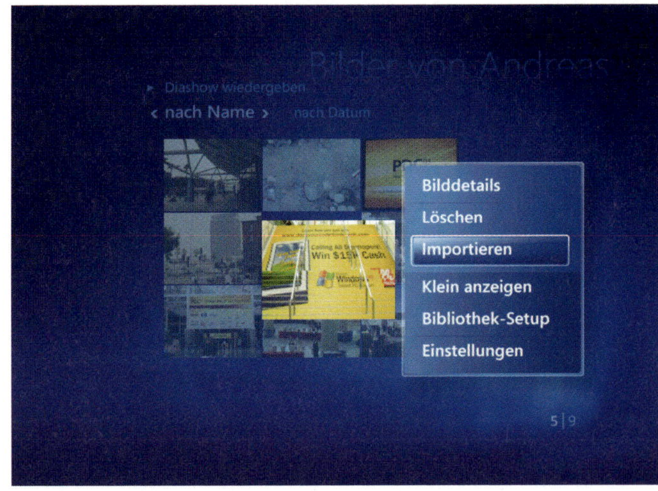

Abbildung 15.3 Bilddateien auf auswechselbaren Speichermedien oder mit dem Computer verbundenen Geräten lassen sich mit Windows Media Center direkt in die Bildbibliothek importieren

Zur Bereitstellung von Bildern für die Bildbibliothek von Windows Vista gibt es mehrere Wege. Grundsätzlich können Sie einzelne oder ganze Ordner von Bilddateien beispielsweise über den Windows-Explorer in einen der Ordner kopieren, die die Bildbibliothek überwacht.

Falls Sie nicht zu Tastatur und Maus greifen möchten, importieren Sie Bilder mit Windows Media Center. Hierzu gehen Sie wie folgt vor:

1. Klicken Sie im Dialogfeld *Automatische Wiedergabe* auf *Bilder anzeigen mit Windows Media Center.* Alternativ wählen Sie im Bereich *Bilder + Videos* den Eintrag *Bildbibliothek* aus und selektieren dort das auswechselbare Speichermedium, auf dem sich die betreffenden Bilddateien befinden.
2. Markieren Sie mit den Richtungstasten der Fernbedienung das Element (Ordner oder einzelne Bilddatei), das Sie in Ihre Bildbibliothek übernehmen möchten.

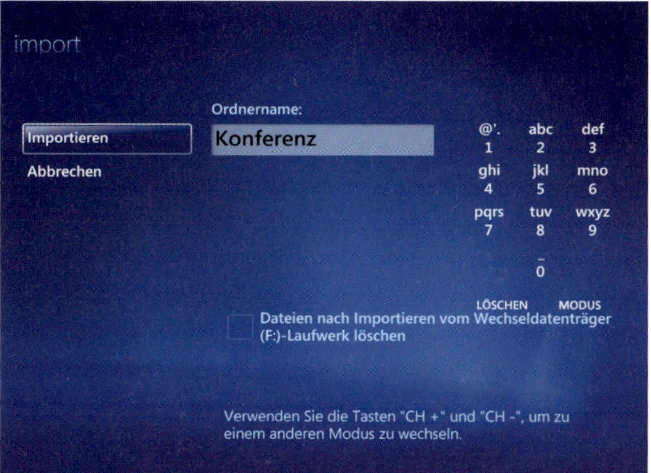

Abbildung 15.4 Optionen zum Importieren von Bildern in die Bildbibliothek

3. Drücken Sie auf der Fernbedienung die Funktionstaste ⓘ und wählen Sie im anschließend geöffneten Menü den Eintrag *Importieren* aus. Anschließend sind folgende Angaben zu machen (siehe Abbildung 15.4):
   - Bei *Ordnername* ist der Name des Ordners festzulegen, in dem Windows Media Center die Bilder auf der Festplatte des PCs unterhalb Ihres persönlichen Ordners *Bilder* ablegen soll.
   - Um die Bilddateien nach dem Kopieren von dem auswechselbaren Speichermedium zu löschen, markieren Sie das Kontrollkästchen *Dateien nach Importieren vom Laufwerk löschen* (in diesem Fall darf dieses nicht mit einem Schreibschutz versehen sein und es muss sich um einen beschreibbaren Datenträger handeln).
4. Durch Auswahl des Eintrags *Importieren* werden die Bilder nun wie angegeben importiert und erscheinen ab jetzt in der Bildbibliothek von Windows Media Center.

Ist dieser Vorgang abgeschlossen, erscheint das Fenster *Import abgeschlossen.* Möchten Sie die Fotos sofort betrachten, wählen Sie dort *Bilder anzeigen* aus.

Bilder betrachten und bearbeiten

Haben Sie die Bildbibliothek mit einigen Bildern gefüllt, können Sie diese über das Windows Media Center bequem anzeigen lassen. Dazu wechseln Sie zunächst in den Bereich *Bilder + Videos* und wählen dort den Eintrag *Bildbibliothek* aus.

Ansichten in der Bildbibliothek

Wie bei anderen Bibliotheken (etwa der Musikbibliothek) auch, hält Windows Media Center für die Bildbibliothek mehrere Ansichten zur Auswahl bereit:

- Für jeden von der Bildbibliothek überwachten Ordner erstellt Windows Media Center eine Miniaturansicht der darin enthaltenen Bilddateien. Zusätzlich werden für auswechselbare Speichermedien, auf denen sich Bilddateien befinden, Miniaturansichten erstellt und mit einem passenden Symbol (CD, Speicherkarte etc.) gekennzeichnet.
- Wählen Sie einen Ordner nach Markierung mittels der Richtungstasten ◀ bzw. ▶ der Fernbedienung und Drücken der Taste OK aus, stellt Windows Media Center die darin enthaltenen Bilder in einer »vergrößerten Miniaturvorschau« dar (siehe Abbildung 15.5).
- Um einen besseren Überblick über die im ausgewählten Ordner enthaltenen Bilder zu bekommen, wechseln Sie durch Drücken von ⓘ sowie der Auswahl von *Klein anzeigen* im anschließend geöffneten Menü zur verkleinerten Miniaturansicht. Zur vergrößerten Ansicht kehren Sie zurück, indem Sie erneut die Taste ⓘ auf der Fernbedienung drücken und *Groß anzeigen* auswählen.

Abbildung 15.5 Blättern in den Bildern eines Ordners mit der Bildbibliothek

Bilder anschauen

Markieren Sie über die Richtungstasten der Fernbedienung dann das gewünschte Bild. Nach Auswahl mit der Taste OK wird dieses als Vollbild dargestellt. Durch Drücken der Richtungstasten können Sie die anderen Bilder im ausgewählten Ordner anzeigen lassen.

> **Tipp**
>
> Anstatt Bild für Bild einzeln zu betrachten, bietet Windows Media Center die *Diashow* an, die alle Bilder – und zwar auf besondere Weise – nacheinander anzeigt (siehe den Abschnitt »Bilder als Diashow genießen«)

Die Betrachtung von Bildern können Sie musikalisch mit Hintergrundmusik unterlegen. Hierzu gehen Sie wie folgt vor:

1. Wechseln Sie in die Musikbibliothek von Windows Media Center.
2. Dort wählen Sie ein Album, einen Titel oder eine Wiedergabeliste zum Abspielen aus.
3. Wechseln Sie zur Bildbibliothek und dort in den Ordner, der Bilder enthält, die Sie anschauen möchten.

Auf diese Weise können Sie beim Betrachten von Bildern die von Ihnen gewählten Musik im Hintergrund hören. Informationen über das aktuelle Lied zeigt Windows Media Center dabei im *Jetzt läuft*-Fenster an bzw. blendet diese für kurze Zeit in einem Infofenster ein, wenn Sie ein Bild in voller Größe betrachten (siehe Abbildung 15.6).

Abbildung 15.6 Bilder betrachten und währenddessen passender Musik im Hintergrund lauschen

Lassen Sie ein ganzes Album abspielen oder haben eine Wiedergabeliste zusammengestellt, können Sie während der Bildbetrachtung über die Steuerungstaste der Fernbedienung zum nächsten Titel springen. Die Steuerungstaste führt Sie dementsprechend zum Anfang des aktuellen Musikstücks bzw. zum vorigen Titel zurück. Mit beenden Sie die Musikwiedergabe im Hintergrund.

Bei der Betrachtung eines Bildes stehen Ihnen folgende Möglichkeiten zur Verfügung:

- **Vor- und zurückblättern** Über die Richtungstasten und der Fernbedienung können Sie das nächste Bild anzeigen. Analog dazu führen Sie die Richtungstasten und wieder zum vorigen Bild zurück. Alternativ können Sie auf der Fernbedienung auch die Funktionstaste drücken.
- **Zoomen** Über die Taste OK auf der Fernbedienung zoomen Sie das Bild in zwei Schritten heran (nach dreimaligem Drücken der Taste OK gelangen Sie also wieder zur unvergrößerten Darstellung). Verwenden Sie die Richtungstasten auf der Fernbedienung, um den gezoomten Bildausschnitt zu verschieben.
- **Drehen** Möchten Sie die Anzeige des Bildes drehen, drücken Sie auf der Fernbedienung. Mit Auswahl des Eintrags *Drehen* aus dem daraufhin erscheinenden Kontextmenü drehen Sie die Bilddarstellung um 90 Grad im Uhrzeigersinn. Über die Funktionstaste verlassen Sie dieses Menü wieder.
- **Bilddetails** Um Details zum ausgewählten Bild abzurufen, drücken Sie auf der Fernbedienung die Funktionstaste und selektieren im daraufhin erscheinenden Menü den Eintrag *Bilddetails*. Dadurch gelangen Sie zu einer gleichnamigen Seite, die unterhalb des Bildes Angaben wie Erstellungsdatum und Bildgröße offeriert (siehe Abbildung 15.7).

> **Tipp** 
>
> Drücken Sie an dieser Stelle die Taste auf der Fernbedienung, zeigt Windows Media Center dieses und die folgenden Bilder als Diashow (siehe den Abschnitt »Bilder als Diashow genießen«) an.

Abbildung 15.7 Über die Seite Bilddetails ermöglicht Windows Media Center eine einfache Bearbeitung des Bildes

Nachbearbeitung von Bildern

Auf der Seite *Bilddetails* offeriert Windows Media Center mehrere Funktionen zur Nachbearbeitung des ausgewählten Bildes. Interessante Bearbeitungsfunktionen verbergen sich hierbei hinter dem Menüeintrag *Retuschieren*: Mit der Option *Kontrast* zum Beispiel können Sie diesen verstärken. *Rote Augen* entfernt eben diese bequem und schnell (falls es sich um eine Blitzlichtaufnahme von Personen handelt). Ohne sich mit dem Einkreisen der Augenpartie aufhalten zu müssen, werden die Personen im Bild daraufhin von ihren roten Blitzlicht-Augen befreit.

Abbildung 15.8 Mit den in Windows Media Center enthaltenen Funktionen zum Retuschieren können Sie ein Bild mit der Fernbedienung optisch aufwerten

Die Option *Zuschneiden* dient dazu, Teile des Bildes auszuschneiden. Hierzu wird ein Rahmen eingeblendet, der sich über die Richtungstasten der Fernbedienung sowie die Taste OK in Position und Größe variieren lässt. Um das Ergebnis zu betrachten, bevor Sie dieses speichern, bietet sich die Auswahl der Option *Vorschau* an.

Sind Sie mit Ihren Modifikationen am aktuellen Bild zufrieden, übernehmen Sie diese Änderungen durch Auswahl von *Speichern*. Dadurch wird die ursprüngliche Bilddatei durch das Bild in seiner jetzigen Form ersetzt. *Abbrechen* hingegen verwirft alle Änderungen, ohne die Bilddatei inhaltlich zu verändern.

Hinweis

Die Qualität des Bildes wird durch die wiederholte komprimierte Speicherung der Bilddatei im Laufe der Zeit immer schlechter, wenn Sie für ein und dasselbe Bild mehrfach auf Funktionen wie die Kontrastverbesserung zurückgreifen.

Bilder als Diashow genießen

Möchten Sie Bilder Ihrer letzten Reise ansprechend in Szene setzen, wenn Familienmitglieder, Freunde oder Bekannte Sie besuchen? Dann ist die *Diashow* von Windows Media Center genau das Richtige: Diese zeigt Bilder nacheinander selbstablaufend an. Dadurch brauchen Sie keine Zeit in die Vorbereitung Ihrer Bilderpräsentation zu investieren, hinterlassen aber dennoch mit einer überzeugenden Vorführung einen guten Eindruck bei Ihren Besuchern.

Die Vorführung beginnen

Bilder mit Windows Media Center als Diashow anzeigen zu lassen ist kinderleicht:

1. Wählen Sie einfach in der Bildbibliothek den Ordner oder das Bild aus, mit dem Sie starten möchten.
2. Drücken Sie die Steuerungstaste ▶ und schon startet die Diashow.

Bei der Diashow werden Bilder standardmäßig nicht einfach in voller Größe angezeigt: Vielmehr führt Windows Media Center automatische Schwenks im Stile einer Filmkamera durch. Für Betrachter erweckt dies der Eindruck, dass jedes Bild animiert ist und sich jeder Winkel des Bildes eingehend betrachten lässt. Über die Einstellungen für Bilder in Windows Media Center (siehe Abschnitt »Einstellungen für Bilder«) können Sie diese animierte Bilddarstellung für Diashows ausschalten.

> **Tipp**
>
> Mit der richtigen Hintergrundmusik, die Windows Media Center gleichzeitig abzuspielen imstande ist, verleihen Sie der Vorführung Ihrer Bilder auch akustisch den besonderen Pfiff.

Bei der Diashow werden alle Bilder automatisch nacheinander angezeigt. Sie können allerdings auch manuell eingreifen:

- Um zum Beispiel das aktuelle Bild zu überspringen und gleich das nächste anzeigen zu lassen, verwenden Sie auf der Fernbedienung die Richtungstaste .
- Genauso führt Sie zum vorigen Bild zurück.
- Um beim gerade angezeigten Bild etwas länger zu verweilen, greifen Sie auf die Steuerungstaste Ihrer Fernbedienung zurück. Und um die Diashow wieder zu beenden, drücken Sie auf .

> **Tipp** 
>
> Die Art und Weise, wie die Darstellung von Bildern bei der Diashow erfolgt, lässt sich über die *Einstellungen für Bilder* in Windows Media Center verändern (siehe den Abschnitt »Einstellungen für Bilder«).

Eine DVD-Diashow erstellen

Haben Ihrem Besuch Ihre Fotos gefallen? Dann erstellen Sie mit Windows Media Center doch einfach eine selbstablaufende *DVD-Diashow*: Hierbei werden die Bilder automatisch nacheinander angezeigt und der Wechsel von einem zum nächsten Foto wird mit einem Aus-/Einblendeffekt versehen.

Bereits wenige Tastendrücke auf der Fernbedienung reichen aus, um über das Windows Media Center eine DVD-Diashow zu erstellen und so Ihre Bilder inklusive einer musikalischen Untermalung ansprechend auf einer Video-DVD zu präsentieren. Diese können Familie, Freunde oder Bekannte mit nach Hause nehmen und dann auf ihrem eigenen DVD-Player abspielen.

> **Wichtig** 
>
> DVD-Diashows lassen sich nur dann erstellen, wenn an Ihren Windows Vista-PC ein DVD-Brenner angeschlossen ist.

Um eine DVD-Diashow zu erstellen, führen Sie die folgenden Schritte aus:

1. Legen Sie einen beschreibbaren Datenträger in den DVD-Brenner ein (erscheint daraufhin das Dialogfeld *Automatische Wiedergabe*, schließen Sie dieses).
2. Legen Sie die auf den Datenträger zu kopierenden Bilddateien fest. Dazu markieren Sie in der Bildbibliothek zunächst einen Bilder-Ordner, drücken dann die Funktionstaste und wählen im daraufhin erscheinenden Menü den Eintrag *Brennen* aus.
3. Auf der folgenden Seite *Datenträgerformat auswählen* legen Sie als Format *DVD-Diashow* fest.
4. Nach *Weiter* müssen Sie der zu erstellenden DVD einen Namen zuweisen.
5. Durch die Auswahl von *Weiter* gelangen Sie dann zur Auflistung der Bilddateien, die als Teil der Diashow angezeigt und auf die DVD kopiert werden sollen (siehe Abbildung 15.9). Über den Eintrag *Mehr hinzufügen* können Sie zusätzliche Bilder in die DVD-Diashow mit einbeziehen.

> **Hinweis** 
>
> Für wie viele Bilder auf der zu erstellenden DVD voraussichtlich noch Platz ist, zeigt Windows Media Center im unteren Bildschirmbereich an.

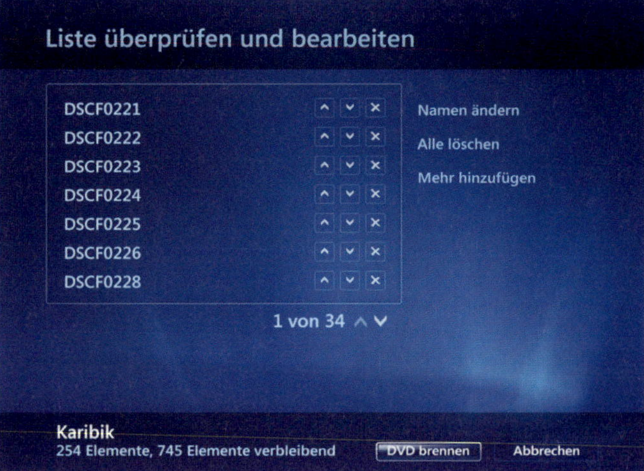

Abbildung 15.9 Die Erstellung einer selbstablaufenden DVD-Diashow mit Windows Media Center, um Ihre Bilder in einem DVD-Player zu betrachten

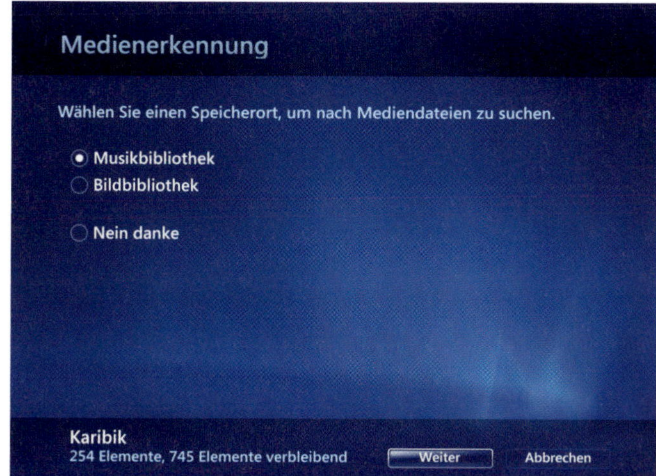

Abbildung 15.10 Auf Wunsch stimmen Sie den Betrachter mit Hintergrundmusik auf die richtige Atmosphäre ein

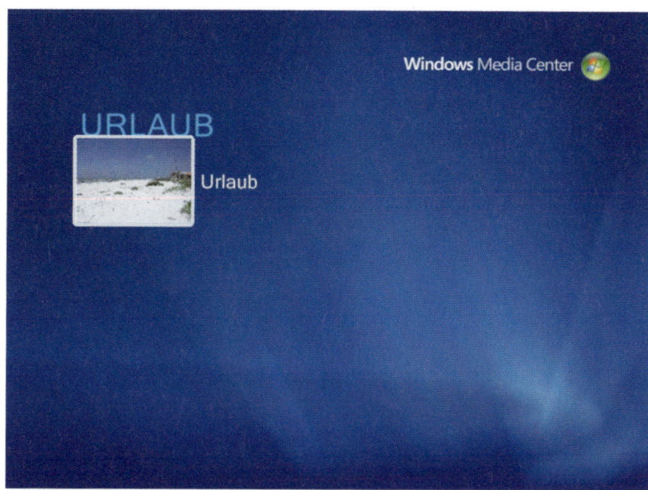

Abbildung 15.11 Mit diesem DVD-Hauptmenü präsentiert sich Ihre DVD-Diashow bei der Wiedergabe in einem DVD-Player

Mit *Mehr hinzufügen* geben Sie aber nicht nur die gewünschten Bilder vor. Genauso legen Sie hierüber fest, welche Songs bei der Wiedergabe der Bilder gespielt werden sollen, indem Sie den Eintrag *Musikbibliothek* auf der Seite *Medienerkennung* selektieren (siehe Abbildung 15.10). Daraufhin gelangen Sie zur Musikbibliothek, um dort die gewünschten Titel auszuwählen. Die Selektion von *Weiter* führt Sie sodann wieder zur Auflistung der Bilder zurück, die Sie bis jetzt zum Kopieren auf die DVD vorgemerkt haben.

Hinweis

Sie brauchen keineswegs ein komplettes Album in die DVD-Diashow mit einzubeziehen, da die Anzeige der Bilder meist wesentlich früher beendet ist. Im Prinzip reicht es aus, dass Musik solange lauft, wie die DVD-Diashow Bilder anzeigt. Um die Anzeigedauer für die DVD-Diashow zu ermitteln, können Sie die Anzahl der darin enthaltenen Bilder mit der Anzeigedauer für jedes Bild multiplizieren. Standardmäßig beträgt diese Übergangszeit 12 Sekunden pro Bild, was Sie über die Einstellungen für Bilder (siehe den Abschnitt »Einstellungen für Bilder«) – bevor Sie die DVD-Diashow erstellen – modifizieren können.

6. Über den Eintrag *DVD brennen* auf der Seite *Liste überprüfen und bearbeiten* leiten Sie die Speicherung der DVD-Diashow auf dem im DVD-Brenner einliegenden Datenträger ein. Bestätigen Sie die anschließende Abfrage mit *Ja*, können Sie anschließend den Fortschritt dieses Vorgangs anhand der entsprechenden Hinweismeldung verfolgen oder wählen Sie *OK*, um sich im Windows Media Center anderen Dingen zu widmen.

7. Sobald die Erstellung der DVD-Diashow abgeschlossen ist, wirft der DVD-Brenner den Datenträger automatisch aus. Auf Wunsch können Sie nun gleich eine weitere DVD mit dieser Diashow erstellen, indem Sie einen anderen beschreibbaren Datenträger in den DVD-Brenner einlegen und die Schaltfläche *Brennen* auswählen. Andernfalls beenden Sie mit Auswahl von *Fertig* die Erstellung der DVD-Diashow in Windows Media Center.

Legen Sie diesen Datenträger nun in einen DVD-Player ein, zeigt dieser kurz darauf im DVD-Menü das erste Bild Ihrer Diashow an (siehe Abbildung 15.11). Am Windows Media Center-Logo rechts oben erkennt der kundige Betrachter dabei, dass es sich um eine mit Windows Media Center erstellte DVD-Diashow handelt. Über die Wiedergabe-Funktion des DVD-Players bzw. der Auswahl eines Bilderordners wird diese DVD-Diashow nun abgespielt.

Bilddateien auf CD oder DVD brennen

Unabhängig von der DVD-Diashow können Sie die auf der Festplatte gespeicherten Bilddateien mit Windows Media Center auch auf CD oder DVD exportieren. Diese nützliche Funktion eignet sich zum Beispiel dafür, um Gäste mit Bildern aus Ihrem Archiv zu erfreuen, indem Sie diesen eine entsprechende CD mit auf den Weg geben.

Hinweis 

Im Unterschied zur DVD-Diashow erstellt Windows Media Center beim Brennen von Bildern auf eine Daten-CD/DVD keinen Videofilm bzw. keine Video-DVD, sondern kopiert lediglich die ausgewählten Bilddateien auf den Datenträger.

Das Vorgehen zum Brennen von Bilddateien auf Daten-CD/DVD entspricht weitgehend jenem zu Erstellung einer DVD-Diashow. Im Unterschied dazu müssen Sie diesmal auf der Seite *Datenträgerformat auswählen* allerdings *Daten-CD* oder *Daten-DVD* auswählen – je nachdem, ob Sie einen CD- oder einen DVD-Rohling in den Brenner eingelegt haben. Beim Hinzufügen von Mediendateien durch Auswahl des Eintrags *Mehr hinzufügen* auf der Seite *Liste überprüfen und bearbeiten* ermöglicht Windows Media Center Ihnen zudem die Auswahl auch von TV-Aufzeichnungen sowie Mediendateien aus der Bild-, Musik- und Videobibliothek.

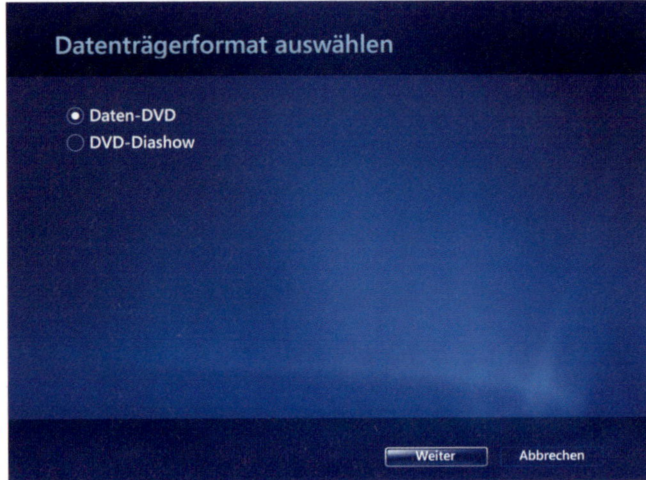

Abbildung 15.12 Die Speicherung von Bilddateien auf CD/DVD erfolgt im Datenträgerformat Daten-CD/DVD

Haben Sie die Auswahl der auf den Datenträger zu kopierenden Mediendateien abgeschlossen, wählen Sie den Eintrag *CD brennen* bzw. *DVD brennen* aus. Hat Windows Media Center den Kopiervorgang abgeschlossen, erscheint eine entsprechende Meldung und der Datenträger wird ausgeworfen. Möchten Sie einen weiteren Datenträger mit denselben Bilddateien erstellen, wählen Sie dort *Ja* aus.

Einstellungen für Bilder bestimmen

Wie in Windows Media Center die Darstellung von Bilddateien erfolgt, richtet sich nach den *Einstellungen für Bilder*, die sowohl für die Einzelbetrachtung als auch Diashows und DVD-Diashows relevant sind. Falls Sie es wünschen, passen Sie diese Standardvorgaben an.

Um zu den Einstellungen für Bilder zu gelangen, gibt es mehrere Möglichkeiten:

- Wechseln Sie im Bereich *Aufgaben* zum Unterbereich *Einstellungen*.
- Genauso können dorthin auch aus der Bildbibliothek heraus gelangen: Dazu drücken Sie beispielsweise bei der Bearbeitung eines Bildes auf der Fernbedienung die Funktionstaste (i) und wählen im anschließend geöffneten Menü den Eintrag *Einstellungen* aus.

Sie gelangen nun zur Seite *Einstellungen*. Hier selektieren Sie den Eintrag *Bilder*. Anschließend können Sie die zugehörigen Optionen auswählen (siehe Abbildung 15.13).

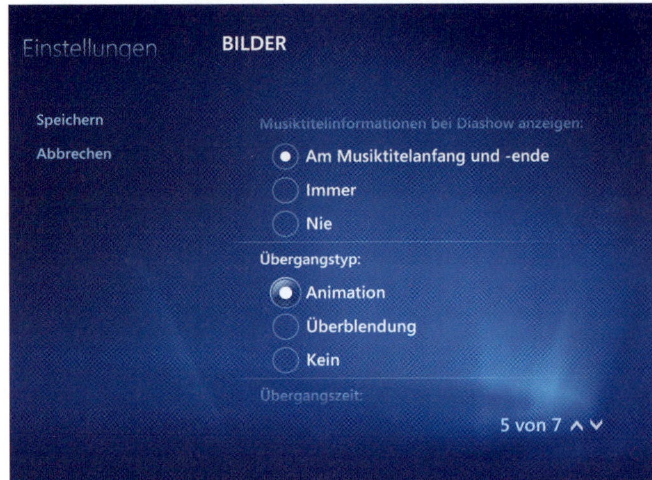

Abbildung 15.13 Wie Windows Media Center Bilder anzeigt, ist in den Einstellungen für Bilder festgelegt

Nach dem Drücken der Richtungstaste ▶ können Sie die einzelnen Einstellungen dabei mit Hilfe der Richtungstasten ▼ und ▲ markieren und die betreffende Vorgabe über die Taste OK abändern. Dabei stehen die folgenden Einstellungen zur Verfügung:

- **Zufällige Reihenfolge** Dieses Kontrollkästchen gibt an, ob Windows Media Center Bilder gemäß ihrer normalen Sortierreihenfolge (Name der Bilddateien bzw. Erstellungsdatum) oder nach dem Zufallsprinzip anzeigen soll.
- **Unterordner anzeigen** Soll Windows Media Center nicht nur die im aktuellen Ordner enthaltenen Bilddateien anzeigen, sondern auch die dort in Unterordnern enthaltenen Bilder, ist dieses Kontrollkästchen zu aktivieren.
- **Bildtitel anzeigen** Ist dieses Kontrollkästchen mit einem Häkchen versehen, wird bei der Anzeige eines Bildes in voller Größe und während Diashows der Name der zugehörigen Bilddatei sowie deren Erstellungsdatum links oben eingeblendet.
- **Musiktitelinformation bei Diashow anzeigen** Unterlegen Sie Diashows mit Musik, bestimmen die Einstellungen dieses Bereichs, wie Windows Media Center mit

Informationen über den jeweils gespielten Song verfährt. Standardmäßig ist die Option *An Musiktitelanfang und -ende* aktiviert. Diese bewirkt, dass ein Infofenster mit Angaben zum aktuellen Lied – Titel des Stücks und Interpret, Name und Erscheinungsjahr des Albums sowie das Album-Cover (sofern diese Angaben dem Windows Vista-PC zur Verfügung stehen) – jeweils zu Beginn und vor dem Ende für kurze Zeit eingeblendet wird. Die Optionen *Immer* und *Nie* hingegen dienen dazu, dieses Infofenster während der Diashow permanent einblenden zu lassen oder seine Anzeige komplett auszuschalten.

- **Übergangstyp** Während einer Diashow kann Windows Media Center jedes Bild mit automatischen Schwenks im Stile einer Filmkamera anzeigen. Hierfür ist die standardmäßig aktivierte Option *Animiert* in diesem Bereich verantwortlich. Sollen stattdessen Bilder ohne diesen Effekt wiedergegeben werden und der Wechsel von einem Bild zum nächsten lediglich durch einfaches Aus- und Einblenden erfolgen, wählen Sie hier die Option *Überblendung* aus. Um Bilder mit der Diashow weder animiert noch mit Überblendungen anzeigen zu lassen, aktivieren Sie hingegen die Option *Kein*.
- **Übergangszeit** Wie lange Windows Media Center bei der Diashow ein Bild anzeigt, ist hier einstellbar. Standardmäßig beträgt die Anzeigedauer pro Bild 12 Sekunden.
- **Hintergrundfarbe für Diashow** Werden im Querformat aufgenommene Bilder im Hochformat angezeigt, gibt es links und rechts Ränder. Normalerweise sind diese im Windows Media Center schwarz eingefärbt. An dieser Stelle können Sie dafür eine andere Hintergrundfarbe (zum Beispiel grau) vorgeben.

Sind alle Einstellungen wunschgemäß durchgeführt, wechseln Sie über die Richtungstaste ◄ der Fernbedienung wieder ins Menü. Mit der Auswahl des dortigen Eintrags *Speichern* legt Windows Media Center künftig diese Vorgaben für die Anzeige von Bildern und Diashows zugrunde.

Der Windows Media Center-Bereich »Videos«

Viele Geräte haben Funktionen eingebaut, mit denen Sie Videos erstellen können. So beherrschen selbst viele eigentlich auf Fotos spezialisierte Digitalkameras nicht nur die Erstellung von Bildern, sondern auch von (kurzen) Videosequenzen. Ähnliche Merkmale sind immer häufiger auch in modernen Handys und Smartphones eingebaut. Videoclips lassen sich selbst mit Webcams produzieren, die – falls nicht bereits eingebaut, wie bei einigen Notebooks der Fall – bereits für wenig Geld zu haben sind.

Abbildung 15.14 Die Videobibliothek von Windows Media Center bietet den Zugriff auf die Videodateien des PCs

Für alle mit diesen und ähnlichen Geräten produzierten Videos ist Windows Media Center ebenfalls ein idealer Ort, um diese jederzeit vorführen zu können. Windows Media Center arbeitet dabei Hand in Hand mit Windows Vista zusammen, das in der Regel eine direkte Verbindung mit den genannten Geräten herstellen und so die Videodateien bequem auf den Computer holen kann.

Die Videobibliothek nutzen

Die *Videobibliothek* stellt den Mittelpunkt zur Verwaltung und Wiedergabe aller Arten von Videos dar (siehe Abbildung 15.14). Um die Videobibliothek aufzusuchen, wählen Sie im Hauptmenü von Windows Media Center den Bereich *Bilder + Videos* und dort den Unterbereich *Videobibliothek* aus. Auf der Fernbedienung hingegen drücken Sie die (meist rot markierte) Direktwahltaste (Videos), um sich auf direktem Wege zur Videobibliothek zu begeben.

Rufen Sie die Videobibliothek zum ersten Mal auf, erscheint das Fenster *Bibliothek-Setup*. Hierüber können Sie die Ordner spezifizieren, in denen die Videobibliothek nach Videodateien Ausschau halten soll. Standardmäßig werden neben Ihrem eigenen Ordner *Videos* unterhalb Ihres persönlichen Benutzerprofil-Ordners lediglich die medienspezifischen, öffentlichen Ordner von Windows Vista berücksichtigt, bei denen für Videodateien standardmäßig der Ordner *Öffentliche Videos* vorgesehen ist. Möchten Sie jetzt weitere Ordner spezifizieren, in denen sich Videodateien befinden, wählen

Sie *Ja* aus. Andernfalls haben Sie im Nachhinein jederzeit die Möglichkeit, nach dem Drücken der Funktionstaste auf der Fernbedienung und Auswahl von *Bibliothek-Setup* weitere Ordner zu spezifizieren, die die Videobibliothek berücksichtigen soll (wie im Abschnitt »Bibliothek-Setup: von Windows Media Center überwachte Ordner« in Kapitel 14 beschrieben).

Hinweis

Die Videobibliothek steht über die Musikbibliothek auch im Windows Media Player zur Verfügung (siehe Kapitel 10).

Videos vorführen

Über das Windows Media Center Videos vorzuführen, ist denkbar einfach:

- Über die Videobibliothek wählen Sie den Ordner und schließlich die Datei aus, die Sie wiedergeben möchten.
- Genauso können Sie in das CD/DVD-Laufwerk Ihres Rechners eine CD/DVD einlegen, auf der sich Videodateien befinden. In der Regel erscheint kurze Zeit darauf das Dialogfeld *Automatische Wiedergabe*. Klicken Sie dort auf *Videos anzeigen mit Windows Media Center*, erfolgt ein Wechsel zur Videobibliothek von Windows Media Center. Dort können Sie die wiederzugebende Videodatei dann bequem auswählen und abspielen.

Dabei zeigt sich, dass der Umgang mit Videodateien in der Videobibliothek von Windows Media Center dem von Bilddateien in der Bildbibliothek sehr ähnlich ist – abgesehen natürlich davon, dass es sich bei Videodateien um Mediendateien mit bewegten Bildern und Audiosignalen handelt. Genauso wie bei der Bildbibliothek ermöglicht es Ihnen Windows Media Center bei der Videobibliothek, Videodateien von auswechselbaren Datenträgern zu importieren oder auf CD/DVD zu brennen, wahlweise als Video-DVD zur direkten Wiedergabe in Media-Playern. Jede Videodatei erscheint in der Videobibliothek mit einer Art Cover-Bild, das (wie bei der Musik- und Bildbibliothek auch) auf Wunsch nur als verkleinerte Miniaturansicht dargestellt wird. Die Auswahl von Videodateien ist ebenfalls identisch, auch wenn die Videobibliothek als Sortierkriterium nur Dateinamen und Datum bietet.

Aus diesem Grund gehen wir an dieser Stelle nicht noch einmal darauf ein. Interessant sind vielmehr die Unterschiede bei der Wiedergabe. Denn beim Abspielen von Videodateien stehen Ihnen folgende Möglichkeiten zur Wiedergabesteuerung zur Verfügung:

- **Anhalten, Fortsetzen und Stoppen** Mit der Steuerungstaste der Fernbedienung halten Sie das Video an, was zu einem Standbild führt. Gleichzeitig wird am unteren Rand eine Zeitleiste angezeigt, die Sie über die aktuelle Position im Video und dessen Gesamtlaufzeit informiert. Später können Sie die Wiedergabe über oder aber durch erneutes Drücken von wieder fortsetzen. Mit schließlich beenden Sie die Video-Wiedergabe.
- **Einzelbild-Wiedergabe** Drücken Sie zunächst die Steuerungstaste , um ein Standbild zu erhalten. Anschließend erlauben Ihnen die Steuerungstasten und der Fernbedienung die Einzelbildwiedergabe, entweder vor- oder rückwärts. Mit schließlich setzen Sie die normale Wiedergabe des Videos fort.
- **Schneller Vor- und Rücklauf** Die Steuerungstasten und der Fernbedienung ermöglichen Ihnen während der Wiedergabe das schnelle Vor- und Zurückspulen. Wie schnell, hängt davon ab, wie oft Sie die jeweilige Taste hintereinander drücken, denn der schnelle Vor- und Rücklauf kennt drei Stufen. Dadurch lässt sich das Video mit 3-, 40- oder 250-facher Geschwindigkeit wiedergeben, was dem Effekt des schnellen Vor- und Rücklaufs gleichkommt. Zur normalen Wiedergabegeschwindigkeit kehren Sie zurück, indem Sie entweder bzw. mehrfach hintereinander oder aber die Steuerungstaste drücken.
- **Sprung vor oder zurück** Oftmals effektiver als der schnelle Vor- und Rücklauf ist die Sprungfunktion. Drücken Sie die Steuerungstaste auf der Fernbedienung, springen Sie 29 Sekunden vorwärts. Zurück geht es nicht ganz so fix: bewirkt einen Rückwärts-Sprung um 7 Sekunden.

Tipp 

Bis auf die Einzelbildwiedergabe sowie den schnellen Vor- und Rücklauf können Sie diese Tasten auf der Fernbedienung selbst dann nutzen, wenn die Video-Wiedergabe links unten im *Jetzt läuft*-Fenster erfolgt (das zum Beispiel erscheint, wenn Sie die Steuerungstaste drücken oder über eine der Direktwahltasten zu einem anderen Windows Media Center-Bereich gewechselt sind). Voraussetzung ist lediglich, dass Sie das *Jetzt läuft*-Fenster über die Richtungstasten der Fernbedienung markiert haben. Drücken Sie währenddessen auf , wird das Video wieder in voller Größe abgespielt.

Abbildung 15.15 Mit Zoom lässt sich das Seitenverhältnis (schmal, breit, gestaucht etc.) bei der Wiedergabe einer Videodatei verändern

- **Zoom** Je nach Art des Videos, das Sie sich gerade anschauen, weist das nach dem Drücken der Funktionstaste  erscheinende Menü den Eintrag *Zoom* auf. Anders, als die Bezeichnung vermuten lässt, können Sie über diesen Eintrag nicht etwa in das Videobild mit mehrfacher Vergrößerung hineinzoomen. Vielmehr lässt sich hierüber das Seitenverhältnis verändern, um die Breite und Höhe der Darstellung optimal auf die jeweilige Videodatei abstimmen zu können. Dafür sind mehrere Modi vorgesehen. Zwischen diesen schalten Sie jeweils durch Aufruf des Menüeintrags *Zoom* um.

Hinweis

Abhängig von der jeweiligen Videodatei sind nur einige, aber nicht alle der Möglichkeiten zur Wiedergabesteuerung verwendbar.

Im Gegensatz zu Video-DVDs, die Filmmaterial für zwei und mehr Stunden beinhalten, sind selbst gedrehte Videofilme, Demos, Film-Trailer etc. meist kürzer. Dementsprechend schnell ist die Wiedergabe der Videodatei beendet. Windows Media Center zeigt dann automatisch ein entsprechendes Menü an. Hier ist es Ihnen nun nicht nur möglich, den Film neu zu starten, sondern Sie können auch die Videodatei vom Windows Vista-PC löschen.

Der passende Codec

Videodateien können in gänzlich unterschiedlichen Dateiformaten gespeichert sein. Zur Wiedergabe ist daher ein passender *Video-Codec* erforderlich. Ist dieser nicht auf dem Computer installiert, erscheint eine Fehlermeldung beim Versuch, diese in Windows Media Center abzuspielen (siehe Abbildung 15.16).

Abbildung 15.16 Erscheint diese Meldung, ist auf dem Computer kein passender Codec zur Wiedergabe der Videodatei installiert

Windows Media Center greift zur Wiedergabe von Videos auf den in Windows Vista enthaltenen Windows Media Player zurück. Dieser unterstützt standardmäßig die Videoformate *ASF* und *WMV* (mitsamt ASX und Wiedergabelisten im Format WPL), *AVI* sowie *MPG* entsprechend MPEG-1. Videodateien, die eines dieser Formate aufweisen, sind somit in Windows Media Center direkt abspielbar.

Des Weiteren ist in den Windows Vista-Editionen, die Windows Media Center mit an Board haben (also Windows Vista Home Premium und Windows Vista Ultimate), ein MPEG-2-Codec serienmäßig im Lieferumfang enthalten. Daher können Sie auch Videofilme, die in diesem Format vorliegen (sowie Video-DVDs), direkt vom Windows Media Center aus abspielen.

Weisen Videos ein anderes Format auf, muss entweder auf Ihrem Computer ein entsprechender Video-Codec installiert oder die Videodatei in ein Format umgewandelt werden, dessen Wiedergabe Windows Media Center unterstützt. Videos im Format DivX oder XviD zum Beispiel kann Windows Media Center erst dann abspielen, wenn vorab der entsprechende Video-Codec unter Windows Vista installiert worden ist.

Hinweis 

Wie Sie in Erfahrung bringen können, welchen Codec eine Videodatei benötigt und welche Codecs auf dem Windows Vista-PC bereits installiert sind, ist im Abschnitt »Die Codec-Frage« in Kapitel 10 beschrieben.

Zusammenfassung

In diesem Kapitel haben Sie in Grundzügen erfahren, wie sich über das Windows Media Center und eine externe Fernbedienung Mediendaten wie Bilder und Videos nutzen lassen. Die folgende Übersicht fasst noch einmal alles Wissenswerte für Sie zusammen.

Sie möchten …	So gehen Sie vor	Sehen Sie sich dazu das Beispiel an auf
Bilddateien mit Windows Media Center importieren	Markieren Sie in der Bildbibliothek auf dem auswechselbaren Speichermedium den gewünschten Ordner, um ⓘ zu drücken und *Importieren* zu selektieren	Seite 274
Bilder mit Hintergrundmusik vorführen	Starten Sie in der Musikbibliothek die Wiedergabe des Albums oder Titel bzw. der Wiedergabeliste und wechseln Sie dann zur Bildbibliothek	Seite 275
Bilder aus der Bildbibliothek betrachten	Nachdem Sie ein Bild markiert und OK auf der Fernbedienung gedrückt haben, blättern Sie mit den Richtungstasten zum vorigen oder nächsten Bild	Seite 276
Details eines Bildes bearbeiten	Markieren Sie ein Bild, drücken Sie die Taste ⓘ und wählen Sie im Menü den Eintrag *Bilddetails* aus	Seite 277
Bilder als Diashow auf ansprechende Weise vorführen	Haben Sie den Ordner oder das erste Bild markiert, drücken Sie die Taste ▶ auf der Fernbedienung	Seite 277
eine DVD-Diashow mit Windows Media Center erstellen	In der Bildbibliothek markieren Sie den gewünschten Ordner, drücken ⓘ, wählen den Eintrag *Brennen* aus und legen anschließend *DVD-Diashow* als Format fest	Seite 278
Bilddateien auf Daten-CD/DVD brennen	Nach Markierung des gewünschten Ordners, Drücken von ⓘ und Auswahl von *Brennen* geben Sie *Daten-CD* oder *Daten-DVD* als Format vor	Seite 279
die Einstellungen für Bilder anpassen	Im Windows Media Center-Bereich *Aufgaben* wechseln Sie zu *Einstellungen* und wählen dort *Bilder* aus	Seite 280
Videodateien anschauen	Wählen Sie über die Videobibliothek die wiederzugebende Videodatei aus und drücken OK auf der Fernbedienung auf der Fernbedienung	Seite 282
die Wiedergabe von Videodateien steuern	Verwenden Sie die Steuerungstasten auf der Fernbedienung, um zum Beispiel die Wiedergabe einer Videodatei anzuhalten oder einen schnellen Vorlauf durchzuführen	Seite 282

Eric Tierling

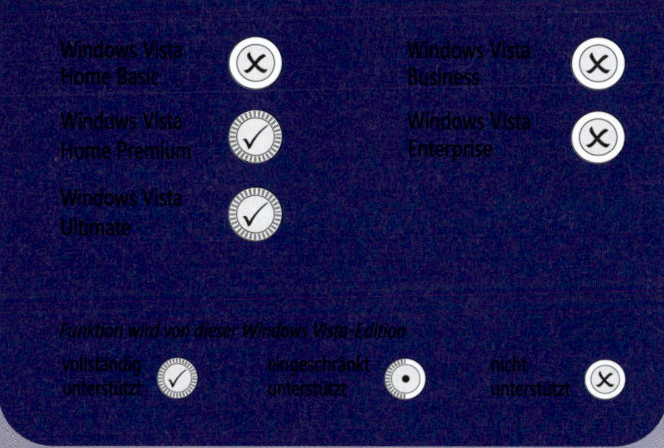

16 Musik und Radio mit Windows Media Center

Musik ist *der* Inbegriff für Unterhaltung schlechthin – und der komfortablen Nutzungsmöglichkeiten von Musikdateien per Fernbedienung sei Dank, ist das Windows Media Center ein idealer Ort, an dem alles Musikalische zusammenläuft: Als digitale Unterhaltungszentrale konzipiert, lässt sich über das Windows Media Center die eigene Musiksammlung aufbauen und verwalten (das Hören von Musik-CDs ist natürlich ebenfalls möglich). Denn über Windows Media Center können Sie beispielsweise die auf Audio-CDs enthaltenen Lieder digitalisieren und als Musikdatei auf der Festplatte abspeichern. Im Laufe der Zeit können Sie sich so Ihre eigene Musiksammlung aufbauen, die tausende von Titeln umfasst. Manch ein Anwender hat gar seinen gesamten Bestand an Audio-CDs digitalisiert und diese (im Vergleich zu Musikdateien) viel Platz in Anspruch nehmenden Datenträger samt ihrer Hüllen auf den Dachboden oder in den Keller ausgelagert, und ist fast oder ganz auf digitale Musikdateien umgestiegen.

Von nun an steht Windows Media Center bereit, um diese digitalen Musikstücke auf vielfältige Weise zu genießen und Ihre Song-Favoriten beispielsweise für konzentrierte Lern-Nachmittage, die nächste Party oder den anstehenden Urlaub flexibel zusammenstellen. Genauso eignet sich Windows Media Center dazu, Musikdateien auf portable Musik-Player und andere Geräte zu überspielen, um auch unterwegs die passende Musik für die richtigen Momente dabei zu haben.

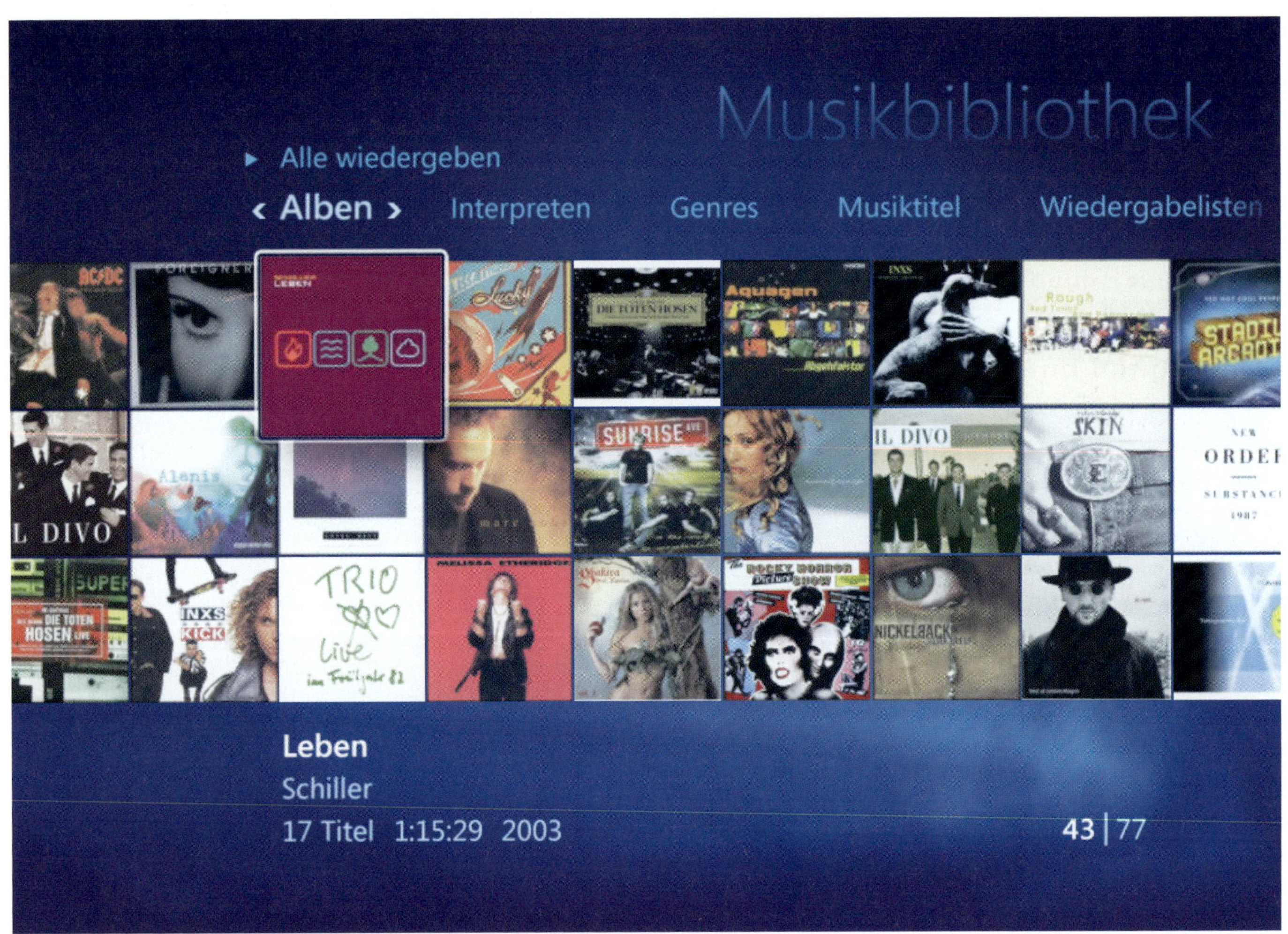

Abbildung 16.1 Die Musikbibliothek von Windows Media Center ist die zentrale Anlaufstelle für alles rund um Musikdateien und Audio-CDs

Hinweis 

Darüber hinaus können Sie über den Bereich *Musik* im Windows Media Center auch Radio hören (siehe den Abschnitt »Radio hören«).

Die Musikbibliothek: Titel, Interpret, Cover und mehr

Im Windows Media Center startet das digitale Musikerlebnis mit der *Musikbibliothek*, die einen Unterbereich des Bereichs *Musik* darstellt. Die Auswahl der entsprechenden Einträge über das Hauptmenü des Windows Media Centers führen Sie genau dorthin. Alternativ verwenden Sie die (meist grün markierte) Direktwahltaste (Musik) auf Ihrer Windows Media Center-Fernbedienung.

In der Musikbibliothek sind alle Alben und Titel verzeichnet, die Windows Media Center kennt und wiedergeben kann. Dabei stützt sich die Musikbibliothek in Windows Media Center auf die Medienbibliothek des Windows Media Players (siehe Kapitel 10). Musikdateien und Medieninformationen, die Sie in Windows Media Center erfassen, werden also auch in Windows Media Player – und umgekehrt – reflektiert, was das Handling von Musikdateien sehr einfach gestaltet.

In der Musikbibliothek von Windows Media Center werden alle Musikdateien berücksichtigt, die sich in einem der überwachten Ordner befinden. Standardmäßig handelt es sich dabei um den Ordner *Musik* unterhalb Ihres persönlichen Benutzerprofil-Ordners *%userprofile%* (also zum Beispiel `C:\Users\Benno`). Standardmäßig berücksichtigt Windows Media Center außerdem Musikdateien, die sich innerhalb der medienspezifischen öffentlichen Ordner – allen voran natürlich der Ordner *Öffentliche Musik* – befinden, auf die alle Benutzer eines Rechners zugreifen können.

Hinweis 

Soll die Musikbibliothek weitere Ordner nach Musikdateien untersuchen, legen Sie diese über das Bibliothek-Setup von Windows Vista (siehe Abschnitt »Bibliothek-Setup: von Windows Media Center überwachte Ordner« in Kapitel 14) fest.

Musik-CDs anhören

Einer der ersten Schritte, dem Windows Media Center audiophile Klänge zu entlocken, liegt im Anhören einer Audio-CD. Probieren Sie es aus und legen Sie einfach einmal eine Musik-CD in das CD/DVD-Laufwerk des Computers ein.

Falls Sie nicht bereits das Windows Media Center als Standardplayer zur Wiedergabe von Audio-CDs festgelegt haben (siehe den Abschnitt »Windows Media Center als Standardplayer zur Medienwiedergabe festlegen« in Kapitel 14), erhalten Sie jetzt das Dialogfeld *Automatische Wiedergabe* angezeigt. Sollen Audio-CDs künftig vom Windows Media Center wiedergegeben werden (genauso gut kann auch der Windows Media Player Musik-CDs abspielen), aktivieren Sie dort das Kontrollkästchen *Immer für Audio-CDs durchführen* und klicken auf *Audio-CD wiedergeben mit Windows Media Center.*

Nach ein paar Sekunden spielt das Windows Media Center den ersten auf der CD befindlichen Song automatisch ab. Haben Sie genug und möchten stattdessen andere Musik hören, drücken Sie einfach den Auswurfknopf an Ihrem CD/DVD-Laufwerk. Daraufhin wirft dieses die Audio-CD automatisch aus, während Windows Media Center die Wiedergabe stoppt.

Hinweis 

Hat der Hersteller die Audio-CD mit einem Kopierschutz ausgestattet, kann das CD/DVD-Laufwerk Ihres Computers die CD bzw. DVD möglicherweise nicht abspielen.

Abbildung 16.2 Bei der Wiedergabe von Audio-CDs versucht Windows Media Center automatisch, Interpret und sowie das zugehörige Albumcover zu ermitteln

Verfügt der Windows Vista-PC über eine automatische Internetverbindung und haben Sie das Windows Media Center dementsprechend konfiguriert (siehe den Abschnitt »Optionen für den automatischen Download von Medieninformationen aus dem Internet«), werden darüber weitergehende Informationen über die Audio-CD – wie etwa der

Name des Albums, des Interpreten sowie der einzelnen Musiktitel – abgerufen und von Windows Media Center angezeigt. Auf diese Weise sind Sie umfassend informiert.

Tipp

Wenn Sie an dieser Stelle im Windows Media Center zwar den Namen des Interpreten und der einzelnen Titel auf der Audio-CD sehen, aber kein Albumcover, ist Windows Media Center möglicherweise nicht so konfiguriert, dass Medieninformationen wie etwa das Albumcover für Musik-CDs per Internet abgerufen werden. Versuchen Sie in diesem Fall, die Optionen für automatische Downloads in den Windows Media Center-Einstellungen zu aktivieren (siehe Abschnitt »Optionen für den automatischen Download von Medieninformationen aus dem Internet«).

Musik-CDs auf den PC überspielen

Audio-CDs auf die Festplatte des Windows Vista-PCs zu bringen und über die Musikbibliothek zugänglich zu machen, ist überaus leicht: Nachdem Sie die Audio-CD in das CD/DVD-Laufwerk des Computers eingelegt haben, erscheint kurze Zeit darauf in Windows Media Center die Seite *Aktuelle Wiedergabe* (siehe Abbildung 16.2). Wählen Sie aus dessen Menü den Eintrag *CD kopieren*, kopiert Windows Media Center die auf der Audio-CD enthaltenen Titel aus Musikdateien auf die Festplatte des Computers.

Hinweis

Das Kopieren von Audio-CDs auf den Computer wird auch als *Rippen* bezeichnet. Hierbei wird der Inhalt der Audio-CD ausgelesen, mit Hilfe eines Audio-Codecs per *Encoding* umgewandelt und als Musikdateien, die ein bestimmtes *Audioformat* (MP3, WMA etc.) aufweisen, auf der Festplatte oder einem anderen Speichermedium des PCs abgelegt. Wahlweise können Sie Ihre Audio-CDs aus dem Windows Media Center heraus oder über den zu Windows Vista gehörenden *Windows Media Player* (siehe Kapitel 10) rippen.

Dabei existieren, ebenso wie bei digitalen Bildern und digitalen Videos, mehrere *Audioformate*, in denen sich Musikdateien speichern lassen. Am weitesten verbreitet ist das am deutschen Fraunhofer Institut kreierte Audioformat *MP3*. Ebenfalls sehr populär ist das von Microsoft entwickelte *WMA*-Format.

Zum Abspielen digitaler Musik (sowie zur Verwaltung der Musikbibliothek) greift Windows Media Center auf die Dienste des ebenfalls zu Windows Vista gehörenden *Windows Media Player 11* zurück. Windows Media Center kann daher Musik in allen Audioformaten abspielen, die sich auch mit dem Windows Media Player von Windows Vista wiedergeben lassen

Hinweis

Musikdateien, die in einem anderen Format gespeichert worden sind, kann Windows Media Player und damit auch Windows Media Center nicht bzw. nur dann wiedergeben, wenn auf dem PC ein entsprechender Codec (zur Wiedergabe von Musikdateien ist ein Audio-Codec erforderlich) installiert ist. Zum Abspielen von digitaler Musik in Formaten, für die kein passender Audio-Codec für Windows Media Player existiert, müssen Sie auf ein anderes Medienwiedergabe-Programm ausweichen oder aber die Musikdateien in ein Format konvertieren, das der Windows Media Player beherrscht.

Kopieroptionen

Bei der erstmaligen Verwendung der Funktion *CD kopieren* begrüßen Sie die *Kopieroptionen*. Als Erstes müssen Sie angeben, ob Kopierschutzangaben, die auf Audio-CDs enthalten sind, mit in die von Windows Media Center erstellten digitalen Musikdateien aufgenommen werden sollen. Diese Kopierschutzangaben können beispielsweise festlegen, dass eine spätere Übertragung der digitalen Musikdateien auf Audio-CDs eingeschränkt oder nicht möglich ist. Wenn Sie dies nicht möchten, können Sie hier in der Regel die Option *Keinen Kopierschutz für die Musik hinzufügen* auswählen. Nach *Weiter* erscheint dann ein Hinweis, dass auch die von Audio-CDs stammenden Titel, die als digitale Musikdateien umgewandelt auf dem Windows Vista-PC gespeichert werden, dem Urheberschutz unterliegen. Bestätigen Sie diesen Hinweis und wählen Sie *Weiter* aus.

Hinweis 

Diese Vorgabe bezieht sich auf das Kopieren von Audio-CDs auf den Computer. Der Kopierschutz digitaler Musikdateien, die Sie beispielsweise über das Internet in einem Online-Musikshop gekauft haben, bleibt davon unberührt.

Abschließend erscheint ein Hinweis darauf, dass Sie für die Umwandlung der Musikstücke als digitale Musikdateien mit unterschiedlichen Verfahren bzw. unter unterschiedlichen Vorzeichen erfolgen kann, die maßgeblich die Klangqualität Ihrer digitalisierten Musik bestimmen. Da Windows Media Center für viele Funktionen auf den Windows Media Player von Windows Vista zurückgreift, ist auch dort einzustellen, in welchem Audioformat und mit welcher Bitrate das Rippen erfolgen soll (siehe in Kapitel 10 den Abschnitt »Format und Bitrate für das Kopieren von Audio-CDs ändern«).

Titel kopieren

Nun erscheint die Meldung *CD kopieren* (siehe Abbildung 16.3). Wählen Sie dort *Ja* aus, werden die auf der Audio-CD enthaltenen Musikstücke der Reihe nach auf den Windows Vista-PC übertragen. Entsprechend der Geschwindigkeit Ihres CD/DVD-Laufwerks nimmt sich der Computer nun jedem Musikstück der Reihe nach an. Wie weit die Übertragung fortgeschritten ist, erkennen Sie wie folgt: Jeder bereits als fertige Musikdatei existierende Titel ist rechts mit einem Häkchen gekennzeichnet. Bei dem Titel, den Windows Media Center gerade im Begriff zu kopieren ist, erscheint stattdessen ein kleines, sich drehendes CD-Symbol (wie in der Abbildung 16.4 beim dritten Titel gut zu erkennen ist). Die Prozentangabe anstatt der Laufzeit gibt Aufschluss darüber, wie weit die Übertragung dieses Stücks gediehen ist.

Die einzelnen Titel werden nun – wie in den Einstellungen des Windows Media Player angegeben – umgewandelt und als Musikdatei auf der Festplatte gespeichert. Automatisch werden Informationen über die neue Titel in die Musikbibliothek eingetragen. Dies funktioniert vor allem dann sehr gut, wenn Ihr Computer über eine automatische Internetverbindung verfügt: In diesem Fall kann Windows Media Center meist selbsttätig erkennen, um welche Audio-CD es sich handelt, und die passenden Informationen aus dem Internet abrufen. Verläuft dies erfolgreich, kennt Windows Media Center den Interpreten – und legt unter dessen Namen auf der Festplatte einen neuen Ordner unterhalb des persönlichen Ordners *Musik* an. Darin werden dann die kopierten Musikstücke als Datei gespeichert, wobei Windows Media Center als Dateinamen standardmäßig den Namen des jeweiligen Titels verwendet (entsprechend der Reihenfolge der Titel auf der Audio-CD wird dieser Bezeichnung zudem eine zweistellige Nummer gefolgt von einem Leerzeichen vorangestellt).

Tipp

Sie brauchen mit dem Anhören der Audio-CD nicht zu warten, bis diese fertig kopiert ist. Vielmehr können Sie die Songs gleichzeitig abspielen. Der aktuell gespielte Titel wird dabei mit einem kleinen Equalizer-Symbol versehen. Ebenso wenig brauchen Sie auf den Abschluss des Kopiervorgangs zu warten: Wenden Sie sich im Windows Media Center anderen Dingen zu, erscheint währenddessen der gerade gespielte Titel der Audio-CD, die Windows Media Center momentan auf dem PC überspielt, links unten im *Jetzt läuft*-Fenster.

Tipp

Die Musikdateien werden in dem Ordner abgelegt, der in den Optionen des Windows Media Players auf der Registerkarte *Musik kopieren* bei *Musik auf diesen Speicherort kopieren* ausgewiesen ist. Falls Sie dort nichts anderes spezifiziert haben, ist dies der Ordner *Musik* unterhalb Ihres persönlichen Benutzerprofil-Ordners *%userprofile%* (etwa *C:\Users\Eric\Music*). Auf Wunsch können Sie dort nach Anklicken der Schaltfläche *Dateiname* auch die Kriterien anpassen, die für die automatische Benennung für von Audio-CDs kopierte Musikdateien zugrunde gelegt werden.

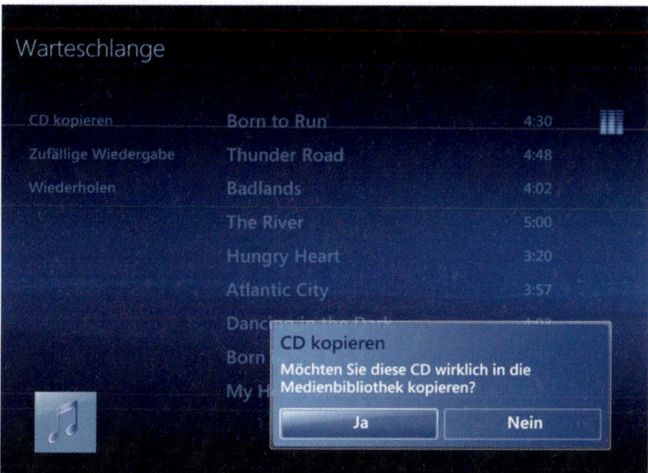

Abbildung 16.3 Mit Windows Media Center können Sie Audio-CDs bequem auf den PC kopieren (»rippen«)

Abbildung 16.4 Beim Kopiervorgang können Sie sich gleichzeitig die Titel von der Audio-CD (oder aber andere Musikdateien) anhören

Kann Windows Media Center hingegen keine Medieninformationen über das Album ermitteln (etwa, weil derzeit keine aktive Internetverbindung verfügbar ist), erscheint der Hinweis *Keine Metadaten für CD verfügbar*. In diesem Fall gibt es prinzipiell zwei Möglichkeiten:

- Sie wählen *Ja* aus und tragen zumindest den Namen von Album und Interpret ein. Allerdings übernimmt Windows Media Center diese Angaben nur als zusätzliche Information bei den Titeln, nicht hingegen für die Erstellung des Album-Ordners unterhalb Ihres Speicherortes für Musikdateien auf der Festplatte. Vielmehr landet die Audio-CD dort im Ordner *Unbekannter Interpret* als *Unbekanntes Album*. Jede Musikdatei wird dabei mit *Titel 1*, *Titel 2* etc. bekannt. Die Verwendung der Option *Nein*, durch die auch den Musikdateien keinerlei Angaben mit auf den Weg gegeben werden können, fällt also kaum stärker ins Gewicht.
- Sie brechen das Kopieren der Audio-CD auf den Computer an dieser Stelle ab. Stattdessen nehmen Sie einen erneuten Anlauf, wenn Windows Media Center wieder über eine Internetverbindung verfügt (oder Sie bearbeiten Ordner und Dateinamen manuell nach).

  Andernfalls wissen Sie bereits nach ein paar kopierten Audio-CD nicht mehr, worum es sich bei der Musikdatei *Titel 4* nun handelt – geschweige denn, welcher Interpret dahinter stecken könnte oder wie das Album heißt, von dem das Musikstück stammt. Wenn Sie im Unterbereich *Musikbibliothek* des Bereichs *Musik* eine Auflistung anhand der Kriterien *Interpreten* oder *Titel* verwenden, wird schnell deutlich, wo das Problem liegt.

Hinweis

Zwar versucht das Windows Media Center, sobald wieder eine Internetverbindung besteht, Informationen über die Musikdateien zu erhalten und die Medienbibliothek des Windows Media Players entsprechend zu aktualisieren (somit zeigt Windows Media Center das Album nicht mehr als unbekannt an). Aber grade die Metadaten, die bei jeder Musikdatei in Form von so genannten *Tags* hinterlegt sind, stellen das beste Mittel dar, um auch bei einer großen Anzahl digitaler Musikdateien nicht den Überblick zu verlieren: Sie können die betreffenden Songs in Windows Media Center manuell nachbearbeiten (siehe den Abschnitt »Medieninformationen«) und dabei auch die korrekte Bezeichnung von Interpret und Album eintragen. Alternativ lässt sich diese Aufgabe über den Windows Media Player erledigen, der Sie zudem dabei unterstützt, das richtige Album des richtigen Interpreten zu finden und davon die richtigen Medieninformationen für die einzelnen Titel sowie das Albumcover zu beziehen (siehe in Kapitel 10 den Abschnitt »Medieninformationen bearbeiten und vervollständigen«).

Musikalische Unterhaltung

Haben Sie den Inhalt von Audio-CDs auf die Festplatte des Computers kopiert, sind Sie nur noch wenige Tastendrücke von der musikalischen Unterhaltung durch Ihren PC entfernt. Dazu wählen Sie im Hauptmenü von Windows Media Center den Eintrag *Musik* aus und wählen daraufhin den Unterbereich *Musikbibliothek* aus oder drücken auf der Fernbedienung die (meist grün markierte) Direktwahltaste Musik.

Nun erscheint eine Übersicht aller Alben und Titel, die Sie bislang auf Ihren Computer kopiert haben bzw. die sich in Ordnern befinden, die von Windows Media Center überwacht werden. Dabei merkt sich Windows Media Center automatisch das zuletzt zur Sortierung verwendete Kriterium. Beim ersten Besuch der Musikbibliothek richtet sich die Anzeige nah dem Album.

Ansichtssachen

Für die Musikbibliothek können Sie aus mehreren Ansichten wählen:

- Standardmäßig zeigt Windows Media Center für jedes Album das zugehörige, großes *Albumcover* an. Befindet sich im CD/DVD-Laufwerk eine Audio-CD, wird hierfür ebenfalls ein Album-Symbol angezeigt, das dann mit einem entsprechenden Symbol versehen ist.
- Durch Drücken der Funktionstaste (i) und anschließender Auswahl von *Klein anzeigen* schalten Sie die Ansicht auf kleine Albumcover um (siehe Abbildung 16.5). Auf diese Weise behalten Sie selbst bei einer sehr umfangreichen Musikbibliothek optisch den Überblick.

  Das erneute Drücken von (i) und Auswahl von *Groß anzeigen* bewirkt wieder einen Wechsel zur Ansicht mit großen Albencovern.
- Ebenfalls möglich ist es, auf Albencover zu verzichten und stattdessen eine Auflistung aller Alben zu erhalten. Dazu wählen Sie nach einem Druck auf die Funktionstaste (i) aus dem sodann erscheinenden Menü den Eintrag *Liste anzeigen* aus.

Tipp 

Albencover erscheinen nicht nur bei Verwendung von *Alben* als hauptsächliches Kriterium. Genauso können Sie auf Alben als untergeordnetes Sortierkriterium zurückgreifen, um beispielsweise alle Albencover eines bestimmten Interpreten angezeigt zu bekommen.

Abbildung 16.5 Bei einer umfangreicheren Musikbibliothek verschafft Ihnen die kleine Anzeige von Albencovern einen besseren Überblick

Musik auswählen

Alternativ zur standardmäßigen Alben-Sortierung können Sie andere Kriterien verwenden, um die Anzeige des Inhalts der Musikbibliothek gezielt anzupassen. Hierzu können Sie

- *Interpreten*,
- *Genres*,
- *Musiktitel*,
- *Wiedergabelisten*,
- *Komponisten*,
- *Jahre* oder
- *Albuminterpreten*

auflisten lassen, indem Sie den entsprechenden Eintrag in der Menüleiste im oberen Bildschirmbereich auswählen. Somit existieren vielfältige Möglichkeiten, auch bei einer Musikbibliothek mit Tausenden von Titeln schnell zum Gewünschten zu gelangen.

Spätestens hier wird aber auch klar, warum es wichtig ist, zumindest Angaben wie Interpret oder Genre für ein Album bzw. die darauf enthaltenen Titel zu besitzen – und wie wichtig dies dafür ist, auch bei Tausenden von Musiktiteln noch den Überblick zu behalten. Möchten Sie die Musikbibliothek also sinnvoll nutzen, empfiehlt es sich, Medieninformationen für Alben und Titel weitgehend vollständig zu erfassen bzw. unvollständige Angaben manuell nachzubearbeiten (siehe den Abschnitt »Medieninformationen«).

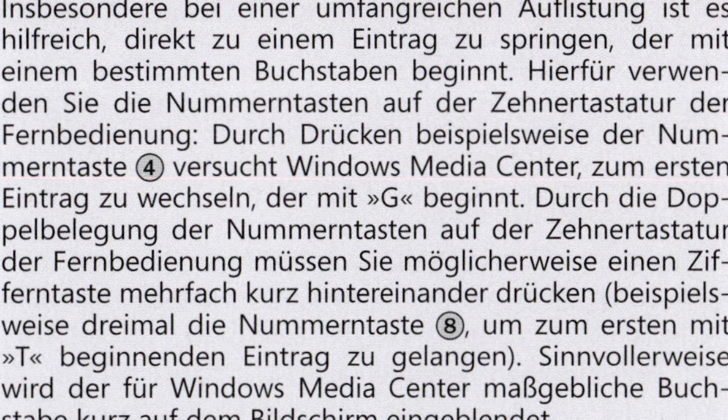
Tipp

Insbesondere bei einer umfangreichen Auflistung ist es hilfreich, direkt zu einem Eintrag zu springen, der mit einem bestimmten Buchstaben beginnt. Hierfür verwenden Sie die Nummerntasten auf der Zehnertastatur der Fernbedienung: Durch Drücken beispielsweise der Nummerntaste ④ versucht Windows Media Center, zum ersten Eintrag zu wechseln, der mit »G« beginnt. Durch die Doppelbelegung der Nummerntasten auf der Zehnertastatur der Fernbedienung müssen Sie möglicherweise einen Zifferntaste mehrfach kurz hintereinander drücken (beispielsweise dreimal die Nummerntaste ⑧, um zum ersten mit »T« beginnenden Eintrag zu gelangen). Sinnvollerweise wird der für Windows Media Center maßgebliche Buchstabe kurz auf dem Bildschirm eingeblendet.

Abbildung 16.6 Der Musikbibliothek bekannte Interpreten in der Übersicht

Hinweis 

Auf Wunsch können Sie mehrere dieser Kriterien miteinander verknüpfen. Wenn Sie sich beispielsweise alle Interpreten anzeigen lassen und einen davon auswählen, können Sie sich anschließend aussuchen, ob Sie lieber eine Sortierung aller Alben dieses Interpreten oder aber eine Auflistung aller von ihm stammenden Titel erhalten möchten. Hierzu wählen Sie im entsprechenden Menü einfach den Eintrag *Alben* oder aber *Musiktitel* aus.

Wenn Sie ein Album auswählen, gelangen Sie zur Seite *Albumdetails* (siehe Abbildung 16.9). Diese enthält unter anderem eine Auflistung aller zu diesem Album gehörenden Titel. Im oberen Bereich bekommen Sie das Albumcover, die Anzahl der Titel mitsamt der Gesamtlaufzeit sowie das

Erscheinungsjahr angezeigt, sofern diese Informationen Windows Media Center vorliegen.

Um in der Musikbibliothek einen bestimmten Titel eines Interpreten zu selektieren, gehen Sie wie folgt vor:

1. Wechseln Sie über die Richtungstaste ▲ der Fernbedienung in die Menüleiste im oberen Bildschirmbereich.
2. Dort wählen Sie *Interpreten* aus und drücken die Taste OK auf der Fernbedienung.
3. Nun wählen Sie mittels der Richtungstasten den gewünschten Interpreten aus und drücken erneut OK. Daraufhin erhalten Sie eine Auflistung der von diesem Interpreten in der Musikbibliothek befindlichen enthaltenen Alben.
4. Über die Menüleiste wählen Sie sodann *Musiktitel* aus.

Jetzt haben Sie die Gelegenheit, alle Titel des gewählten Interpreten durchzublättern und den Gewünschten auszuwählen (siehe Abbildung 16.7).

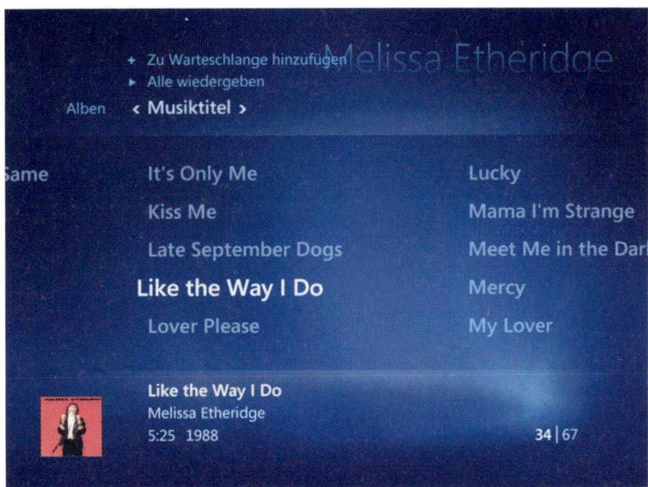

Abbildung 16.7 Gezielte Auswahl von Titeln eines Interpreten

Nach demselben Schema können Sie auch für alle anderen »Ordnungskriterien« verfahren. Haben Sie sich zum Beispiel für die Genre-Auflistung entschieden, ist zunächst die favorisierte Stilrichtung auszuwählen. Danach erhalten Sie alle Titel angezeigt, bei denen Information über den jeweiligen Musikstil hinterlegt ist.

Wenn Sie in der Musikbibliothek ein Album markieren, die Taste ⓘ drücken und aus dem sodann erscheinenden Menü den Eintrag *Bearbeiten* selektieren, gelangen Sie zur Seite *Album bearbeiten* (siehe Abbildung 16.8). Dort lässt sich unter anderem das Genre aller auf diesem Album befindlichen Songs definieren. Allerdings können Sie hier nur zwischen Vorschlägen wählen, die Windows Media Center bereits kennt. Um einen weiteren, bislang noch nicht benutzten Musikstil als Genre festzulegen, verwenden Sie den Windows Media Player, mit dem Sie auch eigene Genre-Bezeichnungen definieren können.

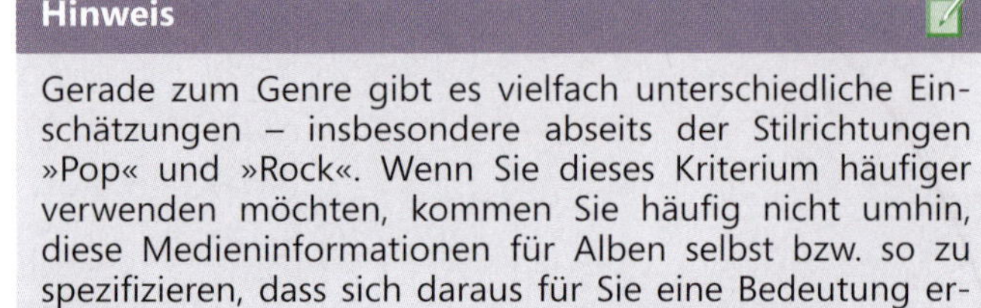

Hinweis

Gerade zum Genre gibt es vielfach unterschiedliche Einschätzungen – insbesondere abseits der Stilrichtungen »Pop« und »Rock«. Wenn Sie dieses Kriterium häufiger verwenden möchten, kommen Sie häufig nicht umhin, diese Medieninformationen für Alben selbst bzw. so zu spezifizieren, dass sich daraus für Sie eine Bedeutung ergibt.

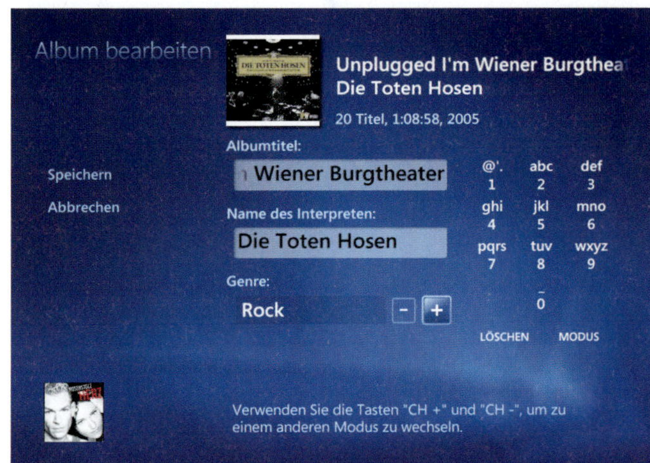

Abbildung 16.8 Musik einer bestimmten Stilrichtung wählen Sie über das Genre aus – sofern diese Information bei den Titel eines Albums hinterlegt ist

Musik wiedergeben

Um die gewünschte Musik zu hören, selektieren Sie den gewünschten Eintrag und wählen aus dem Menü der daraufhin erscheinenden Seite den Eintrag *Wiedergabe* aus. Oftmals ist es jedoch einfacher, den gewünschten Eintrag direkt in der Musikbibliothek über die Richtungstasten zu markieren und dann auf der Fernbedienung die Taste ▶ zu drücken. Daraufhin gibt Windows Media Center das gewünschte Album bzw. das jeweilige Stück wieder.

Haben Sie einen Interpreten oder ein Genre markiert und drücken dann auf ▶, beginnt Windows Media Center mit der Wiedergabe des ersten Liedes, das zum Interpret bzw. Genre passt. Alle weiteren Lieder der zugehörige Liste werden dann der Reihe nach abgespielt.

Wenn Sie ein Album auswählen, gelangen Sie zur Seite *Albumdetails* (siehe Abbildung 16.9). Diese enthält unter anderem eine Auflistung aller zu diesem Album gehörenden

Titel. Im oberen Bereich bekommen Sie das Albumcover, die Anzahl der Titel mitsamt der Gesamtlaufzeit sowie das Erscheinungsjahr angezeigt, sofern diese Informationen Windows Media Center vorliegen.

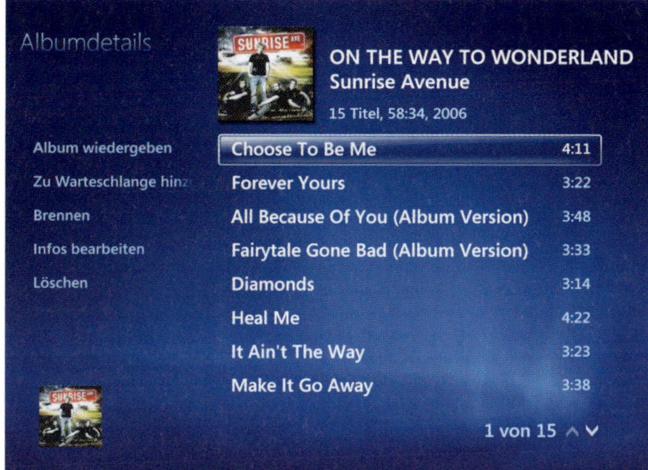

Abbildung 16.9 Details zu einem Album und seinen Titeln

Selektieren Sie nach der Auswahl eines Albums im Menü den Eintrag *Album wiedergeben*, spielt Windows Media Center das komplette Album ab, beginnend mit dem ersten Titel. Genauso können Sie auf der Fernbedienung drücken und mit den Richtungstasten und einen bestimmten Titel markieren. bewirkt sodann, dass Windows Media Center lediglich diesen einen Titel abspielt. Das Drücken der Taste – oder die Auswahl des Menüeintrags *Titel wiedergeben* – hat automatisch die Erstellung einer neuen Windows Media Center-Warteschlange zur Folge (mehr hierzu finden Sie im Abschnitt »Warteschlange: Mix, Wiederholen und Mehr«).

Ob ganzes Album oder individuell zusammengestellte Warteschlange, Sie können die Wiedergabe auf vielfältige Weise steuern:

- **Anhalten, fortsetzen und stoppen** Drücken Sie die Steuerungstaste auf der Fernbedienung, pausiert Windows Media Center die Musik. Um die Wiedergabe später wieder fortzusetzen, drücken Sie erneut. Mit hingegen beenden Sie das Abspielen.
- **Schneller Vorlauf** Mit der Steuerungstaste der Fernbedienung können Sie die Wiedergabe des Songs beschleunigen, was einem schnellen Vorspulen entspricht. Wie schnell, hängt davon ab, wie oft Sie hintereinander drücken, denn es gibt jeweils drei Stufen, um den Song in zwei-, drei- oder vierfacher Geschwindigkeit wiederzugeben. Anhand der Anzahl der Dreiecke bei der Wiedergabe erkennen Sie, mit welcher Geschwindigkeit Windows Media Center die Musik abspielt (ein einzelnes Dreieck steht für die normale, einfache Wiedergabegeschwindigkeit). Zu dieser kehren Sie zurück, indem Sie entweder mehrfach hintereinander oder einfach nur die Taste drücken.
- **Sprung zum nächsten Titel, zum Titelanfang oder zum vorigen Titel** Um statt dem aktuell gespielten Lied lieber den nächsten Titel des Albums oder der Warteschlange zu hören, drücken Sie die Steuerungstaste auf der Fernbedienung. Mit hingegen gelangen Sie zum Anfang des aktuellen Songs. Drücken Sie zweimal kurz hintereinander, springen Sie zum vorigen Musikstück des Albums oder der Warteschlange.
- **Stummschaltung** Drücken Sie die Funktionstaste schalten Sie den Ton aus, die Wiedergabe des Titels wird aber dennoch fortgesetzt. Ein erneutes Drücken von schaltet den Ton wieder ein.

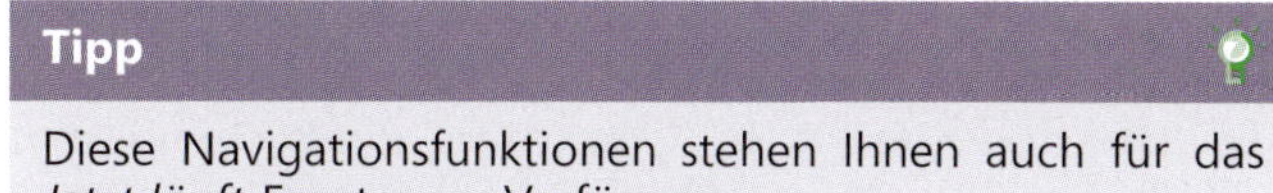

Diese Navigationsfunktionen stehen Ihnen auch für das *Jetzt läuft*-Fenster zur Verfügung.

Warteschlange: Mix, Wiederholen und Mehr

Windows Media Center übernimmt Ihre Auswahl in die interne *Warteschlange*. Die darin vermerkten Titel spielt Windows Media Center der Reihe nach ab. Die Warteschlange wird auch noch für weitere Aufgaben herangezogen: Möchten Sie zum Beispiel Musikdateien auf CD/DVD kopieren, werden genau die Musikdateien gebrannt, die in der Warteschlange eingetragen sind.

Um den Inhalt der Warteschlange einzusehen, wählen Sie auf der Windows Media Center-Startseite den Eintrag *Aktuelle Wiedergabe+Warteschlange* aus. Dadurch gelangen Sie zur Seite *Warteschlange* (siehe Abbildung 16.10). Erscheint zunächst die Seite *Aktuelle Wiedergabe*, wählen Sie dort *Warteschlange anzeigen* aus.

Abbildung 16.10 Mit der Warteschlange bestimmen Sie selbst, welche Musik gespielt werden soll

Wiedergabeoptionen

Sie können die Warteschlange bequem um neue Einträge ergänzen. Hierzu wechseln Sie zu einem anderen Album oder Titel (oder ermitteln diesen über die Suchfunktion, siehe den Abschnitt »Suchfunktion«), wählen dort aber nicht Wiedergabe, sondern *Zu Warteschlange hinzufügen* aus.

Möchten Sie im späteren Verlauf einen Blick in diese Warteschlange werfen und sich noch einmal ins Gedächtnis rufen, welche Titel Sie darin überhaupt aufgenommen haben, markieren Sie mit den Richtungstasten der Fernbedienung das links unten befindliche *Jetzt läuft*-Fenster, selektieren dieses durch Drücken der Taste OK und wählen *Warteschlange anzeigen* aus, um zur Seite *Warteschlange* zu gelangen. Dort haben Sie mehrere Möglichkeiten zur Wiedergabe der auf der Warteschlange eingetragenen Titel:

- Wechseln Sie mit der Richtungstaste der Fernbedienung in die Auflistung, können Sie dort mit den Richtungstasten und sowie den Funktionstasten CH|PG einen anderen Titel markieren. Drücken Sie jetzt OK oder , stoppt Windows Media Center die Wiedergabe des aktuellen Songs und spielt stattdessen den neuen Titel ab.
- Möchten Sie die Songs in einer anderen Reihenfolge hören, als diese in der Warteschlange verzeichnet sind, wählen Sie den Menüeintrag *Zufällige Wiedergabe* aus, sodass dieser mit einem Häkchen versehen wird. Daraufhin spielt Windows Media Center den Inhalt der Warteschlange in zufälliger Reihenfolge ab. Beispielsweise eignet sich dieser Wiedergabe-Modus ideal dazu, eine bunte Mischung aus unterschiedlichen Stilrichtungen zu hören – und Windows Media Center die Auswahl des jeweils aktuellen Titels zu überlassen.
- Können Sie gar nicht genug von der Musik bekommen, die Sie in die Warteschlange aufgenommen haben, selektieren Sie im Menü den Eintrag *Wiederholen*. Nachdem jedes in der Warteschlange verzeichnete Lied gespielt worden ist, führt Windows Media Center dann von sich aus eine erneute Wiedergabe der Warteschlangen-Titel durch.

Hinweis

Die Warteschlange ist eine angenehme Einrichtung, die zur flexiblen, komfortablen Wiedergabe von Musik beiträgt. Allerdings hat die Warteschlange nur eine begrenzte Lebensdauer: Sobald Sie in der Musikbibliothek ein anderes Album oder einen anderen Titel markieren und dann den Menüeintrag *Wiedergabe* wählen, wird der Inhalt der Warteschlange automatisch gelöscht und zurückgesetzt. Das Gleiche geschieht, wenn Sie über den Bereich *TV + Filme* zum Live-TV wechseln bzw. aus der Videobibliothek einen Film wiedergeben oder über den Unterbereich *Musik* bei *Radio* einer anderen Musikquelle lauschen. Möchten Sie dagegen Musik zusammenstellen und diese individuelle Kollektion auch später noch abspielen können, erstellen Sie eine Wiedergabeliste (siehe Abschnitt »Warteschlange: Mix, Wiederholen und Mehr«). Falls gewünscht, können Sie dadurch auch Ihre aktuelle Warteschlange dauerhaft speichern.

Reorganisation der Warteschlange

Um die Reihenfolge der Titel in der Warteschlange umzustellen und einzelne Titel daraus zu löschen, wählen Sie im Menü der Seite *Warteschlange* den Eintrag *Warteschlange bearbeiten* aus. Sodann erscheint eine gleichnamige Seite, die den aktuellen Inhalt der Warteschlange anzeigt. An dieser Stelle gibt es mehrere Möglichkeiten:

- Um den Inhalt der Warteschlange zu bearbeiten, wechseln Sie mit der Richtungstaste der Fernbedienung vom Menü in die Auflistung. Nun erhalten Sie die Möglichkeit, mit den Richtungstasten und einen Titel zu markieren und diesen mit Drücken von OK eine Position nach oben zu rücken. Analog dazu ermöglicht Ihnen der Wechsel zur mittleren Spalte mit der Richtungstaste und Drücken der Taste OK, den ausgewählten Titel eine Position herunterzusetzen. Möchten Sie einen Song aus der Warteschlange herausnehmen, markieren Sie den Titel, wechseln mit der Richtungstaste der Fernbedienung in die rechte Spalte und drücken die Taste OK.
  Haben Sie die Umstrukturierung der Warteschlange abgeschlossen, führt Sie die ggf. mehrfach zu drückende Taste wieder zum Menü zurück. Wählen Sie dort den

Eintrag *Fertig* aus, um sich wieder zu den Wiedergabeoptionen für die Warteschlange zu begeben.

- Das Menü der Seite *Warteschlange* enthält auch den Eintrag *Als Liste speichern*. Dieser ermöglicht es Ihnen, aus der Warteschlange – die ja nur eine begrenzte Lebensdauer hat – eine Wiedergabeliste zu machen, die dauerhaften Charakter aufweist. Mehr zu Wiedergabelisten erfahren Sie im Abschnitt »Etwas Schönes fürs Auge«.
- Des Weiteren beinhaltet das Menü den Eintrag *Brennen*. Mit seiner Hilfe können Sie Ihre aktuelle Song-Zusammenstellung (sprich: die Warteschlange) auf eine Audio-CD kopieren, die Sie sich beispielsweise mit dem CD-Player Ihrer HiFi-Anlage anhören können. Mit der Erstellung eigener CDs und DVDs mit musikalischem Inhalt beschäftigt sich der Abschnitt »Musik auf CD oder DVD übertragen« in diesem Kapitel.

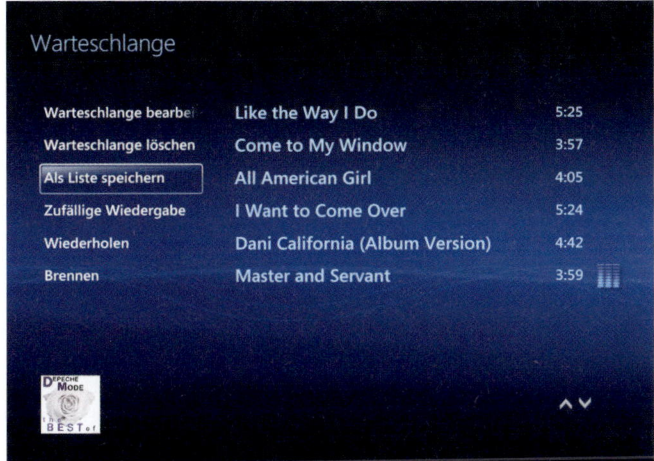

Abbildung 16.11 Über die Bearbeitung der Warteschlange können Sie diese als Wiedergabeliste speichern – oder das Kopieren von Musikstücken auf CD/DVD vorbereiten

Suchfunktion

Für Situationen, in denen Sie sich zwar an den Titel des Songs, nicht aber an den Interpreten oder den Namen des Albums erinnern, auf dem sich dieser befindet, hat Windows Media Center ebenfalls etwas in petto: die Suchfunktion (siehe Abbildung 16.12). Wählen Sie im Bereich *Musik* den Menüeintrag *Suchen* aus, erscheint eine gleichnamige Seite. Dort können Sie, abermals über die Nummerntasten auf der Zehnertastatur der Fernbedienung, ein Suchmuster vorgeben.

Abbildung 16.12 Mit der *Suche* im Bereich *Musik* machen Sie Titel schnell ausfindig

In einer Auflistung werden Ihnen daraufhin alle Alben, Interpreten und Titel angezeigt, auf die dieses Suchmuster passt. Über die Richtungstaste der Fernbedienung können Sie jetzt vom Menü in die Auflistung wechseln. Durch die Auswahl eines Eintrags mit der Taste OK können Sie das betreffende Element direkt bearbeiten. Drücken Sie, wird das ausgewählte Element wiedergegeben. Handelt es sich dabei um einen Interpreten, spielt Windows Media Center der Reihe nach alle von ihm stammenden Songs ab.

Etwas Schönes fürs Auge

Mit jedem herkömmlichen CD-Player lassen sich Lieder von einer Audio-CD abspielen. Windows Media Center hat jedoch weitaus mehr als die bloße Wiedergabe von Musik zu bieten.

Albumcover

Einer der »sichtbarsten« Unterschiede findet sich beim *Albumcover*. Legen Sie eine Audio-CD ein oder spielen eine Musikdatei ab, ist Windows Media Center dazu in der Lage, per Internet das zugehörige Albumcover abzurufen. Voraussetzung dabei,

- Sie haben Windows Media Center so konfiguriert, dass Medieninformationen wie das Albumcover für Audio-CD aus dem Internet abgerufen werden (siehe den Abschnitt »Optionen für den automatischen Download von Medieninformationen aus dem Internet«),
- der Windows Vista-PC verfügt über eine Internetverbindung
- und kann das jeweilige Album korrekt identifizieren,

wird ein – vermutlich – passendes Albumcover auf der Festplatte des Rechners gespeichert.

Mitunter kommt es vor, dass Windows Media Center kein passendes Albumcover ermittelt. Die Gründe hierfür sind unterschiedlich: Möglicherweise haben Sie die Audio-CD schon vor so langer Zeit gekauft, dass diese bereits seit Jahren nicht mehr erhältlich ist und das Albumcover daher überhaupt nicht elektronisch vorhanden ist. Gegebenenfalls handelt es sich um einen sehr seltenen Titel, der in kaum einer Musikdatenbank verzeichnet ist. Oder Sie haben eine eigene Musik-Kollektion zusammengestellt, für die somit gar kein Albumcover existieren kann – obwohl Sie sich wünschen, dass Windows Media Center ein solches anstatt des standardmäßigen Cover-Symbols anzeigt.

Auf folgende Weise bringen Sie Windows Media Center bei, auch in solchen Fällen ein Albumcover zu präsentieren:

1. Zunächst benötigen Sie das gewünschte Albumcover als Bilddatei. Diese sollte das Grafikformat JPG und eine Größe von idealerweise 200x200 Pixel aufweisen. Bevor Sie aber Ihren Scanner anwerfen, um das Albumcover aus der CD-Hülle zu nehmen und einzuscannen, starten Sie besser im Internet eine Suche nach dem Bild (etwa mit einer Web-Suchmaschine oder bei Online-Shops, die Audio-CDs verkaufen). Mit ein wenig Glück werden Sie dort bereits fündig und können das gesuchte Albumcover direkt als Bilddatei auf Ihrer Festplatte speichern.

Tipp

Zusatzprogramme, die es im Internet teilweise gar kostenlos gibt, können diese »Album Art«-Suche im Internet für Sie übernehmen.

2. Um als Albumcover verwendet werden zu können, müssen Sie diese Bilddatei mit dem Namen *Folder.jpg* versehen.
3. Platzieren Sie diese Bilddatei (etwa unter Verwendung des Windows-Explorer), in genau dem Ordner auf der Festplatte Ihres Computers, in dem sich auch die Musikdateien des zugehörigen Albums befinden.

Wichtig 

Es ist nicht möglich, mehr als ein Albumcover in einem Ordner zu platzieren. Daher sollten Sie alle Alben eines Interpreten in separaten Ordnern auf der Festplatte speichern (Windows Media Center und Windows Media Player gehen standardmäßig so vor).

Medieninformationen

Bei der Anzeige von Interpret, Album, Titel, Genre etc. stützt sich Windows Media Center auf die in Musikdateien bzw. der Musikbibliothek hinterlegten Tags (auch *Metadaten* oder *Medieninformationen* genannt). Eine Bearbeitung dieser Daten können Sie zwar auch direkt aus dem Windows Media Center heraus erledigen, indem Sie nach der Auswahl eines Albums oder Titels auf der Seite *Albumdetails* bzw. *Details zum Musiktitel* den Menüeintrag *Infos bearbeiten* verwenden.

Wesentlich komfortabler ist es jedoch, hierfür auf den Windows Media Player (siehe in Kapitel 10 den Abschnitt »Medieninformationen bearbeiten und vervollständigen«) zurückzugreifen, um darüber die Medieninformationen so aufzubereiten, dass diese im Windows Media Center direkt nutzbar sind:

- Klicken Sie im Windows Media Player ein Album mit der rechten Maustaste an und wählen im zugehörigen Kontextmenü den Eintrag *Albuminformationen suchen* aus, können Sie die Medieninformationen über das Internet vervollständigen lassen.
- Durch Anklicken eines Titels mit der rechten Maustaste gefolgt von der Auswahl von *erweiterte Beschriftungs-Editor* im anschließenden Kontextmenü können Sie die ausführlichen Mediendaten eines Titels einsehen und bearbeiten.

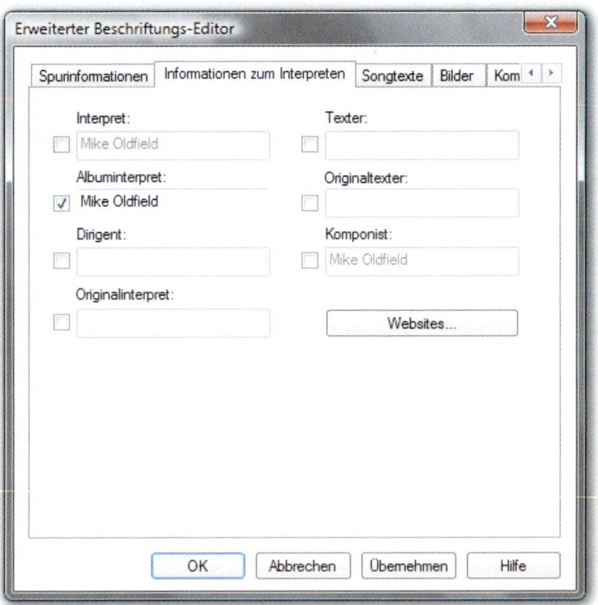

Abbildung 16.13 Eine detaillierte Bearbeitung der Medieninformationen, die Windows Media Center für Musikdateien anzeigt, kann mit dem erweiterten Tag-Editor des Windows Media Players erfolgen

Visualisierungen

Um beim Abspielen von Musik auch abseits von Albencovern etwas Ansprechendes zu bieten, kann Windows Media Center *Visualisierungen* anzeigen und so während der Musikwiedergabe einen »lebendigen Bildschirm« präsentieren. Eine von solchen Visualisierungen gerne verwandte Methode ist die Darstellung abstrakter geometrischer Formen, die sich im Takt der Musik ändern. Es gibt aber auch Visualisierungen, die einen konkreten Themenbezug (etwa einen Kinofilm) aufweisen.

Zur Anzeige von Visualisierungen während der Musikwiedergabe wählen Sie beispielsweise auf der Seite *Aktuelle Wiedergabe* den Menüeintrag *Visualisierung* aus. Daraufhin verschwindet die Windows Media Center-Ansicht vom Bildschirm und die Visualisierung beginnt ihr Werk.

Drücken Sie auf der Fernbedienung eine der Richtungstasten (etwa ▲) oder die Funktionstasten CH|PG +/–, können Sie eine andere Visualisierung auswählen. Um die Anzeige der Visualisierung zu beenden, genügt ein Druck auf die Taste OK der Fernbedienung.

Hinweis

Bei den Visualisierungen greift Windows Media Center auf die Visualisierungen des Windows Media Player zurück (siehe Kapitel 10). Zusätzlich zu den bei Windows Media Center mitgelieferten Visualisierungen lassen sich aus dem Internet weitere Visualisierungen für den Windows Media Player herunterladen, die sich dann auch im Windows Media Center verwenden lassen.

Musik über Wiedergabelisten organisieren

Im Windows Media Center können Sie Musik anhand von *Wiedergabelisten* abspielen lassen. Generell wird zwischen den folgenden Listen unterschieden:

- **Automatische Wiedergabelisten** Stellt Windows Media Center selbst zusammen
- **Reguläre Wiedergabelisten** Sind von Ihnen selbst erstellt worden

Tipp

Wiedergabelisten, die in Windows Media Player erstellt worden sind, stehen in Windows Media Center ebenfalls zur Verfügung.

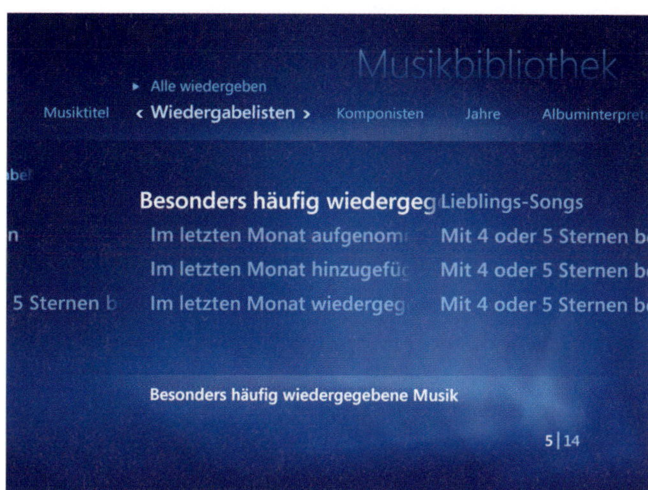

Abbildung 16.14 Zur Wiedergabe von Mediendateien kann Windows Media Center auch auf Wiedergabelisten zurückgreifen

Möchten Sie also die Auswahl für jeden einzelnen wiederzugebenden Titel nicht manuell treffen, bietet sich die Wiedergabe von Musik über eine geeignete Wiedergabeliste an. Hierzu wählen Sie in der Musikbibliothek in der Menüleiste im oberen Bildschirmbereich den Eintrag *Wiedergabelisten* aus. Anschließend können Sie die gewünschte Titelzusammenstellung markieren, um diese durch Drücken der Taste ▶ wiederzugeben oder über OK zu bearbeiten.

Eine Reihe von automatischen Wiedergabelisten sind bereits vordefiniert. Möchten Sie weitere automatische oder reguläre Wiedergabelisten erstellen, verwenden Sie hierzu den Windows Media Player (siehe in Kapitel 10 den Abschnitt »Wiedergabelisten«).

Musikdateien exportieren

Musik, die sich auf dem Windows Vista-PC befindet, lässt sich keineswegs nur dort hören. Vielmehr können Sie jederzeit Songs zusammenstellen und davon Ihre eigene Audio-CD zur Wiedergabe in einem CD- oder DVD-Player kreieren. Oder möchten Sie stattdessen Musikdateien auf Ihren portablen Musik-Player übertragen? Auch dies zählt zu den Möglichkeiten, die das Windows Media Center bietet.

Hinweis

Um Musikdateien vom Windows Vista-PC auf CD oder DVD zu bringen, gibt es prinzipiell zwei Möglichkeiten: Entweder kopieren Sie ein komplettes Album oder Sie stellen zuvor über die Warteschlange eine Kollektion von Musiktiteln zusammen, um diese auf CD/DVD zu bringen.

Musik auf CD oder DVD übertragen

Möchten Sie Musik auf CD oder DVD kopieren, müssen Sie sich zuvor folgende Frage stellen: Geht es darum, eine Audio-CD zur Wiedergabe in einem CD-Player zu erstellen (was automatisch eine Umkonvertierung von MP3 oder WMA zur Folge hat), oder sollen Musikdateien unter Beibehaltung ihres Audioformats auf eine CD/DVD übertragen werden, die zur Wiedergabe etwa in einem DVD-Player bestimmt ist?

Zur Wiedergabe im CD-Player

Eine Reihe von Geräten der Unterhaltungselektronik – insbesondere CD-Player älteren Baujahrs – können mit digitaler Musik nichts anfangen. Für sie zählen nur die klassischen Audio-CDs, so, wie sie Philips und Sony einst definiert haben. Doch was geschieht, wenn Sie eine bestimmte, auf den Windows Vista-PC kopierte Audio-CD so tief vergraben haben, dass Sie diese nicht mehr auf die Schnelle finden, aber genau dieses Album über Ihren schon etwas in die Jahre gekommenen CD-Player im Auto hören möchten? Oder Sie möchten den betagteren CD-Player mit Musik füttern, die von völlig unterschiedlichen Alben stammt, dafür aber nicht jedes Mal eine andere Audio-CD einlegen.

Für solche und ähnliche gelagerte Situationen erstellen Sie einfach eine neue Audio-CD mit Windows Media Center. Dazu gehen Sie wie folgt vor:

1. Als Erstes legen Sie die zu kopierenden Musikdateien fest.
   - Um ein komplettes Album zu einer Audio-CD zu machen, legen Sie in den CD/DVD-Brenner Ihres Rechners einen leeren, beschreibbaren Datenträger ein (sollte daraufhin das Dialogfeld *Automatische Wiedergabe* erscheinen, schließen Sie dieses einfach). In der Musikbibliothek von Windows Media Center selektieren Sie jetzt das gewünschte Album und wählen im Menü der Seite *Albumdetails* den Eintrag *Brennen* aus. Genauso können Sie in der Alben-Übersicht der Musikbibliothek das gewünschte Album markieren und die Taste ⓘ drücken, um im anschließenden geöffneten Kontextmenü den Eintrag *Brennen* auszuwählen.
   - Möchten Sie dagegen Songs von unterschiedlichen Alben individuell zusammenstellen und diese als Audio-CD speichern, markieren Sie Titel für Titel und wählen aus dem jeweiligen Menü (falls Sie nicht das Kontextmenü verwenden, das nach Drücken der Taste ⓘ angezeigt wird) den Eintrag *Zu Warteschlange* aus. Auf diese Weise tragen Sie alle Songs in die Warteschlange ein, um ihren Inhalt als Audio-CD zu speichern. Haben Sie die Zusammenstellung der gewünschten Titel abgeschlossen, legen Sie in den CD/DVD-Brenner Ihres Computers einen leeren, beschreibbaren Datenträger ein. Anschließend selektieren Sie links unten das *Jetzt läuft*-Fenster und wählen *Warteschlange anzeigen* auf der Seite *Aktuelle Wiedergabe* aus. Auf der sodann geöffneten Seite *Warteschlange* verwenden Sie im zugehörigen Menü den Eintrag *Brennen*.

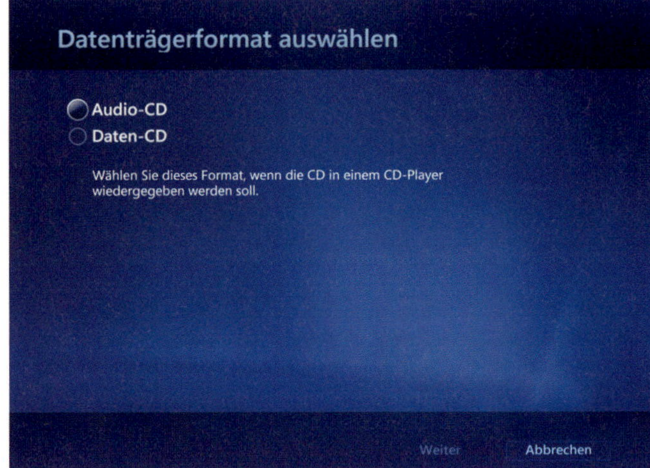

Abbildung 16.15 Auf welchen Geräten sich die CD/DVD abspielen lässt, entscheidet das Datenträgerformat

2. In beiden Fällen gelangen Sie nun zur Seite *Datenträgerformat auswählen*, wo Sie die Option *Audio-CD* aktivieren (siehe Abbildung 16.15).
3. Die Auswahl von *OK* und *Weiter* führt Sie zur Seite *Diese CD benennen*, wo Sie über die Nummerntasten auf der Zehnertastatur den Namen der Audio-CD eintragen können. Haben Sie ein ganzes Album zum Kopieren ausgewählt, übernimmt Windows Media Center automatisch dessen Namen.
4. Durch Selektion von *Weiter* gelangen Sie sodann zur Seite *Liste überprüfen und bearbeiten*. Falls gewünscht, können Sie dort die Reihenfolge der Titel (wie im Abschnitt »Reorganisation der Warteschlange« weiter vorne in diesem Kapitel beschrieben) umstellen oder weitere Musikdateien zum Kopieren auf die Audio-CD hinzufügen. Dazu wird Ihnen im unteren Bildschirmbereich angezeigt, für wie viele Minuten noch Platz auf dem Datenträger frei ist.
5. Um die Audio-CD schließlich zu erstellen, wählen Sie *CD brennen* aus und bestätigen die anschließende Abfrage mit *Ja*. Nun können Sie sich eine kleine Pause gönnen, bis die Erstellung der Audio-CD abgeschlossen ist – je nach-

dem, wie schnell Ihr CD/DVD-Brenner ist und wie viele Musiktitel zu kopieren sind.

Nach der Fertigstellung der Audio-CD erhalten Sie eine entsprechende Meldung angezeigt. Möchten Sie eine weitere Audio-CD mit demselben Inhalt erstellen, brauchen Sie dort nur *Ja* auszuwählen.

Musikdateien auf Daten-CD/DVD brennen

Bei der Erstellung einer Audio-CD werden die im Audioformat MP3 bzw. WMA vorliegenden Musikdateien unkomprimiert im Format *WAV* auf eine Audio-CD übertragen. Viele CD/DVD-Player sind jedoch auch in der Lage, Musikdateien im MP3- oder WMA-Format direkt abzuspielen. Mit Windows Media Center können Sie als Alternative zur herkömmlichen Audio-CD auch Daten-CDs bzw. Daten-DVDs erstellen, die Musikdateien beinhalten. Je nachdem, wie groß bzw. klein Ihre Musikdateien sind, können Sie so Tausend und mehr Musikdateien auf einer einzigen Daten-DVD unterbringen – und somit mit nur einer einzigen Silberscheibe ein ganzes Wochenende lang für Unterhaltung sorgen.

Die Vorgehensweise zur Erstellung einer entsprechenden Daten-CD bzw. Daten-DVD entspricht im Wesentlichen dem im vorigen Abschnitt beschriebenen Verfahren (abgesehen davon, dass Sie auf einer Daten-CD bzw. Daten-DVD erheblich mehr Songs unterbringen können). Auf der Seite *Datenträgerformat* allerdings gilt es eine andere Festlegung zu treffen: Hier müssen Sie die Option *Daten-CD* oder *Daten-DVD* aktivieren, damit

- Windows Media Center keine Audio-CD erstellt
- und die Musikdateien dort unverändert im MP3-, WMA- etc. Audioformat darauf kopiert werden.

Der weitere Ablauf entspricht dem der Erstellung einer Audio-CD. Abhängig davon, wie viele Musikdateien Sie auf den Rohling (insbesondere, wenn es sich um eine DVD handelt) übertragen möchten, kann der Brennvorgang allerdings ein wenig mehr Zeit beanspruchen als beim Anfertigen einer Audio-CD.

Mit portablen Musik-Playern synchronisieren

Besitzen Sie einen portablen Musik-Player, können Sie die auf Ihrem PC gespeicherten Musikdateien aus Windows Media Center heraus direkt auf dieses Gerät übertragen. Eigens hierzu hält Windows Media Center die Funktion *Synchronisieren* bereit.

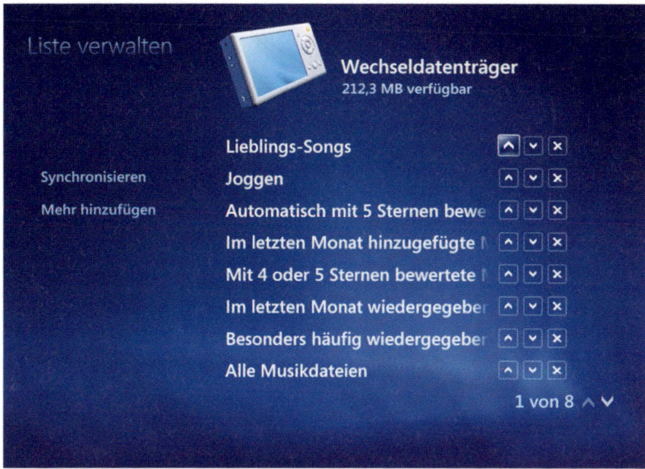

Abbildung 16.16 Festlegung, welche Wiedergabelisten mit dem portablen Musik-Player zu synchronisieren sind

Zur Übertragung von Musikdateien auf einen portablen Musik-Player führen Sie die folgenden Schritte aus:

1. Verbinden Sie den portablen Musik-Player beispielsweise über ein USB-Kabel mit dem Windows Vista-PC.
2. Im Bereich *Aufgaben* wählen Sie *Synchronisieren* aus.
3. Durch Auswahl von *Ja* im Fenster *Mit Gerät synchronisieren* bekommen Sie die Seite *Liste verwalten* angezeigt (siehe Abbildung 16.16). Hier ist festgelegt, welche Wiedergabelisten mit dem portablen Musik-Player synchronisiert werden sollen.

Hinweis 

Diese hier angezeigten Elemente entsprechen den Wiedergabelisten von Windows Media Center und Windows Media Player (siehe den Abschnitt »Musik über Wiedergabelisten organisieren«).

4. Insbesondere, wenn es sich um ein Gerät mit nur wenig Speicherplatz handelt, kann die Standardeinstellung (alle Wiedergabelisten synchronisieren, solange noch Speicherplatz auf dem portablen Musik-Player vorhanden ist) schnell zu viel des Guten sein. Um selbst zu bestimmen, welche Musikdateien auf den portablen Musik-Player zu kopieren sind, wechseln Sie daher
   - entweder mit der Richtungstaste ▶ der Fernbedienung vom Menü in die Auflistung, um dort durch Auswahl des jeweils ganz rechts zu findenden »X«-Symbols für die Synchronisierung unerwünschte Wiedergabelisten zu entfernen

- oder durch Auswahl des Menüeintrags *Mehr hinzufügen* zunächst zu einer gleichnamigen Seite, wo Sie *Musik* selektieren, sowie in der auf der folgenden Seite enthaltenen Auflistung nur die Wiedergabelisten mit einem Häkchen versehen, die für eine Synchronisierung von Musikdateien mit dem Gerät erfolgen sollen.

5. Durch Auswahl von *Synchronisieren* weisen Sie Windows Media Center an, Musikdaten mit dem portablen Musik-Player wie angegeben abzugleichen. Während dieser Prozess im Gange ist, bekommen Sie den Synchronisierungsstatus angezeigt (siehe Abbildung 16.17).

Hat Windows Media Center die Synchronisierung fertig gestellt, erscheint abermals eine Meldung. Nun können Sie die Verbindung des portablen Musik-Players vom PC trennen, um bei passender Gelegenheit die neu auf das Gerät übertragenen Songs anzuhören.

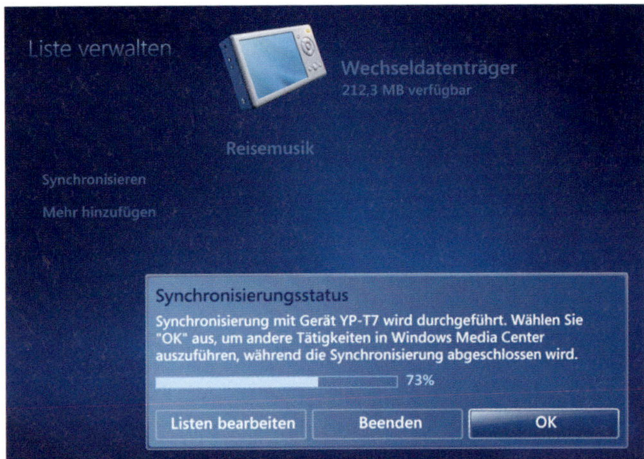

Abbildung 16.17 Synchronisierung der in Frage kommenden Musikdateien

Für Musik relevante Einstellungen

Wie für viele andere Bereiche auch, lässt sich das Verhalten des Windows Media Center im Hinblick auf Musikdateien über globale Einstellungen beeinflussen.

Einstellungen für Musik: Visualisierungen und Visualisierungsoptionen

Welche Visualisierungseffekte Windows Media Center bei der Musikwiedergabe prinzipiell verwenden soll, bestimmen maßgeblich die *Einstellungen für Musik*. Zu diesen gelangen Sie, indem Sie im Bereich *Aufgaben* zunächst *Einstellungen* und dann *Musik* selektieren. Ebenso können Sie direkt aus der Musikbibliothek dorthin gelangen: Drücken Sie die Taste (i) und wählen Sie im zugehörigen Kontextmenü den Eintrag *Einstellungen* aus, um auf diese Weise direkt zum Bereich *Einstellungen* zu wechseln und dort *Musik* auszuwählen.

Der Unterbereich *Musik* enthält mehrere Einträge:

- Über *Visualisierungen* bestimmen Sie, welche der im Windows Media Player vorhandenen Visualisierungen in Windows Media Center verwendet werden sollen.
- *Visualisierungsoptionen* enthält weitere Einstellungen:
  - Sollen Visualisierungen automatisch erscheinen, sobald Windows Media Center einen Song abspielt (was standardmäßig nicht der Fall ist), aktivieren Sie das Kontrollkästchen *Visualisierungen immer bei der Musikwiedergabe starten.*
  - Unter *Musikinformationen bei Visualisierungen anzeigen* ist festgehalten, wie die Anzeige von Informationen über den aktuell gespielten Titel bei einer aktiven Visualisierung erfolgt. Normalerweise werden diese Angaben zu Beginn der Wiedergabe eines Musikstücks und kurz bevor dieses zu Ende ist eingeblendet.

Haben Sie Änderungen vorgenommen, wählen Sie im Menü den Eintrag *Speichern* aus. Die Darstellung von Visualisierungen erfolgt dann gemäß der von Ihnen getroffenen Vorgaben.

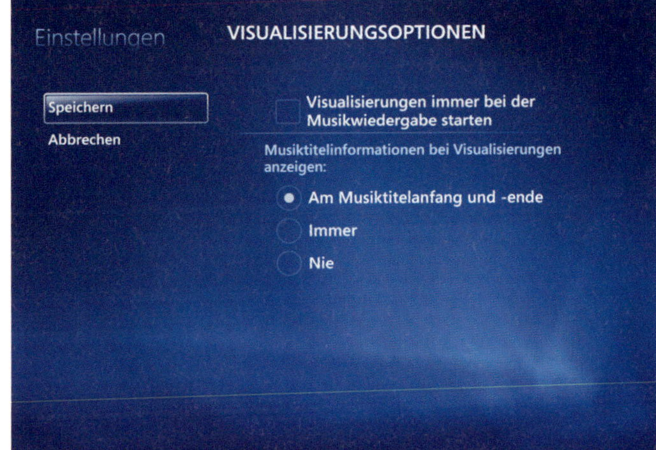

Abbildung 16.18 Die *Einstellungen für Musik* enthalten Vorgaben für die Darstellung von Visualisierungen während der Musikwiedergabe

Optionen für den automatischen Download von Medieninformationen aus dem Internet

Für einen komfortablen Umgang mit Musik in Windows Media Center sorgen nicht zuletzt die Medieninformationen, zu denen beispielsweise der Interpret eines Titels, der Name des Titels oder die Bezeichnung des Albums gehört. Ebenso angenehm ist die Anzeige von Albumcovern (nicht nur für Audio-CDs, sondern auch für Video-DVDs bzw. die darauf befindlichen Spielfilme), sodass Sie im Idealfall immer wissen, worum es sich jeweils handelt.

Ob Windows Media Center diese Medieninformationen inklusive Albumcover aus dem Internet beziehen soll oder nicht, lässt sich über die globalen Windows Media Center-Einstellungen festlegen (denn diese Vorgabe betrifft nicht nur Musikdateien, sondern auch andere Medientypen):

1. Wählen Sie daher in den Windows Media Center-Einstellungen zunächst *Allgemein* gefolgt von *Optionen für automatische Downloads* aus.
2. Auf der daraufhin angezeigten, gleichnamigen Seite prüfen Sie nun, ob dort das Kontrollkästchen *CD-Cover, Medieninformationen für DVDs und Filme und Internetdienste vom Internet beziehen* aktiviert ist – sofern Sie Medieninformationen automatisch über das Internet beziehen möchten. Erhalten sie dadurch zu viele falsche Angaben, entfernen Sie die Markierung dieses Kontrollkästchens.
3. Durch Betätigung von *Speichern* wird Ihre Vorgabe übernommen.

Radio hören

Trotz starker »Medienkonkurrenz« erfreut sich das Radio nach wie vor einer hohen Beliebtheit. Und obgleich Windows Media Center mit seiner Musikbibliothek den komfortablen Umgang mit Musikdateien in den Mittelpunkt stellt, können Sie mit diesem Programm auch Radio hören. Dazu stehen Ihnen mehrere Möglichkeiten zur Verfügung, die nachfolgend beschrieben sind.

UKW-Radio

Ist eine der in Ihren Computer eingebauten TV-Karten mit einem UKW-Radioempfänger ausgestattet, können Sie mit Windows Media Center auch UKW-Radio – aufgrund der Frequenzmodulation der Audiosignale spricht man auch vom *FM-Radio* – genießen. Über die Möglichkeiten eines normalen Radioempfängers hinausgehend wartet der Rechner dabei mit einer besonderen Zugabe auf: Ähnlich wie das Live-TV beim Fernsehen zeichnet Windows Media Center automatisch die letzten Minuten des laufenden Radioprogramms in einem internen 30-Minuten-Puffer auf. Haben Sie zum Beispiel eine interessante Meldung verpasst und möchten diese noch einmal hören, gehen Sie einfach zur gewünschten Stelle zurück.

Wichtig

Durch die Verwendung des UKW-Radioempfängers ist die zugehörige TV-Karte belegt und lässt sich von Windows Media Center gleichzeitig nicht zum Fernsehempfang oder zur TV-Aufzeichnung verwenden. Dazu müsste im Rechner eine zweite TV-Karte vorhanden sein.

Abbildung 16.19 Besitzt die TV-Karte einen UKW-Radioempfänger, können Sie mit Windows Media Center auch Radio hören

Radio einrichten

Unter Umständen kann es erforderlich sein, die Radiofunktion zunächst zu konfigurieren. Ist dieser Schritt erforderlich, erscheint eine Meldung. Führen Sie in diesem Fall das Windows Media Center-Setup zur Einrichtung des Fernsehempfangs aus. Die Konfiguration der TV-Karten durch das Windows Media Center-Setup hat gleichzeitig die Einrichtung der FM-Radiofunktion zur Folge. Ist Windows Media Center für den Fernsehempfang bereits eingerichtet, können Sie die FM-Radiofunktion von Windows Media Center dann direkt nutzen.

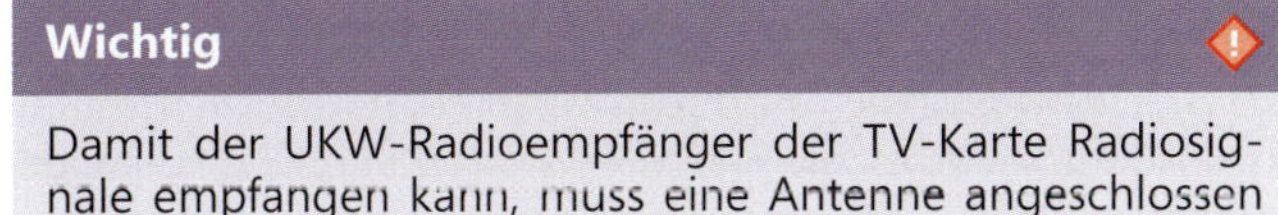
Wichtig

Damit der UKW-Radioempfänger der TV-Karte Radiosignale empfangen kann, muss eine Antenne angeschlossen sein.

Sender einstellen

Der Unterbereich *Radio* des Bereichs *Musik* ist das Tor zur Welt des UKW-Radios. Wählen Sie diesen Eintrag aus, erscheint die Seite *Radio*. Dort sollten Sie unter *Quellen* zunächst *FM-Radio* auswählen, um über die Seite *FM-Radio* den gewünschten Radiosender einzustellen (siehe Abbildung 16.19). Falls Sie dabei die Frequenz nicht im dafür vorgesehenen Eingabefeld eintippen möchten, lassen Sie Windows Media Center einen Suchlauf nach einem Sender auf der nächsten niedrigeren oder höheren Frequenz durchführen.

Haben Sie einen Sender gefunden, der Ihnen gefällt, kann sich Windows Media Center diesen »merken«: Klicken Sie auf *Als Voreinstellung speichern*, gelangen Sie zur Seite *Voreinstellung bearbeiten*. Dort lässt sich der Radiosender mit einem Namen versehen und speichern.

Künftig können Sie diesen Sender dann recht einfach auswählen:

- Der gespeicherte Radiosender, den Sie zuletzt gehört haben, erscheint neben *Radio* als eigener Eintrag im Bereich *Musik*.
- Wenn Sie den Unterbereich *Radio* öffnen, können Sie über die Menüleiste im oberen Bildschirmbereich den Eintrag *Sendervoreinstellungen* auswählen. Daraufhin werden Ihnen alle gespeicherten Radiosender angezeigt, sodass Sie einen davon bequem auswählen können (siehe Abbildung 16.20).
- Folgen Sie stattdessen unter *Quellen* dem *FM-Radio*, können Sie auf der Seite *FM-Radio* die gespeicherten Radiosender durch Anklicken der Schaltflächen »+« und »–« der Reihe nach durchblättern.

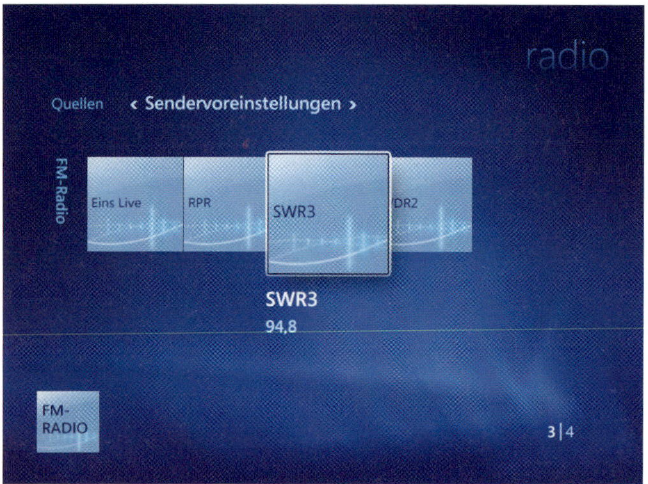

Abbildung 16.20 »Stationstasten« für Radiosender im Windows Media Center-Stil

Zeitversetzt Radio hören

Auch wenn die Radiofunktion von Windows Media Center Komfortfunktionen wie die automatische Anzeige von Sendernamen vermissen lässt: Ein interessantes Merkmal ist das *zeitversetzte Radio*. Durch dieses *Timeshifting* können Sie das laufende Radioprogramm auf Tastendruck »anhalten« und kurz darauf fortsetzen oder einfach »zurückspulen«. Möglich macht dies der interne Pufferspeicher, über den sich Windows Media Center automatisch bis zu 30 Minuten des aktuell eingestellten Radiosenders merkt.

Um das laufende Radioprogramm anzuhalten, gehen Sie wie folgt vor:

1. Drücken Sie auf der Windows Media Center-Fernbedienung die Steuerungstaste ⏸ oder ⏹. Hierdurch wird das laufende Radioprogramm »angehalten«.
2. Durch Drücken von ▶ innerhalb von 30 Minuten setzen Sie die Wiedergabe des FM-Radios dann genau an der Stelle fort, an der Sie die Wiedergabe des laufenden Radioprogramms zuvor gestoppt haben.

Auf diese Weise können Sie ganz komfortabel beispielsweise eine Pause einlegen, um kurz ein Telefonat zu erledigen oder ein Päckchen in Empfang zu nehmen, ohne auch nur eine Sekunde im Radio zu verpassen.

Hinweis

Eine darüber hinausgehende Aufnahme von Radiosendungen zum Mitschneiden von Musiktiteln ist nicht vorgesehen.

DVB-T- und DVB-S-Radio

Neben UKW-Radio unterstützt Windows Media Center auch die Wiedergabe von Radiosendern, die über das digitale Antennenfernsehen DVB-T ausgestrahlt werden. Anders als beim Empfang von UKW-Radiosendern erfolgt die Wiedergabe von *DVB-T-Radio* bei Windows Media Center aber nicht über den Unterbereich *Radio* des Bereichs *Musik*, sondern genauso wie beim Fernsehen über den Bereich *TV + Filme*.

Genauso verhält es sich mit Radiosendern, die Windows Media Center über einen Universal DVB Receiver per DVB-S über Satellit empfängt. Diese betrachtet Windows Media Center ebenfalls als »TV-Sender ohne Bild«.

Internet-Radio

Geht es um das Radio hören mit dem PC, liegt der Gedanke an *Internet-Radio* ebenfalls nah. Von sich aus beherrscht Windows Media Center den Empfang bzw. die Wiedergabe von Internet-Radio nicht. Vielmehr verweist Microsoft hier auf zusätzliche Anwendungen für Windows Media Center von Drittherstellern, die Windows Media Center eine Internet-Radio-Funktionalität beibringen, sodass Sie unzählige Internet-Radiosendern aus der ganzen Welt bequem aus der Windows Media Center-Oberfläche heraus verfolgen können. Solche zusätzliche Anwendungen lassen sich beispielsweise in den Bereich *Online-Medien* einbinden und sich von dort aus aufrufen.

Tipp 

Es geht aber auch ohne zusätzliche Anwendungen. Hierzu greifen Sie auf folgenden Trick zurück:

1. Öffnen Sie den Windows Media Player.
2. Nach dem Drücken der Tastenkombination `Strg`+`U` tippen Sie im Kombinationsfeld *Öffnen* die URL eines Internet-Radiosenders ein, die der Windows Media Player wiedergeben soll (inklusive vorangestelltem »http://«). Treten Fehler auf, überprüfen Sie die verwendete URL.
3. Gibt der Windows Media Player den vom Internet-Radiosender übertragenen Audio-Stream einwandfrei wieder, wechseln Sie zur Registerkarte *Medienbibliothek*.
4. Falls nicht bereits geschehen, wechseln Sie dort zur Medienbibliothek des Typs »Musik« und lassen sich dort den Listenbereich anzeigen.
5. In Navigationsbereich markieren Sie dann *Aktuelle Wiedergabe*, woraufhin im Detailbereich ein Kürzel für den aktuellen Sender aufgeführt wird.
6. Ziehen Sie diese Bezeichnung des Internet-Radiosenders in den Listenbereich.
7. Nach einem Klick auf die Schaltfläche *Wiedergabeliste speichern* erstellen Sie für den Internet-Radiosender eine neue Wiedergabeliste.

Von nun an können Sie die soeben erstellte Wiedergabeliste über die Musikbibliothek von Windows Vista abspielen lassen.

Zusammenfassung

Mit Windows Media Center haben Sie Musikdateien per Fernbedienung im Griff. Die folgende Übersicht fasst noch einmal alles Wissenswerte für Sie zusammen.

Sie möchten ...	So gehen Sie vor	Sehen Sie sich dazu das Beispiel an auf
eine Musik-CD mit Windows Media Center hören	Legen Sie die Audio-CD in das CD/DVD-Laufwerk des PCs ein	Seite 287
eine Musik-CD auf den PC überspielen	Ein paar Sekunden nach dem Einlegen der Audio-CD erscheint die Seite *Aktuelle Wiedergabe*, aus dessen Menü Sie den Eintrag *CD kopieren* auswählen	Seite 288
das Sortierkriterium für die Anzeige in der Musikbibliothek ändern	Wechseln Sie über den Bereich *Musik* in die Musikbibliothek, um dort in der Menüleiste im oberen Bildschirmbereich das gewünschte Kriterium auszuwählen	Seite 291
einen bestimmten Titel eines Interpreten auswählen	Wählen Sie in der Musikbibliothek über die Menüleiste im oberen Bildschirmbereich *Interpreten* aus, um nach der Selektion des gewünschten Interpreten den favorisierten Titel auszuwählen	Seite 291
die Wiedergabe von Musikdateien steuern	Verwenden Sie die Steuerungstasten der Fernbedienung, um die Wiedergabe zu stoppen, fortzusetzen, einen schnellen Vorlauf durchzuführen oder zum vorigen und nächsten Titel zu springen	Seite 292
die Wiedergabeoptionen per Warteschlange festlegen	Wählen Sie einen Titel aus, um diesen wiederzugeben, oder verwenden Sie die zufällige bzw. wiederholte Wiedergabe, um die in der Warteschlange befindlichen Titel in zufälliger Reihenfolge bzw. wiederholt abzuspielen	Seite 294
ein Albumcover zuweisen	Speichern Sie das Albumcover mit einer Größe von 200x200 Pixel als Grafikdatei *Folder.jpg* in dem Ordner ab, der das Album repräsentiert	Seite 296
Musik auf eine Audio-CD kopieren	Drücken Sie die Taste ⓘ in der Musikbibliothek und wählen im zugehörigen Menü den Eintrag *Brennen* aus	Seite 298
Musikdateien auf Daten-CD/DVD brennen	Wählen Sie im Bereich *Aufgaben* den Eintrag *CD/DVD brennen* aus	Seite 299
Musikdateien auf einen portablen Musik-Player übertragen	Verbinden Sie das Gerät mit dem PC, und wählen Sie im Bereich *Aufgaben* den Eintrag *Synchronisieren* aus	Seite 299
Einstellungen für die Visualisierung bei der Musikwiedergabe festlegen	Im Bereich *Aufgaben* wählen Sie *Einstellungen* gefolgt von *Musik* und *Visualisierungen* aus	Seite 300
den automatischen Download von Medieninformationen aus dem Internet konfigurieren	Wählen Sie im Bereich *Aufgaben* zuerst *Einstellungen*, dann *Allgemein* und schließlich *Optionen für automatische Downloads* aus	Seite 301
UKW-Radio hören	Nach Aufruf von *Radio* im Bereich *Musik* und Auswahl von *FM-Radio* stellen Sie die gewünschte UKW-Frequenz ein	Seite 302
Radio zeitversetzt hören	Drücken Sie die Steuerungstaste ⏸ und drücken Sie innerhalb von 30 Minuten ▶ zur Wiedergabe des Radioprogramms	Seite 302
Internet-Radio hören	Erstellen Sie mit dem Windows Media Player eine Wiedergabeliste, die die URL eines Audio-Streams zu einem Internet-Radiosender enthält, und spielen Sie diese Wiedergabeliste im Windows Media Center ab	Seite 303

Eric Tierling

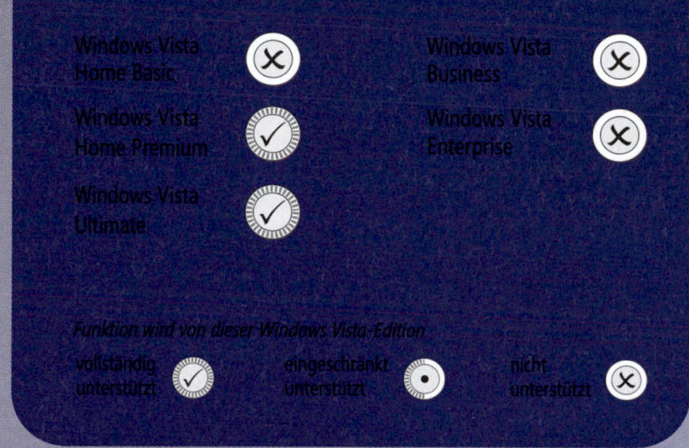

17 TV und DVD mit Windows Media Center

Fernsehen ist *das* Medium für Unterhaltung schlechthin. Da sich Windows Media Center das Motto »Gute Unterhaltung« auf die Fahnen schreibt, hat Microsoft beides miteinander kombiniert, sodass Sie über das Windows Media Center nicht nur digitale Medien genießen, sondern auch fernsehen können.

Die Möglichkeiten, die Windows Media Center dabei bietet, sind vielfältig – und gehen weit über das schlichte Anschauen von TV-Sendungen hinaus. Ob und in welchem Umfang Sie diese interessante Funktionalität von Windows Media Center nutzen, liegt ganz bei Ihnen, denn: Die TV-Funktionalität von Windows Media Center ist optional und steht nur zusammen mit einer geeigneten TV-Karte zur Verfügung.

Hinweis

Um die Fernsehfunktionen von Windows Media Center zu nutzen, müssen Sie eine geeignete TV-Karte mit dem Windows Vista-PC verbunden haben (siehe Kapitel 14). Alternativ können Sie über den Bereich *Online-Medien* die dort abrufbaren Fernsehangebote per Internet abrufen und über das Windows Media Center wiedergeben (siehe Kapitel 19).

Abbildung 17.1 Über Windows Media Center und eine TV-Karte können Sie mit dem Windows Vista-PC auch fernsehen

Genauso eignet sich Windows Media Center zur Wiedergabe von Video-DVDs. Legen Sie eine Ihrer Lieblings-DVDs in das DVD-Laufwerk des Windows Vista-PCs ein, ist gute Unterhaltung auch dann gewährleistet, wenn Sie das Fernsehprogramm gerade nicht so richtig überzeugen kann.

Die zugehörigen Funktionen hat Microsoft bei Windows Media Center zum Bereich *TV + Filme* zusammengefasst. Wann immer Sie mit dem Windows Vista-PC fernsehen oder eine DVD schauen möchten, sind Sie hier also genau richtig.

Hinweis

Den zum Fernsehen sowie für die DVD-Wiedergabe erforderlichen *MPEG-2-Codec* liefert Microsoft bei Windows Vista Home Premium und Windows Vista Ultimate gleich serienmäßig mit. Somit brauchen Sie keinen MPEG-2-Codec separat zu erwerben, um mit Windows Media Center DVDs zu genießen.

»TV + Filme« bei Windows Media Center

Im Bereich *TV + Filme* laufen bei Windows Media Center alle Fäden zusammen, bei denen es um Fernsehen und die DVD-Wiedergabe geht. Die Auswahl des Eintrags *TV + Filme* aus dem Windows Media Center-Hauptmenü führt Sie genau dorthin.

Abbildung 17.2 Der Windows Media Center-Bereich *TV + Filme* ist die zentrale Anlaufstelle für Fernsehen & Co.

Der Windows Media Center-Bereich *TV + Filme* fungiert dabei als übersichtliches Portal, von dem aus Sie

- zum laufenden Fernsehprogramm durch Auswahl des Eintrags *Live-TV* gelangen (siehe Abschnitt »Live-TV«),
- die »elektronische Fernsehzeitschrift« von Windows Media Center beim *TV-Programm* durchblättern (siehe Abschnitt »TV-Programm: Die Fernsehzeitschrift von Windows Media Center«),
- darin durch Auswahl von *Suchen* gezielt nach Sendungen mit bestimmten Merkmalen Ausschau halten,
- über den Eintrag *Aufzeichnungen* vorhandene Aufnahmen von Sendungen anschauen bzw. künftige Aufnahmen planen (siehe Abschnitt »Windows Media Center als Videorekorder: TV-Aufzeichnungen«)
- sowie Video-DVDs nach Auswahl *DVD wiedergeben* genießen.

Mit Windows Media Center fernsehen

Eine Frage, die sich viele Anwender stellen, lautet: »Wieso sollte ich den Computer mit Fernseh-Fähigkeiten versehen, wenn ich doch genauso gut mit einem herkömmlichen TV-Gerät fernsehen kann?« Die Antwort darauf ist relativ einfach: Ein mit Windows Media Center und TV-Karte versehener Windows Vista-PC ist nicht nur dazu in der Lage, Ihnen Fernsehbilder auf den Schirm zu zaubern. Darüber hinaus kann der Windows Vista-PC als digitaler Videorekorder agieren: Dieses ermöglicht es Ihnen, Sendungen bequem auf Festplatte aufzuzeichnen und wiederzugeben – oder einfach das laufende Programm »anzuhalten« und nach ein paar Minuten an genau derselben Stelle fortzusetzen, ohne dass Sie etwas verpassen.

Hinweis

Um die Fernsehfunktionen von Windows Media Center zu nutzen, müssen Sie eine geeignete TV-Karte mit dem Windows Vista-PC verbunden haben (siehe Kapitel 14).

Live-TV

Wählen Sie im Menü des Windows Media Center-Bereichs *TV + Filme* den Eintrag *Live-TV* aus, werden Sie zum laufenden Fernsehprogramm gelenkt. Alternativ lotst Sie die Funktionstaste (Live-TV) der Fernbedienung direkt dorthin. Daraufhin bekommen Sie das Bild des zuletzt eingestellten TV-Kanals als Vollbild auf dem Bildschirm des Windows Vista-PCs angezeigt.

An dieser Stelle stehen Ihnen zahlreiche Möglichkeiten zur Verfügung: Neben VOL +/– und (Stumm) zur Lautstärkeregelung können Sie beispielsweise mit den Funktionstasten CH|PG +/– der Fernbedienung nach Belieben durch die Kanäle schalten oder mit Hilfe der Nummerntasten der Zehnertastatur direkt auf einen bestimmten Kanal schalten.

Tipp

Mit der Taste (OK) wechseln Sie zwischen Ihrem aktuell eingestellten und dem zuletzt gesehenen TV-Kanal hin und her.

Abbildung 17.3 Drücken Sie im Live-TV die (Windows)-Taste, überlagert Windows Media Center das laufende Programm mit durchsichtigen Menüs

Möchten Sie sich stattdessen anderen Aufgaben im Windows Media Center zuwenden, das laufende Fernsehprogramm aber weiterverfolgen und so weit wie möglich alles im Blick halten, drücken Sie die grüne (Windows)-Taste. Dadurch wird die laufende Wiedergabe nicht durch die Anzeige der Windows Media Center-Menüs ersetzt, sondern von diesen nur leicht überlagert (siehe Abbildung 17.3). Auf diese Weise sind Sie in der Lage, dem Geschehen im Live-TV weiter zu folgen.

Genauso können Sie das Live-TV beispielsweise durch Drücken der Funktionstaste (Zurück) verlassen, sodass diese nur noch als Live-Miniaturansicht im Windows Media Center-Bereich *Aktuelle Wiedergabe* erscheint. Wählen Sie diesen aus oder drücken erneut (Zurück), zeigt Windows Media Center wieder das Live-TV in voller Größe an.

Des Weiteren ist es an dieser Stelle möglich, das Live-TV durch den Wechsel zu einem anderen Windows Media Center-Bereich in das *Jetzt läuft*-Fenster links unten zu schicken. Markieren Sie später das *Jetzt läuft*-Fenster über die Richtungstasten der Fernbedienung und drücken (OK), wird das laufende Fernsehprogramm wieder in voller Größe angezeigt. Dieselbe Wirkung erzielen Sie übrigens, indem Sie einfach die Funktionstaste (Live-TV) drücken.

Über die Steuerungstaste (Stopp) beenden Sie die Live-TV-Funktion und kehren zum Windows Media Center-Bereich *TV + Filme* zurück.

Informationen zur Sendung

Nach dem Umschalten auf einen bestimmten Kanal blendet Windows Media Center im unteren Bereich für ein paar Sekunden einen kurzen Hinweis zur laufenden Sendung ein. Ausführliche Informationen erhalten Sie, wenn Sie die Funktionstaste (i) drücken und aus dem zugehörigen Kontextmenü einen der Einträge *Programminfo* oder *Spielfilmdetails* – je nachdem, um welche Art von Sendung es sich handelt – auswählen (siehe Abbildung 17.4).

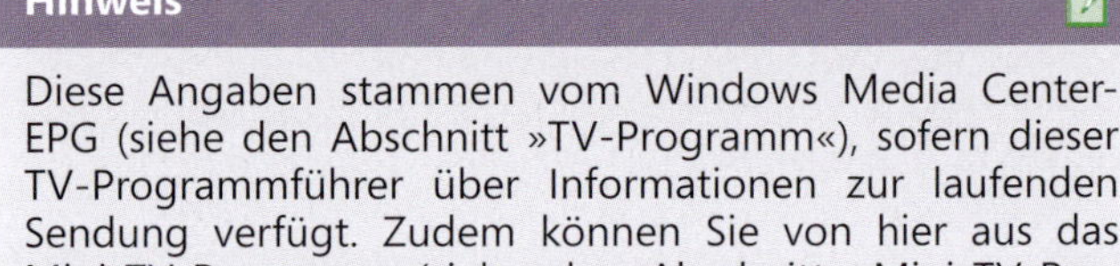

Hinweis

Diese Angaben stammen vom Windows Media Center-EPG (siehe den Abschnitt »TV-Programm«), sofern dieser TV-Programmführer über Informationen zur laufenden Sendung verfügt. Zudem können Sie von hier aus das Mini-TV-Programm (siehe den Abschnitt »Mini-TV-Programm«) aktivieren.

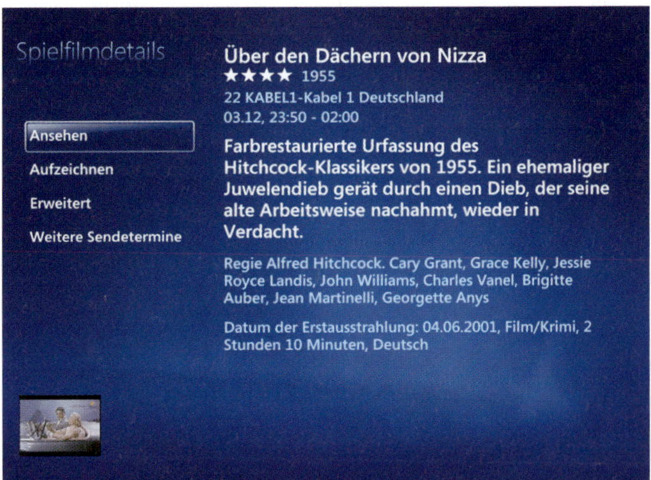

Abbildung 17.4 Zur laufenden Sendung kann Windows Media Center ausführliche Informationen liefern

Videotext

Genauso können Sie einen Blick in das Videotext-Angebot des eingestellten Kanals werfen:

- Hierzu drücken Sie die Funktionstaste (Videotext) auf der Fernbedienung.
- Sollte Ihre Windows Media Center-Fernbedienung diese Taste nicht aufweisen, drücken Sie zunächst (i) und selek-

tieren dann aus dem zugehörigen Kontextmenü den Eintrag *Teletext*.

Um wieder zur laufenden Sendung zurückzukehren, drücken Sie die Funktionstaste Videotext erneut oder greifen auf die Funktionstaste Live-TV zurück. Genauso können Sie die Schaltfläche *Schließen* in der Videotext-Symbolleiste mit OK auswählen.

Hinweis

Falls Sie das Fernsehsignal via DVB-T empfangen, steht kein Videotext zur Verfügung.

Zur Erforschung des Videotext-Angebots des eingestellten Kanals tippen Sie über die Nummerntasten der Zehnertastatur auf der Fernbedienung die dreistellige Nummer einer Videotext-Seite ein. Kurze Zeit später zeigt Windows Media Center die gewünschte Seite an. Zum seitenweise Vor- und Zurückblättern verwenden Sie die Funktionstasten CH|PG +/− auf der Fernbedienung. Genauso können Sie die farbigen Schaltflächen der Videotext-Symbolleiste (oder die farblich dazu passenden *Videotext-Tasten* auf der Windows Media Center-Fernbedienung) nutzen, um mehrere Videotext-Seiten auf einmal zu überspringen – sofern das jeweilige Videotext-Angebot diese Möglichkeit offeriert, was nicht bei jedem Sender und auf allen Seiten der Fall ist.

Die übrigen Symbole in der Videotext-Symbolleiste gestatten es Ihnen, verborgene Informationen anzuzeigen, die manche Videotext-Seiten beinhalten, durch die transparente Videotext-Darstellung das laufende Fernsehprogramm gleichzeitig zu verfolgen und den automatischen Seitenwechsel bei Videotext-Seiten, die aus mehreren untergeordnete Seiten bestehen, zu unterdrücken.

Beim Fernsehempfang via DVB-S über den Universal DVB Receiver (siehe Kapitel 14) lässt sich das Videotext-Angebot nicht direkt aus dem Live-TV heraus, sondern stattdessen über eine eigene Anwendung nutzen, die im Windows Media Center-Bereich *Mehr Programme* zur Verfügung steht. Hierbei gehen Sie wie folgt vor:

- Stellen Sie zunächst den gewünschten Kanal im Windows Media Center-Bereich *TV + Filme* bei *Live-TV* ein.
- Begeben Sie sich zum Windows Media Center-Bereich *Online-Medien* und selektieren *Programme*, um zur Programmbibliothek zu gelangen.
- Dort markieren Sie mit den Richtungstasten der Fernbedienung die Anwendung *DVB-S Teletext* und drücken OK.

Daraufhin startet die betreffende Anwendung, die die Videotext-Informationen aus dem im *Jetzt läuft*-Fenster zu sehenden Fernsehsender ermittelt und anzeigt.

Automatisch wird dabei die Videotext-Seite 100 angezeigt. Über die Nummerntasten der Zehnertastatur auf der Fernbedienung können Sie jedoch eine beliebige dreistellige Nummer der Videotext-Seite eintippen, zu der Sie wechseln möchten. Darüber hinaus stehen Ihnen Optionen zur Verfügung, um eine Videotext-Seite vor und zurück zu wechseln oder eine mit mehreren Unterseiten versehene Videotext-Seite durchzublättern. Genauso können Sie die Videotext-Informationen als Vollbild anzeigen lassen (um wieder zur verkleinerten Darstellung zu gelangen, drücken Sie dann die Funktionstaste ←).

Tipp 

Unterhalb der Videotext-Anzeige erscheint zudem ein Feld, über das Sie zu den Videotext-Seiten zugehöriger Fernsehsender gelangen können (die »ARD« zum Beispiel strahlt viele Sender über Satellit aus). Hierzu verwenden Sie die Schaltflächen - und + und drücken anschließend OK.

Zeitversetzt fernsehen über Timeshifting

Mit Windows Media Center können Sie »besser fernsehen«. *Timeshifting*, auch als *zeitversetztes Fernsehen* bezeichnet, macht es möglich. Das Timeshifting-Verfahren bildet auch die Grundlage für die Aufnahme von Fernsehsendungen (dieses Thema behandelt eingehend der Abschnitt »Windows Media Center als Videorekorder: TV-Aufzeichnungen«).

Verpasste Szenen erneut anschauen

Wer kennt das nicht? Mitten im spannendsten Moment klingelt es an der Tür oder das Telefon läutet. Schnell ist so eine Schlüsselszene verpasst. Mit Windows Media Center entgeht Ihnen nichts: Drücken Sie einfach die Steuerungstaste ⏮. Windows Media Center springt sodann im laufenden Fernsehprogramm um sieben Sekunden zurück. Sollte dies nicht ausreichen, drücken Sie ⏮ mehrfach, um ein größeres Stück zurückzuspringen.

Das Besondere dabei: Vom »live« laufenden Fernsehprogramm verpassen Sie dabei keine Sekunde. Denn im Hintergrund zeichnet Windows Media Center das aktuelle Live-Geschehen automatisch auf, sodass Sie nun »zeitversetzt fernsehen«.

Tipp 

Möchten Sie beispielsweise in einer Werbepause wieder zum laufenden Fernsehprogramm zurückkehren, drücken Sie auf der Fernbedienung einfach auf Live-TV.

Das laufende Programm anhalten und kurz darauf fortsetzen

Genauso können Sie das laufende Programm für einige Minuten pausieren. Dazu drücken Sie einfach die Steuerungstaste auf der Fernbedienung. Dadurch hält Windows Media Center das laufende Fernsehprogramm an – und zwar für bis zu 30 Minuten. Im unteren Bereich blendet Windows Media Center sodann eine Zeitleiste ein (siehe Abbildung 17.5). Neben Beginn und Ende der aktuellen Sendung zeigt diese an, wann Sie das laufende Fernsehprogramm angehalten haben.

Abbildung 17.5 An welcher Stelle im Timeshifting-Pufferspeicher von Windows Media Center Sie sich gerade befinden, ist am hellen Balken in der Zeitleiste zu erkennen

So haben Sie genügend Zeit, alles zu erledigen und dennoch keinen Moment zu verpassen. Ist Ihre Pause vorbei, setzen Sie Ihren Fernsehgenuss durch Drücken der Steuerungstaste fort. Windows Media Center beginnt mit der Wiedergabe dann an genau der Stelle, an der Sie das Live-TV zuvor angehalten haben. Diese Funktion zum zeitversetzten Fernsehen eröffnet Ihnen die Möglichkeit, die betreffende Sendung dann in Ruhe zu Ende schauen.

> **Hinweis**
>
> Haben Sie die Pause nach 30 Minuten noch nicht aufgehoben, beginnt Windows Media Center automatisch mit der Wiedergabe.

Das ist noch längst nicht alles: Da Windows Media Center von sich aus bis zu 30 Minuten des als Live-TV wiedergegebenen, laufenden Fernsehprogramms aufzeichnet, stehen Ihnen noch weitaus mehr Optionen zur Verfügung:

- Beispielsweise können Sie mit der Steuerungstaste in Intervallen von 29 Sekunden vorwärts springen.
- Genauso können Sie Zeitlupen- und Einzelbildwiedergabe verwenden, indem Sie zuerst und dann entweder oder drücken.
- Zum schnellen Zurück- und Vorspulen dienen die Steuerungstasten und . Durch mehrfaches Drücken dieser Steuerungstasten findet der schnelle Rück- und Vorlauf mit 3-, 40- oder 250-facher Geschwindigkeit statt. Wie schnell die momentane Wiedergabe erfolgt, erkennen Sie jederzeit an der Anzahl der Dreiecke: Bei normaler Geschwindigkeit ist nur ein einziges Dreieck vorhanden, beim 250-fachen Zurück- und Vorspulen sehen Sie derer vier.
- Durch Drücken von setzen Sie die Wiedergabe schließlich an der gewünschten Stelle fort.

> **Hinweis**
>
> Die Grenze dabei bildet nur der interne 30-Minuten-Pufferspeicher von Windows Media Center: Erreichen Sie beim Zurückspulen den Beginn der Hintergrund-Aufzeichnung, setzt die Wiedergabe automatisch ein. Analog dazu endet der Intervall-Sprung in Vorwärtsrichtung sowie der schnelle Vorlauf, wenn Sie wieder beim in Echtzeit laufenden Fernsehprogramm angelangt sind.

TV-Programm: Die Fernsehzeitschrift von Windows Media Center

Ohne eine Fernsehzeitschrift verliert man schnell den Überblick, was wann wo Interessantes läuft. Aus diesem Grund wartet Windows Media Center mit einer »eingebauten Fernsehzeitschrift« auf – dem *EPG* (Electronic Program Guide), der Informationen für bis zu 14 Tagen im Voraus enthält. Dieser elektronische Programmführer dient nicht nur dazu, schnell einen guten Überblick über die einzelnen Kanäle und die dort laufenden Sendungen zu erhalten, sondern liefert auch Kurzhinweise und Hintergrundinformationen dazu. Des Weiteren bildet der EPG die Grundlage für die Aufnahmeplanung in Windows Media Center (siehe Abschnitt »Planung von TV-Aufzeichnungen«).

Abbildung 17.6 Als *TV-Programm* bezeichnet Windows Media Center seinen elektronischen Programmführer

Um einen Blick in den elektronischen Programmführer zu werfen, drücken Sie auf der Windows Media Center-Fernbedienung die Funktionstaste (EPG). Dadurch werden Sie sofort zur Seite *TV-Programm* geführt (siehe Abbildung 17.6). Ebenso gelangen Sie dorthin, wenn Sie im Windows Media Center-Bereich *TV + Filme* den Eintrag *TV-Programm* selektieren.

Seine vielfältigen Möglichkeiten kann der EPG erst dann ausspielen, wenn er mit den richtigen Informationen »gefüttert« wird. Hierzu müssen in Windows Media Center sowohl das TV-Signal eingerichtet als auch das TV-Programm bzw. die so genannten *TV-Programmlisten* (so werden die Programminformationen für den Windows Media Center-EPG bezeichnet) konfiguriert und aus dem Internet abgerufen worden sein. Denn die EPG-Daten stammen von einem Serviceunternehmen, das im Auftrag von Microsoft den Inhalt des elektronischen Programmführers für Windows Media Center zusammenstellt.

Wichtig

Aufgrund der Vielzahl von Fernsehsendern bietet der EPG nicht für jeden TV-Kanal die jeweiligen Programminformationen an. Manche TV-Kanäle weisen zudem eine Doppelbelegung auf, sodass der EPG dann nur die Daten eines der beiden Fernsehsender enthält. Ebenso kann es vorkommen, dass sich Programmänderungen nicht im EPG wiederfinden, wenn beispielsweise die Änderung sehr kurzfristig erfolgte.

Individuelle Konfiguration des TV-Programms

Für eine optimale EPG-Nutzung empfiehlt es sich, das TV-Programm von Windows Media Center entsprechend Ihren Vorstellungen anzupassen. Ansonsten kann es beispielsweise sein, dass Sie etliche Kanäle vorfinden, die Sie niemals sehen möchten, während viele der für Sie wichtigen Sender erst ab dem Kanal 112 beginnen. Genauso lassen sich TV-Kanäle, die Windows Media Center als unbekannt aufführt, mit den korrekten Sender- und Programminformationen verknüpfen, falls diese im EPG enthalten sind.

TV-Kanäle ausblenden

Abhängig von der Empfangsart des Fernsehsignals sowie der Konfiguration der TV-Programmlisten können sich etliche Fernsehprogramme im Windows Media Center-EPG befinden, die Sie gar nicht interessieren. Der besseren Übersichtlichkeit halber empfiehlt es sich, solche Fernsehsender, die Sie ohnehin nicht schauen möchten, einfach aus dem TV-Programm im Windows Media Center auszublenden. Dazu führen Sie die folgenden Schritte aus:

1. Aus dem Windows Media Center-Bereich *Aufgaben* wählen Sie den Eintrag *Einstellungen* aus.
2. Dort selektieren Sie den Eintrag *TV*.
3. Jetzt wählen Sie zunächst *TV-Programm* und dann *Kanäle bearbeiten* aus.

Daraufhin zeigt Windows Media Center eine Liste aller bekannten TV-Kanäle an (siehe Abbildung 17.7).

Abbildung 17.7 Bei Windows Media Center können Sie Kanäle, die Sie nicht interessieren, einfach ausblenden

Tipp

Direkt aus dem TV-Programm heraus können Sie ebenfalls Kanäle ausblenden. Dazu gehen Sie wie folgt vor:

1. Markieren Sie mit den Richtungstasten den TV-Kanal in der Sender-Spalte.
2. Drücken Sie die Funktionstaste (i).
3. Aus dem anschließenden Kontextmenü wählen Sie *Kanal ausblenden* aus (siehe Abbildung 17.8).

Daraufhin löscht Windows Media Center den Kanal aus der Kanalliste. Dabei behält der gelöschte Kanal seine Kanalnummer.

Über die im Menü dieser Seite enthaltenen Einträge *Alle auswählen* und *Alle löschen* lassen sich wahlweise alle TV-Kanäle zum Ein- bzw. Ausblenden vormerken. Nach dem Drücken der Richtungstaste (▶) gelangen Sie direkt in die Auflistung der zur Verfügung stehenden TV-Kanäle. Mit (▲) und (▼) können Sie dort einen Fernsehkanal markieren, um das dortige Kontrollkästchen durch Drücken der Taste (OK) zu aktivieren bzw. zu deaktivieren. TV-Kanäle, die im Windows Media Center-EPG berücksichtigt werden sollen (standardmäßig sind dies alle TV-Kanäle), müssen aktiviert und daher mit einem Häkchen versehen sein. Haben Sie Ihre individuelle

Zusammenstellung der gewünschten TV-Kanäle abgeschlossen, wählen Sie den Menüeintrag *Speichern* aus.

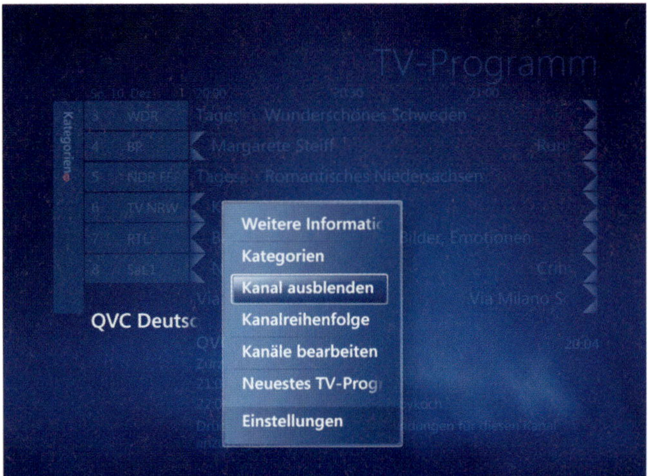

Abbildung 17.8 Im TV-Programm können Sie ebenfalls einen nicht gewünschten Kanal ausblenden

Sortierung von TV-Kanälen

Unabhängig oder ergänzend zur Ausblendung von Kanälen können Sie in Windows Media Center Ihren Lieblingssendern bestimmte Kanalnummern zuweisen.

Möchten Sie beispielsweise auf dem TV-Kanal mit der Nummer 7 den Fernsehsender »ProSieben« vorfinden, verändern Sie einfach die Reihenfolge der TV-Kanäle.

1. Wechseln Sie über den Windows Media Center-Bereich *Aufgaben* zu den *Einstellungen*.
2. Wählen Sie *TV* aus.
3. Sodann selektieren Sie *TV-Programm*, gefolgt von *Kanalreihenfolge ändern*.
4. Daraufhin bekommen Sie eine gleichnamige Seite angezeigt. Dort wechseln Sie mit der Richtungstaste ▶ der Fernbedienung in die Auflistung der TV-Kanäle.
   - Jetzt haben Sie die Möglichkeit, mit den Richtungstasten ▲ und ▼ das hinter einen TV-Kanal befindliche Aufwärts-Symbol zu markieren, um dieses mit Drücken von OK eine Position nach oben zu rücken und auf diese Weise seine Kanalnummer zu verändern.
   - Analog dazu ermöglicht Ihnen der Wechsel zur rechten Spalte mit der Richtungstaste ▶, das Abwärts-Symbol zu markieren und den betreffenden TV-Kanal durch Drücken der Taste OK eine Position nach unten zu verschieben.
5. Entspricht die neue Reihenfolge Ihren Vorstellungen, drücken Sie (gegebenenfalls zweimal) ◀, um schließlich den Menüeintrag *Speichern* zu selektieren.

Damit ist die von Ihnen eingestellte Kanalreihenfolge aktiv.

Aktualisierung von Programminformationen

Für bis zu 14 Tage im Voraus sind Programminformationen zu Sendungen im EPG von Windows Media Center enthalten. Zur zweckmäßigen EPG-Nutzung müssen die TV-Programmlisten für das TV-Programm des Windows Media Center kontinuierlich auf dem Laufenden gehalten werden. Somit ist in regelmäßigen Abständen eine Aktualisierung der EPG-Daten über das Internet erforderlich. Hierfür kennt Windows Media Center zwei Downloadmethoden:

- **Automatisch** Bei dieser Methode nimmt Windows Media Center eine automatische Aktualisierung der TV-Programmlisten vor. Dazu baut der Windows Vista-PC eine Internetverbindung auf, um die Programminformationen erfolgreich herunterzuladen.

Tipp

Bis zu welchem Datum der Windows Media Center-EPG Programminformationen enthält, können Sie auf der Seite *TV-Programm* nach Auswahl des Eintrags *Info zu TV-Programmlisten* bei *Enddatum* in Erfahrung bringen.

PROFITIPP 

Wann die automatische Aktualisierung stattfindet, lässt sich aus Windows Media Center heraus nicht beeinflussen. Jedoch können Sie über die Ereignisanzeige von Windows Vista zumindest herausfinden, wann Windows Media Center die nächste EPG-Aktualisierung durchzuführen gedenkt. Dazu rufen Sie über das Windows Vista-Startmenü die *Ereignisanzeige* auf und wechseln dort zum Anwendungs- und Dienstprotokoll *Media Center*, um sich das jüngste Ereignis der Quelle »ehSched« anzeigen zu lassen.

- **Manuell** In diesem Falle müssen Sie die EPG-Daten für Windows Media Center eigenhändig aktualisieren. Dazu führen Sie die folgenden Schritte aus:

1. Wechsel Sie zum Windows Media Center-Bereich *Aufgaben* und wählen dort *Einstellungen* aus.
2. Wählen Sie den Eintrag *TV* aus.
3. Nun selektieren Sie *TV-Programm* gefolgt von *Neueste TV-Programmlisten abrufen* und nehmen eine Bestätigung durch Drücken der Taste OK vor.

Sollte der Windows Vista-PC über keine aktive Internetverbindung verfügen, wird diese nun aufgebaut. Hören Sie ein kurzes »Beep«, ist die Aktualisierung der EPG-Daten abgeschlossen.

> **Tipp**
>
> Aus dem TV-Programm heraus können Sie ebenfalls eine sofortige Aktualisierung der Programminformationen initiieren. Dazu wechseln Sie mit den Richtungstasten in die Sender-Spalte, drücken ⓘ und wählen *Neuestes TV-Programm abrufen* aus.

Die Downloadmethode zur Aktualisierung der TV-Programmlisten wird im Rahmen der Einrichtung des TV-Programms festgelegt. Möchten Sie zur jeweils anderen Methode wechseln, brauchen Sie dafür keine erneute Einrichtung des TV-Programms vorzunehmen, denn dies geht viel einfacher:

1. Selektieren Sie im Windows Media Center-Bereich *Aufgaben* den Eintrag *Einstellungen*.
2. Wählen Sie *Allgemein* aus.
3. Daraufhin wählen Sie *Optionen für automatische Downloads* aus.
4. Die gewünschte Methode können Sie nun nach Auswahl der Option *Download bei bestehender Verbindung* oder *Manueller Download* einstellen.

> **Hinweis** 
>
> Findet die Aktualisierung der Programminformationen automatisch statt, kann es vorkommen, dass Ihr Windows Vista-PC sich mitten in der Nacht selbsttätig kurz einschaltet, um seine EPG-Daten auf den neuesten Stand zu bringen und danach wieder in den Schlafmodus zu verfallen. Wenn Sie dies nicht möchten, konfigurieren Sie Windows Media Center stattdessen für die Verwendung der manuellen Downloadmethode.

Im TV-Programm blättern

Um sich über die laufenden und künftigen Sendungen zu informieren, wechseln Sie zum *TV-Programm* von Windows Media Center. Dazu wählen Sie *TV-Programm* im Windows Media Center-Bereich *TV + Filme* aus oder drücken die Taste EPG auf der Fernbedienung. Standardmäßig zeigt der EPG nun Programminformationen beginnend mit dem zuletzt gewählten Fernsehprogramm an.

Das TV-Programm von Windows Media Center besitzt einen bestimmten Aufbau (siehe Abbildung 17.9):

- Im linken Bereich der Seite *TV-Programm* sind die TV-Kanäle aufgeführt.
- Für jeden Fernsehsender zeigt der Windows Media Center-EPG Informationen über Sendungen für den jeweiligen Zeitrahmen an, der in der Überschrift im oberen Bereich vermerkt ist. Die EPG-Übersicht beginnt dabei mit der aktuellen Uhrzeit.
- Unterhalb der im Stile einer Tabelle aufgebauten Sendungsübersicht zeigt Windows Media Center Informationen zur gerade markierten Sendung an. Für *Details* zur Sendung drücken Sie OK oder aber die Funktionstaste ⓘ, um den Eintrag *Programminfo* oder *Spielfilmdetails* im zugehörigen Kontextmenü auswählen.

Abbildung 17.9 Das *TV-Programm* von Windows Media Center

- Mit den Richtungstasten ▲ und ▼ auf der Fernbedienung bewegen Sie die Markierung auf- und abwärts, um zu erfahren, wie es um das aktuelle Programm der anderen Fernsehsender bestellt ist.
- Die Funktionstasten CH|PG +/– erlauben dabei ein seitenweises Blättern, was bei einer Vielzahl von TV-Kanälen sehr nützlich ist.
- Möchten Sie eine bestimmte – gerade laufende – Sendung ansehen, markieren Sie diese und drücken OK oder ▶, was Sie unmittelbar zum Live-TV dieses TV-Kanals führt.

> **Tipp** 
>
> Um sich gezielt über das Programm eines einzelnen Fernsehkanals zu informieren, drücken Sie die Richtungstaste ◀ so oft, bis der TV-Kanal selbst markiert ist (sich die Markierung also im linken Bereich auf der Seite *TV-Programm* befindet), um dann die Taste OK zu drücken.

Das Durchblättern der Programminformationen ist natürlich auch in horizontaler Richtung möglich:

- Mit den Richtungstasten ▶ und ◀ bewegen Sie die Markierung von Sendung zu Sendung für den jeweiligen TV-Kanal. Zugleich verändern Sie dadurch den Zeitrahmen, für den der EPG Programminformationen anzeigt.
- Zum schnellen Blättern verwenden Sie die Steuerungstasten ▶▶ und ◀◀, um durch die Programminformationen des TV-Kanals in Schritten von drei Stunden zu »springen«. Noch schneller sind Sie mit den Steuerungstasten ▶| und |◀ unterwegs, mit denen Sie zwölf Stunden durch den EPG springen.

Kategorien für das TV-Programm

Im TV-Programm sind zahlreiche Informationen enthalten. Um eine bessere Übersicht über Sendungen zu Themengebieten zu erhalten, die Sie momentan besonders interessieren, sieht Windows Media Center *Kategorien* vor. Diese ermöglichen es Ihnen, die Auflistung der Sendungen gezielt einzugrenzen.

Abbildung 17.10 *Kategorien* ermöglichen die Eingrenzung des TV-Programms auf bestimmte Sendungen

Kategorien aktivieren Sie wie folgt:

1. Als Erstes müssen Sie die Eingrenzung des TV-Programms auf eine bestimmte Kategorie einschalten. Dazu gibt es mehrere Wege:
   - Im TV-Programm bewegen Sie die Markierung mit den Richtungstasten der Fernbedienung nach ganz links zu *Kategorien*. Dann drücken Sie OK.
   - Alternativ greifen Sie nach der Markierung einer Sendung im TV-Programm auf die Funktionstaste (i) zurück, um aus dem anschließenden Kontextmenü *Kategorien* auszuwählen.
2. Daraufhin bekommen Sie im linken Bereich des Bildschirms eine Auflistung in Frage kommender Themengebiete angezeigt (siehe Abbildung 17.10).
3. Markieren Sie die gewünschte Kategorie mit den Richtungstasten ▼ und ▲.
4. Drücken Sie OK oder ▶, können Sie das nun auf die gewählte Kategorie eingegrenzte TV-Programm durchblättern – und beispielsweise eine Sendung, die Sie interessiert, zur Aufzeichnung vormerken.
5. Um die Eingrenzung wieder aufzuheben, gehen Sie wie bei der Auswahl einer bestimmten Kategorie vor, wählen diesmal aber *Alle* aus.

Tipp 

Die Kategorie *Meistgesehen* listet nur TV-Sendungen auf, die gemäß der im EPG enthaltenen Informationen häufig gesehen werden.

Mini-TV-Programm

Möchten Sie in Erfahrung bringen, was gerade wo läuft, oder welche Sendungen später auf einem Kanal laufen, bietet Windows Media Center alternativ zum kompletten TV-Programm das *Mini-TV-Programm* an. Dieses rufen Sie direkt vom Live-TV aus auf, sodass Sie gar nicht erst zum EPG bzw. ins TV-Programm wechseln brauchen:

- Während Sie ein Programm schauen, drücken Sie eine der Richtungstasten ▲ oder ▼.
- Daraufhin blendet Windows Media Center im unteren Bereich des Bildschirms nicht nur einen kurzen Hinweis zur laufenden Sendung (wie Sie ihn erhalten, wenn Sie zum einem bestimmten Kanal wechseln) ein: Vielmehr werden Ihnen jetzt etwas ausführlichere Informationen angezeigt (siehe Abbildung 17.12) – willkommen beim Mini-TV-Programm!

Tipp 

Genauso können Sie das Mini-TV-Programm auch durch Drücken der Taste (i) und anschließender Auswahl des Eintrags *Mini-TV-Programm* aus dem zugehörigen Kontextmenü zum Vorschein bringen.

Abbildung 17.11 Das normale Hinweis-Fenster, das nach dem Wechsel zu einem Kanal erscheint, ...

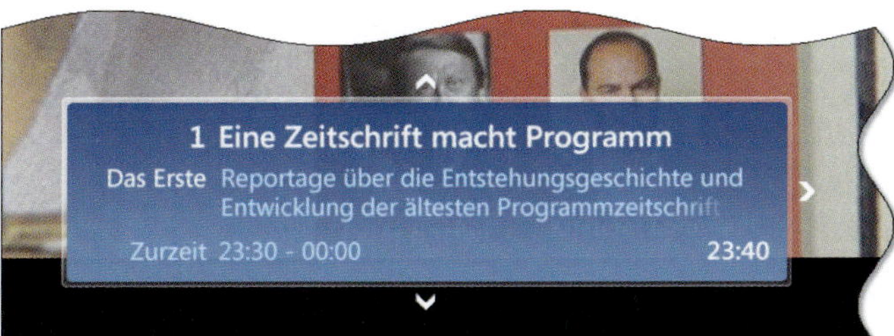

Abbildung 17.12 ... erweitern Sie durch Drücken der Richtungstasten nach oben oder unten zum *Mini-TV-Programm*, ...

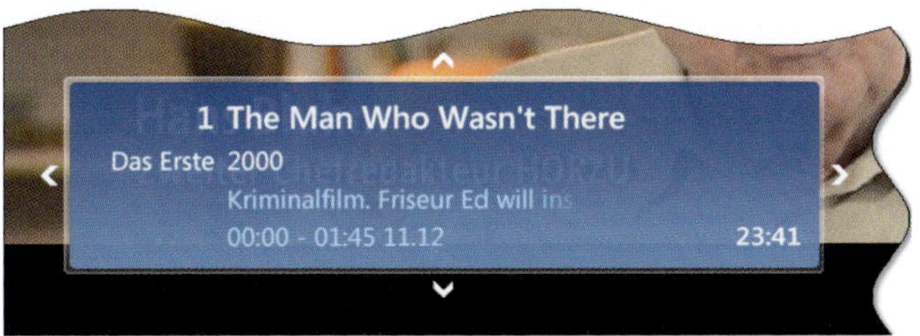

Abbildung 17.13 ... über das Sie zum Beispiel die nachfolgende(n) Sendung(en) rasch in Erfahrung bringen können

Das ist jedoch noch lange nicht alles:

- Durch Drücken der Richtungstaste ▶ auf der Fernbedienung (und späterem Drücken von ◀) erhalten Sie die Gelegenheit, das TV-Programm für den aktuell eingestellten Kanal durchzusehen.
- Drücken Sie OK, erhalten Sie die Seite *Programminfo* oder *Spielfilmdetails* angezeigt (je nachdem, um welche Sendung es sich handelt). Dort können Sie dann durch Auswahl von *Aufzeichnen* die ausgewählte Sendung zur Aufnahme vormerken.
- Darüber hinaus ist es möglich, im Mini-TV-Programm Programminformationen für andere Sender abzurufen. Dazu drücken Sie erneut die Richtungstasten ▲ oder ▼, um Ihre Kanäle der Reihe nach durchzublättern (oder zu einem davon mit OK zu wechseln).

PROFITIPP 

Die Richtung beim Durchblättern der Kanäle im Mini-TV-Programm ist genau umgekehrt zur Anordnung der Funktionstasten CH|PG +/– zum Umschalten zwischen den Kanälen: Wenn Sie die (auf der Fernbedienung oben zu findende) Richtungstaste ▲ drücken, wechseln Sie im Mini-TV-Programm zum vorherigen Kanal.

Dieses Verhalten können Sie wie folgt ändern:

1. Öffnen Sie den Registrierungs-Editor, indem Sie beispielsweise im Windows Vista-Startmenü **regedit** ↵ eintippen.
2. Wechseln Sie zum Schlüssel *HKLM\SOFTWARE\Microsoft\Windows\CurrentVersion\Media Center\Settings\VideoSettings*.
3. Dort weisen Sie dem Wert *ChannelBrowserArrowUpMeansChannelUp* den Inhalt **1** zu.
4. Starten Sie das Windows Media Center-Programm neu.

Wenn Sie nun im Mini-TV-Programm die Richtungstaste ▲ drücken, wechseln Sie zum nächsten Kanal.

Suchen

Zusätzlich zu TV-Programm und Mini-TV-Programm gestattet es Windows Media Center, nach den im EPG enthaltenen Programminformationen zu suchen – und so rasch herauszufinden, wann Ihre Lieblingssendungen laufen bzw. welche Sendungen anstehen, die Sie keinesfalls verpassen möchten. Als Erstes begeben Sie sich dazu in den Unterbereich *Suchen*, den der Windows Media Center-Bereich *TV + Filme* bereithält. Nun bieten Ihnen Windows Media Center mehrere Suchmodi an, von denen es einen auszuwählen gilt:

- **Titel oder Stichwort** Bei der Suche über den *Titel* muss der noch einzugebende Suchbegriff im Titel der Sendung vorkommen. Bei der Verwendung des Suchmodus *Stichwort* hingegen darf der Begriff entweder im Titel oder in der zugehörigen Programmbeschreibung zur Sendung enthalten sein.

  Haben Sie sich für eine Methode entschieden, verwenden Sie die Nummerntasten auf der Zehnertastatur der Windows Media Center-Fernbedienung, um das gewünschte Suchmuster einzutippen. Nach jeder Eingabe führt Windows Media Center nun eine Suche durch und listet alphabetisch alle Sendungen auf, auf die das bislang spezifizierte Suchmuster passt, das Sie auf Wunsch noch weiter verfeinern können.
- **Kategorie** Zur Suche anhand von Kategorien (und zwar weitaus detaillierter als die oben beschriebene Eingrenzung des TV-Programms) wählen Sie den Menüeintrag *Kategorien* aus.

- Mit den Richtungstasten ▲ und ▼ legen Sie jetzt die gewünschte Kategorie wie zum Beispiel *Film*, *Dokumentation* oder *Shows & Serien* fest.
- Nach der Selektion mit OK verfeinern Sie das Suchmuster mit einer weiteren, untergeordneten Kategorie, die sozusagen das Genre – *Bildung*, *Comedy*, *Krimi* etc. – innerhalb der eingangs gewünschten Kategorie darstellt. Ist kein passendes Genre dabei (die verfügbaren Genres variieren je nach Hauptkategorie), greifen Sie auf *Alle* zurück.

Durch Drücken von OK bekommen Sie dann genau die im TV-Programm enthaltenen Sendungen angezeigt, auf die das spezifizierte Suchmuster passt (siehe Abbildung 17.14). Durch Auswahl des entsprechenden Menüeintrags ändern Sie die Sortierung der Ergebnisse dabei zwischen *Datum* und *Name*. Bei der Datumssortierung wird neben dem Datum auch die Uhrzeit mit ausgewiesen. Erscheint bei der Namenssortierung für einen Eintrag anstatt eines Datums der Begriff *Weitere*, handelt es sich um eine Sendung, die mehrfach im EPG enthalten ist – also entweder um eine mehrteilige bzw. wöchentlich ausgestrahlte Sendung, eine Wiederholung, eine Kombination aus beidem oder eine Sendung, die zu unterschiedlichen Zeiten auf verschiedenen Kanälen ausgestrahlt wird (am Besten selektieren Sie einfach den Ergebnis-Eintrag, was Sie automatisch zur Datumsansicht führt).

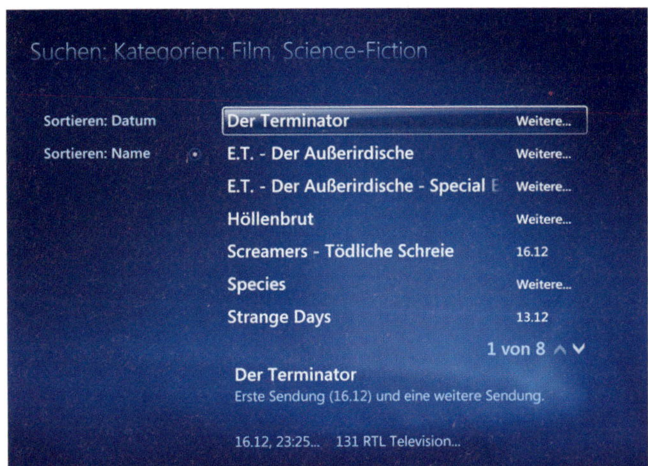

Abbildung 17.14 Sind Sie an bestimmten Sendungen interessiert, können Sie diese mit der *Suche* von Windows Media Center leicht ermitteln

Gleich, ob Sie Sendungen über ihren Titel, anhand von Stichwörtern oder über Kategorien suchen: Durch Drücken der Richtungstaste ▶ wechseln Sie in die Ergebnisliste. Dort können Sie die einzelnen Einträge einzeln oder seitenweise mit ▲ und ▼ oder CH|PG +/− durchblättern. Im unteren Bereich des Bildschirms blendet Windows Media Center dabei Informationen über die gerade markierte Sendung (Kurzbeschreibung, Sendetermin und Kanal) ein.

Windows Media Center als Videorekorder: TV-Aufzeichnungen

Mit Windows Media Center können Sie das laufende Fernsehprogramm nicht nur verfolgen, sondern Sendungen als *TV-Aufzeichnungen* auch aufnehmen. Timeshifting und der elektronische Programmführer verleihen Ihrem digitalen Videorekorder dabei besondere Fähigkeiten, die den Windows Vista-PC zu Ihrem *persönlichen Videorekorder*, kurz *PVR*, machen. Da Windows Vista außerdem die gleichzeitige Verwendung von zwei TV-Karten unterstützt, können Sie eine Sendung live anschauen und währenddessen eine andere Sendung aufzeichnen.

Wichtig 

Damit Windows Media Center geplante TV-Aufzeichnungen erfolgreich aufnehmen kann, dürfen Sie den Windows Vista-PC nicht ausschalten (und nicht vom Stromnetz trennen). Vielmehr müssen Sie den Computer in einen Energiesparmodus versetzen: Möchten Sie den Computer schlafen schicken, drücken Sie die Funktionstaste PC ⏻ auf der Windows Media Center-Fernbedienung. Nur dann kann der Windows Vista-PC zu gegebener Zeit von sich aus erwachen, um die Aufnahme durchzuführen.

Ebenso dürfen Sie den Windows Vista-PC nicht herunterfahren oder neu starten, falls der Computer gerade eine Sendung aufnimmt. In diesem Fall erscheint ein entsprechender Hinweis und Sie müssen dann über das weitere Vorgehen entscheiden. Genauso erhalten Sie eine Meldung, wenn der Windows Vista-PC mit einer TV-Karte ausgestattet ist, über die gerade eine Sendung aufgenommen wird, und Sie währenddessen versuchen, den TV-Kanal zu wechseln.

Funktionsweise von TV-Aufzeichnungen

Als digitaler Videorekorder speichert Windows Media Center TV-Aufnahmen als Mediendateien auf der Festplatte des Computers. TV-Aufzeichnungen weisen das Dateiformat *DVR-MS* auf. Hierbei handelt es sich um ein spezielles Container-Format von Microsoft, das sowohl Audio- als auch Videoinformationen enthält, die mit Hilfe des Verfahrens MPEG-2 Platz sparend gespeichert werden.

Tipp

Mit Hilfe des in Windows Vista enthaltenen *Windows Movie Maker* (siehe Kapitel 12) können Sie TV-Aufzeichnungen leicht schneiden.

Empfängt Ihr Windows Vista-PC ein analoges Fernsehsignal (analoges Antennen-/Kabelfernsehen oder externer Satelliten-Receiver, der das gewählte Programm auf analogem Wege zur TV-Karte des Computers schickt), muss der Windows Vista-PC eine Umwandlung in MPEG-2 durchführen, um Live-TV digital als Datei speichern zu können. Für DVB-T und DVB-S hingegen verhält es sich anders: Beim digitalen Antennen- oder Satelliten-Fernsehen bekommt der Windows Media Center die ausgestrahlten Informationen bereits digital im MPEG-2-Format serviert, sodass keine Umwandlung mehr erforderlich ist.

Wie viel Platz Ihnen für TV-Aufnahmen zur Verfügung steht, hängt allein vom freien Festplatten-Speicherplatz des Windows Vista-PCs ab. Als Leitlinie kann dabei gelten, dass sich auf einer Festplatte mit 80 GByte Speicherplatz rund 40 Stunden TV-Aufzeichnungen unterbringen lassen, während auf DVD-Rohlinge etwa zwei Stunden (knapp vier Stunden bei doppellagigen DVD-Rohlingen) passen – jeweils in guter Bildqualität. Exakt lässt sich der Speicherplatzbedarf nicht vorhersagen, da alles vom jeweiligen Ausgangsmaterial abhängt: Bei Sendungen mit vielen ruhigen Szenen verringert sich der MPEG-2-bedingte Speicherplatzbedarf, während Sendungen mit schnellen Bildwechseln mehr Speicherplatz in Anspruch nehmen.

Hinweis

Falls Ihr Computer das Fernsehsignal via DVB-T oder DVB-S empfängt und Daten somit in digitaler Form eintreffen, lässt sich die Aufzeichnungsqualität für TV-Aufnahmen nicht verändern. Entsprechende Einstellmöglichkeiten fehlen daher auf den entsprechenden Seiten im Windows Media Center-Programm.

Aufzeichnungsqualität von Windows Media Center	Ungefährer Bedarf an Festplatten-Speicherplatz pro Stunde
Optimal	3 GByte
Besser	2,6 GByte
Gut	2 GByte
Ausreichend	1,1 GByte

Tabelle 17.1 Wie viel Speicherplatz TV-Aufzeichnungen benötigen, bestimmt die eingestellte Aufzeichnungsqualität

Die für TV-Aufzeichnungen von Windows Media Center verwendete *Aufzeichnungsqualität* bestimmt maßgeblich den benötigten Speicherplatz sowie die Darstellungsqualität: Je größer der Speicherplatzbedarf ist, desto besser fällt auch die Qualität der Aufnahme aus. Um sich nicht in die Tiefen technischer Details und ihrer Bedeutung begeben zu müssen, benennt Windows Media Center die Aufzeichnungsqualität von *Ausreichend* bis *Optional* (siehe Tabelle 17.1). Bei der sparsamsten Stufe können Kameraschwenks oder schnelle Bildwechsel rasch eine deutlich sichtbare, unschöne »Klötzchenbildung« zur Folge haben. Für optischen Genuss mit maximalem Detailreichtum und bester Schärfe kommen Sie um die höchste Stufe nicht herum. Für normale Aufzeichnungen hingegen sind die Stufen *Gut* oder *Besser* ideal geeignet. Am besten führen Sie einige Probeaufnahmen in unterschiedlichen Qualitätsstufen durch, um so ein Gefühl dafür zu bekommen, was Sie erwarten dürfen.

Wichtig 

Löschen Sie TV-Aufzeichnungen von Zeit zu Zeit von der Festplatte des Windows Vista-PC (was Windows Media Center auch automatisch für Sie erledigen kann) oder lagern Sie Aufnahmen auf andere Festplatten bzw. DVDs, um Platz für weitere TV-Aufzeichnungen zu schaffen.

Standardvorgaben für TV-Aufzeichnungen

Bevor Sie Sendungen mit Windows Media Center aufnehmen, empfiehlt es sich, vorab die dabei zugrunde gelegten Einstellungen kurz zu prüfen. Dazu wählen Sie im Windows Media Center-Bereich *Aufgaben* zunächst *Einstellungen* und dann *TV* sowie *Rekorder* aus. Die hier hinterlegten, nachfolgend beschriebenen Standardeinstellungen wendet Windows Media Center auf alle anschließenden TV-Aufnahmen an.

Tipp 

Für jede einzelne TV-Aufzeichnung können Sie in Windows Media Center eine von diesen Standardeinstellungen abweichende, spezifische Aufzeichnungsqualität festlegen.

Rekorderspeicher

Welche Festplatten bzw. wie viel des dortigen Speicherplatzes Windows Media Center für TV-Aufzeichnungen in Anspruch nehmen soll, lässt sich nach Selektion des Menüeintrags *Rekorderspeicher* bestimmen (siehe Abbildung 17.15). Nach dem Drücken der Richtungstaste ▶ wechseln Sie dort in den Einstellungsbereich. Durch Markierung der Schaltflächen – oder + eines Feldes und anschließendem OK können Sie nun die jeweils zur Verfügung stehenden Vorgaben mit der Fernbedienung wechseln.

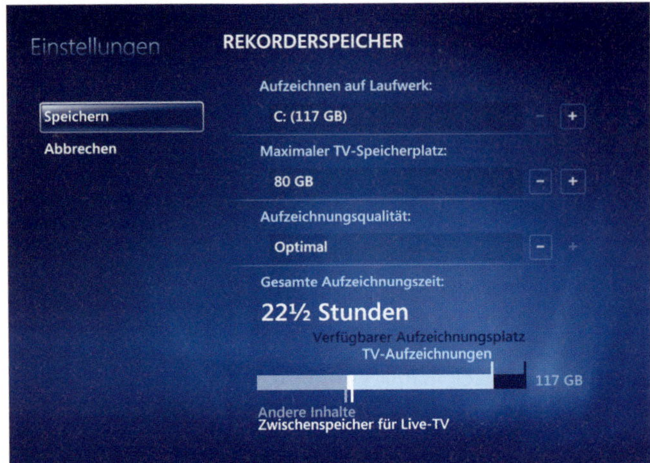

Abbildung 17.15 Auf der Seite *Rekorderspeicher* ist definiert, welche Festplatten und wie viel des dortigen Speicherplatzes Windows Media Center für TV-Aufzeichnungen und den Timeshift-Puffer für Live-TV nutzt

- Auf welchem Festplattenlaufwerk Windows Media Center TV-Aufzeichnungen speichern soll, ist im Feld *Aufzeichnen auf Laufwerk* verzeichnet. Hierfür kommen alle lokalen Laufwerke in Frage, die eine Kapazität von mindestens 8 GByte (5 GByte für TV-Aufzeichnungen plus 3 GByte für Live-TV) aufweisen. CD/DVD-Laufwerke Ihres Windows Vista-PCs sowie Laufwerke von Speicherkarten-Lesegeräten und USB-Sticks scheiden dabei allerdings ebenso aus wie Netzlaufwerke, die auf Festplatten anderer Computer im LAN verweisen. Standardmäßig legt Windows Media Center TV-Aufnahmen als Dateien im Ordner *TV-Aufzeichnungen* ab, der sich auf dem Festplattenlaufwerk C: unterhalb des Ordners *Öffentlich* befindet – sprich, *C:\Benutzer\Öffentlich\TV-Aufzeichnungen*.

Hinweis

Ist das Feld *Aufzeichnen auf Laufwerk* nicht zugänglich, besitzt Ihr Windows Vista-PC nur eine einzige Festplatte mit nur einem einzigen Laufwerk, dem Laufwerk C:. Haben Sie eine weitere Festplatte an den Windows Vista-PC angeschlossen, auf der sich mindestens ein Laufwerk befindet, lässt sich dieses hier auswählen. Verbinden Sie mit dem Computer eine externe Festplatte, die ein Laufwerk beherbergt, könnten Sie dieses als neuen Speicherort für TV-Aufzeichnungen verwenden (währenddessen dürfen Sie die externe Festplatte natürlich weder ausschalten noch vom Computer entfernen).

- Bei *Maximaler TV-Speicherplatz* ist hinterlegt, wie viel Speicherplatz des betreffenden Laufwerks Windows Media Center für TV-Aufzeichnungen benutzen kann. Sofern Sie hier nichts verändert haben, geht Windows Media Center davon aus, einen Großteil des Laufwerks C: zunutze machen zu können.
- Welche Qualität TV-Aufnahmen standardmäßig aufweisen sollen, ist im Feld *Aufzeichnungsqualität* eingetragen. Damit Sie sofort wissen, wie sich das Verhältnis von nutzbarem Speicherplatz zur Aufzeichnungsqualität auf die Länge aller TV-Aufnahmen auswirkt, informiert Sie Windows Media Center bei *Verfügbarer Aufzeichnungsplatz* über die wahrscheinliche Gesamtaufnahmekapazität.

Zu überwachende Ordner für TV-Aufzeichnungen

Möchten Sie, dass Windows Media Center in weiteren Ordnern auf lokalen Laufwerken nach TV-Aufzeichnungen Ausschau hält, können Sie diese nach Auswahl des Menüeintrags *Weitere Speicherorte für TV-Aufzeichnungen* spezifizieren. Ähnlich wie beim Hinzufügen und Löschen von zu überwachenden Ordnern für die Musik-, Bild- und Videobibliothek (siehe Abschnitt »Bibliothek-Setup: Von Windows Media Center überwachte Ordner« im Kapitel 14) haben Sie dort Gelegenheit, weitere Ordner anzugeben oder zusätzlich hinzugefügte wieder zu entfernen.

Hinweis 

Die Angabe von Ordnern auf Netzlaufwerken ist nicht möglich.

Standardeinstellungen für Aufnahmen

Auf welche Weise Windows Media Center bei TV-Aufzeichnungen zu Werke gehen soll, ist nach Auswahl des Menüeintrags *Standardeinstellungen für Aufnahmen* einseh- und veränderbar (siehe Abbildung 17.16).

Hinweis 

Da Sie auf Wunsch bei der Planung einer bestimmten TV-Aufzeichnung hiervon abweichende Aufnahmeeinstellungen verwenden können, stellen Sie hier solche Werte ein, die für die Mehrzahl Ihrer TV-Aufnahmen am besten geeignet sind.

Der Bereich *Standardwerte für Einzelaufzeichnungen* enthält Vorgaben, die für alle regulären TV-Aufnahmen Gültigkeit erlangen:

- **Beibehalten** Dieses Feld definiert, wie lange Windows Media Center TV-Aufzeichnungen behalten soll. Steht auf der Festplatte kein weiterer Speicherplatz zur Verfügung, merkt Windows Media Center bei Verwendung der Option *Bis Speicherplatz benötigt wird* TV-Aufzeichnungen zum Löschen vor. Benötigt Windows Media Center weiteren Speicherplatz für neue TV-Aufzeichnungen, werden diese TV-Aufzeichnungen dann gelöscht. Bei *1 Woche* hingegen versieht Windows Media Center TV-Aufzeichnungen erst eine Woche, nachdem Sie sie angesehen haben, mit einer solchen Löschmarkierung. *Bis ich die Aufzeichnung ansehe* hat zur Folge, dass Windows Media Center die Löschmarkierung direkt nach dem Ansehen der Aufnahme automatisch setzt. Möchten Sie ausschließlich selbst über das Löschen von TV-Aufzeichnungen entscheiden, hält Windows Media Center dafür die Option *Bis ich lösche* bereit.

Wichtig

Steht Windows Media Center kein freier Speicherplatz zur Verfügung, können keine weiteren TV-Aufzeichnungen stattfinden.

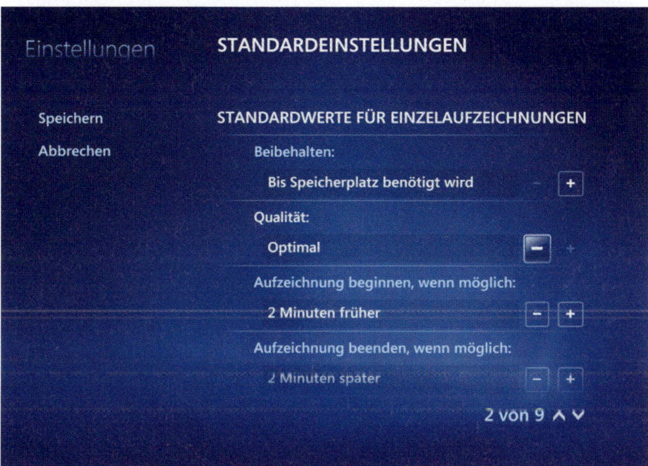

Abbildung 17.16 Bei den *Standardeinstellungen für Aufnahmen* ist festgelegt, wie Windows Media Center bei TV-Aufzeichnungen agiert

- **Qualität** Dieses Feld gibt die Aufzeichnungsqualität an (siehe Tabelle 17.1 auf Seite 317).
- **Aufzeichnung beginnen, wenn möglich** und **Aufzeichnung beenden, wenn möglich** Diese Felder legen fest, wie viele Minuten vor dem Beginn einer Sendung Windows Media Center mit der Aufnahme beginnen bzw. wie viele Minuten über das Ende der Sendung hinaus die Aufnahme fortgesetzt werden soll. Auf diese Weise lassen sich kleinere Zeitverschiebungen beim Start oder dem Ende von Sendungen automatisch ausgleichen – um so keinesfalls den Anfang oder den Schluss zu verpassen. TV-Aufzeichnungen können pünktlich stattfinden oder mit einer zeitlichen Ausdehnung um bis zu vier Minuten früher bzw. später erfolgen.

Hinweis 

Das von manchen Fernsehsendern ausgestrahlte VPS-Signal (VPS = Video Programming System), mit dem ein VPS-fähiger Videorekorder die Aufnahme auch dann pünktlich beginnen und beenden kann, wenn die Sendung später anfängt oder länger als vorgesehen dauert, wird von Windows Media Center nicht ausgewertet.

- **Bevorzugte Sprache** Gibt die Sprache für TV-Aufzeichnungen an, die im *Zweikanalton* ausgestrahlt werden. Dabei kommt *Deutsch* oder *Alle Sprachen* in Frage.

Bei *Standardwerte nur für Serienaufzeichnung* ist festgehalten, welche Regeln Windows Media Center auf die Aufnahme der Folgen von Serien anwenden soll:

- Der *Programmtyp* bestimmt, welche Ausstrahlung Windows Media Center aufzeichnen soll – denn manche Sendung wird nachmittags oder abends ausgestrahlt, und nachts oder am nächsten Vormittag wiederholt. Um nur die Erstausstrahlung aufzunehmen, ändern Sie die Standardeinstellung *Erste Sendung und Wiederholung* auf *Erste Sendung*. Soll Windows Media Center dagegen nur alle live ausgestrahlten Sendungen berücksichtigen, wählen Sie *Live* aus.
- Mitunter läuft ein und dieselbe Serie auf mehreren TV-Kanälen. Das Feld *Kanäle* weist Windows Media Center an, für die Serienaufzeichnung nur einen bestimmten Kanal oder aber alle verfügbaren Kanäle heranzuziehen.
- *Sendezeit* spezifiziert, ob alle Sendezeiten für die Serienaufzeichnung (Option *Jederzeit*) in Betracht kommen, nur eine Sendung pro Tag (Option *Jederzeit, einmal täglich*) oder aber ausschließlich Sendungen eines bestimmten Zeitpunkts (Option *Genaue Sendezeit*) aufgenommen werden sollen.
- Im Feld *Aufzeichnung behalten (max.)* ist vermerkt, wie viele Aufnahmen einer Serienaufzeichnung Windows Media Center behalten soll. Erscheint Ihnen die Standardeinstellung *Möglichst viel* nicht geeignet, können Sie die Anzahl der Aufnahmen einer Serie auf 10, 7, 6, 5, 4, 3, 2 oder 1 begrenzen. Auf diese Weise sorgen Sie bei Serienaufzeichnungen dafür, dass darüber hinausgehende, ältere Folgen einer Serienaufnahme automatisch gelöscht werden und dadurch mehr Speicherplatz für andere TV-Aufzeichnungen zur Verfügung steht.

Hinweis 

Wie im Abschnitt »Funktionsweise von TV-Aufzeichnungen« erläutert, lässt sich beim Empfang des Fernsehsignals über DVB-T oder DVB-S die Aufzeichnungsqualität für TV-Aufnahmen nicht verändern.

Sofortige Aufnahme

Die schnellste Methode, um zu einer TV-Aufnahme zu gelangen, besteht darin, während einer laufenden Sendung – also im Live-TV – auf der Fernbedienung die Steuerungstaste zu drücken und so eine *Sofortaufnahme* zu erstellen. Durch Drücken von und anschließender Bestätigung mit *Ja* lässt sich diese auf Wunsch wieder beenden. Die übrigen an dieser Stelle zur Verfügung stehenden Möglichkeiten sind bereits im Abschnitt »Zeitversetzt fernsehen über Timeshifting« eingehend dargestellt.

Tipp 

Ist Ihr Windows Vista-PC mit zwei TV-Karten ausgestattet, können Sie, während die Aufnahme eines Kanals läuft, gleichzeitig auf einen anderen TV-Kanal umschalten und das dort laufende Programm verfolgen – denn im Hintergrund setzt Windows Media Center die Aufnahme fort.

Möchten Sie die laufende Aufnahme abbrechen, führen Sie die folgenden Schritte aus:

1. Wählen Sie im Windows Media Center-Bereich *TV + Filme* den Eintrag *Aufzeichnungen* aus.
2. Blättern Sie die Auflistung der vorhandenen TV-Aufzeichnungen durch, um die laufende Aufnahme zu markieren. Diese ist mit einem kleinen roten Aufzeichnungssymbol gekennzeichnet.
3. Drücken Sie die Taste ⓘ auf der Fernbedienung.
4. Wählen Sie *Aufzeichnung beenden* im zugehörigen Kontextmenü aus und bestätigen Sie dies mit *Ja*.

Planung von TV-Aufzeichnungen

Für die Aufnahmeplanung stehen Ihnen bei Windows Media Center mehrere Möglichkeiten zur Verfügung.

Aufnahmeplanung über das TV-Programm

Dank des TV-Programms von Windows Media Center ist die Planung von TV-Aufzeichnungen – also die Programmierung von Sendungen, die Sie gerne aufnehmen möchten – sehr leicht:

1. Markieren Sie die gewünschte Sendung im TV-Programm.
2. Drücken Sie die Taste auf der Windows Media Center-Fernbedienung.

Anschließend wird die betreffende Sendung im TV-Programm mit dem neben stehenden Aufzeichnungssymbol versehen. 

Hinweis 

Möchten Sie nach Sendungen suchen, die für eine Aufnahme in Betracht kommen, stehen Ihnen dazu alle im Abschnitt »Im TV-Programm blättern« beschriebenen Merkmale zum Durchsuchen des TV-Programms zur Verfügung. Des Weiteren gestattet es Windows Media Center, nach Auswahl des Unterbereichs *Aufzeichnungen* im Bereich *TV + Filme* (zu dem Sie auch durch Drücken der Funktionstaste (TV Aufz.) gelangen können), über den in der Menüleiste enthaltenen Eintrag *Aufzeichnung hinzufügen* eine Planung zur Aufnahme für Sendungen durchzuführen.

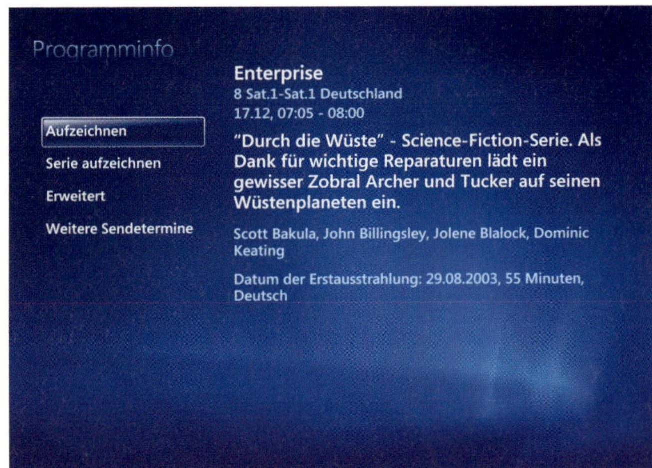

Abbildung 17.17 Über das TV-Programm von Windows Media Center lassen sich Aufnahmen leicht planen

Darüber hinaus wartet Windows Media Center mit weiteren Möglichkeiten zur Aufnahmeplanung auf:

- Wenn Sie *TV-Programm* im Windows Media Center-Bereich *TV + Filme* und daraufhin eine bevorstehende Sendung (also keine Sendung, die bereits jetzt läuft) auswählen, erscheint die Seite *Spielfilmdetails* oder *Programminfo*. Das dortige Menü wartet nun mit Einträgen auf, die insbesondere für die *Aufnahmeplanung* interessant sind (siehe Abbildung 17.17): Während die Selektion von *Aufzeichnen* bewirkt, dass Windows Media Center diese Sendung einmalig aufnimmt, können Sie sich mit Auswahl von *Weitere Sendetermine* darüber informieren, wann diese Sendung wiederholt wird oder wann (im Falle einer Serie) weitere Folgen laufen.

Spannend wird es, wenn es sich um eine Serie handelt, von der regelmäßig (typischerweise wöchentlich) eine neue Folge läuft. Denn dann teilen Sie Windows Media Center durch Auswahl von *Serie aufzeichnen* mit, dass Sie automatisch für jede Folge eine TV-Aufzeichnung wünschen – und zwar auch für Folgen, die noch gar nicht im TV-Programm erfasst sind. Windows Media Center versieht daraufhin jede Folge im TV-Programm mit dem nebenstehenden Serienaufzeichnungssymbol. Ebenso möglich ist es, die Serienaufzeichnung ohne den »Umweg« über die Seite *Programminfo* in die Wege zu leiten: Dazu brauchen Sie lediglich eine Folge der betreffenden Serie im TV-Programm von Windows Media Center zu markieren, um anschließend die Taste ● zweimal hintereinander zu drücken.

Gibt es eine Programmverschiebung, passt Windows Media Center seine Aufnahmeplanung für die betreffende Sendung automatisch an. Voraussetzung dafür ist allerdings, dass die Änderung in den EPG bereits Einzug gehalten hat und das TV-Programm zwischenzeitlich aktualisiert worden ist, sodass Windows Media Center von der Änderung Kenntnis besitzt.

Hinweis

Zur Aufnahme einzelner Sendungen sowie für die Serienaufzeichnung verwendet Windows Media Center die Einstellungen, die standardmäßig eingestellt sind (siehe Abschnitt »Standardvorgaben für TV-Aufzeichnungen«).

Soll die Aufzeichnung der gewählten Sendung mit anderen als den Standardeinstellungen erfolgen, wählen Sie auf der Seite *Spielfilmdetails* oder *Programminfo* anstatt *Aufzeichnen* bzw. *Serie aufzeichnen* den Eintrag *Erweitert* aus. Auf der anschließend angezeigten Seite *Einstellungen* können Sie dann detailliert einstellen, mit welcher Häufigkeit die Aufnahme erfolgen, wann Windows Media Center die Aufnahme der gewählten Sendungen beenden, welche Aufzeichnungsqualität die Aufnahme besitzen und ob diese mit einer Löschmarkierung versehen werden soll. Handelt es sich bei der zuvor ausgewählten Sendung um eine Folge einer Serie und stellen Sie *Serie aufzeichnen* im Feld *Häufigkeit* ein, können Sie diesbezügliche Einstellungen zur Serienaufzeichnung zudem in den Feldern *Beibehalten (max.)*, *Kanäle*, *Sendezeit* und *Programmtyp* vornehmen.

TV-Aufzeichnungen über Stichworte planen

Zusätzlich gestattet es Windows Media Center, Aufnahmen anhand von Stichworten zu planen. Dazu führen Sie die folgenden Schritte aus:

1. Zunächst wählen Sie im Windows Media Center-Bereich *TV + Filme* den Eintrag *Aufzeichnungen* (alternativ können Sie die Funktionstaste (TV Aufz.) drücken).
2. In der Menüleiste im oberen Bildschirmbereich wählen Sie sodann den Eintrag *Aufzeichnung hinzufügen* aus, woraufhin die Seite *Aufzeichnung hinzufügen* angezeigt wird.
3. Neben den Einträgen zur Aufnahmeplanung, die im Bereich *Programm oder Serie aufzeichnen* zu finden sind, enthält der Bereich *Eigene Aufzeichnung erstellen mit* unter anderem den Eintrag *Stichwort*. Selektieren Sie diesen, erscheint die Seite *Stichwort hinzufügen*.

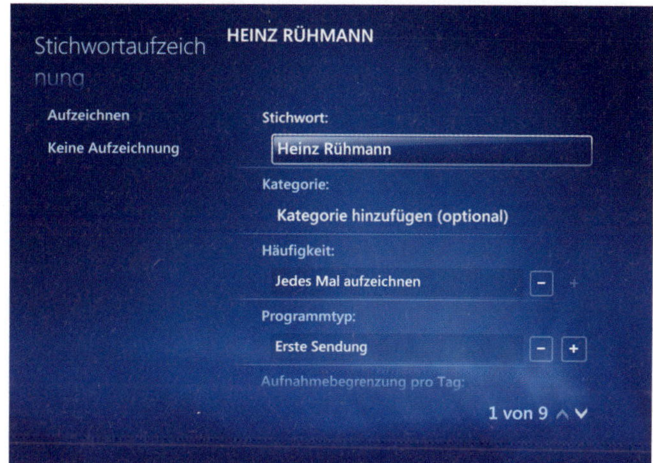

Abbildung 17.18 Mit der *Stichwortaufzeichnung* gestattet es Ihnen Windows Media Center, alle Sendungen aufzunehmen, auf die ein bestimmtes Stichwort zutrifft

4. Dort können Sie anschließend ein Stichwort festlegen und dieses auf Wunsch über eine Kategorie weiter eingrenzen. Nach Auswahl mit (OK) bietet Ihnen Windows Media Center dann die Möglichkeit, spezifische Einstellungen festzulegen (siehe Abbildung 17.18).
5. Ist alles wunschgemäß eingestellt, wählen Sie den Menüeintrag *Aufzeichnen* aus. Daraufhin zeigt Ihnen Windows Media Center eine Liste aller momentan im TV-Programm enthaltenen Sendungen an, die gemäß Ihrer Stichwortaufzeichnung automatisch aufgenommen werden. Um die Vorgaben noch einmal zu verifizieren oder abzuändern, selektieren Sie dort den Menüeintrag *Einstellungen*. Andernfalls wählen Sie den Menüeintrag *OK* aus.

Künftig achtet Windows Media nun im TV-Programm auf Sendungen, auf die das angegebene Stichwort zutrifft. Diese Sendungen werden dann automatisch aufgezeichnet.

TV-Aufzeichnungen manuell planen

Selbstverständlich können Sie TV-Aufzeichnungen auch dann planen, wenn hierfür keine Informationen im TV-Programm vorliegen. Auf diese Weise können Sie auch Sendungen, die sich erfahrungsgemäß schon einmal um einige Zeit nach vorne oder hinten verschieben, unabhängig von den im TV-Programm verzeichneten Start- und Endzeiten so programmieren, dass Sie nichts von dem verpassen, was für Sie wichtig ist.

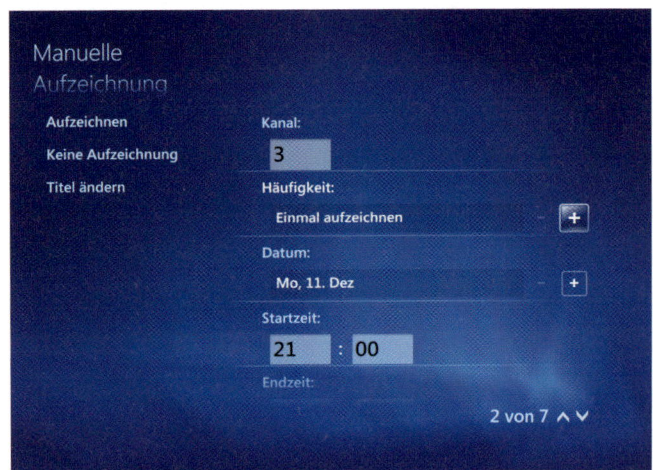

Abbildung 17.19 Windows Media Center kann TV-Aufzeichnungen auch manuell ohne Verwendung des TV-Programms planen

Zur manuellen Aufnahmeplanung führen Sie die folgenden Schritte aus:

1. Im Windows Media Center-Bereich *TV + Filme* wählen Sie *Aufzeichnungen* aus. Alternativ können Sie die Funktionstaste (TV Aufz.) drücken.
2. Wählen Sie *Aufzeichnung hinzufügen* über die Menüleiste im oberen Bildschirmbereich aus.
3. Im Bereich *Eigene Aufzeichnung erstellen mit* selektieren Sie den Eintrag *Kanal und Zeit* aus.
4. Daraufhin bekommen Sie die Seite *Manuelle Aufzeichnung* angezeigt (siehe Abbildung 17.19). Über die dort zur Verfügung stehenden Felder lässt sich im Einzelnen bestimmen, von welchem TV-Kanal Windows Media Center um welche Uhrzeit die Sendung einmalig oder als Serienaufzeichnung aufnehmen soll.

Mit der Auswahl des Menüeintrags *Aufzeichnen* fügen Sie diese manuelle Aufnahme schließlich den geplanten TV-Aufzeichnungen von Windows Media Center hinzu.

Soll Windows Media Center diese TV-Aufzeichnung unter einem anderen Namen als das nichts sagende »Manuelle Aufzeichnung« führen, selektieren Sie den Menüeintrag *Titel ändern* und geben eine aussagekräftigere Bezeichnung an.

Überblick der geplanten TV-Aufzeichnungen

Wenn Sie Windows Media Center häufiger zur Aufnahme von Sendungen nutzen, ist es wichtig, schnell herausfinden zu können, welche TV-Aufzeichnungen bereits geplant sind. Hierzu führen Sie die folgenden Schritte aus:

1. Begeben Sie sich zu den *Aufzeichnungen* im Windows Media Center-Bereich *TV + Filme*.
2. Selektieren Sie in der Menüleiste im oberen Bildschirmbereich den Eintrag *Geplante Aufzeichnungen anzeigen*.
3. Windows Media Center zeigt Ihnen darauf die anstehenden Aufnahmen auf der Seite *Geplant* an.

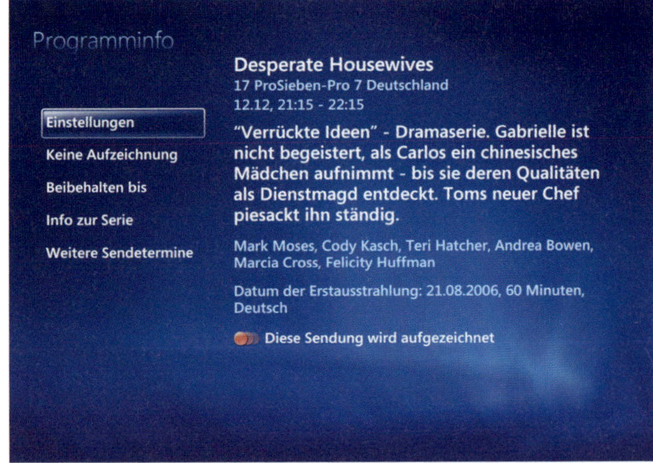

Abbildung 17.20 Eine geplante TV-Aufzeichnung anpassen

Wählen Sie hier eine geplante TV-Aufzeichnung aus, bekommen Sie darüber auf der Seite *Programminfo* oder *Spielfilmdetails* weitere Informationen angezeigt (siehe Abbildung 17.20). Über das dortige Menü können Sie

- die Einstellungen dieser geplanten TV-Aufzeichnung ändern (Eintrag *Einstellungen*),

- die Aufnahme der Sendung abbrechen (Eintrag *Keine Aufzeichnung*),
- den frühesten Zeitpunkt für das Löschen der Aufnahme bestimmen (Eintrag *Beibehalten bis*),
- sich über weitere Folgen dieser Serienaufzeichnung informieren (Eintrag *Info zur Serie*) und
- nachsehen, ob bzw. wann diese Sendung wiederholt wird und oder weitere Folgen gesendet werden, sofern es sich um die Folge einer Serie handelt (Eintrag *Weitere Episoden*).

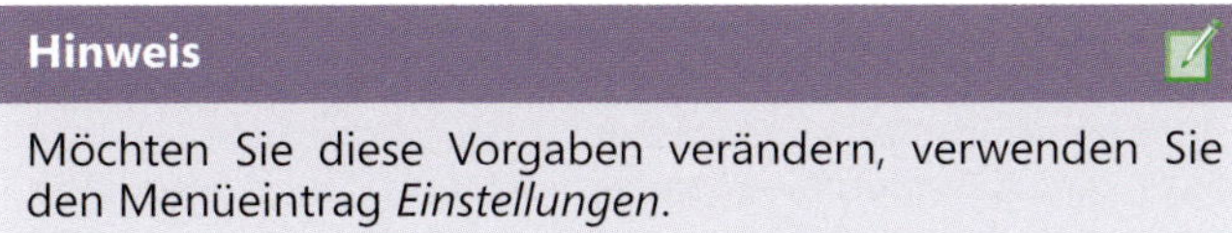

Hinweis

Möchten Sie diese Vorgaben verändern, verwenden Sie den Menüeintrag *Einstellungen*.

Zur Eingrenzung der auf der Seite *Geplant* zu findenden Übersicht aller anstehenden Aufnahmen beispielsweise auf Serienaufzeichnungen verwenden Sie den Menüeintrag *Serien*. Sodann wird Ihnen eine Liste aller im Rahmen von Serien- und Stichwortaufzeichnungen geplanten Aufnahmen angezeigt.

Verlauf: Bisher erstellte TV-Aufzeichnungen

Last, but not least bietet Ihnen Windows Media Center an dieser Stelle auch die Möglichkeit, sich über die zurückliegenden Aufnahmeaktivitäten – den *Aufzeichnungsverlauf* oder nur kurz *Verlauf* – zu informieren. Möchten Sie einen Blick in diese Historie werfen, selektieren Sie auf der Seite *Geplant* den Menüeintrag *Verlauf*.

Im Aufzeichnungsverlauf ist der Status für jede TV-Aufzeichnung festgehalten. Während *Aufgezeichnet*, *Abgebrochen* und *Gelöscht* selbsterklärend sind, liefert die Selektion eines mit dem Status *Nicht aufgezeichnet* oder *Teilweise* versehenen Eintrags Aufschluss darüber, warum die Aufnahme nicht wie vorgesehen stattgefunden hat. Gründe hierfür können beispielsweise die Überschneidung mit einer anderen TV-Aufnahme oder das verspätete Einschalten des Windows Vista-PCs sein.

Aufzeichnungsüberschneidungen: Konflikte lösen

Wenn Sie häufiger Sendungen mit Windows Media Center aufzeichnen, entstehen unter Umständen Konflikte in Form von *Aufzeichnungsüberschneidungen*. Sind beispielsweise mehrere Serien- oder Stichwortaufzeichnung gleichzeitig aktiv, besteht die Möglichkeit, dass sich mehrere Sendungen überschneiden und Windows Media Center somit nicht alle davon aufzeichnen kann. Ebenso kann es vorkommen, dass Programmverschiebungen zu Aufzeichnungsüberschneidungen führen.

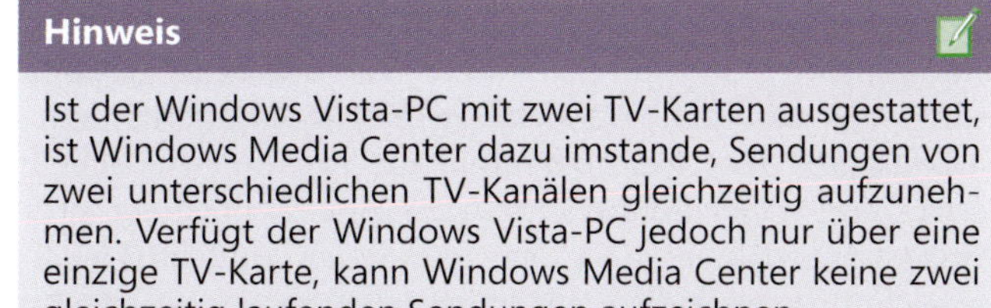

Hinweis

Ist der Windows Vista-PC mit zwei TV-Karten ausgestattet, ist Windows Media Center dazu imstande, Sendungen von zwei unterschiedlichen TV-Kanälen gleichzeitig aufzunehmen. Verfügt der Windows Vista-PC jedoch nur über eine einzige TV-Karte, kann Windows Media Center keine zwei gleichzeitig laufenden Sendungen aufzeichnen.

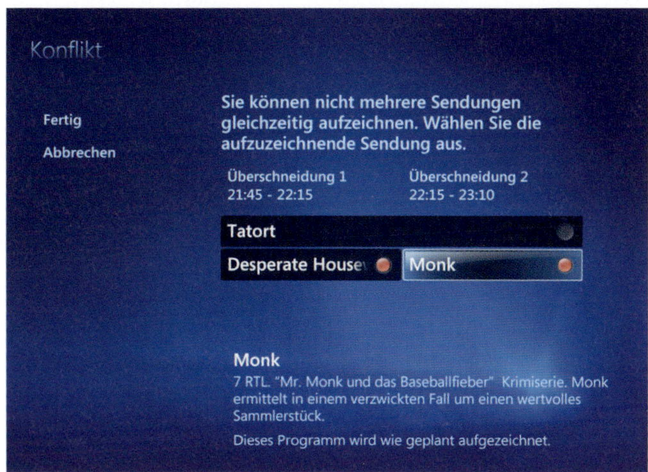

Abbildung 17.21 Lösen von Aufnahmekonflikten

Stellt Windows Media Center Aufnahmekonflikte fest, werden Sie darauf mit einer entsprechenden Meldung aufmerksam gemacht (siehe Abbildung 17.21). Dann müssen Sie sich entscheiden: Die Sendung, die Sie aufnehmen möchten, markieren Sie mit den Richtungstasten der Fernbedienung und drücken auf OK. Mit Auswahl von *Fertig* wird diese Änderung dann gespeichert.

Falls Sie die Aufzeichnungsüberschneidung nicht manuell korrigieren (etwa, weil Sie im Urlaub sind), führt Windows Media Center automatische eine Korrektur von Aufzeichnungsüberschneidungen durch. Wird eine Sendung wiederholt, weicht Windows Media Center von sich aus darauf aus. Ist dies jedoch nicht möglich, entscheidet Windows Media Center anhand der folgenden Kriterien, welche Sendung aufgenommen und welche nicht aufgezeichnet wird:

- Einmalige TV-Aufzeichnungen, die nicht aufgrund einer Serien- oder Stichwortaufzeichnung erfolgen, genießen Vorrang.
- Anschließend berücksichtigt Windows Media Center die *Aufzeichnungspriorität* von Serien- oder Stichwortaufzeichnungen.

- Hilft auch das nicht, entscheidet zu guter Letzt, welche Aufnahme zuerst geplant worden ist.

Wie es um die Aufzeichnungspriorität von Serien- und Stichwortaufzeichnungen bestellt ist, erfahren Sie bei der Bearbeitung geplanter TV-Aufzeichnungen auf der Seite *Geplant*, indem Sie dort den Menüeintrag *Serien* selektieren. Eine gleichnamige Seite listet daraufhin die von Ihnen erstellten Serien- und Stichwortaufzeichnungen in der Reihenfolge ihrer Priorität auf (definieren Sie eine neue Serien- oder Stichwortaufzeichnung, wird diese am Ende der Liste einsortiert und erhält somit die niedrigste Priorität). Um die Priorität einer Serien- und Stichwortaufzeichnung zu ändern, selektieren Sie den Menüeintrag *Einstellungen*, was Sie zur Seite *Aufzeichnungspriorität* führt. Wenn Sie hier nun eine geplante TV-Aufzeichnung an eine andere Position verschieben, ändern Sie damit gleichzeitig auch deren Aufzeichnungspriorität.

Geplante TV-Aufzeichnungen löschen

Möchten Sie eine Sendung doch nicht aufzeichnen, können Sie die geplante TV-Aufzeichnung jederzeit wieder entfernen. Handelt es sich lediglich um eine einzelne Sendung, wählen Sie diese beispielsweise im TV-Programm oder der Auflistung geplanter TV-Aufzeichnungen aus, um zur Seite *Programminfo* oder *Spielfilmdetails* zu gelangen. Das dortige Menü hält den Eintrag *Keine Aufzeichnung* bereit. Wenn Sie diesen selektieren, nimmt Windows Media Center die betreffende Sendung nicht auf.

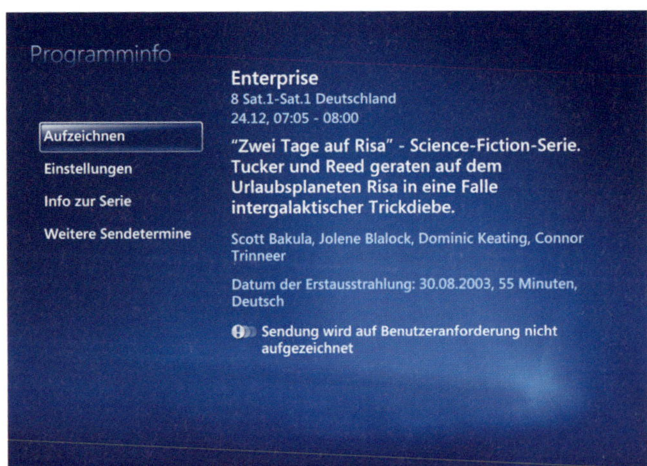

Abbildung 17.22 Sendungen, die zu einer Serien- oder Stichwortaufzeichnung gehören, für die Sie jedoch keine Aufzeichnung angegeben haben, werden im TV-Programm entsprechend gekennzeichnet

Handelt es sich bei der gelöschten Sendung um die Folge einer Serien- oder Stichwortaufzeichnung, nimmt Windows Media Center lediglich die ausgewählte Folge nicht auf. Um die komplette Serien- oder Stichwortaufzeichnung zu löschen, müssen Sie auf der Seite *Programminfo* bzw. *Spielfilmdetails* stattdessen den Menüeintrag *Info zur Serie* selektieren und auf der folgenden Seite *Serie abbrechen* auswählen.

> **Hinweis**
>
> Haben Sie Windows Media Center angewiesen, eine einzelne Folge von einer Serien- oder Stichwortaufzeichnung nicht aufzunehmen, wird die betreffende Sendung mit dem Hinweis *Sendung wird auf Benutzeranforderung nicht aufgezeichnet* gekennzeichnet (siehe Abbildung 17.22). Falls dies versehentlich passiert ist und Sie diese Folge doch aufnehmen möchten, wählen Sie die Sendung über das TV-Programm von Windows Media Center aus und selektieren auf der Seite *Programminfo* bzw. *Spielfilmdetails* den Menüeintrag *Aufzeichnen*.

Aufgenommene Sendungen anschauen

Haben Sie mit Windows Media Center aufgezeichnet, warten diese TV-Aufzeichnungen darauf, von Ihnen angesehen zu werden. Dazu gehen Sie wie folgt vor:

1. Über den Windows Media Center-Bereich *TV + Filme* wechseln Sie zu Aufzeichnungen. Alternativ können Sie auch die Funktionstaste (TV Aufz.) auf der Windows Media Center-Fernbedienung verwenden.
2. Dadurch gelangen Sie zum Unterbereich *Aufzeichnungen*. Dort werden alle TV-Aufzeichnungen mit großem Vorschaubild im Stile eines Filmstreifens angezeigt (siehe Abbildung 17.23).

Abbildung 17.23 *Aufzeichnungen* liefert einen Überblick über alle vorhandenen TV-Aufzeichnungen

Die Art der Darstellung können Sie dabei verändern:

- Um eine am Datum orientierte Auflistung der TV-Aufnahmen zu erhalten (für ältere Aufnahmen bewegen Sie die Markierung dann nach rechts), wählen Sie *Aufzeichnungsdatum* in der Menüleiste im oberen Bildschirmbereich aus. Je weiter Sie nach rechts gelangen, desto älter sind dann die Aufnahmen, die Ihnen Windows Media Center anzeigt.
- Gibt es sehr viele TV-Aufzeichnungen, erweist sich diese Darstellung mit großem Vorschaubild als zu unübersichtlich. In diesem Fall können Sie durch Drücken von ⓘ auf der Fernbedienung und Auswahl von *Liste anzeigen* zur Listenansicht wechseln (siehe Abbildung 17.24). Um wieder zur Ansicht mit großem Vorschaubild zu gelangen, drücken Sie erneut die Funktionstaste ⓘ, wählen dort aber von ⓘ *Groß anzeigen* aus.

Abbildung 17.24 In der *Listenansicht* ist mehr Platz für eine Übersicht vieler TV-Aufzeichnungen vorhanden

- Ebenso bietet Windows Media Center Ihnen auf Wunsch eine Auflistung, die sich am Namen der TV-Aufzeichnungen orientiert. Dazu wählen Sie in der Menüleiste den Eintrag *Titel* aus. Das Schöne hieran: Bei Serienaufzeichnungen zeigt Ihnen Windows Media Center nur ein einziges Vorschaubild an und vermerkt darunter, wie viele Folgen hiervon als TV-Aufzeichnungen existieren (die Sie dann nach Selektion des Eintrags zur Wiedergabe auswählen können).

Hinweis

Im Gegensatz zu Bildern, Musik und Videos speichert Windows Media Center TV-Aufzeichnungen nicht in einem Ordner unterhalb Ihres persönlichen Benutzerordners, sondern einheitlich für alle Benutzer im Ordner *TV-Aufzeichnungen*, der sich standardmäßig unterhalb des Ordners *C:\Benutzer\Öffentlich* befindet. TV-Aufzeichnungen besitzen das Dateiformat *DVR-MS*, die entsprechenden Mediendateien sind ebenfalls mit dieser Namenserweiterung versehen.

Um eine Aufnahme anzuschauen, markieren Sie diese und drücken die Steuerungstaste ▶ auf der Fernbedienung. Genauso möglich ist es, die Funktionstaste ⓘ zu drücken und *Wiedergabe* im zugehörigen Kontextmenü zu selektieren. Wählen Sie in diesem Kontextmenü stattdessen *Programminfo* bzw. *Spielfilmdetails* aus, erscheint eine gleichnamige Seite, die Details zur betreffenden Sendung bereithält.

Tipp

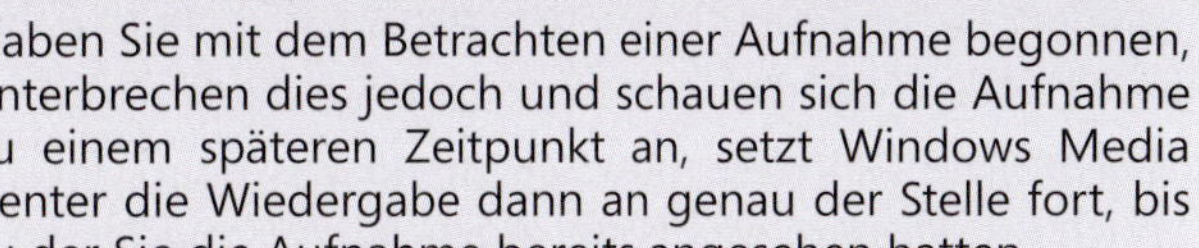

Haben Sie mit dem Betrachten einer Aufnahme begonnen, unterbrechen dies jedoch und schauen sich die Aufnahme zu einem späteren Zeitpunkt an, setzt Windows Media Center die Wiedergabe dann an genau der Stelle fort, bis zu der Sie die Aufnahme bereits angesehen hatten.

Während der Wiedergabe einer TV-Aufzeichnung halten Sie mit der Windows Media Center-Fernbedienung alle Macht in Ihrer Hand:

- Werbung am Anfang zum Beispiel können Sie mit der Steuerungstaste ⏭ in Intervallen von 29 Sekunden überspringen (7 Sekunden zurück geht es dann mit ⏮).
- Genauso gestatten die Steuerungstasten ⏪ und ⏩ ein schnelles Vor- und Rückspulen in mehreren Geschwindigkeiten, mit denen Sie Werbeintervalle rasch hinter sich lassen.
- Und um sich kurz etwas Leckeres zu trinken zu holen, drücken Sie einfach auf ⏸ und hinterher wieder auf ▶.
- Drücken Sie hingegen nach ⏸ entweder ⏩ oder ⏭, erhalten Sie eine Zeitlupen- bzw. Einzelbildwiedergabe.

Abbildung 17.25 Bei der Übersicht von TV-Aufzeichnungen anhand von *Titel* sehen Sie leicht, wenn Windows Media Center mehrere Folgen einer Serie aufgezeichnet hat

Haben Sie die TV-Aufzeichnung angeschaut und möchten Sie diese nunmehr explizit löschen, um Speicherplatz auf der Festplatte des Windows Vista-PCs freizugeben, gibt es ebenfalls mehrere Möglichkeiten, aus denen Sie wählen können:

- Beispielsweise ist ein Löschen direkt aus dem Unterbereich *Aufzeichnungen* heraus möglich. Dort markieren Sie zunächst die zu löschende Aufnahme mit den Richtungstasten, um anschließend die Taste ⓘ zu drücken und den Eintrag *Löschen* aus dem zugehörigen Kontextmenü auszuwählen. Bestätigen Sie Ihr Vorhaben mit *Auswahl* mit *Ja*.
- Auf dieselbe Weise können Sie eine Aufnahme auch dann löschen, wenn Sie diese gerade anschauen.

Haben Sie die Aufnahme bis zum Schluss gesehen, zeigt Windows Media Center *Beendet* und ein kleines Menü an. Auch über den dortigen Eintrag *Löschen* können Sie die TV-Aufzeichnung von der Festplatte löschen. Selektieren Sie hier dagegen den Eintrag *Beibehalten*, bietet Ihnen die Seite *Beibehalten bis* die Gelegenheit, Windows Media Center mitzuteilen, wie lange Sie die TV-Aufzeichnung noch behalten möchten (etwa, bis Speicherplatz benötigt wird oder ein bestimmtes Datum erreicht ist).

TV-Aufzeichnungen brennen

Mit Windows Media Center lassen sich TV-Aufzeichnungen auch auf CD/DVD brennen. Neben der Übertragung auf eine Daten-CD/DVD ist dabei vor allem die Möglichkeit interessant, die im Dateiformat DVR-MS vorliegenden TV-Aufzeichnungen auf eine Video-DVD zu brennen, die sich in jedem DVD-Player wiedergeben lässt.

Dazu gehen Sie wie folgt vor:

1. Legen Sie einen beschreibbaren Datenträger in den DVD-Brenner Ihres Windows Vista-PCs ein.
2. Begeben Sie sich über den Bereich *TV + Filme* in den Unterbereich *Aufzeichnungen*, falls Sie sich nicht bereits dort befinden.
3. Markieren Sie die gewünschte TV-Aufzeichnung, um die Taste ⓘ zu drücken und den Eintrag *Brennen* aus dem zugehörigen Kontextmenü auszuwählen.
4. Nun erscheint die Seite *Datenträgerformat auswählen*, wo Sie die Option *Video-DVD* aktivieren müssen.
5. Ist der in den DVD-Brenner eingelegte Datenträger nicht leer, können Sie darauf befindliche Daten durch Auswahl von *Datenträger löschen* entfernen.
6. Anschließend versehen Sie die Video-DVD mit einem Namen. Auf Wunsch können Sie durch Auswahl des Menüeintrags *Mehr hinzufügen* weitere TV-Aufzeichnungen (oder Videodateien) angeben, die ebenfalls mit auf den Datenträger übertragen werden sollen.
7. Wählen Sie *DVD brennen* aus und bestätigen die anschließende Abfrage mit *Ja*, um die Erstellung der Video-DVD zu initiieren.

Das Fenster *Status des Brennvorgangs* informiert Sie sodann über den Fortschritt.

Hinweis

Je nach Größe der angegebenen TV-Aufzeichnung kann die Erstellung der Video-DVD einige Zeit in Anspruch nehmen.

Weitere Einstellungen für TV

Rund ums Fernsehen wartet Windows Media Center mit einer Reihe von Einstellungen auf. Das Gros davon haben Sie auf den vorangegangenen Seiten bereits kennen gelernt. Einstellungen zur Konfiguration des TV-Programms zum Beispiel sind im Abschnitt »TV-Programm: Die Fernsehzeitschrift von Windows Media Center« beschrieben. Genauso werden im Abschnitt »Windows Media Center als Videorekorder: TV-Aufzeichnungen« Einstellungen erläutert, die für TV-Aufzeichnungen relevant sind.

Darüber hinaus kennt Windows Media Center noch ein paar weitere Einstellungen, die nachfolgend beschrieben sind.

- **Audio und Untertitel** Die TV-Einstellungen beinhalten auch Vorgaben, die das Audioverhalten betreffen. Zu diesen gelangen Sie, indem Sie im Windows Media Center-Bereich *Aufgaben* zunächst *Einstellungen* und dann *TV* selektieren:

- **Audio-Einstellungen** Wählen Sie den Menüeintrag *Audio*, bekommen Sie die Seite *TV-Audio* angezeigt. Dieses enthält lediglich das Feld *Audio*: Dort legen Sie fest, ob Sie den Ton in *Stereo* oder als *Zweikanalton*, wie er bei manchen Sendungen ausgestrahlt wird, hören möchten.
- **Untertitel** Selektieren Sie den Menüeintrag *Untertitel*, führt Sie dies zu einer gleichnamigen Seite. Dort können Sie bei *Untertitelanzeige* angeben, wie Windows Media Center mit Untertiteln verfahren soll, falls diese ausgestrahlt werden. Standardmäßig blendet Windows Media Center Untertitel automatisch dann ein, wenn Sie während der Wiedergabe den Ton durch Drücken der Funktionstaste  ausschalten. Falls gewünscht, können Sie die Anzeige von Untertiteln an dieser Stelle dauerhaft ein- oder ausschalten. Wichtig in diesem Zusammenhang ist auch das Feld *Seite für Videotextuntertitel*: Dort müssen Sie angeben, auf welcher Videotextseite (häufig verwenden Fernsehsender für Untertitel die Videotextseite 150) Windows Media Center Untertitel findet.

Hinweis

Beim Empfang des Fernsehsignals via DVB-T oder DVB-S lassen sich keine Untertitel anzeigen, da bei dieser Empfangsart Videotext nicht direkt unterstützt wird und somit keine Untertitel aus den Videotext-Informationen extrahiert werden können.

- **Anzeige von Benachrichtigungen in der Taskleiste** Zusätzlich verfügt Windows Media Center über Einstellungen, die zwar auch für den Fernsehgenuss von Bedeutung, aber im Windows Media Center-Unterbereich *Einstellungen* bei den allgemeinen Einstellungen – und nicht im Untermenü TV – zu finden sind. Wählen Sie nach *Allgemein* den Menüeintrag *Start- und Anzeigeverhalten* aus, gelangen Sie zur gleichnamigen Seite, auf der die relevanten Einstellungen zu finden sind.

  Interessant ist hier die Option *Taskleistenbenachrichtigungen anzeigen*. Diese ist dann von Bedeutung, wenn Sie Windows Media Center nicht in der Vollbilddarstellung, sondern zum Programmfenster verkleinert nutzen: In diesem Falle werden Windows Media Center-spezifische Meldungen im Infobereich der Taskleiste anzeigt – etwa dann, wenn eine Aufnahme erfolgt (siehe Abbildung 17.26) oder eine Aktualisierung von Programminformationen für das TV-Programm erfolgt. Möchten Sie von solchen Benachrichtigungen unbehelligt bleiben, um sich ungestört auf die Arbeit mit anderen Anwendungen konzentrieren zu können, schalten Sie diese Option aus.

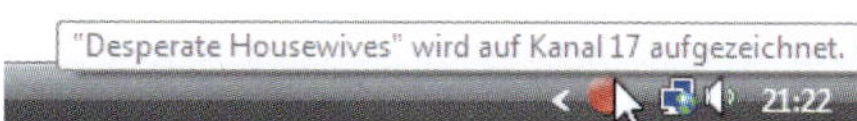

Abbildung 17.26 Bei Bedarf schalten Sie solche Windows Media Center-Benachrichtigungen in der Taskleiste aus

Windows Media Center und DVDs

Gibt das Fernsehprogramm nichts Gutes mehr her und haben Sie die TV-Aufzeichnungen ebenfalls schon durchgeschaut, ist vielleicht eine spannende DVD genau das Richtige. Denn auch darauf versteht sich Windows Media Center: die Wiedergabe von Video-DVDs. Mit der Windows Media Center-Fernbedienung steuern Sie bequem alle Funktionen zur Wiedergabe von Video-DVDs auch dann, wenn Sie nicht direkt vor dem Windows Vista-PC sitzen, sondern ein paar Meter davon entfernt sind.

Abbildung 17.27 Ein DVD-Player ist in Windows Media Center ebenfalls eingebaut

DVD-Wiedergabe starten

Was die Wiedergabe von Video-DVDs betrifft, verhält sich der Windows Vista-PC genauso, wie Sie es vom DVD-Player her kennen. Somit ist es auch denkbar einfach, sich eine DVD anzuschauen:

1. Legen Sie die DVD in das DVD-Laufwerk Ihres Windows Vista-PCs ein.
2. Nun haben Sie zwei Möglichkeiten:
   - Standardmäßig begrüßt Sie Windows Vista ein paar Sekunden darauf mit dem Dialogfeld *Automatische Wiedergabe* (siehe Abbildung 17.28). Dort können Sie angeben, mit welchem Programm – neben Windows

Media Center kommt dafür auch der Windows Media Player (siehe Kapitel 10) in Betracht – Sie die DVD wiederzugeben gedenken. Wählen Sie *DVD-Film wiedergeben mit Windows Media Center* aus.

- Alternativ begeben Sie sich in den Windows Media Center-Bereich *TV + Filme*, um dort *DVD wiedergeben* zu selektieren.

Hinweis

Möchten Sie Video-DVDs ausschließlich mit Windows Media Center genießen, definieren Sie dieses Programm einmalig als Standardplayer für die DVD-Wiedergabe (Details hierzu finden Sie im Abschnitt »Windows Media Center als Standardplayer zur Medienwiedergabe festlegen« des Kapitels 14). Von nun an nimmt Sie automatisch Windows Media Center in Empfang, wenn Sie eine Video-DVD in das DVD-Laufwerk des Windows Vista-PCs einlegen.

Abbildung 17.28 Mit *Automatische Wiedergabe* veranlassen Sie den Start der DVD in Windows Media Center

3. Daraufhin startet Windows Media Center die Wiedergabe des Films. Einige Zeit später sehen Sie das Hauptmenü der betreffenden DVD auf dem Bildschirm.

Nun können Sie den Film starten oder eine andere der dort verfügbaren Optionen verwenden, um beispielsweise zu einem bestimmten Kapitel zu springen.

Tipp

Schwingt sich Ihr DVD-Laufwerk während der Wiedergabe einer Video-DVD zu hohen Drehzahlen auf und stört Ihren Filmgenuss durch ein hohes Laufgeräusch, schauen Sie beim Hersteller nach, ob dieser ein Tool zur Drehzahlreduzierung bei der Wiedergabe von Video-DVDs anbietet. Denn: Zur DVD-Wiedergabe braucht dieses keineswegs mit voller Geschwindigkeit zu laufen, und je langsamer das DVD-Laufwerk arbeitet, desto leiser sind auch seine Laufgeräusche. Andernfalls versuchen Sie das kostenlose Tool *CD-Bremse* (siehe *www.cd-bremse.de*) einzusetzen, das die Geschwindigkeit vieler DVD-Laufwerke unterschiedlicher Hersteller reduzieren kann.

Steuerung der DVD-Wiedergabe

Die Bedienung bei der DVD-Wiedergabe DVD-Steuerung erfolgt so, wie Sie es von Windows Media Center her kennen:

- Im Hauptmenü der jeweiligen DVD markieren Sie einen Eintrag mit den Richtungstasten auf der Windows Media Center-Fernbedienung und wählen diesen durch Drücken der Taste OK oder der Steuerungstaste ▶ aus.
- Auf die gleiche Weise gehen Sie bei eventuellen Untermenüs der DVD vor, über die sich beispielsweise Szenen im Film anhand von Kapiteln gezielt ansteuern oder Audioformat, Sprache etc. für die Wiedergabe der DVD einstellen lassen.

Hinweis 

Zwischen der Wiedergabe einer DVD auf einem DVD-Player und in Windows Media Center gibt es zwangsläufig einen Unterschied: Drücken Sie die Funktionstaste ← auf der Windows Media Center-Fernbedienung, gelangen Sie eine Ebene innerhalb des Windows Media Center-Programms (also zum Hauptmenü) zurück. Möchten Sie hingegen innerhalb der DVD-Menüstruktur eine Ebene höher gelangen, wählen Sie den im betreffenden DVD-Menü enthaltenen Eintrag *Zurück* aus.

Abbildung 17.29 Anhand der *Zeitleiste* erkennen Sie leicht, an welcher Stelle im Film Sie sich befinden

Zur Navigation bei der Wiedergabe einer DVD – meist auch im *Jetzt läuft*-Fenster, falls Sie etwa die Funktionstaste ⊖ auf der Fernbedienung drücken, um zwischenzeitlich andere Windows Media Center-Bereiche aufzusuchen oder Einstellungen vorzunehmen – stehen Ihnen die Steuerungstasten der Fernbedienung zur Verfügung:

- **Anhalten, fortsetzen und stoppen** Durch Drücken der Steuerungstaste ⏸ auf der Fernbedienung halten Sie die DVD-Wiedergabe vorübergehend an und erhalten ein Standbild. Am unteren Rand wird daher eine *Zeitleiste* eingeblendet. Dieser Leiste ist die aktuelle Position im Film sowie die Gesamtlaufzeit der DVD und zusätzlich die aktuelle Uhrzeit zu entnehmen. Nach erneutem Drücken von ⏸ oder der Steuerungstaste ▶ setzen Sie die Wiedergabe der DVD fort, während das Drücken der Steuerungstaste ⏹ die Wiedergabe beendet und eine Rückkehr zum Windows Media Center-Bereich *TV + Filme* zur Folge hat.

Hinweis

Um die DVD-Wiedergabe später an genau der Stelle fortzusetzen, an der Sie diese beendet haben, wählen Sie aus dem Windows Media Center-Bereich den Eintrag *DVD wiedergeben* aus.

- **Einzelbildwiedergabe** Drücken Sie während eines Standbilds die Steuerungstasten ⏭ und ⏮ der Fernbedienung, erhalten Sie eine Einzelbildwiedergabe des Films, entweder vor- oder rückwärts (die Rückwärtsrichtung ist nicht mit jeder DVD nutzbar). Um die DVD wieder mit normaler Geschwindigkeit anstatt in Zeitlupe wiederzugeben, drücken Sie auf ▶.
- **Schneller Vor- und Rücklauf** Zum schnellen Vor- und Zurückspulen während der Wiedergabe dienen die Steuerungstasten ⏩ und ⏪ auf der Fernbedienung. Dabei gibt es drei Stufen: Einmaliges Drücken der jeweiligen Steuerungstaste bewirkt eine Wiedergabe mit dreifacher Geschwindigkeit, während es bei zweimaligem Drücken 40 Mal und bei dreifachen Drücken 250 Mal so schnell wie normal voran geht. Anhand der Anzahl der kleinen Dreiecke in der Zeitleiste erkennen Sie jederzeit, wie schnell die Wiedergabe des Films gerade erfolgt: Bei normaler Wiedergabegeschwindigkeit ist nur ein einziges Dreieck zu sehen, beim 250fachen Vor- oder Zurückspulen sind es dagegen vier. Um den Film wieder in Normalgeschwindigkeit wiederzugeben, drücken Sie die Steuerungstaste ▶.

Abbildung 17.30 Das Drücken der Funktionstaste ⓘ ruft ein kleines Menü hervor

- **Kapitel-Auswahl** Video-DVDs sind in aller Regel in Kapitel unterteilt, was es Ihnen gestattet, gezielt zu einer bestimmten Stelle im Film zu springen. Alternativ zur Auswahl eines Kapitels über das Hauptmenü der jeweiligen DVD können Sie die Nummer der gewünschten Szene auch über die Nummerntasten auf der Zehnertastatur der Fernbedienung eintippen. Kurz darauf (durch Drücken von OK geht es noch etwas rascher) befinden Sie sich dann beim betreffenden Kapitel der DVD.
- **Kapitel oder Blöcke überspringen** Haben Sie die standardmäßigen Einstellungen für die DVD-Wiedergabe in Windows Media Center nicht geändert, springen Sie durch einen Druck auf die Steuerungstaste ⏭ der Fernbedienung zum nächsten Kapitel des Films. Die Steue-

rungstaste führt Sie dann zum Anfang des aktuellen Kapitels zurück, und drücken Sie zweimal kurz hintereinander, gelangen Sie zum vorigen Kapitel.

Tipp

Möchten Sie nicht kapitelweise durch den Film springen, passen Sie die DVD-Einstellungen von Windows Media Center (siehe Abschnitt »Einstellungen für die DVD-Wiedergabe«) an. Diese ermöglich es Ihnen, sich jeweils in Blöcken von rund 30 Sekunden in Vorwärtsrichtung bzw. etwa 5 Sekunden in Rückwärtsrichtung zu bewegen und auf diese Weise rasch vor- und zurück zu springen.

- **DVD-Hauptmenü** Möchten Sie auf direktem Wege ins Hauptmenü der jeweiligen DVD gelangen, führt Sie das Drücken der Funktionstaste DVD-Menü auf der Windows Media Center-Fernbedienung sofort dorthin.
- **Stummschaltung** Drücken Sie die Funktionstaste , wird der Windows Vista-PC still und setzt die Wiedergabe der DVD ohne Ton fort. Mit erneuten Drücken von schalten Sie den Ton schließlich wieder ein.

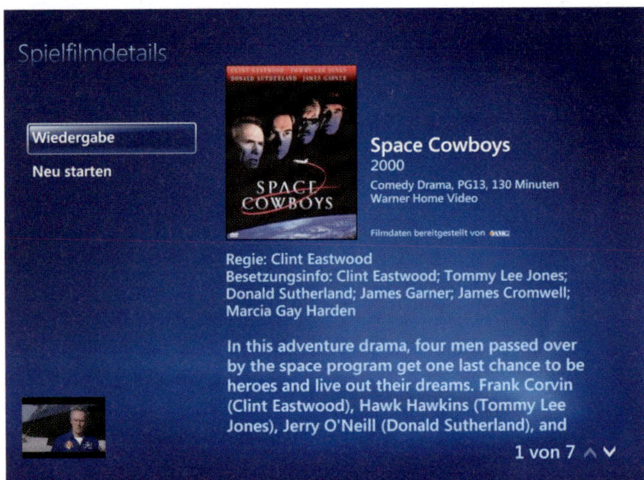

Abbildung 17.31 Auf Wunsch zeigt Windows Media Center *Spielfilmdetails* zur gerade laufenden DVD an

Wenn Sie während der DVD-Wiedergabe die Funktionstaste drücken, bekommen Sie nicht nur Informationen über das aktuelle Kapitel angezeigt, in dem Sie sich gerade befinden (siehe Abbildung 17.30). Des Weiteren erhalten Sie ein kleines Menü angezeigt. Hierüber können Sie nicht nur das Seitenverhältnis verändern (siehe unten):

- Möchten Sie Informationen über Erscheinungsdatum, Darsteller, Regisseur etc. des gerade laufenden Films erhalten, greifen Sie auf den Eintrag *Spielfilmdetails* zurück. Auf einer gleichnamigen Seite bekommen Sie daraufhin diese und weitere Angaben sowie das zugehörige DVD-Cover angezeigt (siehe Abbildung 17.31). Voraussetzung dafür ist, dass der Windows Vista-PC über eine Internetverbindung verfügt und in den allgemeinen Einstellungen von Windows Media Center die Optionen für automatische Downloads von Medieninformationen eingeschaltet sind.
- Die Auswahl des Eintrags *Titelmenü* bewirkt einen Wechsel zum Hauptmenü der jeweiligen DVD.
- Der Eintrag *Auswerfen* gestattet es Ihnen, den momentan im DVD-Laufwerk befindlichen Datenträger zu entnehmen.
- Hören Sie die Tonspur von DVDs immer einer anderen als Ihrer bevorzugten Sprache? Dann stellen Sie Ihre favorisierte Sprache in den DVD-Spracheinstellungen von Windows Media Center ein (siehe Abschnitt »Einstellungen für die DVD-Wiedergabe«).

Seitenverhältnis

Drücken Sie während der Wiedergabe einer DVD die Funktionstaste , befindet sich im zugehörigen Kontextmenü unter anderem der Eintrag *Zoom*. Hierüber lässt sich das Seitenverhältnis verändern, um die Breite und Höhe der Darstellung auf dem Bildschirm optimal auf die DVD abstimmen zu können.

Video-DVDs enthalten normalerweise Filme, die im Breitbildformat (*Widescreen*) aufgenommen sind und daher auf einem herkömmlichen Fernseher oder Computermonitor mit schwarzen Balken oben und unten erscheinen. Normale TV-Bildschirme weisen meist ein Seitenverhältnis der Bildbreite zur Bildhöhe von 4-zu-3 bzw. 4:3 (rein rechnerisch also 1,33:1) auf. Beim Computermonitor richtet sich das Seitenverhältnis nach der Grafikauflösung (bei 1.024 x 768 ergibt sich ebenfalls ein Seitenverhältnis von 4:3, bei einer Auflösung von 1.280 x 1.024 sind es 5:4). Kinofilme hingegen sind meist mit Kameras aufgenommen, die ein wesentlich breiteres, leinwandgerechtes Format beispielsweise im Seitenverhältnis 2,35:1 liefern. Auf einem modernen Fernseher 16:9-Format oder Computerbildschirm im 16:10-Breitbildformat lässt sich dieses Filmmaterial wesentlich besser wiedergeben als auf einem herkömmlichen 4:3-Monitor, da die schwarzen Balken oben und unten erheblich schmaler ausfallen.

Um diese Unterschiede zwischen Filmmaterial und dem zur Anzeige verwendeten Bildschirm (dies kann natürlich auch ein Beamer sein) auszugleichen, lässt sich das Seitenverhältnis anpassen – und zwar über die besagte Zoom-Funktion. Diese kennt vier Modi, um das Bild in unterschiedlicher Darstellungsform (normal, breit, gestaucht etc.) anzuzeigen.

Haben Sie den Menüeintrag *Zoom* markiert, schalten Sie durch Drücken der Taste auf der Fernbedienung zwischen diesen Modi um. Die Nummer des aktuellen Zoom-Modus wird Ihnen dabei neben dem Menü angezeigt.

> **Hinweis**
>
> Haben Sie mehrere Bildschirme mit unterschiedlichem Seitenverhältnis (etwa einen 17-Zoll-LCD-Monitor im 4:3-Format als PC-Bildschirm und einen 16:9-Beamer) an den Windows Vista-PC angeschlossen und sind die Auflösungsunterschiede dabei sehr groß, können Sie versuchen, Anpassungen über die Einstellungen der Anzeige in der Systemsteuerung vorzunehmen, um dabei einen Kompromiss zwischen den unterschiedlichen Auflösungen und Seitenverhältnisse Ihrer Bildschirme zu wählen.

Für die DVD-Wiedergabe relevante Einstellungen

Auf welche Art und Weise Windows Media Center bei der Wiedergabe von DVDs vorgeht, lässt sich über Optionen beeinflussen.

Einstellungen für die DVD-Wiedergabe

Um zu den von Windows Media Center zugrunde gelegten *Einstellungen für DVD* zu gelangen, gehen Sie wie folgt vor:

1. Wählen Sie im Windows Media Center-Bereich *Aufgaben* den Eintrag *Einstellungen* aus. Genauso können Sie während der DVD-Wiedergabe die Funktionstaste drücken und *Einstellungen* im anschließenden Menü auswählen, um dorthin zu gelangen.
2. Selektieren Sie auf der Seite *Einstellungen* den Eintrag *DVD*.
3. Daraufhin erscheint die Seite *DVD*, die mehrere Untermenüs enthält:
   - **Spracheinstellungen** Nach Auswahl von *Spracheinstellungen* ist zum Beispiel festlegbar, welche Sprache Windows Media Center bei Untertiteln und Menüs bei der DVD-Wiedergabe verwenden soll.
   - **Untertitel** Wie Windows Media Center mit eventuellen Untertiteln von DVDs verfahren soll, geben Sie nach Auswahl des Menüeintrags *Untertitel* vor. Neben der Auswahl des *Untertitelkanals* (*CC1* reicht meist aus) können Sie im Feld *Untertitelanzeige* vorgeben, wann diese Untertitel anzuzeigen sind. Standardmäßig blendet Windows Media Center Untertitel automatisch ein, wenn Sie während der DVD-Wiedergabe den Ton durch Drücken der Funktionstaste ausschalten.
   - **Fernbedienungsoptionen** Nach Auswahl dieses Menüeintrags können Sie festlegen, wie Windows Media Center beim Drücken der Steuerungstasten und respektive der Funktionstasten CH|PG verfahren soll. Anstatt kapitelweise zu springen, ermöglicht es die Aktivierung der Option *Vor- und Rückwärtsspringen*, sich jeweils in Blöcken von rund 30 Sekunden in Vorwärtsrichtung bzw. etwa 5 Sekunden in Rückwärtsrichtung zu bewegen. Alternativ kann Windows Media Center die Kameraperspektive bei der DVD-Wiedergabe ändern.

> **Tipp** 
>
> Möchten Sie schnell wieder zur DVD-Wiedergabe zurückzukehren, drücken Sie die Richtungstaste , um mit der Markierung zum *Jetzt läuft*-Fenster zu wechseln und dann zu drücken.

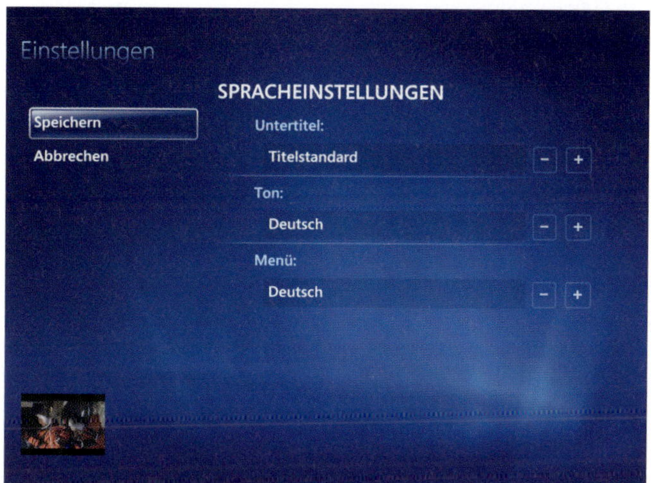

Abbildung 17.32 Für die DVD-Wiedergabe hält Windows Media Center sprachspezifische Einstellungen bereit

> **Hinweis** 
>
> Wenn Sie bei der DVD-Wiedergabe den Originalton hören, stattdessen jedoch immer die deutsche Tonspur wünschen, können Sie dies des Weiteren bei *Ton* einstellen.

4. Haben Sie Einstellungen in einem dieser Untermenüs verändert und gespeichert, führt Windows Media Center die DVD-Wiedergabe ab jetzt mit den von Ihnen getroffenen Vorgaben durch.

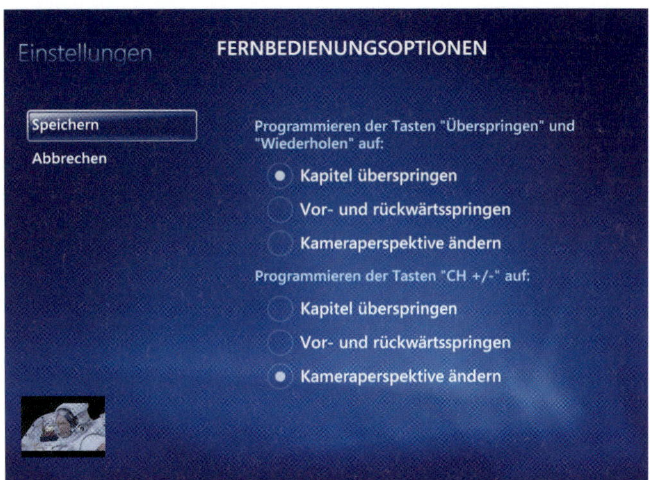

Abbildung 17.33 Die *Fernbedienungsoptionen* definieren, ob Windows Media Center beim Drücken bestimmter Tasten auf der Fernbedienung kapitel- oder blockweise springen bzw. die Kameraperspektive ändern soll

Kindersicherung

Damit Ihre Kinder Ihre Abwesenheit nicht dazu nutzen können, Video-DVDs zu schauen, die für ihre Alterklasse nicht geeignet sind, kennt Windows Media Center die Funktion *Kindersicherung*. Bei aktivierter Kindersicherung ist eine Wiedergabe von DVDs nur noch dann möglich, wenn zuvor der passende vierstellige Zahlencode eingegeben wird – den Sie frei wählen können.

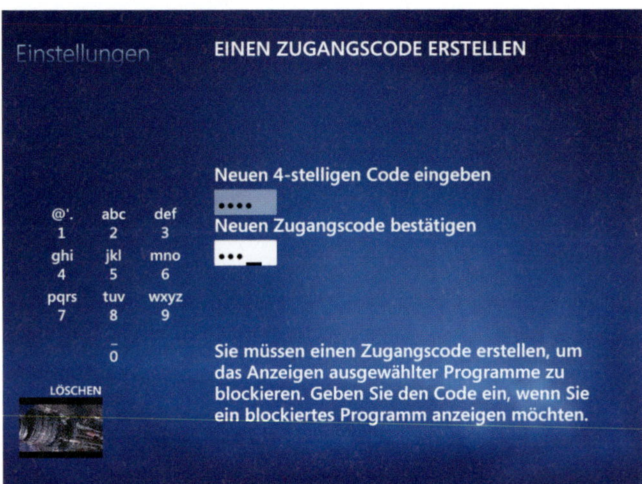

Abbildung 17.34 Bei aktivierter Kindersicherung kann eine DVD-Wiedergabe mit Windows Media Center nur dann erfolgen, wenn zuvor der richtige Zugangscode eingetippt wird

Zum Einschalten der standardmäßig ausgeschalteten Kindersicherung führen Sie die folgenden Schritte aus:

1. Begeben Sie sich in den Windows Media Center-Bereich *Aufgaben*, um dort *Einstellungen* zu selektieren.
2. Anschließend wählen Sie *Allgemein* gefolgt von *Jugendschutzeinstellungen* aus.
3. Nun müssen Sie einen *Zugangscode* definieren, der sich aus vier Ziffern zusammensetzt. Diese lassen sich über die Nummerntasten der Zehnertastatur Ihrer Windows Media Center-Fernbedienung eintippen (mit der Funktionstaste [Löschen] entfernen Sie die zuletzt eingegebene Nummer). Um Tippfehler auszuschließen, ist der Zugangscode zweimal einzutippen.

Wichtig 

Haben Sie den Zugangscode vergessen, können Sie – und jeder andere ebenfalls, der diesen Trick kennt – diese Sperre wie folgt durch einen neuen Zugangscode ersetzen:

1. Beginnen Sie im Windows Media Center-Bereich *Aufgaben* und wählen dort *Einstellungen* aus.
2. Selektieren Sie den Eintrag *Allgemein*.
3. Im anschließenden Menü markieren (nicht selektieren) Sie den Eintrag *Jugendschutzeinstellungen*.
4. Auf der PC-Tastatur drücken Sie jetzt die Tastenkombination [Strg]+[Alt]+[↵].
5. Automatisch erhalten Sie nun die Aufforderung, einen neuen Zugangscode festzulegen.

Daraufhin erhalten Sie die Seite *Jugendschutzeinstellungen* angezeigt. Um einen anderen Zugangscode festzulegen, können Sie dort den Menüeintrag *Zugangscode ändern* verwenden. Möchten Sie die Kindersicherung dagegen wieder komplett ausschalten (etwa, weil Sie für einige Tage Besuch von Freunden mit kleinen Kindern hatten, doch nun wieder alle DVDs schauen möchten, ohne dafür immer erst den Zugangscode einzutippen), selektieren Sie *Einstellungen zurücksetzen*.

Nach Auswahl von *DVD-Bewertungen* hingegen gelangen Sie zu einem weiteren Menü. Dort müssen Sie das Kontrollkästchen *Filmblockierung aktivieren* durch Drücken von [OK] mit einer Markierung versehen. Über das Feld *Maximal zulässige Filmbewertung* können Sie nun die Alterstufe festlegen, bis zu der keine Aufforderung zur Eingabe des Zugangscodes erfolgen soll. Durch Auswahl des Menüeintrags *Speichern* ist die Kindersicherung nun aktiv.

> **Hinweis**
>
> In der Praxis zeigt sich, dass Windows Media Center die auf DVDs verzeichnete Filmbewertung nicht immer richtig erkennt und die Kindersicherung anhand der Altersstufen nicht wie vorgesehen funktioniert. Um solche Situationen zu vermeiden, können Sie das Kontrollkästchen *Nicht bewertete Filme blockieren* aktivieren. Dies hat zwar zur Folge, dass Sie nun zur Wiedergabe jeder DVD den Zugangscode eintippen müssen, doch verhindern Sie so in jedem Fall, dass jemand anderes ohne Ihr Wissen und ohne Ihre Kontrolle DVDs mit Ihren Windows Vista-PC anschauen kann.

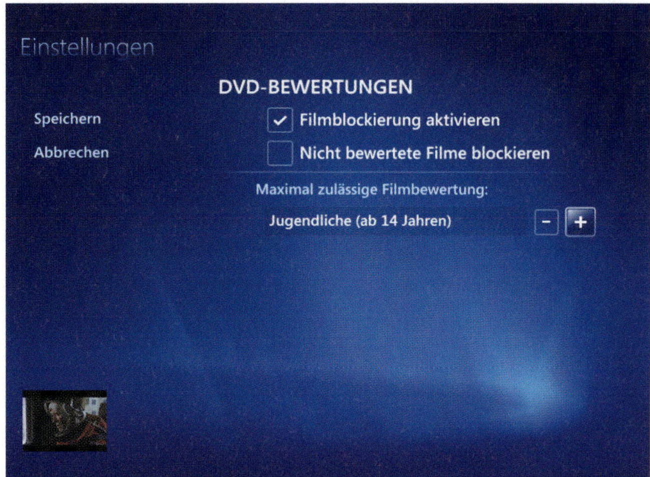

Abbildung 17.35 Vorgabe, für welche DVDs Windows Media Center die Wiedergabe bei aktivierter Kindersicherung blockieren soll

Zusammenfassung

Fernsehen und DVD schauen mit Windows Media Center – darum dreht sich alles in diesem Kapitel. Möchten Sie eine bestimmte Aufgabe erledigen, brauchen Sie danach auf den vorangegangenen Seiten nicht lange zu suchen: Werfen Sie einfach einen Blick in die folgende Übersicht, in der die wichtigsten Schritte noch einmal aufgeführt sind.

Sie möchten ...	So gehen Sie vor	Sehen Sie sich dazu das Beispiel an auf
fernsehen	Wählen Sie *Live-TV* aus dem Windows Media Center-Bereich *TV + Filme* aus	Seite 307
das Videotext-Angebot des aktuellen Kanals abrufen	Drücken Sie die Taste (Videotext) auf der Fernbedienung	Seite 308
Live-TV anhalten	Drücken Sie die Taste (II) auf der Fernbedienung	Seite 310
TV-Kanäle aus dem TV-Programm ausblenden	Wählen Sie *Einstellungen* im Windows Media Center-Bereich *Aufgaben* aus, um *TV* gefolgt von *TV-Programm* und Kanäle zu selektieren und daraufhin die nicht gewünschten Kanäle zu deaktivieren	Seite 311
die Reihenfolge der TV-Kanäle verändern	Über den Windows Media Center-Bereich *Aufgaben* wählen Sie *Einstellungen* sowie *TV* und *Kanalreihenfolge ändern* aus, um die Kanäle dann wie gewünscht zu sortieren	Seite 312
Programminformationen für das TV-Programm manuell herunterladen	Im Windows Media Center-Bereich *Aufgaben* wählen Sie zunächst *Einstellungen* und dann *TV* sowie *TV-Programm* aus, um *Neueste TV-Programmlisten abrufen* zu selektieren	Seite 312
Downloadmethoden zur Aktualisierung der TV-Programmlisten ändern	Wählen Sie *Einstellungen* im Windows Media Center-Bereich *Aufgaben* aus und selektieren Sie *Allgemein* sowie *Optionen für automatische Downloads*	Seite 313
das TV-Programm durchblättern	Drücken Sie die Taste (EPG) auf der Windows Media Center-Fernbedienung	Seite 313
das Mini-TV-Programm aktivieren	Im laufenden Fernsehprogramm drücken Sie eine der Richtungstasten (▲) oder (▼)	Seite 314
im TV-Programm nach Sendungen suchen	Wählen Sie *Suchen* im Windows Media Center-Bereich *TV + Filme* aus	Seite 315
die Größe des für TV-Aufzeichnungen verwendbaren Speicherplatzes anpassen	Im Windows Media Center-Bereich *Aufgaben* wählen Sie zunächst *Einstellungen* gefolgt von *TV* und *Rekorder* sowie *Rekorderspeicher* aus	Seite 317

Sie möchten ...	So gehen Sie vor	Sehen Sie sich dazu das Beispiel an auf
zu überwachende Ordner zur Wiedergabe von TV-Aufzeichnungen festlegen	Wählen Sie *Einstellungen* im Windows Media Center-Bereich *Aufgaben* aus, um daraufhin *TV* sowie *Rekorder* und *Weitere Speicherorte für TV-Aufzeichnungen* auszuwählen	Seite 318
Standardeinstellungen für TV-Aufzeichnungen festlegen	Nach der Auswahl von *Einstellungen* aus dem Windows Media Center-Bereich *Aufgaben* selektieren Sie *TV* und *Rekorder* gefolgt von *Standardeinstellungen für Aufnahmen*	Seite 318
Live-TV aufnehmen	Während Sie sich im Live-TV befinden, drücken Sie die Taste ●	Seite 320
laufende TV-Aufnahme abbrechen	Begeben Sie sich über den Windows Media Center-Bereich *TV + Filme* zu *Aufzeichnungen*, markieren Sie dort die gewünschte Aufnahme, drücken Sie die Taste ⓘ und wählen Sie den Eintrag *Aufzeichnung beenden* aus	Seite 320
TV-Aufzeichnungen planen	Im TV-Programm markieren Sie die aufzunehmende Sendung und drücken dann die Taste ●	Seite 320
TV-Aufzeichnungen über Stichworte planen	Drücken Sie die Taste (TV Aufz.) und wählen *Aufzeichnung hinzufügen* in der Menüleiste aus und selektieren Sie den Eintrag *Stichwort*	Seite 321
TV-Aufzeichnungen manuell planen	Nach Drücken der Taste (TV Aufz.) sowie der Auswahl von *Aufzeichnung hinzufügen* aus der Menüleiste wählen Sie den Eintrag *Kanal und Zeit*	Seite 322
einen Überblick geplanter TV-Aufzeichnungen abrufen	Wählen Sie im Unterbereich Aufzeichnungen des Windows Media Center-Bereichs *TV + Filme* in der Menüleiste den Eintrag *Geplante Aufzeichnungen anzeigen* aus	Seite 322
Aufnahmekonflikte lösen	Wählen Sie die Sendung aus, die Sie für die Aufnahme bevorzugen, und drücken Sie (OK)	Seite 323
TV-Aufzeichnungen anschauen	Begeben Sie sich über den Windows Media Center-Bereich *TV + Filme* zu *Aufzeichnungen* und selektieren Sie dort die gewünschte Aufnahme	Seite 324
TV-Aufzeichnung löschen	Markieren Sie die Aufnahme, um ⓘ zu drücken und den Eintrag *Löschen* auszuwählen	Seite 326
Video-DVD von TV-Aufzeichnungen erstellen	Haben Sie die gewünschte Aufzeichnung markiert, drücken Sie die Taste ⓘ und wählen dann den Eintrag *Brennen* aus	Seite 326
eine Video-DVD mit Windows Media Center anschauen	Legen Sie die DVD in das DVD-Laufwerk des Windows Vista-PCs ein und wählen Sie *DVD wiedergeben* aus dem Windows Media Center-Bereich *TV + Filme* aus	Seite 327
die DVD-Wiedergabe in Windows Media Center steuern	Verwenden Sie die Steuerungstasten auf der Fernbedienung	Seite 328
Einstellungen für die DVD-Wiedergabe anpassen	Wählen Sie *Einstellungen* im Windows Media Center-Bereich *Aufgaben* und anschließend DVD aus	Seite 331
die Kindersicherung für die DVD-Wiedergabe einschalten	Begeben Sie sich über den Windows Media Center-Bereich *Aufgaben* zu den *Einstellungen*, um dort *Allgemein* sowie *Jugendschutzeinstellungen* auszuwählen	Seite 332

Eric Tierling

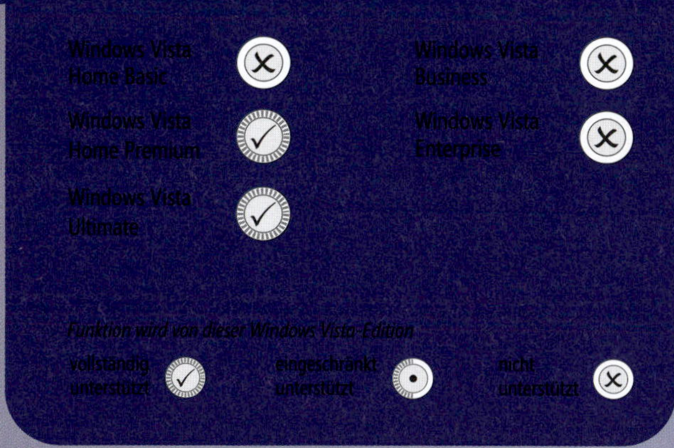

18 Windows Media Center-Extender am Beispiel der Xbox 360

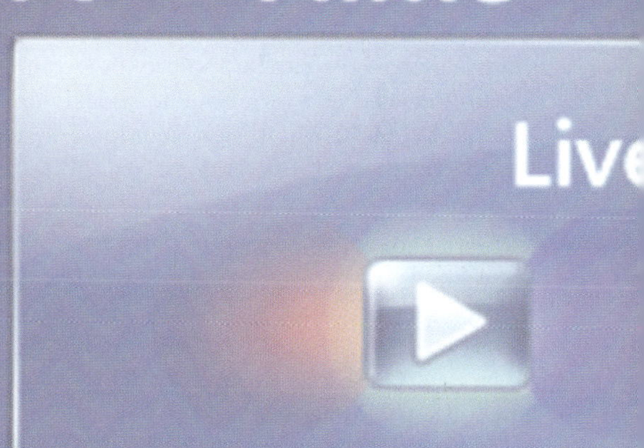

Das Windows Media Center-Entertainment ist keineswegs nur auf den Windows Vista-PC begrenzt. Vielmehr können Sie dies auch in anderen Räumen in Ihrem Heim genießen und zwar mit einem so genannten *Windows Media Center Extender*. Hiermit ist es möglich, die Medieninhalte von Windows Media Center über ein lokales Netzwerk (kabelgebunden oder per Funk) in andere Räume zu transportieren und dort wiederzugeben. Hinter einem Windows Media Center Extender verbirgt sich dabei nichts anderes als ein Gerät, das mit spezieller Software versehen ist, um als Windows Media Center genutzt werden zu können.

Hinweis 

Windows Media Center Extender und Windows Vista-PC müssen miteinander vernetzt sein. Dies kann wahlweise über ein kabelgebundenes Ethernet-Netzwerk oder ein WLAN-Funknetzwerk erfolgen.

Befindet sich Ihr PC beispielsweise im Arbeitszimmer und möchten Sie die darauf gespeicherten Musik- und Videodateien im Wohnzimmer über den dortigen AV-Receiver und Fernseher wiedergeben, ist ein Windows Media Center Extender die ideale Lösung: In unserem Beispiel platzieren Sie einen Windows Media Center Extender dann einfach im Wohnzimmer. Natürlich ist auch jeder andere Raum in Ihrem Zuhause denkbar, sofern dort eine Verbindung zu Ihrem lokalen Netzwerk besteht, sodass der Windows Media Center Extender mit Ihrem Windows Vista-PC erfolgreich zu kommunizieren imstande ist.

Der erste am Markt verfügbare Windows Media Center Extender für Windows Vista stammt von Microsoft selbst – in Form der *Xbox 360*. Die erforderliche Windows Media Center Extender-Software ist in diese Spielekonsole bereits eingebaut bzw. wird von Microsoft kostenlos zum Beispiel über den Xbox Live-Dienst zur Verfügung gestellt. Besitzer einer Xbox 360 können ihre Spielekonsole somit sowohl zum Gaming als auch zur digitalen Unterhaltung verwenden: Ein mit dem Windows Media Center-Programm versehener Windows Vista-PC liefert die Medieninhalte dafür. Zur Steuerung an der Spielekonsole eignet sich nicht nur der Xbox 360-Controller: Genauso kommt die Windows Media Center-Fernbedienung in Betracht.

Abbildung 18.1 Mit der als *Windows Media Center Extender* konfigurierten Xbox 360 genießen Sie das Windows Media Center-Entertainment in dem Zimmer, in dem Sie die Spielekonsole verwenden

Tipp 

Nennen Sie zwar eine Xbox 360 Ihr Eigen, verfügen aber nur über einen mit Windows Vista Home Basic, Windows Vista Business oder Windows Vista Enterprise arbeitenden PC (also eine Windows Vista-Edition, zu der kein Windows Media Center-Programm gehört), können Sie die Spielekonsole auf andere Weise für Unterhaltungszwecke nutzen. In diesem Fall lässt sich die Xbox 360 nicht nur als Windows Media Center Extender nutzen, sondern auch als UPnP AV-fähiger Client zusammen mit der *Medienfreigabe* (siehe Kapitel 11) – eine Funktion, die in allen Editionen von Windows Vista enthalten ist. Dies gestattet es der Spielekonsole, Bild-, Musik- und Videodateien, die auf einem Windows Vista-PC zu finden sind, per Netzwerk abzurufen und wiederzugeben. Allerdings müssen Sie hierbei auf den Bedienungskomfort von Windows Media Center verzichten.

Abbildung 18.2 Hersteller wie D-Link und Linksys bieten inzwischen ebenfalls Windows Media Center Extender für Windows Vista an (Quelle: D-Link, Linksys)

Die Xbox 360 war der erste – und lange Zeit auch der einzig verfügbare – Windows Media Center Extender für das Windows Media Center von Windows Vista. Mittlerweile haben sich weitere Geräte hinzugesellt: In Deutschland beispielsweise bietet Linksys (*www.linksys.de*) die Geräte »DMA2100« und »DMA2200« an, während es in den USA das Gerät »DSM-750« von D-Link (*www.dlink.com*) gibt. Hierbei handelt es sich um »reinrassige« Windows Media Center Extender, die sich im Gegensatz zur Xbox 360 nicht zusätzlich als Spielekonsole nutzen lassen. Dafür sind diese Geräte jedoch teilweise etwas kleiner als der Windows Media Center Extender-Debütant oder von Formfaktor und Optik her dazu geeignet, sich zur HiFi-Anlage im Wohnzimmer dazuzugesellen. Zudem gibt es Geräte mit 802.11n-WLAN-Unterstützung und integriertem CD/DVD-Laufwerk, sodass Sie das wählen können, das am ehesten zu Ihren Anforderungen passt.

Windows Media Center Extender-Technologie

Windows Media Center Extender stellen eine besondere Form von Streaming-Media-Clients dar, die speziell auf das Windows Media Center von Windows Vista (und Windows XP Media Center Edition 2005) abgestimmt sind. Das Windows Media Center bzw. der zugrunde liegende Windows Vista-PC agieren in diesem Fall als Streaming-Media-Server für die in Ihrer Wohnung bzw. Ihrem Haus befindlichen Windows Media Center Extender.

Durch das Streaming brauchen die auf dem Windows Vista-PC bereitstehenden Mediendateien nicht mehr aufwändig zunächst auf ein anderes Wiedergabegerät kopiert und dort anschließend umgewandelt zu werden, bevor eine Wiedergabe erfolgt. Vielmehr kann die Wiedergabe bereits stattfinden, während der Windows Media Center Extender Mediendateien vom Windows Media Center abruft. Dies eröffnet Ihnen die Möglichkeit, den Windows Vista-PC als digitale Unterhaltungszentrale zu verwenden, von dem Windows Media Center Extender ganz nach Bedarf Inhalte abrufen und in Echtzeit wiedergeben zu können.

Mit dem Windows Vista-PC können mehrere Windows Media Center Extender gleichzeitig verbunden sein:

- Windows Vista-PC betrachtet jedes Windows Media Center Extender-Gerät als eigenständigen Benutzer, der gerade mit dem Computer verbunden ist und diesen gleichzeitig mit einem Anwender verwendet, der möglicherweise gerade vor dem PC sitzt (ähnlich wie bei den Terminaldiensten in den Server-Varianten von Windows).
- Bei der Einrichtung des Windows Media Center Extenders auf dem Windows Vista-PC wird daher automatisch ein entsprechendes Benutzerkonto erstellt. Dieses weist den Namen *MCX1* auf (Benutzerkonten für den zweiten, dritten etc. Windows Media Center Extender werden mit *MCX2*, *MCX3* etc. benannt). Da es sich um rein für Windows Media Center Extender-Zwecke gedachte Benutzerkonten handelt, werden diese zum Beispiel auf dem Willkommens-Bildschirm oder der Benutzerverwaltung der Systemsteuerung von Windows Vista auch nicht angezeigt.

Hinweis 

Möchten Sie mehrere Windows Media Center Extender mit ein und demselben Windows Vista-PC gleichzeitig nutzen, sollte dieser Computer eine leistungsstarke Ausstattung vorweisen können. Wenn Sie zum Beispiel vier Windows Media Center Extender gleichzeitig auf einen Windows Vista-PC »loslassen«, der lediglich mit 512 MB Hauptspeicher und einem langsameren Prozessor bestückt ist, kann das Lastaufkommen bei dem Computer durchaus ins Gewicht fallen und die Arbeit eines direkt vor dem Windows Vista-PCs sitzenden Anwenders beeinträchtigen. Ist also bereits beim Kauf des Computers absehbar, dass Sie mehrere Windows Media Center Extender mit diesem verbinden möchten, greifen Sie am besten zu einem Modell, das entsprechende Leistungswerte mitbringt.

Xbox 360 als Windows Media Center Extender

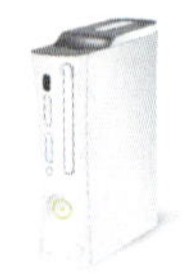

Serienmäßig hat Microsoft seine Spielekonsole *Xbox 360* mit der Windows Media Center Extender-Funktionalität ausgestattet. Somit benötigen Sie – abgesehen von einem mit dem Windows Media Center-Programm versehenen Windows Vista-PC – keinerlei Extras, um die Xbox 360 als Extender einsetzen zu können. Bilder von Ihrem jüngsten Urlaub, die auf dem Windows Vista-PC abgelegt sind, lassen sich somit auch in anderen Räumen komfortabel vorführen. Genauso steht einer musikalischen Unterhaltung nichts im Wege – mit Musikdateien, die sich auf dem Windows Vista-PC befinden und die die Spielekonsole wiedergibt. Auf Wunsch können Sie mit der Xbox 360 sogar fernsehen, falls Ihr PC mit einer TV-Karte ausgestattet und diese in Windows Media Center konfiguriert ist.

Eine als Windows Media Center Extender eingesetzte Xbox 360 stellt nahezu die gesamte Windows Media Center-Funktionalität von Windows Vista auf der Spielekonsole bereit. Bis auf wenige, in diesem Zusammenhang jedoch kaum relevante Merkmale (wie zum Beispiel die Einrichtung des TV-Signals oder die Darstellung von Visualisierungen bei der Musikwiedergabe) ist somit das Gros der vom Windows Media Center-Programm auf dem Windows Vista-PC vorhandenen Funktionen auch auf der Xbox 360 verwendbar.

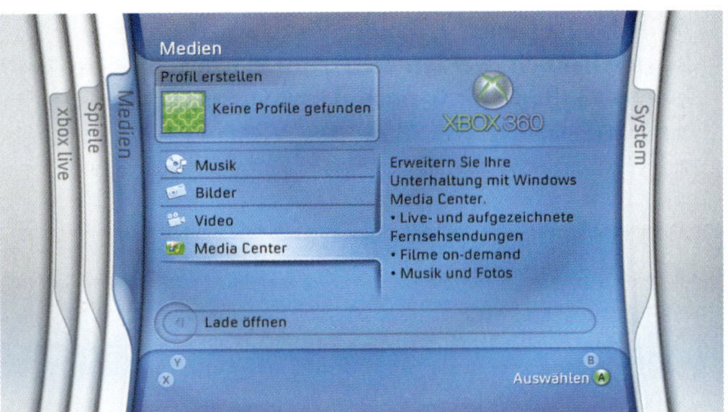

Abbildung 18.3 Die Einrichtung des Xbox 360 als Windows Media Center Extender erfolgt im Dashboard über den Bereich *Medien*

Das Besondere daran: Die Windows Media Center-Oberfläche auf der Xbox 360 sieht genauso aus wie das Windows Media Center-Programm auf dem Windows Vista-PC. Miniaturansichten, Animationen und andere visuelle Effekte finden Sie somit auch auf Ihrer als Windows Media Center Extender genutzten Spielekonsole vor. Auf diese Weise ist es nicht erforderlich, eine neue Bedienung zu erlernen, und Sie können sofort loslegen.

Um eine Xbox 360 als Windows Media Center Extender zu nutzen, sind nur wenige Voraussetzungen zu erfüllen:

1. Schließen Sie die Xbox 360 an Ihr TV-Gerät sowie (zur Musik- und Videowiedergabe) an Ihre Stereoanlage oder Ihren AV-Receiver an.
2. Zusätzlich müssen die Xbox 360 und der Windows Vista-PC in dasselbe Subnetz im LAN eingebunden werden – wahlweise per Ethernet-Kabel oder per WLAN-Funknetzwerk.

   Beide Varianten lassen sich auch mischen: Ist beispielsweise der Windows Vista-PC per Ethernet-Kabel mit einem All-in-One DSL-Router verbunden, der gleichzeitig als Access-Point für das Funknetzwerk agiert, kann die Xbox 360 (über einen optionalen WLAN-Netzwerkadapter) damit kabellos verbunden werden.
3. Schalten Sie die Xbox 360 ein und prüfen Sie, ob diese Zugang zu Ihrem Netzwerk besitzt. Hierzu wählen Sie über das Xbox 360-Dashboard im Bereich *System* zunächst *Netzwerkeinstellungen* und dann *Media Connection testen* aus. Daraufhin bekommen Sie unter anderem die IP-Adresse angezeigt, die die Xbox 360 in Ihrem lokalen Netzwerk verwendet.

Wichtig 

Verwendet der Windows Vista-PC oder die Xbox 360 (oder beide) einen WLAN-Netzwerkadapter, sollte dieser mindestens mit 54 Mbit/s funken, um keine Aussetzer durch eine zu geringe Übertragungsgeschwindigkeit entstehen zu lassen. Verwenden Sie daher am besten ein Funknetzwerk, das gemäß dem Standard 802.11g oder 802.11a (in Deutschland weniger gebräuchlich) arbeitet, und prüfen Sie, ob Ihr WLAN-Access-Point ebenfalls für den 54 Mbit/s-Betrieb konfiguriert ist. Der langsamere Funknetzwerk-Standard 802.11b funktioniert nur eingeschränkt zum Abrufen von Bildern und digitaler Musik und eignet sich nicht zur TV- und Videoübertragung, da hierbei Daten nicht schnell genug übermittelt werden können.

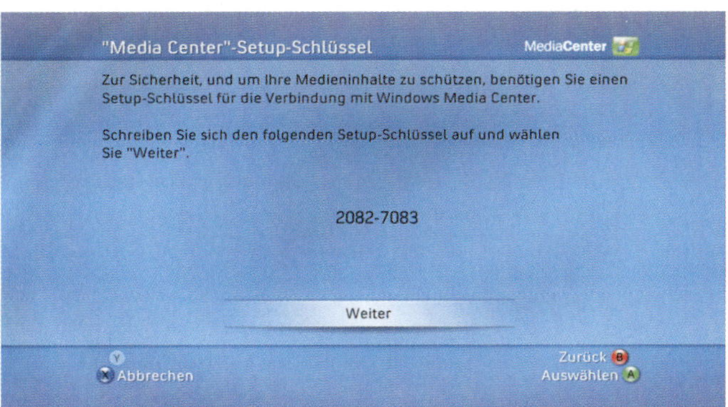

Abbildung 18.4 Die Xbox 360 generiert einen Media Center Setup-Schlüssel, der zur erfolgreichen Einrichtung später auf dem Windows Vista-PC einzugeben ist

Extender-Einrichtung bei Xbox 360 und Windows Vista-PC

Um eine Xbox 360 als Windows Media Center Extender in Betrieb zu nehmen, ist vorab eine kurze Einrichtung erforderlich. Hierzu führen Sie die folgenden Schritte aus:

1. Beginnen Sie mit der Xbox 360: Schalten Sie die Spielekonsole ein.
2. Drücken Sie auf der Xbox 360-Fernbedienung die grüne (⊞)-Taste oder selektieren Sie *Media Center* im Bereich *Medien* des Xbox 360-Dashboards. Wählen Sie erneut *Media Center*, überprüft die Spielekonsole Ihren LAN-Zugang zum lokalen Netzwerk.

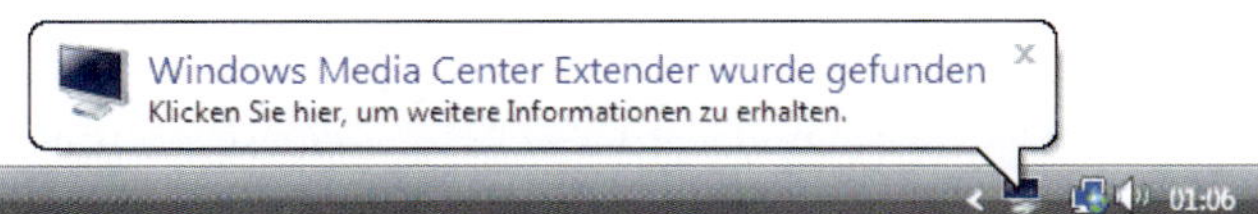

Abbildung 18.5 Der Windows Vista-PC erkennt von sich aus einen neuen Windows Media Center Extender, nachdem Sie die Einrichtung der Xbox 360 begonnen haben

3. Verläuft dies erfolgreich, generiert die Xbox 360 einen achtstelligen *Media Center Setup-Schlüssel*. Schreiben Sie sich diese ID-Nummer auf, da Sie diese im späteren Verlauf im Windows Media Center des Windows Vista-PCs eintippen müssen. Wählen Sie *Weiter*, um zum Bildschirm *PC-Software installieren* der Xbox 360 zu gelangen.

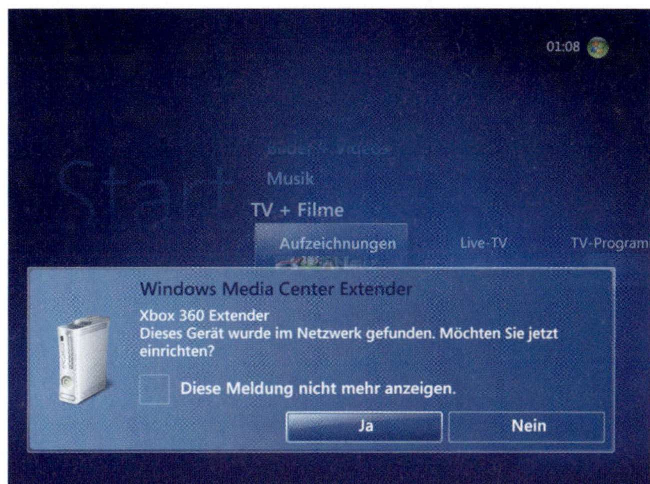

Abbildung 18.6 Windows Media Center hat eine Xbox 360 gefunden und bietet an, diese als Windows Media Center Extender einrichten

4. Nun begeben Sie sich zu Ihrem Windows Vista-PC. Falls nicht bereits der Fall, melden Sie sich dort als Benutzer an.
5. Jetzt gilt es, das Windows Media Center Extender-Setup zu starten. Dafür bestehen mehrere Möglichkeiten:
   - Der Windows Vista-PC blendet eine entsprechende Benachrichtigung im Infobereich der Taskleiste ein (siehe Abbildung 18.5). Diese können Sie einfach anklicken.
   - Ist das Windows Media Center-Programm auf dem Windows Vista-PC bereits gestartet, erscheint dort nach kurzer Zeit ein Fenster, das auf die neu gefundene Xbox 360 hinweist (siehe Abbildung 18.6). Wählen Sie hier *Ja* aus.

   Beides führt Sie zur Seite *Windows Media Center Extender-Setup* (siehe Abbildung 18.7). Diese können Sie bei Bedarf auch manuell aufrufen, indem Sie im Windows Media Center-Bereich *Aufgaben* den Eintrag *Extender-Setup* wählen.
6. Wählen Sie *Weiter*, erscheint die Seite *Es werden Computereinstellungen geändert*. Hier werden Sie lediglich darüber informiert, dass das Extender-Setup Änderungen unter anderem an der Windows-Firewall vornimmt (dort sorgen Ausnahmen dafür, dass eine eingehende Kommunikation über die TCP-Ports 3390 und 5555 sowie die UDP-Ports 1900, 3776 und 7777 stattfinden kann).

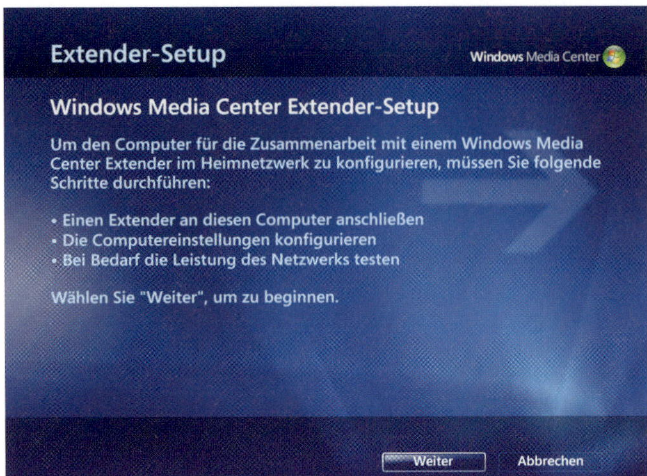

Abbildung 18.7 Einrichtung eines weiteren Windows Media Center Extenders auf dem Windows Vista-PC

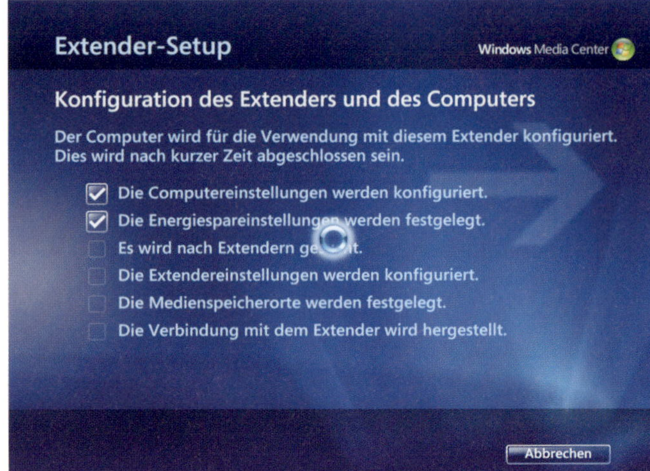

Abbildung 18.8 Die Extender-Konfiguration wird umgesetzt

7. Nach *Weiter* erscheint die Seite *Setup-Schlüssel eingeben.* Dort müssen Sie die zu Beginn der Einrichtung auf der Xbox 360 erstellte, achtstellige ID-Nummer eintippen. Wählen Sie danach zweimal hintereinander *Weiter* aus.
8. Unterstützt Windows Media Center den Abwesenheitsmodus, erhalten Sie auf der Seite *Energieeinstellungen des Computers* die Gelegenheit, diesen ein- oder auszuschalten:
   - Soll die Xbox 360 in der Lage sein, Medieninhalte zu jeder Zeit vom Windows Vista-PC abzurufen, wählen Sie hier *Ja* aus. Der Windows Vista-PC wird dann so konfiguriert, dass dieser dauerhaft in Betrieb ist. Beim Versetzen in den Energiesparmodus werden beim Computer dann Bildschirm, Tastatur und Maus deaktiviert und die Musikwiedergabe (nicht jedoch eventuelle TV-Aufzeichnungen) unterbrochen. Obgleich dadurch der Eindruck entsteht, der Windows Vista-PC sei ausgeschaltet, arbeitet dieser weiter – und kann so einem Windows Media Center Extender wie der Xbox 360 jederzeit Medieninhalte bereitstellen.
   - Ist dies nicht gewünscht, entscheiden Sie sich für *Nein.*
9. Nach *Weiter* ist auf der Seite *Medieneinstellungen für Extender* anzugeben, ob die Xbox 360 auf die von Ihnen angegebenen, zu überwachenden Ordner ebenfalls zugreifen soll. Wenn Sie hier *Nein* auswählen, kann der Windows Media Center Extender nur auf die öffentlichen medienspezifischen Ordner zugreifen.
10. Wählen Sie *Weiter* aus, gelangen Sie zur Seite *Konfiguration des Extenders und des Computers* (siehe Abbildung 18.8). Dort werden Sie darüber informiert, welche der nacheinander durchgeführten Einstellungen bei der Xbox 360 sowie auf dem Windows Vista-PC bereits umgesetzt sind.
11. Verläuft alles erfolgreich, können Sie einen Netzwerkleistungstest durchführen. Dieser ermittelt, wie es um die Übertragungsleistung in Ihrem Netzwerk bestellt ist. Das ist vor allem dann wichtig, wenn Windows Vista-PC oder/und Xbox 360 über ein WLAN-Funknetzwerk miteinander kommunizieren.
12. Mit der Auswahl von *Fertig stellen* schließen Sie die Einrichtung der Xbox 360 als Windows Media Center Extender ab.

Nun ist Ihre Xbox 360 so konfiguriert, dass Sie diese zum Spielen sowie als Windows Media Center Extender auch zur Wiedergabe von Medieninhalten nutzen können, die Ihr Windows Vista-PC auf Abruf liefert.

Xbox 360-Windows Media Center Extender im Einsatz

Haben Sie Ihre Xbox 360 als Windows Media Center Extender eingerichtet, können Sie mit dieser Spielekonsole über Ihr Netzwerk ganz nach Bedarf Medieninhalte abrufen, die vom Windows Vista-PC stammen. Möchten Sie dann die Xbox 360 als Windows Media Center Extender verwenden, gehen Sie wie folgt vor:

1. Prüfen Sie, ob Windows Vista-PC und Xbox 360 eingeschaltet sind.
2. Auf der Xbox 360-Fernbedienung drücken Sie die grüne ⊞-Taste. Alternativ wählen Sie im Bereich *Medien* des Xbox 360-Dashboards den Eintrag *Media Center* aus. Wenige Sekunden später zeigt die Xbox 360 auf dem TV-Gerät die Windows Media Center-Oberfläche in genau demselben Outfit an, das Sie von Ihrem Computer bereits kennen. In der Tabelle 18.1 erfahren Sie, wie Sie die Tasten des Xbox 360-Controllers für die Bedienung der Windows Media Center-Oberfläche auf der Spielekonsole nutzen können.

Tipp

Ebenfalls möglich ist es, die Windows Media Center-Oberfläche auf der Xbox 360 mit der Windows Media Center-Fernbedienung zu bedienen, die Sie normalerweise zur Steuerung des Windows Media Centers auf dem Windows Vista-PC verwenden – denn ein passender Infrarotempfänger ist in die Xbox 360 bereits integriert. Sollte dies nicht auf Anhieb funktionieren, sehen Sie im Bereich *System* des Xbox 360-Dashboards nach, ob bei *Konsoleneinstellungen* und *Fernbedienung* tatsächlich *Alle Kanäle* eingetragen ist.

Xbox 360-Controller-Taste	Bedeutung bei Verwendung als Windows Media Center Extender
A	Auswahl bzw. Selektion
B	Zurück
X	Weitere Informationen bzw. Details
Y	Virtuelle Bildschirmtastatur (erforderlich für Eingaben)
▶	Wechsel zur Windows Media Center-Startseite

Tabelle 18.1 Bedeutung der Tasten des Xbox 360-Controllers für die Windows Media Center-Oberfläche bei Verwendung der Spielekonsole als Windows Media Center Extender

Nicht nur das Aussehen, sondern auch das Bedienkonzept folgt dem Windows Media Center-Programm eines Windows Vista-PCs: Über die per Startseite zugänglichen Bereiche *Bilder + Videos*, *Musik* sowie *TV + Filme* steht dem Abruf von Fotos, Videos, Musik und TV-Aufzeichnungen, die der Windows Vista-PC liefert, und der Wiedergabe dieser Medieninhalte auf der Xbox 360 nichts im Wege. In der Rolle als Windows Media Center Extender kann die Spielekonsole Videos in den Formaten MPEG-1, MPEG-2 und WMV und Musikdateien in den Audioformaten WMA und MP3 wiedergeben.

Wichtig 

Die Wiedergabe von Videos, die beispielsweise das Format DivX oder XviD aufweisen, unterstützt die als Windows Media Center Extender genutzte Xbox 360 serienmäßig nicht. Um diese wiedergeben zu können, ist es vorab erforderlich, die betreffenden Videodateien auf dem Windows Vista-PC in ein anderes Videoformat zu konvertiert, das die Xbox 360 unterstützt und wiedergeben kann.

PROFITIPP 

Suchen Sie im Internet nach den Begriffen »MCE« und »DIVX«, finden Sie eine Reihe von Websites, die sich damit beschäftigen, wie Sie auf einer als Windows Media Center Extender eingesetzten Xbox 360 auch andere Videoformate wiedergeben können. Dabei werden die betreffenden Videodateien auf dem Windows Vista-PC in ein anderes Videoformat konvertiert, das Microsoft bei der Xbox 360 unterstützt. Einige dieser Lösungen nehmen sogar eine Transcoding in Echtzeit oder schneller vor, sodass Sie die Videodateien vom Windows Vista-PC auch ohne vorherige Umwandlung direkt abrufen oder darin bei der Wiedergabe vorspulen können.

Darüber hinaus hält der Windows Media Center-Bereich *Aufgaben* den Eintrag *Extender* bereit. Dieser dient zum Beispiel zur Konfiguration des Bildschirmschoners oder zur Ermittlung von Informationen wie der Gerätekennung.

Zum Beenden des Xbox 360-Windows Media Center Extenders wählen Sie in der linken oberen Ecke den mit einem roten »X« versehenen Eintrag *Media Center schließen* an. Drücken Sie dann die Taste A auf dem Xbox 360-Controller oder der Xbox 360-Fernbedienung, kehren Sie wieder zum Dashboard der Spielekonsole zurück.

Die Verwendung der Xbox 360 als Windows Media Center Extender setzt voraus, dass der Windows Vista-PC entweder eingeschaltet ist oder aber sich im Abwesenheitsmodus befindet. Der Versuch, die Windows Media Center-Oberfläche auf der Xbox 360 zu starten, während sich der Windows Vista-PC im Energiesparmodus oder im Ruhezustand befindet, führt schlicht zu einem Fehler. Genauso erscheint auf dem Bildschirm des Windows Vista-PCs ein Hinweis, falls Sie den Computer herunterfahren oder neu starten möchten, während gleichzeitig Windows Media Center noch mit ihm aktiv verbunden sind.

Zusammenfassung

Mit wenigen Handgriffen verwandeln Sie Ihre Xbox 360-Spielekonsole in einen Windows Media Center Extender und können sich dadurch an Medieninhalten vom Windows Vista-PC auch in anderen Räumen erfreuen. Die folgende Übersicht fasst noch einmal alles Wissenswerte für Sie zusammen.

Sie möchten ...	So gehen Sie vor	Sehen Sie sich dazu das Beispiel an auf
die Xbox 360 auf ihren Einsatz als Windows Media Center Extender vorbereiten	Schließen Sie die Xbox 360 an das TV-Gerät und die Stereoanlage oder den AV-Receiver an und binden Sie diese in dasselbe Netzwerk wie den Windows Vista-PC ein	Seite 338
eine Xbox 360 als Windows Media Center Extender eines Windows Vista-PCs einrichten	Im Xbox 360-Dashboard selektieren Sie *Media Center* im Bereich *Medien* zur Generierung des Setup-Schlüssels	Seite 339
das Windows Media Center Extender-Setup auf dem Windows Vista-PC starten	Klicken Sie die Benachrichtigung im Infobereich der Taskleiste über den neu gefundenen Windows Media Center Extender an	Seite 339
die Xbox 360 als Windows Media Center Extender nutzen	Sind Windows Vista-PC und Spielekonsole eingeschaltet, wählen Sie den Eintrag *Media Center* aus dem Bereich *Medien* im Xbox 360-Dashboard aus	Seite 340

Eric Tierling

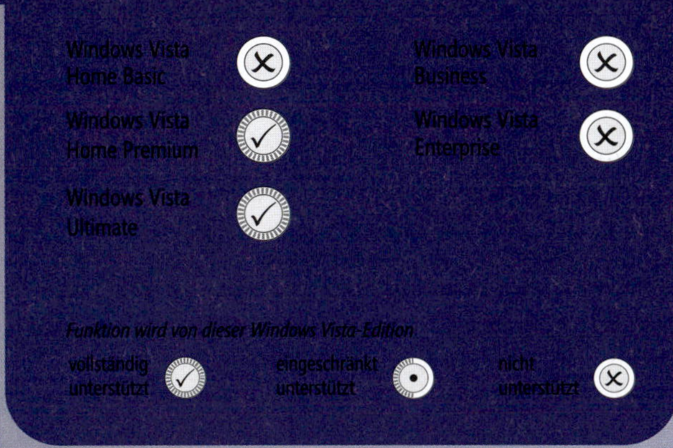

19 Weitere Funktionen von Windows Media Center

Zusätzlich zu den in den vorangegangenen Kapiteln besprochenen Merkmalen für Bilder und Videos, Musik, TV und DVD lässt sich Windows Media Center um Online-Angebote sowie um Anwendungen erweitern, die direkt aus der Windows Media Center-Oberfläche heraus aufgerufen werden. Allgemeine Einstellungen gestatten es zudem, Windows Media Center individuell anzupassen.

Abbildung 19.1 Galerie der Online-Medien, durch die das Windows Media Center von Windows Vista um internetbasierte Angebote erweitert wird

Online-Medien: Funktionserweiterungen über das Internet

Windows Media Center ist nicht auf die integrierten Entertainment-Funktionen begrenzt. Vielmehr hat Microsoft Merkmale eingebaut, die eine gezielte Erweiterung um zusätzliche Angebote und Dienste ermöglichen – und zwar über das Internet.

Solche Online-Angebote sind bei Windows Media Center einheitlich unterhalb des Bereichs *Online-Medien* zu finden. Hierbei kann es sich zum Beispiel um Video-on-Demand-Anbieter, Online-Musikshops und weitere Shopping-Anbieter oder Fotoentwicklungsdienste handeln. Diese Angebote sind in Kategorien (*TV + Filme*, *Musik und Radio*, *Bilder*, *Nachrichten + Sport* etc.) unterteilt, die Sie über die Menüleiste im oberen Bildschirmbereich auswählen können.

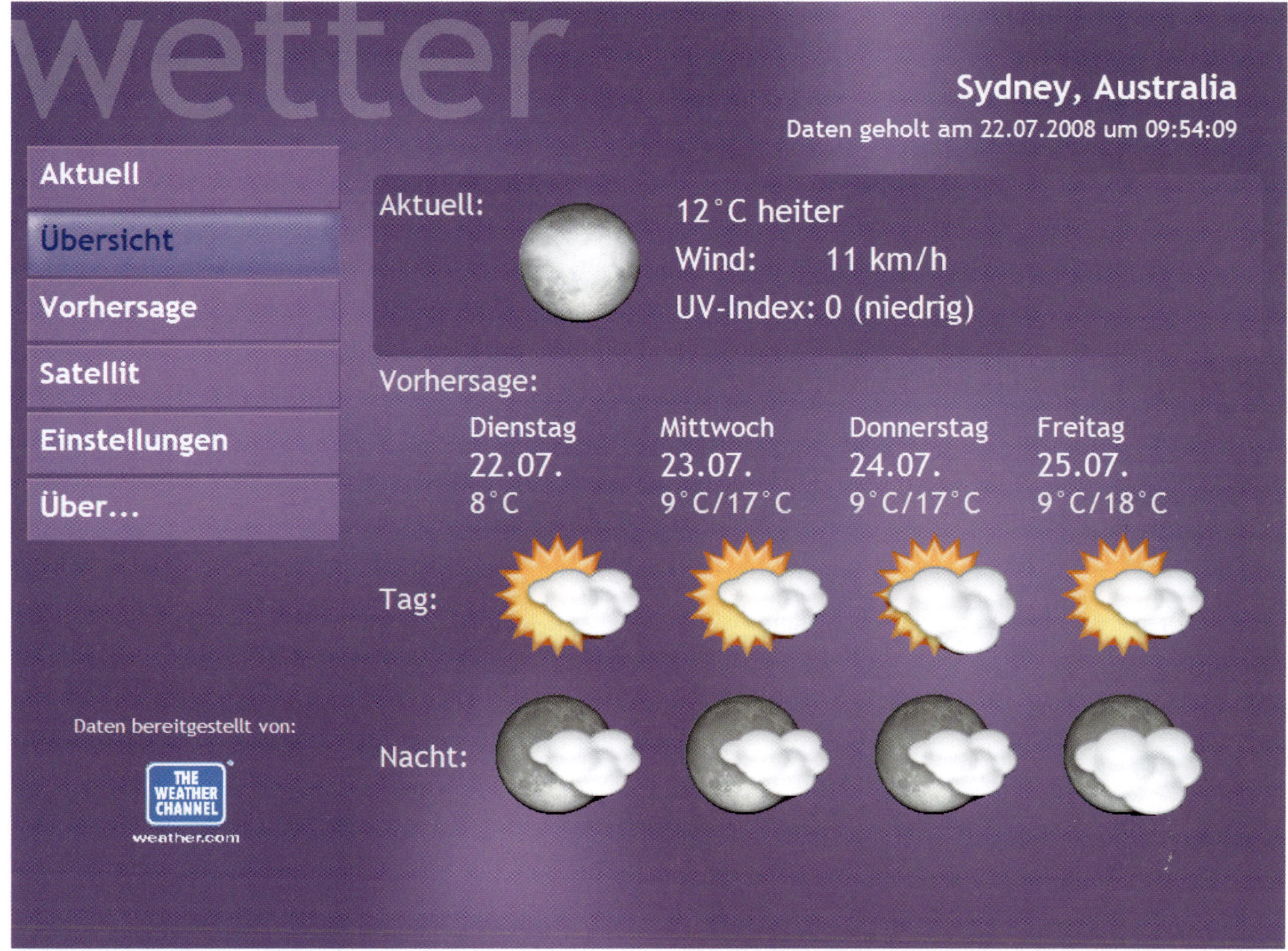

Abbildung 19.2 Der Windows Media Center-Bereich *Online-Medien* bietet Zugang zu Angeboten und Diensten, die sich aus der Windows Media Center-Oberfläche heraus starten und bedienen lassen

Haben Sie ein Online-Angebot gefunden, das Sie nutzen möchten, markieren Sie dieses und drücken OK auf der Windows Media Center-Fernbedienung. Daraufhin nimmt Windows Media Center über das Internet Kontakt mit dem jeweiligen Anbieter auf, um die zugehörigen Inhalte von dort abzurufen.

Die Darstellung und Bedienung der unter Online-Medien aufgeführten Angebote ist in der Regel auf die Windows Media Center-Oberfläche abgestimmt – und zwar insbesondere, was die bequeme Bedienung und Nutzung des jeweiligen Angebots mit der Windows Media Center-Fernbedienung betrifft. Daher können Sie sich innerhalb eines solchen Online-Angebots wie von den Windows Media Center-Menüs und -Schaltflächen her gewohnt bewegen. Eventuelle Eingabefelder sind dementsprechend ebenfalls auf die Verwendung der Windows Media Center-Fernbedienung optimiert. Dadurch lässt sich das jeweilige Angebot in vertrauter Umgebung und teilweise sogar komplett mit der Windows Media Center-Fernbedienung nutzen.

Um zu erfahren, welche Angebote es in Deutschland gibt, statten Sie dem Windows Media Center-Bereich *Online-Medien* einfach einen Besuch ab. Daraufhin ruft Windows Media Center eine Übersicht der aktuell zur Verfügung stehenden Online-Angebote ab.

Hinweis

Dieses Line-up der zur Verfügung stehenden Online-Angebote ist nicht starr: Mit welchen konkreten Online-Angeboten der Windows Media Center-Bereich *Online-Medien* dabei aufwartet, ist von Land zu Land unterschiedlich.

Möchten Sie ein Angebot selektieren, markieren Sie dieses über die Richtungstasten der Fernbedienung und drücken die Taste OK auf der Fernbedienung. Daraufhin baut Windows Media Center eine Verbindung zum jeweiligen Online-Angebot auf und zeigt dieses innerhalb der Windows Media Center-Oberfläche an. Gegebenenfalls ist nun Ihre Zustimmung erforderlich – etwa für den Wechsel zu einer sicheren, verschlüsselten Verbindung oder zur (in der Regel einmaligen) Installation eines Zusatzprogramms, sodass Sie Bestätigungen vornehmen müssen, um die eingeleitete Aktion erfolgreich durchzuführen.

Die Programmbibliothek in Windows Media Center

Im Windows Media Center-Bereich *Online-Medien* sind nicht nur Online-Angebote zu finden. Genauso ist dort die *Programmbibliothek* enthalten (siehe Abbildung 19.3). Hier sind auf dem Windows Vista-PC installierte Anwendungen untergebracht, die sich direkt in die Windows Media Center-Oberfläche integrieren und über die Fernbedienung steuern lassen. Ganz im Stil der Windows Media Center-Oberfläche geht der Aufruf dieser Anwendungen sehr leicht vonstatten:

1. Wechseln Sie in den Windows Media Center-Bereich *Online-Medien*.
2. Begeben Sie sich dort zur *Programmbibliothek*.
3. Markieren Sie das Symbol der jeweiligen Anwendung mit den Richtungstasten der Fernbedienung.
4. Nach Drücken der Taste OK wird die Anwendung gestartet.

Abbildung 19.3 In der *Programmbibliothek*, die über den Windows Media Center-Bereich *Online-Medien* erreichbar ist, sind zusätzlich auf dem PC installierte Anwendungen für Windows Media Center aufgeführt

Arten von Anwendungen

Windows Media Center-Anwendungen gibt es in unterschiedlichen Ausprägungen:

- **Anwendungen, die sowohl außerhalb als auch innerhalb von Windows Media Center laufen** Zu diesem Typ zählen die in der Programmbibliothek standardmäßig aufgeführten, von Microsoft mitgelieferten Spiele. »Mahjong Titans« zum Beispiel lässt sich sowohl losgelöst von Windows Media Center über den Spiele-Explorer von Windows Vista als auch aus Windows Media Center heraus starten – und zudem mit der Windows Media Center-Fernbedienung steuern.
- **Tools für einzelne Funktionen von Windows Media Center** Hierzu zählen beispielsweise die zur DVB-S-Konfiguration und zum Videotext-Abruf beim DVB-S-Fernsehempfang gedachten Windows Media Center-Anwendungen. Diese werden automatisch durch die Installation des Universal DVB Receivers (siehe Kapitel 14) auf dem Windows Vista-PC in der Programmbibliothek von Windows Media Center installiert.
- **Anwendungen speziell für Windows Media Center** Darüber hinaus gibt es eine Reihe von Anwendungen, die speziell zur Erweiterung der Windows Media Center-Funktionalität konzipiert worden ist. Eine beliebte Windows Media Center-Anwendungen ist *mceWeather* (*www.scendix.de/mceweather*). Hierbei handelt es sich um ein Programm, mit dem Sie sich das aktuelle Wetter sowie die Wettervorhersage für Ihre Stadt oder Ihren nächsten Urlaubsort samt Satellitenbild in Windows Media Center anzeigen lassen können (siehe Abbildung 19.2). Die jeweils aktuellen Daten holt sich diese Windows Media Center-Anwendung automatisch über das Internet, sodass Sie nach der Auswahl des Symbols *Wetter* in der Programmbibliothek von Windows Media Center jederzeit über das aktuelle Wetter an dem von Ihnen angegebenen Ort informiert sind.

  Eine andere beliebte Anwendung ist die *ZDFmediathek*: Diese vom Zweiten Deutschen Fernsehen veröffentlichten Inhalte lassen sich ebenfalls in Windows Media Center von Windows Vista einbinden und mit der Windows Media Center-Fernbedienung bequem abrufen.

Hinweis 

Manche Windows Media Center-Anwendungen beinhalten die Option, das Windows Media Center-Hauptmenü oder einen Windows Media Center-Unterbereich um zusätzliche Einträge zu erweitern – wie im Falle von *mceWeather* und der *ZDFmediathek*. Hierdurch findet dann nicht nur eine noch nahtlosere Integration in die Windows Media Center-Oberfläche statt, sondern Sie können die betreffende Anwendung meist auch noch leichter aufrufen.

Einstellungen für die Programmbibliothek

Auch die Programmbibliothek aus dem Windows Media Center-Bereich *Online-Medien* lässt sich über Einstellungen anpassen:

1. Hierzu wechseln Sie in den Windows Media Center-Bereich *Aufgaben*.
2. Dort wählen Sie den Menüeintrag *Einstellungen* aus, gefolgt von *Allgemein* und *Optionen für Programmbibliothek*.
3. Daraufhin erscheint eine gleichnamige Seite, die mehrere Einstellungen enthält (siehe Abbildung 19.4):
   - Die Kontrollkästchen *Steuern der Mediendarstellung in Windows Media Center* und *Zugreifen auf Medieninformationen aus Windows Media Center* legen fest, ob Anwendungen die Windows Media Center-Oberfläche steuern und Medieninformationen nutzen dürfen. Standardmäßig sind beide Einstellungen aktiviert.
   - Das Kontrollkästchen *Internetsicherheitswarnungen ausblenden* steuert, ob dementsprechende Hinweise (etwa bei der Nutzung eines Online-Angebotes über den Windows Media Center-Bereich *Online-Medien*) nicht angezeigt werden sollen. Standardmäßig werden solche Warnungen eingeblendet.
4. Selektieren Sie die Schaltfläche *Programmbibliothek bearbeiten*, werden auf einer eigenen Seite alle derzeit installierten Windows Media Center-Anwendungen (vor allem, aber nicht nur solche, die in der Programmbibliothek zugeordnet sind) angezeigt. Für jede dieser Anwendungen können Sie dort über das zugehörige Kontrollkästchen steuern, ob dieses in der Programmbibliothek, im Windows Media Center-Bereich *Aufgaben* etc. erscheinen oder ausgeblendet werden soll.

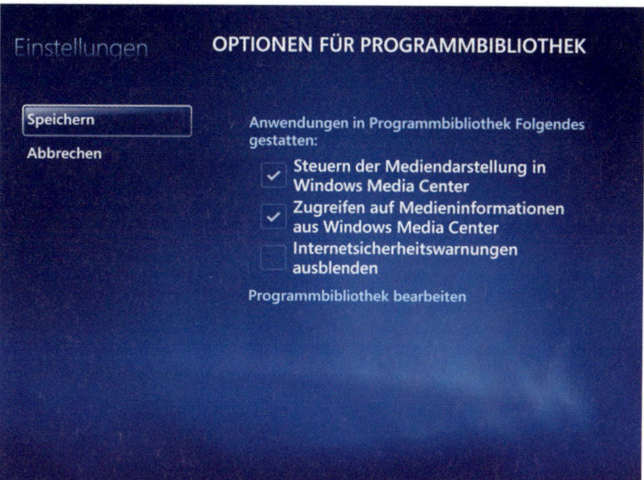

Abbildung 19.4 Auch für die Programmbibliothek von Windows Media Center sind Einstellungen vorhanden

**Tipp** 

Markieren Sie das Symbol einer Windows Media Center-Anwendung in der Programmbibliothek und drücken Sie die Funktionstaste (i). Das zugehörige Kontextmenü bietet Ihnen sodann ebenfalls die Möglichkeit, die zugehörige Anwendung in der Programmbibliothek auszublenden. Dasselbe Kontextmenü bietet Ihnen zudem die Möglichkeit, die Anwendung zum Windows Media Center-Hauptmenü auf der Startseite hinzuzufügen.

Allgemeine Einstellungen von Windows Media Center

In den vorangegangenen Kapiteln, die sich insbesondere mit den in Windows Media Center zur Verfügung stehenden Bereichen beschäftigen, haben Sie erfahren, dass es für die meisten Bereiche spezifische Einstellungen gibt. Ergänzend dazu wartet Windows Media Center mit *Allgemeinen Einstellungen* auf: Diese lassen sich nach der Auswahl von *Allgemein* aus dem Windows Media Center-Bereich *Einstellungen* bearbeiten (siehe Abbildung 19.5).

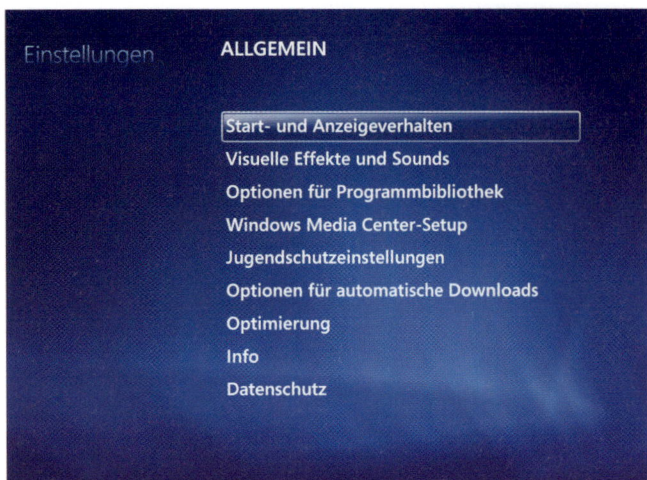

Abbildung 19.5 Neben bereichsspezifischen besitzt Windows Media Center auch allgemeine Einstellungen

Die Seite *Einstellungen* hält folgende Menüeinträge bereit:

- Bei *Start- und Anzeigeverhalten* finden Sie Einstellungen, die für den Aufruf und die Anzeige des Windows Media Center-Programms Relevanz besitzen:
  - *Windows Media Center-Fenster immer im Vordergrund anzeigen* legt fest, ob Windows Media Center auch dann im Vordergrund bleiben soll, wenn keine Vollbilddarstellung erfolgt und Windows Media Center stattdessen im Programmfenster angezeigt wird (zusammen mit den Programmfenstern anderer Anwendungen).
  - Die Einstellung *Dialogfeld "Nicht für Windows Media Center entwickelt" anzeigen* legt fest, ob ein Hinweis erscheinen soll, falls eine Anwendung aus Windows Media Center heraus gestartet wird oder diese ein Dialogfeld im Stile von Windows Vista (kleine Schriftarten etc.) anzuzeigen gedenkt.
  - Soll das Windows Media Center-Programm nach dem Anschalten des Windows Vista-PCs bzw. dem Hochfahren des Betriebssystems immer automatisch aufgerufen werden, ist das Kontrollkästchen *Windows Media Center beim Start von Windows starten* mit einer Markierung zu versehen.
  - Zudem kann Windows Media Center Meldungen in der Taskleiste ausgeben (zum Beispiel, wenn gerade die Aufnahme einer Fernsehsendung erfolgt oder neue TV-Programmlisten heruntergeladen werden). »Sehen« können Sie diese Benachrichtigungen allerdings nur dann, wenn Windows Media Center nicht die Vollbilddarstellung verwendet, sondern zum Fenster verkleinert ist. Wenn Sie keine solchen Hinweise wünschen, deaktivieren Sie das Kontrollkästchen *Taskleistenbenachrichtigungen anzeigen.*
  - Die Option *TV-Tipps* schließlich bestimmt, ob beim Besuch von *TV-Programm* Hinweise zur Navigation durch den Windows Media Center-EPG angezeigt werden können.
- Das Untermenü *Visuelle Effekte und Sounds* enthält Einstellungen, die das optische und akustische Verhalten von Windows Media Center betreffen.
  - *Übergangsanimationen verwenden* legt fest, ob beim Wechseln zwischen Windows Media Center-Seiten die Anzeige animiert erfolgt und Seiten dadurch ein- und ausgeblendet werden.
  - Um akustische Quittierungssignale bei der Navigation durch die Windows Media Center-Menüs auszuschalten, können Sie die Markierung des Kontrollkästchens *Sounds beim Navigieren in Windows Media Center wiedergeben* entfernen.
  - Die Einstellungen im Bereich *Farbschema* gestatten es Ihnen, für Windows Media Center eine andere farbliche Darstellung für Hintergrund und Schrift auszuwählen. Auf Wunsch können Sie hier einen schwarzen oder weißen Hintergrund festlegen.
  - In welcher Farbe Windows Media Center Balken etwa bei der Wiedergabe von Filmen im Breitbildformat auf einem Bildschirm mit einem anderen Seitenverhältnis darstellen soll, lässt sich über *Videohintergrundfarbe* festlegen. Standardmäßig erscheinen diese Ränder mit schwarzem Hintergrund.
- Die *Optionen für Programmbibliothek* wurden bereits im Abschnitt »Einstellungen für die Programmbibliothek« besprochen.
- Hinter dem Eintrag *Windows Media Center-Setup* verbergen sich mehrere Untermenüs, um einzelne Etappen der Einrichtung von Windows Media Center selektiv noch einmal zu absolvieren oder aber das komplette Windows Media Center-Setup erneut auszuführen:
  - Der Menüeintrag *Internetverbindung einrichten* dient dazu, die Internetverbindung neu zu konfigurieren. Sinnvoll ist dies zum Beispiel, wenn die Art des Internetzugangs verändert werden soll (etwa, wenn bislang eine Internetverbindung über einen ISDN-Adapter stattfand und Sie nun auf DSL umgestellt haben).
  - Über *TV-Signal einrichten* konfigurieren Sie Windows Media Center für den Fernsehempfang. Haben Sie in Ihrem Windows Vista-PC eine neue TV-Karte – entweder als erste oder aber als zweite TV-Karte für den Dual-Tuner-Betrieb – eingebaut, können Sie diese hierüber zur Verwendung in Windows Media Center einrichten.

Tipp

Optionen speziell zur Einrichtung des Fernsehempfangs hält auch die Kategorie *TV* (Auswahl von *Einstellungen* im Windows Media Center-Bereich *Aufgaben*) bereit.

- Zur Audio-Konfiguration von Windows Media Center dient der Menüeintrag *Lautsprecher einrichten*. Waren bislang lediglich Stereo-Lautsprecher mit dem Windows Vista-PC verbunden und schließen Sie diesen jetzt an einen AV-Receiver an, der eine digitale Mehrkanalton-Wiedergabe unterstützt, sollten Sie die Audio-Konfiguration dementsprechend anpassen.

Hinweis 

Überprüfen Sie im Zweifelsfalle auch die Einstellungen der Soundkarte.

- *TV-Gerät oder Monitor konfigurieren* dient zur Anpassung der Windows Media Center-Darstellung für die optimale Abstimmung auf den von Ihnen verwendeten Bildschirm. Durch Selektion dieses Menüeintrags rufen Sie den *Bildschirm-Assistenten* von Windows Media Center auf.
- Möchten Sie das komplette Windows Media Center-Setup von Anfang an ein weiteres Mal durchlaufen, benutzen Sie die Option *Setup erneut ausführen* (die einzelnen Konfigurationsschritte sind im Kapitel 14 beschrieben).

- Möchten Sie das komplette Windows Media Center-Setup von Anfang an ein weiteres Mal durchlaufen, benutzen Sie die Option *Windows Media Center-Setup erneut ausführen* (die einzelnen Konfigurationsschritte sind im Kapitel 14 beschrieben).
- Die *Jugendschutzeinstellungen* stellen einen Schutz vor allem für die DVD-Wiedergabe dar (siehe Kapitel 17).
- Die in der Kategorie *Optionen für automatische Downloads* enthaltenen Einstellungen legen fest, ob Windows Media Center Informationen automatisch per Internet herunterladen soll (siehe Abbildung 19.6):
  - Ist das Kontrollkästchen *CD-Cover, Medieninformationen für DVDs und Filme und Internetdienste vom Internet beziehen* aktiviert, können beispielsweise Infos zu Musik-CDs mitsamt zugehörigem Albumcover bei Bedarf heruntergeladen werden, wenn Sie Audio-CDs oder Musikdateien abspielen und der Windows Vista-PC mit dem Internet verbunden ist. Genauso werden bei der DVD-Wiedergabe dann die zugehörigen Spielfilmdetails sowie das DVD-Cover (sofern verfügbar) aus dem Internet abgerufen.
  - Der Bereich *Downloadmethode für TV-Programm* bestimmt, wie Windows Media Center aktualisierte TV-Programmlisten für den elektronischen Programmführer bzw. den Windows Media Center-EPG erhält. Möchten Sie diese Aktualisierung eigenständig in die Wege leiten, aktivieren Sie die Option *Manueller Download*. Soll hingegen Windows Media Center diese Informationen fortlaufend automatisch aktualisieren, wählen Sie die Option *Download bei bestehender Verbindung* aus.
  Zusätzlich haben Sie die Gelegenheit, einen sofortigen Download dieser Informationen durchzuführen. Dazu greifen Sie auf die Schaltfläche *Jetzt herunterladen* zurück.

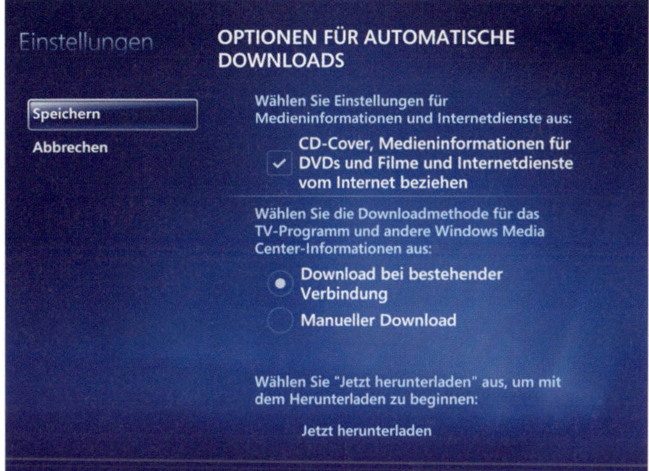

Abbildung 19.6 Festlegung, welche Informationen Windows Media Center aus dem Internet wie herunterlädt

- Über *Optimierung* können Sie Windows Media Center anweisen, regelmäßig – und zwar täglich um eine bestimmte Uhrzeit – eine systeminterne Optimierung durchzuführen. Dadurch werden Windows Media Center-spezifische Dienste überprüft und bei Bedarf neu gestartet. Treten bei Ihnen Stabilitätsprobleme mit Windows Media Center auf, können Sie versuchen, diese durch Aktivierung der vorliegenden Option zu beheben. Standardmäßig ist diese Option ausgeschaltet.
- Über die Kategorie *Info* können Sie Informationen wie beispielsweise die Nutzungsbedingungen des Windows Media Center-EPG abrufen. Des Weiteren erhalten Sie über *Softwareversion* die Gelegenheit, die genaue Versionsnummer von Windows Media Center in Erfahrung zu bringen.

- Datenschutzrichtlinien und dementsprechende Vorgaben sind über den Eintrag *Datenschutz* zugänglich. Über *Datenschutzeinstellungen* können Sie dabei festlegen, ob Daten wie beispielsweise Ihr Land, Ihre Postleitzahl, eine von Ihnen korrigierte Kanalzuordnung sowie Informationen darüber, welche Sendungen Sie häufiger sehen, von Windows Media Center anonym an Microsoft gesendet werden, um dadurch zur Verbesserung die Qualität des EPG beizutragen.

Zusammenfassung

Welche Aufgabe der Windows Media Center-Bereich *Online-Medien* erfüllt, was es mit der Programmbibliothek auf sich hat und wie Sie die allgemeinen Einstellungen von Windows Media Center anpassen, war Gegenstand dieses Kapitels. Anhand der folgenden Übersicht können Sie wichtige Schritte in diesem Zusammenhang schnell nachvollziehen.

Sie möchten ...	So gehen Sie vor	Sehen Sie sich dazu das Beispiel an auf
ein Online-Angebot nutzen	Begeben Sie sich in die Galerie (oder die gewünschte Kategorie) des Windows Media Center-Bereichs *Online-Medien*, wählen Sie dort das gewünschte Angebot aus und drücken Sie OK	Seite 344
eine Anwendung aus der Programmbibliothek von Windows Media Center starten	Markieren Sie die gewünschte Anwendung in der unterhalb des Windows Media Center-Bereichs *Online-Medien* zu findenden *Programmbibliothek* und drücken Sie OK	Seite 346
Einstellungen für die Programmbibliothek anpassen	Wählen Sie *Einstellungen* im Windows Media Center-Bereich *Aufgaben* aus, um daraufhin *Allgemein* und *Optionen für Programmbibliothek* zu selektieren	Seite 347
eine Anwendung aus den Windows Media Center-Menüs ausblenden	In der Programmbibliothek markieren Sie das Symbol einer Windows Media Center-Anwendung, drücken (i) und wählen *Ausblenden* aus	Seite 347
eine Anwendung dem Windows Media Center-Hauptmenü hinzufügen	Markieren Sie das Symbol einer Anwendung in der Programmbibliothek und drücken (i), um dann den Eintrag *Zum Startmenü hinzufügen* auszuwählen	Seite 347
allgemeine Einstellungen von Windows Media Center bearbeiten	Wählen Sie *Einstellungen* im Windows Media Center-Bereich *Aufgaben* aus und selektieren Sie dann *Allgemein*	Seite 347

Teil E

Benutzer, Termine und Adressen

Tobias Weltner

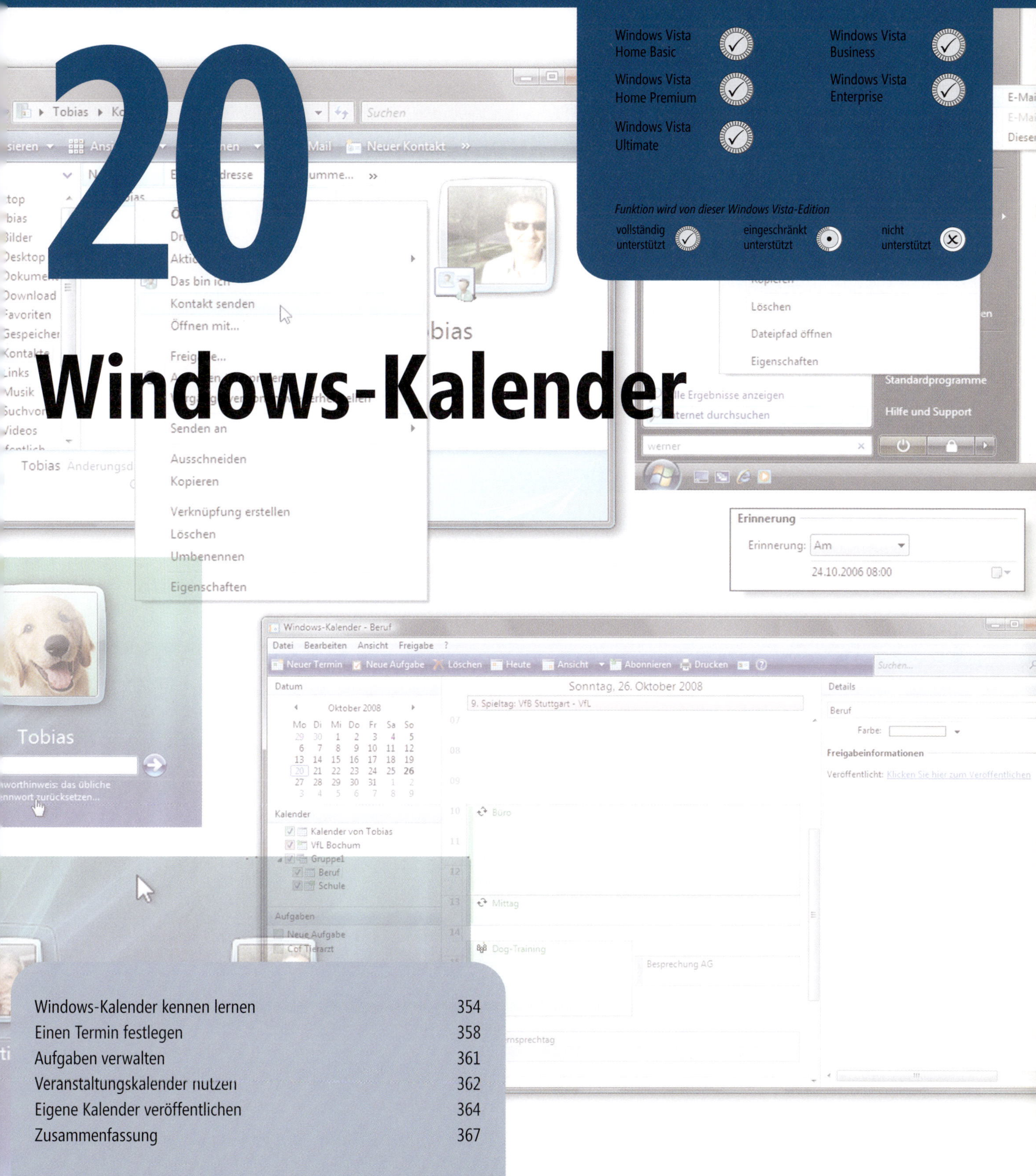

20 Windows-Kalender

Der Windows-Kalender hilft nicht nur, die eigenen Termine zu verwalten, sondern kann auch Termine anderer Personen oder Veranstaltungen in Ihre Terminansicht einblenden.

Die Kalender, die Sie dabei zu einer Gesamtansicht »mischen«, müssen nicht von echten Personen stammen. Viele Fußballclubs oder Veranstaltungsdienste bieten Kalender im kompatiblen »iCalender«-Format zum Herunterladen, sodass Ihr Kalender ganz automatisch auch alle Spieltermine der Saison, das aktuelle Kinoprogramm, Schulferientermine oder den Veranstaltungskalender Ihrer Region anzeigt.

Und weil Kalender prinzipiell Informationen zu ganz beliebigen Themen enthalten können, stehen auch Kalender für den Wetterbericht nach dem »100-jährigen Kalender«, Astrologie-Daten oder Kalenderwochen für den Business-Anwender im Internet zum Download bereit.

Natürlich können Sie selbst auch zum Anbieter werden: Engagieren Sie sich beispielsweise im heimischen Sportverein, tragen Sie doch alle wichtigen Termine in einem Kalender zusammen und stellen diesen im Internet anderen Vereinsmitgliedern zur Verfügung.

Windows-Kalender kennen lernen

Sie finden den Windows-Kalender direkt in Ihrem Startmenü. Um den Kalender zu starten, öffnen Sie das Startmenü und klicken dann auf *Alle Programme/Windows-Kalender*. Oder tippen Sie im Schnellsuchfeld des Startmenüs den Begriff »Kalender« ein. Noch während Ihrer Eingabe zeigt das Startmenü bereits unter anderem den Eintrag *Windows-Kalender* an. Klicken Sie darauf.

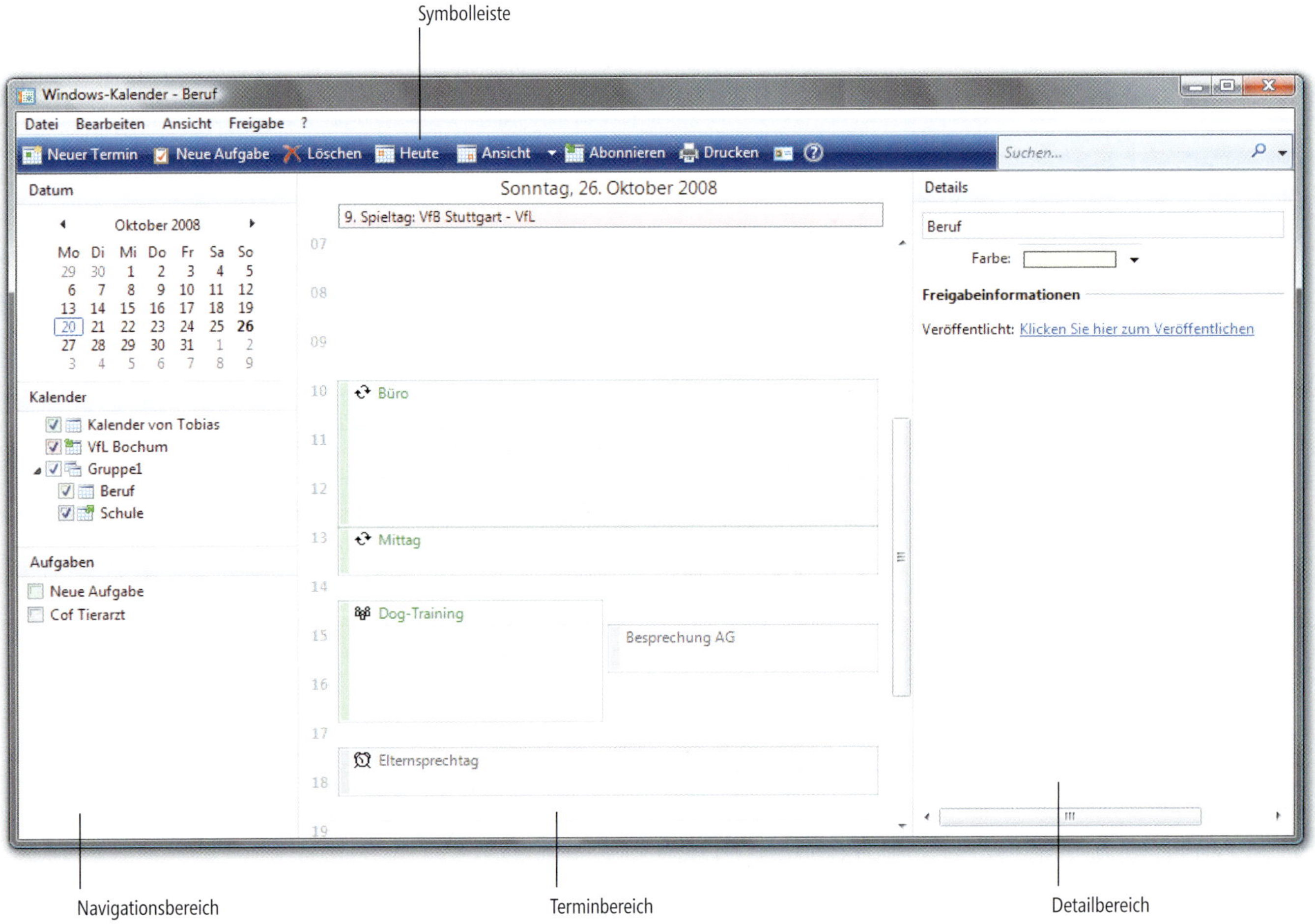

Symbolleiste

Navigationsbereich

Terminbereich

Detailbereich

Abbildung 20.1 Der Aufbau des Windows-Kalender-Fensters

Der Navigationsbereich

Auf der linken Seite des Kalenders finden Sie den Navigationsbereich. Er zeigt im Feld *Datum* einen Monatskalender an. Tage, an denen Termine festgelegt sind, werden darin fett gedruckt dargestellt. Das aktuell gewählte Datum wird blau umrandet.

Die Monatsübersicht

Um zu einem bestimmten Datum zu wechseln, klicken Sie auf das Datum. Möchten Sie den Monat wechseln, klicken Sie auf die Pfeil-Schaltflächen vor oder hinter dem angezeigten Monatsnamen.

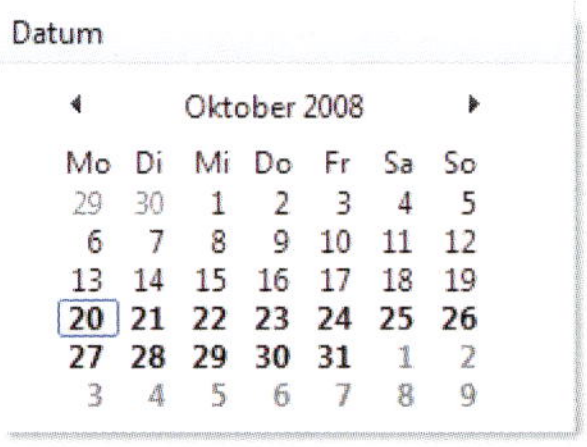

Datum

◂ Oktober 2008 ▸

Mo	Di	Mi	Do	Fr	Sa	So
29	30	1	2	3	4	5
6	7	8	9	10	11	12
13	14	15	16	17	18	19
20	**21**	**22**	**23**	**24**	**25**	**26**
27	**28**	**29**	**30**	**31**	1	2
3	4	5	6	7	8	9

Abbildung 20.2 Der Datumsbereich zeigt jeweils einen Monat

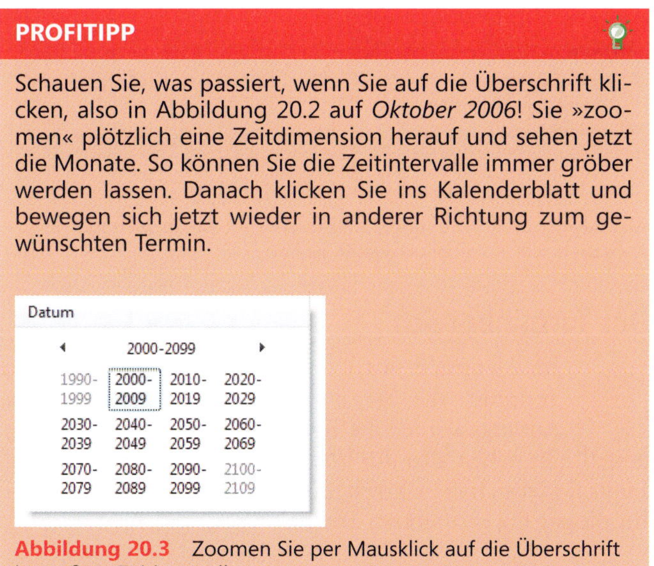

PROFITIPP

Schauen Sie, was passiert, wenn Sie auf die Überschrift klicken, also in Abbildung 20.2 auf *Oktober 2006*! Sie »zoomen« plötzlich eine Zeitdimension herauf und sehen jetzt die Monate. So können Sie die Zeitintervalle immer gröber werden lassen. Danach klicken Sie ins Kalenderblatt und bewegen sich jetzt wieder in anderer Richtung zum gewünschten Termin.

Abbildung 20.3 Zoomen Sie per Mausklick auf die Überschrift in größere Zeitintervalle

Liegt der Termin, zu dem Sie wechseln wollen, nicht im aktuellen Monat, drücken Sie `Strg`+`G` oder rufen Sie den Menübefehl *Ansicht/Gehe zu Datum* auf.

Ein Dialogfeld öffnet sich, in dem Sie das gewünschte Datum direkt eintragen können. Im Listenfeld darunter können Sie außerdem gleich die gewünschte Detailansicht festlegen. Sobald Sie auf *OK* klicken, wechselt der Kalender zu dem von Ihnen angegebenen Datum in der gewünschten Ansicht.

Möchten Sie wieder zurück zum heutigen Datum, klicken Sie entweder in der Symbolleiste auf *Heute* oder rufen Sie den Menübefehl *Ansicht/Heute* auf.

Die Kalender-Liste

Unterhalb vom Datumsbereich befindet sich das Element *Kalender*. Darin sehen Sie anfangs nur Ihren eigenen Kalender namens »Kalender von *Name*«. Im Kästchen davor ist ein Haken zu sehen.

Der Windows-Kalender kann mit unterschiedlichen Kalendern gleichzeitig arbeiten, und erst wenn Sie mehrere Kalender miteinander kombinieren, schöpfen Sie die Möglichkeiten dieses Terminplaner-Werkzeugs vollständig aus. Vermeiden Sie es deshalb von Anfang an, alle Ihre Termine in einem einzigen Kalender zu vermerken. Legen Sie stattdessen besser für jeden Lebens- oder Aufgabenbereich einen eigenen Kalender an, also zum Beispiel einen für die Arbeit und einen für private Unternehmungen.

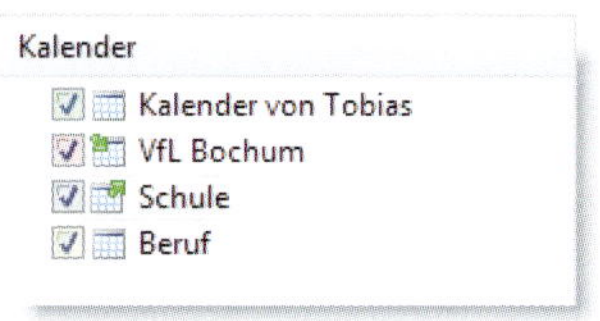

Abbildung 20.4 Die Kalender-Liste zeigt alle verwendeten Kalender an und kann Kalender ausblenden

Die Symbole vor den einzelnen Kalendern zeigen bereits, um welchen Kalender es sich im Einzelnen handelt.

Symbol	Beschreibung
	Ein eigener privater Kalender
	Ein eigener veröffentlichter Kalender, den auch andere lesen können
	Ein fremder abonnierter Kalender, den Sie nur lesen, aber nicht ändern können

Tabelle 20.1 Symbole kennzeichnen die unterschiedlichen Kalenderarten

Und so einfach fügen Sie einen weiteren Kalender der Liste hinzu:

1. Klicken Sie mit der rechten Maustaste in die Kalender-Liste, wählen Sie im Kontextmenü den Eintrag *Neuer Kalender* oder rufen Sie den Menübefehl *Datei/Neuer Kalender* auf.
2. Ein neuer Kalender wird in der Kalender-Liste angelegt. Sein Name ist bereits markiert. Geben Sie dem Kalender einen passenden Namen, zum Beispiel »Schule« oder »Beruf«.
3. Schauen Sie rechts in den Detailbereich. Dort können Sie diesem neuen Kalender eine Farbe zuweisen. Alle Termine, die Sie im neuen Kalender vermerken, werden anschließend in dieser Farbe markiert.

Tipp

Möchten Sie einen Kalender einer fremden Person oder einen Kalender mit öffentlichen Informationen aus dem Internet hinzufügen, klicken Sie in der Symbolleiste auf *Abonnieren*. Sie werden jetzt aufgefordert, den Speicherort der fremden Kalenderdatei anzugeben. Umgekehrt können Sie Ihre eigenen Kalender über den Menübefehl *Freigabe/Veröffentlichen* für andere Personen sichtbar machen. Sie lesen gleich in einem eigenen Abschnitt mehr darüber.

Möchten Sie einen bereits vorhandenen Kalender umgestalten, klicken Sie den Kalender in der Kalender-Liste an. Im Detailbereich am rechten Fensterrand sehen Sie nun die aktuellen Einstellungen und können so den Namen oder die Farbe für Termine ändern.

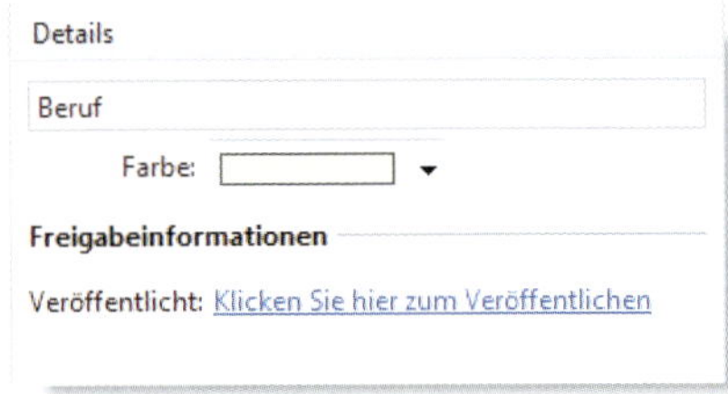

Abbildung 20.5 Farbe und Name eines Kalenders im Details-Abschnitt festlegen

Nachdem Sie Änderungen vorgenommen haben, klicken Sie ins *Termin*-Feld, damit die Änderungen übernommen werden. Wollen Sie die Termine eines Kalenders ausblenden, entfernen Sie das Häkchen vor dem Kalender.

Die Aufgabenliste

Im unteren Teil befindet sich die Aufgabenliste. Hier vermerken Sie Aufgaben, die Sie nicht vergessen wollen. Ist eine Aufgabe gemeistert, können Sie sie im wahrsten Sinne des Wortes »abhaken« und behalten so einen guten Überblick, was noch alles zu tun ist und was Sie schon geschafft haben.

Anfangs ist die Aufgabenliste noch leer. Um eine neue Aufgabe in die Liste einzufügen, klicken Sie zum Beispiel in der Symbolleiste auf die Schaltfläche *Neue Aufgabe* und weisen der Aufgabe einen passenden Namen zu.

Etwas später werden Sie erfahren, wie Sie Aufgaben verwalten und sich zum Beispiel an wichtige Aufgaben erinnern lassen können.

PROFITIPP

Über [Strg]+[I] blenden Sie den gesamten Navigationsbereich ein und aus. [Strg]+[D] blendet dagegen den Detailbereich am rechten Fensterrand aus. So gewinnen Sie mehr Platz für die übrigen Elemente des Kalenders.

Falls Sie sich die Tastenkombination nicht merken können, öffnen Sie das Menü *Ansicht*. Darin finden Sie die beiden Befehle *Navigationsbereich* und *Detailbereich*.

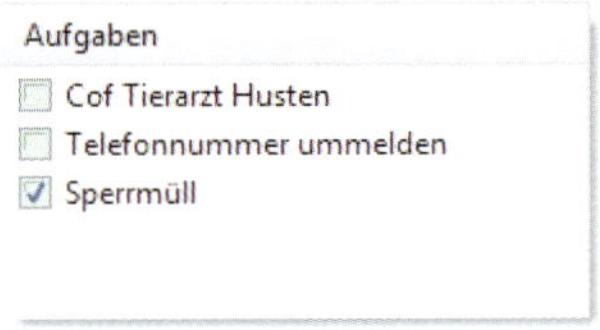

Aufgaben
☐ Cof Tierarzt Husten
☐ Telefonnummer ummelden
☑ Sperrmüll

Abbildung 20.6 Die Aufgabenliste erinnert Sie an wichtige Aufgaben, die Sie nicht vergessen wollen

Der Terminbereich

Im Hauptteil des Kalender-Fensters sehen Sie die Termine, die Sie im Kalender vermerkt haben. Anfangs werden die Termine in der *Tag*-Ansicht dargestellt. Sie sehen also die Übersicht über genau einen Tag. Links findet sich die Uhrzeit, und rechts daneben werden die für diesen Tag vermerkten Termine farbig angezeigt.

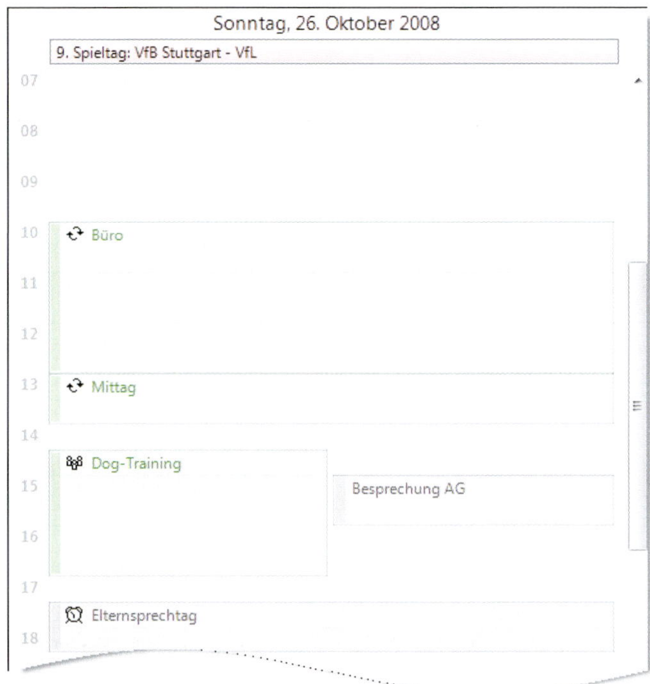

Abbildung 20.7 Alle Termine eines Tages anzeigen lassen

Die Farbe der Termine verrät Ihnen, aus welchem Kalender der Termin stammt. Jeder Kalender verwendet eine eigene Farbe und alle Termine aus diesem Kalender werden in dieser Farbe dargestellt. Überschneiden sich Termine, werden sie nebeneinander angezeigt.

Tipp

Um die Terminplanung zu vereinfachen, können Sie Termine aus bestimmten Kalendern ausblenden. Dazu entfernen Sie in der Kalender-Liste das Häkchen vor den Kalendern, die Sie momentan nicht berücksichtigen möchten.

Umgekehrt könnten Sie bestimmte Kalender auch vorübergehend einblenden, zum Beispiel die Terminkalender anderer Familienmitglieder oder Kollegen. So lassen sich gemeinsame Aktivitäten viel besser planen, weil Sie sofort sehen, ob alle Personen auch wirklich Zeit haben.

Vor einigen Terminen ist ein kleines Symbol zu sehen, das besondere Termine kennzeichnet.

Symbol	Bedeutung
(Wiederholung)	Dieser Termin findet regelmäßig statt und wird automatisch für alle wiederkehrenden Termine eingetragen.
(Wecker)	Für diesen Termin ist eine Erinnerung aktiviert worden. Sie werden deshalb vom Windows-Kalender rechtzeitig alarmiert, damit Sie diesen Termin auf keinen Fall vergessen.
(Personen)	Dies ist ein gemeinsamer Termin mit mehreren anderen Personen und Sie haben für diesen Termin festgelegt, welche Personen daran teilnehmen sollen.
(Notiz)	An den Termin ist eine Notiz geheftet, die Sie im Detailbereich sehen, wenn Sie den Termin anklicken.

Tabelle 20.2 Symbole für besondere Termineinträge

Damit Sie einen besseren Überblick über Ihre Termine bekommen, können Sie von der Tages- in die Wochen-, Arbeitswochen- und Monats-Ansicht wechseln. Dazu klicken Sie entweder in der Symbolleiste so lange auf die Schaltfläche *Ansicht*, bis die Ansicht Ihren Anforderungen entspricht. Oder klicken Sie auf den Pfeil am rechten Rand der Schaltfläche. So öffnet sich ein Untermenü und Sie können die gewünschte Darstellung per Mausklick aussuchen.

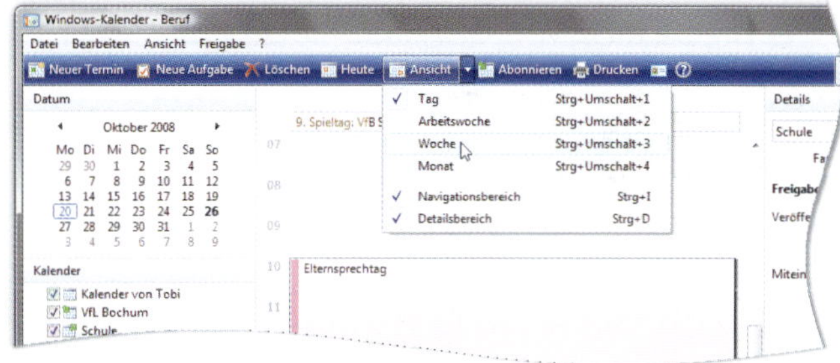

Abbildung 20.8 Wählen Sie die gewünschte Ansicht der Termine über das zugehörige Menü aus

Tipp

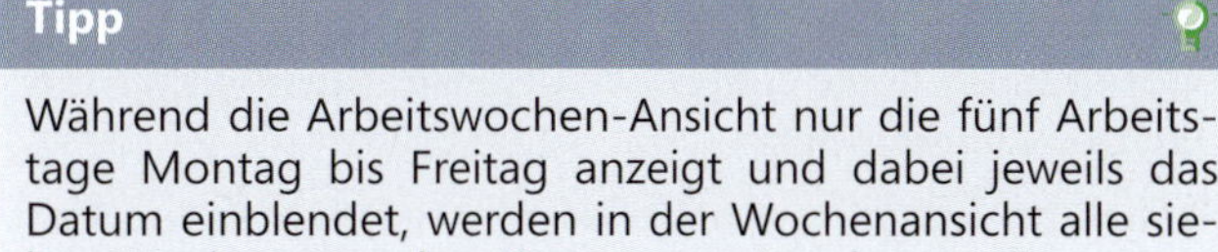

Während die Arbeitswochen-Ansicht nur die fünf Arbeitstage Montag bis Freitag anzeigt und dabei jeweils das Datum einblendet, werden in der Wochenansicht alle sieben Wochentage ohne Datumsanzeige dargestellt.

Über `Strg`+`⇧`+`1` bis `Strg`+`⇧`+`4` wechseln Sie die Ansicht besonders schnell.

Einen Termin festlegen

Bevor Sie einen neuen Termin festlegen, sollten Sie zwei Dinge tun:

- **Kalender wählen** Klicken Sie in der Kalender-Liste auf den Kalender, in dem Sie den neuen Termin festlegen wollen. Verwenden Sie bisher nur einen einzigen Kalender, sollten Sie sich zuerst überlegen, ob Sie nicht weitere Kalender wie oben beschrieben anlegen sollten.
- **Datum wählen** Wählen Sie dann das Datum aus, für das Sie den Termin vermerken wollen. Liegt das Datum im aktuellen Monat, klicken Sie am besten in der Monatsansicht im Datumsbereich auf den gewünschten Tag. Liegt der Termin in weiterer Zukunft, drücken Sie Strg+G und tragen das Datum ins daraufhin geöffnete Dialogfeld *Gehe zu Datum* ein.

Schalten Sie dann die Ansicht in die Tagesansicht um, zum Beispiel über *Ansicht/Tag* oder Strg+⇧+1.

Einen neuen Termin einfügen

Windows-Kalender bietet Ihnen gleich mehrere Methoden an, um neue Termine aufzunehmen. Probieren Sie die verschiedenen Methoden einfach aus, um diejenige zu finden, die Ihnen am besten liegt:

- **Per Doppelklick** Doppelklicken Sie auf eine Uhrzeit am linken Rand der Terminübersicht, wird ein neuer einstündiger Termin angelegt.
- **Per Tastatur** Bewegen Sie die Markierung mit den Pfeiltasten auf die Anfangszeit des Termins und drücken Sie Strg+N. Sie können auch in der Symbolleiste auf *Neuer Termin* klicken oder den Menübefehl *Datei/Neuer Termin* aufrufen. So erhalten Sie einen halbstündigen Termin.
- **Dauer festlegen** Markieren Sie den Zeitbereich, zum Beispiel mit der Maus oder bei festgehaltener Strg-Taste mit den Pfeiltasten. Legen Sie dann mit Strg+N einen neuen Termin fest. So erhalten Sie einen Termin, der genauso lange dauert wie der von Ihnen vorher markierte Zeitabschnitt.

Die Beschriftung des neuen Termins ist bereits markiert, sodass Sie dem Termin gleich einen aussagekräftigen Namen zuweisen können.

Einen Termin bearbeiten oder löschen

Die Dauer eines Termins wird grafisch dargestellt: je länger ein Termin dauert, desto mehr Zeitspalten belegt er. So sehen Sie sofort, wie sich ein Termin über den Tag verteilt und ob er sich mit anderen Terminen überschneidet. Jeder Termin zeigt am linken Rand außerdem einen senkrechten Balken. Klicken Sie auf diesen Balken, um einen Termin zu markieren.

Ist der Termin markiert, kann er über die Entf-Taste gelöscht werden. Bringen Sie die Maus über den senkrechten Balken, lässt sich der Termin bei festgehaltener linker Maustaste verschieben und so zum Beispiel um eine Stunde nach hinten verlegen.

> **Tipp**
>
> Wollen Sie einen Termin gleich auf einen ganz anderen Tag legen, schalten Sie zur Wochen- oder Monatsansicht um. Jetzt lassen sich die Termine auch auf andere Tage verschieben, behalten dabei aber ihre Start- und Endzeiten bei. Wollen Sie auch diese noch ändern, schalten Sie zurück in die Tagesansicht und gehen vor wie eben beschrieben.

Bringen Sie den Mauszeiger auf den oberen oder unteren Rand des Termins, verwandelt sich der Mauszeiger an dieser Stelle in einen Doppelpfeil. Jetzt lassen sich bei gedrückter linker Maustaste die Start- und Endzeit des Termins und damit auch dessen Dauer ändern.

Noch mehr Kontrolle bietet der Detailbereich. Klicken Sie dazu auf den Termin, den Sie ändern wollen. Danach verwenden Sie die Einstellungsmöglichkeiten des Abschnitts *Details*.

Im Bereich *Termininformationen* legen Sie jetzt ganz genau den Start und das Ende des Termins fest. Handelt es sich um einen ganztägigen Termin, markieren Sie das Kontrollkästchen *Ganztägiger Termin*. Solche Termine werden am oberen Rand des Terminplaners vermerkt.

Termininformationen
Ganztägiger Termin
Start: 26.10.2008 14:30
Ende: 26.10.2008 17:00
Wiederholung: Keine
Erinnerung
Erinnerung: Keine

Abbildung 20.9 Dauer des Termins, Wiederholung und Erinnerung festlegen

Regelmäßige Termine

Findet ein bestimmter Termin regelmäßig statt, zum Beispiel jeden Montag nachmittags, legen Sie im Listenfeld *Wiederholung* das Wiederholungsintervall fest, zum Beispiel *Wöchentlich*. Windows-Kalender schreibt dann diesen Termin automatisch für Sie fort und trägt ihn automatisch in alle folgenden Kalenderblätter für Sie ein. Regelmäßige Termine werden dabei im Terminkalender mit einem Recycling-Symbol markiert.

Wenn Sie einen regelmäßig wiederkehrenden Termin aus dem Terminkalender löschen, erscheint ein Dialogfeld und will wissen, ob Sie nur diesen Termin löschen oder die ganze Serie entfernen möchten.

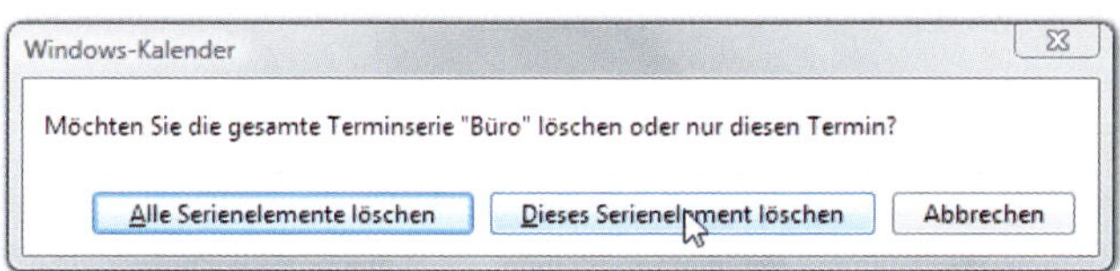

Abbildung 20.10 Regelmäßig wiederkehrende Termine lassen sich einzeln oder als ganze Serie löschen

Klicken Sie auf *Dieses Serienelement löschen*, wenn Sie nur den aktuell ausgewählten Termin löschen wollen.

Erinnerung aktivieren

Damit Sie besonders wichtige Termine nicht vergessen, kann Windows-Kalender Sie daran erinnern. Öffnen Sie dazu das Listenfeld neben *Erinnerung* und legen Sie fest, welche Vorwarnzeit Sie wünschen, zum Beispiel *15 Minuten*.

Windows-Kalender erinnert Sie dann genau 15 Minuten vor dem Termin und öffnet ein Erinnerungsfenster. Darin sehen Sie den Termin bzw. die Termine, an den bzw. die Sie erinnert werden wollten. Über *Element anzeigen* öffnen Sie den jeweiligen Termin und könnten darin weitere Details nachlesen. Klicken Sie auf *Verwerfen*, wenn Sie nicht weiter erinnert werden wollen. Wollen Sie lieber in ein paar Minuten erneut erinnert werden, wählen Sie die gewünschte Verzögerung im Listenfeld aus und klicken auf *Erneut erinnern*.

Die Erinnerungen funktionieren auch, wenn Sie Windows-Kalender gerade nicht ausführen.

PROFITIPP

Intern werden die Erinnerungen als geplante Aufgaben hinterlegt, um die sich Windows automatisch auch dann kümmert, wenn der Windows-Kalender gar nicht ausgeführt wird. Ist der Erinnerungszeitpunkt gekommen, wird die Befehlszeile *wincal.exe /reminder* aufgerufen. Sie startet den Windows-Kalender und zeigt alle ausstehenden Aufgaben an.

Informationen zu einem Termin hinterlegen

Vielleicht möchten Sie sich zu Ihrem Termin gleich ein paar Stichwörter oder Informationen hinterlegen. Bei einem Treffen könnte das der Ort oder der Anlass sein. Bei einer Telefonkonferenz wollen Sie vielleicht die Telefonnummer im Termin speichern und bei einem Besuch die Adresse.

Im Detailbereich können Sie in einem Textfeld beliebige zusätzliche Angaben hinterlegen. Dieser Text erscheint auch im Termin selbst, jedenfalls dann, wenn die Ansicht dafür ausreichend Platz zur Verfügung stellt.

Im Bereich *Ort* hinterlegen Sie auf Wunsch eine Adresse.

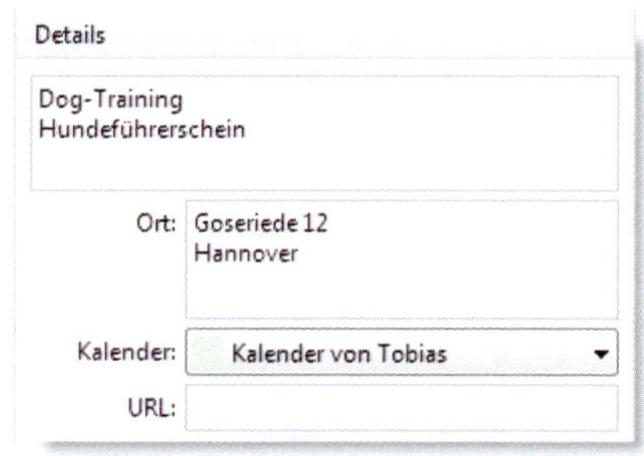

Abbildung 20.11 Details zu einem Termin festlegen

Hinter *Kalender* ist außerdem vermerkt, in welchem Ihrer Kalender dieser Termin zurzeit geführt wird. Möchten Sie den Termin lieber in einem anderen Kalender notieren, öffnen Sie das Listenfeld und wählen den gewünschten Kalender aus. Der Termin wechselt jetzt die Farbe, denn jeder Kalender verwendet für seine Termine eine eigene Farbe.

Noch mehr Zusatzinformationen passen in das *Notizen*-Feld am unteren Rand. Während allerdings die Angaben in den anderen beiden Feldern auch in der Terminansicht sichtbar sind, werden die Informationen im Notizfeld nur durch ein Notizsymbol im Termin angezeigt. Wollen Sie die Notizen lesen, geht dies nur, indem Sie die *Details*-Ansicht öffnen.

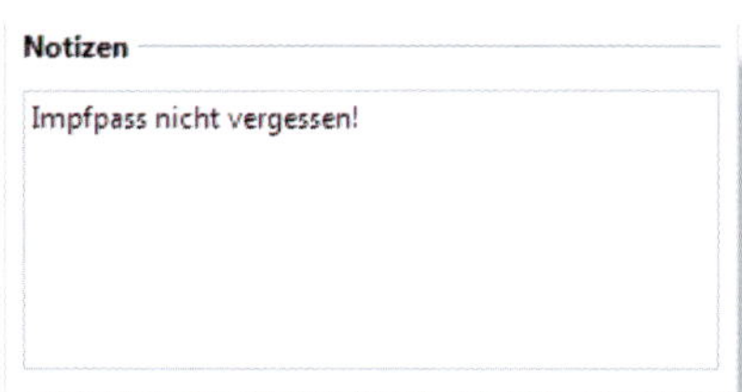

Abbildung 20.12 Zu jedem Termin können weitere Notizen hinzugefügt werden

Zu Terminen einladen

Auf Wunsch verwaltet Windows Mail-Teilnehmerlisten und kann die Teilnehmer eines Termins per E-Mail einladen. So gehen Sie vor, um für einen Termin eine Teilnehmerliste zusammenzustellen:

1. Klicken Sie auf den Termin, für den Sie eine Teilnehmerliste erstellen wollen.
2. Klicken Sie in der *Details*-Ansicht im Bereich *Teilnehmer* auf die Schaltfläche *Teilnehmer*. Das Dialogfeld *Windows-Kalender* öffnet sich und zeigt Ihnen links die Kontakte aller Personen an, die Sie auf Ihrem Computer gespeichert haben. Wählen Sie einen Kontakt aus, oder klicken Sie auf *Neuer Kontakt*, um einen neuen Kontakt anzulegen.
3. Klicken Sie auf die Schaltfläche *An->*, um den Kontakt in die rechte Teilnehmerliste zu übertragen. Wenn Sie alle Teilnehmer ausgewählt haben, klicken Sie auf *OK*.

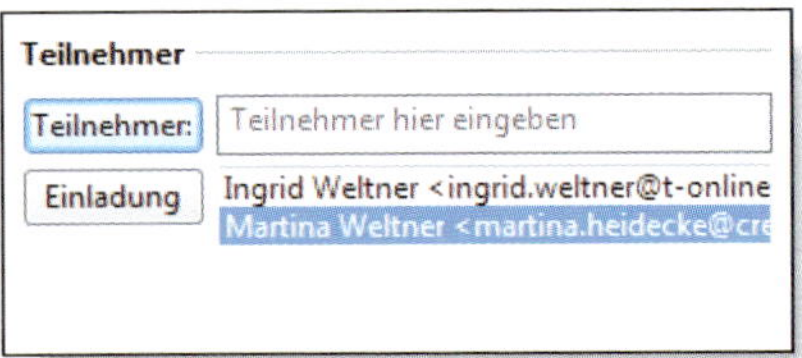

Abbildung 20.13 Eine Teilnehmerliste für einen Termin anlegen

PROFITIPP

Sie können E-Mail-Adressen auch direkt ins Textfeld hinter der Schaltfläche *Teilnehmer* eingeben und dann die [↵]-Taste drücken. So fügen Sie Ihrer Teilnehmerliste E-Mail-Adressen ganz ohne Adressbuch direkt hinzu.

Möchten Sie einen Teilnehmer wieder aus der Teilnehmerliste entfernen, dann klicken Sie ihn in der Liste im *Details*-Fenster an und drücken die [Entf]-Taste. Ebenso können Sie nachträglich weitere Teilnehmer der Liste hinzufügen, indem Sie erneut auf die Schaltfläche *Teilnehmer* klicken.

Einladung versenden

Möchten Sie die Teilnehmer Ihres Termins einladen, dann sollten Sie nur zuvor Ihr E-Mail-Programm eingerichtet haben (siehe Kapitel 28). Windows-Kalender verfasst nämlich automatisch eine Einladungs-E-Mail für alle Personen in Ihrer Teilnehmerliste, wenn Sie auf die Schaltfläche *Einladung* klicken. Außerdem fügt es der E-Mail Ihren Termin als *.ics*-Datei an. Die Empfänger Ihrer Einladungs-Mail können den Termin deshalb ganz einfach in deren eigenen Kalender übernehmen, wie Sie gleich sehen werden.

Bevor Sie die Einladungs-E-Mail absenden, sollten Sie noch einen kurzen Begleittext verfassen, damit die Empfänger auch wissen, was Sie von ihnen wollen. Danach klicken Sie auf in Ihrem E-Mail-Programm auf *Senden*.

Einladungen empfangen

Die Empfänger Ihrer Einladungs-E-Mail erhalten die Einladung zunächst wie jede andere E-Mail auch und sehen zuerst den Begleittext, den Sie verfasst haben.

Der Termin, um den es geht, ist der E-Mail als Anlage beigefügt. Die Empfänger brauchen die Anlage also nur zu öffnen. Wie das geschieht, ist von E-Mail-Programm zu E-Mail-Programm unterschiedlich. Bei Windows Mail klicken Sie zum Beispiel auf die Büroklammer und öffnen dann den Anhang per Klick.

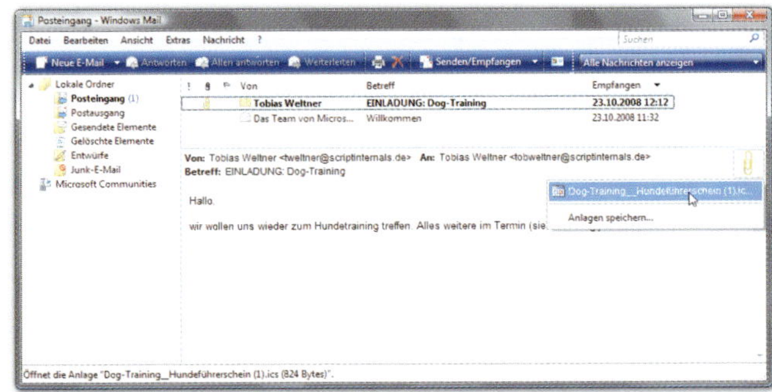

Abbildung 20.14 Eine Einladungs-E-Mail empfangen

Anschließend können Sie bestimmen, was mit dem beigefügten Termin passieren soll. Sie können ihn entweder als Termin in einen bereits vorhandenen Kalender eintragen lassen oder als neuen Kalender importieren.

Wählen Sie also zum Beispiel den Kalender aus, der dem betreffenden Ereignis am besten entspricht. Da das Hundetraining eine private Angelegenheit ist, fügen Sie diesen Termin in Ihren privaten Kalender ein.

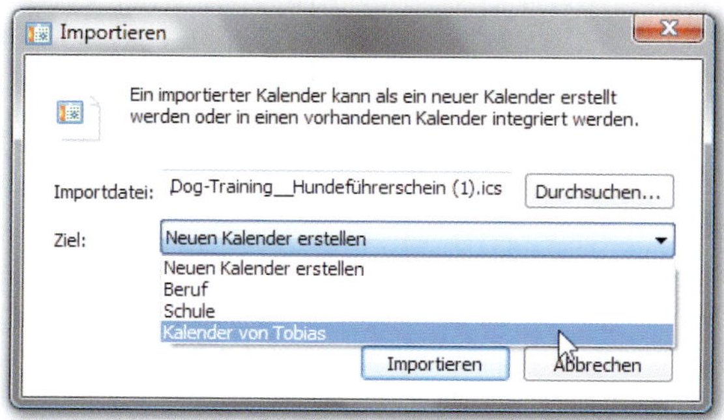

Abbildung 20.15 Einen empfangenen Termin in den eigenen Kalender aufnehmen

Sobald Sie den Termin importiert haben, erscheint er in Ihrem Kalender, genau so wie jeder andere darin vermerkte Termin auch.

Termine suchen

Falls Sie sich gerade fragen, wann denn noch einmal das Hundetraining anberaumt war, nutzen Sie einfach die integrierte Suchfunktion.

Dazu geben Sie rechts oben ins Suchfeld den gewünschten Suchbegriff ein. Noch während Sie den Begriff eintippen, zeigt das Suchfeld alle Termine an, die den Suchbegriff enthalten. Sobald der gesuchte Termin gefunden ist, genügt ein Doppelklick auf den Termin, um ihn anzuzeigen.

Tipp

Die Suche findet alle Begriffe, die Sie als Terminbeschreibung eingegeben haben. Deshalb ist es wichtig, dass Sie Ihre Termine möglichst aussagekräftig beschriften.

Nicht gefunden werden Informationen, die Sie im Feld *Ort* oder *Notizen* hinterlegt haben. Es ist auch nicht möglich, nach mehreren Stichwörtern gleichzeitig zu suchen. Das eingegebene Stichwort muss also genau wie angegeben in der Terminbeschriftung enthalten sein.

Nachdem Sie den gewünschten Termin gefunden haben, können Sie das Suchfeld mit den Suchergebnissen wieder schließen, indem Sie auf die rote Schaltfläche direkt unterhalb des Suchfeldes klicken.

Aufgaben verwalten

Neben Terminen, die zu einer festgelegten Zeit mit einer festen Dauer stattfinden, gibt es Aufgaben. Aufgaben sind an keine festen Zeiten gebunden, sondern müssen lediglich innerhalb einer bestimmten Zeit oder zu einem bestimmten Stichtag erledigt sein. Eine Aufgabe könnte zum Beispiel sein, ein Geburtstagsgeschenk zu besorgen oder die Steuererklärung einzureichen.

Eine neue Aufgabe festlegen

Genau wie Termine werden auch Aufgaben in einem Kalender gespeichert und wenn Sie mehrere Kalender verwenden, sollten Sie zunächst bestimmen, in welchem Kalender die Aufgabe geführt werden soll. So gehen Sie vor, um eine neue Aufgabe in einen Kalender einzutragen:

1. Wählen Sie zuerst im *Kalender*-Bereich den Kalender aus, in dem Sie die Aufgabe anlegen wollen. Handelt es sich zum Beispiel um eine berufliche Aufgabe, klicken Sie auf den Kalender, in dem Sie Ihre beruflichen Termine verwalten.
2. Klicken Sie dann in der Symbolleiste auf die Schaltfläche *Neue Aufgabe*. Sie können auch mit der rechten Maustaste ins *Aufgaben*-Feld klicken und im Kontextmenü den Eintrag *Neue Aufgabe* wählen oder den Menübefehl *Datei/Neue Aufgabe* aufrufen. Am schnellsten legen Sie neue Aufgaben mit `Strg`+`T` an.
3. Die neue Aufgabe erscheint in der Aufgabenliste und Ihr Name ist markiert. Weisen Sie der Aufgabe einen passenden Namen zu.
4. Im *Details*-Bereich sehen Sie nun die Feineinstellungen der Aufgabe. Im Listenfeld *Kalender* steht, in welchem Ihrer Kalender die Aufgabe zurzeit geführt wird. Wollen Sie die Aufgabe lieber einem anderen Kalender zuweisen, wählen Sie im Listenfeld den gewünschten Kalender aus.
5. Im Bereich *Aufgabeninformationen* weisen Sie der Aufgabe eine Priorität zu, mit der Sie angeben, wie dringend oder wichtig die Aufgabe für Sie ist. Sie können der Aufgabe auch eine Startzeit und eine Fälligkeit zuweisen. Später sind Sie so in der Lage, Ihre Aufgaben nach diesen Kriterien zu sortieren.

An Aufgaben erinnern lassen

Damit Sie wichtige Aufgaben nicht vergessen, können Sie sich an die Aufgabe erinnern lassen. Dazu klicken Sie die Aufgabe in der *Aufgaben*-Liste an. Im Detailbereich wählen Sie dann im Listenfeld neben *Erinnerung* den Eintrag *Am* aus. Darunter legen Sie das Datum und die Uhrzeit fest, zu der Sie an diese Aufgabe erinnert werden wollen.

Aufgaben verwalten

Die Aufgabenliste zeigt Ihnen immer sämtliche Aufgaben aus allen aktivierten Kalendern. Haben Sie eine Aufgabe erledigt, markieren Sie sie mit einem Häkchen im Kästchen davor. Sie können Aufgaben auch per Klick mit der rechten Maustaste und Auswahl von *Löschen* ganz aus der Liste streichen, wenn die Aufgabe erledigt ist.

Haben Sie viele Aufgaben angelegt, lässt sich die Aufgabenliste sortieren, damit Sie die wichtigsten oder dringendsten Aufgaben zuerst sehen.

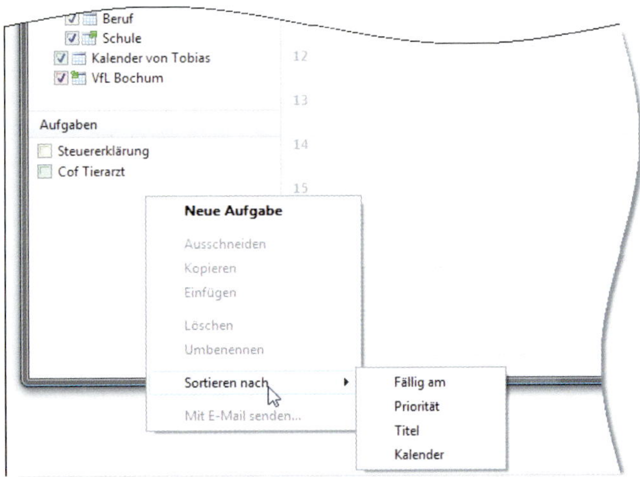

Abbildung 20.16 Die Aufgabenliste sortieren

Dazu klicken Sie mit der rechten Maustaste auf eine freie Stelle innerhalb der Aufgabenliste und öffnen im Kontextmenü das Untermenü *Sortieren nach*. Wählen Sie dann ein Sortierkriterium aus.

Veranstaltungskalender nutzen

Weil Kalender im Grunde nichts weiter tun, als Termine zu verwalten, haben Sie die Möglichkeit, auch ganze Veranstaltungskalender zu importieren, zum Beispiel aus dem Internet. Diese importierten Kalender funktionieren danach genau wie Ihre eigenen Kalender. Sie können also die Veranstaltungstermine in Ihre Terminansicht einblenden und so zum Beispiel sofort sehen, wann Ihr Lieblings-Fußballclub spielt oder welche Kulturangebote in Ihrer Region angeboten werden. Webseiten wie beispielsweise *www.icals.de* mit deutschsprachigen Kalendern und *www.icalshare.com* mit internationalen Veranstaltungs- und Informationskalendern liefern nützliche Zusatzkalender.

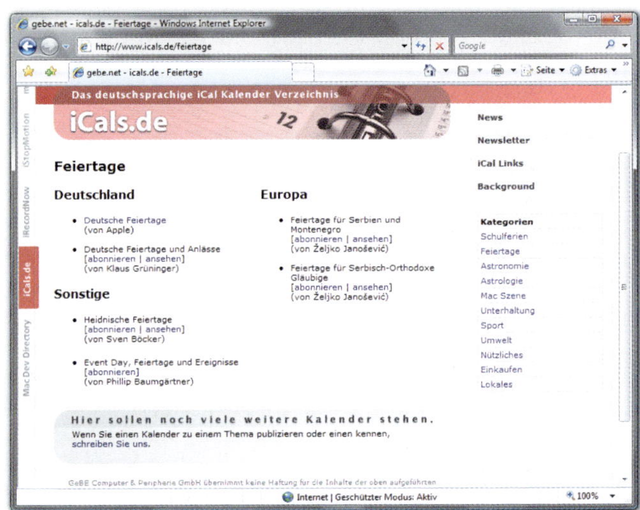

Abbildung 20.17 Veranstaltungskalender im Internet finden

Veranstaltungskalender importieren

Auf diesen Webseiten finden Sie Links zum Abonnieren der jeweiligen Kalender. Wenn Sie auf einen solchen Link klicken, versucht der Internet Explorer automatisch, auf Ihren Kalender zuzugreifen, was Sie zuerst gestatten müssen.

PROFITIPP

Prüfen Sie im angezeigten Dialogfeld genau, welches Programm Zugriff verlangt. Steht hinter *Name* etwas anderes als *Windows-Kalender*, sind bei Ihnen Kalenderdateien mit einem anderen Programm wie zum Beispiel *Microsoft Outlook* verknüpft und werden nicht in den Windows-Kalender importiert.

Sie können den Weblink eines Veranstaltungskalenders in diesem Fall auch im Internet Explorer per Klick mit der rechten Maustaste und Auswahl von *Verknüpfung kopieren* im Kontextmenü in die Zwischenablage übertragen.

Anschließend klicken Sie in der Symbolleiste des Windows-Kalenders auf die Schaltfläche *Abonnieren*. Es erscheint dasselbe Dialogfeld zum Importieren fremder Kalender.

Nun brauchen Sie die Webadresse des Kalenders nur noch ins Textfeld einzufügen, zum Beispiel mit `Strg`+`V`. Sie können auch im Dialogfeld auf den Link *Windows-Kalender-Webseite* klicken, um zu sehen, ob dort weitere interessante Kalender angeboten werden.

Anschließend öffnet sich Windows-Kalender und zeigt ein Dialogfeld an, mit dem Sie den Kalender importieren können. Klicken Sie auf *Weiter*, um den Import durchzuführen.

Danach können Sie dem Kalender einen Namen zuweisen und festlegen, ob der Kalender automatisch aktualisiert werden soll oder nicht.

Wählen Sie ein Aktualisierungsintervall, überprüft Windows-Kalender den importierten Kalender automatisch im angegebenen Intervall auf Änderungen. Handelt es sich also um einen Kalender, der sich voraussichtlich immer wieder einmal ändern wird, legen Sie ein Aktualisierungsintervall fest. So bleibt der Kalender immer aktuell, auch wenn die Termine darin nicht von Ihnen, sondern von jemand anderem verwaltet werden.

Außerdem legen Sie den Umfang des Imports fest. Sind Sie nur an den reinen Terminen interessiert, oder wollen Sie auch Erinnerungen und Aufgaben mit einbeziehen, die im fremden Kalender möglicherweise festgelegt worden sind?

Veranstaltungen sichtbar machen

Der importierte Veranstaltungskalender wird als eigenständiger Kalender in die Kalenderliste aufgenommen. Die darin enthaltenen Termine blendet Windows-Kalender automatisch in Ihre Terminübersicht ein, solange das Häkchen vor dem Kalender in der Kalenderliste gesetzt ist.

Tipp

In der Symbolleiste sind die Schaltflächen *Neuer Termin* und *Neue Aufgabe* abgeblendet, wenn Sie Termine und Aufgaben beim Import nicht eingeschlossen haben.

Oft werden die Termine in Veranstaltungskalendern als ganztägige Ereignisse definiert und erscheinen deshalb am oberen Rand des jeweiligen Tages.

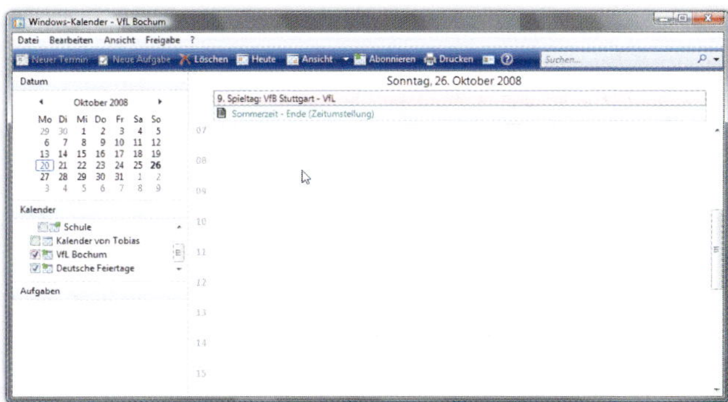

Abbildung 20.18 Veranstaltungshinweise im eigenen Kalender einblenden

Wenn Sie sehen wollen, welche Informationen in einem importierten Kalender enthalten sind, blenden Sie vorübergehend alle übrigen Kalender aus, indem Sie das Häkchen vor den Kalendern in der Kalenderliste entfernen.

Nur der importierte Kalender sollte ein Häkchen behalten. Jetzt erscheinen in der Datumsanzeige über der Kalenderliste alle Tage fett gedruckt, die Informationen aus den aktiven Kalendern enthalten, und wenn Sie auf solch einen Tag klicken, sehen Sie diese Informationen. Einen noch besseren Überblick erhalten Sie, wenn Sie anschließend in die Monatsübersicht schalten.

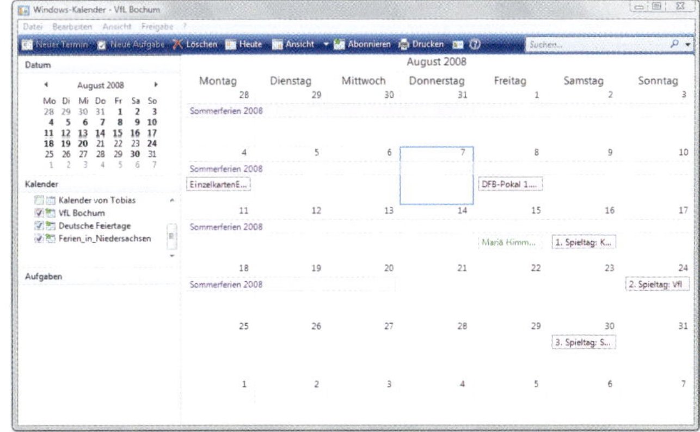

Abbildung 20.19 Alle Veranstaltungstermine in der Monatsübersicht anzeigen

PROFITIPP

Wenn Sie sehr viele Kalender verwenden, zum Beispiel weil Sie neben Ihren eigenen Kalendern viele weitere öffentliche Kalender abonnieren, können Sie die Kalenderliste mit Gruppen besser strukturieren.

Um eine neue Gruppe einzufügen, klicken Sie mit der rechten Maustaste auf eine freie Stelle der Kalenderliste und wählen im Kontextmenü den Eintrag *Neue Gruppe*. Eine neue Gruppe erscheint, der Sie nun einen Namen geben, zum Beispiel »Veranstaltungskalender«. Danach ziehen Sie alle Kalender, die Sie in dieser Gruppe führen wollen, nacheinander mit der Maus auf die Gruppe.

Gruppen machen die Kalenderliste nicht nur übersichtlicher. Wenn Sie das Häkchen vor der Gruppe entfernen, werden außerdem automatisch alle in der Gruppe enthaltenen Kalender aus der Terminansicht aus- und ebenso leicht auch wieder eingeblendet.

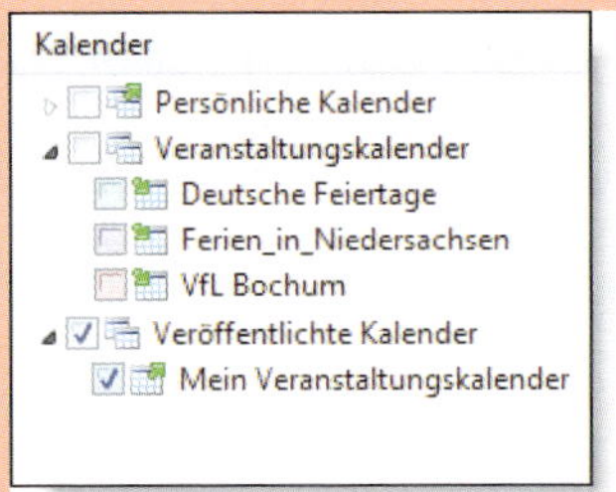

Abbildung 20.20 Kalenderliste mit Gruppen besser organisieren

Auf diese Weise könnten Sie eine Gruppe für die Terminkalender Ihrer Kollegen anlegen und so bei Bedarf die Termine aller Kollegen in Ihrer Terminplanung ein- und ausblenden.

Eigene Kalender veröffentlichen

Gerade haben Sie gesehen, wie praktisch die vielen öffentlichen Veranstaltungskalender sein können. Wenn Sie selbst in einem Sportverein engagiert sind, können Sie ebenfalls solche Veranstaltungskalender für Ihren Verein erstellen und danach im Internet veröffentlichen.

Die Veröffentlichung muss allerdings nicht gleich weltweit im Internet geschehen. Teilen Sie sich zum Beispiel den Computer mit anderen Familienmitgliedern, könnten Sie Ihre Terminkalender in einem öffentlichen Ordner auf diesem Computer veröffentlichen, damit die anderen Familienmitglieder besser über Ihre Terminplanung informiert sind.

Als kleines Büro mit eigenem Netzwerk könnten die Terminkalender der Mitarbeiter auch auf einer Netzwerkfreigabe veröffentlicht werden, die alle im Büro erreichen. Notfalls lassen sich Kalender sogar komplett per E-Mail versenden.

Einen Kalender im Internet veröffentlichen

Als Verantwortlicher eines Sportclubs, der Ortsfeuerwehr oder eines kleinen Unternehmens wollen Sie vielleicht Ihre Jahresaktivitäten als öffentlichen Kalender ins Internet stellen, damit Interessierte sich diese Termine ganz einfach in ihre eigenen Kalender einblenden können. Dazu muss der Kalender auf einen öffentlich erreichbaren Webserver übertragen werden. Von dort ist der Kalender dann wie jede andere Internetdatei auch über einen Link für jedermann erreichbar.

Der einfachste Weg, Kalenderdateien auf einen Webserver zu übertragen, ist WebDAV. Ist diese Technik bei Ihrem Webserver aktiviert, veröffentlichen Sie einen Kalender in nur wenigen Klicks:

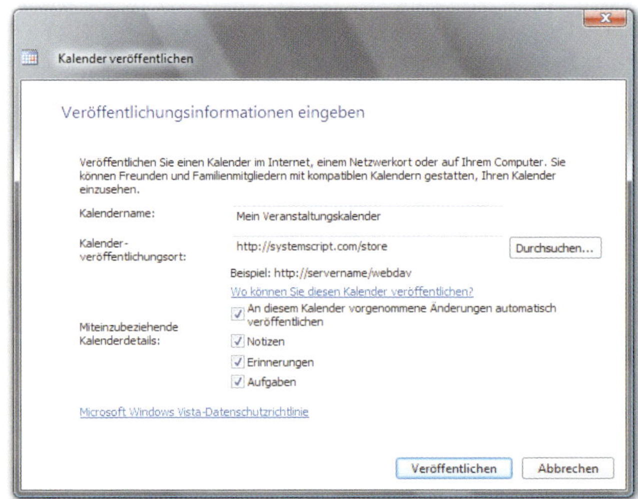

Abbildung 20.21 Einen Kalender im Internet veröffentlichen

1. Legen Sie zuerst einen neuen Kalender an und tragen Sie darin alle Veranstaltungstermine ein, die Sie veröffentlichen wollen.

2. Klicken Sie diesen Kalender dann in der Kalenderliste mit der rechten Maustaste an und wählen Sie im Kontextmenü den Eintrag *Veröffentlichen*. Sie können auch den Menübefehl *Freigabe/Veröffentlichen* aufrufen, sollten aber in jedem Fall sicher sein, dass Sie zuvor den richtigen Kalender ausgewählt haben.
3. Weisen Sie nun dem Kalender einen Namen zu und geben Sie dann die Webadresse eines Internetservers an, wo dieser Kalender veröffentlicht werden soll. Legen Sie außerdem fest, ob neben den reinen Terminen weitere Informationen wie Notizen, Erinnerungen und Aufgaben veröffentlicht werden sollen.
4. Überlegen Sie sich, ob der Veranstaltungskalender weiter gepflegt wird oder fest steht. Falls Sie den Kalender weiter auf Ihrem Rechner pflegen und zum Beispiel nachträglich Termine ändern oder neue Termine einfügen, aktivieren Sie das Kontrollkästchen *An diesem Kalender vorgenommene Änderungen automatisch veröffentlichen*, damit diese Änderungen automatisch im Internet aktualisiert werden.
5. Klicken Sie dann auf die Schaltfläche *Veröffentlichen*. Der Kalender wird jetzt auf dem angegebenen Webserver veröffentlicht. Je nach Webservereinstellung müssen Sie sich dazu wahrscheinlich mit einem Benutzernamen und einem Kennwort am Webserver anmelden. Anschließend meldet ein Dialogfeld die erfolgreiche Übertragung und bietet an, über die Schaltfläche *Ankündigen* eine E-Mail mit der Webadresse des veröffentlichten Kalenders zu versenden.

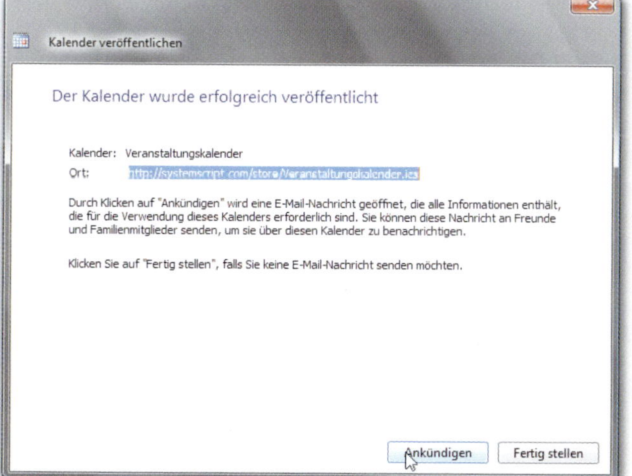

Abbildung 20.22 Einen Kalender auf einem Webserver veröffentlichen

PROFITIPP

Verfügt Ihr Webserver nicht über einen WebDAV-Zugang, veröffentlichen Sie den Kalender zuerst lokal, geben also als Zielort keine Internetadresse an, sondern einen Ordner auf Ihrer Festplatte. Anschließend kopieren Sie diese Datei auf beliebige andere Weise auf Ihren Webserver, zum Beispiel über FTP (File Transfer Protocol). Wichtig ist am Ende nur, dass die Kalenderdatei über eine Webadresse erreichbar ist.

Wenn Sie allerdings einen Kalender nicht direkt über WebDAV veröffentlichen, kann der Windows-Kalender spätere Änderungen des Kalenders auch nicht selbstständig aktualisieren. Ändert sich der Kalender, müssen Sie diesen erneut von Hand in eine Datei veröffentlichen und anschließend auf den Webserver übertragen.

Einen Kalender im eigenen Netzwerk veröffentlichen

Nicht immer ist es nötig, einen Kalender gleich weltweit im Internet zu veröffentlichen. Wenn Sie zum Beispiel Ihren persönlichen Terminkalender anderen Familienmitgliedern zur Verfügung stellen oder in einem Büro die beruflichen Terminkalender der Mitarbeiter intern gemeinsam nutzen wollen, gehen Sie anders vor. Hier genügt es, die Kalenderdatei an einem Ort zu speichern, den die übrigen Personen erreichen können.

Kalender auf ein und demselben Computer veröffentlichen

Teilen Sie sich den Computer zum Beispiel mit mehreren Familienmitgliedern, gehen Sie so vor:

1. Klicken Sie in Windows-Kalender den zu veröffentlichenden Kalender in der Kalenderliste mit der rechten Maustaste an. Im Kontextmenü wählen Sie den Eintrag *Veröffentlichen*.
2. Es erscheint ein Dialogfeld ähnlich wie in Abbildung 20.21. Weisen Sie Ihrem Kalender wiederum einen Namen zu, und legen Sie mit den Kontrollkästchen fest, ob Ihr Kalender automatisch aktualisiert werden soll und welche weiteren Kalenderinformationen Sie teilen wollen.
3. Klicken Sie nun auf die Schaltfläche *Durchsuchen*, öffnen Sie den Zweig *Öffentlich/Öffentliche Dokumente* und bestätigen Sie mit *OK*.
4. Veröffentlichen Sie anschließend Ihren Kalender mit einem Klick auf die Schaltfläche *Veröffentlichen*. Der Kalender ist jetzt für alle Nutzer dieses Computers unter dem Ordnerpfad erreichbar, den Ihnen das abschließende Dialogfeld nennt. Klicken Sie auf die Schaltfläche *Ankündigen*, um den zugehörigen Link per E-Mail zu versenden.

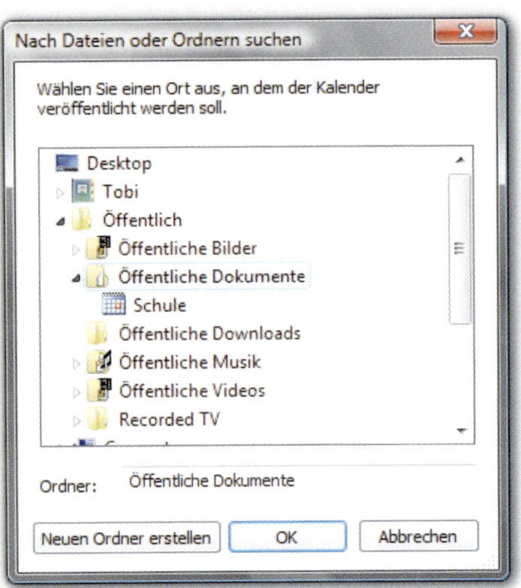

Abbildung 20.23 Kalender in einem öffentlichen Ordner speichern

Die anderen Nutzer des Computers können künftig Ihren Kalender sehr einfach einbinden und gehen dazu genauso vor wie beim Abonnieren eines öffentlichen Veranstaltungskalenders. Allerdings wird jetzt keine Internetadresse verwendet, sondern der Pfadname des Kalenders, den Sie im öffentlichen Ordner Ihres Computers gespeichert haben.

Kalender im Netzwerk veröffentlichen

Möchten Sie, dass der Kalender in einem ganzen Netzwerk erreichbar ist, also auch von anderen Computern aus, speichern Sie den Kalender auf einer Netzwerkfreigabe, die von den gewünschten Personen erreichbar ist.

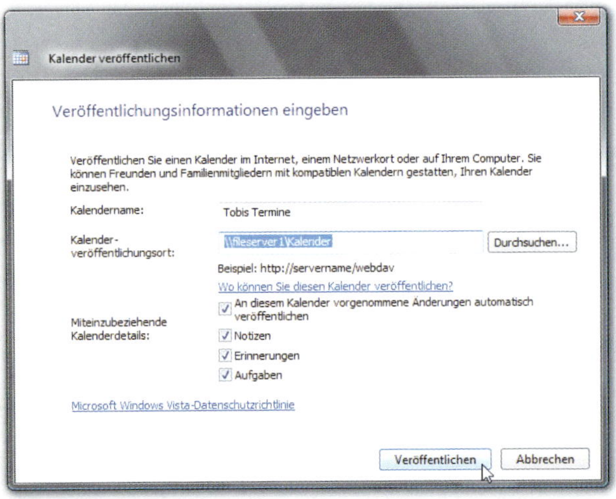

Abbildung 20.24 Kalender auf einer internen Netzwerkfreigabe veröffentlichen

Am besten funktioniert das, wenn Sie im Netzwerk zunächst einen Ordner freigeben und diesen Ordner dann mit seinem UNC-Pfad als Veröffentlichungsort angeben.

Haben Sie zum Beispiel in Ihrem Netzwerk einen Computer namens *\\FileServer1* und darauf einen Ordner namens *Kalender* freigegeben, veröffentlichen Sie Ihren Kalender nach *\\FileServer1\Kalender*.

Auf veröffentlichte Kalender hinweisen

Damit andere Personen Ihre veröffentlichten Kalender auch importieren und nutzen können, müssen sie wissen, unter welcher Adresse der veröffentlichte Kalender zu erreichen ist. Diese Information können Sie allen Personen schicken, die auf Ihren Kalender zugreifen sollen. Dazu klicken Sie in der Kalenderliste den Kalender mit der rechten Maustaste an, den Sie veröffentlicht haben. Im Kontextmenü wählen Sie dann den Eintrag *Veröffentlichungs-E-Mail senden* aus. Windows-Kalender legt automatisch eine neue E-Mail an und trägt darin die Adresse ein, unter der Ihr Kalender veröffentlicht ist. Sie brauchen jetzt nur noch im *An*-Feld die gewünschten Empfänger-E-Mail-Adressen einzutragen.

Oder aber Sie wählen im Kontextmenü den Eintrag *URL in Zwischenablage kopieren*. Dann legt Windows-Kalender die Adresse in die Zwischenablage, von wo Sie sie mit dem Menübefehl *Bearbeiten/Einfügen* zum Beispiel in eine Textverarbeitung oder in andere Programme übernehmen können.

Veröffentlichten Kalender aktualisieren

Haben Sie einen eigenen Kalender veröffentlicht und nachträglich Änderungen daran vorgenommen, sollten Sie die Veröffentlichung aktualisieren lassen. Dazu klicken Sie den Kalender in der Kalenderliste mit der rechten Maustaste an und wählen im Kontextmenü den Eintrag *Synchronisieren*. Ihr Kalender wird jetzt mit allen Änderungen neu am ursprünglichen Veröffentlichungsort gespeichert.

Tipp

Haben sich die »Leser« Ihres Kalenders beim Abonnieren für eine automatische Aktualisierung entschieden, werden diese Änderungen automatisch auch an diejenigen weitergegeben, die den Kalender bereits abonniert haben.

Im Rahmen des jeweils festgelegten Aktualisierungsintervalls liest Windows-Kalender die importierten Kalender automatisch neu ein.

Veröffentlichung eines Kalenders beenden

Selbstverständlich können Sie die Veröffentlichung eines Kalenders jederzeit wieder einstellen. Dazu genügt es, den Kalender in der Kalenderliste mit der rechten Maustaste anzuklicken und im Kontextmenü den Eintrag *Veröffentlichung beenden* zu wählen.

Ein Dialogfeld erscheint und fragt nach, ob Sie sich sicher sind. Mit dem Kontrollkästchen *Soll der Kalender auf dem Server gelöscht werden?* sorgen Sie dafür, dass der bereits veröffentlichte Kalender auch tatsächlich vom Veröffentlichungsort entfernt wird. Ohne diese Option würde der aktuelle Stand Ihres Kalenders weiter veröffentlicht bleiben.

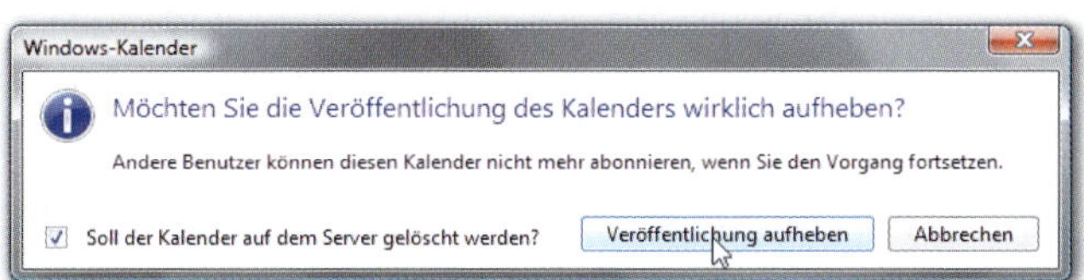

Abbildung 20.25 Veröffentlichung eines Kalenders beenden

Sobald Sie auf die Schaltfläche *Veröffentlichung aufheben* klicken, können andere Personen Ihren Kalender nicht mehr abonnieren.

Einen Kalender per E-Mail versenden

Möchten Sie Ihren Terminkalender gar nicht einer größeren Gruppe von Menschen zugänglich machen, sondern vielleicht nur einer bestimmten Person zur Verfügung stellen, können Sie Ihren Kalender auch per E-Mail an diese Person senden. Dazu klicken Sie den Kalender in der Kalenderliste mit der rechten Maustaste an und wählen im Kontextmenü den Eintrag *Mit E-Mail senden* aus.

Automatisch wird eine neue E-Mail für Sie angelegt und der Kalender als Anhang beigefügt. Sie brauchen nur noch die Empfänger-E-Mail-Adresse einzugeben und auf *Senden* zu klicken.

Der Empfänger der E-Mail muss den Anhang dann nur öffnen und kann den Kalender wieder importieren.

Zusammenfassung

Der Windows-Kalender hilft Ihnen dabei, Ihre persönlichen Termine und Aufgaben übersichtlich zu verwalten und mit Terminen anderer Personen abzustimmen. Sie können damit sogar Termine, Aufgaben und ganze Kalender im Intra- oder Internet veröffentlichen und öffentliche Veranstaltungskalender in Ihre Terminplanung einbinden.

Sie möchten …	So gehen Sie vor	Sehen Sie sich dazu das Beispiel an auf
zu einem Datum springen	Drücken Sie Strg + G und geben Sie im Dialogfeld das gewünschte Datum ein	Seite 355
die Farbe für Termine ändern	Klicken Sie auf den Kalender, in dem der Termin festgelegt ist, und ändern Sie dann im Detailbereich die Kalenderfarbe	Seite 355
die Terminansicht ändern	Klicken Sie in der Symbolleiste auf *Ansicht*, bis die richtige Ansicht angezeigt wird	Seite 357
einen neuen Termin erstellen	Wählen Sie den gewünschten Kalender und klicken Sie in der Symbolleiste auf *Neuer Termin*	Seite 358
an einen Termin erinnert werden	Klicken Sie den Termin an und stellen Sie im Detailbereich eine Erinnerung ein	Seite 359
Personen zu einem Termin einladen	Klicken Sie auf den Termin und fügen Sie Teilnehmer im Detailbereich hinzu. Dann klicken Sie auf *Einladen.*	Seite 360
eine Aufgabe erstellen	Wählen Sie den gewünschten Kalender und klicken Sie in der Symbolleiste auf *Neue Aufgabe*	Seite 361
einen Veranstaltungskalender abonnieren	Klicken Sie in der Symbolleiste auf *Abonnieren* und geben Sie die Internetadresse des Kalenders ein	Seite 362
den eigenen Kalender veröffentlichen	Wählen Sie *Freigabe/Veröffentlichen*	Seite 364

Tobias Weltner

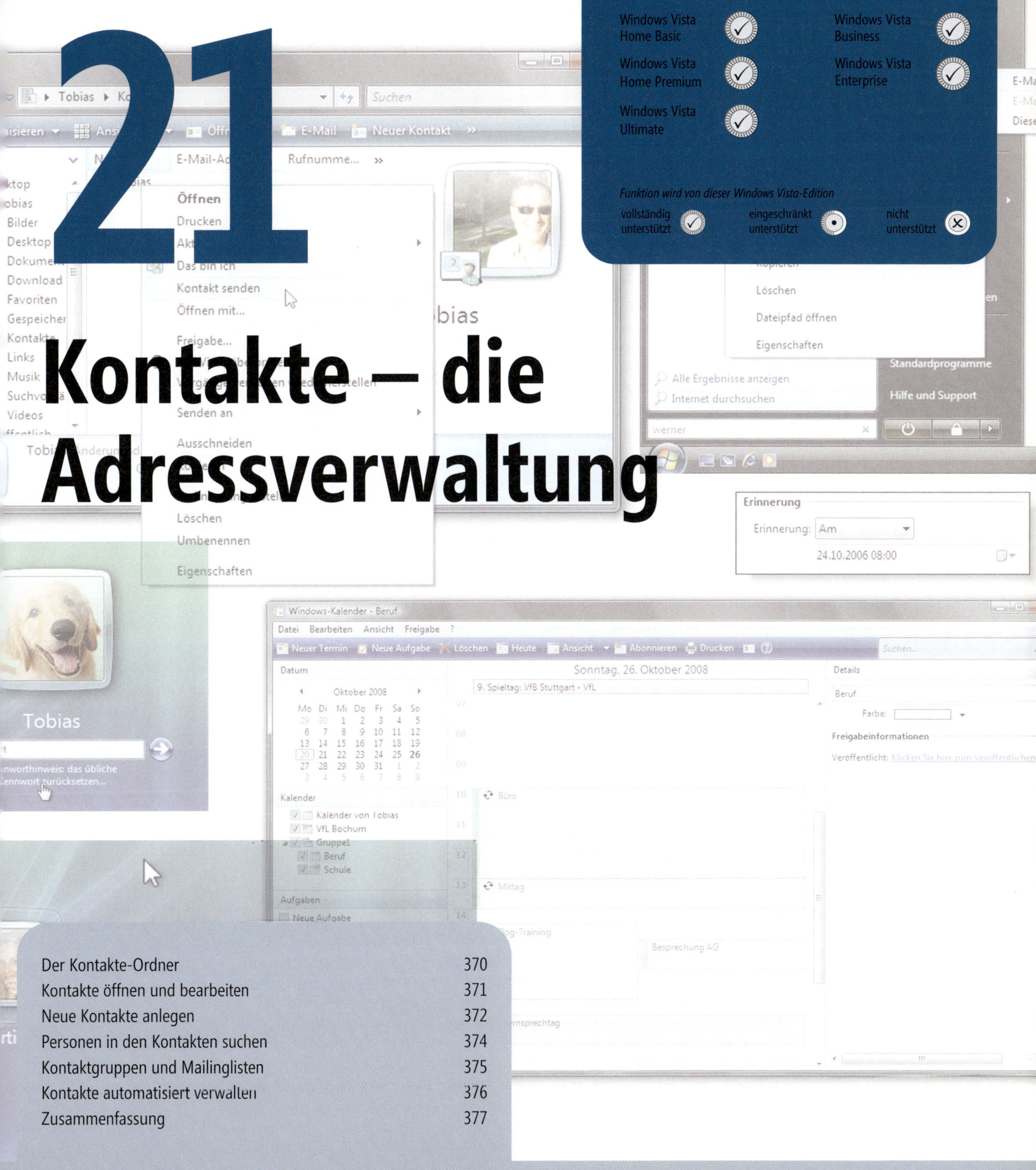

21 Kontakte – die Adressverwaltung

Adressen von Freunden, Bekannten oder Kollegen speichert Vista als elektronische Visitenkarten. Diese können von anderen Programmen mitgenutzt werden, sodass Sie künftig Adressen und Kontaktdaten schnell wiederfinden und ohne Tippfehler bequem einfügen können.

Der Kontakte-Ordner

Alle Kontakte werden im speziellen *Kontakte*-Ordner aufbewahrt. Dort können Sie nachsehen, welche Kontakte Sie bereits angelegt haben und selbstverständlich auch neue Kontakte anlegen. So öffnen Sie Ihren *Kontakte*-Ordner:

1. Öffnen Sie das Startmenü. In der rechten Spalte sehen Sie oben eine Schaltfläche, die Ihren Namen trägt. Klicken Sie darauf, um Ihr persönliches Benutzerprofil zu öffnen.
2. Der Windows-Explorer öffnet Ihr persönliches Benutzerprofil. Darin befindet sich der Ordner *Kontakte*. Öffnen Sie ihn per Doppelklick.
3. Sie sehen nun alle Kontakte, die bereits auf Ihrem Computer gespeichert sind.

Tipp

Der *Kontakte*-Ordner kann auch aus Anwendungen heraus geöffnet werden, die die Kontakte verwenden. Haben Sie zum Beispiel Windows Mail geöffnet, erreichen Sie den *Kontakte*-Ordner auch über den Menübefehl *Extras/Windows-Kontakte* oder über Strg+⇧+C.

Kontakte

Anfangs ist Ihr *Kontakte*-Ordner noch recht leer. Darin liegt wahrscheinlich nur ein einzelner Kontakt, nämlich Ihr eigener. Er verwendet als Bild dasjenige, welches Sie Ihrem Benutzerkonto zugewiesen haben. Falls Sie sich gerade fragen, wie Sie Ihrem Benutzerkonto ein Bild zuweisen, schauen Sie ins Kapitel 22. Ihr eigener Kontakt ist außerdem mit einem kleinen Symbol am linken unteren Rand des Kontakts gekennzeichnet.

Symbolleiste und Menüs

In der Symbolleiste finden Sie außerdem die wichtigsten Funktionen. Wenn der Platz nicht ausreicht, um alle Schaltflächen aus Tabelle 21.1 anzuzeigen, finden Sie in der Symbolleiste einen Doppelpfeil, über den Sie die fehlenden Funktionen erreichen. Sie können natürlich auch das Fenster vergrößern, damit alle Schaltflächen ins Fenster passen.

Schaltfläche	Beschreibung
Organisieren	Öffnet ein Menü für die Ordneransicht. Dieses Menü hat nicht speziell etwas mit Kontakten zu tun, sondern befindet sich in jedem Windows-Explorer-Fenster. Damit können Sie zum Beispiel über Layout festlegen, welche Bestandteile des Fensters Sie sehen wollen und welche nicht.
Ansichten	Klicken Sie auf diese Schaltfläche, um die Ansicht zu wechseln. So können Sie sich wahlweise alle Details zu den Kontakten spaltenweise anzeigen lassen oder die einzelnen Kontakte besonders groß darstellen. Klicken Sie auf den Pfeil am rechten Rand, öffnet sich eine Liste mit den möglichen Ansichtsgrößen.
Öffnen	Öffnet den markierten Kontakt, sodass Sie alle Informationen darin sehen und ändern können. Dasselbe erreichen Sie, wenn Sie auf einen Kontakt doppelklicken.
E-Mail	Öffnet eine neue E-Mail und trägt als Adresse die E-Mail-Adresse des ausgewählten Kontakts für Sie ein. Sie brauchen nur noch die Nachricht einzugeben und können die E-Mail dann per Klick auf Senden absenden.
Neuer Kontakt	Legt einen neuen Kontakt an. So fügen Sie weitere Personen hinzu.
Neue Kontaktgruppe	Legt eine neue Kontaktgruppe an, die zum Beispiel alle Kontakte organisiert, die zu Ihrem Verein, einem Projekt oder Ihren Kunden gehören. Anschließend können Sie der ganzen Gruppe E-Mails senden.
Bearbeiten	Öffnet den markierten Kontakt zur Bearbeitung. So können Sie die Informationen des Kontakts ergänzen oder ändern.
Löschen	Löscht den markierten Kontakt, falls Sie ihn nicht mehr brauchen. Dasselbe erreichen Sie, wenn Sie einen Kontakt anklicken und Entf drücken.
Drucken	Druckt den markierten Kontakt aus
Importieren	Importiert neue Kontakte, die Sie vorher aus anderen Programmen exportiert haben. Eingelesen werden können kommaseparierte Listen (CSV), LDIF-Dateien eines LDAP-Servers, vCards und Adressbuchdateien von Outlook Express.
Exportieren	Exportiert Ihre Kontakte entweder als kommaseparierte Liste (CSV) oder als vCards, die Sie dann in andere Adressbücher aufnehmen können.

Tabelle 21.1 Alle wichtigen Funktionen der Symbolleiste

Möchten Sie lieber ein klassisches Menü verwenden, drücken Sie die [Alt]-Taste, um die Menüleiste einzublenden.

Weitere Funktionen sehen Sie, wenn Sie einen Kontakt mit der rechten Maustaste anklicken. So können Sie zum Beispiel mit *Das bin ich* festlegen, welcher Kontakt Ihr eigener sein soll, oder mit *Kontakt senden* einen Kontakt an jemand anderen schicken. Haben Sie andere Programme installiert, finden Sie möglicherweise zusätzliche Befehle, zum Beispiel zur Virenüberprüfung.

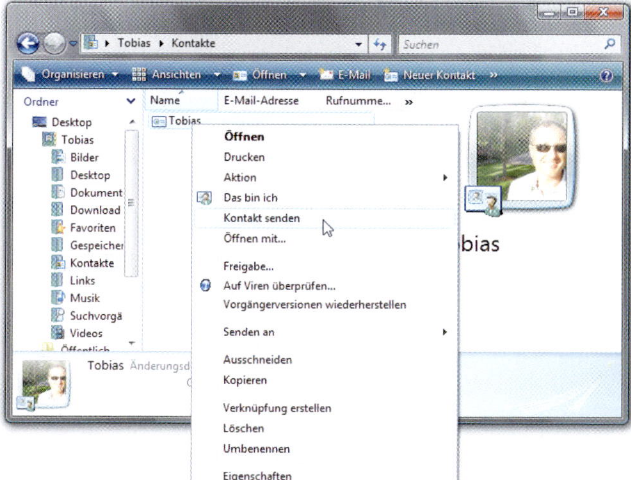

Abbildung 21.1 Das Kontextmenü eines Kontakts liefert weitere Funktionen

Kontakte öffnen und bearbeiten

Sie können die Kontakte jederzeit öffnen, hineinschauen und die Informationen im Kontakt ändern oder erweitern. Wenn bisher nur Ihr eigener Kontakt vorhanden ist, nutzen Sie die Gelegenheit, um die Angaben über sich zu vervollständigen. Wie Sie weitere Kontakte hinzufügen, lesen Sie im folgenden Abschnitt.

1. Öffnen Sie den Kontakt, den Sie sich ansehen und ändern wollen. Doppelklicken Sie zum Beispiel auf den Kontakt, oder klicken Sie in der Symbolleiste auf *Öffnen*.
2. Ein Dialogfeld öffnet sich und zeigt Ihnen nun an, welche Informationen Sie in einem Kontakt speichern können. Wenn Sie mögen, ergänzen Sie die Informationen.
3. Bei Ihrem eigenen Kontakt verwendet Windows automatisch das Anmeldebild als Foto. Möchten Sie lieber ein anderes Bild verwenden oder bei fremden Kontakten ein Bild hinzufügen, klicken Sie auf den unteren Bildrahmen mit dem kleinen weißen Dreieck, und wählen Sie den Befehl *Bild ändern*.
4. Wenn Sie zufrieden sind, bestätigen Sie mit *OK*. Die Änderungen werden gespeichert und im *Kontakte*-Ordner rechts im Vorschaubereich angezeigt.

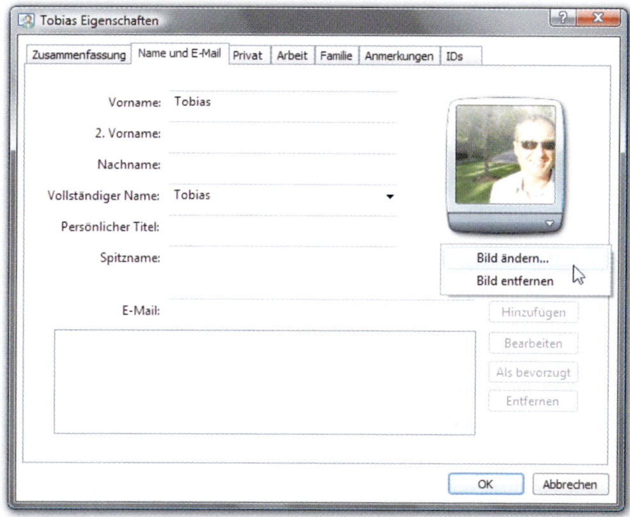

Abbildung 21.2 Ergänzen Sie fehlende Informationen in Ihren Kontakten

Achtung 

Bei Ihrem eigenen Kontakt sollten Sie zurückhaltend mit Informationen sein. Ihr eigener Kontakt kann nämlich auf Wunsch an E-Mails angehängt werden. Wenn Sie das tun, werden alle Informationen, die Sie in Ihren Kontakt eingetragen haben, mit der E-Mail versendet. Pflegen Sie deshalb in Ihren eigenen Kontakt nur die Informationen ein, die öffentlich sein sollen.

Bilder in Kontakten

Kontakte dürfen Bilder enthalten, und Sie haben gesehen, dass Windows für Ihren eigenen Kontakt das Anmeldebild verwendet. Gefällt es Ihnen nicht, ändern Sie es einfach: Öffnen Sie das Startmenü, klicken Sie darin oben rechts auf das Bild und klicken Sie im Dialogfeld auf *Eigenes Bild ändern*. Suchen Sie dann mit *Nach weiteren Bildern suchen* das gewünschte Foto aus.

Ihr Bild wird so nicht nur automatisch auf die passende Größe gebracht, sondern erscheint jetzt auch im Startmenü und auf der Anmeldeseite.

Neue Kontakte mit Bildern empfangen

Und wie kommen Sie an die Bilder Ihrer Kollegen, Freunde und Bekannten heran? Wenn diese es ebenso machen wie Sie, können Sie sich Ihre Kontakte gegenseitig zuschicken – inklusive Bild. Wie das geht, lesen Sie im nächsten Abschnitt.

Falls es Ihnen übrigens schon in den Fingern gejuckt hat und Sie Ihrem eigenen Kontakt mit *Bild ändern* von Hand ein anderes Bild zugeordnet haben, wählen Sie einfach *Bild entfernen*. Sobald Sie den Kontakt das nächste Mal öffnen, erscheint darin wieder das Anmeldebild.

Neue Kontakte anlegen

Es gibt verschiedene Möglichkeiten, neue Kontakte anzulegen. Auf Wunsch geschieht dies sogar automatisch.

Kontakte von Hand anlegen

Sie können Kontakte selbst von Hand hinzufügen. Das erledigen Sie so:

1. Klicken Sie in der Symbolleiste auf *Neuer Kontakt*. Ein neuer Kontakt öffnet sich. Er ist noch völlig leer.
2. Füllen Sie die Informationen in die Felder, die Sie im Kontakt speichern wollen.
3. Tragen Sie dann die E-Mail-Adresse in das Feld *E-Mail* ein und klicken Sie auf *Hinzufügen*. Die Adresse wird in die untere Liste aufgenommen. Sie können einer Person auf diese Weise mehrere E-Mail-Adressen zuweisen. Markieren Sie dann die wichtigste E-Mail-Adresse in der Liste und klicken Sie auf die Schaltfläche *Als bevorzugt*. Diese Adresse wird besonders markiert.
4. Auf den übrigen Registerkarten *Privat*, *Arbeit*, *Familie* und *Anmerkungen* ist Platz für weitere Informationen.
5. Klicken Sie auf *OK*, um den Kontakt anzulegen.

Tipp

Wenn Sie dem Kontakt ein Bild zuweisen wollen, achten Sie darauf, dass das Bild die richtige Größe hat. Zwar würde es automatisch verkleinert, aber trotzdem unnötig Speicherplatz verschwenden, der spätestens dann unangenehm auffällt, wenn Sie den Kontakt an jemand anderen senden.

Ihren eigenen Kontakt an andere senden

Oder aber Sie tauschen Kontakte untereinander aus. Dabei werden nicht nur alle Informationen übertragen, die im Kontakt gespeichert sind, sondern auch das darin hinterlegte Foto.

1. Öffnen Sie den *Kontakte*-Ordner, und suchen Sie Ihren eigenen Kontakt aus. Sie können auch andere und sogar mehrere Kontakte auf einmal versenden, indem Sie bei gedrückter Strg-Taste mehrere Kontakte markieren.
2. Klicken Sie dann mit der rechten Maustaste auf die Markierung, und wählen Sie im Kontextmenü den Untermenübefehl *Senden an/E-Mail-Empfänger*. Die Kontakte werden als *contact*-Dateien einer E-Mail angefügt.
3. Senden Sie diese E-Mail an den Empfänger. Er erhält die Kontakte einschließlich aller darin enthaltenen Informationen wie zum Beispiel Bilder oder digitale IDs.

Der Empfänger erhält die Kontakte als normalen E-Mail-Anhang. Um die Kontakte auf den eigenen Computer zu übertragen, gehen Sie so vor:

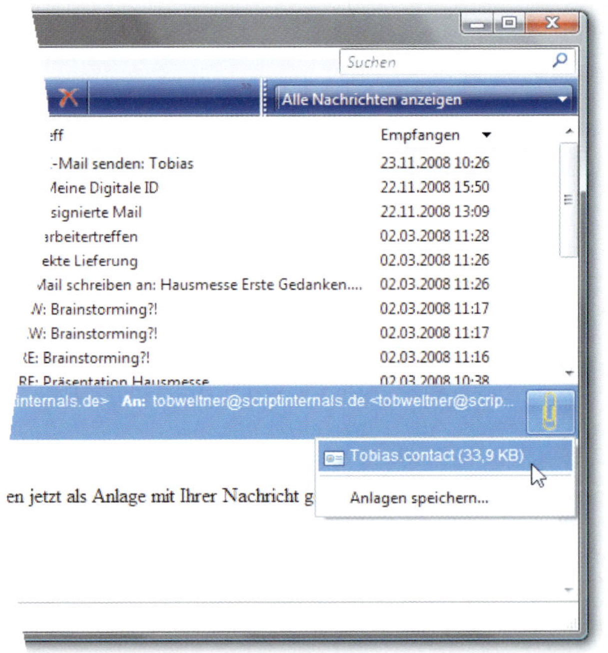

Abbildung 21.3 Einen Kontakt aus einer E-Mail öffnen und importieren

1. Klicken Sie in der E-Mail-Nachricht am rechten oberen Rand auf das Symbol mit der Büroklammer. Sie sehen nun die an die Mail angehängten Kontakte.

2. Klicken Sie auf den Kontakt, den Sie öffnen und importieren wollen. Nach einer Sicherheitsabfrage wird der Kontakt geöffnet.
3. Klicken Sie auf *Zu Kontakten hinzufügen*, um den Kontakt in Ihren *Kontakte*-Ordner aufzunehmen.

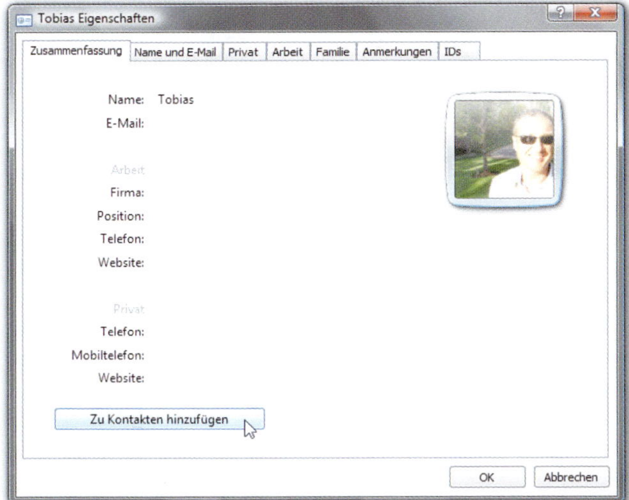

Abbildung 21.4 Einen Kontakt mit allen Informationen und Foto importieren

Wichtig

Falls Sie einen Kontakt importieren, den es in Ihrem *Kontakte*-Ordner schon gibt, legt Windows Vista einen weiteren Kontakt unter diesem Namen an und schreibt eine Zahl dahinter.

Kontakte sollten Sie also nur importieren, um neue Personen Ihrem Adressbuch hinzuzufügen. Sie können damit keine vorhandenen Kontakte aktualisieren. Wollen Sie das, löschen Sie zuerst den alten Kontakt im *Kontakte*-Ordner, bevor Sie den Kontakt neu importieren.

Kontakte als E-Mail-Visitenkarte verwenden

Kontakte lassen sich nur in Windows Vista verwenden und deshalb können Sie auf die eben beschriebene Art Kontakte nur mit Personen austauschen, die ebenfalls Windows Vista einsetzen.

Das macht aber nichts, denn Kontakte können problemlos in das in der E-Mail-Welt gebräuchliche *vCard*-Format umgewandelt werden. Auf diese Weise tauschen Sie Adressinformationen auch mit Nicht-Vista-Anwendern aus und können sogar dafür sorgen, dass Ihre E-Mails künftig mit einer professionellen elektronischen Visitenkarte versendet werden.

So hängen Sie Ihre Kontakt-Informationen als *vCard* an eine E-Mail:

1. Öffnen Sie den *Kontakte*-Ordner. Klicken Sie den Kontakt, den Sie als Visitenkarte versenden wollen, mit der rechten Maustaste an und wählen Sie im Kontextmenü den Eintrag *Kontakt senden*.
2. Eine neue E-Mail wird angelegt und der Inhalt des Kontakts ist bereits als *vcf*-Datei an die E-Mail angehängt. Der Empfänger kann diesen Anhang anschließend in dessen Mailprogramm öffnen und seinem Adressbuch hinzufügen.

Noch einfacher fügen Sie Ihren Kontakt einer E-Mail hinzu, indem Sie den Menübefehl *Einfügen/Visitenkarte* aufrufen. Ein Symbol am rechten Rand des *An*-Feldes zeigt die angefügte Visitenkarte, die ansonsten aber genau wie im vorangegangenen Beispiel als E-Mail-Anhang versendet wird.

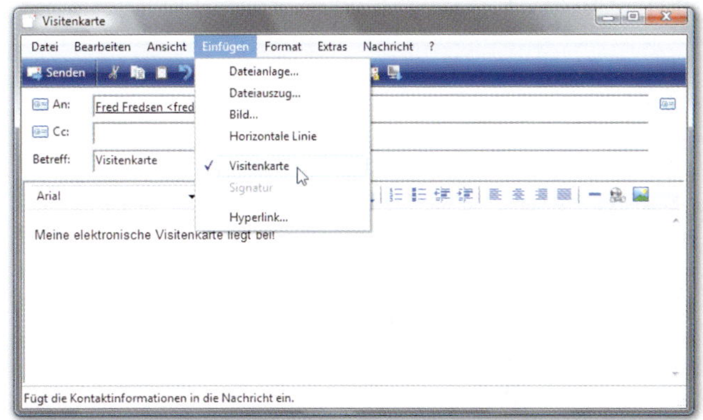

Abbildung 21.5 Einen Kontakt als Visitenkarte anfügen

Allerdings steht der Befehl *Visitenkarte* zunächst gar nicht zur Verfügung. Zuerst müssen Sie nämlich festlegen, welchen Kontakt Sie als Ihre eigene Visitenkarte verwenden wollen:

1. Rufen Sie in Windows Mail den Menübefehl *Extras/Optionen* auf, und holen Sie im zugehörigen Dialogfeld die Registerkarte *Verfassen* in den Vordergrund.
2. Im Bereich *Visitenkarten* wählen Sie das Kontrollkästchen *E-Mail*. Suchen Sie sich dann aus dem Listenfeld den Kontakt aus, den Sie als Visitenkarte verwenden wollen. Im Zweifelsfall können Sie die ausgewählte Visitenkarte über die Schaltfläche *Bearbeiten* zur Kontrolle öffnen, um zu sehen, ob es die richtige ist.
3. Nachdem Sie den richtigen Kontakt ausgesucht haben, können Sie das Kontrollkästchen *E-Mail* wieder abschalten. Bleibt es aktiviert, würde Windows Mail künftig allen neuen E-Mails automatisch Ihre Visitenkarte hinzufügen.

Wurde einer E-Mail eine Visitenkarte angehängt, stellt Windows Mail zum Beispiel eine Schaltfläche am rechten oberen Rand dar.

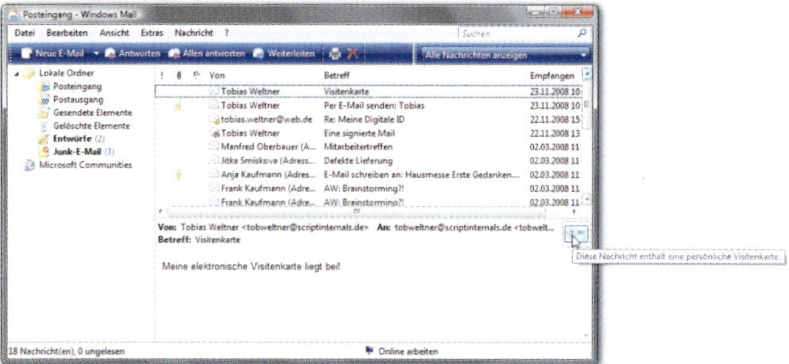

Abbildung 21.6 Mitgeschickte Visitenkarte per Klick öffnen

Klicken Sie auf diese Schaltfläche, um die Visitenkarte zu öffnen. Automatisch liest Windows Mail den Inhalt der Visitenkarte und legt einen neuen Kontakt an. Damit der Kontakt gespeichert und zu Ihren anderen Kontakten hinzugefügt wird, klicken Sie am linken unteren Rand auf die Schaltfläche *Zu Kontakten hinzufügen*.

Kontakte beim Antworten hinzufügen

Weil andere Programme ebenfalls mit dem *Kontakte*-Ordner zusammenarbeiten, können Sie in Windows Mail nicht nur E-Mail-Adressen nachschlagen, sondern umgekehrt auch automatisch neue Kontakte erstellen lassen. Genau das passiert, wenn Sie in Windows Mail auf eine E-Mail antworten. Windows Mail fügt automatisch den Kontakt der Person, der Sie antworten, als neuen Kontakt Ihrem *Kontakte*-Ordner hinzu.

Personen in den Kontakten suchen

Natürlich können Sie künftig Personen auch in den Kontakten suchen. Die Suche kann überall erfolgen, zum Beispiel bereits im Startmenü.

Im Startmenü nachschlagen

Öffnen Sie das Startmenü und tippen Sie ins Schnellsuchfeld einen Namen ein, den Sie angezeigt haben möchten. Sofort zeigt das Startmenü alle Kontakte an, die Ihrem Suchkriterium entsprechen, und Sie könnten weitere Suchwörter hinzufügen, um die Ergebnisse einzuschränken.

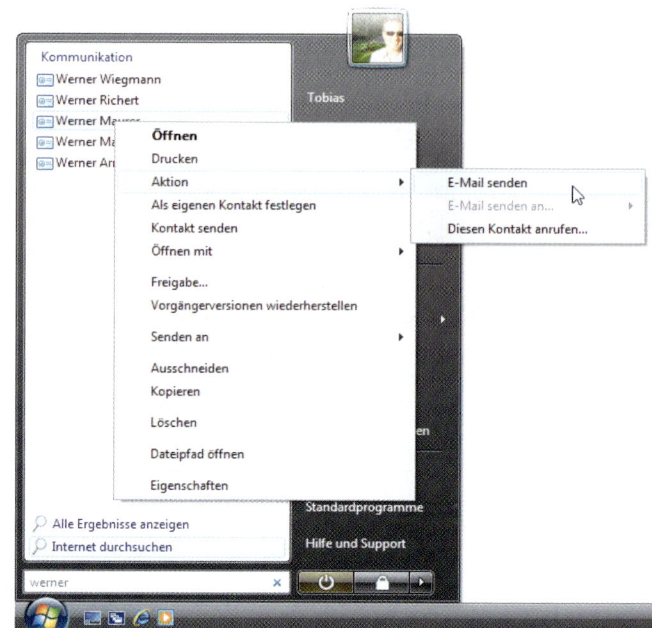

Abbildung 21.7 Wenn Sie künftig jemanden suchen, geben Sie seinen Namen im Startmenü ein

Entweder öffnen Sie nun den Kontakt per Klick im Startmenü oder Sie klicken den Kontakt mit der rechten Maustaste an und könnten dann über das Kontextmenü mit *Aktion/E-Mail senden* direkt eine E-Mail senden.

Sie können auch bloß den Mauszeiger einen Moment auf einem gefundenen Kontakt parken, ohne sonst etwas zu tun. Dann erscheint ein Infofeld und liefert Ihnen die wichtigsten Details dazu, zum Beispiel die Telefonnummer und E-Mail-Adresse.

PROFITIPP 

Wenn Sie nur Kontakte finden wollen, geben Sie dem Startmenü einen Tipp. Mit der Eingabe »kind:contact Werner« finden Sie tatsächlich nur noch Kontakte, die irgendwo den Namen *Werner* enthalten.

Falls sonderbarerweise Kontakte mehrfach im Startmenü erscheinen, ist das kein Fehler. Der Kontakt existiert in diesem Fall tatsächlich mehrfach. Wo genau, das erfahren Sie, wenn Sie im Startmenü auf den Link *Alle Ergebnisse anzeigen* klicken. Jetzt werden die Ergebnisse in einem Suchfenster aufgelistet, und in der Spalte *Ordner* steht, wo das jeweilige Element gefunden wurde. Ein Grund für Doppelgänger könnte zum Beispiel sein, dass Sie parallel zu Windows Mail auch andere Mail-Programme wie Microsoft Outlook installiert haben.

Integration in Windows Mail

Geben Sie in einer neuen E-Mail zum Beispiel im *An*-Feld einen Namen ein, genügt ein Klick auf die Schaltfläche *Namen überprüfen* oder der Aufruf des Menübefehls *Extras/Namen überprüfen*, um den eingegebenen Namen in Ihren Kontakten zu suchen. Noch schneller geht die Suche über [Strg]+[K].

Kommt nur ein Kontakt infrage, fügt Windows Mail automatisch die richtige E-Mail-Adresse für diese Person ins *An*-Feld ein. Ist der Name dagegen mehrdeutig, erscheint ein Auswahlfenster und Sie können hier den richtigen Kontakt auswählen.

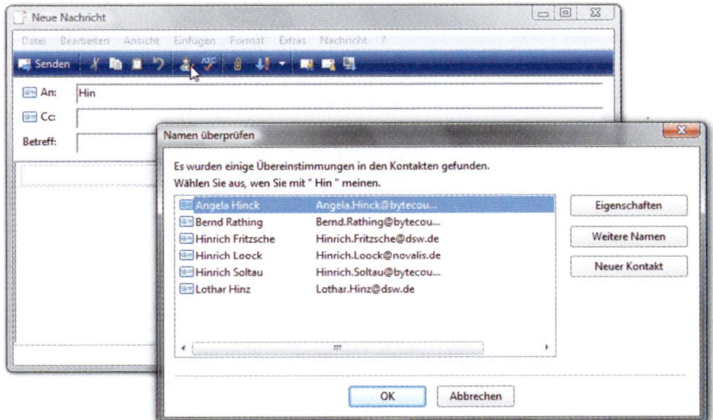

Abbildung 21.8 Namen automatisch in den Kontakten suchen und auswählen

Im *An*-Feld steht nun zunächst der Klartextname der Person und dahinter in spitzen Klammern die E-Mail-Adresse. Der gesamte Text ist unterstrichen, um anzuzeigen, dass er in Ihren Kontakten bestätigt wurde. Nicht unterstrichene Adressen konnten nicht in den Kontakten gefunden werden.

In den Kontakten suchen

Noch mehr Möglichkeiten erhalten Sie, wenn Sie das Adressbuch öffnen. Dazu klicken Sie auf die Schaltfläche links neben *An*:. Nun öffnet sich das Dialogfeld *Empfänger auswählen*, das wie ein Adressbuch aussieht, in Wirklichkeit aber nur die Kontakte in Ihrem *Kontakte*-Ordner darstellt.

Wählen Sie nun in der linken Spalte des Dialogfeldes aus der Liste sämtlicher Kontakte die Personen aus, an die Sie Ihre E-Mail senden wollen. Über das Suchfeld am oberen Rand suchen Sie schnell nach Namen oder Namensbestandteilen. Die ausgewählte Person fügen Sie dann über eine von drei Schaltflächen der Empfängerliste hinzu:

- **Hauptempfänger** Alle direkten Empfänger Ihrer Mail werden über die Schaltfläche *An* hinzugefügt.
- **Zur Kenntnisnahme** Möchten Sie die Nachricht außerdem weiteren Personen zur Kenntnisnahme vorlegen, fügen Sie diese mit der Schaltfläche *Cc* der mittleren Liste hinzu. »Cc« steht für »Carbon Copy«, also einem Durchschlag.
- **Geheime Kenntnisnahme** Wollen Sie die Nachricht weiteren Personen zur Kenntnisnahme vorlegen, ohne dass der Hauptempfänger dies bemerkt, fügen Sie die Personen mit der Schaltfläche *Bcc* der untersten Liste hinzu. »Bcc« steht für »Blind Carbon Copy«, also einem unsichtbaren Durchschlag.

Sobald Sie auf *OK* klicken, werden die ausgewählten E-Mail-Adressen in die entsprechenden Felder Ihrer E-Mail eingetragen.

Falls Sie einen Kontakt ausgewählt haben, für den keine E-Mail-Adresse hinterlegt worden ist, erscheint dieser Eintrag in rot und hinter dem Namen fehlt die E-Mail-Adresse.

Kontaktgruppen und Mailinglisten

Mit Kontaktgruppen verwalten Sie Ihre Kontakte gruppenweise und können so zum Beispiel mit wenigen Klicks Rundschreiben oder andere E-Mails an alle Mitglieder einer Kontaktgruppe senden.

Neue Kontaktgruppe anlegen

Kontaktgruppen werden wie Kontakte auch in Ihrem *Kontakte*-Ordner gespeichert. So legen Sie eine neue Kontaktgruppe an:

1. Öffnen Sie den *Kontakte*-Ordner, zum Beispiel direkt aus Windows Mail heraus mit dem Menübefehl *Extras/Windows-Kontakte*.
2. Klicken Sie im *Kontakte*-Ordner in der Symbolleiste auf die Schaltfläche *Neue Kontaktgruppe*.
3. Das Dialogfeld *Eigenschaften* öffnet sich. Weisen Sie der Gruppe zuerst einen Namen zu. Der Name sollte ausdrücken, wofür Sie diese Gruppe einsetzen wollen, zum Beispiel »Rundbrief«.
4. Füllen Sie nun die Liste mit Personen:
   - **Zu Kontaktgruppe hinzufügen** Fügen Sie Personen hinzu, für die Sie bereits Kontakte angelegt haben.
   - **Neuen Kontakt erstellen** Legt zuerst einen neuen Kontakt an, der danach sofort der Liste hinzugefügt wird.

- **Nur für Gruppe erstellen** Legt unter dem im Feld *Kontaktname* angegebenen Namen eine neue E-Mail-Adresse für die Liste fest, ohne dass es hierfür einen Kontakt geben muss. So könnten Sie schnell und einfach Kunden-E-Mail-Adressen der Kontaktgruppe hinzufügen, ohne dass Sie für jeden Kunden einen eigenen Kontakt anzulegen bräuchten.

5. Wenn Sie wollen, können Sie auf der Registerkarte *Kontaktgruppendetails* Informationen und Anmerkungen zu dieser Gruppe machen. Meist ist das jedoch überflüssig.
6. Sobald Sie auf *OK* klicken, wird die neue Kontaktgruppe angelegt.

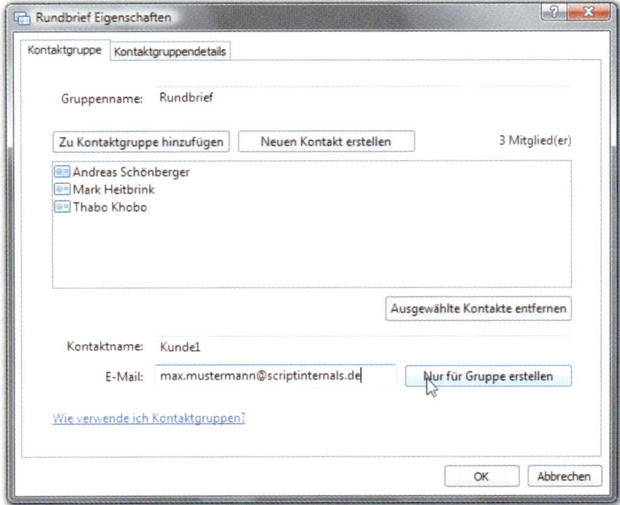

Abbildung 21.9 Eine neue Kontaktgruppe anlegen

E-Mails an Mitglieder einer Kontaktgruppe senden

Möchten Sie nun eine E-Mail an alle Mitglieder Ihrer Kontaktgruppe senden, legen Sie wie gewohnt eine neue E-Mail an. Geben Sie dann als Empfänger ins *An*-Feld den Namen Ihrer Kontaktgruppe ein, also im Beispiel oben »Rundbrief«. Wenn Sie diese E-Mail absenden, wird sie automatisch an alle Mitglieder der Kontaktgruppe gesendet.

Kontakte automatisiert verwalten

Im *Windows*-Ordner finden Sie den Befehl *wab.exe*, mit dem Sie alle Aspekte rund um Kontakte auch automatisieren können.

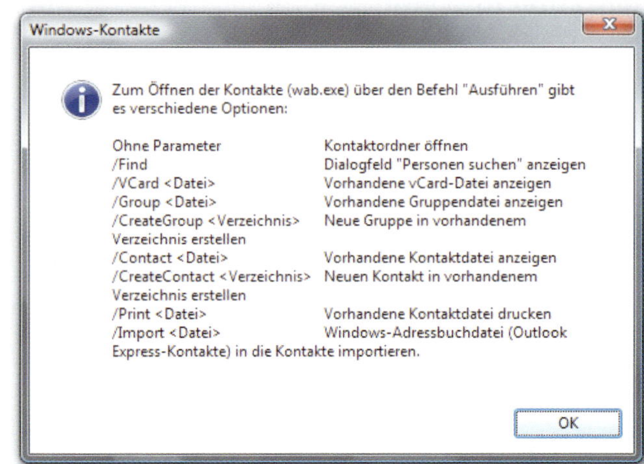

Abbildung 21.10 Kontakte lassen sich auch mit einem Konsolenbefehl verwalten

1. Öffnen Sie das Startmenü, tippen Sie in das Schnellsuchfeld den Befehl **wab /?** ein, und bestätigen Sie mit der [↵]-Taste.
2. Das Dialogfeld *Windows-Kontakte* öffnet sich und zeigt Ihnen alle verfügbaren Befehle an. Tippen Sie zum Beispiel **wab** ein und bestätigen Sie mit der [↵]-Taste, um den *Kontakte*-Ordner zu öffnen.
3. Testen Sie den Befehl **wab /find** [↵] aus. Ein Suchformular öffnet sich, mit dem Sie Kontakte finden.

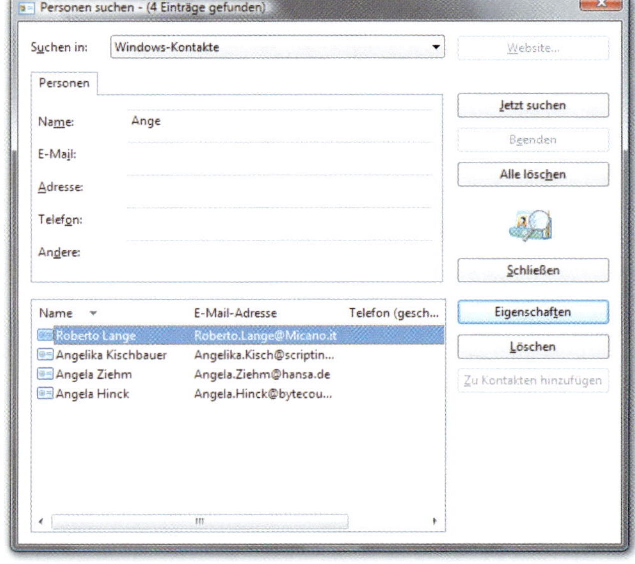

Abbildung 21.11 Verwenden Sie das integrierte Suchformular zur Suche nach Kontakten

Zusammenfassung

Kontakte speichern Informationen über alle Personen, die Ihnen wichtig sind. Diese Informationen finden Sie künftig blitzschnell über die Windows-Suche und können auch in anderen Anwendungen wie Windows Mail danach suchen oder Namen vervollständigen lassen.

Kontakte lassen sich aber auch an andere weitergeben und zum Beispiel als Visitenkarte für E-Mails einsetzen. Mit Kontaktgruppen fassen Sie sogar mehrere Kontakte zu einer Gruppe zusammen und können so der ganzen Gruppe Nachrichten senden. Über das Werkzeug *wab.exe* automatisieren Sie darüber hinaus alle Aspekte rund um Kontakte.

Sie möchten ...	So gehen Sie vor	Sehen Sie sich dazu das Beispiel an auf
den *Kontakte*-Ordner öffnen	Klicken Sie im Startmenü auf die Schaltfläche mit Ihrem Benutzernamen und öffnen Sie den Ordner *Kontakte*	Seite 370
einen Kontakt öffnen und bearbeiten	Doppelklicken Sie auf einen Kontakt im *Kontakte*-Ordner	Seite 371
Bilder in Kontakte einfügen	Lassen Sie sich den Kontakt einer anderen Person schicken und importieren Sie ihn, oder legen Sie ein geeignetes Bild mit *Bild ändern* direkt im Kontakt fest	Seite 371
einen neuen Kontakt anlegen	Klicken Sie im *Kontakte*-Ordner auf *Neuer Kontakt* oder importieren Sie einen Kontakt	Seite 372
meinen eigenen Kontakt an andere senden	Klicken Sie den Kontakt mit der rechten Maustaste an und wählen Sie *Senden an/E-Mail-Empfänger*	Seite 372
einen Kontakt als Visitenkarte in einer E-Mail verwenden	Klicken Sie den Kontakt mit der rechten Maustaste an und wählen Sie *Kontakt senden*	Seite 373
nach einem bestimmten Kontakt suchen	Öffnen Sie das Startmenü und geben Sie den gesuchten Namen ins Schnellsuchfeld ein	Seite 374
einer ganzen Gruppe von Kontakten eine E-Mail senden	Legen Sie eine Kontaktgruppe an und senden Sie die E-Mail an diese Kontaktgruppe	Seite 375
Kontakte per Skript verwalten	Verwenden Sie den Befehl *wab /?*	Seite 376

Tobias Weltner

22 Benutzerkonten

Jeder, der mit dem Computer arbeiten möchte, benötigt ein eigenes Benutzerkonto zur Anmeldung. So »weiß« Windows Vista, dass Sie berechtigt sind, den Computer zu verwenden.

Das Benutzerkonto sichert außerdem Ihre persönlichen Daten und Einstellungen und legt auch fest, ob Sie normaler Anwender sind oder besondere Rechte haben. Als besonders berechtigter Administrator dürfen Sie zum Beispiel auch die normalerweise gesperrten Bereiche des Computers verwalten und dort beliebige Änderungen vornehmen. Bei Computern ist der Administrator also das, was im echten Leben Hausmeister und Sicherheitschef in einer Person wäre. Überlegen Sie sich deshalb ganz genau, wem Sie derart weit reichende Rechte erteilen.

Abbildung 22.1 Das eigene Kennwort über den sicheren Desktop ändern

> **Hinweis**
>
> Falls die auf den nächsten Seiten beschriebenen Befehle und Fenster bei Ihnen fehlen, wird Ihr Computer von einer zentralen IT-Abteilung verwaltet und Sie sind meist nur noch für eine Sache selbst zuständig: Ihr Kennwort.
>
> Um Ihr Kennwort zu ändern, drücken Sie gleichzeitig die Tasten [Strg]+[Alt]+[Entf]. Sie gelangen dadurch zu einem speziellen Bildschirm, in dem Sie per Klick auf *Kennwort ändern* Ihr Kennwort anlegen oder umändern können.
>
> Allerdings kann selbst diese Möglichkeit bei Ihnen fehlen. Möglicherweise regelt die zentrale IT-Abteilung auch die Kennwörter und wenn Sie Ihr Kennwort ändern wollen, müssen Sie sich an den firmeneigenen Helpdesk wenden. Oder die Anmeldung verwendet bei Ihnen gar keine Kennwörter mehr, sondern SmartCards oder Fingerabdruckleser. Fragen Sie in diesem Fall, wer in der Firma Ihr Ansprechpartner ist.

Das eigene Benutzerkonto verwalten

Die Einstellungen Ihres eigenen Benutzerkontos erreichen Sie am schnellsten über das Startmenü: Öffnen Sie es und klicken Sie oben rechts auf das Bild Ihres Benutzerkontos. Es öffnet sich die Systemsteuerung und zeigt Ihnen, was Sie alles einstellen und ändern können.

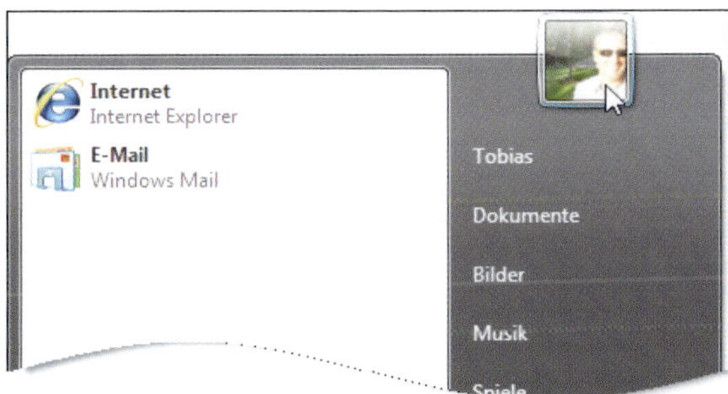

Abbildung 22.2 Öffnen Sie die Benutzerkonteneinstellungen über einen Klick auf das Bild im Startmenü

Falls in Ihrem Startmenü das Bild Ihres Benutzerkontos nicht wie in Abbildung 22.2 zu sehen ist, zum Beispiel weil Sie ein anderes Startmenüdesign gewählt haben, dann gehen Sie so vor:

1. Wählen Sie im Startmenü den Eintrag *Systemsteuerung*.
2. Klicken Sie in der daraufhin geöffneten Systemsteuerung auf die Kategorie *Benutzerkonten und Jugendschutz*.
3. Klicken Sie auf die Kategorie *Benutzerkonten*.

Die wichtigsten aktuellen Einstellungen Ihres Benutzerkontos finden Sie rechts oben in einem Kasten als Zusammenfassung. Hier steht, ob Ihr Benutzerkonto kennwortgeschützt ist und ob es über besondere Administratorrechte verfügt.

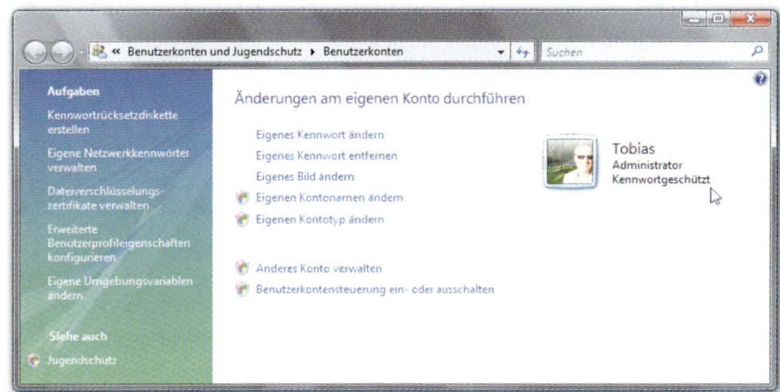

Abbildung 22.3 Alle Einstellungen rund um Ihr Benutzerkonto auf einen Blick

Vor einigen Einstellungen sehen Sie ein kleines buntes Schutzschild-Symbol. Es kennzeichnet Funktionen, die besondere Administratorrechte erfordern.

Das Kennwort verwalten

Benutzerkonten sind anfangs ungeschützt. Das sollten Sie ändern, denn solange Ihr Konto keinen Kennwortschutz besitzt, kann sich jeder in Ihrem Namen anmelden und zum Beispiel Ihre persönlichen Daten ausspionieren. Um Ihr Konto zu schützen, klicken Sie auf *Kennwort für das eigene Konto erstellen*. Ist Ihr Konto bereits mit einem Kennwort geschützt, das Sie aber ändern wollen, klicken Sie auf *Eigenes Kennwort ändern*. Sie müssen dann zuerst das alte Kennwort eingeben, um ein neues festlegen zu können.

Sicheres Kennwort festlegen

Es öffnet sich ein Dialogfeld ähnlich wie in Abbildung 22.4. Geben Sie in die ersten beiden Textfelder jeweils das Kennwort ein, mit dem Sie Ihr Konto schützen wollen.

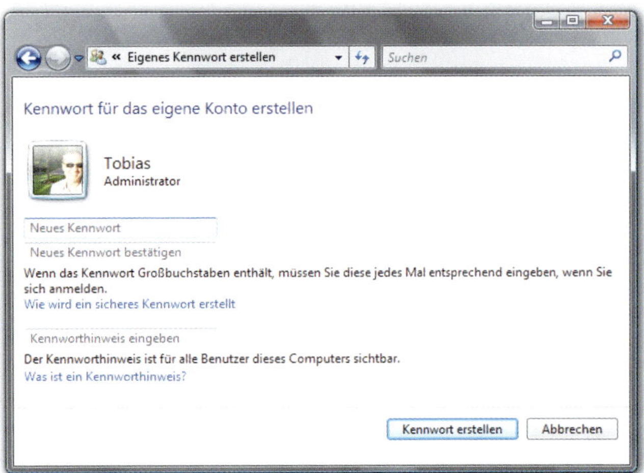

Abbildung 22.4 Einen Kennwortschutz einrichten

> **Tipp**
>
> Kennwörter wie »Sonne«, »Kennwort« und Ihr Geburtsdatum sind zwar leicht zu merken, aber auch leicht zu erraten. Professionelle Angriffswerkzeuge probieren zigtausende Kennwörter pro Minute aus und finden solche Kennwörter schnell.
>
> Woran sich aber selbst solche Hackertools die Zähne ausbeißen, sind komplexe Kennwörter, die trotzdem leicht zu merken sein können. Der Trick dabei: Merken Sie sich einen Satz wie »Mein Hund träumt jede Nacht von 75 Kauknochen«. Sie könnten jetzt diesen gesamten Satz als Kennwort verwenden, wenn Sie mögen. Einfacher ist, Sie verwenden nur die Anfangsbuchstaben. Ihr Kennwort lautet also »MHtjNv75K«, ist sehr sicher und trotzdem leicht zu merken.
>
> Aber aufpassen: Kennwörter unterscheiden zwischen Klein- und Großschreibung! Mehr Hinweise zu sicheren Kennwörtern erhalten Sie, wenn Sie im Dialogfeld auf den Link *Wie wird ein sicheres Kennwort erstellt* klicken.

Eselsbrücken einbauen

Natürlich kann sich der Kennwortschutz auch gegen Sie wenden – wenn Sie das Kennwort zum Beispiel vergessen. Deshalb ist es ratsam, rechtzeitig Eselsbrücken einzurichten.

> **Hinweis**
>
> In einer Firma mit zentraler IT-Abteilung brauchen Sie nicht selbst vorzubeugen, denn hier kann Ihnen die IT-Abteilung notfalls ein neues Kennwort ausstellen.

Im einfachsten Fall legen Sie im untersten Textfeld einen Kennworthinweis fest. Das sollte ein Hinweis sein, den nur Sie verstehen und der Ihnen dabei hilft, sich an das Kennwort zu erinnern. Ist der Kennworthinweis zu einfach, dann können auch andere Ihr Kennwort erraten. Weil Kennworthinweise also nicht besonders sicher sind, müssen Sie keinen Hinweis hinterlegen. Lassen Sie das Feld einfach leer.

Notschlüssel verwenden

Sicherer als der Kennworthinweis ist ein Notschlüssel, mit dem Sie sich auch ohne Kennwort anmelden können. Der Notschlüssel besteht aus einer Datei und kann zum Beispiel auf einem USB-Stick gespeichert werden. Diesen müssen Sie allerdings anschließend an einem sicheren Ort unter Verschluss halten. So legen Sie einen Notschlüssel an:

1. Schließen Sie einen Wechseldatenträger an den Computer an, indem Sie beispielsweise einen USB-Stick an den Computer anschließen. Sie können einen Notschlüssel nur erstellen, wenn Ihr Computer über ein Wechselmedium verfügt, auf dem der Notschlüssel getrennt vom Computer aufbewahrt werden kann.
2. Klicken Sie in der linken Spalte des Dialogfelds aus Abbildung 22.3 auf *Kennwortrücksetzdiskette erstellen*. Der *Assistent für vergessene Kennwörter* öffnet sich. Klicken Sie auf *Weiter*.
3. Wählen Sie den Wechseldatenträger aus, auf dem Sie den Notschlüssel speichern wollen. Dann klicken Sie auf *Weiter*.
4. Nun müssen Sie zur Sicherheit Ihr aktuelles Kennwort eingeben. Klicken Sie auf *Weiter*. Der Notschlüssel wird jetzt erstellt und auf dem angegebenen Laufwerk gespeichert.

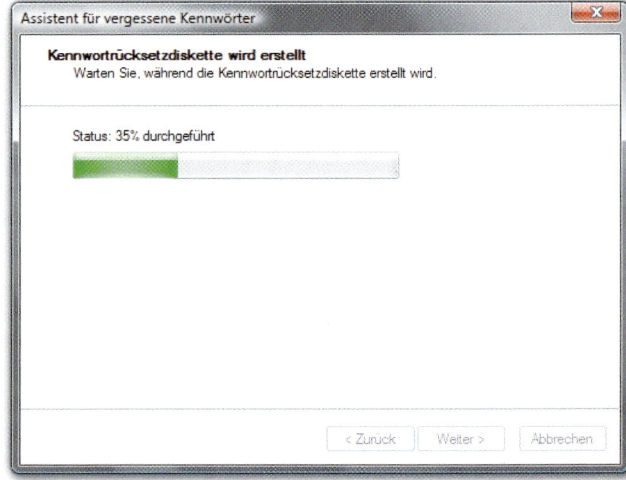

Abbildung 22.5 Der Notschlüssel funktioniert auch, wenn Sie später Ihr Kennwort ändern

Ihr Notschlüssel ist jetzt einsatzbereit und gilt auch, wenn Sie später Ihr Kennwort ändern sollten. Der Notschlüssel wird erst dann ungültig, wenn Sie einen neuen Notschlüssel anlegen. Verwahren Sie den Notschlüssel an einem sicheren Ort.

Tipp

Setzen Sie zum Beispiel als Speicher für Ihren Notschlüssel einen älteren oder sehr kostengünstigen USB-Stick mit nur wenigen Megabyte Speicherkapazität ein.

Oder schauen Sie doch mal, ob Sie noch eine ausgediente Speicherkarte einer Digitalkamera zur Hand haben. Die meisten modernen Computer haben Leseschächte für solche Speicherkarten, die dann wie ein normales Laufwerk funktionieren und ebenfalls den Notschlüssel speichern.

Mit dem Notschlüssel anmelden

Haben Sie Ihr Kennwort tatsächlich vergessen, aber den Notschlüssel zur Hand, geben Sie zur Anmeldung ein beliebiges Kennwort an. Vista moniert das falsche Kennwort und sobald Sie auf *OK* klicken, finden Sie zusätzliche Anmeldeoptionen unterhalb des Benutzerkontos.

Abbildung 22.6 Kennwort mit Hilfe der Kennwortrücksetzdiskette neu festlegen

Klicken Sie auf den Link *Kennwort zurücksetzen*. Ein Assistent startet und fordert Sie auf, die Kennwortrücksetzdiskette einzulegen. Haben Sie die Rücksetzinformationen auf einem USB-Stick gespeichert, schließen Sie diesen nun an den Rechner an. Folgen Sie anschließend den Anweisungen des Assistenten. Er liest die Rücksetzinformationen ein und wenn diese stimmen, können Sie ein neues Kennwort festlegen.

Anschließend können Sie sich mit diesem neuen Kennwort bei Vista anmelden – gerettet! Legen Sie die Kennwortrücksetzdiskette (bzw. den USB-Stick) wieder an einen sicheren Ort. Sie ist weiterhin gültig und wird erst dann ungültig, wenn Sie eine neue Kennwortrücksetzdiskette anlegen.

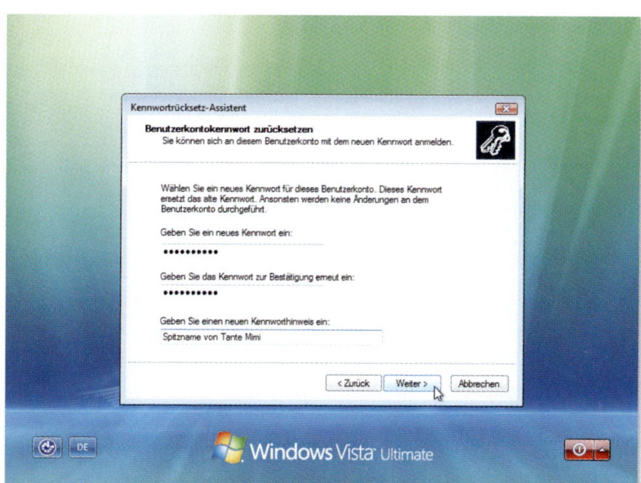

Abbildung 22.7 Ein neues Kennwort anlegen

Das Anmeldebild ändern

Jedem Benutzerkonto kann ein Bild zugeordnet werden. Dieses Bild erscheint nicht nur über der rechten Spalte des Startmenüs, sondern wird auch zusammen mit dem Namen des Kontos auf dem Willkommensbildschirm angezeigt.

Um Ihrem Konto ein neues Bild zuzuordnen, klicken Sie im Dialogfeld aus Abbildung 22.3 auf *Eigenes Bild ändern*. Sie sehen nun ein Auswahlfeld mit einigen vorbereiteten Bildern. Wählen Sie entweder eines der Bilder aus oder klicken Sie unten auf den Link *Nach weiteren Bildern suchen*.

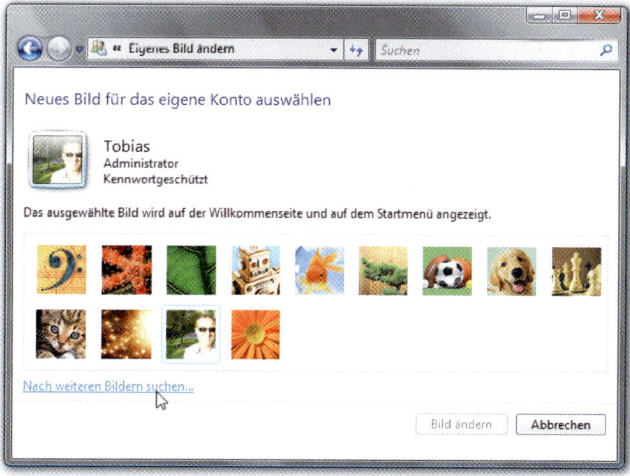

Abbildung 22.8 Ein neues Bild aussuchen

Automatisch öffnet sich Ihr *Bilder*-Ordner und Sie können nun beliebige andere Bilder auswählen, zum Beispiel solche, die Sie von Ihrer Digitalkamera übertragen haben.

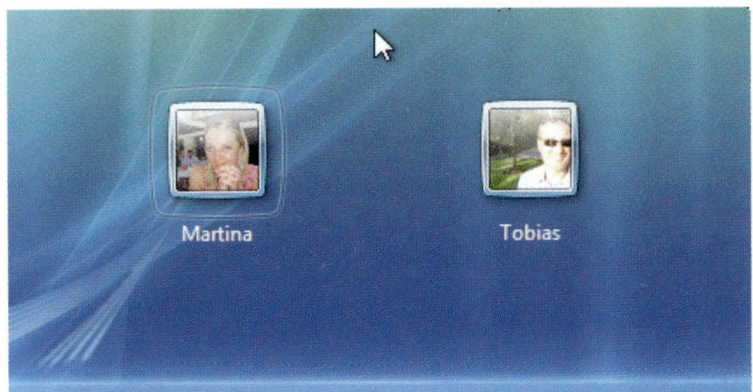

Abbildung 22.9 Weisen Sie den Benutzerkonten beispielsweise Portraitfotos der Benutzer zu

Administrator oder nicht – Kontotyp ändern

Aus dem Blickwinkel der Sicherheit ist eine der wichtigsten Einstellungen überhaupt der Kontotyp, den Sie verwenden. Windows Vista unterscheidet zwischen zwei Kontotypen:

- **Standardbenutzer** Normale Nutzer des Computers sollten ein Konto dieses Typs erhalten. Mit ihm kann man uneingeschränkt mit dem Computer arbeiten, ihn aber nicht beschädigen oder Voreinstellungen bzw. systemkritische Einstellungen verändern.
- **Administrator** Inhaber eines solchen Kontos unterliegen keinerlei Kontrolle und dürfen alle – auch sicherheitskritische – Einstellungen des Computers ändern. Jeder, der über ein solches Konto verfügt, kann die Daten anderer Benutzer in Gefahr bringen und sich selbst über sämtliche Einschränkungen hinwegsetzen, zum Beispiel über Jugendschutzeinstellungen.

Um den Typ eines Kontos zu ändern, klicken Sie im Dialogfeld aus Abbildung 22.3 auf *Eigenen Kontotyp ändern*. Weil dies eine geschützte Funktion ist, fragt Windows sofort nach Ihren Administratorrechten. Nur wenn Sie diese bestätigen, gelangen Sie zum nächsten Dialogfeld und können jetzt die Einstellung ändern.

Tipp

Nur der Eigentümer oder Verwalter eines Computers sollte ein Konto vom Typ *Administrator* erhalten. In Familien sollten grundsätzlich nur Erwachsene ein Administratorkonto erhalten, selbst wenn Ihre Kinder sehr viel versierter mit dem Computer umgehen und sicher viele gute Gründe nennen werden, warum auch sie ein Administratorkonto erhalten sollten.

Administratorrechte sind bei Windows Vista nur noch in Ausnahmefällen nötig. Sie können ohne Administratorrechte die meisten Drucker und Programme installieren. Nur wenn das, was Sie tun, die Sicherheit und Stabilität des ganzen Computers in Gefahr bringen könnte, sind Administratorrechte nötig.

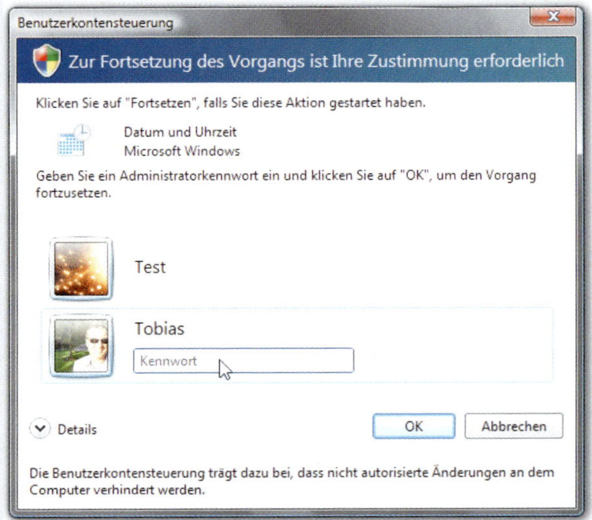

Abbildung 22.10 Administratoren haben ein Vetorecht und müssen für wichtige Dinge zustimmen

Deshalb sollten solche Aktionen nur unter Aufsicht eines Administrators erfolgen. Sollten Windows Vista die normalen Rechte eines Anwenders nicht ausreichen, erscheint ein Dialogfeld und bittet einen Administrator, seine Zustimmung zu geben. Selbst wenn Sie im privaten Umfeld also viel weniger technisches Know-how haben als Ihre Kinder, sollten Sie sich diese Aufsicht nicht nehmen lassen und nur dann mit Ihrem Administratorkonto zustimmen, wenn Sie verstehen, was da passiert.

Ebenfalls wichtig: wenn Eingriffe am Computer nötig werden, die Administratorrechte erfordern, sollte dies Anlass sein, über den gesamten Sinn nachzudenken: Muss ein bestimmtes Programm tatsächlich installiert werden und entspricht es überhaupt Ihren Wertvorstellungen?

Falls Sie tatsächlich Ihren Kindern ein Konto mit Administratorrechten gewähren, verlieren Sie automatisch sämtlichen Einfluss auf den Computer und dessen Verwendung.

Weitere geschützte Kontoeinstellungen

Windows Vista markiert besonders geschützte Einstellungen grundsätzlich mit einem bunten Schutzschild-Symbol. Einige weitere Einstellungen Ihres Benutzerkontos sind ebenfalls geschützt:

- **Eigenen Kontonamen ändern** Ändert den Namen Ihres Kontos
- **Anderes Konto verwalten** Öffnet eine Liste mit allen übrigen Benutzerkonten. Sie können als Administrator so die Einstellungen anderer Konten ändern, dort vergessene Kennwörter neu einrichten und auch Konten löschen oder neu anlegen.
- **Benutzerkontensteuerung ein- oder ausschalten** Diese Funktion gehört eigentlich nicht direkt zum Benutzerkonto, sondern schaltet die gesamte neuartige Vista-Sicherheit auf besonderen Wunsch ab. Das sollten Sie nur in Ausnahmefällen tun und auch nur, wenn Sie sich vorher in Kapitel 23 genauestens über die Auswirkungen informiert haben.
- **Jugendschutz** Diese Einstellung finden Sie möglicherweise nur in der linken Spalte am unteren Rand, denn sie wird für Ihr eigenes Konto nicht eingeblendet. Erst wenn Sie andere Konten verwalten, finden Sie die Funktion *Jugendschutz einrichten* in der Liste der übrigen genannten Einstellmöglichkeiten. Mit dem Jugendschutz bestimmen Sie zum Beispiel, welche Webseiten Ihre Kinder besuchen dürfen und zu welchen Zeiten der Computer überhaupt benutzt werden darf. Das spart so manche Familienkonferenz.

Spezialfunktionen verwenden

In der linken Spalte des Dialogfeldes aus Abbildung 22.3 finden Sie unter der Überschrift *Aufgaben* weitere, seltener benötigte Funktionen. Eine davon, nämlich die Erstellung einer Kennwortrücksetzdiskette, haben Sie bereits eingesetzt. Die übrigen hier angebotenen Funktionen werden nachfolgend kurz beschrieben:

- **Eigene Netzwerkkennwörter verwalten** Damit Sie sich nicht unzählige Anmeldenamen und Kennwörter merken müssen, können Sie hier für Computer, Server, Webseiten und Programme die jeweils notwendigen Anmeldeinformationen hinterlegen. Sie werden dann beim nächsten Mal automatisch mit diesen Informationen angemeldet.
- **Dateiverschlüsselungszertifikate verwalten** Wenn Sie sensible Daten auf Ihren Datenträgern verschlüsseln wollen, damit nur noch Sie selbst diese Daten lesen können, setzen Sie hierfür das so genannte »Verschlüsselnde Dateisystem« (Encrypted File System, EFS) ein. Die dafür notwendigen Schlüssel können Sie über diese Funktion erstellen und auch sichern.
- **Erweiterte Benutzerprofileigenschaften konfigurieren** Wenn Ihr Computer Teil eines zentral verwalteten Firmennetzwerks ist, kann Ihr so genanntes Benutzerprofil auch zentral gespeichert werden. Dieses Benutzerprofil umfasst alle Ihre privaten Ordner wie zum Beispiel *Desktop* oder *Dokumente*. Ein zentral gespeichertes Profil hat den Vorteil, dass Sie sich innerhalb der Firma an beliebigen Computern anmelden können und überall Ihre persönlichen Daten zur Verfügung haben. Mehr zu solchen Profilen lesen Sie auch in Kapitel 55.
- **Eigene Umgebungsvariablen ändern** Umgebungsvariablen sind beliebige Werte, die unter einem beliebigen Namen hinterlegt wurden. Jedes Benutzerkonto kann mit dieser Funktion eigene Umgebungsvariablen festlegen. Umgebungsvariablen können zum Beispiel dazu genutzt werden, um Informationen zwischen verschiedenen Programmen auszutauschen oder Anwendungen auf bestimmte Vorgaben einzustellen.

Fremde Benutzerkonten verwalten

Wenn Sie die Benutzerkonten anderer Anwender verwalten, neue Konten anlegen oder überflüssige Konten löschen wollen, gehen Sie so vor:

1. Wählen Sie im Startmenü den Eintrag *Systemsteuerung*.
2. Klicken Sie in der Systemsteuerung auf die Kategorie *Benutzerkonten und Jugendschutz*.
3. Wählen Sie die Kategorie *Benutzerkonten* aus. Jetzt sehen Sie die Einstellmöglichkeiten für Ihr eigenes Benutzerkonto.
4. Klicken Sie auf *Anderes Konto verwalten*. Nun müssen Sie sich mit Administratorrechten ausweisen, denn diese Funktion ist besonders geschützt.
5. Im daraufhin geöffneten Dialogfeld sind alle bisher angelegten Konten aufgelistet. Klicken Sie entweder auf das Konto, das Sie ändern oder löschen wollen, oder klicken Sie unten auf *Neues Konto erstellen*, wenn Sie ein neues Konto anlegen möchten.

Ein besonderes Konto in der Auswahlliste ist *Gast*. Dieses Konto ist normalerweise nicht aktiv und deshalb kann man sich damit auch nicht anmelden. Erst wenn Sie das Konto auswählen, erhalten Sie die Möglichkeit, es zu aktivieren. Wenn Sie das tun, erscheint auf der Anmeldeseite von Vista das Gastkonto. Mit ihm können sich beliebige Anwender am Computer anmelden und in einem streng gesicherten Kontext einfache Dinge erledigen wie zum Beispiel im Internet surfen oder Programme starten.

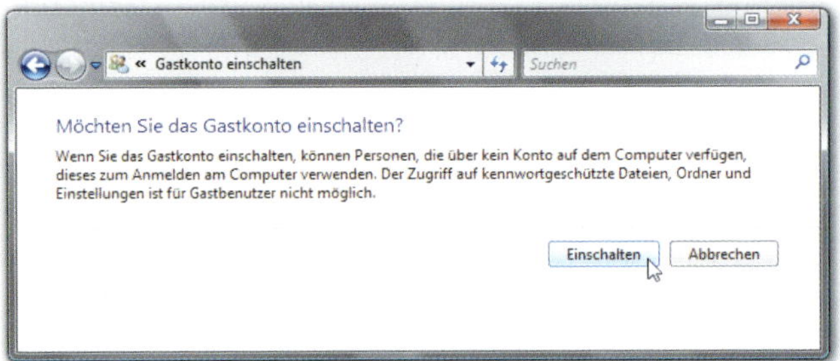

Abbildung 22.11 Gäste können ein besonders abgesichertes Konto verwenden, wenn Sie es einschalten

Wenn Sie also hin und wieder Ihren Computer Gästen zur Verfügung stellen wollen, ist das Gastkonto eine wesentlich bessere Wahl, als die Gäste mit Ihrem eigenen Konto anzumelden.

Als Gast können Ihre Gäste nämlich nichts beschädigen. Überlassen Sie dagegen einem Gast Ihr eigenes Konto, sind zumindest Ihre persönlichen Daten gefährdet. Wenn Sie Administrator sind, kann der ganze Computer beschädigt werden.

Jugendschutz aktivieren

In früheren Versionen von Windows war es für Eltern schwierig, ihre Kinder vor jugendgefährdenden Inhalten zu schützen oder die Verwendung des Computers auf bestimmte Zeiten zu beschränken. Meist waren die lieben Kleinen ihren Eltern technisch haushoch überlegen und Eltern wussten gar nicht, wie sie Gewaltspiele oder ungeeignete Webseiten verbieten sollten.

Das ändert sich mit Windows Vista, denn ab sofort gibt es für dieses wichtige Thema einen eigenen Jugendschutzbereich.

Hinweis 

Zentral verwaltete Computer, die Mitglied einer Domäne sind, blenden die Jugendschutz-Einstellungen normalerweise aus. Sie können aber über Gruppenrichtlinien aktiviert werden.

Jugendschutz einrichten

Die Jugendschutzeinrichtungen werden für jedes Benutzerkonto separat festgelegt. So suchen Sie das Benutzerkonto aus, für das Sie den Jugendschutz einrichten wollen:

1. Wählen Sie im Startmenü den Eintrag *Systemsteuerung*.
2. Klicken Sie in der Systemsteuerung im Bereich *Benutzerkonten und Jugendschutz* auf *Jugendschutz für beliebige Benutzer einrichten*.
3. Jetzt sehen Sie eine Liste mit sämtlichen Benutzerkonten. Klicken Sie auf das Benutzerkonto, das Sie einschränken wollen. Sie können mit *Ein neues Benutzerkonto erstellen* bei dieser Gelegenheit auch gleich ein ganz neues Konto anlegen.

Achtung 

Der Jugendschutz funktioniert nur dann, wenn Ihre Kinder – oder diejenigen, die Sie damit einschränken wollen – keine Administratorkonten besitzen. Andernfalls könnten sie die Einschränkungen sofort wieder abschalten.

Genauso unsicher ist der Computer, wenn es darauf Administratorkonten ohne Kennwortschutz gibt, denn dann kann sich jeder mit einem solchen Konto anmelden und wiederum die Einschränkungen abschalten.

Deshalb warnt das Dialogfeld, wenn es auf dem Computer Administratorkonten ohne Kennwortschutz gibt. Klicken Sie auf diesen Hinweis, dann können Sie dafür sorgen, dass alle Administratorkonten bei der nächsten Anmeldung ein Kennwort festlegen müssen.

Nun legen Sie fest, was der Inhaber eines bestimmten Benutzerkontos künftig tun darf und was nicht.

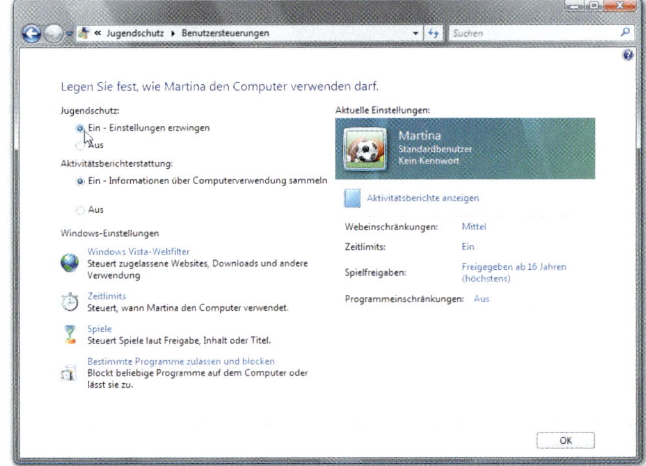

Abbildung 22.12 Eltern können genau festlegen, wann ihre Kinder was tun dürfen

1. Schalten Sie den Schutz mit der Option *Ein – Einstellungen erzwingen* ein.
2. Möchten Sie außerdem darüber informiert werden, was Ihre Kinder genau mit dem Computer eigentlich tun,

schalten Sie außerdem im Bereich *Aktivitätsberichterstattung* die Option *Ein – Informationen über Computernutzung sammeln* ein.

Vista aktiviert nun den Jugendschutz mit milden Voreinstellungen: Lediglich der Zugriff auf jugendgefährdende Webseiten ist jetzt verboten. Diese aktuellen Einstellungen finden Sie auf der rechten Seite des Dialogfelds.

Möchten Sie die Einstellungen verschärfen, nutzen Sie die Kategorien auf der linken Seite unterhalb von Windows-Einstellungen.

Webseiten zensieren

Um genauer festzulegen, welche Webseiten der Benutzer künftig besuchen darf, klicken Sie auf *Windows Vista-Webfilter.*

Aktivieren Sie den Webfilter danach mit der Option *Einige Websites oder Inhalte blocken.*

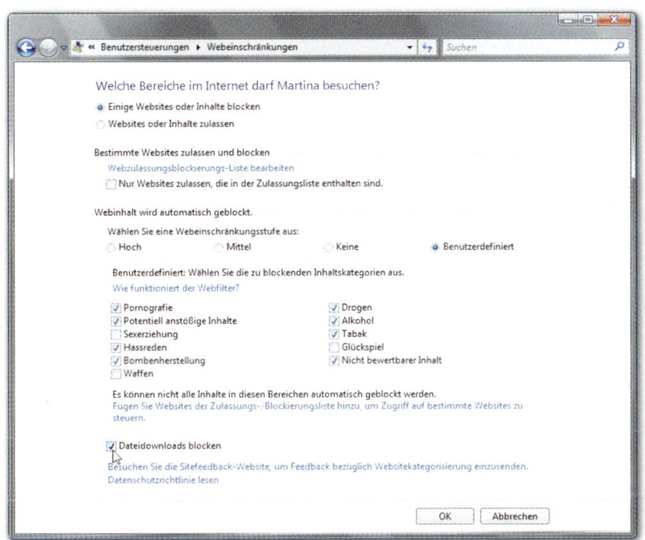

Abbildung 22.13 Legen Sie fest, welche Webseiten blockiert werden sollen

Nur bestimmte Webseiten erlauben

Weil es schwierig sein kann, jugendgefährdende Webseiten zuverlässig zu identifizieren, können Sie eine Liste mit erlaubten Webseiten vorgeben. Der Benutzer kann dann nur die in der Liste genannten und von Ihnen handverlesenen Webseiten besuchen, was vor allen Dingen für sehr junge Kinder nützlich ist. Dazu klicken Sie auf *Webzulassungsblockierungs-Liste bearbeiten.* Geben Sie nun die Webadressen ein, die Sie erlauben wollen, und klicken Sie auf *Zulassen.* Die eingegebenen Adressen werden in der Liste *Zugelassene Webseiten* gespeichert.

Aktivieren Sie anschließend das Kontrollkästchen *Nur Websites zulassen, die in der Zulassungsliste enthalten sind* und klicken Sie auf *OK.*

Tipp 

Weil es sehr viel Arbeit machen kann, Listen mit kinderfreundlichen Webseiten von Hand zu erstellen, können Sie sich diese Arbeit teilen. Mit den Schaltflächen *Importieren* und *Exportieren* können Sie fremde Listen einlesen oder Ihre eigene Liste als Datei speichern und an andere Eltern weitergeben.

Automatisch Webseiten filtern

Gerade ältere Kinder werden sich mit wenigen von Hand freigegebenen Webseiten nicht zufrieden geben und deshalb können Sie Webseiten auch automatisch filtern lassen. Dazu schalten Sie das Kontrollkästchen *Nur Websites zulassen, die in der Zulassungsliste enthalten sind* aus. Wählen Sie jetzt stattdessen eine Webeinschränkungsstufe zwischen *Hoch* und *Benutzerdefiniert* aus. Was die einzelnen Stufen genau bedeuten, erfahren Sie im Kasten darunter für die jeweils ausgewählte Stufe.

Wählen Sie die Stufe *Benutzerdefiniert,* können Sie selbst anhand verschiedener Kriterien festlegen, welche Webseiten blockiert werden sollen.

Tipp 

Ganz besonders wichtig bei der Stufe *Benutzerdefiniert* ist die Kategorie *Nicht bewertbarer Inhalt,* denn dem automatischen Filter liegt eine Webseitenbewertung zugrunde, die nicht in allen Webseiten vorhanden ist.

Wählen Sie also die Kategorie *Nicht bewertbarer Inhalt* aus, werden automatisch alle Webseiten blockiert, die keine Bewertung enthalten.

Downloads verbieten

Weil Downloads keiner Inhaltskontrolle unterliegen, könnte der Benutzer beispielsweise jugendgefährdende Bilder oder Videos aus dem Internet herunterladen.

Gerade älteren Kindern wird man allerdings die Möglichkeit von Downloads kaum verwehren wollen.

Zeitlimits festlegen

Klicken Sie im Hauptfenster der Jugendschutzeinstellungen auf *Zeitlimits.* Sie können dann für jeden Tag der Woche genau vorgeben, wann der Computer von dem Benutzer verwendet werden darf und wann nicht.

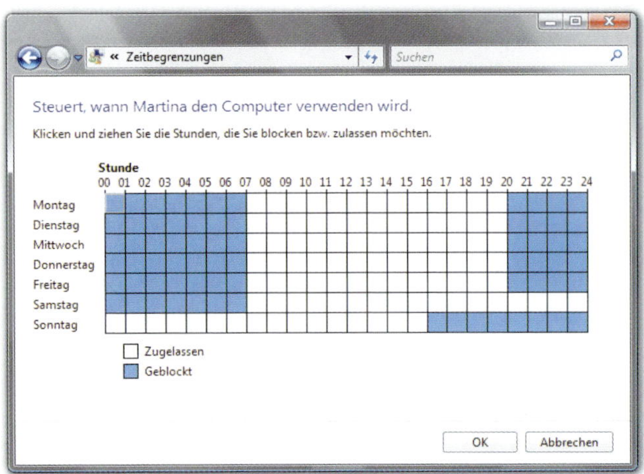

Abbildung 22.14 Festlegen, wann der Computer verwendet werden darf

Dazu ziehen Sie mit der Maus einfach über den Zeitplan. Blaue Areale markieren geblockte Zeiten, weiße Areale kennzeichnen erlaubte Bereiche.

Ist der Zeitplan festgelegt, bestätigen Sie mit *OK*.

Spiele einschränken

Auch den Einsatz von Computerspielen kann Vista kontrollieren. Dazu klicken Sie im Hauptfenster der Jugendschutzeinstellungen auf *Spiele* und beantworten dann zunächst die Frage, ob der Benutzer generell Spiele spielen darf oder nicht.

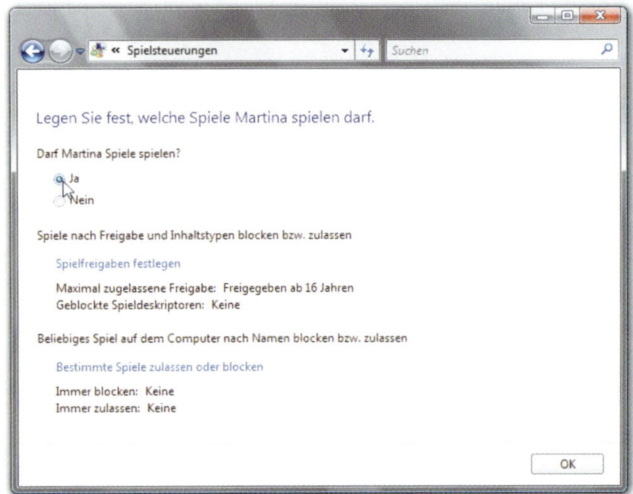

Abbildung 22.15 Spielefilter aktivieren

Wenn Sie Spiele zulassen, können Sie danach über einen Klick auf *Spielfreigaben festlegen* die Altersfreigabe der Spiele bestimmen.

Die Spielfreigabe funktioniert ähnlich wie die Altersfreigaben im Kino und wird von unabhängigen Gremien festgelegt. Weil diese Spielbewertung in die Spiele eingetragen wird, können Sie eine Höchststufe festlegen. Alle Spiele dieser Stufe (oder einer niedrigeren Stufe) sind dann erlaubt, der Rest gesperrt. Damit das auch wirklich funktioniert, sollten Sie außerdem die Option *Spiele ohne Freigabe blocken* einschalten, damit Spiele, die sich diesem Bewertungssystem entziehen, automatisch geblockt werden.

Über *Bestimmte Spiele zulassen oder blocken* können Sie außerdem bestimmte Spiele explizit freigeben oder sperren, unabhängig von der Festlegung der Altersfreigabe. Möchte Ihr Kind zum Beispiel ein eindeutig harmloses Spiel spielen, das aber keine Altersfreigabemarkierung besitzt, könnten Sie es über diese Funktion erlauben, obwohl ansonsten alle Spiele ohne Altersfreigabe blockiert werden.

Programme sperren

Möchten Sie Kindern mit einem bestimmten Mal- oder Fotoprogramm erste Computererfahrungen sammeln lassen, klicken Sie im Hauptfenster der Jugendschutzeinstellungen auf *Bestimmte Programme zulassen und blocken* und aktivieren Sie dann die Option *<Benutzername> darf nur die zugelassenen Programme verwenden.*

Jetzt wird eine Liste sämtlicher Programme erstellt, die auf dem Computer zur Verfügung stehen, was einige Sekunden dauern kann. Anschließend haben Sie die etwas mühevolle Aufgabe, darin das Programm zu finden, das Sie erlauben möchten.

PROFITIPP

Klicken Sie in die Liste, und geben Sie den oder die Anfangsbuchstaben des gesuchten Programms schnell hintereinander ein. Die Markierung springt zum ersten Eintrag, der mit den eingegebenen Buchstaben übereinstimmt.

Aktivieren Sie dann das Kontrollkästchen vor dem jeweiligen Programm, um dieses zuzulassen.

Fortgeschrittene Benutzerverwaltung

Wenn Sie als Experte oder Administrator mehr Kontrolle über Ihre lokalen Benutzerkonten benötigen und zum Beispiel Benutzerkonten zu

Mitgliedern in speziellen Gruppen machen wollen, benötigen Sie zusätzliche Werkzeuge, die Sie jetzt kennen lernen.

Gruppen und Mitgliedschaften

Alle Benutzerkonten, die in der Gruppe *Administratoren* Mitglied sind, erhalten automatisch die besonderen Rechte und Berechtigungen dieser Gruppe. Wenn Sie also den Kontotyp eines Benutzerkontos auf *Administrator* ändern, wird das Benutzerkonto in Wirklichkeit nur in die Gruppe der *Administratoren* aufgenommen.

Neben den beiden Gruppen *Benutzer* und *Administratoren*, die sich so steuern lassen, verfügt Windows Vista allerdings über noch viele weitere Gruppen, die für Spezialzwecke genutzt werden. Möchten Sie Benutzer in eine dieser Gruppen aufnehmen, dann geht das so:

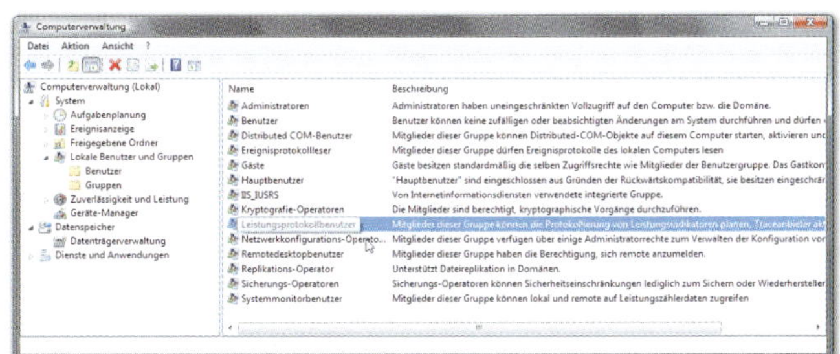

Abbildung 22.16 Besondere Gruppen und Gruppenmitgliedschaften

1. Öffnen Sie das Startmenü und klicken Sie mit der rechten Maustaste auf *Computer*. Im Kontextmenü wählen Sie den Eintrag *Verwalten*.
2. Navigieren Sie in der linken Spalte der *Computerverwaltung* zum Zweig *System/Lokale Benutzer und Gruppen/Gruppen*.
3. In der mittleren Spalte sind nun alle aktuell vorhandenen Gruppen aufgelistet. Um zu sehen, welche Benutzerkonten in einer Gruppe Mitglied sind, öffnen Sie eine Gruppe per Doppelklick.
4. Über die Schaltfläche *Hinzufügen* können Sie nun weitere Benutzerkonten der Gruppe hinzufügen oder über *Entfernen* wieder entfernen.

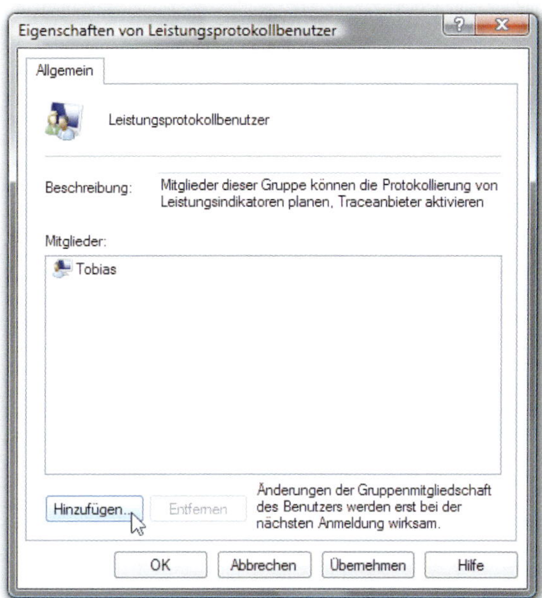

Abbildung 22.17 Von Hand Benutzerkonten einer Gruppe hinzufügen

Spezielle Gruppen und neue eigene Gruppen

Die folgenden Gruppen sind bei Windows Vista bereits vordefiniert und mit besonderen Rechten verknüpft:

Name	Beschreibung
Administratoren	Uneingeschränkter Vollzugriff
Benutzer	Keine Rechte, um Einstellungen zu ändern, die den gesamten Computer betreffen oder gefährden könnten
Distributed COM-Benutzer	Dürfen spezielle DCOM-Objekte auf diesem Computer starten und verwalten. Solche Objekte werden verwendet, um den Computer über das Netzwerk fernzusteuern.
Ereignisprotokollleser	Dürfen Einträge im Ereignisprotokoll lesen
Gäste	Minimale Rechte, die gerade dazu ausreichen, im Web zu surfen und einfache Anwendungen zu starten und zu verwenden

Tabelle 22.1 Besondere vordefinierte Gruppen

Name	Beschreibung
Hauptbenutzer	Ähnlich wie Benutzer, jedoch mit zusätzlichen ausgewählten Administratorrechten. Hauptbenutzer wurden in früheren Windows-Versionen eingesetzt, wenn die Rechte normaler Anwender nicht ausreichten. Bei Windows Vista sollten Hauptbenutzer nicht mehr verwendet werden.
IIS_IUSRS	Benutzerkonten des eingebauten IIS-Webservers
Kryptografie-Operatoren	Dürfen kryptografische Funktionen wie Verschlüsselungen oder Konfiguration von Zertifikaten durchführen
Leistungsprotokollbenutzer	Dürfen Leistungsmessungen durchführen, Leistungsprotokolle erstellen und auswerten
Netzwerkkonfigurations-Operator	Erhalten Administratorrechte für die Verwaltung von Netzwerkfunktionen
Remotedesktopbenutzer	Dürfen sich remote über das Netzwerk an diesem Computer anmelden und den Desktop fernsteuern
Replikations-Operator	Unterstützt Dateireplikation in Domänen, also den Abgleich von Informationen innerhalb eines domänenbasierten Netzwerks
Sicherungs-Operatoren	Dürfen eigene und fremde Daten sichern und wiederherstellen
Systemmonitorbenutzer	Dürfen mit dem Systemmonitor Leistungsdaten abrufen und kontrollieren

Tabelle 22.1 Besondere vordefinierte Gruppen *(Fortsetzung)*

Falls Sie eigene Gruppen hinzufügen wollen, klicken Sie dazu im Navigationsbereich mit der rechten Maustaste auf *Gruppen* und wählen im Kontextmenü den Eintrag *Neue Gruppe*. Damit die neue Gruppe auch zusätzliche Rechte verteilt, müssen Sie der Gruppe anschließend die entsprechenden Berechtigungen (im Dateisystem oder der Registrierungsdatenbank beispielsweise) oder Rechte (in den lokalen Sicherheitseinstellungen) zuweisen.

Achtung 

Änderungen an den Gruppenmitgliedschaften wirken sich für ein Benutzerkonto erst bei der nächsten Anmeldung aus.

»Geheime« Benutzerkontenverwaltung

Windows Vista enthält aus Gründen der Abwärtskompatibilität noch einen alten Befehl, der schon in früheren Windows-Versionen dazu verwendet werden konnte, einige Spezialeinstellungen rund um Benutzerkonten zu nutzen:

1. Öffnen Sie das Startmenü. Tippen Sie im Textfeld *Suche starten* den Befehl **control userpasswords2** ein und bestätigen Sie mit der [↵]-Taste.
2. Sie sehen nun eine Liste sämtlicher Benutzerkonten und können über *Hinzufügen* und *Entfernen* neue Konten hinzufügen und alte löschen.

Gruppenmitgliedschaften festlegen

Klicken Sie auf die Schaltfläche *Eigenschaften*, öffnet sich ein weiteres Dialogfeld, in dem Sie über die Registerkarte *Gruppenmitgliedschaften* ein Benutzerkonto zum Mitglied in einer beliebigen Gruppe umändern können.

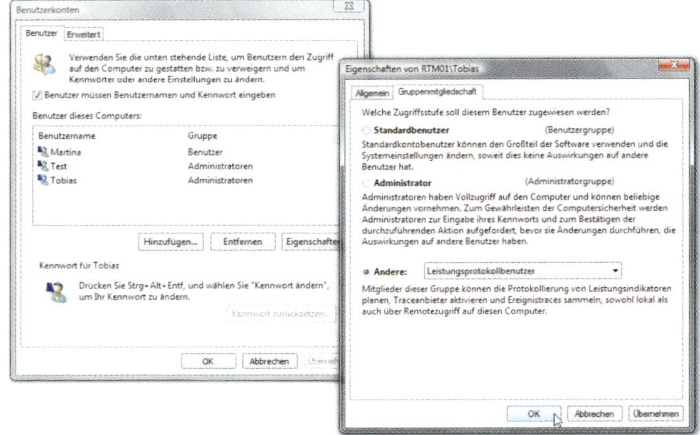

Abbildung 22.18 Erweiterte Dialogfelder für Benutzerkonten

Kennwörter neu setzen

Möchten Sie das Kennwort eines anderen Benutzers neu setzen, wählen Sie den Benutzer aus der Liste und klicken auf *Kennwort zurücksetzen*.

Automatische Anmeldung

Wollen Sie, dass ein Benutzer automatisch nach dem Einschalten bei Windows Vista angemeldet wird, wählen Sie in der Liste das Konto aus, das automatisch angemeldet werden soll, und deaktivieren Sie das Kontrollkästchen *Benutzer müssen Benutzernamen und Kennwort eingeben*. Nach der Bestätigung über *OK* oder *Übernehmen* werden Sie nach dem Kennwort gefragt, das für dieses Konto zur automatischen Anmeldung verwendet werden soll.

Achtung 

Weil Windows Vista nun direkt nach dem Einschalten bis zum Desktop des gewählten Benutzers hochfährt, haben Sie keinerlei Anmeldesicherheit mehr. Der Computer sollte sich also in einem gut gesicherten Raum befinden, zu dem nur Sie Zugang haben, oder keinerlei sicherheitskritische Dinge speichern.

Zusammenfassung

Benutzerkonten sind die Grundlage, um Ihre persönlichen Daten, Ihren Computer und auch Ihre Kinder zu schützen. Sie legen fest, wer den Computer benutzen und was die Person mit dem Computer tun darf.

Damit Benutzerkonten Ihre persönlichen Daten auch wirklich absichern, sollten Sie Ihr Benutzerkonto möglichst bald mit einem Kennwort schützen und eine Kennwortrücksetzdiskette anlegen.

Damit Benutzerkonten Ihren gesamten Computer auch wirklich absichern, sollten Sie Benutzerkonten vom Typ *Administrator* extrem sparsam einsetzen und in jedem Fall auf Erwachsene beschränken sowie durch ein Kennwort absichern.

Damit Benutzerkonten Ihre Kinder schützen, sollten Sie Jugendschutzeinstellungen festlegen und darin genau bestimmen, wann Ihre Kinder mit dem Computer arbeiten dürfen und welche Webseiten und Spiele Sie erlauben wollen.

Sie möchten ...	So gehen Sie vor	Sehen Sie sich dazu das Beispiel an auf
die Einstellungen des eigenen Benutzerkontos ändern	Öffnen Sie das Startmenü und klicken Sie auf das Bild Ihres Kontos	Seite 381
ein neues Kennwort für das eigene Konto festlegen	Klicken Sie im Startmenü auf das Bild Ihres Kontos, und wählen Sie *Kennwort für das eigene Konto erstellen*	Seite 381
einen Notschlüssel für das eigene Konto anlegen oder verwenden	Starten Sie den Assistenten zum Anfertigen einer Kennwortrücksetzdiskette	Seite 382
das Bild des eigenen Benutzerkontos auf der Anmeldeseite ändern	Klicken Sie im Startmenü auf das Bild Ihres Kontos und wählen Sie *Eigenes Bild ändern*	Seite 383
festlegen, ob ein Benutzerkonto Administratorrechte hat oder nicht	Ändern Sie den Kontotyp des Benutzerkontos	Seite 384
andere Benutzerkonten verwalten	Klicken Sie im Startmenü auf das Bild Ihres Benutzerkontos und wählen Sie *Anderes Konto verwalten*	Seite 385
das Gastkonto aktivieren	Klicken Sie im Startmenü auf das Bild Ihres Benutzerkontos und wählen Sie *Anderes Konto verwalten*. Klicken Sie auf *Gast* und schalten Sie das Konto ein.	Seite 386
Jugendschutzeinstellungen festlegen	Öffnen Sie in der Systemsteuerung den Jugendschutz und wählen Sie das Konto aus, das Sie einschränken wollen	Seite 386
Benutzerkonten in beliebige Gruppen aufnehmen	Verwenden Sie den Befehl *control userpasswords2*	Seite 390
Windows Vista automatisch starten und anmelden lassen	Verwenden Sie den Befehl *control userpasswords2*	Seite 390

Tobias Weltner

Edition		Edition	
Windows Vista Home Basic	✓	Windows Vista Business	✓
Windows Vista Home Premium	✓	Windows Vista Enterprise	✓
Windows Vista Ultimate	✓		

Funktion wird von dieser Windows Vista-Edition

vollständig unterstützt ✓ · eingeschränkt unterstützt ⊙ · nicht unterstützt ⊗

23 Benutzerkontensteuerung

Damit die umfangreichen Administrator-Rechte wirklich nur in Ausnahmefällen benötigt werden, wurde die Sicherheitsarchitektur von Windows Vista grundlegend geändert. Beinahe alle Alltagsaufgaben sind nun ohne Administrator-Rechte möglich.

Möglich wird die neue Rechteverteilung durch eine Kombination aus umgestalteter Oberfläche, der neuen Benutzerkontensteuerung (User Account Control, UAC) sowie einer geänderten Geräteinstallation.

Änderungen in der Oberfläche

Erhöhte Rechte sind bei Windows Vista nur noch selten nötig. Als normaler Anwender können Sie beispielsweise die folgenden alltäglichen Dinge ohne besondere Rechte erledigen:

- Uhrzeit anzeigen, Kalender anzeigen, Zeitzone ändern
- Sichere drahtlose Netzwerkverbindungen konfigurieren (WEP/WPA)
- Stromspareinstellungen ändern (zum Beispiel unterwegs mit dem Notebook)
- VPN-Verbindungen einrichten und ändern
- Geräte und Treiber installieren, deren Treiber zugelassen wurden
- ActiveX-Steuerelemente installieren, die zugelassen wurden
- Festplattendefragmentierung läuft als automatischer Hintergrunddienst

Um die Trennung zwischen erlaubten Normalfunktionen und geschützten Systemfunktionen zu sehen, bewegen Sie die Maus zum Beispiel nach unten rechts in den Infobereich der Taskleiste. Klicken Sie darin auf die Uhr.

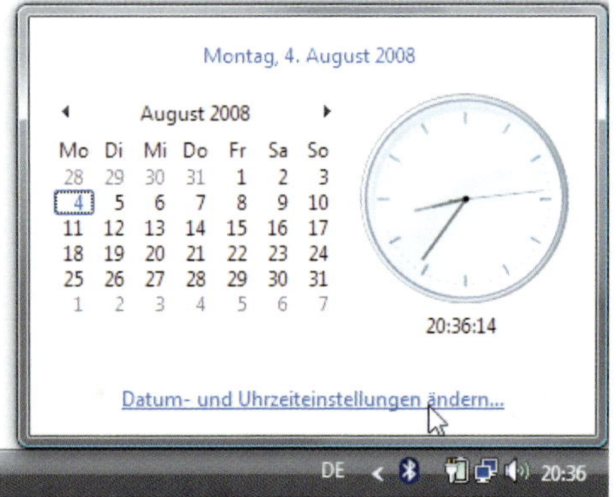

Abbildung 23.1 Zum Lesen von Informationen sind keine besonderen Berechtigungen nötig

Möchten Sie die Einstellungen ändern, klicken Sie darin auf *Datum- und Uhrzeiteinstellungen ändern*. Erst jetzt öffnet sich ein weiteres Dialogfeld mit den Änderungsmöglichkeiten. Aber noch immer sind keine besonderen Rechte nötig. Sind Sie auf Reisen und möchten die Zeitzone umstellen, damit Ihr Computer die korrekte lokale Zeit verwendet, klicken Sie auf die Schaltfläche *Zeitzone ändern*. Für diese Einstellung hätte ein Anwender in Windows XP besondere Berechtigungen benötigt. In Windows Vista braucht er kein Administrator mehr zu sein, um seine Zeitzone zu ändern, denn dies ist eine benutzerdefinierte Einstellung, die jeder Anwender für sich festlegt.

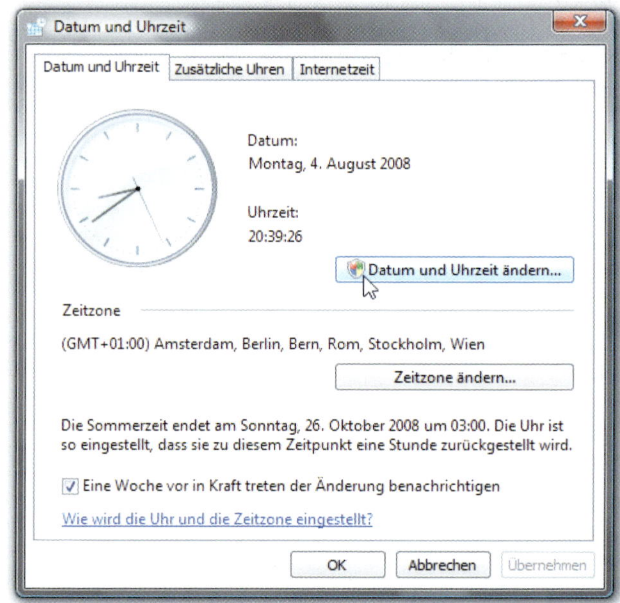

Abbildung 23.2 Bessere Trennung zwischen Alltagsfunktionen und geschützten Systemfunktionen

Die einzige besonders geschützte Funktion verbirgt sich hinter der Schaltfläche *Datum und Uhrzeit ändern*. Für sie werden spezielle Rechte benötigt, die ein normaler Anwender nicht hat, denn die Uhrzeit wirkt sich auf den gesamten Computer aus. Nicht jeder darf an der Uhr drehen.

Tipp

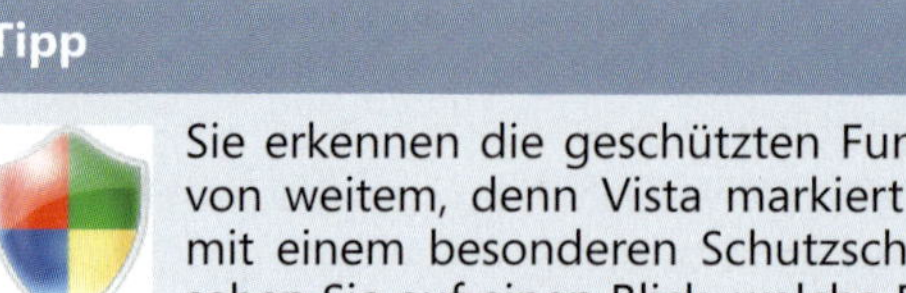

Sie erkennen die geschützten Funktionen schon von weitem, denn Vista markiert sie einheitlich mit einem besonderen Schutzschild-Symbol. So sehen Sie auf einen Blick, welche Funktionen besonders wichtig für Vista sind und besser nicht ohne besonderen Grund geändert werden.

Klicken Sie auf die Schaltfläche *Datum und Uhrzeit ändern*, verlangt Vista, dass Sie besondere Rechte nachweisen. Ansonsten kommen Sie nicht weiter. Zuständig für diese Art von Ausweiskontrolle ist die neue Benutzerkontensteuerung.

Benutzerkontensteuerung einsetzen

Die Benutzerkontensteuerung tritt immer dann sichtbar in Aktion, wenn Sie eine Funktion aufrufen, die besondere Rechte verlangt. Wenn Sie in Abbildung 23.2 auf *Datum und Uhrzeit ändern* klicken oder irgendeine andere Funktion anklicken, die mit dem besonderen Schutzschild-Symbol gekennzeichnet ist, werden erhöhte Rechte nötig und die Benutzerkontensteuerung fragt nach. Als Administrator brauchen Sie lediglich zuzustimmen. Dazu klicken Sie auf *Fortsetzen*.

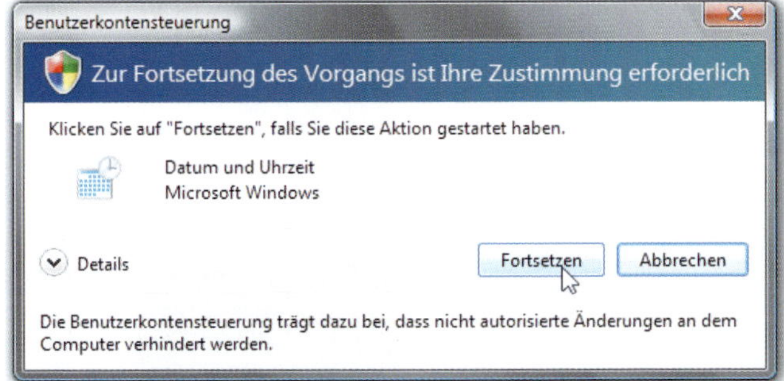

Abbildung 23.3 Administratorrechte werden nur nach Zustimmung erteilt

> **Hinweis**
>
> Damit bösartige Programme nicht das Dialogfeld in Abbildung 23.3 automatisch erkennen und Tasteneingaben simulieren können, um die Abfrage zu umgehen, erscheinen solche Abfragen in einem besonderen Sicherheitsmodus: Der Hintergrund des Bildschirms wird abgedunkelt und kein anderes Programm kann jetzt Eingaben simulieren. Dies nennt man den »sicheren Desktop«. Erst wenn Sie das Dialogfeld beantwortet haben, wird dieser Schutz wieder abgeschaltet.

Sind Sie kein Administrator, erhalten Sie stattdessen die Möglichkeit, sich mit einem Konto auszuweisen, das über die notwendigen Rechte verfügt. Bei einem nicht zentral verwalteten Computer, zum Beispiel zu Hause, zeigt das Dialogfeld wie in Abbildung 23.4 alle lokalen Administratorkonten an und Sie können per Klick eines davon aussuchen und sich mit dem passenden Kennwort ausweisen.

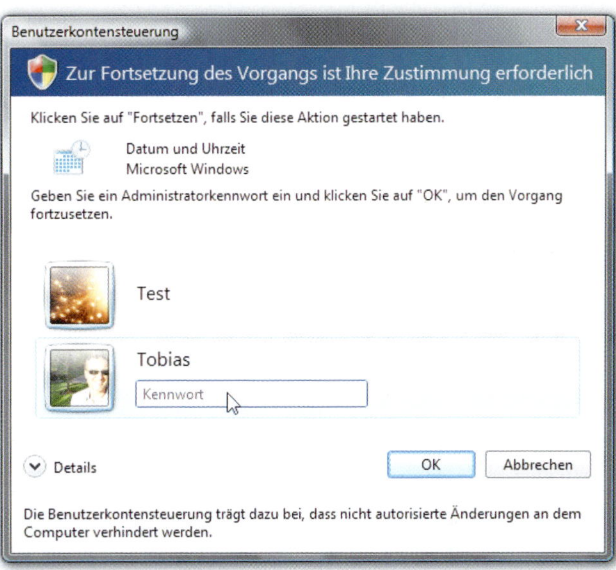

Abbildung 23.4 Falls notwendig, können Sie sich mit einem Administratorkonto ausweisen

Wird Ihr Computer zentral in einer so genannten Domäne verwaltet, dann sieht das Dialogfeld etwas anders aus. Sie sehen jetzt keine vorgegebenen Konten, sondern können den Benutzernamen und das Kennwort des Kontos direkt eingeben.

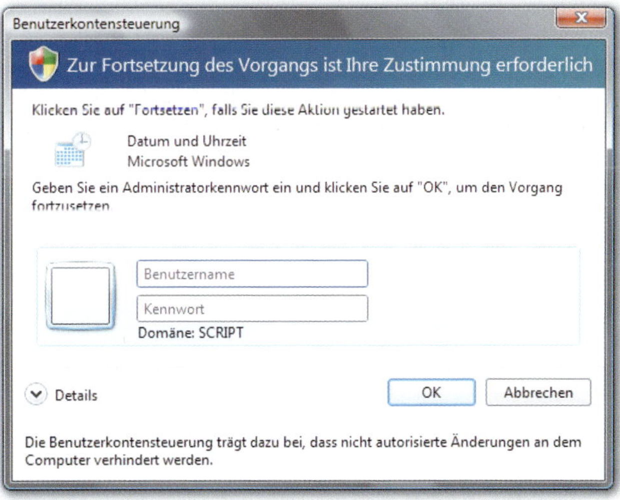

Abbildung 23.5 Mit einem Domänen-Administratorkonto ausweisen

Wichtig

Wenn Vista nach besonderen Berechtigungen fragt und Sie diese Berechtigungen erteilen, gelten die Berechtigungen nur für die ausgewählte Funktion, zum Beispiel das Ändern der Uhrzeit. Alle übrigen Fenster und Programme bleiben weiterhin eingeschränkt.

Erhöhte Rechte im Dateisystem

Mitunter werden erhöhte Rechte auch erst während eines bestimmten Vorgangs nötig. Wie das aussehen könnte, zeigt dieses Beispiel:

1. Öffnen Sie das Startmenü und klicken Sie auf *Dokumente*. Ihr persönlicher *Dokumente*-Ordner öffnet sich.
2. Drücken Sie [⊞]+[E]. Ein weiteres Fenster öffnet sich und zeigt Ihre sämtlichen Laufwerke an.
3. Ziehen Sie nun eine beliebige Datei aus dem *Dokumente*-Ordner auf das Systemlaufwerk. Das ist meist Laufwerk *C:* und wird in der Laufwerksübersicht mit einem Windows-Symbol markiert.
4. Weil dieses Laufwerk besonders geschützt ist, können Sie die Datei nicht ohne weiteres an diesen Ort kopieren. Stattdessen erscheint ein Dialogfeld und meldet, dass besondere Rechte nötig sind. Erst wenn Sie auf *Fortsetzen* klicken, öffnet sich wieder die Benutzerkontensteuerung und aktiviert die nötigen Rechte. Klicken Sie auf *Abbrechen*.

Abbildung 23.6 Wird der Zugriff verweigert, können erhöhte Rechte angefordert werden

Erhöhte Rechte für Programme

Die meisten Programme, die Sie starten, werden normalerweise ohne erhöhte Rechte ausgeführt. Wollen Sie ein Programm ausdrücklich mit vollen Rechten starten, haben Sie zwei Möglichkeiten:

- Klicken Sie das Programm mit der rechten Maustaste an und wählen Sie im Kontextmenü *Als Administrator ausführen*.
- Halten Sie [Strg]+[⇧] fest, während Sie das Programm starten.

Manche Programme fordern beim Start erhöhte Rechte automatisch an. Auch das wird Ihnen mit dem besonderen Schutzschild-Symbol vorher angekündigt, wenn auch etwas versteckt. Machen Sie dazu folgendes Experiment:

Abbildung 23.7 Das Programmsymbol zeigt an, ob das Programm erhöhte Rechte anfordern wird

1. Melden Sie sich mit einem normalen Benutzerkonto an. Öffnen Sie dann das Startmenü und tippen Sie ins Textfeld den Begriff »regedit« ein.
2. Wenig später wird das Programm *Regedit* in der linken Spalte des Startmenüs aufgelistet. Das Programmsymbol ist nicht mit dem Schutzschild-Symbol gekennzeichnet. Wenn Sie es anklicken, startet der Registrierungseditor ohne besondere Rechte. Sie können so zwar die Registrierungsdatenbank öffnen, aber keine besonders geschützten Einträge bearbeiten.

3. Melden Sie sich ab und melden Sie sich dann mit einem Administratorkonto an. Öffnen Sie wieder das Startmenü und tippen Sie erneut »regedit« ins Textfeld ein.
4. Wieder erscheint *Regedit* in der linken Spalte des Startmenüs. Wenn Sie jetzt allerdings scharf hinsehen, werden Sie das Schutzschild-Symbol im Programmsymbol erkennen.
5. Und richtig: Klicken Sie diesmal auf *Regedit*, erscheint die Benutzerkontensteuerung und fragt, ob Sie Ihre besonderen Rechte einsetzen wollen. Falls ja, startet der Registrierungseditor diesmal mit vollen Administratorrechten.

Wie kommt es, dass der Registrierungseditor sich unterschiedlich verhält, je nachdem, ob Sie als normaler Anwender oder als Administrator angemeldet sind?

Moderne Programme, die für Windows Vista geschrieben wurden und das Vista-Logo erhalten haben, legen in einem so genannten Manifest fest, welche Rechte sie benötigen.

Im Falle des Registrierungseditors fordert das Programm als Ausführungsebene »highestAvailable« und sorgt so dafür, dass Windows Vista beim Start zusätzliche Rechte aktiviert, wenn Sie Administrator sind. Hätte das Programm dagegen »asInvoker« festgelegt, wäre es mit den Rechten zufrieden, die Sie gerade besitzen.

»requireAdministrator« schließlich würde erhöhte Rechte voraussetzen, also eine Nachfrage auch bei normalen Anwendern verursachen.

Anwendungsentwickler sollten sich deshalb die Informationen zu »Certified for Windows Vista Software Logo – Technical Requirements« näher ansehen, die von Microsoft erhältlich sind.

Sonderfall: Konsole

Die Konsole ist ein weiteres Beispiel für ein modernes Programm, das für Vista geschrieben wurde. Trotzdem erscheint kein Schutzschild-Symbol, wenn Sie im Startmenü *cmd* ins Textfeld eingeben. Hier haben die Anwendungsentwickler im Manifest der Anwendung nicht »highestAvailable« wie beim Registrierungseditor festgelegt, sondern »asInvoker«. Die Konsole nimmt die Berechtigungen, die sie bekommen kann, und fordert selbst nie erhöhte Rechte an.

Und tatsächlich: Klicken Sie in der linken Spalte des Startmenüs auf *cmd*, öffnet sich die Konsole, ohne dass die Benutzerkontensteuerung erhöhte Rechte angefordert hätte – auch dann nicht, wenn Sie Administrator sind.

Die meisten Verwaltungsbefehle funktionieren nämlich auch ohne sie, und so könnten Sie in der Konsole **ipconfig** [↵] oder **gpupdate** [↵] eingeben, und diese Befehle funktionieren anstandslos ohne die besonderen Rechte eines Administrators. Sobald Sie allerdings einen sicherheitskritischen Befehl wie **netsh firewall opmode disable** [↵] eingeben, mit dem Sie versuchen, die Firewall abzuschalten, reichen die normalen Rechte nicht mehr aus und Sie erhalten eine Fehlermeldung.

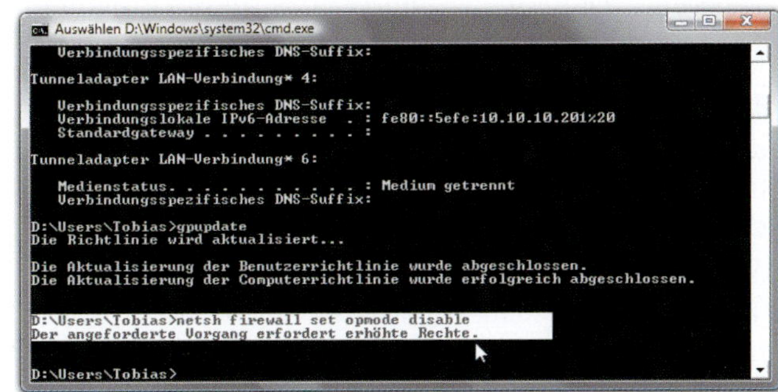

Abbildung 23.8 Nur manche Befehle in der Konsole benötigen erhöhte Rechte

In der Konsole müssen Sie erhöhte Rechte deshalb von vornherein ausdrücklich anfordern. Dazu klicken Sie beim Start *cmd* mit der rechten Maustaste an und wählen *Als Administrator ausführen*.

Jetzt öffnet sich wieder die Benutzerkontensteuerung und aktiviert die erhöhten Rechte. Die Konsole – und alle darin gestarteten Befehle – verfügen jetzt über Administratorrechte.

PROFITIPP 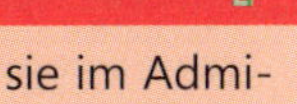

Die Konsole zeigt in der Titelleiste an, ob Sie sie im Administratormodus oder ohne besondere Rechte gestartet haben.

Sonderfall: Ältere Programme

Ältere Programme funktionieren unter Vista (auf Anhieb) nur, wenn sie von Haus aus keine besonderen Rechte benötigen. Sobald ältere Programme erhöhte Rechte benötigen, scheitern sie. Windows Vista gewährt erhöhte Rechte grundsätzlich nur auf Nachfrage und ältere Programme wissen nicht, wie man nachfragt und die Rechte erhält.

Deshalb enthält Windows Vista Kompatibilitätstechniken:

- **Virtualisierung** Viele ältere Programme speichern Informationen im Stammverzeichnis des Systemlaufwerks, im *Windows*-Ordner oder in Zweigen der Registrierungsdatenbank, die bei Vista alle geschützt sind. Damit das Programm keine erhöhten Rechte benötigt und trotzdem funktioniert, leitet Vista solche Anfragen automatisch in besondere Ordner um. Das Programm selbst merkt davon nichts.

- **»Shims« automatische Anpassungen** Vista verfügt über eine interne Kompatibilitätsdatenbank. Immer, wenn Sie ein Programm starten, schaut Vista darin nach, ob für dieses Programm besondere Bedingungen erfüllt sein müssen. Ist bekannt, dass das Programm volle Rechte benötigt, beauftragt Vista beim Start die Benutzerkontensteuerung, die Rechte anzufordern. Nicht das Programm also fordert die Rechte an, sondern Vista. Firmen können darüber hinaus diese Kompatibilitätsdatenbank mit dem »Application Compatibility Toolkit 5.0« (ACT 5.0) erweitern und so auch für eigene Anwendungen Kompatibilitätseinstellungen vornehmen, die »Shims« oder »Application Fixes« genannt werden.
- **Anpassungen von Hand** Zu Hause oder in einem kleinen Betrieb wird man sich die Mühe sparen, Kompatibilitätseinstellungen in die interne Datenbank zu schreiben. Hier ist es einfacher, von Hand für ältere Programme festzulegen, dass diese volle Rechte benötigen. Dazu klickt man das Programm mit der rechten Maustaste an und wählt im Kontextmenü den Eintrag *Eigenschaften* aus. Auf der Registerkarte *Kompatibilität* lässt sich dann das Kontrollkästchen *Programm als ein Administrator ausführen* aktivieren. Dieses Kontrollkästchen steht allerdings nur bei Programmen zur Verfügung, die nicht für Vista geschrieben wurden.

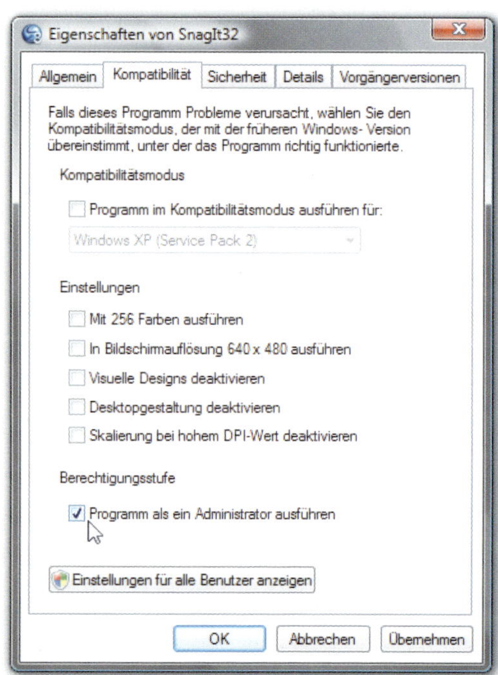

Abbildung 23.9 Älteren Programmen können auf Wunsch erhöhte Rechte gewährt werden

PROFITIPP

Die Registerkarte *Kompatibilität* wird nur bei Programmen und bei Verknüpfungen angezeigt, die auf Programme verweisen. Die Optionen darin sind nur wählbar, wenn das Programm nicht speziell für Vista geschrieben wurde. Schauen Sie mal, was das beispielsweise bedeutet, wenn Sie Skripts mit erhöhten Rechten ausführen wollen.

Weil Skripts keine Programme sind, brauchen Sie eine Verknüpfung auf das Skript. Ziehen Sie ein Skript zum Beispiel mit der rechten Maustaste an eine andere Stelle und wählen Sie den Kontextmenübefehl *Verknüpfung erstellen*. Klicken Sie mit der rechten Maustaste auf die Verknüpfung, wählen Sie den Kontextmenübefehl *Eigenschaften* und tragen Sie vor dem Skriptnamen den Namen des Programms ein, das das Skript ausführen wird.

Bei VBScript-Dateien tragen Sie also in der Verknüpfung nicht einfach *mein_skript.vbs* ein, sondern *wscript.exe mein_skript.vbs* oder *cscript.exe mein_skript.vbs*.

Weil die Verknüpfung jetzt auf ein Programm verweist, ist die Registerkarte *Kompatibilität* nun vorhanden. Allerdings sind die Optionen darauf nicht wählbar, weil das Programm – der Windows Script Host – speziell für Vista geschrieben wurde. Sie können jetzt die Verknüpfung zumindest aber mit der rechten Maustaste anklicken und im Kontextmenü den Eintrag *Als Administrator ausführen* wählen. Eine andere Möglichkeit ist: Sie öffnen eine Konsole mit erhöhten Rechten und rufen Ihre Skripts von dort aus auf.

- **Installationsprogramm** Vista hat das Programm als ein Installationsprogramm identifiziert, zum Beispiel, weil der Programmname »setup.exe« lautet

Ob ein älteres Programm tatsächlich mangels Rechte nicht korrekt funktioniert, lässt sich darüber hinaus leicht mit dem Kontextmenübefehl *Als Administrator ausführen* überprüfen. Wenn das Programm danach korrekt läuft, sonst aber nicht, fehlen ihm die erhöhten Rechte.

Sonderfall: Autostart

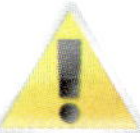

Eine besondere Einschränkung gibt es für Programme, die automatisch beim Windows-Start mitstarten, zum Beispiel, weil sie in die Autostart-Gruppe aufgenommen wurden. Falls solche Programme erhöhte Rechte benötigen, werden sie automatisch geblockt und starten also nicht ohne weiteres. Diese Blockierung ist wichtig, denn ansonsten würde direkt nach der Anmeldung nach erhöhten Rechten gefragt.

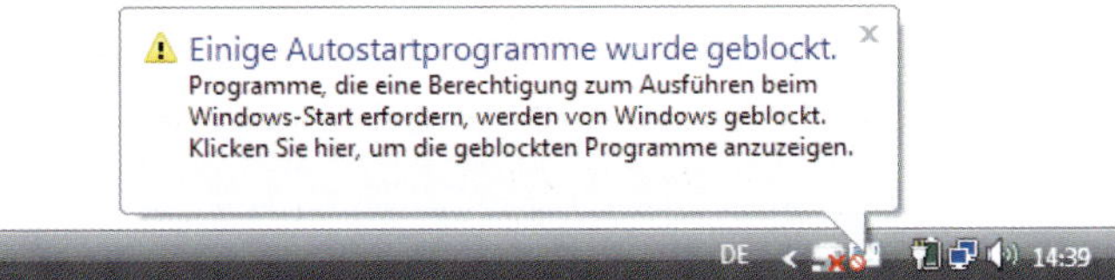

Abbildung 23.10 Autostart-Programme können keine erhöhten Rechte einsetzen

Weil normale Anwender die erhöhten Rechte aber vermutlich nicht erteilen könnten, wären sie ausgesperrt. Deshalb erscheint in einem solchen Fall ein Symbol im Infobereich der Taskleiste und eine Sprechblase weist auf das Problem hin.

Klicken Sie auf das Symbol, öffnet sich ein Kontextmenü, mit dem Sie das geblockte Autostartprogramm nachträglich ausführen lassen können.

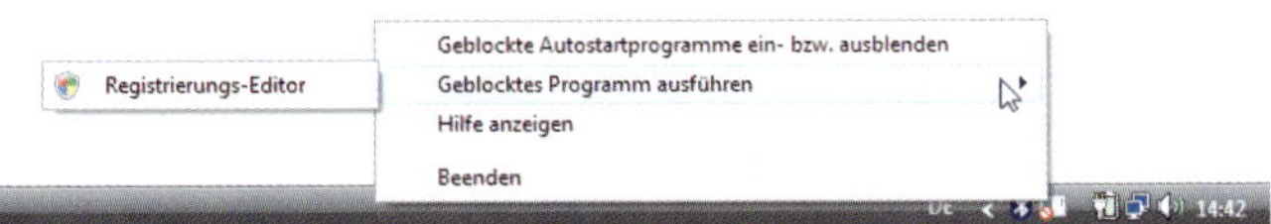

Abbildung 23.11 Stellen Sie fest, welche Programme beim Autostart geblockt wurden

Möchten Sie mehr zu dem geblockten Programm erfahren, wählen Sie *Geblockte Autostartprogramme ein- bzw. ausblenden*. Das Vista-Programm *Windows-Defender* startet und zeigt Ihnen in der rechten Spalte alle Details zum blockierten Programm an. In der linken Spalte sehen Sie sämtliche Autostartprogramme. Mehr über Windows-Defender erfahren Sie in Kapitel 42.

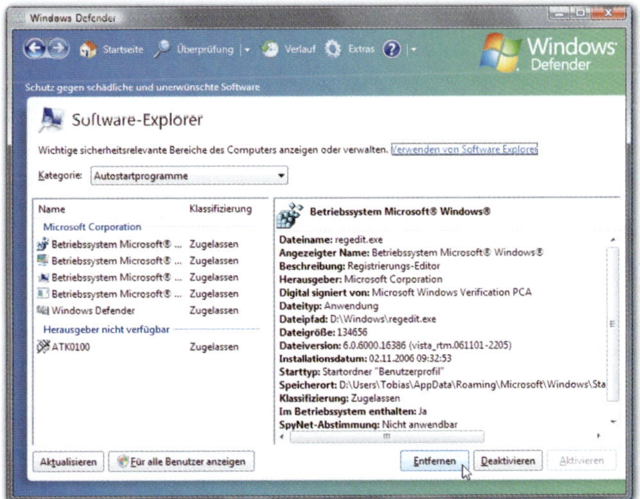

Abbildung 23.12 Windows-Defender entfernt auf Wunsch automatisch startende Programme

Möchten Sie das automatisch startende Programm entfernen, klicken Sie auf *Entfernen*. Sind Sie sich nicht sicher, ob Sie das Programm wirklich dauerhaft entfernen wollen, klicken Sie auf *Deaktivieren*. Das Programm wird jetzt nicht mehr automatisch gestartet, kann aber später im Windows-Defender reaktiviert werden.

Tipp

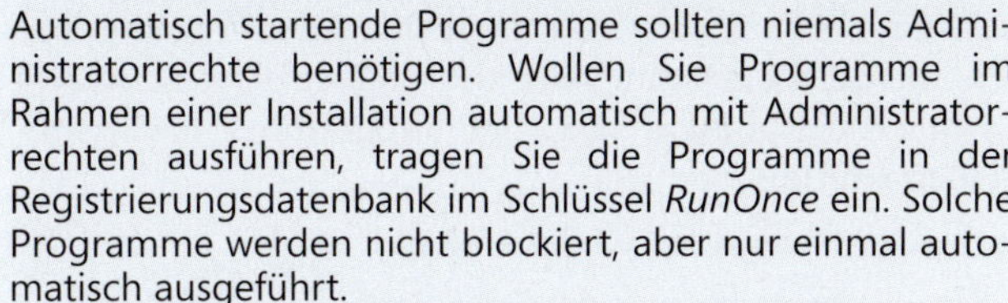

Automatisch startende Programme sollten niemals Administratorrechte benötigen. Wollen Sie Programme im Rahmen einer Installation automatisch mit Administratorrechten ausführen, tragen Sie die Programme in der Registrierungsdatenbank im Schlüssel *RunOnce* ein. Solche Programme werden nicht blockiert, aber nur einmal automatisch ausgeführt.

Möchten Sie andere Routineaufgaben automatisch ausführen und benötigen Sie dafür Administratorrechte, implementieren Sie diese Aufgaben entweder als Dienst oder führen Sie die Programme über *Geplante Tasks* aus.

Geräte installieren

Auch Geräte wie Drucker oder USB-Laufwerke können in Windows Vista ohne besondere Rechte installiert werden – wenn einige Voraussetzungen erfüllt sind. Ist die Geräteinstallation unerwünscht, kann sie ebenso gut auch eingeschränkt oder völlig verboten werden. Diese Möglichkeiten haben Sie, um Geräteinstallationen ohne besondere Rechte durchzuführen:

- **Driver Store** Alle von mitgelieferten Treibern abgedeckten Geräte können ohne besondere Rechte installiert werden, weil die Treiber im besonderen »Driver Store« liegen. Möchten Sie weitere Geräte in den Driver Store aufnehmen, können Sie das als Administrator mit dem Konsolenbefehl *pnputil* erledigen.
- **Einzelne Geräte oder Geräteklassen zulassen** Mit Hilfe von Gruppenrichtlinien können Sie als Administrator festlegen, dass künftig einzelne erwünschte Geräte oder ganze Geräteklassen wie zum Beispiel alle Drucker ohne besondere Rechte installierbar sein sollen. Die Treiber für diese Geräte müssen dann nicht im Driver Store liegen, sondern können vom Anwender zum Beispiel auch über eine Treiber-CD bereitgestellt werden, die dem Gerät beilag. Allerdings können auf diese Weise nur digital signierte Treiber installiert werden.

Wie Sie eigene Treiber in den Driver Store aufnehmen und per Gruppenrichtlinie Geräteinstallationen für normale Anwender zulassen, lesen Sie in Kapitel 48. Wenn Sie wissen möchten, wie Sie Gerätetreiber signieren, damit diese ohne besondere Rechte installierbar sind, schauen Sie in den nächsten Abschnitt.

Signaturen für Treiber und Programme

Eine elektronische Unterschrift bestätigt nicht nur, von wem das Programm oder der Treiber stammt, sondern garantiert auch, dass es zu keinen nachträglichen Änderungen gekommen ist, das Programm oder der Treiber also nicht durch Spyware oder andere bösartige Programme nachträglich befallen wurde.

Ohne digitale Signatur ist das anders:

- Sie wissen nicht, wer das Programm geschrieben hat. Es könnte sich um eine Fälschung handeln, oder das Programm stammt aus einer unbekannten Quelle, der Sie möglicherweise nicht vertrauen sollten.
- Sie wissen nicht, ob das Programm verändert wurde und zum Beispiel mit einem Virus infiziert ist.

Ein Programm ohne digitale Signatur kann vollkommen in Ordnung und sicher sein. Aber um das wirklich einschätzen zu können, müssen Sie den Herausgeber kennen und einschätzen sowie das Programm sorgfältig mit einem aktuellen Antivirus-Programm überprüfen. Digitale Signaturen sind keine Pflicht, aber wenn Sie sicherheitskritische Aktionen durchführen wollen, zum Beispiel ein Programm mit erhöhten Rechten starten oder einen Gerätetreiber installieren, dann sucht Windows Vista nach digitalen Signaturen und passt die Warn- und Hinweisfenster entsprechend an.

Programme mit und ohne Signatur

Wenn Sie Programme starten, die erhöhte Rechte anfordern, kann das Dialogfeld, mit dem Sie um Zustimmung gebeten werden, ganz unterschiedlich aussehen und gibt Ihnen damit Hinweise, wie vorsichtig Sie mit dem Programm umgehen sollten.

Bei unsignierten Programmen sieht das Dialogfeld besonders auffällig aus und zeigt ein Ausrufezeichen auf gelb-orangem Hintergrund.

Sehen Sie ein Dialogfeld wie in Abbildung 23.13, dann prüfen Sie zuerst, ob das Programm aus einer seriösen Quelle stammt, mit einem Antiviren-Programm getestet wurde und überhaupt erhöhte Rechte benötigt.

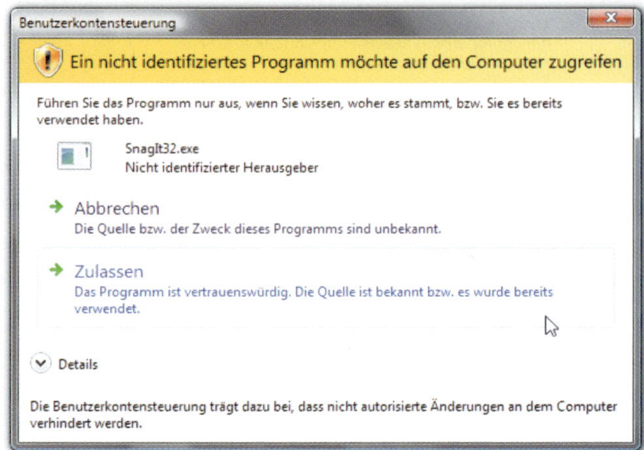

Abbildung 23.13 Programme, die erhöhte Rechte benötigen, sollten digital signiert sein

Das Dialogfeld erscheint auch bei signierten Programmen, deren Signatur aber nicht gültig oder vertrauenswürdig ist. Es genügt also nicht, dass ein Programm nur signiert ist. Es kommt auch darauf an, von wem es signiert wurde.

Sicherheitsrelevante Programme, die Teil von Vista sind, werden von Microsoft mit einem besonderen Zertifikat signiert. Wenn Sie diese Programme mit erhöhten Rechten starten, sieht das Dialogfeld viel unauffälliger aus:

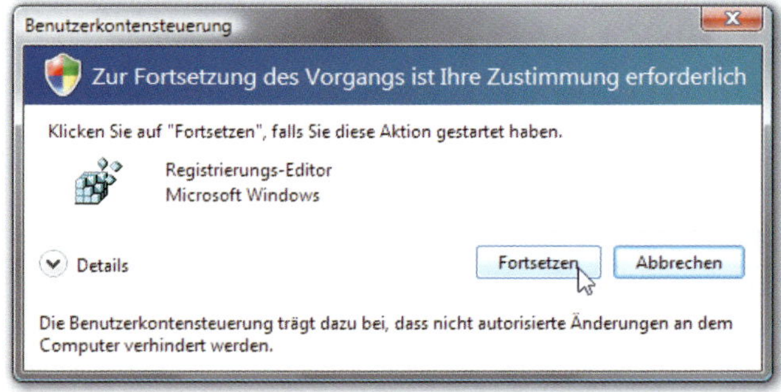

Abbildung 23.14 Mitgelieferte Vista-Anwendungen zeigen ein unauffälligeres Dialogfeld

Programme von anderen Herstellern, die über eine gültige Signatur verfügen, zeigen ein ähnlich undramatisches Dialogfeld, das sich nur in Symbol und Farbe von der Überschrift unterscheidet.

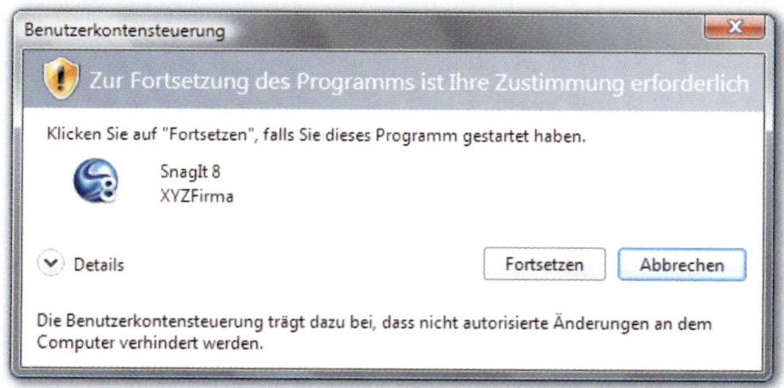

Abbildung 23.15 Programm mit gültiger digitaler Signatur

Gerätetreibersignaturen

Bei Gerätetreibern spielen Signaturen eine noch größere Rolle. Gerätetreiber ohne gültige Signatur dürfen nur von Administratoren installiert werden und warnen dabei mit einem auffälligen Dialogfeld: Ein Warnsymbol erscheint auf rotem Grund.

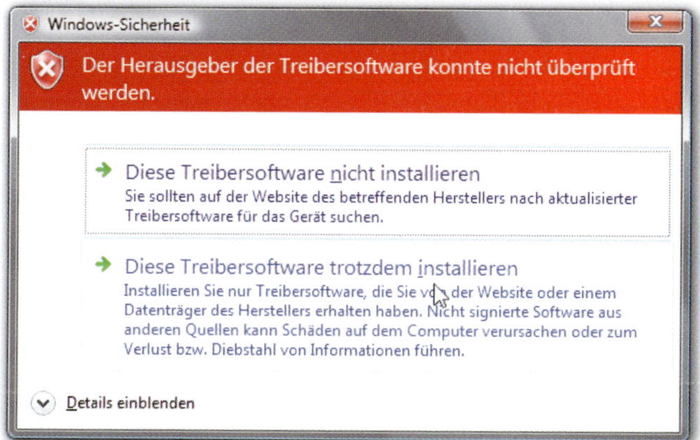

Abbildung 23.16 Unsignierte Treiber dürfen nur von Administratoren installiert werden

Möchten Sie Anwendern erlauben, ohne besondere Rechte Treiber zu installieren, benötigen Sie signierte Treiber.

Achtung 

Bei den 64-Bit-Versionen von Vista dürfen Kernelmode-Treiber ohne gültige Signatur sogar überhaupt nicht mehr installiert werden. Kernelmode-Treiber sind Gerätetreiber, die besonders tief ins System eingreifen.

Eigene Signaturen für Programme und Treiber

In diesem Abschnitt erfahren Sie, wie Treiber und Programme signiert werden.

Hinweis 

Wenn Sie die Beispiele selbst nachvollziehen wollen, dann benötigen Sie die entsprechenden Signaturwerkzeuge, die im kostenlosen *Windows Driver Kit* (WDK) beziehungsweise *Driver Development Kit* (DDK) enthalten sind, das Sie von Microsoft im Internet herunterladen können – allerdings handelt es sich dabei um ein mit 2,3 GB recht großes ISO-Image, das wohl nur für Firmen interessant sein dürfte.

Installieren Sie das WDK auf dem Computer, wo Sie die folgenden Beispiele nachvollziehen möchten.

Codesigning-Zertifikat beschaffen

Bevor Sie signieren können, benötigen Sie ein Zertifikat mit dem eingetragenen Verwendungszweck »Codesigning«, das Ihre Identität garantiert. Im folgenden Beispiel werden Sie ein solches Zertifikat selbst anlegen. Dies ist auch im Firmenumfeld möglich, jedoch sollten Sie Ihr Zertifikat hier besser auf andere Weise beschaffen:

- **Kommerzielles Zertifikat** Erwerben Sie das Zertifikat von einer kommerziellen Zertifizierungsstelle, wenn die Signaturen auch außerhalb Ihres Unternehmens gelten sollen. Dabei müssen Sie Ihre Identität gegenüber der Zertifizierungsstelle nachweisen.
- **Eigene Zertifizierungsstelle** Benötigen Sie in Ihrem Unternehmen ohnehin auch andere Zertifikate, zum Beispiel für Smartcards oder Server, übersteigen die Kosten hierfür bei einer kommerziellen Zertifizierungsstelle schnell die Kosten, die für eine eigene Zertifizierungsstelle anfallen, sodass Sie in diesem Fall erwägen sollten, Ihre eigene Zertifizierungsstelle zu betreiben.

Für Testzwecke oder in sehr kleinen Bereichen können auch selbstsignierte Zertifikate verwendet werden. Diese Zertifikate sind gleichzeitig ihre eigene Zertifizierungsstelle.

So legen Sie ein neues selbstsigniertes Zertifikat an:

1. Öffnen Sie ein Konsolenfenster mit erhöhten Rechten und wechseln Sie in den Ordner mit den Signaturwerkzeugen des WDK.
2. Geben Sie den folgenden Befehl ein und bestätigen Sie mit der ↵-Taste:

```
makecert -r -n "CN=XYZFirma" -ss Firmenzertifikate
-sr LocalMachine
```

3. Ein neues Zertifikat wird angelegt und im Computerspeicher abgelegt. Dies ist wichtig, denn Zertifikate, die in Ihrem normalen Benutzerspeicher lagern, können nicht zur Signatur von Treibern und Programmen verwendet werden.

Abbildung 23.17 Ein neues Zertifikat anlegen

Schauen Sie sich als Nächstes Ihr neu angelegtes Testzertifikat an:

1. Öffnen Sie das Startmenü, geben Sie ins Textfeld **mmc** ein und bestätigen Sie mit der [↵]-Taste. Nachdem Sie sich mit Administratorberechtigungen ausgewiesen haben, startet eine neue Microsoft Management Console.
2. Wählen Sie *Datei/Snap-In hinzufügen/entfernen*. Wählen Sie dann links in der Liste der verfügbaren Snap-Ins den Eintrag *Zertifikate* aus. Klicken Sie anschließend in der Mitte auf die Schaltfläche *Hinzufügen*.
3. Wählen Sie im daraufhin geöffneten Dialogfeld als Zertifikatspeicher die Option *Computerkonto* aus und klicken Sie auf *Weiter*.
4. Belassen Sie die Option *Lokalen Computer* und klicken Sie auf *Fertig stellen*.
5. Klicken Sie auf *OK*. Die Management Console zeigt nun in der linken Spalte den Zertifikatspeicher des Computers an. Darin sehen Sie den Container *Firmenzertifikate* und darin Ihr neues Zertifikat.
6. Doppelklicken Sie auf Ihr neues Zertifikat. Sie sehen nun, dass Sie über den privaten Schlüssel dieses Zertifikats verfügen, also als Inhaber damit unterschreiben dürfen. Sie sehen aber auch, dass das Zertifikat (noch) nichts wert ist, weil es als nicht vertrauenswürdig gilt. Und das ist richtig: Jeder – auch ein Hacker oder Betrüger – könnte sich ebenso leicht wie Sie gerade eben im Beispiel ein Zertifikat selbst ausstellen.

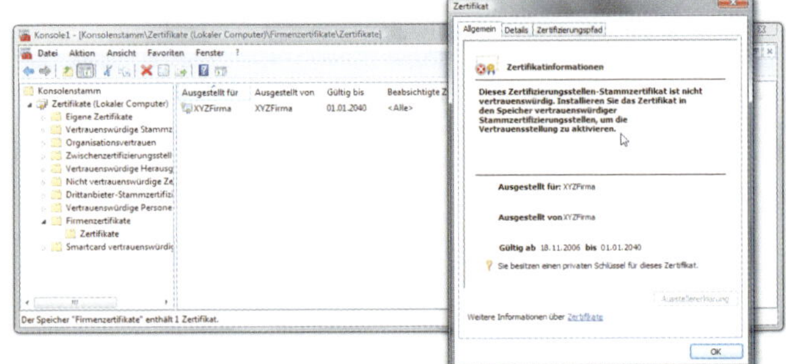

Abbildung 23.18 Ihr neues Zertifikat ist noch nicht vertrauenswürdig

Vertrauen schaffen

Damit Ihr Zertifikat vertrauenswürdig wird, muss der Herausgeber in Ihrer Organisation als vertrauenswürdig eingestuft werden. Welche Herausgeber bei Ihnen vertrauenswürdig sind, erfahren Sie, wenn Sie den Zweig *Vertrauenswürdige Stammzertifizierungsstellen* öffnen.

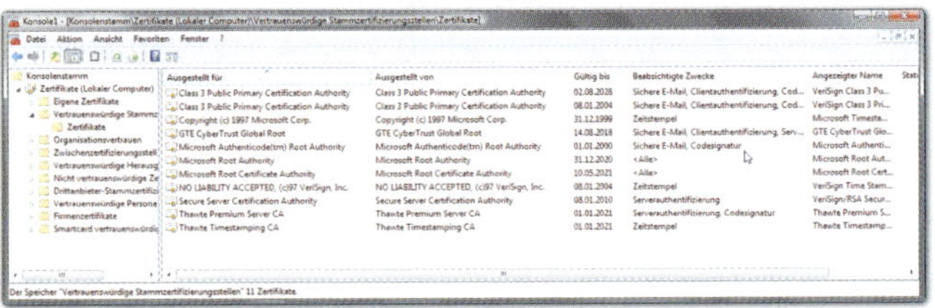

Abbildung 23.19 Diese Zertifizierungsstellen gelten als »vertrauenswürdig«

Wenn Sie sich ein kommerzielles Zertifikat von einem dieser Herausgeber beschafft hätten und der beabsichtigte Zweck (»Codesignatur«) für diesen Anbieter gestattet wäre, dann hätte Ihr Zertifikat in Abbildung 23.18 bereits gemeldet, dass es vertrauenswürdig wäre.

Ihr selbstsigniertes Zertifikat muss allerdings erst noch als vertrauenswürdig erklärt werden. Weil das selbstsignierte Zertifikat gleichzeitig sein eigener Herausgeber ist, machen Sie es auf diese Weise vertrauenswürdig:

1. Ziehen Sie das Zertifikat aus seinem Zertifikatspeicher mit der rechten (nicht der linken) Maustaste auf den Zertifikatspeicher *Vertrauenswürdige Stammzertifizierungsstellen*. Wählen Sie im daraufhin geöffneten Kontextmenü den Eintrag *Hierher kopieren*.
2. Wenn Sie Ihr Zertifikat nun noch einmal per Doppelklick öffnen, gilt es jetzt als vertrauenswürdig, weil der Herausgeber dieses Zertifikats (in diesem Fall also das Zertifikat selbst) im Zertifikatspeicher der vertrauenswürdigen Stammzertifizierungsstellen liegt.

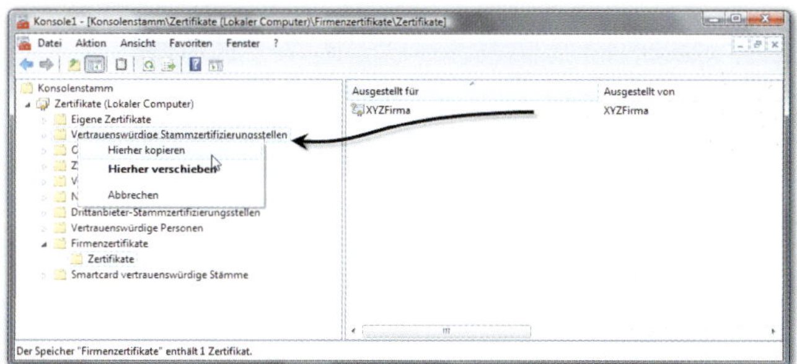

Abbildung 23.20 Ein selbst signiertes Zertifikat vertrauenswürdig machen

Das, was Sie gerade im Konsolenfenster der Management Console von Hand erledigt haben, lässt sich in einem Unternehmen auch per Gruppenrichtlinie automatisieren. In der Gruppenrichtlinie legen Sie dazu einfach fest, welche Zertifikate vertrauenswürdig sein sollen.

Entweder hinterlegen Sie dort direkt ein oder mehrere selbstsignierte Zertifikate. Oder Sie verteilen auf diese Weise das so genannte »Rootzertifikat« Ihrer eigenen Zertifizierungsstelle, wodurch anschließend automatisch sämtliche Zertifikate vertrauenswürdig werden, die von dieser Zertifizierungsstelle ausgegeben wurden.

Wichtig 

Wenn Sie Ihr Zertifikat auch für andere Codesigning-Aufgaben einsetzen wollen und damit zum Beispiel Makros oder Skripts signieren wollen, ziehen Sie das Skript außerdem noch auf den Zertifikatspeicher *Vertrauenswürdige Herausgeber* und legen auch dort eine Kopie des Zertifikates ab.

Der Befehl *makecert* hat nicht nur ein neues Zertifikat für Sie generiert, sondern auch einen neuen Zertifikatspeicher namens »Firmenzertifikate«. Diesen Zertifikatspeicher können Sie allerdings nicht mehr löschen.

Möchten Sie den Zertifikatspeicher löschen, weil alles nur ein Test war, setzen Sie dafür zum Beispiel ein Skript wie das folgende ein:

```
Const CAPICOM_LOCAL_MACHINE_STORE = 1
Set store = CreateObject("Capicom.Store")
store.Open CAPICOM_LOCAL_MACHINE_STORE,
"Firmenzertifikate"
store.Delete
```

Listing 23.1 Skript zum Entfernen eines Zertifikatspeichers

Speichern Sie das Skript als *removestore.vbs*. Führen Sie es dann mit erhöhten Rechten aus, indem Sie es zum Beispiel aus einem Konsolenfenster heraus aufrufen, das Sie mit erhöhten Rechten geöffnet haben.

Programm signieren

Nun können Sie Anwendungen mit Ihrem Zertifikat signieren. Dazu wechseln Sie wieder zurück in das Konsolenfenster, das Sie mit erhöhten Rechten geöffnet haben, um Ihr Zertifikat anzulegen.

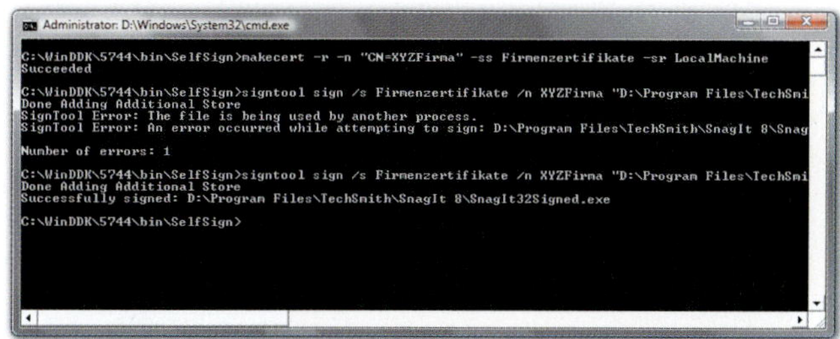

Abbildung 23.21 Eine Anwendung mit dem neuen Zertifikat signieren

1. Geben Sie die folgende Anweisung ein und bestätigen Sie mit der [↵]-Taste:

   ```
   signtool sign /s Firmenzertifikate /n XYZFirma
   "C:\...\Anwendung.exe"
   ```

   Als Pfad geben Sie natürlich den Pfadnamen zu der Anwendung an, die Sie signieren wollen.
2. Falls die Anwendung gerade in Gebrauch ist, wird eine Fehlermeldung ausgegeben. Beenden Sie in diesem Fall die Anwendung und versuchen Sie es erneut.
3. Klicken Sie danach die signierte Anwendung mit der rechten Maustaste im Windows-Explorer an und wählen Sie im Kontextmenü den Eintrag *Eigenschaften*. Holen Sie (wie in Abbildung 23.22 gezeigt) die Registerkarte *Digitale Signaturen* in den Vordergrund. Jetzt sehen Sie Ihre digitale Unterschrift und können diese mit der Schaltfläche *Details* überprüfen.
4. Klicken Sie die Anwendung mit der rechten Maustaste an und wählen Sie den Eintrag *Als Administrator ausführen*, erscheint die Benutzerkontensteuerung und zeigt nicht mehr das warnend auffällige Dialogfeld aus Abbildung 23.13, sondern das sehr viel freundlichere Dialogfeld aus Abbildung 23.15, in dem als Programmherausgeber nun der Name eingetragen ist, den Sie für Ihr Zertifikat gewählt hatten.

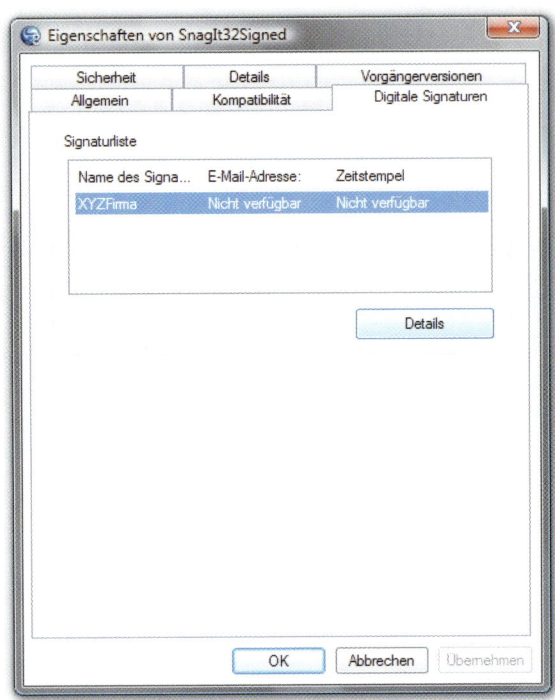

Abbildung 23.22 Signierte Anwendungen weisen eine Registerkarte namens *Digitale Signaturen* auf

Treiber signieren

Treiber sind nicht ganz so leicht zu signieren wie Anwendungen, weil Treiber aus vielen einzelnen Dateien bestehen.

Deshalb verwenden signierte Treiber eine so genannte Katalogdatei, die ähnlich wie ein Inhaltsverzeichnis alle Bestandteile des Treibers aufführt und auch »Sicherheitskatalog« genannt wird. Diese Katalogdatei kann dann stellvertretend für alle Treibereinzeldateien digital signiert werden.

Öffnen Sie dazu zunächst die *.inf*-Datei des Treibers und legen Sie in der *[Version]*-Sektion dieser Textdatei mit dem Eintrag »CatalogFile = katalog.cat« fest, wie die Katalogdatei des Treibers heißen soll. Speichern Sie anschließend die geänderte *.inf*-Datei des Treibers.

Nun erstellen Sie die Katalogdatei des Treibers:

1. Öffnen Sie ein Konsolenfenster mit erhöhten Rechten und wechseln Sie in den Ordner mit den Signaturwerkzeugen des WDK.
2. Geben Sie den folgenden Befehl ein und bestätigen Sie mit der ↵-Taste:

```
signability /driver:c:\meintreiber\device /os:256
/auto /cat
```

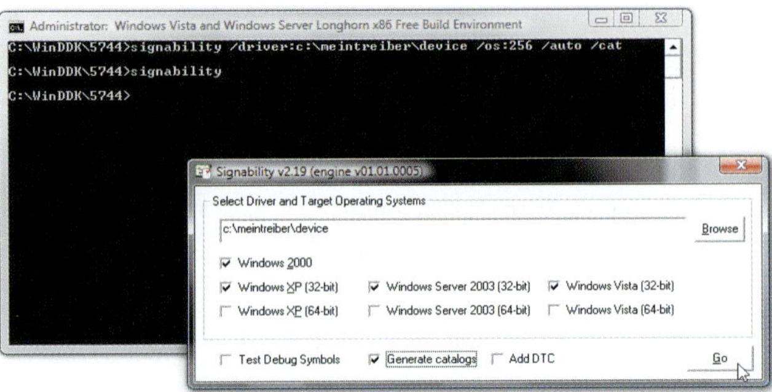

Abbildung 23.23 Einen Sicherheitskatalog für einen Treiber erstellen

3. Der Sicherheitskatalog wird erstellt. Möchten Sie den Katalog lieber interaktiv erstellen, verwenden Sie stattdessen den Befehl **signability**, den Sie mit der ↵-Taste bestätigen.
4. Die Katalogdatei, die Sie in der *.inf*-Datei des Treibers angegeben haben, wird erstellt. Wenn Sie die Katalogdatei öffnen, werden Sie feststellen, dass der Sicherheitskatalog noch nichts wert ist, weil er noch nicht digital signiert wurde.

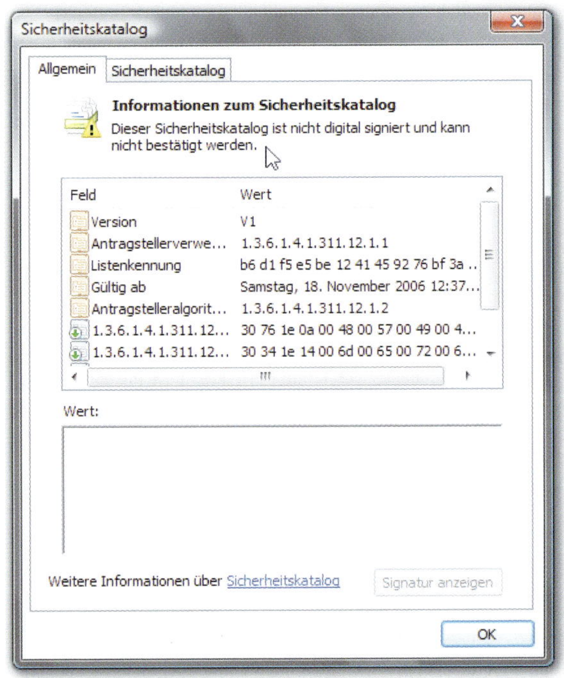

Abbildung 23.24 Der Sicherheitskatalog muss noch signiert werden, bevor man ihn einsetzen kann

Die anschließende Signatur des Sicherheitskatalogs funktioniert genauso einfach wie bei Anwendungen:

Geben Sie den folgenden Befehl ein und bestätigen Sie ihn mit der ↵-Taste:

```
signtool sign /s Firmenzertifikate /n XYZFirma
"c:\meintreiber\device\katalog.cat"
```

Sobald der Sicherheitskatalog mit einem vertrauenswürdigen Zertifikat signiert ist, kann der Treiber ohne das warnende Dialogfeld aus Abbildung 23.16 und bei entsprechenden Gruppenrichtlinieneinstellungen auch ohne erhöhte Rechte in den Driver Store kopiert werden.

Benutzerkontensteuerung anpassen

Möchten Sie die Benutzerkontensteuerung nicht verwenden, können Sie sie mit wenigen Klicks ab- und ebenso wieder einschalten. Sie benötigen dafür allerdings Administratorrechte und die Änderungen wirken sich erst nach einem Neustart aus, gelten also für alle Benutzer des Computers.

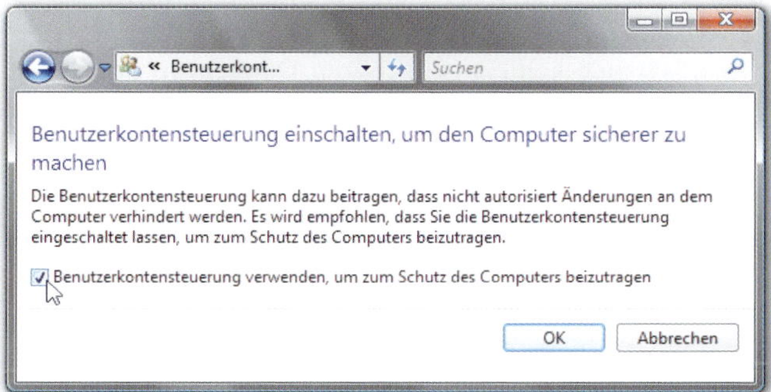

Abbildung 23.25 Benutzerkontensteuerung komplett ausschalten

1. Öffnen Sie das Startmenü und klicken Sie oben auf das Bild Ihres Benutzerkontos. Ein Dialogfeld mit den Einstellmöglichkeiten Ihres Benutzerkontos öffnet sich.
2. Klicken Sie auf *Benutzerkontensteuerung ein- oder ausschalten*. Sie müssen sich nun als Administrator ausweisen. Ein weiteres Dialogfeld erscheint.
3. Schalten Sie das Kontrollkästchen *Benutzerkontensteuerung verwenden, um zum Schutz des Computers beizutragen* aus und klicken Sie auf *OK*.

Sobald die Benutzerkontensteuerung abgeschaltet wird, erscheint im Infobereich der Taskleiste eine Warnmeldung.

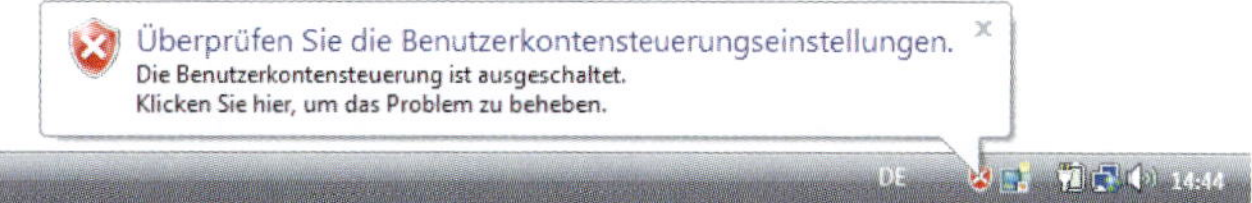

Abbildung 23.26 Das Abschalten der Benutzerkontensteuerung gilt als schweres Sicherheitsrisiko

Im *Sicherheitscenter* färbt sich der Bereich *Weitere Sicherheitseinstellungen* rot. Sie können die Benutzerkontensteuerung entweder dort über die Schaltfläche *Jetzt einschalten* wieder einschalten, oder Sie gehen vor wie beim Abschalten und reaktivieren das Kontrollkästchen *Benutzerkontensteuerung verwenden, um zum Schutz des Computers beizutragen*. Wenn Sie die Sprechblase aus Abbildung 23.26 sehen, genügt auch ein Klick darauf, um die Benutzerkontensteuerung wieder einzuschalten.

Benutzerkontensteuerung per Gruppenrichtlinie modifizieren

Mit Gruppenrichtlinien schalten Sie die Benutzerkontensteuerung nicht nur einfach aus oder ein, sondern können dessen Verhalten modifizieren. Möglich ist das aber nur, wenn Ihre Vista-Version Gruppenrichtlinien unterstützt. Bei Windows Vista Home Basic und Windows Vista Home Premium ist das nicht der Fall.

Falls Gruppenrichtlinien noch völlig neu für Sie sind, sollten Sie sich zuerst in Kapitel 55 über die Hintergründe informieren. Die folgenden Beispiele verwenden die lokalen Sicherheitseinstellungen Ihres Computers. Sie können aber ebenso gut auch domänenbasierte Gruppenrichtlinien einsetzen.

Alle Einstellungen der Benutzerkontensteuerung werden im Zweig *Computerkonfiguration* im Bereich der Sicherheitseinstellungen vorgenommen, gelten also immer für alle Benutzer. Allerdings sind mit den Richtlinien Unterscheidungen zwischen normalen Anwendern und Administratoren möglich.

Öffnen Sie zunächst mit dem Befehl *gpedit.msc* die lokale Gruppenrichtlinie Ihres Computers und navigieren Sie darin zum Zweig *Computerkonfiguration/Windows-Einstellungen/Sicherheitseinstellungen* oder öffnen Sie die lokalen Sicherheitseinstellungen direkt:

1. Öffnen Sie das Startmenü und geben Sie unten ins Schnellsuchfeld ein: *secpol.msc*
2. Das Programm *secpol* wird gefunden, jedenfalls dann, wenn Sie eine geeignete Vista-Version verwenden. Gruppenrichtlinien und die zugehörigen Werkzeuge wie *secpol* werden bei Vista Home (Basic und Premium) nicht unterstützt. Klicken Sie auf *secpol*.

3. Sie müssen sich nun als Administrator ausweisen. Danach öffnet sich das Fenster *Lokale Sicherheitsrichtlinie*.
4. Wählen Sie links in der Baumansicht *Sicherheitseinstellungen/Lokale Richtlinien/Sicherheitsoptionen*. In der rechten Spalte sehen Sie nun alle Sicherheitseinstellungen. Die Einstellungen für die Benutzerkontensteuerung beginnen mit »Benutzerkontensteuerung:«.
5. Um eine Einstellung zu ändern, doppelklicken Sie in der rechten Spalte auf die gewünschte Einstellung und nehmen dann die Änderung vor.

PROFITIPP

Nachdem Sie eine Richtlinie per Doppelklick geöffnet haben, holen Sie die Registerkarte *Erklärung* in den Vordergrund. So erhalten Sie eine ausführliche Beschreibung, was diese Richtlinie bewirkt.

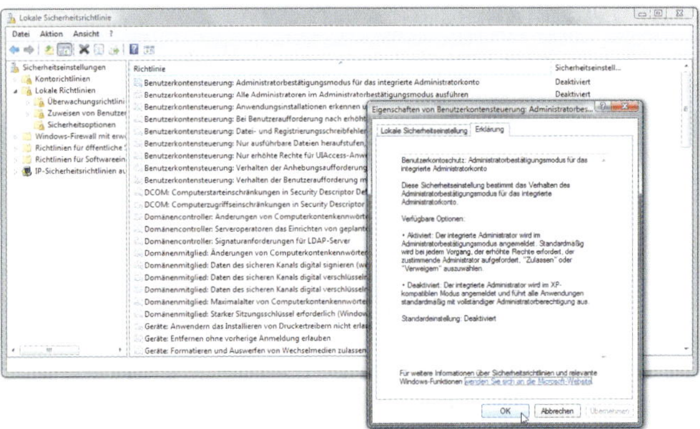

Abbildung 23.27 Benutzerkontensteuerung über die Gruppenrichtlinien konfigurieren

- **Administratorbestätigungsmodus für das integrierte Administratorkonto** Die Benutzerkontensteuerung gilt normalerweise nicht für das integrierte und fest eingebaute Benutzerkonto *Administrator*, das im Alltag nicht benutzt werden sollte und nur für Wartungszwecke da ist. Wenn Sie diese Richtlinie aktivieren, wird die Benutzerkontensteuerung auch für dieses Konto aktiviert.
- **Alle Administratoren im Administratorbestätigungsmodus ausführen** Der Name dieser Richtlinie ist etwas irreführend, denn dies ist der Hauptschalter, um die Benutzerkontensteuerung für alle Benutzer ein- oder auszuschalten.
- **Anwendungsinstallation erkennen und erhöhte Rechte anfordern** Ist diese Richtlinie aktiv, erkennt Windows Vista Installationsprogramme und fordert beim Start dieser Programme via Benutzerkontensteuerung erhöhte Rechte an. Nötig ist das nur, wenn Sie wie im privaten Umfeld Software selbst und von Hand installieren. In Unternehmen, die die Software automatisiert verteilen, wird diese Richtlinie abgeschaltet.
- **Bei Benutzeraufforderung nach erhöhten Rechten zum sicheren Desktop wechseln** Ist diese Richtlinie aktiv, erscheinen Dialogfelder der Benutzerkontensteuerung grundsätzlich nur auf dem sicheren Desktop. Der allerdings kann störend wirken. Schalten Sie ihn ab, dann besteht das (geringe) Risiko, dass bösartige Programme die Dialogfelder der Benutzerkontensteuerung zum Beispiel über simulierte Tastendrücke »fernsteuern« könnten.
- **Datei- und Registrierungsschreibfehler an Einzelbenutzerstandorte virtualisieren** Sorgt dafür, dass ältere Programme mehrbenutzerfähig werden und keine Sicherheitsprobleme verursachen, indem Versuche, an einen der folgenden Orte zu schreiben, automatisch umgeleitet werden. Die Programme glauben also, an diesen Orten wie in früheren Windows-Versionen oder als Administrator Schreibberechtigungen zu besitzen. In Wirklichkeit schreibt Windows Vista die Daten in andere Bereiche. Umgeleitet werden im Dateisystem die Ordner *%windir%*, *%windir%\system32* und *%programfiles%*, jedoch grundsätzlich keine ausführbaren Dateien. In der Registrierungsdatenbank wird der *Zweig HKLM\Software* mit Ausnahme des Unterzweigs *Microsoft* umgeleitet. Diese Richtlinie ist normalerweise aktiv.
- **Nur ausführbare Dateien heraufstufen, die signiert und validiert sind** Ist diese Richtlinie aktiviert, dürfen Programme nur noch dann mit erhöhten Rechten gestartet werden, wenn sie über eine gültige Signatur verfügen. Diese Richtlinie ist normalerweise deaktiviert. Bevor Sie sie einschalten, sollten Sie sich zunächst in diesem Kapitel anschauen, wie Anwendungen signiert werden.
- **Nur erhöhte Rechte für UIAccess-Anwendungen, die an sicheren Orten installiert sind** Wenn ein Programm versucht, Informationen an das Fenster eines anderen Programms zu senden, funktioniert dies nur, wenn beide Anwendungen die gleiche »UIAccess-Ebene« besitzen (mehr dazu erfahren Sie im Abschnitt »Mandatory Integrity Control« etwas später in diesem Kapitel). Ist diese Richtlinie aktiv, müssen sich solche Programme außerdem an einem sicheren Ort befinden, nämlich im Ordner *%programfiles%*.
- **Verhalten der Anhebungsaufforderung für Standardbenutzer** Sind Sie mit einem normalen Benutzerkonto angemeldet und wollen ein Programm oder einen Vorgang starten, der erhöhte Rechte benötigt, legt diese Richtlinie fest, ob das möglich ist. In der Standardeinstellung *Auffor-*

derung zur Eingabe der Anmeldeinformationen sehen Sie dann ein Dialogfeld ähnlich wie in Abbildung 23.4. Wählen Sie dagegen *Anforderung für erhöhte Rechte automatisch ablehnen*, erhalten Sie die Meldung aus Abbildung 23.28, sobald Sie als normaler Anwender versuchen, ein Programm mit erhöhten Rechten auszuführen.

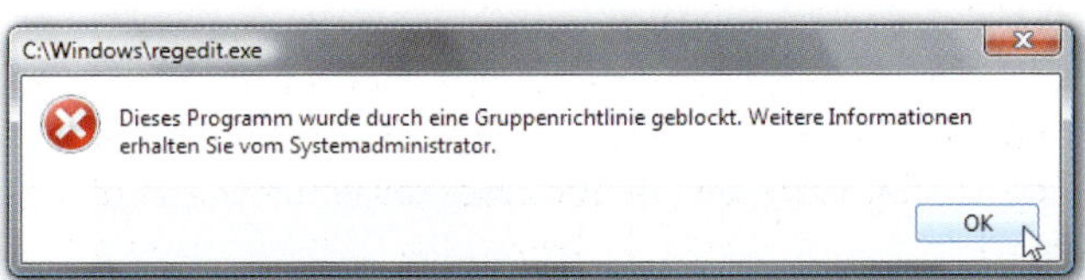

Abbildung 23.28 Sie bestimmen, ob normale Anwender erhöhte Rechte anfordern dürfen oder nicht

- **Verhalten der Benutzeraufforderung mit erhöhten Rechten für Administratoren im Administratorbestätigungsmodus** Diese Richtlinie ist besonders für Administratoren interessant, denn sie regelt, wie Administratoren ihre besonderen Rechte erhalten. Als Vorgabe ist die Einstellung *Aufforderung zur Eingabe der Zustimmung* wirksam. Sobald erhöhte Rechte nötig sind, werden Sie wie in Abbildung 23.3 gefragt, ob Sie fortsetzen wollen. Mehr Sicherheit bietet die Einstellung *Aufforderung zur Eingabe der Anmeldeinformationen*, denn jetzt müssen Sie sich bei jeder Rechteerhöhung ähnlich wie in Abbildung 23.4 mit Ihrem Kennwort ausweisen. Sehr viel weniger Sicherheit dagegen bieten erhöhte Rechte ohne Eingabeaufforderung. Sie bemerken die Rechteerhöhung nun wie in früheren Windows-Versionen gar nicht mehr, allerdings bemerken Sie auch den Missbrauch nun nicht mehr.

Technische Konzepte

Damit Windows Vista im Alltag keine besonderen Rechte und Berechtigungen benötigt, wurden hinter den Kulissen etliche Neuerungen eingeführt. In diesem Abschnitt erfahren Sie mehr zu den einzelnen Technologien.

Benutzerkontensteuerung

Wie Sie gesehen haben, entfernt die neue Benutzerkontensteuerung bei der Anmeldung sämtliche besonderen Rechte und Berechtigungen und gibt sie erst wieder her, wenn man sie wirklich benötigt – und der Verwendung zustimmt.

Bevor Sie gleich sehen, wie die Benutzerkontensteuerung bei der Anmeldung erhöhte Rechte entfernt, stellt sich zuerst die Frage: Wie bekommt man eigentlich besondere Rechte?

Rechte

Rechte (oder Privilegien) gelten für bestimmte, besonders geschützte Systemfunktionen. Diese Rechte sind also nötig, wenn Sie die Uhr verstellen oder die privaten Daten eines anderen Anwenders sichern wollen.

Berechtigungen

Berechtigungen erhalten Sie, um auf besonders geschützte Ordner im Dateisystem oder Orte in der Registrierungsdatenbank zugreifen zu können. Meist werden Ihnen solche Berechtigungen aber nicht persönlich ausgestellt, sondern Sie erhalten die Berechtigungen, weil Sie Mitglied einer bestimmten Gruppe sind, die über diese Berechtigungen verfügt. Administratoren sind zum Beispiel Mitglied in der Gruppe der Administratoren und dürfen deshalb auf dem Computer alle Datenbereiche uneingeschränkt verwalten.

Verbindlichkeitsstufen

Verbindlichkeitsstufen sind neu in Windows Vista. Vier Verbindlichkeitsstufen gibt es und nur, wenn Sie über eine gleichwertige oder höhere Verbindlichkeitsstufe verfügen, dürfen Sie mit anderen Programmen Informationen austauschen.

Access Token

Alle Rechte und Berechtigungen, über die ein Anwender verfügt, stehen in seinem Access Token. Der funktioniert wie ein elektronischer Schlüsselbund und wenn der Anwender später geschützte Systemfunktionen verwenden möchte, schaut Vista nach, ob einer der Schlüssel an seinem Schlüsselbund passt.

Dieser Access Token enthält Rechte, Berechtigungen und die spezielle Verbindlichkeitsstufe. So gehen Sie vor, um sich Ihr Access Token näher anzuschauen:

1. Öffnen Sie das Startmenü, tippen Sie ins Textfeld **cmd** ein und bestätigen Sie mit der [↵]-Taste. Ein Konsolenfenster öffnet sich.
2. Geben Sie diesen Befehl ein:

   `WhoAmI /groups /priv` [↵]

   Jetzt sehen Sie die wesentlichen Bereiche Ihres Access Token und können daran erkennen, wie Ihre Machtfülle zurzeit aussieht.

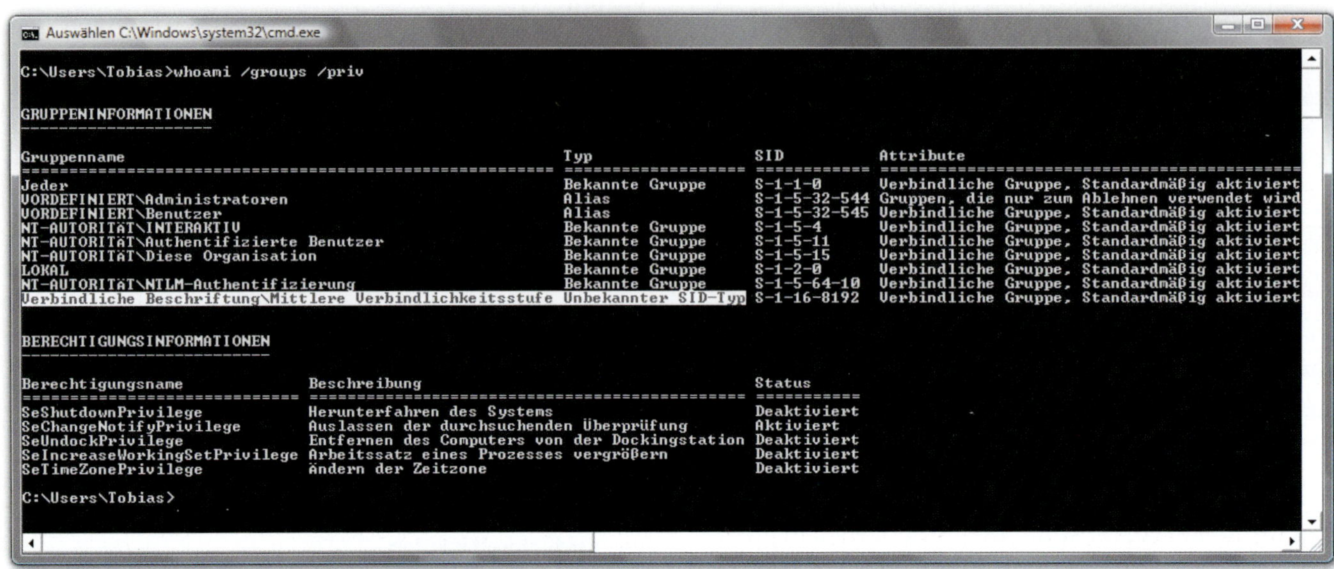

Abbildung 23.29 Das eingeschränkte Access Token ansehen

Wenn Sie sich mit einem Administratorkonto angemeldet haben, werden Sie genau sehen, wo Sie durch die neue Benutzerkontensteuerung eingeschränkt wurden:

- **Berechtigungen** Die Mitgliedschaft in der Gruppe *Administratoren* ist zwar noch vorhanden, aber dahinter ist vermerkt, dass Vista nur die Verbote berücksichtigt, die die Gruppe ausspricht, aber nicht die Zustimmungen.
- **Verbindlichkeitsstufe** Ihrem Access Token ist die *Mittlere Verbindlichkeitsstufe* zugeordnet. Programme, die mit erhöhten Rechten arbeiten, laufen in der *Hohen Verbindlichkeitsstufe*. Weil Ihre Stufe niedriger ist, können Sie nicht auf diese Fenster zugreifen.
- **Rechte** Ihr Access Token enthält nur noch fünf Rechte für die unbedingt notwendigen Systemfunktionen wie zum Beispiel, um das System abzuschalten.

Starten Sie jetzt ein neues Konsolenfenster, aber diesmal mit vollen Rechten. Dazu öffnen Sie erneut das Startmenü und geben ins Textfeld *cmd* ein. Einen Moment später wird *cmd* in der linken Startmenü-Spalte angezeigt. Klicken Sie mit der rechten Maustaste auf *cmd* und wählen Sie im Kontextmenü den Eintrag *Als Administrator ausführen*. Wiederholen Sie dann den Versuch in diesem Konsolenfenster.

Diesmal enthält Ihr Access Token sehr viel mehr Rechte, die Mitgliedschaft in der Gruppe *Administratoren* ist nicht mehr eingeschränkt und Sie verfügen über die hohe Verbindlichkeitsstufe.

Die Benutzerkontensteuerung liefert also zwei Access Token, wovon eines für den alltäglichen Gebrauch stark eingeschränkt ist. Nur wenn die Benutzerkontensteuerung erfolgreich erhöhte Rechte anfordert, wird das zweite unversehrte Access Token mit seinen vollen Rechten aktiv.

Virtualisierung verstehen

Da erhöhte Berechtigungen bei Windows Vista sehr viel genauer kontrolliert werden und im Alltag möglichst gar nicht zum Einsatz kommen sollen, müssen vor allen Dingen ältere Programme ihre Sicherheitsphilosophie ändern.

Das allerdings ist kaum möglich, weil viele dieser Programme nicht mehr gewartet oder weiterentwickelt werden. Deshalb enthält Windows Vista eigene Virtualisierungstechniken, mit denen sich die hauptsächlichen Sicherheits-»Sünden« beheben lassen. Kann die Virtualisierung das Problem nicht lösen, können Sie dafür sorgen, dass solche Programme immer mit erhöhten Rechten ausgeführt werden.

Viele ältere Programme können nur deshalb nicht mit normalen Berechtigungen ausgeführt werden, weil sie Informationen an Orten speichern, die früher zwar ungeschützt waren, bei Vista nun aber aus Sicherheitsgründen gesperrt sind. Zu diesen Orten zählen der *Windows*-Ordner einschließlich des *System32*-Unterordners, des Ordners *%programfiles%* sowie der Schlüssel *HKEY_LOCAL_MACHINE \Software* in der Registrierungsdatenbank.

Greift ein Programm auf einen dieser Orte zu, leitet Vista das Programm einfach an einen sicheren Ort um. Das Programm bemerkt davon nichts und funktioniert wie früher, doch speichert es seine Informationen jetzt an einem anderen Ort.

PROFITIPP 

Die umgeleiteten Informationen können Sie sich anschauen. Öffnen Sie dazu das Startmenü und wählen Sie darin in der rechten Spalte den Befehl mit Ihrem Benutzernamen aus. Er öffnet Ihr Benutzerprofil. Alternativ können Sie auch ins Schnellsuchfeld des Startmenüs **%userprofile%** eintippen und mit der [↵]-Taste bestätigen.

Der Ordner *AppData* ist normalerweise ausgeblendet. Um ausgeblendete Ordner und Dateien anzuzeigen, klicken Sie in der Symbolleiste auf *Organisieren* und wählen den Befehl *Ordner- und Suchoptionen.*

Aktivieren Sie die Registerkarte *Ansicht* und schalten Sie dann das Kontrollkästchen *Geschützte Systemdateien ausblenden* ab. Aktivieren Sie außerdem die Option *Versteckte Dateien und Ordner/Alle Dateien und Ordner anzeigen.*

Wenn Sie nun mit *OK* bestätigen, werden die versteckten Elemente eingeblendet und Sie können den Ordner *AppData* öffnen. Öffnen Sie darin die Unterordner *Local* und *Virtual Store.* Sie sehen nun die Dateisysteminformationen, die von Vista automatisch umgeleitet wurden.

Die Umleitung erfolgt pro Benutzer. Im Dateisystem befinden sich die umgeleiteten Informationen im Ordner *\Users\[Benutzername]\AppData\Local\VirtualStore.* Einträge in der Registrierungsdatenbank werden umgeleitet zum Schlüssel *HKEY_CURRENT_USER\Software\Classes\VirtualStore.*

Will ein Programm an diesen Orten schreiben, leitet Windows Vista die Daten an die ungefährlichen Ersatzorte um. Will das Programm an diesen Orten lesen, schaut Windows Vista zunächst an den Ersatzorten, ob dort Daten liegen. Falls nicht, wird von den Originalorten gelesen, für die erhöhte Rechte nur zum Schreiben, aber nicht zum Lesen erforderlich sind.

Nicht umgeleitet werden grundsätzlich ausführbare Dateien. Weitere Ausnahmen kann man in der Registrierungsdatenbank in diesem Zweig festlegen: *HKLM\SYSTEM\CurrentControlSet\Services\luafv\Parameters\ExcludedExtensions-Add*

In der Registrierungsdatenbank wird der Zweig *HKLM\Software\Microsoft* nicht umgeleitet.

Umgeleitete »virtualisierte« Informationen sind auch nicht Teil eines »Roaming Profiles« und werden also nicht mitgenommen, wenn der Anwender sich an einem anderen Computer anmeldet.

Die Virtualisierung sorgt dafür, dass die meisten älteren Programme mit den Standardberechtigungen ausgeführt werden können.

Mandatory Integrity Control

Eng mit der Benutzerkontensteuerung verbunden ist ein weniger beachtetes, aber ebenfalls wichtiges Sicherheitskonzept namens »Mandatory Integrity Control«, mit dem der grundsätzliche Zugriff auf Informationen geregelt wird.

In den meisten Fällen werden Sie von der *Mandatory Integrity Control* nichts bemerken, weil sie still im Hintergrund agiert. Trotzdem ist es sinnvoll, mehr über diesen Mechanismus zu kennen, weil er die Grundlage für wichtige Sicherheitsfunktionen bildet.

Basis des Konzepts sind vier Verbindlichkeitsstufen sowie die Regel, dass der Inhaber einer niedrigeren Verbindlichkeitsstufe niemals auf höhere Verbindlichkeitsstufen zugreifen kann.

Stufe	SID	Beschreibung
Niedrig	S-1-16-4096	World (Jeder)
Mittel	S-1-16-8192	Normale Benutzer, Benutzeroberfläche
Hoch	S-1-16-12288	Local Service, Network Service, Administratoren mit erhöhten Rechten
System	S-1-16-16384	Local System

Tabelle 23.1 Die Verbindlichkeitsstufen des Mandatory Integrity Control

Die verschiedenen Anwender eines Systems erhalten bei der Anmeldung eine Verbindlichkeitsstufe gemäß Tabelle 23.1, die mit dem Konsolenbefehl *whoami /groups* sichtbar gemacht werden kann.

Programme erhalten dieselbe oder eine niedrigere Verbindlichkeitsstufe wie der Anwender, der sie startet.

Alle Objekte, die schon in früheren Versionen von Windows durch Sicherheitsdeskriptoren geschützt werden konnten (Ordner, Dateien, Registrierungsdatenbankeinträge, aber auch Pipes, Prozesse, Window Stations, Dienste, Drucker und zeitgesteuerte Aufträge), können nun ebenfalls eine Verbindlichkeitsstufe erhalten.

Dazu wird ein Eintrag in die »SACL« (Security Access Control List) mit der »SID« (Sicherheits-ID) der gewünschten Verbindlichkeitsstufe eingefügt. Wird einem Objekt keine Verbindlichkeitsstufe zugewiesen, erhält das Objekt automatisch die mittlere Verbindlichkeitsstufe.

Wichtig 

Die Verbindlichkeitsstufe eines Objekts hat sogar Vorrang vor den Zugriffseinstellungen des Sicherheitsdeskriptors. Selbst wenn Sie also einem Benutzer explizit Zugriffsberechtigungen auf eine Datei erteilt haben, kann der Benutzer diese Datei möglicherweise nicht öffnen, wenn seine Verbindlichkeitsstufe geringer ist als die der Datei.

Geschützter Modus des Internet Explorers

Mit diesem Sicherheitsmodell lassen sich sehr einfach »Sandkasten-Szenarien« für den Fall erzeugen, dass eine Anwendung in riskanter Umgebung läuft und vom übrigen System besonders gut abgeschirmt werden soll.

Ein solcher Fall ist der Internet Explorer. Im »Geschützten Modus« läuft dieses Programm nicht in der mittleren Verbindlichkeitsstufe, sondern in der niedrigsten. Weil die allermeisten Ressourcen des Systems mindestens die mittlere Verbindlichkeitsstufe verwenden, wird allein über diesen Mechanismus verhindert, dass Internetseiten auf wichtige Bereiche des Computers zugreifen oder sie gar beschädigen könnten.

Sollte die gegenwärtige Verbindlichkeitsstufe nicht für den Zugriff ausreichen, erscheint ein gesichertes Dialogfeld und fragt den Anwender, ob er der Erhöhung der Rechte zustimmt.

Schutz vor Privilegienerhöhung

Weil grundsätzlich Inhaber einer bestimmten Verbindlichkeitsstufe nicht auf höhere Verbindlichkeitsstufen zugreifen können, schützt das Modell vor verschiedenen Formen der ungewollten Privilegienerhöhung.

So kann ein Programm, das von einem normalen Benutzer mit der mittleren Verbindlichkeitsstufe gestartet wurde, keine Informationen oder Tasteneingaben an ein Programm senden, das mit erhöhten Rechten in der hohen Verbindlichkeitsstufe ausgeführt wird.

Administratorblock

Die Tabelle 23.1 zeigt, dass Administratoren selbst bei Anforderung erhöhter Rechte maximal die hohe Verbindlichkeitsstufe erreichen können. Zum ersten Mal also gibt es eine Einschränkung des bislang allmächtigen Administratorstatus, denn er ist nicht in der Lage, auf Ressourcen mit der Verbindlichkeitsstufe »System« zuzugreifen. Dies ist allein dem Dienst *System* gestattet.

Auf diese Weise kann Vista besonders sensible Bereiche sogar vor dem Zugriff durch Administratoren schützen.

Tipp 

Die Einschränkungen des *Mandatory Integrity Controls* gelten nicht für das eingebaute Administratorkonto. Weil dieses Konto aktiviert wird, wenn Sie Vista im *Abgesicherten Modus* starten, können Sie in diesem Reparaturmodus auf sämtliche Dateien und Registrierungseinträge zugreifen.

Wird die Benutzerkontensteuerung abgeschaltet, wird damit auch das *Mandatory Integrity Control* deaktiviert. Dies ist auch der Grund, warum der *Geschützte Modus* im Internet Explorer nur funktioniert, solange die *Benutzerkontensteuerung* aktiv ist.

ActiveX-Installerdienst

Ein besonders kniffliges Problem wurde erst nach ausdrücklichem Kundenwunsch aufgenommen und sorgt dafür, dass Anwender ohne besondere Rechte sogar ActiveX-Steuerelemente installieren können.

Solche Steuerelemente finden sich auf Webseiten und gerade Firmen mit großen Intranets wollen vermeiden, dass zur Installation dieser Steuerelemente besondere Rechte nötig sind.

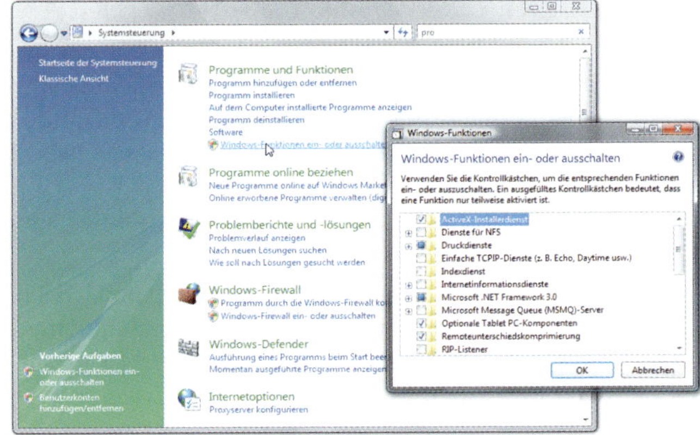

Abbildung 23.30 ActiveX-Installerdienst nachinstallieren

Deshalb enthält Windows Vista in den Versionen Business, Enterprise und Ultimate den *ActiveX-Installerdienst*, der als Windows-Zubehör nachinstalliert werden muss oder bereits im Windows Vista-Image vor der Installation aktiviert sein kann.

Anschließend lassen sich per Gruppenrichtlinie die ActiveX-Steuerelemente festlegen, die ohne besondere Rechte installierbar sein sollen.

Die Steuerelemente können dabei direkt vom Hersteller über das Internet oder von einem eigenen zentralen Fileserver über den *CodeBaseSearch*-Pfad geladen werden. Die ActiveX-Steuerelemente können ähnlich wie Programme und Gerätetreiber digital signiert werden, um Manipulationen auszuschließen und nur Steuerelemente mit gültiger Signatur zuzulassen.

Zusammenfassung

In früheren Windows-Versionen verwendeten die meisten Anwender Benutzerkonten mit Administratorrechten, weil viele Programme ohne diese Rechte nicht funktionierten und Geräte ohne diese Rechte nicht installiert werden konnten.

Die Anwender waren dadurch beliebtes Opfer bösartiger Programme, die die erhöhten Rechte ausnutzten und den Computer beschädigten.

Firmen konnten ihre Rechner nicht wirklich verwalten oder Richtlinien durchsetzen, weil die Anwender wegen ihrer Administratorrechte ohnehin tun und lassen konnten, was ihnen gefiel. All dies führte in der Summe zu hohen Supportkosten für Firmen und vielen beschädigten und mit Malware infizierten Computern im privaten Bereich.

Die neue Benutzerkontensteuerung in Windows Vista sorgt dafür, dass Anwender auch ohne erhöhte Rechte vernünftig mit dem Computer arbeiten können. Dazu gehört auch die Installation von Geräten, die Sie als Administrator über digitale Signaturen und den Befehl *pnputil.exe* zugelassen haben.

Über Virtualisierungstechniken verwandelt Windows Vista außerdem ältere Programme automatisch in mehrbenutzerfähige Software, sodass diese Programme in vielen Fällen ohne erhöhte Rechte auskommen.

Als Endergebnis laufen Programme in Windows Vista mit geringen Rechten und bieten wenig Angriffsfläche für Angreifer. Alle Funktionen, die erhöhte Rechte benötigen, sind klar markiert, und die Benutzerkontensteuerung stellt die erhöhten Rechte erst zur Verfügung, wenn der Anwender zustimmt.

Sie möchten ...	So gehen Sie vor	Sehen Sie sich dazu das Beispiel an auf
im Dateisystem mit erhöhten Rechten arbeiten	Erhöhen Sie die Rechte, wenn die Benutzerkontensteuerung Sie dazu auffordert	Seite 396
ein Programm mit erhöhten Rechten starten	Klicken Sie das Programm mit der rechten Maustaste an und wählen Sie *Als Administrator ausführen*	Seite 397
die Konsole mit vollen Administratorrechten öffnen	Klicken Sie das Programm mit der rechten Maustaste an und wählen Sie *Als Administrator ausführen*	Seite 397
ein älteres Programm mit vollen Rechten ausführen	Klicken Sie das Programmsymbol mit der rechten Maustaste an, wählen Sie *Eigenschaften* und holen Sie die Registerkarte *Kompatibilität* in den Vordergrund	Seite 397
ein Zertifikat zum Signieren von Treibern oder Programmen erzeugen	Verwenden Sie das Werkzeug *makecert*	Seite 401
ein Zertifikat oder einen Zertifikatherausgeber als vertrauenswürdig einstufen	Kopieren Sie das selbstsignierte Zertifikat oder das Rootzertifikat des Herausgebers in den Zweig *Vertrauenswürdige Stammzertifizierungsstellen*	Seite 402
ein Programm digital signieren	Verwenden Sie das Werkzeug *signtool*	Seite 403
einen Gerätetreiber digital signieren	Legen Sie mit dem Werkzeug *signability* einen Sicherheitskatalog des Treibers an und signieren Sie diesen	Seite 404
die Benutzerkontensteuerung ein- oder ausschalten	Klicken Sie auf das Bild Ihres Kontos im Startmenü und dann auf *Benutzerkontensteuerung ein- oder ausschalten*	Seite 405
die Benutzerkontensteuerung anpassen	Verwenden Sie die Sicherheitseinstellungen in der Gruppenrichtlinie	Seite 405

Teil F

Internet und E-Mail

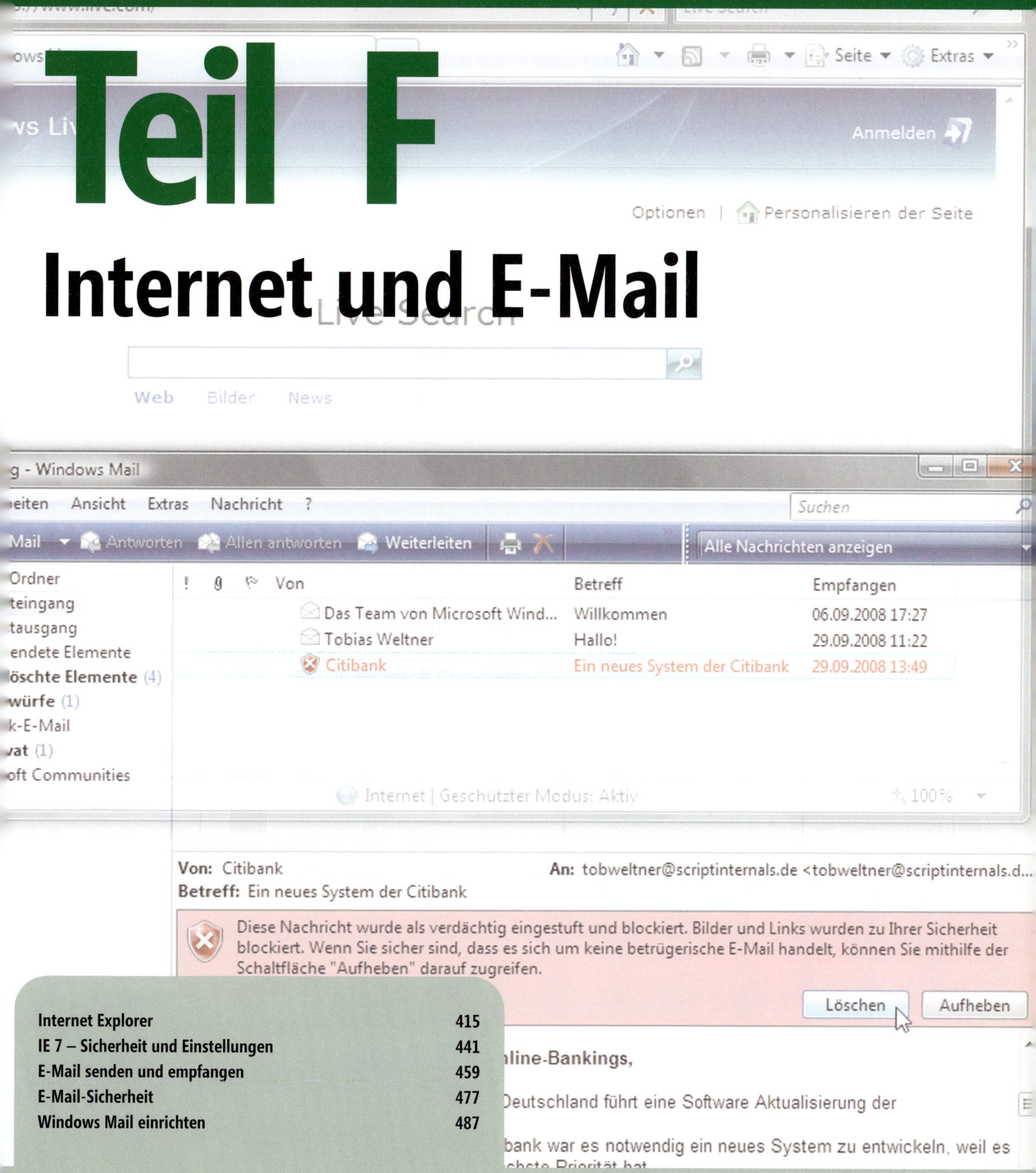

Tobias Weltner

24 Internet Explorer

Der Internet Explorer 7

Um den Internet Explorer zu starten, öffnen Sie einfach das Startmenü und klicken auf den obersten Eintrag *Internet*.

Der Internet Explorer startet und zeigt seine Startseite an. Anfangs ist das *www.live.com*, aber Sie können stattdessen jede beliebige andere Startseite einrichten.

Falls Sie noch keine Internetverbindung eingerichtet haben, kann der Internet Explorer keine Webseite öffnen und zeigt stattdessen eine Fehlermeldung an.

Tipp

Sie können hier auch andere Internet-Browser einrichten. Dazu klicken Sie mit der rechten Maustaste auf die runde Start-Schaltfläche und wählen im Kontextmenü den Eintrag *Eigenschaften*. Klicken Sie im daraufhin geöffneten Dialogfeld hinter *Startmenü* auf die Schaltfläche *Anpassen* und legen Sie über das Listenfeld im unteren Bereich des neu geöffneten Dialogfeldes fest, welchen Browser Sie verwenden wollen.

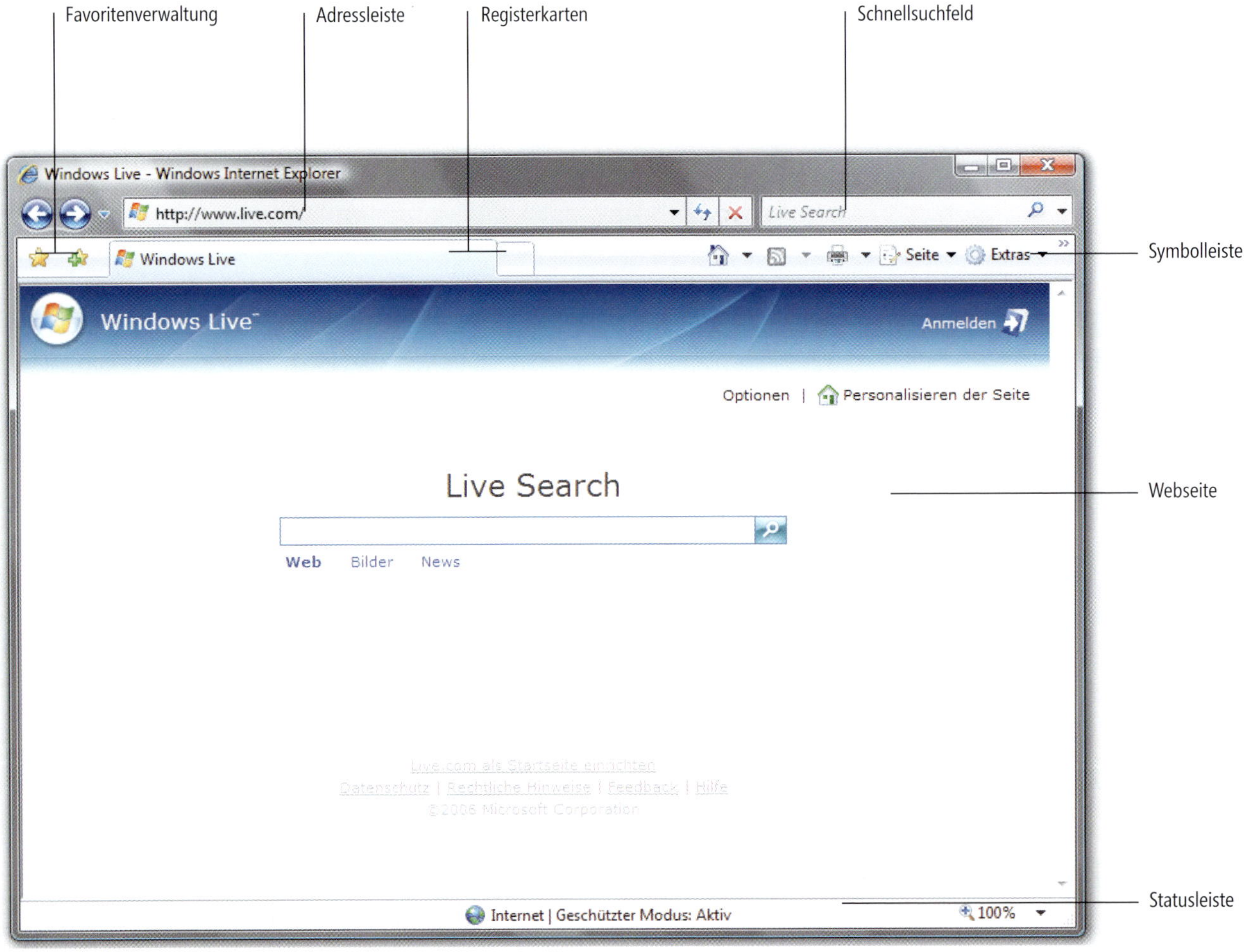

Favoritenverwaltung
Adressleiste
Registerkarten
Schnellsuchfeld
Symbolleiste
Webseite
Statusleiste

Abbildung 24.1 Der Internet Explorer 7 in Vista

Tipp

Ob Sie mit dem Internet verbunden sind, erkennen Sie am Netzwerksymbol im Infobereich der Taskleiste. Dieses Symbol zeigt dann einen runden Erdball.

Abbildung 24.2 Eine Internetverbindung wird im Infobereich der Taskleiste angezeigt

Enthält das Symbol keinen Erdball oder ist es durchgestrichen, klicken Sie mit der rechten Maustaste auf das Symbol und wählen im Kontextmenü den Eintrag *Verbindung mit einem Netzwerk herstellen*. Mit dem Kontextmenübefehl *Diagnose und Reparatur* können Sie Verbindungsprobleme auch automatisch untersuchen lassen.

Die Navigationsleiste

Im oberen Bereich des Internet Explorers sehen Sie die Navigationsleiste. Hier bestimmen Sie, welche Webseite Sie besuchen wollen.

Abbildung 24.3 Mit der Navigationsleiste bestimmen Sie, welche Webseite angezeigt wird

Geben Sie eine Internet-Adresse ein, zum Beispiel **www.tagesschau.de**, und bestätigen Sie mit der [↵]-Taste. Die Webseite wird geöffnet.

Suchen Sie nach bestimmten Informationen wie zum Beispiel dem Kinoprogramm in Ihrer Stadt und wissen nicht, auf welcher Webseite die Angaben zu finden sind, tippen Sie Stichwörter ins Suchfeld rechts daneben ein, zum Beispiel **Kino Hannover**, und bestätigen ebenfalls mit der [↵]-Taste.

PROFITIPP

Mit [Strg]+[E] setzen Sie die Einfügemarke ins Suchfeld. Wenn Sie Ihre Suchbegriffe eingegeben haben und die [Alt]-Taste gedrückt halten, während Sie mit der [↵]-Taste bestätigen, werden die Suchergebnisse auf einer neuen Registerkarte angezeigt und »überschreiben« nicht die aktuelle Webseitenansicht.

Wenn Sie in das Adressfeld eine Webadresse eintippen, die der Internet Explorer nicht finden kann, übergibt er die Adresse automatisch an den gewählten Suchanbieter, so als hätten Sie sie ins rechte Suchfeld eingegeben.

Schaltfläche	Beschreibung
	Mit diesen Schaltflächen bewegen Sie sich vor und zurück. Anfangs sind beide Schaltflächen abgeblendet, aber sobald Sie zu anderen Webseiten navigieren, färben sie sich blau. Wollen Sie wieder zurück zur vorherigen Webseite, klicken Sie auf den nach links gerichteten Pfeil. Möchten Sie in umgekehrter Richtung zu einer Webseite wechseln, die Sie vorher schon angezeigt hatten, klicken Sie auf die rechte Schaltfläche. Und wenn Sie auf den kleinen Pfeil am rechten Rand klicken, öffnet sich ein Menü mit allen Webseiten, die Sie besucht haben. Per Klick springen Sie so besonders schnell zu einer anderen Webseite. Diese Liste hilft auch, wenn Webseiten Ihren Wunsch nicht respektieren, zur vorherigen Seite zu wechseln, und stattdessen immer wieder zurückspringen.
	Dieses Feld zeigt die Adresse der gerade angezeigten Webseite an. Tippen Sie hier eine Webadresse ein und drücken Sie die [↵]-Taste, um zu einer anderen Webseite zu navigieren. Mit dem Doppelpfeil am rechten Rand laden Sie die Webseite neu. Mit dem roten Kreuz brechen Sie den Ladevorgang einer Webseite ab, zum Beispiel, weil sich die Seite zu langsam aufbaut.
	Tippen Sie in dieses Feld Suchbegriffe ein und drücken Sie die [↵]-Taste oder klicken auf die Lupe, sucht der Internet Explorer automatisch nach Webseiten, die Ihre Suchbegriffe enthalten. Solange Sie keine Stichwörter eingeben, zeigt das Feld den momentan gewählten Suchanbieter an. Klicken Sie auf den Pfeil ganz rechts, öffnet sich ein Menü, mit dem Sie die Suchfunktion ändern und einen anderen Suchanbieter auswählen können, beispielsweise *Google* oder *Wikipedia*.

Tabelle 24.1 Schaltflächen in der Navigationsleiste

Registerkarten und Symbolleiste

Unter der Navigationsleiste befindet sich die Symbolleiste, auf der sich auch Registerkarten befinden.

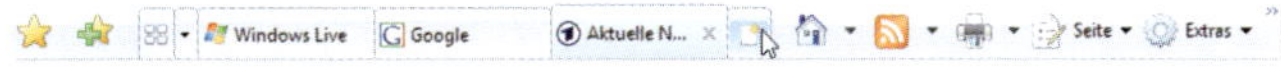

Abbildung 24.4 Beim registerbasierten Browsen lassen sich mehrere Webseiten gleichzeitig darstellen

Anfangs ist nur eine Registerkarte zu sehen und nennt den Namen der Webseite, die gerade angezeigt wird. Rechts daneben befindet sich eine kleine Registerkarte und wenn Sie darauf klicken, wird eine neue Registerkarte hinzugefügt. Sie können übrigens auch Strg+T drücken, um eine neue Registerkarte anzulegen.

Die Registerkarte zeigt jetzt nützliche Hinweise zum Thema an, jedenfalls so lange Sie das Kontrollkästchen *Diese Seite nicht mehr anzeigen* nicht aktivieren. Diese Tipps verraten Ihnen zum Beispiel, dass Sie nur die Strg-Taste gedrückt halten müssen, wenn Sie auf einer Webseite einen Link anklicken, damit sich die zugehörige Seite auf einer eigenen Registerkarte öffnet. So könnten Sie also beim Lesen einer Webseite alle wichtigen Links schon einmal öffnen lassen, und wenn Sie mit der Seite fertig sind, hat der Internet Explorer die angeklickten Webseiten in den neuen Registerkarten bereits vollständig geladen.

Noch mehr Tricks erfahren Sie, wenn Sie auf *Weitere Tastenkombinationen für Registerkarten einblenden* klicken: wenn Sie zum Beispiel ⇧+Strg festhalten, während Sie auf einen Link klicken, öffnet sich die zugehörige Webseite auf einer neuen Registerkarte, die auch sofort ausgewählt wird.

PROFITIPP

Möchten Sie die Tipps zu den Registerkarten anzeigen, dann können Sie als Webadresse auch »about:tabs« eintippen und so zum Beispiel auch das Kontrollkästchen *Diese Seite nicht mehr anzeigen* wieder abschalten.

Haben Sie mehrere Registerkarten geöffnet, lässt sich die Anzeigereihenfolge bequem ändern: setzen Sie den Mauszeiger auf eine Registerkarte, die Sie an eine andere Position verschieben wollen, halten Sie die linke Maustaste fest und ziehen Sie die Maus an die gewünschte Position. Eine schwarze Einfügemarke informiert Sie, wo die Registerkarte eingefügt wird, sobald Sie die linke Maustaste loslassen.

Klicken Sie auf die Schaltfläche *Schließen*, um die Hinweise zu schließen. Anschließend geben Sie in der Navigationsleiste an, welche Webseite Sie auf der Registerkarte anzeigen lassen wollen, oder noch einfacher: drücken Sie Strg+0.

Es öffnet sich das *Öffnen*-Dialogfeld, das Ihnen in einem Listenfeld außerdem Webadressen anzeigt, die Sie früher schon einmal besucht haben und mit den Zeichen anfangen, die Sie bereits eingegeben haben.

PROFITIPP

Halten Sie im *Öffnen*-Dialogfeld die ⇧-Taste gedrückt, während Sie die ↵-Taste drücken, öffnet sich die Webseite auf einer neuen Registerkarte.

Mit den Registerkarten können Sie mehrere Webseiten gleichzeitig besuchen und per Klick auf die Registerlasche einer Webseite schnell zwischen ihnen hin und her wechseln. Sobald Sie mehr als eine Registerkarte geöffnet haben, erscheint am linken Rand der Registerkartenleiste eine Übersichtsschaltfläche. Klicken Sie diese an, sehen Sie alle Webseiten auf einer Seite nebeneinander und können sich eine davon per Klick aussuchen.

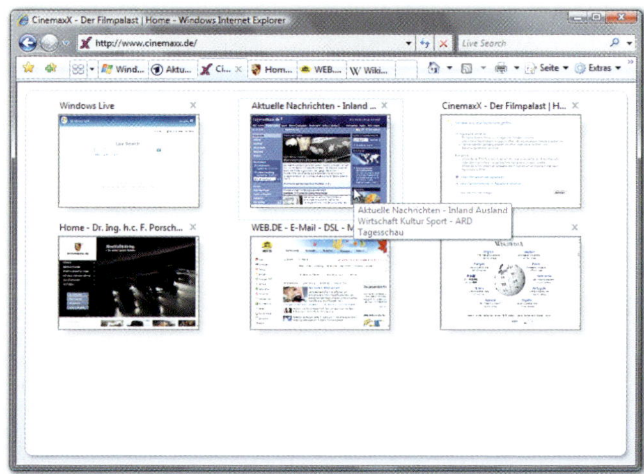

Abbildung 24.5 Alle geöffneten Webseiten in der Übersicht

PROFITIPP

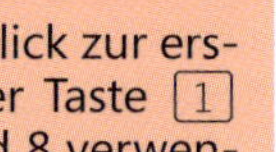

Drücken Sie Strg+1, wenn Sie ohne Mausklick zur ersten Registerkarte wechseln wollen. Anstelle der Taste 1 können Sie auch andere Zahlen zwischen 1 und 8 verwenden. Strg+2 wechselt zum Beispiel zur zweiten Registerkarte. Strg+9 hat eine besondere Bedeutung und wechselt immer zur letzten Registerkarte.

Links und rechts neben den Registerkarten befinden sich weitere Schaltflächen:

Schaltfläche	Beschreibung
	Mit dem Stern öffnen Sie Ihr Favoritencenter, das Ihnen zum Beispiel Webseiten anzeigt, die Sie sich gemerkt haben. So finden Sie schnell zu allen Ihren Lieblings-Webseiten. Das Dialogfeld verwaltet auch so genannte RSS-Feeds, von denen Sie gleich mehr hören, und zeigt den Verlauf an, also die Webseiten, die Sie in den letzten Tagen besucht haben
	Finden Sie eine Webseite besonders interessant, klicken Sie auf diese Schaltfläche. Ein Menü öffnet sich, mit dem Sie die Webseite zu Ihren Favoriten hinzufügen. Noch schneller geht das mit [Strg]+[D]. Es lassen sich auch ganze Registergruppen zu den Favoriten hinzufügen. Dann merkt sich der Internet Explorer sämtliche Webseiten, die Sie in allen Registerkarten gerade besuchen.
	Diese Schaltfläche ist nur vorhanden, wenn Sie mindestens zwei Webseiten geöffnet haben und stellt alle Webseiten verkleinert auf einer Seite dar. Sie können auch [Strg]+[Q] drücken. Nun brauchen Sie nur noch auf die gewünschte Webseite zu klicken, um zu ihr umzuschalten. Klicken Sie auf den Pfeil am rechten Rand, öffnet sich die Registerkartenliste mit allen geöffneten Webseiten.
Aktuelle N...	Jede Webseite wird in einer eigenen Registerkarte angezeigt. Um eine Webseite zu schließen, klicken Sie auf das Kreuz am rechten Rand der Registerkarte oder drücken [Strg]+[W].
	Um eine neue Webseite auf einer eigenen Registerkarte zu öffnen, klicken Sie auf das kleine Symbol am rechten Rand der Registerkarten. Geben Sie dann in der Navigationsleiste die Adresse der Seite ein, die in dieser Registerkarte angezeigt werden soll.
	Diese Schaltfläche bringt Sie zurück zur Startseite, die der Internet Explorer auch anzeigt, wenn Sie ihn neu starten. Klicken Sie auf den Pfeil am rechten Rand oder drücken [Alt]+[M], können Sie die Startseite ändern und zum Beispiel durch Ihre Lieblingsseite ersetzen. Der Internet Explorer unterstützt mehr als eine Startseite. Wenn Sie wollen, öffnet er also beim Start gleich mehrere Webseiten für Sie und zeigt jede auf einer eigenen Registerkarte an.

Tabelle 24.2 Schaltflächen in der Symbolleiste

Schaltfläche	Beschreibung
	Manche Webseiten enthalten so genannte News-Feeds. Das sind Newsticker mit aktuellen Inhalten. In diesem Fall färbt sich diese Schaltfläche orange, und wenn Sie darauf klicken, können Sie sich den Feed anzeigen und abonnieren. Abonnierte Feeds lassen sich dann zum Beispiel als Newsticker in der Sidebar anzeigen, sodass Sie alle wichtigen Informationen ständig im Blick haben.
	Wollen Sie eine interessante Webseite ausdrucken, klicken Sie auf diese Schaltfläche oder drücken [Strg]+[P]. Sie wird sofort auf dem Standarddrucker ausgedruckt. Klicken Sie dagegen auf den Pfeil am rechten Rand, können Sie sich zuerst eine Druckvorschau anzeigen lassen und besser festlegen, welche Teile der Webseite Sie drucken möchten. Auch andere Drucker können Sie so auswählen und die Webseite zum Beispiel einschließlich aller Bilder als so genannte XPS-Datei speichern.
Seite	Öffnet ein Menü, mit dem Sie die Webseite zum Beispiel speichern oder den HTML-Quelltext anzeigen lassen können. Wenn Sie mögen, legen Sie hier den Zoom-Faktor fest und können eine zu kleine Schrift vergrößern. Auch die Datenschutzrichtlinie der Webseite kann so angezeigt werden, falls eine vorhanden ist. Sie verrät Ihnen, wie die Webseite mit Ihren persönlichen Daten umgeht.
Extras	In diesem Menü finden sich wichtige Sicherheitsfunktionen. Sie können zum Beispiel den Browserverlauf löschen, wenn Sie die Liste Ihrer kürzlich besuchten Webseiten löschen möchten. Über *Vollbild* oder [F11] schalten Sie den Internet Explorer in bildschirmfüllenden Modus und mit *Internetoptionen* erreichen Sie die Feineinstellungen des Internet Explorers.

Tabelle 24.2 Schaltflächen in der Symbolleiste *(Fortsetzung)*

> **PROFITIPP**
>
> Wenn Sie mit der rechten Maustaste auf einen freien Bereich der Symbolleiste klicken, öffnet sich ein Kontextmenü, mit dem sich festlegen lässt, welche zusätzlichen Symbolleisten sichtbar sein sollen. Außerdem können Sie die Symbole vergrößern und die in der Symbolleiste angezeigten Befehle ändern, also weitere Schaltflächen hinzufügen oder Schaltflächen entfernen, die Sie nicht brauchen.
>
> Drücken Sie hingegen die [Alt]-Taste, blendet der Internet Explorer zwischen Navigations- und Symbolleiste ein klassisches Menü ein.
>
> 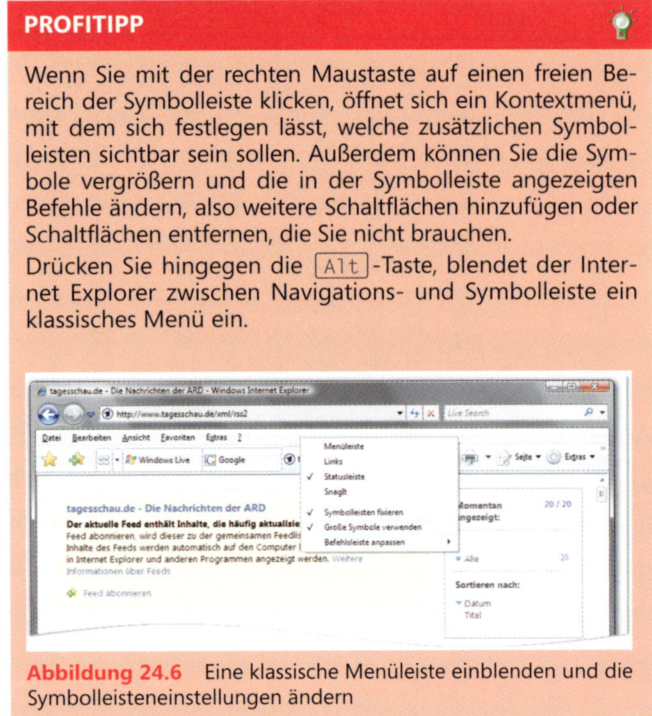
>
>
> **Abbildung 24.6** Eine klassische Menüleiste einblenden und die Symbolleisteneinstellungen ändern

Die Statusleiste

Die Statusleiste enthält eine Reihe von Informations- und Schaltelementen wie die Schaltfläche *Zoom*, mit der Sie den Inhalt der Webseite stufenlos vergrößern.

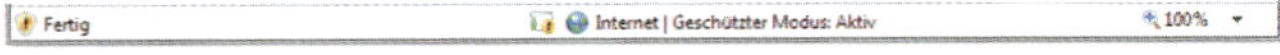

Abbildung 24.7 Die Statusleiste am unteren Fensterrand

> **PROFITIPP**
>
> Verfügt Ihre Maus über ein Mausrad, halten Sie die [Strg]-Taste gedrückt. Wenn Sie nun das Rad bewegen, wird die Webseite vergrößert oder verkleinert. Ohne Mausrad halten Sie die [Strg]-Taste gedrückt und drücken eine der Tasten [+] oder [-].
>
> Wollen Sie die elektronische Lupe wieder abschalten und die Webseite in Normalgröße sehen, drücken Sie [Strg]+[0] (gemeint ist die Zahl »0« und nicht der Buchstabe »O«, denn der würde das *Öffnen*-Dialogfeld öffnen).

Die Statusleiste ist in viele einzelne Felder unterteilt, die meistens leer sind. Manche dieser Bereiche bleiben immer leer, andere zeigen von Fall zu Fall wichtige Informationen an. Viele Felder reagieren auch auf Mausklicks. Diese geheimnisvollen Felder werden in Tabelle 24.3 von links nach rechts beschrieben.

Information	Beschreibung
Fertig	Zeigt den Ladevorgang einer Webseite an und meldet, falls dabei Sicherheitsprobleme oder Fehler auftreten. Zeigt außerdem das Ziel eines Links an, während sich der Mauszeiger über einem Link befindet.
	Zeigt den Ladevorgang einer Webseite als Fortschrittsbalken an
	Meldet, wenn Webseiten versuchen, zusätzliche Fenster zu öffnen. Per Klick auf dieses Symbol steuern Sie den Popupblocker.
	Ein Doppelklick auf diesen Bereich öffnet das Dialogfeld *Add-Ons verwalten*, mit dem Sie feststellen, welche Erweiterungen im Internet Explorer geladen sind
	Versucht eine Webseite so genannte Cookies zu speichern, wird dies von den Datenschutzeinstellungen blockiert und ein Symbol angezeigt. Weil Cookies harmlos sein können und manche Webseiten ohne sie nicht richtig funktionieren, können Sie der Webseite per Klick auf dieses Symbol erlauben, Cookies zu speichern.
	Öffnet per Doppelklick das Sicherheitszertifikat einer sicheren Webseite. Das Sicherheitszertifikat verrät, wer für diese Webseite verantwortlich ist. Sichere Webseiten erkennen Sie an ihrer Adresse, die mit »https:« anstelle von »http:« beginnt, und an einem Schloss-Symbol in der Navigationsleiste.
	Wenn Sie eine neue Webseite öffnen, analysiert der Phishingfilter, ob es sich vielleicht um eine gefälschte Webseite handeln könnte und zeigt in dieser Zeit ein Symbol an. Solange das Symbol zu sehen ist, dauert die Prüfung also noch an und Sie sollten noch keine sensiblen Informationen in die Webseite eingeben. Per Klick öffnet sich ein Menü mit den Einstellungen des Phishingfilters.
Internet	Aus Sicherheitsgründen unterteilt der Internet Explorer die Welt in Zonen, für die unterschiedlich strenge Sicherheitsregeln gelten. Welcher Zone eine Webseite zugeordnet ist, zeigt dieses Feld an. Per Doppelklick können Sie die Sicherheitseinstellungen der Zone ändern und Webseiten in andere Zonen aufnehmen.

Tabelle 24.3 Die Informationen in der Statusleiste

Information	Beschreibung
Geschützter Modus: Aktiv	Der geschützte Modus verhindert, dass bösartige Webseiten Ihren Computer beschädigen können. Achten Sie darauf, dass dieser Modus aktiviert ist. Per Doppelklick auf dieses Feld können Sie den Modus ein- oder ausschalten. Er sollte immer eingeschaltet sein.
100%	Dieses Feld zeigt die aktuelle Vergrößerungsstufe an. Per Klick können Sie den Inhalt einer Webseite vergrößern, um ihn so besser lesen zu können.

Tabelle 24.3 Die Informationen in der Statusleiste *(Fortsetzung)*

Vollbildmodus

Sie schalten den Vollbildmodus mit F11 ein und auch wieder aus. Die Webseite füllt im Vollbildmodus den gesamten Bildschirm aus.

Dabei blendet der Internet Explorer die Steuerelemente am oberen Rand nach ein paar Sekunden aus, sodass Sie wirklich den gesamten Bildschirm zur Verfügung haben. Tippen Sie mit der Maus an den oberen Bildschirmrand, wenn Sie die Steuerelemente wieder einblenden möchten, zum Beispiel, um zu einer anderen Webseite zu navigieren.

Registerkarten speichern

Schließen Sie den Internet Explorer und waren mindestens zwei Webseiten geöffnet, fragt ein Dialogfeld, ob Sie wirklich alle Webseiten auf einmal schließen wollen oder doch vielleicht nur die aktuelle Webseite. In diesem Fall klicken Sie auf *Abbrechen* und schließen dann nur das Register der gewünschten Webseite.

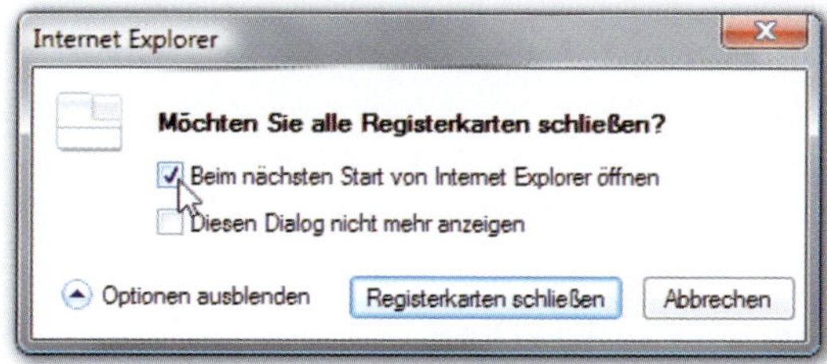

Abbildung 24.8 Der Internet Explorer merkt sich die geöffneten Webseiten und öffnet diese später erneut

Klicken Sie auf den Link *Optionen einblenden*, werden weitere Optionen eingeblendet. Mit dem Kontrollkästchen *Beim nächsten Start von Internet Explorer öffnen* merkt sich der Internet Explorer nämlich alle geöffneten Registerkarten und öffnet diese Webseiten automatisch wieder, wenn Sie den Internet Explorer das nächste Mal öffnen. So können Sie nahtlos dort weiterarbeiten, wo Sie aufgehört haben.

Die neuen Sicherheitsfunktionen

Weil das Internet ein unkontrollierter Raum ist, in dem sich vermehrt auch Betrüger tummeln, enthält der Internet Explorer zahlreiche Sicherheitsfunktionen. Diese warnen Sie, wenn etwas Verdächtiges geschieht, damit Sie sich sicher im Internet bewegen können.

Sichere Webseiten erkennen

Damit Sie im Internet gefahrlos einkaufen und Ihr Bankkonto verwalten können, gibt es sichere Webseiten. Sichere Webseiten übertragen die Informationen verschlüsselt, also abhörsicher. Sichere Webseiten, die die so genannte SSL-Verschlüsselung (Secure Socket Layer) verwenden, erkennen Sie an einem Schloss im Adressfeld. Klicken Sie auf das Schloss, um herauszufinden, mit wem Sie es eigentlich zu tun haben.

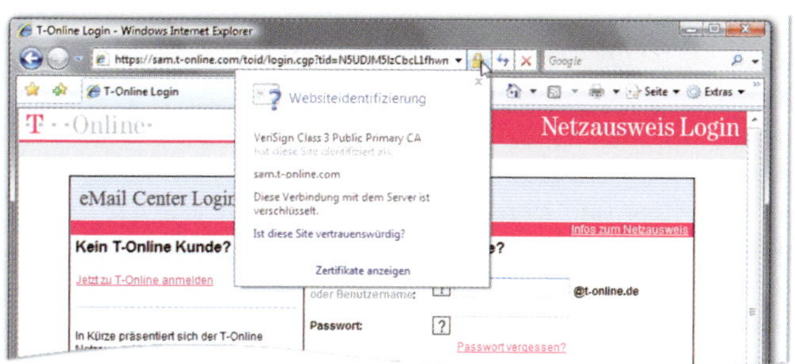

Abbildung 24.9 Eine sichere Webseite erkennen

Falls eine Webseite kein Schloss-Symbol anzeigt, dann wissen Sie: Die Verbindung mit dieser Seite ist nicht verschlüsselt und alle Informationen, die Sie hier eingeben, können von anderen abgehört werden. Auf solchen Webseiten sollten Sie weder Kreditkartennummern noch andere sensible Informationen eintragen.

Stimmt etwas nicht mit dem Sicherheitszertifikat einer sicheren Webseite, meldet der Internet Explorer das Sicherheitsproblem und blockiert die Seite sicherheitshalber. Sind Sie der Meinung, dass die Seite in Ordnung ist, können Sie sich über die Warnung hinwegsetzen, indem Sie auf den Link *Laden dieser Website fortsetzen* klicken.

Tipp

Wenn Sie zu einer sicheren Webseite surfen, kann es vorkommen, dass ein Dialogfeld fragt, ob Sie auch die nicht sicheren Elemente sehen wollen. Eine Webseite kann nämlich sichere und unsichere Elemente auf einer Seite mischen. Meist handelt es sich bei den unsicheren Elementen um Bilder oder Anzeigen, die nicht vom Sicherheitswebserver kommen.

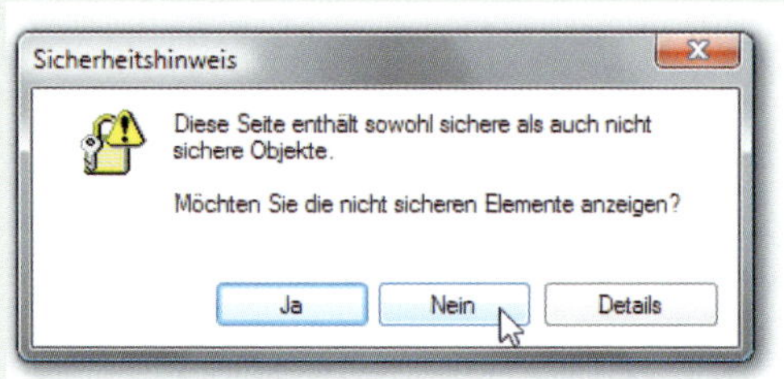

Abbildung 24.10 Blenden Sie unsichere Inhalte aus

Klicken Sie in diesem Fall auf *Nein* und blenden Sie die unsicheren Elemente aus. Sie wüssten sonst nicht, welche Elemente wirklich sicher sind und welche nicht. Der Internet Explorer zeigt das Schloss-Symbol deshalb nur an, wenn Sie unsichere Elemente nicht anzeigen lassen.

Die Webseite öffnet sich jetzt zwar, aber die Adressleiste ist rot hinterlegt und signalisiert potenzielle Gefahr. Sie meldet außerdem einen Zertifikatfehler. Wenn Sie darauf klicken, können Sie das Zertifikat der Webseite öffnen und nachschauen, weshalb das Zertifikat nicht gültig ist.

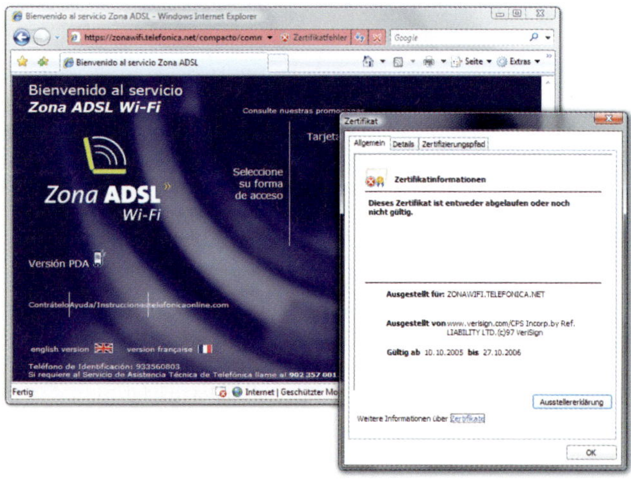

Abbildung 24.11 Ein Blick ins Zertifikat verrät, worin das Sicherheitsproblem besteht

In Abbildung 24.11 klärt sich die Ursache schnell. Das Zertifikat ist einfach abgelaufen und der Betreiber der Webseite hat vermutlich verschlafen, es rechtzeitig zu erneuern.

Gerade haben Sie gesehen, dass das Schloss-Symbol in der Adressleiste zwar eindeutig garantiert, dass die Webseite Daten verschlüsselt überträgt, trotzdem wissen Sie nicht automatisch, ob es auch die Webseite ist, die sie zu sein vorgibt. Dies erfahren Sie erst, wenn Sie auf das Schloss-Symbol klicken und den Inhaber des Sicherheitszertifikates mit der Webseite vergleichen.

Deshalb arbeiten Microsoft und andere Hersteller an einem weiteren Verfahren, das Ihnen dabei helfen soll, sichere Webseiten noch einfacher zu erkennen. Grundlage hierfür sind so genannte »Extended Validation/High Assurance«-Zertifikate. Ist die Webseite mit einem derartigen Zertifikat ausgestattet, kann der Internet Explorer überprüfen, ob der Inhalt der Webseite zum Zertifikat passt. Ist alles in Ordnung, erscheint die Adressleiste grün und zeigt außerdem direkt an, wer der überprüfte Inhaber dieser Webseite ist.

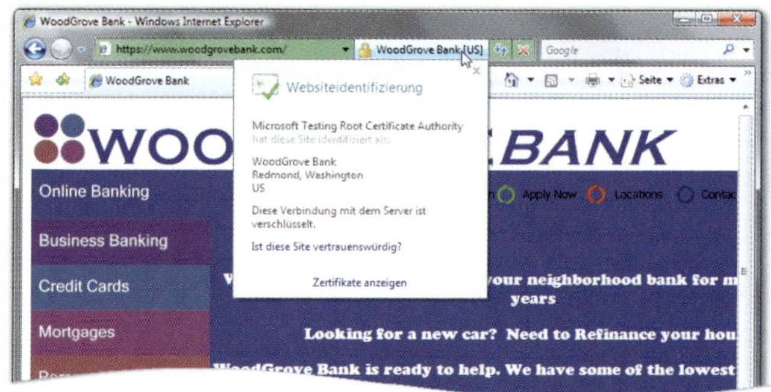

Abbildung 24.12 Besonders sichere Webseiten mit »High Assurance«-Zertifikat

Hinweis

Die Webadresse aus Abbildung 24.12 ist nur eine Testwebsite, die bei Ihnen nicht funktionieren wird.

Betrugsversuche entdecken

Falls jemand versuchen sollte, Sie mit einer gefälschten Webseite auszutricksen, greift der neue Phishingfilter ein. Gefälschte Webseiten werden häufig verwendet, um von Ihnen Bankinformationen zu ergaunern.

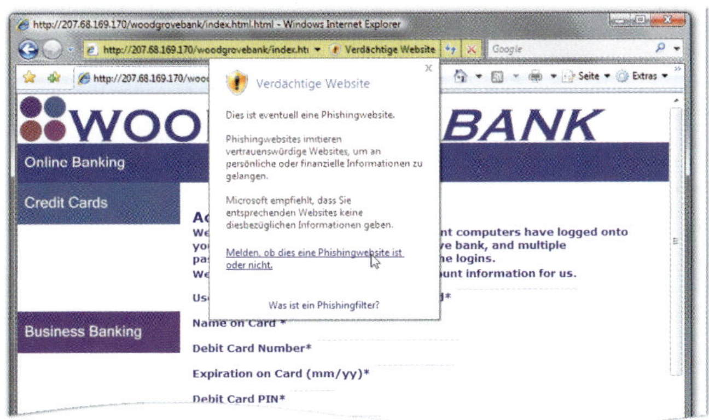

Abbildung 24.13 Verdächtige Webseiten zeigen eine gelbe Adressleiste

Der Phishingfilter ist allerdings keine Garantie und kann nur Vermutungen äußern. Wird eine Webseite also nicht als verdächtig eingestuft, kann sie dennoch betrügerisch sein und umgekehrt. Deshalb können Sie mithelfen. Klicken Sie auf *Melden, ob dies eine Phishingwebsite ist oder nicht* und melden Sie Ihre persönliche Einschätzung an Microsoft.

Webseiten, die als Betrugswebsite bestätigt wurden, blockiert der Internet Explorer und färbt die Adressleiste rot. Über den Link *Laden dieser Website fortsetzen* können Sie sich natürlich über die Blockierung hinwegsetzen. Und falls Sie der Meinung sind, diese Website würde zu Unrecht blockiert, klicken Sie in der Adressleiste auf Phishingwebsite und dann im Dialogfeld auf *Melden, dass diese Seite keine Phishingwebsite ist.*

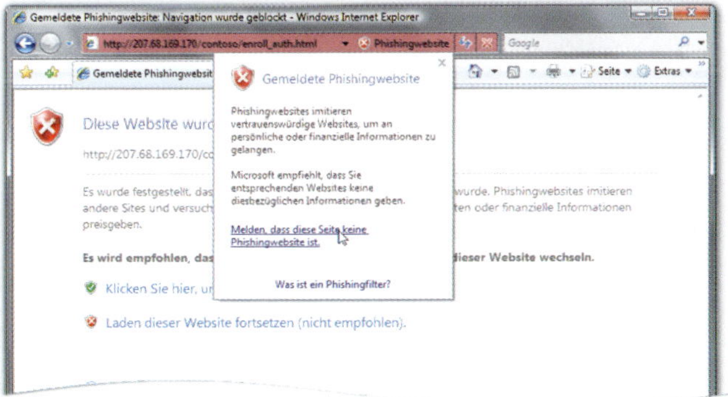

Abbildung 24.14 Bestätigte Betrugswebseiten werden blockiert

Sicherheitswarnungen in der Informationsleiste

Hin und wieder kann es passieren, dass der Internet Explorer zwischen Symbolleiste und Webseite eine gelbe Hinweisleiste einblendet. Sie wissen dann: ein Sicherheitsmechanismus wurde aktiviert, der Sie schützt. Mit der gelben Hinweisleiste können Sie den Sicherheitsmechanismus abschalten, falls er Sie stört.

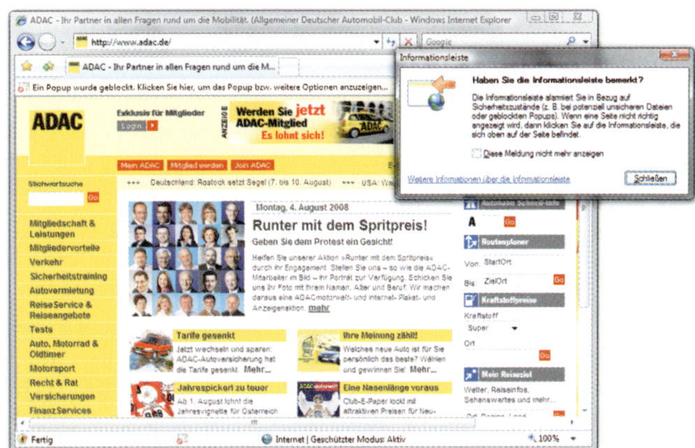

Abbildung 24.15 Der Popupblocker schlägt zu

Wenn Sie zum Beispiel eine Webseite besuchen, die zusätzliche Fenster öffnen will, so verhindert dies der eingebaute Popupblocker. Zusätzliche Fenster können lästig sein, wenn sie Werbung enthalten, und zu einem echten Sicherheitsrisiko werden, wenn sie Dialogfelder imitieren, auf die Sie dann klicken sollen.

Die Informationsleiste meldet jeweils den Sicherheitsmechanismus, der aktiviert wurde: in diesem Fall der Popupblocker. Möchten Sie das blockierte Fenster sehen, klicken Sie auf die Informationsleiste. Sie können dann vorübergehend oder für diese Webseite dauerhaft den Popupblocker abschalten.

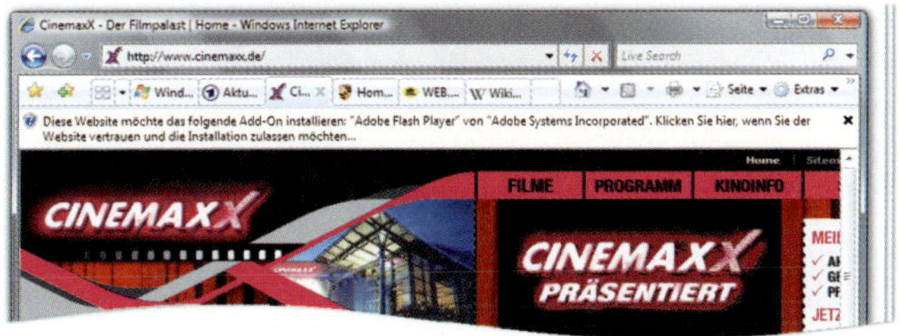

Abbildung 24.16 Add-Ons dürfen nur nach Zustimmung installiert werden

Einen anderen Sicherheitsmechanismus sehen Sie in Abbildung 24.16. Hier benötigt eine Webseite ein zusätzliches Steuerelement, ein so genanntes Add-On. Bevor Add-Ons installiert werden können, müssen Sie zuerst zustimmen, weil Add-Ons wie jedes andere Programm bösartige Inhalte haben können. Vertrauen Sie der Webseite, klicken Sie in die Informationsleiste, um die Installation zu erlauben.

Ähnliches gilt, wenn Sie Dateien aus dem Internet herunterladen und die Webseite den Download automatisch zu starten beginnt. Weil es ein Sicherheitsrisiko wäre, wenn Webseiten ohne Ihre Zustimmung beliebige Dateien auf Ihren Computer übertragen könnten, kann der Download erst durchgeführt werden, wenn Sie auf die Informationsleiste klicken und zustimmen.

Der geschützte Modus

Der Internet Explorer wird aus Sicherheitsgründen normalerweise im *Geschützten Modus* ausgeführt. Dieser geschützte Modus funktioniert ähnlich wie eine »Sandbox« – die Webseiten »leben« quasi in einem abgetrennten Bereich ähnlich eines Sandkastens. Weil Webseiten so hermetisch vom Rest des Computers abgeriegelt werden, können sie nicht auf andere Programme zugreifen, die auf Ihrem Computer installiert sind. Jedenfalls nicht ohne Ihre Zustimmung.

Öffnen Sie zum Beispiel im Internet einen Link auf ein *Word*-Dokument oder eine *PowerPoint*-Folie, müssen diese Daten zur Anzeige an *Microsoft Word* oder *Microsoft PowerPoint* übergeben werden, also die geschützte Sandbox verlassen.

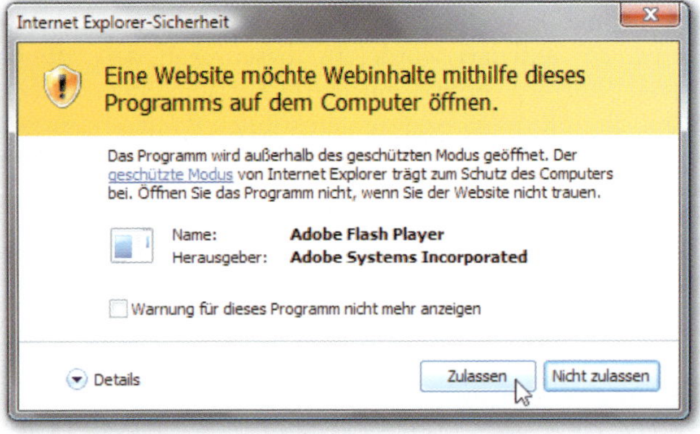

Abbildung 24.17 Eine Webseite möchte die geschützte Sandbox verlassen

PROFITIPP

Möchten Sie den Zugriff auf ein bestimmtes Programm künftig immer zulassen, aktivieren Sie das Kontrollkästchen *Warnung für dieses Programm nicht mehr anzeigen* am unteren Rand des Dialogfeldes.

Läuft der Internet Explorer nicht im geschützten Modus, zum Beispiel weil Sie eine lokale HTML-Datei darin geöffnet haben, und versuchen Sie dann zu einer normalen Webseite zu surfen, meldet der Internet Explorer, dass er dazu ein neues Browserfenster öffnen muss. Der geschützte Modus kann nämlich jeweils nur für ein gesamtes Browserfenster ein- oder ausgeschaltet werden, aber nicht für einzelne Webseiten darin.

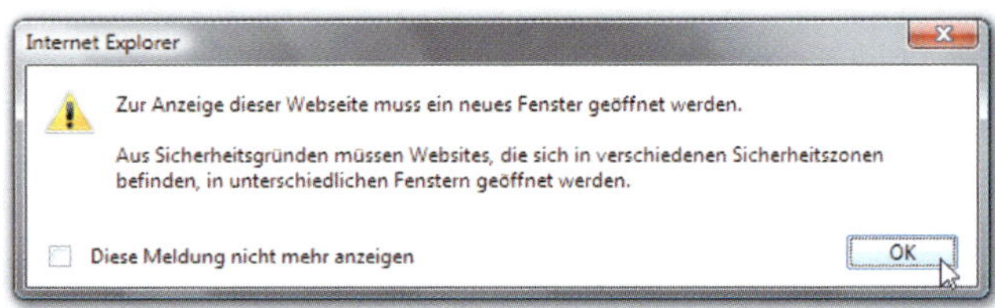

Abbildung 24.18 Der geschützte Modus bezieht sich immer auf ein gesamtes Browserfenster

Hinweis

Wenn Sie die Benutzerkontensteuerung abschalten, steht der geschützte Modus nicht mehr zur Verfügung. Das ist auch der Grund, warum der Internet Explorer 7 auf älteren Windows-Versionen keinen geschützten Modus bietet.

Das Favoritencenter

Das Favoritencenter verwaltet Ihre Lieblingswebseiten und speichert auch RSS-Feeds, die Sie abonniert haben. Außerdem führt das Favoritencenter Buch über die Webseiten, die Sie in letzter Zeit besucht haben, damit Sie zu Webseiten zurückfinden, wenn Sie deren Adresse inzwischen vergessen haben. Sie erreichen das Favoritencenter über seine Schaltfläche mit dem Stern in der Symbolleiste oder indem Sie `Strg`+`I` drücken.

In der Symbolleiste des Favoritencenters befinden sich vier Schaltflächen:

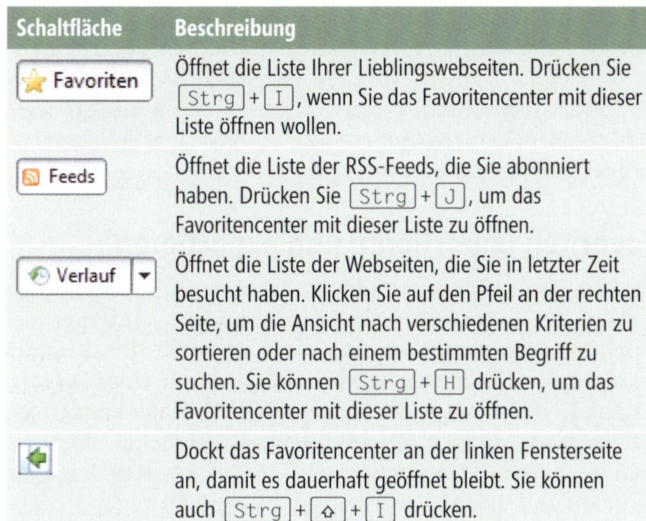

Schaltfläche	Beschreibung
Favoriten	Öffnet die Liste Ihrer Lieblingswebseiten. Drücken Sie [Strg]+[I], wenn Sie das Favoritencenter mit dieser Liste öffnen wollen.
Feeds	Öffnet die Liste der RSS-Feeds, die Sie abonniert haben. Drücken Sie [Strg]+[J], um das Favoritencenter mit dieser Liste zu öffnen.
Verlauf	Öffnet die Liste der Webseiten, die Sie in letzter Zeit besucht haben. Klicken Sie auf den Pfeil an der rechten Seite, um die Ansicht nach verschiedenen Kriterien zu sortieren oder nach einem bestimmten Begriff zu suchen. Sie können [Strg]+[H] drücken, um das Favoritencenter mit dieser Liste zu öffnen.
	Dockt das Favoritencenter an der linken Fensterseite an, damit es dauerhaft geöffnet bleibt. Sie können auch [Strg]+[⇧]+[I] drücken.

Tabelle 24.4 Die Schaltflächen im Favoritencenter

Gemerkte Webseiten besuchen

In der Favoritenliste befinden sich bereits einige Webadressen, die in Themenordnern unterteilt sind.

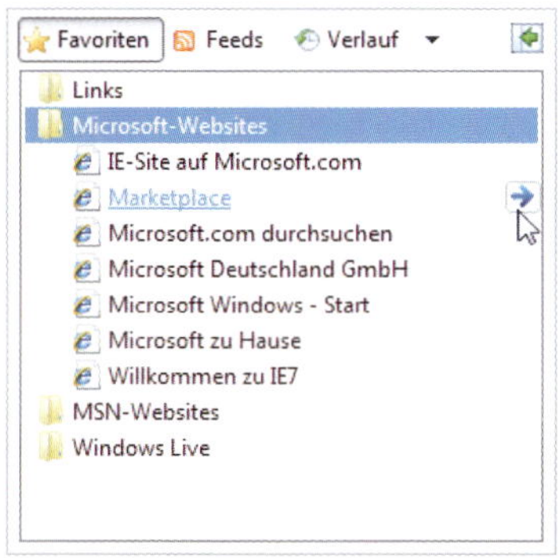

Abbildung 24.19 Eine gespeicherte Webseite besuchen

PROFITIPP

Der Pfeil am rechten Rand erscheint auch, wenn Sie eine Themengruppe anklicken. Mit dem Pfeil öffnen Sie dann per Klick sämtliche Webseiten, die in der Themengruppe enthalten sind, jeweils in eigenen Registerkarten. So könnten Sie Ihre Lieblingswebseiten gemeinsam in einem Themenordner speichern und alle zusammen mit nur einem einzelnen Klick öffnen und anzeigen lassen.

Entweder klicken Sie direkt auf den Eintrag in der Liste, um die Website auf der aktuellen Registerkarte zu öffnen. Oder Sie klicken auf den Pfeil am rechten Rand. In diesem Fall öffnet sich die Webseite auf einer neuen Registerkarte.

Möchten Sie die vordefinierten Links und Themengruppen löschen, klicken Sie mit der rechten Maustaste darauf und wählen im Kontextmenü den Eintrag *Löschen*.

Neue Webseiten als Favoriten aufnehmen

Webseiten, die Sie nützlich oder unterhaltsam finden, nehmen Sie mit einem Klick auf die Schaltfläche zum Hinzufügen von Favoriten in Ihre persönliche Favoritenliste auf. Wählen Sie im daraufhin angezeigten Menü den Befehl *Zu Favoriten hinzufügen*. Oder noch schneller: Drücken Sie einfach [Strg]+[D], wenn Sie sich eine nützliche Webseite merken wollen.

PROFITIPP

Im Menü finden Sie außerdem den Befehl *Registerkartengruppe zu Favoriten hinzufügen*. Er ist nur wählbar, wenn Sie mindestens zwei Webseiten geöffnet haben, und fügt dann alle gerade geöffneten Webseiten in die Favoritenliste ein. Klicken Sie später in der Favoritenliste auf diesen Eintrag, werden alle Webseiten gleichzeitig geöffnet.

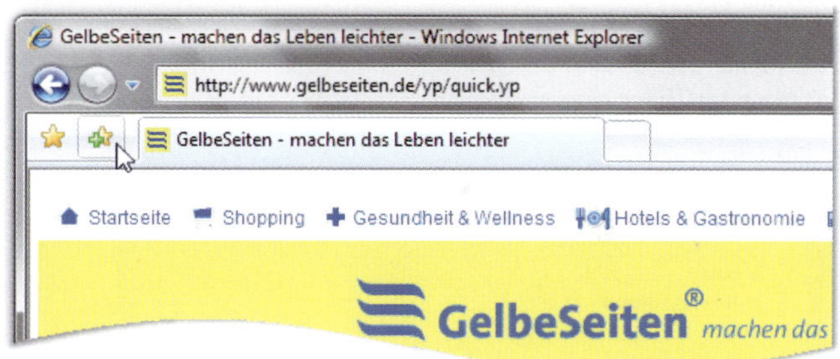

Abbildung 24.20 Eine Webadresse merken und den Favoriten hinzufügen

Es öffnet sich das Dialogfeld *Favorit hinzufügen* und möchte wissen, wo und unter welchem Namen Sie die Webseitenadresse abspeichern wollen. Hier sollten Sie einen Moment überlegen, denn wenn Sie einfach auf *Hinzufügen* klicken, wird Ihre Favoritenliste schnell unübersichtlich und damit nutzlos.

Im Feld *Name* trägt der Internet Explorer den Namen der Webseite ein, so wie er in der Titelleiste der Webseite vermerkt ist. Unter genau diesem Namen finden Sie die Webseite später in der Favoritenliste wieder und deshalb sollten Sie ihn durch einen kurzen und prägnanten Begriff ersetzen.

Darunter finden Sie das Listenfeld *Erstellen in*. Damit können Sie die Webseite einer Themengruppe zuordnen.

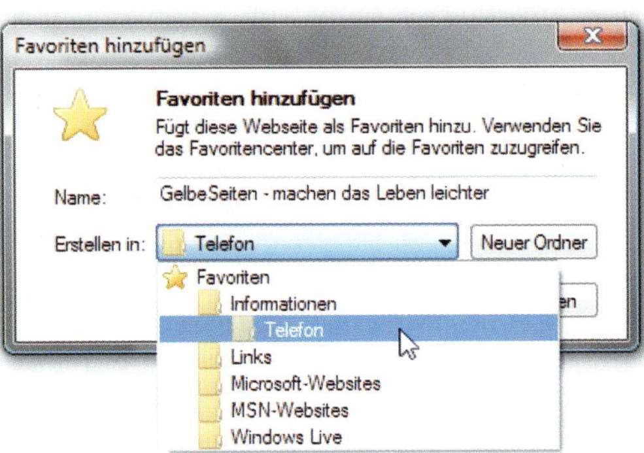

Abbildung 24.21 Eine Webseite als neuen Favoriten hinzufügen

Tipp

Möchten Sie Ihre Favoriten nachträglich entrümpeln oder umorganisieren, klicken Sie auf das Favoritensymbol mit dem Pluszeichen und wählen im Menü den Eintrag *Favoriten verwalten*.

Jetzt öffnet sich ein größeres Dialogfeld, in dem alle Favoritenordner und die darin gespeicherten Favoriten angezeigt werden und sich mit den darin enthaltenen Schaltflächen verschieben, umbenennen oder löschen lassen. Außerdem zeigt Ihnen das Dialogfeld bei einem Link interessante Details an, zum Beispiel, wie häufig Sie diese Webseite (über diesen Link) besucht haben.

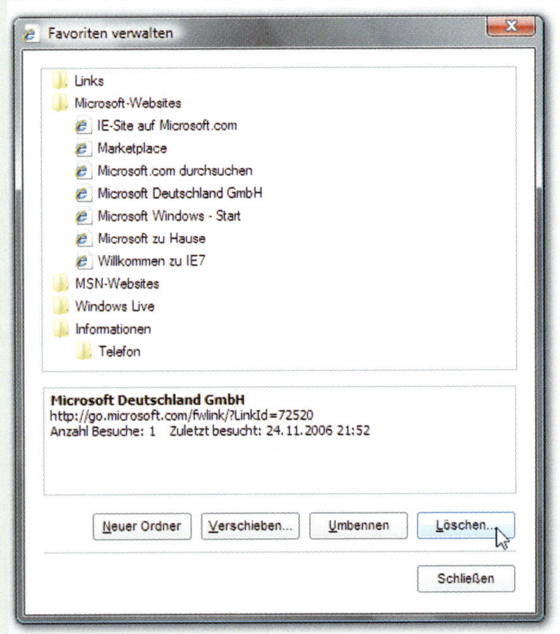

Abbildung 24.22 Favoritenliste nachträglich entrümpeln oder neu organisieren

Möchten Sie eine neue Themengruppe anlegen, klicken Sie auf die Schaltfläche *Neuer Ordner* und geben der Themengruppe einen Namen. Mit dem Listenfeld *Erstellen in* legen Sie fest, wo Sie Ihren neuen Ordner anlegen wollen. Verschachtelte Themengruppen, also Unterordner in Themenordnern, sind erlaubt.

Favoriten importieren und exportieren

Favoriten können von einem Computer auf einen anderen übertragen, an Kollegen weitergegeben oder im Internet veröffentlicht werden. Das funktioniert, weil der Internet Explorer Ihre Favoriten auf Wunsch in Form einer HTML-Datei als Webseite speichert. Diese HTML-Datei können Sie öffnen und anzeigen, im Internet veröffentlichen oder auf einem anderen Computer wieder in den Internet Explorer einlesen und so Ihre Favoritensammlung übertragen.

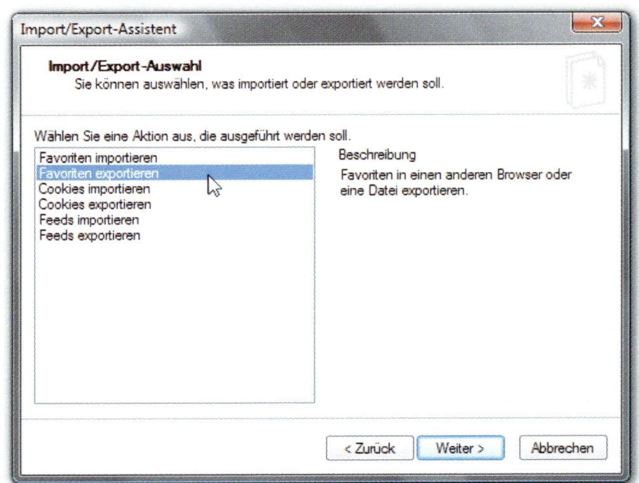

Abbildung 24.23 Favoriten auf einen anderen Computer übertragen

1. Klicken Sie in der Symbolleiste auf das Favoritensymbol mit dem Plus-Zeichen. Im Menü wählen Sie den Befehl *Importieren und Exportieren*.
2. Klicken Sie im daraufhin gestarteten Assistenten auf *Weiter*. Wählen Sie in der Auswahlliste des folgenden Fensters den Eintrag *Favoriten exportieren* und klicken Sie auf *Weiter*.
3. Legen Sie fest, welche Favoriten exportiert werden sollen. Möchten Sie alle Favoriten exportieren, klicken Sie auf den obersten Ordner. Wollen Sie nur ein bestimmtes Thema exportieren, klicken Sie auf den entsprechenden Themenordner. Bestätigen Sie anschließend mit *Weiter*.

4. Wählen Sie die Option *In Datei oder Adresse exportieren.* Im Feld ist bereits der Dateiname *bookmark.htm* vorgegeben. Klicken Sie auf *Weiter* und *Fertig stellen.*

Der Internet Explorer hat aus Ihren Favoriten jetzt eine HTML-Datei erstellt, die Sie sich so anschauen können:

1. Öffnen Sie das Startmenü und wählen Sie *Dokumente*, um den gleichnamigen Ordner zu öffnen. Falls Sie die Datei *bookmark.htm* bereits sehen können, öffnen Sie sie per Doppelklick. Ansonsten lassen Sie sich von der Schnellsuche helfen und tippen oben rechts ins Schnellsuchfeld den Begriff »bookmark« ein.
2. Der Internet Explorer öffnet die HTML-Seite wie eine Webseite und Sie sehen Ihre Favoriten, die jetzt wie Internetlinks angezeigt werden. Sie funktionieren auch so, und wenn Sie einen Favoriten in der Liste anklicken, wird die passende Webseite angezeigt.

Tipp

Wenn Sie die HTML-Seite vom Assistenten aus direkt auf einem Webserver speichern oder nachträglich dorthin kopieren, könnten Sie mit wenigen Klicks Ihre persönlichen aktuellen Linkempfehlungen sogar weltweit veröffentlichen.

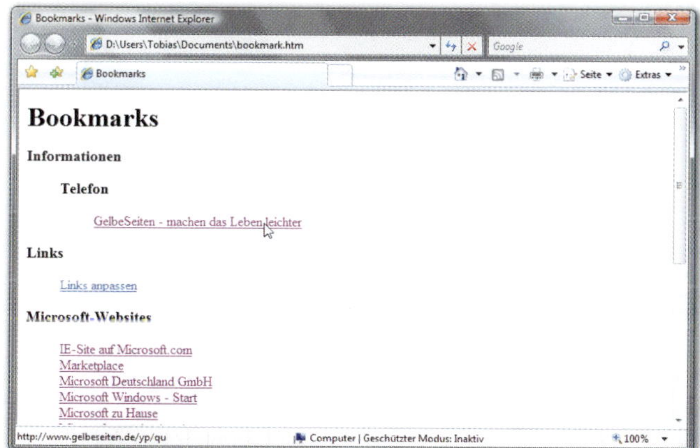

Abbildung 24.24 Ihre Favoriten werden automatisch in eine voll funktionsfähige HTML-Seite konvertiert

Um die nun als HTML-Seite konservierten Webadressen auf einem anderen Computer wieder als Favoriten einzulesen, gehen Sie genauso vor wie eben und wählen diesmal im Dialogfeld in Abbildung 24.23 den Eintrag *Favoriten importieren.*

Tipp

Auch Internet-Cookies und RSS-Feeds können auf diese Weise exportiert und auf einem anderen Computer importiert werden. Dabei speichert der Internet Explorer die Cookies als Textdatei und die Feeds als so genannte *.opml*-Datei. Diesem Dateityp ist zwar keine Anwendung zugeordnet, aber auch sie kann im Editor geöffnet werden und entpuppt sich dabei als reine Textdatei, die die RSS-Nachrichtenquellen speichert.

Feeds – Schlagzeilen lesen

RSS-Feeds sind Newsticker, die von bestimmten Webseiten als besonderer Service angeboten werden.

Feeds erkennen und anzeigen

Ob eine Webseite einen Feed anbietet, verrät ein kleines orangefarbenes Symbol in der Symbolleiste des Internet Explorers. Sobald Sie nämlich zu einer Webseite surfen, sucht der Internet Explorer vollautomatisch nach Feeds.

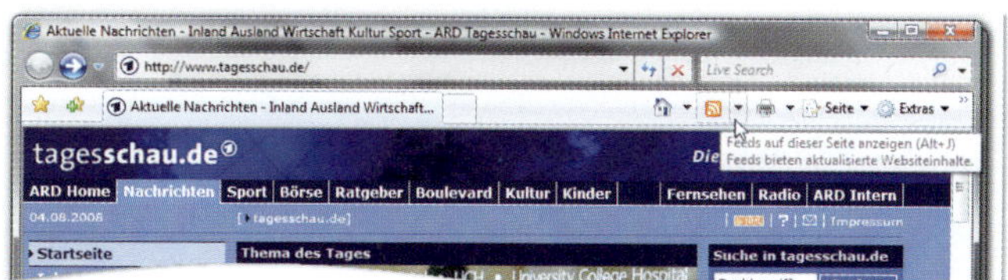

Abbildung 24.25 Feeds in Webseiten werden automatisch ermittelt und angeboten

1. Öffnen Sie den Internet Explorer, drücken Sie Strg+O, um das *Öffnen*-Dialogfeld anzuzeigen, tippen Sie die Webadresse **www.tagesschau.de** ein und bestätigen Sie mit der ↵-Taste.
2. Wenig später wird die Webseite eines Nachrichtenmagazins angezeigt. Außerdem färbt sich das Feed-Symbol orange und zeigt an, dass diese Webseite einen Feed bereitstellt.
3. Klicken Sie auf das Symbol. Der Feed wird jetzt als Webseite angezeigt und Sie können sich anschauen, welche Informationen dort für Sie abrufbar sind.

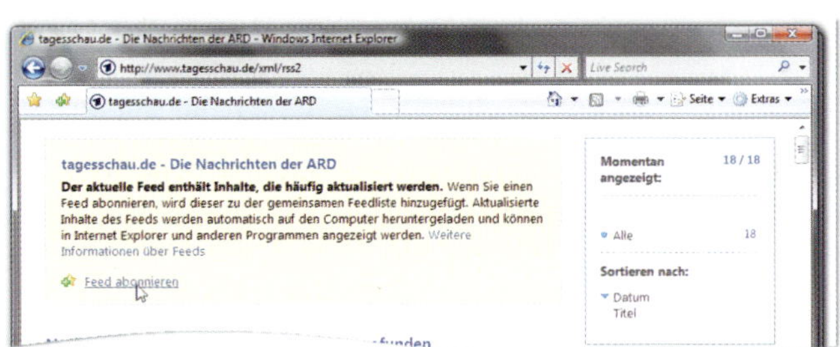

Abbildung 24.26 Einen Feed im Internet Explorer anzeigen

So sehen Sie auf einen Blick, ob es interessante Neuigkeiten gibt. Jede Meldung beginnt mit einer Überschrift. Darunter steht, wie alt die Meldung ist, und darauf folgt eine kurze Zusammenfassung.

Feeds abonnieren

Im oberen Bereich der Feed-Darstellung finden Sie außerdem einen gelben Kasten, mit dem Sie den Feed »abonnieren« können. »Abonnieren« heißt nicht etwa, dass Sie nun Geld dafür bezahlen müssen, sondern nur, dass sich der Internet Explorer diesen Feed merkt und alle Neuerungen an diesem Feed automatisch für Sie aus dem Internet lädt.

Hinweis

Der gelbe Kasten wird nicht angezeigt, wenn Sie diesen Feed bereits abonniert haben.

Um einen Feed zu abonnieren, klicken Sie auf den Link *Feed abonnieren*. Es öffnet sich ein Dialogfeld, in dem Sie dem Feed einen Namen geben und festlegen, in welchem Themenordner er gespeichert werden soll. Das funktioniert so ähnlich wie mit Ihren Lieblingswebseiten und den Favoriten, von denen Sie bereits im vorherigen Abschnitt gelesen haben.

Möchten Sie später einen abonnierten Feed öffnen, klicken Sie auf das Favoritensymbol in der Symbolleiste des Internet Explorers – oder drücken ganz einfach `Strg`+`J`. Das Favoritencenter öffnet sich und zeigt alle abonnierten Feeds an. Um einen Feed anzuzeigen, klicken Sie darauf.

Tipp

Bewegen Sie die Maus über einen abonnierten Feed im Favoritencenter, sehen Sie, wann dieser Feed zum letzten Mal überprüft und wie viele neue Mitteilungen darin seit der letzten Überprüfung gefunden wurden. Möchten Sie einen Feed jetzt sofort überprüfen, klicken Sie auf die beiden drehenden blauen Pfeile am rechten Rand der Zeile.

Möchten Sie einen Feed aus der Liste der abonnierten Feeds entfernen, klicken Sie mit der rechten Maustaste im Favoritencenter auf den Feed und wählen Sie im Kontextmenü den Eintrag *Löschen*.

Sie können die Überwachungseinstellungen eines Feeds auch ändern. Dazu klicken Sie den Feed im Favoritencenter mit der rechten Maustaste an und wählen im Kontextmenü den Eintrag *Eigenschaften*.

Feeds in der Sidebar anzeigen

Richtig praktisch werden RSS-Feeds, wenn Sie sie in der Sidebar direkt auf dem Desktop anzeigen. So haben Sie die neuesten Schlagzeilen ständig im Blick und brauchen erst gar nicht auf Webseiten danach zu suchen.

Fügen Sie dazu der Sidebar wie in Kapitel 2 beschrieben die Minianwendung *Feedschlagzeilen* hinzu. Danach klicken Sie in die Minianwendung, um die Schlagzeilen Ihrer abonnierten RSS-Feeds anzeigen zu lassen.

Abbildung 24.27 Feedschlagzeilen in der Sidebar auf dem Desktop

Klicken Sie auf eine Schlagzeile im Newsticker, öffnet sich ein Vorschaufenster. Klicken Sie darin auf die Überschrift, wird die zugehörige Webseite im Internet Explorer geöffnet.

Suchen und Finden

Das Suchfeld am rechten oberen Rand des Internet Explorers ist zwar nur klein, aber ausgesprochen leistungsfähig. Dahinter verbergen sich nämlich Suchanbieter wie *Live Search*, *Google* oder auch *Wikipedia*, mit denen Sie im Internet zu Ihren Stichwörtern schnell die richtigen Antworten finden.

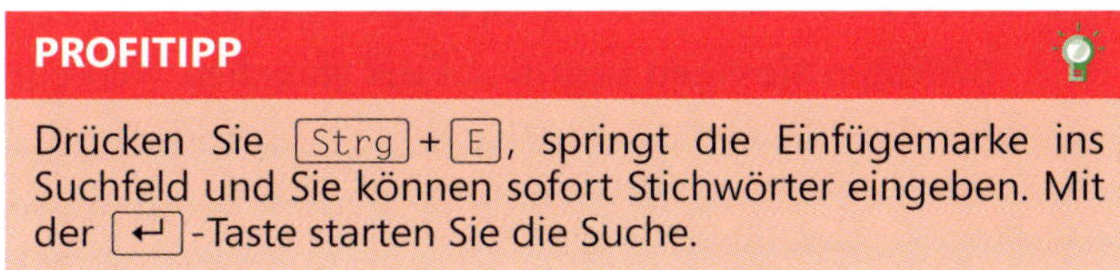

PROFITIPP

Drücken Sie [Strg]+[E], springt die Einfügemarke ins Suchfeld und Sie können sofort Stichwörter eingeben. Mit der [↵]-Taste starten Sie die Suche.

Andere Suchanbieter hinzufügen

Welcher Suchanbieter bei Ihnen als Standard verwendet wird, zeigt das Suchfeld in der rechten oberen Ecke an, solange es leer ist.

So fügen Sie einen neuen Suchanbieter hinzu:

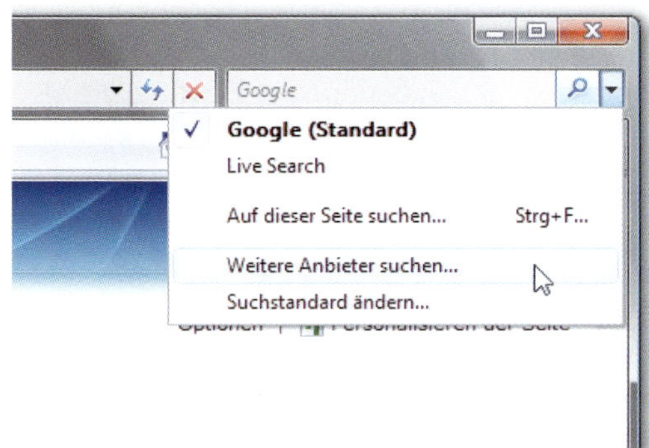

Abbildung 24.28 Einen neuen Suchanbieter hinzufügen

1. Klicken Sie auf die Pfeil-Schaltfläche am rechten Rand der Schnellsuchleiste. Ein Menü öffnet sich.
2. Klicken Sie auf *Weitere Anbieter suchen*. Der Internet Explorer öffnet eine Webseite, auf der Sie weitere Suchanbieter finden.
3. Klicken Sie auf den Suchanbieter, den Sie hinzufügen wollen. Sie können sogar Suchanbieter konfigurieren, die gar nicht in der Liste vorkommen, indem Sie in einem Kasten die nötigen Webadressen selbst angeben.
4. Ein Dialogfeld öffnet sich. Klicken Sie auf *Anbieter hinzufügen*, um den Suchanbieter zu installieren.

Tipp

Wenn Sie im Dialogfeld die Option *Als Standardsuchanbieter festlegen* wählen, wird der neue Anbieter automatisch Ihr neuer Standard und ist gewählt, wenn Sie neue Fenster im Internet Explorer öffnen.

Andernfalls wählen Sie den Suchanbieter, den Sie verwenden wollen, von Fall zu Fall aus und klicken dazu auf den Pfeil am rechten Rand des Suchfelds. Hier können Sie über *Suchstandard ändern* auch nachträglich den Standardsuchanbieter ändern.

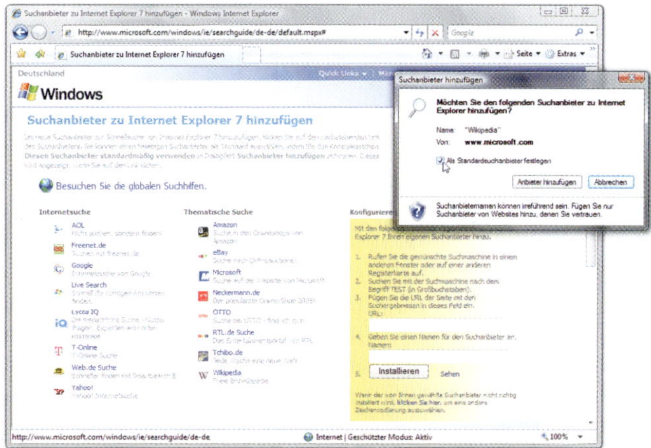

Abbildung 24.29 Einen neuen Suchanbieter hinzufügen

Webseiten zu einem Thema finden

Vielleicht wollen Sie einen Bekannten anrufen, haben aber dessen Telefonnummer gerade nicht parat. Ein Fall für die Telefonauskunft im Internet also. Nur, wo fand man die noch gleich?

1. Schauen Sie ins Schnellsuchfeld des Internet Explorers. Es nennt Ihnen den augenblicklich aktiven Suchanbieter. Wenn es kein Internet-Suchanbieter wie *Windows Live* oder *Google* ist, klicken Sie zuerst auf den Pfeil am rechten Rand des Schnellsuchfelds und klicken dann auf einen geeigneten Suchanbieter für das Internet.
2. Geben Sie nun ins Schnellsuchfeld **Telefonauskunft** ein und drücken Sie die [↵]-Taste.
3. Die Suchseite liefert nun alle Webseiten rund um dieses Stichwort und einer der ersten gefundenen Links führt Sie direkt zur Telefonauskunft der Telekom.

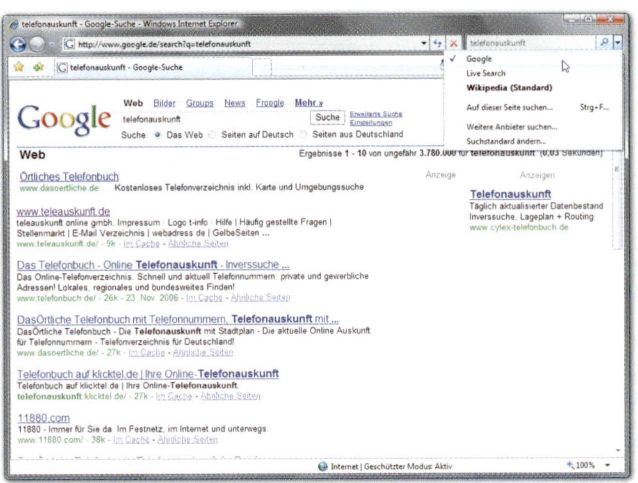

Abbildung 24.30 Mit wenigen Klicks die Telefonauskunft finden

In der Online-Enzyklopädie nachschlagen

»Wikipedia« ist der Name einer kostenlosen Online-Enzyklopädie, an der jeder mitarbeiten und diese erweitern kann. Sie erhalten hier deshalb zwar keine Garantie für absolut fehlerfreie Beiträge, aber die Qualität ist enorm. Suchen Sie also nach der Erklärung für einen speziellen Begriff oder wollen sonstige Fakten nachschlagen, ist Wikipedia der richtige Suchanbieter.

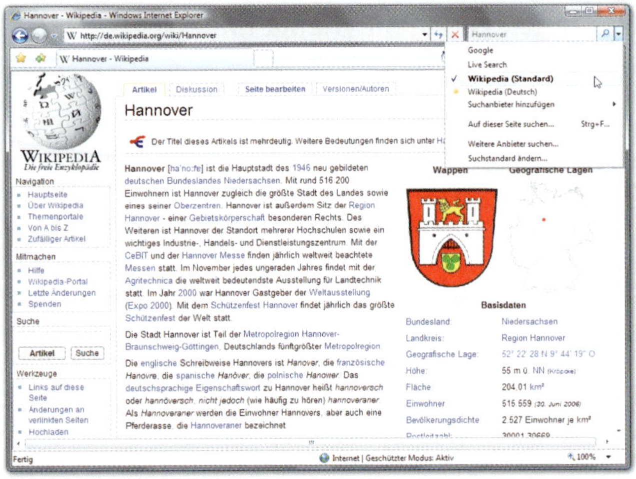

Abbildung 24.31 Mit dem Wikipedia-Suchanbieter in der Online-Enzyklopädie nachschlagen

Tipp

Es lohnt sich, die verschiedenen Suchanbieter auszuprobieren! Haben Sie sich zum Beispiel den *Amazon*-Suchanbieter installiert, können Sie damit blitzschnell Bücher finden. Geben Sie einfach den Autor, einen Teil des Titels oder die ISBN-Nummer als Suchbegriff ein.

Informationen auf der Webseite finden

Möchten Sie einen Begriff auf der aktuellen Webseite finden, klicken Sie entweder auf den Pfeil am rechten Rand der Schnellsuchleiste und wählen *Auf dieser Seite suchen*, oder noch einfacher: Sie drücken [Strg]+[F]. Ein Suchdialog öffnet sich. Geben Sie den gesuchten Begriff ein und bestätigen Sie mit der [↵]-Taste. Schon findet der Internet Explorer den Begriff auf der aktuellen Webseite und markiert ihn – oder meldet, dass der Begriff gar nicht vorhanden ist.

Hinweis 

Die Suche beginnt immer an der aktuellen Cursorposition. Wenn Sie die ganze Seite durchsuchen wollen, dann klicken Sie vor der Suche sicherheitshalber an den Anfang der Seite. Gefunden werden außerdem nur Begriffe, die als Text auf der Seite vorkommen. Ist der Begriff Teil einer Grafik, wird er natürlich nicht entdeckt.

Downloads aus dem Internet

Tatsächlich ist alles, was Sie im Internet Explorer anklicken, ein Download. Selbst ein Link auf eine andere Webseite lädt vom angegebenen Webserver zunächst nur Daten herunter. Was damit anschließend geschieht, hängt jeweils von der Art der Daten ab.

Handelt es sich um HTML-Daten, aus denen Webseiten gemacht sind, kümmert sich der Internet Explorer selbst darum und zeigt die Webseite an. Damit dabei nichts Schlimmes passieren kann, greifen jetzt all die Sicherheitsvorkehrungen, von denen Sie im Abschnitt »Die neuen Sicherheitsfunktionen« weiter vorne in diesem Kapitel gelesen haben.

Er verhindert zum Beispiel, dass Skriptcode in den HTML-Daten eigenmächtig Aktionen ausführt, und blockiert deshalb automatisch einsetzende Downloads oder das Öffnen zusätzlicher Fenster. Stattdessen sehen Sie eine gelbe Hinweisleiste, auf die Sie klicken können, um zum Beispiel einem Download zuzustimmen.

Abbildung 24.32 Eigenmächtige Aktionen werden den Webseiten zunächst verwehrt

Ebenso gut könnten Sie den Internet Explorer aber auch beauftragen, den HTML-Code einer Webseite nicht anzuzeigen, sondern abzuspeichern. Klicken Sie einen Link mit der rechten Maustaste an und wählen im Kontextmenü den Eintrag *Speichern unter*, wird der HTML-Code in einer beliebigen Datei gespeichert. Selbst einfache Links sind also lediglich Downloads.

PDF-Dateien und andere Dokument-Typen

Klicken Sie auf einen Link, der auf einen anderen Dokumenttyp verweist, zum Beispiel auf ein PDF-Dokument, kann der Internet Explorer diese Informationen möglicherweise nicht selbst anzeigen. Deshalb sucht er automatisch nach geeigneten Programmen auf Ihrem Computer, die das können. Anschließend öffnet er das Dialogfeld *Dateidownload*.

Abbildung 24.33 Ein Word-Dokument aus dem Internet mit Microsoft Office Word öffnen

Wurde der Internet Explorer fündig, erscheint ein Dialogfeld wie in Abbildung 24.33 und meldet, welches Programm diese Daten öffnen und anzeigen kann. Außerdem blendet das Dialogfeld im unteren Bereich ein Symbol ein, das Ihnen verrät, wie riskant es ist, diese Daten zu öffnen.

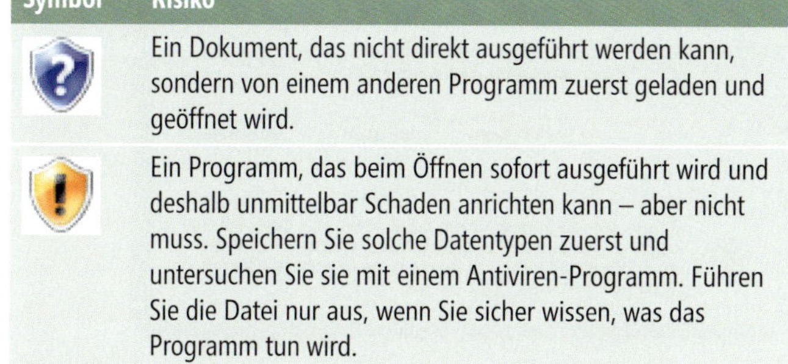

Symbol	Risiko
(Fragezeichen-Schild)	Ein Dokument, das nicht direkt ausgeführt werden kann, sondern von einem anderen Programm zuerst geladen und geöffnet wird.
(Ausrufezeichen-Schild)	Ein Programm, das beim Öffnen sofort ausgeführt wird und deshalb unmittelbar Schaden anrichten kann – aber nicht muss. Speichern Sie solche Datentypen zuerst und untersuchen Sie sie mit einem Antiviren-Programm. Führen Sie die Datei nur aus, wenn Sie sicher wissen, was das Programm tun wird.

Tabelle 24.5 Verschiedene Dateitypen, die im Internet heruntergeladen werden können

Ist kein geeignetes Programm auf Ihrem Computer vorhanden, um diesen Dateityp anzuzeigen, erscheint ein Dialogfeld und bietet mit der Schaltfläche *Suchen* an, nach einem geeigneten Programm zu suchen.

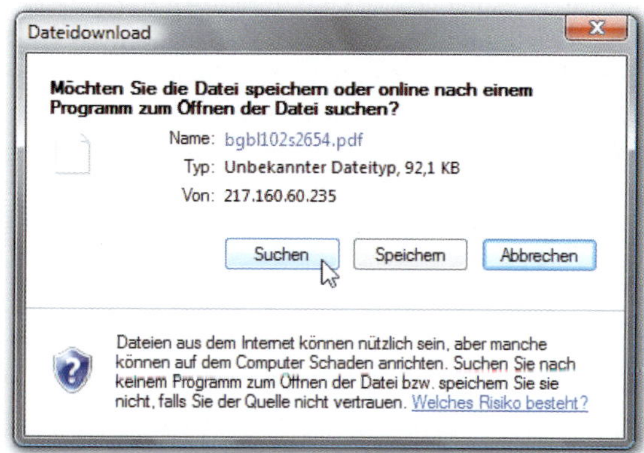

Abbildung 24.34 Falls das geeignete Programm für einen Dateityp noch fehlt, können Sie danach suchen

Sie werden anschließend zu einer Webseite umgeleitet, die nähere Informationen über das benötigte Programm liefert, und von hier könnten Sie zum Beispiel im Fall von PDF-Dokumenten den benötigten PDF-Reader herunterladen.

Programme und ausführbare Dateien

Weil Programme ausführbar sind und meist sofort etwas unternehmen, sobald Sie sie öffnen, sieht das Dialogfeld hier anders aus als in Abbildung 24.33 und zeigt im unteren Bereich ein Warnsymbol an.

Abbildung 24.35 Seien Sie besonders vorsichtig, wenn Sie Programme aus dem Internet herunterladen

Speichern Sie Programme deshalb am besten mit einem Klick auf *Speichern*, lassen Sie sie nicht sofort mit *Ausführen* starten. Die gespeicherten Programme können Sie dann in Ruhe mit einem Antiviren-Programm untersuchen und wenn sicher ist, dass darin keine gefährlichen Inhalte schlummern, per Doppelklick öffnen und ausführen.

Es erscheint ein Dialogfeld, mit dem Sie festlegen, unter welchem Namen und an welchem Ort die Datei gespeichert wird. In den Vorgaben werden Downloads in Ihrem persönlichen *Download*-Ordner aufbewahrt. Den erreichen Sie zum Beispiel, indem Sie rechts oben im Startmenü auf Ihren Anmeldenamen klicken und dann den Ordner *Download* öffnen.

Wollen Sie einen anderen Ordner zum Speichern festlegen, klicken Sie auf *Ordner durchsuchen* und wählen den Ordner aus.

Danach beginnt die Dateiübertragung und das Dialogfeld zeigt Ihnen den Fortschritt der Übertragung an.

Schalten Sie das Kontrollkästchen *Dialogfeld nach Beendigung des Downloads schließen* nicht aus, bleibt das Dialogfeld nach dem Download geöffnet, und das ist praktisch. Jetzt nämlich wird die Schaltfläche *Ordner öffnen* wählbar und wenn Sie darauf klicken, öffnet Vista automatisch den *Download*-Ordner und markiert die heruntergeladene Datei für Sie.

Sie könnten die Datei jetzt zum Beispiel mit der rechten Maustaste anklicken und schauen, ob Ihr Antiviren-Programm im Kontextmenü der Datei eine Prüffunktion anbietet.

Wenn Sie nach der Prüfung das Programm per Doppelklick öffnen und damit starten, tritt eine letzte Sicherheitshürde in Aktion. Bei Programmen, die digital signiert sind, erscheint eine Warnung mit gelbem Symbol und weist darauf hin, dass es gefährlich sein kann, ein ungeprüftes Programm aus dem Internet auszuführen.

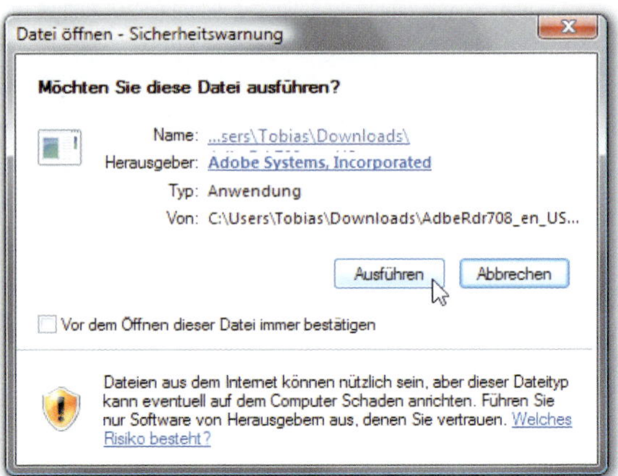

Abbildung 24.36 Programme aus dem Internet zeigen beim Start eine Warnung an

Ist das Programm nicht digital signiert, ist das Risiko einer Infektion mit bösartiger Software sogar noch größer und das Symbol im Dialogfeld ist rot. Solche Programme sollten Sie nur installieren, wenn Sie dem Herausgeber vertrauen und besser noch das Programm mit einem Antiviren-Programm getestet haben.

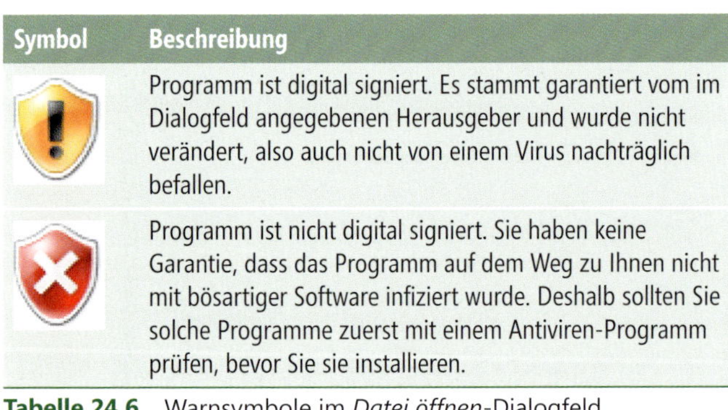

Symbol	Beschreibung
	Programm ist digital signiert. Es stammt garantiert vom im Dialogfeld angegebenen Herausgeber und wurde nicht verändert, also auch nicht von einem Virus nachträglich befallen.
	Programm ist nicht digital signiert. Sie haben keine Garantie, dass das Programm auf dem Weg zu Ihnen nicht mit bösartiger Software infiziert wurde. Deshalb sollten Sie solche Programme zuerst mit einem Antiviren-Programm prüfen, bevor Sie sie installieren.

Tabelle 24.6 Warnsymbole im *Datei öffnen*-Dialogfeld

Diese letzte Sicherheitswarnung aus Abbildung 24.36 erscheint nur bei Programmen, die Sie aus dem Internet heruntergeladen haben. Sie werden beim Herunterladen nämlich mit einer unsichtbaren Markierung versehen, die auf die besonders riskante Herkunft dieser Dateien hinweist.

Wichtig ist die Markierung nicht nur wegen der Sicherheitswarnungen, sondern auch, weil die Markierung noch viel weitreichendere Folgen haben kann.

Haben Sie zum Beispiel eine ZIP-Datei heruntergeladen, ist auch diese mit der Download-Markierung versehen. Die

ZIP-Datei an sich ist kein riskanter Datentyp, weil die ZIP-Datei beim Öffnen nur ihren Inhalt anzeigt, aber nichts ausführt. Dafür sind ausführbare Programme und Skripts, die sich in der ZIP-Datei befinden, gesperrt und können nicht geöffnet werden.

Aus diesem Grund müssen ZIP-Dateien, die Sie aus dem Internet heruntergeladen haben, zuerst von der Markierung befreit werden. Dazu klicken Sie die heruntergeladene Datei mit der rechten Maustaste an und wählen im Kontextmenü den Befehl *Eigenschaften*.

Im Dialogfeld klicken Sie dann unten rechts auf *Zulassen*. Die Markierung wird entfernt, und die besonderen Sicherheitsmeldungen und Blockierungen entfallen.

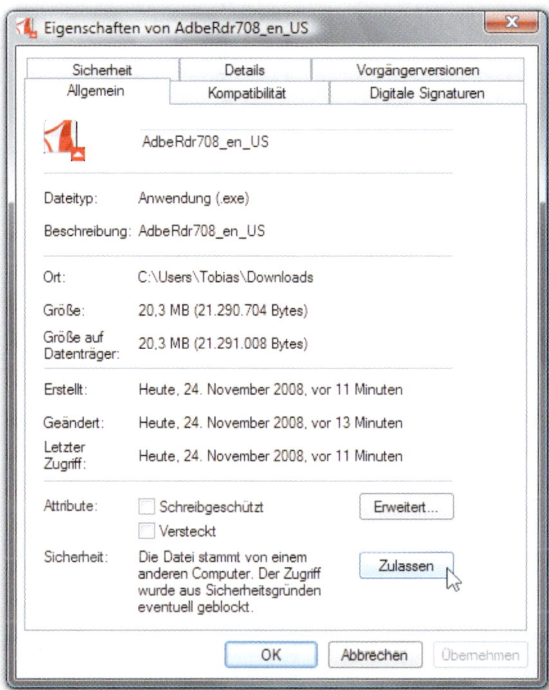

Abbildung 24.37 Heruntergeladene Dateien sind unsichtbar markiert

Webseiten drucken oder speichern

In früheren Versionen des Internet Explorers war der Druck von Webseiten nicht optimal gelöst. Teilweise passte die Webseite nicht ganz auf den Ausdruck und wichtige Teile wurden abgeschnitten. Außerdem gingen beim Druck sämtliche Links verloren, auf die die Webseite verwies. Diese Einschränkungen gibt es beim neuen Internet Explorer nicht mehr.

PROFITIPP 

Haben Sie eine interessante Webseite entdeckt und möchten Ihre Freunde oder Kollegen darauf hinweisen, klicken Sie in der Symbolleiste des Internet Explorers auf *Seite* und wählen dann *Link über E-Mail senden* oder *Seite über E-Mail senden*.

Eine Webseite ausdrucken

So gehen Sie vor, um eine Webseite auszudrucken:

1. Navigieren Sie zu der Webseite, die Sie ausdrucken wollen, und warten Sie, bis die Seite vollständig angezeigt wird.
2. Klicken Sie in der Symbolleiste auf den Pfeil am rechten Rand der *Drucken*-Schaltfläche. Wählen Sie im daraufhin geöffneten Menü den Befehl *Druckvorschau*.
3. Die Seite wird nun im Dialogfeld *Druckvorschau* angezeigt. Überprüfen Sie in der Vorschau, ob die Seite vollständig angezeigt wird oder ob Bereiche abgeschnitten sind. Falls ja, öffnen Sie das Listenfeld *An Größe anpassen* und wählen eine andere Vergrößerungsstufe aus, bis die Seite optimal auf die Druckseite passt.
4. Legen Sie fest, ob Sie die Webseite mit Kopf- und Fußzeile ausdrucken möchten oder nicht. Um die Kopf- und Fußzeilen auszublenden, klicken Sie auf die entsprechende Schaltfläche in der Symbolleiste.
5. Um den Ausdruck zu starten, klicken Sie auf das *Drucker*-Symbol. Das Dialogfeld *Drucken* erscheint. Wählen Sie darin zuerst den Drucker aus, auf dem Sie ausdrucken möchten. Wollen Sie die Webseite auf »elektronisches Papier« drucken, wählen Sie den Drucker *Microsoft XPS Document Writer* aus. Klicken Sie dann auf *Drucken*.
6. Falls Sie keinen »echten« Drucker ausgewählt haben, sondern die Webseite in eine Datei drucken, erscheint ein weiteres Dialogfeld und fragt, wo Sie die Druckdatei speichern wollen.

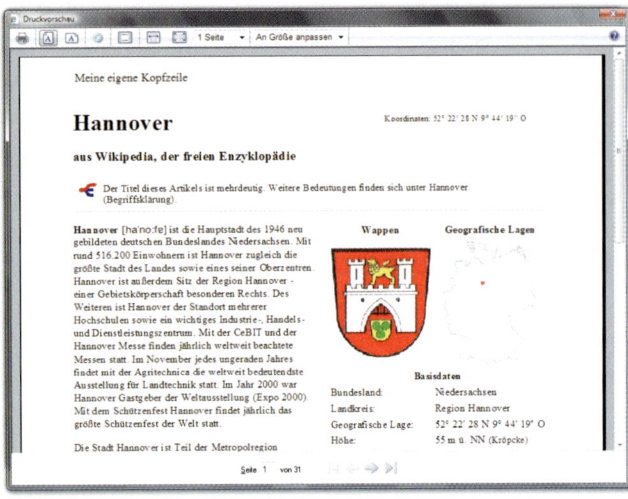

Abbildung 24.38 Ausdruck in der Druckvorschau vorbereiten

Symbol	Beschreibung
	Ausdruck starten
	Hoch- oder Querformat wählen
	Erweiterte Einstellungen öffnen
	Kopf- und Fußzeilen ein- und ausblenden
	Ansicht auf Seitenbreite oder Vollbild einstellen
1 Seite	Anzahl der angezeigten Seiten (bis zu 12)
An Größe anpassen	Vergrößerungs- oder Verkleinerungsfaktor für den Ausdruck festlegen
Wie in der Bildschirmansicht	Auswahl des Frames, den Sie drucken wollen (nur bei Webseiten mit Frames)

Tabelle 24.7 Druckoptionen in der Druckvorschau

Einzelne Frames drucken

Manche Webseiten bestehen aus mehreren Bereichen, den so genannten »Frames«. Nicht immer will man die gesamte Webseite mit allen Frames drucken, denn manche Frames enthalten nur Werbung oder Navigationselemente, die für den Ausdruck ohnehin nur stören.

Möchten Sie einen einzelnen Frame drucken, klicken Sie mit der rechten Maustaste in den Bereich der Webseite, der Sie interessiert. Im Kontextmenü wählen Sie den Eintrag *Druckvorschau*.

Wieder öffnet sich das *Druckvorschau*-Dialogfeld und zeigt eine Vorschau der Webseite an. Handelte es sich tatsächlich um eine Webseite mit Frames, sehen Sie ein weiteres Listenfeld, in der *Wie in der Bildschirmansicht* ausgewählt ist.

Abbildung 24.39 Einen einzelnen Frame ausdrucken

Wählen Sie in der Liste den Eintrag *Nur ausgewählten Frame* aus, wird in der Vorschau nur noch derjenige Frame angezeigt, auf den Sie ursprünglich mit einem Rechtsklick der Maus das Kontextmenü geöffnet haben, mit dem Sie die Druckvorschau öffneten. Alle übrigen Frames werden nicht gedruckt. Dieser Eintrag fehlt im Listenfeld, wenn Sie vorher keinen Frame ausgewählt haben. Wählen Sie dagegen *Jeden Frame individuell*, wird jeder Frame der Webseite separat ausgedruckt.

Die Links einer Webseite mitdrucken

Beim Ausdruck einer Webseite gehen die Links verloren, die auf der Webseite angezeigt werden. Damit Sie trotzdem wissen, auf welche anderen Webseiten die ausgedruckte Webseite verweist, können Sie die Links als Liste mitdrucken.

Dazu gehen Sie zunächst vor wie eben und starten dann den Ausdruck mit einem Klick auf die *Drucken*-Schaltfläche. Im *Drucken*-Dialogfeld holen Sie anschließend jedoch die Registerkarte *Optionen* in den Vordergrund.

Hier aktivieren Sie das Kontrollkästchen *Liste der Links drucken* und klicken dann auf *Drucken*.

Achtung 

Schalten Sie besser nicht das Kontrollkästchen *Alle durch Links verbundenen Dokumente drucken* ein! Weil Webseiten in der Regel mit sehr vielen anderen Webseiten verbunden sind, würden Sie so wahrscheinlich unzählige Webseiten ausdrucken.

Der Internet Explorer druckt nun die Webseite und fügt daran eine Tabelle mit allen Links an, die auf der Webseite vorkommen.

In der ersten Spalte der Tabelle ist dabei der Name des Links vermerkt, so wie er auf der Webseite steht. In der zweiten Spalte folgt die Webadresse, auf die der Link verweist.

Shortcut Text	Internet Address
Click here to jump to main page content	http://www.microsoft.com/default.aspx#cArea
Microsoft Deutschland	http://g.msn.com/mh_mshp/98765?B6658AFD&http://www.microsoft.com/germany/&&HL=Microsoft%2bDeutschland&CM=Masthead&CE=geotargeting&wt_linkid=MGenusdede
Quick Links	javascript:void(0)
Worldwide	http://g.msn.com/mh_mshp/98765?894A82C6&http://go.microsoft.com/?linkid=4412891&&HL=Worldwide&
Windows	http://g.msn.com/mh_mshp/98765?D75BC992&http://www.microsoft.com/windows/default.mspx&&HL=Wi
Office	http://g.msn.com/mh_mshp/98765?8D839E6D&http://office.microsoft.com/home/default.aspx&&HL=Office
Servers	http://g.msn.com/mh_mshp/98765?97F6BB94&http://www.microsoft.com/windowsserversystem/default.mspx&&HL=Servers+&CM=Navigat
Developer Tools	http://g.msn.com/mh_mshp/98765?D4D75315&http://msdn.microsoft.com/&&HL=Developer+Tools&CM=
Business Solutions	http://g.msn.com/mh_mshp/98765?1EC9ED1D&http://www.microsoft.com/businesssolutions/default.mspx&&HL=Business+Solutions&CM=
Games & Xbox	http://g.msn.com/mh_mshp/98765?59FDCC6B&http://www.microsoft.com/games/default.aspx&&HL=Game 26+Xbox&CM=Navigation&CE=productFamilies
	www.msn.com&&HL=MSN&CM=Navigation

Abbildung 24.40 Auf Wunsch druckt der Internet Explorer alle Links der Webseite mit aus

Webseiten speichern

Der einfachste Weg, um Webseiten zu speichern, geht genau denselben Weg wie beim Drucken. Wenn Sie die Webseite drucken, wählen Sie allerdings als Drucker den *Microsoft XPS Document Writer* aus. Das Ergebnis ist eine *.xps*-Datei, die Sie per Doppelklick öffnen können. Sie zeigt Ihnen die Webseite genauso an, wie sie bei einem Ausdruck auf Papier aussehen würde.

Hinweis

.xps-Dateien werden erst ab Windows Vista unterstützt. Besitzer von Windows XP müssen zuerst die kostenlose XPS-Erweiterung von Microsoft herunterladen und installieren, um XPS-Dokumente öffnen und anzeigen zu können. Mehr dazu erfahren Sie in Kapitel 46.

Nach wie vor können Sie Webseiten aber auch in einem der klassischen Formate abspeichern. Dazu klicken Sie in der Symbolleiste des Internet Explorers auf *Seite*. Im zugehörigen Menü wählen Sie den Befehl *Speichern unter*.

Das Dialogfeld *Webseite speichern* öffnet sich und Sie können über das Listenfeld *Dateityp* festlegen, wie die Webseite gespeichert werden soll:

- **Webseite, komplett** Die Webseite wird einschließlich aller darin eingebetteter Ressourcen wie zum Beispiel Bildern heruntergeladen und gespeichert. Das Ergebnis ist eine HTML-Datei sowie ein Unterordner, der die übrigen Bestandteile der Webseite enthält. Weil die gespeicherte Webseite nun aus mehreren Einzeldateien besteht, ist sie etwas unhandlich, bietet aber eine maximale Kompatibilität und kann von beliebigen Webeditoren geöffnet werden.
- **Webarchiv, einzelne Datei** Der Internet Explorer verpackt die Webseite einschließlich aller darin enthaltenen Ressourcen in einer einzelnen Datei vom Typ *.mht*. Diese einzelne Datei ist wesentlich handlicher, kann aber nur noch vom Internet Explorer geöffnet und angezeigt werden.
- **Webseite, nur HTML** Hierbei wird nur die Webseite selbst als einzelne HTML-Datei gespeichert. Alle übrigen Inhalte wie zum Beispiel Bilder oder Skripts werden nicht gespeichert. Deshalb erscheint die Webseite ohne Internetverbindung nur verstümmelt, zeigt aber zumindest den darin enthaltenen Text an.

Windows CardSpace

Immer wieder werden Sie im Internet und von Programmen nach persönlichen Daten wie zum Beispiel Ihrer Anschrift gefragt. Und je mehr Sie in der Onlinewelt unterwegs sind – einkaufen, recherchieren, Onlinebanking betreiben – desto mehr Benutzernamen und Kennwörter werden Sie sich merken müssen.

Damit dies künftig sicherer und einfacher wird, enthält Windows Vista mit *Windows-CardSpace* einen besonders geschützten Speicherbereich für persönliche Informationen und Kennwortanmeldungen.

Weil diese Technik noch sehr neu ist, gibt es noch nicht viele Webseiten, die diese Technik unterstützen. Damit Sie aber vorbereitet sind, wenn eine Webseite zur Anmeldung plötzlich eine »Karte« sehen will, schauen Sie sich nun an, wie Windows-CardSpace funktioniert.

Tipp 

Da CardSpace im kostenlosen .NET Framework 3.0 enthalten ist, können Sie diese Technik auch bei älteren Windows-Versionen nachrüsten.

CardSpace-Informationskarten vorlegen

Sicher kennen Sie das: Webseiten möchten, dass Sie persönliche Daten wie zum Beispiel Ihre Adresse eingeben. Oder Sie sollen sich mit einem Benutzernamen und Kennwort ausweisen. All das mussten Sie sich bisher mühsam merken und dann von Hand jedes Mal eingeben.

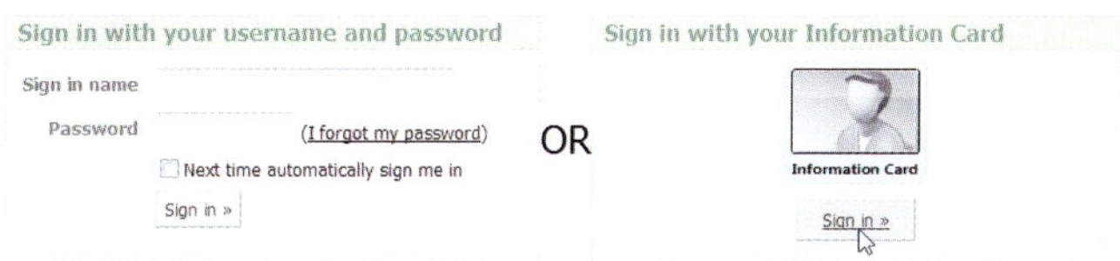

Abbildung 24.41 Anmeldung klassisch oder mit Informationskarte

Moderne Webseiten können stattdessen auch eine »Informationskarte« anfordern. Ein Beispiel sehen Sie in Abbildung 24.41. Die Webseite lässt Ihnen die Wahl, ob Sie sich links lieber klassisch durch Eingabe eines Benutzernamens und Kennworts ausweisen oder lieber rechts eine Informationskarte vorlegen wollen.

Sobald Sie sich dafür entscheiden, eine Informationskarte vorzulegen, wird der Bildschirm dunkel, und ein sonderbares Fenster erscheint. Sie befinden sich jetzt auf dem *Sicheren Desktop*, der übrigens auch erscheint, wenn die Benutzerkontensteuerung nachfragt, ob Sie Administratorrechte erteilen wollen.

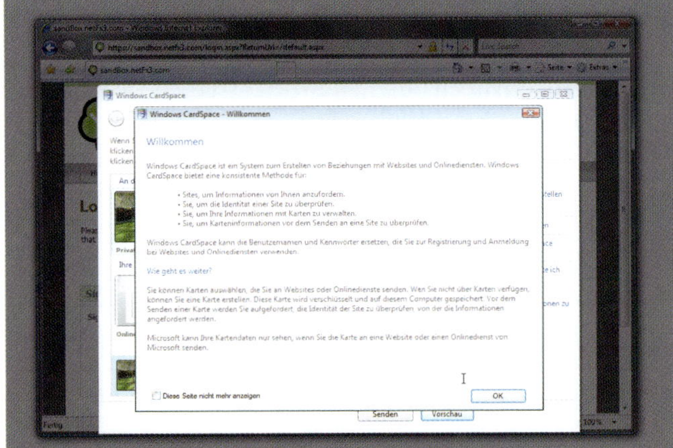

Abbildung 24.42 CardSpace erscheint auf dem sicheren Desktop

CardSpace begrüßt Sie und stellt sich kurz vor. Aktivieren Sie das Kontrollkästchen *Diese Seite nicht mehr anzeigen*, wenn Sie künftig die Einleitung überspringen wollen.

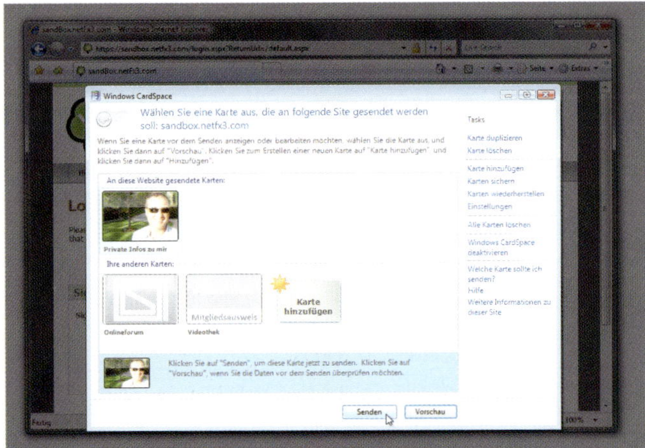

Abbildung 24.43 Wählen Sie die Informationskarte aus, die Sie der Webseite präsentieren wollen

Danach öffnet sich Ihr geschützter Speicher mit Ihren Informationskarten.

Anfangs ist Ihr Kartenspeicher natürlich noch leer, aber Sie können über die rechte Spalte mit dem Link *Karte hinzufügen* Karten für die verschiedensten Zwecke anlegen und auch Karten von Firmen wie Online-Videotheken oder grundsätzlich Webseiten erhalten, die eine Anmeldung verlangen.

So behalten Sie die Übersicht, welche Informationen Sie an das Internet geben wollen. Sobald Sie auf *Senden* klicken, wird die ausgewählte Karte an die Webseite gesendet und CardSpace schließt sich wieder.

Tipp

Falls Karten in der Übersicht abgedunkelt erscheinen und nicht wählbar sind, wissen Sie, dass diese Karten (noch) nicht alle Informationen enthalten, die die Webseite von der Informationskarte fordert. Sie können solche Karten dann zur Bearbeitung öffnen und werden in roter Schrift auf die Informationen aufmerksam gemacht, die Sie noch vervollständigen müssten, um die Karte mit dieser Website einzusetzen.

Wo kommen Informationskarten her?

Bis jetzt konnten Sie Informationen mit Informationskarten an andere Programme oder Webseiten weitergeben. Die nächste Frage ist, wo Informationskarten eigentlich her kommen und wie man diese Karten auch dazu verwenden kann, um sich an normalerweise kennwortgeschützten Webseiten anzumelden, ohne selbst ein Kennwort eingeben zu müssen. Dazu öffnen Sie CardSpace von Hand, um Ihre Informationskarten zu verwalten. So gehen Sie vor:

1. Öffnen Sie das Startmenü und tippen Sie ins Suchfeld »card« ein.
2. Wenig später findet das Startmenü *Windows-CardSpace* und zeigt es links oben an. Klicken Sie auf den Link.
3. Wieder erscheint CardSpace im speziell abgesicherten Desktop und Sie können Ihre Informationskarten verwalten.

CardSpace öffnet sich und zeigt die Informationskarten an, die sich bereits in Ihrem Kartenspeicher befinden. Klicken Sie in der rechten Spalte auf *Karte hinzufügen*.

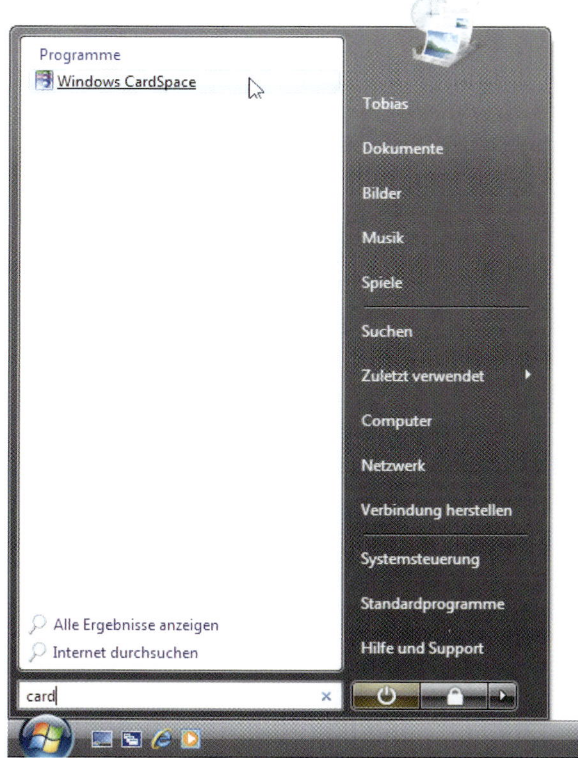

Abbildung 24.44 CardSpace aus dem Startmenü aufrufen

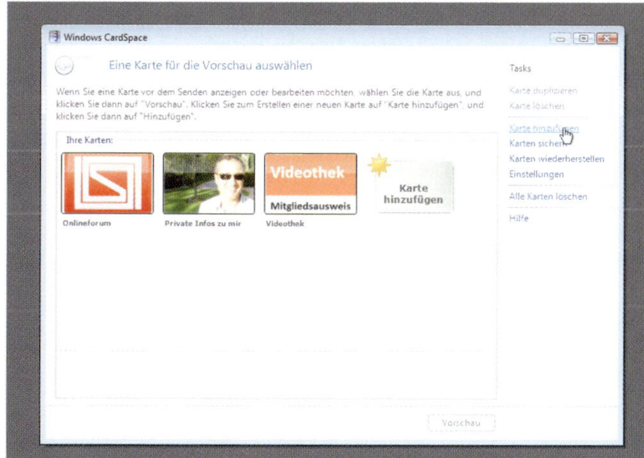

Abbildung 24.45 Alle Informationskarten in Ihrem Kartenspeicher

Nun werden Sie gefragt, was für eine Karte Sie hinzufügen wollen. Zur Auswahl stehen zwei Arten:

- **Persönliche Karte (Visitenkarte)** Diese Karte dürfen Sie selbst ausstellen und auch selbst bestimmen, welche Informationen Sie in der Karte hinterlegen. Solche Karten nutzen Sie dann später, um Webseiten grundlegende Informationen über Sie mitzuteilen – zum Beispiel Ihre Anschrift – ohne diese jedes Mal von Hand eingeben zu müssen. Sie können persönliche Karten auch bei einer Webseite registrieren und sie danach zur Anmeldung bei dieser Webseite verwenden. So werden aus Ihren Visitenkarten nachträglich Mitgliedsausweise.
- **Verwaltete Karte (Mitgliedsausweis)** Verwaltete Karten werden für Sie ausgestellt, zum Beispiel von einer Online-Videothek oder einer anderen Firma. Sie erhalten die Karte dann als Datei und können sie in Ihren Kartenspeicher einlesen. Weil diese Karte fälschungssicher ist, können Sie sich damit sofort bei den Angeboten der Firma anmelden. Aber auch andere Firmen fragen vielleicht nach solchen offiziellen Mitgliedskarten, wenn Sie beispielsweise als Mitglied eines Automobilclubs Rabatt bei einer Autovermietung bekommen wollen.

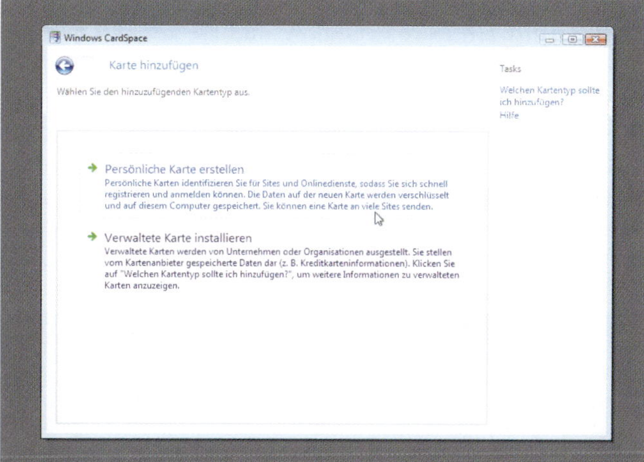

Abbildung 24.46 Hier bestimmen Sie, welche Art von Informationskarte Sie anlegen wollen

Informationskarte mit einer Webseite verknüpfen

Weil sich jeder persönliche Informationskarten ausstellen kann, können Sie diese im Gegensatz zu verwalteten Karten nicht sofort zur Anmeldung bei Webseiten verwenden. Mit einem Trick allerdings schon.

Dazu melden Sie sich zuerst auf klassische Weise bei der Webseite an, weisen sich also mit Ihrem geheimen Kennwort aus. Anschließend kann die Webseite in Ihren Benutzereinstellungen die Möglichkeit bieten, Ihr Konto mit einer Informationskarte zu verknüpfen.

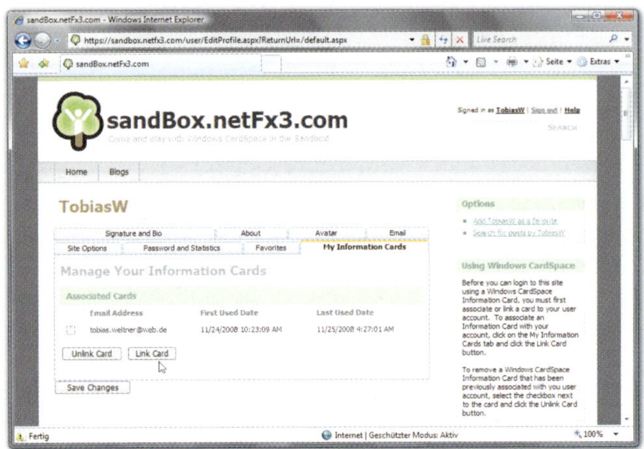

Abbildung 24.47 Ein Online-Benutzerkonto mit einer Informationskarte verknüpfen

Wieder tritt CardSpace in Aktion, und Sie können sich die persönliche Informationskarte aussuchen, die künftig mit dieser Webseite verknüpft sein soll.

Allerdings stellt die Webseite bestimmte Bedingungen an die Informationskarte und verlangt wahrscheinlich, dass bestimmte Pflichtangaben darin eingetragen sind. Falls diese fehlen, zeigt Ihnen CardSpace an, welche Angaben noch fehlen, und Sie brauchen sie dann nur zu vervollständigen.

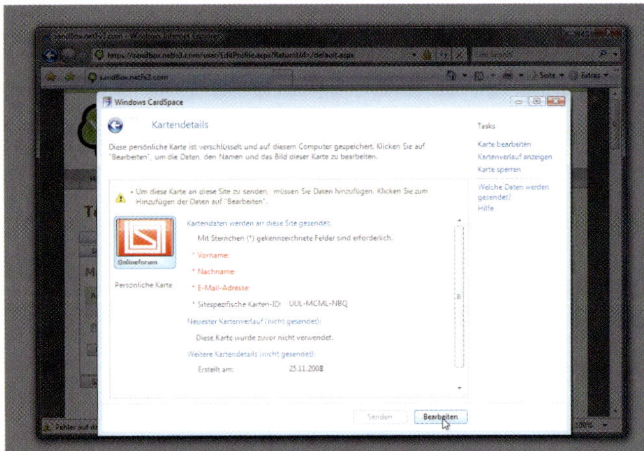

Abbildung 24.48 Die Website verlangt zur Anmeldung einige zusätzliche Angaben, die Sie vervollständigen können

Anschließend senden Sie die Karte an die Website. Sie ist nun autorisiert und künftig brauchen Sie nur diese Karte vorzulegen, wenn Sie den kennwortgeschützten Bereich der Website besuchen wollen.

Sicherheitskopien anlegen

Es ist eine gute Idee, Ihre in CardSpace hinterlegten digitalen Identitäten zu sichern. So können Sie die Karten wiederherstellen, falls Ihr Computer beschädigt wird oder abhanden kommt. Sie können die Karten so auch auf einem weiteren Computer einrichten, falls Sie mehrere verwenden.

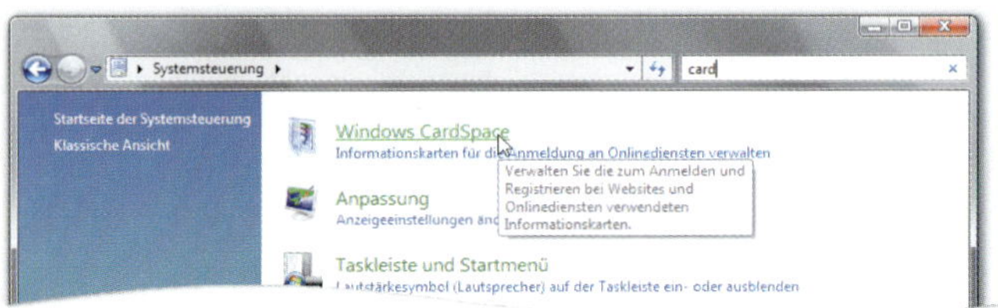

Abbildung 24.49 Windows CardSpace in der Systemsteuerung öffnen

1. Wählen Sie im Startmenü den Eintrag *Systemsteuerung* und tippen Sie in der Systemsteuerung im Schnellsuchfeld in der rechten oberen Ecke den Begriff »cardspace« ein.
2. Wenig später ist *Windows CardSpace* gefunden. Klicken Sie darauf. Der sichere Desktop wird aktiviert.
3. Klicken Sie nun in der rechten Spalte auf *Karten sichern*. Ein Assistent startet, speichert alle Karten in einer Datei und verlangt zum Schutz ein Kennwort. Verwahren Sie die Datei an einem sicheren Ort.

Möchten Sie die gesicherten Karten später wiederherstellen, gehen Sie genauso vor und klicken diesmal auf den Link *Karten wiederherstellen*. Geben Sie die Datei an, in der die Karten gesichert wurden, und weisen Sie sich mit dem Kennwort aus, das Sie bei der Sicherung angegeben haben.

Tastenkombinationen

Der Internet Explorer enthält wie kaum ein anderes Programm zahlreiche Tastenkombinationen, um Funktionen schnell und ohne Maus zu erreichen. Die wichtigsten Tastenkombinationen haben wir für Sie hier zusammengestellt.

Tastenkombination	Beschreibung
Strg+Klick	Öffnet den angeklickten Link im Hintergrund als neue Seite. Die aktuelle Seite bleibt aktiv.
Strg+⇧+Klick	Öffnet den angeklickten Link auf einer neuen Registerkarte und wechselt auf diese neue Seite

Tabelle 24.8 Tastenkombinationen des Internet Explorers

Tastenkombination	Beschreibung
Strg + T	Öffnet eine neue leere Registerkarte beziehungsweise zeigt die Startseite darauf an
Alt + ↵	Öffnet in der Adressleiste oder Suchleiste die angegebene Webadresse auf einer neuen Registerkarte
Strg + Q	Öffnet die Miniaturvorschau sämtlicher Registerkarten zur schnellen Umschaltung
Strg + ⇆	Wechselt zur nächsten Registerkarte
Strg + *n*	Wechselt zu einer bestimmten Registerkarte, wobei *n* eine Zahl zwischen 1 und 8 sein darf
Strg + 9	Wechselt zur letzten Registerkarte
Strg + W	Schließt die aktuelle Registerkarte. Wenn nur eine Registerkarte geöffnet war, wird das Fenster geschlossen.
Alt + F4	Schließt alle Registerkarten und den Internet Explorer
Strg + Alt + F4	Schließt alle Registerkarte mit Ausnahme der aktuellen
Klick auf Link	Öffnet den Link auf einer neuen Registerkarte
F11	Vollbildmodus ein- und ausschalten
Alt + Pos1	Startseite anzeigen
Alt + →	Vorwärts
Alt + ←	Zurück
⇧ + F10	Menü anzeigen

Tabelle 24.8 Tastenkombinationen des Internet Explorers *(Fortsetzung)*

Tastenkombination	Beschreibung
Strg + F	Suchdialog anzeigen, um Stichwörter auf der aktuellen Seite zu finden
F5	Seite aktualisieren
Strg + F5	Seite auf jeden Fall aktualisieren, auch wenn die Seite im Pufferspeicher vorliegt
Strg + O	Neue Webadresse eingeben
Strg + N	Neues Browserfenster öffnen und aktuelle Seite darin anzeigen
Strg + P	Seite drucken
Strg + I	Favoritenmenü öffnen (+Umschalt = Andocken)
Strg + H	Verlauf öffnen (+Umschalt = Andocken)
Strg + J	Feeds öffnen (+Umschalt = Andocken)
Strg + +	10% vergrößern
Strg + -	10% verkleinern
Strg + E	Schnellsuchfeld markieren
Alt + ↵	Suchabfrage in neuem Fenster öffnen
Strg + ↓	Liste der Suchprovider öffnen
F4	Adressleiste markieren und Auswahl anzeigen
Strg + ↵	Fügt in der Adressleiste *www.* und *.com* dem Begriff hinzu
Strg + D	Aktuelle Seite zu den Favoriten hinzufügen
Strg + B	Favoriten verwalten

Tabelle 24.8 Tastenkombinationen des Internet Explorers *(Fortsetzung)*

Zusammenfassung

Mit dem Internet Explorer navigieren Sie zu Webseiten und laden Dateien und Programme aus dem Internet herunter. Dabei schützen Sie zahlreiche Sicherheitsmechanismen vor Angriffen oder Betrugsversuchen.

Die neuen Registerkarten erlauben Ihnen, mehrere Webseiten gleichzeitig zu besuchen, ohne dabei die Übersicht zu verlieren. Und mit den neuen Druckfunktionen drucken Sie interessante Teile einer Webseite entweder auf Papier oder speichern die Webseite als Datei. Interessante »Fundstücke« lassen sich sogar per E-Mail an Freunde und Bekannte schicken.

Darüber hinaus kann der Internet Explorer RSS-Newsfeeds verwalten, die Sie danach in der Sidebar als Newsticker laufen lassen, und integriert das neue *Windows CardSpace*, mit dem Sie Anmeldedaten, Kennwörter und persönliche Informationen verwalten, die Sie im Internet oder für Onlinedienste benötigen.

Sie möchten ...	So gehen Sie vor	Sehen Sie sich dazu das Beispiel an auf
prüfen, ob eine Internetverbindung besteht	Schauen Sie in den Infobereich der Taskleiste und stellen Sie mit dem Netzwerksymbol eine Verbindung her	Seite 417
eine Webseite zu einem bestimmten Thema finden	Drücken Sie [Strg]+[E], geben Sie das Stichwort ein und drücken Sie [↵]	Seite 417
zur vorherigen Webseite zurückgehen	Klicken Sie auf den blauen nach links gerichteten Pfeil und wenn das nicht funktioniert, klicken Sie auf den Pfeil rechts davon und wählen Sie die Webseite aus einer Liste aus	Seite 417
eine Webseite auf einer neuen Registerkarte öffnen	Drücken Sie [Strg]+[T]	Seite 418
zu einer Webadresse surfen	Drücken Sie [Strg]+[O] und geben Sie die Webadresse ein	Seite 418
die Startseite ändern	Drücken Sie [Alt]+[M]	Seite 418
die Webseite bildschirmfüllend anzeigen	Drücken Sie [F11]	Seite 421
interessante Webseiten merken	Drücken Sie [Strg]+[D]	Seite 425
einen Newsfeed abonnieren	Klicken Sie auf das orangefarbene RSS-Symbol und abonnieren Sie den Feed	Seite 427
einen Newsfeed in der Seitenleiste anzeigen	Verwenden Sie die Minianwendung *Feedschlagzeilen*	Seite 428
mit verschiedenen Suchanbietern im Internet suchen	Klicken Sie auf den Pfeil rechts vom Schnellsuchfeld und wählen Sie einen Suchanbieter aus	Seite 429
einen Begriff auf der aktuellen Webseite finden	Drücken Sie [Strg]+[F]	Seite 430
eine Datei oder ein Programm sicher aus dem Internet herunterladen	Speichern Sie die Datei im *Download*-Ordner, untersuchen Sie sie mit einem Antiviren-Programm, entblocken Sie den Downloadschutz und öffnen Sie dann die Datei	Seite 430
eine Webseite ausdrucken	Klicken Sie auf den Pfeil rechts neben dem Drucker-Symbol und wählen Sie *Druckvorschau*	Seite 433
eine Webseite speichern	Drucken Sie die Webseite entweder mit dem *Microsoft XPS Document Writer*-Drucker oder klicken Sie in der Symbolleiste auf *Seite* und wählen Sie *Speichern unter*	Seite 435
sich mit einer CardSpace-Informationskarte anmelden	Wählen Sie die Informationskarte in Ihrem Kartenspeicher und senden Sie sie an die Webseite	Seite 435

Tobias Weltner

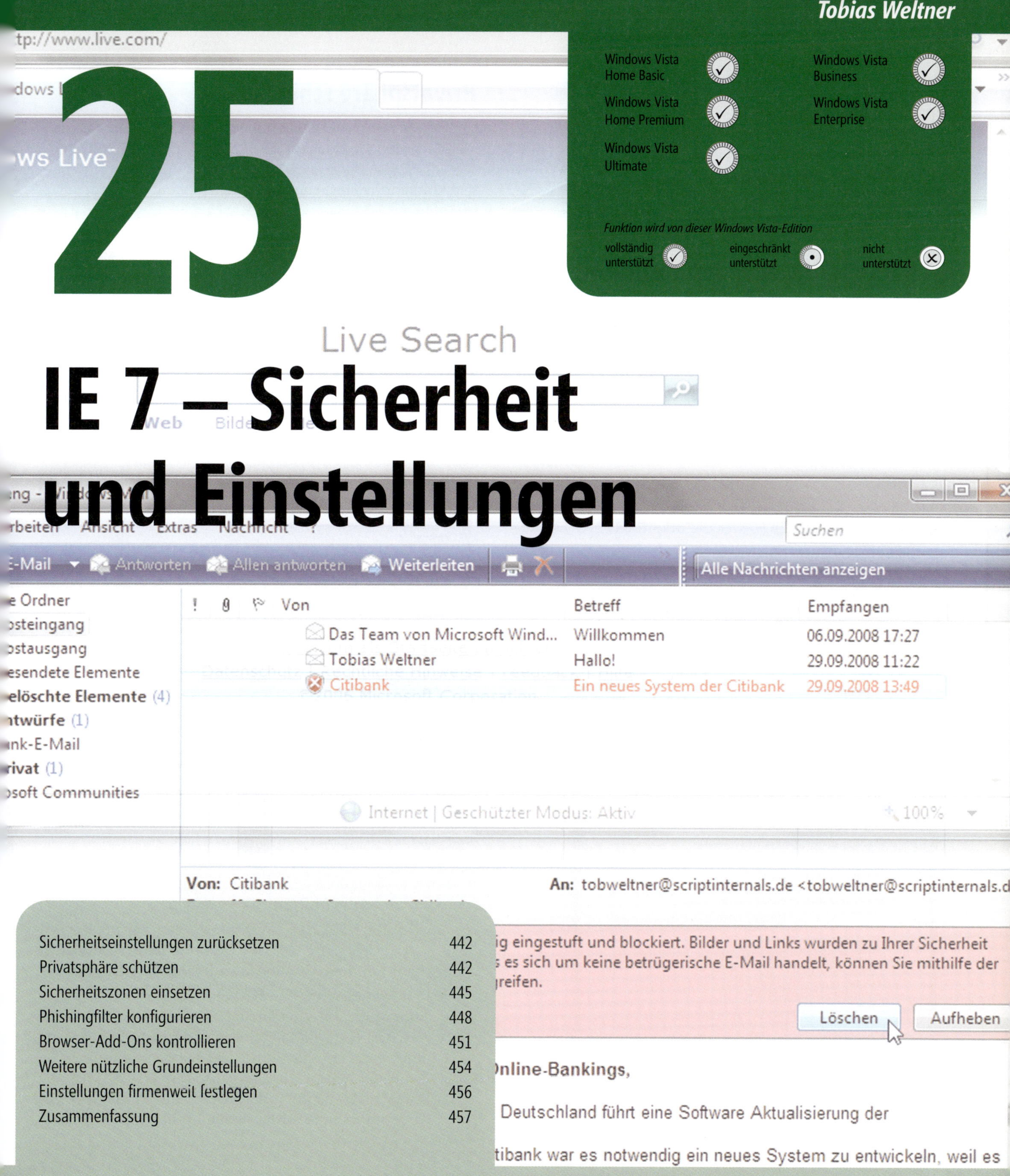

25 IE 7 – Sicherheit und Einstellungen

Der Internet Explorer bildet eine wichtige Sicherheitsbarriere zum Internet. Weil das Internet und seine Inhalte nicht kontrollierbar sind, kontrolliert der Internet Explorer für Sie zumindest die Daten, die Sie empfangen. Als Vorgabe sind alle Sicherheitseinstellungen aktiviert. In diesem Kapitel lesen Sie, welche Sicherheitseinstellungen es gibt, wie Sie die Einstellungen kontrollieren und gegebenenfalls anpassen.

Sicherheitseinstellungen zurücksetzen

Möchten Sie die Sicherheitseinstellungen des Internet Explorers auf die Standardvorgaben zurücksetzen, gehen Sie so vor:

1. Klicken Sie im Internet Explorer in der Symbolleiste auf *Extras* und wählen Sie den Eintrag *Internetoptionen*.
2. Aktivieren Sie im Dialogfeld die Registerkarte *Erweitert* und klicken Sie unten auf die Schaltfläche *Zurücksetzen*. Alle Einstellungen werden auf die Vorgaben zurückgesetzt.
3. Schließen Sie den Internet Explorer. Sobald Sie ihn neu starten, verwendet er wieder die ursprünglichen Einstellungen wie beim ersten Start.

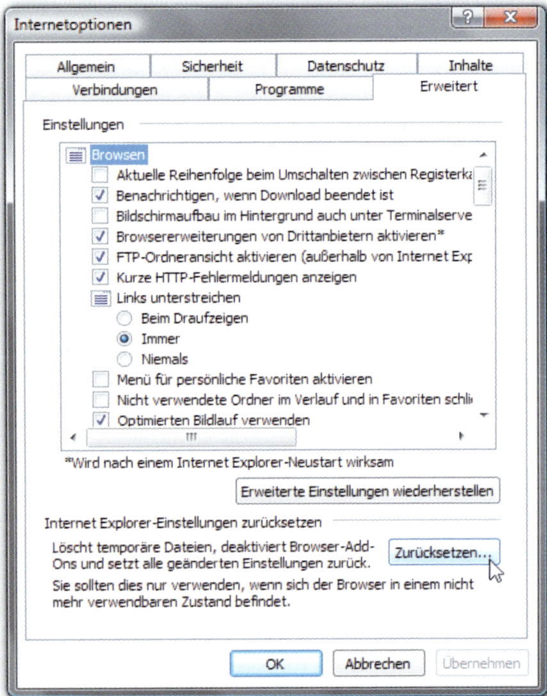

Abbildung 25.1 Alle Sicherheitseinstellungen des Internet Explorers auf die Vorgaben zurücksetzen

Privatsphäre schützen

Der Internet Explorer speichert die Adressen der zuletzt besuchten Webseiten, damit Sie über die Registerkarte *Verlauf* im Favoritencenter nachschlagen können, welche Seiten Sie kürzlich besucht haben.

Diese wie auch weitere sensible Informationen (zum Beispiel gespeicherte Eingaben für das AutoVervollständigen und gespeicherte Kennwörter) lassen sich löschen. Außerdem können Sie von vornherein festlegen, welche privaten Informationen der Internet Explorer überhaupt sammeln darf und welche nicht.

Personenbezogene Daten löschen

Möchten Sie alle Spuren Ihrer Besuche im Internet tilgen, gehen Sie so vor:

Abbildung 25.2 Hier bestimmen Sie, welche persönlichen Informationen der Browser vergessen soll

1. Klicken Sie in der Symbolleiste des Internet Explorers auf *Extras* und dann im Menü auf *Internetoptionen*.
2. Auf der Registerkarte *Allgemein* klicken Sie im Bereich *Browserverlauf* auf *Löschen*. Ein weiteres Dialogfeld erscheint, in dem Sie auswählen können, welche persönliche Daten der Internet Explorer »vergessen« soll:
   - **Temporäre Internetdateien** Der Internet Explorer speichert temporär alle Bilder und sonstigen Elemente der Webseiten, die Sie besucht haben. So können Sie die Seite später schneller anzeigen lassen, weil die Daten nicht erneut übertragen werden müssen. Ein Klick auf diese Schaltfläche löscht die zwischengespei-

cherten Daten, was erheblichen Speicherplatz freigeben kann.

- **Cookies** Webseiten speichern Informationen über Ihre Besuche in kleinen Textdateien auf Ihrem Computer, damit Sie von der Webseite wiedererkannt werden können. Cookies sind häufig die Grundlage für Warenkorbsysteme in Onlineshops und automatische Anmeldungen an kennwortgeschützten Webseiten. Löschen Sie die Cookies, erscheinen Sie für die Webseiten wie ein neuer Erstbesucher.
- **Verlauf** Alle Webadressen, die Sie besucht haben, werden in der Verlaufsliste gespeichert und erscheinen auf der Registerkarte *Verlauf* des Favoritencenters, damit Sie zu früher besuchten Webseiten zurückfinden können. Diese Informationen werden gelöscht, wenn Sie auf die Schaltfläche *Verlauf löschen* klicken.
- **Formulardaten** Geben Sie Informationen wie Ihren Namen oder Ihre E-Mail-Adresse in Formulare auf Webseiten ein, merkt sich der Internet Explorer diese Eingaben und ordnet sie den Formularfeldern zu. Wenn Sie das nächste Mal ein Formular ausfüllen müssen, schlägt der Internet Explorer Ihre früheren Eingaben erneut vor und spart Ihnen so Tipparbeit. Mit einem Klick auf die Schaltfläche *Formulare löschen* werden die gespeicherten Formulardaten gelöscht.
- **Kennwörter** Auch Kennwörter werden vom Internet Explorer gespeichert und automatisch erneut in Anmeldeformulare eingefügt, wenn Sie die kennwortgeschützte Webseite das nächste Mal besuchen. Diese Kennwörter können per Klick auf die Schaltfläche *Kennwörter löschen* entfernt werden.

Welche Daten sollen gespeichert werden?

Möchten Sie festlegen, welche personenbezogenen Daten künftig gespeichert werden, finden Sie die nötigen Einstellungen an verschiedenen Orten im Dialogfeld von Abbildung 25.3.

Temporäre Internetdateien

Klicken Sie im Bereich *Browserverlauf* auf *Einstellungen*, können Sie festlegen, ob der Internet Explorer Teile der besuchten Webseiten lokal speichern soll, um die Seiten schneller aufbauen zu können.

Wählen Sie die Option *Niemals*, werden keine temporären Internetdateien gespeichert. Im Feld darunter legen Sie fest, wie viel Speicherplatz der Internet Explorer für die temporären Internetdateien maximal verwenden darf.

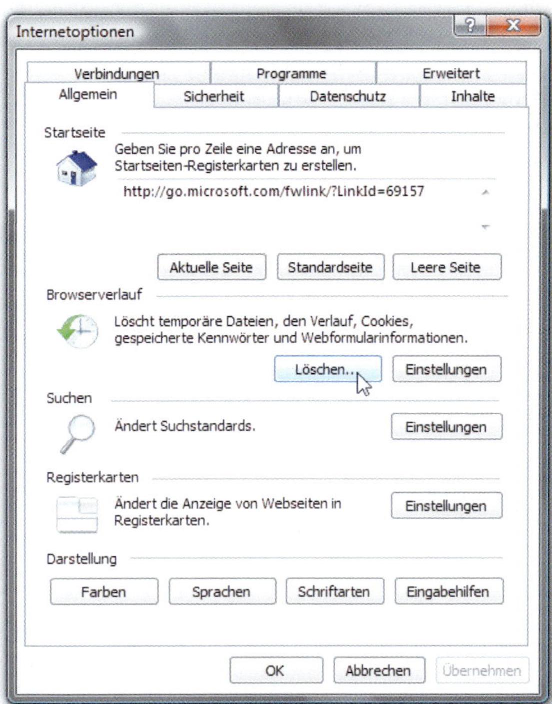

Abbildung 25.3 Klicken Sie auf Löschen, um personenbezogene Daten zu entfernen

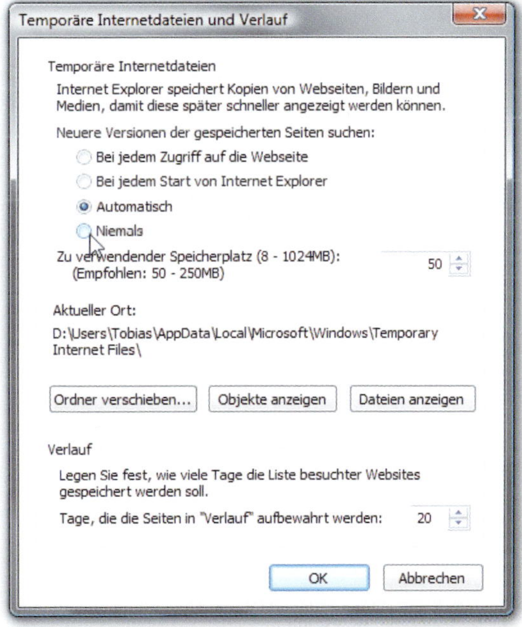

Abbildung 25.4 Festlegen, ob und wie viele temporäre Internetdateien zwischengespeichert werden

Verlauf

Im Bereich *Verlauf* darunter bestimmen Sie, ob sich der Internet Explorer die Webadressen merken soll, die Sie kürzlich besucht haben. Legen Sie im Feld fest, wie viele Tage sich der Internet Explorer daran »erinnern« soll, bevor er Webadressen aus seiner Verlaufsliste streicht.

Tipp

Wenn Sie den Verlauf ganz abschalten, schlägt der Internet Explorer bei der Eingabe von Webadressen keine Adressen mehr vor. Die Verlaufsdaten sind in Ihrem Benutzerkonto geschützt und können ohnehin nicht von anderen normalen Anwendern ausspioniert werden, es sei denn, Sie haben Ihr Benutzerkonto nicht mit einem Kennwort geschützt.

Administratoren können mit ihren besonderen Rechten die Verlaufsdaten lesen.

AutoVervollständigen

Die automatische Vervollständigung von Eingaben auf Webseiten spart Tipparbeit und ist zunächst ausgeschaltet. Sobald Sie die ersten Eingaben auf einer Webseite vornehmen, fragt der Internet Explorer allerdings nach, ob Sie die AutoVervollständigen-Funktion einschalten wollen.

Sie steuern die Funktion im Dialogfeld *Internetoptionen* über die Registerkarte *Inhalte*, indem Sie im Bereich *AutoVervollständigen* auf die Schaltfläche *Einstellungen* klicken.

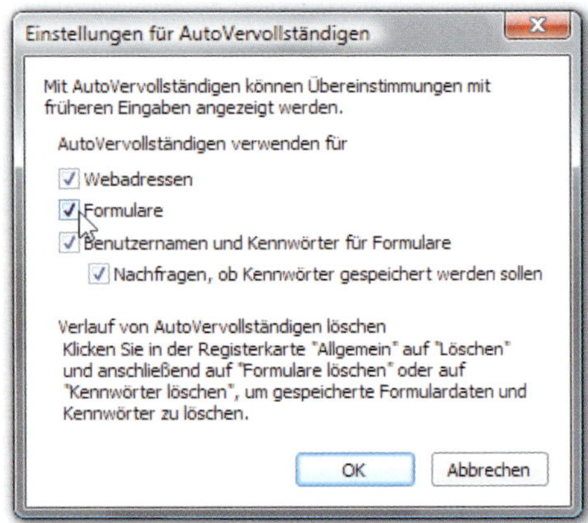

Abbildung 25.5 Legen Sie fest, welche Eingaben auf Webseiten gespeichert werden sollen

Auf Wunsch funktioniert das AutoVervollständigen für Webadressen, die Sie in die Adressleiste eingeben, für Formularfelder auf Webseiten sowie für Benutzernamen und Kennwörter bei kennwortgeschützten Webseiten.

Cookies

Ob Webseiten Cookies auf Ihrem Computer speichern dürfen, um Sie wiederzuerkennen, legen Sie im Dialogfeld *Internetoptionen* auf der Registerkarte *Datenschutz* fest.

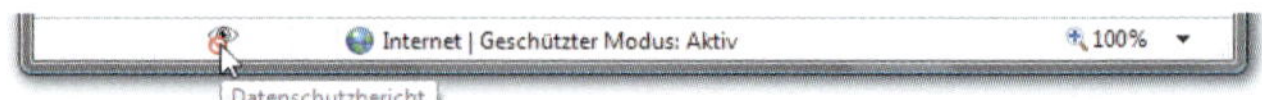

Abbildung 25.6 Dieses Warnsymbol zeigt an, dass Cookies der Webseite blockiert wurden

In den Voreinstellungen sind die Datenschutzeinstellungen für Webseiten der Internetzone auf *Mittel* eingestellt.

Einfache Cookies, die Webseiten zum Beispiel benötigen, um sich die Inhalte eines elektronischen Einkaufswagens zu merken, sind dabei erlaubt. Viele weitere Cookies werden allerdings blockiert, zum Beispiel solche von Drittanbietern, also zum Beispiel von Anzeigen, die auf einer Webseite von einem anderen Anbieter eingeblendet werden.

Sie erkennen sofort, wenn eine Webseite versucht, verbotene Cookies zu speichern. In diesem Fall erscheint in der Statusleiste des Internet Explorers ein Cookie-Symbol, das wie ein rotes Auge aussieht.

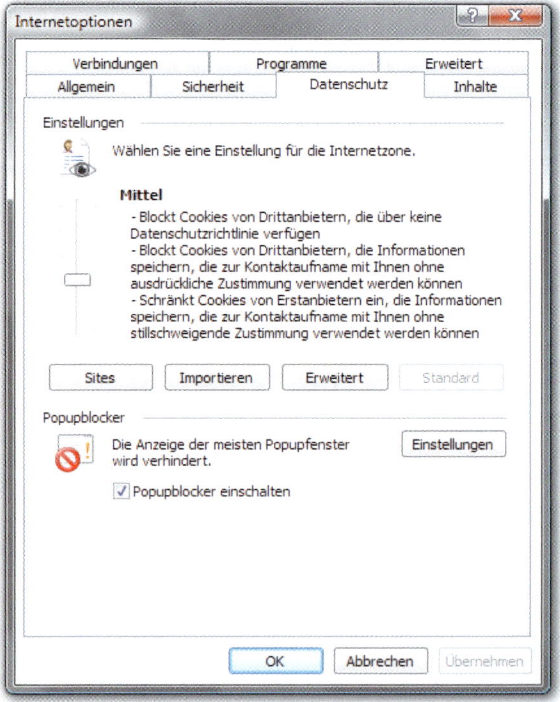

Abbildung 25.7 Sie bestimmen, ob Webseiten Sie wiedererkennen dürfen oder nicht

In diesem Fall sollten Sie prüfen, ob die Webseite wie gewünscht funktioniert. Bei manchen Webseiten funktioniert bei geblockten Cookies die Anmeldung nicht, oder Warenkorbfunktionen vergessen den Inhalt, sobald Sie zu einer anderen Katalogseite wechseln.

In diesem Fall können Sie Webseiten ausnahmsweise von der Blockierung ausnehmen, indem Sie im Dialogfeld von Abbildung 25.7 auf *Sites* klicken und für die Webadresse der Webseite eine Ausnahme einrichten. Möchten Sie die Cookie-Blockierung noch genauer kontrollieren, klicken Sie auf *Erweitert* und legen jetzt die einzelnen Blockierungen für alle Webseiten der Internetzone separat fest.

Sicherheitszonen einsetzen

Schutzmechanismen können unter Umständen auch stören und zum Beispiel verhindern, dass eine Webseite korrekt angezeigt wird. Deshalb gibt es Zonen und jeder Zone lassen sich eigene Sicherheitseinstellungen zuweisen. So können Sie Webseiten ganz individuell mit stärkeren oder schwächeren Sicherheitseinstellungen anzeigen lassen, je nachdem, ob Sie einer bestimmten Webseite trauen oder nicht.

Als Vorgabe unterscheidet der Internet Explorer drei Zonen und zeigt in seiner Statusleiste jeweils an, welcher Zone er die aktuelle Seite zuordnet:

- **Internet** Alle Seiten im öffentlichen Internet. Hier gelten hohe Sicherheitsanforderungen, weil Sie nicht wissen, von wem die Webseiten stammen, die Sie besuchen.
- **Lokales Intranet** Webseiten, die aus dem eigenen Netzwerk stammen, unterliegen weniger restriktiven Sicherheitseinstellungen, weil sie von Ihrer eigenen Firma oder sogar von Ihnen selbst stammen.
- **Computer** HTML-Seiten, die direkt auf Ihrem Computer gespeichert sind und die Sie lokal öffnen. Der geschützte Modus ist für diese Seiten abgeschaltet.

Doppelklicken Sie auf die in der Statusleiste angezeigte Zone, öffnet sich ein Fenster, in dem Sie die Sicherheitseinstellungen der Zonen *Internet* und *Lokales Intranet* anpassen können. Die Einstellungen der *Computer*-Zone lassen sich hier nicht verändern. Wollen Sie diese Zone ändern, sind direkte Eingriffe in die Registrierungsdatenbank notwendig.

Tipp 

Ab und zu wird auch die Zone *Unbekannte Zone* angezeigt. Dies passiert, wenn Sie im Internet Explorer zum Beispiel PDF-Dokumente und andere Inhalte anzeigen, die nicht vom Internet Explorer selbst dargestellt werden, sondern von Drittprogrammen. Für die Sicherheit ist dann nicht mehr der Internet Explorer zuständig, sondern das jeweilige zur Anzeige verwendete Programm. Bevor der Internet Explorer die Kontrolle an ein anderes Programm abgibt, werden Sie allerdings zuerst um Ihre Zustimmung gebeten.

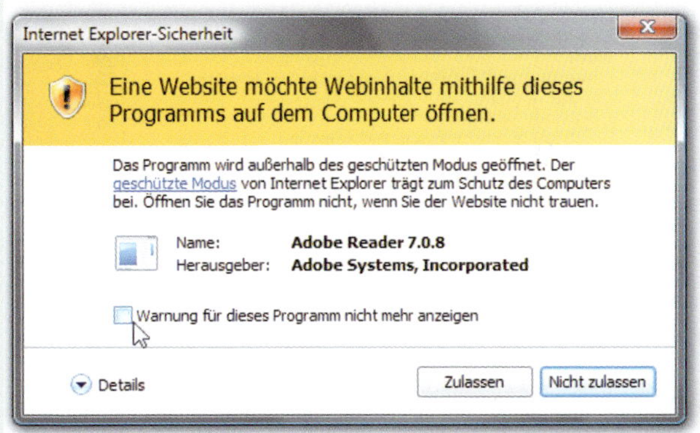

Abbildung 25.8 Bevor ein Programm in die unbekannte Zone wechseln kann, werden Sie gefragt

Falls diese Frage nicht erscheint, wurde das betreffende Programm grundsätzlich für vertrauenswürdig erklärt, zum Beispiel mit dem Kontrollkästchen *Warnung für dieses Programm nicht mehr anzeigen*. Im Abschnitt »Anwendungen zulassen oder sperren« weiter hinten in diesem Kapitel lesen Sie, wie diese Einstellung funktioniert und wie Sie sie wieder entfernen.

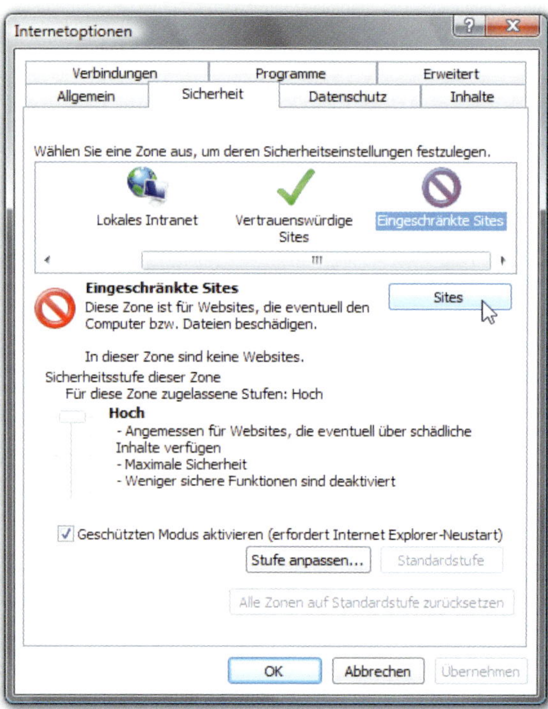

Abbildung 25.9 Aktuelle Sicherheitseinstellungen der Zonen ändern

Das Dialogfeld zeigt dafür zwei weitere Zonen an: *vertrauenswürdige Sites* und *Eingeschränkte Sites*.

Sicherheitszone	Beschreibung
Internet	In dieser Zone befinden sich alle Webseiten aus dem Internet, die Sie nicht ausdrücklich anderen Zonen zugeordnet haben. Der Internet Explorer verwendet als Vorgabe hier die Sicherheitsstufe *Mittelhoch*.
Lokales Intranet	Hier finden sich alle Webseiten, die aus demselben Netzwerk stammen, in dem sich auch Ihr Computer befindet. Das sind in der Regel Webseiten aus dem firmeneigenen Intranet. Weil diese Webseiten nicht öffentlich sind, sondern von Ihrer Firma verwaltet werden, können die Sicherheitsstandards gelockert werden und sind als Vorgabe auf *Niedrig* eingestellt.

Tabelle 25.1 Sicherheitszonen des Internet Explorers

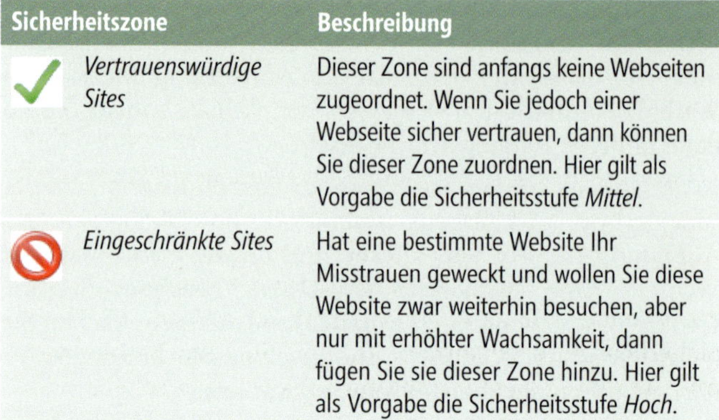

Sicherheitszone	Beschreibung
Vertrauenswürdige Sites	Dieser Zone sind anfangs keine Webseiten zugeordnet. Wenn Sie jedoch einer Webseite sicher vertrauen, dann können Sie dieser Zone zuordnen. Hier gilt als Vorgabe die Sicherheitsstufe *Mittel*.
Eingeschränkte Sites	Hat eine bestimmte Website Ihr Misstrauen geweckt und wollen Sie diese Website zwar weiterhin besuchen, aber nur mit erhöhter Wachsamkeit, dann fügen Sie sie dieser Zone hinzu. Hier gilt als Vorgabe die Sicherheitsstufe *Hoch*.

Tabelle 25.1 Sicherheitszonen des Internet Explorers *(Fortsetzung)*

Sicherheitsniveau einer Zone ändern

Möchten Sie die generellen Sicherheitseinstellungen einer ganzen Zone ändern, was nicht empfohlen wird, haben Sie dazu zwei Möglichkeiten:

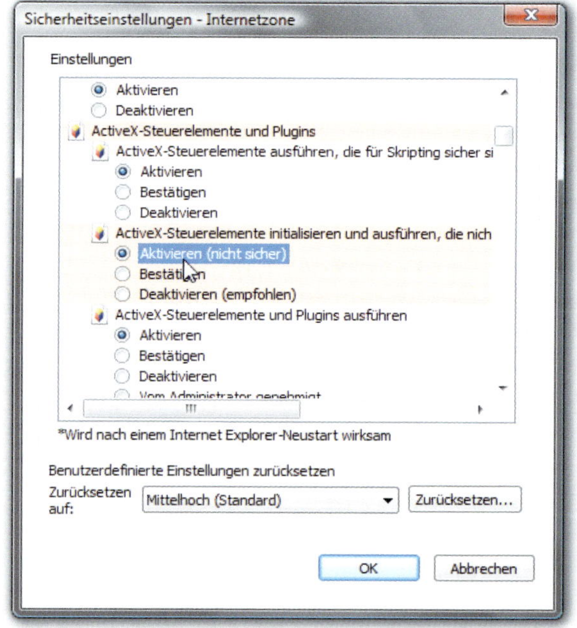

Abbildung 25.10 Unsichere Einstellungen werden sofort rot unterlegt

Entweder bewegen Sie den Schieberegler weiter nach oben (sicherer) oder nach unten (unsicherer) und legen mit dem Kontrollkästchen *Geschützten Modus aktivieren* fest, ob der geschützte Modus für diese Zone aktiv sein soll. Dabei werden Sie feststellen, dass der Schieberegler unterschiedlich flexibel ist, je nach gewählter Zone. In der Zone *Internet* kann die Sicherheitsstufe damit zum Beispiel nicht niedriger als *Mittel* eingestellt werden, während in der Zone *Lokales Intranet* auch wesentlich unsichere Einstellungen möglich sind.

Oder Sie legen die Sicherheitseinstellungen einzeln selbst fest. Dazu klicken Sie auf *Stufe anpassen* und können jetzt alle Sicherheitsmerkmale einzeln steuern. Schalten Sie dabei Sicherheitsmechanismen ab, die die Sicherheit stark gefährden, warnen Sie rote Balken sofort und Sie sollten diese Einstellung rückgängig machen.

Tun Sie das nicht, erscheint eine weitere Sicherheitsabfrage und meldet unmissverständlich, dass diese Einstellungen ein Risiko für den Computer sind. Setzen Sie sich auch darüber hinweg, wird ein Warnbalken ins Dialogfeld eingeblendet und die Zone mit den unsicheren Einstellungen mit dem roten Symbol für Gefahr markiert.

Auch der Internet Explorer zeigt jetzt dauerhaft eine Warnung an und Sie sollten die Sicherheitslücke sofort schließen – zum Beispiel, indem Sie auf die gelbe Informationsleiste klicken und im daraufhin geöffneten Dialogfeld die Schaltfläche *Einstellungen reparieren* wählen.

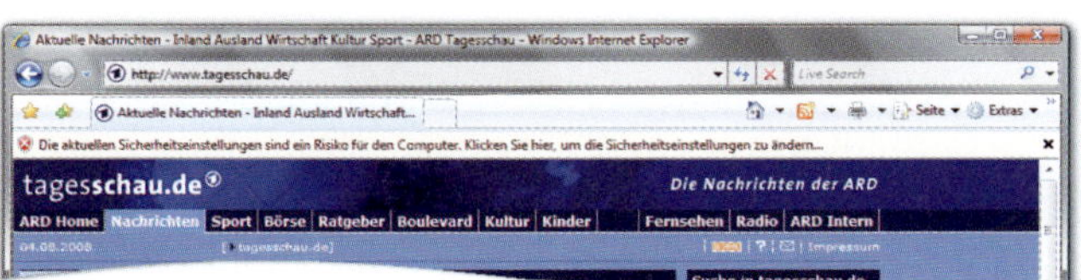

Abbildung 25.11 Bei unsicheren Grundeinstellungen blendet der Internet Explorer eine Dauerwarnung ein

Automatisch werden alle sicherheitskritischen Einstellungen wieder auf sichere Grundwerte zurückgesetzt.

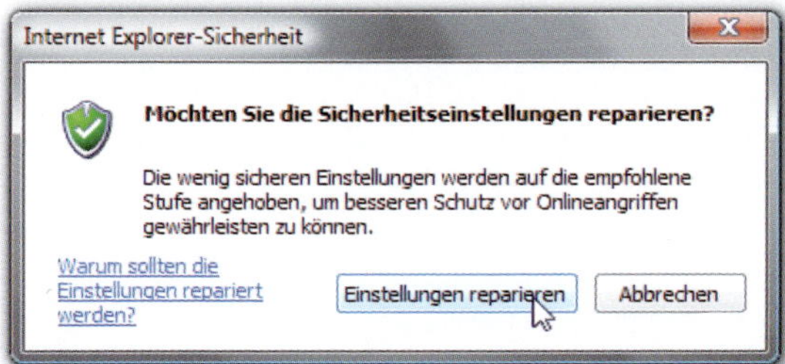

Abbildung 25.12 Sicherheitsprobleme werden auf Wunsch automatisch repariert

Sicherheitsniveau einer Webseite ändern

Wesentlich sinnvoller kann es sein, die Sicherheitseinstellungen bestimmter Webseiten zu ändern. Dazu ordnen Sie Webseiten entweder der Zone der vertrauenswürdigen Sites (dann gelten weniger restriktive Sicherheitsbeschränkungen) oder der Zone der eingeschränkten Sites zu (dann gelten extra hohe Sicherheitsanforderungen und die Webseite wird möglicherweise nicht mehr vollständig oder richtig angezeigt werden können).

Hinweis 

In der Voreinstellung können Sie nur sichere SSL-Webseiten in die Liste der vertrauenswürdigen Sites aufnehmen. Möchten Sie auch normale Webseiten in diese Liste aufnehmen, muss zuvor im Dialogfeld das Kontrollkästchen *Für Sites dieser Zone ist eine Serverüberprüfung (https:) erforderlich* abgeschaltet werden.

Durch diese Zonenzuordnung kann der Internet Explorer künftig automatisch jeder Website den gewünschten Sicherheitslevel zuordnen. So gehen Sie vor, um einer normalen Webseite höhere oder niedrigere Sicherheitseinstellungen zuzuweisen:

1. Navigieren Sie zu der Webseite, die Sie in die Liste aufnehmen wollen. Doppelklicken Sie dann in der Statusleiste des Internet Explorers auf *Internet*. Sie können auch in der Symbolleiste auf *Extras* klicken und den Menübefehl *Internetoptionen* wählen. Aktivieren Sie in diesem Fall noch im Dialogfeld die Registerkarte *Sicherheit*.
2. Wählen Sie nun die Zone aus, die Sie der Webseite zuweisen wollen, zum Beispiel *Eingeschränkte Sites*. Klicken Sie dann auf die Schaltfläche *Sites*.
3. Die aktuelle Webseite ist bereits im Textfeld eingetragen. Klicken Sie auf *Hinzufügen*, um sie in die Liste aufzunehmen. Danach klicken Sie auf *Schließen* und auf *OK*.

PROFITIPP

Die Zone *Lokales Intranet* funktioniert etwas anders. Welche Webseiten zu dieser Zone gehören, bestimmt der Internet Explorer in der Regel selbst anhand der Webadresse. Wählen Sie im Dialogfeld die Zone *Lokales Intranet* und klicken dann auf *Sites*, öffnet sich auch ein etwas anderes Dialogfeld als bei den übrigen Zonen.

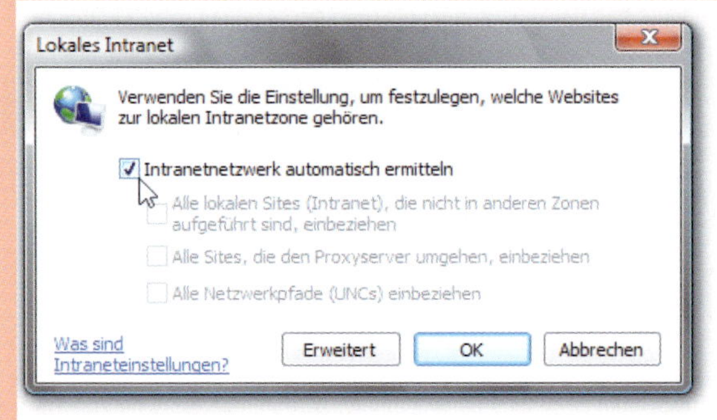

Abbildung 25.13 Die Zone Lokales Intranet einrichten

Hier können Sie genauer festlegen, wie der Internet Explorer Intranetseiten identifiziert.

Klicken Sie auf *Erweitert*, können Sie auch dieser Zone von Hand einzelne Webadressen zuordnen, zum Beispiel, wenn die Intranetseiten von Ihrem Standort aus – einer Zweigstelle zum Beispiel – gar nicht über das interne Netzwerk erreichbar sind (und deshalb eigentlich auch gar nicht zum Intranet gehören, aber trotzdem in dieser Zone eingruppiert werden sollen).

Phishingfilter konfigurieren

Der Phishingfilter ist ein Schutz vor betrügerischen Webseiten, die seriöse Webseiten imitieren, um Sie so zu verleiten, Bankgeheimnisse oder andere sensible Informationen preiszugeben.

Sobald Sie das erste Mal mit dem Internet Explorer eine Webseite in der Internet-Zone besuchen, werden Sie gefragt, ob der Phishingfilter eingeschaltet werden soll.

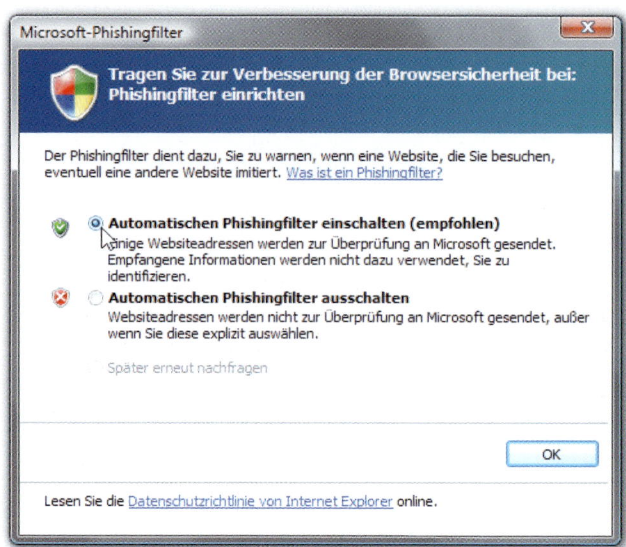

Abbildung 25.14 Der Phishingfilter sollte immer eingeschaltet sein, wenn Sie das Internet besuchen

Stimmen Sie zu, werden Webseiten automatisch auf verdächtige Merkmale untersucht und Sie durch eine farbige Adressleiste gegebenenfalls gewarnt. Möchten Sie den Phishingfilter nachträglich ein- oder ausschalten, gehen Sie so vor:

1. Starten Sie den Internet Explorer, und klicken Sie in dessen Symbolleiste auf *Extras*. Wählen Sie anschließend den Untermenübefehl *Phishingfilter/Automatische Websiteprüfung einschalten* beziehungsweise *ausschalten*.
2. Wählen Sie im daraufhin geöffneten Dialogfeld, ob Sie den Phishingfilter einschalten oder ausschalten möchten.

Tipp

Falls Sie den Phishingfilter ausgeschaltet haben und auf eine Webseite stoßen, die Ihnen nicht verdächtig vorkommt, klicken Sie in der Symbolleiste des Internet Explorers auf *Extras* und wählen den Untermenübefehl *Phishingfilter/Diese Webseite überprüfen*. Oder Sie klicken auf das Phishingfilter-Symbol in der Statusleiste, das ständig sichtbar ist, wenn der Phishingfilter abgeschaltet wurde.

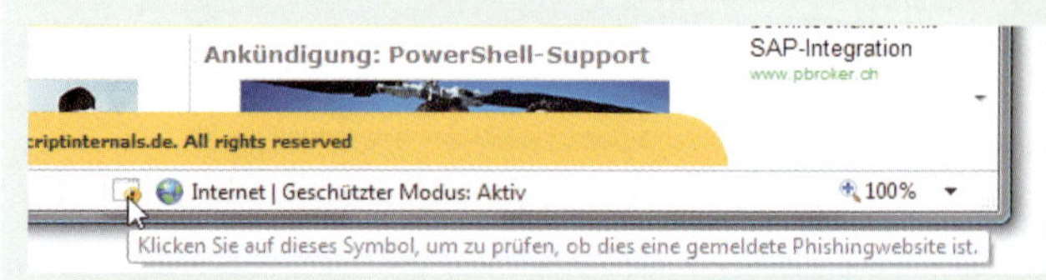

Abbildung 25.15 Eine Webseite bei ausgeschaltetem Phishingfilter manuell überprüfen lassen

Ein Blick hinter die Kulissen

Der Phishingfilter verwendet eine Kombination aus festen Listen und einer Echtzeitprüfung. Weil dabei Informationen von Ihnen an Microsoft gesendet werden, wirft das sofort Fragen des Datenschutzes auf. Grund genug also, sich den Mechanismus des Phishingfilters näher anzusehen.

Der Phishingfilter verwendet zwei lokale Listen mit Internetadressen direkt auf Ihrem Computer:

- **Statische Liste** In regelmäßigen Abständen lädt der Phishingfilter eine statische Liste mit sicheren Webadressen herunter. Ist die eingegebene Adresse in dieser Liste aufgeführt, wird die Webseite angezeigt und alle weiteren Überprüfungen entfallen. Diese Liste entspricht also in etwa den Virensignaturen, die von Antiviren-Programmen in regelmäßigen Intervallen heruntergeladen und aktualisiert werden.
- **Dynamische Liste** Außerdem verfügt der Phishingfilter über einen dynamischen Cache, in dem alle Webseiten gespeichert werden, die kürzlich vom Phishingfilter überprüft wurden. Kehren Sie also innerhalb kurzer Zeit zu einer Webseite zurück, wird diese nicht nochmals online überprüft, sondern das ursprüngliche Prüfergebnis erneut verwendet. Die Einträge in dieser Liste gelten allerdings nur für wenige Minuten.

Wird die Webseite in keiner der beiden Listen geführt, wird die Adresse SSL-verschlüsselt an einen Sicherheitsserver von Microsoft gesendet. Aus Datenschutzgründen entfernt der Phishingfilter dabei zuvor alle persönlichen Zusatzinformationen, die möglicherweise an die Webadresse angehängt sind.

Der Sicherheitsserver analysiert die übermittelte Adresse. Ist sie als Betrugswebseite gemeldet, gibt dieser eine Warnung zurück und der Internet Explorer sperrt den Zugriff auf diese Webseite.

> **Hinweis**
>
> Wenn Sie eine Phishingwebseite zum ersten Mal öffnen, kann es einige Sekunden dauern, bis die Onlineprüfung abgeschlossen ist. In dieser Zeit erscheint in der Statusleiste des Internet Explorers ein Überprüfungssymbol und die Webseite wird zunächst ganz normal angezeigt.
>
> Sobald die Überprüfung ergibt, dass es sich um eine Phishingwebseite handelt, wird der Zugriff gesperrt. Es kann also sein, dass die Webseite einige Sekunden zu sehen ist, bevor die Sperrung aktiv wird.
>
> Navigieren Sie später erneut zu dieser Seite, wird sie sofort gesperrt, weil sie nun in der lokalen Liste auf Ihrem Computer gespeichert ist und die zeitaufwändige Onlineprüfung entfällt.

Webseiten vom Phishingfilter ausschließen

Wird eine Webseite vom Phishingfilter online kontrolliert, überträgt der Internet Explorer Merkmale der Webseite an einen Sicherheitsserver im Internet. Dabei werden keine personenbezogenen Daten übertragen.

Die Webadresse der überprüften Webseite wird zum Beispiel ohne zusätzliche an die Webseite übergebene Argumente an den Sicherheitsserver übermittelt. Dieser Schutz personenbezogener Daten wurde im Vorfeld von einem Sicherheitsaudit der Firma *Jefferson-Wells* überprüft und bestätigt.

Bei jeder Onlinekontrolle überträgt der Internet Explorer rund 4 bis 6 KB Daten an den Sicherheitsserver. Aufgrund des lokalen Cachingmechanismus werden rund 10% der besuchten Webseiten online kontrolliert.

Der Phishingfilter kann für jede Sicherheitszone separat ein- und ausgeschaltet werden. Webseiten, die der Sicherheitszone *Lokales Intranet* zugeordnet sind, werden als Vorgabe nicht vom Phishingfilter kontrolliert. Diese Einstellungen können manuell oder per Gruppenrichtlinie angepasst werden.

Möchten Sie noch genauere Kontrolle darüber, welche Webseiten vom Phishingfilter kontrolliert werden, schalten Sie den Phishingfilter für die Sicherheitszone *Vertrauenswürdige Sites* aus und fügen die Webseiten, die nicht kontrolliert werden sollen, dieser Zone hinzu.

Der geschützte Modus basiert im Wesentlichen auf dem »Mandatory Integrity Control« (MIC), das bereits in Kapitel 22 beschrieben wurde. Kurz gefasst kennt MIC vier Verbindlichkeitsstufen: *Niedrig*, *Mittel*, *Hoch* und *System*. Beinahe alles in Vista ist mit einer dieser vier Verbindlichkeitsstufen gekennzeichnet und die Standardstufe lautet *Mittel*. Inhaber einer Verbindlichkeitsstufe können nur auf Ressourcen zugreifen, die in derselben oder einer niedrigeren Verbindlichkeitsstufe liegen.

Der Internet Explorer wird im geschützten Modus mit der niedrigsten Verbindlichkeitsstufe *Niedrig* ausgeführt. Weil diese Stufe unterhalb der Standardstufe *Mittel* liegt, ist der überwiegende Teil des Computers für den Internet Explorer (und alle möglicherweise darin ausgeführten bösartigen Programme) unerreichbar.

Der Internet Explorer kann sich nur innerhalb seiner Sandbox bewegen, also innerhalb von Ressourcen, die ausdrücklich mit der Verbindlichkeitsstufe *Niedrig* gekennzeichnet sind.

Klassische Sandbox-Konzepte sind absolut undurchdringbar, was natürlich die beste Isolation gegenüber dem Rest des Systems darstellt – aber nicht praxistauglich ist. Denn der Rest des Systems soll ja durchaus mit dem Internet zusammenarbeiten können, wenn der Anwender zustimmt.

Andernfalls wäre es unmöglich, ein Word- oder PDF-Dokument aus dem Internet zu öffnen, weil es dazu die Sandbox des Internet Explorers verlassen und von den passenden Anwendungen geöffnet werden muss.

Die Sandbox des Internet Explorers ist deshalb in diesen Situationen durchlässig:

- **Speichern unter** Wenn Sie ausdrücklich Dateien oder Webseiten mit dem *Speichern unter*-Dialogfeld speichern, können diese Informationen die Sandbox verlassen und an einem Ort gespeichert werden, den Sie angegeben haben. Dasselbe gilt für Text, den Sie in die Zwischenablage kopieren.
- **Rückfrage** Versucht ein Add-On oder eine Webseite, automatisiert Informationen an einem Ort außerhalb der Sandbox oder der virtualisierten Orte zu speichern, erscheint eine Rückfrage, der Sie zunächst zustimmen müssen. Dasselbe gilt, wenn Sie im Internet Explorer ein Dokument öffnen, das von einem externen Programm angezeigt werden muss.

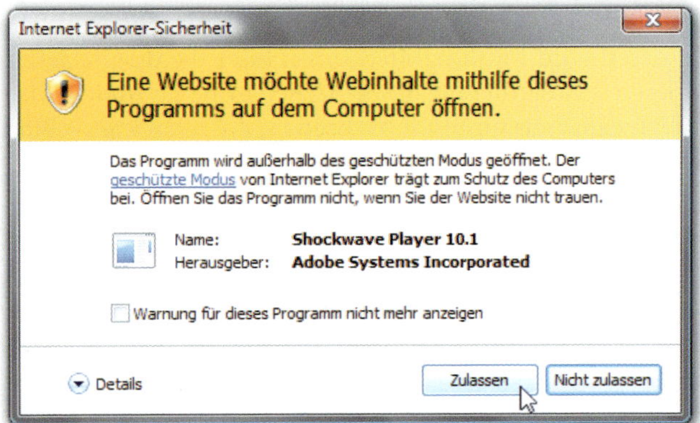

Abbildung 25.16 Die Sandbox des Internet Explorers ist auf Wunsch »durchlässig«

- **Automatisiert** In der Registrierungsdatenbank kann für Programme genau hinterlegt werden, wie der Internet Explorer damit im geschützten Modus umgehen soll. So können Programme wie die Eingabeaufforderung komplett gesperrt werden, damit sie unter gar keinen Umständen gestartet werden können. Umgekehrt können Programme auch als »unbedenklich« eingestuft werden. In diesem Fall erscheint keine Rückfrage mehr, wenn Sie solche Programme im Internet Explorer starten. Genau ein solcher Eintrag wird vorgenommen, wenn Sie im Dialogfeld in Abbildung 25.16 das Kontrollkästchen *Warnung für dieses Programm nicht mehr anzeigen* aktivieren.

Wichtig 

Wird die Sandbox des Internet Explorers auf eine der beschriebenen Arten verlassen, gelten nun die eingeschränkten Rechte des Normalbenutzers. Selbst jetzt – außerhalb der Sandbox – sind dies weniger Rechte als bei früheren Windows-Versionen.

Anwendungen zulassen oder sperren

Die Feinjustierung der Durchlässigkeit der Sandbox findet in der Registrierungsdatenbank statt.

Im Zweig *\SOFTWARE\Microsoft\Internet Explorer\Low Rights* wird festgelegt, welche Durchlässigkeiten automatisch erlaubt oder verboten sind. Dieser Eintrag kann allgemein für alle Benutzer im Zweig *HKEY_LOCAL_MACHINE* oder individuell für bestimmte Anwender im Zweig *HKEY_USERS* eingetragen werden.

Innerhalb des Schlüssels sind drei Unterschlüssel möglich:

- **DragDrop** Kontrolliert Drag&Drop-Operationen zwischen dem Internet Explorer und anderen Anwendungen.
- **ElevationPolicy** Bestimmt, wie Anwendungen aus dem Internet Explorer heraus gestartet werden.
- **RunDLL32Policy** Bestimmt, wie DLL-Aufrufe über RunDLL32 aus dem Internet Explorer heraus gestartet werden.

Anwendungen, die an einem dieser Orte vermerkt sind, kann eine »Policy« in Form eines Zahlenwertes zugewiesen werden.

Policy	Beschreibung
3	Anwendung wird ohne Rückfrage in der Vertrauensstufe *Mittel* ausgeführt, kann die Sandbox also ohne Rückfrage verlassen
2	Anwender wird zunächst um Erlaubnis gefragt. Bei Zustimmung wird die Anwendung in der Vertrauensstufe *Mittel* ausgeführt.
1	Anwendung wird ohne Rückfrage in der Vertrauensstufe *Niedrig* ausgeführt, bleibt also innerhalb der Sandbox
0	Anwendung kann nicht gestartet werden

Tabelle 25.2 Festlegen, ob Anwendungen die Sandbox verlassen dürfen

Wichtig 

Änderungen wirken sich erst aus, wenn der Prozess *ieuser.exe* beendet und neu gestartet wird. Haben Sie ein bestimmtes Programm zugelassen, gelten die Einstellungen für dieses Programm so lange, bis es beendet wird.

Um die Auswirkungen von Änderungen also zu sehen, beenden Sie entweder *ieuser.exe* im Task-Manager oder noch besser: Starten Sie den Computer neu.

Öffnen Sie zum Beispiel im Internet Explorer einen Link, der auf ein Word-Dokument verweist, und aktivieren Sie im Rückfrage-Dialogfeld das Kontrollkästchen *Warnung für dieses Programm nicht mehr anzeigen*, wird automatisch eine Ausnahme für *Winword.exe* in der Registrierungsdatenbank angelegt.

Künftig erscheint dann keine Rückfrage mehr, wenn Sie Word-Dokumente im Internet Explorer öffnen.

Anwendungen im Internet Explorer erlauben

Auf diese Weise können Sie auch Anwendungen im Vorfeld für den geschützten Modus freigeben. Speichern Sie den folgenden Code als Datei mit der Erweiterung *.reg* und lesen diese dann per Doppelklick in die Registrierungsdatenbank ein, würde der Internet Explorer Microsoft Word ohne Rückfrage aus der Sandbox lassen.

```
Windows Registry Editor Version 5.00

[HKEY_CURRENT_USER\SOFTWARE\Microsoft\Internet
Explorer\Low Rights\ElevationPolicy\{25E8BD1C-17B8-4B35-
BB02-4018BA6A91A1}]
"AppPath"="C:\\Program Files\\Microsoft Office\\Office12"
"AppName"="WINWORD.EXE"
"Policy"=dword:00000003
```

Listing 25.1 Diese .reg-Datei erlaubt das Öffnen von Word-Dokumenten im geschützten Modus des IE7

Die 32-Byte-GUID-Zahl in geschweiften Klammern ist übrigens ein zufälliger Wert, der nur dafür sorgen soll, dass sich Einstellungen nicht gegenseitig überschreiben.

Sie können jetzt auch mit den Policystufen aus Tabelle 25.2 experimentieren. Möchten Sie zum Beispiel verhindern, dass Microsoft Word im Internet Explorer gestartet werden kann, ersetzen Sie in Listing 25.1 die Policy »3« durch die Policy »0«.

Sie könnten auch versuchen, die Anwendung innerhalb der Sandbox ausführen zu lassen, um diese erst gar nicht verlassen zu müssen. Dazu weisen Sie der Anwendung die Policy »1« zu.

Allerdings funktionieren die meisten Anwendungen nicht innerhalb der Sandbox, weil sie Zugriff auf andere Komponenten benötigen, die außerhalb der Sandbox liegen. In diesem Fall misslingt der Programmstart mit unterschiedlichen Fehlermeldungen.

Drag&Drop-Operationen erlauben

Analog können Sie Drag&Drop-Operationen zulassen, bei denen Inhalte aus dem Internet Explorer per Maus in eine andere Anwendung gezogen werden sollen.

Die entsprechende *.reg*-Datei ähnelt jener aus Listing 25.1 und verwendet lediglich den Unterschlüssel *DragDrop* anstelle von *ElevationPolicy*.

```
Windows Registry Editor Version 5.00

[HKEY_CURRENT_USER\SOFTWARE\Microsoft\Internet
Explorer\Low Rights\DragDrop\{74693E8F-3A98-464E-B87B-
C35813F093D2}]
"AppPath"="C:\\Program Files\\TechSmith\\SnagIt 8"
"AppName"="SnagIt32.exe"
"Policy"=dword:00000003
```

Listing 25.2 Drag&Drop zu einer bestimmten Anwendung im Internet Explorer zulassen

Browser-Add-Ons kontrollieren

Add-Ons funktionieren wie zusätzliche kleine Programme, die im Internet Explorer ausgeführt werden und besondere Funktionen zur Verfügung stellen. Webseiten verwenden solche Add-Ons zum Beispiel, um Filme oder Animationen anzuzeigen oder um erweiterte Funktionen wie Updates durchführen zu können. Wenn Sie eine Webseite besuchen, die ein solches Add-On benötigt, und wenn dieses Add-On auf Ihrem Computer noch nicht installiert ist, erscheint in einer gelben Infoleiste ein Hinweis.

Sie können in diesem Fall festlegen, ob Sie das Add-On zulassen und installieren wollen oder nicht – dann ignorieren Sie die Leiste einfach.

Ein neues Add-On installieren

Falls eine Webseite ein Add-On benötigt, das zurzeit nicht installiert ist, dann erscheint im oberen Teil des Fensters eine gelbe Informationsleiste und weist auf das Problem hin. Ohne das Add-On kann die Webseite nicht richtig funktionieren und zeigt dann zum Beispiel Informationen wie Videos oder Animationen nicht an.

Add-Ons installieren oder nicht?

Ob Sie ein bestimmtes Add-On installieren sollten oder nicht, hängt zunächst von der Frage ab, ob Sie das Add-On überhaupt installieren *können*.

Die Installation eines Add-Ons ist ein Eingriff in den Computer, genau wie die Installation ganz normaler Programme, und deshalb benötigen Sie für die Installation Administratorrechte. Als normaler Benutzer können Sie viele Add-Ons also gar nicht installieren, selbst wenn Sie gern wollten. Sie müssen sich während der Installation als Administrator ausweisen können.

Mit dem ActiveX-Installerdienst, der als optionale Windows-Funktion nachinstalliert werden muss, können Firmen dafür sorgen, dass bestimmte zugelassene Add-Ons, die eigentlich für die Installation Administratorrechte benötigen, auch von normalen Anwendern installiert werden dürfen. Die Liste der zugelassenen ActiveX-Steuerelemente wird dann in einer Gruppenrichtlinie festgelegt.

Um das Add-On zu installieren, klicken Sie auf die gelbe Leiste. Im Kontextmenü wählen Sie *ActiveX-Steuerelement installieren*.

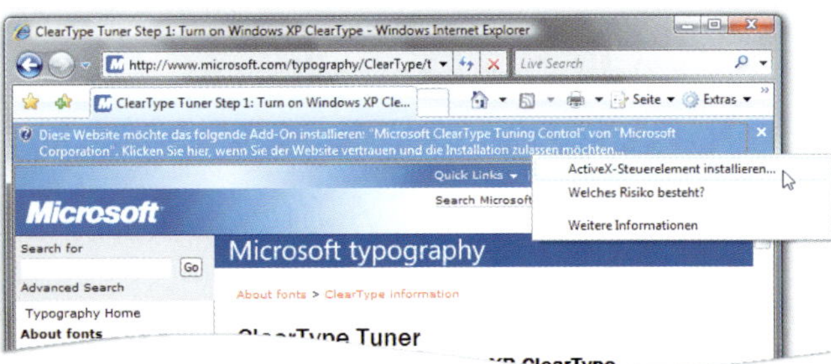

Abbildung 25.17 Ein neues Add-On installieren

Das Add-On wird nun automatisch aus dem Internet heruntergeladen und installiert. Danach erscheint eine Rückfrage, und Sie müssen sich als Administrator ausweisen.

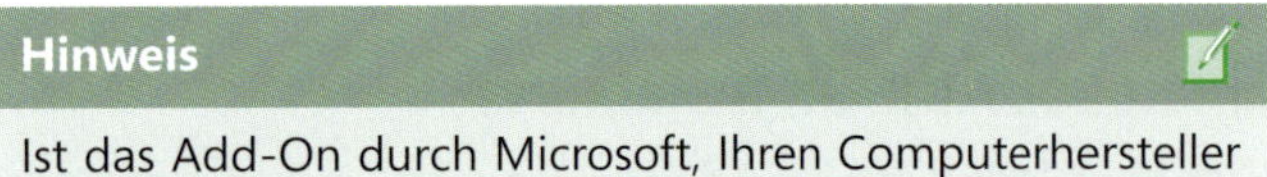

Hinweis

Ist das Add-On durch Microsoft, Ihren Computerhersteller oder Ihre Firma bereits in die Liste der zugelassenen Add-Ons aufgenommen worden, wird das Add-On ohne weitere Rückfragen installiert und aktiviert.

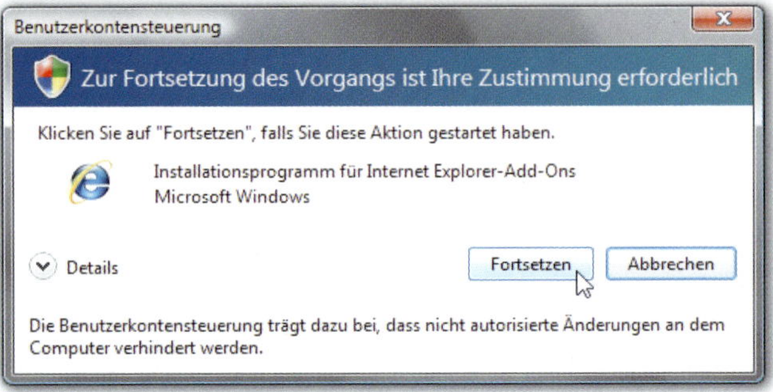

Abbildung 25.18 Bevor das Add-On-Installationsprogramm gestartet werden kann, müssen Sie zustimmen

Bevor das Installationsprogramm jetzt damit beginnt, das heruntergeladene Add-On zu installieren, erscheint eine weitere Sicherheitsabfrage, die Sie ernst nehmen sollten. In dieser Sicherheitsabfrage wird noch einmal der Name des Add-Ons sowie dessen Herausgeber genannt. Nur wenn Sie dem Herausgeber vertrauen, sollten Sie auf *Installieren* klicken und die Installation zulassen.

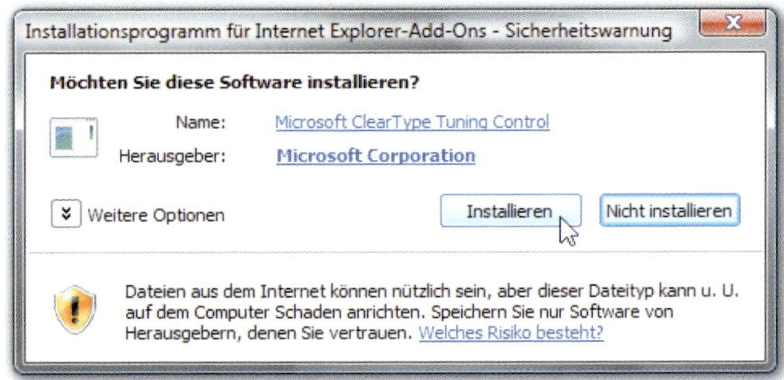

Abbildung 25.19 Überprüfen Sie vor der Installation, wer das Add-On herausgegeben hat

Wenig später ist das Add-On installiert und stellt die gewünschte Funktion bereit. Im Idealfall kann die Webseite nun zum Beispiel spektakuläre Grafikeffekte präsentieren.

Falls jetzt stattdessen völlig unerwünschte Dinge geschehen – Schaltflächen mit Werbebotschaften erscheinen oder der Internet Explorer reagiert nicht mehr richtig – dann war die Installation des Add-Ons vielleicht doch keine so gute Idee und es wird Zeit, darüber zu sprechen, wie man unliebsame Add-Ons wieder los wird.

Add-Ons entfernen

Um ein installiertes Add-On wieder zu entfernen, starten Sie den Internet Explorer und klicken in der Symbolleiste auf

Extras. Wählen Sie im Kontextmenü *Add-Ons verwalten/ Add-Ons aktivieren bzw. deaktivieren*.

Tipp

Falls Sie den Internet Explorer überhaupt nicht mehr starten können und Sie vermuten, dass ein Add-On dafür verantwortlich ist, dann starten Sie den Internet Explorer ganz ohne Add-Ons.

Dazu öffnen Sie das Startmenü und tippen in die Schnellsuchleiste den Text »Internet Explorer« ein. Wenig später wird in der linken Spalte *Internet Explorer (keine Add-Ons)* angezeigt. Klicken Sie auf diesen Eintrag, um den Internet Explorer ohne Add-Ons zu starten.

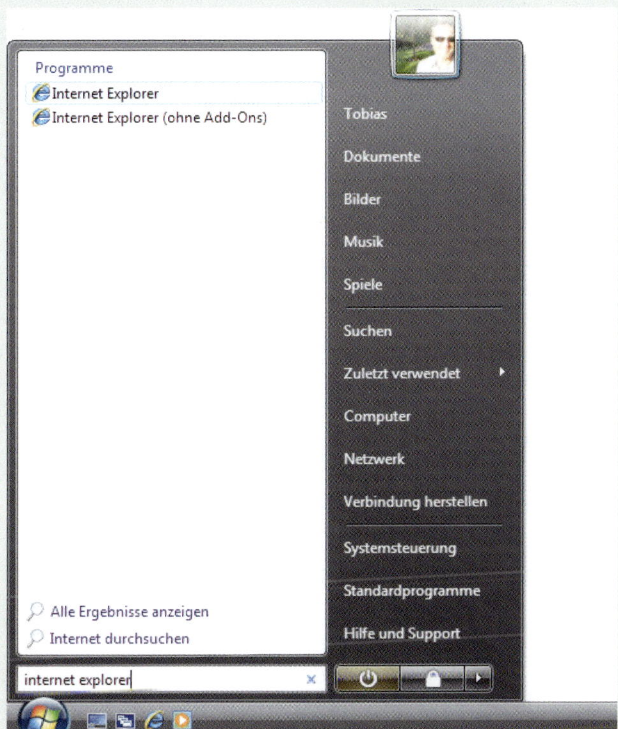

Abbildung 25.20 Im Notfall steht ein besonderer Internet Explorer ohne Add-Ons zur Verfügung

Gelingt auch das nicht, wird es Zeit, alle Einstellungen des Internet Explorers auf die Vorgabewerte zurückzusetzen. Dazu wählen Sie im Startmenü den *Systemsteuerung* und klicken dann auf *Netzwerk und Internet* und danach auf *Internetoptionen*.

Das Dialogfeld *Internetoptionen* öffnet sich. Aktivieren Sie darin die Registerkarte *Erweitert* und klicken Sie auf *Zurücksetzen*.

Das Dialogfeld *Add-Ons verwalten* öffnet sich. Darin können Sie alle Add-Ons sehen, die derzeit vom Internet Explorer verwendet werden. Öffnen Sie dazu zunächst das Listenfeld am oberen Rand und wählen Sie die gewünschte Ansicht aus:

- **Vom Internet Explorer verwendete Add-Ons** Zeigt Add-Ons, die der Internet Explorer bereits in der Vergangenheit verwendet hat.
- **Momentan in Internet Explorer geladene Add-Ons** Zeigt die Add-Ons an, die der Internet Explorer im Augenblick tatsächlich verwendet
- **Add-Ons, die ohne erforderliche Berechtigung ausgeführt werden** Zeigt alle Add-Ons, die von Microsoft, Ihrem Computerhersteller oder Ihrer Firma vorab genehmigt wurden und ohne weitere Rückfrage ausgeführt werden.
- **Heruntergeladene ActiveX-Steuerelemente (32-Bit)** Zeigt alle nachträglich aus dem Internet heruntergeladenen 32-Bit-Steuerelemente an.

Möchten Sie ein Add-On vorübergehend abschalten oder dauerhaft entfernen, klicken Sie es in der Liste an. Wählen Sie im Bereich *Einstellungen* die Option *Deaktivieren*, um das Add-On vorübergehend abzuschalten. Es wird weiterhin in der Liste geführt, nun allerdings unter der Überschrift »Deaktiviert«, kann aber nicht mehr verwendet werden.

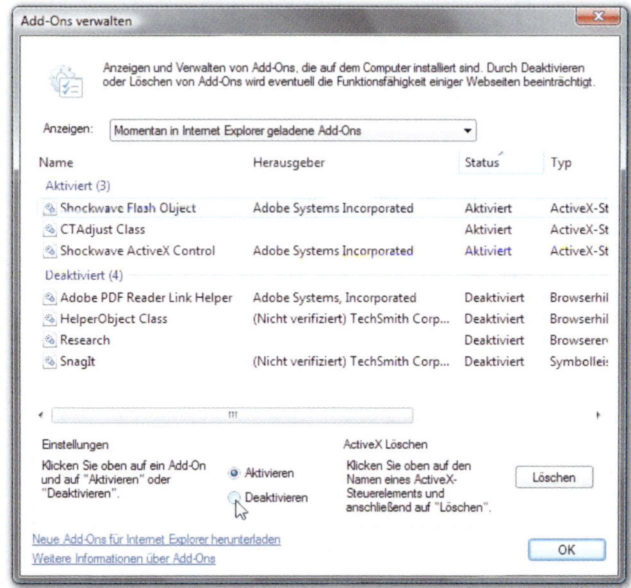

Abbildung 25.21 Ein Add-On vorübergehend deaktivieren oder dauerhaft löschen

Wollen Sie das Add-On permanent entfernen, dann klicken Sie im Bereich *ActiveX löschen* auf die Schaltfläche *Löschen*. Diese Löschfunktion steht allerdings nicht für alle Add-Ons zur Verfügung.

Weitere nützliche Grundeinstellungen

Nicht alle Einstellungen des Internet Explorers drehen sich um Sicherheit. Manche helfen Ihnen einfach dabei, noch bequemer im Internet zu surfen.

Startseite optimal einstellen

Gleich nach dem Start des Internet Explorers erhalten Sie automatisch eine Startseite angezeigt, damit Sie sofort lossurfen können, auch wenn Sie gerade keine spezielle Webadresse zur Hand haben. Zu dieser Startseite können Sie auch zwischendurch jederzeit als Ausgangspunkt zurückkehren, indem Sie auf die Schaltfläche mit dem Haus klicken oder Alt+M drücken.

Um eine eigene Startseite festzulegen, navigieren Sie zuerst wie gewohnt zu der Webseite, die Ihre neue Startseite werden soll. Danach klicken Sie auf den Pfeil rechts neben der Schaltfläche für die Startseite. Im Kontextmenü wählen Sie *Startseite hinzufügen oder ändern*.

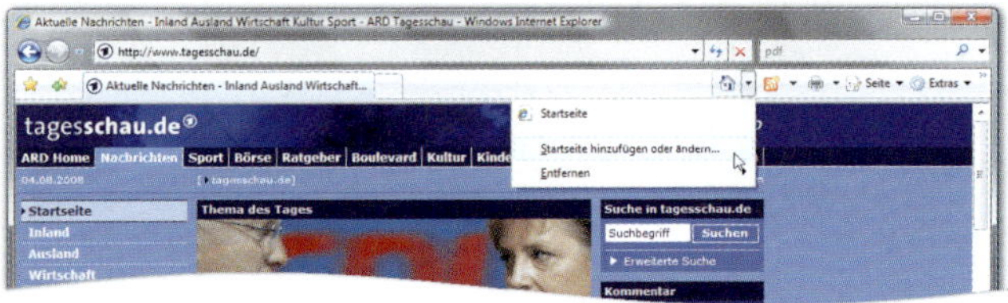

Abbildung 25.22 Eine neue Startseite einrichten

Es öffnet sich ein Dialogfeld. Darin haben Sie mehrere Optionen zur Auswahl:

- **Diese Webseite als einzige Startseite verwenden** Wählen Sie diese Option, wenn Sie nur eine Startseite verwenden wollen. So funktionierten Startseiten in früheren Versionen des Internet Explorers und dies ist immer noch eine gute Wahl.
- **Diese Webseite zur Registerkarte der Startseiten hinzufügen** Diese Option ist richtig, wenn die aktuelle Webseite zusätzlich zu den vorhandenen Startseiten aufgenommen werden soll.
- **Aktuelle Registerkarte als Startseite verwenden** Diese Option ist nur zu sehen, wenn Sie mindestens zwei Webseiten im Internet Explorer geöffnet haben. Alle geöffneten Webseiten werden dann gemeinsam als neue Startseite festgelegt.

Abbildung 25.23 Legen Sie eine oder mehrere Startseiten für den Internet Explorer fest

Klicken Sie nun auf die Schaltfläche mit dem Haus, öffnen sich alle Startseiten, die Sie eingerichtet haben. Sie können auch auf den Pfeil am rechten Rand der Schaltfläche klicken, um sich im Menü eine bestimmte Startseite auszusuchen oder Startseiten wieder zu entfernen.

Registerkarten optimal einrichten

Die praktischen Registerkarten des Internet Explorers erlauben Ihnen nicht nur, mehrere Webseiten gleichzeitig in einem Fenster zu öffnen. Über die Feineinstellungen legen Sie zum Beispiel auch fest, dass die von Ihnen gewählte Startseite automatisch auf neuen Registerkarten erscheint.

Startseite in neuen Registerkarten anzeigen

Wenn Sie wollen, öffnet der Internet Explorer die Startseite auch, wenn Sie eine neue Registerkarte anlegen. Dazu ist allerdings eine kleine Einstellung nötig, weil der Internet Explorer anfangs neue Registerkarten leer lässt:

1. Öffnen Sie den Internet Explorer und klicken Sie in der Symbolleiste auf *Extras*. Rufen Sie den Menübefehl *Internetoptionen* auf, um das zugehörige Dialogfeld zu öffnen.
2. Klicken Sie darin auf der Registerkarte *Allgemein* im Bereich *Registerkarten* auf die Schaltfläche *Einstellungen*. Ein weiteres Dialogfeld wird geöffnet.
3. Aktivieren Sie das Kontrollkästchen *Startseite für neue Registerkarten anstelle einer leeren Seite öffnen*. Bestätigen Sie mit *OK* und schließen auch das vorherige Dialogfeld per Klick auf *OK*.
4. Legen Sie eine neue Registerkarte an, zum Beispiel mit Strg+T. Sie sehen allgemeine Hinweise. Aktivieren Sie das Kontrollkästchen *Diese Seite nicht mehr anzeigen* und klicken Sie auf *Schließen*.

5. Schließen Sie die Registerkarte und versuchen Sie es erneut: Drücken Sie `Strg`+`T`. Die neue Registerkarte erscheint und jetzt öffnet der Internet Explorer darin automatisch Ihre Startseite.

Wenn Sie also künftig Ihre Startseite sehen wollen, drücken Sie einfach `Strg`+`T` und schon öffnet sich eine neue Registerkarte mit Ihrer Startseite.

> **Tipp**
>
> Wenn Sie mehrere Startseiten eingerichtet haben, zeigt die neue Registerkarte die erste festgelegte Startseite an.

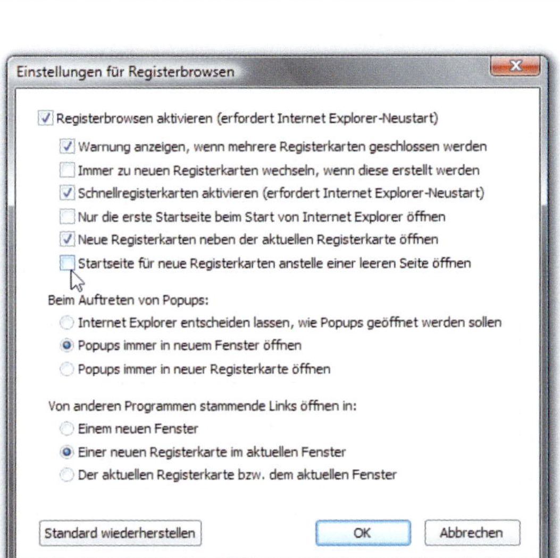

Abbildung 25.24 Lassen Sie Ihre Startseite auch auf neuen Registerkarten automatisch anzeigen

Weitere Optionen

Aber auch die übrigen Optionen in diesem Fenster sind nützlich. Schließen Sie zum Beispiel den Internet Explorer, wenn mehrere Webseiten darin geöffnet sind, dann zeigt dieser normalerweise eine Warnmeldung und fragt, ob Sie wirklich alle Registerkarten schließen wollen.

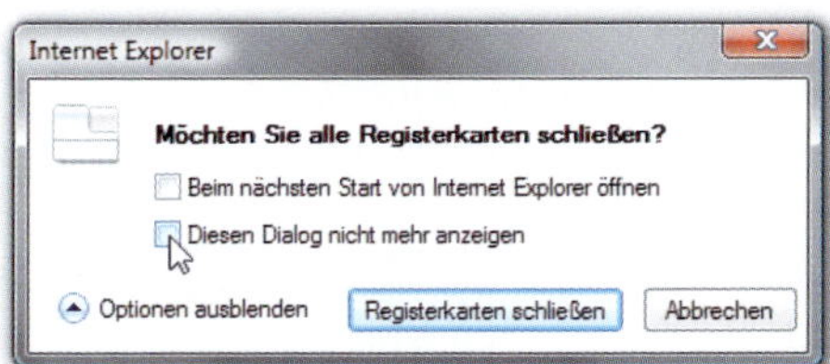

Abbildung 25.25 Abgeschaltete Warnmeldungen lassen sich wieder einschalten

Wenn Sie darin allerdings das Kontrollkästchen *Diesen Dialog nicht mehr anzeigen* einschalten, erspart Ihnen der Internet Explorer künftig diese Warnung. Und weil sie nicht mehr erscheint, können Sie die Option auch nicht mehr einschalten, falls Sie das Dialogfeld zurückhaben wollen.

Möchten Sie das Dialogfeld künftig wieder anzeigen lassen, aktivieren Sie im Dialogfeld *Einstellungen für Registerbrowsen* von Abbildung 25.24 das Kontrollkästchen *Warnung anzeigen, wenn mehrere Registerkarten geschlossen werden.*

Einstellung	Beschreibung
Registerbrowsen aktivieren	Schalten Sie dieses Kontrollkästchen aus, verhält sich der Internet Explorer wie in früheren Versionen und zeigt keine Registerkarten mehr an
Warnung anzeigen, wenn mehrere Registerkarten geschlossen werden	Aktivieren Sie dieses Kontrollkästchen, damit Sie ein Dialogfeld sehen, wenn Sie den Internet Explorer schließen, obwohl mehrere Registerkarten geöffnet sind. Sie können mit diesem Dialogfeld die geöffneten Registerkarten dann auch speichern.
Immer zu neuen Registerkarten wechseln, wenn diese erstellt werden	Dieses Kontrollkästchen ist normalerweise ausgeschaltet und bewirkt, dass neue Registerkarten automatisch in den Vordergrund geschaltet werden
Nur die erste Startseite beim Start von Internet Explorer öffnen	Sie können mehr als eine Startseite festlegen. Normalerweise öffnet der Internet Explorer beim Start alle Startseiten. Ist dieses Kontrollkästchen aktiviert, wird nur die erste Startseite geöffnet.
Neue Registerkarten neben der aktuellen Registerkarte öffnen	Halten Sie die `Strg`-Taste gedrückt, während Sie auf einen Link klicken, wird das Ziel des Links in einer neuen Registerkarte direkt neben der aktuellen Registerkarte angezeigt. Schalten Sie dieses Kontrollkästchen aus, erscheint die neue Registerkarte stattdessen am Ende der Registerkarten-Schaltflächen.
Startseite für neue Registerkarten anstelle einer leeren Seite öffnen	Legen Sie selbst eine neue Registerkarte an, zum Beispiel über `Strg`+`T`, ist diese zunächst leer und zeigt allgemeine Hinweise an. Aktivieren Sie dieses Kontrollkästchen, damit neue Registerkarten automatisch Ihre Startseite anzeigen.

Tabelle 25.3 Einstellungen für das Browsen über Registerkarten

Einstellung	Beschreibung
Beim Auftreten von Popups	Legt fest, wie Popupfenster angezeigt werden sollen. Weil Popupfenster meist Zusatzinformationen zur aktuellen Webseite anzeigen, öffnet der Internet Explorer in der Voreinstellung hierfür ein neues Fenster.
Von anderen Programmen stammende Links öffnen in	Bestimmt, wie Webseiten angezeigt werden sollen, die von anderen Programmen aus aufgerufen werden. Geben Sie zum Beispiel unten im Startmenü ins Schnellsuchfeld eine Internetadresse ein und drücken die ↵-Taste, wird diese Webseite normalerweise als zusätzliche Registerkarte angezeigt, wenn bereits ein Internet Explorer-Fenster geöffnet ist.
Standard wiederherstellen	Diese Schaltfläche stellt die ursprünglichen Einstellungen wieder her

Tabelle 25.3 Einstellungen für das Browsen über Registerkarten *(Fortsetzung)*

Einstellungen firmenweit festlegen

Die Feineinstellungen des Internet Explorers lassen sich per Gruppenrichtlinie firmenweit auf einen gemeinsamen Standard festlegen. Selbst wenn Sie keine auf Active Directory basierte Netzwerkarchitektur verwenden, wo diese Einstellungen zentral verwaltet werden, können Sie über die lokalen Gruppenrichtlinien auf jedem Computer festlegen, welche Einstellungen auf feste Werte voreingestellt werden sollen und welche der Anwender nicht einmal zu Gesicht bekommt.

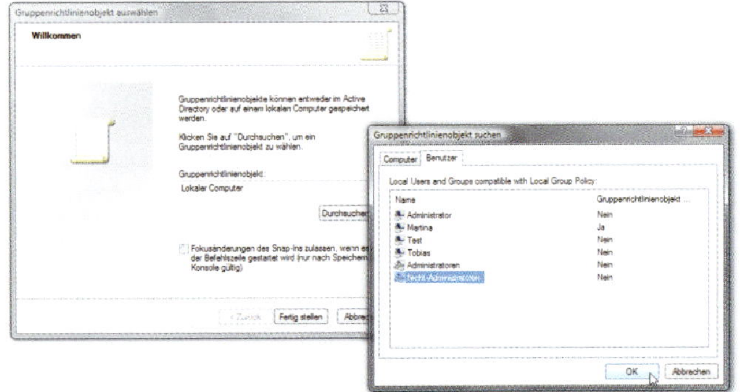

Abbildung 25.26 Eine Richtlinie für Nicht-Administratoren anlegen

Bevor Sie Gruppenrichtlinien einsetzen, informieren Sie sich zunächst in Kapitel 55 über die notwendigen Grundlagen. Das folgende Beispiel zeigt, wie Sie bei einem einzelnen Computer die Einstellungen des Internet Explorers für alle Benutzer ändern, die nicht Administratoren sind:

1. Melden Sie sich mit einem Administratorkonto an und öffnen Sie das Startmenü. Tippen Sie ins Schnellsuchfeld die Zeichenfolge **mmc** ein und bestätigen Sie mit der ↵-Taste.
2. Nachdem Sie sich mit Administratorrechten ausgewiesen haben, rufen Sie in der daraufhin geöffneten Microsoft Management Console den Menübefehl *Datei/Snap-In hinzufügen/entfernen* auf. Wählen Sie in der linken Spalte den Eintrag *Gruppenrichtlinienobjekt-Editor* und klicken Sie auf *Hinzufügen*.
3. Klicken Sie im daraufhin geöffneten Dialogfeld auf *Durchsuchen* und aktivieren Sie die Registerkarte *Benutzer*. Wählen Sie in der Liste den Eintrag *Nicht-Administratoren* aus und bestätigen Sie mit *OK*.
4. Klicken Sie auf *Fertig stellen* und *OK*. Das Konsolenfenster zeigt nun links eine baumartige Struktur mit Einstellungen, die nur auf Nicht-Administratoren angewendet werden. Öffnen Sie den Zweig *Richtlinien für Lokaler Computer/Benutzerkonfiguration/Administrative Vorlagen/Windows-Komponenten/Internet Explorer*.
5. Sie sehen nun in der rechten Spalte alle Einstellmöglichkeiten und können darin die Vorgaben festlegen.

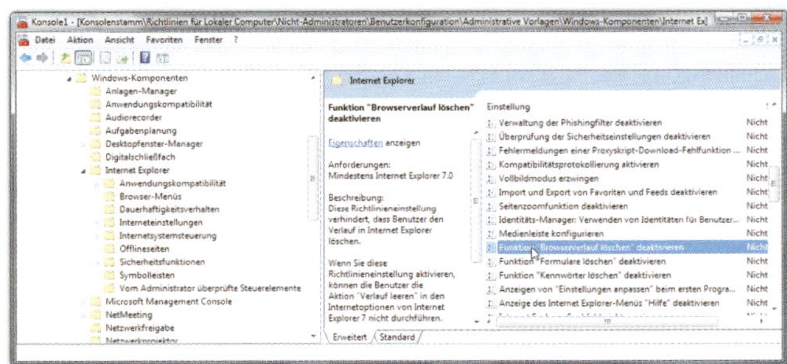

Abbildung 25.27 Einschränkungen und Vorgaben für Nicht-Administratoren festlegen

Die Einstellungen werden wirksam, sobald sich ein Nicht-Administrator am Computer anmeldet und den Internet Explorer verwendet.

Zusammenfassung

Der Internet Explorer enthält ungewöhnlich viele Feineinstellungen, mit denen Sie nicht nur die Sicherheit anpassen, sondern auch das Verhalten der Registerkarten, die Startseite(n) und Eingabeerleichterungen wie die AutoVervollständigen-Funktion.

Alle diese Einstellungen können auch als Gruppenrichtlinie vordefiniert und innerhalb einer Firma auf beliebig viele Computer angewendet werden.

Sie möchten ...	So gehen Sie vor	Sehen Sie sich dazu das Beispiel an auf
alle Einstellungen auf die Standardvorgaben zurücksetzen	Öffnen Sie *Internetoptionen*, dann die Registerkarte *Erweitert* und klicken Sie auf *Zurücksetzen*	Seite 442
personenbezogene Daten löschen	Öffnen Sie *Internetoptionen*, dann die Registerkarte *Allgemein* und klicken Sie auf *Löschen*	Seite 442
festlegen, wie lange sich der Internet Explorer besuchte Webseiten merkt	Öffnen Sie *Internetoptionen*, dann die Registerkarte *Allgemein* und klicken Sie im Bereich *Browserverlauf* auf *Einstellungen*	Seite 444
festlegen, ob der Internet Explorer Eingaben automatisch vervollständigen darf oder nicht	Öffnen Sie *Internetoptionen*, dann die Registerkarte *Inhalte* und klicken Sie im Bereich *AutoVervollständigen* auf *Einstellungen*	Seite 444
einer Webseite erlauben, Cookies zu speichern	Öffnen Sie *Internetoptionen*, dann die Registerkarte *Datenschutz* und klicken Sie auf *Sites*	Seite 444
die Sicherheitseinstellungen einer Webseite lockern	Öffnen Sie *Internetoptionen*, dann die Registerkarte *Sicherheit*. Wählen Sie die Zone *Vertrauenswürdige Sites* aus und klicken Sie auf *Sites.*	Seite 447
den Phishingfilter ein- oder ausschalten	Klicken Sie in der Symbolleiste des Internet Explorers auf *Extras*. Wählen Sie *Phishingfilter/Automatische Websiteprüfung einschalten* beziehungsweise *ausschalten.*	Seite 448
bestimmen, ob eine Anwendung vom Internet Explorer gestartet werden darf	Beantworten Sie die Sicherheitsabfrage, die dabei erscheint, oder nehmen Sie eine Änderung in der Registrierungsdatenbank vor	Seite 450
ein Add-On installieren	Klicken Sie auf die Informationsleiste, die den Installationswunsch einblendet, und folgen Sie den Anweisungen	Seite 451
ein Add-On nachträglich deaktivieren	Klicken Sie in der Symbolleiste auf *Extras*. Wählen Sie *Add-Ons verwalten/Add-Ons aktivieren bzw. deaktivieren.*	Seite 452

Tobias Weltner

26

E-Mail senden und empfangen

Windows Vista Home Basic ✓	Windows Vista Business ✓
Windows Vista Home Premium ✓	Windows Vista Enterprise ✓
Windows Vista Ultimate ✓	

Funktion wird von dieser Windows Vista-Edition

vollständig unterstützt ✓ | eingeschränkt unterstützt ⊙ | nicht unterstützt ⊗

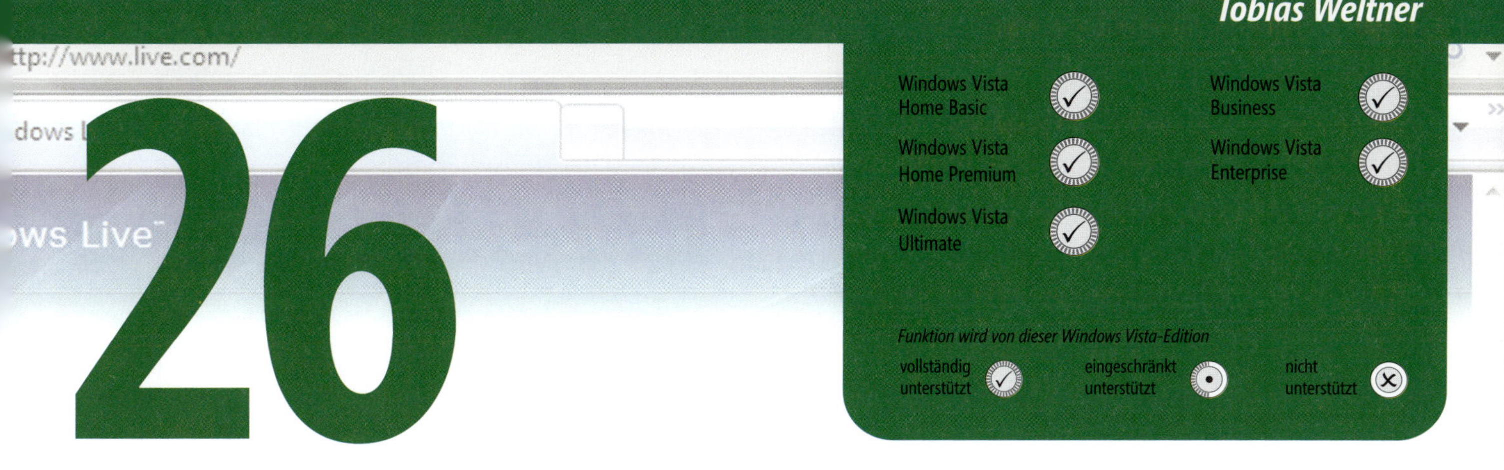

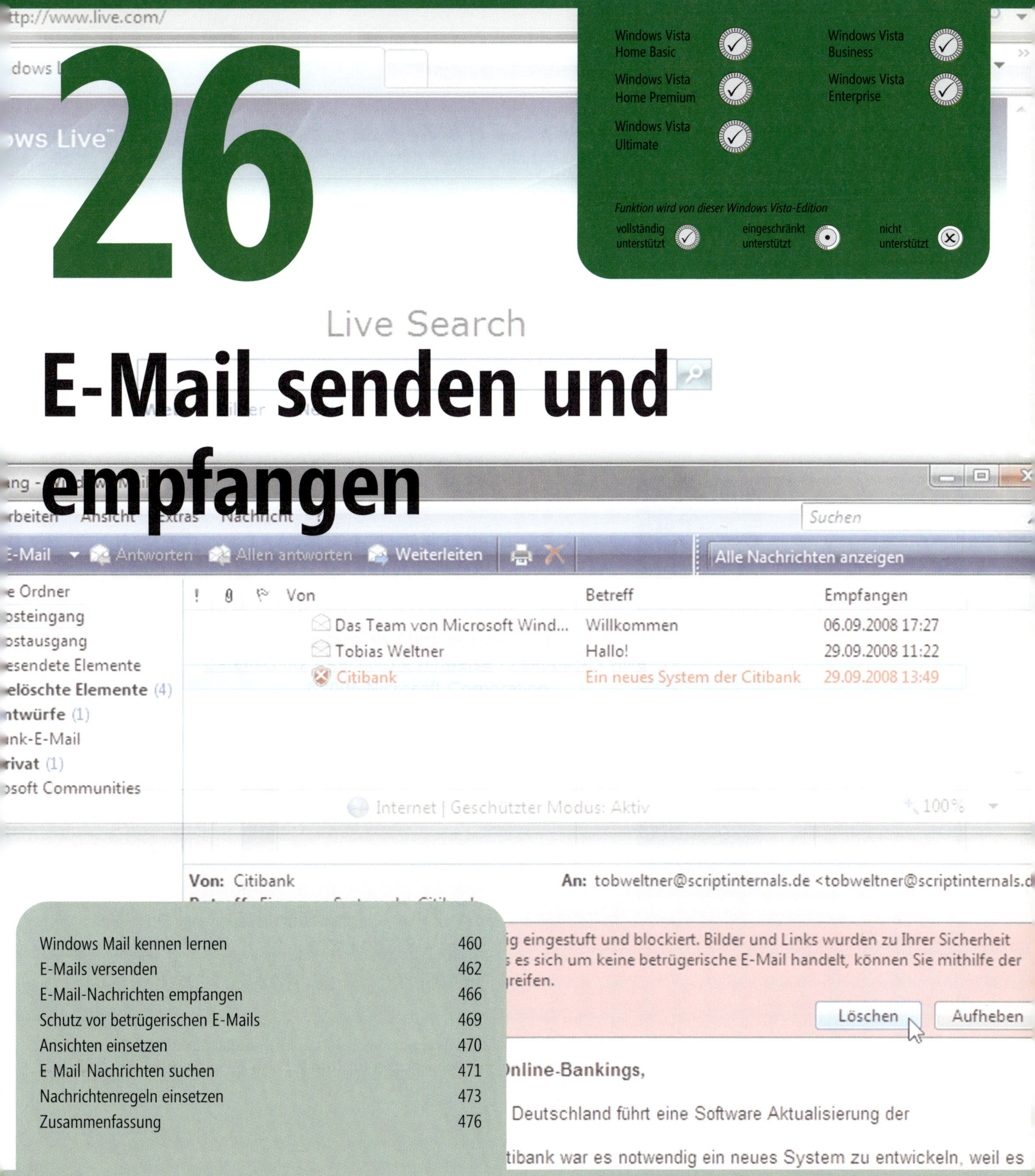

Möchten Sie E-Mails senden und empfangen, verwenden Sie einen so genannten E-Mail-Client, zum Beispiel das in Windows integrierte Windows Mail. Windows Mail löst das E-Mail-Programm Outlook Express aus früheren Windows-Versionen ab.

Windows Mail ist auf den persönlichen Einsatz spezialisiert. Möchten Sie innerhalb einer Firma eine zentrale E-Mail-Infrastruktur aufbauen, reicht Windows Mail meist nicht aus. Greifen Sie hier zu leistungsfähigeren E-Mail-Clients wie zum Beispiel Microsoft Outlook.

Windows Mail kennen lernen

Ob Sie bereits startklar für den E-Mail-Versand sind oder zuerst noch ein E-Mail-Konto einrichten müssen, finden Sie schnell heraus. Starten Sie einfach das mitgelieferte E-Mail-Programm *Windows Mail*.

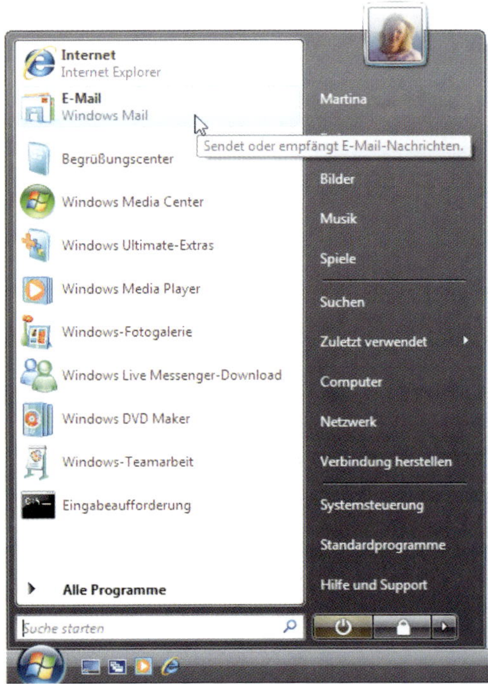

Abbildung 26.1 Sie erreichen das E-Mail-Programm oben links im Startmenü

1. Öffnen Sie das Startmenü und suchen Sie im oberen Bereich nach dem Eintrag *E-Mail*. Darunter steht, welches E-Mail-Programm bei Ihnen eingerichtet ist. Normalerweise ist das *Windows Mail*.
2. Klicken Sie im Startmenü auf den Eintrag *E-Mail*. Das Mail-Programm öffnet sich.

Hinweis 

Startet nun ein Assistent und fragt nach Ihrem Namen, dann ist Ihr E-Mail-Konto noch nicht eingerichtet. Bevor Sie E-Mails senden und empfangen können, müssen Sie dem Mailprogramm zuerst Details zu Ihrem E-Mail-Konto verraten, damit es weiß, wie es E-Mails versenden und empfangen soll. Diese Einstellungen brauchen Sie nur einmal vorzunehmen. Mehr dazu lesen Sie in Kapitel 28.

Nennt Ihr Startmenü nicht wie in Abbildung 26.1 als E-Mail-Programm *Windows Mail*, dann wurde bei Ihnen ein anderes E-Mail-Programm hinzuinstalliert. Das ist nicht weiter schlimm. Viele Firmen verwenden zum Beispiel den »größeren Bruder« Microsoft Office Outlook, der im Firmenumfeld zusätzliche Funktionen für Teamzusammenarbeit liefert und größere E-Mail-Mengen besser verwalten kann.

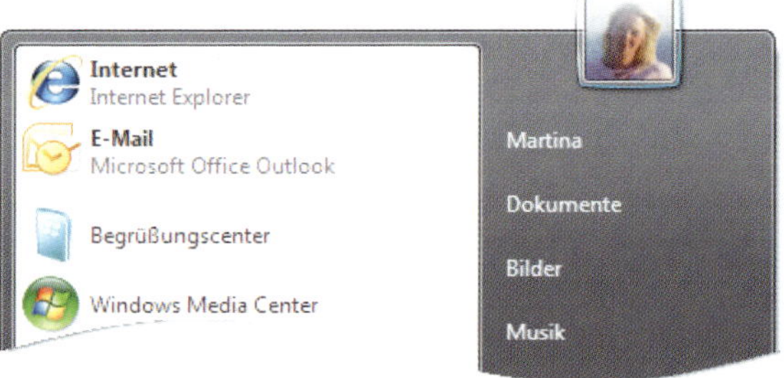

Abbildung 26.2 Möglicherweise ist bei Ihnen ein anderes Mail-Programm wie zum Beispiel Microsoft Office Outlook installiert

PROFITIPP 

Wenn Sie das E-Mail-Programm ändern wollen, das im Startmenü angezeigt wird, klicken Sie mit der rechten Maustaste auf die runde Start-Schaltfläche links unten in der Taskleiste und wählen im Kontextmenü den Eintrag *Eigenschaften* aus. Klicken Sie danach auf die Schaltfläche *Anpassen* hinter der Option *Startmenü*. Jetzt können Sie im unteren Teil festlegen, welche Programme Sie für Internet und E-Mail am häufigsten einsetzen. Diese Programme werden dann oben im Startmenü angezeigt.

Nach dem Start öffnet Windows Mail sein Hauptfenster. Darin sehen Sie links die Ordnerliste, in denen die verschiedenen Ablagen für Ihre E-Mails zu sehen sind.

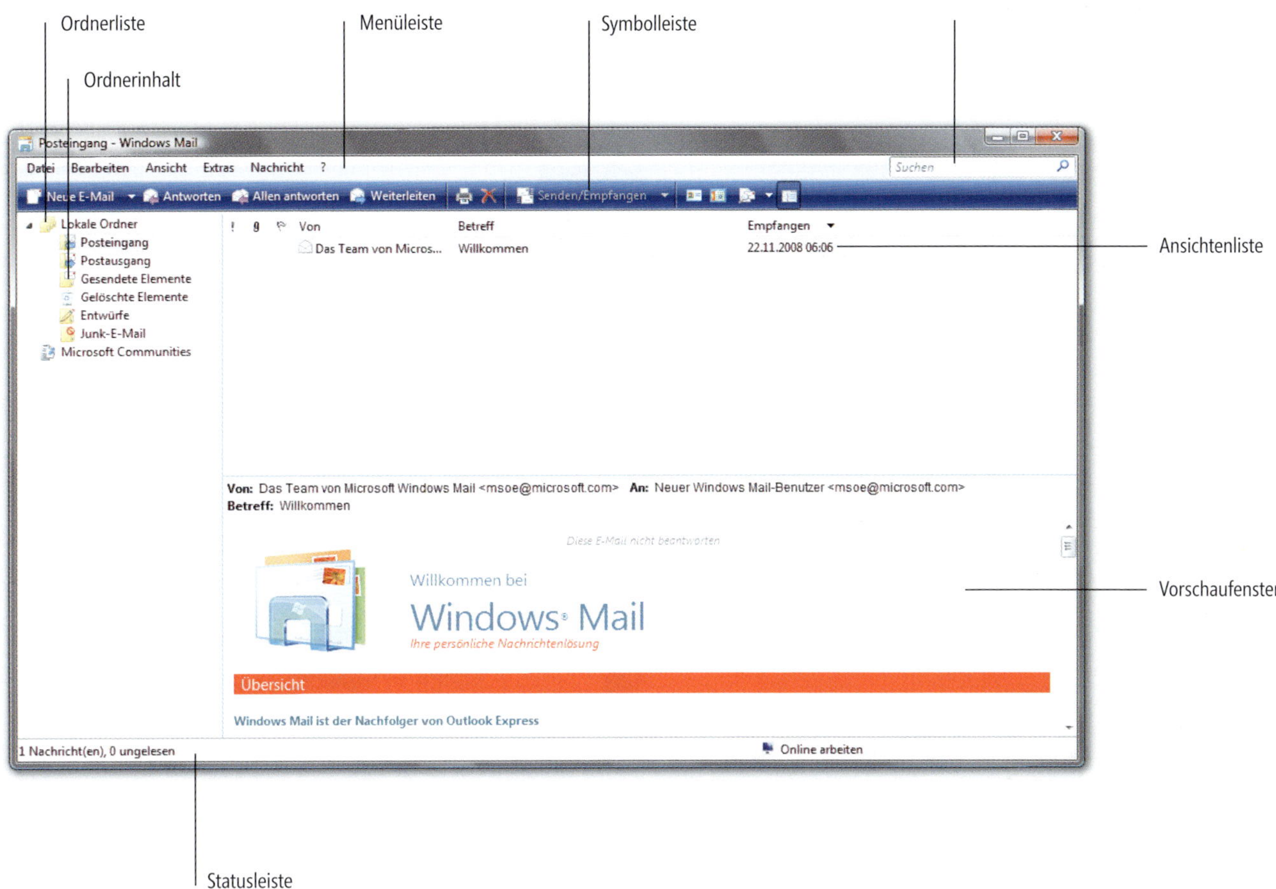

Abbildung 26.3 Windows Mail kennen lernen

Der Ordner *Posteingang* ist bereits für Sie ausgewählt und rechts in der Ordneransicht sehen Sie auch schon eine erste E-Mail, mit der Windows Mail Sie begrüßt. In der Symbolleiste darüber finden Sie alle wichtigen Funktionen.

Schaltfläche	Beschreibung
Neue E-Mail	Legt eine neue E-Mail-Nachricht an. Wenn Sie auf den Pfeil am rechten Rand der Schaltfläche klicken, können Sie sich ein Briefpapier für Ihre Nachricht aussuchen.
Antworten	Möchten Sie auf eine E-Mail-Nachricht antworten, markieren Sie die Nachricht und klicken dann auf *Antworten*. Der Text der alten Nachricht wird an die Antwortmail angehängt, damit der Empfänger weiß, worauf Sie sich beziehen.

Tabelle 26.1 Alle wichtigen Funktionen der Symbolleiste

Schaltfläche	Beschreibung
Allen antworten	Manchmal werden E-Mails gleichzeitig an viele Personen verschickt. Wollen Sie allen Personen antworten, die die Nachricht erhalten haben, klicken Sie auf diese Schaltfläche.
Weiterleiten	Wollen Sie eine eingegangene Nachricht an jemand anderen weiterleiten, verwenden Sie die Weiterleitungsfunktion. Sie können die Nachricht dann an eine andere Person weiterschicken.
	Möchten Sie eine E-Mail ausdrucken, markieren Sie zuerst die gewünschte E-Mail in der Liste und klicken dann auf diese Schaltfläche

Tabelle 26.1 Alle wichtigen Funktionen der Symbolleiste *(Fortsetzung)*

Schaltfläche	Beschreibung
	Um eine E-Mail-Nachricht zu löschen, markieren Sie die Nachricht in der Liste und klicken dann auf diese Schaltfläche. Die Nachricht wird in den Ordner *Gelöschte Elemente* verschoben.
Senden/Empfangen	Um neue E-Mails abzurufen und eigene E-Mails zu versenden, klicken Sie auf diese Schaltfläche. Wenn Sie auf den Pfeil am rechten Rand klicken, können Sie noch genauer bestimmen, was passieren soll, und zum Beispiel nur senden oder nur empfangen. Windows Mail empfängt neue E-Mails normalerweise automatisch alle 30 Minuten und versendet eigene E-Mails sofort.
	Möchten Sie Ihre Adresskontakte öffnen, klicken Sie auf diese Schaltfläche. Sie sehen jetzt sämtliche Adressen, die Sie gespeichert haben. Um eine E-Mail an eine Person zu senden, klicken Sie auf den gewünschten Kontakt und dann in der Symbolleiste auf die Schaltfläche *E-Mail*. Mehr zu Kontakten lesen Sie in Kapitel 21.
	Diese Schaltfläche öffnet den Windows-Kalender, mit dem Sie Ihre Termine verwalten. Mehr zum Kalender erfahren Sie in Kapitel 20.
	Über diese Schaltfläche öffnen Sie die Suche, mit der Sie E-Mail-Nachrichten bequem wiederfinden. Klicken Sie auf den Pfeil, wenn Sie weitere Suchoptionen nutzen wollen und zum Beispiel ein Stichwort in einer bestimmten E-Mail suchen. Sie können auch [Strg]+[E] drücken, um die Schreibmarke ins Suchfeld in der rechten oberen Ecke zu setzen. Auch dort findet sich eine Volltextsuche.
	Wollen Sie die Ordnerliste auf der linken Seite ausblenden, um mehr Platz für Ihre E-Mail-Nachrichten zu bekommen, klicken Sie auf diese Schaltfläche. Ein weiterer Klick blendet die Ordnerliste wieder ein.

Tabelle 26.1 Alle wichtigen Funktionen der Symbolleiste *(Fortsetzung)*

E-Mails versenden

Um eine neue E-Mail zu versenden, klicken Sie in der Symbolleiste auf *Neue E-Mail* oder drücken die Tastenkombination [Strg]+[N]. Ein neues Fenster öffnet sich und darin können Sie Ihre E-Mail-Nachricht konzipieren.

Am oberen Rand finden Sie eine Symbolleiste mit allen wichtigen Funktionen:

Schaltfläche	Beschreibung
Senden	Sendet die E-Mail ab
	Mit diesen Schaltflächen steuern Sie die Zwischenablage und können markierten Text zum Beispiel ausschneiden, kopieren und wieder einfügen. Missgeschicke lassen sich außerdem rückgängig machen.
	Überprüft die eingegebene E-Mail-Adresse oder den eingegebenen Namen. Wenn Ihre Eingabe in den Windows-Kontakten gefunden wurde, wird die Adresse automatisch vervollständigt. Gibt es mehrere Einträge, öffnet sich ein Auswahldialogfeld. Diese Funktion erreichen Sie auch über die Tastenkombination [Strg]+[K]. Sie bleibt wirkungslos, wenn Sie noch keine Adresse eingegeben haben.
ABC	Überprüft Ihre Nachricht auf Rechtschreibfehler. Sie können auch die [F7]-Taste drücken.
	Fügt Ihrer Nachricht eine Anlage hinzu, zum Beispiel ein Foto oder ein Textdokument. Dateien sollten möglichst immer als ZIP-Datei verpackt werden, bevor Sie sie an eine E-Mail anhängen.
	Legt die Priorität Ihrer Nachricht fest. Der Empfänger kann also erkennen, ob Ihre Nachricht besonders wichtig oder nur informativ sein soll.
	Fügt eine digitale Unterschrift hinzu, die dem Empfänger garantiert, dass diese E-Mail von Ihnen stammt und nicht verändert wurde. Bevor Sie diese Funktion einsetzen können, benötigen Sie ein E-Mail-Zertifikat. Mehr dazu erfahren Sie im Kapitel 27.
	Verschlüsselt Ihre Nachricht so, dass nur der Empfänger sie lesen kann. Auch diese Funktion setzt voraus, dass Sie zuerst E-Mail-Zertifikate eingerichtet haben.
	Ein Klick auf diese Schaltfläche schaltet Windows Mail in den Offlinemodus. In diesem Modus können Sie ganz normal weiterarbeiten, aber Windows Mail wird keine Verbindung zum Internet herstellen. Ihre neuen E-Mails werden so lange zwischengespeichert, bis Sie mit einem weiteren Klick wieder in den Onlinemodus wechseln. Der Offlinemodus ist nützlich, wenn Sie unterwegs sind oder wegen eines teuren Internetzugangs E-Mails zuerst sammeln und dann auf einmal versenden möchten.

Tabelle 26.2 Wichtige Funktionen für neue E-Mail-Nachrichten

Unterhalb der Symbolleiste befindet sich Ihre E-Mail-Nachricht. Am wichtigsten sind dabei die Kopfzeilen, mit denen Sie festlegen, wer Ihre Nachricht erhalten soll:

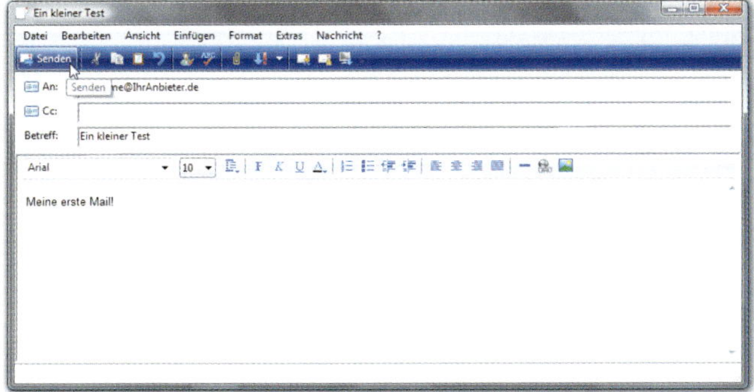

Abbildung 26.4 Eine erste E-Mail schreiben

- **An** Tragen Sie hier die E-Mail-Adresse des Empfängers ein. Als ersten Test sollten Sie die E-Mail an sich selbst senden, damit Sie sehen, ob Versand und Empfang gut funktionieren. Tragen Sie also in dieses Feld Ihre eigene E-Mail-Adresse ein.
- **Betreff** Hier legen Sie die Überschrift Ihrer Nachricht fest. Weil der Empfänger zuerst nur diese Überschrift sieht, sollte sie neugierig machen und die wichtigsten Stichpunkte Ihrer Nachricht zusammenfassen.
- **Text** Im unteren Teil des Fensters können Sie dann ähnlich wie in einer Textverarbeitung Ihre Nachricht schreiben.

Tipp

Das Feld *Cc* steht für »Carbon Copy«, also Durchschlag, und bleibt normalerweise leer. Tragen Sie hier E-Mail-Adressen ein, wenn Sie die Nachricht neben dem Hauptempfänger außerdem auch anderen Personen zur Kenntnisnahme senden wollen. Über *Ansicht/Alle Kopfzeilen* lässt sich eine weitere Zeile namens *Bcc* einblenden, was für »Blind Carbon Copy« steht. Empfänger, die Sie hier eintragen, erhalten ebenfalls Ihre Nachricht – allerdings ohne dass die anderen Empfänger sehen können, dass Sie auch dieser Person eine Kopie der Nachricht schicken.

Adressen verwalten

Geben Sie eine neue E-Mail-Adresse in eines der Adressfelder ein, werden Sie vielleicht verblüfft feststellen, dass Windows Mail Ihre Eingabe verändert, sobald Sie in ein anderes Feld wechseln.

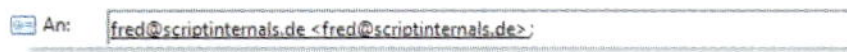

Abbildung 26.5 E-Mail-Adressen erscheinen zunächst in einem sonderbaren Format

Windows Mail schreibt die E-Mail-Adresse in spitzen Klammern noch einmal dahinter und fügt ein Semikolon an. Das Semikolon trennt E-Mail-Adressen und Sie könnten deshalb hinter dem Semikolon eine weitere E-Mail-Adresse angeben. So versenden Sie Nachrichten an mehrere Personen gleichzeitig.

Wenn Sie eine E-Mail-Adresse eingeben, schaut Windows Mail zunächst in den Kontakten nach, ob diese Adresse bereits bekannt ist. Falls ja, wird die E-Mail-Adresse durch den echten Namen der Person ersetzt und die E-Mail-Adresse in spitzen Klammern dahinter geschrieben.

Ist die E-Mail-Adresse noch unbekannt, verwendet Windows Mail die E-Mail-Adresse, die deshalb doppelt erscheint. Weil das unschön aussieht, sollten Sie E-Mail-Adressen bei dieser Gelegenheit gleich in Ihr Adressbuch einpflegen. Dazu klicken Sie mit der rechten Maustaste auf die E-Mail-Adresse und wählen im Kontextmenü den Eintrag *Zu Kontakten hinzufügen*.

Ein neuer Kontakt wird angelegt. Holen Sie die Registerkarte *Name und E-Mail* in den Vordergrund und vervollständigen Sie die persönlichen Angaben. Bestätigen Sie anschließend mit *OK*. Wenn Sie die E-Mail-Adresse das nächste Mal eingeben, erscheint nun der korrekte Name.

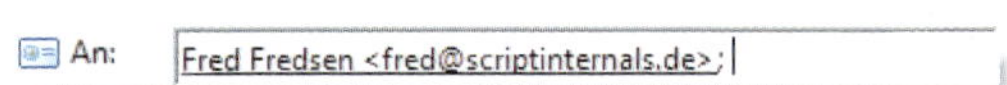

Abbildung 26.6 Ist die E-Mail-Adresse in Ihren Kontakten vorhanden, wird der echte Name eingesetzt

Jetzt brauchen Sie sich noch nicht einmal mehr die E-Mail-Adresse einer Person zu merken. Es genügt, wenn Sie den Namen der Person eingeben und dann auf die Schaltfläche zur Namensüberprüfung klicken oder Strg+K drücken.

Nachricht verfassen

Im Textbereich unter den Kopfzeilen verfassen Sie nun Ihre Nachricht ganz ähnlich wie in einer Textverarbeitung. Dazu steht Ihnen eine Reihe von Textwerkzeugen in der Symbolleiste über dem Textbereich zur Verfügung:

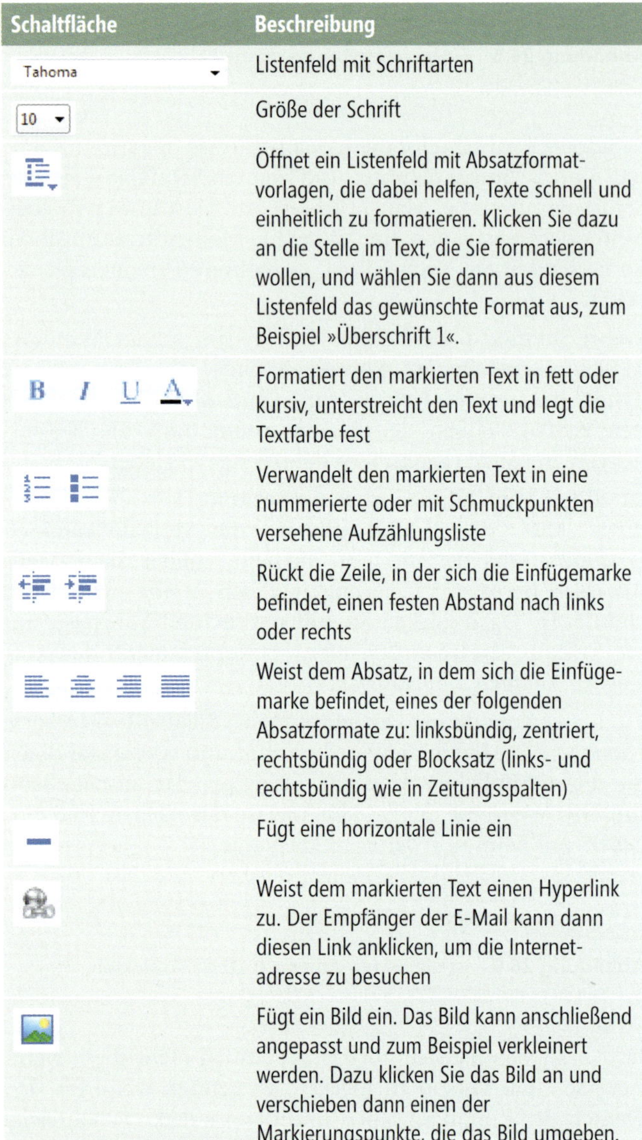

Schaltfläche	Beschreibung
Tahoma	Listenfeld mit Schriftarten
10	Größe der Schrift
	Öffnet ein Listenfeld mit Absatzformatvorlagen, die dabei helfen, Texte schnell und einheitlich zu formatieren. Klicken Sie dazu an die Stelle im Text, die Sie formatieren wollen, und wählen Sie dann aus diesem Listenfeld das gewünschte Format aus, zum Beispiel »Überschrift 1«.
B I U A	Formatiert den markierten Text in fett oder kursiv, unterstreicht den Text und legt die Textfarbe fest
	Verwandelt den markierten Text in eine nummerierte oder mit Schmuckpunkten versehene Aufzählungsliste
	Rückt die Zeile, in der sich die Einfügemarke befindet, einen festen Abstand nach links oder rechts
	Weist dem Absatz, in dem sich die Einfügemarke befindet, eines der folgenden Absatzformate zu: linksbündig, zentriert, rechtsbündig oder Blocksatz (links- und rechtsbündig wie in Zeitungsspalten)
	Fügt eine horizontale Linie ein
	Weist dem markierten Text einen Hyperlink zu. Der Empfänger der E-Mail kann dann diesen Link anklicken, um die Internetadresse zu besuchen
	Fügt ein Bild ein. Das Bild kann anschließend angepasst und zum Beispiel verkleinert werden. Dazu klicken Sie das Bild an und verschieben dann einen der Markierungspunkte, die das Bild umgeben.

Tabelle 26.3 Textverarbeitungsfunktionen

Lesebestätigung anfordern

Wollen Sie wissen, wann der Empfänger Ihre E-Mail-Nachricht tatsächlich empfangen hat, so fordern Sie vor dem Absenden eine Lesebestätigung an. Sobald der Empfänger Ihre Nachricht öffnet, erhalten Sie automatisch eine E-Mail-Nachricht.

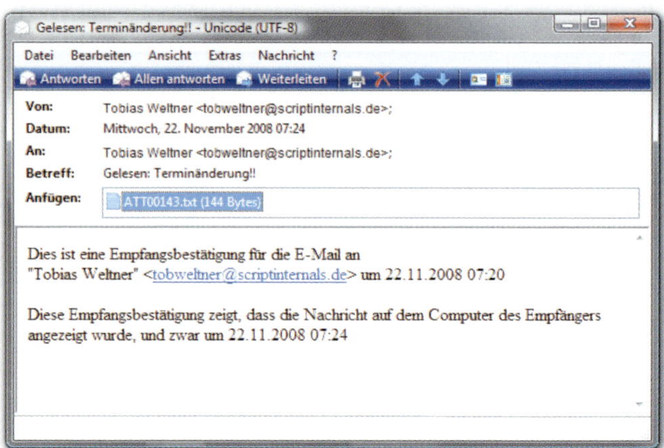

Abbildung 26.7 Eine Lesebestätigung erhalten

Um die Lesebestätigung anzufordern, wählen Sie den Menübefehl *Extras/Lesebestätigung anfordern*.

Zuverlässig sind solche Lesebestätigungen jedoch nicht, denn der Empfänger kann sich aussuchen, ob er auch tatsächlich eine Lesebestätigung versendet. Selbst wenn Sie also keine Lesebestätigung erhalten, kann der Empfänger Ihre Nachricht erhalten und gelesen haben.

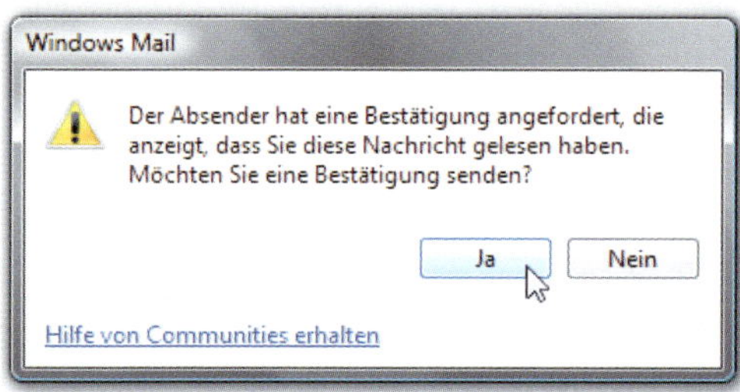

Abbildung 26.8 Der Empfänger kann eine Lesebestätigung senden – muss es aber nicht

E-Mail absenden

Ist Ihre E-Mail-Nachricht fertig, schicken Sie sie mit einem Klick auf *Senden* auf die Reise. Sie wird sofort abgesendet.

Möchten Sie die Nachricht lieber doch noch nicht senden, schließen Sie das Fenster stattdessen. Windows Mail fragt, ob Sie die Nachricht speichern wollen. Mit einem Klick auf *Ja* speichert Windows Mail Ihre Nachricht im Ordner *Entwürfe*.

Dort können Sie Ihre Nachricht jederzeit wieder per Doppelklick öffnen, weiterbearbeiten und senden, wenn Sie zufrieden sind.

Sie können auch den Menübefehl *Datei/Später senden* aufrufen. Dann wird die Nachricht nicht sofort abgesendet, sondern zuerst im Ordner *Postausgang* gelagert. Erst wenn Windows Mail das nächste Mal turnusmäßig eine Verbindung mit dem Internet herstellt, wird die Nachricht automatisch versendet.

Wenn der E-Mail-Versand nicht klappt ...

Kann Windows Mail Ihre Nachricht nicht versenden, erscheint eine Fehlermeldung. Gründe könnten zum Beispiel sein, dass Sie gerade keine Verbindung mit dem Internet haben oder die Einstellungen Ihres E-Mail-Servers nicht korrekt sind.

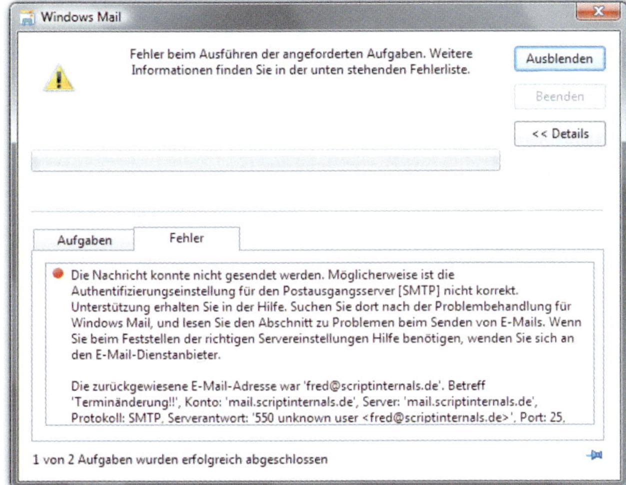

Abbildung 26.9 Die Fehlermeldung hilft leider nur manchmal, das Problem zu verstehen

In diesem Fall bleiben die Nachrichten im Ordner *Postausgang* liegen und werden später gesendet. Falls die Nachricht selbst der Grund für den Fehler war, zum Beispiel, weil ein Empfängername beim Mailserver unbekannt ist, können Sie die Nachrichten im *Postausgang*-Ordner direkt öffnen und ändern oder löschen.

Paketversand: Dateien an Nachrichten anhängen

Möchten Sie zusammen mit Ihrer E-Mail Dateien versenden, hängen Sie diese an die E-Mail an. Das funktioniert so:

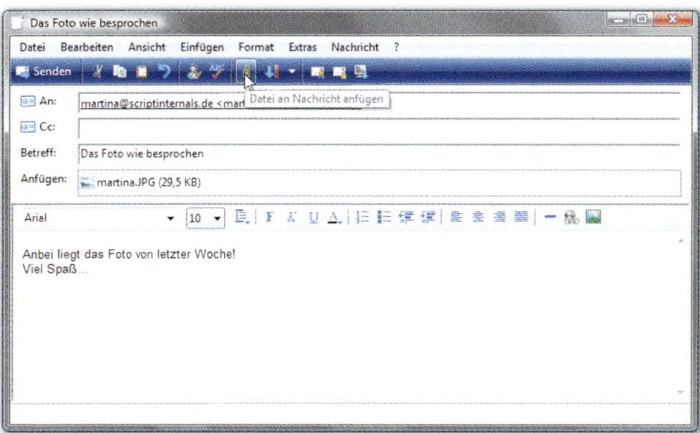

Abbildung 26.10 Eine Datei an die E-Mail-Nachricht anhängen

1. Klicken Sie auf die Schaltfläche mit der Büroklammer. Ein Dialogfeld öffnet sich und Sie können die Datei aussuchen, zum Beispiel ein Textdokument oder ein Foto.
2. Die angehängte Datei wird unterhalb der *Betreff*-Zeile eingefügt und in Klammern schreibt Windows Mail dahinter, wie groß die Datei ist.
3. Fügen Sie so viele weitere Dateien Ihrer E-Mail-Nachricht an, wie Sie wollen.

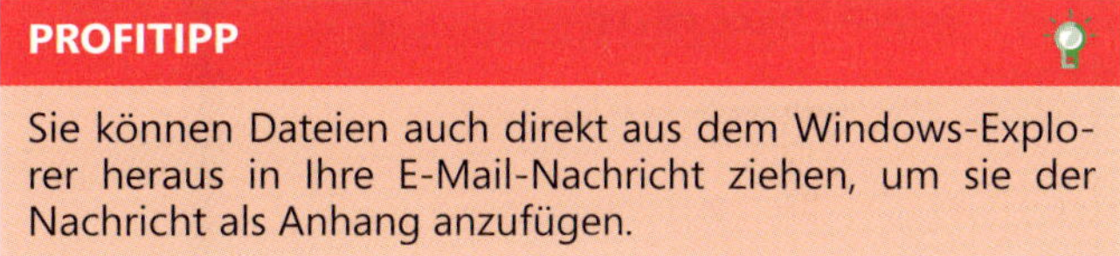
PROFITIPP

Sie können Dateien auch direkt aus dem Windows-Explorer heraus in Ihre E-Mail-Nachricht ziehen, um sie der Nachricht als Anhang anzufügen.

Die angefügten Dateien werden im Feld *Anfügen* aufgeführt. Möchten Sie eine angefügte Datei lieber wieder entfernen, markieren Sie die Datei in diesem Feld und löschen sie daraus, zum Beispiel mit einer der Tasten `Entf` oder `Rück`.

ZIP-Dateien sind besser

Profis versenden Dateien als E-Mail-Anhang grundsätzlich nur in Form von ZIP-Dateien. Das hat viele Vorteile:

- Weil ZIP-Dateien den Inhalt komprimieren, werden Anhänge viel kleiner und der E-Mail-Transport geht schneller vonstatten.
- Weil ZIP-Dateien mehrere Dateien kombinieren, braucht der E-Mail nur eine einzelne Datei angehängt zu werden. Das ist übersichtlicher.
- Weil ZIP-Dateien nicht sofort ausgeführt werden können, werden solche Anhänge nie blockiert. Sie können damit also auch Dateien verschicken, die normalerweise als Sicherheitsrisiko gelten, zum Beispiel Programme oder Skripts.

Um eine oder mehrere Dateien als ZIP-Archiv zu verpacken, markieren Sie die Dateien zuerst, zum Beispiel mit gedrückter `Strg`-Taste. Danach klicken Sie mit der rechten Maustaste in die Markierung und wählen im Kontextmenü *Senden an/ZIP-komprimierten Ordner.*

Den ZIP-Ordner fügen Sie anschließend Ihrer E-Mail hinzu.

Bilder automatisch komprimieren

Weil Fotos moderner Digitalkameras häufig sehr speicherplatzintensiv sind, gibt es einen cleveren Assistenten, der die Bilder zuerst auf eine vernünftige Größe bringt. Klicken Sie dann mit der rechten Maustaste auf die Datei, und wählen Sie im Kontextmenü *Senden an/E-Mail-Empfänger.* Automatisch wird eine neue E-Mail für Sie angelegt und die ausgewählte Datei als Anlage angefügt.

Handelt es sich bei der Datei um ein Bild, wird der Assistent aktiviert. Er bietet in einem Listenfeld gebräuchliche Bildschirmformate an. Wählen Sie die Größe aus. Darunter meldet das Fenster, wie groß das Bild in dieser Größe sein wird. Klicken Sie auf *Anfügen*, um das verkleinerte Bild an eine neue E-Mail-Nachricht anzufügen.

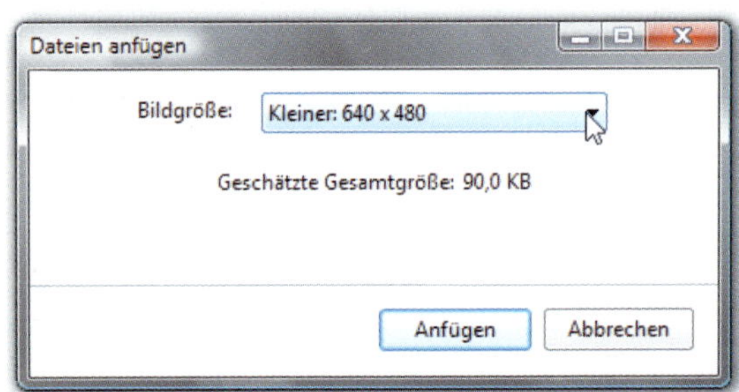

Abbildung 26.11 Bilder automatisch für den E-Mail-Versand verkleinern

Die Originalbilder bleiben dabei unversehrt. Der Assistent legt vielmehr verkleinerte Kopien der Bilder an und versendet diese.

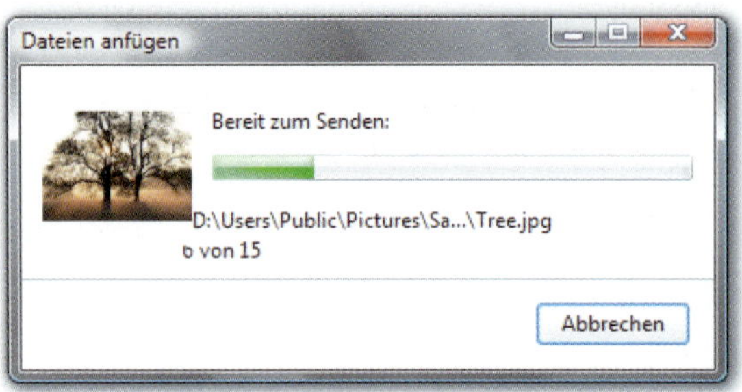

Abbildung 26.12 Der Assistent kann auch größere Bildermengen in einem Schritt verkleinern

E-Mail-Nachrichten empfangen

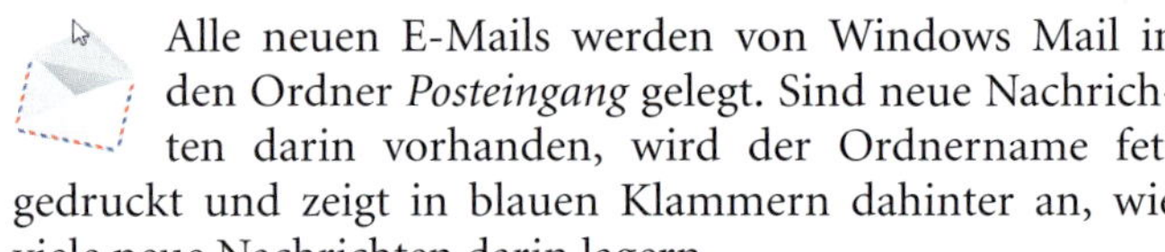

Alle neuen E-Mails werden von Windows Mail in den Ordner *Posteingang* gelegt. Sind neue Nachrichten darin vorhanden, wird der Ordnername fett gedruckt und zeigt in blauen Klammern dahinter an, wie viele neue Nachrichten darin lagern.

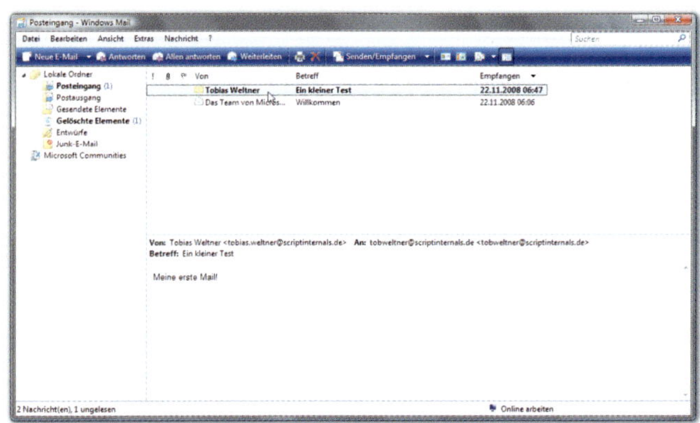

Abbildung 26.13 Neue Nachrichten lesen

Windows Mail prüft automatisch in regelmäßigen Intervallen Ihr E-Mail-Konto auf neue Nachrichten. Normalerweise geschieht dies, wenn Sie Windows Mail starten, und danach alle 30 Minuten.

Möchten Sie sofort nachsehen, ob es neue E-Mail-Nachrichten für Sie gibt, klicken Sie in der Symbolleiste auf *Senden/ Empfangen.*

Nachrichten lesen und beantworten

Klicken Sie auf eine E-Mail-Nachricht, um den Inhalt im unteren Teil des Fensters zu lesen. Bringen Sie den Mauszeiger auf die Grenze zwischen E-Mail-Liste und Vorschau, verwandelt er sich dort in einen Doppelpfeil und Sie können die Platzverteilung dieser beiden Bereiche verändern.

Möchten Sie die Nachricht lieber in einem eigenen Fenster lesen, öffnen Sie sie per Doppelklick.

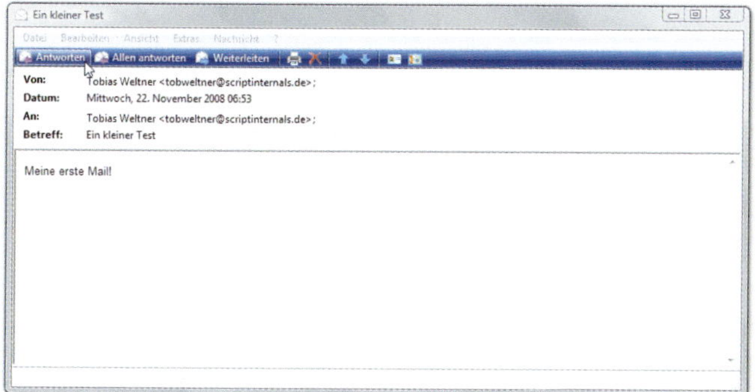

Abbildung 26.14 E-Mail-Nachricht in einem eigenen Fenster öffnen

Die Schaltfläche *Antworten* sendet Ihre Antwort an denjenigen, der die ursprüngliche Nachricht geschrieben hat. Mit *Allen antworten* senden Sie Ihre Antwort außerdem an alle, die die ursprüngliche Nachricht erhalten haben. Mit den blauen Pfeiltasten springen Sie zur vorherigen oder nächsten E-Mail. Um also auf eine Nachricht zu antworten, klicken Sie auf *Antworten*. Automatisch wird eine neue E-Mail angelegt und der Inhalt der alten Nachricht angehängt. Jetzt brauchen Sie nur noch Ihre Antwort einzugeben und auf *Senden* zu klicken.

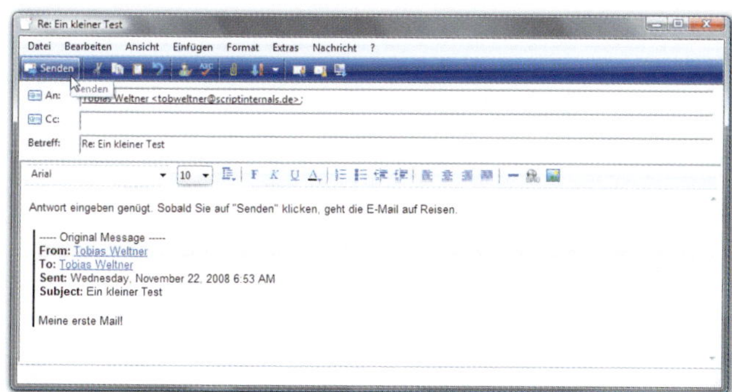

Abbildung 26.15 Eine Antwort auf eine eingegangene E-Mail schreiben

E-Mails in Spalten organisieren

Windows Mail organisiert eingegangene E-Mails in verschiedenen Spalten und zeigt darin nützliche Informationen an.

In der *Von*-Spalte erfahren Sie, von wem eine E-Mail stammt. Darin ist auch ein Symbol zu sehen, das Ihnen anzeigt, ob Sie diese Mail schon gelesen haben oder nicht. Ein geschlossener gelber Briefumschlag kennzeichnet eine noch nicht gelesene Mail. Die Schrift ist in diesem Fall außerdem fett gedruckt. Haben Sie die Mail bereits gelesen, wird ein geöffneter weißer Briefumschlag angezeigt.

Abbildung 26.16 Spaltenüberschriften in Windows Mail

> **Tipp**
>
> Windows Mail kennzeichnet Nachrichten automatisch als gelesen, wenn Sie die Nachricht mindestens fünf Sekunden lang geöffnet haben. Per Rechtsklick können Sie den Status auch von Hand ändern: Wählen Sie im Kontextmenü einen der Einträge *Als gelesen markieren* oder *Als ungelesen markieren*.

In der *Betreff*-Spalte wird die Überschrift der Nachricht angezeigt. Die Spalte *Empfangen* verrät, wann Sie die Nachricht empfangen haben.

Mit diesen Spaltenüberschriften können Sie die Nachrichten in einem Ordner auch sortieren. Dazu klicken Sie auf die Spaltenüberschrift, nach der Sie sortieren wollen. Ein zweiter Klick sortiert in umgekehrter Reihenfolge. Möchten Sie zum Beispiel neue Nachrichten zuerst anzeigen, klicken Sie auf die Spaltenüberschrift *Empfangen*.

Die Priorität einer Nachricht wird in der Spalte mit dem Ausrufungszeichen angezeigt. Normalerweise ist diese Spalte leer und zeigt so Nachrichten mit normaler Wichtigkeit an. Hat der Absender die Nachricht als wichtig markiert, sehen Sie hier ein rotes Ausrufezeichen. Nachrichten mit niedriger Priorität zeigen einen nach unten gerichteten blauen Pfeil.

!			Von	Betreff	Empfangen
			Das Team von Microsoft Windows Mail	Willkommen	06.09.2008 17:27
!			**Tobias Weltner**	**Eine wichtige Mail**	**28.09.2008 15:08**
↓			**Tobias Weltner**	**Eine unwichtige Nachricht**	**28.09.2008 15:09**
			Tobias Weltner	**Eine Mail mit Anhang**	**28.09.2008 15:11**
			Tobias Weltner	Einladung	28.09.2008 15:12

Abbildung 26.17 Zusätzliche Informationen zu eingegangenen E-Mails

Die Spalte mit der Büroklammer markiert E-Mails, an die Dateien angehängt worden sind.

Und wenn Sie eine bestimmte Nachricht markieren wollen, um sie später leichter wiederzufinden, klicken Sie in die Spalte mit dem Fähnchen-Symbol. Darin erscheint dann ein rotes Fähnchen. Noch ein Klick in diese Spalte entfernt das Lesezeichen wieder.

Wenn Sie mögen, können Sie weitere Spalten einblenden, die Ihnen zum Beispiel dabei helfen, wichtige von unwichtigen E-Mails zu unterscheiden.

Dazu klicken Sie mit der rechten Maustaste auf die Spaltenüberschrift und wählen im Kontextmenü den Eintrag *Spalten*.

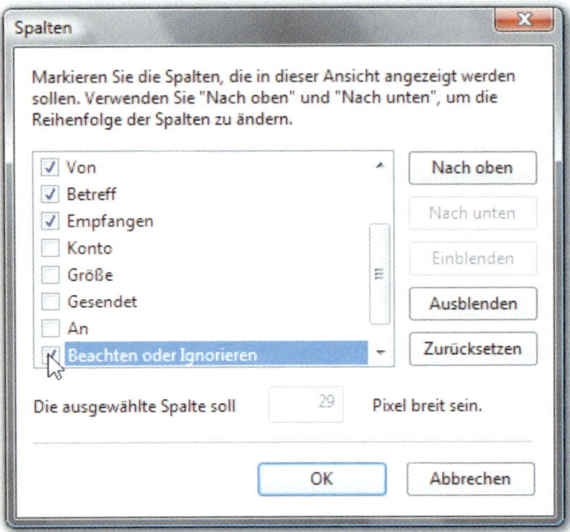

Abbildung 26.18 Weitere Spalten einblenden

Das Dialogfeld *Spalten* öffnet sich, und darin markieren Sie die Spalten, die Sie einblenden wollen, zum Beispiel *Beachten oder Ignorieren*. Dann klicken Sie auf *OK*. Die Tabelle 26.4 zeigt, welche zusätzlichen Spalten Ihnen zur Verfügung stehen.

Spalte	Bedeutung
Konto	E-Mail-Konto, an das diese E-Mail gerichtet war. Wenn Sie mehrere E-Mail-Konten verwenden, können Sie so erkennen, an welche Adresse die Nachricht gesendet worden ist.
Größe	Zeigt die Größe der Nachricht in Kilobyte an
Gesendet	Zeigt an, wann die Nachricht vom Absender abgesendet wurde. Im Gegensatz dazu zeigt die Spalte *Empfangen* an, wann Sie die Nachricht von Ihrem Mailserver abgerufen haben.
An	Zeigt ähnlich wie *Konto* an, an wen die Nachricht gesendet wurde. Während *Konto* den Namen des Mailservers anzeigt, listet *An* den Namen des Anwenders auf.

Tabelle 26.4 Zusätzliche Spaltenüberschriften

Spalte	Bedeutung
Beachten oder Ignorieren	Funktioniert ähnlich wie die Spalte *Kennzeichnung* mit dem Fähnchen und hilft Ihnen dabei, wichtige und unwichtige Nachrichten voneinander zu trennen. Klicken Sie in diese Spalte, erscheint eine Brille und die Nachricht wird rot markiert. So kennzeichnen Sie wichtige Nachrichten. Noch ein Klick in die Spalte stellt ein Verbotssymbol dar und markiert die Nachricht grau. Damit kennzeichnen Sie unwichtige Nachrichten. Ein dritter Klick entfernt das Symbol wieder aus der Spalte.

Tabelle 26.4 Zusätzliche Spaltenüberschriften *(Fortsetzung)*

E-Mail-Nachrichten im Rohformat

Normalerweise stellt Windows Mail eingehende E-Mail-Nachrichten in einem aufbereiteten Format dar, damit Sie den Inhalt lesen können. Manchmal allerdings ist es nützlich, E-Mails in ihrem Rohformat zu sehen, zum Beispiel, um technische Probleme zu lösen.

Dazu klicken Sie die Nachricht mit der rechten Maustaste an und wählen im Kontextmenü den Eintrag *Eigenschaften* aus. Aktivieren Sie im daraufhin geöffneten Dialogfeld die Registerkarte *Details*.

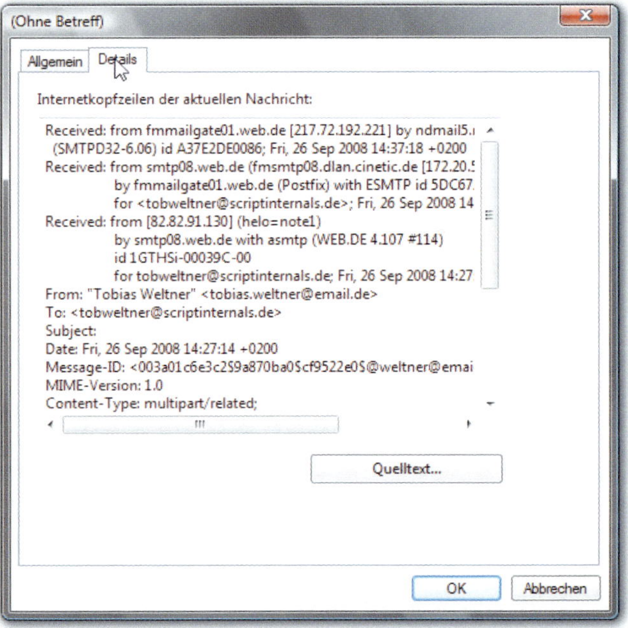

Abbildung 26.19 Rohe Transportdaten einer E-Mail-Nachricht sichtbar machen

Klicken Sie auf die Schaltfläche *Quelltext*, wenn Sie die gesamte E-Mail-Nachricht im Rohformat sehen wollen. Sie wird in einem Editorfenster geöffnet und angezeigt.

Schutz vor betrügerischen E-Mails

Hin und wieder werden Sie E-Mails erhalten, in denen scheinbar Dinge fehlen. Wenn E-Mails Hyperlinks enthalten, über die zum Beispiel Bilder von Webservern abgerufen werden, dann blockiert es diese Links und blendet eine Warnleiste ein.

Erst wenn Sie auf die Warnleiste klicken, werden die Links aktiviert, und die E-Mail zeigt die blockierten Inhalte an. Diese Blockierung gilt nicht für Bilder und Inhalte, die direkt in der E-Mail enthalten sind, sondern nur für Verbindungen zu Webservern.

Weil der Webserver jeden Zugriff registriert, kann ein Betrüger nämlich über solche eingebetteten Bilder feststellen, ob und wann Sie die Nachricht gelesen haben. Werbefirmen erkennen so, ob eine bestimmte E-Mail-Adresse genutzt wird. Registriert der Webserver, dass Sie die Nachricht geöffnet haben, werden Sie möglicherweise umso mehr mit Werbemails bombardiert.

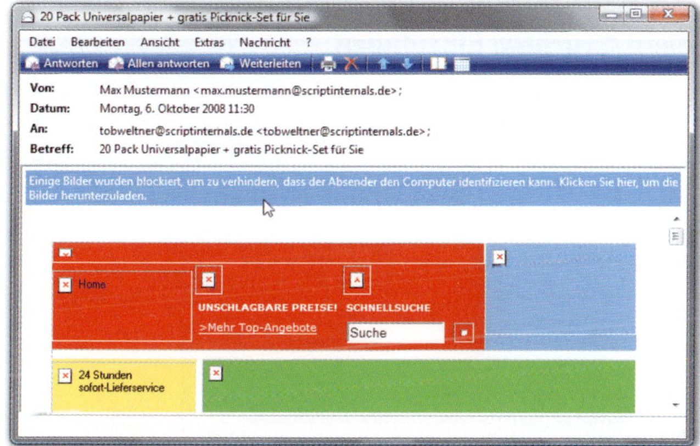

Abbildung 26.20 Eingebettete Hyperlinks sind zunächst blockiert

Phishing-E-Mails abwehren

Phishing-E-Mails sind gefährlich, denn sie imitieren E-Mails von vertrauenswürdigen Absendern wie zum Beispiel Ihrer Bank. In diesen E-Mails versucht man, Sie dazu zu bewegen, sensible Informationen wie Ihre Bankzugangsdaten preiszugeben.

Entdeckt der in Windows Mail integrierte Phishingfilter eine verdächtige E-Mail, wird eine entsprechende Warnung angezeigt.

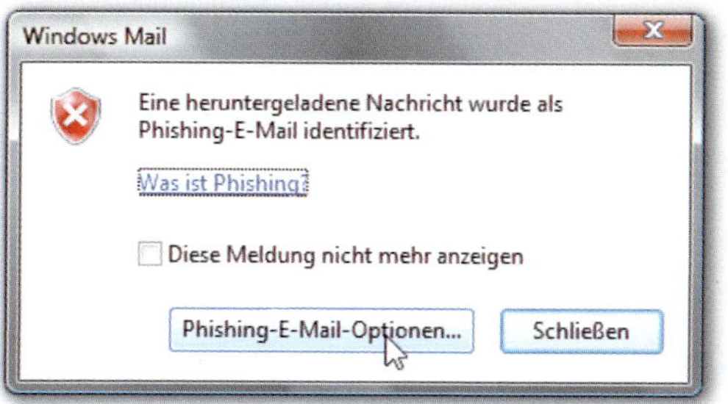

Abbildung 26.21 Eine verdächtige E-Mail wurde entdeckt

Die E-Mail-Nachricht selbst wird jetzt rot markiert und blockiert. Weil der Phishingfilter nur einen Verdacht hat, sollten Sie die E-Mail kurz überprüfen und mit der Schaltfläche *Löschen* entfernen. Nur wenn es sich ausnahmsweise um einen Fehlalarm gehandelt haben sollte, klicken Sie auf *Aufheben* und schalten die Blockierung damit ab.

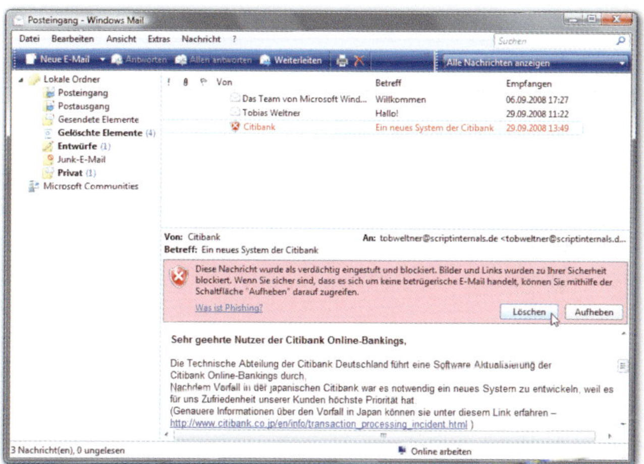

Abbildung 26.22 Eine Phishing-E-Mail wurde identifiziert

Gefährliche Anhänge blockieren

Sie haben bereits gesehen, dass man E-Mails auch als Transportvehikel einsetzen und beliebige Dateien anhängen kann. Betrüger nutzen das aus, um gefährliche Viren an E-Mails zu hängen und zu behaupten, es handele sich um harmlose Bildschirmschoner oder einen anderen Zeitvertreib.

Damit Sie in einem solchen Fall den Anhang nicht versehentlich öffnen und Ihr System beschädigen, blockiert Windows Mail alle unsicheren Anhänge.

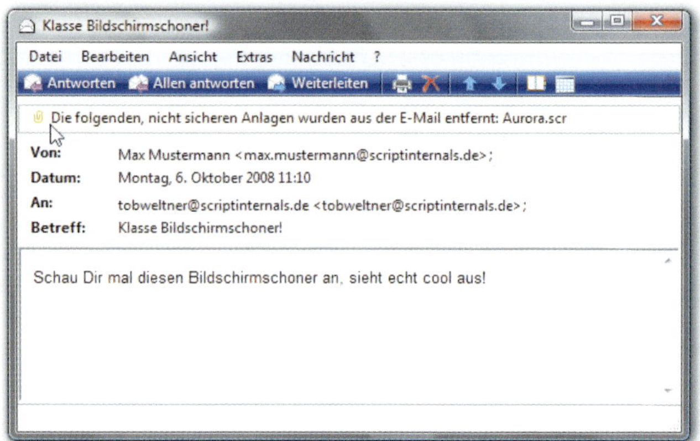

Abbildung 26.23 Gefährliche Anhänge werden von Windows Mail automatisch blockiert

Verpacken Sie Anhänge am besten immer als ZIP-Datei und hängen Sie diese an E-Mails an. Müssen Sie unbedingt die Blockierung eines Anhangs aufheben, finden Sie Details dazu in Kapitel 27.

Ansichten einsetzen

Enthält ein Ordner sehr viele Nachrichten, kann es schwierig sein, die Übersicht zu behalten. Hier helfen die Ansichten.

Möchten Sie zum Beispiel nur ungelesene Nachrichten sehen, filtern Sie die Ansicht. Wählen Sie *Ansicht/Aktuelle Ansicht* und klicken Sie in der Liste zum Beispiel auf *Gelesene Nachrichten ausblenden*.

Jetzt sehen Sie nur noch Nachrichten, die Sie noch nicht gelesen haben. Wollen Sie wieder alle Nachrichten sehen, wählen Sie im Untermenü *Ansicht/Aktuelle Ansicht* den Eintrag *Alle Nachrichten anzeigen* aus.

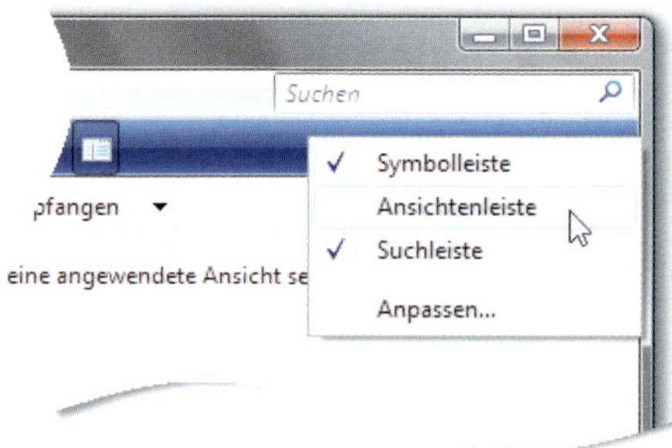

Abbildung 26.24 Filterauswahl in der Symbolleiste einblenden

Wenn Sie die Filter häufiger einsetzen, blenden Sie die Auswahl direkt in Ihre Symbolleiste ein. Dazu klicken Sie wie in Abbildung 26.24 mit der rechten Maustaste auf einen freien Bereich der Symbolleiste und wählen im Kontextmenü den Eintrag *Ansichtenleiste.*

Künftig wählen Sie den gewünschten Filter bequem über ein Listenfeld aus. Wählen Sie dagegen die Ansicht *Ignorierte/gelesene Nachrichten ausblenden*, werden nicht nur gelesene Nachrichten ausgeblendet, sondern auch solche, bei denen Sie in der Spalte *Beachten* oder *Ignorieren* den Status *Ignorieren* gewählt haben.

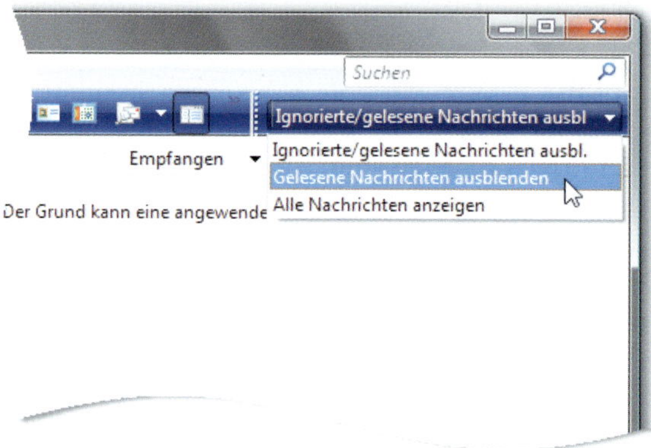

Abbildung 26.25 Ansicht filtern und nur bestimmte Nachrichten anzeigen

Eigene Ansichten hinzufügen

Dazu wählen Sie die Kriterien aus, die erfüllt sein müssen, damit eine Nachricht eingeblendet oder ausgeblendet werden soll.

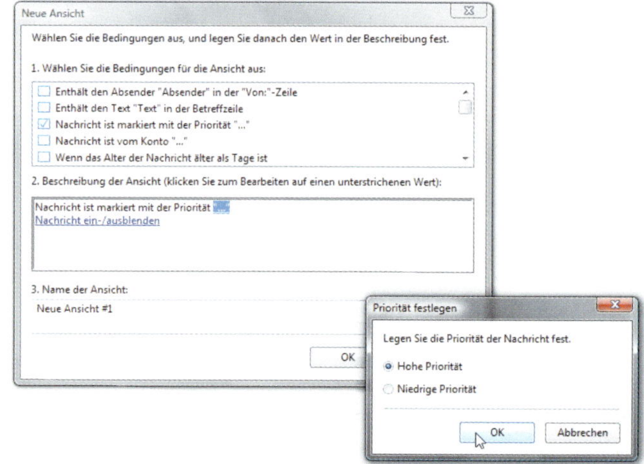

Abbildung 26.26 Eine neue Ansicht definieren

1. Rufen Sie in Windows Mail den Untermenübefehl *Ansicht/Aktuelle Ansicht/Ansicht definieren* auf, um das gleichnamige Dialogfeld zu öffnen.
2. Sie sehen in einer Liste alle bisher definierten Ansichten. Wenn Sie auf eine Ansicht in der Liste klicken, sehen Sie im Feld darunter die Kriterien dieser Ansicht. Klicken Sie auf *Neu*, um eine neue Ansicht festzulegen.
3. Wählen Sie ein Kriterium aus, zum Beispiel *Nachricht ist markiert mit der Priorität ""*. Im Feld darunter wird das Kriterium mit unterstrichenen Platzhaltern eingefügt. Klicken Sie auf die Platzhalter, um die richtigen Werte festzulegen. Wählen Sie als Priorität zum Beispiel *Hohe Priorität* und für *Nachricht ein-/ausblenden* die Einstellung *Nachricht einblenden*. Die Ansicht würde jetzt nur noch Nachrichten anzeigen, bei denen der Absender eine hohe Priorität festgelegt hat.
4. Wählen Sie nun in der oberen Liste zusätzlich die Bedingung *Wenn die Nachricht "gelesen" wurde* aus. Wieder erscheinen im unteren Feld Platzhalter. Klicken Sie auf den Platzhalter *"gelesen"* und wählen Sie *Nachrichten wurden nicht gelesen* aus. Klicken Sie dann auf den Platzhalter *und* und legen Sie hierfür *Die Nachrichten einigen Kriterien entsprechen* fest, denn Sie wollen ja alle Nachrichten anzeigen, auf die mindestens eines der Kriterien zutrifft und nicht nur die, auf die alle Kriterien zutreffen. Das *und* wird durch ein *oder* ersetzt.
5. Wählen Sie nun die Bedingung *Wenn die Nachricht als "..." gekennzeichnet ist* und klicken Sie im unteren Feld auf den Platzhalter *"..."*. Wählen Sie *Nachrichten sind gekennzeichnet*.
6. Nun wählen Sie die Bedingung *Wenn die Nachricht "beachtet oder ignoriert" wurde* und legen Sie für den Platzhalter *Thema beachten* fest.
7. Geben Sie im dritten Feld einen Namen für die Ansicht an, zum Beispiel *Wichtige E-Mails*. Klicken Sie dann auf *OK*, bis alle Dialogfelder geschlossen sind.

Wenn Sie nun Ihre neue Ansicht im Listenfeld auswählen, zeigt Windows Mail nur noch Nachrichten an, die entweder ungelesen oder von hoher Priorität sind, von Ihnen mit einem Fähnchen oder mit dem Status »beachten« markiert sind.

Nachrichten nach Thema sortieren

Dazu wählen Sie *Ansicht/Aktuelle Ansicht/Nachrichten nach Thema sortieren*. Ab sofort werden Antworten auf E-Mails direkt unterhalb der E-Mail einsortiert, auf die geantwortet wurde. Ein Klick auf das Plus-Symbol blendet den E-Mail-Nachrichtenzweig ein und ein Klick auf das Minus-Symbol blendet ihn wieder aus.

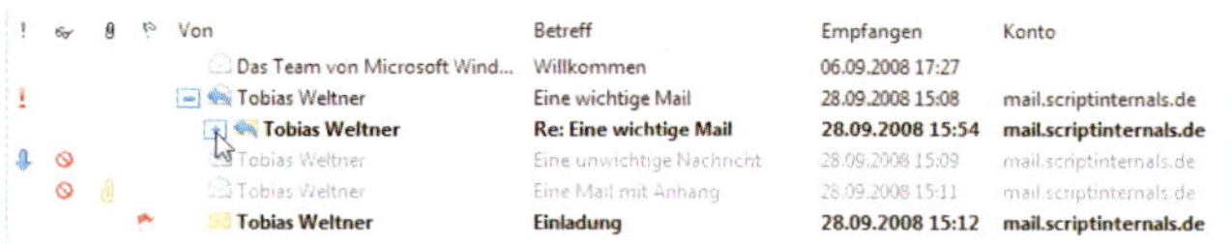

Abbildung 26.27 Eine E-Mail-»Unterhaltung« nachverfolgen und Antworten im Zusammenhang anzeigen

E-Mail-Nachrichten suchen

Windows Mail enthält Suchfunktionen, mit denen Sie Nachrichten in wenigen Sekunden finden.

Innerhalb eines Ordners suchen

Mit der Volltextsuche am rechten oberen Rand des Fensters filtern Sie den aktuell gewählten Ordner, zum Beispiel *Posteingang*, und finden so schnell die gesuchte Nachricht.

PROFITIPP 

Drücken Sie die Tastenkombination Strg+E, um die Einfügemarke ins Suchfeld zu setzen. Diese Tastenkombination funktioniert auch in allen anderen Programmen, die ein Suchfeld besitzen, zum Beispiel in der Systemsteuerung und dem Windows-Explorer.

Noch während Sie Ihr Stichwort eingeben, filtert Windows Mail die Ansicht. So können Sie sich an die gesuchte Nachricht herantasten. Die Suchergebnisse lassen sich noch weiter einschränken, indem Sie ein weiteres Stichwort hinzufügen.

Als Stichwort erlaubt sind alle Begriffe, die irgendwo in der Nachricht vorkommen. Es kann also zum Beispiel auch der Absendername oder ein Wort aus der *Betreff* Zeile sein.

Diese Art der Suche ist immer nur auf den ausgewählten Ordner beschränkt. Befindet sich die gesuchte Nachricht in einem anderen Ordner, wird sie nicht gefunden.

Tipp 

Möchten Sie die Suche beenden und wieder alle Nachrichten sehen, klicken Sie auf die Schaltfläche mit dem Kreuz am rechten Rand des Suchfelds.

Gezielter und ordnerübergreifend suchen

Das Suchfeld ist ein praktischer Weg, um schnell den aktuellen Ordnerinhalt zu filtern. Allerdings hat es zwei Einschränkungen, die stören können:

- **Unspezifische Suchbegriffe** Ihre Suchbegriffe werden irgendwo in der Nachricht gefunden. Im Beispiel von eben sollten eigentlich nur Nachrichten von Marga gefunden werden. Weil aber auch andere Nachrichten den Namen »Marga« enthielten, wurden auch Nachrichten von anderen Absendern gefunden.
- **Auf den aktuellen Ordner beschränkt** Gefunden werden nur Nachrichten, die im aktuellen Ordner liegen. Befindet sich die gesuchte Nachricht in einem anderen Ordner, wird sie nicht aufgelistet.

Deshalb können Sie auch gezielter suchen. Dazu wählen Sie den Menübefehl *Bearbeiten/Suchen/Nachricht* oder drücken die Tastenkombination Strg+⇧+F.

Das Dialogfeld *Nachricht suchen* öffnet sich, in dem Sie nun sehr viel genauer Ihre Suchkriterien vermerken können.

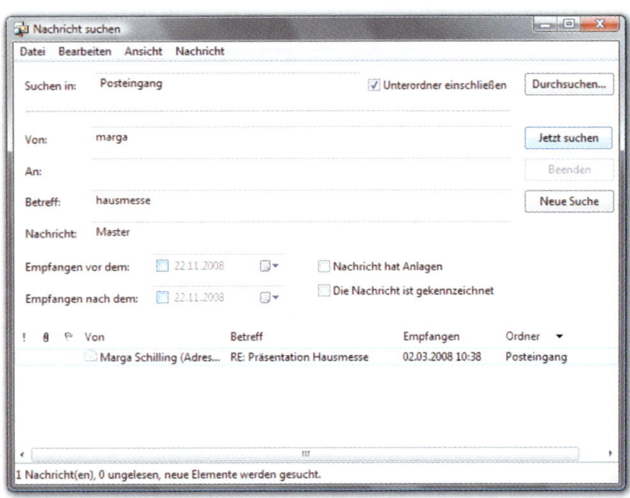

Abbildung 26.28 Gezielt nach E-Mail-Nachrichten suchen

Mit der Schaltfläche *Durchsuchen* bestimmen Sie den Ordner, bei dem die Suche beginnen soll. Wenn Sie das Kontrollkästchen *Unterordner einschließen* aktivieren, werden auch alle untergeordneten Ordner mit in die Suche einbezogen.

Wollen Sie zum Beispiel sämtliche E-Mail-Nachrichten durchsuchen, klicken Sie auf *Durchsuchen* und geben als Startordner den obersten Ordner an, also *Windows Mail*.

In den übrigen Feldern lassen sich die Suchbegriffe jetzt sehr viel genauer den Eigenschaften der Nachrichten zuordnen.

Weil in Abbildung 26.28 der Begriff »marga« in das *Von*-Feld eingetragen wurde, findet die Suche jetzt tatsächlich nur noch Nachrichten, die von Marga stammen. Ebenso gut können Sie nun nach Nachrichten suchen, die Anhänge haben oder innerhalb eines bestimmten Zeitraums von Ihnen empfangen wurden. Ein Klick auf *Jetzt suchen* startet die Suche.

Diese Art der Suche verwendet nicht den Vista-eigenen Suchindex. Die Suche dauert deshalb einige Sekunden, funktioniert dafür aber auch bei abgeschaltetem Suchindex.

> **Hinweis**
>
> Leider können Sie pro Feld nur genau einen Suchbegriff angeben. Geben Sie zum Beispiel ins Feld *Nachricht* den Suchbegriff »Master Folie« ein, werden nur solche Nachrichten gefunden, in denen der Text »Master Folie« vorkommt. Nicht gefunden werden dagegen Nachrichten, in denen »Master« und »Folie« getrennt voneinander vorkommen.

Mit dem Index suchen

Die wohl schnellste Suchmethode verwendet den internen Index, den Windows Vista ständig aktualisiert. So gehen Sie vor:

1. Öffnen Sie das Startmenü und klicken Sie auf *Suchen*. Das Suchfenster des Windows-Explorers öffnet sich. Mit ihm können Sie fast alle Informationen wiederfinden, die irgendwo auf Ihrem Computer gespeichert sind.
2. Klicken Sie auf die Schaltfläche *E-Mail*, denn Sie wollen E-Mail-Nachrichten suchen.
3. Klicken Sie rechts oben ins Suchfeld oder drücken Sie die Tastenkombination Strg+E. Geben Sie nun Ihre Suchbegriffe ein. Noch während Sie die Begriffe eingeben, liefert die Suche bereits ein Suchergebnis. Sie können damit sozusagen fast in Echtzeit suchen, indem Sie die Suchbegriffe erweitern, verändern oder um weitere Begriffe ergänzen, bis die Suche für Sie erfolgreich war.

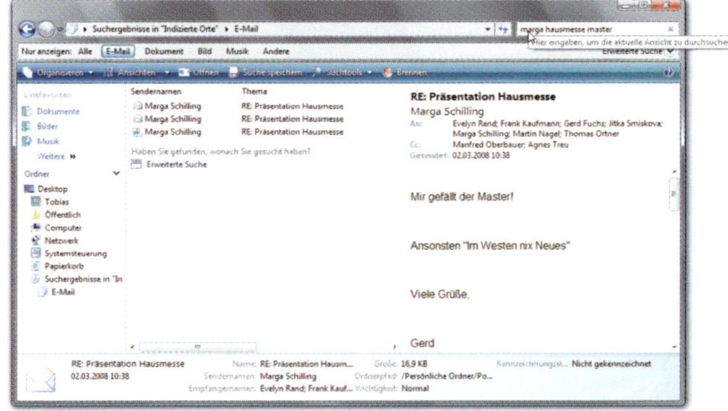

Abbildung 26.29 E-Mail-Nachrichten über die indexbasierte Suche von Windows finden

Wenn Sie nun einmal Abbildung 26.28 mit Abbildung 26.29 vergleichen, sehen Sie, dass die indexbasierte Suche mit denselben Suchbegriffen genau die gleichen Nachrichten finden konnte.

Gefunden wurden aber sogar noch mehr Nachrichten, denn die indexbasierte Suche ist auf keinen bestimmten Mailordner beschränkt. Sie sucht automatisch in allen Nachrichten und konnte deshalb auch E-Mails finden, die in einem anderen Ordner lagerten. Im Gegensatz zum Suchfeld in Windows Mail schließt die indexbasierte Suche also alle E-Mail-Nachrichten ein, die Sie jemals empfangen und gespeichert haben.

Tipp

Im rechten Bereich kann das Suchfenster eine Vorschau der gerade markierten E-Mail einblenden. Wenn Sie diese Vorschau stört, blenden Sie sie einfach aus. Dazu klicken Sie in der Symbolleiste auf *Organisieren* und wählen dann den Untermenübefehl *Layout/Vorschaufenster* aus. Auf die gleiche Weise können Sie das Vorschaufenster auch wieder einblenden.

Ansicht filtern

Haben Sie mit den Suchbegriffen im Suchfeld die Auswahl der E-Mails eingeschränkt, lässt sich das Ergebnis weiter filtern. Dazu verwenden Sie die Pfeil-Schaltflächen am rechten Rand der jeweiligen Spaltenüberschriften.

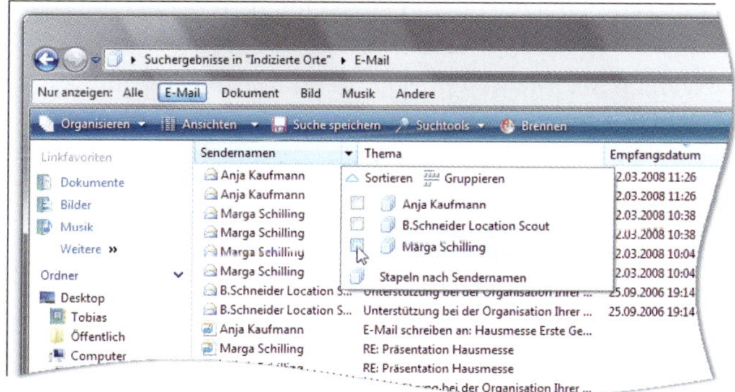

Abbildung 26.30 Ergebnisliste nach bestimmten Kriterien filtern

Weitere Tipps und Tricks zur Suche finden Sie in Kapitel 6.

Direkt im Startmenü suchen

Im Startmenü befindet sich unten links ein Suchfeld, das ebenfalls direkt mit der indexbasierten Suche verbunden ist.

Geben Sie darin zum Beispiel die Abfrage »kind:email von:(marga OR gerd) title:brain« ein, dann finden Sie direkt im Startmenü ebenfalls die gesuchte E-Mail und können Sie per Klick in Windows Mail öffnen.

Dabei ist es gleich, ob Sie das englische *OR* oder das deutsche *ODER* verwenden, solange die Wörter in reinen Großbuchstaben geschrieben werden.

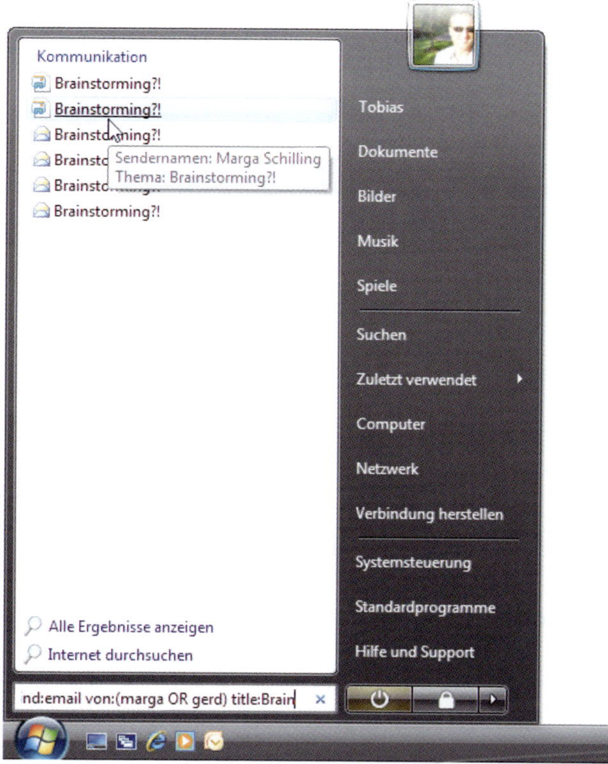

Abbildung 26.31 E-Mail-Nachrichten direkt im Startmenü finden

Allerdings zeigt das Startmenü aus Platzgründen nur wenige Ergebnisse an und nur wenn Ihre Suchabfrage präzise genug war, finden Sie so auf Anhieb die richtige E-Mail und können sie direkt im Startmenü per Klick öffnen. Falls zu viele Ergebnisse geliefert werden und nicht alle ins Startmenü hineinpassen, klicken Sie einfach am unteren Rand auf *Alle Ergebnisse anzeigen*. Mehr Informationen zur hier verwendeten *Advanced Query Language* finden Sie in Kapitel 6.

Nachrichtenregeln einsetzen

Empfangen Sie jeden Tag viele E-Mails, wird der Ordner *Posteingang* schnell unübersichtlich. Legen Sie sich in diesem Fall am Besten neue Ordner an. Anschließend verschieben Sie Nachrichten aus dem Posteingang entweder von Hand oder automatisch über Regeln in Ihre neuen Ordner. Auf diese Weise lassen sich auch große Mengen von E-Mails besser verwalten.

Neue Ordner anlegen

Um einen neuen Ordner namens *Privat* hinzuzufügen, in dem künftig private Nachrichten einsortiert werden können, gehen Sie so vor:

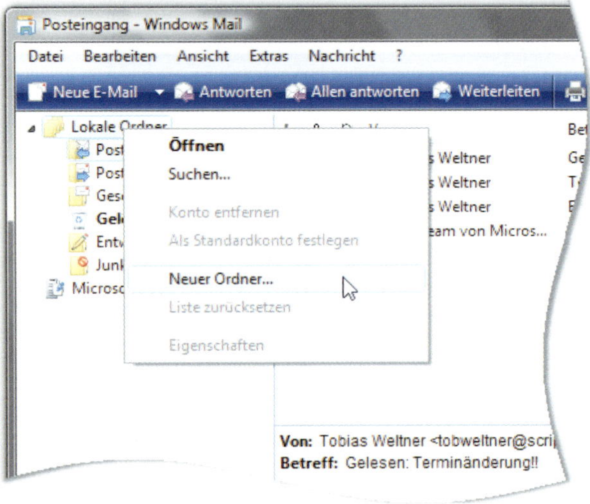

Abbildung 26.32 Einen neuen Ordner anlegen

1. Klicken Sie mit der rechten Maustaste auf den Ordner, in dem Sie einen neuen Unterordner anlegen wollen. Klicken Sie zum Beispiel auf *Lokale Ordner*, wenn Sie einen neuen Ordner in der obersten Ebene einrichten wollen.
2. Das Dialogfeld *Ordner erstellen* öffnet sich. Darin geben Sie oben den Namen für den neuen Ordner an. Darunter sehen Sie eine Übersicht aller vorhandenen Ordner. Möchten Sie den Ordner doch lieber in einem anderen als dem angeklickten Ordner erstellen, ändern Sie die Auswahl in dieser Baumansicht und klicken auf den Ordner, in dem der neue Ordner angelegt werden soll.
3. Nach der Bestätigung mit *OK* wird der neue Ordner angelegt.

Nachrichten von Hand verschieben

Ab sofort können Sie eintreffende Nachrichten in Ihren neuen Ordner verschieben. Am einfachsten geht das so:

1. Klicken Sie in der Ordnerliste auf den Ordner, in dem sich die Nachricht augenblicklich befindet, zum Beispiel *Posteingang*.
2. Ziehen Sie die Nachricht bei gedrückter linker Maustaste nach links auf den Ordner, in den Sie die Nachricht verschieben wollen, und lassen Sie dort die linke Maustaste los.

Wenn Sie mit der Maus nicht ganz so gut zurecht kommen, klicken Sie die Nachricht, die Sie verschieben wollen, mit der rechten Maustaste an und wählen im Kontextmenü den Eintrag *In Ordner verschieben*. Jetzt öffnet sich ein Dialogfeld, in dem Sie in Ruhe den Zielordner aussuchen können. Bestätigen Sie anschließend mit *OK*.

Nachrichten mit Regeln automatisch einordnen

Sie brauchen Nachrichten gar nicht mühsam von Hand in eigene Ordner zu verschieben. Wenn Sie es bequemer haben wollen, legen Sie Regeln an, die das künftig ganz automatisch für Sie erledigen.

So gehen Sie vor, wenn Sie künftig alle Nachrichten von einem bestimmten Absender in Ihren Ordner *Privat* verschieben wollen:

1. Öffnen Sie per Doppelklick irgendeine Nachricht, die von dem gewünschten Absender stammt, in einem eigenen Fenster.
2. Rufen Sie nun den Menübefehl *Nachricht/Regel aus Nachricht erstellen* auf. Es öffnet sich das Dialogfeld *Neue E-Mail-Regel*. Darin ist bereits die Bedingung *Enthält den Absender "Absender" in der "Von:"-Zeile* ausgewählt. Im unteren Bereich ist dem Platzhalter auch bereits die echte Absenderadresse des Absenders zugeordnet.
3. Wählen Sie im zweiten Feld die Aktion aus, die auf Nachrichten von diesem Absender zutreffen soll. Wählen Sie die Aktion *In den Ordner "..." verschieben*. Klicken Sie dann unten auf den Platzhalter "..." und ersetzen Sie ihn durch den Ordner, in den diese Nachricht automatisch verschoben werden soll, also zum Beispiel Ihren neu angelegten Ordner *Privat*.
4. Geben Sie nun noch ins unterste Feld einen Namen für die Regel an, zum Beispiel *Privatmails*, und bestätigen Sie mit *OK*.

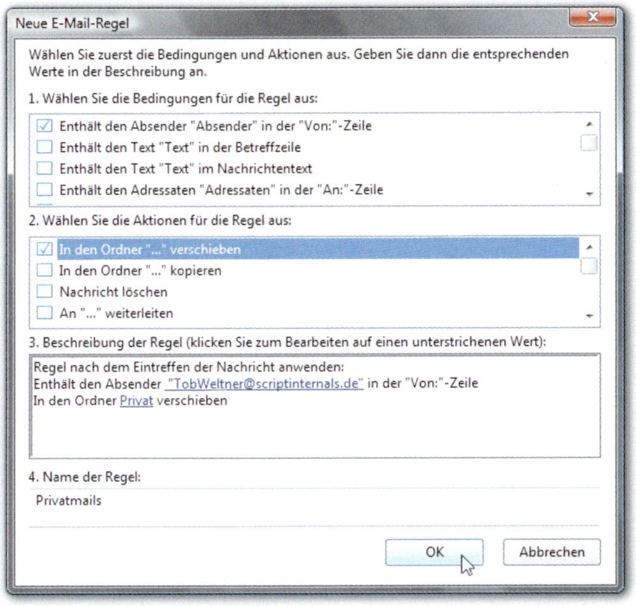

Abbildung 26.33 Nachrichten von einem bestimmten Absender in den Privatordner verschieben

Ihre neue Regel gilt ab sofort für alle neu eintreffenden Nachrichten. Möchten Sie die Regel auch für bereits vorhandene ältere Nachrichten anwenden, gehen Sie so vor:

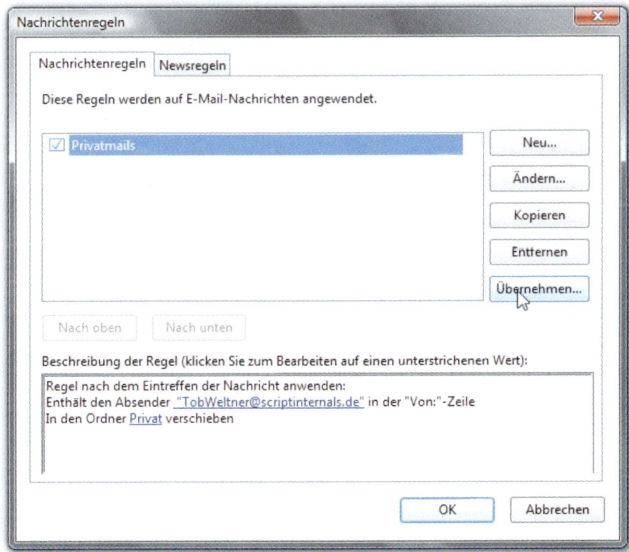

Abbildung 26.34 Nachrichtenregeln verwalten und bearbeiten

1. Rufen Sie den Menübefehl *Extras/Nachrichtenregeln/ E-Mail* auf. Das Dialogfeld *Nachrichtenregeln* wird geöffnet und zeigt Ihnen alle Regeln an, die Sie für E-Mails festgelegt haben.
2. Markieren Sie die Regel(n), die Sie jetzt sofort anwenden wollen, und klicken Sie auf *Übernehmen*.
3. Das Dialogfeld *E-Mail-Regeln jetzt anwenden* wird geöffnet. Markieren Sie darin in der oberen Liste die Regel, die Sie sofort anwenden wollen, zum Beispiel per Klick auf *Alle auswählen*. Legen Sie dann gegebenenfalls per Klick auf *Durchsuchen* den Ordner fest, auf dessen Nachrichten Sie die Regel anwenden möchten. Klicken Sie anschließend auf *Jetzt übernehmen*.
4. Nun wird die Regel auf die Nachrichten in dem angegebenen Ordner angewendet.

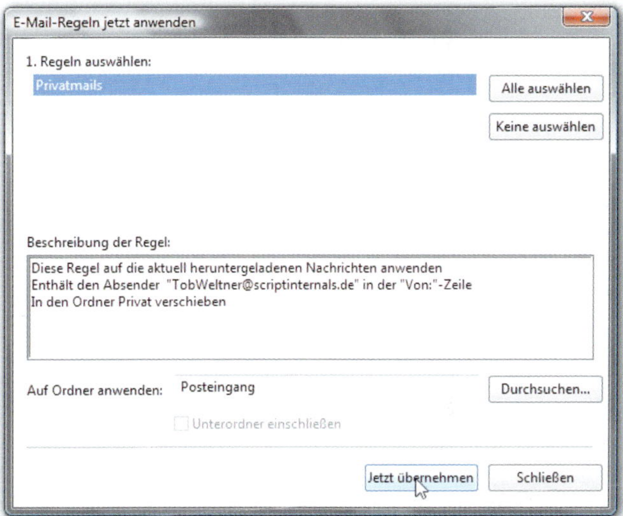

Abbildung 26.35 Nachrichtenregeln sofort auf Nachrichten in einem bestimmten Ordner anwenden

Über den Menübefehl *Extras/Nachrichtenregeln/E-Mail* können Sie Ihre Nachrichtenregeln auch jederzeit bearbeiten oder ganz neue Regeln hinzufügen.

Möchten Sie später zum Beispiel weitere Nachrichtenabsender Ihrer Nachrichtenregel hinzufügen, damit auch deren Nachrichten direkt in den *Privat*-Ordner verschoben werden, sobald die Nachrichten eintreffen, gehen Sie folgendermaßen vor:

1. Rufen Sie den Menübefehl *Extras/Nachrichtenregeln/ E-Mail* auf, um das Dialogfeld *Nachrichtenregeln* zu öffnen. Markieren Sie die Regel, die Sie bearbeiten wollen, und klicken Sie auf *Ändern*.
2. Jetzt sehen Sie wieder die ursprüngliche Definition Ihrer Regel ähnlich wie in Abbildung 26.33. Klicken Sie unten

auf den Platzhalter, den Sie bearbeiten wollen, also die E-Mail-Adresse des Absenders.

3. Das Dialogfeld *Personen auswählen* öffnet sich. Tippen Sie ins oberste Feld eine zusätzliche E-Mail-Adresse ein und klicken Sie auf *Hinzufügen*. Die Adresse wird der Liste hinzugefügt. Ihre Regel trifft nun auf alle Nachrichten zu, die von den Personen aus dieser Liste an Sie gesendet wurden. Klicken Sie auf *OK*, bis alle Dialogfelder geschlossen sind.

Tipp

Mit Nachrichtenregeln können Sie weitaus mehr tun, als nur Nachrichten in bestimmte Ordner zu verschieben. Wenn Sie wollen, können Sie so auch lästige Werbemails, die immer wieder bestimmte Schlüsselwörter enthalten, automatisch löschen.

Weil Spam-Mails allerdings genau deshalb immer wieder variiert werden, sollten Sie sich stattdessen lieber den Junkfilter ansehen, der gleich beschrieben wird, und die Nachrichtenregeln hauptsächlich zur Organisation erwünschter Nachrichten verwenden.

Zusammenfassung

Windows Mail kann nicht nur E-Mail-Nachrichten senden und empfangen. Es hilft auch dabei, die heute übliche Flut von E-Mails durch Volltextsuchen, Junkfilter und Nachrichtenregeln besser zu organisieren.

Eine Reihe von Sicherheitsfiltern schützen Sie dabei vor bösartigen E-Mails, die gefährliche Inhalte haben oder versuchen, Sie auszutricksen.

Damit Sie Windows Mail einsetzen können, benötigen Sie ein Postfach bei einem Mailserver im Internet.

Sie möchten ...	So gehen Sie vor	Sehen Sie sich dazu das Beispiel an auf
eine neue E-Mail schreiben	Drücken Sie Strg+N	Seite 462
die Rechtschreibung überprüfen	Drücken Sie F7	Seite 462
eine eingegebene E-Mail-Adresse im Adressbuch überprüfen	Drücken Sie Strg+K	Seite 463
eine E-Mail-Adresse als neuen Kontakt hinzufügen	Klicken Sie mit der rechten Maustaste auf die eingegebene E-Mail-Adresse und wählen Sie *Zu Kontakten hinzufügen*	Seite 463
eine Lesebestätigung anfordern	Wählen Sie *Extras/Lesebestätigung anfordern*	Seite 464
eine Datei oder ein Foto an eine E-Mail anhängen	Klicken Sie auf die Schaltfläche mit der Büroklammer	Seite 465
auf eine E-Mail antworten	Klicken Sie auf die E-Mail, der Sie antworten wollen, dann auf die Schaltfläche *Antworten*	Seite 466
das Rohformat einer E-Mail anzeigen	Klicken Sie die Nachricht mit der rechten Maustaste an und wählen Sie *Eigenschaften*. Holen Sie die Registerkarte *Details* in den Vordergrund.	Seite 468
eine Ansicht verwenden und zum Beispiel nur ungelesene Mails sehen	Wählen Sie *Ansicht/Aktuelle Ansicht* und dann die Ansicht, die Sie verwenden wollen	Seite 470
eine bestimmte E-Mail suchen	Drücken Sie Strg+E, um mit dem Suchfeld im aktuellen Ordner nach Stichwörtern zu suchen, oder verwenden Sie die eingebaute Windows-Suche	Seite 471
E-Mails mit Regeln in bestimmte Ordner sortieren	Öffnen Sie eine E-Mail und wählen Sie *Nachricht/Regel aus Nachricht erstellen*	Seite 474

Tobias Weltner

Windows Vista Home Basic	✓	Windows Vista Business	✓
Windows Vista Home Premium	✓	Windows Vista Enterprise	✓
Windows Vista Ultimate	✓		

Funktion wird von dieser Windows Vista-Edition
vollständig unterstützt ✓ · eingeschränkt unterstützt ⊙ · nicht unterstützt ⊗

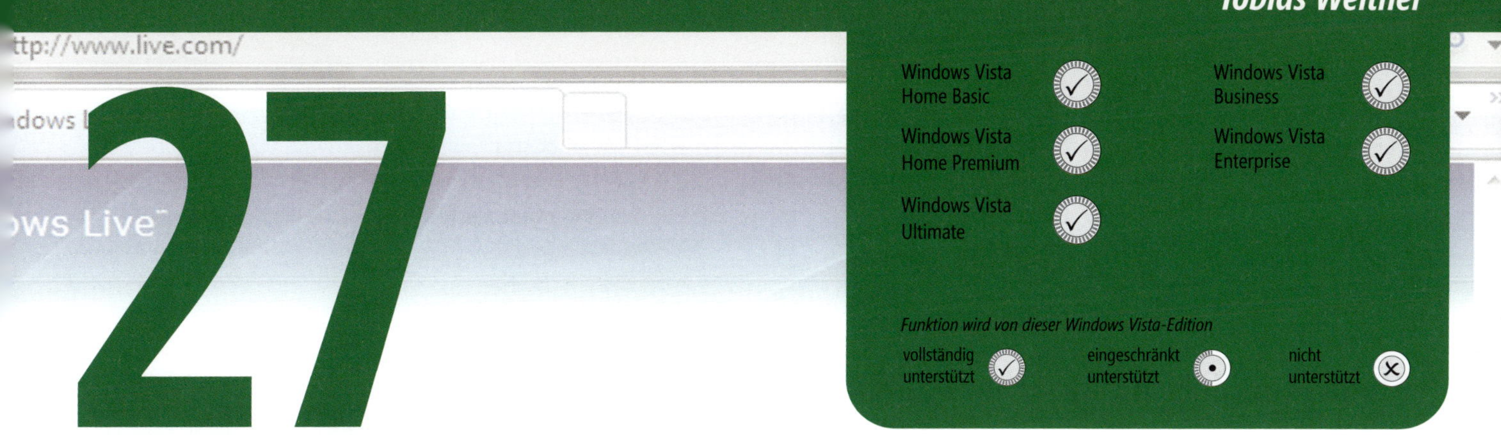

27 E-Mail-Sicherheit

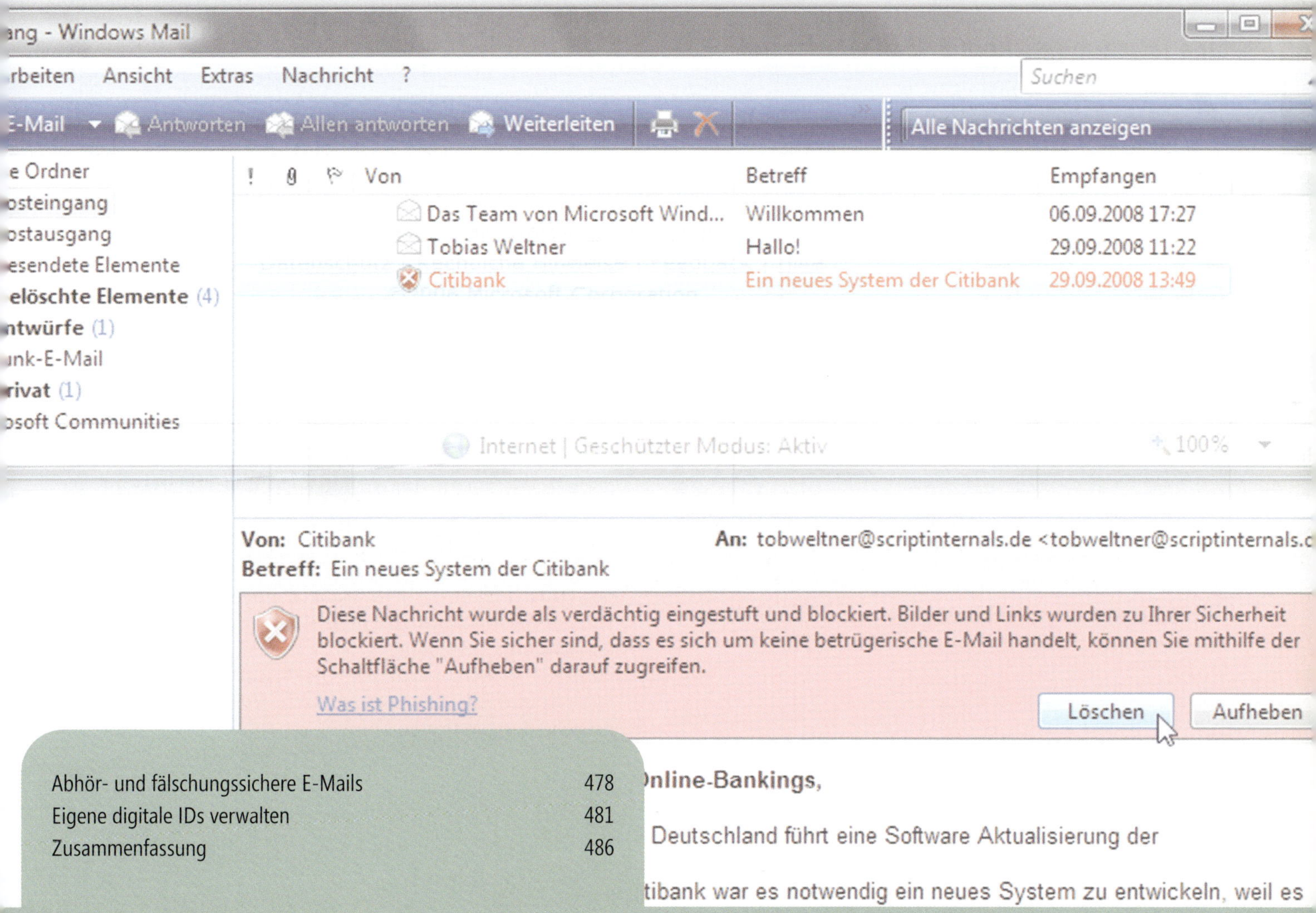

Normale E-Mails sind ungefähr so gut geschützt wie Postkarten: Der Inhalt kann von Dritten mitgelesen werden, während die E-Mail via Internet übertragen wird. In diesem Kapitel erfahren Sie daher, wie Sie E-Mail-Nachrichten fälschungs- und abhörsicher machen. Ob Sie diese Sicherheitsfunktionen nutzen wollen, sollten Sie von der Vertraulichkeit Ihrer E-Mails abhängig machen.

Abhör- und fälschungssichere E-Mails

E-Mail-Nachrichten können über zwei Mechanismen gesichert werden:

- **Digitale Unterschrift** Eine digitale Unterschrift macht Ihre E-Mails fälschungssicher und bestätigt dem Empfänger, dass die E-Mail auch wirklich von Ihnen stammt.
- **Verschlüsselung** Eine verschlüsselte E-Mail kann nur noch von dem Empfänger entschlüsselt und gelesen werden, an den Sie die E-Mail gesendet haben.

Eine fälschungssichere E-Mail empfangen

Wenn Sie eine digital signierte – also fälschungssichere – E-Mail empfangen, wird diese E-Mail in Windows Mail mit einem besonderen Symbol markiert. Außerdem blendet Windows Mail einen speziellen Hinweis ein, jedenfalls so lange, bis Sie die Option *Diese Hilfe nicht mehr anzeigen* wählen.

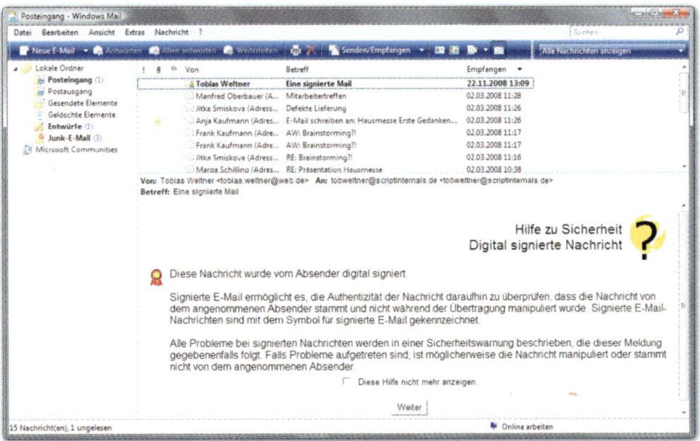

Abbildung 27.1 Eine digital signierte E-Mail-Nachricht ist eingetroffen

Klicken Sie auf *Weiter*, analysiert Windows Mail anschließend die digitale Unterschrift. Ist alles in Ordnung, können Sie die Mail wie gewohnt lesen und wissen, dass die Nachricht auch wirklich vom angegebenen Absender stammt und nicht verändert wurde. Ist die digitale Unterschrift nicht in Ordnung, zeigt Windows Mail die Probleme an und fragt, was Sie als Nächstes tun wollen.

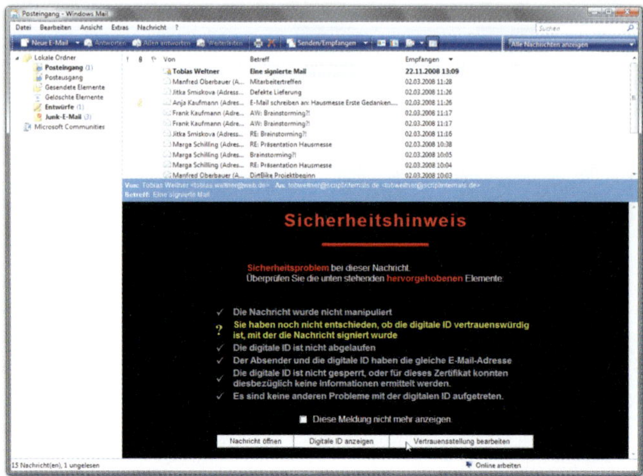

Abbildung 27.2 Hinweise bei Sicherheitsproblemen signierter E-Mail-Nachrichten

Einige Sicherheitsprobleme sind offensichtlich. Wenn Windows Mail meldet, dass die Nachricht manipuliert wurde, wissen Sie natürlich, dass sich jemand an der Nachricht zu schaffen gemacht hat und Sie können die Nachricht ignorieren.

Meldet Windows Mail allerdings wie in Abbildung 27.2, dass Sie noch nicht entschieden haben, ob die digitale ID vertrauenswürdig ist oder nicht, wissen Sie nur eines: Die digitale ID stammt aus einer Quelle, die Windows noch nicht als vertrauenswürdig eingestuft hat. Das ist verdächtig, muss aber nicht schlimm sein.

Sind Sie der Auffassung, dass diese Nachricht authentisch ist – zum Beispiel, weil Sie sich mit dem Absender abgesprochen haben und die signierte E-Mail erwarteten –, klicken Sie auf *Vertrauensstellung bearbeiten* und erklären Ihr Vertrauen: Wählen Sie die Option *Dieses Zertifikat als vertrauenswürdig einstufen*.

Sind Sie sich nicht sicher, ändern Sie die Vertrauensstellungen einfach nicht. Die Nachricht können Sie dennoch lesen. Klicken Sie auf *Nachricht öffnen*. Informieren Sie sich dann im Abschnitt »Digitale ID verwenden« in diesem Kapitel, damit Sie genauer verstehen, wie digitale Signaturen funktionieren und mit dem nötigen Sachverstand diese wichtigen Entscheidungen treffen können.

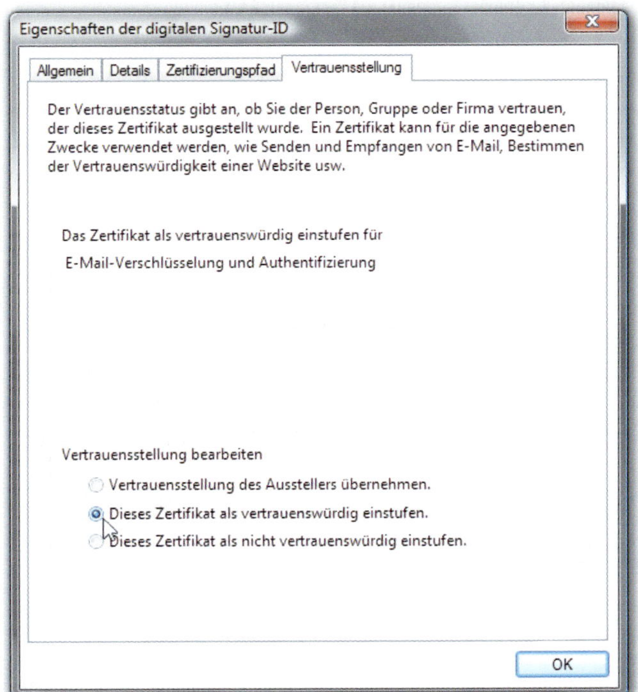

Abbildung 27.3 Vertrauensstellung eines Zertifikates bearbeiten

Die digitale ID einer Person speichern

Digital signierte E-Mails garantieren Ihnen nicht nur, dass die Nachricht vom angegebenen Absender stammt. Gleichzeitig enthält die Nachricht auch die digitale ID des Absenders. Und genau die benötigen Sie, wenn Sie der Person verschlüsselte Nachrichten zurücksenden möchten.

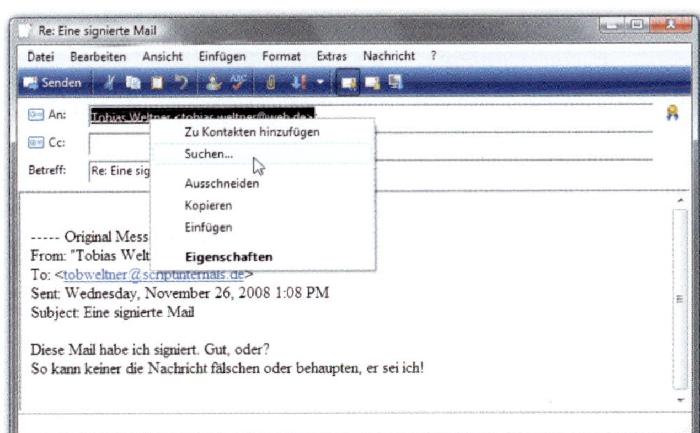

Abbildung 27.4 Automatisch einen Kontakt mit digitaler ID anlegen

Der einfachste Weg, die digitale ID aus einer signierten E-Mail auszulesen und in Ihren Kontakten zu speichern, ist, auf die signierte E-Mail zu antworten. Sobald Sie auf eine E-Mail antworten, nimmt Windows Mail den Absender samt digitaler ID als neuen Kontakt auf.

Öffnen Sie also die signierte E-Mail und klicken Sie dann in der Symbolleiste auf *Antworten*. Das genügt. Sie brauchen die Antwort noch nicht einmal abzusenden.

Wenn Sie nun die E-Mail-Adresse des Empfängers mit der rechten Maustaste anklicken und im Kontextmenü *Suchen* wählen, öffnet sich der Kontakt, den Windows Mail automatisch für Sie angelegt hat.

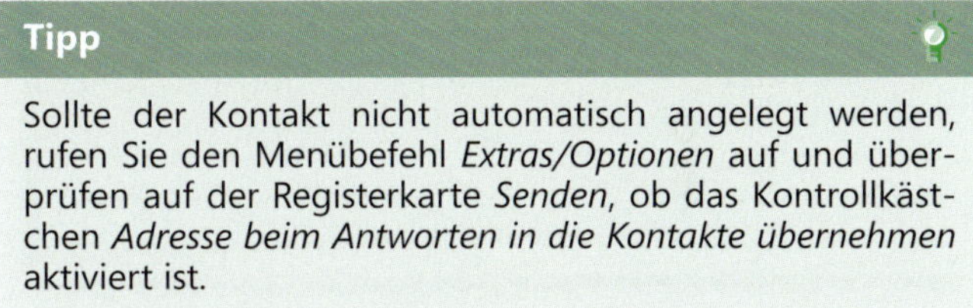

Tipp

Sollte der Kontakt nicht automatisch angelegt werden, rufen Sie den Menübefehl *Extras/Optionen* auf und überprüfen auf der Registerkarte *Senden*, ob das Kontrollkästchen *Adresse beim Antworten in die Kontakte übernehmen* aktiviert ist.

Auf der Registerkarte *IDs* zu den Eigenschaften eines Kontakts finden Sie die digitale ID der Person, die Windows Mail automatisch im Kontakt gespeichert hat. Ab sofort können Sie dieser Person verschlüsselte – also abhörsichere – E-Mails senden.

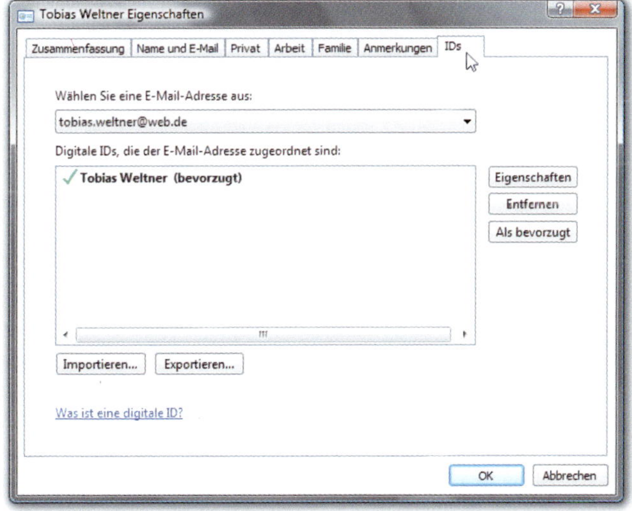

Abbildung 27.5 Der Kontakt der Person enthält die digitale ID

Über die Schaltflächen *Importieren* und *Exportieren* können Sie digitale IDs auch auf anderem Weg einlesen. Ihre E-Mail-Partner hätten Ihnen ihre digitalen IDs also auch als Dateianhang oder auf einer CD senden können.

Eine verschlüsselte E-Mail senden

Besitzen Sie die digitale ID einer anderen Person, können Sie dieser eine verschlüsselte E-Mail senden. Diese Nachricht kann nur noch von der Person entschlüsselt werden, an die Sie schreiben.

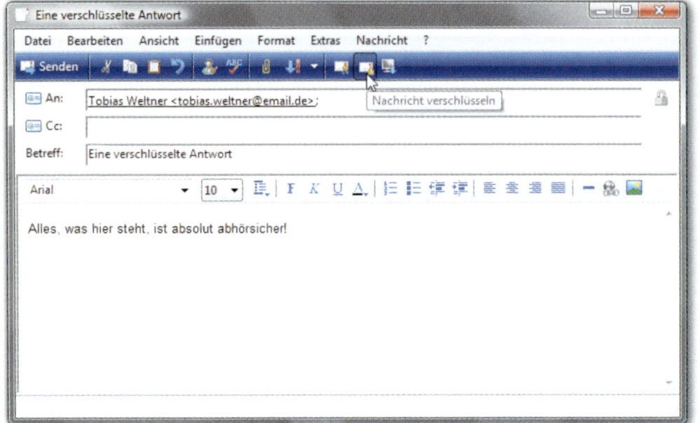

Abbildung 27.6 Eine verschlüsselte E-Mail schreiben

1. Legen Sie in Windows Mail eine neue E-Mail an, zum Beispiel mit [Strg]+[N]. Tragen Sie ins *An*-Feld die E-Mail-Adresse der Person ein, an die Sie eine verschlüsselte Nachricht senden wollen.
2. Klicken Sie dann in der Symbolleiste auf die Schaltfläche *Nachricht verschlüsseln* oder wählen Sie *Extras/Verschlüsseln*. Rechts hinter dem *An*-Feld erscheint ein Symbol mit einem Schloss.
3. Sobald Sie die Nachricht absenden, versucht Windows Mail zuerst, die Nachricht mit Ihrer eigenen digitalen ID zu verschlüsseln, damit Sie die Kopie der Nachricht im Ordner *Gesendete Elemente* später lesen können. Wenn Sie (noch) keine eigene digitale ID besitzen, weist Sie ein Dialogfeld darauf hin, dass Sie die Kopie Ihrer Antwort nicht werden lesen können. Klicken Sie auf *Ja*.
4. Nun wird die Nachricht für den angegebenen Empfänger verschlüsselt. Dazu verwendet Windows Mail die digitale ID des Empfängers. Diese digitale ID haben Sie erhalten, als Ihnen der Empfänger eine signierte E-Mail gesendet hat. Falls Sie versuchen, einer anderen Person eine verschlüsselte Nachricht zu senden und für diese Person noch keine digitale ID besitzen, erscheint eine entsprechende Meldung. Sie können dieser Person dann keine verschlüsselten Nachrichten senden. Klicken Sie entweder auf *Abbrechen* oder auf *Nicht verschlüsseln*, um die Nachricht unverschlüsselt zu senden.

Eigene E-Mails digital signieren

Bis jetzt funktionierten die E-Mail-Sicherheitsfunktionen nur für andere, aber nicht für Sie. Andere konnten nachweisen, dass ihre Nachrichten authentisch sind. Und sie konnten dafür sorgen, dass man ihnen verschlüsselte Nachrichten schicken kann.

Wie können Sie selbst Ihre eigenen E-Mails signieren und dafür sorgen, dass andere Ihnen verschlüsselte Nachrichten schicken können?

Dafür brauchen Sie eine eigene digitale ID. Falls Sie keine besitzen, weist Windows Mail Sie gleich darauf hin und Sie erhalten Gelegenheit, Ihre eigene digitale ID zu beantragen. So senden Sie einer beliebigen Person eine digital signierte Nachricht:

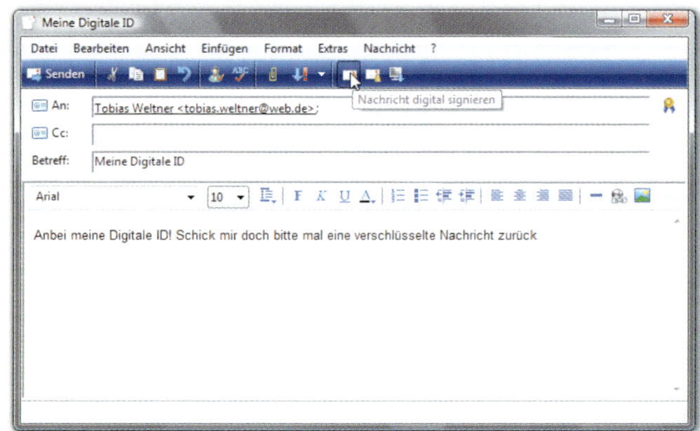

Abbildung 27.7 Eine eigene E-Mail digital signieren

1. Legen Sie in Windows Mail eine neue Nachricht an, zum Beispiel mit [Strg]+[N]. Adressieren Sie die Nachricht an eine beliebige Person.
2. Klicken Sie in der Symbolleiste auf die Schaltfläche *Nachricht digital signieren* oder rufen Sie den Menübefehl *Extras/Digital signieren* auf. Hinter dem *An*-Feld erscheint das Signatursymbol.
3. Sobald Sie Ihre Nachricht absenden, sucht Windows Mail in Ihrem eigenen Kontakt nach Ihrer digitalen ID. Ihre Nachricht wird dann damit signiert und die digitale ID der Nachricht angehängt. Der Empfänger kann Ihnen ab sofort auf demselben Weg wie oben beschrieben verschlüsselte Nachrichten senden.

Allerdings wird das zunächst in den meisten Fällen daran scheitern, dass Sie noch gar keine eigene digitale ID besitzen. In diesem Fall erscheint ein Dialogfeld und meldet das Problem. Per Klick auf *Digitale ID anfordern* können Sie nun zu einer Webseite wechseln, die Ihnen verschiedene Anbieter digitaler IDs nennt. Dort können Sie sich online kostenlos oder gegen geringe Gebühr eine eigene digitale ID ausstellen lassen.

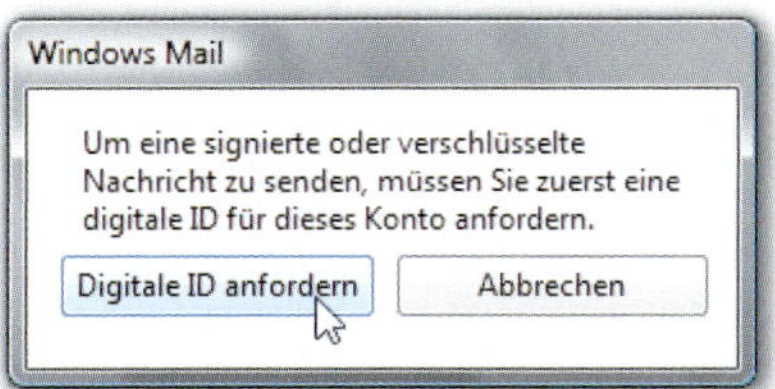

Abbildung 27.8 Wenn Sie noch keine eigene digitale ID besitzen, müssen Sie zunächst eine beantragen

Wie der Beantragungsprozess im Einzelnen abläuft, ist von Anbieter zu Anbieter unterschiedlich. Ein Beispiel dafür finden Sie aber im Abschnitt »Eigene digitale IDs verwalten« in diesem Kapitel. Dort erfahren Sie auch, wie Sie Ihre eigene digitale ID schützen und auf andere Computer übertragen können – zum Beispiel, weil Sie mehrere Rechner verwenden.

Verschlüsselte E-Mails empfangen

Sobald Sie über eine eigene digitale ID verfügen, können andere Ihnen verschlüsselte E-Mail-Nachrichten senden.

Diese Nachrichten empfangen Sie wie ganz normale E-Mails. Ein Schloss-Symbol zeigt jedoch an, dass der Inhalt der E-Mail abhörsicher ist. Genaueres erfahren Sie außerdem im Bereich der Kopfzeilen. Hier steht hinter *Sicherheit*, ob die Nachricht digital signiert, überprüft und verschlüsselt ist.

Verschlüsselte Nachrichten bleiben verschlüsselt, auch wenn Sie sie längst empfangen haben. Jedes Mal, wenn Sie eine verschlüsselte Nachricht öffnen, wird sie mit Ihrer digitalen ID entschlüsselt.

Das bedeutet, dass Sie Ihre digitale ID sichern und eine Sicherheitskopie an einem sicheren Ort speichern sollten. Geht die digitale ID verloren, verlieren Sie auch den Zugriff auf sämtliche verschlüsselten E-Mails.

Eigene digitale IDs verwalten

Damit Sie selbst E-Mails digital signieren und sich verschlüsselte E-Mails senden lassen können, benötigen Sie eine eigene digitale ID.

Ob Sie über eine solche digitale ID schon verfügen, können Sie herausfinden, indem Sie in Windows Mail den Menübefehl *Extras/Optionen* aufrufen und dann die Registerkarte *Sicherheit* in den Vordergrund holen.

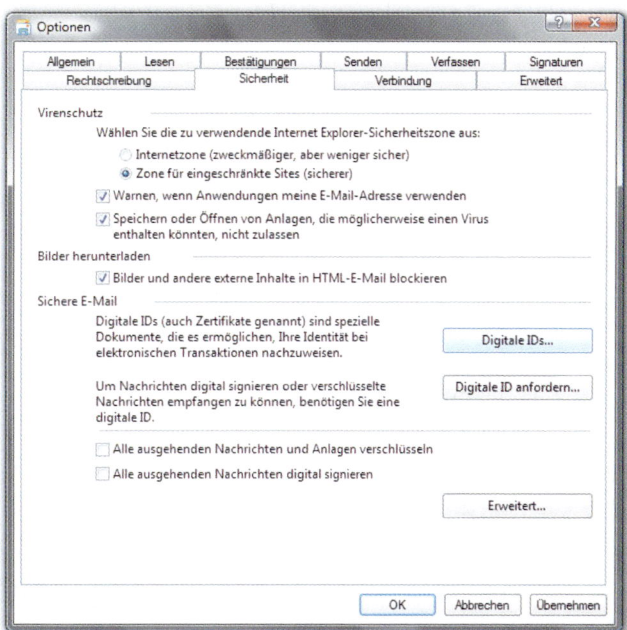

Abbildung 27.9 Eigene digitale IDs verwalten

Klicken Sie nun auf die Schaltfläche *Digitale IDs*. Ein Dialogfeld öffnet sich und zeigt Ihnen alle digitalen IDs an, die für E-Mails einsetzbar sind.

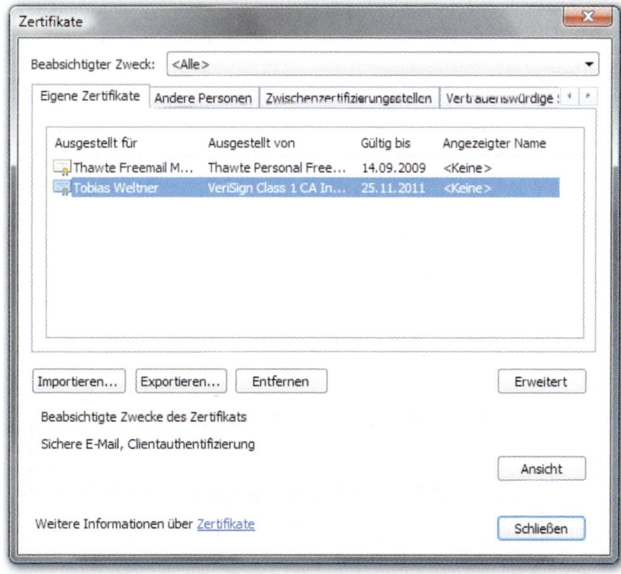

Abbildung 27.10 Alle geeigneten digitalen IDs anzeigen

1. Neben den Zertifikaten für sichere E-Mail kann das Dialogfeld weitere Zertifikate für andere Zwecke enthalten. Im Listenfeld am oberen Rand des Dialogfelds stellen Sie deshalb als beabsichtigten Zweck gegebenenfalls *Sichere E-Mail* ein, um nur noch E-Mail-Zertifikate zu sehen.
2. Doppelklicken Sie auf das Zertifikat, um die darin enthaltenen Details zu sehen. Im oberen Teil erfahren Sie den Verwendungszweck: *schützt E-Mail-Nachrichten und garantiert Ihre Identität.* Darunter steht, für wen und von wem das Zertifikat ausgestellt wurde. Der Zusatz »Not validated« weist in der Regel darauf hin, dass Ihre persönlichen Angaben nicht beglaubigt wurden.
3. Besonders wichtig ist der Zusatz am unteren Rand: *Sie besitzen einen privaten Schlüssel für dieses Zertifikat.*

Im Zertifikat muss die E-Mail-Adresse vermerkt sein, für die Sie das Zertifikat einsetzen wollen.

Neue digitale IDs beantragen oder importieren

Verfügen Sie noch nicht über eine digitale ID für die E-Mail-Adresse, die Sie verwenden, dann können Sie eine digitale ID beantragen.

Falls Sie bereits über eine digitale ID auf einem anderen Computer verfügen, können Sie diese dort auch über die Schaltfläche *Exportieren* in eine Datei verpacken und diese dann auf dem aktuellen Computer über *Importieren* einlesen. Der genaue Vorgang wird gleich im Abschnitt »Ihr Zertifikat sichern« etwas weiter hinten in diesem Kapitel demonstriert.

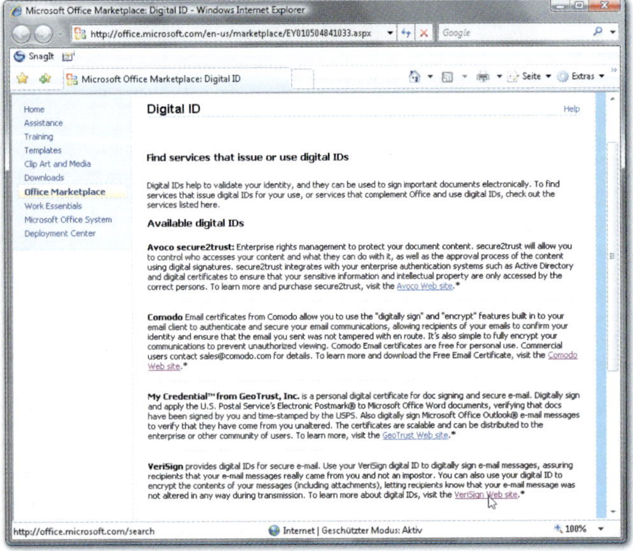

Abbildung 27.11 Ein E-Mail-Zertifikat aus dem Internet beziehen

Um eine neue digitale ID zu beantragen, klicken Sie im Dialogfeld in Abbildung 27.9 auf die Schaltfläche *Digitale ID anfordern*. Es öffnet sich eine Webseite mit verschiedenen Anbietern, die digitale IDs entweder kostenlos oder gegen eine Gebühr ausstellen.

Der Beantragungsvorgang

Schauen Sie sich an einem Beispiel an, wie Sie eine digitale ID bei einem Anbieter im Internet beantragen und installieren:

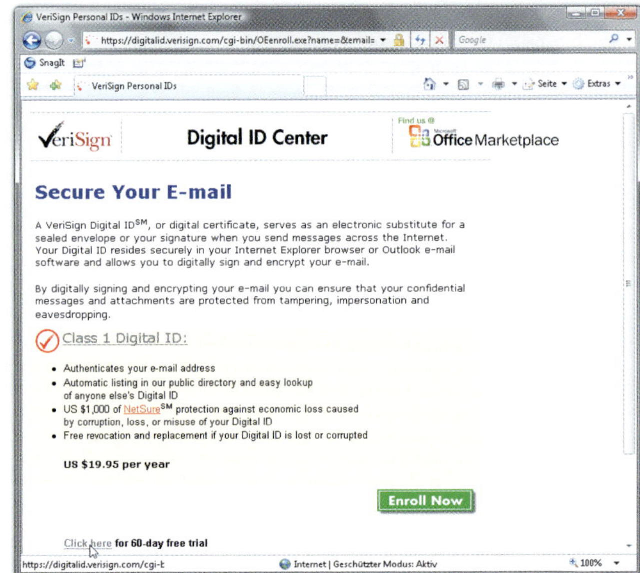

Abbildung 27.12 Ein neues E-Mail-Zertifikat beantragen

1. Wählen Sie auf der Auswahlseite einen Anbieter für Ihre digitale ID aus, zum Beispiel *VeriSign*.
2. Überprüfen Sie, welche Kosten für die digitale ID anfallen. Manche Anbieter stellen digitale IDs für den persönlichen Gebrauch kostenfrei zur Verfügung oder bieten zeitlich begrenzte Testangebote.
3. Geben Sie Ihre persönlichen Daten ein. Achten Sie insbesondere darauf, genau die E-Mail-Adresse einzugeben, für die Sie die digitale ID später verwenden wollen. Folgen Sie den weiteren Anweisungen des Anbieters. Ein E-Mail-Zertifikat wird beantragt.
4. Sie erhalten nun vom Anbieter eine E-Mail an die von Ihnen angegebene E-Mail-Adresse. Damit wird bestätigt, dass Sie tatsächlich Eigentümer dieser E-Mail-Adresse sind. Warten Sie, bis Sie diese Bestätigungs-E-Mail in Windows Mail erhalten. Meist befindet sich darin ein Link, auf den Sie zur Bestätigung klicken.

5. Nachdem die Identität Ihrer E-Mail-Adresse bestätigt ist, gelangen Sie auf eine Webseite, von der Sie Ihre digitale ID abrufen und automatisch installieren lassen können.

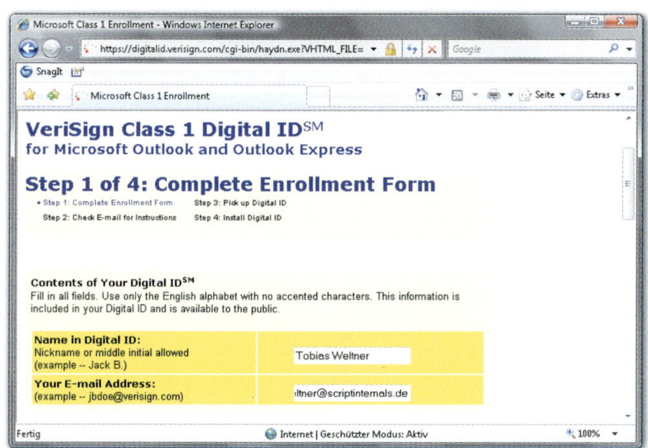

Abbildung 27.13 E-Mail-Adresse für das Zertifikat nennen

Digitale ID verwenden

Sobald die digitale ID auf Ihrem Computer installiert ist, können Sie sofort digital signierte E-Mails versenden. Sie brauchen sich nicht weiter um die digitale ID kümmern, die nun automatisch von Windows Mail verwendet wird.

Sobald Sie eine E-Mail digital signieren, sucht Windows Mail automatisch nach einem geeigneten Zertifikat und verknüpft es mit Ihrem E-Mail-Konto.

Sollte Windows Mail noch immer keine E-Mails signieren, wurde die digitale ID, die Sie beantragt haben, möglicherweise nicht für die E-Mail-Adresse beantragt, die Sie gerade verwenden. Die digitale ID muss zu Ihrer E-Mail-Adresse passen.

Nur wenn Sie mehrere E-Mail-Zertifikate besitzen, die alle für Ihre E-Mail-Adresse ausgestellt sind, macht es Sinn, von Hand auszusuchen, welches Zertifikat mit Ihrem E-Mail-Konto verknüpft sein soll:

1. Rufen Sie den Menübefehl *Extras/Konten* auf. Wählen Sie im Dialogfeld Ihr E-Mail-Konto aus, und klicken Sie auf *Eigenschaften*.
2. Aktivieren Sie die Registerkarte *Sicherheit*. Jetzt sehen Sie zwei Eingabefelder und können dort per Klick auf *Auswählen* das Zertifikat für Signaturen und für Verschlüsselungen festlegen. Im Bereich *Verschlusselungseinstellungen* haben Sie außerdem die Möglichkeit, die Stärke und Art des Verschlüsselungsalgorithmus zu bestimmen.

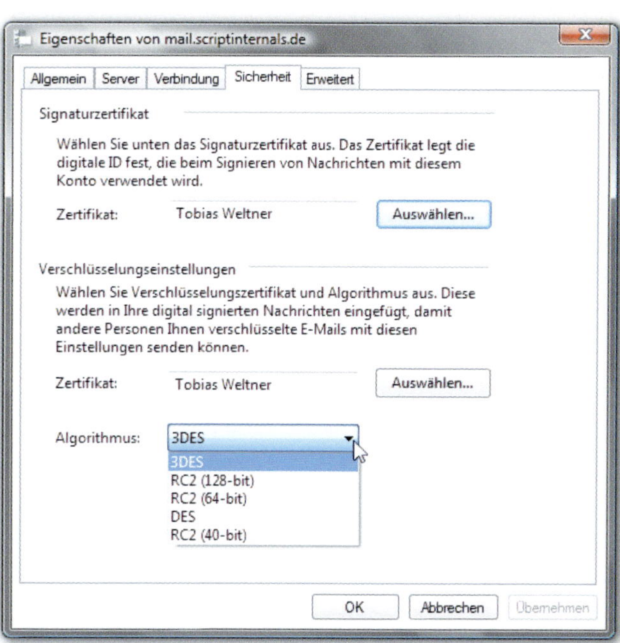

Abbildung 27.14 Zertifikat mit einem E-Mail-Konto verknüpfen

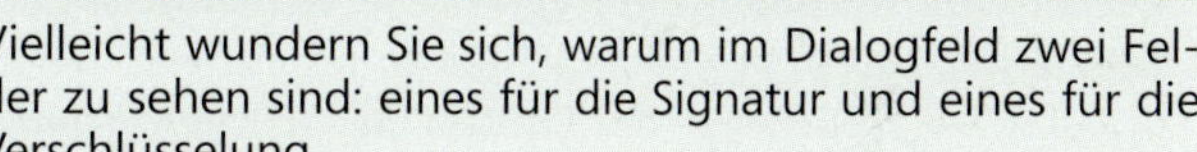

Vielleicht wundern Sie sich, warum im Dialogfeld zwei Felder zu sehen sind: eines für die Signatur und eines für die Verschlüsselung.

Jedes Zertifikat enthält einen oder mehrere Verwendungszwecke und kann nur für diese Aufgaben eingesetzt werden. Normale E-Mail-Zertifikate enthalten der Einfachheit halber zwei Verwendungszwecke, nämlich einen für die Signatur (garantiert die Identität) und einen für die Verschlüsselung (schützt E-Mail-Nachrichten). Deshalb können Sie solche Zertifikate in beiden Feldern eintragen.

Manchmal erhalten Sie jedoch auch zwei getrennte Zertifikate jeweils für die Signatur sowie die Verschlüsselung und tragen dann das passende Zertifikat ins jeweilige Feld ein.

Ihr Zertifikat sichern

Ihr neues Zertifikat ist sehr wichtig, denn wenn Sie später verschlüsselte E-Mails senden oder empfangen, können Sie diese E-Mails nur lesen, solange Sie dieses Zertifikat samt privatem Schlüssel besitzen. Geht es verloren, verlieren Sie auch den Zugriff auf alle verschlüsselten E-Mails.

In einer Firma kümmert sich die interne IT-Abteilung um die Sicherung und Wiederherstellung Ihrer Zertifikate, aber wenn Sie den Computer privat einsetzen oder keine eigene IT-Abteilung haben, sind Sie selbst für die Sicherung verantwortlich. Dies ist zum Glück sehr einfach:

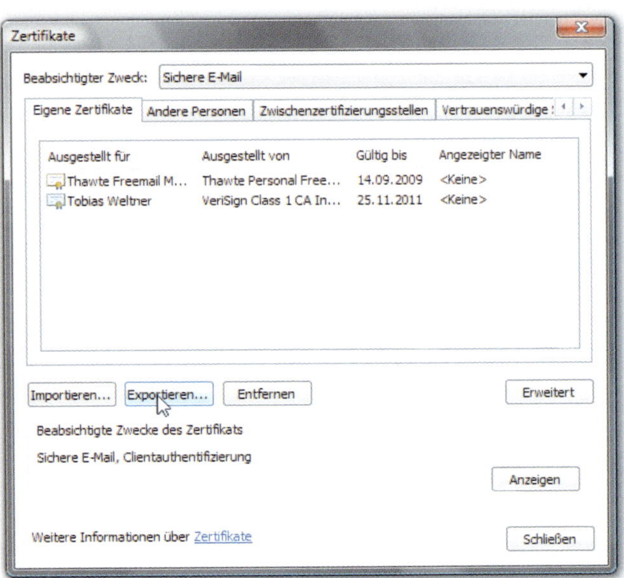

Abbildung 27.15 Sicherheitskopie eines Zertifikats anlegen

1. Markieren Sie das Zertifikat und klicken Sie auf die Schaltfläche *Exportieren*.
2. Der Zertifikatexport-Assistent öffnet sich. Klicken Sie auf *Weiter*. Nun werden Sie gefragt, ob Sie neben dem Zertifikat auch Ihren privaten Schlüssel mitsichern wollen. Wählen Sie unbedingt die Option *Ja, privaten Schlüssel exportieren*. Andernfalls ist Ihre Sicherheitskopie wertlos. Klicken Sie auf *Weiter*.
3. Übernehmen Sie alle weiteren Vorgaben und klicken Sie auf *Weiter*, bis Sie nach einem Kennwort gefragt werden. Dieses Kennwort schützt Ihre Sicherheitskopie. Wollen Sie das Zertifikat später wiederherstellen, müssen Sie zuerst dieses Kennwort eingeben. Wählen Sie also ein Kennwort, bestätigen Sie es im unteren Feld und verwahren Sie es an einem sicheren Ort. Klicken Sie auf *Weiter*.
4. Klicken Sie nun auf die Schaltfläche *Durchsuchen* und geben Sie einen Dateinamen für Ihre Sicherheitskopie an. Dann klicken Sie auf *Speichern*, *Weiter* und *Fertig stellen*. Die Sicherheitskopie ist nun angelegt.

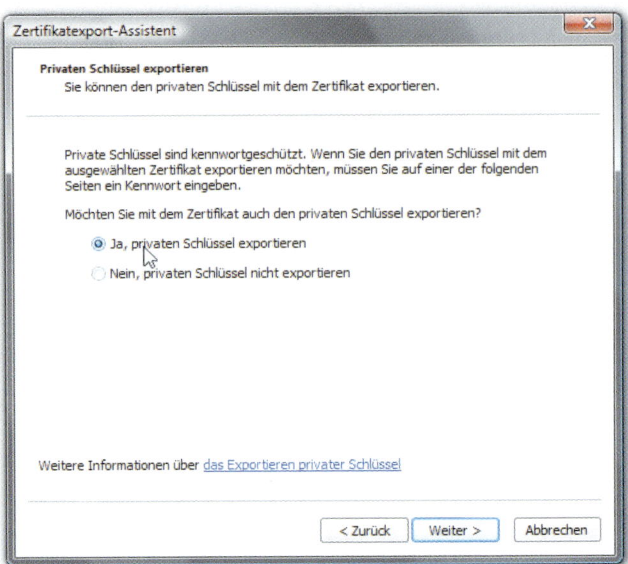

Abbildung 27.16 Sichern Sie unbedingt den privaten Schlüssel

Zertifikat wiederherstellen

Bevor Sie Ihr Zertifikat einsetzen, sollten Sie vorsichtshalber testen, ob Sie das Zertifikat mit Ihrer Sicherheitskopie wiederherstellen können:

1. Öffnen Sie das Startmenü und klicken Sie auf *Dokumente*. Ihr Dokumentenordner wird geöffnet und darin sollte sich Ihre Sicherheitskopie unter dem Namen befinden, den Sie oben gewählt haben.
2. Doppelklicken Sie auf Ihre Sicherheitskopie. Der Zertifikatimport-Assistent öffnet sich. Klicken Sie auf *Weiter*, bis Sie aufgefordert werden, Ihr Kennwort einzugeben.
3. Geben Sie nun das Kennwort ein, mit dem Sie vorhin Ihre Sicherheitskopie geschützt haben. Jetzt müssen Sie eine wichtige Entscheidung treffen: Aktivieren Sie das Kontrollkästchen *Schlüssel als exportierbar markieren*, kann das E-Mail-Zertifikat künftig wie eben beschrieben mitsamt dem privaten Schlüssel exportiert werden. Aktivieren Sie dagegen das Kontrollkästchen nicht, was die Vorgabe ist, können Sie keine Sicherheitskopien des Zertifikats mehr anlegen.
4. Übernehmen Sie alle übrigen Vorgaben. Das Zertifikat wird installiert.

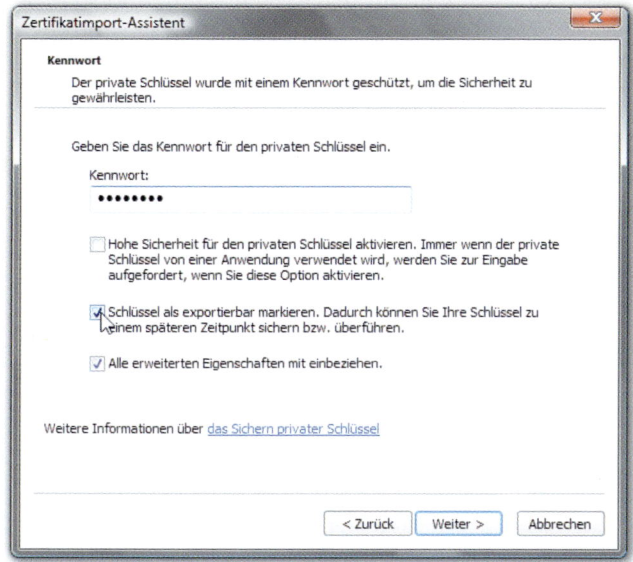

Abbildung 27.17 Beim Import bestimmen Sie, ob künftig Sicherheitskopien erlaubt sind oder nicht

Wenn dieser Test erfolgreich verlief, können Sie nun den Ernstfall proben. Dazu löschen Sie das Zertifikat aus dem Zertifikatspeicher und lesen es dann wie gerade beschrieben neu ein. Auf die gleiche Weise können Sie Ihr Zertifikat künftig neu installieren, wenn Sie den Computer neu installieren mussten oder wenn Sie das Zertifikat zusätzlich auf weiteren Computern installieren möchten.

E-Mails immer digital signieren

Es sprechen viele Vorteile dafür, E-Mails grundsätzlich digital zu signieren, sobald Sie sich wie oben beschrieben Ihr eigenes E-Mail-Zertifikat beschafft haben:

- **Mehr Seriosität** Der Empfänger Ihrer Mails kann sicher sein, dass die Nachricht von Ihnen stammt und nicht verändert wurde.
- **Vorbereitung für die Verschlüsselung** Alle Personen, denen Sie eine signierte Mail geschickt haben, können Ihnen künftig umgekehrt verschlüsselte Mails zurücksenden, die nur Sie persönlich lesen können.

Hinzu kommt, dass eine digitale Signatur auf der Empfängerseite keinerlei Vorkehrungen erfordert. Wenn Sie also künftig alle Ihre E-Mails automatisch digital signieren lassen wollen, gehen Sie so vor:

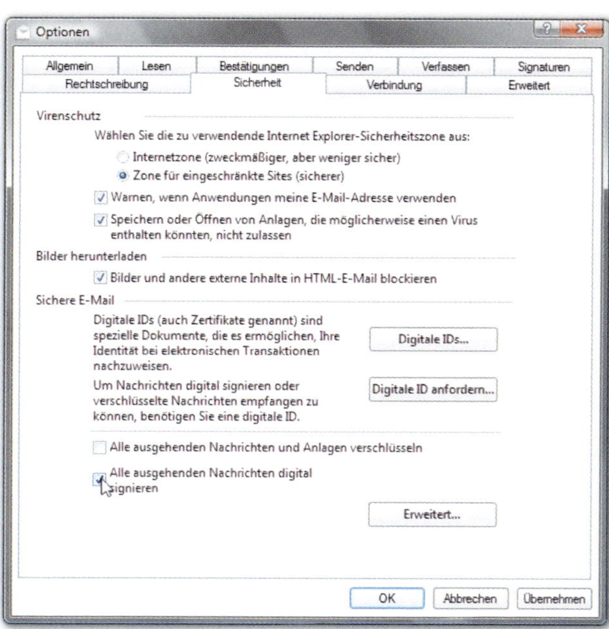

Abbildung 27.18 Automatisch alle E-Mails digital signieren

1. Rufen Sie den Menübefehl *Extras/Optionen* auf und aktivieren Sie die Registerkarte *Sicherheit.*
2. Aktivieren Sie das Kontrollkästchen *Alle ausgehenden Nachrichten digital signieren* und klicken Sie auf *Erweitert.*
3. Überprüfen Sie im Bereich *Digital signierte Nachrichten* einige wichtige Optionen:
   - **Eigene digitale ID beim Senden signierter Nachrichten hinzufügen** Dieses Kontrollkästchen sollte immer aktiviert sein. Nur so kann der Empfänger Ihre signierte Nachricht auch tatsächlich überprüfen. Schalten Sie dagegen das Kontrollkästchen aus, funktioniert die Signatur nur, wenn der Empfänger Ihre digitale ID auf anderem Wege bereits installiert hat.
   - **Nachricht vor dem Signieren verschlüsseln** Schalten Sie dieses Kontrollkästchen aus. Sie sollten Nachrichten grundsätzlich nur bei Bedarf verschlüsseln, denn die Verschlüsselung verlangt einige Voraussetzungen, die im nächsten Abschnitt erklärt werden.
   - **Absenderzertifikate automatisch den Windows-Kontakten hinzufügen** Dieses Kontrollkästchen sollte immer aktiviert sein. Wenn Sie selbst signierte Mails empfangen, werden die darin enthaltenen digitalen IDs automatisch in Ihren Kontakten gespeichert, sodass Sie diesen Personen künftig verschlüsselte Mails senden können.

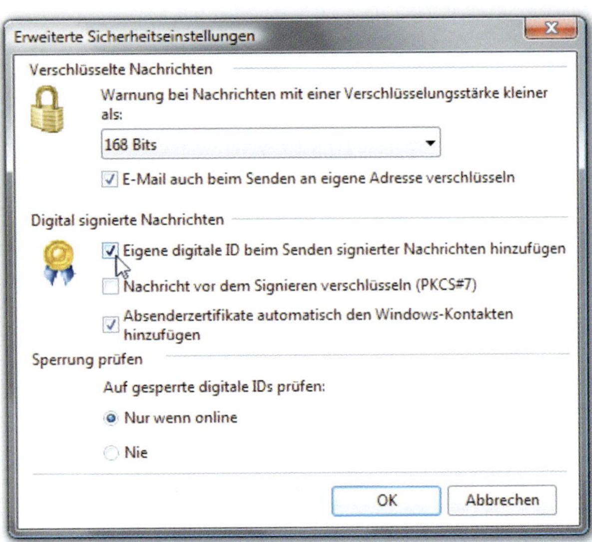

Abbildung 27.19 Feineinstellungen für Signaturen und Verschlüsselung festlegen

4. Legen Sie außerdem im Bereich *Auf gesperrte digitale IDs prüfen* die Option *Nur wenn online* fest. So kann Windows Mail prüfen, ob eine fremde digitale ID möglicherweise inzwischen gesperrt und für ungültig erklärt ist, zum Beispiel, weil sie gestohlen wurde.

Zusammenfassung

E-Mail ist nützlich, birgt aber auch Gefahren. Windows Mail enthält zahlreiche Techniken, um die Schwächen von E-Mail zu eliminieren.

Mit digitalen Signaturen und Verschlüsselungen sorgen Sie für Abhör- und Fälschungssicherheit, benötigen dafür aber die digitalen IDs der beteiligten Personen.

Sie möchten ...	So gehen Sie vor	Sehen Sie sich dazu das Beispiel an auf
die digitale ID einer fremden Person abspeichern	Antworten Sie der Person auf eine digital signierte E-Mail	Seite 479
eine verschlüsselte E-Mail senden	Wählen Sie im Nachrichtenfenster *Extras/Verschlüsseln*	Seite 480
eine fälschungssichere E-Mail senden	Wählen Sie im Nachrichtenfenster *Extras/Verschlüsseln*	Seite 480
eine eigene digitale ID beantragen	Wählen Sie *Extras/Optionen* und klicken Sie auf der Registerkarte *Sicherheit* auf *Digitale ID anfordern*	Seite 482
ein Zertifikat mit privatem Schlüssel sichern	Exportieren Sie das Zertifikat aus dem Zertifikatspeicher	Seite 483
ein gesichertes Zertifikat wieder einlesen	Doppelklicken Sie auf die Datei, in der Sie das Zertifikat gesichert haben, und folgen Sie den Anweisungen	Seite 484

Tobias Weltner

28 Windows Mail einrichten

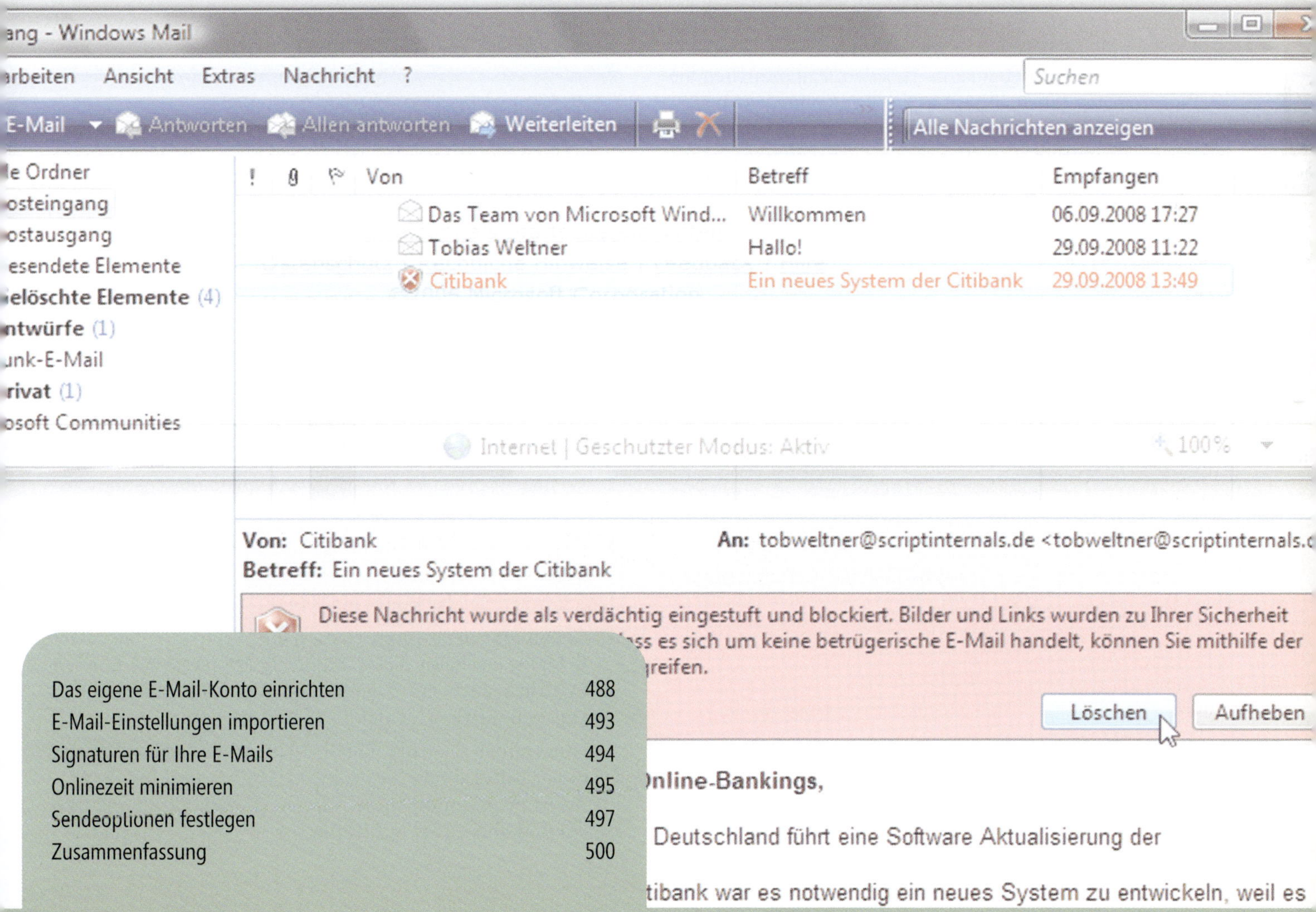

Bevor Sie E-Mails senden oder empfangen können, muss Windows wissen, wie Ihre E-Mail-Adresse lautet und wo Ihre E-Mails verwaltet werden. Diese und weitere optionale Grundeinstellungen legen Sie in diesem Kapitel fest.

Das eigene E-Mail-Konto einrichten

Damit Sie E-Mails versenden und empfangen können, brauchen Sie ein Postfach auf einem öffentlichen Mailserver im Internet. Der Mailserver kommuniziert mit der Außenwelt und empfängt rund um die Uhr E-Mails für Sie. Ihr E-Mail-Programm muss also wissen, wie es mit Ihrem Mailserver in Kontakt treten kann.

Einen Mailserver und ein Postfach erhalten

Falls Sie nicht wissen, wo und wie Sie ein Postfach bei einem öffentlichen Mailserver erhalten, dann schauen Sie in die Unterlagen Ihres Internetanbieters: Häufig ist ein E-Mail-Konto darin bereits enthalten. Falls nicht, gibt es kostenlose und kostenpflichtige Anbieter, bei denen man sein persönliches E-Mail-Konto mieten kann. In jedem Fall brauchen Sie die Angaben aus Tabelle 28.1, um das Konto einzurichten.

Information	Beschreibung
E-Mail-Adresse	Die E-Mail-Adresse, unter der Ihr Postfach für andere erreichbar ist. E-Mail-Adressen bestehen aus einem privaten Namen, dem »@«-Zeichen und dem Namen des E-Mail-Anbieters, also zum Beispiel *Ihr.Name@emaildienst.de*, wobei Sie *emaildienst.de* durch den Namen Ihres E-Mail-Dienstes austauschen müssen.
Benutzername	Ihr Benutzername, unter dem Sie beim E-Mail-Dienst geführt werden. Meist entspricht der Benutzername dem ersten Teil Ihrer E-Mail-Adresse, also zum Beispiel *Ihr.Name*. Sie benötigen Ihren Benutzernamen, um sich beim E-Mail-Dienst zusammen mit Ihrem Kennwort anzumelden.
Kennwort	Ein geheimes Kennwort, das nur Ihnen bekannt sein darf. Sie verwenden dieses Kennwort, um den Inhalt Ihres E-Mail-Postfachs abzurufen. Jeder, der dieses Kennwort kennt, kann also Ihre E-Mail-Nachrichten lesen.
Posteingangsserver	Die Internetadresse des Posteingangsservers, über die Sie Ihren Mailserver erreichen, um neu eingetroffene E-Mails abzurufen. Meist lautet diese Adresse entweder *mail.emaildienst.de*, oder es gibt unterschiedliche Adressen für unterschiedliche Protokolle wie zum Beispiel *pop.emaildienst.de* oder *imap.emaildienst.de*, wobei Sie *emaildienst.de* durch den Namen Ihres E-Mail-Dienstes austauschen müssen.
Postausgangsserver	Die Internetadresse des Postausgangsservers, über die Sie Ihren Mailserver erreichen, um selbst neue E-Mails an andere zu versenden. Meist lautet diese Adresse *mail.emaildienst.de* oder *smtp.emaildienst.de*, wobei Sie *emaildienst.de* durch den Namen Ihres E-Mail-Dienstes austauschen müssen.

Tabelle 28.1 Wichtige Informationen zu Ihrem E-Mail-Konto

Tabelle 28.1 Wichtige Informationen zu Ihrem E-Mail-Konto *(Fortsetzung)*

Tipp

Falls Sie unsicher sind, welche Posteingangs- und Postausgangsserver Ihr E-Mail-Dienst verwendet, finden Sie Übersichten im Internet, zum Beispiel bei *http://www.netzwerk-total.de/netzwerkfaq/faq74.htm*.

Das E-Mail-Konto einrichten

Wird Windows Mail zum allerersten Mal gestartet, öffnet sich automatisch ein Assistent und hilft Ihnen dabei, Ihr erstes Konto einzurichten. Diesen Assistenten können Sie auch später öffnen, zum Beispiel, weil Sie weitere E-Mail-Konten hinzufügen wollen.

1. Rufen Sie den Menübefehl *Extras/Konten* auf und klicken Sie im Dialogfeld auf *Hinzufügen*.
2. Wählen Sie hier als Kontotyp *E-Mail-Konto* aus und klicken Sie auf *Weiter*.
3. Der *Assistent zum Hinzufügen eines E-Mail-Kontos* wird gestartet.

Jetzt können Sie das Konto einrichten:

1. Geben Sie zuerst Ihren Namen ein. Versenden Sie später E-Mails, erscheint dieser Name als Absender. Sie können natürlich auch ein Pseudonym oder einen Spitznamen angeben. Klicken Sie dann auf *Weiter*.
2. Nun werden Sie nach Ihrer E-Mail-Adresse gefragt. Unter dieser Adresse sind Sie online erreichbar und Ihr E-Mail-Anbieter bestimmt diese Adresse. Tragen Sie sie ins Feld ein und klicken Sie auf *Weiter*.

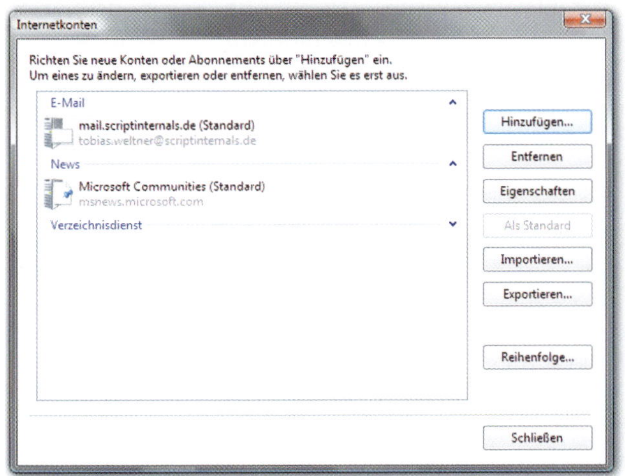

Abbildung 28.1 Ein weiteres E-Mail-Konto hinzufügen oder Kontoeinstellungen nachträglich bearbeiten

3. Als Nächstes geben Sie an, wie Sie mit Ihrem E-Mail-Konto in Kontakt treten wollen. Zuerst legen Sie den Typ des Posteingangsservers fest. Den richtigen Typ erfahren Sie vom Anbieter Ihres E-Mail-Kontos. Im Zweifelsfall wählen Sie die gebräuchlichste Einstellung: »POP3«.
   - POP3 Dies ist die gebräuchlichste Einstellung. Die E-Mail-Nachrichten werden dabei über das *Post-Office-Protocol* vom Posteingangsserver abgerufen und auf Ihren Computer übertragen.
   - IMAP Auch dieses Protokoll wird von vielen E-Mail-Diensten angeboten. Hierbei werden nur die Betreffzeilen der Nachrichten auf Ihren Computer übertragen. Möchten Sie eine Nachricht lesen, wird der Inhalt der ausgewählten Nachricht an Ihren Computer übermittelt. Die Nachrichten bleiben aber auf dem Posteingangsserver gespeichert. IMAP eignet sich deshalb besonders gut, wenn Sie Ihren E-Mail-Eingang von einem fremden Computer aus überprüfen wollen, die Nachrichten später aber mit POP3 auf Ihrem eigenen Computer abrufen möchten.
   - HTTP Anders als das Mail-Programm Outlook Express aus früheren Windows-Versionen unterstützt Windows Mail keine HTTP-basierten Konten von Anbietern wie zum Beispiel »Hotmail« mehr.
4. Geben Sie nun die Adressen des Posteingangsservers und des Postausgangsservers an. Diese Adressen erhalten Sie ebenfalls von Ihrem E-Mail-Dienstanbieter. Meist lauten sie entweder alle *mail.dienstanbieter.de* oder es wird der jeweilige Protokollname vorangestellt: *pop.dienstanbieter.de*, *imap.dienstanbieter.de* beziehungsweise *smtp.dienstanbieter.de*.
5. Damit nicht Unbefugte den Postausgangsserver verwenden, um massenhaft Werbemails zu verschicken, sind diese Server meist kennwortgeschützt. Falls das auch bei Ihnen der Fall ist, dann aktivieren Sie die Option *Ausgangsserver erfordert Authentifizierung*. Klicken Sie auf *Weiter*.

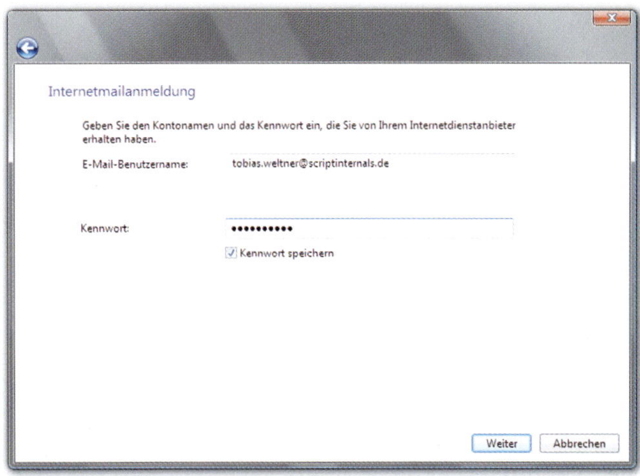

Abbildung 28.2 Anmeldeinformationen hinterlegen

6. Geben Sie nun Ihre Anmeldeinformationen ein: Ihren Benutzernamen und ein geheimes Kennwort. Diese Informationen sind nötig, um Ihre E-Mails abzurufen, und wenn Sie nicht wollen, dass andere dies tun, sollten Sie Ihr Kennwort geheim halten.

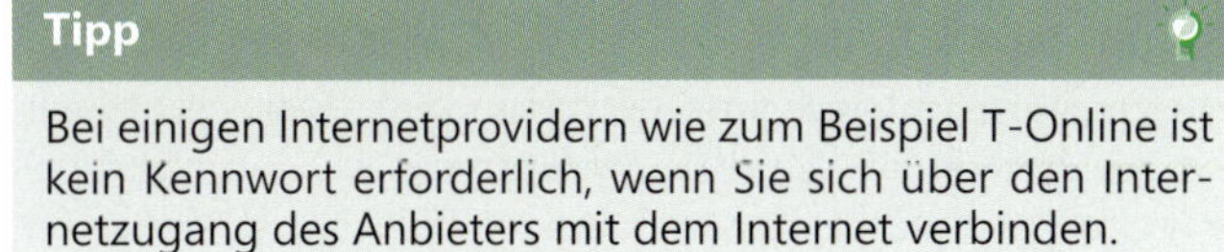

Tipp

Bei einigen Internetprovidern wie zum Beispiel T-Online ist kein Kennwort erforderlich, wenn Sie sich über den Internetzugang des Anbieters mit dem Internet verbinden.

7. Auf Ihrem eigenen Computer können Sie die Option *Kennwort speichern* wählen. Sie brauchen es dann künftig nicht mehr einzugeben, wenn Sie Ihre E-Mails abrufen. Auf fremden Computern dagegen, die Sie sich mit anderen teilen, sollten Sie das Kennwort nicht speichern lassen, sondern sicherheitshalber jedes Mal neu eingeben. Klicken Sie auf *Weiter*.

Wenn alle Angaben stimmen, können Sie nun mit einem Klick auf *Fertig stellen* zum ersten Mal Ihr E-Mail-Konto überprüfen und kontrollieren, ob neue E-Mails eingegangen sind.

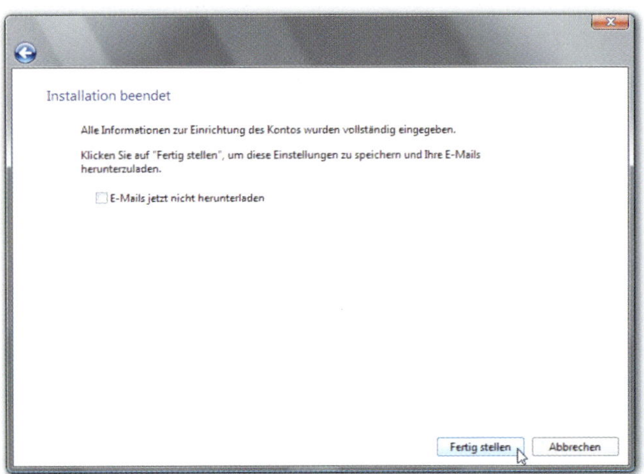

Abbildung 28.3 Der erste Verbindungstest

E-Mail-Konto überprüfen

Direkt nach der Einrichtung eines neuen Kontos versucht Windows Mail, neu eingegangene Nachrichten von diesem Konto herunterzuladen. Falls das nicht gelingt, schauen Sie sich kurz die häufigsten Fehlerquellen an:

Mailserver nicht erreichbar

Kann Windows Mail den Mailserver innerhalb einer Minute nicht erreichen, schlägt es Alarm. Mögliche Gründe:

- **Kein Internet** Ihre Internetverbindung ist ausgefallen.
- **Falsche Angaben** Sie haben sich beim Einrichten des Kontos vertan und einen falschen Mailserver angegeben.

Prüfen Sie zuerst Ihre Internetverbindung. Dazu probieren Sie am besten, ob Sie eine Webadresse wie zum Beispiel *www.microsoft.de* erreichen können. Falls auch Webseiten nicht erreichbar sind, wissen Sie, dass Ihre Internetverbindung zur Zeit nicht funktioniert.

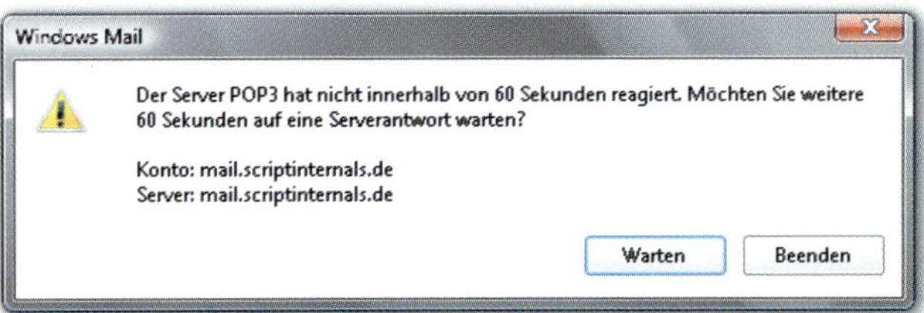

Abbildung 28.4 Der Mailserver reagiert nicht

Sind Webseiten erreichbar, aber Ihr Mailserver nicht, dann kontrollieren Sie die Angaben in Ihrem E-Mail-Konto. Vielleicht haben Sie sich nur vertippt.

Dazu rufen Sie den Menübefehl *Extras/Konten* auf und markieren Ihr E-Mail-Konto. Klicken Sie dann auf *Eigenschaften*. Aktivieren Sie nun die Registerkarte *Server* und überprüfen Sie die Angaben für den Posteingang und den Postausgang.

Ist alles korrekt, gibt es zwei weitere Möglichkeiten: Entweder funktioniert Ihr Mailserver nicht korrekt (der Anbieter hat ihn vielleicht zu Wartungszwecken einige Minuten heruntergefahren) oder es liegt ein anderer Grund außerhalb Ihrer Kontrolle vor. In beiden Fällen lautet die Empfehlung: zunächst Ruhe bewahren, Kaffee trinken und es in einer halben Stunde erneut versuchen. Gelingt der Kontakt auch dann nicht, nehmen Sie Kontakt zum Support Ihres Mailserver-Anbieters auf.

Anmeldeinformationen stimmen nicht

Konnte der Mailserver erreicht werden, überprüft dieser nun Ihren Benutzernamen und Ihr Kennwort, denn Ihre Mails dürfen natürlich nur von Ihnen selbst abgeholt und gelesen werden.

Falls die Anmeldeinformationen nicht korrekt sind oder Sie das Anmeldekennwort nicht gespeichert haben, erscheint ein Anmeldefenster wie in Abbildung 28.5. Überprüfen Sie Ihre Anmeldeinformationen. Möchten Sie künftig automatisch mit diesen Informationen angemeldet werden, aktivieren Sie außerdem das Kontrollkästchen *Eigene Anmeldeinformationen speichern*. Klicken Sie dann auf *OK*.

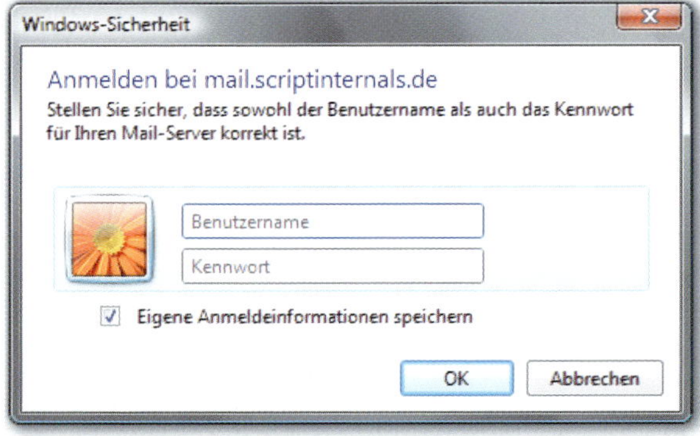

Abbildung 28.5 Die Anmeldeinformationen waren nicht vollständig und müssen korrigiert werden

PROFITIPP

Sind Sie Kunde von T-Online und über einen T-Online-Anschluss mit dem Internet verbunden, brauchen Sie kein Kennwort anzugeben. T-Online weiß durch Ihre Anmeldung am Internetanschluss bereits, wer Sie sind.

Ein weiteres Problem ist historisch bedingt. Früher meldete man sich nur am Posteingangsserver an, um Mails abzurufen. Anschließend konnte man über diese Verbindung am Postausgangsserver ohne weitere Anmeldung eigene Mails versenden.

Versuchen Sie dagegen, neue Mails direkt über den Postausgangsserver zu versenden, ohne vorher den Posteingangsserver nach neuen Mails abzufragen, erhalten Sie vielfach Fehlermeldungen angezeigt.

Die meisten modernen Postausgangsserver akzeptieren heute ebenfalls eine Anmeldung und deshalb können Sie dieses Problem häufig allein dadurch lösen, dass Sie Windows Mail beauftragen, sich nicht nur beim Posteingangsserver auszuweisen, sondern auch beim Postausgangsserver.

Schalten Sie die Option *Server erfordert Authentifizierung* ein und klicken Sie dann auf die Schaltfläche *Einstellungen*. Wählen Sie darin die Option *Gleiche Einstellungen wie für den Posteingangsserver verwenden*.

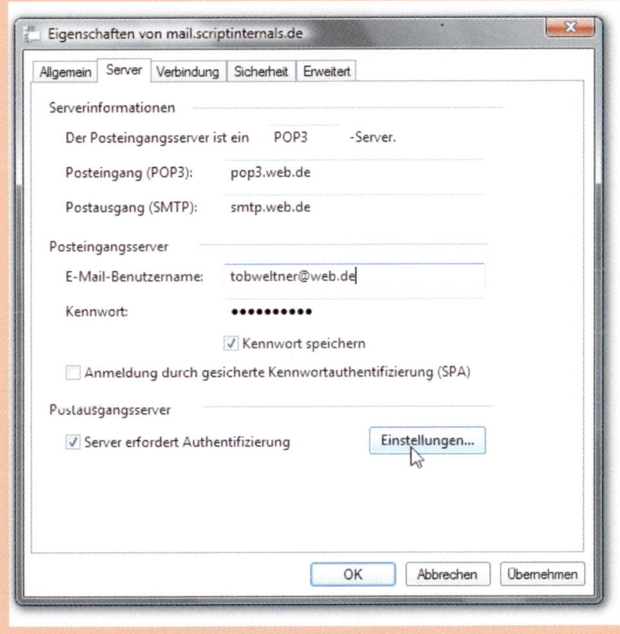

Abbildung 28.6 Anmeldeinformationen überprüfen

Keine neuen Nachrichten

Konnte sich Windows Mail korrekt bei Ihrem Mailserver anmelden, ruft es nun die neu eingegangenen Nachrichten für Sie ab. Sind keine Nachrichten für Sie vorhanden, sehen Sie lediglich einen entsprechenden Hinweis unten in der Statusleiste von Windows Mail.

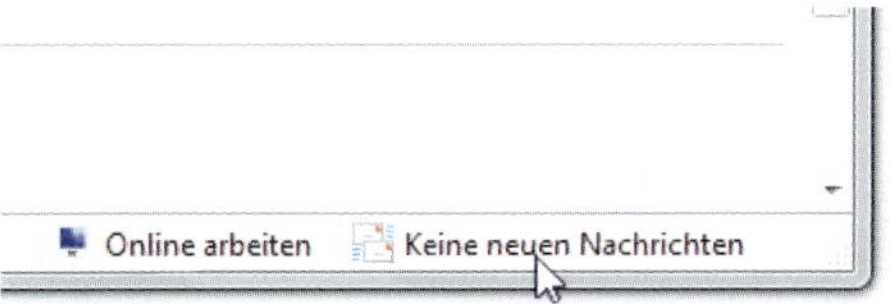

Abbildung 28.7 Keine neuen Nachrichten vorhanden

Weitere Fehler

Kam es beim Abrufen oder Senden von Nachrichten zu einem anderen Fehler, sehen Sie in der Statusleiste einen Fehlerhinweis.

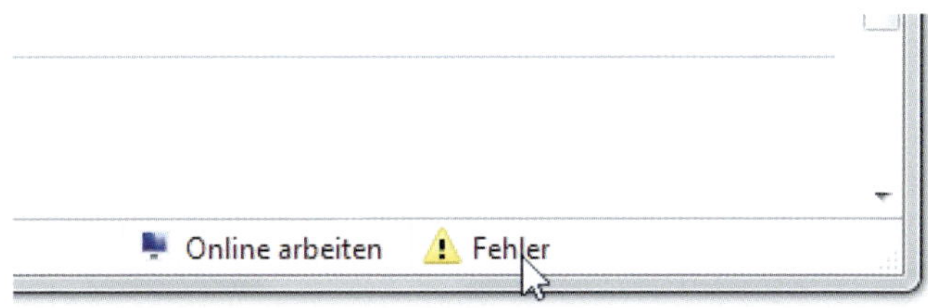

Abbildung 28.8 Fehler werden in der Statusleiste gemeldet

Doppelklicken Sie auf den Fehlerhinweis, wenn Sie mehr zu dem Fehler erfahren wollen. Automatisch öffnet sich ein Dialogfeld und nennt Ihnen die Fehlerursache.

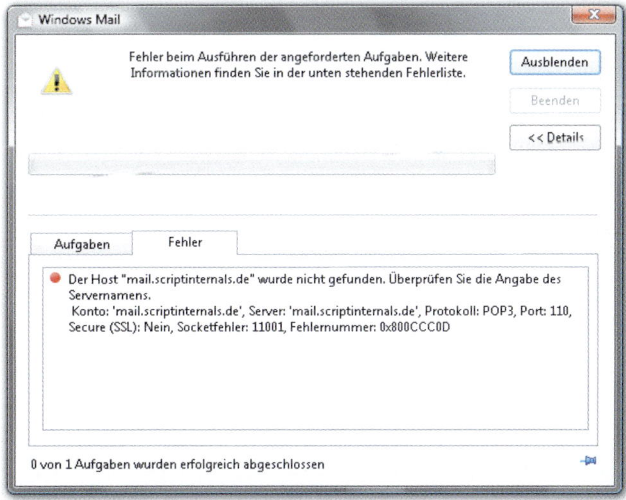

Abbildung 28.9 Detaillierte Fehlerursache in Erfahrung bringen

Oft finden Sie hier sehr technische Angaben, die aber nützliche Hilfestellungen enthalten. Konnte Windows Mail den Mailserver zum Beispiel nicht erreichen, schlägt die Fehlermeldung richtigerweise vor, den Servernamen zu überprüfen.

Nachträgliche Änderungen am E-Mail-Konto

Natürlich können Sie E-Mail-Konten auch nachträglich ändern. Rufen Sie dazu den Menübefehl *Extras/Konten* auf. Im zugehörigen Dialogfeld lassen sich Konten auch wieder löschen oder neue zusätzliche Konten hinzufügen.

Um ein Konto zu ändern, markieren Sie es und klicken dann auf *Eigenschaften*.

Konten vom E-Mail-Empfang ausschließen

Normalerweise überprüft Windows Mail automatisch alle E-Mail-Konten regelmäßig auf neu eingegangene Nachrichten. Möchten Sie ein bestimmtes Konto von dieser automatischen Überprüfung ausnehmen, holen Sie die Registerkarte *Allgemein* in den Vordergrund und schalten das Kontrollkästchen *Dieses Konto beim Empfangen von E-Mails oder beim Synchronisieren einschließen* aus.

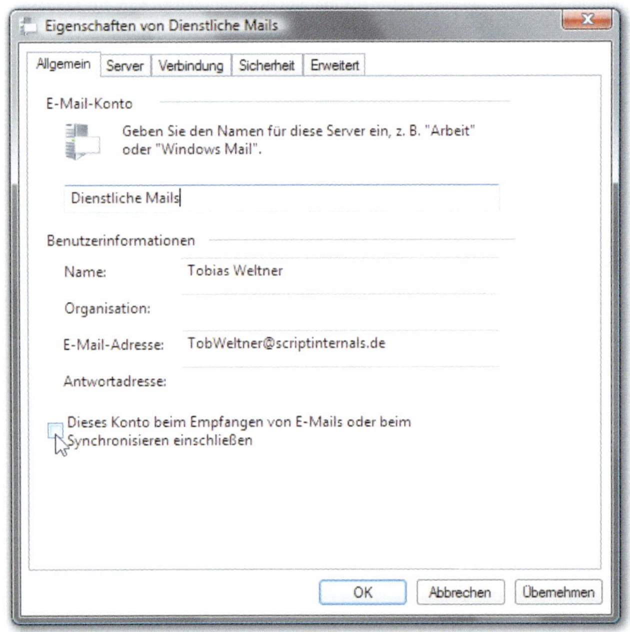

Abbildung 28.10 E-Mail-Konto von der automatischen Überprüfung ausnehmen

Spezialeinstellungen

Auf der Registerkarte *Erweitert* finden Sie Spezialeinstellungen für die Verbindungsaufnahme zum Mailserver, die nur selten geändert werden müssen.

Im Bereich *Serverportnummern* legen Sie nicht nur eventuell abweichende Portnummern für den Posteingangs- und Postausgangsserver fest. Hier können Sie auch bestimmen, ob Ihr Computer über eine abhörsichere Leitung (SSL) mit dem Server kommunizieren soll.

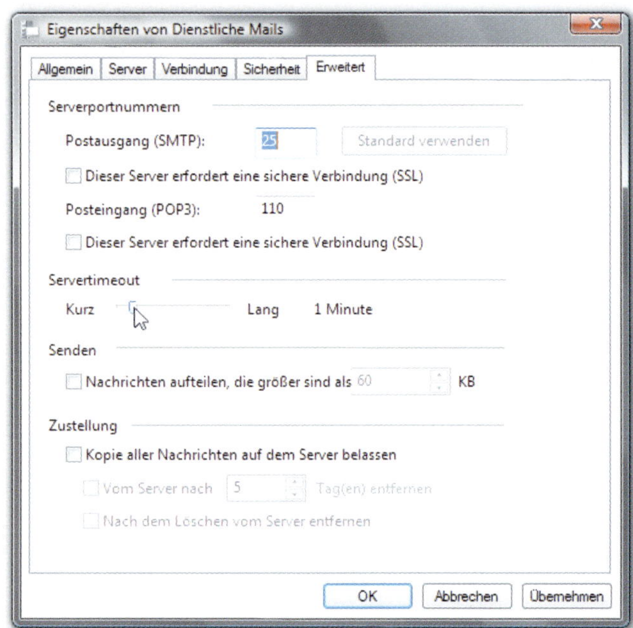

Abbildung 28.11 E-Mails abhörsicher von und zum Mailserver übertragen

Der Vorteil solcher verschlüsselter Verbindungen ist, dass Ihre E-Mails abhörsicher übertragen werden. Nachteil: Die Übertragung dauert etwas länger und ist etwas aufwändiger. Deshalb unterstützen viele Mailserver die verschlüsselte Verbindung nicht.

Schalten Sie die verschlüsselte Verbindung ein, obwohl Ihr Mailserver die Verschlüsselung nicht unterstützt, erhalten Sie Fehlermeldungen, sobald Sie versuchen, Mail abzurufen beziehungsweise zu senden. Schalten Sie in diesem Fall die Verschlüsselung einfach wieder ab.

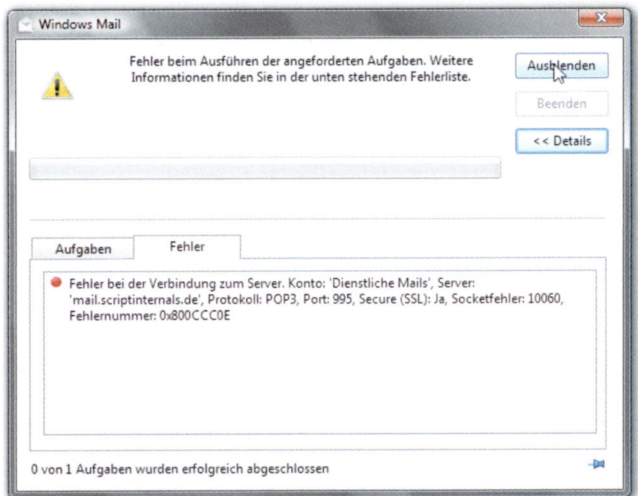

Abbildung 28.12 Nicht alle Mailserver unterstützen SSL-Verbindungen

Im Bereich *Servertimeout* bestimmen Sie, wie lange Windows Mail auf eine Antwort des Mailservers warten soll, bevor ein Fehler gemeldet wird. Die Vorgabe ist eine Minute und kann mit dem Schieberegler geändert werden.

Welcher Wert hier richtig ist, hängt von Ihrem Mailserver und der Art Ihrer Mails ab. Es kann vorkommen, dass bei E-Mails mit größeren Anhängen ein Serverfehler gemeldet wird, wenn die Nachricht nicht innerhalb vom eingestellten Timeout vollständig an den Mailserver übertragen wurde. Wenn das passiert, warten Sie einfach. Verschwindet die Fehlermeldung nach einiger Zeit von selbst, war der Mailserver mit der Bearbeitung der Nachricht nur vorübergehend ausgelastet und Sie sollten überlegen, den Timeoutwert zu vergrößern.

Schließlich haben Sie im Bereich *Zustellung* noch die Möglichkeit, Ihre Mails nur zu lesen, aber nicht vom Mailserver zu löschen. Wenn Sie zum Beispiel zwei Computer verwenden, einen zu Hause und ein Notebook für unterwegs, wollen Sie vielleicht unterwegs Ihre Mails lesen, aber trotzdem zu Hause lückenlos alle Mails herunterladen.

E-Mail-Einstellungen importieren

Haben Sie früher mit einem anderen E-Mail-Programm gearbeitet und wollen nun Windows Mail nutzen, möchten Sie bestimmt Ihre alten E-Mail-Nachrichten und -Einstellungen mitnehmen.

Wie Sie vorgehen, hängt davon ab, ob sich Ihr altes E-Mail-Programm auf demselben Rechner befindet wie Windows Mail oder ob Sie Ihre E-Mail-Nachrichten von einem anderen Computer übertragen wollen.

Alte Einstellungen und Nachrichten importieren

Ihre Importoptionen sehen Sie, wenn Sie den Menübefehl *Datei/Importieren* aufrufen. Sie können nun Windows-Kontakte, Nachrichten, E-Mail-Kontoeinstellungen und Newskontoeinstellungen einlesen.

Wenn Sie Nachrichten wählen, haben Sie die Auswahl zwischen vier verschiedenen Nachrichtenformaten:

- **Microsoft Exchange** Der Import der Nachrichten aus Microsoft Exchange setzt voraus, dass Sie auf demselben Computer Microsoft Outlook installiert und Ihre Verbindung zum Exchange-Server eingerichtet haben.
- **Microsoft Outlook** Nachrichten aus Microsoft Outlook können Sie importieren, wenn Microsoft Outlook auf demselben Computer installiert ist wie Windows Mail.
- **Microsoft Outlook Express 6** Nachrichten aus Outlook Express lassen sich sowohl aus einem bereits installierten Outlook Express als auch aus einem Speicherverzeichnis importieren. Dazu geben Sie den Ordner an, in dem sich die Outlook Express-Nachrichtendateien befinden. Diese können Sie zum Beispiel von einem älteren Computer auf CD brennen und so dann in Ihren neuen Computer einlesen.
- **Microsoft Windows Mail 7** Diese Option wird gebraucht, wenn Sie Nachrichten von Windows Mail auf einen anderen Computer übertragen wollen, der ebenfalls Windows Vista und Windows Mail verwendet. Windows Mail speichert alle Nachrichten als einzelne Dateien, die sich deshalb sehr leicht mit dem Menübefehl *Datei/Exportieren/Nachrichten* in einem Ordner speichern lassen. Anschließend kann dieser Ordner dann auf einem anderen Computer wieder eingelesen werden.

Nachrichten von einem älteren Computer

Haben Sie sich einen neuen Computer geleistet und wollen Ihre E-Mail-Einstellungen, Nachrichten und Kontakte vom alten Computer auf den neuen übertragen, dann nutzen Sie am besten den Assistenten von *Windows-EasyTransfer*.

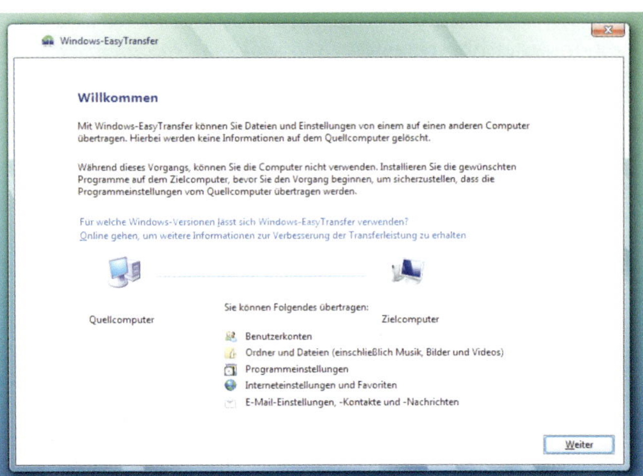

Abbildung 28.13 E-Mail-Einstellungen mit Windows-EasyTransfer übertragen

Das Programm *Windows-EasyTransfer* wird in Kapitel 50 genauer beschrieben.

Signaturen für Ihre E-Mails

Signaturen sind Fußzeilen, die zum Beispiel Ihren Namen, eine Firmenanschrift oder Angaben zu Ihrer beruflichen Position enthalten.

Wenn Sie mögen, können Sie auch gleich Abschlussfloskeln wie »Mit freundlichen Grüßen« darin einfügen, Hinweise zur Vertraulichkeit einbinden oder sogar handschriftliche Unterschriften einblenden.

Hinweis

Diese Signaturen sind nützliche oder optische Zusätze, haben aber nichts mit digitalen Signaturen zu tun, die Sie in Kapitel 22 kennen lernen.

Einfache Textsignaturen

Im einfachsten Fall bestehen Signaturen aus reinem Text. So gehen Sie vor, um eine neue Signatur anzulegen:

1. Rufen Sie in Windows Mail den Befehl *Extras/Optionen* auf und aktivieren Sie im Dialogfeld *Optionen* die Registerkarte *Signaturen*.
2. Klicken Sie im Bereich *Signaturen* auf die Schaltfläche *Neu*, um eine neue Signatur anzulegen. In der Liste erscheint als Name Ihrer Signatur »Signatur #1«. Markieren Sie diesen Eintrag und klicken Sie auf die Schaltfläche *Umbenennen*, um Ihrer Signatur einen besseren Namen zu geben, zum Beispiel »Privat«.
3. Geben Sie nun im Bereich *Signatur bearbeiten* hinter der Option *Text* den Text ein, den Sie als Signatur Ihrer E-Mail hinzufügen wollen.
4. Klicken Sie auf die Schaltfläche *Erweitert*. Ein weiteres Dialogfeld öffnet sich. Darin wählen Sie das E-Mail-Konto aus, für das diese Signatur gelten soll. Dann klicken Sie auf *OK*.
5. Aktivieren Sie nun im oberen Bereich die Kontrollkästchen *Allen ausgehenden Nachrichten Signaturen hinzufügen* (damit die Signatur künftig automatisch in neue E-Mails eingefügt wird) und *Keine Signatur beim Antworten oder Weiterleiten* (weil die Signatur in Antworten stört, denn dann kennt der Empfänger Sie bereits). Klicken Sie zum Schluss auf *OK*.

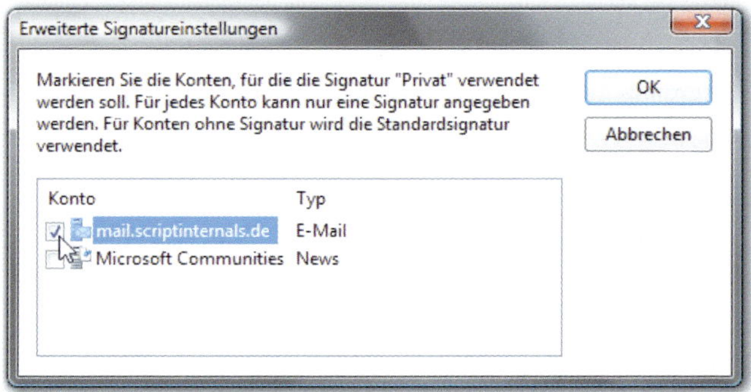

Abbildung 28.14 Legen Sie fest, für welches E-Mail-Konto die Signatur verwendet werden soll

Tipp

Sie können Signaturen auch von Fall zu Fall einsetzen. Wenn Sie im Dialogfeld *Optionen* auf der Registerkarte *Signaturen* das Kontrollkästchen *Allen ausgehenden Nachrichten Signaturen hinzufügen* nicht aktivieren, wird neuen E-Mails zunächst keine Signatur hinzugefügt.

Sie können dann Ihrer Nachricht eine beliebige Signatur hinzufügen, indem Sie im Nachrichtenfenster den Menübefehl *Einfügen/Signatur* wählen. Eine Liste mit allen Signaturen erscheint, die Sie festgelegt haben. Wählen Sie die Signatur aus, die Sie einfügen möchten.

Der Befehl *Signatur* kann allerdings nur gewählt werden, wenn sich die Einfügemarke im Nachrichtentext befindet. Die Signatur wird an der Stelle eingefügt, wo sich die Einfügemarke gerade befindet. Sie könnten also regelrechte Textbausteine als Signaturen hinterlegen und auf diese Weise in Ihre Nachricht einfügen.

Probieren Sie die neue Signatur gleich aus! Dazu klicken Sie in der Windows Mail-Symbolleiste auf *Neue E-Mail.* Wie gewohnt wird eine neue E-Mail-Nachricht für Sie angelegt, aber diesmal ist sie nicht leer, sondern enthält bereits den Signaturtext.

Erweiterte HTML-Signaturen

Möchten Sie ausgefallenere Signaturen mit festgelegten Schriftarten, Farben oder Bildern in Ihre E-Mails einfügen, verwenden Sie dafür eine HTML-Signatur. Am einfachsten geht das, wenn Sie einen HTML-Editor wie zum Beispiel *Microsoft Office FrontPage* einsetzen. Gestalten Sie darin die gewünschte Signatur als HTML-Datei und speichern Sie sie unter dem Namen »Signatur1.htm«.

Haben Sie keinen HTML-Editor zur Hand, können Sie auch Windows Mail als HTML-Editor verwenden. So gehen Sie vor:

1. Öffnen Sie per Klick auf *Neue E-Mail* ein neues Nachrichtenfenster. Lassen Sie die oberen Adressfelder leer, denn Sie werden gleich gar keine echte E-Mail versenden, sondern nutzen Windows Mail nur als einfachen HTML-Editor.
2. Entwerfen Sie nun Ihre Signatur. Dazu können Sie sämtliche Gestaltungsfunktionen der Formatierungsleiste einsetzen und zum Beispiel neben verschiedenen Schriftarten und Farben auch Bilder einfügen.
3. Rufen Sie nun den Menübefehl *Datei/Speichern unter* auf. Im Dialogfeld wählen Sie im Listenfeld *Dateityp* das Format *HTML-Dateien* aus und können so Ihre E-Mail als HTML-Datei abspeichern. Weisen Sie dieser nur noch im Feld *Dateiname* einen Namen zu, beispielsweise »Signatur1«.
4. Schließen Sie die E-Mail, denn Sie haben Ihre Signatur ja nun entworfen.

Leider ist Windows Mail kein vollständiger HTML-Editor und deshalb müssen Sie nun noch einige Feinheiten von Hand korrigieren. Diese Korrekturen sind nicht nötig, wenn Sie die Signaturdatei in einem normalen HTML-Editor entworfen haben.

Zur Korrektur wählen Sie im Startmenü *Dokumente* und klicken dann die gespeicherte HTML-Datei mit der rechten Maustaste an. Wählen Sie im Kontextmenü den Eintrag *Öffnen mit/Editor.*

Der Windows Editor zeigt Ihnen nun den HTML-Inhalt der Signaturdatei. Löschen Sie alle Zeilen bis *<BODY...>*.

Suchen Sie dann nach dem Tag *<IMG>*, der eingebettete Bilder markiert. Dahinter finden Sie die Angabe *src="..."*, die angibt, wo die Bilddatei zu finden ist. Ersetzen Sie die Angabe »cid:...« durch den Pfadnamen zu Ihrer Bilddatei. Danach speichern Sie die Änderung mit *Datei/Speichern.*

HTML-Signaturen aktivieren

Nachdem Sie nun eine Signaturdatei im HTML-Format erstellt haben, brauchen Sie diese nur noch zu aktivieren. Das folgende Beispiel geht davon aus, dass Sie die Datei in Ihrem *Dokumente*-Ordner als »Signatur1.htm« gespeichert haben:

1. Wählen Sie in Windows Mail den Befehl *Extras/Optionen* und aktivieren Sie im Dialogfeld *Optionen* die Registerkarte *Signatur.*
2. Legen Sie mit der Schaltfläche *Neu* eine neue Signatur an und weisen Sie ihr mit einem Klick auf *Umbenennen* einen neuen Namen zu, zum Beispiel »Dienstlich«.
3. Klicken Sie auf die Schaltfläche *Erweitert* und wählen Sie die E-Mail-Konten aus, für die diese Signatur gelten soll.
4. Wählen Sie im Bereich *Signatur bearbeiten* die Option *Datei* und klicken Sie auf die Schaltfläche *Durchsuchen.* Das Dialogfeld *Öffnen* öffnet sich. Wählen Sie im Listenfeld rechts unten das Format *HTML-Dateien* aus.
5. Wählen Sie nun die HTML-Datei, die Sie eben gespeichert haben, also »Signatur1.htm«, und klicken Sie auf *Öffnen.* Der Pfadname der HTML-Datei wird in das Feld hinter der Option *Datei* eingetragen.
6. Klicken Sie nun nur noch auf die Schaltfläche *Als Standard,* damit diese Signatur verwendet wird, falls Sie mehrere festgelegt haben. Anschließend klicken Sie auf *OK.*

Wenn Sie nun eine neue E-Mail per Klick auf *Neue E-Mail* anlegen, erscheint Ihre HTML-Signatur. Und wie Sie sehen, sind Ihrer Phantasie keine Grenzen gesetzt. Wer einen Scanner besitzt, kann zum Beispiel seine Unterschrift einscannen und als Grafik in die E-Mails einfügen.

Sicherer sind natürlich digitale Unterschriften, die Sie in Kapitel 27 kennen lernen, aber gut sehen die handgeschriebenen Unterschriften dennoch aus.

Onlinezeit minimieren

Im Zeitalter der Flatrates spielt die Onlinezeit heute zwar kaum noch eine Rolle, falls Sie sich aber über ein Handy oder im Hotel einwählen, sollten Sie sich die folgenden Einstellungen näher ansehen. Sie sorgen dafür, dass die Zeit der Internetverbindung minimiert wird.

Posteingang seltener prüfen

Windows Mail baut üblicherweise regelmäßig eine Internetverbindung auf, um nach neuen Mitteilungen für Sie zu schauen. Das geschieht beim Start des Programms und danach alle 30 Minuten.

Wenn Sie wollen, können Sie diese Intervalle verlängern oder die Automatik ganz abschalten. Dann wird nur noch geprüft, wenn Sie es wollen.

1. Rufen Sie den Menübefehl *Extras/Optionen* auf, um das zugehörige Dialogfeld zu öffnen. Auf der Registerkarte *Allgemein* sehen Sie eine Reihe von Optionen.
2. Wenn Sie nicht möchten, dass Windows Mail beim Start automatisch eine Internetverbindung herstellt, schalten Sie die Option *Beim Start des Programms Nachrichten senden und empfangen* aus.
3. Darunter legen Sie mit der Option *Nachrichteneingang alle 30 Minute(n) prüfen* fest, in welchen Intervallen Windows Mail nach neu eingegangenen Mails prüfen soll. Im Listenfeld darunter legen Sie fest, ob Windows Mail eigenmächtig eine neue Internetverbindung aufbauen darf oder nur dann nach neuer Mail suchen soll, wenn sowieso gerade eine Internetverbindung besteht. Möchten Sie gar keine automatische Verbindungsaufnahme, schalten Sie die Option ab.

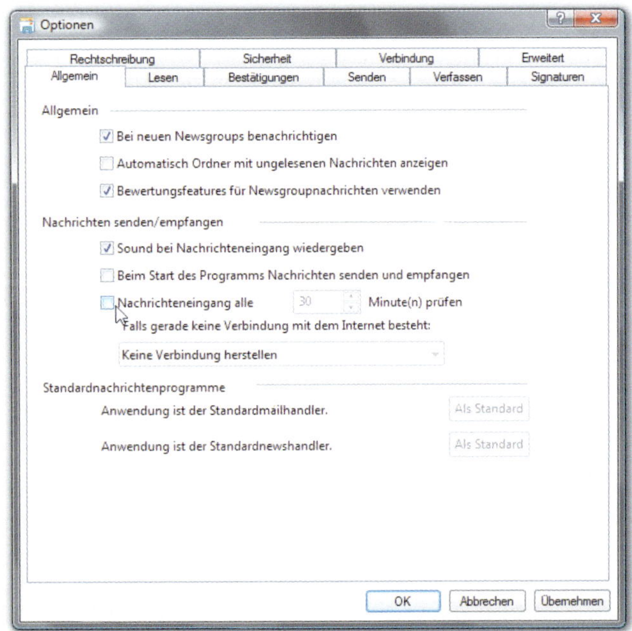

Abbildung 28.15 Die Internetverbindung möglichst sparsam einsetzen

4. Klicken Sie auf *OK*, wenn Sie alle Einstellungen getroffen haben.

Im Extremfall prüft Windows Mail nun überhaupt nicht mehr automatisch nach neuen Mails und baut auch keine Internetverbindung auf. Erst wenn Sie persönlich auf *Senden/Empfangen* klicken, prüft Windows Mail auf neue Post.

Mails nicht sofort versenden

Normalerweise sendet Windows Mail neue E-Mails sofort, damit sie den Empfänger möglichst schnell erreichen. Effizienter ist es allerdings, zuerst alle E-Mail-Nachrichten zu verfassen, die Sie versenden wollen, und diese dann gemeinsam zu versenden:

1. Rufen Sie den Menübefehl *Extras/Optionen* auf und holen Sie im zugehörigen Dialogfeld die Registerkarte *Senden* in den Vordergrund.
2. Schalten Sie das Kontrollkästchen *Nachrichten sofort senden* aus, damit neue Nachrichten nicht automatisch sofort versendet werden. Bestätigen Sie mit *OK*.

Neue Nachrichten speichert Windows Mail jetzt zuerst im Ordner *Postausgang*. Erst wenn Sie auf *Senden/Empfangen* klicken oder Strg+M drücken, werden die Nachrichten in diesem Ordner gesendet und gleichzeitig wird nach neuen Nachrichten gesucht.

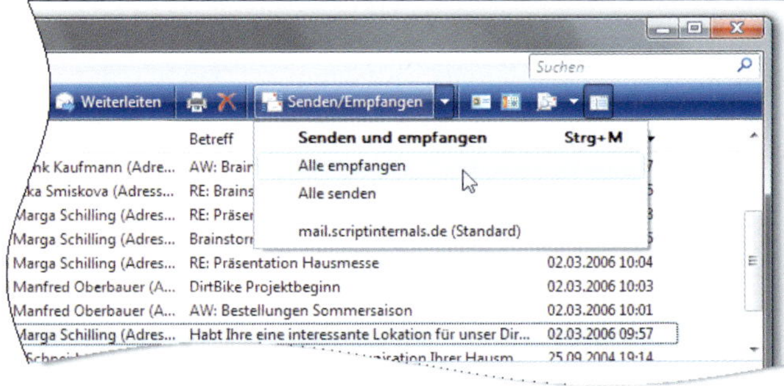

Abbildung 28.16 Von Hand nach neuen Nachrichten suchen lassen

Klicken Sie dagegen auf den Pfeil am rechten Rand der Schaltfläche, öffnet sich eine Auswahl und Sie können noch genauer bestimmen, was Windows Mail tun soll:

- **Senden und empfangen** Windows Mail sendet alle Nachrichten, die im Ordner Postausgang liegen, und prüft dann alle Konten auf neue Nachrichten
- **Alle empfangen** Windows Mail prüft alle Konten auf neue Nachrichten, sendet aber selbst keine. Dies ist die richtige Wahl, wenn Sie selbst größere Nachrichten verfasst haben, die Sie erst zu Hause absenden wollen, aber

dennoch über neu eingegangene Nachrichten informiert sein möchten.

- **Alle senden** Windows Mail sendet nur die Nachrichten, die im Ordner *Postausgang* liegen, prüft aber nicht auf neue Nachrichten. Dies ist die richtige Wahl, wenn Sie es sehr eilig haben und schnell eine Nachricht absenden wollen.

Darunter listet das Menü alle E-Mail-Konten auf, falls Sie mehrere eingerichtet haben. Klicken Sie auf ein Konto, sendet und empfängt Windows Mail nur für dieses Konto.

Internetverbindung sofort trennen

Wollen Sie die Internetverbindung nur so kurz wie möglich zur Übermittlung Ihrer Mails einsetzen, beauftragen Sie Windows Mail, nach der Übermittlung sofort wieder »aufzulegen«, also die Internetverbindung zu beenden.

Dazu rufen Sie den Menübefehl *Extras/Optionen* auf und holen im zugehörigen Dialogfeld die Registerkarte *Verbindung* in den Vordergrund. Aktivieren Sie darin die Option *Nach dem Senden bzw. Empfangen auflegen.*

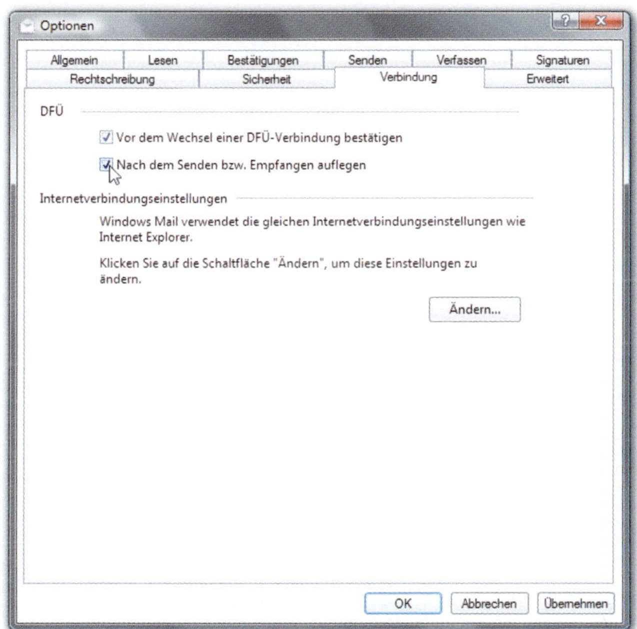

Abbildung 28.17 Internetverbindung sofort nach der Übermittlung wieder beenden

Das Kontrollkästchen *Vor dem Wechsel einer DFÜ-Verbindung bestätigen* sollte immer aktiviert sein, denn sie schützt ebenfalls Ihren Geldbeutel.

So genannte »Dialer« sind Programme, die man sich im Internet ähnlich wie Viren oder Trojaner einfangen kann. Gefährlich sind Dialer nur für Anwender, die das Internet per Modem über eine Einwahl-Telefonnummer erreichen. Der Dialer versucht nämlich, diese Einwahlnummer gegen eine horrend teure andere Einwahlnummer zu ersetzen. Surfen Sie nun ahnungslos weiter im Internet, fallen dafür plötzlich immense Telefonkosten an.

Ist die genannte Option aktiv, dann warnt Sie Windows Mail, falls die DFÜ-Verbindung unerwartet über eine andere Rufnummer erfolgt.

Tipp

Windows Mail nutzt genau denselben Internetzugang wie auch der Internet Explorer. Dort haben Sie bereits gelesen, wie Sie sich mit dem Internet verbinden. Die aktuelle Verbindung sehen Sie, wenn Sie im Dialogfeld auf die Schaltfläche *Ändern* klicken.

Sendeoptionen festlegen

Wenn Sie E-Mails senden, erledigt Windows Mail normalerweise eine ganze Reihe von Aufgaben automatisch:

- Die Nachricht wird sofort über das Internet an Ihren Mailserver übermittelt.
- Eine Kopie der Nachricht wird im Ordner *Gesendete Elemente* gespeichert, damit Sie später nachsehen können, was Sie eigentlich jemandem geschrieben haben.
- Haben Sie die E-Mail nicht neu verfasst, sondern auf eine eingegangene E-Mail geantwortet, wird die E-Mail-Adresse des Empfängers automatisch in Ihrem Adressbuch gespeichert. Windows Mail geht nämlich davon aus, dass Personen für Sie wichtig sind, denen Sie antworten.

Diese und weitere Funktionen können Sie ein- und ausschalten. Dazu rufen Sie den Menübefehl *Extras/Optionen* auf und holen im zugehörigen Dialogfeld die Registerkarte *Senden* in den Vordergrund.

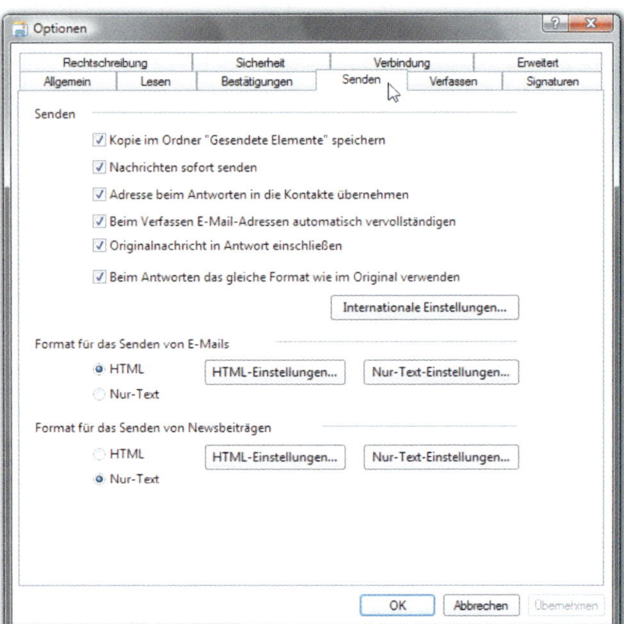

Abbildung 28.18 Die Sendeoptionen festlegen

Welche Bedeutung diese vielen Einstellungen haben, verrät die Tabelle 28.2.

Option	Beschreibung
Kopie im Ordner "Gesendete Elemente" speichern	Wenn Sie eine E-Mail versenden, wird die Nachricht im Ordner *Gesendete Elemente* als Kopie gespeichert, damit Sie einen Überblick darüber behalten, welche Nachrichten Sie gesendet haben und im Zweifelsfall nachschlagen können, was Sie jemandem geschrieben haben.
Nachrichten sofort senden	E-Mail-Nachrichten, die Sie senden, werden sofort über das Internet abgeschickt. Diese Option ist allerdings störend, wenn Sie nicht ständig mit dem Internet verbunden sind, weil dann bei jedem Senden einer E-Mail eine Internetverbindung aufgebaut wird. Sind Sie zum Beispiel viel mit dem Notebook unterwegs, schalten Sie die Option ab. Gesendete Nachrichten werden daraufhin im Ordner *Postausgang* gespeichert und erst dann insgesamt versendet, wenn Sie auf *Senden/Empfangen* klicken.

Tabelle 28.2 Sendeoptionen festlegen

Option	Beschreibung
Adresse beim Antworten in die Kontakte übernehmen	Windows Mail speichert automatisch die Empfängeradresse, wenn Sie auf eine E-Mail antworten. So brauchen Sie wichtige E-Mail-Adressen nicht selbst von Hand ins Adressbuch einfügen. Mehr zum Adressbuch erfahren Sie in Kapitel 21.
Beim Verfassen E-Mail-Adressen automatisch vervollständigen	Wenn Sie eine E-Mail-Adresse angeben, schlägt Windows Mail bekannte E-Mail-Adressen vor, die bereits in Ihrem Adressbuch gespeichert sind, und vervollständigt die Adressen automatisch für Sie. Das spart Tipparbeit.
Originalnachricht in Antwort einschließen	Antworten Sie auf eine eingegangene E-Mail, weiß der Empfänger möglicherweise gar nicht, worauf Sie genau Bezug nehmen. Ist diese Option aktiv, fügt Windows Mail die alte Nachricht an Ihre Antwort an, damit der Empfänger sieht, worauf Sie antworten.
Beim Antworten das gleiche Format wie im Original verwenden	E-Mails können in zwei verschiedenen Formaten gestaltet werden: als HTML mit unterschiedlichen Schriftarten, Farben und Bildern oder als besonders Platz sparende reine Textmitteilung. Ist diese Option aktiv, wird beim Beantworten einer eingegangenen E-Mail-Nachricht dasselbe Format verwendet, das diese Nachricht verwendet hatte. Dies ist sehr sinnvoll, denn wenn Sie eine Nur-Text-E-Mail erhalten, kann dieser Empfänger möglicherweise keine HTML-E-Mails empfangen oder findet Nur-Text-E-Mails aus anderen Gründen besser.
Internationale Einstellungen	Mit dieser Schaltfläche legen Sie die Codierung Ihrer E-Mail fest. Diese Option brauchen Sie nur, wenn Sie besondere Zeichensätze wie zum Beispiel Chinesisch verwenden.

Tabelle 28.2 Sendeoptionen festlegen *(Fortsetzung)*

Neue E-Mails automatisch formatieren

Damit Sie bei neuen E-Mail-Nachrichten nicht jedes Mal Ihre Lieblingsschriftart einstellen müssen, können Sie die Vorgaben für neue E-Mails festlegen. Alle neuen E-Mails verwenden dann automatisch diese Vorgaben.

Dazu rufen Sie den Menübefehl *Extras/Optionen* auf und holen im zugehörigen Dialogfeld die Registerkarte *Verfassen* in den Vordergrund.

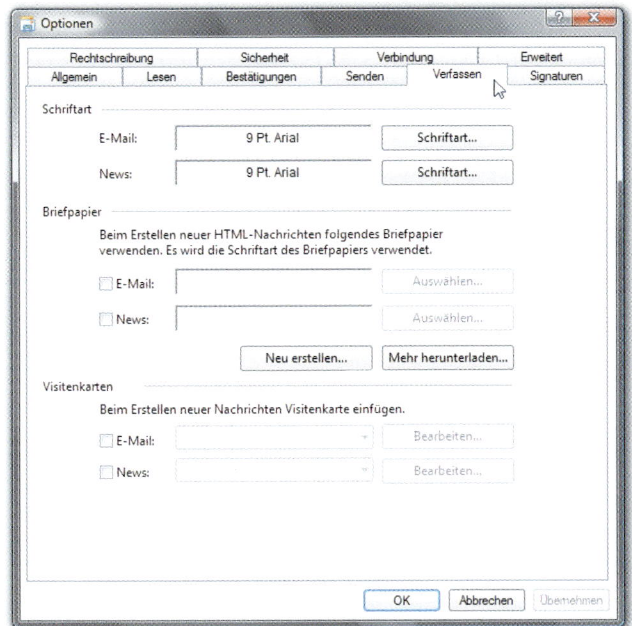

Abbildung 28.19 Legen Sie Schriftart und Briefpapier für neue E-Mails fest

Um die Schriftart für neue E-Mails festzulegen, klicken Sie im Bereich *Schriftart* in der Zeile *E-Mail* auf die Schaltfläche *Schriftart*. Jetzt können Sie sich eine neue Schrift und Schriftgröße aussuchen.

Allerdings sollten Sie bei aller Begeisterung eine Schrift aussuchen, die gut lesbar ist. Außerdem wichtig: Fehlt die Schriftart beim Empfänger, wird die E-Mail dort nicht in der von Ihnen ausgesuchten Schrift angezeigt, sondern nur in einer möglichst ähnlichen Schriftart. Verzichten Sie also auf exotische Schriften, die Sie aus anderen Quellen hinzuinstalliert haben.

Im Bereich *Briefpapier* darunter haben Sie die Möglichkeit, ein Standard-Briefpapier für Ihre neuen E-Mails festzulegen.

Tipp 

Weil Windows Mail nicht nur E-Mails verwaltet, sondern auch Newsgroupbeiträge, können Sie an dieser Stelle auch gleich die Einstellungen für solche Beiträge festlegen.

Nötig ist das aber meist nicht. Während diese Einstellungen bei E-Mails Geschmacksache sind, wird für Newsgroupbeiträge ohnehin fast immer das Nur-Text-Format gewählt, bei dem man sowieso keine eigenen Schriftarten und Briefpapiere nutzen kann.

Auf Wunsch können Sie Ihren E-Mail-Nachrichten außerdem eine elektronische Visitenkarte anfügen. Diese enthält wie eine echte Visitenkarte neben Ihrem Namen Adressinformationen, Telefonnummern und andere Informationen.

Visitenkarten helfen dem Empfänger, Ihre Kontaktdaten in sein Adressbuch zu übernehmen. Um Ihren E-Mails eine Visitenkarte anzuhängen, aktivieren Sie im Bereich *Visitenkarten* die Option *E-Mail* und wählen dann im Listenfeld die Visitenkarte aus, die Sie anhängen wollen.

Wichtig 

Bevor Sie Visitenkarten an Ihre E-Mails anhängen, sollten Sie genau überprüfen, welche persönlichen Informationen darin gespeichert sind – und ob Sie diese Informationen auch wirklich öffentlich zugänglich machen wollen. Klicken Sie also auf die Schaltfläche *Bearbeiten*, um den Inhalt der ausgewählten Visitenkarte einzusehen.

Sie erfahren in Kapitel 21 mehr zu Visitenkarten und wie Sie neue Visitenkarten anlegen.

Zusammenfassung

Windows Mail enthält zahlreiche Einstellmöglichkeiten. Einige sind Pflicht, wie zum Beispiel die Einrichtung eines E-Mail-Kontos. Andere sparen Geld, zum Beispiel die Optimierung der Onlinezeit. Wieder andere sind bequem oder machen Spaß, wie das Festlegen von festen Signaturen oder neuen Briefpapierformaten.

Sie möchten ...	So gehen Sie vor	Sehen Sie sich dazu das Beispiel an auf
ein neues E-Mail-Konto einrichten	Wählen Sie *Extras/Konten* und legen Sie das neue Konto an	Seite 488
alte E-Mail-Einstellungen und -Nachrichten weiternutzen	Wählen Sie *Datei/Importieren* oder verwenden Sie *Windows-EasyTransfer*	Seite 493
Signaturen in meine E-Mails einfügen lassen	Wählen Sie *Extras/Optionen* und aktivieren Sie die Registerkarte *Signaturen*	Seite 494
möglichst kurz online sein, um E-Mails zu übertragen	Wählen Sie *Extras/Optionen* und aktivieren Sie die Registerkarte *Allgemein*	Seite 495
Adressen automatisch in meine Kontakte übernehmen	Wählen Sie *Extras/Optionen* und aktivieren Sie die Registerkarte *Senden*	Seite 497
ein eigenes Briefpapier für E-Mails gestalten	Wählen Sie *Extras/Optionen* und aktivieren Sie die Registerkarte *Verfassen*	Seite 499

Teil G

Über das Netzwerk zusammenarbeiten

Eric Tierling

29 Netzwerk-Grundlagen

Die Netzwerkfunktionalität, früher nur für die Computer in größeren Firmen relevant, ist heute zur Selbstverständlichkeit für jedes PC-Betriebssystem geworden. So wartet Windows Vista mit einer beeindruckenden Vielfalt an Funktionen auf, die einen flexiblen Netzwerkeinsatz des PCs sowohl zu Hause als auch in Unternehmen ermöglichen.

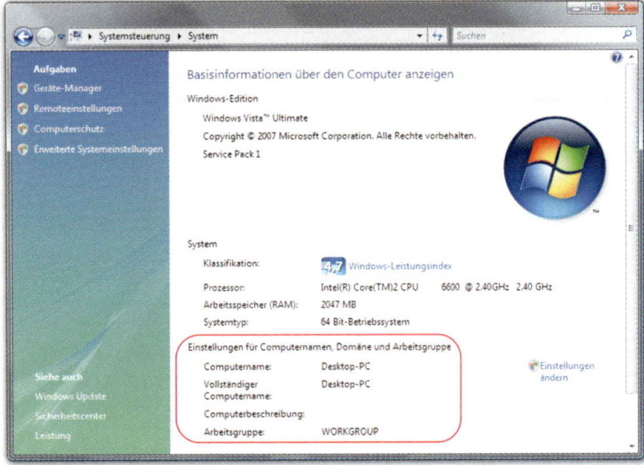

Abbildung 29.1 Bereits in den über das Begrüßungscenter abrufbaren Basisinformationen sind für das Netzwerk relevante Angaben wie Computername und Zugehörigkeit zu Arbeitsgruppe oder Domäne enthalten

Besonderen Wert hat Microsoft darauf gelegt, den Umgang mit dem Netzwerk zu vereinfachen, was zum Beispiel bei der Netzwerkkonfiguration deutlich wird: Jedem neu erkannten Netzwerk wird ein Standorttyp zugewiesen. Von diesem Standorttyp leitet Windows Vista automatisch das Profil für die Windows-Firewall ab, sodass die Sicherheit auch in unterschiedlichen Netzwerken gewahrt bleibt. Dank dieser und weiterer nützlicher Funktionen wird es mit Windows Vista noch leichter, faszinierende Netzwerk-Welten zu entdecken.

Hinweis 

Mit der Einbindung von Windows Vista in ein Funknetzwerk (WLAN) beschäftigt sich eingehend das Kapitel 36.

Mit Windows Vista ins Netz

Im Idealfall geht alles ganz einfach vonstatten:

- Über die im Betriebssystem enthaltene Treiberdatenbank oder per Internet bindet Windows Vista den Treiber für den Netzwerkadapter automatisch ein.
- Verbinden Sie den Windows Vista-PC mit dem gewünschten Netzwerk:
  - Handelt es sich um ein kabelgebundenes Netzwerksystem (beispielsweise Ethernet), verbinden Sie das zugehörige Netzwerkkabel mit der dafür vorgesehenen Buchse Ihres Netzwerkadapters.
  - Betreiben Sie ein Funknetzwerk, aktivieren Sie den WLAN-Adapter des Windows Vista-PCs. Nun können Sie eine WLAN-Verbindung zum gewünschten Funknetzwerk herstellen (siehe Kapitel 36).
- Die entsprechende TCP/IP-Konfiguration bezieht Windows Vista automatisch über das jeweilige Netzwerk. Dadurch wird dem LAN-Adapter eine IP-Adresse zugewiesen und Ihr Computer ist »drin im Netzwerk«.
- Nach einem Klick auf das Netzwerksymbol im Infobereich der Taskleiste gelangen Sie zum *Netzwerk- und Freigabecenter* von Windows Vista (siehe Kapitel 30), das als Schaltzentrale für viele netzwerkrelevante Aufgaben dient. Auf einen Blick können Sie hier erkennen, wie es um den Netzwerkverbindungsstatus bestellt ist und ob Ihr Computer erfolgreich eine Verbindung zum Internet herstellen kann.
- Möchten Sie Ordner, Dateien und Drucker Ihres PCs anderen Benutzern im Netzwerk zur Verfügung stellen oder über das Netzwerk auf die Ressourcen anderer Computer zugreifen, kommen *Freigaben* ins Spiel (siehe Kapitel 31).
- Auch die Inhalte freigegebener Ordner anderer Computer im Netzwerk können Sie bei Verwendung von *Offlinedateien* (siehe Kapitel 32) selbst dann zugreifen, wenn Ihr Rechner momentan nicht mit dem Netzwerk verbunden ist.

Wenn dies zu Ihrer Zufriedenheit läuft, können Sie die nachfolgenden Seiten dieses Kapitels zum Nachschlagen verwenden (etwa, wenn Ihr Interesse an Netzwerken wächst und Sie mehr erfahren möchten), brauchen sich im Moment aber nicht intensiver damit beschäftigen.

Geht es Ihnen hingegen darum, ein besseres Verständnis für die Netzwerkfunktionen von Windows Vista zu erhalten, die Netzwerkeinstellungen Ihres PCs anzupassen oder Problemen auf die Spur zu kommen, um diese rasch zu lösen, sind Sie erst einmal in diesem Kapitel gut aufgehoben.

Computername festlegen

Jeder Windows Vista-PC trägt einen *Computernamen*. Anhand dessen lässt sich der Computer beispielsweise einem bestimmten Verwendungszweck leicht zuordnen.

Um freigegebene Dateien und Drucker in einem lokalen Netzwerk gemeinsam verwenden zu können, müssen die einzelnen Geräte identifizierbar sein. Für das Netzwerk ist der Computername zwar durchaus von Bedeutung, doch streng genommen wird hierfür ein anderer Name verwendet: Damit ein Gerät im lokalen Netzwerk identifizierbar ist, weist sich dieses mit seinem NetBIOS-Namen aus (siehe den Abschnitt »NetBIOS« weiter hinten in diesem Kapitel). Aus dem Computernamen leitet Windows Vista daher automatisch den zur Identifikation im Netzwerk dienenden NetBIOS-Namen ab. Darüber können andere Computer im Netzwerk den Windows Vista-PC anschließend korrekt identifizieren und mit ihm Kontakt aufnehmen.

Wichtig 

Aus diesem Grund sollte der Computername eine Länge von 15 Zeichen nicht überschreiten.

Den Computernamen festlegen

Der Computername wird bereits bei der Installation von Windows Vista auf dem PC festgelegt (siehe Abbildung 29.2). Auf diese Weise können Sie mit dem Windows Vista-PC nach der Installation des Betriebssystems direkt ins Netz gehen – solange der für den Betrieb des Netzwerkadapters erforderliche Treiber bei Windows Vista mitgeliefert wird (siehe den Abschnitt »Treiber für den Netzwerkadapter installieren«).

Abbildung 29.2 Der zur Identifikation im Netzwerk dienende Computername wird schon während der Installation von Windows Vista auf dem PC festgelegt

Den aktuellen Computernamen weist Windows Vista unter anderem als Teil der *Basisinformationen über den Computer* aus (siehe Abbildung 29.1). Diese werden Ihnen zum Beispiel angezeigt, wenn Sie den rechts oben im Begrüßungsfenster von Windows Vista zu findenden Link *Weitere Details anzeigen* anklicken.

Hinweis 

In einer Eingabeaufforderung bringen Sie den Computernamen jederzeit durch Eingabe des Befehls **hostname** [↵] in Erfahrung.

Änderung des Computernamens

Bei Bedarf können Sie den Computernamen im Nachhinein ändern. Eine Notwendigkeit hierzu entsteht unter Umständen zum Beispiel dann, wenn Daten wie Ihr Nachname oder der Standort des PCs in den Computernamen einfließen und sich diese Angaben geändert haben (etwa, da Sie geheiratet haben, Ihre Firma umgezogen ist oder Sie sich einen neuen PC gekauft haben und Ihre Tochter oder Ihr Sohn nun Ihren bisherigen Computer bekommt).

Hinweis 

Die Änderung des Computernamens erfordert einen Neustart des PCs.

Um den Computernamen des Windows Vista-PCs zu ändern, führen Sie die folgenden Schritte aus:

1. Öffnen Sie über das Startmenü das *Begrüßungscenter* und klicken Sie dort rechts oben den Link *Weitere Details anzeigen* an. Alternativ drücken Sie die Tastenkombination [Win]+[Untbr].
2. Auf der anschließend angezeigten Seite *Basisinformationen über den Computer anzeigen* klicken Sie im Bereich *Einstellungen für Computernamen, Domäne und Arbeitsgruppe* den Link *Einstellungen ändern* an.
3. Im daraufhin geöffneten Dialogfeld *Systemeigenschaften* klicken Sie auf der Registerkarte *Computername* die Schaltfläche *Ändern* an.
4. Nun erscheint das Dialogfeld *Computernamen- bzw. -domänenänderungen* (siehe Abbildung 29.3).
5. Dort tragen Sie den gewünschten Computernamen im gleichnamigen Eingabefeld ein.
6. Bestätigen Sie zweimal mit *OK*, klicken Sie auf die Schaltfläche *Schließen* und starten Sie den Rechner neu.

Hinweis

Im Hinblick auf die Ableitung des NetBIOS-Namens aus dem Computernamen sollte dieser aus Buchstaben, Ziffern und Zeichen wie »–« oder »_« bestehen (Leer- und Sonderzeichen sind unzulässig) und nicht länger als 15 Zeichen sein.

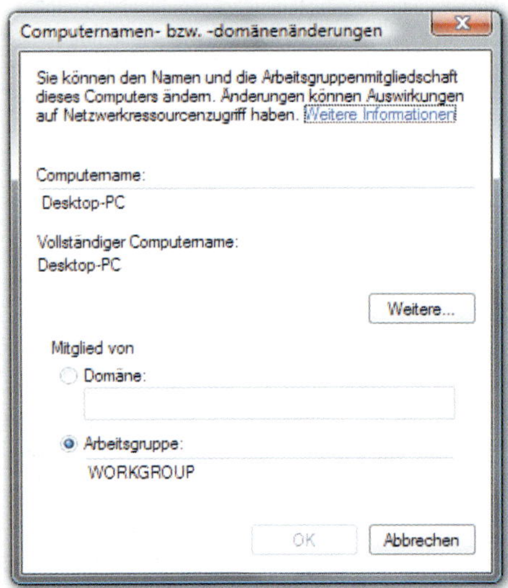

Abbildung 29.3 Änderung des Computernamens

Computerbeschreibung angeben

Auf der Registerkarte *Computername* des Dialogfelds *Systemeigenschaften*, von der aus Sie die Änderung des Computernamens einleiten, besteht zudem die Möglichkeit, eine *Computerbeschreibung* zu definieren. Diese erscheint beispielsweise in der Auflistung der im Netzwerk verfügbaren Computer und Geräte – bei Windows Vista also im Systemordner *Netzwerk*. Dank der Computerbeschreibung müssen andere Teilnehmer also nicht anhand des kurzen Computernamens »erraten«, um welchen PC es sich handelt oder welche Aufgaben dieser wahrnimmt.

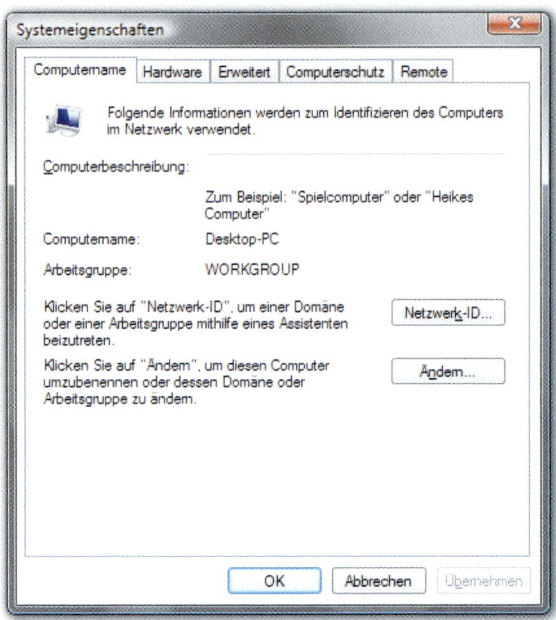

Abbildung 29.4 Die Computerbeschreibung erscheint bei anderen Computern im Systemordner Netzwerk (Windows Vista) und in der Netzwerkumgebung (frühere Windows-Versionen)

Den Computer einer Arbeitsgruppe oder Domäne zuordnen

Zur besseren Übersichtlichkeit und Ressourcenverwaltung lassen sich Windows-Computer im lokalen Netzwerk gruppieren. Dabei ist zwischen den beiden in den folgenden Abschnitten beschriebenen Modellen zu unterscheiden.

Arbeitsgruppe

PCs in einem kleinen Netzwerk werden in einer Arbeitsgruppe zusammengefasst, um die Suche nach Computern und das Auffinden der darauf freigegebenen Ordner und Drucker zu vereinfachen. Sobald ein Netzwerkadapter mit dem PC verbunden und der passende Treiber eingebunden ist, findet automatisch eine Zuordnung des Windows Vista-PCs zur Arbeitsgruppe *WORKGROUP* statt.

Tipp 

Frühere Windows-Versionen verwenden standardmäßig die Arbeitsgruppen *ARBEITSGRUPPE* oder *MSHEIMNETZ*. Zum leichteren Handling empfiehlt es sich, alle Computer derselben Arbeitsgruppe zuzuordnen.

Charakteristisch für eine Arbeitsgruppe ist, dass alle Beteiligten gleichberechtigt sind und daher sowohl als Client und als Server auftreten können (Peer-to-Peer, kurz *P2P*). Eine übergeordnete Instanz, etwa zur zentralen Verwaltung der im Netzwerk vorhandenen Benutzer, gibt es beim Arbeitsgruppen-Modell nicht. Vielmehr unterhält jeder PC seine eigene, lokale Benutzerkonten-Datenbank. Daher kommt das Arbeitsgruppen-Modell auch nur in kleineren und heimischen Netzwerken zur Anwendung.

Um die Zugehörigkeit des Windows Vista-PCs zu einer bestimmten Arbeitsgruppe zu ändern, führen Sie die folgenden Schritte aus:

1. Rufen Sie das Begrüßungscenter auf, um dort den Link *Weitere Details anzeigen* rechts oben anzuklicken, und dadurch zur Seite *Basisinformationen über den Computer anzeigen* zu gelangen. Dorthin gelangen Sie ebenfalls, wenn Sie die Tastenkombination ⊞+Untbr drücken.
2. Das Anklicken des Links *Einstellungen ändern* im Bereich *Einstellungen für Computernamen, Domäne und Arbeitsgruppe* führt Sie zum Dialogfeld *Systemeigenschaften*.
3. Dort klicken Sie auf der Registerkarte *Computername* die Schaltfläche *Ändern* an.
4. Im nun angezeigten erscheinenden Dialogfeld *Computernamen- bzw. -domänenänderungen* spezifizieren Sie den gewünschten Namen der Arbeitsgruppe über das gleichnamige Eingabefeld.
5. Nach zweimaliger Betätigung der Schaltfläche *OK* sowie dem Anklicken der Schaltfläche *Schließen* müssen Sie den PC neu starten.

Hinweis 

Die Änderung der Arbeitsgruppen-Zugehörigkeit wird erst nach einem Neustart des PCs gültig.

Domäne

Während das Arbeitsgruppen-Konzept nur eine recht »lose Zusammenfassung« der Computer in einem lokalen Netzwerk erlaubt und keine zentralisierte Benutzerverwaltung ermöglicht, lässt sich alternativ der PC zum Mitglied einer Domäne ernennen und dort für ihn ein *Computerkonto* erstellen. Dadurch kann die Bereitstellung einheitlicher Sicherheitsrichtlinien sowie die Verwaltung des Computers von zentraler Stelle aus erfolgen. Zudem werden in einer Domäne Benutzerkonten zentral verwaltet. Dank der Domänen-Benutzerkonten-Datenbank können sich die darin definierten Benutzer auf allen PCs, die der Domäne angehören, an der Domäne anmelden und die darin verfügbaren Netzwerkressourcen nutzen.

Hinweis 

Um eine Domäne zu betreiben, ist – mindestens – ein spezieller *Domänencontroller* zum Beispiel auf Basis von Windows Server 2008 und dem Active Directory erforderlich. Das Domänen-Modell ist auf lokale Netzwerke von Unternehmen zugeschnitten.

Die Einbindung eines Windows Vista-PCs in eine Domäne erfolgt in der Regel bei der Bereitstellung des Computers, zum Beispiel durch die IT-Abteilung des Unternehmens. Netzwerkadministratoren haben zudem die Möglichkeit, den PC über die *Systemeigenschaften* von Windows Vista (Registerkarte *Computername*) manuell einer Domäne hinzuzufügen oder diesen daraus zu entfernen – sodass der PC wieder in eine Arbeitsgruppe wie *WORKGROUP* eingeordnet wird.

Handelt es sich um eine *Active Directory-Domäne* (anstatt einer *Windows NT-Domäne*, die nur eingeschränkte Verwaltungsfunktionen bietet), kann ein Netzwerkadministrator die Konfiguration und Verwaltung zahlreicher Einstellungen des Windows Vista-PCs zentral über die *Gruppenrichtlinien* des Active Directory vornehmen – die Microsoft mit Windows 2000 eingeführt, bei Windows XP ausgebaut und in Windows Vista nochmals stark erweitert hat. Gruppenrichtlinien gestatten es einem Netzwerkadministrator in einem Unternehmens-LAN zum Beispiel, auf Windows Vista-Arbeitsplätzen mit wenigen Mausklicks und Eingaben

- die Inhalte von Startmenü und Systemsteuerung so zu gestalten, dass hierin nur die vom Unternehmen gewünschten Einträge enthalten sind,
- die Verwendbarkeit von USB-Sticks durch entsprechende Beschränkungen zu unterbinden
- und Anwendungen wie Microsoft Office automatisch über das Netzwerk installieren zu lassen.

Gruppenrichtlinien in Verbindung mit einer Active Directory-Domäne dienen somit der zentralen Konfiguration der Arbeitsumgebung, die Benutzer an ihren mit Windows Vista ausgestatteten PC-Arbeitsplätzen (Desktops und Notebooks) vorfinden. In diesem Falle sind dem Benutzer des PCs bestimmte, systemnahe Konfigurationsoptionen nicht zugänglich – was allein deshalb sinnvoll ist, damit Anwender den störungsfreien Betrieb und die Sicherheit ihres Computers nicht gefährden.

Tipp 

Gruppenrichtlinien lassen sich auch lokal ohne Active Directory nutzen – unter Windows Vista sogar noch flexibler als bei Windows 2000 (dort hatte Microsoft die Technologie der Gruppenrichtlinien erstmals eingeführt) und Windows XP (gegenüber Windows 2000 erweiterte Gruppenrichtlinienfunktionen), denn Windows Vista gestattet die Verwendung mehrfacher lokaler Gruppenrichtlinien-Objekte. Ihr volles Potenzial können Gruppenrichtlinien aber erst in Kombination mit der Active Directory-Domäne eines Unternehmens-LANs entfalten.

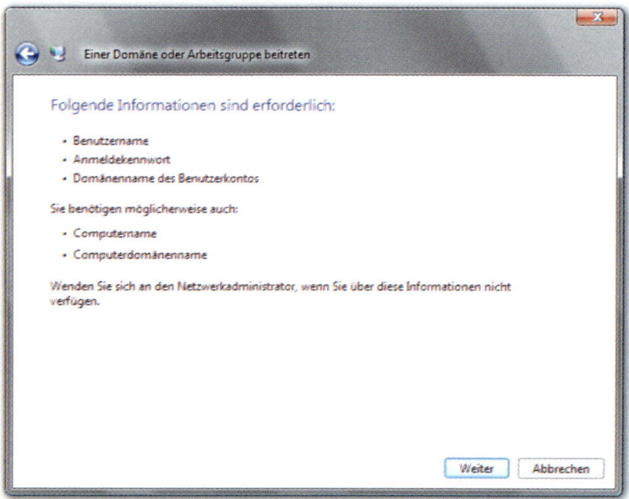

Abbildung 29.5 Die Aufnahme des Windows Vista-PCs in eine Domäne kann auch im Nachhinein erfolgen, sodass dort ein Computerkonto zur Verwaltung erstellt wird

Das Netzwerksymbol im Infobereich der Taskleiste

Bei Windows Vista führt der Weg ins Netz vielfach über das *Netzwerksymbol* im Infobereich der Taskleiste. Besteht momentan eine Verbindung zu einem Netzwerk, bringt Windows Vista dies durch ein Netzwerksymbol mit zwei stilisierten Bildschirmen zum Ausdruck (ist dieses wie nebenstehend zusätzlich mit einer kleinen Weltkugel versehen, kann der Windows Vista-PC zudem auf das Internet zugreifen).

Ist dagegen momentan keine Verbindung zu einem Netzwerk vorhanden, weil beispielsweise das Ethernet-Kabel nicht eingesteckt oder keine Verbindung zu einem Funknetzwerk hergestellt worden ist, wird im Infobereich der Taskleiste ein mit einem roten »X« versehenes Netzwerksymbol angezeigt.

Hinweis 

Bei Windows XP ist es möglich, für jede Netzwerkverbindung ein eigenes Netzwerksymbol im Infobereich der Taskleiste anzeigen zu lassen, sofern diese Option über die Eigenschaften der zugehörigen Netzwerkverbindung eingeschaltet ist. Windows Vista hingegen arbeitet mit einem einzigen, einheitlichen Netzwerksymbol, über das Informationen zu allen aktiven Netzwerkverbindungen abrufbar sind.

Die Anzeige des Netzwerksymbols im Infobereich der Taskleiste können Sie auf Wunsch auch ausschalten. Dafür gehen Sie wie folgt vor:

1. Klicken Sie einen freien Bereich der Taskleiste mit der rechten Maustaste an und wählen Sie im zugehörigen Kontextmenü den Eintrag *Eigenschaften* aus.
2. Wechseln Sie im sodann angezeigten Dialogfeld *Eigenschaften von Taskleiste und Startmenü* zur Registerkarte *Infobereich*.
3. Dort können Sie im Bereich *Systemsymbole* die anzuzeigenden Symbole – einschließlich des Netzwerksymbols – selektiv auswählen.

Tipp 

Soll das Netzwerksymbol Übertragungsaktivitäten im Infobereich der Taskleiste deutlich machen, klicken Sie das Netzwerksymbol mit der rechten Maustaste an und wählen Sie den Eintrag *Animation bei Aktivität einschalten* aus. Auf demselben Weg können Sie diese Art der Anzeige auch wieder ausschalten.

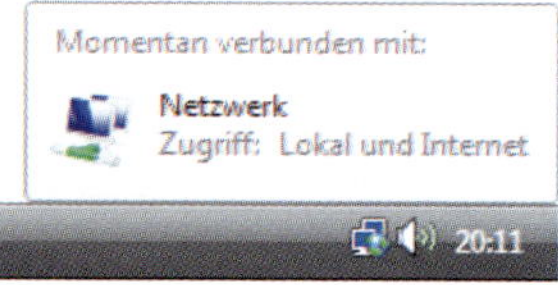

Abbildung 29.6 Den aktuellen Netzwerkverbindungsstatus erhalten Sie, indem Sie den Mauszeiger auf das Netzwerksymbol bewegen

Das Netzwerksymbol hat eine Menge zu bieten:

- Bewegen Sie den Mauszeiger auf das Netzwerksymbol, wird der aktuelle Netzwerkverbindungsstatus angezeigt (siehe Abbildung 29.6).
- Das Anklicken des Netzwerksymbols hat die Einblendung eines kleinen Fensters zur Folge (siehe Abbildung 29.7). Dieses beinhaltet neben Angaben zum aktuellen Netzwerkverbindungsstatus auch Links, die einen schnellen Wechsel zu dem für WLAN-Verbindungen relevanten

Fenster *Verbindung mit einem Netzwerk herstellen* (siehe Kapitel 36) und zum *Netzwerk- und Freigabecenter* (siehe Kapitel 30) gestatten.

Hinweis 

An dieser Stelle können auch mehrere Netzwerke erscheinen. Dies ist zum Beispiel dann der Fall, wenn der PC über ein lokales Netzwerk mit dem Internet verbunden und zusätzlich eine VPN-Verbindung für den sicheren Remotezugang zum Unternehmens-LAN per Internet aufgebaut worden ist.

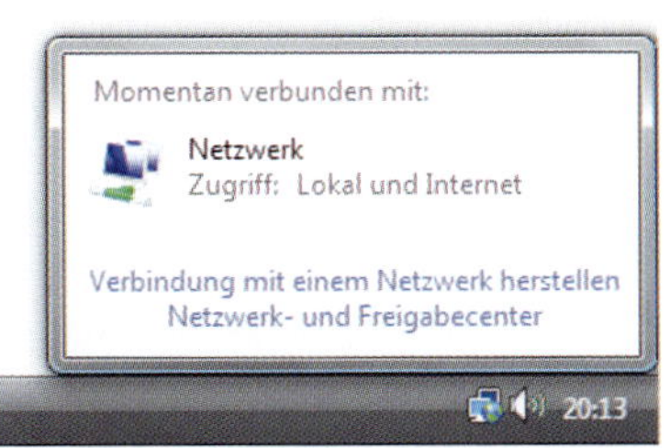

Abbildung 29.7 Durch Anklicken des Netzwerksymbols können Sie schnell eine Verbindung mit einem Funknetzwerk herstellen oder sich zum Netzwerk- und Freigabecenter begeben

Netzwerkverbindungen verwalten

Für jeden mit dem PC verbundenen Ethernet- und WLAN-Netzwerkadapter, für den ein Treiber erfolgreich installiert ist, erstellt Windows Vista automatisch eine entsprechende *Netzwerkverbindung*. Diese lassen sich gemeinsam über den Systemordner *Netzwerkverbindungen* bearbeiten (siehe Abbildung 29.8). Um dorthin zu gelangen, gibt es folgende Möglichkeiten:

- Öffnen Sie das Netzwerk- und Freigabecenter und klicken Sie dort im linken Aufgaben-Bereich auf den Link *Netzwerkverbindungen verwalten*.

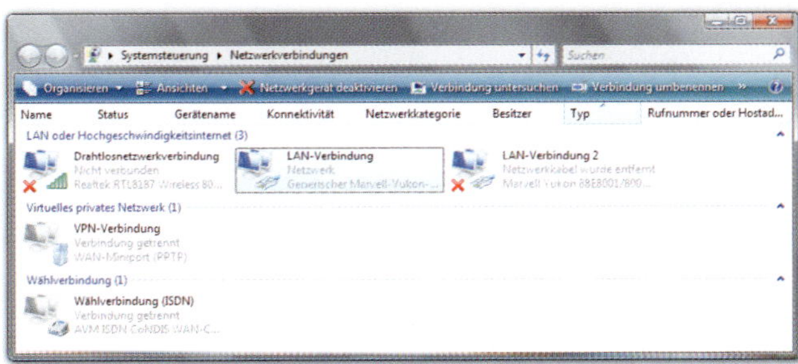

Abbildung 29.8 Der Systemordner Netzwerkverbindungen zeigt die derzeit definierten Verbindungen für den Netzwerkzugriff an und erlaubt ihre Bearbeitung

- Tippen Sie im Schnellsuchfeld des Startmenüs (oder in einer Eingabeaufforderung) **ncpa.cpl** [↵] ein.

Für jeden erfolgreich installierten Ethernet-Netzwerkadapter erstellt Windows Vista dabei eine Netzwerkverbindung mit Namen *LAN-Verbindung*, *LAN-Verbindung 2* etc. – abhängig davon, wie viele Ethernet-Netzwerkadapter mit dem PC verbunden und eingebunden waren.

Analog dazu tragen die Netzwerkverbindungen von WLAN-Adaptern die Bezeichnung *Drahtlosnetzwerkverbindung*. Zu berücksichtigen hierbei ist, dass eine Drahtlosnetzwerkverbindung lediglich dazu dient, den zugehörigen WLAN-Adapter benutzen zu können. Darauf aufbauend können

- Verbindungen zu Funknetzwerken (im Büro, zu Hause und auf Reisen) hergestellt werden
- und bei Bedarf als *Netzwerkprofile* (siehe Kapitel 36) gespeichert werden, falls es sich um Funknetzwerke handelt, zu denen Sie häufiger eine Verbindung herstellen möchten.

LAN-Verbindungen und Drahtlosnetzwerkverbindungen fasst Windows Vista einheitlich unter dem Typ *LAN oder Hochgeschwindigkeitsinternet* zusammen. Alle anderen Arten von Verbindungen (VPN-, Wählverbindungen etc.) sind manuell einzurichten – etwa über das Fenster *Verbindung mit einem Netzwerk herstellen*, das nach Anklicken des gleichnamigen Links im linken Aufgaben-Bereich des Netzwerk- und Freigabecenters erscheint.

Tipp 

Möchten Sie eine Bezeichnung ändern, klicken Sie die gewünschte Netzwerkverbindung mit der rechten Maustaste an und wählen aus dem zugehörigen Kontextmenü den Eintrag *Umbenennen* aus. Zur Bearbeitung der Eigenschaften einer Netzwerkverbindung, über die sich zum Beispiel die von dieser verwendeten Protokolle konfigurieren lassen, greifen Sie auf den Eintrag *Eigenschaften* aus dem Kontextmenü zurück, was Sie zum Eigenschaften-Dialogfeld der betreffenden Netzwerkverbindung führt.

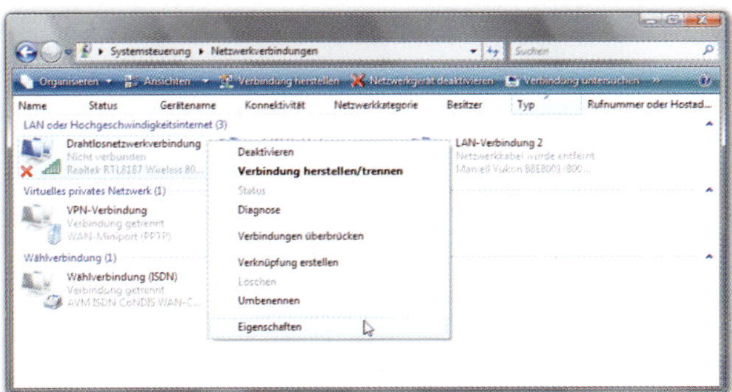

Abbildung 29.9 Bearbeitung von Netzwerkverbindungen

PROFITIPP

Windows Vista kennt die Funktion der *Netzwerkbrücke*, um zwei verschiedenartige physikalische Netzwerksegmente miteinander transparent zu koppeln (auf Ebene 2 gemäß des OSI-Schichtenmodells). Auf diese Weise ist es zum Beispiel möglich, zwei Netzwerksegmente, die bislang nicht miteinander verbunden sind, miteinander so zu koppeln, dass Geräte aus dem einen Netzwerksegment auf das andere nahtlos zugreifen können. Bei den Netzwerksegmenten kann es sich zum Beispiel um zwei Ethernet-Subnetze handeln, von denen eines mit 10Base-2 arbeitet (also Koaxialkabel mit dementsprechenden runden Steckern verwendet) und das andere mit 100Base-TX (ein Kabel ähnlich des amerikanischen Telefonkabels mitsamt dazu passenden, eckigen Steckern).

Um zwei solche Netzwerksegmente über eine Netzwerkbrücke miteinander zu koppeln, gehen Sie wie folgt vor:

1. Begeben Sie sich zum Systemordner *Netzwerkverbindungen*.
2. Markieren Sie die ersten der beiden für die Netzwerkbrücke zu verwenden Netzwerkverbindungen (LAN oder WLAN).
3. Halten Sie die `Strg`-Taste gedrückt und klicken Sie die zweite Netzwerkverbindung an.
4. Klicken Sie die zweite Netzwerkverbindung mit der rechten Maustaste an und wählen Sie den Eintrag *Verbindungen überbrücken* aus dem zugehörigen Kontextmenü aus.

Windows Vista ändert daraufhin den Typ der Netzwerkverbindung auf *Netzwerkbrücke* und löscht die betreffenden Einträge bei *LAN oder Hochgeschwindigkeitsinternet*. Des Weiteren wird eine neue Netzwerkverbindung erstellt, die den Namen *Netzwerkbrücke* besitzt. Diese verhält sich wie eine echte Netzwerkverbindung und taucht daher als Netzwerkadapter unter anderem Namen im Netzwerk- und Freigabecenter auf.

Die Auflistung von Netzwerkverbindungen lässt sich anhand unterschiedlicher Kriterien variieren:

- Beispielsweise können Sie eine der Spaltenüberschriften (zum Beispiel *Typ*) anklicken, um die Einträge dementsprechend zu sortieren.
- Bewegen Sie den Mauszeiger zum rechten Rand einer Spalte und klicken auf das sodann erscheinende Dreieck, können Sie die Auflistung gezielt eingrenzen – etwa auf Verbindungen, die den Status *Netzwerk* aufweisen.
- Genauso möglich ist es, die Art der Anzeige nach Anklicken eines freien Bereichs innerhalb des Fensters mit der rechten Maustaste nach eigenen Kriterien zu gestalten.

Über die Menüleiste im oberen Bereich des Fensters ist es zudem möglich, die zuvor markierte Netzwerkverbindung zu bearbeiten. Klicken Sie dort beispielsweise die Schaltfläche *Verbindung untersuchen* an, versucht die Windows-Netzwerkdiagnose (siehe den Abschnitt »Übertragungsaktivitäten verfolgen«) eventuelle Probleme mit dieser Verbindung zu diagnostizieren und Ihnen Lösungsvorschläge zu unterbreiten.

Alternativ können Sie die betreffende Verbindung mit der rechten Maustaste anklicken (siehe Abbildung 29.9). Daraufhin erhalten Sie ein Kontextmenü angezeigt, das mit mehreren Einträgen (deren Funktion – nicht aber Bezeichnung – analog zu den Schaltflächen aus der Menüleiste im oberen Bereich des Fensters ist) aufwartet.

Netzwerkstandort festlegen

Wird erstmalig die Verbindung zu einem neuen Netzwerk hergestellt, müssen Sie den *Standorttyp* für den jeweiligen *Netzwerkstandort* festlegen. Anhand dessen kann die Windows-Firewall (siehe Kapitel 40) dann zum Schutz des PCs das passende *Profil*, das mit geeigneten Firewall-Einstellungen versehen ist, auf den betreffenden Netzwerksstandort anwenden. In Frage kommen dafür die Profile *Domäne*, *Privat* und *Öffentlich*.

Abbildung 29.10 Jedem Netzwerk ist ein Standorttyp zuzuweisen, an dem sich die Netzwerkerkennung von Windows Vista und die Windows-Firewall orientieren

Aus diesem Grund erscheint das Fenster *Netzwerkstandort festlegen* (siehe Abbildung 29.10), sobald Windows Vista zum ersten Mal die Verbindung zu einem neuen Netzwerk hergestellt hat. Zur Auswahl stehen dabei:

- **Zu Hause** Diese Option eignet sich für ein heimisches lokales Netzwerk. Für die Windows-Firewall wird dann *Privat* als Profil herangezogen. Zudem wird die Netzwerkerkennung eingeschaltet. Dadurch erlaubt es die Windows-Firewall, eigene Freigaben im lokalen Netzwerk bereitzustellen und die Freigaben anderer Computer zu nutzen.
- **Arbeitsplatz** Für ein Unternehmens-LAN kommt diese Option in Betracht. Wie bei der Option *Zu Hause* legt Windows Vista auch bei der Option *Arbeitsplatz* den Standorttyp *Privat* für die Windows-Firewall zugrunde und aktiviert die Netzwerkerkennung im betreffenden Netzwerk.

Hinweis 

Die Auswahl des Standorttyps *Domänennetzwerk* für die Windows-Firewall erfolgt automatisch, falls der Computer einer Domäne angehört und der PC mit dem Unternehmens-LAN verbunden ist. Eine manuelle Auswahl dieses Standorttyps ist nicht möglich.

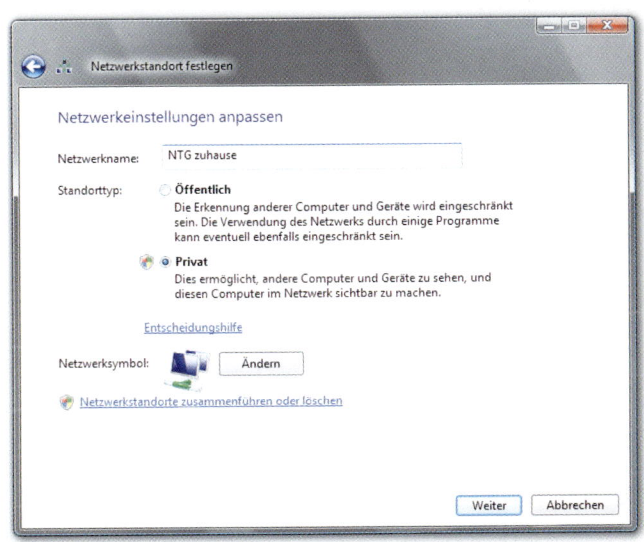

Abbildung 29.11 Anpassung der Einstellungen für einen Netzwerkstandort

- **Öffentlicher Ort** Handelt es sich um ein öffentlich verfügbares Netzwerk (zum Beispiel im Besprechungsraum eines Business-Centers oder das offene, ungeschützte Funknetzwerk eines WLAN-Hotspots), sollten Sie sich hierfür entscheiden. Dadurch unterbindet die Windows-Firewall durch Anwendung des Profils *Öffentlich* Zugriffe auf Freigaben und andere lokale Ports. Schließlich soll in einem öffentlichen Netzwerk der Nachbar von gegenüber weder ungeniert in den freigegebenen Ordnern auf Ihrer Festplatte herumstöbern noch Ihren PC mit Schädlingen traktieren können, die möglicherweise die Sicherheit und Stabilität Ihres Computers beeinträchtigen.

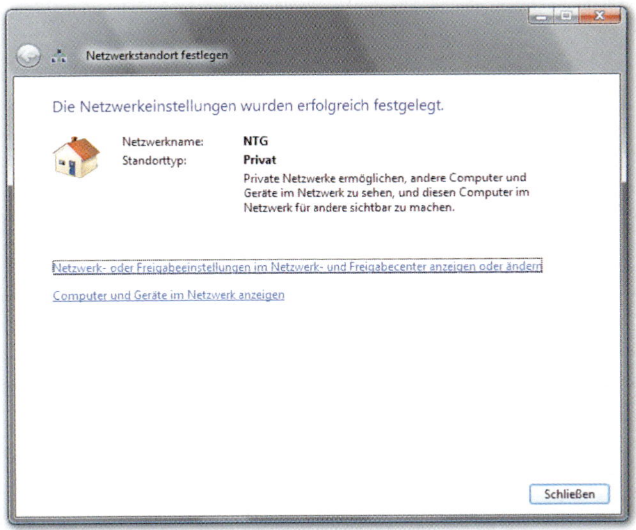

Abbildung 29.12 Bestätigung über den Namen für das Netzwerk und seinen Standorttyp

Haben Sie sich für eine Option entschieden, klicken Sie diese an. Klicken Sie jedoch anstatt einer der angebotenen Optionen den Link *Namen, Standorttyp und Symbol des Netzwerks anpassen* an, führt Sie dies zur Seite *Netzwerkeinstellungen anpassen* (siehe Abbildung 29.11). Dort können Sie nicht nur den Standorttyp des Netzwerk festlegen, sondern dieses auch mit einem für Sie aussagekräftigen Namen versehen (sofern Sie für das Funknetzwerk ein Netzwerkprofil erstellt haben) und dafür ein anderes als das standardmäßig vorgeschlagene Symbol wählen. Ebenfalls besteht die Möglichkeit, die Windows Vista bekannten Netzwerkstandorte zusammenzuführen oder zu löschen. Abschließend klicken Sie die Schaltfläche *Weiter* an.

Daraufhin erscheint eine Bestätigung über den für das betreffende Netzwerk gewählten Standorttyp (siehe Abbildung 29.12). Klicken Sie auf *Schließen*, um die Festlegung des Netzwerkstandorts abzuschließen. Die nachträgliche Änderung des Standorttyps für ein Netzwerk kann über das Netzwerk- und Freigabecenter (siehe Kapitel 30) erfolgen, indem Sie dort auf den Link *Anpassen* klicken.

Hinweis 

Wenn Sie sich an dieser Stelle für keine Option entscheiden und stattdessen das Fenster durch Anklicken des Schließen-Feldes in der rechten oberen Ecke des Fensterrahmens einfach beenden, weist Windows Vista dem betreffenden Netzwerk automatisch den Standorttyp *Öffentlich* zu.

Übertragungsaktivitäten verfolgen

Wie Sie im Abschnitt »Das Netzwerksymbol im Infobereich der Taskleiste« erfahren haben, kann das Netzwerksymbol Übertragungsaktivitäten optisch signalisieren. Zusätzlich ist der Task-Manager von Windows Vista dazu in der Lage, Auskunft über die empfangenen und gesendeten Bytes zu geben und dadurch über den Netzwerkstatus zu informieren. Um Übertragungsaktivitäten im Netz mit dem Task-Manager anzuzeigen, führen Sie die folgenden Schritte aus:

1. Klicken Sie mit der rechten Maustaste auf einen freien Bereich in der Taskleiste und wählen Sie den Eintrag *Task-Manager* aus dem anschließenden Kontextmenü aus. Alternativ tippen Sie im Schnellsuchfeld des Startmenüs die Zeichenfolgen **taskmgr** ein und bestätigen mit der ↵-Taste. Ebenso können Sie die Tastenkombination Strg+Alt+Entf drücken und daraufhin die Option *Task-Manager starten* auswählen.
2. Im sodann erscheinenden Programmfenster des Task-Managers wechseln Sie zur Registerkarte *Netzwerk* (siehe Abbildung 29.13). Diese zeigt im unteren Bereich den Status für jeden Netzwerkadapter sowie die Auslastung und Übertragungsrate des betreffenden Netzwerks an.
3. Im oberen Bereich ist für jeden Netzwerkadapter ein Ablaufdiagramm zu sehen. Standardmäßig wird dort die kombinierte Übertragungsleistung in einem fortlaufenden Liniendiagramm dargestellt.

   Möchten Sie gezielt die Anzahl der empfangenen oder gesendeten Bytes anschauen, wählen Sie den entsprechenden Eintrag des Menüs aus, das nach Aufruf des Menübefehls *Ansicht/Netzwerkadapterverlauf* erscheint.
4. Einstellungen zur Darstellung hält das Menü *Optionen* des Task-Managers bereit. Dort können Sie den Task-Manager beispielsweise anweisen, Werte immer kumuliert anzuzeigen.

Tipp 

Sollen Übertragungsaktivitäten auch dann erfasst werden, wenn die Registerkarte *Netzwerk* im Task-Manager momentan nicht anzeigt wird, da gerade eine andere Registerkarte aktiv ist, wählen Sie den Eintrag *Registerkarte ist immer aktiv* im Menü *Optionen* aus.

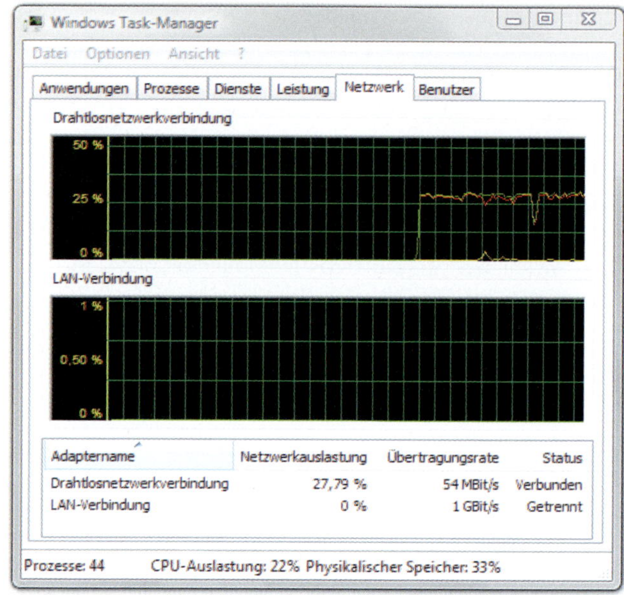

Abbildung 29.13 Der Windows Task-Manager kann ebenfalls über Netzwerkstatus und Übertragungsaktivitäten informieren

Netzwerkprobleme diagnostizieren und lösen

In vielen Situationen klappt es reibungslos mit dem Netzwerk. Mitunter will es jedoch mal nicht klappen – und wenn es klemmt, kann dies viele Ursachen haben.

Physikalische Ursachen

Manche Probleme sind dabei nicht leicht zu erkennen. Ist zum Beispiel jemand über das Stromkabel des Access-Points gestolpert und hat dieses herausgerissen, sodass dieser nicht mehr arbeitet? Ist beim Umräumen vielleicht das Telefon- anstatt das Ethernet-Kabel in die Wandsteckdose bzw. die LAN-Buchse am PC gewandert? Ist ein häufig genutzter Server im Netzwerk ausgefallen, doch niemand weiß so richtig, wo sich dieser befindet bzw. dass er überhaupt existiert? Diese Szenarien sind nicht frei erfunden, sondern in der Praxis genau so geschehen.

Treiber- und systembedingte Schwierigkeiten

Ein anderer Bereich, der immer wieder mal Probleme bereitet, betrifft die Gerätetreiber für Netzwerkadapter. Die Praxis zeigt, dass es ab und an Treiber gibt, die nicht korrekt arbeiten bzw. nicht wie vorgesehen mit dem Betriebssystem harmonieren. Dies kann dann dazu führen, dass Übertragungen nur extrem langsam oder gar nicht mehr möglich sind.

Dementsprechende Treiberprobleme waren zum Beispiel zur Markteinführung von Windows Vista bei Netzwerkadaptern mit Marvell Yukon-Chipsatz oder bei NVIDIA nForce-Netzwerkcontrollern zu beobachten. Diese äußerten sich zum Beispiel dadurch, dass nach dem Hochfahren des PCs nur einige wenige Übertragungen erfolgreich möglich waren. Danach fanden keine Übertragungen mehr statt.

Treten bei Ihnen ähnlich gelagerte Schwierigkeiten mit Netzwerkadaptern auf, die weder eine der oben beschriebenen physikalischen Ursachen haben und die auch die Windows-Netzwerkdiagnose nicht beheben kann, hilft möglicherweise der Austausch des Treibers für den Netzwerkadapter (siehe Abschnitt »Netzwerkadapter in Betrieb nehmen«) weiter. Im Idealfall ist Ihr Netzwerkfehler damit behoben.

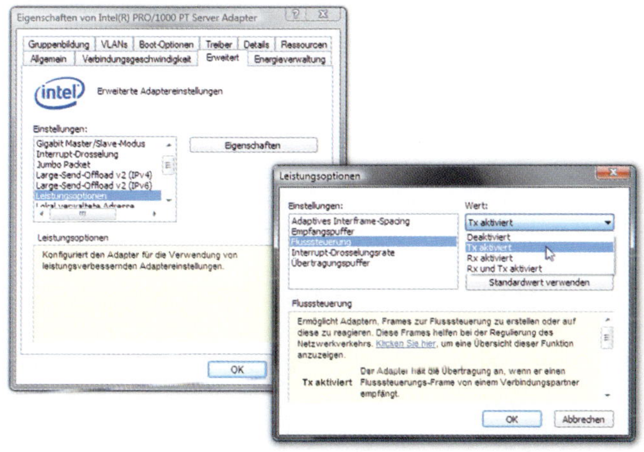

Abbildung 29.14 Manche Netzwerkprobleme lassen sich durch den Austausch des Gerätetreibers oder die Anpassung der Einstellungen des Treibers für den Netzwerkadapter beheben

Ist auch dadurch das Problem nicht gelöst, können Sie versuchen, durch die Bearbeitung der erweiterten Eigenschaften des Netzwerkadapters die Einstellung den *IPv4 Checksum Offload* oder *TCP-Prüfsummenabladung (IPv4)* auf *Deaktiviert* zu setzen, um das Problem zu beheben.

Verwenden Sie einen preisgünstigen Gigabit-Ethernet Switch und kann ein daran angeschlossener Windows Vista-PC Übertragungen etwa zum Kopieren von Dateien nur extrem langsam durchführen (mitunter so langsam, das der Vorgang mit einem Fehler abbricht), kann es hilfreich sein, den Gerätetreiber des Netzwerkadapters anzupassen. Dazu werfen Sie abermals einen Blick in die erweiterten Eigenschaften des Netzwerkadapters und halten dort nach der Einstellung *Flusssteuerung* oder *Flow Control* Ausschau. Setzen Sie diese auf *TX aktiviert* oder ähnlich und klicken zweimal auf *OK*, ist das Problem extrem langsamer Übertragungen damit möglicherweise behoben.

Achtung 

Ändern Sie die anderen Einstellungen (etwa bei Jumbo-Paketen) nur dann ab, wenn Sie vorab geklärt haben, dass alle Geräte im zugehörigen Netzwerksegment diese Vorgabe unterstützen.

Mitunter führt das *Autotuning*, das Windows Vista für Netzwerkverbindungen durchführt, zu Problemen. Daher können Sie probieren, das Autotuning durch Eintippen von **netsh int tcp set global autotuning=disabled** ↵ in einer Eingabeaufforderung oder dem Schnellsuchfeld des Startmenüs auszuschalten. Möchten Sie das Autotuning wieder einschalten, tippen Sie **netsh int tcp set global autotuning=normal** ↵ ein.

PROFITIPP 

Mitunter bereitet die in Windows Vista enthaltene und standardmäßig sowohl auf Systemebene als auch bei Netzwerkverbindungen aktivierte IPv6-Unterstützung Probleme. In diesem Fall können Sie probieren, IPv6 auf dem Windows Vista-PC soweit als möglich auszuschalten. Dazu gehen Sie wie folgt vor:

1. Öffnen Sie eine Eingabeaufforderung mit Administratorrechten.
2. Durch Eingabe von **regedit** ↵ starten Sie den Registrierungs-Editor von Windows Vista.
3. Begeben Sie sich zum Schlüssel *HKEY_LOCAL_MACHINE\SYSTEM\CurrentControlSet\Services\Tcpip6\Parameters*.
4. Dort ändern Sie den Inhalts des Wertes *DisabledComponents* von *0* auf *0xFFFFFFFF*. Dadurch werden alle IPv6-Komponenten (mit Ausnahme des systeminternen IPv6-Loopback-Adapters) deaktiviert, sodass die Kommunikation primär über IPv4 erfolgt.

Um diese Änderung Gültigkeit erlangen zu lassen, beenden Sie den Registrierungs-Editor und starten Sie den Computer neu.

Geringere Netzwerk-Performance während der Medienwiedergabe

Berichte verschiedener Anwender haben gezeigt, dass es bei Windows Vista mitunter ein Problem mit der Netzwerk-Performance zu geben scheint, wenn währenddessen eine Audio-Wiedergabe erfolgt. Dies ist insbesondere dann der Fall, wenn ein schnelles Netzwerksystem wie Gigabit-Ethernet verwendet wird. Das Problem äußert sich wie folgt: Spielt der zu Windows Vista gehörende Windows Media Player 11 (siehe Kapitel 10) oder das Windows Media Center (siehe Kapitel 16) eine Audiodatei ab, kann es vorkommen, dass dann die Netzwerk-Performance bei gleichzeitig stattfinden Übertragungen einbricht. Ein Geschwindigkeitsverlust von 50 Prozent ist dabei keine Seltenheit. Betroffen ist nicht nur die Audiowiedergabe: Auch bei der Wiedergabe von Videodateien tritt das Problem auf – auch dann, wenn anstatt von Windows Media Player oder Windows Media Center eine andere Software zur Wiedergabe der Mediendateien verwendet wird.

Intensivere Untersuchungen haben ergeben, dass dafür die im Dienst *Multimediaklassenplaner* (*Multimedia Class Scheduler Service*, kurz *MMCSS*) von Windows Vista enthaltenen Mechanismen verantwortlich sind. Denn die Medienwiedergabe – insbesondere dann, wenn es sich um Streaming-Media handelt – setzt eine gewisse Mindestdatenrate voraus, um Aussetzer bei der Wiedergabe zu vermeiden. Die Aufgabe des MMCSS-Dienstes ist es nun unter anderem, sicherzustellen, dass Medienwiedergabe-Anwendungen eine hohe Priorität im laufenden System besitzen und nicht von anderen Diensten und Funktionen – wie zum Beispiel Netzwerkübertragungen – ausgebremst werden. Obgleich die anwendungsspezifische Priorisierung von I/O-Verkehr ein eigentlich begrüßenswertes Feature ist, das in vielen Situationen wie gewünscht funktioniert, gibt es auch Konstellationen, in denen diese Funktion Probleme wie die eingangs beschriebenen hervorruft.

Hinweis

Diese Probleme mit einer geringeren Netzwerk-Performance während Medienwiedergaben aufgrund des Betriebssystem-internen Mechanismen des MMCSS-Dienstes sind sowohl bei Windows Vista RTM als auch bei Windows Vista SP1 zu finden.

Die naheliegendste Lösung, den MMCSS-Dienst einfach abzuschalten, klappt so nicht – jedenfalls nicht ohne Vorbereitung. Denn der Windows Audio-Systemdienst ist abhängig davon, dass der MMCSS-Dienst auf dem Computer läuft. Um in der Standardkonfiguration von Windows Vista den MMCSS-Dienst zu beenden, müsste also auch der Windows Audio-Systemdienst beendet werden. Dies ist jedoch keine gute Idee, denn dann finden keinerlei Audiowiedergaben mehr statt.

Eine Möglichkeit, die MMCSS-bedingten Probleme mit einer geringeren Netzwerk-Performance bei Medienwiedergaben in den Griff zu bekommen, ist es jedoch, die Standardkonfiguration von Windows Vista so zu modifizieren, dass der MMCSS-Dienst keine Abhängigkeit mehr zum Windows-Audio-Systemdienst aufweist. Dies lässt sich zum Beispiel auf folgende Weise bewerkstelligen:

1. Öffnen Sie eine Eingabeaufforderung mit Administratorrechten.
2. Starten Sie den Registrierungs-Editor durch Eingabe von **regedit** ↵.
3. Navigieren Sie zum Schlüssel *HKEY_LOCAL_MACHINE \SYSTEM\CurrentControlSet\Services\AudioSrv*.
4. Dort ändern Sie den Inhalt des REG_MULTI_SZ-Eintrags *DependOnService* so ab, dass dieser nicht mehr den Eintrag *MMCSS* enthält.
5. Beenden Sie den Registrierungs-Editor.
6. Geben Sie **services.msc** ↵ ein, um die Systemdienste von Windows Vista einsehen und bearbeiten zu können.
7. Bearbeiten Sie die Eigenschaften des Dienstes *Multimediaklassenplaner*. Dabei müssen Sie auf der Registerkarte *Allgemein* als Starttyp *Deaktiviert* vorgeben. Klicken Sie auf *OK* und starten Sie den Windows Vista-PC neu.

Nun sollte der MMCSS-Dienst deaktiviert sein und nicht mehr starten. Gleichzeitig kann nun eine Medienwiedergabe erfolgen, ohne dass dadurch die Netzwerk-Performance wie bei aktiviertem MMCSS-Dienst einbricht.

Wichtig 

Bei diesem Verfahren handelt es sich nicht um einen von Microsoft empfohlenen Weg, sondern um einen Workaround, den Anwender entwickelt haben. Sollte es dabei zu Problemen kommen, erweitern Sie den Registrierungseintrag *DependOnService* wieder um den Wert *MMCSS*, stellen Sie in den Eigenschaften des Dienstes *Multimediaklassenplaner* wieder den Starttyp *Automatisch* ein und starten das Betriebssystem neu. So haben Sie dann den ursprünglichen Zustand der Standardkonfiguration von Windows Vista im Hinblick auf den MMCSS-Dienst wiederhergestellt.

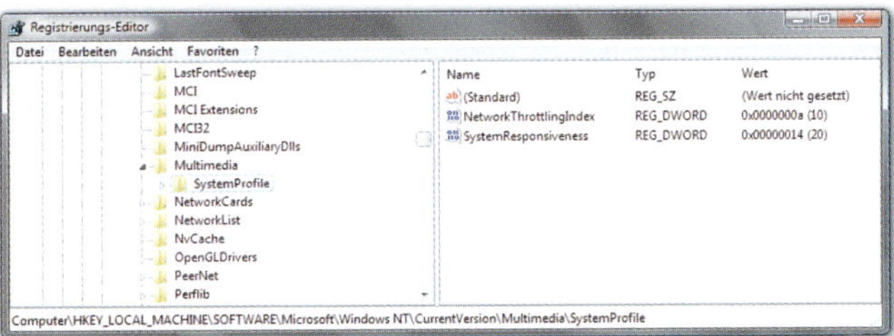

Abbildung 29.15 Registrierungseinträge bei Windows Vista SP1 zur manuellen Beeinflussung der Drosselung eingehender Netzwerkübertragungen sowie der Priorität von Nicht-Multimedia-Tasks bei der Medienwiedergabe

PROFITIPP

Der Registrierungseintrag *NetworkThrottlingIndex* bezieht sich auf den Empfang von Netzwerkpaketen, nicht den Versand. Es kann jedoch auch vorkommen, dass der Versand von Netzwerkpaketen nicht mit der sonst üblichen Geschwindigkeit geschieht, wenn gerade eine Medienwiedergabe erfolgt. Denn Windows Vista räumt Software zur Wiedergabe von Mediendateien bei der Vergabe von CPU-Zeit eine höhere Priorität als Netzwerkübertragungen ein. Standardmäßig steht anderen Aufgaben auf dem System lediglich 20 Prozent der CPU-Zeit zur Verfügung, während der Rest vom Multimedia-Scheduler für Software zur Wiedergabe von Mediendateien verwendet werden darf. Wird gerade eine Mediendatei abgespielt, lässt Windows Vista einem gleichzeitig stattfindenden Versand von Netzwerkpaketen also nur eine relativ geringere Aufmerksamkeit zuteil werden.

Bei Bedarf können Sie dieses Verhalten aber ebenfalls an Ihre individuellen Bedürfnisse anpassen: Der ebenfalls im Schlüssel *HKEY_LOCAL_MACHINE\SOFTWARE\Microsoft\Windows NT\CurrentVersion\Multimedia\SystemProfile* befindliche Registrierungseintrag *SystemResponsiveness* steuert, wie viel Prozent der CPU-Zeit nicht vom Multimedia-Scheduler verwendet werden soll. Erhöhen Sie diesen standardmäßig auf *20* stehenden Wert auf *100*, räumt der Multimedia-Scheduler Software zur Wiedergabe von Mediendateien keinerlei Priorität mehr ein (dann kann es allerdings zu Aussetzern bei der Medienwiedergabe kommen, sodass Sie den Prozentwert wieder verringern sollten). Auch hierbei gilt: Änderungen werden erst nach einem Neustart von Windows Vista gültig.

Microsoft selbst stellt mit Windows Vista SP1 eine eigene Möglichkeit bereit, um die negativen Auswirkungen, die der MMCSS-Dienst bei der Wiedergabe von Mediendateien und gleichzeitigen Netzwerkübertragungen hervorrufen kann, zu lindern. Hierzu dient der Registrierungseintrag *NetworkThrottlingIndex* im Schlüssel *HKEY_LOCAL_MACHINE\SOFTWARE\Microsoft\Windows NT\CurrentVersion\Multimedia\SystemProfile*. Dieser steuert die Drosselung von Nicht-Multimedia-Übertragungsverkehr auf standardmäßig zehn Pakete pro Millisekunde. Details hierzu sind im Microsoft-Knowledge-Base-Artikel *support.microsoft.com/kb/948066* beschrieben.

Microsoft zufolge darf dieser Wert zwischen 1 und 70 variieren. Um den Drosselungsmechanismus für Netzwerkübertragungen komplett auszuschalten und so eine unbeeinträchtigte Netzwerk-Performance erzielen zu können, ist dem Eintrag *NetworkThrottlingIndex* der hexadezimale Wert *0xFFFFFFFF* zuzuweisen. Um Änderungen an diesem Wert gültig werden zu lassen, müssen Sie Windows Vista neu starten.

Windows-Netzwerkdiagnose

Um bei Netzwerkproblemen nicht gleich im Dunkeln zu tappen oder auf das Know-how eines Netzwerkexperten angewiesen zu sein, hat Microsoft in Windows Vista die *Windows-Netzwerkdiagnose* eingebaut. Diese versucht den Grund für das aktuelle Verbindungsproblem zu ermitteln, um Ihnen daraufhin einen Vorschlag zu unterbreiten.

Haben Sie verifiziert, dass die Ursache für das Netzwerkproblem weder physikalischer Ursache ist noch aufgrund eines Treiberbroblems verursacht wird, können Tools wie die Windows-Netzwerkdiagnose zum Einsatz kommen. Diese ist dazu gedacht, Sie bei der Diagnose und Lösung des Problems auf unterschiedlichen Ebenen zu unterstützen. Im Idealfall folgen Sie dem Vorschlag, den Ihnen die *Windows-Netzwerkdiagnose* unterbreitet, und können dadurch das Problem lösen.

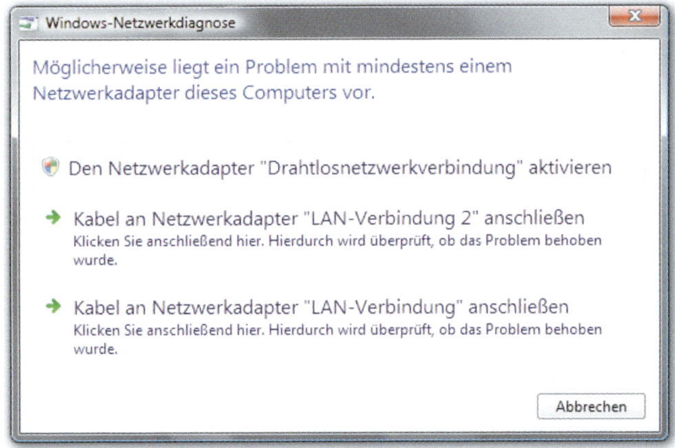

Abbildung 29.16 Je nach Problem ...

Die Windows-Netzwerkdiagnose lässt sich von vielen Stellen aus aufrufen:

- Klicken Sie das Netzwerksymbol in der Taskleiste mit der rechten Maustaste an und wählen Sie im Kontextmenü den Eintrag *Diagnose und Reparatur* aus.
- Ist eine Verbindungslinie in der kleinen Übersicht im oberen Bereich des Netzwerk- und Freigabecenters mit einem Ausrufezeichen oder roten X versehen, bewirkt das Anklicken eines dieser Symbole die Durchführung der Windows-Netzwerkdiagnose.
- Genauso können Sie im Netzwerk- und Freigabecenter im linken Aufgaben-Bereich den Link *Diagnose und Reparatur* anklicken.
- Das Status-Dialogfeld einer Netzwerkverbindung, zu dem Sie beispielsweise durch Anklicken des Links *Status anzeigen* bei einer Verbindung im Netzwerk- und Freigabecenter gelangen, hält die Schaltfläche *Diagnose* bereit.
- Klicken Sie im Systemordner *Netzwerkverbindungen* eine Netzwerkverbindung mit der rechten Maustaste an, beinhaltet das sodann angezeigte Kontextmenü den Eintrag *Diagnose*.
- Möchten Sie mit dem Internet Explorer eine Webseite besuchen, doch erhalten statt dessen die Meldung *Die Webseite kann nicht angezeigt werden*, enthält diese Webseite den Link *Diagnose von Verbindungsproblemen*, der ebenfalls zur Windows-Netzwerkdiagnose führt.
- Auch das Menü *Extras* des Internet Explorers beinhaltet den Eintrag *Diagnose von Verbindungsproblemen*, um darüber die Windows-Netzwerkdiagnose zu initiieren.

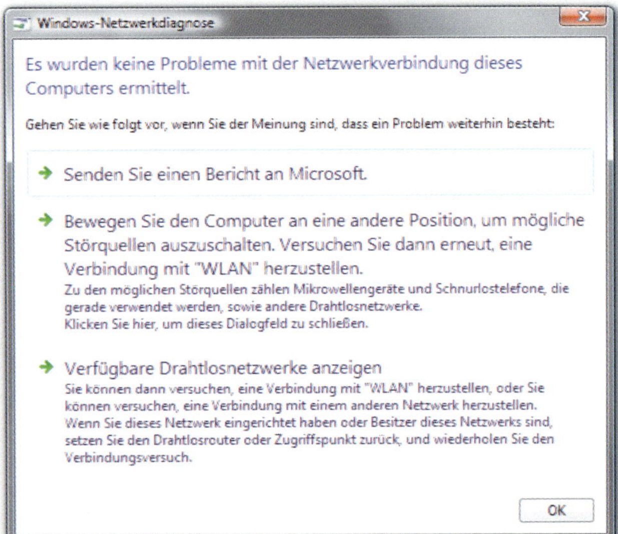

Abbildung 29.17 ... schlägt die Windows-Netzwerkdiagnose unterschiedliche Lösungen vor

Unter anderem kann die Windows-Netzwerkdiagnose vom DHCP-Server im lokalen Netzwerk eine neue TCP/IP-Konfiguration anfordern (was der Eingabe von **ipconfig /renew** ↵ in einer Eingabeaufforderung entspricht). Je nach Problem kann mitunter auch ein Zurücksetzen (»Reset«) des Netzwerkadapters durch die Windows-Netzwerkdiagnose die Lösung sein.

Bringt Sie dies alles nicht weiter, erweist sich häufig eine logische Herangehensweise als sinnvoll:

- Steht auf einmal eine Verbindung unvermittelt nicht mehr zur Verfügung, ist ein Konfigurationsfehler eher unwahrscheinlich und ein plötzlicher Hardware-Defekt im Bereich des Möglichen (etwa beim Ethernet-Switch oder dem Router, der das Netzwerk mit dem Internet verbindet).
- Sind dort alle Kabel richtig eingesteckt?
- Hat jemand den Sicherheitsschlüssel bei dem für WEP, WPA-Personal oder WPA2-Personal konfigurierten Access-Point geändert und Ihnen dies noch nicht mitgeteilt?

Dies stellt nur eine kleine Auswahl möglicher Ansätze dar, um Problemen im Netzwerk auf die Spur zu kommen.

Microsoft Network Monitor

Eine noch weitreichendere Analyse können Sie mit Netzwerkanalyse-Tools wie dem *Microsoft Network Monitor* durchführen (siehe Abbildung 29.18). Damit ist es zum Beispiel möglich, gezielt den Übertragungsverkehr für ein bestimmtes Protokoll zu analysieren. Genauso können Sie das Microsoft-Netzwerkanalyse-Tool dazu verwenden, die Kommunikation zwischen zwei Computern in Echtzeit zu verfolgen.

Da im lokalen Netzwerk eine Vielzahl von Übertragungen stattfinden, ist es quasi unmöglich, diese live auf dem Bildschirm zu verfolgen. Aus diesem Grund zeichnet der Microsoft Network Monitor die gewünschten Übertragungen mittels »Capture« auf. Anschließend lassen sich die während einer Capture-Sitzung mitgeschnittenen Pakete dann in Ruhe analysieren und nach unterschiedlichen Kriterien auswerten.

Hinweis 

Bis zur Drucklegung dieses Buchs war der Microsoft Network Monitor nur über die *Connect-Website* von Microsoft (*connect.microsoft.com*) erhältlich, nicht aber über das *Microsoft Download Center* (*download.microsoft.com*).

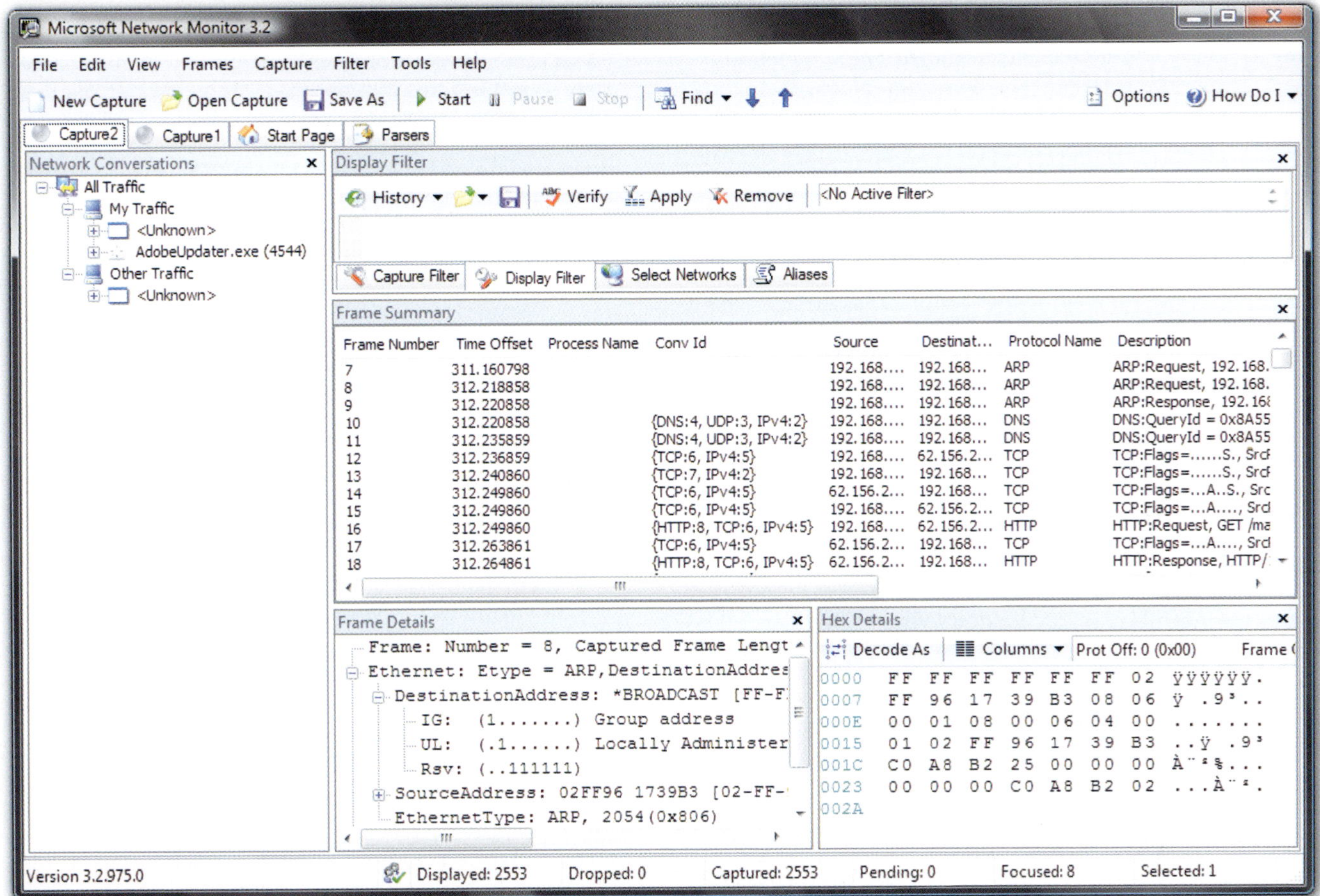

Abbildung 29.18 Netzwerk-Profis können mit Analyse-Tools wie dem Microsoft Network Monitor Übertragungen genau unter die Lupe nehmen

Hintergrundwissen zu lokalen Netzwerken

Ein *Netzwerk* – oder genauer ein *lokales Netzwerk* (englisch *Local Area Network*, kurz *LAN*) – zu verwenden, heißt zu kommunizieren. Es gibt einige grundlegende Techniken, die dafür sorgen, dass sich Computer und andere mit dem Netzwerk verbundene Geräte miteinander »unterhalten« können. Da gerade Netzwerk-Unerfahrene hier immer wieder auf Schwierigkeiten stoßen, sind im Folgenden einige der wichtigsten Grundlagen beschrieben. Diese Seiten sind daher zur Orientierung und als kleine Übersicht im Hinblick auf das Networking von und mit Windows Vista gedacht.

Netzwerkadapter in Betrieb nehmen

Sollen Geräte über ein lokales Netzwerk miteinander kommunizieren, ist dazu ein wenig Hard- und Software erforderlich:

- **Netzwerkadapter** Jedes Gerät, das am Netzwerk teilnehmen möchte, ist mit einem Netzwerkadapter auszustatten. Der Netzwerkadapter muss dabei zum verwendeten Netzwerktyp (Ethernet, WLAN etc.) passen.
- **Treiber für den Netzwerkadapter** Um einen mit dem Computer verbundenen Netzwerkadapter verwenden zu können, muss der passende Gerätetreiber in Windows Vista eingebunden werden. Für etliche Netzwerkadapter liefert Microsoft in Windows Vista bereits Treiber mit. Darüber hinaus kann Vista versuchen, den passenden Gerätetreiber für einen Netzwerkadapter automatisch von der Windows Update-Website zu beziehen (sofern der Treiber dort veröffentlicht worden ist). Auf diese

Weise bestehen gute Chancen, dass sich ein Netzwerkadapter direkt in Betrieb nehmen lässt, ohne dass Sie dazu die Treiber-CD des Herstellers o.ä. zur Hand haben müssen. Andernfalls stellen Sie den zum Netzwerkadapter passenden Treiber für Windows Vista lokal von CD/DVD, USB-Stick etc. bereit, wenn Sie dazu aufgefordert werden.

Hinweis 

Verwenden Sie nach Möglichkeit einen speziell für Windows Vista vorgesehenen Treiber. Mitunter lassen sich zwar auch ältere Treiber für Netzwerkadapter unter Windows Vista verwenden, die für Windows XP entwickelt worden sind. Die Praxis zeigt jedoch, dass es dabei zu Problemen kommen kann, da manche ältere XP-Treiber für Netzwerkadapter unter Windows Vista nicht richtig funktionieren. Hinzu kommt, dass die 64-Bit-Ausführung von Windows Vista signierte x64-Treiber erwartet – was sich bei Windows Vista SP1 auch nicht umgehen lässt. Ältere x64-Treiber für Netzwerkadapter, die die jeweiligen Hersteller für Windows XP Professional x64 Edition entwickelt haben und die nicht signiert sind, lassen sich somit also nicht für die 64-Bit-Ausführung von Windows Vista verwenden.

Im Idealfall hat Windows Vista also den erforderlichen Treiber für den Netzwerkadapter bereits erfolgreich installiert. Somit brauchen Sie sich an dieser Stelle nicht weiter mit Treiberfragen zu beschäftigen.

Treiber für den Netzwerkadapter installieren

Um den Gerätetreiber für einen neu mit dem Windows Vista-PC verbundenen Netzwerkadapter zu installieren, gehen Sie wie folgt vor:

1. Verbinden Sie den Netzwerkadapter mit dem Computer.
2. Wenn Sie anschließend den Computer einschalten und Windows Vista hochfahren, sofern Windows Vista nicht bereits läuft, erscheint automatisch das Dialogfeld *Neue Hardware gefunden* (siehe Abbildung 29.19).
3. Wählen Sie *Treibersoftware suchen und installieren* aus.
4. Daraufhin können Sie den Gerätetreiber für den Netzwerkadapter beispielsweise über das Internet von der Windows Update-Website beziehen oder von der Treiber-CD des Herstellers installieren.

Ist der Treiber für den Netzwerkadapter korrekt eingebunden und kann Windows Vista diesen fehlerfrei aktivieren, wird automatisch eine entsprechende Netzwerkverbindung erstellt (siehe Abschnitt »Netzwerkverbindungen verwalten«).

Tipp 

Da es sich um einen Netzwerkadapter handelt, ohne den kein Zugriff auf das Internet möglich ist, können Sie nicht auf die vom Hardwareinstallations-Assistenten angebotene Option zurückgreifen und über das Internet auf Windows Update nach einem geeigneten Treiber suchen. Dies ist nur dann möglich, wenn der Windows Vista-PC bereits anderweitig (per Modem, UMTS, über einen anderen Netzwerkadapter etc.) mit dem Internet verbunden ist.

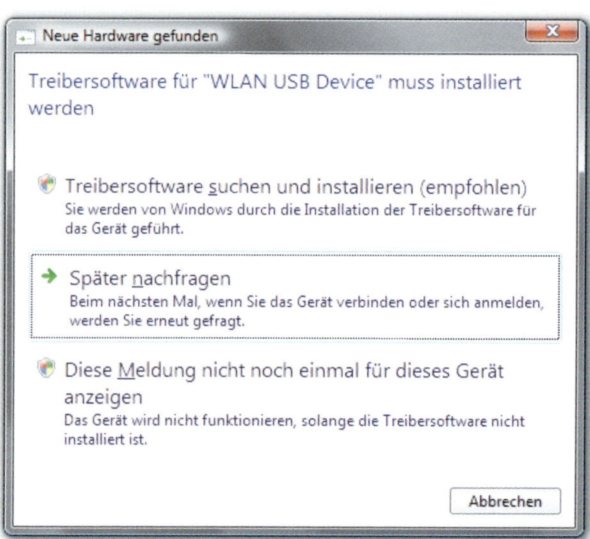

Abbildung 29.19 Wird ein Netzwerkadapter erstmalig mit dem PC verbunden, erkennt Windows Vista diesen automatisch und fordert zur Installation des passenden Treibers auf

Ob dieser und alle anderen Netzwerkadapter des Computers (einige PCs verfügen über mehrere) erfolgreich in Windows Vista eingebunden sind und ordnungsgemäß funktionieren, können Sie sogleich mit dem Geräte-Manager verifizieren. Um diesen zu starten, tippen Sie im Schnellsuchfeld des Startmenüs die Zeichenfolge **devmgmt.msc** ein und bestätigen Sie mit der ↵-Taste. Der Geräte-Manager agiert dabei wie folgt:

- Netzwerkadapter, für die ein Treiber installiert worden ist, sind in der Kategorie *Netzwerkadapter* zu finden. Konnte der Netzwerkadapter trotz (vermeintlich) passendem Treiber nicht erfolgreich in Betrieb genommen werden, ist das zugehörige Symbol mit einem Ausrufezeichen gekennzeichnet.
- Netzwerkadapter, für die noch kein Treiber installiert worden ist, werden – ebenso wie alle anderen Hardware-Komponenten, für die noch kein Treiber eingespielt worden ist – in die Kategorie *Andere Geräte* eingeordnet (siehe Abbildung 29.20).

PROFITIPP

Auf der Hauptplatine des Computers integrierte Netzwerkadapter, die Sie gar nicht verwenden, können Sie in aller Regel über das BIOS des Computer deaktivieren. Je nach Modell drücken Sie hierzu gleich nach dem Einschalten des PCs die Taste [Entf], [F2] bzw. die für Ihren Computer geltende Taste, um in das BIOS-Konfigurationsmenü zu gelangen und dort den betreffenden Netzwerkadapter zu deaktivieren (sehen Sie im Handbuch nach, um herauszufinden, in welchem Menübereich diese Einstellung zu finden ist). Nach der Deaktivierung eines Netzwerkadapters im BIOS des PCs erscheint für diese Hardware-Komponenten kein Eintrag mehr im Geräte-Manager – und ebenso gibt es keine unnötige LAN-Verbindung im Systemordner *Netzwerkverbindungen* (siehe den Abschnitt »Netzwerkverbindungen verwalten«).

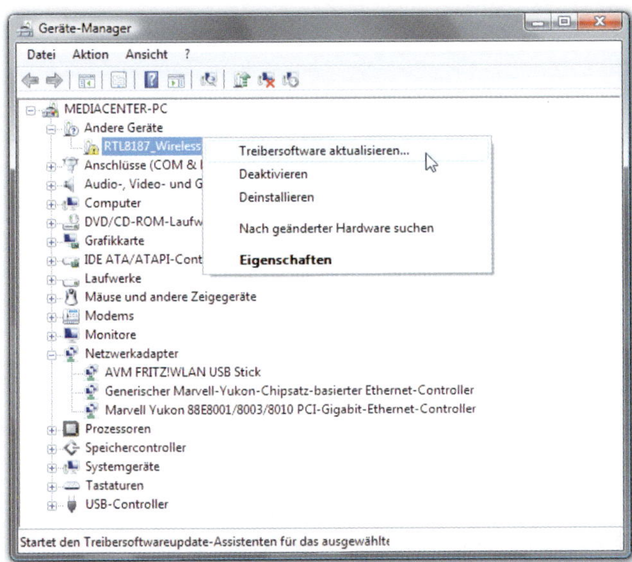

Abbildung 29.20 Mit dem richtigen Treiber klappt's auch mit dem Netzwerkadapter

Aktualisierung des Treiber durchführen

Mitunter stellt der jeweilige Hersteller einen aktualisierten Treiber für seine Netzwerkadapter bereit, in dem Fehler bereinigt sind oder der neue Funktionen bietet. Um den gegenwärtigen Treiber eines bereits installierten Netzwerkadapters gegen einen anderen Treiber auszutauschen, gehen Sie wie folgt vor:

1. Starten Sie den Geräte-Manager von Windows Vista.
2. Klicken Sie den betreffenden Netzwerkadapter mit der rechten Maustaste an und wählen Sie im Kontextmenü den Eintrag *Treibersoftware aktualisieren* aus.
3. Im daraufhin angezeigten Treibersoftware-Assistenten können Sie dann online auf Windows Update oder auf lokal (Festplatte, CD/DVD, USB-Stick etc.) eine Suche nach dem aktualisierten Treiber durchführen und diesen schließlich installieren.

Tipp

Sollte sich im Nachhinein herausstellen, dass der Netzwerkadapter mit dem neuen Treiber nicht wie erwartet funktioniert, können Sie sofort wieder zum bisherigen Treiber zurückwechseln. Dazu klicken Sie den betreffenden Netzwerkadapter mit der rechten Maustaste an und wählen im Kontextmenü den Eintrag *Eigenschaften* aus. Im Eigenschaften-Dialogfeld wechseln Sie sodann zur Registerkarte *Treiber* und klicken dort die Schaltfläche *Vorheriger Treiber* an.

MAC-Adresse des Netzwerkadapters

Jeder Netzwerkadapter besitzt eine eindeutige Kennung. Hierbei handelt es sich um die so genannte MAC-Adresse, die vom Hersteller des Adapters vorgegeben wird. Manche Treiber für Netzwerkadapter erlauben es jedoch, die vorgegebene durch eine eigene MAC-Adresse zu ersetzen.

Wichtig

Die »MAC-Adresse« ist nicht zu verwechseln mit der »IP-Adresse« (siehe Abschnitt »IP-Adresse«). Während die IP-Adresse zur Identifizierung eines Netzwerkadapters beim Netzwerkprotokoll TCP/IP dient, setzt die MAC-Adresse bereits eine Ebene tiefer an – beim Netzwerkadapter selbst, unabhängig vom darüber befindlichen Netzwerkprotokoll.

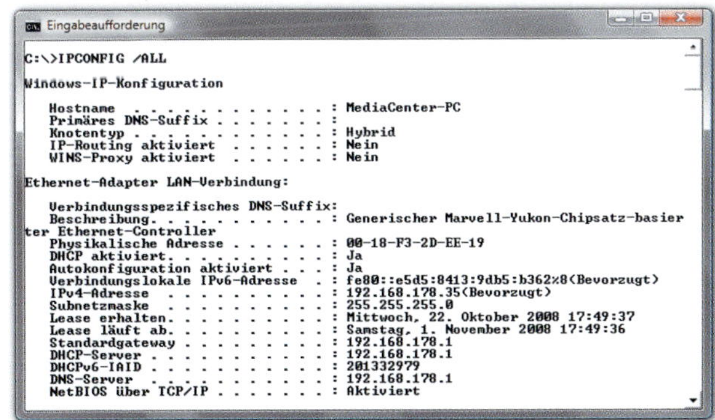

Abbildung 29.21 Die MAC-Adresse eines Netzwerkadapters fördert zum Beispiel der Befehl ipconfig /all in einer Eingabeaufforderung zutage

Die MAC-Adresse, die bei Windows Vista auch als *physikalische Adresse* eines Netzwerkadapters bezeichnet wird, lässt sich zum Beispiel in einer Eingabeaufforderung durch Eintippen des Befehls **ipconfig /all** und Bestätigung mit der [↵]-Taste in Erfahrung bringen.

TCP/IP und zugehörige Protokolle

Bei TCP/IP (Transmission Control Protocol/Internet Protocol) handelt es sich um eine umfangreiche Protokollfamilie, die im Internet zum Einsatz kommt. TCP/IP ist somit die »Sprache des Internet«, in der sich die mit dem Internet verbundenen Systeme – auch *Hosts* genannt – miteinander unterhalten und Informationen austauschen. Des Weiteren wird TCP/IP in privaten lokalen Netzwerken verwendet, den so genannten Intranets.

Zur TCP/IP-Familie gehören zahlreiche Protokolle. IP stellt dabei das eigentliche Netzwerkprotokoll dar, während über TCP ein verbindungsorientierter Transport stattfindet. Je nach Dienst kann alternativ zu TCP auch das verbindungslose UDP (User Datagram Protocol) als Transportprotokoll Verwendung finden.

Hinweis

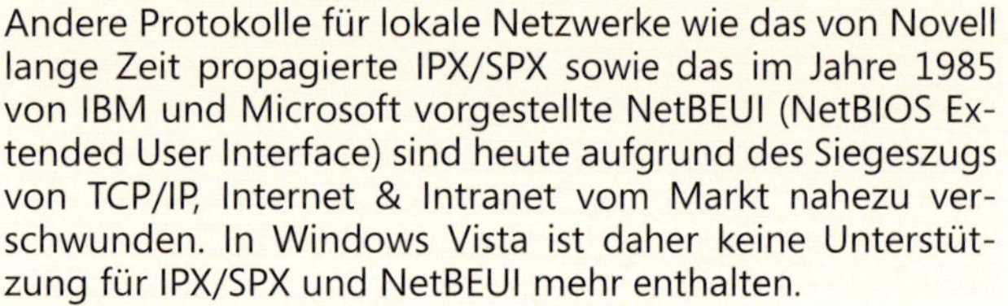

Andere Protokolle für lokale Netzwerke wie das von Novell lange Zeit propagierte IPX/SPX sowie das im Jahre 1985 von IBM und Microsoft vorgestellte NetBEUI (NetBIOS Extended User Interface) sind heute aufgrund des Siegeszugs von TCP/IP, Internet & Intranet vom Markt nahezu verschwunden. In Windows Vista ist daher keine Unterstützung für IPX/SPX und NetBEUI mehr enthalten.

Daneben gibt es weitere Protokolle in der TCP/IP-Familie, die für die grundlegende Kommunikation von Bedeutung sind. Hierzu gehören zum Beispiel:

- ICMP (Internet Control Message Protocol) zum Austausch etwa von Diagnoseinformationen, was sich auch der Befehl *Ping* zunutze macht.
- RIP (Routing Information Protocol), um Wege zu anderen Netzwerken zu finden und Informationen an diese weiterleiten zu können bzw. den Informationsaustausch zwischen verschiedenen Netzwerken über Router durchzuführen.

Auf TCP oder UDP aufbauend, können zahlreiche Dienste und Anwendungen ihre Arbeit verrichten. Bekannt sind unter anderem:

- DNS (Domain Name System) zur Auflösung von verständlichen, »merkbaren« Namen in kryptische IP-Adressen.
- POP3 (Post Office Protocol Version 3) und IMAP (Internet Message Access Protocol) für den Postfachzugriff bzw. Abruf von Nachrichten beim E-Mail-Server sowie SMTP (Simple Mail Transfer Protocol) für den Versand von E-Mails.
- FTP (File Transfer Protocol) zur Übertragung von Dateien.
- HTTP (Hypertext Transfer Protocol) als Protokoll insbesondere für das World Wide Web, über das Webbrowser Informationen von Webservern abrufen können.

Hinweis 

Daneben gibt es zahlreiche weitere Protokolle, die in einschlägiger Netzwerk-Literatur ausführlich beschrieben sind und auf die wir daher an dieser Stelle nicht weiter eingehen.

»Next Generation TCP/IP Stack«: IPv4 und IPv6

Für Windows Vista und das zugehörige Server-Pendant Windows Server 2008 hat Microsoft seine TCP/IP-Implementierung komplett überarbeitet und zum so genannten *Next Generation TCP/IP Stack* erweitert. Viele Optimierungen finden dabei unter der Haube statt und tragen zu höherer Performance bei. Ebenfalls neu ist die »Windows Filtering Platform« (WFP) (siehe Kapitel 40), die Filterfunktionen auf allen Ebenen des TCP/IP-Stacks bereitstellt und so die Sicherheit verbessern kann.

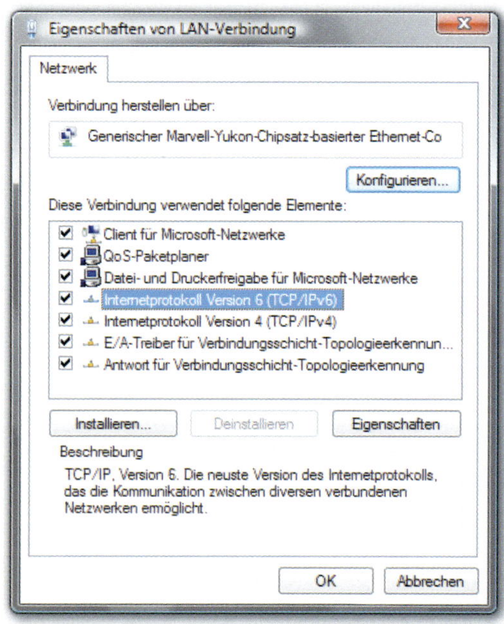

Abbildung 29.22 Zur Serienausstattung von Windows Vista zählt auch der designierte IPv4-Nachfolger *IPv6*

Zu den sichtbaren Neuerungen der neuen TCP/IP-Implementation von Windows Vista gehört die Möglichkeit, Netzwerke, zu denen eine Verbindung hergestellt worden ist, automatisch zu erkennen. Jedem erkannten Netzwerk wird ein Standorttyp zugeteilt, der die Firewallregeln bei der Windows-Firewall passend einstellt.

Am deutlichsten aber sind die Neuerungen bei der TCP/IP-Implementation von Windows Vista bei der serienmäßigen Unterstützung für IPv4 (die heute verbreitete IP-Version) sowie den designierten Nachfolger IPv6 erkennbar. Vorgängerversionen wie Windows XP SP2 verwenden hierfür noch zwei verschiedene, getrennt voneinander operierende Stacks (einer für IPv4 und ein zweiter für IPv6). Bei Windows Vista hingegen hat Microsoft einen Dual-Layer-Stack implementiert, der beides auf einmal beherrscht. Auf diese Weise sind IPv4 und IPv6 eng in den systemeigenen TCP/IP-Stack und durchgängig in die Netzwerkfunktionen von Windows Vista integriert. Daraus ergeben sich positive Auswirkungen auf die Sicherheit, Zuverlässigkeit, Skalierbarkeit und Performance. Zusätzlich profitiert hiervon der Bedienungskomfort: Sowohl IPv4- als auch IPv6-Einstellungen lassen sich bei Windows Vista einheitlich aus der grafischen Oberfläche heraus und über die Befehlszeile vornehmen. Ebenso kann die Windows-Firewall (siehe Kapitel 40) mit beiden Verfahren umgehen – und daher sowohl IPv4- als auch IPv6-Übertragungen blockieren oder gewähren.

Hinweis 

IPv6 lässt sich bei Windows Vista lediglich deaktivieren, nicht aber deinstallieren.

Die hohe Verbreitung von IPv4 aber hat zur Folge, dass dieses Verfahren noch für längere Zeit – und damit parallel zu IPv6 – zum Einsatz kommt. Um den Übergang zu IPv6 unter Verwendung von IPv4-Komponenten und -»Teilstrecken« zu vereinfachen, hat Microsoft Windows Vista mit mehreren Überbrückungs-Techniken versehen:

- 6to4 Dieser Tunneling-Mechanismus dient dazu, IPv6-Pakete in IPv4-Paketen verpackt (getunnelt) übertragen zu können.
- ISATAP Das »Intrasite Automatic Tunnel Addressing Protocol« ermöglicht die Kommunikation zwischen IPv6-Hosts in IPv4-Intranets. IPv6-Pakete werden hierbei ebenfalls in IPv4-Pakete eingepackt.
- Teredo Dieses Tunneling-Protokoll gestattet es IPv6-Hosts aus unterschiedlichen Netzwerken, die sich hinter einem Router mit integrierter Network Address Translation (NAT) befinden, über IPv4 per Internet miteinander zu kommunizieren.

PROFITIPP 

Windows Vista erstellt für die LAN-Verbindung eines Netzwerkadapters automatisch entsprechende *Tunneladapter*, die für ISATAP, Teredo & Co. und somit vor allem intern von Bedeutung sind. Daher werden Tunneladapter normalerweise nicht angezeigt und tauchen auch im Systemordner *Netzwerkverbindungen* nicht auf. Lassen Sie sich im Geräte-Manager von Windows Vista jedoch die ausgeblendete Geräte anzeigen (Auswahl der zugehörigen Option im Menü *Ansicht*), werden die Tunneladapter in der Kategorie *Netzwerkadapter* »sichtbar«. Ebenso können Sie in einer Eingabeaufforderung den Befehl **ipconfig /all** eingeben, um weitergehende Informationen über die entsprechenden Tunneladapter zu erhalten.

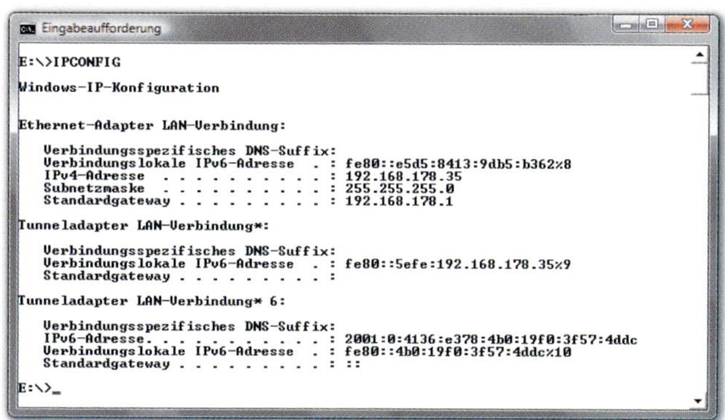

Abbildung 29.23 Die IPv6-Unterstützung ist durchgängig in Windows Vista integriert und mit Techniken wie ISATAP und Teredo auf den Einsatz zusammen mit IPv4-Netzwerken vorbereitet

SMB2

Genauso wie den Next Generation TCP/IP Stack hat Microsoft mit Windows Vista auch das in Windows-Netzwerken verwendete Freigabeprotokoll *SMB* überarbeitet. Dabei herausgekommen ist *SMB2*, das mit einigen internen Optimierungen aufwartet. Diese zahlen sich nur bei bestimmten Konstellationen und Operationen aus:

- Greift der Windows Vista-PC über eine WAN-Verbindung (etwa per DSL-Verbindung über das Internet) auf einen Server zu und öffnet oder speichert dort Dateien, gehen diese Vorgänge teilweise spürbar schneller vonstatten als es mit dem herkömmlichen SMB der Fall ist.
- Voraussetzung zur Nutzung von SMB2 ist allerdings, dass nicht nur der als Client agierende Windows Vista-PC, sondern auch die Gegenstelle (also der Server) SMB2 beherrscht. Dies ist nur dann der Fall, wenn die Gegenstelle ebenfalls mit Windows Vista oder aber mit Windows Server 2008 arbeitet.

Hinweis 

Windows Vista ermittelt automatisch, ob die Gegenstelle lediglich SMB oder aber SMB2 »spricht«, und stellt seine Kommunikation beim Zugriff auf dortige Freigaben selbsttätig ein.

IP-Adresse

Für TCP/IP muss jedes Gerät eine eindeutige IP-Adresse besitzen, die der Identifizierung dient (ähnlich, wie ein Straßenname und eine Hausnummer ein bestimmtes Haus identifizieren). Anhand der IP-Adresse wird dabei nicht nur ein bestimmtes Gerät, sondern auch das zugehörige lokale Netzwerk eindeutig identifiziert.

IP-Adressen besitzen einen bestimmten Aufbau, der sich bei IPv4 und IPv6 allerdings unterscheidet:

- IPv4 Beim verbreiteten IPv4 besitzt eine IP-Adresse die Form *aaa.bbb.ccc.ddd* und besteht somit aus vier dezimalen Nummern, die voneinander durch einen Punkt separiert werden. Jede Nummer ist maximal dreistellig und variiert zwischen 0 und 255. Eine gültige IPv4-Adresse wäre demnach »172.24.0.7«. Zur TCP/IP-Konfiguration gehört bei IPv4 auch die Subnetzmaske, die passend zu besagter IPv4-Adresse »255.255.0.0« lauten würde.

  Für private Netzwerke sind IPv4-Adressen aus den folgenden Bereichen vorgesehen:

  - 10.0.0.0 bis 10.255.255.255 (standardmäßige Subnetzmaske 255.0.0.0),
  - 172.16.0.0 bis 172.31.255.255 (standardmäßige Subnetzmaske 255.255.0.0) und
  - 192.168.0.0 bis 192.168.255.255 (standardmäßige Subnetzmaske 255.255.255.0).

  Diese Adressen können für TCP/IP-Geräte in privaten Netzwerken verwendet werden.

Hinweis 

Wird das private Netzwerk mit dem öffentlichen Internet verbunden, ist der Einsatz von NAT (Network Address Translation) erforderlich, um private in öffentliche IPv4-Adressen und umgekehrt umzusetzen, sodass die Eindeutigkeit von IP-Adressen im öffentlichen Internet auch bei Verwendung von privaten IP-Adressen im eigenen Netzwerk gewahrt bleibt.

- IPv6 Beim designierten IPv4-Nachfolger IPv6 gibt es einen deutlich größeren Adressraum. Denn um der Adressknappheit von IPv4-Adressen zu begegnen, wird die IPv6-Adresse nicht (wie bei IPv4) aus 32 Bit, sondern aus 128 Bit gebildet. Die ersten 64 Bit identifizieren dabei das lokale Subnetz, die letzten 64 Bit das in einem bestimmten Netzwerk befindliche Gerät.

  Da aufgrund der Länge einer IPv6-Adresse hierfür die Dezimalschreibweise unpraktikabel wäre, verwenden IPv6-Adressen acht 16-Bit-Blöcke in hexadezimaler Notation, die durch einen Doppelpunkt voneinander getrennt sind – also in der Form »aaaa:bbbb:cccc:dddd:eeee:ffff«. Ein Beispiel für eine IPv6-Adresse wäre demnach »2001:0db8:0000:0000:00B7:DC60:082B:4DDE«.

  Führende Nullen eines 16-Bit-Blocks dürfen ausgelassen werden, um das Handling zu vereinfachen. Die genannte IPv6-Adresse darf daher auch als »2001:db8:0:0:B7:DC60:82B:4DDE« ausgedrückt werden. Eine angrenzende Folge von 16-Bit-Gruppen, deren Wert auf 0 lautet, lässt sich durch zwei hintereinander stehende Doppelpunkte abkürzen. Daher könnte die besagte IPv6-Adresse auch als »2001:db8::B7:DC60:82B:4DDE« dargestellt werden.

  - Für private Netzwerke waren zunächst *standortlokale* (englisch *Site-Local) IPv6-Adressen* vorgesehen, die mit dem Präfix *FEC0* beginnen. Ersatz bzw. Nachfolger für standortlokale IPv6-Adressen sind *eindeutige lokale IPv6-Adressen* (englisch *Unique Local Addresses*), die das Präfix *FC00* bzw. *FD00* aufweisen.
  - Gemäß RFC 4862 weist Windows Vista jeder Netzwerkverbindung, die IPv6 verwendet, automatisch eine *verbindungslokale* (englisch *Link-Local*) IPv6-Adresse zu. Diese ist am Präfix *FE80* zu erkennen.

Hinweis 

Anders als bei IPv4 kann bei IPv6 eine einzelne Netzwerkverbindung mehrere IP-Adressen gleichzeitig besitzen (etwa eine automatisch generierte, verbindungslokale IPv6-Adresse sowie eine manuell zugewiesene, statische IPv6-Adresse).

TCP/IP-Konfiguration

Jeder Netzwerkadapter, der in einem TCP/IP-Netzwerk Verwendung finden soll, benötigt eine TCP/IP-Konfiguration. Zu dieser gehört nicht nur die IP-Adresse samt Subnetzmaske, sondern auch die IP-Adresse von einem Standardgateway. An dieses werden alle Anfragen geleitet, deren Ziel außerhalb des eigenen lokalen Subnetzes liegt. Beim Standardgateway handelt es sich somit um einen Router, der Anfragen aus dem lokalen an das passende entfernte Subnetz weiterleiten kann.

Hinweis 

Aus TCP/IP-Sicht wird das eigene bzw. lokale Netzwerk als *lokales Subnetz* bezeichnet. Über einen Router kann das lokale Subnetz mit anderen TCP/IP-Subnetzen und dem Internet verbunden werden.

Des Weiteren können in der TCP/IP-Konfiguration die IP-Adressen von einem primären und einem sekundären DNS-Server angegeben werden. Diese werden kontaktiert, wenn es darum geht, Namen wie *www.microsoft.com* in eine IP-Adresse aufzulösen, die der TCP/IP-Stack von Windows Vista dann kontaktieren kann.

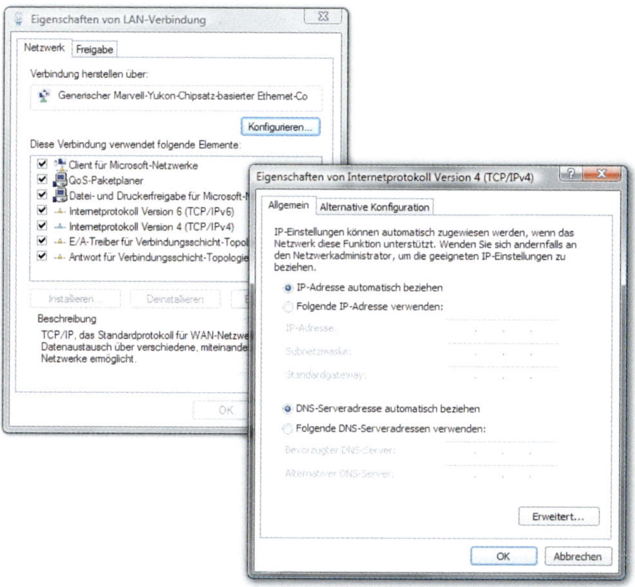

Abbildung 29.24 Standardmäßig geht Windows Vista von einer dynamischen TCP/IP-Konfiguration aus

In einem mit TCP/IP arbeitenden Netzwerk benötigt jedes Gerät eine TCP/IP-Konfiguration. Es gibt verschiedene Möglichkeiten, die TCP/IP-Konfiguration durchzuführen:

- **Statisch** Bei der statischen TCP/IP-Konfiguration werden alle Werte (feste IP-Adresse etc.) manuell in den Eigenschaften der betreffenden Netzwerkverbindung fest eingetragen, was über den Systemordner *Netzwerkverbindungen* geschehen kann. Bei einer LAN-Verbindung lassen sich die gewünschten Einstellungen über die Eigenschaften der Komponente *Internetprotokoll Version 4* (TCP/IPv4) respektive *Internetprotokoll Version 6 (TCP/IPv6)* vornehmen.

  Diese manuelle Methode der TCP/IP-Konfiguration bietet zwar die größte Flexibilität und erlaubt die Abstimmung auf unterschiedlichste Anforderungen, ist jedoch auch die aufwändigste.

- **Dynamisch** Die dynamische TCP/IP-Konfiguration macht sich die Möglichkeiten von DHCP (Dynamic Host Configuration Protocol) zunutze. Bei diesem Verfahren werden alle relevanten Einstellungen (IP-Adresse aus einem bestimmten Bereich, Subnetzmaske, Standardgateway, DNS-Server etc.) bei einem DHCP-Server eingetragen, der sich im lokalen Netzwerk befindet. Ein DHCP-Client – wie er in Windows Vista und frühere Windows-Versionen eingebaut ist – kann daraufhin seine TCP/IP-Konfiguration beim DHCP-Server anfordern, sodass dieser eine TCP/IP-Konfiguration dynamisch erteilt. Welche IP-Adresse der DHCP-Client bekommt, lässt sich dabei nicht direkt vorherbestimmen: Der DHCP-Server wählt dafür eine noch freie IP-Adresse in einem bestimmten Bereich (der beim DHCP-Server hinterlegt ist) aus.

  Diese dynamische Methode der TCP/IP-Konfiguration ist am einfachsten, da keinerlei Vorarbeiten erforderlich sind: Der DHCP-Client von Windows Vista wird automatisch gestartet. Passend dazu sind in den Eigenschaften einer LAN-Verbindung bei den Eigenschaften der Komponenten *Internetprotokoll Version 4* (TCP/IPv4) bzw. *Internetprotokoll Version 6 (TCP/IPv6)* die Optionen *IP-Adresse automatisch beziehen* und *DNS-Serveradresse automatisch beziehen* bereits standardmäßig aktiviert.

Hinweis 

Die Verwendbarkeit von DHCP setzt einen DHCP-Server im lokalen Netzwerk voraus. In einem Unternehmens-LAN gibt es in aller Regel einen DHCP-Server, der von einem Netzwerkadministrator konfiguriert wird. Die in heimischen Netzwerken stark verbreiteten DSL-Router sind serienmäßig ebenfalls mit einem DHCP-Server ausgestattet. Dadurch können Sie auch zu Hause den Komfort der dynamischen TCP/IP-Konfiguration nutzen, ohne dazu eigens einen separaten DHCP-Server betreiben zu müssen.

- **Autokonfiguration** Darüber hinaus kennt Windows Vista die Autokonfiguration. Diese kommt immer dann ins Spiel, wenn eine Netzwerkverbindung keine statische TCP/IP-Konfiguration aufweist, sondern für die dynamische Konfiguration via DHCP konfiguriert ist, im zugehörigen Netzwerk aber bei Herstellung der Verbindung kein DHCP-Server gefunden werden konnte. Damit die betreffende Netzwerkverbindung nicht ohne IP-Adresse auskommen muss, findet in diesem Fall eine Autokonfiguration statt:

  - Für IPv4 steht hierzu *APIPA* (Automatic Private IP Addressing) zur Verfügung. Kann der Netzwerkadapter im zugehörigen Netzwerk binnen 60 Sekunden mit einem DHCP-Server keinen Kontakt herstellen und diesen um die Erteilung einer dynamischen TCP/IP-Konfiguration bitten, wählt Windows Vista zufällig eine IP-Adresse aus dem Bereich 169.254.0.0 bis 169.254.255.255 für die Netzwerkverbindung.

- Bei IPv6 stellen *verbindungslokale* (englisch *Link-Local*) *IPv6-Adressen* sozusagen das Äquivalent zu APIPA-IPv4-Adressen dar. Verbindungslokale IPv6-Adressen beziehen sich auf ein Subnetz und weisen das Präfix *FE80* auf.

Allerdings ist die Autokonfiguration nur ein Hilfsmittel, damit Geräte, die ebenfalls mit der Autokonfiguration arbeiten und sich im selben lokalen Subnetz befinden, gegenseitig »erkennen« und miteinander kommunizieren können. Der Internetzugriff über einen Router ist jedoch nicht möglich – allein deshalb schon nicht, weil bei der Autokonfiguration das Standardgateway leer bleibt und somit nicht bekannt ist, auf welchem Weg Datenpakete ins Internet gelangen könnten.

Hinweis 

Verwendet eine Netzwerkverbindung zum Bezug einer IP-Adresse die Autokonfiguration, weist Windows Vista als Verbindungsstatus *eingeschränkte Konnektivität* auf und zeigt dies zusätzlich mit dem nebenstehenden Netzwerksymbol im Infobereich der Taskleiste an.

NetBIOS

TCP/IP ist nicht das einzige Protokoll, das Windows Vista beherrscht. Ebenfalls standardmäßig in Windows Vista enthalten ist zudem *NetBIOS* (Network Basic Input/Output System). NetBIOS dient jedoch nicht wie IP zum Transport von Datenpaketen, sondern nimmt Aufgaben auf höherer Ebene wahr: In einem lokalen Netzwerk ermöglicht es NetBIOS, freigegebene Ordner und Drucker von Windows-PCs und weiteren Geräten, die als Datei- oder Druckserver auftreten (wie zum Beispiel Netzwerkfestplatten oder Netzwerkdrucker), zu erkennen und diese daraufhin gemeinsam zu nutzen.

Auch wenn NetBIOS bei Windows Vista kaum noch sichtbar ist und eher im Hintergrund arbeitet, kommt dieses Protokoll allein aus Gründen der Kompatibilität nach wie vor zum Einsatz, wenn es um Freigaben geht:

- Aus dem *Computernamen* des Windows Vista-PCs leitet sich automatisch der *NetBIOS-Name* ab, unter dem sich der Computer im lokalen Netzwerk zu erkennen gibt – sofern die *Netzwerkerkennung* (siehe Kapitel 30) von Windows Vista zur Nutzung freigegebener Ordner, Dateien und Drucker (siehe Kapitel 31) eingeschaltet ist.

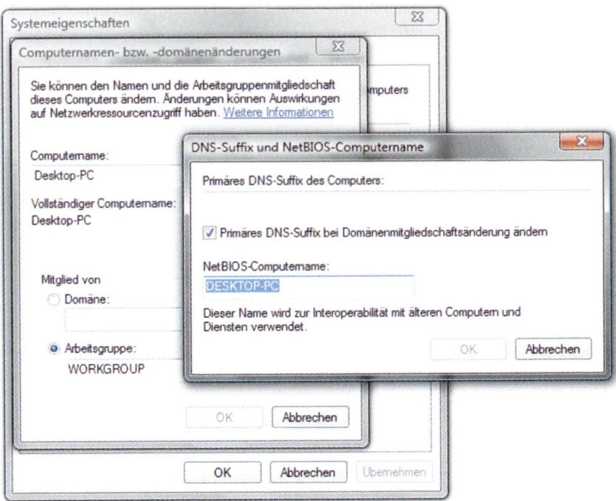

Abbildung 29.25 NetBIOS und der Computername eines Windows Vista-PCs stehen in enger Beziehung zueinander

- Der Name der Arbeitsgruppe, der ein PC im lokalen Netzwerk angehört, sofern er kein Bestandteil einer Domäne ist (siehe Abschnitt »Den Computer einer Arbeitsgruppe oder Domäne zuordnen«), entspricht der *NetBIOS-Gruppe*, in der der Computer Mitglied ist.

Hinweis 

Charakteristisch für NetBIOS ist die Begrenzung auf Namen mit maximal 15 Zeichen. Aus diesem Grund zieht Windows Vista auch nur die ersten 15 Zeichen des Computernamens für die Bildung des NetBIOS-Namens heran.

- Über den Systemordner *Netzwerk* von Windows Vista (siehe Kapitel 31) können Sie auf freigegebene Ordner, Dateien und Drucker anderer Computer zugreifen, die ihre Existenz ebenfalls per NetBIOS bekannt geben.
- Bei der Zuordnung von Netzlaufwerken zu Laufwerksbuchstaben (siehe Kapitel 31) können Sie den betreffenden Server bequem über seinen Computernamen (also seinem NetBIOS-Namen) ansprechen.
- Beim Befehl *Ping* können Sie als Ziel anstatt einer IP-Adresse oder eines DNS-Namens ebenfalls den NetBIOS- bzw. Computernamen angeben, um die Erreichbarkeit des betreffenden Systems zu testen. In diesem Fall führt der PC eine Namensauflösung von NetBIOS-Namen in IP-Adressen durch (ähnlich, wie das DNS FQDN-Namen zum Beispiel von Webservern im Internet in IP-Adressen auflöst).

PROFITIPP

NetBIOS ist ein Protokoll auf höherer Ebene, das auf darunter liegende Transportmechanismen angewiesen ist. Das Verfahren, NetBIOS-Informationen in einem TCP/IP-Netzwerk zu übertragen, wird als *NBT* bezeichnet. Weitergehende Informationen über NBT und die Namensauflösung fördert der Befehl *nbtstat* in einer Eingabeaufforderung zu Tage: Durch Eingabe des Befehls *nbtstat –n* können Sie zum Beispiel den Namen der Arbeitsgruppe oder Domäne, der der PC angehört, sowie die NetBIOS-Namen anderer Computer in Erfahrung bringen. Ebenso erhalten Sie Einblicke in Angaben wie den Typ (eindeutig, Gruppe etc.) und die Nummer vorhandener Dienste (»20« zum Beispiel repräsentiert einen Dateiserver). Details hierzu finden Sie im Microsoft-Knowledge-Base-Artikel 163409 unter *support.microsoft.com/kb/163409*.

Über die Datei *LMHOSTS* im Ordner *%systemroot%\system32\etc* ist es zudem möglich, feste Zuordnungen von NetBIOS-Namen zu IP-Adressen zu definieren (Details dazu finden sich in der Beispieldatei *LMHOSTS.SAM*), sodass hierfür keine Namensauflösung mehr stattfinden muss. LMHOSTS ist die statische Variante zum dynamischen WINS (Windows Internet Name Service) -Dienst, der in Unternehmens-LANs zum Einsatz kommen kann. LMHOSTS und WINS finden ihre Entsprechung bei TCP/IP durch die Datei *HOSTS* und den DNS-Dienst.

NetBIOS bzw. NBT ermöglicht einen bequemen Zugriff auf freigegebene Ordner, Dateien und Drucker von Datei- und Druckservern. Aus Sicherheitsgründen kann dies jedoch riskant sein: Um zu verhindern, dass Unbefugte auf Freigaben zugreifen, die sich auf dem eigenen PC befinden, sollten die Ports 137 bis 139 geblockt werden – was durch Ausschalten der Netzwerkerkennung von der Windows-Firewall automatisch erledigt wird.

Wichtig

Sind Sie im Internet unterwegs oder befinden sich zum Beispiel in einem Internet-Café, sollten diese Ports unbedingt geblockt werden, um Fremden die Möglichkeit zum Zugriff auf die Freigaben des eigenen PCs erst gar nicht zu eröffnen. Dank der in Windows Vista enthaltenen Profile für Netzwerkstandorte (siehe Kapitel 40) kann die Windows-Firewall dementsprechende Einstellungen automatisch anhand des Typs des jeweiligen Netzwerks vornehmen, mit dem Sie verbunden sind.

Zusammenfassung

In diesem Kapitel haben Sie zahlreiche Grundlagen zum Networking für und mit Windows Vista erfahren. In der folgenden Übersicht sind die wichtigsten Vorgänge noch einmal für Sie zusammengefasst.

Sie möchten ...	So gehen Sie vor	Sehen Sie sich dazu das Beispiel an auf
den Computernamen ändern	Drücken Sie [Win]+[Untbr], klicken Sie den Link *Einstellungen ändern* an, wählen Sie die Schaltfläche *Ändern* aus und geben Sie den neuen Computernamen an	Seite 505
eine Computerbeschreibung definieren	Drücken Sie [Win]+[Untbr], klicken Sie den Link *Einstellungen ändern* an, und geben Sie anschließend eine Computerbeschreibung ein bzw. an	Seite 506
den Computer einer anderen Arbeitsgruppe zuordnen	Drücken Sie [Win]+[Untbr], um nach Anklicken des Link *Einstellungen ändern* sowie der Schaltfläche *Ändern* den Namen der Arbeitsgruppe im anschließenden Dialogfeld *Computername* anzugeben	Seite 507
das Netzwerksymbol im Infobereich der Taskleiste ausschalten	Klicken Sie einen freien Bereich der Taskleiste mit der rechten Maustaste an, wählen Sie im Kontextmenü den Eintrag *Eigenschaften* aus, wechseln Sie im anschließenden Dialogfeld zur Registerkarte *Infobereich* und deaktivieren Sie dort das Kontrollkästchen *Netzwerk*	Seite 508
die Übertragungsaktivitäten vom Netzwerksymbol angezeigt bekommen	Klicken Sie das Netzwerksymbol im Infobereich der Taskleiste mit der rechten Maustaste an, und wählen Sie im zugehörigen Kontextmenü den Eintrag *Animation bei Aktivität einschalten* aus	Seite 508
Netzwerkverbindungen verwalten	Öffnen Sie den Systemordner *Netzwerkverbindungen*, beispielsweise durch Anklicken des Links *Netzwerkverbindungen verwalten* im Netzwerk- und Freigabecenter	Seite 509
eine Netzwerkbrücke erstellen	Markieren Sie zwei Netzwerkverbindungen im Systemordner *Netzwerkverbindungen*, klicken Sie eine der beiden markierten Verbindungen mit der rechten Maustaste an und wählen Sie im Kontextmenü den Eintrag *Verbindungen überbrücken* aus	Seite 510
den Netzwerkstandort für ein Netzwerk festlegen, mit dem zum ersten Mal eine Verbindung aufgenommen wird	Verbinden Sie sich mit dem Netzwerk und wählen Sie *Zuhause* bzw. *Arbeitsplatz* (für den Standorttyp »Privat«) oder *Öffentlicher Ort* (Standorttyp »Öffentlich«) aus	Seite 510
die Netzwerk-Übertragungsaktivitäten im Task-Manager verfolgen	Starten Sie den Task-Manager und wechseln Sie zur Registerkarte *Netzwerk*	Seite 512
Netzwerkfehler diagnostizieren	Starten Sie die *Windows-Netzwerkdiagnose*, zum Beispiel durch Anklicken des Links *Diagnose und Reparatur* im linken Aufgaben-Bereich des Netzwerk- und Freigabecenters	Seite 515
Treiber für den Netzwerkadapter installieren	Verbinden Sie den Netzwerkadapter mit dem Computer, um den Treiber über den Hardwareinstallations-Assistenten auszuwählen	Seite 518
den Treiber für den Netzwerkadapter aktualisieren	Rufen Sie den Geräte-Manager auf, öffnen Sie die Kategorie *Netzwerkadapter*, klicken Sie dort den betreffenden Netzwerkadapter mit der rechten Maustaste an. Wählen Sie im zugehörigen Kontextmenü den Eintrag *Treibersoftware aktualisieren* aus.	Seite 518
die MAC-Adresse eines Netzwerkadapters in Erfahrung bringen	Öffnen Sie eine Eingabeaufforderung, geben Sie den Befehl **ipconfig /all** ein und bestätigen Sie mit der [↵]-Taste	Seite 519
die IPv4-Adresse sowie die IPv6-Adresse einer Netzwerkverbindung erfahren	Öffnen Sie eine Eingabeaufforderung, geben Sie den Befehl **ipconfig /all** ein und bestätigen Sie mit der [↵]-Taste	Seite 521

Eric Tierling

30 Das Netzwerk- und Freigabecenter

Wer mit früheren Windows-Versionen gearbeitet hat, weiß: Manche für den Netzwerkeinsatz relevante Einstellung versteckt sich an Stellen, an denen man es nicht vermutet. Da es zudem eine Reihe von Orten gibt, die mit Einstellungen für das Netzwerk aufwarten, ist es mitunter gar nicht so einfach gewesen, »mal schnell« die Netzwerkkonfiguration einzusehen oder diese zu verändern.

Mit Windows Vista lassen sich viele Aufgaben im Netzwerk wie beispielsweise die Freigabe von Ordnern und sogar einzelnen Dateien wesentlich einfacher erledigen. Das *Netzwerk- und Freigabecenter* dient als einheitliche Anlaufstelle für die grundlegende Konfiguration und Übersicht der Netzwerkfunktionen von Windows Vista.

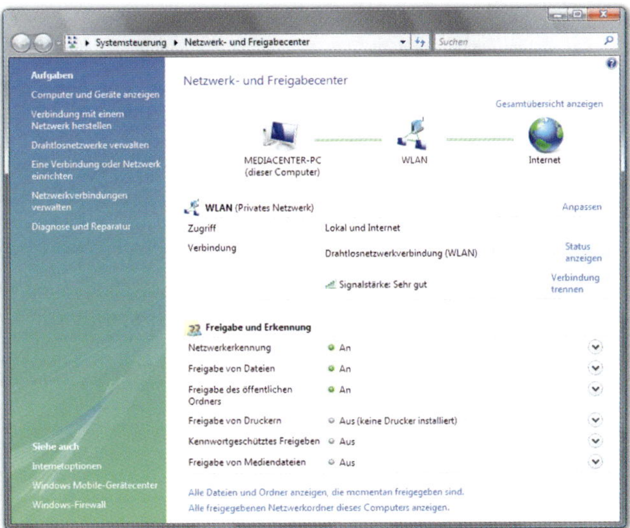

Abbildung 30.1 Das Netzwerk- und Freigabecenter von Windows Vista

Das Netzwerk- und Freigabecenter aufrufen

Zum Aufruf des Netzwerk- und Freigabecenters stehen Ihnen die folgenden Möglichkeiten zur Verfügung:

- Aufrufen lässt sich das Netzwerk- und Freigabecenter beispielsweise durch Auswahl des gleichnamigen Eintrags aus dem Menü bzw. Kontextmenü nach einem Klick mit der linken oder rechten Maustaste auf das Netzwerksymbol im Infobereich der Taskleiste.
- Auch über die Systemsteuerung ist ein Aufruf des Netzwerk- und Freigabecenters möglich. Hierzu klicken Sie auf den Link *Netzwerkstatus und -aufgaben anzeigen* in der Kategorie *Netzwerk und Internet* oder doppelklicken (bei Verwendung der klassischen Ansicht) auf das Symbol *Netzwerk- und Freigabecenter.*

Funktionen und Möglichkeiten des Netzwerk- und Freigabecenters

Das Netzwerk- und Freigabecenter bietet folgende Funktionen und Möglichkeiten:

- Im oberen Bereich ist anhand grafischer Symbole eine Verbindungsübersicht des PCs sowohl für das lokale Netzwerk als auch das Internet dargestellt.
- Der mittlere Bereich offeriert Informationen zu den derzeit aktiven Netzwerkverbindungen des PCs und gestattet es, den Netzwerkstandort anzupassen und einen ausführlichen Status abzurufen. Im Falle eines Funknetzwerks wird zudem die momentane Signalstärke der WLAN-Verbindung angezeigt.
- Im unteren Bereich werden die derzeitigen Freigabeeinstellungen angezeigt und können hier verändert werden. Diese Einstellungen beziehen sich nicht nur auf die Freigabe von Ordner, Dateien und Druckern, sondern auch auf die Freigabe von Mediendateien für den Windows Media Player.

Zudem können Sie über den linken *Aufgaben*-Bereich zu netzwerkrelevanten Systemordnern wie *Netzwerk* und *Netzwerkverbindungen* wechseln, Verbindungen mit Funknetzwerken herstellen, Netzwerkprofile verwalten sowie eine Netzwerkdiagnose initiieren.

Verbindungsübersicht

Die *Verbindungsübersicht* im oberen Bereich des Netzwerk- und Freigabecenters zeigt an, ob und mit welchem Netzwerk Ihr Computer gegenwärtig verbunden ist. Außerdem können Sie anhand des Weltkugel-Symbols erkennen, ob über das betreffende Netzwerk auf das Internet zugegriffen werden kann. Auf einen Blick sehen Sie so, wie es um die derzeitigen Verbindungsfähigkeiten Ihres Computers bestellt ist.

Ist der Computer in eine Active Directory-Domäne eingebunden und mit dem zugehörigen Netzwerk (in der Regel das Unternehmens-LAN) verbunden, wird der DNS-Name der Active Directory-Domäne als Name für das Netzwerk unterhalb des Netzwerk-Symbols ausgewiesen. Andernfalls erscheint hier der festgelegte Netzwerkname (siehe den Abschnitt »Informationen zum Netzwerk« weiter hinten in diesem Kapitel).

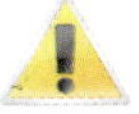

Besteht keine Verbindung zum LAN, ist die Verbindungslinie in der Übersicht zwischen dem PC und dem Netzwerk-Symbol mit einem Ausrufezeichen versehen. Dies bedeutet, dass nur eine eingeschränkte Konnektivität zum betreffenden Netzwerk besteht (erkennbar auch am Netzwerk-Symbol im Infobereich der Taskleiste). Ein solcher Fall kann zum Beispiel dann auftreten, wenn es nur einen Domänencontroller in einer Domäne gibt und dieser aufgrund eines Hardwaredefekts oder zu Wartungsarbeiten momentan nicht im lokalen Netzwerk zur Verfügung steht.

Ist über das Netzwerk kein Zugriff auf das Internet möglich, wird die Verbindungslinie in der Übersicht zwischen dem Netzwerk und dem Internet (symbolisiert durch ein Weltkugelsymbol) mit einem roten X gekennzeichnet. Zugriffe auf das Internet sind somit über die derzeitige Netzwerkverbindung Ihres Rechners nicht möglich.

Tipp 

Klicken Sie ein solches Symbol an, um Windows Vista eine Netzwerkdiagnose (siehe Kapitel 29) durchführen zu lassen, und so mehr über den Fehler sowie Möglichkeiten zur Lösung des Problems zu erfahren.

Außerdem stellt die Verbindungsübersicht noch folgende Möglichkeiten zur Verfügung:

- Klicken Sie das Symbol Ihres eigenen Rechners an, öffnet sich der Windows-Explorer und zeigt den Systemordner *Computer* – also den Inhalt des eigenen PCs – an.
- Ein Klick auf das Netzwerk-Symbol zeigt den Systemordner *Netzwerk* in einem neuen Windows-Explorer-Fenster an.
- Durch das Anklicken des Internet-Symbols öffnet sich ein neues Internet Explorer-Fenster.

Netzwerkübersicht

Möchten Sie sich darüber informieren, welche anderen Computer es in einem lokalen Netzwerk gibt und über welche Infrastruktur-Geräte (Hub, Switch, Access-Point eines Funknetzwerks etc.) diese vernetzt sind, klicken Sie den Link *Gesamtübersicht anzeigen* im oberen Bereich des Netzwerk- und Freigabecenters an. Daraufhin wird die physikalische Topologie des lokalen Netzwerks in der *Netzwerkübersicht* schematisch dargestellt (siehe Abbildung 30.2).

Hinweis 

Eine Netzwerkübersicht können Sie nur für ein Netzwerk anzeigen lassen, das nicht den Standorttyp »Öffentlich« aufweist.

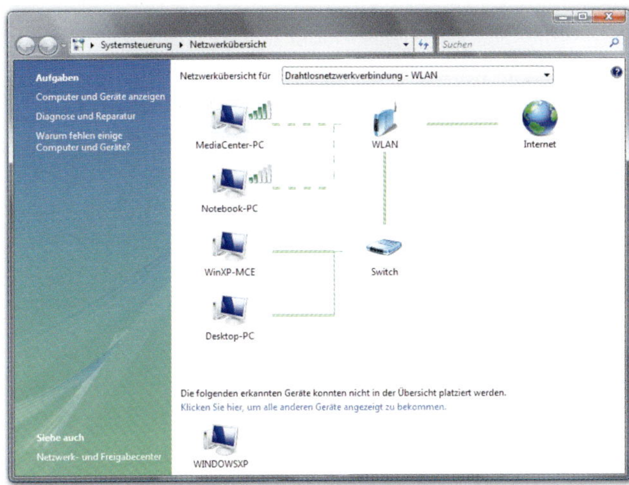

Abbildung 30.2 In der Netzwerkübersicht stellt Windows Vista eine Gesamtübersicht des Netzwerks dar

Stehen mehrere Netzwerke zur Verfügung, können Sie das gewünschte Netzwerk über das Listenfeld am oberen Rand der Netzwerkübersicht auswählen. Zur Aktualisierung der Ansicht klicken Sie die nebenstehend abgebildete Aktualisierungs-Schaltfläche an oder drücken die Taste F5.

Erscheinen trotz mehrfacher Aktualisierungen nicht alle im betreffenden Netzwerk vorhandenen Geräte oder werden einige PCs zwar erkannt, aber am unteren Rand mit dem Hinweis platziert, dass eine Einordnung in die Übersicht nicht möglich ist, hat es damit Folgendes auf sich: Die Netzwerkübersicht von Windows Vista verwendet das Protokoll *LLTD* (Link-Layer Topology Discovery), um die im Netzwerk vorhandenen Geräte zu erkennen:

- Windows Vista bietet bereits serienmäßig eine Unterstützung für LLTD.
- In Windows XP SP2 ist diese jedoch nicht eingebaut. Daher muss unter Windows XP SP2 der so genannte *Link-Layer Topology Discovery Responder*, der die Erkennung des Windows XP-PCs durch andere Geräte erlaubt, auf dem Computer installiert werden.

Hinweis 

Über den Downloadlink *go.microsoft.com/fwlink/?LinkId=70582* können Sie den LLTD-Responder für Windows XP aus dem Microsoft-Download-Center herunterladen.

- Ist auf dem Windows XP-PC bereits das Service Pack 3 für Windows XP aufgespielt, brauchen Sie den LLTD-Responder auf diesem Computer nicht mehr separat zu installieren. Denn in Windows XP SP3 ist der Link-Layer Topology Discovery Responder bereits enthalten.

- Andere Geräte wie Switches, Router etc. kann die Netzwerkübersicht von Windows Vista in der Regel automatisch erkennen, selbst wenn diese noch nicht mit einer Unterstützung für LLTD versehen sind.

Möchten Sie (sofern vorhanden) die IP-Adresse eines Geräts für IPv4 und für IPv6 sowie die MAC-Adresse seines Netzwerkadapters erfahren, bewegen Sie den Mauszeiger auf das Gerätesymbol. In einem kleinen Fenster werden diese Angaben dann eingeblendet.

Tipp

Handelt es sich bei einem Gerät um einen Switch, Access-Point oder Router, der *UPnP* (Universal Plug and Play) unterstützt oder um ein Streaming-Media-Gerät, bietet die Netzwerkübersicht von Windows Vista noch mehr: Klicken Sie das Gerät mit der rechten Maustaste an und wählen im Kontextmenü den Eintrag *Eigenschaften* aus, können Sie sich im *Eigenschaften*-Dialogfeld auf der Registerkarte *Netzwerkgerät* über gerätespezifische Details informieren (siehe Abbildung 30.3). Ebenfalls können Sie in diesem Fall aus dem Kontextmenü, das nach Anklicken des betreffenden Geräts in der Netzwerkübersicht erscheint, den Link neben *Gerätewebsite* anklicken, um bequem zu dessen Webkonfiguration zu gelangen.

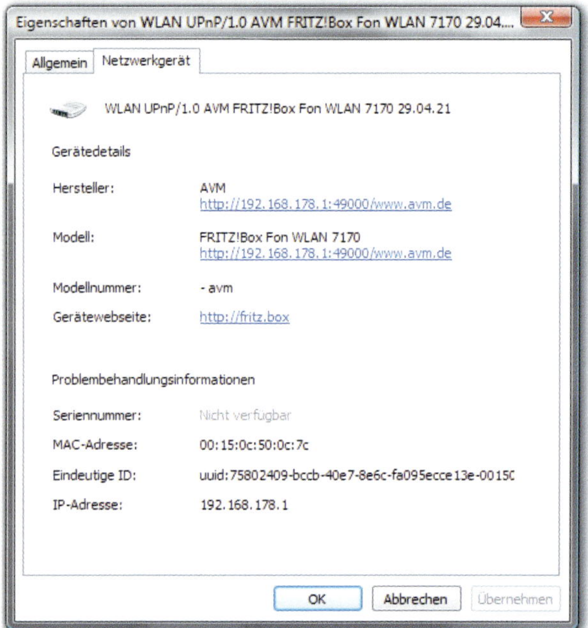

Abbildung 30.3 Die Netzwerkübersicht kann auch Details zu UPnP-fähigen Geräten zu Tage fördern

Informationen zum Netzwerk

Der mittlere Bereich im Netzwerk- und Freigabecenter informiert über das bzw. die Netzwerk(e), mit denen aktuell eine Verbindung besteht.

Merkmale des jeweiligen Netzwerks ändern

Zusätzlich zum Namen des Netzwerks und dessen *Standorttyp* (siehe Kapitel 29) zeigt das Netzwerk- und Freigabecenter auch ein Symbol an, das das jeweilige Netzwerk charakterisieren soll. Um eine dieser Angaben zu ändern, gehen Sie wie folgt vor:

1. Klicken Sie im mittleren Bereich des Netzwerk- und Freigabecenters auf den Link *Anpassen*.
2. Dadurch erhalten Sie das Fenster *Netzwerkstandort festlegen* angezeigt (siehe Abbildung 30.4).
3. Möchten Sie den Netzwerknamen ändern, tragen Sie die gewünschte Bezeichnung im entsprechenden Eingabefeld ein.

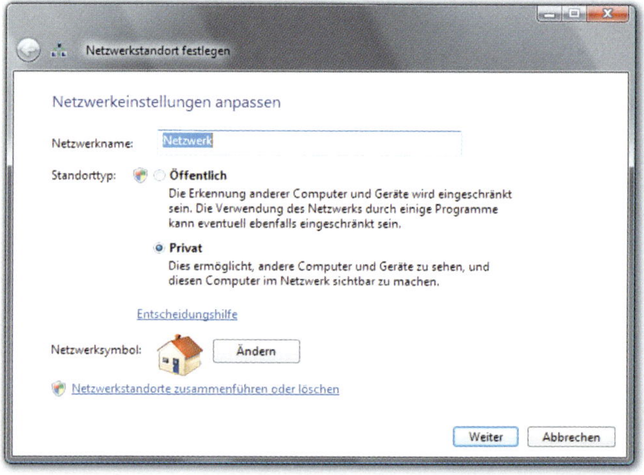

Abbildung 30.4 Über das Netzwerk- und Freigabecenter lässt sich der Netzwerkstandort ändern

4. Genauso lässt sich auch ein anderer Standorttyp für dieses Netzwerk festlegen, an dem sich auch die Windows-Firewall (siehe Kapitel 40) mit ihren Profilen »Domäne«, »Privat« und »Öffentlich« orientiert. Zur Auswahl für den Standorttyp stehen dabei *Öffentlich* und *Privat*.

Hinweis

Die manuelle Zuweisung des Standorttyps *Domänennetzwerk* ist nicht möglich – da die Auswahl dieses Standorttyps automatisch geschieht, falls der PC einer Domäne angehört und mit dem Unternehmens-LAN verbunden ist.

5. Wenn Sie es wünschen, können Sie auch das Symbol ändern, welches das Netzwerk repräsentiert. Dazu klicken Sie auf die Schaltfläche *Ändern*, um das neue Symbol über das Dialogfeld *Netzwerksymbol ändern* auszuwählen (siehe Abbildung 30.5). Die Symbole entstammen dabei standardmäßig der Datei *pnidui.dll*, die sich im Ordner *%SystemRoot%\system32* befindet. Auf Wunsch können Sie hier nach einem Klick auf die Schaltfläche *Durchsuchen* eine andere Datei bestimmen, aus deren Icon-Ressourcen Sie ein Symbol auswählen möchten. Haben Sie das favorisierte Symbol festgelegt, übernehmen Sie dieses durch Betätigung der Schaltfläche *OK*.

Hinweis 

Auf das Netzwerksymbol im Infobereich der Taskleiste hat die Auswahl eines bestimmten Symbols für ein Netzwerk keine Auswirkungen.

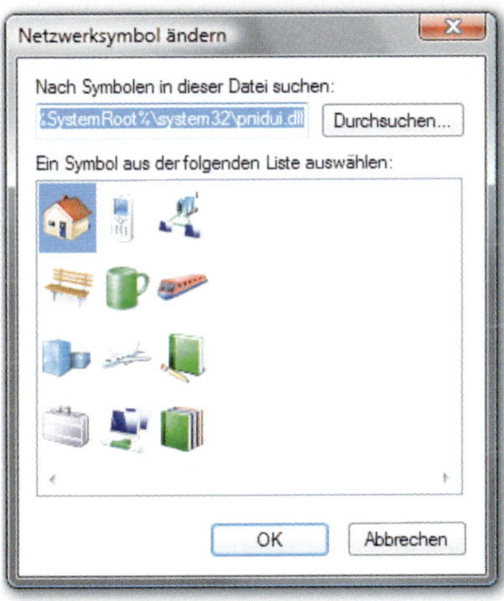

Abbildung 30.5 Vorgabe eines anderen Netzwerk-Symbols zur Repräsentation des betreffenden Netzwerks im Netzwerk- und Freigabecenter

6. Klicken Sie auf *Weiter*. Kurz darauf werden die neuen Vorgaben in einer Zusammenfassung verbunden mit dem Hinweis angezeigt, dass diese Einstellungen übernommen wurden.
7. Klicken Sie auf *Schließen*, um den Assistenten zu beenden.

Netzwerkstandorte bearbeiten

Das Fenster *Netzwerkstandort festlegen* ermöglicht zudem eine Bearbeitung der Netzwerkstandorte – die eine leichte Identifizierung des betreffenden Netzwerks gestatten (der aktuelle Netzwerkstandort wird zum Beispiel nach einem Klick auf das Netzwerksymbol im Infobereich der Taskleiste in dem darüber erscheinenden Fenster, in der Kachel-Ansicht beim Systemordner *Netzwerkverbindungen* sowie im mittleren Bereich des Netzwerk- und Freigabecenters angezeigt).

Wenn Sie mit dem Notebook oder Ihrem PC unterwegs sind und diesen häufiger in verschiedene Netzwerke einbinden (WLAN im Internet-Café, Netzwerk bei Bekannten oder einer besuchten Firma, LAN-Party etc.) einbinden, kann es sein, dass einige Netzwerkstandorte definiert worden sind, die gar nicht mehr existieren bzw. nicht mehr benötigt werden. Um welche es sich dabei handelt, erfahren Sie, indem Sie zunächst im Netzwerk- und Freigabecenter den Link *Anpassen* und dann im Fenster *Netzwerkstandort festlegen* den Link *Netzwerkstandorte zusammenführen oder löschen* anklicken, um zum gleichnamigen Dialogfeld zu gelangen (siehe Abbildung 30.6).

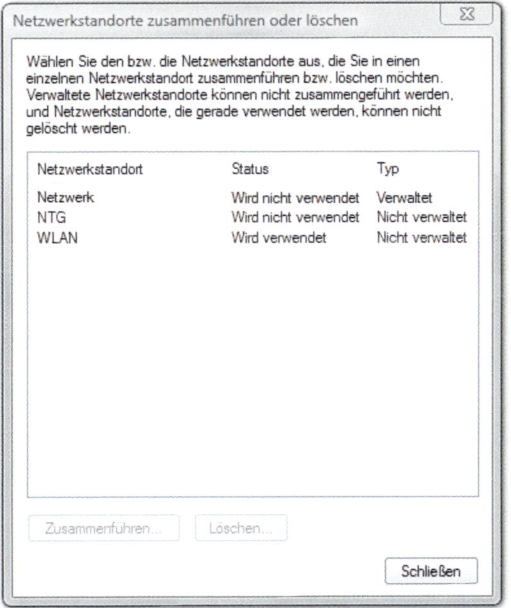

Abbildung 30.6 Bei Bedarf lassen sich Netzwerkstandorte zusammenführen oder löschen

Dort werden alle bekannten Netzwerkstandorte aufgelistet. Für jeden Netzwerkstandort ist dabei neben dem aktuellen Verbindungsstatus in der Spalte *Typ* ausgewiesen, ob es sich hierbei um einen über die Domäne verwalteten Standort (sofern der PC in eine Domäne eingebunden ist) handelt.

Möchten Sie einen Netzwerkstandort löschen, markieren Sie diesen und klicken auf die Schaltfläche *Löschen*. Um Netzwerkstandorte zusammenzufassen, gehen Sie wie folgt vor:

1. Markieren Sie den zu entfernenden Standort in der Auflistung.
2. Möchten Sie mehrere Standorte zusammenfassen, halten Sie die `Strg`-Taste gedrückt und markieren nacheinander die zu entfernenden Netzwerkstandorte.
3. Nach einem Klick auf die Schaltfläche *Zusammenführen* wählen Sie in der Auflistung des Dialogfelds *Netzwerkstandorte zusammenführen* den Netzwerkstandort aus, mit dem die zuvor markierten Standorte kombiniert werden sollen.
4. Durch Anklicken der Schaltfläche *OK* werden Ihre Vorgaben umgesetzt.

Mit einem Klick auf die Schaltfläche *Schließen* im Dialogfeld *Netzwerkstandorte zusammenführen oder löschen* schließen Sie die Bearbeitung der Netzwerkstandorte ab und kehren wieder zum Fenster *Netzwerkstandort festlegen* zurück.

Ausführliche Statusinformationen einer aktiven Netzwerkverbindung abrufen

Im mittleren Bereich des Netzwerk- und Freigabecenters ist ausgewiesen, über welche (im Systemordner *Netzwerkverbindungen* aufgeführte) Netzwerkverbindung – etwa *LAN-Verbindung* oder *Drahtlosnetzwerkverbindung* – aktuell die Verbindung zum Netzwerk erfolgt. Klicken Sie auf den zugehörigen Link *Status anzeigen*, wird das Status-Dialogfeld der betreffenden Netzwerkverbindung angezeigt (siehe Abbildung 30.7). Dort sind auf der Registerkarte *Allgemein* wichtige Eckdaten der betreffenden Netzwerkverbindung ausgewiesen. Handelt es sich um ein Funknetzwerk, ist außerdem die Signalstärke der WLAN-Verbindung angegeben.

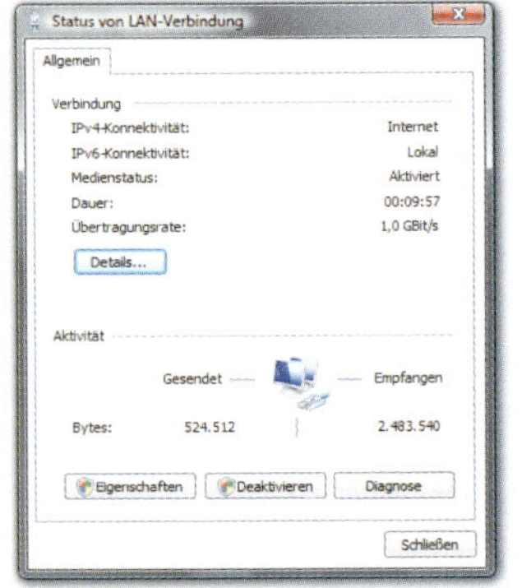

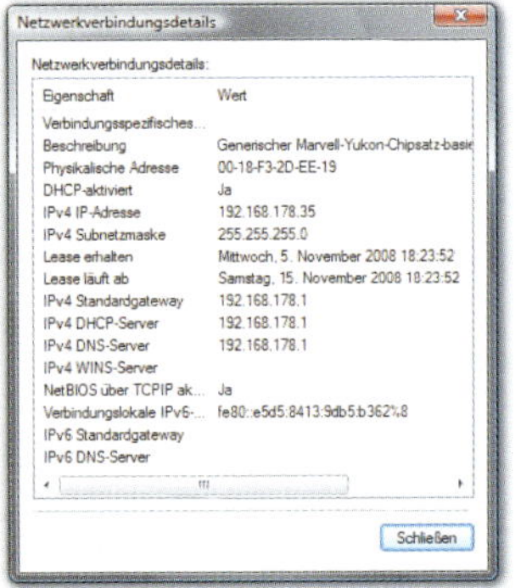

Abbildung 30.7 Status-Dialogfeld einer Netzwerkverbindung und verbindungsspezifische Details

An dieser Stelle bestehen folgende Möglichkeiten:

- Um die momentane IP-Adresse dieser Netzwerkverbindung für IPv4 (und, falls vorhanden, für IPv6) in Erfahrung zu bringen, klicken Sie die Schaltfläche *Details* an, um das Dialogfeld *Netzwerkverbindungsdetails* zu öffnen.
- Im Falle einer WLAN-Verbindung können Sie die Schaltfläche *Drahtloseigenschaften* anklicken. Daraufhin werden Sie in einem weiteren Dialogfeld auf der Registerkarte *Verbindung* über den Netzwerknamen, die SSID, den Sicherheits- und Funktyp sowie weitere Merkmale des Funknetzwerks bzw. des zugehörigen Netzwerkprofils informiert. Auf der Registerkarte *Sicherheit* können Sie zudem einen anderen Sicherheitstyp angeben und einen anderen Sicherheitsschlüssel festlegen.
- Klicken Sie auf die Schaltfläche *Eigenschaften*, wird das *Eigenschaften*-Dialogfeld der betreffenden Netzwerkverbindung angezeigt. Darüber können Sie zum Beispiel die von dieser Netzwerkverbindung verwendeten Protokolle einsehen und bei Bedarf anpassen.
- Um die Netzwerkverbindung zu deaktivieren, greifen Sie auf die gleichnamige Schaltfläche zurück.
- Möchten Sie eine Netzwerkdiagnose gezielt für diese Verbindung ausführen, klicken Sie die Schaltfläche *Diagnose* an.

Hinweis 

Die Eigenschaften einer Netzwerkverbindung können Sie ebenso wie ihre Deaktivierung und Aktivierung auch über den Systemordner *Netzwerkverbindungen* (siehe Kapitel 29) erledigen.

Freigaben definieren

Zusätzlich zu Informationen zum Netzwerk aus logischer und physikalischer Sicht stellt das Netzwerk- und Freigabecenter auch die zentrale Anlaufstelle für die *Freigabeeinstellungen* von Windows Vista dar. Diese sind im unteren Bereich *Freigabe und Erkennung* des Programmfensters des Netzwerk- und Freigabecenters zu finden (siehe Abbildung 30.8). Somit brauchen wichtige Einstellungen, die die Freigabe von Ordnern, Dateien und Druckern sowie Mediendateien betreffen, nicht mehr an unterschiedlichen Stellen mit unterschiedlichen Tools vorgenommen zu werden. Gleichzeitig ist es mit dem Netzwerk- und Freigabecenter von Windows Vista einfach, den Freigabestatus für unterschiedliche Aspekte (Ordner und Dateien, Drucker, Mediendateien etc.) zentral im Blick zu haben.

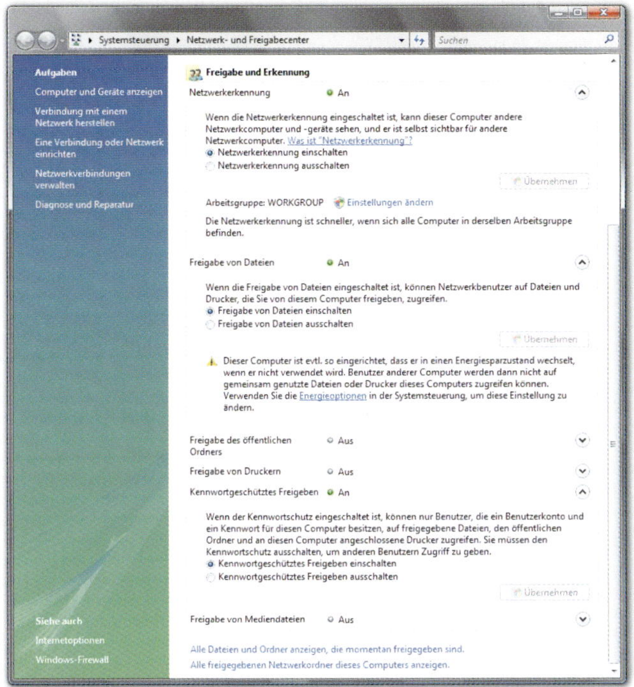

Abbildung 30.8 Freigabeeinstellungen von Windows Vista sind ebenfalls im Netzwerk- und Freigabecenter zusammengefasst

Im Einzelnen sind im Netzwerk- und Freigabecenter im Abschnitt *Freigabe und Erkennung* folgende Einstellungen zu finden (um diese ein- oder auszuschalten, klicken Sie die Pfeilschaltfläche in der jeweiligen Überschrift an, die gleichzeitig den aktuellen Status ausweist):

- **Netzwerkerkennung** Die Netzwerkerkennung steuert, ob Ihr Rechner mit seinem Computernamen für andere Computer und Geräte im lokalen Netzwerk (zum Beispiel im Systemordner *Netzwerk*) sichtbar ist, diese ihn also erkennen und seine Freigaben nutzen können. Genauso ist die Netzwerkerkennung Voraussetzung dafür, dass Ihr Rechner andere Computer und Geräte im Netzwerk erkennen kann, um deren Freigaben zu nutzen. Sollen also Freigaben genutzt werden können, ist die Netzwerkerkennung einzuschalten.

Wichtig 

In einem öffentlichen Netzwerk, in dem sich viele unbekannte Computer bzw. Computer unbekannter Herkunft befinden, sollte die Netzwerkerkennung aus Sicherheitsgründen ausgeschaltet bleiben.

Wichtig für die Netzwerkerkennung ist die *Arbeitsgruppe* (siehe Kapitel 29), in der sich der Windows Vista-PC befindet: Computer und Geräte, die sich in derselben Arbeitsgruppe befinden, tauchen beispielsweise in der Auflistung im Systemordner *Netzwerk* schneller auf, wenn sie derselben Arbeitsgruppe angehören. Standardmäßig rechnet Windows Vista den PC der Arbeitsgruppe *WORKGROUP* zu, während frühere Windows-Versionen standardmäßig die Arbeitsgruppen *ARBEITSGRUPPE* oder *MSHEIMNETZ* verwenden.

Um die Zugehörigkeit des Computers zu einer bestimmten Arbeitsgruppe oder einer Domäne (falls es eine solche im Netzwerk gibt) zu verändern, klicken Sie den Link *Einstellungen ändern* an, um zu den Systemeigenschaften von Windows Vista zu gelangen und im dortigen Dialogfeld auf der Registerkarte *Computername* die Schaltfläche *Ändern* anzuklicken. Anschließend können Sie den Namen der Arbeitsgruppe oder Domäne, der der Windows Vista-PC zuzurechnen ist, im Dialogfeld *Computernamen- bzw. -domänenänderungen* angeben (siehe Abbildung 30.9). Klicken Sie zweimal hintereinander auf *OK*, um diese Änderung zu übernehmen.

Wichtig 

Nach der Änderung der Zugehörigkeit des Windows Vista-PCs zu einer anderen Arbeitsgruppe oder Domäne muss der Computer (ebenso wie nach einer Änderung des Computernamens) neu gestartet werden.

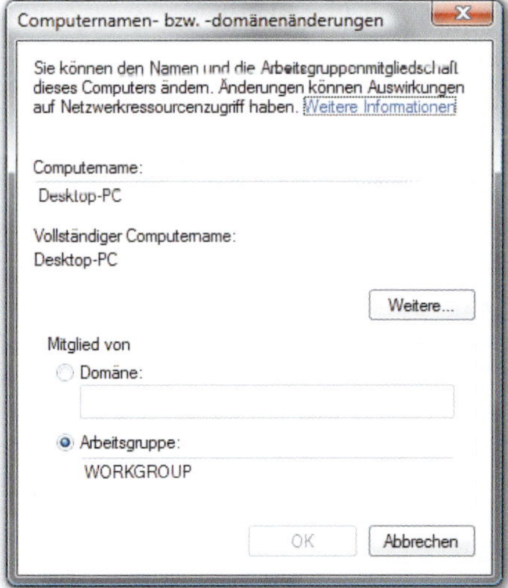

Abbildung 30.9 Lesen Sie fest, welcher Arbeitsgruppe oder Domäne der PC angehören soll, um die Nutzung von Netzwerkressourcen zu vereinfachen

- **Freigabe von Dateien** Sollen Ordner und Dateien des PCs freigegeben werden, um anderen Computern über das Netzwerk den Zugriff darauf zu gestatten, muss die Freigabe von Dateien eingeschaltet sein. Ist dies nicht gewünscht, aktivieren Sie die Option *Freigabe von Dateien ausschalten*.

Hinweis

Sind die Netzwerkerkennung sowie die Freigabe von Dateien nicht eingeschaltet, erscheint beim Besuch des Systemordners *Netzwerk* ein Hinweis in der Informationsleiste (siehe Abbildung 30.10). Um die Netzwerkerkennung sowie die Freigabe von Dateien gemeinsam einzuschalten, brauchen Sie lediglich die Informationsleiste anzuklicken.

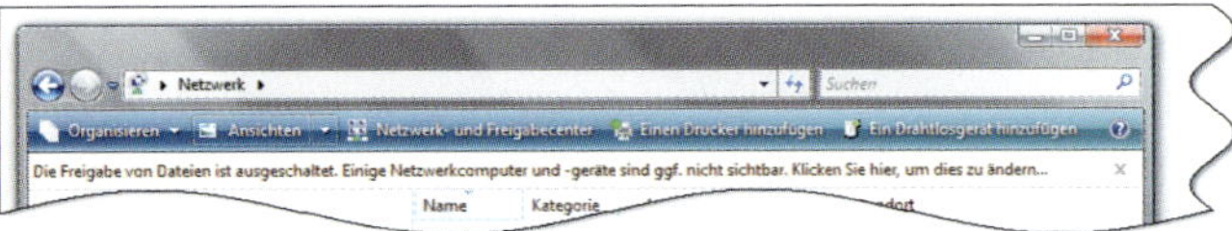

Abbildung 30.10 In der Informationsleiste erscheint beim Besuch des Systemordners Netzwerk ein Hinweis, wenn die Netzwerkerkennung und Freigabe von Dateien nicht eingeschaltet ist

- **Freigabe des öffentlichen Ordners** Für jeden Ordner und jede Datei, auf den bzw. die andere Benutzer zugreifen sollen, eine eigene Freigabe einzurichten, führt schnell zu Resultaten, jedoch rasch auch zu Unübersichtlichkeit. Um den Zugriff von anderen Benutzern und Computern auf Dateien Ihres Rechners übersichtlicher zu gestalten, kennt Windows Vista den *öffentlichen Ordner* – sozusagen der Nachfolger des Ordners *Gemeinsame Dokumente*, wie ihn Windows XP kennt.

  Der öffentliche Ordner von Windows Vista entspricht dem Ordner *%Public%*, standardmäßig also *C:\Users\Public*. Darunter befinden sich weitere Ordner, die zur inhalts- bzw. typorientierten Ablage von Dateien dienen. Hierbei handelt es sich um die Ordner *Öffentliche Dokumente*, *Öffentliche Downloads*, *Öffentliche Musik*, *Öffentliche Bilder* und *Öffentliche Videos*. Auf diese Weise lassen sich Dateien, die für Andere interessant sein können, aus einem persönlichen Ordner in den öffentlichen Ordner (bzw. einen der darunter befindlichen, passenden Unterordner) kopieren bzw. verschieben und so einheitlich für den leichten Abruf bereitstellen.

Hinweis 

Der öffentliche Ordner ist nicht nur zum Informationsaustausch mit anderen Computern über das Netzwerk, sondern auch zur Speicherung von Dateien für andere lokale Benutzer gedacht, die den PC abwechselnd verwenden.

Die Nutzung dieser Funktion kann auf mehrere Arten erfolgen:

- Sollen Zugriffe über das Netzwerk lediglich lesend erfolgen, aktivieren Sie die Option *Freigabe einschalten, sodass jeder Benutzer mit Netzwerkzugriff Dateien öffnen kann*.
- Um auch die Änderung der im öffentlichen Ordner abgelegten Dateien zu gestatten, ist hingegen die Option *Freigabe einschalten, sodass jeder Benutzer mit Netzwerkzugriff Dateien öffnen, ändern und erstellen kann* zu aktivieren.

Abschließend klicken Sie auf die zugehörige Schaltfläche *Übernehmen*, um diese Vorgabe zu speichern.

Wichtig 

Sind Änderungen erlaubt, können im öffentlichen Ordner auch Dateien gelöscht oder neu erstellt werden.

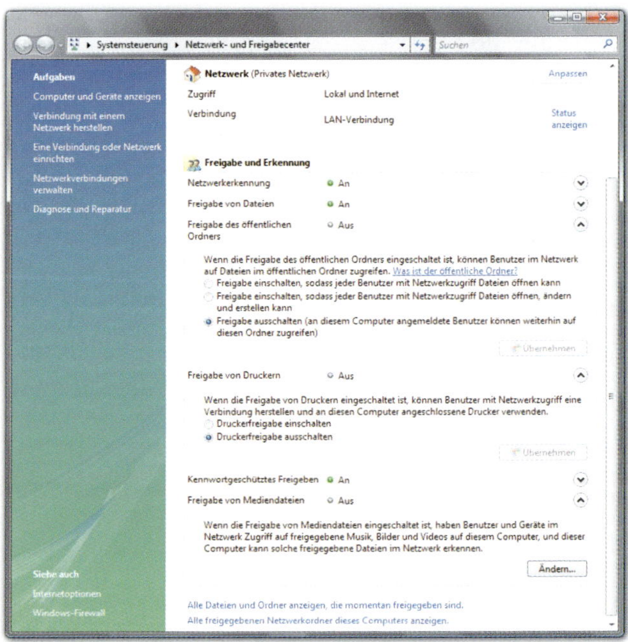

Abbildung 30.11 Windows Vista bietet Freigabeeinstellungen auch für öffentliche Ordner und Mediendateien

- **Freigabe von Druckern** Damit an den Windows Vista-PC angeschlossene Drucker über das Netzwerk von anderen Benutzern und Computern genutzt werden können, müssen diese freigegeben werden können. Dies ist nicht bei jedem Drucker der Fall. Beispielsweise lassen sich der virtuelle Faxdrucker (ab Windows Vista Business) und der *Microsoft XPS Document Writer* nicht freigeben. Um die Druckerfreigabe zu aktivieren, wählen Sie im Netzwerk- und Freigabecenter die Option *Druckerfreigabe einschalten* und speichern diese Vorgabe per Klick auf die Schaltfläche *Übernehmen*.

Hinweis 

Geben Sie einen mit dem Windows Vista-PC verbundenen Drucker frei, während diese Option im Netzwerk- und Freigabecenter noch ausgeschaltet ist, wird die Druckerfreigabe automatisch eingeschaltet. Analog dazu wird die Freigabe aller mit dem Windows Vista-PC verbundenen Drucker beendet, sobald im Netzwerk- und Freigabecenter die Option *Druckerfreigabe ausschalten* aktiviert wird.

- **Kennwortgeschütztes Freigeben** Hierüber wird gesteuert, ob sich Benutzer für Netzwerkzugriffe auf die Freigaben des Windows Vista-PCs mit dem Namen und Kennwort eines in der lokalen Benutzerkonten-Datenbank des Windows Vista-PCs definierten Benutzers anmelden müssen. In diesem Fall ist die Option *Kennwortgeschütztes Freigeben einschalten* zu aktivieren, um den Kennwortschutz für Freigaben zu verwenden. Sollen dagegen Netzwerkzugriffe auf die freigegebenen Ordner, Dateien und Drucker des Windows Vista-PCs ohne Anmeldung erfolgen können, ist die Option *Kennwortgeschütztes Freigeben ausschalten* zu verwenden.

Hinweis 

Sollten Netzwerkzugriffe auf den öffentlichen Ordner des Windows Vista-PCs bzw. seine Freigabe *Public* von anderen Computern nicht möglich sein und diese stattdessen die Aufforderung erhalten, sich mit Benutzername und Kennwort zu legitimieren, ist dafür als Benutzername *Guest* (das Kennwort bleibt leer) zu verwenden.

- **Freigabe von Mediendateien** Windows Vista gestattet es, den Windows Vista-PC als UPnP AV-fähigen *Streaming-Media-Server* zu betreiben. Entsprechende Netzwerk-Medien-Player (sprich *Streaming-Media-Clients*) können dann die auf diesem Windows Vista-PC abgelegten, von der Medienbibliothek des Windows Media Players verwalteten Mediendateien der Kategorien Musik, Bilder und Videos über das Netzwerk abrufen und wiedergeben.

Tipp 

Seinerseits lässt sich der Windows Vista-PC ebenfalls als Netzwerk-Medien-Player nutzen, um die Inhalte von anderen UPnP AV-fähigen Streaming-Media-Servern im Netzwerk zu beziehen.

Um die Medienfreigabe des Windows Vista-PCs einzuschalten, klicken Sie im Bereich *Freigabe von Mediendateien* auf die Schaltfläche *Ändern*. Daraufhin gelangen Sie zum Dialogfeld *Freigabe von Mediendateien* des Windows Media Player, wo Sie die so genannte *Medienfreigabe* über das Kontrollkästchen *Medien freigeben* ein- und ausschalten können (siehe Abbildung 30.12). Schalten Sie die Freigabe von Mediendateien ein, können Sie anschließend gezielt die Netzwerk-Medien-Player angeben, denen ein Abruf der Inhalte erlaubt bzw. nicht gestattet ist.

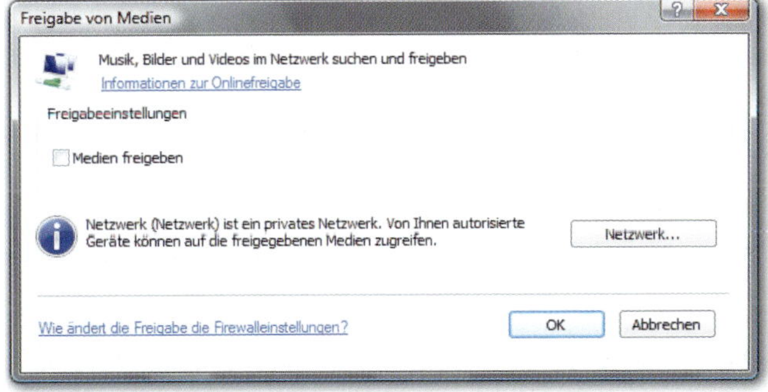

Abbildung 30.12 Für die Freigabe von Mediendateien zeichnet der Windows Media Player von Windows Vista verantwortlich

Zusammenfassung

In diesem Kapitel haben Sie erfahren, wie Sie das Netzwerk- und Freigabecenter beim Umgang mit Netzwerken unterstützen können. Die folgende Übersicht fasst die in diesem Zusammenhang wichtigen Vorgänge noch einmal für Sie zusammen.

Sie möchten ...	So gehen Sie vor	Sehen Sie sich dazu das Beispiel an auf
das Netzwerk- und Freigabecenter aufrufen	Klicken Sie zunächst auf das Netzwerksymbol im Infobereich der Taskleiste und im geöffneten Fenster auf den Link *Netzwerk- und Freigabecenter*	Seite 528
eine Darstellung der physikalischen Topologie des Netzwerks sehen	Klicken Sie im oberen Bereich des Netzwerk- und Freigabecenters auf den Link *Gesamtübersicht anzeigen*	Seite 529
die Eigenschaften eines Netzwerkgeräts (zum Beispiel eines DSL-Routers) einsehen	Klicken Sie dieses in der Netzwerkübersicht mit der rechten Maustaste an, wählen Sie im Kontextmenü *Eigenschaften* aus und wechseln Sie im anschließenden Fenster zur Registerkarte *Netzwerkgerät*	Seite 530
die Webkonfiguration eines Netzwerkgeräts aufrufen (sofern vorhanden)	Klicken Sie das Netzwerkgerät in der Netzwerkübersicht mit der rechten Maustaste an und wählen Sie im Kontextmenü *Gerätewebsite anzeigen* aus	Seite 530
ein anderes Netzwerksymbol für das aktuelle Netzwerk festlegen	Klicken Sie im mittleren Bereich des Netzwerk- und Freigabecenters auf den Link *Anpassen*, um das neue Netzwerksymbol im anschließenden Fenster auszuwählen	Seite 530
einen anderen Standorttyp für das aktuell verbundene Netzwerk festlegen	Klicken Sie im mittleren Bereich des Netzwerk- und Freigabecenters auf den Link *Anpassen*, können Sie im darauf folgenden Fenster als Standorttyp *Privat* oder *Öffentlich* auswählen	Seite 530
Netzwerkstandorte zusammenführen	Klicken Sie zunächst im mittleren Bereich des Netzwerk- und Freigabecenters auf den Link *Anpassen* und im darauf folgenden Fenster auf den Link *Netzwerkstandorte zusammenführen oder löschen*	Seite 531
die IP-Adresse der aktiven Netzwerkverbindung abrufen	Klicken Sie zunächst im mittleren Bereich des Netzwerk- und Freigabecenters auf den Link *Status anzeigen* und im darauf folgenden Dialogfeld auf die Schaltfläche *Details*	Seite 532
weitere Freigabeeinstellungen verändern	Schalten Sie die gewünschte Option im unteren Bereich des Netzwerk- und Freigabecenters ein oder aus	Seite 532
die Netzwerkerkennung ein- oder ausschalten	Klicken Sie die Pfeilschaltfläche in der Titelzeile *Netzwerkerkennung* im unteren Bereich des Netzwerk- und Freigabecenters an, wählen Sie die gewünschte Einstellung aus und klicken Sie auf die Schaltfläche *Übernehmen*	Seite 533
Mediendateien für andere Geräte im Netzwerk freigeben	Klicken Sie die Pfeilschaltfläche in der Titelleiste *Freigabe von Mediendateien* und dort die Schaltfläche *Ändern* an, um im darauf folgenden Dialogfeld das Kontrollkästchen *Medien freigeben* zu aktivieren und *OK* zu betätigen	Seite 535

Eric Tierling

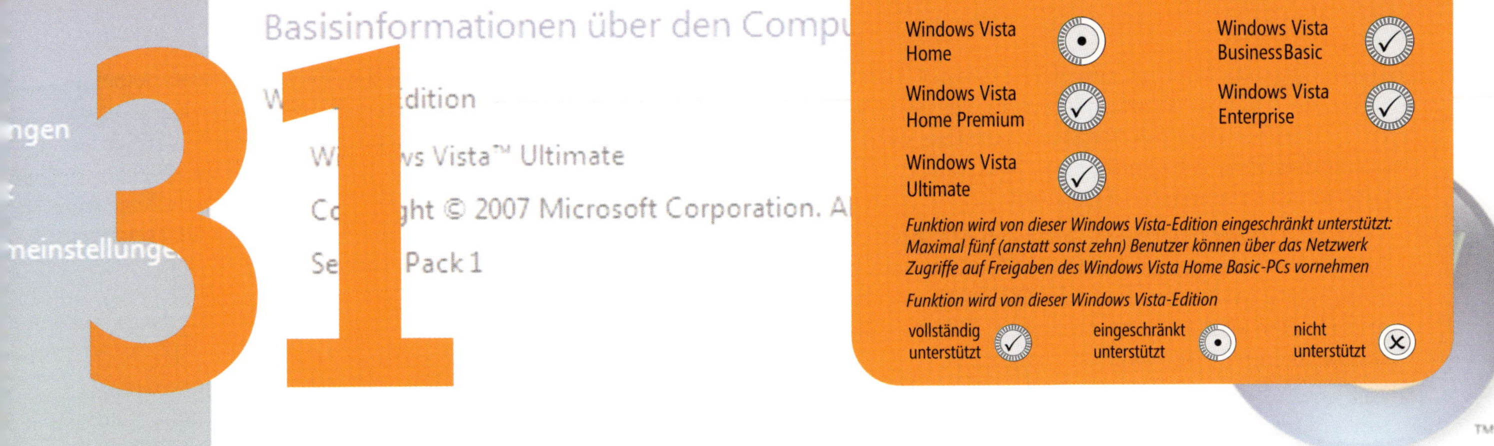

31 Im Netzwerk arbeiten: Freigaben nutzen

Das grundlegende Konzept, um eigene Ordner, Dateien und Drucker zur Nutzung durch andere Benutzer und Computer mittels Zugriffen über das Netzwerk bereitzustellen, beruht bei Windows Vista ganz ähnlich wie bei früheren Windows-Versionen auf so genannten *Freigaben*:

- Wird ein *Ordner freigegeben* (siehe den Abschnitt »Ordner im Netzwerk freigeben«), können Benutzer von anderen Computern im Netzwerk auf die Inhalte dieses Ordners – also Dateien und (sofern vorhanden) Unterordner sowie die darin enthaltenen Dateien – zugreifen.
- Neu gegenüber früheren Windows-Versionen ist bei Windows Vista die Möglichkeit, gezielt einzelne *Dateien freizugeben* (siehe den Abschnitt »Dateien freigeben«). Auf diese Weise können bestimmte Dateien für den Netzwerkzugriff von anderen Computern bereitgestellt werden, ohne gleich einen kompletten Ordner freizugeben.
- Handelt es sich um einen *freigegebenen Drucker*, können andere Netzwerkbenutzer diesen so verwenden, als wäre er am eigenen Rechner angeschlossen.

Freigaben können von anderen über das Netzwerk nur dann genutzt werden, wenn der Windows Vista-PC eingeschaltet und mit dem betreffenden LAN verbunden ist. Befindet sich der Computer im Energiesparmodus oder Ruhezustand oder ist er schlicht ausgeschaltet, können keine Zugriffe auf dessen Freigaben erfolgen.

Tipp

Zusätzlich ist es mit Windows Vista möglich, ein Programm oder den Windows-Desktop über LAN oder WLAN in einem virtuellen Meeting freizugeben, um damit gemeinsam mit anderen Teilnehmern zu arbeiten. Hierfür zeichnet die *Windows-Teamarbeit* verantwortlich (siehe Kapitel 34).

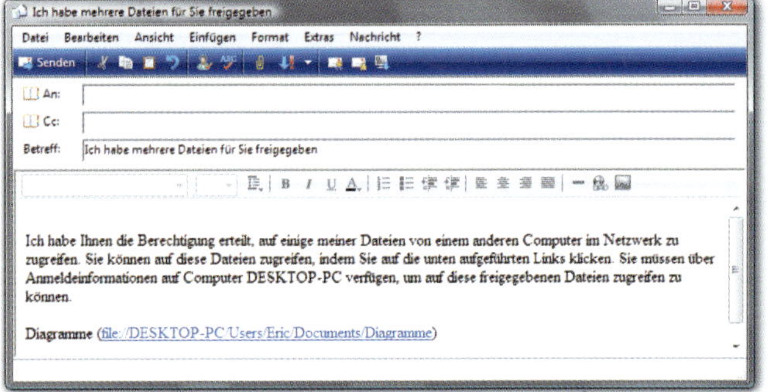

Abbildung 31.1 Der Freigabe-Assistent von Windows Vista kann den »Begünstigten« auf Wunsch per E-Mail über die soeben erstellte Freigabe und ihren Ort informieren

Die Nutzung von Freigaben besitzt dabei zwei Aspekte: Zunächst müssen Freigaben »geschaffen« werden – etwa, indem Sie einen Ordner des Windows Vista-PCs freigeben und so den Computer zum *Dateiserver* (engl. *Fileserver*) bzw. *Druckserver* (engl. *Printserver*) machen. Anschließend können andere Rechner über das Netzwerk auf die Freigaben dieses Dateiservers als *Clients* zugreifen.

Wichtig 

Durch die Freigabe von Ordnern oder Druckern verwandeln Sie einen Windows Vista-PC in einen »kleinen« Datei- bzw. Druckserver, auf dessen Freigaben Zugriffe über das Protokoll *SMB* stattfinden können. Windows Vista gestattet maximal zehn (fünf bei Windows Vista Home Basic) gleichzeitig eingehende SMB-Verbindungen auf seine Freigaben. Für darüber hinaus gehende Anforderungen ist der Einsatz eines Datei- oder Druckservers zum Beispiel auf Basis von Windows Server 2008 erforderlich.

Netzwerkerkennung und Freigabe von Dateien

Für eine optimale Nutzung von Freigaben ist es hilfreich, das dahinter stehende Konzept von Windows Vista zu verstehen.

Grundsätzlich muss im Netzwerk- und Freigabecenter (siehe Kapitel 30) die *Netzwerkerkennung* von Windows Vista eingeschaltet sein, um Freigaben nutzen zu können. Sollen Ordner des Windows Vista-PCs für den Zugriff von anderen Rechnern aus über das Netzwerk freigegeben werden, ist zudem im Netzwerk- und Freigabecenter die *Freigabe von Dateien* zu aktivieren. Beide Optionen können Sie über den unteren Bereich *Freigabe und Erkennung* des Netzwerk- und Freigabecenters ein- und ausschalten.

Tipp 

Sind beide Optionen noch nicht eingeschaltet, wenn Sie zum *Netzwerk*-Ordner (siehe den Abschnitt »Netzwerk-Inhalte: der Systemordner *Netzwerk*«) navigieren, erscheint ein entsprechender Hinweis in der Informationsleiste. Diesen brauchen Sie nur anzuklicken, um beide Optionen zu aktivieren.

Handelt es sich bei dem Netzwerk, mit dem der Windows Vista-PC momentan verbunden ist, um eines mit dem Standorttyp »Öffentliches Netzwerk«, erscheint beim Einschalten der Netzwerkerkennung oder der Freigabe von Dateien ein Dialogfeld (siehe Abbildung 31.2). Darin sind folgende Einstellungen vorzunehmen:

- Sollen die Netzwerkerkennung und Freigabe von Dateien von Windows Vista für das Netzwerk eingeschaltet werden,
  - mit dem der PC aktuell verbunden ist
  - und das als Standorttyp fälschlicherweise »öffentlich« anstatt »privat« aufweist,

  aktivieren Sie die Option *Nein, das Netzwerk, zu dem eine Verbindung besteht, zu einem privaten Netzwerk machen.*
- Andernfalls schalten Sie die Option *Ja, die Netzwerkerkennung und Freigabe von Dateien für alle öffentlichen Netzwerke aktivieren* ein.

Wichtig 

Nach Möglichkeit sollte die Netzwerkerkennung sowie die Freigabe von Dateien für öffentliche Netzwerke (etwa das Funknetzwerk in einem Internet-Café oder einem WLAN-Hotspot) nicht eingeschaltet werden. Andernfalls sind alle Teilnehmer in öffentlichen Netzwerken, mit denen sich der Windows Vista-PC verbindet, dazu in der Lage, über das Netzwerk auf die Freigaben des Rechners zuzugreifen – was kaum wünschenswert ist. Aus diesem Grund sind die Netzwerkerkennung sowie die Freigabe von Dateien für Netzwerke vom Standorttyp »öffentlich« standardmäßig ausgeschaltet.

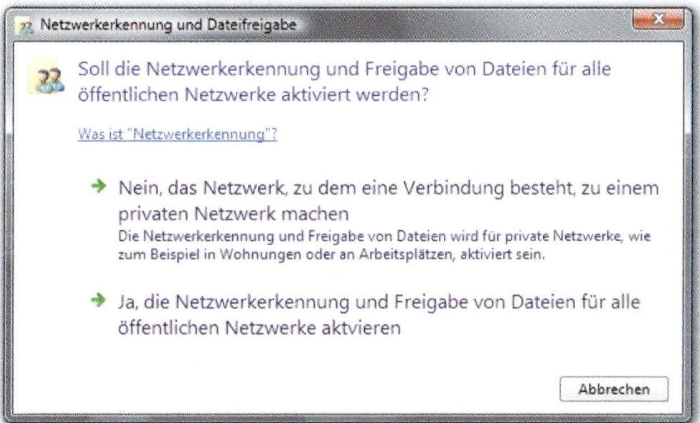

Abbildung 31.2 Eine solche Meldung erscheint, wenn der PC momentan mit einem öffentlichen Netzwerk verbunden ist und die Netzwerkerkennung bzw. Freigabe von Dateien eingeschaltet werden soll

Freigabe des öffentlichen Ordners

Um den Umgang mit Freigaben einfach zu gestalten, erlaubt Windows Vista die *Freigabe des öffentlichen Ordners*. Wird diese Funktion über das Netzwerk- und Freigabecenter eingeschaltet, erstellt Windows Vista für den Ordner *%Public%* (standardmäßig *C:\Users\Public*) eine Freigabe mit Namen *Public*. Auf diese Weise können Zugriffe auf den öffentlichen Ordner – respektive seine Unterordner – sowie die darin enthaltenen Dateien über das Netzwerk stattfinden.

In welchem Umfang dies geschehen darf, lässt sich im Netzwerk- und Freigabecenter (siehe auch Kapitel 30) festlegen. Dazu führen Sie die folgenden Schritte aus:

1. Klicken Sie das Netzwerksymbol im Infobereich der Taskleiste an und wählen Sie den Link *Netzwerk- und Freigabecenter* aus.
2. Klicken Sie im unteren Bereich *Freigabe und Erkennung* auf die Pfeilschaltfläche in der Titelzeile von *Öffentlicher Ordner* (siehe Abbildung 31.3). Nun haben Sie folgende Möglichkeiten:
   - Um lediglich lesende Zugriffe über das Netzwerk zu gestatten, aktivieren Sie die Option *Freigabe einschalten, sodass jeder Benutzer mit Netzwerkzugriff Dateien öffnen kann.*
   - Sollen hingegen über das Netzwerk auch die Änderung der im öffentlichen Ordner abgelegten Dateien erlaubt sein, greifen Sie auf die Option *Freigabe einschalten, sodass jeder Benutzer mit Netzwerkzugriff Dateien öffnen, ändern und erstellen kann* zurück.
   - Möchten Sie Computern über das Netzwerk lediglich lesenden Zugriff gestatten, aktivieren Sie die Option *Freigabe einschalten, sodass jeder Benutzer mit Netzwerkzugriff Dateien öffnen kann.*
3. Klicken Sie auf die Schaltfläche *Übernehmen*, um diese Vorgabe zu speichern.

Hinweis 

Sollten Netzwerkzugriffe auf den öffentlichen Ordner des Windows Vista-PCs bzw. seine Freigabe *Public* von anderen Computer nicht möglich sein und diese stattdessen die Aufforderung erhalten, sich mit Benutzername und Kennwort zu legitimieren, ist dafür als Benutzername *Guest* (das Kennwort bleibt leer) zu verwenden.

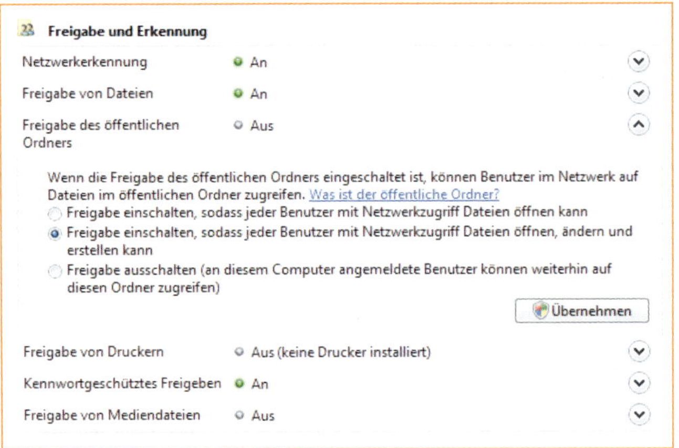

Abbildung 31.3 Da die Freigabe des öffentlichen Ordners standardmäßig deaktiviert ist, müssen Sie diese zunächst einschalten

Kennwortschutz für Freigaben

Windows Vista erlaubt Zugriffe auf Freigaben über das Netzwerk mit oder ohne *Kennwortschutz*. Ist die Option *Kennwortgeschütztes Freigeben* im unteren Bereich *Freigabe und Erkennung* des Netzwerk- und Freigabecenters (siehe Kapitel 30) eingeschaltet, müssen sich Benutzer, die über das Netzwerk auf Freigaben des Windows Vista-PCs zugreifen möchten, vorher als Benutzer legitimieren. Konkret gilt es hierbei den Namen und das Kennwort eines in der lokalen Benutzerkonten-Datenbank des Windows Vista-PCs definierten Benutzers anzugeben. Erst nachdem diese Legitimation erfolgreich stattgefunden hat, gewährt der Windows Vista-PC den Zugriff auf die betreffenden Freigaben.

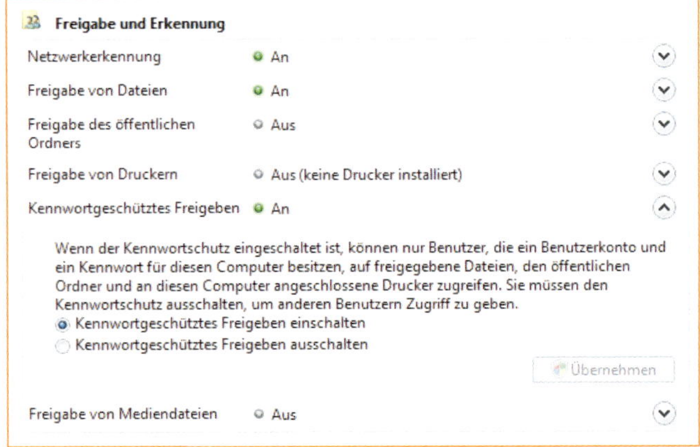

Abbildung 31.4 Hier wird der Kennwortschutz für Freigaben ein- und ausgeschaltet

Alternativ lässt sich Windows Vista so konfigurieren, dass Zugriffe auf Freigaben ohne Kennwortschutz erfolgen können. In diesem Fall können Benutzer von anderen Computern über das Netzwerk auf Freigaben des Windows Vista-PCs zugreifen, ohne sich vorher als bestimmter Benutzer zu legitimieren.

Welches Verfahren zu bevorzugen ist, hängt vom Einsatzzweck ab:

- Soll der Zugriff auf die Freigaben des PCs auf bestimmte Personen beschränkt werden, ist der Kennwortschutz bzw. die Verwendung der Option *Kennwortgeschütztes Freigeben* zu empfehlen. In diesem Fall ist allerdings für alle in Frage kommenden Benutzer jeweils ein Benutzerkonto samt Kennwort in der lokalen Benutzerkonten-Datenbank des Windows Vista-PCs zu erstellen (siehe Kapitel 22). Alle Personen müssen diese Daten mitgeteilt bekommen, sodass diese wissen, mit welchen Angaben sie sich über das Netzwerk beim Windows Vista-PC anmelden können.

Hinweis 

Dieses Vorgehen muss für jeden Windows Vista-PC separat erfolgen.

- Sollen möglichst alle Benutzer im lokalen Netzwerk auf die Freigaben zugreifen können, ist im Netzwerk- und Freigabecenter die Option *Kennwortgeschütztes Freigeben* einzuschalten. Zugriffe finden dann ohne Kennwortschutz statt, sodass jeder beliebige Benutzer über das Netzwerk direkt auf die Freigabe zugreifen kann und sich dazu nicht erst legitimieren muss.

Berechtigungen für den Zugriff auf Freigaben

Welcher Benutzer auf welche Art und Weise auf Freigaben zugreifen bzw. ihren Inhalt in welchem Umfang nutzen darf, legen entsprechende Berechtigungen fest.

Freigabeberechtigungen bei der erweiterten Freigabe

Freigabeberechtigungen regeln, welche Arten von Netzwerkzugriffen auf die jeweilige Freigabe stattfinden dürfen. Windows Vista kennt die folgenden (»klassischen«, da auch in früheren Windows-Versionen wie Windows XP enthaltenen) Freigabeberechtigungen:

- Lesen Hierdurch sind einem Benutzer oder Computer nur lesende Netzwerkzugriffe auf die Freigabe gestattet.

- **Ändern** Zusätzlich gestattet diese Freigabeberechtigung die Erstellung, das Löschen sowie die Änderung an den Inhalten der Freigabe.
- **Vollzugriff** Hierdurch ist ein vollständiger Netzwerkzugriff auf die Freigabe möglich (inkl. Änderung von Zugriffsberechtigungen und der Besitzübernahme).

Hinweis

Freigabeberechtigungen lassen sich nach einem Klick auf die Schaltfläche *Erweiterte Freigabe* auf der Registerkarte *Freigabe* im *Eigenschaften*-Dialogfeld eines Ordners einsehen und verändern.

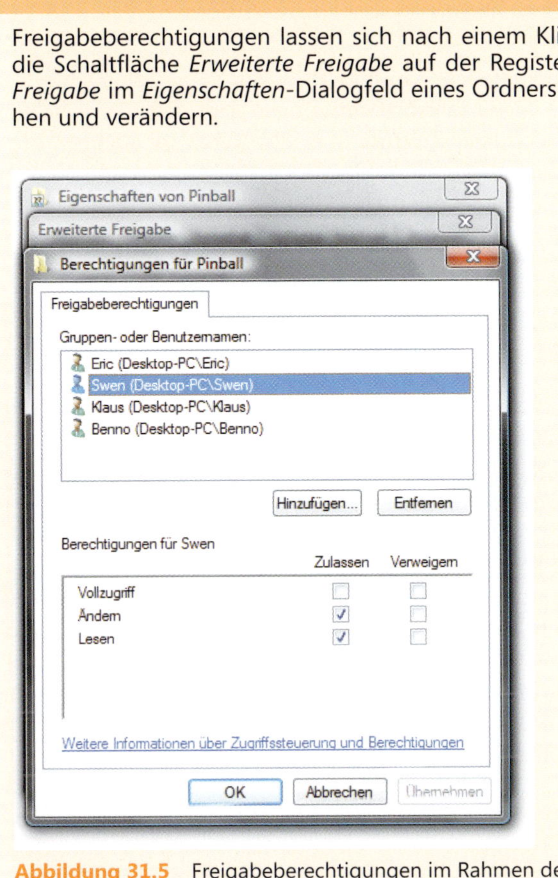

Abbildung 31.5 Freigabeberechtigungen im Rahmen der erweiterten Freigabe

Berechtigungsebenen im Freigabe-Assistenten

Anstatt der klassischen Freigabeberechtigungen »Lesen«, »Ändern« und »Vollzugriff« verwendet der *Freigabe-Assistent* von Windows Vista eigene Bezeichnungen für die mit einer Freigabe assoziierten Berechtigungen. Diese werden als *Berechtigungsebene* bezeichnet:

- **Leser** Diese Berechtigungsebene entspricht der Freigabeberechtigung »Lesen« und gestattet lediglich das Öffnen und Ausführen.
- **Mitwirkender** Bei dieser Berechtigungsebene, die der Kombination der Freigabeberechtigungen »Lesen« und »Ändern« entspricht (und nur für freigegebene Ordner, nicht aber freigegebene Dateien zur Verfügung steht), lassen sich die Inhalte vorhandene Ordner und Dateien öffnen, neu erstellen sowie die neu erstellten Ordner und Dateien verändern oder löschen.
- **Mitbesitzer** Diese der Freigabeberechtigung »Vollzugriff« entsprechende Berechtigungsebene gestattet die Anzeige und Änderung sowie das Löschen von Ordnern bzw. Dateien und die Erstellung neuer Ordner bzw. Dateien.

Hinweis

Besitzer ist der Benutzer, dem der betreffende Ordner gehört (in der Regel der Benutzer, der den jeweiligen Ordner erstellt hat).

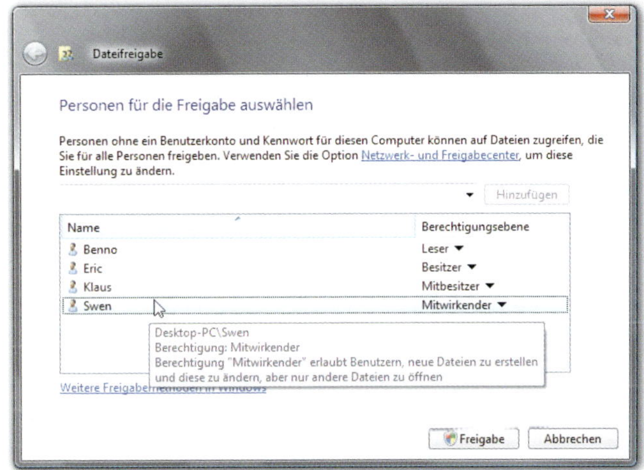

Abbildung 31.6 Der Freigabe-Assistent von Windows Vista arbeitet mit Berechtigungsebenen

Zusammenspiel von Freigabe- und Sicherheitsberechtigungen

In welchem Umfang Zugriffe über das Netzwerk auf den Inhalt einer Freigabe stattfinden dürfen, regeln die mit der Freigabe assoziierten Freigabeberechtigungen. Ist zum Beispiel über das Netzwerk- und Freigabecenter die Freigabe des öffentlichen Ordners eingeschaltet, erhält die Windows Vista-interne Sondergruppe *Jeder* Freigabeberechtigungen für den unter dem Namen *Public* freigegebenen Ordner *%Public%* (standardmäßig der Ordner *C:\Users\Public*).

Welche Zugriffe tatsächlich in diesem Ordner stattfinden dürfen, regeln aber nicht die Freigabeberechtigungen, sondern vielmehr die *Sicherheitsberechtigungen*. Diese lassen sich zum Beispiel im *Eigenschaften*-Dialogfeld des Ordners bzw. der Datei über die Registerkarte *Sicherheit* einsehen und bearbeiten (siehe Abbildung 31.7). Sicherheitsberechtigungen geben exakt an, welche Zugriffe auf den Ordner bzw. eine Datei eines Laufwerks stattfinden dürfen. Im Rahmen dessen können die einzelnen Sicherheitsberechtigungen zugelassen sein oder verweigert werden.

Hinweis

Standardmäßig werden Sicherheitsberechtigungen für Ordner automatisch auf den Inhalt dieses Ordners – also Unterordner und Dateien – weiter vererbt. Sofern die Vererbung der Sicherheitsberechtigungen auf einer untergeordneten Ordnerebene nicht explizit außer Kraft gesetzt werden, sind die in einem Ordner enthaltenen Dateien also automatisch mit den Sicherheitsberechtigungen des übergeordneten Ausgangsordners versehen.

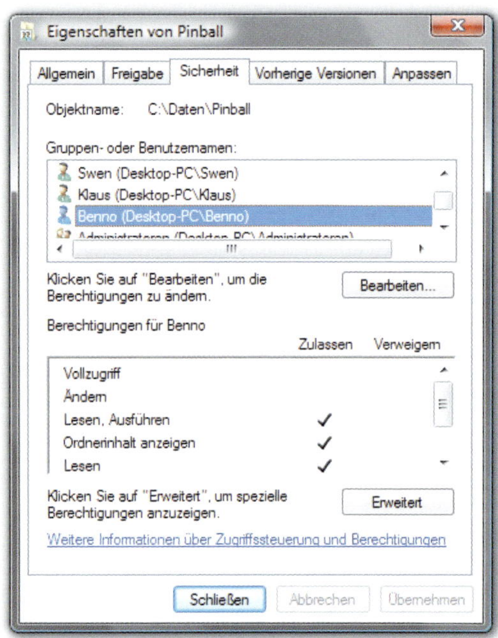

Abbildung 31.7 Sicherheitsberechtigungen sind ebenfalls wichtig dafür, welche Zugriffe auf die per Freigabe über das Netzwerk erreichbaren Ordner und Dateien möglich sind

Worin liegt nun der Unterschied zwischen Freigabeberechtigungen und Sicherheitsberechtigungen?

- **Freigabeberechtigungen** Beziehen sich ausschließlich darauf, welche Netzwerkzugriffe auf die Freigabe stattfinden können
- **Sicherheitsberechtigungen** Regeln, welche Zugriffe überhaupt möglich sind – unabhängig davon, ob der Zugriff von einem lokal am PC arbeitenden Benutzer oder per Netzwerk von einem entfernten Benutzer aus erfolgt

Dies bedeutet: Die Kombination aus Freigabeberechtigungen und Sicherheitsberechtigungen legt fest, in welchem Umfang Benutzer Zugriffe über das Netzwerk ausüben dürfen. Anders ausgedrückt: Der kleinste gemeinsame Nenner von Freigabeberechtigungen und Sicherheitsberechtigungen für einen freigegebenen Ordner bestimmt, welche Arten von Zugriffen über das Netzwerk effektiv stattfinden können.

Ordner im Netzwerk freigeben

Sind die Netzwerkerkennung sowie die Freigabe von Dateien eingeschaltet (siehe den Abschnitt »Netzwerkerkennung und Freigabe von Dateien«), kann es losgehen: Sie können Ordner Ihres Windows Vista-PCs freigeben. Voraussetzung dazu ist lediglich, dass der betreffende Ordner bereits existiert und Sie über Administratorrechte verfügen.

Auf dem eigenen Windows Vista-PC freigegebene Ordner und Dateien werden dabei mit dem nebenstehend dargestellten kleinen Zusatzsymbol versehen. So können Sie (beispielsweise im Windows-Explorer) leicht erkennen, ob ein Ordner oder eine Datei Ihres Windows Vista-PCs freigegeben ist.

Tipp 

Je nach Aufgabe genügt es vielleicht schon, wenn Sie den öffentlichen Ordner freigeben (siehe Abschnitt »Freigabe des öffentlichen Ordners«) und die Ordner und Dateien, die Sie anderen Benutzern und Computern zum Zugriff über das Netzwerk zur Verfügung stellen möchten, in den öffentlichen Ordner kopieren oder verschieben – sodass Sie dann keine neue, eigenständige Freigabe erstellen müssen.

Freigabe-Assistent

Mit dem *Freigabe-Assistenten* von Windows Vista lassen sich Ordner freigeben, die Einstellungen freigegebener Ordner bearbeiten sowie freigegebene Ordner löschen.

Hinweis 

Windows Vista gestattet es zudem, einzelne Dateien mit dem Freigabe-Assistenten freizugeben. Mehr hierzu erfahren Sie im Abschnitt »Dateien freigeben«.

Freigabe für einen Ordner erstellen

Um für einen Ordner eine neue Freigabe mit dem Freigabe-Assistenten zu erstellen, führen Sie die folgenden Schritte aus:

1. Öffnen Sie den Windows-Explorer, beispielsweise durch Auswahl von *Computer* im Startmenü.
2. Klicken Sie im Windows-Explorer den freizugebenden Ordner entweder im linken Strukturbereich oder im rechten Detailfenster mit der rechten Maustaste an, um den Eintrag *Freigabe* aus dem zugehörigen Kontextmenü auszuwählen. Alternativ können Sie den gewünschten Ordner markieren und die Schaltfläche *Freigeben* oben in der Symbolleiste des Windows-Explorers anklicken.
3. Der Freigabe-Assistent wird gestartet, öffnet das Dialogfeld *Dateifreigabe* – auch wenn es hier um die Freigabe eines Ordners geht – und zeigt die Seite *Personen für die Freigabe auswählen* an (siehe Abbildung 31.8):
   - Im dortigen Kombinationsfeld können Sie einen Benutzer entweder aus der Liste auswählen, die auf die lokale Benutzerkonten-Datenbank des Windows Vista-PCs zurückgreift, oder aber dessen Namen eintippen.
   - Möchten Sie an dieser Stelle einen Benutzer angeben, für den noch kein Konto in der lokalen Benutzerkonten-Datenbank des Windows Vista-PCs existiert, wählen Sie im Kombinationsfeld den Eintrag *Neuen Benutzer erstellen*.
   - Ist der Computer in eine Domäne eingebunden, erhalten Sie nach Auswahl des dann erscheinenden Eintrags *Suchen* im Kombinationsfeld die Möglichkeit, über das Dialogfeld *Benutzer oder Gruppen wählen* einen Benutzer oder eine Gruppe aus der Domäne auswählen, der bzw. die Zugriff auf den freizugebenden Ordner des Windows Vista-PCs erhalten soll.
4. Klicken Sie schließlich auf die Schaltfläche *Hinzufügen*, um den angegebenen Benutzer zu übernehmen.

Tipp 

Ist der Computer nicht in eine Domäne eingebunden, möchten Sie jedoch einer in der lokalen Benutzerkonten-Datenbank des Windows Vista-PCs definierten Gruppe bzw. ihren Mitgliedern Berechtigungen zur Nutzung eines freigegebenen Ordners erteilen, verwenden Sie dazu die erweiterte Freigabe (siehe Abschnitt »Erweiterte Freigabe«).

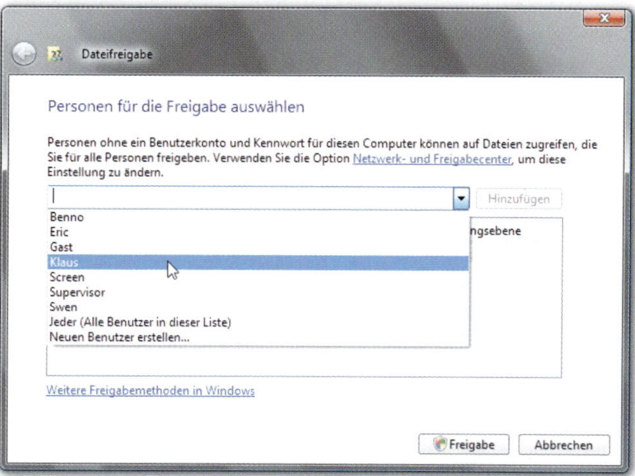

Abbildung 31.8 Legen Sie fest, welche(r) in der lokalen Benutzerkonten-Datenbank definierte(n) Benutzer Zugriff auf den freizugebenden Ordner erhalten soll(en)

5. Standardmäßig wird dem soeben hinzugefügten Benutzer die Berechtigungsebene *Leser* zugeteilt. Falls Sie eine weiter reichende Berechtigungsebene für den Benutzer wünschen, markieren Sie diesen in der Auflistung, klicken die Pfeilschaltfläche in der Spalte *Berechtigungsebene* an und geben *Mitwirkender* oder *Mitbesitzer* an.
6. Haben Sie alle in Frage kommenden Benutzer mitsamt ihrer Berechtigungsebene angegeben, bestätigen Sie dies durch einen Klick auf die Schaltfläche *Freigabe*.
7. Die Seite *Der Ordner wurde freigegeben* (siehe Abbildung 31.9) wird geöffnet. Hier werden der Freigabename – der sich aus dem Namen des Ordner ableitet – sowie der Computername des eigenen Windows Vista-PCs noch einmal ausgewiesen. Dabei handelt es sich um die Daten, die andere Benutzer oder Computer für den Zugriff auf die Freigabe über das Netzwerk benötigen.

   Falls Sie möchten, können Sie den Link zum freigegebenen Ordner in die Zwischenablage kopieren (etwa, um eine manuelle Auflistung aller Freigaben in einer mit dem Windows-Editor geöffneten Textdatei zu führen) oder aber per E-Mail an einen Empfänger versenden, der in der Regel einem der Benutzer entspricht, dem Sie soeben Freigabeberechtigungen für den betreffenden Ordner erteilt haben.
8. Klicken Sie auf die Schaltfläche *Fertig*, um den Freigabe-Assistenten abzuschließen.

Klicken Sie den Link *Alle Netzwerkfreigaben dieses Computers anzeigen* an, öffnet sich ein Windows-Explorer-Fenster, das im *Netzwerk*-Ordner den Inhalt Ihres eigenen Windows Vista-PCs anzeigt – was den (sichtbaren) Freigaben Ihres Computers entspricht. Des Weiteren können Sie die Freigabe mit dem MMC-Snap-In *Freigegebene Ordner* (siehe den Abschnitt »Freigegebene Ordner (MMC-Snap-In)«) verwalten.

PROFITIPP 

Befindet sich der freigegebene Ordner im eigenen Benutzerprofil-Ordner *%userprofile%* (etwa *C:\Users\Swen*), sodass Sie zum Beispiel gerade den Ordner *C:\Users\Swen\Documents\Carrera* freigegeben haben,

- erstellt Windows Vista eine Freigabe für den Ordner *C:\Users*,
- erteilt der Sondergruppe *Jeder* dafür die Freigabeberechtigung *Vollzugriff*
- und regelt über entsprechende Sicherheitsberechtigungen, dass Benutzer über die untergeordneten Ordnerebenen schließlich Zugriff auf den betreffenden Ordner erhalten.

Eine direkte Freigabe für den betreffenden Ordner wird nicht erstellt, wie sich mit dem MMC-Snap-In *Freigegebene Ordner* (siehe den Abschnitt »Freigegebene Ordner (MMC-Snap-In)«) nachvollziehen lässt. Der Windows-Explorer von Windows Vista erkennt jedoch, wenn es sich bei einem dem Benutzerprofil untergeordneten Ordner um einen solchen handelt, der mit dem Freigabe-Assistenten freigegeben wurde, und bietet bei der nachträglichen Bearbeitung zusätzlich die Möglichkeit zur Einsichtnahme und Änderung in die Freigabeeinstellungen.

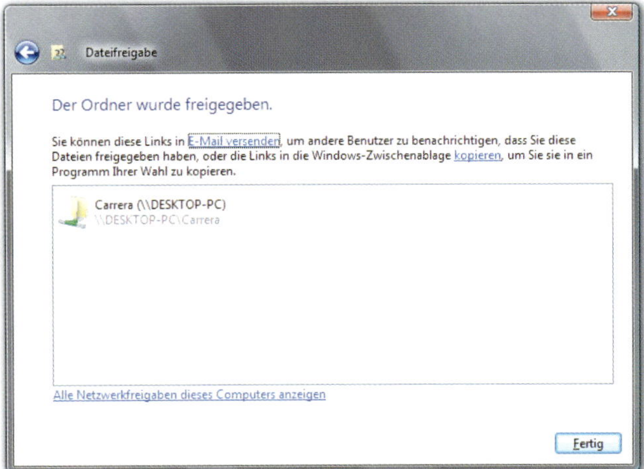

Abbildung 31.9 Der Freigabe-Assistent zeigt den Computer- und Freigabenamen an und kann diese Daten für den leichteren Zugriff darauf direkt per E-Mail versenden

Freigabe eines Ordners bearbeiten und löschen

Zudem können Sie die Freigabe des Ordners bei Bedarf bearbeiten, um die angegebenen Einstellungen zu verändern oder die Ordnerfreigabe wieder zu löschen. Hierzu gehen Sie ähnlich wie bei der Erstellung der Freigabe vor:

1. Markieren Sie den Ordner im Windows-Explorer, um anschließend oben in der Symbolleiste die Schaltfläche *Freigeben* anzuklicken. Alternativ klicken Sie den Ordner im linken Navigationsbereich oder im rechten Detailfenster mit der rechten Maustaste an und wählen den Eintrag *Freigabe* aus dem Kontextmenü aus. Genauso möglich ist es, aus dem Kontextmenü den Eintrag *Eigenschaften* zu verwenden, um zum *Eigenschaften*-Dialogfeld des ausgewählten Ordners zu gelangen, auf die Registerkarte *Freigabe* zu wechseln und dort die Schaltfläche *Freigabe* anzuklicken.
2. Daraufhin erscheint die Seite *Dieser Ordner ist bereits freigegeben* des Dialogfelds *Dateifreigabe* (siehe Abbildung 31.10):
   - Um die für die Freigabe geltenden Einstellungen zu verändern, klicken Sie auf *Zugriffsberechtigungen ändern*. Dies führt Sie zur bereits bekannten Seite *Personen für die Freigabe auswählen*, wo Sie die gewünschten Benutzer und ihre Berechtigungsebenen bestimmen können.
   - Möchten Sie dagegen die Freigabe des betreffenden Ordners aufheben, klicken Sie *Freigabe beenden* an.

Tipp 

Auf Wunsch können Sie die Einstellungen einer mit dem Freigabe-Assistenten erstellten Freigabe auch über die erweiterte Freigabe (siehe den Abschnitt »Erweiterte Freigabe«) bearbeiten und so diese beispielsweise mit einem Kommentar versehen.

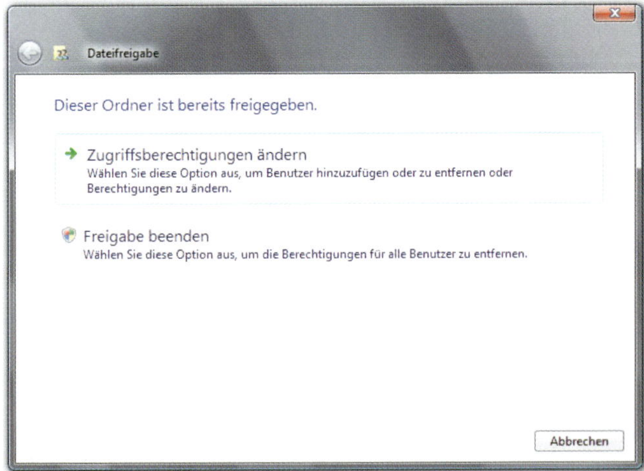

Abbildung 31.10 Freigaben lassen sich im Nachhinein mit anderen Einstellungen versehen und bei Bedarf löschen

Erweiterte Freigabe

Eine weitergehende Kontrolle über die für die Freigabe verwendeten Einstellungen bietet die *erweiterte Freigabe* von Windows Vista. Hiermit können Sie nicht nur eine Freigabe für einen Ordner erstellen, diese bearbeiten und löschen, sondern ebenso zusätzliche Freigabeeinstellungen (etwa ein Limit für die maximal darauf gleichzeitig zugreifenden Benutzer und Computer) festlegen.

Freigabe für einen Ordner erstellen

Um für einen Ordner über die erweiterte Freigabe-Funktion von Windows Vista eine neue Freigabe zu erstellen, führen Sie die folgenden Schritte aus:

1. Öffnen Sie, beispielsweise durch Auswahl von *Computer* im Startmenü, den Windows-Explorer.
2. Nun klicken Sie den freizugebenden Ordner entweder im linken Navigationsbereich oder im rechten Detailfenster mit der rechten Maustaste an. Im zugehörigen Kontextmenü wählen Sie den Eintrag *Eigenschaften* aus und wechseln im daraufhin geöffneten *Eigenschaften*-Dialogfeld zur Registerkarte *Freigabe* (siehe Abbildung 31.11).

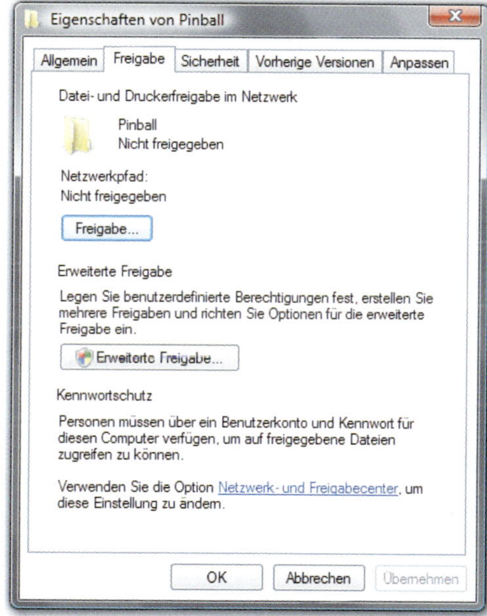

Abbildung 31.11 Freigabeeinstellungen eines Ordners lassen sich auch über dessen Eigenschaften vornehmen

3. Hier klicken Sie im Bereich *Erweiterte Freigabe* auf die Schaltfläche *Erweiterte Freigabe*. Nun erhalten Sie das Dialogfeld *Erweiterte Freigabe* angezeigt (siehe Abbildung 31.12).

Hinweis 

Dort ist im Bereich *Kennwortschutz* ausgewiesen, ob Windows Vista Zugriffe auf die Freigaben des PCs über das Netzwerk mit oder ohne Kennwortschutz gestattet – abhängig von der Option *Kennwortgeschütztes Freigeben* im unteren Bereich *Freigabe und Erkennung* des Netzwerk- und Freigabecenters (siehe den Abschnitt »Kennwortschutz für Freigaben«).

4. Um einen Ordner freizugeben, aktivieren Sie das Kontrollkästchen *Diesen Ordner freigeben*. Daraufhin werden weitere Felder und Schaltflächen zugänglich.
5. Tragen Sie im Eingabefeld *Freigabename* den gewünschten Namen der Freigabe ein. Dieser Name kann bis zu 80 Zeichen lang sein.

Tipp 

Soll die Freigabe im *Netzwerk*-Ordner bzw. in der Netzwerkumgebung von PCs, die mit früheren Windows-Versionen arbeiten, nicht erscheinen und somit »unsichtbar« sein, können Sie eine *versteckte Freigabe* erstellen. Fügen Sie dazu rechts vom Freigabenamen ein Dollarzeichen $ hinzu.

6. Das Eingabefeld *Kommentare* nimmt einen beschreibenden Hinweis auf, der im *Netzwerk*-Ordner angezeigt wird und anderen Benutzern eine bessere Idee über den Inhalt dieses freigegebenen Ordners geben kann.

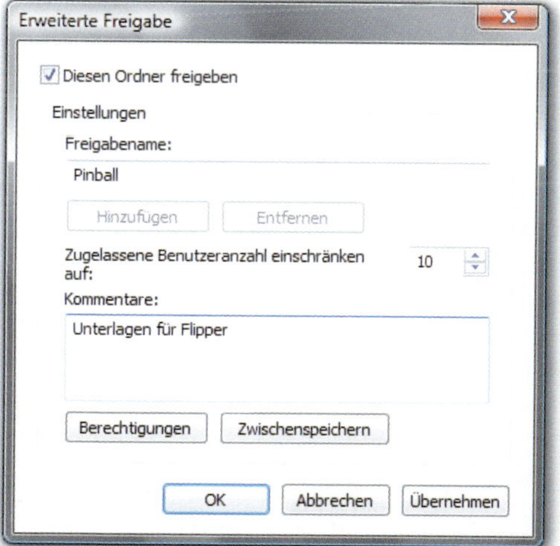

Abbildung 31.12 Die erweiterte Freigabe ermöglicht weitergehende Einstellungen als der Freigabe-Assistent

7. Mit einem Eintrag im Feld *Zugelassene Benutzeranzahl einschränken auf* legen Sie fest, wie viele Benutzer oder Computer maximal über das Netzwerk gleichzeitig auf diese Freigabe zugreifen dürfen:
   - Bei Windows Vista Home Edition können maximal fünf Benutzer oder Computer über das Netzwerk auf die Freigabe zugreifen.
   - Ab Windows XP Home Premium sind bis zu zehn gleichzeitige Netzwerkzugriffe auf die Freigabe möglich.
8. Wer in welchem Umfang die Freigabe nutzen bzw. über das Netzwerk auf ihre Inhalte zugreifen darf, bestimmen die *Freigabeberechtigungen* (siehe den Abschnitt »Freigabeberechtigungen bei der erweiterten Freigabe«). Diese können Sie nach Anklicken der Schaltfläche *Berechtigungen* auf der gleichnamigen Registerkarte des Dialogfelds *Berechtigungen für <Freigabename des Ordners>* festlegen (siehe Abbildung 31.13).
   - Über den oberen Bereich sind die gewünschten Benutzer und Gruppen zu spezifizieren, die Freigabeberechtigungen erhalten sollen. Nach einem Klick auf die Schaltfläche *Hinzufügen* können Sie die gewünschten Benutzer und Gruppen (entweder aus der lokalen Benutzerkonten-Datenbank oder der Domäne, der der Computer angehört) angeben. Um einen Eintrag aus dieser Auflistung wieder zu löschen, markieren Sie diesen und klicken auf *Entfernen*.
   - Im unteren Bereich erfolgt die Festlegung, welche Freigabeberechtigungen das in der obigen Auflistung aktuell markierte Element erhält. *Vollzugriff*, *Ändern* und *Lesen* können dabei durch Markierung des entsprechenden Kontrollkästchens nicht nur zugelassen, sondern auch verweigert werden.

   Da Verweigerungen von Berechtigungen Vorrang vor zugelassenen Berechtigungen besitzen, können auf diese Weise Freigabeberechtigungen flexibel erteilt werden. Sind zum Beispiel die Benutzer »Benno«, »Klaus« und »Swen« Mitglieder der Gruppe »Wartung« und sollen alle Zugriff auf die Freigabe erhalten, lässt sich der Gruppe »Wartung« eine Freigabeberechtigung für den betreffenden Ordner erteilen – damit Inhalte verändert und gelöscht sowie neue Dokumente erstellt werden können, erscheint hierfür das Zulassen mit der Freigabeberechtigung »Vollzugriff« geeignet. Da der Benutzer »Swen« jedoch in der Vergangenheit immer wieder mal Dokumente (versehentlich oder absichtlich) auf Freigaben gelöscht hat, soll dieser lediglich die Freigabeberechtigung »Lesen« erhalten. Anstatt nun Freigabeberechtigungen Benutzer für Benutzer zu erstellen und dabei alle bis auf »Swen«, der nur »Lesen erhält«, jeweils mit »Vollzugriff« auszustatten, ist es einfacher, einmalig der Gruppe (in diesem Fall »Wartung«) die Freigabeberechtigung »Vollzugriff« zu erteilen und zusätzlich nur für die Ausnahme – in unserem Falle also dem Benutzer »Swen« – eine Freigabeberechtigung zu erteilen, die lediglich die Freigabeberechtigung »Lesen« zulässt.

   Sind alle Freigabeberechtigungen Ihren Anforderungen entsprechend angegeben, betätigen Sie die Schaltfläche *OK*, um wieder zur Registerkarte *Erweiterte Freigabe* zurückzukehren.

Wichtig 

Freigabeberechtigungen regeln nicht alleine, welche Arten von Zugriffen über das Netzwerk möglich sind. Zu berücksichtigen sind außerdem die jeweiligen Sicherheitsberechtigungen (siehe den Abschnitt »Zusammenspiel von Freigabe- und Sicherheitsberechtigungen«).

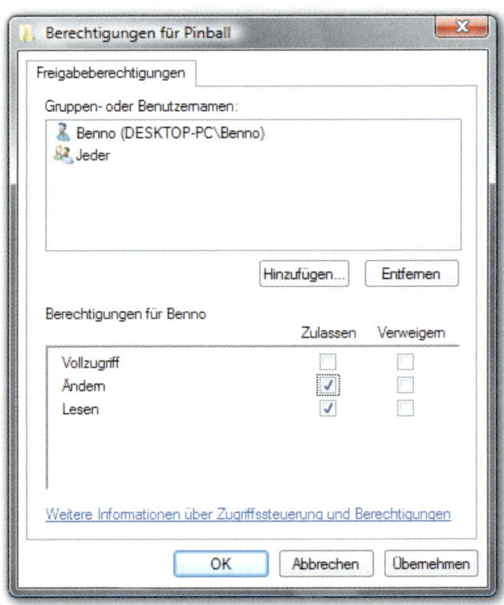

Abbildung 31.13 Freigabeberechtigungen des freigegebenen Ordners regeln, wer was beim Netzwerkzugriff darf

9. Um die Freigabe zu erstellen, klicken Sie schließlich im Dialogfeld *Erweiterte Freigabe* auf *OK*. Dadurch wird der eingangs ausgewählte Ordner mit den angegebenen Einstellungen freigegeben.

Anschließen kehren Sie automatisch zur Registerkarte *Freigabe* des *Eigenschaften*-Dialogfelds des nun freigegebenen Ordners zurück. Dort ist nun im Bereich *Datei- und Druckerfreigabe im Netzwerk* der Ordnernamen mit dem Zusatz

Gemeinsam verwendet versehen. Zusätzlich ist der *Netzwerkpfad* zu dieser Freigabe ausgewiesen, der sich zusammensetzt aus

- der Zeichenfolge \\,
- gefolgt vom Computernamen,
- dem Zeichen \
- sowie dem Freigabenamen des Ordners.

Mit diesen Angaben können Benutzer von anderen Computern im Netzwerk auf einfache Weise eine direkte Verbindung zu der betreffenden Freigabe herstellen – etwa, wenn es darum geht, dieser ein Netzlaufwerk (siehe Abschnitt »Netzlaufwerk zuordnen«) zuzuordnen.

Hinweis 

Die Schaltfläche *Zwischenspeichern* auf der Registerkarte *Freigabe* (siehe Abbildung 31.12) erlaubt es, das Offlinedateien-Verhalten dieser Freigabe anzupassen (siehe Kapitel 32).

Freigabe eines Ordners bearbeiten und löschen

Möchten Sie die Einstellungen einer Freigabe bearbeiten oder diese löschen, führen Sie die folgenden Schritte aus:

1. Wechseln Sie wie zu Beginn der Erstellung der Freigabe im *Eigenschaften*-Dialogfeld des betreffenden Ordners zur Registerkarte *Freigabe*, falls Sie sich dort nicht bereits befinden.
2. Um die Freigabeeinstellungen zu bearbeiten oder die Freigabe zu löschen, klicken Sie auf die Schaltfläche *Erweiterte Freigabe*, um das gleichnamige Dialogfeld zu öffnen:
   - Hier können Sie beispielsweise den Kommentar oder (nach Anklicken der Schaltfläche *Berechtigungen*) die Freigabeberechtigungen wie gewünscht ändern.
   - Möchten Sie hingegen die Freigabe des betreffenden Ordners aufheben, deaktivieren Sie das Kontrollkästchen *Diesen Ordner freigeben*.

Tipp 

Auf Wunsch können Sie die Einstellungen einer mit der erweiterten Freigabe erstellten Freigabe auch über den Freigabe-Assistenten (siehe Abschnitt »Freigabe-Assistent«) bearbeiten, um beispielsweise die mit den angegebenen Benutzern verknüpften Berechtigungsebenen zu verändern oder die Freigabe des zugehörigen Ordners zu beenden. Hierzu klicken Sie einfach im *Eigenschaften*-Dialogfeld auf der Registerkarte *Freigabe* die Schaltfläche *Freigabe* an.

3. Betätigen Sie die Schaltfläche *OK*, um Ihre Änderungen zu übernehmen.

Freigegebenen Ordner unter anderem Namen erneut freigeben

Wenn Sie die Freigabeeinstellungen eines bereits freigegebenen Ordners über die erweiterte Freigabe bearbeiten, werden Sie den folgenden Unterschied feststellen: Das Eingabefeld *Freigabename* ist nun durch das Listenfeld *Freigabename* ersetzt. Zusätzlich ist nun die darunter befindliche Schaltfläche *Hinzufügen* wählbar. Klicken Sie diese an, erscheint das Dialogfeld *Neue Freigabe* (siehe Abbildung 31.14).

Dort können Sie einen weiteren Freigabenamen sowie einen beschreibenden Kommentar eintippen und eine Begrenzung auf eine bestimmte Anzahl gleichzeitig zugreifender Benutzer oder Computer festlegen, um gezielt die zugelassene Benutzeranzahl einzuschränken und nach einem Klick auf die Schaltfläche *Berechtigungen* die für diese Freigabe gewünschten Freigabeberechtigungen definieren. Auf diese Weise ist es möglich, ein und denselben Ordner für unterschiedliche Benutzer und Gruppen mit unterschiedlichen Freigabeberechtigungen unter verschiedenen Namen freizugeben. Betätigen Sie schließlich im Dialogfeld *Neue Freigabe* die Schaltfläche *OK* und klicken Sie im Dialogfeld *Erweiterte Freigabe* auf *OK* oder *Übernehmen*, wird die zusätzliche Freigabe für den eingangs ausgewählten Ordner erstellt.

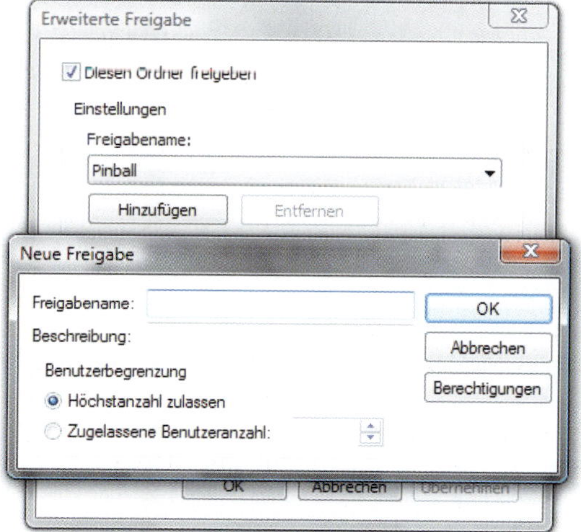

Abbildung 31.14 Die erweiterte Freigabe ermöglicht es, einen bereits freigegebenen Ordner mit anderen Freigabeberechtigungen unter einem anderen Namen zusätzlich freizugeben

Möchten Sie eine Freigabe des Ordners löschen, wählen Sie zunächst den gewünschten Freigabenamen im Dialogfeld *Erweiterte Freigabe* in der Dropdownliste *Freigabename* aus.

Daraufhin klicken Sie auf die Schaltfläche *Entfernen*. Die Aufhebung dieser Freigabe wird erst nach Betätigung der Schaltfläche *OK* ausgeführt.

Freigabe-Assistent ausschalten

Auf Wunsch lässt sich der Freigabe-Assistent auch ausschalten. Dadurch erreichen Sie, dass bei jeder Einrichtung einer Freigabe die erweiterte Freigabe-Funktion Verwendung findet, wo Sie beispielsweise eine versteckte Freigabe erstellen, einen Kommentar angeben oder die zugelassene Benutzeranzahl einschränken können – Merkmale, die der Freigabe-Assistent nicht beherrscht.

Zum Ausschalten des Freigabe-Assistenten führen Sie die folgenden Schritte aus:

1. Rufen Sie den Windows-Explorer auf (beispielsweise durch Auswahl von *Computer* oder *Netzwerk* im Startmenü) und wechseln Sie zu einem bereits geöffneten Windows-Explorer-Fenster.
2. Klicken Sie in der Symbolleiste auf die Schaltfläche *Organisieren* und wählen Sie aus dem zugehörigen Menü den Eintrag *Ordner- und Suchoptionen* aus.

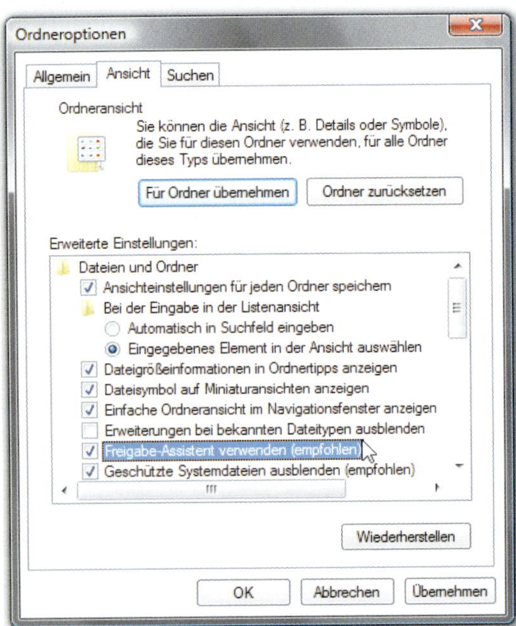

Abbildung 31.15 Über die Ordner- und Suchoptionen im Windows-Explorer können Sie den Freigabe-Assistenten ausschalten

3. Im daraufhin geöffneten Dialogfeld *Ordneroptionen* (Abbildung 31.15) deaktivieren Sie auf der Registerkarte *Ansicht* im Bereich *Erweiterte Einstellungen* das Kontrollkästchen *Freigabe-Assistent verwenden (empfohlen)*.
4. Klicken Sie auf eine der Schaltflächen *OK* oder *Übernehmen*, um Ihre Vorgabe zu speichern.

Wenn Sie nun einen Ordner freigeben möchten und diesen dazu mit der rechten Maustaste anklicken, um aus dem zugehörigen Kontextmenü den Eintrag *Freigabe* auszuwählen, nimmt Sie jetzt nicht mehr der Freigabe-Assistent in Empfang. Vielmehr gelangen Sie in diesem Fall automatisch zur Registerkarte *Freigabe* des *Eigenschaften*-Dialogfeldes für den ausgewählten Ordner. Dort ist die Schaltfläche *Freigabe* im Bereich *Datei- und Druckerfreigabe im Netzwerk* nicht zugänglich. Somit müssen Sie im Bereich *Erweiterte Freigabe* auf die gleichnamige Schaltfläche zurückgreifen, um den Ordner freizugeben bzw. seine Freigabeeinstellungen zu bearbeiten.

Dateien freigeben

In Windows Vista lassen sich nicht nur Ordner freigeben, sodass andere Benutzer und Computer über das Netzwerk auf den Inhalt dieses Ordners zugreifen können. Ebenso ist auch eine Freigabe auf Dateiebene möglich. Dadurch lassen sich anstatt eines vollständigen Ordners mitsamt aller darin befindlicher Dateien lediglich einzelne Dateien gezielt freigeben.

Hierzu müssen folgende Voraussetzungen erfüllt sein:

- Die freizugebende Datei muss sich unterhalb des eigenen Benutzerprofil-Ordners *%userprofile%* (etwa *C:\Users\Eric*) befinden.
- Der Freigabe-Assistent von Windows Vista darf nicht ausgeschaltet sein.

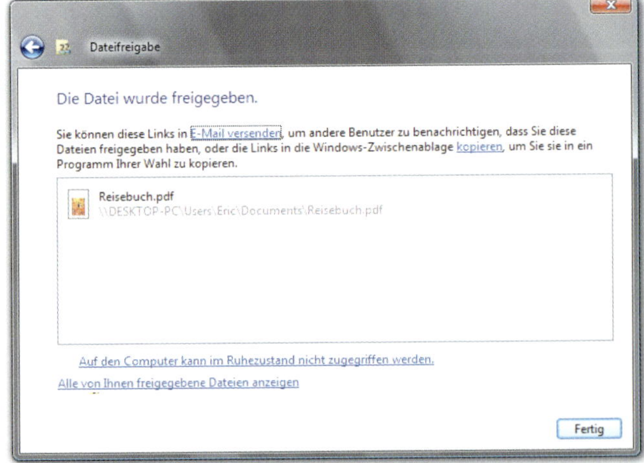

Abbildung 31.16 Unter Windows Vista ist auch die gezielte Freigabe einzelner Dateien möglich

Um eine Datei, die sich im eigenen Benutzerprofil-Ordner befindet, für den Zugriff von anderen Benutzern oder Computern über das Netzwerk freizugeben, führen Sie die folgenden Schritte aus:

1. Gehen Sie zunächst wie bei der Freigabe eines Ordners vor (siehe den Abschnitt »Freigabe-Assistent«). Anstatt eines Ordners wählen Sie jedoch im Windows-Explorer eine Datei innerhalb Ihres persönlichen Benutzerprofil-Ordners aus.
2. Markieren Sie diese und klicken Sie oben in der Symbolleiste die Schaltfläche *Freigabe* an. Alternativ klicken Sie die gewünschte Datei mit der rechten Maustaste an und wählen im Kontextmenü den Eintrag *Freigabe* aus.
3. Der Freigabe-Assistent wird geöffnet und zeigt das Dialogfeld *Dateifreigabe* mit der Seite *Personen für die Freigabe auswählen* an. Bei der Auswahl der in Frage kommenden Benutzer sowie ihrer Berechtigungsebene gehen Sie ebenfalls wie bei der Freigabe eines Ordners vor.
4. Klicken Sie schließlich die Schaltfläche *Freigabe* an, um die Dateifreigabe zu erstellen.
5. Dadurch gelangen Sie zur Seite *Die Datei wurde freigegeben* (siehe Abbildung 31.16). Dort ist der Netzwerkpfad zur freigegebenen Datei ausgewiesen, der sich aus dem Computernamen, dem Pfad unterhalb des Benutzerprofil-Ordners zu dem Ordner, in dem sich die Datei befindet, sowie dem Namen der Datei zusammensetzt.

   Hierbei handelt es sich um die Daten, die andere Benutzer oder Computer für den Zugriff auf die freigegebene Datei über das Netzwerk benötigen. Falls erforderlich, kopieren Sie diesen Netzwerkpfad beispielsweise zur manuellen Zusammenstellung einer Übersicht aller freigegebenen Dateien in die Zwischenablage oder senden diesen per E-Mail an einen Empfänger, der auf die freigegebene Datei zugreifen soll.
6. Betätigen Sie die Schaltfläche *Fertig*, um den Freigabe-Assistenten zu beenden.

Benutzer oder Computer, die die freigegebene Datei abrufen sollen, benötigen dazu den Netzwerkpfad. Teilen Sie diesen daher allen Beteiligten mit. Der Zugriff auf die freigegebene Datei kann dann zum Beispiel über den Systemordner *Netzwerk* (siehe den Abschnitt »Auf Freigaben anderer Computer über das Netzwerk zugreifen«) oder nach der Zuordnung eines Netzlaufwerks (siehe den Abschnitt »Netzlaufwerk zuordnen«) erfolgen.

Wichtig 

Im Falle einer freigegebenen Datei können sich Benutzer beim Netzwerkzugriff nicht den Inhalt des zugehörigen Ordners anzeigen lassen, sodass diese den Netzwerkpfad der freigegebenen Datei exakt angeben bzw. kennen müssen.

Freigaben verwalten

Windows Vista sieht mehrere Möglichkeiten vor, die auf dem PC vorhandenen Freigaben zu verwalten.

Übersicht der Freigaben des Windows Vista-PCs

Um einen Überblick über die derzeitigen Freigaben des Windows Vista-PCs zu erhalten, ist das Netzwerk- und Freigabecenter (das Sie beispielsweise durch Anklicken des Netzwerksymbols im Infobereich der Taskleiste und Auswahl des Links *Netzwerk- und Freigabecenter* öffnen können) eine ideale Anlaufstelle. Dort gehen Sie wie folgt vor:

- Klicken Sie im unteren Bereich des Netzwerk- und Freigabecenters den Link *Alle Dateien und Ordner anzeigen, die momentan freigegeben sind* an, zeigt der Windows-Explorer in einem neuen Fenster den Inhalt des Suchordners *Freigegeben* an. Von diesem werden freigegebene Ordner und Dateien des Computers erfasst.

PROFITIPP 

Im Suchordner *Freigegeben* erscheinen Freigaben erst nach der nächsten Aktualisierung des Index. Zudem werden nur Freigaben von indizierten Orten angezeigt. Hierzu zählt beispielsweise der Ordner *Benutzer* (standardmäßig auf dem Laufwerk C: beheimatet), nicht jedoch der Inhalt eines weiteren Laufwerks (etwa das Laufwerk D:). Sollen auch die an diesen Orten befindlichen Freigaben im Suchordner *Freigegeben* erscheinen, müssen Sie entsprechende Indexpfade für diese Orte festlegen.

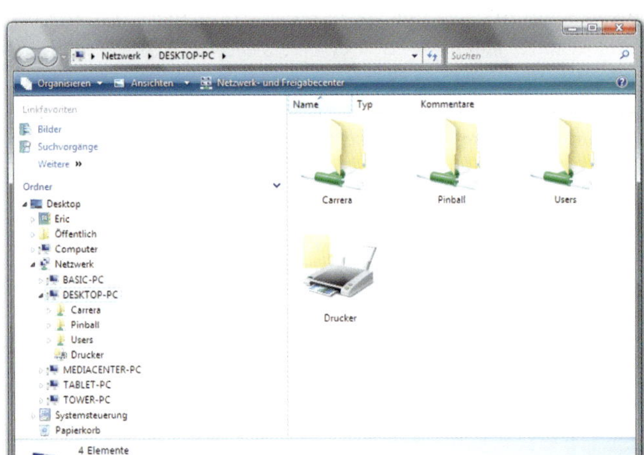

Abbildung 31.17 Wird im Netzwerk-Ordner der eigene Computer ausgewählt, werden die aktuell freigegebenen Ordner aufgelistet

- Nach einem Klick auf den Link *Alle freigegebenen Netzwerkordner dieses Computers anzeigen* im unteren Bereich des Netzwerk- und Freigabecenters wird ein neues Explorer-Fenster geöffnet, in dem im *Netzwerk-Ordner* der Inhalt des eigenen Windows Vista-PCs dargestellt wird. Dies entspricht einer Auflistung der gegenwärtigen Freigaben des Computers (siehe Abbildung 31.17).

Freigegebene Ordner (MMC-Snap-In)

Einen umfangreicheren Überblick über die aktuellen Freigaben des Windows Vista-PCs erhalten Sie über das MMC-Snap-In *Freigegebene Ordner* (siehe Abbildung 31.18). Tippen Sie dazu im Schnellsuchfeld des Startmenüs die Zeichenfolge **fsmgmt.msc** [↵] ein.

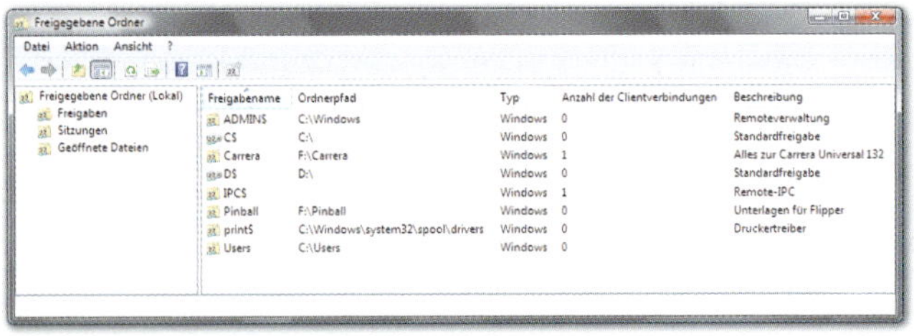

Abbildung 31.18 Das MMC-Snap-In Freigegebene Ordner dient zur Verwaltung von Freigaben

Freigaben

Markieren Sie – falls erforderlich – in der Konsolenstruktur das Element *Freigaben*, werden im Detailfenster alle derzeit freigegebenen Ordner des Computers aufgelistet. Des Weiteren werden dort die Anzahl der Clients, die gegenwärtig auf die Freigabe zugreifen, sowie der bei der Erstellung der Freigabe für den Ordner wahlweise angegebene Kommentar ausgewiesen.

Hinweis 

Das MMC-Snap-In *Freigegebene Dateien* zeigt an dieser Stelle neben freigegebenen Ordnern auch die *versteckten Freigaben* des Windows Vista-PCs an, deren Freigabenamen mit einem Dollarzeichen $ enden und daher im *Netzwerk*-Ordner nicht erscheinen. Selbst wenn Sie oder ein anderer Benutzer Ihres Rechners keine einzige versteckte Freigabe selbst erstellt haben, sind einige automatisch vorhanden, die Windows Vista selbst einrichtet. Die Rede ist von den so genannten *administrativen Freigaben*, die zu internen Verwaltungszwecken dienen und daher als versteckte Freigaben von Windows Vista automatisch erstellt werden. Für jedes Laufwerk (C:, D: etc.) ist daher standardmäßig eine administrative Freigabe (»C$«, »D$« etc.) vorhanden.

PROFITIPP 

Administrative Freigaben werden verwendet, um über das Netzwerk bequem auf die oberste Ordnerebene eines Laufwerks eines entfernten Windows-Computers zugreifen zu können. Aufgrund der restriktiveren Sicherheitseinstellungen von Windows Vista in Form der Benutzerkontensteuerung klappt dies jedoch nicht mehr: Versuche, eine Verbindung etwa mit der administrativen Freigabe »C$« eines Windows Vista-PCs herzustellen, der nicht in eine Domäne eingebunden ist, scheitern damit.

Um mit solchen administrativen Freigaben eines Windows Vista-PCs auch bei eingeschalteter Benutzerkontensteuerung über das Netzwerk Verbindung aufnehmen zu können, wenn der Computer keiner Domäne angehört, ist ein manueller Eintrag in der Registry des Windows Vista-PCs erforderlich: Rufen Sie – beispielsweise durch Eintippen von **regedit** [↵] im Schnellsuchfeld des Startmenüs – den Registrierungs-Editor auf. Mit diesem erstellen Sie im Knoten *HKEY_LOCAL_MACHINE\SOFTWARE\Microsoft\Windows\CurrentVersion\Policies\system* den neuen Eintrag *LocalAccountTokenFilterPolicy* als DWORD-Wert (sofern nicht bereits vorhanden) und weisen diesem den Wert **1** zu.

Anschließend können Sie von einem anderen Computer aus ein Netzlaufwerk beispielsweise der administrativen Freigabe C$ des Windows Vista-PCs zuordnen und so auf den Inhalt dieser administrativen Freigabe über das Netzwerk zugreifen. Am Besten legitimieren Sie sich dabei beim Windows Vista-PC als Benutzer mit Administratorrechten.

Ab Windows Vista Home Premium besteht die Möglichkeit, das Element *Freigaben* mit der rechten Maustaste anzuklicken und durch Auswahl von *Neue Freigabe* oder *Neu/Freigeben* den *Assistent zum Erstellen der Ordnerfreigabe* aufzurufen und darüber einen Ordner freizugeben.

Genauso können Sie eine Freigabe im Detailfenster mit der rechten Maustaste anklicken, woraufhin Ihnen das sodann angezeigte Kontextmenü mehrere Möglichkeiten eröffnet. Hierzu gehören unter anderem:

- Wählen Sie den Eintrag *Freigabe aufheben*, um die Freigabe zu beenden.
- Über den Eintrag *Eigenschaften* erhalten Sie die Möglichkeit, die Einstellungen dieser Freigabe zu bearbeiten (siehe Abbildung 31.20).

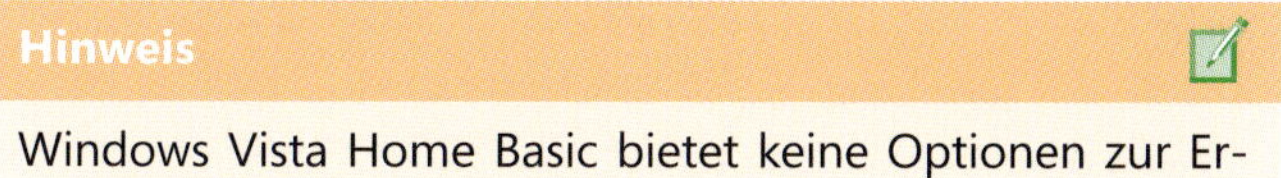

Hinweis

Windows Vista Home Basic bietet keine Optionen zur Erstellung einer neuen Freigabe, Bearbeitung von Freigabeeinstellungen oder Aufhebung einer vorhandenen Freigabe.

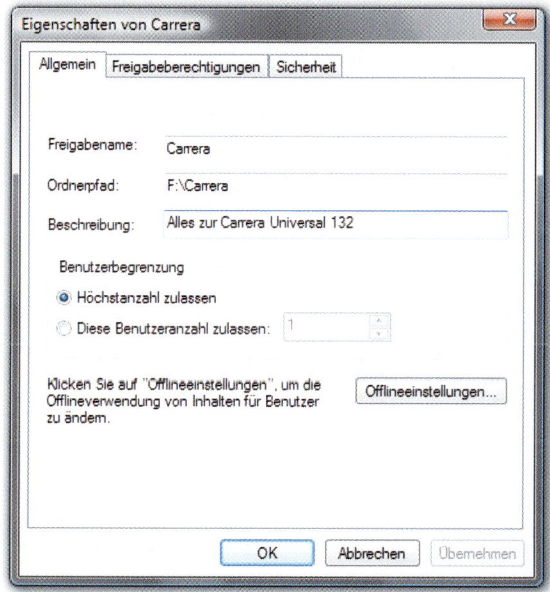

Abbildung 31.19 Bearbeitung der Freigabeeinstellungen

Sitzungen

Um zu erfahren, wer gegenwärtig über das Netzwerk eine Verbindung zu Ihrem Vista-Rechner unterhält, markieren Sie in der Konsolenstruktur das Element *Sitzungen*. Das Detailfenster weist daraufhin die gewünschten Informationen aus (siehe Abbildung 31.20).

Falls gewünscht, können Sie eine Verbindung explizit trennen. Hierzu klicken Sie die betreffende Sitzung mit der rechten Maustaste an und wählen im zugehörigen Kontextmenü den Eintrag *Sitzung schließen* aus. Möchten Sie alle derzeitigen Verbindungen zu Freigaben Ihres Computers auf einmal trennen, klicken Sie das Element *Sitzungen* in der Konsolenstruktur mit der rechten Maustaste an und wählen im Kontextmenü den Eintrag *Alle Sitzungen trennen* aus.

Wichtig 

Wenn Sie eine Sitzung unvermittelt trennen, hat der betroffene Benutzer keine Möglichkeit mehr, Änderungen an geöffneten Dateien, die sich auf den Freigaben Ihres Windows Vista-PCs befinden, korrekt zu speichern, sodass es zu Datenverlusten kommen kann.

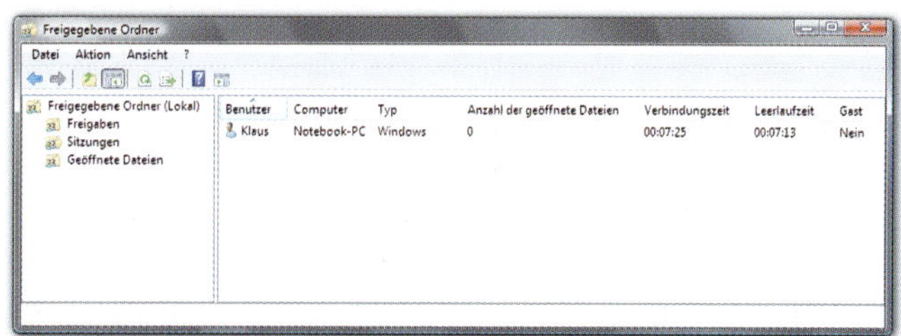

Abbildung 31.20 Das MMC-Snap-In *Freigegebene Ordner* kann auch darüber informieren, wer gegenwärtig mit dem Windows Vista-PC verbunden ist

Geöffnete Dateien

Möchten Sie in Erfahrung bringen, welche Benutzer und Computer gegenwärtig welche Dateien auf Ihren Windows Vista-PC geöffnet haben, wählen Sie das Element *Geöffnete Dateien* in der Konsolenstruktur aus. Das MMC-Snap-In *Freigegebene Dateien* weist daraufhin im Detailfenster die gewünschten Informationen aus.

Auf Wunsch können Sie auch hier eingreifen: Um eine von einem Benutzer oder Computer über das Netzwerk geöffnete Datei zu schließen, klicken Sie diese im Detailfenster mit der rechten Maustaste an und wählen im Kontextmenü den Eintrag *Geöffnete Datei schließen* aus.

Netzwerk-Inhalte: der Systemordner *Netzwerk*

Der Systemordner *Netzwerk* von Windows Vista (als Nachfolger der Netzwerkumgebung von Windows XP) listet den »Inhalt« des Netzwerks auf und ermöglicht den Zugriff auf die gefundenen Geräte bzw. deren freigegebene Ressourcen.

- Um den Systemordner *Netzwerk* aufzurufen, wählen Sie im Startmenü den Eintrag *Netzwerk* aus.
- Genauso können Sie im linken *Aufgaben*-Bereich des Netzwerk- und Freigabecenters (siehe Kapitel 30) den Link *Computer und Geräte anzeigen* anklicken.

All dies bringt Sie zum Windows-Explorer, in dem der Eintrag *Netzwerk* in der Ordnerliste im linken Navigationsbereich auswählt ist. Dieser durchsucht das Netzwerk nach Geräten und zeigt die gefundenen an (siehe Abbildung 31.21).

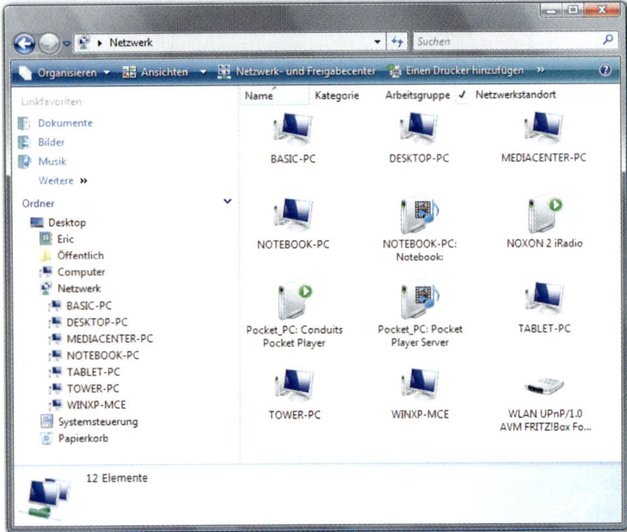

Abbildung 31.21 Der Systemordner Netzwerk zeigt die im Netzwerk gefundenen Geräte an

Unterhalb von *Netzwerk* in der Ordnerliste im linken Navigationsbereich werden dabei die gefundenen Computer alphabetisch aufgelistet. Das Detailfenster des Windows-Explorers zeigt darüber hinaus weitere Geräte (sofern im Netzwerk vorhanden) aus den Kategorien *Multimedia* sowie *Netzwerkinfrastruktur* an. Eine kleine Übersicht wichtiger Geräte finden Sie in Tabelle 31.1.

Symbol	Kategorie	Geräte-Beispiel	Bedeutung
	Computer	Windows Vista-PC, Windows XP-PC etc.	Computer im lokalen Netzwerk (dieser kann – muss aber nicht – über Freigaben verfügen, auf die Zugriffe per Netzwerk möglich sind)
	Netzwerk-infrastruktur	DSL-Router	Kann zur Internet-anbindung des lokalen Netzwerks dienen
	Multimedia	UPnP-Server (z.B. Medienfreigabe im Windows Media Player von Windows Vista)	Bietet Mediendateien (Audio, Foto, Video) über Universal Plug-and-Play (UPnP) zum Abruf durch Netzwerk-Medien-Player per Streaming an
	Multimedia	UPnP-fähiger Netzwerk-Medien-Player (zum Beispiel *Noxon 2 iRadio* von Terratec)	Ruft Inhalte von UPnP-Servern (Audio, Foto, Video – je nach Funktion des Netzwerk-Medien-Players) im Streaming-Verfahren ab

Tabelle 31.1 Typische Inhalte des Systemordners Netzwerk

Im Systemordner *Netzwerk* können Sie aus mehreren Möglichkeiten wählen:

- Die Art der Anzeige der gefundenen Geräte mittels bestimmter Kriterien anpassen. Klicken Sie eine der Spaltenüberschriften (zum Beispiel *Name*) an, um die Einträge dementsprechend auf- oder abwärts zu sortieren. Bewegen Sie den Mauszeiger zum rechten Rand einer Spalte und klicken auf das sodann erscheinende Dreieck, können Sie die Auflistung gezielt eingrenzen – etwa auf die Kategorie *Computer*. Ebenso ist es möglich, die Art der Anzeige nach einem Klick auf einen freien Bereich innerhalb des Fensters mit der rechten Maustaste nach eigenen Kriterien zu gestalten.

Tipp 

In der Adressleiste im oberen Bereich des Ordnerfensters werden Eingrenzungen auf bestimmte Kriterien übersichtlich angezeigt. Ebenfalls können Sie der Adressleiste leicht entnehmen, ob Sie mehrere Kriterien nacheinander verknüpft haben (etwa Computer, die der Arbeitsgruppe »Workgroup« angehören).

- Doppelklicken Sie auf ein Computer-Symbol, stellt Ihr eigener Computer mit dem anderen Rechner bzw. dessen Freigaben eine Verbindung her (siehe den Abschnitt »Auf Freigaben anderer Computer über das Netzwerk zugreifen«).
- Klicken Sie ein Netzwerkinfrastruktur- oder Multimedia-Gerät mit der rechten Maustaste an, erhalten Sie ein zur jeweiligen Komponente passendes Kontextmenü angezeigt. Je nachdem, um welches Gerät es sich handelt, kann dieses Kontextmenü den Eintrag *Gerätewebsite anzeigen* zum direkten Aufruf der Webkonfiguration beinhalten. Der Eintrag *Medienfreigabe öffnen* hingegen erlaubt es, die Medienfreigabe von Windows Vista (siehe Kapitel 11) zu öffnen und den betreffenden Netzwerk-Medien-Player dort als zugelassenen Streaming-Media-Client zum Abruf von Musik, Bildern und Videos einzutragen.

Auf Freigaben anderer Computer über das Netzwerk zugreifen

Sind an anderen im Netzwerk vorhandenen PCs Ordner, Dateien oder Drucker freigegeben und agieren diese Computer somit als Dateiserver bzw. Fileserver, können Sie von Ihrem Windows Vista-PC über das Netzwerk auf diese Freigaben zugreifen und diese sozusagen als Client nutzen.

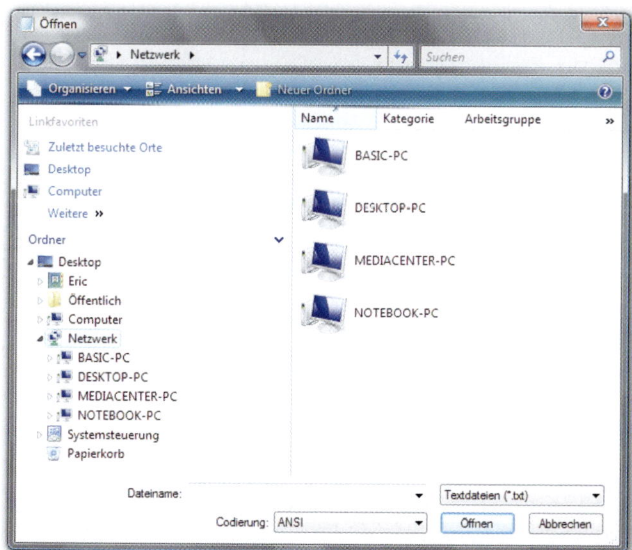

Abbildung 31.22 Zugriffe auf die Freigaben anderer Computer im Netzwerk können auch aus dem Dialogfeld *Öffnen* heraus erfolgen

Freigegebene Ordner auf den über das Netzwerk erreichbaren Computern werden dabei durch das neben stehendem Symbol gekennzeichnet. Auf diese Weise können Sie normale und freigegebene Ordner leicht voneinander unterscheiden.

Ein einfacher Weg zu den Freigaben anderer PCs im Netzwerk führt über den Systemordner *Netzwerk*: Doppelklicken Sie auf eines der dort aufgeführten Computer-Symbole, werden Ihnen die auf dem zugehörigen Rechner vorhandenen Freigaben angezeigt (ausgenommen versteckte Freigaben, siehe den Abschnitt »Freigaben«). Wählen Sie eine bestimmte Freigabe aus, können Sie sich deren Inhalt ansehen – und so auch in eventuelle Unterordner wechseln oder auf dortige Dateien zugreifen.

Hinweis 

Erscheint beim Versuch, einen Computer auszuwählen, das Dialogfeld *Verbindung mit <Computer> herstellen* (siehe Abbildung 31.23), ist auf dem betreffenden Computer der *Kennwortschutz für Freigaben* aktiviert. Handelt es sich bei dem Dateiserver um einen Windows Vista-PC, ist dort im Netzwerk- und Freigabecenter die Option *Kennwortgeschütztes Freigeben* eingeschaltet. In diesem Fall müssen Sie in den dafür vorgesehenen Eingabefeldern des Dialogfelds den Namen eines in der lokalen Benutzerkonten-Datenbank des Ziel-PCs definierten Benutzers mitsamt dem zu diesem Benutzerkonto gehörenden Kennwort eintippen. Stimmen alle Eingaben, wird Ihnen nach einem Klick auf die Schaltfläche *OK* der Zugriff auf die Freigaben dieses Computers über das Netzwerk ermöglicht. Andernfalls müssen Sie den Namen mitsamt Kennwort eines anderen, beim Ziel-Computer definierten Benutzers angeben.

Abbildung 31.23 Ein solches Dialogfeld erscheint, wenn Sie auf einen anderen Computer im Netzwerk zugreifen und sich vorab als Benutzer legitimieren müssen

PROFITIPP

Handelt es sich bei dem Dateiserver um einen Linux-PC, eine Netzwerk-Festplatte (auch als *NAS* für »Network Attached Storage« bezeichnet) oder ein anderes Gerät, das das zum Zugriff auf Freigaben in Windows-Netzwerken von Microsoft verwendete Protokoll *SMB* beispielsweise mit Hilfe einer älteren Version der Software Samba realisiert, kann es zu Fehlern kommen. Für dieses Problem gibt es folgende Lösungen:

- Entweder müssen Sie die dort verwendete Samba-Implementation durch Einspielung einer aktualisierten Software bzw. vom Hersteller bereitgestellten neueren Firmware auf mindestens die Version 3.0.22 aufrüsten.

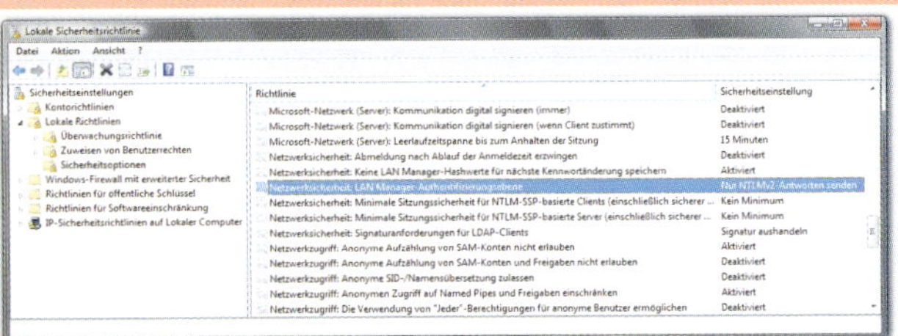

Abbildung 31.24 Bei Problemen beim Zugriff auf Freigaben eines Samba-basierten Dateiservers kann die Anpassung einer Netzwerksicherheitseinstellung von Windows Vista das Problem beheben

- Eine andere Möglichkeit besteht darin, die diesbezügliche Netzwerksicherheitseinstellung von Windows Vista zu verändern. Hierzu gehen Sie wie folgt vor: ddf
  1. Tippen Sie im Schnellsuchfeld des Startmenüs **secpol.msc** ↵ ein.
  2. Dadurch wird das MMC-Snap-In *Lokale Sicherheitsrichtlinien* geladen (siehe Abbildung 31.24).
  3. Dort begeben Sie sich in der Konsolenstruktur zum Knoten *Sicherheitsoptionen*, der sich unterhalb von *Lokale Richtlinien* befindet.
  4. Selektieren Sie die Richtlinie *Netzwerksicherheit: LAN Manager-Authentifizierungsebene*, um die Einstellung vom standardmäßigen *Nur NTLM-Antworten senden* auf *LM- und NTLM-Antworten senden (NTLMv2-Sitzungssicherheit verwenden, wenn ausgehandelt)* zu ändern.
  5. Betätigen Sie die Schaltfläche *OK*, um diese Einstellung wirksam werden zu lassen.

Nun sollten Zugriffe auf die betreffende Freigabe vom Windows Vista-PC aus klappen. Haben Sie mehrere Windows Vista-PCs, müssen Sie diese Einstellung an jedem einzelnen vornehmen.

Doch Sie brauchen noch nicht einmal den »Umweg« über den Systemordner *Netzwerk* zu nehmen, um auf die Freigaben anderer PCs im Netzwerk zugreifen zu können: Das Dialogfeld *Öffnen* bietet ebenfalls eine Möglichkeit zum direkten Zugriff auf das Netzwerk (siehe Abbildung 31.22). Genauso verhält es sich auch mit dem Dialogfeld *Speichern*. Auf diese Weise können Sie in Anwendungen beim Laden und Speichern von Dokumenten bequem auf Freigaben anderer Computer im Netzwerk zugreifen.

Tipp 

Ziehen Sie eine Freigabe (oder einen darunter befindlichen Ordner) bei gedrückter Maustaste in den Abschnitt *Linkfavoriten* des Navigationsbereichs, können Sie darauf noch schneller zugreifen.

PROFITIPP 

Zum direkten Zugriff auf eine Freigabe können Sie auch den zugehörigen Netzwerkpfad direkt eintippen. Dieser setzt sich aus der Zeichenfolge \\, gefolgt vom Namen des betreffenden Computers, dem Zeichen \ sowie dem Freigabenamen des Ordners (eventuelle Unterordner können jeweils einem Backslash \ direkt referenziert werden) zusammen – was der so genannten *UNC* (Universal Naming Convention) -Konvention entspricht. Um beispielsweise über das Netzwerk direkt auf den freigegebenen Ordner »Carrera« zuzugreifen, der auf dem Computer »DESKTOP-PC« beheimatet ist, tippen Sie – etwa im Schnellsuchfeld des Startmenüs – die Zeichenfolge **\\DESKTOP-PC\Carrera** ↵ ein. Diesen Netzwerkpfad können Sie auch an anderer Stelle eintippen (etwa in der Adressleiste des Internet Explorers), um schnell zur betreffenden Freigabe zu gelangen.

Mit Netzlaufwerken arbeiten

Viele Anwender sind es gewohnt, am PC mit Laufwerkskennungen zu arbeiten. Laufwerk C: zum Beispiel entspricht der Festplatte, während Laufwerk D: ein CD/DVD-Laufwerk und Laufwerk E: ein USB-Stick sein könnte.

Dieses Prinzip der Arbeit mit Laufwerkskennungen lässt sich auch für den Zugriff auf die Freigaben eines anderen Computers im Netzwerk nutzen: Weisen Sie einfach dem gewünschten Netzwerkpfad ein so genanntes *Netzlaufwerk* zu. Die hierfür angebotenen Laufwerkskennungen beginnen, genau umgekehrt zu lokalen Laufwerken, mit dem Buchstaben »Z« und werden bei der Erstellung eines neuen Netzlaufwerks standardmäßig absteigend vorgeschlagen (ist »Z« bereits vergeben, erhalten Sie »Y« vorgeschlagen etc.). Somit ist es möglich, dem Netzwerkpfad *\\DESKTOP-PC\Carrera* der Laufwerkskennung W: als Netzlaufwerk zuzuordnen.

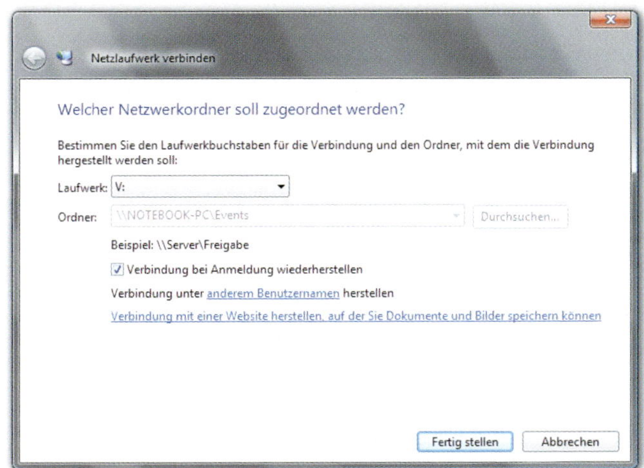

Abbildung 31.25 Erstellung eines Netzlaufwerks

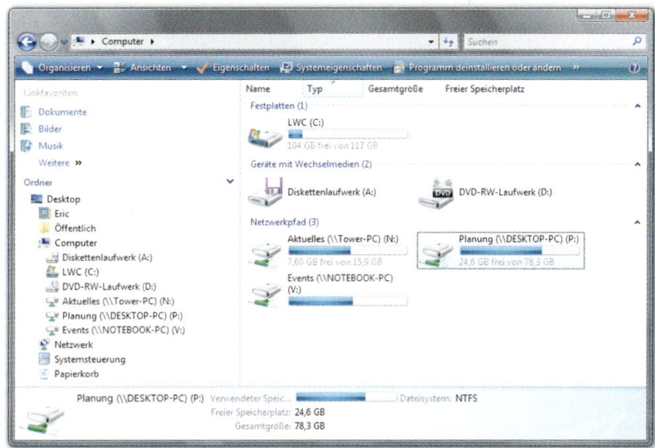

Abbildung 31.26 Netzlaufwerke erscheinen ähnlich wie lokale Laufwerke im Abschnitt Netzwerkpfad

Netzlaufwerk zuordnen

Zur Erstellung eines Netzlaufwerks führen Sie die folgenden Schritte aus:

1. Lassen Sie sich den Inhalt eines im Netzwerk befindlichen Computers anzeigen – etwa im Windows-Explorer oder der Ordnerliste im Dialogfeld *Öffnen*. Klicken Sie den freigegebenen Ordner, dem eine Laufwerkskennung zugeordnet werden soll, mit der rechten Maustaste an, um im zugehörigen Kontextmenü den Eintrag *Netzlaufwerk zuordnen* auszuwählen. Alternativ klicken Sie die Schaltfläche *Netzlaufwerk zuordnen* in der Symbolleiste des Windows-Explorers an.

   Genauso können Sie auch im Startmenü einen der Einträge *Computer* oder *Netzwerk* mit der rechten Maustaste anklicken. Im zugehörigen Kontextmenü wählen Sie dann den Eintrag *Netzlaufwerk zuordnen* aus.

2. Daraufhin erscheint das Dialogfeld *Netzlaufwerk verbinden* (siehe Abbildung 31.25). Hier gehen Sie wie folgt vor:

   - Wählen Sie im Listenfeld *Laufwerk* die gewünschte Laufwerkskennung aus.
   - Das Eingabefeld *Ordner* nimmt den Netzwerkpfad in UNC-Konvention auf. Dieser kann manuell eingetippt oder nach einem Klick auf die Schaltfläche *Durchsuchen* ausgewählt werden. In diesem Fall ist die Vorgabe des Netzwerkpfads jedoch nicht mehr erforderlich, da dieser ja eingangs bereits zur Zuordnung des Netzlaufwerks ausgewählt worden ist.
   - Soll das Netzlaufwerk nicht nur von temporärer Gültigkeitsdauer (bis zu Ihrer Abmeldung bei Windows Vista oder dem Herunterfahren des Windows Vista-PCs) sein, sondern dauerhaften Bestand haben, versehen Sie das Kontrollkästchen *Verbindung bei Anmeldung wiederherstellen* mit einer Markierung.
   - Erfordert der Ziel-Computer eine Legitimation, klicken Sie den Link *anderem Benutzernamen* an, um diesen sowie das zugehörige Kennwort angeben zu können.
   - Durch Betätigung der Schaltfläche *Fertig stellen* wird die Zuordnung des angegebenen Ordners zur Laufwerkskennung durchgeführt und das Netzlaufwerk erstellt. Von nun an können Sie das Netzlaufwerk im Windows-Explorer und Ihren Anwendungen quasi wie ein lokales Festplattenlaufwerk ansprechen und nutzen.

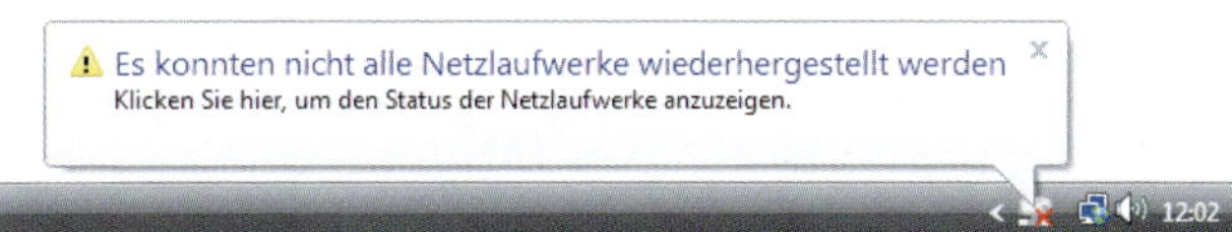

Abbildung 31.27 Eine solche Meldung erscheint, wenn Windows Vista nach Ihrer Anmeldung als Benutzer nicht alle Verbindungen zu Netzlaufwerken wiederherstellen konnte

Kann Windows Vista Netzlaufwerke nach Ihrer Anmeldung nicht automatisch wiederherstellen, erscheint im Infobereich der Taskleiste eine entsprechende Benachrichtigung (siehe Abbildung 31.27). In diesem Fall ist Ihre Legitimation für den Zugriff auf die betreffende Freigabe erforderlich. Klicken Sie das Symbol im Infobereich der Taskleiste an, um im Windows-Explorer zu erfahren, um welche Netzlaufwerke es sich dabei handelt (diese sind mit einem roten X als zusätzliches Symbol gekennzeichnet).

Tipp 

Um eine solche Meldung dauerhaft zu unterbinden, können Sie die zur Legitimation bei dem betreffenden Dateiserver erforderlichen Angaben in Ihrem lokalen Benutzerkonto hinterlegen. Dazu gehen Sie wie folgt vor:

1. Wechseln Sie zur Systemsteuerung, um dort die Kategorie *Benutzerkonten und Jugendschutz* und dann die Kategorie *Benutzerkonten* zu öffnen (bei Verwendung der klassischen Ansicht wählen Sie direkt *Benutzerkonten* aus).
2. Im linken Bereich klicken Sie den Link *Eigene Netzwerkkennwörter verwalten* an.
3. Daraufhin erscheint das Dialogfeld *Gespeicherte Benutzernamen und Kennwörter* (siehe Abbildung 31.28). Klicken Sie dort auf *Hinzufügen*, können Sie den Namen des betreffenden Dateiservers, den Namen eines dortigen Benutzerkontos sowie das zugehörige Kennwort im Dialogfeld *Gespeicherte Anmeldeinformationen* eintragen.
4. Betätigen Sie die Schaltfläche *OK* und klicken auf *Schließen*, werden diese Daten in Ihrem lokalen Benutzerkonto des Windows Vista-PCs hinterlegt.

Wenn Sie künftig auf Freigaben eines der angegebenen Dateiservers zugreifen möchten, kann Windows Vista die zur dortigen Legitimation erforderlichen Angaben (Benutzername und Kennwort) automatisch übermitteln, sodass Sie diese nicht mehr eintippen müssen.

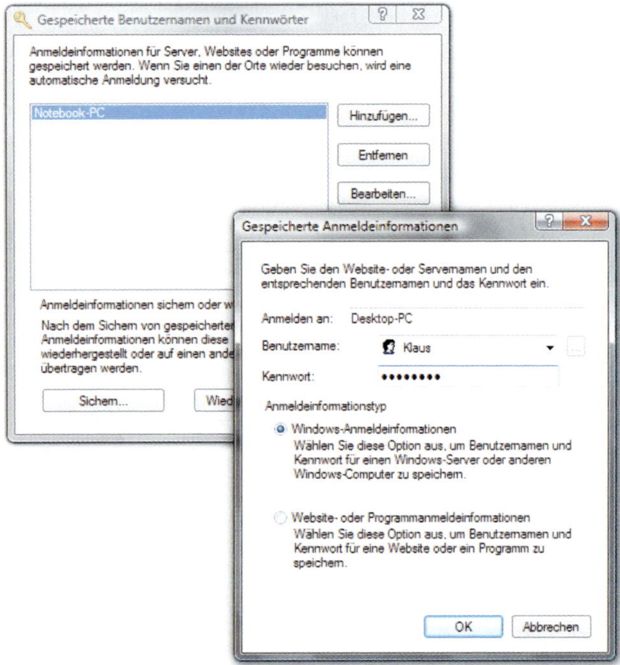

Abbildung 31.28 Hier können Sie den benötigten Benutzernamen mitsamt Kennwort in Ihrem Benutzerkonto auf dem Windows Vista-PC hinterlegen

Netzlaufwerke löschen

Haben Sie nicht nur eine Vielzahl von Netzlaufwerken eingerichtet, sondern beispielsweise auch ein Speicherkarten-Lesegerät, einen USB-Stick, einen portablen Musik-Player etc. mit Ihrem Computer verbunden, kommt schnell eine Reihe von Laufwerken zustande, sodass das Ganze schnell unübersichtlich wird. Möchten Sie daher das eine oder andere Netzlaufwerk wieder entfernen, führen Sie die folgenden Schritte aus:

1. Klicken Sie beispielsweise im Startmenü einen der Einträge *Computer* oder *Netzwerk* mit der rechten Maustaste an und wählen Sie im Kontextmenü den Eintrag *Netzlaufwerk trennen* aus.
2. Markieren Sie im daraufhin angezeigten Dialogfeld *Verbindung mit Netzlaufwerk trennen* (siehe Abbildung 31.29) das zu entfernende Netzlaufwerk und bestätigen Sie mit der Schaltfläche *OK*.
3. Das Netzlaufwerk wird anschließend entfernt.

Damit keine Missverständnisse entstehen: Die zugehörige Freigabe sowie die dort vorhandenen Daten bleiben unverändert erhalten.

Tipp 

Ebenso können Sie zum Beispiel im Windows-Explorer, im Dialogfeld *Öffnen* und sogar im Dialogfeld *Verbindung mit Netzlaufwerk trennen* das betreffende Netzlaufwerk mit der rechten Maustaste anklicken und im Kontextmenü den Eintrag *Trennen* wählen. Daraufhin wird das betreffende Netzlaufwerk ohne Rückfrage sofort entfernt.

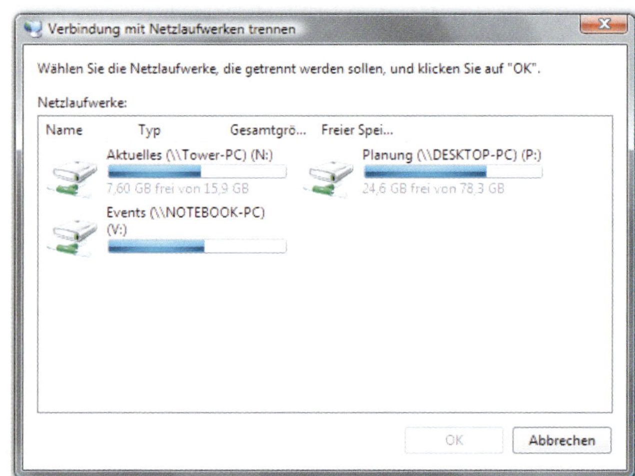

Abbildung 31.29 Netzlaufwerke lassen sich jederzeit wieder entfernen

Netzlaufwerke und die Benutzerkontensteuerung

Meldet sich beim Windows Vista-PC bei eingeschalteter Benutzerkontensteuerung ein Benutzer an, der der lokalen Gruppe »Administratoren« als Mitglied angehört, erstellt das Betriebssystem für ihn zwei Access-Tokens (siehe Kapitel 23). Eines davon identifiziert den Anwender als normalen Benutzer, das andere als Administrator. Für die herkömmliche Arbeit legt Windows Vista nun das Access-Token zugrunde, das den Administrator als normalen Benutzer ausweist. In dieser Umgebung werden dann nicht beispielsweise Programme gestartet, sondern auch Netzlaufwerke erstellt, die der Anwender verwendet.

Möchte der Anwender jedoch eine Aktion ausführen, für die die Benutzerkontensteuerung eine Rechterhöhung verlangt (etwa das Öffnen einer Eingabeaufforderung als Administrator), wird dafür sein Administrator-Access-Token zugrunde gelegt. Diese Umgebung ist jedoch nicht nur mit anderen Berechtigungen und Möglichkeiten versehen, sondern zudem von seiner parallel ablaufenden Sitzung als normaler Anwender getrennt.

Im Hinblick auf Netzlaufwerke bedeutet das: Netzlaufwerke, die ein Anwender in seiner normalen Benutzer-Umgebung erstellt, sind in einer Administrator-Umgebung, für die die Benutzerkontensteuerung eine Rechterhöhung angefordert hat, nicht verfügbar. Serienmäßig stellt Windows Vista Netzlaufwerke nur in der Umgebung des jeweiligen Access-Toklens bereit, nicht aber in beiden.

PROFITIPP 

Möchten Sie einheitliche Netzlaufwerke sowohl in der mit dem Benutzer-Access-Token als auch in der mit dem Administrator-Access-Token gestarteten Umgebung verwenden, ändern Sie die Registry des betreffenden Windows Vista-PCs: Rufen Sie, beispielsweise durch Eintippen von **regedit** ↵ im Schnellsuchfeld des Startmenüs, den Registrierungs-Editor von Windows Vista auf. Damit erstellen Sie im Knoten *HKEY_LOCAL_MACHINE\SOFTWARE\Microsoft\Windows\CurrentVersion\Policies\System* den Eintrag *EnableLinkedConnections* vom Typ DWORD und weisen diesem den Wert **1** zu. Abschließend müssen Sie den Registrierungs-Editor beenden und das Betriebssystem neu starten.

Zusammenfassung

In diesem Kapitel haben Sie erfahren, wie Sie Ordner des Windows Vista-PCs zur gemeinsamen Verwendung mit anderen Benutzern und Computern über das Netzwerk freigeben. Des Weiteren ist die Nutzung solcher Freigaben beschrieben, die sich auf anderen Computern im Netzwerk befinden. Die folgende Übersicht fasst die in diesem Zusammenhang wichtigen Vorgänge noch einmal für Sie zusammen.

Sie möchten ...	So gehen Sie vor	Sehen Sie sich dazu das Beispiel an auf
öffentliche Ordner des Windows Vista-PCs freigeben	Klicken Sie das Netzwerksymbol im Infobereich der Taskleiste an und wählen Sie *Netzwerk- und Freigabecenter* aus, um *Öffentlicher Ordner* zu öffnen und die Freigabe des öffentlichen Ordners einzuschalten	Seite 539
eine Ordnerfreigabe mit dem Freigabe-Assistenten erstellen	Klicken Sie den freizugebenden Ordner im Windows-Explorer mit der rechten Maustaste an und wählen Sie *Freigabe* aus	Seite 543
die Freigabe eines mit dem Freigabe-Assistenten erstellten Ordners anpassen	Klicken Sie den freizugebenden Ordner im Windows-Explorer mit der rechten Maustaste an, wählen Sie *Freigabe* aus und klicken Sie auf *Zugriffsberechtigungen ändern*	Seite 544
ein erweiterte Freigabe anlegen	Klicken Sie den freizugebenden Ordner im Windows-Explorer mit der rechten Maustaste an, wählen Sie *Eigenschaften* aus, wechseln Sie zur Registerkarte *Freigabe* und klicken Sie auf *Erweiterte Freigabe*	Seite 545
freigegebenen Ordner unter anderem Namen erneut freigeben	Klicken Sie den freizugebenden Ordner im Windows-Explorer mit der rechten Maustaste an, wählen Sie *Eigenschaften* aus und wechseln Sie zur Registerkarte *Freigabe*, um *Erweiterte Freigabe* sowie *Hinzufügen* anzuklicken	Seite 547
den Freigabe-Assistenten ausschalten	Klicken Sie im Windows-Explorer in der Symbolleiste auf *Organisieren* und wählen Sie *Ordner- und Suchoptionen* aus, um das Kontrollkästchen *Freigabe-Assistent verwenden (empfohlen)* zu deaktivieren	Seite 548
eine Datei mit dem Freigabe-Assistenten freigeben	Markieren Sie im Windows-Explorer eine Datei, die sich in Ihrem persönlichen Benutzerprofil-Ordner befindet, und klicken Sie in der Symbolleiste auf *Freigeben*, um zum Freigabe-Assistenten zu gelangen	Seite 549
die aktuell vorhandenen Freigaben anzeigen	Klicken Sie im Netzwerk- und Freigabecenter *Alle Dateien und Ordner anzeigen, die momentan freigegeben sind* an	Seite 549
den Systemordner *Netzwerk* nutzen	Wählen Sie im Startmenü den Eintrag *Netzwerk* aus	Seite 551
ein Netzlaufwerk zuordnen	Klicken Sie den freigegebenen Ordner, dem eine Laufwerkskennung zugeordnet werden soll, mit der rechten Maustaste an und wählen Sie *Netzlaufwerk zuordnen* aus	Seite 555
eigene Netzwerkkennwörter verwalten	Öffnen Sie *Benutzerkonten* in der Systemsteuerung und klicken Sie auf *Eigene Netzwerkkennwörter verwalten*	Seite 556
ein Netzlaufwerk löschen	Klicken Sie das zu löschende Laufwerk zum Beispiel im Windows-Explorer mit der rechten Maustaste an und wählen Sie *Netzlaufwerk trennen* aus	Seite 556

Eric Tierling

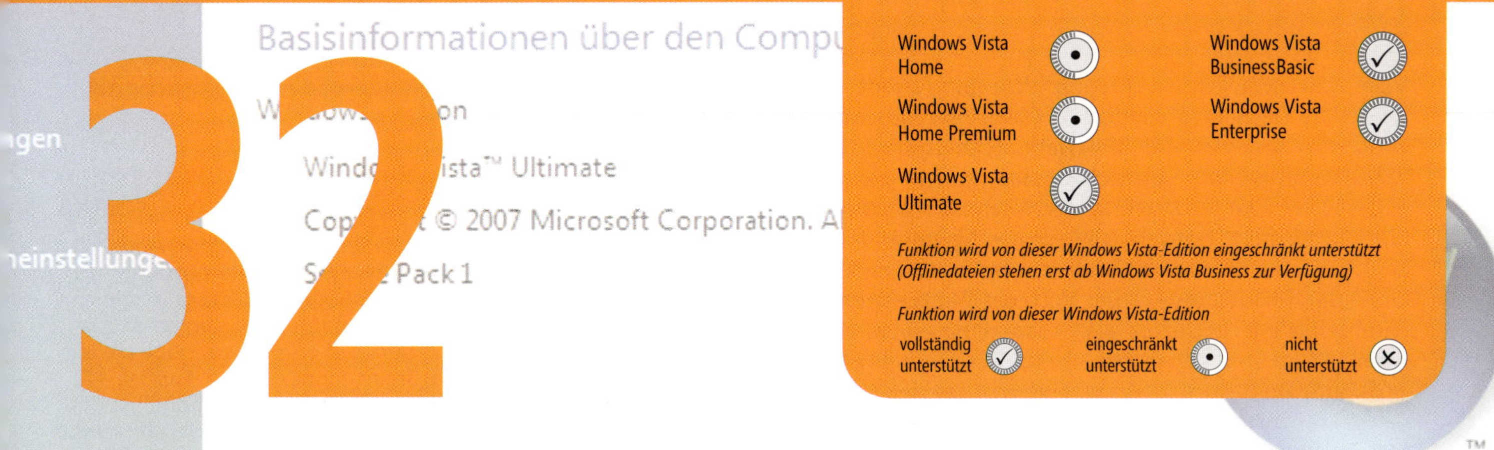

32 Offlinedateien und Synchronisierungscenter

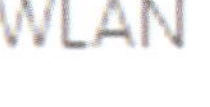

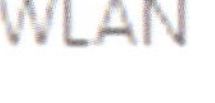

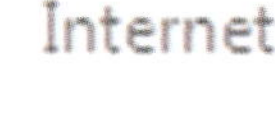

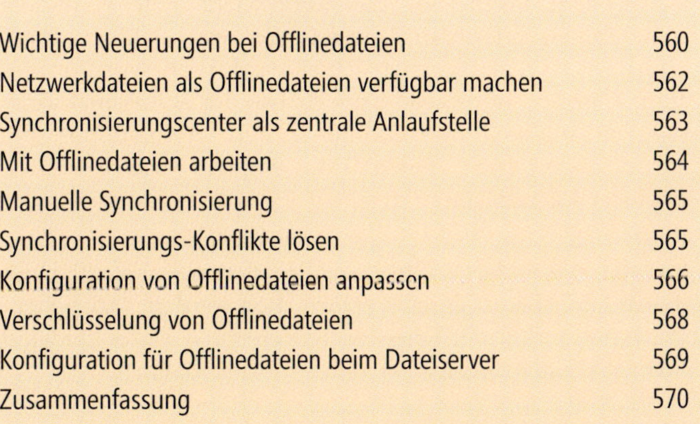

Viele Anwender kennen dies nur allzu gut: Gerade, wo die Arbeit an Dateien so richtig im Gange ist, die auf einem anderen Computer im Netzwerk (Dateiserver, PC im Arbeitszimmer etc.) gespeichert sind, wartet ein Termin außer Haus. Jetzt noch schnell das Notebook schnappen und die betreffenden Dateien vom Server irgendwo lokal hin kopieren, um unterwegs damit weiterarbeiten zu können, lautet dann häufig die Devise. Nach der Rückkehr zeigt sich dann schnell: Es entsteht – insbesondere bei einem umfangreicheren oder verteilten Datenbestand – ein beträchtlicher Aufwand, um die unterwegs veränderten Dateien wieder auf den Server zurückzukopieren. Die Klärung der Frage, welche Dateien auf dem Notebook denn nun verändert worden sind, kostet ebenso Zeit wie das manuelle Kopieren der aktuellen Dateien in den ursprünglichen Speicherort auf dem Server.

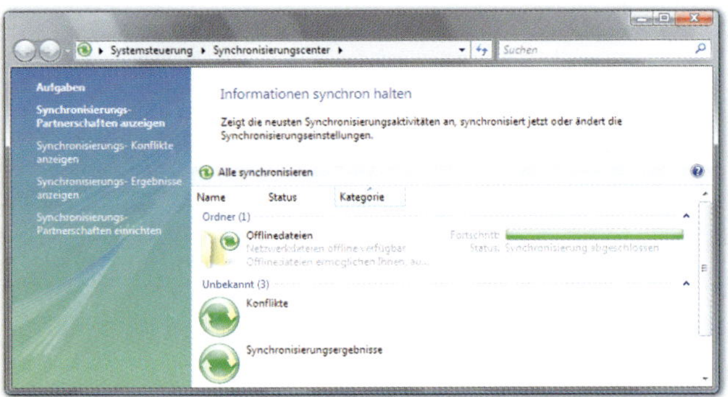

Abbildung 32.1 Das Synchronisierungscenter von Windows Vista informiert über den Abgleichstatus mit Offlinedateien

Mit Windows Vista gehört dies der Vergangenheit an: *Offlinedateien* (mitunter auch *Offlinedateien und -ordner* genannt) machen es möglich. Hierüber können Sie bequem angeben, welche Ordner und Dateien aus dem Netzwerk Sie auch dann im Zugriff haben möchten, wenn das Netzwerk momentan nicht verfügbar ist – Sie also offline sind. Daraufhin werden die betreffenden Dateien in einen internen Offlinedateien-Cache auf die lokale Festplatte kopiert, während Windows Vista vorgibt, dass die betreffende Freigabe weiterhin im Netzwerk existiert.

Somit können Sie mit den betreffenden freigegebenen Ordnern anderer Computer im Netzwerk und darauf verweisenden Netzlaufwerken selbst dann arbeiten, wenn Ihr Windows Vista-PC derzeit gar nicht mit dem Netzwerk verbunden ist. Sobald Sie den PC wieder mit dem LAN verbinden, gleicht Windows Vista alle geänderten Dateien aus seinem internen Offlinedateien-Cache mit dem jeweiligen Speicherort ab. Im *Synchronisierungscenter* werden dabei Informationen zu Abgleichvorgängen ebenso wie Konflikte und Ergebnisse der Synchronisierung angezeigt (siehe Abbildung 32.1).

Hinweis 

Das Synchronisierungscenter dient nicht nur zum Abgleich des Windows Vista-PCs mit Netzwerkdateien im Rahmen der Offlinedateien-Funktion, sondern auch zum Abgleich mit anderen Geräten wie zum Beispiel portablen Musik-Playern (siehe Kapitel 10) oder auf Windows Mobile basierenden Pocket PCs und Smartphones (siehe Kapitel 37). Die Synchronisierung mit diesen Geräten ist (anders als die Synchronisierung von Offlinedateien) auch mit Windows Vista Home Basic und Windows Vista Home Premium möglich.

Wichtige Neuerungen bei Offlinedateien

Offlinedateien sind keine Neuerung von Windows Vista. Vielmehr hat Microsoft die Technologie des so genannten *Client-Side Caching* (*CSC*) erstmal Windows 2000 mit auf den Weg gegeben und in Windows XP noch etwas erweitert. In Windows Vista hat Microsoft den Offlinedateien einige grundlegende Verbesserungen angedeihen lassen, die den Praxisnutzen dieser Funktion deutlich verbessern.

Nahtloser Übergang zwischen Online- und Offlinemodus

Windows Vista erkennt automatisch, ob eine Verbindung mit dem betreffenden Netzwerk besteht, und schaltet dementsprechend von sich aus zwischen Online- und Offlinemodus um. Ein manuelles Umschalten entfällt somit. Störende Meldungen nach dem Wechsel vom Offline- in den Onlinemodus, dass das Netzwerk nun wieder erreichbar ist und eine Synchronisierung eingeleitet werden kann, gibt es bei Windows Vista ebenfalls nicht. Vielmehr findet die Synchronisierung automatisch im Hintergrund statt, sobald der freigegebene Ordner im Netzwerk wieder zur Verfügung steht. Ein Beenden von Anwendungen etc. ist hierzu nicht erforderlich. Genauso lässt sich eine sofortige Synchronisierung manuell initiieren. Und ebenso ist es beispielsweise möglich, manuell vom Online- in den Offlinemodus und zurück zu wechseln. Beides kann bequem vom Windows-Explorer aus erfolgen.

Besteht ein Konflikt bei einer zu synchronisierenden Datei, können alle anderen Offlinedateien davon unbehelligt mit dieser Freigabe erfolgreich abgeglichen werden. Das bedeutet: Ein Konflikt bei einer abzugleichenden Datei blockiert nicht die Synchronisierung anderer Offlinedateien.

Anders als bei den Vorgängerversionen arbeitet die Offlinedateien-Funktion von Windows Vista zudem nicht mehr server-, sondern freigabeorientiert. Sollte daher nur eine Freigabe eines Dateiservers nicht erreichbar sein und daher offline gehen, bleiben andere, von der Offlinedateien-Funktion ebenfalls zu berücksichtigende Freigaben auf demselben Dateiserver davon unbehelligt und können weiterhin synchronisiert werden.

Verbesserte Synchronisierung

Bei der Offlinedateien-Funktion von Windows Vista geht die Synchronisierung deutlich flotter vonstatten als bei Windows 2000 und Windows XP. Einer der wesentlichen Gründe hierfür ist die Art der Synchronisierung: Anstatt immer die komplette Datei zu synchronisieren, selbst wenn sich bei dieser nur ein einziges Byte verändert hat, ermittelt Windows Vista die geänderten Bereiche einer Datei und gleicht lediglich diese mit dem Dateiserver ab, der die zugehörige Ordnerfreigabe beherbergt. Dadurch kann die Synchronisierung von Offlinedateien nicht nur wesentlich schneller als bei früheren Windows-Versionen erfolgen, sondern kommt problemlos auch mit größeren Dateien zurecht.

Hinweis 

Als Client-basierte Funktion kommt die intelligente Übertragung lediglich von Änderungen nur dann zum Tragen, wenn der Client Dateien mit dem Dateiserver synchronisiert. Überträgt ein Dateiserver Änderungen zum Client, findet keine intelligente Übertragung lediglich von Änderungen statt, sondern es wird die komplette Datei übermittelt.

Weiterhin zu berücksichtigen ist, dass die intelligente Übertragung lediglich von Änderungen nur für Dateien funktioniert, die auf dem Windows Vista-PC bereits vorhanden und schon einmal synchronisiert worden sind. Wird auf dem Client eine neue Datei erstellt, muss diese komplett zum Dateiserver übertragen werden, da bei der allerersten Übertragung ja noch keine Änderungen vorliegen können. Dasselbe gilt auch umgekehrt: Wurde auf dem Fileserver eine neue Datei erstellt, während der Windows Vista-PC offline war, wird die gesamte Datei vom Server zum Client übertragen, sobald der Windows Vista-PC wieder mit dem Netzwerk verbunden ist.

Hinweis 

Für Anwendungen, die Dokumentdateien nicht mit einer neuen Version überschreiben, sondern die die bisherige Version umbenennen und für die aktuelle Version eine komplett neue Dokumentdatei anlegen, ergibt sich aus der intelligenten Übertragung lediglich von Änderungen kein Vorteil.

Zusätzlich arbeitet die Offlinedateien-Funktion von Windows Vista benutzerorientiert. Daher werden nur die Änderungen des aktuell mit dem PC arbeitenden Benutzers mit dem Server abgeglichen. Änderungen an Offlinedateien, die andere Benutzer vorgenommen haben, die dem Computer abwechselnd ebenfalls nutzen, momentan aber nicht angemeldet sind, findet nicht statt, wenn das Netzwerk wieder online ist. Somit kann sich der Benutzer auf seine eigenen Dateien konzentrieren und wird nicht von Fehlermeldungen gestört, die sich auf den Abgleich von Offlinedateien von Mitbenutzern des Computers beziehen.

Komplett überarbeitete Implementierung

Die Offlinedateien-Funktion ist bei Windows Vista komplett neu umgesetzt. Ein Fokus liegt dabei auf einem schonenden Umgang mit Prozessor- und Speicherressourcen. Um zum Beispiel zu verhindern, dass der interne Offlinedateien-Cache zu viel Speicherplatz auf der Festplatte belegt, lässt sich dessen Größe bei Windows Vista begrenzen.

Des Weiteren werden Offlinedateien von der Indexfunktion von Windows Vista mit indiziert. Führen Sie also über das Schnellsuchfeld im Windows Vista-Startmenü eine Suche durch, bezieht diese auch den Inhalt des internen Offlinedateien-Cache-Speichers mit ein.

Zudem versucht Windows Vista, im Onlinemodus bei Leseanfragen für eine offline verfügbare Datei auf den internen Offlinedateien-Cache zurückzugreifen. Häufig führt dies wesentlich schneller zum Erfolg als das komplette Neuladen der Datei über das Netzwerk. Schreibzugriffe hingegen werden immer direkt an den zuständigen Dateiserver weitergereicht, wenn das Netzwerk online ist (während demgegenüber im Offlinemodus sowohl Lese- als auch Schreibzugriffe aus dem internen Offlinedateien-Cache bedient werden).

Eine andere Änderung ergibt sich aus der Art und Weise, wie Windows Vista Offlinedateien synchronisiert: Da dies während der laufenden Arbeit des Benutzers mit dem PC im Hintergrund stattfindet, besteht keine Notwendigkeit mehr, eine manuelle Synchronisierung auszulösen, bevor sich der Benutzer von Windows Vista abmeldet. Hiervon profitieren auch Benutzer, die lediglich mit langsamen Internetverbindungen statt mit schnellen LAN-Verbindungen arbeiten.

Tipp 

Wie die ursprüngliche Bezeichnung *Client-Side Caching* (*CSC*) bereits andeutet, handelt es sich bei den Offlinedateien um ein Verfahren, das der Client – in diesem Fall also der Windows Vista-PC – selbstständig und unabhängig vom Dateiserver ausführt. Ein Dateiserver ist hierbei zwar involviert (schließlich geht es ja um den Abgleich von Dateien, die im Netzwerk bereit stehen), doch wird auf Server-Seite keine zusätzliche Software o.ä. installiert. Offlinedateien werden somit rein vom Windows Vista-PC bzw. auf Client-Seite abgewickelt – was diese Funktion überaus flexibel macht. Offlinedateien können daher zusammen mit Freigaben genutzt werden, die von Dateiservern auf Basis von Windows 2000 (Professional und Server), Windows XP, Windows Server 2003, Windows Server 2008 sowie von Dateiservern zur Verfügung gestellt werden, die das von Microsoft verwendete Protokoll *SMB* (Server Message Block) zum Zugriff auf Freigaben in Windows-Netzwerken beispielsweise mit Hilfe der Software Samba realisieren.

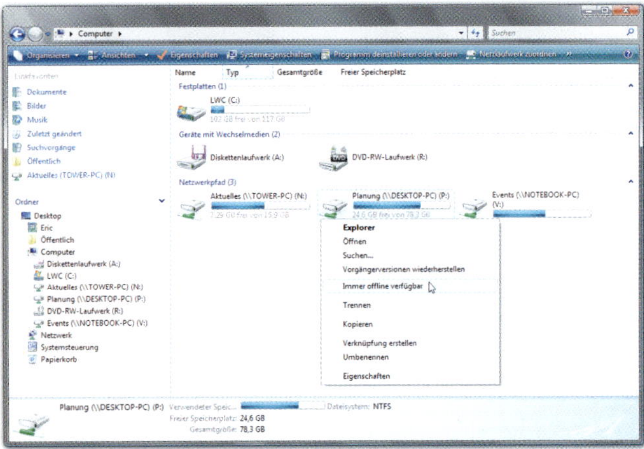

Abbildung 32.2 Gewünschtes Element mit der rechten Maustaste anklicken, *Immer offline verfügbar auswählen* – und schon synchronisiert die Offlinedateien-Funktion das betreffende Element

Netzwerkdateien als Offlinedateien verfügbar machen

Es ist mit Windows Vista denkbar einfach, Dateien offline verfügbar zu machen, die sich auf Freigaben von anderen Computern im Netzwerk befinden. Dazu führen Sie die folgenden Schritte aus:

1. Wählen Sie beispielsweise in der Ordnerliste im linken Navigationsbereich des Windows-Explorers oder über den Systemordner *Netzwerk* eine Freigabe eines anderen Computers im Netzwerk aus, um diese mit der sekundären Maustaste anzuklicken. Ebenso können Sie ein Netzlaufwerk Ihres Windows Vista-PCs, das der Freigabe eines anderen Computers im Netzwerk zuordnet ist, mit der rechten Maustaste anklicken – denn sowohl freigegebene Ordner als auch Netzlaufwerke lassen sich offline verfügbar machen.

Tipp 

Machen Sie einen Ordner offline verfügbar, werden alle darin befindlichen Unterordner und Dateien automatisch ebenfalls offline verfügbar gemacht. Dabei müssen Sie keineswegs die oberste Ordnerebene (also den freigegebenen Ordner bzw. das Netzlaufwerk selbst) auswählen: Vielmehr können Sie genauso gut einen dort vorhandenen Unterordner – oder eine Datei in einer beliebigen untergeordneten Ordnerebene – mit der sekundären Maustaste anklicken, wenn Sie nur diese(n) offline zur Verfügung haben möchten. Windows Vista bildet dann den gesamten Ordnerpfad ab, von der obersten bis hin zu der untergeordneten Ebene, in der sich das offline verfügbar gemachte Element befindet (synchronisiert aber nur die angegebenen Unterordner und Dateien).

2. Wählen Sie im daraufhin geöffneten Kontextmenü den Eintrag *Immer offline verfügbar* aus (siehe Abbildung 32.2).
3. Windows Vista richtet nun eine Partnerschaft ein, um den Inhalt des ausgewählten Ordners – einschließlich dortiger Unterordner – offline zur Verfügung zu stellen. Damit ist der Vorgang, den betreffenden Ordner offline zur Verfügung zu stellen, auch bereits abgeschlossen.

Hinweis 

Wiederholen Sie diese Schritte für jeden Ordner bzw. jede Datei, die Sie offline verfügbar haben möchten.

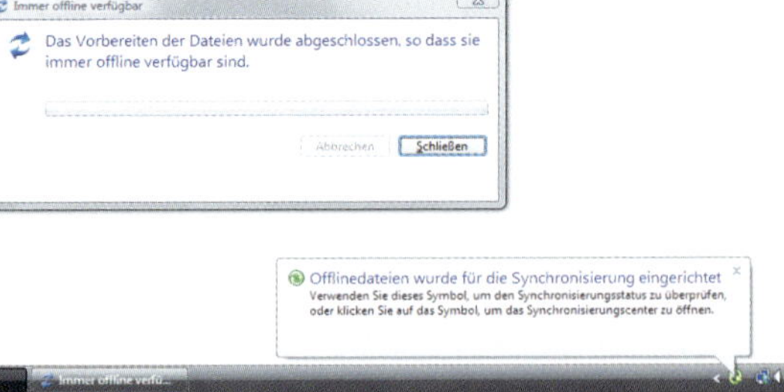

Abbildung 32.3 Netzwerkdateien offline verfügbar zu machen ist schnell erledigt

Von nun an können Sie offline mit dem eingangs ausgewählten Ordner bzw. der Datei arbeiten. Um während der Arbeit damit nicht umdenken zu müssen, stehen diese Offlineelemente wie gewohnt im Netzwerk zur Verfügung – also auch dann, wenn keine Onlineverbindung zum Netzwerk besteht.

Damit Sie leicht erkennen können, welche Ordner und Dateien die Offlinedateien-Funktion von Windows Vista synchronisiert, werden die betreffenden Netzlaufwerk-, Ordner- und Datei-Symbole mit einem zusätzlichen Symbol wie neben stehend abgebildet versehen. So wissen Sie jederzeit, mit welchen Netzlaufwerken, Ordnern und Dateien Sie selbst dann arbeiten können, wenn das Netzwerk gerade nicht verfügbar ist.

Hinweis 

Analog dazu können Sie die Offlineverfügbarkeit eines im Netzwerk freigegebenen Ordners respektive der darauf befindlichen Unterordner und Dateien auch wieder aufheben. Hierzu klicken Sie das betreffende Element etwa im Windows-Explorer mit der rechten Maustaste an und wählen erneut im zugehörigen Kontextmenü den Eintrag *Immer offline verfügbar* aus. Dadurch wird das Häkchen vor diesem Eintrag entfernt und die betreffende Synchronisierungs-Partnerschaft der Offlinedateien aufgehoben.

Synchronisierungscenter als zentrale Anlaufstelle

Da das *Synchronisierungscenter* von Windows Vista unter anderem auch über den Verlauf des Abgleichs von Offlinedateien informiert, wird nach der Einrichtung einer *Synchronisierungs-Partnerschaft* im Infobereich der Taskleiste das *Synchronisierungscenter-Symbol* zusammen mit einer Benachrichtigung angezeigt. Durch einen Blick auf das Synchronisierungs-Symbol können Sie den aktuellen Status der Synchronisierung von Offlinedateien erkennen– es findet gerade eine Synchronisierung statt, diese ist erfolgreich verlaufen, dabei sind Konflikte aufgetreten oder es hat einen Fehler gegeben. Um mehr zu erfahren, brauchen Sie dann lediglich auf dieses Symbol doppelzuklicken.

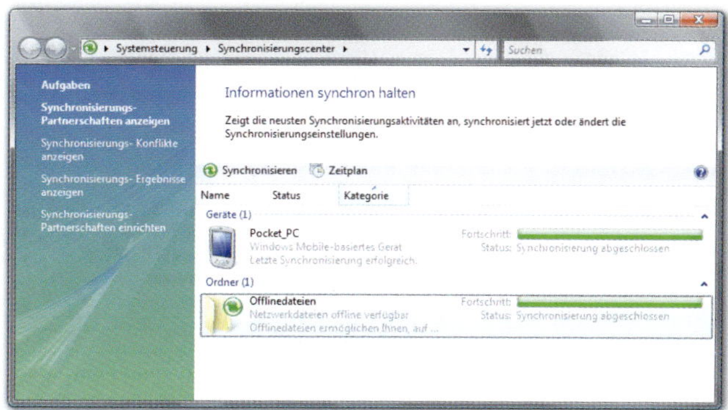

Abbildung 32.4 Für Offlinedateien richtet Windows Vista automatisch eine Synchronisierungs-Partnerschaft ein

Dadurch gelangen Sie zum *Synchronisierungscenter* (siehe Abbildung 32.4). Hier lassen sich diverse Aufgaben durchführen:

- **Synchronisierungs-Partnerschaften anzeigen** Über diese Aufgabe können für die aktuell vorhandenen Partnerschaften des Windows Vista-PCs eine Synchronisierung durchführen oder die für den Abgleich der Informationen zugrunde gelegten Vorgaben verändern (siehe Abbildung 32.4).
- **Synchronisierungs-Konflikte anzeigen** Bestehen Konflikte, sodass manche Dateien nicht abgeglichen werden können, lassen sich diese über diese Aufgabe sowohl anzeigen als auch auflösen (siehe den Abschnitt »Synchronisierungs-Konflikte lösen« weiter hinten in diesem Kapitel).
- **Synchronisierungs-Ergebnisse anzeigen** Mit dieser Aufgabe können Sie sich über die Resultate der letzten Synchronisierungen informieren (siehe Abbildung 32.5).
- **Synchronisierungs-Partnerschaften einrichten** Möchten Sie Informationen zwischen dem Windows Vista-PC und daran angeschlossenen Geräten wie zum Beispiel einen portablen Musik-Playern automatisch abgleichen, können Sie hierfür eine Synchronisierungs-Partnerschaft einrichten.

Hinweis 

Im Gegensatz beispielsweise zu Synchronisierungs-Partnerschaften für Geräte, die mit dem Windows Vista-PC verbunden sind, wird die Synchronisierungs-Partnerschaft für Offlinedateien (respektive die zugehörigen *Offlinedateien-Partnerschaften*) automatisch erstellt und kann nicht gelöscht werden.

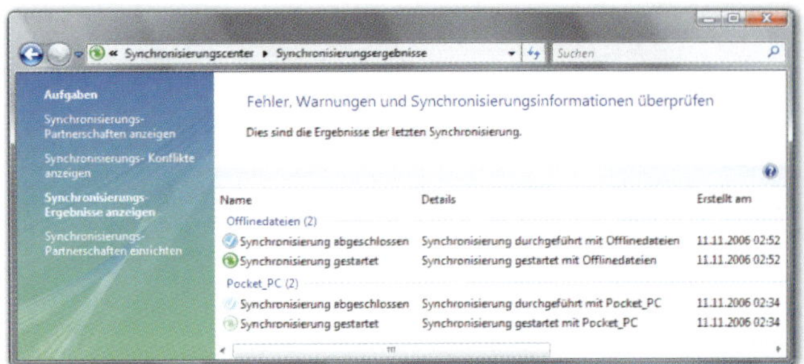

Abbildung 32.5 Ergebnisse der letzten Synchronisierungsvorgänge auf einen Blick

Mit Offlinedateien arbeiten

Die Verwendung von Ordnern und Dateien aus dem Netzwerk, die Sie offline verfügbar gemacht haben, geht nahtlos vonstatten: Sie arbeiten mit den betreffenden Freigaben im Netzwerk und Netzlaufwerken auf genau dieselbe Art und Weise wie vor der Aktivierung der Offlinedateien. Somit können Sie im Windows-Explorer oder aus Anwendungen heraus auf Dateien im Netzwerk in gewohnter Weise zugreifen. Dass es sich hierbei um Netzwerkdateien handelt, die die Offlinedateien-Funktion abgleicht, merken Sie lediglich daran, dass die Netzwerkdateien mit dem auf die Synchronisierung hinweisenden Zusatzsymbol versehen sind.

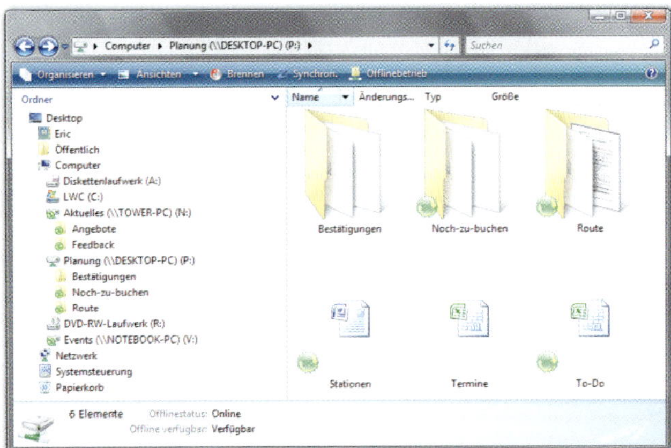

Abbildung 32.6 Wahlweise können komplette freigegebene Ordner anderer Computer bzw. Netzlaufwerke, die diesen zugeordnet sind, oder aber nur ausgewählte Unterordner und Dateien offline zur Verfügung stehen

Die eigentliche Synchronisierung findet bei Windows Vista vollautomatisch im Hintergrund statt. Auf Wunsch können Sie jedoch selbst aktiv werden: Um beispielsweise sicherzugehen, dass wirklich alle Dateien auf dem aktuellsten Stand sind, bevor Sie das Notebook in aller Eile vom Netzwerk trennen (und die automatische Synchronisierung für frisch hinzugekommene Dateien noch nicht abgeschlossen ist), können Sie die Synchronisierung auch sofort auslösen. Dazu führen Sie die folgenden Schritte aus:

1. Klicken Sie auf das Synchronisierungs-Symbol im Infobereich der Taskleiste.
2. Die Seite *Informationen synchron halten* im Synchronisierungscenter entsprechend der Aufgabe *Synchronisierungs-Partnerschaften anzeigen* wird geöffnet.
3. Markieren Sie den Ordner *Offlinedateien* und klicken Sie in der Symbolleiste auf die Schaltfläche *Synchronisieren*, um die Synchronisierung sofort durchzuführen.

   Alternativ können Sie mit der rechten Maustaste auf den Ordner *Offlinedateien* klicken und anschließend im Kontextmenü den Eintrag *Offlinedateien synchronisieren* wählen.
4. Der Verlauf der Synchronisierung wird im Fortschrittsbalken neben dem Ordner *Offlinedateien* dargestellt. Darunter wird auch der Status ausgewiesen – und sollten Konflikte entstanden sein, erfahren Sie dies hier ebenfalls.

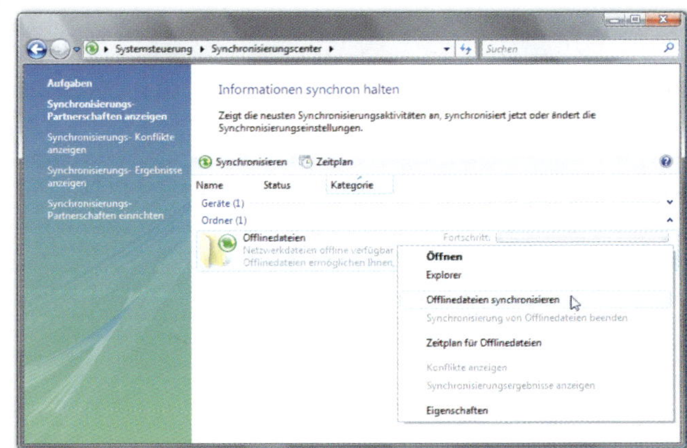

Abbildung 32.7 Offlinedateien lassen sich auf Wunsch auch sofort synchronisieren

PROFITIPP 

Im Onlinemodus werden Offlinedateien kontinuierlich im Hintergrund synchronisiert, sodass es normalerweise keiner Anpassung bedarf. Für besondere Szenarien kann Windows Vista der Synchronisierung von Offlinedateien-Partnerschaften aber auch einen *Zeitplan* zugrunde legen. Falls Sie es wünschen, findet somit beispielsweise lediglich zu bestimmten Tages- und Wochenzeiten oder nur dann eine Synchronisierung der Offlinedateien-Partnerschaft statt, wenn der Computer für eine gewisse Zeit im Leerlauf ist oder mit einer externen Stromversorgung betrieben wird, was für Notebook-Anwender interessant ist. Um entsprechende Vorgaben zu definieren, legen Sie einen Zeitplan für einzelne oder alle Offlinedateien-Partnerschaften fest. Hierzu markieren Sie den Ordner *Offlinedateien* und klicken in der Symbolleiste auf die Schaltfläche *Zeitplan* (oder wählen im Kontextmenü zum Ordner *Offlinedateien* den Eintrag *Zeitplan für Offlinedateien*), um anschließend die gewünschten Einstellungen vornehmen zu können.

Manuelle Synchronisierung

Abgleichvorgänge der Offlinedateien finden bei Windows Vista normalerweise automatisch im Hintergrund statt. Unter Umständen kann es jedoch hilfreich sein, die Durchführung der Synchronisierung selbst in die Hand zu nehmen und diese komplett manuell zu initiieren. Hierzu gehen Sie wie folgt vor:

1. Wählen Sie in der Ordnerliste im linken Navigationsbereich des Windows-Explorers das Netzlaufwerk oder den freigegebenen Ordner eines anderen Computers im Netzwerk aus, von dem Sie Dateien offline verfügbar gemacht haben.
2. Durch Anklicken der Schaltfläche *Offlinebetrieb* oben in der Symbolleiste des Windows-Explorers versetzen Sie die betreffende Offlinedateien-Partnerschaft direkt in den Offlinemodus. Nun findet für die zugehörige Offlinedateien-Partnerschaft keine automatische Synchronisierung mehr statt.
3. Möchten Sie später eine manuelle Synchronisierung durchführen, um alle involvierten Dateien und Ordner auf den aktuellen Stand zu bringen, klicken Sie die Schaltfläche *Synchron.* oben in der Symbolleiste des Windows-Explorers an.

Möchten Sie später wieder in den Onlinemodus wechseln, damit Windows Vista wieder eine automatische Synchronisierung durchführt, verwenden Sie hierzu die Schaltfläche *Onlinebetrieb* oben in der Symbolleiste des Windows-Explorers.

Tipp 

In der Statusleiste des Windows-Explorers können Sie jederzeit erkennen, wie es um den *Offlinestatus* (Online- oder Offlinemodus) und die *Offlineverfügbarkeit* (Ordner bzw. Datei kann im Offlinebetrieb bearbeitet werden oder nicht) des markierten Elements bestellt ist.

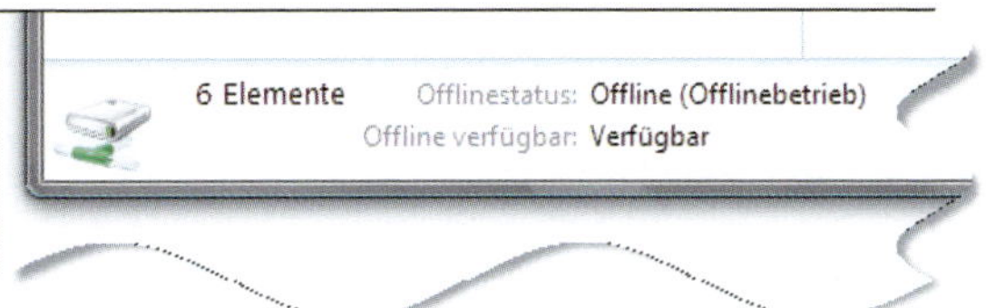

Abbildung 32.8 Die Statusleiste im Windows-Explorer gibt weiteren Aufschluss über den Status der Offlinedateien

Synchronisierungs-Konflikte lösen

Ist eine Netzwerkdatei nicht nur auf dem Windows Vista-PC oder dem Dateiserver, sondern auf beiden Seiten verändert worden, während der Computer nicht mit dem Netzwerk verbunden und dieser somit im Offlinemodus war, kann keine automatische Synchronisierung mehr stattfinden. In diesem Fall weiß Windows Vista nicht, welche Datei die aktuellere ist. Dabei entsteht ein *Synchronisierungs-Konflikt*, worüber Sie das nebenstehend gezeigte Symbol sowie eine Benachrichtigung im Infobereich der Taskleiste informiert.

Wichtig 

Solange ein Synchronisierungs-Konflikt besteht, werden die betroffenen Dateien nicht miteinander synchronisiert. Eine Synchronisierung anderer Elemente, für die kein Konflikt besteht, findet aber weiterhin statt.

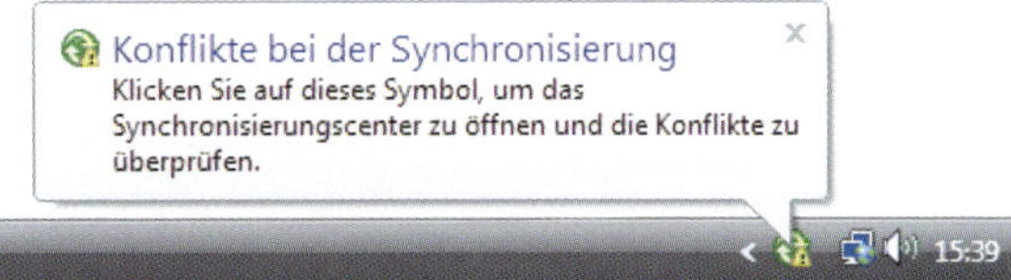

Abbildung 32.9 Tritt beim automatischen Abgleich von Offlinedateien ein Synchronisierungs-Konflikt auf, gibt Windows Vista eine Benachrichtigung heraus

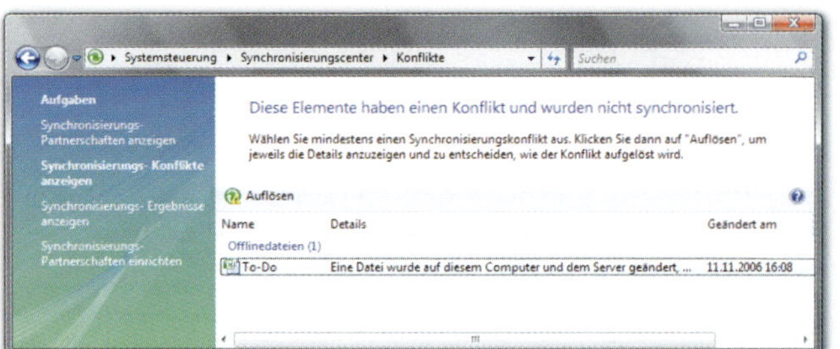

Abbildung 32.10 Das Synchronisierungscenter informiert darüber, für welche Dateien Konflikte bestehen

In einem solchen Fall gehen Sie wie folgt vor:

1. Klicken Sie das Synchronisierungs-Symbol im Infobereich der Taskleiste an. Im nun geöffneten Synchronisierungscenter wechseln Sie zur Aufgabe *Synchronisierungskonflikte anzeigen* (siehe Abbildung 32.10).

   Alternativ klicken Sie das Synchronisierungs-Symbol mit der rechten Maustaste an und wählen im Kontextmenü den Eintrag *Konflikte anzeigen* aus. Genauso können Sie bei der Aufgabe *Synchronisierungs-Partnerschaften anzeigen* den im Ordner *Offlinedateien* unterhalb des Status der Offlinedateien-Partnerschaft befindlichen Konflikt-Link anklicken.
2. Auf der Seite *Diese Elemente haben einen Konflikt und wurden nicht synchronisiert* markieren Sie das Element, für das ein Konflikt besteht.
3. Klicken Sie in der Symbolleiste auf die Schaltfläche *Auflösen*.
4. Daraufhin erscheint das Dialogfeld *Konflikt auflösen* (siehe Abbildung 32.11). Dort gilt es zu entscheiden, welche Version der Datei Sie behalten und welche Version Sie verwerfen möchten. Durch Anklicken der entsprechenden Option können Sie flexibel entscheiden, ob
   - Sie die auf dem Windows Vista-PC im internen Offlinedateien-Cache hinterlegte Version der Datei behalten möchten (in diesem Fall wird die auf dem Dateiserver befindliche Version der Datei hiermit überschrieben),
   - die auf dem Dateiserver gespeicherte Version der Datei die aktuellere ist und daher behalten werden soll (dadurch wird die im internen Offlinedateien-Cache des Windows Vista-PCs befindliche Version der betreffenden Datei gelöscht)
   - oder Sie beide Versionen behalten möchten (hierbei wird dann die ältere Version der Datei wie angegeben umbenannt).

Damit ist der Synchronisierungs-Konflikt aufgelöst. Bestehen Konflikte für weitere Dateien, lösen Sie diese auf die gleiche Weise nacheinander auf.

Hinweis 

Wenn Sie hingegen ein Konflikt-Element mit der rechten Maustaste anklicken und im zugehörigen Kontextmenü den Eintrag *Ignorieren* auswählen, findet künftig kein Abgleich zwischen der im internen Offlinedateien-Cache des Windows Vista-PCs hinterlegten sowie der auf dem Dateiserver zu findenden Version der betreffenden Datei mehr statt.

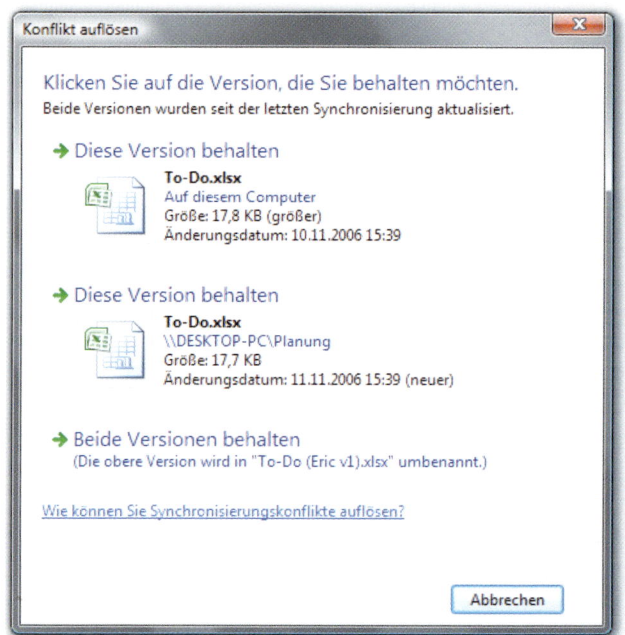

Abbildung 32.11 Zur Auflösung von Synchronisierungskonflikten bietet Windows Vista mehrere Möglichkeiten an

Konfiguration von Offlinedateien anpassen

Über die Systemsteuerung ist es möglich, die Konfiguration der Offlinedateien-FunktionZFS:Konfiguration_anpassen von Windows Vista einzusehen und bei Bedarf zu verändern. Hierzu wählen Sie in der Systemsteuerung zunächst die Kategorie *Netzwerk und Internet* und dann die Kategorie *Offlinedateien* aus oder doppelklicken in der klassischen Ansicht auf das Symbol *Offlinedateien*.

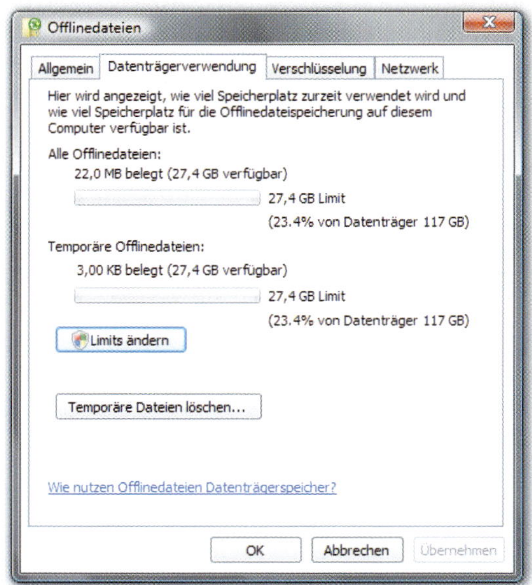

Abbildung 32.12 Über die Systemsteuerung lässt sich die Offlinedateien-Funktion konfigurieren

Das nun geöffnete Dialogfeld weist mehrere Registerkarten auf:

- Auf der Registerkarte *Allgemein* können Sie die Offlinedateien-Funktion ein- und ausschalten (siehe Abbildung 32.12). Standardmäßig ist die Funktion der Offlinedateien automatisch eingeschaltet.

  Des Weiteren können Sie nach einem Klick auf die Schaltfläche *Offlinedateien anzeigen* den Inhalt des internen Offlinedateien-Cache im Windows-Explorer einsehen (siehe Abbildung 32.13).

Tipp 

Haben Sie sich zur Lösung eines Synchronisierungs-Konflikts dazu entschieden, diesen zu ignorieren (siehe den Abschnitt »Synchronisierungs-Konflikte lösen« weiter vorne in diesem Kapitel), können Sie hierüber auf die im internen Offlinedateien-Cache befindliche Version zugreifen und diese so zum Beispiel an einen anderen Ort kopieren.

PROFITIPP 

Der interne Offlinedateien-Cache von Windows Vista – an dieser Stelle als *Offline Files Folder* bezeichnet – entspricht dem Ordner *%systemroot%\csc*. Standardmäßig hat auf diesen von der Offlinedateien-Funktion verwendeten Ordner selbst ein mit Administratorrechten ausgestatteter Benutzer keinen Zugriff.

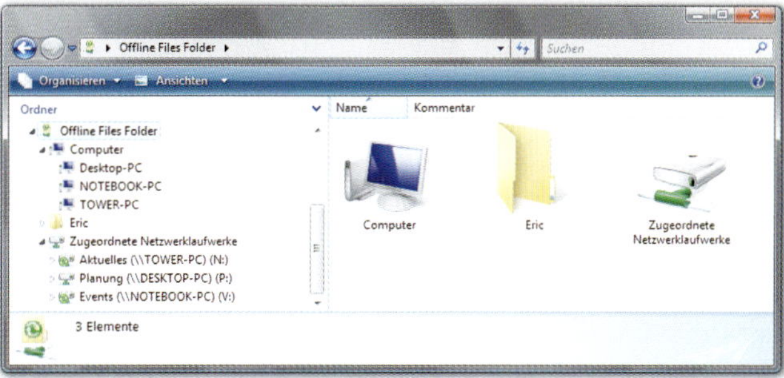

Abbildung 32.13 Der interne Offlinedateien-Cache von Windows Vista lässt sich einsehen und bearbeiten

- Über die Registerkarte *Datenträgerverwendung* können Sie die Speicherplatzgröße des internen Offlinedateien-Cache einsehen (siehe Abbildung 32.14). Über die Schaltfläche *Limits ändern* können Sie die Höchstgrenze des von der Offlinedateien-Funktion für den internen Cache maximal belegbaren Speicherplatzes anpassen.

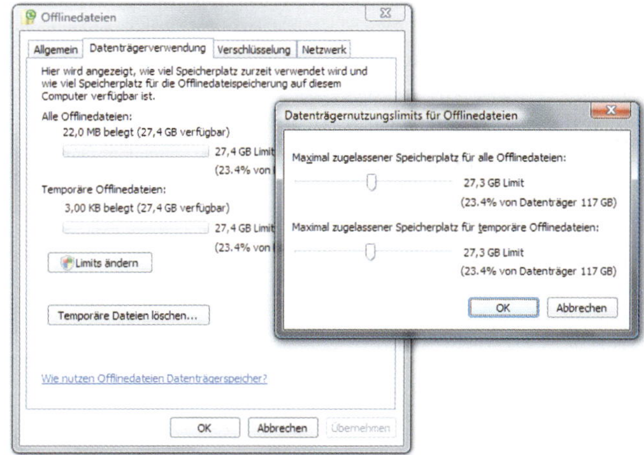

Abbildung 32.14 Auf Wunsch passen Sie das Speicherplatz-Limit für den internen Offlinedateien-Cache an

- Über die Registerkarte *Verschlüsselung* kann Windows Vista angewiesen werden, den Inhalt des internen Offlinedateien-Cache aus Sicherheitsgründen zu verschlüsseln. Mehr dazu erfahren Sie im Abschnitt »Verschlüsselung von Offlinedateien« weiter hinten in diesem Kapitel.
- Eine Anpassung der Offlinedateien-Funktion an langsame Netzwerkverbindungen – etwa, wenn Sie nicht über Ethernet oder ein WLAN, sondern über das (im Vergleich zum LAN) eher langsame Internet mit dem Netzwerk verbunden sind – gestattet die Registerkarte *Netzwerk*. Dort können Sie beispielsweise angeben, dass die Offline-

dateien-Funktion bei einer langsamen Netzwerkverbindung automatisch in den Offlinemodus schaltet. Zum Abgleich müssen Sie dann eine manuelle Synchronisierung durchführen (siehe den Abschnitt »Manuelle Synchronisierung«).

Verschlüsselung von Offlinedateien

Geht Ihr Windows Vista-PC verloren oder wird er gestohlen, fallen dem Täter möglicherweise nicht nur Ihre eigenen Daten in die Hände: Verwenden Sie Offlinedateien, stehen dem Dieb auch Dateien aus Ihrem Netzwerk zur Verfügung. Zwar kann er diese nicht auf Anhieb lesen (da sich diese ja im Ordner *%systemroot%\csc* befinden, auf den standardmäßig keine Zugriffsrechte bestehen), schafft er es jedoch, an Zugriffsrechte zu gelangen oder den Inhalt der Festplatte auszulesen, kann er möglicherweise auch an die im internen Offlinedateien-Cache von Windows Vista gespeicherten Daten und deren Inhalte gelangen.

Um auf Nummer sicher zu gehen, dass der Täter in diesem Fall nur unleserliche Informationen erhält, kann Windows Vista den Inhalt des internen Offlinedateien-Cache verschlüsseln. Hierzu greift die Offlinedateien-Funktion auf EFS (Encrypting File System, zu Deutsch verschlüsselndes Dateisystem) zurück. Somit braucht die Verschlüsselung lediglich einmalig eingeschaltet zu werden, da EFS alle Ver- und Entschlüsselungsoperationen ab dann automatisch und vom Benutzer unbemerkt im Hintergrund durchführt.

Bei der Verschlüsselung des internen Offlinedateien-Cache ist zu beachten:

- Durch die Verschlüsselung werden lediglich die im internen Offlinedateien-Cache des Windows Vista-PCs befindlichen Dateien verschlüsselt gespeichert, nicht jedoch die auf dem Dateiserver abgelegten Versionen.
- Anders als Windows XP, bei dem das Computer-Zertifikat für die EFS-Verschlüsselung von Offlinedateien verwendet wird, benutzt Windows Vista zur verschlüsselten Speicherung des internen Offlinedateien-Cache das Benutzer-Zertifikat. Aus diesem Grund kann es zu Konflikten kommen, wenn mehrere Benutzer, die abwechselnd mit dem Windows Vista-PC arbeiten, ein und dieselbe Datei offline bearbeiten möchten: Windows Vista kann zwar das Zertifikat des aktuellen Benutzers verwenden, weiß aber nicht, welche weiteren Mitbenutzer möglicherweise ebenfalls Zugriff auf die Datei haben möchten. Da der Benutzer in die EFS-Verschlüsselung des internen Offlinedateien-Cache nicht eingreifen und somit kein weiteres Benutzer-Zertifikat für EFS manuell spezifizieren kann, ist es nur einem Benutzer möglich, im Offlinebetrieb ein und dieselbe Netzwerkdatei mit dem Windows Vista-PC zu bearbeiten (weitere Benutzer, die beispielsweise die schnelle Benutzerumschaltung verwenden und daher ebenfalls interaktiv am PC angemeldet sind, erhalten dann einen Zugriffsfehler beim Versuch, die betreffende Datei zu öffnen). Einem gleichzeitigen Zugriff auf die Datei im Onlinemodus steht jedoch nichts im Wege.

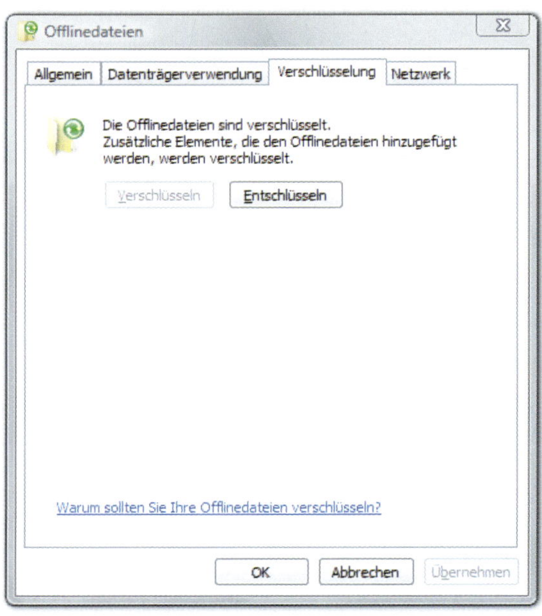

Abbildung 32.15 Wer auf Datenschutz für Offlinedateien besonderen Wert legt, kann Windows Vista den Inhalt des internen Offlinedateien-Cache automatisch verschlüsseln lassen

Möchten Sie aus Sicherheitsgründen den Inhalt des internen Offlinedateien-Cache verschlüsseln, gehen Sie wie folgt vor:

1. Öffnen Sie über die Systemsteuerung das Dialogfeld *Offlinedateien* (siehe den Abschnitt »Konfiguration von Offlinedateien anpassen« weiter vorne in diesem Kapitel) und aktivieren Sie die Registerkarte *Verschlüsselung* (siehe Abbildung 32.15).
2. Da die Verschlüsselung des internen Offlinedateien-Cache standardmäßig ausgeschaltet ist, klicken Sie auf die Schaltfläche *Verschlüsseln.*
3. Nun werden alle im internen Offlinedateien-Cache befindlichen Dateien von Windows Vista EFS-verschlüsselt gespeichert.

Möchten Sie zu einem späteren Zeitpunkt die Verschlüsselung wieder ausschalten, gehen Sie genauso vor, benutzen dann aber die Schaltfläche *Entschlüsseln.*

Wichtig 

Befindet sich keine einzige Datei im internen Offlinedateien-Cache, da die Offlinedateien-Funktion auf dem PC bislang noch nicht genutzt worden ist, braucht auch keine Umwandlung der im Cache befindlichen Dateien stattzufinden. Gibt es aber bereits Inhalte und Cache, Sie haben jedoch die EFS-Funktion auf dem Windows Vista-PC noch nicht verwendet, werden bei der erstmaligen Nutzung von EFS ein Schlüssel und ein Zertifikat erzeugt. Da ohne diese keine Entschlüsselung mehr stattfinden kann, ist es sinnvoll, davon sicherheitshalber an externer Stelle (etwa auf einem USB-Stick) eine Kopie aufzubewahren. Solange diese Sicherung noch nicht erfolgt ist, erscheint ein Symbol im Infobereich der Taskleiste zusammen mit einer entsprechenden Benachrichtigung (siehe Abbildung 32.16). Klicken Sie dieses an, können Sie den EFS-Schlüssel und das EFS-Zertifikat bequem sichern.

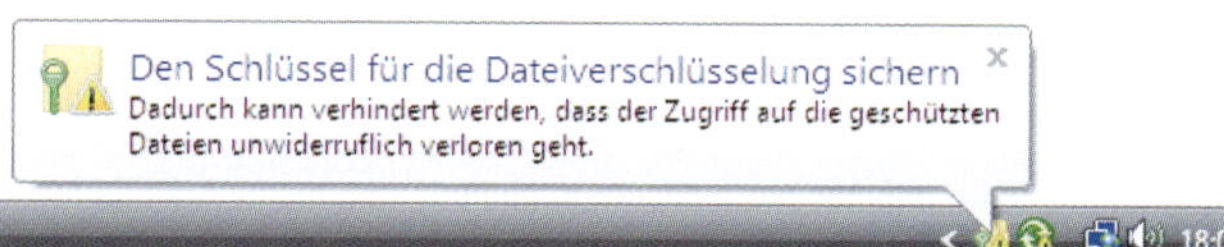

Abbildung 32.16 Eine solche Benachrichtigung erscheint beim Einschalten der Verschlüsselung des internen Offlinedateien-Cache, wenn das verschlüsselnde Dateisystem EFS bislang noch nicht genutzt wurde

Konfiguration für Offlinedateien beim Dateiserver

Wie zu Anfang dieses Kapitels ausgeführt, arbeitet die Offlinedateien-Funktion von Windows Vista unabhängig vom Dateiserver. Wichtig ist lediglich, dass dieser das von Microsoft verwendete Protokoll *SMB* (Server Message Block) zum Zugriff auf Freigaben in Windows-Netzwerken beherrscht.

Handelt es sich allerdings bei dem Dateiserver um einen Windows Vista-PC, können dort Freigaben gleich mit speziellen Einstellungen im Hinblick auf Clients erstellt werden, die Offlinedateien verwenden. Die Rede ist von den so genannten *Offlineeinstellungen* von Windows Vista (diese sind in ähnlicher Form auch in anderen Windows-Versionen enthalten).

Die Offlineeinstellungen einer Freigabe auf einem Dateiserver lassen sich bei der erweiterten Freigabe (siehe Kapitel 31) festlegen. Dazu hält das Dialogfeld *Erweiterte Freigabe* die Schaltfläche *Zwischenspeichern* bereit. Ein Klick darauf öffnet das Dialogfeld *Offlineeinstellungen* (siehe Abbildung 32.17). Hier können Sie Folgendes angeben:

- Sollen die über die zugehörige Freigabe zugänglichen Dateien und Unterordner nur dann offline verfügbar gemacht werden, wenn dies ein Benutzer auf Client-Seite an seinem PC angibt (siehe den Abschnitt »Netzwerkdateien als Offlinedateien verfügbar machen«), ist die standardmäßig aktivierte Option *Nur Dateien und Programme, die Benutzer auswählen, offline verfügbar machen* zu verwenden.
- Eine interessante Alternative hierzu ist die Option *Alle Dateien und Programme, die Benutzer auf der Freigabe öffnen, automatisch offline verfügbar machen*. In diesem Fall steht dem Benutzer jede Netzwerkdatei der Freigabe, die er von seinem Client aus einmal geöffnet hat, ab dann auch offline zur Verfügung.

Tipp 

Ob ein Element auf einem Windows Vista-Client bereits einmal geöffnet worden ist und daher an diesem Computer auch offline zur Verfügung stehen kann, gibt zum Beispiel das Feld *Offlineverfügbarkeit* unten in der Statusleiste des Windows-Explorers preis.

- Ebenso möglich ist es, die Offlineverfügbarkeit der Inhalte der zugehörigen Freigabe komplett zu unterbinden. Dafür ist die Option *Dateien und Programme der Freigabe nicht offline verfügbar machen* gedacht.

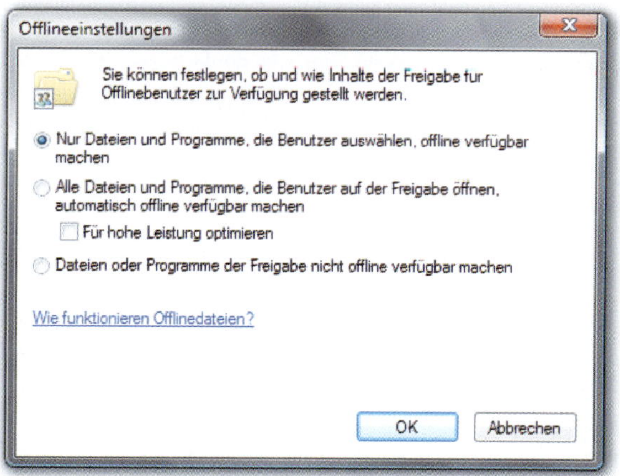

Abbildung 32.17 Bei einem Windows Vista-basierten Dateiserver lassen sich für Offlinedateien relevante Einstellungen bei der Konfiguration eines freigegebenen Ordners (erweiterte Freigabe) festlegen

Zusammenfassung

In diesem Kapitel haben Sie erfahren, wie Sie Dateien und Ordner aus dem Netzwerk mittels Offlinedateien auch dann auf Ihrem Windows Vista-PC verfügbar machen, wenn momentan keine (Online-) Verbindung zum Netzwerk besteht. In der folgenden Übersicht sind die wichtigsten Vorgänge noch einmal zusammengefasst.

Sie möchten ...	So gehen Sie vor	Sehen Sie sich dazu das Beispiel an auf
Netzwerkdateien offline verfügbar machen	Klicken Sie einen freigegebenen Ordner eines anderen Computers im Netzwerk mit der rechten Maustaste an und wählen Sie im Kontextmenü den Eintrag *Immer offline verfügbar*	Seite 562
Offlinedateien sofort synchronisieren	Klicken Sie das Synchronisierungs-Symbol im Infobereich der Taskleiste an, markieren Sie dann das Element *Offlinedateien* und klicken Sie auf die Schaltfläche *Synchronisieren*	Seite 564
Offlinedateien manuell synchronisieren	Wählen Sie im Windows-Explorer einen offline zur Verfügung stehenden Ordner aus und klicken Sie auf die Schaltfläche *Synchron*	Seite 565
Synchronisierungskonflikte im Synchronisierungscenter lösen	Klicken Sie das Synchronisierungs-Symbol im Infobereich der Taskleiste mit der rechten Maustaste an und wählen Sie im Kontextmenü den Eintrag *Konflikte anzeigen*, um ein Konflikt-Element zu markieren und auf die Schaltfläche *Auflösen* zu klicken	Seite 566
die Windows Vista-Konfiguration von Offlinedateien anpassen	Wählen Sie *Offlinedateien* in der Systemsteuerung aus	Seite 566
den Inhalt des internen Offlinedateien-Cache einsehen	Wählen Sie *Offlinedateien* in der Systemsteuerung aus und klicken Sie auf der Registerkarte *Allgemein* die Schaltfläche *Offlinedateien anzeigen* an	Seite 567
die Speicherplatzbegrenzung für Offlinedateien ändern	Wählen Sie *Offlinedateien* in der Systemsteuerung aus, wechseln Sie zur Registerkarte *Datenträgerverwendung* und klicken Sie auf die Schaltfläche *Limits ändern*	Seite 567
den internen Offlinedateien-Cache verschlüsseln	Wählen Sie *Offlinedateien* in der Systemsteuerung aus und wechseln Sie zur Registerkarte *Verschlüsselung*, um dort die Schaltfläche *Verschlüsseln* anzuklicken	Seite 568
die Offlineeinstellungen bei der Erstellung einer Freigabe beim Dateiserver verändern	Klicken Sie einen freizugebenden Ordner mit der rechten Maustaste an und wählen Sie im Kontextmenü den Eintrag *Eigenschaften* aus. Wechseln Sie zur Registerkarte *Freigabe*, klicken Sie dort auf *Erweiterte Freigabe*, aktivieren Sie das Kontrollkästchen *Diesen Ordner freigeben* und klicken Sie dann auf die Schaltfläche *Zwischenspeichern*.	Seite 569

Eric Tierling

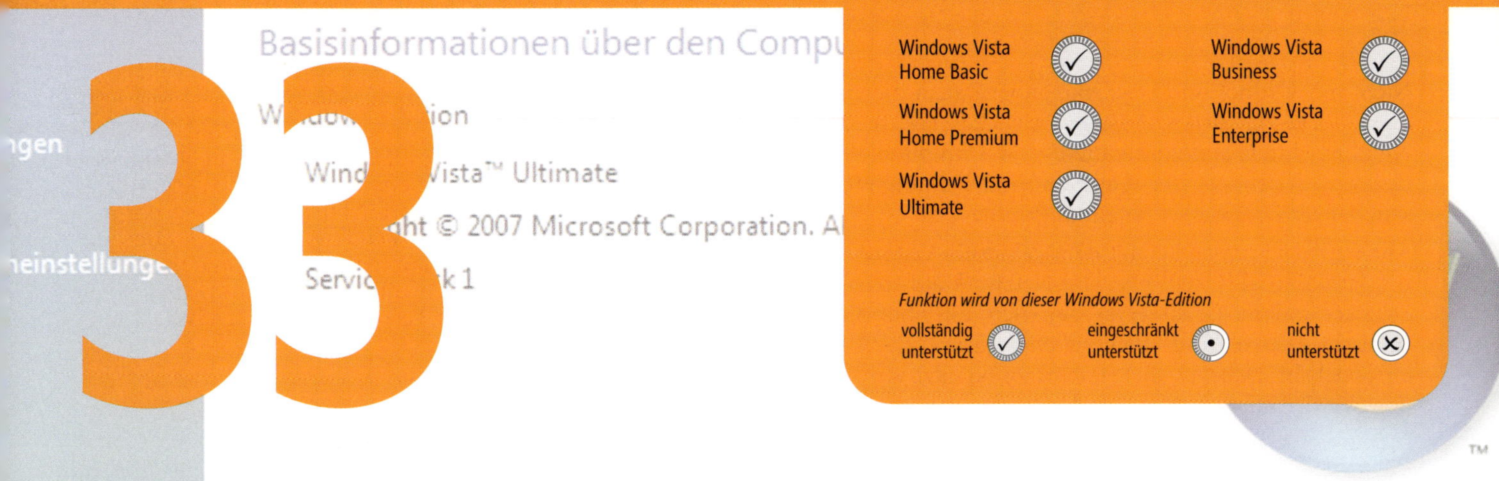

33 Drucken im Netz mit Windows Vista

Nicht nur Ordner und Dateien, sondern auch die am Windows Vista-PC angeschlossenen Drucker lassen sich zur Nutzung durch andere Benutzer und Computer über das Netzwerk freigeben. Der Windows Vista-PC fungiert in diesem Fall als *Druckserver* (englisch *Printserver*).

Analog dazu können Sie mit dem Windows Vista-PC in seiner Funktion als Client über das Netzwerk auf freigegebene Drucker anderer Druckserver zugreifen, um über die daran angeschlossenen und freigegebenen Drucker Ausgaben abzuwickeln. Drucker, die gemeinsam benutzt werden können, werden auch als *Netzwerkdrucker* bezeichnet.

Hinweis

Nicht alle Drucker lassen sich freigeben. Beispielsweise unterstützen der zu Windows Vista gehörende Drucker *Microsoft XPS Document Writer* (siehe Kapitel 46) sowie der virtuelle Faxdrucker (ab Windows Vista Business) keine Freigabe.

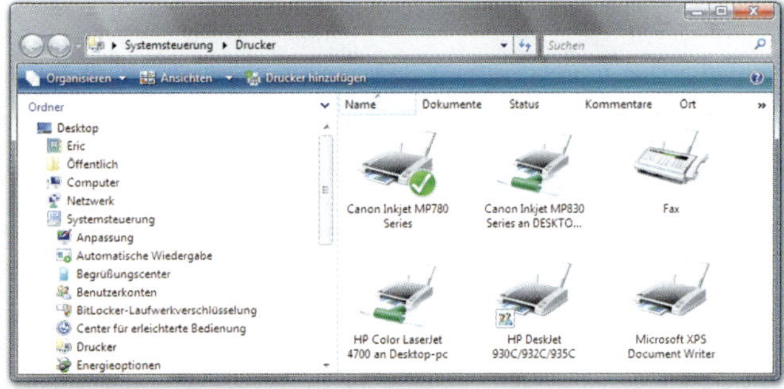

Abbildung 33.1 Drucker und freigegebene Drucker des eigenen PCs sowie Netzwerkdrucker, die an anderen Computer angeschlossen und dort freigegeben sind

Sollen andere Benutzer und Computer über das Netzwerk die am Windows Vista-PC angeschlossenen Drucker nutzen, sind diese vorab freizugeben. Voraussetzung dafür ist lediglich, dass

- der betreffende Drucker mit dem Windows Vista-PC bereits verbunden und der zugehörige Treiber installiert ist
- und Sie über Administratorrechte verfügen bzw. das Kennwort eines lokalen Administrators des betreffenden Windows Vista-PCs kennen (nur Administratoren dürfen Freigaben erstellen).

Tipp 

Die Option *Kennwortgeschütztes Freigeben* im unteren Bereich *Freigabe und Erkennung* des Netzwerk- und Freigabecenters steuert, ob zur erfolgreichen Nutzung der freigegebenen Drucker des Windows Vista-PCs über das Netzwerk eine Legitimation mit Benutzername und Kennwort erfolgen muss oder ob dieser Kennwortschutz für Freigaben (siehe Kapitel 31) nicht erforderlich ist.

Alle Drucker freigeben

Sollen alle an den PC angeschlossenen Drucker, die eine Freigabe unterstützen, zur gemeinsamen Nutzung über das Netzwerk freigegeben werden, sieht Windows Vista hierzu eine einfache Möglichkeit vor: Schalten Sie im unteren Bereich *Freigabe und Erkennung* des Netzwerk- und Freigabecenters (siehe Kapitel 30) im Abschnitt *Freigabe von Druckern* die Option *Druckerfreigabe einschalten* ein. Nach Anklicken der Schaltfläche *Übernehmen* werden nun alle geeigneten Drucker des Windows Vista-PCs freigegeben.

Tipp 

Auf diese Weise können Sie die Freigabe aller freigegebenen Drucker mit einer Aktion auch wieder beenden. Dazu greifen Sie auf die Option *Druckerfreigabe ausschalten* im Abschnitt *Freigabe von Druckern* zurück.

Freigabe für einen Drucker erstellen

Um einen an den Windows Vista-PC angeschlossenen lokalen Drucker im Netzwerk freizugeben, führen Sie die folgenden Schritte aus:

1. Öffnen Sie über die Systemsteuerung den Systemordner *Drucker* (wenn Sie die Kategorieansicht verwenden, befindet sich der Link *Drucker* in der Kategorie *Hardware und Sound*).
2. Klicken Sie den freizugebenden Drucker mit der rechten Maustaste an, und wählen Sie im daraufhin geöffneten Kontextmenü den Eintrag *Freigeben* aus. Alternativ markieren Sie den Drucker und klicken in der Symbolleiste des Windows-Explorers auf die Schaltfläche *Freigeben*.
3. Dies führt Sie zur Registerkarte *Freigabe* des *Eigenschaften*-Dialogfelds des ausgewählten Druckers. Klicken Sie zunächst auf die Schaltfläche *Freigabeoptionen ändern*, um auf die weiteren Freigabeoptionen zugreifen zu können (siehe Abbildung 33.2).

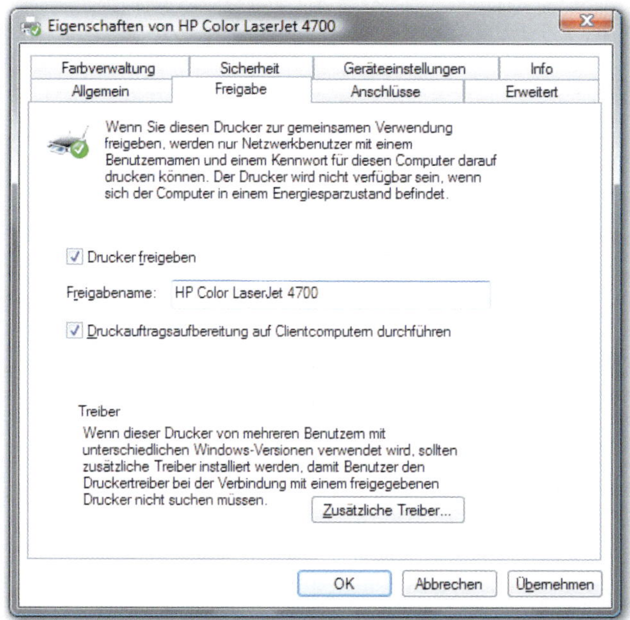

Abbildung 33.2 Wird ein Drucker freigegeben, können andere Benutzer diesen über das Netzwerk ebenfalls verwenden

4. Aktivieren Sie das Kontrollkästchen *Drucker freigeben*.
5. Tippen Sie im Eingabefeld *Freigabename* eine Bezeichnung ein, unter der der freigegebene Drucker über das Netzwerk erreichbar sein soll. Dieser Freigabename des Druckers darf bis zu 80 Zeichen lang sein.
6. Soll die Abwicklung von Ausgaben über diesen Drucker den als Druckserver agierenden Windows Vista-PC so wenig wie möglich beeinträchtigen, lassen Sie das Kontrollkästchen *Druckauftragsaufbereitung auf Clientcomputern durchführen* aktiviert. Andernfalls muss Ihr Windows Vista-PC das Rendering der auszudruckenden Informationen übernehmen, was (ein wenig) Rechenzeit in Anspruch nimmt.
7. Bestätigen Sie mit *OK* oder *Übernehmen*, um den Drucker freizugeben.

Von nun an können Benutzer und Computer über das Netzwerk auf diesen freigegebenen Drucker Ihres Windows Vista-PCs zugreifen und darüber Ausdrucke durchführen. Den zur Abwicklung des Ausdrucks über diesen Netzwerkdrucker erforderlichen Treiber kann ein Client direkt von Ihrem Windows Vista-PC erhalten (dort ist der Treiber ja bereits installiert, denn sonst hätten Sie im Systemordner *Drucker* keinen Eintrag für den Drucker gefunden, um diesen freizugeben).

Um kenntlich zu machen, dass ein Drucker zur gemeinsamen Verwendung im Netzwerk freigegeben ist, wird ein freigegebener Drucker mit einem kleinen Zusatzsymbol versehen. Im *Netzwerk*-Ordner wird ein freigegebener Drucker daher mit dem nebenstehend gezeigten Symbol dargestellt, sodass Sie diese leicht von ausschließlich lokal an Ihrem Windows Vista-PC genutzten Druckern unterscheiden können.

PROFITIPP 

Standardmäßig installiert Windows Vista den zur jeweiligen Prozessorplattform passenden Druckertreiber – entweder die 32-Bit x86-Ausführung oder die 64-Bit x64-Ausführung. Da der Druckertreiber jedoch einem Gerätetreiber für eine Hardware-Komponenten entspricht, muss dieser zur jeweiligen Prozessorplattform des PCs passen. Arbeitet der als Druckserver agierende PC daher mit der x86-Ausführung von Vista, steht somit auch nur dieser Treiber für Clients zum automatischen Abruf vom Druckserver bereit. Handelt es sich bei einem Client jedoch um einen PC, auf dem die x64-Ausführung von Vista läuft, scheitert die automatische Bereitstellung des Druckertreibers vom x86-basierten Windows Vista-Druckserver-PC. Umgekehrt gilt dies genauso: Durch die Installation und Freigabe eines Druckers auf einem x64-basierten Windows Vista-PC wird nur der x64-konforme, nicht aber der für die x86-Ausführung benötigte Druckertreiber auf dem Druckserver vorgehalten.

Befinden sich im Netzwerk sowohl x86- als auch x64-basierte Windows Vista-Clients, kann es sinnvoll sein, auf einem Windows Vista-basierten Druckserver-PC Treiber für beide Prozessorplattformen bereitzustellen. Bei der ersten Verbindung mit dem Druckserver ruft der Client dann von diesem den Druckertreiber über das Netzwerk ab und installiert ihn automatisch (andernfalls müssen Clients den benötigten Druckertreiber lokal manuell installieren). Wichtig zu wissen in diesem Zusammenhang ist:

- Für Druckertreiber, die bei Windows Vista mitgeliefert werden, braucht auf einem Druckserver kein Druckertreiber für eine andere Prozessorplattform mitgeliefert zu werden. Denn in diesem Falle können Clients auf ihren lokalen Treiberspeicher auf der Festplatte zurückgreifen und den erforderlichen Druckertreiber von dort automatisch installieren.
- Ist auf dem als Druckserver agierenden Windows Vista-PC jedoch ein Drucker installiert und freigegeben, für den sich im Lieferumfang von Windows Vista kein Druckertreiber befindet, empfiehlt es sich, auf diesem PC Druckertreiber für beide Prozessorplattformen bereitzustellen.

PROFITIPP 

Dazu führen Sie auf Windows Vista-PCs, an denen Drucker freigegeben sind, die folgenden Schritte aus:

1. Öffnen Sie – beispielsweise über die Systemsteuerung – den *Drucker*-Ordner.
2. Klicken Sie mit der rechten Maustaste auf den gewünschten Drucker, und wählen Sie im Kontextmenü den Eintrag *Eigenschaften* aus.
3. Im *Eigenschaften*-Dialogfeld des ausgewählten Druckers wechseln Sie zur Registerkarte *Freigabe*.
4. Dort klicken Sie im Bereich *Treiber* auf die Schaltfläche *Zusätzliche Treiber*. Dadurch erhalten Sie das Dialogfeld *Zusätzliche Treiber* angezeigt (siehe Abbildung 33.3).
5. Markieren Sie in der Spalte *Prozessor* das Kontrollkästchen *x64* sowie – falls nicht bereits geschehen – das Kontrollkästchen *x86*.
6. Klicken Sie auf *OK*, um den Druckertreiber zu installieren. Da Windows Vista nur Druckertreiber für die eigene Prozessorplattform auf der Festplatte des PCs installiert, werden Sie nun aufgefordert, den Datenträger mit der plattformspezifischen Installationsdatei für den Druckertreiber (in der Regel eine Datei mit der Namenserweiterung *.inf*) einzulegen und den Pfad zu dieser anzugeben.
7. Bestätigen Sie das Dialogfeld mit *OK*, um Ihre Vorgabe zu speichern.

Ab jetzt können sowohl 32-Bit x86- als auch 64-Bit x64-Clients den Treiber für die Nutzung dieses freigegebenen Druckers vom Windows Vista-PC abrufen.

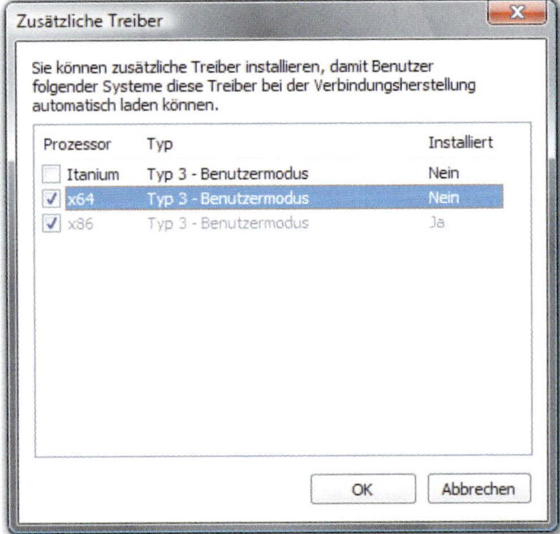

Abbildung 33.3 Windows Vista kann den erforderlichen Druckertreiber für einen freigegebenen Drucker sowohl für 32-Bit x86- als auch 64-Bit x64-Clients vorhalten

Freigegebene Drucker verwalten

Zur Verwaltung von freigegebenen Druckern stellt Ihnen Windows Vista mehrere Möglichkeiten zur Verfügung.

Verwaltung eines freigegebenen Druckers

Möchten Sie einen freigegebenen Drucker verwalten, geschieht dies auf dieselbe Art und Weise wie die Verwaltung eines nicht freigegebenen Druckers: Öffnen Sie zum Beispiel im *Drucker*-Ordner das *Eigenschaften*-Dialogfeld des betreffenden Druckers, können Sie die damit verbundenen Einstellungen – einschließlich der Freigabeeinstellungen – bearbeiten.

Tipp 

Möchten Sie keinen am eigenen Windows Vista-PC angeschlossenen, sondern den mit einem anderen Computer verbundenen Drucker bearbeiten, navigieren Sie nicht zum lokalen *Drucker*-Ordner, sondern wählen etwa über die Ordnerliste im linken Navigationsbereich des Windows-Explorers zunächst den betreffenden Computer im Netzwerk aus. Anschließend klicken Sie in dessen *Drucker*-Ordner mit der rechten Maustaste auf den zu verwaltenden Drucker und wählen im Kontextmenü den Eintrag *Eigenschaften*, um das Dialogfeld *Eigenschaften von <Drucker> an <Remotecomputer>* zu öffnen. Voraussetzung dazu ist, dass Sie bei dem betreffenden Remotecomputer als Benutzer mit Administratorrechten angemeldet sind (etwa, indem Sie sich bei der Verbindungsherstellung zu einer seiner Freigaben bei ihm als Benutzer mit Administratorrechten legitimiert haben).

Interessant im Zusammenhang mit einem freigegebenen Drucker erweist sich hierbei die Registerkarte *Sicherheit* im *Eigenschaften*-Dialogfeld eines freigegebenen Druckers (siehe Abbildung 33.4). Dort können Sie Benutzern und Gruppen verschiedene Sicherheitsberechtigungen erteilen. Während reguläre Benutzer lediglich die Berechtigung zum Ausdrucken von Dokumenten besitzen, erlauben es die Sicherheitsberechtigungen *Drucker verwalten* und *Dokumente verwalten*, Einstellungen am Druckserver zu verändern (zum Beispiel der Austausch eines Druckertreibers) oder Dokumente, die doch nicht ausgedruckt werden sollen, aus der Druckwarteschlange wieder zu löschen – auch dann, wenn der Druckauftrag nicht von einem selbst, sondern von einem anderen Benutzer initiiert worden ist.

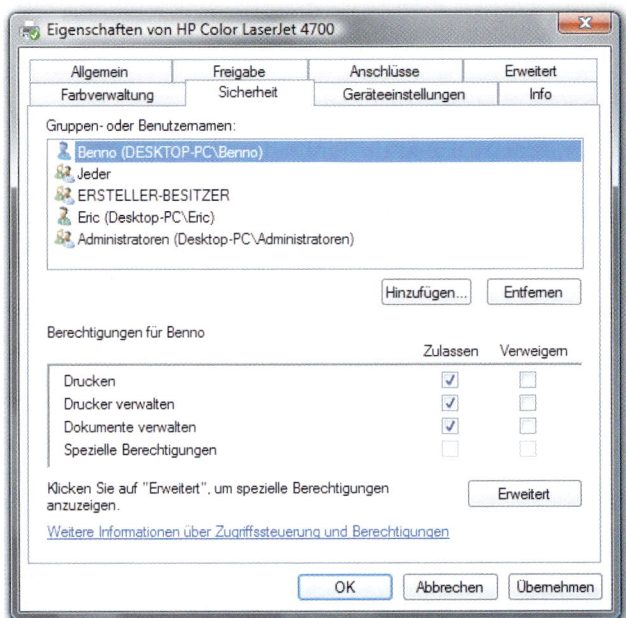

Abbildung 33.4 Wer darf was mit dem Drucker machen?

Druckserver verwalten

Sind mit dem Windows Vista-PC verbundene Drucker freigegeben, wird der Windows Vista-PC zum Druckserver bzw. Printserver. Und dieser lässt sich ebenfalls verwalten. Hierzu gehen Sie wie folgt vor:

1. Öffnen Sie den *Drucker*-Ordner und klicken Sie dort mit der rechten Maustaste auf einen freien Bereich. Genauso können Sie in der Ordnerliste des Windows-Explorers im linken Navigationsbereich den Eintrag *Drucker* unterhalb von *Systemsteuerung* mit der rechten Maustaste anklicken.

> **Tipp**
>
> Um nicht den Druckserver des eigenen Windows Vista-PCs, sondern den Druckserver eines anderen Computers zu verwalten, navigieren Sie sich nicht zum lokalen *Drucker*-Ordner, sondern wählen beispielsweise über die Ordnerliste im linken Navigationsbereich des Windows-Explorers zunächst den betreffenden Computer im Netzwerk aus, um anschließend mit dessen *Drucker*-Ordner zu arbeiten. Voraussetzung zur Verwaltung eines Remotedruckservers ist, dass Sie bei dem betreffenden Computer als Benutzer mit Administratorrechten angemeldet sind (etwa, indem Sie sich bei der Verbindungsherstellung zu einer seiner Freigaben bei ihm als Benutzer mit Administratorrechten legitimiert haben).

2. Wählen Sie im nun geöffneten Kontextmenü den Untermenübefehl *Als Administrator ausführen/Servereigenschaften* aus.
3. Dies führt Sie zum Dialogfeld *Eigenschaften von Druckserver* (siehe Abbildung 33.5) bzw. zum Dialogfeld *Eigenschaften von Druckserver an <Remotecomputer>*. Dort können Sie
   - über die Registerkarte *Formulare* die dem Druckserver-PC bekannten Formulare bearbeiten,
   - auf der Registerkarte *Anschlüsse* zum Beispiel einen neuen TCP/IP-Anschluss zur Verbindung mit einem externen Hardware-basierten Druckserver erstellen,
   - aktualisierte Druckertreiber über die Registerkarte *Treiber* auf dem Druckserver-PC bereitstellen
   - sowie für den Druckserver relevante Einstellungen zur Abwicklung von Druckaufträgen auf der Registerkarte *Erweitert* verändern.
4. Bestätigen Sie die Schaltfläche *Schließen* oder *Übernehmen*, um die Verwaltung des Druckservers zu beenden.

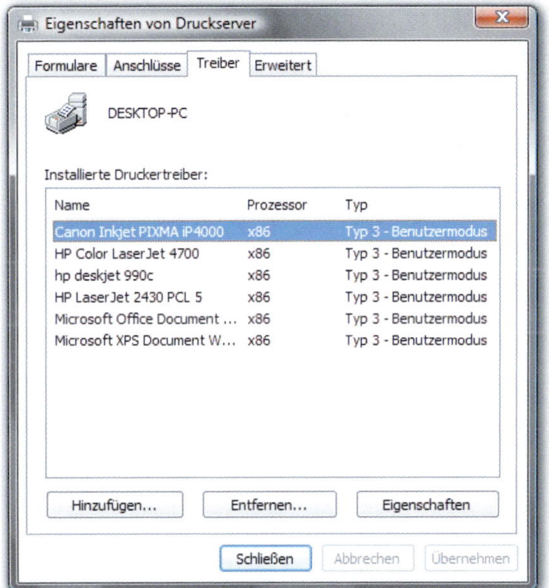

Abbildung 33.5 Die Bearbeitung der Eigenschaften des Druckservers fördert unter anderem eine Liste der installierten Druckertreiber zutage

Druckverwaltung (MMC-Snap-In)

Darüber hinaus wartet Windows Vista mit dem Snap-In *Druckverwaltung* in der Microsoft Management Console (MMC) auf (siehe Abbildung 33.6). Dieses MMC-Snap-In, das Microsoft erstmals mit Windows Server 2003 R2 eingeführt hat und das Sie beispielsweise durch Eintippen von **druckv** ↵ im Schnellsuchfeld des Startmenüs öffnen können, erlaubt die Verwaltung von Drucker und Druckserver – und zwar nicht nur für den eigenen PC, sondern auch für mehrere Remotecomputer im lokalen Netzwerk auf einmal. Außerdem spielt die Druckverwaltung eine wichtige Rolle für das Bereitstellen von Netzwerkdruckern in der Arbeitsumgebung für Benutzer an ihren Desktop- und Notebook-PCs mithilfe von Gruppenrichtlinien in einer Active Directory-Domäne.

Somit kann die Druckverwaltung in größeren Netzwerken, in denen es zahlreiche Druckserver und freigegebene Drucker gibt, für mehr Übersicht sorgen und eine Verwaltungserleichterung für Administratoren darstellen. Firmen, die Windows Vista als Client-Betriebssystem für Arbeitsplatz-PCs verwenden, brauchen dort das MMC-Snap-In *Druckverwaltung* zur Verwaltung von Netzwerkdruckern und Druckservern nicht mehr separat zu installieren – denn dort ist es bereits serienmäßig vorhanden.

In einem kleineren Netzwerk ohne Active Directory-Domäne lässt sich die Druckverwaltung ebenfalls einsetzen, doch erscheint ihr Einsatz hier überdimensioniert. Hinzu kommt, dass es aufgrund der Benutzerkontensteuerung von Windows Vista nicht direkt möglich ist, Vista-basierte Remotedrucker und Remotedruckserver zu verwalten, da hierfür die Berechtigungen fehlen.

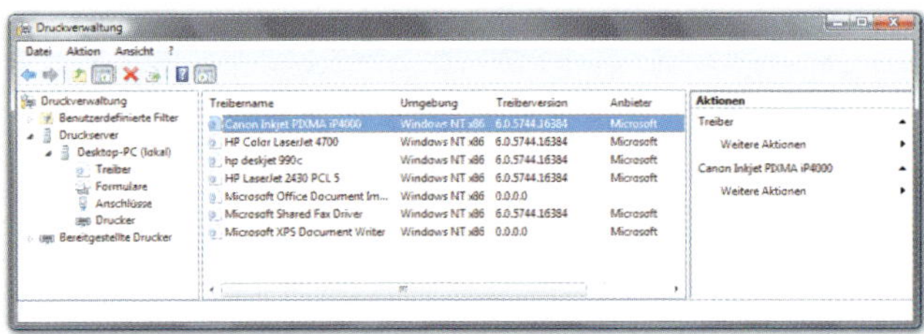

Abbildung 33.6 Die Druckverwaltung von Vista ist für den Einsatz in Unternehmens-LANs bzw. Netzwerken gedacht, bei denen die Computer in eine Active Directory-Domäne eingebunden sind

Verbindung zu Netzwerkdruckern herstellen

Befinden sich im Netzwerk Drucker, die an anderen – als Druckserver bzw. Printserver) agierenden – Computern oder externen, Hardware-basierten Druckserver angeschlossen und freigegeben sind, können Sie von Ihrem Vista-PC über das Netzwerk als Client auf diese Netzwerkdrucker zugreifen und darüber Ausdrucke vornehmen. Zur Verbindung mit solchen Netzwerkdruckern kennt Windows Vista mehrere Möglichkeiten.

Über das Netzwerk verbinden

Recht komfortabel geht die Einbindung eines Netzwerkdruckers unter Windows Vista über den *Netzwerk*-Ordner vonstatten:

1. Wählen Sie in der Ordnerliste im linken Navigationsbereich des Windows-Explorers einen Computer im Netzwerk aus, werden Ihnen dessen Freigaben im Detailfenster angezeigt.
2. Wählen Sie einen auf diesem Computer freigegebenen Drucker aus, versucht Windows Vista zu diesem eine Verbindung herzustellen. Dabei wird auch der erforderliche Druckertreiber über das Netzwerk abgerufen (sofern dieser beim Druckserver zur Verfügung steht). Dabei erscheint eine Meldung zur Installation des Druckertreibers (siehe Abbildung 33.7).
3. Klicken Sie die Schaltfläche *Treiber installieren* an, um den Druckertreiber auf Ihrem Vista-PC einzurichten.
4. Ist die Treiberinstallation erfolgreich angeschlossen, wird der *Drucker*-Ordner Ihres Vista-PCs um einen Eintrag für den soeben hinzugefügten Netzwerkdrucker erweitert.

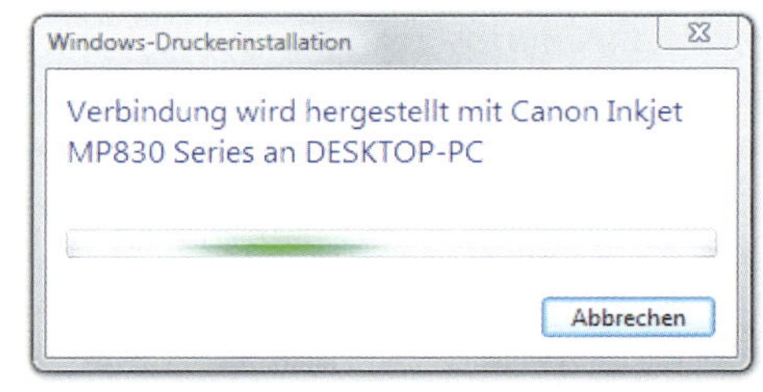

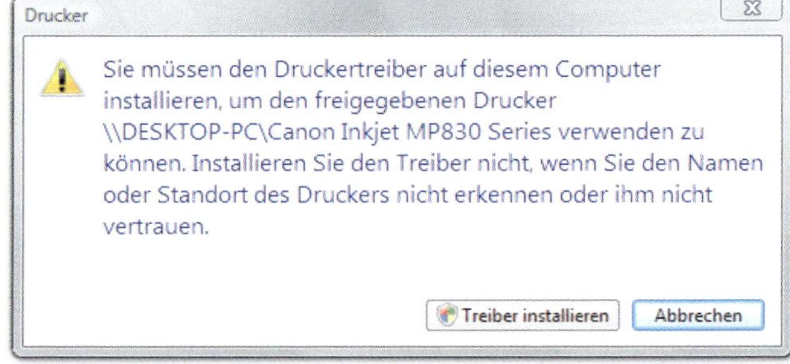

Abbildung 33.7 Herstellung der Verbindung zu einem freigegebenen Drucker

Von jetzt an können Sie den Netzwerkdrucker zur Ausgabe von Dokumenten verwenden. Um aus einer Anwendung heraus zu drucken, wählen Sie den gewünschten Netzwerkdrucker lediglich im Dialogfeld *Drucken* aus. Damit Sie sofort wissen, dass es sich hierbei um einen Netzwerkdrucker und nicht um einen lokal an Ihren Windows Vista-PC angeschlossenen Drucker handelt, werden Netzwerkdrucker durch das nebenstehend gezeigte Symbol repräsentiert.

Drucker hinzufügen

Genauso können Sie die Verbindung zu einem Netzwerkdrucker über den Druckerinstallations-Assistenten von Windows Vista herstellen. Hierzu gehen Sie wie folgt vor:

1. Öffnen Sie den *Drucker*-Ordner, indem Sie beispielsweise in der Systemsteuerung innerhalb der Kategorie *Hardware und Sound* auf den Link *Drucker* klicken.
2. Klicken Sie anschließend in der Symbolleiste des Explorers auf die Schaltfläche *Drucker hinzufügen*.

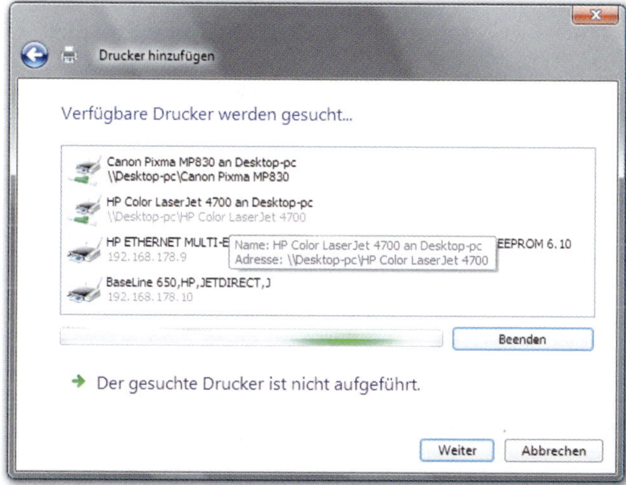

Abbildung 33.8 Windows Vista ermöglicht das bequeme Hinzufügen eines Netzwerkdruckers

3. Daraufhin erscheint das Dialogfeld *Drucker hinzufügen* (siehe Abbildung 33.8). Hier werden die von Windows Vista automatisch im Netzwerk gefundenen, freigegebenen Drucker angezeigt, die an anderen Computern freigegeben oder an externen Hardware-basierten Druckserver angeschlossen sind:

- Sollte sich der gewünschte Netzwerkdrucker nicht in dieser Auflistung befinden, klicken Sie auf *Der gesuchte Drucker ist nicht aufgeführt*. Daraufhin können Sie den Namen des Druckservers mitsamt Freigabenamen des Druckers per Hand eintippen oder diesen über TCP/IP ansprechen (siehe Abbildung 33.9).
- Andernfalls selektieren Sie in der Liste den gewünschten Netzwerkdrucker respektive den Hardware-basierten Druckserver. Windows Vista versucht daraufhin, den erforderlichen Druckertreiber vom Druckserver über das Netzwerk abzurufen und auf dem PC zu installieren. Gelingt dies nicht (etwa, weil auf dem Druckserver kein passender Druckertreiber hinterlegt worden ist), werden Sie aufgefordert, den Hersteller und das Modell des Netzwerkdruckers auszuwählen. Befindet sich der richtige Druckertreiber nicht bereits im Treiberspeicher bzw. im Lieferumfang von Windows Vista, können Sie versuchen, diesen von der Windows Update-Website von Microsoft aus dem Internet zu beziehen. Alternativ geben Sie den Pfad zur Installationsdatei für den Druckertreiber (in der Regel eine Datei mit der Namenserweiterung *.inf*) an.

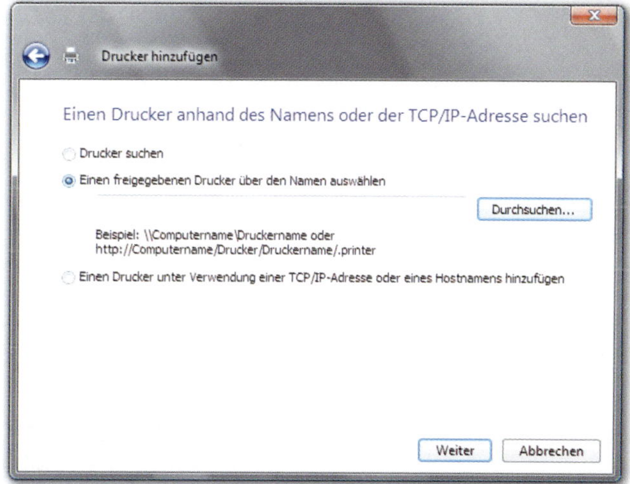

Abbildung 33.9 Manuelle Angabe eines Netzwerkdruckers

4. Daraufhin können Sie einen Namen für den Netzwerkdrucker festlegen (falls Windows Vista diesen nicht bereits vorgibt), der dann dementsprechend in Ihrem *Drucker*-Ordner aufgeführt wird. Legen ist zudem fest, ob es sich bei diesem Netzwerkdrucker um den Standarddrucker für Ihre Ausgaben handeln soll. Nach erneutem Anklicken der Schaltfläche *Weiter* wird dann die Verbindung zum Netzwerkdrucker hergestellt und dieser in Ihre Arbeitsumgebung von Windows Vista eingebunden.

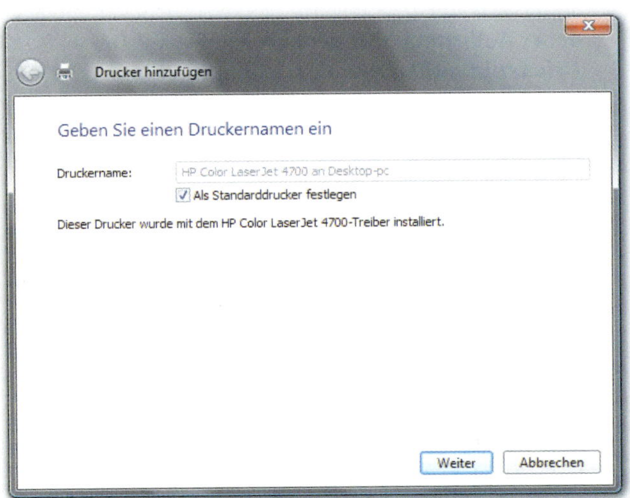

Abbildung 33.10 Der Netzwerkdrucker ist schon fast fertig installiert

5. Abschließend können Sie probehalber eine Testseite drucken. Mit einem Klick auf die Schaltfläche *Fertig stellen* wird der Druckerinstallations-Assistent beendet.

Zusammenfassung

In diesem Kapitel haben Sie erfahren, wie Sie die an den Windows Vista-PC angeschlossenen Drucker zur gemeinsamen Verwendung mit anderen Benutzern und Computern über das Netzwerk freigeben und Sie die freigegebenen Drucker anderer Computer als Netzwerkdrucker verwenden. In der folgenden Übersicht sind die wichtigsten Vorgänge noch einmal für Sie zusammengefasst.

Sie möchten ...	So gehen Sie vor	Sehen Sie sich dazu das Beispiel an auf
alle an den Windows Vista-PC angeschlossenen Drucker (soweit möglich) freigeben	Aktivieren Sie im Netzwerk- und Freigabecenter im Bereich *Freigabe und Erkennung* die Option *Druckerfreigabe einschalten*	Seite 572
einen Drucker freigeben	Wechseln Sie zum Beispiel über die Systemsteuerung zum *Drucker*-Ordner, klicken Sie dort den gewünschten Drucker mit der rechten Maustaste an und wählen Sie im Kontextmenü den Eintrag *Freigeben*	Seite 572
zusätzliche Druckertreiber für Clients mit anderer Prozessor-Plattform installieren	Klicken Sie auf der Registerkarte *Freigabe* im *Eigenschaften*-Dialogfeld des freigegebenen Druckers auf die Schaltfläche *Zusätzliche Treiber*	Seite 574
einen freigegebenen Drucker verwalten	Wechseln Sie im *Eigenschaften*-Dialogfeld eines freigegebenen Druckers zur Registerkarte *Sicherheit*	Seite 574
den Druckserver des Windows Vista-PCs verwalten	Klicken Sie im *Netzwerk*-Ordner mit der rechten Maustaste auf einen freien Bereich und wählen Sie im Kontextmenü den Untermenübefehl *Als Administrator ausführen/Servereigenschaften* aus	Seite 575
eine Verbindung zu einem freigegebenen Drucker eines anderen Computers herstellen, um diesen als Netzwerkdrucker zu nutzen	Selektieren Sie im *Netzwerk*-Ordner den freigegebenen Drucker eines anderen Computers	Seite 576

Eric Tierling

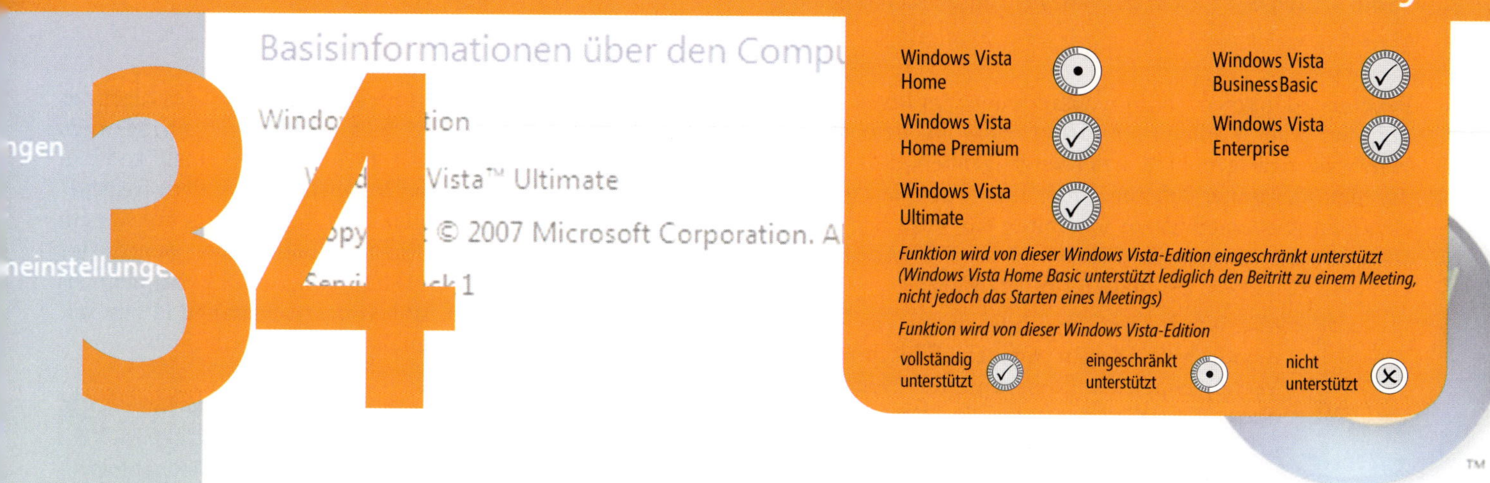

34 Windows-Teamarbeit

Bei einer spontanen Zusammenkunft etwa im Internet-Café oder auf einer Konferenz Anderen etwas auf dem eigenen Notebook zu zeigen, hieß in der Vergangenheit, dass sich alle um den Computer scharen. Oder man ruft die einzelnen Personen nacheinander an und bittet sie, kurz herüber zu kommen, um anschließend allen um den PC herumstehenden Personen etwas am Bildschirm vorzuführen.

Mit Windows Vista gehört dieses eng zusammendrängte »Zeigen auf dem Bildschirm« der Vergangenheit an. Denn eine der Neuerungen dieses Betriebssystems ist die *Windows-Teamarbeit*. Dieses Programm erlaubt es, ein virtuelles Meeting durchzuführen und dazu mehrere Personen über das lokale Netzwerk oder ein Ad-hoc-Funknetzwerk als Teilnehmer zu beteiligen. Sodann lassen sich Programme, die auf dem eigenen PC installiert sind, oder der gesamte Windows-Desktop in einer gemeinsamen Sitzung freigeben, sodass die anderen Teilnehmer des Meetings das Geschehen auf ihrem Bildschirm verfolgen können. Durch die Übertragung der Steuerung an einen anderen Teilnehmer erhält dieser die Möglichkeit, mit dem freigegebenen Programm zu arbeiten, auch wenn dieses auf seinem eigenen Computer gar nicht installiert ist. Zugehörige Dokumente und weitere Dateien lassen sich bequem als Handzettel austauschen, sodass das aufwändige Herumreichen eines USB-Sticks ebenfalls passé ist.

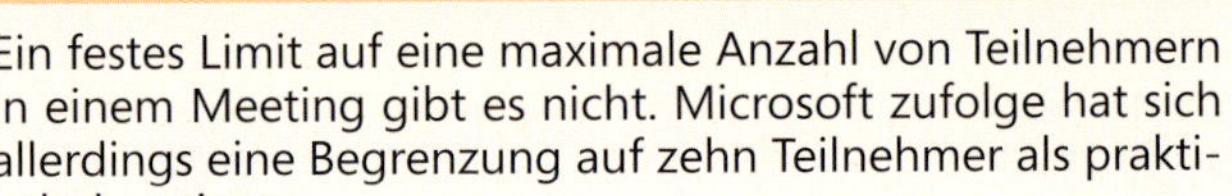

Ein festes Limit auf eine maximale Anzahl von Teilnehmern in einem Meeting gibt es nicht. Microsoft zufolge hat sich allerdings eine Begrenzung auf zehn Teilnehmer als praktikabel erwiesen.

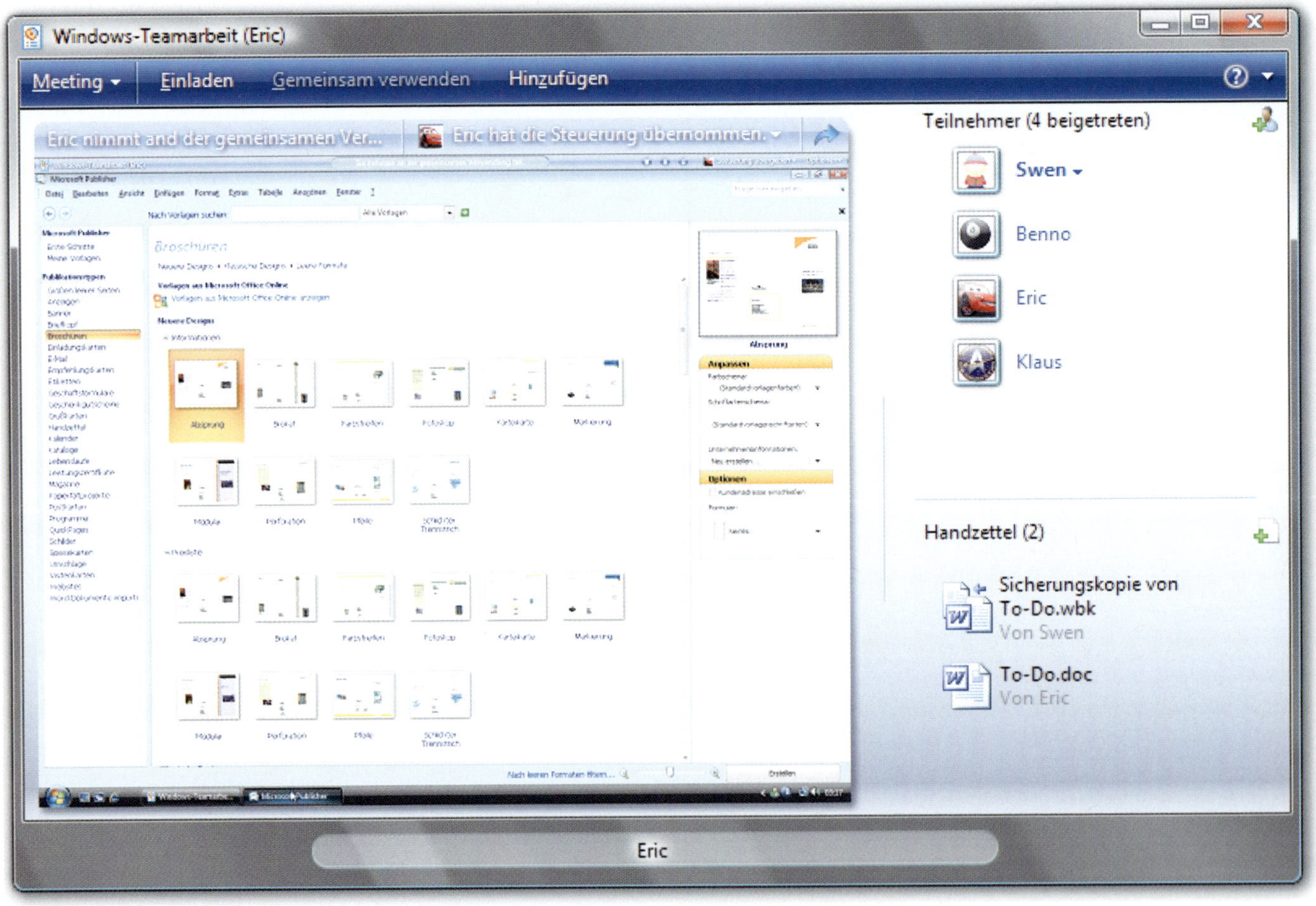

Abbildung 34.1 Mit anderen Personen per LAN oder WLAN ein Programm oder den Windows-Desktop in einem spontanen Meeting gemeinsam verwenden

In gewisser Weise ist die Windows-Teamarbeit mit der Remoteunterstützung vergleichbar. Die Remoteunterstützung ist jedoch darauf ausgelegt, dass ein Benutzer einem anderen Benutzer per Intranet oder Internet »unter die Arme greift« und durch die Fernsteuerung eines Programms Hilfestellung anbietet. Demgegenüber ist die Windows-Teamarbeit auf die gemeinsame Verwendung eines Programms oder des Windows-Desktops ausgelegt – und im Vergleich zur Remoteunterstützung deutlich komfortabler, wenn es darum geht, in einem spontanen Meeting per LAN oder WLAN mit anderen Personen zusammenzuarbeiten.

Die Windows-Teamarbeit baut auf einer Reihe von Protokollen wie zum Beispiel IPv6 auf. Der »Next Generation TCP/IP Stack« von Windows Vista sorgt dafür, dass automatisch eine verbindungslokale IPv6-Adresse zur Verfügung steht, um darüber mit Personen in der Umgebung zu kommunizieren. Des Weiteren verwendet die Windows-Teamarbeit *PNRP* (*Peer Name Resolution Protocol*). Dieses ermöglicht es einer Anwendung, einen Namen zu registrieren, sodass andere Computer im Netzwerk diesen Namen auflösen können, ohne dafür einen DNS-Server zu benötigen. In gewisser Weise stellt PNRP also einen DNS-ähnlichen Dienst zur Registrierung von Namen und ihrer Auflösung in IP-Adressen dar. Intern arbeitet PNRP mit IPv6, unterstützt aber die Namensauflösung von IPv4- und IPv6-Adressen. PNRP erweist sich insbesondere für P2P-Anwendungen wie die Windows-Teamarbeit als sinnvoll: Für spontane Meetings, die ja auch nur wenige Minuten dauern können, ist es schließlich unrealistisch, zur Namensauflösung in IP-Adresse eigens eine DNS-Infrastruktur aufzusetzen. Ebenfalls praktisch ist, dass PNRP autark im Verborgenen arbeitet und sich Anwender somit über die Konfiguration keine Gedanken zu machen brauchen.

PROFITIPP 

Falls gewünscht, lässt sich die Verwendung der Windows-Teamarbeit über Gruppenrichtlinien unterbinden. Die dafür relevante Gruppenrichtlinie *Windows-Teamarbeit deaktivieren* ist unterhalb von *Computerkonfiguration\Administrative Vorlagen\Windows-Komponenten\Windows-Teamarbeit* (erlaubt es, die Verwendung der Windows-Teamarbeit auf dem Windows Vista-PC komplett zu verbieten) sowie unterhalb von *Benutzerkonfiguration\Administrative Vorlagen\Windows-Komponenten\Windows-Teamarbeit* (gezielte Deaktivierung für einzelne Benutzer respektive Benutzergruppen) zu finden.

Windows-Teamarbeit und Personen in meiner Umgebung einrichten

Zur Einrichtung der Windows-Teamarbeit führen Sie die folgenden Schritte aus:

1. Klicken Sie im Startmenü auf den Eintrag *Windows-Teamarbeit.*
2. Daraufhin erscheint das Dialogfeld *Windows-Teamarbeit-Setup* (siehe Abbildung 34.2). Dort klicken Sie auf *Ja, diese Aktion ausführen und das Einrichten von Windows-Teamarbeit fortsetzen.*

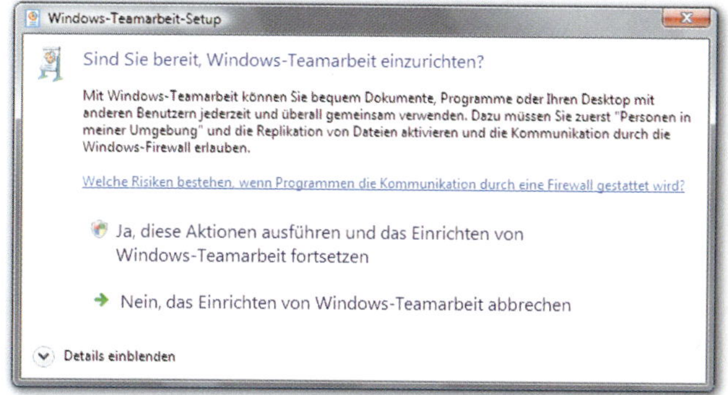

Abbildung 34.2 Einrichtung der Windows-Teamarbeit

3. Dies führt Sie zum Dialogfeld *Personen in meiner Umgebung* (siehe Abbildung 34.3). Dort stehen mehrere Optionen zur Verfügung:
   - Das Feld *Anzeigename* nimmt die Bezeichnung auf, unter der Sie in Sitzungen erscheinen. Wählen Sie daher einen eindeutigen Namen, der Sie zweifelsfrei identifiziert.

Wichtig 

Bei der Windows-Teamarbeit können mehrere Benutzer ein und denselben Namen tragen. Aus diesem Grund ist eine eindeutige Identifizierung wichtig, damit Sie genau wissen, ob zum Beispiel »Thomas« auch wirklich der Thomas ist, den Sie meinen (und nicht etwa ein anderer, der sich nur als Thomas ausgibt).

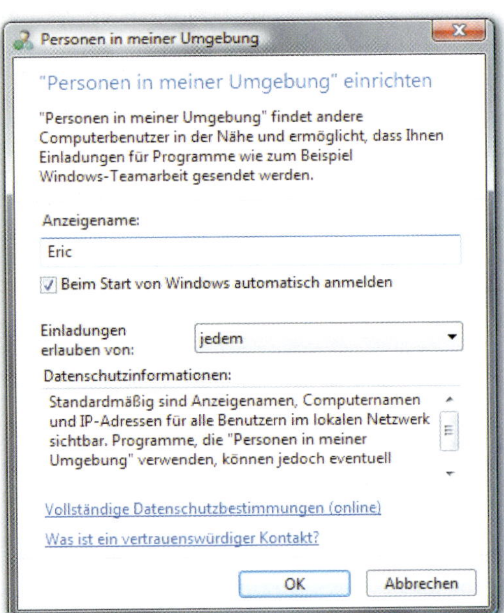

Abbildung 34.3 Zur Verwendung der Windows-Teamarbeit muss vorher *Personen in meiner Umgebung* eingerichtet bzw. gestartet werden

- Das Kontrollkästchen *Beim Start von Windows automatisch anmelden* steuert, ob die zu *Personen in meiner Umgebung* gehörenden Systemdienste automatisch beim Hochfahren von Windows Vista gestartet werden sollen. Standardmäßig werden die betreffenden Dienste – hierzu gehören »Peer Name Resolution-Protokoll« (Dienstname »PNRPSVC«), »Peernetzwerk-Gruppenzuordnung« (Dienstname »P2PSVC«) und »Peernetzwerkidentitäts-Manager« (Dienstname »P2PIMSVC«) – manuell gestartet.
- Über das Listenfeld *Einladungen erlauben von* können Sie festlegen, von welcher Benutzerkategorie Sie selbst Einladungen zur Teilnahme an einem Meeting akzeptieren möchten. In Frage kommen dabei jeder, vertrauenswürdige Kontakte und niemand.

Bestätigen Sie mit *OK*, um diese Grundeinstellungen für die Windows-Teamarbeit zu speichern.

Tipp

Künftig erscheint dieses Dialogfeld nicht mehr. Auf Wunsch können Sie diese Optionen im Nachhinein über die Systemsteuerung verändern (siehe den Abschnitt »Einstellungen von Personen in meiner Umgebung anpassen«).

Daraufhin wird *Personen in meiner Umgebung* gestartet, worauf das neben stehende Symbol hinweist, das dann im Infobereich der Taskleiste erscheint. Des Weiteren werden diverse Ausnahmen für die Windows-Firewall eingerichtet, um dem PC eine reibungslose Kommunikation mit den *Personen in meiner Umgebung* sowie der Windows-Teamarbeit zu ermöglichen.

Anschließend bekommen Sie die *Windows-Teamarbeit* angezeigt (siehe Abbildung 34.4). Nun sind Sie zur Einrichtung neuer Meetings, die Sie von Ihrem Vista-PC aus starten, sowie zur Teilnahme an Sitzungen bereit, die andere Anwender von deren Computern aus initiieren.

Hinweis

Diese Einrichtung ist an jedem Windows Vista-PC durchzuführen, der die Windows-Teamarbeit verwenden will (unabhängig davon, ob der Computer zum Starten neuer Meetings oder lediglich zur Teilnahme an Meetings verwendet wird, die andere gestartet haben).

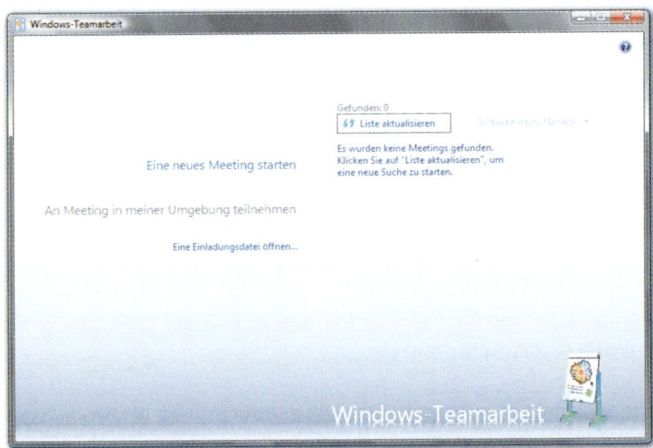

Abbildung 34.4 Das Eröffnungsfenster der Windows-Teamarbeit

Ein Meeting starten

Ist die Windows-Teamarbeit eingerichtet, können Sie ein neues Meeting in die Wege leiten. Dazu gehen sie wie folgt vor:

1. Falls das Eröffnungsfenster der Windows-Teamarbeit nicht bereits geöffnet ist, öffnen Sie das Startmenü und wählen dort den Eintrag *Windows-Teamarbeit* aus.
2. Klicken Sie auf *Ein neues Meeting starten*.

Hinweis 

Windows Vista Home Basic unterstützt lediglich den Beitritt zu einem bereits vorhandenen, auf einem anderen Computer initiierten Meeting, nicht jedoch das Starten eines eigenen, neuen Meetings.

3. Sodann müssen Sie im Eingabefeld *Meetingname* das Meeting benennen.
4. Vergeben Sie im Eingabefeld *Kennwort* ein mindestens acht Zeichen umfassendes *Meetingkennwort*. Falls Ihnen dies hilft, aktivieren Sie das Kontrollkästchen *Zeichen anzeigen*, um Ihre Eingaben überprüfen zu können.

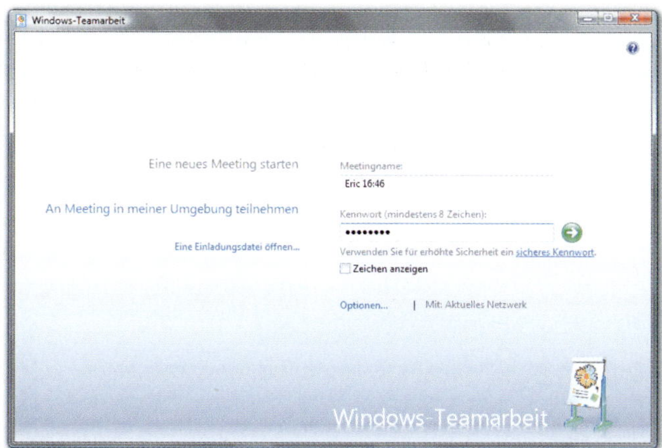

Abbildung 34.5 Zum Starten eines neuen Meetings ist die Eingabe eines Kennworts erforderlich

5. Neben dem Link *Optionen…* wird hinter *Mit:* ausgewiesen, in welchem Netzwerk die Windows-Teamarbeit das neue Meeting starten wird. Steht dort *Aktuelles Netzwerk*, greift die Windows-Teamarbeit auf das Netzwerk zurück, mit dem der Vista-PC aktuell verbunden ist.

   Ist Ihr Computer mit einem WLAN-Netzwerkadapter ausgestattet, können Sie neue Meetings auch spontan über ein Ad-hoc-Funknetzwerk abwickeln. Falls hinter *Mit:* nicht bereits *Ad-hoc-Drahtlosnetzwerk* ausgewiesen ist, klicken Sie den Link *Optionen…* an, um ein gleichnamiges Dialogfeld zu erhalten (siehe Abbildung 34.6):

   - Dort versehen Sie das Kontrollkästchen *Privates Ad-hoc-Drahtlosnetzwerk erstellen* mit einer Markierung, um die Windows-Teamarbeit explizit anzuweisen, für das neue Meeting ein Ad-hoc-Funknetzwerk einzurichten. Automatisch macht die Windows-Teamarbeit dieses Meeting dann für andere potenzielle Teilnehmer »sichtbar«.
   - In einem verkabelten Netzwerk hingegen können Sie im Dialogfeld *Optionen* im Bereich *Sichtbarkeitsoptionen* angeben, ob dieses Meeting für potenzielle Teilnehmer auf ihren Computern im Eröffnungsfenster der Windows-Teamarbeit sichtbar sein soll oder nicht. Durch Betätigung der Schaltfläche *OK* kehren Sie dann wieder zum Programmfenster *Windows-Teamarbeit* zurück.

Hinweis 

Zu einem nicht sichtbaren Meeting müssen Teilnehmer von Ihnen als dem Initiator des Meetings eingeladen werden – entweder durch das Einladen anderer Benutzer (siehe den Abschnitt »Personen in meiner Umgebung zum Meeting einladen«) oder per Einladungsdatei (siehe den Abschnitt »Personen per Einladungsdatei zum Meeting einladen«).

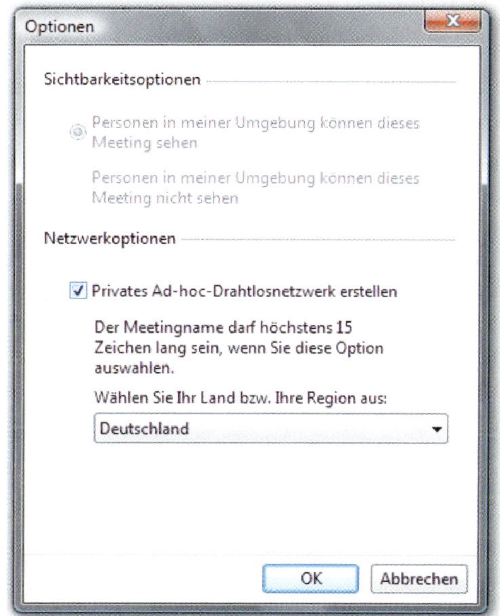

Abbildung 34.6 Optionen für ein neues Meeting

6. Klicken Sie die Pfeilschaltfläche neben dem Eingabefeld *Kennwort* an, wird das neue Meeting gestartet.

Das *Meetingfenster* der Windows-Teamarbeit wird geöffnet (siehe Abbildung 34.7). Von hier aus können Sie andere Teilnehmer zum Meeting einladen, mit diesen ein Programm oder den Windows-Desktop gemeinsam verwenden, einen Handzettel hinzufügen oder das Meeting beenden.

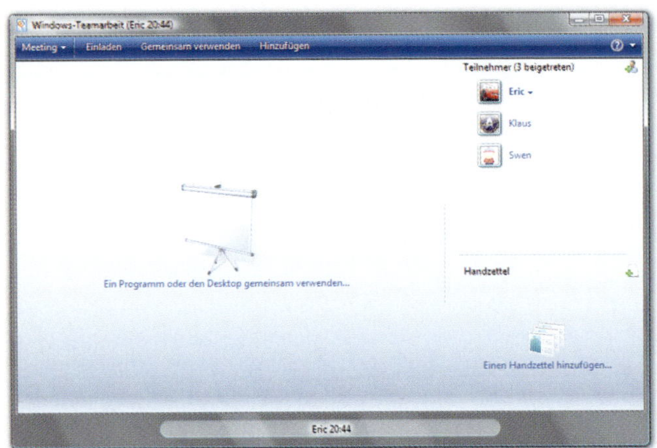

Abbildung 34.7 Über das Meetingfenster haben die Teilnehmer das Meeting im Griff

Meeting-Teilnahme

Ist ein Meeting mit der Windows-Teamarbeit eingerichtet, können Benutzer anderer Computer an diesem teilnehmen. Dazu gibt es mehrere Möglichkeiten.

Voraussetzung dafür ist, dass die betreffenden Benutzer auf ihren Vista-PCs bereits *Personen in meiner Umgebung* gestartet haben (siehe den Abschnitt »Windows-Teamarbeit und Personen in meiner Umgebung einrichten«). Ist dies nicht der Fall, wird diese Funktion automatisch beispielsweise beim Öffnen einer Einladungsdatei (siehe den folgenden Abschnitt) aufgerufen.

Hinweis 

Microsoft zufolge gibt es kein festes Limit bei der Teilnehmeranzahl. Als sinnvoll hat sich jedoch eine Begrenzung auf maximal zehn Teilnehmer erwiesen.

Personen in meiner Umgebung zum Meeting einladen

Haben Sie ein neues Meeting eingerichtet und möchten dazu Personen aus Ihrer Umgebung einladen, führen Sie die folgenden Schritte aus:

1. Klicken Sie im Meetingfenster der Windows-Teamarbeit die Schaltfläche *Einladen* in der Symbolleiste oder den Link *Andere Benutzer einladen…* an.
2. Daraufhin erscheint ein gleichnamiges Dialogfeld (siehe Abbildung 34.7). Dort wählen Sie die Benutzer aus, die an Ihrem Meeting teilnehmen sollen:
   - Möchten Sie einen bestimmten Benutzer einladen, markieren Sie das zu seinem Eintrag in der Auflistung gehörende Kontrollkästchen.
   - Werden in der Auflistung zahlreiche Personen angezeigt, tippen Sie die Anfangsbuchstaben eines gewünschten Benutzers im Suchfeld des Dialogfeldes ein, um die Auflistung auf solche Benutzer einzugrenzen, zu denen das angegebene Namensmuster passt.

   Um den Eingeladenen nur dann den Zutritt zum Meeting zu erlauben, wenn diese das zugehörige Meetingkennwort kennen, aktivieren Sie das Kontrollkästchen *Teilnehmer müssen das Meetingkennwort eingeben*.

Hinweis 

In diesem Fall müssen Sie vorher den jeweiligen Teilnehmern das entsprechende Meetingkennwort mitteilen.

3. Klicken Sie auf die Schaltfläche *Einladungen senden*, wird an die angegebenen Benutzer eine Einladung zur Teilnahme an Ihrem Meeting verschickt.

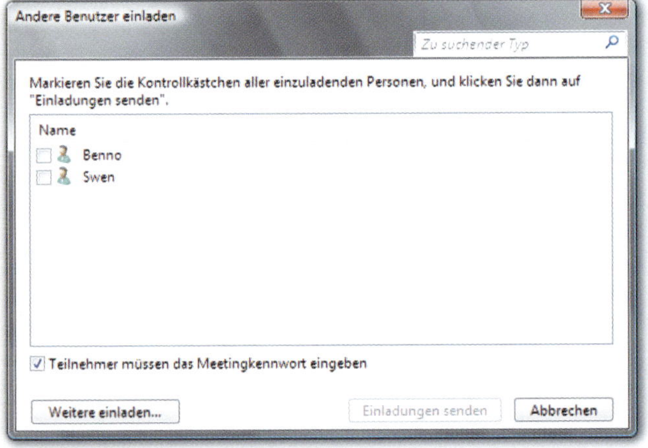

Abbildung 34.8 Nach der Erstellung eines neuen Meetings lassen sich dazu Personen einladen

Auf dem PC eines Empfängers wird nun im Infobereich der Taskleiste eine Benachrichtigung angezeigt. Durch Auswahl der dortigen Schaltfläche *Ansicht* kann der Eingeladene das Dialogfeld *Einladungsdetails* aufrufen – das andernfalls ein paar Sekunden darauf automatisch auf dem Bildschirm des Eingeladenen erscheint. Hierüber kann sich der Benutzer genauer über die Einladung informieren und erfährt beispielsweise, von dem diese stammt.

- Stammt die Einladung von einem *vertrauenswürdigen Kontakt* (also einem Anwender, der seine Kontaktdaten vorher zum Beispiel als Anhang einer E-Mail zur Verfügung gestellt hat und daher in den eigenen Windows-Kontakten im Ordner *%userprofile%\Contacts* geführt wird), weist die Windows-Teamarbeit automatisch aus, von wem diese Einladung stammt.
- Handelt es sich nicht um einen vertrauenswürdigen Kontakt, kann die Windows-Teamarbeit nicht weiter spezifizieren, vom dem die Einladung ergeht, sodass nur von »Jemand« die Rede ist.

Wichtig 

Der Mechanismus des vertrauenswürdigen Kontakts hilft dabei, den Einladenden eindeutig zu identifizieren. So bietet die Windows-Teamarbeit eine höhere Gewissheit, dass die Einladung beispielsweise auch tatsächlich von dem Benutzer »Swen« stammt, den Sie kennen, und nicht etwa von jemandem, der sich lediglich als Benutzer mit Namen »Swen« ausgibt.

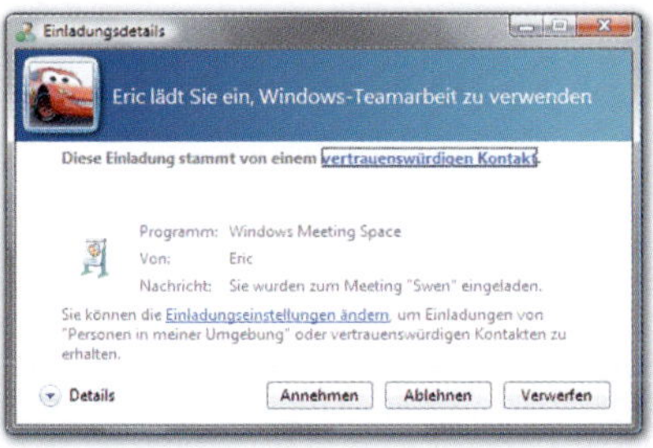

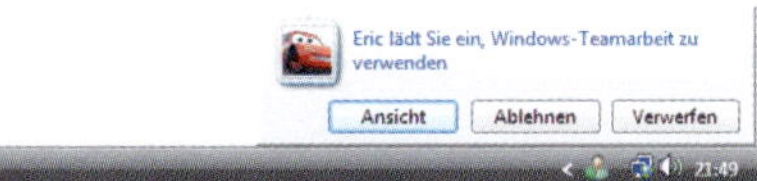

Abbildung 34.9 Ein Benutzer kann per Mausklick entscheiden, ob er der Einladung zu einem Meeting folgt

Das Anklicken der Schaltfläche *Details* fördert weitere Informationen zu Tage: Unter anderem ist dort bei *Gültig bis* die Gültigkeitsdauer der Einladung ausgewiesen – denn standardmäßig verfällt die Einladung nach fünf Minuten.

Entscheidet sich der Teilnehmer schließlich dazu, an Ihrem Meeting teilzunehmen, braucht er nur noch das zugehörige Kennwort einzutippen. Daraufhin ist er dem Meeting beigetreten – und Sie können gemeinsam mit Windows Vista »meeten«.

Personen per Einladungsdatei zum Meeting einladen

Auf Wunsch können Sie auch Benutzer einladen, die in der Auflistung von Personen in Ihrer Umgebung im Dialogfeld *Andere Benutzer einladen* nicht erscheinen. Dazu gehen Sie wie folgt vor:

1. Im Meetingfenster der Windows-Teamarbeit klicken Sie die Schaltfläche *Einladen* in der Symbolleiste oder den Link *Andere Benutzer einladen* an.
2. Im daraufhin angezeigten Dialogfeld *Andere Benutzer einladen* klicken Sie auf die Schaltfläche *Weitere einladen*.

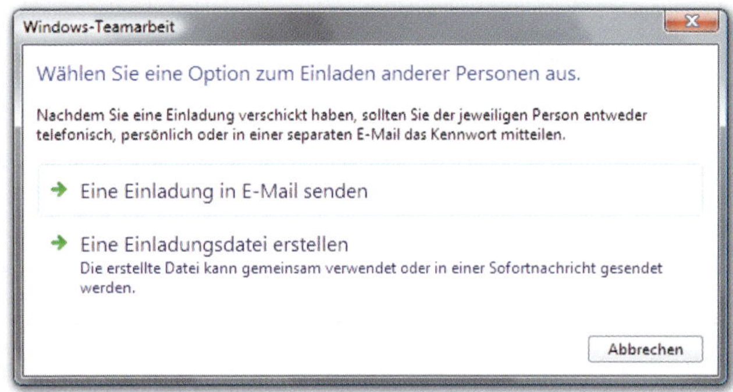

Abbildung 34.10 Teilnehmer können Sie auch mittels Einladungsdatei zu Ihrem Meeting einladen

3. Dadurch gelangen Sie zum Dialogfeld *Windows-Teamarbeit* (siehe Abbildung 34.10). Dort bieten sich Ihnen folgende Optionen:
   - Über *Eine Einladungsdatei erstellen* erhalten Sie die Gelegenheit, eine Einladungsdatei für das von Ihnen erstellte Meeting zu erstellen. Diese können Sie beispielsweise auf eine Freigabe im lokalen Netzwerk kopieren, auf die die einzuladenden Teilnehmer zugreifen dürfen. Genauso möglich ist es, die Einladungsdatei als Sofortnachricht zu senden.
   - Alternativ können Sie durch Anklicken von *Eine Einladung in E-Mail senden* die Einladungsdatei als Anhang einer automatisch generierten E-Mail verschicken (siehe Abbildung 34.11).

Hinweis 

Einladungsdateien der Windows-Teamarbeit tragen die Namenserweiterung *.wcinv*.

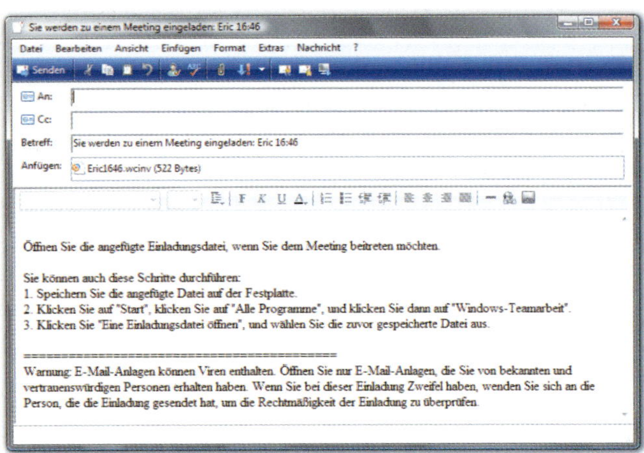

Abbildung 34.11 Die Einladungsdatei zu Ihrem Meeting lässt sich bequem per E-Mail versenden

4. Öffnet ein Benutzer auf seinem Computer diese Einladungsdatei, wird dort automatisch die Funktion *Personen in meiner Umgebung* gestartet (falls nicht bereits aktiv), die Windows-Teamarbeit aufgerufen und die Einladungsdatei geöffnet. Gibt der Benutzer nun das zugehörige Meetingkennwort ein, tritt er Ihrem Meeting bei.

Im Statusbereich Ihres Meetingfensters erscheint nun ein Hinweis, dass die Person an Ihrem Meeting teilnimmt.

An einem gestarteten Meeting teilnehmen

Nicht nur Sie als Initiator eines Meetings haben die Möglichkeit, andere Personen zur Teilnahme daran einzuladen: Genauso sind andere Personen von ihrem jeweiligen Computer dazu in der Lage, eine Auflistung aller gestarteten Meetings abzurufen und an einem davon teilzunehmen. Dazu ist folgendes Vorgehen erforderlich:

1. Rufen Sie die Windows-Teamarbeit auf. Die Funktion *Personen in meiner Umgebung* wird hierdurch automatisch aktiviert (falls nicht bereits der Fall).
2. Im Startfenster der Windows-Teamarbeit ist automatisch *An Meeting in meiner Umgebung teilnehmen* ausgewählt. Daher werden Ihnen alle Meetings angezeigt, die *Personen in Ihrer Umgebung* gestartet haben (siehe Abbildung 34.12). Um sicher zu gehen, dass hier auch neuere Meetings erscheinen, klicken Sie den Link *Liste aktualisieren* an.

   Bei einer Vielzahl von Meetings schafft das Anklicken von *Sortieren nach* Übersichtlichkeit. Dadurch können Sie die Reihenfolge der Auflistung nach den neuesten oder ältesten Meetings sortieren.

Hinweis 

An dieser Stelle sind nur solche Meetings aufgeführt, bei deren Erstellung über die Sichtbarkeitsoptionen (siehe den Abschnitt »Ein Meeting starten«) angegeben wurde, dass dieses Meeting für Personen in der Umgebung sichtbar sein soll.

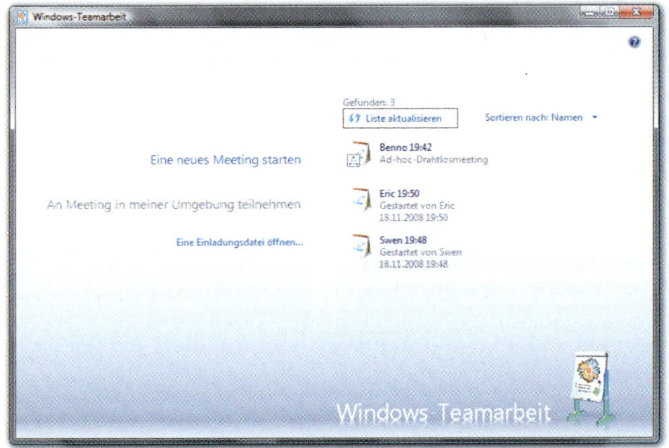

Abbildung 34.12 Zur Teilnahme an einem Meeting zeigt das Startfenster die von Personen in Ihrer Umgebung gestarteten, sichtbaren Meetings an

3. Klicken Sie das gewünschte Meeting an und tippen Sie das zugehörige Kennwort ein.
4. Klicken Sie auf die Pfeilschaltfläche neben Eingabefeld *Ein Kennwort ist erforderlich*, um an dem ausgewählten Meeting teilzunehmen.

Haben Sie das korrekte Meetingkennwort eingegeben, gelangen Sie jetzt zum Meetingfenster (siehe Abbildung 34.7).

Eigenen Teilnahmestatus ändern

Über das Meetingfenster eines laufenden Meetings, an dem Sie teilnehmen, können Sie Ihren eigenen Status verändern. Dazu gehen Sie wie folgt vor:

1. Klicken Sie in der Auflistung der Teilnehmer im Meetingfenster der Windows-Teamarbeit mit der rechten Maustaste auf Ihren eigenen Eintrag.
2. Über das daraufhin geöffnete Kontextmenü können Sie Ihren gewünschten Status ändern und dabei zwischen
   - »verfügbar«,
   - »beschäftigt«,
   - »bin gleich zurück« sowie
   - »abwesend«

   wählen.

3. Auf den PCs der anderen Teilnehmer, die gerade an demselben Meeting teilnehmen, wird anschließend im Meetingfenster der Windows-Teamarbeit Ihr neuer Status ausgewiesen.

> **Tipp**
>
> Um ein Meeting zu verlassen, klicken Sie die Schaltfläche *Meeting* in der Symbolleiste im Meetingfenster der Windows-Teamarbeit an und wählen aus dem dortigen Menü den Eintrag *Meeting verlassen* aus. Hat auch der letzte Teilnehmer das Meeting verlassen, wird dieses automatisch beendet.

Gemeinsame Sitzung starten

In einem laufenden Meeting ist es möglich, einzelne Programmfenster oder den kompletten Windows-Desktop zur *gemeinsamen Verwendung* freizugeben. Auf diese Weise kann ein Teilnehmer, der die Steuerung für die gemeinsame Sitzung besitzt, das betreffende Programm bzw. den jeweiligen Windows-Desktop verwenden und Eingaben vornehmen, während die anderen Teilnehmer des Meetings diese Aktionen auf ihrem Bildschirm unmittelbar verfolgen.

Um in einer solchen *gemeinsamen Sitzung* zu arbeiten, gehen Sie wie folgt vor:

1. Starten Sie das Meeting bzw. treten Sie diesem bei.
2. Um ein auf Ihrem Windows Vista-PC laufendes Programm oder Ihren Windows-Desktop freizugeben, klicken Sie im Meetingfenster die Schaltfläche *Gemeinsam verwenden* oder den im Hauptbereich befindlichen Link *Ein Programm oder den Desktop gemeinsam verwenden* an.
3. Zur Sicherheit erhalten Sie nun ein Dialogfeld angezeigt, in dem Sie die Schaltfläche *OK* betätigen müssen. Damit erklären Sie sich einverstanden, dass die anderen Teilnehmer des Meetings auf ihren Computern durch die Freigabe den Desktop Ihres Vista-PCs sehen können.
4. Anschließend wird das Dialogfeld *Eine gemeinsame Sitzung starten* angezeigt (siehe Abbildung 34.13). Dort haben Sie mehrere Möglichkeiten:
   - Aus der Auflistung der auf Ihrem PC laufenden Programme im oberen Bereich markieren Sie die Anwendung, die Sie gemeinsam mit den Teilnehmern des Meetings verwenden möchten.
   - Ist das Programm noch nicht gestartet, markieren Sie den Eintrag *Nach einer zu öffnenden oder gemeinsam zu verwendenden Datei suchen*, um dadurch automatisch das Programm durch Auswahl der gemeinsam zu verwendenden Datei aufzurufen.
   - Möchten Sie Ihren kompletten Windows-Desktop – einschließlich aller Programme, die darüber zugänglich sind – gemeinsam im Meeting verwenden, markieren Sie den Eintrag *Desktop*.

   Klicken Sie auf die Schaltfläche *Gemeinsam verwenden*, um Ihre Freigabeauswahl zu bestätigen.

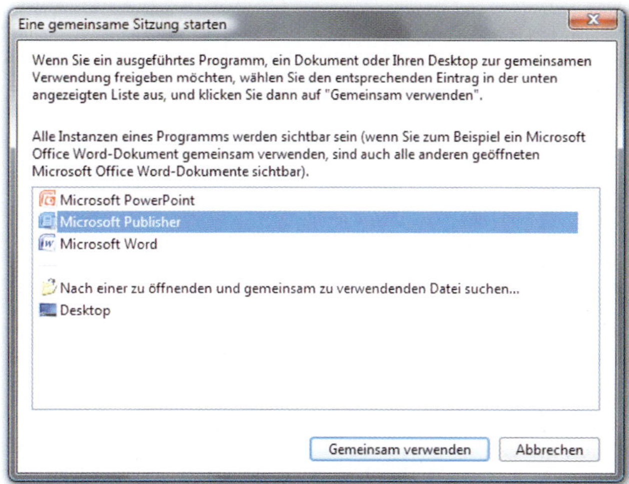

Abbildung 34.13 Auswahl, welches auf dem PC laufende Programm freigegeben werden soll

Sich in einer gemeinsamen Sitzung zurechtfinden

Daraufhin wird wieder das Meetingfenster angezeigt (siehe Abbildung 34.14). Im Hauptbereich ist diesmal aber vermerkt, was Sie freigegeben haben – entweder ein bestimmtes Programm oder Ihren Windows-Desktop. Im oberen rechten Bereich werden zudem alle Teilnehmer angezeigt, die gegenwärtig an dem Meeting beteiligt sind.

> **Hinweis** 
>
> Um die gemeinsame Sitzung wieder zu beenden, klicken Sie im Hauptbereich des Meetingfensters auf den Link *Gemeinsame Verwendung beenden*.

Nun können Sie mit dem freigegebenen Programm oder dem Desktop arbeiten. Dabei gilt: Holen Sie das Programm, das Sie gemeinsam verwenden möchten, in den Vordergrund. Auf diese Weise sorgen Sie dafür, dass die anderen Teilnehmer des Meetings den Inhalt des betreffenden Programmfensters auf ihrem Computer mit der Windows-Teamarbeit sehen und so das Geschehen verfolgen können.

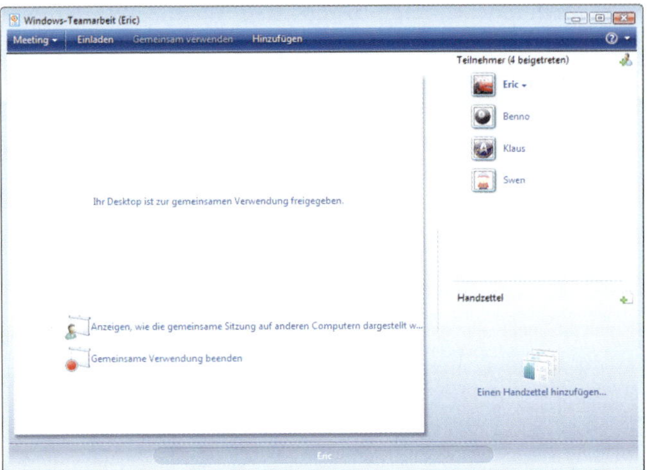

Abbildung 34.14 Das Meetingfenster der Windows-Teamarbeit bei einer gemeinsamen Sitzung

Umgang mit der gemeinsamen Sitzung auf dem eigenen PC

Nachdem Sie ein Programm oder Ihren Windows-Desktop in einer gemeinsamen Sitzung freigegeben haben, können Sie wie gewohnt mit Ihrem PC arbeiten. Der Inhalt des freigegebenen Programms respektive des Windows-Desktops wird von der Windows-Teamarbeit zu den anderen Teilnehmern des Meetings bzw. ihren Computern übertragen.

Handelt es sich um ein freigegebenes Programm, können Sie recht leicht erkennen, welches Sie freigegeben haben: Die Titelleiste des Programmfensters eines freigegebenen Programms ist mit dem Zusatz *Zurzeit gemeinsam verwendet* versehen.

Hinweis 

Holen Sie das Programm, das Sie gemeinsam verwenden möchten, in den Vordergrund. Auf diese Weise sorgen Sie dafür, dass die anderen Teilnehmer des Meetings den Inhalt des betreffenden Programmfensters auf deren Computer mit der Windows-Teamarbeit sehen und so das Geschehen verfolgen können.

Am oberen Bildschirmrand bekommen Sie die *Informationsleiste* der Windows-Teamarbeit angezeigt. Dort erkennen Sie nicht nur auf einen Blick, wer gerade die Steuerung besitzt, sondern können über das Menü *Optionen* schnell zum Programmfenster der Windows-Teamarbeit wechseln. Des Weiteren beinhaltet die Informationsleiste mehrere Schaltflächen, die Ihnen

- die Beendigung der gemeinsamen Sitzung,
- ein Anhalten der gemeinsamen Sitzung (was den gegenwärtigen Zustand »einfriert«)
- sowie eine Ansicht der gemeinsamen Sitzung (so, wie diese auf den Computern der anderen Teilnehmer der Sitzung ausschaut)

erlauben.

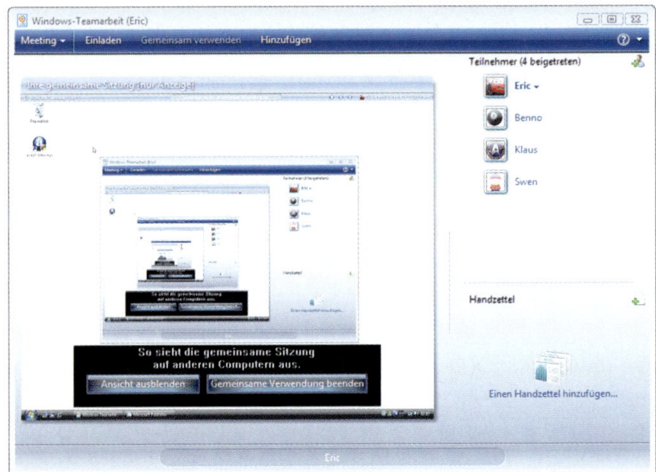

Abbildung 34.15 Ansicht, wie die Darstellung einer freigegebenen Sitzung auf anderen Computern erfolgt

Haben Sie ein Programm oder Ihren Windows-Desktop freigegeben und möchten erfahren, wie das Ganze auf den PCs der anderen Teilnehmer ausschaut, klicken Sie im Hauptbereich auf den Link *Anzeigen, wie die gemeinsame Sitzung auf anderen Computern dargestellt wird*. Nun bekommen Sie im Hauptbereich den Inhalt der freigegebenen Sitzung angezeigt (siehe Abbildung 34.15). Klicken Sie auf die Schaltfläche *Ansicht ausblenden*, um diese Darstellung wieder zu verlassen.

Tipp 

Weist diese Ansicht größere schwarze Abschnitte auf, verdeckt gerade ein anderes Fenster das Programmfenster des freigegebenen Programms.

Anzeige auf den Computern der anderen Teilnehmer

Auf den Computern der anderen Teilnehmer des Meetings wird der Inhalt des freigegebenen Programms bzw. Windows-Desktops in verkleinerter Form im Hauptbereich des Programmfensters der Windows-Teamarbeit angezeigt (siehe Abbildung 34.16). Um eine größere Darstellung zu erhalten und so das Geschehen besser verfolgen zu können, gibt es folgende Möglichkeiten:

- Nach dem Anklicken des senkrechten Balkens, der den Hauptbereich vom rechten Bereich im Programmfenster der Windows-Teamarbeit trennt, kann dieser bei gedrückter Maustaste nach rechts (oder links) verschoben werden. Dadurch wird der Hauptbereich vergrößert (oder verkleinert), wobei automatisch der darin enthaltene Anzeigeinhalt der gemeinsamen Sitzung dementsprechend angepasst wird.
- Das Anklicken der Pfeilschaltfläche im oberen Bereich des Hauptbereichs hat einen Wechsel in den *Vollbildmodus* zur Folge. Dadurch wird der Anzeigeinhalt der gemeinsamen Sitzung in voller Größe wiedergegeben. Analog dazu bewirkt das Anklicken der jeweiligen Schaltfläche in der Informationsleiste im Vollbildmodus den umgekehrten Effekt, sprich den Wechsel zum Fenstermodus.

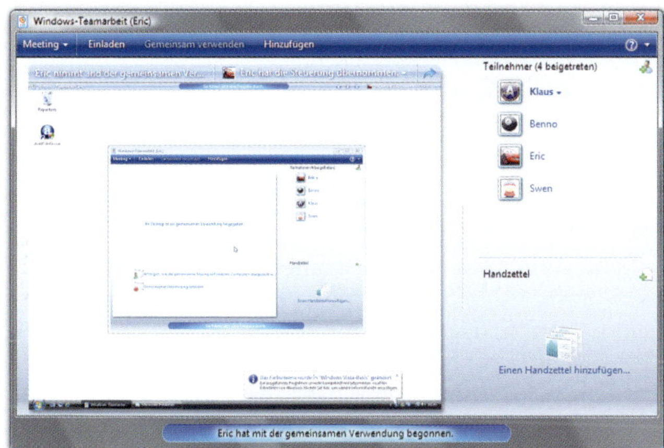

Abbildung 34.16 So sieht das Programmfenster der Windows-Teamarbeit auf den Computern der anderen Teilnehmer des Meetings bei einer freigegebenen Sitzung aus

Steuerung der gemeinsamen Sitzung

Zunächst besitzt der Teilnehmer des Meetings, der ein auf seinem PC laufendes Programm oder seinen Windows-Desktop freigegeben hat, die Steuerung über die gemeinsame Sitzung. Dies bedeutet, er kann aktiv mit dem Programm arbeiten, während die anderen Meetingteilnehmer das Geschehen lediglich mitverfolgen können.

Dies ist jedoch kein unveränderbarer Zustand: Auf Wunsch kann ein anderer Teilnehmer des Meetings die Steuerung anfordern – und somit mit dem freigegebenen Programm arbeiten, das auf seinem eigenen PC möglicherweise gar nicht installiert ist. Dazu sind die folgenden Schritte auszuführen:

1. Der Teilnehmer, der die Steuerung übernehmen möchte, klickt in der Informationsleiste der Windows-Teamarbeit die für die Steuerung zuständige Schaltfläche (links leben der Pfeilschaltfläche) an.
2. Aus dem zugehörigen Menü ist der Eintrag *Steuerung anfordern* auszuwählen (siehe Abbildung 34.17).

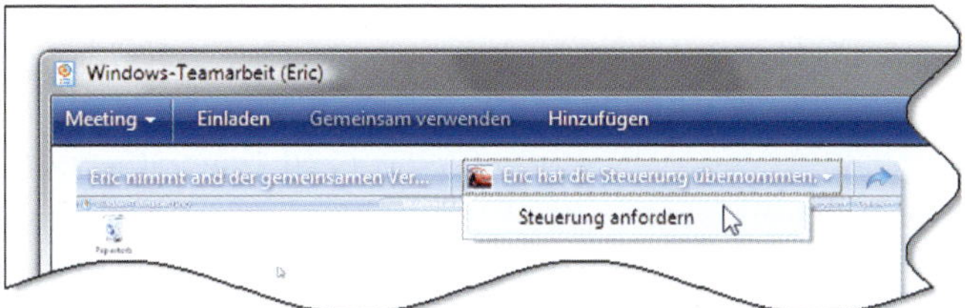

Abbildung 34.17 Anforderung der Steuerung über die freigegebene Sitzung

3. Auf dem Computer des Teilnehmers, der gerade die Steuerung besitzt, blinkt nun die für die Steuerung zuständige Schaltfläche *Steuerung übergeben*. Nach einem Klick darauf öffnet sich ein Menü, über das der Teilnehmer ausgewählt werden kann, an den die Steuerung übertragen werden soll (siehe Abbildung 34.18). Der Benutzer, der die Steuerung angefordert hat, ist dabei bereits markiert.
4. Die Steuerung geht damit auf den betreffenden Benutzer über.

Alternativ kann der Benutzer, der die gemeinsame Sitzung gestartet hat, die Steuerung an einen anderen Teilnehmer des Meetings übertragen, auch wenn dieser die Steuerung nicht angefordert hat. Hierzu ist die zuständige Schaltfläche *Steuerung übergeben* anzuklicken und wie zuvor beschrieben zu verfahren.

Tipp 

Haben Sie die Steuerung an einen anderen Teilnehmer des Meetings übertragen und möchten die Steuerung später wieder zurückholen, drücken Sie dazu auf Ihrem PC die Tastenkombination ⊞ + Esc.

Abbildung 34.18 Übertragung der Steuerung an einen anderen Teilnehmer des Meetings

Handzettel verwenden

Die so genannten *Handzettel* erlauben es, in einem Meeting Dokumente mit Teilnehmern auszutauschen. Somit steht ein komfortables Verfahren zur Verfügung, um Dokumente mit einem Meeting zu verknüpfen und dieses allen Teilnehmern bereitzustellen.

Um einen Handzettel hinzuzufügen, gehen Sie wie folgt vor:

1. Klicken Sie im Meetingfenster die Schaltfläche *Hinzufügen* der Symbolleiste oder den Link *Einen Handzettel hinzufügen* an und bestätigen Sie das anschließende Dialogfeld über *OK*.
2. Anschließend wählen Sie im Dialogfeld *Datei öffnen* das gewünschte Dokument aus.
3. Dieses wird nun dem unteren rechten Bereich als Handzettel hinzugefügt.

Jetzt können die Teilnehmer des Meetings diesen Handzettel bearbeiten, mit Änderungen versehen und speichern.

Wichtig 

Änderungen an einem Handzettel werden nur von dem Teilnehmer des Meetings übernommen, der das Dokument zuletzt speichert. Haben zwei Personen das Dokument zur selben Zeit geöffnet und speichern ihre Änderungen nacheinander, bleiben nur die Änderungen des Teilnehmers erhalten, der das Dokument als Letzter speichert.

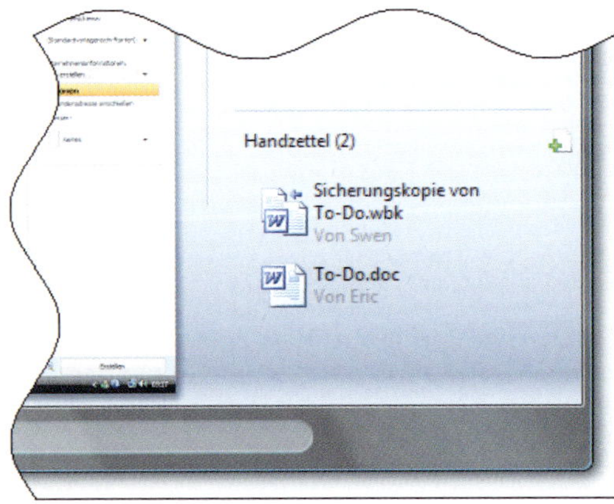

Abbildung 34.19 Für das Meeting relevante Dokumente lassen sich als Handzettel allen Teilnehmern zur Verfügung stellen

Für die Bereitstellung und den automatischen Abgleich nach Änderungen sorgt der Dienst »DFS-Replikation« (Dienstname »DFSR«) von Windows Vista, der automatisch gestartet wird, sobald Handzettel ins Spiel kommen. Voraussetzung zum Öffnen bzw. Bearbeiten des Dokuments ist allerdings, dass ein geeignetes Programm, das mit dem jeweiligen Dateiformat zurecht kommt, lokal auf dem Computer des betreffenden Teilnehmers installiert ist.

Tipp 

Um zum Abschluss des Meetings alle Handzettel zu speichern, klicken Sie die Schaltfläche *Meeting* in der Symbolleiste des Meetingfensters an und wählen *Handzettel speichern* aus. Beim Verlassen des Meetings besteht ebenfalls die Möglichkeit zur lokalen Speicherung der Handzettel.

Notiz senden

Als Alternative zu Handzetteln hält die Windows-Teamarbeit die Möglichkeit zum Versand von Notizen bereit. Dazu gehen Sie wie folgt vor:

1. Wechseln Sie zum Meetingfenster der Windows-Teamarbeit.
2. Im rechten oberen Bereich klicken Sie den Teilnehmer, dem Sie eine Botschaft zukommen lassen möchten, mit der rechten Maustaste an.
3. Wählen Sie im Kontextmenü den Eintrag *Notiz senden* aus.
4. Sodann wird das Dialogfeld *Eine Notiz senden* angezeigt (siehe Abbildung 34.20). Tippen Sie Ihre Botschaft für den ausgewählten Teilnehmer im dortigen Eingabefeld ein – oder fertigen Sie eine Zeichnung an, nachdem Sie die Schaltfläche *Freihand* angeklickt haben (dies ist beispielsweise nützlich, wenn Sie an einem Tablet PC arbeiten).
5. Klicken Sie auf *Senden*, stellt die Windows-Teamarbeit Ihre Botschaft dem Empfänger zu. Auf dessen Computer erscheint daraufhin das Dialogfeld *Sie haben eine Notiz empfangen*, das nicht nur das Lesen der Nachricht, sondern auch gleich eine Beantwortung gestattet.

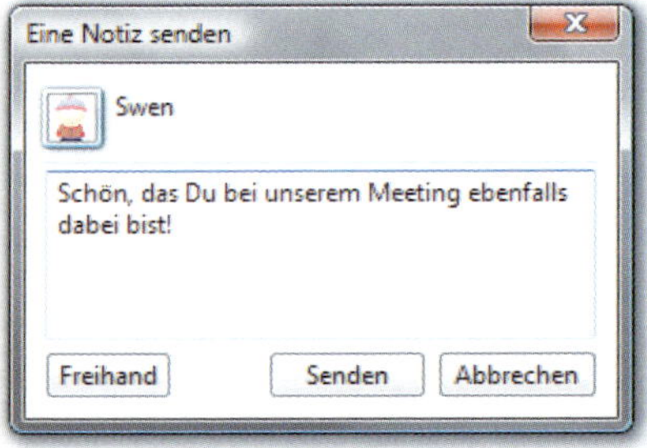

Abbildung 34.20 Durch das Senden einer Notiz können Sie einem anderen Teilnehmer des Meetings bequem eine kurze Botschaft zukommen lassen

Einstellungen von Personen in meiner Umgebung anpassen

Eine Grundkomponente, ohne die die Windows-Teamarbeit nicht funktioniert, ist *Personen in meiner Umgebung*. Daher wird diese Komponente auch bereits bei der Einrichtung der Windows-Teamarbeit konfiguriert und automatisch aktiviert, sobald Sie die Windows-Teamarbeit auf dem PC aufrufen.

Auf Wunsch können Sie *Personen in meiner Umgebung* aber auch im Nachhinein bearbeiten. Dazu gibt es folgende Wege:

- Klicken Sie im Meetingfenster der Windows-Teamarbeit Ihren eigenen Teilnehmereintrag im rechten oberen Bereich mit der rechten Maustaste an, um *Persönliche Einstellungen* aus dem zugehörigen Kontextmenü auszuwählen.
- Öffnen Sie über die Systemsteuerung *Personen in meiner Umgebung*.

All dies führt Sie zum Dialogfeld *Personen in meiner Umgebung* (siehe Abbildung 34.21). Dort können Sie auf der Registerkarte *Einstellungen* beispielsweise Ihren Anzeigenamen sowie die Erlaubnis zu Einladungen bearbeiten und festlegen, ob *Personen in meiner Umgebung* automatisch gestartet werden soll, sodass Sie standardmäßig angemeldet sind. Die Registerkarte *Anmelden* bietet Ihnen zudem die Möglichkeit, Ihren aktuellen Anmeldestatus einzusehen und diesen bei Bedarf zu verändern.

Tipp 

Klicken Sie im Infobereich der Taskleiste das Symbol von *Personen in meiner Umgebung* mit der rechten Maustaste an, können Sie sich über das zugehörige Kontextmenü mit einem Mausklick ab- und anmelden.

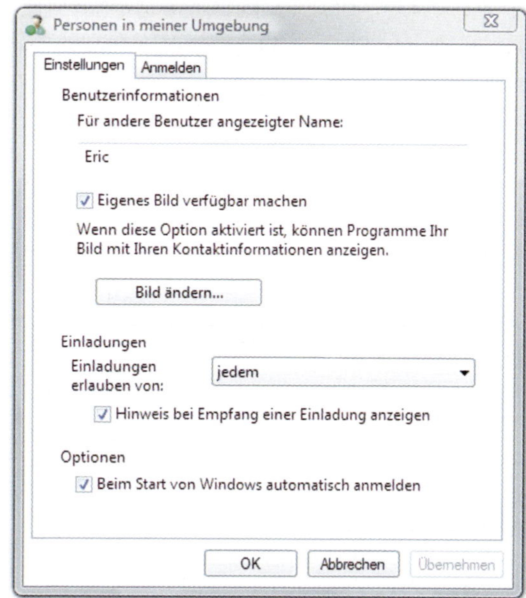

Abbildung 34.21 Personen in meiner Umgebung anpassen

Zusammenfassung

In diesem Kapitel haben Sie die Windows-Teamarbeit und ihre Möglichkeiten zum Abhalten spontaner Meetings per LAN oder WLAN kennen gelernt. In der folgenden Übersicht sind die wichtigsten Vorgänge noch einmal für Sie zusammengefasst.

Sie möchten ...	So gehen Sie vor	Sehen Sie sich dazu das Beispiel an auf
die Windows-Teamarbeit einrichten	Wählen Sie im Startmenü den Eintrag *Windows-Teamarbeit* aus	Seite 581
ein neues Meeting starten	Klicken Sie im Eröffnungsbildschirm der Windows-Teamarbeit auf *Ein neues Meeting starten*	Seite 582
Personen in meiner Umgebung zum Meeting einladen	Klicken Sie im Meetingfenster der Windows-Teamarbeit die Schaltfläche *Einladen* in der Symbolleiste an	Seite 584
Personen per Einladungsdatei zum Meeting einladen	Klicken Sie zunächst in der Symbolleiste des Meetingfensters die Schaltfläche *Einladen* sowie im anschließenden Dialogfeld *Andere Benutzer einladen* die Schaltfläche *Weitere einladen* an	Seite 585
an einem gestarteten Meeting teilnehmen	Klicken Sie im Eröffnungsfenster auf *An Meeting in meiner Umgebung teilnehmen*	Seite 586
den eigenen Teilnahmestatus für das laufende Meeting verändern	Klicken Sie im Meetingfenster der Windows-Teamarbeit Ihren eigenen Eintrag an, um den gewünschten Status aus dem zugehörigen Kontextmenü auszuwählen	Seite 586
eine gemeinsame Sitzung starten	Klicken Sie im Meetingfenster die Schaltfläche *Gemeinsam verwenden* an	Seite 587
die Steuerung der gemeinsamen Sitzung anfordern	Klicken Sie in der Informationsleiste die Steuerungsschaltfläche an	Seite 589
Handzettel hinzufügen	Klicken Sie im Meetingfenster die Schaltfläche *Hinzufügen* der Symbolleiste an	Seite 590
eine Notiz senden	Klicken Sie im rechten oberen Bereich den gewünschten Teilnehmer mit der sekundären Maustaste an und selektieren Sie *Notiz senden*	Seite 590
die Einstellungen zu Personen in meiner Umgebung anpassen	Öffnen Sie *Personen in meiner Umgebung* in der Systemsteuerung	Seite 591

Tobias Weltner

Windows Vista Home Basic	eingeschränkt	Windows Vista Business	vollständig
Windows Vista Home Premium	eingeschränkt	Windows Vista Enterprise	vollständig
Windows Vista Ultimate	vollständig		

Funktion wird von dieser Windows Vista-Edition
vollständig unterstützt · eingeschränkt unterstützt · nicht unterstützt

35 Remotedesktop und Remoteunterstützung

Mit der Remotedesktopverbindung und der Remoteunterstützung enthält Windows Vista zwei Technologien, mit denen Sie den Bildschirminhalt eines Computers auf einen anderen übertragen und dort genauso steuern können, als säßen Sie vor dem eigentlichen Rechner.

Bei der Remotedesktopverbindung verbinden Sie sich über das Netzwerk mit einem anderen Computer, der Remotedesktopverbindungen unterstützt. So könnten Sie sich von zu Hause aus auf den Bildschirm Ihres Bürocomputers verbinden und damit genauso arbeiten, als wären Sie im Büro. Administratoren können Remotedesktopverbindungen auch dazu verwenden, um Server zu verwalten, die im Rechenzentrum stehen. Remotedesktopverbindungen werden ab Windows 2000 unterstützt.

Bei der Remoteunterstützung dagegen schalten Sie sich auf den Bildschirm eines anderen Benutzers auf und können ihm helfen.

Remotefunktionen aktivieren

Möchten Sie sich per Remotedesktopverbindung auf einen anderen Computerbildschirm aufschalten, sind dazu keine vorbereitenden Einstellungen nötig. Anders ist das für den Computer, der remote ferngesteuert werden soll. Hier muss die Fernsteuerung zuerst eingeschaltet werden:

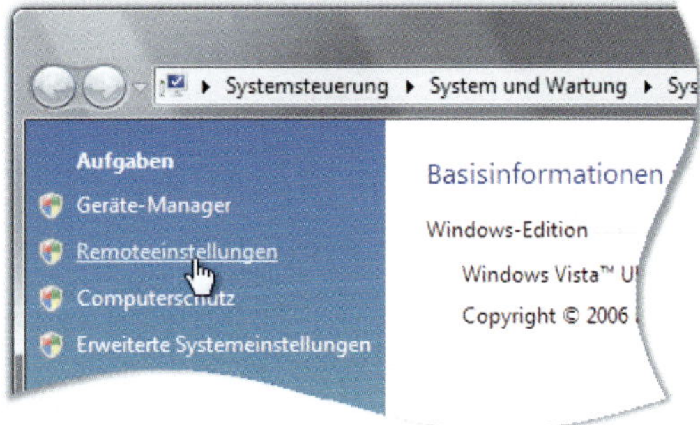

Abbildung 35.1 Remotefunktionen öffnen

1. Klicken Sie im Startmenü mit der rechten Maustaste auf *Computer* und wählen Sie im Kontextmenü den Eintrag *Eigenschaften*.
2. Klicken Sie in der linken Spalte des daraufhin geöffneten Fensters auf *Remoteeinstellungen*. Sie müssen sich jetzt mit Administratorrechten ausweisen. Danach erscheint ein Dialogfeld, mit dem Sie die Remoteeinstellungen festlegen.

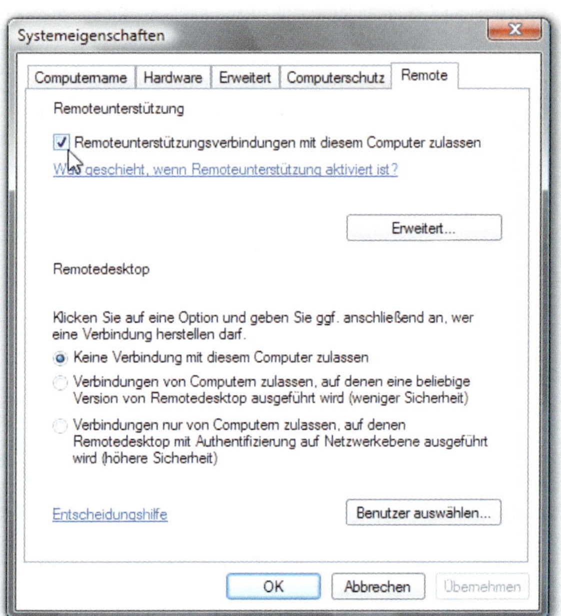

Abbildung 35.2 Remoteunterstützung und Remotedesktop konfigurieren

Remoteunterstützung aktivieren

Damit andere sich per Remoteunterstützung auf Ihren Bildschirm aufschalten und Ihnen helfen dürfen, aktivieren Sie im Bereich *Remoteunterstützung* das Kontrollkästchen *Remoteunterstützungsverbindungen mit diesem Computer zulassen* (siehe Abbildung 35.2). Klicken Sie dann auf *Übernehmen*. Jetzt ist die Remoteunterstützung verwendbar, denn es wurden die folgenden Änderungen durchgeführt:

- **Firewall** Die Remoteunterstützungsausnahme der Windows-Firewall wurde aktiviert, die dafür sorgt, dass ein Helfer sich mit Ihrem Computer von außen verbinden darf.
- **Teredo-Dienst** Der Teredo-Dienst wurde gestartet, der es dem Helfer erlaubt, über die meisten Router mit Netzwerkadressübersetzung (NAT) eine Verbindung zu Ihrem Computer aufzubauen. Dazu fordert der Dienst bei einem Microsoft Teredo-Server eine IPv6-Adresse an.

Helfer können sich allerdings nach wie vor erst dann mit Ihrem Computer verbinden, wenn Sie die Hilfe selbst ausdrücklich anfordern.

In Unternehmensnetzwerken kann die Remoteunterstützung auch so eingestellt werden, dass Helpdesk-Mitarbeiter von sich aus eine Remoteunterstützung anbieten können, zum Beispiel, weil Sie gerade mit dieser Abteilung telefonieren und um Hilfe bitten. Wie Sie die Remoteunterstützung anfordern sowie anbieten und wie sie abläuft, erfahren Sie gleich.

Möchten Sie genauer festlegen, wie die Remoteunterstützung bei Ihnen funktioniert, dann klicken Sie im Dialogfeld von Abbildung 35.2 auf die Schaltfläche *Erweitert*. Ein weiteres Dialogfeld wird geöffnet.

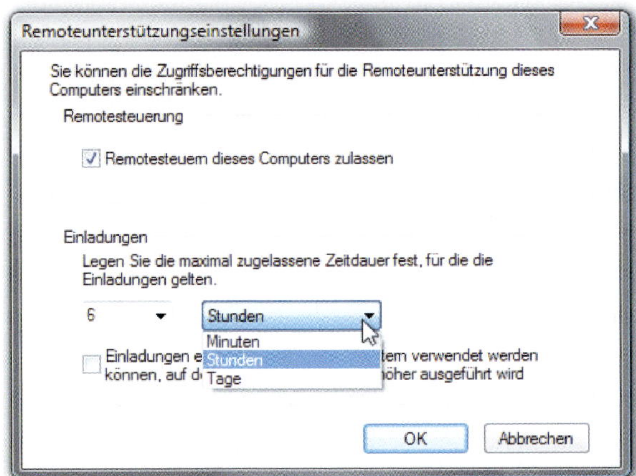

Abbildung 35.3 Legen Sie fest, was Helfer tun dürfen und wie lange Einladungen gelten

Im oberen Bereich bestimmen Sie mit dem Kontrollkästchen *Remotesteuern dieses Computers zulassen*, ob der Helfer nur Ihren Bildschirm einsehen oder ob er nach Rückfrage und Ihrer Zustimmung auch aktiv eingreifen darf. Er kann dann die Maus steuern und in Ihrem Auftrag das Kommando über Ihren Computer übernehmen. Das allerdings geschieht ausdrücklich nur mit Ihrer Zustimmung und Sie können die Remotesteuerung jederzeit mit [Esc] abbrechen, falls der Helfer Dinge tut, die Sie nicht wünschen.

Im unteren Teil legen Sie fest, wie lange Ihre Remoteunterstützungseinladungen gültig sein sollen. Nach Ablauf dieser Frist verfallen die Einladungen, der Helfer kann sich also nur innerhalb dieses Zeitraums mit Ihrem Computer verbinden. Durch Einschalten des Kontrollkästchens *Einladungen erstellen, …* sorgen Sie dafür, dass Ihnen nur von Windows Vista-Anwendern geholfen wird.

Remotedesktop aktivieren

Im unteren Teil der Registerkarte *Remote* (siehe Abbildung 35.2) bestimmen Sie, ob sich Personen von außerhalb mit Ihrem Computer verbinden und den Bildschirm verwenden können.

Remotedesktop schaltet sich nicht wie die Remoteunterstützung auf den Bildschirm eines angemeldeten Benutzers auf, sondern erlaubt einer Person von außen so mit Ihrem Computer zu arbeiten, als hätte sich diese direkt an Ihrem Computer angemeldet. Der tatsächlich vor dem Computer sitzende Anwender wird in dieser Zeit abgemeldet, es sei denn, es handelt sich um einen Windows-Server.

Wählen Sie die Option *Verbindungen von Computern zulassen, auf denen eine beliebige Version von Remotedesktop ausgeführt wird* ermöglicht auch Anwendern die Herstellung einer Verbindung, die einen älteren Remotedesktopclient verwenden. Hierbei wird eine Remotedesktopverbindung ohne Authentifizierung hergestellt, die also auch von Unbefugten aufgebaut werden kann. Zwar wird auch in diesem Fall anschließend nach einem gültigen Benutzerkonto und Kennwort gefragt, aber ein Angreifer könnte den Computer mit ständigen Remotedesktopverbindungsanfragen stören.

Tipp 

Windows XP-Anwender können sich von der Microsoft-Website über *http://support.microsoft.com/?kbid=925876* eine kostenlose Version des aktuellen Remotedesktopclients herunterladen und damit auch in der sichereren Option eine Remotedesktopverbindung zu einem Windows Vista-Computer aufbauen.

Danach legen Sie mit einem Klick auf die Schaltfläche *Benutzer auswählen* fest, wem der Remotedesktopzugriff auf Ihren Computer gestattet ist. Fügen Sie weitere Benutzer entweder der Liste hinzu, oder machen Sie Benutzerkonten direkt zu Mitgliedern in der Gruppe der *Remotedesktopbenutzer*.

Remoteunterstützung verwenden

Mit der Remoteunterstützung schaltet sich ein Helfer auf den Bildschirm eines Hilfesuchenden auf und kann ihn beim Lösen von Problemen zur Seite stehen. Weil die neue Remoteunterstützung dank IPv6 auch NAT-Traversal beherrscht, also Netzwerkgeräte wie zum Beispiel Router mit Network Address Translation (NAT) überwindet, können Helfer und Hilfesuchender auch über das Internet Kontakt miteinander aufnehmen.

Hilfe anfordern

Möchten Sie jemanden um Hilfe bitten und ihn auffordern, sich auf Ihren Bildschirm aufzuschalten, um Ihnen bei der Lösung eines Problems zu unterstützen, dann senden Sie dem Helfer eine Remoteunterstützungseinladung.

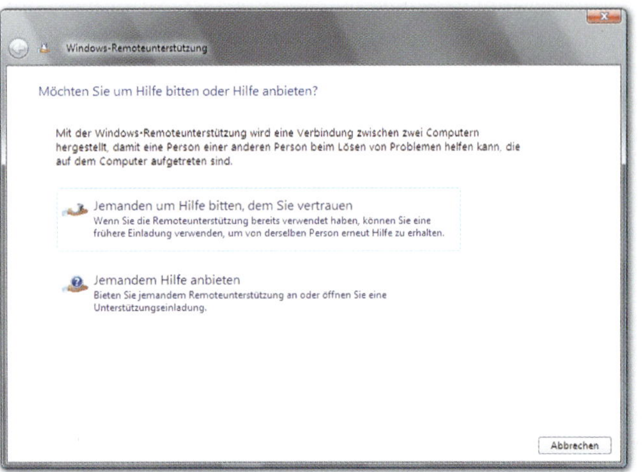

Abbildung 35.4 Einen Helfer einladen, sich auf Ihren Bildschirm aufzuschalten

1. Öffnen Sie das Startmenü und tippen Sie ins Schnellsuchfeld die Zeichenfolge »remote« ein.
2. Wenig später erscheint in der linken Startmenüspalte *Windows-Remoteunterstützung*. Klicken Sie darauf.
3. Ein Fenster öffnet sich. Darin können Sie Hilfe erbitten oder selbst Hilfe anbieten. Klicken Sie auf *Jemanden um Hilfe bitten, dem Sie vertrauen*.
4. Suchen Sie sich nun aus, wie Sie die Einladung an den Helfer übermitteln wollen. Entweder schicken Sie ihm die Einladung per E-Mail, oder Sie speichern die Einladung als Datei und transportieren diese Datei auf anderem Weg zum Helfer.

Danach wartet der Computer darauf, dass der Helfer die Einladung annimmt und die Verbindung herstellt. In dieser Zeit wird das Fenster *Windows-Remoteunterstützung* angezeigt.

Abbildung 35.5 Der Hilfesuchende wartet auf den Helfer

PROFITIPP

In einem kleinen Firmennetzwerk könnten Sie eine Netzwerkfreigabe einrichten, wo Hilfeeinladungen direkt als Datei gespeichert werden. Die Supportmitarbeiter könnten dann von dort aus per Doppelklick auf die Einladungsdatei die Unterstützung starten.

Der gesamte Prozess lässt sich leicht automatisieren, weil die Remoteunterstützung auch als Konsolenbefehl namens *msra.exe* zur Verfügung steht und mit zahlreichen Schaltern automatisierbar ist.

Tippen Sie in einem Konsolenfenster die Zeichenfolge **msra /?** ein und bestätigen Sie mit der [↵]-Taste, um das in Abbildung 35.6 gezeigte Hilfefenster zu öffnen. Mit »msra /expert« würden Sie Hilfe anbieten und mit »msra /saveasfile« die Einladung automatisiert an einem beliebigen Ort speichern.

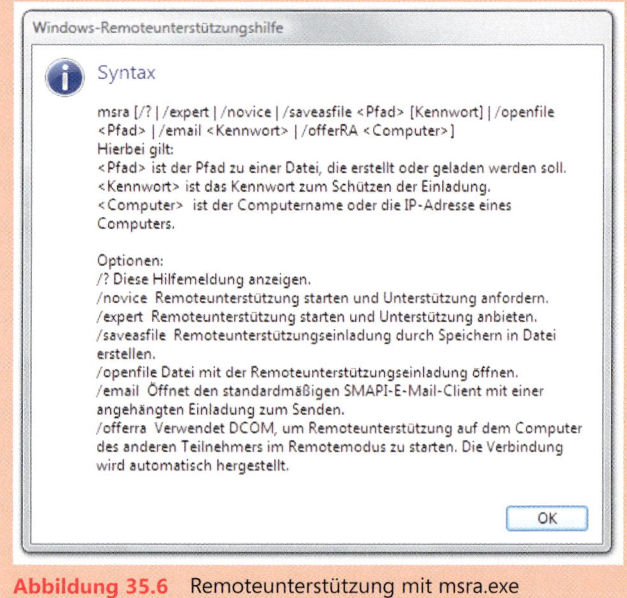

Abbildung 35.6 Remoteunterstützung mit msra.exe automatisieren

Hilfe leisten

Empfängt der Helfer die Einladung und öffnet sie, dann wird er zunächst aufgefordert, das geheime Kennwort einzugeben, das der Hilfesuchende beim Absenden der Einladung festgelegt hat.

Dieses Kennwort soll einen Missbrauch verhindern, falls die Einladung in falsche Hände gerät. In der Praxis ruft der Hilfesuchende deshalb den Helfer kurz an und verrät ihm das Kennwort.

Anschließend erscheint beim Hilfesuchenden eine Nachfrage, ob der Helfer den Bildschirm einsehen darf. Es ist nicht möglich, sich mit der Remoteunterstützung auf fremde Bildschirme aufzuschalten, ohne dass der Besitzer zuvor zustimmt.

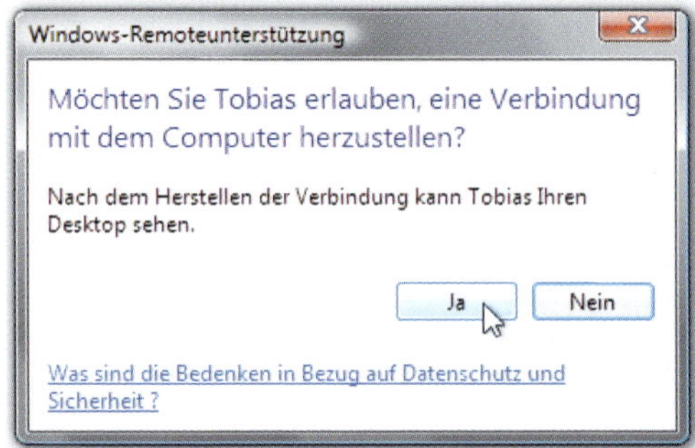

Abbildung 35.7 Stimmen Sie zu, dass der Helfer sich auf Ihren Bildschirm aufschaltet?

Der Helfer sieht nun den Bildschirm des Hilfesuchenden und kann mit ihm über die Chatfunktion Textnachrichten austauschen oder Dateien zum Hilfesuchenden übertragen. Meist ist das Problem damit aber nur mühsam zu lösen, und deshalb kann der Helfer auch die Steuerung des Hilfesuchenden anfordern.

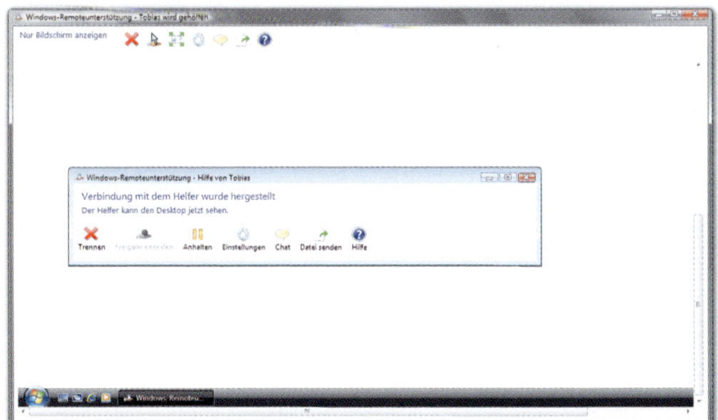

Abbildung 35.8 Der Helfer sieht den Desktop des Hilfesuchenden

Klickt der Helfer auf das Symbol mit dem Pfeil, wird der Helfer gefragt, ob er die Steuerung übergeben will. Der Helfer kann daraufhin die Maus auf dem Computer des Hilfesuchenden bedienen und über die Tastatur Eingaben vornehmen.

Aktiviert der Hilfesuchende außerdem die Option *Antwort auf Eingabeaufforderung zur Benutzerkontensteuerung zulassen*, kann der Helfer sogar Funktionen ausführen, für die erhöhte Rechte nötig sind, und sich dabei als Administrator ausweisen.

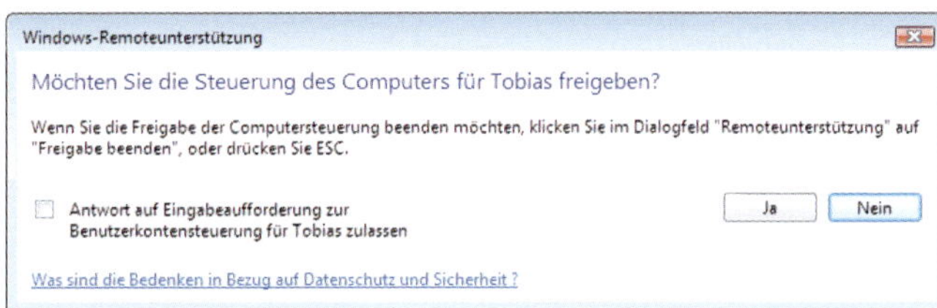

Abbildung 35.9 Erlauben Sie auch die Steuerung Ihres Computers durch den Helfer?

Hilfe aktiv anbieten

Für Firmen ist es oft praktikabler, wenn Supportmitarbeiter ihre Hilfe aktiv anbieten und der Helfer keine Einladung verschicken muss. Das Anbieten von Unterstützung muss dazu zuerst in den Gruppenrichtlinien aktiviert werden und steht in Windows Vista Home Basic und Home Premium nicht zur Verfügung.

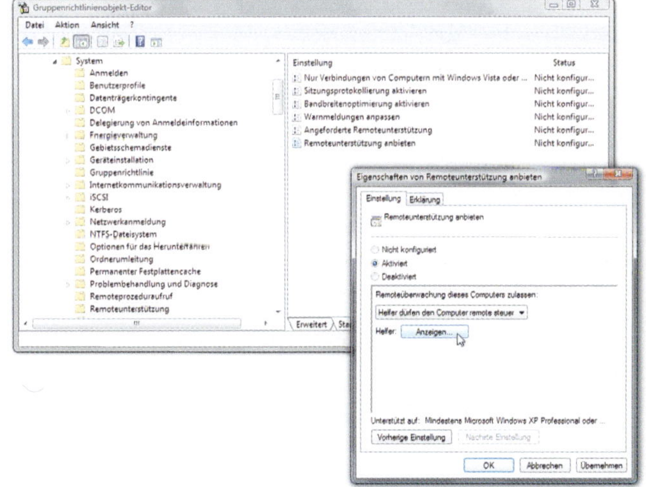

Abbildung 35.10 Legen Sie fest, ob und wenn ja, wer Hilfe aktiv anbieten darf

Anschließend können Sie die Hilfestellung aktiv mit dem Befehl **msra /expert** ↵ anbieten oder sich mit **msra /offerra <IP-Adresse>** ↵ direkt und ohne weitere Eingaben mit dem angegebenen Computer verbinden.

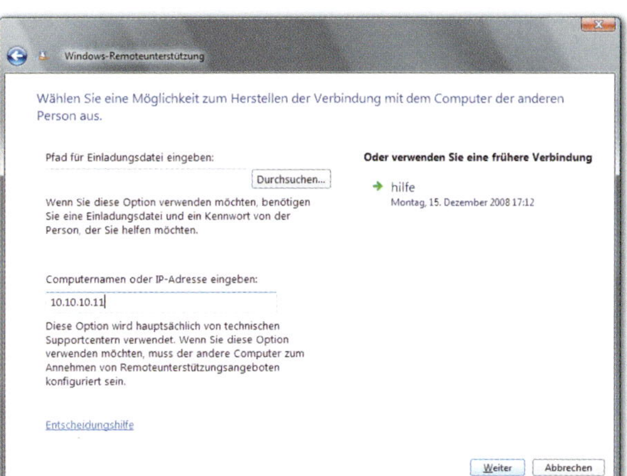

Abbildung 35.11 Hilfe aktiv anbieten

PROFITIPP

Wenn Sie Hilfe aktiv anbieten wollen, beachten Sie bei der Konfiguration der Gruppenrichtlinie, dass Sie den kompletten Benutzernamen der Personen angeben, die Hilfe anbieten dürfen: *DOMÄNE\BENUTZER*. Außerhalb eines Domänenumfelds geben Sie ein Benutzerkonto auf dem Computer an, der Hilfe anfordert, also zum Beispiel *PC2\Helfer*. Sie müssen dann auf dem Helfercomputer ebenfalls unter dem Namen *Helfer* angemeldet sein.

Die Windows-Firewall muss außerdem so eingerichtet sein, dass diese Remoteunterstützungsanforderungen passieren lässt. Nähere Hinweise dazu erhalten Sie in der Erläuterung der Gruppenrichtlinie in Abbildung 35.10. Die Windows Firewall fragt automatisch nach, und Sie können eine Ausnahme einrichten, indem Sie auf *Nicht mehr blockieren* klicken. Setzen Sie eine andere Firewall ein, muss diese manuell konfiguriert werden.

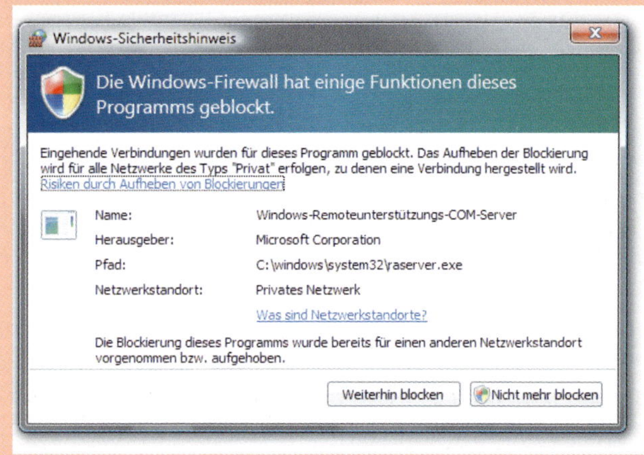

Abbildung 35.12 Eine Firewallausnahme ist nötig, damit Sie aktiv Hilfe anbieten können

Remotedesktop verwenden

Möchten Sie sich auf den Desktop eines anderen Computers aufschalten, dann gehen Sie so vor:

Abbildung 35.13 Eine Remotedesktopverbindung aufbauen

1. Tippen Sie im Schnellsuchfeld des Startmenüs die Zeichenfolge »remotedesk« ein.
2. Wenig später wird in der linken Spalte des Startmenüs *Remotedesktopverbindung* aufgeführt. Klicken Sie darauf.
3. Ein Fenster öffnet sich. Geben Sie den Computernamen oder die IP-Adresse des Computers ins Textfeld, und klicken Sie auf *Verbinden*.
4. Ein Fenster fragt nach Ihrem Benutzernamen und Ihrem Kennwort. Weisen Sie sich mit einem Benutzerkonto des Zielsystems aus.

Tipp

Falls Sie sich früher schon einmal mit dem Remotesystem verbunden haben, hat sich Vista unter Umständen die Anmeldedaten gemerkt. In diesem Fall weist Windows Sie im Dialogfeld darauf hin, bevor Sie die Verbindung herstellen. Verwenden Sie die gespeicherten Anmeldedaten, erscheint kein weiteres Anmeldedialogfeld.

Die Verbindung wird hergestellt, und wenig später sehen Sie den Desktop des Remotesystems. Nur ein kleiner Streifen am oberen Bildschirmrand verrät, dass es nicht Ihr eigener Computer ist, den Sie dort sehen, sondern das Zielsystem. Sie können nun wie gewohnt per Maus und Tastatur die Systemsteuerung übernehmen.

Wenn Sie sich per Remotedesktopverbindung an einem anderen System anmelden, wird ein dort eventuell lokal angemeldeter Anwender gesperrt. Er sieht dann einen Hinweis auf der Anmeldeseite. Es kann also immer nur ein Anwender gleichzeitig mit Windows Vista arbeiten.

Hinweis 

Die Versionen Windows Vista Home Basic und Vista Home Premium können nicht mit einer Remotedesktopverbindung gesteuert werden, aber ihrerseits per Remotedesktop eine Verbindung zu einem anderen Computer herstellen.

Möchten Sie die Remotedesktopverbindung wieder beenden, öffnen Sie das Startmenü. Der Ausschalter zeigt jetzt ein weißes Kreuz, und wenn Sie darauf klicken, wird die Remotedesktopverbindung unterbrochen, ohne dass Sie sich abmelden. Sie können sich dann später erneut verbinden und die Sitzung fortsetzen. Das ist zum Beispiel sinnvoll, wenn Sie auf dem Remotesystem einen längeren Vorgang gestartet haben und später nachsehen wollen, wie weit er fortgeschritten ist.

Möchten Sie sich ganz abmelden, klicken Sie auf die Pfeilschaltfläche neben dem Schloss-Symbol und wählen den Befehl *Abmelden*.

Abbildung 35.14 Eine Remotedesktopverbindung beenden

Remotedesktop konfigurieren

Als Vorgabe wird die Verbindung auf eine maximale Kompression eingestellt, was leider auch zur Folge hat, dass der schicke Aero-Desktop des Zielsystems bei Ihnen nicht erscheint.

Um das zu ändern, starten Sie noch einmal die Remotedesktopverbindung und klicken diesmal auf *Optionen*. Das zugehörige Dialogfeld wird dadurch um sechs Registerkarten erweitert, die nachfolgend näher beschrieben sind.

Allgemein

Hier legen Sie den Namen oder die IP-Adresse des Zielsystems fest und können die Verbindungsangaben mit der Schaltfläche *Speichern* zur späteren Wiederverwendung sichern. Später brauchen Sie nur die abgespeicherte Remotedesktopverbindung per Doppelklick zu öffnen, um sich mit dem Desktop des Remotesystems zu verbinden.

Abbildung 35.15 Eine Remotedesktopverbindung speichern

Anzeige

Hier legen Sie die Größe des Remotedesktops fest. Verwendet der Remotecomputer zum Beispiel eine höhere Bildschirmauflösung als Ihr Computer, dann sollten Sie die Größe reduzieren. Bei langsamen Netzwerkverbindungen beschleunigen Sie den Remotedesktop ebenfalls, wenn Sie die Auflösung verringern. Darunter bestimmen Sie die Farbtiefe. Mehr Farben sehen besser aus, verursachen aber auch eine höhere Übertragungszeit.

Mit der Option *Verbindungsleiste bei Vollbild anzeigen* kontrollieren Sie, ob bei der bildschirmfüllenden Darstellung am oberen Rand eine gelbe Steuerleiste zu sehen ist oder nicht. Wenn Sie die Leiste abschalten, besteht allerdings Verwechslungsgefahr mit Ihrem echten Desktop.

Lokale Ressourcen

Wenn Sie möchten, überträgt der Remotedesktop auch Klänge und verarbeitet Tastenkombinationen ganz so wie Ihr echter Desktop.

Über die Registerkarte *Lokale Geräte* leiten Sie Geräte, die an Ihren Computer angeschlossen sind, zum Zielsystem um. Haben Sie zum Beispiel einen Drucker an Ihren Computer zu Hause angeschlossen und verbinden sich mit der Remotedesktopverbindung zum Rechner im Büro, dann könnten Sie dort einen Brief öffnen und auf dem Drucker bei Ihnen zu Hause ausdrucken.

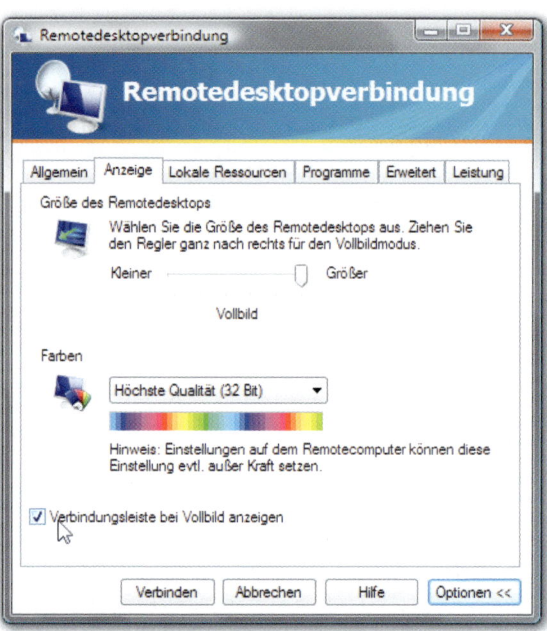

Abbildung 35.16 Bildschirmauflösung und Farbtiefe des Remotedesktops auswählen

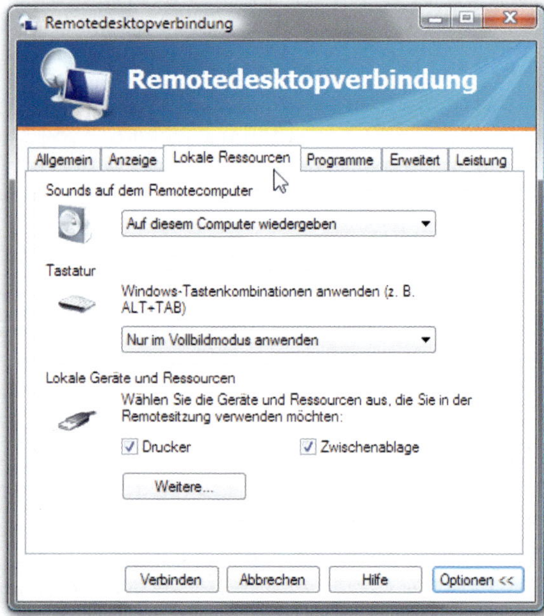

Abbildung 35.17 Geräte und Laufwerke umleiten

Klicken Sie auf *Weitere*, um auch Laufwerke und Plug&Play-Geräte auf das Zielsystem umzuleiten. Auf diese Weise lassen sich Daten von der Festplatte des Zielsystems auf Ihre eigene Festplatte übertragen, denn die umgeleiteten Laufwerke erscheinen nun wie zusätzliche Laufwerke im Windows-Explorer des Zielsystems.

Programme

Möglicherweise möchten Sie gar nicht den gesamten Desktop des Zielsystems sehen, sondern nur ein bestimmtes Programm ausführen. In diesem Fall öffnen Sie die Registerkarte *Programme* und legen nach der Aktivierung des Kontrollkästchens *Folgendes Programm bei Verbindungsherstellung starten* fest, dass nur das in den Textfeldern darunter angegebene Programmfenster zu Ihnen übertragen wird.

Erweitert

Auf dieser Registerkarte bestimmen Sie, wie originalgetreu der Remotedesktop zu Ihnen übertragen werden soll. Dazu legen Sie im Listenfeld Ihre Netzwerkbandbreite fest. Daraufhin werden automatisch diejenigen optischen Elemente ausgewählt, die bei dieser Geschwindigkeit noch in angemessener Form zu Ihnen übertragen werden können.

Oder Sie wählen die grafischen Elemente selbst aus und sehen dann umgekehrt im Listenfeld, welche Netzwerkgeschwindigkeit dafür nötig wäre.

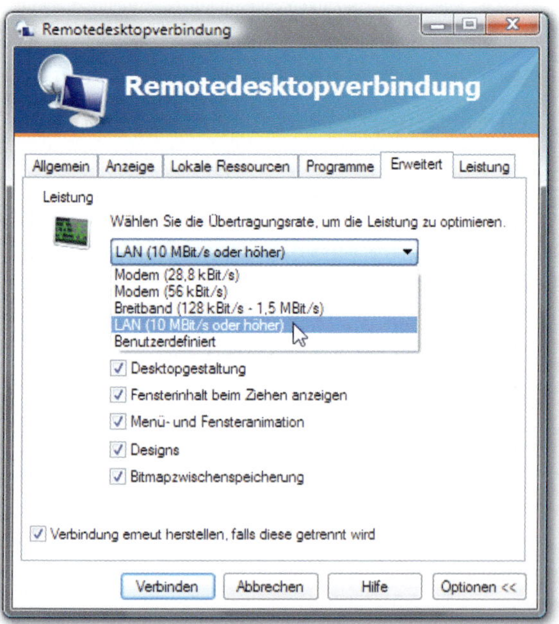

Abbildung 35.18 Übertragungsgeschwindigkeit und optische Elemente

Tipp 

Wenn Sie Remotedesktop im eigenen Netzwerk verwenden und über genügend Netzwerkbandbreite verfügen, aktivieren Sie das Kontrollkästchen *Desktopgestaltung*. Jetzt wird der Remotedesktop mit der halbtransparenten Aero-Oberfläche übertragen, falls auf beiden Systemen Windows Vista ausgeführt wird.

Leistung

Auf dieser Registerkarte bestimmen Sie, was geschehen soll, wenn Ihre Anmeldung fehlschlägt. Im unteren Bereich konfigurieren Sie ein Terminalservergateway, das erst mit Windows Server 2008 eingeführt wurde.

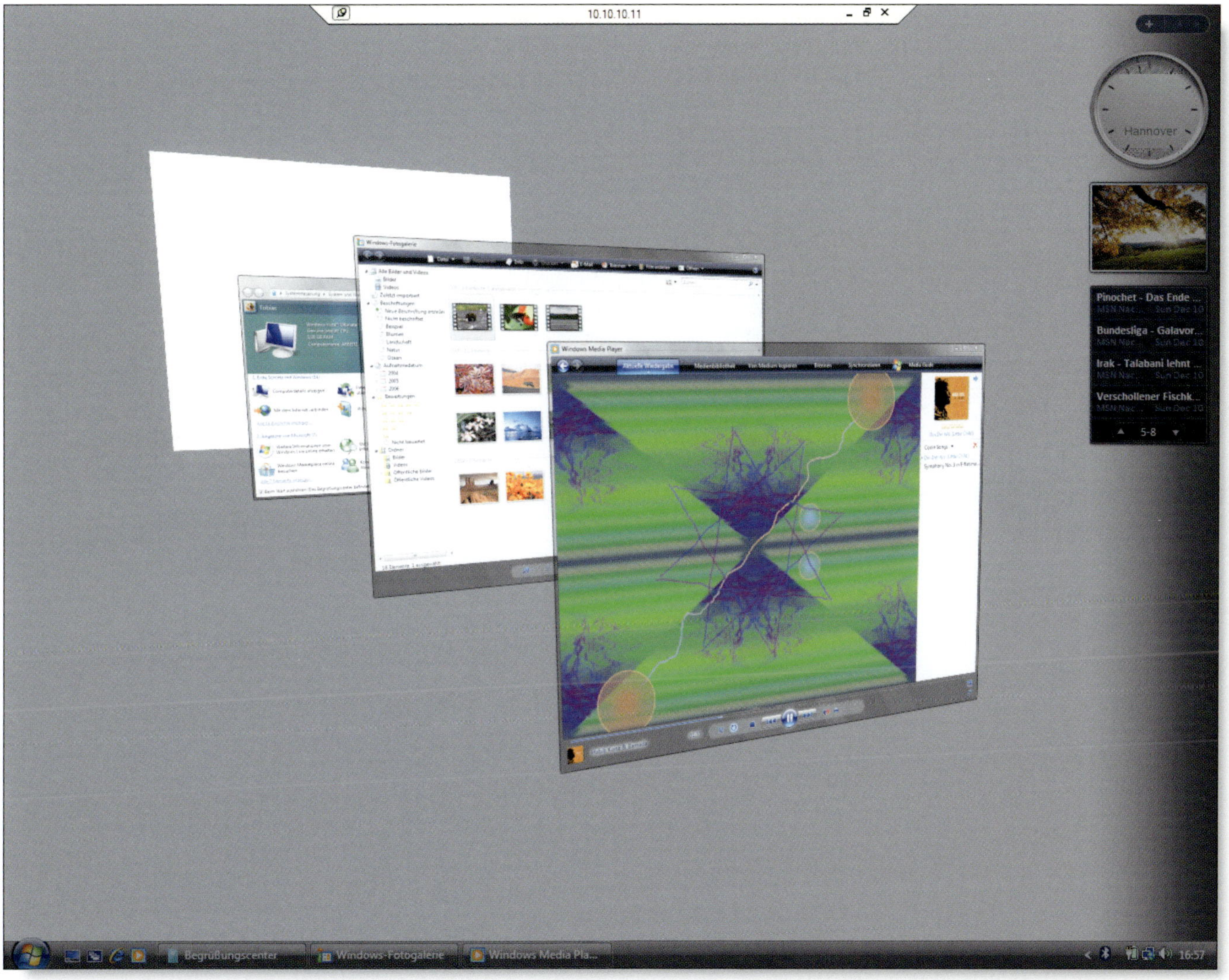

Abbildung 35.19 Auf Wunsch überträgt Remotedesktop sogar die Aero-Oberfläche

Zusammenfassung

Mit der Remotedesktopverbindung verbinden Sie sich bequem mit dem Bildschirm anderer Computer und können dann fast so damit arbeiten, als säßen Sie vor dem entfernten System. Auf diese Weise könnten Sie von zu Hause aus Ihren Bürorechner nutzen, um noch eine Aufgabe zu erledigen oder einen Heimarbeitstag einzulegen.

Wenn Sie dabei die Remotedesktopverbindung richtig konfigurieren, über genügend Netzwerkbandbreite verfügen und auf beiden Systemen Windows Vista eingesetzt wird, lässt sich auf dem Desktop sogar mit der Aero-Oberfläche arbeiten. Ferner können Sie Drucker und Laufwerke so umleiten, dass Sie Daten vom Remotesystem auf Ihren Computer übertragen oder Dokumente auf Ihrem eigenen Drucker ausdrucken.

Die Remoteunterstützung funktioniert anders und ist dafür gedacht, dass ein Hilfesuchender sich einen Helfer einladen kann, gemeinsam auf Ihren Desktop zu schauen. Auf Wunsch und nur mit Ihrer ausdrücklichen Zustimmung kann der Helfer auch die Steuerung übernehmen.

Normalerweise versendet der Hilfesuchende eine Einladung an den Helfer. Öffnet dieser die Einladung, wird eine Verbindung über das interne Netzwerk oder auch über das Internet hergestellt.

In Firmen lassen sich die Sicherheitseinstellungen per Gruppenrichtlinie so abändern, dass Hilfe auch aktiv von Supportmitarbeitern angeboten werden kann. Der gesamte Prozess lässt sich mit dem Befehl *msra* leicht automatisieren.

Sie möchten ...	So gehen Sie vor	Sehen Sie sich dazu das Beispiel an auf
die Remotefunktionen grundsätzlich aktivieren	Klicken Sie mit der rechten Maustaste im Startmenü auf *Computer* und dann links auf *Remoteeinstellungen*	Seite 594
Hilfe anfordern	Starten Sie die Remoteunterstützung und senden Sie eine Einladung an den Helfer oder rufen Sie **msra /novice** ↵ auf	Seite 595
Hilfe anbieten	Erlauben Sie die aktive Hilfe in den Gruppenrichtlinien und rufen Sie dann **msra /expert** ↵ auf	Seite 597
per Remotedesktopverbindung mit einem anderen Computer verbinden	Öffnen Sie die Remotedesktopverbindung und geben Sie den Namen oder die IP-Adresse des Zielcomputers an	Seite 598

Teil H

Mobilität

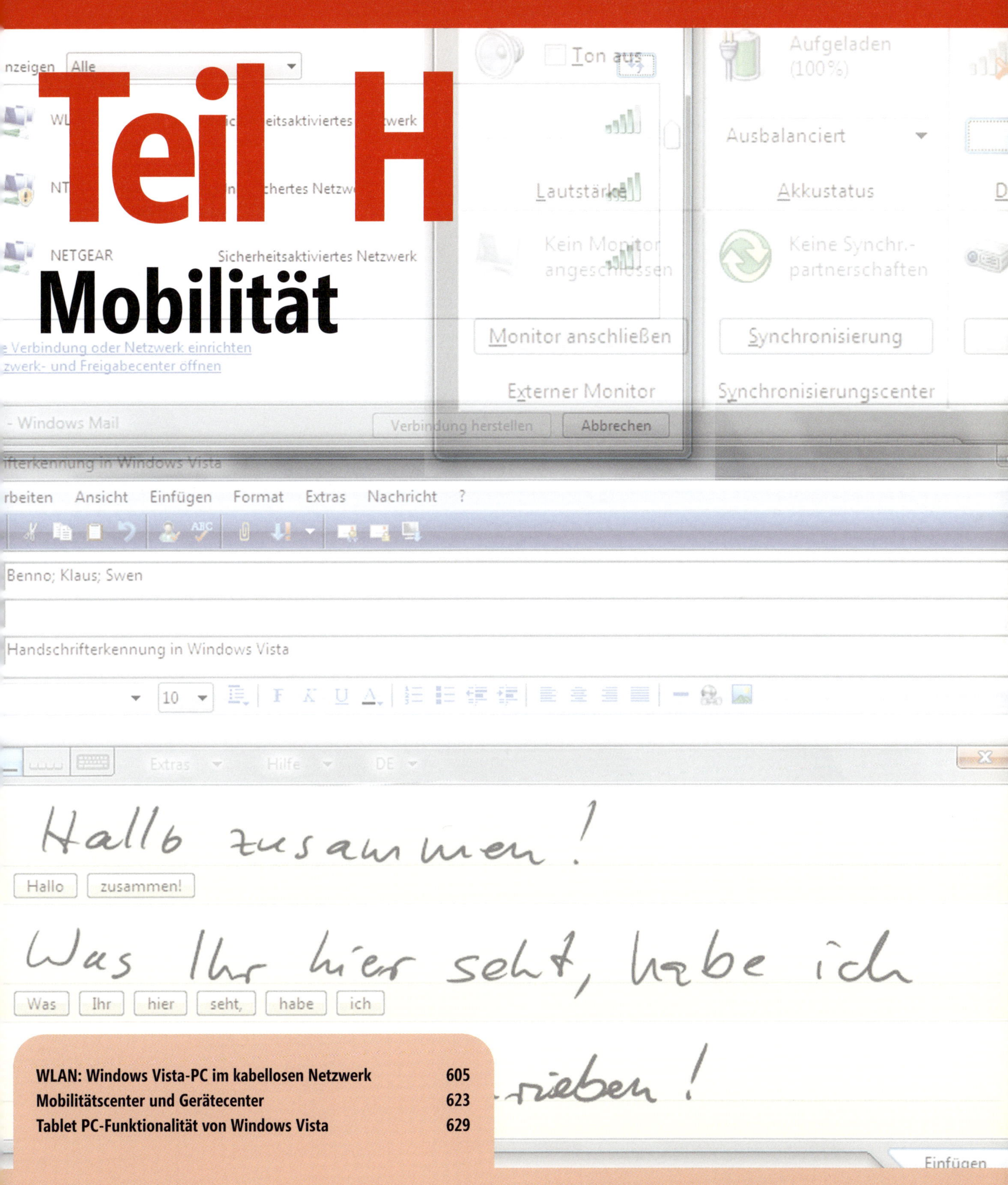

Eric Tierling

36

Windows Vista Home Basic	✓	Windows Vista Business	✓
Windows Vista Home Premium	✓	Windows Vista Enterprise	✓
Windows Vista Ultimate	✓		

Funktion wird von dieser Windows Vista-Edition

vollständig unterstützt ✓ eingeschränkt unterstützt ⊙ nicht unterstützt ⊗

WLAN: Windows Vista-PC im kabellosen Netzwerk

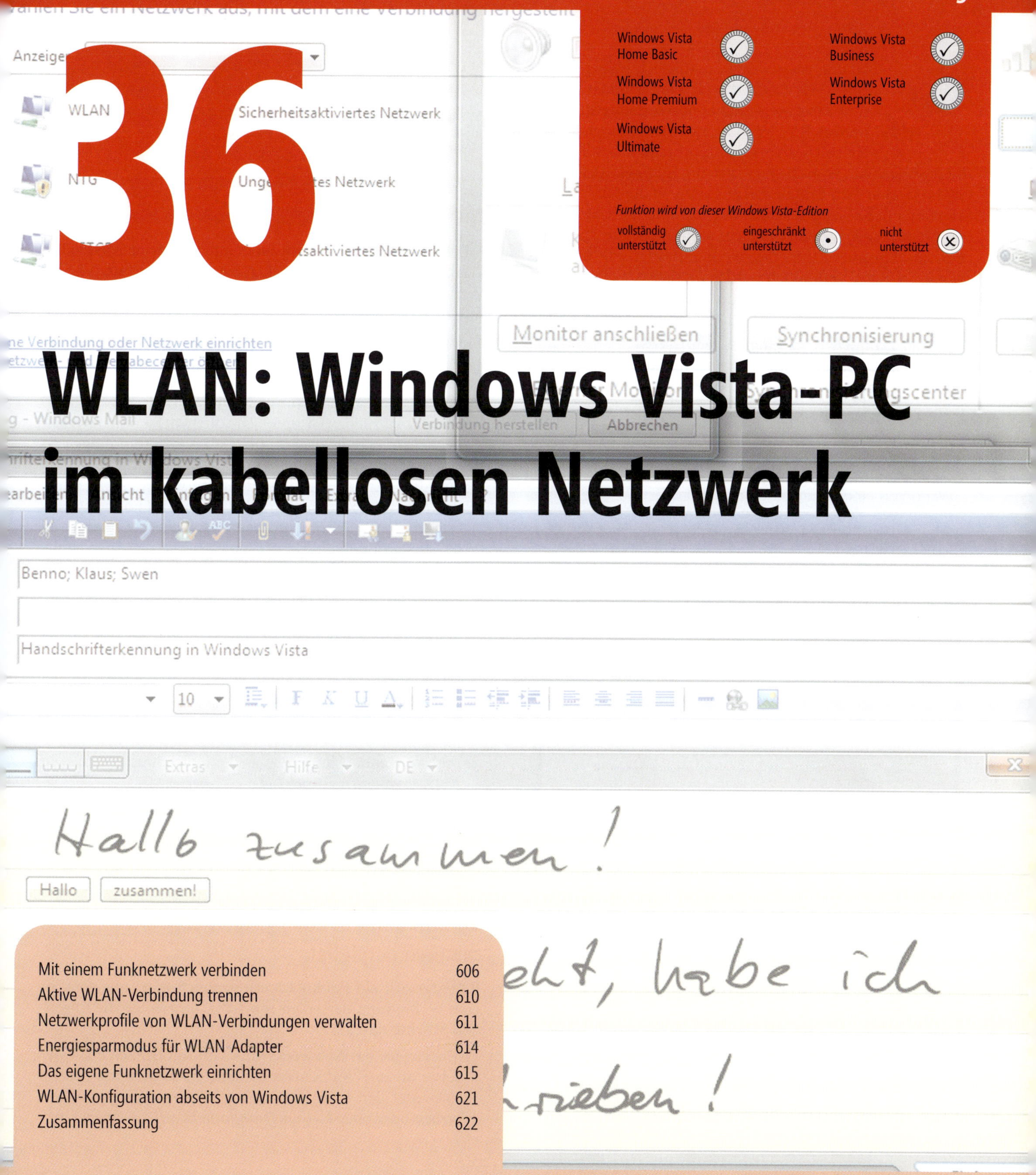

Häufig ist es wenig praktikabel, eigens für das Netzwerk durch Wände oder Decken bohren und meterweise Kabel durch mehrere Räume hindurch verlegen zu müssen. Unmöglich wird ein solches Vorgaben gar, wenn kabellose Freiheit gefragt ist: Vom Balkon aus im Internet surfen, am Wohnzimmertisch E-Mails beantworten, in der Cafeteria ein Meeting mit Kollegen abhalten oder im Internet-Café surfen – all dies wird erst dann möglich, wenn nicht alle Standorte mit Anschlussdosen fürs Netzwerk ausstattet sein und PCs damit per Kabel verbunden werden müssen.

In solchen Situationen empfiehlt sich ein *Funknetzwerk*, auch *Wireless-LAN* (kurz *WLAN*) oder *Drahtlosnetzwerk* genannt. Dadurch ist es möglich, ein Netzwerk aus mehreren Systemen gänzlich ohne Kabel zu realisieren – was nicht nur komfortabel, sondern auch praktisch ist und neue Möglichkeiten eröffnet.

Hinweis

Wenn von einem Funknetzwerk gesprochen wird, ist hierbei in der Regel ein in der »Infrastruktur«-Betriebsart arbeitendes Funknetzwerk gemeint (und kein Ad-hoc-Funknetzwerk).

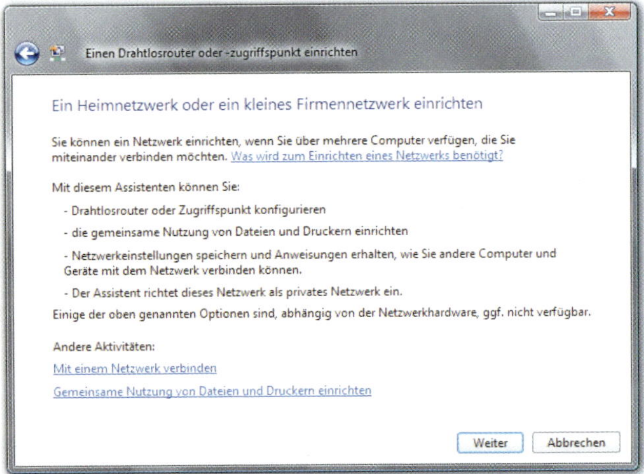

Abbildung 36.1 Assistenten von Windows Vista helfen bei der Einrichtung des Funknetzwerks

Um die Teilnahme an öffentlichen WLANs sowie den Aufbau eines eigenen, privaten Funknetzwerks zu erleichtern, hält Windows Vista eine Reihe leistungsstarker Funktionen bereit. Auf diese Weise ist es mit Windows Vista so einfach wie bei keiner Windows-Version zuvor, ein Funknetzwerk zu nutzen und kabellose WLAN-Freiheiten zu genießen.

Hinweis 

Allgemeine Netzwerk-Aspekte in Bezug auf Windows Vista (beispielsweise zur TCP/IP-Konfiguration) sind im Kapitel 29 beschrieben.

Mit einem Funknetzwerk verbinden

Möchten Sie Ihren Computer mit einem existierenden Funknetzwerk verbinden, stellen Sie zu diesem eine WLAN-Verbindung her. Dies lässt sich bei Windows Vista auf mehrere Arten realisieren:

- Grundsätzlich können Sie WLAN-Verbindungen zu den in Ihrer Reichweite befindlichen Funknetzwerken herstellen. Verwenden Sie dazu ein Notebook, das Sie mit auf Reisen nehmen, ist es durchaus möglich, dass Sie Verbindungen zu mehreren unterschiedlichen Funknetzwerken herstellen. Häufig werden diese WLAN-Verbindungen zu einem ganz bestimmten Funknetzwerk nur für wenige Stunden genutzt. Aus diesem Grund wäre es kaum sinnvoll, die für die Nutzung des betreffenden Funknetzwerks erforderlichen Daten dauerhaft zu speichern. Vielmehr ist bei diesem mobilen Einsatz-Szenario die Liste der Funknetzwerke einem beständigen Wandel unterworfen.
- Anders schaut es jedoch im Büro, zu Hause und an anderen mit Funknetzwerken ausgestatteten Orten aus, an denen Sie sich häufiger aufhalten. Nutzen Sie regelmäßig dieselben Funknetzwerke, bedeutet es nur unnötige Tipparbeit, die zur Herstellung von WLAN-Verbindungen erforderlichen Angaben jedes Mal neu einzutippen. Aus diesem Grund kann Windows Vista die für WLAN-Verbindungen erforderlichen Angaben (SSID, Sicherheits- und Verschlüsselungstyp, Sicherheitsschlüssel etc.) in *Netzwerkprofilen* abspeichern.

Ob eine simple WLAN-Verbindung zu einem gerade in Ihrer Nähe befindlichen Funknetzwerk ausreicht oder Sie dafür ein Netzwerkprofil erstellen möchten, hängt also von Ihren konkreten Anforderungen ab.

Verbindung mit einem Funknetzwerk manuell herstellen

Befindet sich ein Funknetzwerk in Reichweite, mit dem Sie eine Verbindung herstellen möchten, führen Sie die folgenden Schritte durch:

1. Klicken Sie das Netzwerksymbol im Infobereich der Taskleiste an und wählen im sodann erscheinenden Fenster entweder den Link *Verbindung mit einem Netzwerk herstellen* oder aber *Es sind Drahtlosnetzwerke verfügbar* aus.

Alternativ klicken Sie im Netzwerk- und Freigabecenter den Link *Verbindung mit einem Netzwerk* oder im Windows Vista-Startmenü den Eintrag *Verbindung herstellen* an.

2. Daraufhin gelangen Sie zum Fenster *Verbindung mit einem Netzwerk herstellen* (siehe Abbildung 36.2). Dort erhalten Sie auf der Seite *Wählen Sie ein Netzwerk aus, mit dem eine Verbindung hergestellt werden soll* eine Auflistung aller Funknetzwerke angezeigt, die sich derzeit in Reichweite befinden.

Hinweis

Möchten Sie eine WLAN-Verbindung zu einem unsichtbaren, verborgenen Funknetzwerk herstellen, das seine Kennung nicht aussendet und daher in dieser Auflistung nicht auftaucht, müssen Sie dafür ein entsprechendes Netzwerkprofil (siehe den Abschnitt »Netzwerkprofil für ein vorhandenes Funknetzwerk hinzufügen«) erstellen.

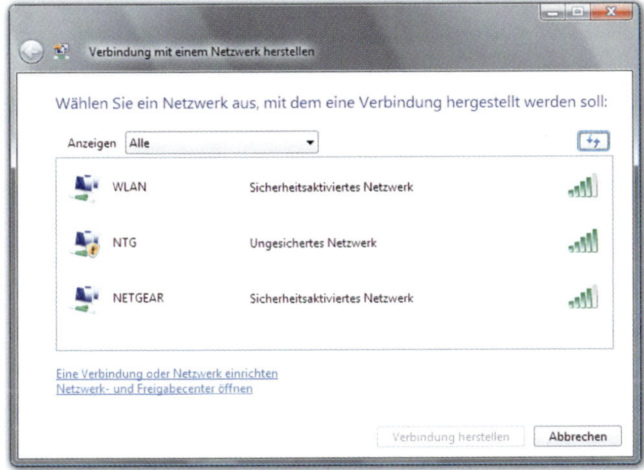

Abbildung 36.2 Auswahl eines Funknetzwerks, zu dem Sie eine Verbindung herstellen möchten

3. Bewegen Sie den Mauszeiger über ein in der Liste aufgeführtes Funknetzwerk, werden Netzwerkname bzw. SSID, Signalstärke, Sicherheitstyp sowie der Funktyp dieses WLANs (802.11b, 802.11g etc.) eingeblendet. Auf diese Weise sind Sie auf einen Blick über wichtige Eckdaten des jeweiligen Funknetzwerks im Bilde.

   Ein ungeschütztes Funknetzwerk, bei dem Übertragungen nicht verschlüsselt und somit im Klartext gesendet werden, weist Windows Vista als *Ungesichertes Netzwerk* aus. Auf den fehlenden Schutz macht auch das zugehörige, in diesem Fall mit Ausrufezeichen versehene Symbol aufmerksam.

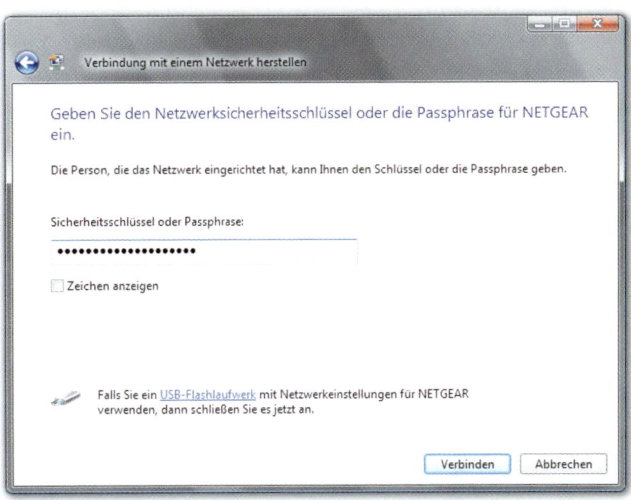

Abbildung 36.3 Eingabe des Sicherheitsschlüssels des ausgewählten Funknetzwerks

4. Selektieren Sie einen Eintrag aus der Auflistung der in Reichweite befindlichen Funknetzwerke, versucht Windows Vista, eine Verbindung zu dem betreffenden WLAN herzustellen.
   - Handelt es sich um ein sicherheitsaktiviertes Funknetzwerk, müssen Sie den dafür erforderlichen Sicherheitsschlüssel in einem Eingabefeld eintippen (siehe Abbildung 36.3). Um Ihre Eingaben optisch zu verifizieren und so Tippfehler leicht zu erkennen, was insbesondere bei längeren, kryptischen Zeichenfolgen hilfreich ist, können Sie das Kontrollkästchen *Zeichen anzeigen* aktivieren.

     Klicken Sie die Schaltfläche *Verbinden* an, stellt Windows Vista eine Verbindung zum betreffenden Funknetzwerk her. Sollten Sie zuvor einen ungültigen Sicherheitsschlüssel angegeben haben, müssen Sie diesen jetzt erneut eintippen.
   - Haben Sie ein ungesichertes Funknetzwerk ausgewählt, erscheint ein Sicherheitshinweis (siehe Abbildung 36.4). Um die WLAN-Verbindung dennoch herzustellen, klicken Sie dort auf *Trotzdem verbinden*.
5. Schließlich erhalten Sie eine Bestätigung, dass die WLAN-Verbindung erfolgreich hergestellt worden ist (siehe Abbildung 36.5). Zusätzlich können Sie jetzt folgende Einstellungen vornehmen:
   - Das Kontrollkästchen *Dieses Netzwerk speichern* steuert, ob Windows Vista ein Netzwerkprofil für das betreffende Funknetzwerk erstellen soll, da Sie dieses häufiger verwenden.

- Mit dem Kontrollkästchen *Diese Verbindung automatisch starten* können Sie angeben, ob Windows Vista künftig automatisch eine WLAN-Verbindung zu diesem Funknetzwerk herstellen soll, falls sich dieses in Reichweite befindet (und Sie dafür ein Netzwerkprofil erstellen).

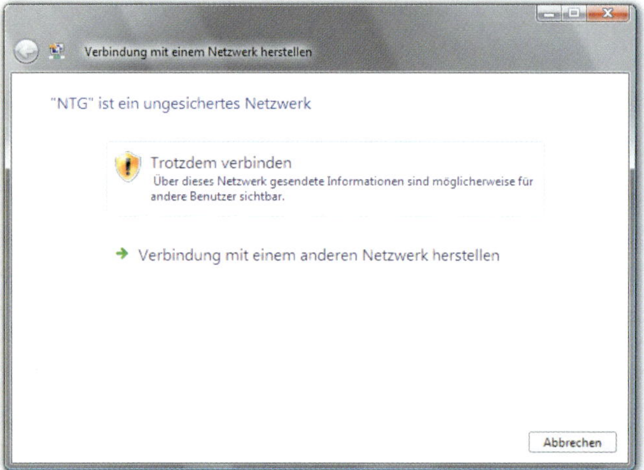

Abbildung 36.4 Windows Vista zeigt eine Warnung an, wenn ein Funknetzwerk offen bzw. ungesichert ist und somit Übertragungen unverschlüsselt werden, sodass andere leicht »mitlesen« können

6. Betätigen Sie die Schaltfläche *Schließen*, um den Assistenten zu beenden und die WLAN-Verbindung zu verwenden.

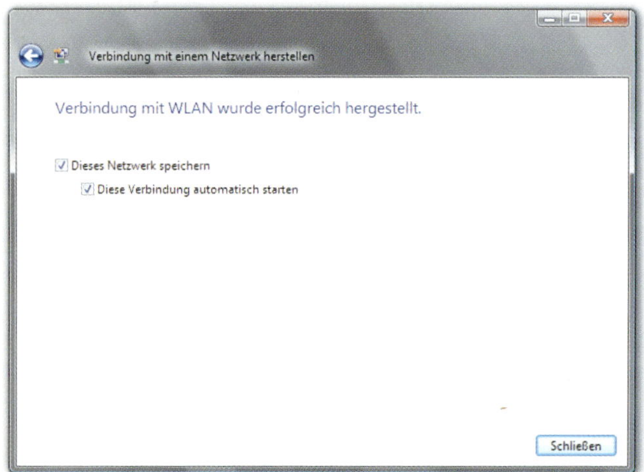

Abbildung 36.5 Bestätigung von Windows Vista, dass die WLAN-Verbindung erfolgreich hergestellt werden konnte

Netzwerkprofil für ein vorhandenes Funknetzwerk hinzufügen

Um manuell ein neues Netzwerkprofil zur häufigeren Nutzung eines bestimmten Funknetzwerks zu erstellen, gehen Sie wie folgt vor:

1. Klicken Sie das Netzwerksymbol im Infobereich der Taskleiste gefolgt vom Link *Verbindung mit einem Netzwerk herstellen* an. Im Fenster *Verbindung mit einem Netzwerk herstellen* klicken Sie dann auf den Link *Eine Verbindung oder Netzwerk einrichten.*

   Ebenso können Sie im linken Aufgaben-Bereich des Netzwerk- und Freigabecenters den Link *Eine Verbindung oder Netzwerk einrichten* anklicken oder aber den Eintrag *Verbindung herstellen* aus dem Startmenü auswählen.

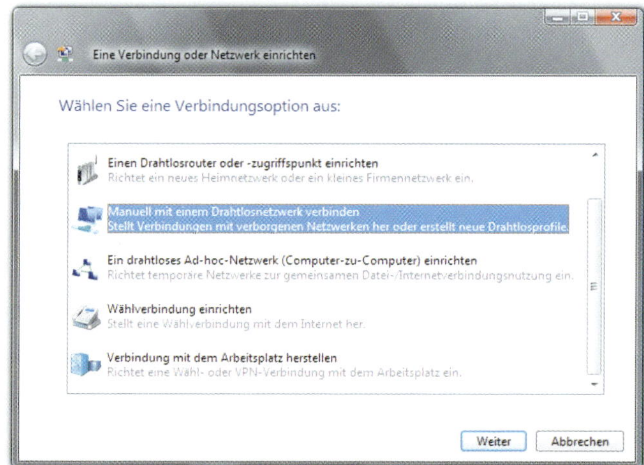

Abbildung 36.6 Ein Netzwerkprofil mit Assistentenhilfe erstellen

2. Beides führt Sie zum Fenster *Eine Verbindung oder Netzwerk einrichten* (siehe Abbildung 36.6). Dort wählen Sie die Verbindungsoption *Manuell mit einem Drahtlosnetzwerk verbinden* aus, um zu einem gleichnamigen Fenster zu gelangen (siehe Abbildung 36.7).
3. Dort sind mehrere Eingaben vorzunehmen:
   - Im Eingabefeld *Netzwerkname* tippen Sie den beim Access-Point festgelegten Namen des Funknetzwerks (SSID) ein.
   - Im Listenfeld *Sicherheitstyp* wählen Sie den vom betreffenden Funknetzwerk verwendeten Sicherheitstyp (WPA, WPA-Personal, WPA2-Personal etc.) aus.
   - Falls erforderlich, legen Sie über das Listenfeld *Verschlüsselungstyp* den verwendeten Verschlüsselungstyp (TKIP, AES etc.) fest.

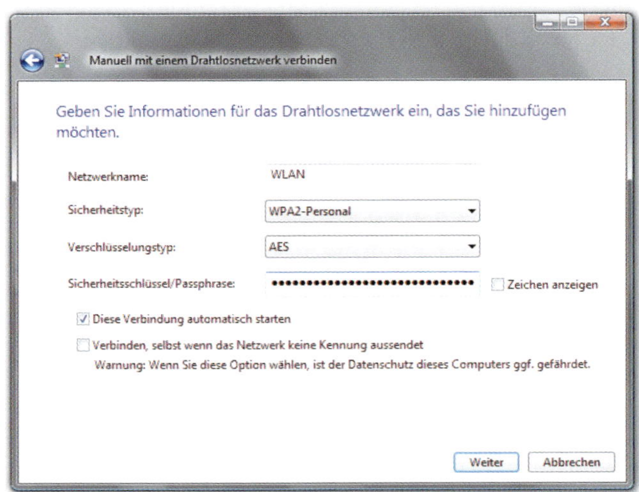

Abbildung 36.7 Angabe der Daten, die das betreffende Funknetzwerk verwendet

- Das Eingabefeld *Sicherheitsschlüssel/Passphrase* nimmt dann den Sicherheitsschlüssel für das betreffende Funknetzwerk auf. Damit diesen niemand durch einen intensiven Blick auf den Bildschirm Ihres PCs »erspähen« kann, wird Ihre Eingabe verdeckt. Möchten Sie jedoch Ihre Eingaben sehen, um Tippfehler zu erkennen, aktivieren Sie das Kontrollkästchen *Zeichen anzeigen*.

Hinweis

Im Falle eines offenen Funknetzwerks ohne Verschlüsselung wählen Sie *Keine Authentifizierung (Offen)* als Sicherheitstyp aus.

Darüber hinaus gibt es Optionen, die den Umgang mit dem betreffenden Funknetzwerk regeln:

- Das Kontrollkästchen *Diese Verbindung automatisch starten* steuert, ob Windows Vista automatisch eine WLAN-Verbindung herstellen soll, falls sich dieses Funknetzwerk in Reichweite befindet.
- Falls der Access-Point den Namen des Funknetzwerks nicht per Rundsendung bekannt gibt, sondern die SSID unterdrückt und es sich somit um ein unsichtbares bzw. verborgenes Funknetzwerk handelt, müssen Sie das Kontrollkästchen *Verbinden, selbst wenn das Netzwerk keine Kennung aussendet* mit einer Markierung versehen. Dadurch weisen Sie Windows Vista an, für dieses Funknetzwerk nicht darauf zu bauen, dass dieses per Rundsendung bekannt gegeben wird, sondern unabhängig davon mit diesem WLAN Kontakt aufzunehmen.

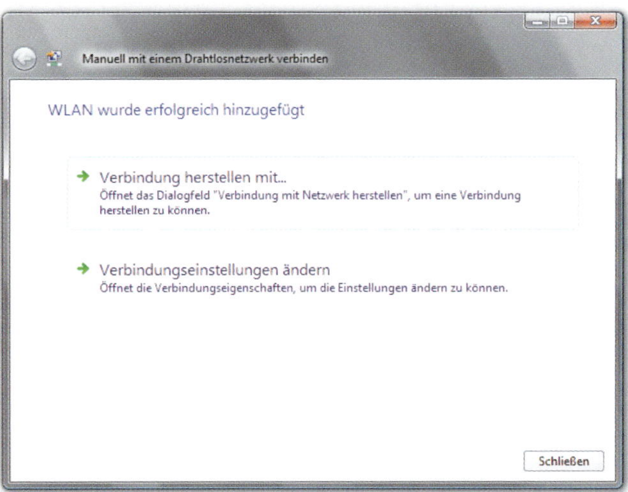

Abbildung 36.8 Das neue Netzwerkprofil ist erfolgreich erstellt worden

4. Klicken Sie auf die Schaltfläche *Weiter*, um zur Seite *WLAN wurde erfolgreich hinzugefügt* zu gelangen (siehe Abbildung 36.8). Nach einem Klick auf den Link *Verbindung herstellen mit…* öffnet sich das Fenster *Verbindung mit einem Netzwerk herstellen* (siehe Abbildung 36.9). Von hier aus können Sie dann die Verbindung zu dem betreffenden Funknetzwerk herstellen – falls Sie zuvor nicht bereits angegeben haben, dass dieses immer automatisch geschehen soll.

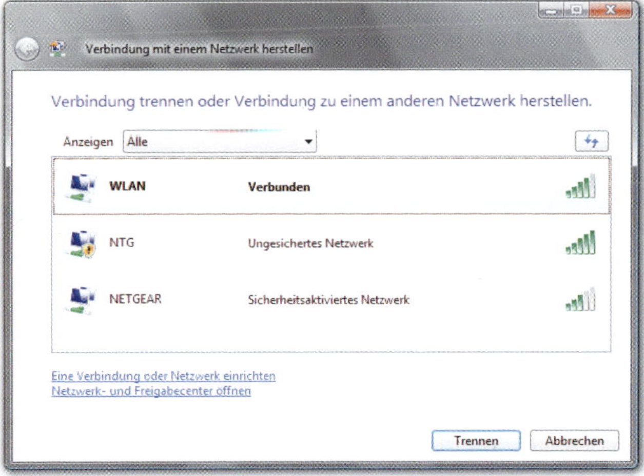

Abbildung 36.9 Alles erledigt – die WLAN-Verbindung ist hergestellt

Um hingegen die soeben festgelegten Einstellungen zu bearbeiten, klicken Sie auf *Verbindungseinstellungen ändern*, was Sie zu den Verbindungseigenschaften dieser WLAN-Verbindung führt (siehe den Abschnitt »Netzwerkprofile von WLAN-Verbindungen verwalten«).

Aktive WLAN-Verbindung trennen

Das Netzwerksymbol im Infobereich der Taskleiste von Windows Vista weist Sie nun auf die aktive Verbindung hin (siehe Abbildung 36.10).

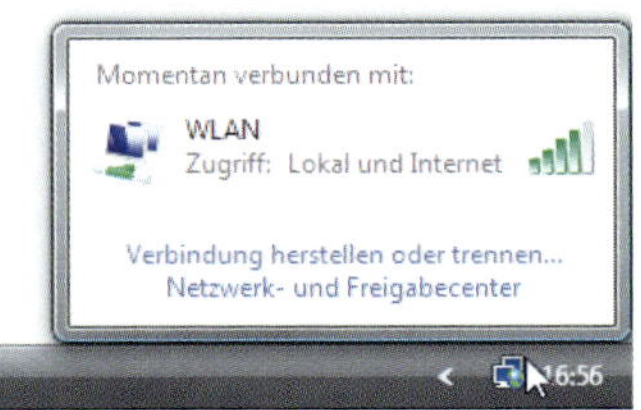

Abbildung 36.10 Klicken Sie das Netzwerksymbol im Infobereich der Taskleiste an, zeigt diese die aktive WLAN-Verbindung zusammen mit einem Symbol für die aktuelle Signalstärke an

Auch das Netzwerk- und Freigabecenter stellt sich auf die WLAN-Verbindung ein. Zusätzlich zum Status der Verbindung wird dort die Signalstärke der Funkverbindung ausgewiesen (siehe Abbildung 36.11).

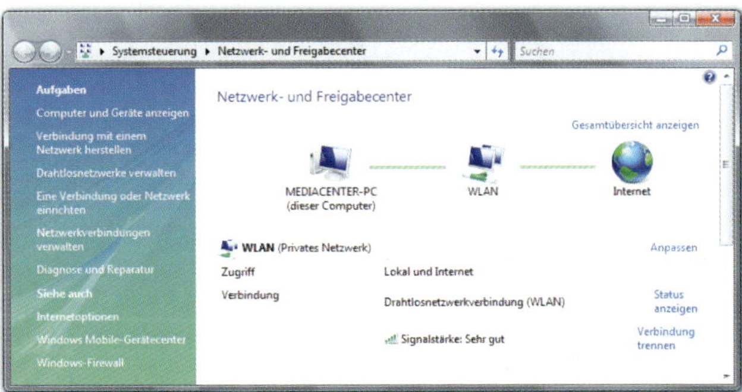

Abbildung 36.11 Ist die Verbindung mit einem Funknetzwerk hergestellt, weist auch das Netzwerk- und Freigabecenter auf die aktuelle Signalstärke hin

Möchten Sie sich über den Zustand der WLAN-Verbindung informieren, klicken Sie im Netzwerk- und Freigabecenter auf den Link *Status anzeigen*, um das Dialogfeld *Status von Drahtlosnetzwerkverbindung* zu öffnen (siehe Abbildung 36.12). Wenn Sie dort die Schaltfläche *Drahtloseigenschaften* anklicken (die nur dann zur Verfügung steht, wenn Sie für das betreffende WLAN ein Netzwerkprofil erstellt haben), bekommen Sie in einem eigenen Dialogfeld wichtige Eckdaten des betreffenden Funknetzwerks wie den Netzwerknamen, die SSID, die Signalstärke sowie den Sicherheits- und Funktyp angezeigt (siehe dazu die Abbildung 36.18 etwas weiter hinten in diesem Kapitel).

Wichtig 

Verbinden Sie sich das erste Mal mit diesem Funknetzwerk, zeigt Windows Vista Ihnen das Fenster *Netzwerkstandort festlegen* an. Hier müssen Sie dann den Standorttyp dieses Netzwerks bestimmen (siehe Kapitel 29).

Möchten Sie die WLAN-Verbindung beenden, klicken Sie im Netzwerk- und Freigabecenter den Link *Verbindung trennen* an. Genauso können Sie das Netzwerksymbol im Infobereich der Taskleiste anklicken und dort den Link *Verbindung herstellen oder trennen* anklicken, um zum schon bekannten Fenster *Verbindung mit einem Netzwerk herstellen* zu gelangen. Dort ist die aktive WLAN-Verbindung mit dem Hinweis *Verbunden* versehen, sodass Sie diese leicht identifizieren können. Durch Anklicken der Schaltfläche *Trennen* und anschließender Bestätigung können Sie die WLAN-Verbindung wieder trennen.

Tipp 

Klicken Sie die aktive WLAN-Verbindung in der Auflistung der in Reichweite befindlichen Funknetzwerke mit der rechten Maustaste an, können Sie über den Eintrag *Status* schnell zum Dialogfeld *Status der Drahtlosnetzwerkverbindung* gelangen (siehe Abbildung 36.12).

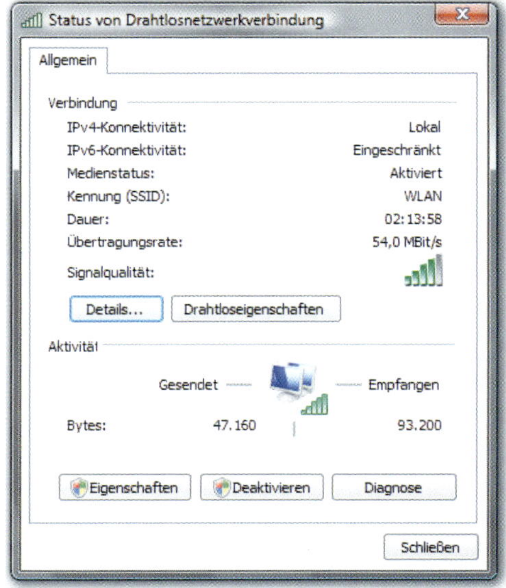

Abbildung 36.12 Das Eigenschaften-Dialogfeld einer WLAN-Verbindung ermöglicht auch die Bearbeitung der Funknetzwerk-Eigenschaften

Netzwerkprofile von WLAN-Verbindungen verwalten

Klicken Sie im linken Aufgaben-Bereich des Netzwerk- und Freigabecenters den Link *Drahtslosnetzwerke verwalten* an, gelangen Sie zu einem Fenster, das alle bislang für WLAN-Verbindungen erstellten *Netzwerkprofile* anzeigt (siehe Abbildung 36.13).

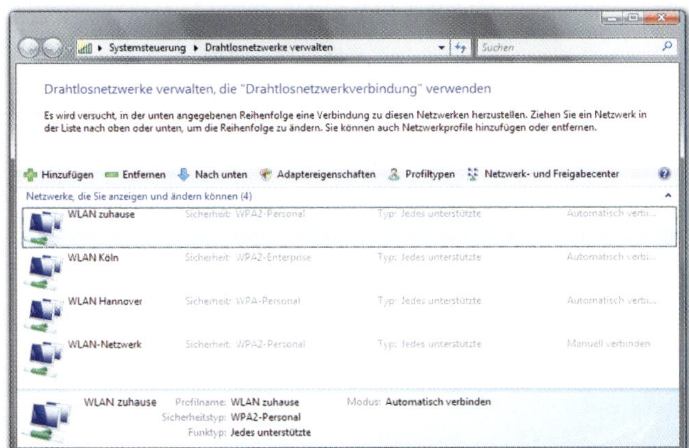

Abbildung 36.13 Verwaltung der bislang erstellten Netzwerkprofile für WLAN-Verbindungen

Dort stehen Ihnen mehrere Möglichkeiten zur Verfügung:

- Beispielsweise können Sie das markierte Netzwerkprofil löschen.
- Möchten Sie ein neues Netzwerkprofil erstellen, klicken Sie die Schaltfläche *Hinzufügen* in der Titelzeile der Auflistung an, woraufhin das Fenster *Manuell mit einen Drahtlosnetzwerk verbinden* geöffnet wird (siehe Abbildung 36.14).
- Um ein Netzwerkprofil für ein in Reichweite befindliches Funknetzwerk zu erstellen, klicken Sie dort die entsprechende Option an, um zur bekannten Seite *Wählen Sie ein Netzwerk aus, mit dem eine Verbindung hergestellt werden soll* zu gelangen (siehe Abbildung 36.2).
- Für die manuelle Erstellung eines neuen Netzwerkprofils (siehe den Abschnitt »Netzwerkprofil für ein vorhandenes Funknetzwerk hinzufügen«) ist ebenfalls eine passende Option vorhanden.

Hinweis

Die Erstellung eines Ad-hoc-Funknetzwerks ist an dieser Stelle ebenfalls möglich. Genauso können Sie beim Starten eines Meetings mit der Windows-Teamarbeit (siehe Kapitel 34) ein nur für dieses Meeting geltendes Ad-hoc-Funknetzwerk erstellen.

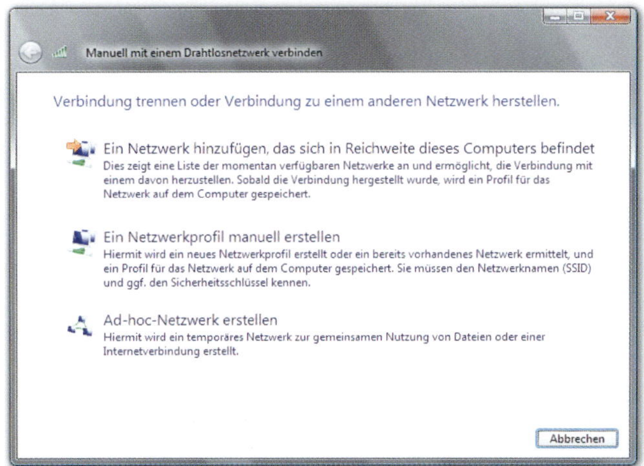

Abbildung 36.14 Die Erstellung eines neuen Netzwerkprofils können Sie auch von hier aus in die Wege leiten

- Des Weiteren erhalten Sie hier die Gelegenheit, die Reihenfolge zu verändern, in der der PC automatisch eine Verbindung mit den aufgeführten Funknetzwerken aufbauen soll.: Hierzu markieren Sie zuerst das gewünschte Netzwerkprofil und klicken dann in der Titelzeile der Auflistung die Schaltfläche *Nach oben* bzw. *Nach unten* an.

Genauso können Sie die Eigenschaften der zugehörigen Drahtlosnetzwerkverbindung bearbeiten und so die Einstellungen des WLAN-Adapters einsehen oder bei Bedarf modifizieren. Dies entspricht der Bearbeitung der Eigenschaften der Drahtlosnetzwerkverbindung im Systemordner *Netzwerkverbindungen* (siehe Kapitel 29).

Tipp

Oftmals ist der Name des Funknetzwerks (die SSID), aus dem sich standardmäßig auch der Name des Netzwerkprofils ableitet, nicht besonders aussagekräftig. Zum besseren Verständnis sollten Sie daher das Netzwerkprofil mit einer für Sie eindeutigeren Bezeichnung versehen: Klicken Sie das Netzwerkprofil in der Auflistung mit der rechten Maustaste an und wählen Sie im Kontextmenü den Eintrag *Umbenennen* aus. Jetzt tippen Sie die gewünschte Bezeichnung ein und drücken die [↵]-Taste. Bestätigen Sie die anschließende Warnung, dass andere Benutzer dieses PCs das Funknetzwerk unter dem neuen Namen möglicherweise nicht mehr identifizieren können (Sie sollten diese also kurz über die Änderung informieren), durch Anklicken der Schaltfläche *Umbenennen*.

Daraufhin wird nicht nur die Auflistung entsprechend angepasst: Wenn Sie sich künftig mit diesem Funknetzwerk verbinden, weist zum Beispiel auch das kleine Fenster, das nach Anklicken des Netzwerksymbols im Infobereich der Taskleiste erscheint, die von Ihnen vergebene Bezeichnung für das Netzwerkprofil ergänzt um den tatsächlichen Namen des Funknetzwerks in Klammern auf. Genauso verhält es sich bei der Anzeige von Informationen über dieses WLAN im Netzwerk- und Freigabecenter.

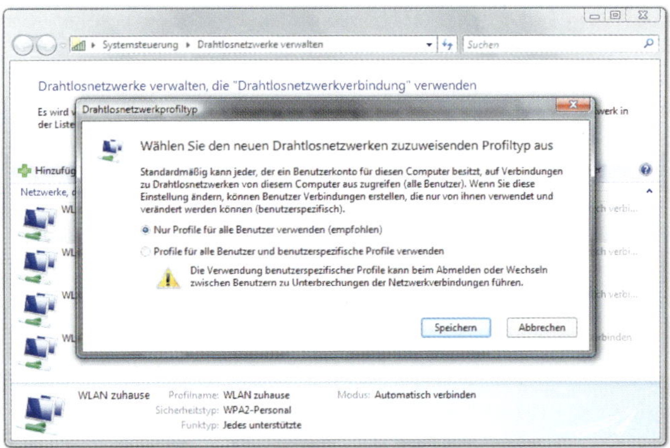

Abbildung 36.15 Standardmäßig sind Netzwerkprofile allen Benutzern des PCs zugänglich, doch dies lässt sich ändern

In der Titelzeile der Auflistung befindet sich unter anderem die Schaltfläche *Profiltypen* (siehe Abbildung 36.13). Diese kann ebenfalls nützlich sein: Klicken Sie die Schaltfläche an, haben Sie die Möglichkeit, die bislang global für alle Benutzer dieses PCs zur Verfügung stehenden Netzwerkprofile zu »privatisieren«. Sollen bestimmte Netzwerkprofile nur mit Ihrem Benutzerkonto verwendbar sein und bei anderen Benutzern, die ebenfalls an diesem PC arbeiten, nicht erscheinen, wählen Sie im Dialogfeld *Drahtlosnetzwerkprofiltyp* die Option *Profile für alle Benutzer und benutzerspezifische Profile verwenden* aus (siehe Abbildung 36.15). Betätigen Sie die Schaltfläche *Speichern*, um diese Änderung Gültigkeit erlangen zu lassen.

Wenn Sie künftig ein Netzwerkprofil erstellen, bietet Ihnen der Assistent jetzt zusätzlich die Optionen *Dieses Netzwerk für alle Benutzer dieses Computers speichern* und *Dieses Netzwerk nur für den aktuellen Benutzer speichern* an. So können Sie flexibel entscheiden, ob ein bestimmtes Funknetzwerk bzw. das darauf ausgelegte Netzwerkprofil für alle Benutzer des PCs oder nur für Sie selbst interessant ist. Wichtig dabei: Diese Einstellung hat keine Auswirkungen auf die bereits vorhandenen, sondern nur auf neue Netzwerkprofile.

PROFITIPP 

Haben Sie auf einem Windows Vista-PC Netzwerkprofile für Funknetzwerke erstellt, zu denen häufiger eine Verbindung hergestellt werden soll, können Sie diese Netzwerkprofile in XML-Dateien exportieren. Diese lassen sich leicht auf anderen Windows Vista-PCs importieren (und auf Wunsch zuvor individuell anpassen), sodass die zugehörigen Netzwerkprofile auf weiteren Windows Vista-PCs nicht mehr manuell erstellt werden müssen, sondern leicht bereitgestellt werden können – unabhängig davon, ob der PC einer unverwalteten Arbeitsgruppe oder einer Active Directory-Domäne angehört und daher von einem Netzwerkadministrator über Gruppenrichtlinien verwaltet wird.

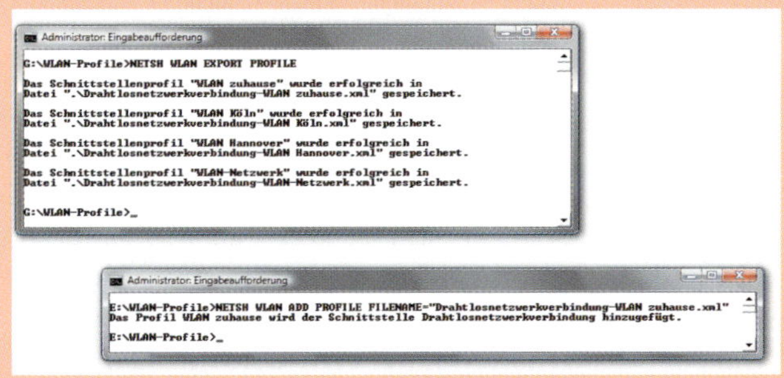

Abbildung 36.16 Netzwerkprofile lassen sich exportieren und darüber leicht auf anderen Windows Vista-PCs zur Verfügung stellen

Als Erstes exportieren Sie dazu die Netzwerkprofile des aktuellen Windows Vista-PCs: Öffnen Sie eine Eingabeaufforderung mit Administratorrechten und wechseln Sie in einen Ordner, in dem die XML-Dateien gespeichert werden sollen. Nun tippen Sie den folgenden Befehl ein:

netsh wlan export profile 

PROFITIPP

Daraufhin wird für jedes Netzwerkprofil eine XML-Datei erstellt (siehe Abbildung 36.16). Der Name dieser XML-Datei weist dabei das Muster *Drahtlosnetzwerkverbindung-<Name des Netzwerkprofils>.xml* auf. Auf Wunsch können Sie die generierte XML-Datei anpassen oder neue manuell erstellen – etwa mit einem XML-Editor (siehe Abbildung 36.17) oder dem in Windows Vista enthaltenen Notepad-Editor.

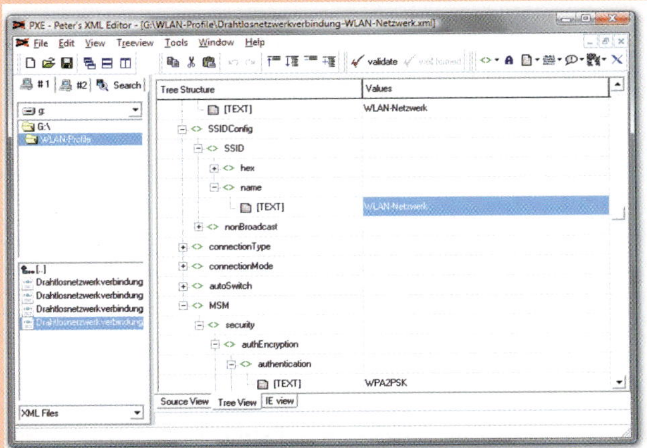

Abbildung 36.17 Ein in eine XML-Datei exportiertes Netzwerkprofil für eine WLAN-Verbindung lässt sich bei Bedarf vor dem Import auf anderen Windows Vista-PCs individuell anpassen

Um das zuvor exportierte Netzwerkprofil auf einem anderen Windows Vista-PC bereitzustellen, kopieren Sie die zugehörige XML-Datei zum Beispiel auf einen USB-Stick. Diesen können Sie nun mit einem Windows Vista-PC verbinden, auf dem das vorgefertigte Netzwerkprofil zur Verfügung gestellt werden soll. Dazu öffnen Sie auf dem jeweiligen Computer eine Eingabeaufforderung mit Administratorrechten, um dort die XML-Datei (in unserem obigen Beispiel) »Drahtlosnetzwerkverbindung-WLAN zuhause.xml« durch Eingabe von

netsh wlan add profile filename= "Drahtlosnetzwerkverbindung-WLAN zuhause.xml" ↵

zu importieren. Soll nur der aktuelle Benutzer das Netzwerkprofil nutzen können, geben Sie zusätzlich den Parameter *user=current* mit an.

Lassen Sie sich danach die auf dem PC vorhandenen Netzwerkprofile durch Auswahl des Links *Drahtslosnetzwerke verwalten* im Netzwerk- und Freigabecenter anzeigen, taucht dort das soeben importierte Netzwerkprofil bereits auf.

Selektieren Sie ein Netzwerkprofil in der Auflistung, gelangen Sie zu dessen Eigenschaften-Dialogfeld bzw. den *Drahtloseigenschaften* (siehe Abbildung 36.18). Dort können Sie sich auf der Registerkarte *Verbindung* beispielsweise über die Sichtbarkeit dieses Netzwerkprofils (für alle Benutzer des PCs oder nur für Sie selbst) informieren. Des Weiteren erfahren Sie hier, mit welcher SSID das betreffende Funknetzwerk arbeitet, während bei *Name* der tatsächliche Name des Funknetzwerks oder die bei der Umbenennung des Netzwerkprofils gewählte Bezeichnung ausgewiesen ist.

Zudem hält diese Registerkarte mehrere Kontrollkästchen bereit. Darüber können Sie bequem steuern, ob automatisch eine Verbindung zu dem Funknetzwerk hergestellt werden soll, falls sich dieses in Reichweite befindet. Ebenfalls interessant ist das Kontrollkästchen *Verbinden, selbst wenn das Netzwerk keine Kennung aussendet*: Ist der zugehörige Access-Point so konfiguriert, dass er die Aussendung der SSID unterdrückt und dadurch das Funknetzwerk vermeintlich versteckt bzw. unsichtbar macht, ist dieses Kontrollkästchen mit einer Markierung zu versehen. So weiß Windows Vista dann, dass es sich um ein unsichtbares, verborgenes Funknetzwerk handelt – sodass das herkömmliche Verfahren, die Existenz von Funknetzwerken in Reichweite anhand der vom Access-Point ausgesandten SSID zu erkennen, hier nicht greifen kann.

Tipp 

Ist Ihnen bei der Definition des Netzwerkprofils ein Fehler unterlaufen und haben Sie einen falschen Sicherheitstyp angegeben oder sich bei der Eingabe des Sicherheitsschlüssels vertippt, können Sie dies über die Registerkarte *Sicherheit* leicht korrigieren. Tragen Sie dort einfach die korrekten Daten für den Sicherheits- und Verschlüsselungstyp (WPA, WPA-Personal, WPA2-Personal bzw. TKIP, AES etc.) sowie den Sicherheitsschlüssel ein und speichern Sie diese Angaben im ausgewählten Netzwerkprofil durch Anklicken von *OK*.

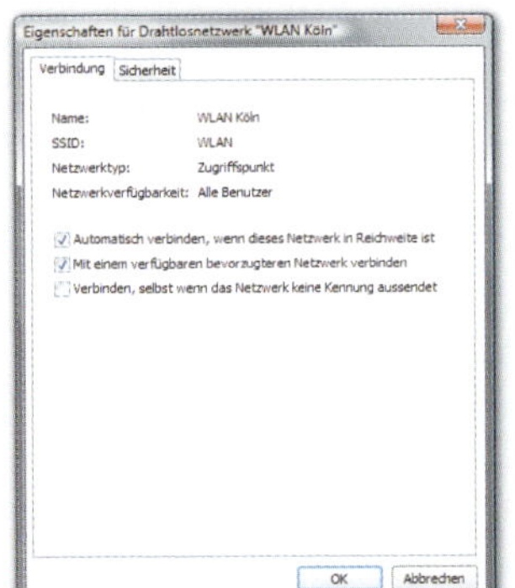

Abbildung 36.18 Die Eigenschaften eines Netzwerkprofils lassen sich einsehen und bei Bedarf verändern

Energiesparmodus für WLAN-Adapter

Windows Vista kann auch die Energieverwaltung für einen WLAN-Adapter übernehmen – was insbesondere für Notebook-Besitzer relevant ist, die zwar auf ein Funknetzwerk zugreifen, aber gleichzeitig möglichst lange arbeiten möchten, ohne eine Steckdose aufzusuchen. Eigens dazu hat Microsoft in den erweiterten Einstellungen der Energieoptionen, die über die Systemsteuerung aufrufbar sind, im Bereich *Drahtlosadaptereinstellungen* die Option *Energiesparmodus* vorgesehen (siehe Abbildung 36.19).

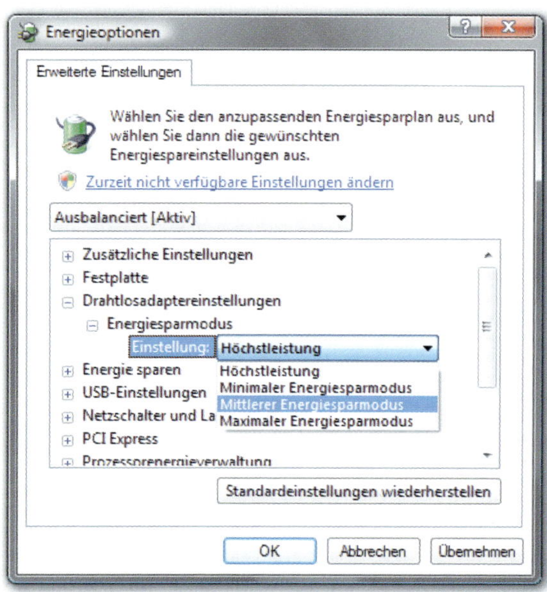

Abbildung 36.19 Windows Vista kann WLAN-Adapter in einen Strom sparenden Energiesparmodus schicken

Falls Sie es wünschen, können Sie darüber den WLAN-Adapter mit voller Leistung und Empfangs- bzw. Sendestärke (damit auch maximalem Stromverbrauch) betreiben. Möchten Sie dagegen mit Ihrem Notebook eine möglichst lange Akkulaufzeit erzielen, kann Windows Vista den WLAN-Adapter in einen Strom sparenden Energiesparmodus versetzen, sodass die beim Funknetzwerk eingesparte Energie die Laufzeit Ihres Notebooks ein klein wenig vergrößern hilft. Insgesamt sieht Windows Vista vier Energiesparmodi für WLAN-Adapter vor, sodass Sie jederzeit eine gute Balance zwischen Leistung und Stromverbrauch erzielen können.

Wichtig 

Standardmäßig ist als Energiesparmodus *Höchstleistung* für den Drahtlosadapter eingestellt. Somit kann der WLAN-Adapter zwar gute WLAN-Leistungen erzielen, doch geht dies auch zu Lasten der Akkukapazität. Wenn der WLAN-Adapter Ihres Windows Vista-PCs also nicht mit Höchstleistung arbeiten muss und Sie stattdessen die Akkulaufzeit Ihres Notebooks oder Tablet PCs verlängern möchten, sollten Sie einen Akku schonenderen Energiesparmodus bei den Drahtlosadaptereinstellungen in dem von Ihnen verwendeten Energiesparplan einstellen.

WLAN-Adapter im Windows-Mobilitätscenter

Darüber hinaus gestattet es Ihnen das in Windows Vista enthaltene *Windows-Mobilitätscenter*, den WLAN-Adapter ein- oder auszuschalten. Auf diese Weise brauchen Sie nicht mehr jedes Mal den kleinen Schalter zu suchen und zu drücken, den viele Notebooks und Tablet PCs zum Ein- bzw. Ausschalten des WLAN-Adapters bieten.

Voraussetzung zur Nutzung dieser Ein-/Ausschalt-Funktion vom Windows-Mobilitätscenter aus ist lediglich, dass der WLAN-Adapter diese Funktion unterstützt bzw. der WLAN-Adapter abschaltbar ist (in einem Desktop-PC beispielsweise lässt sich der WLAN-Adapter häufig nur im BIOS des Computers ausstellen).

Hinweis 

Das Windows-Mobilitätscenter steht nur auf Notebooks und Tablet PCs zur Verfügung.

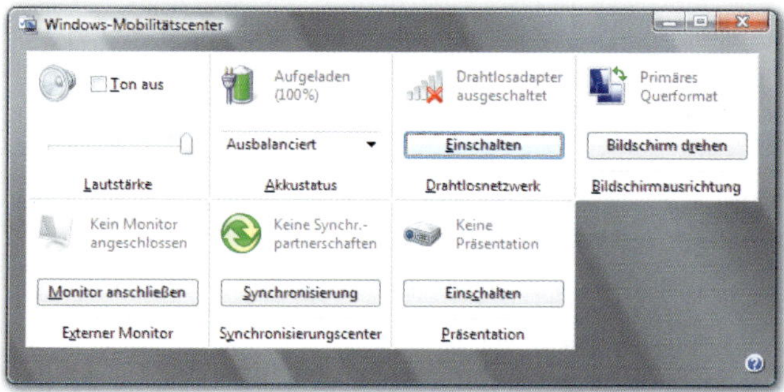

Abbildung 36.20 Ein- und Ausschalten des WLAN-Adapters über das Windows-Mobilitätscenter

Probieren Sie es aus:

1. Drücken Sie die Tastenkombination [⊞]+[X], bekommen Sie das *Windows-Mobilitätscenter* angezeigt (siehe Abbildung 36.20). Alternativ besteht die Möglichkeit, das

Windows-Mobilitätscenter über die Systemsteuerung oder über das Schnellsuchfeld im Startmenü nach Eingabe von »mob« aufzurufen.

2. Kann Windows Vista den WLAN-Adapter ein- und ausschalten, sollte dort unter anderem der Bereich *Drahtlosnetzwerk* zu finden sein. Dieser Bereich beinhaltet eine Schaltfläche, über die Sie den WLAN-Adapter ein- und ausschalten können.
3. Das Anklicken des Drahtlosnetzwerk-Symbols bewirkt zudem das Öffnen des Fensters *Verbindung mit einem Netzwerk herstellen*.

Das eigene Funknetzwerk einrichten

Auf den vorangegangenen Seiten geht es darum, wie Sie Ihren Windows Vista-PC in ein vorhandenes WLAN einbinden. Nachfolgend steht nun im Mittelpunkt, wie Sie ein eigenes Funknetzwerk aufbauen und dieses nicht nur für, sondern auch mit Windows Vista einfach und sicher konfigurieren können.

Wichtige WLAN-Merkmale

Betrachten wir zunächst die grundlegenden Eigenschaften von Funknetzwerken. Das Verständnis dieser Grundlagen hilft Ihnen dabei, das Optimum aus Ihrem WLAN herauszuholen, ohne dabei Kompromisse bei Funktionalität und Sicherheit einzugehen.

Betriebsarten von Funknetzwerken

Prinzipiell sind für ein Funknetzwerk zwei Betriebsarten vorgesehen:

- **Ad-hoc** Bei dieser Betriebsart können Computer, die mit einem WLAN-Netzwerkadapter ausgestattet sind, per Funk untereinander kommunizieren und Informationen austauschen. Das »Zusammenfinden« zu diesem Funknetzwerk geschieht spontan, woraus sich auch der Name dieser WLAN-Betriebart ableitet: Ad-hoc. Alle Computer, die Zugang zu der Funkzelle dieses Ad-hoc-WLANs erlangen, sind dazu in der Lage, gleichberechtigt untereinander Informationen auszutauschen.

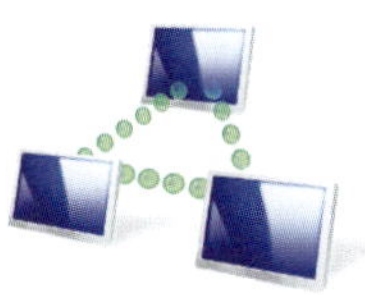

- **Infrastruktur** Bei dieser WLAN-Betriebsart sind alle Geräte (Computer, Hardware basierte Druckerserver, Netzwerk-Medien-Player, PDA und weitere Geräte mit WLAN-Unterstützung) nicht untereinander, sondern jeweils mit einer zentralen Verteilereinheit verbunden. Dabei handelt es sich um den so genannten *Access-Point* (mitunter auch *Basisstation* oder *Zugriffspunkt* genannt). Ein Access-Point agiert einerseits als Empfänger für die Signale aller WLAN-Geräte und leitet diese andererseits an andere Geräte weiter, die sich im selben Funknetzwerk befinden.

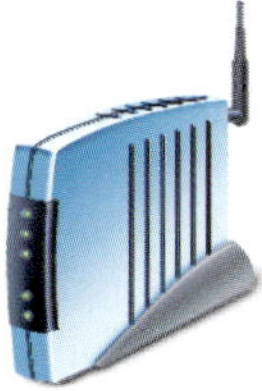

Tipp 

Ad-hoc-Funknetzwerke werden eher seltener genutzt, da meinst ein Access-Point zum Einsatz kommt und somit das Funknetzwerk in der »Infrastruktur«-Betriebsart arbeitet. Windows Vista bietet mit der *Windows-Teamarbeit* (siehe Kapitel 34) allerdings die interessante Möglichkeit, für spontane Meetings ein Ad-hoc-WLAN aus bis zu zehn Teilnehmern zu bilden, um die Anwendungen etc. gemeinsam zu verwenden.

In der Regel sind Access-Points mit einer Ethernet-Buchse zum Anschluss an ein verkabeltes Netzwerk ausgestattet. Auf diese Weise kann das WLAN zum Beispiel mit einem Ethernet-Switch zu einem einzigen Netzwerk verbunden werden, das sowohl die Teilnahme per Ethernet-Kabel als auch kabellos per WLAN gestattet. Diese Art der Kopplung ermöglicht einen nahtlosen, Netzwerkübergreifenden Datenaustausch zwischen einem kabelgebundenen und einem kabellosen Netzwerk.

Im Laufe der Zeit sind vom Normierungsgremium IEEE (Institute of Electrical and Electronics Engineers) verschiedene Funktypen bzw. WLAN-Standards entwickelt worden, die sich vor allem durch ihre Übertragungscharakteristiken unterscheiden. »IEEE 802.11b« und »IEEE 802.11g« funken auf demselben Frequenzbereich von 2,4 GHz, arbeiten aber mit unterschiedlichen Übertragungsraten von 11 bzw. 54 MBit/s. »IEEE 802.11a« hingegen geht gleichfalls mit 54 MBit/s zu Werke, nimmt Übertragungen aber im 5 GHz-Band vor und ist damit inkompatibel zu IEEE 802.11b/g. Der Nachfolge-Standard 802.11n verspricht nochmals deutlich höhere Übertragungsraten.

Hinweis 

WLAN-Produkte, die die entsprechenden Kompatibilitätstests der Organisation »Wi-Fi Alliance« bestanden haben, werden auch mit dem Siegel *Wi-Fi* beworben.

Namen von Funknetzwerken

Funknetzwerke weisen im Unterschied zu verkabelten Ethernet-Netzwerken mehrere Besonderheiten auf. Allen voran besitzen Funknetzwerke eindeutige Kennungen: Ein *Netzwerkname* – die so genannte *SSID* – identifiziert ein Funknetzwerk. Darüber kann sich ein PC dann gezielt mit dem betreffenden WLAN verbinden. Im WLAN-Access-Point ist ein Name für das Funknetzwerk vom Hersteller bereits vordefiniert. Diese Bezeichnung lässt sich jedoch anpassen. Dies ist allein deshalb sinnvoll, um das eigne Funknetzwerk zweifelsfrei identifizieren zu können und nicht versehentlich das WLAN des Nachbarn, der möglicherweise eine ganz ähnliches Funknetzwerk-Equipment einsetzt wie Sie, für das eigene zu halten.

Hinweis

Windows Vista verwendet zudem Namen für jede WLAN-Verbindung (siehe den Abschnitt »Netzwerkprofile von WLAN-Verbindungen verwalten«). Standardmäßig leitet sich diese Bezeichnung aus dem Namen des jeweiligen Funknetzwerks ab. Zusätzlich gestattet es Windows Vista, den Namen einer WLAN-Verbindung zu ändern, sodass sich dann der Name der WLAN-Verbindung in Windows Vista und die SSID des Funknetzwerks unterscheiden. Hilfreich kann dies zum Beispiel dann sein, wenn Sie zwischen mehreren Standorten und Funknetzwerken pendeln, von denen viele ein und denselben Namen (»WLAN«, Firmenname etc.) tragen – denn welches Netzwerk Windows Vista nun meint, ist sonst kaum erkennbar.

Der Access-Point kann den Namen des Funknetzwerks per Rundsendung bekannt geben. Viele Access-Points erlauben es jedoch, die Aussendung der SSID zu unterdrücken und dadurch das Funknetzwerk zu »verstecken« bzw. unsichtbar zu machen, sodass es sich um ein *verborgenes Funknetzwerk* handelt – in der vermeintlichen Annahme, dass dadurch das betreffende Funknetzwerk für Hacker und andere Übeltäter nicht aufzuspüren ist. Dieser Schein trügt: Tools wie NetStumbler etc., die sich aus dem Internet herunterladen lassen, zeigen vielfach auch die Namen solcher verborgener Funknetzwerke an. Eine wirksame Sicherheitsmaßnahme stellt die Abschaltung der Runsendung der SSID also nicht dar.

WLAN-Sicherheit: das Funknetzwerk absichern

- Ein weiteres wichtiges Thema für Funknetzwerke betrifft die *WLAN-Sicherheit*, denn: Bei einem verkabelten Netzwerk müsste ein Eindringling ein Ethernet-Kabel in den Switch sowie die LAN-Buchse seines PCs stecken, um sich ins LAN »einzuklinken«. Ein WLAN hingegen ist weder auf Kabel angewiesen noch endet dieses an den eigenen vier Wänden. Sind keine Vorkehrungen getroffen, könnte ein Unbefugter leicht an Ihrem Funknetzwerk teilnehmen.

  Da dies kaum erwünscht ist, sollten Sie Ihr WLAN unbedingt vor Mitlesern und ungebetenen Gästen schützen. Dafür spielen der *Sicherheitstyp*, der *Verschlüsselungstyp* sowie der *Sicherheitsschlüssel* (auch *Passphrase* genannt) eine zentrale Rolle:

- **WEP** Mit WEP (Wired Equivalent Privacy) wurde ein Verfahren zur Datenverschlüsselung und Authentifizierung (Identitätsüberprüfung) für WLANs geschaffen, dass Funknetzwerken denselben Datenschutz zuteil werden lassen sollte, wie ihn ein verkabeltes Ethernet aufweist. Leider jedoch ist WEP aufgrund seines Designs leicht zu knacken und sollte daher nur noch dann verwendet werden, wenn das verwendete WLAN-Equipment nur mit diesem Sicherheitstyp zurecht kommt (ältere Geräte kennen mitunter nur WEP).

Wichtig 

WEP ist zwar das Schwächste aller WLAN-Sicherheitstypen, da sich der Sicherheitsschlüssel von einem Hacker relativ leicht knacken lässt. Kommt aber in einem Funknetzwerk noch nicht einmal WEP zum Einsatz, werden Daten per Funk sogar im Klartext übertragen. Fremde brauchen dabei nur wenig Aufwand zu betreiben, um die übertragenen Daten einfach »mitzulesen«. WEP zu verwenden ist also immer noch besser als gar keine Verschlüsselung zu benutzen.

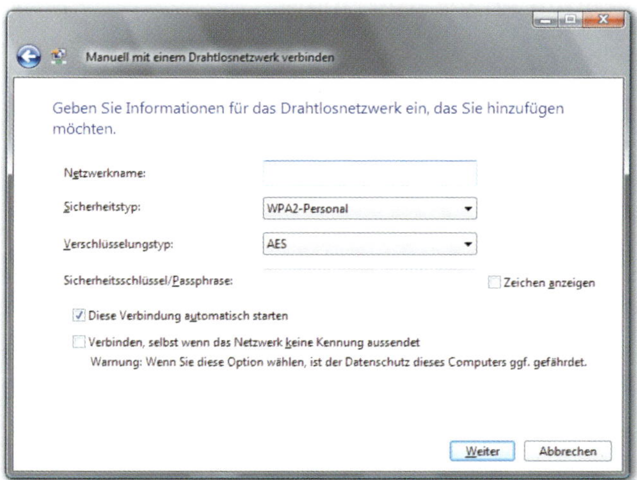

Abbildung 36.21 Windows Vista unterstützt von Haus aus den WLAN-Sicherheitstyp WPA2

- **WPA** In die WEP-Fußstapfen trat WPA (Wi-Fi Protected Access), um für mehr Sicherheit in Funknetzwerken zu sorgen. Zur Verschlüsselung verwendet WPA das so genannte »Temporal Key Integrity Protocol« (TKIP). Anders als bei WEP arbeitet WPA jedoch nicht mit einem »dauerhaft« gültigen Sicherheitsschlüssel, über den die Ver- und Entschlüsselung von Übertragungen stattfindet. Vielmehr wird ein Sicherheitsschlüssel herangezogen, der lediglich als »Startschlüssel« bzw. Zugangskennwort für den Access-Point und alle mit ihm verbundenen WLAN-Geräte dient. TKIP seinerseits verwendet dieses Zugangskennwort, um daraus weitere sichere Schlüssel zu generieren und mit diesen die folgenden Übertragungen zu verschlüsseln.

WPA gibt es in zwei Ausprägungen:

- **WPA-Personal** Diese Variante von WPA ist vor allem für heimische und Funknetzwerke in kleineren Büros konzipiert. Hierbei ist das Zugangskennwort – der so genannte »Pre-Shared Key« (PSK – sowohl beim Access-Point als auch bei jedem WLAN-Gerät von Hand einzutragen. Um eine möglichst hohe Sicherheit im Funknetzwerk zu erzielen und den PSK gegen simples Erraten (es gibt Programme, die gängige Worte einfach durchprobieren) wirksam zu schützen, sollten Sie einen PSK wählen, der möglichst lang ist. Zudem sollte dieser aus mehreren Worten bzw. Buchstaben in Groß- und Kleinschrift sowie Ziffern bestehen (der PSK darf bis zu 63 Zeichen lang sein).
- **WPA-Enterprise** Bei dieser für den Unternehmenseinsatz konzipierten Variante von WPA ist es nicht erforderlich, einen PSK manuell einzutragen. Vielmehr wird der PSK hierbei von einem speziellen Server im Unternehmens-LAN automatisch bereitgestellt, der sich auf das Zugangskontrollverfahren »802.1X« versteht (in kleineren Netzwerken ist es dagegen zu aufwändig, einen eigenen 802.1X-Server zum Zwecke der WLAN-Absicherung zu betreiben).

Wichtig 

Viele WLAN-Geräte neueren Baujahrs unterstützen neben dem – mittlerweile quasi als unsicher zu betrachtenden – WEP auch das sicherere WPA. Nach Möglichkeit sollten Sie dann WPA den Vorzug geben. Einige WLAN-Geräte können dabei für WPA anstatt TKIP auch den noch sichereren Verschlüsselungstyp »AES« verwenden.

- **WPA2** Der bis dato sicherste WLAN-Sicherheitstyp ist WPA2. Dieser benutzt den aufwändigen Verschlüsselungstyp »AES« (Advanced Encryption Standard), was Knackversuche nahezu unmöglich macht. WPA2 gibt es als
  - **WPA2-Personal,**
    das einen Pre-Shared Key verlangt, sowie als
  - **WPA2-Enterprise**
    für Unternehmen mit automatischer Bereitstellung des Sicherheitsschlüssels.

  Nicht alle WLAN-Hardware-Komponenten bieten die für AES erforderliche Rechenleistung. Insbesondere älteres WLAN-Equipment lässt sich daher nicht nachrüsten und muss mit dem schwächeren Sicherheitstyp WPA Vorlieb nehmen. Wer jedoch auf Nummer sicher gehen will, ist mit WPA2 am Besten beraten. Windows Vista enthält die Unterstützung für WPA2 bereits serienmäßig, sodass hierfür keine Erweiterungen zu installieren sind.

Hinweis 

Kommt der auf dem Windows Vista-PC verwendete Treiber für den WLAN-Adapter mit WPA2 nicht zurecht, sind die entsprechenden Auswahloptionen in den jeweiligen Dialogfeldern nicht zugänglich bzw. erscheinen dort erst gar nicht.

Um einen bestimmten Sicherheitstyp zu nutzen, müssen alle beteiligten Komponenten diesen unterstützen. Möchten Sie zum Beispiel WPA2 verwenden, müssen sowohl der Access-Point als auch der WLAN-Adapter Ihres PCs einschließlich der dafür verwendete Treiber diesen Sicherheitstyp beherrschen.

Windows Connect Now (WCN)

Windows Vista macht es Ihnen besonders leicht, einen Access-Point für ein neues Funknetzwerk einzurichten. Das Stichwort in diesem Zusammenhang lautet *Windows Connect Now* (kurz WCN) als Bestandteil der so genannten »Windows Rally«-Technologien. Diese ermöglichen es, Access-Points sowie mit WLAN-Adapter versehene PCs und andere Geräte (etwa digitale Bilderrahmen) weitgehend automatisch in ein neues, abgesichertes Funknetzwerk zu integrieren.

Was WCN leistet

Mit WCN können Informationen zur sicheren WLAN-Konfiguration zum Beispiel auf einem USB-Stick gespeichert werden. Dieser lässt sich leicht transportieren und nacheinander an die einzelnen Geräte anschließen, die daraufhin die sichere WLAN-Konfiguration laden und anwenden. WCN stellt somit vor allem ein komfortables und zugleich auf Sicherheit ausgelegtes Verfahren zur automatischen WLAN-Konfiguration für ein Funknetzwerk bzw. dem Beitritt zu diesem dar.

Dabei werden nicht nur der Name des Funknetzwerks sowie Sicherheits- und Verschlüsselungstyp gewählt, sondern auch ein dazu passender Sicherheitsschlüssel generiert, den die einzelnen WCN-fähigen Geräte verwenden. Im Fall von Windows Vista-PCs wird zudem automatisch ein entsprechendes Netzwerkprofil erstellt.

Allerdings unterstützen nicht alle Access-Points WCN. Selbst, wenn ein Access-Point mit USB-Anschluss versehen ist, bedeutet dies keineswegs, dass der Access-Point auch die automatische WLAN-Konfiguration per WCN beherrscht. Im Zweifelsfall informieren Sie sich beim Hersteller oder schlagen im Handbuch des Access-Points nach, wie es um seine Unterstützung für WCN bestellt ist.

Hinweis

Beherrscht Ihr Access-Point WCN nicht, müssen Sie den Access-Point auf anderem Weg konfigurieren, um Ihr neues Funknetzwerk einzurichten. Manche Hersteller bieten hierfür eigene Verfahren an, AVM zum Beispiel »Stick & Surf« (siehe *www.avm.de*). Darüber hinaus können Sie die Einrichtung eines neuen Funknetzwerks auch manuell durchführen, was ebenso zum Ziel führt (siehe den Abschnitt »Vorgehensweise, um ein neues Funknetzwerk komplett selbst einzurichten«).

Windows Vista- und Windows XP-PCs, die mit WLAN-Adaptern ausgestattet sind, können WCN sofort nutzen, um darüber einem Funknetzwerk beizutreten. Hierzu reicht es aus, den USB-Stick, auf dem der Drahtlosnetzwerkinstallations-Assistent die Daten zum neuen Funknetzwerk gespeichert hat, mit jedem einzelnen PC kurz zu verbinden. Nur Sekunden später öffnet sich ein Fenster, über das Sie die Konfigurationsdaten für das neue WLAN auf Ihren PC übernehmen können. Anschließend sind Sie in der Lage, dem Funknetzwerk mit wenigen Mausklicks beizutreten. Den Namen des Funknetzwerks (SSID) oder einen Sicherheitsschlüssel brauchen Sie dabei nicht mehr einzutippen, da der PC diese (erforderlichen) Angaben dank WCN bereits kennt. Somit weiß er auch, welcher Sicherheitstyp und Verschlüsselungstyp zu verwenden sind.

Darüber hinaus gibt es weitere WLAN-fähige Geräte, die WCN ebenfalls nutzen können und dazu mit einem USB-Anschluss versehen sind. Erhältlich sind zum Beispiel externe Druckserver oder Netzwerk-Medien-Player, die eine automatische WLAN-Konfiguration durch simples Einstecken des USB-Sticks gestatten. Für weitere Informationen zur WCN-Fähigkeit solcher Geräte sollten Sie sich beim Hersteller oder im Handbuch informieren.

Einrichtung des neuen Funknetzwerks mit kompletter WCN-Unterstützung

Unterstützt Ihr Access-Point das Verfahren WCN, gehen Sie wie folgt vor, um ein neues Funknetzwerk einzurichten:

1. Klicken Sie zunächst das Netzwerksymbol im Infobereich der Taskleiste und anschließend den Link *Verbindung mit einem Netzwerk herstellen* an, um im Fenster *Verbindung mit einem Netzwerk herstellen* auf den Link *Eine Verbindung oder Netzwerk einrichten* zurückzugreifen. Alternativ dazu können Sie im linken Aufgaben-Bereich des Netzwerk- und Freigabecenters den Link *Eine Verbindung oder Netzwerk einrichten* anklicken.
2. Im jetzt erscheinenden Fenster *Eine Verbindung oder Netzwerk einrichten* wählen Sie die Verbindungsoption *Einen Drahtlosrouter oder -zugriffspunkt einrichten*, um zum gleichnamigen Fenster zu gelangen.

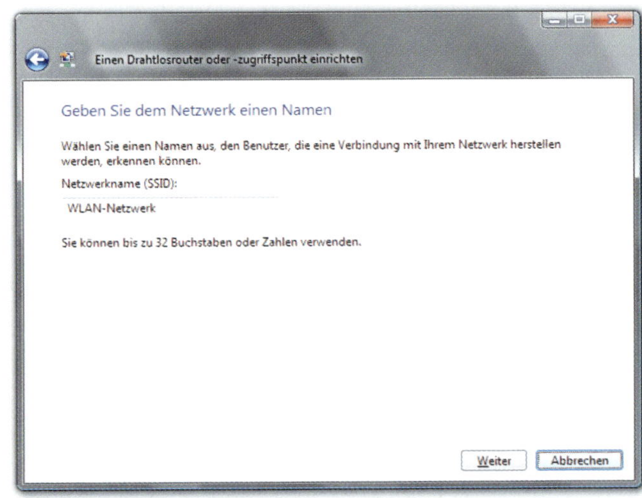

Abbildung 36.22 Benennung des neuen Funknetzwerks

3. Nach einem Klick auf die Schaltfläche *Weiter* versucht Windows Vista, den WCN-fähigen Access-Point zu ermitteln.
4. Wurde dieser gefunden, erhalten Sie die Aufforderung, den Namen des Funknetzwerks und somit dessen SSID einzutippen (siehe Abbildung 36.22).

Hinweis 

Erscheint stattdessen die Seite *Es wurde Netzwerkhardware erkannt, die nicht automatisch konfiguriert werden kann* (siehe Abbildung 36.27), bietet Ihr Access-Point keine Unterstützung für WCN. In diesem Fall müssen Sie die Einrichtung des neuen Funknetzwerks teilweise oder komplett in Eigenregie erledigen, so wie es im Abschnitt »Manuelle Einrichtung eines neuen Funknetzwerks« oder im Abschnitt »Vorgehensweise, um ein neues Funknetzwerk komplett selbst einzurichten« beschrieben ist.

5. Klicken Sie auf *Weiter*, um auf der nächsten Seite den vorgeschlagenen Sicherheitsschlüssel zu übernehmen, eine eigene Passphrase manuell einzutippen oder diese nach

Anklicken von *Eine andere Passphrase erstellen lassen* neu zu generieren (siehe Abbildung 36.23). Auf Wunsch können Sie nach einem Klick auf den Link *Erweiterte Netzwerksicherheitsoptionen anzeigen* den Sicherheitstyp (WPA, WPA-Personal, WPA2-Personal etc.) selbst auswählen, um sicherzugehen, dass ein bestimmter Typ zum Einsatz kommt.

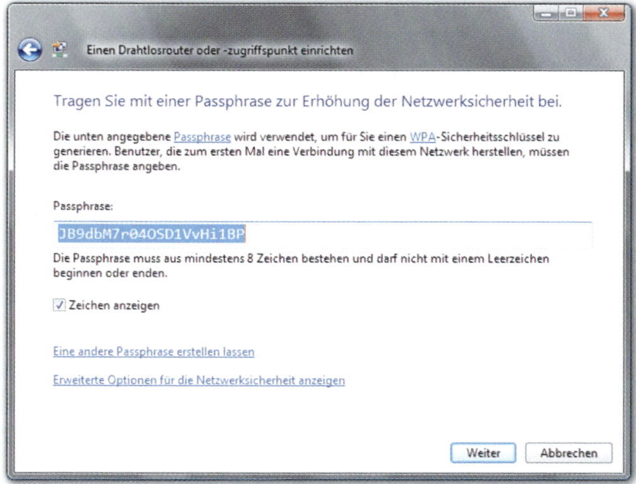

Abbildung 36.23 Den Sicherheitsschlüssel für das neue Funknetzwerk bestimmen

6. Werden Sie nach einem Klick auf *Weiter* dazu aufgefordert, geben Sie den PIN des WCN-fähigen Access-Points ein.
7. Nach *Weiter* können Sie festlegen, ob die Datei- und Druckerfreigabe auf dem Windows Vista-PC aktiviert oder die gegenwärtigen Einstellungen beibehalten werden sollen.

Hinweis

Die Datei- und Druckerfreigabe können Sie jederzeit im Netzwerk- und Freigabecenter (siehe Kapitel 30) ein- oder ausschalten.

8. Klicken Sie die Schaltfläche *Weiter* an, wird der Access-Point entsprechend Ihrer Angaben konfiguriert. Automatisch gelangen Sie daraufhin zur Seite *Stecken Sie das USB-Flashlaufwerk in diesen Computer* (siehe Abbildung 36.24). Verbinden Sie nun einen USB-Stick mit dem PC und klicken Sie auf *Weiter*. Dadurch werden die von der automatischen WLAN-Konfiguration per WCN verwendeten Informationen auf den USB-Stick übertragen.

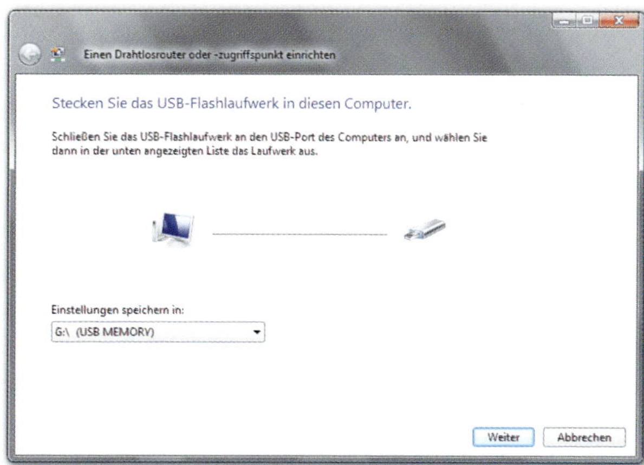

Abbildung 36.24 Die WLAN-Konfiguration lässt sich auf einem USB-Stick speichern

9. Auf der anschließenden und letzten Seite werden Sie darüber informiert, dass Sie den USB-Stick nun in einen mit Windows Vista oder Windows XP arbeitenden Computer einstecken können, damit auch dieser die von WCN vorgenommene WLAN-Konfiguration »erlernt«. Somit brauchen die zur erfolgreichen Teilnahme am Funknetzwerk erforderlichen Daten (Name des Funknetzwerks, Sicherheitsschlüssel etc.) dort nicht mehr eingetippt zu werden.
10. Durch Anklicken der Schaltfläche *Schließen* beenden Sie den Assistenten.

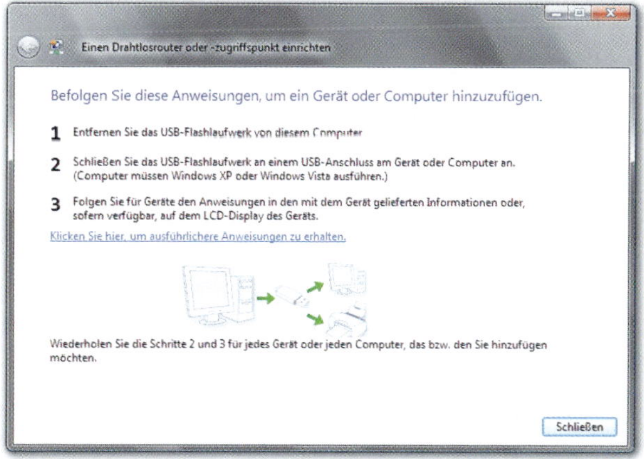

Abbildung 36.25 Abschließende Hinweise zur Verwendung des USB-Sticks, der jetzt die WLAN-Konfiguration für das neue Funknetzwerk kennt

Wenn Sie sich nun die auf dem PC vorhandenen Netzwerkprofile (Auswahl des Links *Drahtlosnetzwerke verwalten* im linken Aufgaben-Bereich des Netzwerk- und Freigabecenters) ansehen, stellen Sie fest, dass dort an oberster Stelle ein

Profil für das soeben erstellte Funknetzwerk vorhanden ist. Der Verwendung des betreffenden Funknetzwerks steht nun nichts mehr im Wege.

Nun können Sie daran gehen, anderen PCs, die mit Windows Vista oder Windows XP arbeiten, zu diesem neuen Funknetzwerk hinzuzufügen. Hierfür müssen Sie lediglich den vorhin benutzen USB-Stick nacheinander kurz mit jedem Computer verbinden und sind dann auch schon fertig.

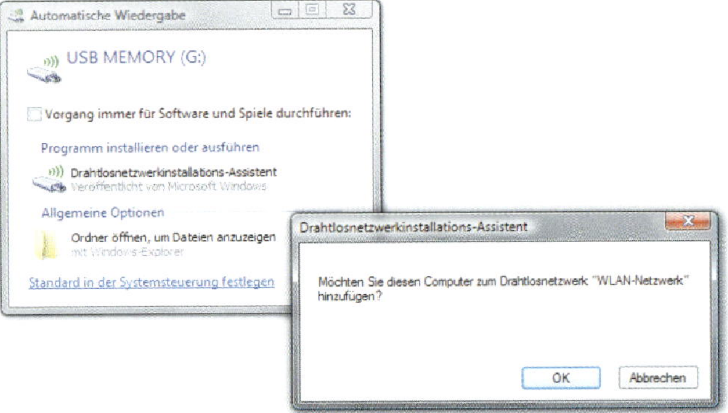

Abbildung 36.26 Wird der USB-Stick mit einem anderen PC verbunden (hier: Windows Vista), kann dort der Drahtlosnetzwerkinstallations-Assistent gestartet werden und die WLAN-Konfiguration per Mausklick übernehmen

Manuelle Einrichtung eines neuen Funknetzwerks mit WCN-Hilfe

Sie möchten WCN zur automatischen Einrichtung des neuen Funknetzwerks nutzen, doch Ihr Access-Point beherrscht dieses Verfahren zur automatischen, sicheren WLAN-Konfiguration nicht? In diesem Fall brauchen Sie dennoch nicht komplett auf die Hilfe von WCN zu verzichten. Nachdem Sie den Access-Point manuell konfiguriert haben, können Sie anschließend den Assistenten von Windows Vista dazu verwenden, die WLAN-Konfiguration auf einen USB-Stick zu packen. Nacheinander verbinden Sie diesen dann mit jedem Windows Vista- und Windows XP-PC, der Ihrem Funknetzwerk angehören soll, sodass Sie die WLAN-Konfiguration dort nicht selbst per Hand eintragen müssen. Dank WCN erledigen Sie somit die WLAN-Konfiguration von Windows Vista- und Windows XP-PCs durch simples Einstecken des USB-Sticks.

Hierfür gehen Sie wie folgt vor:

1. Klicken Sie das Netzwerksymbol im Infobereich der Taskleiste und dort den Link *Verbindung mit einem Netzwerk herstellen* an. Im Fenster *Verbindung mit einem Netzwerk herstellen* stellen Sie nun eine Verbindung zu Ihrem Access-Point her (siehe Abschnitt »Verbindung mit einem Funknetzwerk manuell herstellen«). Damit dies klappt, muss dieser zunächst ein ungesichertes Funknetzwerk bereitstellen (was im Werkszustand vielfach von vornherein der Fall ist).
2. Jetzt begeben Sie sich erneut zum Fenster *Eine Verbindung oder Netzwerk einrichten*, um dort die Verbindungsoption *Einen Drahtlosrouter oder -Zugriffspunkt einrichten* auszuwählen.
3. Klicken Sie auf *Weiter*, bekommen Sie im Anschluss an die Ermittlung der Netzwerk-Hardware und -Einstellungen die Seite *Es wurde Netzwerkhardware erkannt, die nicht automatisch konfiguriert werden kann* angezeigt (siehe Abbildung 36.27).
4. Dort klicken Sie zunächst die Option *Dieses Gerät manuell konfigurieren* an. Darauf öffnet sich der Internet Explorer, über den Sie zur Webkonfiguration des Access-Points gelangen. Falls erforderlich, melden Sie sich bei diesem mit Ihrem Benutzernamen und Ihrem Kennwort an (welche Angaben dafür standardmäßig erforderlich sind, ist dem Handbuch des Access-Points zu entnehmen). Nun müssen Sie den Access-Point für das neue Funknetzwerk manuell konfigurieren und dabei
   - den Namen des Funknetzwerks (SSID),
   - den Sicherheitstyp (WPA, WPA-Personal, WPA2-Personal etc.) und Verschlüsselungstyp (TKIP, AES etc.)
   - sowie den Sicherheitsschlüssel

   festlegen. Merken Sie sich diese Angaben, da Sie diese anschließend noch einmal benötigen. Dann schließen Sie die Webkonfiguration des Access-Points ab.
5. Jetzt kehren Sie – beispielsweise durch Verkleinern des Internet Explorer-Fensters oder durch (ggf.) mehrfaches Drücken der Tastenkombination Alt+⭾ bzw. ⊞+⭾ – wieder zur Seite *Es wurde Netzwerkhardware erkannt, die nicht automatisch konfiguriert werden kann* des geöffnet gebliebenen Fensters *Einen Drahtlosrouter oder -Zugriffspunkt einrichten* zurück.
6. Dort klicken Sie jetzt die Option *Drahtlosnetzwerkeinstellungen erstellen und auf dem USB-Flashlaufwerk speichern* an. Nun können Sie im weiteren Verlauf des Assistenten nacheinander den Namen des Funknetzwerks eintippen, den Sicherheits- und Verschlüsselungstyp festlegen sowie den zu verwendenden Sicherheitsschlüssel definieren. Dabei geben Sie exakt jene Werte an, die Sie wenige Minuten zuvor beim Access-Point manuell spezifiziert haben. Stellen Sie dabei sicher, dass die im Assistenten angegebenen Werte mit denen des Access-Points exakt übereinstimmen.
7. Fahren Sie wie weiter vorne in diesem Kapitel im Abschnitt »Einrichtung des neuen Funknetzwerks mit kompletter WCN-Unterstützung« beschrieben fort, um den Assistenten die Daten zur WLAN-Konfiguration für Windows Vista- und Windows XP-PCs auf einen USB-Stick übertragen zu lassen.

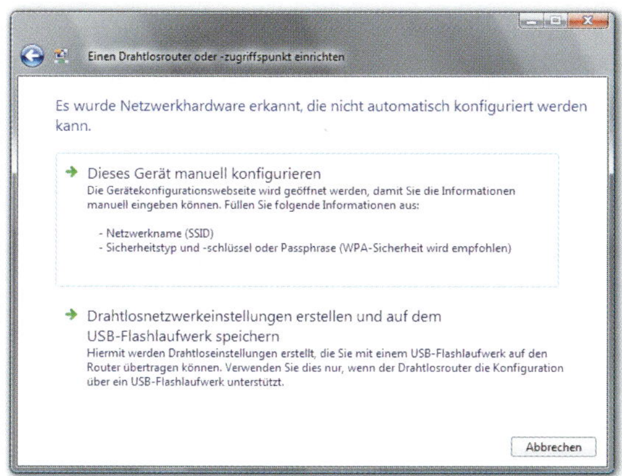

Abbildung 36.27 Weist der Access-Point keine Unterstützung für WCN auf, können Sie den Komfort dieser Technik zumindest teilweise nutzen

Sollen nun PCs dem neuen Funknetzwerk beitreten, brauchen Sie dort nur den USB-Stick zur Hand zu nehmen und diesen mit dem betreffenden Computer zu verbinden. Die erforderlichen Daten zur WLAN-Konfiguration müssen Sie dort nun nicht mehr händisch eintippen. So kann WCN zumindest diesen Aspekt der Einrichtung eines neuen Funknetzwerks erleichtern.

Vorgehensweise, um ein neues Funknetzwerk komplett selbst einzurichten

Genauso möglich ist es, das Funknetzwerk komplett selbst zu erstellen. Hierfür müssen Sie den Access-Point zur Einrichtung eines neuen Funknetzwerks vorab manuell konfigurieren. Im Einzelnen gilt es dabei,

- das Funknetzwerk mit einem Namen zu versehen,
- Sicherheits- und Verschlüsselungstyp zu bestimmen und
- den Sicherheitsschlüssel zu definieren.

Nach diesem Schema können Sie nur dann vorgehen, falls es Ihnen möglich ist, das Konfigurationsmenü des Access-Points (meist eine Webkonfiguration, die Sie aus dem Internet Explorer erledigen können) erfolgreich aufzurufen, um die erforderlichen Einstellungen vorzunehmen. Weist einer Ihrer PCs eine Ethernet-Schnittstelle auf, die mit dem lokalen Netzwerk verbunden ist, können Sie von dort aus die Konfiguration des WLAN-Access-Points durchführen, sofern dieser ebenfalls per Ethernet-LAN erreichbar ist.

Genauso können Sie das Konfigurationsprogramm des Access-Points von einem WLAN-fähigen Computer aus aufrufen, denn im Werkszustand ist das Funknetzwerk bei vielen Access-Points serienmäßig ohne jegliche Sicherheitsmaßnahmen eingeschaltet. Somit stellt der Access-Point ein offenes Funknetzwerk bereit, bei dem es keinen Sicherheits- und Verschlüsselungstyp gibt und das ohne Sicherheitsschlüssel auskommt. Daher können Sie zur Einrichtung Ihres neuen Funknetzwerks eine WLAN-Verbindung zum »noch unkonfigurierten« Access-Point manuell herstellen, um Ihr Funknetzwerk wie eingangs beschrieben selbst einzurichten.

Auf den einzelnen PCs ist dann jeweils eine WLAN-Verbindung herzustellen. Diese muss die Angaben verwenden, die Sie auf Seiten des Access-Points zugrunde gelegt haben. Andernfalls ist es diesen Computern nicht möglich, sich erfolgreich mit dem neuen Funknetzwerk zu verbinden.

Hinweis 

Haben Sie die erstmalige Einrichtung des noch ungeschützten Access-Points per WLAN erledigt, müssen Sie die zugehörige WLAN-Verbindung auf dem PC anschließend umkonfigurieren und an die grade spezifizierten Vorgaben anpassen.

WLAN-Konfiguration abseits von Windows Vista

Für die Konfiguration eines Funknetzwerks müssen Sie nicht auf die von Windows Vista dafür vorgesehenen Funktionen zurückgreifen. Selbstverständlich steht es Ihnen frei, die Einrichtung und Verwaltung von Drahtlosnetzwerkverbindungen Schritt für Schritt »per Hand« zu erledigen – was allerdings technische Kenntnisse voraussetzt. Ebenso können Sie die Konfiguration Ihres Funknetzwerks über das Tool erledigen, das der Hersteller Ihres Access-Points bzw. WLAN-Netzwerkadapters dafür vorgesehen hat.

Bedenken Sie hierbei:

- Windows Vista besitzt komfortable Funktionen zur automatischen Erkennung von Funknetzwerken sowie zur Nutzung von WLAN-Verbindungen.
- Zwar unterstützt Windows Vista SP1 die von IEEE abgesegneten WLAN-Standards 802.11a/b/g sowie den von der IEEE verabschiedeten Draft-Standard 802.11n, nicht jedoch proprietäre Verfahren sowie außerhalb des Standards liegende Zusatzmerkmale (etwa eine Geschwindigkeit von 125 MBit/s anstatt 54 MBit/s), wie sie manche Hersteller für ihre WLAN-Produkte zusätzlich offerieren.

Solche Zusatzfunktionen lassen sich häufig nur über das vom jeweiligen Hersteller vorgesehene Tool einrichten und verwalten. In einem derartigen Fall gilt es also individuell abzuwägen, welche Art der WLAN-Konfiguration – die von Windows Vista oder die, die vom Hersteller des WLAN-Equipments stammt – für den jeweiligen Einsatzzweck am besten geeignet ist.

Hinweis

Prominenter Vertreter dieser WLAN-Produkte ist der »Fritz!WLAN USB Stick« von AVM (siehe Abbildung 36.28). Dieser bietet spezielle Funktionen zur erleichterten Konfiguration über das hauseigene »Stick & Surf«, einen 125 MBit/s-Turbomodus etc., die sich aber nur über die von AVM bereitgestellten Tools nutzen und einstellen lassen. Durch Anklicken des AVM-Symbols im Infobereich der Taskleiste mit der rechten Maustaste und Auswahl des Eintrags *Microsoft WLAN* haben Sie jedoch die Möglichkeit, die Hersteller-Tools bei Bedarf zu deaktivieren. Anschließend können Sie die Konfiguration und Verwaltung des WLAN-Netzwerkadapters dann wieder über die Funknetzwerk-Funktionen von Windows Vista durchführen.

Abbildung 36.28 Losgelöst von den in Windows Vista enthaltenen Funktionen legen manche Hersteller ihren WLAN-Produkten eigene Tools zur Einrichtung und Verwaltung des Funknetzwerks bei (hier: AVM)

Zusammenfassung

In diesem Kapitel haben Sie alles Wesentliche zur WLAN-Funktionalität von Windows Vista erfahren. In der folgenden Übersicht sind die wichtigsten Vorgänge noch einmal für Sie zusammengefasst.

Sie möchten ...	So gehen Sie vor	Sehen Sie sich dazu das Beispiel an auf
mit einem Funknetzwerk verbinden	Klicken Sie zunächst das Netzwerksymbol im Infobereich der Taskleiste und im anschließenden Fenster entweder den Link *Verbindung mit einem Netzwerk herstellen* oder *Es sind Drahtlosnetzwerke verfügbar* an, um aus einer Liste aller derzeit in Reichweite befindlicher Funknetzwerke das gewünschte auszuwählen	Seite 606
manuell ein Netzwerkprofil für eine WLAN-Verbindung erstellen	Klicken Sie zunächst das Netzwerksymbol im Infobereich der Taskleiste und dann den Link *Verbindung mit einem Netzwerk herstellen* an, um im darauf folgenden Fenster den Link *Eine Verbindung oder Netzwerk einrichten* anzuklicken und anschließend die Verbindungsoption *Manuell mit einem Drahtlosnetzwerk verbinden* auszuwählen	Seite 608
eine aktive WLAN-Verbindung trennen	Klicken Sie im mittleren Bereich des Netzwerk- und Freigabecenters den Link *Verbindung trennen* an	Seite 610
den Status einer aktiven WLAN-Verbindung einsehen	Klicken Sie im mittleren Bereich des Netzwerk- und Freigabecenters den Link *Status anzeigen* und im anschließenden Dialogfeld die Schaltfläche *Drahtsloseigenschaften* an	Seite 610
die Netzwerkprofile verwalten	Klicken Sie im linken Aufgaben-Bereich des Netzwerk- und Freigabecenters den Link *Drahtlosnetzwerke verwalten* an	Seite 611
die Netzwerkprofile exportieren	Öffnen Sie eine Eingabeaufforderung und geben Sie dort den Befehl *netsh wlan export profile* ein	Seite 612
die Energiespareinstellungen für einen WLAN-Adapter bearbeiten	Öffnen Sie *Energieoptionen* in der Systemsteuerung, klicken Sie den Link *Energiespareinstellungen ändern* des gewünschten Energiesparplans sowie den Link *Erweiterte Energiespareinstellungen ändern* an, öffnen Sie die Kategorie *Drahtlosadaptereinstellungen* sowie *Energiesparmodus* und geben das bevorzugte Verhalten über das Listenfeld *Einstellungen* vor	Seite 614
den WLAN-Adapter über das Windows-Mobilitätscenter ein- und ausschalten	Drücken Sie [Windows]+[X] und klicken Sie die Schaltfläche *Einschalten* bzw. *Ausschalten* im Bereich *Drahtlosnetzwerk* an	Seite 614
ein neues Funknetzwerk einrichten	Klicken Sie im linken Aufgaben-Bereich des Netzwerk- und Freigabecenters den Link *Eine Verbindung oder Netzwerk einrichten* an und wählen Sie im darauf folgenden Fenster die Verbindungsoption *Einen Drahtlosrouter oder -Zugriffspunkt einrichten* aus	Seite 618

Tobias Weltner

37 Mobilitätscenter und Gerätecenter

Mit dem Windows-Mobilitätscenter finden Notebook-Anwender auf einen Blick alle wichtigen Einstellungen rund um ihren mobilen Computer und können den Akkustand prüfen, externe Bildschirme steuern, den Präsentationsmodus aktivieren oder (bei einem Tablet PC) die Ausrichtung des Displays ändern. Auf normalen Computern steht das Windows-Mobilitätscenter nicht zur Verfügung.

Mit dem Windows Mobile Gerätecenter, das als kostenloses Download für alle Vista-Computer zur Verfügung steht, nehmen Sie Kontakt zu jedem Windows Mobile 2003- oder Windows Mobile 5.0-Gerät auf und können zum Beispiel Kontakte, E-Mails oder andere Medien zwischen einem Organizer und Ihrem Computer synchronisieren oder austauschen. Damit ersetzt das Windows Mobile Gerätecenter die ActiveSync-Software früherer Windows-Versionen.

Das Windows-Mobilitätscenter

Das Windows-Mobilitätscenter ist eine praktische Zusammenfassung sämtlicher wichtiger Einstellungen für Notebookbesitzer. Sie erreichen es in der Systemsteuerung, wenn Sie auf *Mobil-PC* klicken und dann *Windows-Mobilitätscenter* wählen.

PROFITIPP

Noch schneller öffnen Sie das Mobilitätscenter mit [Win]+[X]. Das Mobilitätscenter ist nur auf Notebook-Computern vorhanden. Sie erreichen es auch über einen Klick auf die Akkuanzeige im Infobereich der Taskleiste.

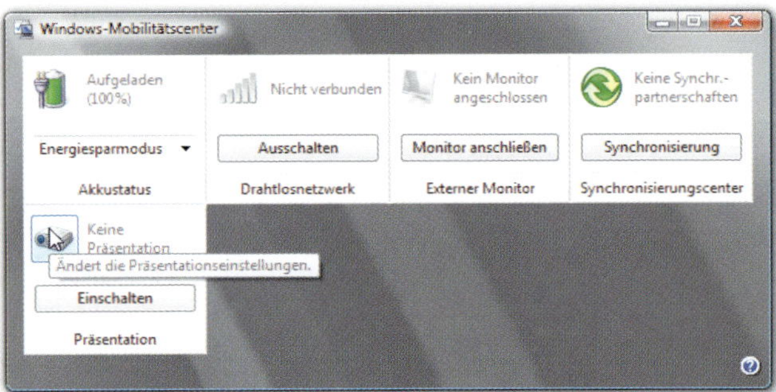

Abbildung 37.1 Das Mobilitätscenter fasst alle wichtigen Mobilfunktionen zusammen

Die einzelnen Funktionen sind wie quadratische Bausteine ins Mobilitätscenter eingehängt. Welche aus der folgenden Liste bei Ihnen erscheinen, hängt von der Ausstattung Ihres Notebooks ab. Es können durchaus mehr sein als in Abbildung 37.1:

- **Helligkeit** Ändern die Helligkeit des Displays und dunkelt es zum Beispiel abends im Zug ab.
- **Lautstärke** Ändert die Lautstärke der internen Soundkarte und kann den Ton auch ganz ausschalten, zum Beispiel in einer Besprechung.
- **Akkustatus** Zeigt den Ladezustand und die verbleibende Laufzeit an und ändert den Energiesparmodus.
- **Drahtlosnetzwerk** Meldet den Verbindungsstatus sowie die Empfangsstärke und schaltet das drahtlose Netzwerk ab, zum Beispiel in einem Flugzeug.
- **Bildschirmausrichtung** Ändert bei einem Tablet PC mit drehbarem Display die Darstellung von Hochformat auf Querformat.
- **Externer Monitor** Schaltet die Monitorerkennung an, mit der Sie bestimmen, ob der Monitor Ihren eingebauten Bildschirm bei einer Präsentation dupliziert oder Ihren Desktop im Büro auf den zweiten Monitor erweitert.

Achtung

Je nach Bauart Ihres Notebooks müssen Sie dennoch den externen Monitoreingang zunächst mit einer Tastenkombination einschalten, damit angeschlossene Bildschirme erkannt werden können.

- **Synchronisierungscenter** Zeigt laufende Synchronisierungen mit anderen Geräten an oder startet diese.
- **Präsentation** Schaltet den Computer in den Präsentationsmodus und legt fest, wie sich der Computer während Präsentationen verhalten soll.

Die Bausteine erfüllen drei Aufgaben:

- Sie zeigen Informationen über den aktuellen Zustand wie zum Beispiel den Ladezustand des Akkus an.
- Sie ändern wichtige Funktionen über eine Schaltfläche oder ein Listenfeld. So können Sie den Stromsparmodus ändern oder Daten mit anderen Geräten synchronisieren.

Abbildung 37.2 Eine Funktion steuern

- Sie öffnen die erweiterten Einstellungen einer Funktion, wenn Sie auf das Funktionssymbol klicken.

Abbildung 37.3 Die zugrunde liegenden Eigenschaften einer Funktion ändern

Im Falle des Präsentationsmoduls könnten Sie anschließend im Dialogfeld *Präsentationseinstellungen* genau festlegen, wie sich Ihr Computer verhalten soll, wenn Sie eine Präsentation abhalten.

Automatisch wird dann zum Beispiel der Bildschirmschoner abgeschaltet, damit er nicht aktiviert wird, während Sie gerade den Inhalt einer Folie erläutern. Auch das private Hintergrundbild wird während der Präsentation durch ein seriöses Hintergrundbild geändert oder ganz abgeschaltet.

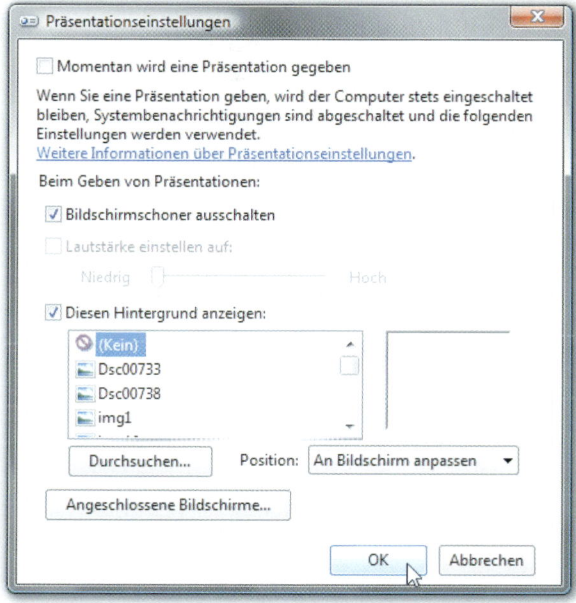

Abbildung 37.4 Hier bestimmen Sie, wie sich Ihr Computer verhält, wenn Sie eine Präsentation geben

Das Windows Mobile Gerätecenter

PDAs – die persönlichen digitalen Assistenten – sind Minicomputer, die sich wegen ihrer handlichen Größe bequem in Aktenkoffer, Handtaschen und sogar Jackettaschen verstauen lassen.

Diese Minicomputer erinnern unterwegs an Termine, suchen Adressen für Sie heraus, speichern E-Mails und unterhalten Sie zwischendurch mit Ihrer Lieblingsmusik. Über Erweiterungen funktionieren PDAs auch als Telefon oder Navigationssystem.

Zwar könnte man PDAs ganz ohne »richtigen« Computer betreiben, aber wirklich praktisch werden PDAs, wenn Sie sie mit Ihrem Computer zu Hause oder im Büro koppeln. Ihr PDA wird so tagsüber zu Ihrem ständigen Begleiter, und abends gleichen Sie seinen Inhalt mit dem Computer ab.

Gerade dieser Abgleich ist wichtig, damit Ihr PDA als stets aktuelle »Außenstelle« Ihres Computers funktionieren kann: Enthält der PDA zum Beispiel eine Digitalkamera-Funktion, würden beim Abgleich alle neuen Fotos auf den Computer übertragen (und dabei neuer Platz auf dem PDA geschaffen). Gleichzeitig würden neue Adressen übertragen, die Sie vielleicht unterwegs neu aufgenommen haben, E-Mails abgeglichen und vom Computer die neuesten Musikdaten auf den PDA kopiert. So ist Ihr PDA auf aktuellem Stand, und Sie sind gerüstet für den nächsten Tag.

Installation

Damit Sie Ihren PDA mit Windows Vista optimal verknüpfen können, sind spezielle Programme der jeweiligen Hersteller nötig. Setzt Ihr PDA das Betriebssystem Windows Mobile (ab Windows Mobile 2003) ein, können Sie von Microsoft das kostenlose Windows Mobile Gerätecenter 6.1 herunterladen, das für Windows Vista kostenlos unter dieser Internetadresse heruntergeladen und installiert werden kann: *http://www.microsoft.com/windowsmobile/devicecenter.mspx* (Download unter *www.microsoft.com/downloads/details.aspx ?displaylang=de&FamilyID=46f72df1-e46a-4a5f-a791-09f07 aaa1914*). Es ersetzt die ActiveSync-Software früherer Windows-Versionen.

Nach der Installation des Windows Mobile Gerätecenters brauchen Sie nur noch ein PDA-Gerät mit Windows Mobile-Betriebssystem an Ihren Computer anzuschließen und können sofort damit beginnen, Synchronisationspartnerschaften einzurichten oder von Hand Daten von oder zum Gerät zu übertragen.

Möglichkeiten

Sehen Sie sich die verschiedenen Bereiche an, in denen Windows Vista mit Ihrem mobilen Gerät zusammenarbeitet:

- **Synchronisation** Da die Synchronisation nun über das Synchronisationscenter verwaltet wird, gleichen Sie Informationen wie E-Mail-Nachrichten, Kalender, Adresskontakte, Aufgaben, Favoriten und Dateien zwischen Ihrem Computer und dem mobilen Gerät sehr zuverlässig ab, indem Sie einfach das mobile Gerät mit Ihrem Computer verbinden. Der Abgleich der Daten wird direkt über das Synchronisationscenter durchgeführt, das Sie über sein grünes Symbol im Infobereich der Taskleiste öffnen. Die automatische Geräteauthentifizierung sorgt dafür, dass Ihre Zugangs-PIN gespeichert wird und nicht bei jeder neuen Verbindungsaufnahme von Hand eingegeben werden muss. Information Rights Management-Aktivierung ermöglicht es Ihnen darüber hinaus, IRM-geschützte Inhalte mit dem PDA zu lesen.

- **Foto-Verwaltung** Das Windows Mobile Gerätecenter entdeckt automatisch neue Fotos, die Sie mit dem mobilen Gerät aufgenommen haben, und überträgt die Fotos nicht nur auf Ihren Computer, sondern fügt auf Wunsch gleich beschreibende Markierungen hinzu. Damit finden Sie die Aufnahmen später zum Beispiel in der Windows-Fotogalerie unter dem angegebenen Stichwort leicht wieder. Mehr dazu lesen Sie in Kapitel 9.
- **Media Player-Unterstützung** Mit dem Windows Media Player 11 verwalten Sie nicht nur im Rahmen der Medienbibliothek all Ihre Musik- und Videomedien. Sie können im Media Player auch direkt Musiklisten mit Ihrem mobilen Gerät synchronisieren und es zum Beispiel für den nächsten Tag mit Ihren Lieblingssongs beladen. Mehr dazu lesen Sie in Kapitel 10.
- **Dateisystem-Unterstützung** Nachdem Sie ein mobiles Gerät angeschlossen haben, wird dessen Laufwerksymbol im Windows-Explorer angezeigt. Drücken Sie also [Windows]+[E], um den Explorer zu öffnen, können Sie anschließend die Ordner und Dateien Ihres mobilen Gerätes genauso sichtbar machen wie Sie das von der Festplatte und anderen Laufwerken gewohnt sind. Auf gleiche Weise kopieren und verschieben Sie auch Dateien manuell von und zu Ihrem Computer. Mehr dazu erfahren Sie in Kapitel 5.

Gerätecenter öffnen

Sie können das Windows Mobile Gerätecenter auch direkt in der Systemsteuerung öffnen und sehen dann ein Fenster mit den wichtigsten Aufgaben, die Sie von dort aus direkt starten können:

1. Wählen Sie im Startmenü *Systemsteuerung* und klicken Sie auf *Hardware und Sound.*
2. Klicken Sie dann auf *Windows Mobile Gerätecenter.*

Alternativ können Sie das Windows Mobile Gerätecenter auch im Startmenü direkt über *Alle Programme* aufrufen.

Tipp 

Das Windows Mobile Gerätecenter ist zuständig für die Erkennung und Kommunikation mit externen Geräten, die das Windows Mobile-Betriebssystem ausführen. Die eigentliche Synchronisation von Informationen – also der Abgleich von Adressen oder E-Mails mit Ihrem Computer – wird allerdings zentral, wie alle übrigen Synchronisationsaufgaben auch, vom Vista-eigenen Synchronisationscenter erledigt.

Haben Sie also ein Windows Mobile-Gerät eingerichtet, dann brauchen Sie nur im Infobereich der Taskleiste auf das Synchronisationssymbol zu klicken, das aussieht wie ein Recyclingsymbol. Es öffnet sich das Synchronisationscenter und darin steuern Sie die Synchronisation per Doppelklick auf das gewünschte Gerät.

Das Gerätecenter unterstützt PDAs und SmartPhones älterer Standards (Pocket PC 2002, Windows CE etc.) nicht. Wie schon bei ActiveSync synchronisiert das Gerätecenter einen PDA nur mit maximal zwei PCs. Gegebenenfalls müssen also Synchronisationspartnerschaften gelöscht werden.

Zusammenfassung

Das in Vista integrierte Windows Mobilitätscenter ist für Notebook-Benutzer eine enorme Hilfe, weil es übersichtlich an einer Stelle alle »Unterwegs«-Funktionen auflistet. Es genügt, die Tastenkombination [Windows]+[X] zu drücken, um eine beliebige Mobileinstellung zu ändern. Auf herkömmlichen PCs ist das Mobilitätscenter nicht vorhanden.

Auch mit PDAs, den persönlichen digitalen Assistenten, arbeitet Windows Vista eng zusammen, vorausgesetzt die Kopplungssoftware ist vorhanden. Für PDAs, die auf dem Windows Mobile-Betriebssystem basieren, steht ein kostenloses Download als Windows Mobile Gerätecenter zur Verfügung. Sobald Sie das installieren, genügt es, Ihren PDA mit Ihrem Vista-PC zu verbinden. Schon können Sie Kalender, Termine und E-Mails synchronisieren, Musik mit dem Media Player übertragen, Fotos in die Fotogalerie kopieren und im Windows-Explorer das Dateisystem Ihres PDAs durchstreifen.

Sie möchten ...	So gehen Sie vor	Sehen Sie sich dazu das Beispiel an auf
das Mobilitätscenter öffnen	Drücken Sie [Windows]+[X]	Seite 624
den Präsentationsmodus aktivieren	Klicken Sie im Modul *Präsentation* auf *Einschalten*	Seite 625
Daten mit einem PDA austauschen	Installieren Sie das Windows Mobile Gerätecenter und schließen Sie den PDA an	Seite 625

Eric Tierling

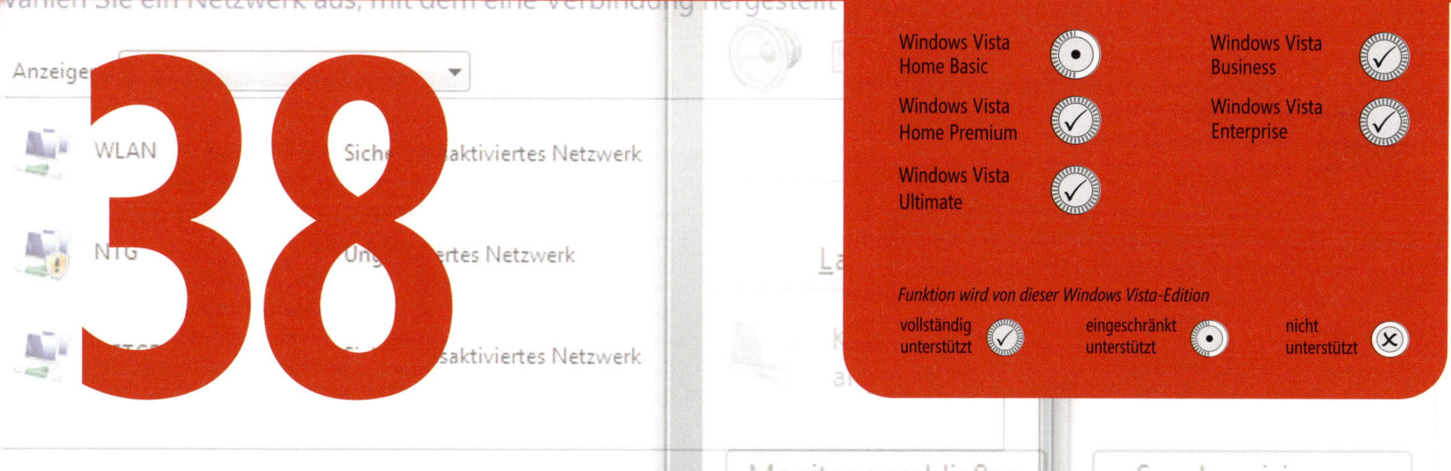

38 Tablet PC-Funktionalität von Windows Vista

Seit Jahrzehnten werden Computer über Tastatur bedient. Mit dem Aufkommen grafischer Benutzeroberflächen gesellte sich später die Maus hinzu. Mit Windows Vista lassen sich weitere Eingabe- und Steuerungsmethoden nutzen: Neben der Spracherkennung können Sie den PC auch mit dem Stift bedienen und handschriftliche Eingaben vornehmen. Die so genannte *Tablet PC-Funktionalität* macht es möglich.

Abbildung 38.1 Die Tablet PC-Funktionalität beinhaltet eine leistungsfähige Handschrifterkennung

Hinweis

Die Tablet PC-Funktionalität steht in allen Editionen von Windows Vista zur Verfügung (sowohl 32 Bit als auch 64 Bit), ausgenommen in Windows Vista Home Basic.

Was bedeutet Tablet PC-Funktionalität?

Die Tablet PC-Funktionalität von Windows Vista stellt eine Weiterentwicklung der in Windows XP Tablet PC Edition 2005 enthaltenen Stiftbedienung und Handschrifterkennung dar. Insgesamt fällt die Integration der Tablet PC-Funktionalität in die Benutzeroberfläche des Betriebssystems nahtloser und umfangreicher aus, was das Arbeiten mit einem Stift noch effizienter gestaltet.

Merkmale von Tablet PCs

Um die Tablet PC-Funktionalität nutzen zu können, benötigen Sie einen *Tablet PC*. Hierbei handelt es sich um eine Art Notebook-PC, auf dessen Bildschirm Sie wie auf einem Notizblock mit einem (speziellen) Stift schreiben können. Dazu ist ein Tablet PC mit einem speziellen Bildschirm versehen:

- Viele Tablet PCs besitzen einen *elektromagnetischen Digitizer-Bildschirm*. Dieser erkennt Berührungen, die von einem dazu passenden, *speziellen Stift* stammen, anhand des Magnetfeldes. Strom benötigt dieser spezielle Stift nicht, sodass auch kein Kabel erforderlich ist (höchstens, um den Stift nicht zu verlieren). Vorteilhaft ist zudem, dass dieser Bildschirmtyp nicht auf simple Berührungen reagiert, sodass Sie Ihre Hand problemlos auf den Bildschirm legen können.
- In einigen Tablet PCs ist stattdessen ein *berührungsempfindlicher Touchscreen* eingebaut. Dieser reagiert sowohl auf Berührungen, die von einem *simplen Stift* (mit Plastikspitze, also kein Kugelschreiber!) stammen, als auch auf Berührungen von einem Finger. Auf diese Weise können Sie den Finger – den manche auch als den »natürlichsten aller Zeiger« bezeichnen – bequem dazu verwenden, den Mauszeiger über den Bildschirm zu bewegen und Elemente auszuwählen.

Des Weiteren unterscheiden sich Tablet PCs von herkömmlichen Notebooks durch ihre Bauform: Ein so genannter *Convertible* sieht genauso aus wie ein Notebook, doch lässt sich hier der Bildschirm sich bei Bedarf um 180 Grad drehen und umgekehrt auf die Notebook-Tastatur klappen, sodass diese verdeckt wird (siehe Abbildung 38.2). Als Folge daraus steht Ihnen somit eine Art elektronischer Schreibblock zur Verfügung, bei dem Sie Eingaben, Notizen etc. direkt auf dem Bildschirm vornehmen können. Bei Bedarf verwandeln Sie das Gerät durch Aufklappen des Bildschirms und Drehen in die ursprüngliche Richtung wieder in ein klassisches Notebook.

Abbildung 38.2 Ein Tablet PC in Convertible-Bauform lässt sich zum Notebook verwandeln (Quelle: Lenovo)

Genauso gibt es Tablet PCs, die wie ein *Slate* (englisch für »Schiefertafel«) gehalten sind. Hierbei nimmt quasi der Bildschirm die gesamte Geräteoberfläche ein. Eine eingebaute Tastatur gibt es nicht, sodass Sie diese extern oder über eine Docking-Station anstecken müssen.

Daneben weisen Tablet PCs eine weitere Besonderheit auf: Im Tablet PC-Modus (wenn Sie also bei einem Convertible den Bildschirm auf die Tastatur geklappt haben) wird das Gerät in der Regel hochkant in der Hand gehalten. Dementsprechend ändert sich auch die Bildschirmorientierung, die von dem standardmäßig *Querformat* wie beim normalen Notebook ins *Hochformat* wechselt.

Tablet PC-Merkmale von Windows Vista

Windows Vista beinhaltet serienmäßig die *Tablet PC-Funktionalität*, die auf einem entsprechendem Gerät automatisch aktiviert wird. Das bedeutet: In Verbindung mit geeigneter Hardware wie einem Tablet PC können Sie Windows Vista komplett per Stift bedienen und handschriftliche Eingaben vornehmen.

Praktisch sind auch die *Stiftbewegungen*. Diese erlauben es Ihnen, bestimmte Aktionen wie beispielsweise das Zurückblättern zur vorigen Webseite im Webbrowser oder das Einfügen aus der Zwischenablage anhand von »Gesten« durchzuführen, die Sie dem Windows Vista-PC durch (festgelegte) Bewegungen des Stiftes in bestimmte Richtungen mitteilen.

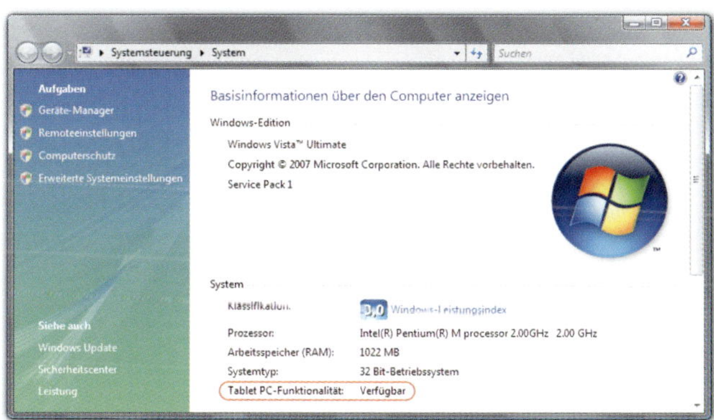

Abbildung 38.3 Auf einem Tablet PC aktiviert Windows Vista automatisch die Tablet PC-Funktionalität

Dabei werden von der Tablet PC-Funktionalität sowohl Tablet PCs mit elektromagnetischem Bildschirm als auch solche unterstützt, bei deren Bildschirm es sich um einen Touchscreen handelt.

Darüber hinaus enthält Windows Vista einige Tools, die ihre Stärken vor allem in Verbindung mit der Tablet PC-Funktionalität ausspielen können. Hierzu gehören die *Kurznotizen*, das *Windows-Journal* sowie das *Snipping Tool* zum leichten Erfassen von Bildschirminhalten (siehe Abschnitt »Weitere Tools«).

Bildschirmtastatur

Die Tablet PC-Funktionalität ermöglicht es, den Windows Vista-PC weitestgehend ohne Tastatur und Maus, sondern rein per Stift zu bedienen. Falls Windows Vista eine bestimmte Eingabe erwartet, blendet die Tablet PC-Funktionalität daher automatisch eine *Bildschirmtastatur* ein. Ist zum Beispiel zur erfolgreichen interaktiven Anmeldung nach Auswahl eines Benutzerkontos im Willkommens-Bildschirm von Windows Vista die Eingabe eines Kennwortes erforderlich, lässt sich dieses Zeichen für Zeichen über die Bildschirmtastatur eintippen (siehe Abbildung 38.4). Das dient dazu, Eingaben vorzunehmen – denn eine »echte« Tastatur gibt es ja im Zweifelsfall nicht

> **Tipp**
>
> Um die Bildschirmtastatur auf ein anderes Tastaturlayout umzustellen, klicken Sie das Eingabesprachen-Symbol an (»DE« für das normale deutsche Layout, »EN« für das US-englische Layout etc.).

Abbildung 38.4 Bereits auf dem Willkommens-Bildschirm lassen sich Eingaben über die Bildschirmtastatur vornehmen

Der Tablet PC-Eingabebereich

An anderen Stellen, an denen Sie beliebige Einnahmen durchführen können, steht Ihnen der so genannte *Tablet PC-Eingabebereich* zur Verfügung (siehe Abbildung 38.1). Dieser dient dazu, Ihre Eingaben, die Sie ansonsten über die »echte« Tastatur vornehmen würden, in seinem *Schreibbereich* aufzunehmen. Von dort aus können Ihre Eingaben anschließend in eine Anwendung übernommen werden – genau so, als hätten Sie die Eingaben per Tastatur vorgenommen.

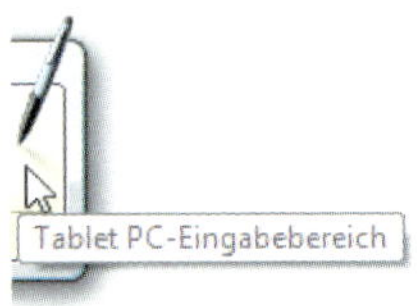

Abbildung 38.5 Der Tablet PC-Eingabebereich »versteckt« sich standardmäßig am linken Bildschirmrand

Den Tablet PC-Eingabebereich öffnen

Um den Tablet PC-Eingabebereich zu öffnen, stehen Ihnen mehrere Möglichkeiten zur Verfügung:

- Um den Tablet PC-Eingabebereich in den Vordergrund des Bildschirms zu holen, klicken Sie seinen rechten Rand an, der standardmäßig am linken Bildschirmrand des Windows-Desktops angezeigt wird (siehe Abbildung 38.5). Auf einem mit Tablet PC-Funktionalität versehenen Windows Vista-PC ist dies das Einzige, was normalerweise vom Tablet PC-Eingabebereich »sichtbar« ist. Daraufhin »fliegt« der bislang überwiegend nicht sichtbare Tablet PC-Eingabebereich von links her komplett ein, sodass Sie diesen jetzt verwenden können.

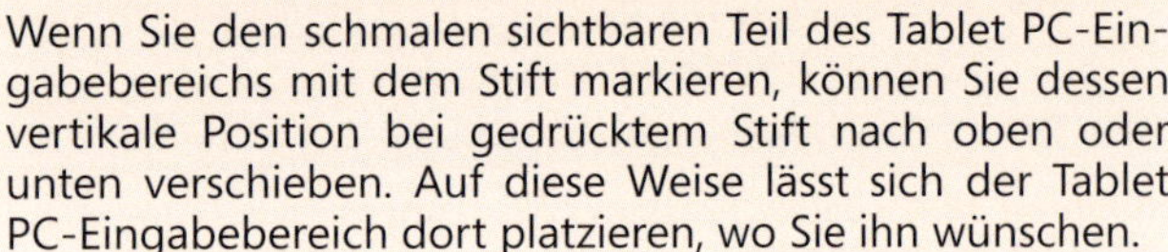

Tipp

Wenn Sie den schmalen sichtbaren Teil des Tablet PC-Eingabebereichs mit dem Stift markieren, können Sie dessen vertikale Position bei gedrücktem Stift nach oben oder unten verschieben. Auf diese Weise lässt sich der Tablet PC-Eingabebereich dort platzieren, wo Sie ihn wünschen.

- Eine andere Alternative besteht darin, sich in eine Anwendung an eine Stelle zu begeben, an der eine Eingabe erfolgen kann. In diesem Fall bekommen Sie automatisch in der Nähe der aktuellen Position Ihres Stiftes das *Eingabebereich-Symbol* angezeigt. Klicken Sie dieses an, öffnet sich automatisch der Tablet PC-Eingabebereich.

Tipp 

Auf Wunsch können Sie das Eingabebereich-Symbol auch dauerhaft in der Taskleiste von Windows Vista einblenden. Dazu führen Sie die folgenden Schritte aus:

1. Klicken Sie mit der rechten Maustaste in einen freien Bereich der Taskleiste.
2. Im sodann angezeigten Kontextmenü wählen Sie zunächst *Symbolleisten* und dann *Tablet PC-Eingabebereich* aus.

Handschriftliche Eingaben

Bevor Sie die Handschrifterkennung verwenden, sollten Sie kurz einen Blick in die Titelleiste des Tablet PC-Eingabebereichs werfen. Diese ist mit mehreren Symbolen versehen (siehe Tabelle 38.1). Hierüber können Sie zwischen verschiedenen Eingabemodi umschalten und so je nach Situation rasch beispielsweise zum Zeichenpad oder zur Bildschirmtastatur umschalten.

Hinweis 

Wenn Sie das Schließen-Symbol anklicken, beenden Sie dadurch nicht den Tablet PC-Eingabebereich, sondern blenden diesen lediglich aus.

Symbol	Bedeutung für den Tablet PC-Eingabebereich
	Schreibblock zur wortweisen Handschrifterkennung
	Zeichenpad zur zeichenweisen Handschrifterkennung
	Verwendung der Bildschirmtastatur anstatt der Handschrifterkennung
	Ausblenden des Tablet PC-Eingabebereichs

Tabelle 38.1 Verwendung des Tablet PC-Eingabebereichs

Standardmäßig geht der Tablet PC-Eingabebereich davon aus, dass Sie den Schreibblock zur wortweisen Handschrifterkennung wünschen. Und das nicht ohne Grund: Denn schon nach ein paar mit dem Stift geschriebenen Worten wird deutlich, dass diese wirklich gut funktioniert. Selbst, wer sich keiner Schönschrift rühmen kann, braucht keine Hemmungen an den Tag zu legen: Auch selbst eine fast unleserliche Handschrift wird mit erstaunlich hoher Treffergenauigkeit erkannt.

Bei Bedarf können Sie die *Eingabesprache* leicht umstellen, indem Sie das entsprechende Listenfeld in der Titelleiste des Tablet PC-Eingabebereichs öffnen. Standardmäßig stehen Ihnen darüber Deutsch und Englisch zur Verfügung.

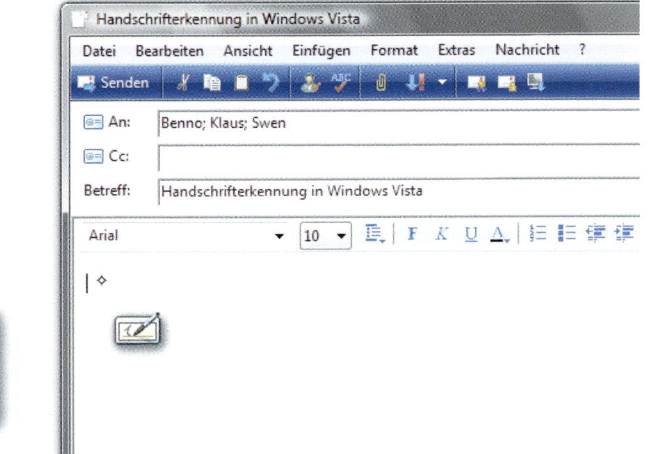

Abbildung 38.6 Sind Eingaben möglich, erscheint in der Nähe des Stiftes automatisch das Eingabebereich-Symbol, dessen Anklicken den (sonst am linken Bildschirmrand verborgenen) Tablet PC-Eingabebereich öffnet

Der Tablet PC-Eingabebereich arbeitet intelligent im Hintergrund und versucht dabei nicht nur, Ihre handschriftlichen Eingaben zu erkennen. Genauso blendet dieser zum Beispiel im Schreibblock automatisch eine neue Zeile ein, sobald Sie sich mit Ihren handschriftlichen Eingaben dem Ende der aktuellen Zeile nähern.

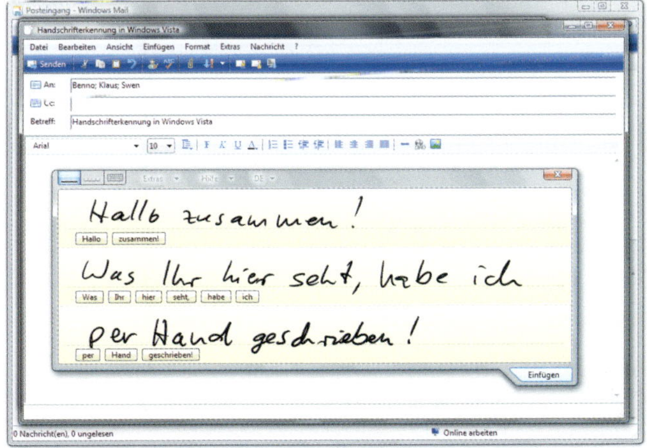

Abbildung 38.7 Die Handschrifterkennung in Aktion – im Tablet PC-Eingabebereich

Zum Abschluss tippen Sie mit dem Stift auf die Schaltfläche *Einfügen*. Daraufhin werden Ihre handschriftlich vorgenommenen Eingaben automatisch computergerecht umgewandelt und als Text in die jeweilige Anwendung übernommen.

Korrekturen vornehmen

Haben Sie sich verschrieben, können Sie den fehlerhaften Text leicht löschen. Hierzu streichen Sie das betreffende Wort einfach durch. Zum Durchstreichen stehen Ihnen unter anderem folgende Stiftbewegungsmuster zur Verfügung:

- Horizontal
- Schräg
- »Zickzack« in Wellenform
- Kreisförmig

Wichtig 

Verharren Sie mit dem Stift am Ende der Durchstreichbewegung für einen kleinen Moment, bevor Sie diesen vom Bildschirm entfernen. Dadurch weiß die Tablet PC-Funktionalität dann, dass es sich um eine Durchstreichbewegung handelt.

Wurde ein Wort oder Zeichen nicht korrekt erkannt, klicken Sie die darunter befindliche Schaltfläche an (siehe Abbildung 38.8). Daraufhin bekommen Sie als kleines Zusatzfenster den *Korrekturbereich* eingeblendet. Dort können Sie zum Beispiel auf eine der vorgeschlagenen Alternativen zurückgreifen, das betreffende Zeichen korrigieren oder aber den Text löschen.

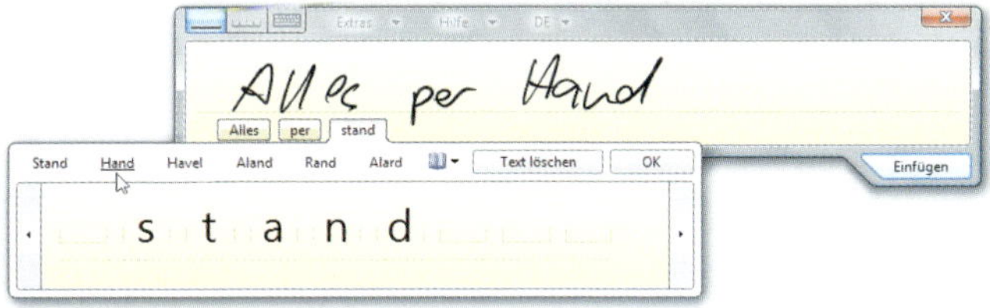

Abbildung 38.8 Fehlerhaft erkannte Wörter oder Zeichen sind schnell korrigiert

Wörterbuch

Mit verantwortlich für die gute Erkennungsrate zeichnet das interne *Wörterbuch* der Tablet PC-Funktionalität, das Windows Vista für jeden Benutzer führt. Auf Wunsch können Sie Wörterbuch erweitern, sodass dieses künftig bekannt ist. Dazu gehen Sie wie folgt vor:

1. Schreiben Sie mit dem Stift das gewünschte Wort im Schreibbereich des Schreibblocks.
2. Tippen Sie auf die darunter befindliche Schaltfläche, die den erkannten Text beinhaltet.
3. Falls erforderlich, ändern Sie das erkannte Wort im Korrekturbereich ab, sodass es richtig geschrieben ist.
4. Klicken Sie die Schaltfläche *Wörterbuchtools* im Korrekturfenster an und wählen Sie im sodann erscheinenden Menü den Eintrag *Zum Wörterbuch hinzufügen* aus.

Handschrifterkennung verbessern

Die Tablet PC-Funktionalität von Windows Vista kann bei der Erkennung Ihrer Eingaben nicht nur auf das interne Wörterbuch zurückgreifen. Zusätzlich können Sie die Handschrifterkennung trainieren, um die Erkennungsrate Ihrer persönlichen Handschrift zu verbessern. Hierzu gehen Sie wie folgt vor:

1. Öffnen Sie den Tablet PC-Eingabebereich und stellen Sie dort die gewünschte Eingabesprache (etwa »DE« für Deutsch) ein.
2. Rufen Sie den Menübefehl *Extras/Handschrifterkennung anpassen* auf.

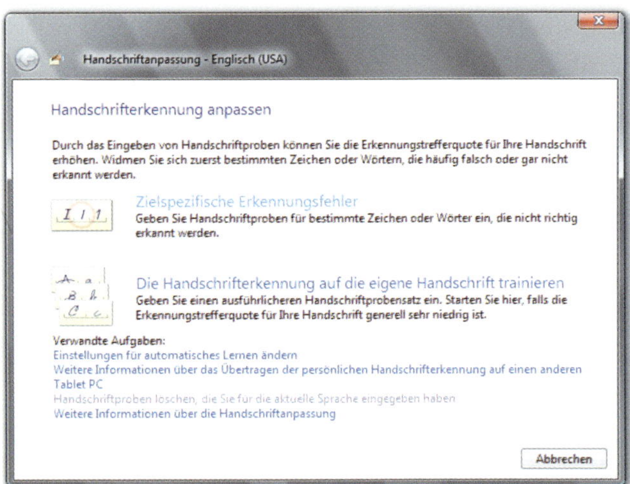

Abbildung 38.9 Persönliche Anpassung der Handschrifterkennung

3. Daraufhin erscheint das Dialogfeld *Handschriftanpassung* (siehe Abbildung 38.9). Dort können Sie unter anderem
   - Fehler, die der Handschrifterkennung bei bestimmten von Ihnen eingegebenen Buchstaben oder Zeichen immer wieder unterlaufen, durch Anklicken von *Zielspezifische Erkennungsfehler* zu beseitigen versuchen oder aber
   - durch Auswahl von *Die Handschrifterkennung auf die eigene Handschrift trainieren* auf Ihre persönliche Handschrift besser abstimmen.

Hinweis

Bei Windows Vista SP1 ist die so genannte *benutzerdefinierte Anpassung* der Handschrifterkennung zunächst nur für die Eingabesprachen »EN« (steht für Englisch), Japanisch, Chinesisch (traditionell sowie vereinfacht) und Koreanisch verfügbar.

Stiftbewegungen

Die Tablet PC-Funktionalität zeichnet sich nicht nur durch die Handschrifterkennung aus. Ein weiteres Highlight sind die *Stiftbewegungen*. Mit Ihrer Hilfe ist es möglich, bestimmte Aktionen über Gesten durchzuführen, die Sie mit dem Stift ausüben.

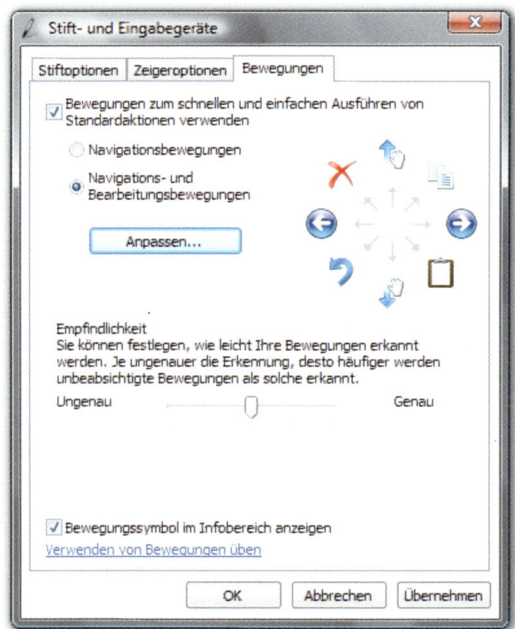

Abbildung 38.10 Stiftbewegungen erlauben die Steuerung von Windows Vista über Gesten, die Sie mit dem Stift ausüben

Standardmäßig lassen sich so bestimmte *Navigationsbewegungen* erledigen. Welche dies sind, bringen Sie wie folgt in Erfahrung:

1. Tippen Sie »stift« im Schnellsuchfeld des Startmenüs ein, und klicken Sie auf den anschließend angezeigten Link *Stift- und Eingabegeräte*. Alternativ können Sie diesen Eintrag auch aus der Systemsteuerung heraus öffnen.
2. Daraufhin gelangen Sie zu einem gleichnamigen Dialogfeld (siehe Abbildung 38.10), wo Sie zur Registerkarte *Bewegungen* wechseln.
3. Wie Sie dort erkennen, sind standardmäßig Stiftbewegungen zwar eingeschaltet, doch nur für Navigationsbewegungen (rückwärts und vorwärts sowie nach oben und nach unten ziehen) nutzbar.

   Wählen Sie aber die Option *Navigations- und Bearbeitungsbewegungen* aus, können Sie Gesten auch für diagonale Bewegungen verwenden. Nach Anklicken der Schaltfläche *Anpassen* können Sie nicht nur in Erfahrung bringen, welche Aktionen dafür im Einzelnen vorgesehen sind (siehe Abbildung 38.11), sondern dafür bei Bedarf auch andere Aktionen festlegen.

Abbildung 38.11 Für die Gesten von Stiftbewegungen können Sie eigene Aktionen festlegen

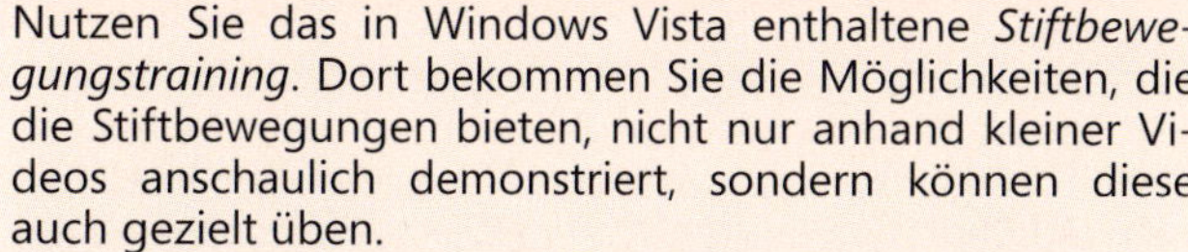

Tipp

Nutzen Sie das in Windows Vista enthaltene *Stiftbewegungstraining*. Dort bekommen Sie die Möglichkeiten, die die Stiftbewegungen bieten, nicht nur anhand kleiner Videos anschaulich demonstriert, sondern können diese auch gezielt üben.

Des Weiteren können Sie im Infobereich der Taskleiste das Stiftbewegungs-Symbol einblenden, um von hier aus schnell zur Stiftbewegungszuordnung oder zum Stiftbewegungstraining zu gelangen oder die Verwendung dieser Gesten zu deaktivieren. Hierzu müssen Sie im Dialogfeld *Stift- und Eingabegeräte* auf der Registerkarte *Bewegungen* das Kontrollkästchen *Bewegungssymbol im Infobereich anzeigen* aktivieren.

Fingereingabe

Die Tablet PC-Funktionalität von Windows Vista unterstützt nicht nur elektromagnetische Bildschirme, die mit einem entsprechenden Stift bedient werden müssen, sondern auch berührungsempfindliche Touchscreens. Um in diesem Fall auch eine Bedienung nicht nur per Stift, sondern auch per Finger zu ermöglichen, sieht Windows Vista den so genannten *Fingereingabezeiger* vor.

Hinweis 

Der Fingereingabezeiger steht nur dann zur Verfügung, wenn der Computer über Touchscreen-Eingabefähigkeiten verfügt.

Abbildung 38.12 Der Fingereingabezeiger erleichtert Eingaben über einen Touchscreen

Der Fingereingabezeiger ist dabei nichts anderes als eine symbolisierte Maus (siehe Abbildung 38.12). Diese folgt dem Zeiger, den Sie mit dem Finger über den Bildschirm bewegen. Anschließend können Sie dann eine der symbolisierten Tasten verwenden, um beispielsweise das Element unter dem Zeiger anzuklicken.

Tipp

Für die Fingerzeigeeingabe hält Windows Vista ein zur Veranschaulichung dienendes *Fingereingabetraining* bereit. Dieses können Sie zum Beispiel aufrufen, indem Sie *Finger* im Suchfeld des Windows Vista-Startmenüs eintippen und dann den Eintrag *Tablet PC-Fingereingabetraining selektieren*.

Windows Vista-Anwendungen mit Tablet PC-Unterstützung

Die Tablet PC-Funktionalität ist eng in Windows Vista integriert und lässt sich daher an vielen Stellen nutzen. Zwei prominente Beispiele sind der Internet Explorer und der Windows-Explorer.

Tablet PC-Funktionalität im Internet Explorer

Wenn Sie in der Adressleiste des Internet Explorers eine URL eingeben, können Sie hierbei auf die Tablet PC-Funktionalität zurückgreifen. Tippen Sie mit dem Stift in die Adressleiste des Internet Explorers und klicken auf das dann automatisch eingeblendete Eingabebereich-Symbol, erhalten Sie den Tablet PC-Eingabebereich eingeblendet. Im rechten Bereich des Schreibblocks finden Sie dort nun für das Surfen im Web wichtige Kürzel (wie »http://«, ».de« etc.) eingeblendet, sodass Sie diese nur noch antippen und nicht mehr jeden Buchstaben und jedes Zeichen einzeln angeben brauchen.

Nützlich bei der Tablet PC-Funktionalität ist außerdem die AutoComplete-Funktion, die Sie an dieser Stelle ebenfalls nutzen können: Schreiben Sie im Schreibblock beispielsweise »m«, können Sie anschließend aus allen bisher besuchten Webadressen, die mit »m« beginnen, bequem die passende per Stift auswählen (siehe Abbildung 38.13).

Praktisch ist auch die so genannte *Schwenkhand*, die in der Symbolleiste des Internet Explorers zu finden ist. Klicken Sie diese an, können Sie anschließend den Stift innerhalb der angezeigten Webseite nach oben und unten bzw. links und rechts bewegen und dadurch blättern.

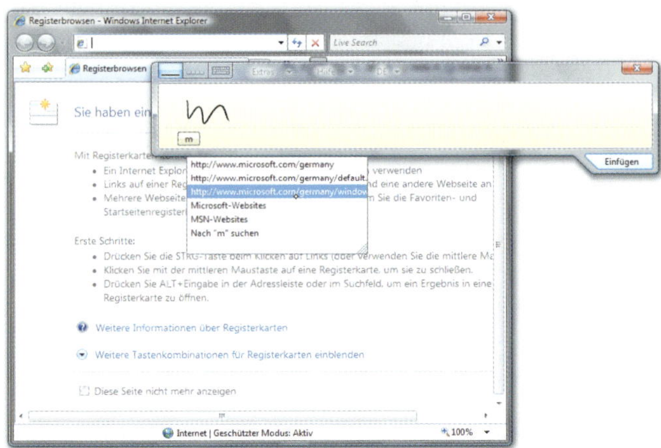

Abbildung 38.13 AutoComplete hilft zum Beispiel beim Internet Explorer

Tipp 

Im Internet Explorer machen sich zudem die Stiftbewegungen (siehe den Abschnitt »Stiftbewegungen«) bezahlt, etwa zum schnellen Wechsel zur vorigen Webseite.

Weitere Tools

Zu weiteren in Windows Vista enthaltenen Anwendungen, die nützlich im Zusammenhang mit der Tablet PC-Funktionalität sein können, zählen:

- **Kurznotizen** Hierüber können Sie die allseits beliebten kleinen gelben Zettel bequem per Stift beschreiben.
- **Windows-Journal** Hierbei handelt es sich um ein Programm, das in Verbindung mit der Tablet PC-Funktionalität so richtig zur Geltung kommt. Hierbei erhalten Sie eine Art elektronischen Zeichenblock, auf dem Sie sich mit dem Stift so richtig »austoben« können.
- **Snipping Tool** Hierüber können Sie Teile des angezeigten Bildschirminhalts mit dem Stift ausscheiden und in andere Anwendungen übernehmen.

Einstellungen anpassen

Die Tablet PC-Funktionalität lässt sich über Einstellungen anpassen.

Tablet PC-Einstellungen

Rufen Sie in der Systemsteuerung *Tablet PC-Einstellungen* auf, können Sie im daraufhin angezeigten, gleichnamigen Dialogfeld zum Beispiel über die Registerkarte *Allgemein* angeben, ob Sie Rechts- oder Linkshänder sind.

Wichtig ist auch die dortige Registerkarte *Anzeige*: Dort können Sie die Bildschirmausrichtung – Querformat oder Hochformat – bestimmen. Gleichfalls ist dort einstellbar, in welcher Reihenfolge diese umgeschaltet werden, falls Sie die Bildschirmausrichtung durch Anklicken der Schaltfläche *Bildschirm drehen* im Windows-Mobilitätscenter ändern.

Stift- und Eingabegeräte

Bereits bei der Bearbeitung der Stift-Gesten (siehe Abschnitt »Stiftbewegungen«) haben Sie Bekanntschaft mit dem Dialogfeld *Stift- und Eingabegeräte* geschlossen. Neben der Registerkarte *Bewegungen* hält dieses noch folgende Registerkarten bereit:

- Über *Stiftoptionen* legen Sie zum Beispiel fest, welche Stiftaktion dem einfachen oder doppelten Anklicken per Maus entsprechen soll.
- Auf der Registerkarte *Zeigeroptionen* ist einstellbar, wie der Stift auf dem Bildschirm visuell hervorgehoben wird.

Optionen des Tablet PC-Eingabebereichs

Das Verhalten des Tablet PC-Eingabebereichs können Sie ebenfalls anpassen:

1. Im Tablet PC-Eingabebereich rufen Sie den Menübefehl *Extras/Optionen* auf.
2. Daraufhin erhalten Sie ein gleichnamiges Dialogfeld angezeigt, das mehrere Registerkarten bereithält (siehe Abbildung 38.14):
   - Auf der Registerkarte *Einstellungen* wird zum Beispiel das Verhalten der Schaltfläche *Einfügen* definiert.
   - Die Registerkarte *Initialisierung* enthält Einstellungen, die für das Öffnen des Tablet PC-Eingabebereichs relevant sind.
   - Die Registerkarten *Schreibblock* und *Zeichenpad* gestatten die Anpassung dieser Elemente des Tablet PC-Eingabebereichs.
   - Über die Registerkarte *Bewegung* sind Einstellungen definierbar, die das Durchstreichen von fehlerhaften Eingaben betreffen.
   - Die Registerkarte *Erweitert* umfasst Einstellungen zur Kennwortsicherheit. Hierüber wird vorgegeben, was geschieht, wenn Sie einen Stift zur Eingabe von Kennwörtern verwenden.

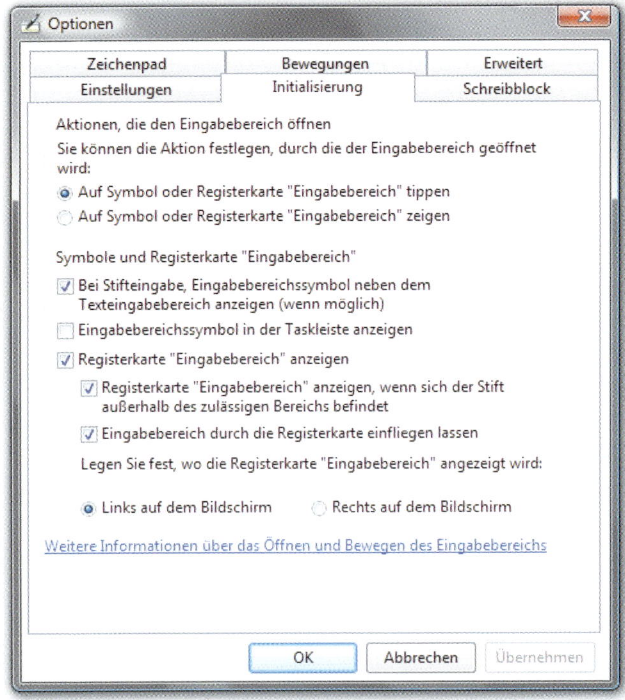

Abbildung 38.14 Optionen für den Tablet PC-Eingabebereich anpassen

Ein paar Tipps

Auf folgende Weise können Sie die Tablet PC-Funktionalität von Windows Vista für Ihre Aufgaben optimal nutzen:

- Schauen Sie sich die mitgelieferten Lernprogramme an, die vieles anhand kleiner Videos verdeutlichen.
- Viele der Minianwendungen in der Sidebar von Windows Vista sind ideal per Stift bedienbar. Auf diese Weise können Sie sich die Arbeit häufig sehr vereinfachen.
- Passen Sie die Energieoptionen Ihres gewählten Energiesparplans so an, dass der Computer beim Schließen des Bildschirms nicht in einen Schlafmodus verfällt. Denn bei einem als Convertible ausgeführten Tablet PC klappen Sie den Bildschirm ja gerade deshalb »zu«, um anschließend darauf handschriftliche Eingaben vorzunehmen.
- Nutzen Sie die Möglichkeiten, die Ihnen das Windows-Mobilitätscenter von Windows Vista bietet. Nie war es einfacher, einen externen Bildschirm einzuschalten, ohne dafür eine Tastenkombination auf der (physikalischen) Tastatur zu verwenden.

Zusammenfassung

Mit der Tablet PC-Funktionalität können Sie Ihren Windows Vista-PC noch vielseitiger nutzen und Eingaben per Handschrift vornehmen. Die folgende Übersicht fasst noch einmal alles Wissenswerte für Sie zusammen.

Sie möchten ...	So gehen Sie vor	Sehen Sie sich dazu das Beispiel an auf
den Tablet PC-Eingabebereich öffnen	Klicken Sie mit dem Stift in den standardmäßig am linken Bildschirmrand angezeigten Tablet PC-Eingabebereich	Seite 632
das Eingabebereich-Symbol in der Taskleiste einblenden	Klicken Sie einen freien Bereich der Taskleiste mit der rechten Maustaste an, um *Symbolleisten* gefolgt von *Tablet PC-Eingabebereich* auszuwählen	Seite 632
fehlerhafte Eingaben durchstreichen	Verwenden Sie eine Durchstreichbewegung im Schreibblock des Tablet PC-Eingabebereichs	Seite 633
das Wörterbuch um ein unbekanntes Wort erweitern	Im Korrekturbereich klicken Sie die Schaltfläche *Wörterbuchtools* an	Seite 633
Stiftbewegungen nutzen	Wählen Sie *Stift- und Eingabegeräte* im Startmenü aus und wechseln Sie zur Registerkarte *Bewegungen*	Seite 634
den Tablet PC-Eingabebereich anpassen	Wählen Sie den Eintrag *Optionen* aus dem Menü *Extras* des Tablet PC-Eingabebereichs aus	Seite 637

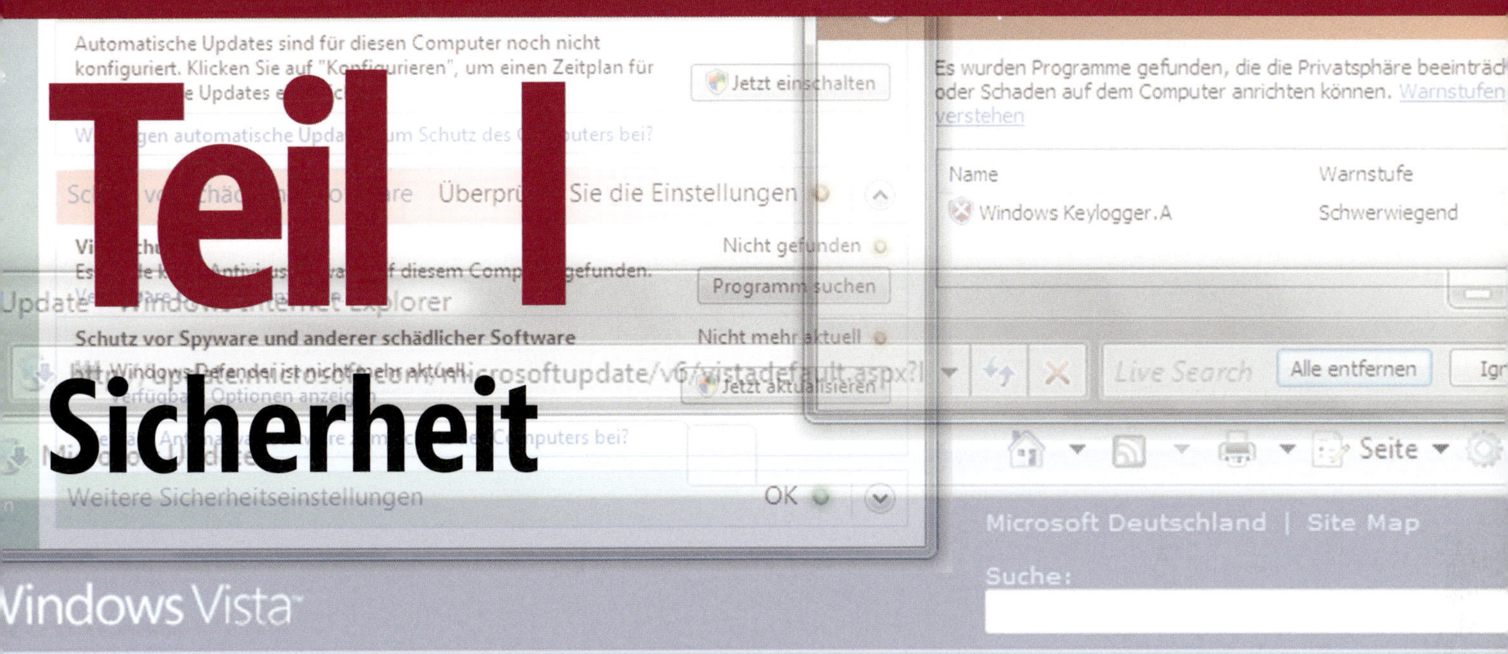

Teil I

Sicherheit

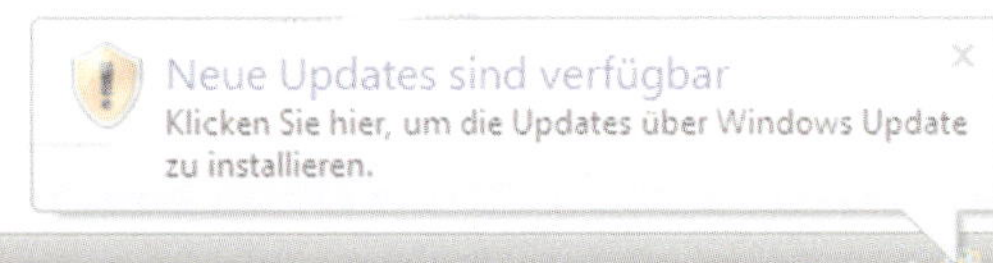

Eric Tierling

Windows Vista Home Basic	✓	Windows Vista Business	✓
Windows Vista Home Premium	✓	Windows Vista Enterprise	✓
Windows Vista Ultimate	✓		

Funktion wird von dieser Windows Vista-Edition
vollständig unterstützt ✓ eingeschränkt unterstützt ⊙ nicht unterstützt ⊗

39 Windows-Sicherheitscenter

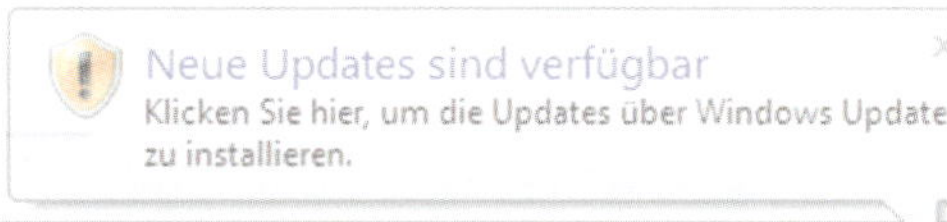

Um den momentanen Sicherheitszustand des Windows Vista-PCs beurteilen zu können, sind ein paar wesentliche Aspekte zu berücksichtigen. Hierzu gehören:

- Ist die Windows-Firewall aktiviert?
- Werden Sicherheits-Patches und weitere wichtige Updates für Windows Vista automatisch über das Internet geladen und eingespielt?
- Ist ein Antivirusprogramm installiert und mit aktuellen Virendefinitionen versehen?
- Verfügt das Antispywareprogramm über aktuelle Spywaredefinitionen?
- Wie ist es um die Sicherheitseinstellungen für das Internet bestellt und werden Sie von der Benutzerkontensteuerung geschützt?

Antworten auf diese Fragen gibt das *Windows-Sicherheitscenter* von Windows Vista, das grundlegende Sicherheitskomponenten und wichtige Systemeinstellungen überwacht.

Wichtig 

Das Windows-Sicherheitscenter erfasst wesentliche Sicherheitsmaßnahmen. Darüber hinaus bietet Windows Vista viele zusätzliche Merkmale wie zum Beispiel den Phishingfilter oder die verschlüsselte Speicherung von Dateien, zu denen sich das Windows-Sicherheitscenter nicht äußert.

Abbildung 39.1 Auf einen Blick liefert das Windows-Sicherheitscenter eine Übersicht über den aktuellen Sicherheitszustand Ihres Computers

Das Windows-Sicherheitscenter starten

Für den Aufruf des Windows-Sicherheitscenters stehen Ihnen verschiedene Möglichkeiten zur Verfügung:

- Tippen Sie im Schnellsuchfeld des Startmenüs die Zeichenfolge »sich« ein und klicken Sie innerhalb der daraufhin angezeigten Links auf *Sicherheitscenter*.
- Wechseln Sie über das Startmenü zur Systemsteuerung und klicken Sie in der Kategorie *Sicherheit* auf den Link *Computersicherheitsstatus überprüfen* oder (bei Verwendung der klassischen Ansicht) auf das Symbol *Windows-Sicherheitscenter*.

Hinweis 

Falls Sie ein All-in-One-Schutzpaket eines Sicherheits-Software-Anbieters einsetzen, kann es sein, dass dieses Produkt das Windows-Sicherheitscenter deaktiviert und es stattdessen sein eigenes Übersichts- und Kontrollcenter verwendet.

Wichtige Sichermaßnahmen in der Übersicht

Das Windows-Sicherheitscenter gibt Aufschluss über folgende Schutzkomponenten:

- **Windows-Firewall** Der Bereich *Firewall* zeigt an, ob die Windows-Firewall (siehe Kapitel 40) eingeschaltet ist, sodass diese die Kommunikation Ihres Computers im lokalen Netzwerk sowie im Internet schützen kann. Um die zugehörigen Einstellungen zu verändern, klicken Sie in der linken Fensterspalte auf den Link *Windows-Firewall*.

Wichtig 

Damit Sie bei der Kommunikation mit dem Internet und Netzwerk kein Risiko eingehen, ist die Windows-Firewall bei Windows Vista standardmäßig eingeschaltet, sodass alle Verbindungen des Rechners geschützt sind.

- **Automatische Updates** Der Bereich *Automatische Updates* informiert Sie, ob Ihr Computer von der Windows Update- bzw. der Microsoft Update-Website mit aktuellen Sicherheits-Patches und empfohlenen optionalen Updates versorgt wird (siehe Kapitel 41). Um die zugehörigen Einstellungen zu verändern, klicken Sie in der linken Fensterspalte auf den Link *Windows Update*.

- **Viren- und Spywareschutz** Diesem Thema widmet sich der Bereich *Schutz vor schädlicher Software*. Das Windows-Sicherheitscenter weist Sie hier darauf hin, ob bzw. welches Antivirusprogramm bzw. Antispywareprogramm auf Ihrem Computer installiert ist und ob diese mit aktuellen Definitionen versehen sind, um auch neuere Schädlinge erkennen zu können. Die Konfiguration für das in Windows Vista enthaltene Antispywareprogramm *Windows-Defender* (siehe Kapitel 42) können Sie nach einem Klick auf den gleichnamigen Link in der linken Spalte des Fensters anpassen. Zusammen mit Viren, Würmern, Trojanern und anderen Schädlingsarten wird Spyware auch unter dem Oberbegriff *Malware* (Schadsoftware bzw. bösartige Software) geführt.

Wichtig 

Zum serienmäßigen Lieferumfang von Windows Vista gehört **kein** Antivirusprogramm. Falls kein solches vom Hersteller Ihres Rechners vorinstalliert ist, sollten Sie sich selbst ein Antivirusprogramm besorgen (und dieses mit aktuellen Virendefinitionen versehen, um auch vor neu auftreten Bedrohungen gut geschützt zu sein).

- **Internetsicherheit und Benutzerkontensteuerung** Der Bereich *Weitere Sicherheitseinstellungen* gibt an, ob die über die Eigenschaften des Internet Explorer festgelegten *Internetsicherheitseinstellungen* (siehe Kapitel 25) passend konfiguriert sind und ob die *Benutzerkontensteuerung* (siehe Kapitel 23) eingeschaltet ist – zwei Maßnahmen, die ebenfalls maßgeblich zur Verbesserung der Sicherheit des Windows Vista-PCs beitragen. Zur Einsichtnahme und Bearbeitung der Internetsicherheitseinstellungen können Sie den Link *Internetoptionen* in der linken Spalte des Fensters anklicken, worauf Sie zu den Interneteigenschaften bzw. zu den dazu gehörenden Zoneneinstellungen gelangen.

Hinweis 

Um persönliche Daten vor Verlust zu schützen, sollten Sie eine regelmäßige Datensicherung Ihres Rechners durchführen. Macht beispielsweise ein Virus Ihre Daten unleserlich oder löscht sie gar, können Sie diese anschließend zumindest auf dem Stand der letzten Datensicherung wiederherstellen. Gleiches gilt, falls die Festplatte mit einem Hardware-Defekt ausfällt. Zur Datensicherung und Wiederherstellung können Sie zum Beispiel auf die bei Windows Vista mitgelieferten Programme zurückgreifen, die Sie durch Anklicken des Links *Sichern und Wiederherstellen* in der linken Spalte des Windows-Sicherheitscenters aufrufen können (mehr hierzu erfahren Sie im Kapitel 44).

Das Windows-Sicherheitscenter verwenden

Um einen Bereich des Windows-Sicherheitscenters zu öffnen und wieder zu schließen, klicken Sie die zugehörige Titelzeile an. Dadurch können Sie sich über die aktuelle Konfiguration des betreffenden Bereichs informieren oder diese nach einem Klick auf die jeweilige Schaltfläche verändern.

Sollten nicht alle Bereiche grün markiert sein, besteht Handlungsbedarf. Dies kann beispielsweise dann der Fall sein, wenn die automatische Update-Funktion noch nicht konfiguriert worden ist oder die vom Antivirus- bzw. Antispywareprogramm verwendeten Definitionen veraltet sind.

Je nach Schweregrad ist die Titelzeile des betreffenden Bereichs gelb oder rot (was dann auf ein kritisches Problem hindeutet) markiert. Mithilfe des Windows-Sicherheitscenters ist daher auf einen Blick erkennbar, ob und wo die Sicherheitsmaßnahmen unzureichend und Ihr Rechner somit potenziell gefährdet ist.

Wichtig 

Solange kein Antivirusprogramm auf Ihrem Rechner installiert ist, meldet das Windows-Sicherheitscenter, dass **nicht** alles im grünen Bereich ist.

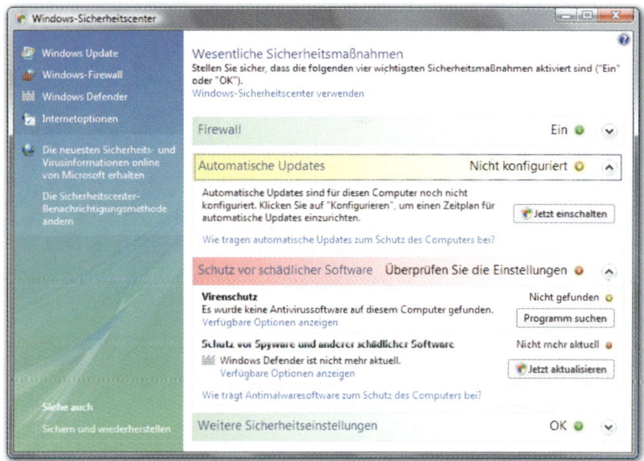

Abbildung 39.2 Hier besteht akuter Handlungsbedarf

Benachrichtigungen vom Windows-Sicherheitscenter

Weist ein Bereich im Windows-Sicherheitscenter einen Status auf, der überprüft werden soll, erscheint das neben stehende Symbol im Infobereich der Taskleiste. Das Ausrufezeichen weist somit darauf hin, dass ein Problem vorliegt.

Handelt es sich gar um einen kritischen Status, erscheint im Infobereich der Taskleiste das neben stehende Symbol. Je nach Art des Problems kann auch die Benachrichtigung *Überprüfen Sie die Computersicherheit* angezeigt werden (siehe Abbildung 39.3). Doppelklicken Sie auf ein solches mit *Windows-Sicherheitshinweise* gekennzeichnetes Symbol, gelangen Sie automatisch zum Windows-Sicherheitscenter.

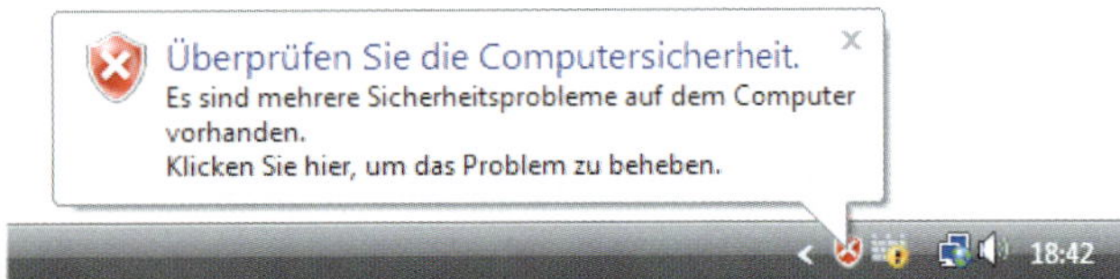

Abbildung 39.3 Eine solche Meldung erscheint, wenn gleich mehrere kritische Probleme vorliegen

Um festzulegen, auf welche Weise Sie über potenziell unzureichende Sicherheitsmaßnahmen informiert werden, gehen Sie wie folgt vor:

1. Klicken Sie im linken Bereich des Windows-Sicherheitscenters auf den Link *Die Sicherheitscenter-Benachrichtigungsmethode ändern.*
2. Anschließend können Sie festlegen, ob im Infobereich der Taskleiste eine Benachrichtigung und ein Symbol, nur eines davon oder aber keines von beiden angezeigt werden soll (siehe Abbildung 39.4).

Wichtig 

Bedenken Sie dabei, dass Sie nach dem Ausschalten jedweder Benachrichtigung vom Windows-Sicherheitscenter nicht mehr informiert werden, falls eine Sicherheitsmaßnahme unzureichend sein sollte – es sei denn, Sie werfen direkt einen Blick in das Windows-Sicherheitscenter.

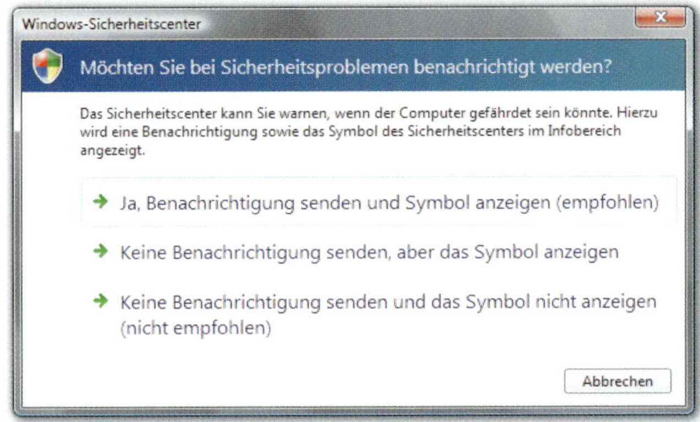

Abbildung 39.4 Legen Sie fest, wie das Windows-Sicherheitscenter über unzureichende Sicherheitsmaßnahmen informieren soll

Beim Setup konfigurierbare Sicherheitseinstellungen

Bei der Installation von Windows Vista auf Ihrem Computer zeigt das Setup-Programm unter anderem das Dialogfeld *Windows einrichten* an (siehe Abbildung 39.5). Hierüber lassen sich grundlegende Sicherheitseinstellungen insbesondere für die Komponenten vornehmen, die vom Windows-Sicherheitscenter überwacht werden.

Bei Auswahl der Option *Empfohlene Einstellungen verwenden* wird Folgendes konfiguriert:

- Die Funktion *Automatische Updates* (siehe Kapitel 41) wird eingeschaltet und so konfiguriert, dass regelmäßig Sicherheits-Patches – einschließlich Spywaredefinitionen für Windows-Defender – sowie empfohlene, optionale Updates wie zum Beispiel Gerätetreiber für Hardware-Komponenten von der Windows Update-Website via Internet bezogen und automatisch auf dem PC installiert werden.

Tipp 

Soll die Funktion *Automatische Updates* Aktualisierungen nicht nur für Windows Vista, sondern auch für weitere auf Ihrem Computer installierte Produkte von Microsoft (zum Beispiel Microsoft Office 2007) berücksichtigen, müssen Sie *Microsoft Update* aktivieren (siehe Kapitel 41).

- Windows-Defender (siehe Kapitel 42) wird so konfiguriert, dass regelmäßig eine automatische Überprüfung des PCs auf Spywarebefall stattfindet. Zudem erfolgt eine Anmeldung bei der Microsoft SpyNet-Community mit einer einfachen Mitgliedschaft.

- Die Windows-Problemberichterstattung wird so aktiviert, dass über das Internet automatisch eine Lösungssuche stattfindet. Dadurch wird es möglich, zum Beispiel beim Absturz oder der Zwangsbeendigung eines Programms über den Task-Manager per Internet einen Problembericht an Microsoft zu senden und im Idealfall (wenn das Problem bereits bekannt ist) einen Lösungsvorschlag unterbreitet zu bekommen. Zudem kann die Analyse von Problemberichten Microsoft dabei helfen, für seltene oder noch unbekannte Probleme langfristig ebenfalls eine Lösung bereitzustellen.
- Der Phishingfilter des Internet Explorers wird ebenso eingeschaltet wie die automatische Websiteprüfung, die alle besuchten Websites unter die »Phishinglupe« nimmt.

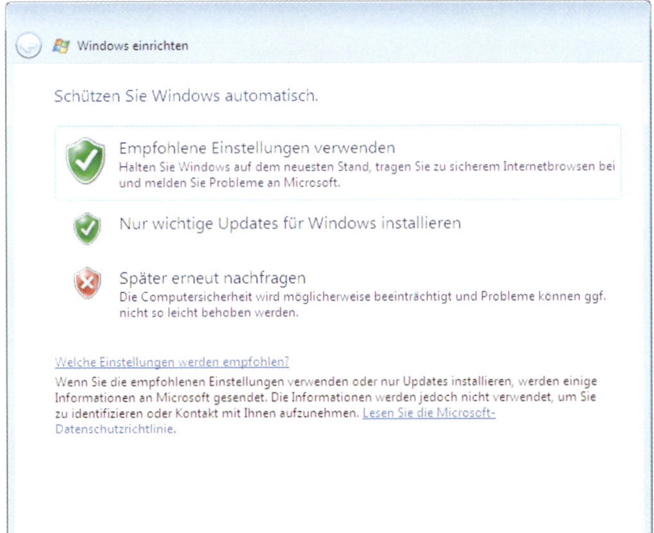

Abbildung 39.5 Aus Sicherheitsgründen fragt Windows Vista die Konfiguration grundlegender Sicherheitseinstellungen schon beim Setup ab

Diese Vorgaben stellen die von Microsoft empfohlenen Sicherheitseinstellungen dar. Allerdings sind diese kein Zwang: Die Auswahl der Option *Nur wichtige Updates für Windows installieren* bewirkt, dass lediglich Sicherheits-Patches für Windows Vista von der Windows Update-Website, die Microsoft im Internet bereitstellt, heruntergeladen und automatisch auf dem PC eingespielt werden. Bei der für Windows-Defender relevanten Microsoft SpyNet-Community wird keine Mitgliedschaft aktiviert. Ebenso fragt die Windows-Problemberichterstattung im Falle eines Falles den Benutzer, ob eine Lösungssuche online erfolgen soll. Der Phishingfilter des Internet Explorers wird zwar aktiviert, doch findet eine automatische Websiteprüfung nur auf ausdrücklichen Wunsch des Benutzers (bzw. Auswahl der Option *Diese Website überprüfen* etwa aus dem Menü *Extras* im Internet Explorer) statt.

Genauso denkbar ist es, dass Sie beim Setup von Windows Vista im Dialogfeld *Windows einrichten* die Option *Später erneut nachfragen* wählen. Entsprechend werden auch keine der oben genannten Einstellungen aktiviert. Aufgrund dessen zeigt Windows Vista bei der späteren Arbeit das nebenstehende Symbol im Infobereich der Taskleiste an. Klicken Sie darauf, wird das Dialogfeld *Windows Update* geöffnet (siehe Abbildung 39.6). Dort können Sie die automatischen Updates über die Option *Windows Updates automatisch installieren* einschalten. Auf diese Weise stellen Sie im Nachhinein sicher, dass Sicherheits-Patches von der Microsoft Windows Update- bzw. Update-Website regelmäßig bezogen und automatisch auf Ihrem Computer installiert werden.

Hinweis

Die Windows-Firewall (siehe Kapitel 40) wird unabhängig von der hier ausgewählten Option automatisch eingeschaltet.

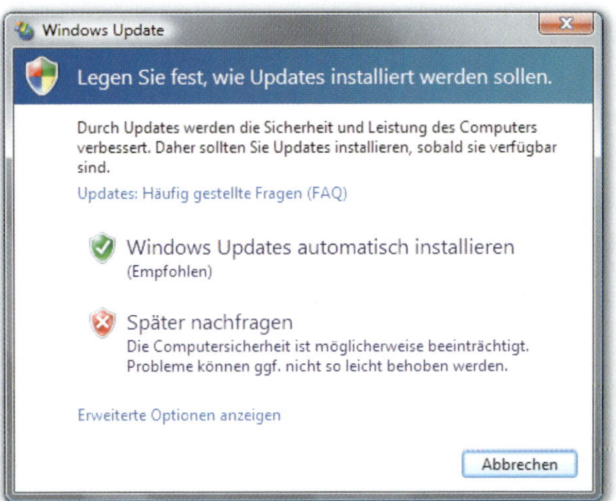

Abbildung 39.6 Bei der späteren erneuten Nachfrage empfiehlt Windows Vista ebenfalls, die automatischen Updates einzuschalten

Wie ist es um Ihren Virenschutz bestellt?

Zu Windows Vista gehört mit *Windows-Defender* (siehe Kapitel 42) zwar ein *Antispywareprogramm*, doch Microsoft liefert kein Antivirusprogramm mit, sodass es von Microsoft aus serienmäßig keinen Virenschutz gibt. Unter Sicherheitsaspekten ist der Schutz für den PC daher unvollständig – was

Sie unter anderem auch daran erkennen, dass das Windows-Sicherheitscenter dem Bereich *Schutz vor schädlicher Software* keinen grünen Status erteilt, solange kein Antivirusprogramm auf Ihrem Computer installiert und mit aktuellen Virendefinitionen versehen ist (siehe Abbildung 39.7). Daher sollten Sie selbst handeln und schnellstens ein Antivirusprogramm auf Ihren Rechner installieren, falls dies noch nicht geschehen ist.

Hinweis

Klicken Sie in diesem Fall den Link *Verfügbare Optionen anzeigen* an, erscheint ein Dialogfeld, in dem Sie die Überwachung der Existenz eines Antivirusprogramms sowie der Aktualität der von diesem verwendeten Virendefinitionen ausschalten können, falls Sie dies wünschen.

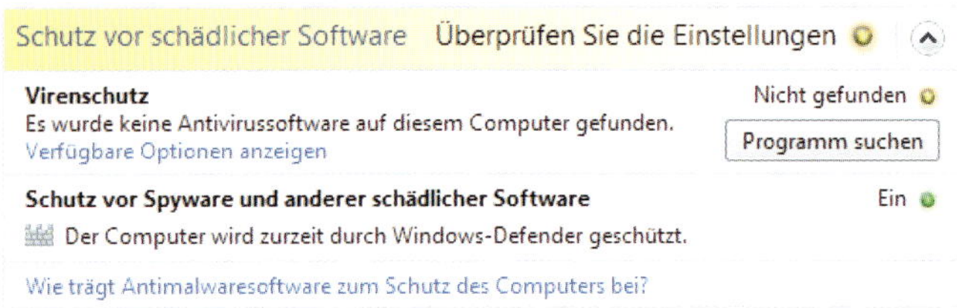

Abbildung 39.7 Microsoft selbst liefert kein Antivirusprogramm bei Windows Vista mit

Umgang mit einem vom PC-Hersteller vorinstallierten Antivirusprogramm

Häufig liefern Computer-Hersteller ihre Rechner mit einem vorinstallierten Antivirusprogramm aus. Selbst dann ist Vorsicht geboten: Oftmals gehört zu diesem nur ein zeitlich sehr begrenztes kostenfreies Abonnement (beispielsweise 90 Tage) zum Bezug aktualisierter Virendefinitionen. Ist dieser Zeitraum abgelaufen, müssen Sie beim Hersteller des betreffenden Antivirusprogramms das Abonnement zum weitergehenden Bezug von Virendefinitionen (meist kostenpflichtig) verlängern – oder aber ein anderes Antivirusprogramm auf dem PC installieren und dieses dann mit aktuellen Virendefinitionen ausstatten, um den Schutz weiterhin aufrecht zu erhalten.

Wichtig 

Ein Antivirusprogramm kann seine Aufgabe nur dann effektiv erfüllen, wenn ihm aktuelle Virendefinitionen zur Verfügung stehen – denn dort sind typische Erkennungsmuster bekannter Viren hinterlegt. Aus diesem Grund ist es unverzichtbar, die Virendefinitionen regelmäßig auf den neuesten Stand bringen – analog zur Funktion *Automatische Updates* von Windows Vista, die das Betriebssystem sicherheitstechnisch auf dem neuesten Stand halten kann. Verwendet Ihr Antivirusprogramm veraltete Virendefinitionen (wenige Wochen reichen heutzutage bereits als Verfallsdatum), könnten Sie im Grunde genommen das Antivirusprogramm abschalten, denn einen wirksamen Schutz kann dieses dann kaum noch bieten.

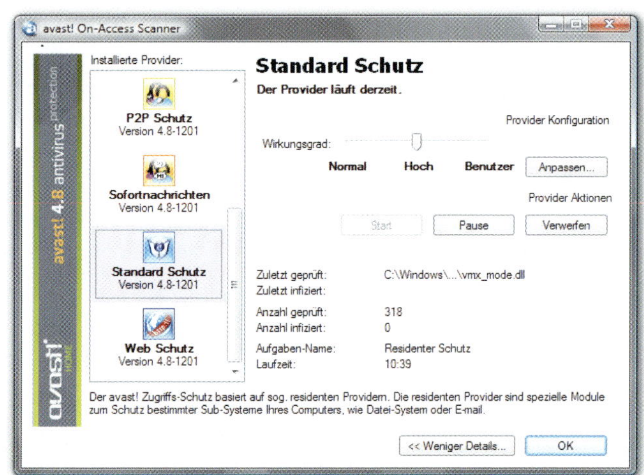

Abbildung 39.8 Das Antivirusprogramm »avast! 4« von Alwil ist für Privatanwender kostenlos und läuft sowohl unter der 32-Bit- als auch der 64-Bit-Ausführung von Windows Vista

Führen Sie die folgenden Schritte aus, um zu erfahren, ob der Hersteller Ihres Computers bereits ein Antivirusprogramm aufgespielt hat und wie es um dessen Status bestellt ist:

1. Rufen Sie das Windows-Sicherheitscenter auf.
2. Öffnen Sie den Bereich *Schutz vor schädlicher Software*.
3. Bei *Virenschutz* ist ausgewiesen, ob das Windows-Sicherheitscenter ein auf Ihrem Computer vorhandenes Antivirusprogramm erkannt hat oder nicht.

Ein geeignetes Antivirusprogramm finden

Da zu Windows Vista kein Antivirusprogramm gehört, stellt sich die Frage, wo Sie ein solches herbekommen bzw. welches Sie verwenden können:

- Antivirusprogramme für Windows Vista haben zahlreiche Software-Anbieter im Programm. Informationen unter anderem zu Antivirusprogrammen für Windows Vista finden Sie zum Beispiel auf dem Sicherheits-Portal von Microsoft Deutschland unter *www.microsoft.com/germany/sicherheit*.
- Ein interessantes, mit deutscher Bedienoberfläche versehenes Antivirusprogramm stellt »avast! 4« des tschechischen Herstellers Alwil (*www.alwil.com*) dar (siehe Abbildung 39.8). Für Privatanwender kostenlos, unterstützt dieses Antivirusprogramm den Einsatz sowohl auf PCs mit x86-CPU als auch auf PCs mit x64-Prozessor. Dadurch kann der Einsatz dieser Schutzsoftware wahlweise unter der 32-Bit- als auch der 64-Bit-Version von Windows Vista erfolgen.
- Darüber hinaus bietet Microsoft mit *Windows Live OneCare* (siehe Abbildung 39.9) selbst ein – kostenpflichtiges – Schutzpaket an, das unter anderem auch ein Antivirusprogramm enthält.

Für welches Antivirusprogramm Sie sich entscheiden, hängt letztlich vor allem von den individuellen Voraussetzungen und Ihren persönlichen Präferenzen für ein bestimmtes Produkt ab. In jedem Fall sollten Sie darauf achten, dass das ausgewählte Antivirusprogramm für Windows Vista und nicht nur für eine ältere Windows-Version geeignet ist.

> **Wichtig**
>
> Für Windows Vista können Sie nicht einfach ein »beliebiges« Antivirusprogramm nehmen, denn: Windows Vista gibt es sowohl als 32-Bit-Ausführung für PCs mit x86-CPU als auch als x64-Ausführung für PCs mit entsprechendem 64-Bit-Prozessor – und die x64-Ausführung verlangt nach passenden 64-Bit x64-Treibern für Hardware-Komponenten, Drucker und systemnahe Software-Komponenten, die im Kernelmodus laufen (wie Filtertreiber und Kerneldienste). Da es sich bei einem Antivirusprogramm um eine systemnahe Komponente handelt, die in aller Regel einen Filtertreiber verwendet, müssen Sie für den Einsatz unter der x64-Ausführung von Windows Vista explizit zur x64-Ausführung des gewünschten Antivirusprogramms greifen. Die auf 32 Bit ausgelegte x86-Version eines Antivirusprogramms läuft unter der 64-Bit x64-Ausführung von Windows Vista nicht. Als Nutzer der x64-Version von Windows Vista gilt es somit darauf zu achten, dass für Sie ein Antivirusprogramm nur in x64-Ausführung in Betracht kommt.

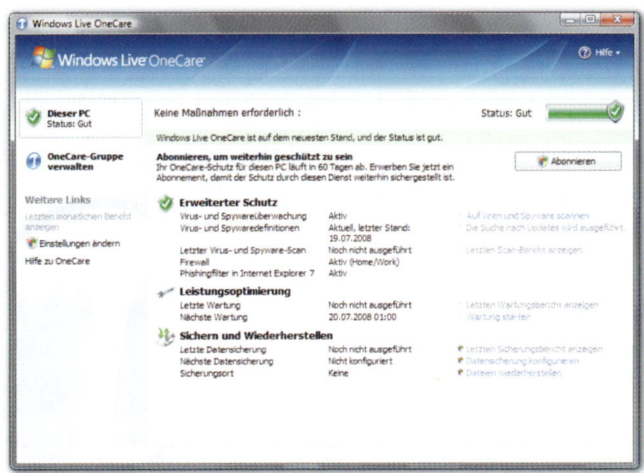

Abbildung 39.9 Das Schutzpaket Windows Live OneCare von Microsoft, das unter anderem auch ein Antivirusprogramm enthält, ist kostenpflichtig zu erwerben

Integration von Antivirusprogrammen in Windows Vista

Antivirusprogramme für Windows Vista sind in der Regel dazu in der Lage, sich automatisch in das Windows-Sicherheitscenter zu integrieren, um dort im Bereich *Schutz vor schädlicher Software* bei *Virenschutz* ihren Status kontinuierlich bekannt zu geben. Dadurch brauchen Sie keine unterschiedlichen Überwachungstools zu verwenden, um den aktuellen Zustand des PCs im Hinblick beispielsweise auf Antivirus- und Antispywareprogramm in Erfahrung zu bringen. Als Notlösung kommt die manuelle Festlegung eines auf dem PC zwar installierten, vom Windows-Sicherheitscenter jedoch nicht erkannten Antivirusprogramms in Betracht (hierfür dient bei *Virenschutz* die Schaltfläche *Programm suchen*).

Virendefinitionen können sehr schnell veralten. Die beim Antivirusprogramm mitgelieferten Virendefinitionen können daher ihre Aktualität schon verloren haben, wenn das Antivirusprogramm auf dem PC installiert wird. In diesem Fall erscheint unmittelbar nach der Installation des Antivirusprogramms bzw. dem anschließenden Neustart des PCs im Infobereich der Taskleiste das nebenstehend gezeigte Symbol sowie die Benachrichtigung *Überprüfen Sie den Status der Antivirussoftware* (siehe Abbildung 39.10).

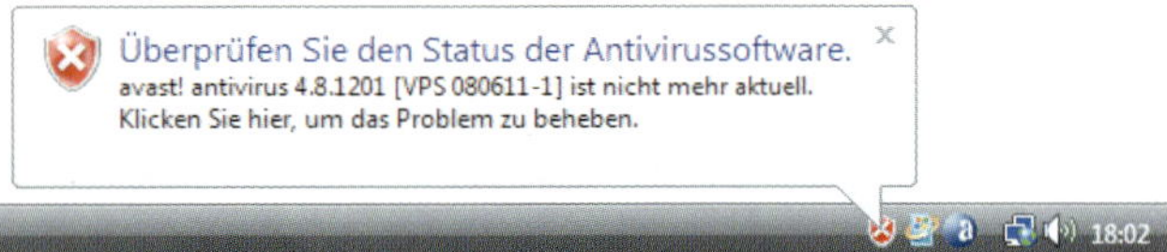

Abbildung 39.10 In diesem Fall sind die Virendefinitionen des Antivirusprogramms nicht mehr aktuell

Parallel dazu meldet auch das Windows-Sicherheitscenter, dass die Virendefinitionen veraltet sind: Im Bereich *Schutz vor schädlicher Software* bei *Virenschutz* wird dann als Status *Nicht mehr aktuell* ausgewiesen (siehe Abbildung 39.11). Verfügt der Computer über eine Internetverbindung, ist dieses Problem häufig schon wenige Sekunden später behoben: Nachdem das Antivirusprogramm neue Virendefinitionen von der Hersteller-Website über das Internet bezogen hat, verschwindet das Symbol und die Benachrichtigung im Infobereich der Taskleiste und der Status für den Virenschutz im Windows-Sicherheitscenter wird entsprechend angepasst. Andernfalls klicken Sie die Schaltfläche *Jetzt aktualisieren* bei *Virenschutz* im Bereich *Schutz vor schädlicher Software* an, um manuell eine Aktualisierung der Virendefinitionen in die Wege zu leiten.

Hinweis

Die Funktion *Automatische Updates* von Windows Vista aktualisiert **nicht** die Virendefinitionen eines Antivirusprogramms eines Drittherstellers. Daher muss das Antivirusprogramm so konfiguriert werden (meist ist dies voreingestellt), dass dieses automatisch aktualisierte Virendefinitionen von der jeweiligen Hersteller-Website herunterlädt. Der Status des Antivirusprogramms – auch im Hinblick auf die Aktualität der Virendefinitionen – lässt sich aber im Windows-Sicherheitscenter in Erfahrung bringen.

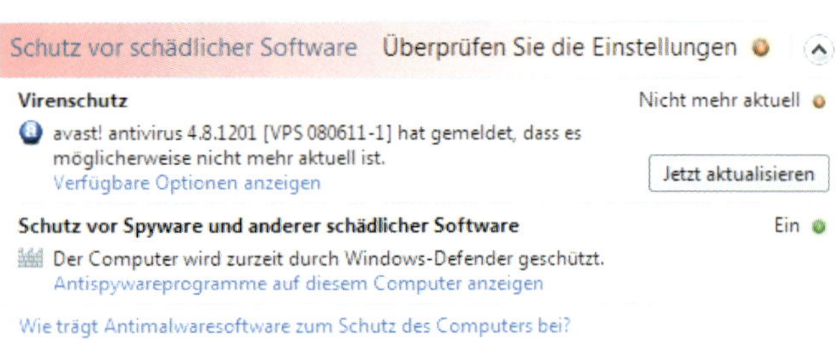

Abbildung 39.11 So gibt das Windows-Sicherheitscenter bekannt, dass die Virendefinitionen des Antivirusprogramms ihre Aktualität verloren haben

Sind die Virendefinitionen veraltet, hält das Windows-Sicherheitscenter zudem im Bereich *Schutz vor schädlicher Software* bei *Virenschutz* den Link *Verfügbare Optionen anzeigen* bereit. Schließlich könnte es sein, dass Ihr Abonnement zum Bezug von aktualisierten Virendefinitionen für das auf dem PC installierte Antivirusprogramm abgelaufen ist. Sie möchten aber das Abonnement nicht (kostenpflichtig) verlängern, sondern stattdessen zu einem komplett anderen Antivirusprogramm wechseln. Klicken Sie diesen Link an, erscheint das Dialogfeld *Windows-Sicherheitscenter* (siehe Abbildung 39.12). Klicken Sie dort *Ein anderes Antivirusprogramm online erwerben* an, gelangen Sie zu einer Microsoft-Webseite, über die Sie aus mehreren, Windows Vista-geeigneten Antivirusprogrammen ein alternatives zum Herunterladen und zur anschließenden Installation auswählen können (so war es ursprünglich gedacht – doch bei der Drucklegung dieses Buchs war die Microsoft-Webseite, die dann angezeigt werden soll, nicht existent). Zusätzlich können Sie über dieses Dialogfeld die Überwachung der Existenz eines Antivirusprogramms sowie der Aktualität der von diesem verwendeten Virendefinitionen ausschalten. Somit wird das Windows-Sicherheitscenter den Virenschutz auf Ihrem Computer nicht mehr überwachen.

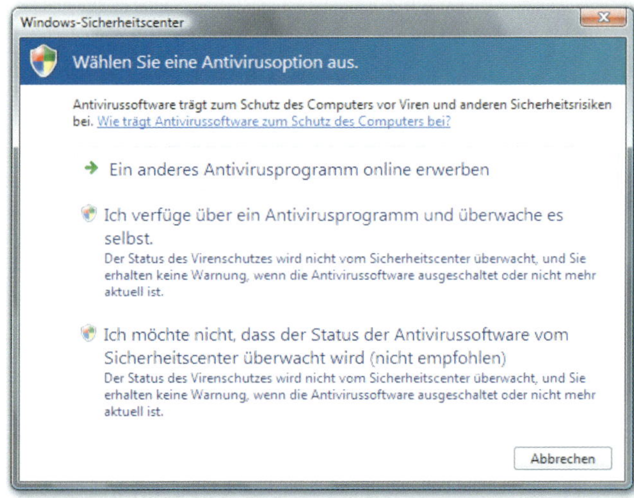

Abbildung 39.12 Ist Ihr Antivirusprogramm veraltet, können Sie hier ein anderes Programm online erwerben

Zusammenfassung

Das Windows-Sicherheitscenter liefert Ihnen jederzeit einen Überblick zum Status der wichtigsten Schutzmerkmale des Windows Vista-PCs. Die folgende Übersicht fasst die in diesem Zusammenhang wichtigen Vorgänge noch einmal für Sie zusammen.

Sie möchten ...	So gehen Sie vor	Sehen Sie sich dazu das Beispiel an auf
das Windows-Sicherheitscenter aufrufen	Wählen Sie im Startmenü den Eintrag *Windows-Sicherheitscenter* aus	Seite 642
die Art der Benachrichtigung des Windows-Sicherheitscenters ändern	Klicken Sie den Link *Die Sicherheitscenter-Benachrichtigungsmethode ändern* im linken Bereich des Windows-Sicherheitscenters an und legen Sie die gewünschte Benachrichtigungsmethode fest	Seite 644
den Status Ihres Antivirusprogramms prüfen	Öffnen Sie im Windows-Sicherheitscenter den Bereich *Schutz vor schädlicher Software* und sehen Sie unter *Virenschutz* nach	Seite 646

Eric Tierling

Windows Vista Home Basic	✓	Windows Vista Business	✓
Windows Vista Home Premium	✓	Windows Vista Enterprise	✓
Windows Vista Ultimate	✓		

Funktion wird von dieser Windows Vista-Edition

vollständig unterstützt ✓ · eingeschränkt unterstützt ⊙ · nicht unterstützt ⊗

40 Windows-Firewall

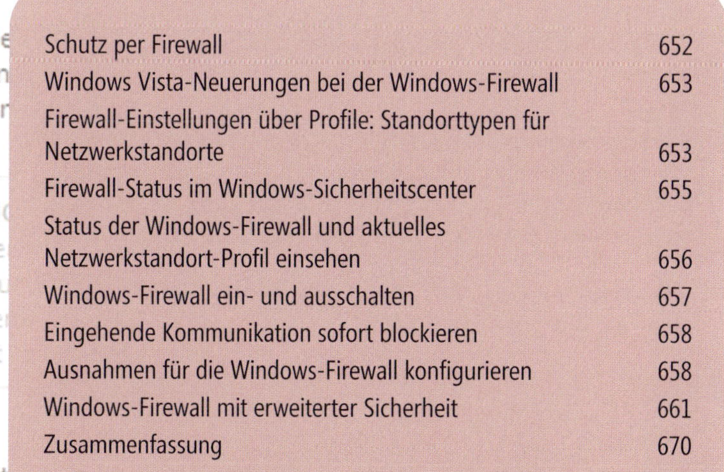

Was in den Anfangstagen lokaler Netzwerke und des Internets in den achtziger und neunziger Jahren den Informationsaustausch und die Faszination für die neuen Technologien förderte, ist heutzutage allein aus Sicherheitsgründen ein viel zu großes Risiko. Eine sichere Kommunikation ist daher das Gebot der Stunde: Zwar bekämpfen Antivirusprogramm, Antispywareprogramm & Co. digitale Schädlinge, die sich den Weg auf den PC zu bahnen und dort ihr Unwesen zu treiben versuchen. Doch diese Abwehrmechanismen alleine reichen nicht. Vielmehr ist Schutz bereits auf noch grundlegenderer Ebene erforderlich. Dieser Aufgabe nimmt sich die Windows-Firewall an: Diese regelt auf Systemebene die am PC aus- und eingehende TCP/IP-Kommunikation und kontrolliert somit die gesamte Kommunikation des Computers im Intranet sowie mit dem Internet. Die Firewall entscheidet also, was »beim PC rein und raus« darf.

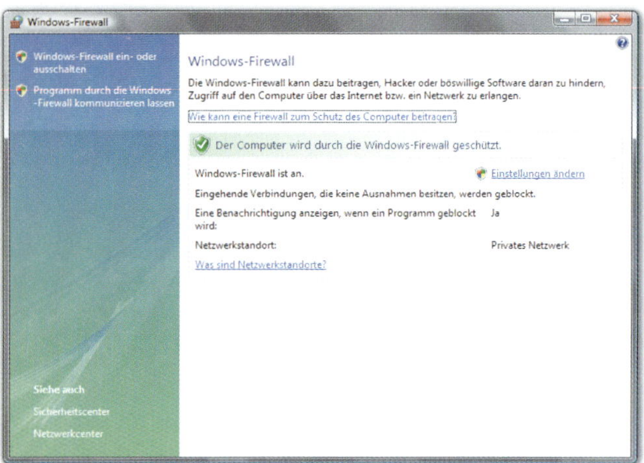

Abbildung 40.1 Statusinformationen der Windows-Firewall von Windows Vista

Schutz per Firewall

Eine Firewall entspricht einem »Schutzwall« zwischen einem zu schützenden System (Netzwerk, Computer etc.) auf der einen und einem Netzwerk (Intranet, Internet etc.) auf der anderen Seite. Dadurch bildet die Firewall sozusagen eine Mauer zwischen Computersystemen, um deren Kommunikation untereinander nicht ungehindert – was ein klares Sicherheitsrisiko bedeutet – stattfinden zu lassen, sondern diese gezielt kontrollieren zu können.

Firewall ist dabei nicht gleich Firewall. Firmennetzwerke zum Beispiel sind in der Regel über eine Corporate-Firewall oder Netzwerk-Firewall mit dem Internet verbunden. Viele für den heimischen Einsatz konzipierte DSL-Router sind ebenfalls mit einer (rudimentären) Firewall ausgestattet. Eine Firewall, die direkt auf dem PC selbst beheimatet ist, wird auch als *Personal-Firewall* bezeichnet. In diese Kategorie fällt auch die in Windows Vista enthaltene Windows-Firewall.

Hinweis 

Falls Sie es wünschen, können Sie auf dem Windows Vista-PC auch eine andere Personal-Firewall installieren und diese anstatt der Windows-Firewall verwenden – etwa »Comodo Firewall Pro« (*www.personalfirewall.comodo.com*) oder »ZoneAlarm Free« (*www.zonealarm.de*), die für private Anwender kostenlos einsetzbar sind. In diesem Fall verlieren Sie allerdings die spezifischen Funktionen, welche die Windows-Firewall von Windows Vista bietet. Außerdem müssen Sie sich darüber im Klaren sein, dass Sie dann auf den Komfort verzichten, den manche Anwendungen bieten, wenn Sie Ihnen die automatische Anpassung der Firewall-Einstellungen offerieren – denn häufig bezieht sich dies auf die Windows Vista-eigene Windows-Firewall, nicht aber auf eine andere Personal-Firewall eines Drittherstellers. Dafür können diese Personal-Firewall-Lösungen dann Funktionen bieten, mit denen die Vista-eigene Windows-Firewall nicht aufwartet.

Hinweis 

Der kombinierte Einsatz von Personal-Firewalls auf den PCs in einem Netzwerk sowie einer Netzwerk-Firewall zum Beispiel beim DSL-Router, der die Brücke zum Internet schlägt, ist ebenfalls möglich.

Eine Firewall entscheidet anhand zuvor definierter Regeln für jedes einzelne Datenpaket, ob dieses passieren darf oder zurückgewiesen wird. Dies kann sowohl auf eingehende Pakete zutreffen als auch für ausgehende Pakete gelten, je nachdem, welche Funktionalität die betreffende Firewall besitzt.

Abhängig von der konkreten Firewall können Regeln unterschiedliche Bezugspunkte heranziehen. Im einfachsten Falle beziehen sich Regeln auf die im Paket über IP-Adressen angegebenen Absender bzw. Empfänger. Genauso können TCP- oder UDP-Ports angegeben werden, falls es sich um eine Regel handelt, bei der die Kommunikation über IP (Internet Protocol) stattfindet.

Ebenfalls möglich ist es, eine Regel für ein bestimmtes Protokoll – neben IP kommt hierfür zum Beispiel ICMP zum Austausch von Status- und Diagnoseinformationen in Betracht – zu definieren, um dieses gezielt durchzulassen oder zu blockieren. Einige Firewalls können auch Anwendungen oder Dienste passieren lassen oder daran hindern. Als Kombination daraus lässt sich die Kommunikation von und mit dem Computer absichern.

Auf diese Weise lässt sich beispielsweise verhindern, dass ein Computer auf eine Ping-Anfrage (aus technischer Sicht ein ICMP-Echo-Request-Paket) antwortet und somit dem Absender die Existenz bzw. Erreichbarkeit bestätigt. Ebenfalls sinnvoll ist es, die aus dem Internet eingehenden Anfragen für die Ports 137 bis 139 zu blocken, die für Zugriffe auf freigegebene Ordner im lokalen Netzwerk dienen – damit diese nicht aus dem Internet zugänglich sind.

Wichtig 

Eine Firewall stellt nur eine von mehreren Schutzmaßnahmen dar, die gemeinsam die Sicherheit des PCs verbessern. Da eine Firewall Viren- und Phishingattacken kaum wirksam abwehren kann, sollten zusätzlich zu einer Firewall immer auch ein Antivirusprogramm und nach Möglichkeit ein Antispywareprogramm auf dem Computer zum Einsatz kommen.

Windows Vista-Neuerungen bei der Windows-Firewall

Eine Personal-Firewall im Lieferumfang des Betriebssystems ist für Microsoft nichts Neues: Bereits Windows XP kennt die *Internetverbindungsfirewall* (ICF). Bei Windows XP Service Pack 2 hat Microsoft die optional einschaltbare Internetverbindungsfirewall durch die standardmäßig aktivierte Windows-Firewall ersetzt, die auch in Windows XP Service Pack 3 enthalten (und dort ebenfalls standardmäßig aktiviert) ist.

Mit Windows Vista hat Microsoft die Windows-Firewall abermals umfassend überarbeitet. Beispielsweise werden nun der Next Generation TCP/IP Stack (siehe Kapitel 29) und somit sowohl IPv4 als auch der designierte Nachfolger IPv6 von der Windows-Firewall durchgängig unterstützt.

Arbeitsweise

Grundlage dafür bildet die Architektur der »Windows Filtering Platform« (WFP), die Microsoft ebenfalls mit Windows Vista neu eingeführt hat. Diese stellt einen Satz von APIs (Application Programming Interfaces) bereit, die es ermöglichen, auf systemnaher Ebene ein- und ausgehenden Datenverkehr zuzulassen, zu blockieren, zu analysieren oder zu modifizieren. Über die WFP kann somit eine Untersuchung oder Veränderung ein- und ausgehender Pakete stattfinden, bevor diese weiterverarbeitet werden. Als integraler Bestandteil des Next-Generation TCP/IP-Stacks von Windows Vista unterstützt WFP die Dual-IP-Layer-Architektur und damit sowohl IPv4 als auch IPv6.

Über die entsprechenden Filter-APIs der WFP können Anwendungen Filter erstellen, die ihrerseits von der WFP berücksichtigt werden. Beispiele für entsprechende Anwendungen, die die WFP nutzen, können Antivirusprogramme, Jugendschutz-Tools, Diagnose-Tools oder Personal-Firewalls sein. Folgerichtig hat Microsoft die Windows-Firewall von Windows Vista so konzipiert, dass sich diese der WFP-Architektur und deren Möglichkeiten bedient.

Weitere Funktionen

Gegenüber dem Vorgänger, der Windows-Firewall von Windows XP Servicepack 2, weist die Windows-Firewall von Windows Vista einige Vorteile auf. Beispielsweise kann sich hier die Windows-Firewall sowohl dem ein- als auch dem ausgehenden Datenverkehr annehmen, um diesen gezielt zu blockieren oder durchzulassen. Die Windows-Firewall von Windows XP Servicepack 2 hingegen gestattet nur die Blockade des eingehenden Datenverkehrs.

Des Weiteren steht für die Windows-Firewall von Windows Vista ein umfangreiches Regelwerk zur Verfügung, das deutlich weiter reicht als das vergleichsweise einfach gehaltene Ausnahmen-Modell, wie es von der Windows-Firewall von Windows XP Servicepack 2 bekannt ist.

Firewall-Einstellungen über Profile: Standorttypen für Netzwerkstandorte

Doch das ist noch längst nicht alles: Zudem berücksichtigt die Windows-Firewall von Windows Vista den *Standorttyp* unterschiedlicher *Netzwerkstandorte* (siehe Kapitel 30) und ordnet diesen *Profile* zu, die Firewall-Einstellungen zusammenfassen. Auf diese Weise kann Windows Vista auf unterschiedliche Netzwerke mit denen Sie den PC verbinden, unterschiedliche Firewall-Einstellungen anwenden.

Die Festlegung des Standorttyps für einen Netzwerkstandort, der das von der Windows-Firewall zu verwendende Profil bestimmt, findet statt, sobald zum ersten Mal eine Verbindung mit dem betreffenden Netzwerk hergestellt worden ist. Ab nun verwendet Windows Vista für das betreffende Netzwerk den gewählten Standorttyp – respektive die Windows-Firewall dafür das entsprechende Netzwerkstandort-Profil. Auf diese Weise kann die Windows-Firewall von Windows Vista unterschiedliche Vorgaben sowohl für das Firmennetzwerk als auch das heimische Netzwerk sowie für öffentliche Netzwerke (etwa WLAN-Hotspots im Internet-Café oder am Flughafen) verwenden – was insbesondere für Notebook- und andere Anwender von Bedeutung ist, die ihren PC häufig mit verschiedenen Netzwerken verbinden.

Tipp

Im Nachhinein lässt sich einem Netzwerkstandort ein anderer Standorttyp über das Netzwerk- und Freigabecenter von Windows Vista zuweisen (siehe Kapitel 30). Ein mit einem Standorttyp verbundener Netzwerkstandort kann anhand des aktuellen Netzwerkverbindungsstatus von Windows Vista automatisch erkannt werden.

Die Windows-Firewall von Windows Vista kennt folgende Profile:

- **Domäne** Dieses Profil wird automatisch gewählt, wenn der PC mit einem Computerkonto in eine Domäne eingebunden und mit dem jeweiligen Unternehmens-LAN verbunden ist (per Kabel oder Funk). Die manuelle Auswahl dieses Profils ist nicht vorgesehen.
- **Privat** Handelt es sich um ein anderes LAN (lokales Netzwerk oder Funknetzwerk), das bekannt ist, eignet sich dieses Profil.
- **Öffentlich** Dieses Profil kommt für alle anderen, unbekannten lokalen und Funknetzwerke zum Tragen.

Hinweis 

Ist der Computer mit mehreren Netzwerken gleichzeitig verbunden, geht Windows Vista wie folgt vor: Zunächst wird geprüft, ob der PC mit einem Netzwerk verbunden ist, das den Standorttyp »Öffentliches Netzwerk« aufweist. In diesem Fall wird das Profil »Öffentlich« angewandt. Andernfalls wird geprüft, ob der PC mit einem Netzwerk mit dem Standorttyp »Privates Netzwerk« verbunden ist. Trifft dies zu, findet das Firewall-Profil »Privat« Verwendung. Andernfalls wird geprüft, ob alle aktiven Netzwerkverbindungen den Domänencontroller der Domäne, der der Computer angehört, sehen können und der PC bei der Domäne authentifiziert ist. Bei einem positiven Ausgang dieser Prüfung greift die Windows-Firewall auf das Profil »Domäne« zurück, während ansonsten das Firewall-Profil »Öffentlich« verwendet wird.

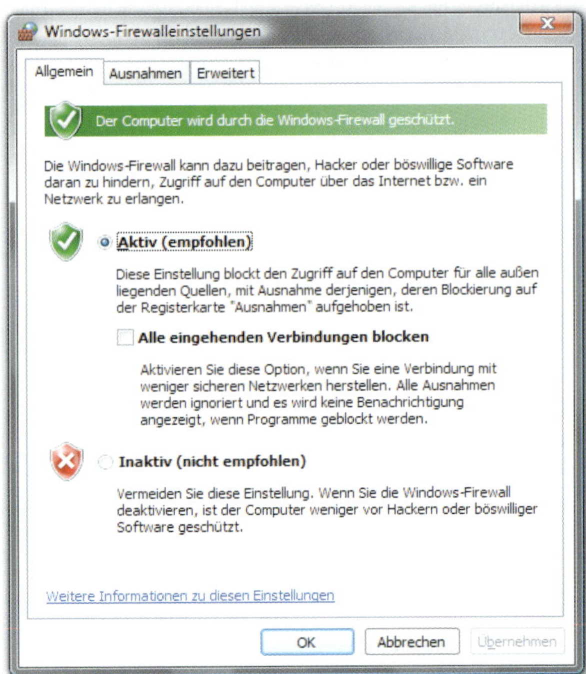

Abbildung 40.2 Das normale Aussehen der Windows-Firewall unter Windows Vista

Wege zur Konfiguration der Windows-Firewall

Windows Vista kennt verschiedene Möglichkeiten zur Konfiguration der Firewall:

- **Systemsteuerung** Über die Systemsteuerung können Statusinformationen abgerufen werden. Neben dem Ein- und Ausschalten der Windows-Firewall lassen sich von hier aus eingehende Regeln (»Ausnahmen«) für die Windows-Firewall im Stil von Windows XP konfigurieren (siehe den Abschnitt »Ausnahmen für die Windows-Firewall konfigurieren«).
- **MMC-Snap-In** Zur detaillierten Konfiguration ein- und ausgehender Regeln steht das MMC-Snap-In *Windows-Firewall mit erweiterter Sicherheit* zur Verfügung (siehe den Abschnitt »Windows-Firewall mit erweiterter Sicherheit«). Dieses kann beispielsweise über das Schnellsuchfeld des Startmenüs aufgerufen werden, indem Sie *fir* eintippen und daraufhin den Link *Windows-Firewall mit erweiterter Sicherheit* anklicken. Alternativ haben Sie die Möglichkeit, im Schnellsuchfeld des Startmenüs **wf.msc** ↵ einzutippen, um auf diesem Wege ebenfalls zum MMC-Snap-In *Windows-Firewall mit erweiterter Sicherheit* zu gelangen.

Grundsätzlich gilt: Herkömmliche Benutzer können lediglich den Status der Windows-Firewall von Windows Vista abrufen. Die Veränderung der Konfiguration hingegen ist Administratoren sowie Benutzern vorbehalten, die der Gruppe »Netzwerkkonfigurations-Operatoren« angehören.

PROFITIPP

Die Konfiguration der Windows-Firewall kann auch über Gruppenrichtlinien vorgenommen werden. Die für die Windows-Firewall relevanten Gruppenrichtlinien befinden sich im Knoten *Computerkonfiguration\Administrative Vorlagen\Netzwerk\Netzwerkverbindungen\Windows-Firewall*. Die zur Windows-Firewall mit erweiterter Sicherheit gehörenden Gruppenrichtlinien sind im Knoten *Computerkonfiguration\Windows-Einstellungen\Sicherheitseinstellungen\Administrative Vorlagen\Windows-Firewall mit erweiterter Sicherheit* zu finden. Des Weiteren steht der Befehl *NETSH* zur Verfügung, über den die Windows-Firewall von der Befehlszeile aus konfiguriert werden kann.

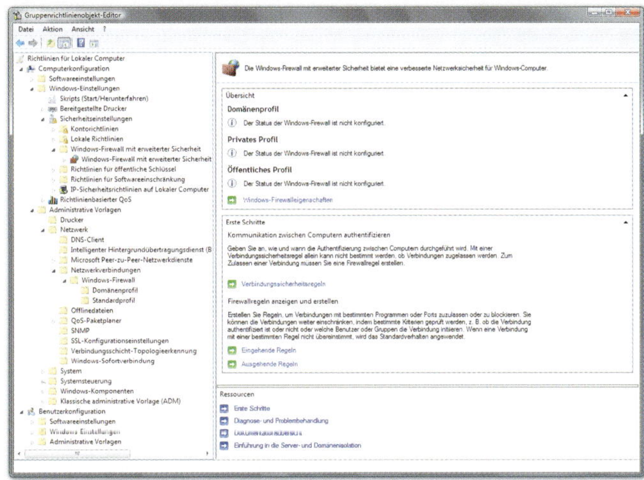

Abbildung 40.3 Die Konfiguration der Windows-Firewall mit erweiterter Sicherheit kann auch über Gruppenrichtlinien erfolgen

Firewall-Status im Windows-Sicherheitscenter

Windows Vista gestattet es, den Status der installierten Firewall direkt aus dem Windows-Sicherheitscenter (siehe Kapitel 39) heraus abzurufen. Dort gibt der Bereich *Firewall* an, ob die Kommunikation mit und von dem Computer gegenwärtig durch eine Firewall geschützt ist (siehe Abbildung 40.4). Ebenfalls ist hier zu erkennen, um welche Firewall es sich handelt – entweder die Vista-eigene Windows-Firewall oder eine Personal-Firewall eines anderen Herstellers. Dabei gilt:

- Haben Sie eine andere Vista-fähige Personal-Firewall auf dem Computer installiert, informiert das Windows-Sicherheitscenter in der Regel über den Status dieser Firewall-Software.
- Bei Verwendung einer anderen Firewall-Software ist die Vista-eigene Windows-Firewall ausgeschaltet.

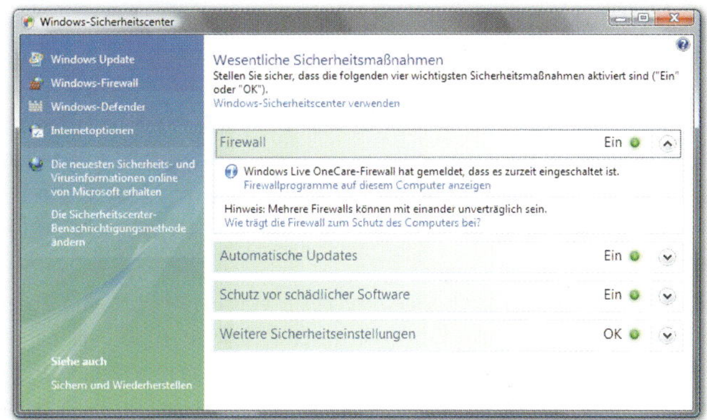

Abbildung 40.4 Das Windows-Sicherheitscenter kann auch den Status der eingesetzten Personal-Firewall ausweisen – selbst wenn es sich dabei nicht um die Windows Vista-eigene Windows-Firewall handelt

Welche Firewall-Software auf dem PC vorhanden und welche davon aktiv ist, können Sie zum Beispiel erkennen, indem Sie im Windows-Sicherheitscenter im Bereich *Firewall* den Link *Firewallprogramme auf diesem Computer anzeigen* anklicken. Daraufhin öffnet sich ein Dialogfeld, das die gewünschten Informationen anzeigt.

Tipp 

Kann die eingesetzte Personal-Firewall ihren Status dem Windows-Sicherheitscenter nicht korrekt mitteilen, obwohl die Vista-eigene Windows-Firewall ausgeschaltet ist, erscheint im Infobereich der Taskleiste eine Benachrichtigung (siehe Abbildung 40.8). Um diese auszuschalten, öffnen Sie im Windows-Sicherheitscenter den Abschnitt *Firewall*. Nun können Sie zunächst den dortigen Link *Verfügbare Optionen anzeigen* gefolgt von der Option *Ich verfüge über ein Firewallprogramm und überwache es selbst* anklicken, damit das Windows-Sicherheitscenter nicht mehr moniert, dass keine Firewall aktiviert ist – was natürlich nur dann sinnvoll ist, wenn eine andere Personal-Firewall auf dem Computer läuft, die ihren Status dem Windows-Sicherheitscenter nicht richtig mitteilen kann.

Status der Windows-Firewall und aktuelles Netzwerkstandort-Profil einsehen

Das Windows-Sicherheitscenter gibt lediglich Aufschluss darüber, ob eine Personal-Firewall auf dem PC installiert ist. Um weitergehende Informationen über den Status der eingesetzten Personal-Firewall, ihren Status etc. zu erfahren, ist das Windows-Sicherheitscenter nicht geeignet. Vielmehr ist hierfür das Konfigurations-Tool der jeweiligen Firewall-Software zu verwenden.

Kommt auf dem PC die Vista-eigene Windows-Firewall zum Einsatz, haben Sie es damit besonders leicht: In diesem Fall brauchen Sie lediglich im linken Bereich des Windows-Sicherheitscenters den Link *Windows-Firewall* anzuklicken, um zum Fenster *Windows-Firewall* (siehe Abbildung 40.1 oder Abbildung 40.5) zu gelangen. Genauso könnten Sie einen der folgenden Schritte ausführen, um dorthin zu gelangen:

- Im Schnellsuchfeld des Startmenüs tippen Sie *fire* ein und selektieren daraufhin den Link *Windows-Firewall*.
- Wählen Sie in der Systemsteuerung entweder die Kategorie *Sicherheit* gefolgt von der Kategorie *Windows-Firewall* aus oder öffnen Sie (bei Verwendung der klassischen Ansicht) das Symbol *Windows-Firewall*.
- Haben Sie das Windows-Sicherheitscenter geöffnet, klicken Sie dort im linken Bereich auf den Link *Windows-Firewall*.
- Befinden Sie sich im Netzwerk- und Freigabecenter, können Sie auch von dort aus zum Fenster *Windows-Firewall* gelangen. Dazu klicken Sie im linken Bereich unter *Siehe auch* den Link *Windows-Firewall* an.

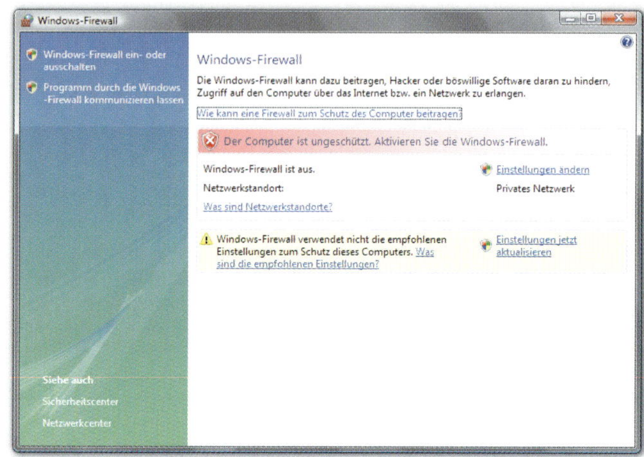

Abbildung 40.5 Das Fenster *Windows-Firewall* bei ausgeschalteter Windows-Firewall

Das Fenster *Windows-Firewall* hält mehrere Informationen bereit: So erfahren Sie hierzu nicht nur, ob dem PC gegenwärtig ein Schutz durch die Windows-Firewall zuteil wird. Genauso gibt das Feld an, wie die Windows-Firewall mit eingehenden Anfragen umgeht und ob eine Benachrichtigung erscheint, falls ein Programm geblockt wird.

PROFITIPP

Als Alternative zur grafischen Oberfläche lässt sich die Windows-Firewall auch von der Befehlszeile aus verwalten – und zwar über den Befehl *NETSH FIREWALL*. Tippen Sie beispielsweise in einer Eingabeaufforderung die Befehlsfolge **netsh firewall show state** ↵, können Sie sich über den Konfigurationsstatus der Windows-Firewall informieren (siehe Abbildung 40.6). Das Profil »Standard« entspricht dabei dem Standorttyp »Privates Netzwerk«.

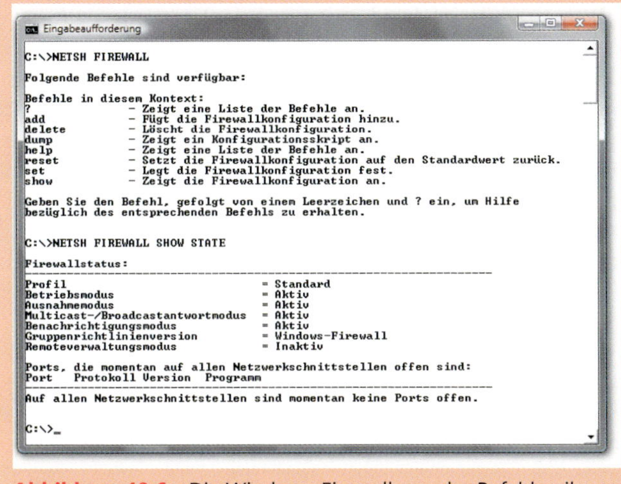

Abbildung 40.6 Die Windows-Firewall von der Befehlszeile aus bearbeiten

Ebenfalls ist bei *Netzwerkstandort* der Standorttyp – *Privates Netzwerk*, *Öffentliches Netzwerk* oder *Domänennetzwerk* – der aktuellen Netzwerkverbindung zu sehen. Die mit diesem Standorttyp verbundenen Firewall-Einstellungen, die in *Profilen* zusammengefasst sind, legt die Windows-Firewall momentan zugrunde. Passend zu den Netzwerkstandorten kennt die Windows-Firewall die Profile »Domäne«, »Privat« und »Öffentlich«.

Windows-Firewall ein- und ausschalten

Sollte die Notwendigkeit bestehen, können Benutzer mit Administratorrechten die Windows-Firewall ein- und ausschalten. Dies kann zum Beispiel dann der Fall sein, wenn eine andere Personal-Firewall auf dem PC ausprobiert, nach einem negativ ausgefallenen Test aber wieder deinstalliert worden ist, sodass der PC nun solange ohne Firewall-Schutz dasteht, bis die Windows-Firewall wieder eingeschaltet wird.

Hinweis 

Standardmäßig schaltet das Setupprogramm zur Installation von Windows Vista auf dem PC die Windows-Firewall aus Sicherheitsgründen automatisch für alle Netzwerkverbindungen ein.

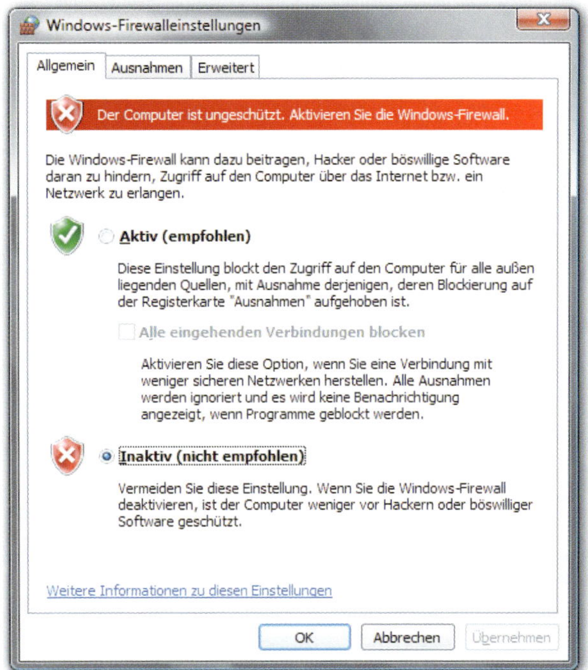

Abbildung 40.7 Das Ein- und Ausschalten der Windows-Firewall ist einem Administrator vorbehalten

Um die Windows-Firewall ein- oder auszuschalten, führen Sie die folgenden Schritte aus:

1. Im Fenster *Windows-Firewall* klicken Sie entweder den Link *Einstellungen ändern* an oder greifen im linken Bereich auf den Link *Windows-Firewall ein- oder ausschalten* zurück. Genauso können Sie in der Kategorieansicht der Systemsteuerung die Kategorie *Sicherheit* sowie in der Kategorie *Windows-Firewall* den Link *Windows-Firewall ein- oder ausschalten* anklicken.
2. Beides führt Sie zum Dialogfeld *Windows-Firewall-Einstellungen* (siehe Abbildung 40.2 oder Abbildung 40.7).
3. Dort wählen Sie die Option *Aktiv* oder die Option *Inaktiv* aus – je nachdem, ob Sie die Windows-Firewall ein- oder ausschalten möchten.
4. Durch Anklicken der Schaltfläche *OK* oder der Schaltfläche *Übernehmen* werden Ihre Vorgaben gespeichert.

Haben Sie die Windows-Firewall soeben ausgeschaltet, erscheint standardmäßig das nebenstehende Symbol  im Infobereich der Taskleiste sowie die Benachrichtigung *Überprüfen Sie den Firewallstatus* (siehe Abbildung 40.8).

Wichtig

Möglicherweise war die Windows-Firewall nicht »ohne Grund« ausgeschaltet, sondern beispielsweise deshalb, weil bereits eine andere Personal-Firewall auf dem PC ihren Dienst versieht. Arbeitet diese mit dem Windows-Sicherheitscenter von Windows Vista zusammen (siehe den Abschnitt »Firewall-Status im Windows-Sicherheitscenter«), können Sie dies schnell über den dortigen Bereich *Firewall* erkennen. In diesem Fall ist es richtig, dass die Windows-Firewall ausgeschaltet war. Haben Sie die Windows-Firewall nun explizit wieder eingeschaltet, sind auf dem PC zwei Personal-Firewalls gleichzeitig am Werk, was zu Problemen führen kann. Bei einer solchen Konstellation sollten Sie sich für eine Firewall – entweder die Windows-Firewall oder die Firewall-Software eines Drittherstellers – entscheiden und die jeweils andere deaktivieren.

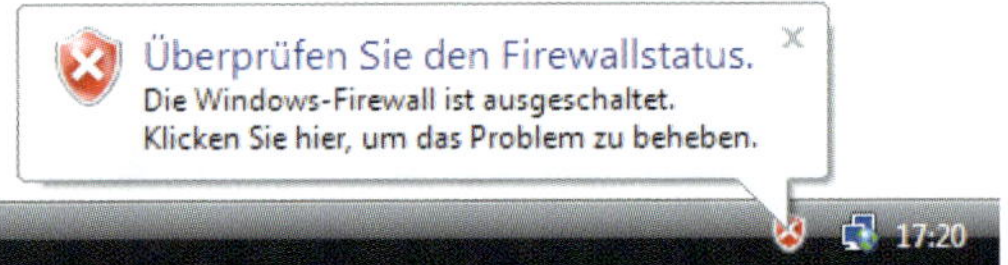

Abbildung 40.8 Wird die Windows-Firewall ausgeschaltet, erscheint standardmäßig eine solche Benachrichtigung im Infobereich der Taskleiste

Eingehende Kommunikation sofort blockieren

Bei Windows Vista lassen sich unterschiedliche Firewall-Regeln für unterschiedliche *Standorttypen* bzw. *Netzwerkstandorte* anhand entsprechender *Profile* festlegen. Während beim Profil »Öffentlich« die Windows-Firewall dafür sorgen kann, das beim Besuch im Internet-Café der Tischnachbar von gegenüber nicht in den freigegebenen Ordnern auf der Festplatte Ihres PCs herumstöbern kann, ist bei einem Netzwerk mit dem Standorttyp »Privat« dies häufig erwünscht. Ist der PC mit dem Firmennetzwerk verbunden, kommt das Profil »Domäne« zum Tragen, wo wiederum andere Kommunikationsgesetze gelten können (schließlich geht es hier darum, gesichert auf Ressourcen im Unternehmen zuzugreifen).

Mitunter kann es jedoch erforderlich sein, sofort die eingehende Kommunikation zu unterbinden. Ein denkbares Szenario ist, dass es einen Computer im eigenen privaten Netzwerk gibt, auf dem ein Schädling am Werk ist, sodass dieser den PC wie wild mit Anfragen »bombardiert«. Um auf Nummer Sicher zu gehen und den eigenen PC dieser potenziellen Gefahr nicht weiter auszusetzen, während der befallene Computer einer Reparatur unterzogen wird, könnten Sie einfach das Netzwerkkabel aus Ihrem Windows Vista-PC herausziehen – sofern dieser nicht unter dem Tisch steht und Sie so auf die Schnelle gar nicht an die Rückseite des PCs herankommen.

In Situationen wie diesen ist es eleganter, die Windows-Firewall anzuweisen, jedwede eingehende Kommunikation zu blockieren: Hierzu markieren Sie im Dialogfeld *Windows-Firewall-Einstellungen* das Kontrollkästchen *Alle eingehenden Verbindungen blocken* und bestätigen mit *OK* oder *Übernehmen*. Nun kann in aller Ruhe die Reparatur des befallenen Computers erfolgen, der Ihren PC aber nicht mehr in Mitleidenschaft ziehen kann. Ist das Problem behoben, können Sie eingehende Kommunikationsanfragen wieder gestatten, indem Sie die Markierung des Kontrollkästchens wieder entfernen und auf die Schaltfläche *OK* oder *Übernehmen* klicken.

Hinweis 

Einfach die Netzwerkverbindung zu deaktivieren, erzielt im beschriebenen Szenario nicht denselben Effekt: Wird eine LAN-Verbindung ausgeschaltet, ist keinerlei Kommunikation mehr möglich – weder ein- noch ausgehend. Durch die Blockade eingehender Anfragen über die Windows-Firewall wird die ausgehende Kommunikation des PCs nicht blockiert, sodass Zugriffe auf das Intra- und Internet weiterhin möglich sind.

Ausnahmen für die Windows-Firewall konfigurieren

Bei der Windows-Firewall von Windows Vista werden Regeln in Form von *Ausnahmen* beschrieben. Diese geben an, welche Programme bzw. über welche Ports eine eingehende Kommunikation stattfinden kann, die die Windows-Firewall passieren lässt und nicht blockiert (wie dies sonst bei eingehender Kommunikation standardmäßig der Fall ist).

Worum es hierbei geht, wird deutlich, wenn Sie einen Blick in die vordefinierten Ausnahmen werfen. Hierzu öffnen Sie zunächst das Dialogfeld *Windows-Firewall-Einstellungen* (siehe Abbildung 40.2 oder Abbildung 40.7), indem Sie im Fenster *Windows-Firewall* den Link *Einstellungen ändern* anklicken und sich im sodann angezeigten Dialogfeld *Windows-Firewalleinstellungen* zur Registerkarte *Ausnahmen* begeben (alternativ können Sie auch im linken Bereich des Fensters *Windows-Firewall* auf den Link *Programm durch die Windows-Firewall kommunizieren lassen* klicken). Dort werden die vordefinierten Ausnahmen aufgelistet. Allerdings sind normalerweise einige dieser Ausnahmen nicht eingeschaltet. Schließlich sollten Ausnahmen für Dienste und Anwendungen, die gar nicht aktiviert sind, aus Sicherheitsgründen ausgeschaltet bleiben.

Tipp

Welche Einstellungen sich hinter diesen Ausnahmen verbergen, lässt sich über das MMC-Snap-In *Windows-Firewall mit erweiterter Sicherheit* (siehe den Abschnitt »Vorhandene Regeln bearbeiten«) in Erfahrung bringen.

Abbildung 40.9 Bei einer solchen Meldung müssen Sie entscheiden, ob für ein Programm eine Ausnahme bei der Windows-Firewall erstellt werden soll

Die vordefinierten Ausnahmen lassen sich nicht verändern. Vielmehr werden diese automatisch eingeschaltet, sobald die betreffenden Windows-Dienste und Anwendungen aktiviert werden. Klassisches Beispiel hierfür ist der Remotedesktop: Hierfür ist eine gleichnamige Ausnahme vorgesehen, die eingehende Kommunikation auf dem TCP-Port 3389 erlaubt. Standardmäßig ist diese Ausnahme zwar definiert, doch nicht aktiviert – da die Remotedesktopfunktion unter Windows Vista standardmäßig ausgeschaltet ist. Das Einschalten der Remotedesktopfunktion über die Systemeigenschaften von Windows Vista hat automatisch auch die Aktivierung der vordefinierten Ausnahme bei der Windows-Firewall zur Folge.

Hinweis

Ausnahmen, die abgeblendet dargestellt werden, sind (zum Beispiel von einem Netzwerkadministrator) über Gruppenrichtlinien aufgestellt worden und lassen sich daher über das Dialogfeld *Windows-Firewalleinstellungen* nicht verändern.

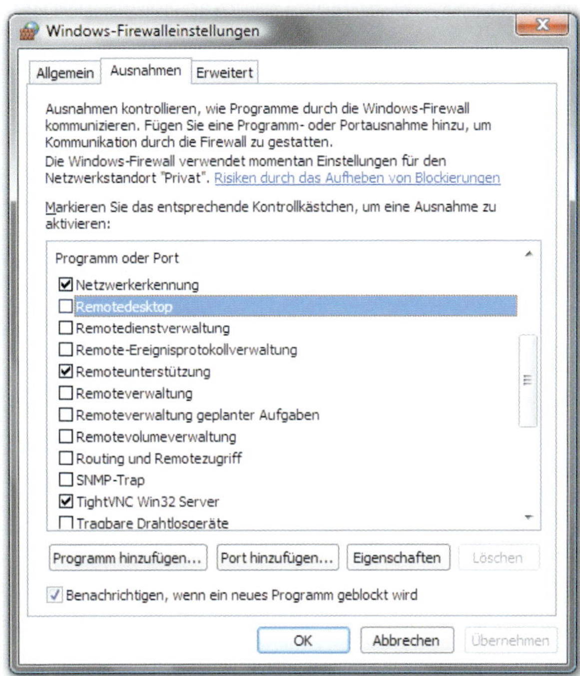

Abbildung 40.10 Ausnahmen für die Windows-Firewall können aktiviert und deaktiviert sein

Die Definition eigener Ausnahmen, die die spezifischen Anforderungen weiterer auf dem PC laufender Dienste und Anwendungen adressieren, geschieht bei der Windows-Firewall sehr einfach: Wenn Sie ein Programm starten, das eine eingehende Kommunikation erwartet, erscheint das Dialogfeld *Windows-Sicherheitshinweis* (siehe Abbildung 40.9). Möchten Sie der betreffenden Anwendung die eingehende Kommunikation gestatten, klicken Sie auf die Schaltfläche *Nicht mehr blocken*. Daraufhin erstellt Windows Vista eine entsprechende Ausnahme für die Windows-Firewall – und aktiviert dieses gleichzeitig, sodass künftig eine Kommunikation stattfinden kann.

Tipp

Haben Sie zahlreiche eigene Ausnahmen definiert und möchten die Windows-Firewall wieder auf den Ursprungszustand zurücksetzen, steht Ihnen dazu im Dialogfeld *Windows-Firewalleinstellungen* auf der Registerkarte *Erweitert* die Schaltfläche *Wiederherstellen* zur Verfügung.

Das Anklicken der Schaltfläche *Weiterhin blocken* bewirkt, dass Windows-Firewall dem betreffenden Programm weder jetzt noch künftig eine eingehende Kommunikation gestattet. Um nicht bei jedem Aufruf erneut nachfragen zu müssen, wird in diesem Fall ebenfalls eine entsprechende Ausnahme erstellt, die allerdings ausgeschaltet bleibt.

Im Anschluss an Ihre Entscheidung für einen der beiden Modi können Sie einen Blick auf die Registerkarte *Ausnahmen* des Dialogfelds *Windows-Firewalleinstellungen* werfen (siehe Abbildung 40.10). Dort gibt es nun auch einen Eintrag für die soeben erstellte Ausnahme.

Hinweis 

Soll künftig keine Benachrichtigung mehr erscheinen, wenn die Windows-Firewall ein Programm blockiert, das zum ersten Mal ausgeführt wird, entfernen Sie auf der Registerkarte *Ausnahmen* des Dialogfeldes *Windows-Firewalleinstellungen* die Markierung des Kontrollkästchens *Benachrichtigen, wenn ein neues Programm geblockt wird*. Sobald Sie die Schaltfläche *OK* oder *Übernehmen* betätigen, wechselt anschließend der Status auch im Fenster *Windows-Firewall* (siehe Abbildung 40.5). Diese Einstellung der Windows-Firewall korreliert mit der Einstellung im Listenfeld *Benachrichtigung anzeigen* in den Eigenschaften der Windows-Firewall mit erweiterter Sicherheit im dort ausgewählten Profil (siehe den Abschnitt »Windows-Firewall mit erweiterter Sicherheit«).

Die Ausnahme wird für den aktuellen Netzwerkstandort erstellt. Der zugehörige Standorttyp (»Domäne«, »Privat« oder »Öffentlich«) ist sowohl im Dialogfeld *Windows-Sicherheitshinweis* klar genannt als auch im oberen Bereich der Registerkarte *Ausnahmen* des Dialogfeldes *Windows-Firewalleinstellungen* ausgewiesen.

Tipp 

Möchten Sie eine Ausnahme nicht für das aktuelle Profil, sondern für einen anderen Standorttyp erstellen, wechseln Sie **vorher** zum Beispiel im Netzwerk- und Freigabecenter (siehe Kapitel 30) durch manuelle Änderung des Standorttyps für Ihren gegenwärtigen Netzwerkstandort zu dem gewünschten Standorttyp, um anschließend gezielt für diesen eine Ausnahme erstellen zu können.

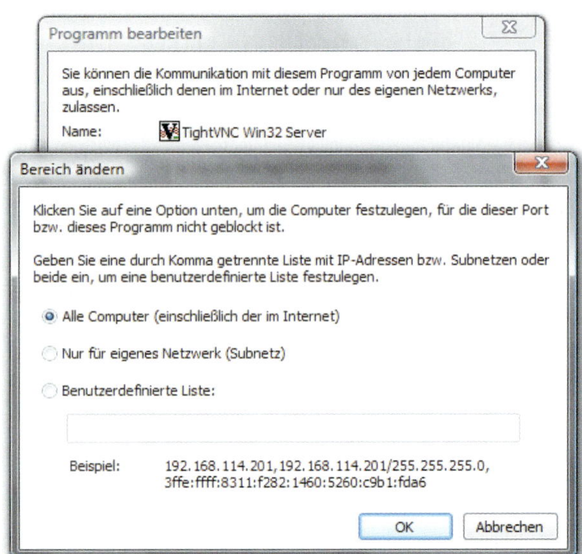

Abbildung 40.11 Eingrenzung des Gültigkeitsbereichs einer Windows-Firewall-Ausnahme

Falls gewünscht, lässt sich der Gültigkeitsbereich einer Ausnahme eingrenzen. Hierzu führen Sie die folgenden Schritte aus:

1. Markieren Sie in der Auflistung *Programm oder Port* auf der Registerkarte *Ausnahmen* die gewünschte Ausnahme und klicken Sie auf die Schaltfläche *Eigenschaften*.
2. Im daraufhin angezeigten Dialogfeld *Programm bearbeiten* klicken Sie auf die Schaltfläche *Bereich ändern*.
3. Sodann erscheint ein gleichnamiges Dialogfeld (siehe Abbildung 40.11), in dem Sie festlegen können, ob diese Ausnahme global, nur für Absender aus dem eigenen TCP/IP-Subnetz oder bestimmte IP-Adressen Gültigkeit besitzt.
4. Klicken Sie zweimal hintereinander auf *OK*, um diese Einstellung zu speichern.

Tipp 

Möchten Sie eine Ausnahme zur eingehenden Kommunikation nicht nur für ein spezielles Programm, sondern für einen bestimmten TCP- oder UDP-Port kreieren, klicken Sie auf der Registerkarte *Ausnahmen* des Dialogfelds *Windows-Firewalleinstellungen* die Schaltfläche *Port hinzufügen* an. Im daraufhin angezeigten Dialogfeld können Sie neben einem beschreibenden Namen im Eingabefeld *Portnummer* die gewünschte Nummer des Ports sowie das gewünschte Protokoll (TCP oder UDP) angeben, über den eine eingehende Kommunikation möglich sein soll.

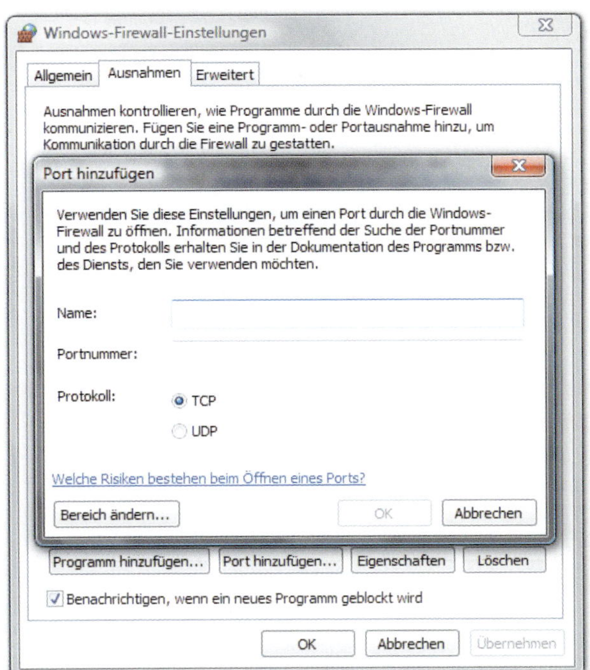

Abbildung 40.12 Manuelle Definition einer Windows-Firewall-Ausnahme zur eingehenden Kommunikation über einen bestimmten Port

Windows-Firewall mit erweiterter Sicherheit

Über die herkömmliche Bedieneroberfläche der Windows-Firewall und das zugehörige Dialogfeld *Windows-Firewall-einstellungen* lassen sich Ausnahmen für die eingehende Kommunikation erstellen und verwalten. Eine der Neuerungen ist es jedoch, sich nicht nur der eingehenden, sondern auch der ausgehenden Kommunikation annehmen zu können und hier auf Wunsch ebenfalls blockierend tätig zu werden. Die Konfiguration dieser Funktionalität der Windows-Firewall von Windows Vista erfolgt über das MMC-Snap-In *Windows-Firewall mit erweiterter Sicherheit* (siehe Abbildung 40.13).

> **Hinweis**
>
> Die Windows-Firewall mit erweiterter Sicherheit steht nur Administratoren sowie Benutzern offen, die der Gruppe »Netzwerkkonfigurations-Operatoren« als Mitglied angehören.

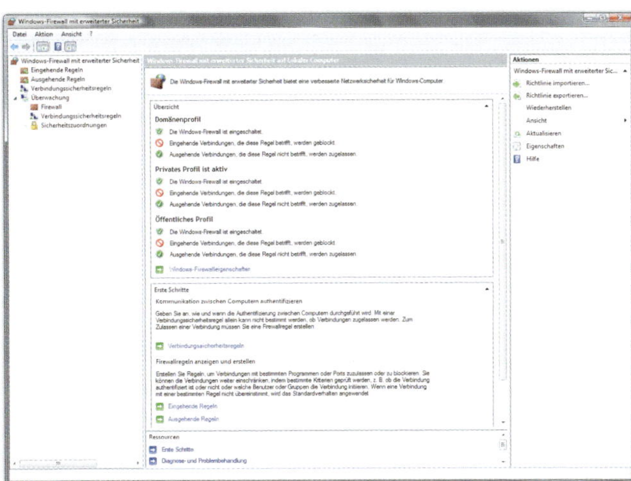

Abbildung 40.13 Das MMC-Snap-In Windows-Firewall mit erweiterter Sicherheit ermöglicht die Bearbeitung ein- und ausgehender Regeln

Verstehen und entdecken

Die Windows-Firewall mit erweiterter Sicherheit ist im Stile anderer Verwaltungs-MMC-Snap-Ins für die Microsoft Management Console 3.0 gehalten und besitzt daher folgende Aufteilung:

- Im linken Bereich befindet sich die Explorer-ähnliche Konsolenstruktur, die sich auf- und einklappen lässt, um einen bestimmten Eintrag (»Knoten«) markieren zu können.
- Der mittlere Bereich gehört dem Detailfenster. Hier werden Informationen zu dem in der linken Konsolenstruktur aktuell markierten Knoten angezeigt.
- Rechts ist das Aktionsfeld zu finden. Der hier wiedergegebene Inhalt setzt sich aus dem Kontextmenü sowohl des in der Konsolenstruktur mit der rechten Maustaste angeklickten Knotens als auch (sofern möglich) des im Detailfenster mit der rechten Maustaste angeklickten Elements zusammen.

Somit steht eine übersichtliche Oberfläche für die Verwaltung der Windows-Firewall mit erweiterter Sicherheit und ihrer Möglichkeiten zur Verfügung. Markieren Sie beispielsweise in der Konsolenstruktur den Stammknoten *Windows-Firewall mit erweiterter Sicherheit*, gibt das Detailfenster eine kurze Übersicht über die Profile (Standorttypen für Netzwerkstandorte) sowie Empfehlungen für erste Schritte und weiterführende Ressourcen wieder.

Die Konsolenstruktur hält folgende Knoten unterhalb von *Windows-Firewall mit erweiterter Sicherheit* bereit:

- **Eingehende Regeln** Über diesen Knoten sind Regeln für die eingehende Kommunikation zugänglich (siehe Abbildung 40.14). Blättern Sie die Liste nach rechts, um sich über die mit den Regeln verbundenen Einstellungen kurz und bündig zu informieren und beispielsweise zu erfahren, für welche Protokolle und Ports diese gelten. Zudem können hier Regeln aktiviert und deaktiviert sowie gezielt für einzelne Profile (»Domäne«, »Privat« oder »Öffentlich«) bearbeitet werden – unabhängig davon, welchen Standorttyp der aktuelle Netzwerkstandort aufweist.

Hinweis 

An dieser Stelle sind auch jene Ausnahmen zu finden, die über die Registerkarte *Ausnahmen* im Dialogfeld *Windows-Firewalleinstellungen* definiert werden (genauso werden dort die in der Windows-Firewall mit erweiterter Sicherheit definierten ausgehenden Regeln wiedergegeben). Zudem kann es in dieser Liste mehrfache Einträge für – vermeintlich – ein und dasselbe geben: Dies ist beispielsweise dann der Fall, wenn ein Programm oder ein Dienst mehrere unterschiedliche Protokolle und/oder Ports benötigt.

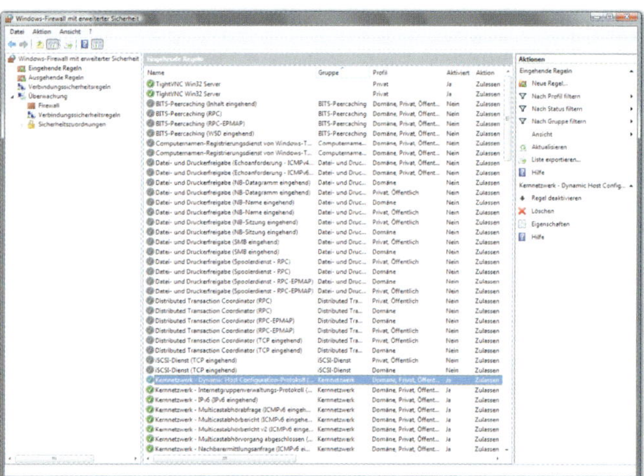

Abbildung 40.14 Zahlreiche Regeln für die Windows-Firewall mit erweiterter Sicherheit sind bereits vordefiniert

- **Ausgehende Regeln** Hierüber lassen sich Regeln für die ausgehende Kommunikation bearbeiten, die die Windows-Firewall zugrunde legt. Da die Übersichtsdarstellung ebenso wie die Bearbeitung ausgehender Regeln auf dieselbe Weise erfolgt, wie es bei eingehenden Regeln der Fall ist, lassen sich hierüber Regeln für die ausgehende Kommunikation relativ leicht erstellen.

Tipp 

Aufgrund der Vielzahl ein- und ausgehender Regeln lässt sich die Auflistung filtern. Nutzen Sie die Gelegenheit, sich anhand der Eingrenzung auf ein bestimmtes Profil, nur aktivierte oder deaktivierte Filter sowie Gruppen, denen die vordefinierten Regeln angehören, sich einen besseren Überblick zu verschaffen. Um wieder eine ungefilterte Auflistung im Detailfenster zu erhalten, klicken Sie im Aktionsfeld den Link *Alle Filter löschen* an (woraufhin nicht etwa Firewall-Regeln, sondern die Ausgabefilter für die Anzeige im Detailfenster entfernt werden).

PROFITIPP 

Nach Auswahl des Eintrags *Spalten hinzufügen/entfernen* aus dem Menü *Ansicht* können Sie exakt festlegen, welche Informationen für ein- bzw. ausgehende Regeln im Detailfenster aufgeführt werden sollen. Weniger wichtige Angaben können Sie durch wichtigere Informationen ersetzen, indem Sie sich die gewünschten Spalten selbst zusammenstellen.

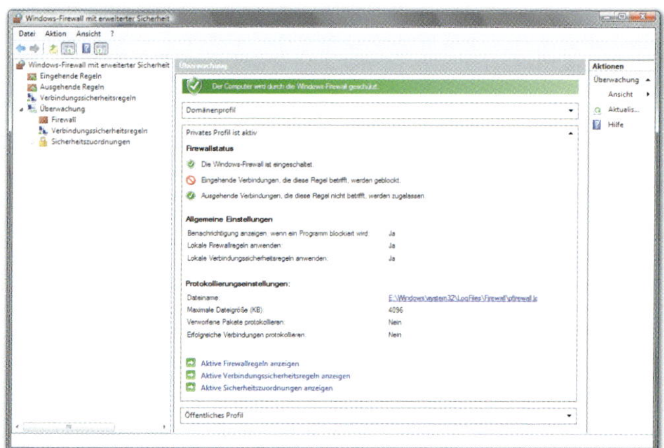

Abbildung 40.15 Statusinformationen der Windows-Firewall mit erweiterter Sicherheit

- **Verbindungssicherheitsregeln** Mit diesem Knoten können Regeln für die Verbindungssicherheit erstellt und bearbeitet werden, die für IPSec (IP Security) von Relevanz sind. Da IPSec nicht nur komplex ist, sondern in Unternehmen vor allem dann eingesetzt wird, wenn es darum geht, die Kommunikation zwischen Computern vor Abhören und Manipulation besonders zu schützen, gehen wir in diesem Buch auf IPSec nicht weiter ein.
- **Überwachung** Hierüber lassen sich sowohl die Regeln für die ein- und ausgehende Kommunikation als auch die Verbindungssicherheitsregeln sowie die zugehörigen Sicherheitszuordnungen überwachen. Markieren Sie in

der Konsolenstruktur den Knoten selbst, liefert das Detailfenster Statusinformationen über die gegenwärtig verwendete Konfiguration der Windows-Firewall mit erweiterter Sicherheit (siehe Abbildung 40.15).

PROFITIPP

Fortgeschrittene Anwender können die Windows-Firewall mit erweiterter Sicherheit auch von der Befehlszeile aus über den Befehl *NETSH ADVFIREWALL* verwalten (siehe Abbildung 40.16). Möchten Sie beispielsweise mehr über die Konfiguration des aktuell verwendeten Profils erfahren, tippen Sie die Befehlsfolge **netsh advfirewall show currentprofile** ↵ in einer Eingabeaufforderung ein.

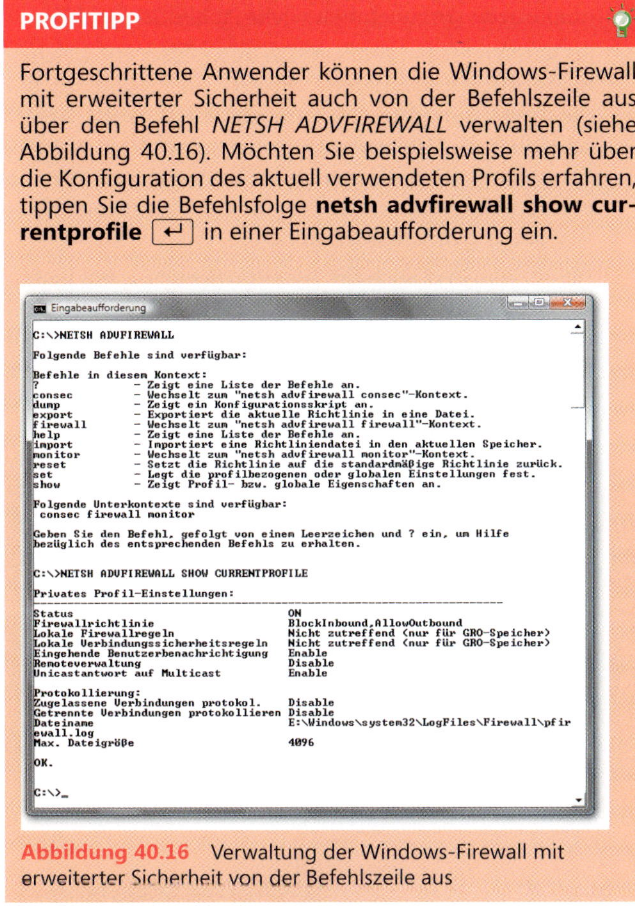

Abbildung 40.16 Verwaltung der Windows-Firewall mit erweiterter Sicherheit von der Befehlszeile aus

Vorhandene Regeln bearbeiten

Um nähere Bekanntschaft mit der Windows-Firewall mit erweiterter Sicherheit zu schließen, können Sie zum Beispiel eine der vorhandenen Regeln bearbeiten. Dazu markieren Sie *Eingehende Regeln* in der Konsolenstruktur, um im Detailfenster die gewünschte Regel zu selektieren. In unserem Falle selektieren wir eine eingehende Regel, die die Windows-Firewall durch unsere Reaktion auf das Dialogfeld *Windows-Sicherheitshinweis* für uns erstellt hat (siehe Abbildung 40.9).

Hinweis

Am besten greifen Sie auf eine selbst erstellte Regel zurück, da sich die standardmäßig vorhandenen, vordefinierten Regeln nur eingeschränkt bearbeiten lassen.

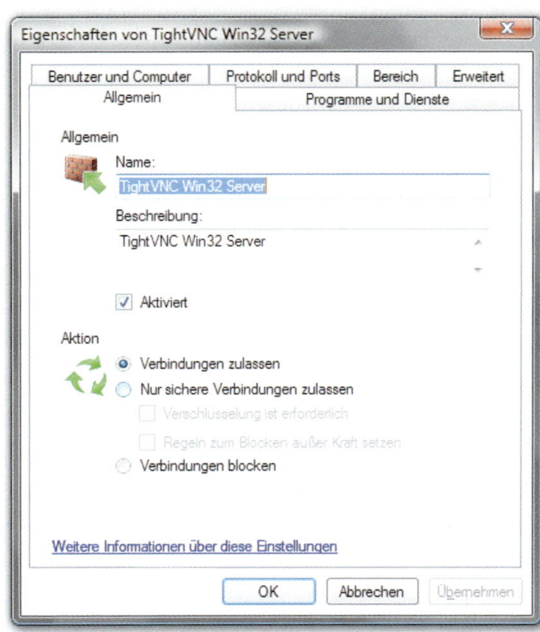

Abbildung 40.17 Allgemeine Eigenschaften einer Firewall-Regel der Windows-Firewall mit erweiterter Sicherheit

Daraufhin gelangen Sie zum *Eigenschaften*-Dialogfeld der ausgewählten Regeln (siehe Abbildung 40.17). Dieses hält einige Registerkarten bereit:

- **Allgemein** Hier können Sie die Regel aktivieren oder deaktivieren und festlegen, ob Verbindungen zugelassen, abzuweisen oder nur für IPSec-gesicherte Verbindungen gestattet sind.
- **Programme und Dienste** Über diese Registerkarte ist einstellbar, ob die Regel nur für bestimmte Programme oder Dienste Gültigkeit besitzen soll. Auf diese Weise lässt sich verhindern, dass andere Software die Regel klammheimlich »mitverwendet«.
- **Benutzer und Computer** Soll die Regel nur für bestimmte Benutzer oder Computer gelten, die über den Active Directory-Verzeichnisdienst in einem Unternehmens-LAN autorisiert werden, lassen sich entsprechende Vorgaben über diese Registerkarte festlegen.
- **Protokolle und Ports** Auf dieser Registerkarte können Sie die Eingrenzung auf einen bestimmten Protokolltyp (ICMP, IGMP, IPv6, TCP, UDP etc.) sowie einen bestimmten Port festlegen (siehe Abbildung 40.18). In unserem kleinen Regel-Beispiel sollen eingehende Verbindungen lediglich auf den beiden TCP-Ports 5800 und 5900 zulässig sein, denn das betreffende Programm verwendet nur diese. Da die Erstellung der eingehenden Regel durch die Windows-Firewall (siehe den Abschnitt

»Ausnahmen für die Windows-Firewall konfigurieren«) jedoch keinerlei Portvorgaben vorgenommen hat, sind die folgenden Schritte auszuführen, um diese Eingrenzung jetzt gezielt einzustellen:

1. Ändern Sie den Eintrag im Listenfeld *Lokaler Port* von *Alle Ports* auf *Bestimmte Ports*.
2. Im darunter befindlichen Eingabefeld tippen Sie nun die gewünschte Portnummern ein. Diese kann zwischen 0 und 65535 betragen. Mehrere Portnummern können hintereinander mit einem Komma voneinander getrennt spezifiziert werden. Bezogen auf unser kleines Beispiel wäre hier also *5800, 5900* einzutragen.
3. Betätigen Sie die Schaltfläche *OK* oder *Übernehmen*, wird diese Vorgabe gespeichert.

Hinweis

Es ist nicht möglich, einen Bereich von Portnummern einzugeben.

Von nun an sorgt diese Regel dafür, dass eingehende Kommunikation für das betreffende Programm nur noch auf dem bzw. den angegebenen Port(s) stattfinden kann, was aus Sicherheitsgründen sinnvoll ist.

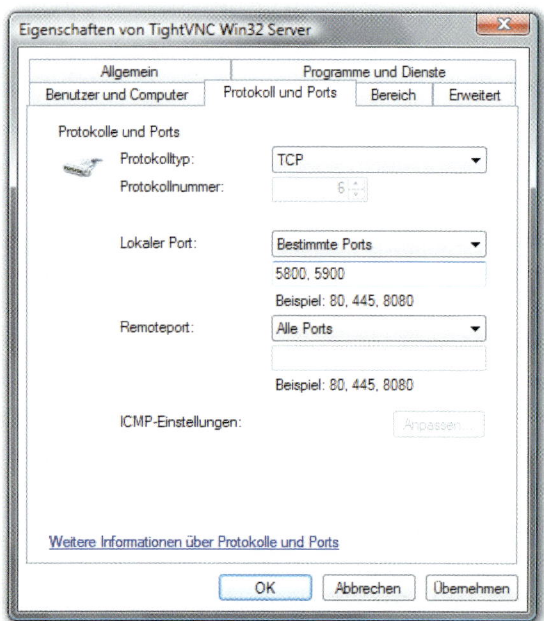

Abbildung 40.18 Einschränkung der Regel auf bestimmte Ports (in diesem Fall: eingehende Regel für lokale Ports)

- **Bereich** Soll die Regel nur für bestimmte IP-Adressen, IP-Adressbereiche oder Subnetze anstatt für beliebige lokale und Remote-IP-Adressen gelten, ist diese Registerkarte die richtige Anlaufstelle.
- **Erweitert** Diese Registerkarte gestattet es, weitere Einschränkungen vorzunehmen (siehe Abbildung 40.19):
  - So können Sie bei *Profil* gezielt auswählen, für welchen Standorttyp (»Domäne«, »Privat« oder »Öffentlich«) die Regel zutreffen soll, um auf diese Weise unterschiedlichen Netzwerkstandorten gerecht zu werden. Im vorliegenden Beispiel gilt die Regel nur für ein privates Netzwerk, nicht aber für ein öffentliches Netzwerk oder Domänennetzwerk.
  - Interessant sind auch die *Schnittstellentypen*. Bei Bedarf klicken Sie auf *Anpassen*, um die Gültigkeit der Regel über das Dialogfeld *Schnittstellentypen anpassen* gezielt einzugrenzen. Als Schnittstellentypen kommen dabei *LAN*, *Remotezugriff* (RAS, VPN etc.) oder *Drahtlos* (sprich: WLAN, Bluetooth etc.) in Betracht.

Tipp 

Diese Einstellmöglichkeit gestattet eine hohe Flexibilität: Um zum Beispiel sicherzustellen, dass bestimmte Handlungen ausschließlich dann stattfinden, wenn sich der Computer im lokalen Netzwerk befindet, ist bei der Regel lediglich der LAN-Schnittstellentyp zu aktivieren. Lassen Sie die anderen Schnittstellentypen deaktiviert, berücksichtigt diese Regel dann keine Remote- sowie WLAN-Zugriffe.

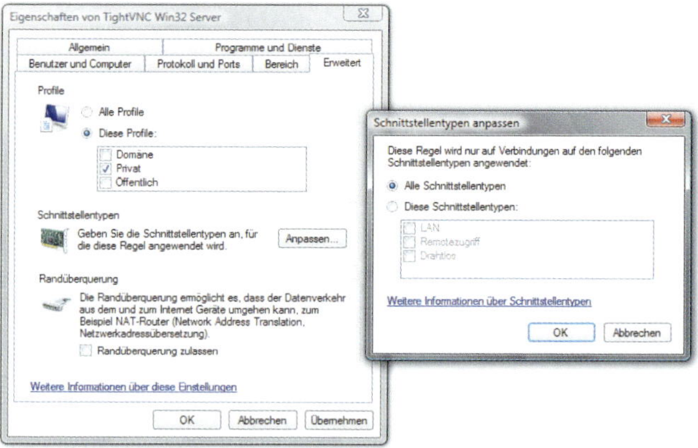

Abbildung 40.19 Für welche Profile und Schnittstellentypen die Regel zutreffen soll, ist auf der Registerkarte *Erweitert* einstellbar

Durch Anklicken der Schaltfläche *OK* oder der Schaltfläche *Übernehmen* werden diese Einstellungen gespeichert. Im Detailfenster wird die geänderte Regel daraufhin mit den geänderten Vorgaben aufgelistet.

Hinweis 

Eingehende Regeln, die die Windows-Firewall durch unsere Reaktion auf das Dialogfeld *Windows-Sicherheitshinweis* erstellt hat, die aber nicht benötigt werden (etwa, weil das betreffende Programm nur über TCP und nicht per UDP kommuniziert), können Sie jetzt löschen.

Firewall-Eigenschaften konfigurieren

Wie sich die Windows-Firewall mit erweiterter Sicherheit verhält, bestimmen ihre Eigenschaften (siehe Abbildung 40.20). Diese können Sie nach Anklicken des Stammknotens *Windows-Firewall mit erweiterter Sicherheit* in der Konsolenstruktur mit der rechten Maustaste und Auswahl von *Eigenschaften* aus dem anschließenden Kontextmenü einsehen und verändern.

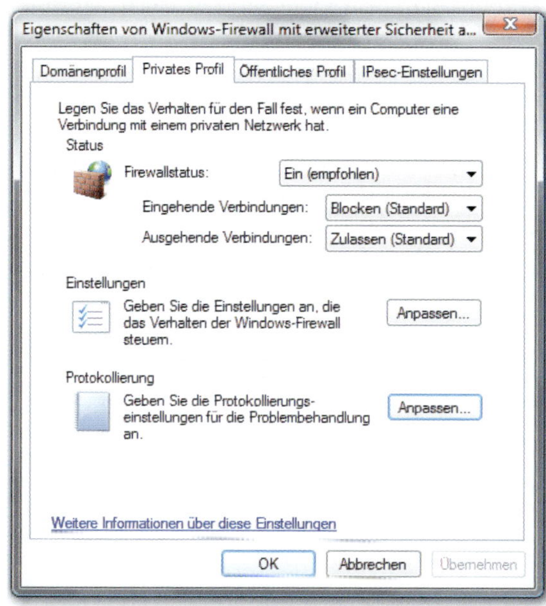

Abbildung 40.20 Für jedes Profil können unterschiedliche Eigenschaften eingestellt werden

Über das zugehörige *Eigenschaften*-Dialogfeld lassen sich die einzelnen Profile »Domäne«, »Privat« und »Öffentlich« (sowie das Verhalten der Windows-Firewall mit erweiterter Sicherheit im Hinblick auf IPSec) konfigurieren, sodass die damit verbundenen Einstellungen auf Netzwerkstandorte dieses entsprechenden Standorttyps angewandt werden. Für jedes Profil stehen die folgenden Einstellungen zur Verfügung:

- **Status** Der Bereich *Status* gibt an, ob die Windows-Firewall mit erweiterter Sicherheit in diesem Profil eingeschaltet ist. Zusätzlich lässt sich über Listenfelder festlegen, was mit ein- bzw. ausgehenden Verbindungen geschieht. Möglich sind dabei:
  - Bei *Blocken* werden alle Verbindungen blockiert, für die keine Firewall-Regeln existieren.
  - Unabhängig von vorhandenen Firewall-Regeln werden bei *Alle blocken* (nur für die eingehende Kommunikation) alle Verbindungen abgewiesen.
  - *Zulassen* gestattet alle Verbindungen, die nicht durch Firewall-Regeln explizit geblockt sind.

Wichtig 

Wenn Sie Verbindungen vollständig blockieren, ist keine Kommunikation mehr in diese Richtung möglich. Greifen Sie daher auf diese Möglichkeit nur mit Bedacht zu, um sich nicht unabsichtlich »kommunikationstechnisch auszusperren«.

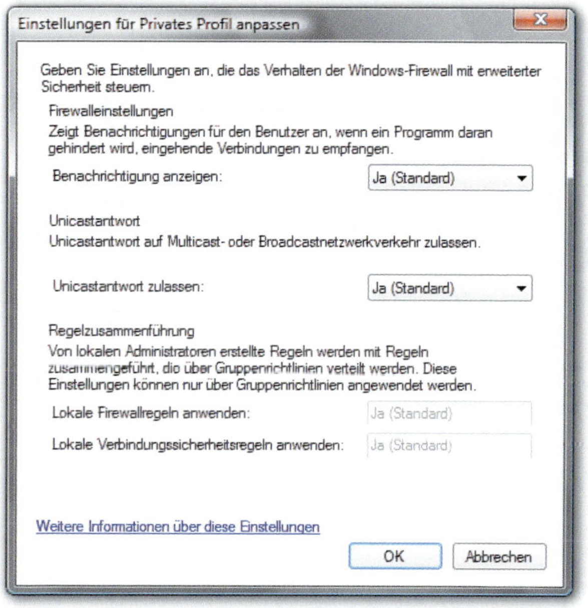

Abbildung 40.21 Das Verhalten der Windows-Firewall mit erweiterter Sicherheit lässt sich steuern

- **Einstellungen** Klicken Sie die Schaltfläche *Anpassen* in diesem Bereich an, können Sie weitere Einstellungen für das Verhalten der Windows-Firewall mit erweiterter Sicherheit festlegen (siehe Abbildung 40.21):

- Bei *Firewalleinstellungen* können Sie angeben, ob eine Benachrichtigung erscheint, wenn die Windows-Firewall mit erweiterter Sicherheit ein Programm an der Kommunikation hindert. Diese Einstellung der Windows-Firewall mit erweiterter Sicherheit korreliert mit dem Kontrollkästchen *Benachrichtigen, wenn ein neues Programm geblockt wird* auf der Registerkarte *Ausnahmen* des Dialogfelds *Windows-Firewall-Einstellungen* (siehe den Abschnitt »Ausnahmen für die Windows-Firewall konfigurieren«). Sobald Sie die Schaltfläche *OK* oder *Übernehmen* betätigen, wechselt anschließend der Status auch im Fenster Windows-Firewall
- Über das Listenfeld *Unicastantwort zulassen* ist steuerbar, ob die Windows-Firewall mit erweiterter Sicherheit Unicastantworten auf vom PC versendete Multicast- oder Broadcast-Rundsendungen zulässt (für bis zu drei Sekunden nach Versand der Rundsendung) oder ob diese Antworten generell abgewiesen werden.
- *Regelzusammenführung* (nur bei der Gruppenrichtlinien-Konfiguration zugänglich) gibt an, ob die von Gruppenrichtlinien vorgegebenen Einstellungen um lokal auf dem PC definierte Firewall-Regeln und Verbindungssicherheitsregeln ergänzt werden dürfen.

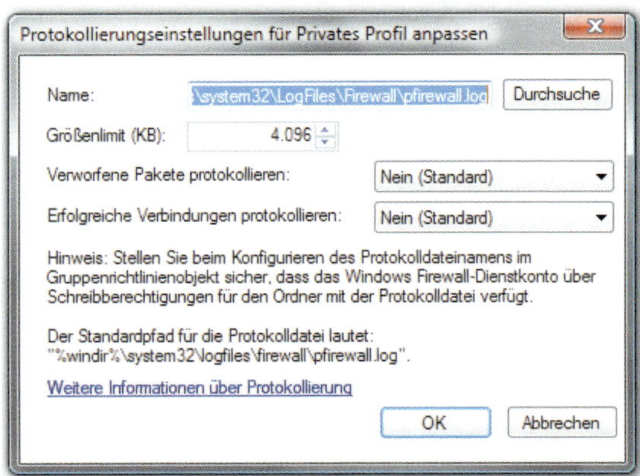

Abbildung 40.22 Auf Wunsch nimmt das Protokoll Informationen über zugelassene und abgelehnte Verbindungen auf

- **Protokollierung** Um die Protokollierungseinstellungen der Windows-Firewall mit erweiterter Sicherheit für das eingangs ausgewählte Profil zu bearbeiten, ist die Schaltfläche *Anpassen* in diesem Bereich anzuklicken. Daraufhin gelangen Sie zum Dialogfeld *Protokolleinstellungen für <Profil> anpassen* (siehe Abbildung 40.22):
  - Dort können Sie den Ablageort für die Protokolldatei *pfirewall.log* der Windows-Firewall mit erweiterter Sicherheit sowie ihre Größe ändern.
  - Über die Listenfelder *Verworfene Pakete protokollieren* sowie *Erfolgreiche Verbindungen protokollieren* können Sie einstellen, dass in der Protokolldatei jedes dieser Ereignisse festgehalten wird. Standardmäßig ist beides ausgeschaltet.

Schalten Sie die Protokollierung ein, kommt in der Protokolldatei schnell eine Vielzahl von Einträgen zusammen. In diesem Fall empfiehlt es sich, die Größe der Protokolldatei heraufzusetzen.

Eingehende Regel erstellen

Wenn ein Programm, das eine eingehende Kommunikation erwartet, das erste Mal gestartet wird, erscheint das Dialogfeld *Windows-Sicherheitshinweis*, über das eine Regel zur eingehenden Kommunikation erstellt werden kann. Mitunter ist es jedoch einfacher, eine eingehende Regel, die die eingehende Kommunikation auf einem bestimmten Port gestattet, per Hand zu erstellen, da sich hier alle Eingrenzungen exakt selbst bestimmen lassen.

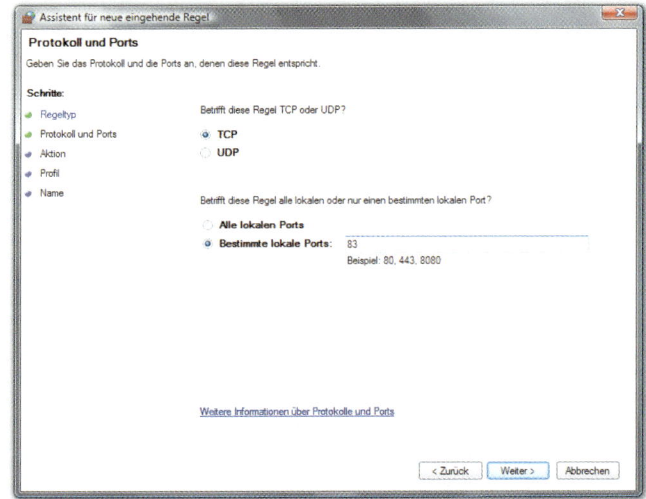

Abbildung 40.23 Die Erstellung einer individuellen Regel für die eingehende Kommunikation erfolgt über einen Assistenten

Ein kleines Beispiel soll dies verdeutlichen: Angenommen, der PC ist mit einem RAID-Festplattenadapter ausgestattet, der sich über einen eingebauten Webserver (dieser hört den TCP-Port 83 ab) aus der Ferne verwalten lässt. Da die Windows-Firewall standardmäßig eingehende Verbindungen blockt, für die keine Ausnahmen existieren, ist hierzu eine spezifische eingehende Regel zu erstellen. Dazu führen Sie die folgenden Schritte aus:

1. Klicken Sie *Eingehende Regeln* in der Konsolenstruktur mit der rechten Maustaste an und wählen Sie im Kontextmenü den Eintrag *Neue Regel* aus. Alternativ markieren Sie den Knoten und wählen im Aktionsfeld *Neue Regel* aus. Daraufhin nimmt Sie der *Assistent für neue eingehende Regel* in Empfang (siehe Abbildung 40.23).
2. Dort müssen Sie zunächst den *Regeltyp* festlegen. Hierbei können Sie wählen zwischen:
   - *Programm* (falls die eingehende Regel sich gezielt auf ein bestimmtes Programm oder einen bestimmten Dienst bezieht),
   - *Port* (die eingehende Regel nimmt sich bestimmter lokaler TCP- bzw. UDP-Ports an),
   - *Vordefiniert* (Verwendung der vordefinierten eingehenden Regeln) und
   - *Benutzerdefiniert* (hierbei sind alle Parameter der eingehende Regel wie im Abschnitt »Vorhandene Regeln bearbeiten« beschrieben, einschließlich Protokolltyp wie etwa ICMP, IGMP, IPv6, TCP oder UDP, dem Quell- bzw. Ziel-Port sowie der Quell- und Ziel-IP-Adresse, einstellbar).

   Für unsere Zwecke des beschriebenen Beispiel-Szenarios wählen Sie also die Option *Port* aus.
3. Nach *Weiter* geben Sie den *Protokolltyp* (in unserem Beispiel *TCP*) an, wählen die Option *Bestimmte lokale Ports* aus und tragen im zugehörigen Eingabefeld *83* ein.
4. Klicken Sie auf *Weiter* und aktivieren Sie die Option *Verbindung zulassen*.
5. Nach einem Klick auf *Weiter* ist festzulegen, für welches Profil diese eingehende Regeln gelten soll. Im Hinblick auf unser kleines Beispiel stellt *Privat* eine gute Wahl dar, sodass Sie die anderen Kontrollkästchen deaktivieren können.
6. Durch *Weiter* gelangen Sie zur letzten Seite des Assistenten. Dort gilt es, der neuen eingehenden Regel einen aussagekräftigen Namen zuzuweisen und optional einen beschreibenden Kommentar zu hinterlegen.

Tipp

Wählen Sie aussagekräftige Namen für eigene Regeln, damit möglichst auf einen Blick in der Übersicht im Detailfenster klar wird, um welche Regel es sich handelt und was diese bewirkt.

7. Klicken Sie auf die Schaltfläche *Fertig stellen*, wird die neue eingehende Regel erstellt und der Assistent beendet.

Markieren Sie nun in der Konsolenstruktur *Eingehende Regeln*, wird die soeben erstellte Regel im Detailfenster ebenfalls aufgeführt. Möchten Sie diese im Nachhinein modifizieren, selektieren Sie *eingehende Regel* im Detailfenster, um die gewünschten Änderungen im zugehörigen *Eigenschaften*-Dialogfeld vornehmen zu können.

Standardmäßig ist die selbst erstellte eingehende Regel automatisch aktiviert und somit sofort gültig. Ein kleiner Test (in unserem Beispiel der Aufruf eines Webbrowsers auf einem Remotecomputer zum Besuch der URL *http://<IP-Adresse-des-mit-RAID-Festplattenadapters-ausgestatteten-PCs>:83*, da der Webserver des RAID-Controllers ja über den TCP-Port 83 erreichbar ist) zeigt schnell, ob alles wie gewünscht funktioniert.

Tipp

Haben Sie eine Vielzahl eigener ein- und ausgehender Regeln erstellt, können Sie diese bei Bedarf in einer Datei mit der Namenserweiterung *.wfw* sichern (exportieren) und bei Bedarf wieder laden (importieren). Um wieder den Ursprungszustand für die Regeln der Windows-Firewall mit erweiterter Sicherheit herbeizuführen und dadurch alle selbst angelegten ein- und ausgehenden Regeln auf einmal zu löschen, klicken Sie den Stammknoten *Windows-Firewall mit erweiterter Sicherheit* in der Konsolenstruktur mit der rechten Maustaste an, wählen im Kontextmenü den Eintrag *Wiederherstellen* aus und klicken im anschließend geöffneten Dialogfeld auf die Schaltfläche *Ja* (siehe Abbildung 40.24).

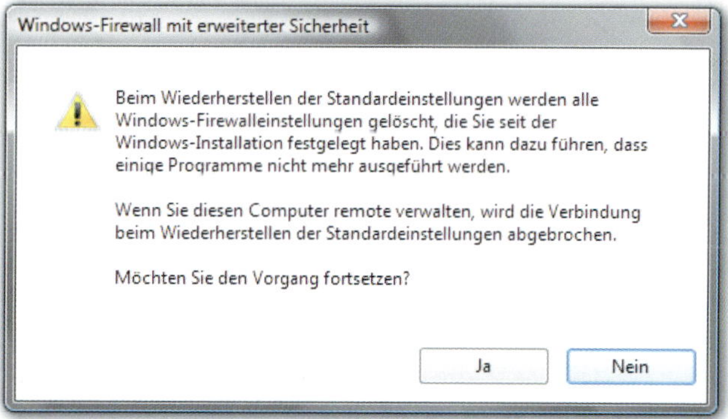

Abbildung 40.24 Bei Bedarf lassen sich alle selbst erstellten Regeln ganz einfach wieder löschen

Ausgehende Regel definieren

Die Windows-Firewall mit erweiterter Sicherheit ermöglicht es zudem, auch eigene ausgehende Regeln zu erstellen. Auf diese Weise lässt sich beispielsweise die ausgehende Kommunikation eines bestimmten Programms oder über einen bestimmten Port blockieren.

Für bestimmte Szenarien kann dies interessant sein: Angenommen, der PC führt Zugriffe auf das Internet nicht auf direktem Wege, sondern über einen dazwischen befindlichen Proxy aus. In den *Interneteigenschaften* von Windows Vista ist dazu bei *Verbindungen* und *LAN-Einstellungen* die IP-Adresse des verwendeten Proxy eingetragen, der zum Beispiel über den Port 8080 erreichbar ist. Rufen Sie auf dem PC den Internet Explorer auf, spricht dieser Webserver nicht auf dem (vom HTTP-Protokoll normalerweise verwendeten) Ziel-Port 80 direkt an, sondern leitet Anfragen zum Besuch von Webseiten an den angegebenen Proxy auf dessen Port (in unseren Beispiel 8080) weiter, der im Auftrag des PCs dann die angeforderten Informationen holt. Eine direkte ausgehende Kommunikation des PCs über den HTTP-typischen Port 80 findet somit nicht mehr statt. Bei all dem geht es nicht um eine Firewall. Diese kann jedoch ins Spiel kommen, um zu verhindern, dass andere Programme – oder Schadsoftware – ungeachtet der Interneteigenschaften von Windows Vista am Proxy vorbei über den Port 80 nach draußen kommuniziert: Hierzu bedarf es lediglich einer ausgehenden Regel, die auf dem PC die Kommunikation über den Zielport 80 blockiert.

Um diese ausgehende Regel anzulegen, führen Sie die folgenden Schritte aus:

1. Klicken Sie in der Konsolenstruktur mit der rechten Maustaste auf *Ausgehende Regeln* und wählen Sie im zugehörigen Kontextmenü den Eintrag *Neue Regel* aus. Alternativ markieren Sie den Knoten und wählen im Aktionsfeld *Neue Regel* aus. Dadurch tritt der *Assistent für neue ausgehende Regel* in Erscheinung (siehe Abbildung 40.25).
2. Zunächst müssen Sie den gewünschten Regeltyp festlegen. Dabei haben Sie die Wahl zwischen:
   - *Programm* (sofern die ausgehende Regel gezielt für ein bestimmtes Programm oder einen bestimmten Dienst gelten soll),
   - *Port* (falls sich die ausgehende Regel auf bestimmte lokale TCP- bzw. UDP-Ports bezieht),
   - *Vordefiniert* (Rückgriff auf die vordefinierten ausgehenden Regeln) und
   - *Benutzerdefiniert* (in diesem Fall sind alle Parameter für die eingehende Regel wie im Abschnitt »Vorhandene Regeln bearbeiten« beschrieben konfigurierbar, inklusive Protokolltyp wie beispielsweise ICMP, IGMP, IPv6, TCP oder UDP sowie dem Port und der IP-Adresse von Quelle und Ziel).

   Da es in unserem zugrunde liegenden Beispiel darum geht, die ausgehende Kommunikation auf dem Ziel-TCP-Port 80 zu blockieren und die Option *Port* sich nur lokalen Ports (im Hinblick auf die ausgehende Kommunikation also den Quell-Ports) annimmt, eignet sich für unsere Zwecke die Option *Benutzerdefiniert*.

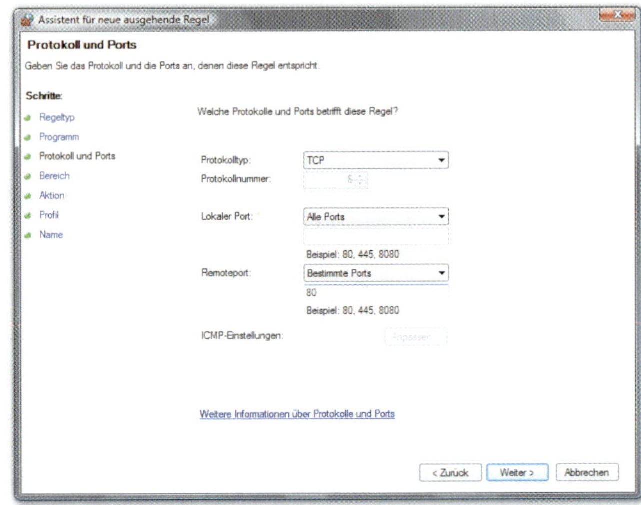

Abbildung 40.25 Mit Hilfe eines Assistenten sind eigene ausgehende Regeln leicht zu erstellen

3. Klicken Sie auf *Weiter*, ist die Eingrenzung auf ein bestimmtes Programm möglich. Da wir (bezogen auf unser Beispiel-Szenario) nicht wissen, welche Software die Proxy-Vorgabe in den Interneteinstellungen von Windows Vista ignorieren und ungeachtet dessen mit einem Ziel auf dem Port 80 kommunizieren möchte, sollte die Regel für jedes Programm gelten, sodass sich die Option *Alle Programme* empfiehlt.
4. Nach *Weiter* ist nun einstellbar, um welchen Protokolltyp und welche Quell- bzw. Ziel-Ports es geht. Für unsere Zwecke ist hier *TCP* im Listenfeld *Protokolltyp* gefolgt von *Bestimmte Ports* im Listenfeld *Remoteport* auszuwählen, um im zugehörigen Eingabefeld *80* einzutragen.
5. Durch Anklicken der Schaltfläche *Weiter* können Sie auf der folgenden Seite die Quell- und Ziel-IP-Adresse spezifizieren. Da wir diesbezüglich keine Eingrenzung vornehmen möchten, sondern die ausgehende Regel universell gelten soll, ist hier die Option *Beliebige IP-Adresse* sowohl für lokale als auch Remote-IP-Adressen anzugeben.
6. Klicken Sie auf *Weiter*, können Sie angeben, wie die Regel vorgehen soll. Da in unserem Beispiel die Kommunika-

tion unterbunden werden soll, ist hier die Option *Verbindung blocken* die richtige.

7. Nach Anklicken der Schaltfläche *Weiter* sind die Profile anzugeben, für die diese ausgehende Regeln Gültigkeit erlangen soll. Für unser Beispiel greifen wir hierfür auf *Privat* zurück (in einer Firmenumgebung mit Active Directory-Domäne käme auch *Domäne* in Frage, sofern es im Firmennetz einen Proxy-Server analog zu unserem Beispiel gibt), sodass alle anderen Kontrollkästchen deaktiviert werden können.
8. Durch *Weiter* gelangen Sie zur letzten Seite des Assistenten. Diese erlaubt es, der neuen ausgehenden Regel einen aussagekräftigen Namen zu geben und diese optional mit einem beschreibenden Kommentar zu versehen.

Tipp

Um die Übersichtlichkeit auch bei einer Vielzahl ausgehender Regeln zu wahren, versuchen Sie, nach Möglichkeit aussagekräftige Namen für eigene Regeln zu wählen, sodass Sie schnell den Sinn und Zweck der Regel in Erfahrung bringen können.

9. Nach einem Klick auf *Fertig stellen* erstellt der Assistent die neue ausgehende Regel und beendet seine Arbeit.

Wenn Sie daraufhin *Ausgehende Regeln* in der Konsolenstruktur markieren, ist in der Liste der vorhandenen Regeln auch die gerade erstellte Regel enthalten. Sollten Sie diese im Nachhinein verändern wollen, selektieren Sie die ausgehende Regel im Detailfenster, um die gewünschten Modifikationen im zugehörigen *Eigenschaften*-Dialogfeld durchzuführen.

Automatisch aktiviert die Windows-Firewall mit erweiterter Sicherheit die neu erstellte Regel. Wie wirksam diese ist, soll ein kleiner Test zeigen: Installieren Sie auf dem PC probehalber den Webbrowser eines Drittherstellers und konfigurieren Sie diesen so, dass er die Proxy-Vorgaben in den Interneteinstellungen von Windows Vista nicht berücksichtigt (und somit zu besuchende Webserver über den standardmäßigen Zielport 80 anzusprechen versucht). Versuchen Sie nun, diesen Webbrowser zu starten und von einem Webserver eine Webseite abzurufen. Unsere ausgehende Regel sollte jetzt greifen – sodass im Webbrowser eine Meldung erscheint, dass die gewünschte Seite bzw. der betreffende Webserver nicht gefunden werden konnte. Stellen Sie den Webbrowser so ein, dass dieser nun doch den Proxy verwendet, sollte die gewünschte Webseite gefunden werden.

Tipp

Die Liste sowohl ein- als auch ausgehender Regeln können Sie in eine Textdatei mit Tabulator-getrennten Spalten exportieren. Dazu klicken Sie in der Konsolenstruktur einen der Einträge *Eingehende Regel* oder *Ausgehende Regel* mit der rechten Maustaste an und wählen im anschließenden Kontextmenü den Eintrag *Liste exportieren* aus.

Aktive Regeln im Überblick

Mit zunehmender Anzahl wird es immer schwieriger, den Überblick zu behalten, welche ein- und ausgehenden Regeln gegenwärtig aktiv sind. Anstatt hierfür in der Konsolenstruktur *Eingehende Regel* oder *Ausgehende Regel* zu markieren und das Detailfenster etwa mit Filtern so zu gestalten, dass nur noch die für das aktuelle Profil momentan verwendeten Regeln erscheinen, ist es meist einfacher, in der Konsolenstruktur *Firewall* unterhalb des Knotens *Überwachung* anzuklicken. Daraufhin werden alle gegenwärtig aktiven Firewall-Regeln ermittelt und übersichtlich im Detailfenster angezeigt (siehe Abbildung 40.26). Neben den vordefinierten Regeln sind hier auch alle selbst erstellten Regeln zu finden, falls diese eingeschaltet sind.

Tipp 

Auch diese Liste können Sie in eine Textdatei mit Tabulator-getrennten Spalten exportieren, indem Sie *Firewall* in der Konsolenstruktur mit der rechten Maustaste anklicken und im Kontextmenü den Eintrag *Liste exportieren* auswählen.

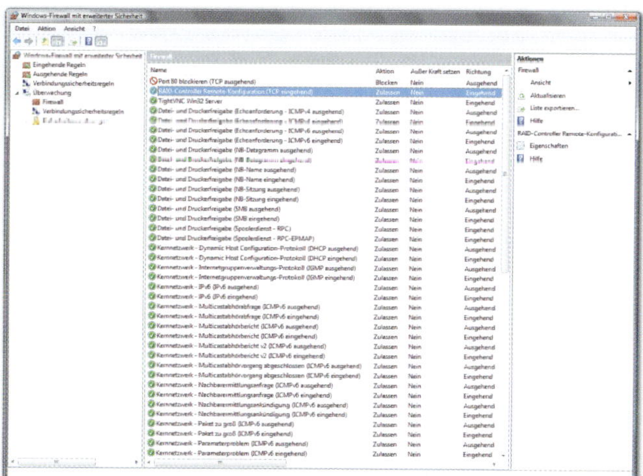

Abbildung 40.26 Die Auswahl von Firewall in der Konsolenstruktur liefert eine Übersicht aller aktuell aktiven Regeln

Zusammenfassung

In diesem Kapitel haben Sie alles Wesentliche zur Windows-Firewall sowie zur Windows-Firewall mit erweiterter Sicherheit erfahren. In der folgenden Übersicht sind die wichtigsten Vorgänge noch einmal für Sie zusammengefasst.

Sie möchten ...	So gehen Sie vor	Sehen Sie sich dazu das Beispiel an auf
den Status der Windows-Firewall einsehen	Rufen Sie über das Windows-Sicherheitscenter oder das Startmenü die Windows-Firewall auf.	Seite 656
die Windows-Firewall ein- und ausschalten	Klicken Sie den Link *Windows-Firewall ein- oder ausschalten* an und wählen Sie die Option *Aktiv* (zum Einschalten) oder die Option *Inaktiv* (zum Ausschalten) aus	Seite 657
den Gültigkeitsbereich einer Ausnahme der Windows-Firewall festlegen	Markieren Sie auf der Registerkarte *Ausnahmen* die gewünschte Ausnahme, klicken Sie *Eigenschaften* sowie *Bereich ändern* an und legen Sie den Gültigkeitsbereich (global, eigenes Subnetz oder bestimmte IP-Adressen) fest	Seite 660
Regeln auf bestimmte Ports begrenzen	Wählen Sie *Bestimmte Ports* im Listenfeld *Lokaler Port* aus und geben Sie die gewünschte Portnummer an	Seite 664

Eric Tierling

41 Windows Update

Windows Vista Home Basic	✓	Windows Vista Business	✓
Windows Vista Home Premium	✓	Windows Vista Enterprise	✓
Windows Vista Ultimate	✓		

Funktion wird von dieser Windows Vista-Edition

vollständig unterstützt ✓ eingeschränkt unterstützt ⊙ nicht unterstützt ⊗

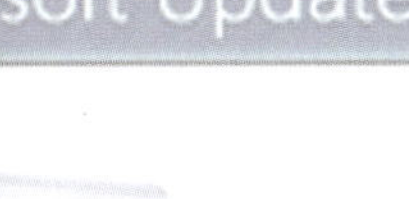

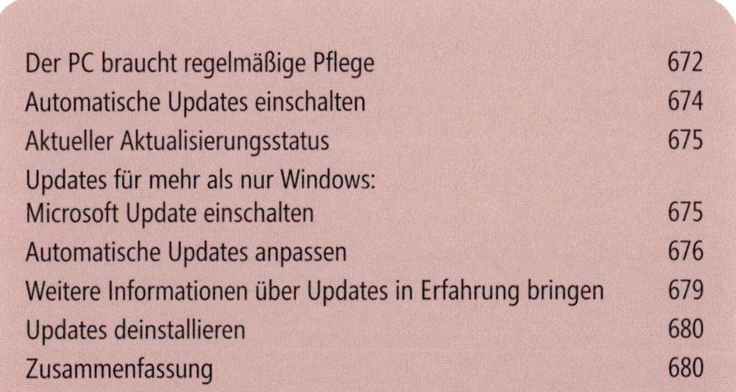

Die Funktion *Automatische Updates* dient dazu, Sicherheits-Patches und weitere Aktualisierungen, die Microsoft kostenlos bereitstellt, via Internet automatisch herunterzuladen und auf Wunsch auch ohne weiteres Eingreifen auf dem PC zu installieren. Auf diese Weise lassen sich beispielsweise neu bekannt gewordene Sicherheitslücken schließen, um so den Schutz vor Angriffen aus dem Internet zu verbessern. Ist die Funktion *Automatische Updates* aktiviert, kann der PC somit selbstständig auf dem neuesten Stand bleiben.

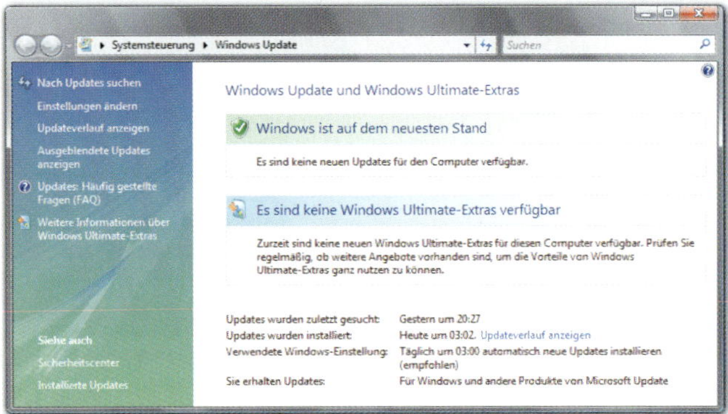

Abbildung 41.1 Die Funktion Automatische Updates gewährleistet, dass Windows Vista & Co. automatisch mit Sicherheitspatches und weiteren Aktualisierungen von Microsoft versorgt wird

Da die Funktion *Automatische Updates* im Hintergrund arbeitet, werden Sie bei der Nutzung Ihres Computers nicht beeinträchtigt. Genauso können Sie über die Funktion *Automatische Updates* die zusätzlich für Windows Vista Ultimate von Microsoft angebotenen, so genannten *Windows Ultimate-Extras* herunterladen.

Wichtig 

Die Funktion *Automatische Updates* schließt Aktualisierungen für das Betriebssystem, Spywaredefinitionen für Windows-Defender (siehe Kapitel 42) sowie optional für weitere Produkte von Microsoft und Gerätetreiber für Hardware-Komponenten mit ein. Nicht berücksichtigt dabei sind jedoch Virendefinitionen für ein von einem anderen Hersteller stammendes, auf dem PC installiertes Antivirus- und Antispywareprogramm! Diese müssen Sie vielmehr über den von diesen Programmen vorgesehenen Weg auf den jeweils aktuellen Stand bringen.

Der PC braucht regelmäßige Pflege

»Wozu die ständigen Aktualisierungen?«, lautet eine beliebte Frage von Anwendern. Viele sind der Ansicht, ein aktuelles Betriebssystem oder einen neuen PCs zu besitzen, reiche aus. Die immer wiederkehrenden, teils panikartigen Berichte über neue Sicherheitsattacken, die Medien gerne verbreiten, würden sie doch ohnehin gar nicht betreffen. Sich gegen die betreffenden Schädlinge entsprechend zu wappnen, sei daher im Grunde genommen überflüssig.

Dabei ist es mit dem PC wie mit anderem technischen Geräten auch: Autos zum Beispiel benötigen eine regelmäßige Wartung (Ölwechsel, Inspektion etc.), um ihre Aufgabe zuverlässig zu erledigen. Durch diese Vorsorge trägt der Nutzer dazu bei, das technische Gerät wie in diesem Fall ein Auto störungsfrei zu verwenden und sich darauf verlassen zu können, wenn es benötigt wird.

Auch der PC ist ein Gerät, und bedarf daher einer regelmäßigen, vorbeugenden Pflege. Denn selbst wenn es sich bei Windows Vista um das derzeit aktuellste Betriebssystem von Microsoft handelt oder der PC mit vorinstalliertem Windows Vista letzte Woche erst gekauft und in Betrieb genommen wurde, können zwischenzeitlich neue Bedrohungen entdeckt worden sein. Die Folge: Sicherheitstechnisch ist der PC dann möglicherweise nicht mehr auf dem neuesten Stand und daher anfällig für Bedrohungen.

Einige Bedrohungen kommen dabei ganz unbedarft per E-Mail ins Haus und entpuppen sich unter Umständen erst dann als Angriff auf die Sicherheit, wenn es schon zu spät ist, der Schädling also in Ihnen bzw. Ihren Daten ein »Opfer« gefunden hat. Andere Bedrohungen sind noch wesentlich heimlicher am Werk. Je nach Bedrohung reicht bereits ein einziger nichts ahnender Besuch einer harmlos erscheinenden Website aus, um sich bzw. den PC unbemerkt zu infizieren.

Manche Anwender nehmen selbst dies in Kauf und beugen ungeachtet dessen nicht vor, in der trügerischen Annahme, dass sie ohnehin keine wichtigen Daten auf *diesem* Computer haben. Doch dies schützt vor Schaden nicht wirklich: Möglicherweise ist dies nur ein PC von mehreren, die über ein lokales Netzwerk vernetzt sind. Somit gibt es dann im eigenen LAN einen Computer, der dann die anderen PCs (auf denen sich zum Beispiel Briefe, Musiksammlung, Urlaubsfotos und andere wichtige persönliche Daten befinden) in der privaten, vermeintlich sicheren Umgebung attackiert.

Darüber hinaus gibt es Schädlinge, die sich heimlich, still und leise zunächst nur auf den Computer einschleichen und bis auf weiteres nichts unternehmen. Erst bei Bedarf werden diese Schläfer dann von ihrem Schöpfer über das Internet aktiviert, um gemeinsam mit anderen Computern bestimmte Aktionen zu starten (etwa die Attacke auf eine Website mit dem Ziel, diese lahm zu legen, oder der massenhafte Versand von E-Mails mit störendem oder gar kriminellem Inhalt). In solchen Fällen ist dann der eigene PC ferngelenkt an solchen Aktionen beteiligt, was kaum wünschenswert ist.

Aus diesen Gründen ist es wichtig, dem Computer genauso wie dem Auto eine regelmäßige Pflege angedeihen zu lassen. Eine wirkungsvolle Maßnahme dabei ist es, neue Sicherheits-Patches für das Betriebssystem sowie für installierte Anwendungen auf dem PC zu installieren – eine regelmäßige Aufgabe, die die Funktion *Automatische Updates* in weiten Bereichen automatisieren kann.

Wichtig 

Die regelmäßige Einspielung von Sicherheits-Patches alleine reicht nicht aus. So, wie ein Auto durch Türschlüssel, Wegfahrsperre, Alarmanlage etc. geschützt ist, sollte auch der PC durch mehrere Sicherheitsmaßnahmen geschützt werden – ganz nach dem Motto »die Kombination macht's«. Arbeitet die Funktion *Automatische Updates* Hand in Hand mit einem Antispywareprogramm wie dem bei Windows Vista mitgelieferten Windows-Defender und schützt die Windows-Firewall vor unaufgefordert eingehender Kommunikation, steigert dies die Sicherheit des PCs deutlich.

Selbst Anwender, die den Sinn und Zweck einer regelmäßigen Aktualisierung erkennen, gehen hierbei mitunter nicht kontinuierlich genug vor. Diese sind der Meinung, den PC einmal alle vier Wochen (oder gar nur einmal alle paar Monate) – oder aber wenn wieder einmal eine entsprechende Meldung durch die Medien geistert – auf den aktuellen Stand zu bringen, reiche vollkommen aus. Ein solch laxer Umgang mit den »Pflegebedürfnissen« eines PCs ist nicht mehr zeitgemäß: Die Praxis zeigt, dass mitunter nur Stunden vom Bekannt werden einer neuen Sicherheitslücke bis zum Auftreten von Attacken vergehen, die diese Schwachstelle auszunutzen versuchen. Je mehr die auf dem PC zum Einsatz kommenden, auf Aktualität ausgerichteten Sicherheitsmaßnahmen – insbesondere Antivirus- und Antispywareprogramme – veraltet sind, desto größer wird die Gefahr, neuen Angriffen zum Opfer zu fallen.

Daher ist es ganz wichtig, den PC einer regelmäßigen Sicherheitswartung zu unterziehen und ihn auf dem aktuellsten Stand zu halten. Zusammen mit den anderen Sicherheitsmaßnahmen von Windows Vista (Benutzerkontensteuerung, Internet Explorer 7 etc.) verfügen Sie somit über eine Umgebung, die eine hohe Sicherheit bietet und mit der Sie zuverlässig arbeiten können.

Hinweis 

Viele Hersteller von Anwendungsprogrammen bieten für ihre Produkte häufig ebenfalls die Option, in regelmäßigen Abständen Prüfungen auf Sicherheitsaktualisierungen durchzuführen, um entsprechende Patches automatisch über das Internet herunterzuladen und auf dem Computer zu installieren. Nutzen Sie diese Möglichkeit ebenfalls, um den Schutz Ihres PCs weiter zu verbessern.

Windows Update und Microsoft Update: Merkmale und Unterschiede

Die Funktion *Automatische Updates* von Windows Vista arbeitet eng mit folgenden, von Microsoft im Internet angebotenen Diensten zusammen:

- **Windows Update** Wichtige Aktualisierungen für das Betriebssystem stellt Microsoft auf seiner *Windows Update*-Website, die Sie über die Internet-Adresse *windowsupdate.microsoft.com* erreichen, kostenlos zum Download bereit. Hierbei handelt es sich zum Beispiel um Patches zur Verbesserung der Sicherheit des Betriebssystems bzw. des Schutzes vor Angriffen aus dem Internet oder Patches, die neu bekannt gewordene Sicherheitslücken schließen. Genauso kann es sich um empfohlene Updates handeln, die bei bestimmten Konstellationen auftretende Fehler bereinigen. Es kann aber auch um aktualisierte Gerätetreiber gehen, die die bessere Verwendung einer bestimmten Hardware-Komponente ermöglichen.

Hinweis 

Bei der Online-Suche von Gerätetreibern für unbekannte, erstmals mit dem PC verbundene Hardware-Komponenten oder der manuellen Aktualisierung eines Gerätetreibers im Geräte-Manager kann Windows Vista ebenfalls auf die Windows Update-Website zurückgreifen.

- **Microsoft Update** Als einheitliche Anlaufstelle nicht nur für Betriebssystem-orientierte Patches, sondern auch für Aktualisierungen, die andere Produkte von Microsoft betreffen (wie zum Beispiel Microsoft Office 2007), hat Microsoft die *Microsoft Update*-Website unter der Internet-Adresse *update.microsoft.com/microsoftupdate* geschaffen. Dort werden zusätzlich zu Sicherheits-Patches für Windows XP, Windows Vista etc. auch wichtige Aktualisierungen zu Microsoft Office 2003, Microsoft Office 2007 etc., zu Exchange Server 2003 und Exchange Server 2007 sowie weiteren Produkten von Microsoft kostenlos veröffentlicht. Auf diese Weise ist es nicht mehr erforderlich, unterschiedliche Aktualisierungs-Webseiten (Windows Update, Office Update etc.) aufzusuchen. Vielmehr genügt ein Besuch der Microsoft Update-Website, um einen Großteil der auf dem PC installierten Software in einem Durchgang zu aktualisieren.

Automatische Updates: Grundlagen

Um der Windows Update- bzw. Microsoft Update-Website nicht selbst regelmäßig per Webbrowser einen Besuch abstatten und dort nachsehen zu müssen, was es an neuen Aktualisierungen für den PC gibt, hat Microsoft die Funktion *Automatische Updates* geschaffen. Dadurch kann der PC von sich aus in regelmäßigen Abständen über das Internet bei Windows Update bzw. Microsoft Update nachschauen, ob neue wichtige Patches für Windows Vista vorliegen. Die Funktion *Automatische Updates* ist dazu in der Lage, diese Aktualisierungen nicht nur herunterzuladen, sondern auch gleich zu installieren, wenn Sie dies wünschen. Auf diese Weise bleibt Ihr Windows Vista-PC in Bezug auf wichtige Sicherheits-Patches von Microsoft und weitere Updates immer auf dem neuesten Stand.

Tipp

Die Funktion *Automatische Updates* arbeitet nicht wie ein herkömmlicher Download, bei dem es darum geht, alles so schnell wie möglich herunterzuladen. Vielmehr greift die Funktion *Automatische Updates* auf den BITS-Systemdienst (Intelligenter Hintergrundübertragungsdienst) von Windows Vista zurück. Dieser Dienst nutzt Pausen, in denen keine relevanten Übertragungen stattfinden, um jede einzelne Datei stückchenweise herunterzuladen. Somit wird die normale Arbeit von der Funktion *Automatische Updates* nicht beeinträchtigt und Sie können problemlos weiter im Web surfen, ohne dabei zusätzliche Wartezeiten aufgrund einer eingeschränkten Übertragungsleistung (wie beim herkömmlichen Download) in Kauf nehmen zu müssen. Auch, wenn etwa beim langsamen Internetzugang über UMTS nur wenig Bandbreite zur Verfügung steht, können so Sicherheits-Patches und weitere Updates nacheinander im Hintergrund auf den PC heruntergeladen werden. Ein weiterer Vorteil dabei: Sollte der Download unterbrochen werden (etwa durch das Ausschalten des PCs), kann BITS diesen an der letzten Stelle nahtlos fortsetzen, nachdem Windows Vista wieder gestartet wurde.

Obgleich Windows Update, Microsoft Update und die Funktion *Automatische Updates* keine Neuerfindungen für Windows Vista sind und schon mit Windows XP eingeführt wurden, hat Windows Vista dennoch nützliche Neuerungen zu bieten. So sind die Funktion *Automatische Updates* sowie die Angebote der Windows Update- bzw. Microsoft Update-Website stärker in die Windows Vista-Benutzeroberfläche integriert:

- Unter Windows XP Service Pack 2 und Service Pack 3 arbeitet die Funktion *Automatische Updates* des Betriebssystems zwar direkt mit Windows Update bzw. Microsoft Update zusammen. Um Microsoft Update zu nutzen, muss der Anwender zuvor jedoch diese Website explizit besuchen und eine entsprechende Software auf dem PC installieren. Zur Ermittlung empfohlener Aktualisierungen ist die Windows Update- bzw. Microsoft Update-Website zu besuchen, da dies nicht aus der Funktion *Automatische Updates* heraus zu erledigen ist – sodass es unterschiedliche Anlaufstellen gibt.
- Bei Windows Vista hat Microsoft das Vorgehen wesentlich vereinfacht: Alle Vorgänge werden von der Funktion *Automatische Updates* auf dem PC gesteuert. Dementsprechend wird im Fenster zur Konfiguration der Funktion *Automatische Updates* festgelegt, ob Patches von der Windows Update- bzw. Microsoft Update-Website bezogen und empfohlene Aktualisierungen berücksichtigt werden sollen. Wie nahtlos die Integration ist, zeigt der Versuch, die Windows Update- bzw. Microsoft Update-Website mit Windows Vista zu besuchen: Der Anwender findet sich daraufhin direkt im Fenster zur Konfiguration der Funktion *Automatische Updates* wieder.

In einem Unternehmens-LAN wird die Funktion *Automatische Updates* zudem häufig von einem Netzwerkadministrator zentral über Gruppenrichtlinien konfiguriert. Dadurch können Sicherheits-Patches und weitere Updates anstatt von der Windows Update- bzw. Microsoft Update-Website im Internet von einem firmeninternen Server im Intranet bezogen werden, auf dem die *Windows Server Update Services* (WSUS) laufen.

PROFITIPP 

Die für die Funktion *Automatische Updates* relevanten Gruppenrichtlinien befinden sich im Knoten *Computerkonfiguration\Administrative Vorlagen\Windows-Komponenten\Windows Update* sowie im Knoten *Benutzerkonfiguration\Administrative Vorlagen\Windows-Komponenten\Windows Update*.

Automatische Updates einschalten

Die Funktion *Automatische Updates* lässt sich bereits während der Installation von Windows Vista auf dem PC mit dem Setupprogramm im Dialogfeld *Windows einrichten* einschalten (siehe Kapitel 39, Abschnitt »Beim Setup konfigurierbare Sicherheitseinstellungen«):

- Wurden dabei die empfohlenen Einstellungen verwendet, sorgt die Funktion *Automatische Updates* dafür, dass Sicherheits-Patches und empfohlene Updates von der Microsoft Update-Website regelmäßig bezogen und automatisch auf dem PC installiert werden.
- Die Auswahl der Option *Nur wichtige Updates für Windows installieren* hingegen bewirkt, dass lediglich Sicherheits-Patches für Windows Vista automatisch aus dem Internet heruntergeladen und eingespielt werden.

Hinweis

Sicherheitskritischen Aktualisierungen ordnet die Funktion *Automatische Updates* dem Typ *Wichtig* zu. Empfohlene Updates (zum Beispiel Gerätetreiber für Hardware-Komponenten) werden hingegen mit dem Typ *Empfohlen* oder *Optional* gekennzeichnet.

- Wurde im Setupprogramm die Option *Später erneut nachfragen* gewählt, erscheint bei der späteren Arbeit mit Windows Vista das neben stehende Windows Update-Symbol im Infobereich der Taskleiste. Klicken Sie dieses Symbol an, wird das Dialogfeld *Windows Update* angezeigt. Dort lässt sich die Funktion *Automatische Updates* dann durch Auswahl der Option *Windows Updates automatisch installieren* einschalten. Hierdurch wird die Funktion *Automatische Updates* angewiesen, Sicherheits-Patches und empfohlene Updates von der Windows Update-Website regelmäßig zu beziehen und automatisch auf dem PC zu installieren.

Ob die Funktion *Automatische Updates* eingeschaltet und wie es um ihren Status bestellt ist, lässt sich wie folgt in Erfahrung bringen:

1. Verwenden Sie entweder die Systemsteuerung oder das Windows-Sicherheitscenter.
   - Öffnen Sie die Systemsteuerung und wählen Sie zunächst die Kategorie *Sicherheit* und dann die Kategorie *Windows Update* aus. Bei Verwendung der klassischen Ansicht doppelklicken Sie stattdessen auf das Symbol *Windows Update.*
   - Im Windows-Sicherheitscenter können Sie im linken Bereich auf *Windows Update* klicken.
2. Daraufhin gelangen Sie zum Fenster zur Konfiguration der Funktion *Automatische Updates* (siehe Abbildung 41.2). Von hier aus haben Sie alle Einstellungen im Blick und können die Konfiguration der Funktion *Automatische Updates* bei Bedarf anpassen.

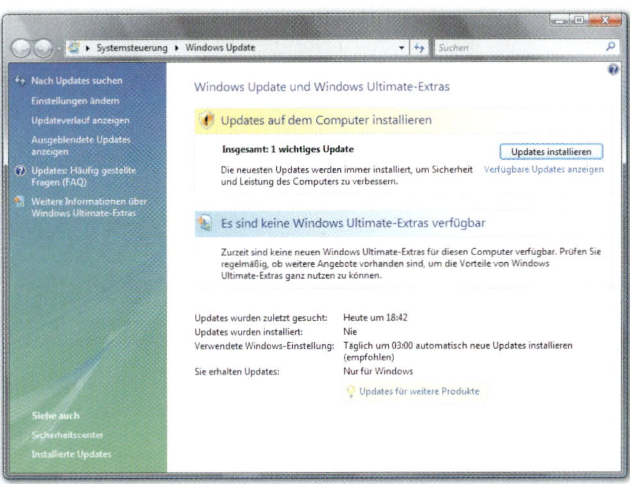

Abbildung 41.2 Einschalten der Funktion Automatische Updates bei der Installation von Windows Vista auf dem PC

Aktueller Aktualisierungsstatus

Im Fenster zur Konfiguration der Funktion *Automatische Updates* können Sie auf einen Blick erkennen,

- ob die Funktion *Automatische Updates* eingeschaltet ist und welche Einstellungen dabei verwendet werden,
- ob Aktualisierungen zwar verfügbar, aber noch nicht installiert sind,
- wann die Funktion *Automatische Updates* zuletzt Aktualisierungen auf dem Windows Vista-PC installiert hat und
- ob lediglich das Betriebssystem oder auch andere Produkte von Microsoft über die Funktion *Automatische Updates* aktualisiert werden.

Ist die Funktion *Automatische Updates* noch nicht eingeschaltet, klicken Sie die Schaltfläche *Jetzt einschalten* an.

Hinweis 

Des Weiteren können Sie an dieser Stelle sehen, ob Extras für den Computer verfügbar sind, sofern dieser unter Windows Vista Ultimate betrieben wird.

Updates für mehr als nur Windows: Microsoft Update einschalten

Unter anderem weist das Fenster zur Konfiguration der Funktion *Automatische Updates* bei *Sie erhalten Updates* aus, ob Sie Aktualisierungen nur für das Windows Vista-Betriebssystem oder zusätzlich auch für weitere, auf dem PC eventuell installierte Microsoft-Anwendungen erhalten. Mit anderen Worten: Dort ist vermerkt, ob sich der Computer für Aktualisierungen an Windows Update oder Microsoft Update wendet (siehe den Abschnitt »Windows Update und Microsoft Update«).

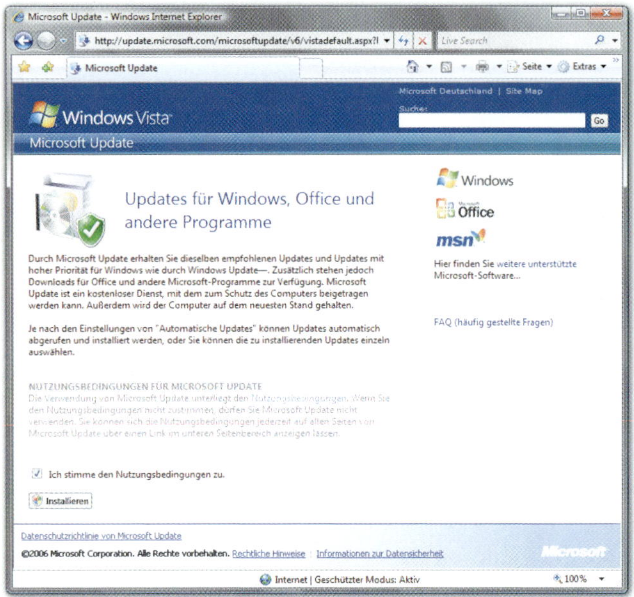

Abbildung 41.3 Vorgabe, dass die Funktion *Automatische Updates* Aktualisierungen anstatt von Windows Update künftig von Microsoft Update beziehen soll

Erscheint bei *Sie erhalten Updates* lediglich *Nur für Windows*, wendet sich der PC nur an die Windows Update-Website zur Suche nach neuen Aktualisierungen. Kommt bislang lediglich Windows Update zum Zuge und möchten Sie dies auf Microsoft Update umstellen (etwa, weil Sie zwischenzeitlich auch Microsoft Office auf dem PC installiert haben), können Sie die Funktion *Automatische Updates* anweisen, künftig stattdessen auf die Microsoft Update-Website zurückzugreifen:

- Klicken Sie Fenster zur Konfiguration der Funktion *Automatische Updates* den Link *Updates für weitere Produkte* (der zur leichteren Erkennung mit einem Symbol versehen ist) an.
- Daraufhin öffnet sich im Internet Explorer die Webseite *Microsoft Update* (siehe Abbildung 41.3). Stimmen Sie dort den Nutzungsbedingungen zu und klicken Sie auf die Schaltfläche *Installieren*.
- Abschließend werden Sie darüber informiert, dass Microsoft Update erfolgreich installiert worden ist – was in diesem Fall bedeutet, dass die Funktion *Automatische Updates* von nun an für Aktualisierungen auf die Microsoft Update- anstatt auf die Windows Update-Website zurückgreift.

Im Fenster zur Fenster zur Konfiguration der Funktion *Automatische Updates* ist daraufhin *Für Windows und andere Produkte von Microsoft Update* bei *Sie erhalten Updates* vermerkt (siehe Abbildung 41.4). Ab dann greift die Funktion *Automatische Updates* auf die Microsoft Update-Website anstatt auf die Windows Update-Website zurück. Sind auf dem PC weitere Produkte von Microsoft installiert, sollte die Funktion *Automatische Updates* diese nun ebenfalls berücksichtigen.

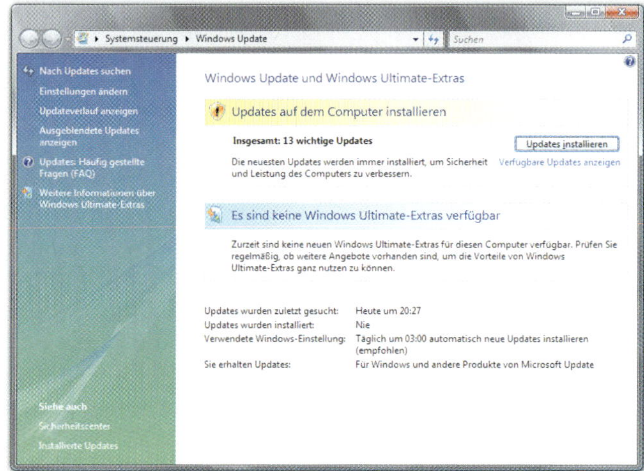

Abbildung 41.4 Bei *Sie erhalten Updates* ist angegeben, ob die Funktion *Automatische Updates* Aktualisierungen von Windows Update oder Microsoft Update bezieht

Automatische Updates anpassen

Sie können festlegen, wie die Funktion *Automatische Updates* vorgehen soll. Dazu klicken Sie im Fenster zur Konfiguration der Funktion *Automatische Updates* den Link *Einstellungen ändern* im linken Bereich an. Im Fenster *Legen Sie fest, wie Updates installiert werden sollen* stehen Ihnen daraufhin mehrere Möglichkeiten zur Verfügung (siehe Abbildung 41.5):

- Mit der Option *Updates automatisch installieren* weisen Sie Windows Vista an, Aktualisierungen automatisch herunterzuladen und auf dem PC zu installieren. Über die zugehörigen Listenfelder können Sie angeben, in welcher Häufigkeit (täglich oder an einem bestimmten Wochentag) und um welche Uhrzeit dies stattfinden soll.

Hinweis 

Wenn Sie diese Einstellung verwenden und den PC nach Beendigung Ihrer Arbeit nicht herunterfahren, sondern in den Modus *Energie sparen* versetzen, »erwacht« der Computer zur angegebenen Uhrzeit wieder, um nach Aktualisierungen zu suchen, diese herunterzuladen und zu installieren. Folgen Sie dem Vorschlag von Microsoft, geschieht dies täglich um 3 Uhr morgens.

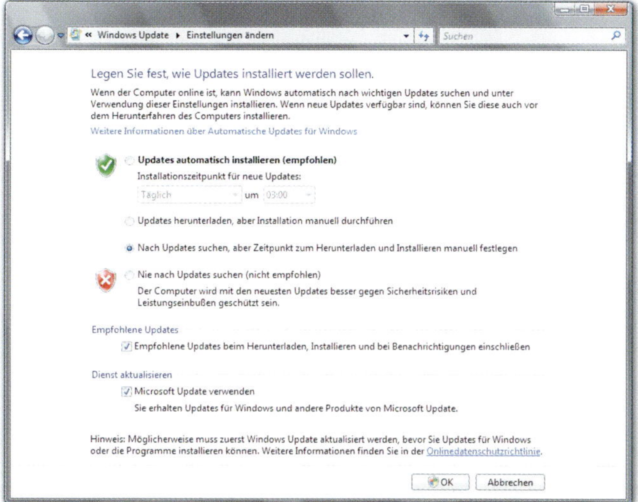

Abbildung 41.5 Festlegung, wie und welche Art von Aktualisierungen bezogen und installiert werden sollen

- Möchten Sie Aktualisierungen zwar automatisch auf den PC herunterladen lassen, ihre Installation aber erst dann starten, wenn Sie es wünschen (etwa, weil Sie den PC im Anschluss daran ohnehin ausschalten wollen), wählen Sie die Option *Updates herunterladen, aber Installation manuell durchführen* aus. In diesem Fall erscheint im Infobereich der Taskleiste das Windows Update-Symbol sowie die Benachrichtigung *Neue Updates sind verfügbar* (siehe Abbildung 41.6), falls neue Aktualisierungen auf Ihren PC heruntergeladen worden sind und Sie diese nun installieren können.

  Klicken Sie das Symbol oder die Benachrichtigung an, gelangen Sie zum Fenster zur Konfiguration der Funktion *Automatische Updates*. Um die Installation der bereits heruntergeladenen Aktualisierungen auf dem PC zu starten, klicken Sie dort die Schaltfläche *Updates installieren* an. Daraufhin werden die betreffenden Updates heruntergeladen und installiert. Über den Fortschritt des Aktualisierungsvorgangs werden Sie dabei auf dem Bildschirm informiert.

Wichtig 

Ein verbesserter Schutz durch neue Aktualisierungen ist erst dann gegeben, nachdem Sie die betreffenden Updates heruntergeladen **und** installiert haben! Das Herunterladen von Aktualisierungen alleine reicht nicht aus.

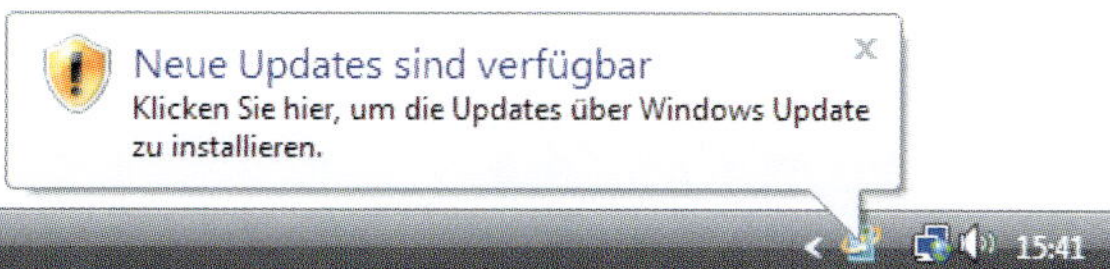

Abbildung 41.6 Eine solche Benachrichtigung erscheint, wenn neue Aktualisierungen bereitstehen, die (wunschgemäß) manuell zu installieren sind

- Durch Verwendung der Option *Nach Updates suchen, aber Zeitpunkt zum Herunterladen und Installieren manuell festlegen* weisen Sie Windows Vista an, zwar von sich aus regelmäßig nachzuschauen, ob es neue Aktualisierungen gibt. Sie können dann aber selbst bestimmen, welche dieser Updates wann auf Ihren PC heruntergeladen werden. Auf diese Weise besitzen Sie die größte Kontrolle darüber, welche Updates den Weg auf Ihren PC finden: Hat Windows Vista neue Aktualisierungen ermittelt, wird im Infobereich der Taskleiste das Windows Update-Symbol sowie die Benachrichtigung *Neue Updates sind verfügbar* eingeblendet.

  Klicken Sie eines dieser Elemente an und wählen im sodann angezeigten Fenster zur Konfiguration der Funktion *Automatische Updates* den Link *Verfügbare Updates anzeigen* aus, können Sie anschließend im Fenster *Wählen Sie die Updates aus, die installiert werden sollen* die gewünschten Aktualisierungen selektiv auswählen (siehe Abbildung 41.7).

Tipp 

Stehen neue Aktualisierungen bereit, die aber noch nicht heruntergeladen und installiert sind, können Sie dies auch beim Herunterfahren des Computers erledigen. In diesem Fall ist die Schaltfläche *Ausschalten* im Startmenü mit einem kleinen Schutzschild-Symbol versehen, das ein Ausrufungszeichen ziert (siehe Abbildung 41.8). Klicken Sie diese Schaltfläche an, werden zunächst die betreffenden Updates heruntergeladen und installiert, bevor Windows Vista heruntergefahren und der PC ausgeschaltet wird. Genauso können in diesem Fall auf dem Willkommens-Bildschirm den Pfeil neben der Schaltfläche *Ausschalten* anklicken und den Eintrag *Updates installieren und herunterfahren* auswählen.

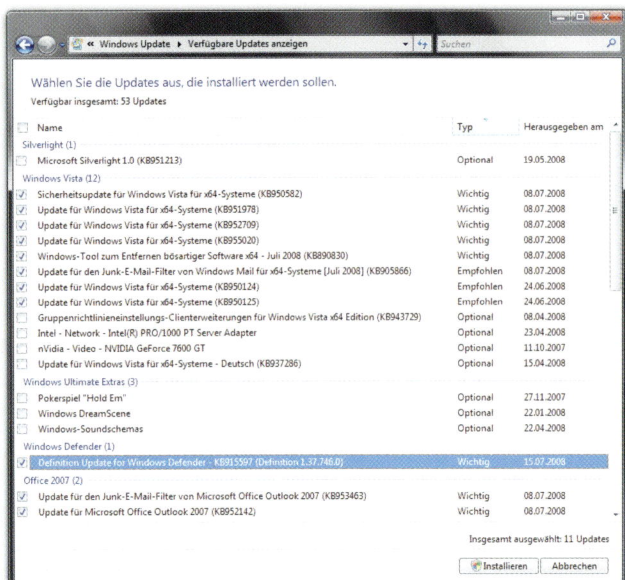

Abbildung 41.7 Manuelle Auswahl, welche Aktualisierungen heruntergeladen werden sollen, um diese anschließend installieren zu können

Nach einem Klick auf die Schaltfläche *Installieren* lädt Windows Vista die ausgewählten Aktualisierungen herunter und spielt diese auf dem PC ein. Bewegen Sie währenddessen den Mauszeiger auf das Windows Update-Symbol im Infobereich der Taskleiste, informiert Sie der Hinweis *Updates werden heruntergeladen* sowie der Hinweis *Updates werden installiert* darüber, wie viele der anstehenden Aktualisierungen bereits übertragen bzw. installiert worden sind. Genauso können Sie den Aktualisierungsvorgang im Fenster zur Konfiguration der Funktion *Automatische Updates* (siehe Abbildung 41.2) verfolgen. Abschließend erscheint die Benachrichtigung *Updates wurden installiert.*

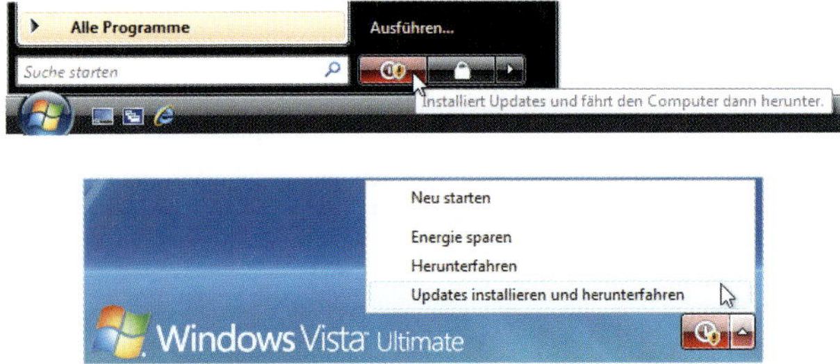

Abbildung 41.8 Ist die Funktion Automatische Updates zwar eingeschaltet, doch werden neue Aktualisierungen nicht automatisch installiert, lässt sich dieser Vorgang beim Ausschalten des PCs erledigen

- Mit der Option *Nie nach Updates suchen* schließlich schalten Sie die Funktion *Automatische Updates* aus. Sicherheits-Patches für Windows Vista und weitere Updates von Microsoft werden dann nicht mehr automatisch auf den PC heruntergeladen und installiert. Aus diesem Grund sollten Sie die Option *Nie nach Updates suchen* nach Möglichkeit nicht verwenden.

  Haben Sie diese Option aktiviert, müssen Sie die Suche nach Updates selbst veranlassen – und zwar, indem Sie im Fenster zur Konfiguration der Funktion *Automatische Updates* (siehe Abbildung 41.2) die Schaltfläche *Nach Updates suchen* anklicken. Gibt es neue Aktualisierungen, lassen sich diese durch Anklicken der Schaltfläche *Updates installieren* herunterladen und einspielen.

Darüber hinaus weist das Fenster *Legen Sie fest, wie Updates installiert werden sollen* (siehe Abbildung 41.5) das Kontrollkästchen *Empfohlene Updates beim Herunterladen, Installieren und bei Benachrichtigen einschließen* auf. Ist dieses markiert, berücksichtigt die Funktion *Automatische Updates* von Windows Vista nicht nur Sicherheits-Patches und weitere Updates für das Betriebssystem selbst, sondern auch für weitere Microsoft-Produkte wie zum Beispiel Microsoft Office 2003 oder Microsoft Office 2007 – sofern diese auf dem PC installiert sind. Ebenfalls kann die Funktion *Automatische Updates* dann empfohlene Updates (beispielsweise Gerätetreiber für Hardware-Komponenten des Computer) mit herunterladen und installieren. Entscheiden Sie sich für dieses Verfahren, kann die Funktion *Automatische Updates* die Möglichkeiten der Microsoft Update-Website (siehe den Abschnitt »Windows Update und Microsoft Update«) nutzen.

Hinweis 

Stehen empfohlene Updates wie zum Beispiel Gerätetreiber für Hardware-Komponenten bereit, werden diese von der Funktion *Automatische Updates* auch dann ermittelt, wenn das Kontrollkästchen *Empfohlene Updates beim Herunterladen, Installieren und bei Benachrichtigen einschließen* nicht markiert ist. Allerdings werden diese empfohlenen Updates nur ermittelt, aber nicht automatisch mit heruntergeladen und installiert – denn dies geschieht nur, wenn das Kontrollkästchen mit einer Markierung versehen ist.

Betätigen Sie die Schaltfläche *OK*, werden Ihre Vorgaben gespeichert. Je nachdem, für welche Einstellungen Sie sich entschieden haben, beginnt die Funktion *Automatische Updates* nun damit, Aktualisierungen zu ermitteln und ggf. herunterzuladen sowie zu installieren. Im Fenster zur Konfiguration der Funktion *Automatische Updates* können Sie jederzeit nachschauen, wann Aktualisierungen für Ihren PC zuletzt gesucht bzw. auf dem Computer installiert worden sind.

Wichtig 

Manche Aktualisierungen können im Anschluss an deren Installation einen Neustart des Computers erfordern.

Weitere Informationen über Updates in Erfahrung bringen

Darüber hinaus können Sie weitere Informationen über anstehende oder bereits installierte Updates abrufen.

Optionale Updates

Die Funktion *Automatische Updates* bietet weitere nützliche Möglichkeiten. Möchten Sie zum Beispiel in Erfahrung bringen, welche empfohlenen Updates (etwa Gerätetreiber für Hardware-Komponenten) zur Verfügung stehen, die noch nicht auf Ihrem Computer installiert sind, klicken Sie im Fenster zur Konfiguration der Funktion *Automatische Updates* den Link *Verfügbare Updates anzeigen* an, woraufhin das Fenster *Wählen Sie die Updates aus, die installiert werden sollen* erscheint (siehe Abbildung 41.7):

- Optionale Updates weisen dort den Typ *Empfohlen* auf,
- sicherheitskritische Aktualisierungen sind mit dem Typ *Wichtig* versehen.

Details zu einem Update

Um Details über ein bestimmtes Update in Erfahrung zu bringen, das zum Herunterladen zur Verfügung steht, selektieren Sie dieses im Fenster *Wählen Sie die Updates aus, die installiert werden sollen.* Das Dialogfeld *Windows Update* informiert Sie sodann darüber, um was für eine Aktualisierung mit welchem Updatetyp es sich hierbei handelt und ob nach der Installation dieses Updates ein Neustart des Computers erforderlich ist (siehe Abbildung 41.9).

Abbildung 41.9 Informationen zu einer Aktualisierung einsehen

Tipp 

Auf dieselbe Weise können Sie Informationen zu einer bereits auf dem Computer installierten Aktualisierung abrufen und dabei zusätzlich sehen, ob die Installation erfolgreich verlaufen oder mit welchem Fehlergrund diese abgebrochen worden ist. Hierzu selektieren Sie einfach im Fenster *Überprüfen Sie den Updateverlauf* (siehe Abbildung 41.10) eine installierte Aktualisierung.

Historie der installierten Updates

Ist ein bestimmtes Update bereits auf dem PC installiert? Auch diese Frage können Sie über die Funktion *Automatische Updates* beantworten: Klicken Sie im Fenster zur Konfiguration der Funktion *Automatische Updates* den Link *Updateverlauf anzeigen* an, erscheint daraufhin das Fenster *Überprüfen Sie den Updateverlauf* (siehe Abbildung 41.10). Dieses listet alle installierten Aktualisierungen auf.

Darüber hinaus erfasst Windows Vista Informationen über die Aktivitäten der Funktion *Automatische Updates* auch in seinem Ereignisprotokoll (siehe Kapitel 54). Entsprechende Einträge sind im Systemprotokoll zu finden und dort mit der Quelle *WindowsUpdateClient* sowie der Aufgabenkategorie *Windows Update-Agent* versehen. Alle zugehörigen Ereignisse sind außerdem im Anwendungs- und Dienstprotokoll *Microsoft-Windows-WindowsUpdateClient/Operational* vermerkt, das im MMC-Snap-In *Ereignisanzeige* über den Ordner *Microsoft\ Windows* (auch durch Auswahl dieses Protokolls im Detailfenster nach Markierung des Konsolenstamms in der Konsolenstruktur) zugänglich ist.

Tipp 

Zusätzlich protokolliert die Funktion *Automatische Updates* ihre Aktivitäten ausführlich in der Textdatei *%Systemroot%\WindowsUpdate.log*.

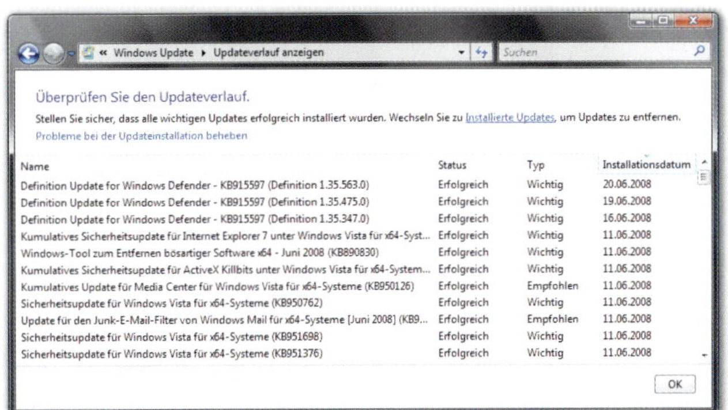

Abbildung 41.10 Hier können Sie in Erfahrung bringen, welche Updates bislang auf dem PC installiert worden sind

Updates deinstallieren

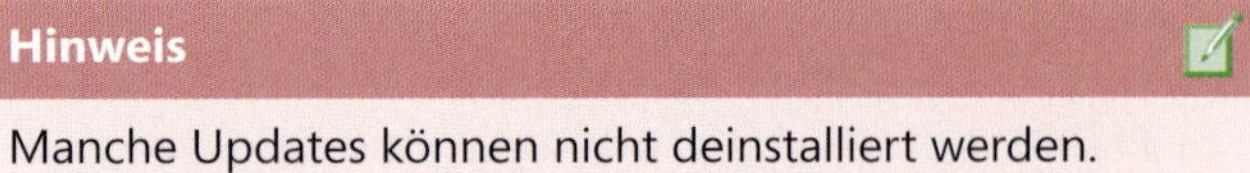

Hinweis

Manche Updates können nicht deinstalliert werden.

Sollte es nach der Installation einer Aktualisierung zu Schwierigkeiten kommen, können Sie dieses Update auch wieder deinstallieren. Hierzu gehen Sie wie folgt vor:

1. Klicken Sie im Fenster *Überprüfen Sie den Updateverlauf* (siehe Abbildung 41.10) auf den Link *Installierte Updates*.

   Alternativ öffnen Sie die Systemsteuerung, um dort in der Kategorie *Programme* den Link *Programm deinstallieren* anzuklicken oder (bei Verwendung der klassischen Ansicht) auf das Symbol *Programme und Funktionen* doppelzuklicken. Anschließend klicken Sie im linken Aufgabenbereich den Link *Installierte Updates anzeigen* an.

2. Daraufhin gelangen Sie zum Fenster *Update deinstallieren* (siehe Abbildung 41.11). Dort lässt sich dann eine Aktualisierung markieren, um diese gezielt zu deinstallieren.

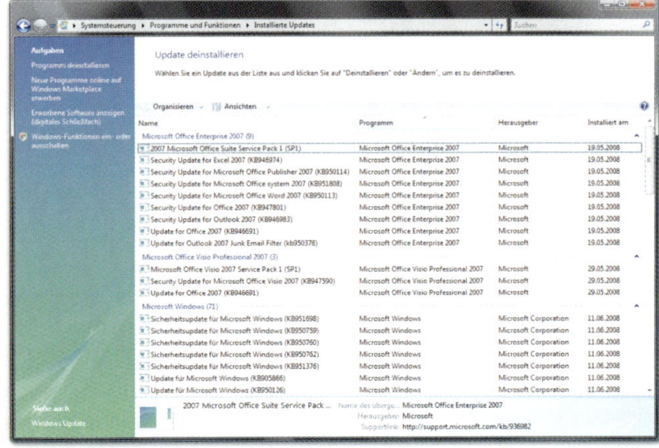

Abbildung 41.11 Deinstallation von Updates

Zusammenfassung

In diesem Kapitel dreht sich alles um die Funktion *Automatische Updates*, Windows Update und Microsoft Update, um den PC automatisch auf dem aktuellen Stand zu halten, was Sicherheits-Patches und weitere wichtige Updates von Microsoft betrifft. In der folgenden Übersicht sind die wichtigsten Vorgänge noch einmal für Sie zusammengefasst.

Sie möchten ...	So gehen Sie vor	Sehen Sie sich dazu das Beispiel an auf
automatische Updates einschalten	Wählen Sie bei der Installation von Windows Vista *Empfohlene Einstellungen verwenden* aus	Seite 674
den Status der Funktion *Automatische Updates* in Erfahrung bringen	Klicken Sie im Windows-Sicherheitscenter auf den Link *Windows Update*	Seite 675
Microsoft Update einschalten	Klicken Sie den Link *Updates für weitere Produkte* an, stimmen Sie den Nutzungsbedingungen zu und klicken Sie die Schaltfläche *Installieren* an	Seite 676
automatische Updates anpassen	Klicken Sie den Link *Einstellungen ändern* an, um anschließend das Vorgehen der Funktion *Automatische Updates* anzupassen	Seite 676
Informationen zu optionalen Updates in Erfahrung bringen	Klicken Sie den Link *Verfügbare Updates anzeigen* an	Seite 679
Details über ein zur Verfügung stehendes Update einsehen	Selektieren Sie das betreffende Update im Fenster *Wählen Sie die Updates aus, die installiert werden sollen*	Seite 679
wissen, ob ein bestimmtes Update bereits auf dem PC installiert ist	Klicken Sie den Link *Updateverlauf anzeigen* an	Seite 679
ein installiertes Update deinstallieren	Klicken Sie auf den Link *Installierte Updates*, markieren Sie das gewünschte Update und klicken Sie auf *Deinstallieren*	Seite 680

Eric Tierling

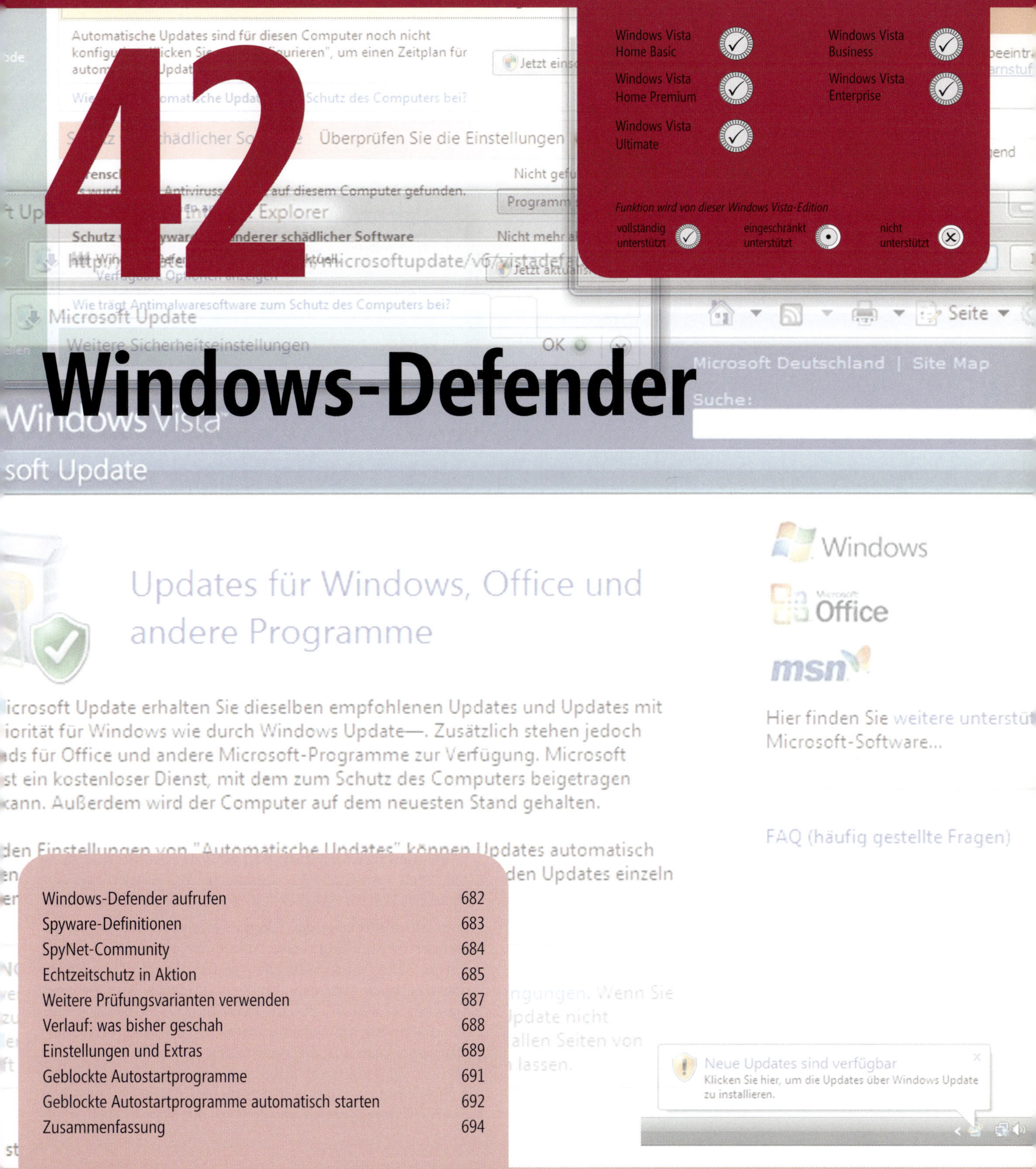

Windows Vista Home Basic	✓	Windows Vista Business	✓
Windows Vista Home Premium	✓	Windows Vista Enterprise	✓
Windows Vista Ultimate	✓		

Funktion wird von dieser Windows Vista-Edition
vollständig unterstützt ✓ eingeschränkt unterstützt ⊙ nicht unterstützt ⊗

42 Windows-Defender

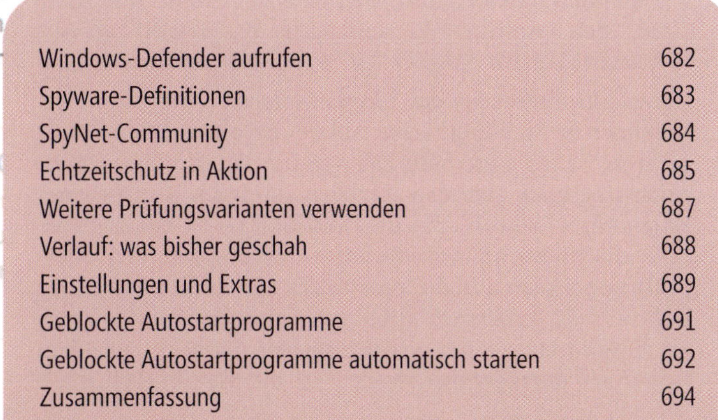

Die Welt der Schädlinge, die auf Computern ihr Unwesen zu treiben versuchen, ist vielfältig. Neben Viren, Würmern und Trojanern macht Anwendern auch so genannte *Spyware* (auch unter dem Oberbegriff *Malware* geführt, was auf Deutsch so viel wie *Schadsoftware* bzw. *bösartige Software* bedeutet) zu schaffen. Hierunter versteht man Schnüffelsoftware, die sich nicht nur unbemerkt auf dem PC einschleicht, sondern ebenso heimlich beispielsweise Angaben zu Ihren Surfgewohnheiten oder Ihre Tastatureingaben über das Internet an unbekannte Dritte sendet.

Dass sich dahinter keine guten Absichten für Sie verbergen, versteht sich fast von selbst: Kennt ein Online-Werbetreiber Ihre bevorzugten Interessen, kann er Sie bei Webausflügen mit vermeintlich passender Werbung zu traktieren versuchen – etwa in Form störender Popupfenster, die Sie vielleicht gar nicht möchten.

Eine noch größere Bedrohung für Ihre Privatsphäre stellen so genannte *Keylogger* dar, die ebenfalls zur Gattung der Spyware zählen. Diese spezielle Schnüffelsoftware zeichnet Ihre Tastatureingaben auf und schickt diese ins Internet. Intelligente Exemplare dieser Schnüffelsoftware sind darauf aus, erst bei bestimmten Ereignissen aktiv zu werden – etwa beim Besuch einer Banken-Website oder der Eingabe einer Kreditkartennummer beim Online-Shopping. Software, die im Hintergrund mitläuft und solche vertrauliche Daten unbefugt über das Internet an unbekannte Dritte sendet, führt kaum etwas Gutes im Schilde.

Mit *Windows-Defender* ist ein Antispyware-Programm zur Schutz vor Spyware in Windows Vista bereits serienmäßig enthalten (alternativ lässt sich auch ein anderes Antispyware-Programm benutzen). Seine Aufgabe ist es, Schnüffelsoftware vom Rechner fern zu halten und so den PC mit einem Spywareschutz zu versehen.

Wichtig 

Ein Antispyware-Programm ersetzt **kein** Antivirusprogramm, sondern ergänzt dieses lediglich! Für einen sinnvollen wirksamen Schutz vor digitalen Schädlingen sollten Sie sowohl ein Antivirusprogramm als auch ein Antispyware-Programm einsetzen – und beide auf dem neuesten Stand halten (sprich: kontinuierlich mit aktuellen Definitionen aus dem Internet versehen), um auch neuere Schädlinge erkennen und dingfest machen zu können.

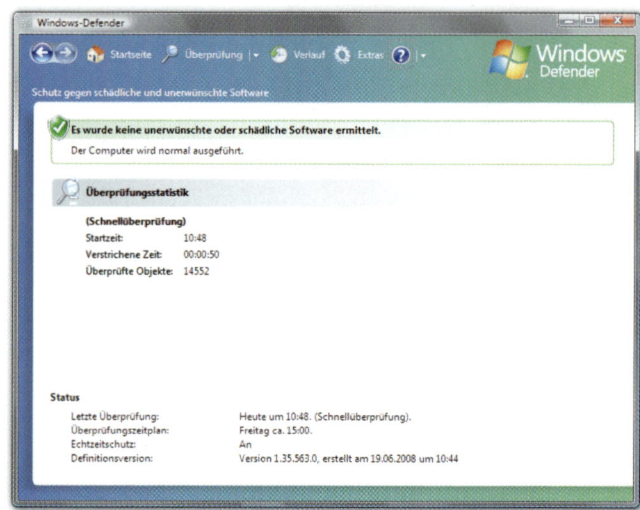

Abbildung 42.1 Das Antispyware-Programm Windows-Defender ist bereits im Lieferumfang von Windows Vista enthalten

Windows-Defender aufrufen

Um den Windows-Defender aufzurufen, gibt es mehrere Möglichkeiten:

- Tippen Sie in das Schnellsuchfeld des Startmenüs die Zeichenfolge »defe« ein und klicken Sie anschließend auf den Link *Windows-Defender*.
- Wechseln Sie zur Systemsteuerung. Dort wählen Sie entweder die Kategorie *Sicherheit* und dann die Kategorie *Windows-Defender* aus oder doppelklicken bei Verwendung der klassischen Ansicht auf das Symbol *Windows-Defender*.
- Genauso können Sie Windows-Defender auch durch Anklicken des entsprechenden Links im linken Bereich des Windows-Sicherheitscenters aufrufen.
- Erscheint im Infobereich der Taskleiste das Windows-Defender-Symbol (etwa, weil eine unerlaubte Änderung an den Autostart-Einstellungen festgestellt wurde), besteht auch die Möglichkeit, dieses doppelt anzuklicken.

Daraufhin nimmt Sie das Programmfenster von Windows-Defender in Empfang (siehe Abbildung 42.1). Dieses ist in mehrere Seiten unterteilt: Allen voran liefert die *Startseite* einen Überblick über den aktuellen Status des Antispyware-Programms – sowohl, was die Erkennung auf Grundlage des Echtzeitschutzes als auch die letzte Überprüfung, den Überprüfungszeitplan und die Version der verwendeten Spyware-Definitionen anbelangt. Müssen bestimmte Aufgaben wie die Einordnung einer vermeintlichen Spyware auf dem Computer durchgeführt werden, ist die Startseite ebenfalls eine gute Anlaufstelle. Hilfreich bei der seitenorientierten Navigation innerhalb des Windows-Defender-Programmfensters ist zudem, dass Sie sich vor- und zurückbewegen können – genauso, wie es Ihnen der Internet Explorer beim Besuch von Webseiten gestattet.

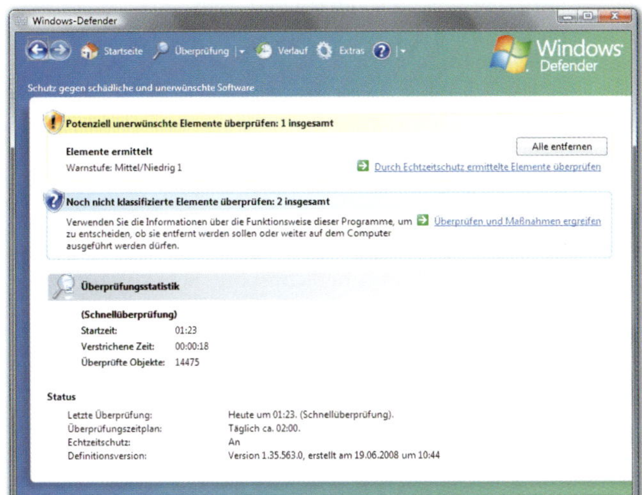

Abbildung 42.2 Die Startseite gestattet es auch, Aktionen für ermittelte Spyware-Verdächtige sowie für Software festzulegen, die wichtige Systemeinstellungen verändert

Das nebenstehend abgebildete Windows-Defender-Symbol im Infobereich der Taskleiste weist zudem darauf hin, wenn eine Aufgabe wie etwa die Reaktion auf die Erkennung einer vermeintlichen Spyware durchzuführen ist und Sie einen Blick auf die Startseite des Programmfensters werfen sollten.

Geht es darum, eine auf dem PC laufende Software, die Änderungen an wichtigen Systemeinstellungen vornehmen möchte, zu überprüfen bzw. zu klassifizieren, wird das nebenstehende Symbol im Infobereich der Taskleiste angezeigt.

Ist hingegen für Windows-Defender alles in Ordnung, erscheint das nebenstehende Symbol im Infobereich der Taskleiste. Auf der Startseite von Windows-Defender wird der Status *Es wurde keine unerwünschte oder schädliche Software ermittelt. Der Computer wird normal ausgeführt.* ausgewiesen.

Hinweis

Klicken Sie das Windows-Defender-Symbol im Infobereich der Taskleiste mit der rechten Maustaste an, können Sie durch Auswahl des Eintrags *Beenden* im zugehörigen Kontextmenü das Antispyware-Programm schließen. Alternativ klicken Sie im oberen Bereich des Windows-Defender-Programmfensters das kleine, auf der Spitze stehende Dreieck *Hilfeoptionen* neben dem Fragezeichen an und wählen im sodann angezeigten Menü den Eintrag *Windows-Defender beenden* aus, um das Antispyware-Programm zu schließen. In diesem Fall sind Sie jedoch nicht mehr vor dem Eindringen von Spyware geschützt. Um den Windows-Defender wieder zu reaktivieren, rufen Sie ihn wie weiter vorne beschrieben erneut auf.

Spyware-Definitionen

Um effektiv agieren zu können, baut Windows-Defender auf Spyware-Definitionen. Hierbei handelt es sich um Muster, anhand derer sich bekannte Spyware erkennen lässt. Da Übeltäter regelmäßig neue Spyware in Umlauf bringen, werden Spyware-Definitionen ebenfalls laufend erweitert. Daher sollten Sie dafür sorgen, dass Windows-Defender immer über möglichst aktuelle Erkennungsdaten verfügt. Microsoft stellt aktualisierte Spyware-Definitionen für Windows-Defender über Windows Update (siehe Kapitel 41) kostenlos zur Verfügung.

Stellt ein Antispyware-Programm wie Windows-Defender fest, dass sich eine Spyware auf dem PC befindet, muss es sich dabei nicht zwingend auch tatsächlich um Spyware handeln. Vielmehr handelt es sich um einen »Spyware-Verdacht«: Manche Software (zum Beispiel spezielle Fernsteuerungsprogramme) lässt sich zu mehreren Zwecken nutzen. Möglicherweise setzen Sie eine solche Software bewusst auf Ihrem Computer ein – möglicherweise aber auch unbewusst, da es ein Übeltäter geschafft hat, Ihnen die unerwünschte Software »unterzuschieben«.

Verschärft wird die Situation zudem dadurch, dass Windows Vista aus Sicherheitsgründen wesentlich restriktiver agiert als seine Vorgänger, was unter anderem an der Benutzerkontensteuerung deutlich wird. Anstatt Aktionen zunächst zu erlauben und hinterher zu prüfen, ob alles in Ordnung ist, steht bei Windows Vista eher das umgekehrte Motto im Vordergrund. Erst wird die explizite Bestätigung durch den Benutzer angefordert, bevor eine sicherheitsrelevante Aktion stattfinden kann.

Hinweis

Ob es sich bei einem Programm um eine gewünschte oder unerwünschte Software handelt, ist somit manchmal eine Gradwanderung. Es ist also eine Entscheidung erforderlich, die ein Antispyware-Programm nicht immer selbsttätig, sondern nur mit Ihrer Hilfe treffen kann. Dass eine Software also unter Spyware-Verdacht steht, heißt nicht zwangsläufig, dass es sich auch tatsächlich um Schnüffelsoftware handelt.

Über die Funktion *Automatische Updates* (siehe Kapitel 41) können aktualisierte Spyware-Definitionen für den Windows-Defender automatisch auf den Windows Vista-PC gelangen. Ist die Funktion *Automatische Updates* hingegen so konfiguriert, dass Aktualisierungen nicht automatisch heruntergeladen und installiert werden, veralten die Spyware-Definitionen auf dem PC zwangsläufig nach einer gewissen Zeit. In diesem Fall erscheint im Infobereich der Taskleiste zusätzlich zum Windows-Defender-Symbol auch das nebenstehend gezeigte Symbol zusammen mit der Benachrichtigung *Überprüfen Sie den Status der Antispywaresoftware* (siehe Abbildung 42.3).

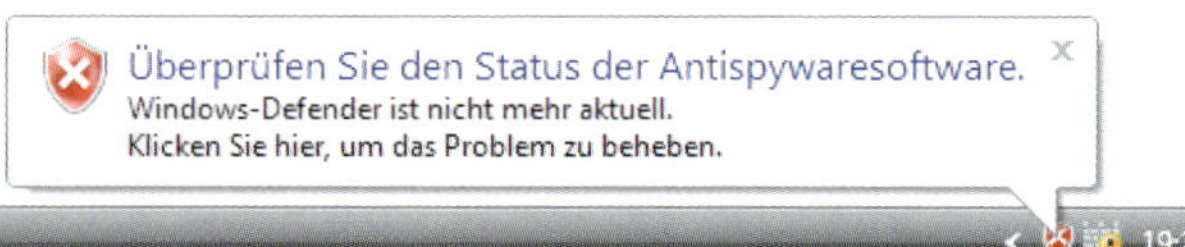

Abbildung 42.3 Eine solche Benachrichtigung erscheint, wenn die vom Windows-Defender verwendeten Spyware-Definitionen veraltet sind

Tipp 

Eine sofortige Aktualisierung der verwendeten Spyware-Definitionen veranlassen Sie, indem Sie im oberen Bereich des Windows-Defender-Programmfensters das kleine, auf der Spitze stehende Dreieck *Hilfeoptionen* neben dem Fragezeichen anklicken und den Eintrag *Nach Updates suchen* im sodann angezeigten Menü auswählen. Alternativ bietet die Startseite die Schaltfläche *Jetzt nach Updates suchen* an, falls diese veraltet sein sollten. Genauso können Sie über die Optionen von Windows-Defender (siehe den Abschnitt »Einstellungen und Extras«) festlegen, dass vor einer automatischen Überprüfung zuerst die aktuellen Spyware-Definitionen aus dem Internet heruntergeladen werden sollen.

SpyNet-Community

Hilfreich in diesem Zusammenhang ist auch die *Microsoft SpyNet-Community*: Über diese sind Windows-Defender-Nutzer dazu in der Lage, Informationen über die Einordnung einer unter Spyware-Verdacht stehenden Software via Internet miteinander auszutauschen. Hat der Windows-Defender auf Ihrem PC eine spywareverdächtige Software ermittelt, können Sie auf diese Weise erfahren, wie andere Anwender die betreffende Software eingestuft haben, was Ihnen dabei hilft, unerwünschte Spyware von erwünschter Software eindeutiger zu unterscheiden. Umgekehrt werden Informationen über vermeintliche Spyware, die sich auf Ihrem PC befindet, an die Community übermittelt, was dann anderen Nutzern dabei hilft, potenzielle Spyware besser einzuordnen und so unerwünschte Schnüffelsoftware von erwünschter Software klar zu unterscheiden.

Wichtig 

Als Mitglied der SpyNet-Community werden grundlegende Informationen (unter Spyware-Verdacht stehende Software, Ihre Reaktion darauf etc.) von Ihrem Windows Vista-PC per Internet an Microsoft gesandt.

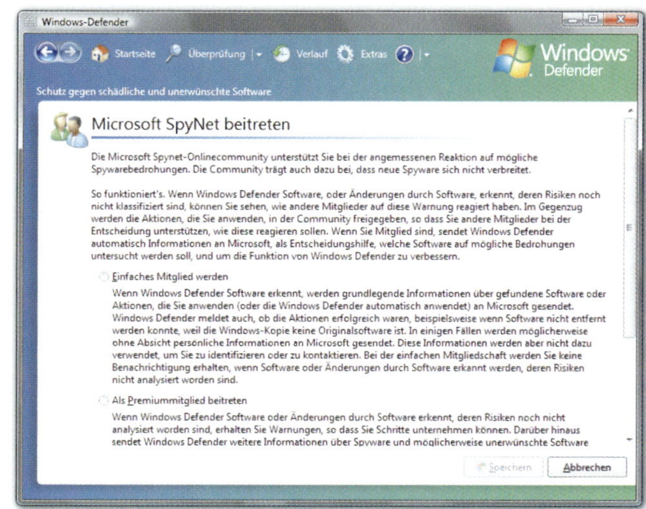

Abbildung 42.4 Mitgliedschaft bei der Microsoft SpyNet-Community

Um der Microsoft SpyNet-Community beizutreten bzw. Ihren Mitgliedsstatus zu überprüfen, klicken Sie im oberen Bereich des Windows-Defender-Programmfensters auf die Schaltfläche *Extras* und anschließend im Bereich *Einstellungen* auf den Link *Microsoft SpyNet*, woraufhin Sie zum Fenster *Microsoft SpyNet beitreten* gelangen (siehe Abbildung 42.4):

- Möchten Sie zum Beispiel als einfaches Mitglied an der Microsoft SpyNet-Community teilnehmen, wählen Sie nun die Option *Einfaches Mitglied werden* aus.
- Möchten Sie die Mitgliedschaft bei der Microsoft SpyNet-Community wieder beenden, greifen Sie auf die Option *Microsoft SpyNet jetzt nicht beitreten* zurück.

Betätigen Sie die Schaltfläche *Speichern*, um Ihre Einstellung wirksam werden zu lassen.

Tipp

Wurden während der Installation von Windows Vista im Dialogfeld *Windows einrichten* (siehe in Kapitel 39 den Abschnitt »Beim Windows Vista-Setup konfigurierbare Sicherheitseinstellungen«) die empfohlenen Einstellungen verwendet, ist Windows-Defender bereits für eine einfache Mitgliedschaft bei Microsoft SpyNet konfiguriert.

Echtzeitschutz in Aktion

Windows-Defender besitzt Mechanismen, um den Computer vor einem Befall durch Spyware in Echtzeit zu schützen. Dadurch versucht Windows-Defender, Spyware daran zu hindern, sich auf dem PC unbemerkt einzunisten.

Tipp

Bevor Sie Windows-Defender regelmäßig verwenden, stellen Sie die Optionen (siehe den Abschnitt »Einstellungen und Extras«) Ihren Präferenzen entsprechend ein – etwa, um in jedem Fall gewarnt zu werden, wenn ein Programm versucht, im Betriebssystem Einstellungen vorzunehmen, damit dieses künftig beim Hochfahren automatisch mitstartet. Genauso empfiehlt es sich, Ihre Teilnahme an der Microsoft SpyNet-Community (siehe den Abschnitt »SpyNet-Community«) zu verifizieren, um davon zu profitieren, wenn Sie dies wünschen.

Optionen für den Echtzeitschutz einstellen

Wie Windows-Defender beim Echtzeitschutz vorgehen soll, lässt sich in den Einstellungen des Antispyware-Programms festlegen. Dazu klicken Sie zunächst im oberen Bereich des Programmfensters auf *Extras* und anschließend im Bereich *Einstellungen* auf den Link *Optionen*. Dort gibt es im Bereich *Echtzeitschutz-Optionen* zahlreiche Einstellmöglichkeiten (siehe Abbildung 42.5). Beispielsweise können Sie dort auswählen, für welche Aspekte des Systems Windows-Defender einen Echtzeitschutz vornehmen soll. Hierzu stehen entsprechende Sicherheits-Agenten zur Verfügung, die Sie selektiv ein- oder ausschalten können.

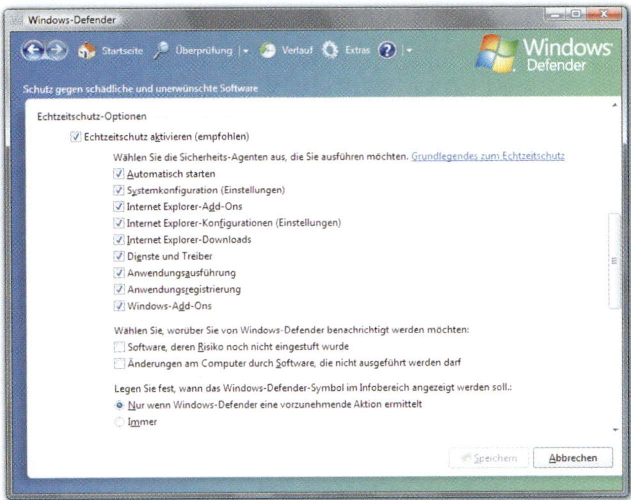

Abbildung 42.5 Optionen, die das Vorgehen von Windows-Defender beim Echtzeitschutz bestimmen

Des Weiteren können Sie Windows-Defender durch Markierung des Kontrollkästchens *Software, deren Risiko noch nicht eingestuft wurde* anweisen, Sie darüber zu benachrichtigen, wenn eine Software gestartet wird, die noch nicht klassifiziert ist. Genauso können Sie sich darüber informieren lassen, falls eine Software Änderungen an der Systemkonfiguration des PCs vorzunehmen versucht, indem Sie das Kontrollkästchen *Änderungen am Computer durch Software, die nicht ausgeführt werden darf* markieren.

Genauso können Sie hier bestimmen, ob Windows-Defender ein Symbol im Infobereich der Taskleiste nur dann anzeigen soll, wenn Windows-Defender gerade eine Handlung durchführt oder Ihrer Aufmerksamkeit bedarf. Genauso können Sie Windows-Defender anweisen, den Status dauerhaft im Infobereich der Taskleiste einzublenden.

Hinweis

Vergessen Sie nicht, die Einstellungen durch Anklicken der Schaltfläche *Speichern* zu übernehmen, und wechseln Sie nicht einfach zur vorigen Seite zurück.

Unter Verdacht

Hat der Echtzeitschutz von Windows-Defender einen verdächtigen Vorgang erkannt, werden Sie darauf aufmerksam gemacht. So können Sie entscheiden, was weiter geschehen soll.

Spyware, die auf den PC gelangt oder gestartet werden soll

Sobald Windows-Defender eine vermeintliche Schnüffelsoftware erkannt zu haben glaubt, weist Sie das Programm durch die Anzeige des Dialogfelds *Windows-Defender-Warnung* auf seinen Verdacht hin (siehe Abbildung 42.6 und Abbildung 42.). Dies kann nicht nur der Fall sein, wenn Sie dabei sind, eine Software auf dem PC zu installieren, sondern zum Beispiel auch, wenn Sie gerade eine ausführbare EXE-Anwendung oder eine gepackte ZIP-Datei per Webbrowser aus dem Internet herunterladen.

Nun haben Sie mehrere Möglichkeiten:

- Klicken Sie auf die Schaltfläche *Alle entfernen*, unternimmt Windows-Defender den Versuch, die betreffende Software dauerhaft vom PC zu löschen. Unter Umständen kann anschließend ein Neustart des Computers erforderlich werden.
- Durch Anklicken der Schaltfläche *Ignorieren* weisen Sie Windows-Defender an, diese Software nicht zu blockieren und somit gewähren zu lassen – was natürlich nur dann empfehlenswert ist, wenn Sie sich sehr sicher sind, dass es sich bei der verdächtigen Software ausdrücklich nicht um Spyware, sondern um ein Programm handelt, das Sie tatsächlich verwenden möchten.

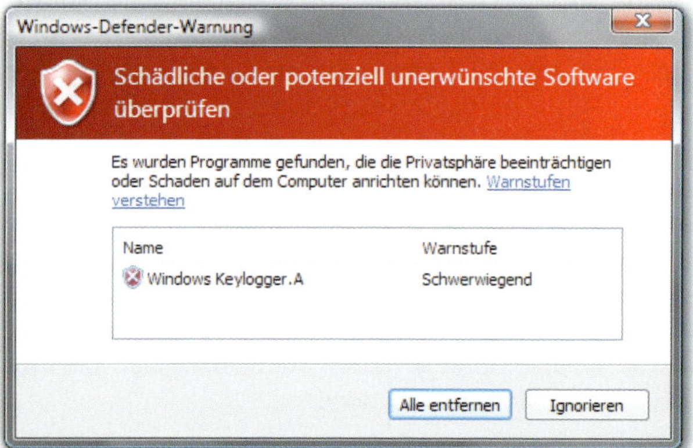

Abbildung 42.6 Hier hat Windows-Defender eine Spyware entdeckt, die die Warnstufe *schwerwiegend* besitzt

- Klicken Sie dagegen die Schaltfläche *Überprüfen* an, brauchen Sie nicht sofort zu bestimmen, was mit der spywareverdächtigen Software geschehen soll. Zu einem späteren Zeitpunkt haben Sie dann über die Startseite im Windows-Defender-Programmfenster die Möglichkeit, die Klassifizierung für die betreffende Software durchzuführen. Dazu klicken Sie im Bereich *Potenziell unerwünschte Elemente überprüfen* den Link *Durch Echtzeitschutz ermittelte Elemente überprüfen* an. Daraufhin können Sie Windows-Defender alle ermittelten Elemente durch Anklicken der Schaltfläche *Alle entfernen* komplett vom PC deinstallieren oder aber über das Listenfeld *Aktionen* für jede spywareverdächtige Software einzeln anweisen, eine von mehreren Handlungen durchzuführen (siehe Abbildung 42.8):
  - Zur Deinstallation der betreffenden Software wählen Sie im Listenfeld den Eintrag *Entfernen* aus.
  - Möchten Sie die Software erst einmal unter Quarantäne stellen, sodass Sie zwar nicht vom PC entfernt, aber bis auf weiteres auch nicht ausgeführt wird, verwenden Sie im Listenfeld den Eintrag *Quarantäne* aus. Unter Quarantäne gestellte Elemente können Sie über die *Extras* im Windows-Defender-Programmfenster bearbeiten (siehe den Abschnitt »Temporär blockiert und dauerhaft freigegeben«).
  - Die Auswahl des Eintrags *Ignorieren* bewirkt, dass Windows-Defender der betreffenden Software keine weitere Beachtung mehr schenkt und diese nicht weiter blockiert.
  - Indem Sie im Listenfeld den Eintrag *Immer zulassen* auswählen, fügen Sie die Software der Liste der zugelassenen Elemente von Windows-Defender hinzu. Diese Aufstellung können Sie über die *Extras* im Windows-Defender-Programmfenster bearbeiten (siehe den Abschnitt »Temporär blockiert und dauerhaft freigegeben«).

Um die gewählten Aktionen für jede einzelne spywareverdächtige Software durchzuführen, klicken Sie auf die Schaltfläche *Aktionen anwenden*.

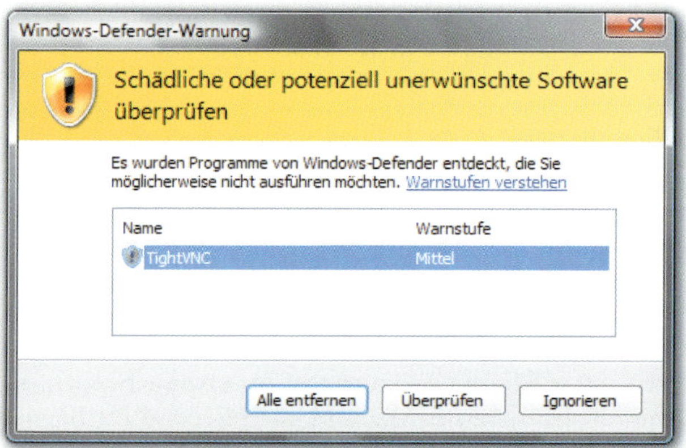

Abbildung 42.7 Der Echtzeitschutz von Windows-Defender hat eine spywareverdächtige Software mittlerer Warnstufe ausgemacht

> **Wichtig**
>
> Wenn die spywareverdächtige Software die Warnstufe *Hoch* oder die Warnstufe *Schwerwiegend* aufweist, steht die Schaltfläche *Überprüfen* im Dialogfeld *Windows-Defender-Warnung* zur späteren Entscheidung, was mit der ermittelten Software geschehen soll, nicht zur Verfügung. In diesem Fall gestattet Windows-Defender lediglich, die Software sofort zu deinstallieren (Schaltfläche *Alle entfernen*) oder diese gewähren zu lassen (Schaltfläche *Ignorieren*).

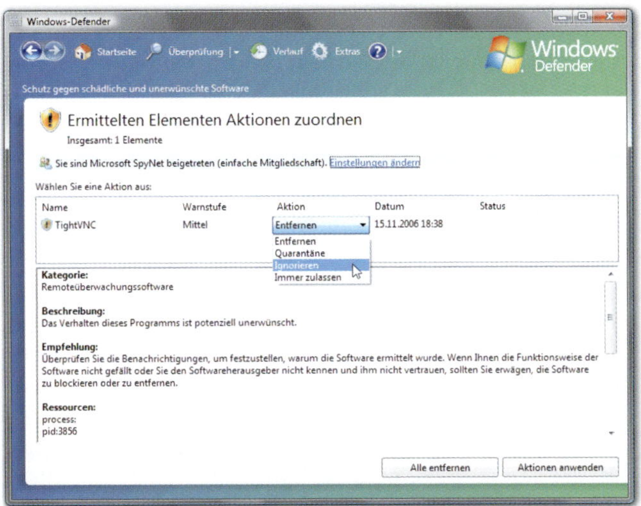

Abbildung 42.8 Legen Sie fest, was mit der vom Echtzeitschutz ermittelten spywareverdächtigen Software geschehen soll

Software, die Systemeinstellungen verändern möchte

Alarm kann Windows-Defender auch dann schlagen, wenn eine bereits auf dem PC laufende Software den Versuch unternimmt, an wichtigen Systemeinstellungen Änderungen vorzunehmen – etwa, wenn es um die plötzliche Installation von Treibern oder Modifikationen für den Autostart einer Software geht. Insbesondere schlägt Windows-Defender dann Alarm, wenn Sie zuvor in den Optionen für den Echtzeitschutz (siehe den Abschnitt »Optionen für den Echtzeitschutz einstellen«) das Kontrollkästchen *Software, deren Risiko noch nicht eingestuft wurde* bzw. das Kontrollkästchen *Änderungen am Computer durch Software, die nicht ausgeführt werden darf* mit einer Markierung versehen und so Windows-Defender ausdrücklich angewiesen haben, auf solche Vorgänge ebenfalls ein Auge zu haben.

Kommt Windows-Defender etwas verdächtig vor, erscheint im Infobereich der Taskleiste das Windows-Defender-Symbol sowie die Benachrichtigung *Änderungen wurden ermittelt*. Klicken Sie die Benachrichtigung an, können Sie die Änderungen an den Einstellungen überprüfen (siehe Abbildung 42.9). Für jedes Element haben Sie nun die Gelegenheit, diese über das Listenfeld *Aktionen* zuzulassen oder zu verweigern. Durch abschließendes Anklicken der Schaltfläche *Aktionen anwenden* führt Windows-Defender diese dann aus.

> **Hinweis** 
>
> Von der Startseite des Windows-Defender-Programmfensters aus können Sie ebenfalls die ermittelten Änderungen an wichtigen Systemeinstellungen überprüfen. Dazu klicken Sie auf der Startseite im Bereich *Noch nicht klassifizierte Elemente überprüfen* auf den Link *Überprüfen und Maßnahmen ergreifen*.

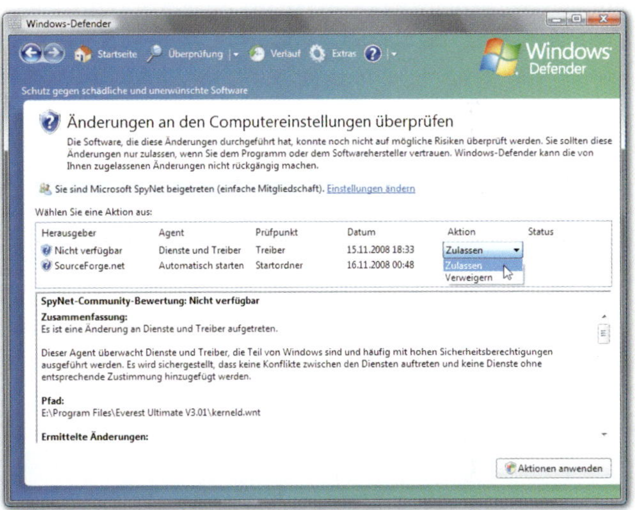

Abbildung 42.9 Änderungen an wichtigen Systemeinstellungen des Computers können Sie über den Windows-Defender erlauben oder verweigern

Weitere Prüfungsvarianten verwenden

Neben dem Echtzeitschutz kennt Windows-Defender weitere Arten, um den Computer auf Spywarebefall zu prüfen:

- Zeitgesteuert
- Manuell

Automatische Prüfung zu bestimmten Zeiten

Regelmäßig kann Windows-Defender den PC zu einer bestimmten Zeit einer automatischen Überprüfung unterziehen. Standardmäßig findet dies täglich um 2 Uhr morgens statt. Um diese Vorgaben zu ändern, klicken Sie zunächst im oberen Bereich des Programmfensters auf *Extras* und anschließend im Bereich *Einstellungen* auf den Link *Optionen*.

Falls Windows-Defender den PC nicht von sich aus regelmäßig auf Spyware hin checken soll, entfernen Sie die Markierung des Kontrollkästchens *Computer automatisch überprüfen*. Andernfalls können Sie über die Listenfelder im Bereich *Automatische Überprüfung* angeben, an welchem Tag und um wie viel Uhr eine automatische Überprüfung in welchem Umfang (schnell oder vollständig) stattfinden soll.

Auf Wunsch kann Windows-Defender zuvor auch erst einmal neue Spyware-Definitionen aus dem Internet herunterladen, um diese für die Überprüfung zugrunde zu legen.

Des Weiteren lässt sich festlegen, dass vordefinierte Handlungen in Form von Standardaktionen ausgeführt werden, wenn Windows-Defender bei seiner automatischen Überprüfung neue verdächtige Programme erkennt:

- Hierzu ist das Kontrollkästchen *Elementen, die während einer Überprüfung ermittelt wurden, Standardaktionen zuweisen* zu markieren.
- Aus dem Schweregrad, mit dem Windows-Defender einen Verdächtigen einstuft, ergibt sich die *Warnstufe*. Für jede der Warnstufen *Niedrig*, *Mittel* und *Hoch* ist einstellbar, wie Windows-Defender darauf reagieren soll. Dabei kann die betreffende Software nicht nur ignoriert oder vom PC gelöscht werden. Ebenfalls denkbar ist es, hierfür die Standardaktion aus der Definition der Microsoft SpyNet-Community anzuwenden.

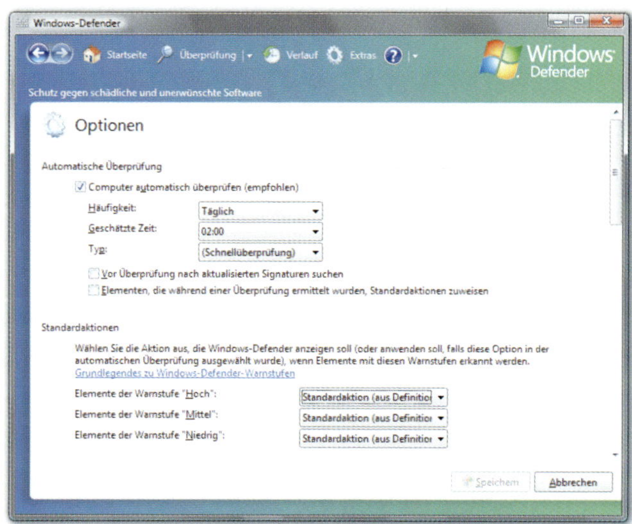

Abbildung 42.10 Optionen, ob und wie Windows-Defender den PC automatisch einem Spywarecheck unterziehen soll

Hinweis 

Erst durch Anklicken der Schaltfläche *Speichern* werden die von Ihnen geänderten Optionen übernommen. Schon bei einem bloßen Wechsel zur vorigen Seite gehen Ihre bisher durchgeführten Einstellungen wieder verloren.

Manuelle Überprüfung

Haben Sie den Verdacht, dass sich Spyware auf Ihrem PC eingeschlichen hat, können Sie diesen von Windows-Defender auf Spywarebefall hin prüfen lassen:

- Klicken Sie den Link *Überprüfung* im oberen Bereich des Programmfensters an, findet eine *Schnellüberprüfung* statt.
- Soll Windows-Defender den PC einer gründlicheren Prüfung unterziehen, klicken Sie das kleine Dreieck neben dem Link *Überprüfung* an und wählen aus dem sodann angezeigten Menü den Eintrag *Vollständige Überprüfung* aus.

Möchten Sie dagegen nur einzelne Laufwerke prüfen lassen, greifen Sie in diesem Menü auf den Eintrag *Benutzerdefinierte Überprüfung* zurück. Daraufhin können Sie die gewünschten Laufwerke nach Anklicken der Schaltfläche *Auswählen* festlegen.

Die Ergebnisse der manuellen Überprüfung präsentiert Windows-Defender auf seiner Startseite (siehe Abbildung 42.2). Von hier aus können Sie dann entscheiden, wie Sie mit den ermittelten spywareverdächtigen Programmen und der Software, die wichtige Systemeinstellungen verändert, verfahren möchten.

Verlauf: was bisher geschah

Im Nachhinein können Sie ebenfalls in Erfahrung bringen, welche spywareverdächtigen Programme Windows-Defender wann erkannt hat und für welche Aktion Sie sich entschieden haben, sofern das Element nicht dauerhaft zugelassen oder erst einmal unter Quarantäne gestellt wurde. Hierzu klicken Sie auf *Verlauf* im oberen Bereich des Windows-Defender-Programmfensters.

In der Auflistung *Programme und Aktionen* können Sie daraufhin ein Element markieren (siehe Abbildung 42.11). Der untere Bereich des Windows-Defender-Programmfensters informiert Sie daraufhin über Details des betreffenden Ereignisses.

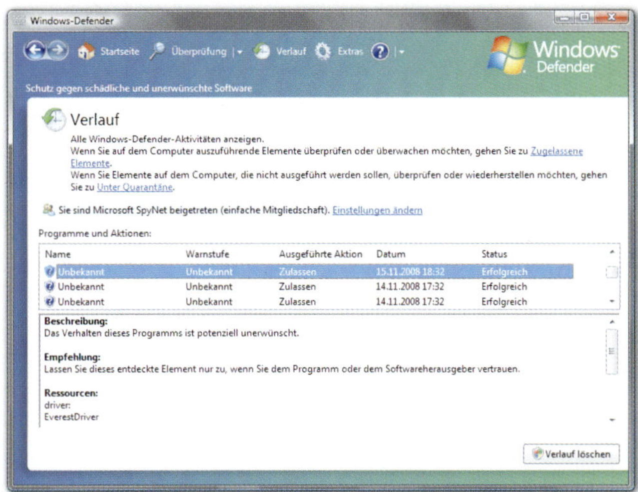

Abbildung 42.11 In seinem Verlauf hält Windows-Defender die bisherigen Ereignisse fest

Einstellungen und Extras

Darüber hinaus hält das Windows-Defender-Programmfenster im oberen Bereich die Schaltfläche *Extras* bereit. Hierüber gelangen Sie zu den Einstellungen und Extras von Windows-Defender. Von hier aus können Sie die Konfiguration von Windows-Defender anpassen, Ihre Mitgliedschaft bei der Microsoft SpyNet-Community verändern (siehe den Abschnitt »SpyNet-Community«) oder der Windows-Defender-Website von Microsoft im Internet einen Besuch abstatten.

Optionen

Viele der Einstellungen, die Windows-Defender für seine Arbeit zugrunde legt, werden bereits im Abschnitt »Optionen für den Echtzeitschutz einstellen« sowie im Abschnitt »Automatische Prüfung zu bestimmten Zeiten« behandelt. Zusätzlich können Sie nach Anklicken von *Extras* sowie des Links *Optionen* folgende Einstellungen im Bereich *Erweiterte Optionen* bearbeiten:

- Ob der Inhalt gepackter ZIP-Dateien ebenfalls geprüft werden soll
- Ob Windows-Defender zur Spywareerkennung auch heuristische Verfahren benutzen soll
- Ob ein Wiederherstellungspunkt für das Betriebssystem zu erstellen ist, bevor eine Aktion durchgeführt wird (sodass sich die Aktion durch die Rückkehr des PCs zu dem Status, die der Computer bei der Erstellung des Wiederherstellungspunktes besessen hat, ggf. wieder rückgängig machen lässt)
- Welche Ordner und Dateien auf der Festplatte oder im Netzwerk Windows-Defender außen vor lassen soll

Der Bereich *Administratoroptionen* hält ebenfalls zwei Einstellungen bereit:

- Das Kontrollkästchen *Windows-Defender verwenden* legt fest, ob Windows-Defender überhaupt gestartet werden soll, um den PC vor Spywarebefall zu schützen.

Wichtig 

Deaktivieren Sie das Kontrollkästchen *Windows-Defender verwenden*, wird der PC künftig nicht mehr von Windows-Defender geschützt! Möchten Sie hingegen lediglich die geringen Performanceeinbußen aufheben, die der Echtzeitschutz eines Antispyware-Programms hervorruft, ist es aus Sicherheitsgründen besser, lediglich den Echtzeitschutz von Windows-Defender auszuschalten und stattdessen regelmäßig eine automatische Überprüfung durchführen zu lassen.

- Über das Kontrollkästchen *Benutzer gestatten, Windows-Defender zu verwenden* wird gesteuert, ob auch normale Benutzer, die keine Administratorberechtigungen besitzen, Handlungen in Windows-Defender (wie zum Beispiel die Festlegung einer Aktion für ein verdächtiges Element) vornehmen dürfen.

Um Ihre Vorgaben dauerhafte Gültigkeit erlangen zu lassen, übernehmen Sie diese und klicken die Schaltfläche *Speichern* an. Um Veränderungen an den Optionen zu verwerfen, benutzen Sie die Schaltfläche *Abbrechen* oder Klicken das Zurück-Pfeilsymbol im oberen Bereich des Windows-Defender-Programmfensters an.

Temporär blockiert und dauerhaft freigegeben

Nach Anklicken von *Extras* im oberen Bereich des Windows-Defender-Programmfensters erhalten Sie unter anderem auch Gelegenheit, sich über die bis auf weiteres blockierten sowie die immer zugelassenen Elemente (gemäß der im Abschnitt »Spyware, die auf den PC gelangt oder gestartet werden soll« beschriebenen Einteilung) zu informieren bzw. diese Vorgaben abzuändern:

- Welche Elemente zwar nicht gelöscht, aber temporär erst einmal blockiert worden sind, wird nach Anklicken des Links *Unter Quarantäne* angezeigt. Jedes Element können Sie dabei selektiv endgültig vom PC löschen (Schaltfläche *Entfernen*) oder wieder zur Benutzung freigeben (Schaltfläche *Wiederherstellen*). Zum Löschen aller unter Quarantäne gestellten Elemente in einem Durchgang greifen Sie auf die Schaltfläche *Alle entfernen* zurück.

- Klicken Sie den Link *Zugelassene Elemente* an, können Sie die Elemente in Erfahrung bringen, die zugelassen worden sind, sodass Windows-Defender diesen keine weitere Beachtung mehr zuteil werden lässt (siehe Abbildung 42.12). Bei Bedarf können Sie hier einem Element diesen Status wieder entziehen, indem Sie das zugehörige Kontrollkästchen markieren und anschließend die Schaltfläche *Aus Liste entfernen* betätigen.

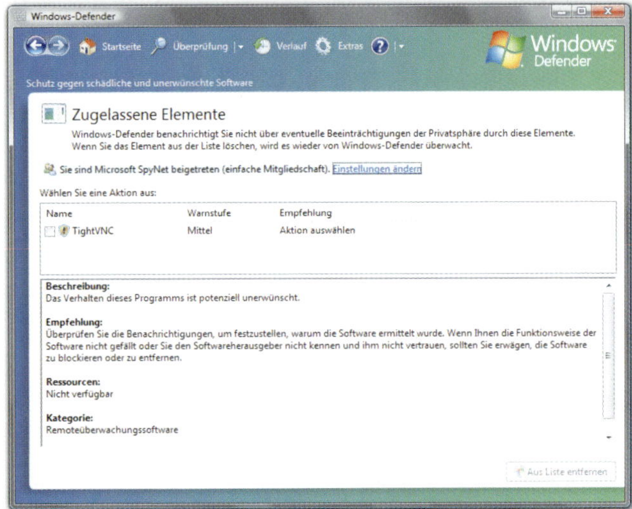

Abbildung 42.12 Dauerhaft freigegebene Software, die Windows-Defender nicht mehr unter Spyware-Verdacht stellt, sind bei *Zugelassene Elemente* zu finden

Software-Explorer

Eine interessante, in den Windows-Defender integrierte und ebenfalls über den Link *Extras* erreichbare Funktion ist der *Software-Explorer* (siehe Abbildung 42.13). Dieser bietet die Chance, sich eingehend über die aktuell auf dem PC laufende Software zu informieren – vor allem im Hinblick darauf, wie es um die Sicherheit dieser Programme bestellt ist oder ob diese die Sicherheit des Computers möglicherweise beeinträchtigen.

Dazu führt Windows-Defender in einer Liste im linken Bereich alle zutreffenden Elemente auf. Details zum dort markierten Eintrag erscheinen rechts neben dieser Liste. Unter anderem können Sie dort erfahren, ob der Herausgeber die betreffende Software digital signiert hat, ob diese zum Betriebssystem gehört und ob bereits eine Abstimmung über die SpyNet-Community stattgefunden hat.

Je nachdem, um welchen Aspekt es sich handelt, hält Windows-Defender zudem im unteren Bereich Schaltflächen bereit. Diese gestatten es beispielsweise, das in der Auflistung markierte Element zu deaktivieren oder zu beenden. Ebenfalls stehen Schaltflächen bereit, um die Auflistung zu aktualisieren oder um solche Einträge zu erweitern, die für alle Benutzer (und nicht nur für Ihr eigenes Benutzerkonto) zutreffen.

Für jedes Programm wird des Weiteren eine *Klassifizierung* ausgewiesen. Ist die betreffende Software analysiert worden und bekanntermaßen in Ordnung, erfolgt eine Klassifizierung als *Zugelassen*. Software, die Windows-Defender bislang unbekannt bzw. die noch unbewertet ist, weist den Status *Noch nicht klassifiziert* auf.

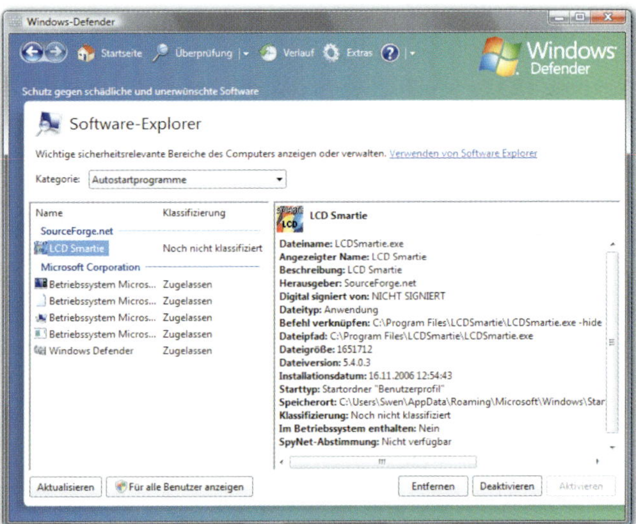

Abbildung 42.13 Mit dem in Windows-Defender integrierten Software-Explorer können Sie sich zum Beispiel nicht nur über automatisch startende Programme informieren, sondern diese auch gezielt lahm legen

Durch die entsprechende Auswahl über das Listenfeld *Kategorie* kann sich der Software-Explorer folgenden Aspekten annehmen:

- *Autostartprogramme* listet die Software auf, die automatisch beim Hochfahren von Windows Vista bzw. der Anmeldung eines Benutzers (durch entsprechende Einträge in der Registry) oder über den Autostart-Systemordner geladen wird. Auf diese Weise können Sie Spyware besser auf die Spur kommen, die diese Mechanismen nutzt, um automatisch geladen zu werden:
  - Möchten Sie eine Software daran hindern, automatisch mit Windows Vista zu starten, markieren Sie den zugehörigen Eintrag in der Auflistung. Nach Anklicken der Schaltfläche *Deaktivieren* und Bestätigung mit *OK*

startet das betreffende Programm künftig nicht mehr automatisch. Daraufhin erhält die Software die Klassifizierung *Deaktiviert*.

- Analog dazu können Sie eine deaktivierte Software auch wieder aktivieren. Hierzu markieren Sie das deaktivierte Programm und verwenden die Software *Aktivieren*.
- Letztlich können Sie die Software auch vom PC entfernen.

Hinweis

Bestimmte Systemprogramme (etwa interne Komponenten von Windows Vista) sollten automatisch gestartet und daher nicht deaktiviert werden.

- Welche Software momentan auf dem PC läuft, fördert *Zurzeit ausgeführte Programme* zutage. Auf Wunsch können Sie den betreffenden Prozess beenden oder diesen über den Task-Manager von Windows Vista begutachten.
- *Über Netzwerk verbundene Programme* liefert eine Auflistung, welche der gegenwärtig geladenen Programme im lokalen Netzwerk oder mit dem Internet kommunizieren. Ist zum Beispiel der Internet Explorer geladen, taucht hierfür ein entsprechender Eintrag auf.
- Software, die über die systemnahe Winsock-Schnittstelle von Windows Vista kommuniziert, wird durch Auswahl von *Winsock-Dienstanbieter* angezeigt.

Geblockte Autostartprogramme

Abhängig von der spezifischen Konfiguration des Windows Vista-PCs kann es vorkommen, dass im Anschluss an die Benutzeranmeldung über den Willkommens-Bildschirm im Infobereich der Taskleiste das neben stehende Symbol erscheint. Klicken Sie dieses an, erscheint ein Kontextmenü, das Sie unter anderem darüber informiert, welches Autostartprogramm aufgrund von Sicherheitsmaßnahmen von Windows Vista nicht ausgeführt wurde (siehe Abbildung 42.14).

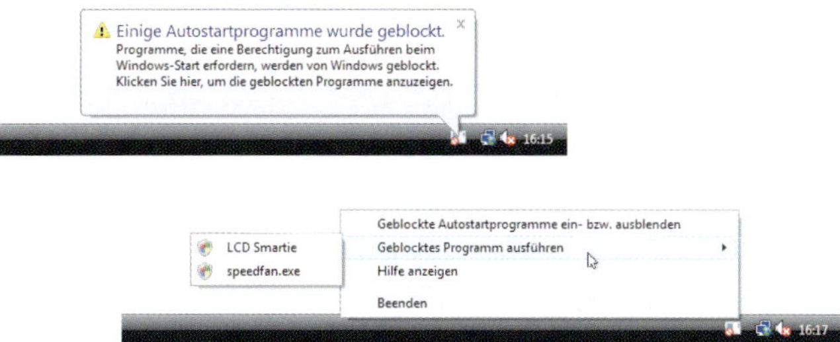

Abbildung 42.14 Geblockte Autostartprogramme

Der Grund dafür kann zum Beispiel sein, dass die Benutzerkontensteuerung von Windows Vista Ihre Zustimmung erfordert, um das für Windows Vista unbekannte Programm erfolgreich starten zu können. In diesem Fall wählen Sie die gewünschte Software über den Eintrag *Geblocktes Programm ausführen* des Kontextmenüs aus und lassen seine Ausführung über die Benutzerkontensteuerung zu. Generell können Sie sich über Autostartprogramme mithilfe von Windows-Defender informieren (siehe den Abschnitt »Software-Explorer«).

Selbst, wenn keine Spyware im Spiel ist und es um erwünschte Software geht: Bei der Blockade durch Windows-Defender handelt es sich dann um keinen Fehler, sondern um ein Problem, das bei mancher älterer Software auftritt, die automatisch starten will. Die Sicherheitsrestriktionen, die im Vergleich zu früheren Windows-Versionen erheblich schärfer ausfallen, können diesen Effekt hervorrufen.

Um diese Meldung für ein Programm zu beseitigen, haben Sie folgende Möglichkeiten:

- Wenden Sie den im Abschnitt »Geblockte Autostartprogramme automatisch starten« beschrieben Trick an.
- Konfigurieren Sie das Programm so um, dass kein automatischer Start mehr stattfindet. Dann müssen Sie das betreffende Programm allerdings jedes Mal manuell laden, um es verwenden zu können.
- Nehmen Sie mit dem Hersteller der Software Verbindung auf, um von diesem zu erfahren, wann er eine aktualisierte Fassung auf den Markt bringt, die die Benutzerkontensteuerung von Windows Vista berücksichtigt und keine Bestätigung mehr erfordert.
- Hilfreich kann mitunter auch sein, wenn Sie versuchen, das betreffende Programm einmalig als Administrator auszuführen (Eintrag im Startmenü mit der sekundären Maustaste anklicken und aus dem zugehörigen Kontextmenü den Eintrag *Als Administrator ausführen* wählen), sodass dieses im Sicherheitskontext eines Administrators startet und dann die erforderlichen Autostart-Änderungen in der Registry vornehmen kann.

PROFITIPP

Mit dem in Windows Vista enthaltenen Tool *Systemkonfiguration* (siehe Abbildung 42.15) können Sie sich nicht nur über Autostartprogramme, sondern auch weitere automatisch beim Hochfahren des Betriebssystems geladene Elemente und gestartete Dienste informieren. Zum Aufruf des Tools tippen Sie in das Schnellsuchfeld des Startmenüs oder in einer Eingabeaufforderung **msconfig** ↵ ein. In dem Tool *Systemkonfiguration* wechseln Sie dann zu den Registerkarten *Dienste* oder *Systemstart*. Bei Bedarf können Sie die beim Hochfahren des Betriebssystems automatisch geladenen Elemente bzw. gestarteten Dienste deaktivieren (gehen Sie hierbei mit Umsicht vor, um das Verhalten des PCs nicht negativ zu beeinflussen).

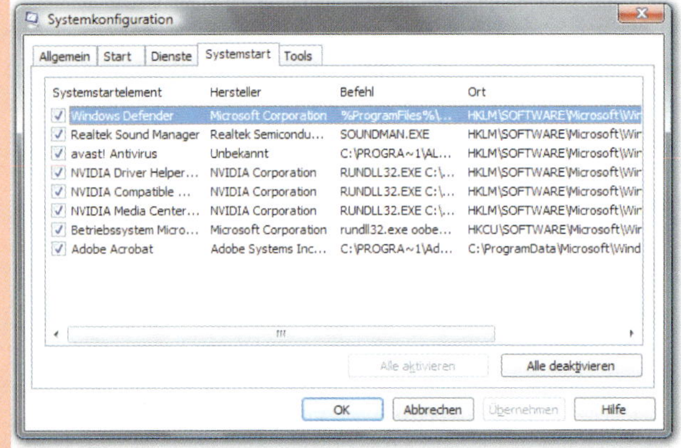

Abbildung 42.15 Über die Systemkonfiguration von Windows Vista lassen sich automatisch beim Hochfahren gestartete Anwendungen und Dienste ebenfalls bei Bedarf deaktivieren

Geblockte Autostartprogramme automatisch starten

Programme, die automatisch starten wollen und die Administrator-Berechtigungen erfordern, werden von Windows Vista aus Sicherheitsgründen geblockt. Denn auf diese Weise kann Schadsoftware, die automatisch beim Systemstart geladen werden will, effektiv daran gehindert werden, dass diese unbemerkt vom Anwender im Hintergrund gestartet wird. Mit anderen Worten: »It's a feature, not a bug«, was die Blockierung von Autostartprogrammen betrifft.

Was in der Theorie gut klingt, hat in der Praxis jedoch nicht nur positive Auswirkungen auf die Systemsicherheit, sondern kann auch zu Einschränkungen führen. Schließlich gibt es Programme, die keine Schadsoftware sind, aber trotzdem Administrator-Berechtigungen beim Start erfordern (also vom Anbieter noch nicht an das Sicherheitsmodell von Windows Vista und dessen Benutzerkontensteuerung angepasst worden sind) – und auf die Anwender keinesfalls verzichten möchten. Oftmals handelt es hierbei um kleine, nützliche Tools, die die Arbeit erleichtern oder die eine bestimmte Funktionalität bereitstellen. Diese Programme bei jeder interaktiven Anmeldung als Benutzer per Hand starten zu müssen, ist jedoch sehr aufwändig und alles andere als komfortabel.

Es gibt allerdings einen Weg, solche Programme, deren Autostart Windows Vista blockiert, dennoch automatisch zu starten – und zwar über die Aufgabenplanung von Windows Vista. Dieser Systemdienst kann ein Programm bei Eintreten eines bestimmten Ereignisses (in diesem Fall die interaktive Anmeldung des Benutzers) automatisch starten. Zwar gibt es Einschränkungen, sodass sich nicht alle denkbaren Szenarien auf diesem Weg umsetzen lassen, doch immerhin gelingt es damit, lieb gewonnene Programme und andere kleine Helferlein, deren Autostart Windows Vista blockiert, dennoch automatisch zu starten.

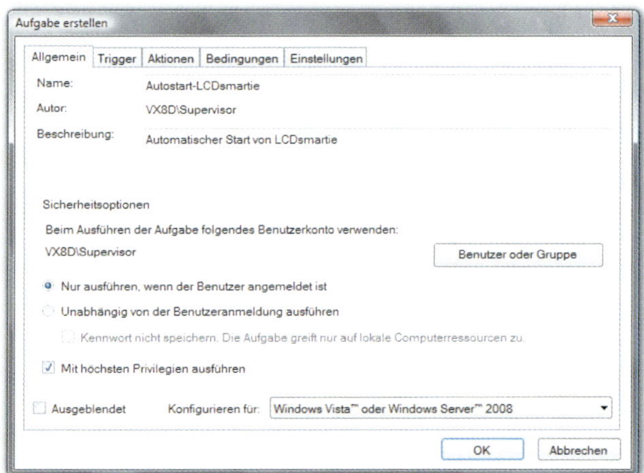

Abbildung 42.16 Automatischer Start eines Programms, das Windows Vista beim Autostart blockiert, als Aufgabe

Um ein von Windows Vista geblocktes Autostartprogramm automatisch starten zu lassen, richten Sie für dieses Programm eine neue Aufgabe ein:

- Bereinigen Sie die Systemkonfiguration dahingehend, dass das Programm nicht mehr automatisch gestartet wird. Je nach Programm müssen Sie hierzu dessen Konfiguration anpassen oder aber die Verknüpfung zum Aufruf dieses Programm aus dem Autostart-Ordner von Windows Vista entfernen.
- Starten Sie die Aufgabenplanung von Windows Vista. Hierzu können Sie zum Beispiel **aufg** im Schnellsuchfeld des Startmenüs eintippen und dann den Eintrag *Aufgabenplanung* auswählen.

- Im MMC-Snap-In *Aufgabenplanung* klicken Sie den Eintrag *Aufgabe erstellen* im rechten Aktionsfeld an. Daraufhin wird ein gleichnamiges Dialogfeld angezeigt.

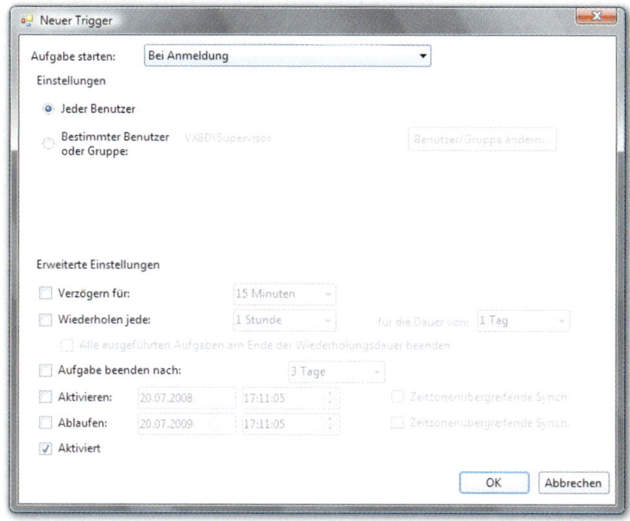

Abbildung 42.17 Die Aufgabe soll bei der Anmeldung ausgeführt werden

- Dort müssen Sie auf der Registerkarte *Allgemein* mehrere Eingaben vornehmen (siehe Abbildung 42.16):
  - Im Eingabefeld *Name* tragen Sie den Namen ein, den Sie der Aufgabe zuweisen möchten. Hinweise, worum es sich dabei handelt, lassen sich als *Beschreibung* vermerken.
  - Im Bereich *Sicherheitsoptionen* müssen Sie einen lokal auf dem Windows Vista-PC definierten Benutzer angeben, in dessen Sicherheitskontext die Aufgabe ausgeführt (sprich: das betreffende Programm gestartet) werden soll.
  - Aktivieren Sie die Option *Nur ausführen, wenn der Benutzer angemeldet ist*, sowie das Kontrollkästchen *Mit höchsten Privilegien ausführen.*
- Nun wechseln Sie zur Registerkarte *Trigger.* Nach Anklicken der dortigen Schaltfläche *Neu* erhalten Sie das Dialogfeld *Neuer Trigger* angezeigt (siehe Abbildung 42.17).
  - Hier wählen Sie *Bei Anmeldung* im Listenfeld *Aufgabe starten* aus.
  - Zudem sollten Sie verifizieren, dass im Bereich *Einstellungen* die Option *Jeder Benutzer* aktiviert sowie das Kontrollkästchen *Aktiviert* markiert ist.
- Ein Klick auf *OK* führt Sie wieder zum Dialogfeld *Aufgabe erstellen* zurück.

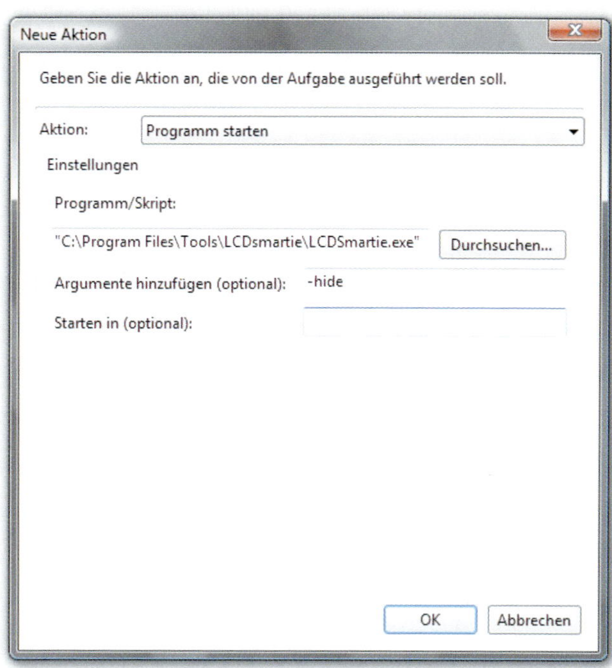

Abbildung 42.18 Spezifizierung des ausführenden Programms mitsamt seinen Startparametern

- Jetzt begeben Sie sich zur Registerkarte *Aktionen.* Dort ruft das Anklicken der Schaltfläche *Neu* das Dialogfeld *Neue Aktion* hervor (siehe Abbildung 42.18).
  - Hier muss *Programm ausführen* im Listenfeld *Aktion* eingetragen sein.
  - Im Eingabefeld *Programm/Skript* tragen Sie den vollständigen Pfad zur auszuführenden Datei ein (der im Hochkommata einzuschließen ist, falls darin Leerzeichen enthalten sind).
  - Startparameter, die Sie beim Aufruf des betreffenden Programms angeben möchten, nimmt das Eingabefeld *Argumente hinzufügen (optional)* auf.
  - Klicken Sie auf OK, kehren Sie wieder zur Registerkarte *Aktionen* des Dialogfelds *Aufgabe erstellen* zurück.
- Fast haben Sie es geschafft: Auf der Registerkarte *Bedingungen* könnten Sie bei Bedarf noch Bedingungen angeben, wann bzw. ob die Aufgaben ausgeführt werden soll. Zum automatischen Starten eines Programm bei der Benutzeranmeldung ist dies jedoch eigentlich nicht erforderlich. Auf der Registerkarte *Einstellungen* überprüfen Sie nun, dass dort das Kontrollkästchen *Aufgabe kann bei Bedarf ausgeführt werden*, das Kontrollkästchen *Aufgabe nach einem verpassten Start so schnell wie möglich ausfüh-*

ren sowie das Kontrollkästchen *Aufgabe beenden, falls länger ausgeführt als* markiert sind.

- Bestätigen Sie mit der Schaltfläche *OK*, wird schließlich die neue Aufgabe wie von Ihnen angegeben erstellt.

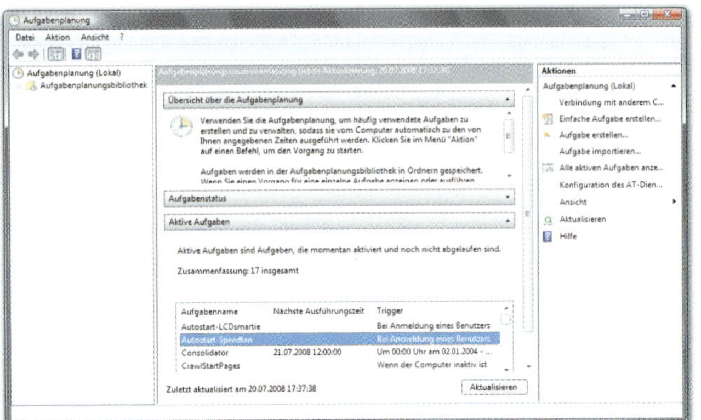

Abbildung 42.19 Auflistung der selbst geplanten Aufgaben in der Aufgabenplanung

Nach diesem Schema können Sie Aufgaben für die Programme planen, die automatisch bei der Benutzeranmeldung gestartet werden sollen. Am Besten ist, Sie probieren dies gleich aus: Melden Sie sich ab und dann gleich wieder an, sollte die von Ihnen erstellte Aufgabe ausgeführt und somit das betreffende Programm automatisch gestartet werden.

Tipp

Möchten Sie die Aufgabe im Nachhinein bearbeiten, deaktivieren oder löschen, markieren Sie *Aufgabenplanungsbibliothek* in der Konsolenstruktur des MMC-Snap-Ins *Aufgabenplanung*. Im Detailfenster werden die Aufgaben daraufhin aufgelistet. Klicken Sie einen dortigen Eintrag mit der sekundären Maustaste an, können Sie den zur gewünschten Aktion passenden Eintrag aus dem sodann angezeigten Kontextmenü auswählen.

Zusammenfassung

Windows-Defender verbessert den Schutz vor Antispyware-Programmen und trägt somit zu mehr Sicherheit bei. Die folgende Übersicht fasst die in diesem Zusammenhang wichtigen Vorgänge noch einmal für Sie zusammen.

Sie möchten ...	So gehen Sie vor	Sehen Sie sich dazu das Beispiel an auf
den Windows-Defender aufrufen	Klicken Sie im Startmenü auf den Eintrag *Windows-Defender*	Seite 682
die Spyware-Definitionen jetzt aktualisieren	Wählen Sie aus dem Menü *Hilfeoptionen* den Eintrag *Nach Updates suchen* aus	Seite 684
der Microsoft SpyNet-Community beitreten oder den Mitgliedsstatus verifizieren	Klicken Sie *Extras* gefolgt vom Link *Microsoft SpyNet* im Bereich *Einstellungen* an, um anschließend Ihre Mitgliedsstufe festzulegen	Seite 684
die Echtzeitschutz-Optionen festlegen	Klicken Sie zunächst auf *Extras* und dann im Bereich *Einstellungen* auf den Link *Optionen*	Seite 685
auf verdächtige Software reagieren	Klicken Sie (ja nach Schweregrad der potenziellen Schadsoftware) die Schaltfläche *Alle entfernen*, *Überprüfen* oder *Ignorieren* an	Seite 685
die automatische Überprüfung anpassen	Klicken Sie auf *Extras* und anschließend im Bereich *Einstellungen* auf den Link *Optionen*	Seite 688
eine manuelle Überprüfung durchführen	Klicken Sie auf den Link *Überprüfung* zur Durchführung einer *Schnellüberprüfung*, oder wählen Sie im Menü *Überprüfung* den Eintrag *Vollständige Überprüfung* aus	Seite 688
die erweiterten Optionen bearbeiten	Klicken Sie auf *Extras* sowie auf *Weitere Optionen*, um zum Bereich *Erweiterte Optionen* zu gelangen	Seite 689
den Software-Explorer verwenden	Wählen Sie *Extras* gefolgt von *Software-Explorer* aus	Seite 690
geblockte Autostart-Programme dennoch automatisch starten	Rufen Sie die Aufgabenplanung von Windows Vista auf	Seite 692

Tobias Weltner

Windows Vista Home Basic	eingeschränkt	Windows Vista Business	eingeschränkt
Windows Vista Home Premium	eingeschränkt	Windows Vista Enterprise	vollständig
Windows Vista Ultimate	vollständig		

Funktion wird von dieser Windows Vista-Edition
vollständig unterstützt ✓ eingeschränkt unterstützt ⊙ nicht unterstützt ⊗

43 Datenschutz mit BitLocker und EFS

Damit Informationen wirklich privat bleiben und nicht ausspioniert werden, enthält Windows Vista drei wesentliche Datenschutzverfahren: Dateiberechtigungen, EFS-Verschlüsselung und BitLocker-Laufwerksverschlüsselung. Während Dateiberechtigungen in allen Windows Vista-Versionen vorhanden sind, ist die EFS-Verschlüsselung in Windows Vista Home Basic und Home Premium nicht möglich. Die BitLocker-Laufwerksverschlüsselung ist nur in Windows Vista Enterprise und Windows Vista Ultimate enthalten.

Dateiberechtigungen

Dateiberechtigungen legen wie ein elektronisches Schloss fest, ob und falls ja, was genau ein Anwender mit gespeicherten Daten tun darf. Normalerweise kümmert sich Windows Vista automatisch darum, die richtigen Berechtigungen zu setzen.

Achtung

Es ist nicht zu empfehlen, die automatisch eingestellten Dateiberechtigungen zu ändern. Falls Sie dies unbedacht tun, können Sie sich schlimmstenfalls selbst aussperren und Daten verlieren.

Für die folgenden Beispiele sollte Ihr Computer über mindestens zwei Benutzerkonten verfügen, die beide bereits mindestens einmal zur Anmeldung verwendet wurden.

Im ersten Beispiel erfahren Sie, wie die Dateiberechtigungen das Benutzerprofil eines Anwenders schützen, also alle Daten, die Sie auf dem Desktop oder im Ordner *Dokumente* speichern.

1. Öffnen Sie das Startmenü, tippen Sie ins Schnellsuchfeld die Zeichenfolge **c:\users** ein und bestätigen Sie mit der [↵]-Taste. Falls Sie Windows nicht auf dem Laufwerk C:\ installiert haben, passen Sie den Laufwerksbuchstaben entsprechend an.
2. Sie sehen nun die Benutzerprofile aller Benutzer, die sich schon mindestens einmal auf Ihrem Computer angemeldet haben, darunter auch Ihr eigenes. Außerdem liegt hier der Ordner *Öffentlich*, der für alle Benutzer nutzbar ist.
3. Versuchen Sie Ihren eigenen Ordner (er trägt den Namen Ihres Benutzerkontos) zu öffnen. Dies gelingt, denn im elektronischen Schloss sind Sie als Berechtigter eingetragen. Drücken Sie die [Rück]-Taste und versuchen Sie es mit dem Ordner *Öffentlich*. Auch hier haben Sie Zugriff.
4. Versuchen Sie nun, den Ordner eines anderen Benutzers zu öffnen. Das schlägt fehl, denn jetzt fehlen Ihnen die nötigen Berechtigungen. Die Benutzerprofile der einzelnen Anwender sind also gegeneinander abgeschottet. Allerdings können Sie den Schutz durchbrechen, wenn Sie Administrator sind. Klicken Sie dazu im Dialogfeld aus Abbildung 43.1 auf *Fortsetzen*. Sobald Sie sich als Administrator ausgewiesen haben, können Sie auf die Daten anderer Benutzer zugreifen.

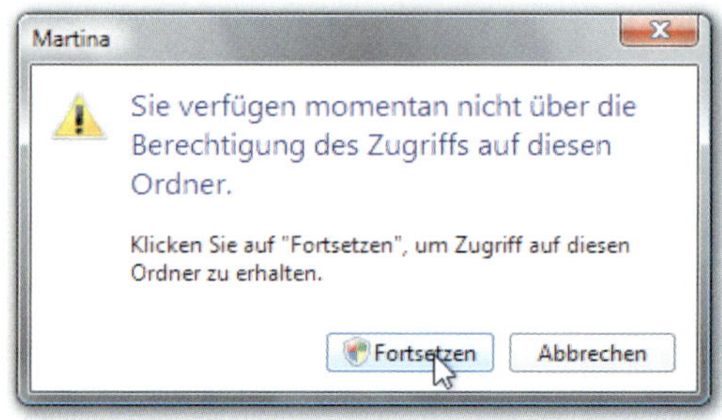

Abbildung 43.1 Dateiberechtigungen kontrollieren genau den Zugang

Haben Sie sich erst einmal mit Administratorrechten Zugang zu fremden Daten verschafft, gilt dies ab sofort permanent. Öffnen Sie also später erneut das Benutzerprofil eines anderen Benutzers, werden Sie nicht mehr wie in Abbildung 43.1 nach Administratorrechten gefragt, sondern erhalten sofort Zugang. Warum das so ist, werden wir Ihnen sofort erläutern.

Das elektronische Vorhängeschloss

Alle Dateien und Ordner besitzen jeweils ein eigenes elektronisches Vorhängeschloss, das genau bestimmt, wer Zugriff erhält und wer nicht. Voraussetzung dafür ist, dass Ihre Daten auf einem Laufwerk gespeichert sind, das das NTFS-Dateisystem verwendet. Beim älteren FAT-Dateisystem gibt es keine elektronischen Vorhängeschlösser und deshalb darf hier jeder Benutzer alle Daten sehen. Sollten Ihre Laufwerke das FAT-Dateisystem verwenden, schauen Sie in Kapitel 49, wie Sie Ihre Laufwerke nachträglich mit dem *convert*-Befehl auf das sicherere NTFS-Dateisystem umstellen.

Ein Blick in die Sicherheitsbeschreibung einer Datei oder eines Ordners verrät auch, was im vorangegangenen Beispiel genau passiert ist:

1. Öffnen Sie noch einmal wie im letzten Beispiel den Ordner *c:\users* mit den Benutzerprofilen. Klicken Sie den Ordner, der Ihren Benutzernamen trägt, mit der rechten Maustaste an und wählen Sie im Kontextmenü den Eintrag *Eigenschaften*.
2. Holen Sie im nun geöffneten Dialogfeld die Registerkarte *Sicherheit* in den Vordergrund. In der oberen Liste sehen Sie nun, welche Personen und Gruppen Zugang zu Ihrem

Benutzerprofil haben. In der unteren Liste sehen Sie jeweils für den ausgewählten Eintrag, welche Berechtigungen erteilt wurden.

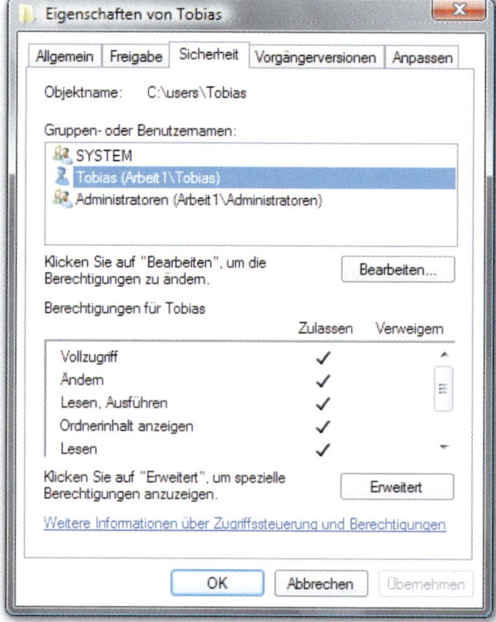

Abbildung 43.2 Das elektronische Vorhängeschloss sichtbar machen

Wie Sie schnell erkennen, haben nicht nur Sie selbst Zugriff auf Ihr Benutzerprofil, sondern außerdem auch *SYSTEM* und die Gruppe der *Administratoren*.

SYSTEM steht für Windows Vista und sorgt dafür, dass der Suchindex den Inhalt Ihres Benutzerprofils durchsuchen kann. Die Gruppe der Administratoren umfasst alle Benutzer, die über Administratorrechte verfügen. Daraus wird deutlich, dass jeder Benutzer mit Administratorrechten die privaten Daten sämtlicher Benutzer sehen, ändern und sogar löschen kann.

Schließen Sie nun das Dialogfeld und klicken Sie mit der rechten Maustaste auf den Ordner *Öffentlich*. Wählen Sie wieder *Eigenschaften* und aktivieren Sie erneut die Registerkarte *Sicherheit*.

Die Abbildung 43.3 zeigt, dass der Ordner *Öffentlich* ganz andere Zugriffsberechtigungen erteilt. In der Liste findet sich der Eintrag *Jeder*, der für alle Benutzer gilt. Diesem Eintrag sind Leseberechtigungen zugeordnet, sodass jeder Benutzer in den *Öffentlich*-Ordner hineinschauen darf.

Das ist gewollt, denn dieser Ordner ist Ihr persönlicher Austauschordner. Alles, was Sie hier speichern, können auch andere Benutzer sehen und nutzen. Administratoren haben hier außerdem Vollzugriff und können zusätzlich beliebige Inhalte ändern oder löschen.

In der Liste findet sich außerdem der Eintrag *INTERAKTIV*. Er steht für alle Benutzer, die am Computer angemeldet sind, und *INTERAKTIV* verfügt neben Leseberechtigungen auch über Berechtigungen, den Inhalt zu ändern oder zu löschen. Deshalb dürfen andere Benutzer die Dinge, die Sie im *Öffentlich*-Ordner speichern, nicht nur lesen, sondern auch ändern oder löschen.

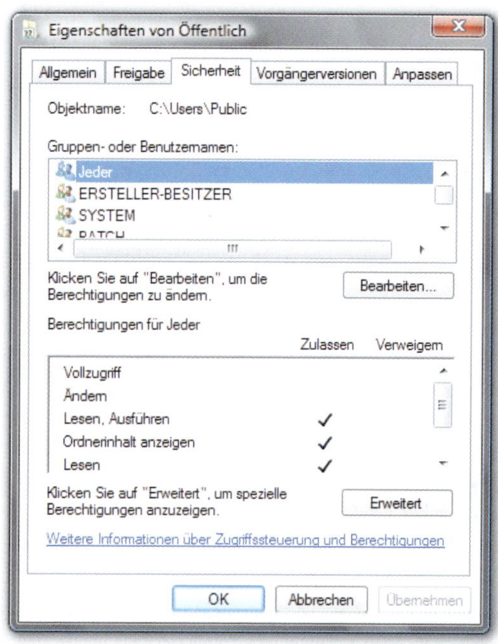

Abbildung 43.3 Der Ordner *Öffentlich* erlaubt den Zugriff für alle Benutzer

Schauen Sie sich die Berechtigungen für den Ordner *Öffentlich* an und wählen in der oberen Liste *INTERAKTIV*, sehen Sie in der unteren Liste allerdings nur ein Häkchen vor *Speziellen Berechtigungen*.

Schauen Sie sich die Berechtigungen dagegen für einen Unterordner wie *Öffentliche Dokumente* an, sehen Sie, dass *INTERAKTIV* hier tatsächlich umfangreiche Schreibberechtigungen besitzt. Was geht hier vor?

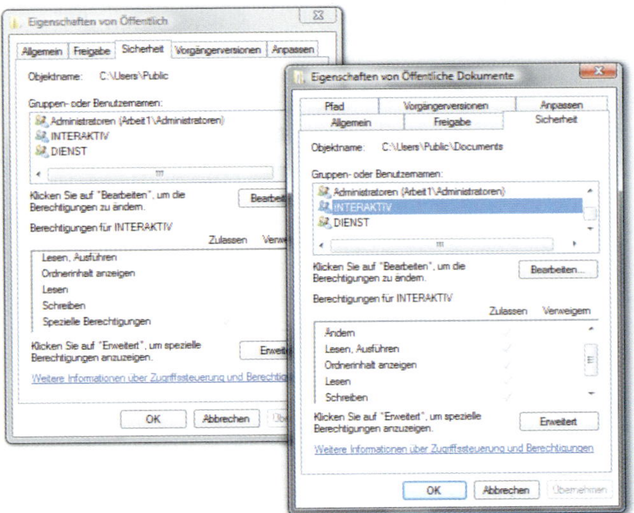

Abbildung 43.4 Besondere Berechtigungen wirken sich erst auf Unterordner aus

Um das herauszufinden, klicken Sie den Ordner *Öffentlich* mit der rechten Maustaste an und wählen *Eigenschaften*. Holen Sie die Registerkarte *Sicherheit* in den Vordergrund und wählen Sie aus der oberen Liste den Eintrag *INTERAKTIV* aus. Danach klicken Sie unten auf die Schaltfläche *Erweitert*.

Jetzt sehen Sie genauer, was die Berechtigungen tun. Die Berechtigungen für *INTERAKTIV* bestehen in Wirklichkeit aus zwei Einträgen. Der erste gilt für Unterordner und Dateien, die in diesem Ordner liegen, und ein Doppelklick verrät, dass die umfangreichen Schreibberechtigungen also nicht direkt für den Ordner *Öffentlich* erteilt werden.

Deshalb können normale Benutzer zwar im Ordner *Öffentlich* neue Ordner und Dateien anlegen und diese auch wieder löschen. Sie können aber nicht den Ordner *Öffentlich* selbst löschen. Dafür sind Administratorrechte nötig.

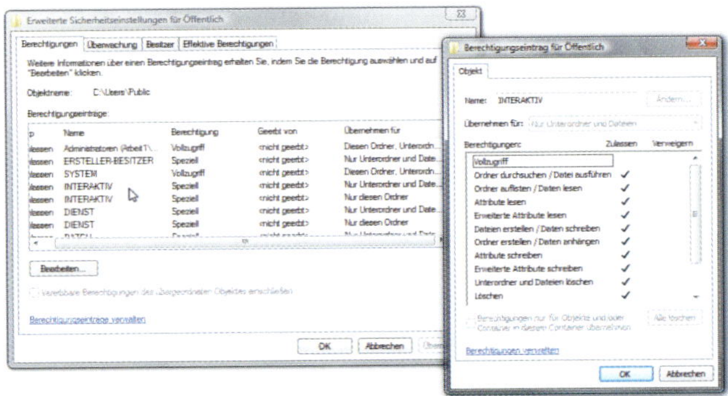

Abbildung 43.5 Erweiterte Berechtigungen sichtbar machen

Weil es schwierig sein kann, festzustellen, welche Berechtigungen eine Person denn nun tatsächlich auf einen Ordner oder eine Datei besitzt, gibt es in Abbildung 43.5 die Registerkarte *Effektive Berechtigungen*. Wenn Sie diese Registerkarte aktivieren und dann mit *Auswählen* einen Benutzer bestimmen, verrät Ihnen das Fenster, welche Berechtigungen diese Person tatsächlich besitzt.

Zugriff verschaffen

Im vorangegangenen Beispiel hatten Sie sich mit dem Dialogfeld aus Abbildung 43.1 problemlos Zugriff auf ein fremdes Benutzerprofil verschaffen können, wenn Sie über Administratorrechte verfügten. Sonderbarerweise war der Zugriff auf das fremde Benutzerprofil danach dauerhaft möglich.

Was genau dabei passiert ist, sehen Sie, wenn Sie sich per Rechtsklick auf das fremde Benutzerprofil wieder den Security Descriptor anzeigen lassen.

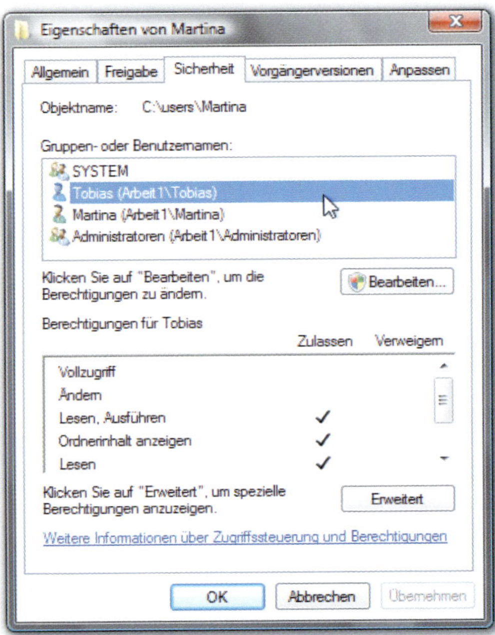

Abbildung 43.6 Beim Zugang zu einem fremden Benutzerprofil haben Sie Spuren hinterlassen

Als Sie in Abbildung 43.1 auf *Fortsetzen* klickten, hat Windows Vista automatisch eine neue Berechtigung für Sie in den Security Descriptor des fremden Benutzerprofils eingefügt und damit für Sie Leseberechtigungen hinzugefügt. Möglich war das, weil in den Standardberechtigungen die Gruppe der *Administratoren* Vollzugriff besitzt und deshalb berechtigt ist, die vorhandenen Berechtigungen zu ändern.

Können Sie diesen Zugang auch wieder entfernen? Das ist möglich, denn als Administrator dürfen Sie auch von Hand Änderungen am Security Descriptor vornehmen. Wenn Sie dazu allerdings im Dialogfeld von Abbildung 43.6 auf *Bearbeiten* klicken und danach die zusätzlich eingefügte Berechtigung entfernen, werden Sie wahrscheinlich zahlreiche Fehlermeldungen erhalten, weil Sie sich so unfreiwillig den Ast absägen, auf dem Sie sitzen.

In dem Moment nämlich, wo Sie die Berechtigung entfernen, verlieren Sie wieder den Zugriff auf den Ordner und können deshalb Ihre Zugangsberechtigung nicht mehr für die vielen Unterordner und Dateien entfernen, die diese Berechtigung ebenfalls erhalten haben.

Gehen Sie deshalb so vor, wenn Sie Berechtigungen streichen wollen:

1. Klicken Sie den Ordner, dessen Berechtigungen Sie ändern wollen, mit der rechten Maustaste an und wählen Sie im Kontextmenü den Eintrag *Eigenschaften* aus. Holen Sie die Registerkarte *Sicherheit* in den Vordergrund. Sie sehen nun die Berechtigungen ähnlich wie in Abbildung 43.6.
2. Klicken Sie unten rechts auf die Schaltfläche *Erweitert*. Jetzt sehen Sie die detaillierte Ansicht der Berechtigungen. Klicken Sie auf *Bearbeiten* und weisen Sie sich mit Administratorrechten aus.
3. Klicken Sie in der oberen Liste auf die Berechtigung, die Sie entfernen wollen, und klicken Sie auf *Entfernen*. Aktivieren Sie jetzt das Kontrollkästchen *Bestehende vererbbare Berechtigungen …* und klicken Sie auf *OK*. Bestätigen Sie die Sicherheitsabfrage mit *Ja* und schließen Sie alle Dialogfelder.

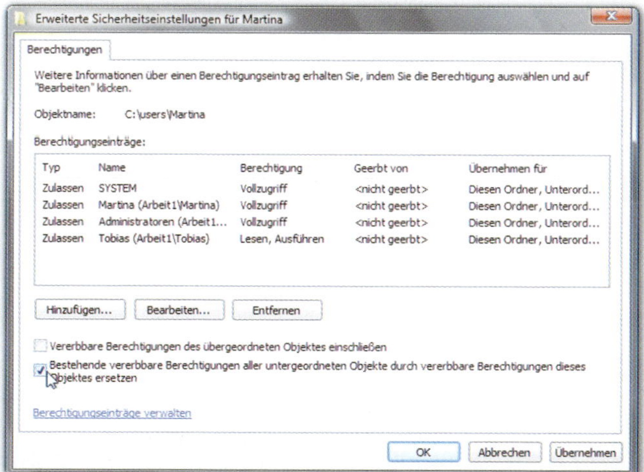

Abbildung 43.7 Nachträglich eingefügte Berechtigungen für diesen Ordner und alle Unterordner entfernen

Jetzt haben Sie den Ursprungszustand wiederhergestellt und besitzen keine Berechtigungen mehr für das fremde Benutzerprofil.

Versuchen Sie nun erneut, die Sicherheitseinstellungen des Ordners anzuzeigen, fehlen Ihnen dafür jetzt wieder die Berechtigungen, die Sie sich allerdings erneut verschaffen können, wenn Sie Administratorrechte besitzen.

Administrative Rechte einsetzen

Wenn Sie den Beispielen genau gefolgt sind, wird es Sie vielleicht gewundert haben, warum Sie sich als Administrator überhaupt besonderen Zugang zum fremden Benutzerprofil verschaffen mussten. Schließlich hatte schon die Abbildung 43.2 gezeigt, dass die Gruppe der Administratoren ohnehin volle Zugriffsberechtigungen auf alle Benutzerprofile besitzt.

Tatsächlich liegt dieses Verhalten an der neuen Sicherheitseinrichtung *Benutzerkontensteuerung*, die Ihnen im Alltag einen Großteil Ihrer Rechte einfach wegnimmt und in Kapitel 23 ganz genau beschrieben wurde. Wenn Sie also versuchen, einen geschützten Ordner zu öffnen, besitzen Sie Ihre mächtigen Administratorrechte gar nicht.

Das können Sie sich zunutze machen und diese Rechte einfach aktivieren. Dann nämlich erhalten Sie plötzlich völlig ungehinderten Zugang zu allen Benutzerprofilen und damit zu allen Daten sämtlicher Benutzer auf Ihrem Computer:

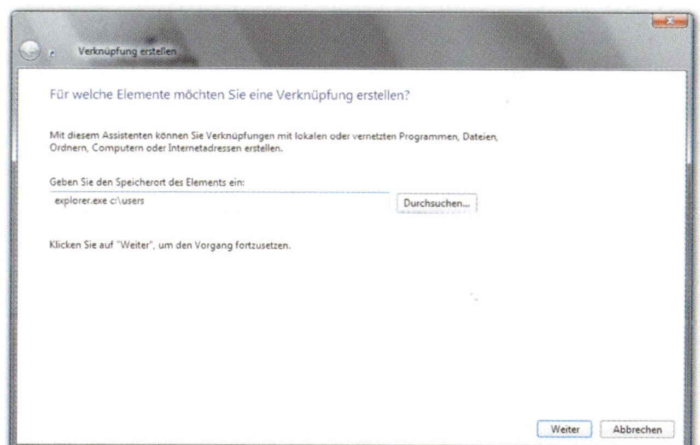

Abbildung 43.8 Mit einer einfachen Verknüpfung aktivieren Sie volle Administratorrechte

1. Öffnen Sie erneut den Ordner mit den Benutzerprofilen, in dem Sie zum Beispiel ins Schnellsuchfeld des Startmenüs die Zeichenfolge **c:\users** eintippen und mit der [↵]-Taste bestätigen. Versuchen Sie nun, per Doppelklick ein fremdes Benutzerprofil zu öffnen. Es misslingt mit der Meldung aus Abbildung 43.1, es sei denn, Sie haben sich

vorher bereits wie gezeigt mit Administratorrechten einen direkten Zugang verschafft. In diesem Fall entfernen Sie Ihre besonderen Berechtigungen wieder wie eben gezeigt.

2. Klicken Sie jetzt mit der rechten Maustaste auf eine freie Stelle des Desktops und rufen Sie über das Kontextmenü den Untermenübefehl *Neu/Verknüpfung* auf. Eine neue Verknüpfung wird angelegt. Tippen Sie ins Textfeld die Zeichenfolge **explorer.exe c:\users** ein und bestätigen Sie mit der [↵]-Taste.
3. Weisen Sie der Verknüpfung noch einen Namen zu, zum Beispiel **Administrator-Explorer**, und bestätigen Sie auch hier mit der [↵]-Taste.
4. Klicken Sie nun die Verknüpfung auf Ihrem Desktop mit der rechten Maustaste an und wählen Sie im Kontextmenü den Eintrag *Als Administrator ausführen*. Weisen Sie sich mit Administratorrechten aus, startet der Windows-Explorer und zeigt Ihnen wieder die Benutzerprofile an. Diesmal allerdings verfügen Sie tatsächlich über sämtliche Administratorrechte. Und wenn Sie nun ein fremdes Benutzerprofil öffnen, gelingt dies problemlos ohne jede weitere Rückfrage.

Administrative Rechte entziehen

Gerade haben Sie gesehen, dass der Schutz der Zugriffsberechtigungen dort endet, wo Administratorrechte ins Spiel kommen.

Möchten Sie Ihr Benutzerprofil davor bewahren, könnten Sie die Administratorrechte aus dem Security Descriptor Ihres Benutzerprofils einfach streichen. Wenn Sie das tun, können Administratoren nicht mehr so einfach wie gerade beschrieben in Ihrem Benutzerprofil herumspionieren.

1. Tippen Sie ins Schnellsuchfeld des Startmenüs die Zeichenfolge **c:\users** ein und bestätigen Sie mit der [↵]-Taste. Der Ordner mit sämtlichen Benutzerprofilen öffnet sich.
2. Klicken Sie Ihr eigenes Benutzerprofil, das also Ihren Benutzernamen trägt, mit der rechten Maustaste an und wählen Sie im Kontextmenü den Eintrag *Eigenschaften* aus. Holen Sie die Registerkarte *Sicherheit* in den Vordergrund.
3. Klicken Sie auf die Schaltfläche *Bearbeiten* und wählen Sie nun aus der oberen Liste den Eintrag *Administratoren* aus. Klicken Sie auf *Entfernen*.
4. Schließen Sie dann alle Dialogfelder. Künftig haben Administratoren keinen Zugriff mehr auf Ihr Benutzerprofil.

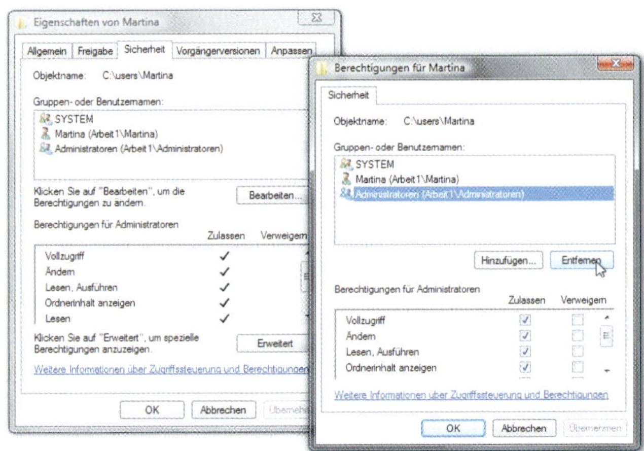

Abbildung 43.9 Administratoren den Zugriff auf Ihre persönlichen Daten entziehen

Versuchen Sie anschließend als Administrator auf dieses Benutzerprofil zuzugreifen, scheitert dies nun. Und selbst wenn der Administrator versucht, seine besonderen Rechte zum Einsatz zu bringen, erscheint nur noch eine Meldung wie in Abbildung 43.10.

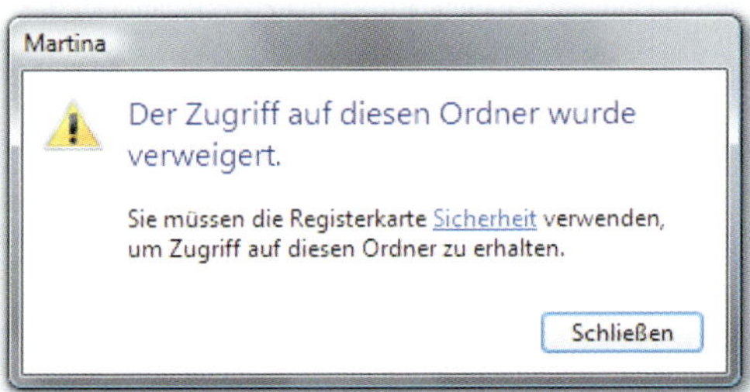

Abbildung 43.10 Administratoren kommen auch mit ihren speziellen Rechten nicht mehr an den Ordner heran

Den Besitz übernehmen

Administratoren besitzen immer das Recht, den Besitz an einer Datei oder einem Ordner zu übernehmen. Der Besitzer ist normalerweise derjenige, der die Datei oder den Ordner angelegt hat. Besitzer dürfen die Berechtigungen jederzeit neu vergeben.

So übernehmen Sie gewaltsam den Besitz an einem Ordner:

1. Klicken Sie den Ordner mit der rechten Maustaste an und wählen Sie im Kontextmenü den Eintrag *Eigenschaften* aus. Holen Sie die Registerkarte *Sicherheit* in den Vordergrund. Weil Sie momentan weder der Besitzer des Ordners sind noch über entsprechende Berechtigungen verfü-

gen, erscheint eine Meldung wie in Abbildung 43.10. Klicken Sie auf *Fortsetzen*.

Hinweis

Normalerweise verschaffen sich Administratoren den Besitz an Ordnern, wenn die Berechtigungen falsch gesetzt wurden. So können Administratoren zum Beispiel Daten von Benutzern retten, die ein Unternehmen verlassen haben. Sie können auf diese Weise auch Daten lesbar machen, die sich auf einer Festplatte befinden, die ursprünglich in einem anderen Computer verwendet wurde. Die Besitzübernahme ist also ein mächtiger Notschlüssel in den Händen der Administratoren.

Wenn Sie sehen wollen, ob Sie überhaupt noch der Besitzer eines Ordners sind oder jemand vielleicht hinter Ihrem Rücken den Besitz geändert hat, finden Sie den aktuellen Besitzer im Dialogfeld in Abbildung 43.5 auf der Registerkarte *Besitzer*.

2. Nun wählen Sie in der unteren Liste in Abbildung 43.11 aus, wer neuer Besitzer dieses Ordners werden soll, zum Beispiel *Administratoren*. Aktivieren Sie das Kontrollkästchen *Besitzer der Objekte und untergeordneten Container ersetzen*, wenn Sie auch den Besitz am Inhalt des Ordners übernehmen wollen. Anschließend bestätigen Sie mit *OK*.
3. Weil Ihnen eigentlich die Berechtigungen fehlen, den Besitz zu übernehmen, fragt Windows Vista nach, ob Sie Kraft Ihres Amtes als Administrator dennoch den Besitz übernehmen wollen. Sobald Sie auf *Ja* klicken, sind Sie Besitzer.

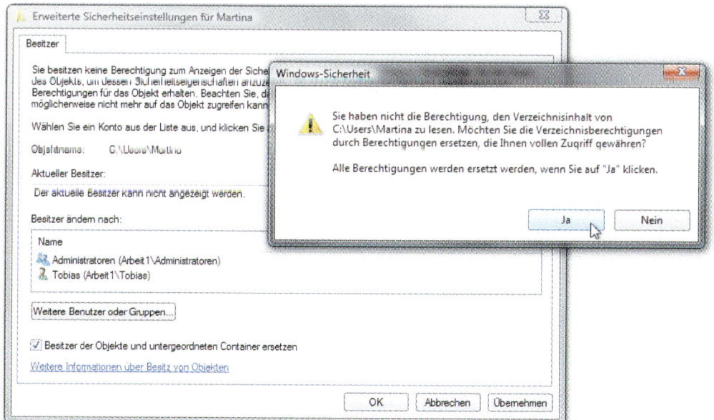

Abbildung 43.11 Den Besitz an einem fremden Ordner übernehmen

4. Schließen Sie alle Dialogfelder, und gehen Sie vor wie in Schritt 1, um das Dialogfeld neu zu öffnen. Sie besitzen jetzt vollen Zugriff auf den Ordner und seinen Inhalt. Allerdings sind nun alle vorher vorhandenen Berechtigungen verloren gegangen, und Sie müssen diese zuerst wieder herstellen, wenn der eigentliche Eigentümer dieses Ordners ihn ebenfalls noch verwenden können soll.

Tipp 

Profis übernehmen den Besitz von Dateien und Ordner mit dem Kommandozeilenbefehl *TAKEOWN*. Dazu öffnen Sie ein Konsolenfenster mit vollen Administrator-Rechten, zum Beispiel, indem Sie im Startmenü ins Schnellsuchfeld **CMD.EXE** eingeben und danach [Strg]+[⇧]+[↵] drücken. Mit dem Befehl **TAKEOWN /?** [↵] erhalten Sie Verwendungsbeispiele.

Daten mit dem EFS verschlüsseln

Ein Administrator kann sich immer über die Dateiberechtigungen hinwegsetzen, und sollte Ihr Computer gestohlen werden, kann der Dieb die gestohlene Festplatte in seinen eigenen Computer einbauen und dann als Administrator den Schutz Ihrer Daten aushebeln.

Benötigen Sie mehr Datensicherheit, steht mit dem EFS (*Encrypting File System* oder *Verschlüsselndes Dateisystem*) ein einfacher Weg zur Verfügung, Daten wirklich sicher zu speichern. Das EFS wird allerdings nicht unter Windows Vista Home Basic und Windows Vista Home Premium unterstützt.

Ordner und Dateien verschlüsseln

Verschlüsselungen mit dem EFS sind einfach und kosten nur wenige Klicks. So gehen Sie vor, um einen Ordner zu verschlüsseln:

1. Öffnen Sie das Startmenü und klicken Sie auf *Dokumente*, um Ihren *Dokumente*-Ordner zu öffnen.
2. Klicken Sie mit der rechten Maustaste auf eine freie Stelle im Ordner und rufen Sie im Kontextmenü den Untermenübefehl *Neu/Ordner* auf. Ein neuer Ordner wird angelegt. Nennen Sie ihn *Geheim*.
3. Klicken Sie den Ordner mit der rechten Maustaste an und wählen Sie im Kontextmenü den Eintrag *Eigenschaften*. Klicken Sie dann auf der Registerkarte *Allgemein* auf die Schaltfläche *Erweitert*.
4. Aktivieren Sie das Kontrollkästchen *Inhalt verschlüsseln, um Daten zu schützen*. Diese Option ist in den Home-Versionen von Windows Vista nicht anwählbar. Bestätigen Sie die geöffneten Dialogfelder mit *OK*, bis alle geschlossen sind.

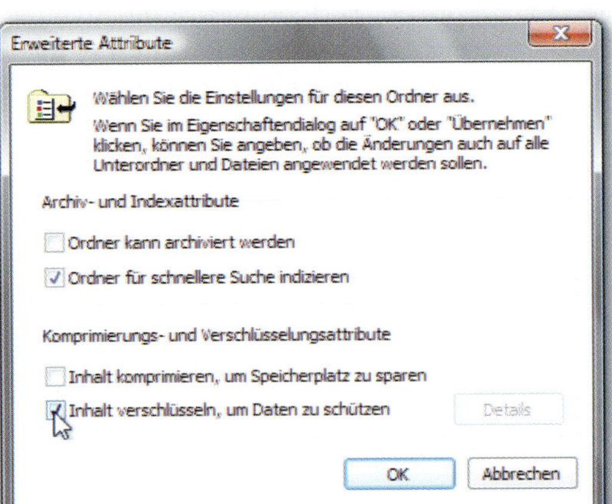

Abbildung 43.12 Einen Ordner mitsamt Inhalt verschlüsseln

Der Ordner erhält jetzt eine grüne Beschriftung und zeigt so an, dass es sich um einen verschlüsselten Ordner handelt. Sonst hat sich nichts geändert.

Hinweis

Wenn Sie die Verschlüsselung für einen Ordner aktivieren, der bereits einen Inhalt aufweist, werden Sie gefragt, ob Sie den vorhandenen Inhalt ebenfalls verschlüsseln wollen. Wählen Sie hier die Option *Änderungen nur für diesen Ordner übernehmen*, bleiben die vorhandenen Inhalte unverschlüsselt und nur neue Inhalte werden verschlüsselt.

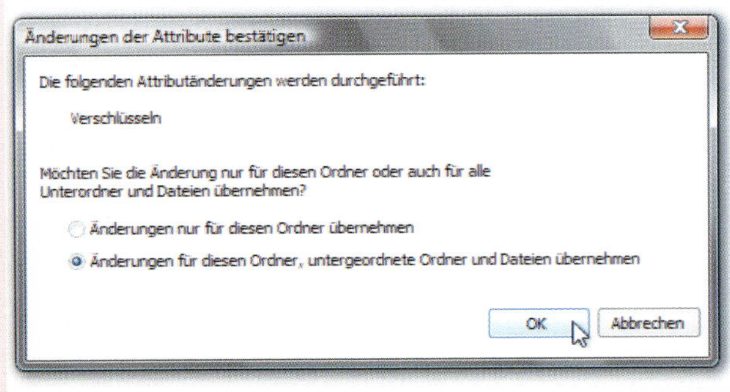

Abbildung 43.13 Was soll mit dem schon vorhandenen Inhalt eines Ordners geschehen?

Sie können jederzeit selbst bestimmen, ob eine bestimmte Datei im Ordner verschlüsselt sein soll oder nicht und die Verschlüsselung auch wieder abschalten, indem Sie die Option aus Abbildung 43.12 für die jeweilige Datei ändern.

Sie können nun wie gewohnt mit dem Ordner arbeiten und darin zum Beispiel Dokumente anlegen. Alles, was im Ordner lagert, wird automatisch verschlüsselt und kann nur noch von Ihnen selbst gelesen werden.

Geheimen Schlüssel sichern

Obwohl die Dateiverschlüsselung nur wenige Klicks benötigt, ist das, was dabei passiert, natürlich wesentlich komplizierter. Damit Sie – und nur Sie – Zugriff auf die verschlüsselten Daten haben, wurden diese mit einem geheimen Schlüssel verschlüsselt. Nur wer diesen Schlüssel besitzt, kann die Daten entschlüsseln.

Dieser Schlüssel wird automatisch im besonders gesicherten Zertifikatspeicher für Sie aufbewahrt, sodass Sie normalerweise kaum damit zu tun haben. Falls allerdings Ihr Computer kaputt geht oder aus anderen Gründen der Geheimschlüssel in Ihrem Zertifikatspeicher verloren geht, verlieren Sie ohne Wenn und Aber ebenfalls den eigenen Zugriff auf sämtliche verschlüsselten Daten.

Wichtig 

Arbeiten Sie in einer größeren Firma mit eigener IT-Abteilung und Netzwerkdomäne, brauchen Sie sich um die folgenden Details der Verschlüsselung nicht selbst zu kümmern. Die Administratoren Ihrer Firma haben dann zentral EFS-Schlüssel für Sie bereitgestellt und verfügen auch über die notwendigen Wiederherstellungsschlüssel, um Ihre verschlüsselten Daten im Notfall wiederherstellen zu können. Informieren Sie sich bei Ihrer IT-Abteilung.

Deshalb erinnert Sie Windows Vista mit einer Sprechblase wie in Abbildung 43.14 daran, den geheimen Schlüssel zu sichern und getrennt von Ihrem Computer – zum Beispiel in einem Safe – aufzubewahren.

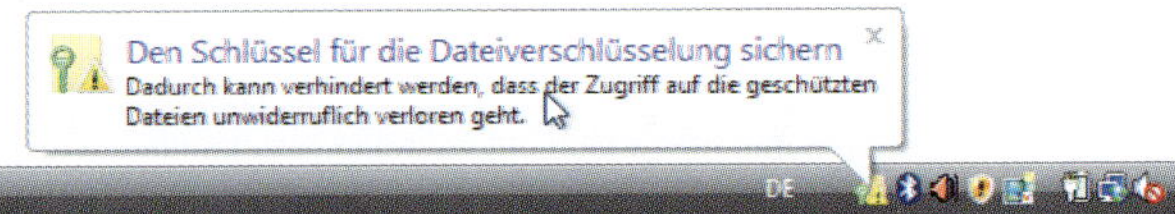

Abbildung 43.14 Speichern Sie Ihren Schlüssel für die Dateiverschlüsselung an einem sicheren Ort

Wenn Sie auf die Sprechblase klicken, öffnet sich ein Assistent und ist Ihnen bei der Sicherung des Schlüssels behilflich. Dazu klicken Sie im Dialogfeld von Abbildung 43.15 auf *Jetzt sichern*. Ein Assistent startet, in dem Sie mit Klicks auf *Weiter* alle Vorgaben übernehmen.

Sie werden dann nach einem Kennwort gefragt, das die Sicherheitskopie Ihres Schlüssels schützt. Nur wer das Kennwort kennt, kann die Sicherheitskopie später wieder reaktivieren. Sie sollten sich deshalb das Kennwort sofort notieren und ebenfalls an einem sicheren Ort aufbewahren, denn ohne dieses Kennwort ist Ihre Sicherheitskopie rein gar nichts wert.

Geben Sie danach einen Namen an, unter dem der Schlüssel gesichert wird, und speichern Sie ihn auf einem USB-Stick oder einem anderen Speichermedium, das Sie anschließend getrennt vom Computer an einem sicheren Ort aufbewahren.

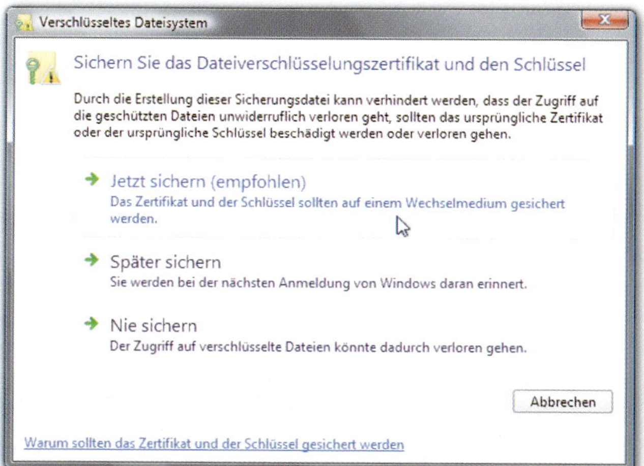

Abbildung 43.15 Den EFS-Schlüssel an einem anderen Ort und getrennt vom Computer sichern

Tipp

Müssen Sie Ihren Geheimschlüssel später reparieren oder waren Sie gezwungen, Windows Vista komplett neu aufzusetzen, öffnen Sie die gesicherte *.pfx*-Datei per Doppelklick und folgen den Anweisungen.

Geben Sie das Kennwort ein, das Sie bei der Sicherung festgelegt haben. Wenig später ist der Schlüssel wiederhergestellt und Sie haben wieder Zugang zu Ihren verschlüsselten Daten.

EFS-Schlüssel verwalten

Sollte die Sicherheitskopie Ihres EFS-Schlüssels versehentlich abhanden kommen, können Sie den EFS-Schlüssel ändern und auch nachträglich jederzeit sichern:

1. Klicken Sie im Startmenü oben rechts auf das Bild Ihres Benutzerkontos, um Ihre Benutzerkontenverwaltung zu öffnen.
2. Klicken Sie in der linken Spalte auf *Dateiverschlüsselungszertifikate verwalten*. Ein Assistent startet, mit dem Sie ein neues EFS-Zertifikat generieren und das bestehende sichern können.

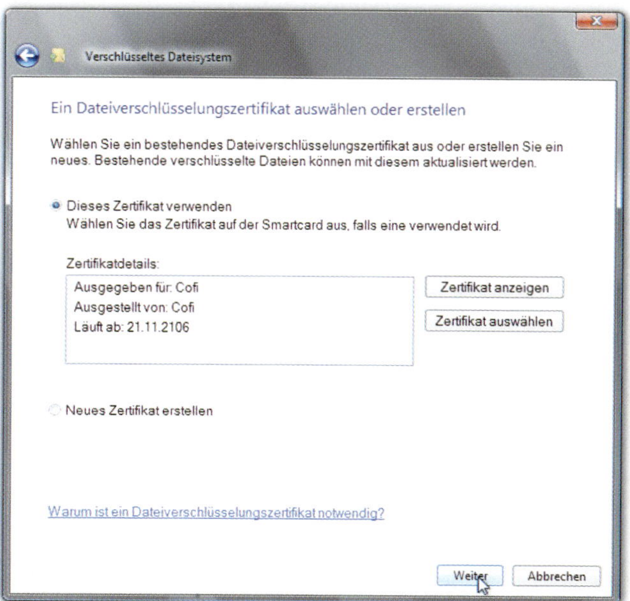

Abbildung 43.16 Ein anderes EFS-Zertifikat anlegen oder das aktuelle sichern

Wiederherstellungsschlüssel verwenden

Bis zu diesem Punkt sind Sie der einzige, der Ihre verschlüsselten Daten öffnen und verwenden kann, weil nur Sie über den für die Entschlüsselung notwendigen Geheimschlüssel verfügen.

Wenn Sie diesen Schlüssel wie gerade gezeigt als Sicherheitskopie speichern, sind Sie zwar gegen Ausfälle geschützt. Firmen allerdings fordern einen umfassenderen Notfallschutz und wollen sich nicht darauf verlassen, dass jeder Benutzer seinen eigenen Schlüssel richtig sichert und aufbewahrt.

Deshalb kann zusätzlich ein zentraler Wiederherstellungsschlüssel festgelegt werden. Ist ein solcher Wiederherstellungsschlüssel eingerichtet, können die verschlüsselten Daten entweder mit Ihrem eigenen normalen Schlüssel oder mit diesem zentralen Schlüssel lesbar gemacht werden.

Der Wiederherstellungsschlüssel ist also so etwas wie ein Generalschlüssel, der für viele Benutzer gilt und im Notfall von der IT-Abteilung der Firma dazu verwendet werden kann, verschlüsselte Daten wieder lesbar zu machen – zum Beispiel auch dann, wenn der Benutzer im Streit die Firma verlassen hat und seinen eigenen Schlüssel nicht verrät.

Für die Wiederherstellung benötigen Sie zunächst einen Wiederherstellungsschlüssel.

Der öffentliche Teil in Form einer *.cer*-Datei wird dann in einer Gruppenrichtlinie als Wiederherstellungs-Agent hinterlegt. Der geheime Teil in Form einer *.pfx*-Datei muss sorgfältig aufbewahrt werden und ermöglicht es im Notfall, verschlüsselte Daten zu entschlüsseln.

So gehen Sie vor, um einen Wiederherstellungsschlüssel anzulegen:

1. Öffnen Sie ein Eingabeaufforderungsfenster, indem Sie zum Beispiel im Startmenü die Zeichenfolge **cmd** eintippen und mit der [↵]-Taste bestätigen.
2. Wechseln Sie in den Ordner, wo Sie die Wiederherstellungsschlüssel speichern wollen, also idealerweise ins Laufwerk eines USB-Sticks oder anderen Wechseldatenträgers.
3. Geben Sie diesen Befehl ein: **cipher /r:recovery**, wobei Sie *recovery* durch einen beliebigen Namen ersetzen können.
4. Nun werden Sie nach einem Kennwort gefragt, mit dem der Wiederherstellungsschlüssel geschützt wird. Geben Sie es zur Bestätigung zweimal ein. Danach werden eine *.cer*- und eine *.pfx*-Datei generiert. Die *.cer*-Datei benötigen Sie gleich. Die *.pfx*-Datei speichern Sie dagegen an einem sicheren Ort. Diese Datei wird benötigt, wenn Sie später verschlüsselte Daten entschlüsseln müssen.

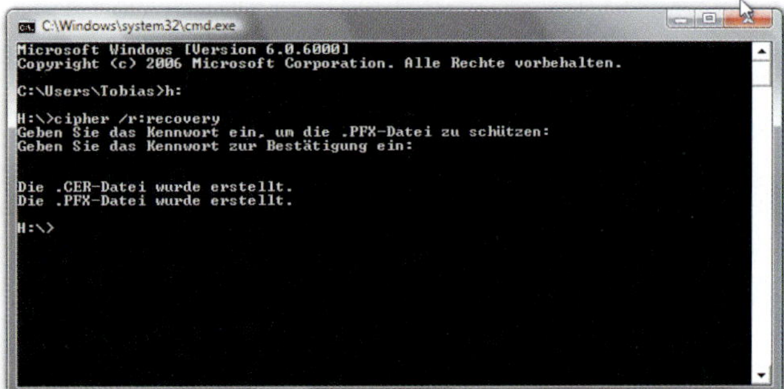

Abbildung 43.17 Ein Wiederherstellungszertifikat anlegen

So gehen Sie vor, um dafür zu sorgen, dass der eben angelegte Schlüssel in alle EFS-Verschlüsselungen einbezogen wird:

1. Öffnen Sie eine Gruppenrichtlinie, im einfachsten Fall mit dem Befehl **gpedit.msc** [↵] die lokale Gruppenrichtlinie Ihres Rechners.
2. Öffnen Sie im Navigationsbereich den Zweig *Computerkonfiguration/Windows-Einstellungen/Sicherheitseinstellungen/Richtlinien für öffentliche Schlüssel/Verschlüsseltes Dateisystem*.
3. Klicken Sie mit der rechten Maustaste auf *Verschlüsseltes Dateisystem* und wählen Sie im Kontextmenü den Eintrag *Datenwiederherstellungs-Agenten hinzufügen* aus.

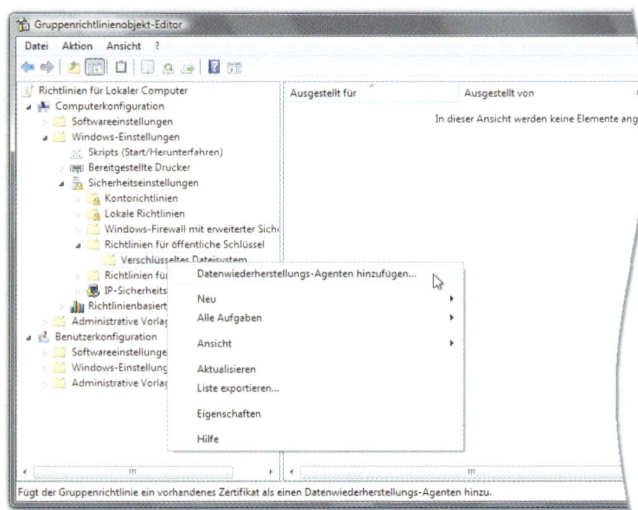

Abbildung 43.18 Einen Datenwiederherstellungs-Agenten hinzufügen

4. Ein Assistent startet, dessen Anweisungen Sie folgen. Sie werden nun nach dem Wiederherstellungszertifikat gefragt. Klicken Sie auf *Ordner durchsuchen*, wählen Sie die *.cer*-Datei aus, die Sie gerade angelegt haben, und klicken Sie auf *Weiter*. Da es sich hierbei um eine selbstsignierte Datei handelt, wird kein Anwender angezeigt.

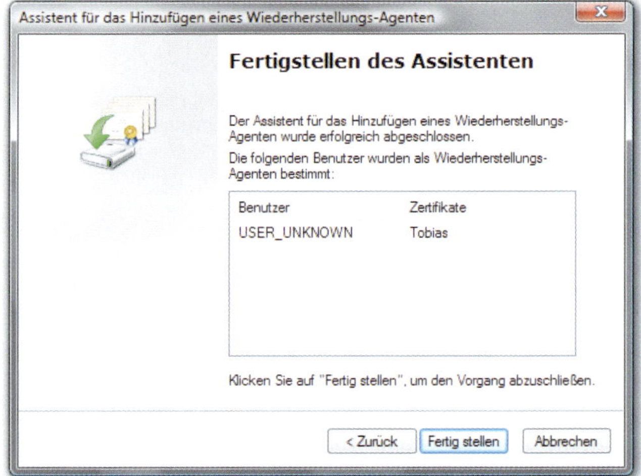

Abbildung 43.19 Einen Wiederherstellungsagenten festlegen

Damit Ihre Gruppenrichtlinie Wirkung zeigt, aktualisieren Sie sie nun noch mit dem Befehl *gpupdate*.

Ab sofort können Sie im Notfall mit der korrespondierenden *.pfx*-Datei die verschlüsselten Daten sämtlicher Benutzer dieses Computers entschlüsseln, die ab diesem Zeitpunkt neu verschlüsselt oder einfach nur geöffnet wurden.

Damit auch ältere verschlüsselte Daten mit Ihrem neuen Wiederherstellungsschlüssel entschlüsselt werden können, müssen Sie sämtliche verschlüsselten Daten neu verschlüsseln lassen. Dies erledigen Sie in der Eingabeaufforderung mit dem Befehl *cipher /u*.

Anderen Benutzern Zugriff gewähren

Verschlüsselte Dateien dürfen nur von Personen geöffnet und gelesen werden können, die über den geheimen privaten Schlüssel verfügen, der zum Entschlüsseln nötig ist. Sie haben aber gesehen, dass es mehr als einen solchen Schlüssel geben kann, nämlich neben Ihrem eigenen mindestens auch den des Wiederherstellungsagenten.

So können nicht nur Sie selbst, sondern auch andere Personen Ihre verschlüsselten Dateien lesen. Vielleicht arbeiten Sie zusammen mit ein oder zwei Kollegen an einem vertraulichen Forschungsprojekt. Dann fügen Sie die anderen beiden Personen als Berechtigte hinzu.

Das allerdings funktioniert nur, wenn

- sich alle drei denselben Computer teilen (im Netzwerk funktionieren EFS-Verschlüsselungen nur innerhalb eines Firmennetzwerkes mit zentralem Active Directory) und/oder
- alle drei bereits eigene Dateien verschlüsselt haben, damit jeder einen eigenen EFS-Schlüssel besitzt, der nur bei Bedarf – also dem ersten Verschlüsseln – von Windows Vista angelegt wird.

Außerdem können Sie diese Berechtigung nur für jede Datei einzeln festlegen und nicht etwa für einen Ordner.

So gehen Sie vor, um anderen Personen Zugriff auf verschlüsselte Daten zu geben:

1. Klicken Sie die Datei mit der rechten Maustaste an und wählen Sie im Kontextmenü den Eintrag *Eigenschaften* aus.
2. Auf der Registerkarte *Allgemein* klicken Sie auf *Erweitert*. Neben dem Kontrollkästchen *Inhalt verschlüsseln, um Daten zu schützen* klicken Sie auf *Details*. Diese Schaltfläche ist nur bei Dateien wählbar, nicht bei Ordnern.
3. Fügen Sie weitere Berechtigte per Klick auf *Hinzufügen* hinzu. Dann klicken Sie auf *OK*.

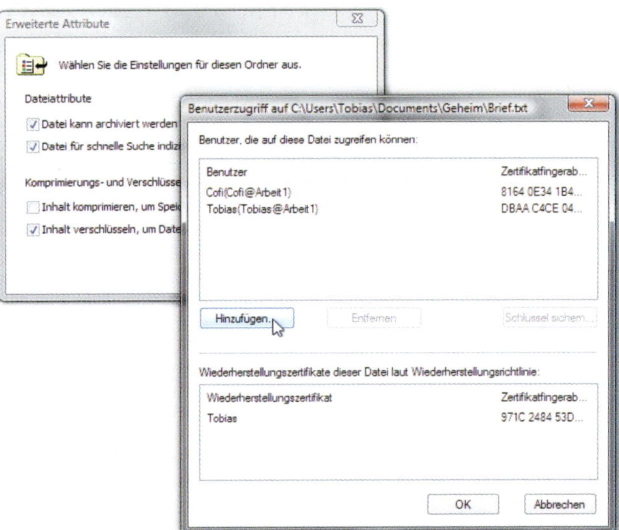

Abbildung 43.20 Weitere Berechtigte in die Schlüsselliste eintragen

Achtung 

Ihr EFS-Schlüssel befindet sich normalerweise in Ihrem eigenen Zertifikatspeicher und ist dort sicher aufgehoben.

Wenn Sie allerdings Ihr Kennwort mit administrativer Gewalt zurücksetzen, verlieren Sie den Zugang zu Ihrem Zertifikatspeicher und damit auch Ihren EFS-Schlüssel. Sie müssen in diesem Fall also die Sicherheitskopie Ihres EFS-Schlüssels wieder einspielen, zum Beispiel per Doppelklick auf die *.pfx*-Datei Ihrer Sicherung.

Dieses Problem tritt nicht auf, wenn Sie Ihr Kennwort einfach ändern und dazu das alte Kennwort noch wissen und eingeben. Es tritt auch nicht auf, wenn Ihr Computer Domänenmitglied ist. Es betrifft aber alle Computer, die nicht zentral verwaltet werden und bei denen das Kennwort ohne Angabe des alten Kennworts zurückgesetzt wird.

BitLocker-Laufwerksverschlüsselung

Mit der EFS-Verschlüsselung aus dem letzten Abschnitt verfügen Sie über einen wirkungsvollen Mechanismus, um Ihre eigenen Daten zu schützen. Damit auch das Betriebssystem selbst vor Angreifern geschützt ist, enthält Windows Vista mit der BitLocker-Laufwerksverschlüsselung einen neuartigen Sicherheitsmechanismus, der allerdings nur in Windows Vista Enterprise und Windows Vista Ultimate enthalten ist.

Ab Windows Vista Service Pack 1 ist BitLocker in der Lage, mehr als nur die Systempartition zu verschlüsseln. Dazu verschlüsseln Sie zunächst die Systempartition und wählen danach weitere Partitionen aus, zum Beispiel Datenpartitionen. Sogar externe Medien wie USB-Sticks oder Festplatten lassen sich auf diese Weise verschlüsseln, solange diese Medien das NTFS-Dateisystem verwenden.

Achtung

Überlegen Sie genau, ob Sie BitLocker einsetzen wollen, denn die Verschlüsselung birgt auch Risiken. Weil BitLocker-Verschlüsselungen unknackbar sind, verlieren Sie die verschlüsselten Daten, wenn der BitLocker-Schlüssel abhanden kommt. In größeren Unternehmen kümmert sich die IT-Abteilung um die Sicherung solcher Schlüssel. Als Privatperson oder Einzelnutzer sind Sie allein dafür verantwortlich.

Das Prinzip

Bei der BitLocker-Laufwerksverschlüsselung benötigen Sie mindestens zwei Partitionen. Eine mindestens 1,5 GB große aktive Startpartition wird dann unverschlüsselt dazu verwendet, den Computer zu starten. Windows Vista selbst befindet sich auf einer zweiten komplett verschlüsselten Partition.

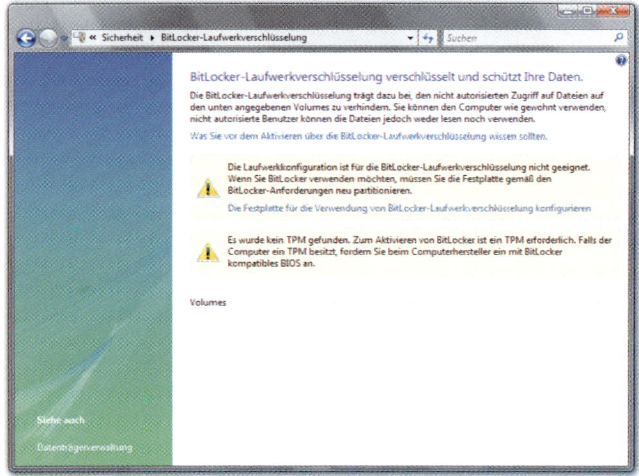

Abbildung 43.21 BitLocker meldet, wenn wichtige Grundvoraussetzungen nicht erfüllt sind

Sie können diese Partitionen entweder anlegen, bevor Sie Windows Vista installieren. Oder Sie nutzen die Möglichkeiten der Datenträgerverwaltung aus Kapitel 49, mit der Sie auch bestehende Partitionen nachträglich verkleinern und so den Raum für eine zusätzliche Startpartition schaffen. Über die Windows Vista Ultimate Extras steht außerdem ein Tool zur Verfügung, mit dem die für BitLocker notwendige zusätzliche Partition bequem nachträglich eingerichtet werden kann (siehe Seite 746).

Der Systemstartschlüssel

Natürlich verwendet auch BitLocker einen geheimen Schlüssel, der für die Entschlüsselung nötig ist. Dieser Schlüssel kann entweder in einem so genannten TPM-Chip innerhalb des Computers oder auf einem USB-Stick aufbewahrt werden.

Auch Kombinationen sind möglich: Der Schlüssel auf dem TPM-Chip kann über eine zusätzliche PIN-Nummer ähnlich wie bei einer EC-Karte geschützt werden oder es ist neben dem TPM-Chip ein USB-Stick notwendig. Diese Feineinstellungen legen Sie in der Gruppenrichtlinie fest.

Trusted Platform Module 1.2

Der geheime Schlüssel für die Laufwerksentschlüsselung kann bei BitLocker an unterschiedlichen Stellen aufbewahrt werden.

Entweder enthält Ihr Computer bereits einen TPM-Chip (*Trusted Platform Module*) der Version 1.2. Ein solcher Chip funktioniert in etwa wie eine eingebaute SmartCard mit integriertem kryptografischen Hochleistungsprozessor, sozusagen ein Computer im Computer. Der Schlüssel wird dann direkt im TPM-Chip gespeichert.

Stiehlt jemand die Festplatte und versucht sie, an einen anderen Computer anzuschließen, fehlt das TPM samt Schlüssel aus dem Originalcomputer und die Systempartition bleibt verschlüsselt.

Ändert jemand den vorhandenen Computer, macht sich zum Beispiel am BIOS zu schaffen oder versucht auf andere Weise den Startvorgang zu manipulieren, bemerkt das TPM diese Änderungen und gibt den Schlüssel nicht heraus.

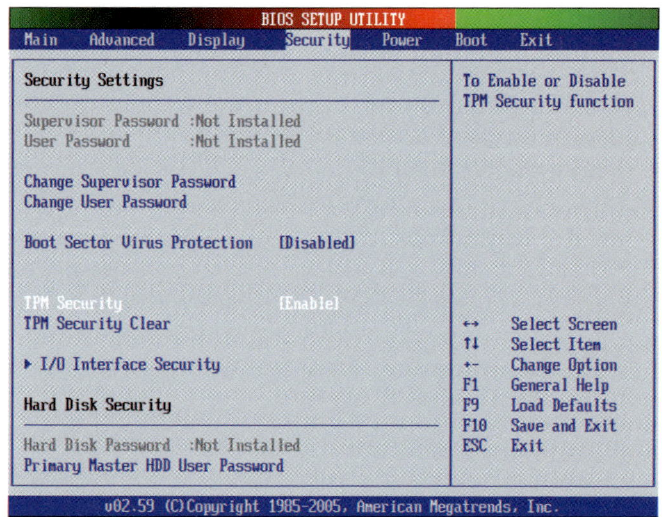

Abbildung 43.22 TPM-Chip muss im BIOS aktiviert werden

> **Tipp**
>
> Selbst wenn Ihr Computer einen integrierten TPM-Chip besitzt, kann dieser erst verwendet werden, wenn Sie ihn im BIOS aktivieren und Ihr BIOS kompatibel zu Windows Vista ist. Bei vielen älteren Computern kann BitLocker erst nach einem BIOS-Update auf den TPM-Chip zugreifen.

USB-Stick oder externes Laufwerk

Enthält Ihr Computer keinen TPM-Chip, ist BitLocker zunächst abgeschaltet, kann aber über einen Gruppenrichtlinieneintrag aktiviert werden und speichert dann den geheimen Schlüssel auf einem USB-Stick oder ähnlichen Wechselmedium.

Ihr Computer kann dann nur noch starten, wenn der USB-Stick angeschlossen ist. Geht der USB-Stick allerdings verloren, ist die Systempartition samt Inhalt unrettbar verloren. Deshalb ist der Einsatz von USB-Sticks nur eine Notlösung, die man sich genau überlegen sollte. Sie hat nämlich weitere Nachteile wie zum Beispiel die Tendenz, den USB-Stick ohnehin in der Notebooktasche zu transportieren, was den gesamten Schutz ad absurdum führen würde.

Der Aktivierungsprozess

Wenn Sie BitLocker aktivieren, speichert es zunächst den Systemstartschlüssel wahlweise auf dem TPM-Chip innerhalb des Computers oder auf einem USB-Stick.

Anschließend fordert BitLocker Sie auf, den Wiederherstellungsschlüssel entweder auszudrucken, als Datei zu speichern oder auf einem (anderen) USB-Stick aufzubewahren. Mit diesem Schlüssel können Sie die Systempartition wieder entschlüsseln, falls der Systemstartschlüssel verloren gehen sollte.

Danach folgt ein Trockentest, in dem BitLocker prüft, ob es den Systemstartschlüssel erfolgreich vom TPM-Chip oder dem USB-Stick lesen kann.

Nur wenn dieser Test erfolgreich verläuft, beginnt BitLocker damit, den Inhalt der Systempartition zu verschlüsseln.

So starten Sie diesen Vorgang:

1. Öffnen Sie das Startmenü und klicken Sie auf *Systemsteuerung*. Tippen Sie dann rechts oben ins Suchfeld den Begriff **BitLocker** ein.
2. Klicken Sie auf *BitLocker-Laufwerksverschlüsselung*. Ein Fenster öffnet sich.

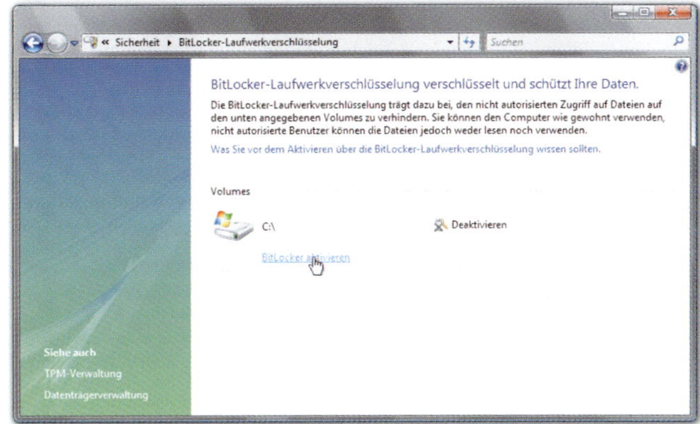

Abbildung 43.23 BitLocker-Laufwerksverschlüsselung in der Systemsteuerung aktivieren

Falls Ihr Computer über einen aktivierten TPM-Chip und ein kompatibles BIOS verfügt, sehen Sie ein Fenster ähnlich wie in Abbildung 43.23 und können die Laufwerksverschlüsselung per Klick auf *BitLocker aktivieren* einschalten.

Konnte kein TPM-Chip gefunden werden, ist die Laufwerksverschlüsselung abgeschaltet und Sie müssten zuerst in den Gruppenrichtlinien die Laufwerksverschlüsselung ohne TPM-Chip aktivieren.

Systemstartschlüssel speichern

Sobald Sie auf *BitLocker aktivieren* klicken, generiert BitLocker einen Systemstartschlüssel und speichert ihn wahlweise auf dem TPM-Chip oder – falls keiner vorhanden ist und Sie die Verwendung von BitLocker ohne TPM-Chip in den Gruppenrichtlinien zugelassen haben – auf einem USB-Stick.

Ohne TPM klicken Sie also in Abbildung 43.24 auf den Link *Systemstart-USB-Schlüssel ist bei jedem Systemstart erforderlich* und wählen dann den USB-Stick aus, auf dem der Systemstartschlüssel gespeichert werden soll. Dann klicken Sie auf *Speichern*.

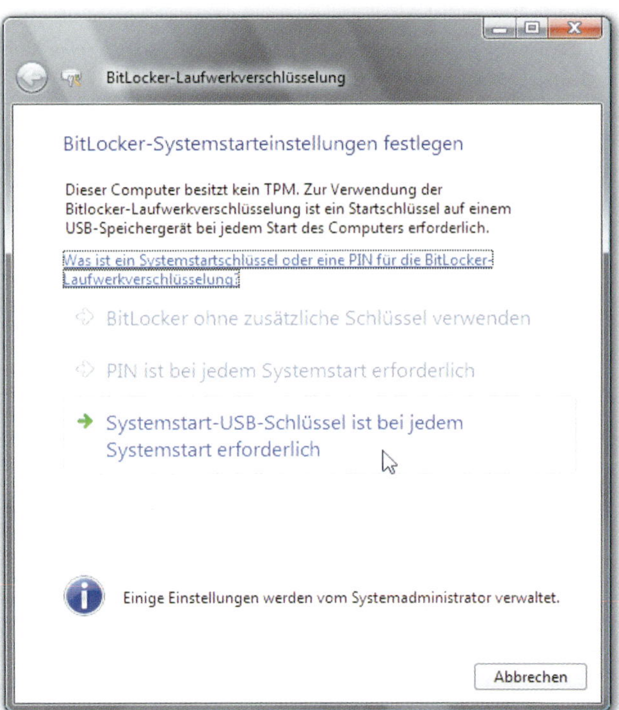

Abbildung 43.24 BitLocker ohne TPM: Der Systemstartschlüssel wird auf einen USB-Stick gespeichert

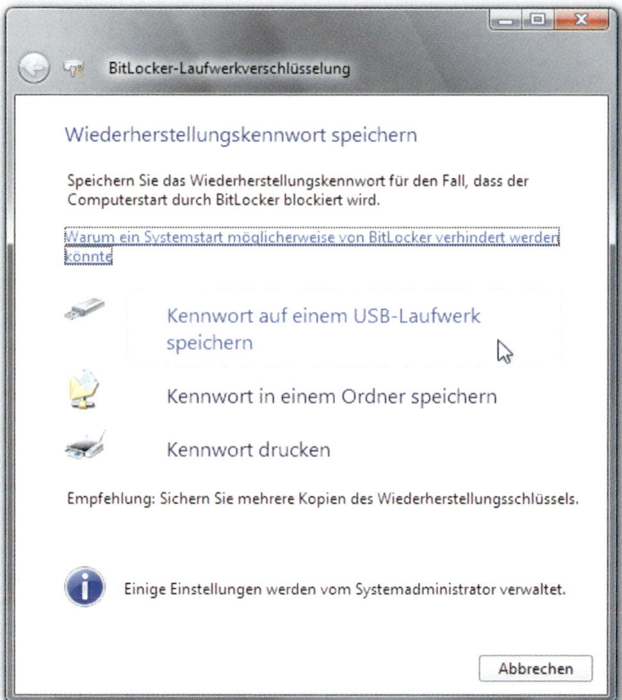

Abbildung 43.25 Ein Wiederherstellungskennwort an einem sicheren Ort speichern

Wiederherstellungskennwort festlegen

Danach erscheint das Dialogfeld aus Abbildung 43.25 und fragt nach, wo Sie Ihr Wiederherstellungskennwort speichern wollen. Dieses Kennwort ist wichtig, weil Sie damit im Notfall – zum Beispiel einem Defekt des Computers – die verschlüsselte Systempartition wiederherstellen können.

Tipp

Speichern Sie dieses wichtige Kennwort an verschiedenen Stellen. Drucken Sie es beispielsweise aus und speichern Sie es zusätzlich auf einem USB-Stick. Sorgen Sie aber dafür, dass das Kennwort anschließend an einem sicheren Ort zum Beispiel zu Hause oder in der Firma und keinesfalls zusammen mit dem Computer aufbewahrt wird, den BitLocker schützen soll.

Schlüssel testen

Nun testet BitLocker, ob es die für die Verschlüsselung wichtigen Systemstart- und Wiederherstellungsschlüssel auch wirklich lesen kann. Dieser Test ist wichtig und sollte nicht übersprungen werden, indem Sie die Option *BitLocker-Systemüberprüfung ausführen* abschalten.

Sobald Sie auf *Weiter* klicken, wird der Rechner neu gestartet und führt den Test durch.

Kann BitLocker den Systemstartschlüssel lesen, sehen Sie beim Neustart einen kurzen Hinweis. Danach fährt das System normal hoch.

Gab es Probleme beim Zugriff auf die Schlüssel, wird BitLocker automatisch abgeschaltet und Sie erfahren, wo das Problem aufgetreten ist. Möglicherweise kann Ihr USB-Stick beim Start nicht gelesen werden. Verwenden Sie dann ein anderes Fabrikat und überprüfen Sie die BIOS-Einstellungen.

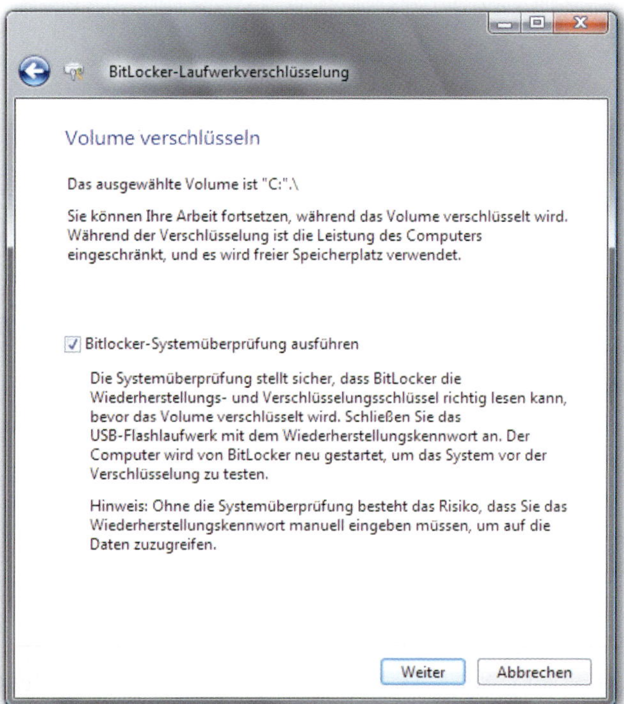

Abbildung 43.26 Prüfen Sie zuerst, ob Ihr Wiederherstellungsschlüssel vom USB-Stick lesbar ist

Abbildung 43.27 Der USB-Stick konnte nicht gelesen werden

Oder Ihr TPM-Chip beziehungsweise das BIOS Ihres Computers sind nicht kompatibel, sodass BitLocker seinen Systemstartschlüssel nicht aus dem TPM-Chip auslesen konnte.

In beiden Fällen wird die Systempartition nicht verschlüsselt.

Konnte BitLocker dagegen die Schlüssel erfolgreich lesen, beginnt er damit, die Systempartition zu verschlüsseln. Sie können währenddessen weiter arbeiten. Ein Symbol im Infobereich der Taskleiste informiert Sie über den Fortschritt.

Abbildung 43.28 BitLocker beginnt damit, die Systempartition zu verschlüsseln

TPM-Chip konfigurieren

Sollte BitLocker Probleme haben, mit dem TPM-Chip zu kommunizieren oder Schlüssel darauf abzuspeichern oder abzurufen, erhalten Sie eine Fehlermeldung ähnlich wie in Abbildung 43.29.

Abbildung 43.29 Die TPM-Kommunikation funktioniert (noch) nicht richtig

In diesem Fall klicken Sie in Abbildung 43.23 in der linken Spalte auf *TPM-Verwaltung*. Hier können Sie den TPM-Chip zurücksetzen.

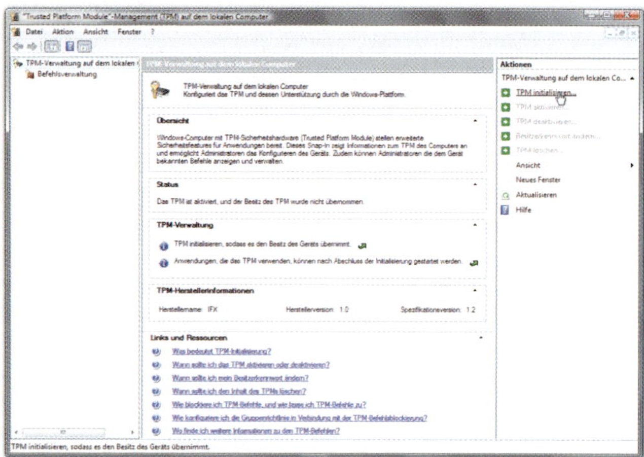

Abbildung 43.30 Die TPM-Steuerkonsole kann TPM-Chips verwalten, deaktivieren und den Inhalt löschen

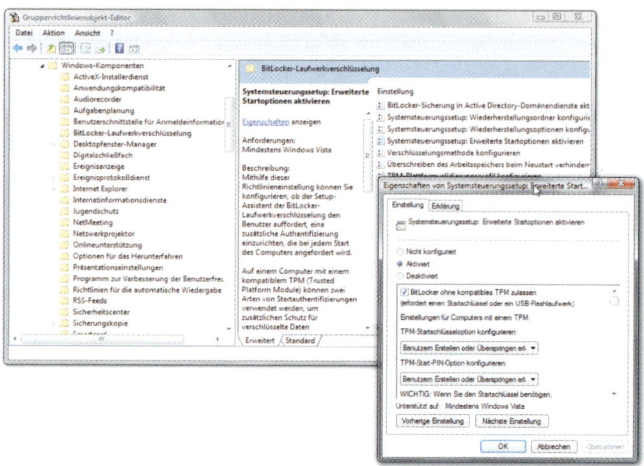

Abbildung 43.31 Grundeinstellungen für BitLocker festlegen

Weitere Partitionen verschlüsseln

BitLocker wird über ein Skript namens *manage-bde.wsf* konfiguriert. Über dieses Werkzeug lassen sich beispielsweise weitere Partitionen in die Verschlüsselung einbinden und sogar mit separaten Schlüsseln ver- und entschlüsseln.

So gehen Sie vor, um *manage-bde* zu verwenden:

1. Öffnen Sie das Startmenü und geben Sie ins Schnellsuchfeld ein: **CMD.EXE** [Strg]+[⇧]+[↵]. Die Konsole wird mit Administratorrechten geöffnet.
2. Geben Sie ein: **manage-bde** [↵]. Sie sehen nun eine Kurzanleitung des Tools.

Mit dem Parameter *–status* sehen Sie, welche Laufwerke zur Verschlüsselung zur Verfügung stehen. Anschließend können Sie einzelne Partitionen mit dem Parameter *–on* verschlüsseln. Dabei unterstützt *manage-bde* ein cleveres Hilfesystem, mit dem Sie sich an die benötigten Optionen heranpirschen können. Geben Sie hinter jedem Parameter, zu dem Sie mehr erfahren wollen, den Parameter *–h* an. Um also Beispiele zu sehen, wie man weitere Laufwerke verschlüsselt, geben Sie ein: **manage-bde -on -h** [↵].

BitLocker per Gruppenrichtlinie konfigurieren

Die meisten Feineinstellungen von BitLocker werden durch Gruppenrichtlinien gesteuert, die Sie im Zweig *Computerkonfiguration/Administrative Vorlagen/Windows-Komponenten/BitLocker-Laufwerksverschlüsselung* finden.

Mit der Richtlinie *Systemsteuerungssetup: Erweiterte Startoptionen aktivieren* legen Sie zum Beispiel fest, ob BitLocker auch ohne TPM funktioniert bzw. ob Sie TPM mit PIN kombinieren wollen.

Zusammenfassung

Dateiberechtigungen schützen Ihre gespeicherten Daten vor dem Zugriff Unbefugter. Diese Berechtigungen werden automatisch von Windows verwaltet. Der Schutz hat allerdings seine Grenzen, denn mit Administratorrechten kann man sich über die Zugriffsbeschränkungen hinwegsetzen.

EFS-Verschlüsselung bietet einen wesentlich stärkeren Schutz, denn hier werden die Daten mit einem geheimen Schlüssel unleserlich gemacht, sodass auch Administratoren keinen Zugriff mehr erhalten. Allerdings ist EFS nur sicher, wenn Sie den geheimen Entschlüsselungscode sorgfältig speichern. EFS steht übrigens bei den beiden Home-Versionen von Windows Vista nicht zur Verfügung.

Schutz für die gesamte Systempartition liefert BitLocker, eine Technologie, die die gesamte Partition verschlüsselt. Der geheime Entschlüsselungscode wird hierbei wahlweise auf einem TPM-Chip innerhalb des Computers oder auf einem USB-Stick gespeichert. BitLocker steht allerdings nur bei Windows Vista Enterprise und Ultimate zur Verfügung. Außerdem muss der Entschlüsselungscode sorgfältig gesichert werden, weil sonst der gesamte Computer nicht mehr gestartet werden kann.

Die Datenschutztechnologien in diesem Kapitel können bei falscher Anwendung Schaden verursachen. Deshalb finden Sie am Ende dieses Kapitels ausnahmsweise keine Kurztipps. Stattdessen möchten wir Sie bitten, die entsprechenden Abschnitte zuerst vollständig zu lesen, bevor Sie diese Technologien anwenden.

Eric Tierling

Windows Vista Home Basic	eingeschränkt unterstützt	Windows Vista Business	vollständig unterstützt
Windows Vista Home Premium	eingeschränkt unterstützt	Windows Vista Enterprise	vollständig unterstützt
Windows Vista Ultimate	vollständig unterstützt		

Funktion wird von dieser Windows Vista-Edition
vollständig unterstützt ✓ eingeschränkt unterstützt ⊙ nicht unterstützt ⊗

44 Datensicherung

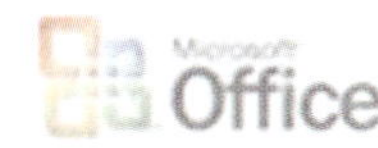

Um Daten wirksam vor Verlust zu schützen, empfiehlt sich ein kleiner Maßnahmenkatalog. Unter anderem sind Verwendung einer Firewall, das Aufspielen aktueller Sicherheits-Patches, der Einsatz eines Antivirusprogramms sowie umsichtiges Verhalten unverzichtbar Maßnahmen – ebenso wie die *regelmäßige Datensicherung*.

Denn obwohl die Datensicherung vielfach als lästiges Übel angesehen wird, reicht es nicht aus, im blinden Vertrauen auf die Technik davon auszugehen, dass schon Nichts passieren wird. Denken Sie nur an folgende Situationen:

- Die Festplatte in Ihrem PC fällt ganz plötzlich aufgrund eines mechanischen Defekts aus.
- Sie werden von Einbrechern heimgesucht, die gleich den ganzen PC mitnehmen.
- Umwelteinflüsse (Sturm, Wasser, Feuer etc.) zerstören Ihren PC.

Kurzum: Ohne Vorankündigung sind alle Daten auf Ihrer Festplatte »futsch«. Stellen Sie sich einmal eines dieser Szenarien vor und fragen sich dann: »Sind die Daten, die sich auf der Festplatte des Computers befanden, in irgendeiner Weise wichtig für Sie?« In aller Regel lautet die Antwort auf diese Frage »Ja«. Trotzdem zählen viele PC-Benutzer zur Gruppe der »Datensicherungs-Muffel«. Denn lange Jahre war eine vernünftige, regelmäßige Datensicherung ein mühseliges Unterfangen: Vielfach ließ die zur Datensicherung existierende Software es kaum zu, lediglich bestimmte Dateien des PCs zu sichern. Nur mit einem Streamer (Bandsicherungsgerät) war es praktikabel, den kompletten PC sinnvoll zu sichern, doch sind die dafür erforderlichen Magnetbändern empfindlich und unhandlich.

Hinweis 

Der Vorgang der Datensicherung sowie Ergebnis davon wird auch als *Backup* bezeichnet. Und anstatt der »Datensicherung« ist häufig auch lediglich von der *Sicherung* die Rede. Analog dazu wird der Vorgang der Wiedereinspielung der Datensicherung als *Wiederherstellung* bzw. Restore genannt.

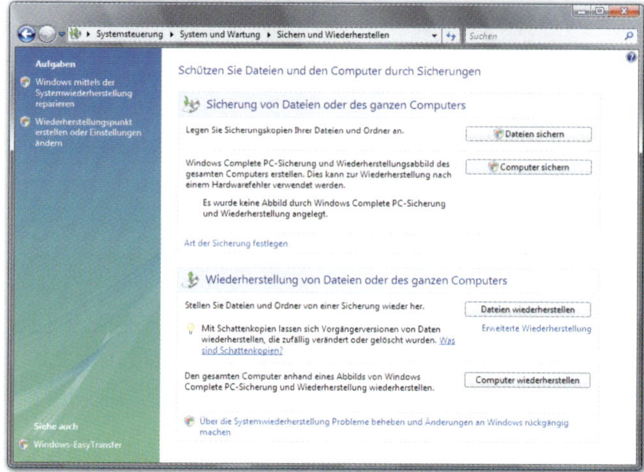

Abbildung 44.1 Windows Vista vereinfacht das Sichern und Wiederherstellen persönlicher Daten und des PCs

Beständigen technologischen Fortschritten sei Dank, hat sich die Situation mittlerweile fundamental gewandelt: Datensicherungen werden auf DVD oder externen Festplatten gesichert, sodass es quasi kein Kapazitätsproblem beim Sicherungsmedium mehr gibt. Und Windows Vista enthält Tools, die die Datensicherung stark vereinfachen und automatisieren können. Auf diese Weise macht es Windows Vista sehr einfach, eine regelmäßige Datensicherung und dadurch den Schutz vor Datenverlusten zu verbessern.

Wichtig 

Eine regelmäßige Datensicherung ist unverzichtbar. Denn ist die letzte Sicherung beispielsweise elf Monate alt, sind im Zweifelsfalle alle Daten verloren, die in den letzten elf Monaten hinzugekommen sind. Aus diesem Grunde ist es wichtig, in regelmäßigen Abständen – zum Beispiel einmal pro Woche – eine Datensicherung durchzuführen, um im Fall der Fälle ein möglichst aktuelles Backup zu besitzen.

Datensicherungsmöglichkeiten von Windows Vista im Überblick

Windows Vista beinhaltet mehrere Funktionen und Tools zur Sicherung wichtiger Informationen des PCs. Neben *Schattenkopien* zur bequemen Wiederherstellung vorheriger Versionen von Dokumenten und der *Systemwiederherstellung* stehen folgende Tools zur Datensicherung in Windows Vista bereit:

- **Dateien sichern** (alle Windows Vista-Editionen)

  Damit können Sie ad-hoc eine manuelle Sicherung von Dateien durchführen. Zur regelmäßigen Datensicherung müssen Sie diesen Vorgang jedes Mal manuell ausführen.

- **Automatische Dateisicherung** (ab Windows Vista Home Premium)

  Dieses Verfahren ermöglicht es Ihnen, eine regelmäßige Datensicherung von Windows Vista automatisiert durchzuführen zu lassen.

- **Complete PC-Sicherung** (ab Windows Vista Business)

  Hierüber ist es möglich, ein *Abbild* bzw. ein *Image-basiertes Backup* des Windows Vista-PCs zu erstellen. Dieses enthält nicht nur Ihre persönlichen Dateien, sondern auch eine Sicherung der kompletten Windows Vista-Installation Ihres PCs. Daher eignet sich die Complete PC-Sicherung für folgende Szenarien:

  - **Wiederherstellung einer früheren Konfiguration**
    Möchten Sie weitere Hardware inklusive Treibern installieren, eine neue Software aufspielen oder größere Konfigurationsänderungen durchführen und bei Bedarf jederzeit wieder zum früheren Zustand zurückkehren können, erstellen Sie vorher ein Image-basiertes Backup Ihres PCs. Bei Bedarf stellen Sie dann einfach das komplette Image wieder her und kehren so wieder schnell und zuverlässig zum früheren Zustand zurück.

  - **Wiederherstellung nach Festplatten-Austausch**
    Hat Ihre Festplatte einen Defekt erlitten und haben Sie diese gegen eine neue ausgetauscht, können Sie das letzte Image-basierte Backup wieder einspielen und anschließend so gut wie nahtlos weiterarbeiten. Die separate Installation und Konfiguration von Betriebssystem und Anwendungen sowie das Zurückspielen der letzten Datensicherung – alles in allem ein recht aufwändiges und Zeit raubendes Unterfangen – entfällt somit, da alles bereits im Image-basierten Backup enthalten ist.

Hinweis 

Verwenden Sie eine Windows Vista-Version, in der die Funktion der Complete PC-Sicherung nicht enthalten ist, können Sie zu einem Zusatz-Tool wie »TrueImage Home« von Acronis (*http://www.acronis.de/homecomputing/products/trueimage*) greifen, um ein Image-Backup der Festplatte Ihres Windows Vista-PCs durchzuführen und so eine vollständige Datensicherung der darauf befindlichen Daten zu erstellen.

Diese in Windows Vista enthaltenen Tools sind vor allem darauf ausgelegt, eine leichte und zuverlässige Durchführung der Datensicherung zu ermöglichen. Alternativ können Sie die Sicherungs-Software eines Drittherstellers einsetzen, um Ihren Windows Vista-PC bzw. die darauf befindlichen persönlichen Daten regelmäßig zu sichern.

Tipp 

Wenn Sie eine externe Festplatte benutzen, verwenden Sie nach Möglichkeit ein Gerät, das den Anschluss per »eSATA« unterstützt (falls Ihr PC ebenfalls über einen passenden Anschluss verfügt). Die eSATA-Schnittstelle ist gegenüber der sonst häufig bei externen Festplatten verwendeten Schnittstelle USB 2.0 deutlich schneller, sodass die Datensicherung fixer vonstatten geht und schneller abgeschlossen ist.

Datensicherungs-Funktionen aufrufen

Die Datensicherung-Funktionen von Windows Vista lassen sich über das grafische *Sichern und Wiederherstellen-Center* (siehe Abbildung 44.1) steuern. Von hier aus können Sie die einzelnen Vorgänge bequem initiieren.

Das Sichern und Wiederherstellen-Center rufen Sie wie folgt auf:

1. Tippen Sie **sich** im Suchfeld des Windows Vista-Startmenüs ein.
2. Wählen Sie Eintrag *Sichern und Wiederherstellen* im Startmenü von Windows Vista aus.

   Alternativ können Sie das Sichern und Wiederherstellen-Center auch über die Systemsteuerung aufrufen. Dazu klicken Sie dort in der Kategorie *System und Wartung* den Link *Sicherung des Computers erstellen* an oder (bei Verwendung der klassischen Ansicht) öffnen Sie das Symbol *Sichern und Wiederherstellen*.

Alle diese Verfahren führen Sie zum Fenster *Schützen Sie Dateien durch Sicherungen* (Windows Vista Home Basic und Windows Vista Home Premium) bzw. *Schützen Sie Dateien und den Computer durch Sicherungen* (Windows Vista Business und höher). Von hier aus können Sie die einzelnen Funktionen auswählen (siehe Abbildung 44.1).

Hinweis 

Abhängig von der auf Ihrem PC laufenden Edition von Windows Vista erscheinen bei Ihnen möglicherweise nicht alle Einträge.

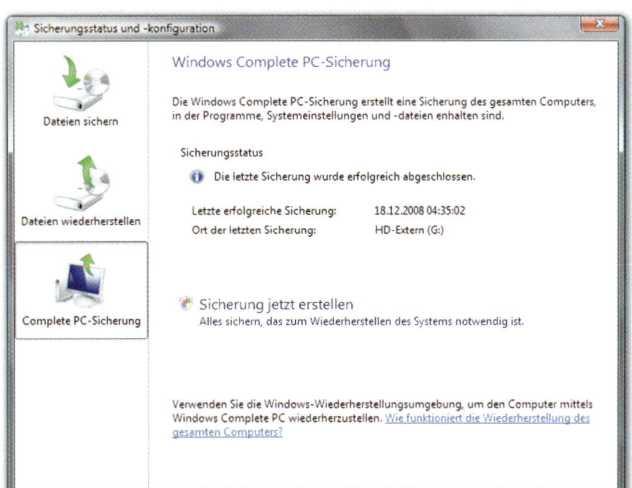

Abbildung 44.2 Zustand und Ergebnis der letzten Datensicherung zeigt das Dialogfeld *Sicherungsstatus und -konfiguration* an

Des Weiteren können Sie sich über den Status und die Konfiguration der Datensicherung über das Dialogfeld *Sicherungsstatus und -konfiguration* informieren. Zu diesem gelangen Sie, indem Sie

- entweder im Fenster *Schützen Sie Dateien durch Sicherungen* (Windows Vista Home Basic und Windows Vista Home Premium) den Link *Erweiterte Wiederherstellung* anklicken
- bzw. im Fenster *Schützen Sie Dateien und den Computer durch Sicherungen* den im Bereich *Wiederherstellung von Dateien oder des ganzen Computers* (Windows Vista Business und höher) enthaltenen Link *Erweiterte Wiederherstellung* anklicken
- oder den Eintrag *Sicherungsstatus und -konfiguration* aus dem Windows Vista-Startmenü aufrufen.

Im sodann erscheinenden Dialogfeld *Sicherungsstatus und -konfiguration* (siehe Abbildung 44.2) können Sie sich nicht nur einen raschen Überblick über den aktuellen Zustand bzw. den Verlauf der letzten Datensicherung verschaffen, sondern auch eine Wiederherstellung initiieren.

PROFITIPP 

Der Befehl *WBADMIN* (bei Windows Vista Home Basic und Windows Vista Home Premium nicht verfügbar) erlaubt es Ihnen, die Datensicherung von der Befehlszeile aus zu steuern (siehe Abbildung 44.3)

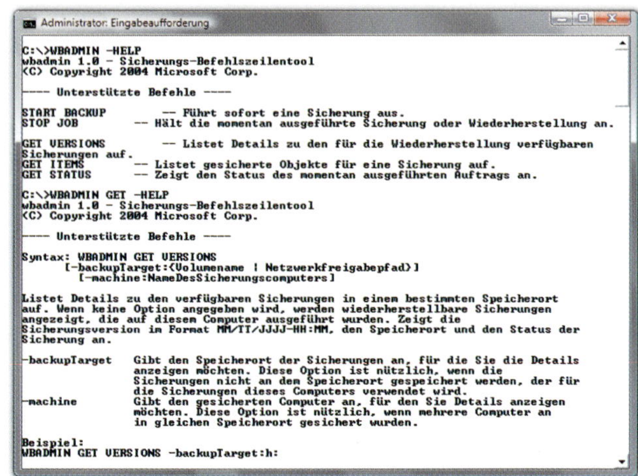

Abbildung 44.3 Mit dem Befehl WBADMIN lässt sich die Datensicherung und Wiederherstellung auch über die Befehlszeile initiieren

Manuelle Datensicherung

Um Ihre auf dem PC befindlichen, persönlichen Daten zu sichern, gehen Sie wie folgt vor:

1. Rufen Sie das Sichern und Wiederherstellen-Center auf.
2. Dort klicken Sie die Schaltfläche *Dateien sichern* im Bereich *Dateien sichern* (Windows Vista Home Basic und Windows Vista Home Premium) bzw. *Sicherung von Dateien oder des ganzen Computers* (Windows Vista Business und höher) an.
3. Daraufhin nimmt Sie ein Assistent in Empfang (siehe Abbildung 44.4). Als Erstes führt dieser eine Suche nach geeigneten Sicherungsgeräten durch. Hierfür kommen zum Beispiel der CD/DVD-Brenner oder eine an den Windows Vista-PC angeschlossene zweite bzw. externe Festplatte in Betracht.

Wichtig 

Wenn Sie Ihre Daten vor dem Totalverlust durch Festplattendefekt, Computerdiebstahl etc. schützen möchten, wählen Sie als Ziel kein Laufwerk aus, das auf derselben Festplatte wie Ihre zu sichernden Daten beheimatet ist. Andernfalls verlassen Sie im Katastrophenfall nicht nur Ihre Daten, sondern auch die Sicherung derselben.

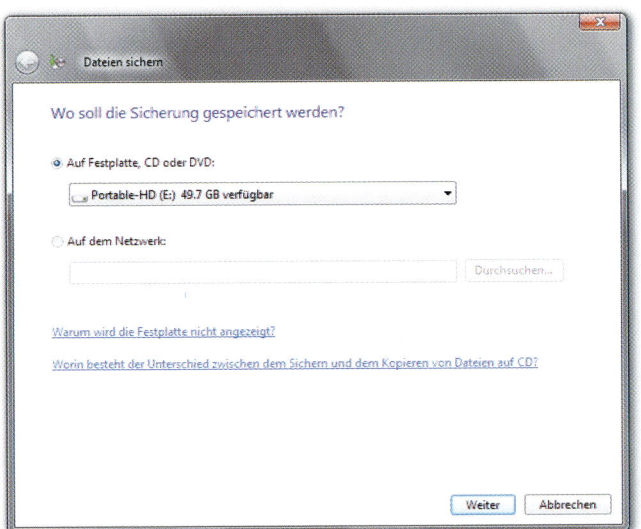

Abbildung 44.4 Die Sicherung geschieht mit einem leicht bedienbaren Assistenten

Arbeitet Ihr PC mit Windows Vista Home Premium oder höher, können Sie auch eine Freigabe im Netzwerk (respektive einen darauf befindlichen Ordner) als Ziel für das Backup angeben. Voraussetzung dabei ist natürlich, dass Sie dort nicht nur über lesende Zugriffsrechte verfügen.

4. Nach *Weiter* können Sie die Laufwerke auswählen, die in die Sicherung miteinbezogen werden sollen. Die Systempartition (also das Laufwerk, auf dem Windows Vista installiert ist) wird dabei automatisch ausgewählt.
5. Klicken Sie auf *Weiter*, haben Sie die Gelegenheit, die zu sichernden Dateitypen auszuwählen (siehe Abbildung 44.5).
6. Auf der nächsten Seite bietet Ihnen der Assistent abhängig von der eingesetzten Windows Vista-Edition folgende Möglichkeiten:
   - Im Falle von Windows Vista Home Basic können Sie an dieser Stelle lediglich eins machen: die Sicherung durch Anklicken der Schaltfläche *Einstellungen sichern und Sicherung starten* beginnen.
   - Kommt auf dem PC Windows Vista Home Premium oder höher zum Einsatz, erhalten Sie nun die Gelegenheit, den Prozess der Datensicherung zu automatisieren zu definieren (siehe Abbildung 44.6). Auf diese Weise führt Windows Vista in regelmäßigen Abständen, die Sie ebenso wie Tag und Uhrzeit selbst bestimmen können, eine Datensicherung durch. Somit brauchen Sie sich keine Gedanken mehr darum zu machen, ob Sie die Datensicherung bereits erledigt haben. Um die Datensicherung wie angegeben einzuleiten, klicken Sie die *Einstellungen sichern und Sicherung starten* an.

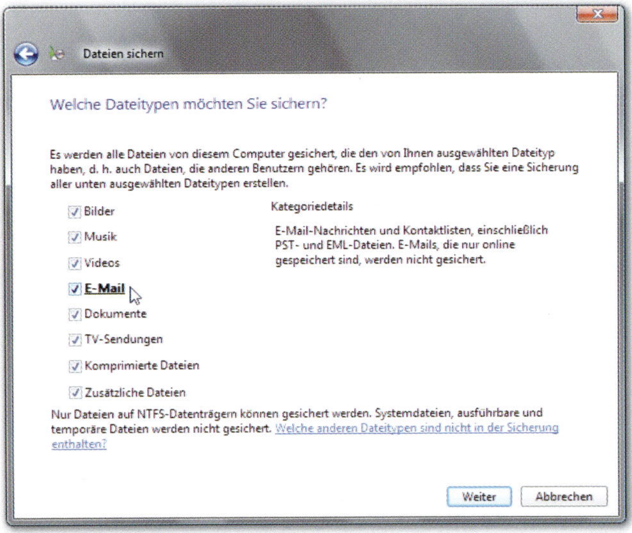

Abbildung 44.5 Legen Sie fest, was gesichert werden soll

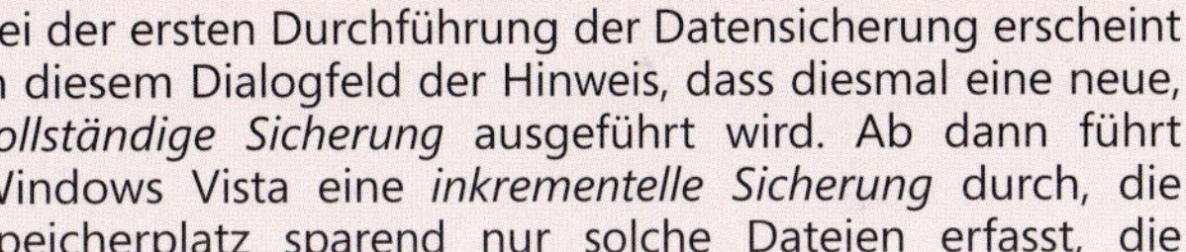

Hinweis

Bei der ersten Durchführung der Datensicherung erscheint in diesem Dialogfeld der Hinweis, dass diesmal eine neue, *vollständige Sicherung* ausgeführt wird. Ab dann führt Windows Vista eine *inkrementelle Sicherung* durch, die Speicherplatz sparend nur solche Dateien erfasst, die zwischenzeitlich geändert worden sind.

7. Nun führt Windows Vista die Sicherung durch. Das Backup wird dabei auf dem angegebenen Laufwerk in einem Ordner angelegt, der den Namen des Computers trägt. Darunter erstellt Windows Vista einen Ordner, der das Namensschema *Backup Files <Jahr-Monat-Tag> <StundeMinuteSekunde>* trägt (also beispielsweise *Backup Files 2008-09-28 172856*).

   Das Dialogfeld *Dateien sichern* informiert Sie über den Verlauf dieses Prozesses. Abschließend erscheint die Benachrichtigung im Infobereich der Taskleiste, dass die Datensicherung durchgeführt worden ist.

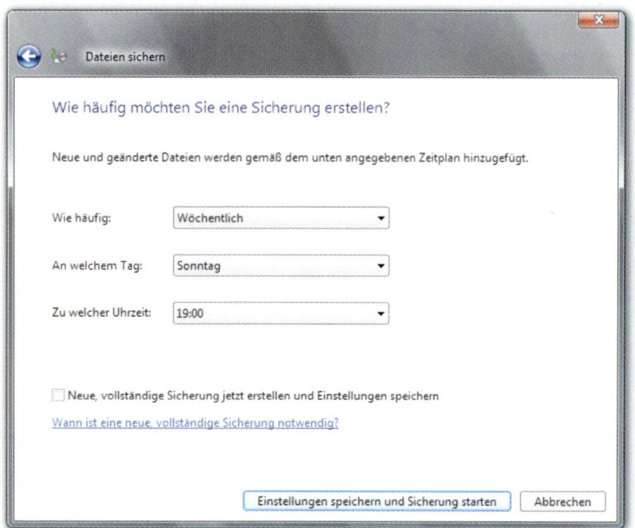

Abbildung 44.6 Automatisierung vereinfacht die regelmäßige Durchführung der Datensicherung

Daraufhin gelangen Sie automatisch wieder zum Fenster *Schützen Sie Dateien durch Sicherungen* (Windows Vista Home Basic und Windows Vista Home Premium) bzw. *Schützen Sie Dateien und den Computer durch Sicherungen* (Windows Vista Business und höher) zurück. Dieses weist jetzt im Bereich *Dateien wiederherstellen* bzw. *Wiederherstellung von Dateien oder des ganzen Computers* den Zeitpunkt der zuletzt durchgeführten Datensicherung an. Im Falle der automatischen Datensicherung erkennen Sie dort außerdem, an welchem Zeitpunkt die nächste Sicherung erfolgt.

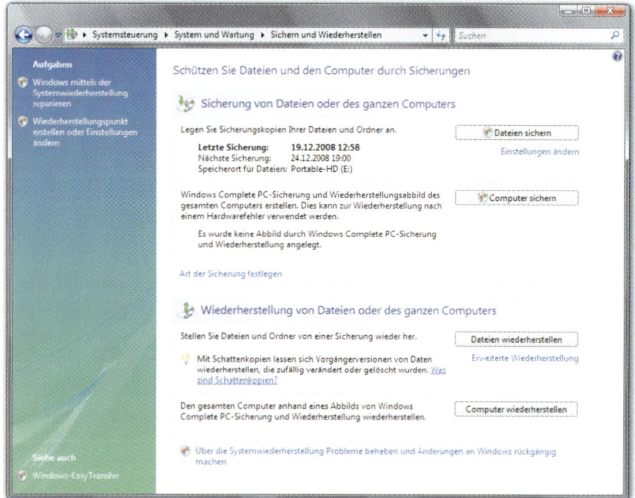

Abbildung 44.7 Windows Vista kann die Datensicherung regelmäßig wiederholen

Hinweis 

Entsprechende Informationen stehen ebenfalls im Dialogfeld *Sicherungsstatus und -konfiguration* zur Verfügung.

Möchten Sie die zuvor gewählten Parameter für die Durchführung der automatischen Datensicherung im Nachhinein verändern, führen Sie die folgenden Schritte aus:

1. Klicken Sie den Link *Einstellungen ändern* im Bereich *Dateien sichern* (Windows Vista Home Premium) bzw. *Sicherung von Dateien oder des ganzen Computers* (Windows Vista Business und höher) an.
2. Dies führt Sie zum Dialogfeld *Sicherungsstatus und -konfiguration*. Dieses weist als Status *Die automatische Datensicherung ist eingeschaltet* aus (siehe Abbildung 44.8). Nun haben Sie mehrere Möglichkeiten:
   - Um manuell eine sofortige Sicherung vorzunehmen, klicken Sie auf *Sicherung jetzt durchführen.*
   - Zur Veränderung der Einstellungen für die automatische Datensicherung klicken Sie auf *Sicherungseinstellungen ändern.*
   - Möchten Sie die automatische Datensicherung ausschalten, können Sie dies durch Anklicken der Schaltfläche *Deaktivieren* erreichen.

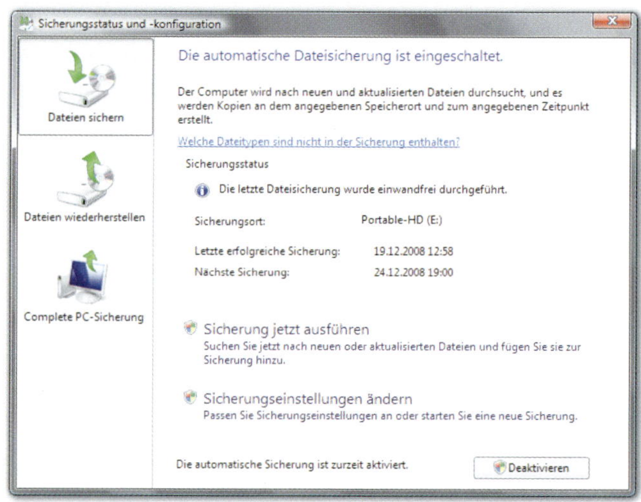

Abbildung 44.8 Einstellungen der automatischen Datensicherung anpassen

Wiederherstellung gesicherter Dateien

Die Wiederherstellung zuvor gesicherter Daten geht ebenfalls sehr einfach vonstatten:

1. Begeben Sie sich zum Sichern und Wiederherstellen-Center.
2. Dort klicken Sie die Schaltfläche *Dateien wiederherstellen* im Bereich *Dateien wiederherstellen* (Windows Vista Home Basic und Windows Vista Home Premium) bzw. *Wiederherstellung von Dateien oder des ganzen Computers* (Windows Vista Business und höher) an. Daraufhin erscheint ein Assistent, der Sie Schritt für Schritt durch die Wiederherstellung führt (siehe Abbildung 44.9).

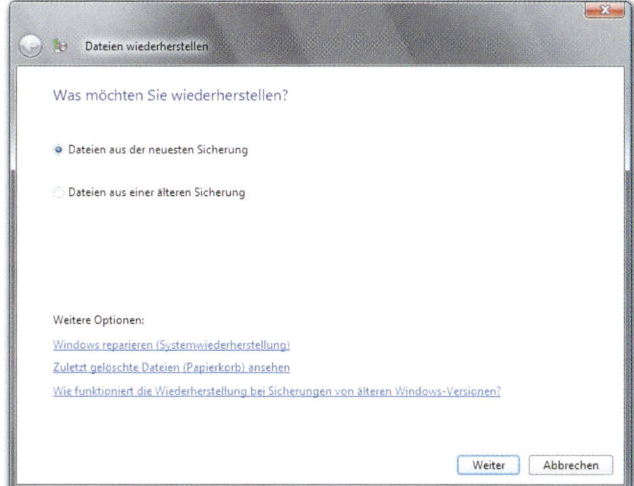

Abbildung 44.9 Auch die Wiederherstellung geht dank Assistenten-Hilfe leicht von der Hand

3. Wenn Sie dabei nicht Dateien aus der letzten Sicherung zurückspielen möchten, wählen Sie die Option Dateien aus einer älteren Sicherung aus. Anschließend können Sie das gewünschte Backup auswählen.
4. Nach *Weiter* erhalten Sie die Gelegenheit, die Dateien und Ordner auszuwählen, die Sie wiederherstellen möchten (siehe Abbildung 44.10).
5. Auf der folgenden Seite ist festzulegen, ob die ausgewählten Dateien oder Ordner wieder an ihrem Ursprungsort oder in einem anderen Ordner bzw. Laufwerk wiederhergestellt werden sollen.
6. Das Anklicken der Schaltfläche *Wiederherstellung starten* schließlich leitet die Wiederherstellung ein.
7. Den Vollzug der Wiederherstellung meldet der Assistent mit einem entsprechenden Hinweis. Klicken Sie *Fertig stellen* an, um diesen zu beenden.

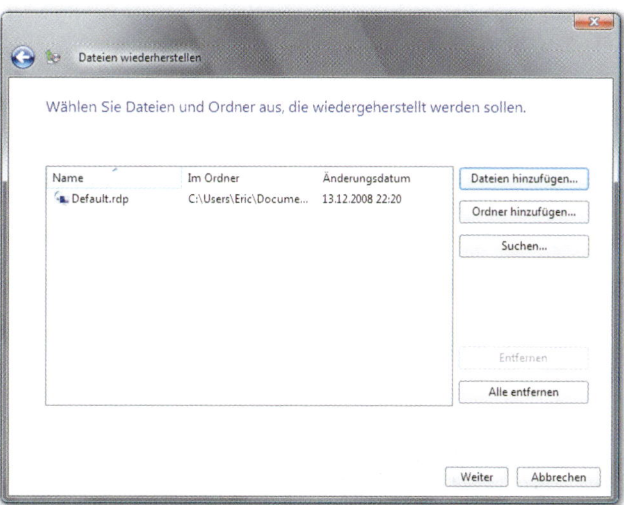

Abbildung 44.10 Auswählen, was Sie wiederherstellen möchten

Sicherung des kompletten PCs

Um die Complete PC-Sicherung zu verwenden, müssen Sie zunächst ein *Image-basiertes Backup* des Windows Vista-PCs anfertigen. Anschließend können Sie dieses *Abbild* dann im Bedarfsfalle zurückspielen.

PROFITIPP 

Die von der Complete PC Sicherung erstellten, Image-basierten Backups weisen das Dateiformat *VHD* auf – und somit dasselbe Dateiformat, das auch Microsoft Virtual PC und Microsoft Virtual Server verwenden. Daher können Sie ein Image-basiertes Backup der Complete PC-Sicherung in einer virtuellen Maschine beispielsweise von »Microsoft Virtual PC 2007« (*www.microsoft.com/virtualpc*) oder »Microsoft Virtual Server 2005« (*www.microsoft.com/virtualserver*) respektive von »Microsoft Windows Hyper-V« (www.microsoft.com/hyper-v) als zusätzliche Festplatte einbinden, um von dieser Daten zu extrahieren. Alternativ gibt es Tools von Drittherstellern wie zum Beispiel »WinImage« von Gilles Vollant Software (*www.winimage.com*), mit dem Sie ein von der Complete PC-Sicherung erstelltes Image-basiertes Backup direkt aus Windows Vista heraus öffnen und bearbeiten können.

Den Windows Vista-PC sichern

Zur Erstellung eines Image-basierten Backups vom Windows Vista-PC gehen Sie wie folgt vor:

1. Begeben Sie sich zum Sichern und Wiederherstellen-Center von Windows Vista.
2. Im Bereich *Sicherung von Dateien oder des ganzen Computers* (Windows Vista Business und höher) klicken Sie die Schaltfläche *Computer sichern* an.
3. Hierdurch erwecken Sie den Assistenten zur Complete PC-Sicherung zum Leben (siehe Abbildung 44.11). Dieser führt zunächst eine Suche durch, um geeignete Sicherungsgeräte wie beispielsweise einen mit dem Windows Vista-PC verbundenen CD/DVD-Brenner oder eine an den Computer angeschlossene externe Festplatte in Frage. Wählen Sie ein Laufwerk bzw. Gerät aus und klicken Sie auf *Weiter*.

Hinweis

Achten Sie darauf, ein Laufwerk bzw. eine Festplatte auszuwählen, auf der genügend freier Speicherplatz zur Verfügung steht – denn abhängig von Ihrer konkreten PC-Konfiguration kann ein Image einen Umfang von etlichen GB aufweisen. Entscheiden Sie sich für einen CD/DVD-Brenner und reicht im späteren Verlauf der Image-Erstellung der Speicherplatz des darin einliegenden Datenträgers nicht aus, werden Sie automatisch zum Einlegen eines weiteren freien Datenträgers aufgefordert. Die Complete PC-Sicherung setzt die Erstellung des Image-basierten Backups dann auf diesem fort.

4. Verfügt der Windows Vista-PC über mehrere lokale Laufwerke (C:, D: etc.), können Sie nun diejenigen auswählen, die die Complete PC-Sicherung bei der Erstellung des Image-basierten Backups berücksichtigen soll. Die Systempartition (in der Regel C:), auf der Windows Vista installiert ist, wird automatisch mit in die Sicherung eingeschlossen.
5. Klicken Sie anschließend auf *Weiter*, zeigt Ihnen der Assistent die gewählten Vorgaben noch einmal an. Haben Sie dabei an derselben Stelle schon früher ein Image-basiertes Backup abgelegt, legt die Complete PC-Sicherung dieses automatisch zugrunde: In diesem Fall werden nur alle seitdem erfolgten Änderungen berücksichtigt.

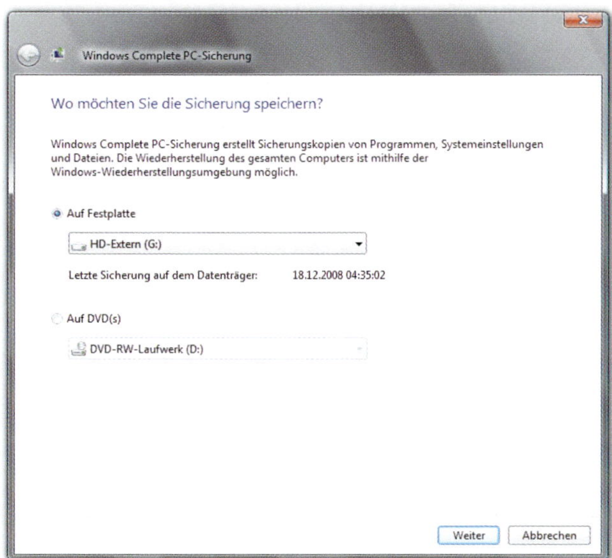

Abbildung 44.11 Die Complete PC-Sicherung in Aktion

6. Mit Anklicken der Schaltfläche *Sicherung starten* leiten Sie die Erstellung des Image-basierten Backups ein. Im Dialogfeld *Windows Complete PC-Sicherung* werden Sie dabei über den Fortgang informiert. Ist der Vorgang vollendet, erscheint darin der Hinweis, dass der Vorgang erfolgreich abgeschlossen wurde, sodass Sie die Schaltfläche *Schließen* anklicken können.

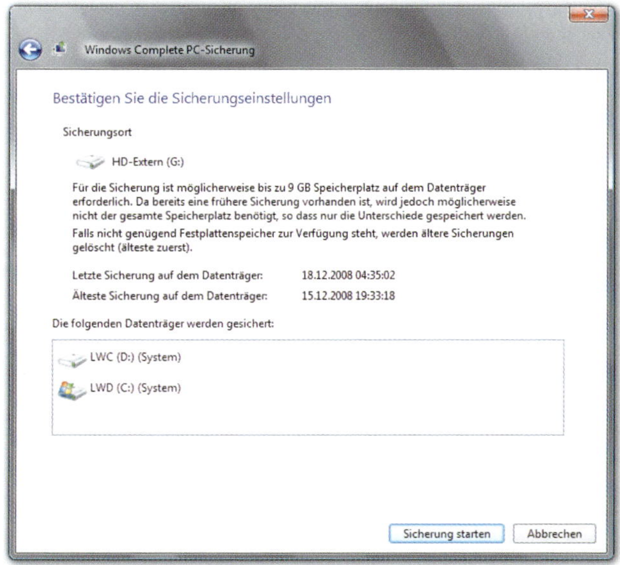

Abbildung 44.12 Die Complete PC-Sicherung kann alle lokalen Laufwerke des Computers mit einbeziehen

Wiederherstellung des Windows Vista-PCs

Haben Sie eine Complete PC-Sicherung vorgenommen und möchten eines der dabei erstellten, Image-basierten Backups wiederherstellen, führen Sie die folgenden Schritte aus:

1. Legen Sie die Windows Vista-DVD in das CD/DVD-Laufwerk ein, und starten Sie Windows Vista durch Auswahl des entsprechenden Eintrags aus dem Startmenü neu.
2. Werden Sie vom PC dazu aufgefordert, eine Taste zu drücken, um von CD/DVD zu starten, leisten Sie dieser Aufforderung Folge. Daraufhin wird der grafische, erste Teil des Windows Vista-Setup-Programms geladen (siehe Abbildung 44.13).

Abbildung 44.13 Die Wiederherstellung eines Image-basierten Backups geschieht von der Windows Vista-DVD

3. Dort legen Sie im Fenster *Windows installieren* die Installationssprache, das Uhrzeit- bzw. Währungsformat sowie ein Tastaturlayout fest und betätigen die Schaltfläche *Weiter*.
4. Auf der nächsten Seite klicken Sie jetzt den Link *Computerreparaturoptionen* an.
5. Nun bekommnen Sie Dialogfeld *Systemwiederherstellungsoptionen* angezeigt (siehe Abbildung 44.14). Dort verfahren Sie wie folgt:
   - Möchten Sie den Windows Vista-PC durch die Wiederherstellung wieder auf den Konfigurationsstand eines zuvor erstellten Image-basierten Backups bringen, wählen Sie die Partition auf der Festplatte aus, auf

der sich die Windows Vista-Installation befindet, um die es Ihnen geht.

- Haben Sie die Festplatte des PCs zum Beispiel aufgrund eines Hardware-Defekts gegen eine andere getauscht, ist die Liste der auf der Festplatte vorhandenen Partitionen an dieser Stelle leer. Somit brauchen Sie nichts weiter zu unternehmen.

Klicken Sie schließlich auf *Weiter*.

Hinweis

Ist die Festplatte an einem Controller angeschlossen, für den kein Treiber in Ihrer Windows Vista-DVD enthalten ist, klicken Sie die Schaltfläche *Treiber laden* an, um diesen beispielsweise von einem USB-Stick bereitzustellen.

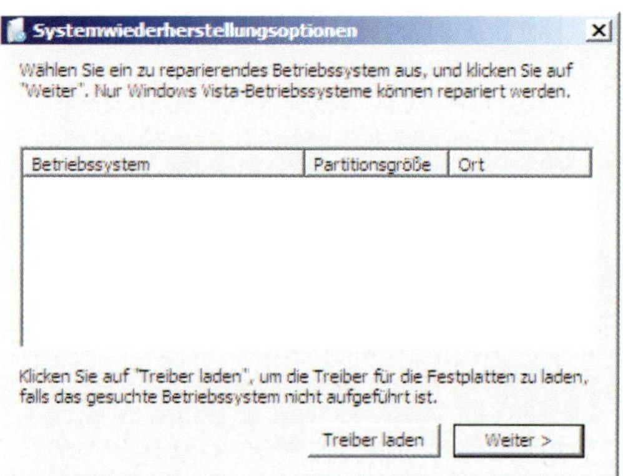

Abbildung 44.14 Auswahl der wiederherzustellenden Partition auf der Festplatte des Windows Vista-PCs

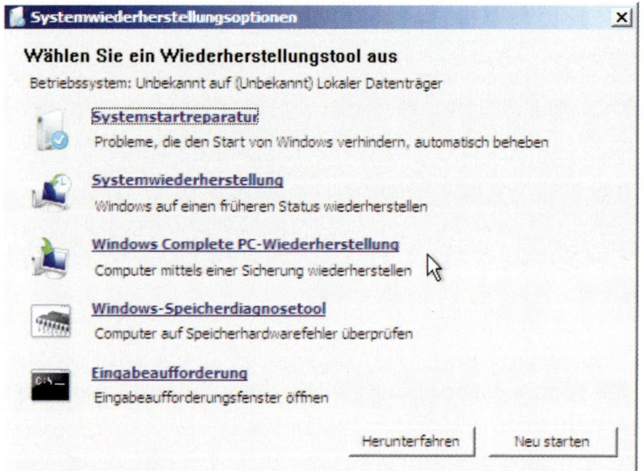

Abbildung 44.15 Mehrere Wiederherstellungsoptionen stehen zur Auswahl

6. Auf der Seite *Wählen Sie ein Wiederherstellungstool aus* (siehe Abbildung 44.15) klicken Sie *Windows Complete PC-Wiederherstellung* an.
7. Daraufhin versucht Windows Vista, die an den PC angeschlossenen Festplatten und Geräte zu durchsuchen und dabei zu ermitteln, ob sich auf den betreffenden Datenträgern Image-basierte Backups befinden.

   Wurde eine solche Sicherung gefunden, bekommen Sie die zugehörigen Informationen angezeigt (siehe Abbildung 44.16). Klicken Sie auf *Weiter*, um dieses Image zur Wiederherstellung zu verwenden.

   Möchten Sie auf ein anderes Image zurückgreifen, wählen Sie die Option *Andere Sicherung wiederherstellen* aus. Nach *Weiter* können Sie dann eine andere Sicherung angeben.
8. Umfasst das wiederherzustellende Image mehr als ein Laufwerk, können Sie sodann selektieren, welches Sie wiederherstellen möchten (siehe Abbildung 44.17).

Wichtig

Achten Sie auf das Kontrollkästchen *Datenträger formatieren und neu partitionieren*. Falls Sie das Image auf eine Festplatte zurückspielen, auf der sich bereits bzw. noch andere Daten befinden, können diese durch eine fehlerhafte Aktivierung dieses Kontrollkästchens möglicherweise gelöscht werden.

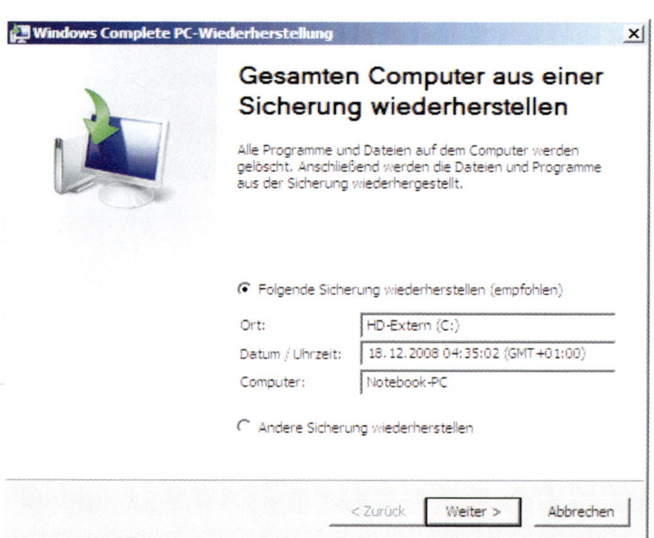

Abbildung 44.16 Vorgabe des wiederherzustellenden Image-basierten Backups

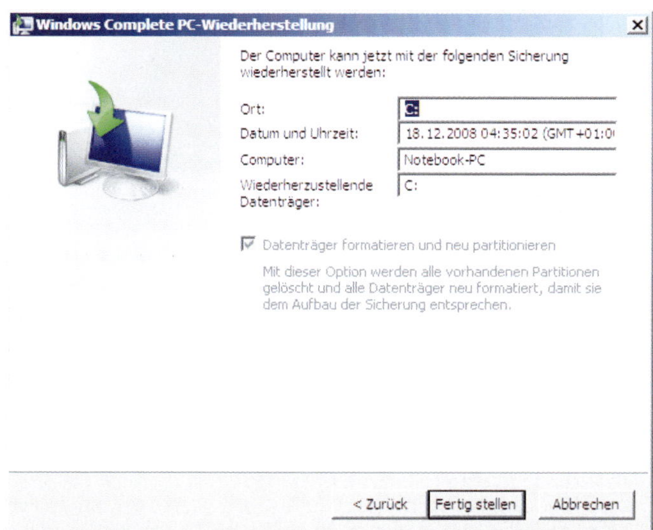

Abbildung 44.17 Ein Image kann Daten von mehreren Laufwerken enthalten

9. Nach Betätigung der Schaltfläche *Fertig stellen* wird die Wiederherstellung des Image-basierten Backups eingeleitet. Gegebenenfalls müssen Sie die Formatierung der auf der Festplatte befindlichen Laufwerke bestätigen.
10. Zum Schluss entnehmen Sie die Windows Vista-DVD aus dem Laufwerk und starten den PC neu.

Zusammenfassung

Ob manuelle oder automatische Sicherung von Dateien: Mit Windows Vista wird es wesentlich leichter, Datensicherungen regelmäßig durchzuführen. Die Complete PC-Sicherung ermöglicht es zudem, den kompletten Computer schnell und bequem zu sichern und bei Bedarf zu diesem Zustand zurückzukehren. Die wichtigsten Handlungen in diesem Zusammenhang sind in der folgenden Übersicht zu finden.

Sie möchten ...	So gehen Sie vor	Sehen Sie sich dazu das Beispiel an auf
das *Sichern und Wiederherstellen*-Center von Windows Vista aufrufen	Im Windows Vista-Startmenü wählen Sie den Eintrag *Sichern und Wiederherstellen* aus	Seite 713
sich über den Sicherungsstatus und die Sicherungskonfiguration informieren	Wählen Sie den Eintrag *Sicherungsstatus und -konfiguration* aus dem Windows Vista-Startmenü aus	Seite 714
eine manuelle Datensicherung ausführen	Klicken Sie die Schaltfläche *Dateien sichern* im *Sichern und Wiederherstellen*-Center an	Seite 714
die Einstellungen für die automatische Datensicherung verändern	Klicken Sie im Bereich *Dateien sichern* den Link *Einstellungen ändern* an	Seite 716
gesicherte Dateien wiederherstellen	Im *Sichern und Wiederherstellen*-Center klicken Sie die Schaltfläche *Dateien wiederherstellen* an	Seite 717
die Complete PC-Sicherung zur Erstellung eines Image-basierten Backups verwenden	Klicken Sie die Schaltfläche *Computer sichern* im *Sichern und Wiederherstellen*-Center an	Seite 718
ein Image-basiertes Backup von der Complete PC-Sicherung wiederherstellen	Starten Sie den PC von der Windows Vista-DVD und wählen Sie *Computerreparaturoptionen* aus	Seite 719

Teil J

Geräte, Installation und 64 Bit

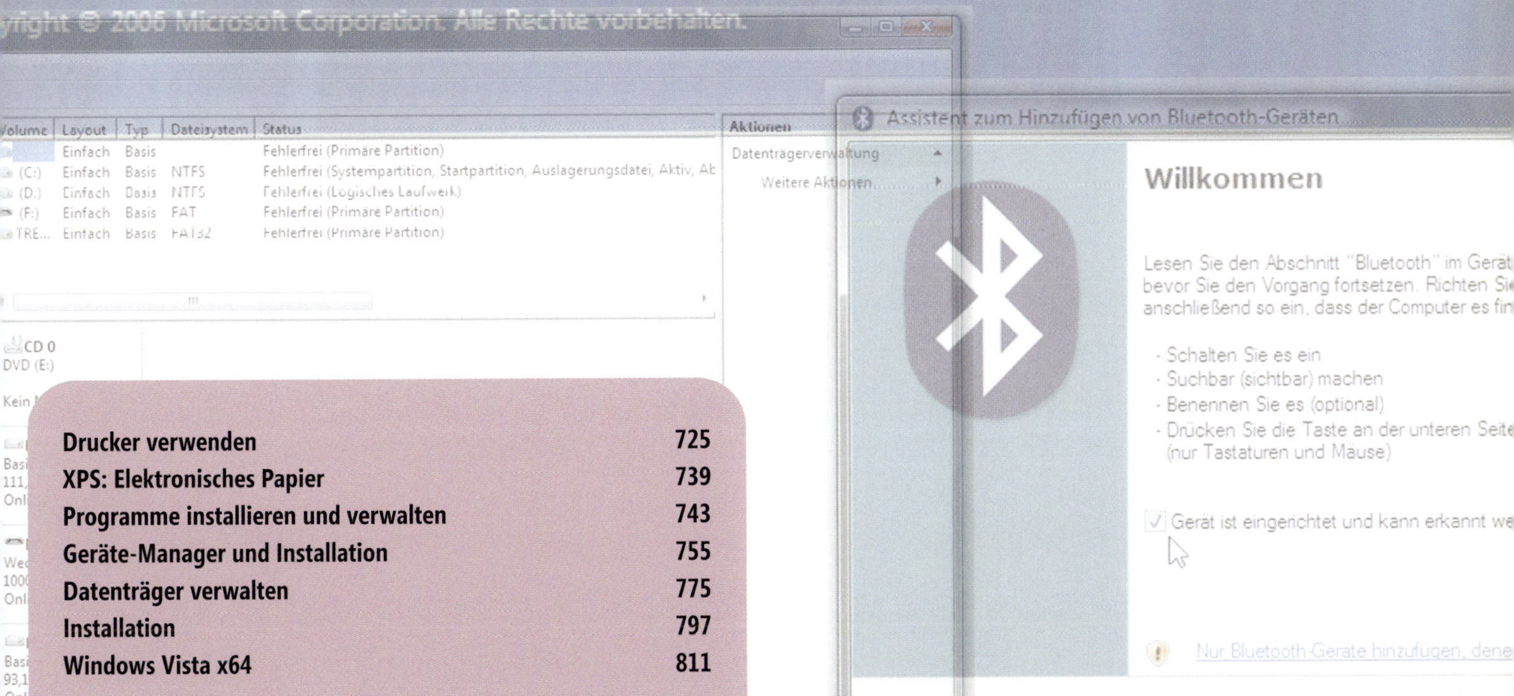

Tobias Weltner

45 Drucker verwenden

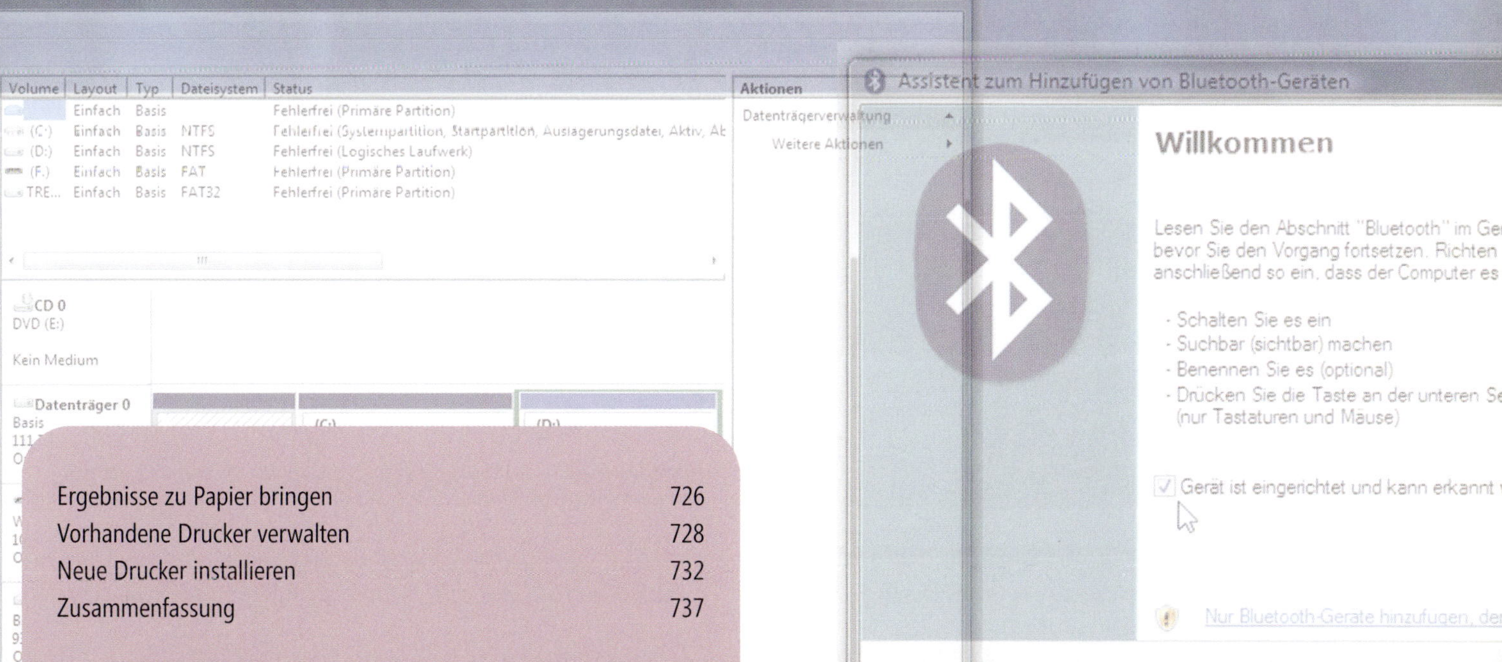

Bevor Sie Dinge ausdrucken können, muss zunächst ein Drucker installiert werden. Bei vielen modernen Druckern passiert das automatisch, sobald Sie den Drucker an den Computer anschließen. Geschieht dies nicht, erfahren Sie in diesem Kapitel, wie Sie die Installation von Hand durchführen und überprüfen.

Ergebnisse zu Papier bringen

Möchten Sie Bilder, Webseiten oder einen Brief ausdrucken, suchen Sie in Ihrem Programm zuerst nach dem Drucken-Befehl.

- **Über die Symbolleiste** In modernen Anwendungen wie dem Internet Explorer oder der Windows-Fotogalerie finden Sie ein Druckersymbol in der Symbolleiste. Oft zeigt das Druckersymbol rechts einen Pfeil, und wenn Sie auf diesen Pfeil klicken, können Sie weitere Druckfunktionen auswählen und sich zum Beispiel zuerst eine Vorschau anzeigen lassen.

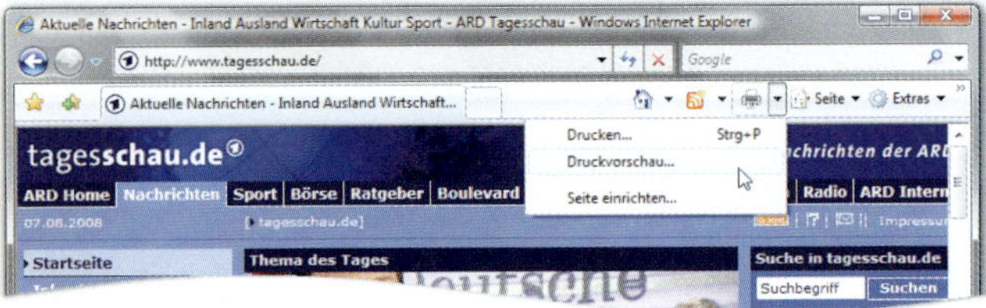

Abbildung 45.1 Über die Symbolleiste den Ausdruck starten

- **Über das Menü** In Programmen mit einer klassischen Menüleiste finden Sie den *Drucken*-Befehl meist im *Datei*-Menü. Übrigens zeigt auch der Internet Explorer ein klassisches Menü, wenn Sie die `Alt`-Taste drücken.

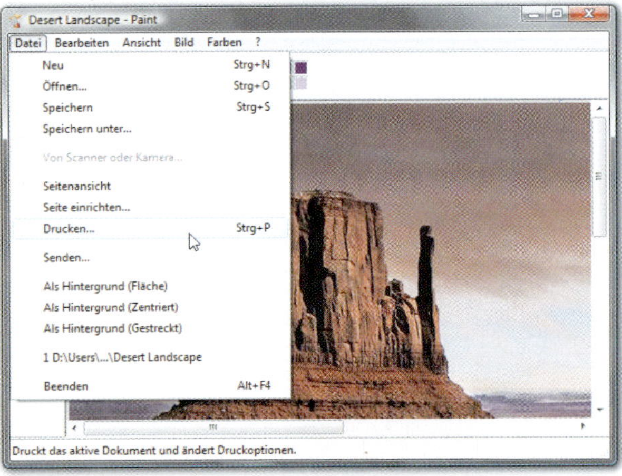

Abbildung 45.2 Ausdrucken über das klassische Menü

- **Über eine Tastenkombination** Fast immer erreichen Sie die Druckfunktion auch über die Tastenkombination `Strg`+`P`.

Der Ausdruck

Was danach geschieht, kann ganz unterschiedlich sein und hängt vom jeweiligen Programm ab:

- **Der Ausdruck startet sofort** Ein Klick auf die *Drucken*-Schaltfläche im Internet Explorer startet den Ausdruck zum Beispiel sofort auf Ihrem Standarddrucker. Möchten Sie mehr Kontrolle über den Ausdruck und beispielsweise einen anderen Drucker auswählen, klicken Sie auf den Pfeil am rechten Rand der *Drucken*-Schaltfläche und wählen wie in Abbildung 45.1 im Kontextmenü den Befehl *Druckvorschau*.
- **Sie können den Drucker auswählen** Die meisten Programme öffnen das Dialogfeld *Drucken*, in dem Sie im oberen Bereich den Drucker auswählen können, auf dem ausgedruckt werden soll.

  Wird der richtige Drucker noch nicht in der Liste angezeigt, können Sie diesen entweder per Doppelklick auf *Drucker hinzufügen* installieren oder mit einem Klick auf *Drucker suchen* nach Netzwerkdruckern suchen, die in Ihrem Netzwerk freigegeben sind.

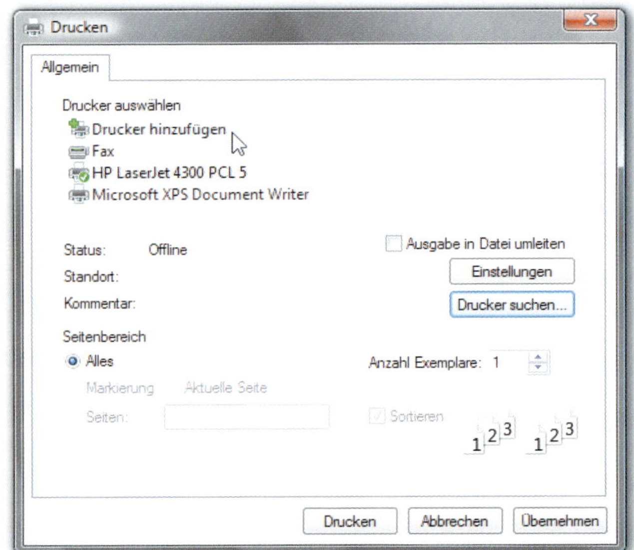

Abbildung 45.3 *Im Dialogfeld* Drucken *wählen Sie den Drucker aus und legen fest, was gedruckt werden soll*

Haben Sie einen Drucker ausgewählt, lassen sich per Klick auf *Einstellungen* die Feineinstellungen des Druckers ändern, zum Beispiel die Papier- und Druckqualität oder die Funktion »Beidseitiger Druck«. Diese Einstellungen gelten nur für die aktuelle Sitzung des Programms. Sobald Sie das Programm schließen, gehen die Einstellungen wieder verloren. Möchten Sie die Druckereinstellungen permanent ändern, verwenden Sie das Drucker-Fenster der Systemsteuerung, das im nächsten Abschnitt beschrieben wird.

Wenn Sie das Kontrollkästchen *Ausgabe in Datei umleiten* aktivieren, wird der Druckauftrag nicht an einen Drucker gesendet, sondern in eine Datei geschrieben. Das ist nur selten nützlich, zum Beispiel, wenn Sie selbst gar keinen Drucker besitzen und den Auftrag später in einem Copyshop ausdrucken wollen.

Im unteren Bereich des Dialogfeldes bestimmen Sie, was genau gedruckt werden soll. Sie können dort sowohl den Seitenumfang einschränken, wenn Sie zum Beispiel nur eine bestimmte Seite drucken möchten, als auch die Anzahl der Ausdrucke festlegen. Mit einem Klick auf *Drucken* wird der Auftrag gedruckt.

- **Spezialisierte Druckervorschau-Fenster** Einige Anwendungen, wie zum Beispiel die Windows-Fotogalerie und der Internet Explorer, bieten sehr viel komfortablere Druckvorschau-Fenster.

  Wenn Sie beispielsweise in der Fotogalerie mehrere Fotos auswählen und dann auf die *Drucken*-Schaltfläche klicken, können Sie die Fotoqualität auswählen und auch mehrere Fotos auf einem Ausdruck kombinieren.

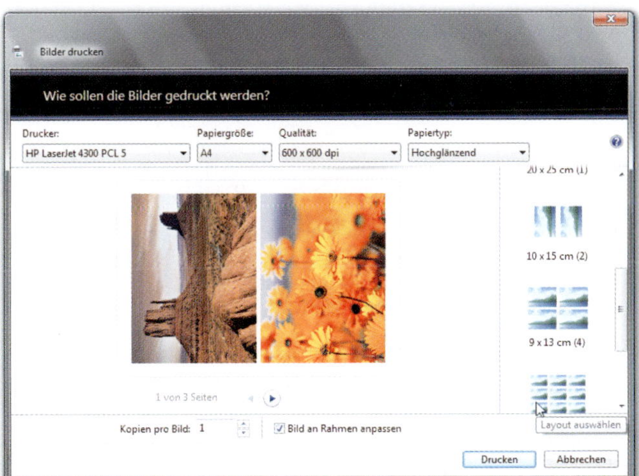

Abbildung 45.4 Fotos mit der Fotogalerie ausdrucken

Wählen Sie dagegen im Internet Explorer die *Druckvorschau*, sehen Sie ganz genau, wie die aktuelle Webseite ausgedruckt würde und können festlegen, welche Seiten Sie zu Papier bringen wollen und welche lieber nicht, weil sie vielleicht ohnehin nur Werbeanzeigen enthalten.

Mit einem Klick auf das Druckersymbol öffnen Sie dann das übliche Dialogfeld *Drucker* aus Abbildung 45.3 und können den Ausdruck beginnen.

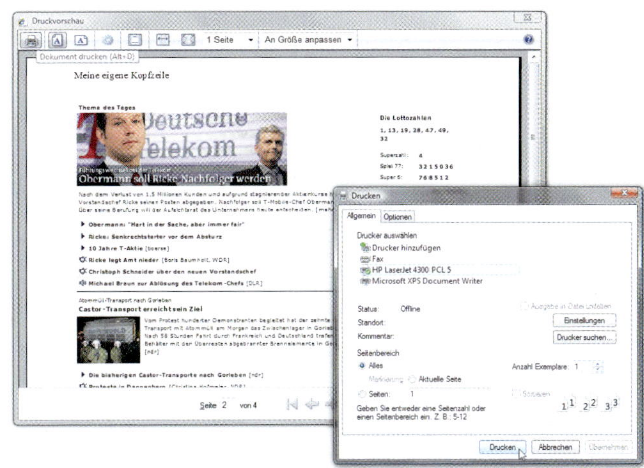

Abbildung 45.5 Webseiten im Internet Explorer drucken

Fax und XPS: Besondere Drucker

Im *Drucken*-Dialogfeld in Abbildung 45.3 werden Ihnen neben Ihren normalen Druckern zwei besondere Drucker angezeigt, die Windows Vista mitgebracht hat:

- **Fax** Über diesen »Drucker« drucken Sie nicht auf Papier, sondern können Faxnachrichten versenden. Dies funktioniert natürlich nur, wenn Ihr Computer auch tatsächlich Faxe versenden kann. Dazu ist entweder ein Faxmodem erforderlich, mit dem der Computer das Fax über die Telefonleitung verschickt, oder ein zentraler Faxserver, der zum Beispiel gemeinsam für ein ganzes Büro Faxe versendet.
- **Microsoft XPS Document Writer** Dieser Drucker druckt ebenfalls nicht direkt auf Papier, sondern speichert den Druckauftrag als XPS-Datei. XPS-Dateien sind »elektronisches Papier«. Wenn Sie XPS-Dokumente öffnen, wird der Ausdruck auf dem Bildschirm angezeigt. XPS-Dokumente eignen sich deshalb gut, um Dokumente in elektronischer Form an andere weiterzugeben. Mehr zu XPS-Dokumenten finden Sie in Kapitel 46.

Laufende Druckaufträge verwalten

Während Ihr Computer Druckaufträge verarbeitet, sehen Sie im Infofeld der Taskleiste ein Druckersymbol. Das Symbol erscheint, wenn Windows Druckdaten an den Drucker sendet und verschwindet danach mit einer leichten Zeitverzögerung automatisch wieder.

Bewegen Sie die Maus über das Symbol, erfahren Sie über ein QuickInfo-Fenster, wie viele Aufträge momentan noch bearbeitet werden.

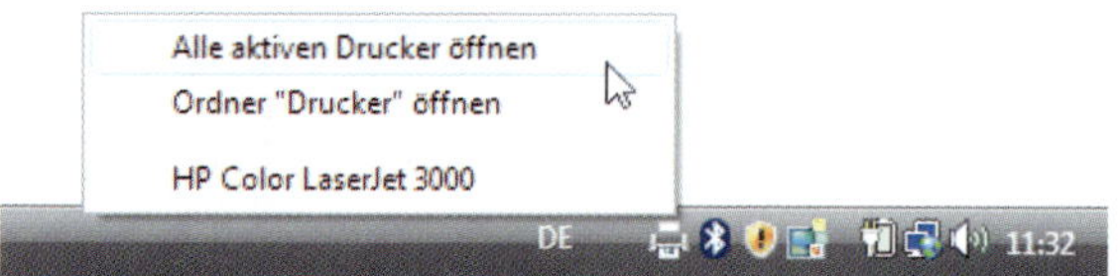

Abbildung 45.6 Ein Symbol im Infobereich der Taskleiste informiert Sie über laufende Druckaufträge

Klicken Sie das Symbol dagegen mit der rechten Maustaste an, öffnet sich ein Kontextmenü, mit dem Sie die laufenden Druckaufträge verwalten und zum Beispiel nachsehen können, ob alles in Ordnung ist, oder Aufträge abbrechen, die Sie lieber doch nicht drucken wollen.

Alle aktiven Drucker öffnen öffnet die Druckerwarteschlange aller Drucker, auf denen Sie gerade ausdrucken. Sie sehen darin alle noch anstehenden Druckaufträge, können feststellen, ob es zu Fehlern gekommen ist und die Aufträge auch vorzeitig abbrechen.

Ordner "Drucker" öffnen öffnet das Druckerfenster wie in Abbildung 45.8. Auch von hier aus lassen sich die Druckaufträge verwalten und abbrechen. Dazu doppelklicken Sie einfach auf eines der Drucker-Symbole. Es öffnet sich die Druckerwarteschlange dieses Druckers so wie in Abbildung 45.7.

Darunter führt das Kontextmenü alle Drucker einzeln auf, auf denen Sie gerade drucken. So können Sie auch die Druckerwarteschlange eines bestimmten Druckers schnell erreichen.

In der Druckerwarteschlange erfahren Sie, ob bei der Bearbeitung eines Druckauftrags ein Fehler auftrat. Wenn Sie wollen, können Sie Druckaufträge auch aus der Liste streichen.

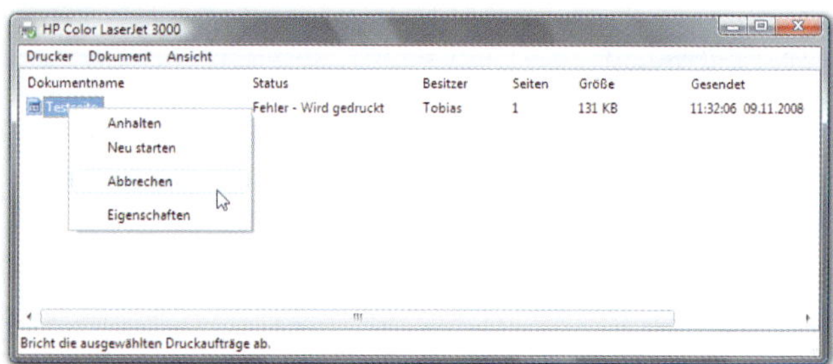

Abbildung 45.7 Einen fehlerhaften oder unerwünschten Druckauftrag abbrechen

Haben Sie zum Beispiel versehentlich einen großen Druckauftrag an den Drucker geschickt und wollen diesen vorzeitig abbrechen, klicken Sie den Auftrag in der Liste mit der rechten Maustaste an und rufen im Kontextmenü den Befehl *Abbrechen* auf.

Vorhandene Drucker verwalten

Die zentrale Druckerverwaltung befindet sich in der Systemsteuerung. Hier werden alle Drucker aufgeführt, die bei Ihnen installiert sind. Hier legen Sie auch permanente Druckereinstellungen fest wie zum Beispiel den Standarddrucker, also den Drucker, auf dem Windows drucken soll, wenn Sie keinen anderen wählen.

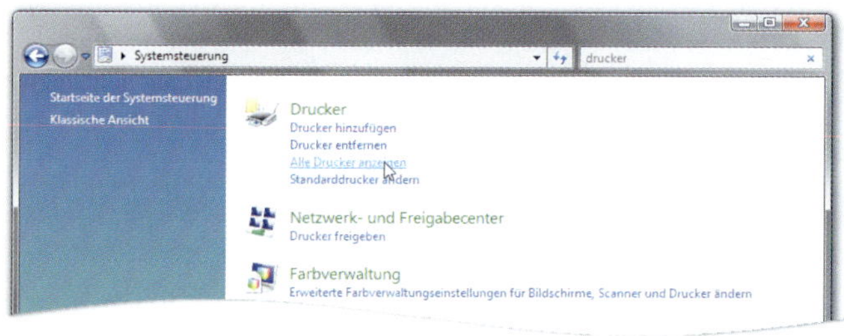

Abbildung 45.8 Öffnen Sie die Druckerübersicht, um zu sehen, welche Drucker installiert sind

1. Öffnen Sie das Startmenü, und wählen Sie den Eintrag *Systemsteuerung*.
2. Tippen Sie ins Suchfeld in der rechten oberen Ecke den Text »Drucker« ein.
3. Klicken Sie auf *Drucker* oder *Alle Drucker anzeigen*. Ein Fenster öffnet sich und zeigt alle installierten Drucker an.

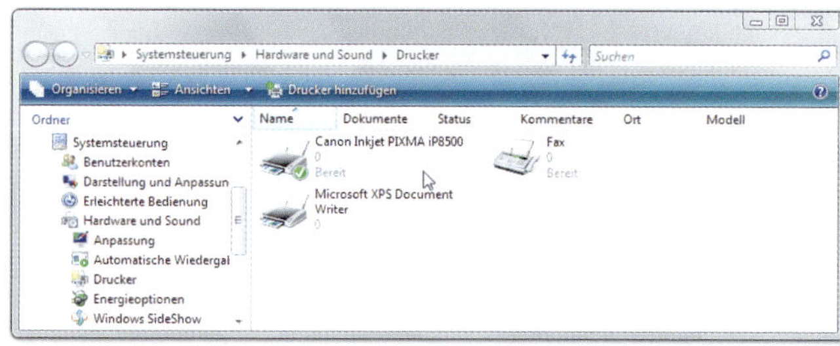

Abbildung 45.9 Eine Übersicht der installierten Drucker

Ein grüner Punkt markiert den Standarddrucker, den Windows als Vorgabe verwendet. Möchten Sie einen anderen Drucker als Standard verwenden, klicken Sie mit der rechten Maustaste auf den Drucker und wählen im Kontextmenü den Eintrag *Als Standarddrucker festlegen* aus.

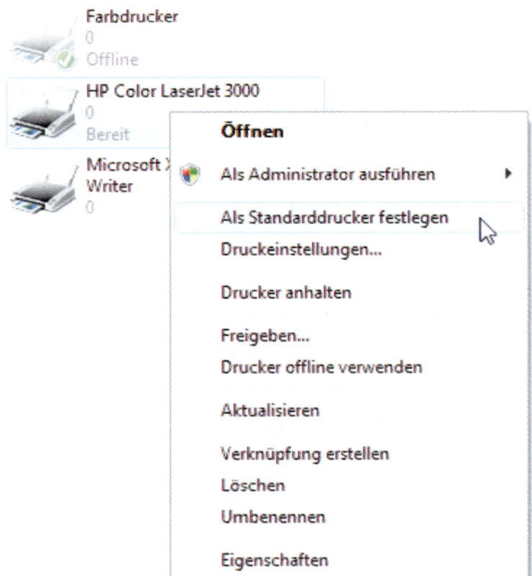

Abbildung 45.10 Einen neuen Standarddrucker festlegen

Und das können Sie sonst noch mit den Druckersymbolen tun:

- **Doppelklick** Öffnet die Druckerwarteschlange des Druckers, in der Sie wie in Abbildung 45.7 alle laufenden Druckaufträge sehen und vorzeitig abbrechen können.
- **Rechtsklick** Öffnet ein Kontextmenü mit weiteren Verwaltungsbefehlen für den Drucker. Diese Befehle werden gleich näher beschrieben.

> **Tipp**
>
> Es kann sein, dass bei einem Rechtsklick zunächst nicht das »richtige« Kontextmenü erscheint. Klicken Sie einfach mit der rechten Maustaste auf ein Druckersymbol, öffnet sich oft das Kontextmenü des Druckerfensters, mit dem Sie zum Beispiel festlegen, wie die Druckersymbole im Fenster angeordnet sind.
>
> Deshalb sollten Sie den gewünschten Drucker zuerst mit einem normalen Klick auswählen und danach mit einem Klick der rechten Maustaste auf das ausgewählte Druckersymbol das zugehörige Kontextmenü öffnen.

Administratorrechte verwenden

Bevor Sie gleich die Einstellungen eines Druckers untersuchen und vielleicht ändern, müssen Sie zunächst etwas über die dafür nötigen Berechtigungen wissen. Weil Drucker von mehreren Anwendern gemeinsam genutzt werden, dürfen nur Administratoren die Einstellungen ändern. Eine Ausnahme gilt lediglich für den Benutzer, der den Drucker erstmals installiert hat. Weil dieser Benutzer als »Besitzer« des Druckers über besondere Rechte verfügt, benötigt er keine Administratorberechtigungen.

Falls Sie also in den folgenden Beispielen eine Fehlermeldung angezeigt bekommen, wissen Sie, dass für diese Einstellung besondere Berechtigungen nötig sind, weil die Einstellungen nicht nur Sie, sondern auch andere Anwender des Computers betreffen werden.

In diesem Fall wählen Sie im Kontextmenü des Druckers den Eintrag *Als Administrator ausführen* aus. In einem Untermenü sehen Sie nun alle besonders geschützten Einstellungen. Wenn Sie eine davon wählen, aktiviert Vista Ihre Administratorrechte, die Sie dafür benötigen.

Drucker umbenennen

Sie können Ihre Drucker so benennen, wie Sie wollen. Anstelle von »Canon Inkjet PIXMA iP8500« könnten Sie den Drucker also genauso gut auch »Farbdrucker« nennen. Insbesondere wenn Sie mehrere Drucker parallel verwenden, sind eigene Namen übersichtlicher und helfen Ihnen, für die jeweilige Druckausgabe leichter den richtigen Drucker zu finden, denn Ihre neuen Druckernamen erscheinen natürlich künftig auch in den Auswahl-Dialogen wie in Abbildung 45.3.

Um einen Drucker umzutaufen, klicken Sie ihn entweder an und drücken F2. Oder Sie klicken den Drucker mit der rechten Maustaste an und wählen im Kontextmenü den Eintrag *Umbenennen*.

Abbildung 45.11 Benennen Sie Drucker, wie Sie mögen

Der Druckername wird markiert. Geben Sie einen neuen Namen ein, und bestätigen Sie mit der ↵-Taste.

Drucker anhalten oder offline verwenden

Möchten Sie einen Drucker vorübergehend anhalten, zum Beispiel, weil Sie neues Papier einlegen oder die Farbpatronen wechseln wollen, wählen Sie im Kontextmenü den Eintrag *Drucker anhalten*. Der Drucker stoppt den laufenden Ausdruck bei der nächsten Gelegenheit und setzt ihn erst fort, wenn Sie im Kontextmenü den Befehl *Druckvorgang fortsetzen* aufrufen.

Interessanter noch ist die Möglichkeit, den Drucker mit *Drucker offline verwenden* in den »Offline«-Modus zu versetzen. Ist dieser Modus eingeschaltet, erscheint das Druckersymbol im Druckerfenster abgeblendet.

Ist ein Drucker »offline«, können Sie zwar weiterhin wie gewohnt darauf ausdrucken. Die Ausdrucke werden aber nicht sofort ausgeführt, sondern zwischengespeichert und erst dann ausgedruckt, wenn der Drucker wieder »online« ist.

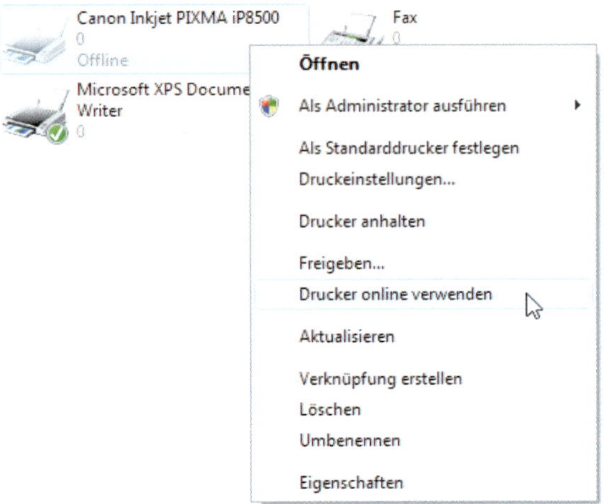

Abbildung 45.12 Einen Drucker online schalten

Und das ist praktisch: Ist ein Drucker zum Beispiel gar nicht angeschlossen, schaltet Windows Vista ihn automatisch »offline«. Er ist also nicht weg, sondern nur im Schlafzustand. Sie können deshalb weiterdrucken, auch wenn Sie mit Ihrem Notebook unterwegs sind oder in der Vorlesung sitzen. Sobald der Drucker wieder angeschlossen ist, schaltet Vista ihn »online«, und die zwischengespeicherten Druckaufträge werden zu Papier gebracht.

Das funktioniert natürlich auch manuell, zum Beispiel, um die Nachtruhe und den Familienfrieden zu wahren. Wollen Sie keinen Lärm verursachen, schalten Sie den Drucker von Hand mit *Drucker offline verwenden* »offline«. Ihre Druckaufträge werden jetzt zwischengespeichert.

Sobald Sie den Drucker mit *Drucker online verwenden* »online« schalten, druckt er die zwischengespeicherten Druckaufträge aus.

Einstellungen für den Ausdruck ändern

Die Druckeinstellungen legen fest, wie der Drucker Ihre Druckaufträge druckt. Oft finden Sie in diesen Feineinstellungen auch versteckte Druckfunktionen wie zum Beispiel den beidseitigen Druck.

Wenn Sie die Druckeinstellungen im Kontextmenü über *Druckeinstellungen* öffnen, gelten die Einstellungen permanent für diesen Drucker. Dieselben Einstellungen sehen Sie auch, wenn Sie im *Drucken*-Dialogfeld aus Abbildung 45.3 auf die Schaltfläche *Einstellungen* klicken. Dann allerdings gelten die Einstellungen nur für das aktuelle Programm und nur, solange dieses aktiv ist.

Welche Einstellungen Ihnen zur Verfügung stehen und wie das Dialogfeld aussieht, ist von Druckerhersteller zu Druckerhersteller unterschiedlich. Meist finden Sie aber Einstellmöglichkeiten für die folgenden Druckfunktionen:

- **Papier** Legen Sie das Papierformat, die Art des Papiers (zum Beispiel spezielles Fotopapier für Fotoausdrucke) und die Papierquelle fest (Einzelblatteinzug oder ein bestimmter Papierschacht, wenn der Drucker mehrere besitzt).
- **Qualität** Bestimmen Sie, in welcher Auflösung der Drucker drucken soll. Je höher die Auflösung, desto besser sieht das Resultat aus. Viele Drucker drucken in den Standardeinstellungen nicht in der bestmöglichen Qualität und erzielen diese erst, wenn Sie die Druckauflösung erhöhen und/oder den richtigen Papiertyp angeben. Bei Farbdruckern legen Sie außerdem fest, ob in Farbe oder in Graustufen gedruckt werden soll.
- **Effekte** Manche Drucker unterstützen Vergrößerungen und Verkleinerungen, sodass Sie einen Ausdruck genau auf eine Papierseite anpassen können. Auch Wasserzeichen werden von einigen Druckern unterstützt.
- **Duplexdruck** Viele Drucker bedrucken auf Wunsch das Papier automatisch von beiden Seiten und wenden das Papier dabei automatisch. Hierzu muss die Option für den beidseitigen Druck oder Duplexdruck aktiviert werden.
- **Heftoptionen und erweiterte Funktionen** Manche Drucker verfügen sogar über automatische Hefter und können Seiten für Sie heften und auf Wunsch in eines von mehreren Ausgabefächern legen.
- **Zusammenfassung** Fast immer finden Sie eine Registerkarte oder eine Schaltfläche namens *Erweitert*, über die alle Druckereinstellungen auf einmal in einer Baumansicht angezeigt werden. Experten finden so schnell und auf einen Blick alle wichtigen Einstellungen.

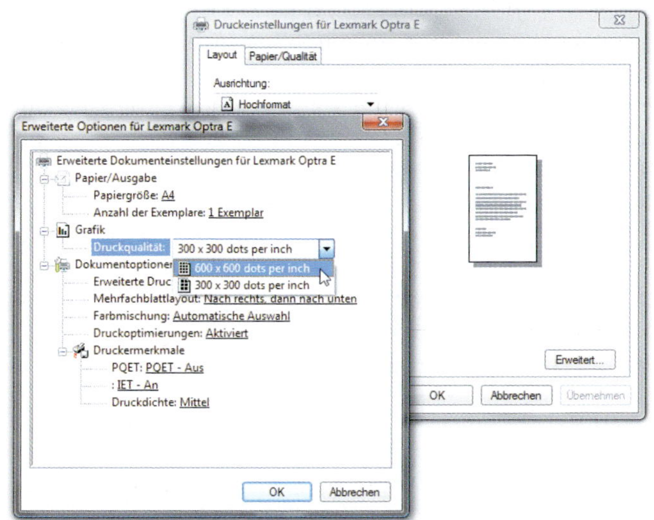

Abbildung 45.13 Die Druckeinstellungen können je nach Hersteller ganz unterschiedlich aussehen

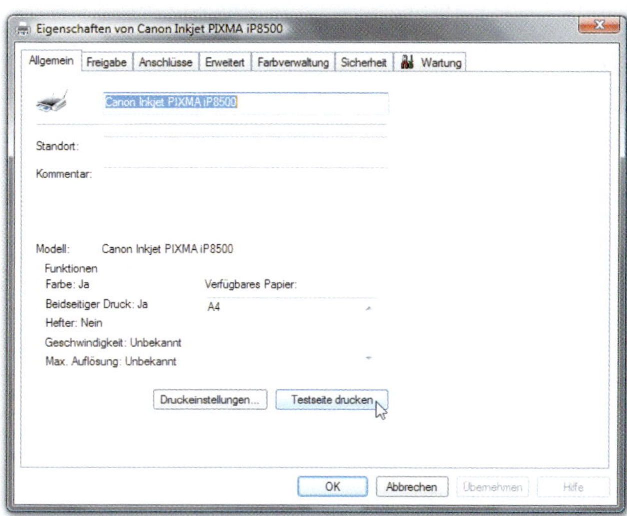

Abbildung 45.14 Druckereigenschaften kontrollieren und eine Testseite drucken

PROFITIPP

Sie können ein und denselben Drucker mehrfach installieren und dann jeweils andere Vorgaben festlegen.

So ist es möglich, bei einem der installierten Drucker eine niedrige Auflösung in Graustufen festzulegen und diesen Drucker »Probedrucke« zu nennen. Bei einem anderen der installierten Drucker stellen Sie die höchste Auflösung in Farbe ein und nennen ihn »Endausdruck Farbe«. Weil beide Drucker denselben angeschlossenen Drucker ansprechen, können Sie jetzt sehr bequem aus all Ihren Anwendungen heraus den passenden Drucker wählen und nach Ihren jeweiligen Vorgaben ausdrucken.

Wie Sie ein und denselben Drucker mehrfach installieren, erfahren Sie im Abschnitt »Neue Drucker installieren« etwas weiter hinten im Kapitel.

Druckereigenschaften ändern

Während die Druckeinstellungen regeln, wie Ihr Druckauftrag gedruckt wird – zum Beispiel in Farbe oder in Schwarzweiß – legen die Druckereigenschaften fest, wie der Drucker selbst von Windows angesprochen wird. Hier bestimmen Sie also zum Beispiel den Druckeranschluss und können den Druckertreiber ändern – Dinge, die Sie nur in besonderen technischen Fällen ändern müssen.

Etwas technisch wird es also, wenn Sie einen Drucker mit der rechten Maustaste anklicken und im Kontextmenü den Eintrag *Eigenschaften* wählen. Dann nämlich öffnet sich ein umfangreiches Dialogfeld, mit dem Sie die Druckerinstallation überprüfen.

Auf der Registerkarte *Allgemein* lässt sich zum Beispiel mit der Schaltfläche *Testseite drucken* überprüfen, ob die Installation fehlerfrei funktioniert hat. Ihr Drucker sollte jetzt innerhalb von ein paar Augenblicken eine Testseite ausdrucken. Ein Dialogfeld bestätigt, dass die Testseite zum Drucker geschickt wurde und wartet auf Ihre Reaktion.

Falls das nicht geschieht oder der Testausdruck Ihnen nicht gefällt, weil er falsche Farben oder Streifen zeigt, klicken Sie im Dialogfeld auf *Druckerproblembehandlung*.

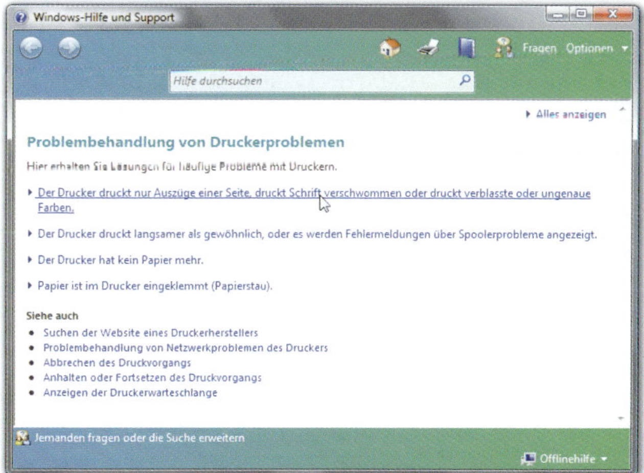

Abbildung 45.15 Die Druckerproblembehandlung hilft Ihnen bei Installationsproblemen

Es öffnet sich ein Hilfefenster und unterstützt Sie bei den üblichen Druckerproblemen mit Informationen und Lösungsvorschlägen.

Drucker löschen

Brauchen Sie einen Drucker nicht mehr, zum Beispiel, weil Sie inzwischen ein anderes Gerät verwenden, dann löschen Sie ihn am besten. Dazu klicken Sie den Drucker im *Drucker*-Fenster entweder an und drücken die [Entf]-Taste. Oder Sie klicken den Drucker mit der rechten Maustaste an und rufen im Kontextmenü den Befehl *Löschen* auf.

Neue Drucker installieren

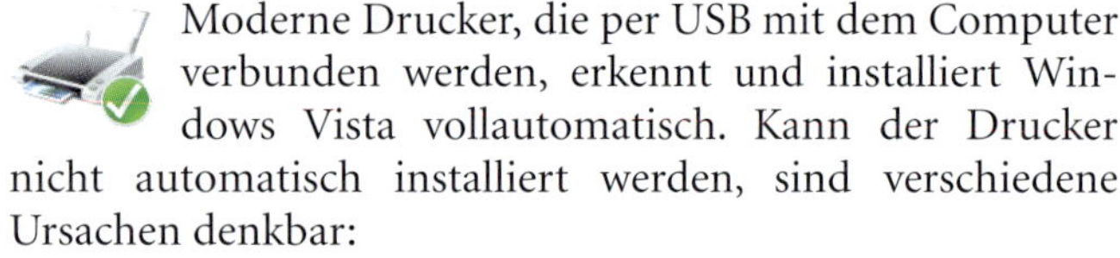

Moderne Drucker, die per USB mit dem Computer verbunden werden, erkennt und installiert Windows Vista vollautomatisch. Kann der Drucker nicht automatisch installiert werden, sind verschiedene Ursachen denkbar:

- **Automatische Installation scheitert** Ihr Drucker wurde nicht korrekt erkannt, oder die richtigen Treiber waren nicht verfügbar.
- **Netzwerkdrucker** Sie wollen einen Drucker im Netzwerk verwenden, der von einem anderen Computer freigegeben wird oder über einen eigenen Netzwerkanschluss verfügt.
- **Nicht-Plug&Play-Drucker** Sie wollen einen älteren Drucker einsetzen, der nicht über USB angeschlossen ist, sondern über ein klassisches Parallel-Druckkabel.
- **Mehrere identische Drucker** Sie verwenden nur einen echten Drucker, möchten diesen aber mehrmals installieren, um für jede installierte Version andere Druckvorgaben machen zu können, zum Beispiel in Bezug auf Druckqualität oder Papierfach.

Einen Plug&Play-Drucker installieren

Handelt es sich um einen Drucker mit USB-Anschluss, erkennt Windows Vista den Drucker automatisch, sobald Sie ihn anschließen und einschalten.

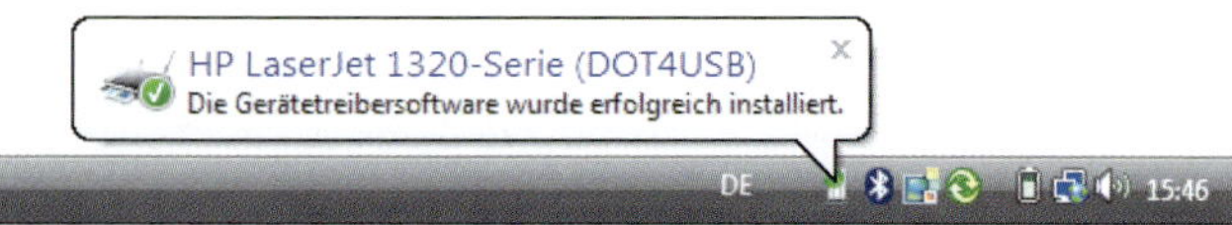

Abbildung 45.16 Druckertreiber wird automatisch installiert

Schließen Sie den Drucker zum ersten Mal an, erscheint eine Sprechblase und meldet, dass ein neues Gerät installiert wird.

Windows Vista sucht daraufhin in seiner eigenen Treiberdatenbank nach dem passenden Druckertreiber. Ist der Druckertreiber vorhanden, wird der Drucker installiert, und eine weitere Sprechblase meldet, dass der Drucker jetzt einsatzbereit ist.

Konnte Windows Vista die Druckertreiber nicht finden, werden Sie aufgefordert, die Hersteller-CD einzulegen. Hierfür benötigen Sie möglicherweise Administratorrechte.

> **Tipp**
>
> Falls sich ein USB-Drucker nicht auf diese Weise installieren lässt, ziehen Sie das Druckerhandbuch zu Rate. Meist liegt dem Drucker eine CD mit Hersteller-Software bei, die installiert wird, wenn Sie die CD ins Laufwerk legen.
>
> Schließen Sie den Drucker nach der Installation der Hersteller-CD erneut an. Spätestens jetzt sollte der Drucker für Ausdrucke zur Verfügung stehen.

Den Druckerinstallations-Assistenten verwenden

Für alle anderen Druckerinstallationen benötigen Sie den Druckerinstallations-Assistenten, der Sie durch die Installation führt.

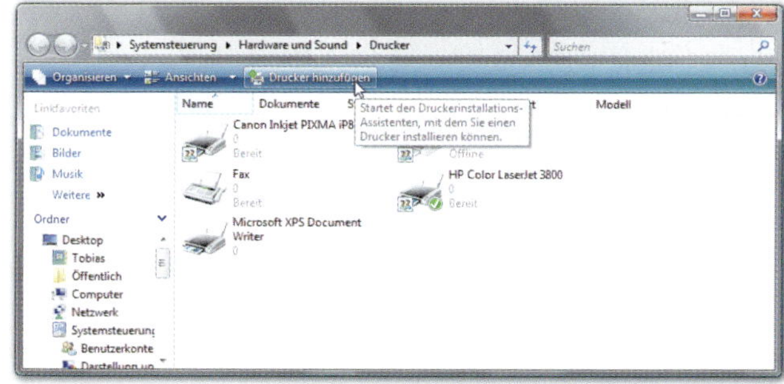

Abbildung 45.17 Starten Sie den Druckerinstallations-Assistenten

1. Öffnen Sie das Startmenü und klicken Sie auf *Systemsteuerung*. Tippen Sie rechts oben ins Suchfeld den Begriff »Drucker« ein, und klicken Sie anschließend auf *Drucker*. Das *Drucker*-Fenster öffnet sich.
2. Klicken Sie in der Symbolleiste auf *Drucker hinzufügen*, um den Druckerinstallations-Assistenten zu starten.
3. Klicken Sie auf *Einen lokalen Drucker hinzufügen*, wenn Sie einen Drucker installieren möchten, der direkt mit Ihrem Computer verbunden ist. Klicken Sie auf *Einen Netzwerk-, Drahtlos- oder Bluetoothdrucker hinzufügen*, wenn es sich um einen Drucker handelt, der nicht direkt mit dem Computer verbunden ist.

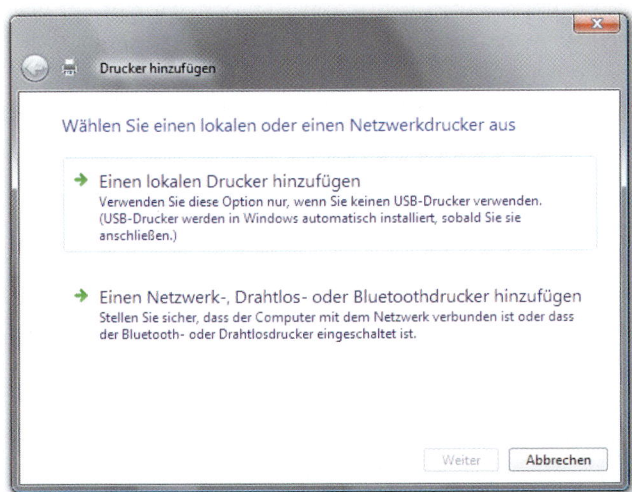

Abbildung 45.18 Mit dem Assistenten lassen sich sowohl lokale Drucker als auch Netzwerkdrucker installieren

Einen lokalen Drucker installieren

Lokale Drucker sind Drucker, die direkt mit Ihrem Computer verbunden sind. Moderne Drucker verwenden zum Anschluss meist USB. In diesem Fall werden die Drucker automatisch von Vista erkannt und installiert.

Verwenden Sie den Druckerinstallations-Assistenten also nur für Drucker, die entweder nicht über USB angeschlossen werden oder falls Sie einen USB-Drucker noch einmal installieren wollen, zum Beispiel, um für jeden Drucker jeweils unterschiedliche Druckereigenschaften vorzugeben.

So installieren Sie einen lokalen Drucker:

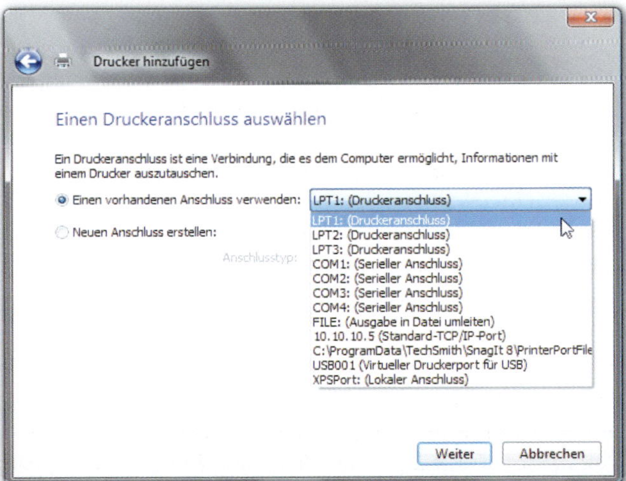

Abbildung 45.19 Einen lokalen Drucker installieren

1. Klicken Sie im Druckerinstallations-Assistenten auf *Einen lokalen Drucker hinzufügen*. Aktivieren Sie die Option *Einen vorhandenen Anschluss verwenden*, und wählen Sie im Listenfeld den Anschluss aus, an dem Ihr Drucker installiert ist:
   - **LPT** Dies sind herkömmliche Druckeranschlüsse, auch »Parallelport« oder »Centronics« genannt. In den meisten Fällen ist dies die richtige Wahl.
   - **COM** Dies sind serielle Anschlüsse. Drucker werden nur in sehr seltenen Fällen über einen seriellen Anschluss angeschlossen, unter anderem deshalb, weil diese Anschlüsse sehr langsam sind.
   - **FILE** Wählen Sie diesen Anschluss, wenn Sie tatsächlich gar nicht über den Drucker verfügen, den Sie installieren wollen. Die Druckdatei wird dann stattdessen in eine Datei gespeichert, die Sie anschließend zum Beispiel an einen Printshop weitergeben können.
   - **USB** Diese Anschlüsse entsprechen USB-Anschlüssen, die automatisch bei der Plug&Play-Installation eines USB-Druckers angelegt wurden. Wenn Sie den USB-Drucker ein zweites Mal installieren wollen, wählen Sie diesen Anschluss.
   - **XPSPort** Dieser Anschluss wird vom internen XPS-Drucker verwendet und sollte nicht genutzt werden.
   - **Andere** Netzwerkdrucker und Anwendungsprogramme können weitere Anschlüsse hinzufügen, die Sie nicht verwenden sollten.
2. Klicken Sie auf *Weiter*. Nun sehen Sie alle Druckertreiber, über die Windows Vista verfügt. Wählen Sie in der linken Spalte zuerst den Hersteller und dann in der rechten Spalte das Druckermodell aus.
3. Falls der richtige Druckertyp nicht in der Liste geführt wird, können Sie per Klick auf die Schaltfläche *Windows Update* nach neuen Treibern suchen oder per Klick auf *Datenträger* einen Treiber angeben, der sich auf der Hersteller-CD befindet oder den Sie sich von der Hersteller-Webseite heruntergeladen haben. Notfalls verwenden Sie einen Treiber eines ähnlichen Druckmodells und überprüfen, ob damit fehlerfreie Ausdrucke möglich sind. Klicken Sie dann auf *Weiter*.
4. Sie werden jetzt aufgefordert, einen Druckernamen anzugeben und können den Drucker mit der Option *Als Standarddrucker festlegen* auch gleich zu Ihrem Standarddrucker machen. Klicken Sie auf *Weiter*.
5. Der Drucker wird installiert. Mit der Schaltfläche *Testseite drucken* können Sie probeweise einen Ausdruck starten. Klicken Sie dann auf *Fertig stellen*.

Einen Drucker mehrfach installieren

Damit Sie nicht bei jedem Ausdruck die vielen und unhandlichen Feineinstellungen wie Farbtiefe, Auflösung oder Papierformate erneut durchführen müssen, installieren Sie den Drucker kurzerhand mehrfach. So können Sie für jede einzelne Installation einmalig genau die technischen Vorgaben einstellen, die Ihnen wichtig sind. Später brauchen Sie dann aus Ihren Anwendungen heraus nur den richtigen Drucker auszuwählen und drucken ohne weitere Klicks sofort mit den richtigen Einstellungen.

So gehen Sie vor, um einen Drucker mehrfach zu installieren:

1. Öffnen Sie in der Systemsteuerung das *Drucker*-Fenster, und klicken Sie mit der rechten Maustaste auf den Drucker, den Sie »klonen« wollen. Wählen Sie im Kontextmenü den Eintrag *Eigenschaften*.
2. Aktivieren Sie im Dialogfeld die Registerkarte *Erweitert*. Jetzt sehen Sie neben *Treiber* die Angabe, welchen Treiber Ihr Drucker zurzeit verwendet. Merken Sie sich den Treibernamen.
3. Holen Sie nun die Registerkarte *Anschlüsse* in den Vordergrund. Jetzt sehen Sie den Anschluss, den Ihr Drucker verwendet. Auch den merken Sie sich.
4. Schließen Sie das Dialogfeld, und installieren Sie nun wie oben beschrieben einen neuen lokalen Drucker. Verwenden Sie dasselbe Modell, und wählen Sie denselben Anschluss aus, an den auch der bereits vorhandene Drucker angeschlossen ist.

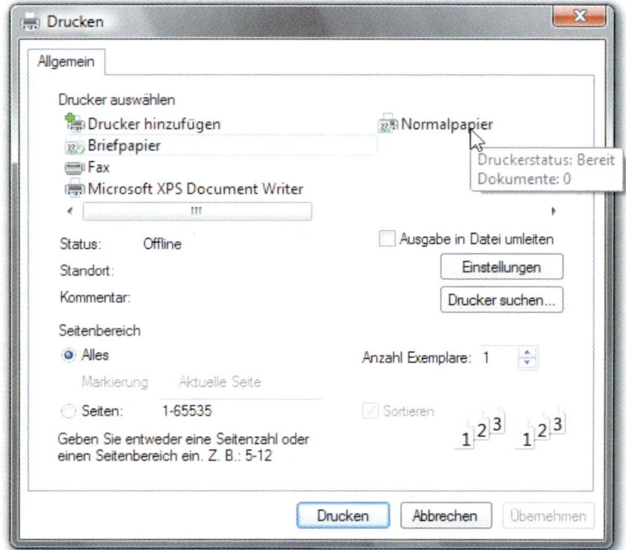

Abbildung 45.20 Bequem bei Ausdrucken zwischen verschiedenen Druckvorgaben wählen

Sie erhalten so einen neuen Drucker, der ebenfalls auf dem schon vorhandenen Drucker druckt. Jetzt können Sie beiden Druckern getrennte Druckeinstellungen zuweisen. Benennen Sie die beiden Drucker noch entsprechend um, zum Beispiel in »Normalpapier« und »Briefpapier«. Fertig.

Netzwerkdrucker oder Drahtlosdrucker installieren

Möchten Sie einen Drucker installieren, der nicht direkt mit Ihrem Computer verbunden ist, sondern im Netzwerk freigegeben wird, selbst über einen Netzwerkanschluss verfügt oder drahtlos angebunden ist, klicken Sie im Druckerinstallations-Assistenten auf *Einen Netzwerk-, Drahtlos- oder Bluetoothdrucker hinzufügen*. Danach gehen Sie so vor:

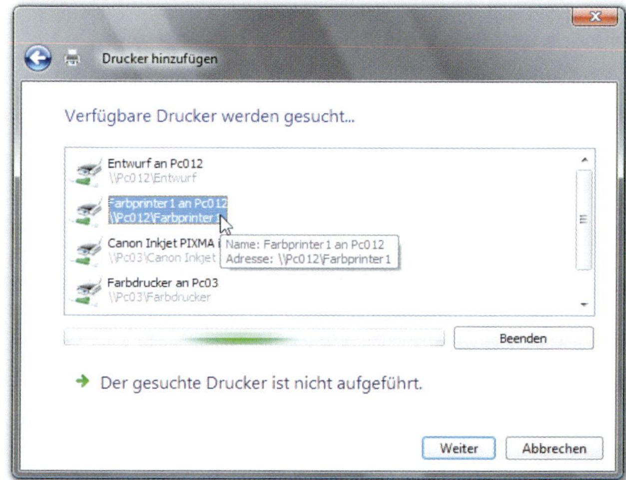

Abbildung 45.21 Einen Netzwerkdrucker hinzufügen

1. Der Assistent sucht automatisch nach verfügbaren Netzwerkdruckern und listet diese auf. Diese Suche kann längere Zeit in Anspruch nehmen, und in dieser Zeit sieht man am unteren Rand einen Farbbalken. Sobald der gewünschte Netzwerkdrucker in der Liste erscheint, markieren Sie ihn und klicken dann auf *Weiter*.
2. Der Assistent stellt eine Verbindung zum Netzwerkdrucker her und installiert ihn. Falls der Druckertreiber dieses Druckers noch nicht installiert ist, wird dies automatisch nachgeholt. Hierfür benötigen Sie meist Administratorrechte.
3. Ein Dialogfeld bestätigt die Installation. Wenn Sie darin die Option *Als Standarddrucker festlegen* wählen, wird der Drucker auch gleich zum Standarddrucker gemacht. Klicken Sie auf *Weiter*.

4. Der Drucker ist nun betriebsbereit. Klicken Sie im Dialogfeld auf die Schaltfläche *Testseite drucken*, wenn Sie die Installation mit einem Testausdruck überprüfen wollen. Klicken Sie dann auf *Fertig stellen*.

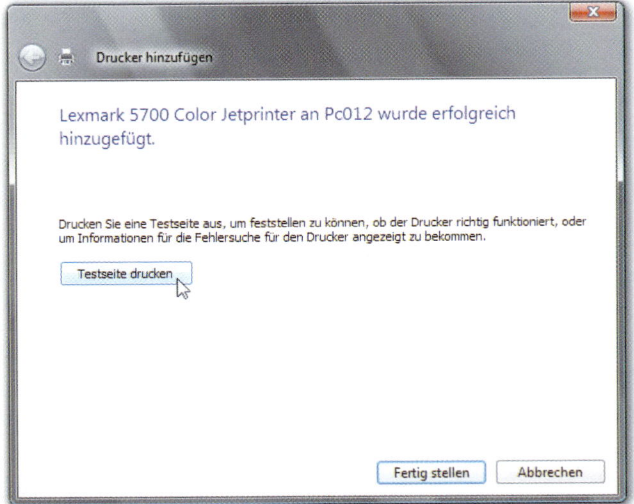

Abbildung 45.22 Der Netzwerkdrucker ist installiert und kann verwendet werden

Falls der Drucker nicht in der Liste in Abbildung 45.21 aufgeführt wird, klicken Sie im Dialogfeld auf *Der gesuchte Drucker ist nicht aufgeführt*. Jetzt können Sie von Hand festlegen, welcher Drucker installiert werden soll.

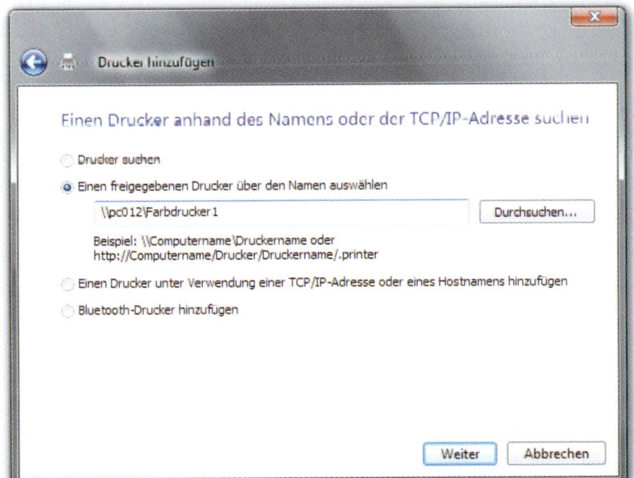

Abbildung 45.23 Legen Sie von Hand fest, welchen Drucker Sie hinzufügen wollen

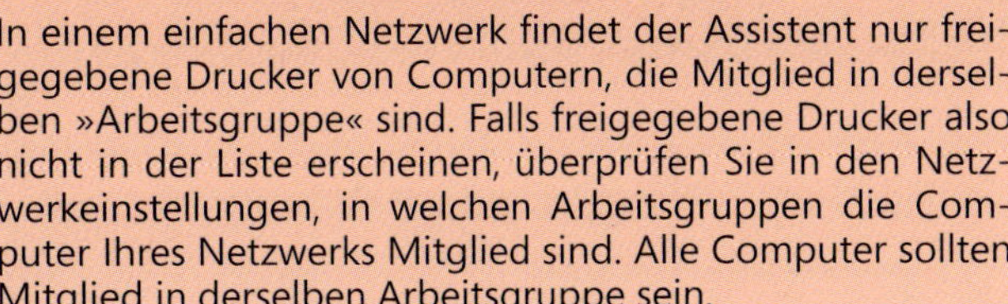

PROFITIPP

In einem einfachen Netzwerk findet der Assistent nur freigegebene Drucker von Computern, die Mitglied in derselben »Arbeitsgruppe« sind. Falls freigegebene Drucker also nicht in der Liste erscheinen, überprüfen Sie in den Netzwerkeinstellungen, in welchen Arbeitsgruppen die Computer Ihres Netzwerks Mitglied sind. Alle Computer sollten Mitglied in derselben Arbeitsgruppe sein.

Einen Netzwerkdrucker von Hand angeben

Wurde der Drucker zum Beispiel auf dem Computer »PC012« unter dem Namen »Farbdrucker1« freigegeben, wählen Sie die Option *Einen freigegebenen Drucker über den Namen auswählen*. Geben Sie dann den Netzwerknamen des Druckers ein, also zum Beispiel *\\PC012\Farbdrucker1*, oder klicken Sie auf *Durchsuchen*, und suchen Sie selbst im Netzwerk nach dem Drucker.

Einen Drucker suchen

Kennen Sie den Netzwerknamen des Druckers nicht, wählen Sie die Option *Drucker suchen* und klicken auf *Weiter*. Jetzt werden alle Computer in Ihrem Netzwerk aufgelistet. Öffnen Sie den Computer, der den Drucker freigibt, und markieren Sie den Drucker. Dann klicken Sie auf *Auswählen*.

Netzwerkdrucker mit eigenem Anschluss

Wird der Drucker gar nicht von einem Computer freigegeben, sondern verfügt über einen eigenen Netzwerkanschluss, wählen Sie die Option *Einen Drucker unter Verwendung einer TCP/IP-Adresse oder eines Hostnamens hinzufügen*. Klicken Sie dann auf *Weiter*.

Wählen Sie als Gerätetyp die Einstellung *Automatische Erkennung*. Ins Feld *Hostname oder IP-Adresse* tragen Sie den Netzwerknamen oder die IP-Adresse des Druckers ein. Dieser Eintrag wird automatisch auch als Anschlussname verwendet, wenn Sie den Namen im Feld darunter nicht anpassen.

Es wird eine Verbindung zum Drucker hergestellt und dessen Typ und Treiber erfragt. Der gefundene Druckertyp wird danach im Feld *Druckername* eingetragen, und die ermittelten Treiber werden darunter genannt.

Geben Sie dem Drucker einen besseren Namen, zum Beispiel »Netzdrucker1«. Wenn Sie diesen Drucker gleichzeitig als Standarddrucker festlegen möchten, aktivieren Sie das Kontrollkästchen *Als Standarddrucker festlegen*.

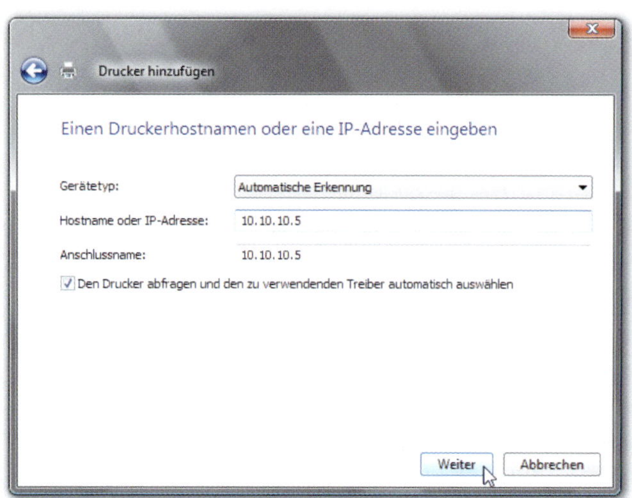

Abbildung 45.24 Einen Netzwerkdrucker mit eigenem Netzwerkanschluss hinzufügen

Klicken Sie auf *Weiter*. Die Druckertreiber werden installiert.

Anschließend haben Sie die Möglichkeit, mit der Schaltfläche *Testseite drucken* einen Testausdruck zu starten, um die Installation zu überprüfen. Klicken Sie abschließend auf *Fertig stellen*. Der Netzwerkdrucker ist einsatzbereit.

Bluetooth-Drucker

Bluetooth ist ein drahtloser Funkstandard, über den Geräte wie zum Beispiel Drucker kabellos mit Computern verbunden werden können. Wenn Sie einen Bluetooth-Drucker installieren wollen, wählen Sie im Dialogfeld *Drucker hinzufügen* die Option *Bluetooth-Drucker hinzufügen* und klicken auf *Weiter*.

Tipp

Es gibt im Zubehörhandel inzwischen auch Bluetooth-Printadapter, an die man USB- und Parallel-Drucker anschließen kann. Der Adapter macht diese Drucker dann über Bluetooth verfügbar.

Je nach Hersteller haben diese Adapter Reichweiten von bis zu 100 Metern, eignen sich also auch dazu, um herkömmliche Drucker in einem kleineren Büro drahtlos verfügbar zu machen.

Denken Sie allerdings daran, dass auch Ihre Computer jeweils über einen Bluetooth-Adapter verfügen müssen, um Bluetooth-Geräte ansprechen zu können.

Ein Dialogfeld öffnet sich und sucht nach Bluetooth-Druckern in Ihrer Nähe.

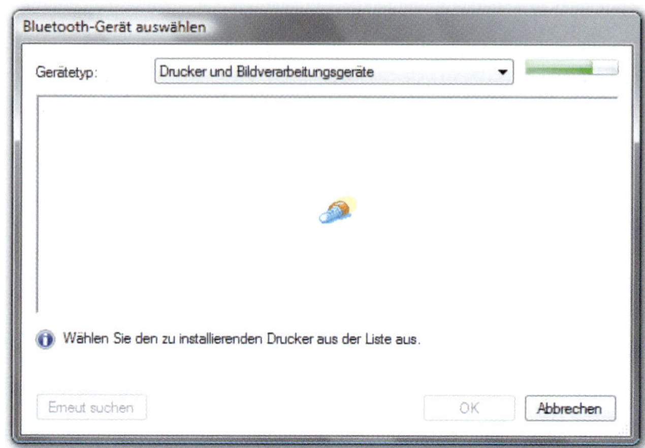

Abbildung 45.25 Einen drahtlosen Bluetooth-Drucker installieren

Hinweis 

Damit Bluetooth-Drucker gefunden werden können, müssen sie vorübergehend »auffindbar« gemacht werden, falls sie nicht bereits in den Herstellervorgaben ständig auffindbar sind. Folgen Sie den Anweisungen des Herstellers, damit Ihr Drucker gefunden und in der Liste angezeigt werden kann.

Die Reichweite von einfachen Bluetooth-Geräten beträgt normalerweise rund 10 Meter. Sorgen Sie dafür, dass sich der Drucker nahe genug am Computer befindet.

Sie können die Suche im Dialogfeld jederzeit per Klick auf *Erneut suchen* noch einmal durchführen lassen, wenn Sie die Druckereinstellungen geändert haben.

Wählen Sie dann den Drucker in der Liste aus, und klicken Sie auf *OK*.

Zusammenfassung

Fast jedes Anwendungsprogramm kann drucken und greift dabei auf die installierten Drucker zurück. Wie der Druckvorgang begonnen wird, kann von Programm zu Programm ganz unterschiedlich sein, aber die meisten Programme unterstützen die Tastenkombination [Strg]+[P] und erlauben in ihren Druckvorschau-Fenstern auch, genauer festzulegen, was und wie Sie etwas drucken wollen.

Während des Ausdrucks informiert Sie ein Symbol im Infobereich der Taskleiste über alle laufenden Druckaufträge, die Sie damit auch abbrechen können.

Die Systemsteuerung verwaltet Ihre Drucker. Dort können Sie die Feineinstellungen der Drucker justieren, neue Drucker hinzufügen oder alte entfernen.

Dabei lassen sich Drucker im Netzwerk auch teilen: Wenn Sie Ihre Drucker freigeben, können andere Benutzer ebenfalls darauf drucken, und umgekehrt können Sie auch Drucker installieren, die nicht direkt an Ihren Computer angeschlossen sind, sondern von anderen im Netzwerk freigegeben wurden.

Sie möchten ...	So gehen Sie vor	Sehen Sie sich dazu das Beispiel an auf
etwas ausdrucken	Drücken Sie im jeweiligen Programm [Strg]+[P]	Seite 726
einen Drucker auswählen	Öffnen Sie das *Drucken*-Dialogfeld und wählen Sie den Drucker aus	Seite 726
mehrere Fotos auf einer Seite drucken	Verwenden Sie die Fotogalerie	Seite 726
eine Webseite ausdrucken	Klicken Sie im Internet Explorer auf den Pfeil am rechten Rand der *Drucken*-Schaltfläche und wählen Sie *Druckvorschau*	Seite 726
einen laufenden Druckauftrag abbrechen	Doppelklicken Sie auf das *Drucken*-Symbol im Infobereich der Taskleiste	Seite 727
alle installierten Drucker verwalten	Öffnen Sie den Ordner *Drucker* in der Systemsteuerung	Seite 728
einen anderen Drucker als Standarddrucker verwenden	Klicken Sie mit der rechten Maustaste auf den Drucker und wählen Sie *Als Standarddrucker festlegen*	Seite 728
die Berechtigungen eines Druckers ändern	Klicken Sie den Drucker mit der rechten Maustaste an und wählen Sie *Eigenschaften*. Aktivieren Sie die Registerkarte *Sicherheit*.	Seite 729
einen Drucker umbenennen	Klicken Sie den Drucker an und drücken Sie [F2]	Seite 729
einen Drucker offline verwenden (unterwegs oder nachts)	Klicken Sie den Drucker mit der rechten Maustaste an und wählen Sie *Drucker offline verwenden*	Seite 729
Einstellungen wie Papierschacht oder Druckqualität dauerhaft ändern	Klicken Sie den Drucker mit der rechten Maustaste an und wählen Sie *Druckeinstellungen*	Seite 730
eine Testseite ausdrucken	Klicken Sie den Drucker mit der rechten Maustaste an, wählen Sie *Eigenschaften* und klicken Sie auf *Testseite drucken*	Seite 731
einen Drucker löschen	Klicken Sie den Drucker an und drücken Sie [Entf]	Seite 732
einen neuen Drucker installieren, der an den eigenen Computer angeschlossen ist	Schließen Sie den Drucker an. Falls er nicht automatisch installiert wird, klicken Sie im *Drucker*-Fenster auf *Drucker hinzufügen*.	Seite 733
einen Drucker mehrfach installieren	Installieren Sie den gleichen Druckertyp als lokalen Drucker, und geben Sie denselben Druckeranschluss an	Seite 734
einen Netzwerkdrucker installieren	Klicken Sie im *Drucker*-Fenster auf *Drucker hinzufügen*	Seite 734

Tobias Weltner

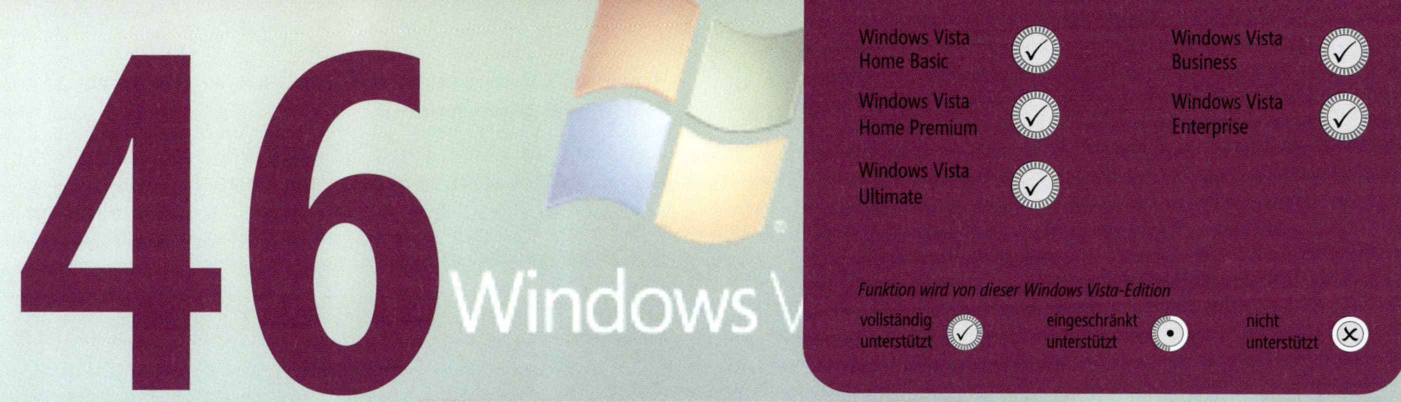

46 XPS: Elektronisches Papier

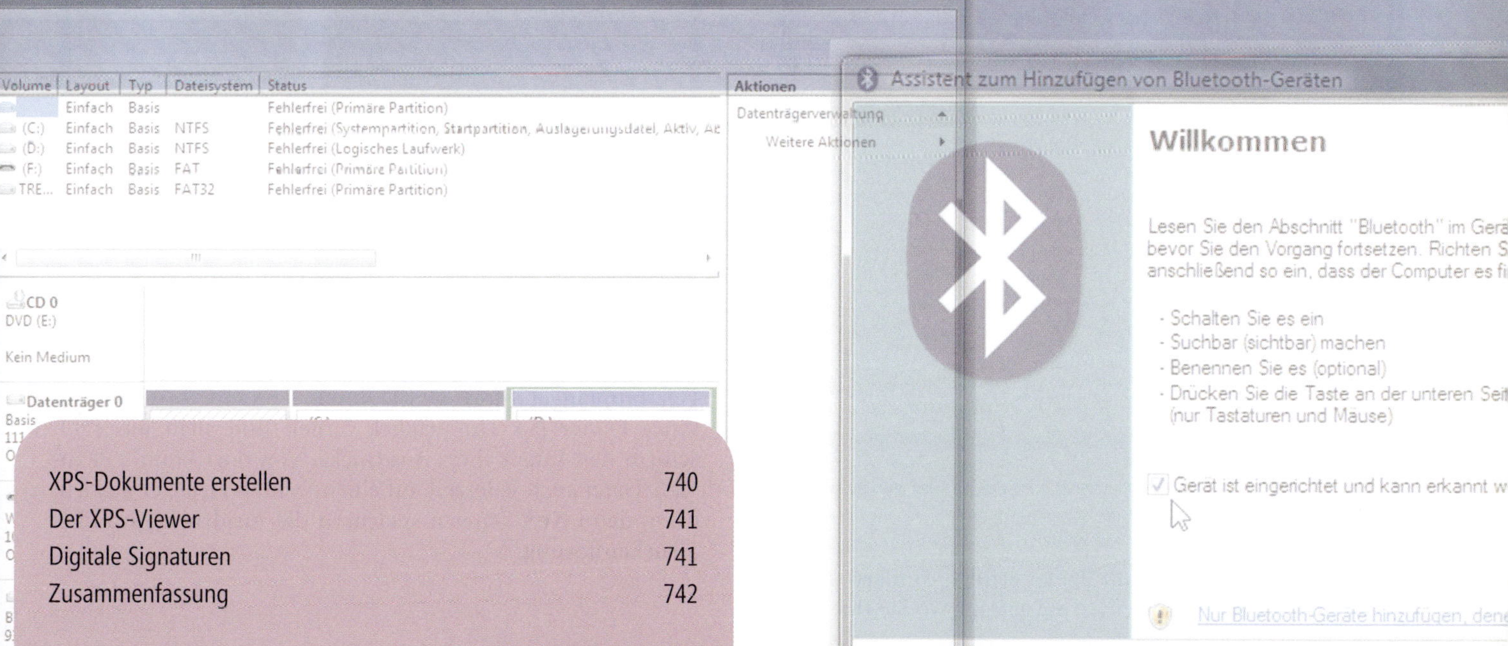

XPS löst ein wichtiges Dilemma: es speichert Dokumente in genau der Form als Datei, die Sie sehen würden, wenn Sie das Dokument auf Papier ausdrucken. So können Briefe, Tabellen, Webseiten und sonstige Arbeitsergebnisse weitergegeben werden, ohne dass der Empfänger dieselben Programme benötigt, die Sie zur Erstellung verwendet haben.

Elektronisches Papier kann aber noch sehr viel mehr. Weil die Ergebnisse darin in hoher Druckqualität gespeichert sind, könnten Sie sie auf einen anderen Computer oder zu einem Printshop senden und dort ausdrucken lassen. Es sind sogar bereits die ersten Drucker in der Entwicklung, die XPS-Dokumente direkt als Seitenbeschreibungssprache verwenden.

Sogar digitale Unterschriften, die die Echtheit eines XPS-Dokuments bestätigen, und digitale Rechte sind möglich und bestimmen dann, wer das XPS-Dokument überhaupt lesen darf, ob es irgendwann ungültig wird oder was der Empfänger sonst noch damit tun kann.

XPS-Dokumente erstellen

XPS-Dokumente legen Sie an wie einen ganz normalen Ausdruck. Dazu drucken Sie Ihr Dokument wie üblich aus, wählen aber als Drucker den *Microsoft XPS Document Writer*.

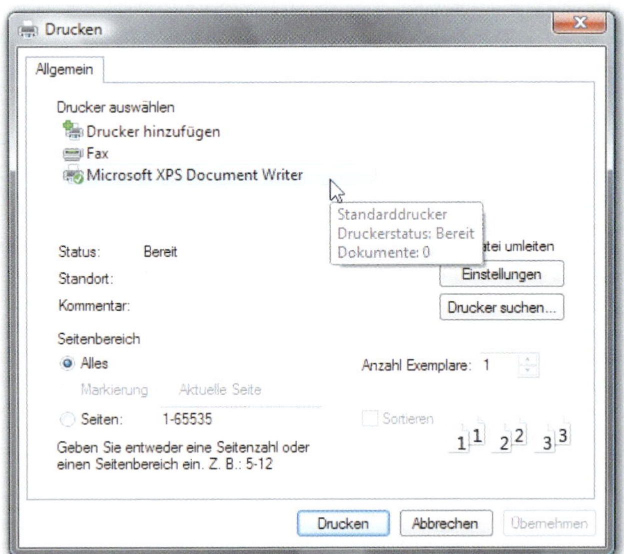

Abbildung 46.1 Mit dem Microsoft XPS Document Writer auf elektronisches Papier »drucken«

Weil Ihr Ausdruck nicht auf Papier erfolgt, sondern in einer Datei gespeichert wird, werden Sie gefragt, wo Sie Ihren Ausdruck speichern wollen. Ihr Ausdruck wird jetzt als *XPS-Dokument* gespeichert.

XPS steht für »XML Paper Specification« und ist nicht nur der Name des elektronischen Papierformats, sondern weist auch bereits darauf hin, wie der Ausdruck elektronisch verpackt wird: nämlich als offener Standard im XML-Format.

PROFITIPP

Wenn Sie einer XPS-Datei die Dateierweiterung ZIP zuweisen, offenbart sich ihr echtes Innenleben. In Wirklichkeit sind XPS-Dateien nämlich ZIP-Ordner, die Sie nun öffnen können. Darin befinden sich die Bestandteile des Dokuments in Form einzelner Bilder und der *XAML*-Seitenbeschreibungssprache, die auf XML basiert.

Die gespeicherten XPS-Dokumente verwenden im Windows-Explorer einen blauen »Papierflieger« als Symbol und zeigen mit »Live Icons« direkt im Windows-Explorer eine Vorschau auf ihren Inhalt.

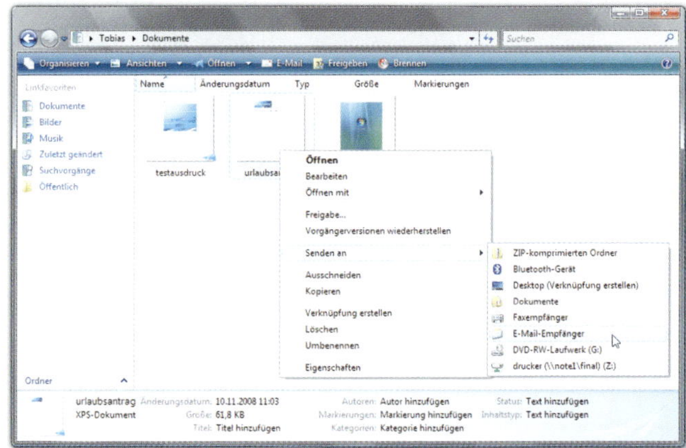

Abbildung 46.2 Gespeicherte XPS-Dokumente per E-Mail versenden

Per Klick mit der rechten Maustaste auf *Senden an* lassen sich Ihre XPS-Dokumente nun sehr bequem per E-Mail weiterleiten oder auf einen Datenträger kopieren und weitergeben.

Der Empfänger Ihres XPS-Dokuments kann Ihr elektronisches Papier per Doppelklick öffnen und sieht am Bildschirm den Inhalt Ihres Ausdrucks. Von dort könnte er die XPS-Datei auch jederzeit auf einem echten Drucker ausdrucken, denn XPS-Dateien speichern die Ausdrucke in hoher Druckauflösung.

Der XPS-Viewer

Um XPS-Dokumente öffnen und anzeigen zu können, benötigen Sie einen XPS-Viewer. Dieser ist bei Windows Vista bereits integriert und kann bei Windows XP und Windows Server 2003 kostenlos nachgerüstet werden.

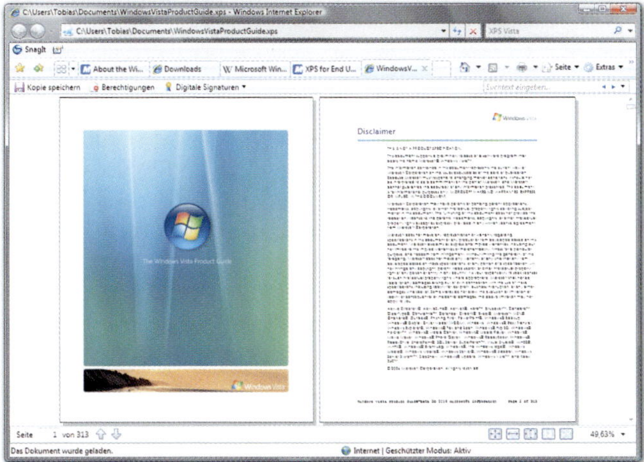

Abbildung 46.3 Ein XPS-Dokument im XPS-Viewer anzeigen

Wenn Sie ein XPS-Dokument im Viewer öffnen, wird deutlich, dass der XPS Viewer als Plug-In des Internet Explorers funktioniert. Ihre XPS-Dokumente werden also im Internet Explorer seitenweise (paginiert) angezeigt.

Seitengröße und Navigation

Am unteren Rand finden Sie Schaltflächen für die Navigation und die Ansichtsgröße.

Ganz links sehen Sie die aktuelle Seitenzahl und können mit den Pfeilschaltflächen vor oder zurück blättern.

Abbildung 46.4 Die Navigations- und Zoom-Steuerelemente

Auf der rechten Seite befinden sich die Zoom-Schaltflächen, mit denen Sie die Ansichtsgröße festlegen.

Entweder wählen Sie dazu aus dem Listenfeld eine bestimmte Vergrößerung aus, oder Sie klicken auf die Schaltflächen mit den gebräuchlichsten Vergrößerungsstufen. So könnten Sie das Dokument als gesamte Seite, in voller Seitenbreite, zweiseitig oder als Dokumentenübersicht anzeigen.

Volltextsuche

In größeren XPS-Dokumenten finden Sie Stichwörter mit dem Suchfeld in der rechten oberen Ecke. Geben Sie dort den Suchbegriff ein, und klicken Sie auf die Pfeilschaltfläche, um in der angegebenen Richtung zu suchen. Automatisch wird das nächste gefundene Stichwort im Dokument markiert.

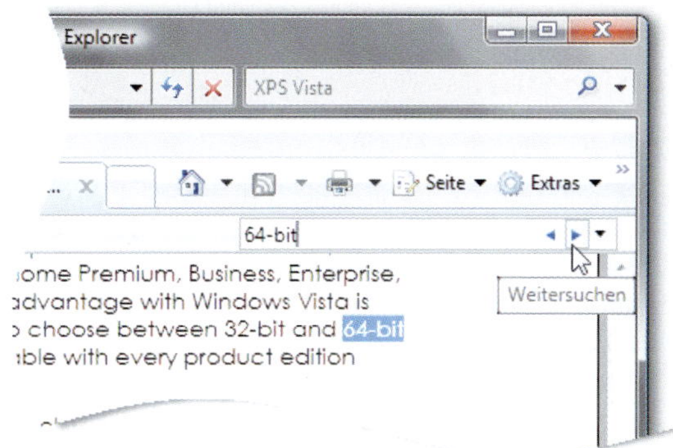

Abbildung 46.5 Nach einem Stichwort suchen

Klicken Sie auf den abwärts gerichteten Pfeil rechts vom Suchfeld, öffnet sich ein Kontextmenü, in dem Sie zum Beispiel festlegen, ob Ihr Stichwort nur als ganzes Wort gefunden werden soll und ob die Groß- und Kleinschreibung eine Rolle spielt oder nicht.

Digitale Signaturen

XPS-Dokumente können digital unterschrieben werden. Eine digitale Unterschrift bestätigt, von wem das Dokument stammt, und macht den Inhalt fälschungssicher, weil die digitale Unterschrift sofort verfällt, wenn sich der Inhalt des Dokuments nachträglich ändert.

Dabei lassen sich ganze Genehmigungsstrukturen abbilden. Ein Urlaubsantrag könnte auf diese Weise von allen entscheidenden Personen elektronisch unterschrieben werden, die damit rechtsverbindlich und nachweisbar den Antrag zur Kenntnis genommen haben.

Diese Funktionen werden über die Schaltfläche *Digitale Signaturen* am oberen Rand des XPS-Dokuments verwaltet.

Tipp

Normalerweise legen Sie Signaturen und weitere digitale Rechte direkt in den Anwendungen fest, mit denen Sie das Dokument erstellen, zum Beispiel in Microsoft Office. Wenn Sie das Dokument anschließend als XPS-Datei speichern, übernimmt es die Signaturen und Rechtefestlegungen. Dies ist zwar auch direkt im XPS-Viewer möglich, dort jedoch etwas mühsam.

Zusammenfassung

XPS ist ein offenes Format für »elektronisches Papier«, mit dem man beliebige Dokumente anstatt auf herkömmliches Papier in eine XPS-Datei speichert. Öffnet man diese Datei mit einem XPS-Viewer, sieht man das Dokument originalgetreu auf dem Bildschirm und benötigt nicht mehr die Programme, die der Autor zum Erstellen verwendet hatte.

XPS-Dokumente können auf diese Weise leicht per E-Mail verschickt oder archiviert werden. Aufgrund ihres einheitlichen und offenen Formats sind sie zum Öffnen nicht auf bestimmte Programme angewiesen und benötigen nur einen XPS-Viewer.

Moderne digitale Signaturen bestätigen darüber hinaus die Echtheit und den Herausgeber eines XPS-Dokuments. Zusätzliche digitale Signaturen weisen auf Wunsch nach, dass bestimmte Personen Kenntnis vom Dokument genommen haben. Digitale Rechte erlauben Ihnen, die Nutzung des Dokuments einzuschränken und es zum Beispiel nach einem bestimmten Datum verfallen zu lassen oder das Ausdrucken zu verbieten. Diese Rechte erfordern entweder einen firmeneigenen DRM-Server oder eine Verbindung zum Internet.

Sie möchten ...	So gehen Sie vor	Sehen Sie sich dazu das Beispiel an auf
ein neues XPS-Dokument anlegen	Drucken Sie auf dem *Microsoft XPS Document Writer*-Drucker	Seite 740
ein XPS-Dokument öffnen, anzeigen und ausdrucken	Öffnen Sie das XPS-Dokument per Doppelklick. Es wird im Internet Explorer angezeigt und kann von hier ausgedruckt werden.	Seite 741
ein XPS-Dokument elektronisch unterschreiben	Klicken Sie auf die Schaltfläche *Digitale Signaturen*	Seite 741

Tobias Weltner

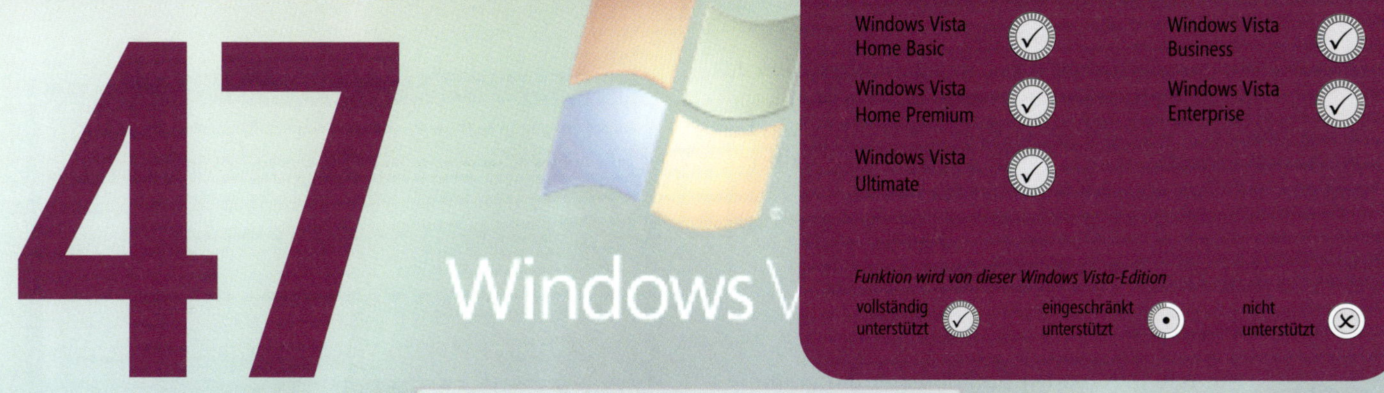

47 Programme installieren und verwalten

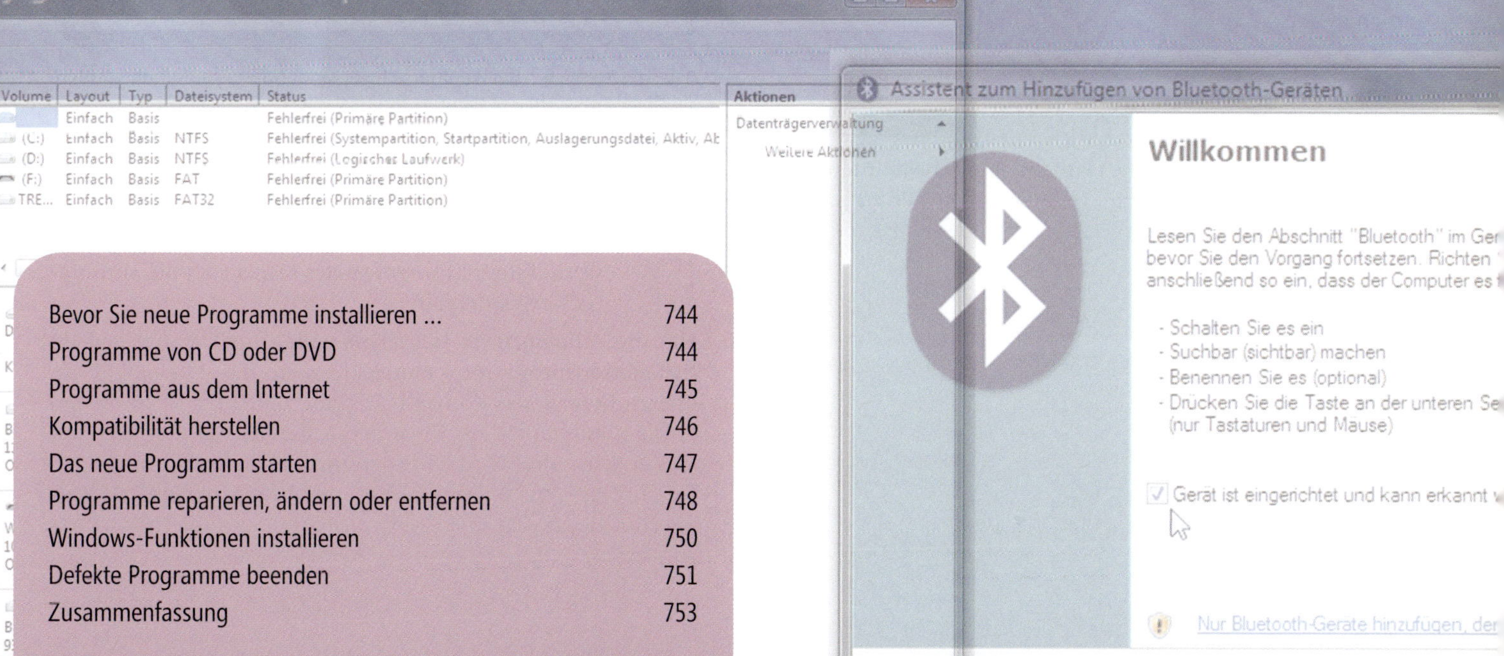

Um neue Programme benutzen zu können, müssen diese in den meisten Fällen zuerst installiert werden. In diesem Kapitel lesen Sie, wo Sie zusätzliche Programme erhalten, was bei der Auswahl wichtig ist, wie Sie die Programme installieren und wie sich diese auch wieder entfernen lassen.

Bevor Sie neue Programme installieren ...

Am reibungslosesten funktionieren Programme, wenn sie speziell für Windows Vista entwickelt wurden. Sie erkennen solche Programme am »Zertifiziert für Windows Vista«-Logo. Aber auch die meisten älteren Programme funktionieren ausgezeichnet mit Windows Vista.

Wenn der Hersteller seine Programme mit Windows Vista getestet hat, finden Sie das Logo aus Abbildung 47.1 auf der Verpackung. Es weist darauf hin, dass das Programm zwar wahrscheinlich keine der neuen Vista-Funktionen unterstützt, aber seine alten Funktionen sicher und zuverlässig auch unter Windows Vista verwendet werden können.

Abbildung 47.1 Programme funktionieren mit Windows Vista

Findet sich keines der beiden Logos, kann das Programm trotzdem bestens funktionieren, nur garantiert Ihnen dies niemand.

Unverträgliche Programme

Einige Programme funktionieren mit Windows Vista nicht. Deshalb gibt es eine interne Datenbank mit bekannten Problemkandidaten. Sobald Sie versuchen, ein Programm zu installieren, das in dieser Datenbank gelistet ist, erscheint eine Meldung.

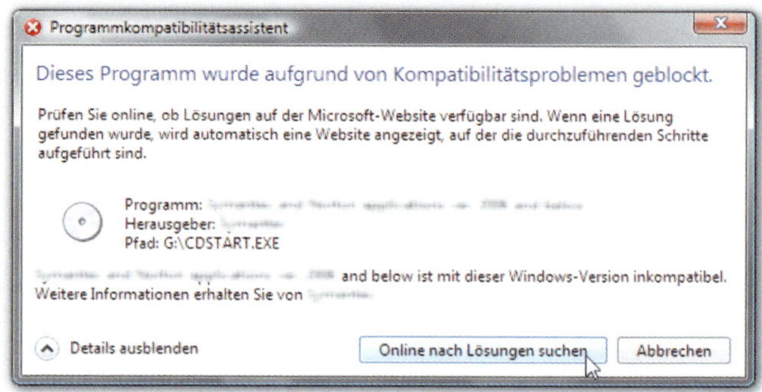

Abbildung 47.2 Dieses Programm funktioniert leider nicht mit Windows Vista

Nicht immer sind die Inkompatibilitäten so schwerwiegend, dass das Programm komplett geblockt ist. Handelt es sich nur um geringfügigere Probleme, lässt Ihnen das Dialogfeld wie in Abbildung 47.3 mit der Schaltfläche *Programm ausführen* die Wahl, und Sie können das Programm auf eigenes Risiko trotz Warnung installieren und verwenden. Stellen Sie sich allerdings darauf ein, dass einige Bereiche des Programms eventuell nicht richtig funktionieren.

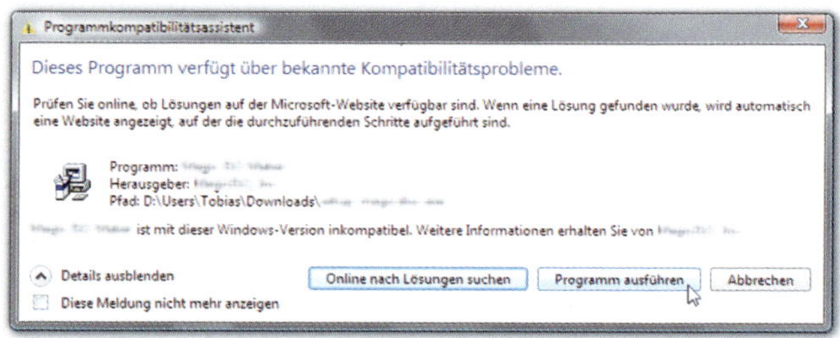

Abbildung 47.3 Bei weniger schwerwiegenden Problemen können Sie das Programm auf eigenes Risiko starten

Programme von CD oder DVD

Legen Sie die Software-CD oder -DVD ins Laufwerk. Einen Moment später öffnet sich die automatische Wiedergabe.

Hat die *Automatische Wiedergabe* auf dem Datenträger ein Installationsprogramm entdeckt, zeigt das Dialogfeld im oberen Bereich das Kontrollkästchen *Immer für Software und Spiele durchführen* an. Im unteren Bereich können Sie nun aussuchen, ob Sie das Programm installieren oder den Datenträger im Windows-Explorer öffnen wollen. Klicken Sie zum Beispiel auf *Setup.exe ausführen*, um die Installation zu starten.

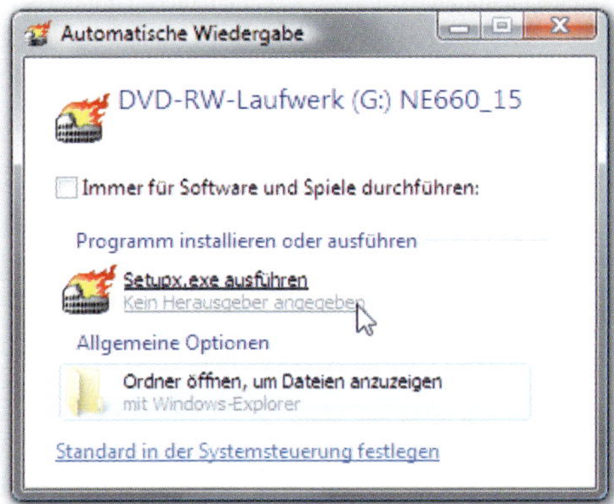

Abbildung 47.4 Ein neues Programm von DVD installieren

Tipp

Haben Sie das Kontrollkästchen *Immer für Software und Spiele durchführen* aktiviert, merkt sich Vista Ihre Auswahl. Wird das nächste Mal eine Programm-CD oder -DVD eingelegt, verfährt Vista damit genauso und der Installationsprozess beginnt künftig automatisch. Möchten Sie das nachträglich ändern, dann öffnen Sie die Systemsteuerung und geben oben rechts ins Suchfeld ein: *Wiedergabe*. Klicken Sie dann auf *Automatische Wiedergabe*, und ändern Sie die Einstellungen dort.

Programme aus dem Internet

Bei Programmen, die Sie direkt aus dem Internet heruntergeladen haben, kommt es für die Installation zunächst darauf an, wie das Programm verpackt ist.

1. Öffnen Sie das Startmenü und klicken Sie auf *Dokumente*, um den zugehörigen Ordner zu öffnen. Klicken Sie nun oben in der Adressleiste auf den Pfeil hinter Ihrem Namen, und wählen Sie im daraufhin geöffneten Menü den Ordner *Download* aus.
2. Sie sehen nun alle Dateien, die Sie aus dem Internet heruntergeladen haben. Klicken Sie auf die Spaltenüberschrift *Änderungsdatum*, um die Ansicht zeitlich zu sortieren, sodass Sie die neuesten Programme zuoberst sehen.
3. Klicken Sie mit der rechten Maustaste auf die heruntergeladene Datei, und schauen Sie, ob im Kontextmenü ein Prüfbefehl eines Antivirus-Programms angeboten wird. Lassen Sie den Inhalt der Datei damit auf gefährliche Inhalte überprüfen.
4. Klicken Sie auf das heruntergeladene Programm, das Sie installieren wollen, und schauen Sie dann unten im Detailbereich, welche Art von Datei gemeldet wird:
   - **Anwendung** Das Programm kann direkt gestartet werden. Doppelklicken Sie auf die heruntergeladene Datei, um sie zu installieren. Ist keine Installation erforderlich, dann startet das Programm sofort.
   - **Windows Installer-Paket** Das Programm wird über den integrierten Windows-Installer installiert. Dazu brauchen Sie die heruntergeladene Datei nur per Doppelklick zu öffnen. Das Installationsprogramm startet automatisch.
   - **ZIP-komprimierter Ordner** Das Programm ist in einem ZIP-Archiv gespeichert. Bevor Sie es installieren können, muss das ZIP-Paket zuerst entpackt werden. Wie dies geschieht, ist im nachfolgenden Abschnitt beschrieben.
   - **Anderer Dateityp** Vermutlich haben Sie kein Programm heruntergeladen, sondern ein Dokument. Öffnen Sie die Datei, startet vermutlich ein bereits installiertes Programm und zeigt den Inhalt der Datei an.

ZIP-Archive auspacken

Viele Programme aus dem Internet werden als so genannte ZIP-Archive verpackt, die die vielen Einzelteile eines Programms in einer handlichen Transportdatei zusammenfassen und außerdem sehr Platz sparend sind. Das verkürzt die Downloadzeiten. Damit Sie das Programm im heruntergeladenen ZIP-Archiv installieren können, muss das Archiv zunächst ausgepackt und entsichert werden. Gehen Sie dazu wie folgt vor:

1. Klicken Sie die ZIP-Datei mit der rechten Maustaste an und wählen Sie *Eigenschaften*. Ein Dialogfeld öffnet sich. Darin klicken Sie rechts unten auf die Schaltfläche *Zulassen*, damit Vista den Zugriff auf ausführbare Programme im ZIP-Archiv nicht länger blockiert. Andernfalls könnte die ausgepackte ZIP-Datei unvollständig sein und die Installation scheitern.
2. Klicken Sie nun die ZIP-Datei mit der rechten Maustaste an und wählen Sie im Kontextmenü *Alle extrahieren*. Der Inhalt der ZIP-Datei wird in einen Ordner ausgepackt, der genauso heißt wie die ursprüngliche ZIP-Datei. Nachdem die ZIP-Datei ausgepackt ist, öffnet der Windows-Explorer diesen Ordner.
3. Suchen Sie darin nach dem Installationsprogramm. Meist heißt es *setup.exe* oder *install.exe*. Starten Sie es per Doppelklick, um den Installationsvorgang zu starten.

Unbekannte Herausgeber

Ist das Programm nicht mit einer digitalen Unterschrift gesichert, erscheint das Dialogfeld aus Abbildung 47.5. Es zeigt im unteren Bereich ein rotes Warnsymbol, was bei Windows Vista immer ein Zeichen möglicher Gefahr ist.

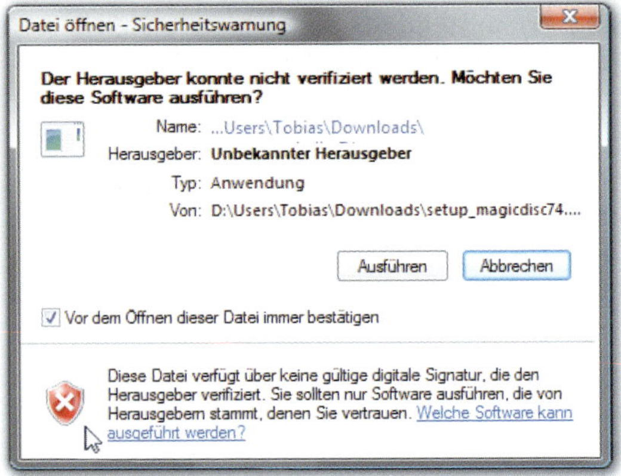

Abbildung 47.5 Unsignierte Programme sind verdächtig und sollten überprüft werden

> **Achtung**
>
> Ist ein Programm nicht digital signiert, muss das Programm vor der Installation zuerst mit einem aktuellen Antiviren-Programm überprüft werden. Wer das nicht tut, geht ein hohes Risiko ein.

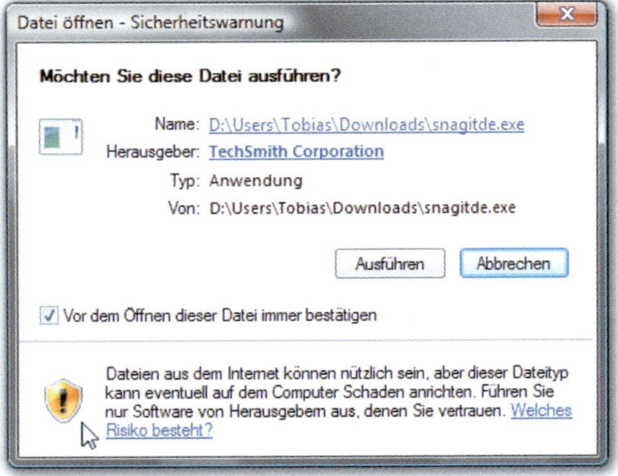

Abbildung 47.6 Ein signiertes Programm bietet zumindest eine Grundsicherheit

Ist das Programm vom Hersteller digital signiert, sehen Sie im unteren Bereich nur noch ein Vorsicht-Zeichen, das Sie daran erinnern soll, dass diese Datei aus dem Internet stammt und möglicherweise mit Viren oder anderen bösartigen Programmen infiziert sein könnte.

Windows Ultimate-Extras

Verfügen Sie über die Ultimate-Version von Windows Vista, können Sie nicht nur sämtliche Funktionen aller Vista-Versionen einsetzen, sondern auch kostenlos aus dem Internet exklusive Zusatzfunktionen installieren:

1. Öffnen Sie das Startmenü, und klicken Sie auf *Systemsteuerung*. Im Suchfeld rechts oben geben Sie ein: *Update*
2. Klicken Sie dann auf *Windows Update*. Ein Fenster öffnet sich, in dem Sie nach Windows-Aktualisierungen und nach Windows Ultimate-Extras suchen können. Dazu benötigen Sie eine Internetverbindung.

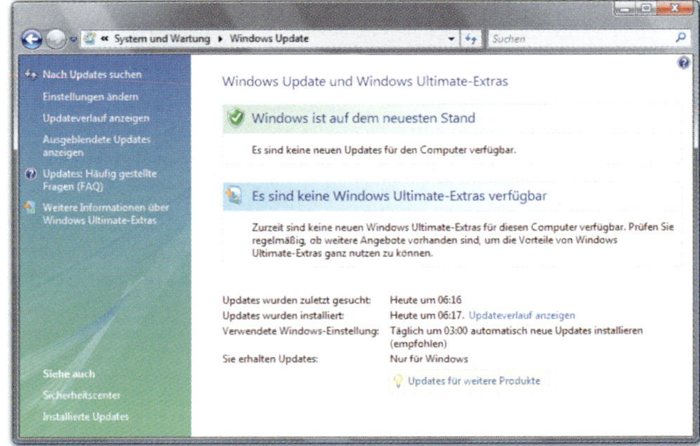

Abbildung 47.7 Nach Updates und Ultimate-Extras suchen

Kompatibilität herstellen

Einige ältere Programme würden zwar einwandfrei unter Windows Vista funktionieren, lassen sich aber nicht installieren oder ausführen, weil zum Beispiel nach einer bestimmten Windows-Versionsnummer gesucht wird, die Windows Vista nicht liefert.

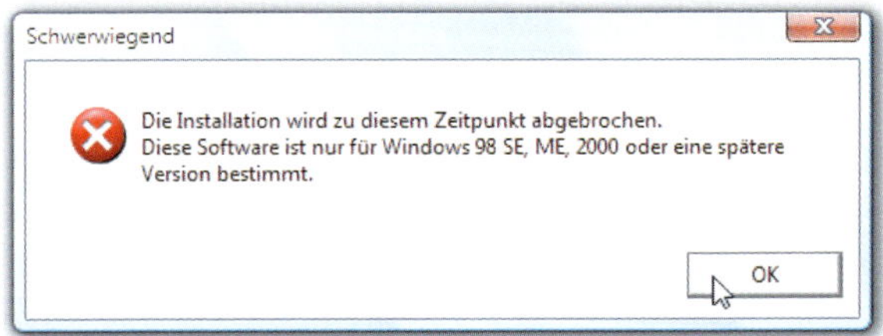

Abbildung 47.8 Das Programm wurde nicht für Windows Vista konzipiert

Die Meldungen, die dabei auftauchen, können vollkommen verwirrend sein und müssen nichts mit der eigentlichen Ursache zu tun haben. Sie stammen vom Programm, das im unbekannten Terrain von Windows Vista mächtig ins Straucheln geraten ist.

In diesem Fall können Sie zum Beispiel dem Programm eine ältere Versionsnummer vorgaukeln:

1. Wählen Sie im Startmenü den Eintrag *Computer* und klicken dann in der Laufwerksübersicht mit der rechten Maustaste auf das CD- oder DVD-Laufwerk. Im Kontextmenü wählen Sie den Befehl *Öffnen*. Hatten Sie das Programm aus dem Internet heruntergeladen, öffnen Sie den Ordner, in dem Sie es gespeichert haben.
2. Klicken Sie nun auf den Pfeil am rechten Rand der Spaltenüberschrift *Typ*, und wählen Sie nur den Dateityp *Anwendung* aus. Jetzt zeigt der Explorer Ihnen nur noch ausführbare Programme an. Suchen Sie das Installationsprogramm.
3. Klicken Sie das Installationsprogramm mit der rechten Maustaste an, und wählen Sie im Kontextmenü den Eintrag *Eigenschaften*. Aktivieren Sie im zugehörigen Dialogfeld die Registerkarte *Kompatibilität*.

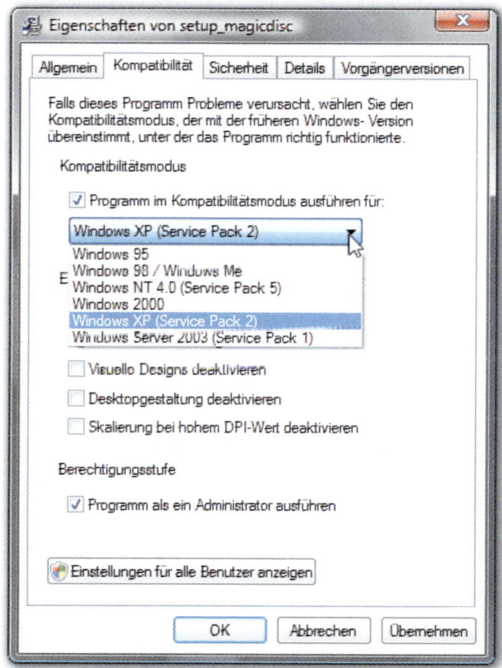

Abbildung 47.9 Ältere Programme kompatibel machen

4. Legen Sie im Bereich *Kompatibilitätsmodus* die Windows-Version fest, die dem Installationsprogramm vorgegaukelt werden soll, und bestätigen Sie mit *OK*.
5. Starten Sie das Installationsprogramm und stellen Sie fest, ob die Installation nun reibungslos verläuft.

Tipp

Das beschriebene Verfahren funktioniert nicht nur bei Installationsprogrammen, sondern auch bei älteren Programmen, die Sie bereits installiert haben. Startet also ein Programm nach der Installation ebenfalls nur unter Anzeige sonderbarer Fehlermeldungen oder gar nicht, können Sie versuchen, auch hier mit den Kompatibilitätseinstellungen für Abhilfe zu sorgen.

So finden Sie bereits installierte Programme: Öffnen Sie das Startmenü, tippen Sie unten links im Schnellsuchfeld den Begriff **%programfiles%** ein und bestätigen Sie mit der ↵-Taste.

Alternativ können Sie auch den Programmkompatibilitätsassistenten öffnen, der dasselbe mit einer hübschen Oberfläche tut: Wählen Sie im Startmenü den Eintrag *Systemsteuerung* und drücken dann Strg+E, um die Schreibmarke oben rechts ins Schnellsuchfeld zu setzen, falls der Eingabecursor nicht ohnehin in diesem Feld steht.

Dort geben Sie das Stichwort **ältere** ein. Schon sehen Sie unter der Überschrift *Standardprogramme* die Funktion *Ältere Programme mit dieser Windows-Version verwenden*. Klicken Sie auf diesen Link.

Firmen, die einen Rechnerpark verwalten, können diese und noch viele weitere Anpassungen direkt in der Kompatibilitätsdatenbank vornehmen und benötigen dazu spezielle Werkzeuge von Microsoft wie zum Beispiel den *Compatibility Administrator*, der Teil des *Application Compatibility Toolkit 5.0* ist. Beide werden im Rahmen dieses Buches zwar nicht besprochen, aber wenn Sie im Internet nach einem der beiden Begriffe suchen, werden Sie schnell Hintergrundinformationen finden.

Das neue Programm starten

Häufig starten neu installierte Programme direkt nach der Installation automatisch, aber falls nicht, finden Sie neu installierte Programme auch im Startmenü sehr einfach. Dort werden neu hinzugefügte Programme eine Zeit lang farblich hervorgehoben. Öffnen Sie also das Startmenü, und klicken Sie auf *Alle Programme*.

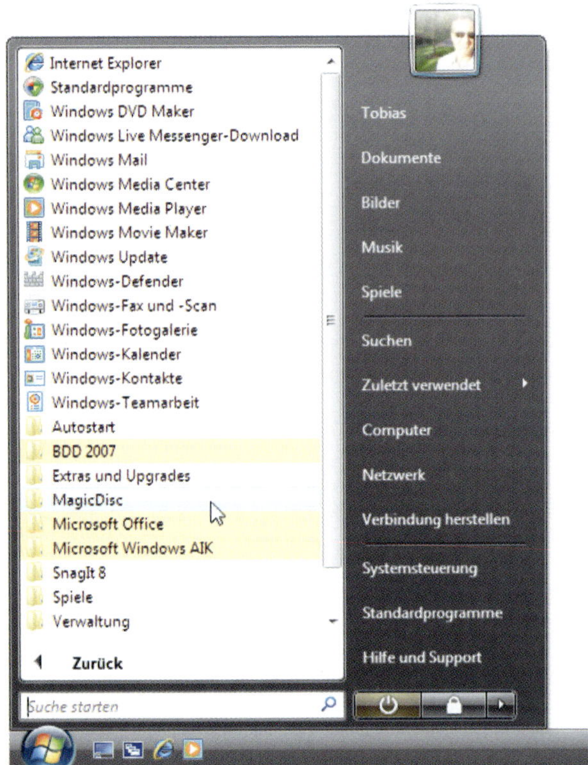

Abbildung 47.10 Neu installierte Programme werden im Startmenü farblich hervorgehoben

Klicken Sie das gewünschte Programm an, um es zu starten. Oder klicken Sie das Programm mit der rechten Maustaste an und wählen Sie im Kontextmenü einen der Einträge *An Startmenü anheften* oder *Zur Schnellstartleiste hinzufügen*, um es künftig einfacher aufrufen zu können.

Möglicherweise flackert der Bildschirm nach dem Start eines Programms, und plötzlich sieht der Bildschirm anders aus: die durchscheinenden Fensterrahmen sind nicht mehr transparent, die Miniaturvorschau in der Taskleiste funktioniert auch nicht mehr, und die Fensterumschaltung »Flip-3D« mit der Tastenkombination [⊞]+[↹] ist außer Betrieb.

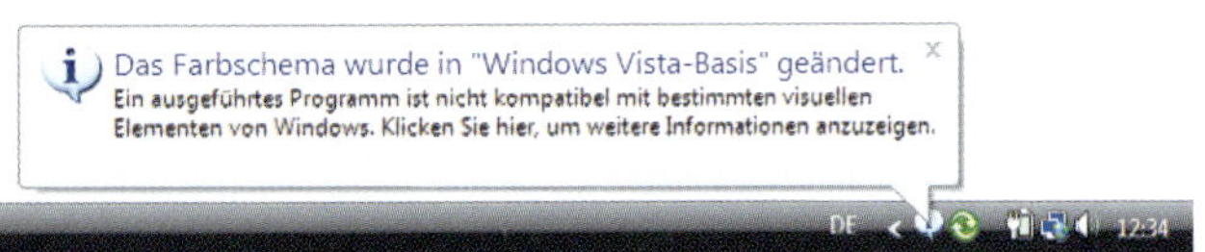

Abbildung 47.11 Ein gestartetes Programm ist nicht mit Vista Aero kompatibel

Was hier passiert ist, meldet eine Sprechblase im Infofeld der Taskleiste. Das Programm, das Sie gestartet haben, ist inkompatibel zur »Windows Aero«-Oberfläche. Deshalb wurde diese kurzerhand abgeschaltet, und Sie finden sich in der einfacheren Oberfläche »Windows Vista-Basis« wieder.

Diese Umschaltung ist allerdings nur vorübergehend. Sobald Sie das ursächlich verantwortliche Programm beenden, kehrt Vista wieder zur ursprünglichen Oberfläche.

Falls die Meldung aus Abbildung 47.11 auftaucht, ohne dass Sie selbst ein Programm gestartet haben, klicken Sie auf die Sprechblase.

Programme reparieren, ändern oder entfernen

So öffnen Sie die Liste der installierten Programme:

1. Wählen Sie im Startmenü den Eintrag *Systemsteuerung*, und tippen Sie ins Schnellsuchfeld in der rechten oberen Ecke den Begriff **Programm** ein.
2. Klicken Sie auf *Programme und Funktionen*. Ein Dialogfeld erscheint, und es kann einen Moment dauern, bis eine komplette Liste sämtlicher installierter Programme zusammengestellt ist.

Hinweis

Programme, die von Windows Vista mitgeliefert wurden, sind in dieser Liste nicht enthalten. Diese werden in einer Extraliste geführt, die Sie öffnen können, indem Sie in der Aufgabenspalte links im Fenster auf *Windows-Funktionen ein- oder ausschalten* klicken.

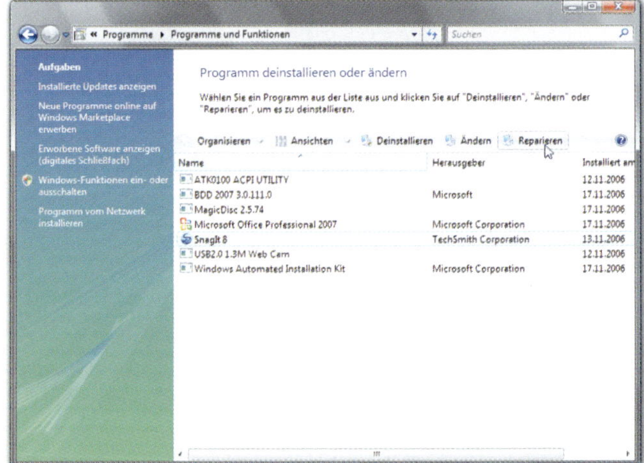

Abbildung 47.12 Programme nachträglich ändern, reparieren oder deinstallieren

In der Symbolleiste finden Sie jetzt alle wichtigen Funktionen. Welche Funktionen angezeigt werden, hängt davon ab, welches Programm Sie in der Liste per Klick markieren.

Befehl	Beschreibung
Organisieren	Dieser Befehl hat nichts mit den installierten Programmen zu tun, sondern findet sich in jedem Windows-Explorer Fenster. Sie können damit steuern, welche Elemente im Fenster angezeigt werden sollen und welche nicht.
Ansichten	Ändert die Symbolgröße und Darstellung der installierten Programme
Deinstallieren	Entfernt das Programm vom Computer. Wenn Sie es später noch einmal verwenden wollen, müssen Sie es zuerst neu installieren
Ändern	Öffnet das Installationsprogramm des Programms, damit Sie Teile des Programms entfernen oder hinzuinstallieren können. Nicht alle Programme unterstützen Änderungen.
Reparieren	Überprüft die Installation und repariert eventuell verloren gegangene oder beschädigte Teile. Nicht alle Programme unterstützen die automatische Reparatur.

Tabelle 47.1 Alle wichtigen Befehle rund um installierte Programme

Standardprogramme reparieren

Um die Zuordnungen zwischen Programmen und Dateien zu reparieren, wählen Sie im Startmenü den Eintrag *Systemsteuerung* und tippen rechts oben im Schnellsuchfeld den Begriff **Standard** ein. Klicken Sie dann auf *Standardprogramme*.

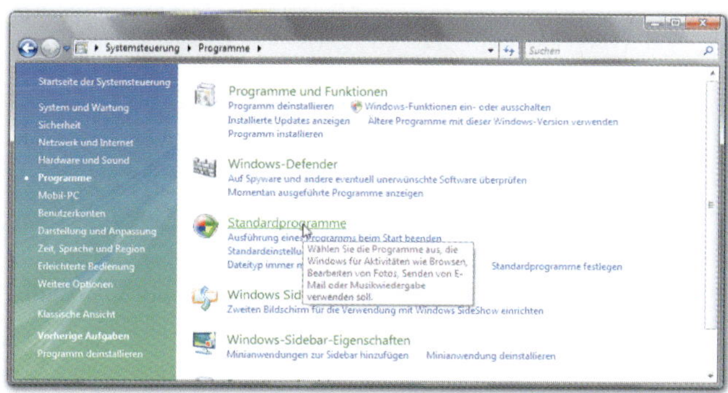

Abbildung 47.13 Standardprogramme festlegen

Sie sehen jetzt eine Auswahl verschiedener Funktionen. Klicken Sie auf *Standardprogramme festlegen*. In einer Liste sehen Sie die Standardprogramme, die auf Ihrem Computer installiert sind. Markieren Sie ein Programm, und klicken Sie im rechten Fensterbereich auf *Dieses Programm als Standard festlegen*. Alle Dateitypen, die sich mit diesem Programm öffnen lassen, werden nun diesem Programm zugeordnet.

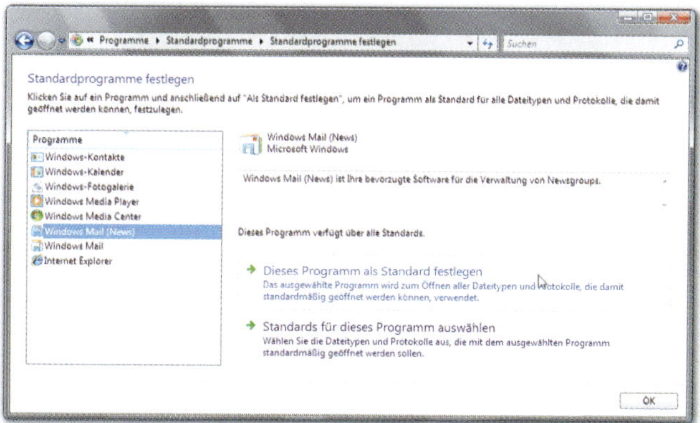

Abbildung 47.14 Standardprogramme neu festlegen

Klicken Sie dagegen auf *Standards für dieses Programm auswählen*, erfahren Sie detailliert, für welche Dateitypen dieses Programm zuständig ist. Sie können jetzt selbst festlegen, welche Dateitypen diesem Programm zugeordnet werden sollen.

Dateizuordnungen reparieren

Auch auf umgekehrtem Weg können Sie die Zuordnung zwischen Dateitypen und Programmen reparieren. Dazu klicken Sie im Fenster *Standardprogramme* auf *Dateityp oder Protokoll einem Programm zuordnen*.

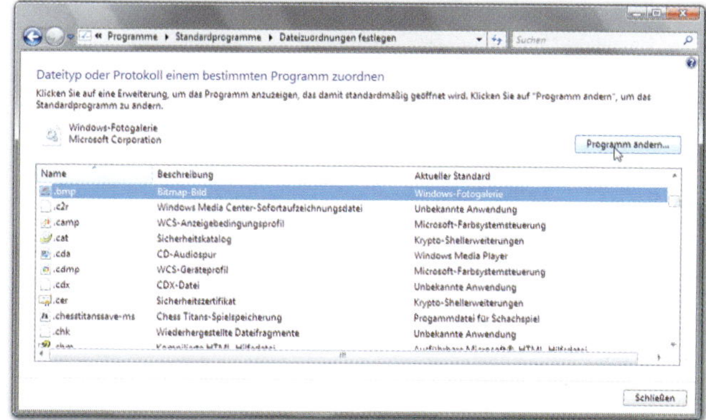

Abbildung 47.15 Zuordnung zwischen Dateityp und Programm ändern

Jetzt können Sie in einer langen Liste die Dateierweiterung des betreffenden Dateityps auswählen und sehen dann rechts daneben, welches Programm diesem Dateityp aktuell zugeordnet ist.

Klicken Sie auf *Programm ändern*, wenn Sie die Zuordnung ändern und lieber ein anderes Programm verwenden wollen. Es erscheint ein Programmauswahlfenster.

Windows-Funktionen installieren

Um auszuwählen, welche internen Windows Vista-Programme installiert sein sollen und auf welche Sie lieber verzichten, gehen Sie so vor:

1. Öffnen Sie das Startmenü und wählen Sie den Eintrag *Systemsteuerung*. Klicken Sie dann in der Systemsteuerung auf die Überschrift *Programme*.
2. Sie sehen nun die Überschrift *Programme und Funktionen* und darunter den Link *Windows-Funktionen ein- oder ausschalten*. Diese Funktion ist mit einem Schutzschild markiert und zeigt an, dass Sie Administratorrechte benötigen, weil die Windows-Funktionen nur gemeinsam für alle Benutzer installiert oder deinstalliert werden können. Klicken Sie auf den Link.
3. Sie werden nun nach Administratorrechten gefragt. Danach öffnet sich das Dialogfeld *Windows-Funktionen*. Es kann einige Sekunden dauern, bis Vista die Liste der Windows-Funktionen aktualisiert und anzeigt.
4. Sie sehen nun eine Liste sämtlicher optionaler Windows-Funktionen. Befindet sich im Kontrollkästchen vor einer Funktion ein Häkchen, ist diese aktuell installiert. Fehlt das Häkchen, ist die Funktion zurzeit nicht vorhanden.

Abbildung 47.16 Mitgelieferte Spiele installieren

Hinweis

Welche Funktionen genau in dieser Liste angeboten werden, hängt von der Windows Vista-Version ab, die Sie verwenden.

Um eine Funktion zu installieren, klicken Sie in das Kontrollkästchen vor der Funktion, damit darin ein Häkchen erscheint. Möchten Sie eine Funktion entfernen, entfernen Sie das Häkchen vor der Funktion. Wenn Sie mit der Maus auf eine Funktion zeigen, erscheint eine QuickInfo und verrät Ihnen, was die Funktion für Sie tun kann.

Haben Sie Ihre Auswahl getroffen, bestätigen Sie diese mit *OK*. Ihre Änderungen werden von Vista übernommen, was einige Sekunden dauern kann.

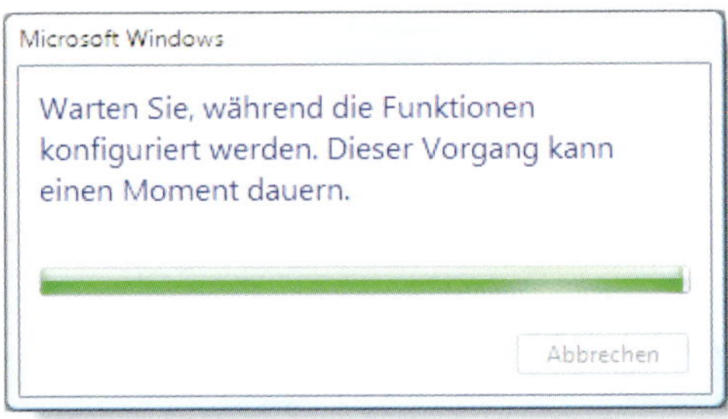

Abbildung 47.17 Windows Vista installiert und deinstalliert interne Komponenten

Aus wettbewerbsrechtlichen Gründen können viele der mitgelieferten Microsoft-Programme blockiert werden. Computerhersteller haben so die Möglichkeit, ähnliche Produkte anderer Hersteller anstelle der Microsoft-Programme für Sie einzurichten.

Ob das bei Ihnen der Fall ist, finden Sie so heraus:

1. Öffnen Sie das Startmenü, und wählen Sie den Eintrag *Systemsteuerung*. Klicken Sie im Fenster der Systemsteuerung auf die Überschrift *Programme*.
2. Klicken Sie dann auf die Überschrift *Standardprogramme*. Nun klicken Sie auf *Programmzugriff und Computerstandards festlegen*.
3. Weisen Sie sich nun mit Administratorrechten aus, denn diese Einstellungen gelten für alle Benutzer gemeinsam. Es erscheint das Dialogfeld *Programmzugriff und Computerstandards festlegen*.

Darin können Sie zwischen drei Profilen wählen:

- **Microsoft Windows** Alle Microsoft-Zubehörprogramme werden verwendet

- **Nicht Microsoft** Alle Microsoft-Zubehörprogramme werden blockiert
- **Benutzerdefiniert** Sie können selbst festlegen, welche Programme verwendet werden

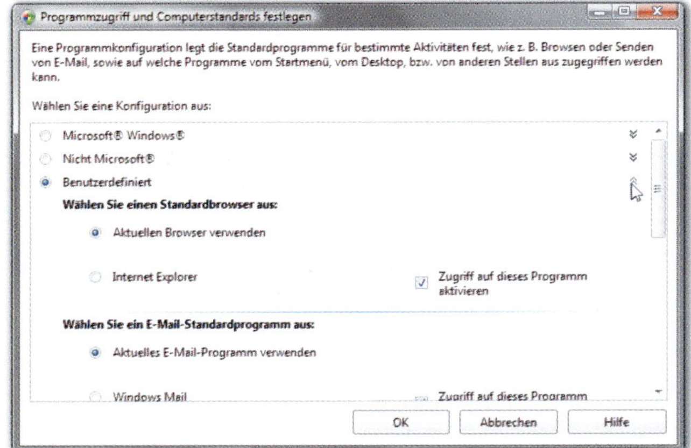

Abbildung 47.18 Microsoft-Zubehörprogramme können blockiert werden

Schauen Sie sich die Auswirkungen dieser Einstellungen an einigen Beispielen an:

1. Wählen Sie das Profil *Benutzerdefiniert*, und entfernen Sie das Häkchen hinter *Internet Explorer*. Damit wird der Zugriff auf den Internet Explorer komplett blockiert.
2. Klicken Sie auf *OK*, um die Änderung durchzuführen. Öffnen Sie dann das Startmenü, und klicken Sie oben auf *Internet*. Es erscheint die Meldung, dass dieses Element nicht mehr vorhanden ist, und Ihnen wird angeboten, das Element zu entfernen. Klicken Sie auf *Nein*.
3. Öffnen Sie erneut das Dialogfeld *Programmzugriff und Computerstandards festlegen*, und stellen Sie den Zugriff auf den Internet Explorer wieder her.

Wenn Sie also Microsoft-Programme blockieren, erscheinen diese für den Anwender so, als wären sie gar nicht installiert. Das ist nur dann sinnvoll, wenn Sie Alternativprogramme wie zum Beispiel einen alternativen Internetbrowser installiert haben und sicherstellen möchten, dass der Internet Explorer nicht verwendet wird.

Umgekehrt können Sie aber den Anwender auch explizit auf Microsoft-Programme festlegen. Möchten Sie zum Beispiel verhindern, dass der Anwender x-beliebige Internetbrowser einsetzt und ihn auf den Internet Explorer als einzigen Webbrowser festlegen, wählen Sie wieder das Profil *Benutzerdefiniert* und legen in der Kategorie *Wählen Sie einen Standardbrowser aus* die Option *Internet Explorer* fest.

Während Sie im Profil *Benutzerdefiniert* diese Entscheidung von Fall zu Fall treffen und auch die Möglichkeit haben, Microsoft-Programme und Programme von Drittanbietern parallel zu betreiben, sind die übrigen beiden Profile Extremfälle, bei denen Sie entweder sämtliche Microsoft-Zubehörprogramme blockieren oder den Anwender auf sämtliche Microsoft-Zubehörprogramme festlegen.

Defekte Programme beenden

Falls ein Programm, das Sie gerade verwenden, plötzlich nicht mehr auf Ihre Eingaben oder die Maus reagiert, ist es vielleicht nur ausgelastet. Geben Sie dem Programm einige Sekunden Zeit, um sich wieder zu fangen.

Reagiert das Programm auch nach einer Wartefrist nicht, können Sie das Programm abbrechen. Weil es dabei von Vista aus dem Speicher geworfen wird, haben Sie allerdings keine Möglichkeit mehr, Ihre ungesicherten Arbeiten im Programm zu speichern. Diese Arbeiten gehen in diesem Fall verloren.

Programme sofort abbrechen

Ist das Programm nicht einmal mehr in der Lage, sein eigenes Fenster zu aktualisieren, zeigt Windows Vista im Programmfenster die letzte Ansicht in einer abgeblendeten Form an. Das Fenster selbst bleibt also funktionsfähig, und nur sein Inhalt wird »eingefroren«. Versuchen Sie deshalb zunächst, das Fenster wie gewohnt zu schließen.

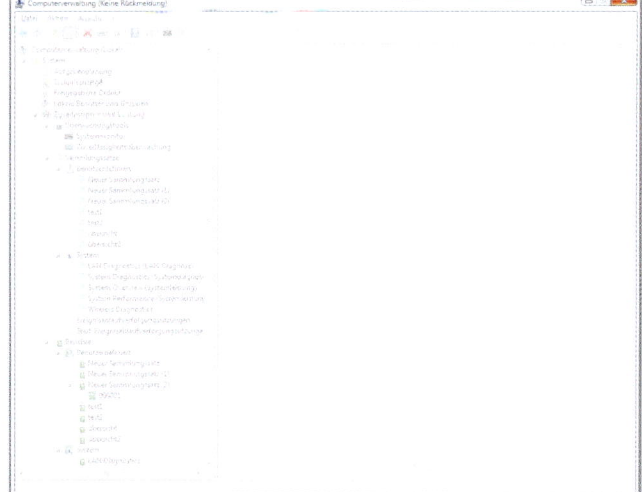

Abbildung 47.19 Nicht mehr reagierendes Anwendungsfenster wird abgeblendet angezeigt

Reagiert das Programm nicht auf die Anforderung, erscheint ein Meldungsfeld. Klicken Sie darin auf *Auf Antwort des Programms warten*, wenn Sie dem Programm noch mehr Zeit geben wollen, sich zu fangen. Sobald Sie auf *Programm schließen* klicken, wird das Programm gewaltsam von Windows beendet, und alle ungespeicherten Arbeiten in diesem Programm gehen verloren.

Task-Manager verwenden

Reagiert das Programm noch nicht einmal auf das Schließen seines Fensters, hilft Ihnen der Task-Manager weiter. Er verwaltet alle laufenden Programme und wird mit erhöhter Priorität ausgeführt, sodass er auch dann noch funktioniert, wenn es zu einem schwerwiegenden Programmfehler gekommen ist.

Um den Task-Manager zu öffnen, klicken Sie entweder mit der rechten Maustaste auf eine freie Stelle der Taskleiste und wählen im Kontextmenü den Befehl *Task-Manager aus* oder drücken die Tastenkombination `Strg`+`Alt`+`Entf`. Klicken Sie im daraufhin angezeigten Sicherheitsbildschirm auf *Task-Manager starten*.

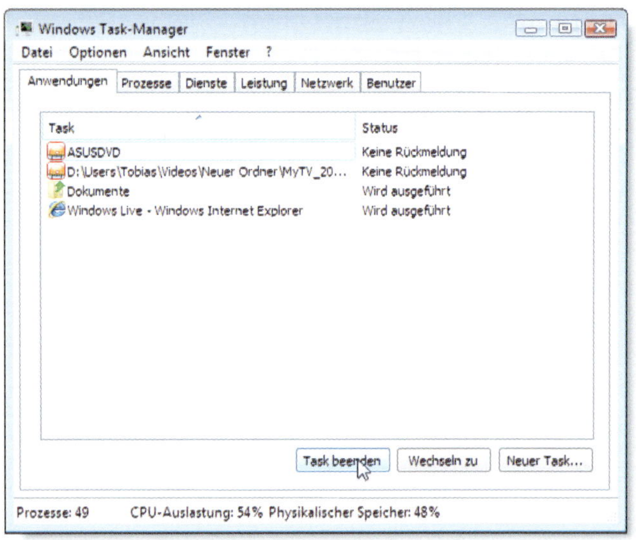

Abbildung 47.20 Programme im Task-Manager beenden

Sie sehen nun im Task-Manager auf der Registerkarte *Anwendungen* alle Programme, die momentan ausgeführt werden. Anhand der Einträge in der Spalte *Status* können Sie erkennen, ob die Programme funktionieren oder nicht. Steht hier »Keine Rückmeldung«, reagiert das Programm nicht mehr auf normale Eingaben.

Markieren Sie ein Programm in der Liste, und klicken Sie dann auf die Schaltfläche *Task beenden*. Das Programm wird nun gewaltsam beendet, was einige Sekunden dauern kann.

Problemberichte erstellen

Wenn Sie ein Programm vorzeitig abbrechen, erstellt Windows automatisch einen Problembericht. Der Problembericht enthält alle technischen Fakten, die der Programmhersteller benötigt, um die Ursache für das Problem zu erkennen. Die Zusammenstellung dieser Informationen kann einige Sekunden dauern. Wenn Sie zugestimmt haben, das Windows automatisch nach Lösungen bei Microsoft suchen soll, dann wird der Problembericht anschließend an Microsoft übermittelt. Sind Sie daran nicht interessiert, klicken Sie auf die Schaltfläche *Abbrechen*.

Abbildung 47.21 Ein Fehlerbericht wird erstellt

Anders als in früheren Windows-Versionen erhalten Sie ein unmittelbares Feedback. War das Problem bereits bekannt und gibt es dafür eine Lösung, dann werden Sie sofort über die Lösung in Kenntnis gesetzt und könnten zum Beispiel eine neue Programmversion oder ein kostenloses Update einspielen.

Möchten Sie genauer sehen, welche Informationen dabei an Microsoft gesendet werden, dann klicken Sie auf *Details anzeigen*. Um den Bericht abzusenden, klicken Sie auf *Informationen senden*.

Mehr zu diesem Thema lesen Sie in Kapitel 52 und erfahren dort auch, wie Sie die Problemberichterstattung ein- und ausschalten.

Zusammenfassung

Bevor Sie neue Programme installieren, sollten Sie sich informieren, ob sie für Windows Vista geeignet sind. Empfehlenswert ist außerdem eine Antivirus-Lösung, damit Sie nicht versehentlich bösartige Programme installieren.

Während des Installationsvorgangs werden Sie auf mögliche Sicherheitsprobleme hingewiesen. Achten Sie darauf, dass das Programm, das Sie installieren, aus einer vertrauenswürdigen Quelle stammt.

Ältere Programme haben mitunter Schwierigkeiten, auf Anhieb unter Windows Vista zu laufen. In den meisten Fällen genügt es, ältere Programme als Administrator auszuführen. Alle Kompatibilitätseinstellungen finden Sie auf dem Register *Kompatibilität* auf der *Eigenschaften*-Seite eines Programms.

Sollte ein älteres Programm direkten Zugriff auf den Bildschirm benötigen, dann schaltet Windows Vista vorübergehend die Aero-Oberfläche ab. Sie kommt automatisch zurück, wenn das Programm wieder beendet wird.

Reagiert ein Programm überhaupt nicht mehr, dann bemerkt Windows Vista dies in der Regel automatisch und bietet an, mit einem Problembericht online nach Lösungen zu suchen. Sie können hängen gebliebene Programme auch von Hand mit dem Task-Manager beenden, verlieren in beiden Fällen aber alle darin ungesicherten Daten.

Sie möchten ...	So gehen Sie vor	Sehen Sie sich dazu das Beispiel an auf
feststellen, ob ein Programm für Windows Vista geeignet ist	Suchen Sie nach dem *Zertifiziert für Windows Vista*-Logo	Seite 744
ein Programm von CD oder DVD installieren	Legen Sie den Datenträger ins Laufwerk und warten Sie, bis die automatische Wiedergabe den Start des Installationsprogramms ermöglicht	Seite 744
ein Programm aus dem Internet installieren	Entpacken Sie das Programm, falls nötig, und starten Sie es dann per Doppelklick	Seite 745
Windows Ultimate-Extras installieren	Öffnen Sie die Update-Funktion und suchen Sie nach neuen Updates	Seite 746
ein Programm kompatibel machen	Klicken Sie das Programm mit der rechten Maustaste an und wählen Sie *Eigenschaften*. Holen Sie die Registerkarte *Kompatibilität* in den Vordergrund.	Seite 746
ein Programm entfernen oder reparieren	Öffnen Sie die Programm-Liste, und klicken Sie auf *Deinstallieren*, *Ändern* oder *Reparieren*	Seite 748
die Zuordnung zwischen einem Dateityp und einem Programm ändern	Verwenden Sie die Systemsteuerung	Seite 749
zusätzliche Windows-Funktionen installieren	Verwenden Sie die Funktion *Windows-Funktionen ein- und ausschalten*	Seite 750
ein Programm beenden, das nicht mehr reagiert	Öffnen Sie den Task-Manager, wählen Sie das Programm aus, und klicken Sie auf *Task beenden*	Seite 751

Tobias Weltner

Windows Vista Home Basic	eingeschränkt	Windows Vista Business	vollständig
Windows Vista Home Premium	eingeschränkt	Windows Vista Enterprise	vollständig
Windows Vista Ultimate	vollständig		

Funktion wird von dieser Windows Vista-Edition
vollständig unterstützt ✓ · eingeschränkt unterstützt ⊙ · nicht unterstützt ⊗

48

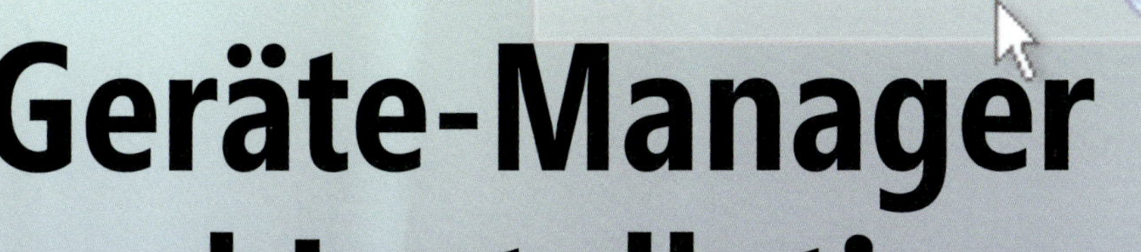

Geräte-Manager und Installation

In diesem Kapitel erfahren Sie, wie die Geräteerkennung funktioniert. So lösen Sie nicht nur mit dem Geräte-Manager eventuelle Probleme, die bei der Geräteinstallation aufgetreten sind. Sie können auch den Installationsvorgang selbst beeinflussen und zum Beispiel bis ins letzte Detail festlegen, welche Geräte installiert werden dürfen und welche nicht.

Geräte erkennen und installieren

Moderne Geräte, die für Windows Vista entwickelt wurden, werden vollautomatisch installiert und benötigen keine besonderen Rechte. Glücklicherweise gilt das auch für die meisten älteren Geräte, die noch für Windows XP entwickelt wurden.

Wenn Sie bei der Anschaffung neuer Geräte sichergehen wollen, achten Sie auf die folgenden Logos:

Logo	Beschreibung
Works with Windows Vista	Das Gerät funktioniert in seinen wesentlichen Funktionen unter Windows Vista.
Zertifiziert für Windows Vista	Gerät unterstützt alle Windows Vista-Funktionen und bietet unter Windows Vista maximale Geschwindigkeit und Leistung.

Tabelle 48.1 Logos des »Hardware Certification Program«

Tipp

Möchten Sie Ihre vorhandenen Geräte vor einer Umstellung auf Windows Vista überprüfen, verwenden Sie die folgenden Werkzeuge, die Sie über das Internet kostenlos von Microsoft beziehen können:

- **Windows Vista Readiness Assessment (WVRA)** Testen Sie damit Ihr Netzwerk, und erstellen Sie ein Hardwareinventar, das Ihnen mögliche Inkompatibilitäten im Vorfeld anzeigt
- **Windows Vista Upgrade Advisor** Überprüft einzelne Computer und meldet Probleme, die beim Umstieg auf Vista auftreten könnten

Wie neue Geräte installiert werden ...

Die automatische Geräteinstallation ist ein mehrstufiger Prozess, der normalerweise innerhalb weniger Sekunden abläuft, wenn Sie ein neues Gerät anschließen.

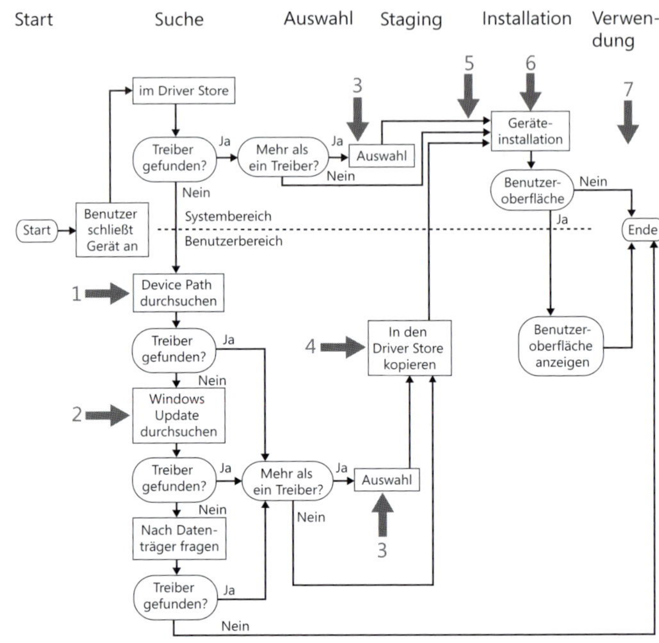

Einflussmöglichkeiten für Administratoren

1. DevicePath-Registrierungsdatenbank-Eintrag
2. Computerkonfiguration/Administrative Vorlagen/System/Treiberinstallation/Eingabeaufforderung zur Suche nach Gerätetreibern auf Windows Update deaktivieren
3. Computerkonfiguration/Administrative Vorlagen/System/Geräteinstallation/Alle digital signierten Treiber bei Treiberbewertung und Auswahl gleich behandeln
4. Gruppenrichtlinien bestimmen, wer welche Treiber in den Driver Store aufnehmen darf
5. Gruppenrichtlinien bestimmen, welche Gerätetreiber installiert werden dürfen und welche nicht
6. Gruppenrichtlinien bestimmen, ob Datenträger nur gelesen, nur beschrieben, oder gelesen und beschrieben werden dürfen
7. Gruppenrichtlinien bestimmen, wer welche Wechselmediengeräte verwenden darf (benutzerabhängig)

Abbildung 48.1 Der Installationsprozess für neue Geräte

Geräteerkennung

Windows Vista wird automatisch benachrichtigt, wenn Sie ein neues Gerät an eine Plug&Play-Schnittstelle anschließen. Solche Schnittstellen sind vor allen Dingen USB-Anschlüsse, aber auch PC-Card-Slots in Notebooks gehören dazu.

Tipp

Schließen Sie Geräte an alte Nicht-Plug&Play-Schnittstellen an – einen Drucker mit Parallelkabel (*Centronics*) beispielsweise –, wird Windows Vista nicht informiert, und Sie müssen das Gerät mit dem Geräteinstallations-Assistenten installieren.

Windows Vista blendet die Sprechblase in Abbildung 48.2 im Infofeld der Taskleiste ein und nimmt Kontakt zum Gerät auf.

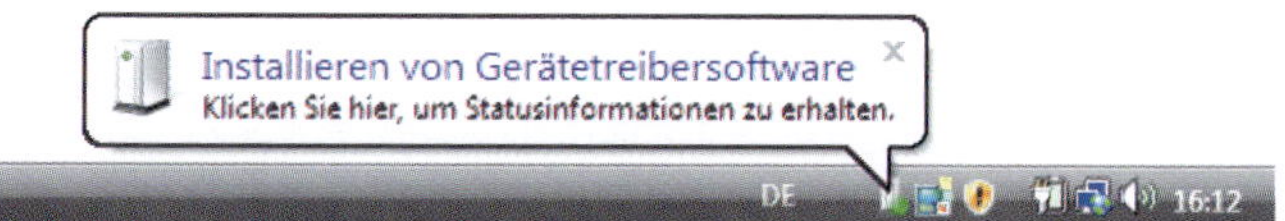

Abbildung 48.2 Ein neues unbekanntes Gerät wurde erkannt

Es erfragt vom Gerät die Geräteklasse, also die Art des Gerätes, sowie die internen Bezeichner des Gerätes.

PROFITIPP

In den Gruppenrichtlinien können Sie über die Richtlinie *Computerkonfiguration/Administrative Vorlagen/System/Geräteinstallation/Sprechblasen mit der Meldung "Neue Hardware gefunden" während der Geräteinstallation deaktivieren* die Sprechblasen auch komplett ausschalten, sodass der Anwender von der Installation nichts bemerkt.

Auch die Dauer der Treiberinstallation können Sie dort begrenzen. In den Vorgaben bricht Windows Vista eine Geräteinstallation erst ab, wenn sie innerhalb von fünf Minuten nicht abgeschlossen werden konnte. Mit der folgenden Richtlinie lässt sich diese Vorgabe ändern: *Computerkonfiguration/Administrative Vorlagen/System/Geräteinstallation/Zeitlimit für Geräteinstallation festlegen.*

Treiber im Driver Store vorhanden

Anhand der Identifikation des Gerätes sucht Windows Vista nun in seinem internen Driver Store nach einem passenden Treiber. Der Driver Store ist ein spezieller Speicherbereich, in dem Windows Vista alle Gerätetreiber aufbewahrt, die ohne besondere Administratorrechte installiert werden dürfen.

Falls im Driver Store ein passender Treiber vorhanden ist, installiert Windows diesen Treiber und macht das Gerät betriebsbereit. Wenig später meldet die Sprechblase, dass das Gerät einsatzbereit ist.

Abbildung 48.3 Im Idealfall wird der Gerätetreiber vollautomatisch installiert

Klicken Sie auf diese Sprechblase bevor Sie verschwindet, meldet ein Dialogfeld noch einmal den Erfolg der Installation.

Abbildung 48.4 Das Gerät wurde einwandfrei installiert und kann jetzt verwendet werden

Treiber nicht im Driver Store vorhanden

Enthält der Driver Store den gesuchten Treiber nicht, muss dieser von einem anderen Ort – zum Beispiel einer Hersteller-CD – zuerst in den Driver Store kopiert werden.

Weil dafür in der Regel Administratorberechtigungen nötig sind, schaut Windows nun in den Sicherheitseinstellungen nach, ob normale Anwender berechtigt sind, Treiber für diese Geräteklasse zu installieren. Falls ja, sieht der Anwender direkt das Dialogfeld aus Abbildung 48.7 und kann auch ohne Administratorberechtigungen einen Treiber suchen und installieren.

Keine Ausnahme für normale Anwender eingerichtet

In den meisten Fällen allerdings ist der normale Anwender dazu nicht berechtigt worden. Deshalb erscheint jetzt das Dialogfeld aus Abbildung 48.5.

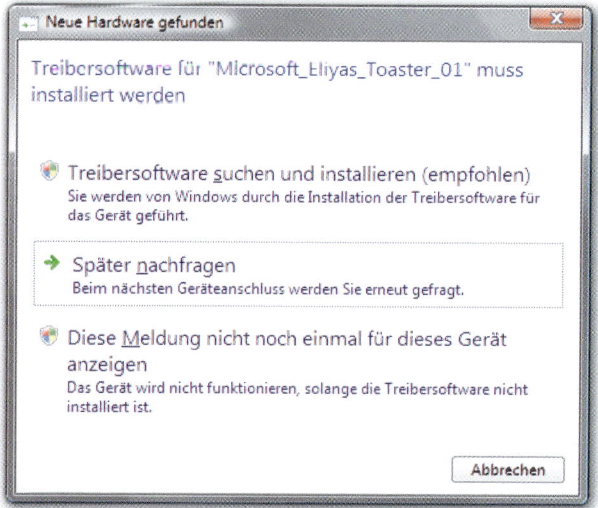

Abbildung 48.5 Treiber mit Administratorberechtigungen in den Driver Store kopieren

Der normale Anwender kann von den drei Optionen nur *Später nachfragen* wählen und damit die Installation des Gerätes verschieben. Das Gerät kann also nicht verwendet werden, aber Windows fragt erneut nach dem Treiber, wenn das Gerät das nächste Mal angeschlossen wird.

Die anderen beiden Optionen erfordern Administratorrechte. Sind Sie bereits mit einem Administratorkonto angemeldet, werden Sie lediglich um Ihre Zustimmung gebeten. Sind Sie mit einem normalen Benutzerkonto angemeldet, erhalten Sie die Möglichkeit, ein Administratorkonto anzugeben (Abbildung 48.6).

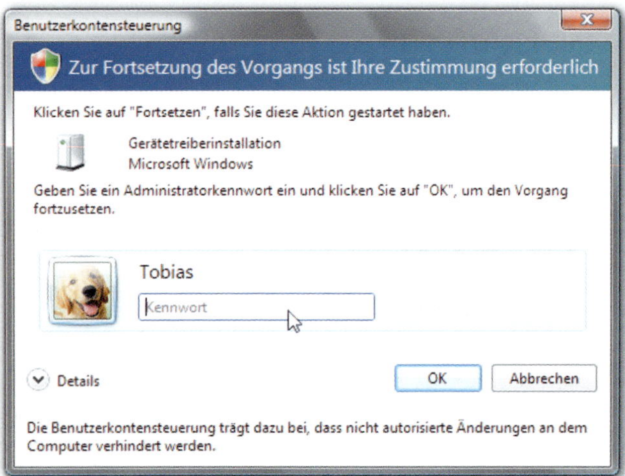

Abbildung 48.6 Normale Anwender können sich mit einem Administratorkonto ausweisen

Wählen Sie die Option *Diese Meldung nicht noch einmal für dieses Gerät anzeigen*, wird die Installation nicht durchgeführt. Das Gerät bleibt ohne Funktion, und im Gegensatz zu *Später nachfragen* wird Windows das Gerät nicht mehr versuchen zu installieren. Es wird im Geräte-Manager in der Kategorie *Unbekannte Geräte* geführt und kann nur noch direkt im Geräte-Manager funktionsbereit gemacht werden.

Treiber von Hand angeben

Klicken Sie dagegen auf *Treibersoftware suchen und installieren (empfohlen)*, sucht Windows zunächst an verschiedenen Orten nach dem Treiber, und wenn es den Treiber nirgends finden konnte, erscheint das Dialogfeld aus Abbildung 48.7.

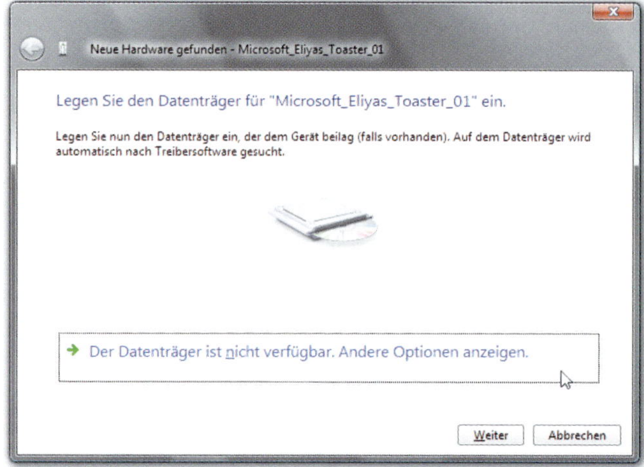

Abbildung 48.7 Einen Treiber von der Hersteller-CD lesen oder direkt angeben

Entweder legen Sie nun eine CD oder DVD des Geräteherstellers ein. Windows Vista sucht daraufhin auf dem Datenträger nach dem Gerätetreiber. Oder Sie klicken auf *Der Datenträger ist nicht verfügbar. Andere Optionen anzeigen*. In diesem Fall erscheint das Dialogfeld aus Abbildung 48.8.

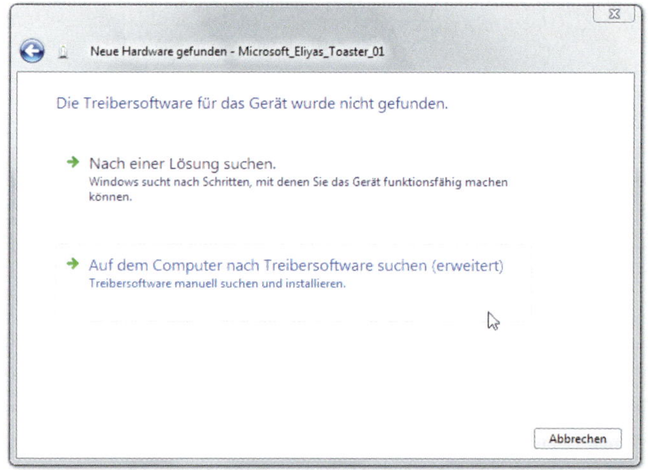

Abbildung 48.8 Treiber von Hand angeben

Klicken Sie auf *Nach einer Lösung suchen*, versucht Windows Vista, das Gerät auf anderem Wege betriebsbereit zu machen, was in der Regel scheitert. Wissen Sie dagegen, dass der Gerätetreiber sich an einem anderen Ort befindet, zum Beispiel in einem Ordner mit aus dem Internet heruntergeladenen Treibern, dann klicken Sie auf den Link *Auf dem Computer nach Treibersoftware suchen (erweitert)*.

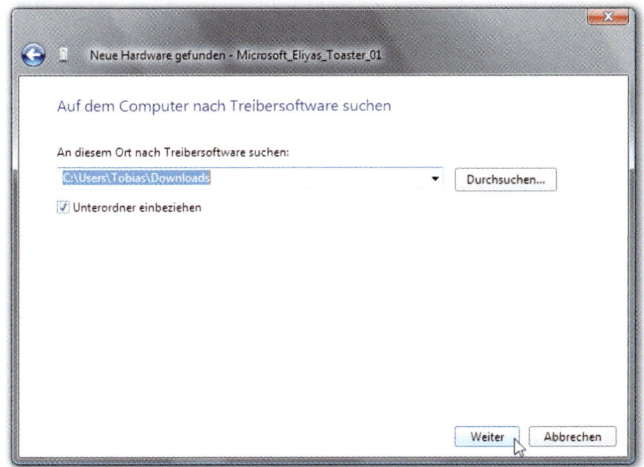

Abbildung 48.9 Einen alternativen Ort für die Treiber angeben

Jetzt legen Sie per Klick auf *Durchsuchen* einen anderen Ort fest, an dem nach geeigneten Treibern gesucht werden soll. Aktivieren Sie das Kontrollkästchen *Unterordner einbeziehen*, damit auch Unterordner durchsucht werden, und klicken Sie auf *Weiter* (Abbildung 48.9).

Signierte und nicht signierte Treiber

Wurde ein passender Treiber gefunden, hängt es nun noch davon ab, ob dieser Treiber digital signiert ist oder nicht.

Ein digital signierter Treiber ist vertrauenswürdig, weil entweder Microsoft selbst oder eine andere Institution, die innerhalb Ihres Netzwerks als vertrauenswürdig eingestuft wurde, den Treiber untersucht und für zuverlässig erachtet hat.

Ein nicht signierter Treiber dagegen stammt unter Umständen aus einer unseriösen Quelle und kann die Stabilität des Computers beeinträchtigen, für Fehler sorgen oder im schlimmsten Fall sogar Viren oder andere bösartige Programme enthalten.

Weil das sein kann, aber nicht sein muss, dürfen unsignierte Treiber zwar installiert werden, aber nur von besonders geschulten Anwendern, denen man zutraut, die nötige Vorsicht walten zu lassen: den Administratoren. Spätestens bei der Auswahl eines unsignierten Gerätetreibers müssen Sie sich also als Administrator ausweisen. Es erscheint anschließend ein dramatisch rotes Dialogfeld und weist auf das Problem hin (Abbildung 48.10).

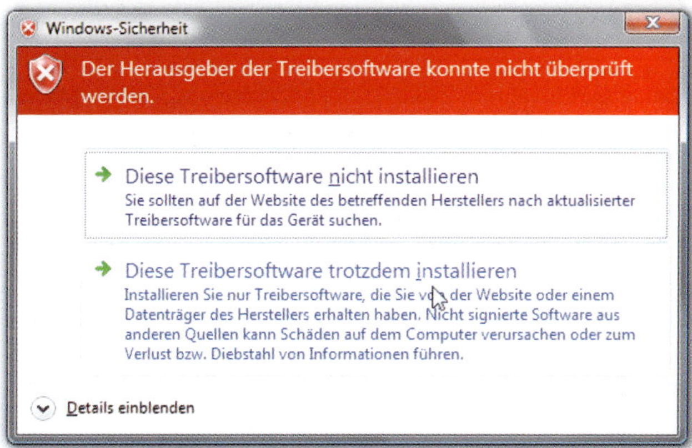

Abbildung 48.10 Installieren Sie einen unsignierten Treiber nur, wenn Sie der Quelle absolut vertrauen

Hinweis 

Bei der 64-Bit-Version von Windows Vista müssen Kernelmode-Treiber immer digital signiert sein.

Wenn Sie selbst Treiber signieren wollen, finden Sie dazu eine Anleitung in Kapitel 23.

Falls Sie mehrere geeignete Treiber für ein Gerät besitzen, orientiert sich Windows Vista ebenfalls nach der Treibersignatur. Vorrang hat immer ein signierter Treiber, und wenn mehrere geeignete Treiber signiert sind, hat die Microsoft-Signatur wiederum Vorrang vor anderen Signaturen, selbst dann, wenn ein anderer Treiber eigentlich neuer ist.

Das kann zu einem Problem werden, wenn Sie aktuellste Treiber direkt vom Gerätehersteller beziehen und auf dem Computer bereits ein Gerätetreiber vorhanden ist, der von Microsoft signiert wurde. Mit den Gruppenrichtlinien haben Sie über folgende Richtlinie die Möglichkeit, zumindest alle digital signierten Treiber gleich behandeln zu lassen, sodass eine neuere Version des Herstellers Vorrang vor vorhandenen Microsoft-Treibern erhält:

Computerkonfiguration/Administrative Vorlagen/System/Geräteinstallation/Alle digital signierten Treiber bei Treiberbewertung und Auswahl gleich behandeln.

Keine Treiber gefunden – Fehlschlag

Falls auch dort keine passenden Treiber gefunden werden konnten, wird die Installation abgebrochen, und die Sprechblase informiert über den Fehlschlag.

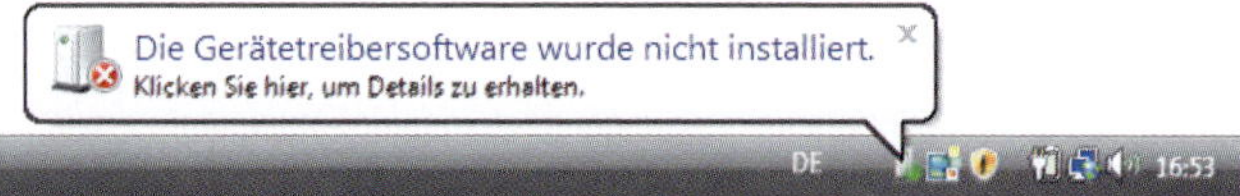

Abbildung 48.11 Ohne passende Treiber kann das Gerät nicht verwendet werden

Systemwiederherstellungspunkt

Bevor Windows Vista auf die eben beschriebene Weise einen neuen Gerätetreiber installiert (oder einen vorhandenen Treiber ändert), wird als Vorgabe stets ein neuer Systemwiederherstellungspunkt angelegt.

Dieser funktioniert wie ein Systemschnappschuss und sorgt dafür, dass Sie bei Installationspannen auf jeden Fall den Computer in den Zustand zurückversetzen können, der vor der Treiberinstallation galt.

Im Falle eines Falles gehen Sie dann so vor, um den Systemwiederherstellungspunkt zu aktivieren:

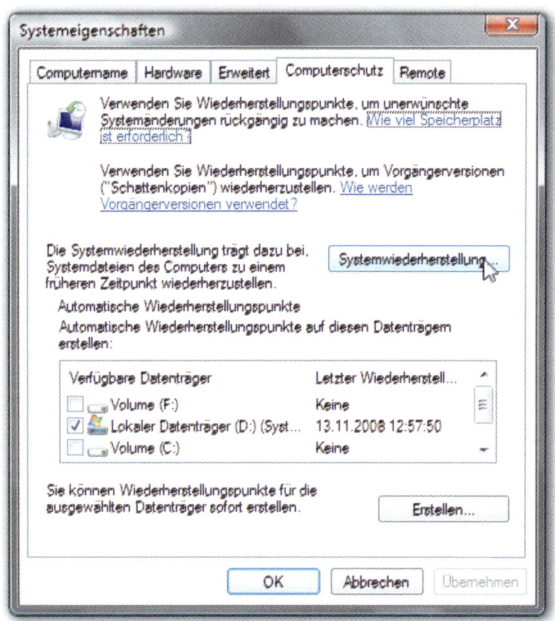

Abbildung 48.12 Systemwiederherstellung bei missglückter Hardwareinstallation

1. Öffnen Sie das Startmenü, und klicken Sie mit der rechten Maustaste auf *Computer*. Wählen Sie im Kontextmenü den Eintrag *Eigenschaften*.
2. Klicken Sie in der linken Spalte des daraufhin geöffneten Fensters auf *Computerschutz*, und im anschließend geöffneten Dialogfeld klicken Sie auf die Schaltfläche *Systemwiederherstellung*.
3. Sie können nun die *Empfohlene Wiederherstellung* oder mit der Option *Anderen Wiederherstellungspunkt auswählen* auch einen länger zurückliegenden Systemwiederherstellungspunkt bestimmen und den Computer auf diesen Stand zurückdrehen.

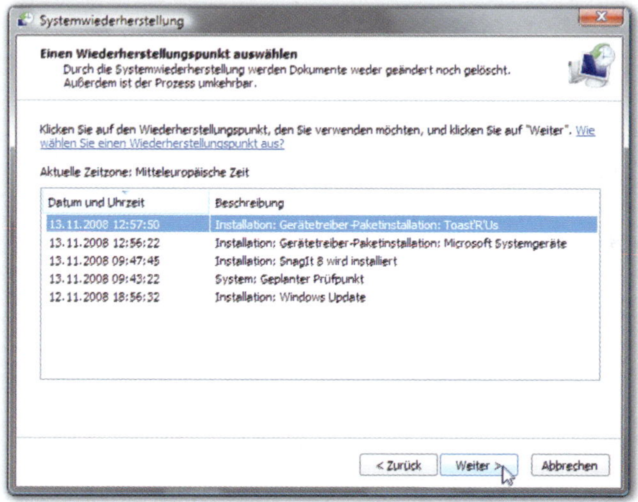

Abbildung 48.13 Einen Systemwiederherstellungspunkt auswählen

Wichtig 

Die Systemwiederherstellung betrifft nur Systemeinstellungen und nicht Ihre privaten Daten. Es werden alle Änderungen am System zwischen dem aktuellen Zustand und dem gewählten Prüfpunkt rückgängig gemacht, also auch beispielsweise alle übrigen Programminstallationen, die Sie in diesem Zeitraum vorgenommen haben.

Notwendig ist die Systemwiederherstellung nur in Ausnahmefällen, wenn zum Beispiel der Computer nach der Geräteinstallation nicht mehr richtig funktioniert und auch die Deinstallation des Gerätes keine Abhilfe schafft.

Systemwiederherstellungspunkte werden nicht angelegt, wenn Sie in den Gruppenrichtlinien diese Richtlinie aktivieren: *Computerkonfiguration/Administrative Vorlagen/System/Geräteinstallation/Bei der Installation eines neuen Gerätetreibers keinen Systemwiederherstellungspunkt erstellen.*

Sonderfall Bluetooth-Geräte

Bluetooth ist der Name für einen Funkstandard, mit dem man Geräte drahtlos mit dem Computer verbinden kann, die sich in der Nähe befinden. Das könnten zum Beispiel drahtlose Tastaturen, aber auch Drucker sein.

Im Gegensatz zu den meist günstigeren drahtlosen Infrarot-Geräten ist Bluetooth wesentlich zuverlässiger, weil es Reichweiten zwischen 10 und 100 Metern überbrückt. Anders als Infrarot ist es nicht auf Sichtverbindung angewiesen, sondern verwendet Funkfrequenzen.

> **Hinweis**
>
> Damit Sie Bluetooth-Geräte an Ihrem Computer anmelden können, muss Ihr Computer mit einem Bluetooth-Empfänger ausgerüstet sein. Bei vielen Notebooks ist das bereits von Haus aus der Fall. Fehlt Bluetooth, dann rüsten Sie es nach. Es gibt günstige Bluetooth-Empfänger, die einfach wie ein USB-Stick in einen freien USB-Steckplatz gesteckt werden.

Bluetooth-Geräte müssen zuerst explizit angemeldet werden, damit keine fremden Geräte ungewollten Kontakt zu Ihrem Computer aufnehmen. Dabei tauschen Computer und Bluetooth-Gerät einen so genannten Hauptschlüssel aus, also eine geheime Zahl.

Diese Anmeldung braucht nur einmal zu geschehen. Ist das Gerät erst angemeldet, dann kann man es jederzeit verwenden, sobald es sich in Funkreichweite befindet. Nach der Erstanmeldung läuft auch die weitere Geräteinstallation ganz genauso ab wie bei herkömmlichen Geräten.

Vorhandene Bluetooth-Geräte verwalten

Alle Bluetooth-Geräte werden von der Systemsteuerung verwaltet. So verschaffen Sie sich eine Übersicht über alle an Ihrem Computer angemeldeten Bluetooth-Geräte:

1. Wählen Sie im Startmenü *Systemsteuerung*. Geben Sie oben rechts ins Schnellsuchfeld ein: *Bluetooth*
2. Klicken Sie auf die Überschrift *Bluetooth-Geräte*. Ein Dialogfeld öffnet sich und zeigt alle aktuell angemeldeten Bluetooth-Geräte.

Von hier aus entfernen Sie per Klick auf *Entfernen* Bluetooth-Geräte, mit denen Sie nicht länger zusammenarbeiten wollen. Wollen Sie neue Bluetooth-Geräte anmelden, dann klicken Sie auf *Hinzufügen*.

Neue Bluetooth-Geräte anmelden

Möchten Sie ein neues Bluetooth-Gerät anmelden, dann klicken Sie in *ABB* auf *Hinzufügen*. Ein Assistent startet und weist Sie darauf hin, dass das Bluetooth-Gerät in den Erkennungsmodus geschaltet werden muss. Nur so kann das Bluetooth-Gerät von Ihrem Computer aufgespürt werden.

Abbildung 48.14 Machen Sie das Bluetooth-Gerät zuerst »sichtbar«

Meist ist dazu an Geräten wie Tastaturen oder Mäusen ein kleiner Drucktaster angebracht. Bei Mobiltelefonen schalten Sie die Sichtbarkeit des Gerätes über das Menü ein.

Ist das Bluetooth-Gerät sichtbar geschaltet, dann aktivieren Sie die Option *Gerat ist eingerichtet und kann erkannt werden*. Dann klicken Sie auf *Weiter*.

Der Computer sucht nun nach Bluetooth-Geräten in der Nähe und listet sie auf. Wählen Sie aus der Liste das gewünschte Gerät, und klicken Sie auf *Weiter*.

Um nachzuweisen, dass Sie der berechtigte Eigentümer des Gerätes sind und nicht etwa versuchen, sich mit einem fremden Bluetooth-Gerät in Ihrer Nähe zu verbinden, wird nun ein Hauptschlüssel ausgetauscht. Dazu haben Sie mehrere Optionen zur Auswahl:

- **Hauptschlüssel automatisch auswählen** Windows Vista generiert einen zufälligen Schlüssel für Sie, den Sie danach ins Bluetooth-Gerät eingeben müssen. Einige Geräte wie zum Beispiel Tastaturen verlangen, dass Sie die Eingabe mit der [↵]-Taste bestätigen.
- **Hauptschlüssel aus der Dokumentation verwenden** Bei Geräten, in die man bauartbedingt keinen Hauptschlüssel eingeben kann, zum Beispiel eine Maus, verwenden Sie

den Hauptschlüssel, den der Hersteller fest im Gerät hinterlegt hat.

- **Eigenen Hauptschlüssel auswählen** Natürlich können Sie den Hauptschlüssel auch selbst festlegen. Wie beim automatisch generierten Schlüssel müssen Sie den Schlüssel beim Gerät eingeben können.
- **Keinen Hauptschlüssel verwenden** Ist das Gerät nicht geschützt, dann brauchen Sie keinen Hauptschlüssel zu verwenden. Allerdings kann sich jeder in Funkreichweite mit solchen Geräten verbinden. Einige Bluetooth-Drucker verwenden dieses Prinzip.

Klicken Sie auf *Weiter*. Die Verbindung zum Bluetooth-Gerät wird hergestellt, und Sie werden je nach gewählter Option aufgefordert, den vereinbarten Schlüssel zur Bestätigung am Bluetooth-Gerät einzugeben.

Danach ist das Gerät angemeldet und wird, wie im Abschnitt »Geräte erkennen und installieren« beschrieben, installiert.

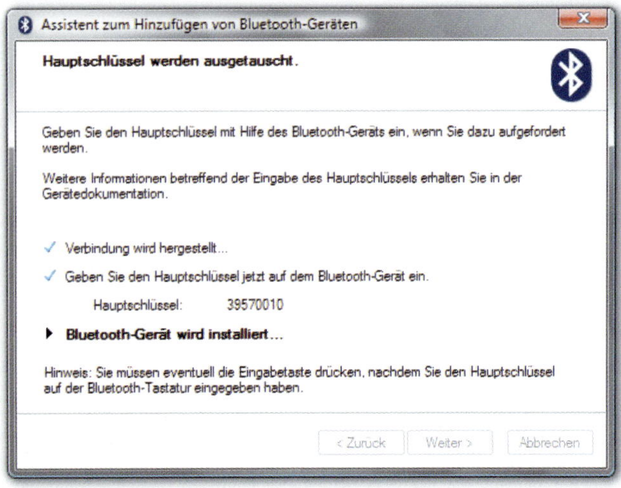

Abbildung 48.15 Das Bluetooth-Gerät hat den Hauptschlüssel bestätigt und wird angemeldet

Geräte-Manager: Treiber aktualisieren

Der Geräte-Manager führt Buch über alle installierten Gerätetreiber. Hier können Sie sehen, welche Geräte augenblicklich installiert sind, missglückte Installationen reparieren und auch Geräte deinstallieren.

So öffnen Sie den Geräte-Manager und verschaffen sich eine Übersicht:

1. Öffnen Sie das Startmenü, und klicken Sie mit der rechten Maustaste auf *Computer*. Im Kontextmenü wählen Sie den Eintrag *Eigenschaften*.
2. Klicken Sie in der linken Spalte des daraufhin geöffneten Fensters auf *Geräte-Manager*.

Geräte verwalten

Sie sehen nun eine baumartige Struktur und finden unter den jeweiligen Oberbegriffen die installierten Geräte.

Die Art, wie die Geräte angeordnet werden, bestimmen Sie mit dem *Ansicht*-Menü. Normalerweise sortiert der Geräte-Manager die Geräte nach Typ, aber Sie können die Geräte auch nach Verbindungen oder Ressourcen anordnen lassen.

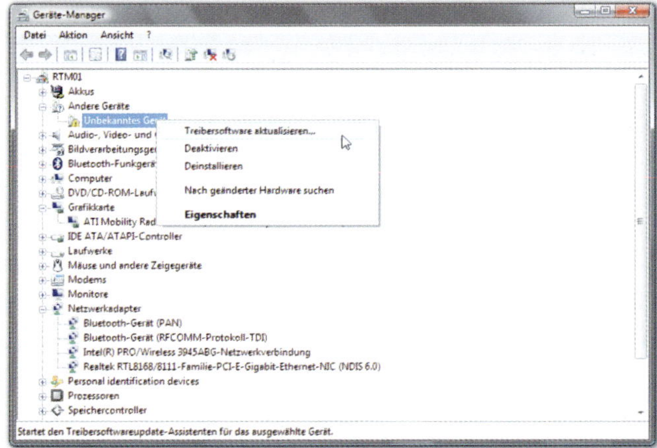

Abbildung 48.16 Der Geräte-Manager verwaltet alle installierten Geräte

Mit einem Klick der rechten Maustaste auf ein Gerät öffnen Sie ein Kontextmenü und finden darin unter anderem diese Befehle:

- **Treibersoftware aktualisieren** Öffnet einen Assistenten, mit dem Sie die Treibersoftware für das Gerät erneuern können. Gibt es zum Beispiel vom Gerätehersteller eine neue Treiberversion, können Sie sie auf diese Weise installieren. Geräte, die nicht korrekt funktionieren, werden vom Geräte-Manager in der Kategorie *Unbekannte Geräte* aufgeführt. Meist fehlen diesen Geräten noch die nötigen Treiber. Haben Sie sich die Treiber besorgt, können Sie auf diese Weise das Gerät betriebsbereit machen.
- **Deaktivieren** Möchten Sie ein Gerät vorübergehend abschalten, dann deaktivieren Sie es. Es kann erst wieder benutzt werden, wenn Sie es später wieder aktivieren. Bei manchen Geräteproblemen kann es helfen, das Gerät zu deaktivieren und gleich wieder zu aktivieren, um es auf diese Weise neu zu starten.
- **Deinstallieren** Brauchen Sie ein Gerät nicht mehr, zum Beispiel, weil Sie es ausbauen wollen, dann deinstallieren

Sie das Gerät. Es kann danach erst wieder verwendet werden, wenn Sie das Gerät neu installieren.

PROFITIPP

Geräte, die zurzeit nicht angeschlossen sind, werden im Geräte-Manager nur angezeigt, wenn Sie *Ansicht/Ausgeblendete Geräte anzeigen* wählen. Erst jetzt können Sie auch Geräte und Treiber deinstallieren, die nicht mehr eingebaut oder angeschlossen sind.

Vorhandene Geräte verwalten

Doppelklicken Sie auf ein Gerät, öffnet sich ein Dialogfeld und zeigt alle Eigenschaften des Geräts an.

Auf der Registerkarte *Allgemein* erfahren Sie, ob das Gerät einwandfrei funktioniert oder ob eine Störung aufgetreten ist.

Treiber verwalten

Falls ein Gerät zum Beispiel von Windows erkannt wurde, aber die nötigen Gerätetreiber nicht zur Hand waren, wird wie in Abbildung 48.17 das Problem gemeldet, und Sie können per Klick auf *Treiber erneut installieren* die Gerätetreiber nachträglich installieren – zum Beispiel, weil Sie sich die Treiber inzwischen von der Webseite des Herstellers heruntergeladen haben.

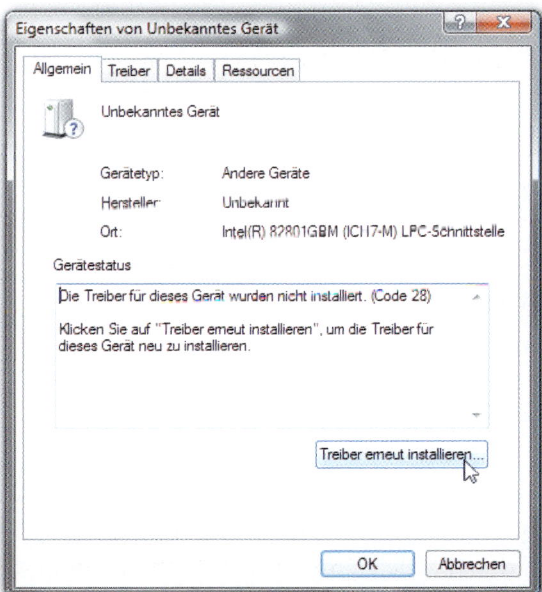

Abbildung 48.17 Den Treiber für ein Gerät nachträglich installieren

Sind die Treiber bereits korrekt installiert, hilft die Registerkarte *Treiber* (Abbildung 48.18) dabei, die aktuelle Treiberversion herauszufinden oder den Treiber durch eine neue Version zu ersetzen.

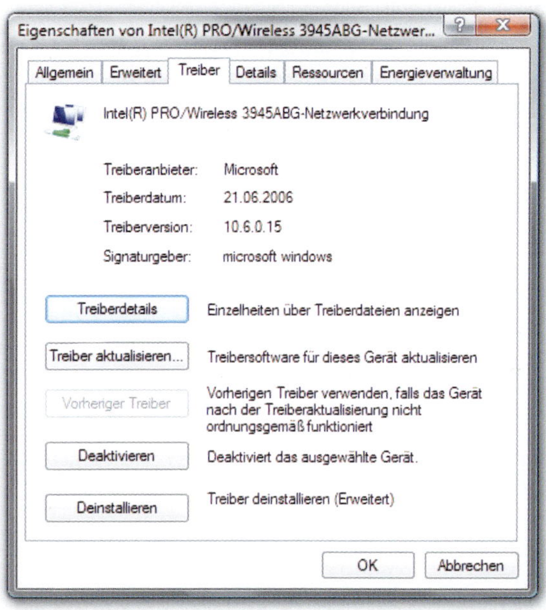

Abbildung 48.18 Treiber für ein Gerät aktualisieren

- **Treiberdetails** Meldet Version und Treiberdatei des aktuell verwendeten Treibers.
- **Treiber aktualisieren** Öffnet den Assistenten zur Treiberinstallation, mit dem Sie einen neuen Treiber installieren.
- **Vorheriger Treiber** Stellt sich nach der Installation eines neuen Treibers heraus, dass das Gerät damit nicht richtig funktioniert, stellen Sie hiermit den vorherigen Treiber wieder her. Wurde bisher nur ein Treiber installiert, ist die Schaltfläche wie in Abbildung 48.18 abgeblendet.
- **Deaktivieren** Schaltet das Gerät vorübergehend aus.
- **Deinstallieren** Deinstalliert das Gerät permanent.

Spezielle Geräteeinstellungen

Geräte verfügen manchmal über interne Spezialeinstellungen, die Sie über die Registerkarte *Erweitert* steuern (Abbildung 48.19). Wählen Sie dann im Listenfeld die Geräteeigenschaft aus, die Sie ändern wollen, und legen Sie im Listenfeld rechts daneben den entsprechenden Wert fest.

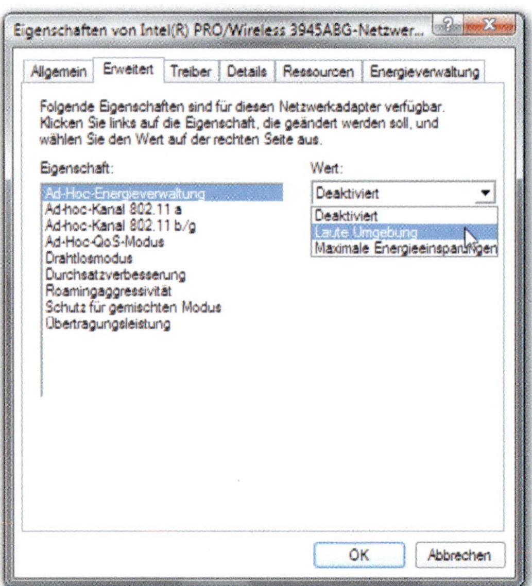

Abbildung 48.19 Erweiterte Geräteeinstellungen für eine Wireless-Netzwerkkarte festlegen

Bei externen Laufwerken finden Sie stattdessen die Registerkarte *Richtlinien* vor (Abbildung 48.20), über die Sie bestimmen, ob das Gerät für das schnelle Entfernen optimiert werden soll oder nicht. Wählen Sie die Option *Für schnelles Entfernen optimieren*, darf das Laufwerk im laufenden Betrieb vom Computer getrennt werden.

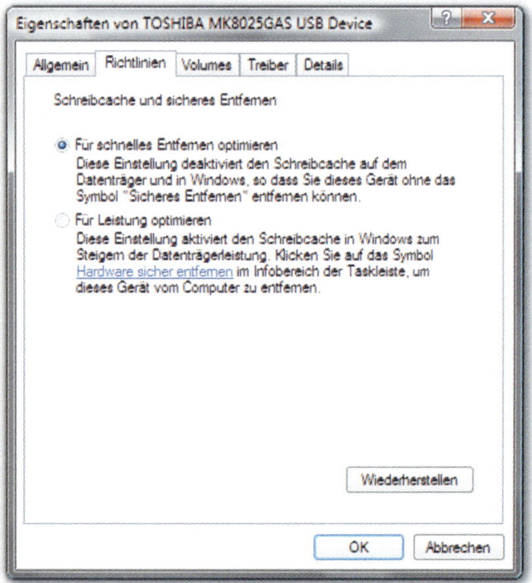

Abbildung 48.20 Spezielle Eigenschaften für Laufwerke

Geräteidentifikation

Die Registerkarte *Details* liefert über ein Listenfeld die genaue Identifikation des Gerätes sowie weitere technische Daten. Die Identifikation des Gerätes wird später sehr wichtig, wenn Sie per Gruppenrichtlinie bestimmte Geräte verbieten oder einschränken wollen. Wie dies geschieht, lesen Sie später in diesem Kapitel.

Energieverwaltung

Über die Registerkarte *Energieverwaltung* bestimmen Sie, ob und wie das Gerät mit den Energiesparmodi des Computers zusammenarbeitet.

Ist das Kontrollkästchen *Der Computer kann das Gerät ausschalten, um Energie zu sparen* zum Beispiel nicht aktiviert, weil das Gerät Energiesparmodi nicht unterstützt, kann der Computer unter Umständen nicht mehr in den Energiesparmodus geschaltet werden.

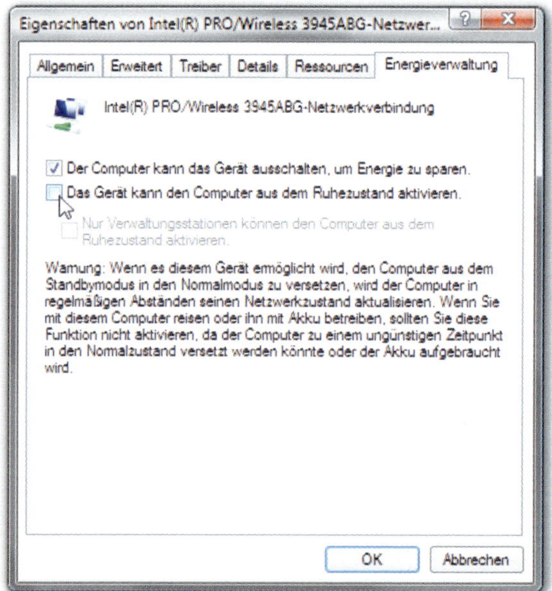

Abbildung 48.21 Energieoptionen eines Gerätes steuern

Neue Geräte installieren

Neue Geräte werden normalerweise von Windows automatisch entdeckt und anschließend wie bereits beschrieben installiert. Das gilt allerdings nur für Geräte, die an einer der modernen Plug&Play-Schnittstellen wie zum Beispiel USB angeschlossen wird.

Möchten Sie den Geräte-Manager beauftragen, aktiv nach neuer Plug&Play-Hardware zu suchen, klicken Sie den obersten Eintrag der Baumdarstellung mit der rechten Maustaste an und wählen im Kontextmenü den Eintrag *Nach geänderter Hardware suchen* aus. Oder Sie rufen den Menübefehl *Aktion/Nach geänderter Hardware suchen* auf.

Wollen Sie hingegen ein Gerät installieren, das nicht automatisch erkennbar ist, wählen Sie im Kontextmenü den Eintrag *Legacyhardware hinzufügen* oder rufen den Menübefehl *Aktion/Legacyhardware hinzufügen* auf.

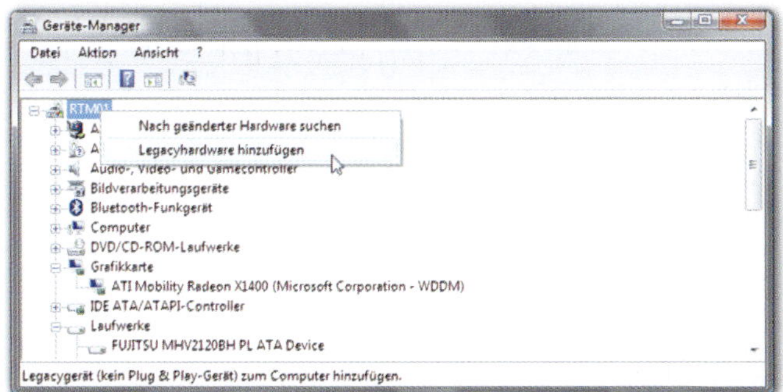

Abbildung 48.22 Nicht-Plug&Play-Hardware hinzufügen

Der Hardware-Assistent öffnet sich. Klicken Sie darin auf *Weiter*. Nun haben Sie zwei Auswahlmöglichkeiten:

- **Nach neuer Hardwarekomponente automatisch suchen und installieren** Windows sucht selbst nach neuen Geräten und fragt dabei alle Nicht-Plug&Play-Anschlüsse der Reihe nach ab. Versuchen Sie diese Option zuerst, wenn das Gerät bereits angeschlossen oder eingebaut und eingeschaltet ist.

  Sollte das Gerät nicht automatisch erkannt werden, haben Sie anschließend die Möglichkeit, den Hersteller und den Typ von Hand anzugeben.

- **Hardware manuell aus einer Liste wählen und installieren** Diese Option überspringt die automatische Erkennung. Stattdessen können Sie direkt aus einer Liste den Hersteller und das Gerät auswählen. Dazu wählen Sie zuerst die allgemeine Gerätekategorie, zum Beispiel *Grafikkarte*, und sehen dann die Geräte, für die Windows über die nötigen Treiber verfügt (Abbildung 48.23).

  Fehlt Ihr Gerät in der Liste, klicken Sie auf die Schaltfläche *Datenträger* und geben an, wo der Gerätetreiber gespeichert ist, zum Beispiel auf einer Hersteller-CD.

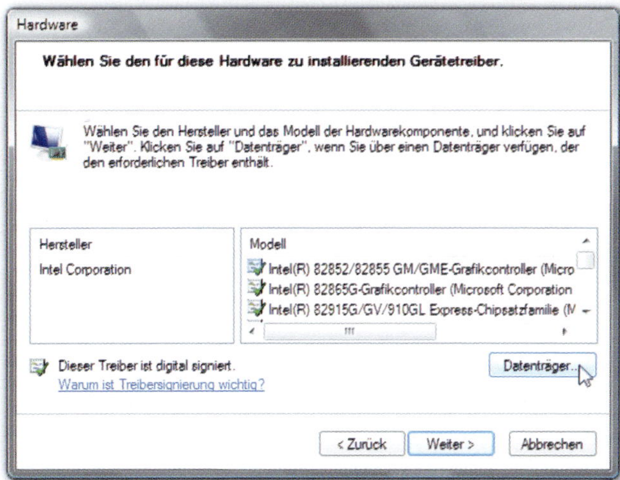

Abbildung 48.23 Das Gerät aus einer Liste von Hand angeben oder Treiber nachladen

Driver Store und Installationsrechte

Die Gerätetreiberinstallation kann vollkommen unbemerkt und ohne Administratorberechtigungen verlaufen, wenn alle Voraussetzungen erfüllt sind. Ein Eingriff im Geräte-Manager ist meist nur erforderlich, wenn es sich um alte Nicht-Plug&Play-Geräte handelt oder bei der Installation ein Fehler passiert ist. Was sind also die genauen Voraussetzungen für die automatische Geräteinstallation?

Der Driver Store

Kernpunkt ist der *Driver Store*, ein speziell geschützter neuer Bereich im *Windows*-Ordner. Sie finden den *Driver Store* im Ordner *%windir%\system32\DriverStore*. Dieser Ordner ist so geschützt, dass selbst Administratoren darin nur Leseberechtigungen haben, und sollte niemals direkt manipuliert werden.

Liegt der Gerätetreiber im *Driver Store*, kann jeder normale Anwender das Gerät ohne Rückfragen oder spezielle Berechtigungen installieren. Der Gerätetreiber muss in diesem Fall noch nicht einmal digital signiert sein.

Genau deshalb dürfen die meisten Geräte ohne besondere Berechtigungen oder Treiber-CDs installiert werden: der *Driver Store* enthält mehr als 20.000 so genannter Inbox-Treiber, die Vista mitbringt. Da viele Treiber ganze Produktfamilien unterstützen, ist die Zahl der damit unterstützten Geräte noch wesentlich höher.

Wenn Sie dafür sorgen möchten, dass weitere Treiber in den *Driver Store* aufgenommen werden, verwenden Sie dazu in der Eingabeaufforderung das Werkzeug *pnputil.exe*.

Tipp

Hat ein Administrator erst einmal ein Gerät installiert, wird dabei der Gerätetreiber automatisch in den *Driver Store* kopiert. Aus diesem Grund können normale Anwender das Gerät später ohne besondere Berechtigungen ebenfalls installieren.

So gehen Sie vor, um einen neuen Treiber in den zentralen *Driver Store* aufzunehmen:

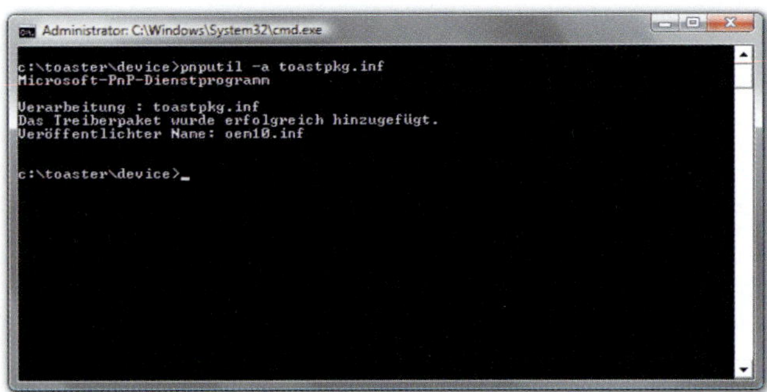

Abbildung 48.24 Einen Gerätetreiber in den Driver Store aufnehmen

1. Öffnen Sie das Startmenü, und tippen Sie ins Schnellsuchfeld die Zeichenfolge **cmd** ein. Wenig später wird *cmd* in der linken Spalte des Startmenüs angezeigt. Klicken Sie mit der rechten Maustaste auf den Link, und wählen Sie im Kontextmenü den Eintrag *Als Administrator ausführen*.
2. Navigieren Sie zu dem Ordner, in dem der Gerätetreiber liegt, den Sie dem Driver Store hinzufügen wollen. Der Treiber besteht in der Regel aus einer *.inf*-Datei, einer *.cat*-Datei und einem Unterordner mit den eigentlichen Treiberdateien.
3. Geben Sie den Befehl ein: **pnputil –a treiber.inf** [↵], wobei Sie *treiber.inf* durch den Namen des Treibers ersetzen. Falls der Treiber nicht digital signiert ist, erscheint die Warnung aus Abbildung 48.10, über die Sie sich aber hinwegsetzen können.
4. Der Treiber wird als OEM-Treiber in den Driver Store aufgenommen und enthält darin den Namen *OEMxxx*, wobei *xxx* eine laufende Nummer ist, die davon abhängt, wie viele Zusatztreiber bereits in den Driver Store aufgenommen worden sind.

Wenn Sie sich den OEM-Namen merken, den Ihr Treiber im Driver Store zugewiesen bekam, können Sie ihn später auch wieder aus dem Driver Store entfernen. Dazu verwenden Sie den Befehl **pnputil –d OEMxxx.inf**.

Möchten Sie sich dagegen auflisten lassen, welche Zusatztreiber sich derzeit im Driver Store befinden, dann geben Sie diesen Befehl ein: **pnputil –e** [↵].

Tipp 

pnputil verwaltet ausschließlich zusätzliche Gerätetreiber, die nachträglich in den Driver Store gekommen sind. Sie können damit keinen der Inbox-Treiber entfernen, die Windows Vista bereits von Haus aus mitbringt.

Die Treiber, die von *pnputil –e* aufgelistet wurden, müssen nicht unbedingt mit *pnputil* dem Driver Store hinzugefügt worden sein. Wenn Sie während der Geräteinstallation von Hand den Treiber ausgewählt oder eine Hersteller-CD eingelegt haben, wird auch auf diese Weise der Treiber als OEM-Treiber dem Driver Store hinzugefügt.

Ausnahmen in den Gruppenrichtlinien festlegen

Alternativ können Sie mit Gruppenrichtlinien festlegen, dass bestimmte Gerätekategorien von normalen Anwendern installierbar sein sollen. Wird dann ein Gerät dieser Kategorie angeschlossen, kann der Anwender selbstständig einen Treiber aussuchen, zum Beispiel von der Hersteller-CD, die dem Gerät beilag, und braucht dafür keine Administratorberechtigungen.

Dieses Vertrauen beschränkt sich allerdings nicht nur auf die Gerätekategorien, für die das zugelassen wurde. Es gilt auch nur für digital signierte Treiber. Nicht signierte Treiber können von normalen Anwendern in keinem Fall installiert werden. Hierfür sind immer Administratorrechte nötig.

Hinweis 

Sie können Gerätetreiber selbst signieren. Wie das geschieht und was dabei zu beachten ist, erfahren Sie in Kapitel 23.

So gehen Sie vor, um die Installation einer bestimmten Gerätekategorie durch normale Anwender zuzulassen:

1. Öffnen Sie die Gruppenrichtlinie, in der Sie die Ausnahme festlegen wollen. Öffnen Sie zum Beispiel die lokale Gruppenrichtlinie mit dem Befehl **gpedit.msc** [↵]. Dazu müssen Sie als Administrator angemeldet sein.

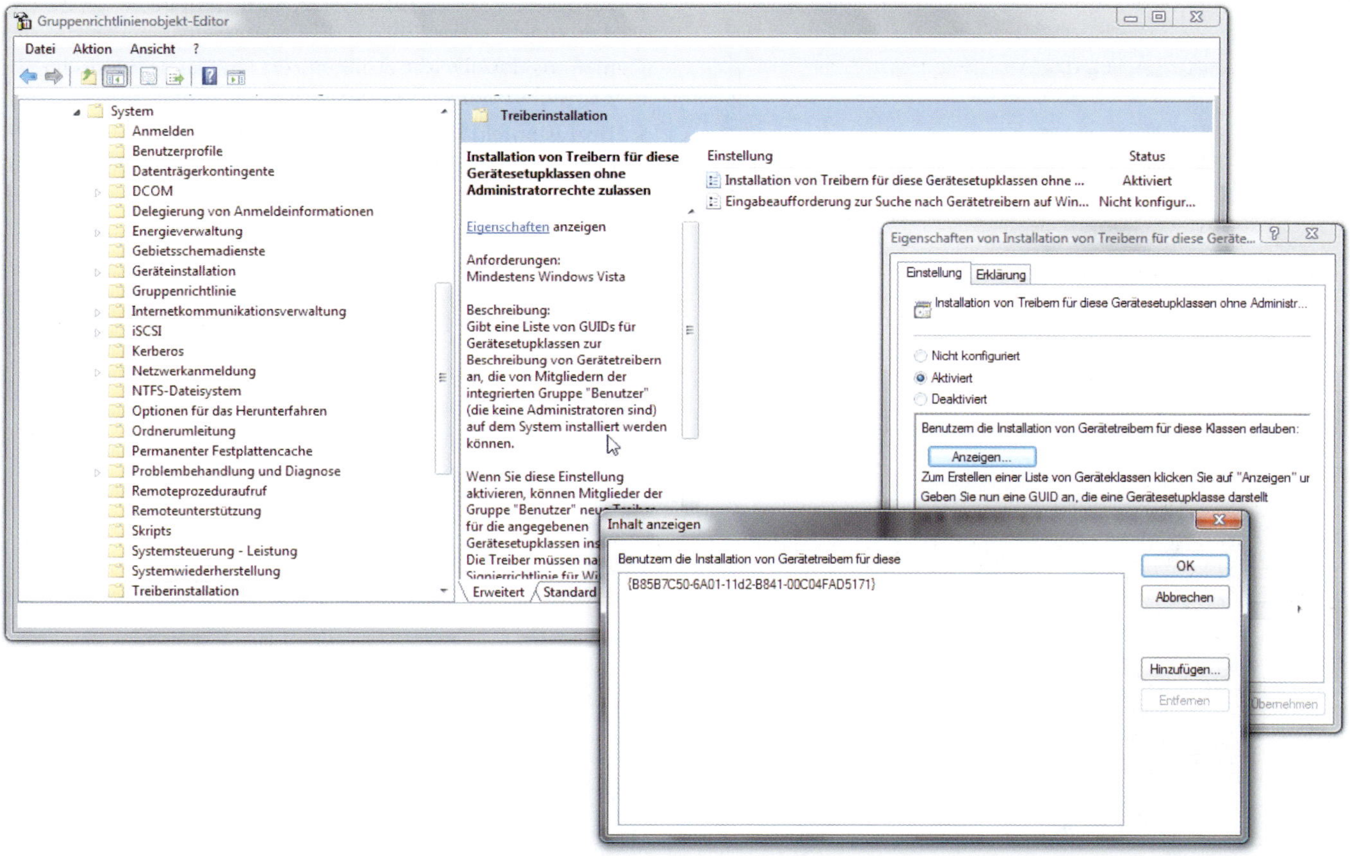

Abbildung 48.25 Eine Geräteklasse für normale Anwender zulassen

2. Navigieren Sie in der linken Spalte zum Zweig *Computerkonfiguration/Administrative Vorlagen/System/Treiberinstallation*. In der rechten Spalte sehen Sie nun die Richtlinien.
3. Öffnen Sie die Richtlinie *Installation von Treibern für diese Gerätesetupklassen ohne Administratorrechte zulassen*. Ein Dialogfeld öffnet sich.
4. Wählen Sie darin die Option *Aktiviert*, um die Richtlinie einzuschalten. Danach klicken Sie auf die Schaltfläche *Anzeigen*.
5. Ein weiteres Dialogfeld öffnet sich. Mit der Schaltfläche *Hinzufügen* können Sie jetzt die Gerätesetupklassen angeben. Dabei handelt es sich um 32-Byte-Werte in geschweiften Klammern. Klicken Sie auf *OK*, bis alle Dialogfelder geschlossen sind. Die Gruppenrichtlinie ist eingerichtet und wird wirksam, wenn der Computer das nächste Mal gestartet wird.

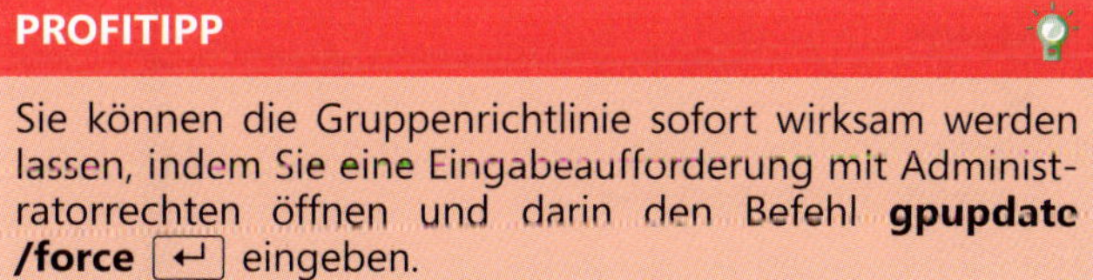

PROFITIPP

Sie können die Gruppenrichtlinie sofort wirksam werden lassen, indem Sie eine Eingabeaufforderung mit Administratorrechten öffnen und darin den Befehl **gpupdate /force** ↵ eingeben.

Gerätesetup-Klassen verwenden

Die meisten Gerätetreiber verwenden Gerätesetup-Klassen aus Tabelle 48.2. Wenn Sie zum Beispiel grundsätzlich die Installation von Druckern durch normale Anwender zulassen wollen, lautet die Gerätesetup-Klasse *{4d36e979-e325-11ce-bfc1-08002be10318}*.

Spezielle Treiber können aber auch eigene Gerätesetup-Klassen verwenden, die Sie in diesem Fall direkt aus der Treiberdatei lesen. Öffnen Sie dazu die *.inf*-Datei des Treibers in einem Editor. Sie finden die Gerätesetup-Klasse im *[Version]*-Abschnitt hinter *ClassGuid=*.

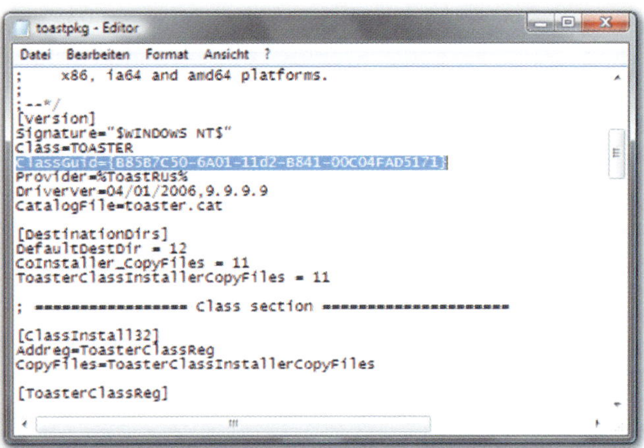

Abbildung 48.26 Gerätesetup-Klasse aus einem Treiber lesen

Die Gerätesetup-Klasse eines installierten Gerätes können Sie auch im Geräte-Manager erfragen:

1. Öffnen Sie das Startmenü, und klicken Sie mit der rechten Maustaste auf *Computer*. Im Kontextmenü wählen Sie den Eintrag *Eigenschaften*.
2. Klicken Sie in der linken Spalte des daraufhin geöffneten Fensters auf *Geräte-Manager*.

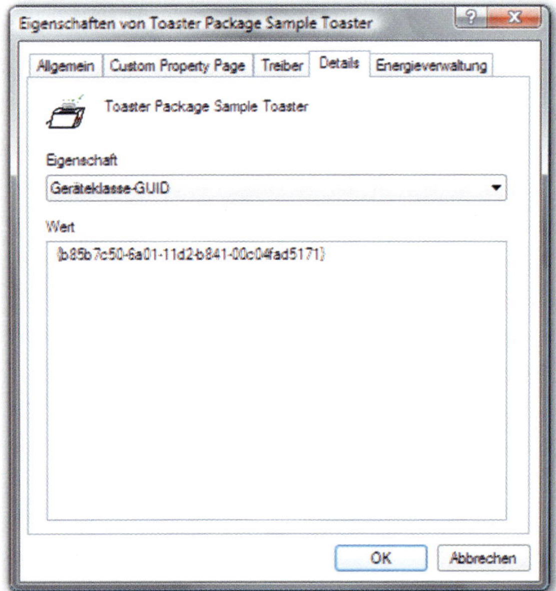

Abbildung 48.27 Gerätesetup-Klasse eines installierten Gerätes erfragen

3. Navigieren Sie zu dem Gerät, und doppelklicken Sie auf den zugehörigen Eintrag. Ein weiteres Fenster öffnet sich und beschreibt die Details des Geräts. Holen Sie die Registerkarte *Details* in den Vordergrund.
4. Im Listenfeld wählen Sie den Eintrag *Geräteklasse-GUID* aus. Das Dialogfeld zeigt Ihnen jetzt die Gerätesetup-Klasse an.

Die folgenden Gerätesetup-Klassen sind vordefiniert:

Geräteklasse	GUID
Bandlaufwerke	{6d807884-7d21-11cf-801c-08002be10318}
Batterien und UPS-Geräte	{72631e54-78a4-11d0-bcf7-00aa00b7b32a}
Bildbearbeitungsgeräte (Webcams, Digitalkameras und Scanner)	{6bdd1fc6-810f-11d0-bec7-08002be2092f}
Biometrische Geräte (zum Beispiel Fingerabdruckleser)	{53D29EF7-377C-4D14-864B-EB3A85769359}
Bluetooth-Geräte	{e0cbf06c-cd8b-4647-bb8a-263b43f0f974}
CD-ROM	{4d36e965-e325-11ce-bfc1-08002be10318}
Diskettenlaufwerke und Festplatten	{4d36e967-e325-11ce-bfc1-08002be10318}
Drucker	{4d36e979-e325-11ce-bfc1-08002be10318}
Drucker an SCSI oder IEEE 1394	{4658ee7e-f050-11d1-b6bd-00c04fa372a7}
Festplatten-Controller (einschl. ATA/ATAPI, aber nicht SCSI)	{4d36e96a-e325-11ce-bfc1-08002be10318}
Floppydisk-Controller	{4d36e969-e325-11ce-bfc1-08002be10318}
Floppydisk-Laufwerke	{4d36e980-e325-11ce-bfc1-08002be10318}
Grafikkarten	{4d36e968-e325-11ce-bfc1-08002be10318}
Human Interface Geräte (Interaktive Eingabegeräte, siehe auch Maus- und Tastatur-Klassen)	{745a17a0-74d3-11d0-b6fe-00a0c90f57da}
IEEE 1284.4-Druckerfunktionen (einschließlich DOT4-Druckern)	{49ce6ac8-6f86-11d2-b1e5-0080c72e74a2}
IEEE 1284.4-Geräte	{48721b56-6795-11d2-b1a8-0080c72e74a2}

Tabelle 48.2 Feste Gerätesetup-Klassen

Geräteklasse	GUID
IEEE 1394-Geräte mit 61883-Protokoll (Audio und Video Streaming)	{7ebefbc0-3200-11d2-b4c2-00a0C9697d07}
IEEE-1394 Host-Bus-Controller	{6bdd1fc1-810f-11d0-bec7-08002be2092f}
IEEE-1394-Geräte mit AVC-Protokoll	{c06ff265-ae09-48f0-812c16753d7cba83}
IEEE-1394-Geräte mit SBP2-Protokoll	{d48179be-ec20-11d1-b6b8-00c04fa372a7}
IrDA-Geräte (Infrarot-Geräte)	{6bdd1fc5-810f-11d0-bec7-08002be2092f}
Maus	{4d36e96f-e325-11ce-bfc1-08002be10318}
Medienwechselgeräte	{ce5939ae-ebde-11d0-b181-0000f8753ec4}
Modems	{4d36e96d-e325-11ce-bfc1-08002be10318}
Monitore	{4d36e96e-e325-11ce-bfc1-08002be10318}
Multifunktionsgeräte (zum Beispiel PC-Card-Combos aus Modem und Netzwerkanschluss)	{4d36e971-e325-11ce-bfc1-08002be10318}
Multimediageräte (Video Capture Geräte, Joystickports etc.)	{4d36e96c-e325-11ce-bfc1-08002be10318}
Netzwerkclients (Netzwerk- und Print-Provider)	{4d36e973-e325-11ce-bfc1-08002be10318}
Netzwerkdienste (Redirectoren und Server)	{4d36e974-e325-11ce-bfc1-08002be10318}
Netzwerkkarten	{4d36e972-e325-11ce-bfc1-08002be10318}
Netzwerktransport (NDIS-Protokolle, CoNDIS-Clients)	{4d36e975-e325-11ce-bfc1-08002be10318}
PCMCIA-Adapter	{4d36e977-e325-11ce-bfc1-08002be10318}
Ports (LPT- und COM-Anschlüsse)	{4d36e978-e325-11ce-bfc1-08002be10318}
Prozessoren	{50127dc3-0f36-415e-a6cc-4cb3be910b65}
SCSI- und RAID-Controller	{4d36e97b-e325-11ce-bfc1-08002be10318}
Serielle Multiportgeräte	{50906cb8-ba12-11d1-bf5d-0000f805f530}
SmartCard-Lesegeräte	{50dd5230-ba8a-11d1-bf5d-0000f805f530}
Speicherkarten	{4d36e970-e325-11ce-bfc1-08002be10318}
Speicher-Volumes	{71a27cdd-812a-11d0-bec7-08002be2092f}
SSL-Beschleuniger	{268c95a1-edfe-11d3-95c3-0010dc4050a5}
Systemgeräte (HALs, Systembus, ACPI etc.)	{4d36e97d-e325-11ce-bfc1-08002be10318}
Tastaturen	{4d36e96b-e325-11ce-bfc1-08002be10318}
USB-Hosts und Hubs	{36fc9e60-c465-11cf-8056-444553540000}
Windows CE ActiveSync Geräte	{25dbce51-6c8f-4a72-8a6d-b54c2b4fc835}

Tabelle 48.2 Feste Gerätesetup-Klassen *(Fortsetzung)*

Unerwünschte Gerätetypen verbieten

Windows Vista enthält einen ausgeklügelten Mechanismus, mit dem Sie festlegen können, welche Geräte überhaupt installiert werden dürfen. In den Voreinstellungen sind keine Beschränkungen vorhanden, und alle Geräte, für die Treiber vorhanden sind, dürfen installiert werden.

Achtung 

Die Einschränkungen der Gerätetreiberinstallation werden über Gruppenrichtlinien festgelegt. Gruppenrichtlinien können in den Heimversionen *Windows Vista Home Basic* und *Windows Vista Home Premium* nicht verwendet werden.

Überblick: Mögliche Einschränkungen

Windows Vista verwendet eine Positiv- und eine Negativliste. Im einfachsten Fall wird nur die Negativliste verwendet: alle Geräte, die darin geführt werden, sind verboten und lassen sich nicht installieren.

Noch mehr Kontrolle erhält man, wenn zusätzlich die Positivlisten aktiviert werden. Jetzt dürfen nur noch die Geräte installiert werden, die explizit in einer Positivliste geführt werden.

Unabhängig von diesen Listen kann Vista Administratoren eine Sonderstellung einräumen und sie von allen Einschränkungen ausnehmen. So können Administratoren in Ausnahmefällen trotzdem ein Gerät installieren, das normalerweise verboten ist.

Diese Einschränkungen regeln die Installation von Gerätetreibern und gelten immer für einen Computer, können also nicht für einzelne Benutzer festgelegt werden.

Darüber hinaus gibt es weitere Einstellungen, mit denen die Verwendung bereits installierter Geräte eingeschränkt wird. So können Sie zum Beispiel verbieten, dass auf USB-Sticks Daten gespeichert werden können.

Geräteidentifikation

Damit Sie die Installation oder Verwendung eines bestimmten Gerätes einschränken können, brauchen Sie einen Weg, das Gerät eindeutig zu identifizieren. Dazu stehen Ihnen zwei Wege offen.

Entweder verwenden Sie zur Identifizierung die Gerätesetupklasse aus Tabelle 48.2, die dann für ganze Geräteklassen gilt. Spezifischer ist die Geräte-ID, die ein ganz bestimmtes Gerät oder eine eng definierte Gerätegruppe umfasst.

Beispiele für Einschränkungen

Schauen Sie sich Ihre Möglichkeiten, die Gerätetreiberinstallation zu kontrollieren, nun an einigen Praxisbeispielen an.

Dazu öffnen Sie in allen Beispielen jeweils eine Gruppenrichtlinie, zum Beispiel die lokale Gruppenrichtlinie:

1. Öffnen Sie das Startmenü, und tippen Sie in das Schnellsuchfeld die Zeichenfolge **gpedit.msc** ein. Wenig später wird *gpedit* in der linken Spalte des Startmenüs angezeigt.
2. Klicken Sie mit der rechten Maustaste auf *gpedit*, und wählen Sie im Kontextmenü den Eintrag *Als Administrator ausführen*. Die lokale Gruppenrichtlinie wird geöffnet.

Sobald Sie die im Beispiel beschriebene Einstellung vorgenommen haben, aktivieren Sie die Gruppenrichtlinie jeweils auf diese Weise und ersparen sich so einen Neustart des Computers:

1. Öffnen Sie das Startmenü, und tippen Sie ins Schnellsuchfeld die Zeichenfolge **cmd** ein. Wenig später wird *cmd* in der linken Spalte des Startmenüs angezeigt.
2. Klicken Sie mit der rechten Maustaste auf *cmd*, und wählen Sie im Kontextmenü den Eintrag *Als Administrator ausführen*. Die Eingabeaufforderung wird mit Administratorberechtigungen geöffnet und weist in ihrer Titelleiste darauf hin.

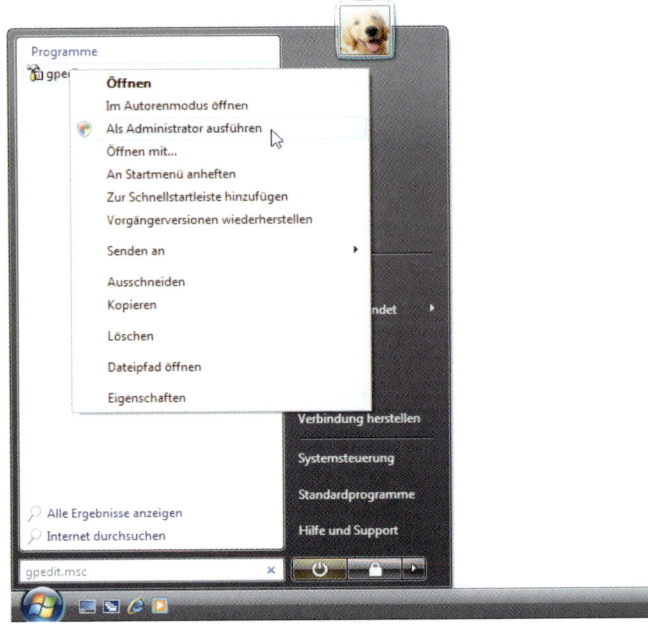

Abbildung 48.28 Die lokale Gruppenrichtlinie mit Administratorrechten öffnen

3. Geben Sie in der Eingabeaufforderung diesen Befehl ein: **gpupdate /force** ↵. Die Gruppenrichtlinien werden neu eingelesen.

Damit Sie in den Beispielen die Treiberinstallation auch wirklich testen können, sollten Sie sich ein Gerät aussuchen, das Sie leicht anschließen und entfernen können.

Sorgen Sie dafür, dass dieses Gerät deinstalliert ist, bevor Sie die Beispiele ausprobieren, denn die Treiberinstallation findet natürlich nur statt, wenn das Gerät nicht ohnehin schon installiert ist:

1. Öffnen Sie das Startmenü, und klicken Sie mit der rechten Maustaste auf *Computer*. Im Kontextmenü wählen Sie den Eintrag *Eigenschaften*.
2. Klicken Sie in der linken Spalte des daraufhin geöffneten Fensters auf *Geräte-Manager*.
3. Navigieren Sie zu dem Gerät, das Sie deinstallieren wollen, klicken Sie es mit der rechten Maustaste an, und wählen Sie *Deinstallieren*.
4. Ein Dialogfeld erscheint. Wenn das Gerät nicht über einen der mitgelieferten Inbox-Treiber installiert wurde, sondern über einen nachträglich installierten Treiber, sehen Sie darin die Option *Die Treibersoftware für dieses Gerät löschen*. Wenn Sie diese Option wählen, wird das Gerät nicht nur deinstalliert, sondern die Treiber außerdem aus dem Driver Store entfernt. Das Gerät kann dann

erst wieder verwendet werden, wenn die Treiber neu installiert werden.

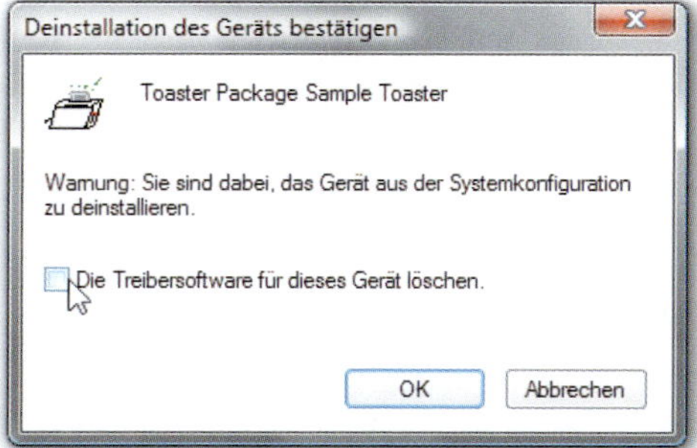

Abbildung 48.29 Bei der Deinstallation kann der Treiber aus dem Driver Store entfernt werden

Geräteinstallationen komplett verbieten

Am radikalsten ist das Verbot sämtlicher Geräteinstallationen. Die Anwender des Computers können dann zwar alle installierten Geräte nutzen, aber keine weiteren mehr hinzuinstallieren.

Wahlweise kann dieses Verbot für alle Benutzer gelten oder die Gruppe der Administratoren ausnehmen:

1. Navigieren Sie in der Gruppenrichtlinie zum Zweig *Computerkonfiguration/Administrative Vorlagen/System/Geräteinstallation/Einschränkungen bei der Geräteinstallation*. In der rechten Spalte sehen Sie die möglichen Einschränkungen.
2. Öffnen Sie die Richtlinie *Installation von Geräten verhindern, die nicht in anderen Richtlinien beschrieben sind*, wählen Sie darin die Option *Aktiviert*, und klicken Sie auf *OK*.
3. Lassen Sie die Gruppenrichtlinie neu anwenden oder starten Sie den Computer neu. Sobald Sie nun versuchen, ein neues Gerät zu installieren, wird die Installation für alle Benutzer abgebrochen.

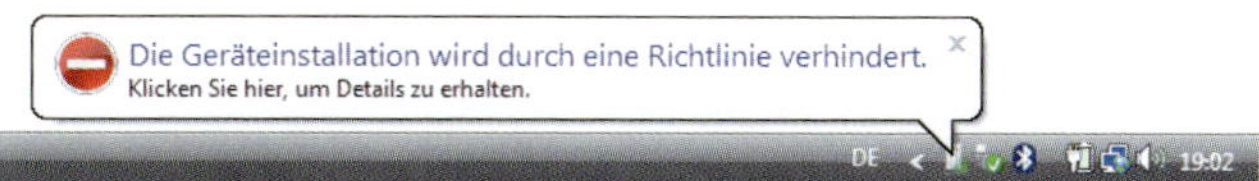

Abbildung 48.30 Installation neuer Geräte komplett verbieten

Möchten Sie, dass das Verbot nur für normale Anwender gilt, aber nicht für Administratoren, aktivieren Sie zusätzlich die Richtlinie *Administratoren das Außerkraftsetzen der Richtlinien unter "Einschränkungen bei der Geräteinstallation" erlauben*.

Neue Geräteinstallationen erfordern jetzt immer Administratorrechte und können nicht mehr von normalen Anwendern durchgeführt werden.

Nur erlaubte Geräte installieren

Eine Abschwächung des eben beschriebenen Szenarios wäre es, wenn einige geprüfte Geräte vom Generalverbot ausgenommen würden. Diese – und nur diese – Geräte dürften dann bei Bedarf installiert werden.

Dazu müssen Sie zunächst die Hardware-ID des Gerätes wissen, das Sie zulassen wollen. Am einfachsten geht das, wenn Sie das Gerät zunächst installieren (und dafür die oben beschriebenen Einschränkungen vorübergehend außer Kraft setzen). Danach ermitteln Sie entsprechend der Abbildung 48.27 die Detailinformationen des Gerätes und wählen im Listenfeld den Eintrag *Hardware-IDs* aus.

Die Hardware-IDs werden in absteigender Reihenfolge immer ungenauer und umfassen immer mehr Geräte. Wollen Sie nur dieses bestimmte Gerät zulassen, klicken Sie auf den obersten Eintrag, um ihn zu markieren. Wollen Sie auch andere Varianten dieses Gerätetyps zulassen, wählen Sie eine allgemeinere Hardware-ID etwas weiter unten in der Liste. Mit Strg+C kopieren Sie den markierten Text in die Zwischenablage.

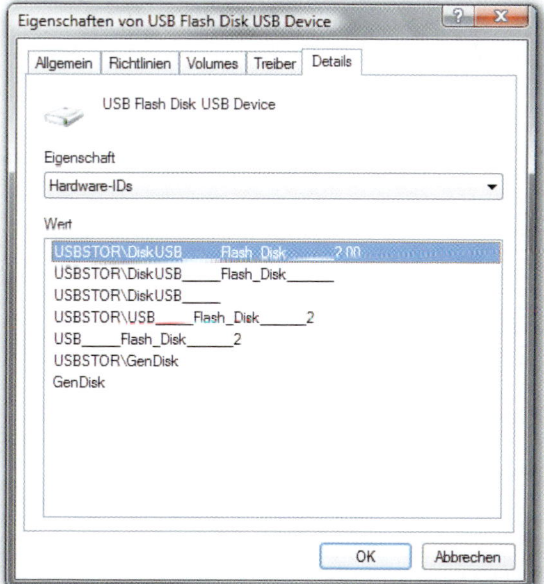

Abbildung 48.31 Die Hardware-ID des Gerätes bestimmen

Deinstallieren Sie danach das Gerät im Geräte-Manager, indem Sie das Gerät darin mit der rechten Maustaste anklicken und im Kontextmenü den Eintrag *Deinstallieren* wählen. Nur so können Sie gleich die Geräteinstallation überprüfen, die ja nur durchgeführt wird, wenn das Gerät nicht bereits installiert ist.

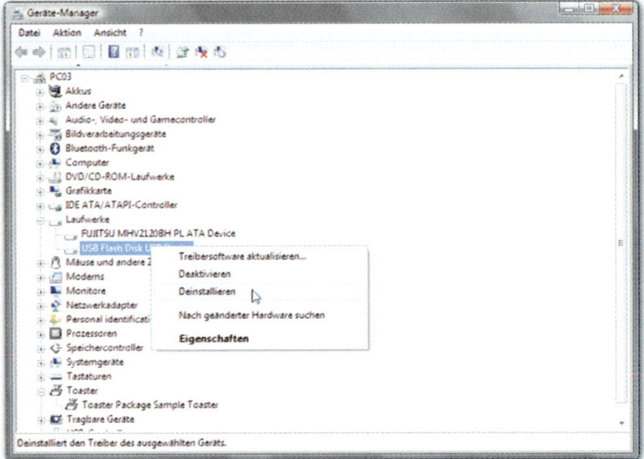

Abbildung 48.32 Deinstallieren Sie das Gerät vor allen weiteren Tests

Danach navigieren Sie in der Gruppenrichtlinie wieder zum Zweig *Computerkonfiguration/Administrative Vorlagen/System/Geräteinstallation/Einschränkungen bei der Geräteinstallation* und öffnen die Richtlinie *Installation von Geräten mit diesen Geräte-IDs zulassen.*

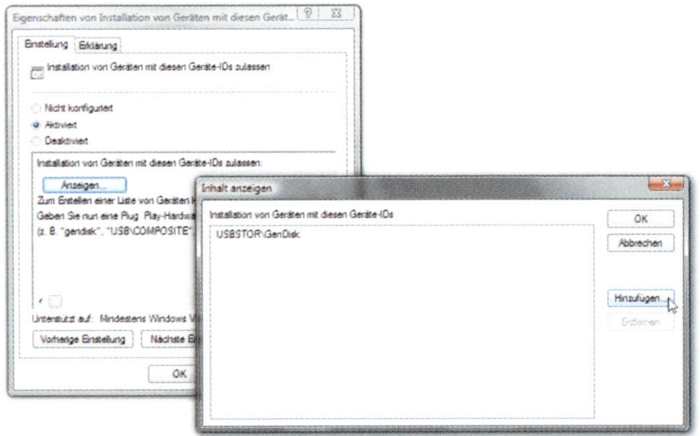

Abbildung 48.33 Ein Gerät explizit zulassen

Wählen Sie in der Richtlinie die Option *Aktiviert*, und klicken Sie auf *Anzeigen*. In einem weiteren Dialogfeld können Sie jetzt per Klick auf *Hinzufügen* die Geräte-IDs der Geräte hinzufügen, die Sie zulassen wollen.

Schließen Sie dann alle Dialogfelder per Klick auf *OK*, und lassen Sie die Gruppenrichtlinie wie beschrieben mit *gpupdate /force* neu anwenden.

Wenn Sie wie im Beispiel die Installation eines USB-Sticks auf diese Weise zugelassen haben, können Sie nun auch als normaler Anwender wieder USB-Sticks installieren. Je nachdem, wie spezifisch die Geräte-ID war, die Sie ausgewählt haben, trifft dies auch für USB-Sticks anderer Hersteller oder sogar andere USB-Laufwerke zu.

Weitere Einstellmöglichkeiten

Mit der Gruppenrichtlinie *Installation von Geräten mit diesen Geräte-IDs verhindern* erreichen Sie das genaue Gegenteil und können damit Geräte explizit verbieten.

Die Richtlinien *Installation von Geräten mit Treibern zulassen, die diesen Gerätesetupklassen entsprechen* und *Installation von Geräten mit Treibern verhindern, die diesen Gerätesetupklassen entsprechen* funktionieren ganz analog, nur werden hier keine Geräte-IDs verwendet, sondern die Gerätesetup-Klassen aus Tabelle 48.2. Damit können Sie ganze Gerätekategorien erlauben oder verbieten.

Die Richtlinien *Benutzerdefinierte Meldung anzeigen, wenn Installation durch eine Richtlinie verhindert wird (Hinweis)* und *Benutzerdefinierte Meldung anzeigen, wenn Installation durch eine Richtlinie verhindert wird (Text)* schließlich können dazu genutzt werden, die Systemmeldung aus Abbildung 48.30 umzuformulieren.

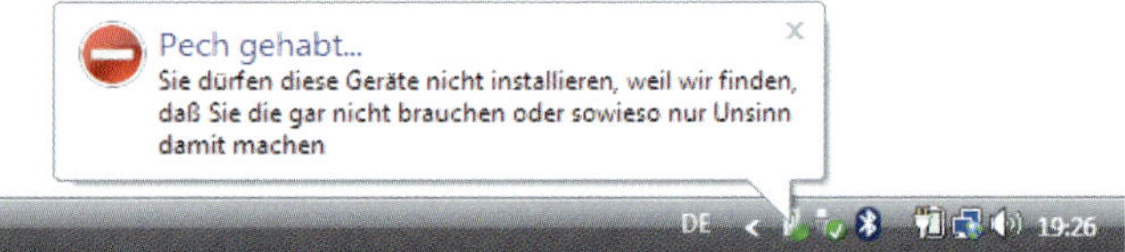

Abbildung 48.34 Eigene Warnmeldungen sind ebenfalls per Gruppenrichtlinie denkbar

Allerdings erscheint diese Meldung nur, wenn Sie nicht gleichzeitig die Richtlinie *Administratoren das Außerkraftsetzen der Richtlinien unter "Einschränkungen bei der Geräteinstallation" erlauben* aktiviert haben.

Lese- und Schreibzugriff einschränken

Möglicherweise wollen Sie nur die Nutzung des Geräts einschränken und zum Beispiel dafür sorgen, dass vom Gerät lediglich gelesen, aber keine sensiblen Firmendaten darauf gespeichert werden können. Diese Einschränkungen sind im Gegensatz zu den Treiberinstallationseinschränkungen pro Benutzer

individuell möglich und finden sich in der Gruppenrichtlinie unter *Benutzerkonfiguration/Administrative Vorlagen/System/Wechselmedienzugriff.*

Die Richtlinien unterscheiden dabei zwischen Lese- und Schreibzugriff. Die folgenden Geräteklassen lassen sich einschränken:

- **CD und DVD** Sämtliche CD- und DVD-Laufwerke. Wenn Sie den Schreibzugriff verbieten, können keine CDs bzw. DVDs mehr gebrannt werden.
- **Diskettenlaufwerke** Eingebaute Diskettenlaufwerke und externe Diskettenlaufwerke, die zum Beispiel über USB angeschlossen sind.
- **Wechseldatenträger** USB-Sticks und andere Wechseldatenträger.
- **Bandlaufwerke** Laufwerke mit Magnetbändern, wie sie zum Beispiel für Backups eingesetzt werden. Einzelnen Benutzern kann damit der Zugriff auf das Backupband verwehrt werden.
- **Benutzerdefinierte Klassen** Beliebige andere Geräteklassen, die mit ihrer jeweiligen GUID gemäß Tabelle 48.2 angegeben werden.

Möchten Sie jeglichen Zugriff auf beliebige Wechselmedien verbieten, verwenden Sie die Richtlinie *Alle Wechselmedienklassen: Jeglichen Zugriff verweigern*.

Sämtliche Richtlinien funktionieren erst nach einem Neustart des Systems zuverlässig, weil dazu unter Umständen Geräte beendet werden müssen, die in Verwendung sind. Mit der Richtlinie *Zeit (in Sekunden) bis zur Erzwingung des Neustarts* können Sie den Neustart erzwingen.

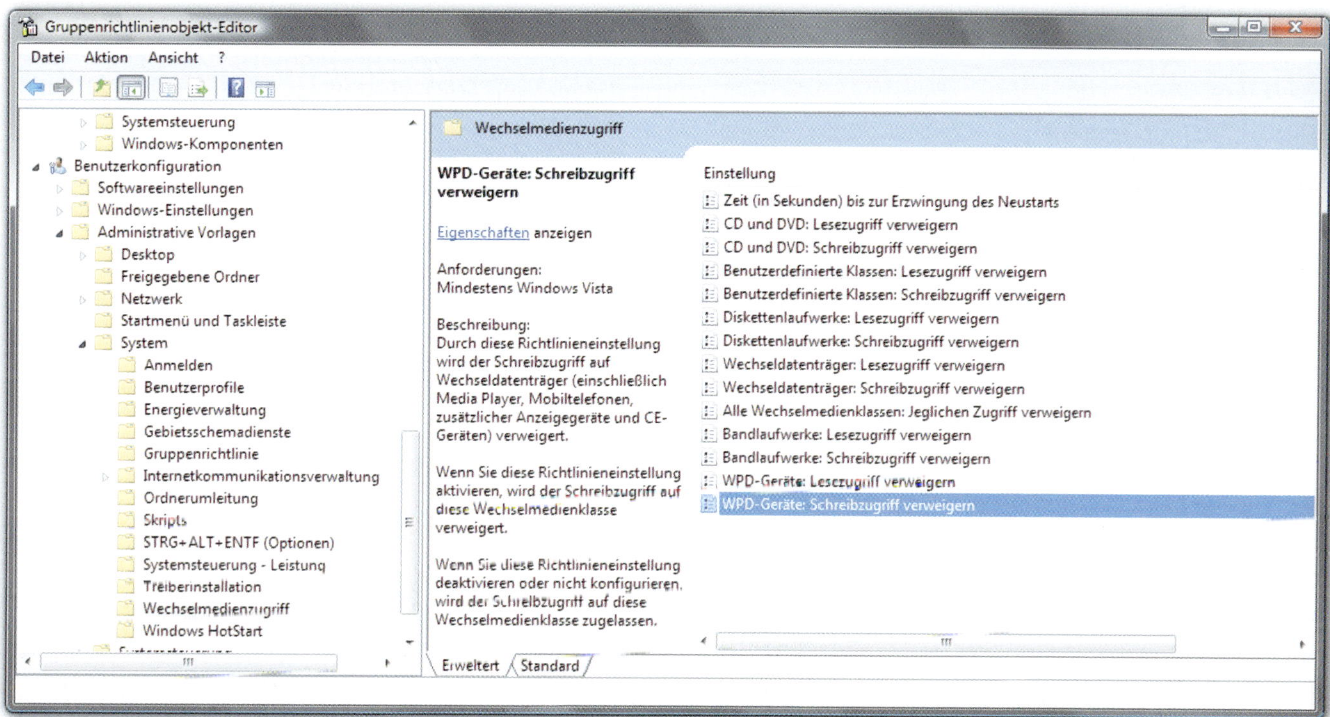

Abbildung 48.35 Nutzung von Speichergeräten einschränken

Zusammenfassung

Die Gerätetreiberinstallation verläuft bei Windows Vista fast immer automatisch. Es genügt, das Gerät anzuschließen. Nur wenn die benötigten Gerätetreiber noch nicht im internen Driver Store liegen, werden Administratorrechte und die Treiber benötigt.

Mit dem Geräte-Manager reparieren Sie missglückte Installationen und können auch Geräte installieren, die nicht automatisch erkannt werden.

Als Administrator haben Sie mit dem Driver Store und zahlreichen Gruppenrichtlinien die Möglichkeit, sehr viel mehr Einfluss auf die Geräteinstallation zu nehmen als in früheren Windows-Versionen. So können Sie die Installation bestimmter Geräteklassen auch normalen Anwendern erlauben oder umgekehrt die Installation oder Verwendung von bestimmten Geräten verbieten oder einschränken.

Sie möchten ...	So gehen Sie vor	Sehen Sie sich dazu das Beispiel an auf
Sprechblasen während der Installation abschalten	*Computerkonfiguration/Administrative Vorlagen/System/Geräteinstallation/ Sprechblasen mit der Meldung "Neue Hardware gefunden" während der Geräteinstallation deaktivieren*	Seite 756
Installationspanne mit Systemwiederherstellungspunkt bereinigen	Öffnen Sie den Computerschutz und wählen Sie den gewünschten Systemwiederherstellungspunkt aus	Seite 760
Geräte-Manager öffnen	Öffnen Sie die Systemeigenschaften und klicken Sie auf *Geräte-Manager*	Seite 761
ein »unbekanntes Gerät« reparieren	Doppelklicken Sie im Geräte-Manager auf das Gerät, und klicken Sie auf *Treiber erneut installieren*	Seite 763
einen Gerätetreiber aktualisieren	Doppelklicken Sie im Geräte-Manager auf das Gerät, öffnen Sie die Registerkarte *Treiber* und klicken Sie dann auf *Treiber aktualisieren*	Seite 763
Geräte installieren, die nicht automatisch erkannt werden	Wählen Sie im Geräte-Manager *Aktion/Legacyhardware installieren*	Seite 764
Geräte ohne Administratorberechtigungen installierbar machen	Nehmen Sie den Gerätetreiber mit *pnputil* in den Driver Store auf	Seite 766
die Installation bestimmter Geräte durch normale Anwender erlauben	Legen Sie in der Gruppenrichtlinie fest, welche Geräteklassen ohne Administratorrechte installierbar sein sollen	Seite 766
verhindern, dass bestimmte Geräte installiert werden dürfen	Legen Sie die erlaubten und/oder verbotenen Geräte anhand ihrer Klasse oder ID in der Gruppenrichtlinie fest	Seite 769
den Text der Sprechblase ändern, wenn Geräteinstallationen verboten sind	*Benutzerdefinierte Meldung anzeigen, wenn Installation durch eine Richtlinie verhindert wird (Hinweis)*	Seite 772
verhindern, dass ein Anwender Daten auf einem USB-Stick speichern darf	*Benutzerkonfiguration/Administrative Vorlagen/System/Wechselmedienzugriff*	Seite 772

Tobias Weltner

Windows Vista Home Basic 
Windows Vista Business 
Windows Vista Home Premium
Windows Vista Enterprise 
Windows Vista Ultimate

Funktion wird von dieser Windows Vista-Edition
vollständig unterstützt · eingeschränkt unterstützt · nicht unterstützt 

49 Datenträger verwalten

Die Datenträgerverwaltung bietet Ihnen genaue Kontrolle über die Datenträger in Ihrem Computer, sowohl fest eingebaute als auch vorübergehend angeschlossene bis hin zu USB-Sticks und Mediageräten.

Das kann sehr nützlich sein, zum Beispiel, um externen Laufwerken andere Laufwerksbuchstaben zuzuweisen oder die Geräteeinstellungen so zu ändern, dass Sie Laufwerke gefahrlos vom Computer trennen können, ohne Datenverlust zu riskieren.

Wirklich notwendig wird die Datenträgerverwaltung spätestens, wenn Sie neue Datenträger nachrüsten und sinnvoll aufteilen wollen.

Die Datenträgerverwaltung

Im einfachsten Fall ist die Datenträgerverwaltung ein Informationswerkzeug, das Ihnen verrät, wo die Laufwerke, die Sie im Windows-Explorer verwenden, in Wirklichkeit gespeichert sind.

Datenträgerverwaltung öffnen

So gehen Sie vor, um die Datenträgerverwaltung zu öffnen:

1. Öffnen Sie das Startmenü, und klicken Sie mit der rechten Maustaste auf *Computer*. Im Kontextmenü wählen Sie den Eintrag *Verwalten*. Sie müssen sich nun als Administrator ausweisen.
2. Das Fenster *Computerverwaltung* öffnet sich. Klicken Sie links in der Baumansicht auf *Datenspeicher/Datenträgerverwaltung*.

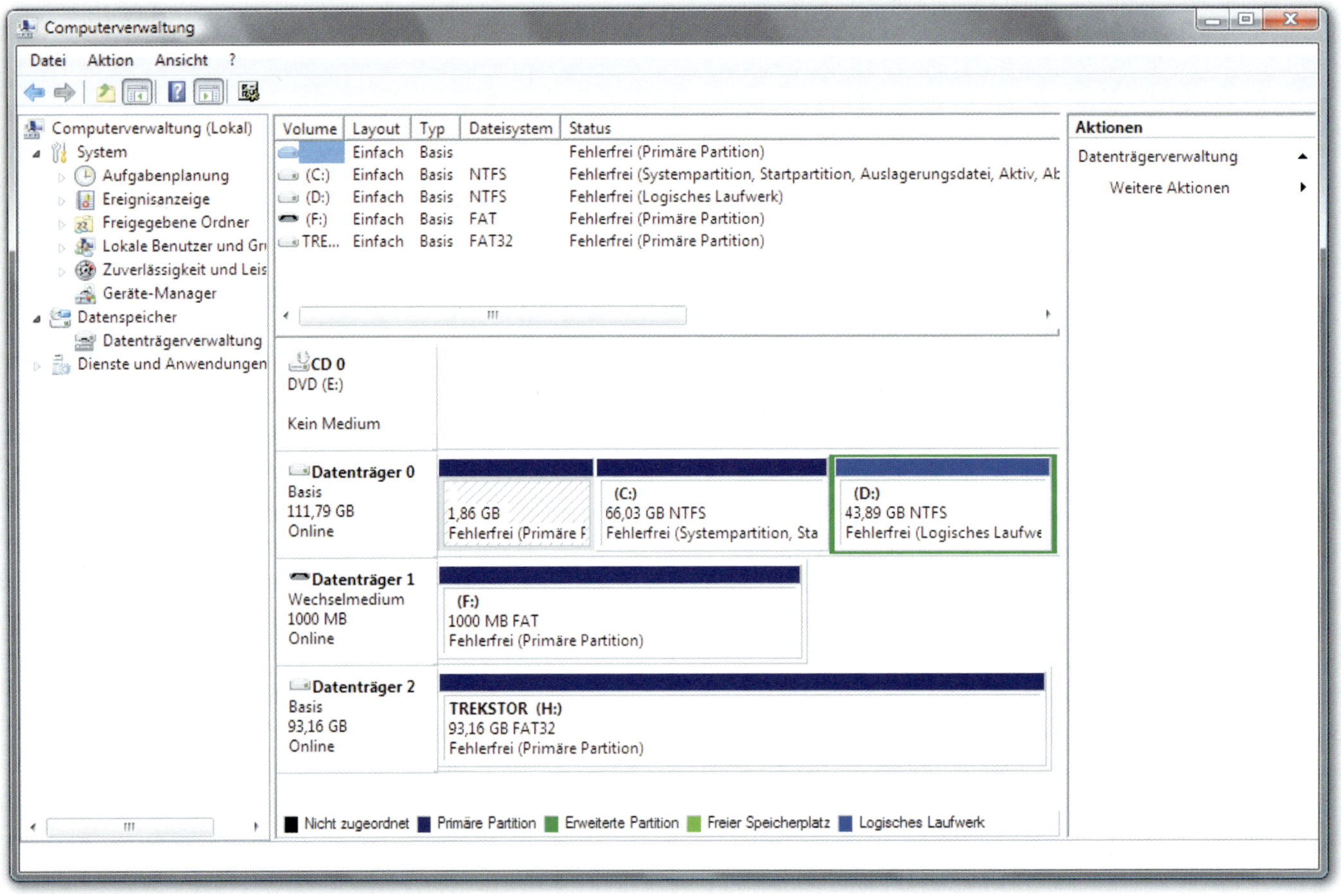

Abbildung 49.1 Die Datenträgerverwaltung

3. Nach einigen Sekunden erscheint rechts die Aufstellung der Laufwerke, die an Ihren Computer angeschlossen sind. Neben den fest eingebauten Festplatten können das auch angeschlossene USB-Sticks oder externe Festplatten sein.

PROFITIPP 

Die Datenträgerverwaltung wird anfangs rechts und links von weiteren Panels gesäumt, die Platz belegen. Links finden Sie die Baumdarstellung mit weiteren Werkzeugen, rechts das Panel *Aktionen*.

In der Symbolleiste liegen zwei Schaltflächen, die ein Fenster und einen Pfeil zeigen. Mit diesen Schaltflächen blenden Sie die überflüssigen Bedienelemente rechts und links aus und können sich so voll auf die Datenträgerverwaltung konzentrieren.

Abbildung 49.2 Blenden Sie überflüssige Bedienelemente mit den Schaltflächen der Symbolleiste aus

Laufwerksinformationen

Eine Hauptaufgabe der Datenträgerverwaltung ist, die Laufwerke, die Sie als Anwender im Windows-Explorer sehen, den tatsächlich vorhandenen echten Datenträgern zuzuordnen, also festzulegen, auf welchem Laufwerk die im Windows-Explorer angezeigten Daten tatsächlich gespeichert sind.

Die logische Ansicht

In der oberen Tabelle führt die Datenträgerverwaltung zunächst genau dieselben Laufwerke auf, die Sie im Windows-Explorer sehen – zumindest, wenn in den Laufwerken ein Datenträger eingelegt ist. Leere CD- und DVD-Laufwerke fehlen in der Liste also, die im Grunde Speichermedien anzeigt und diese als Volumes bezeichnet.

Volume	Layout	Typ	Dateisystem	Status	Kapazität	Freier Speicher	% frei	Fehlertoleranz	Restkapazität
	Einfach	Basis		Fehlerfrei (Primäre Partition)	1,86 GB	1,86 GB	100 %	Nein	0%
(C:)	Einfach	Basis	NTFS	Fehlerfrei (Systempartition, Startpartition, Auslagerungsdatei, Aktiv, Absturzabbild, Primäre Partition)	66,03 GB	40,46 GB	61 %	Nein	0%
(D:)	Einfach	Basis	NTFS	Fehlerfrei (Logisches Laufwerk)	43,89 GB	23,26 GB	52 %	Nein	0%
(G:)	Einfach	Basis	FAT	Fehlerfrei (Primäre Partition)	999 MB	633 MB	63 %	Nein	0%
OFFICE11 (E:)	Einfach	Basis	CDFS	Fehlerfrei (Primäre Partition)	171 MB	0 MB	0 %	Nein	0%
TREKSTOR (F:)	Einfach	Basis	FAT32	Fehlerfrei (Primäre Partition)	74,51 GB	65,87 GB	88 %	Nein	0%

Abbildung 49.3 Alle Informationen zu den Laufwerken, die der Anwender sieht

In der Spalte *Volume* wird der Name und der Laufwerksbuchstabe des Laufwerks genannt. Über den Laufwerksbuchstaben sprechen Sie das Laufwerk im Windows-Explorer an. Laufwerke ganz ohne Laufwerksbuchstaben sind nicht direkt ansprechbar und dienen meist besonderen Zwecken.

Die Datenträgerverwaltung verrät Ihnen in den Spalten *Layout* und *Typ* sehr viel zu der Betriebsart, in der sich ein Laufwerk gerade befindet. Normale Laufwerke verwenden als Layout *Einfach* und als Typ *Basis*. Spezielle Laufwerke, die auf mehr als einem echten Laufwerk gespeichert werden, verwenden als Layout zum Beispiel *Stripeset* und als Typ *Dynamisch*.

Das Dateisystem gibt an, wie die Festplatte formatiert wurde, und in der Spalte *Status* erfahren Sie, ob es zu Fehlern gekommen ist. Außerdem lesen Sie in runden Klammern, welche besonderen Funktionen dieses Laufwerk für Windows möglicherweise erfüllt.

Die übrigen Spalten informieren Sie darüber, wie groß das Laufwerk ist und wie viel Speicherplatz noch frei ist. Die Spalte *Fehlertoleranz* wird für normale Laufwerke immer *Nein* vermelden. Fehlertolerante Laufwerke können Datenausfälle automatisch kompensieren, indem sie die Daten auf mehreren Laufwerken parallel speichern. Allerdings kann Windows Vista keine fehlertoleranten Laufwerke bereitstellen. Fehlertoleranz wird nur auf Serverprodukten unterstützt.

Restkapazität bezieht sich übrigens nicht etwa auf den noch freien Speicher innerhalb eines Volumes, sondern zeigt an, ob auf dem Laufwerk selbst noch unzugewiesener Platz vorhanden ist. Nutzen Sie also das gesamte Laufwerk aus, dann ist die Restkapazität 0%, und das ist gut so.

Die physische Ansicht

Der Bereich darunter verrät, wie sich die einzelnen für den Anwender sichtbaren Laufwerke auf die tatsächlich vorhandenen Datenträger verteilen. Dazu zeigt die Ansicht alle tatsächlich vorhandenen Laufwerke an und stellt dahinter dar, welche Volumes auf dem jeweiligen Datenträger gespeichert sind. Im einfachsten Fall entspricht das Volume genau einem Datenträger. Diese Situation finden Sie häufig bei USB-Sticks und externen Festplatten.

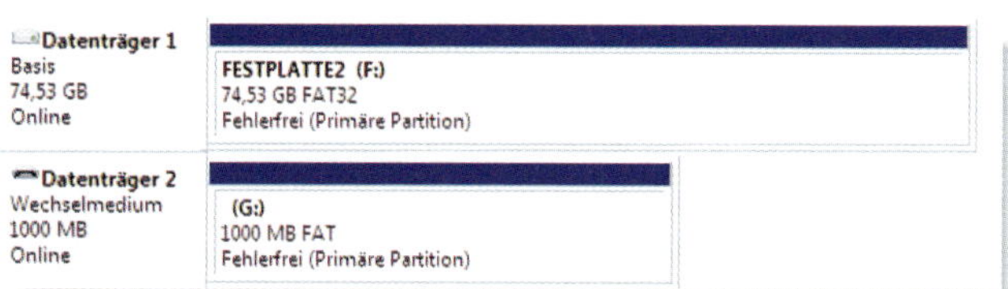

Abbildung 49.4 Das logische Laufwerk entspricht genau dem physikalischen Datenträger

Auf der fest eingebauten Festplatte Ihres Computers kann die Situation hingegen komplexer sein. In Abbildung 49.5 sehen Sie zum Beispiel die Aufteilung des Datenträgers 0. Es handelt sich – wie im linken Teil vermerkt – um einen einfachen Basisdatenträger mit einer Gesamtgröße von 111,79 GB.

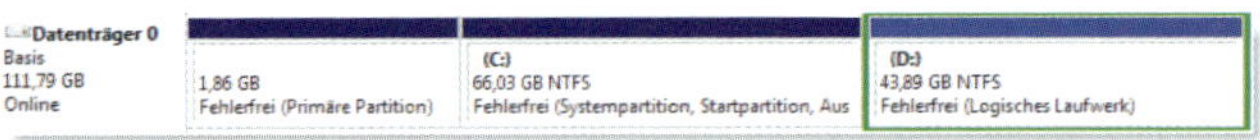

Abbildung 49.5 Auf einem Datenträger sind drei verschiedene Laufwerke eingerichtet

Darauf sind zwei *Primäre Partitionen* (erkennbar am dunkelblauen Balken) sowie ein *Logisches Laufwerk* (erkennbar am hellblauen Balken) eingerichtet. Das logische Laufwerk ist dabei vom Typ *Erweiterte Partition* (erkennbar am dunkelgrünen Rahmen).

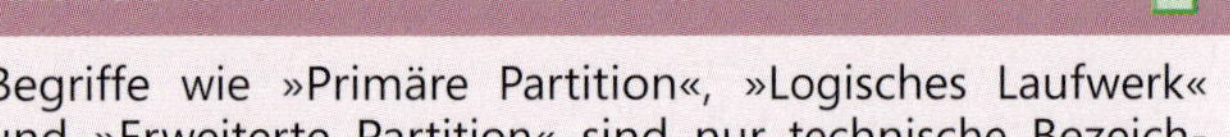

Begriffe wie »Primäre Partition«, »Logisches Laufwerk« und »Erweiterte Partition« sind nur technische Bezeichnungen dafür, wie die Datenträgerverwaltung den Speicherplatz auf dem Datenträger in verschiedene Bereiche gliedert. Diese Begriffe werden später in diesem Kapitel genauer erklärt.

Für den Moment ist allerdings nur wichtig, dass alle drei jeweils einen Speicherbereich des Laufwerks als *Einfaches Volume* abgrenzen. Diese Volumes erscheinen dann für den Anwender im Windows-Explorer als jeweils eigenständige Laufwerke.

Zwei der drei Volumes verfügen über einen eigenen Laufwerksbuchstaben, nämlich »C:« und »D:«.

Der Anwender sieht auf diesem Computer also zwei Laufwerke, wovon das eine 66,03 GB groß ist und das andere 43,89 GB. Der Anwender könnte also glauben, sein Computer verfüge über zwei Festplatten. In Wirklichkeit aber sind beide Laufwerke auf ein und derselben Festplatte untergebracht.

Das ist zwar nicht ungewöhnlich, aber eine wichtige Erkenntnis, denn Sie wissen nun, dass sich das Laufwerk »D:« keinesfalls dazu eignet, Sicherheitskopien des Laufwerks »C:« zu speichern. Fiele die Festplatte aus, wären beide Laufwerke verloren.

Wechselmedien sind eingeschränkt

Eine besondere Rolle nehmen die so genannten »Wechselmedien« ein. Wechselmedien sind Laufwerke, die nur vorübergehend mit dem Computer verbunden sind, zum Beispiel USB-Sticks. Ob ein Laufwerk als Wechselmedium geführt wird, erkennen Sie an zwei Merkmalen in der Datenträgerverwaltung:

- In der oberen Liste der Volumes erhalten Wechselmedien ein anderes Symbol.
- In der unteren Liste der physischen Datenträger steht ganz links unter der Datenträgerbezeichnung der Typ »Wechselmedium«. In Abbildung 49.6 handelt es sich zum Beispiel bei »Datenträger 1« um ein Wechselmedium, nämlich in diesem Fall um einen USB-Stick.

Ob ein Laufwerk als Wechselmedium geführt wird oder nicht, entscheidet Windows Vista automatisch. Sie haben keinen Einfluss darauf.

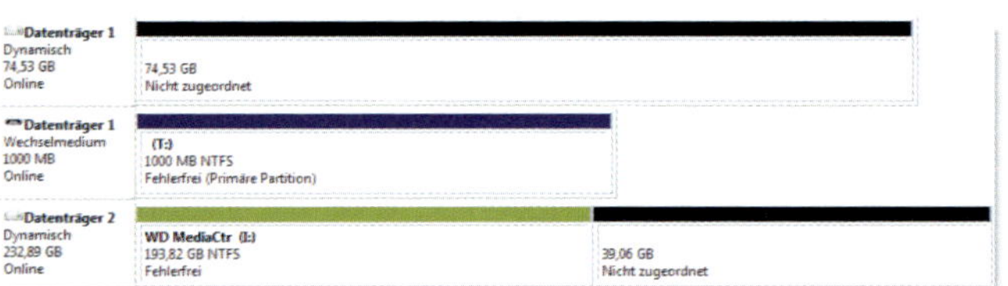

Abbildung 49.6 Wechselmedien werden in der Datenträgerverwaltung besonders gekennzeichnet

Wechselmedien unterliegen einer ganzen Reihe von Limitationen und können in der Datenträgerverwaltung deshalb auch nur eingeschränkt verwaltet werden. So können Wechselmedien nur eine einzige Partition verwenden, die sich deshalb auch nicht vergrößern oder verkleinern lässt. Außerdem lassen sich Wechselmedien nicht in den Typ *Dynamisch* konvertieren und können deshalb auch nicht Teil von medienübergreifenden Volumes sein.

Externe Laufwerke verwalten

Laufwerke sind heute längst nicht immer fest in den Computer eingebaut. USB-Sticks oder externe Festplatten lassen sich bequem im laufenden Betrieb anschließen und eignen sich ideal dazu, größere Datenmengen zu transportieren, Sicherungskopien zu speichern oder einfach generell mehr Speicherplatz bereitzustellen.

Allerdings ergeben sich bei diesen Laufwerken auch Besonderheiten, die Sie mit der Datenträgerverwaltung steuern:

- **Laufwerksbuchstaben** Normalerweise weist Windows Vista neuen Laufwerken automatisch einen Laufwerksbuchstaben zu, unter dem das Laufwerk dann im Windows-Explorer angezeigt wird. Falls kein Laufwerksbuchstabe zugewiesen wurde oder Sie mit dem zugewiesenen

Laufwerksbuchstaben nicht einverstanden sind, beauftragen Sie die Datenträgerverwaltung, dem Laufwerk einen anderen Laufwerksbuchstaben zuzuweisen.

- **Sicheres Entfernen** Manche externen Datenträger sind dauerhaft angeschlossen, zum Beispiel, weil Sie sie als Zusatzfestplatte verwenden. Andere wie USB-Sticks werden ständig angeschlossen und entfernt. Damit die externen Datenträger einerseits die beste Leistung liefern, andererseits aber beim Entfernen keine Daten verloren gehen, können Sie in der Datenträgerverwaltung festlegen, wie Sie den Datenträger am liebsten einsetzen möchten.
- **Löschen** Wollen Sie einen externen Datenträger wie beispielsweise einen USB-Stick komplett löschen, können Sie ihn direkt in der Datenträgerverwaltung neu formatieren und dabei gleich das am besten geeignete Dateisystem auswählen.

Laufwerksbuchstaben zuweisen

Normalerweise weist Windows Vista neuen Laufwerken automatisch einen Laufwerksbuchstaben zu. Unter diesem Laufwerksbuchstaben können Sie den Inhalt des Volumes dann als Laufwerk im Windows-Explorer sehen und öffnen. Selten kann es passieren, dass ein neu angeschlossenes Laufwerk keinen Laufwerksbuchstaben automatisch erhält. Das Laufwerk erscheint dann nicht im Windows-Explorer, und Sie können es zunächst nicht verwenden.

Achtung 

Ändern Sie Laufwerksbuchstaben nur für Datenlaufwerke wie zum Beispiel USB-Sticks oder externe Festplatten. Wenn Sie den Laufwerksbuchstaben des Laufwerks ändern, auf dem Windows oder Ihre Programme installiert sind, kann Ihr Computer unbrauchbar werden, weil nun wichtige Dateien nicht mehr unter dem vorgesehenen Laufwerksbuchstaben erreichbar sind.

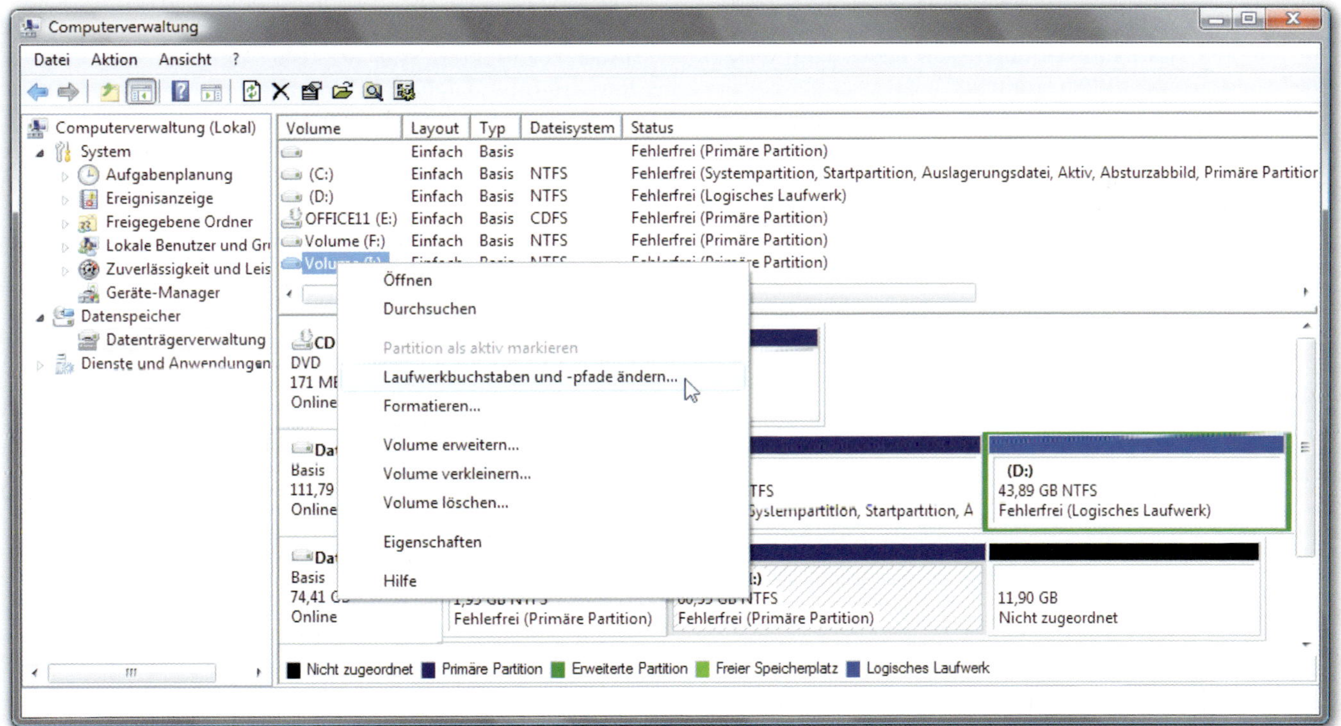

Abbildung 49.7 Einen neuen Laufwerksbuchstaben zuweisen

So gehen Sie vor, um einem Laufwerk einen neuen Laufwerksbuchstaben zuzuweisen:

1. Klicken Sie in der Laufwerksliste das Laufwerk mit der rechten Maustaste an, dem Sie einen neuen Laufwerksbuchstaben zuweisen wollen, und wählen Sie im Kontextmenü den Eintrag *Laufwerksbuchstaben und -pfade ändern*.
2. Ein Dialogfeld öffnet sich und zeigt den augenblicklich zugewiesenen Laufwerksbuchstaben an. Klicken Sie auf *Ändern*.
3. Wählen Sie nun im Listenfeld den gewünschten Laufwerksbuchstaben aus, und klicken Sie auf *OK*. Eine Warnmeldung erscheint und weist Sie nochmals darauf hin, dass der Inhalt dieses Laufwerks nun unter einem anderen Laufwerksbuchstaben bereitgestellt wird. Programme, die das Laufwerk unter dem alten Laufwerksbuchstaben suchen, werden es nicht mehr finden. Klicken Sie auf *Ja*, wenn Sie den Laufwerksbuchstaben dennoch ändern wollen.
4. Der Laufwerksbuchstabe wird geändert, und wahrscheinlich öffnet sich das Dialogfeld *Automatische Wiedergabe*, mit dem Sie das Laufwerk unter dem neuen Laufwerksbuchstaben sofort öffnen können.

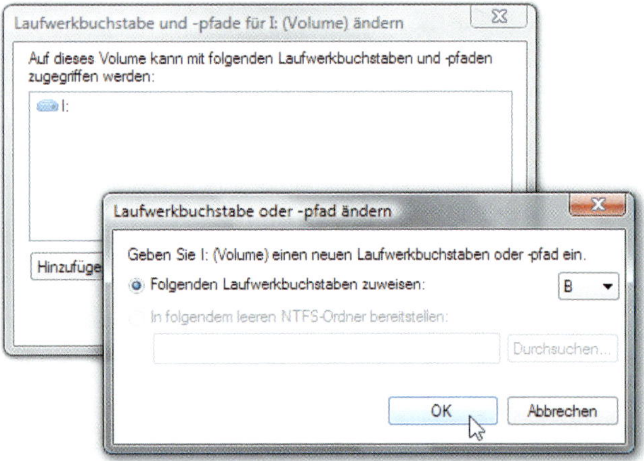

Abbildung 49.8 Legen Sie einen neuen Laufwerksbuchstaben fest

Laufwerksbuchstaben für USB-Sticks & Co.

Windows merkt sich den Laufwerksbuchstaben, den es einem Laufwerk einmal zugewiesen hat, und wenn Sie dasselbe Laufwerk das nächste Mal anschließen, erhält es wieder den gleichen Laufwerksbuchstaben. Diese Information wird in der Windows-Registrierungsdatenbank unter dem Schlüssel *HKEY_LOCAL_MACHINE\SYSTEM\MountedDevices* gespeichert. Für jedes Laufwerk hinterlegt Windows dort die Laufwerkssignatur, also eine eindeutige Bezeichnung, mit der Windows das Laufwerk später wieder erkennen kann.

Schließen Sie ein neues Laufwerk an, schaut Windows hier zunächst, ob es unter der Laufwerkssignatur bereits einen Eintrag gibt. Falls ja, verwendet Windows den darin hinterlegten Laufwerksbuchstaben. Falls nein, weist es einen neuen Laufwerksbuchstaben zu.

Wenn Sie dafür sorgen wollen, dass ein bestimmtes USB-Laufwerk auf allen Computern stets denselben Laufwerksbuchstaben zugewiesen bekommt, übertragen Sie die Signatur des Laufwerks von einem Computer auf andere Computer. Weil Sie dabei selbst in die interne Registrierungsdatenbank eingreifen müssen, benötigen Sie nicht nur Administratorrechte, sondern sollten auch ausgesprochen vorsichtig vorgehen. Ändern Sie auf keinen Fall die Laufwerkszuordnungen anderer Laufwerke oder andere Einstellungen in der Registrierungsdatenbank, weil Ihr Computer ansonsten schlimmstenfalls nicht mehr richtig funktioniert.

So gehen Sie vor, um die Zuordnung zwischen einem externen Laufwerk und einem bestimmten Laufwerksbuchstaben von einem Computer auf andere Computer zu übertragen:

1. Schließen Sie das Laufwerk bei einem Computer an. Überprüfen Sie dann den Laufwerksbuchstaben, den Windows dem Laufwerk zugewiesen hat, und ändern Sie den Laufwerksbuchstaben gegebenenfalls wie oben beschrieben in der Datenträgerverwaltung.
2. Öffnen Sie dann den Registrierungseditor, zum Beispiel, indem Sie das Startmenü öffnen, ins Schnellsuchfeld **regedit** eintippen und mit der [↵]-Taste bestätigen. Sie müssen sich nun als Administrator ausweisen.
3. Navigieren Sie im Registrierungseditor zum Zweig *HKEY_LOCAL_MACHINE\SYSTEM\MountedDevices*. In der rechten Spalte des Registrierungseditors sehen Sie nun für jedes jemals angeschlossene Laufwerk einen Eintrag. ▶

4. Klicken Sie in der linken Spalte mit der rechten Maustaste auf *MountedDevices*, und wählen Sie im Kontextmenü den Eintrag *Exportieren*. Speichern Sie diesen Export unter einem beliebigen Namen in Ihrem *Dokumente*-Ordner.
5. Öffnen Sie nun Ihren *Dokumente*-Ordner, zum Beispiel, indem Sie im Startmenü auf *Dokumente* klicken. Klicken Sie nun die eben angelegte Datei mit der rechten Maustaste an, und wählen Sie im Kontextmenü *Öffnen mit*.
6. Wählen Sie als Programm *Editor* aus. Falls *Editor* nicht im Kontextmenü aufgeführt wird, wählen Sie *Editor* in der Liste unter der Überschrift *Andere Programme*. Dazu müssen Sie auf die Überschrift gegebenenfalls doppelklicken. Schalten Sie unbedingt die Option *Dateityp immer mit dem ausgewählten Programm öffnen* aus, weil *.reg*-Dateien sonst künftig immer mit dem Editor geöffnet würden, und klicken Sie auf *OK*.
7. Sie sehen jetzt im Editor alle Laufwerkseinträge. Löschen Sie alle Einträge bis auf denjenigen, der für Ihr Laufwerk zuständig ist. Sie erkennen diesen Eintrag am Laufwerksbuchstaben, der dem Laufwerk zurzeit zugewiesen ist.
8. Speichern Sie das Ergebnis mit dem Menübefehl *Datei/Speichern*.

Das Ergebnis ist eine *.reg*-Datei, die Sie per Doppelklick in die Registrierungsdatenbank beliebiger Windows-Rechner einlesen können. Dadurch wird die Signatur Ihres Laufwerks mit dem von Ihnen festgelegten Laufwerksbuchstaben in der Registrierungsdatenbank eingetragen, und wenn Sie das Laufwerk anschließen, wird ihm nicht mehr ein zufälliger Laufwerksbuchstabe zugewiesen, sondern der von Ihnen festgelegte.

Dies funktioniert allerdings nur, wenn das Laufwerk nicht vorher bereits angeschlossen wurde und deshalb bereits eine Signatur des Laufwerks mit einem anderen Laufwerksbuchstaben existiert. In diesem Fall müssten Sie den alten Eintrag zunächst aus der Registrierungsdatenbank löschen.

Sicheres Entfernen

Externe Datenträger sind unter anderem deshalb so praktisch, weil man sie jederzeit bequem anschließen und auch wieder vom Computer trennen kann, und das jederzeit, auch im laufenden Betrieb. Weniger bekannt ist, dass es zwei verschiedene Betriebsarten für Datenträger gibt:

- **Für schnelles Entfernen optimieren** In dieser Betriebsart werden neue Daten auf dem Datenträger sofort gespeichert. Das kann zwar etwas Zeit kosten, wodurch das Speichern langsamer wird, zum Beispiel, wenn der Computer gerade ausgelastet ist. Dafür sind die Daten sicher auf dem Datenträger gespeichert, und Sie können diesen jederzeit und ohne weitere Vorbereitung vom Computer trennen.
- **Für Leistung optimieren** Diese Betriebsart setzt ganz auf Geschwindigkeit und verwendet deshalb einen so genannten Schreibcache: sollen Daten auf den Datenträger geschrieben werden, speichert Windows diese zuerst in einem Pufferspeicher, damit Sie als Anwender sofort weiterarbeiten können und nicht warten müssen, bis die Daten tatsächlich auf dem Datenträger angekommen sind. Zwischen dem Beginn des Speicherns und der tatsächlichen Speicherung auf dem Datenträger können also durchaus einige Sekunden liegen. Der Preis für den Leistungsgewinn: Sie dürfen den Datenträger jetzt nicht mehr einfach vom Computer trennen, sondern müssen vor dem Trennen den Datenträger zuerst per Klick beenden. Tun Sie das nicht, können Sie schlimmstenfalls Daten auf dem Laufwerk verlieren.

So legen Sie die Betriebsart für Ihre Wechseldatenträger fest:

1. Klicken Sie in der Datenträgerverwaltung mit der rechten Maustaste auf das Laufwerk, für das Sie die Betriebsart festlegen wollen, und wählen Sie im Kontextmenü den Eintrag *Eigenschaften*.

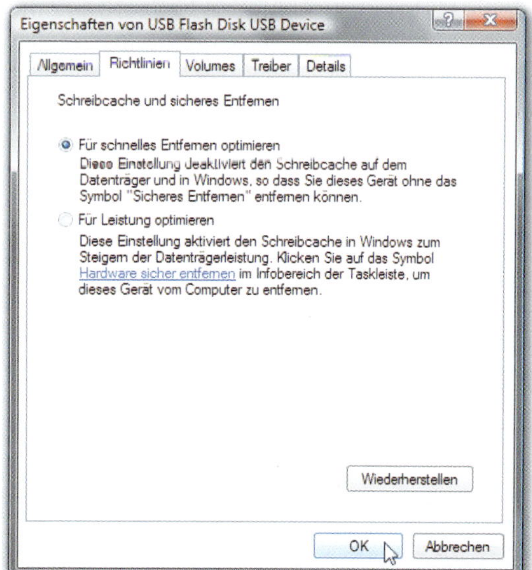

Abbildung 49.9 Wechsellaufwerk für das schnelle Entfernen optimieren

2. Aktivieren Sie im daraufhin geöffneten Fenster die Registerkarte *Richtlinien*. Jetzt sehen Sie die Auswahlmöglichkeit für die Betriebsart. Wählen Sie *Für schnelles Entfernen optimieren*, wenn Sie dieses Laufwerk häufig im laufenden Betrieb vom Computer trennen. Dann klicken Sie auf *OK*.

Falls Sie ein externes Laufwerk in der Betriebsart *Für Leistung optimieren* betreiben, funktionieren Speichervorgänge zwar schneller. Damit Sie das Gerät dann aber gefahrlos vom Computer trennen oder ausschalten können, müssen Sie nun so vorgehen:

Abbildung 49.10 Das Symbol für Hardware sicher entfernen

1. Schauen Sie in den Infobereich der Taskleiste, und suchen Sie nach dem Symbol für das sichere Entfernen von Hardware. Es sieht aus wie ein USB-Stecker mit einem Häkchen im grünen Kreis. Falls Sie das Symbol nicht sofort sehen, schauen Sie, ob vor den Symbolen ein Pfeil zu sehen ist. Klicken Sie dann auf den Pfeil, um alle Symbole zu sehen.

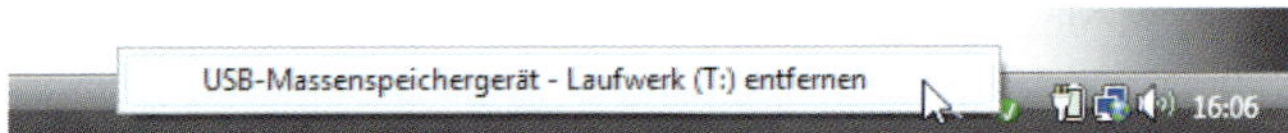

Abbildung 49.11 Manche Laufwerke müssen zuerst »entfernt« werden, bevor Sie sie sicher trennen können

2. Klicken Sie auf das Symbol zum sicheren Entfernen von Hardware. Ein Kontextmenü öffnet sich. Darin bestimmen Sie, welches Laufwerk Sie gleich entfernen wollen. Das Laufwerk wird beendet. Warten Sie mit dem Entfernen, bis Windows Ihnen grünes Licht gibt.

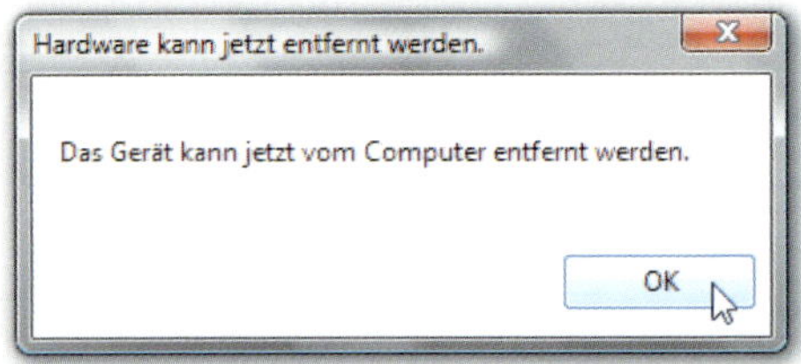

Abbildung 49.12 Windows meldet, sobald das Gerät gefahrlos vom Computer getrennt werden kann

Falls Windows meldet, das Gerät könne zurzeit nicht entfernt werden, wissen Sie, dass Programme offenbar noch auf das Laufwerk zugreifen. Das kann auch ein noch geöffnetes Explorer-Fenster sein, das einen Ordner auf dem Laufwerk anzeigt.

Schließen Sie deshalb in einem solchen Fall alle Programme, die vielleicht noch Zugriff auf das Laufwerk haben. Falls auch das nichts hilft, können Sie bei entsprechender Risikobereitschaft das Laufwerk natürlich auch trotzdem entfernen. Die Wahrscheinlichkeit, dass dabei Daten verloren gehen, ist zumindest gering.

Neue Datenträger verwenden

Die meisten fabrikneuen Datenträger sind bereits vom Hersteller vorbereitet und können häufig sofort nach dem Einbau oder Anschluss zum Speichern von Daten verwendet werden. Wenn Sie neue Datenträger allerdings von Grund auf selbst einrichten oder alte Festplatten recyceln wollen, erfahren Sie jetzt alle dafür nötigen Schritte.

- **Initialisierung** Der Datenträger wird von Windows erkannt und mit einer eindeutigen Identifikation versehen. Während der Initialisierung wird auch der Partitionsstil festgelegt, also die Methode, mit der der freie Speicher auf dem Datenträger anschließend aufgeteilt werden kann.
- **Partitionierung** Anschließend legen Sie fest, ob Sie den gesamten Speicherplatz des Datenträgers in einem Stück oder lieber in mehreren separaten Bereichen, den so genannten Volumes nutzen wollen. Jedes Volume wird später zu einem eigenständigen Laufwerk und erhält im Windows-Explorer ein eigenes Symbol und einen eigenen Laufwerksbuchstaben.
- **Formatierung** Danach werden die einzelnen Volumes mit einem Dateisystem formatiert. Zur Auswahl stehen drei verschiedene Dateisysteme mit ihren unterschiedlichen Stärken und Schwächen. Danach können die Volumes im Windows-Explorer als Laufwerk zum Speichern genutzt werden.

Die Initialisierung

Wenn Sie einen komplett unvorbereiteten neuen Datenträger in Ihren Computer einbauen oder daran anschließen, wird der Datenträger automatisch erkannt und die nötigen Gerätetreiber installiert. Verwenden können Sie den Datenträger allerdings noch nicht, denn er ist noch nicht »initialisiert«.

Sobald Sie die Datenträgerverwaltung öffnen, meldet diese, dass es neue Datenträger gibt, und möchte wissen, wie Sie die Datenträger initialisieren möchten.

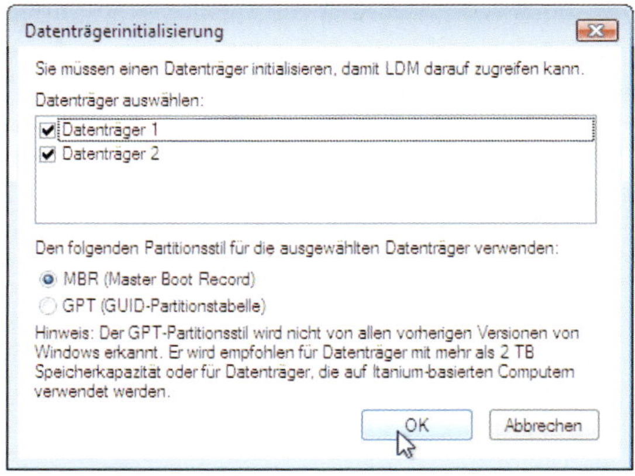

Abbildung 49.13 Welche Art von Datenträger wollen Sie einrichten?

Bei dieser Initialisierung wird den Datenträgern eine eindeutige Kennung zugewiesen, und Sie müssen sich entscheiden, welche Art von Partitionsstil Sie für die weitere Aufteilung des Speicherplatzes auf den Datenträgern verwenden wollen:

- **MBR (Master Boot Record)** Dies ist die klassische Festplattenaufteilung, die auch mit älteren Windows-Versionen kompatibel ist und mehrere Betriebssysteme parallel auf einem Computer unterstützt. Für normale Anforderungen ist das die richtige Wahl.
- **GPT (GUID-Partitionstabelle)** Dies ist eine modernere Form der Festplattenaufteilung, die erst ab Windows Vista unterstützt wird. Ältere Windows-Versionen können Datenträger, die damit aufgeteilt sind, nicht verwenden. Und auch Vista selbst kann von Datenträgern dieser Art nur starten (»booten«), wenn der Computer über ein besonderes BIOS verfügt, das EFI (Enhanced Firmware Infrastructure).

In den meisten Fällen sollten Sie die Option MBR wählen. GPT ist bisher lediglich im 64-Bit-Umfeld verbreitet.

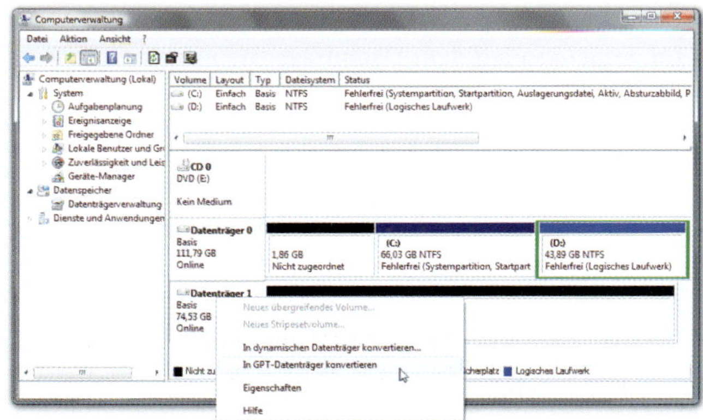

Abbildung 49.14 Nachträgliche Änderung des Partitionsstils eines Laufwerks

Bei bereits initialisierten Laufwerken können Sie den Partitionsstil ebenfalls nachträglich ändern. Dazu dürfen sich allerdings keinerlei Volumes mehr auf dem Laufwerk befinden. Sie müssen also vorher sämtliche Volumes vom Laufwerk löschen.

Danach klicken Sie mit der rechten Maustaste in der Datenträgerverwaltung auf den gewünschten Datenträger und wählen im Kontextmenü einen der folgenden Befehle:

- **In GPT-Datenträger konvertieren** Laufwerk verwendet zurzeit den klassischen MBR-Partitionsstil und wird auf den moderneren, aber inkompatibleren GPT-Partitionsstil umgestellt.
- **In MBR-Datenträger konvertieren** Laufwerk verwendet zurzeit den GPT-Partitionsstil und wird in den klassischen MBR-Partitionsstil umgewandelt
- **In dynamischen Datenträger konvertieren** Laufwerk verwendet zurzeit entweder den GPT- oder MBR-Partitionsstil und wird in ein dynamisches Laufwerk umgewandelt. Dies ist die einzige Umwandlung, die auch auf einem nicht vollständig leeren Laufwerk erlaubt ist und die darauf gespeicherten Daten nicht gefährdet.
- **In einen Basisdatenträger konvertieren** Laufwerk ist zurzeit ein dynamisches Laufwerk und wird wieder in ein Basislaufwerk zurückkonvertiert.

Achtung 

Ändern Sie den Partitionsstil eines Laufwerks nicht leichtfertig. Meist sind gar keine Änderungen nötig und würden nur Schaden anrichten.

Falls keine zwingenden Gründe dagegen sprechen, sollten Sie neue Laufwerke mit MBR und als ganz normale Basis-Disk einrichten.

Dynamische Disks unterstützen zum Beispiel keine Multi-Boot-Umgebungen, und viele Disk-Werkzeuge funktionieren nicht mit dynamischen Disks. Außerdem müssen dynamische Disks erst umständlich angemeldet werden, wenn Sie sie von einem Computer an einen anderen anschließen, und scheiden deshalb für externe Festplatten fast immer aus.

Sie können Umstellungen am Partitionsstil in fast allen Fällen nur rückgängig machen, indem Sie sämtliche Daten vom Laufwerk löschen und es in den Grundzustand zurückversetzen.

Die Partitionierung

Bei der Partitionierung wird der Speicherplatz des Datenträgers in verschiedene Bereiche, den so genannten Volumes gegliedert. Jedes Volume kann anschließend wie ein eigenes Laufwerk verwendet werden.

Im einfachsten Fall besteht ein Datenträger nur aus einem einzigen Volume, das den gesamten Speicherplatz verwendet. So werden auch die meisten Datenträger vom Hersteller vorbereitet, und wenn Sie den Datenträger »in einem Stück« verwenden wollen, brauchen Sie bei vorbereiteten Datenträgern nichts weiter zu tun.

Möchten Sie den Speicherplatz Ihres Datenträgers dagegen lieber neu in mehrere Volumes aufteilen, geht das nur, solange Sie noch keine Daten darauf gespeichert haben. Oder, indem Sie die vorhandenen Daten samt Volumes kurzerhand löschen und das Laufwerk damit sozusagen wieder in den Urzustand versetzen.

Überlegen Sie sich also ganz genau, wie Sie einen Datenträger aufteilen wollen, bevor Sie darauf Daten speichern.

Vorhandene Aufteilung ändern

Wird ein Datenträger schon benutzt, haben Sie nur wenige Möglichkeiten, die Aufteilung nachträglich zu ändern. Sie können versuchen, das vorhandene Volume mit den Daten zu verkleinern, um Platz für weitere Volumes zu schaffen.

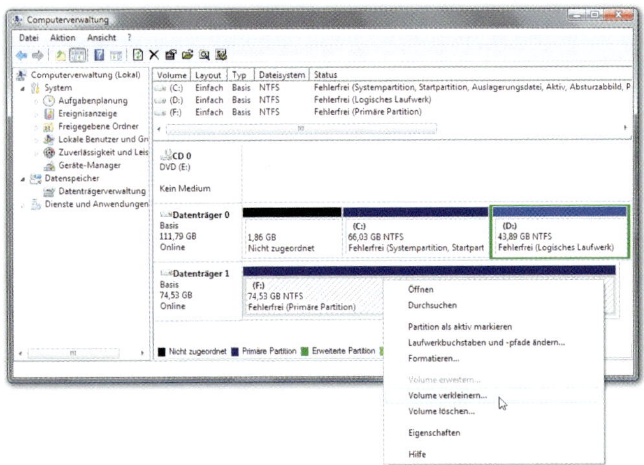

Abbildung 49.15 Ein vorhandenes Volume verkleinern

Die Abbildung 49.15 zeigt zum Beispiel einen typischen Datenträger, bei dem der gesamte Speicherplatz als 74 GB großes Volume eingeteilt ist.

Ein Volume nachträglich verkleinern

Möchten Sie diesen Datenträger lieber in zwei Volumes aufteilen, ohne die bereits darauf gespeicherten Daten zu gefährden, klicken Sie das Volume mit der rechten Maustaste an und wählen im Kontextmenü den Eintrag *Volume verkleinern*.

Dieser Befehl wird nur angeboten, wenn das Volume das NTFS-Dateisystem verwendet. Laufwerke, die ein anderes Dateisystem verwenden, können weder verkleinert noch vergrößert werden und müssten gegebenenfalls zuerst ins NTFS-Dateisystem konvertiert werden.

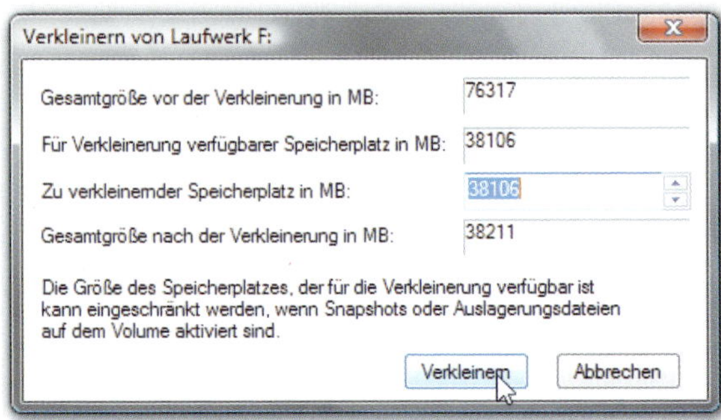

Abbildung 49.16 Verkleinern Sie ein vorhandenes Volume um einen bestimmten Betrag

So gehen Sie vor, um ein Volume zu verkleinern:

1. Klicken Sie das Volume, das Sie verkleinern wollen, mit der rechten Maustaste an und wählen Sie im Kontextmenü den Eintrag *Volume verkleinern*.
2. Ein Dialogfeld erscheint, während berechnet wird, in welchem Umfang dieses Volume verkleinert werden kann. Je nach Größe und Datenmenge kann dieser Vorgang einige Minuten dauern.
3. Anschließend öffnet sich ein neues Dialogfeld und meldet im Eingabefeld den maximalen Speicherplatz, um den Sie dieses Volume verkleinern können. Legen Sie den gewünschten Umfang fest, und klicken Sie dann auf *Verkleinern*.
4. Das Volume wird um den angegebenen Umfang verkleinert. Je nach Größe und Datenmenge kann dieser Vorgang einige Zeit dauern, weil unter Umständen große Datenmengen auf dem Datenträger neu angeordnet werden müssen. Der frei gewordene Speicherplatz wird in der Datenträgerverwaltung wieder als »nicht zugeordnet« angegeben.

Abbildung 49.17 Nach der Verkleinerung steht wieder freier, nicht zugeordneter Speicherplatz zur Verfügung

Tipp

Die nachträgliche Verkleinerungsmöglichkeit für Volumes kann sehr wichtig werden. Für Verschlüsselungstechnologien wie *Bitlocker* ist zum Beispiel eine unverschlüsselte kleine Startpartition notwendig, die Sie auf diese Weise bequem einrichten können.

Die Verkleinerung eines Volumes unterliegt Beschränkungen. Wie viel Speicherplatz Sie vom vorhandenen Volume tatsächlich entfernen können, hängt unter anderem davon ab, wie viel Platz die darauf gespeicherten Daten unbedingt benötigen.

Wenn dann außerdem nicht verschiebbare Daten wie zum Beispiel eine Auslagerungsdatei »im Weg« liegen, kann das Volume unter Umständen nicht oder nur sehr geringfügig verkleinert werden.

Generell werden Sie ein Volume auch unter optimalen Bedingungen nur maximal auf die Hälfte seiner ursprünglichen Größe verkleinern können.

Ein Volume nachträglich vergrößern

Geht der Platz in einem Volume zur Neige, und wollen Sie das Volume vergrößern, ohne die Daten darauf zu gefährden, geht das mit einfachen Mitteln nur, wenn im direkt angrenzenden Bereich noch Speicherplatz frei ist.

Die Abbildung 49.18 zeigt zum Beispiel den Datenträger 1, auf dem zwei Volumes gespeichert sind. Nicht zugeordneter Speicherplatz ist keiner mehr übrig. Wenn Sie hier das Laufwerk F: vergrößern wollen, geht das nur, wenn Sie zuerst neuen, nicht zugeordneten Speicherplatz beschaffen, der direkt neben dem Laufwerk F: liegt.

Abbildung 49.18 Ein Volume nachträglich vergrößern

Sie müssten also das angrenzende Volume mit dem Laufwerk G: zuerst löschen und würden dabei alle gespeicherten Daten im Laufwerk G: verlieren. Dafür erhielten Sie aber den benötigten nicht zugeordneten und angrenzenden Speicherplatz, den Sie für die Erweiterung von Laufwerk F: benötigen.

Um das Volume mit Laufwerk G: zu löschen, klicken Sie mit der rechten Maustaste in dieses Volume und wählen im Kontextmenü den Eintrag *Volume löschen*.

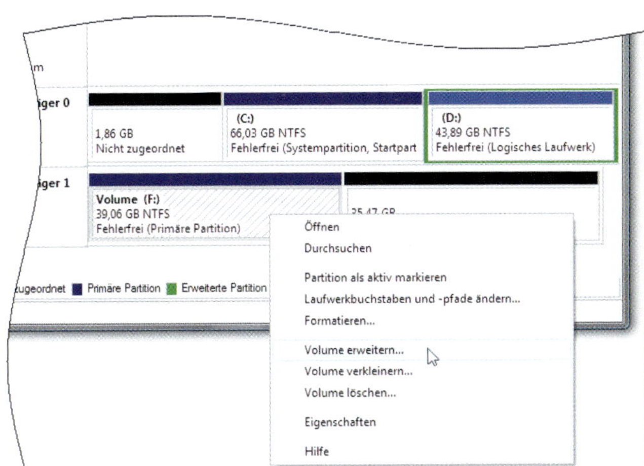

Abbildung 49.19 Ein vorhandenes Volume mitsamt der darin gespeicherten Daten vergrößern

Anschließend können Sie nun das Volume mit Laufwerk F: erweitern:

1. Klicken Sie das Volume, dem Sie angrenzenden freien Speicherplatz hinzufügen wollen, mit der rechten Maustaste an. Im Kontextmenü wählen Sie *Volume erweitern*.
2. Der *Assistent zum Erweitern von Volumes* öffnet sich. Klicken Sie auf *Weiter*. Sie sehen nun im untersten Eingabefeld, wie viel Speicherplatz maximal für die Erweiterung zur Verfügung steht. Möchten Sie den gesamten Speicherbereich dem Volume zuschlagen, klicken Sie auf *Weiter*. Andernfalls passen Sie den Zahlenwert vorher an.
3. Klicken Sie auf *Fertig stellen*. Das Volume wird erweitert und umfasst nun zusätzlich den hinzugefügten Speicherplatz. Die vorher auf dem Volume gespeicherten Daten sind weiterhin vorhanden.

Abbildung 49.20 Nach der Erweiterung ist das Laufwerk plötzlich beinahe doppelt so groß

Tipp

Ist der Befehl *Volume erweitern* nicht auswählbar, handelt es sich beim Laufwerk entweder um ein Wechselmedium, das Volume ist nicht mit dem NTFS-Dateisystem formatiert, oder es ist kein angrenzender freier Speicher vorhanden, den man dem Volume hinzufügen könnte.

Ein Volume löschen

Wesentlich mehr Gestaltungsspielraum haben Sie, wenn Sie auf die Daten verzichten können, die bereits auf dem Datenträger gespeichert sind. In diesem Fall löschen Sie einfach alle schon darauf vorhandenen Volumes per Klick mit der rechten Maustaste und Auswahl des Kontextmenübefehls *Volume löschen*.

Der gesamte Datenträger wird anschließend als »nicht zugewiesen« markiert und kann jetzt wieder völlig frei neu eingeteilt werden. Dieser Weg lohnt sich, wenn der Datenträger noch ganz neu war und deshalb keine wichtigen Daten enthielt, oder wenn Sie einen alten Datenträger »recyceln« und die Daten darauf nicht mehr wichtig sind oder anderweitig gesichert wurden.

Neue Volumes anlegen

Im freien nicht zugeordneten Speicherbereich des Datenträgers können Sie neue Volumes anlegen und so den Datenträger völlig neu gestalten. Dazu gehen Sie folgendermaßen vor:

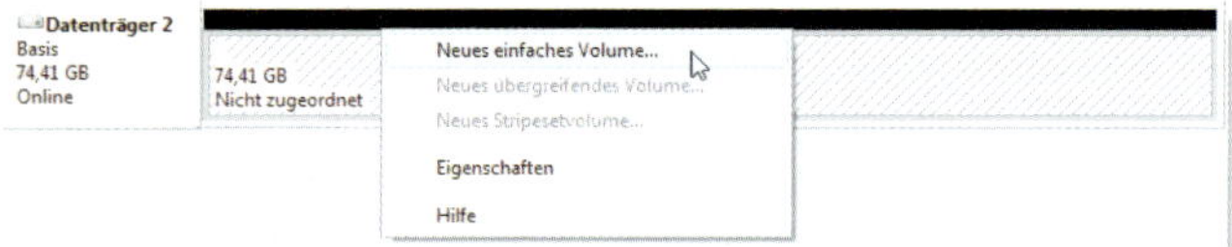

Abbildung 49.21 Ein neues einfaches Volume anlegen

1. Klicken Sie mit der rechten Maustaste auf einen Bereich mit nicht zugeordnetem freien Speicherplatz, und wählen Sie im Kontextmenü den Eintrag *Neues einfaches Volume*.
2. Ein Assistent öffnet sich. Klicken Sie auf *Weiter*. Nun legen Sie fest, wie groß Ihr Volume sein soll. Das Eingabefeld schlägt den maximal verfügbaren freien Speicherplatz vor. Passen Sie den Wert entsprechend Ihren Anforderungen an. Wenn Sie nicht den gesamten freien Speicher verwenden, können Sie anschließend den restlichen Speicherplatz für weitere Volumes verwenden. Klicken Sie anschließend auf *Weiter*.
3. Nun werden Sie gefragt, welchen Laufwerksbuchstaben Sie dem Volume zuweisen wollen oder ob das Volume als NTFS-Ordner bereitgestellt werden soll. Wählen Sie die vorgewählte Option. Sie haben bereits zu Anfang dieses Kapitels gesehen, dass Sie die hier aufgeführten Einstellungen auch nachträglich sehr einfach anpassen und ändern können. Klicken Sie auf *Weiter*.

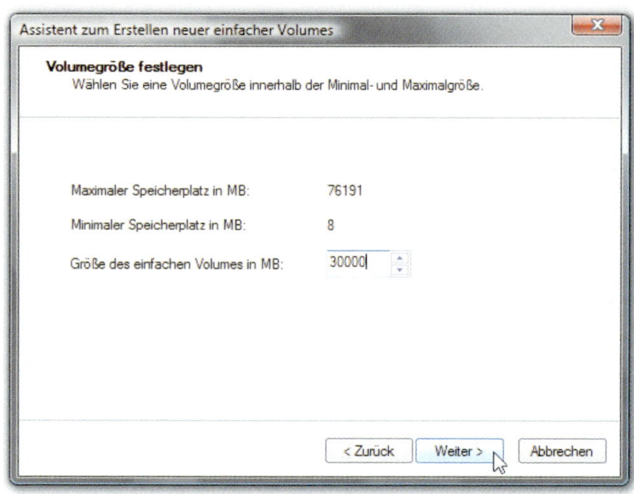

Abbildung 49.22 Legen Sie fest, wie groß das Volume werden soll

4. Nun folgt die Formatierung des Volumes. Vorgeschlagen wird die Formatierung mit dem NTFS-Dateisystem. Wollen Sie ein anderes Dateisystem verwenden, das im Listenfeld nicht aufgeführt ist, wählen Sie die Option *Dieses Volume nicht formatieren* und verschieben die Formatierung auf später. Wählen Sie außerdem die Option *Schnellformatierung durchführen*, wenn Sie es eilig haben und das Laufwerk nicht ausführlich testen möchten. Dann klicken Sie auf *Weiter* und anschließend auf *Fertig stellen*.
5. Das Volume wird erstellt, formatiert und anschließend unter dem von Ihnen gewählten Laufwerksbuchstaben zur Verfügung gestellt. Wenn Sie nicht die Schnellformatierung gewählt haben, kann die Formatierung einige Zeit dauern.

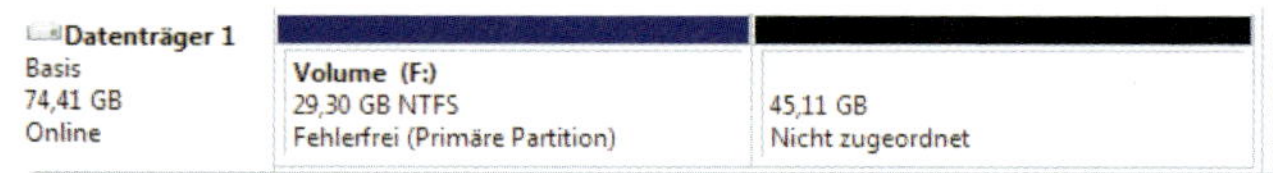

Abbildung 49.23 Ein neues Volume ist entstanden

Ihr neues Volume kann jetzt als eigenständiges Laufwerk unter dem zugewiesenen Laufwerksbuchstaben im Windows-Explorer verwendet werden.

> **Die alten Partitionstypen und die neuen Volumes**
>
> In früheren Versionen von Windows standen »Einfache Volumes« nur bei dynamischen Disks zur Verfügung, und Sie als Anwender mussten sich mit den unterschiedlichsten Partitionstypen auseinander setzen, die je nach Datenträgertyp für die Einteilung erforderlich waren.
>
> Bei Windows Vista kümmert sich die Datenträgerverwaltung von ganz allein um die Partitionstypen, mit denen Ihre einfachen Volumes technisch realisiert werden.
>
> Bei einer einfachen Basis-Disk mit dem klassischen MBR-Partitionsstil werden Sie dabei mit jedem einfachen Volume eine »Primäre Partition« anlegen. Weil MBR nur maximal vier Partitionen unterstützt, legt die Datenträgerverwaltung automatisch eine »Erweiterte Partition« und darin bis zu 26 weitere »Logische Laufwerke« an, sobald Sie mehr als vier »Einfache Volumes« auf einem solchen Datenträger anlegen. Weil MBR-Partitionen außerdem das Konzept der »Aktiven Partition« unterstützen, können Sie anschließend ein Volume auf einem MBR-Datenträger per Rechtsklick in eine aktive Partition verwandeln. Bootet der Computer von diesem Datenträger, wird die aktive Partition als Startpartition verwendet.
>
> Auf einem Basis-Datenträger mit GPT-Partitionsstil werden dagegen lauter »Primäre Partitionen« angelegt, weil es hier die Limitation auf vier Partitionen nicht gibt. So können Sie bis zu 128 »Einfache Volumes« auf einem Datenträger anlegen.
>
> Auf einem dynamischen Datenträger werden »Einfache Volumes« als »Volume« realisiert, und Sie können davon bis zu 32 pro Datenträger anlegen.
>
> Am Ende des Tages arbeiten Sie bei Windows Vista also nur noch mit einem einfach zu verstehenden Konzept der »Einfachen Volumes«, mit denen Sie den Speicherplatz auf Datenträgern einteilen – ganz unabhängig davon, welchen Partitionsstil der Datenträger verwendet und von welchem Typ er ist.

Laufwerke formatieren

Bevor Sie auf einem Datenträger Daten speichern können, muss der Datenträger zuerst mit einem Dateisystem formatiert werden. Versuchen Sie auf einen Datenträger zuzugreifen, der nicht oder fehlerhaft formatiert ist, meldet der Explorer das Problem und bietet an, die Formatierung nachzuholen.

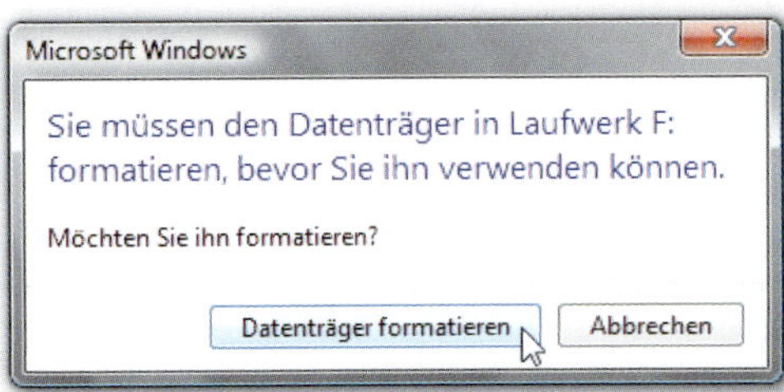

Abbildung 49.24 Laufwerke ohne gültige Formatierung können nicht gelesen werden

Die Formatierung ist nur einmal nötig. Dabei werden alle Daten auf dem Datenträger gelöscht. Sie können Datenträger aus dem Windows-Explorer heraus und auch aus der Datenträgerverwaltung heraus formatieren.

- **Windows-Explorer** Öffnen Sie den Windows-Explorer, zum Beispiel, indem Sie im Startmenü *Computer* wählen oder [Win]+[E] drücken. Danach klicken Sie das Laufwerk, das Sie neu formatieren wollen, mit der rechten Maustaste an und wählen im Kontextmenü den Eintrag *Formatieren*.
- **Datenträgerverwaltung** Klicken Sie das Volume, das Sie neu formatieren wollen, in der Datenträgerverwaltung mit der rechten Maustaste an, und wählen Sie im Kontextmenü den Eintrag *Formatieren*. Diese Art der Formatierung wird in den nächsten Beispielen verwendet.

Das optimale Dateisystem auswählen

Windows Vista unterstützt zahlreiche Dateisysteme und bietet bei der Formatierung eine Auswahl aus drei Dateisystemen an:

Dateisystem	Beschreibung
FAT	Ursprüngliches Dateisystem der ersten PCs. Dieses Dateisystem bietet wenig Schutz, wird aber wegen seiner Einfachheit für kleine Datenträger bis zu einer Größe von 2 GB verwendet. Für Festplatten sollte dieses Dateisystem auf keinen Fall verwendet werden.

Tabelle 49.1 Diese Dateisysteme stehen für eigene Volumes zur Auswahl

Dateisystem	Beschreibung
FAT32	Dieses Dateisystem ist abwärtskompatibel zu älteren Windows-Versionen, bietet aber keinen Schutz für die darauf gespeicherten Daten. Jeder Benutzer Ihres Computers kann auf alle Daten zugreifen, die auf einem mit FAT oder FAT32 formatierten Laufwerk lagern. Außerdem gibt es Größenbeschränkungen: FAT32 eignet sich nur für Volumes mit einer Gesamtgröße von maximal 32 GB. Einzelne Dateien dürfen maximal 4 GB groß sein. Damit ist FAT32 nur dann die richtige Wahl, wenn Sie parallel ältere Windows-Versionen auf demselben Computer verwenden oder das Volume auf einem Wechseldatenträger liegt, der auch an ältere Computer angeschlossen werden soll.
NTFS	Ein modernes und robustes Dateisystem, das praktisch keine Größenbeschränkungen kennt und einige Dateisystemfehler vollautomatisch beheben kann. Darüber hinaus lassen sich gespeicherte Informationen mit dem NTFS-Dateisystem so schützen, dass nur berechtigte Benutzer darauf zugreifen dürfen.

Tabelle 49.1 Diese Dateisysteme stehen für eigene Volumes zur Auswahl *(Fortsetzung)*

Volumes neu formatieren

Die Formatierung muss nur einmal bei der ersten Verwendung eines Datenträgers durchgeführt werden. Sie können die Formatierung aber auch wiederholen, zum Beispiel, wenn Sie lieber ein anderes Dateisystem verwenden wollen oder alle Daten vom Datenträger löschen möchten.

Achtung

Bei der Formatierung werden alle bereits vorhandenen Daten vom Datenträger gelöscht. Wollen Sie absichtlich alle Daten auf einem Datenträger unleserlich machen, formatieren Sie den Datenträger unbedingt ohne aktiviertes Kontrollkästchen *Schnellformatierung durchführen*.

Dennoch sind Ihre alten Daten auch nach solch rigoroser Formatierung nicht wirklich weg. Echte Datenrettungsprofis können die Daten häufig noch lesen. Wer Festplatten aussortiert und weiterverkauft, die vorher sensible Daten enthielten, beschafft sich deshalb besser vorher ein Datenlösch-Werkzeug, die es von vielen namhaften Herstellern gibt. Solche Werkzeuge überschreiben den Festplatteninhalt mehrfach mit wechselnden Daten und radieren so auch die letzten Spuren der alten Dateninhalte weg.

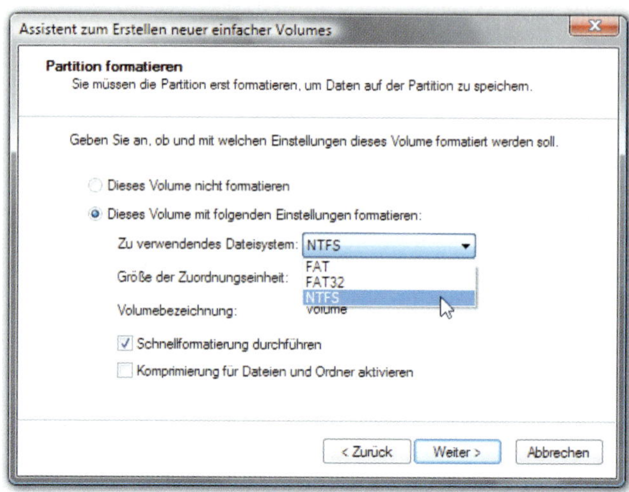

Abbildung 49.25 Das passende Dateisystem auswählen

So gehen Sie vor, um ein Volume mit der Datenträgerverwaltung zu formatieren:

1. Klicken Sie das Volume mit der rechten Maustaste an, und wählen Sie im Kontextmenü den Eintrag *Formatieren*. Ein Dialogfeld öffnet sich.
2. Weisen Sie dem Volume im obersten Feld einen Namen zu. Unter diesem Namen wird es später im Windows-Explorer geführt. Danach legen Sie im Listenfeld neben *Zu verwendendes Dateisystem* das gewünschte Dateisystem fest.
3. Als *Größe der Zuordnungseinheit* übernehmen Sie die Vorgabe *Standard*. Die Zuordnungseinheit ist die kleinste Dateneinheit, die das Volume verwenden wird.
4. Aktivieren Sie das Kontrollkästchen *Schnellformatierung durchführen*, wenn Sie auf die zeitraubende Überprüfung des Datenträgers verzichten wollen. Diese Überprüfung kann Minuten bis Stunden dauern, erkennt dafür aber verborgene Datenträgerfehler.
5. Wenn Sie als Dateisystem *NTFS* gewählt haben, können Sie das Kontrollkästchen *Komprimierung für Dateien und Ordner* aktivieren. Ihre Daten werden dann besonders Platz sparend gespeichert, wodurch Sie mehr Daten auf dem Volume ablegen können. Allerdings dauert der Datenzugriff dann länger, weswegen Sie diese Option nur wählen sollten, wenn Sie Speicherplatznot haben.
6. Bestätigen Sie das Dialogfeld mit *OK*, um die Formatierung durchzuführen.

PROFITIPP 

Das Listenfeld für das Dateisystem zeigt nicht immer alle drei Dateisysteme an. Welche Dateisysteme zur Auswahl stehen, hängt von der Größe des Volumes ab.

Bei Volumes über 4 GB Größe wird das FAT-Dateisystem nicht mehr angeboten.

Bei Volumes über 32 GB Größe wird auch das FAT32-Dateisystem nicht mehr angeboten. Volumes über 32 GB Größe können deshalb nur im NTFS-Dateisystem formatiert werden.

Nachträglich NTFS-Dateisystem verwenden

Um einem Laufwerk ein anderes Dateisystem zuzuweisen, muss das Laufwerk normalerweise neu formatiert werden, und dabei gehen alle Daten auf dem Laufwerk verloren.

Falls Ihre Festplatten noch nicht das sichere NTFS-Dateisystem verwenden, haben Sie aber die Möglichkeit, dieses Dateisystem auch ohne die aufwändige Neuformatierung zu nutzen. Mit dem Befehl *Convert* in einem Fenster der Eingabeaufforderung konvertieren Sie ein vorhandenes FAT- oder FAT32-Dateisystem ins NTFS-Dateisystem.

Achtung 

Bevor Sie ein Laufwerk in das NTFS-Dateisystem konvertieren, sollten Sie sich über die Konsequenzen bewusst sein. NTFS kann nur von Windows ab Version 2000 gelesen werden. Verwenden Sie NTFS also nicht, wenn Sie auf Ihrem Computer parallel auch ältere Windows-Versionen einsetzen. Verwenden Sie NTFS auch nicht für Wechselmedien, wenn Sie diese auch an Computern mit älteren Windows-Versionen verwenden möchten.

So gehen Sie vor, um das Dateisystem eines Laufwerks auf NTFS umzustellen:

1. Öffnen Sie das Startmenü, und tippen Sie ins Schnellsuchfeld die Zeichenfolge **cmd** ein. Wenig später wird der Link zum Konsolenprogramm *cmd* oben in der linken Startmenüspalte angezeigt.
2. Klicken Sie mit der rechten Maustaste auf diesen Eintrag, und wählen Sie im Kontextmenü den Eintrag *Als Administrator ausführen*. Sie müssen sich nun als Administrator ausweisen. Danach startet das Konsolenfenster.
3. Geben Sie darin den Befehl ein: **convert x: /fs:ntfs** ↵, wobei Sie »x:« durch den Laufwerksbuchstaben des Laufwerks ersetzen, das Sie konvertieren wollen.

Das Laufwerk wird jetzt ins NTFS-Dateisystem konvertiert, was einige Zeit dauern kann. Handelt es sich bei dem Laufwerk um das Laufwerk, auf dem Windows installiert ist, wird die Umwandlung auf den nächsten Windows-Start verschoben und durchgeführt, bevor Windows startet.

```
C:\Windows\system32\cmd.exe
C:\Users\Tobi>convert t: /fs:ntfs
Der Typ des Dateisystems ist FAT.
Volumeseriennummer : 313D-4218
Dateien und Ordner werden überprüft...
Die Datei- und Ordnerüberprüfung ist abgeschlossen.
Das Dateisystem wurde überprüft. Es wurden keine Probleme festgestellt.

1.047.248.896 Bytes Speicherplatz auf dem Datenträger insgesamt
       65.536 Bytes in 3 versteckten Datei(en)
    2.048.000 Bytes in 123 Ordner(n)
  379.633.664 Bytes in 1.490 Datei(en)
  665.501.696 Bytes auf dem Datenträger verfügbar

       16.384 Bytes in jeder Zuordnungseinheit
       63.919 Zuordnungseinheiten auf dem Datenträger insgesamt
       40.619 Zuordnungseinheiten auf dem Datenträger verfügbar

Erforderlicher Speicherplatz für die Dateisystemkonvertierung wird bestimmt...
Speicherplatz insgesamt:                          1022976 KB
Freier Speicherplatz auf dem Volume:               649904 KB
Für Konvertierung benötigter Speicherplatz:         10435 KB
Dateisystem wird konvertiert.
Datenfehler (CRC-Prüfung)

C:\Users\Tobi>_
```

Abbildung 49.26 Ein Laufwerk ins NTFS-Dateisystem konvertieren

Dynamische Disks einsetzen

Neue einfache Datenträger verwenden normalerweise den Typ *Basis*, nutzen also für die Aufteilung der Speicherbereiche in Volumes entweder einen klassischen *Master Boot Record* (MBR) oder die neue *GUID Partition Table* (GPT).

Alternativ dazu unterstützt Windows ab der Version 2000 auch *Dynamische Disks*. Dynamische Disks sind neben MBR und GPT eine dritte Alternative, um Datenträger in bis zu 32 Volumes zu unterteilen.

Der wesentliche Vorzug dynamischer Disks ist ihre Flexibilität, den Speicherplatz mehrerer Datenträger in einem Volume zu kombinieren. Allerdings stehen bei Windows Vista im Gegensatz zu Server-Betriebssystemen nur wenige Volumetypen zur Verfügung:

- **Übergreifendes Volume** Das Volume verwendet Speicherplatz auf verschiedenen Datenträgern und kann so zum Beispiel mehrere kleine Restspeicherbereiche zu einem großen Volume zusammenfassen. Allerdings sind solche Volumes sehr fehleranfällig, weil der Ausfall nur eines der am Volume beteiligten Datenträger zum Verlust sämtlicher Daten im Volume führt.
- **Stripesetvolume** Das Volume verwendet mehrere genau gleich große Speicherbereiche auf mehreren Datenträgern und speichert die Daten »streifenweise« abwechselnd auf den beteiligten Datenträgern. Das kann den Lese- und Schreibzugriff stark verbessern, insbesondere dann, wenn die beteiligten Datenträger über jeweils eigene Festplattencontroller verfügen, dient also der Leistungssteigerung.

Alle Verfahren zur Fehlertoleranz wie zum Beispiel gespiegelte Volumes, bei denen Daten redundant – also mehr als einmal, um im Fehlerfall eine unbeschädigte Kopie zu haben – auf mehreren Festplatten gespeichert werden, stehen bei

Windows Vista nicht zur Verfügung. Sie werden nur von Server-Produkten angeboten.

Achtung 

Dynamische Disks bieten bei Windows Vista nur wenige Vorteile und viele Nachteile. Stellen Sie Laufwerke auf keinen Fall unbedacht auf *Dynamisch* um, denn ohne Datenverlust gibt es keinen Weg zurück zur Basis-Disk.

Dynamische Disks unterstützen keine Multi-Boot-Szenarien und eignen sich nicht für Laufwerke, die Sie immer wieder einmal an verschiedene Computer anschließen.

Dynamische Disks erstellen

Vorhandene Basis-Disks können von Hand sehr einfach in einen dynamischen Datenträger umgewandelt werden. Klicken Sie in der Datenträgerverwaltung mit der rechten Maustaste auf einen Datenträger und wählen Sie im Kontextmenü den Eintrag *In dynamischen Datenträger konvertieren*.

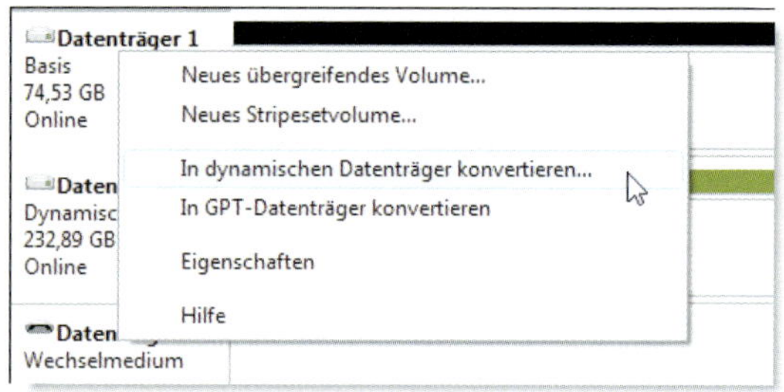

Abbildung 49.27 Datenträger können jederzeit in dynamische Datenträger umgewandelt werden ...

Selten ist es allerdings clever, dies von Hand zu tun. Windows Vista kümmert sich automatisch um die Umwandlung eines Datenträgers in einen dynamischen Datenträger, wenn das tatsächlich erforderlich sein sollte, und bittet Sie dann um Erlaubnis. Zwei Gründe für die Umwandlung werden Sie gleich kennen lernen: Übergreifende Volumes und Stripeset Volumes.

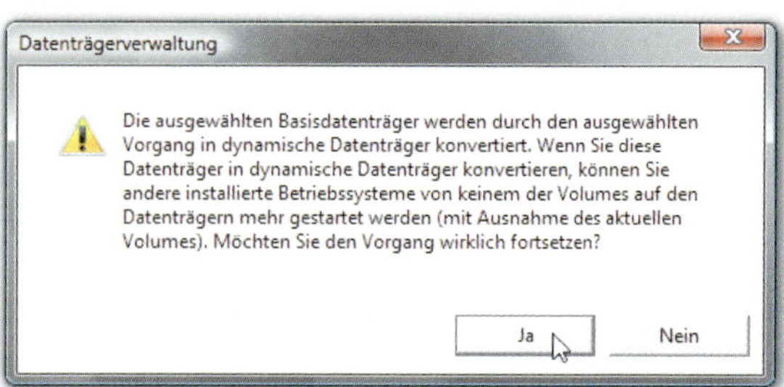

Abbildung 49.28 ... aber besser ist, die Umwandlung erst durchzuführen, wenn das sinnvoll ist

Während Sie Basis-Disks ohne Datenverlust in dynamische Datenträger umwandeln können, ist der umgekehrte Weg nur möglich, wenn Sie zuerst alle Volumes vom Datenträger löschen. Sie verlieren dabei also alle Daten. Genau deshalb sollte die Umstellung auf dynamische Datenträger wohl überlegt werden.

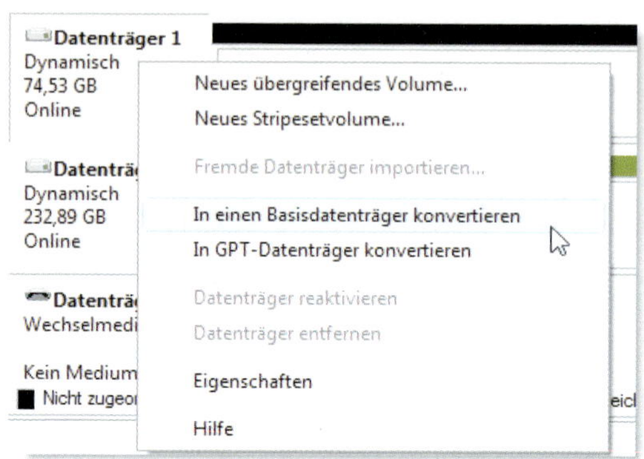

Abbildung 49.29 Zurück zum Basisdatenträger geht es nur über einen kompletten Datenverlust

Schauen Sie sich nun an, wie Sie die beiden Volumetypen verwenden, die dynamische Datenträger voraussetzen.

Übergreifende Volumes verwenden

Möchten Sie ein Volume anlegen, das mehrere physische Laufwerke umfasst, gehen Sie so vor:

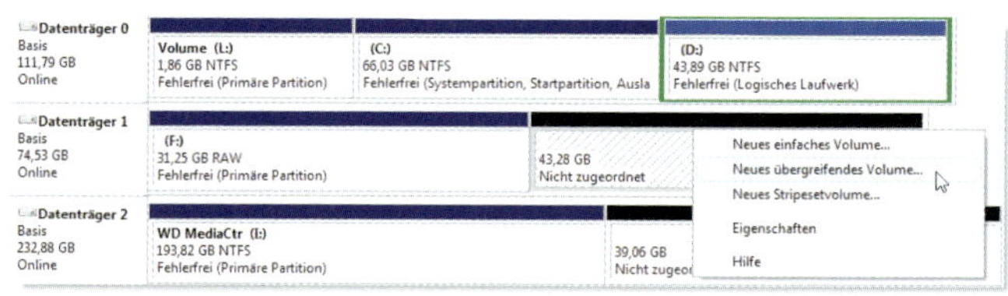

Abbildung 49.30 Ein neues übergreifendes Volume anlegen

1. Klicken Sie mit der rechten Maustaste auf einen freien nicht zugewiesenen Speicherbereich, und wählen Sie im Kontextmenü den Eintrag *Neues übergreifendes Volume*. Dieser Befehl ist nur wählbar, wenn es auf mindestens einem anderen Datenträger nicht zugewiesenen Speicherplatz gibt.
2. Ein Assistent öffnet sich. Klicken Sie auf *Weiter*. Wählen Sie nun aus der Liste *Verfügbar* per Doppelklick alle Datenträger aus, auf denen Sie Speicherplatz nutzen möchten. Die Datenträger werden in der rechten Liste aufgeführt.

3. Klicken Sie die ausgewählten Datenträger in der rechten Liste nacheinander an, und legen Sie dabei jeweils im Eingabefeld fest, wie viel Speicherplatz Sie vom jeweiligen Datenträger für Ihr neues Volume nutzen möchten.
4. Klicken Sie dann auf *Weiter*. Sie können dem neuen Volume jetzt einen Laufwerksbuchstaben zuweisen. Klicken Sie anschließend erneut auf *Weiter*.
5. Nun legen Sie fest, in welchem Dateisystem das Volume formatiert werden soll. Aktivieren Sie das Kontrollkästchen *Schnellformatierung durchführen*, wird das Volume nicht überprüft. Ohne diese Option kann die Formatierung durchaus einige Zeit dauern. Klicken Sie auf *Weiter* und anschließend auf *Fertig stellen*.
6. Falls die Datenträger, auf denen Sie Speicherbereiche ausgewählt haben, noch keine dynamischen Disks sind, fragt der Assistent nun nach, ob Sie diese Datenträger in dynamische Datenträger umwandeln wollen. Dieser Vorgang kann nicht rückgängig gemacht werden und sollte wohl überlegt sein. Klicken Sie auf *Ja*, um die Datenträger in dynamische Datenträger zu konvertieren.

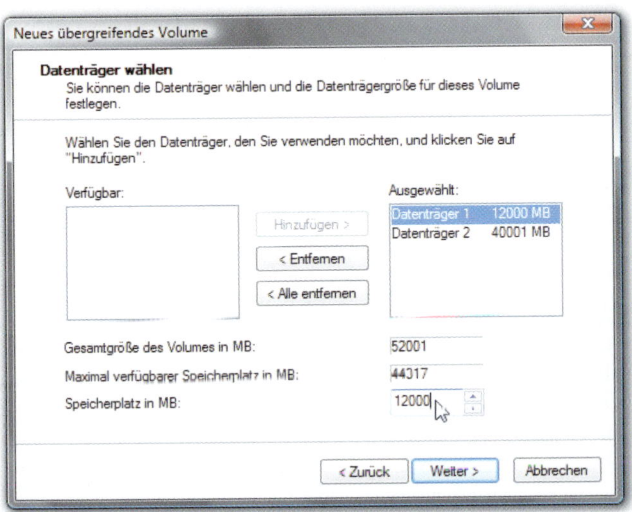

Abbildung 49.31 Ein neues übergreifendes Volume erstellen

Das Volume wird eingerichtet und in der Datenträgerverwaltung nun mit einem violetten Farbbalken gekennzeichnet. Sehr schön ist zu sehen, wie das übergreifende Volume Speicherplatz auf mehreren physischen Datenträgern nutzt.

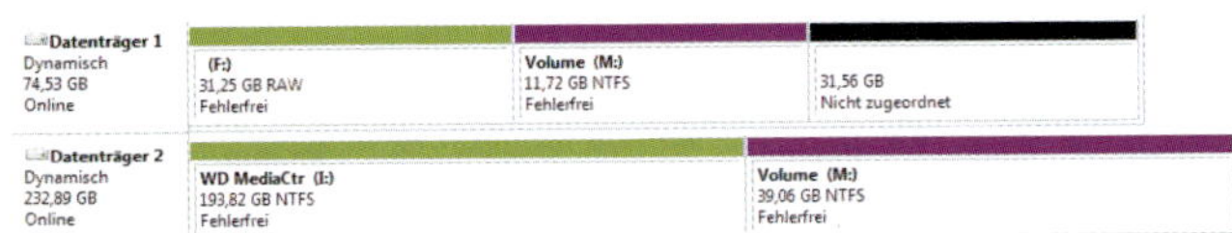

Abbildung 49.32 Ein übergreifendes Volume verteilt sich auf mehrere Datenträger

Stripesetvolumes verwenden

Stripesetvolumes kombinieren ebenfalls Speicherplatz von verschiedenen Datenträgern zu einem Volume. Allerdings müssen die Speicherbereiche auf den einzelnen Datenträgern genau gleich groß sein.

Diese Größenbeschränkung liegt an der Art, wie in Stripesets die Daten gespeichert werden: die Daten werden abwechselnd und zu gleichen Teilen auf die verschiedenen Datenträger verteilt. So kann die Zugriffsgeschwindigkeit stark erhöht werden. Stripesets werden auch »RAID-0« genannt.

So legen Sie ein neues Stripesetvolume an:

Abbildung 49.33 Ein neues Stripesetvolume anlegen

1. Klicken Sie mit der rechten Maustaste auf einen freien, nicht zugewiesenen Speicherbereich, und wählen Sie im Kontextmenü den Eintrag *Neues Stripesetvolume*. Dieser Befehl steht nur zur Verfügung, wenn es auf mindestens einem weiteren Datenträger nicht zugewiesenen freien Speicherplatz gibt.
2. Klicken Sie im daraufhin gestarteten Assistenten auf *Weiter*. Fügen Sie dann aus der Liste *Verfügbar* alle Datenträger in die rechte Liste, die Sie für das Stripeset verwenden wollen. Der maximal dafür verfügbare Speicherplatz richtet sich nach dem kleinsten freien Speicherplatz, weil bei Stripesets die Speicherbereiche auf allen Datenträgern gleich groß sein müssen. Klicken Sie auf *Weiter*.
3. Sie können dem Volume jetzt einen Laufwerksbuchstaben zuweisen. Klicken Sie wiederum auf *Weiter*. Danach sollte das Volume mit dem NTFS-Dateisystem formatiert werden. Aktivieren Sie das Kontrollkästchen *Schnellformatierung durchführen*, wenn Sie auf die Datenträgerprüfung verzichten möchten. Klicken Sie auf *Weiter* und *Fertig stellen*.

4. Falls einer der ausgewählten Datenträger noch kein dynamischer Datenträger ist, bietet der Assistent nun an, den Datenträger in einen dynamischen Datenträger umzuwandeln. Wenn Sie damit einverstanden sind, klicken Sie auf *Ja*. Aber Achtung: Die Umwandlung in einen dynamischen Datenträger kann nicht rückgängig gemacht werden.

Das Stripeset wird in der Datenträgerverwaltung mit einem grünen Balken markiert. Gut zu sehen ist, wie das Stripeset auf allen Datenträgern einen jeweils genau gleich großen Datenbereich nutzt.

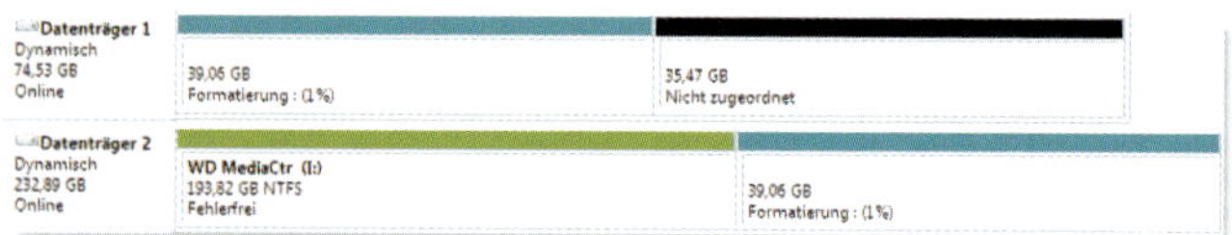

Abbildung 49.34 Ein Stripeset belegt jeweils gleich große Datenbereiche auf mehreren Datenträgern

Laufwerke reparieren

Wenn Laufwerke ausfallen, ist der Schaden meist riesengroß, denn dann gehen oft alle auf dem Laufwerk gespeicherten Daten verloren. Allein aus diesem Grund sollten Sie wichtige Daten immer mit Sicherheitskopien sichern, die auf anderen Datenträgern aufbewahrt werden.

Nicht immer ist ein Laufwerksproblem allerdings so schwerwiegend, dass die gespeicherten Daten verloren sind. Häufig können Sie sich sogar selbst helfen.

Fehler reparieren

Kann ein Laufwerk Daten nur unvollständig speichern, zum Beispiel, weil Sie den Computer zu schnell ausgeschaltet oder ein Laufwerk zu früh vom Computer getrennt haben, ist das so genannte »Dirty Bit« des Laufwerks gesetzt. Dieses Bit wird beim Start eines Schreibvorgangs gesetzt und bei seinem Abschluss wieder gelöscht. Ist das Bit also noch gesetzt, wenn Windows neu startet oder Sie ein Laufwerk anschließen, ist der letzte Speichervorgang nicht korrekt beendet worden.

In diesem Fall bietet Windows an, den Datenträger automatisch zu reparieren. Klicken Sie in diesem Fall auf *Überprüfen und reparieren*.

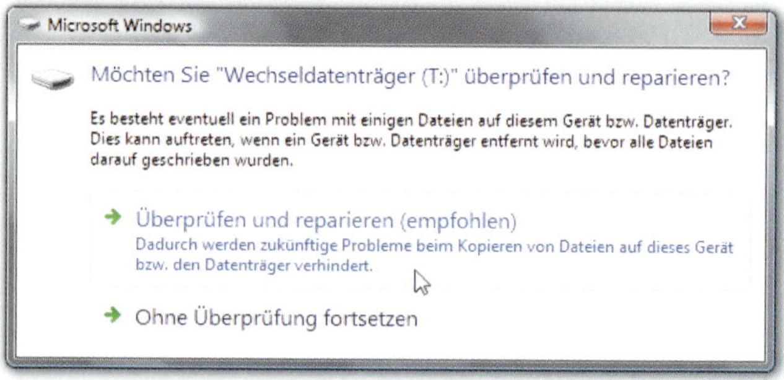

Abbildung 49.35 Bei gesetztem »Dirty Bit« bietet Windows eine automatische Datenträgerüberprüfung an

Es wird dann automatisch die Überprüfung gestartet. Wie gründlich (und damit zeitintensiv) die Prüfung durchgeführt wird, bestimmen Sie mit zwei Kontrollkästchen:

- **Dateisystemfehler automatisch korrigieren** Fehler im Dateisystem werden erkannt und behoben. Ist dieses Kontrollkästchen nicht aktiviert, würden Fehler nur gemeldet, aber nicht sofort behoben.
- **Fehlerhafte Sektoren suchen/wiederherstellen** Die Datenbereiche des Datenträgers werden ausführlich getestet. Datenbereiche, die nicht zuverlässig speichern, werden gesperrt. Diese Überprüfung dauert sehr lange und findet permanente Beschädigungen des Datenträgers, wie sie zum Beispiel nach einigen Jahren Betrieb oder nach dem Herunterfallen entstehen können. Wählen Sie diese Überprüfungsoption nur, wenn Sie sehr viel Zeit haben und der Datenträger noch nie oder vor langer Zeit ausführlich geprüft wurde.

Nachdem die Überprüfung abgeschlossen ist, meldet Windows das Ergebnis. In den meisten Fällen werden keine Probleme gefunden und behoben, und die Warnung des »Dirty Bits« war nur ein Fehlalarm, der glücklicherweise ohne Folgen geblieben ist.

Unvollständige Volumes

Übergreifende Volumes und Stripesetvolumes sind Volumes, die Speicherplatz mehrerer Datenträger zusammenfassen.

Fällt bei einem solchen Volume einer der beteiligten Datenträger aus oder wird er aus dem System entfernt, bricht das gesamte Volume zusammen und wird in der Datenträgerverwaltung als »Fehler« angezeigt. Auch alle übrigen Volumes auf dem Datenträger stehen nicht mehr zur Verfügung.

In diesem Fall sollten Sie zuerst versuchen, den fehlenden Datenträger wiederherzustellen. Haben Sie ihn versehentlich ausgebaut, sollten Sie ihn wieder einbauen. Die Datenträgerverwaltung findet den fehlenden Datenträger und stellt das Volume automatisch wieder her.

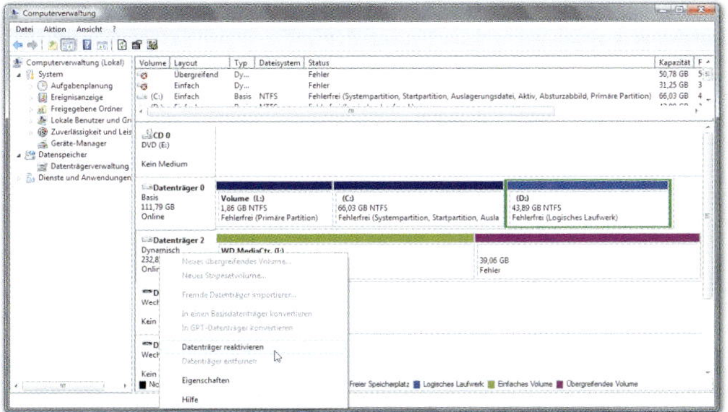

Abbildung 49.36 Ein unvollständiges übergreifendes Volume

Ist das nicht möglich, zum Beispiel, weil es zu einem Festplattendefekt gekommen ist, klicken Sie mit der rechten Maustaste auf den Datenträger, der das fehlerhafte Volume enthält, und wählen Sie im Kontextmenü den Eintrag *Datenträger reaktivieren*.

Die Daten im defekten Volume werden Sie auf diese Weise zwar nicht retten können. Zumindest aber stehen Ihnen die übrigen Volumes auf dem Datenträger wieder zur Verfügung.

Fremde dynamische Datenträger

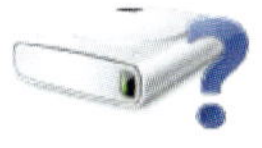

Wenn Sie einen dynamischen Datenträger an einen anderen Computer anschließen, ist der Datenträger dort zunächst »fremd«. Um den Datenträger nutzen zu können, müssen Sie ihn zunächst importieren. Dazu klicken Sie den Datenträger in der Datenträgerverwaltung mit der rechten Maustaste an und wählen im Kontextmenü den Eintrag *Fremde Datenträger importieren*.

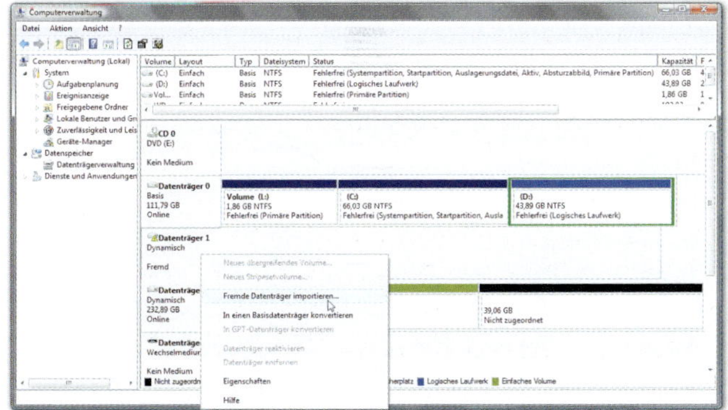

Abbildung 49.37 Einen als »fremd« erkannten Datenträger aktivieren

Laufwerke als Ordner bereitstellen

Sie können einem Laufwerk immer nur genau einen Laufwerksbuchstaben zuweisen, und weil das Alphabet begrenzt ist, gibt es nur 26 Laufwerksbuchstaben. Selten werden Sie wirklich mehr als 26 Laufwerke zur Verfügung stellen müssen, aber als zusätzliche Alternative können Sie Laufwerke auch über Ordner in andere Laufwerke »einblenden«.

Solche Einblendungen funktionieren unabhängig vom Laufwerksbuchstaben. Sie könnten einem Laufwerk also sowohl einen klassischen Laufwerksbuchstaben zuweisen als auch das Laufwerk zusätzlich in einem anderen Laufwerk einblenden.

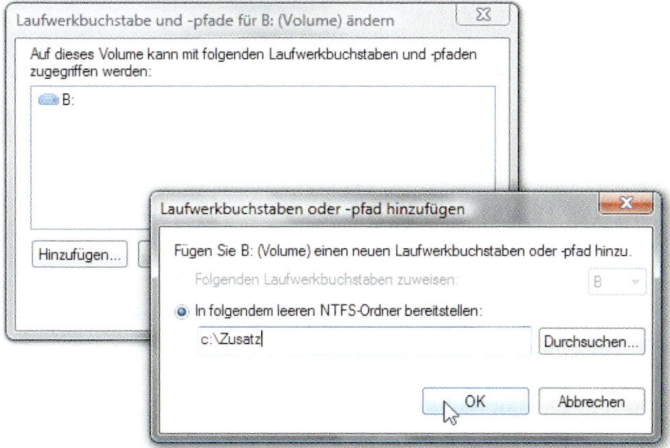

Abbildung 49.38 Ein Laufwerk als ganz normalen Ordner einblenden

So gehen Sie vor, um ein Laufwerk in einem anderen Laufwerk einzublenden:

1. Klicken Sie in der Laufwerksliste dasjenige Laufwerk mit der rechten Maustaste an, das Sie in einem anderen Laufwerk einblenden wollen, und wählen Sie im Kontextmenü den Eintrag *Laufwerksbuchstaben und -pfade ändern*.
2. Ein Dialogfeld öffnet sich und zeigt den augenblicklich zugewiesenen Laufwerksbuchstaben an. Klicken Sie auf *Hinzufügen*.
3. Die Option *In folgendem leeren NTFS-Ordner bereitstellen* ist bereits gewählt. Darunter klicken Sie auf *Durchsuchen*.
4. Wählen Sie nun einen Ordner auf einem anderen Laufwerk aus. Mit der Schaltfläche *Neuer Ordner* können Sie auf dem ausgewählten Laufwerk auch einen neuen Ordner anlegen und diesen gleich beschriften. Allerdings sind nur Laufwerke erlaubt, die mit dem NTFS-Dateisystem formatiert sind.

5. Sobald Sie einen Ordner ausgewählt haben, klicken Sie auf *OK*. Das Laufwerk ist jetzt auch über diesen Ordner erreichbar.

Probieren Sie es aus! Wählen Sie im Startmenü den Eintrag *Computer* oder drücken Sie [⊞]+[E], um den Windows-Explorer zu öffnen.

Öffnen Sie Ihr Laufwerk zunächst über seinen Laufwerksbuchstaben, und legen Sie darin eine Datei an, zum Beispiel über einen Rechtsklick auf eine freie Stelle und *Neu/Bitmap-Bild*.

Nun wechseln Sie zu dem Ordner, den Sie oben als Zugang festgelegt haben. Auch in diesem Ordner erscheint die Datei, die Sie gerade angelegt haben, denn in Wirklichkeit ist dieser Ordner nun das bereitgestellte Laufwerk.

Bereitstellungsordner können für eine ganze Reihe von Dingen eingesetzt werden:

- **Mehr Speicherplatz** Falls ein vorhandenes Laufwerk fast voll ist und Sie darin zum Beispiel Programme, Daten oder Spiele aufbewahren, können Sie auf diesem Laufwerk neuen Platz schaffen, indem Sie ein weiteres Laufwerk über einen Bereitstellungsordner einblenden. Der gewonnene Speicherplatz befindet sich natürlich nur in diesem Ordner.

  Wenn Sie allerdings den ursprünglichen Ordner zuerst auf das neue Laufwerk kopieren und dann das neue Laufwerk in dem ursprünglichen Ordner bereitstellen, verfügt dieser Ordner plötzlich wieder über ausreichenden Speicherplatz.
- **Laufwerke verstecken** Möchten Sie Laufwerke mit sensiblen Informationen verstecken, stellen Sie diese Ordner über einen unscheinbaren Bereitstellungsordner an einer unverfänglichen Stelle Ihres Dateisystems bereit und entfernen dann den Laufwerksbuchstaben. Das Laufwerk ist jetzt überhaupt nicht mehr über einen Laufwerksbuchstaben erreichbar und erscheint auch nicht mehr im Windows-Explorer. Nur wer den geheimen Bereitstellungsordner kennt, kann noch darauf zugreifen.
- **Bessere Übersicht** Wenn Sie sehr viele zusätzliche Laufwerke verwenden, sind Ihnen die Laufwerksbuchstaben im Explorer vielleicht zu unübersichtlich. In diesem Fall legen Sie auf Ihrer Hauptfestplatte einen Ordner an und nennen ihn zum Beispiel »Daten«. Darin legen Sie dann für jedes weitere Laufwerk einen Ordner an und benennen diese nach ihrer Funktion, zum Beispiel »Musik«, »Bilder«, »Archiv«, etc. In diesen Ordnern stellen Sie dann die Laufwerke bereit und benötigen für die zusätzlichen Laufwerke überhaupt keine Laufwerksbuchstaben mehr.

Hinweis 

Falls der Ordner, den Sie für die Bereitstellung ausgewählt haben, vorher Daten enthielt, sind diese Daten nicht etwa gelöscht. Solange Sie den Ordner als Zugang für Ihr Laufwerk verwenden, sind die vorher im Ordner gespeicherten Daten allerdings nicht mehr zugänglich.

Sie sollten deshalb für die Bereitstellung neue leere Ordner anlegen. Möchten Sie die Bereitstellung wieder aufheben, gehen Sie vor wie oben und klicken diesmal nicht auf *Hinzufügen*, sondern wählen den Ordner in der Liste aus und klicken auf *Entfernen*. Schon wird aus dem Ordner wieder ein ganz normaler Ordner, und sein vorheriger Inhalt ist auch wieder da.

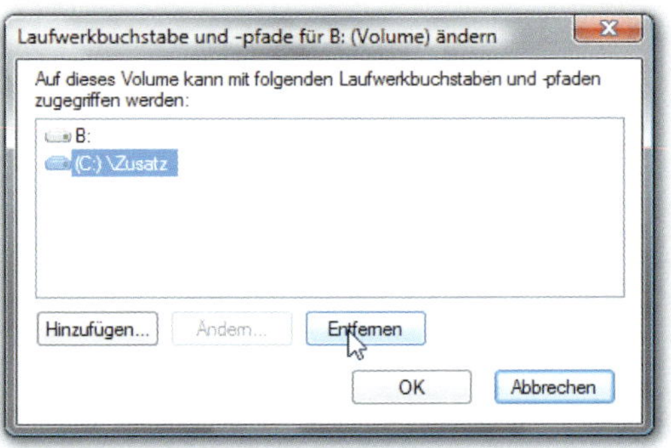

Abbildung 49.39 Die Bereitstellung für ein Laufwerk wieder aufheben

Was tatsächlich hinter den Bereitstellungsordnern steckt, sieht man, wenn man mit dem Befehl *cmd* ein Konsolenfenster öffnet und sich darin den Bereitstellungsordner auflisten lässt.

Hier zeigt sich, dass der Ordner jetzt als »<VERBINDUNG>« markiert ist und dahinter die interne Kennzeichnung des Laufwerks steht, mit dem der Ordner verbunden ist. Weil solche Verbindungen nur im NTFS-Dateisystem möglich sind, müssen Bereitstellungsordner auf einem Laufwerk gespeichert sein, das mit dem NTFS-Dateisystem formatiert ist.

```
C:\Windows\system32\cmd.exe

C:\>dir zu*
 Volume in Laufwerk C: hat keine Bezeichnung.
 Volumeseriennummer: 98DF-68EE

 Verzeichnis von C:\

26.10.2006  14:48    <VERBINDUNG>     Zusatz [\??\Volume{5786f71c-3f2d-47fd-b64e-d119015b744}\]
               0 Datei(en),              0 Bytes
               1 Verzeichnis(se), 43.429.511.168 Bytes frei

C:\>
```

Abbildung 49.40 Bereitstellungsordner sind in Wirklichkeit »Verbindungen«

Datenträgerverwaltung mit der Konsole

All das, was Sie bisher per Maus und Klick in der Datenträgerverwaltung gesteuert und konfiguriert haben, kann auch über Konsolenbefehle ganz ohne Maus und Fenster erreicht werden. Konsolenbefehle eignen sich vor allem für immer wiederkehrende Aufgaben gut und können als Skript oder Batchdatei automatisiert ausgeführt werden.

Neben den im Folgenden aufgeführten Konsolenbefehlen, die die Funktionen der Datenträgerverwaltung abdecken, gibt es unzählige weitere Konsolenbefehle, Drittanbieter-Werkzeuge und Resource Kit-Werkzeuge für viele weitere Verwaltungsaufgaben.

Tipp

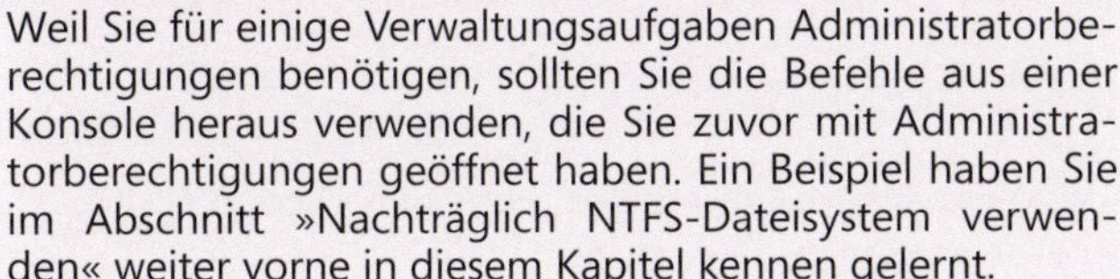

Weil Sie für einige Verwaltungsaufgaben Administratorberechtigungen benötigen, sollten Sie die Befehle aus einer Konsole heraus verwenden, die Sie zuvor mit Administratorberechtigungen geöffnet haben. Ein Beispiel haben Sie im Abschnitt »Nachträglich NTFS-Dateisystem verwenden« weiter vorne in diesem Kapitel kennen gelernt.

Diskpart

Der Befehl *Diskpart* ist ein Wolf im Schafspelz, denn mit ihm erreichen Sie beinahe alle Funktionen, die Ihnen die Datenträgerverwaltung ebenfalls anbietet.

Sie können dazu *Diskpart* entweder ohne weitere Angaben aufrufen und gelangen dann an den *Diskpart*-Prompt. Von dort erhalten Sie über **?** ⏎ jederzeit Hilfe über die jeweils gerade möglichen Befehlswörter. Geben Sie zum Beispiel **list disk** ⏎ oder **list volume** ⏎ ein, um eine Übersicht der Datenträger und Volumes ähnlich wie in der Datenträgerverwaltung zu bekommen.

Mit **exit** ⏎ verlassen Sie den Prompt wieder.

Oder Sie rufen *Diskpart* mit der Option */S* auf und können dahinter ein Partitionierungsskript angeben, um die Datenträger neuer Computer in immer einheitlicher Weise aufzuteilen.

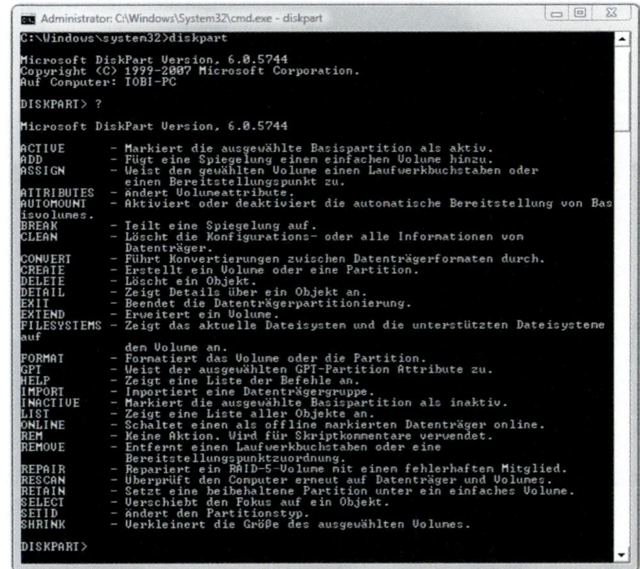

Abbildung 49.41 Mit Diskpart lassen sich Datenträgerverwaltungsaufgaben automatisieren

Chkdsk

Chkdsk ist der Datenträgerprüfbefehl, mit dem Datenträgerfehler gesucht und behoben werden. Er entspricht damit der Datenträgerüberprüfung im Abschnitt »Fehler reparieren« weiter vorne in diesem Kapitel.

Chkdsk X: /F ⏎ überprüft und behebt Fehler auf dem Laufwerk »X:«. **Chkdsk X: /F /R** ⏎ überprüft außerdem den gesamten Datenträger und sperrt Bereiche, in denen Daten nicht (mehr) zuverlässig gespeichert werden können.

Zusammenfassung

Die Datenträgerverwaltung steuert, wie der Speicherplatz von Datenträgern zur Verfügung gestellt wird. Mit der Datenträgerverwaltung können Sie den Speicherplatz großer Laufwerke in mehrere Bereiche, die Volumes, unterteilen. Anschließend lässt sich jedes Volume mit einem Dateisystem formatieren und über einen Laufwerksbuchstaben als eigenständiges Laufwerk verwenden.

Die Datenträgerverwaltung hilft aber auch bei der Verwaltung von externen Datenträgern, wo Sie den Laufwerksbuchstaben ändern oder die Datenträger für das schnelle Entfernen vorbereiten können.

Sie möchten ...	So gehen Sie vor0	Sehen Sie sich dazu das Beispiel an auf
die Datenträgerverwaltung öffnen	Klicken Sie im Startmenü *Computer* mit der rechten Maustaste an und wählen Sie *Verwalten*	Seite 776
einem Laufwerk einen anderen Laufwerksbuchstaben zuweisen	Klicken Sie das Volume in der Datenträgerverwaltung mit der rechten Maustaste an und wählen Sie *Laufwerksbuchstaben und -pfade ändern*	Seite 779
dafür sorgen, dass ein USB-Stick auf allen Computern denselben Laufwerksbuchstaben erhält	Legen Sie in der Registrierungsdatenbank unter der Signatur des Laufwerks den Buchstaben fest	Seite 779
externe Laufwerke sofort entfernen können, ohne Daten zu verlieren	Legen Sie die Geräteeinstellungen für das Laufwerk auf »für sicheres Entfernen optimieren« fest	Seite 781
ein Laufwerk sicher beenden, bevor es entfernt wird	Klicken Sie im Infofeld der Taskleiste auf das Symbol zum sicheren Entfernen von Hardware, und wählen Sie im Kontextmenü das Laufwerk aus	Seite 781
ein neues Laufwerk initialisieren	Bauen Sie das Laufwerk ein und öffnen Sie dann die Datenträgerverwaltung	Seite 782
ein Laufwerk nachträglich verkleinern	Klicken Sie das Volume in der Datenträgerverwaltung mit der rechten Maustaste an und wählen Sie *Volume verkleinern*	Seite 784
ein Laufwerk nachträglich vergrößern	Klicken Sie das Volume in der Datenträgerverwaltung mit der rechten Maustaste an und wählen Sie *Volume erweitern*	Seite 785
ein Volume entfernen	Klicken Sie das Volume in der Datenträgerverwaltung mit der rechten Maustaste an und wählen Sie *Volume löschen*	Seite 786
ein neues einfaches Volume anlegen	Klicken Sie das Volume in der Datenträgerverwaltung mit der rechten Maustaste an und wählen Sie *Neues einfaches Volume*	Seite 786
ein Laufwerk neu formatieren	Klicken Sie das Laufwerk in der Datenträgerverwaltung mit der rechten Maustaste an und wählen Sie im Kontextmenü *Formatieren*	Seite 788
ein Laufwerk nachträglich ins NTFS-Dateisystem konvertieren	Verwenden Sie den Konsolenbefehl *convert.exe*	Seite 789
eine Basisdisk in eine dynamische Disk verwandeln	Klicken Sie den Datenträger in der Datenträgerverwaltung mit der rechten Maustaste an und wählen Sie *In dynamischen Datenträger konvertieren*	Seite 790
eine dynamische Disk in eine Basis-Disk konvertieren	Entfernen Sie alle Volumes vom Datenträger	Seite 790
ein neues übergreifendes Volume anlegen	Klicken Sie das Volume in der Datenträgerverwaltung mit der rechten Maustaste an und wählen Sie *Neues übergreifendes Volume*	Seite 790
ein neues Stripesetvolume anlegen	Klicken Sie das Volume in der Datenträgerverwaltung mit der rechten Maustaste an und wählen Sie *Neues Stripesetvolume*	Seite 791
ein Laufwerk auf Fehler überprüfen und reparieren	Verwenden Sie den Konsolenbefehl *Chkdsk*	Seite 792 und 795
Laufwerke als Ordner bereitstellen	Klicken Sie das Volume in der Datenträgerverwaltung mit der rechten Maustaste an und wählen Sie *Laufwerksbuchstaben und -pfade ändern*	Seite 793
Datenträger von der Konsole aus verwalten	Verwenden Sie den Konsolenbefehl *Diskpart*	Seite 795

Tobias Weltner

50 Installation

Bei neuen Computern ist Windows Vista häufig vorinstalliert, aber wenn Sie einen älteren Computer aufrüsten oder Windows Vista in einer Firmenumgebung verteilen wollen, müssen Sie das übernehmen.

Aber auch nachträglich kann die Installations-DVD helfen, denn sie enthält wichtige Reparaturwerkzeuge, die Ihnen helfen, falls der Computer nicht mehr startet.

Vorüberlegungen

Windows Vista unterstützt zwei Installationsverfahren: Upgrade und Neuinstallation.

Verfahren	Vorteil	Nachteil
Upgrade	Alle alten Einstellungen und Programme werden übernommen. Alte Hardware wird meist besser unterstützt, weil alte Gerätetreiber weitergenutzt werden.	Schlägt die Installation fehl, ist der Computer unter Umständen unbrauchbar. Stellen Sie nach dem Umstieg fest, dass wichtige Geräte oder Programme nicht funktionieren, können Sie nicht zum vorherigen Windows zurückkehren.
Neuinstallation	Kann parallel zu einem vorhandenen Windows installiert werden. Einstellungen, die übernommen werden sollen, können mit dem Windows-EasyTransfer-Assistenten ausgewählt und übertragen werden.	Programme werden nicht übernommen und müssen neu installiert werden. Sie benötigen für alle Geräte einschließlich der Mainboard- und Bus-Systeme passende Treiber, weil die alten Treiber nicht übernommen werden

Tabelle 50.1 Vor- und Nachteile der Installationsverfahren

Verwenden Sie derzeit Windows 2000, können Sie kein Update durchführen. Von Windows XP Professional aus ist ein Upgrade nur zu Windows Vista Business oder Ultimate möglich.

Hinweis

Die Tabelle 50.2 beschreibt nur die technische Möglichkeit, eine Upgrade-Installation durchzuführen und dabei die alten Einstellungen und Programme zu übernehmen. Lizenzrechtlich stehen Upgrade-Lizenzen für alle zur Verfügung, die mindestens Windows 2000 Professional einsetzen.

Vorgänger	Home Basic	Home Premium	Business	Ultimate
XP Professional	–	–	x	x
XP Home	x	x	x	x
XP Media Center	–	x	–	x
XP Tablet PC	–	–	x	x
XP Professional x64	–	–	–	–
Windows 2000	–	–	–	–

Tabelle 50.2 Möglichkeit, Vista als Update zu installieren

Grundsätzlich sollten Sie das Update nur dann vornehmen, wenn Sie sicher sind, dass Ihre Geräte und Programme in Windows Vista korrekt funktionieren. Dazu setzen Sie am besten vor der Installation ein Prüfprogramm ein, das Sie im Abschnitt »Der Upgrade Advisor« weiter hinten in diesem Kapitel kennen lernen.

64 Bit oder nicht?

Schon beim Kauf von Windows Vista müssen Sie sich entscheiden, ob Sie Windows Vista in der 32-Bit-Version oder lieber in der 64-Bit-Version einsetzen wollen. Voraussetzung für die 64-Bit-Version ist ein Computer mit einem 64-Bit-fähigen Prozessor. Viele moderne Prozessoren unterstützen sowohl 32 Bit als auch 64 Bit.

64 Bit hat Vorteile: Sie können damit mehr Speicher verwalten, und Programme, die intern 64 Bit ausnutzen, laufen sehr viel schneller, jedenfalls dann, wenn Ihr Computer tatsächlich mit 16 GB RAM oder mehr ausgerüstet ist. Nachteile: es gibt weniger Gerätetreiber, unter anderem deshalb, weil Gerätetreiber bei 64-Bit-Systemen immer digital signiert sein müssen.

Einzelinstallation oder Firma?

Planen Sie, nicht nur ein oder zwei Computer auf Windows Vista umzustellen, sollten Sie sich mit den Administrations- und Automationswerkzeugen beschäftigen, die im Rahmen des Business Desktop Deployment zur Verfügung stehen.

Damit passen Sie die der Installation zugrunde liegenden Images an, können zusätzliche Einstellungen, Treiber oder Anwendungen integrieren und diese dann zentral über die Windows Deployment Services (WDS) verteilen.

Mehr Informationen finden Sie im Abschnitt »Windows Vista automatisiert verteilen« weiter hinten in diesem Kapitel und im Internet unter *http://www.microsoft.com/technet/desktopdeployment*.

Windows Vista von DVD installieren

Legen Sie die DVD in das Laufwerk ein, und starten Sie den Computer neu. Damit Ihr Computer das Installationsprogramm von der DVD startet, drücken Sie eine beliebige Taste, wenn Sie dazu aufgefordert werden.

```
Drücken Sie eine beliebige Taste, um von CD oder DVD zu starten.
```

Abbildung 50.1 Drücken Sie eine beliebige Taste, wenn Sie dazu aufgefordert werden

Achtung 

Sollte der Hinweis aus Abbildung 50.1 bei Ihnen nicht erscheinen und der Computer sofort von der Festplatte starten, ist eine Änderung im BIOS des Computers nötig.

Ihr BIOS muss so eingestellt sein, dass ein Start von CD/DVD möglich ist. In der Startreihenfolge legen Sie fest, dass der Computer zuerst von der CD bzw. DVD und erst danach von der Festplatte zu starten versuchen soll.

```
BIOS SETUP UTILITY
Boot

Boot Device Priority                    Specifies the boot
                                        sequence from the
1st Boot Device    [Network]            available devices.
2nd Boot Device    [CD/DVD]
3rd Boot Device    [Hard Drive]         A device enclosed in
4th Boot Device    [Removable Device]   parenthesis has been
                                        disabled in the
                                        corresponding type
                                        menu.

                                        ↔    Select Screen
                                        ↑↓   Select Item
                                        +-   Change Option
                                        F1   General Help
                                        F9   Load Defaults
                                        F10  Save and Exit
                                        ESC  Exit

v02.59 (C)Copyright 1985-2005, American Megatrends, Inc.
```

Abbildung 50.2 Im BIOS kann festgelegt werden, von welchen Laufwerken der Computer starten darf

Wie Sie das BIOS-Setup Ihres Computers öffnen, ist von Computer zu Computer unterschiedlich. Meist muss dazu eine bestimmte Taste beim Startvorgang gedrückt werden, die bei vielen Computern auf dem Bildschirm genannt wird.

Im Zweifelsfall schlagen Sie im Benutzerhandbuch Ihres Computers nach.

Windows PE 2.0 startet

Nun startet *Windows PE 2.0* (*Preexecution Environment*), eine spezielle Miniversion von Windows, die die weitere Installation durchführt.

Wenig später beginnt der Installationsvorgang und fragt nach den Spracheinstellungen, die Sie nutzen wollen. Legen Sie die gewünschten Einstellungen fest, und klicken Sie auf *Weiter*.

Jetzt können Sie die eigentliche Installation mit einem Klick auf *Jetzt installieren* beginnen.

Wollen Sie dagegen eine vorhandene Windows Vista-Installation reparieren, klicken Sie auf *Computerreparaturoptionen* und folgen den Anweisungen im Abschnitt »Installation reparieren« weiter hinten in diesem Kapitel.

Sammeln von Informationen

Im ersten Teil der Installation werden alle notwendigen Informationen gesammelt, um Windows Vista installieren zu können.

Im zweiten Teil wird die Installation durchgeführt. Dieser Vorgang kann sehr lange dauern, läuft aber ohne weitere Zwischenfragen unbeaufsichtigt ab.

Geben Sie den Produktschlüssel Ihrer Lizenz in das Textfeld ein. Schalten Sie das Kontrollkästchen *Windows automatisch aktivieren, wenn eine Internetverbindung besteht* ein, aktiviert Windows Vista sich nach der Installation automatisch, sobald eine Verbindung mit dem Internet besteht. Erst wenn Sie Ihre Windows Vista-Installation aktiviert haben, können Sie sie dauerhaft nutzen. Zur Aktivierung sind keine persönlichen Angaben erforderlich.

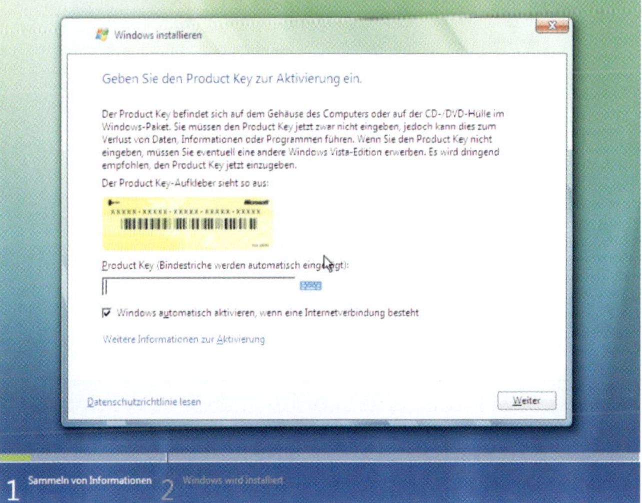

Abbildung 50.3 Geben Sie den Produktschlüssel ein

Solange Sie die Aktivierung nicht durchführen, wird Ihre Lizenz noch nicht verwendet, und Sie nutzen Windows Vista in einer Testphase. Spätestens nach 30 Tagen muss die Aktivierung durchgeführt sein. Andernfalls können Sie Windows Vista nicht mehr verwenden.

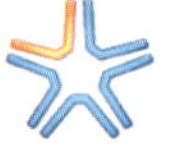

Sie sehen jetzt die Lizenzvereinbarungen, die Sie anerkennen müssen. Dazu aktivieren Sie die Option *Ich akzeptiere die Lizenzbedingungen*. Klicken Sie dann auf *Weiter*.

Nun bestimmen Sie, wie Windows Vista installiert werden soll. Da Sie die Installation direkt von der DVD gestartet haben, steht Ihnen nur die benutzerdefinierte Installation zur Verfügung, bei der Windows Vista vollständig neu installiert wird.

Wollen Sie lieber eine vorhandene Windows-Installation auf Windows Vista aktualisieren, um alle vorhandenen Einstellungen und Programme Ihrer alten Windows-Version weiternutzen zu können, brechen Sie die Installation jetzt ab und starten diese von Ihrer bisherigen Windows-Version heraus neu.

Laufwerk auswählen

Nun legen Sie fest, wo Windows Vista installiert werden soll. Dazu listet Ihnen das Installationsprogramm alle Laufwerke sowie Partitionen auf und gibt den jeweils freien Speicherplatz an. Ist Ihr Computer fabrikneu, ist die eingebaute Festplatte noch unbenutzt. Wählen Sie in diesem Fall *Nicht zugewiesener Speicherplatz*.

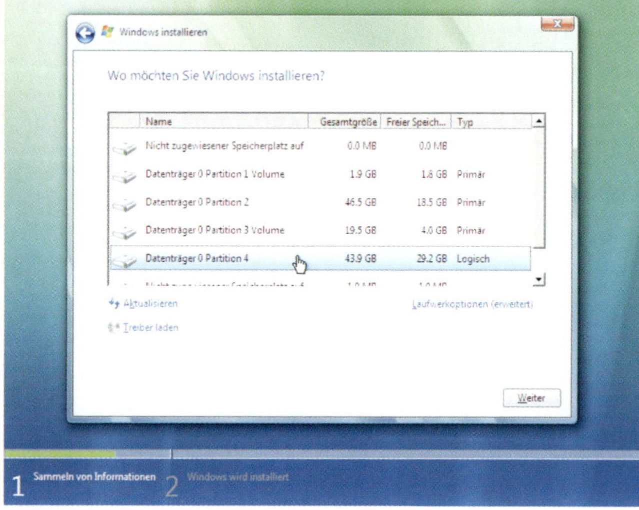

Abbildung 50.4 Legen Sie fest, wo Windows Vista installiert werden soll

Andernfalls wählen Sie das Laufwerk aus, auf dem Sie Windows Vista installieren wollen. Ist das Laufwerk nicht in der Liste enthalten, müssen möglicherweise noch Laufwerkstreiber geladen werden. Dazu klicken Sie auf *Treiber laden*. Mit *Aktualisieren* erneuern Sie die Anzeige.

Befindet sich auf einem Laufwerk bereits eine ältere Windows-Version, warnt Sie Windows. Setzen Sie sich über die Warnung mit einem Klick auf *Ja* hinweg, wird die ältere Windows-Installation nicht mehr funktionieren. Die ältere Windows-Version wird aber in einem separaten Ordner aufbewahrt, damit Sie darin keine Daten verlieren. Klicken Sie auf *Abbrechen*, können Sie ein anderes Laufwerk oder eine andere Partition bestimmen.

PROFITIPP 

Möchten Sie Windows Vista parallel zu einer vorhandenen Windows-Version installieren, wählen Sie für die Windows Vista-Installation eine andere Partition oder ein anderes Laufwerk aus.

Verfügt Ihr Computer lediglich über ein Laufwerk, sollten Sie die Installation abbrechen und entweder eine zweite Festplatte einbauen oder die vorhandene Festplatte mit Partitionierungswerkzeugen zuerst in mehrere Partitionen aufteilen. Pro Laufwerk oder Partition kann nur eine Windows-Version installiert werden.

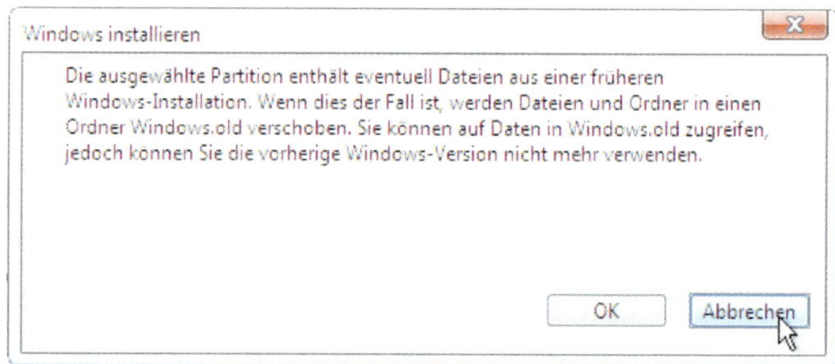

Abbildung 50.5 Überlegen Sie genau, ob Sie eine frühere Windows-Installation überschreiben wollen

Möchten Sie dagegen die alten Daten eines Laufwerks vor der Installation komplett löschen, klicken Sie im Fenster von Abbildung 50.4 auf den Link *Laufwerkoptionen (erweitert)*. Dies ist auch die richtige Wahl, wenn Sie eine leere Festplatte vor der Installation zuerst selbst in mehrere Partitionen aufteilen oder die vorhandene Partitionierung ändern wollen.

Jetzt sehen Sie unter der Laufwerksliste zusätzliche Funktionen:

- **Löschen** Löscht eine gesamte Partition. Die Daten in der Partition gehen verloren, und der Speicherplatz wird wieder als nicht zugewiesen angezeigt. So können Sie zum

Beispiel mehrere alte Partitionen löschen und danach mit *Neu* als eine größere neue Partition anlegen.

- **Formatieren** Löscht den Inhalt einer Partition. Die Partition bleibt aber erhalten und kann danach sofort für die Installation verwendet werden. Das ist die richtige Wahl, wenn Sie die alten Daten einer vorhandenen Partition vor der Installation löschen wollen.
- **Neu** Diese Option ist nur wählbar, wenn sich auf der Festplatte nicht zugewiesener freier Speicherplatz befindet. Sie legen damit neue Partitionen an.

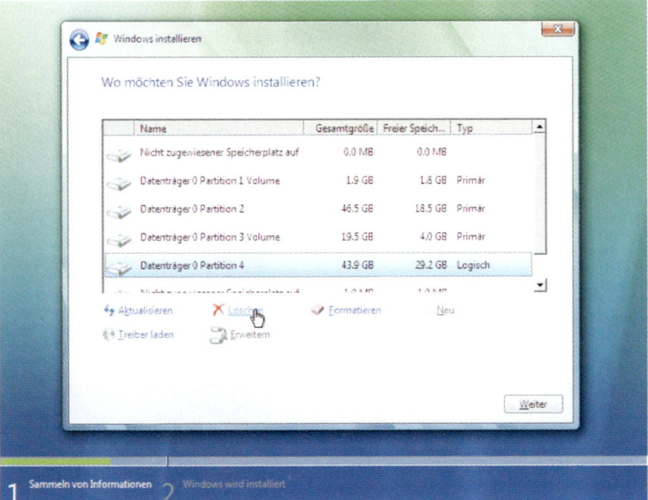

Abbildung 50.6 Den Inhalt einer Partition löschen oder die Partitionierung eines Laufwerks ändern

Windows wird installiert

Sobald Sie sich für ein Laufwerk entschieden und auf *Weiter* geklickt haben, beginnt der zweite und unbeaufsichtigte Teil der Installation.

Dabei kopiert das Installationsprogramm zuerst die Installationsdaten auf das angegebene Laufwerk und expandiert sie dort. Danach werden die Windows-Funktionen sowie Updates installiert. Dieser Vorgang kann sehr lange dauern. Weil das Installationsprogramm bereits alle wichtigen Informationen gesammelt hat, brauchen Sie nicht dabeizubleiben.

Während der Installation wird Ihr Computer mehrfach neu gestartet und anschließend die neue Installation eingerichtet.

Abschließende Fragen

Sobald die Installation abgeschlossen ist, legen Sie abschließend noch einige Einstellungen fest. Dazu gehört das erste Benutzerkonto, mit dem Sie sich später bei Windows Vista anmelden. Jeder Anwender benötigt sein eigenes Benutzerkonto. Wie Sie weitere Benutzerkonten einrichten und was dabei zu beachten ist, können Sie in Kapitel 22 nachlesen.

Hier legen Sie zunächst nur Ihr eigenes Benutzerkonto fest und geben dazu einen Namen ein. Sie sollten Ihr Benutzerkonto auch gleich mit einem geheimen Kennwort schützen und müssen dieses Kennwort im Feld darunter noch einmal bestätigen, um Tippfehler auszuschließen.

Im letzten Feld können Sie auf Wunsch eine Eselsbrücke hinterlegen, die Sie an Ihr Kennwort erinnert.

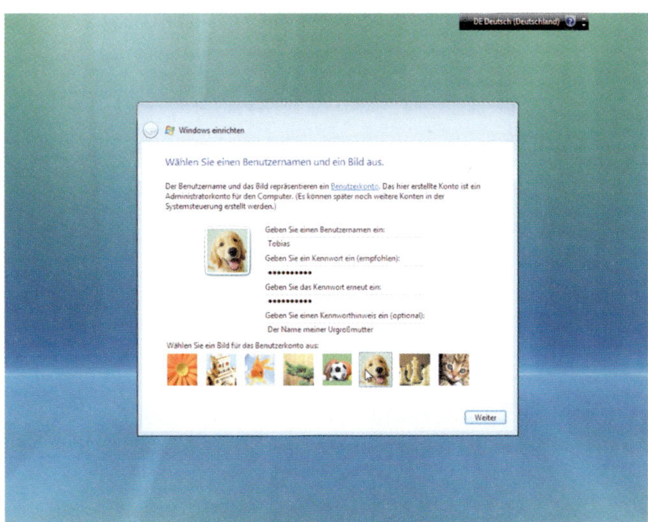

Abbildung 50.7 Legen Sie Ihr erstes Benutzerkonto an

Klicken Sie dann noch unten auf ein Bild, das Sie mit Ihrem Konto verknüpfen wollen. Dieses Bild wird später auf der Anmeldeseite neben Ihrem Benutzerkonto angezeigt.

Tipp

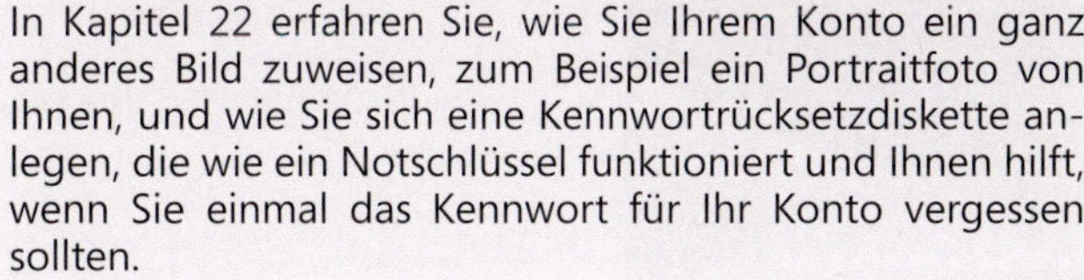
In Kapitel 22 erfahren Sie, wie Sie Ihrem Konto ein ganz anderes Bild zuweisen, zum Beispiel ein Portraitfoto von Ihnen, und wie Sie sich eine Kennwortrücksetzdiskette anlegen, die wie ein Notschlüssel funktioniert und Ihnen hilft, wenn Sie einmal das Kennwort für Ihr Konto vergessen sollten.

Danach beginnt der gemütliche Teil, und Sie wählen sich per Klick ein erstes Hintergrundbild für den Bildschirm aus.

Auch der Name des Computers wird hier festgelegt. Wenn Sie ein eigenes Netzwerk mit mehreren Computern betreiben, achten Sie darauf, dass der Name noch nicht von einem anderen Computer verwendet wird. Über diesen Namen erreichen sich die Computer später untereinander über das Netzwerk. Deshalb muss er eindeutig sein.

Nun bestimmen Sie die Sicherheitseinstellungen und sollten auf *Empfohlene Einstellungen verwenden* klicken. Windows Vista schützt sich dann künftig automatisch gegen Bedrohungen aus dem Internet.

Möchten Sie genauer wissen, was die einzelnen Sicherheitseinstellungen bedeuten, klicken Sie auf *Weitere Informationen über jede Option*.

Nun werden noch die Uhrzeit und das Datum eingestellt. Dabei legen Sie im Listenfeld die Zeitzone fest, in der Sie sich befinden. In Deutschland wählen Sie *GMT+01:00*.

Sorgen Sie mit der Option *Uhr automatisch auf Sommer-/Winterzeit umstellen* dafür, dass die Uhrzeit automatisch zum entsprechenden Datum angepasst wird, und kontrollieren Sie kurz darunter, ob Ihr Computer auf das richtige Datum und die richtige Uhrzeit eingestellt ist. Dann klicken Sie auf *Weiter*.

Zum Schluss legen Sie den Standort Ihres Computers fest, jedenfalls dann, wenn Ihr Computer mit einem Netzwerk oder dem Internet verbunden ist.

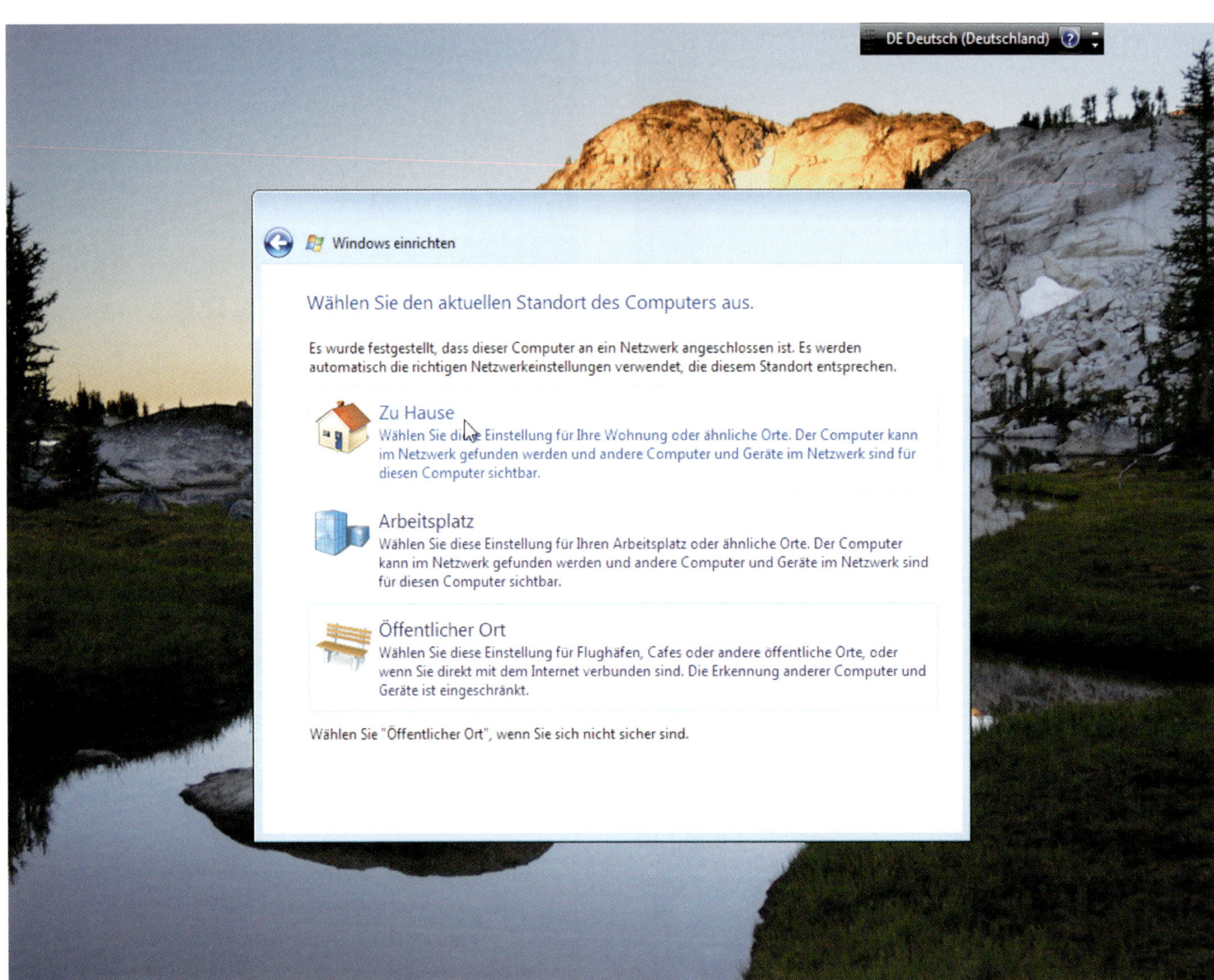

Abbildung 50.8 Der Standort bestimmt, wie gut Ihr Netzwerk geschützt wird

Der Standort regelt automatisch die für das Netzwerk erforderlichen Sicherheitseinstellungen, die Sie später im Netzwerkcenter von Hand noch genauer einstellen können.

Wenn sich Ihr Computer also zu Hause befindet, klicken Sie auf *Zu Hause*. Ihr Computer wird so automatisch korrekt für ein privates Heimnetzwerk eingerichtet.

Tipp

Ändern Sie später das Netzwerk, oder begeben Sie sich mit einem Notebook auf die Reise, erkennt Windows Vista neue Netzwerke automatisch und fragt jeweils erneut nach, in welche Kategorie Sie das neue Netzwerk einteilen wollen.

Die Installation ist jetzt abgeschlossen, und mit einem Klick auf *Starten* rufen Sie Windows Vista zum ersten Mal auf.

Allerdings dauert der Start jetzt noch einige Minuten, denn Windows Vista führt zunächst mit seinem *WinSAT*-Werkzeug einen intensiven Leistungstest durch. Der prüft Ihren Computer auf Herz und Nieren und errechnet einen Leistungsindex. Während dieser Zeit sehen Sie am unteren Bildschirmrand, wie weit der Leistungstest fortgeschritten ist.

Das Ergebnis des Tests erfahren Sie später im Begrüßungscenter (siehe Kapitel 1). Dieses Testergebnis hilft Ihnen dabei, die besonderen Stärken und Schwächen Ihres Computers zu erkennen, sodass Sie genau wissen, wo sich Verbesserungen lohnen würden.

Abbildung 50.9 Melden Sie sich mit Ihrem neuen Benutzerkonto an

Dann endlich gelangen Sie zur Anmeldeseite, die Sie künftig jedes Mal sehen, wenn Sie den Computer neu starten oder aus dem Energiesparmodus wecken. Hier melden Sie sich mit Ihrem Benutzerkonto an, das Sie im Fenster von Abbildung 50.7 eingerichtet haben.

Ein Upgrade durchführen

Möchten Sie eine vorhandene Windows-Version auf Windows Vista aktualisieren, stellen Sie zunächst sicher, dass Ihre vorhandenen Programme und Geräte einwandfrei mit Windows Vista funktionieren.

Danach entscheiden Sie sich, ob Sie eine vorhandene Windows-Version aktualisieren oder Windows Vista parallel zu Ihrer vorhandenen Version nutzen wollen.

Der Upgrade Advisor

Dazu starten Sie Ihre aktuelle Windows-Version und legen die Installations-DVD von Windows Vista ein.

Sobald das Installationsprogramm startet, klicken Sie auf *Kompatibilität online prüfen*.

Tipp 

Firmen und größere Unternehmen setzen stattdessen das *Application Compatibility Toolkit 5.0* ein und lassen es einige Wochen oder Monate vor der geplanten Umstellung damit beginnen, von den Clients Informationen zu sammeln. Diese werden in einer Datenbank gesammelt und geben dem Unternehmen einen guten Überblick, welche Software und Hardware im Einsatz ist und wo es vor der Umstellung Handlungsbedarf gibt.

Abbildung 50.10 Prüfen Sie, ob Ihr Computer für Windows Vista geeignet ist

Sofern Sie eine Internetverbindung besitzen, öffnet sich eine Webseite, von der Sie den *Windows Vista Upgrade Advisor* herunterladen können. Dieses knapp 7 MB große Programm kann dann Ihren Computer genauestens prüfen.

Multiboot-Umgebungen

Haben Sie Windows Vista parallel zu einer älteren Windows-Version in einem separaten Laufwerk oder auf einer eigenen Partition installiert, erscheint das Menü des Windows-Start-Managers, und Sie können sich innerhalb von 30 Sekunden eine der installierten Windows-Versionen aussuchen.

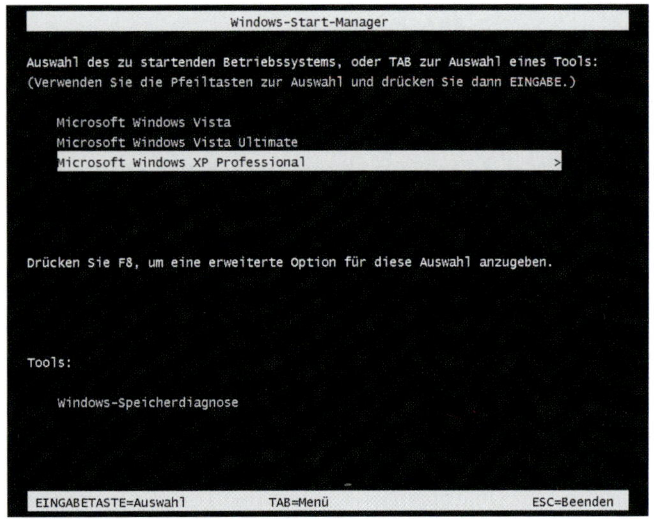

Abbildung 50.11 Der Windows-Start-Manager stellt in Multiboot-Umgebungen die Betriebssysteme zur Auswahl

Tipp

Drücken Sie die Taste F8, springt die Markierung in die Liste der Tools, von wo aus Sie die Windows-Speicherdiagnose erreichen.

Anders als bei früheren Windows-Versionen werden die Einträge in diesem Menü nicht länger über die *boot.ini*-Textdatei festgelegt, sondern mit dem Befehl *bcdedit*.

Mit diesem Befehl bestimmen Sie also, in welcher Reihenfolge und unter welchem Namen Ihre Betriebssysteme vom Windows-Start-Manager angezeigt werden:

```
Administrator: D:\Windows\System32\cmd.exe
D:\Windows\system32>bcdedit

Windows-Start-Manager
---------------------
Bezeichner              {bootmgr}
device                  partition=D:
description             Windows Boot Manager
locale                  de-DE
inherit                 {globalsettings}
default                 {default}
resumeobject            {3ecb013f-69ed-11db-b7bf-fa63c019858b}
displayorder            {default}
                        {current}
                        {3ecb013e-69ed-11db-b7bf-fa63c019858b}
toolsdisplayorder       {memdiag}
timeout                 30

Windows-Startladeprogramm
-------------------------
Bezeichner              {default}
device                  partition=E:
path                    \Windows\system32\winload.exe
description             Microsoft Windows Vista
locale                  de-DE
inherit                 {bootloadersettings}
osdevice                partition=E:
systemroot              \Windows
resumeobject            {fc587fb7-82ce-11db-852a-931776182489}
nx                      OptIn

Windows-Startladeprogramm
-------------------------
Bezeichner              {current}
device                  partition=D:
path                    \Windows\system32\winload.exe
description             Microsoft Windows Vista Ultimate
locale                  de-DE
inherit                 {bootloadersettings}
osdevice                partition=D:
systemroot              \Windows
resumeobject            {2d28fb3f-7230-11db-9fe0-e44f3382c6d8}
nx                      OptIn
```

Abbildung 50.12 Die Einträge des Start-Manager-Menüs verwalten

1. Tippen Sie in das Suchfeld im Startmenü die Zeichenfolge **cmd** ein. Wenig später wird der Link *cmd* in der linken Startmenüspalte angezeigt.
2. Klicken Sie mit der rechten Maustaste auf den Eintrag, und wählen Sie im Kontextmenü den Eintrag *Als Administrator ausführen*. Eine Eingabeaufforderung mit vollständigen Administratorrechten öffnet sich.
3. Geben Sie den Befehl **bcdedit** ↵ ein. Sie sehen nun sämtliche Einträge des Start-Managers. Jeder Eintrag wird über eine GUID-Kennzahl in geschweiften Klammern eindeutig gekennzeichnet.
4. Möchten Sie den Namen der Windows-Version im Startmenü ändern, mit der Sie gerade arbeiten, geben Sie ein: **bcdedit /set {current} description "Ein neuer Name"** ↵. Geben Sie nochmals **bcdedit** ↵ ein, um das Ergebnis zu sehen. Wollen Sie lieber den Namen eines anderen Start-Manager-Eintrags ändern, ersetzen Sie *{current}* durch die Kennziffer des gewünschten Eintrags.
5. Mit **bcdedit /default {current}** ↵ würde das aktuelle Windows zum Standardeintrag, der gestartet wird, wenn Sie innerhalb der Frist keine andere Auswahl treffen. Wieder können Sie *{current}* auch durch eine Kennzahl eines anderen Eintrags ersetzen.
6. Mit **bcdedit /timeout 10** ↵ schließlich setzen Sie die Auswahlfrist fest, in diesem Fall auf 10 Sekunden.

Einstellungen von anderen Systemen übernehmen

Vielleicht würden Sie gern Ihre alten Windows-Einstellungen weiternutzen, aber eine Upgrade-Installation ist nicht möglich:

- Sie haben sich einen neuen Computer gekauft, auf dem Windows Vista bereits vorinstalliert ist.
- Ihr alter Computer ist in die Jahre gekommen, und Sie wollen oder können Windows Vista darauf nicht installieren.

Mit dem *Windows-EasyTransfer* übertragen Sie in solchen Fällen Ihre Einstellungen von einem alten auf Ihren neuen Windows Vista-Computer.

Der Windows-EasyTransfer-Assistent kann die Einstellungen entweder direkt über ein Netzwerk vom alten auf den neuen Computer übertragen. Oder Sie beauftragen ihn, die Daten zuerst auf einem Speichermedium wie zum Beispiel einer CD oder DVD zu brennen.

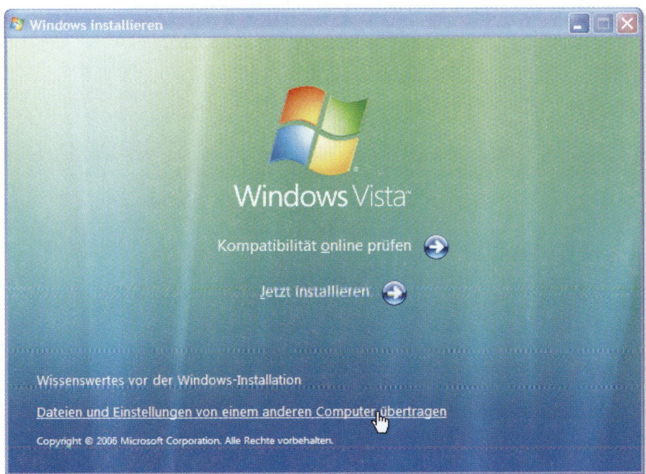

Abbildung 50.13 Einstellungen und Daten von einem alten Computer übertragen

Legen Sie dazu die Windows Vista-Installations-DVD in den alten Computer ein. Klicken Sie dann auf *Dateien und Einstellungen von einem anderen Computer übertragen*.

Windows-EasyTransfer wird gestartet. Klicken Sie auf *Weiter*.

Wählen Sie dann *Neuen Transfer starten*, um die Daten auszusuchen, die Sie auf Ihren neuen Computer mitnehmen wollen. Klicken Sie dann auf *Quellcomputer*. Nun sehen Sie die verschiedenen Möglichkeiten, die Daten vom alten auf den neuen Computer zu übertragen. Folgen Sie dann den Anweisungen des Assistenten.

Sobald Sie die Daten ausgesucht haben, die übertragen werden sollen, starten Sie auf Ihrem neuen Computer ebenfalls den Windows-EasyTransfer-Assistenten. Dazu öffnen Sie zum Beispiel das Startmenü und tippen ins Schnellsuchfeld **easy** ein. Klicken Sie dann in der linken Startmenüspalte auf *Windows-EasyTransfer*.

Gehen Sie auf Ihrem Zielcomputer genauso vor wie eben, nur klicken Sie diesmal nicht auf *Quellcomputer*, wenn Sie danach gefragt werden, sondern auf *Zielcomputer*. Jetzt können Sie die Einstellungen und Daten einlesen.

Tipp 

Auch Firmen können im Rahmen einer Umstellung die alten Einstellungen ihrer Mitarbeiter übertragen und verwenden dafür das *Userstate Migration Tool*, das als *User State Migration Toolkit* (USMT) kostenlos von Microsoft heruntergeladen werden kann.

Windows Vista automatisiert verteilen

Im Firmenumfeld wird Windows Vista nicht einzeln installiert, sondern flächendeckend verteilt. Die automatisierte Installation ist sehr einfach möglich, denn Windows Vista wird grundsätzlich imagebasiert installiert, und das Image, das bei der Installation verwendet wird, kann zuvor angepasst werden.

Ein Blick auf eine herkömmliche Windows-DVD zeigt im *Sources*-Ordner zwei Imagedateien mit der Dateierweiterung *.wim*:

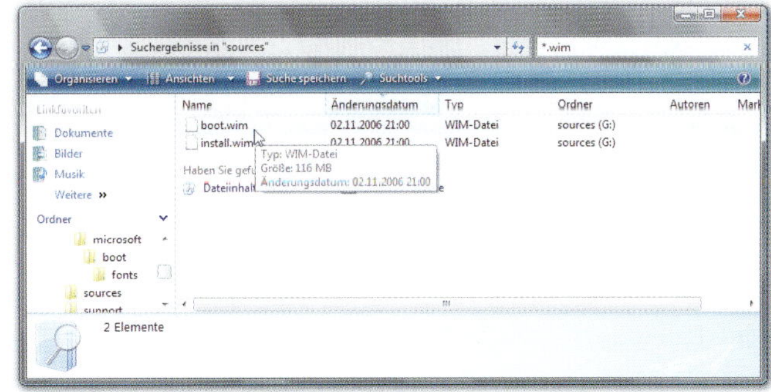

Abbildung 50.14 Windows Vista wird immer von einem Image installiert

ImageX und WIM-Images

Mit dem Werkzeug *ImageX*, das Bestandteil des *Business Desktop Deployment Kit* ist, machen Sie den Inhalt der WIM-Images sichtbar. Dabei wird deutlich, dass *boot.wim* zwei Images enthält, nämlich *Windows PE 2.0* und das Installationsprogramm.

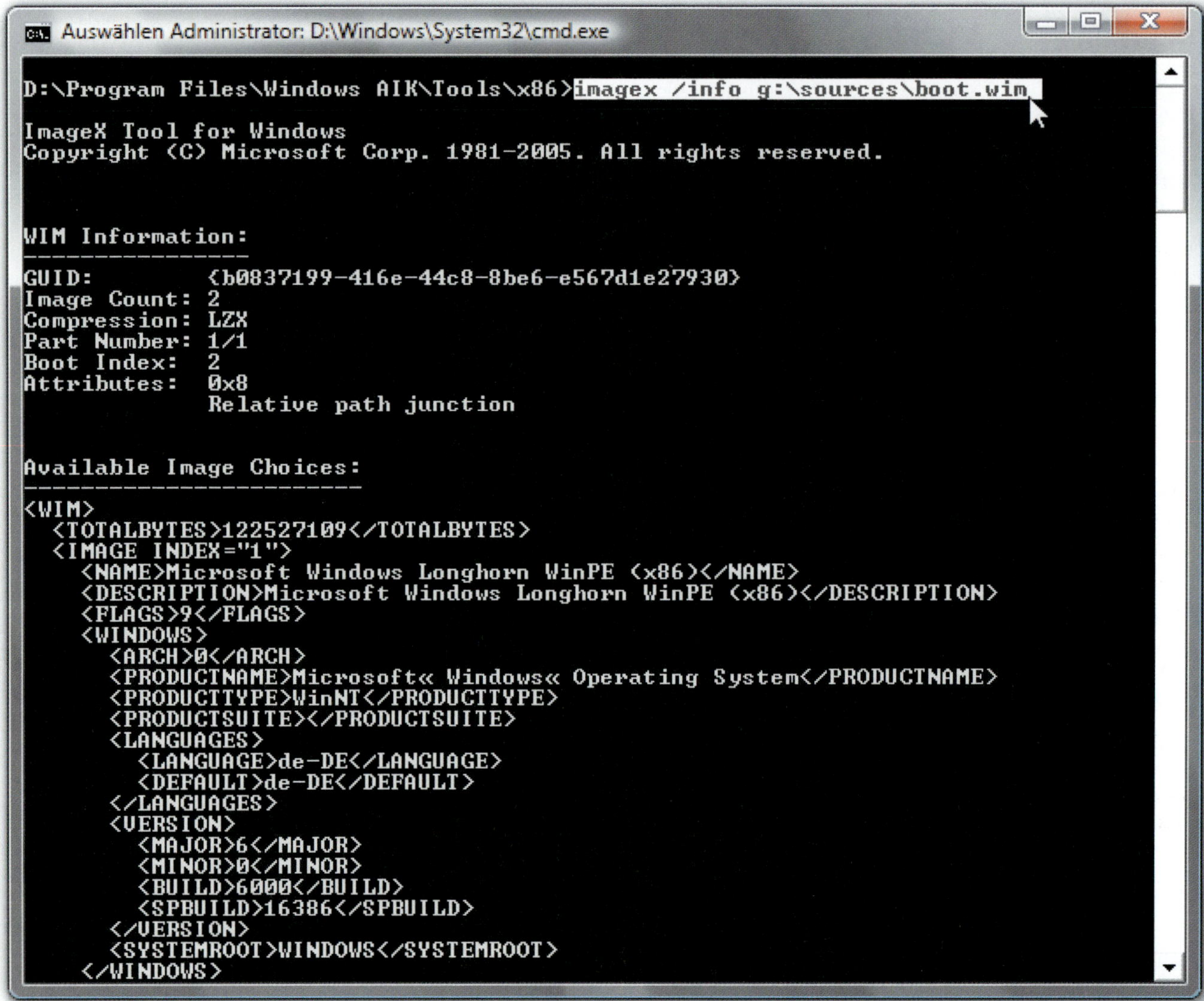

Abbildung 50.15 Mit ImageX kann man in Images hineinsehen

> **Tipp**
>
> WIM-Images sind sehr speicherplatzsparend und eignen sich insbesondere dafür, mehrere Images zu speichern. Dabei werden identische Dateien, die in mehreren Images innerhalb der WIM-Datei vorkommen, nur einmal gespeichert. Das ist auch der Grund, warum *install.wim* trotz sieben separater Windows Vista-Images nur insgesamt 2,3 GB groß ist.

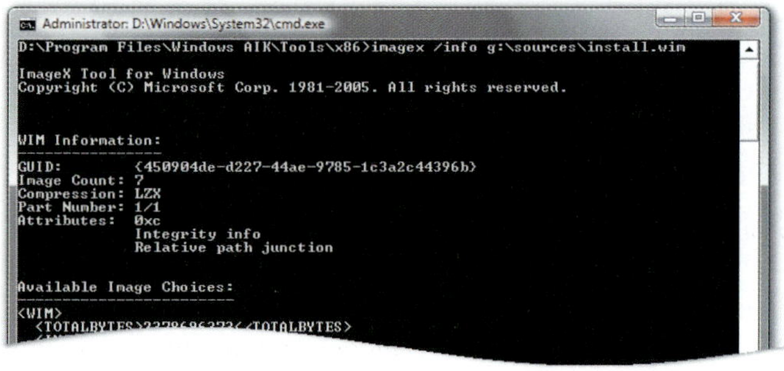

```
Administrator: D:\Windows\System32\cmd.exe
D:\Program Files\Windows AIK\Tools\x86>imagex /info g:\sources\install.wim

ImageX Tool for Windows
Copyright (C) Microsoft Corp. 1981-2005. All rights reserved.

WIM Information:
GUID:          {450904de-d227-44ae-9785-1c3a2c44396b}
Image Count:   7
Compression:   LZX
Part Number:   1/1
Attributes:    0xc
               Integrity info
               Relative path junction

Available Image Choices:
<WIM>
```

Abbildung 50.16 Die Image-Datei install.wim enthält sieben verschiedene Windows Vista-Versionen

Business Desktop Deployment

Sie könnten WIM-Images nun mit dem ImageX-Werkzeug sogar wie ein Laufwerk mounten und anschließend darin Änderungen vornehmen, um Windows Vista an Ihre Bedürfnisse anzupassen.

Sie könnten Windows Vista auch auf einem Prototypsystem installieren und es anschließend wie gewünscht einrichten und mit zusätzlicher Software versehen.

Danach könnten Sie mit ImageX die Testinstallation wieder als Image speichern und auf anderen Computern installieren. Möglich ist dies unter anderem, weil die Vista-Images HAL-unabhängig funktionieren, also für verschiedenste Computertypen gleichermaßen geeignet sind.

All das aber erledigen Sie mit den Werkzeugen des Business Desktop Deployments wesentlich einfacher und übersichtlicher.

In der *BDDWorkbench* legen Sie eine Distributionsfreigabe an und können dann Betriebssystem-Images direkt von einer Windows Vista-DVD einlesen.

Ebenso einfach integrieren Sie dann Anwendungen, Sprachpakete und Treiber. Der gesamte Installationsvorgang kann dann über XML-basierte Antwortdateien vorkonfiguriert werden, damit er vollkommen unbeaufsichtigt abläuft.

Die resultierenden Images können dann über DVD oder andere Medien von Hand installiert oder über *Windows Deployment Services* (WDS), dem Nachfolger von *Remote Installation Services* (RIS) automatisiert über das Netzwerk verteilt werden.

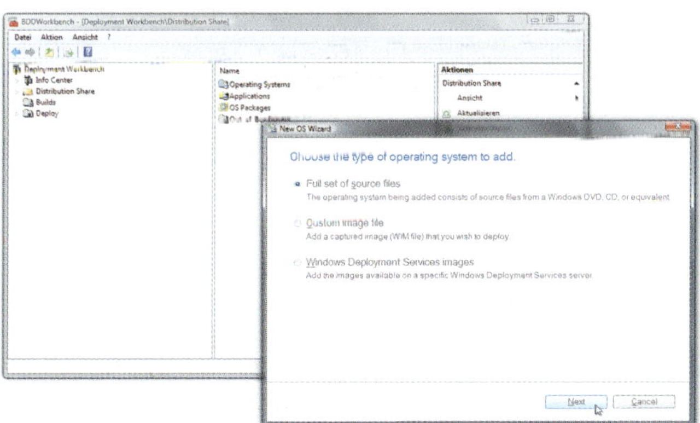

Abbildung 50.17 Die BDDWorkbench organisiert alle Schritte vom Image über die Anpassung bis zur Verteilung

Nähere Informationen über das *Business Desktop Deployment* (BDD) und über das *Windows Automated Installation Kit* (WAIK) finden Sie hier: *http://www.microsoft.com/technet/desktopdeployment.*

Installation reparieren

Falls Windows Vista aufgrund eines schweren Fehlers einmal erst gar nicht starten sollte, enthält die Installations-DVD außerdem Reparaturprogramme.

Dazu gehen Sie vor wie im Abschnitt »Windows Vista von DVD installieren« weiter vorne in diesem Kapitel beschrieben, und starten zunächst das Installationsprogramm von der DVD. Klicken Sie diesmal allerdings nicht auf *Jetzt installieren*, sondern auf *Computerreparaturoptionen*.

Abbildung 50.18 Eine vorhandene Windows Vista-Installation reparieren

Das Reparaturprogramm sucht nach vorhandenen Windows-Installationen, was einige Sekunden dauert. Danach werden die gefundenen Installationen in einer Liste aufgeführt, und Sie können sich diejenige aussuchen, die Sie reparieren wollen.

Sind bereits ernste Startschwierigkeiten aufgetreten, beginnt die Reparatur der Startprobleme automatisch, und Sie brauchen nur den Anweisungen zu folgen.

Andernfalls öffnet sich ein Fenster, aus dem Sie sich das Reparaturwerkzeug auswählen:

- **Systemstartreparatur** Startet Windows Vista erst gar nicht mehr, wenden Sie dieses Werkzeug an. Es überprüft, ob alle lebenswichtigen Windows-Komponenten vorhanden sind und korrigiert die Fehler.
- **Systemwiederherstellung** Sind die Probleme ganz plötzlich nach der Installation eines neuen Gerätes oder Programms aufgetreten, können Sie Windows Vista auf einen früheren Systemwiederherstellungspunkt zurücksetzen. Alle Änderungen, die in der Zwischenzeit durch-

geführt wurden und vielleicht den Fehler verursachen, werden so rückgängig gemacht. Ihre eigenen Daten bleiben dabei unberührt.

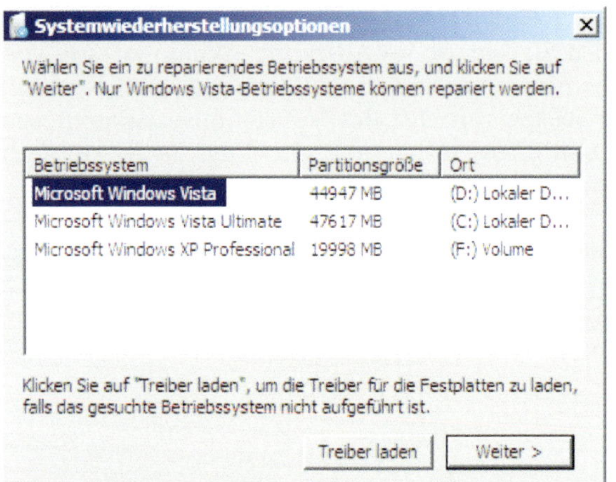

Abbildung 50.19 Wählen Sie die Installation aus, die Sie reparieren wollen

- **Windows Complete PC-Wiederherstellung** Haben Sie rechtzeitig eine Sicherungskopie Ihres Computers angelegt, können Sie Windows Vista selbst nach einem Totalausfall oder nach einem Diebstahl auf einem anderen System wiederherstellen. Dazu installieren Sie auf dem neuen Computer zuerst Windows Vista und lesen dann über diese Option die gesicherten Backupdaten ein.

Abbildung 50.20 Wiederherstellungstools helfen dabei, ein beschädigtes Windows Vista wieder flott zu bekommen

- **Windows-Speicherdiagnosetool** Kommt es immer wieder und in unregelmäßigen Abständen zu sonderbaren Abstürzen, könnte ein defekter Speicher eine Ursache sein. Dieses Werkzeug überprüft den Hauptspeicher Ihres Computers.
- **Eingabeaufforderung** Sind Sie selbst Experte und möchten mit eigenen Reparaturwerkzeugen versuchen, den Computer zu reparieren, wählen Sie diese Option.

Service Pack 1 installieren

In regelmäßigen Abständen aktualisiert Microsoft das Vista-Betriebssystem und gibt Service Packs heraus, die alle bisherigen Aktualisierungen enthalten und Ihr Vista kostenlos auf den neuesten Stand bringen. Das bei Drucklegung aktuelle Service Pack für Vista war Service Pack 1.

Nicht immer ist die nachträgliche Installation eines Service Pack notwendig, denn Microsoft integriert das aktuellste Service Pack automatisch in seine Produkte. Haben Sie Windows Vista also nach März 2008 erworben, enthält es höchstwahrscheinlich bereits das Service Pack 1.

Sofern Sie die automatische Update-Funktion Ihrer Windows Vista-Version aktiviert haben, empfangen Sie das Service Pack 1 wie ein gewöhnliches Update automatisch. Die Datenübertragung wird hierbei auf ein Mindestmaß reduziert, weil nur die Update-Daten übertragen werden, die für Ihren Computer tatsächlich benötigt werden.

Möchten Sie mehr als einen Computer aktualisieren, laden Sie das komplette Service Pack 1 von Microsoft aus dem Internet herunter. Es ist mit knapp 500 MByte sehr umfangreich, kann dafür aber beliebige Vista-Systeme aktualisieren – jedenfalls dann, wenn sie derselben Prozessorarchitektur entsprechen. Es gibt nämlich separate Updates für 32-Bit- und 64-Bit-Systeme. Microsoft bietet in seinem Downloadcenter eine (etwas kleinere) Five-Language-Version (für die Sprachen Deutsch, Englisch, Französisch, Spanisch und Japanisch) sowie eine (größere) All-Language-Version an.

Five-Language-Version 32-Bit:

http://www.microsoft.com/downloads/details.aspx?displaylang=de&FamilyID=b0c7136d-5ebb-413b-89c9-cb3d06d12674

All-Language-Version 32-Bit:

http://www.microsoft.com/downloads/details.aspx?displaylang=de&FamilyID=f559842a-9c9b-4579-b64a-09146a0ba746

Five-Language-Version 64-Bit:

http://www.microsoft.com/downloads/details.aspx?displaylang=de&FamilyID=874a414b-32b2-41cc-bd8b-d71eda5ec07c

All-Language-Version 64-Bit:

http://www.microsoft.com/downloads/details.aspx?displaylang=de&FamilyID=86d267bd-dfcd-47cf-aa76-dc0626dcdf10

Vor der Installation des Service Packs sollten Sie alle geöffneten Programme und Dateien schließen und ein Notebook an die Stromversorgung anschließen. Achten Sie auch darauf, dass genügend freier Speicher für das Update vorhanden ist, nämlich ca. 4,5 GB.

Das Service Pack kann auf Wunsch in der Systemsteuerung auch wieder deinstalliert werden: *Systemsteuerung/Programme/Programme und Funktionen/Installierte Updates*. Tippen dann rechts oben im Suchfeld **Service Pack** ein.

Zusammenfassung

Windows Vista kann als Upgrade die vorhandenen Einstellungen und Programme einer bestehenden Windowsinstallation übernehmen oder neu installiert werden. Welche Option richtig und möglich ist, hängt unter anderem davon ab, welche Windows-Version Sie bisher verwenden.

Die Installation ist stets imagebasiert, was sich Firmen zunutze machen können: Images lassen sich wie Laufwerke öffnen, ändern, erweitern und wieder speichern. So können angepasste Windows-Installationen im Unternehmen verteilt werden. Hierfür bietet Microsoft kostenlose Werkzeuge wie den System Image Manager, die Teil des Business Desktop Deployment sind.

Aber auch wenn eine Installation repariert werden muss, hilft das Installationsprogramm und kann Startprobleme zum Beispiel automatisch reparieren.

Sie möchten...	So gehen Sie vor	Sehen Sie sich dazu das Beispiel an auf
Vista auf einem ganz neuen Computer installieren	Booten Sie von der Installations-DVD	Seite 799
prüfen, ob mein Computer mit Windows Vista funktioniert	Verwenden Sie den Upgrade Advisor	Seite 803
mehrere Windows-Versionen parallel installieren	Installieren Sie Windows Vista auf einem neuen Laufwerk oder in einer eigenen Partition	Seite 804
die Einträge im Bootmenü ändern	Verwenden Sie den Befehl *bcdedit*	Seite 804
Einstellungen von einem alten Computer auf den neuen übertragen	Verwenden Sie Windows-EasyTransfer oder das Userstate Migration Tool	Seite 805
Installationen anpassen und in der Firma verteilen	Verwenden Sie die Werkzeuge des Business Desktop Deployment oder das Werkzeug ImageX	Seite 805
Startprobleme reparieren	Booten Sie von der Vista-DVD und wählen Sie die Reparaturoptionen	Seite 807

Eric Tierling

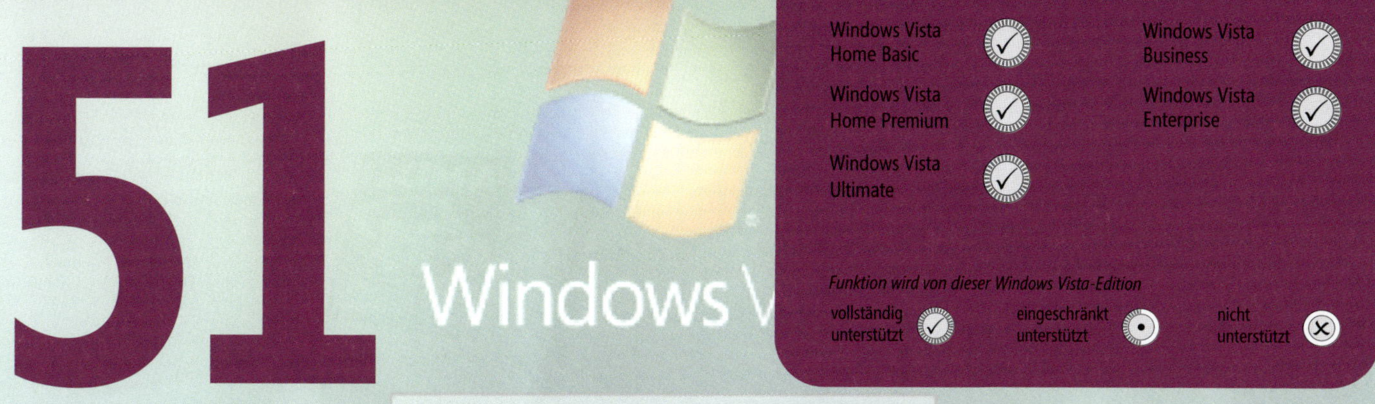

Windows Vista x64

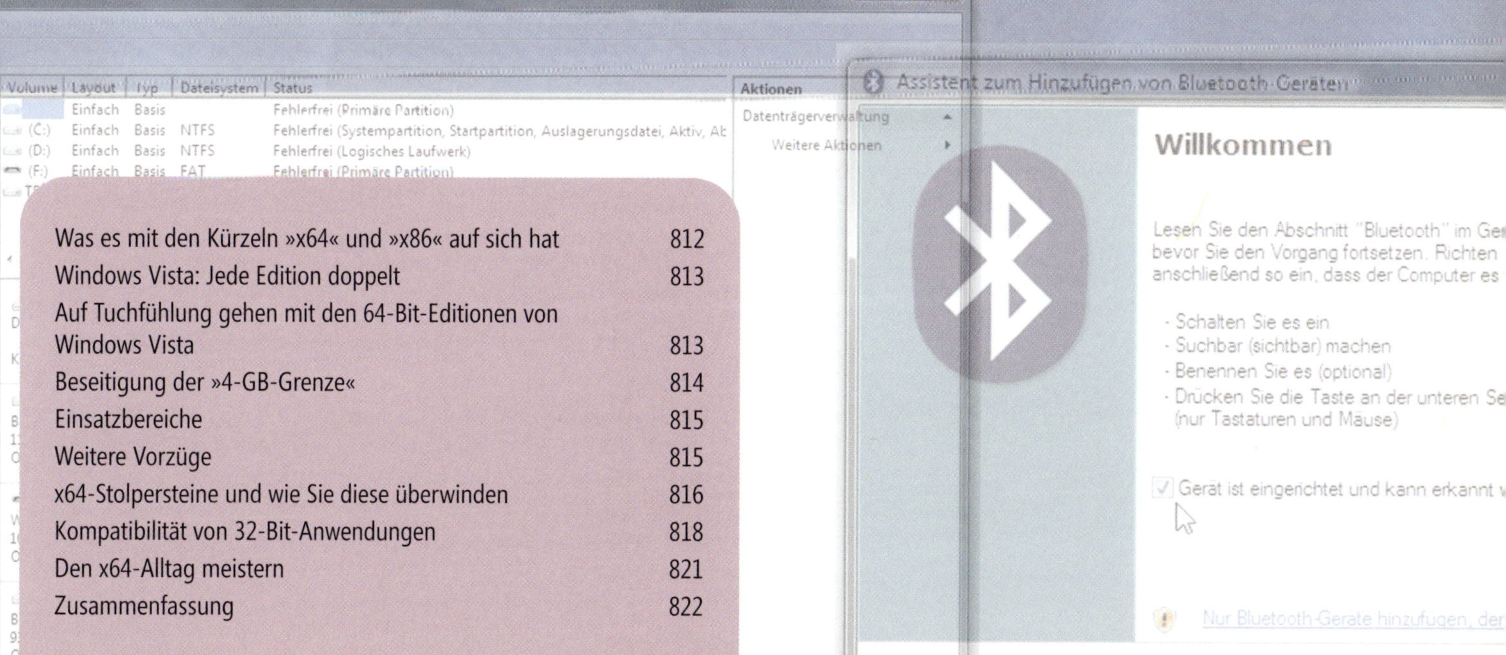

Vielleicht sind Sie im Zusammenhang mit Windows Vista auch schon einmal über das Kürzel *x64* gestolpert – beispielsweise auf der Suche nach Treibern oder Programmen für Windows Vista. Genauso ist an den entsprechenden Stellen häufig das Kürzel *x86* zu finden.

Wenn Sie wissen möchten, was es mit diesen Abkürzungen auf sich hat, dann sind Sie in diesem Kapitel genau richtig, in dem sich alles um die 64-Bit-Editionen von Windows Vista dreht.

Abbildung 51.1 AMD hat die 64-Bit-Prozessortechnologie-Erweiterung entwickelt, die die x64-Version von Windows Vista nutzt (Quelle: AMD)

Was es mit den Kürzeln »x64« und »x86« auf sich hat

Worum es sich dabei handelt, wird bei der Betrachtung der Bedeutung dieser Kürzel klarer:

- **x86** Bezeichnet die *32-Bit-Technologie*, mit der das Gros der in PCs verwendeten Prozessoren arbeitet. x86 leitet sich vom ursprünglichen Namen der von Intel entwickelten Prozessorfamilie ab, zu der Mitglieder wie der »80386« oder der »80486« (der Vorgänger des ersten Pentium-Prozessors) zählen.
- **x64** Steht für das *64-Bit-Computing* mit Prozessoren, die in einem speziellen 64-Bit-Modus zu Werke gehen können. x64 stellt eine von AMD durchgeführte Weiterentwicklung des 32-Bit-x86-Standards dar, von der Intel wesentliche Merkmale übernommen hat.

x64 und x86 charakterisieren also verschiedene Prozessorarchitekturen (auch wenn diese gar nicht so unterschiedlich sind). Oder anders ausgedrückt: x64 stellt eine Erweiterung von x86 für das 64-Bit-Computing dar.

Hinweis 

Einer der Vorteile des *64-Bit-Computing* mit Windows Vista ist die Aufhebung der 32-Bit-Arbeitsspeicher-Grenze, die in der 32-Bit-Welt systembedingt bei 4 GB liegt (mehr zu den Vorteilen der x64-Ausführung von Windows Vista erfahren Sie im Abschnitt »Weitere Vorzüge«).

Das Besondere dabei: In vielen PCs, auf denen ein x86-konformes 32-Bit-Betriebssystem zum Einsatz kommt (ein klassisches Beispiel dafür ist Windows XP Home Edition), schlummert bereits die 64-Bit-Prozessortechnik. Alle von AMD verkauften Prozessoren der Typen »Athlon 64« und »Opteron« sowie ihre seitdem erschienenen Nachfolger haben die x64-Prozessortechnik bereits eingebaut. Wahlweise können die betreffenden AMD-Prozessoren im x86-kompatiblen Modus oder aber als x64-CPU arbeiten.

Ähnlich verhält es sich mit neueren Prozessoren aus dem Hause Intel: Nachdem der x86-Erfinder die von AMD entwickelte x64-Erweiterungstechnik lizenziert hat, gibt es auch von Intel immer mehr CPUs, die x64-fähig sind. Aufgrund der bei Intel nicht so durchsichtigen Nomenklatur bei den Prozessortypen bleibt im Zweifelsfall aber nichts anderes, als auf der Website von Intel nachzuschlagen und so herauszufinden, ob der von Ihnen favorisierte bzw. genutzte Intel-Prozessor eine Unterstützung für x64 bietet.

Hinweis 

»x64« ist ein Kürzel, das Microsoft als Oberbegriff gewählt hat. Denn während AMD seine 64-Bit-Prozessorarchitektur unter dem Begriff *AMD64* führt (einst war auch mal von *x86-64* die Rede), spricht Intel in diesem Zusammenhang von *Intel 64* (*EM64T* ist eine frühere Bezeichnung dafür).

Da AMD seine Athlon-CPUs bereits seit dem Jahre 2003 verkauft, sind somit Millionen von PCs weltweit im Einsatz, die das 64-Bit-Computing bereits unterstützen. Die Unterstützung durch den Prozessor alleine reicht jedoch nicht aus: Des Weiteren muss ein 64-Bit-Betriebssystem auf dem betreffenden Computer laufen. Dieses aktiviert den speziellen x64-Modus in der CPU und ist auch sonst durch und durch auf das 64-Bit-Computing eingestellt.

Erst die passende Kombination aus Prozessor und Betriebssystem ermöglicht überhaupt das 64-Bit-Computing mit x64-fähigen Prozessoren. Kommt hingegen ein für x86-CPUs konzipiertes 32-Bit-Betriebssystem auf einem x64-fähigen Prozessor zum Einsatz, liegen dessen 64-Bit-Fähigkeiten brach und er läuft nur im 32-Bit-Modus.

Hinweis 

Der umgekehrte Fall funktioniert nicht: Ein für x64-Prozessoren konzipiertes 64-Bit-Betriebssystem lässt sich nicht auf einem reinrassigen 32-Bit-x86-Prozessor einsetzen.

Windows Vista: Jede Edition doppelt

An dieser Stelle schließt sich der Kreis: Nachdem Windows XP als 32-Bit-Betriebssystem für die x86-Prozessoren konzipiert war, hat Microsoft später eine auf die x64-Prozessorarchitektur angepasste Ausführung von Windows XP auf den Markt gebracht, *Windows XP Professional x64 Edition*. Diese hat jedoch keine nennenswerte Verbreitung erfahren können und war zudem nur in Englisch erhältlich (wer eine Sprache wie Deutsch nutzen wollte, musste ein Sprachpaket zusätzlich installieren). Windows XP Professional x64 Edition stellt somit in gewisser Weise so etwas wie die »x64-Generalprobe« dar, bevor es nun mit Windows Vista heißt: »Bühne frei für 64 Bit«.

Denn Windows Vista ist vom Start weg erhältlich als

- 32-Bit-Ausführung für die x86-Prozessorarchitektur sowie
- 64-Bit-Ausführung für PCs, deren Prozessor x64-fähig ist.

Mit anderen Worten: Jede Edition von Windows Vista gibt es zweimal – einmal als x86- und noch einmal als x64-Ausführung.

Wichtig 

Jede in Deutschland erhältliche Windows Vista-Edition ist sowohl in einer 32-Bit-x86- als auch in einer 64-Bit-x64-Ausführung erhältlich. Somit müssen Sie kein Windows Vista Ultimate verwenden, um in den Genuss des 64-Bit-Computing mit Windows Vista zu kommen. Vielmehr reicht selbst Windows Vista Home Basic bereits für den Einstieg in die 64-Bit-Welt aus.

Auf Tuchfühlung gehen mit den 64-Bit-Editionen von Windows Vista

Der Erstkontakt mit einer der 64-Bit-Editionen von Windows Vista fällt »überraschend« aus: Sowohl bei der Installation der x64-Ausführung von Windows Vista als auch im Willkommens-Bildschirm sind keine Unterschiede zur 32-Bit-x86-Version von Windows Vista feststellbar. Auch der Windows-Desktop, der nach der interaktiven Anmeldung als Benutzer erscheint, präsentiert sich bei den 64-Bit-Editionen von Windows Vista in genau demselben Gewand wie ihre 32-Bit-Kollegen aus dem x86-Lager.

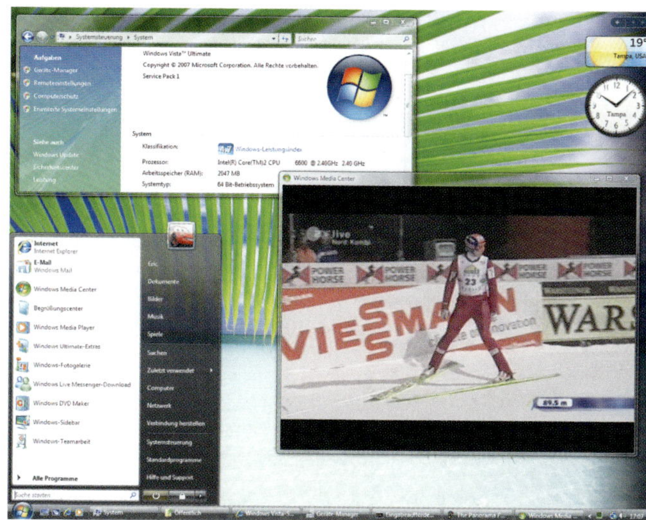

Abbildung 51.2 Die 64-Bit Editionen von Windows Vista sehen genauso aus wie ihre 32-Bit-Pendants

Somit »sieht« die x64-Ausführung von Windows Vista genauso aus wie die x86-Ausführung und »fühlt« sich praktisch auch genau an – was ein immenser Vorteil ist: Trotz der systembedingten Unterschiede auf systemnaher Ebene hat es Microsoft geschafft, bis zur Oberfläche davon (nahezu) nichts durchdringen zu lassen. Somit brauchen Sie nichts neu zu lernen, wenn Sie die 32-Bit-Welt hinter sich lassen und für Sie die 64-Bit-Ära anbricht.

Visuelle Unterschiede sind weder auf den ersten noch auf den zweiten Blick erkennbar. Erst durch ein genaues Hinsehen an den richtigen Stellen können Sie überhaupt in Erfahrung bringen, ob Sie einen PC vor sich haben, auf dem die 32-Bit- oder die 64-Bit-Edition von Windows Vista läuft. Dazu gehen Sie wie folgt vor:

1. Öffnen Sie über das Startmenü das *Begrüßungscenter*.
2. Im Begrüßungscenter klicken Sie den Link *Weitere Details anzeigen* im rechten oberen Bereich an.

3. Auf der sodann angezeigten Seite *Basisinformationen über den Computer* schauen Sie dann im Bereich *System* nach, was dort als *Systemtyp* angegeben ist: Weist Windows Vista dort *64 Bit-Betriebssystem* aus, handelt es sich um die x64-Ausführung von Windows Vista.

Tipp

Über das Begrüßungscenter können Sie »auf kurzem Wege« zur der gewünschten Information gelangen. Daneben können Sie natürlich auf andere Verfahren zurückgreifen. Nach Eingabe von beispielsweise **msinfo32** ↵ im Schnellsuchfeld des Startmenüs oder in einer Eingabeaufforderung öffnet sich das Programmfenster *Systeminformationen*, das bei einem passenden Prozessor den Systemtyp *64 Bit-Betriebssystem* ausweist.

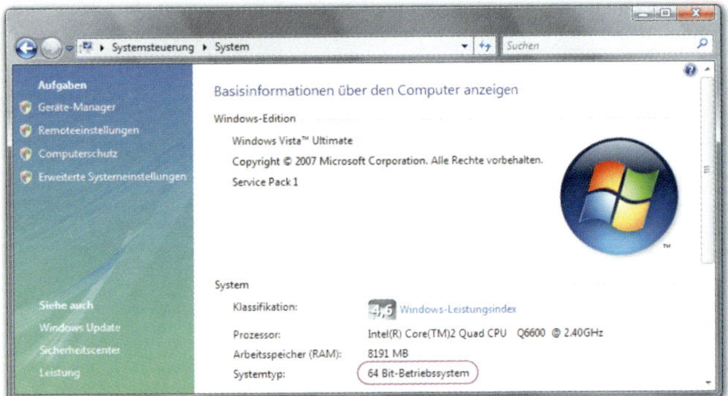

Abbildung 51.3 Ob auf dem PC die 32-Bit- oder 64-Bit-Ausführung von Windows Vista läuft, ist nur bei genauerem Hinsehen zu erkennen

Beseitigung der »4-GB-Grenze«

Wer schon einmal versucht hat, seinen PC mit 4 GB RAM zu bestücken und anschließend eine x86-Ausführung von Windows Vista zu starten, hat sich möglicherweise verwundert die Augen gerieben: Anstatt der vollen 4 GB meldet die x86-Ausführung von Windows Vista (zumindest, wenn noch kein Service Pack installiert ist) nur zwischen rund 3 und 3,5 GB Arbeitsspeicher. Der Grund dafür ist ebenso simpel wie einleuchtend: Mit 32-Bit (entsprechend 2^{32}) lassen sich zwar theoretisch 4 GB adressieren. In der Praxis jedoch nehmen Hardware-Komponenten wie Grafikadapter, RAID-Controller etc. im oberen Speicherbereich ein paar Adressen für sich in Anspruch, sodass von den brutto 4 GB RAM eben nur circa 3 GB Arbeitsspeicher netto übrig bleiben.

Für die x86-Ausführung von Windows Vista ist dies ohnehin nicht weiter »tragisch«, denn die x86-Ausführung von Windows Vista kann standardmäßig lediglich 2 GB des im PC installierten Arbeitsspeichers für Anwendungen verwenden. Der darüber hinausgehende Arbeitsspeicher verwendet das Betriebssystem, und dafür reichen 1 GByte aus. Aufgrund dessen fühlt sich die x86-Ausführung von Windows Vista mit einer Arbeitsspeicher-Ausstattung von 3 GB quasi genauso wohl wie mit 4 GB. Einige Mainboard-Hersteller empfehlen daher, bei Verwendung der 32-Bit-x86-Ausführung eines Betriebssystems das System von vornherein nur mit 3 GB RAM zu bestücken.

Hinweis 

Ist das Windows Vista Service Pack 1 auf dem PC installiert, in dem 4.096 MB Arbeitsspeicher installiert sind, werden Ihnen – beispielsweise im Begrüßungscenter – die vollen 4 GB RAM angezeigt. Hierzu hat sich Microsoft entschieden, um Verwirrrungen zu vermeiden, da die x86-Ausführung von Windows Vista ansonsten weniger Arbeitsspeicher anzeigt als tatsächlich im Computer fehlerfrei installiert ist. Abgesehen von der Anzeige der kompletten 4.096 MB RAM hat Microsoft bei der x86-Ausführung von Windows Vista auch mit dem Service Pack 1 nichts verändert – sprich, es gelten weiterhin die bekannten Limitierungen der x86-Ausführung.

Zwar gibt es auch für die 32-Bit-Welt Verfahren wie zum Beispiel PAE (Physical Address Extension), um Speicher oberhalb der 4-GB-Grenze adressieren zu können, doch handelt es sich dabei nur um »Hilfskonstruktionen«. Mit PAE etwa ist es zwar möglich, bis zu 64 GB RAM anzusprechen, doch müssen dazu kleine Speicherfenster oberhalb von 4 GB jeweils unterhalb der 4 GB-Grenze eingeblendet werden, was ein wenig Performance kostet.

Bei x64 hingegen ist all dies nicht erforderlich: Hier lässt sich der Speicherbereich oberhalb von 4 GB auch ohne solche Tricks linear »am Stück« adressieren. Bei 64 Bit hingegen sind rein rechnerisch 2^{64} adressierbar, was 16 Exabyte entspricht. Obgleich die derzeitig erhältlichen x64-Prozessoren meist nur 2^{40} adressieren können, entspricht dies immer noch 1 Terabyte, was ein Vielfaches der 4 GB der 32-Bit-Welt darstellt. Für die Praxis bedeutet das: x64 kennt keine 4-GB-Adressierungsgrenze, und hebt die bei x86 systembedingt existierende Arbeitsspeicherbegrenzung von 4 GB auf. Durch die Kombination aus x64-Prozessor und x64-fähigem Betriebssystem – wie den 64-Bit-Editionen von Windows Vista – stellt es also kein Problem mehr dar, beispielsweise 8, 12 oder 16 GB RAM im PC zu nutzen.

Einsatzbereiche

Die Frage ist natürlich: Wer braucht so viel Arbeitsspeicher? Für viele herkömmliche Aufgaben (Briefe tippen, E-Mails bearbeiten etc.) sind weniger als 4 GB RAM vollkommen ausreichend. Im professionellen und semiprofessionellen Bereich kann jedoch die Notwendigkeit entstehen, mehr als 4 GB zur Verfügung zu haben, wie die folgenden Beispiele zeigen:

- **Paralleler Einsatz mehrerer virtueller Maschinen** Möchten Sie auf Ihrem Windows Vista-PC Virtualisierungsprodukte wie »Microsoft Virtual PC«, »Parallels Workstation«, »Sun VirtualBox« »VMware Workstation« einsetzen, entscheidet neben einer hohen Prozessor- und Festplattenleistung des Windows Vista-PCs vor allem eins über die Performance der darunter laufenden virtuellen Gäste: viel Arbeitsspeicher. Wer zum Beispiel fünf virtuelle Maschinen gleichzeitig laufen lassen möchte, denen jeweils 2 GB Arbeitsspeicher zur Verfügung stehen sollen, kommt nicht darum herum, hierfür seinen physischen Host-PC mit mehr als 4 GB RAM zu bestücken – die sich, wie zuvor ausgeführt, aber ja nur dann nutzen lassen, wenn das Betriebssystem auch mitspielt. In einer solchen Situation kann die x64-Ausführung von Windows Vista dann ihre Stärken ausspielen.
- **Grafik- und Videobearbeitung** Bei der Erstellung von Broschüren, Videobeiträgen etc. werden oftmals hochauflösende Grafiken und Videofilme verwendet, die viel Speicher belegen. Filter und andere Effekte, die darauf angewandt werden sollen, nehmen ebenfalls Arbeitsspeicher in Anspruch. Je nach Projekt können 4 GByte also schnell zu eng werden.

Weitere Vorzüge

Neben dem gleichen Aussehen und der Beseitigung der 4 GB-Grenze, der sich die x86-Ausführung von Windows Vista unterzuordnen hat, weist die x64-Ausführung von Windows Vista weitere Vorteile auf.

Performance-Aspekte

Obgleich das »Knacken« der 4-GB-Speichergrenze ein prominentes Argument für das 64-Computing darstellt, gibt es natürlich noch weitere Faktoren, die für den Einsatz der x64-Ausführung von Windows Vista sprechen. So kann x64 auch Auswirkungen auf die Performance haben, die Anwendungen an den Tag legen. Dabei gilt:

- Vorhandene 32-Bit-x86-Anwendungen, die unter den 64-Bit-Editionen von Windows Vista zum Einsatz kommen (siehe Abschnitt »Kompatibilität von 32-Bit-Anwendungen«), legen meist eine Performance an den Tag, die mit der auf einem Windows Vista-PC mit 32 Bit vergleichbar ist.
- Speziell für die x64-Prozessorarchitektur optimierte Software kann davon profitieren, dass im 64-Bit-Modus doppelt so viele Daten pro Taktzyklus verarbeitet werden können wie beim 32-Bit-Modus. Dadurch lassen sich Geschwindigkeitsvorteile erzielen, die teilweise recht deutlich ausfallen. Ein Programm, das vom 64-Bit-Computing profitiert und in diesem Zusammenhang gerne zitiert wird, stellt »Panorama Factory« von Smoky City Design dar (siehe *www.panoramafactory.com*). Laut Hersteller sei die x64-Ausführung der Software – beispielsweise in Verbindung mit den 64-Bit-Editionen von Windows Vista – dazu in der Lage, Panorama-Bilder zu kreieren, die rund 1.000 Mal größer sein können als bei der x86-Ausführung von Windows XP.

  Darüber hinaus gibt es auch andere Software-Anbieter, die ihre Produkte in einer speziellen x64-Ausführung anbieten, die Sie dann für das 64-Bit-Computing mit Windows Vista nutzen können. Ein Bereich, in dem x64 interessante Performance-Vorteile erzielen kann, sind zum Beispiel Spiele.

PROFITIPP 

Die Geschwindigkeit einer Anwendung hängt von vielen Faktoren (CPU-Taktung, weitere Hardware-Ausstattung, Einsatzszenario etc.) ab, sodass es an dieser Stelle keinen Sinn macht, konkrete Aussagen zu treffen.

Wenn Sie erfahren möchten, ob und welche Performance-Vorteile sich für Sie aus dem Einsatz der x64-Ausführung von Windows Vista ergeben, können Sie Ihren Computer als Dual-Boot-System konfigurieren– einen Windows Vista-PC mit x64-fähigem Prozessor vorausgesetzt. Auf einer Partition der Festplatte installieren Sie die x86-Ausführung von Windows Vista mitsamt der gewünschten Anwendungen. Analog verfahren Sie mit der anderen Partition, auf der dann die x64-Ausführung von Windows Vista sowie die gleichen Anwendungen installiert werden. Auf diese Weise können Sie auf Ihre individuellen Anforderungen abgestimmt das Performance-Verhalten beim 32-Bit- und beim 64-Bit-Computing mit Windows Vista direkt miteinander vergleichen.

Sicherheit

Ein wichtiger Bereich, in dem die x64-Ausführung von Windows Vista Vorteile gegenüber der x86-Ausführung für sich verbuchen kann, betrifft die Sicherheit.

So ist in den 64-Bit-Editionen die als *PatchGuard* bekannte Technologie enthalten, die auch als *Kernel Patch Protection* bekannt ist. Diese soll verhindern, dass Modifikationen am Kernel des Windows-Betriebssystems stattfinden. PatchGuard verhindert beispielsweise, dass Treiber (auch solche, die eigens für den systemnahen Kernelmode geschrieben worden sind) Systemdienste erweitern oder ersetzen. Ebenfalls wird verhindert, dass im Kernel des Windows-Betriebssystem nicht autorisierte Patches untergebracht werden. Ziel des Ganzen ist es, Rootkits und andere Malware daran zu hindern, sich im Kernel des Windows-Betriebssystems einzunisten. Dies bedeutet: Setzen Sie eine der 64-Bit-Editionen von Windows Vista ein, hat es Schadsoftware wesentlich schwerer, den Kernel des Betriebssystems zu infizieren.

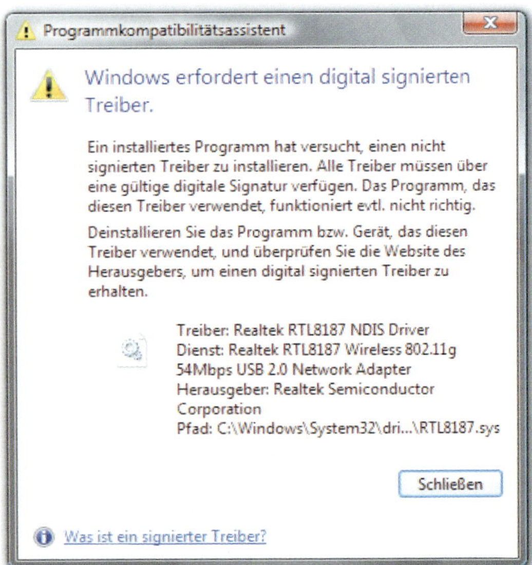

Abbildung 51.4 Treiber für den Kernelmode, die nicht digital signiert sind, weist die x64-Ausführung von Windows Vista ab

PatchGuard steht nur für die x64-Ausführung des Windows-Betriebssystems zur Verfügung und ist somit in den 64-Bit-Editionen von Windows Vista enthalten. Die 32-Bit-Editionen von Windows Vista hingegen müssen ohne diese zusätzliche Schutzmaßnahme auskommen.

Auch an anderer Stelle bietet die x64-Ausführung von Windows Vista mehr Sicherheit gegenüber der x86-Ausführung. Denn bei den 64-Bit-Editionen müssen alle für den Kernelmode des Betriebssystems gedachten Treiber eine digitale Signatur aufweisen. Wurde der betreffende Treiber inhaltlich verändert (etwa durch das Einfügen von bösartigem Code), fällt dies sofort auf, da die Signatur des Treibers dann ihre Gültigkeit verliert. Stellt die x64-Ausführung von Windows Vista fest, dass ein für den Kernelmode des Betriebssystems gedachter Treiber keine Signatur aufweist, wird dieser zwar installiert, aber nicht geladen (siehe Abbildung 51.4).

> **Hinweis**
>
> Aus Sicherheitsgründen besteht Windows Vista auf der Verwendung signierter Gerätetreiber. Es ist nicht möglich, diese Vorgabe dauerhaft abzuschalten.

x64-Stolpersteine und wie Sie diese überwinden

Die Notwendigkeit zur Verwendung signierter Gerätetreiber trägt zwar zur Verbesserung der Sicherheit bei, gleichzeitig handelt es sich dabei jedoch um einen der Stolpersteine beim Einsatz der 64-Bit-Editionen von Windows Vista: Versuchen Sie einen Gerätetreiber beispielsweise für einen Netzwerkadapter zu installieren, der vom Anbieter nicht digital signiert worden ist, weigert sich die x64-Ausführung von Windows Vista, diesen zu laden.

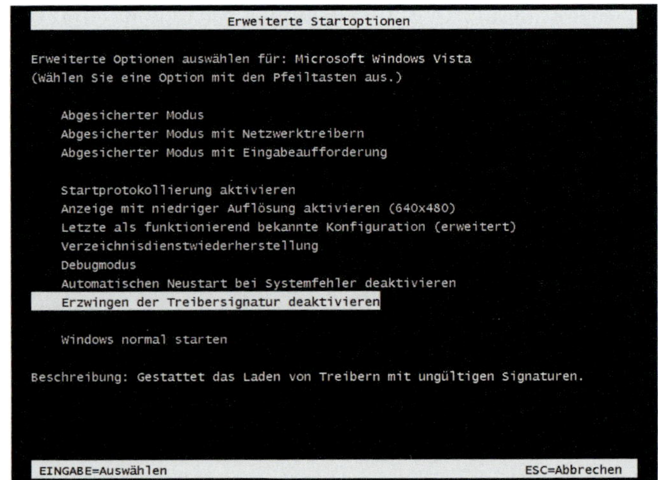

Abbildung 51.5 Vor dem Hochfahren von Windows Vista können Sie den Zwang zur ausschließlichen Verwendung digital signierter Treiber bei der x64-Ausführung von Windows Vista ausschalten

Im Geräte-Manager können Sie dann zwar erkennen, dass der Treiber erfolgreich installiert worden ist. Das zugehörige Gerätesymbol ist jedoch mit einem Ausrufezeichen versehen, was darauf hindeutet, dass dieses Gerät nicht funktioniert, da ein Problem vorliegt – in diesem Falle die fehlende Treibersignatur.

Allerdings gibt es einen Weg, in diesem Fall den Treiber dennoch zu laden, da nicht jeder Hersteller alle Treiber, die von ihren Produkten benötigt werden, digital signiert. Dazu führen Sie die folgenden Schritte aus:

1. Installieren Sie wie gewohnt den betreffenden x64-Gerätetreiber unter der von Ihnen verwendeten 64-Bit-Edition von Windows Vista. Meldet der Hardware-Installationsassistent dabei *Fehler beim Installieren der Treibersoftware für das Gerät* und zeigt das Dialogfeld *Programmkompatibilitätsassistent* (siehe Abbildung 51.4) an, gehen Sie einfach darüber hinweg.
2. Weisen Sie Windows Vista über das Startmenü an, den Rechner neu zu starten.
3. Unmittelbar zu Beginn des Boot-Vorgangs mit Erscheinen des Startbildschirms von Windows Vista drücken Sie die Taste F8.
4. Im sodann angezeigten Bildschirm *Erweiterte Startoptionen* selektieren Sie den Eintrag *Erzwingen der Treibersignatur deaktivieren* (siehe Abbildung 51.5).
5. Daraufhin fährt die 64-Bit-Edition von Windows Vista wie gewohnt hoch. Melden Sie sich an, stellen Sie fest, dass das Betriebssystem den nicht digital signierten Treiber geladen hat, sodass das betreffende Gerät nun funktionieren sollte. Im Zweifelsfall liefert ein Blick in den Geräte-Manager, den Sie beispielsweise durch Eingabe von **devmgmt.msc** ↵ im Schnellsuchfeld des Startmenüs oder in einer Eingabeaufforderung aufrufen können, Aufschluss über die Funktionsfähigkeit des Gerätes.

Wichtig 

Die manuelle Deaktivierung der zwingenden Verwendung signierter Gerätetreiber ist bei jedem Hochfahren zu wiederholen. Eine Möglichkeit, diese zur Verbesserung der Sicherheit dienende Vorgabe dauerhaft auszuschalten, hat Microsoft nicht vorgesehen.

Für den erfolgreichen Einsatz der 64-Bit-Editionen von Windows Vista ist noch eine weitere Hürde zu nehmen. Denn obgleich sich 32-Bit-Anwendungen direkt und unverändert unter der x64-Ausführung von Windows Vista verwenden lassen (dank WOW64, mehr dazu erfahren Sie im Abschnitt »Kompatibilität von 32-Bit-Anwendungen«), gilt es dabei eine ganz wesentliche Ausnahme zu beachten: Die 64-Bit-Editionen von Windows Vista verlangen x64-konforme Gerätetreiber, die für die x64-Prozessorarchitektur konzipiert worden sind. 32-Bit-x86-Gerätetreiber sind für die 64-Bit-Editionen von Windows Vista ungeeignet.

Somit sind Sie für die erfolgreiche Verwendung der 64-Bit-Editionen von Windows Vista zwingend darauf angewiesen, dass für alle Geräte passende x64-Gerätertreiber zur Verfügung stehen. Zwar liefert Microsoft bei Windows Vista bereits eine beachtliche Anzahl entsprechender Treiber mit, doch reicht dies in einigen Fällen nicht aus. In diesem Fall müssen Sie den jeweiligen Hersteller kontaktieren und herausfinden, ob dieser eine x64-Unterstützung für sein Produkt anbietet.

Tipp 

Genau dies ist auch der Grund, warum Sie auf vielen Webseiten Hinweise auf die x86- sowie die x64-Ausführung und somit zwei unterschiedliche Installations- oder Treiberpakete erhalten. Achten Sie in diesem Fall darauf, die x64-Ausführung für Ihre 64-Bit-Edition von Windows Vista zu verwenden.

Von dieser speziellen 64-Bit-Vorgabe sind nicht nur Gerätetreiber für »nahe liegende« Hardware-Komponenten wie Festplatten-Controller, Grafikkarte, Netzwerkadapter etc., sondern auch andere Hardware-Geräteklassen sowie systemnahe oder virtuelle Treiber betroffen, wie sie manche Software verwendet. Beispiele für Produkte, für die dieser Aspekt eine Rolle spielt, sind daher zum Beispiel:

- **Antivirusprogramm** Das Antivirusprogramm, das Sie unter Ihrer 64-Bit-Edition von Windows Vista einzusetzen gedenken, muss explizit eine x64-Unterstützung aufweisen bzw. in einer speziellen x64-Ausführung vorliegen. Die 32-Bit-x86-Ausführung von Antivirusprogrammen lässt sich unter den 64-Bit-Editionen von Windows Vista **nicht** einsetzen.

  Ein sowohl für die x86- als auch die x64-Ausführung von Windows Vista geeignetes Antivirusprogramm ist »Avast« (*www.alwil.com*). Während viele der bekannten Antivirusprogramm-Anbieter in der 64-Bit-Welt lange Zeit vor allem durch Abwesenheit glänzten, arbeitet diese Schutzlösung bereits seit dem frühen Betastadium von Windows Vista sowie der späteren finalen Version und dem Service Pack 1 stabil und zuverlässig mit den 64-Bit-Editionen des Betriebssystems zusammen.
- **Druckertreiber** Bei Druckertreibern für Windows Vista handelt es sich ebenfalls um Gerätetreiber. Somit können Sie unter den 64-Bit-Editionen von Windows Vista auch nur solche Druckertreiber einsetzen, die explizit x64-fähig sind. Aufgrund dessen nimmt Windows Vista bei der Bereitstellung von Druckertreibern für einen im Netzwerk freigegebenen Drucker eine Unterscheidung nach der Prozessorarchitektur vor: Sollen x64-Bit-Clients den Drucker automatisch vom Druckerserver beziehen

können, muss dort zuvor der zum jeweiligen Druckermodell passende x64-Druckertreiber bereitgestellt worden sein.

Tipp

Bei Windows Vista liefert Microsoft etliche Druckertreiber für eine Vielzahl von Modellen sowohl in x86- als auch x64-Ausführung mit. Somit stehen die Chancen gut, dass Sie Ihren Drucker problemlos direkt unter einer der 64-Bit-Editionen von Windows Vista in Betrieb nehmen können. Andernfalls kann sich ein Blick auf die Website des Druckerherstellers als sinnvoll erweisen. Sollte auch dies nicht weiterhelfen, versuchen Sie den x64-Druckertreiber für ein Modell auszuwählen, das Ihrem sehr ähnlich bzw. dazu kompatibel ist.

- **Virtuelle Geräte** Virtuelle Geräte wie zum Beispiel virtuelle CD/DVD-Laufwerke werden über entsprechende Gerätetreiber realisiert. Somit ist klar, dass Sie davon ebenfalls die spezifische x64-Ausführung installieren müssen, um diese unter den 64-Bit-Editionen von Windows Vista einsetzen zu können. Stellt der Anbieter nur eine 32-Bit-x86-Ausführung der entsprechenden Gerätetreiber zur Verfügung, können Sie die betreffende Lösung nicht verwenden.

Kompatibilität von 32-Bit-Anwendungen

Ein herausragendes Merkmal der x64-Ausführung von Windows Vista, das den nahtlosen Übergang zum 64-Bit-Computing maßgeblich erleichtert, ist die weitreichende Kompatibilität zu 32-Bit-Anwendungen. Dank ihrer Hilfe lassen sich eine Vielzahl von Anwendungen, die als x86-Ausführung existieren, direkt und ohne manuelle Anpassung unter den 64-Bit-Editionen von Windows Vista installieren, aufrufen und verwenden. Und nicht nur das: Bei der Performance, die die 32-Bit-Anwendung dabei an den Tag legt, sind meist keine oder kaum nennenswerte Unterschiede gegenüber dem Einsatz auf einer x86-Ausführung von Windows Vista auszumachen.

Dateisystem und Registry

Möglich macht es das in den 64-Bit-Editionen von Windows Vista eingebaute *WOW64*, was als Abkürzung für »Windows-on-Windows64« steht. Dieser in den 64-Bit-Editionen von Windows Vista enthaltene Codelayer ermöglicht die Ausführung von 32-Bit-Anwendungen, die auf die x86-Prozessorarchitektur zugeschnitten sind. Da die in x86-Anwendungen enthaltenen Befehle von einem x64-Prozessor direkt ausgeführt werden können, braucht keine aufwändige, Zeit raubende Emulation stattzufinden. Daraus resultiert die hohe Performance von 32-Bit-Anwendungen bei der Ausführung unter einer der 64-Bit-Editionen von Windows Vista.

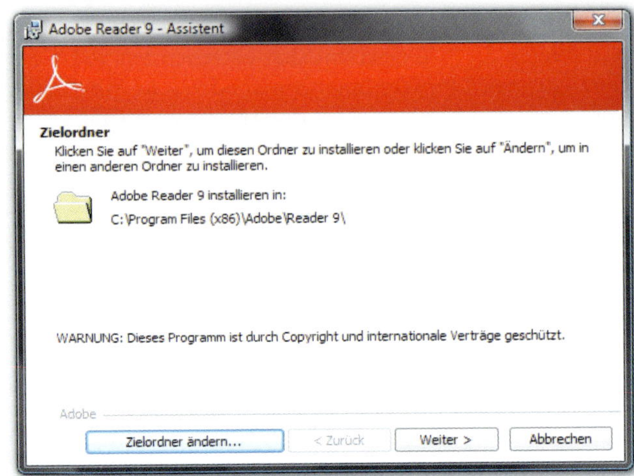

Abbildung 51.6 Aufgrund der File System Redirection werden 32-Bit-Anwendungen im Ordner *C:\Program Files (x86)* installiert

Einen kleinen Einblick in die Arbeit von WOW64 können Sie an bestimmten Stellen gewinnen:

- Wenn Sie beispielsweise unter einer der 64-Bit-Editionen von Windows Vista eine 32-Bit-Anwendung installieren, werfen Sie einmal einen genaueren Blick auf den Installationsordner: Hierbei bekommen Sie nicht den eigentlich zur Installation von Anwendungen vorgesehenen Ordner *%ProgramFiles%* (standardmäßig *C:\Program Files*), sondern stattdessen *%ProgramFiles(x86)%* vorgeschlagen, der standardmäßig auf den Ordner *C:\Program Files (x86)* verweist. Diesen Pfad legen 32-Bit-Anwendungen zugrunde, um darunter eigene Ordner zu erstellen und darin die zugehörigen Programmdateien zu platzieren (siehe Abbildung 51.6).

  Die Frage, die sich dabei aufdrängt, lautet: Woher weiß die Anwendung, dass Sie die Installation in diesem Ordner und nicht in dem standardmäßigen Pfad *C:\Program Files* vornehmen soll? Die Antwort überrascht nicht wirklich: Gar nicht. Denn für die Anwendung handelt es sich bei diesem Ordner um den standardmäßigen Programminstallationsordner. Dass dieser auf einen anderen Ordner als jenen verweist, der dafür normalerweise (sprich: in der 32-Bit-Windows-Welt) vorgesehen ist, dafür zeichnet sich die *File System Redirection* von WOW64 verantwortlich. Mit Hilfe dieses Tricks können die Programmdateien von 32-Bit- sowie von echten 64-Bit-x64-Anwendungen »automatisch« sauber voneinander getrennt werden.

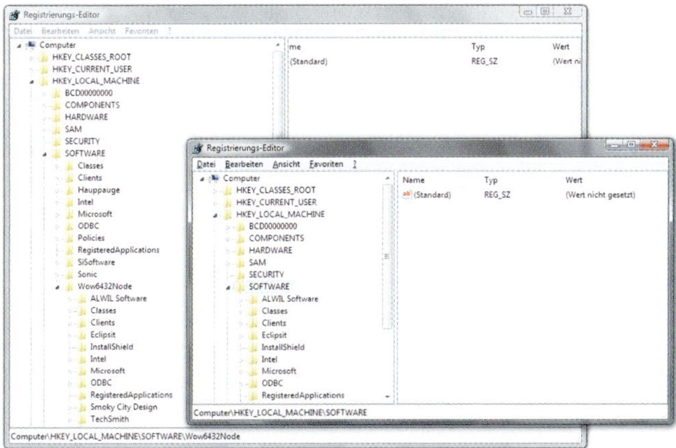

Abbildung 51.7 Für 32-Bit-Anwendungen nimmt die x64-Ausführung von Windows Vista eine Registry Redirection vor

- Für die Registry verfährt WOW64 analog: Im Rahmen der *Registry Redirection* bekommen 32-Bit-Anwendungen eine spezielle Sichtweise der Registry von WOW64 präsentiert. Auf diese Weise gehen 32-Bit-Anwendungen davon aus, auf die ihnen bekannten Teile der Registry zugreifen zu können, die bei den 64-Bit-Editionen von Windows Vista »in Wahrheit« jedoch von WOW64 automatisch umgeleitet werden. Sobald Zugriffe beispielsweise auf *HKEY_LOCAL_MACHINE\SOFTWARE* stattfinden, fängt WOW64 diese ab und schickt sie an den Zweig *HKEY_LOCAL_MACHINE\SOFTWARE\Wow6432Node*. Für andere Bereiche greift WOW64 ebenfalls nach diesem Schema bei Registry-Zugriffen von 32-Bit-Anwendungen ein. Aus diesem Grund sind an mehreren Stellen in der Registry der x64-Ausführung von Windows Vista Schlüssel zu finden, deren Namen *Wow6432Node* lautet. 32-Bit-Anwendungen bekommen von all dem nichts mit: Für Sie finden die Registry-Zugriffe auf die ihnen bekannten Zweige statt. Daher sind die *Wow6432Node*-Schlüssel auch nur für 64-Bit-Anwendungen (wie den bei den 64-Bit-Editionen mitgelieferten Registrierungs-Editor) sichtbar.

  Um in der Registry keine Inkonsistenzen zwischen den unterschiedlichen Zweigen entstehen zu lassen, führt WOW64 zudem eine *Registry Reflection* durch. Hierbei werden die Werte und Inhalte aus dem *Wow6432Node*-Schlüssel für 32-Bit-Anwendungen passend in den jeweiligen Bereichen eingeblendet.

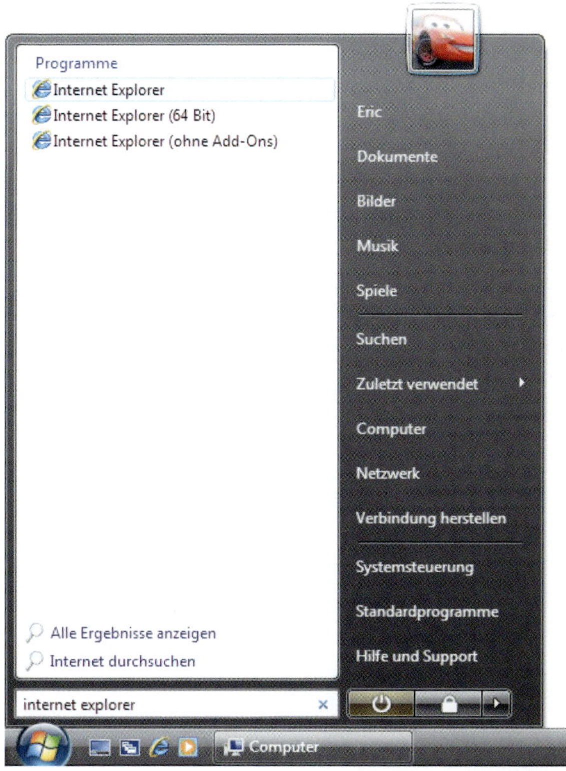

Abbildung 51.8 Den Internet Explorer haben die 64-Bit-Editionen von Windows Vista gleich mehrfach an Bord

Internet Explorer in 32-Bit-Ausführung

Diese Techniken kommen nicht nur 32-Bit-Anwendungen zugute, die Sie explizit auf einem PC installieren, der mit einer der 64-Bit-Editionen von Windows Vista arbeitet. Probieren Sie einmal folgendes: Tippen Sie **internet explorer** in das Schnellsuchfeld des Startmenüs ein. Im Bereich *Programme* werden Ihnen nun drei Einträge angezeigt, auf die dieses Suchmuster passt (siehe Abbildung 51.8):

- Lediglich beim Eintrag *Internet Explorer (64 Bit)* handelt es sich um die 64-Bit-Ausführung des Webbrowsers. Standardmäßig ist dieser im Ordner *C:\Program Files\Internet Explorer* zu finden.
- Klicken Sie einen der anderen Einträge an, rufen Sie dadurch die 32-Bit-Ausführung des Internet Explorer auf. Erkennen können Sie dies unter anderem daran, wenn Sie den jeweiligen Eintrag mit der rechten Maustaste anklicken und *Eigenschaften* aus dem zugehörigen Kontextmenü auswählen: Die Registerkarte *Verknüpfung* im sodann erscheinenden *Eigenschaften*-Dialogfeld offenbart, dass der Webbrowser in diesem Fall aus dem Ordner *C:\Program Files (x86)\Internet Explorer* geladen wird.

»Was hat es denn damit auf sich?«, werden Sie sich nun sicherlich fragen. »Die 64-Bit-Editionen von Windows Vista verwenden standardmäßig die 32-Bit-Ausführung des Internet Explorer?« Richtig, genau so ist es.

Der Grund dafür ist: 64-Bit-Prozesse können keine 32-Bit-Prozesse – zum Beispiel ActiveX-Controls oder DLLs – starten. Dasselbe gilt auch umgekehrt, sodass immer nur ein Starten solcher Prozesse möglich ist, die dieselbe Prozessorarchitektur unterstützen.

Da viele Websites nur 32-Bit-ActiveX-Controls anbieten, lassen sich diese aus der 64-Bit-Ausführung des Internet Explorer nicht verwenden. Vielmehr sind 32-Bit-ActiveX-Controls nur aus der 32-Bit-Ausführung des Internet Explorer heraus aufrufbar. Aus diesem Grund hat das Internet Explorer-Team bei Microsoft für die 64-Bit-Editionen von Windows Vista die Entscheidung getroffen, dort standardmäßig die 32-Bit-Ausführung des Internet Explorer aufzurufen.

Wenn Sie bei einer der 64-Bit-Editionen von Windows Vista den Internet Explorer durch

- Auswahl des im linken Bereich des Startmenüs ganz oben befindlichen Eintrags,
- Anklicken des Internet Explorer-Symbols in der Schnellstartleiste
- oder durch Öffnen einer Datei mit der Erweiterung *.htm* oder *.html*

starten, rufen Sie die 32-Bit-Ausführung des Internet Explorers auf. Möchten Sie dagegen explizit die 64-Bit-Ausführung verwenden, öffnen Sie diese wie oben beschrieben über den Eintrag das Startmenüs.

Hinweis

Aus demselben Grund verwenden die 64-Bit-Editionen von Windows Vista standardmäßig die 32-Bit-Ausführung des Windows Media Players (siehe Kapitel 10). Denn dieser muss zur Wiedergabe auf Codecs zurückgreifen. Da es bislang die meisten Codecs nur als x86-Ausführung in 32 Bit existieren, geht der Windows Media Player bei den 64-Bit-Editionen von Windows Vista standardmäßig nur mit 32 Bit zu Werke.

Weitere 32-Bit-Programme in den 64-Bit-Editionen von Windows Vista

Eine nahe liegende Frage lautet nun »Und wie schaut es dann mit dem Windows-Explorer aus?« Auf diesen trifft dieselbe Einschränkung für den Start von Prozessen wie beim Internet Explorer zu.

Allerdings werden vom Windows-Explorer nur selten weitere Prozesse initiiert. Aus diesem Grund sehen Sie die standardmäßige 64-Bit-Ausführung vor sich, wenn Sie unter einer der 64-Bit-Editionen von Windows Vista den Windows-Explorer starten.

Allerdings kann es Situationen geben, wo dies zu einem »unschönen Nebeneffekt« führt. Dieser Fall tritt dann ein, wenn Sie auf dem Windows Vista-PC eine 32-Bit-Anwendung installieren, die das Kontextmenü von Ordnern und Dateien, die Sie im Windows-Explorer mit der rechten Maustaste anklicken, um eigene Einträge erweitert (etwa zur Komprimierung).

Auch wenn solche Situationen zunehmend seltener vorkommen, da viele Software-Hersteller ihre Produkte zur Erweiterung von Kontextmenüs mittlerweile x64-fähig gestaltet haben: Bei älteren Anwendungen können Sie auf diesen Effekt stoßen. Doch auch hierfür gibt es eine Lösung: Starten Sie einfach die 32-Bit-Ausführung des Windows-Explorers.

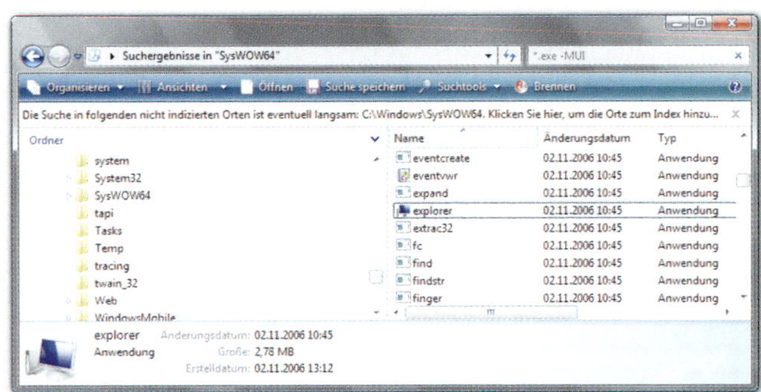

Abbildung 51.9 Auch den Windows-Explorer gibt es zweimal bei den 64-Bit-Editionen von Windows Vista

Da hierfür kein Eintrag im Startmenü vorgesehen ist, müssen Sie an anderer Stelle »nachschauen«. Fündig werden Sie im Ordner *%systemroot%\SysWOW64*, was standardmäßig *C:\Windows\SysWOW64* entspricht (siehe Abbildung 51.9): Dort ist die 32-Bit-Ausführung des Windows-Explorers in Form der ausführbaren Programmdatei *explorer.exe* zu finden. Um diesen zu verwenden, reicht allerdings ein einfaches Anklicken nicht aus. Vielmehr gehen Sie wie folgt vor:

1. Öffnen Sie eine Eingabeaufforderung. Alternativ verwenden Sie das Schnellsuchfeld des Startmenüs.
2. Tippen Sie **%systemroot%\SysWOW64\explorer.exe /separate** ↵ ein.

Daraufhin startet die 32-Bit-Ausführung des Windows-Explorer – der genauso aussieht wie sein 64-Bit-Pendant. Haben Sie eine ältere 32-Bit-Anwendung auf dem Windows Vista-PC installiert, die das Kontextmenü beim Anklicken von Ordnern und Dateien mit der rechten Maustaste um eigene Einträge erweitert, sollten Sie diese jetzt nutzen können.

PROFITIPP

Im Ordner *%systemroot%\SysWOW64* sind 32-Bit-Ausführungen auch von zahlreichen anderen, zu Windows Vista gehörenden Programmen enthalten. Ein prominentes Beispiel ist der Registrierungs-Editor *regedit* (der Ihnen übrigens die von WOW64 für 32-Bit-Anwendungen »präparierte« Sicht auf die Registry bietet).

Weitere Besonderheiten

Hilfreich ist des Weiteren, auch noch folgende »Kleinigkeiten« zu kennen, wenn Sie eine der 64-Bit-Editionen von Windows Vista einsetzen:

- 32-Bit-Systemsteuerungseinträge, von denen keine 64-Bit-Ausführung existiert, sind bei der x64-Ausführung von Windows Vista nach dem Öffnen des Symbols *32-Bit Systemsteuerungselemente anzeigen* zugänglich.
- Die Ausführung von 16-Bit-Code unter der x64-Ausführung von Windows Vista ist nicht möglich. Im den meisten Fällen dürften sich daraus aber keine unüberwindbaren Schwierigkeiten ergeben, da für die meisten 16-Bit-Anwendungen inzwischen 32- oder gar 64-Bit-Nachfolger erschienen sind. Problematisch kann es höchstens dann werden, wenn Sie eine ältere Anwendung installieren möchten, die beim Setup-Programm auf 16 Bit zurückschaltet. In diesem Fall ist häufig keine Installation der betreffenden Anwendung möglich.

Welche der laufenden Programme sind 64-Bit-Versionen?

Ist Ihre Neugierde geweckt und möchten Sie nun wissen, welche der auf Ihrem PC momentan laufenden Anwendungen im 32-Bit-WOW64-Modus arbeiten und bei welchen es sich um native 64-Bit-Prozesse handelt? Diese Informationen fördert zum Beispiel der Task-Manager bei den 64-Bit-Editionen zutage:

1. Öffnen Sie den Task-Manager. Dazu können Sie zum Beispiel im Schnellsuchfeld des Startmenüs oder aber in einer Eingabeaufforderung **taskmgr** [↵] eintippen.
2. Im Programmfenster des Task-Managers wechseln Sie zur Registerkarte *Prozesse* (siehe Abbildung 51.10).
3. Dort sind in der Spalte *Name* alle Prozesse, bei denen es sich um keine nativen 64-Bit-Prozesse handelt, mit dem Zusatz **32* gekennzeichnet.

Hinweis 

Laut Task-Manager sind selbst einige systemnahe Anwendungen, die laut Hersteller eigentlich x64-fähig sein sollten, als 32-Bit-Anwendung ausgewiesen. Gleichzeitig zeigt sich bei genauerer Betrachtung, dass die betreffende Software im Ordner *C:\Program Files (x86)* installiert ist, in den der WOW64-Code-Layer ja 32-Bit-Anwendungen umleitet. In einem solchen Fall verwendet die betreffende Anwendung zwar 64-Bit-Treiber (was die Lauffähigkeit unter der x64-Ausführung von Windows Vista überhaupt erst ermöglicht), arbeitet ansonsten aber mit 32 Bit.

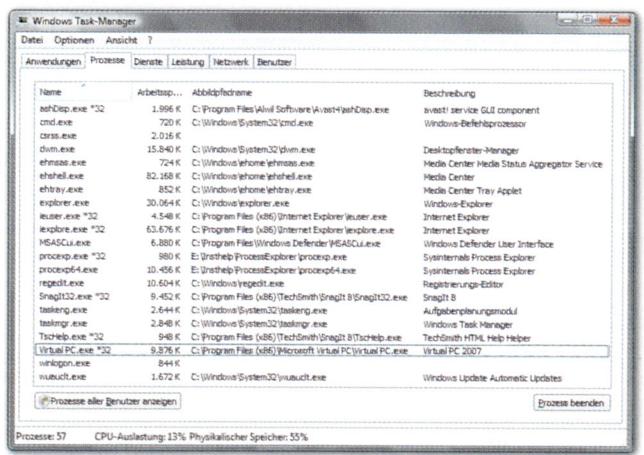

Abbildung 51.10 Der Task-Manager klärt auf, ob es sich um einen 32-Bit- oder 64-Bit-Prozess handelt

Den x64-Alltag meistern

In der Praxis zeigt sich, dass das 64-Bit Computing mit einer x64-Ausführung von Windows Vista sehr problemlos vonstatten geht. Das Wichtigste ist zweifelsohne die Treiberfrage. Nur wenn Gerätetreiber zumindest für essenzielle Hardware-Komponenten wie Festplattencontroller, Grafikkarte, Netzwerkadapter etc. in einer signierten x64-Ausführung zur Verfügung stehen, kann ein sinnvoller Einsatz einer der 64-Bit-Editionen von Windows Vista erfolgen. Auch ein Antivirusprogramm darf nicht fehlen – das selbstverständlich ebenfalls mit x64 zurechtkommen muss.

Ab dann ist vielfach jedoch kein Unterschied zur x86-Ausführung von Windows Vista mehr auszumachen. Die Installation zahlreicher Anwendungen, die im Alltag erforderlich sind, geht genauso flüssig vonstatten wie das Arbeiten damit.

Hinweis

Installieren Sie die x64-Ausführung auf einem Windows Vista-PC, der mit vielen GB (4, 6, 8 oder mehr) Arbeitsspeicher bestückt ist, gibt es Phasen während der Einrichtung, in denen das Setup-Programm zu hängen scheint. Liegt kein Hardware-Defekt vor, üben Sie sich in Geduld. Nach einiger Zeit setzt das Setup-Programm seine Arbeit fort.

Jedoch gibt es auch Bereiche, in denen die x64-Unterstützung noch zu wünschen lässt – etwa im Multimedia-Umfeld. Immerhin läuft Windows Media Center reibungslos sowohl unter der x86- als auch der x64-Ausführung. Allerdings zeigt sich dabei auch, dass Hard- und Software-Hersteller vielfach nachlegen müssen und das 64-Bit-Computing noch ein wenig darunter leidet, dass nicht alle 32-Bit-Treiber auch in einer x64-Ausführung zur Verfügung stehen: Beispielsweise gibt es für manche TV-Karten zwar 32-Bit-, aber noch keine passenden 64-Bit-Treiber. Ebenso gibt es Anwendungen, die explizit nur unter der 32-Bit-x86-Ausführung von Windows Vista laufen, nicht aber unter der 64-Bit-x64-Ausführung.

In solchen Fällen bleibt Ihnen nichts anderes, als sich an den jeweiligen Hersteller zu wenden und diesen um ein Update zu bitten (falls Sie die Lösung nicht gegen eine andere austauschen möchten, zu der es eine x64-Unterstützung für Windows Vista gibt). Klar ist jedoch auch: Mit der zunehmenden x64-Verbreitung, zu der die 64-Bit-Editionen von Windows Vista entscheidend beitragen, dürfte sich diese Situation zunehmend verbessern und Hersteller dazu übergehen, für ihre Produkte von vornherein sowohl 32-Bit-x86- als auch 64-Bit-x64-Treiber zu entwickeln.

Zusammenfassung

In diesem Kapitel haben Sie alles Wesentliche zum 64-Bit-Computing mit Windows Vista erfahren. Somit ist das »Rätsel« gelöst, was es mit dem Kürzel »x64« auf sich hat, über das Sie im Zusammenhang mit Windows Vista immer wieder (und immer öfter) stolpern. Die folgende Übersicht fasst die in diesem Zusammenhang wichtigen Vorgänge noch einmal für Sie zusammen.

Sie möchten ...	So gehen Sie vor	Sehen Sie sich dazu das Beispiel an auf
herausfinden, ob auf dem PC die 32-Bit-x86-Ausführung oder die 64-Bit-x64-Ausführung von Windows Vista zum Einsatz kommt	Öffnen Sie das Begrüßungscenter von Windows Vista, klicken dort oben rechts nach und schauen dort unter *Systemtyp* nach	Seite 813
einen nicht digital signierten Treiber unter der x64-Ausführung von Windows Vista laden	Installieren Sie den Gerätetreiber, starten den PC neu und drücken dabei gleich zu Anfang die Taste F8, um aus dem Startmenü von Windows Vista *Erzwingen der Treibersignatur deaktivieren* auszuwählen	Seite 817
die 64-Bit-Ausführung des Internet Explorers starten	Tippen Sie **internet explorer** im Schnellsuchfeld des Startmenüs ein und wählen den Eintrag *Internet Explorer (64 Bit)* aus	Seite 819
die 32-Bit-Ausführung des Windows-Explorer starten	Geben Sie **%systemroot%\SysWOW64\explorer.exe /separate** ↵ im Schnellsuchfeld des Startmenüs ein	Seite 820
herausfinden, welche der aktuell auf dem x64-System laufenden Programme im 32-Bit-Modus arbeiten	Öffnen Sie den Task-Manager von Windows Vista und wechseln zur Registerkarte *Prozesse*, wo alle 32-Bit-Prozesse in der Spalte *Name* mit dem Zusatz **32* versehen sind	Seite 821

Teil K

Administration

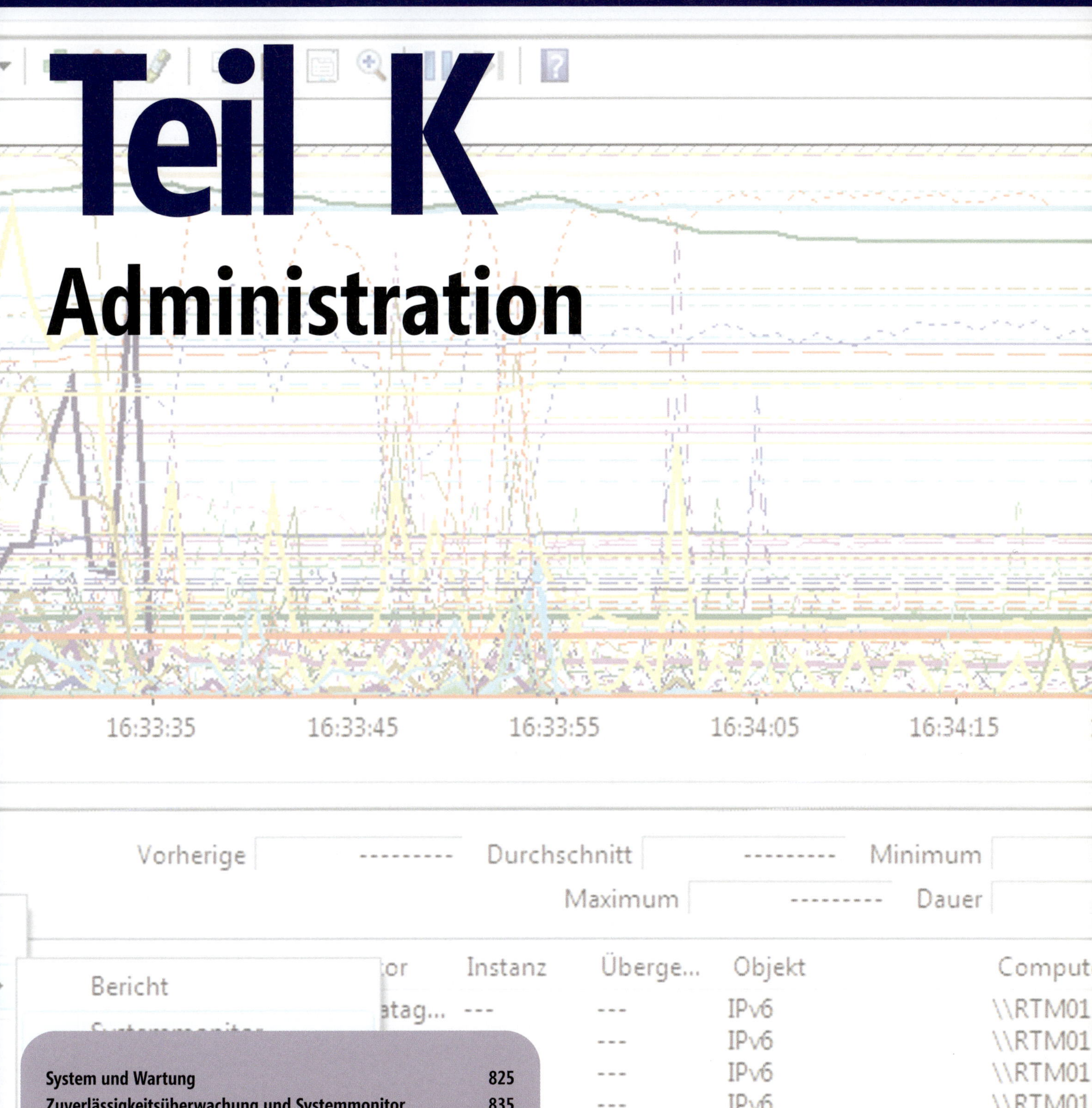

Tobias Weltner

52 System und Wartung

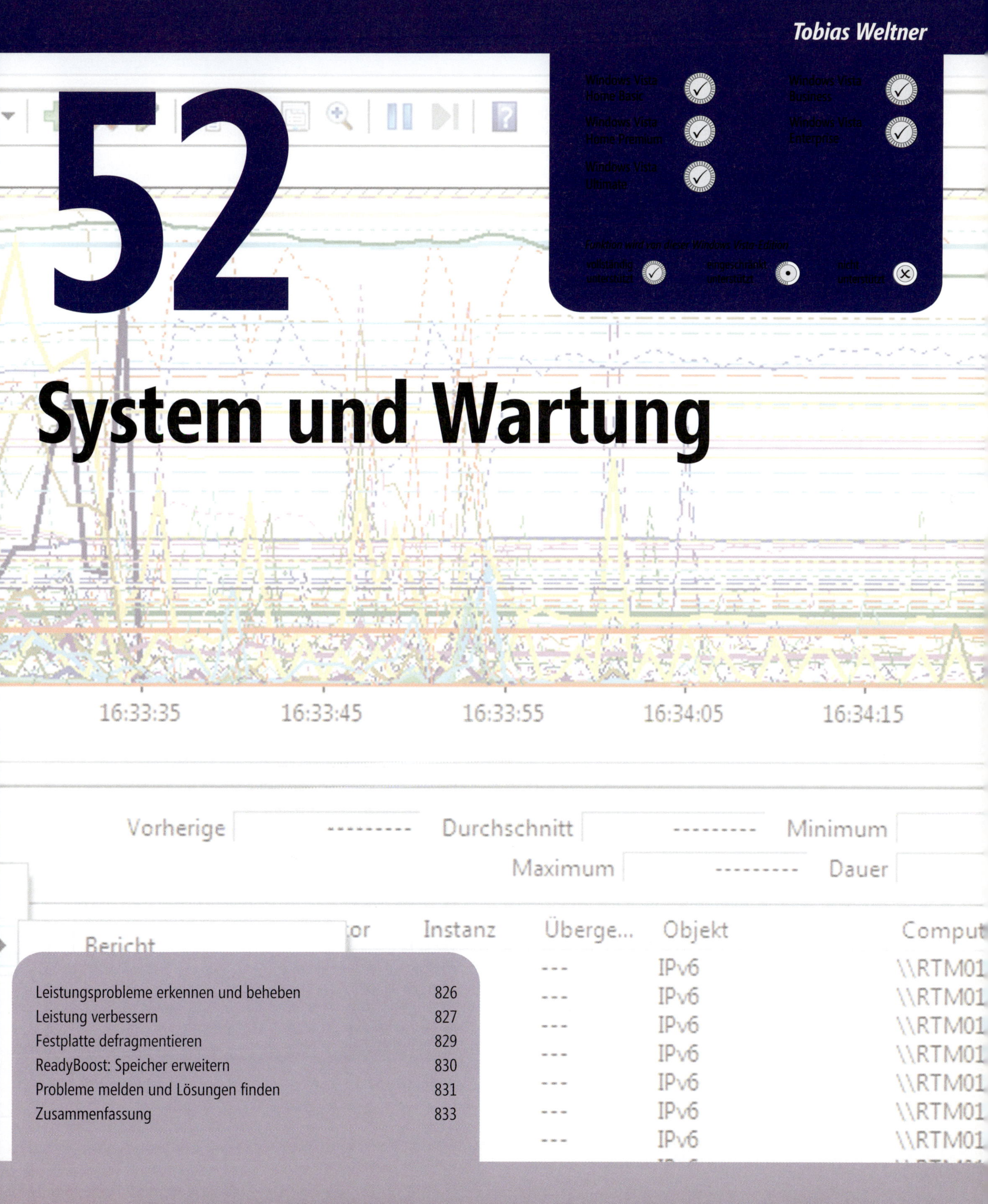

Die Systemsteuerung fasst alle System- und Wartungsfunktionen unter einer gemeinsamen Überschrift zusammen und ist ein zentraler Anlaufpunkt, wenn Sie System- und Wartungsbefehle suchen. Dazu wählen Sie im Startmenü den Eintrag *Systemsteuerung* und klicken dann auf *System und Wartung*.

In diesem Kapitel erfahren Sie, wie Sie Leistungsprobleme beheben und Ihren Computer schneller machen. Sie lesen auch, wo Sie bei unerwarteten Problemen wie zum Beispiel Abstürzen Hilfe bekommen.

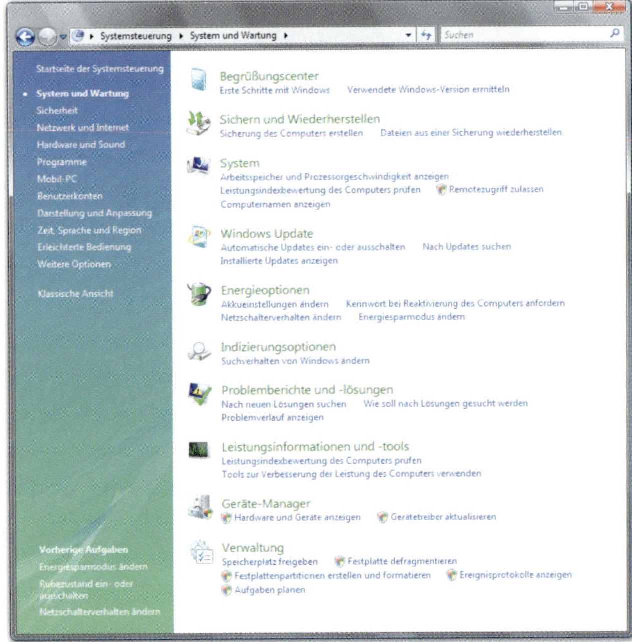

Abbildung 52.1 Der Bereich System und Wartung in der Systemsteuerung

- **Begrüßungscenter** Öffnet ein Fenster mit den wichtigsten Grundeinstellungen (Kapitel 1).
- **Sichern und Wiederherstellen** Sichert die Daten Ihres Computers auf einem Backupmedium und kann sie von dort im Notfall wieder herstellen (Kapitel 44).
- **System** Zeigt die technischen Eckdaten Ihres Computers und den Windows-Leistungsindex an.
- **Windows Update** Überprüft im Internet, ob es neue Updates für Windows Vista oder andere Microsoft Software gibt. Wenn Sie Windows Vista Ultimate verwenden, können Sie von hier aus die besonderen Ultimate Extras herunterladen (Kapitel 41).
- **Energieoptionen** Legt fest, ob und wie Ihr Computer Strom spart.
- **Indizierungsoptionen** Bestimmt, welche Bereiche Ihres Computers vom internen Suchdienst überwacht werden sollen (Kapitel 6).
- **Problemberichte und -lösungen** Führt Buch über unplanmäßig aufgetretene Probleme und sucht im Internet nach Lösungen dafür.
- **Leistungsinformationen und -tools** Meldet Leistungsschwächen des Computers und hilft dabei, für Abhilfe zu sorgen.
- **Geräte-Manager** Verwaltet sämtliche angeschlossenen und eingebauten Geräte und unterstützt Sie dabei, Geräteprobleme zu lösen, Gerätetreiber zu aktualisieren und Geräteeinstellungen vorzunehmen (Kapitel 48).
- **Verwaltung** Gibt Speicherplatz auf der Festplatte frei (Kapitel 5), defragmentiert die Festplatte, teilt den Platz auf Laufwerken neu auf (Kapitel 49) und führt Buch über Systemereignisse, an die automatisierte Aktionen geknüpft werden können (Kapitel 54).

Leistungsprobleme erkennen und beheben

Wo genau Leistungsprobleme liegen und was man dagegen tun kann, ist nicht leicht zu beantworten. Hilfe bietet hier der *Windows-Leistungsindex*. Er zeigt, wo die Stärken und Schwächen des Computers liegen und in welchen Bereichen sich Aufrüstungen lohnen. Klicken Sie dazu im Fenster von Abbildung 52.1 auf *Leistungsinformationen und -tools*.

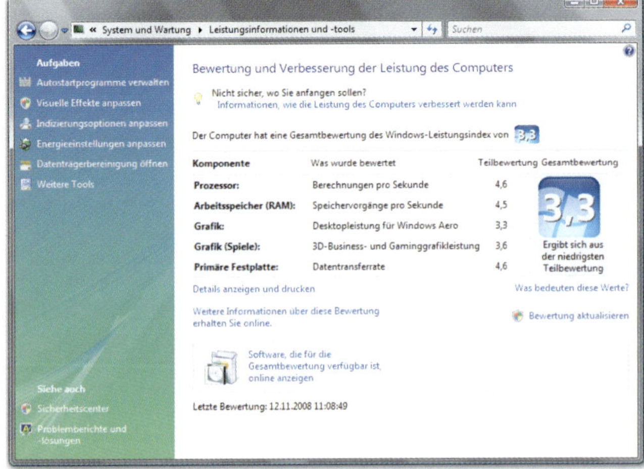

Abbildung 52.2 Leistungsübersicht Ihres Computers anzeigen

Die Leistungsbewertung des Computers ist in fünf Hardwarebereiche unterteilt und besteht aus Zahlen zwischen 1,0 und 6,0, wobei höhere Werte die besseren sind. Aus dem schlechtesten Einzelwert ergibt sich damit die Gesamtbewertung Ihres Computers, die auch Windows-Leistungsindex genannt wird. Der Geamtindex kann also grob täuschen, wenn nur eine Einzelkategorie besonders schlecht bewertet wurde.

Nicht immer ist die Hardwareausstattung Ihres Computers – wenig Speicher oder eine langsame Grafikkarte – Schuld an Leistungsproblemen. Die internen Diagnosefunktionen finden solche Probleme. Klicken Sie dazu im Fenster von Abbildung 52.2 in der linken Spalte auf *Weitere Tools.*

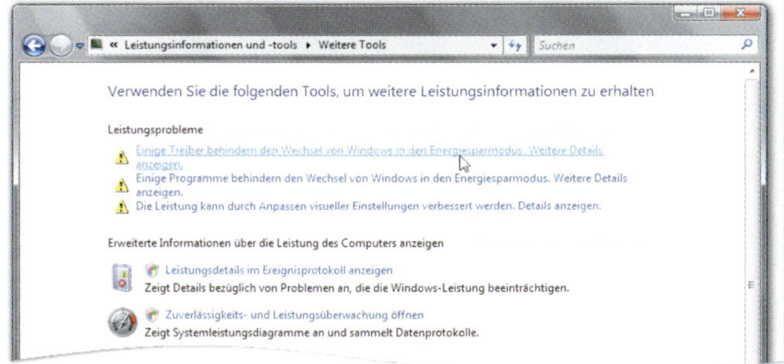

Abbildung 52.3 Aktuelle Leistungsengpässe anzeigen lassen

Sie sehen nun aktuelle Leistungsprobleme. Klicken Sie auf eines der Probleme, um mehr zu erfahren.

Ein Fenster öffnet sich und meldet, wodurch die Leistung derzeit eingeschränkt wird und was Sie dagegen unternehmen können. Auf Computern mit langsamen Grafikkarten kann die Leistung häufig zum Beispiel verbessert werden, indem die transparente Aero-Oberfläche abgeschaltet wird.

Klicken Sie auf *Aus Liste entfernen*, wenn Sie das Problem aus der Problemliste dauerhaft streichen wollen. Dafür benötigen Sie Administratorrechte.

Andere Leistungsprobleme sind technischerer Natur. Die Abbildung 52.4 zeigt zum Beispiel eine Meldung, die erklärt, warum bei diesem Computer der Wechsel in den Standbymodus länger dauert als normal. Ein Gerätetreiber verlangsamt die Umschaltung – und ohne diese Meldung hätte man lange (und vermutlich vergeblich) nach der Ursache forschen können.

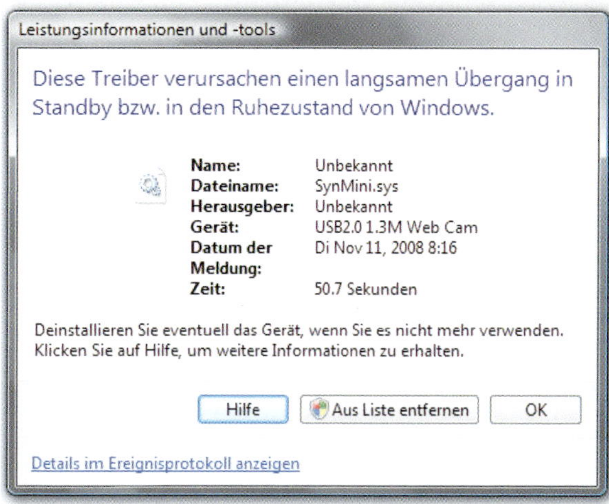

Abbildung 52.4 Ein Gerätetreiber verlangsamt den Standbymodus

Das Fenster nennt neben den technischen Treiberdetails auch, dass die Verzögerung immerhin 50,7 Sekunden Wartezeit verursacht hat, und empfiehlt, das Gerät zu deinstallieren, falls Sie es nicht benötigen.

Mehr erfahren Sie, wenn Sie auf *Hilfe* klicken, denn dann blättert Vista automatisch die interne Hilfe auf und verrät Ihnen, was überhaupt ein Treiber ist.

Oder Sie klicken auf den Link *Details im Ereignisprotokoll anzeigen* und sehen dann die tatsächlichen Ereignisse, die die interne Diagnose ausgewertet hat.

Leistung verbessern

Um die Leistung des Computers zu verbessern, öffnen Sie zunächst wieder in Abbildung 52.1 den Bereich *Leistungsinformationen und -tools*. In der linken Spalte sehen Sie unter der Überschrift *Aufgaben* nun eine Reihe von sinnvollen Maßnahmen, um die Leistung Ihres Computers zu verbessern.

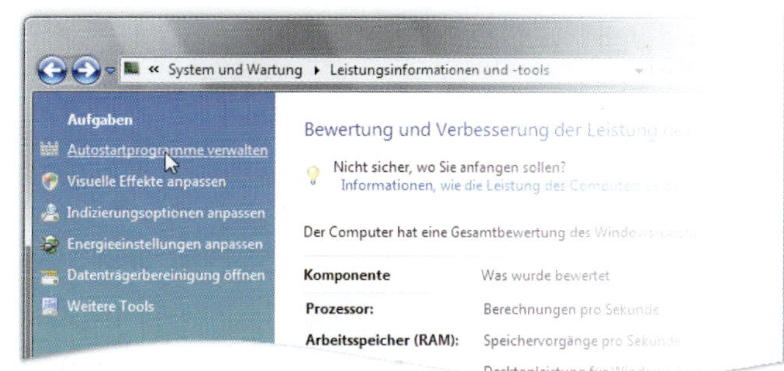

Abbildung 52.5 Sinnvolle Tuning-Maßnahmen für Ihren Computer

Autostartprogramme verwalten

Autostartprogramme sind Programme, die beim Windows-Start automatisch mitstarten. Autostarts können sinnvoll sein, aber zu viele autostartende Programme verlangsamen den Startvorgang. Klicken Sie auf *Autostartprogramme verwalten*. Es öffnet sich der *Windows-Defender* und zeigt Ihnen alle Autostartprogramme.

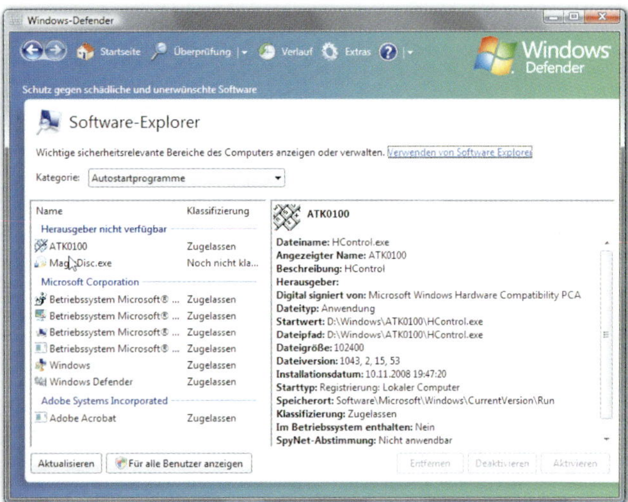

Abbildung 52.6 Alle automatisch startenden Programme genauer untersuchen

Sie entfernen Autostartprogramme mit den Schaltflächen rechts unten (dann wird der Autostart dauerhaft abgeschaltet). Deaktivieren Sie einen Eintrag lediglich, können Sie das Autostartprogramm später per Klick auf *Aktivieren* wieder automatisch starten lassen, falls sich herausstellt, dass es doch nicht ganz unwichtig war. Sind die Schaltflächen abgeblendet, handelt es sich um eine Autostarteinstellung, die für alle Benutzer gilt. Klicken Sie auf die Schaltfläche *Für alle Benutzer anzeigen*, um diese Einstellungen zu ändern.

Visuelle Effekte anpassen

Ist die Grafikkarte ein Leistungsengpass und führt tatsächlich zu störend langsamem Bildschirmaufbau, können Sie es der Grafikkarte ein wenig leichter machen und allzu aufwändige Transparenzeffekte abschalten. Dazu klicken Sie auf *Visuelle Effekte anpassen*. Weil die folgenden Einstellungen für alle Benutzer gelten, müssen Sie sich nun mit Administratorrechten ausweisen.

Es erscheint das Dialogfeld *Leistungsoptionen*, und auf der Registerkarte *Visuelle Effekte* können Sie nun entweder eine der vordefinierten Optionen auswählen oder die visuellen Effekte einzeln ein- oder ausschalten.

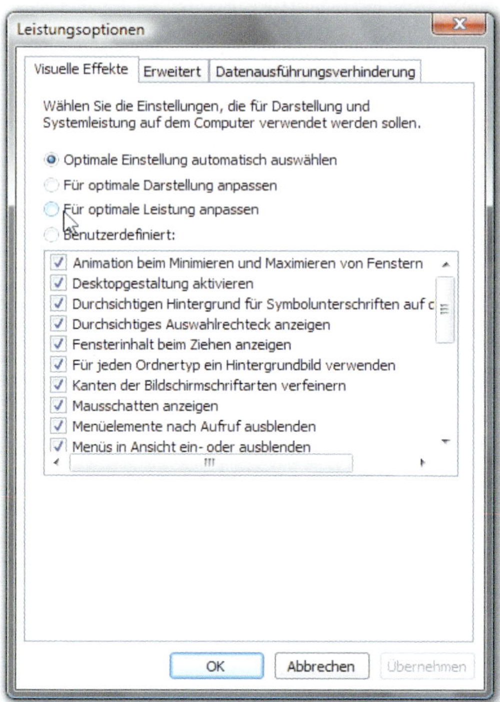

Abbildung 52.7 Visuelle Effekte bei schwächeren Grafikkarten einschränken

Indizierungsoptionen anpassen

Die Indizierungsoptionen legen fest, welche Orte der interne Suchindex überwacht. Die Leistung Ihres Computers kann sinken, wenn Sie sehr viele zusätzliche Orte überwachen lassen. Bevor Sie Änderungen am Suchindex vornehmen, sollten Sie einen Blick in Kapitel 6 werfen, um besser zu verstehen, welche Auswirkungen die Änderungen haben werden. Sollte Ihr Computer durch die Indizierung dennoch verlangsamt werden, schauen Sie sich die Energiesparoptionen an. Hier kann man in den Detaileinstellungen festlegen, mit welcher Priorität die Indizierung durchgeführt werden soll.

Energieeinstellungen anpassen

Windows Vista enthält so genannte Energiesparpläne, mit denen Sie Strom sparen. Sinnvoll ist das vor allem bei Notebooks, bei denen der Akkustrom immer knapp ist. Je mehr Strom Sie allerdings sparen, desto mehr leidet die Leistung Ihres Computers darunter, denn ein Weg, um Energie zu sparen, ist zum Beispiel, die Prozessorgeschwindigkeit herabzusetzen. Wenn Ihr Computer also zu langsam ist, schauen Sie hier nach, welchen Energiesparplan Sie gerade verwenden und ob die Einstellungen dieses Plans sinnvoll gewählt sind.

Datenträgerbereinigung öffnen

Eine übervolle Systemfestplatte kann Ihren Computer ebenfalls verlangsamen, weil jetzt kaum noch Raum für Auslagerungsdateien vorhanden ist. Deshalb sollten Sie die Festplatte von Zeit zu Zeit entrümpeln und immer dafür sorgen, dass mindestens 10% der Festplatte frei sind.

Mehr zur Datenträgerbereinigung erfahren Sie in Kapitel 5.

Festplatte defragmentieren

Mit der Zeit füllt sich die Festplatte nicht nur immer mehr, es kommt auch zur Dateifragmentierung. Ist nicht mehr genügend Platz am Stück für eine Datei auf der Festplatte, wird sie in mehrere Teile fragmentiert und diese Teile dort auf der Platte gespeichert, wo noch Platz dafür ist.

Als Anwender bemerken Sie von der Fragmentierung nichts, denn Windows fügt die Fragmente beim Öffnen einer Datei automatisch wieder zusammen. Weil das aber Zeit kostet, sinkt die Geschwindigkeit des Computers mit zunehmendem Fragmentierungsgrad.

Die Defragmentierung in Windows Vista verläuft vollautomatisch und zeitplangesteuert. Sie funktioniert quasi wartungsfrei.

Defragmentierung steuern

Klicken Sie im Fenster von Abbildung 52.1 im Bereich *Verwaltung* auf *Festplatte defragmentieren*. Sie können auch eine Eingabeaufforderung mit Administratorrechten öffnen und darin den Befehl *defrag* eingeben. Oder Sie geben im Schnellsuchfeld des Startmenüs »defrag« ein und klicken dann auf *Defragmentierung*.

Alle Wege öffnen das Dialogfeld aus Abbildung 52.8. Hier sehen Sie, wann die letzte automatische Defragmentierung durchgeführt wurde, und hier können Sie den Zeitplan auch ändern.

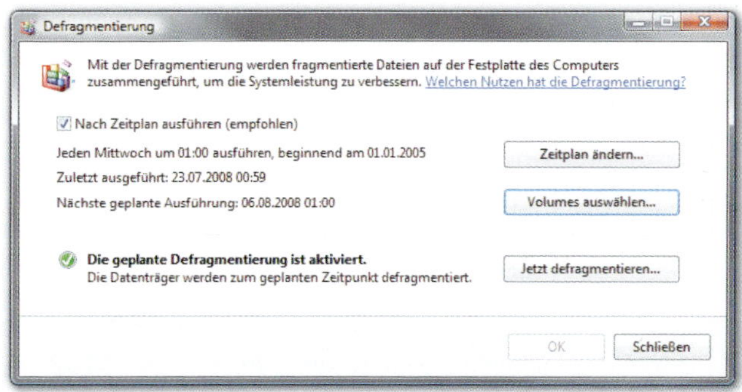

Abbildung 52.8 Automatische Defragmentierung steuern

Neu ab Service Pack 1 ist die Schaltfläche *Volumes auswählen*, über die Sie manuell festlegen, welche Laufwerke defragmentiert werden sollen und welche nicht.

Möchten Sie die Defragmentierung sofort durchführen, klicken Sie auf die Schaltfläche *Jetzt defragmentieren*.

Fragmentierungsanalyse

Das Defragmentierungswerkzeug besitzt keine grafische Oberfläche mehr, mit der man sich wie bei älteren Versionen den Fragmentierungsgrad anzeigen lassen könnte.

Wollen Sie wissen, in welchem Zustand Ihre Laufwerke tatsächlich sind und ob die automatische Defragmentierung auch wirklich gut funktioniert, verwenden Sie das konsolenbasierte Werkzeug *defrag.exe*:

1. Öffnen Sie das Startmenü, und tippen Sie ins Schnellsuchfeld die Zeichenfolge **cmd** ein. Wenig später wird das Programm gefunden und oben in der linken Spalte des Startmenüs angezeigt.
2. Klicken Sie mit der rechten Maustaste auf den Link *cmd*, und wählen Sie im Kontextmenü den Eintrag *Als Administrator ausführen*. Die Konsole wird mit erhöhten Rechten gestartet.
3. Geben Sie nun diesen Befehl ein: **defrag c: –a –v** [↵]. Damit beauftragen Sie das Defragmentierungsprogramm, den augenblicklichen Zustand des Laufwerks C: zu analysieren, ohne eine Defragmentierung durchzuführen. Die Analyse kann einige Minuten dauern.

```
Administrator: D:\Windows\System32\cmd.exe

Dateifragmentierung
    Prozent Dateifragmentierung              = 0 %
    Gesamte verschiebbare Dateien            = 63,673
    Durchschnittliche Dateigröße             = 311 KB
    Fragmentierte Dateien insgesamt          = 2
    Auslagerungsdateifragmente insges.       = 38
    Durchschnittl. Fragmente pro Datei       = 1.00
    Gesamte nicht verschiebbare Dateien            = 18

Speicherplatzfragmentierung
    Freier Speicherplatz                     = 4.03 GB
    Gesamte Ausdehnung von freiem Speicher         = 4,323
    Durchschnittlicher freier Speicherplatz pro Ausdehnung     = 978 KB
    Größe Ausdehnung von freiem Speicher           = 1.67 GB

Ordnerfragmentierung
    Gesamtanzahl Ordner                      = 10,108
    Fragmentierte Ordner                     = 1
    Zusätzliche Ordnerfragmente              = 0

MFT-Fragmentierung (Master File Table)
    MFT-Größe insgesamt                      = 62 MB
    MFT-Datensatzanzahl                      = 63,787
    MFT belegt (%)                           = 99
    MFT-Fragmente insgesamt                  = 5

    Hinweise: Auf NTFS-Volumes sind Dateifragmente, die größer als 64 MB sind, nic

    Das Volume muss nicht defragmentiert werden.

D:\Windows\system32>_
```

Abbildung 52.9 Aktuellen Fragmentierungszustand eines Laufwerks ermitteln

Am Ende des Reports erfahren Sie, ob das Laufwerk defragmentiert werden sollte oder nicht.

Normalerweise defragmentiert das Programm nur Dateifragmente, die kleiner sind als 64 MB. Größere Dateifragmente bleiben fragmentiert, weil man davon ausgeht, dass solche Fragmente keine wesentliche Leistungseinbuße bedeuten.

Außerdem können Laufwerke nur defragmentiert werden, wenn darauf mindestens 15% Speicherplatz frei sind, die der Vorgang als »Spielmasse« benötigt, um fragmentierte Datenbereiche untereinander auszutauschen.

Über die Konsolenoptionen können Sie die Defragmentierung auch ganz anders durchführen und zum Beispiel eine komplette Defragmentierung anfordern, die auch bei weniger als 15% freiem Speicherplatz funktioniert. Solche Defragmentierungen benötigen allerdings wesentlich mehr Zeit als wenn Sie die Standardvorgaben verwenden.

defrag /? [↵] liefert Ihnen in der Konsole eine Übersicht über die erlaubten Optionen. Mit **defrag –c –w –f –v** [↵] führen Sie eine besonders gründliche Defragmentierung auf sämtlichen Laufwerken des Computers durch.

Tipp

Weil die Defragmentierung lange dauert und während dessen die Leistung der Festplatte etwas sinkt, sollten Sie diesen Vorgang wenn möglich auf einen Zeitpunkt legen, an dem der Computer zwar eingeschaltet ist, aber nicht verwendet wird.

Ist der Computer zum angegebenen Zeitpunkt nicht eingeschaltet, wird die Defragmentierung zum nächstmöglichen Zeitpunkt nachgeholt.

ReadyBoost: Speicher erweitern

Verfügt Ihr Computer nur über sehr wenig RAM-Speicher, kann ReadyBoost eine Alternative sein. Dabei nutzt Windows Vista den Speicher eines USB-Sticks oder einer Speicherkarte. Das ist zwar langsamer als nachgerüsteter RAM-Speicher, aber immer noch schneller als die Auslagerung auf der Festplatte.

Hinweis

ReadyBoost ist für Computer gedacht, die nur sehr wenig Arbeitsspeicher besitzen. Auch Fälle, wo Sie vorübergehend mehr Speicher benötigen, weil Sie zum Beispiel ein aufwändiges Videobearbeitungsprogramm einsetzen, sind für ReadyBoost gut geeignet.

Viele Notebooks verfügen heute über Steckplätze für SD-RAM-Karten. Die sind zwar eigentlich dafür gedacht, Speicherkarten aus Digitalkameras zu lesen. Sie können darin aber auch eine Speicherkarte stecken lassen und als externe ReadyBoost-Speichererweiterung verwenden.

Verfügt Ihr Computer ohnehin schon über viel Arbeitsspeicher, bringt ReadyBoost überhaupt keinen Vorteil.

ReadyBoost aktivieren

Um den Arbeitsspeicher mit einem USB-Stick oder einer Memorykarte zu erweitern, stecken Sie den USB-Stick einfach an einen freien USB-Steckplatz oder legen die Memorykarte in einen Kartenleser ein. Wie bei allen externen Laufwerken erscheint wenig später das Dialogfeld *Automatische Wiedergabe*.

Ist das Speichergerät als Arbeitsspeichererweiterung geeignet, erscheint in dem Dialogfeld unter anderem der Eintrag *System beschleunigen*. Klicken Sie darauf.

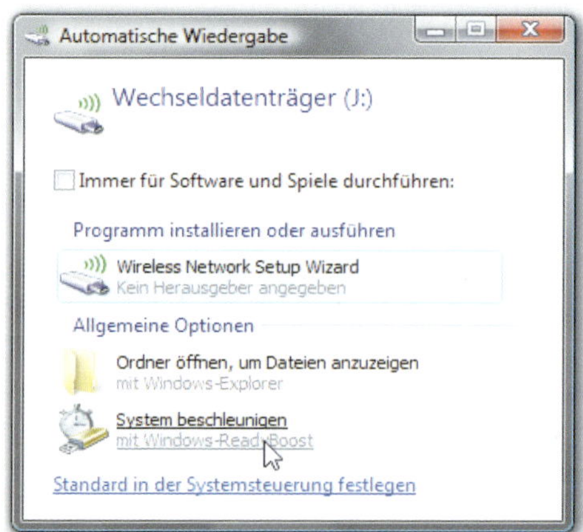

Abbildung 52.10 Einen USB-Stick als Speichererweiterung nutzen

Ein weiteres Dialogfeld öffnet sich, in dem Sie festlegen können, ob und wie viel Speicher zur Erweiterung des Arbeitsspeichers verwendet werden soll.

Wählen Sie die Option *Dieses Gerät verwenden*, und legen Sie mit dem Schieberegler darunter fest, wie viel Speicherplatz des Sticks dem Arbeitsspeicher zugeordnet werden soll.

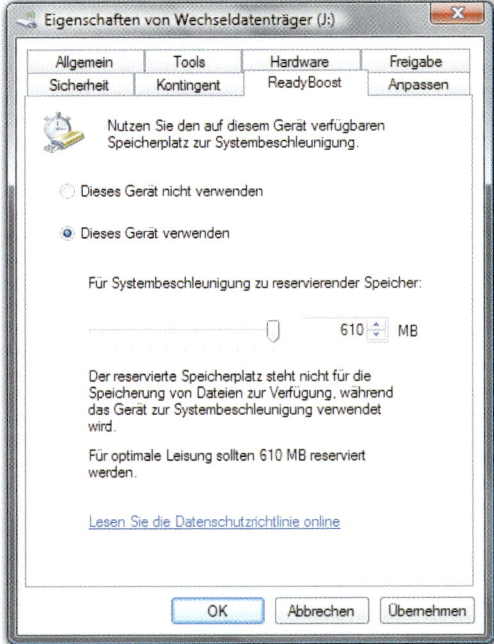

Abbildung 52.11 Speichergerät als Ergänzung des Arbeitsspeichers einrichten

Voraussetzungen und Einschränkungen

Ob ein Speichergerät für ReadyBoost geeignet ist und welche Anforderungen es erfüllen muss, richtet sich nach diesen Kriterien:

- Sie können maximal ein Speichergerät für ReadyBoost einsetzen.
- Das Speichergerät muss auf Solid State beruhen und darf zum Beispiel keine Minifestplatte sein.
- Das Speichergerät kann maximal 4 GB zusätzlichen Speicher bereitstellen. Die Mindestgröße beträgt 256 MB. Ist zu wenig Speicher auf dem Gerät frei, erscheint eine Meldung.
- Das Speichergerät muss eine Mindestgeschwindigkeit erfüllen und wird deshalb bei der ersten Verwendung getestet. Ist es zu langsam, dann erscheint eine entsprechende Meldung.
- Das Speichergerät kann jederzeit im laufenden Betrieb entfernt werden. Die darauf gespeicherten Daten sind mit AES-128 verschlüsselt. Bereits vorhandene Daten auf dem Speichergerät gehen nicht verloren.

Hinweis

Sie finden viele weitere technische Informationen im Ereignislogbuch, die Ihnen im Fehlerfall wertvolle Hinweise liefern. Lesen Sie dazu in Kapitel 54 nach.

Probleme melden und Lösungen finden

Unerwartete Dinge passieren, und auch wenn Totalabstürze bei Windows Vista seltener werden, sind unvorhergesehene Fehler in Windows, angeschlossenen Geräten oder installierten Programme möglich.

Deshalb enthält Windows Vista einen Fehlerreporting-Mechanismus, der Ihnen hilft, in solchen Fällen Lösungen zu finden:

- **Problemberichterstattung** Sie analysiert das Problem, abstrahiert es in einem Report und macht den Fehler so nachvollziehbar.
- **Problemberichte** Sie werden von Windows Vista in einer Liste gesammelt und auf Wunsch über das Internet an Microsoft gesendet. Dort wird geprüft, ob ähnliche Probleme schon einmal aufgetreten sind und falls ja, ob es dafür bereits Lösungen gibt. In diesem Fall bekommen Sie sofort die Lösung genannt. Andernfalls wird das Problem an die Verantwortlichen weitergeleitet.
- **Lösungen** Konnte Ihnen keine vorhandene Lösung sofort präsentiert werden, erhalten Sie Nachricht, sobald eine Lösung bekannt ist.

Sehen Sie sich das Zusammenspiel dieser Teile an einem Beispiel an.

Ein unerwarteter Fehler ...

Tritt tatsächlich ein unerwarteter Fehler auf, führt das bei Windows Vista kaum noch zu einem Totalabsturz oder Bluescreen, denn die meisten Fehler werden abgefangen. Sie erhalten lediglich eventuell eine Hinweismeldung, können aber ganz normal weiterarbeiten.

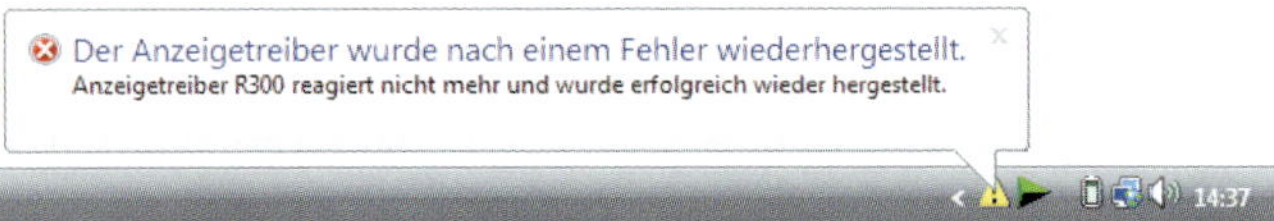

Abbildung 52.12 Ein Grafikkartenfehler führt zu einem automatischen Treiberneustart

Windows erstellt in diesem Fall den Problembericht und fragt, was damit gemacht werden soll. Klicken Sie auf *Nach Lösung suchen*, sendet Windows den Bericht über das Internet an Microsoft und versucht, Ihnen sofort eine Lösung zu liefern.

Sind Sie nicht der erste Anwender mit diesem Problem und gibt es dafür bereits eine Lösung, zum Beispiel einen aktualisierten Bildschirmtreiber, erhalten Sie sofort eine Antwort.

Klicken Sie dagegen auf *Abbrechen*, wird der Bericht nicht gesendet, aber in Ihrer Liste der Problemberichte gespeichert.

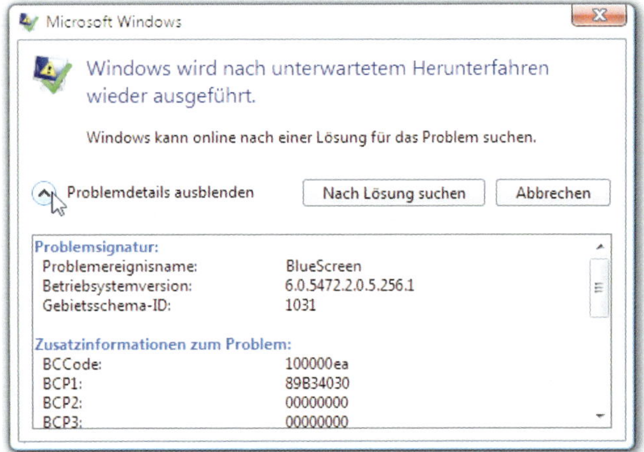

Abbildung 52.13 Ein automatischer Problembericht wird generiert

Aktuelle Probleme nachverfolgen

Möchten Sie sich die aktuell auf Ihrem Computer vorhandenen Probleme ansehen, öffnen Sie eine Übersicht:

1. Öffnen Sie das Startmenü und klicken Sie auf *Systemsteuerung*.
2. Klicken Sie auf den Link *System und Wartung* und anschließend auf *Problemberichte und -lösungen*.

Ein Dialogfeld öffnet sich und zeigt Ihnen den aktuellen Fehlerstatus Ihres Computers an. Unter der Überschrift *Lösungen zum Installieren* finden Sie Updates und Erweiterungen, die Sie herunterladen und installieren können, um ein Problem zu beheben.

Unter *Informationen über andere Probleme* sehen Sie aktuelle Mitteilungen und Verlaufsberichte. Neue Berichte werden mit dem roten Zusatz »Neu« markiert. Klicken Sie auf einen solchen Eintrag, öffnet sich ein Fenster, und Sie können sich zum Beispiel darüber informieren, wie weit eine Fehleranalyse gediehen ist.

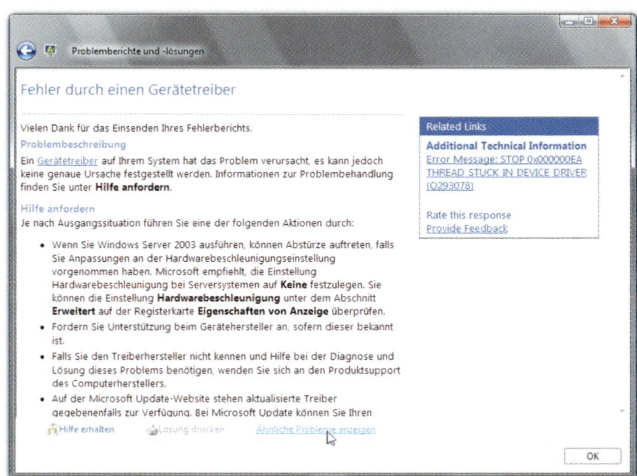

Abbildung 52.14 Informationen über die laufende Fehlersuche

Häufig finden Sie im Kasten *Related Links* weitere nützliche Informationen, zum Beispiel STOP-Meldungen des Betriebssystems oder der betroffenen Programme.

Waren diese Meldungen früher nicht besonders hilfreich, weil nicht klar war, was diese Meldungen tatsächlich besagten, führt Sie nun in solchen Fällen ein Link direkt zur Referenzwebseite von Microsoft, wo die Meldung samt Hintergründen ausführlich erklärt wird.

Problemberichte nachmelden

Normalerweise sendet Windows Vista Problemberichte sofort, wenn ein Problem auftritt. Falls Sie dies aber ablehnen oder zu dieser Zeit über gar keine Internetverbindung verfügen, wird der Problembericht zwar nicht gesendet, aber zumindest aufgehoben.

Sie können sich so jederzeit ansehen, welche Probleme in der letzten Zeit aufgetreten sind und ob alle diese Probleme bereits an Microsoft weitergemeldet wurden. Dazu klicken Sie in der linken Spalte des Fensters auf *Problemverlauf anzeigen*.

Um noch nicht gemeldete Probleme nachträglich an Microsoft zu senden, klicken Sie stattdessen auf *Probleme anzeigen und überprüfen*.

Zusammenfassung

Der Punkt *System und Wartung* in der Systemsteuerung fasst alle wichtigen System- und Wartungsfunktionen übersichtlich zusammen.

Mit der Leistungsinformation erfahren Sie, wo die Stärken und Schwächen Ihres Computers liegen. Sie finden aber auch heraus, ob Einstellungen, Programme oder Geräte die Leistung Ihres Computers einschränken. Zahlreiche Tools zur Leistungssteigerung werden außerdem in der linken Spalte des Fensters bereitgelegt.

Die Problemberichterstattung hilft, wenn unvorhergesehene Dinge passieren und zum Beispiel ein fehlerhafter Gerätetreiber einen Absturz verursacht. Der Fehler wird automatisch analysiert, und auf Wunsch schaut Windows Vista online nach, ob es bereits ähnliche Probleme bei anderen Anwendern gab – und wie mögliche Lösungen aussehen.

Sind (noch) keine Lösungen bekannt, werden Sie informiert, sobald Ihr Problem gelöst werden kann – zum Beispiel über ein Treiberupdate oder eine andere Programmversion. Sie können Ihre Problemberichte auch einzeln nachverfolgen oder online nachschauen, wie weit die Angelegenheit gediehen ist.

Sie möchten ...	So gehen Sie vor	Sehen Sie sich dazu das Beispiel an auf
alle Wartungsfunktionen sehen	Klicken Sie im Startmenü auf *Systemsteuerung* und dann auf *System und Wartung*	Seite 826
den Windows-Leistungsindex des Computers sehen	Klicken Sie im Startmenü auf *Systemsteuerung* und dann auf *System und Wartung*. Klicken Sie dann auf *Leistungsinformationen und -tools*.	Seite 826
aktuelle Probleme sehen, die die Leistung des Computers einschränken	Klicken Sie im Startmenü auf *Systemsteuerung* und dann auf *System und Wartung*. Klicken Sie auf *Leistungsinformationen und -tools*. In der linken Spalte klicken Sie auf *Weitere Tools*.	Seite 827
automatisch startende Programme kontrollieren	Klicken Sie im Startmenü auf *Systemsteuerung* und dann auf *System und Wartung*. Klicken Sie dann auf *Leistungsinformationen und -tools*. In der linken Spalte klicken Sie auf *Autostartprogramme verwalten*.	Seite 828
visuelle Effekte ein- oder ausschalten	Klicken Sie im Startmenü auf *Systemsteuerung* und dann auf *System und Wartung*. Klicken Sie dann auf *Leistungsinformationen und -tools*. In der linken Spalte klicken Sie auf *Visuelle Effekte anpassen*.	Seite 828
Energiespareinstellungen ändern	Klicken Sie im Startmenü auf *Systemsteuerung* und dann auf *System und Wartung*. Klicken Sie dann auf *Leistungsinformationen und -tools*. In der linken Spalte klicken Sie auf *Energieeinstellungen anpassen*.	Seite 828
die Festplatte defragmentieren	Geben Sie ins Schnellsuchfeld im Startmenü »defrag« ein und klicken Sie auf *Defragmentierung*	Seite 829
den Speicher des Computers mit einem USB-Stick erweitern	Schließen Sie den USB-Stick an und klicken Sie im Dialogfeld *Automatische Wiedergabe* auf *System beschleunigen*	Seite 830
aktuelle Probleme des Computers sehen	Klicken Sie im Startmenü auf *Systemsteuerung* und dann auf *System und Wartung*. Klicken Sie dann auf *Problemberichte und -lösungen*.	Seite 832
Problemberichte nachträglich an Microsoft melden	Klicken Sie im Startmenü auf *Systemsteuerung* und dann auf *System und Wartung*. Klicken Sie dann auf *Problemberichte und -lösungen*. Klicken Sie dann in der linken Spalte auf *Probleme anzeigen und überprüfen*.	Seite 832

Tobias Weltner

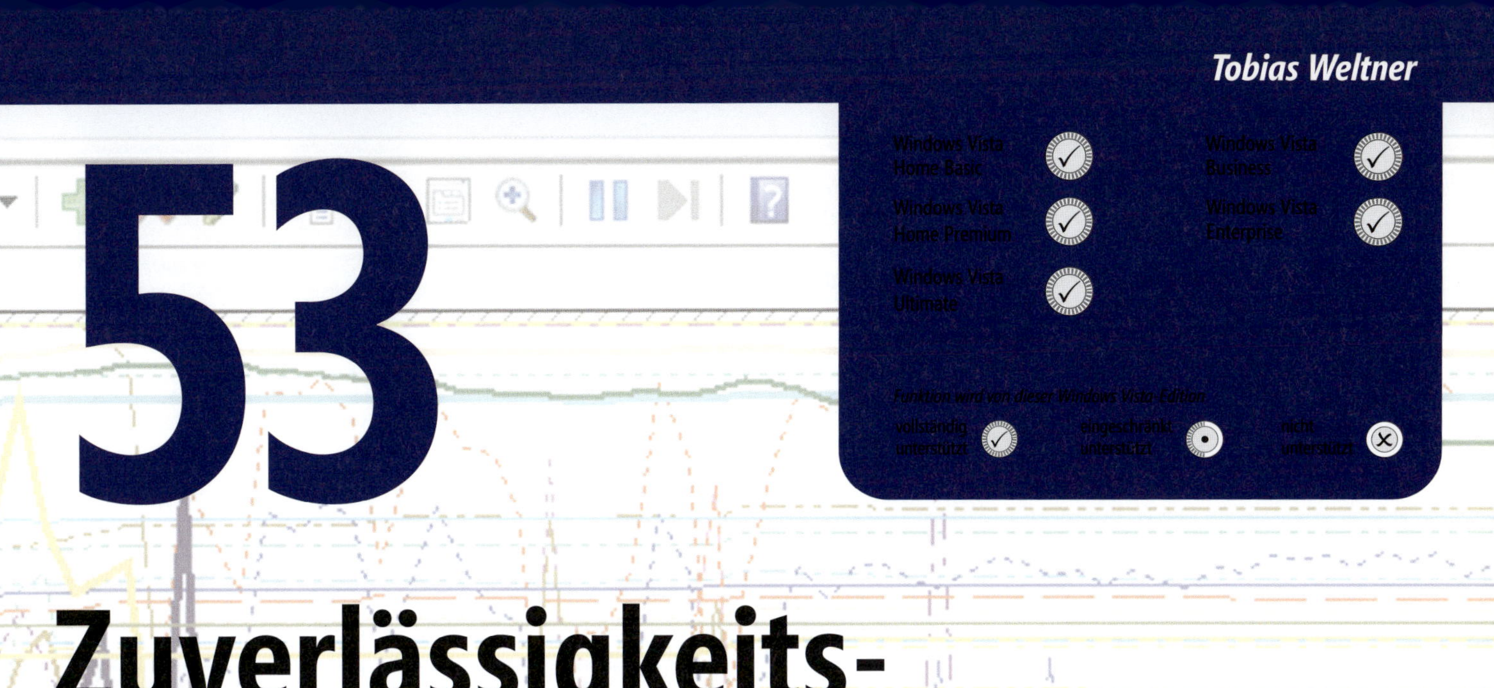

53 Zuverlässigkeitsüberwachung und Systemmonitor

Mit der Zuverlässigkeitsüberwachung zeigt Ihnen Windows Vista den Systemstabilitätsindex, der Ihnen im zeitlichen Verlauf verrät, wie stabil und zuverlässig Ihr Computer arbeitet – und welche Umstände vielleicht an Instabilitäten Schuld sein können.

Wollen Sie die Leistungsdaten genauer untersuchen, verwenden Sie Sammlungssätze und Berichte. Windows Vista erstellt Ihnen so auf Knopfdruck ausführliche Diagnoseberichte, aus denen hervorgeht, wo Leistungsprobleme oder Fehler vorhanden sein könnten.

Die Überwachung selbst können Sie entweder von Hand steuern oder an bestimmte Kriterien knüpfen. Wenn dann das nächste Mal die Prozessorlast einen Grenzwert überschreitet, erstellt Windows Vista automatisch einen Report, und Sie können später nachsehen, wer Schuld an der Überlastung war.

In Echtzeit ist die Überwachung mit dem Systemmonitor möglich, der grafisch fast alles visualisieren kann, was sich im Inneren Ihres Computers gerade abspielt.

Die Zuverlässigkeitsüberwachung

Um herauszufinden, ob Ihr Computer einwandfrei und optimal funktioniert, sollten Sie sich zuerst den *Systemstabilitätsindex* ansehen. Er besteht aus einer Zahl zwischen 1,0 und 10,0, wobei höhere Werte besser sind.

1. Wählen Sie im Startmenü den Eintrag *Systemsteuerung*, klicken Sie in der Systemsteuerung auf den Link *System und Wartung* und anschließend auf *Leistungsinformationen und -tools.*
2. Klicken Sie in der linken Spalte des Fensters auf *Weitere Tools* und anschließend auf *Zuverlässigkeits- und Leistungsüberwachung öffnen.*
3. Sie müssen sich nun mit Administratorrechten ausweisen. Danach öffnet sich das Dialogfeld *Zuverlässigkeits- und Leistungsüberwachung*. Es zeigt Ihnen zunächst die aktuellen technischen Eckdaten des Systems an.
4. Klicken Sie in der linken Baumstruktur auf *Zuverlässigkeitsüberwachung*. Jetzt sehen Sie das Systemstabilitätsdiagramm, das die Zuverlässigkeit der letzten Tage und Wochen protokolliert. Rechts davon finden Sie den aktuellen Systemstabilitätsindex.

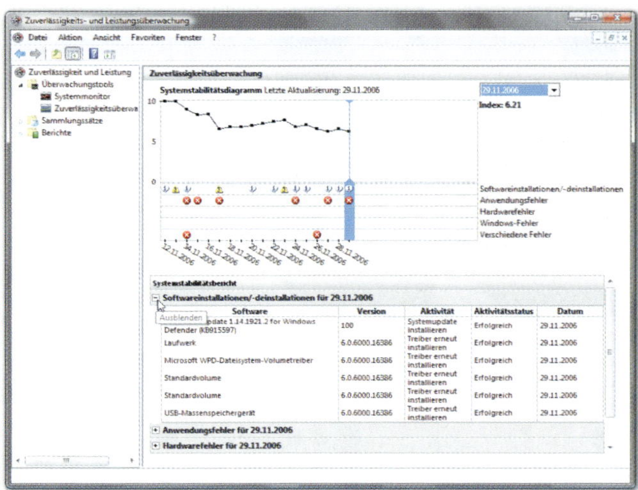

Abbildung 53.1 Das Systemstabilitätsdiagramm anzeigen

Hinweis 

Das Systemstabilitätsdiagramm wird frühestens 24 Stunden nach der Erstinstallation angezeigt, weil zunächst erste Stabilitätsdaten gesammelt werden müssen.

Anschließend zeigt das Diagramm den Verlauf der Stabilität tageweise an. Sobald für mehr als einen Monat Daten gesammelt wurden, zeigt das Diagramm die Daten monatlich an.

Das Diagramm zeigt den Systemstabilitätsindex im zeitlichen Verlauf. So können Sie auf einen Blick abschätzen, wie sich die Systemstabilität entwickelt.

In Abbildung 53.1 sank die Stabilität zum Beispiel zunächst ab und stieg ab einem bestimmten Zeitpunkt jedoch wieder an, weil die anfangs registrierten Probleme behoben wurden oder nicht mehr auftraten.

Das Diagramm listet außerdem für jeden Messpunkt fünf Kategorien auf, sodass Sie genauer erkennen können, welche Ereignisse die Systemstabilität negativ beeinflusst haben:

- **Softwareinstallationen/-deinstallationen** Probleme rund um die Installation neuer Programme oder das Entfernen vorhandener Programme.
- **Anwendungsfehler** Probleme bei der Verwendung eines Programms wie zum Beispiel Abstürze.
- **Hardwarefehler** Probleme mit angeschlossenen oder eingebauten Geräten, die auf einen technischen Defekt oder fehlerhafte Treiber hinweisen.

- **Windows-Fehler** Probleme innerhalb von Windows wie zum Beispiel ungeplante Neustarts.
- **Verschiedene Fehler** Fehler, die in keine der anderen Kategorien eingeordnet wurden wie zum Beispiel eine Störung beim Herunterfahren (der Computer wurde nicht ordnungsgemäß heruntergefahren, sondern möglicherweise einfach ausgeschaltet).

In jeder Kategorie markieren Symbole aufgetretene Probleme unterschiedlichen Schweregrades, sodass Sie sofort erkennen können, an welchen Tagen es zu Problemen gekommen ist.

Symbol	Art	Beschreibung
	Information	Allgemeine Hinweise, die keinen Fehler betreffen und die Stabilität nicht negativ beeinflussen, zum Beispiel ein Hinweis über eine erfolgreiche Installation
	Warnung	Warnung über ungewöhnliche Vorkommnisse, die Sie sich näher ansehen sollten, beispielsweise eine fehlgeschlagene Anwendungskonfiguration
	Fehler	Echte Fehlfunktionen wie zum Beispiel ein Programmabsturz

Tabelle 53.1 Einträge im Systemstabilitätsdiagramm

Klicken Sie auf einen Tag im Systemstabilitätsdiagramm, wird dieser Tag markiert und Details zu den aufgetretenen Problemen werden in einer Tabelle darunter aufgelistet. So erfahren Sie genau, was an diesem Tag passiert ist.

Sie können ein Datum auch gezielt über ein Listenfeld rechts oben neben dem Diagramm angeben oder im Listenfeld den Eintrag *Alles markieren* wählen. Dann werden sämtliche Störungsmeldungen in der Detailliste angezeigt.

Störungen finden und beheben

Das Systemstabilitätsdiagramm liefert Ihnen einen ersten Ansatz, wo Probleme bestehen könnten. Welche Schritte zur Lösung des Problems nötig sind, ist von Fall zu Fall unterschiedlich.

Sie sollten sich dabei zunächst an echten Fehlern orientieren, die gemäß Tabelle 53.1 mit einem roten Warnsymbol markiert sind.

Um immer wiederkehrende Fehler und deren Ursache besser erfassen zu können, gehen Sie am besten so vor:

1. Wählen Sie oben rechts neben dem Diagramm im Listenfeld den Eintrag *Alles markieren*, um sämtliche Ereignisse zu erfassen.

Systemstabilitätsbericht

+ Softwareinstallationen/-deinstallationen für 09.08.2008 - 04.09.2008

+ Anwendungsfehler für 09.08.2008 - 04.09.2008

+ Hardwarefehler für 09.08.2008 - 04.09.2008

− Windows-Fehler für 09.08.2008 - 04.09.2008

Fehlertyp	Version	Fehlerdetails	Datum
Das Betriebssystem funktioniert nicht mehr	6.0.5472 Service Pack 0 v.	0x000000ea (0x89b34030, 0x00000000, 0x00000000, 0x00000000)	24.08.2008
Das Betriebssystem funktioniert nicht mehr	6.0.5472 Service Pack 0 v.	0x000000ea (0x89f68170, 0x00000000, 0x00000000, 0x00000000)	21.08.2008
Das Betriebssystem funktioniert nicht mehr	6.0.5472 Service Pack 0 v.	0x000000ea (0x89766030, 0x00000000, 0x00000000, 0x00000000)	18.08.2008
Das Betriebssystem funktioniert nicht mehr	6.0.5472 Service Pack 0 v.	0x00000050 (0x8a10cffc, 0x00000000, 0x8952ea84, 0x00000000)	14.08.2008
Das Betriebssystem funktioniert nicht mehr	6.0.5472 Service Pack 0 v.	0x000000ea (0x84c53d78, 0x00000000, 0x00000000, 0x00000000)	14.08.2008

+ Verschiedene Fehler für 09.08.2008 - 04.09.2008

Abbildung 53.2 Schauen Sie sich die Fehler als Gesamtübersicht nach Kategorien geordnet an

2. Klicken Sie unten in der Detailansicht auf das Minus-Symbol vor allen Kategorien. Die Kategorien werden geschlossen, und Sie sehen nun nur noch die Kategorieüberschriften.
3. Konzentrieren Sie sich jetzt auf jeweils nur eine Kategorie, indem Sie nur eine einzelne Kategorie per Klick auf das Plus-Symbol einblenden. Beginnen Sie mit der Kategorie *Anwendungsfehler*. Wenn hier ein Programm immer wieder genannt wird, sollten Sie den Hersteller kontaktieren und nach einem Update fragen.
4. Schauen Sie sich dann die Kategorie *Hardware* näher an. Werden hier Fehler gemeldet, prüfen Sie, ob die Fehler auf einen technischen Defekt in einem bestimmten Gerät hinweisen, und überprüfen Sie das Gerät.
5. Überprüfen Sie nun in der Kategorie *Windows-Fehler*, ob hier viele Fehler gemeldet werden. Besuchen Sie dann die Windows Update-Webseite wie in Kapitel 41 beschrieben, um sicherzustellen, dass Sie alle aktuellen Updates installiert haben.
6. Schauen Sie abschließend in der Kategorie *Verschiedene Fehler*, welche Fehler hier genannt werden. Meldet das Diagramm hier zum Beispiel *Störung beim Herunterfahren*, überprüfen Sie, wie Windows bei Ihnen heruntergefahren wird und ob alle Einstellungen richtig gewählt sind.

Sehr hilfreich bei der Problemlösung sind außerdem die automatischen Problemberichte, die von Vista erstellt und auf Wunsch online an Microsoft gesendet werden. In Kapitel 52 erfahren Sie, wie Sie auf der Basis dieser Berichte automatisch online nach Updates und Lösungen für Ihren Computer suchen können.

Die Leistungsüberwachung

Mit der Leistungsüberwachung können Sie die aktuelle Auslastung des Computers überwachen und so zum Beispiel Engpässe wie nicht ausreichenden Arbeitsspeicher oder einen zu schwach dimensionierten Prozessor identifizieren.

Neben der Überwachung der aktuellen Leistungsdaten können Sie außerdem Berichte automatisch generieren, die das System für einen vorher festgelegten Zeitraum überwachen. Solche Berichte können regelmäßig oder nur bei Bedarf erstellt werden.

Haben Sie zum Beispiel den Verdacht, dass bestimmte Probleme immer nur dann auftreten, wenn der Prozessor eine bestimmte Zeit unter Volllast steht, können Sie einen ausführlichen Systemstatus erstellen lassen, sobald die CPU tatsächlich ausgelastet ist.

Aktuelle Leistung überwachen

Die aktuelle Auslastung Ihres Computers erfahren Sie in der *Zuverlässigkeits- und Leistungsüberwachung*:

1. Öffnen Sie das Startmenü, und klicken Sie mit der rechten Maustaste auf den *Computer*, und wählen Sie im Kontextmenü den Eintrag *Verwalten*.
2. Die *Computerverwaltung* öffnet sich. Klicken Sie links in der Baumansicht auf *Zuverlässigkeit und Leistung*. Rechts sehen Sie nun die aktuellen Leistungsdaten Ihres Computers.
3. Im oberen Bereich wird die Leistung ausgewählter Bereiche grafisch angezeigt. Im unteren Bereich finden Sie Listen, die Sie am rechten Ende jeweils ein- und ausblenden können. Sie zeigen detaillierte Leistungsangaben.

Die grafische Übersicht zeigt Ihnen auf einen Blick zum Beispiel die aktuelle Auslastung des Prozessors im zeitlichen Verlauf.

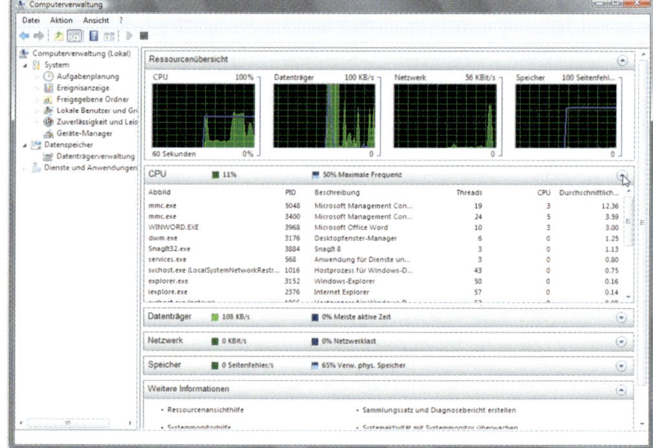

Abbildung 53.3 Aktuelle Leistungsdaten des Computers beobachten

In den Detaillisten im unteren Bereich können Sie beispielsweise nachlesen, welche Programme zurzeit ausgeführt werden und zu welchem Anteil diese den Prozessor belasten. So könnten Sie die Ursache für eine ungewöhnlich hohe Prozessorauslastung identifizieren.

Sammlungssätze verwenden

Sammlungssätze sind gespeicherte Analysevorgaben und können für die unterschiedlichsten Überwachungsaufgaben angelegt werden. Der Sammlungssatz legt dabei fest, welche Leistungsindikatoren des Computers überwacht werden sollen, wie lange und in welchen Intervallen die Überwachung durchgeführt wird und ob die Überwachung manuell oder automatisch gestartet wird.

Wird ein Sammlungssatz gestartet, generiert er einen Bericht mit den Ergebnissen. Starten Sie einen Sammlungssatz mehrfach, zum Beispiel regelmäßig jeden Tag, erhalten Sie für jeden Start einen eigenen Bericht und können die erfassten Daten miteinander vergleichen. Sie finden die Sammlungssätze im Zweig *Zuverlässigkeit und Leistung/Sammlungssätze*. Dort gibt es den Zweig *System*, in dem vordefinierte Sammlungssätze lagern, sowie den Zweig *Benutzerdefiniert*, wo selbstdefinierte Sammlungssätze gespeichert werden.

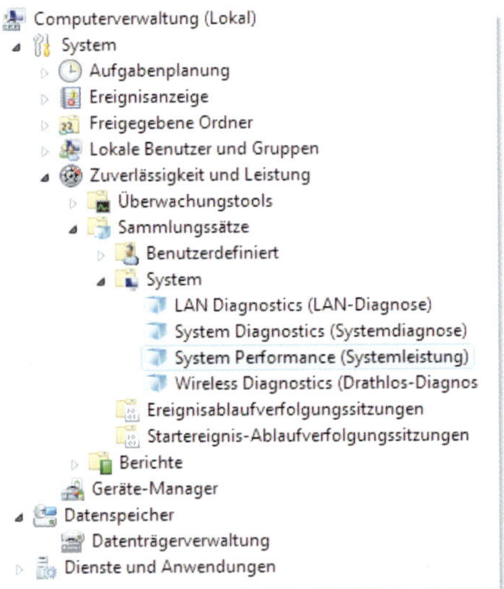

Abbildung 53.4 Auf Sammlungssätze zugreifen

Außerdem finden Sie den Zweig *Berichte*. Hier werden die Ergebnisse der Sammlungssätze gespeichert.

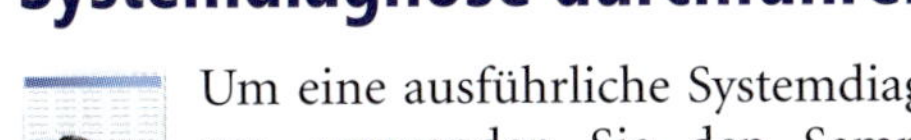

Systemdiagnose durchführen

Um eine ausführliche Systemdiagnose durchzuführen, verwenden Sie den Sammlungssatz *System Diagnostics*. Starten Sie die Diagnose, indem Sie den Sammlungssatz *System Diagnostics* mit der rechten Maustaste anklicken und im Kontextmenü den Eintrag *Startmenü* wählen.

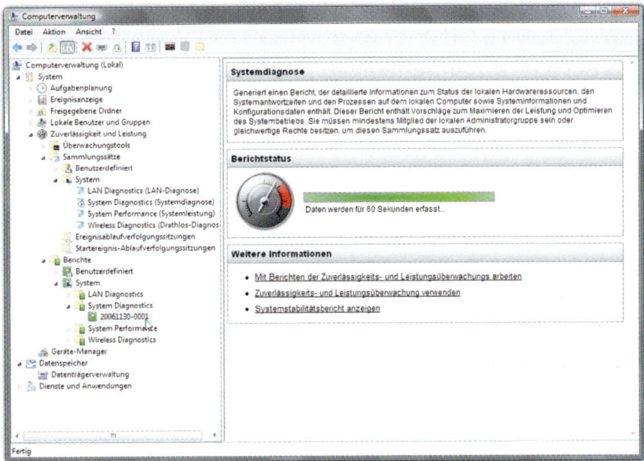

Abbildung 53.5 Die Systemdiagnose starten

Öffnen Sie dann den Zweig *Berichte/System/System Diagnostics*. Sie sehen jetzt alle Ergebnisberichte, die von diesem Sammlungssatz stammen. Klicken Sie auf den Bericht, den Sie sich ansehen wollen.

Ist die Datensammlung noch aktiv, sehen Sie nun einen Hinweis, der Ihnen auch verrät, wie lange die automatische Datensammlung läuft. Im Falle der Systemdiagnose sind dies 60 Sekunden. Andere Sammlungssätze sammeln Daten für andere Zeiträume oder haben gar keine Zeitbegrenzung.

Wichtig 

Wird in der Meldung kein Zeitraum genannt, wird der Bericht erst erstellt, wenn Sie die Datensammlung wieder manuell beenden. Dazu klicken Sie den Sammlungssatz wie beim Start noch einmal mit der rechten Maustaste an und wählen diesmal im Kontextmenü den Eintrag *Anhalten*.

Sobald die Daten vom Sammlungssatz vollständig erfasst wurden, wird ein Bericht daraus generiert und wenig später angezeigt. Diese Berichte sind sehr umfangreich, zeigen aber zunächst nur die wichtigsten Informationen.

- Klicken Sie auf die Berichtüberschriften, um die Details einzublenden.
- Klicken Sie auf Pluszeichen vor Detailinformationen, um weitere Informationen zu sehen.
- Klicken Sie auf unterstrichene Links, um externe Dokumente zu öffnen, die mit dem Bericht zu tun haben

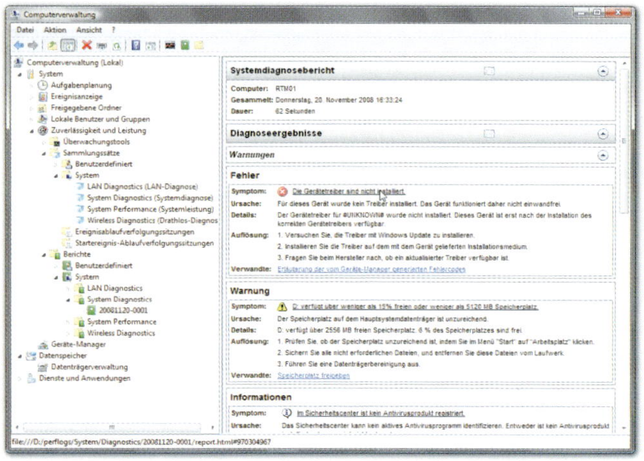

Abbildung 53.6 Umfangreicher Bericht der Systemdiagnose

Zugrunde liegende Systemdaten anzeigen

Möchten Sie die rohen Leistungsdaten anzeigen, die dem Bericht zugrunde liegen und vom Sammlungssatz gesammelt wurden, klicken Sie den Bericht in der Baumstruktur mit der rechten Maustaste an und wählen im Kontextmenü den Untermenübefehl *Ansicht/Systemmonitor*.

Die Leistungsdaten werden jetzt im Systemmonitor als Liniendiagramm angezeigt. Im unteren Bereich finden Sie die Legende zu den Leistungsdaten.

Hier können Sie auch einzelne Leistungsparameter per Klick markieren und diese dann im Liniendiagramm besonders hervorheben. Dazu klicken Sie in der Symbolleiste entweder auf das Symbol mit dem Stift, oder Sie drücken die Tastenkombination Strg+H.

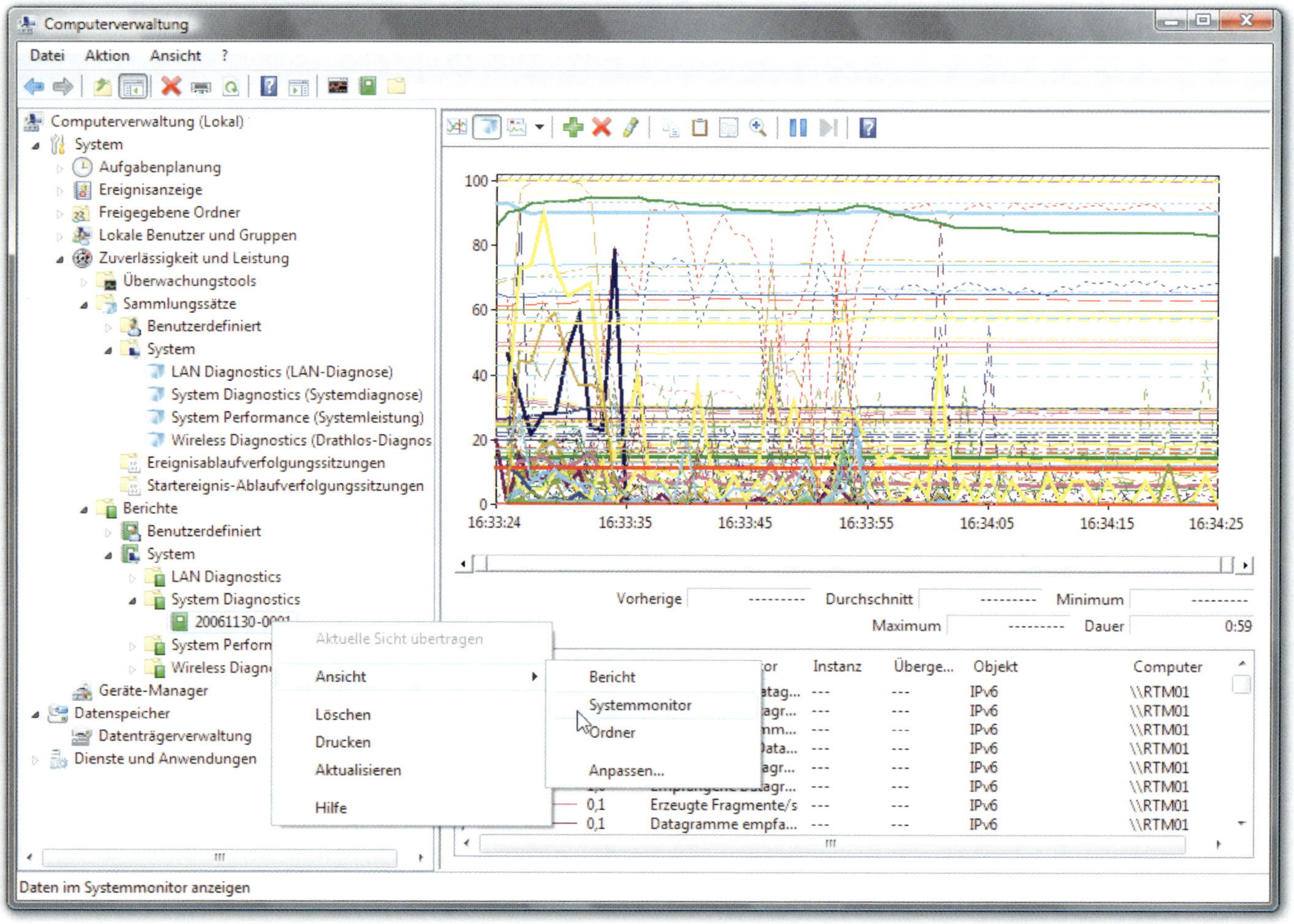

Abbildung 53.7 Rohe Leistungsdaten im Systemmonitor anzeigen

Je nach Sammlungssatz können sehr viele unterschiedliche Leistungsdaten gesammelt worden sein, was die Anzeige unübersichtlich macht. Über das Kontrollkästchen an der linken Seite der Legende lassen sich deshalb Leistungsdaten ausblenden, die Sie augenblicklich nicht anzeigen möchten.

Außerdem haben Sie die Möglichkeit, jederzeit mit [Strg]+[T] in die Echtzeitdarstellung zu wechseln. Der Systemmonitor zeigt dann die aktuellen Leistungsdaten in Echtzeit an und verwendet nicht länger die aufgezeichneten Werte des Berichts.

Bestandteile des Berichts anzeigen

Möchten Sie dagegen die Bestandteile des Berichts sehen, klicken Sie den Bericht in der Baumansicht mit der rechten Maustaste an und wählen im Kontextmenü den Untermenübefehl *Ansicht/Ordner*.

Jetzt sehen Sie sämtliche Dateien, aus denen der Bericht zusammengesetzt ist. Dies sind neben der eigentlichen Berichtsdatei *report.htm* im HTML-Format zusätzliche XML-Dateien mit den gesammelten Informationen sowie aufgezeichnete Leistungsindikatoren in der Datei *Performance Counter*.

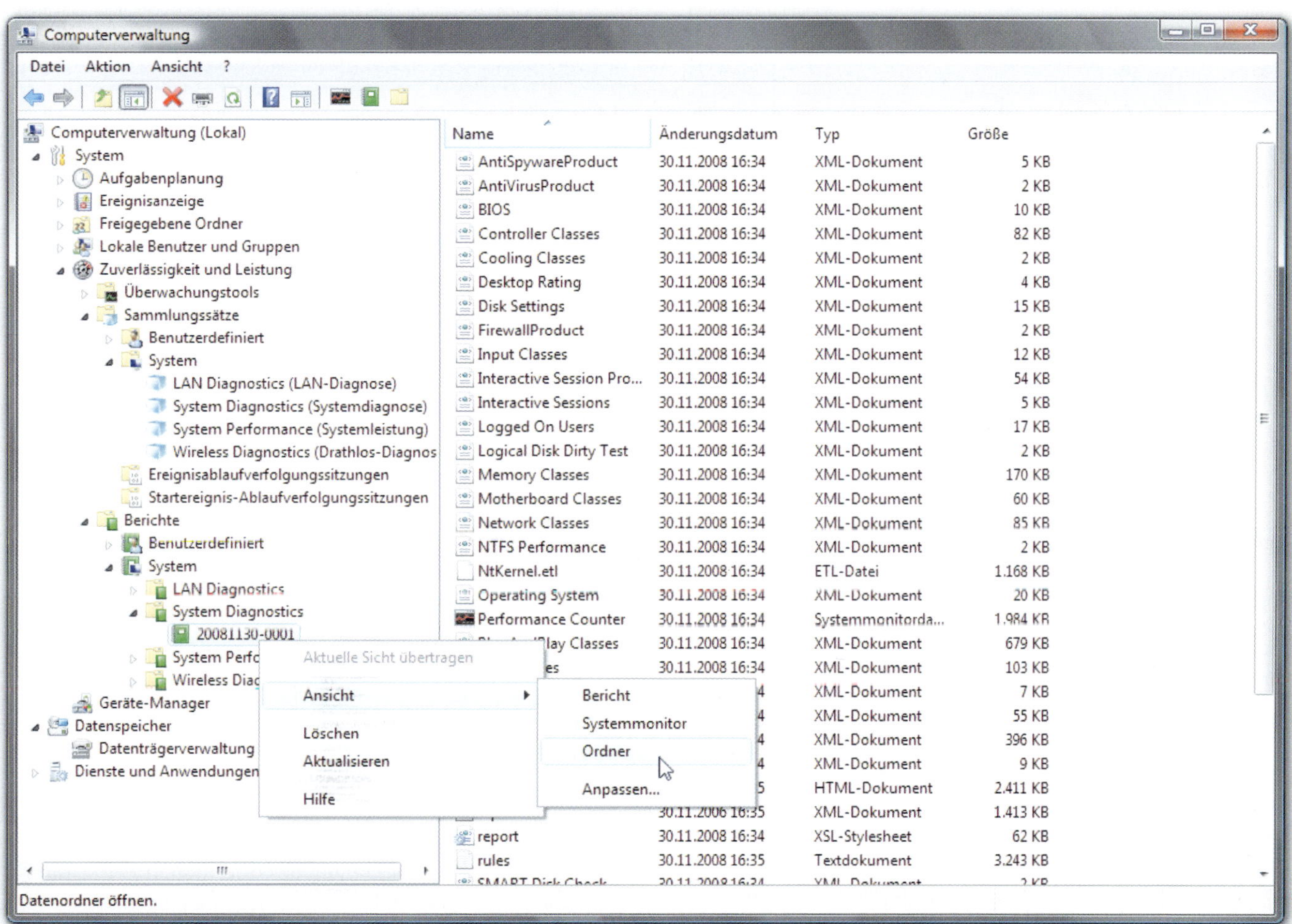

Abbildung 53.8 Einzelbestandteile eines HTML-Berichtes anzeigen

Eigene Sammlungssätze entwerfen

Falls Ihnen die vordefinierten Sammlungssätze nicht ausreichen, können Sie eigene neue Sammlungssätze entwerfen.

Dazu klicken Sie mit der rechten Maustaste auf *Sammlungssätze/Benutzerdefiniert* und wählen im Kontextmenü den Untermenübefehl *Neu/Sammlungssatz*.

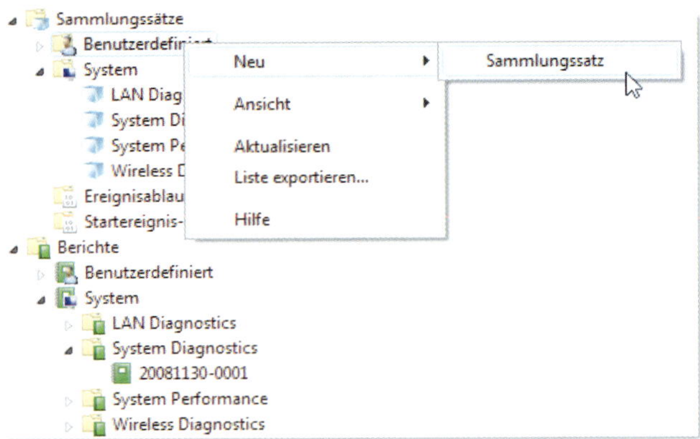

Abbildung 53.9 Legen Sie einen neuen eigenen Sammlungssatz an

Ein Assistent öffnet sich und fragt nach einem Namen für den neuen Sammlungssatz. Unter diesem Namen wird er künftig im Zweig *Benutzerdefiniert* geführt, und deshalb sollte dieser Namen besonders aussagekräftig sein.

Vorlage oder nicht?

Am bequemsten funktionieren Vorlagen. Allerdings können Sie dann keinen Einfluss auf die Art der gesammelten Daten nehmen, denn diese werden von der Vorlage bestimmt. Sammlungssätze auf der Basis einer Vorlage eignen sich gut dazu, allgemeine Informationen über das System abzufragen, und Sie könnten solche Sammlungssätze später zeit- oder ereignisgesteuert automatisch ausführen lassen.

Interessiert Sie dagegen eine knifflige Fragestellung, die mit allgemeinen Leistungsdaten nicht beantwortet werden kann, ist es Zeit für einen völlig frei definierten Sammlungssatz. Er kann alle nur erdenklichen Leistungsdaten des Computers erfassen.

Szenario 1: Sammlungssatz auf Vorlagenbasis

Legen Sie zunächst einen Sammlungssatz auf der Basis einer Vorlage an. Er dient Ihnen später dazu, Systemschnappschüsse bei ausgewählten Ereignissen anzulegen.

Wählen Sie dazu die Option *Aus Vorlage erstellen (empfohlen)* und klicken Sie auf *Weiter.*

Jetzt können Sie eine Vorlage auswählen, auf der Ihr neuer Sammlungssatz basiert. Wählen Sie dazu entweder eine Vorlage aus der Liste aus, oder klicken Sie auf *Durchsuchen*, um eine andere Vorlage zu verwenden.

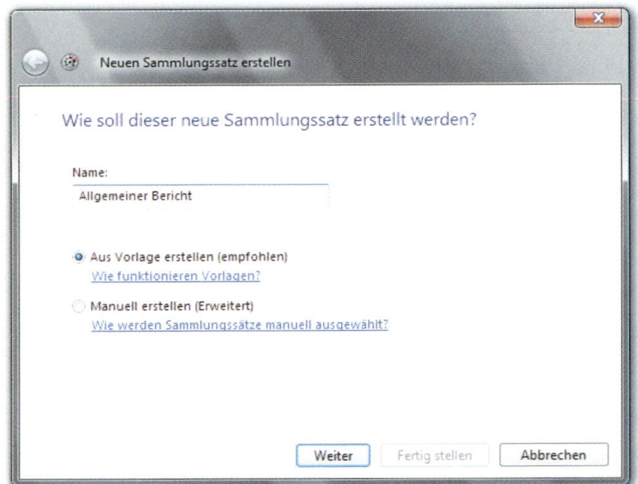

Abbildung 53.10 Einen selbstdefinierten Sammlungssatz aus einer Vorlage erstellen

Hinweis

Vorlagen werden als XML-Dokumente gespeichert und können exportiert und importiert werden. Haben Sie also einen eigenen Sammlungssatz erstellt, können Sie diesen auch auf andere Computer übertragen und zur Basis für weitere Sammlungssätze machen.

Die folgenden Vorlagen sind im Lieferumfang von Vista enthalten: *Einfach*, *System Diagnostics* und *System Performance*.

Wählen Sie als Vorlage zum Beispiel *Einfach* aus. Diese Vorlage liefert einen kurzen aber aussagekräftigen Systemreport.

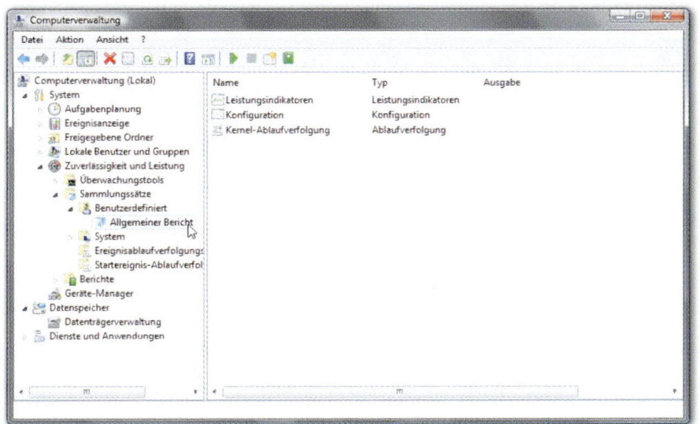

Abbildung 53.11 Sammlungssätze bestehen aus einzelnen Sammlungen, die die Daten erfassen

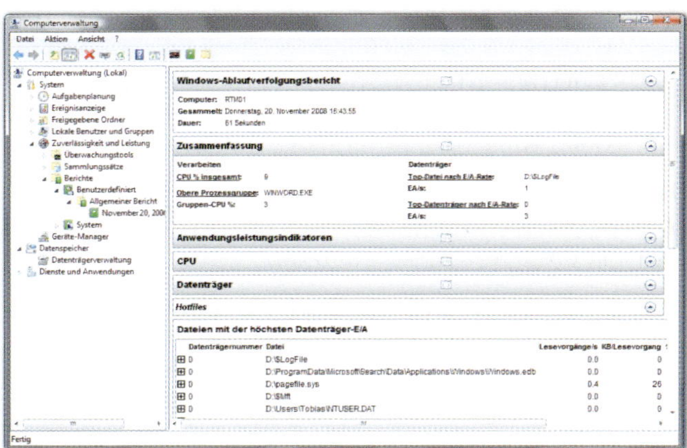

Abbildung 53.12 Ein Bericht des selbstdefinierten Sammlungssatzes

Klicken Sie nun im Assistenten auf *Weiter* und nehmen Sie gegebenenfalls Änderungen an den Vorgabewerten vor. So haben Sie zum Beispiel die Möglichkeit, das Benutzerkonto zu ändern, in dessen Namen der Sammlungssatz später Daten erhebt. Wenig später ist der neue Sammlungssatz erstellt und Sie können aussuchen, ob Sie ihn gleich ausführen oder speichern wollen.

Wenn Sie Ihren neuen Sammlungssatz anklicken, sehen Sie in der rechten Spalte, welche Daten er erhebt. Diese Daten werden *Sammlungen* genannt und können aus verschiedenen Bereichen stammen:

- **Leistungsindikatoren** Leistungsdaten des Computers, die auch der Systemmonitor in Echtzeit anzeigen kann.
- **Konfiguration** Inhalte von Registrierungsschlüsseln.
- **Kernel-Ablaufverfolgung** Inhalte aus dem Ereignislogbuch.

Doppelklicken Sie auf eine Sammlung, damit sich ein Dialogfeld öffnet und Ihnen die genauen Datenquellen nennt, die die Sammlung erfasst.

Um Ihren neuen Sammlungssatz zu testen, klicken Sie ihn mit der rechten Maustaste an und wählen Sie im Kontextmenü den Eintrag *Startmenü* (der eigentlich *Start* heißen müsste).

Jetzt werden für 60 Sekunden Daten erfasst. Das Symbol des Sammlungssatzes zeigt in dieser Zeit ein anderes Symbol.

Anschließend können Sie sich den Bericht wie bei den vordefinierten Sammlungssätzen anzeigen lassen. Der Bericht findet sich diesmal allerdings nicht im Zweig *Berichte/System*, sondern in *Berichte/Benutzerdefiniert*.

Szenario 2: Eigene Leistungsdaten erfassen

Sammlungssätze auf Vorlagenbasis liefern schnell professionelle Berichte, können aber nur wenig angepasst werden.

Möchten Sie andere Leistungsdaten erfassen als in den Vorlagen, gehen Sie so vor:

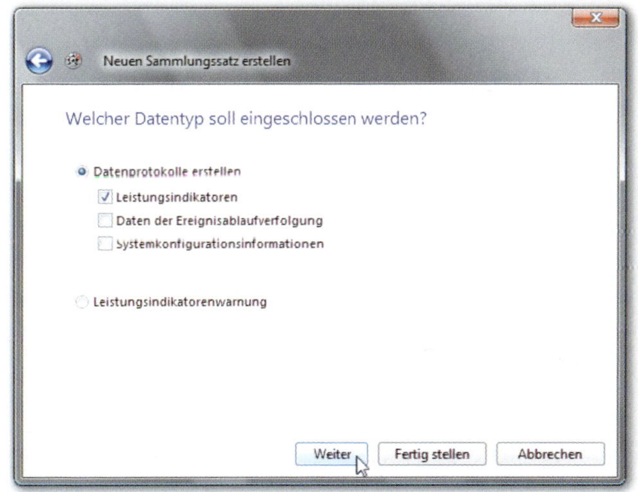

Abbildung 53.13 Legen Sie selbst fest, welche Daten Ihr Sammlungssatz erfassen soll

1. Legen Sie wieder einen neuen Sammlungssatz an und nennen Sie ihn »Prozesse«, aber wählen Sie diesmal die Option *Manuell erstellen (Erweitert)*.
2. Wählen Sie dann die Option *Datenprotokolle erstellen*. Nun sehen Sie die Art der Datenquellen, die Sie jetzt – anders als bei den vorlagenbasierten Sammlungssätzen – selbst auswählen können:

- **Leistungsindikatoren** Leistungsdaten des Computers, die von den vielfältigen »Performance-Countern« geliefert werden
- **Daten der Ereignisablaufverfolgung** Informationen aus den Ereignislogbüchern
- **Systemkonfigurationsinformationen** Inhalte von Registrierungsschlüsseln

3. Aktivieren Sie nur das Kontrollkästchen *Leistungsindikatoren*, und klicken Sie auf *Weiter*. Jetzt können Sie per Klick auf *Hinzufügen* Leistungsindikatoren hinzufügen, also aussuchen, welche speziellen Informationen protokolliert werden sollen.
4. Klicken Sie in der Liste auf den Pfeil am rechten Rand der Überschrift *Prozess*. (nicht *Prozessor*!). Jetzt sehen Sie alle Leistungsdaten, die zu Prozessen erfasst werden können. Weil der Sammlungssatz Ihnen einen Überblick über die gerade laufenden Programme und ihre Prozessorbelastung liefern soll, wählen Sie den Indikator *Prozessorzeit (%)*. In der Liste darunter wählen Sie *<Alle Instanzen>*, damit die Prozessorzeit für alle laufenden Programme separat protokolliert wird.
5. Klicken Sie dann auf *Hinzufügen*, um die markierte Information in die rechte Spalte zu übernehmen. Mit *OK* schließen Sie die Auswahl ab.
6. Geben Sie nun im Feld *Abtastintervall* an, in welchen Zeitabständen die Werte erfasst werden sollen. Geben Sie als Intervall *1 Sekunde* an, und klicken Sie auf *Fertig stellen*.

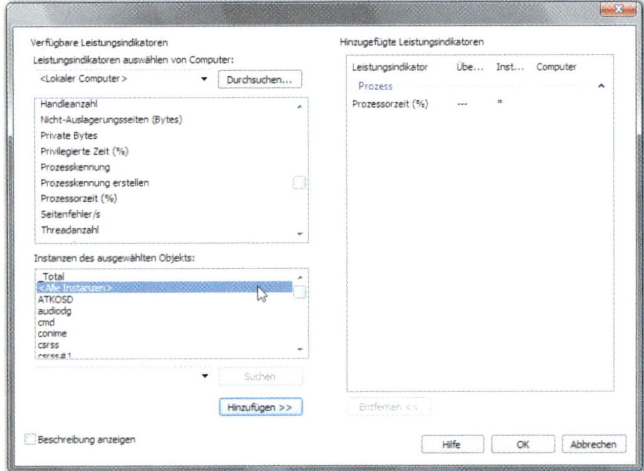

Abbildung 53.14 Alle Details zu sämtlichen Prozessen erfassen

Ihr neuer Sammlungssatz ist angelegt, und wenn Sie ihn anklicken, sehen Sie in der rechten Spalte, dass er aus nur einer Datensammlung vom Typ *Leistungsindikatoren* besteht.

Per Doppelklick auf diese Sammlung in der rechten Spalte könnten Sie die ausgewählten Leistungsindikatoren jederzeit nachträglich ergänzen oder ändern. Und mit einem Rechtsklick in die rechte Spalte öffnen Sie ein Kontextmenü, in dem Sie über *Neu/Sammlung* auch nachträglich weitere Sammlungen hinzufügen könnten.

Noch ist Ihr Sammlungssatz nicht ganz fertig. Sie sollten zuerst noch eine Zeitbegrenzung einbauen, damit die Daten über laufende Prozesse nur für einige Sekunden gesammelt werden, und außerdem die HTML-Report-Fähigkeit aktivieren.

So legen Sie eine Zeitbegrenzung fest:

1. Klicken Sie Ihren neuen Sammlungssatz mit der rechten Maustaste an, und wählen Sie im Kontextmenü den Eintrag *Eigenschaften*.
2. Holen Sie dann die Registerkarte *Stoppbedingung* in den Vordergrund, und aktivieren Sie das Kontrollkästchen *Gesamtdauer*. Legen Sie darunter fest, wie lange der Sammlungssatz Daten sammeln soll, beispielsweise 30 Sekunden.
3. Klicken Sie auf *OK*. Das Zeitlimit ist nun aktiv.

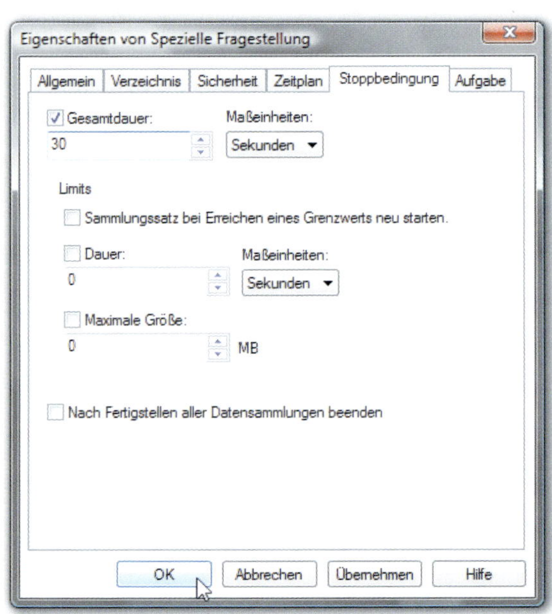

Abbildung 53.15 Maximale Laufzeit des Sammlungssatzes festlegen

Tipp

Schauen Sie sich bei dieser Gelegenheit auch gleich die Registerkarte *Zeitplan* an. Hier könnten Sie einen detaillierten Zeitplan festlegen, damit der Sammlungssatz regelmäßig automatisch ausgeführt wird.

Wissen Sie zum Beispiel, dass es zu bestimmten Zeiten zu Problemen kommt und wollen diesen mit den Ergebnissen Ihres Sammlungssatzes auf die Schliche kommen, dann lassen Sie den Sammlungssatz regelmäßig zu diesen Zeiten automatisch ausführen. Die gesammelten Ergebnisse können Sie dann in Ruhe später analysieren.

Damit der Sammlungssatz die gesammelten Daten nicht nur als Rohdaten im Systemmonitor anzeigen kann, sondern ähnlich wie bei den vorlagenbasierten Sammlungssätzen auch als übersichtlichen HTML-Report, gehen Sie so vor:

1. Klicken Sie Ihren Sammlungssatz noch einmal mit der rechten Maustaste an. Diesmal wählen Sie im Kontextmenü den Eintrag *Daten-Manager.*
2. Auf der Registerkarte *Daten-Manager* aktivieren Sie das Kontrollkästchen *Datenverwaltung und Berichterstellung aktivieren* und bestätigen mit *OK.*

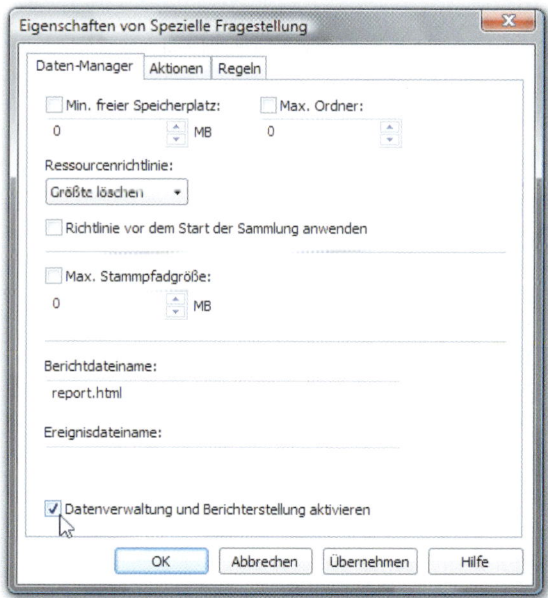

Abbildung 53.16 Aktivieren Sie HTML-Reports, um aus den Daten übersichtliche Berichte zu generieren

Jetzt können Sie Ihren Sammlungssatz testweise manuell starten. Dazu klicken Sie mit der rechten Maustaste auf den Sammlungssatz, und wählen Sie im Kontextmenü den Eintrag *Startmenü.* 30 Sekunden später sind die Daten erfasst und können im Knoten *Bericht* abgerufen werden.

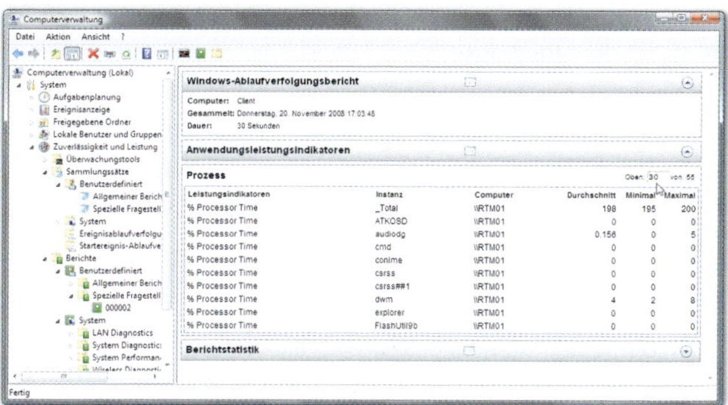

Abbildung 53.17 Übersicht über laufende Prozesse und Prozessorbelastung als HTML-Bericht

Tipp

Schauen Sie sich den HTML-Bericht genau an! Er enthält versteckte Bedienelemente. So zeigt die Prozessliste zunächst nur zehn Programme an. Klicken Sie ins Feld rechts oben neben *Oben* und geben dort einen anderen Wert an, werden mehr (oder weniger) Prozesse aufgelistet. Wie viele Prozesse insgesamt liefen, als der Bericht erstellt wurde, wird neben *von* angegeben. In Abbildung 53.17 waren es zum Beispiel 55 Prozesse.

Klicken Sie mit der rechten Maustaste in der linken Spalte auf den generierten Bericht, können Sie über den Kontextmenübefehl *Ansicht/Systemmonitor* auch die erfassten Rohdaten anzeigen lassen. Von dort haben Sie die Möglichkeit, über [Strg]+[T] in die Echtzeitdarstellung zu wechseln. Der Systemmonitor zeigt jetzt die Rohdaten nicht mehr aus der gespeicherten Datenquelle an, sondern meldet die aktuellen Echtzeitdaten.

Sammlungssätze sind deshalb auch ein guter Weg, um verschiedene Ansichten des Systemmonitors zu speichern und später jederzeit wiederzuverwenden.

Szenario 3: Ereignisgestützte Berichte erstellen

Manche Probleme treten nur in bestimmten Situationen auf, und es kann schwierig sein, diese Situationen zur richtigen Zeit zu erfassen. Vielleicht kommt es zum Beispiel immer wieder zu Problemen, wenn die Prozessorbelastung einen bestimmten Grenzwert übersteigt.

Gerade haben Sie einen Sammlungssatz erstellt, der Ihnen detailliert alle laufenden Programme und deren Prozessorbelastung auflistet. Sie können jetzt dafür sorgen, dass dieser Report automatisch als »Schnappschuss« angelegt wird, wenn die Prozessorbelastung einen bestimmten Grenzwert übersteigt.

So haben Sie die Möglichkeit, gezielt herauszufinden, welche Programme für außergewöhnlich hohe Prozessorbelastungen verantwortlich sind.

Die Überwachung der Prozessorlast (oder eines beliebigen anderen Kriteriums) übernimmt dabei ein besonderer Typ von Sammlungssatz: er sammelt eigentlich gar keine Daten und erstellt auch keine Berichte. Er überwacht nur ausgewählte Leistungsdaten und löst Aktionen aus, wenn Grenzwerte überschritten werden.

Welche Aktionen das sind, können Sie selbst bestimmen. Entweder lassen sich beliebige externe Diagnoseprogramme starten, oder Sie starten ganz einfach einen vorher festgelegten Sammlungssatz wie denjenigen aus dem vorangegangenen Beispiel, der Ihnen den aktuellen Systemstatus beschreibt.

Im folgenden Beispiel soll einer der beiden Sammlungssätze gestartet werden, die Sie eben angelegt haben, sobald die Prozessorauslastung 50% überschreitet.

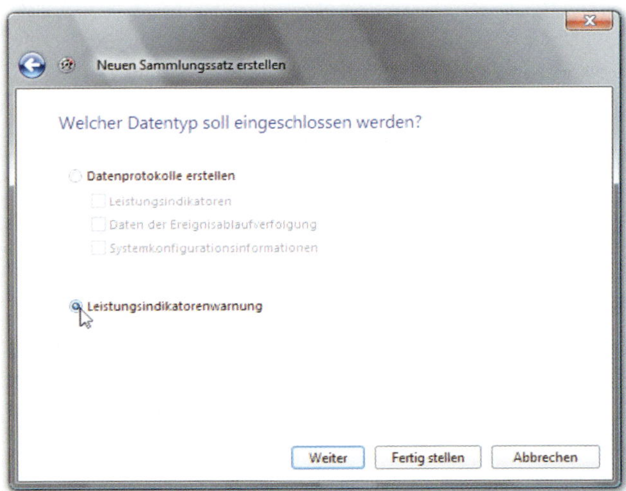

Abbildung 53.18 Einen neuen Überwachungs-Sammlungssatz erstellen

1. Legen Sie wieder einen benutzerdefinierten Sammlungssatz an und wählen Sie die Option *Manuell erstellen (Erweitert)*. Dann klicken Sie auf *Weiter* und wählen als Typ *Leistungsindikatorenwarnung* aus. Klicken Sie erneut auf *Weiter*.
2. Nun können Sie festlegen, welche Werte dieser Sammlungssatz überwachen soll. Klicken Sie dazu auf *Hinzufügen*. In der Liste der Leistungsindikatoren suchen Sie die Überschrift *Prozessor* und klicken auf den Pfeil am rechten Ende.
3. Jetzt sehen Sie die einzelnen Leistungswerte des Prozessors, die überwacht werden können. Wählen Sie *Prozessorzeit (%)* aus.
4. Im unteren Bereich markieren Sie den Eintrag *_Total*, um die Gesamtauslastung aller Prozessoren zu überwachen. Dann klicken Sie auf *Hinzufügen*. Der Indikator wird in die rechte Spalte übernommen. Klicken Sie auf *Fertig stellen*.
5. Legen Sie nun im unteren Feld den Grenzwert fest. Wählen Sie dazu im Listenfeld *Warnung bei* den Eintrag *Über* aus und geben Sie den Grenzwert *50* an. Klicken Sie auf *Fertig stellen*.

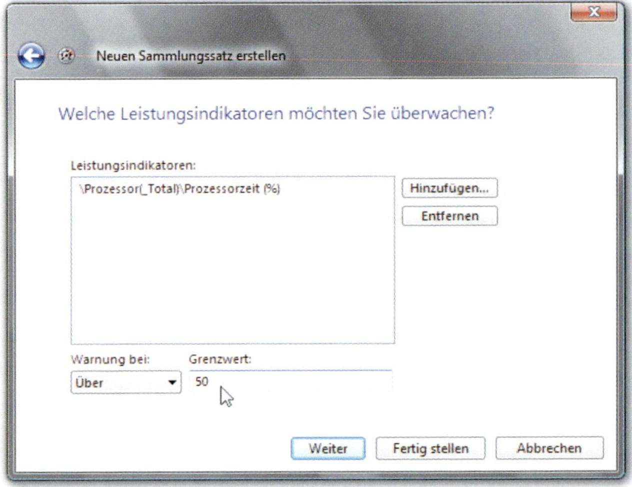

Abbildung 53.19 Festlegen, ab welchem Grenzwert eine Warnung ausgelöst werden soll

Ihr neuer Sammlungssatz ist nun fast fertig. Sie müssen jetzt nur noch angeben, was passieren soll, wenn der angegebene Grenzwert überschritten wird:

1. Klicken Sie Ihren neuen Sammlungssatz an. In der rechten Spalte sehen Sie die Sammlung *DataCollector01*. Klicken Sie diese Sammlung mit der rechten Maustaste an, und wählen Sie im Kontextmenü den Eintrag *Eigenschaften*.
2. Auf der Registerkarte *Benachrichtigung* können Sie die Leistungsindikatoren und den Warn-Grenzwert noch einmal überprüfen und gegebenenfalls ändern. Legen Sie als Intervall fest: 30 Sekunden. Eine Warnung wird nun ausgelöst, wenn der angegebene Grenzwert innerhalb eines 30-Sekunden-Intervalls im Durchschnitt überschritten wird.
3. Aktivieren Sie nun die Registerkarte *Warnungsaktion*. Hier können Sie einen beliebigen anderen benutzerdefinierten Sammlungssatz auswählen, der dann automatisch

gestartet wird, sobald die Warnschwelle überschritten ist. Wählen Sie in der Liste den Sammlungssatz aus, den Sie oben angelegt haben, und klicken Sie auf *OK*.

Damit beim Erreichen der festgelegten Prozessorlast ein Systemreport erstellt wird, starten Sie nun Ihren Überwachungs-Sammlungssatz per Klick mit der rechten Maustaste und Aufruf des Kontextmenübefehls *Startmenü*.

Ein kleiner Pfeil im Symbol des Sammlungssatzes zeigt an, dass er aktiv ist und den angegebenen Leistungsindikator überwacht.

Wichtig 

Gerade bei Sammlungssätzen, die Warnaktionen auslösen sollen, ist es wichtig, die Grenzwerte und Intervalle richtig zu wählen.

Wenn Sie wie im Beispiel hohe Prozessorbelastungen genauer untersuchen wollen, haben Sie zwei Stellschrauben für die Überwachung. Der Grenzwert sagt aus, wie hoch die Prozessorbelastung tatsächlich sein muss, damit eine Warnung ausgelöst wird. Weil einzelne Spitzenwerte aber ganz normal sein können, zum Beispiel, wenn Sie ein neues Programm starten, kommt dem Intervall eine besonders wichtige Rolle zu. Nur wenn der Grenzwert im Durchschnitt für die Dauer des angegebenen Intervalls überschritten wird, löst der Sammlungssatz eine Warnung aus.

Haben Sie also einen Grenzwert von 50% und ein Intervall von 30 Sekunden eingestellt, wird die Warnung erst ausgelöst, wenn die Prozessorlast für mindestens 30 Sekunden im Durchschnitt über 50% lag. Spitzenwerte werden so geglättet.

Verwenden Sie andererseits ein zu langes Intervall, kann es Ihnen passieren, dass der Problempunkt verpasst wird. Bei einem Intervall von 60 Sekunden könnten problematische Programme zu Anfang des Intervalls für 30 Sekunden eine Prozessor-Volllast auslösen, aber am Ende des 60 Sekunden-Intervalls längst wieder normal funktionieren. Weil Ihr Systemschnappschuss aber erst nach dem Intervall aufgrund der ausgelösten Warnung beginnt, würden die Problemprogramme nicht erkannt.

Wie Sie also sehen, sollten Sie bei Überwachungsarbeiten mit den Grenzwerten und Intervallen spielen.

Denken Sie daran, dass die Überwachung so lange durchgeführt wird, bis Sie den Sammlungssatz manuell wieder beenden.

Sobald die Prozessorlast den angegebenen Grenzwert innerhalb des angegebenen Intervalls überschreitet, startet der Sammlungssatz automatisch den von Ihnen angegebenen Sammlungssatz, der den Systemschnappschuss erstellt.

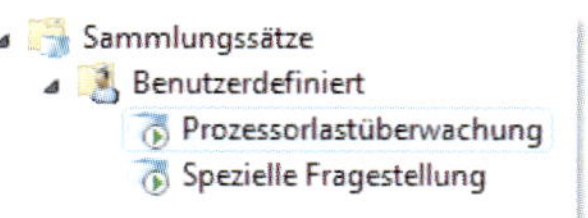

Abbildung 53.20 Der Überwachungssammlungssatz startet automatisch den Report-Sammlungssatz

Sie können nun in den Berichten des Sammlungssatzes *Spezielle Fragestellung* nachschauen, welche Programme die hohe Prozessorbelastung jeweils ausgelöst haben. Solange Sie den Sammlungssatz *Prozessorlastüberwachung* laufen lassen, werden bei Überschreitung des Grenzwertes jeweils neue Berichte erstellt.

Innerhalb der Berichte können Sie übrigens auch sortieren. Klicken Sie zum Beispiel mit der Maus auf die Spaltenüberschrift *Maximal*, sehen Sie auf einen Blick, welche Programme die höchste Prozessorlast verursacht haben.

Der Systemmonitor

Der Systemmonitor ist Ihr »Datensichtgerät« für Leistungsindikatoren und kann diese Daten in Echtzeit oder aus vorher gespeicherten Datensammlungen anzeigen. Nebenbei ist der Systemmonitor ein interessantes Werkzeug, um die vielfältigen Leistungsdaten näher zu erforschen.

Sie finden den Systemmonitor in der Computerverwaltung:

1. Öffnen Sie das Startmenü, klicken Sie mit der rechten Maustaste auf *Computer*, und wählen Sie im Kontextmenü den Eintrag *Verwalten*.
2. Öffnen Sie links im Fenster *Computerverwaltung* in der Baumansicht den Zweig *Zuverlässigkeit und Leistung*, und klicken Sie auf *Überwachungstools/Systemmonitor*.

Leistungsindikatoren auswählen

Anfangs ist die Ansicht des Systemmonitors noch leer. Fügen Sie deshalb zuerst die Leistungsindikatoren der Ansicht hinzu, die Sie in Echtzeit beobachten wollen.

Dazu klicken Sie in der Symbolleiste des Systemmonitors entweder auf das grüne Plus-Zeichen oder drücken `Strg`+`I`.

Achtung

Alle angegebenen Tastenkombinationen funktionieren nur, wenn der Systemmonitor ausgewählt ist. Im Zweifelsfall klicken Sie vorher auf eine freie Stelle darin oder verwenden die Schaltflächen in der Symbolleiste am oberen Rand des Systemmonitors.

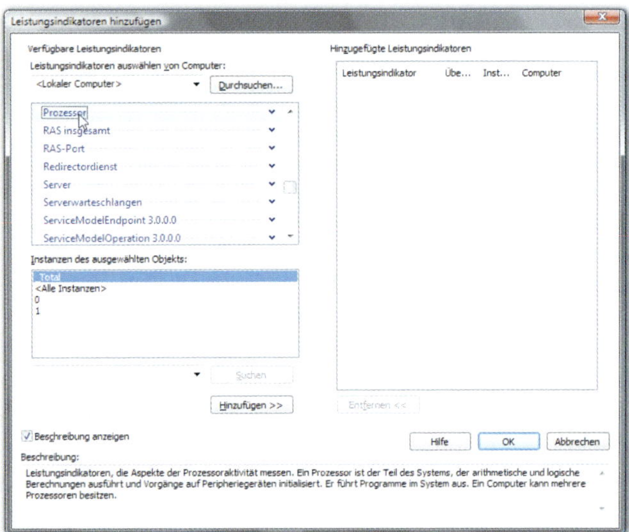

Abbildung 53.21 Legen Sie fest, welche Leistungsindikatoren der Systemmonitor überwachen soll

Das Fenster *Leistungsindikatoren hinzufügen* öffnet sich, und links sehen Sie eine Liste der verfügbaren Leistungsindikatoren.

Aktivieren Sie zuerst unten links das Kontrollkästchen *Beschreibung anzeigen*, damit das Dialogfeld Ihnen verrät, wozu die einzelnen Leistungsindikatoren eigentlich gut sind.

Überwachungsbereiche festlegen

Klicken Sie nun auf eine Hauptkategorie in der Liste, zum Beispiel auf *Prozessor*. Damit wählen Sie sämtliche Leistungsindikatoren aus, die den Prozessorzustand überwachen. Außerdem zeigt jetzt das Dialogfeld im unteren Bereich eine Beschreibung an, was diese Leistungsindikatoren tatsächlich messen.

Klicken Sie nun auf den Pfeil am rechten Rand von *Prozessor*. Jetzt sehen Sie die einzelnen Leistungsindikatoren, die den Prozessorzustand überwachen. Durch den Klick auf die Überschrift wurden sämtliche Indikatoren markiert, aber wenn Sie wollen, können Sie auch nur einzelne Indikatoren auswählen.

Klicken Sie auf einen Indikator, sehen Sie am unteren Rand des Dialogfelds wieder eine Beschreibung dieses Indikators und erfahren so, welche Prozessoreigenschaft er eigentlich misst und was dieses Ergebnis bedeutet.

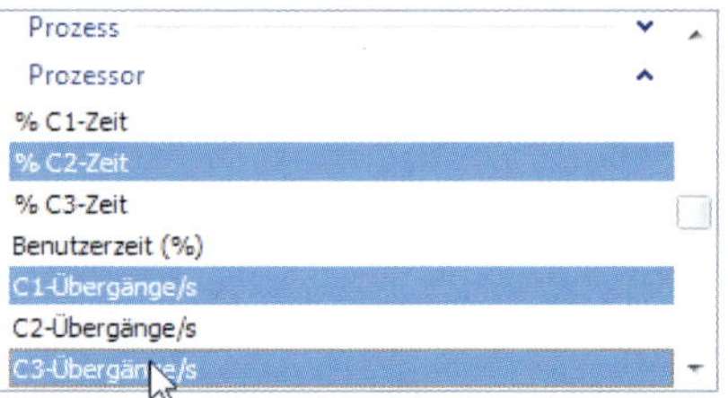

Abbildung 53.22 Wählen Sie alle, mehrere oder nur einen Indikator aus

Halten Sie die `Strg`-Taste gedrückt, wenn Sie mehrere einzelne Indikatoren auswählen wollen, oder klicken Sie auf die Überschrift *Prozessor*, wenn Sie wieder alle Indikatoren markieren möchten. Markieren Sie in diesem Beispiel alle Indikatoren im Bereich *Prozessor*.

Instanzen auswählen

Das, was Sie überwachen, kann mehrfach im Computer vorkommen, und dabei spricht man von Instanzen. Haben Sie zum Beispiel ein Multiprozessorsystem, gibt es in Ihrem Computer mehr als einen Prozessor.

In diesem Fall sehen Sie in der unteren Liste weitere Optionen, mit denen Sie festlegen, welche Instanzen Sie eigentlich überwachen wollen.

- **_Total** Erhoben werden Durchschnittswerte für alle Prozessoren im Computer.
- **<Alle Instanzen>** Die Daten werden jeweils separat für jeden vorhandenen Prozessor erhoben.
- **Zahl** Die Daten werden für den Prozessor mit der jeweiligen Kennzahl erhoben (nur sinnvoll, wenn mehrere Prozessoren vorhanden sind).

Wählen Sie in der Liste den Eintrag *_Total* aus, um eine Gesamtzusammenfassung für alle Prozessoren zu erhalten. Dann klicken Sie auf *Hinzufügen*.

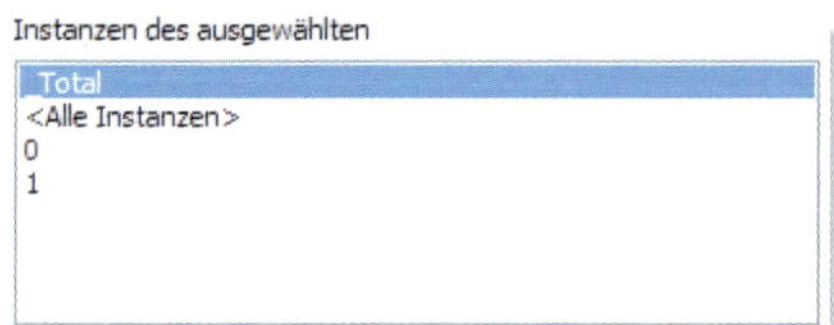

Abbildung 53.23 Bei Mehrprozessorsystemen können die Prozessoren über Kennziffern ausgewählt werden

Überwachung starten

Sobald Sie mindestens einen Leistungsindikator hinzugefügt haben, beginnt die Darstellung der Echtzeitdaten. Mit Strg+G oder über die entsprechende Schaltfläche in der Symbolleiste ändern Sie die Darstellung von einem Liniendiagramm zu einem Blockdiagramm oder einer Tabelle.

Alle ausgewählten Indikatoren werden farblich markiert im oberen Teil grafisch dargestellt. Im unteren Teil findet sich die Legende, die die Einzelwerte beschreibt.

Um Einzelwerte besser herausstellen zu können, lässt sich über Strg+H eine besondere Markierungsfunktion ein- und ausschalten. Ist sie eingeschaltet, brauchen Sie lediglich einen Einzelwert im Bereich der Legende per Klick zu markieren. Dieser Wert wird dann in der Grafik fett hervorgehoben.

Feineinstellungen durchführen

Die Darstellung des Diagramms kann in vielen Aspekten angepasst werden. Dazu drücken Sie Strg+Q, um das *Eigenschaften*-Dialogfeld zu öffnen.

Auf der Registerkarte *Allgemein* legen Sie unter anderem die Zeitachse fest, bestimmen also, wie häufig die Werte aktualisiert werden und welcher Gesamtzeitraum im Diagramm abgebildet wird.

Legen Sie im Bereich *Diagrammelemente* zum Beispiel eine Stichprobe von 1 fest, wird das Diagramm im Sekundenabstand aktualisiert. Legen Sie als Dauer *60* fest, zeigt das Diagramm jeweils eine Übersicht über 60 Sekunden.

Auf der Registerkarte *Daten* verwalten Sie die einzelnen Leistungsindikatoren und können mit *Hinzufügen* weitere hinzufügen oder mit *Entfernen* überflüssige Indikatoren aus dem Diagramm streichen.

Hier legen Sie auch fest, mit welcher Farbe und Linienart die jeweiligen Indikatoren dargestellt werden.

Enthält Ihr Diagramm mehrere Indikatoren, können Sie die einzelnen Indikatoren mit dem Listenfeld *Skalierung* stauchen oder strecken. So lassen sich auch Indikatoren gemeinsam in einem Diagramm anzeigen, die ganz unterschiedliche Minimal- und Maximalwerte aufweisen.

Auf der Registerkarte *Grafik* ist vor allen Dingen die Option im Bereich *Bildlaufstil* wichtig: wählen Sie hier *Bildlauf*, erhalten Sie eine echte Laufanzeige ähnlich einem Laufband. Außerdem können Sie hier das Diagramm mit einem Titel und einer Legende für die vertikale Achse beschriften.

Mit der Registerkarte *Darstellung* schließlich legen Sie die Farben für die Diagrammelemente fest. Wählen Sie dazu zuerst ein Element aus dem Listenfeld im Bereich *Farbe* aus, und weisen Sie diesem Element dann mit *Farbe* eine andere Farbe zu.

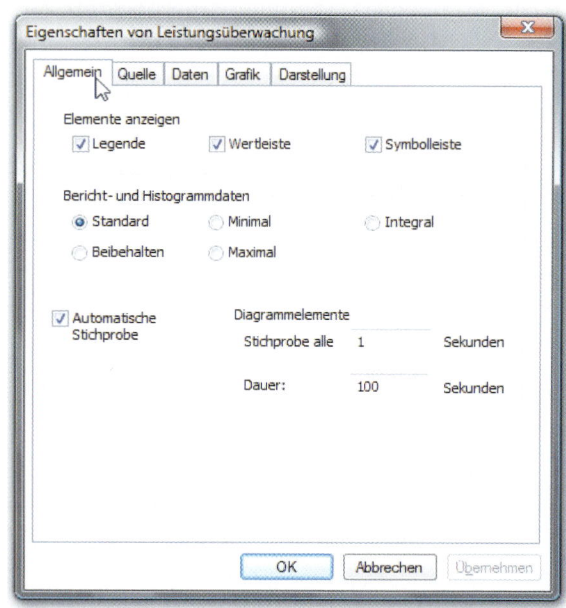

Abbildung 53.24 Zeitfenster und Aktualisierungshäufigkeit festlegen

Ergebnisse speichern

Die im Systemmonitor angezeigten Werte können auch gespeichert werden. Klicken Sie dazu mit der rechten Maustaste auf das Diagramm, und wählen Sie dann einen der folgenden Befehle:

- **Bild speichern unter** Die aktuelle Darstellung wird als GIF-Bild abgespeichert und kann in Berichten oder Dokumentationen verwendet werden
- **Einstellungen speichern unter** Alle aktuellen Einstellungen werden als HTML-Seite gespeichert. Die HTML-Seite kann anschließend im Internet Explorer geöffnet werden und zeigt zunächst die gespeicherten Werte an. Anschließend kann die Anzeige aber auch aktiviert werden und stellt dann erneut die Leistungsindikatoren in Echtzeit dar.

So gehen Sie vor, um die aktuellen Einstellungen zu speichern und als HTML-Seite wieder verwendbar zu machen:

1. Klicken Sie mit der rechten Maustaste auf das Diagramm, und wählen Sie im Kontextmenü den Eintrag *Einstellungen speichern unter.*
2. Das Dialogfeld *Speichern unter* öffnet sich. Klicken Sie darin auf *Ordner durchsuchen*. Wählen Sie nun in der Liste *Linkfavoriten* links den Ordner *Dokumente* aus, und speichern Sie die Ansicht unter dem Namen *Prozessordaten*.

3. Öffnen Sie nun das Startmenü und wählen Sie den Eintrag *Dokumente*. Suchen Sie im Ordner nach der Datei *Prozessordaten*, und öffnen Sie sie. Sie wird im Internet Explorer angezeigt.
4. Der Internet Explorer zeigt möglicherweise in einer gelben Zeile eine Warnung an, dass ActiveX-Steuerelemente erforderlich sind. Klicken Sie auf die Warnung, und wählen Sie im Kontextmenü *Geblockte Inhalte zulassen*.
5. Sie sehen nun die gespeicherte Ansicht des Systemmonitors direkt im Internet Explorer. Drücken Sie die ↵-Taste oder die Taste Leertaste, um das Steuerelement zu aktivieren.
6. Um nicht länger die gespeicherten Daten zu sehen, sondern erneut Echtzeitdaten zu erfassen, klicken Sie auf den grünen Pfeil in der Symbolleiste oder drücken Strg+F. Sie erhalten den Hinweis, dass die gespeicherten Daten dadurch nicht mehr angezeigt werden. Anschließend zeigt das Diagramm in Echtzeit die aktuellen Daten an.

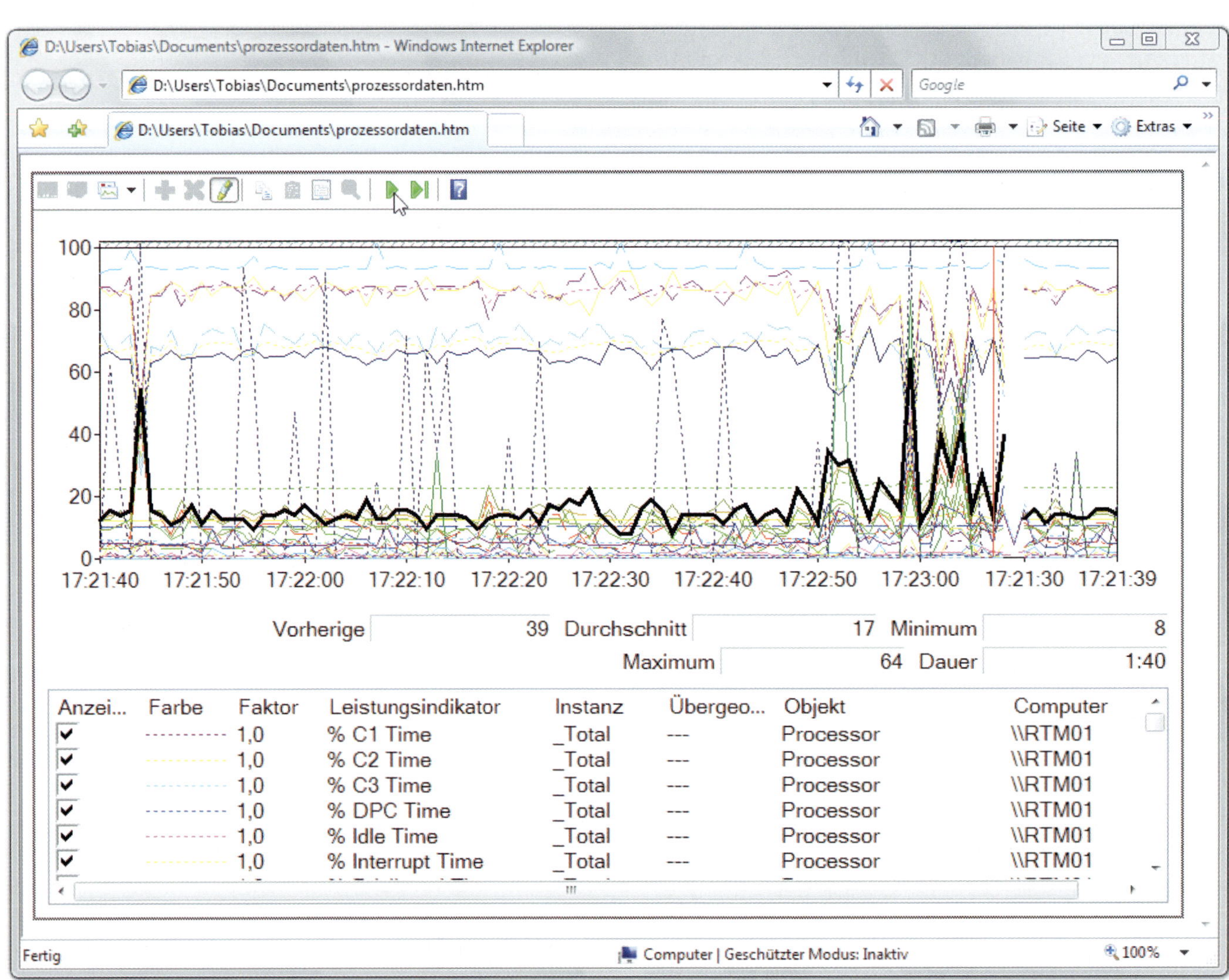

Abbildung 53.25 Systemmonitordaten als HTML-Seite in Echtzeit anzeigen

Benötigen Sie bestimmte Überwachungen häufiger, speichern Sie sie wie gerade beschrieben als HTML-Dateien. So können Sie die Überwachung sehr einfach zu einem späteren Zeitpunkt wiederholen.

Noch besser funktioniert das, wenn Sie die Seite nicht als HTML-Datei speichern, sondern als HTA-Datei. Dazu geben Sie beim Speichern diesen Dateityp explizit an, indem Sie an den Dateinamen die Erweiterung ».hta« anhängen, also zum Beispiel »Prozessorlast.hta« schreiben.

HTA-Dateien sind besondere HTML-Dateien, die nicht den üblichen Sicherheitseinschränkungen unterliegen und auch nicht vom Internet Explorer angezeigt werden. Die ActiveX-Warnungen entfallen hier also, und Sie sehen auch keine Menü- oder Symbolleisten mehr, sondern nur noch ein einfaches Fenster mit der Diagramm-Ansicht.

Falls Sie sich mit HTML besser auskennen, öffnen Sie die generierte HTML-Datei. Verwenden Sie die darin enthaltenen HTML-Tags, um die Systemmonitor-Ansicht in ganz eigene Webseiten zu integrieren. So können Sie auch mehrere Systemmonitor-Ansichten auf einer einzelnen Überwachungsseite zusammenfassen.

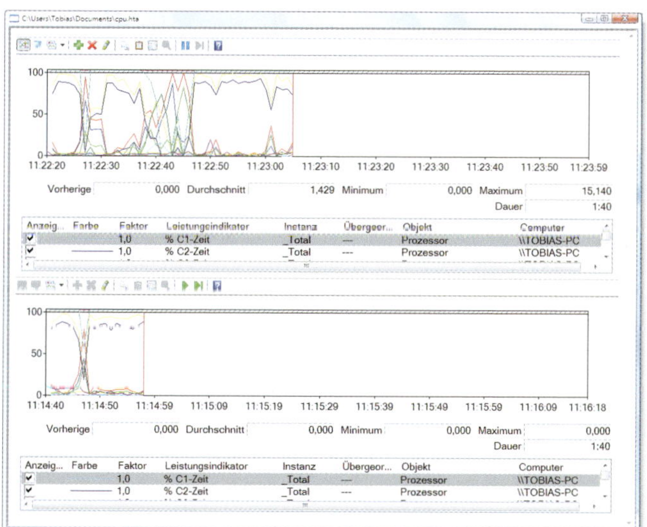

Abbildung 53.26 Mit HTML-Editoren lassen sich verschiedene Monitore auf einer Seite kombinieren

Tipp

Alternativ können Sie die aktuellen Einstellungen des Systemmonitors auch als neuen Sammlungssatz abspeichern und dann verwenden, wie im Abschnitt »Sammlungssätze verwenden« weiter vorne in diesem Kapitel beschrieben.

Hierzu klicken Sie mit der rechten Maustaste in der Baumdarstellung auf Systemmonitor und wählen im Kontextmenü den Untermenübefehl *Neu/Sammlungssatz*.

Sammlungssätze, die Sie auf diese Weise anlegen, können allerdings immer nur genau einen Bericht generieren, weil der Name des Berichts fest vorgegeben ist und keine laufende Nummer enthält. Sie müssten also ältere Berichte zuerst löschen, bevor Sie neue erstellen können. Besser ist, den gespeicherten Sammlungssatz anschließend mit der rechten Maustaste anzuklicken und im Kontextmenü den Eintrag *Eigenschaften* zu wählen.

Auf der Registerkarte *Verzeichnis* legen Sie nun einen dynamischen Dateinamen für die Berichte fest. Dazu geben Sie ins Feld *Format für Unterverzeichnisnamen* eine Schablone wie »NNNNNN« ein. Unten im Feld *Beispielverzeichnis* sehen Sie, welcher Name daraus automatisch entsteht. Oder Sie klicken auf den Pfeil am rechten Rand des Textfelds, um eine Liste mit weiteren Platzhaltern zu öffnen.

Gespeicherte Werte abrufen

Der Systemmonitor kann nicht nur Echtzeitdaten anzeigen, sondern auch die Rohdaten darstellen, die in früher erfassten Sammlungen oder in einer Datenbank gespeichert sind.

Dazu drücken Sie Strg+L. Das Dialogfeld *Eigenschaften* öffnet sich, und auf der Registerkarte *Quelle* sehen Sie, aus welcher Datenquelle sich der Systemmonitor augenblicklich bedient. Zeigt er Echtzeitdaten an, ist die Option *Aktuelle Aktivität* gewählt.

Möchten Sie lieber den Inhalt einer früher gespeicherten Protokolldatei sichtbar machen, wählen Sie die Option *Protokolldateien* und klicken auf *Hinzufügen*. Wählen Sie eine Protokolldatei aus. Der Systemmonitor zeigt jetzt die darin enthaltenen Daten an.

Mit Strg+T schalten Sie auf Wunsch zurück in die Echtzeitanzeige. Wenn Sie also zuerst eine gespeicherte Protokolldatei laden und dann in die Echtzeitanzeige wechseln, können Sie eine früher durchgeführte Überwachung mit Echtzeitdaten fortsetzen.

Liegen die Leistungsdaten in einer Datenbank, wählen Sie die Option *Datenbank* und geben den Namen der Datenbank als *System-DSN* sowie den Tabellennamen als Protokollsatz an.

Haben Sie für die Datenbank noch keine *System-DSN* angelegt, können Sie dies in der Systemsteuerung nachholen. Dabei wird der Ort der Datenbank sowie eventuell notwendige Anmeldeinformationen einem Namen zugeordnet.

Zusammenfassung

Windows Vista enthält eine Reihe von Werkzeugen, die Ihnen dabei helfen, Probleme und deren Ursachen zu erkennen.

Mit der Zuverlässigkeitsüberwachung und dem Systemstabilitätsindex sehen Sie die Zuverlässigkeit des Systems im Verlauf mehrerer Wochen und Monate.

Mit der Leistungsüberwachung protokollieren Sie Leistungs- und Arbeitsdaten des Computers und können das auch an bestimmte Vorkommnisse und Ereignisse koppeln.

Der Systemmonitor schließlich zeigt die vielfältigen Systemdaten des Computers in Echtzeit grafisch als Diagramm an.

Sie möchten ...	So gehen Sie vor	Sehen Sie sich dazu das Beispiel an auf
den Systemstabilitätsindex anzeigen	Klicken Sie in der Systemsteuerung auf *System und Wartung*, dann auf *Leistungsinformationen und -tools*. Klicken Sie in der linken Spalte auf *Weitere Tools* und auf *Zuverlässigkeits- und Leistungsüberwachung öffnen*. Klicken Sie anschließend auf *Zuverlässigkeitsüberwachung*.	Seite 836
die aktuelle Auslastung des Computers anzeigen	Klicken Sie im Startmenü mit der rechten Maustaste auf *Computer*, und wählen Sie *Verwalten*. Klicken Sie auf *Zuverlässigkeit und Leistung*.	Seite 838
einen Systemreport erstellen	Starten Sie den Systemreport *System Diagnostics*, und öffnen Sie danach den resultierenden Bericht	Seite 839
einen Systemreport anlegen, wenn eine bestimmte Leistungsgrenze überschritten wird	Verwenden Sie einen Sammlungssatz vom Typ *Leistungsindikatorenwarnung*, und beauftragen Sie den Systemmonitor, Ihren Sammlungssatz zu starten	Seite 845

Tobias Weltner

54 Ereignisse und Aufgaben

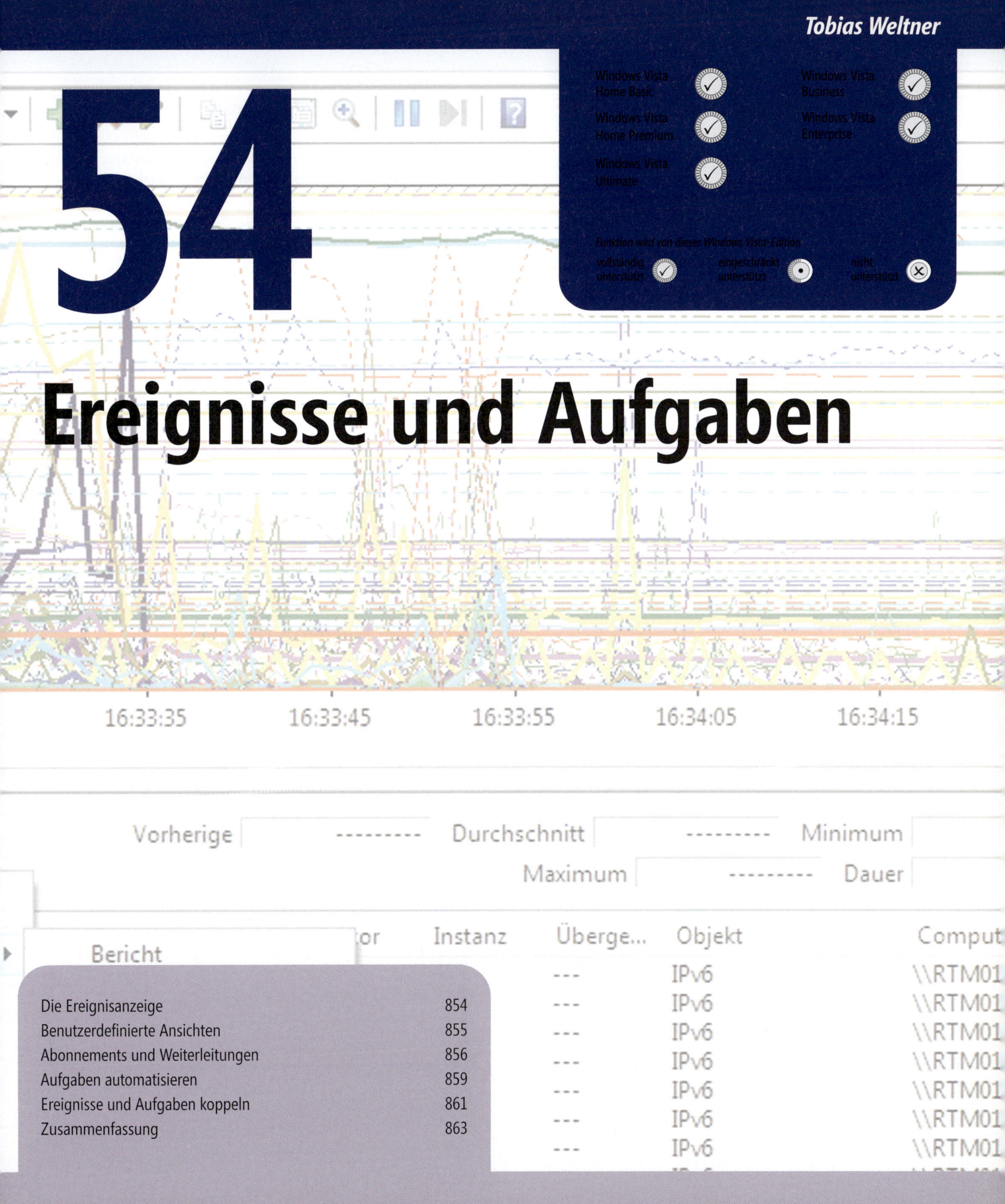

Windows Vista protokolliert jeden Vorgang und jedes noch so unscheinbare Problem in seinen Ereignislogbüchern. Dort findet man also wertvolle Informationen über Fehler, drohende Ausfälle oder einfach nur den Gesamtzustand des Systems – wenn man sie denn findet.

Mit der neuen Ereignisanzeige und einer stark überarbeiteten Ereignisprotokollierung werden die Ereignisse in Windows Vista nun endlich zu einer außerordentlich nützlichen Informationsquelle.

Die Ereignisanzeige

Die Ereignisanzeige ist Teil der *Computerverwaltung*, in der sich alle wichtigen Überwachungswerkzeuge finden. So öffnen Sie die Computerverwaltung:

1. Klicken Sie im Startmenü mit der rechten Maustaste auf den Eintrag *Computer*.
2. Wählen Sie im Kontextmenü den Eintrag *Verwalten*, und weisen Sie sich mit Administratorrechten aus.
3. Klicken Sie links in der Baumdarstellung auf den gewünschten Zweig, zum Beispiel *Ereignisanzeige*.

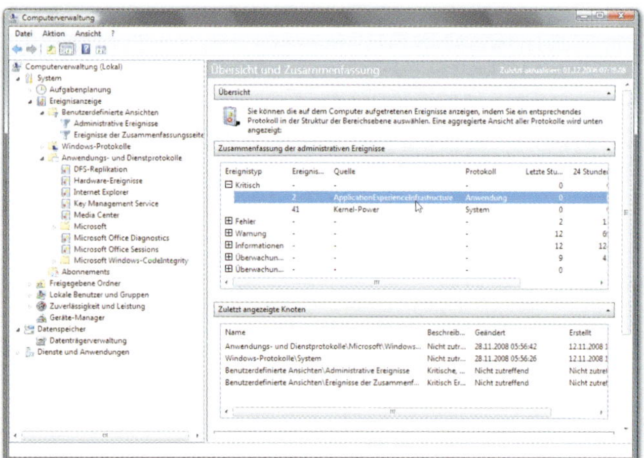

Abbildung 54.1 Die neue Ereignisanzeige

Tipp

Wollen Sie die Ereignisanzeige losgelöst von den übrigen Verwaltungswerkzeugen öffnen, geben Sie im Suchfenster des Startmenüs den folgenden Befehl ein:

eventvwr ↵

Möchten Sie die Computerverwaltung mit einem Befehl öffnen, tippen Sie ein:

compmgmt.msc ↵

Alle Ereignisse in der Übersicht

Die Startseite der Ereignisanzeige legt Ihnen eine kurze Zusammenfassung sämtlicher Ereignisse vor. Die Zusammenfassung teilt die Ereignisse nach ihrer Wichtigkeit in verschiedene Kategorien ein, und wenn Sie wenig Zeit haben, sollten Sie zumindest die Kategorien *Kritisch* und *Fehler* durchsehen. Dazu klicken Sie auf das Pluszeichen davor.

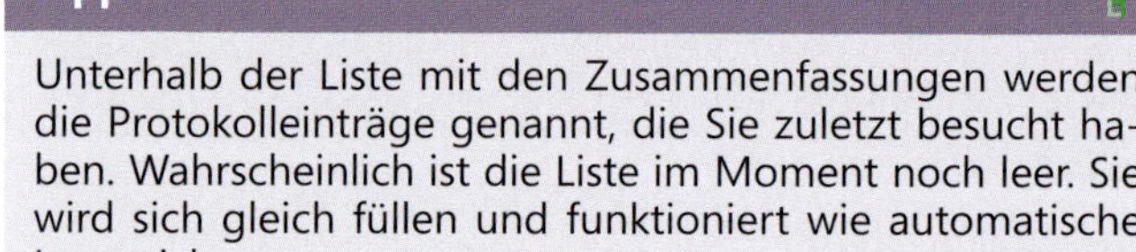

Zusammenfassung der administrativen Ereignisse

Ereignistyp	Ereignis...	Quelle	Protokoll	Letzte Stu...	24 Stunden	7 Tage	Summe
⊟ Kritisch	-	-	-	0	0	0	3
	2	ApplicationExperienceInfrastructure	Anwendung	0	0	0	2
	41	Kernel-Power	System	0	0	0	1
⊞ Fehler	-	-	-	2	11	50	98
⊞ Warnung	-	-	-	12	69	690	1.159
⊞ Informationen	-	-	-	12	124	1.501	4.439
⊞ Überwachun...	-	-	-	9	43	568	1.402
⊞ Überwachun...	-	-	-	0	3	67	387

Abbildung 54.2 Zusammenfassung der Ereignisse, die für Administratoren wichtig sind

Tipp

Unterhalb der Liste mit den Zusammenfassungen werden die Protokolleinträge genannt, die Sie zuletzt besucht haben. Wahrscheinlich ist die Liste im Moment noch leer. Sie wird sich gleich füllen und funktioniert wie automatische Lesezeichen.

Details zu Ereignissen erfahren

Haben Sie in der Zusammenfassung ein Ereignis entdeckt, zu dem Sie mehr erfahren wollen, doppelklicken Sie darauf. Sie sehen jetzt die tatsächlichen Ereigniseinträge, die sehr viel mehr Informationen enthalten. Die beiden kritischen Ereignisse aus der Quelle *ApplicationExperienceInfrastructure* in Abbildung 54.2 entpuppen sich jetzt als Anwendungsblockierung eines veralteten Virenscanners.

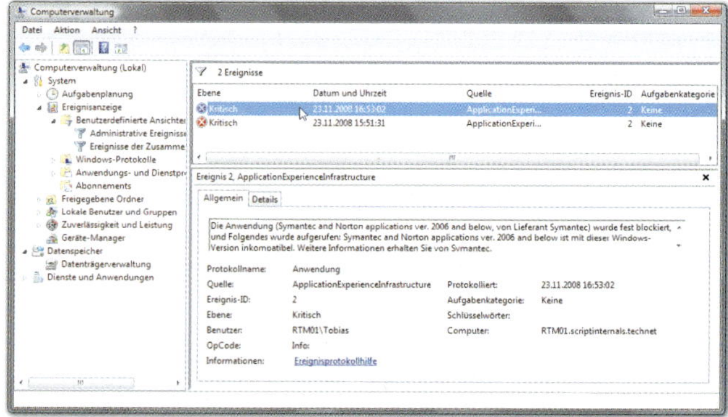

Abbildung 54.3 Mehr Details zu bestimmten Ereignissen herausfinden

> **Tipp**
>
> Die Ereignisse bestehen aus XML-Dateien, die Sie in andere Anwendungen importieren und dort weiterverarbeiten könnten. Möchten Sie ein Ereignis im Originalformat sehen, aktivieren Sie die Registerkarte *Details*. Jetzt sehen Sie sämtliche Informationen, die in diesem Ereigniseintrag enthalten sind.
>
> 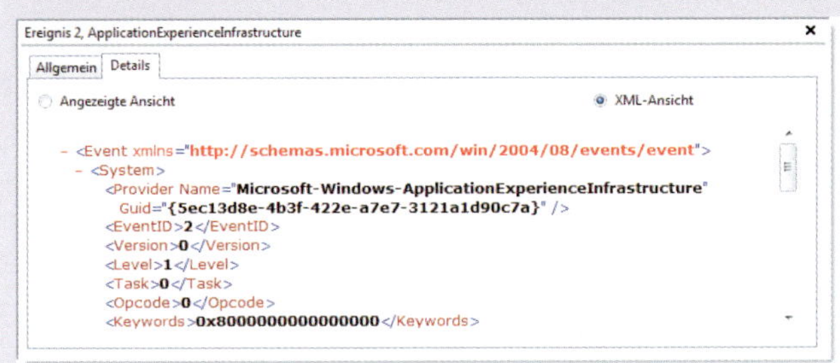
>
>
> **Abbildung 54.4** Ereigniseinträge in XML-Ansicht darstellen
>
> Klicken Sie links auf die Option *Angezeigte Ansicht*, wird das XML in eine lesbarere Form transformiert.

Die Bestandteile der Ereignisanzeige

Die linke Spalte mit der Baumdarstellung zeigt an, wo Sie sich gerade innerhalb der Ereignisanzeige befinden.

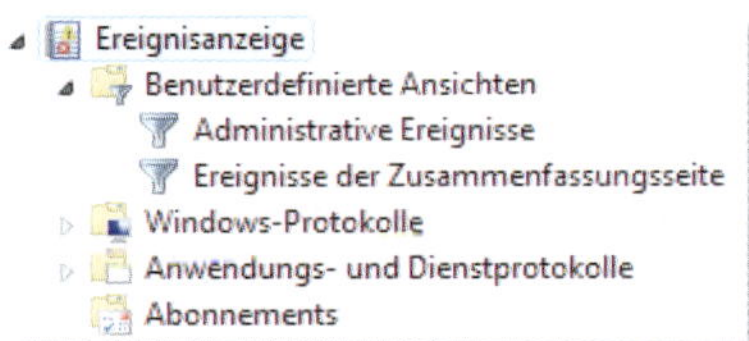

Abbildung 54.5 Die Baumdarstellung verrät, wo Sie sich gerade befinden

- **Ereignisanzeige** Klicken Sie auf *Ereignisanzeige*, gelangen Sie immer zu der Kurzübersicht aus Abbildung 54.2.
- **Benutzerdefinierte Ansichten** Doppelklicken Sie in der Kurzübersicht auf eine Ereignisgruppe, sehen Sie die Ereignisse wie in Abbildung 54.3 als *Benutzerdefinierte Ansicht*, und zwar in *Benutzerdefinierte Ansichten/Ereignisse der Zusammenfassungsseite*.

  Benutzerdefinierte Ansichten filtern die Informationen der Ereignisanzeige, damit Sie nicht alles sehen, sondern nur genau das, was Sie gerade interessiert. Sie werden gleich sehen, wie praktisch das ist, wenn Sie eigene benutzerdefinierte Ansichten anlegen.

  Eine weitere benutzerdefinierte Ansicht namens *Administrative Ereignisse* ist ebenfalls schon vorhanden und listet sämtliche Einzelereignisse auf, die auf der Zusammenfassungsseite berücksichtigt wurden.
- **Windows-Protokolle** Hier finden sich die klassischen Windows-Protokolle wie *System*, *Sicherheit* und *Anwendungen*, die die einzelnen Ereignisse sehr grob nach Thema sortieren.

  Das Protokoll *Weitergeleitete Ereignisse* ist neu und wird später wichtig, wenn Sie Ereignisse von anderen Computern importieren.
- **Anwendungs- und Dienstprotokolle** In diesem Zweig sind die Ereignisse sehr viel genauer nach Stichwort und Thema gruppiert, und es fällt deshalb leichter, hier Informationen zu einem bestimmten Thema zu finden.
- **Abonnements** Wenn Sie zuständig für eine ganze Reihe von Computern sind und darauf bestimmte Dinge überwachen möchten, können Sie sich von allen diesen Computern die für Sie wichtigen Ereignisse schicken lassen.

  Welche fremden Ereignisse Sie verwalten wollen, bestimmen Sie in diesem Bereich.

Benutzerdefinierte Ansichten

Mehr Übersicht in der Datenflut der Ereignisse liefern benutzerdefinierte Ansichten. Sie filtern aus der Vielzahl der Ereignisse genau die heraus, die Sie interessant finden. Wenn Sie zum Beispiel aus der Unmenge an gesammelten Ereignissen am Ende des Tages nur eine Übersicht über die Fehler der letzten 24 Stunden sehen wollen, erstellen Sie sich einfach die passende Ansicht dafür:

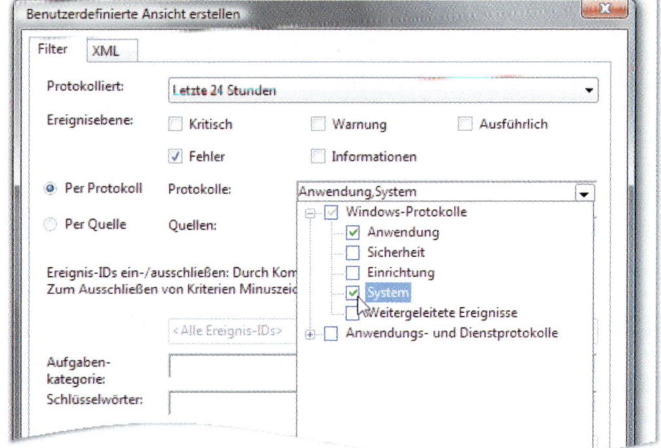

Abbildung 54.6 Legen Sie fest, was in Ihrer neuen Ansicht angezeigt werden soll

1. Klicken Sie mit der rechten Maustaste auf *Benutzerdefinierte Ansichten*, und wählen Sie im Kontextmenü den Eintrag *Benutzerdefinierte Ansicht erstellen.*
2. Ein Dialogfeld öffnet sich, mit dem Sie festlegen, was in Ihrer neuen benutzerdefinierten Ansicht angezeigt werden soll. Stellen Sie die folgenden Parameter ein:
   - *Protokolliert: Letzte 24 Stunden*
   - *Ereignisebene: Fehler*
   - *Per Protokoll, Protokolle: Anwendung, System*
3. Klicken Sie auf *OK*. Tippen Sie als Name »Fehler der letzten 24 Stunden« ein, und bestätigen Sie mit *OK*.
4. Ihre neue benutzerdefinierte Ansicht erscheint unter dem Zweig *Benutzerdefinierte Ansichten* und meldet sämtliche Fehler, die in den letzten 24 Stunden entweder im System- oder im Anwendungsprotokoll aufgetreten sind.

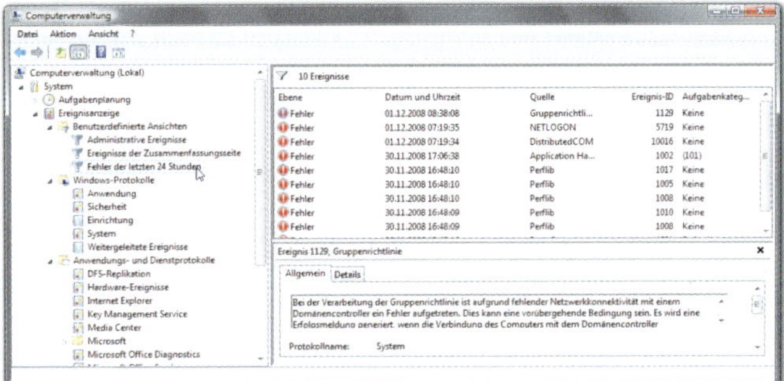

Abbildung 54.7 Alle Fehler der letzten 24 Stunden aus dem System- und Anwendungsprotokoll anzeigen

PROFITIPP

Falls bei Ihnen keine Fehlerereignisse vorhanden sind, die in Ihrer neuen benutzerdefinierten Ansicht gemeldet werden könnten, lösen Sie zu Testzwecken selbst einen aus. Starten Sie dazu eine Konsole mit Administratorrechten und geben Sie darin diesen Befehl ein:

eventcreate /T ERROR /ID 100 /L SYSTEM /D "Testfehler für Diagnose" /SO Test

Abonnements und Weiterleitungen

Ereignisse werden von jedem Computer einzeln erfasst und gespeichert. Müssen Sie viele Computer verwalten, wären Sie also gezwungen, die Ereignislogbücher jedes Computers einzeln zu öffnen und die Ereignisse darin zu analysieren – das macht kein Mensch, weil es viel zu lange dauert, und deshalb wurden die an sich sehr nützlichen Ereignisinformationen in früheren Windows-Versionen häufig höflich ignoriert.

Bei Windows Vista können Sie sich eine persönliche Verwaltungszentrale schaffen und Ihren Verwaltungscomputer beauftragen, wichtige Ereignisse von anderen Computern abzuholen. So verwalten Sie nicht nur die Ereignisse Ihres eigenen Computers, sondern auch die für Sie wichtigen Ereignisse aller übrigen Computer.

Dazu sind zwei Komponenten nötig:

- Auf Ihrem Computer wird ein Dienst gestartet, der sich automatisch darum kümmert, die von Ihnen gewünschten Ereignisse bei den anderen Computern abzuholen
- Auf jedem Computer, den Sie überwachen wollen, muss eine Verwaltungsschnittstelle geöffnet werden, über die der Sammeldienst die Ereignisse abfragen kann.

Computer für die Überwachung vorbereiten

Auf jedem Computer, den Sie überwachen wollen, muss der Windows-Verwaltungsdienst gestartet und so eingerichtet werden, dass er auf Anforderungen über das HTTP-Protokoll reagiert, denn über dieses Protokoll wird der Sammeldienst gleich die Ereignisse einsammeln.

Diese Einstellungen legen Sie über einen einfachen Befehl auf allen Computern fest, die Sie überwachen wollen:

1. Starten Sie eine Konsole mit Administratorrechten. Dazu tippen Sie im Startmenü zum Beispiel ins Schnellsuchfeld die Zeichenfolge **cmd** ein. Wenig später wird *cmd* in der linken Spalte des Startmenüs angezeigt. Klicken Sie mit der rechten Maustaste darauf, und wählen Sie im Kontextmenü den Eintrag *Als Administrator ausführen.*
2. Tippen Sie im Fenster der Eingabeaufforderung die folgende Anweisung ein:

   winrm quickconfig ↵.

   WinRM wird auf Ihrem Computer eingerichtet, wenn Sie J oder Y eingeben.

Achtung 

In der Windows Vista-Version, die uns zur Verfügung stand, war im Befehl *winrm* noch ein Übersetzungsfehler enthalten. Deshalb mussten wir die Taste Y und nicht wie angegeben die Taste J drücken, um die Einstellungen zu aktivieren.

Ob dieser Fehler noch besteht, wenn Sie dies lesen? Probieren Sie es am besten aus ...

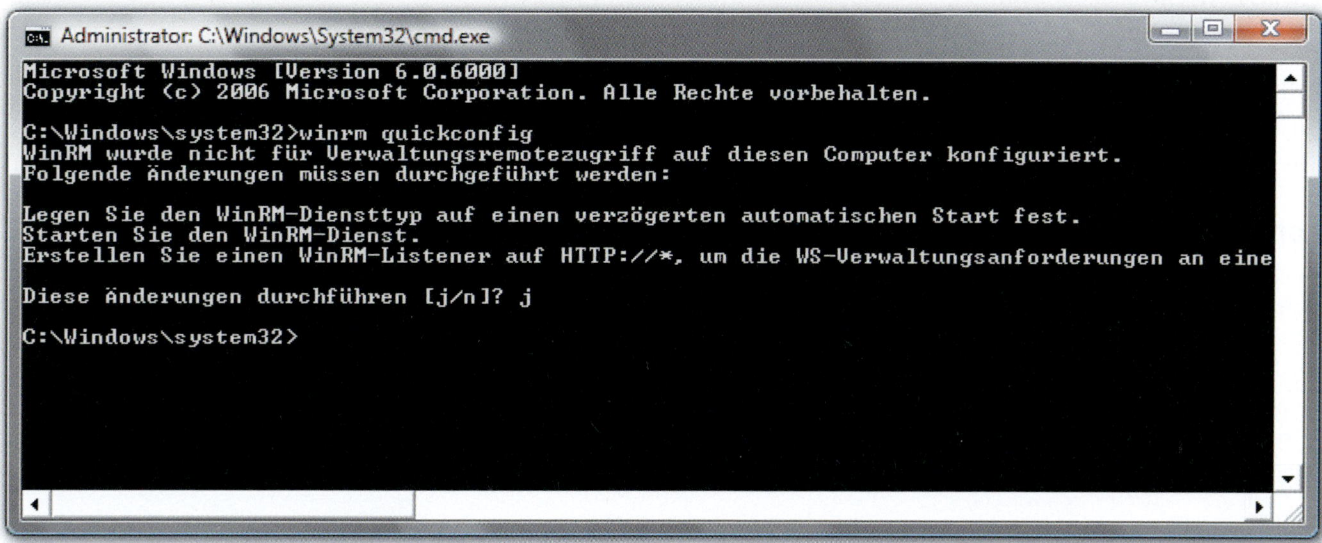

Abbildung 54.8 WinRM einsatzbereit machen

Ein Abonnement einrichten

Als Nächstes beauftragen Sie Ihren zentralen Verwaltungscomputer, von anderen Computern Ereignisse einzusammeln und zentral anzuzeigen.

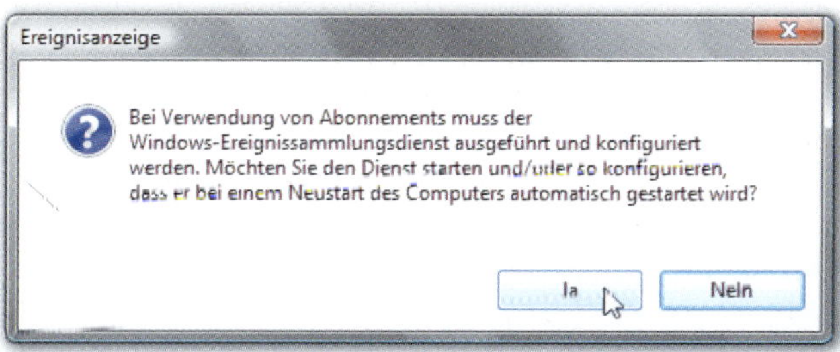

Abbildung 54.9 Der Ereignissammeldienst sammelt die Ereignisse von anderen Computern ein

1. Klicken Sie auf den Zweig *Abonnements*. Wenn Sie das zum ersten Mal tun, fragt Windows nach, ob Sie den Ereignissammlungsdienst starten wollen. Klicken Sie auf *Ja*, denn dieser Dienst sammelt später die Ereignisse von anderen Computern ein.
2. Wählen Sie *Aktion/Abonnement erstellen*. Tippen Sie als Abonnementnamen »Anwendungsfehler auf Remotecomputern« ein.
3. Klicken Sie auf *Hinzufügen*, um festzulegen, von welchen Computern Sie Ereignisse einsammeln wollen. Geben Sie nun den Rechnernamen oder dessen IP-Adresse ein. Fügen Sie alle Computer hinzu, die Sie überwachen wollen.
4. Klicken Sie auf *Ereignisse auswählen* und anschließend auf *Bearbeiten*. Wählen Sie die Einstellungen aus, und klicken Sie auf *OK*.
   - *Protokolliert: Letzte 24 Stunden*
   - *Ereignisebene: Fehler*
   - *Per Protokoll Protokolle: System*
   - *Ereignis-ID: 100*
5. Klicken Sie auf *Erweitert*, und wählen Sie die Option *Bestimmter Benutzer*. Wählen Sie ein Konto eines Domänen-Administrators aus. Außerhalb einer Domäne muss es ein Konto sein, das auf dem Zielsystem Administratorrechte hat und Mitglied in der Gruppe der *Ereignisprotokollleser* ist.

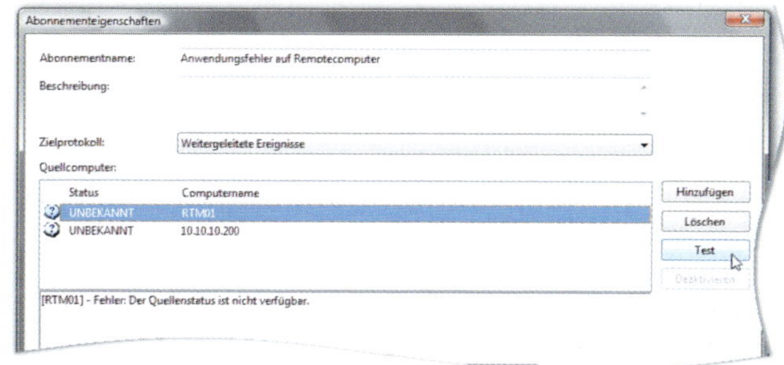

Abbildung 54.10 Testen Sie die Verbindung zu den Remotecomputern

6. Wählen Sie einen der hinzugefügten Computer in der Liste aus, und klicken Sie auf die Schaltfläche *Test*. Die Verbindung zum Computer wird getestet und muss jetzt funktionieren.

Wenn die Verbindung nicht zustande kommt, überprüfen Sie diese Punkte:

Besondere Bedingungen für Arbeitsgruppen

In einem Arbeitsgruppenumfeld ohne Domäne ist die Ereignisweiterleitung zwar ebenfalls möglich, aber wesentlich aufwändiger, weil die zentralen Sicherheitselemente wie Kerberos nicht zur Verfügung stehen.

Sie sind außerdem auf den Übertragungsmodus *Normal* beschränkt. Die folgenden zusätzlichen Einstellungen sind nötig:

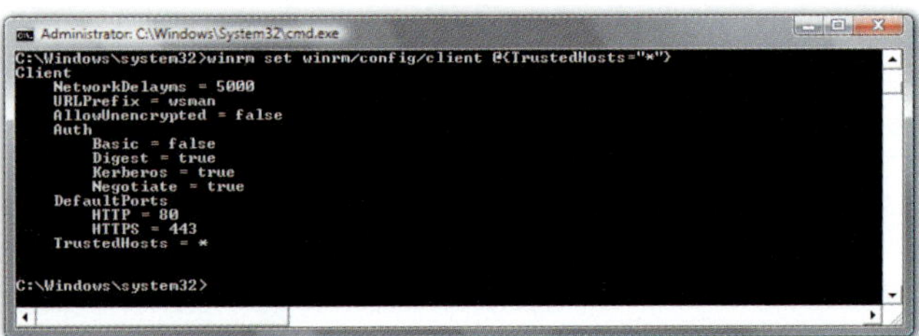

Abbildung 54.11 Kerberos steht in Arbeitsgruppenumgebungen nicht zur Verfügung

- **Firewall** Richten Sie eine Ausnahme für die Remoteereignisprotokollierung auf jedem Computer ein, den Sie überwachen wollen.
- **Berechtigungen** Das Benutzerkonto, das Sie für den Abonnementdienst verwenden, muss auf allen zu überwachenden Computern über Administratorrechte verfügen und Mitglied in der Gruppe der *Ereignisprotokollleser* sein.
- **Authentifizierung** Geben Sie auf dem Verwaltungsrechner in einer Konsole mit Administratorrechten den folgenden Befehl ein:

  winrm set winrm/config/client @{TrustedHosts= "<quellen>"} ↵

  »quellen« kann entweder ein »*« für beliebige Rechnernamen sein oder bestimmte Rechnernamen angeben, in denen der Stern optional als Joker eingesetzt werden darf. Mit diesem Befehl erlauben Sie WinRM, anstelle von Kerberos die NTLM-Authentifizierung zu verwenden, die weniger sicher ist.

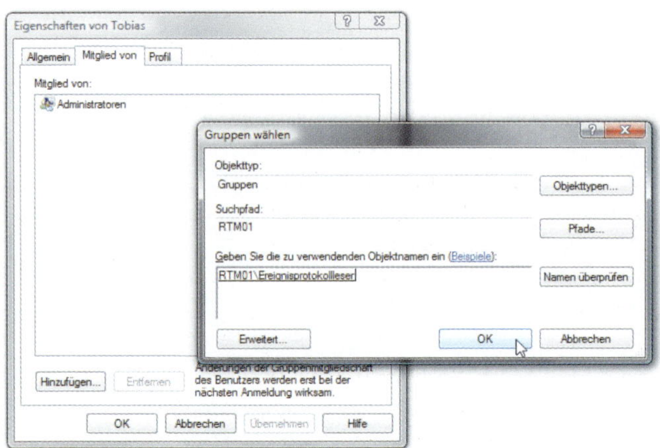

Abbildung 54.12 Das verwendete Benutzerkonto muss in der Gruppe der Ereignisprotokollleser enthalten sein

Fremde Ereignisse empfangen

Sobald Sie ein Abonnement eingerichtet haben, versucht der Sammeldienst, die gewünschten Ereignisse innerhalb der eingestellten Intervalle von den Zielcomputern zu lesen.

Name	Status	Quellcomp...	Beschreibung
Kritische Ereignisse auf Remotecomputern	Vorgang wird versucht	RTM08	

Abbildung 54.13 Der Sammeldienst versucht die Verbindungsaufnahme

In der Liste wird in dieser Zeit eine Sanduhr angezeigt. Dauert dieser Vorgang sehr lange, sollten Sie auf den Eintrag doppelklicken, um zu erfahren, warum die Verbindungsaufnahme nicht gelingt. Das Fenster meldet dann, wann der letzte Versuch gestartet wurde und welche Fehlermeldung dabei auftrat.

Gelingt die Verbindungsaufnahme, werden die Ereignisdaten übertragen. Sie können diesen Vorgang jederzeit per Klick mit der rechten Maustaste und Auswahl des Kontextmenübefehls *Wiederholen* von Hand anstoßen.

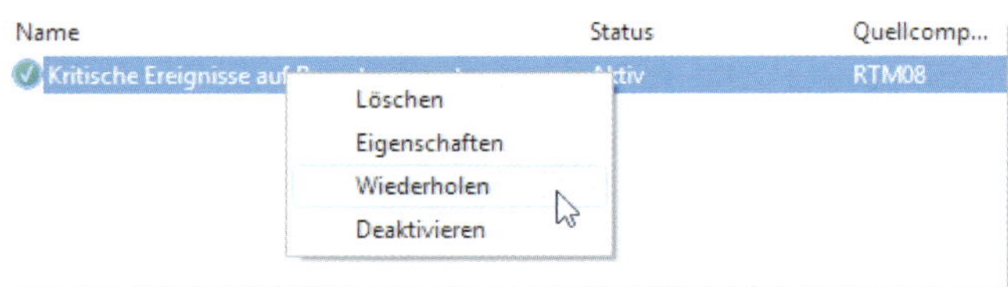

Abbildung 54.14 Neue Daten vom Client abholen

Die angeforderten Ereignisse speichert die Ereignisanzeige im Protokoll *Weitergeleitete Ereignisse*.

Sind Sie dem Beispiel bis hier gefolgt, könnten Sie nun auf dem überwachten System testweise Ereignisse mit der ID-Nummer 100 im Systemlogbuch auslösen und würden dann sehen, wie diese Ereignisse im Protokoll *Weitergeleitete Ereignisse* auf Ihrem Verwaltungscomputer erscheinen.

Dazu verwenden Sie auf dem zu überwachenden System diesen Befehl in einer Konsole, die Sie mit vollen Administratorrechten geöffnet haben:

eventcreate /L System /T Error /ID 100 /SO MyApp /D "Ein Testfehler" ↵

PROFITIPP

Diese Ereignisse könnten Sie nun mit Aufgaben koppeln und so zentral auf Ihrem Verwaltungssystem Aufgaben ausführen, wenn irgendwo im überwachten Rechnerpark bestimmte Ereignisse eintreten.

Wie Sie Aufgaben mit Ereignissen koppeln, lesen Sie im folgenden Abschnitt.

Aufgaben automatisieren

Haben Sie sich schon einmal gefragt, wie Windows Vista die Festplatten automatisch defragmentiert? Dahinter steckt der Aufgabendienst. Er kann Programme und Skripts zu festgelegten Zeiten ausführen, selbst wenn gerade niemand am Computer angemeldet ist.

»Verschläft« der Computer eine Aufgabe, weil er zur geplanten Zeit ausgeschaltet ist, wird die Aufgabe auf Wunsch schnellstmöglich nachgeholt, und die Ausführung von Aufgaben kann auch an Begleitumstände gekoppelt werden, wie zum Beispiel Leerlaufzeiten oder Netzbetrieb bei Notebooks.

So erreichen Sie die Aufgabenplanung und können sich informieren, welche Aufgaben der Dienst zurzeit für Sie ausführt:

1. Klicken Sie im Startmenü mit der rechten Maustaste auf *Computer* und wählen Sie im Kontextmenü den Eintrag *Verwalten*. Nachdem Sie sich mit Administratorrechten ausgewiesen haben, startet die *Computerverwaltung*.
2. Klicken Sie links in der Baumdarstellung auf *System/Aufgabenplanung*. Jetzt sehen Sie in der Liste *Aufgabenstatus* die aktuellen Aufgaben der letzten 24 Stunden.

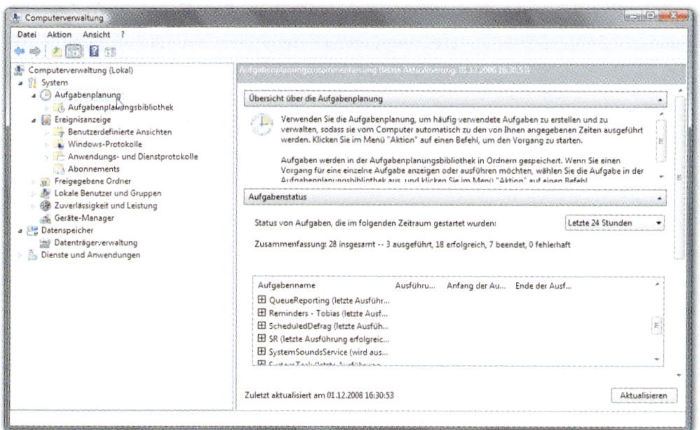

Abbildung 54.15 Die Aufgabenplanung zeigt Ihnen alle Aufgaben, die der Dienst für Sie ausführt

Klicken Sie auf das Plus-Zeichen vor einer Aufgabe, um zu erfahren, wann diese Aufgabe zuletzt durchgeführt wurde und ob dabei Fehler aufgetreten sind.

Wählen Sie zum Beispiel *ScheduledDefrag*, um die automatische Festplattendefragmentierung zu überprüfen.

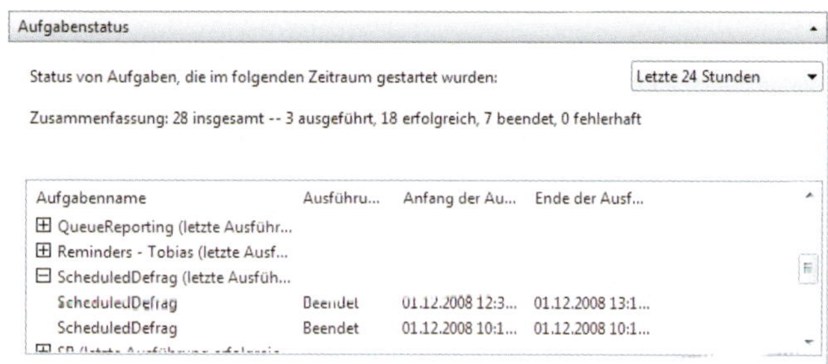

Abbildung 54.16 Feststellen, ob und wann eine Aufgabe durchgeführt wurde

Darunter im Bereich *Aktive Aufgaben* werden die Aufgaben aufgelistet, die derzeit vom Aufgabendienst verwaltet werden. In der Spalte *Trigger* erfahren Sie, wann diese Aktion ausgelöst wird.

Die Aufgabenbibliothek

Möchten Sie mehr zu einer Aufgabe erfahren oder ihre Einstellungen ändern, doppelklicken Sie darauf.

Die Ansicht wechselt nun in die Aufgabenbibliothek. Sie sehen jetzt links in der Baumdarstellung, wo die Aufgabe gespeichert ist, und können rechts die Einstellungen sehen.

Die Aufgabeneinstellungen sind auf verschiedene Registerkarten verteilt:

- **Allgemein** Hier erfahren Sie neben einer kurzen Aufgabenbeschreibung, in welchem Benutzerkontext die Aufgabe ausgeführt wird. Die automatische Defragmentierung wird beispielsweise im Namen des Systems und mit höchsten Privilegien ausgeführt.
- **Trigger** Aufgaben können als Reaktion auf bestimmte Trigger ausgeführt werden. Die automatische Defragmentierung verwendet einen Zeit-Trigger und wird wöchentlich um 1 Uhr jeden Mittwoch ausgeführt.

  Im nächsten Abschnitt erfahren Sie, wie Sie Aufgaben auch als Reaktion auf Ereignisse ausführen lassen können.
- **Aktionen** Diese Registerkarte verrät, welche Programme von der Aufgabe gestartet werden. Hier erfahren Sie, dass die automatische Defragmentierung mit dem Befehl *defrag.exe –c* durchgeführt wird.

  Die Aufgabe kann mehrere Dinge der Reihe nach ausführen, die dann in der Liste untereinander aufgeführt werden. Dazu kann eine Aufgabe beliebige Programme starten, E-Mails versenden und Meldungen anzeigen.
- **Bedingungen** Auf dieser Registerkarte bestimmen Sie die Voraussetzungen, die erfüllt sein müssen, damit die Aufgabe ausgeführt wird. Die automatische Defragmentierung wird zum Beispiel nur ausgeführt, wenn das System mindestens drei Minuten im Leerlauf war, und wird beendet, sobald der Computer wieder benutzt wird, um den Anwender nicht zu stören.

  Außerdem wird die Defragmentierung nur ausgeführt, wenn der Computer im Netzbetrieb ist, und abgebrochen, wenn er auf Akkubetrieb wechselt, um so Strom zu sparen.
- **Einstellungen** Hier wird festgelegt, ob die Aufgabe auch von Hand gestartet werden kann und was passiert, wenn der Zeitpunkt verpasst wird, zu dem die Aufgabe eigentlich ausgeführt werden sollte. Ist der Computer zum Beispiel ausgeschaltet, wenn die Defragmentierung durchgeführt werden soll, wird die Defragmentierung so bald wie möglich nachgeholt.
- **Verlauf** Diese Registerkarte enthält eine Liste mit allen Ereignissen, die von dieser Aufgabe ausgelöst wurden. So können Sie feststellen, ob die Aufgabe fehlerfrei ausgeführt wurde oder ob – und welche – Probleme aufgetreten sind.

Die Informationen im Fenster sind schreibgeschützt und können hier nicht geändert werden.

Wollen Sie die Einstellungen einer Aufgabe nachträglich ändern, klicken Sie die Aufgabe in der oberen Liste mit der rechten Maustaste an und wählen im Kontextmenü den Eintrag *Eigenschaften*.

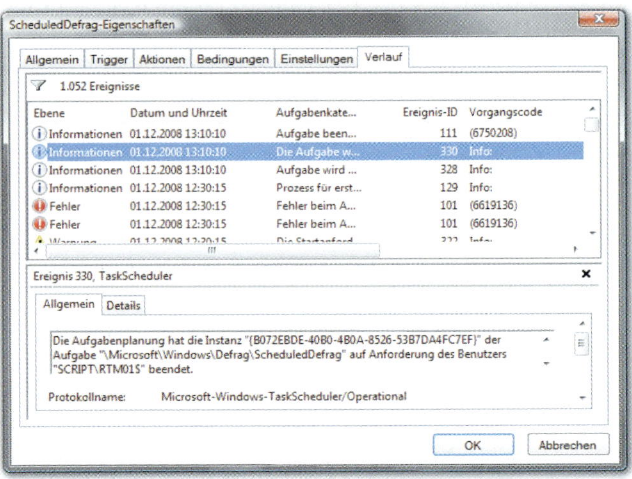

Abbildung 54.17 Die Registerkarte Verlauf zeigt alle Ereignisse, die bei der Ausführung der Aufgabe aufgetreten sind

Jetzt öffnet sich ein Dialogfeld mit denselben Registerkarten. Die Informationen darin lassen sich nun ändern.

Eine neue eigene Aufgabe anlegen

Möchten Sie eine eigene Aufgabe von der Aufgabenplanung ausführen lassen, fügen Sie die Aufgabe hinzu.

Dazu klicken Sie mit der rechten Maustaste auf *Aufgabenplanung* und wählen *Einfache Aufgabe erstellen*, wenn Sie einen Assistenten nutzen wollen, oder *Aufgabe erstellen*, wenn Sie die Details der Aufgabe direkt in die Registerkarten eintragen möchten.

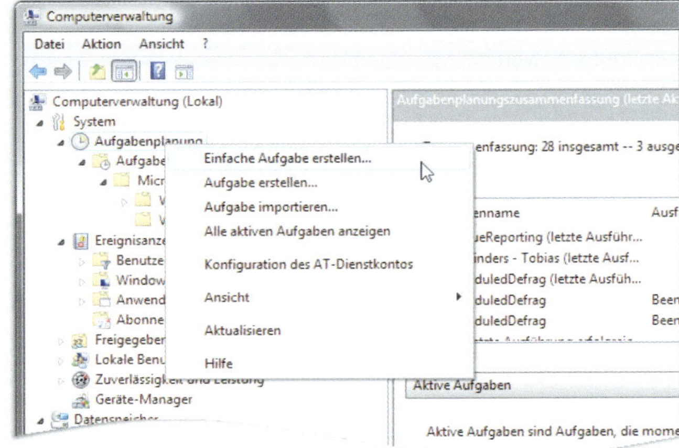

Abbildung 54.18 Eine neue einfache Aufgabe erstellen

Wählen Sie den Kontextmenübefehl *Einfache Aufgabe erstellen*. Es öffnet sich ein Assistent, mit dem Sie die Aufgabe beschreiben. Auf der ersten Seite geben Sie der Aufgabe einen Namen sowie eine Beschreibung und klicken auf *Weiter*.

Danach legen Sie fest, wann die Aufgabe ausgeführt werden soll. Wählen Sie zum Beispiel *Bei der Anmeldung*, und klicken Sie auf *Weiter*.

Nun bestimmen Sie, was passieren soll. Sie könnten zum Beispiel ein Programm oder Skript starten lassen. In diesem Beispiel wählen Sie *Meldung anzeigen* und klicken auf *Weiter*.

Geben Sie einen Titel und einen Text für die Meldung ein, und klicken Sie auf *Weiter*. Ihre Angaben werden noch einmal zusammengefasst. Klicken Sie auf *Fertig stellen*. Die neue Aufgabe ist einsatzbereit.

Melden Sie sich nun ab und wieder an. Bei der Anmeldung wird Ihre Aufgabe ausgeführt und zeigt die Meldung an.

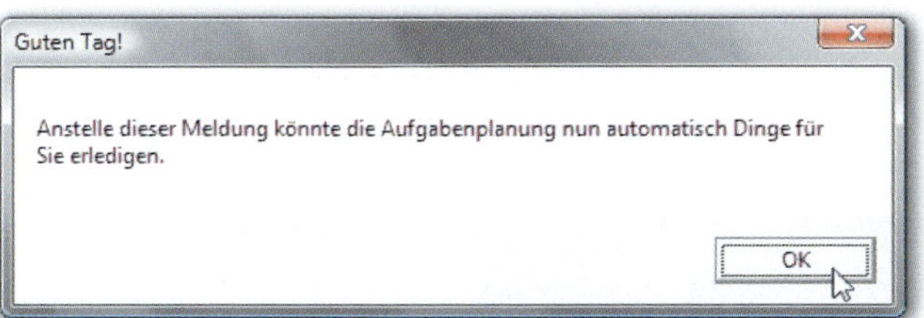

Abbildung 54.19 Die neu angelegte Aufgabe wird beim Anmeldevorgang ausgeführt

Ihre neue Aufgabe finden Sie in der Aufgabenplanungsbibliothek. Klicken Sie darauf, werden Ihnen die Einstellungen angezeigt, und wenn Sie Ihre Aufgabe wieder entfernen wollen, klicken Sie sie mit der rechten Maustaste an und wählen im Kontextmenü den Eintrag *Löschen*.

Ereignisse und Aufgaben koppeln

Aufgaben müssen nicht blind einem Zeitschema folgen, sondern können auch an bestimmte Ereignisse gekoppelt werden, um automatisch und dynamisch auf bestimmte Situationen zu reagieren.

Beispiele für ereignisbasierte Aufgaben finden Sie in der Aufgabenbibliothek unter *Microsoft/Windows/Tcpip*. Sie lauten *IpAddressConflict1* und *IpAddressConflict2*.

In der Spalte *Trigger* erfahren Sie, dass diese beiden Aufgaben auf die Ereignisse mit der ID *4198* und *4199* reagieren, die ausgelöst werden, wenn es im Netzwerk zu einem IP-Adresskonflikt kommt.

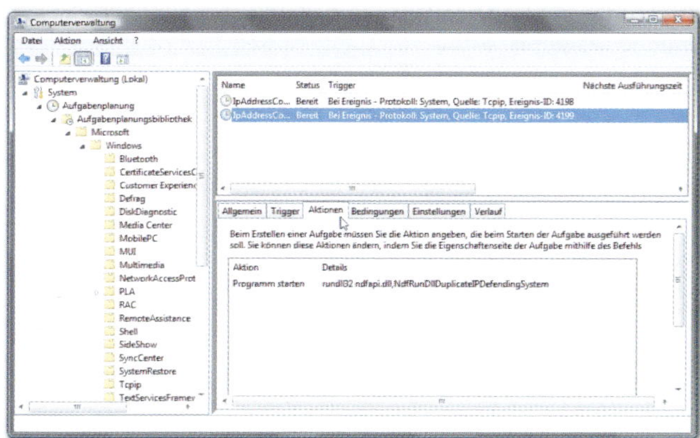

Abbildung 54.20 Bei einem IP-Adresskonflikt wird eine ereignisbasierte Aufgabe ausgeführt

Um festzustellen, wofür die Aufgaben zuständig sind, holen Sie die Registerkarte *Aktion* in den Vordergrund. Beide Aufgaben tun genau dasselbe. Sie rufen den Befehl *rundll32 ndfapi,NdfRunDllDuplicateIPDefendingSystem* auf.

Möchten Sie sehen, was passiert, wenn ein IP-Adresskonflikt eintritt, führen Sie diesen Befehl entweder von Hand aus, oder klicken Sie in der oberen Liste mit der rechten Maustaste auf die Aufgabe und wählen den Kontextmenübefehl *Ausführen*.

Prompt öffnet sich ein Systemdialogfeld und meldet den Konflikt. Sie sehen also, dass viele interne Windows Vista-Funktionen selbst auf ereignisbasierten Aufgaben beruhen.

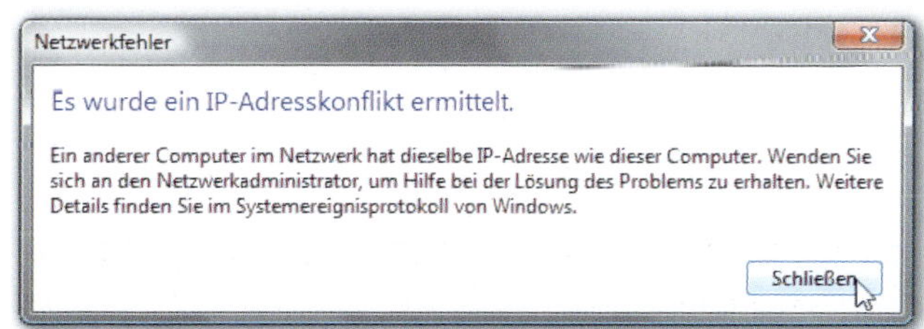

Abbildung 54.21 Die ereignisbasierte Aufgabe öffnet ein Systemdialogfeld

Eine eigene ereignisbasierte Aufgabe anlegen

Möchten Sie selbst auf Systemereignisse reagieren und eigene Aufgaben ausführen lassen, gehen Sie genauso vor wie im Abschnitt »Eine neue eigene Aufgabe anlegen« weiter vorne in diesem Kapitel beschrieben, und legen eine neue eigene Aufgabe an.

Wählen Sie als Trigger diesmal *Bei Protokollierung eines bestimmten Ereignisses*. Danach wählen Sie das Protokoll, die

Quelle des Ereignisses und die Ereignis-ID aus, auf die die Aufgabe reagieren soll.

Allerdings kennt man diese Angaben selten aus dem Stegreif. Ein clevererer Weg: Sie binden Aufgaben direkt an schon vorhandene Ereignisse, die Sie interessieren.

So brauchen Sie Angaben wie die Quelle oder die Ereignis-ID nicht zu kennen, und wenn das Ereignis das nächste Mal erneut eintritt, wird Ihre Aufgabe gestartet.

Schauen Sie sich das mal näher an.

Aufgabe mit selbstgeneriertem Ereignis testen

Zuerst generieren Sie ein Beispiel-Ereignis, auf das Ihre Aufgabe anschließend reagieren soll.

Natürlich können und werden Sie später echte Systemereignisse verwenden, aber für diesen Test ist es einfacher, das auslösende Ereignis selbst zu generieren, weil Sie es testweise jederzeit auslösen können.

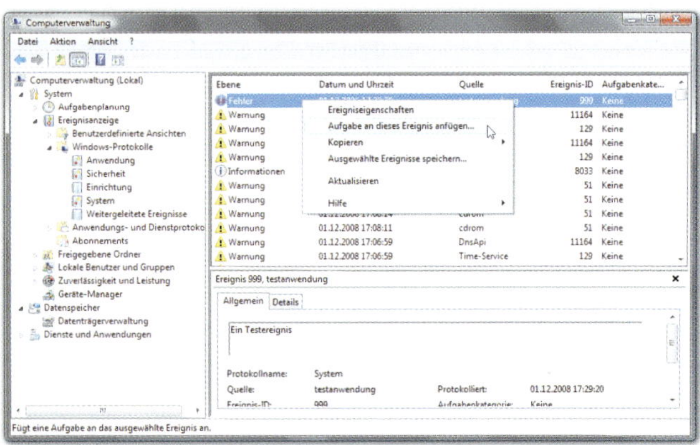

Abbildung 54.22 Eine Aufgabe an ein Ereignis koppeln

1. Tippen Sie im Startmenü ins Schnellsuchfeld die Zeichenfolge **cmd** ein. Sobald *cmd* in der linken Spalte des Startmenüs angezeigt wird, klicken Sie mit der rechten Maustaste darauf und wählen *Als Administrator ausführen*. Eine Konsole mit vollen Administratorrechten wird geöffnet.
2. Geben Sie diesen Befehl ein:

   eventcreate /L system /T error /ID 999 /SO Testanwendung /D "Ein Testereignis" ↵
3. Ein Testereignis mit der Quelle *Testanwendung* wird als Fehler im Systemprotokoll angelegt. Schauen Sie sich den Eintrag nun im Systemprotokoll an. Dazu wählen Sie in der Computerverwaltung in der linken Spalte *Ereignisanzeige/Windows-Protokolle/System*. Das Ereignis wird in der Liste angezeigt.
4. Klicken Sie das Ereignis mit der rechten Maustaste an, und wählen Sie *Aufgabe an dieses Ereignis anfügen*.
5. Der Assistent für neue Aufgaben startet. Weisen Sie der Aufgabe einen Namen und eine Beschreibung zu, und klicken Sie auf *Weiter*.
6. Der Assistent hat bereits alle notwendigen Angaben für den Trigger eingefügt. Die Aufgabe wird nun automatisch gestartet, sobald Ihr Testereignis ausgelöst wird. Klicken Sie auf *Weiter*, und legen Sie die Aktion fest.
7. Wählen Sie die Option *Meldung anzeigen*, und klicken Sie auf *Weiter*. Geben Sie wieder eine Überschrift und einen Meldungstext an, und klicken Sie auf *Weiter* sowie auf *Fertig stellen*.

Lösen Sie Ihr Testereignis nun noch einmal mit dem Befehl *eventcreate* aus. Sofort springt die Meldung Ihrer Aufgabe hervor. Sie können nun auf gleiche Weise Aufgaben an beliebige Ereignisse koppeln.

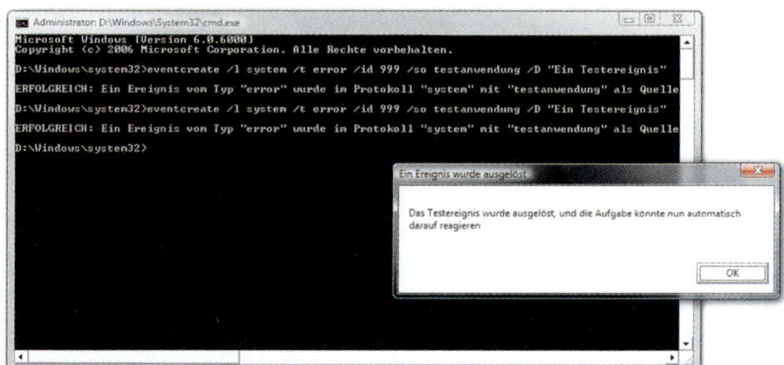

Abbildung 54.23 Ihre Aufgabe wird ausgeführt, wenn das zugrunde liegende Ereignis eintritt

Tipp 

Sie finden Ihre Aufgabe in der Aufgabenbibliothek im Zweig *Aufgaben der Ereignisanzeige* und können sie dort auch wieder löschen.

Falls Sie einmal nicht genau wissen, wo eine bestimmte Aufgabe in der umfangreichen Aufgabenbibliothek zu finden ist, klicken Sie in der linken Spalte auf *Aufgabenplanung*.

Rechts sehen Sie nun in der unteren Liste alle aktiven Aufgaben und finden die Aufgabe hier recht einfach wieder. Per Doppelklick wechseln Sie dann automatisch an die richtige Stelle in der Aufgabenbibliothek.

Zusammenfassung

Die Ereignisanzeige organisiert die unzähligen Systemereignisse und bietet Zusammenfassungen und benutzerdefinierte Ansichten, damit Sie aus der Menge der Ereignisse die für Ihre Fragestellung informativen Ereignisse schnell finden.

Ereignisse können auch von anderen Computern eingesammelt und zentral auf einem Computer analysiert werden.

Über die Aufgabenplanung lassen sich Routineaufgaben wie die Festplattendefragmentierung zeitgesteuert ausführen, aber auch dynamisch auf Ereignisse bestimmte Aufgaben ausführen.

Mit der Ereignisanzeige und der Aufgabenplanung haben Sie so die Möglichkeit, automatisiert auf unvorhergesehene Zustände zu reagieren und technische Informationen zu Problemen oder Fehlfunktionen nachzuschlagen.

Sie möchten ...	So gehen Sie vor	Sehen Sie sich dazu das Beispiel an auf
die Computerverwaltung öffnen	Klicken Sie im Startmenü mit der rechten Maustaste auf *Verwalten*	Seite 854
die Ereignisanzeige öffnen	Klicken Sie im Startmenü mit der rechten Maustaste auf *Verwalten*. Klicken Sie auf *Ereignisanzeige*.	Seite 854
im Ereignisprotokoll alle Fehler der letzten 24 Stunden finden	Erstellen Sie eine benutzerdefinierte Ansicht	Seite 855
Ereignisse eines anderen Computers mitverwalten	Richten Sie ein Abonnement ein	Seite 856
die Aufgabenplanung öffnen	Klicken Sie im Startmenü mit der rechten Maustaste auf *Verwalten*. Klicken Sie auf *Aufgabenplanung*.	Seite 859

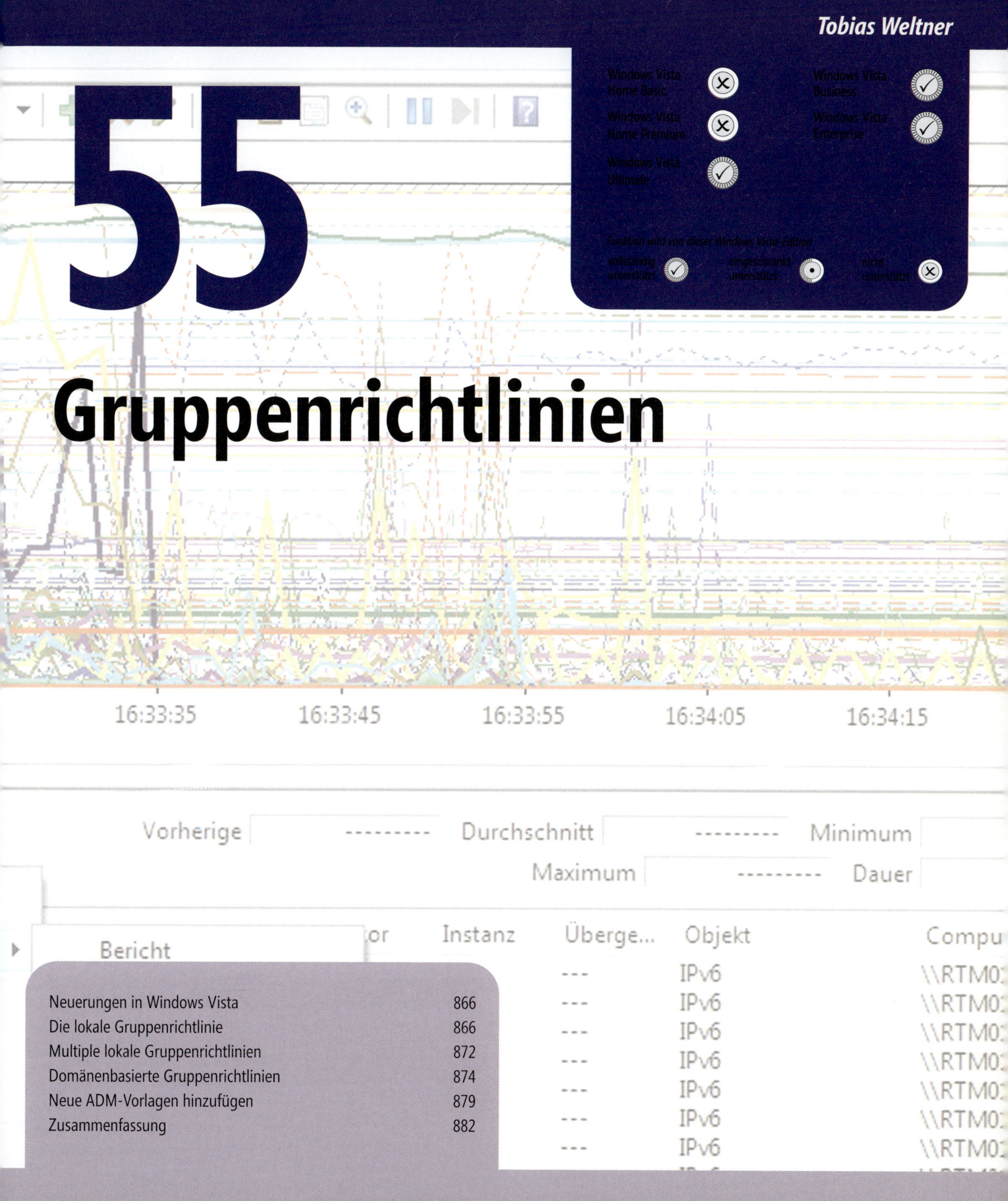

55 Gruppenrichtlinien

Schon in einem »unverwalteten« Windows Vista, zum Beispiel zu Hause auf dem privaten Computer, findet der Anwender unzählige Einstell- und Konfigurationsmöglichkeiten, um mit Farben, Programmen und Optionen aus dem Allzweckbetriebssystem Windows Vista »sein« persönliches Windows zu machen.

Noch sehr viel mehr Konfigurationsmöglichkeiten schlummern unsichtbar in der verborgenen Registrierungsdatenbank und machen aus Vista wahlweise einen eingeschränkten Firmen-Arbeitsplatz, eine Internetcafé-Konsole oder das Herzstück eines Geldautomaten.

Möglich wird das über Gruppenrichtlinien, die alle wichtigen Einstellungen steuern und aus dem Computer einen zentral »verwalteten« Computer machen.

Voraussetzung für Gruppenrichtlinien ist eine geeignete Windows Vista-Version. Die Verwaltungswerkzeuge für die Gruppenrichtlinien sind in *Windows Vista Home Basic* und *Windows Vista Home Premium* nicht enthalten.

Neuerungen in Windows Vista

Obwohl Gruppenrichtlinien nicht neu sind, gibt es in Windows Vista zahlreiche wichtige Ergänzungen und Erweiterungen, die Sie in diesem und dem folgenden Kapitel kennen lernen:

- **Mehrere lokale Gruppenrichtlinien** Gruppenrichtlinien können nun auch ohne Domäne und Active Directory auf einzelne Benutzer angewendet werden.
- **ADMX: Neue Administrative Vorlagen** Gruppenrichtlinien verwenden ein neues Vorlagenformat: anstelle der herkömmlichen ADM-Dateien, die weiterhin funktionieren, setzt Vista XML-basierte ADMX-Dateien ein, die eine bessere Sprachunabhängigkeit aufweisen und in einer Domäne zentral gespeichert werden können.
- **Gruppenrichtlinienverwaltung enthalten** Die in früheren Windows-Versionen optional nachrüstbare *Gruppenrichtlinienverwaltung* (GPMC, Group Policy Management Console) ist nun fester Bestandteil von Vista und erleichtert die Verwaltung von Gruppenrichtlinien innerhalb einer Domäne.
- **Richtlinienfilter** Die mittlerweile schiere Flut von Einstellmöglichkeiten in den administrativen Vorlagen kann mittels Filter besser verwaltet werden. Der Filter blendet dabei nicht benötigte oder nicht konfigurierte Richtlinien aus und zeigt so nur die für Sie wesentlichen Richtlinien an.
- **Neue Kontrollmöglichkeiten** Gruppenrichtlinien erlauben dem Administrator, noch mehr Aufgaben als in früheren Windows-Versionen zu automatisieren und wichtige Funktionen besser einzuschränken. Dazu zählt die Bereitstellung von Netzwerkdruckern, die Einschränkung von USB-Geräten und Wechseldatenträgern, die zentrale Konfiguration von Energiespareinstellungen und die Konfiguration einer erweiterten Firewall, die nun auch ausgehende Verbindungen schützt.
- **Bereit für »Windows Server 2008«** Windows Vista enthält bereits die Unterstützung für zahlreiche serverbasierte neue Funktionen wie zum Beispiel *Network Access Protection* (NAP), bei dem Clientcomputer zunächst auf ihre Sicherheitsstandards geprüft werden, bevor ihnen der Zugang zum Firmennetzwerk gewährt wird. Diese Funktionen sind nutzbar, sobald Sie Windows Server 2008 als zentralen Server einsetzen.

Die lokale Gruppenrichtlinie

Jeder Computer verfügt mindestens über eine Gruppenrichtlinie, nämlich seine lokale Gruppenrichtlinie. Deshalb eignet sich diese Gruppenrichtlinie besonders gut als Anschauungsobjekt. Später werden Sie noch andere Gruppenrichtlinien kennen lernen, doch sehen alle im Prinzip gleich aus.

Achtung 

Die Beispiele in diesem Kapitel setzen voraus, dass Sie sich mit einem Administratorkonto angemeldet haben. Sämtliche Konsolenbefehle, die in den Beispielen genannt werden, müssen mit erhöhten Rechten ausgeführt werden.

Um zu sehen, wie eine Gruppenrichtlinie aussieht und welche Einstellungen darin vorgenommen werden können, öffnen Sie die lokale Gruppenrichtlinie Ihres eigenen Computers:

1. Öffnen Sie das Startmenü, tippen Sie ins Schnellsuchfeld die Zeichenfolge **gpedit.msc** ein, und bestätigen Sie mit der [↵]-Taste. Sie müssen sich nun mit Administratorrechten ausweisen.
2. Anschließend startet der Gruppenrichtlinien-Editor und zeigt Ihnen den Inhalt der lokalen Gruppenrichtlinie an.

Achtung 

Falls der Befehl *gpedit.msc* bei Ihnen fehlt, unterstützt Ihre Version von Windows Vista möglicherweise keine Gruppenrichtlinien. Diese Funktion ist in *Windows Vista Home Basic* und *Windows Vista Home Premium* nicht vorhanden.

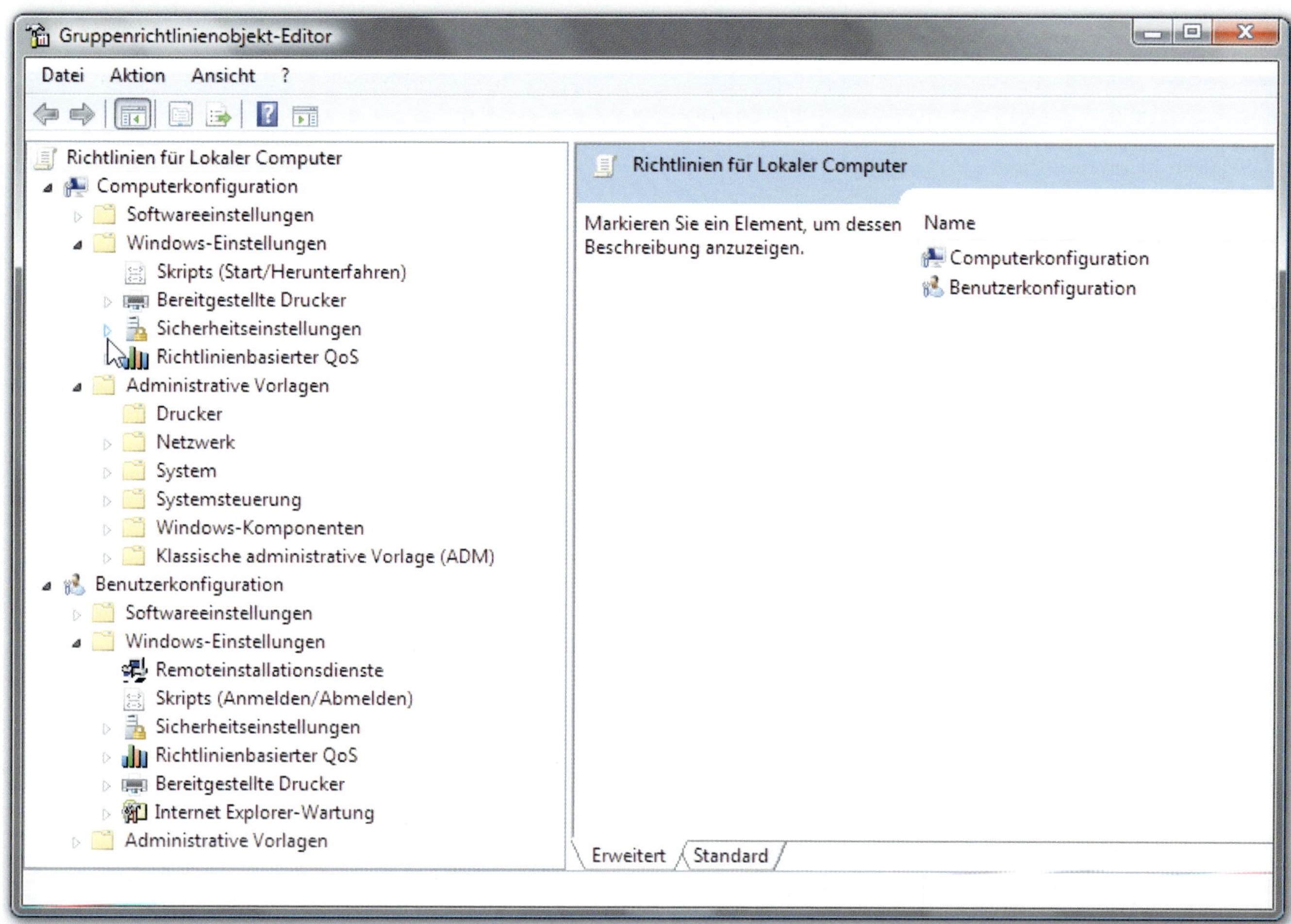

Abbildung 55.1 Die lokale Gruppenrichtlinie öffnen

Aufbau der Gruppenrichtlinie

Der Gruppenrichtlinienobjekt-Editor zeigt den Inhalt der Gruppenrichtlinie in zwei Spalten an. In der linken Spalte wählen Sie die Einstellung, die Sie sehen oder ändern wollen. Rechts listet der Editor dann die aktuellen Einstellungen auf.

Jede Gruppenrichtlinie besteht dabei aus zwei Teilen:

- **Computerkonfiguration** Diese Einstellungen werden angewendet, sobald der Computer startet. Sie gelten also für alle Benutzer und auch dann, wenn niemand am Computer angemeldet ist.
- **Benutzerkonfiguration** Diese Einstellungen gelten für bestimmte Benutzer und werden angewendet, sobald sich ein Benutzer am Computer anmeldet. Mit den Einstellungen in diesem Teil können Sie also für jeden Anwender unterschiedliche Einstellungen festlegen.

Eine Testeinstellung durchführen

Anfangs ist die lokale Gruppenrichtlinie zwar vorhanden, legt aber keine besonderen Einstellungen fest. Um zu sehen, wie sich Änderungen an der Gruppenrichtlinie auswirken, führen Sie als Nächstes eine Änderung durch.

Halten Sie sich dabei zunächst genau an das folgende Beispiel. Später werden Sie erfahren, welche sonstigen Einstellungen die Gruppenrichtlinie zu bieten hat.

1. Öffnen Sie in der linken Spalte des Gruppenrichtlinienobjekt-Editors den Zweig *Benutzerkonfiguration/Administrative Vorlagen/Desktop*, und klicken Sie auf *Desktop*.

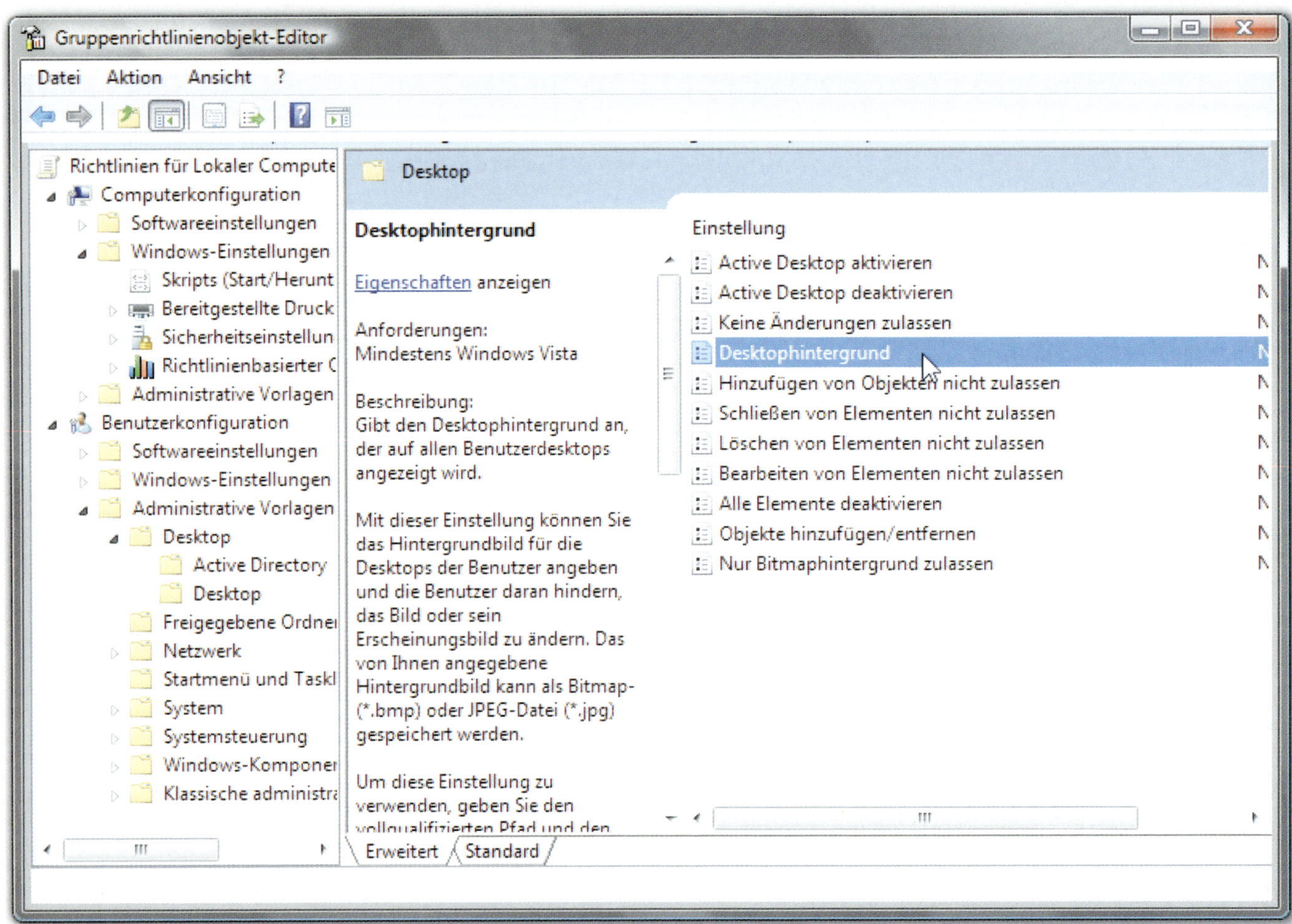

Abbildung 55.2 Eine Richtlinie in der Gruppenrichtlinie einrichten

2. In der rechten Spalte sehen Sie nun alle Einstellmöglichkeiten rund um den Desktop. Markieren Sie die Option *Desktophintergrund*. Nun lesen Sie links daneben die Beschreibung dieser Richtlinie. Mit ihr können Sie ein bestimmtes Hintergrundbild für die Desktopanzeige erzwingen und dafür sorgen, dass der Anwender es nicht ändern kann.

3. Doppelklicken Sie auf die Richtlinie, um das zugehörige Eigenschaftendialogfeld zu öffnen. Aktivieren Sie die Richtlinie zuerst mit der Option *Aktiviert*. Danach legen Sie die Details der Richtlinie fest. Dazu geben Sie im Feld *Hintergrundname* den Pfadnamen zu einer Bilddatei an, die als Desktophintergrund verwendet werden soll. Geben Sie zum Beispiel diesen Pfad an: *%windir%\Web\Wallpaper\img11.jpg*. »%windir%« ist eine Umgebungsvariable, die immer dem *Windows*-Ordner entspricht.

4. Über das Listenfeld neben *Hintergrundstil* legen Sie fest, wie das Bild angezeigt werden soll. Wählen Sie zum Beispiel *Strecken*. Danach klicken Sie auf *OK*.

Die Richtlinie ist nun definiert, aber das Hintergrundbild hat sich noch nicht geändert. Weil Ihre Richtlinie im Zweig *Benutzerkonfiguration* liegt, wirkt sie sich erst aus, wenn Sie sich das nächste Mal anmelden. Melden Sie sich deshalb testweise ab und dann wieder an.

Wenn Sie alles richtig gemacht haben, schmückt den Desktop nun das Hintergrundbild, das Sie eben ausgewählt haben. Und weil das Hintergrundbild von der Gruppenrichtlinie gesetzt wurde, können Sie es manuell per Maus auch nicht mehr ändern.

Um das Hintergrundbild wieder loszuwerden, müssen Sie die Richtlinie zuerst wieder entfernen. Dazu öffnen Sie noch einmal den Gruppenrichtlinien-Editor, navigieren zu der

Richtlinie und doppelklicken darauf. Es erscheint das Dialogfeld aus Abbildung 55.3. Wählen Sie darin die Option *Nicht konfiguriert*. Damit die Änderung wirksam wird, melden Sie sich noch einmal ab und wieder an. Schon wird der Desktophintergrund wieder auf die Ausgangseinstellung zurückgestellt.

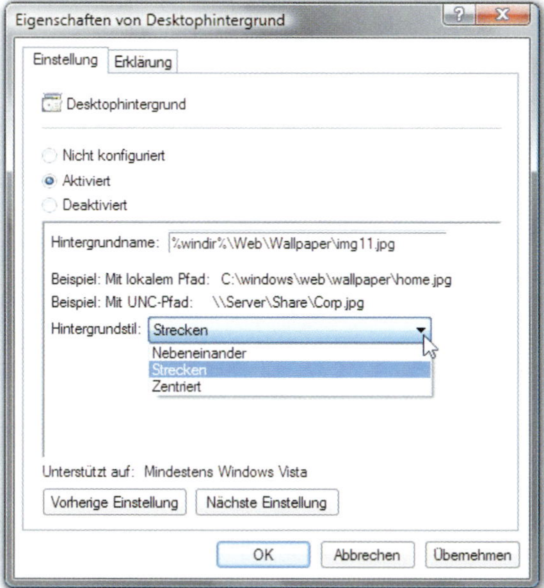

Abbildung 55.3 Eine neue Richtlinie konfigurieren

Die Anwendung einer Richtlinie kontrollieren

Der Gruppenrichtlinien-Editor zeigt: es gibt unzählige Einstellmöglichkeiten. Die wenigsten davon sind tatsächlich konfiguriert, aber um zu sehen, welche Einstellungen eine Gruppenrichtlinie wirklich durchführt, müsste man alle Einstellmöglichkeiten von Hand kontrollieren. Das erscheint wenig praktikabel.

Noch wesentlich komplexer wird die Situation, wenn Ihr Computer nicht nur eine, sondern viele Gruppenrichtlinien verwendet. Neben der lokalen Gruppenrichtlinie, die Sie gerade kennen gelernt haben, können Ihrem Computer oder Ihnen als Benutzer nämlich vom zentralen Netzwerkserver zusätzliche Richtlinien zugewiesen werden.

PROFITIPP

Markieren Sie im Gruppenrichtlinienobjekt-Editor den Eintrag *Administrative Vorlagen*, klicken Sie mit der rechten Maustaste darauf, und wählen Sie den Untermenübefehl *Ansicht/Filterung*. Über das Kontrollkästchen *Nur konfigurierte Richtlinieneinstellungen anzeigen* blenden Sie alle Einträge aus, die zurzeit unbenutzt sind.

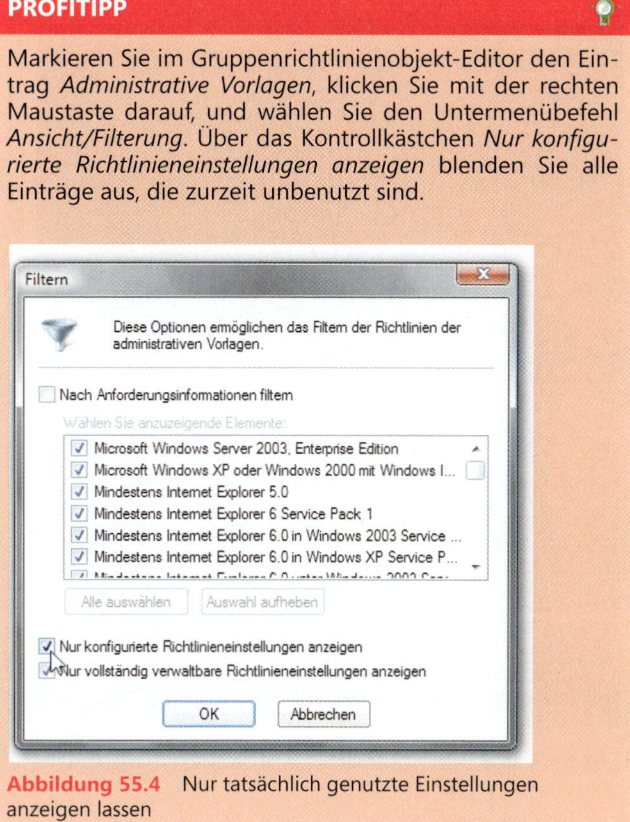

Abbildung 55.4 Nur tatsächlich genutzte Einstellungen anzeigen lassen

Um Überblick zu schaffen, gibt es aber glücklicherweise den Konsolenbefehl *gpresult*. Er zeigt das Endergebnis sämtlicher Gruppenrichtlinieneffekte, also die Nettoeinstellungen, die tatsächlich am Ende durchgeführt werden. So gehen Sie vor, um sich das Ergebnis anzeigen zu lassen:

1. Öffnen Sie ein Konsolenfenster, zum Beispiel, indem Sie im Startmenü ins Schnellsuchfeld die Zeichenfolge **cmd** eintippen und dann den Link *cmd* anklicken.
2. Geben Sie den Befehl **gpresult /Z** ein, und drücken Sie die [↵]-Taste. Diese Option sorgt für eine besonders ausführliche Protokollierung. Mit der Option */?* könnten Sie sich ebenso gut auch alle übrigen Optionen anzeigen lassen.
3. Es wird ein RSOP-Satz generiert, was einige Sekunden dauern kann. »RSOP« steht für »Resultant Set of Policies«, also die am Ende wirksamen Einstellungen. Anschließend gibt der Befehl zuerst die Einstellungen der Computerkonfiguration und danach die der Benutzerkonfiguration aus.

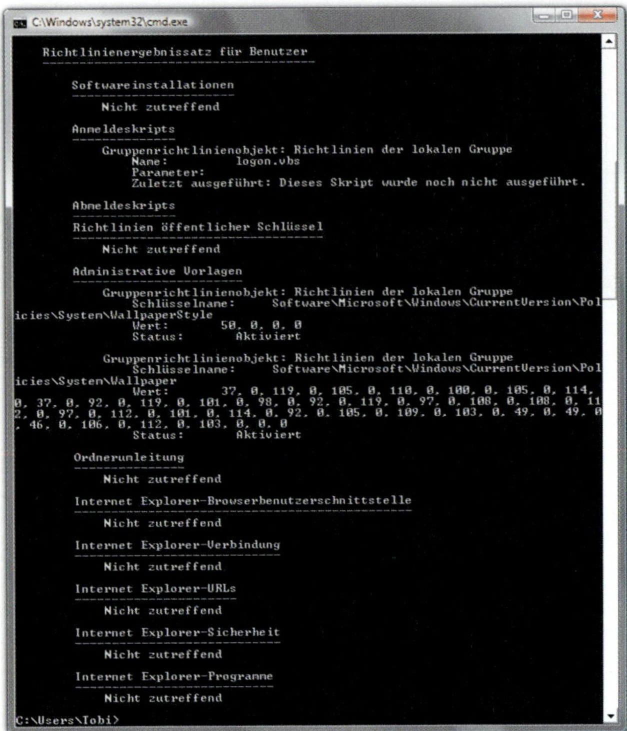

Abbildung 55.5 Die tatsächlich durchgeführten Änderungen anzeigen lassen

Dabei werden Sie wahrscheinlich eine erstaunliche Entdeckung machen, jedenfalls dann, wenn Sie die Richtlinie von eben noch nicht entfernt haben. Der Befehl meldet unter *Richtlinienergebnissatz für Benutzer* und unter *Administrative Vorlagen* zwei Einträge. Dabei wurden offenbar in der Registrierungsdatenbank zwei Einträge unter den Namen *WallpaperStyle* und *Wallpaper* vorgenommen.

Sie sehen, dass hinter der Richtlinie, die Sie konfiguriert haben, in Wirklichkeit zwei Registrierungsdatenbank-Schlüssel stecken, die Sie sich über den Registrierungs-Editor näher ansehen können.

Sobald Sie die Richtlinie aus dem Gruppenrichtlinienobjekt-Editor entfernen, indem Sie die Option wie eben beschrieben auf *Nicht konfiguriert* ändern, wird dieser Eintrag wieder aus der Registrierungsdatenbank entfernt.

PROFITIPP 

Tatsächlich stecken hinter den Einstellungen im Bereich *Benutzerkonfiguration/Administrative Vorlagen* lediglich Registrierungsdatenbank-Einträge, die im Zweig *HKEY_CURRENT_USER\SOFTWARE\Microsoft\Windows\CurrentVersion\Policies* der Registrierungsdatenbank eingetragen werden. Die entsprechenden Einstellungen aus dem Zweig *Computerkonfiguration* liegen in der Registrierungsdatenbank im Zweig *HKEY_LOCAL_MACHINE\SOFTWARE\ Microsoft \Windows\CurrentVersion\Policies.*

Richtlinien aktivieren und deaktivieren

Aus den Erkenntnissen des vorangegangenen Abschnitts ergeben sich erstaunliche Konsequenzen. Wenn Sie nämlich die Richtlinie mit der Option *Nicht konfiguriert* wieder abschalten und danach im Registrierungseditor die beiden Einträge *Wallpaper* und *WallpaperStyle* von Hand wieder anlegen, wird bei der nächsten Anmeldung auch wieder das voreingestellte Hintergrundbild verwendet, ganz so, als sei die Richtlinie wieder aktiv. Tatsächlich aber zeigt der Gruppenrichtlinienobjekt-Editor nach wie vor an, dass die Richtlinie nicht aktiv ist.

PROFITIPP 

Sie können also alle Einstellungen, die auf Einträgen in der Registrierungsdatenbank beruhen – und das sind alle Einstellungen im Zweig *Administrative Vorlagen* – auch manuell durch eigene Einträge in die Registrierungsdatenbank aktivieren. Dazu müssen Sie nur wissen, welche Einträge hinter den gewünschten Einstellungen stecken, und diese Informationen liefert Ihnen wie bereits gezeigt *gpresult.*

Mit diesem Wissen können Sie alle Einstellungen, die in der Gruppenrichtlinie in den Zweigen *Administrative Vorlagen* angeboten werden, auch auf *Windows Vista Home Basic* und *Windows Vista Home Premium* anwenden, indem Sie die Einträge in die Registrierungsdatenbank selbst vornehmen.

Erst wenn Sie die Richtlinie auf die Option *Deaktiviert* einstellen, werden die Registrierungseinträge bei der nächsten Anmeldung explizit von der Gruppenrichtlinie gelöscht. Die drei Optionen der Richtlinie funktionieren in Wirklichkeit also folgendermaßen:

- **Nicht konfiguriert** Falls die Einträge in der Registrierungsdatenbank, die der Richtlinie zugrunde liegen, darin bereits vorhanden sind, bleiben die Einträge wirksam.
- **Aktiviert** Die Einträge in der Registrierungsdatenbank, die der Richtlinie zugrunde liegen, werden aktiv in die

Registrierungsdatenbank eingetragen und etwaige bereits vorhandene Einträge werden überschrieben.

- **Deaktiviert** Die Einträge in der Registrierungsdatenbank, die der Richtlinie zugrunde liegen, werden aktiv aus der Registrierungsdatenbank gelöscht, falls sie vorhanden sind.

Vorlagen: ADM- und ADMX-Dateien

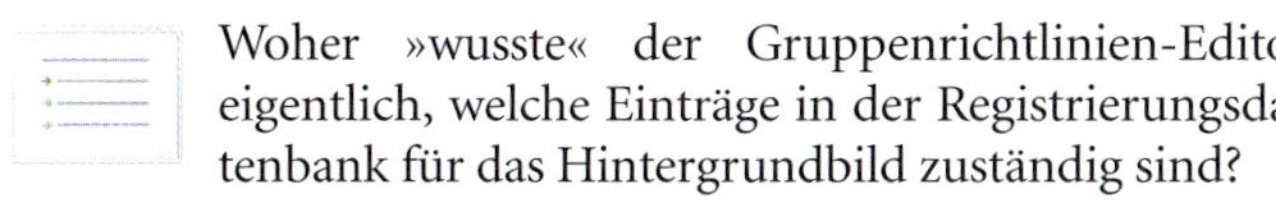

Woher »wusste« der Gruppenrichtlinien-Editor eigentlich, welche Einträge in der Registrierungsdatenbank für das Hintergrundbild zuständig sind?

Hinter den vielfältigen Einstellmöglichkeiten, die Sie in den beiden Zweigen *Administrative Vorlagen* sehen, stecken in der Tat Vorlagen. In diesen Vorlagen ist genau vermerkt, welche Einstellungen es gibt und welche Einträge dazu in der Registrierungsdatenbank notwendig sind. Der Vorteil dieser Vorlagen ist, dass sie jederzeit erweitert werden können. Kommen neue Einstellmöglichkeiten hinzu, werden lediglich die Vorlagen erweitert.

Hinweis

Die administrativen Vorlagendateien sind nur nötig, wenn Sie Gruppenrichtlinien lesen oder ändern wollen. Für die reine Anwendung einer Gruppenrichtlinie sind die Vorlagen nicht erforderlich.

ADM-Dateien

In früheren Windows-Versionen wurden diese Vorlagen als so genannte ADM-Dateien zusammen mit der Gruppenrichtlinie gespeichert. ADM-Dateien sind reine Textdateien, die intern ähnlich wie INI-Dateien aufgebaut und in Sektionen und Abschnitte gegliedert sind.

Diese älteren Vorlagen funktionieren in Windows Vista immer noch und finden sich im Gruppenrichtlinienobjekt-Editor im Zweig *Administrative Vorlagen/Klassische administrative Vorlagen (ADM)*. Sie können also wie bei älteren Windows-Versionen eigene Einstellungen über selbst erstellte ADM-Dateien hinzufügen. Wie dies genau funktioniert, lesen Sie etwas später.

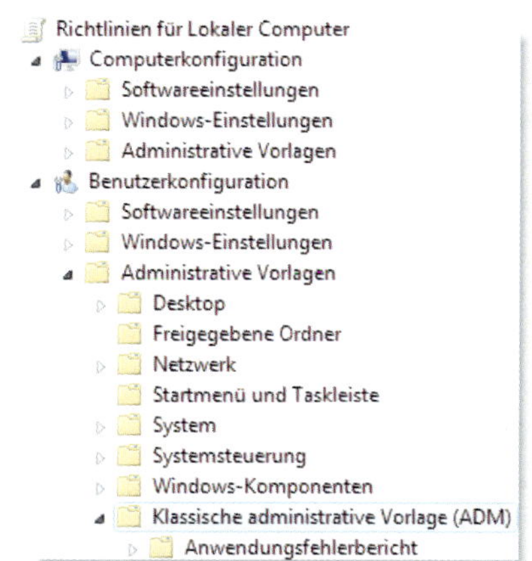

Abbildung 55.6 Klassische Vorlagen auf Basis von ADM-Dateien funktionieren weiterhin

Klassische *ADM*-Dateien sind auf dem Computer im Ordner *%systemroot%\inf* gespeichert.

ADMX-Dateien

Hauptsächlich verwendet Windows Vista allerdings administrative Vorlagen in einem neuen XML-basierten Format, den *ADMX*-Dateien. Diese Dateien liegen als sprachneutrale *ADMX*-Dateien im Ordner *%systemroot%\policyDefinitions* und als lokalisierte *ADML*-Dateien in einem Unterordner wie zum Beispiel »de-DE« für deutsche Vorlagen oder »en-us« für englischsprachige Vorlagen.

Ein erster Vorteil der *ADMX*-Vorlagen ist also eine übersichtlichere Speicherung. Während die klassischen *ADM*-Vorlagen in verschiedensten Sprachversionen und zusammen mit anderen Dateien in einem einzigen Ordner, dem *Inf*-Ordner, lagern, werden *ADMX*-Dateien in einem speziell dafür vorgesehenen Ordner aufbewahrt und speichern sprachabhängige Versionen übersichtlich in Unterordnern.

Achtung 

Einstellungen, die in *ADMX*-Vorlagen definiert sind, können nur von Windows Vista gelesen und verarbeitet werden.

Central Store einrichten

Innerhalb eines Domänenumfelds können Sie einen zentralen Ort für die Aufbewahrung sämtlicher administrativer Vorlagen einrichten, die auf *ADMX*-Dateien beruhen. Es genügt dann, die Vorlagen an diesen Ort zu kopieren. Anschließend können Sie Gruppenrichtlinien von jedem beliebigen Vista-Computer in Ihrem Netzwerk bearbeiten und haben automatisch dabei Zugriff auf die zentral gespeicherten Vorlagen.

Sie müssen also nicht mehr wie bei früheren Windows-Versionen dafür sorgen, dass die aktuellen Vorlagen auf Ihrem lokalen Computer vorhanden sind.

1. Legen Sie auf Ihrem Domänencontroller einen neuen Ordner namens *%systemroot%\sysvol\domain\policies\PolicyDefinitions* an.
2. Kopieren Sie alle *ADMX*-Dateien, die Sie zentral verfügbar machen wollen, in diesen Ordner.
3. Legen Sie darunter für jede Sprache, die Sie unterstützen wollen, einen Unterordner an, und geben Sie dem Unterordner den ISO-konformen Sprach- und Kulturnamen, zum Beispiel »de-DE« für deutsch oder »en-us« für englisch.
4. Kopieren Sie dann alle *ADML*-Dateien in den entsprechenden Sprachordner.

Tipp 

Verwenden Sie zum Beispiel folgenden Konsolenbefehl, um die lokalen Dateien auf den domänenweiten Central Store zu kopieren:

```
xcopy %systemroot%\PolicyDefinitions\*
%logonserver%\sysvol\%userdnsdomain%\policies\Policy
Definitions /s /e
```

Gruppenrichtlinien-Erweiterungen verstehen

Ein Blick in den Gruppenrichtlinienobjekt-Editor zeigt: innerhalb einer Gruppenrichtlinie gibt es weit mehr Einstellmöglichkeiten als nur administrative Vorlagen.

Tatsächlich entspricht jeder Zweig in der linken Spalte des Gruppenrichtlinienobjekt-Editors einer so genannten Gruppenrichtlinien-Erweiterung (*Client Side Extensions*): Jede dieser Erweiterungen steuert bestimmte Einstellungen des Computers, und Drittanbieter können zusätzliche Erweiterungen anbieten, mit denen noch mehr Aspekte per Gruppenrichtlinie steuerbar werden.

Die folgenden Erweiterungen sind bereits in Windows Vista enthalten:

- **Softwareverteilung** Im Zweig *Softwareeinstellungen* können Softwarepakete hinterlegt werden, die dann automatisch auf dem Computer bereitgestellt oder installiert werden. Diese Erweiterung ist bei der lokalen Gruppenrichtlinie ohne Funktion und kann nur verwendet werden, wenn Sie ein domänenbasiertes Netzwerk mit einem zentralen Domänencontroller einsetzen.
- **Remoteinstallationsdienste** Im Zweig *Benutzerkonfiguration/Windows-Einstellungen* legen Sie Voreinstellungen für die Remoteinstallation des Betriebssystems fest, die ein Benutzer sieht, wenn er über einen Service-Boot ein neues Betriebssystem oder zusätzliche Software von einem Remoteinstallationsserver installiert.
- **Skripts** Im Zweig *Windows-Einstellungen* lassen sich Skripts hinterlegen, die beim Hoch- oder Herunterfahren beziehungsweise An- oder Abmelden automatisch ausgeführt werden.
- **Bereitgestellte Drucker** Neu bei Windows Vista ist die Möglichkeit, Drucker für Computer oder Benutzer richtlinienbasiert bereitzustellen.
- **Sicherheitseinstellungen** Im Zweig *Windows-Einstellungen/Sicherheitseinstellungen* stehen zahlreiche Sicherheitseinstellungen zur Verfügung, mit denen unter anderem Benutzerrechte, erweiterte Einstellungen für die Firewall und Einschränkungen für Programme festgelegt werden können.
- **Richtlinienbasierter QoS** Mit diesen Einstellungen verwalten Sie die zur Verfügung stehende Netzwerkbandbreite und können zum Beispiel verhindern, dass Computer oder Benutzer die gesamte Bandbreite Ihres Netzwerks für (unerwünschte) private Videodownloads verwenden.
- **Internet Explorer-Wartung** Diese Einstellungen regeln alle wichtigen Aspekte des Internet Explorers. Hier können zum Beispiel bestimmte Sicherheitseinstellungen des Browsers als verbindlich vorgegeben werden.
- **Administrative Vorlagen** Hier finden Sie Einstellungen, die auf Änderungen der Windows-Registrierungsdatenbank beruhen. Sie haben bereits gesehen, wie die hier aufgeführten Einstellungen über *ADM*- und *ADMX*-Vorlagen definiert wurden.

Wenn Sie wissen möchten, wie Sie diese Einstellmöglichkeiten verwenden, finden Sie im folgenden Kapitel 56 zahlreiche Beispiele dazu.

Multiple lokale Gruppenrichtlinien

Dummerweise unterscheidet die lokale Gruppenrichtlinie nicht zwischen individuellen Benutzern. Sie finden darin zwar einen Zweig *Benutzerkonfiguration*, aber alles, was Sie dort festlegen, gilt für jeden Benutzer des Computers. Es ist damit nicht möglich, bestimmten Benutzern individuelle Einstellungen zuzuweisen.

Diese Einschränkung konnte in bisherigen Windows-Versionen nur umgangen werden, wenn Sie domänenbasierte Gruppenrichtlinien verwenden, also Ihr Netzwerk mit einem zentralen Domänencontroller ausrüsten. Nur dieser war in der Lage, je nach Benutzer unterschiedliche Gruppenrichtlinien an Ihren Computer zu senden und auf diese Weise Benutzer unterschiedlich zu behandeln.

Mit Windows Vista gibt es diese Einschränkung nicht mehr. Auch in einem kleinen nicht-domänenbasierten Netzwerk ist es jetzt möglich, die Benutzereinstellungen individuell zu verwalten.

Möglich wird dies, weil es bei Windows Vista mehrere lokale Gruppenrichtlinien gibt, die auf folgende Weise angewendet werden:

- **Lokale Gruppenrichtlinie** Zuerst werden die Einstellungen der allgemeinen lokalen Gruppenrichtlinie angewendet, so wie Sie sie gerade kennen gelernt haben. Diese Einstellungen gelten immer für alle Benutzer.
- **Nicht-Administrator-Gruppenrichtlinie** Anschließend überprüft Windows Vista, ob der gerade angemeldete Benutzer Administrator ist oder nicht. Ist er Administrator, dann wird jetzt die Administrator-Gruppenrichtlinie angewendet. Ist er kein Administrator, kommt die Nicht-Administrator-Gruppenrichtlinie zum Zuge. So können Sie Einstellungen festlegen, die nur für Administratoren oder nur für normale Anwender gelten sollen.
- **Benutzerspezifische Gruppenrichtlinie** Zum Schluss überprüft Windows Vista, ob es für den gerade angemeldeten Anwender vielleicht eine spezifische Gruppenrichtlinie gibt. Falls ja, wird diese zuletzt angewendet. Damit können Sie einzelnen Personen oder besonderen Gruppen ganz spezielle Einstellungen zuweisen.

Hinweis

Falls es zu widersprüchlichen Einstellungen in diesen drei Gruppenrichtlinien kommt, weil zum Beispiel ein und dieselbe Einstellung in mehreren Gruppenrichtlinien unterschiedlich eingestellt sind, dann »gewinnt« die letzte Gruppenrichtlinie.

Und das macht Sinn, denn weil zuerst die allgemeine und danach die immer spezielleren Gruppenrichtlinien angewendet werden, setzen sich im Konfliktfall die spezielleren Einstellungen durch.

Zusätzliche lokale Gruppenrichtlinien verwenden

Anfangs existiert nur für die allgemeine lokale Gruppenrichtlinie ein Gruppenrichtlinienobjekt-Editor. Um die übrigen speziellen lokalen Gruppenrichtlinien verwalten zu können, gehen Sie so vor:

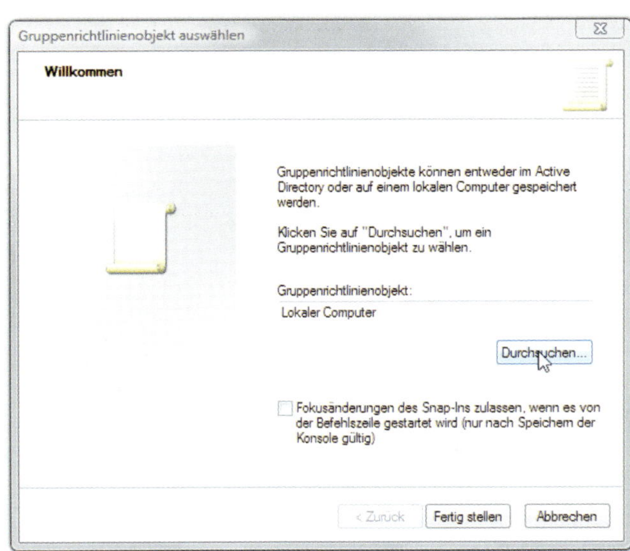

Abbildung 55.7 Etwas versteckt legen Sie fest, welche Gruppenrichtlinie Sie bearbeiten wollen

1. Öffnen Sie das Startmenü, tippen Sie ins Schnellsuchfeld die Zeichenfolge **mmc** ein, und bestätigen Sie mit der [↵]-Taste. Eine neue leere Microsoft Management Console öffnet sich.
2. Rufen Sie den Menübefehl *Datei/Snap-In hinzufügen/entfernen* auf, oder drücken Sie [Strg]+[M]. Eine Auswahlliste öffnet sich.
3. Wählen Sie darin den Eintrag *Gruppenrichtlinienobjekt-Editor* aus, und klicken Sie dann auf *Hinzufügen*. Ein Dialogfeld wie in Abbildung 55.7 öffnet sich, und darin ist bereits unter *Gruppenrichtlinienobjekt* eingetragen: *Lokaler Computer*. Klicken Sie auf *Fertig stellen*.
4. Klicken Sie erneut in der linken Liste auf *Gruppenrichtlinienobjekt Editor*, und klicken Sie wieder auf *Hinzufügen*. Es öffnet sich das Dialogfeld. Diesmal klicken Sie auf *Durchsuchen*. Ein neues Dialogfeld öffnet sich. Aktivieren Sie darin die Registerkarte *Benutzer*.
5. Jetzt bestimmen Sie entsprechend der Abbildung 55.8, welches Gruppenrichtlinienobjekt Sie bearbeiten wollen. Möchten Sie Einstellungen für alle normalen Anwender festlegen, wählen Sie in der Liste den Eintrag *Nicht-Administratoren* aus und klicken auf *OK*. Wollen Sie Einstellungen speziell für Administratoren festlegen, wählen Sie in der Liste den Eintrag *Administratoren*. Möchten Sie einen bestimmten Benutzer verwalten, wählen Sie den entsprechenden Benutzer aus.
6. Fügen Sie auf gleiche Weise für alle lokalen Gruppenrichtlinien, die Sie bearbeiten wollen, weitere Gruppenrichtlinienobjekt-Editoren hinzu.

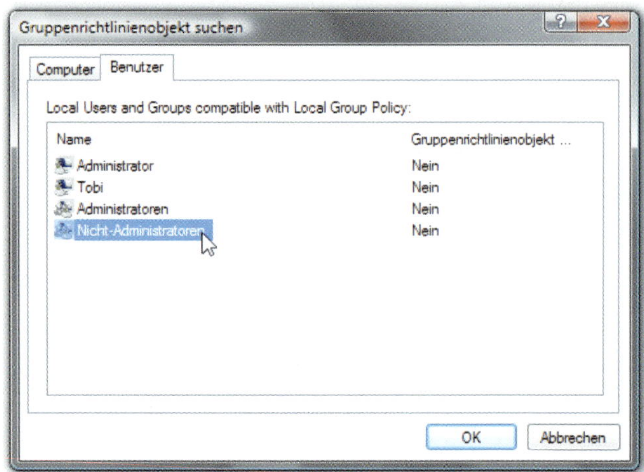

Abbildung 55.8 Legen Sie fest, für wen die neue lokale Gruppenrichtlinie gelten soll

Die Managementkonsole, die Sie auf diese Weise zusammengestellt haben, sieht beinahe aus wie der Gruppenrichtlinienobjekt-Editor, den Sie in den vorangegangenen Beispielen mit dem Befehl *gpedit.msc* geöffnet haben. Ihre neue Konsole zeigt jetzt aber neben der allgemeinen lokalen Gruppenrichtlinie auch alle weiteren speziellen lokalen Gruppenrichtlinien an, die Sie ausgewählt haben.

Speichern Sie Ihre neue Konsole am besten mit *Datei/Speichern unter* als »MLGPO« (für »multiple lokale Gruppenrichtlinien«) entweder im Ordner *Verwaltung* oder zum Beispiel auf dem Desktop.

Wenn Sie die einzelnen Zweige Ihrer neuen Konsole öffnen, werden Sie feststellen: der Zweig *Richtlinien für Lokaler Computer* enthält die beiden Unterzweige *Computerkonfiguration* und *Benutzerkonfiguration.*

Alle speziellen lokalen Gruppenrichtlinien enthalten dagegen nur noch einen Unterzweig, die *Benutzerkonfiguration*, denn diese Gruppenrichtlinien gelten nur noch für bestimmte Benutzer.

Hinweis

Leider ist es nicht möglich, lokale Gruppenrichtlinien auf Gruppen anzuwenden. Die einzige unterstützte Gruppe ist die Gruppe der *Administratoren*.

Lokale Gruppenrichtlinien entfernen

Möchten Sie später eine bestimmte lokale Gruppenrichtlinie wieder komplett entfernen, tun Sie einfach so, als ob Sie einen weiteren Gruppenrichtlinienobjekt-Editor in Ihre Konsole einfügen wollten.

Dabei öffnet sich dann wieder das Dialogfeld aus Abbildung 55.8, und darin können Sie lokale Gruppenrichtlinienobjekte löschen:

1. Öffnen Sie Ihre angepasste Konsole, und rufen Sie darin den Menübefehl *Datei/Snap-In hinzufügen/entfernen* auf, oder drücken Sie Strg+M.
2. Markieren Sie im daraufhin geöffneten Dialogfeld in der linken Spalte den Eintrag *Gruppenrichtlinienobjekt-Editor*, und klicken Sie auf *Hinzufügen*. Ein weiteres Dialogfeld öffnet sich.
3. Klicken Sie darin auf die Schaltfläche *Durchsuchen*. Ein weiteres Dialogfeld wird geöffnet, in dem Sie die Registerkarte *Benutzer* aktivieren.
4. Sie sehen nun in der Spalte *Gruppenrichtlinienobjekt* ein »Ja« hinter allen Gruppenrichtlinien, die für die betreffende Gruppe oder den Benutzer definiert sind, die also mindestens eine Einstellung enthalten. Um ein Gruppenrichtlinienobjekt mitsamt sämtlicher darin festgelegter Einstellungen zu entfernen, klicken Sie mit der rechten Maustaste auf das Gruppenrichtlinienobjekt und wählen dann im Kontextmenü den Eintrag *Gruppenrichtlinienobjekt entfernen.*
5. Beantworten Sie die Sicherheitsabfrage mit *Ja*. Das Gruppenrichtlinienobjekt wird gelöscht. Schließen Sie danach alle Fenster per Klick auf *Abbrechen.*

Domänenbasierte Gruppenrichtlinien

Wenn Sie mehr als nur einige wenige Computer verwalten wollen, eignen sich lokale Gruppenrichtlinien dafür nur sehr schlecht. Sie unterliegen nämlich einer Reihe von unpraktischen Einschränkungen:

- **Keine zentrale Verwaltung** Lokale Gruppenrichtlinien gelten nur jeweils für einen Computer und müssen deshalb für jeden Computer einzeln angelegt werden. In einem Unternehmen mit Hunderten von Computern ist das nicht möglich. Hier benötigt man einen zentralen Punkt für die Verwaltung aller Computer.
- **Unflexible Anwendung** Lokale Gruppenrichtlinien unterscheiden bestenfalls zwischen Administratoren und normalen Anwendern oder müssen für einzelne Personen separat angelegt werden. In Firmen möchte man größere Strukturen abbilden und zum Beispiel automatisch dafür sorgen, dass Einstellungen abhängig vom Computer, seinem Standort, des angemeldeten Benutzers und seiner Position oder Abteilung durchgeführt werden.

- **Eingeschränkte Einstellmöglichkeiten** Lokale Gruppenrichtlinien unterstützen nur wenige Gruppenrichtlinien-Erweiterungen. Es ist zum Beispiel nicht möglich, mit lokalen Gruppenrichtlinien Software zu verteilen oder Benutzerordner umzuleiten.

Deshalb verwenden Firmen meist ein domänenbasiertes Netzwerk mit Active Directory.

Wieso eine Domäne die Verwaltung mit Gruppenrichtlinien stark erleichtert, zeigt die Gruppenrichtlinienverwaltung, die Sie so öffnen:

1. Öffnen Sie das Startmenü, tippen Sie ins Schnellsuchfeld die Zeichenfolge **gpmc.msc** ein, und bestätigen Sie mit der ↵-Taste.
2. Die Gruppenrichtlinienverwaltung startet und zeigt ein Fenster ähnlich wie in Abbildung 55.9. Nur wenn Ihr Computer (noch) kein Domänenmitglied ist, erscheint eine Fehlermeldung.

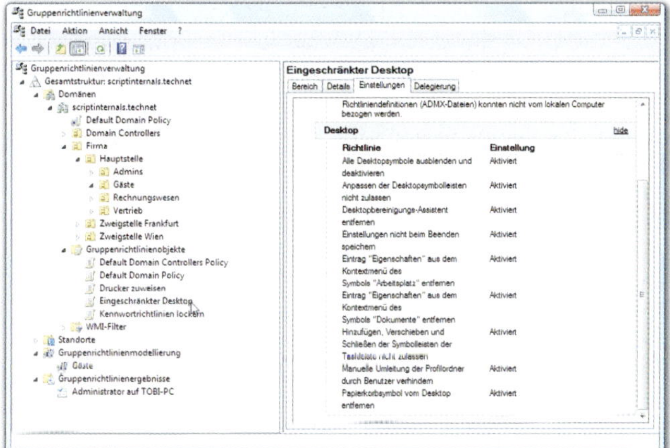

Abbildung 55.9 Gruppenrichtlinien in einer Domäne verwalten

In der linken Spalte der Gruppenrichtlinienverwaltung sehen Sie jetzt die Gesamtstruktur Ihrer Domäne(n) und können steuern, wie und wo Gruppenrichtlinien eingesetzt werden.

Gruppenrichtlinien verwalten

Unterhalb des Zweigs *Gruppenrichtlinienobjekte* werden sämtliche Gruppenrichtlinien aufgeführt, die es in Ihrer Domäne gibt. Eine Domäne kann beliebig viele Gruppenrichtlinienobjekte verwenden.

Wenn Sie auf eine der Gruppenrichtlinien klicken und in der rechten Spalte die Registerkarte *Einstellungen* aktivieren, wird Ihnen hier übersichtlich aufgelistet, welche Einstellungen in der Richtlinie festgelegt sind.

In Abbildung 55.9 zum Beispiel erfahren Sie so, dass die Gruppenrichtlinie »Eingeschränkter Desktop« die Möglichkeiten stark einschränkt, die der Anwender hat, um seinen Desktop anzupassen.

Die *Gruppenrichtlinienverwaltung* ist allerdings nur für die Zuweisung von Gruppenrichtlinien zuständig. Ändern können Sie Gruppenrichtlinien darin ebenso wenig wie neu anlegen.

Möchten Sie eine Gruppenrichtlinie ändern, klicken Sie sie mit der rechten Maustaste an und wählen *Bearbeiten*. Die Gruppenrichtlinie wird jetzt ähnlich wie bei den lokalen Gruppenrichtlinien im *Gruppenrichtlinienobjekt-Editor* geöffnet.

Wollen Sie dagegen eine ganz neue Gruppenrichtlinie anlegen, klicken Sie mit der rechten Maustaste auf den Zweig *Gruppenrichtlinienobjekte* und wählen im Kontextmenü den Eintrag *Neu*.

Die Firmenstruktur

Bleibt die Frage, wann und wie diese Gruppenrichtlinien angewendet werden. Dazu werfen Sie zunächst einen Blick auf die innere Struktur Ihrer Domäne.

Diese wird im oberen Teil des Baums angezeigt. Wie Sie sehen, lässt sich die Firma regelrecht abbilden. Dies geschieht mit Hilfe von Organisationseinheiten, die wie Container funktionieren.

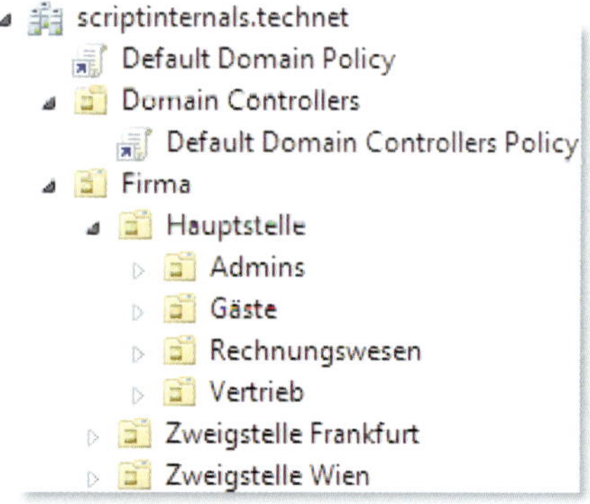

Abbildung 55.10 Die Struktur der Firma wird in der Domäne abgebildet

Im Beispiel gibt es die Organisationseinheit *Firma*, die wiederum in *Hauptstelle* und zwei Zweigstellen gegliedert ist. Darunter befinden sich einzelne Abteilungen und Organisationseinheiten für bestimmte Benutzergruppen.

> **PROFITIPP**
>
> Sie können sogar direkt in der Gruppenrichtlinienverwaltung neue Organisationseinheiten anlegen. Dazu klicken Sie mit der rechten Maustaste auf die Organisationseinheit, in der Sie eine neue Organisationseinheit anlegen wollen, und wählen im Kontextmenü den Eintrag *Neue Organisationseinheit*.
>
> Normalerweise wird die Struktur Ihrer Domäne allerdings mit dem Werkzeug *Active Directory-Benutzer und -Computer* verwaltet, das Teil des optionalen Admin-Packs ist.

Verknüpfungen bilden

Sie können jetzt Verknüpfungen zwischen den Gruppenrichtlinien und einzelnen Containern Ihrer Struktur bilden und so festlegen, welche Gruppenrichtlinien wann angewendet werden sollen.

Möchten Sie zum Beispiel für alle Personen, die sich in der Organisationseinheit *Gäste* befinden, den Desktop einschränken, ziehen Sie die Gruppenrichtlinie *Eingeschränkter Desktop* auf die Organisationseinheit »Gäste«.

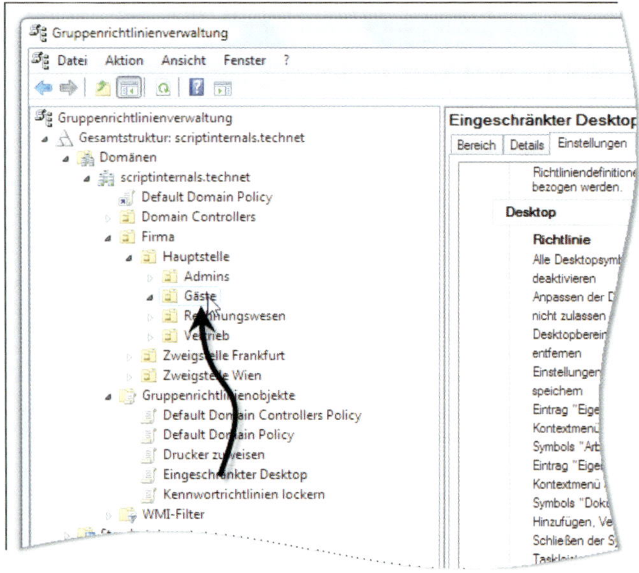

Abbildung 55.11 Eine Gruppenrichtlinie mit einer Organisationseinheit verknüpfen

Sie werden gefragt, ob Sie eine Verknüpfung herstellen wollen. Sobald Sie mit *Ja* bestätigen, wird die Verknüpfung angelegt. Die Gruppenrichtlinie *Eingeschränkter Desktop* gilt jetzt für alle Personen, deren Benutzerkonto in der Organisationseinheit *Gäste* liegt.

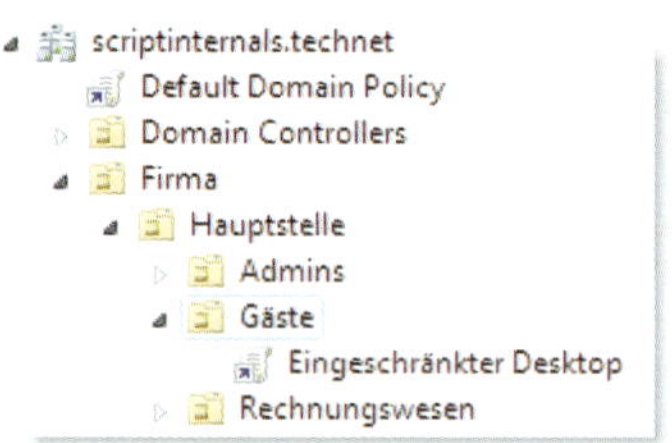

Abbildung 55.12 Der Organisationseinheit wurde eine Gruppenrichtlinien-Verknüpfung hinzugefügt

Möchten Sie die Verknüpfung wieder entfernen und so die Einschränkung von den Gästen wieder entfernen, klicken Sie mit der rechten Maustaste auf die angelegte Verknüpfung und wählen im Kontextmenü den Eintrag *Löschen*.

> **PROFITIPP** 
>
> Gruppenrichtlinien können nur mit Organisationseinheiten verknüpft werden. Weil Sie ein und dasselbe Benutzerkonto aber nicht in verschiedene Organisationseinheiten gleichzeitig einfügen können, werden Gruppenrichtlinien in der Praxis deshalb auch gern über Gruppenmitgliedschaften angewendet:
>
> Legen Sie eine Organisationseinheit namens »Eingeschränkter Desktop« an und verknüpfen Sie die Gruppenrichtlinie mit dieser Organisationseinheit.
>
> Danach legen Sie in dieser Organisationseinheit eine neue Benutzergruppe namens »Eingeschränkter Desktop« an. Die Gruppenrichtlinie gilt jetzt für alle Benutzer, die in dieser Gruppe Mitglied sind. Sie brauchen nun also nur noch Benutzer in diese Gruppe aufzunehmen, um dafür zu sorgen, dass der Desktop dieser Benutzer mittels Gruppenrichtlinie eingeschränkt wird.

Wie Gruppenrichtlinien angewendet werden

In einer Domäne können unzählige verschiedene Gruppenrichtlinien gleichzeitig zum Einsatz kommen, und dann ist es nicht mehr immer leicht, die Übersicht zu behalten.

Hier hilft die Funktion *Gruppenrichtlinienergebnisse*, die automatisch ermittelt, welche Gruppenrichtlinien tatsächlich angewendet wurden und welche Einstellungen dabei durchgeführt wurden.

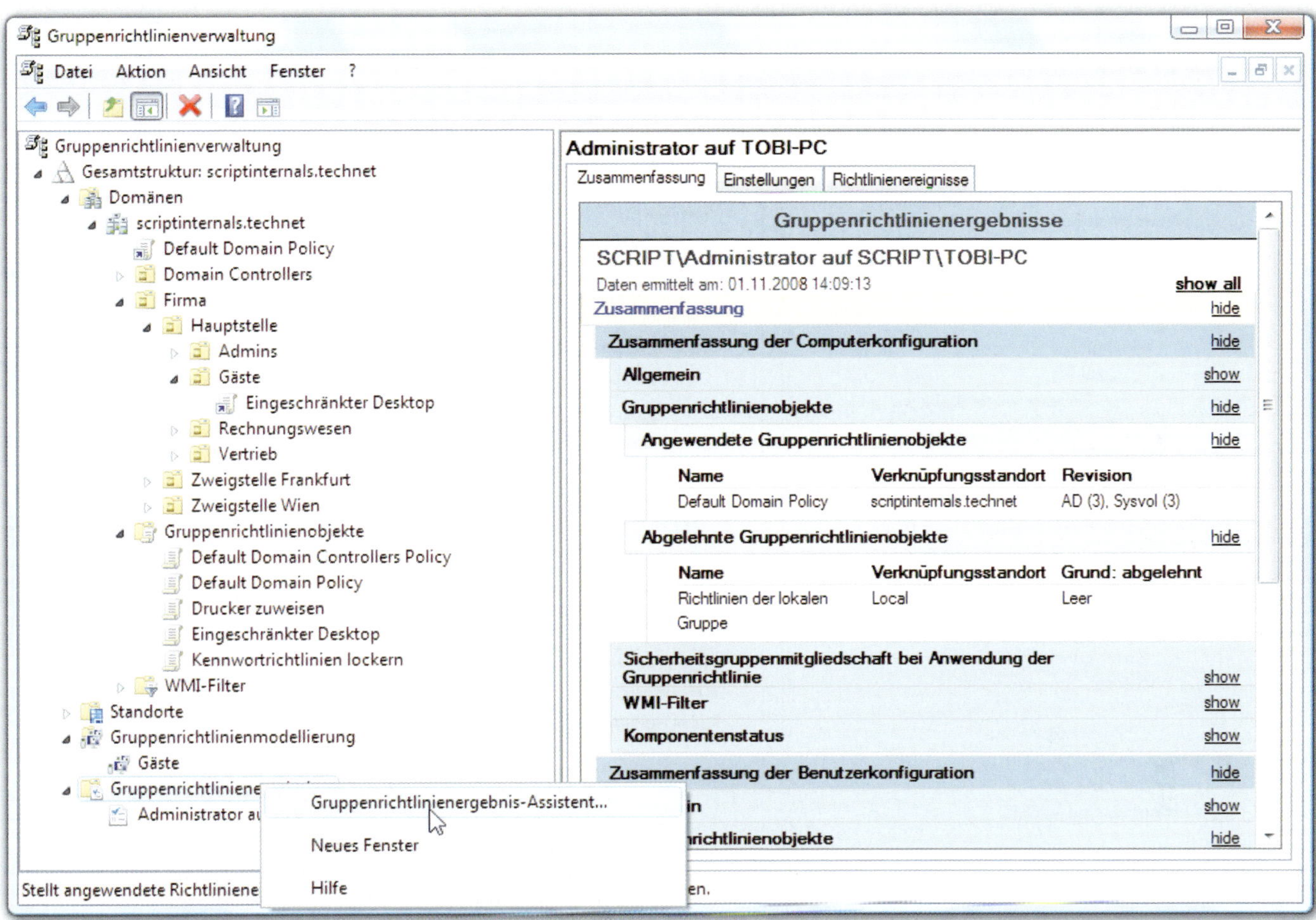

Abbildung 55.13 Tatsächlich angewendete Gruppenrichtlinien feststellen

So gehen Sie vor, um einen Gruppenrichtlinienergebnissatz anzulegen:

1. Klicken Sie mit der rechten Maustaste auf *Gruppenrichtlinienergebnisse*, und wählen Sie im Kontextmenü den Eintrag *Gruppenrichtlinienergebnis-Assistent*.
2. Ein Assistent öffnet sich, der Sie durch den weiteren Prozess führt. Geben Sie an, für welchen Computer und für welchen Benutzer Sie die tatsächlich angewendeten Gruppenrichtlinien analysieren wollen. Möglich ist dies nur für tatsächlich angemeldete Personen. Wählen Sie also am besten Ihren aktuellen Computer und den aktuell angemeldeten Benutzer aus.
3. Ein Report wird erstellt. Wenn Sie sich darin den Zweig *Zusammenfassung der Computerkonfiguration/Gruppenrichtlinienobjekte* ansehen, finden Sie dort die beiden Unterzweige *Angewendete Gruppenrichtlinienobjekte* und *Abgelehnte Gruppenrichtlinienobjekte*. Wie Sie in Abbildung 55.13 sehen, wurde im Beispiel für den Computer die »Default Domain Policy« angewendet, weil diese direkt mit der Domäne verknüpft ist und deshalb für alle untergeordneten Objekte gilt, also auch für das Computerkonto des Computers. Die lokale Gruppenrichtlinie des Computers selbst hingegen wurde nicht verarbeitet, weil sie leer war.
4. Blättern Sie im Report etwas abwärts, und schauen Sie sich nun die *Zusammenfassung der Benutzerkonfiguration* an. Angewendet wurden die lokale Gruppenrichtlinie des Computers sowie die »Default Domain Policy«. Nicht angewendet wurde die spezielle lokale Gruppenrichtlinie für Administratoren, weil sie leer war.

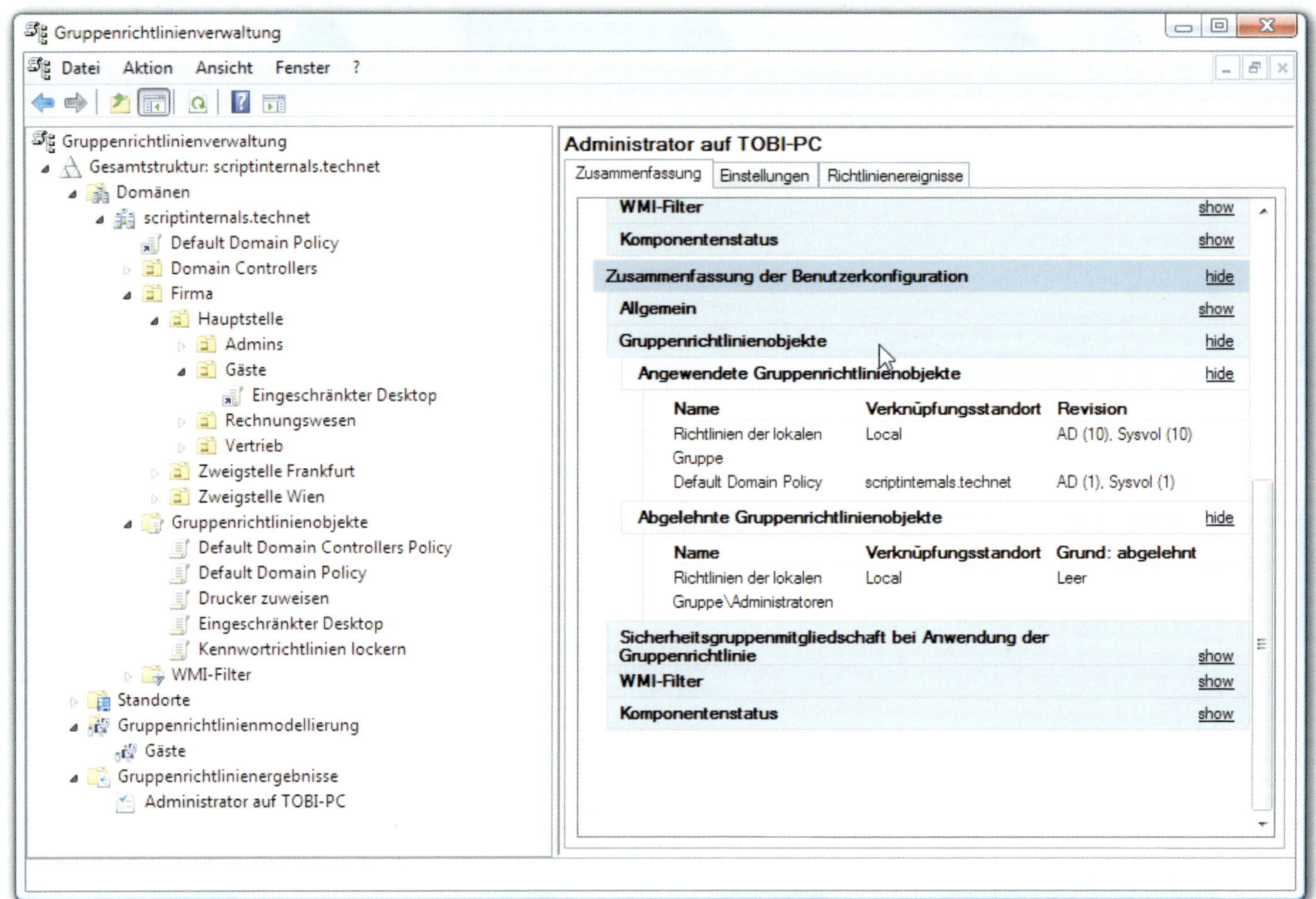

Abbildung 55.14 Feststellen, welche Gruppenrichtlinien für den Benutzer wirksam sind

Werden wie im Beispiel mehrere Gruppenrichtlinien angewendet, spielt die Reihenfolge eine große Rolle, denn bei widersprüchlichen Einstellungen gewinnt die zuletzt angewendete Gruppenrichtlinie.

Weil immer zuerst die lokalen und dann erst die domänenbasierten Gruppenrichtlinien angewendet werden, haben letztere immer Vorrang. Insgesamt betrachtet werden Gruppenrichtlinien immer vom »Allgemeineren« zum »Spezielleren« angewendet. Je »näher« eine Gruppenrichtlinie also am Computer- oder Benutzerkonto liegt, desto mehr Vorrang genießt sie bei Konfliktfällen.

Simulationen durchführen

In der Gruppenrichtlinienverwaltung sind sogar »Hochrechnungen« möglich, also Simulationen, die Ihnen »Was wäre wenn«-Fragen beantworten.

Während die Gruppenrichtlinienergebnisse vom vorangegangenen Beispiel den augenblicklichen Zustand anzeigen, können Sie mit der Gruppenrichtlinienmodellierung so tun, als befände sich Ihr Benutzer- und/oder Computerkonto an einer ganz anderen Stelle in der Domäne. So erfahren Sie, welche Auswirkungen dies auf die Anwendung der Gruppenrichtlinien hat.

1. Klicken Sie mit der rechten Maustaste auf *Gruppenrichtlinienmodellierung*, und wählen Sie im Kontextmenü den Eintrag *Gruppenrichtlinien-Modellierungsassistent*.
2. Klicken Sie im anschließend geöffneten Assistenten auf *Weiter*. Nun können Sie angeben, was mit Ihrem Benutzerkonto passieren würde, wenn es sich in einem anderen Container befände. Dazu klicken Sie hinter der Option *Container* auf *Durchsuchen* und wählen den Container aus. Sie können auch simulieren, wie sich die Gruppenrichtlinien verhalten, wenn Sie in die Rolle eines anderen

Benutzers schlüpfen. Dazu klicken Sie hinter der Option *Benutzer* auf *Durchsuchen* und wählen den Benutzer aus.

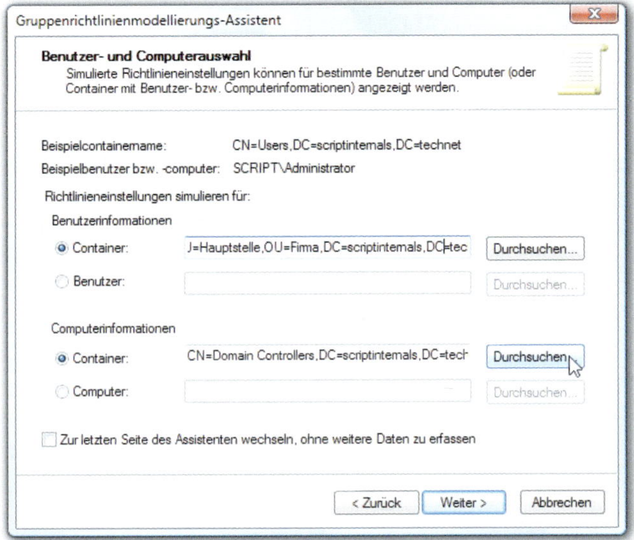

Abbildung 55.15 Legen Sie für die Simulation fest, wer Sie sind und wo Sie sich befinden

3. Im unteren Teil bestimmen Sie, wo sich Ihr Computerkonto befinden soll oder was passiert, wenn Sie sich mit einem anderen Computer anmelden würden. Dann klicken Sie auf *Weiter*.
4. Sie können auf den folgenden Seiten weitere Simulationskriterien festlegen wie zum Beispiel langsame Netzwerkverbindungen oder abweichende Standorte. Klicken Sie auf *Weiter*, bis die Simulation durchgeführt wird.
5. Sobald Sie auf *Fertig stellen* klicken, wird Ihre Simulation gespeichert und ein Bericht angezeigt.

Wenn Sie beispielsweise in der Simulation so tun, als befände sich Ihr Benutzerkonto in der Organisation *Gäste*, meldet die Simulation korrekt, dass nun für Sie auch die Gruppenrichtlinie *Eingeschränkter Desktop* angewendet werden würde, weil diese ja im Beispiel oben mit der Organisationseinheit *Gäste* verknüpft worden war.

Wann Gruppenrichtlinien aktiv werden

Bei den einfachen lokalen Gruppenrichtlinien ist die Welt noch überschaubar: wenn Sie daran Änderungen vornehmen, dann werden diese Änderungen sofort wirksam.

Wie aber ist das bei domänenbasierten Gruppenrichtlinien? Diese werden zentral auf einem Domänencontroller verwaltet, und Ihr Computer bekommt von Änderungen nicht viel mit.

Um zu verstehen, wann Änderungen tatsächlich wirksam werden, ist zuerst wichtig zu wissen, wie Gruppenrichtlinien der Domäne überhaupt an den Computer gelangen.

Zuständig ist ein »Pull«-Verfahren; der Computer erfragt die für ihn zuständigen Gruppenrichtlinien also aktiv von der Domäne. Die Domäne hat entsprechend überhaupt keinen Einfluss darauf, wann Gruppenrichtlinien auf einen Computer übertragen werden.

Wird der Computer hochgefahren, meldet er sich als Domänenmitglied unter seinem Computerkonto an der Domäne an und erhält von dort die für ihn zutreffenden Computereinstellungen.

Sobald sich ein Anwender an diesem Computer an der Domäne anmeldet, werden auch die Benutzereinstellungen übertragen und angewendet. Wenn der Benutzer also seine Arbeit am Computer aufnimmt, sind sämtliche Gruppenrichtlinien von der Domäne an den Computer übermittelt worden und wirksam. Änderungen, die Sie jetzt nachträglich an den Gruppenrichtlinien vornehmen, wirken sich nicht mehr auf den Computer aus.

Jedenfalls nicht sofort. Damit Änderungen nicht erst bei der nächsten Anmeldung bemerkt werden, ruft jeder Computer zusätzlich in einem zufälligen Zeitfenster von 30 bis 90 Minuten Änderungen an seinen Gruppenrichtlinien von der Domäne ab. Änderungen können also maximal eine Verzögerung von 90 Minuten aufweisen, und dieser Wert kann nötigenfalls auch verkleinert werden.

PROFITIPP

Möchten Sie nicht so lange warten, bis Ihr Computer Änderungen an den Gruppenrichtlinien aktualisiert, zum Beispiel, weil Sie gerade experimentieren und die Auswirkungen sofort sehen wollen, erzwingen Sie außer der Reihe eine sofortige Aktualisierung mit dem Befehl *gpupdate*.

Denken Sie aber daran, dass selbst bei aktualisierter Gruppenrichtlinie einige Einstellungen wie zum Beispiel das Setzen des Desktophintergrunds nur zu bestimmten Phasen des Computerstarts ausgeführt werden. Einige Richtlinien wirken sich also erst dann aus, wenn Sie sich tatsächlich neu anmelden oder den Computer neu starten.

Neue ADM-Vorlagen hinzufügen

Mitunter ist es nötig, per Gruppenrichtlinie zusätzliche Einstellungen zu steuern, zum Beispiel für Anwendungssoftware oder andere interne Einstellungen. Sofern diese Einstellungen aus Einträgen in der Registrierungsdatenbank bestehen, können Sie dafür in vielen Fällen angepasste ADM-Dateien einsetzen.

Mit eigenen ADM-Dateien rüsten Sie nämlich sehr einfach zusätzliche Einstellmöglichkeiten im Zweig *Administrative Vorlagen* nach.

Eine einfache ADM-Datei anlegen

Schauen Sie sich im nächsten Beispiel an, wie Sie mit einer einfachen ADM-Datei einen fiktiven Registrierungsdatenbank-Eintrag in *HKEY_CURRENT_USER\SOFTWARE \Policies\Microsoft\ADM_Samples* per Gruppenrichtlinie anlegen:

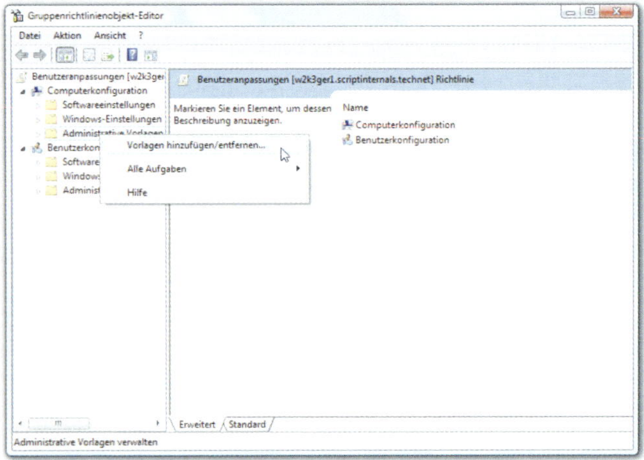

Abbildung 55.16 Neue Vorlagen lassen sich in die Gruppenrichtlinie einfügen

1. Öffnen Sie den Windows-Editor. Tippen Sie zum Beispiel im Startmenü ins Schnellsuchfeld den Begriff **notepad** ein, und bestätigen Sie mit der ↵-Taste.
2. Tippen Sie nun in den Editor das folgende Listing ein, und speichern Sie den Text unter dem Namen *erweiterung1.adm*.

```
CLASS USER

CATEGORY "Beispielkategorie"
    KEYNAME "SOFTWARE\Policies\Microsoft\ADM_Samples"

    POLICY "Feature ein- oder ausschalten"
        #if version >= 4
            SUPPORTED "Unterstützt ab Windows Vista"
        #endif
        EXPLAIN "Trägt einen Wert in die
Registrierungsdatenbank ein"
        VALUENAME "Beispielfeature"
            VALUEON 1
            VALUEOFF 0
    END POLICY
END CATEGORY
```

Listing 55.1 Eine einfache ADM-Datei

3. Öffnen Sie eine beliebige Gruppenrichtlinie mit dem Gruppenrichtlinienobjekt-Editor. Klicken Sie darin mit der rechten Maustaste auf *Administrative Vorlagen*, und wählen Sie im Kontextmenü den Eintrag *Vorlagen hinzufügen/entfernen* (Abbildung 55.16).
4. Ein Dialogfeld öffnet sich. Klicken Sie auf *Hinzufügen*, und wählen Sie Ihre *ADM*-Vorlage aus. Dann klicken Sie auf *Schließen*.
5. Die Vorlage wird eingelesen. Wenn Sie nun den Zweig *Benutzerkonfiguration/Administrative Vorlagen/Klassische administrative Vorlagen (ADM)* öffnen, sehen Sie unter dem Namen *Beispielkategorie* Ihre neue Richtlinie *Feature ein- oder ausschalten* (Abbildung 55.17).
6. Wenn Sie auf die Richtlinie *Feature ein- oder ausschalten* doppelklicken, können Sie Ihre Richtlinie wie jede andere Richtlinie auch mit der Option *Aktiviert* einschalten. Sobald die Gruppenrichtlinie angewendet wird, trägt sie den in Ihrer Richtlinie festgelegten Eintrag in die Registrierungsdatenbank ein.

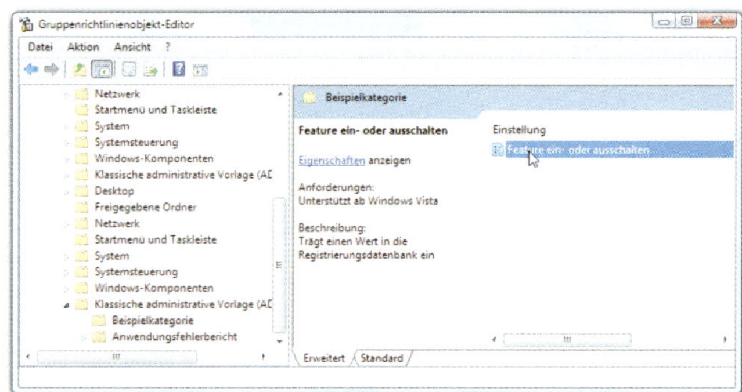

Abbildung 55.17 Eine selbstdefinierte Richtlinie verwenden

Möchten Sie Ihre selbstdefinierte Richtlinie wieder entfernen, dann gehen Sie ebenso vor wie eben, wählen diesmal aber im Dialogfeld die hinzugefügte *ADM*-Datei aus und klicken auf *Entfernen*.

Sprachunabhängige ADM-Dateien

ADM-Dateien sind sehr flexibel und müssen nicht so einfach sein wie in Listing 55.1. Um ADM-Dateien möglichst sprachunabhängig zu gestalten, könnten Sie das Listing zum Beispiel ändern und wie in Listing 55.2 alle Textstellen als Variablen formulieren.

Variablen beginnen in ADM-Dateien immer mit »!!« und werden am Ende der ADM-Datei in der Sektion »[strings]« aufgelöst. So könnten Sie die Bezeichnungen der ADM-Datei nachträglich leicht in andere Sprachen übersetzen lassen.

```
CLASS USER

CATEGORY !!Kategorie
    KEYNAME "SOFTWARE\Policies\Microsoft\ADM_Samples"

    POLICY !!Richtlinie
        #if version >= 4
            SUPPORTED !!SupportVista
        #endif
        EXPLAIN !!Infos
        VALUENAME "Beispielfeature"
            VALUEON 1
            VALUEOFF 0
    END POLICY
END CATEGORY

[strings]
Kategorie="Beispielkategorie"
Richtlinie="Feature ein- oder ausschalten"
SupportVista="Unterstützt ab Windows Vista"
Infos="Trägt einen Wert in die Registrierungsdatenbank
ein"
```

Listing 55.2 ADM-Datei mit Textbausteinen

Benutzeroberflächen verwenden

Sogar komplexere Benutzeroberflächen für die Einstellungen, die Ihre Richtlinie anbieten soll, sind möglich.

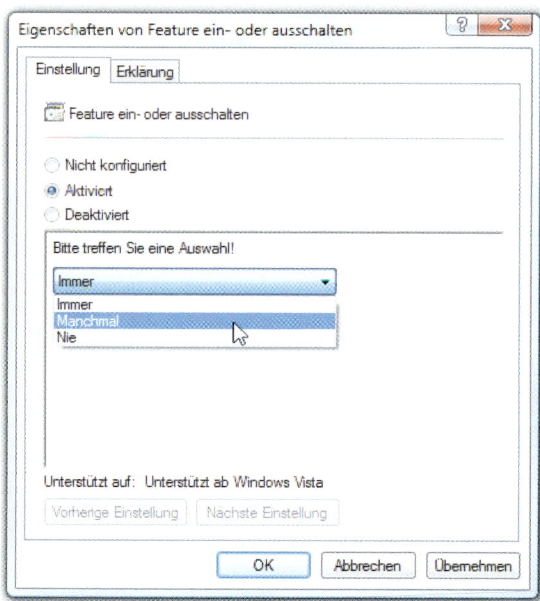

Abbildung 55.18 ADM-Dateien können regelrechte Benutzeroberflächen definieren

Wollen Sie beispielsweise mehrere Auswahlmöglichkeiten als Listenfeld anbieten, könnte die ADM-Datei wie in Listing 55.3 formuliert sein.

```
CLASS USER

CATEGORY !!Kategorie
  KEYNAME "SOFTWARE\Policies\Microsoft\ADM_Samples"
  POLICY !!Richtlinie
    #if version >= 4
      SUPPORTED !!SupportVista
    #endif
    EXPLAIN !!Infos

    PART !!Auswahltext DROPDOWNLIST REQUIRED
      VALUENAME "Beispielfeature"
      ITEMLIST
        NAME !!Setting1    VALUE NUMERIC 1 DEFAULT
        NAME !!Setting2    VALUE NUMERIC 2
        NAME !!Setting3    VALUE NUMERIC 3
      END ITEMLIST
    END PART
  END POLICY
END CATEGORY

[strings]
Kategorie="Beispielkategorie"
Richtlinie="Feature ein- oder ausschalten"
SupportVista="Unterstützt ab Windows Vista"
Infos="Trägt einen Wert in die Registrierungsdatenbank
ein"
Auswahltext="Bitte treffen Sie eine Auswahl!"
Setting1="Immer"
Setting2="Manchmal"
Setting3="Nie"
```

Listing 55.3 Eine ADM-Datei mit einer Auswahlliste

Hinweis

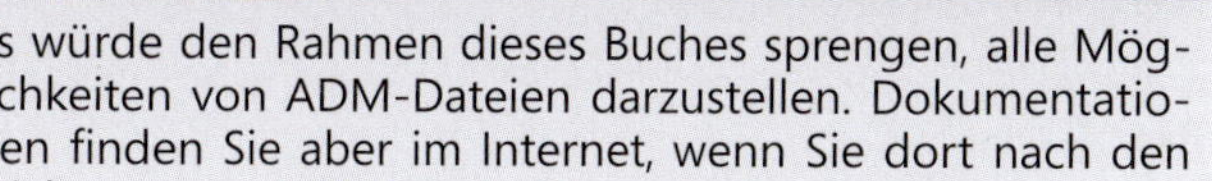

Es würde den Rahmen dieses Buches sprengen, alle Möglichkeiten von ADM-Dateien darzustellen. Dokumentationen finden Sie aber im Internet, wenn Sie dort nach den Stichwörtern »ADM« und »Group Policy« suchen

Zusammenfassung

Gruppenrichtlinien steuern vielfältige Einstellungen eines Computers automatisch und machen so die Verwaltung von Computern überschaubarer und kostengünstiger.

Die Computereinstellungen werden schon beim Start des Computers angewendet und gelten für alle Benutzer. Die Benutzereinstellungen werden bei der Anmeldung eines Benutzers nur für den jeweiligen Benutzer festgelegt.

Jeder Computer verfügt über eigene lokale Gruppenrichtlinien, die bei Windows Vista auch auf individuelle Benutzer angewendet werden können.

Wirklich flexibel werden Gruppenrichtlinien in einem Domänenumfeld, wo der zentrale Domänencontroller die passende Gruppenrichtlinie zusammenstellt und alle Benutzer und Gruppenrichtlinien zentral verwaltet werden können.

Sie möchten ...	So gehen Sie vor	Sehen Sie sich dazu das Beispiel an auf
die allgemeine lokale Gruppenrichtlinie verwalten	Verwenden Sie den Befehl *gpedit.msc*	Seite 866
eine Einstellung per Gruppenrichtlinie vornehmen	Wählen Sie die gewünschte Einstellung in der Gruppenrichtlinie, und nehmen Sie die Änderung daran vor	Seite 867
das Hintergrundbild des Desktops zwingend vorgeben	Wählen Sie im Benutzerzweig die Richtlinie *Desktophintergrund*	Seite 867
kontrollieren, ob eine Richtlinie angewendet wurde	Verwenden Sie den Befehl *gpresult*	Seite 869
einen zentralen Speicher für Vorlagendateien anlegen	Legen Sie auf dem Domänencontroller einen besonderen Ordner an und kopieren Sie die Vorlagen in diesen Ordner	Seite 871
lokale Gruppenrichtlinien nur auf bestimmte Personen anwenden	Fügen Sie den Gruppenrichtlinienobjekt-Editor zu einer MMC-Konsole hinzu und legen Sie dabei fest, für welche Personen die Gruppenrichtlinie gelten soll	Seite 873
eine lokale Gruppenrichtlinie entfernen	Fügen Sie proforma den Gruppenrichtlinienobjekt-Editor zu einer MMC-Konsole hinzu und entfernen Sie dabei im Dialogfeld die gewünschte lokale Gruppenrichtlinie	Seite 874
domänenbasierte Gruppenrichtlinien sehen und verwalten	Verwenden Sie den Befehl *gpmc.msc*	Seite 874
eine neue Organisationseinheit in der Domäne einfügen	Klicken Sie in der Gruppenrichtlinienverwaltung mit der rechten Maustaste auf einen Container der Domäne und wählen Sie im Kontextmenü *Neue Organisationseinheit*	Seite 875
eine Gruppenrichtlinie mit einer Organisationseinheit verknüpfen	Ziehen Sie die Gruppenrichtlinie auf die Organisationseinheit, mit der Sie sie verknüpfen wollen	Seite 876
eine Anwendung von Gruppenrichtlinien kontrollieren	Verwenden Sie Gruppenrichtlinienergebnisse aus der Gruppenrichtlinienverwaltung	Seite 876
die Auswirkung auf veränderte Anmeldebedingungen testen	Verwenden Sie Gruppenrichtlinienmodellierung aus der Gruppenrichtlinienverwaltung	Seite 878
spezielle Registrierungsdatenbank-Einträge per Gruppenrichtlinie setzen	Legen Sie eine eigene ADM-Datei an und importieren Sie diese in eine Gruppenrichtlinie	Seite 880
eine geänderte Gruppenrichtlinie sofort anwenden lassen	Verwenden Sie den Befehl *gpupdate*	Seite 879

Tobias Weltner

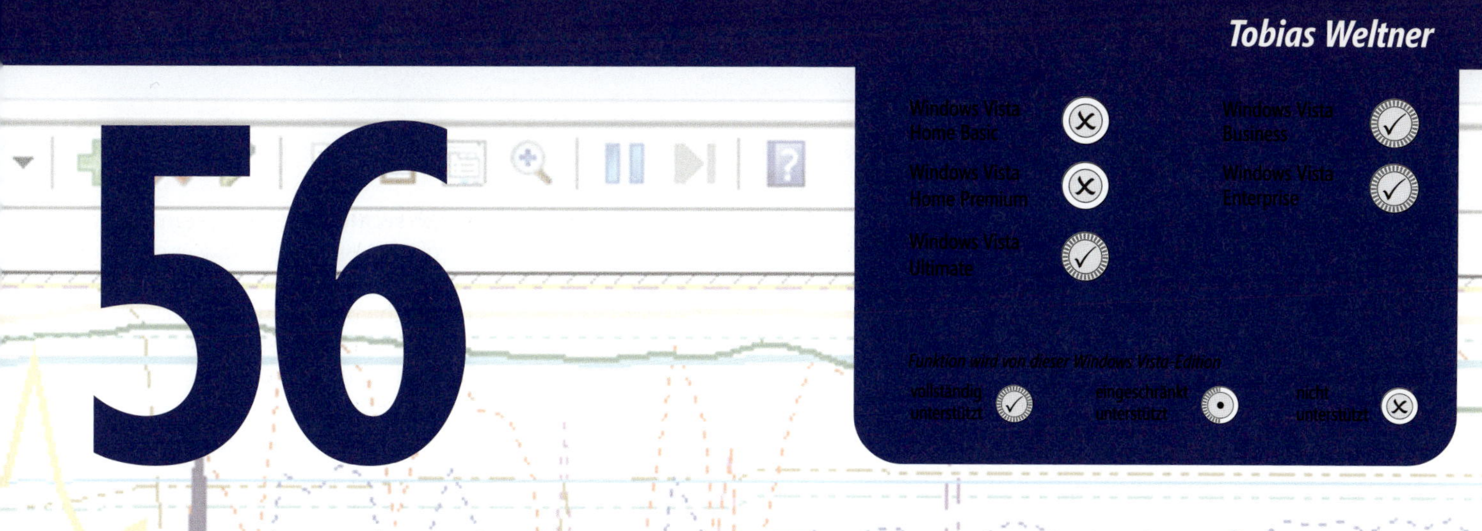

56 Gruppenrichtlinien in der Praxis

Im letzten Kapitel haben Sie die Grundlagen der Gruppenrichtlinien kennen gelernt und erfahren, dass es lokale Gruppenrichtlinien auf jedem Windows Vista-Computer gibt und darüber hinaus domänenbasierte Gruppenrichtlinien, wenn Sie zentrale Domänencontroller mit Active Directory einsetzen.

In diesem Kapitel werden Sie an zahlreichen Beispielen kennen lernen, was die Gruppenrichtlinien im Einzelnen für Sie tun können.

Um die Beispiele nachzuvollziehen, öffnen Sie entweder eine lokale Gruppenrichtlinie (mit dem Befehl *gpedit.msc*) oder eine domänenbasierte Gruppenrichtlinie (mit dem Befehl *gpmc.msc*).

Einstellmöglichkeiten einer Gruppenrichtlinie

Alle Gruppenrichtlinien sind im Prinzip gleichartig aufgebaut und zeigen links eine Baumstruktur mit allen möglichen Einstellungen.

Lokale Gruppenrichtlinien unterstützen nur einen Teil der Einstellungen, die bei domänenbasierten Gruppenrichtlinien zur Verfügung stehen.

Computerkonfiguration

Die Einstellungen der *Computerkonfiguration* werden beim Hochfahren des Computers angewendet und gelten für alle Benutzer. Darin sind die folgenden Einstellmöglichkeiten enthalten:

- **Softwareeinstellungen** Verteilt Software für alle Benutzer und installiert oder deinstalliert die Programme automatisch. Diese Funktion steht in lokalen Gruppenrichtlinien nicht zur Verfügung. Mehr erfahren Sie im Abschnitt »Softwareeinstellungen« in diesem Kapitel.
- **Skripts (Start/Herunterfahren)** Startet Skripts beim Hochfahren oder Herunterfahren des Computers, die im speziellen *SYSTEM*-Kontext laufen und deshalb über hohe Berechtigungen verfügen. Beispiele für Logon-Skripts finden Sie im Abschnitt »An- und Abmeldeskripts einsetzen« in diesem Kapitel.
- **Bereitgestellte Drucker** Per Gruppenrichtlinie können dem Client Netzwerkdrucker zugewiesen werden. Dies muss also nicht mehr über Anmeldeskripts geschehen. Wie die Druckerzuweisung funktioniert, lesen Sie im Abschnitt »Drucker bereitstellen« in diesem Kapitel.
- **Überwachungsrichtlinie** Legt fest, welche sicherheitskritischen Vorgänge auf diesem Computer überwacht und im Sicherheitsprotokoll der Ereignisanzeige protokolliert werden sollen.
- **Zuweisen von Benutzerrechten** Die sicherheitskritischen Grundfunktionen des Computers sind über Rechte abgesichert, die in diesem Zweig verteilt werden. Die überwiegende Zahl der Rechte wird dabei der Gruppe der lokalen *Administratoren* zugewiesen, was erklärt, warum Administratoren wesentlich mehr tun dürfen als normale Anwender.
- **Sicherheitsoptionen** Legt die Sicherheitseinstellungen für den Computer fest. Hier können Sie zum Beispiel die neue Benutzerkontensteuerung ein- oder ausschalten und genauer bestimmen, wie die Benutzerkontensteuerung funktioniert. Mehr dazu haben Sie in Kapitel 23 gelesen.
- **Ereignisprotokoll** Legt fest, wer die Einträge in den Ereignislogbüchern lesen darf, wie lange die Protokolle aufbewahrt und wie sie gespeichert werden. Mehr zu den Ereignisprotokollen haben Sie in Kapitel 54 erfahren.
- **Eingeschränkte Gruppen** Legt die Mitgliedschaft in Gruppen fest. Um beispielsweise sicherzustellen, dass die Gruppe der *Domänen-Admins* auf lokalen Computern immer in der lokalen *Administrator*-Gruppe Mitglied bleibt und nicht etwa von einem lokalen Administrator kurzerhand manuell daraus entfernt wird, fügt man die Gruppe der *Domänen-Admins* den eingeschränkten Gruppen hinzu und legt darin fest, dass diese Mitglied in der Gruppe der *Administratoren* sind.

  Es können auch lokale Gruppen wie die der *Hauptbenutzer* über deren *well-known* Sicherheits-ID wie *S-1-5-32-547* eingefügt werden. So könnten bestimmte Domänenanwender mit mehr lokalen Rechten ausgestattet werden.
- **Systemdienste** Legt die Berechtigungen und das Startverhalten für Dienste zentral fest und stellt so sicher, dass kritische Systemdienste nicht manuell vor Ort von einem lokalen Administrator fehlkonfiguriert werden können.
- **Registrierung** Ändert Berechtigungen in der Registrierungsdatenbank. So könnten beispielsweise Berechtigungen auf bestimmte Bereiche zentral gelockert werden, wenn dies für ältere Programme erforderlich sein sollte.
- **Dateisystem** Legt die Zugriffsberechtigungen auf sicherheitsrelevante Dateien fest und kann diese auch lockern.
- **Richtlinie für verkabelte Netzwerke (IEEE 802.3)** Diese Richtlinie bestimmt, wie der Computer über seine LAN-Schnittstelle Verbindung zu einem Drahtgebundenen Netzwerk aufnehmen kann. Sie erfordert serverseitig einen Windows Server 2003 mit Schemaerweiterung oder dessen Nachfolger.

- **Windows-Firewall mit erweiterter Sicherheit** Legt die Einstellungen der Firewall fest und bietet mehr Konfigurationsmöglichkeiten als über die grafische Oberfläche, beispielsweise auch die Kontrolle ausgehender Verbindungen sowie eine Integration mit IPSec.
- **Drahtlosnetzwerkrichtlinien (IEEE 802.11)** Bestimmt, mit welchen drahtlosen Netzwerken sich ein Clientcomputer verbinden darf. Sie erfordert serverseitig einen Windows Server 2003 mit Schemaerweiterung oder dessen Nachfolger.
- **Richtlinien für öffentliche Schlüssel** Verteilt öffentliche Zertifikate und legt so fest, welche Herausgeber auf dem Computer als vertrauenswürdig gelten.
- **Richtlinien für Softwareeinschränkung** Legt fest, welche Programme für alle Anwender dieses Computers verboten oder erlaubt sind. Beispiele finden Sie im Abschnitt »Programme verbieten«.
- **Network Access Protection** Steuert Netzwerkquarantäneeinstellungen, mit denen ein Computer zunächst auf seine Sicherheit und Integrität überprüft wird. Erst wenn feststeht, dass er den Sicherheitsstandards der Firma genügt und zum Beispiel über aktuelle Antivirensignaturen eines vertrauten Herstellers verfügt, wird ihm der Zutritt zum internen Netzwerk gestattet. Diese Funktionalität setzt serverseitig einen Longhorn-Server voraus.
- **IP-Sicherheitsrichtlinien auf Active Directory** Aktiviert IPSec-Verschlüsselungsrichtlinien für den Datentransfer im Active Directory. Dabei können Daten unverschlüsselt, auf besondere Anfrage verschlüsselt oder immer verschlüsselt übertragen werden.
- **Richtlinienbasierter QoS** Limitiert die verfügbare Netzwerkbandbreite für bestimmte Anwendungen und Ports, um die Gesamtbandbreite des Netzwerks besser auf geschäftskritische Anwendungen verteilen zu können. Ein Beispiel erwartet Sie im Abschnitt »Netzwerkbandbreiten verwalten« in diesem Kapitel.
- **Administrative Vorlagen** Registrierungsdatenbankbasierte Einstellungen, die für den gesamten Computer gelten. Einige Beispiele hierzu finden Sie im Abschnitt »Administrative Vorlagen verwenden« in diesem Kapitel.

Benutzerkonfiguration

Die Benutzerkonfiguration wird nach der Anmeldung wirksam und gilt nur für bestimmte Benutzer, nämlich jene, auf die die Gruppenrichtlinie angewendet wird.

> **Tipp** 
>
> Wenn Sie eine lokale Gruppenrichtlinie verwenden, gelten beide Zweige für alle Benutzer. Wollen Sie mit einer lokalen Gruppenrichtlinie die Einstellungen für bestimmte Benutzer kontrollieren, lesen Sie im vorhergehenden Kapitel nach, wie Sie die neuen benutzerspezifischen lokalen Gruppenrichtlinien öffnen.

Im Zweig *Benutzerkonfiguration* finden sich viele der bereits im Zweig *Computerkonfiguration* aufgeführten Einstellmöglichkeiten noch ein zweites Mal und gelten hier nur für bestimmte Benutzer.

Zusätzlich stehen diese Einstellungen zur Verfügung:

- **Remoteinstallationsdienste** Legt fest, welche Dialogfelder und Auswahlmöglichkeiten ein Benutzer sieht, wenn er über das Netzwerk einen Remoteinstallationsserver anwählt, um ein neues Betriebssystem zu installieren.
- **Internet Explorer-Wartung** Bestimmt die Grundeinstellungen des Internet Explorers für diesen Benutzer.
- **Ordnerumleitung** Nutzen Sie die in Vista stark erweiterten Möglichkeiten der Ordnerumleitung, um Anwenderdaten zentral zu speichern, den Anmeldevorgang zu beschleunigen und sehr einfach »Roaming Profiles« zu realisieren, also Profile, die nicht mehr auf einen bestimmten Computer beschränkt sind, sondern dem Anwender überall seine Anwendungsdaten bereitstellen. Beispiele finden Sie im Abschnitt »Ordnerumleitung verwenden« in diesem Kapitel.

Softwareeinstellungen

Software lässt sich über domänenbasierte Gruppenrichtlinien verteilen. So könnten Sie mit reinen Bordmitteln eine einfache Softwareverteilung realisieren und dafür sorgen, dass Programme und Anwendungen automatisiert installiert und deinstalliert werden.

Diese Art der Softwareverteilung ist allerdings in einigen Aspekten eingeschränkt, und Sie müssen selbst beurteilen, ob Sie mit diesen Einschränkungen leben können oder doch auf ein (kostenpflichtiges) Zusatzwerkzeug für die Softwareverteilung zugreifen wollen:

- **Windows Installer-Pakete** Programme, die Sie verteilen wollen, müssen als Windows Installer-Pakete vorliegen, also als MSI-Dateien. Sie können keine Programme verteilen, die eigene Installationsprogramme wie zum Beispiel *Setup.exe* verwenden und während der Installation Benutzereingaben verlangen.

- **Active Directory-basiert** Die Softwareverteilung setzt eine Domäne mit Active Directory voraus. Lokale Gruppenrichtlinien können keine Software verteilen.
- **Fehlende Überwachung** Die gruppenrichtlinienbasierte Softwareverteilung bietet keine Erfolgsüberwachung. Sie sehen also nicht, auf welchen Computern die zu verteilenden Programme tatsächlich installiert wurden. Damit fehlt auch ein eingebautes Lizenzmanagement, mit dem Sie feststellen können, wie oft eine bestimmte Software im Einsatz ist.

PROFITIPP

Vor einigen Jahren war die Beschränkung auf Windows Installer-Dateien noch eine große Hürde, denn als die Technologie mit Windows 2000 eingeführt wurde, verwendeten die meisten Programme jeweils ganz eigene Installationsprogramme, und so beschränkte sich damals diese Technik höchstens auf das Office-Paket von Microsoft. Heute sind die meisten Programme als Windows Installer-Pakete lieferbar und lassen sich per Gruppenrichtlinie verteilen.

Selbst wenn Sie Programme verteilen müssen, die nicht als MSI-Datei vorliegen, können Sie mit kostengünstigen Drittanbieter-Werkzeugen wie *MakeMSIi* oder *WinInstall LE 2003* diese in MSI-Paketen verpacken. Größere Firmen beschäftigen dazu eigenständige Paketierungsabteilungen, die mit Werkzeugen von Branchenführern wie *Wise* oder *InstallShield* Anwendungen MSI-konform verpacken.

Eine neue Anwendung verteilen

Um eine neue Anwendung automatisiert zu verteilen, fügen Sie sie im Zweig *Softwareeinstellungen* als MSI-Datei einer Gruppenrichtlinie hinzu.

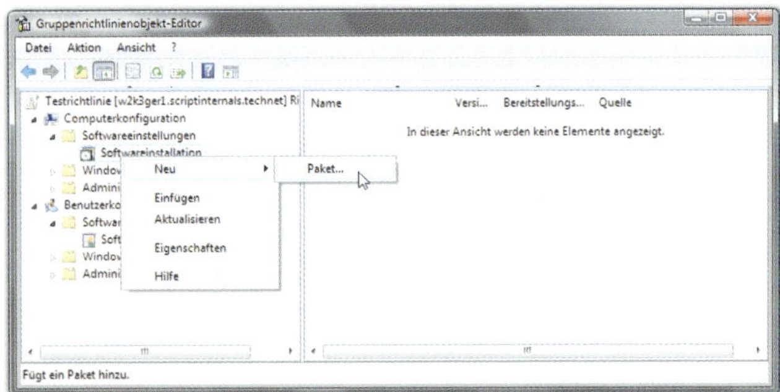

Abbildung 56.1 Ein neues Softwarepaket hinzufügen

So gehen Sie vor, um Software per Gruppenrichtlinie zu verteilen:

1. Wählen Sie den Zweig *Computerkonfiguration/Softwareeinstellung*, wenn Sie Programme auf einem bestimmten Computer installieren wollen. Die Software wird beim nächsten Start des Computers installiert. Wählen Sie den Zweig *Benutzerkonfiguration/Softwareeinstellung*, wenn Sie Programme für einen bestimmten Benutzer installieren wollen.
2. Klicken Sie mit der rechten Maustaste auf Softwareinstallation, und wählen Sie im Kontextmenü den Untermenübefehl *Neu/Paket*.
3. Geben Sie nun an, wo sich das Installationspaket befindet. Das Installationspaket muss auf einer öffentlich zugänglichen Netzwerkfreigabe liegen, damit es später von den Clients auch installiert werden kann. Geben Sie also den Namen der Freigabe an, zum Beispiel *\\FileServer12\PublicSoftware*, und wählen Sie das Installationspaket aus.
4. Nun werden Sie gefragt, wie diese Software installiert werden soll. Die folgenden Optionen stehen zur Verfügung:
   - **Veröffentlicht** Die Software wird in der Systemsteuerung angeboten und kann vom Anwender auf Wunsch installiert werden. Steht nur bei der Benutzerkonfiguration zur Verfügung. Wählen Sie diese Option, wenn Sie es dem Benutzer selbst überlassen wollen, ob er die Anwendung installieren will oder nicht.
   - **Zugewiesen** Die Software wird ganz oder teilweise installiert und steht sofort zur Verfügung. Wählen Sie diese Option für alle Standardanwendungen, die auf jeden Fall installiert sein sollen.
   - **Erweitert** Öffnet zusätzliche Optionen, die Sie auch nachträglich wie unten beschrieben festlegen können.
5. Klicken Sie auf *OK*. Die Software wird als neues Paket in die Liste aufgenommen und installiert, wenn der Computer das nächste Mal hochfährt beziehungsweise ein Benutzer sich neu anmeldet.

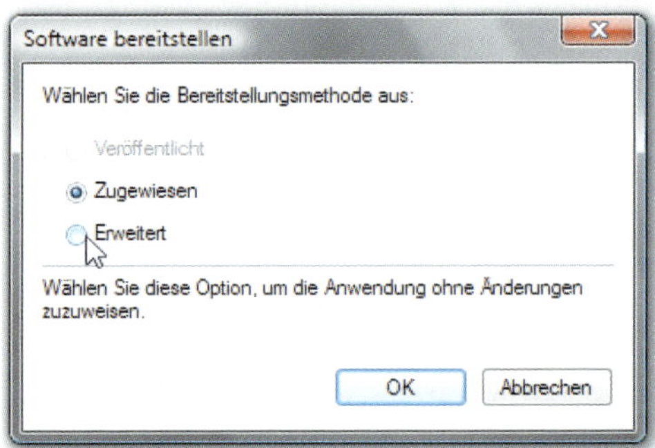

Abbildung 56.2 Legen Sie fest, wie die Software bereitgestellt werden soll

> **Achtung**
>
> Gruppenrichtlinien sorgen zwar dafür, dass die Anwendungen automatisch verteilt und installiert werden. Sie beinhalten aber keinerlei Lizenzmanagement. Es liegt deshalb an Ihnen, sicherzustellen, dass Sie für alle verteilten Anwendungen auch die notwendigen Lizenzen besitzen.

Bereitstellungsoptionen festlegen

Bereits bei der Verteilung einer neuen Anwendung haben Sie sich für eine der beiden Bereitstellungsoptionen entscheiden müssen: *Veröffentlichen* oder *Zuweisen*.

Beide Bereitstellungsarten können darüber hinaus in einigen wichtigen Bereichen weitergehend konfiguriert werden.

Dazu klicken Sie mit der rechten Maustaste auf ein in der Gruppenrichtlinie hinterlegtes Softwarepaket und wählen im Kontextmenü den Eintrag *Eigenschaften*.

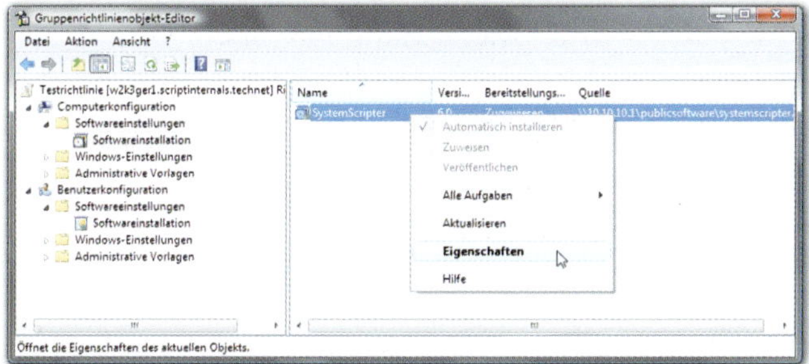

Abbildung 56.3 Softwarepakete nachträglich verwalten

Es öffnet sich ein Dialogfeld, mit dem Sie alle weiteren Feineinstellungen festlegen.

Veröffentlicht – die Optionen

Haben Sie sich für die Bereitstellungsart *Veröffentlicht* entschieden, die nur im Zweig *Benutzerkonfiguration* zur Verfügung gestellt wird, wird die Software nur auf besonderen Wunsch des Anwenders installiert.

Wirklich installiert wird die Software nämlich erst, wenn der Anwender sie in der Systemsteuerung auswählt. Das allerdings ist etwas mühselig:

1. Wählen Sie im Startmenü den Eintrag *Systemsteuerung*.
2. Klicken Sie auf *Programme* und dann auf *Programme und -Funktionen*.
3. Klicken Sie in der linken Spalte auf den Link *Programme vom Netzwerk installieren*. Jetzt sehen Sie eine Liste der veröffentlichten Anwendungen und können auf Wunsch und per Klick auf *Installieren* diese Anwendungen installieren.

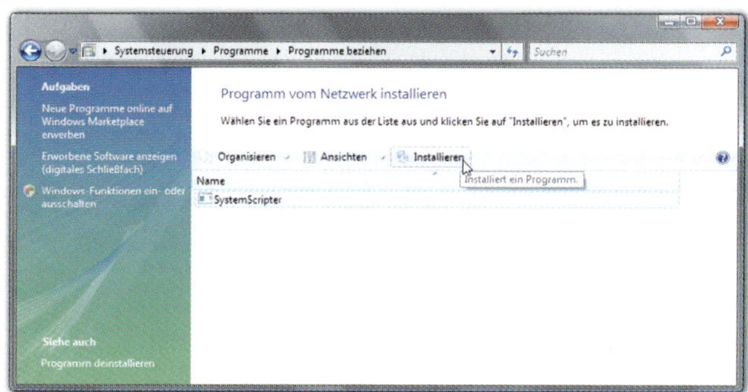

Abbildung 56.4 Eine veröffentlichte Anwendung manuell installieren

Eventuell besser geeignet ist deshalb die Option *Automatisch installieren, wenn die Dateierweiterung aktiviert wird*, die man gut mit der Option *Paket in der Systemsteuerung unter Software nicht anzeigen* kombinieren kann. In diesem Fall braucht der Anwender nämlich nur eine Datei zu öffnen, die mit der veröffentlichten Anwendung verknüpft ist, und schon wird die Anwendung installiert und betriebsbereit gemacht. Die Anwendung wird nicht mehr wie in Abbildung 56.4 in einer Liste angezeigt.

Haben Sie zum Beispiel *Microsoft Office* veröffentlicht, würde die Anwendung in dem Moment installiert, wo ein Anwender versucht, eine Word-Briefdatei zu öffnen.

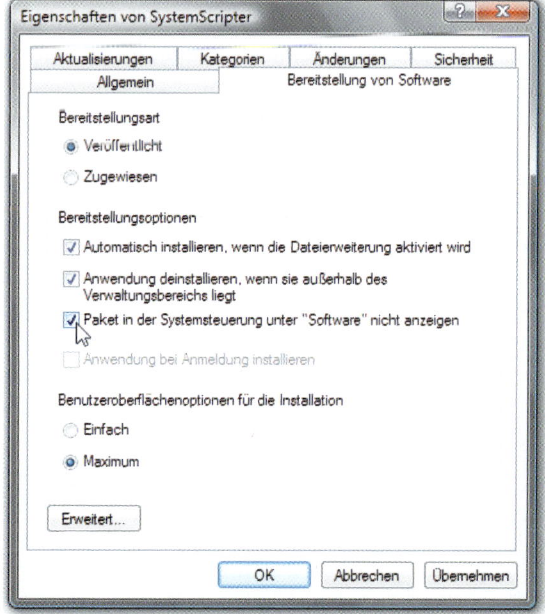

Abbildung 56.5 Die Optionen für veröffentlichte Anwendungen

Mit den Optionen im Abschnitt *Benutzeroberflächenoptionen für die Installation* legen Sie darüber hinaus fest, wie viel Einfluss der Anwender über den Installationsvorgang haben wird, welche Installationsoptionen er also sieht.

PROFITIPP 

In den Standardeinstellungen gilt eine veröffentlichte Anwendung als unsicher, wenn Sie die *Benutzeroberflächenoptionen* in Abbildung 56.5 auf *Maximum* gestellt haben, weil der Anwender dadurch die Installation zu stark beeinflussen kann. Wählen Sie deshalb für veröffentlichte Softwarepakete die Option *Einfach*.

Zugewiesen – die Optionen

Haben Sie die Software mit der Option *Zugewiesen* bereitgestellt, hat der Anwender keine Wahl: die Software wird auf jeden Fall installiert, ob er das will oder nicht.

Allerdings verhält sich die Zuweisung ganz unterschiedlich, je nachdem ob Sie sie im Zweig *Computerkonfiguration* oder *Benutzerkonfiguration* hinterlegt haben.

Im Zweig *Computerkonfiguration* wird die Software automatisch und komplett installiert, sobald der Computer das nächste Mal hochfährt. Die Installation erfolgt dabei unbeaufsichtigt und gilt für alle Benutzer dieses Computers.

Anders im Zweig *Benutzerkonfiguration*. Hier wird die Anwendung erst installiert, wenn sich ein Benutzer anmeldet, und auch dann wird nur eine Minimalinstallation durchgeführt, die nichts weiter tut als die Symbole der neuen Anwendung im Startmenü einzublenden und die Dateitypen mit der Anwendung zu verknüpfen.

Wirklich vollständig wird die Anwendung erst installiert, wenn der Anwender sie zum ersten Mal verwenden will. Damit soll verhindert werden, dass zu Dienstbeginn das Firmennetzwerk wegen zahlreicher parallel startender Softwareinstallationen zusammenbricht und der Anmeldevorgang blockiert.

Erkauft wird sich das mit einer kleinen Verzögerung, die der Anwender bei der erstmaligen Verwendung wegen der erst jetzt einsetzenden Installation bemerkt.

Wollen Sie die Anwendung lieber sofort komplett installieren lassen, sobald sich der Benutzer anmeldet, aktivieren Sie das Kontrollkästchen *Anwendung bei Anmeldung installieren*.

Weil bei der Bereitstellung im Zweig *Benutzerkonfiguration* ein Anwender angemeldet ist, können Sie sich hier anders als bei der Bereitstellung im Zweig *Computerkonfiguration* aussuchen, ob die einfache oder die maximale Benutzeroberfläche des Installationspakets für den Anwender zu sehen ist.

Weitere Optionen

Auf den übrigen Registerkarten des Dialogfeldes finden Sie weitere Konfigurationsmöglichkeiten:

- **Name und Supportinformationen** Auf der Registerkarte *Allgemein* können Sie der Anwendung einen Namen und Supportinformationen geben. Diese Informationen erscheinen später für den Anwender sichtbar in der Systemsteuerung.
- **Aktualisierungen** Möchten Sie eine Software mit Patchpaketen nachträglich aktualisieren, holen Sie die Registerkarte *Aktualisierungen* in den Vordergrund und fügen mit der Schaltfläche *Hinzufügen* die gewünschten Patches der Liste hinzu.
- **Transformationen** Häufig werden die Installationspakete der Softwarehersteller durch so genannte Transformationen an firmenspezifische Gegebenheiten angepasst, damit die Installation unbeaufsichtigt durchgeführt werden kann. Die eventuell erforderlichen Transformdateien stellen Sie auf der Registerkarte *Änderungen* mit der Schaltfläche *Hinzufügen* bereit.

Bereitgestellte Software wieder entfernen

Möchten Sie eine bereitgestellte Anwendung nachträglich wieder entfernen, genügt es nicht, die Anwendung aus der Gruppenrichtlinie wieder zu löschen. Sie müssen zusätzlich festlegen, was mit bereits installierten Programmen geschehen soll.

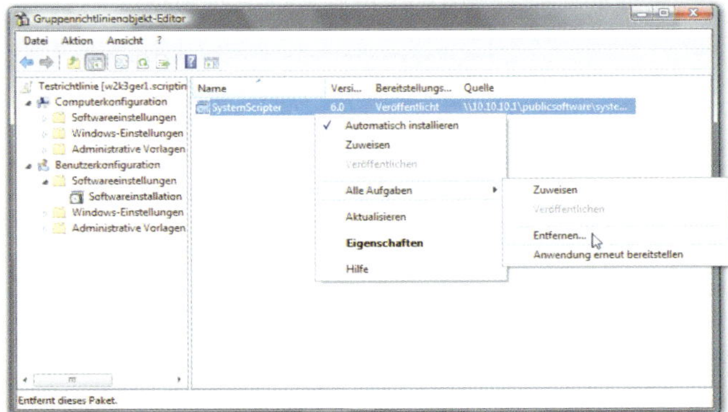

Abbildung 56.6 Eine bereitgestellte Anwendung wieder entfernen

1. Klicken Sie die zugewiesene Anwendung in der Gruppenrichtlinie mit der rechten Maustaste an und wählen Sie im Kontextmenü den Untermenübefehl *Alle Aufgaben/Entfernen*.
2. Ein Dialogfeld öffnet sich und bietet zwei Optionen (Abbildung 56.7):

- **Software sofort … deinstallieren** Die bereits früher verteilten Anwendungen werden aktiv deinstalliert, wenn die Gruppenrichtlinie das nächste Mal angewendet wird
- **Benutzer dürfen weiter verwenden** Bereits installierte Programme bleiben funktionstüchtig und können weiter verwendet werden, aber die Anwendung wird nicht länger bereitgestellt und automatisch installiert.

3. Klicken Sie auf *OK*. Die bereitgestellte Anwendung wird aus der Liste entfernt, und bisherige Installationen werden deinstalliert, wenn Sie das gewünscht haben. Die Deinstallation findet statt, wenn die Gruppenrichtlinie beim jeweiligen Computer und Benutzer das nächste Mal angewendet wird. Hierdurch kann sich der Anmeldevorgang eines Benutzers einmalig verzögern.

Abbildung 56.7 Legen Sie fest, ob bereitgestellte Anwendungen deinstalliert werden sollen

An- und Abmeldeskripts einsetzen

Skripts sind Textdateien mit Anweisungen an Windows, die in der Regel in der Skriptsprache VBScript verfasst sind. Skripts können per Gruppenrichtlinie zu vier verschiedenen Zeitpunkten automatisch ausgeführt werden:

- **An- und Abmeldeskripts** Diese Skripts werden im Zweig *Benutzerkonfiguration* der Gruppenrichtlinie hinterlegt und ausgeführt, wenn sich ein bestimmter Benutzer an- oder abmeldet. Häufig stellen solche Skripts Netzlaufwerke oder Netzwerkdrucker zur Verfügung. Die Skripts laufen im Kontext des Benutzers, verfügen also über dieselben Berechtigungen wie der jeweilige Benutzer.
- **Starten und Herunterfahren** Diese Skripts werden im Zweig *Computerkonfiguration* der Gruppenrichtlinie hinterlegt und ausgeführt, wenn Windows hoch- oder heruntergefahren wird. Weil zu diesem Zeitpunkt kein Benutzer angemeldet ist, werden die Skripts im Kontext des Systems ausgeführt und verfügen deshalb über weitreichende Berechtigungen.

Ein Anmeldeskript einrichten

Anmeldeskripts sind in vielen Firmen im Einsatz, weil sie die Gruppenrichtlinien um beliebige Einstellungen ergänzen, die sich nicht mit anderen Einstellmöglichkeiten der Gruppenrichtlinie realisieren lassen.

Ein Skript erstellen

Eine häufige Anwendung für Anmeldeskripts ist das Bereitstellen von Netzlaufwerken für einen Benutzer. Im folgenden Beispiel soll ein einfaches Anmeldeskript verwendet werden, das für den Anwender ein Netzlaufwerk bereitstellt.

```
Set objNet = CreateObject("WScript.Network")
objNet.MapNetworkDrive "X:", "\\w2k3ger1\PublicSoftware"
MsgBox "Verbindung hergestellt."
```

Listing 56.1 Ein einfaches Anmeldeskript

So gehen Sie vor, um dieses Anmeldeskript ausführbar zu machen:

1. Öffnen Sie den Windows-Editor. Dazu öffnen Sie zum Beispiel das Startmenü, tippen ins Schnellsuchfeld die Zeichenfolge **notepad** ein, und bestätigen mit der [↵]-Taste.
2. Geben Sie das Listing 56.1 in den Windows-Editor ein. Passen Sie den Pfadnamen der Netzfreigabe entsprechend an, und speichern Sie das Skript über den Menübefehl *Datei/Speichern* unter dem Namen *logon.vbs*.

Das Skript wird als Vorgabe in Ihrem *Dokumente*-Ordner abgelegt. Wählen Sie im Startmenü *Dokumente*, um den Ordner zu öffnen.

Starten Sie dann Ihr Anmeldeskript testweise per Doppelklick. Wenn Sie alles richtig gemacht haben, sollte das Laufwerk *X:* nun als Netzlaufwerk zur Verfügung stehen und eine Meldung erscheinen.

Drücken Sie [⊞]+[E], um zu überprüfen, ob das Laufwerk im Windows-Explorer angezeigt wird.

Hinweis 

Falls Ihr Anmeldeskript nicht ausgeführt wird, sondern stattdessen eine Fehlermeldung erscheint, ist Ihnen entweder bei der Eingabe des Skripts ein Fehler unterlaufen, oder die angegebene Netzfreigabe steht bei Ihnen nicht zur Verfügung.

Klicken Sie Ihr Skript mit der rechten Maustaste an und wählen Sie im Kontextmenü den Eintrag *Bearbeiten*, um das Skript zurück in den Editor zu laden und zu korrigieren. Speichern Sie Ihre Änderungen mit *Datei/Speichern*, und testen Sie das Skript erneut.

Skript per Gruppenrichtlinie ausführen lassen

Damit Ihr Skript bei der Anmeldung eines Benutzers automatisch ausgeführt wird, hinterlegen Sie es nun als Anmeldeskript in einer Gruppenrichtlinie:

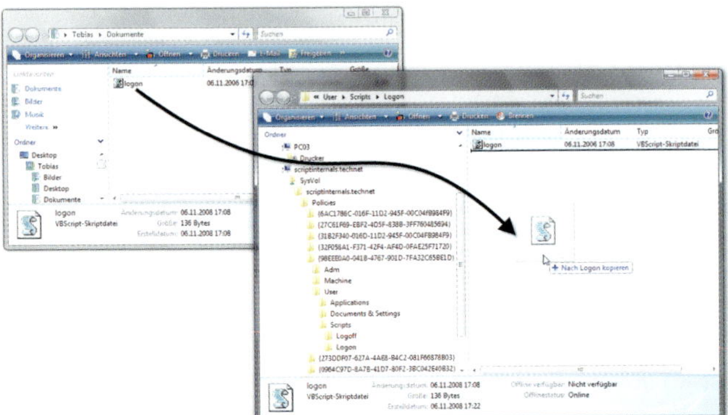

Abbildung 56.8 Kopieren Sie Ihre Anmeldeskripts in den zentralen Ordner der Gruppenrichtlinie

1. Öffnen Sie die Gruppenrichtlinie, in der Sie das Anmeldeskript hinterlegen wollen. Dies kann eine lokale Gruppenrichtlinie oder eine domänenbasierte Gruppenrichtlinie sein. Wichtig ist, dass die Gruppenrichtlinie auch für die betreffenden Benutzer angewendet wird, denen Sie mit dem Skript ein Netzlaufwerk bereitstellen wollen.
2. Öffnen Sie in der Gruppenrichtlinie den Zweig *Benutzerkonfiguration/Windows-Einstellungen/Skripts (Anmelden/Abmelden)*. In der rechten Spalte sehen Sie nun die Einträge *Anmelden* (für Skripts, die bei der Benutzeranmeldung ausgeführt werden) und *Abmelden* (für Skripts, die nach der Benutzerabmeldung ausgeführt werden).
3. Doppelklicken Sie auf *Anmelden*. Das Dialogfeld *Eigenschaften von Anmelden* öffnet sich. Klicken Sie zunächst auf die Schaltfläche *Dateien anzeigen*. Der Windows-Explorer öffnet einen speziellen Ordner, in dem alle Anmeldeskripts für diese Gruppenrichtlinie lagern.
4. Kopieren Sie nun Ihr Anmeldeskript aus Ihrem persönlichen *Dokumente*-Ordner in diesen Ordner, zum Beispiel, indem Sie das Skript wie in Abbildung 56.8 mit der Maus aus dem *Dokumente*-Ordner in den zentralen Skriptordner ziehen.
5. Schließen Sie den Windows-Explorer, und kehren Sie zurück zum Dialogfeld. Klicken Sie darin auf die Schaltfläche *Hinzufügen*, klicken Sie auf *Durchsuchen* und wählen Sie das Skript aus, das Sie gerade in den Gruppenrichtlinienordner kopiert haben. Klicken Sie auf *OK*. Das Skript wird als Anmeldeskript in der Liste aufgeführt.
6. Klicken Sie auf *OK*, um das Dialogfeld in Abbildung 56.9 zu schließen. Das Anmeldeskript wurde erfolgreich in die Gruppenrichtlinie eingefügt.

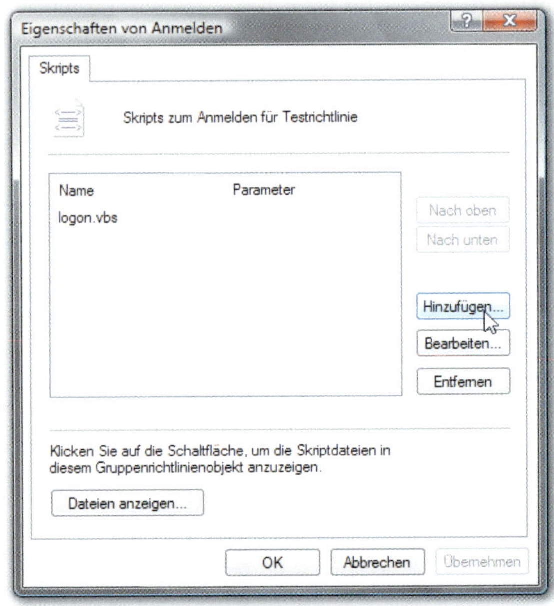

Abbildung 56.9 Ein Skript als Anmeldeskript in der Gruppenrichtlinie hinterlegen

Anmeldeskript testen

Um Ihr neues Anmeldeskript zu testen, melden Sie sich ab und erneut an. Sofern die Gruppenrichtlinie, in der Sie Ihr Anmeldeskript hinterlegt haben, für Ihr Benutzerkonto angewendet wird, führt Vista das Anmeldeskript bei der Anmeldung aus.

Sie sollten deshalb einige Sekunden nach der Anmeldung die Hinweismeldung Ihres Skripts sehen, dass das Netzlaufwerk eingerichtet wurde.

Ein Blick in den Windows-Explorer zeigt das Netzlaufwerk, das von Ihrem Anmeldeskript eingerichtet wurde.

Benutzerkontensteuerung beeinflusst Anmeldeskripts

Falls Sie zwar die Erfolgsmeldung Ihres Anmeldeskripts sehen, nicht aber das Netzlaufwerk, sind Sie möglicherweise »Opfer« der neuen Benutzerkontensteuerung geworden. Dieses Problem tritt nur dann auf, wenn Sie sich mit einem Benutzerkonto anmelden, das über Administratorrechte verfügt.

Anmeldeskripts werden ausgeführt, noch bevor die Benutzerkontensteuerung ein Administratorkonto einschränkt. Sobald die Anmeldung vollzogen ist, nimmt die Benutzerkontensteuerung Ihrem Konto sämtliche Administratorrechte und stellt diese nur bei Bedarf und nur nach Rückfrage zur Verfügung.

Dieses an sich sehr sinnvolle Vorgehen verursacht allerdings Probleme bei Einstellungen, die den Benutzerkontext betreffen. Netzlaufwerke und Netzwerkdrucker werden immer im Kontext eines bestimmten Benutzers angelegt. Da Administratoren wegen der Benutzerkontensteuerung über eine »gespaltene Persönlichkeit« verfügen und tatsächlich über zwei Kontexte verfügen – einen mit sämtlichen Rechten und einen eingeschränkten Kontext – sind Netzlaufwerke und Netzwerkdrucker möglicherweise unsichtbar. Sie sind zwar nicht verschwunden, wurden aber vom Anmeldeskript unfreiwillig im falschen Kontext angelegt.

Sie können dies überprüfen, indem Sie eine Konsole mit vollen Administratorrechten öffnen und so die »andere Persönlichkeit« Ihres Administratorkontos öffnen. Dazu öffnen Sie das Startmenü und tippen ins Suchfeld die Zeichenfolge **cmd** ein. Klicken Sie dann mit der rechten Maustaste auf den Link *cmd* in der linken Spalte des Startmenüs, und wählen Sie im Kontextmenü den Eintrag *Als Administrator*.

Wenn Sie in der daraufhin geöffneten Eingabeaufforderung den Befehl **net use** eintippen und mit der ↵-Taste bestätigen, sind die Netzlaufwerke, die durch Anmeldeskripts für Sie angelegt wurden, plötzlich wieder da. Sie können aus der Eingabeaufforderung heraus auch mit **explorer c:** ↵ einen Windows-Explorer mit erhöhten Rechten öffnen und sehen auch darin die verloren geglaubten Netzlaufwerke.

Dieses Problem tritt nicht auf, wenn Sie normaler Anwender sind, denn dann existiert nur ein einzelner Kontext, und das Anmeldeskript legt die Netzlaufwerke automatisch im richtigen Kontext an. Es tritt auch nicht auf, wenn Sie die Benutzerkontensteuerung abschalten oder sich mit dem eingebauten Administratorkonto anmelden, für das die Benutzerkontensteuerung als Vorgabe abgeschaltet ist.

Ist dieses Verhalten ein störendes Problem, können Sie einen undokumentierten Registrierungseintrag namens *EnableLinkedConnections* (REG_DWORD) in der Registrierungsdatenbank unter *HKEY_LOCAL_MACHINE\SOFTWARE\Microsoft\Windows\CurrentVersion\Policies\System* eintragen und ihm einen beliebigen Wert außer 0 zuweisen. Dieser Eintrag sowie deren Folgen werden von Microsoft nicht unterstützt.

Weitere Skripts verwenden

Falls Sie neugierig geworden sind, was sich sonst noch alles per Skript automatisieren lässt, empfehlen wir einen Besuch im Internet unter *www.microsoft.com/technet/scriptcenter*. Dort finden Sie Hunderte von Beispielskripts zu den verschiedensten Themen.

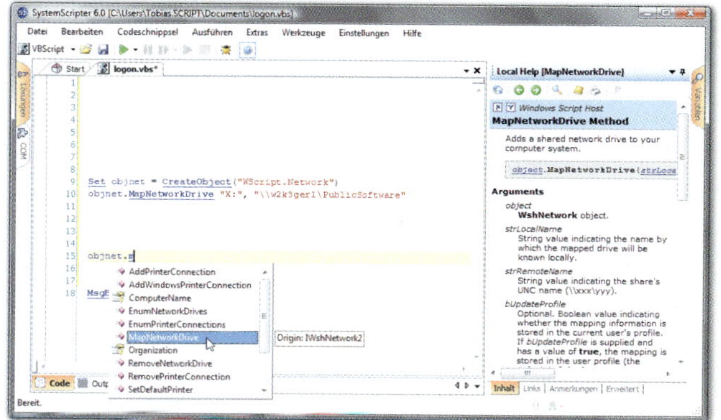

Abbildung 56.10 Professionelle Skriptentwicklung mit speziellen VBScript-Editoren

Zwar haben Sie gesehen, dass zur Skripterstellung ein einfacher Texteditor wie der Windows-Editor ausreicht. Wer allerdings häufiger Skripts verfassen möchte, sollte sich spezialisierte VBScript-Editoren wie zum Beispiel den *SystemScripter* von *www.scriptinternals.de* ansehen, die neben professioneller Sprachunterstützung auch Hunderte von fertigen Beispielskripts enthalten.

Drucker bereitstellen

In früheren Versionen von Windows wurden Netzwerkdrucker häufig mit Hilfe von Anmeldeskripts zugewiesen. Windows Vista unterstützt daneben nun auch die Bereitstellung von Netzwerkdruckern per Gruppenrichtlinie.

So können Sie dafür sorgen, dass Computer und Benutzer automatisch die für sie passenden Netzwerkdrucker in der Druckerauswahl anzeigen.

Voraussetzung für die gruppenrichtlinienbasierte Druckerbereitstellung ist eine Netzwerkdomäne, deren Schema auf den *Windows Server 2003 R2*-Standard erweitert wurde.

Hinweis

Sie können auf diese Weise nur Netzwerkdrucker bereitstellen, aber keine lokalen Drucker, die direkt mit einem Computer verbunden sind. Es ist außerdem nicht möglich, per Gruppenrichtlinie den Standarddrucker festzulegen.

Einen Drucker per Gruppenrichtlinie bereitstellen

Drucker können einem Computer oder einem Benutzer zugewiesen werden. Fügen Sie die Druckerbereitstellung in den Zweig *Computerkonfiguration* ein, steht dieser Netzwerkdrucker allen Benutzern des Computers zur Verfügung, auf den die Gruppenrichtlinie angewendet wird.

Vermerken Sie den Drucker hingegen im Zweig *Benutzerkonfiguration*, gilt die Bereitstellung für die Anwender, auf die die Gruppenrichtlinie angewendet wird. Diese Anwender erhalten dann Zugriff auf den Netzwerkdrucker unabhängig davon, an welchem Computer sie sich anmelden.

So gehen Sie vor, um einen Netzwerkdrucker bereitzustellen:

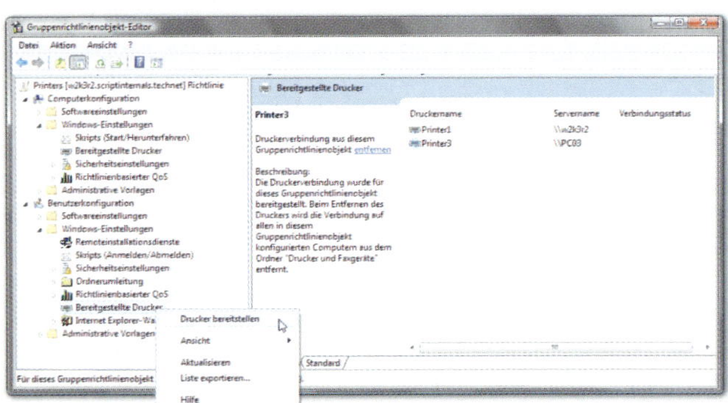

Abbildung 56.11 Druckerbereitstellung per Gruppenrichtlinie

1. Öffnen Sie die Gruppenrichtlinie, mit der Sie den Drucker bereitstellen wollen. Wählen Sie in der linken Spalte den Zweig *Windows-Einstellungen/Bereitgestellte Drucker*.
2. Klicken Sie mit der rechten Maustaste auf *Bereitgestellte Drucker*, und wählen Sie im Kontextmenü den Eintrag *Drucker bereitstellen*.
3. Das Dialogfeld *Drucker bereitstellen* öffnet sich. Geben Sie den Netzwerkpfad des Druckers in das linke Textfeld ein, oder klicken Sie auf *Durchsuchen*, um Netzwerkdrucker zu suchen. Klicken Sie dann auf *Hinzufügen*, um den Drucker in die rechte Liste zu übernehmen.
4. Klicken Sie auf *OK*. Der Drucker wird in die Gruppenrichtlinie aufgenommen.

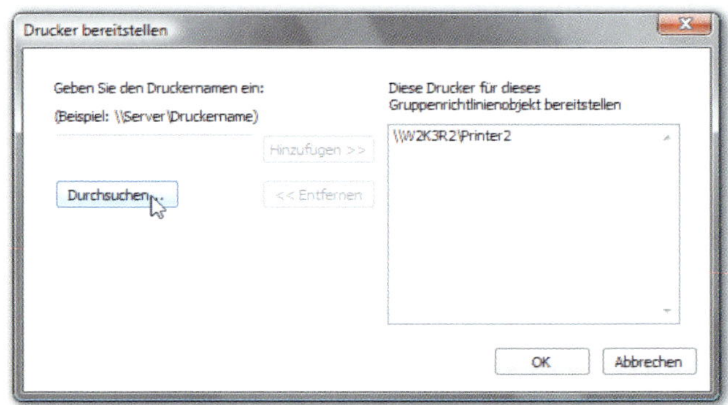

Abbildung 56.12 Einen neuen Drucker für die Bereitstellung auswählen

PROFITIPP 

Bereitgestellte Drucker werden erst ab *Windows Server 2003 R2* und *Windows Vista* unterstützt, weil erst hier beim Hochfahren und Anmelden automatisch auf bereitgestellte Drucker geprüft wird.

Möchten Sie Drucker auch auf älteren Clients bereitstellen, muss auf diesen Computern das Werkzeug *pushprinterconnections.exe* als Hochfahr- oder Anmeldeskript ausgeführt werden, das dann die Druckerbereitstellungen vornimmt.

Zuweisungen an Benutzer werden damit ab *Windows 2000* unterstützt. Zuweisungen an Benutzer setzen mindestens *Windows XP* voraus.

Bereitstellung über die Druckverwaltung

Alternativ lassen sich Drucker auch über die neue *Druckverwaltung* einer Gruppenrichtlinie hinzufügen.

So gehen Sie vor, um einen Drucker per Gruppenrichtlinie aus der *Druckverwaltung* heraus bereitzustellen:

1. Starten Sie die *Druckverwaltung*. Dazu öffnen Sie im Startmenü die Systemsteuerung, drücken `Strg`+`E` und tippen rechts oben ins Suchfeld **Verwaltung** ein.
2. Klicken Sie auf *Verwaltung*. Nun sehen Sie die speziellen Verwaltungswerkzeuge. Öffnen Sie per Doppelklick die *Druckverwaltung*.

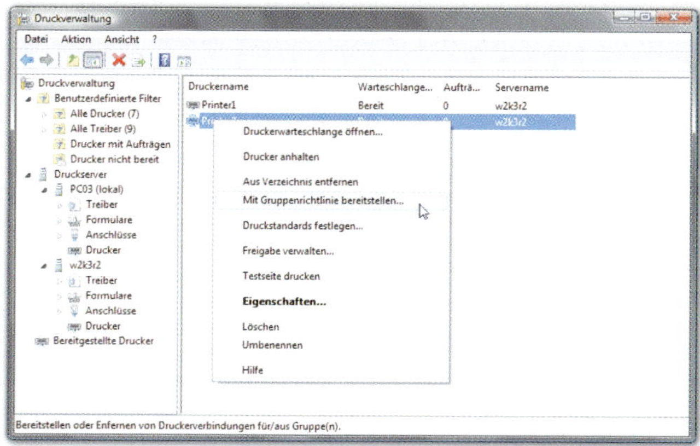

Abbildung 56.13 Drucker über die Druckverwaltung bereitstellen

3. Wählen Sie links den Druckserver aus, der den Netzwerkdrucker zur Verfügung stellt, und öffnen Sie darunter den Zweig *Drucker*.
4. Klicken Sie den Drucker, den Sie bereitstellen wollen, mit der rechten Maustaste an, und wählen Sie im Kontextmenü den Eintrag *Mit Gruppenrichtlinie bereitstellen*.
5. Ein Dialogfeld öffnet sich. Darin wählen Sie zunächst per Klick auf *Durchsuchen* die Gruppenrichtlinie aus, der Sie den Drucker hinzufügen wollen. Danach legen Sie fest, ob der Drucker pro Benutzer oder pro Computer bereitgestellt werden soll.
6. Klicken Sie nun auf die Schaltfläche *Hinzufügen*. Der Drucker wird jetzt in der unteren Liste aufgeführt.
7. Fügen Sie – falls erforderlich – weitere Drucker hinzu. Wenn Sie fertig sind, klicken Sie auf *OK*. Erst jetzt werden Ihre Änderungen in die Gruppenrichtlinien geschrieben und die in der Liste aufgeführten Drucker bereitgestellt.

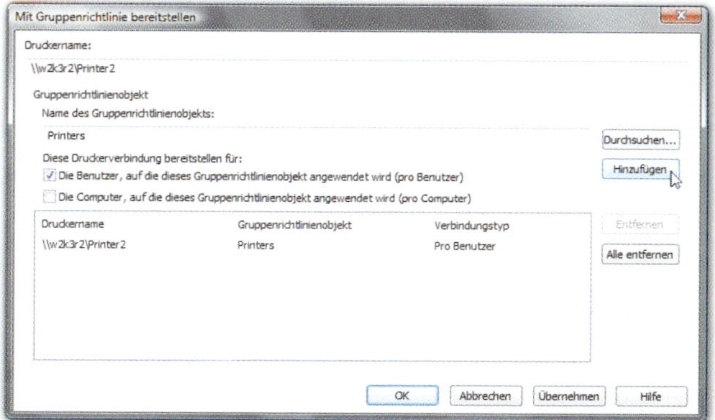

Abbildung 56.14 Einen Drucker mit der Druckverwaltung bereitstellen

Ordnerumleitung verwenden

Normalerweise speichert Windows Vista Ihre persönlichen Daten lokal auf dem Computer. Auf Wunsch können aber Ihre Benutzerordner wie *Desktop*, *Startmenü* und *Dokumente* auch an einen zentralen Fileserver umgeleitet werden. Voraussetzung dafür sind allerdings domänenbasierte Gruppenrichtlinien. Die Ordnerumleitung steht in lokalen Gruppenrichtlinien nicht zur Verfügung.

Von der Ordnerumleitung bekommt der Anwender nichts mit und kann ganz normal weiterarbeiten. Die zentrale Speicherung der Anwenderdaten bietet eine Reihe wichtiger Vorzüge, wenn Sie viele Computer verwalten und wenn sich Benutzer an verschiedenen Computern anmelden:

- **Zentrale Sicherung** Weil alle wichtigen und wertvollen Anwenderdaten zentral gespeichert werden, können sehr einfach Sicherungskopien auf dem Fileserver angelegt werden. Es ist also nicht mehr notwendig, diese Daten lokal auf jedem einzelnen Computer zu sichern.
- **Schnellere An- und Abmeldung** Wenn sich Anwender an verschiedenen Computern anmelden und Sie deshalb so genannte »Roaming Profiles« verwenden, kann der An- und Abmeldevorgang bei früheren Windows-Versionen sehr lange dauern, weil dabei jedes Mal große Datenmengen hin und her kopiert werden müssen. Liegen die Anwendungsdaten dagegen bereits auf einem zentralen Fileserver, reduziert sich die Größe des Benutzerprofils erheblich, und die An- und Abmeldung geschieht deutlich schneller.
- **Zentrale Verfügbarkeit** Meldet sich ein Anwender an einem anderen Computer an als normalerweise üblich und sind auch dort Ordnerumleitungen eingerichtet, »begleiten« ihn seine persönlichen Daten zum neuen Computer. Weil sie zentral gespeichert sind, können die Anwendungsdaten auf jedem Computer innerhalb Ihres Firmennetzwerks verfügbar gemacht werden.

Die Funktionsweise im Detail

Werden Anwenderordner an einen zentralen Ort umgeleitet, drohen auf den ersten Blick bei allen Vorteilen zwei Nachteile: es entsteht ein erheblicher Netzwerkverkehr, und wenn das Netzwerk einmal nicht verfügbar sein sollte, kommt der Anwender nicht mehr an seine zentral gespeicherten Daten heran, kann also nicht weiterarbeiten.

Diese Sorgen sind jedoch unbegründet, denn Windows Vista verwendet für die Ordnerumleitungen dasselbe Konzept wie bei offline verfügbar gemachten Netzwerkordnern.

Tatsächlich werden also die Anwendungsdaten zwar an einem zentralen Ort gespeichert, aber gleichzeitig mit einer lokalen Kopie synchronisiert. Dies sorgt nicht nur dafür, dass der Anwender auch bei einem Netzwerkausfall ganz normal weiterarbeiten kann. Es entlastet auch das Netzwerk. Lesezugriffe werden nämlich stets an die lokale Kopie gerichtet und belasten daher nicht das Netzwerk. Nur wenn Daten geändert werden, speichert Windows Vista die Änderungen am zentralen Ort.

Aber auch hier gibt es bei Windows Vista neue Optimierungen. Mit Hilfe der Delta-Kompression werden nur die Änderungen einer Datei über das Netzwerk synchronisiert. Ändert sich also in einer 100 MB großen Datei nur ein einzelnes Wort, werden nicht etwa 100 MB über das Netzwerk transportiert, sondern nur die wenige Byte große Änderung.

Hinweis

Die Optimierung der Delta-Kompression scheitert nur, wenn eine Anwendung bei der Änderung einer Datei stets eine neue Datei schreibt und die alte verwirft.

Während also die Ordnerumleitung an sich nicht neu ist, bringt Windows Vista viele wichtige Optimierungen und Ergänzungen mit:

- **Delta-Kompression** Bei der Synchronisation werden nur die tatsächlichen Änderungen über das Netzwerk übertragen.
- **Umleitbare Ordner** Bei Windows Vista lassen sich sehr viel mehr Ordner umleiten als bei früheren Windows-Versionen. Dies schließt auch die normalerweise stark belasteten Ordner *Favoriten* und *Cookies* ein.
- **Sofortige Synchronisation** Bei älteren Windows-Versionen fand die Synchronisation zwischen lokalen und zentralen Daten nur während des Abmeldevorgangs statt. Windows Vista synchronisiert die Daten sofort. Falls das Netzwerk nicht zur Verfügung steht, erfolgt die Synchronisation in dem Moment, wo das Netzwerk wieder erreichbar ist.

Ordner umleiten

Windows Vista unterstützt die Ordnerumleitung für 13 wichtige Anwender-Ordner, die in Abbildung 56.15 in der rechten Spalte zu sehen sind.

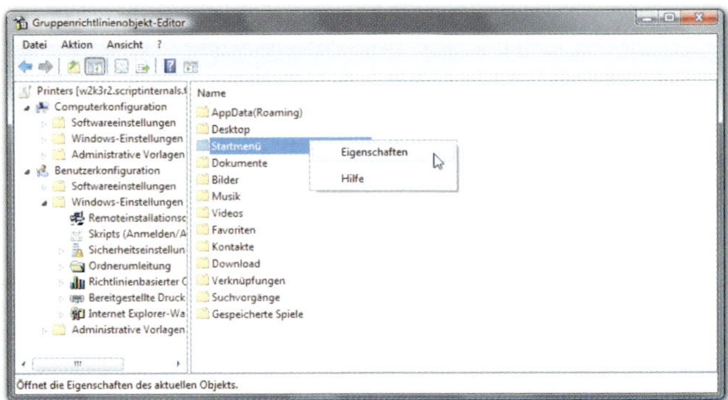

Abbildung 56.15 Das Startmenü in einen zentralen Ordner umleiten

Um einen Ordner umzuleiten, gehen Sie so vor:

1. Öffnen Sie das Gruppenrichtlinienobjekt, in dem Sie die Ordnerumleitung festlegen wollen. Die Ordnerumleitung steht nur in domänenbasierten Gruppenrichtlinien zur Verfügung, nicht in lokalen Gruppenrichtlinien.
2. Navigieren Sie in der linken Spalte zum Zweig *Benutzerkonfiguration/Windows-Einstellungen/Ordnerumleitung*. In der rechten Spalte sehen Sie jetzt die Ordner, die Sie umleiten können.
3. Klicken Sie den Ordner, den Sie umleiten wollen, in der rechten Spalte mit der rechten Maustaste an, und wählen Sie im Kontextmenü den Eintrag *Eigenschaften*.
4. Ein Dialogfeld öffnet sich. Darin wählen Sie oben die gewünschte Einstellung aus, in diesem Beispiel *Standard*:
   - **Nicht konfiguriert** Die aktuelle Einstellung belassen.
   - **Standard** Leitet den Ordner auf einen bestimmten Netzwerkpfad um.
   - **Erweitert** Leitet den Ordner an verschiedene Netzwerkpfade um, je nachdem, in welcher Sicherheitsgruppe ein Benutzer Mitglied ist. So könnten Sie für verschiedene Benutzergruppen verschiedene Fileserver angeben.
   - **Dem Ordner "Dokumente" folgen** Diese Option steht nur bei den Ordnern *Bilder*, *Musik* und *Videos* zur Verfügung. Ist sie gewählt, werden diese Ordner als Unterordner dort gespeichert, wo auch der Ordner *Dokumente* gespeichert ist.
5. Legen Sie darunter den Zielordner fest. Auch hier haben Sie mehrere Auswahlmöglichkeiten. Wählen Sie für dieses Beispiel *Einen Ordner für jeden Benutzer*.
   - **Einen Ordner für jeden Benutzer** Für jeden Benutzer wird an einer zentralen Stelle ein eigener Ordner angelegt.

- **An folgenden Pfad umleiten** Es wird ein festgelegter Pfad verwendet, der für mehrere Benutzer identisch sein kann. So sorgen Sie zum Beispiel dafür, dass alle Benutzer denselben Desktop verwenden.
- **An lokalen Benutzerprofilpfad umleiten** Die Ordnerumleitung wird wieder aufgehoben und die Daten nur noch lokal gespeichert
- **In das Basisverzeichnis des Benutzers kopieren** Diese Option steht nur beim Ordner *Dokumente* zur Verfügung und sorgt dafür, dass dieser Ordner im Basisordner des Benutzers gespeichert wird. Der Basisordner des Benutzers kann im Benutzerkonto direkt hinterlegt werden.

6. Im Textfeld *Stammverzeichnis* geben Sie nun den Netzwerknamen des Ordners an, in dem die Anwenderdaten zentral gespeichert werden sollen. Die Gruppenrichtlinie legt in diesem Ordner automatisch für jeden Benutzer eigene Unterordner an. Klicken Sie auf *OK*.

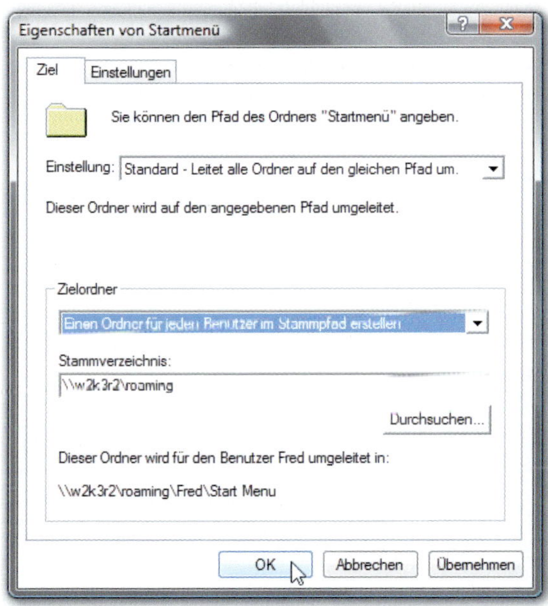

Abbildung 56.16 Legen Sie fest, wohin das Startmenü des Anwenders umgeleitet werden soll

Um die neue Gruppenrichtlinie zu testen, melden Sie sich ab und erneut wieder an. Sofern die Gruppenrichtlinie auf Ihr Benutzerkonto angewendet wird, kann die erneute Anmeldung einen Moment länger als gewöhnlich dauern, weil nun im von Ihnen angegebenen zentralen Stammverzeichnis Ihr persönlicher Ordner angelegt und das vorhandene Startmenü mit all seinen Einträgen dorthin kopiert wird. Dies geschieht aber nur einmal.

Nach der Wiederanmeldung können Sie wie gewohnt weiterarbeiten. Nichts scheint sich geändert zu haben. In Wirklichkeit aber wird Ihr Startmenü jetzt im angegebenen Stammverzeichnis aufbewahrt.

Umleitung überprüfen

Um die Umleitung zu überprüfen, klicken Sie mit der rechten Maustaste auf die Start-Schaltfläche links unten in der Taskleiste und wählen im Kontextmenü den Eintrag *Öffnen*.

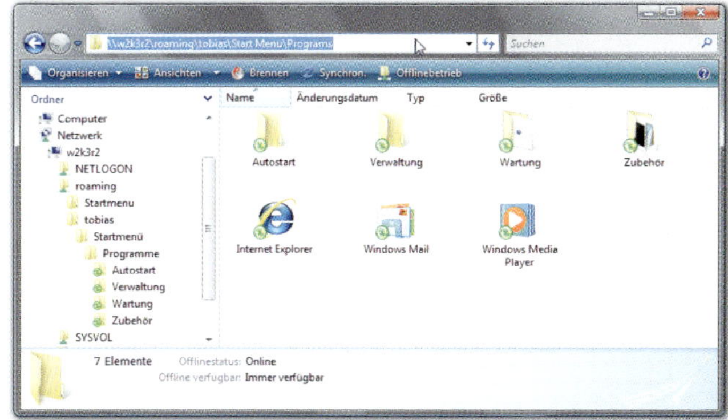

Abbildung 56.17 Das umgeleitete Startmenü überprüfen

Der Windows-Explorer öffnet Ihr Startmenü. Klicken Sie auf eine leere Stelle oben im Textfeld mit der Pfadangabe, um den klassischen Pfad des Ordners zu sehen. Ihr Startmenü befindet sich nun tatsächlich im angegebenen Stammverzeichnis auf dem Fileserver.

Im Beispiel war als Stammverzeichnis die Freigabe *\\w2k3r2\roaming* angegeben worden. Die Gruppenrichtlinie hat automatisch den Benutzerordner *tobias* angelegt und darin unter dem Namen *Start Menu* das umgeleitete Startmenü untergebracht.

Die einzelnen Dateien weisen außerdem an ihrer linken unteren Ecke ein grünes »Recycling«-Symbol auf und zeigen damit an, dass es sich um einen offline verfügbar gemachten Ordner handelt. Unten im Detailbereich meldet der Windows-Explorer, dass der Ordner »Online« ist, also eine Verbindung zum Stammverzeichnis hat.

Wenn Sie die Netzwerkverbindung testweise unterbrechen, wird der Status nach kurzer Zeit in »Offline« geändert. Trotzdem kann der Anwender ganz normal weiterarbeiten, denn nun nutzt er ausschließlich seine lokale Kopie. Sobald Sie die Netzwerkverbindung wiederherstellen, wechselt der Status wieder zu »Online«, und Windows Vista beginnt automatisch damit, Änderungen an der lokalen Kopie mit der zentralen Kopie zu synchronisieren.

Zusätzliche Einstellmöglichkeiten

Das Dialogfeld aus Abbildung 56.16 stellt auf seiner Registerkarte *Einstellungen* eine Reihe weiterer wichtiger Einstellungen zur Verfügung, die Sie für jede Ordnerumleitung einzeln festlegen können:

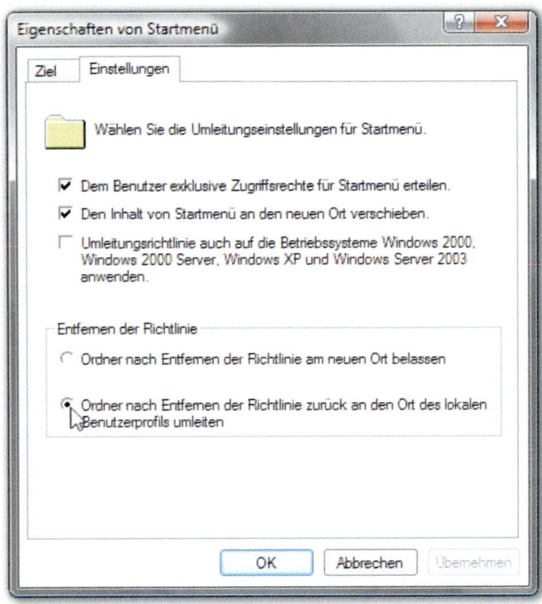

Abbildung 56.18 Erweiterte Einstellungen für Ordnerumleitungen

- **Datenschutz** Wenn Sie dafür sorgen wollen, dass nur der Anwender Zugriff auf die zentral gespeicherten Daten erhalten soll, aktivieren Sie das Kontrollkästchen *Dem Benutzer exklusive Zugriffsrechte für erteilen*. Andernfalls könnte ein Administrator Einblick in diese Ordner nehmen.

Wichtig

Wenn Sie diese Option wählen, darf der Benutzerordner im Stammverzeichnis noch nicht existieren. Existiert der Ordner bereits und ist jemand anderes Eigentümer dieses Ordners, können die NTFS-Berechtigungen nicht gesetzt werden, und die Umleitung schlägt fehl.

- **Vorhandene Daten verschieben** Wenn Sie möchten, dass der schon vorhandene Inhalt in den umgeleiteten Ordner verschoben wird, aktivieren Sie das Kontrollkästchen *Den Inhalt von … an den neuen Ort verschieben*.
- **Unterstützung für ältere Windows-Versionen** Wollen Sie, dass die Ordnerumleitung auch für ältere Windows-Versionen gilt, aktivieren Sie das Kontrollkästchen *Umleitungsrichtlinie auch auf die Betriebssysteme … anwenden*. Die Richtlinie formuliert die Umleitung in einem Format, das auch von älteren Windows-Versionen verstanden wird. Diese Option steht nur für die Ordner zur Verfügung, die in älteren Versionen umleitbar waren.
- **Entfernen der Richtlinie** Damit die Ordnerumleitung wieder aufgehoben wird, wenn die Richtlinie auf einen bestimmten Benutzer nicht mehr zutrifft, zum Beispiel, weil er nun einer anderen Abteilung angehört, wählen Sie die Option *Ordner nach Entfernen der Richtlinie zurück an den Ort des lokalen Benutzerprofils umleiten*. Andernfalls bleibt die Ordnerumleitung bestehen.

Ordnerumleitung aufheben

Möchten Sie die Ordnerumleitung zu einem späteren Zeitpunkt wieder aufheben, haben Sie hierzu zwei Möglichkeiten.

Entweder löschen Sie die gesamte Gruppenrichtlinie, in der die Ordnerumleitung definiert war. Dasselbe passiert, wenn das Benutzerkonto innerhalb des Active Directory an einen anderen Ort verlagert wird, wo die Gruppenrichtlinie nicht mehr gilt.

Wenn Sie die Ordnerumleitung wie in Abbildung 56.18 mit aktiviertem Kontrollkästchen *Ordner nach Entfernen der Richtlinie zurück an den Ort des lokalen Benutzerprofils umleiten* so eingerichtet haben, wird nun automatisch wieder das lokale Profil des Anwenders verwendet.

Oder aber Sie ändern die Gruppenrichtlinie manuell und verlangen darin explizit, die Ordner wieder lokal zu speichern. Dazu gehen Sie genauso vor wie bei der Umleitung und wählen diesmal in Abbildung 56.16 die Einstellung *An lokalen Benutzerprofilpfad umleiten*.

Achtung 

Wählen Sie nicht die Einstellung *Nicht konfiguriert*. Wenn Sie das tun, wird die Richtlinie einfach nur ignoriert, ändert aber die schon bestehende Ordnerumleitung nicht.

Probleme bei der Ordnerumleitung entdecken

Sollte die Ordnerumleitung bei Ihnen nicht auf Anhieb funktionieren, analysieren Sie zunächst, ob die Gruppenrichtlinien korrekt angewendet wurden. Dazu verwenden Sie die Gruppenrichtlinienergebnisse aus der Gruppenrichtlinienverwaltung, so wie im vorhergehenden Kapitel 55 ausführlich beschrieben.

Überprüfen Sie zunächst, ob die Gruppenrichtlinie, in der Sie die Ordnerumleitung eingerichtet haben, für Ihr Benutzerkonto überhaupt angewendet wurde.

Sollte das Ergebnis wie in Abbildung 56.19 mit dem Warnsymbol einen Fehler melden, schauen Sie sich das Problem genauer an.

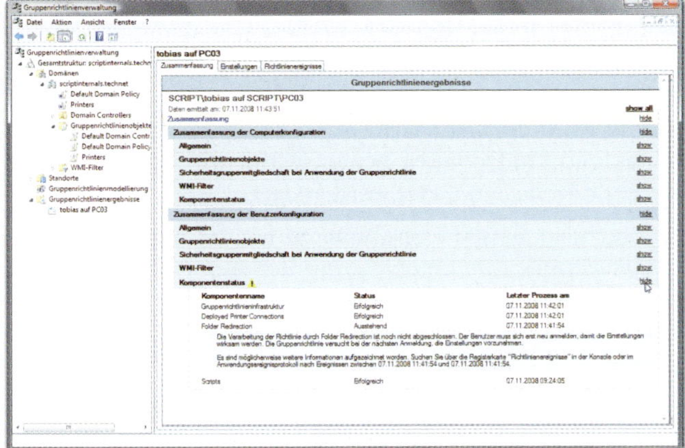

Abbildung 56.19 Ein Problem bei der Ordnerumleitung analysieren

Dazu klicken Sie in der rechten Spalte auf die Registerkarte *Richtlinienergebnisse*. Jetzt sehen Sie auf einen Blick alle Einträge im Ereignisprotokoll, die mit der Gruppenrichtlinie in Zusammenhang stehen.

Öffnen Sie verdächtige Ereignisse in der Liste per Doppelklick. So erhalten Sie detaillierte Informationen zu einer möglichen Fehlerursache. Unter Umständen wurde die Anwendung der Gruppenrichtlinie wie in Abbildung 56.20 einfach nur verzögert, und es genügt, sich noch einmal ab- und wieder anzumelden.

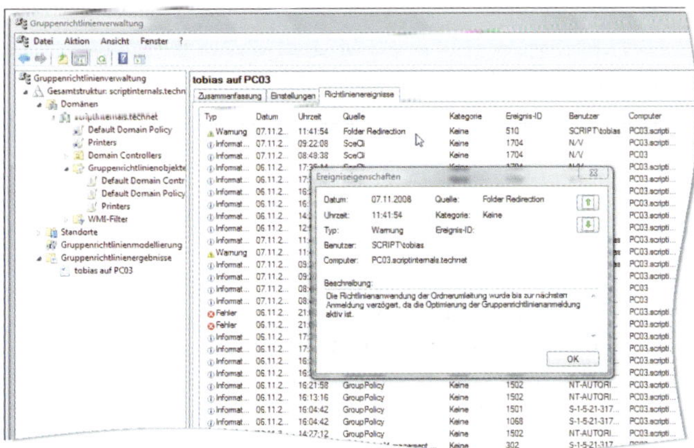

Abbildung 56.20 Genauere Informationen aus dem Ereignisprotokoll

Besondere Ordnerumleitungen

Eben haben Sie die einfache Ordnerumleitung kennen gelernt, die in den meisten Fällen eingesetzt wird. Daneben stehen zwei besondere Formen der Umleitung zur Verfügung:

- **Gleiche Ordner für mehrere Benutzer** Ein Anwendungsordner wird für mehrere Benutzer auf denselben zentralen Ordner eingerichtet. So können Sie beispielsweise gemeinsam genutzte Medienordner einrichten oder dafür sorgen, dass alle Benutzer denselben Desktop verwenden.
- **Unterschiedliche Fileserver für unterschiedliche Benutzer** In einem größeren Unternehmen wollen Sie vielleicht die Anwendungsordner unterschiedlicher Benutzer auf verschiedene Fileserver umleiten, entweder aus räumlichen Gründen oder aus Sicherheitsgründen.

Gleiche Ordner für mehrere Benutzer

Damit sich mehrere Benutzer ein und denselben zentral umgeleiteten Ordner teilen, wählen Sie wie in Abbildung 56.21 im Listenfeld zum Zielordner den Eintrag *An folgenden Pfad umleiten* aus und geben im Feld *Stammverzeichnis* den UNC-Pfad für den Ordner an, den sich die Benutzer teilen sollen.

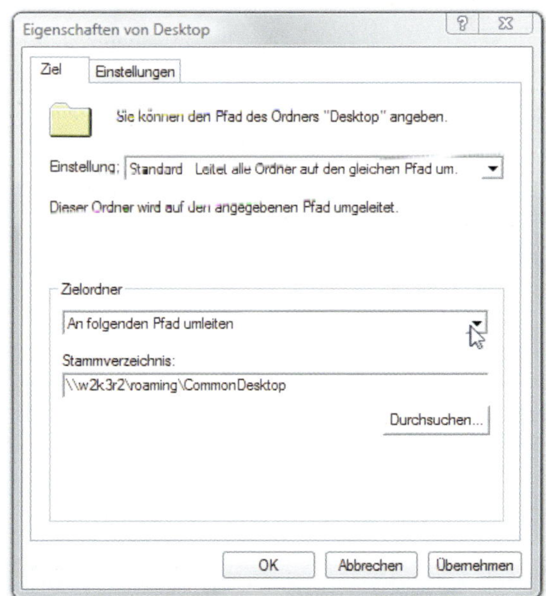

Abbildung 56.21 Einen zentralen Ordner gemeinsam nutzen

Diese Option ist auch nützlich, wenn Sie zwar nicht wollen, dass sich alle Benutzer einen Ordner teilen, aber das Namensschema des Netzwerkordners anders festlegen möchten. Dazu stehen Ihnen die folgenden Umgebungsvariablen zur Verfügung: *%USERNAME%*, *%USERPROFILE%*, *%HOMESHARE%* und *%HOMEPATH%*.

Benutzerabhängige Ordnerumleitungen

Wollen Sie je nach Benutzer unterschiedliche Fileserver für die Umleitungen einsetzen, gelingt dies über Gruppenmitgliedschaften.

Machen Sie also alle Benutzer, für die eine bestimmte Umleitung gelten soll, zu Mitgliedern in einer Gruppe, und weisen Sie dieser Gruppe den Netzwerkpfad zu, der für ihre Mitglieder gelten soll.

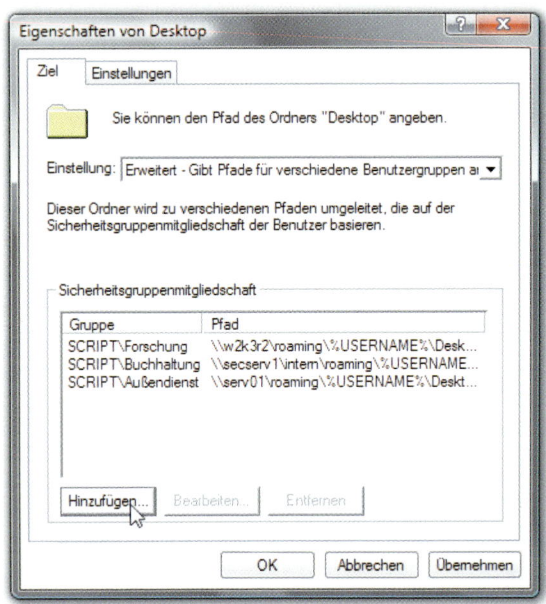

Abbildung 56.22 Unterschiedliche Fileserver für verschiedene Gruppenmitglieder

Dazu wählen Sie in Abbildung 56.22 als Einstellung die Option *Erweitert*. Danach klicken Sie für jede Gruppe, die Sie der Liste hinzufügen wollen, auf *Hinzufügen*. Legen Sie den Namen der Gruppe und die Netzwerkfreigabe fest, die für die Gruppenmitglieder zur Umleitung verwendet werden soll.

Tipp

Falls ein Benutzer in mehreren aufgeführten Gruppen Mitglied ist, verwendet die Gruppenrichtlinie die erste zutreffende Gruppenmitgliedschaft.

Netzwerkbandbreiten verwalten

In einfachen Netzwerken ist die Netzwerkbandbreite unkontrolliert, und ein einzelner Anwender könnte mit dem Download einiger Videos die gesamte Bandbreite für sich in Beschlag nehmen. Andere geschäftskritische Vorgänge wie zum Beispiel eine Videokonferenz würden dadurch erheblich gestört. Über die Einstellung *Richtlinienbasierter QoS* (*Quality of Service*) ändern Sie das und kontrollieren genau, wofür die wertvolle Netzwerkbandbreite eingesetzt werden darf.

Im folgenden Beispiel beschränken Sie die maximale Netzwerkbandbreite für einen Computer auf 64 KB/Sekunde, wenn er mit einem bestimmten Fileserver über ein Netzlaufwerk Daten austauscht:

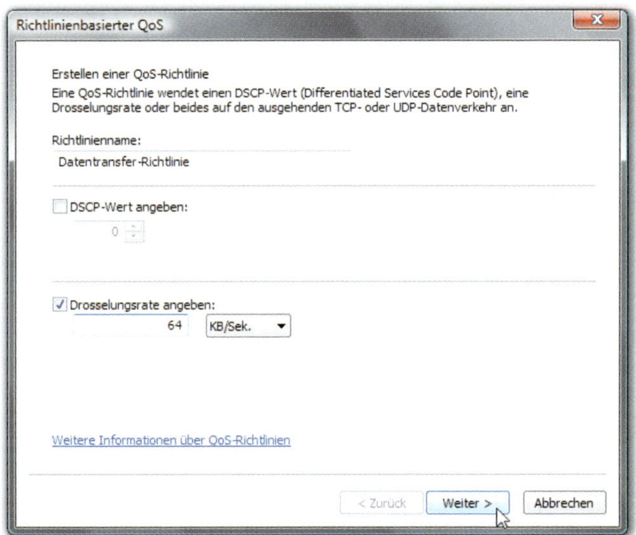

Abbildung 56.23 Begrenzen Sie die Netzwerkbandbreite, die ein Anwender oder Computer belegen darf

1. Navigieren Sie in der Gruppenrichtlinie zu *Computerkonfiguration/Windows-Einstellungen/Richtlinienbasierter QoS*.
2. Klicken Sie mit der rechten Maustaste auf *Richtlinienbasierter QoS* und wählen Sie im Kontextmenü den Eintrag *Neue Richtlinie* oder rufen Sie den Menübefehl *Aktion/Neue Richtlinie* auf.
3. Definieren Sie im nun geöffneten Dialogfeld die folgende Richtlinie:
   - Richtlinienname: Datentransfer-Richtlinie
   - DSCP-Wert angeben: Nicht gewählt
   - Drosselungsrate angeben: Gewählt, 64 KB/Sek.

4. Klicken Sie auf *Weiter*. Wählen Sie die Option *Alle Anwendungen*, und klicken Sie auf *Weiter*.
5. Nun bestimmen Sie, für welche Datentransfers die Richtlinie gelten soll:
   - Beliebige Quell-IP-Adresse
   - Nur für die folgende Ziel-IP-Adresse oder -Präfix: geben Sie hier die IP-Adresse eines Fileservers in Ihrem Netzwerk an
6. Klicken Sie auf *Weiter*. Nun bestimmen Sie die Art des Datentransfers, der von dieser Richtlinie beschränkt werden soll:
   - Protokoll: TCP
   - Von einem beliebigen Quellport
   - An diese Zielportnummer bzw. diesen -bereich: 445

Um die Richtlinie zu testen, kopieren Sie größere Datenmengen vom Computer, der durch die Richtlinie erfasst wird, zu dem Fileserver, den Sie in der Richtlinie als Ziel angegeben haben.

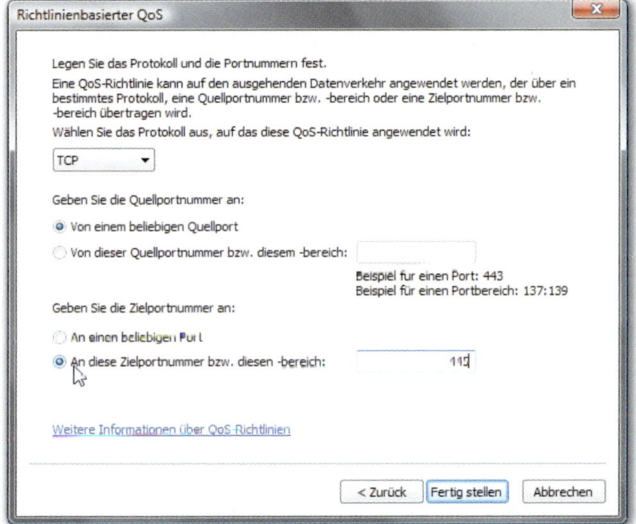

Abbildung 56.24 Den Datentransfer über TCP und den Zielport 445 einschränken

Die Übertragungsgeschwindigkeit können Sie mit dem Systemmonitor so wie in Kapitel 53 beschrieben überwachen. Wenn Sie die Richtlinie richtig konfiguriert haben und sie für den Computer auch angewendet wird, ist der Datentransfer auf zirka 64 KB/Sekunde beschränkt.

Versuchen Sie denselben Datentransport über ein anderes Protokoll wie zum Beispiel FTP, ist der Datentransfer nicht beschränkt, denn die Richtlinie bezieht sich nur auf den Datentransfer zum Zielport 445.

Programme verbieten

Oft besteht der Wunsch, bestimmte Programme zu verbieten, zum Beispiel weil Mitarbeiter in einer Firma nur mit besonders geprüften und zugelassenen Anwendungen arbeiten sollen, oder weil Eltern Sorge um ihre Kinder haben.

Windows Vista enthält deshalb mehrere Möglichkeiten, die Benutzung von Programmen einzuschränken:

- **Jugendschutz** Möchten Sie Programme aus Jugendschutzgründen verbieten oder nur bestimmte Programme zulassen, schauen Sie in Kapitel 22. Dort werden die Jugendschutzeinstellungen genau beschrieben.
- **Firma** Wollen Sie innerhalb einer Firma bestimmte Programme verbieten oder nur bestimmte Programme überhaupt zulassen, nutzen Sie als Technik Gruppenrichtlinien, nämlich die Softwareeinschränkungsrichtlinie, so wie nachfolgend beschrieben.

Softwareeinschränkung einrichten

Bevor Sie Programme explizit erlauben oder verbieten können, muss zunächst eine Softwareeinschränkungsrichtlinie angelegt werden.

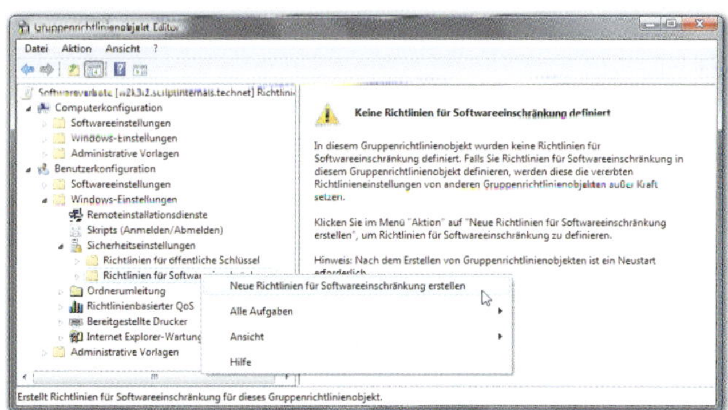

Abbildung 56.25 Eine neue Richtlinie erstellen

1. Öffnen Sie in der Gruppenrichtlinie im Zweig *Benutzerkonfiguration* den Ast *Windows-Einstellungen/Sicherheitseinstellungen/Richtlinien für Softwareeinschränkung*.
2. Klicken Sie mit der rechten Maustaste auf *Richtlinien für Softwareeinschränkung*, und wählen Sie im Kontextmenü den Eintrag *Neue Richtlinien für Softwareeinschränkung erstellen*.

Eine neue leere Richtlinie wird erstellt. Dies muss nur ein einziges Mal geschehen. Welche Programme künftig erlaubt und verboten sind, legen Sie nun innerhalb dieser Richtlinie fest.

Tipp

In einer lokalen Gruppenrichtlinie fehlt im Zweig *Benutzerkonfiguration* die Möglichkeit der Softwareeinschränkung. Öffnen Sie in diesem Fall – wie im vorhergehenden Kapitel 55 beschrieben – die benutzerspezifischen lokalen Gruppenrichtlinien, zum Beispiel für die Gruppe der *Nicht-Administratoren*.

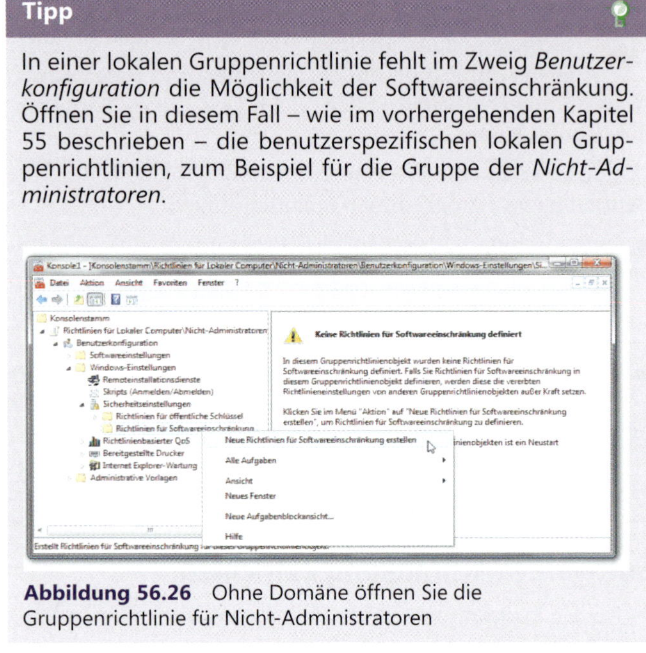

Abbildung 56.26 Ohne Domäne öffnen Sie die Gruppenrichtlinie für Nicht-Administratoren

Möchten Sie die Richtlinie später wieder komplett entfernen, klicken Sie mit der rechten Maustaste auf *Richtlinien für Softwareeinschränkungen* und wählen im Kontextmenü den Eintrag *Richtlinien für Softwareeinschränkungen löschen*.

Grundeinstellungen festlegen

Bevor Sie Programme verbieten oder erlauben können, sind einige wichtige Grundeinstellungen nötig: die Regeln, wie der Schutz angewendet wird.

Dazu klicken Sie in der linken Spalte auf *Richtlinien für Softwareeinschränkungen*. Doppelklicken Sie nun rechts auf *Erzwingen*.

Sie sehen nun die Grundeinstellungen, und die Vorgaben sind für die meisten Fälle gut gewählt:

- **Anwendungsbereich** Wenn Sie wollen, können Sie den Schutz auf einzelne Programm-Bibliotheken ausweiten, was zwar mehr Sicherheit bietet, aber auch größeren Aufwand mit sich bringt. Wollten Sie in dieser Einstellung zum Beispiel ein Programm erlauben, müssten Sie außerdem sämtliche Bibliotheken ermitteln, die dieses Programm benötigt, und auch diese explizit erlauben.
- **Benutzer** Die Einschränkungen gelten normalerweise für alle Benutzer des Computers. Die lokalen Administratoren können aber auf Wunsch ausgenommen werden.
- **Zertifikatregeln** Auf Wunsch können Programme auch auf der Basis von Zertifikaten gesperrt oder erlaubt werden, wenn die Programme über eine digitale Signatur verfügen. Normalerweise ignoriert Vista solche Zertifikatregeln, denn die Überprüfung von Signaturen ist zeitaufwändig. Sollen Zertifikatregeln eingesetzt werden, müssen diese mit der Option *Zertifikatregeln erzwingen* aktiviert werden.

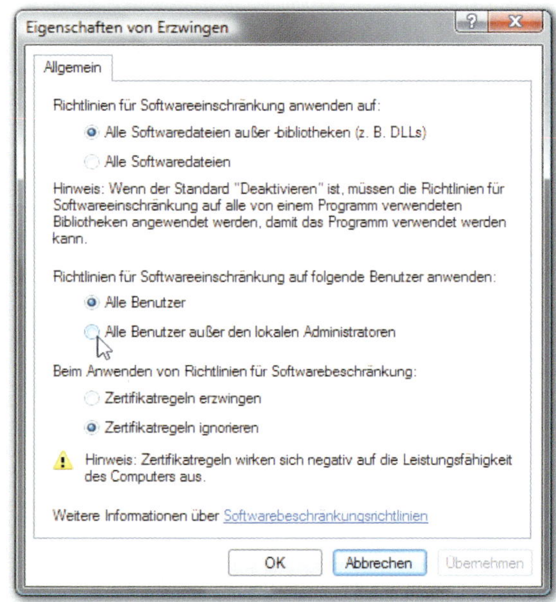

Abbildung 56.27 Grundeinstellungen der Softwareeinschränkung festlegen

Legen Sie anschließend fest, welche Dateitypen von Vista überwacht werden sollen. Dazu doppelklicken Sie auf *Designierte Dateitypen*. Ein Dialogfeld öffnet sich und zeigt alle Dateierweiterungen an, die ausführbare Programme kennzeichnen. Über *Entfernen* und *Hinzufügen* können Sie diese Liste anpassen, was in den meisten Fällen aber nicht notwendig ist.

Falls Sie planen, Zertifikatregeln einzusetzen, können Sie über *Vertrauenswürdige Herausgeber* außerdem festlegen, wer vertrauenswürdige Zertifikate festlegen darf.

Doppelklicken Sie dann auf *Sicherheitsstufen*. Hier legen Sie fest, wie die Softwareeinschränkung grundsätzlich funktionieren soll:

- **Nicht erlaubt** Alle Programme sind zunächst gesperrt, und nur die Programme, die Sie freigeben, sind erlaubt.
- **Nicht eingeschränkt** Alle Programme sind zunächst erlaubt, und nur die Programme, die Sie sperren, sind verboten. Diese Einstellung ist die Vorgabe.
- **Standardbenutzer** Alle Programme werden als Standardbenutzer mit eingeschränkten Rechten ausgeführt, und nur die Programme, die Sie festlegen, können erhöhte Rechte anfordern.

Um die Sicherheitsstufe zu ändern, doppelklicken Sie auf die gewünschte Stufe und klicken dann im Dialogfeld auf *Als Standard*.

Programme sperren oder erlauben

Sie können nun individuelle Programme festlegen, die gesperrt oder erlaubt sein sollen. Dazu legen Sie Regeln fest, die die Programme eindeutig identifizieren, und bestimmen für jede Regel die Sicherheitsstufe *Nicht erlaubt* oder *Nicht eingeschränkt*.

Diese individuellen Regeln haben dann Vorrang vor den allgemeinen Grundeinstellungen. Die folgenden Regeltypen stehen Ihnen dabei zur Verfügung:

- **Zertifikatregel** Hier geben Sie ein Zertifikat an. Diese Regel erfasst dann alle Programme, die mit diesem Zertifikat signiert worden sind. Zertifikatregeln werden allerdings normalerweise ignoriert. Wollen Sie Zertifikatregeln einsetzen, aktivieren Sie diesen Regeltyp zuerst wie oben beschrieben in den Grundeinstellungen.
- **Hashregel** Hier geben Sie ein individuelles Programm an. Vista berechnet aus der Programmdatei einen digitalen Fingerabdruck, nämlich den Hashwert. Die Regel gilt für das ausgewählte Programm also auch dann, wenn das Programm nachträglich umbenannt wird, weil sich dabei der Hash nicht ändert.
- **Netzwerkzonenregel** Diese Regel legt fest, wie Vista mit Programmen umgehen soll, die aus dem Netzwerk oder dem Internet heruntergeladen werden. Abhängig von der Netzwerkzone können die Programme gesperrt oder erlaubt werden. So haben Sie zum Beispiel die Möglichkeit, die Installation von Programmen zu verbieten, die aus dem Internet heruntergeladen wurden.
- **Pfadregel** Hier geben Sie einen Dateipfad an. Programme, die in dem angegebenen Ordner oder einem Unterordner lagern, können gemeinsam eingeschränkt oder erlaubt werden. Geben Sie hier zum Beispiel das Benutzerprofil eines Benutzers an und wählen die Sicherheitsstufe *Nicht erlaubt*, könnte der Benutzer keine Programme starten, die er zum Beispiel aus dem Internet oder von einem USB-Stick in sein Benutzerprofil kopiert hat.

Bei Regelkonflikten »gewinnt« die jeweils spezifischere Regel. Liegt ein Programm zum Beispiel in einem Ordner, der über eine Pfadregel die Sicherheitsstufe *Nicht erlaubt* erhalten hat, ist das Programm gesperrt. Gibt es zusätzlich aber noch eine Hashregel, die speziell dieses Programm erlaubt, hat diese spezifischere Hashregel Vorrang, und das Programm kann ausgeführt werden.

Alle Änderungen wirken sich erst aus, wenn die Richtlinien aktualisiert werden. Dies geschieht automatisch, wenn sich der Benutzer ab- und neu anmeldet. Sie können aber auch den Befehl *gpupdate* einsetzen.

PROFITIPP 

Um die Regeln möglichst vielseitig zu gestalten und dafür zu sorgen, dass sie für beliebige Benutzer gelten, können Sie nicht nur Umgebungsvariablen einsetzen. Werte können auch direkt aus der Registrierungsdatenbank gelesen werden.

Die Softwareeinschränkung enthält zum Beispiel zwei Standardregeln vom Typ *Pfad*, die auf den ersten Blick gar keinen Dateipfad enthalten, sondern Registrierungsschlüssel.

Bei einem näheren Blick stellt sich heraus, dass die Registrierungsschlüssel von »%«-Zeichen eingerahmt sind. Diese Zeichen, die normalerweise Umgebungsvariablen kennzeichnen, sorgen bei Registrierungsschlüsseln dafür, dass der Inhalt des angegebenen Registrierungsschlüssels verwendet wird.

Die beiden Standardregeln sorgen dafür, dass Programme, die entweder im Stammlaufwerk oder im *Programme*-Ordner von Vista lagern, auf keinen Fall eingeschränkt werden. Selbst wenn Sie also in den Grundeinstellungen den Modus *Nicht erlaubt* wählen und so sämtliche Programme sperren, gewährleisten diese beiden Regeln, dass Vista ungestört starten kann und alle Standardprogramme ausgeführt werden können.

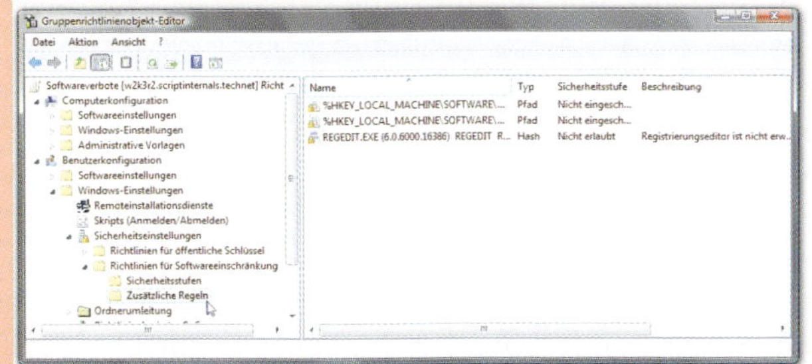

Abbildung 56.28 Regeln können Umgebungsvariablen und Inhalte von Registrierungseinträgen verwenden

Ein bestimmtes Programm sperren

Möchten Sie verhindern, dass der Anwender ein bestimmtes Programm ausführen kann, gehen Sie so vor:

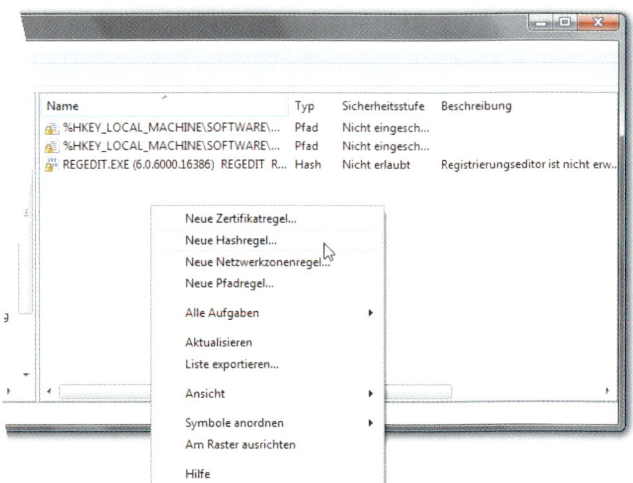

Abbildung 56.29 Eine neue Hashregel entwerfen

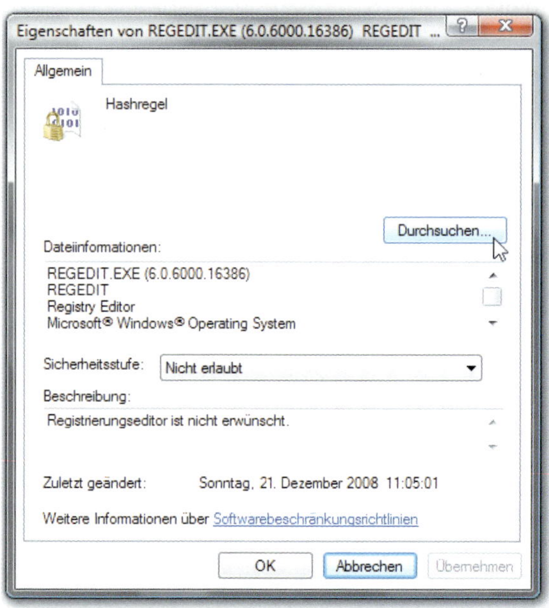

Abbildung 56.30 Den Registrierungs-Editor verbieten

1. Öffnen Sie die lokale Sicherheitsrichtlinie wie oben beschrieben über den Befehl **secpol.msc** [↵]. Öffnen Sie in der Baumansicht den Zweig *Sicherheitseinstellungen/Richtlinien für Softwareeinschränkung/Zusätzliche Regeln.*
2. Klicken Sie mit der rechten Maustaste auf einen freien Bereich in der rechten Spalte, und wählen Sie im Kontextmenü den Eintrag *Neue Hashregel.*
3. Das Dialogfeld *Neue Hashregel* öffnet sich. Klicken Sie auf *Durchsuchen*, und legen Sie das Programm fest, das Sie sperren wollen. Geben Sie zum Beispiel ins Feld *Dateiname* ein: **%windir%\regedit.exe** [↵].
4. Im Feld *Dateiinformationen* wird nun das ausgewählte Programm eingetragen und sein Hashwert berechnet. Wählen Sie als Sicherheitsstufe *Nicht erlaubt*, und geben Sie optional eine Beschreibung ein, die darüber informiert, warum dieses Programm gesperrt wurde. Dann klicken Sie auf *OK*.

Damit die Änderungen wirksam werden, öffnen Sie das Startmenü und geben ins Schnellsuchfeld ein: **gpupdate** [↵]. Die geänderte Sicherheitsrichtlinie wird neu eingelesen und wirksam.

Probieren Sie die Regel sofort aus. Öffnen Sie dazu erneut das Startmenü, und geben Sie ins Schnellsuchfeld diesmal ein: **regedit** [↵].

Der Registrierungs-Editor kann aufgrund Ihrer neuen Hashregel nun nicht mehr gestartet werden. Stattdessen erscheint eine Hinweismeldung wie in Abbildung 56.31.

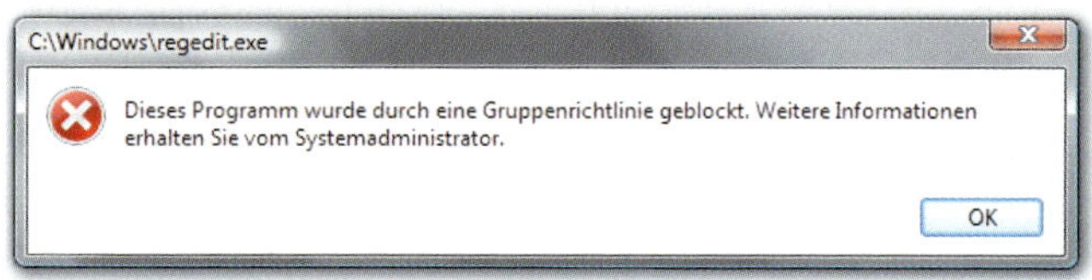

Abbildung 56.31 Ein gesperrtes Programm kann nicht mehr geöffnet werden

> **Tipp**
>
> Weil Sie das Programm mit einer Hashregel eindeutig angegeben haben, funktionieren auch keine der »üblichen Tricks«. Würden Sie die Programmdatei *Regedit.exe* beispielsweise aus dem *Windows*-Ordner auf Ihren Desktop kopieren und von dort zu starten versuchen, würde Vista das Programm dennoch sperren. Selbst wenn Sie die Programmdatei umbenennen, bleibt die Sperrung aktiv.
>
> Ein Hash identifiziert eindeutig den Inhalt einer Datei, und weil sich der bei diesen Aktionen nicht verändert, bleibt die Sperrung erhalten.
>
> Möchten Sie die Sperrung wieder aufheben, entfernen Sie die Hashregel und aktualisieren mit *gpupdate* die Sicherheitsrichtlinie.

Programme im Benutzerprofil sperren

Möchten Sie verhindern, dass Anwender eigene Programme verwenden, hat sich die Sperrung des Benutzerprofils bewährt. Hierbei wird über eine Pfadregel der gesamte Bereich für die Ausführung von Programmen gesperrt, in dem der Benutzer über Schreibrechte verfügt.

Er kann danach zwar weiterhin Dokumente in seinem Profil speichern und bearbeiten. Programme aber, die er sich von USB-Sticks, aus dem Internet oder anderen Quellen auf seinen Desktop oder in einen seiner privaten Ordner kopiert, werden zuverlässig gesperrt.

1. Navigieren Sie zu *Benutzerkonfiguration/Windows-Einstellungen/Sicherheitseinstellungen/Richtlinien für Softwareeinschränkung/Zusätzliche Regeln*.
2. Klicken Sie mit der rechten Maustaste auf einen freien Bereich in der rechten Spalte, und wählen Sie im Kontextmenü den Eintrag *Neue Pfadregel*.
3. Geben Sie in das Feld *Pfad* ein: *%USERPROFILE%*. In dieser Umgebungsvariablen ist stets der Pfadname des Benutzerprofils für den gerade angemeldeten Benutzer gespeichert. Wählen Sie als Sicherheitsstufe *Nicht erlaubt*, und geben Sie optional eine Beschreibung ein, die erklärt, wofür diese Regel gedacht ist. Dann klicken Sie auf *OK*.

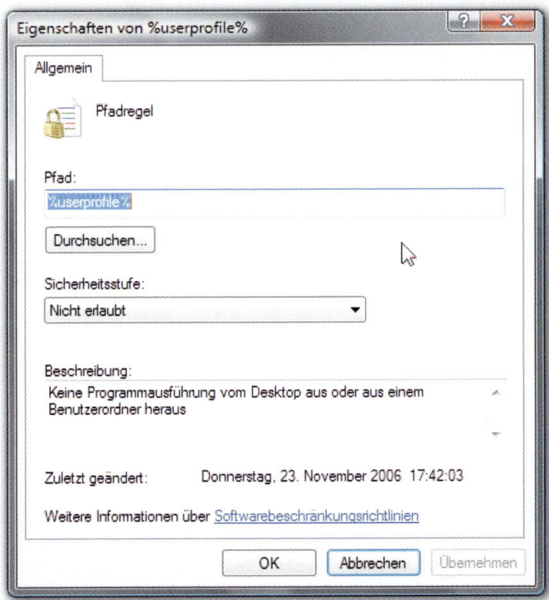

Abbildung 56.32 Eine neue Pfadregel einsetzen

Aktivieren Sie die neue Regel wieder, indem Sie das Startmenü öffnen und im Schnellsuchfeld eingeben: **gpupdate** [↵].

Um Ihre neue Regel zu testen, gehen Sie so vor:

1. Öffnen Sie das Startmenü, und tippen Sie ins Schnellsuchfeld ein: %WINDIR% [↵].
2. Suchen Sie den Windows-Explorer namens *explorer.exe*, und öffnen Sie ihn per Doppelklick. Der Explorer öffnet sich. Weil er im Windows-Ordner lagert, unterliegt er nicht Ihrer Pfadregel.
3. Ziehen Sie den Explorer nun mit der rechten (nicht der linken!) Maustaste aus dem Fenster auf den Desktop, und wählen Sie hier den Kontextmenübefehl *Hierher kopieren* (nicht *Hierher verschieben*, weil Sie den Explorer sonst aus dem Windows-Ordner entfernen würden).
4. Öffnen Sie den Explorer nun von Ihrem Desktop aus. Eine Hinweismeldung wie in Abbildung 56.31 erscheint, und das Programm kann nicht ausgeführt werden. Weil der Desktop zu den privaten Benutzerordnern innerhalb des Benutzerprofils zählt, und weil Ihre Pfadregel die Ausführung von Programmen in Ihrem gesamten Benutzerprofil verbietet, hat Vista die Ausführung unterbunden.

Achtung 

Ihre Pfadregel bezieht sich auf sämtliche ausführbare Dateien innerhalb des Benutzerprofils, also auch auf Verknüpfungen.

Verknüpfungen, die nicht auf dem privaten Desktop des Benutzers liegen, sondern für alle Benutzer gelten, können weiterhin ausgeführt werden. Private Verknüpfungen, die der Anwender selbst anlegt, funktionieren nun aber nicht mehr. Das gilt zum Beispiel auch für die Schnellstartleiste innerhalb der Taskleiste.

Deshalb kann es vorteilhaft sein, die Liste der überwachten Dateitypen wie in den Grundeinstellungen beschrieben zu ändern. Wählen Sie im Bereich *Designierte Dateitypen* die Dateierweiterung *.lnk* aus und entfernen Sie sie aus der Liste, werden Verknüpfungen nicht länger von der Softwareeinschränkung erfasst und funktionieren wieder wie gewohnt.

Ein Sicherheitsrisiko ist dies nicht: Ist das Ziel der Verknüpfung ein gesperrtes Programm, kann es nach wie vor nicht ausgeführt werden.

Testen Sie also Ihre Einstellungen gründlich, um möglicherweise unerwünschte Nebeneffekte auszuschließen.

Administrative Vorlagen verwenden

Administrative Vorlagen sind nicht neu und waren schon bei früheren Windows-Versionen vorhanden. Allerdings wächst der Umfang der Einstellmöglichkeiten mit jeder neuen Windows-Version und umfasst bei Windows Vista mittlerweile rund 2.700 Einzeleinstellungen.

Sie finden diese Einstellungen innerhalb der Gruppenrichtlinie jeweils im Zweig *Computerkonfiguration* und *Benutzerkonfiguration* im Unterordner *Administrative Vorlagen*.

Die Einstellmöglichkeiten in diesen beiden Zweigen unterscheiden sich. Die Einstellungen im Zweig *Computerkonfiguration* betreffen den gesamten Computer und werden beim Hochfahren wirksam.

Die Einstellungen im Zweig *Benutzerkonfiguration* betreffen individuelle Benutzereinstellungen und werden erst aktiv, wenn sich der betreffende Benutzer am Computer anmeldet.

Überblick über Einstellmöglichkeiten

Verschaffen Sie sich zunächst mit dem neuartigen Vorlagenfilter einen Überblick über die in Windows Vista neu eingeführten Richtlinien und nutzen danach die in jeder Richtlinie vorhandene Selbsterklärung, um herauszufinden, was genau eine Richtlinie leistet.

Filter: Neuerungen in Windows Vista finden

Normalerweise werden im Zweig *Administrative Vorlagen* sämtliche verfügbaren Richtlinien angezeigt, was aufgrund der erheblichen Anzahl schnell unübersichtlich wird. Deshalb gibt es Ansichtsfilter, die die Anzeige der Richtlinien beschränken.

Im folgenden Beispiel wird der Filter so eingestellt, dass Sie nur die in Windows Vista neu hinzugekommenen Richtlinien sehen.

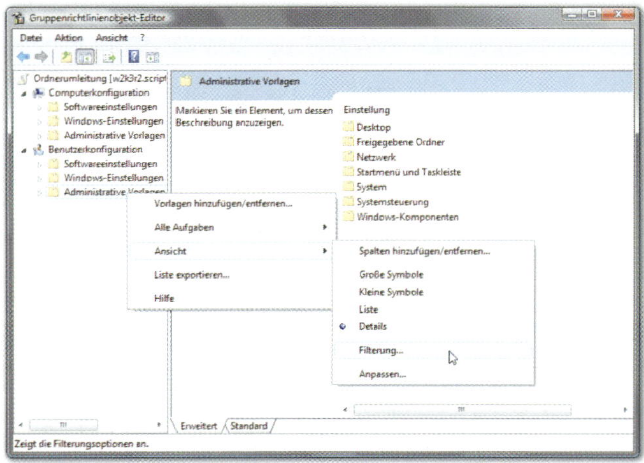

Abbildung 56.33 Verwenden Sie Filter, um nur die Einstellungen zu sehen, die Ihnen wichtig sind

1. Öffnen Sie eine Gruppenrichtlinie, und klicken Sie im Zweig *Computerkonfiguration* oder *Benutzerkonfiguration* auf *Administrative Vorlagen*. Klicken Sie dann mit der rechten Maustaste erneut auf *Administrative Vorlagen*, und wählen Sie im Kontextmenü den Untermenübefehl *Ansicht/Filterung*.
2. Ein Dialogfeld öffnet sich. Aktivieren Sie das Kontrollkästchen *Nach Anwendungsinformationen filtern*. Dann klicken Sie auf *Auswahl aufheben*.
3. Nun wählen Sie in der Liste nur die Kriterien aus, die für die Einstellungen erfüllt sein sollen. Wählen Sie also zum Beispiel nur *Mindestens Windows Vista*. Schauen Sie sich auch die übrigen Einträge an, und wählen Sie alle, die das Wort »Vista« oder »Internet Explorer 7.0« enthalten.
4. Klicken Sie auf *OK*. Wenn Sie nun den Zweig *Administrative Vorlagen* öffnen, werden nur noch Einstellungen angezeigt, die neu in Windows Vista sind.

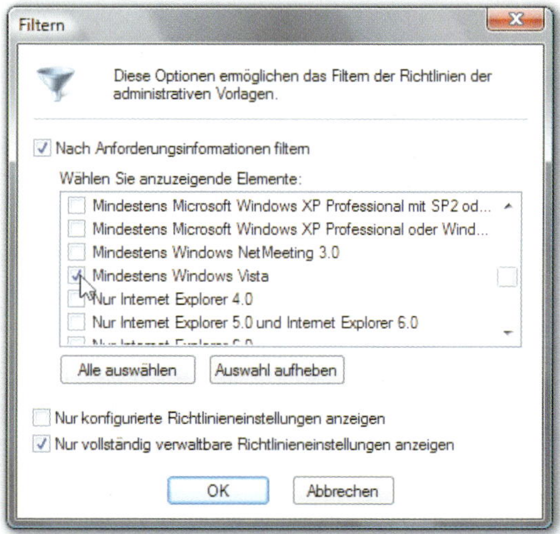

Abbildung 56.34 Ein Filterkriterium für die Ansicht der Richtlinien festlegen

PROFITIPP

In früheren Windows-Versionen war es nicht eben leicht, in der Flut der Einstellungen diejenigen zu finden, die tatsächlich konfiguriert waren, also verwendet wurden.

Mit dem neuen Filter ist das nun sehr einfach: Aktivieren Sie das Kontrollkästchen *Nur konfigurierte Richtlinieneinstellungen anzeigen*, werden alle Richtlinien ausgeblendet, die zurzeit in dieser Gruppenrichtlinie nicht benutzt werden. Übrig bleiben die Einstellungen, die auf einen bestimmten Wert festgelegt sind.

Leider noch nicht möglich ist die Filterung basierend auf Schlüsselwörtern oder Begriffen, die in den Richtlinien vorkommen. Diese Filtermöglichkeit wird aber voraussichtlich über spätere Service Packs nachgerüstet.

Überblick: Computereinstellungen

Im Zweig *Computerkonfiguration/Administrative Vorlagen* finden Sie alle Einstellungen, die für den Computer insgesamt gelten und beim Hochfahren angewendet werden.

Um herauszufinden, was eine bestimmte Einstellung leistet, klicken Sie die Einstellung in der rechten Spalte an und klicken unten auf die Registerkarte *Erweitert*. Jetzt finden Sie links neben der Einstellung eine ausführliche Erklärung.

Die Tabelle 56.1 enthält als Übersicht, welche Bereiche Vista-spezifische Einstellungen enthalten und wofür diese Einstellungen nutzbar sind.

Unterordner	Beschreibung
Drucker	Legt fest, wie viele Netzwerkdrucker vom Netzwerkinstallations-Assistenten angezeigt werden und ob Netzwerk-Druckaufträge client- oder serverseitig verarbeitet werden
Netzwerk	Festlegung aller Netzwerk-spezifischen Einstellungen wie zum Beispiel die maximale Anzahl von Hintergrund-Downloads mit BITS oder der maximal verfügbare Speicherplatz für Offline-Dateien
System	Kernbereich der Systemeinstellungen, der so unterschiedliche Dinge wie die Anmeldung, die Energieverwaltung oder Einschränkungen bei der Geräteinstallation umfasst. Die Einstellungen dieser Kategorie werden im Folgenden an ausgewählten Beispielen näher erläutert.
Systemsteuerung	Festlegen eines einheitlichen Anmeldebildes und Einschränkung der Spracheinstellungen
Windows-Komponenten	Hier werden sämtliche Windows-Zusatzprogramme wie Windows Kalender oder Bitlocker-Laufwerksverschlüsselung aufgeführt und können entweder abgeschaltet oder mit weiteren Feineinstellungen versehen werden. Auf diese Weise ist es zum Beispiel möglich, die Bitlocker-Laufwerksverschlüsselung auch auf Computern einzusetzen, die über keinen speziellen TPM-Chip verfügen.

Tabelle 56.1 Administrative Richtlinien für den Computer

Überblick: Benutzereinstellungen

Im Zweig *Benutzerkonfiguration/Administrative Vorlagen* finden Sie alle Einstellungen, die für jeden Benutzer individuell festgelegt werden können. Diese Einstellungen werden wirksam, wenn sich der Benutzer am Computer anmeldet.

Wieder genügt es, in der rechten Spalte eine Richtlinie anzuklicken, um links daneben eine Beschreibung einzublenden, die die Funktion der Richtlinie erklärt.

Ordner	Beschreibung
Netzwerk	Verbietet den Zugriff auf die Windows-Sofortverbindung, mit der neue Netzwerkverbindungen hergestellt werden können
Startmenü und Taskleiste	Bestimmt, welche Funktionen und Symbole im Startmenü und der Taskleiste zu sehen sein sollen. Hier können Sie auch die Suchfunktion feinjustieren, die das Startmenü über sein Textfeld bereitstellt.
System	Neben allgemeinen Systemeinstellungen haben Sie hier die Möglichkeit, den Zugriff auf die Windows-Onlinehilfe zu verbieten und über den Wechselmedienzugriff festzulegen, ob und wie der Benutzer auf angeschlossene Wechselmedien wie CD-ROMs oder USB-Sticks zugreifen darf
Systemsteuerung	Schränkt die Funktionen ein, die in der Systemsteuerung angezeigt werden
Windows-Komponenten	Führt alle mitgelieferten Windows-Anwendungen einzeln auf und erlaubt, diese abzuschalten oder feinzujustieren. Hier können Sie zum Beispiel auch die Verwendung der Aero-Oberfläche verbieten, Snap-Ins für die Microsoft Management Console (MMC) zulassen oder verbieten, die Freigabe von Ordnern im Profil des Benutzers verbieten und die Windows-Fehlerberichterstattung deaktivieren.
Desktop	Legt die Einstellungen des Desktops fest, zum Beispiel die darauf sichtbaren Symbole und verfügbaren Funktionen

Tabelle 56.2 Administrative Richtlinien für den Benutzer

Beispiel: Energiekosten senken

Selbst wenn Sie nur wenige Computer in Ihrem Netzwerk verwalten, sind die Energiekosten für diese Geräte auf das Jahr gerechnet beachtlich. In größeren Firmen addieren sich diese Kosten zu beträchtlichen Summen, was den Verantwortlichen oft gar nicht bewusst ist.

Die Kosten ließen sich durch ein bewusstes Energiemanagement leicht senken, denn häufig stehen eingeschaltete Rechner ungenutzt herum oder werden abends vergessen auszuschalten.

Lokale Gruppenrichtlinie

Möchten Sie einen einzelnen Computer so einstellen, dass er nach einer gewissen Zeit automatisch in den Energiesparmodus wechselt, öffnen Sie dazu mit dem Befehl **gpedit.msc** ⏎ die lokale Richtlinie des Computers.

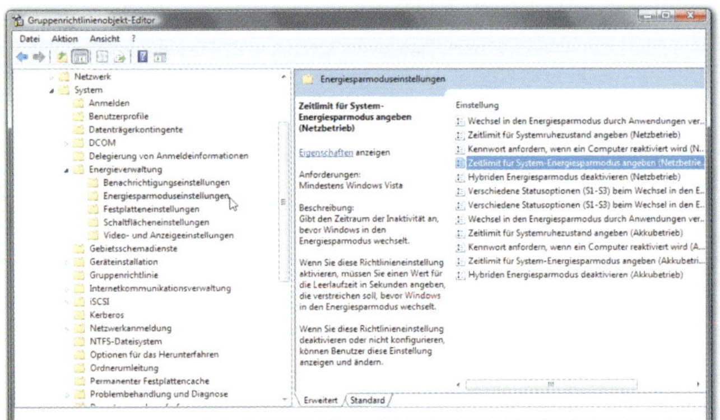

Abbildung 56.35 Energiesparoptionen für alle Benutzer des Computers in der lokalen Gruppenrichtlinie vorgeben

Domänenbasierte Gruppenrichtlinie

Wollen Sie dagegen in einem domänenbasierten Netzwerk flächendeckend dafür sorgen, dass Computer nach einer gewissen Zeit der Inaktivität Energie sparen, öffnen Sie stattdessen eine domänenbasierte Richtlinie oder legen eine neue an. Das geschieht so:

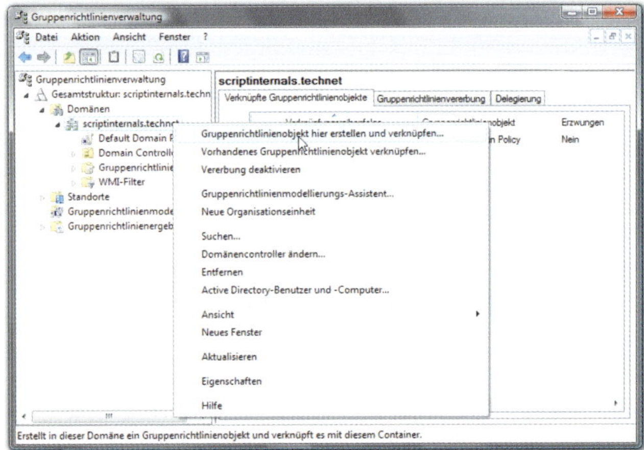

Abbildung 56.36 Eine neue domänenbasierte Gruppenrichtlinie anlegen und verknüpfen

1. Öffnen Sie das Startmenü, tippen Sie ins Schnellsuchfeld die Zeichenfolge **gpmc.msc** ein, und bestätigen Sie mit der ⏎-Taste.
2. Öffnen Sie in der daraufhin geöffneten Gruppenrichtlinienverwaltung in der linken Spalte die Domäne, für die Sie eine Gruppenrichtlinie anlegen wollen. Klicken Sie dann mit der rechten Maustaste auf den Domänennamen (wenn Sie die Richtlinie für die gesamte Domäne einrichten wollen; meist nur für Testzwecke) oder eine untergeordnete Organisationseinheit (falls Sie bereits Organisationseinheiten angelegt haben).
3. Wählen Sie im Kontextmenü den Eintrag *Gruppenrichtlinienobjekt hier erstellen und verknüpfen*. Dadurch wird eine neue Gruppenrichtlinie angelegt und direkt mit dem Container verknüpft, auf den Sie mit der rechten Maustaste geklickt haben.
4. Ein Dialogfeld erscheint und fragt nach dem Namen für die neue Richtlinie. Geben Sie ein: **Energiesparoptionen** ⏎.

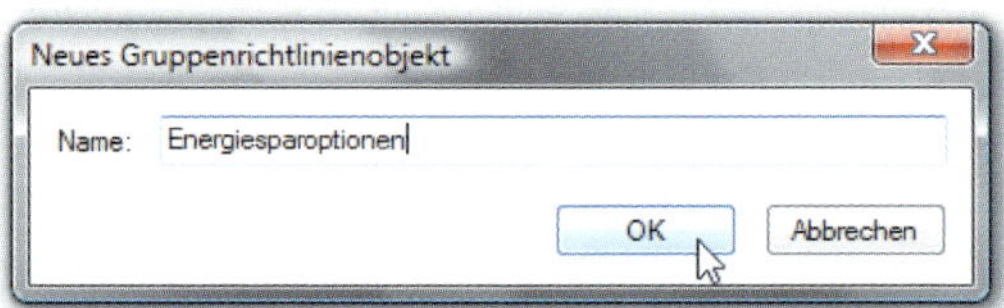

Abbildung 56.37 Eine neue Gruppenrichtlinie anlegen

5. Die neue Gruppenrichtlinie wird angelegt und mit dem Container verknüpft. Klicken Sie nun mit der rechten Maustaste auf die neue Gruppenrichtlinie, und wählen Sie im Kontextmenü den Eintrag *Bearbeiten*. Die Gruppenrichtlinie wird im *Gruppenrichtlinienobjekt-Editor* geöffnet und kann nun bearbeitet werden.

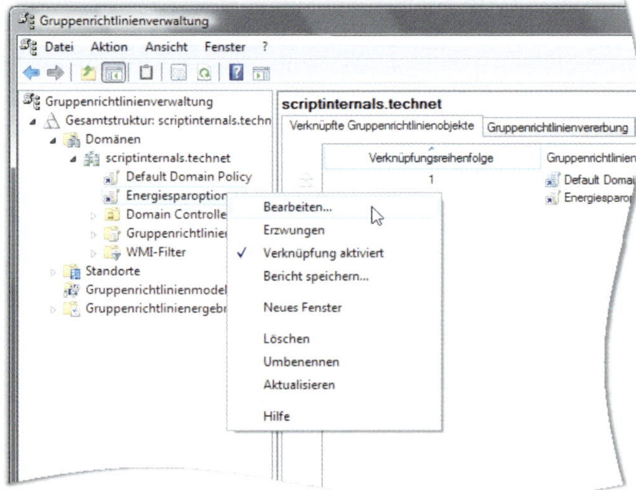

Abbildung 56.38 Die neu angelegte Gruppenrichtlinie zur Bearbeitung öffnen

Energiesparoptionen festlegen

Legen Sie nun die gewünschten Energiespar-Optionen in der Gruppenrichtlinie fest:

1. Navigieren Sie in der linken Spalte zu *Computerkonfiguration/Administrative Vorlagen/System/Energieverwaltung/Energiesparmoduseinstellungen*. In der rechten Spalte sehen Sie nun die möglichen Einstellungen.
2. Doppelklicken Sie auf die Richtlinie *Zeitlimit für System-Energiesparmodus angeben (Netzbetrieb)*. Die Richtlinie öffnet sich.
3. Aktivieren Sie die Richtlinie mit der Option *Aktiviert*. Geben Sie dann im Textfeld darunter an, nach wie vielen Sekunden der Inaktivität das System automatisch in den Energiesparmodus wechseln soll. Für 45 Minuten geben Sie also ins Feld den Wert **2700** ein.
4. Klicken Sie auf *OK*, um die Richtlinie festzulegen. Um die Richtlinie sofort wirksam werden zu lassen, öffnen Sie das Startmenü und tippen ins Schnellsuchfeld ein: **gpupdate /force** [↵].

Der Erfolg wird spätestens nach 45 Minuten der Inaktivität sichtbar: dann nämlich wechseln alle Computer im Einzugsbereich Ihrer Gruppenrichtlinie in den Energiesparmodus.

Die Wirksamkeit Ihrer Gruppenrichtlinie können Sie aber auch direkt in der Systemsteuerung begutachten:

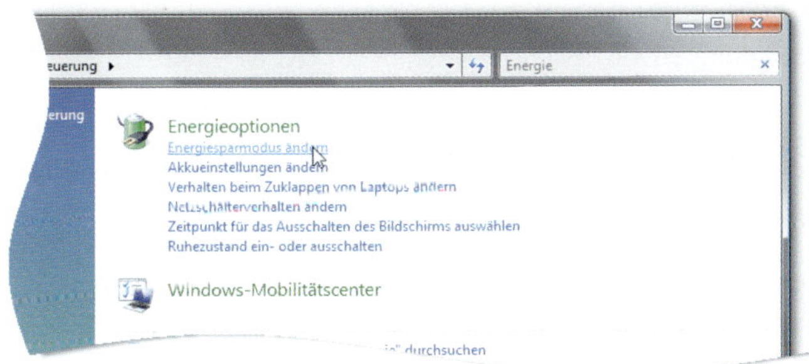

Abbildung 56.39 Öffnen Sie die manuelle Einstellung der Energiesparoptionen

1. Öffnen Sie im Startmenü die Systemsteuerung und drücken Sie [Strg]+[E], um rechts oben ins Suchfeld zu wechseln. Tippen Sie dort **Energie** ein.
2. Klicken Sie unterhalb der Überschrift *Energieoptionen* auf *Energiesparmodus ändern*. Es öffnet sich das Dialogfeld, mit dem Sie normalerweise manuell die Energiesparoptionen festlegen.

Ein gelber Hinweiskasten meldet, dass einige Einstellungen vom Systemadministrator verwaltet werden, nämlich von Ihrer neuen Gruppenrichtlinie.

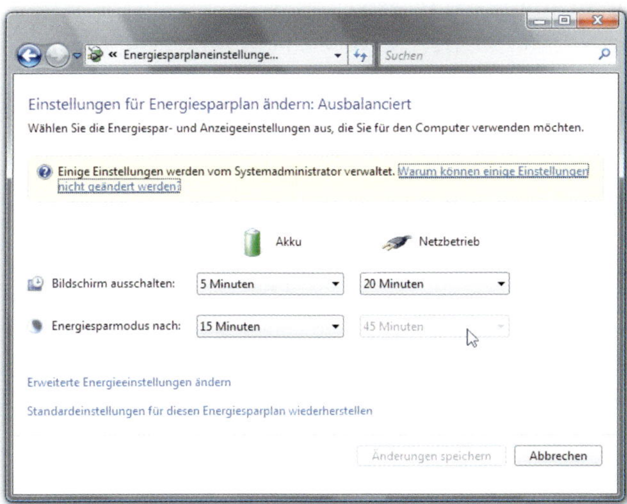

Abbildung 56.40 Der Erfolg Ihrer Gruppenrichtlinie wird in der Systemsteuerung sichtbar

Und tatsächlich stehen nur noch drei der vier Ausklapplisten zur Verfügung. Die vierte Einstellung wurde durch Ihre Gruppenrichtlinie auf 45 Minuten festgelegt und kann deshalb vom Benutzer nicht geändert werden.

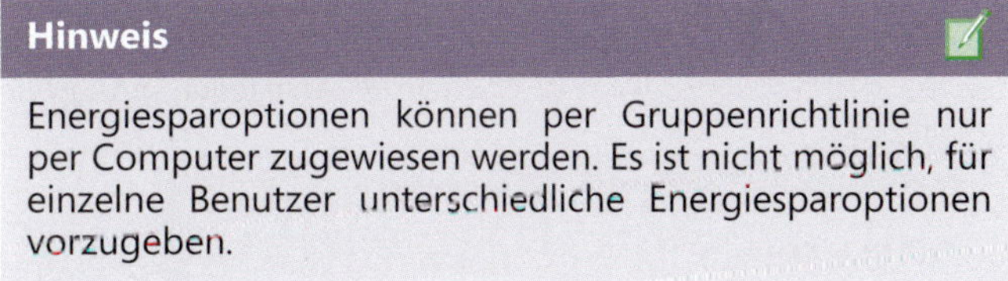

Hinweis

Energiesparoptionen können per Gruppenrichtlinie nur per Computer zugewiesen werden. Es ist nicht möglich, für einzelne Benutzer unterschiedliche Energiesparoptionen vorzugeben.

Beispiel: USB-Geräte einschränken

USB-Geräte wie zum Beispiel USB-Sticks und externe Festplatten sind definitiv nützlich, aber in manchen Firmen ein Sicherheitsrisiko.

Wenn Sie verhindern müssen, dass Anwender über solche Geräte vertrauliche Informationen aus dem Unternehmen schmuggeln, können Sie USB-Geräte und Wechselmedien per Gruppenrichtlinie einschränken und zum Beispiel nur bestimmte Geräte zulassen.

Im folgenden Beispiel sorgen Sie dafür, dass ein Benutzer Informationen von Wechseldatenträgern zwar lesen, aber nicht schreiben darf. So ist gewährleistet, dass Ihre Anwender zwar nach wie vor CD-ROMs, digitale Fotoapparate oder USB-Sticks einlesen dürfen. Eigene Daten können sie aber nicht mehr darauf speichern.

Die Richtlinie definieren

Öffnen Sie zunächst wie oben beschrieben die Gruppenrichtlinie, in der Sie die Einschränkung vornehmen wollen. Dann gehen Sie so vor:

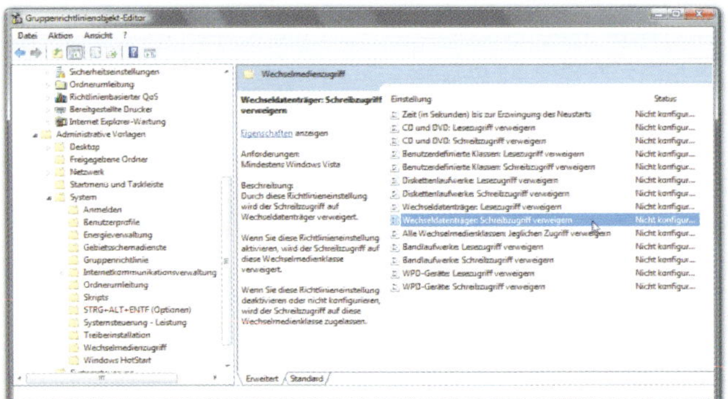

Abbildung 56.41 Verhindern Sie, dass Anwender Daten auf Wechselmedien speichern

1. Navigieren Sie in der Gruppenrichtlinie in der linken Spalte zum Zweig *Benutzerkonfiguration/Administrative Vorlagen/System/Wechselmedienzugriff.*
2. In der rechten Spalte sehen Sie nun die verfügbaren Einstellungen. Öffnen Sie die Richtlinie *Wechseldatenträger: Schreibzugriff verweigern.*

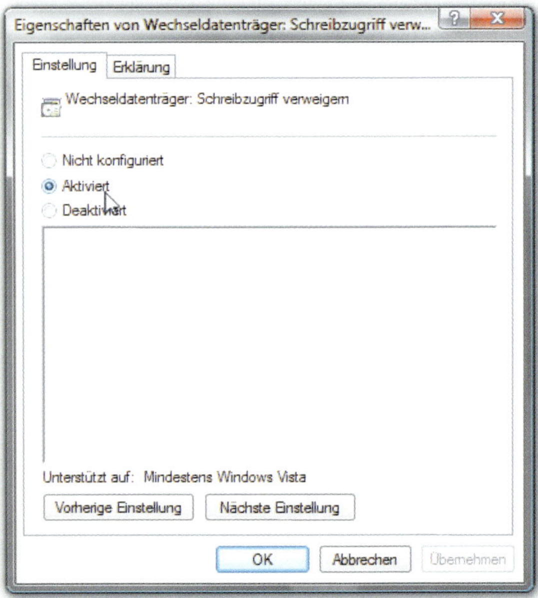

Abbildung 56.42 Verweigern Sie dem Anwender den Schreibzugriff auf Wechselmedien

3. Aktivieren Sie die Richtlinie mit der Option *Aktiviert.* Dann klicken Sie auf *OK.* Damit die Richtlinie sofort wirksam wird, öffnen Sie das Startmenü und geben ins Schnellsuchfeld den Befehl ein: **gpupdate /force** ↵.

Wirkung überprüfen

Um die Auswirkung Ihrer Richtlinie zu testen, schließen Sie einen USB-Stick oder ein anderes Wechselmedium an. Es wird ohne Einschränkung erkannt und installiert, und Sie können den Wechseldatenträger wie gewohnt öffnen.

Versuchen Sie nun aber, neue Daten auf dem Wechseldatenträger zu speichern, zum Beispiel über einen Klick mit der rechten Maustaste und Aufruf des Kontextmenübefehls *Neu/Ordner*, erscheint ein Dialogfeld und meldet, dass der Zugriff verweigert wurde.

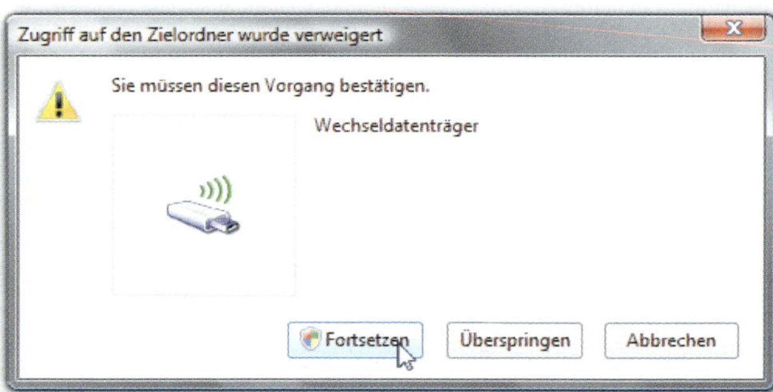

Abbildung 56.43 Der Schreibzugriff auf den Wechseldatenträger wird verweigert

Selbst wenn Sie sich über die Schaltfläche *Fortsetzen* als Administrator ausweisen, bleibt der Zugriff verwehrt.

Wichtig

Ihre Richtlinie bezieht sich momentan nur auf übliche Wechseldatenträger, nicht aber zum Beispiel auf CD- und DVD-Laufwerke.

Ihre Anwender wären also weiterhin in der Lage, Daten auf CD zu brennen. In der Praxis ist deshalb eine sorgfältige Abwägung und Kombination der verfügbaren Richtlinien notwendig.

Um auch CD- und DVD-Laufwerke mit einem Schreibschutz zu versehen, würden Sie beispielsweise zusätzlich die Richtlinie *CD und DVD-Schreibzugriff verweigern* aktivieren müssen.

In Kapitel 48 erfahren Sie detailliert, wie Sie die Verwendung von bestimmten Geräten einschränken oder verbieten.

Zusammenfassung

Gruppenrichtlinien können fast alle Aspekte des Computers steuern und konfigurieren. Deshalb eignen sie sich ideal dazu, Computer mit Standardeinstellungen zu versorgen.

Im kleineren Umfeld setzt man dazu lokale Gruppenrichtlinien ein. Sehr viel flexibler sind Gruppenrichtlinien aber, wenn Sie eine Domäne mit Active Directory einsetzen, wo die Gruppenrichtlinien zentral verwaltet werden.

In diesem Kapitel haben Sie an zahlreichen Praxisbeispielen gesehen, wie Sie mit Gruppenrichtlinien unerwünschte Programme verbieten, Roaming Profiles realisieren, die Netzwerkbandbreiten kontrollieren, unerwünschte USB-Geräte einschränken und Computer firmenweit nach einer festgelegten Leerlaufzeit in den Energiesparmodus schalten.

Sie möchten ...	So gehen Sie vor	Sehen Sie sich dazu das Beispiel an auf
Software automatisch installieren lassen	Fügen Sie das Installationspaket in den Softwareeinstellungen einer Gruppenrichtlinie hinzu	Seite 886
ein Anmeldeskript verwenden	Speichern Sie das Skript im Gruppenrichtlinienordner und fügen Sie es als Anmeldeskript der Richtlinie hinzu	Seite 889
einen Netzwerkdrucker bereitstellen	Fügen Sie den UNC-Pfad des Netzwerkdruckers den bereitgestellten Druckern einer Gruppenrichtlinie hinzu	Seite 889
dafür sorgen, dass Anwender ihre persönlichen Daten auf beliebigen Computern im Netzwerk vorfinden	Leiten Sie die Anwendungsordner des Anwenders an einen zentralen Ort um	Seite 893
administrative Vorlagen filtern	Klicken Sie mit der rechten Maustaste auf *Administrative Vorlagen* und wählen Sie *Ansicht/Filter*	Seite 904
die lokale Gruppenrichtlinie öffnen	Verwenden Sie den Befehl *gpedit.msc*	Seite 906
eine neue domänenbasierte Gruppenrichtlinie anlegen und bearbeiten	Verwenden Sie den Befehl *gpmc.msc*	Seite 906
Energiesparoptionen für alle Computer festlegen	Konfigurieren Sie in einer Gruppenrichtlinie die Einstellungen im Zweig *Computerkonfiguration/Administrative Vorlagen/System/Energieverwaltung/Energiesparmoduseinstellungen*	Seite 907
den Zugriff auf Wechselmedien wie USB-Sticks einschränken	Konfigurieren Sie in einer Gruppenrichtlinie die Einstellungen im Zweig *Benutzerkonfiguration/Administrative Vorlagen/System/Wechselmedienzugriff*	Seite 907

Praxisindex

Die Einträge in diesem Praxisindex verweisen auf Schritt-für-Schritt-Anleitungen zu spezifischen Arbeitsgängen.

K

L

M

N

O

W

X

Z

Stichwortverzeichnis

B

C

D

E

G

H

I

J

K

N

Q

R

S

T

U

V

W

X

Z